den Weg frei

Beste Aussichten für Träume.

Sie haben große Ideen oder besondere Wünsche. Und suchen nach Wegen, diese zu realisieren. Bei der Umsetzung Ihrer Träume helfen wir Ihnen, Hindernisse zu überwinden.

D1694129

olksbanken Raiffeisenbanken

nk, SGZ-Bank, WGZ-Bank, Bausparkasse Schwäbisch Hall, DG HYP Deutsche
er Hypothekenbank eG, R+V Versicherung, Union Investment, VR-Leasing

VARTA
Deutschland

Ausgabe 1997

Experten empfehlen
Hotels und Restaurants
in Deutschland

40. Jahrgang

Mairs Geographischer Verlag
Ostfildern

Vorwort

Mit dem Varta-Führer unterwegs

Vertrauen ist gut – Varta ist besser

Seit vier Jahrzehnten ist der Varta-Führer für rund 1 Million Reisende zu einem unentbehrlichen Begleiter geworden. Unsere Experten reisen, nach wie vor, anonym durch das Land, besuchen, testen und wählen die Betriebe aus, die wir hier für Sie aufgelistet haben. Somit können Sie sich getrost auf unsere Empfehlungen verlassen und unliebsame Erfahrungen bleiben Ihnen erspart. Nicht umsonst haben die umfangreichen und genauen Recherchen unser Buch zum auflagenstärksten deutschen Hotel- und Restaurantführer gemacht.

In unserer jetzigen Ausgabe finden Sie rund 15 000 ausgewählte Betriebe. Sie sind aufgelistet mit Symbolen, die Hinweise geben zu Ausstattung, Preisniveau und zusätzlichen Eigenschaften der Häuser. Der umfangreiche Kartenteil zur Erleichterung der Reiseplanung ist jetzt nicht mehr gesondert beigefügt, sondern der Einfachheit halber im vorderen Buchteil integriert.

Das rote „S"

Dieses Symbol ist der Wegweiser zu Hotels, mit denen der Varta Hotel-Service Sonderkonditionen unterhält. Außerhalb von Hochsaison- und Messezeiten bieten diese Häuser preisliche Vergünstigungen an, die der Einzelreisende im Normalfall nicht erhalten wird. Bereits in dieser Ausgabe sind rund 700 Hotels mit dem roten „S" versehen. Möchten auch Sie von den Vergünstigungen profitieren, so erhalten Sie diese ausschließlich bei Buchung über den Varta Hotel-Service, Tel. (05 11) 3 40 13 26, Fax. (05 11) 3 40 13 60. Dieser steht ihnen zu den normalen Geschäftszeiten montags bis freitags zur Verfügung und freut sich, für Sie tätig zu werden.

Die CD-ROM hat einiges zu bieten

Getreu unserem Leitmotiv stehen wir auch bei dem elektronischen Varta-Führer auf der Seite des Gastes. Allerdings haben wir aufgrund der technischen Möglichkeiten hier einiges mehr zu bieten als im Printprodukt. So enthält die CD die rund 15 000 ausgewählten und gekennzeichneten Betriebe wie im Buch, zusätzlich jedoch noch weitere 15 000 Hotels. Zum ersten Mal können wir Ihnen auch eine Auswahl an Betrieben in Österreich, Schweiz und Südtirol nennen, was bei der Reiseplanung bestimmt von Nutzen sein wird. Über die redaktionellen Angaben hinaus besteht jetzt häufig die Möglichkeit, sich über Innen- und Außenansicht eines Betriebes sowie über Tagungs-, Fitneß- und Speiseangebote zu informieren.

Wir wünschen Ihnen eine gute Reise.

Ihre
Varta-Redaktion

Impressum

Die Redaktion des Varta-Führers ermittelt alle Daten mit größter Sorgfalt. Bei der Auswahl der im Buch genannten Betriebe wird äußerst gewissenhaft vorgegangen. Dasselbe gilt für den Satz und die Herstellung des Buches. Für etwaige Irrtümer können wir keine Haftung übernehmen.

Herausgeber:
Varta-Führer GmbH
Ostfildern

Verantwortlich für den Inhalt:
Redaktion Varta-Führer
Lützerodestraße 10, 30161 Hannover
☎ (05 11) 3 40 13 10
Fax (05 11) 3 40 13 19

EDV-Aufbereitung und Herstellung:
KLETT DRUCK H. S. GmbH
71404 Korb

Verlag, Karten und Pläne:
Mairs Geographischer Verlag
Marco-Polo-Straße 1, 73760 Ostfildern
☎ (07 11) 4 50 20
Fax (07 11) 4 50 22 60 + 4 50 23 40

Anzeigenverwaltung:
KV Kommunal-Verlag GmbH
Postfach 81 05 65
81905 München
☎ (0 89) 9 28 09 60
Fax (0 89) 92 80 96 20

Copyright 1996
Varta-Führer GmbH
Ostfildern

Nachdruck, auch auszugsweise, nur mit ausdrücklicher Genehmigung der Redaktion
Printed in Germany

Inhaltsverzeichnis

Erläuterungen 4

Reisekarten
Blattschnitt 6
Zeichenerklärung 7
Reisekarten 8

Ratgeber auf Reisen
Tips für die Reise:
Hilfen für die Reise 76
Hinweise für Flugreisen 78
Hier können Sie buchen 84

Wegweiser:
Erstklassige und hervorragende Hotelleistung 88
Erstklassige und hervorragende Küchenleistung 90
Gastro-Junior-Trophäe 92
Ruhig und einzeln gelegene Hotels 94
Raststätten und Motels an der Autobahn 103
Europäische Großstädte 109

Zeichenerklärung:
Stadtpläne 117
Hotels und Gasthäuser 118
Restaurants und Cafés 121

Auswahl/Datenteil:
Orte, Gasthäuser, Hotels, Restaurants und Cafés 123

Erläuterungen

Der Varta Deutschland empfiehlt eine Auswahl von Hotels, Gasthäusern und Restaurants in Deutschland. Diese Auswahl wird von Jahr zu Jahr überarbeitet und auf den jeweils neuesten Stand gebracht. Ausgewählt werden Betriebe aller Komfortstufen und Preisklassen. Sie werden in Kategorien eingeteilt. ✱ bis ✱✱✱✱✱ oder ⌂ stehen für Hotels und Gasthäuser. ✱ bis ✱✱✱✱✱ oder 🍽 stehen für Restaurants.

Der Unterschied zwischen Rahmen und Leistungsqualität

Der Varta Deutschland unterscheidet in seinen Symbolen zwischen dem Rahmen eines Betriebes und der Leistung seiner Mitarbeiter. Das Symbol für den Rahmen ist der Stern. Er sagt zum Beispiel etwas über die Einrichtung des Wohn- und Arbeitsbereiches aus. Die rote Krone dagegen steht als Symbol für die Leistung der Mitarbeiter, aber auch für das über das Übliche hinausgehende Maß an Ausstattung und Dienstleistung.

Ist in einem Eintrag das Restaurant vor den Hotelzimmern aufgeführt, handelt es sich um ein „Restaurant mit Zimmern". Das Schwergewicht dieser Betriebe liegt eindeutig in der Gastronomie, sie bieten jedoch zusätzlich Übernachtungsmöglichkeiten an.

Zimmer anderer Kategorien

Die im Varta Deutschland angegebene Kategorie eines Beherbergungsbetriebes bezieht sich jeweils auf den größeren Teil der Zimmer. Verfügt ein Betrieb auch über eine nennenswerte Zahl von Zimmern höherer oder niedrigerer Kategorien, weist ein entsprechender Vermerk darauf hin.

Gastronomische Sonderformen werden ohne Sterne dargestellt

Das Bistro entzieht sich einer Klassifizierung analog der für die Restaurant-Kategorien gültigen Maßstäbe. Es handelt sich um eine Betriebsform mit einer kleineren Auswahl an Speisen und einer Ausstattung, die auf relativ kurzen Aufenthalt der Gäste zugeschnitten ist. Bistros werden daher ohne Stern aufgeführt.

Ebenfalls ohne Klassifizierung mit Sternen werden spezielle gastronomische Formen mit eindeutigen Angebotsschwerpunkten im Getränkebereich dargestellt. Das betrifft in erster Linie Weinstuben und Bierstuben oder Biergärten. Cafés werden mit dem Symbol der Kaffeetasse aufgeführt.

„Neuzugänge" noch ohne Sterne

Zwangsläufig ohne Klassifizierung und damit ohne Sterne nennt das Buch solche Betriebe, die erst nach Redaktionsschluß eröffnet haben (Neubauten und Umbauten) und daher noch nicht zuverlässig beurteilt werden konnten. Sie stehen jeweils am Anfang der Betriebsauflistung in einem Ort.

Reihenfolge ist Rangfolge

Abgesehen von diesen „Neuzugängen" stellt die Reihenfolge, in der die Betriebe aufgeführt werden, zugleich die Rangfolge dar. Die Redaktion will dem Benutzer auf diese Weise Orientierungshilfe innerhalb einer jeden Kategorie geben, denn das jeweils beste Haus wird innerhalb der jeweiligen Kategorie als das erste aufgeführt.

Ortsnamen in alphabetischer Reihenfolge

Alle im Varta Deutschland genannten Orte werden in alphabetischer Reihenfolge aufgeführt. Früher selbständige Gemeinden, die Teil einer anderen Gemeinde geworden sind, erscheinen als Stadt- oder Ortsteil unter dem neuen Namen. In vielen Fällen, in denen der Ortsteil- oder der Stadtteilname bekannter ist als der Name des Hauptortes, wurde der bekanntere Name innerhalb der alphabetischen Folge mit Hinweis auf den neuen Namen aufgeführt.

Orte mit dem Zusatz „Bad", „Kurort", „Ostseebad", „Seebad", sind unter ihrem Hauptnamen eingereiht. Orte mit dem Zusatz „St." sind unter „Sankt" zu suchen. Im Alphabet gilt ä = ae, ö = oe und ü = ue.

Beachten Sie bitte, daß die im Buch genannten Zimmerpreise nur Annäherungswerte sein können. Zimmerpreise richten sich nach Angebot und Nachfrage. Sie können zu Zeiten starker Nachfrage, etwa bei Messen oder Großveranstaltungen am Ort, über den Angaben im Varta Deutschland liegen. In Zeiten geringer Nachfrage gewähren manche Betriebe auch Preisabschläge. Es kann sich lohnen, danach zu fragen. Nicht selten ändern Betriebe auch während der Geltungsdauer des Buches ihre Preise.

europ assistance

Ein Unternehmen, daß es sich zur Aufgabe gemacht hat, Sie sicher an Ihr Ziel zu bringen - egal wohin Sie fahren oder wo Sie sich aufhalten.

Stellen Sie sich vor, Sie sind unterwegs zu einer wichtigen Verabredung und Ihr Auto bleibt einfach stehen? - Was tun Sie?

Wir haben die Lösung:
Greifen Sie zum nächsten Telefon und rufen Sie uns an. Wir sorgen dafür, daß Sie sofortige Hilfe erhalten.

Um diese sofortige Hilfe in Anspruch nehmen zu können, schließen Sie den Europ Assistance Schutzbrief ab. Ein Anruf genügt, um den Schutzbrief mit seinen fahrzeug- und/oder personenbezogenen Leistungen zu beantragen.

Unsere mehrsprachigen weltweiten Notrufzentralen stehen Ihnen 24 Stunden am Tag, an 365 Tagen im Jahr zur Verfügung - egal wo Sie sind.

Europ Assistance Versicherungs-AG
Karlstraße 96 - 80335 München
Tel.: 089-55 987-161 - Fax: 089-55 987-199

Blattschnitt Reisekarten

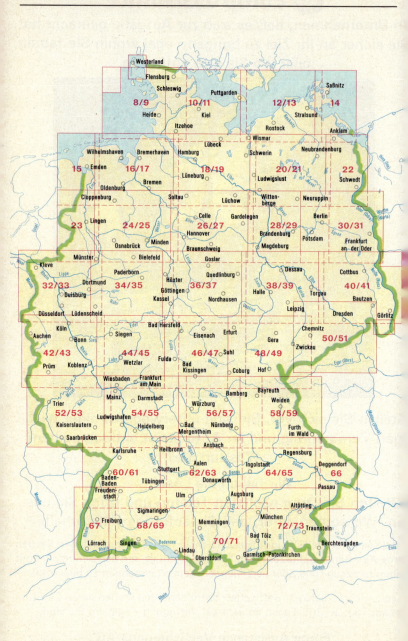

Maßstab 1 : 600 000 Stand September 1996

Erläuterungen Zeichenerklärung

Die Reisekarten des Varta Deutschland zeigen alle Orte, in denen die Redaktion empfehlenswerte Betriebe gefunden hat, mit roten Ortspunkten. Darüber hinaus enthalten sie wichtige Orte, die Ihnen die Orientierung erleichtern sollen. Genaue Angaben entnehmen Sie danach dem Datenteil. Änderungen, die im Datenteil kurz vor Redaktionsschluß durchgeführt werden, können aufgrund verschiedener Redaktionsschlußzeiten im Kartenteil nicht mehr berücksichtigt werden.

Hinter den Ortsnamen im Datenteil stehen z. B. folgende Zeichen: 29 ◻, 60 ↓, 33 ↖, 42 →. Die Zahl ist die Seitenzahl, auf der der entsprechende Ort in den Kartenseiten zu finden ist. Das anhängende Zeichen gibt das Planfeld an. Nach folgendem Raster haben wir die Seiteneinteilung vorgenommen:

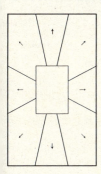

○
Orientierungsorte, nicht im Datenteil erwähnt.
Oder — Orts- und Stadtteile von genannten Hauptorten

Orte, die im Datenteil des Varta Deutschland beschrieben sind

MÜNCHEN
In einem so hervorgehobenen Ort befindet sich zumindest ein Betrieb mit mindestens einer ♛

MÜNCHEN
In einem so hervorgehobenen Ort befindet sich zumindest ein Betrieb mit mindestens einer ♕

MÜNCHEN
In einem so hervorgehobenen Ort befindet sich zumindest ein Betrieb mit ✤

Autobahn mit Anschlußstelle

Autobahn in Bau mit Datum der voraussichtlichen Verkehrsübergabe

Autobahn geplant mit voraussichtlichem Fertigstellungstermin

mehrbahnige Bundesstraßen

mehrbahnige Bundesstraßen in Planung

Bundesstraßen

Bundesstraßen im Bau

Bundesstraßen in Planung

Sonstige Straßen

Grenzen

Autofähre

Schiffahrtlinie

⊙ Raststätte mit Übernachtung

⊙ Raststätte ohne Übernachtung

⊙ Autobahn-Tankstelle

8 Autobahn-Nummer

E30 Europastraßen-Nummer

✦ Verkehrsflugplatz

112 Bundesstraßen-Nummer

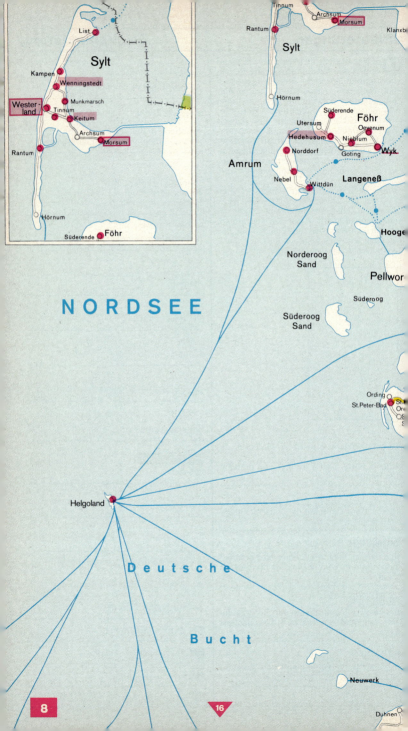

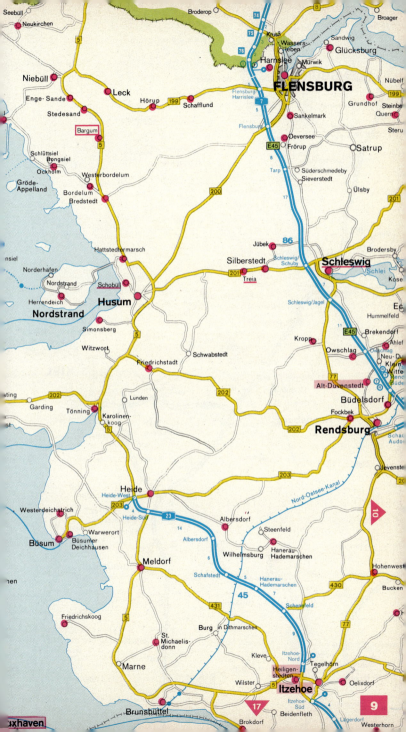

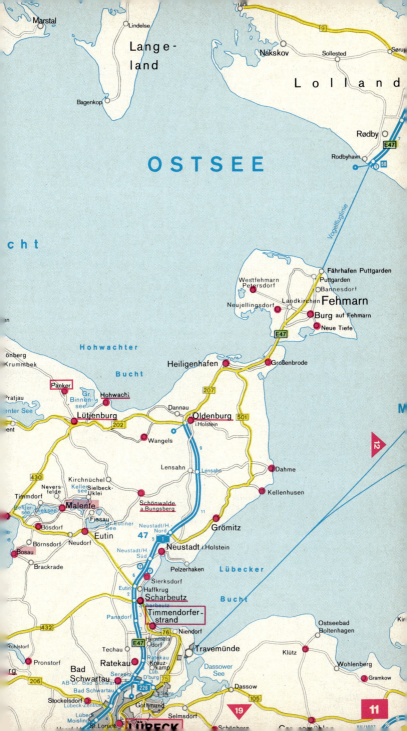

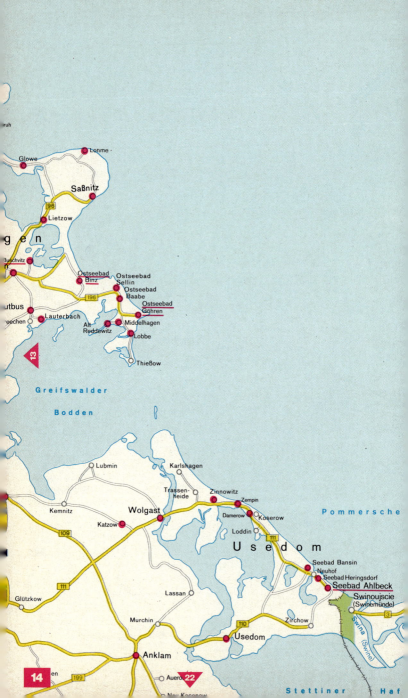

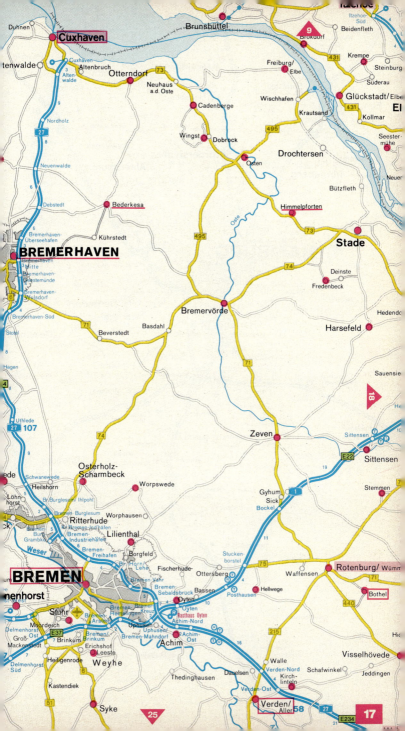

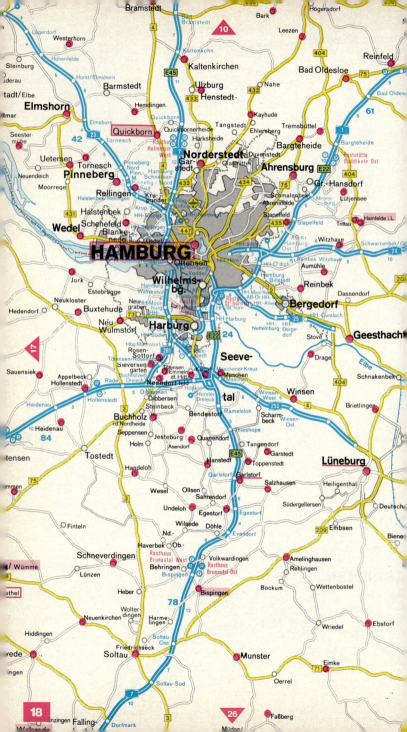

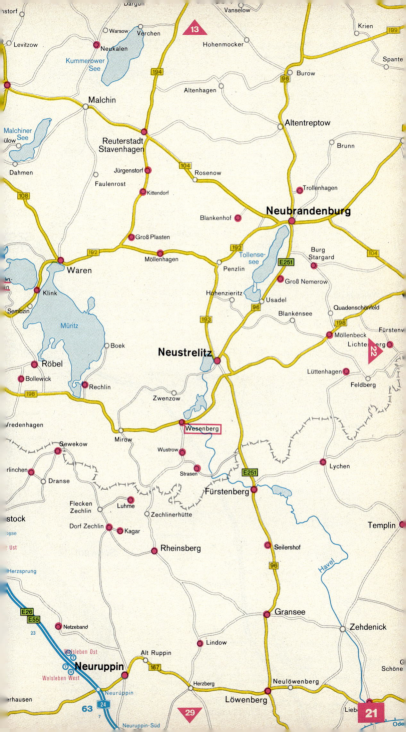

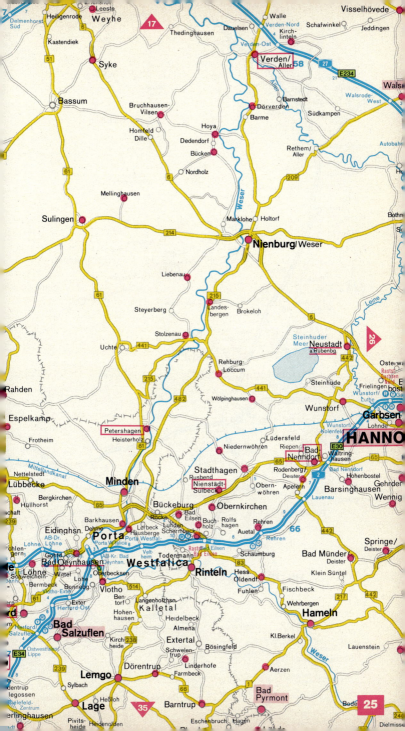

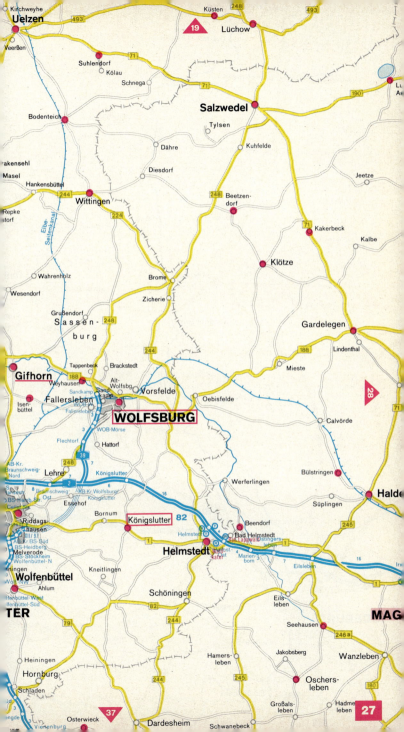

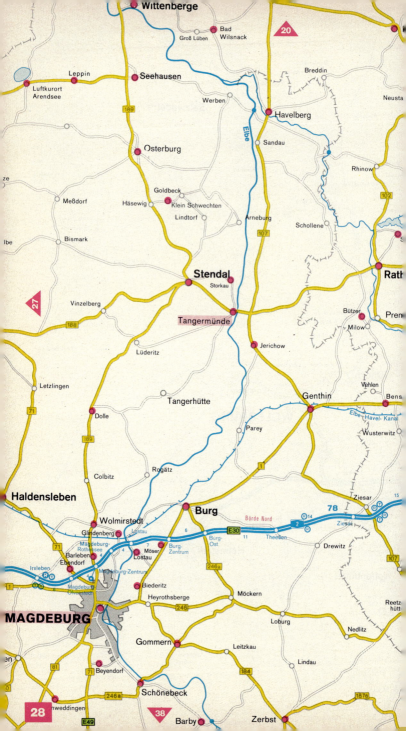

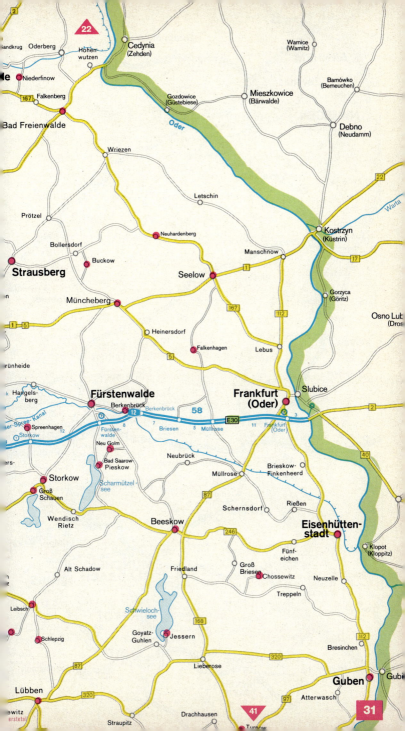

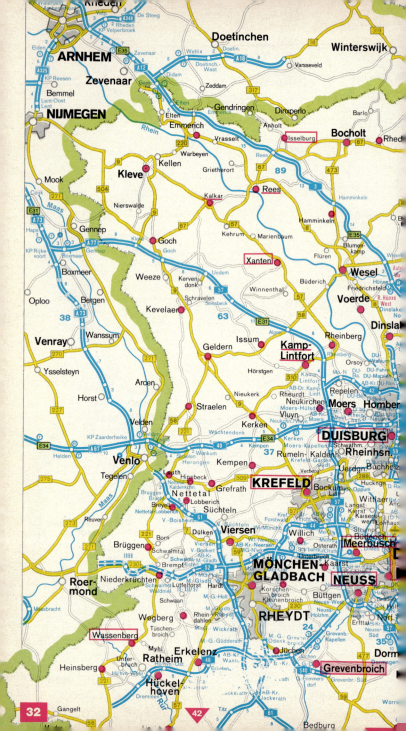

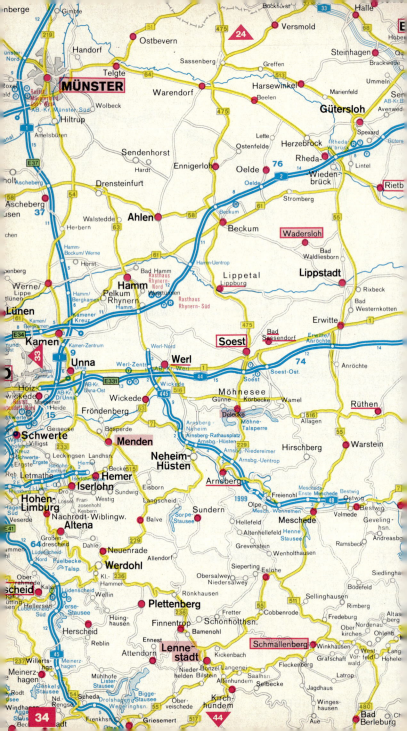

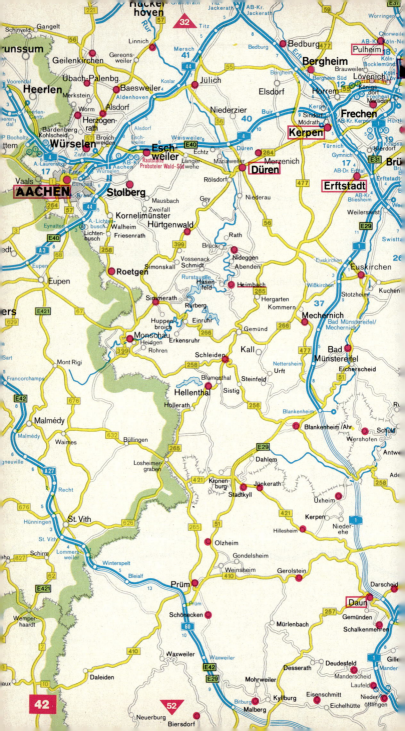

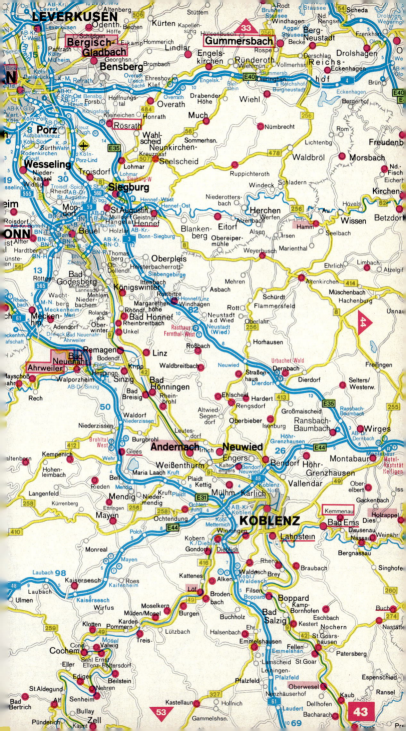

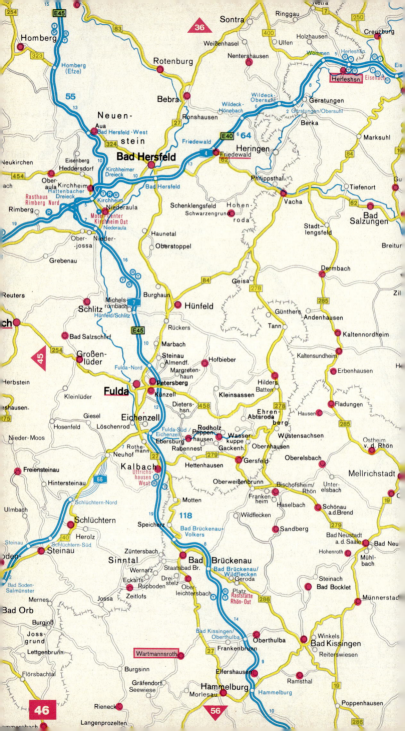

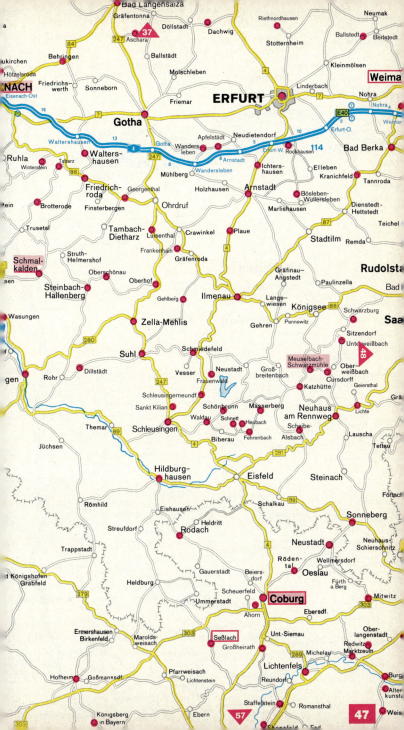

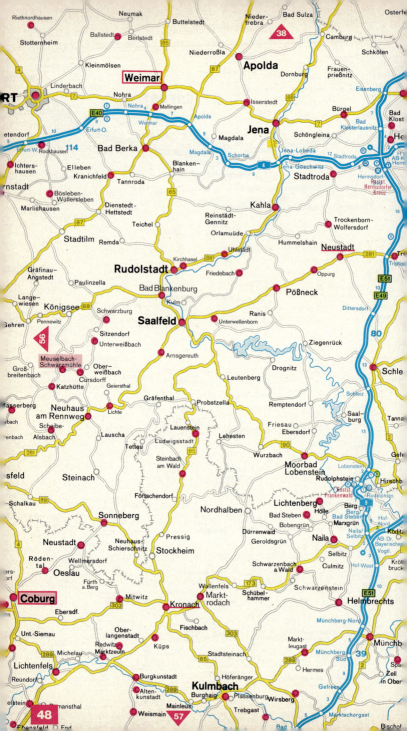

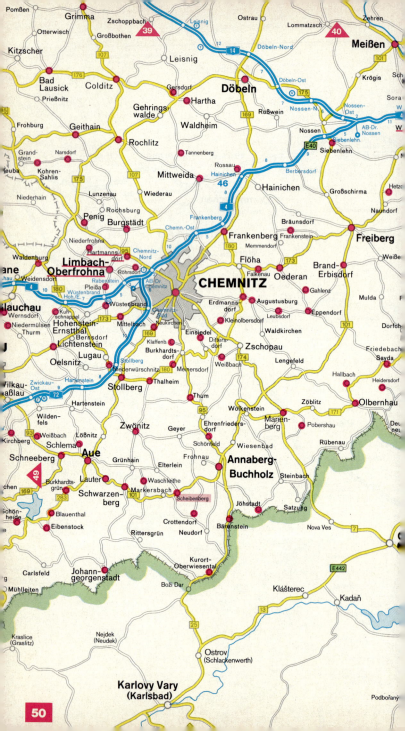

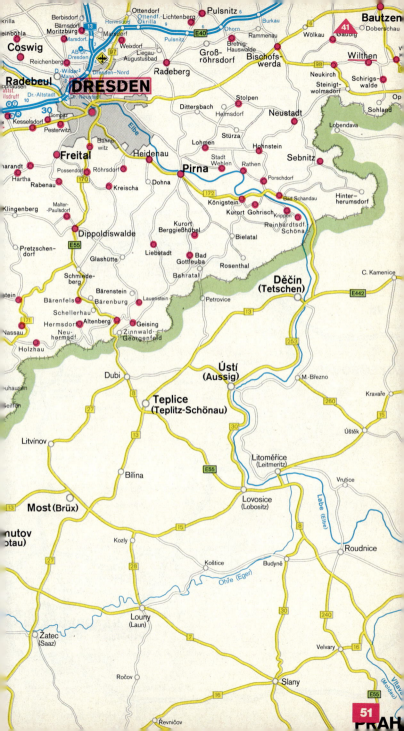

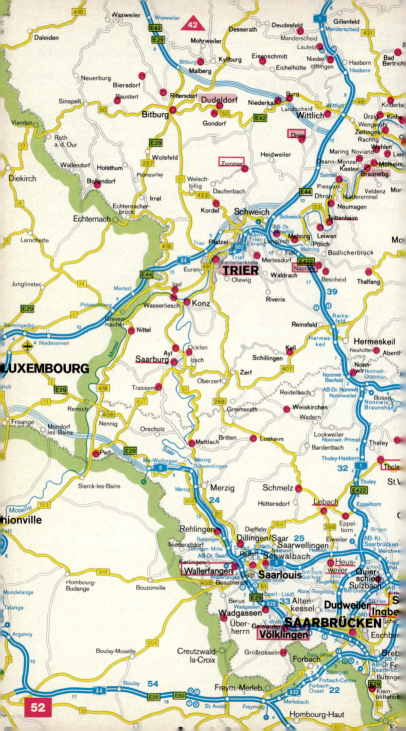

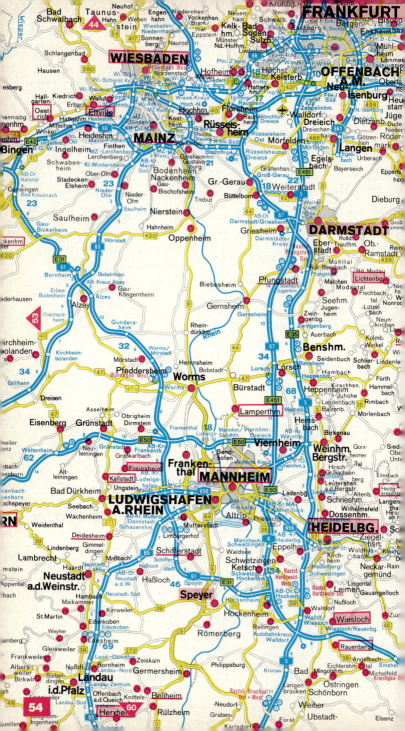

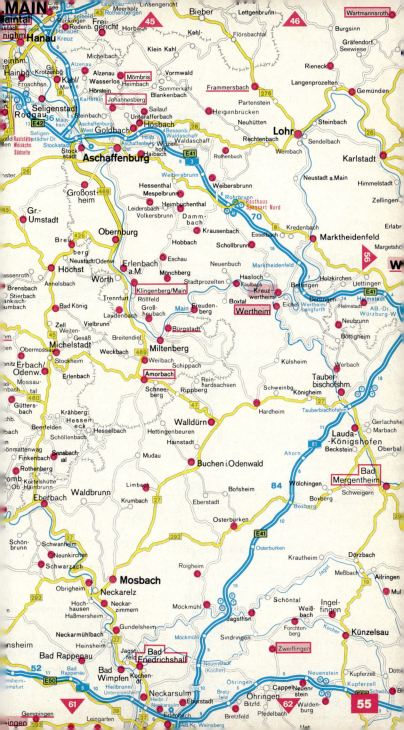

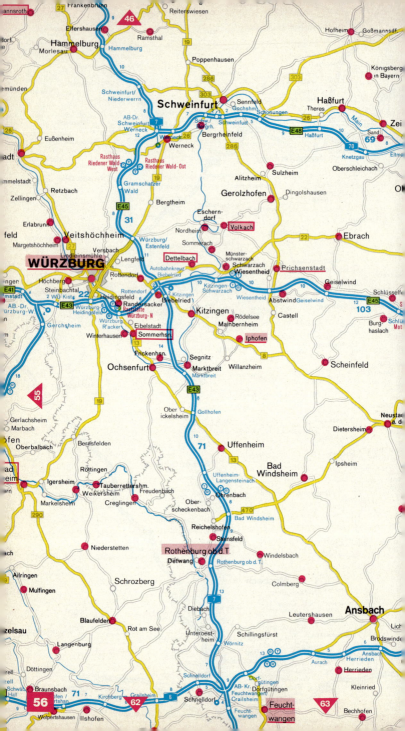

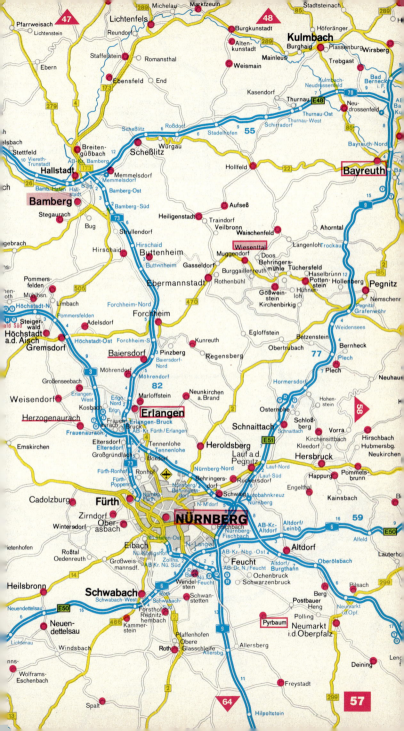

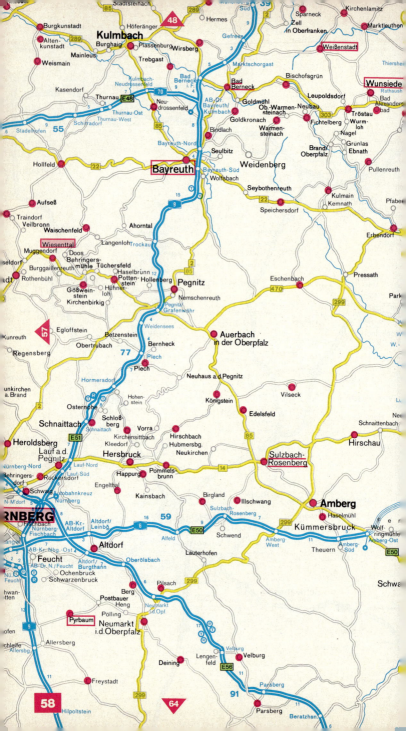

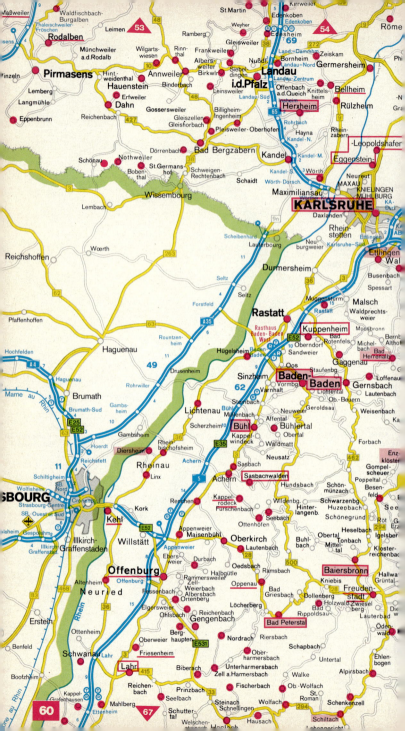

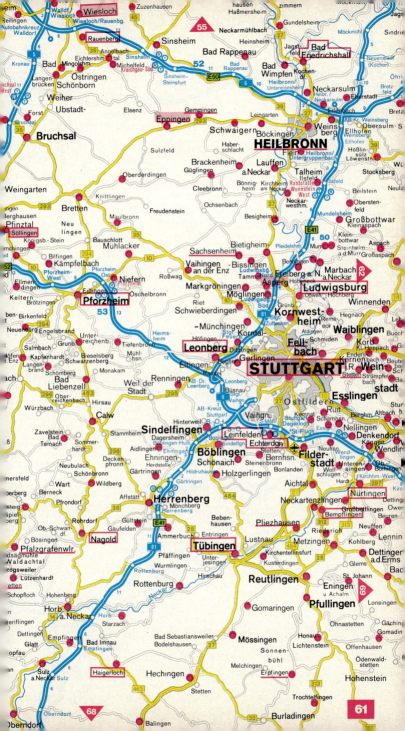

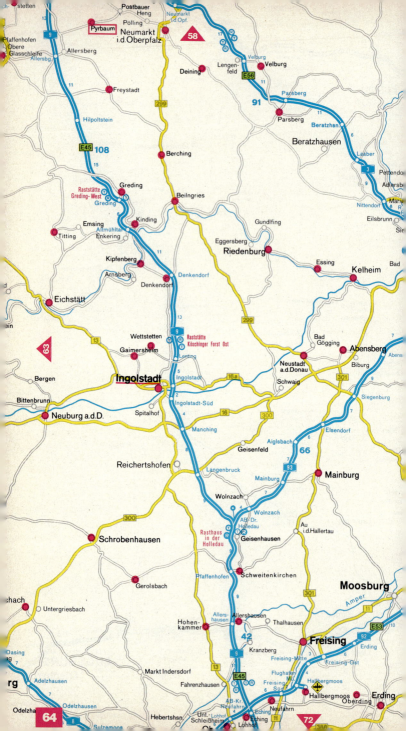

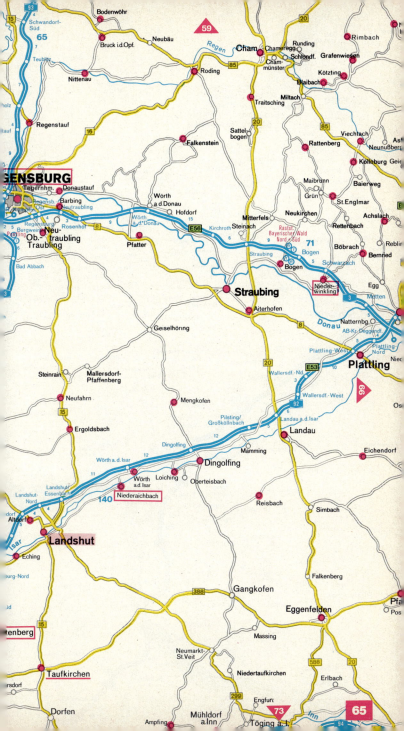

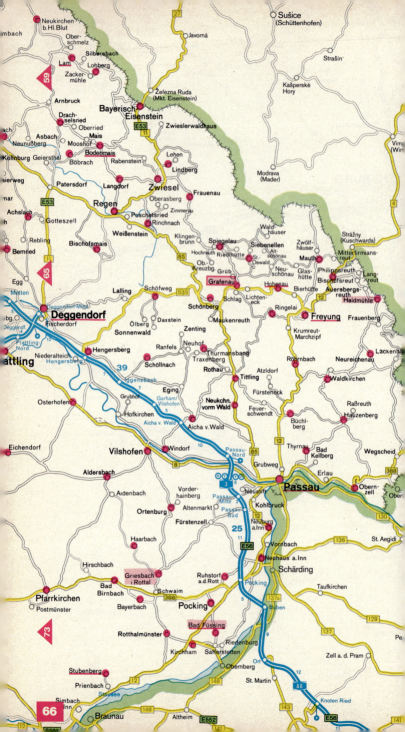

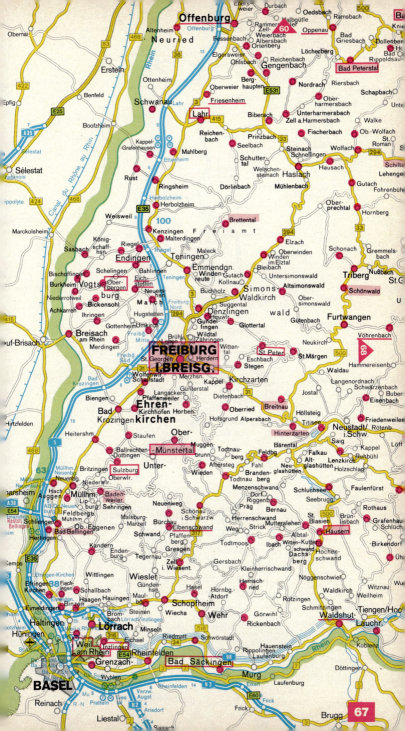

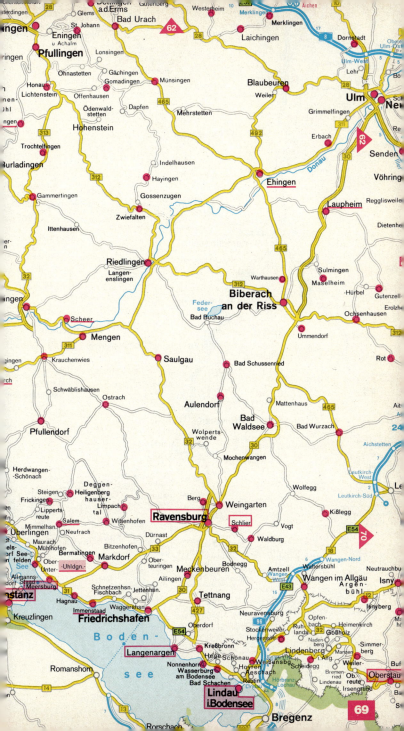

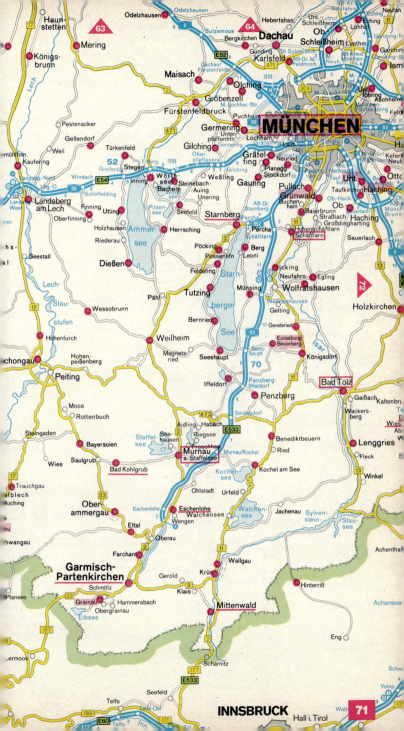

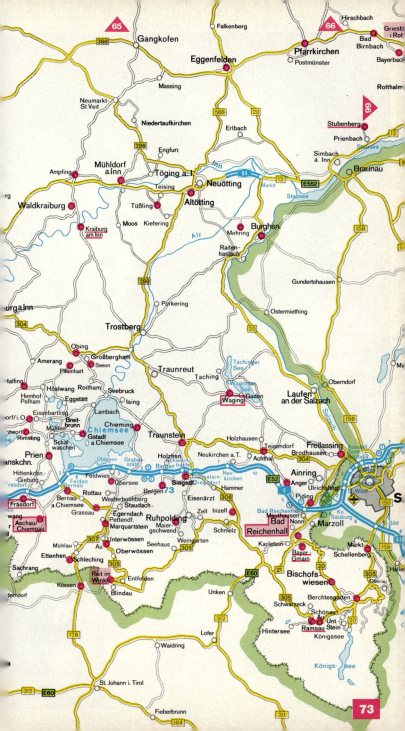

Informationen über die Audi A8-Limousinen mit Audi Space Frame aus Aluminium senden wir Ihnen

Ein neues Zeitalter bricht an. Mit dem Audi A8, der ersten und einzigen Limousine mit Audi Space Frame aus Aluminium. Mit permanentem Allradantrieb als quattro, einem ausgereiften Satelliten-Navigationssystem und tiptronic – damit Sie die freie Wahl haben: schalten oder schalten lassen.

gerne zu. Sie erreichen uns unter Tel. 01 80/5 51 88, Fax 01 80/5 51 89 oder über T-Online *Audi#.

Audi
Vorsprung durch Technik

Rom, 20 v. Chr., Marmor.
Kongo, 19. Jh., Holz.
Burma, 18. Jh., Bronze.

Deutschland, spätes 20. Jh., Aluminium.
Audi A8, der Beginn einer neuen Ära.

Tips für die Reise

Hilfen für die Reise

Deutsche Rettungsflugwacht in Verbindung mit der Björn-Steiger-Stiftung
Echterdinger Str 89
70794 Filderstadt
☎ (07 11) 7 00 70
Fax: 7 00 73 33
Alarmzentrale: ☎ 70 10 70

Pannenhilfe

Allgemeiner-Deutscher-Automobil-Club ADAC
Am Westpark 8
81373 München
☎ (0 89) 7 67 60
Fax: 76 76 25 00
Info-Zentrale: ☎ 0 18 05 10 11 12
Pannenhilfe: ☎ 0 18 02 22 22 22

ACE Auto Club Europa e.V.
Schmidener Str 233
70374 Stuttgart
☎ (07 11) 5 30 30
Fax: 0 18 05 33 66 78
ACE-Euro-Notruf: ☎ 0 18 02 34 35 36

Auto- und Reiseclub Deutschland ARCD
Oberntiefer Str 20
91438 Bad Windsheim
☎ (0 98 41) 40 90
Fax: 4 09 64
Notruf: ☎ 01 30 82 82 82

Automobilclub von Deutschland e.V. AvD
Lyoner Str 16
60528 Frankfurt am Main
☎ (0 69) 6 60 60
Fax: (0 69) 6 60 62 10
Service: ☎ (0 69) 6 60 63 00
Pannenhilfe: ☎ 01 30 99 09

Audi: ☎ 01 30 99 00

BMW: ☎ 01 30 332

Ford: ☎ 01 30 49 64

Mercedes: ☎ 01 30 50 05

Opel: ☎ 01 30 49 63

Volkswagen: ☎ 01 30 99 00

Zentralen der Autovermietungen

Avis	☎ (0 61 71) 68 18 00
	Fax: (0 61 71) 68 10 01
Europcar	☎ 0 18 05 22 11 22
	Fax: (0 40) 52 01 86 13
Hertz	☎ 01 80/5 33 35 35
	☎ (0 61 96) 93 39 00
	Fax: (0 61 96) 93 71 16
Sixt/Budget	☎ (0 89) 66 69 50
	Fax: (0 89) 61 41 44 90

Zentralruf der Autoversicherer

Bundesweit unter ☎ 1 92 13 mit der Vorwahl der folgenden Städte zu erreichen: Aachen (02 41); Berlin (0 30); Essen (02 01); Frankfurt (0 69); Hamburg (0 40); Hannover (05 11); Köln (02 21); München (0 89); Nürnberg (09 11); Saarbrücken (06 81)

Kreditkartenunternehmen

(Tel.-Nr. zur Verlustmeldung)

AX American Express 24-Std.-Dienst	☎ (0 69) 97 97 10 00
DC Diners Club 24-Std.-Dienst	☎ (0 69) 26 03 50
ED Eurocard 24-Std.-Dienst	☎ (0 69) 79 33 19 10
VA Visa 24-Std.-Dienst	☎ 01 30 81 49 10
EC-Karte	☎ (0 69) 74 09 87
AirPlus-Card	☎ (0 61 02) 20 41 99

Mobilfunk

(Info-Nr., Verlustmeldung, Service)

D1-Netz Telekom	☎ 01 30 01 71
D2-Netz Privat	☎ (01 72) 12 12
E-Plus	☎ (01 77) 11 11
	☎ (01 80) 2 17 71 77

Hertz Urlaubsautos ab Deutschland:
Größe: X, Ausstattung: XXL, Preis: S

Gönnen Sie Ihrem Auto doch auch einmal Urlaub Besonders wenn es nicht mehr das Jüngste ist. Oder wenn Sie in den Ferien ein größeres Auto fahren wollen.

Hertz hat bestimmt auch das richtige Auto für Sie und das zu attraktiven Preisen.

Bei uns bekommen Sie auch immer das neueste Modell mit garantiert niedriger Kilometerleistung.

Informationen und Reservierungen erhalten Sie unter Telefon 01 80 / 533 35 35 oder fragen Sie Ihr Reisebüro.

Wir bringen Sie weiter.

Tips für die Reise

Hinweise für Flugreisen

Die Informationen für Flugreisen im Varta geben Ihnen mit großer Wahrscheinlichkeit alle Tips und Hinweise, die Ihnen vor und während der Flugreise hilfreich sind.

Die mit R hervorgehobenen Telefonanschlüsse sind überwiegend für Buchungen eingerichtet.

Informationen zu Flughäfen europäischer Metropolen finden Sie ab Seite 109.

Verkehrsflughäfen und Lufthansa Stadtbüros in Deutschland

Zentrale Reservierungsnummer Lufthansa
☎ 0 18 03 80 38 03
Fax (05 61) 9 93 31 15

Berlin

Flughafen Tegel
13405 Berlin
☎ (0 30) 41 01-1
Fax (0 30) 41 01-21 11
LH ☎ (0 30) 88 75 63 33
Verkehrsanbindungen:
Buslinien: 109 Flughafen — Jakob-Kaiser-Platz — Charlottenburg — Adenauerplatz — Kurfürstendamm — Zoo
128 Flughafen — Kurt-Schumacher- Platz — Residenzstr — Osloer Str
X 9 Expresslinie über Jakob-Kaiser-Platz (U7), Jungfernheide (U7 und Regionalbahn), Bahnhof Zoologischer Garten (Fern-, S-, U-Bahn), Budapester Straße zum Lützowplatz
🅿 1850 bis 20 Min frei
Std 3-4 DM
— Tag 18-20 DM
— Woche 114-140 DM
LH City Center/ Kurfürstendamm 220
10719 Berlin
☎ (0 30) 8 87 50
R ☎ (0 30) 88 75 88
Fax (0 30) 88 75 86 01
Novotel Berlin Airport

Berlin

Flughafen Tempelhof
12101 Berlin
☎ (0 30) 69 51-0
Verkehrsanbindung:
U-Bahn: U 6 Flughafen — Mehringdamm — Friedrichstr — Leopoldplatz — Alt-Tegel über Alt-Tempelhof — Alt Mariendorf
Bus: 104 Flughafen — Herrfurthstr — Boddinstr — Treptower Park — Rathaus Schöneberg — Wilmersdorf — Fehrbelliner Platz — Messegelände/ICC — Neu-Westend, Brixplatz
119 Flughafen — Kreuzberg — Westl. City — Kurfürstendamm — Grunewald, Hagenplatz
341 Kreuzberg — Anhalter Bahnhof — Kulturforum — Moabit, Waldstr
184 Tempelhof — Mariendorf — Attilastr — Lankwitz — Lichterfelde-Ost — Teltow — Kleinmachnow, Schleusenweg
🅿 345 — Std 2,50-3 DM
— Tag 12-15 DM
— Woche 93 DM
LH City Center (siehe Berlin Tegel)

Berlin

Flughafen Berlin-Schönefeld
12521 Berlin
☎ (0 30) 60 91-0
Fax (0 30) 60 91-48 97
LH ☎ (0 30) 60 91-51 66
Verkehrsanbindungen:
Fernbahn: IC-Anschluß ca. 300 m (5 Min)
S-Bahn: S9 nach Westkreuz über Hbf — Alexanderplatz — Friedrichstr — Zoologischer Garten (östliche und westliche City)
S45 nach Westend über Schöneberg — Bundesplatz (U9) — Witzleben (Messegelände/ICC)
Buslinien:171 nach U-Bhf Rudow
N46 nach S-/U-Bhf Zoologischer Garten
N160 nach Schöneweide
163 nach Altglienicke
602 nach Potsdam
735 nach U-Bhf Rudow
736 nach Bhf Johannistaler Chaussee
737 nach Lichtenrade
738 nach U-Bhf Rudow
N60 nach Adlersdorf

Tips für die Reise

Regionalverkehr:
RE3 Schwedt/Oder — Angermünde — Bernau — Berlin — Lichtenberg — Schönefeld — Luckenwalde — Jüterbog — Falkenberg — Senftenberg — Cottbus (alle 120 Min)
RB22 Königs Wusterhausen/Berlin-Karlshorst — Schönefeld — Werder (alle 60 Min)
RB24 Berlin — Schöneweide — Schönefeld — Zossen — Wünsdorf (alle 20/40 Min)
RB31 Schönefeld — Zossen — Sperenberg — Jüterbog (alle 120 Min)

P 1800 — Std 1-3 DM
— Tag 15-50 DM
— Woche 47-126 DM
LH City Center (siehe Berlin-Tegel)

Bremen

Flughafen Bremen
28199 Bremen
☎ (04 21) 55 95-0
Fax (04 21) 55 95-2 71
Verkehrsanbindungen:
Straßenbahnlinie: 5 Bremen Hbf — Flughafen
P 1800 — Std 2 DM
— Tag 18 DM
LH City Center / Obernstr 1
28195 Bremen
☎ (04 21) 36 00 37
Fax (04 21) 3 60 05 75

Dortmund

Flughafen Dortmund GmbH
Flughafen 7-9, 44319 Dortmund (Wickede)
☎ (02 31) 92 13 01
Fax (02 31) 9 21 31 25
Verkehrsanbindungen:
Buslinien: SB 47 zwischen Do Hbf, Flughafen und Holzwickede im Stundentakt
P 450 — Std 2 DM
— Tag 10-12 DM
P 250 — kostenlos im Westteil des Flughafengeländes
LH City Center/Dortmunder Reisebüro
Deggingstr 40,
44137 Dortmund
☎ (02 31) 9 21 31 90
Fax (02 31) 21 18 09

Dresden

Flughafen Dresden
01109 Dresden
☎ (03 51) 88 10
Fax (03 51) 8 81 36 65
Verkehrsanbindungen:
Cityliner: Flughafen — Bhf Neustadt — Hbf
Flughafen — Chemnitz
P 1500 — Std 1-2 DM
— Tag 12-16 DM
LH City Center / Wilsdruffer Str 25-29
01067 Dresden
☎ (03 51) 49 98 80
Fax (03 51) 4 99 88 49

Düsseldorf

Rhein-Ruhr Flughafen Düsseldorf
Postfach 30 03 63, 40403 Düsseldorf
☎ (02 11) 4 21-0
Fax (02 11) 4 21-66 66
LH ☎ (02 11) 8 68 84 40
Verkehrsanbindungen:
S-Bahn: S 7 Flughafen — Düsseldorf Hbf — Solingen/Ohligs
S 21 Flughafen — Dortmund
Buslinien: 727 Flughafen — Düsseldorf Hbf — Tannenhof
760 Flughafen — Ratingen
072 Flughafen — Krefeld
Sonderbusse zur Messezeit
P 10 000 — 15 Min 1 DM
— Tag 9-27 DM
✆ 190
LH City Center / Königsallee 70
40212 Düsseldorf
R ☎ (02 11) 86 86 86
Fax (02 11) 8 38 52 22
Arabella Airport Hotel

Frankfurt

Flughafen Frankfurt
60547 Frankfurt
☎ (0 69) 6 90-3 05 11
LH ☎ (0 69) 6 90-7 27 44
Verkehrsanbindungen:
S-Bahn: S8 Hanau — Frankfurt Hbf — Mainz — Wiesbaden
Regional Express nach Wiesbaden, Hanau, Mainz und Koblenz
Buslinien: nach Darmstadt, Dreieich, Frankfurt-Schwanheim, Frankfurt-Süd, Bad Homburg, Kelsterbach, Messe Frankfurt, Neu-Isenburg, Offenbach, Rüsselsheim, Walldorf-Mörfelden, Zeppelinheim

Tips für die Reise

Buslinie: (Deutsche Lufthansa) nach Mannheim, Heidelberg, Heilbronn/Sinsheim, Mannheim
P 11 000 — 1. Std 4, dann 5 DM
— Tag 14-15 DM
🛇 1000
LH City Center / Am Hauptbahnhof 2
60329 Frankfurt
R ☎ (0 69) 25 52 55
☎ (0 69) 2 55 45 10
Fax (0 69) 2 55 45 29
Sheraton Hotel
Steigenberger Avance Frankfurt Airport

Hamburg

Flughafen Hamburg
Paul-Bäumer-Platz 1-3, 22335 Hamburg
☎ (0 40) 50 75-0
Fax (0 40) 50 75-12 34
LH ☎ (0 40) 3 59 26-6 66
Verkehrsanbindungen:
U- und S-Bahn: Hamburg Hbf — Ohlsdorf weiter im HVV-Airport-Expreß (Bus) bis Flughafen Hamburg
Buslinien: Richtung Lufthansa Werft, Teufelsbrück, Alsterdorf, Rathaus, Markt, Billstedt, Mundsburger Brücke, Ochsenzoll, Niendorf-Markt
Airport-City-Bus: Hamburg Hbf — Flughafen
P 6000 — Std 2 DM
— Tag 9-40 DM
— Woche 50 DM
🛇 60
LH City Center / Dammtorstr 14
20354 Hamburg
R ☎ (0 40) 35 92 55
☎ (0 40) 3 59 26-7 30
Fax (0 40) 3 59 26-7 49
Airport Hotel

Hannover

Flughafen Hannover
Postfach 42 02 80, 30662 Hannover
☎ (05 11) 9 77-0
LH ☎ (05 11) 9 77-26 00
Verkehrsanbindungen:
Buslinie: 60 Hannover Hbf — Flughafen
P 9000 — 30 Min 2 DM
— Tag 14 DM
— Woche 57-105 DM
Parkgutschein 20 DM
🛇 120
LH City Center / Luisenstr 4
30159 Hannover
☎ (05 11) 36 40 80
Fax (05 11) 3 64 08 30
Maritim Airport Hotel,
Holiday Inn Crowne Plaza Hannover Airport
(siehe Langenhagen)

Hof

Regionalflughafen Hof-Pirk
95032 Hof
☎ (0 92 92) 54 09
Fax (0 92 92) 66 64
☎ Reisebüro Otto (0 92 92) 95 50
Fax Reisebüro Otto (0 92 92) 9 55 30
P 300 — kostenlos
🛇 300

Köln

Flughafen Köln/Bonn Konrad Adenauer
Postfach 98 01 20, 51129 Köln
☎ (0 22 03) 40-0
Fax (0 22 03) 40 40 44
Verkehrsanbindungen:
Straßenbahn/Bus: Stadtbahnlinie 7 bis Porz, von dort Linie 161 zum Flughafen
Umsteigemögl. S-Bahn Köln u. Siegburg am Bahnhof Köln-Porz in Linie 161
508 Hennef — Dambroich — St. Augustin — Flughafen
Schnellbuslinien:
170 Köln Hbf — Bf Deutz (Messe) — Flughafen
670 Bonn Hbf — Flughafen
P 4900 — Std 1 DM
— Tag 5 DM
— Woche 10-20 DM
LH City Center / Am Hof 30
50667 Köln
☎ (02 21) 92 54 99-0
Fax (02 21) 92 54 99-10
Holiday Inn

Leipzig

Flughafen Leipzig-Halle
P. O. B. 1, 04029 Leipzig
☎ (03 41) 2 24-0
LH ☎ (03 41) 1 24 16 19
Verkehrsanbindungen:
Buslinien: Leipzig Hbf — Flughafen
Halle Neustadt über Halle Hbf — Flughafen
P 1500 — Std 2 DM
— Tag 12 DM
— Woche 75 DM
LH Stadtbüro / Reichsstr 18
04109 Leipzig
☎ (03 41) 12 99 80
Fax (03 41) 1 29 98 11

Tips für die Reise

München

Fughafen München
Nordallee 25, 85356 München
☎ (0 89) 9 75-00
Fax (0 89) 9 75-5 79 06
Verkehrsanbindungen:
S-Bahn: S 8 Flughafen — Hbf — Bhf München/Pasing
Buslinien: nach Augsburg, Erding, Freising, München Messe, Dachau, Ingolstadt/Pfaffenhofen, Insbruck/Südtirol, Landshut, Markt Schwaben, München-Riem, Regensburg, Salzburg, Taufkirchen/ Vils, Wasserburg
Non-Stop-Express-Bus nach München, Nordfriedhof und Hbf.
Auf Bestellung weitere Transferbusse in die gesamte Flughafenregion
🅿 12 000 — 30 Min 2-4 DM
— Tag 25 DM
— Woche 50-175 DM
♿ 50
LH City Center / Lenbachplatz 1
80333 München
R ☎ (0 89) 54 55 99
Fax (0 89) 55 25 50 55
(siehe Erding)

Münster/Osnabrück

Flughafen Münster/Osnabrück
Hüttruper Heide 71-81, 48268 Greven
☎ (0 25 71) 94-0
Fax (0 25 71) 94 21 29
Verkehrsanbindungen:
Buslinien: S50, D50, RT51 Münster Hbf/A2 — Flughafen
D50, S50 — Ibbenbüren — Flughafen
FAST Flughafen Anruf Sammel Taxi:
150 a Osnabrück Hbf — Flughafen (FAST — Fahrzeuge müssen mindestens 2 Std vor der Abfahrt bestellt werden).
☎ (0 25 71) 45 25
🅿 2100 — Tag 3-6 DM

Nürnberg

Flughafen Nürnberg
Flughafenstr 100, 90411 Nürnberg
☎ (09 11) 9 37 00
Fax (09 11) 9 37 12 09
LH ☎ (09 11) 92 90-4 70

Verkehrsanbindungen:
Buslinien: U2 Nürnberg Hbf — Herrnhütte, dann Bus 20 Flughafen
32 Thon — Flughafen
🅿 1560 — Tag 19 DM
— Woche 133 DM
LH City Center / Am Plärrer 25
90443 Nürnberg
☎ (09 11) 26 61 15
Fax (09 11) 26 61 98

Saarbrücken

Flughafen Saarbrücken
66131 Saarbrücken
☎ (0 68 93) 8 30
🅿 560 — Std 2 DM
— Tag 7,50 DM
— Woche 46 DM
LH Stadtbüro / Berliner Promenade 16
66111 Saarbrücken
☎ (06 81) 3 91 84
Fax (06 81) 3 90 49 86
La Résidence
Alfa-Hotel
(siehe St. Ingbert)

Stuttgart

Flughafen Stuttgart
Postfach 23 04 61, 70624 Stuttgart
☎ (07 11) 9 48-0
Fax (07 11) 9 48-22 41
Verkehrsanbindungen:
S-Bahn: Stuttgart Hbf — Flughafen
Buslinien: nach Nürtingen, Isny-Ravensburg, Neuenhaus, Tübingen, Reutlingen
🅿 4 000 — bis 20 Min frei
— 30 Min 1-2,50 DM
— Tag 14-30 DM
— Woche 70-90 DM
LH City Center / Lautenschlagerstr 20
70173 Stuttgart
☎ (07 11) 2 27 14-0
Fax (07 11) 2 27 14-99
Airport Hotel Mövenpick
(siehe Leinfelden-Echterdingen)

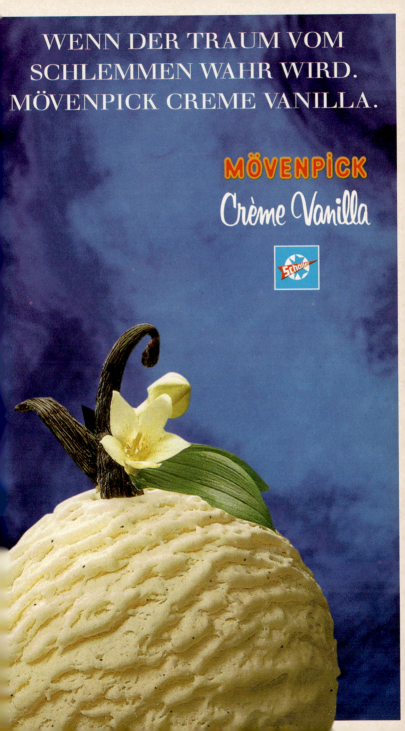

Tips für die Reise

Hier können Sie buchen

Diese Auflistung nennt Ihnen Stellen, die Ihnen bei der Zimmerbuchung behilflich sein können. Zum großen Teil handelt es sich um zentrale Buchungseinrichtungen von Ketten oder Kooperationen, die nur über die bei ihnen zusammengeschlossenen Betriebe verfügen können. Da viele dieser Zusammenschlüsse nicht nur in Deutschland aktiv sind, kann Sie dieses Verzeichnis auch bei der Planung von Auslandsreisen unterstützen.

Die mit R hervorgehobenen Telefonanschlüsse sind überwiegend für Buchungen eingerichtet.

ADZ (Allgemeine Deutsche Zimmerreservierung)
DZT-Service Abteilung
☎ (0 69) 74 07 67
Fax: (0 69) 75 10 56
Corneliusstraße 34, 60325 Frankfurt/Main

Akzent-Hotelkooperation GmbH
R ☎ 0 18 02 30 57 58
☎ (05 11) 3 37 06 36
Fax (05 11) 3 37 06 39
Yorckstraße 3, 30161 Hannover

Arabella Service Center
R ☎ 0 18 02 55 11
☎ (0 89) 92 00 32-00
Fax: (0 89) 92 00 03-2 01
Arabellastraße 13-15, 81925 München

Best Western Deutschland GmbH
R ☎ 01 30 44 55
☎ (0 61 96) 47 24-0
Fax: (0 61 96) 47 24 12
Mergenthaler Allee 2-4, 65760 Eschborn

Carrera HC Reservationsbank
(Buchungen für: Minotels, Kempinski auf Anfrage, Days Inn of America, Hotel Parc Fifty Five/San Francisco, Cheeca Lodge/Islamorada, Eden Roc Hotel/Miami Beach, Williams Hospitality Group/Puerto Rico, Hotel Copamarina & The Regency Hotel/Puerto Rico)
☎ (0 69) 42 08 90 89
Fax: (0 69) 41 25 25
Borsigallee 17, 60388 Frankfurt/M.

CM Classica Hotels
Hauptverwaltung
☎ (0 21 29) 9 36 30
Fax: (0 21 29) 93 63 33
Kaiserstraße 46, 42781 Haan

Comfort-Hotels
Hotline Hotelreservierung
R ☎ 01 30 86 09 06
Fax (0 30) 3 24 28 69
Kantstraße 104 a, 10627 Berlin

Design Hotels International Zentrale
☎ (08 21) 3 45 45 45
Fax: (08 21) 3 45 45 95
Konrad-Adenauer-Allee 35
86150 Augsburg

Dorint AG
☎ 01 30 66 05
☎ (0 21 61) 8 18-0
Fax: (0 21 61) 8 18-1 37
Kaldenkirchener Straße 2
41063 Mönchengladbach

Euro-Class-Collection-Stammhaus
(Buchungen für: Doorm-Hotels, Classic & Historic-Hotels)
☎ (0 61 71) 5 20 31
Fax: (0 61 71) 49 48
Oberhöchstadter Straße 35
61440 Oberursel

European Castle Hotels & Restaurants Gast im Schloß
☎ (06 21) 1 26 62-13
Fax: (06 21) 1 26 62-12
Postfach 12 06 20, 68057 Mannheim

Flair Hotels e.V.
☎ (0 79 34) 34 34
Fax: (0 79 34) 34 34
Hauptstraße 54, 97990 Welkersheim

**Forte Hotels und
Le Méridien Hotels
& Resorts Sales (Deutschland) GmbH**
R ☎ Forte Hotels 01 30 29 44
☎ (0 69) 2 38 54 30
Fax: (0 69) 23 85 43 50
Neue Mainzer Straße 22
60311 Frankfurt/Main

Golden Tulip Hotels
☎ (02 11) 4 91 12 14
Fax: (02 11) 4 91 06 79
Nordstr 2, 40477 Düsseldorf

**Good Night Inn Hotels
Zentrale Reservierungsstelle Krün**
R ☎ 0 18 05 32 65 32
Walchenseestraße 6, 82494 Krün

Hilton Reservation Service
☎ 01 30 81 81 46
Fax: 00 32 27 25 61 99
Ikaroslaan 2 D, B-1930 Zaventem

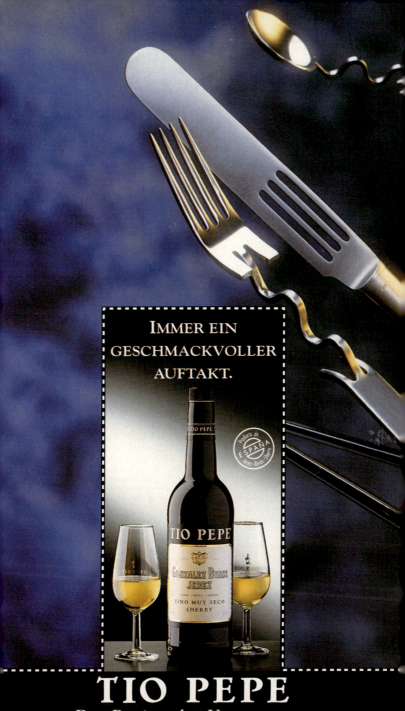

Tips für die Reise

**Holiday Inns International
Worldwide Reservation Center**
☎ 01 30 81 51 31
Fax: 0 03 12 06 06 54 64
Busitel 3, Orlyplein 65
NL-1043 DR Amsterdam

HRS-Hotel Reservation Service
☎ (02 21) 2 07 76 00
Fax: (02 21) 2 07 76 66
Drususgasse 7-11, 50667 Köln

Hyatt Hotels & Resorts
— Service Center —
☎ (0 69) 29 01 14
Fax: (0 69) 29 01 72
Große Eschenheimer Straße 43
60313 Frankfurt

IFA Hotel & Touristik AG
R ☎ (02 03) 9 92 76 60
☎ (02 03) 99 27 60
Fax (02 03) 9 92 76 91
Düsseldorfer Str 50, 47051 Duisburg

Intercontinental und Forum Hotels
☎ 01 30 85 39 55
Fax: 00 44 18 15 68 95 55
Thameside Centre
Kew-Bridge-Road
Brentford
Middx TW8 0EB

Kempinski AG
☎ 01 30 33 39
Fax: (0 69) 13 88 51 40
Am Forsthaus Gravenbruch 9-11
63263 Neu-Isenburg

Land Flair — Deutsche Landgasthöfe
☎ (0 98 46) 5 20
Fax: (0 98 46) 5 08
Postfach 506, 91428 Bad Windsheim

**Landidyll Ländliche Lebensfreude
Live Hotels**
☎ (09 11) 30 58 50
Fax: (09 11) 30 37 98
Hofweg 5, 90765 Fürth

The Leading Hotels of the World
R ☎ 01 30 85 21 10
☎ (0 69) 13 88 51 20
Fax: (0 69) 13 88 51 40
Berliner Straße 44, 60311 Frankfurt/M.

**Marriott Worldwide Reservation
Service**
☎ 01 30 85 44 22
Fax: 00 40 17 15 91 11 28
Bowater House East, 68 Knightsbridge
7th floor, London SW1 X7XH

Minotels Deutschland
☎ (0 89) 18 44 15
Fax: (0 89) 18 44 16
Landshuter Allee 38, 80637 München

Mövenpick Deutschland
☎ 01 30 85 22 17
Fax: (0 76 21) 79 25 09
c/o Mövenpick Restaurants A5/N2
79576 Weil/Rhein

Preferred Hotels & Resorts Worldwide
R ☎ 01 30 86 00 33
Fax: (0 69) 6 66 20 00
Hahnstraße 40, 60528 Frankfurt/M.

Queens Moat Houses Hotel GmbH
☎ 018 03 33 94 33
Frankenring 31-33, 30853 Langenhagen
Fax: (05 11) 7 40 05 77

**Relais du Silence-
Silencehotel International
Reservierungszentrale**
☎ (00 33) 1 44 49 90 00
Fax: (00 33) 1 44 49 79 01
2, Passage du Guesclin, F-75015 Paris

**Relais du Silence
Silencehotels Deutschland e.V.**
☎ (0 88 45) 1 21 10
Fax (0 88 45) 83 98
Am Kurpark 1, 82435 Bayersoien

Relais & Châteaux Informationsbüro
R ☎ 01 80 5 33 34 31
☎ (0 51 41) 21 71 21
Fax: (0 51 41) 2 71 19
c/o Fürstenhof Celle
Hannoversche Straße 55/56, 29221 Celle
http://www.integra.fr/relaischateaux
E-mail: resarc relaischateaux.fr

Rema-Hotels-Hauptverwaltung
R ☎ 01 30 36 33
☎ (02 12) 26 73 00
Fax: (02 12) 2 67 30 30
Hackhauser Straße 68, 42697 Solingen

Renaissance Hotels International
Hotels & Resorts
R ☎ 01 30 81 23 40
☎ (0 61 96) 96 02 00
Fax: (0 61 96) 49 61 97
Mergenthaler Allee, 65760 Eschborn

Resinter
(Buchungen für: Lucien Barriere, Sofitel,
Novotel, Mercure, Ibis, Coralia Resort Hotels, Jardins de Paris)
☎ (0 61 96) 48 38 00
Fax: (0 61 96) 48 38 17
Mergenthaler Allee 77, 65760 Eschborn

Tips für die Reise

Ringhotels e.V.
R ☎ (0 89) 45 87 03 20
☎ (0 89) 4 58 70 30
Fax: (0 89) 45 87 03 30
Belfortstraße 6-8, 81667 München

Romantik Hotels und Restaurants GmbH & Co. KG
☎ (0 61 88) 9 50 20
Fax: (0 61 88) 60 07
Postfach 11 44
63791 Karlstein am Main

Scandic Reservation Service
R ☎ 01 30 82 92 92
☎ (0 69) 8 00 71 60
Fax: (0 69) 80 07 16 16
Kaiserleistraße 45, 63067 Offenbach

Sheraton Reservation Office Mahon Industrial Estate
R ☎ 01 30 85 35 35
Fax: 0 03 53 21 35 93 52
Blackrock, Cork Irland

SMH-Select Marketing Hotels
R ☎ (0 21 32) 96 01 95
☎ (0 21 32) 1 04 61
Fax: (0 21 32) 96 00 93

Sorat Hotels-Head Office
R ☎ 01 30 32 25
☎ (0 30) 3 47 95 10
Fax: (0 30) 34 79 51 22
Einsteinufer 63-65, 10587 Berlin

SRS-Steigenberger Reservation Service
R ☎ 01 30 44 00
☎ (0 69) 6 65 64 05
Fax: (0 69) 66 56 45 45
Lyoner Str 40, 60528 Frankfurt/M.

Maritim Supranational Hotelreservierungszentrale
☎ 01 80-2 31 21 21
☎ (0 61 51) 90 57 60
Fax: (0 61 51) 90 57 50
Külpstraße 2, 64293 Darmstadt

Tibs Buchungsservice — Reservierungszentrale für Deutschlandangebote
(Buchungen für: Akzent Hotels, Ringhotels, Travel Charme Hotels und VCH-Hotels)
☎ (07 61) 8 85 81 20
Fax: (07 61) 8 85 81 29
Yorckstraße 23
79110 Freiburg

TOP International Hotels
☎ (02 11) 57 80 75
Fax: (02 11) 57 80 74
Alt-Niederkassel 76, 40547 Düsseldorf

Travel Charme Hotel GmbH
R ☎ 01 30 83 59 49
☎ (0 30) 4 24 39 50
Fax (0 30) 42 43 96 96
Friedrichsberger Straße 24, 10243 Berlin

Treff Res — Reservationssystem
(Buchungen für Treff Hotels in Deutschland und in der Schweiz)
☎ 01 30 85 82 82
Fax: (0 56 91) 89 04 30
Große Allee 1-3, 34454 Arolsen

Utell International LTD.
(Buchungen für 6500 Hotels weltweit)
☎ (02 11) 4 91 00 55
Fax: (02 11) 4 91 06 79
Nordstraße 2, 40477 Düsseldorf

Varta Hotel-Service
☎ (05 11) 3 40 13 26
Fax: (05 11) 3 40 13 60
Lützerodestraße 10, 30161 Hannover

Vivatura e.V.
☎ (0 47 21) 40 50
Fax: (0 47 21) 40 56 14
c/o Kurhotel Deichgraf
Nordfeldstraße 16-20, 27476 Cuxhaven-Döse

Wegweiser

Erstklassige und hervorragende Hotelleistung

Mit drei roten Kronen zeichnet die Redaktion des Varta Deutschland Betriebe aus, in denen für den jeweiligen Betriebscharakter eine Vorbildfunktion erkennbar ist. Zwei rote Kronen kennzeichnen hervorragende Leistung eines Betriebes.

♛♛♛
Baden-Baden
Brenner's Park-Hotel

Baiersbronn
Bareiss im Schwarzwald

Bühlertal
Schloßhotel Bühlerhöhe

Laasphe, Bad
Jagdhof Glashütte

♛♛
Badenweiler
Schwarzmatt

Baiersbronn
Traube-Tonbach

Berlin
Brandenburger Hof

Cuxhaven
Badhotel Sternhagen

Essen
Residence

Hamburg
Vier Jahreszeiten
Abtei

Herleshausen
Hohenhaus

Holzappel
Herrenhaus Zum Bären

Kamenz
Goldner Hirsch

Köln
Hotel im Wasserturm

Limburg an der Lahn
Romantik Hotel Zimmermann

Ofterschwang
Sport- und Kurhotel Sonnenalp

Wertheim
Schweizer Stuben

Wiesloch
Mondial

Franz Herbster, Kellermeister der Winzergenossenschaft Ehrenstetten/Markgräflerland

Das Geheimnis ist die badische Sonne.

Claus-Peter Lumpp, Baiersbronn/Mitteltal

...und ich wollte schon Ihnen gratulieren.

Information: Badischer Wein, Keßlerstraße 5, 7500 Karlsruhe 21

BADISCHER WEIN®
von der Sonne verwöhnt

Wegweiser

Erstklassige und hervorragende Küchenleistung

Mit drei roten Kochmützen zeichnet die Redaktion des Varta Deutschland die Leistung von Küchen aus, in denen kein Spielraum nach oben mehr erkennbar ist. Zwei rote Kochmützen kennzeichnen hervorragende Küchenleistung.

♛♛♛

Baiersbronn
Französisches Restaurant Schwarzwaldstube im Hotel Traube-Tonbach

Dreis
Restaurant im Waldhotel Sonnora

Essen
Restaurant Residence/Benedikt im Hotel Residence

♛♛

Aschau
Restaurant im Hotel Residenz Heinz Winkler

Baiersbronn
Restaurant Bareiss im Hotel Bareiss im Schwarzwald

Bergisch Gladbach
Restaurant Dieter Müller im Schloßhotel Lerbach

Berlin
Restaurant Grand Slam
Rockendorfs Restaurant

Bühlertal
Restaurant Imperial im Schloßhotel Bühlerhöhe

Dortmund
Restaurant La Table

Düsseldorf
Restaurant Im Schiffchen

Eltville
Restaurant Marcobrunn im Hotel Schloß Reinhartshausen

Grevenbroich
Restaurant Zur Traube

Hamburg
Restaurant Landhaus Scherrer

Bad Laasphe
Restaurant L'école

Lüdenscheid
Restaurant Petersilie

Maintal
Restaurant Hessler

München
Restaurant Tantris

Bad Nenndorf
Restaurant La Forge im Schmiedegasthaus Gehrke

Stromberg
Restaurant Le Val d'Or in Johann Lafer's Stromburg

Sylt-Westerland
Restaurant Jörg Müller

Wertheim
Restaurant Schweizer Stuben im Hotel Schweizer Stuben

Zweiflingen
Restaurant im Wald- und Sporthotel Friedrichsruhe

Gastro-Junior-Trophäe

Der Wettbewerb um die Gastro-Junior-Trophäe für den besten Nachwuchs-Oberkellner Deutschlands will den talentierten Nachwuchs im Servicebereich der Gastronomie fördern und dem Ansehen des Serviceberufes den Stellenwert vermitteln, den er verdient.

Der Wettbewerb wird gemeinsam vom Bremer Weinimporteur A. Segnitz & Co. GmbH und dem Varta-Führer ausgerichtet. Am Wettbewerb können alle jungen Servicemitarbeiter teilnehmen, die über eine abgeschlossene Ausbildung im Serviceberuf und anschließende Berufserfahrung verfügen, sofern sie nicht älter als 26 Jahre sind, noch nicht die Position des ersten Oberkellners einnehmen und kein Restaurant besitzen.

Die bisherigen Gewinner der Gastro-Junior-Trophäe:

1990/91	Uwe Pörschmann
1991/92	Hennig Heise
1992/93	Anja Luley
1993/94	Michael Weil
1994/95	Marie-Helen Krebs
1995/96	Anja Siewert

„Gastgeber des Jahres"

Der Nachwuchs braucht Vorbilder, die „Gastgeber des Jahres". So verleihen seit 1994 der Varta-Führer und die A. Segnitz & Co. GmbH im Rahmen des jählichen Wettbewerbes um die Gastro-Junior-Trophäe diese Auszeichnung an Oberkellner oder Patrons für ihre vorbildliche Art des Umgangs mit dem Gast.

Die bisherigen „Gastgeber des Jahres":

1994	Dominique Metzger Restaurant Grand Slam Berlin
1995	Ernst August und Andreas Gehrke Schmiedegasthaus Gehrke Bad Nenndorf-Riepen

A. Segnitz & Co. GmbH

Ihr Weinpartner
mit Kompetenz, Niveau und Verläßlichkeit

A. SEGNITZ & CO.
Löwenhof · 28844 Weyhe · Tel. 0 42 03/81 30-0 · Fax 0 42 03/81 30 99

Bitte senden Sie das Vertriebsprogramm kostenlos und unverbindlich an folgende Adresse:

Name: _____

Firma: _____

Straße/Wohnort: _____

Telefon/Fax: _____

Wegweiser

Ruhig und einzeln gelegene Hotels

Diese Zusammenstellung zeigt Ihnen alle Betriebe, die auch über ruhige Zimmer verfügen und abseits von Ortschaften liegen. Wir haben uns bemüht, hier die Hotels und Gasthäuser zu empfehlen, die auch ruhig und, im Idealfall, naturnah gelegen sind.
Weitere Einzelheiten entnehmen Sie bitte dem Datenteil ab Seite 124.

Berlin

Berlin-Dahlem
Forsthaus Paulsborn

Schleswig-Holstein

Alt Duvenstedt-Neu Duvenstedt
Töpferhaus

Grömitz
Hof Krähenberg

Hattstedtermarsch
Landhaus Arlauschleuse

Hohwacht
Genueser Schiff

Husum
Nordseehotel

Lüttjensee
Gästehaus im Hotel Seehof

Mölln
Schwanenhof

Quickborn
Romantik-Hotel Jagdhaus Waldfrieden

Ratzeburg-Farchau
Farchauer Mühle

Schleswig
Waldschlößchen

Simonsberg-Simonsberger Koog
Lundenbergsand

Sylt-Morsum
Landhaus Nösse

Mecklenburg-Vorpommern

Bollewick
Landgasthof Bollewick

Groß Mohrdorf-Hohendorf
Schloßpark-Hotel Hohendorf

Groß-Nemerow
Bornmühle

Krakow am See
Ich weiß ein Haus am See

Kuchelmiß
Landhaus am Serrahner See

Möllenbeck-Quadenschönfeld
Farmland

Plau-Seelust
Hotel & Waldrestaurant

Rügen-Glowe
Schloßhotel Spyker

Rügen-Prosnitz
Gutshaus Kajahr

Rügen-Sellin
Cliff-Hotel

Rügen-Trent-Vaschvitz
Seepark Residenz

Rügen-Wreechen
Wreecher Hof

Siedenbrünzow-Vanselow
Schloßhotel Vanselow

Stuer, Bad
Stuersche Hintermühle

Tripkau-Strachau
Utspann

Usedom-Ahlbeck
Residenz Waldoase

Usedom-Koserow-Damerow
Forsthaus Damerow

Weitendorf
Schloß Kaarz

Wesenberg
Seehotel Borchard's Rookhus

Niedersachsen

Aerzen
Golf- und Schloßhotel Münchhausen

Bispingen-Wilsede
Witthöft's Gästehaus

Wegweiser: Ruhig und einzeln gelegene Hotels

Buchholz in der Nordheide-Holm
Seppenser Mühle

Burgwedel
Am Springhorstsee

Clausthal-Zellerfeld
Pixhaier Mühle

Dörverden-Barnstedt
Fährhaus

Drage-Stove
Zur Rennbahn

Egestorf
Hof Sudermühlen

Einbeck
Hasenjäger

Einbeck-Negenborn
Einbecker Sonnenberg

Essel
Heide-Kröpke

Garbsen Berenbostel
Landhaus am See

Gifhorn
Heidesee

Goslar-Hahnenklee
Dorint Hotel Kreuzeck

Hannover-Bemerode
Kronsberger Hof

Haselünne
Parkhotel am See

Hermannsburg-Oldendorf
Zur Alten Fuhrmanns Schänke

Herzlake-Aselage
Zur alten Mühle

Isenbüttel
Seehotel am Tankumsee

Jesteburg
Haus Deutscher Ring

Lauterberg, Bad
Kneippkurhotel Wiesenbeker Teich

Leer-Nettelburg
Lange

Liebenau
Schweizerlust

Nörten-Hardenberg
Burghotel Hardenberg

Norderney
Golf-Hotel

Northeim
Waldhotel Gesundbrunnen

Osterholz-Scharmbeck
Tietjens Hütte

Pyrmont, Bad
Landhaus zu den Erdfällen

Rinteln
Waldkater

Salzgitter-Lichtenberg
Waldhotel Burgberg

Steinfeld (Oldenburg)
Schemder Bergmark

Uelsen
Am Waldbad

Varel-Obenstrohe
Waldschlößchen Mühlenteich

Visbeck-Norddöllen
Waldfrieden

Worpswede
Eichenhof

Bremen

Bremen
Park Hotel

Bremerhaven
Parkhotel

Hamburg

Hamburg-Hausbruch
Berghotel Sennhütte

Hamburg-Sasel
Mellingburger Schleuse

Brandenburg

Belzig-Wenddoche
Fläming-Hotel Wenddoche

Belzig-Wenddoche
Flämingshof Wernicke

Buchenhain
Landhaus Arnimshain

Burg (Spreewald)-Kauper
Waldhotel Eiche

Chorin
Haus Chorin

Wegweiser: Ruhig und einzeln gelegene Hotels

Brandenburg (Forts.)

Dreetz-Michaelisbruch
Landhaus

Eichhorst
Jagdschloß Hubertusstock

Groß Dölln
Pannonia

Groß Briesen-Klein Briesen
Parkhotel Juliushof

Luhme-Heimland
Am Birkenhain

Netzen
Seehof

Niewitz-Rickshausen
Spreewaldhotel Jorbandt

Potsdam
Schloß Cecilienhof
Bayerisches Haus

Potsdam-Nedlitz
Kranich

Prieros
Waldhaus Prieros

Pritzwalk
Forsthaus Hainholz

Semlin
Golf- und Landhotel Semlin

Storkow (Mark)-Görsdorf
Seehotel Göhrsdorf

Templin
Fährkrug

Sachsen-Anhalt

Beendorf
Knigge Landhaus im Allertal

Benneckenstein
Harzhaus

Freyburg (Unstrut)
Rebschule

Kelbra
Barbarossa

Kösen, Bad
Schöne Aussicht

Magdeburg
Best Western Hotel Herrenkrug

Meisdorf
Forsthaus Meisdorf

Osterfeld
Amadeus

Pretzsch (Elbe)-Mergelwitz
Golmer Weinberg

Schweinitz
Haus am Wald

Stolberg (Harz)
Harzhotel Schindelbruch

Thale (Harz)
Gästehaus im Berghotel Roßtrappe

Wittenberg
Waldhotel Vogel

Nordrhein-Westfalen

Ahaus-Altstätte
Golfhotel

Ahaus-Ottenstein
Haus im Flör

Attendorn
Burg Schnellenberg

Bergisch Gladbach
Schloßhotel Lerbach

Bielefeld
Waldhotel Brands Busch

Bonn-Kessenich
Steigenberger Hotel Venusberg

Brilon
Waldhotel Brilon

Brilon-Wald
Jagdhaus Schellhorn

Datteln
Jammertal

Eslohe-Cobbenrode
Berghotel Habbel

Gronau-Epe
Moorhof

Herscheid-Wellin
Waldhotel Schröder

Hilchenbach
Haus am Sonnenhang

Horn-Bad Meinberg-Leopoldstal
Gut Rothensiek

Wegweiser: Ruhig und einzeln gelegene Hotels

Iserlohn
Korth
Waldhotel Horn

Iserlohn-Kesbern
Gasthaus Zur Mühle

Königswinter
Gästehaus Petersberg

Ladbergen
Waldhaus an de Miälkwellen

Lennestadt-Saalhausen
Haus Hilmeke

Möhnesee-Delecke
Haus Delecke

Münster-Handorf
Haus Eggert

Münster-Hiltrup
Waldhotel Krautkrämer

Münster-Roxel-Hohenfeld
Parkhotel Schloß Hohenfeld

Netphen-Lahnhof
Forsthaus Lahnquelle

Nottuln
Steverberg

Rösrath-Forsbach
Forsbacher Mühle

Salzuflen, Bad
Schwaghof

Schieder-Schwalenberg
Burghotel

Schmallenberg-Fredeburg
Klein's Wiese

Schmallenberg-Ohlenbach
Waldhaus Ohlenbach

Schmallenberg-Rimberg
Knoche

Schmallenberg-Westfeld
Berghotel Hoher Knochen

Sprockhövel-Frielinghausen
Golf-Hotel Vesper

Stemwede-Haldem
Berggasthof Wilhelmshöhe

Tecklenburg-Leeden
Jagdschloß Habichtswald

Telgte
Heidehotel Waldhütte

Warstein
Gästehaus Waldfrieden

Wenden
Landhaus Berghof

Wiehl
Waldhotel Hartmann/Tropfsteinhöhle

Wünnenberg
Jagdhaus

Wünnenberg-Bleiwäsche
Waldwinkel

Hessen

Bensheim-Auerbach
Herrenhaus

Darmstadt-Kranichstein
Schloßhotel

Geisenheim-Johannisberg
Haus Neugebauer

Großenlüder-Kleinlüder
Hessenmühle

Haiger-Offdilln
Landhaus Mühlenhof

Hanau-Wilhelmsbad
Golf-Hotel

Herleshausen-Hohenhaus
Hohenhaus

Hirschhorn
Schloßhotel

Hofbieber
Fohlenweide

Hofgeismar-Sababurg
Dornröschenschloß Sababurg

Hohenroda-Schwarzengrund
Hessen Hotelpark Hohenroda

Kelkheim-Fischbach
Schloßhotel Rettershof

Königstein im Taunus
Sonnenhof

Kronberg im Taunus
Schloßhotel Kronberg

Marburg-Wehrshausen
Dammühle

Meinhard-Schwebda
Schloß Wolfsbrunnen

Mengerskirchen-Probbach
Landhaus Höhler
Tannenhof

Wegweiser: Ruhig und einzeln gelegene Hotels

Hessen (Forts.)

Michelstadt-Vielbrunn
Geiersmühle

Niedernhausen
Micador Taunushotel

Poppenhausen-Rodholz
Berghotel Rhöndistel

Rüdesheim am Rhein
Jagdschloß Niederwald

Schmitten (Taunus)-Oberreifenberg
Waldhotel

Schwalmstadt-Ziegenhain
Hof Weidelbach

Seeheim-Jugenheim
Brandhof

Sensbachtal
Reußenkreuz

Spangenberg
Schloß Spangenberg

Waldeck
Burghotel Schloß Waldeck

Weilrod-Neuweilnau
Sporthotel Erbismühle

Willingen
Wald-Hotel Willingen

Rheinland-Pfalz

Bollendorf
Sonnenberg

Boppard
Golfhotel Jakobsberg

Bundenbach-Rudolfshaus
Forellenhof Reinhartsmühle

Cochem
Weißmühle

Dahn
Pfalzblick

Dannenfels-Bastenhaus
Bastenhaus

Dreis
Waldhotel Sonnora

Dürkheim, Bad-Leistadt
Annaberg

Edenkoben
Park Hotel

Eisenschmitt-Eichelhütte
Molitors Mühle

Föckelberg
Turm-Hotel Auf dem Potzberg

Gerolstein-Müllenborn
Landhaus Müllenborn

Haßloch
Sägmühle

Horbruch
Historische Schloßmühle

Kaiserslautern
Blechhammer

Kempfeld
Wildenburger Hof

Kirchheimbolanden-Schillerhain
Schillerhain

Kreuznach, Bad
Landhotel Kauzenberg

Landscheid-Burg
Waldhotel Viktoria

Landstuhl
Schloßcafé

Leiwen
Zummethof

Maikammer
Waldhaus Wilhelm

Marienberg, Bad
Kurhotel Wildpark

Montabaur
Stock

Neuenahr-Ahrweiler, Bad
Hohenzollern

Oberelbert
Forellenhof

Rengsdorf
Obere Mühle

Schönecken
Burgfrieden

Simmern
Birkenhof

Sobernheim
Kurhaus am Maasberg

Ulmet
Felschbachhof

Wegweiser: Ruhig und einzeln gelegene Hotels

Westerburg-Stahlhofen
Bensing's Sport & Gesundhotel

Zeiskam
Zeiskamer Mühle

Zweibrücken
Romantik Hotel Fasanerie

Thüringen

Brotterode
Waldschlößchen

Eisenach
Auf der Wartburg

Erbenhausen
Eisenacher Haus

Friedebach
Waldhaus Bergmann

Friedrichroda
Schloßhotel Reinhardsbrunn
Berggasthof Tanzbuche

Georgenthal
Rodebachmühle

Gotha-Gospiterode
Thüringer Waldblick

Gumpelstadt-Witzelroda
Falkenblick

Ilmenau
Berg- und Jagdhotel Gabelbach

Kahla-Leubengrund
Waldhotel Linzmühle

Kleinbartloff-Reifenstein
Reifenstein

Luisenthal
Der Berghof

Meiningen
Schloß Landsberg

Meuselwitz
Hainberg-See

Rudolstadt-Cumbach
Am Marienturm

Saalfeld-Wittmannsgereuth
Waldhotel Mellestollen
Waldhaus

Schmalkalden
Waldhotel Ehrental
Best Western Hotel Henneberger Haus

Schmiedefeld a. Rennsteig
Pension im Kurpark

Schmölln-Selka
Landhotel Leedenmühle

Sonneberg-Steinbach
Waldblick

Unterwellenborn-Dorfkulm
Kulmberghaus

Wasungen
Burg Marienluft

Wünschendorf-Pösneck
Müller

Sachsen

Amtsberg Dittersdorf
Dittersdorfer Hof

Annaberg-Buchholz
Berghotel Pöhlberg

Bärenstein
Berghotel Bärenstein

Bärenstein-Kühberg
Pöhlagrund

Berggießhübel-Zwiesel
Waldesruh

Crottendorf
Dietrichsmühle

Görlitz
Burghotel Landeskrone

Gottleuba, Bad
Augustusberg

Grimma-Höfgen
Zur Schiffsmühle

Hohnstein
Pension Polenztal

Lauter
Danelchristelgut

Lichtenstein
Alberthöhe

Marienberg-Wolfsberg
Berghotel Drei Brüder Höhe

Meißen
Goldgrund

Moritzburg
Waldschänke

Oberwiesenthal
Hotelbaude Berg-Kristall

Olbernhau
Pulvermühle

Wegweiser: Ruhig und einzeln gelegene Hotels

Sachsen (Forts.)

Oybin
Teufelsmühle

Penig-Tauscha
Zur Lochmühle

Reinhardtsdorf-Schöna
Panoramahotel Wolfsberg

Reudnitz
Pelzer

Sayda-Friedebach
Waldhotel Kreuztanne

Scheibenberg
Berghotel

Schwarzenberg-Bermsgrün
Am Hohen Hahn

Steinpleis
In der Mühle

Waldenburg
Glänzlesmühle

Waltersdorf
Auf der Heide

Baden-Württemberg

Aalen
Treff Hotel Limes Thermen

Alfdorf-Haghof
Haghof

Baiersbronn-Hinterlangenbach
Forsthaus Auerhahn

Baiersbronn-Klosterreichenbach
Ailwaldhof

Bonndorf (Schwarzwald)-Sommerau
Gasthof Sommerau

Breitnau-Höllsteig
Best Western Hotel Hofgut Sternen

Bühlertal-Schwarzwaldhochstraße
Schloßhotel Bühlerhöhe
Plättig-Hotel

Denkingen
Klippeneck

Donaueschingen
Öschberghof

Freiburg im Breisgau-Herdern
Panorama Hotel Mercure

Gutach im Breisgau-Bleibach
Der Silberkönig

Hardheim
Waldhotel

Hausen ob Verena
Hofgut Hohenkarpfen

Hinterzarten-Bruderhalde
Alemannenhof

Horben-Langackern
Luisenhöhe

Hornberg
Schloß Hornberg

Isny
Best Western Berghotel Jägerhof

Königsfeld im Schwarzwald
Fewotel Schwarzwald Treff

Lauterbach
Käppelehof

Lenzkirch-Saig
Kurhotel Saigerhöh

Löffingen
Schwarzwald-Parkhotel

Metzingen-Glems
Stausee-Hotel

Neuenbürg
Zur alten Mühle

Oberkirch
Haus am Berg

Obrigheim
Schloß Neuburg

Östringen-Tiefenbach
Kreuzberghof

Pfalzgrafenweiler
Waldsägmühle

Reutlingen
Achalm-Hotel

Schömberg-Brieselsberg
Untere Kapfenhardter Mühle

Schömberg-Unterreichenbach
Jägerhof

Schönaich
Waldhotel Sulzbachtal

Wegweiser: Ruhig und einzeln gelegene Hotels

Starzach
Schloß Weitenburg

Straubenhardt-Langenalb
Waldhotel Bergschmiede

Stuttgart-Degerloch
Waldhotel Degerloch

Sulzburg
Waldhotel Bad Sulzburg

Unterreichenbach-Kapfenhardt
Mönch's Waldhotel Kapfenhardter Mühle

Waldkirch-Kollnau
Kohlenbacher Hof

Weinsberg
Gutsgaststätte Rappenhof

Bayern

Achslach
Berghotel Kalteck

Alzenau-Wasserlos
Schloßberg im Weinberg

Amorbach
Der Schafhof

Bayerisch Gmain
Klosterhof

Bayreuth-St. Johannis
Eremitage

Bayreuth-Wolfsbach
Schloßhotel Thiergarten

Bernried-Rebling
Reblingerhof

Blaichach-Gunzesried
Allgäuer Berghof

Böbrach
Sport Hotel Ödhof

Colmberg
Burg Hotel Colmberg

Dammbach-Krausenbach
Waldhotel Heppe

Drachselsried-Oberried
Berggasthof Riedlberg
Pension Hochstein

Eichstätt
Waldgasthof Geländer

Eschenbach-Kleinkotzenreuth
Obersee

Eurasburg-Beuerberg
Gut Faistenberg

Feuchtwangen
Landgasthof Walkmühle

Fichtelberg
Waldgasthof am Fichtelsee

Fladungen
Berggasthof Sennhütte

Gmund a. Tegernsee-Gut Steinberg
Margarethenhof

Grainau
Eibsee-Hotel

Grassau (Chiemgau)
Berggasthof Adersberg

Haidmühle-Langreut
Haus Märchenwald

Halblech-Trauchgau
Sonnenbichl

Hauzenberg-Geiersberg
Berggasthof Sonnenalm

Hauzenberg-Penzenstadl
Landhotel Rosenberger

Hösbach-Winzenhohl
Klingerhof

Kipfenberg-Arnsberg
Schloß Arnsberg

Kirchenlamitz
Jagdschloß Fahrenbühl

Kirchham
Haslinger Hof

Klingenberg-Röllfeld
Paradeismühle

Lam
Steigenberger Avance Sonnenhof

Lindau-Hoyren
Villino

Lindau-Schachen
Bad Schachen

Lohberg-Silbersbach
Osser-Hotel

Mittenwald
Berggasthof Gröbl-Alm
Lautersee

Neualbenreuth-Ernestgrün
Schloßhotel Ernestgrün

Wegweiser: Ruhig und einzeln gelegene Hotels

Bayern (Forts.)

Neubrunn-Böttigheim
Berghof

Neukirchen vorm Wald-Feuerschwendt
Gut Giesel

Neureichenau-Lackenhäuser
Bergland-Hof

Oberaudorf
Feuriger Tatzlwurm

Oberstaufen-Bad Rain
Alpengasthof Bad Rain

Oberstdorf
Waldesruhe

Ofterschwang
Sonnenalp

Pfronten-Dorf
Bavaria

Pfronten-Obermeilingen
Schloßanger-Alp
Burghotel auf dem Falken

Philippsreut-Mitterfirmiansreut
Zur Alm

Piding
Berg- und Sporthotel Neubichler Alm

Pöcking-Niederpöcking
La Villa

Pöcking-Possenhofen
Forsthaus am See

Postmünster
Landhotel am See

Reit im Winkl
Alpengasthof Winklmoosalm

Reit im Winkl-Blindau
Steinbacher Hof

Rinchnach-Oberasberg
Haus am Berg

St. Englmar-Maibrunn
Kur- und Berghotel Maibrunn

St. Englmar-Rettenbach
Gut Schmelmerhof

Schliersee-Spitzingsee
Arabella Alpenhotel am Spitzingsee

Schöfweg-Sonnenwald
Sporthotel Sonnenwald

Schönau a. Königssee
Alpenhof

Thyrnau-Rassbach
Golf-Hotel

Trebgast
Röhrleinshof

Treffelstein-Kritzenthal
Katharinenhof

Tröstau-Fahrenbach
Golfhotel

Übersee-Feldwies
Chiemgauhof

Waging am See
Eichenhof

Waischenfeld-Rabeneck
Rabeneck

Wartmannsroth
Neumühle

Weißensberg
Golfclub Bodensee

Wiggensbach-Unterkürnach
Hofgut Kürnach

Wirsberg
Reiterhof

Wörishofen
Sonneck

Wunsiedel-Juliushammer
Juliushammer

Saarland

Homburg
Schloßberghotel

Wallerfangen-Kerlingen
Haus Scheidberg

Österreich

Hinterriß
Herzoglicher Alpenhof
Zur Post

Hinterriß-Eng
Alpengasthof Eng

Kleinwalsertal-Mittelberg
Alpenhof Wildental

Kössen
Peternhof

Wegweiser

Raststätten und Motels an der Autobahn

Getreu dem Selbstverständnis des Varta Deutschland, immer eine empfehlenswerte Auswahl anzubieten und den Benutzer auf Reisen nicht ohne nützliche Hinweise zu lassen, legen wir eine Auflistung der Raststätten und Motels längs der Autobahnen vor, die nach Meinung unserer Fachinspektoren dem reisenden Autofahrer empfohlen werden können.

Dabei geht die Redaktion davon aus, daß die Gastronomie und die Hotellerie an den Autobahnen spezielle Aufgaben zu erfüllen haben und deswegen nicht mit den Maßstäben gemessen werden können, die der Varta sonst anlegt.

Um aber Qualitätsunterschiede trotzdem sichtbar werden zu lassen, stellen wir zwei Qualitätsstufen dar:
- Die empfehlenswerten Betriebe werden in die Auswahl aufgenommen.
- Die Betriebe, deren Leistung über dem Durchschnitt liegt, erkennen Sie am rot unterstrichenen Betriebsteil.

Öffnungszeiten bei kombinierten Betrieben (Selbstbedienungs- und Service-Restaurant) liegen häufig nicht fest.
Zimmerpreise bitte bei Reservierung nachfragen.

A 1 Fehmarn — Hamburg — Bremen — Dortmund — Köln

Buddikate Ost
☎ (0 45 34) 3 51, Fax 73 97
22965 Todendorf

Service-Restaurant

Fußgänger-Überführung

Stillhorn Ost
☎ (0 40) 75 01 70, Fax 75 01 71 89
21109 Hamburg

Service-Restaurant; Motel

Straßenverbindung mit West, Buchungsbüro für Skandinavienfähren. Auch einfachere Zimmer vorhanden.

Hollenstedt
☎ (0 41 65) 2 14 30, Fax 21 43 43
21275 Hollenstedt

Service-Restaurant; SB-Restaurant; Motel

Oyten Süd
☎ (0 42 07) 59 24, Fax 39 68
28876 Oyten

Service-Restaurant; Motel

Wildeshausen Nord und Süd
Nord ☎ (0 44 31) 7 10 77, Fax 7 18 54
Süd ☎ (0 44 31) 9 97 70, Fax 99 77 77
27801 Dötlingen

SB-Restaurant

Fußgänger-Überführung

Brückenrasthaus Dammer Berge
☎ (0 54 93) 6 85, Fax 57 45
49451 Holdorf

Service-Restaurant; SB-Restaurant

Tecklenburger Land West
☎ (0 54 56) 5 66, Fax 5 68
49545 Tecklenburg

Service-Restaurant; Motel

Pkw-Unterführung

Münsterland West
☎ (0 25 34) 4 96, Fax 94 91
48161 Münster-Roxel
SB-Restaurant

Münsterland Ost
☎ (0 25 34) 6 20 20, Fax 62 02 22
48161 Münster-Roxel

Service-Restaurant; SB-Restaurant

Lichtendorf Nord
☎ (0 23 04) 49 66, Fax 4 15 59
44289 Dortmund

Service-Restaurant

Lichtendorf Süd
☎ (0 23 04) 94 14 20, Fax 9 41 42 42
58239 Schwerte

Service-Restaurant; SB-Restaurant

Remscheid Ost
☎ (0 21 91) 90 30, Fax 90 33 33
42859 Remscheid

Service-Restaurant; SB-Restaurant; Motel

Wegweiser: Autobahn-Raststätten und Motels

A 10 Berliner Ring

Michendorf Nord
☎ (03 32 05) 4 44 09, Fax 4 44 61
14552 Michendorf

SB-Restaurant
Fußgänger-Überführung

A 115 Avus Berlin

Grunewald
☎ (0 30) 80 30 40, Fax 80 30 41 00
14129 Berlin

Service-Restaurant; Motel

A 13 Berlin — Dresden

Berstetal Ost
☎ (03 54 56) 68 20, Fax 68 22 04
15926 Duben/Kaden

Bistro

Rüblingsheide West
☎ (03 54 56) 68 30, Fax 68 32 04
15926 Duben/Terpt

Bistro

A 14 Halle — Leipzig — Döbeln — BAB-Dreieck Nossen

Hansens Hotz
☎ (03 43 25) 2 01 11, Fax 2 01 12
04720 Choren

SB-Restaurant

A 2 Berlin — Helmstedt — Hannover — Dortmund

Lappwald Nord
☎ (0 53 51) 86 03, Fax 98 78
38350 Helmstedt

Service-Restaurant; SB-Restaurant;

Helmstedt Süd
☎ (0 53 51) 70 61, Fax 4 10 77
38350 Helmstedt

Service-Restaurant; SB-Restaurant

Garbsen Nord
☎ (0 51 37) 7 20 21, Fax 7 18 19
30823 Garbsen

Service-Restaurant: „Galerie";
SB-Restaurant; Motel

Bad Eilsen
☎ (0 57 22) 82 20, Fax 8 52 18
31707 Bad Eilsen

Service-Restaurant

Herford Nord und Süd
Nord ☎ (0 52 21) 8 00 26, Fax 8 00 27
Süd ☎ (0 52 21) 8 10 97, Fax 8 43 77
32049 Herford

SB-Restaurant

Rhynern Nord
☎ (0 23 85) 60 31, Fax 4 64
59028 Hamm-Rhynern

SB-Restaurant; Service-Restaurant;
Motel

Rhynern Süd
☎ (0 23 85) 4 55, Fax 59 84
59028 Hamm-Rhynern

SB-Restaurant; Motel

A 24 Berlin — Hamburg

Gudow Nord
☎ (0 45 47) 7 12, Fax 12 11
23899 Gudow

SB-Restaurant; Bistro; Motel

Walsleben Ost und West
West ☎ (03 39 20) 6 92 33, Fax 6 92 33
Ost ☎ (03 39 20) 6 93 31, Fax 6 93 31
16818 Walsleben
SB-Restaurant; Fußgänger-Überführung

Linumer Bruch Nord und Süd
Nord ☎ (03 39 27) 6 05 31
Süd ☎ (03 39 27) 6 05 32, Fax 6 05 33
16833 Linum

SB-Restaurant

A 3 Emmerich — Duisburg — Köln — Frankfurt — Nürnberg — Regensburg — Passau

Hünxe West
☎ (0 28 58) 70 98, Fax 79 89
46569 Hünxe

Service-Restaurant

Wegweiser: Autobahn-Raststätten und Motels

Hünxe Ost
☎ (0 28 58) 70 57, Fax 29 53
46569 Hünxe

Service-Restaurant; SB-Restaurant; Motel

Hösel
☎ (0 21 02) 6 00 35, Fax 6 79 96
40883 Ratingen-Allscheid

Motel

Siegburg West
Zur alten Poststraße
☎ (0 22 41) 6 60 68, Fax 5 58 63
53721 Siegburg

Service-Restaurant; Motel

Fernthal West
☎ (0 26 83) 9 86 30, Fax 3 11 72
53577 Neustadt/Wied

Service-Restaurant; Motel

Urbacher Wald
☎ (0 26 89) 34 45, Fax 17 44
56307 Dernbach

SB-Restaurant

Heiligenroth
☎ (0 26 02) 10 30, Fax 10 34 50
56412 Heiligenroth

Service-Restaurant; Hotel

Montabaur
☎ (0 26 02) 40 78, Fax 10 34 50
56410 Montabaur

SB-Restaurant

Bad Camberg Ost
☎ (0 64 34) 71 71, Fax 70 50
65520 Bad Camberg

Service-Restaurant; SB-Restaurant

Bad Camberg West
☎ (0 64 34) 60 66, Fax 70 04
65520 Bad Camberg

SB-Restaurant; Motel

Medenbach Ost
☎ (0 61 22) 9 83 10, Fax 98 31 11
65207 Wiesbaden-Medenbach

SB-Restaurant

Weiskirchen Süd
☎ (0 61 82) 50 25, Fax 6 70 08
63110 Rodgau

SB-Restaurant; Fußgängerbrücke

Spessart Nord
☎ (0 60 94) 9 71 20, Fax 81 54
63879 Rohrbrunn

Service-Restaurant; SB-Restaurant

Spessart Süd
☎ (0 60 94) 94 10, Fax 94 12 53
63879 Rohrbrunn

Service-Restaurant;
SB-Restaurant; Motel

Würzburg Nord
☎ (09 31) 61 40 20, Fax 6 14 02 22
97084 Würzburg

Service-Restaurant; SB-Restaurant

Steigerwald Süd
☎ (0 95 48) 4 33, Fax 4 35
96193 Wachenroth

Service-Restaurant; SB-Restaurant;
Motel

Bayerischer Wald Süd
☎ (0 94 22) 18 26, Fax 57 38
94336 Hunderdorf

SB-Restaurant

> **A 4 Lüttich — Köln — Olpe — Sauerlandlinie — Erfurt — Dresden — Bautzen**

Propsteier Wald Süd
☎ (0 24 03) 87 71 00, Fax 3 62 11
52249 Eschweiler

SB-Restaurant

Propsteier Wald Nord
☎ (0 24 03) 47 74, Fax 3 62 11
52249 Eschweiler

SB-Restaurant

Frechen Nord
☎ (0 22 34) 6 10 64, Fax 6 54 15
50226 Frechen

SB-Restaurant

Eisenach Nord
☎ (0 36 91) 68 80, Fax 6 88 33
99819 Krauthausen

Service-Restaurant: Truckerstuben;
SB-Restaurant;
Panorama-Café; Bistro
Von beiden Seiten anzufahren

Dresdner Tor Nord
☎ (03 52 04) 67 40, Fax 6 74 60
01723 Wilsdruff

Service-Restaurant; SB-Restaurant;
Bistro

Wegweiser: Autobahn-Raststätten und Motels

Dresdner Tor Süd
☎ (03 52 04) 90 50, Fax 9 05 55
01723 Wilsdruff

Service-Restaurant; SB-Restaurant; Motel

A 45 Sauerlandlinie

Siegerland Ost
☎ (0 27 34) 5 75 00, Fax 57 50 35
57258 Freudenberg

SB-Restaurant; Motel

Siegerland West
☎ (0 27 34) 5 76 30, Fax 57 63 33
57258 Freudenberg

SB-Restaurant

Dollenberg
☎ (0 27 72) 9 28 30, Fax 92 83 34
35745 Herborn

Service-Restaurant; SB-Restaurant

A 5 BAB-Dreieck Kirchheim — Frankfurt — Karlsruhe — Basel

Bergstraße Ost
☎ (0 62 51) 3 89 46, Fax 6 14 78
64625 Bensheim

SB-Restaurant

Hardtwald West
☎ (0 62 24) 8 38 15, Fax 5 55 51
64625 Sandhausen

SB-Restaurant

Hardtwald Ost
☎ (0 62 24) 9 30 20, Fax 93 02 33
69207 Sandhausen

SB-Restaurant

Bruchsal West
☎ (0 72 51) 30 03 22, Fax 71 82 22
76694 Forst

Service-Restaurant; SB-Restaurant; Motel

Bruchsal Ost
☎ (0 72 51) 33 22, Fax 8 64 42
76694 Forst

SB-Restaurant; Bistro

Baden-Baden West
☎ (0 72 21) 6 50 43, Fax 1 76 61
76532 Baden-Baden

Service-Restaurant (ab 15 Uhr SB-Restaurant); Motel

Von beiden Seiten anzufahren

Renchtal West
☎ (0 78 05) 9 69 90, Fax 96 99 50
77767 Appenweier

SB-Restaurant

Bühl
☎ (0 72 21) 9 85 90, Fax 98 59 14
77815 Bühl

SB-Restaurant

Breisgauperle
☎ (0 76 64) 10 71, Fax 5 94 27
79227 Schallstadt-Mengen

Service-Restaurant; SB-Restaurant

Deutscher Rasthof Weil am Rhein
☎ (0 76 21) 7 74 77, Fax 7 67 83
79576 Weil am Rhein

SB-Restaurant

A 6 Saarbrücken — Heilbronn — Nürnberg

Waldmohr Nord
☎ (0 63 73) 32 35, Fax 90 60
66914 Waldmohr

Service-Restaurant; SB-Restaurant (nur nachts); Motel

Hockenheim West
☎ (0 62 05) 68 91, Fax 68 88
68766 Hockenheim

Service-Restaurant

Kraichgau Nord
☎ (0 72 61) 23 18, Fax 58 02
74889 Sinsheim

Service-Restaurant; SB-Restaurant (nur nachts)

Kraichgau Süd
☎ (0 72 61) 21 28, Fax 6 50 95
74889 Sinsheim

SB-Restaurant

A 61 BAB-Kreuz Meckenheim — Koblenz — Ludwigshafen — BAB-Kreuz Hockenheim

Brohltal West
☎ (0 26 36) 9 74 10, Fax 97 41 30
56651 Niederzissen

SB-Restaurant

Hunsrück Ost
☎ (0 67 24) 33 11, Fax 30 79
55442 Daxweiler

SB-Restaurant

Wegweiser: Autobahn-Raststätten und Motels

Hunsrück West
☎ (0 67 24) 33 27, Fax 68 20
55442 Stromberg

SB-Restaurant

Wonnegau West
☎ (0 62 41) 97 81 80, Fax 9 78 18 20
67551 Worms-Pfeddersheim

SB-Restaurant

A 67 BAB-Kreuz Darmstadt — BAB-Kreuz Mannheim

Pfungstadt Ost
☎ (0 61 57) 30 31, Fax 24 26
64319 Pfungstadt

Service-Restaurant; SB-Restaurant; Motel

A 7 Flensburg — Hamburg — Hannover — Kassel — Würzburg — Ulm — Kempten

Brokenlande Ost
☎ (0 43 27) 2 10, Fax 13 70
24623 Brokenlande

SB-Restaurant

Holmmoor West
☎ (0 41 06) 6 92 90, Fax 6 69 14
25451 Quickborn

Service-Restaurant; SB-Restaurant

Brunautal Ost
☎ (0 51 94) 9 89 80, Fax 98 98 20
29646 Bispingen

SB-Restaurant; Motel
Zufahrt zur Raststätte West möglich

Brunautal West
☎ (0 51 94) 8 68, Fax 8 86
29644 Bispingen

Service-Restaurant; Motel

Göttingen West
☎ (0 55 09) 92 00, Fax 92 01 57
37124 Rosdorf-Mengershausen

SB-Restaurant; Motel

Kassel Ost
☎ (05 61) 9 59 80, Fax 9 59 81 00
34253 Lohfelden

Service-Restaurant; SB-Restaurant; Motel

Hasselberg Ost
☎ (0 56 85) 2 83, Fax 10 97
34593 Knüllwald-Oberbeisheim

SB-Marktrestaurant

Kirchheim Ost — Motel-Center Kirchheim
☎ (0 66 25) 10 80, Fax 86 56
36275 Kirchheim

Service-Restaurant;
SB-Restaurant: Markt; Motel
Motel mit 140 Zimmern, Fitness-Club mit Hallenbad, Business Center

Uttrichshausen West
☎ (0 97 42) 3 49, Fax 13 11
36148 Kalbach-Uttrichshausen

SB-Restaurant; Mc Donald's Restaurant

Rhön Ost
☎ (0 97 47) 8 28, Fax 13 10
97795 Schondra

SB-Restaurant

Riedener Wald Ost
☎ (0 93 63) 50 01, Fax 14 35
97262 Bergtheim-Rieden

Service-Restaurant; Motel

Riedener Wald West
☎ (0 93 63) 7 01, Fax 64 86
97262 Rieden

Service-Restaurant; SB-Restaurant; Motel

Ellwanger Berge Ost
☎ (0 79 61) 5 40 27, Fax 5 45 47
73479 Ellwangen

Service-Restaurant; SB-Restaurant

Ellwanger Berge West
☎ (0 79 61) 5 40 88, Fax 5 31 56
73479 Ellwangen

SB-Restaurant; Bistro

Lonetal Ost
☎ (0 73 24) 9 61 50, Fax 96 15 30
89537 Giengen/Brenz

SB-Restaurant

A 8 Karlsruhe — Stuttgart — München — Salzburg

Aichen Nord
☎ (0 73 37) 2 18, Fax 2 17
89191 Aichen

SB-Restaurant

Wegweiser: Autobahn-Raststätten und Motels

Leipheim

☏ (0 82 21) 7 20 37, Fax 7 14 14
89340 Leipheim

Service-Restaurant; SB-Restaurant; Motel

Edenbergen Süd

☏ (08 21) 48 30 82, Fax 4 86 25 02
86368 Gersthofen

Service-Restaurant; Motel

Irschenberg Süd

☏ (0 80 25) 20 71, Fax 52 50
83737 Irschenberg

Service-Restaurant; Motel

A 81 Würzburg — Heilbronn — Stuttgart — Singen

Wunnenstein West

☏ (0 70 62) 42 03, Fax 2 28 59
74360 Ilsfeld

Service-Restaurant

Schönbuch West

☏ (0 70 32) 9 88 80, Fax 98 88 77
71154 Nürtingen

SB-Restaurant

A 9 Berlin — Hof — Nürnberg — München

Fläming Ost und West

Ost ☏ (03 38 43) 45 50, Fax 45 57
West ☏ (03 38 43) 45 60, Fax 45 67
14823 Niemegk

SB-Restaurant

Köckern West

☏ (03 49 54) 3 92 21, Fax 3 92 21
06714 Köckern

SB-Restaurant

Hermsdorfer Kreuz

☏ (03 66 01) 8 29 61, Fax 8 29 61
07629 Hermsdorf

Service-Restaurant; Motel

Von beiden Seiten anzufahren

Rodaborn West

☏ (03 64 82) 3 02 88, Fax 3 02 88
07819 Triptis

Service-Restaurant; SB-Restaurant

Hirschberg Ost

☏ (03 66 44) 2 49 56, Fax 2 49 27
07927 Hirschberg

SB-Restaurant (Mövenpick Marché); Motel

Frankenwald

☏ (0 92 93) 94 00, Fax 9 40 40
95180 Berg-Rudolphstein

Service-Restaurant; SB-Restaurant

Von beiden Seiten anzufahren

Greding West

☏ (0 84 63) 2 87, Fax 91 07
91171 Greding

Service-Restaurant; Bistro

Sleep and Go

☏ (0 92 73) 9 61 16, Fax 9 61 17
Bayreuther Str 1-3, 95502 Himmelkron

Service-Restaurant; SB-Restaurant; Motel

Köschinger Forst Ost

☏ (0 84 05) 6 11, Fax 13 97
85120 Hepberg

Service-Restaurant

In der Holledau West

☏ (0 84 41) 80 15 60, Fax 80 15 63
85301 Geisenhausen

Service-Restaurant; SB-Restaurant; Hotel
Hotel ☏ (0 84 41) 8 01 00

A 93

Pentling

☏ (0 94 05) 55 97, Fax 63 22
93080 Pentling

SB-Restaurant

Wegweiser: Europäische Großstädte

Europäische Großstädte

Hier finden Sie nützliche Hinweise zu europäischen Großstädten, die häufig Ziel von Reisenden sind. Bei der Suche nach einem Hotel oder bei einer Hotel-Buchung hilft Ihnen gerne der Varta Hotel-Service, der mit vielen Hotels Sonderkonditionen vereinbart hat.

Varta Hotel-Service:
Telefon (05 11) 3 40 13 26
Telefax (05 11) 3 40 13 60

Amsterdam

✉ NL-1000 AA bis 1129;
☎ nach Amsterdam 00 31 20;
☎ von Amsterdam 00 49;
720 000 Ew (Großraum 940 000 Ew)

ℹ️ VVV-Auskunftsbüro,
Stationsplein 10, ☎ 00 31 / 6 34 03 40 66, Fax: 00 31 / 2 06 25 28 69,
(Postanschrift: Postbus 3901,
NL-1001 AS Amsterdam)

Generalkonsulat der
Bundesrepublik Deutschland,
De Lairessestraat 172, ☎ 6 73 62 45
(Postanschrift: Postbus 5500,
NL-1007 AM Amsterdam)

Lufthansabüros:
Wibautstraat 129, NL-1091 Gl Amsterdam,
☎ Reservierung (0 20) 6 68 58 51,
Fax (0 20) 6 68 54 16,
☎ Flughafen (0 20) 601 01 03

Flughafen Amsterdam-Schiphol liegt
14 km südwestlich;
Züge zur Central Station (Hauptbahnhof) alle 15 Min., Fahrtdauer ca. 20 Min.,
sowie zur Rai Station und Zuid Station

Botschaft des Königreichs
der Niederlande,
Sträßchensweg 10, 53113 Bonn,
☎ (02 28) 5 30 50

Niederländisches Büro für Tourismus,
(NBT) Postfach 27 05 80, 50511 Köln,
☎ (02 21) 2 57 03 83

Athen

✉ GR-100 000;
☎ nach Athen 0 03 01;
☎ von Athen 00 49;
4 000 000 Ew

ℹ️ Griechische Zentrale für
Fremdenverkehr (GNTO),
Amerikis 2, ☎ 3 22 31 11;
Informationsbüro im Gebäude der
Nationalbank am Syntagmaplatz,
Karageorgi Servias 2, ☎ 3 22 25 45

Botschaft der
Bundesrepublik Deutschland
GR-10675 Athen, POB 61011,
Karaoli & Dimitriou Str 3
☎ 01/7 28 51 11, Fax 01/7 25 12 05

Lufthansabüros:
11, Vas. Sofias Ave., 10671 Athens,
☎ Reservierungen (01) 7 71 60 02,
☎ (01) 3 69 25 11, Fax (01) 3 63 63 72

Flughafen Hellinikon liegt 12 km
südöstlich (Küstennähe);
Flughafenbus ab City Air Terminal
Leoforos Amalias/Xenofontos, Fahrtdauer
ca. 20 Min.

Griechische Botschaft,
Marienkapelle 10, 53179 Bonn,
☎ (02 28) 8 30 10

Griechische Fremdenverkehrsämter:
60311 Frankfurt/M., Neue Mainzer Str 22,
☎ (0 69) 23 65 61, Fax 23 65 76;
80333 München, Pacellistr 5,
☎ (0 89) 22 20 35;
20149 Hamburg, Abteistr 33,
☎ (0 40) 45 44 98;
10789 Berlin, Wittenbergplatz 3 a,
☎ (0 30) 2 17 62 62
Fax (0 30) 2 17 79 65

Barcelona

✉ E-08... (die letzten drei Stellen differieren je nach Straße 08...);
☎ nach Barcelona 0 03 43;
☎ von Barcelona 07 49;
1 600 000 Ew (Vororte + 1 Mill. Ew)

ℹ️ Tourismusbüro: Oficina de Tourisme,
Gran Via les Corts Catalanes 658,
E-08010 Barcelona, ☎ 3 01 74 43

Generalkonsulat der
Bundesrepublik Deutschland,
Paseo de Gràcia 111,
E-08008 Barcelona, ☎ 4 15 36 96

Lufthansabüro:
Paseo de Gràcia 55-57, 9. Stock,
E-08007 Barcelona, ☎ 4 87 03 00,
Fax 4 87 28 89
Flughafen: ☎ 3 79 37 66

Flughafen Aeropuerto de Barcelona liegt
12 km südwestlich in El Prat de
Llobregat;
Staatliche Eisenbahn (RENFE) ab Estación
Central de Sants (westliche Innenstadt), täglich von 5.42-22.12 Uhr,
alle 30 Min., Fahrtdauer ca. 30 Min.

Botschaft des Königreichs Spanien,
Schloßstr 4, 53115 Bonn,
☎ (02 28) 21 70 94

Spanische Fremdenverkehrsämter:
Myliusstr 14, 60323 Frankfurt/M.,
☎ (0 69) 72 50 33,

Wegweiser: Europäische Großstädte

Barcelona (Forts.)

Fax (0 69) 72 53 13;
Schubertstr 10, 80336 München,
☎ (0 89) 5 38 90 75,
Fax (0 89) 5 32 86 80;
Grafenberger Allee 100, 40237 Düsseldorf,
☎ (02 11) 6 80 39 85

Brüssel

✉ B-1000;
☎ nach Brüssel 0 03 22;
☎ von Brüssel 00 49;
1 Mill. Ew (Kernstadt: 137 000 Ew)

ℹ️ Tourismusbüro:
Commissariat au Tourisme,
61, rue Marche-aux Herbes,
☎ 5 04 03 00;
Informationsbüro im Rathaus
(Grand Place), ☎ 5 13 89 40, Fax 5 14 45 38

Botschaft der
Bundesrepublik Deutschland,
190, Av. de Tervueren, B-1150 Brüssel,
☎ 02/7 74 19 11, Fax 02/7 72 36 92

Lufthansabüros:
Philips Bld., First Floor,
Bld. Anspach 1, Box 4, B-1000 Brüssel,
☎ Reservierung (02) 2 12 09 22,
Fax 02/2 18 25 21,
☎ Flughafen (02) 7 20 22 26

Flughafen National liegt 14 km nordöstlich;
Flughafenexpress zwischen dem Brüsseler
Nordbahnhof, Zentralbahnhof, Südbahnhof
und dem Flughafen

Botschaft des Königreichs Belgien,
Kaiser-Friedrich-Str 7, 53113 Bonn,
☎ (02 28) 21 20 01, Fax 22 08 57

Belgisches Fremdenverkehrsamt,
Berliner Allee 47, 40212 Düsseldorf,
☎ (02 11) 86 48 40
Fax (02 11) 13 42 85

Budapest

✉ H-1000 bis 1199;
☎ nach Budapest 0 03 61;
☎ von Budapest 00 49;
2,2 Mill. Ew

ℹ️ Informationsdienst für Touristen,
Tourinform, Sütö u. 2,
H-1052 Budapest,
☎ 1 17 98 00

Botschaft der
Bundesrepublik Deutschland,
Stefánia út 101-103, H-1142 Budapest,
☎ 2 51-89 99, Fax 1 60-19 03

Lufthansabüros:
Váci utca 19-21, H-1052 Budapest,
☎ 2 66-45 11, Fax 2 66-86 69,
☎ Flughafen 1 57-02 90

Flughafen Budapest-Ferihegy 2 liegt 16 km
südöstlich;
Zubringerbus vom Internationalen
Autobusbahnhof von 5 bis 21 Uhr alle 30
Min., Fahrtdauer 30 bis 40 Min.

Botschaft der
Ungarischen Repubik, Turmstr 30,
53175 Bonn, ☎ (02 28) 37 11 12

Ungarisches Fremdenverkehrsamt,
Berliner Str 72, 60311 Frankfurt/M.,
☎ (0 69) 9 29 11 90

Dublin

✉ Keine (IRL-Dublin);
☎ nach Dublin 00 35 31;
☎ von Dublin 00 49

ℹ️ Tourist Information Office,
14 Upper O'Connel Street, ☎ 2 84 47 68

Botschaft der
Bundesrepublik Deutschland,
Embassy of the Federal Republic of
Germany, 31 Trimleston Avenue,
IRL-Booterstown,
County Dublin, ☎ 2 69 30 11,
Fax 2 69 39 46

Lufthansabüro:
Dublin Airport, ☎ (01) 8 44 55 44,
Fax (01) 8 44 59 44
☎ Flughafen (01) 7 04 47 55

Flughafen Dublin liegt 8 km nordöstlich; Linienbusse 41, 41 A, 41 B und 41 C zum Busbahnhof und weiter zur Stadtmitte (Eden Quay), Fahrtdauer 20 Min.; Airlink direct alle 20 Min;
LH-Zubringerbus Central Bus Station, Store Street

Botschaft von Irland,
Godesberger Allee 119, 53175 Bonn,
☎ (02 28) 95 92 90

Irische Fremdenverkehrszentrale,
Untermainanlage 7,
60329 Frankfurt/M.
☎ (0 69) 23 64 92,
Fax (0 69) 23 46 26

Genf

✉ CH-1200;
☎ nach Genf 00 41 22;
☎ von Genf 00 49;
158 000 Ew

ℹ️ Tourismusbüro: Office du Tourisme,
Tour-de-l'Ile 1, C. P., 5230 Genève 11
☎ 7 38 52 00
Fax 7 31 90 56

Generalkonsulat der
Bundesrepublik Deutschland,
28 C, Chemin du Petit-Saconnex,
CH-1211 Genève 19, ☎ 7 30 11 11

Wegweiser: Europäische Großstädte

Lufthansabüro:
1-3 rue Chantepoulet
CH-1211 Genève 1, ☏ 7 31 01 35,
R ☏ Reservierungen 7 31 95 50,
Fax 7 38 96 55
Flughafen: ☏ 7 98 22 45

Flughafen Genève-Cointrin liegt
4 km nordwestlich;
Zubringerbus vom Hauptbahnhof Cornavin
alle 12 Min.
Buslinie Nr. 10 alle 7 Min., Fahrtdauer ca.
20 Min.

Botschaft der Schweizerischen
Eidgenossenschaft,
Gotenstr 156, 53175 Bonn,
☏ (02 28) 81 00 80

Fremdenverkehrsbüros:
60311 Frankfurt/M., Kaiserstr 23,
☏ (0 69) 2 56 00 10, Fax 2 01 20 51;
40213 Düsseldorf, Kasernenstr 13,
☏ (02 11) 3 23 09 13, Fax 13 34 36;
20095 Hamburg, Speersort 8,
☏ (0 40) 32 14 69, Fax 32 39 00;
80802 München, Leopoldstr 33,
☏ (0 89) 33 30 18, Fax 34 53 46

Göteborg

✉ S-40121;
☏ nach Göteborg 00 46 31;
☏ von Göteborg 0 09 49;
426 000 Ew (Großraum 705 000 Ew)

ℹ Tourismusbüro: Göteborgs Turistbyra,
Kungsportsplatsen 2, S-41110 Göteborg,
☏ 10 07 40

Generalkonsulat der
Bundesrepublik Deutschland,
Drottninggatan 63, S-40121 Göteborg,
☏ 17 83 68

Lufthansabüros:
Landsvetter Airport P.O. Box
2001, S-43811 Landsvetter
Reservierung ☏ (0 31) 94 75 55
Fax (0 31) 94 75 67
Flughafen ☏ (0 31) 94 75 55

Flughafen Landsvetter liegt 25 km
östlich, Flughafenbus ab Stadtzentrum
Air Terminal, Drottningtorget,
Fahrtdauer ca. 40 Min.

Botschaft des Königreichs Schweden,
Heussallee 2-10, 53113 Bonn,
☏ (02 28) 22 38 37

Schweden-Werbung für Reisen und
Touristik GmbH, Postfach 10 59 27,
20040 Hamburg, ☏ (0 40) 33 01 85,
Fax (0 40) 33 05 99

Helsinki

✉ FIN-00100 (verschiedene Postleitzahlen
für verschiedene Postbezirke);
☏ nach Helsinki 00 35 80;
☏ von Helsinki 9 90 49;
487 500 Ew

ℹ Finnische Zentrale für Tourismus,
Eteläesplanadi 4
FIN-00100 Helsinki, ☏ (9)0-40 30 13 00
Fremdenverkehrsamt der Stadt Helsinki,
Pohjoisesplanadi 19, SF-00100 Helsinki,
☏ (9)0-1 69 37 57

Botschaft der
Bundesrepublik Deutschland
Krogiuksentie 4, ☏ (9) 0-4 58 23 55

Lufthansabüros:
Yrjönkatu 29 A, Georgsgatan
☏ 6 94 99 00
Fax 6 94 82 10
Flughafen LH ☏ 82 18 22

Flughafen Helsinki Vantaa liegt 19 km
nördlich; ☏ 97 00 81 00 / 8 27 71;
Flughafenbus zum Zentrum,
Fahrtdauer ca. 30 Min.

Botschaft der Republik Finnland,
Friesdorfer Str 1, 53173 Bonn,
☏ (02 28) 38 29 80

Finnische Zentrale für Tourismus
Darmstädter Landstr 180
60598 Frankfurt/M.
☏ (0 69) 9 68 86 70
Fax (0 69) 68 68 60

Istanbul

✉ TR-80000
☏ nach Istanbul 0 09 02 12
☏ von Istanbul 00 49
12 Mill. Ew

ℹ Tourismusbüro: Kültür ve Turizm
Bakanliginin Enformasyon Bürolari,
Galatasaray, Mesrutiyet Caddesi 57/5
Tepebasi Beyoglu/Istanbul
☏ 2 45 68 75, Fax 2 52 43 46

Generalkonsulat der
Bundesrepublik Deutschland,
Ayazpasa, Inönü Caddesi 16-18
☏ 2 51 54 04

Lufthansabüros:
Büyükdere Cad. Maya-Akar Center 100/102,
Esentepe/Istanbul
☏ Reservierung (2 12) 2 88 10 50
Fax (2 12) 2 75 69 61
☏ Flughafen (2 12) 6 63 05 97
Fax Flughafen (2 12) 6 63 05 91

Flughafen Atatürk liegt 25 km westlich;
Flughafenbus ab City Air Terminal im
Stadtteil Sishane, Fahrtdauer ca. 30 Min.

Wegweiser: Europäische Großstädte

Istanbul (Forts.)

Botschaft der Republik Türkei,
Utestr 47, 53179 Bonn,
☎ (02 28) 34 60 52, Fax 34 88 77;

Türkische Informationsabteilung des
Generalkonsulats in:
60329 Frankfurt/M., Baseler Str 37,
☎ (0 69) 23 30 81, Fax 23 27 51;
80335 München, Karlsplatz 3/1,
☎ (0 89) 59 49 02, Fax 5 50 41 38;
10789 Berlin, Tauentzienstr 7
☎ (0 30) 2 14 37 52, Fax 2 14 39 52

Kopenhagen

✉ DK-1... (Innenstadt) und DK-2...
(Frederiksberg und Außenbezirke).
Die letzten drei Stellen differieren je
nach Straße;
☎ nach Kopenhagen 00 45;
☎ von Kopenhagen 00 49;
622 000 Ew

🛈 Tourismusbüro: Tourist
Information/Zimmervermittlung,
Bernstorffgade 1, DK-1577 København V,
☎ 33 11 13 25

Botschaft der
Bundesrepublik Deutschland,
Stockholmsgade 57,
DK-2100 København ø,
☎ 35 26 16 22

Lufthansabüros:
Vester Farimagsgade 7,
DK-1606 København V, ☎ 33 37 73 33,
Fax 33 37 73 37, Flughafen : ☎ 31 51 09 55

Flughafen København-Kastrup liegt 10 km
südlich auf der Insel Amager;
Flughafenbus ab Hauptbahnhof, täglich
6.15-22.45 Uhr, alle 15 Min,
Fahrtdauer ca. 20 Min.

Botschaft des Königreichs Dänemark,
Pfälzer Str 14, 53111 Bonn,
☎ (02 28) 72 99 10

Dänisches Fremdenverkehrsamt:
Postfach 10 13 29, 20008 Hamburg,
Glockengießerwall 2, 20095 Hamburg
☎ (0 40) 32 78 03
Fax (0 40) 33 70 83

Lissabon

✉ P-1000 bis P-1900;
☎ nach Lissabon 00 35 11;
☎ von Lissabon 00 49;

🛈 Tourismusbüro: Palacio Foz, Praca dos
Restauradores, P-1200 Lisboa,
☎ (01) 3 46 36 43,
Fax (01) 3 46 87 72

Boschaft der
Bundesrepublik Deutschland,
Embaixada de República Federal
da Alemanha,
Campo dos Martires da Patria 38,
P-1100 Lisboa, ☎ 3 52 39 61;
(Postanschrift: Apartado 1046,
P-1001 Lisboa CODEX)

Lufthansabüros:
Avenida de Liberadade 192-1,
☎ 57 38 52 (auch Reservierungen),
Flughafen: ☎ 8 48 05 28

Flughafen liegt 7 km nördlich;
Busse vom Flughafen zum Bahnhof
Santa Apolonia und zum Rossio,
Fahrtdauer ca. 30 Min,
die Linien 44, 45 und 83 verkehren
zwischen Flughafen und Bahnhof Cais
do Sodré;

Botschaft der Portugiesischen Republik,
Ubierstr 78, 53173 Bonn,
☎ (02 28) 36 30 11, Fax 35 28 64

ICEP-Portugiesisches Touristik-
und Handelsbüro
Schäfergasse 17, 60313 Frankfurt/M.,
☎ (0 69) 29 05 49, Fax 23 14 33

London

✉ Keine (Kombination aus bis zu 7 Ziffern
und Buchstaben am Ende der Adresse);
☎ nach London 00 44 71 oder 00 44 81;
☎ von London 0 10 49;
8 800 000 Ew

🛈 Tourismusbüro: British Travel Center,
12 Regent Street, London SW1Y 4PQ,
☎ 7 30 34 00

Botschaft der
Bundesrepublik Deutschland,
Embassy of the Federal Republic
of Germany,
23 Belgrave Square SW1X 8PZ,
☎ 2 35 50 33

Lufthansabüro:
10 Old Bond Street, London WIX 4EN,
☎ 01 81-7 50 35 00,
Buchungen: ☎ 03 45 73 77 47;
Flughafen Heathrow (Terminal 2):
☎ 01 81-7 50 33 00

Flughafen Heathrow liegt 24 km
westlich; U-Bahn, Picadilly-Line, alle
5-10 Min.; Bus, Airbus A 1
(Victoria-Station), A 2 (Paddington)

Flughafen Gatwick liegt 40 km südlich;
British Rail, Gatwick Express,
alle 15 Min.; Bus, Green Line 77;
National Express 777

Flughafen Stanstead liegt 50 km
nördlich; Airbus A 3, British Rail
(Liverpool Street Station)

Wegweiser: Europäische Großstädte

Botschaft des Vereinigten Königreichs
von Großbritannien und Nordirland,
Friedrich-Ebert-Allee 77, 53113 Bonn,
☎ (02 28) 23 40 61

Britische Zentrale für Fremdenverkehr,
Taunusstr 52, 60329 Frankfurt/M.,
☎ (0 69) 2 38 07 11,
Fax (0 69) 2 38 07 17

Luxemburg

✉ L-1000 bis L-2999
(jede Straße — zuweilen jede einzelne
Straßenseite — hat eine eigene
vierstellige Postleitzahl);
☎ nach Luxemburg 0 03 52;
☎ von Luxemburg 00 49;
75 800 Ew

ℹ Nationales Tourismusamt,
Office National du Tourisme (ont),
Postfach 10 01, L-1010 Luxembourg,
☎ 40 08 08-1
Städtischer Verkehrsverein
Syndicat d'Initiative et de Tourisme de
la Ville de Luxembourg, Place d'Armes,
Postfach 181, L-2011 Luxembourg,
☎ 22 28 09

Botschaft der
Bundesrepublik Deutschland,
Ambassade de la République
Fédérale d'Allemagne,
20-22, Avenue Émile Reuter,
L-2420 Luxembourg,
☎ 45 34 45-1

Lufthansabüros:
63, Avenue de la Gare, L-1611
Luxembourg,
☎ 48 77 55 (auch Reservierung),
Fax 40 32 80,
☎ Flughafen 47 98 22 53

Flughafen Luxembourg-Findel liegt 5 km
nordöstlich;
Zubringerbus vom Luxai Airterminus am
Hauptbahnhof, Fahrtdauer ca. 15 Min.

Botschaft des
Großherzogtums Luxemburg,
Adenauerallee 108, 53113 Bonn,
☎ (02 28) 21 40 08

Luxemburgische Verkehrsämter:
Adenauerallee 108, 53113 Bonn,
☎ (02 28) 22 05 86;
Bismarckstr 23-24, 41061 Mönchengladbach,
☎ (0 21 61) 20 88 88

Lyon

✉ F-69000;
☎ nach Lyon 00 33;
☎ von Lyon 19 49;
420 000 Ew

ℹ Tourismusbüro: Office de Tourisme,
Place Bellecour, ☎ 78 42 25 75

Generalkonsulat der
Bundesrepublik Deutschland,
33, Bd. des Belges,
F-69458 Lyon-Cedex 06,
☎ 78 93 54 73

Lufthansabüros:
Le Gemellyon Nord
57, Bd. Vivier-Merie
F-69439 Lyon Codex 03
Reservierung ☎ 16-1-42 65 42 88,
Fax 16-1-72 12 17 78

Flughafen Lyon-Satolas liegt 25 km
östlich;
Busverkehr zwischen Flughafen und der
Gare Perrache (Bahnhof), Port Dieu,
„Satobus"

Französische Botschaft,
An der Marienkapelle 3, 53179 Bonn,
☎ (02 28) 36 20 31 36

Französisches Fremdenverkehrsamt,
Westendstr 47, 60325 Frankfurt/M.,
☎ (0 69) 7 56 08 30, Fax 75 21 87

Madrid

✉ E-28000 (die beiden letzten Zahlen
variieren je nach Stadtbezirk);
☎ nach Madrid 0 03 41;
☎ von Madrid 07 49;
3,18 Mill. Ew

ℹ Tourismusbüro,
Oficina Municipal de Turismo,
Plaza Mayor, 3, ☎ 3 66 48 74

Botschaft der
Bundesrepublik Deutschland,
Embajada de la República Federal de
Alemania en Espana,
Calle de Fortuny 8, ☎ 3 19 91 00

Lufthansabüros:
Cardenal Marcelo Spinola, 2
☎ Reservierung 9 00 10 02 20
Fax 3 83 94 22
Flughafen ☎ 3 05 42 40

Flughafen Madrid-Barajas liegt 15 km
östlich;
Flughafen Counter ☎ 3 05 42 40
Flughafenzubringer, Bus von Plaza de
Colón, alle 10 Min.,
von 5.45-1.45 Uhr

Botschaft des Königreichs Spanien,
Schloßstr 4, 53115 Bonn,
☎ (02 28) 21 70 94

Fremdenverkehrsämter:
60323 Frankfurt/M., Myliusstr 14,
☎ (0 69) 72 50 33,
Fax (0 69) 72 53 13;
40237 Düsseldorf, Grafenberger Allee 100,
☎ (02 11) 6 80 39 85;
80336 München, Schubertstr 10
☎ (0 89) 5 38 90 75, Fax 5 32 86 80
aseo de la Habana 73

Wegweiser: Europäische Großstädte

Mailand

✉ I-20100 bis I-201..;
☎ nach Mailand 0 03 92;
☎ von Mailand 00 49;
1 604 773 Ew

🛈 Tourismusbüro: Ufici di Informazione
e di Accoglienza Turistica,
Via Marconi 1, I-20123 Milano,
☎ 80 96 62

Generalkonsulat der
Bundesrepublik Deutschland,
Via Soferino 40, I-20121 Milano,
☎ 6 55 44 34

Lufthansabüros:
Via Larga 23, I-20100 Milano,
☎ Reservierung 02/58 37 25
Fax 02/58 37 22 68

Flughafen Mailand-Linate liegt 8 km
östlich;
Zubringerbus zum Hauptbahnhof
(Stazione Centrale),
alle 20 Min., von 5.45-21 Uhr,
Fahrtdauer ca. 20 Min.

Botschaft der Italienischen Republik,
Karl-Finkelnburger-Str 51, 53173 Bonn,
☎ (02 28) 82 20

Staatliche Italienische
Fremdenverkehrsämter (ENIT):
40212 Düsseldorf, Berliner Allee 26,
☎ (02 11) 13 22 31;
80336 München, Goethestr 20,
☎ (0 89) 53 03 60;
60329 Frankfurt/M., Kaiserstr 65,
☎ (0 69) 23 74 10

Oslo

✉ keine einheitlichen (nach Straßenzügen
innerhalb von 12 Bezirken gegliedert);
☎ nach Oslo 0 04 7;
☎ von Oslo 0 95 49;
450 000 Ew

🛈 Touristinformation: Zentralbahnhof
(Sentralbanestasjonen), Oslo
Sentralstasjon, N-0154 Oslo 1,
☎ 22 17 11 24

Norges Informasjonssenter
Vestbaneplassen 1, N-0151 Oslo
☎ 22 83 00 50

Botschaft der
Bundesrepublik Deutschland,
Oscars gate 45, N-0258 Oslo 2,
☎ 22 55 20 10

Lufthansabüros: Haakon VII's gate 6,
5th Floor, N-0161 Oslo,
☎ 22 42 38 80, Fax 22 42 39 02,
☎ Flughafen 67 53 49 44, Fax 67 53 38 85
Lufthansa City Center, Airshop,
Nygaten 3 (Royal Christiania Hotel),
N-0106 Oslo, ☎ 22 42 38 80,
Fax 22 42 39 02

Flughafen Oslo-Fornebu liegt 9 km
südwestlich;
Flughafenbus ab Zentralbahnhof
(Sentralstasjonen), Nationaltheater und
SAS Scandinavian Hotel;
LH-Zubringer Nationaltheater

Botschaft des Königreichs Norwegen,
Mittelstr 43, 53175 Bonn,
☎ (02 28) 81 99 70

Norwegisches Fremdenverkehrsamt,
Mundsburger Damm 45,
22087 Hamburg,
☎ (0 40) 22 71 08 10

Paris

✉ F-75000 (Stadtkern), die Endziffern
stehen für das jeweilige Arrondisment;
☎ nach Paris 0 03 31;
☎ von Paris 19 49;
2,1 Mill. Ew (Stadtkern)

🛈 Tourismusbüro: Office de Tourisme
(Bureau d'Accueil Central),
127, Avenue des Champs-Elysées
(8. Arr.), ☎ 49 52 53 54
F-75017 Paris

Telefonservice, Information in
deutscher Sprache, ☎ 49 52 53 57

Botschaft der
Bundesrepublik Deutschland,
13, Avenue Franklin-Roosevelt
(8. Arr.), ☎ 43 59 33 51

Lufthansabüros:
21-23 Rue Royale (8. Arr.), F-75008
Paris,
☎ 40 17 12 00,
☎ Buchungen 42 65 37 35 (für Paris)
und 42 65 00 10 (für das Umland),
Fax 42 68 07 01

Flughafen Roissy/Charles de Gaulle
liegt 23 km nördlich;
Air-France-Busse vom und zum
Airterminal Maillol, Fahrtdauer ca. 35 Min.,
von 6-23 Uhr, alle 12 Min.;
Roissybus, Opéra, rue Scribe,
Fahrtdauer 40 Min., von 6.30-23 Uhr,
alle 15 Min.;
Bus vom Charles de Gaulle nach Orly,
von 6-23 Uhr, alle 20 Min., Fahrtdauer
ca. 75 Min.;

Flughafen Orly liegt 14 km südlich;
Air-France-Busse vom und zum
Airterminal Invalides (Aérogare des
Invalides), von 6-23 Uhr, Orly-Sud alle
15 Min., Orly-Quest alle 20 Min.,
Fahrtdauer 40 Min.;

Wegweiser: Europäische Großstädte

Zug: Orly-Rail (RER-Linie C), alle 15 Min.;
Orlybus, place Denfert Rochereau,
Fahrtdauer 25 Min; alle 12 Min.

Französische Botschaft, Ambassade de
France, An der Marienkapelle 3,
53179 Bonn,
☏ (02 28) 36 20 31 36

Französisches Fremdenverkehrsamt,
Westendstr 47, 60325 Frankfurt/M,
☏ (0 69) 7 56 08 30, Fax 75 21 87

Prag

☏ nach Prag 0 04 22;
☏ von Prag 00 49;
ℹ Tourismusbüro:
Tschechische Zentrale für
Tourismus, Staromestské námestí 6,
11001 Prag 1, ☏ 2 31 28 39, Fax 2 31 42 27

Cedok, a. G., Reisebüro- und
Hotelvereinigung, Na príkope 18, 11135
Prag 1, ☏ 24 19 71·11, Fax 2 32 16 56

Botschaft der
Bundesrepublik Deutschland,
Vlasská 19, Palais Lobkowitz,
12560 Prag 1, ☏ 24 51 03 23

Lufthansabüros:
Lufthansa City Center, Wolff Travel
Praha, Na prikope 24, 11003 Praha 1,
Reservierung ☏ 24 81 10 07,
☏ 24 22 80 99, Fax 24 22 88 49
Flughafen ☏ 3 34 44 56

Flughafen Prag-Ruzyné liegt 5 km
südwestlich

Botschaft der Tschechischen Republik
Ferdinandstr 27, 53127 Bonn-Ippendorf,
☏ (02 28) 9 19 70

Cedok-Reisen GmbH,
Kaiserstr 54, 60329 Frankfurt/M.,
☏ (0 69) 2 74 01 70, Fax 23 58 90

Rom

✉ I-00100;
☏ nach Rom 0 03 96;
☏ von Rom 00 49;
2 809 624 Ew

ℹ Tourismusbüro:
Ente Provinciale per il Turismo (EPT),
Via Parigi 11, I-00185 Roma,
☏ 48 89 92 53

Botschaft der
Bundesrepublik Deutschland,
Via Po 25 c, I-00198 Roma,
☏ 88 47 41

Lufthansabüros:
Via di San Basilio 41, I-00187 Roma,
☏ Reservierung 06/4 66 01
Fax 06/4 87 20 23
Flughafen ☏ 06/65 95 41 56

Flughafen Leonardo da Vinci-Fiumicino
liegt 36 km südwestlich;
Busverbindungen zwischen Flughafen und
der Stazione Termini;
S-Bahnverbindung in die Innenstadt

Italienische Botschaft,
Karl-Finkelnburger-Str 51, 53173 Bonn,
☏ (02 28) 82 20

Fremdenverkehrsämter, Ente Nazionale
italiano per il Turismo (ENIT):
40212 Düsseldorf, Berliner Allee 26,
☏ (02 11) 13 22 31;
60329 Frankfurt/M., Kaiserstr 65,
☏ (0 69) 23 74 10;
80336 München, Goethestr 20,
☏ (0 89) 53 03 60

Rotterdam

✉ verschiedene (je nach Bezirk);
☏ nach Rotterdam 00 31 10;
☏ von Rotterdam 00 49;
589 678 Ew (Großraum 1 Mill. Ew)

ℹ Fremdenverkehrsverein: Vereinigung
voor Vreemdelingenverkeer (VVV),
Coolsingel 67, NL-3012 AC Rotterdam,
☏ 00 31 / 6 34 03 40 65

Konsulat der
Bundesrepublik Deutschland,
(Außenstelle Rotterdam), Parklaan 36,
NL-3016 BC Rotterdam, ☏ 4 36 51 33

Botschaft des Königreichs
der Niederlande,
Sträßchensweg 10, 53113 Bonn,
☏ (02 28) 5 30 50

Niederländisches Büro für Tourismus
(NBT),
Postfach 27 05 80, 50511 Köln,
☏ (02 21) 2 57 03 83

Stockholm

✉ S-10000;
☏ nach Stockholm 0 04 68;
☏ von Stockholm 0 09 49;
660 000 Ew (Großraum 1,45 Mill. Ew)

ℹ Tourismusbüro: Swedish Travel &
Tourism Council, Kungsgatan 36, PoBox
30 30 , S-10361 Stockholm,
☏ 08-7 25 55 00, Fax 08-7 25 55 31

Stockholm Information Service
Box 75 42, S-10393 Stockholm
☏ 08-7 89 24 90, Fax 08-7 89 24 50

Wegweiser: Europäische Großstädte

Stockholm (Forts.)

Schwedischer Touristenverein,
Svenska turistföreningen,
STF Drottninggaten 31,
S-10120 Stockholm,
☎ 7 90 32 00,
Fax 20 80 16

Botschaft der
Bundesrepublik Deutschland,
Skarpögatan 9, S-11527 Stockholm,
☎ 6 70 15 00

Lufthansabüro:
Buchung und Information,
Norrmalmstorg 1, ☎ 6 11 22 88,
Fax 6 11 99 61,

Flughafen Arlanda liegt 40 km nördlich,
Flughafenbus ab SL City Terminal
(Central Railway Station), Fahrtdauer
ca. 45 Min.

Botschaft des Königreichs Schweden,
Heussallee 2-10, 53113 Bonn,
☎ (02 28) 22 38 37

Schweden-Werbung für Reisen und
Touristik GmbH, Postfach 10 59 27,
20040 Hamburg, ☎ (0 40) 33 01 85,
Fax (0 40) 33 05 99

Wien

✉ A-1010 (1. Bezirk) bis A-1230
(23. Bezirk);
☎ nach Wien 0 04 31;
☎ von Wien 00 49;
1 600 000 Ew

ℹ Offizielle Tourist-Information,
Augartenstr 40, A-1025 Wien,
☎ 2 11 14-0

Botschaft der
Bundesrepublik Deutschland,
Metternichgasse 3, A-1030 Wien,
☎ 71 15 40

Lufthansabüros:
Kärntner Str 42, A-1010 Wien,
☎ 58 91 40,
R ☎ 5 99 11 99, Fax 5 89 14 10

Flughafen Wien-Schwechat liegt
19 km südöstlich;
☎ 7 11 10 57 11
Fax 7 11 10 57 18
Expreßbus zum City Air Terminal
(Bahnhof Wien-Mitte oder U-Bahn-Station
Landstraße), Fahrtdauer ca. 20-30 Min.

Botschaft der Republik Österreich,
Johanniterstr 2, 53113 Bonn,
☎ (02 28) 53 00 60

Österreich Information,
Postfach 12 31, 82019 Taufkirchen,
☎ (0 89) 66 67 01 00
Fax (0 89) 66 67 02 00

Zürich

✉ CH-8000 (verschiedene Postleitzahlen
für verschiedene Postbezirke);
☎ nach Zürich 0 04 11;
☎ von Zürich 00 49;
363 000 Ew

ℹ Verkehrsbüro,
Bahnhofsplatz 15, Zürich Hbf,
☎ 2 11 40 00,
Fax 2 12 01 41

Generalkonsulat der
Bundesrepublik Deutschland,
Kirchgasse 48, CH-8024 Zürich,
☎ 2 65 65 65

Lufthansabüros:
Gutenbergstr 10, ☎ 2 86 70 00,
Fax 2 86 72 07

Flughafen Zürich-Kloten liegt ca.
1 km nordöstlich,
☎ 8 12 71 11,
Eisenbahn zum Hauptbahnhof,
alle 10-15 Min.
Fahrtdauer ca. 10 Min.

Botschaft der Schweizerischen
Eidgenossenschaft,
Gotenstr 156, 53175 Bonn,
☎ (02 28) 81 00 80

Fremdenverkehrsbüros:
60311 Frankfurt/M., Kaiserstr 23,
☎ (0 69) 2 56 00 10, Fax 25 60 01 38;
40213 Düsseldorf, Kasernenstr 13,
☎ (02 11) 3 23 09 13, Fax 13 34 36;
20095 Hamburg, Speersort 8,
☎ (0 40) 32 14 69, Fax 32 39 00;
80802 München, Leopoldstr 33,
☎ (0 89) 33 30 18, Fax 34 53 46;
10117 Berlin, Unter den Linden 24,
☎ (0 30) 2 01 20 50, Fax 2 01 20 51

Zeichenerklärung

Stadtpläne

Im vorliegenden Varta Deutschland finden Sie 180 Stadtpläne. Es sind in den meisten Fällen komprimierte Ausschnitte der Innenstadt. Ein feines Suchgitter erleichtert Ihnen das Auffinden der empfohlenen Betriebe.

Die, nach der Anschrift, in Klammern gesetzten Angaben beziehen sich auf das Planquadrat, in dem der Betrieb auf dem Stadtplan zu finden ist.

Bundesautobahnen und mehrbahnige Bundesstraßen

Bundesstraßen und andere Hauptdurchfahrtsstraßen

wichtige Verbindungsstraßen, zwei- und mehrbahnig

andere Verbindungsstraßen

Nebenstraßen

Treppenstraßen

Fußgängerzonen

Parkwege

Straßentunnel

Straßenbrücken

oberirdische Bundesbahn und S-Bahn mit Bahnhöfen

unterirdische Bundesbahn und S-Bahn

U-Bahn mit Station

Eisenbahnbrücke

Eisenbahntunnel

Seilbahn

Laubwald

Nadelwald

Parks und Grünanlagen

Friedhöfe

Seen und Flüsse (mit Schleusen)

Personenfähre

Autofähre

bebaute Flächen

Zeichenerklärung

Hotels und Gasthäuser

🛏   Kostengünstige Unterkunft mit Standard-Ausstattung

*   Hotel oder Gasthaus mit guter Ausstattung, über dem Durchschnitt

**   Hotel oder Gasthaus mit sehr guter Ausstattung

***   Hotel mit großzügiger Ausstattung

****   Hotel mit anspruchsvoller Ausstattung

*****   Hotel mit außergewöhnlich anspruchsvoller Ausstattung

👑 **Lobenswertes Hotel**
Nach Meinung der Redaktion zeichnet sich ein so ausgezeichneter Betrieb durch einen harmonischen Rahmen und die persönliche Art der Betreuung des Gastes aus. Besonders beachtet werden bei der Vergabe einer Krone alle Elemente, die über das innerhalb einer Kategorie normale Maß an Ausstattung und Zuwendung hinausgehen.

👑👑 **Hervorragendes Hotel**
Eine besonders gute Führung schafft die Atmosphäre, die der Gast für Arbeit und Wohlbefinden wünscht.

👑👑👑 **Erstklassiges Hotel**
Betriebe, die die Redaktion in ihrer Art für richtungweisend hält.

⊗ — Alte, beachtenswerte Architektur oder Einrichtung

einzeln — Naturnahe Lage

☽ — Ruhige Zimmer vorhanden

◂ — Schöner bzw. interessanter Ausblick möglich

✉ 12345 — Postleitzahl des Betriebes

Ballstr 2 (A 3) — Adresse des Betriebes. In Klammern das Planquadrat, in dem die Straße auf dem Stadtplan zu finden ist.

☎ 32 57 89 — Telefonnummer

Fax 32 19 13 — Telefax-Anschluß

[AX] American Express   [ED] Eurocard
[DC] Diners Club   [VA] Visa

geschl: Di, Mitte-Ende Jul — Ruhetage und Betriebsferien, wie sie uns von den Betrieben genannt wurden

54 Zi — Dieser Betrieb verfügt über 54 Zimmer

zu den Preisangaben
Die Redaktion hat die Preisangaben so spät wie möglich ermittelt. Zweifelsfällen wurde nachgegangen. Die Erfahrung lehrt jedoch, daß Preise häufig im Nachhinein geändert werden. Deswegen empfehlen wir die Nachfrage bei der Buchung.

EZ: 125-155 — Zimmerpreis für Einzelzimmer inkl. Frühstück.

S — In diesen Hotels können Sie zu Sonderkonditionen übernachten. Eine Buchung zu diesen Sonderkonditionen ist allerdings nur telefonisch über den Varta Hotel-Service möglich. Zu normalen Geschäftszeiten: (05 11) 3 40 13 26, Fax 3 40 13 60.

🛁 — Zimmer mit Bad oder Dusche

☎ — Zimmer mit Telefon und Amtsleitung

18 🛏 — Dieses Hotel verfügt über 18 Nichtraucherzimmer

🅿 — Hoteleigene Parkplätze

🚗 — Garagen bzw. Parkhaus vorhanden

SPASS AM PFERD...

Sommer und Winter
Reiten für
Gross und Klein

Allgäuer Latschenkiefer® REIT UND AUSBILDUNGS STALL

Reitplatz (30 x 60) beheizt, Halle, Gastboxen, Groß- und Islandpferde, Galoppbahn, Gelände-Parcours, Trekking im Gebirge und auf Schneewegen

87561 Oberstdorf-Tiefenbach, Tel. 08322-3829, Fax 702 222

Zeichenerklärung

2↔50 — Das Haus verfügt über 2 Konferenz-, Gesellschafts- und Tagungsräume für max. 50 Personen.

≙ — Hoteleigenes Hallenbad

≋ — Hoteleigenes Freibad

Tennis 5 — Anzahl der hoteleigenen Tennisplätze

Golf 18 — In max. 5 km Entfernung vom Hotel gibt es einen Golfplatz mit 18 Löchern

Kinderbetreuung — Babysitter/Kinderprogramm auf Anfrage

garni — In diesen Übernachtungsbetrieben wird nur Frühstück serviert. Vielfach können Hausgäste aber damit rechnen, Getränke oder einen Imbiß zu erhalten.

🍽 — In diesem Hotel sind ein oder mehrere Restaurants vorhanden. Die Öffnungszeiten erfragen Sie bitte an der Rezeption.

☕ — Hoteleigener Cafébetrieb

Rezeption: 8-13, 17-21 — Die Rezeption dieses Hotelbetriebes ist nur in der angegebenen Zeit zu erreichen. Sind keine Angaben vorhanden, so sind die Hotels mindestens von 8-22 Uhr erreichbar.

Zeichenerklärung

Restaurants und Cafés

🍽	Kostengünstige Mahlzeit
✱	Restaurant mit guter Ausstattung
✱✱	Restaurant mit sehr guter Ausstattung
✱✱✱	Restaurant mit großzügiger Ausstattung
✱✱✱✱	Restaurant mit anspruchsvoller Ausstattung
✱✱✱✱✱	Restaurant mit außergewöhnlich anspruchsvoller Ausstattung
☕	Café
⌇	**Geschulter, erstklassiger Service**

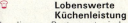 **Lobenswerte Küchenleistung**
In diesem Restaurant sind die Speisen nach Ansicht unserer Fachinspektoren von lobenswerter Qualität.

Hervorragende Küchenleistung
Grundbestandteile, Zubereitung, Geschmack und Anrichtung befanden unsere Fachinspektoren in diesem Haus für hervorragend.

Erstklassige Küchenleistung
Bei Drei-Kochmützen-Häusern darf ein Leistungsspielraum nach oben nicht erkennbar sein. Beständigkeit und Zuverlässigkeit in der Arbeitsweise sowie herausragende Qualität der Grundprodukte müssen auf diesem Spitzenniveau außer Zweifel stehen.
Die Regeln der Kochkunst müssen eingehalten und in vorbildlicher Weise umgesetzt werden. Die Einhaltung der Regeln der Kochkunst bedeutet nicht die ausschließliche Ausrichtung an der traditionellen Küche. Die Drei-Kochmützen-Küche muß vielmehr erkennen lassen, daß sie in der Lage ist, sinnvolle Impulse zu geben. Dabei akzeptiert die Varta-Redaktion spezifische internationale und deutsche Weiterentwicklungen.

Besonders beachtenswertes Restaurant
Hier fanden unsere Fachinspektoren eine rundum zufriedenstellende gastronomische Leistung mit einer sehr guten Küchenleistung, einem aufmerksamen und angenehmen Service in einer angenehmen Umgebung und dies alles zu vergleichsweise günstigen Preisen.

Wird bei einem Restaurant, das im Gebäude eines Hotels oder Gasthauses untergebracht ist, eine Telefonnummer vermerkt, so kann man in aller Regel davon ausgehen, daß dieses Restaurant unter anderer Leitung als der Beherbergungsbetrieb steht.

Hauptgericht: 30
Der durchschnittliche Preis eines Hauptgerichtes als Maßstab für das Preisniveau.

Öffnungszeiten
Hier beschränken wir uns darauf, Ihnen nur die Zeiten zu nennen, die vom Üblichen abweichen. Üblich sind Öffnungszeiten über die Mittagszeit und abends ab ca. 18.00 Uhr.

nur abends
Dieser Betrieb ist erst ab ca. 18.00 Uhr geöffnet.

geschl: So, im Winter auch Mo, Jan-Mär
Ruhetage und Betriebsferien, wie sie uns von den Betrieben genannt wurden.

Zu den Ruhetagen
Beachten Sie bitte, daß die im Buch genannten Ruhetage oft nicht eingehalten werden. Zu Messezeiten oder bei Großveranstaltungen sind die Restaurants an diesen Tagen geöffnet. Wenn keine Reservierungen vorliegen, kann es sein, daß ein Betrieb nicht öffnet. Wir empfehlen grundsätzlich vorher einen Tisch telefonisch zu reservieren.

🛏 — In diesem gastronomischen Betrieb stehen den Gästen auch einige Zimmer für die Übernachtung zur Verfügung.

SIEMENS
NIXDORF

Forever young. Das modulare Notebook mit auswechselbarer Technik ist da.

Jetzt sind Sie beim Kauf eines Notebooks für zukünftige Entwicklungen bestens gerüstet. Die modulare Technik des PCD-4ND/-5ND läßt sich mit wenigen Handgriffen austauschen und auf individuelle Bedürfnisse anpassen. Bei den Bildschirmen haben Sie Wahlfreiheit. Wenn Ihnen heute noch monochrom reicht, machen Sie morgen schon mit TFT-Technik aus jeder Präsentation eine brillante Show. Langes Arbeiten fernab jeder Steckdose?
Kein Thema. Tauschen Sie Ihr Diskettenlaufwerk gegen einen Zusatzakku und schon haben Sie Rechenleistung für 6 Stunden. Fast selbstverständlich, daß der PCD-4ND/-5ND serienmäßig über PCMCIA-Slot für Fax, Netzwerk- oder Speichererweiterung verfügt. Noch Wünsche?
Siemens Nixdorf
Informationssysteme AG,
Personal Computer
Infoservice,
Telefon: 0821/804 36 80
Fax: 0821/804 36 00

PUBLICIS MCD

The Intel Inside Logo is a trademark of Intel Corporation

VARTA
Deutschland

Ausgabe
1997

Aachen

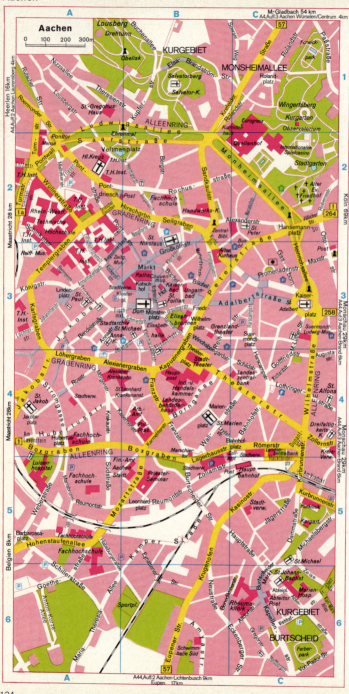

Aachen 42

Nordrhein-Westfalen — Stadtkreis —
250 m — 254 000 Ew — Köln 70, Brüssel
145 km
🛈 ☏ (02 41) 1 80 29 60, Fax 1 80 29 31 —
Verkehrsverein, Informationsbüro Elisenbrunnen, Friedrich-Wilhelm-Platz (B 3),
52062 Aachen; Kreisstadt, Heilbad (heißeste Quellen Mitteleuropas, 74°), Technische Hochschule, Stadttheater, Grenzlandtheater, Spielcasino. Sehenswert:
Dom: Domschatz, Marmorthron Karls des
Großen; Rathaus: Krönungssaal mit Karlsfresken; Ponttor und Marschiertor; Suermondt-Ludwig-Museum; Ludwig-Forum
für internationale Kunst; Couven-Museum; Zeitungsmuseum; Stadtarchiv;
Grashaus; Elisenbrunnen; Marktbrunnen;
ehem. Abteikirche in Burtscheid; ehem.
Abteikirche in Kornelimünster (7 km ↘)

**** Quellenhof
Monheimsallee 52 (C 2), ⌧ 52062,
☏ (02 41) 91 32-0, Fax 91 32-5 55,
AX DC ED VA
185 Zi, Ez: 195-295, Dz: 245-345, ;
5 Suiten, ⌐ WC ☏, 18🚗; Lift 🅿 16⇔1700
♨ Solarium 🍴

** Holiday Inn Garden Court
Krefelder Str 221 (außerhalb C 1), ⌧ 52070,
☏ (02 41) 1 80 30, Fax 1 80 34 44,
AX DC ED VA
100 Zi, Ez: 212-272, Dz: 234-294, ; ⌐ WC
☏, 30🚗; Lift 🅿 1⇔35
** Hauptgericht 35; Terrasse

** Best Western Regence
Peterstr 71 (C 2), ⌧ 52062, ☏ (02 41)
4 78 70, Fax 3 90 55, AX DC ED VA
55 Zi, Ez: 185-230, Dz: 250-290, ; 5 Suiten,
⌐ WC ☏; Lift 🅿 2⇔30 Sauna Solarium

** Aquis-Grana
Büchel 32 (B 3), ⌧ 52062, ☏ (02 41) 44 30,
Fax 44 31 37, AX DC ED VA
96 Zi, Ez: 175-185, Dz: 205-225, 2 Suiten,
2 App, ⌐ WC ☏; Lift 🅿 4⇔60 ♨ Solarium
geschl: Ende Dez

** Pannonia
Jülicher Str 10 (C 2), ⌧ 52070, ☏ (02 41)
5 10 60, Fax 50 11 80, AX DC ED VA
103 Zi, Ez: 159-189, Dz: 223-243, ; ⌐ WC
☏, 10🚗; Lift 🅿 🚗 2⇔45 🍴

** Novotel
Joseph-von-Görres-Str 21 (außerhalb C 2),
⌧ 52068, ☏ (02 41) 1 68 70, Fax 16 39 11,
AX DC ED VA
118 Zi, Ez: 114-170, Dz: 138-200, ⌐ WC ☏,
33🚗; Lift 🅿 8⇔200 ≈ 🍴

** Royal
Jülicher Str 1 (C 2), ⌧ 52070, ☏ (02 41)
1 50 61, Fax 15 68 13, AX DC ED VA
32 Zi, Ez: 135-175, Dz: 175-250, 1 Suite,
4 App, ⌐ WC ☏, 6🚗; Lift 🚗
** Shalimar
Hauptgericht 39
Indische Küche

* Benelux
Franzstr 21 (B 4), ⌧ 52064, ☏ (02 41)
2 23 43, Fax 2 23 45, AX DC ED VA
33 Zi, Ez: 145-165, Dz: 165-220, ⌐ WC ☏;
Lift 🅿 🚗 Fitneßraum; **garni**

* Am Marschiertor
Wallstr 1 (B 4), ⌧ 52064, ☏ (02 41) 3 19 41,
Fax 3 19 44, DC ED VA
50 Zi, Ez: 115-140, Dz: 160-195, ⌐ WC ☏;
Lift 🚗 1⇔40; **garni**
geschl: Ende Dez-Anfang Jan

* Ibis Normaluhr
Zollernstr 2 (C 4), ⌧ 52070, ☏ (02 41)
5 18 40, Fax 5 18 41 99, AX DC ED VA
108 Zi, Ez: 114, Dz: 129, 20 Suiten, ⌐ WC
☏, 22🚗; Lift 🚗 4⇔125 🍴

* Ibis Marschiertor
Friedlandstr 6 (B 5), ⌧ 52064, ☏ (02 41)
4 78 80, Fax 4 78 81 10, AX DC ED VA
104 Zi, Ez: 114, Dz: 128, ⌐ WC ☏, 12🚗; Lift
🅿 2⇔80 🍴

* Brülls am Dom
Hühnermarkt 2 (B 3), ⌧ 52062, ☏ (02 41)
3 17 04, Fax 40 43 26, AX DC ED VA
10 Zi, Ez: 115-140, Dz: 135-170, ⌐ WC ☏
** Courenstube
Hauptgericht 30; Terrasse; geschl: Jan

* Granus
Paßstr 2 a (C 2), ⌧ 52070, ☏ (02 41)
15 20 71, Fax 15 87 06, AX DC ED VA
12 Zi, Ez: 105-120, Dz: 150-170, ⌐ WC ☏;
Lift 🅿 🚗; **garni**
geschl: Ende Dez-Anfang Jan

* Marx
Hubertusstr 33 (A 4), ⌧ 52064, ☏ (02 41)
37 54 13, Fax 2 67 05
32 Zi, Ez: 60-120, Dz: 100-160, ⌐ WC ☏,
3🚗; Lift 🅿; **garni**

* Lousberg
Saarstr 108 (B 2), ⌧ 52062, ☏ (02 41)
2 03 31, Fax 2 20 47, AX DC ED VA
29 Zi, Ez: 105-145, Dz: 155-198, 1 App, ⌐
WC ☏; Lift 🚗; **garni**

* Eupener Hof
Krugenofen 65, ⌧ 52066, ☏ (02 41)
6 20 35, Fax 6 13 90, AX DC ED VA
32 Zi, Ez: 98-130, Dz: 120-180, 1 App, ⌐ WC
☏; Lift 🅿 🚗; **garni** →

Aachen

*** Gala
Monheimsallee 44 (C 2), ✉ 52062,
☎ (02 41) 15 30 13, Fax 15 85 78, AX DC ED VA
Hauptgericht 45; nur abends; geschl: So, Mo

** La Becasse
Hanbrucher Str 1, Ecke Vaalser Str (außerhalb A 4), ✉ 52064, ☎ (02 41) 7 44 44,
AX DC ED VA
Hauptgericht 50; P; geschl: So, Mo mittags, Sa mittags, 3 Wochen in den Sommerferien

• Sandmann
Theaterplatz 7 (B 4), ✉ 52062, ☎ (02 41) 3 38 29
Mo-Fr 9-18.30, Sa 10.30-14.30; geschl: So

• Alt Aachener Kaffeestuben
Büchel 18 (B 3), ✉ 52062, ☎ (02 41) 3 57 24, Fax 6 21 29, ED VA
Do-Sa bis 21
Spezialität: Reisfladen

Burtscheid (1 km ↘)
** Burtscheider Markt
Burtscheider Markt 14 (C 6), ✉ 52066,
☎ (02 41) 60 00 00, Fax 6 00 00 20,
AX DC ED VA
30 Zi, Ez: 120-180, Dz: 180-260, ⇃ WC ☎;
Lift P; garni

Kornelimünster (7 km ↘)
* Zur Abtei
Napoleonsberg 132, ✉ 52076, ☎ (0 24 08) 21 48, Fax 41 51, AX DC ED VA
10 Zi, Ez: 90-140, Dz: 140-300, 2 Suiten, ⇃ WC ☎, 2✉; ⊟ 2⇌60
*** Hauptgericht 50; Terrasse;
geschl: Jan

** St. Benedikt
Benediktusplatz 12, ✉ 52076, ☎ (0 24 08) 28 88, Fax 28 77
Hauptgericht 45; nur abends; geschl: So, Mo, 2 Wochen in den Sommerferien, Ende Dez-Anfang Jan

Lichtenbusch (8 km ↓)
* Zur Heide
Raafstr 80, ✉ 52076, ☎ (0 24 08) 20 85, Fax 62 68, AX DC ED VA
29 Zi, Ez: 50-95, Dz: 88-140, ⇃ WC ☎; P 2⇌80

Walheim-Außerhalb (12 km ↘) BAB 44 Abfahrt Lichtenbusch Richtung Monschau
** Brunnenhof
◁ Schleidener Str 132, an der B 258, ✉ 52076, ☎ (0 24 08) 8 00 24, Fax 8 15 59, AX DC ED VA
Hauptgericht 40; P; geschl: Do
* 10 Zi, Ez: 79-105, Dz: 110-140, ⇃ WC ☎
geschl: Do

* Gut Kalkhäuschen
Schleidener Str 400, an der B 258, ✉ 52076, ☎ (0 24 08) 5 83 10
Hauptgericht 45; P; nur abends; geschl: Mo
Italienische Küche

Aalen 62→

Baden-Württemberg — Ostalbkreis — 430 m — 65 000 Ew — Crailsheim 41, Ulm 64, Stuttgart 70 km
ℹ ☎ (0 73 61) 52 23 58, Fax 6 92 50 — Fremdenverkehrsamt, Wilhelm-Zapf-Str 11 (C 1), 73430 Aalen; Kreisstadt am Kocher.
Sehenswert: Ev. Stadtkirche; Limes-Museum; Limes-Thermen; Marktplatz mit altem Rathaus und Fachwerkhäusern; in Wasseralfingen: kath. St.-Stephanus-Kirche: Flügelaltar; Besucherbergwerk „Tiefer Stollen"; in Unterkochen: Marienwallfahrtskirche; Urweltmuseum

** Treff Hotel Limes Thermen
einzeln ☼ ◁ Osterbucher Platz 1 (außerhalb B 3), ✉ 73431, ☎ (0 73 61) 94 40, Fax 94 45 50, AX DC ED VA
147 Zi, Ez: 170, Dz: 220, S; ⇃ WC ☎, 53✉; Lift P 11⇌250 Fitneßraum Sauna Solarium ▯
Direkter Zugang zum Kur- und Badebetrieb „Limes Thermen"

** Antik
Stuttgarter Str 45 (B 3), ✉ 73430, ☎ (0 73 61) 5 71 60, Fax 57 16 25, AX ED VA
53 Zi, Ez: 98-128, Dz: 150-190, S; 2 Suiten, 2 App, ⇃ WC ☎, 10✉; P ⊟ 1⇌30 ▯

* Aalener Ratshotel
Friedrichstr 7 (B 2), ✉ 73430, ☎ (0 73 61) 9 58 40, Fax 95 84 70, AX DC ED VA
40 Zi, Ez: 79-96, Dz: 126-136, 1 Suite, 1 App, ⇃ WC ☎; Lift P ⊟; garni

* Eichenhof
Stadionweg 1 (außerhalb A 2), ✉ 73430, ☎ (0 73 61) 4 10 20, Fax 4 66 88, AX DC ED VA
Hauptgericht 25; P Terrasse; geschl: Mo, Di mittags, 2 Wochen im Aug
* ☼ 9 Zi, Ez: 75, Dz: 130, ⇃ WC ☎; 2⇌50

* Im Pelzwasen
◁ Eichendorffstr 10 (außerhalb C 2), ✉ 73431, ☎ (0 73 61) 3 17 61, Fax 3 64 63, AX ED
Hauptgericht 25; geschl: Mo, Di mittags
* ☼ ◁ 10 Zi, Ez: 65-85, Dz: 120, ⇃ WC ☎; P ⊟ 2⇌24 Kegeln Sauna
Rezeption: 10-24; geschl: Mo

Himmlingen (3 km →) Richtung Waldhausen
* Grauleshof
Ziegelstr 155, ✉ 73431, ☎ (0 73 61) 3 24 69, Fax 3 62 18, ED
9 Zi, Ez: 80-90, Dz: 140, ⇃ WC ☎; P 1⇌55
Rezeption: 11-14, 17.30-23; geschl: Mo, Ende Jul-Anfang Aug
* Hauptgericht 30; Biergarten; geschl: Mo

Aalen

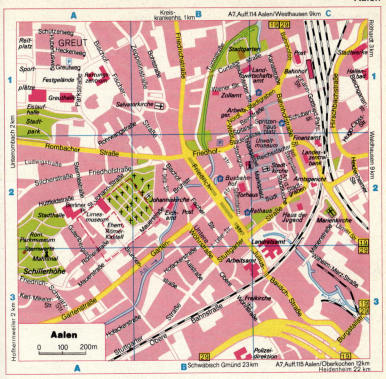

Röthardt (3 km ↗)
* **Vogthof**
⊰ Bergbaustr 28, ✉ 73433, ☏ (0 73 61) 7 36 88, Fax 7 78 82, AX DC ED VA
Hauptgericht 30; Terrasse; geschl: letzter So im Monat, Fr, Mitte Aug
* ♀ 14 Zi, Ez: 68, Dz: 110, ⌐ WC ☏; P

Unterkochen (4 km ↘)
** **Asbrock Goldenes Lamm**
Kocherstr 8, ✉ 73432, ☏ (0 73 61) 81 82, Fax 8 82 82, AX DC ED VA
43 Zi, Ez: 89-169, Dz: 199, 7 Suiten, ⌐ WC ☏, 7✉; Lift P 🅿 3⇔160
Im Landhaus (Bockgasse 16) Zimmer der Kategorie ** vorhanden
** **Goldenes Lamm**
♥ Hauptgericht 30
Gasthaus aus dem 17. Jh.

** **Scholz**
Aalener Str 80, ✉ 73432, ☏ (0 73 61) 56 70, Fax 56 72 00, AX DC ED VA
51 Zi, Ez: 89-120, Dz: 130-160, ⌐ WC ☏; P 🅿 1⇔15 Fitneßraum 🍴
geschl: Ende Dez-Anfang Jan

* **Kälber**
♀ ⊰ Behringstr 26, ✉ 73432, ☏ (0 73 61) 84 44, Fax 8 82 64, AX DC ED VA
20 Zi, Ez: 78-100, Dz: 110-140, ; 1 Suite, ⌐ WC ☏, 1✉; P 🅿 2⇔50
geschl: Anfang-Mitte Jan
** ⊰ Hauptgericht 28; Gartenlokal; geschl: 01.01.-15.01

Waldhausen (12 km →)
** **Adler**
Deutschordenstr 8, ✉ 73467, ☏ (0 73 67) 95 00, Fax 95 04 00, AX DC ED VA
31 Zi, Ez: 75-95, Dz: 145-155, 1 Suite, 1 App, ⌐ WC ☏, 6✉; Lift P 🅿 3⇔40 ≋ Sauna Solarium
** Hauptgericht 28; Terrasse

* **Alte Linde**
Albstr 121, ✉ 73432, ☏ (0 73 67) 20 01, Fax 20 03, ED
17 Zi, Ez: 65, Dz: 105, 1 App, ⌐ WC ☏; P 🅿 1⇔40
Rezeption: 12-22; geschl: Ende Okt-Mitte Nov
* Hauptgericht 20; Gartenlokal; geschl: Ende Okt-Mitte Nov

Abbach, Bad 65 ←

Bayern — Kreis Kelheim — 425 m —
9 000 Ew — Regensburg 10, Kelheim 16 km
🛈 ☎ (0 94 05) 15 55, Fax 64 93 — Kurverwaltung, Kaiser-Karl-V.-Allee 5, 93077 Bad Abbach; Schwefel-, Thermal- und Moorheilbad. Sehenswert: Bergfried; subtropisches Vogelhaus im Kurpark

∗ **Pension und Appartementhaus Elisabeth**
♂ Ratsdienerweg 4, ✉ 93077, ☎ (0 94 05) 9 50 90, Fax 95 09 77
23 Zi, Ez: 55-70, Dz: 125-135, 8 App, ⌐ WC ☎; 🅿 🖙 Sauna Solarium; **garni**
Auch Zimmer der Kategorie ∗∗ vorhanden

∗ **Park-Café**
Kaiser-Karl-V.-Allee 28, ✉ 93077, ☎ (0 94 05) 21 71, Fax 22 81
19 Zi, Ez: 45-50, Dz: 90-100, ⌐ WC ☎; 🅿
Rezeption: bis 19; geschl: Do, Ende Dez-Ende Jan

Abensberg 64 →

Bayern — Kreis Kelheim — 373 m —
10 711 Ew — Kelheim 15, Regensburg 31, Ingolstadt 40 km
🛈 ☎ (0 94 43) 9 10 30, Fax 91 03 50 — Stadtverwaltung, Stadtplatz 1, 93326 Abensberg. Sehenswert: Ehem. Karmeliterkirche: Kreuzgang, Aventinus-Museum; Stadtmauer; ehem. Klosterkirche in Biburg (4 km ↓)

∗ **d'Latern**
Herzogstr 1, ✉ 93326, ☎ (0 94 43) 53 46, AX ED
Hauptgericht 30; nur abends, So nur mittags; geschl: Mo, Mitte Aug-Anfang Sep, Ende Dez-Mitte Jan

∗ **Jungbräu**
Weinberger Str 6, ✉ 93326, ☎ (0 94 43) 9 10 70, Fax 91 07 33, AX DC ED VA
24 Zi, Ez: 55-65, Dz: 110-120, ⌐ WC ☎; 🅿 1↔40
geschl: Do ab 14, Mitte Aug, Ende Dez

Abentheuer 53 ←

Rheinland-Pfalz — Kreis Birkenfeld —
395 m — 503 Ew — Birkenfeld 6, Hermeskeil 14 km
🛈 ☎ (0 67 82) 57 78 — Gemeindeverwaltung, Mühlenberg, 55767 Abentheuer; Erholungsort

∗∗ **La Cachette**
Böckingstr 11, ✉ 55767, ☎ (0 67 82) 57 22, Fax 94 40
Hauptgericht 35; 🅿 Terrasse; nur abends, so + feiertags auch mittags; geschl: Mo, 15.01.-15.02.

Abstatt 61 ↗

Baden-Württemberg — Kreis Heilbronn —
200 m — 3 782 Ew — Heilbronn 11, Stuttgart 35 km
🛈 ☎ (0 70 62) 67 70, Gemeindeverwaltung, 74232 Abstatt

∗∗ **Sperbers Restaurant im Waltz'schen Haus**
Rathausstr 25, ✉ 74232, ☎ (0 70 62) 6 70 01, Fax 6 70 02, AX DC ED VA
Hauptgericht 30; 🅿 Gartenlokal; geschl: Mo, Di mittags

Abtswind 56 →

Bayern — Kreis Kitzingen — 300 m —
760 Ew — Wiesentheid 4, Gerolzhofen 16, Kitzingen 20 km
🛈 ☎ (0 93 83) 26 92, Fax 28 01 — Fremdenverkehrsverein, Weinstr 8, 97355 Abtswind; Weinbauort am Steigerwald. Sehenswert: Friedrichsberg, 463 m ⋖ (6 km ↘); Weinlehrpfad

∗ **Gästehaus Zur Schwane**
Hauptstr 10, ✉ 97355, ☎ (0 93 83) 60 51, Fax 60 52
9 Zi, Ez: 65-86, Dz: 102-136, 1 App, ⌐ WC ☎ 🖙 🅿 ❘◯❘

🛏 **Zur Linde**
♂ Ebracher Str 2, ✉ 97355, ☎ (0 93 83) 18 58, Fax 64 48
9 Zi, Ez: 57, Dz: 82-90, ⌐ WC; 🅿; **garni**
Rezeption: 8-21

Achern 60 □

Baden-Württemberg — Ortenaukreis —
147 m — 22 102 Ew — Offenburg 20, Baden-Baden 25 km
🛈 ☎ (0 78 41) 64 20, Fax 64 21 51 — Stadtverwaltung, Rathausplatz 1, 77855 Achern; Stadt am Rande des Schwarzwaldes. Sehenswert: Nikolauskapelle; Burgruine Altwindeck ⋖ (10 km ↗)

∗∗ **Götz/Sonne Eintracht (Ringhotel)**
Hauptstr 112, ✉ 77855, ☎ (0 78 41) 64 50, Fax 64 56 45, AX DC ED VA
55 Zi, Ez: 89-189, Dz: 120-270, ; 1 Suite, ⌐ WC ☎; Lift 🅿 🖙 5↔100 ⌇ Solarium
Im gegenüberliegenden Gästehaus auch Zimmer der Kategorie ∗∗∗ vorhanden, im Haupthaus auch Zimmer der Kategorie ∗.
∗∗ Hauptgericht 39; Gartenlokal

∗ **Schwarzwälder Hof**
Kirchstr 38, ✉ 77855, ☎ (0 78 41) 50 01, Fax 2 95 26, AX ED VA
17 Zi, Ez: 85, Dz: 130-145, ⌐ WC ☎; 🅿 🖙 1↔30
∗∗ Hauptgericht 35; Gartenlokal Terrasse; geschl: Mo

Adenau

Oberachern (1 km ↓)
** Zum Hirsch
Oberacherner Str 26, ✉ 77855, ☎ (0 78 41) 2 15 79, Fax 2 92 68, DC ED VA
Hauptgericht 30; geschl: Mo, Di mittags, Ende Aug-Anfang Sep, Ende Jan-Anfang Feb
** 5 Zi, Ez: 75, Dz: 140, ⊿ WC ☎; P
Rezeption: 11-14, 17-23; geschl: Mo, Di mittags, 2 Wochen im Sep

Önsbach (2 km ↗)
** Gasthaus Adler
Rathausstr 5, ✉ 77855, ☎ (0 78 41) 41 04, ED
Hauptgericht 35; Gartenlokal P; geschl: Mo, Di, Ende Jul-Anfang Aug, Ende Jan-Anfang Feb

Achim 17 ↓

Niedersachsen — Kreis Verden — 21 m — 29 700 Ew — Verden 18, Bremen 21 km
ℹ ☎ (0 42 02) 9 16 00, Fax 9 16 02 99 — Stadtverwaltung, Obernstr 38, 28832 Achim; Stadt an der Weser

* Gieschen's Hotel
Obernstr 12, ✉ 28832, ☎ (0 42 02) 80 06, Fax 27 11, AX DC ED VA
30 Zi, Ez: 50-110, Dz: 135-150, ⊿ WC ☎; P 🚗 3⇌100 Kegeln
Auch Zimmer der Kategorie ****** vorhanden
* Hauptgericht 30; Terrasse

* Stadt Bremen
Obernstr 45, ✉ 28832, ☎ (0 42 02) 9 69 90, Fax 96 99 90, ED
38 Zi, Ez: 65-98, Dz: 110-160, ⊿ WC ☎, 1🛏; Lift P 2⇌30
Rezeption: 7-14, 17-23
Auch Zimmer der Kategorie ****** vorhanden
* Hauptgericht 25; Terrasse

Uphusen (5 km ↘)
** Novotel Bremer Kreuz
Zum Klümoor, ✉ 28832, ☎ (0 42 02) 52 80, Fax 8 44 57, AX DC ED VA
116 Zi, Ez: 114-150, Dz: 138-170, ⊿ WC ☎, 50🛏; Lift P 8⇌300 ≋ ️🍴

siehe auch **Bremen**

Achkarren
siehe **Vogtsburg im Kaiserstuhl**

Achslach 66 ↘

Bayern — Kreis Regen — 600 m — 1 200 Ew — Ruhmannsfelden 6, Deggendorf 19 km
ℹ ☎ (0 99 29) 7 03, Fax 7 03 — Verkehrsamt, Dorfplatz 4, 94250 Achslach; Erholungsort im Bayerischen Wald

Achslach-Außerhalb (4 km ↓) Richtung Egg
* Berghotel Kalteck
einzeln ♂ ⛷ Kalteck 9, ✉ 94250, ☎ (0 99 05) 83 26, Fax 2 63, AX ED
20 Zi, Ez: 63, Dz: 93-107, 3 Suiten, ⊿ WC ☎; P 1⇌40 🧖 Sauna Solarium 🍴
Rezeption: 8-20; geschl: Mitte Mär-Ende Apr, Ende Okt-Mitte Dez

Adelsdorf 57 ←

Bayern — Kreis Erlangen-Höchstadt — 260 m — 6 700 Ew — Höchstadt 8, Forchheim 15 km
ℹ ☎ (0 91 95) 89 21, Fax 41 94 — Gemeindeverwaltung, Hauptstr 23, 91325 Adelsdorf

* Drei Kronen
Hauptstr 6, ✉ 91325, ☎ (0 91 95) 92 00, Fax 92 04 80, DC ED VA
44 Zi, Ez: 68-98, Dz: 98-140, 3 Suiten, ⊿ WC ☎; Lift P 🚗 3⇌70 🧖 Sauna Solarium 🍴
geschl: Mitte-Ende Nov

Neuhaus (3 km ↓)
* Zum Löwenbräu
Neuhauser Hauptstr 3, ✉ 91325, ☎ (0 91 95) 72 21, Fax 87 46, ED VA
13 Zi, Ez: 70-75, Dz: 110-120, ⊿ WC ☎, 13🛏; P
Rezeption: 8-22
🍴 Hauptgericht 18; Biergarten; geschl: Mo, Di, 2 Wochen ab Faschingswochenende

Adelsried 63 ↓

Bayern — Kreis Augsburg — 490 m — 2 200 Ew — Augsburg 17, Dillingen/Donau 29 km
ℹ ☎ (0 82 94) 15 01, Fax 21 01 — Gemeindeverwaltung, Augsburger Str 4, 86477 Adelsried

** Parkhotel Schmid
Augsburger Str 28, ✉ 86477, ☎ (0 82 94) 29 10, Fax 24 29, AX DC ED VA
94 Zi, Ez: 115-153, Dz: 155-195, ⊿ WC ☎; Lift P 9⇌250 🧖 Fitneßraum Sauna Solarium
geschl: Ende Dez-Anfang Jan
Auch Zimmer anderer Kategorien vorhanden
** Hauptgericht 25; Biergarten; geschl: Ende Dez-Anfang Jan

Adenau 42 →

Rheinland-Pfalz — Kreis Ahrweiler — 350 m — 2 910 Ew — Cochem 46, Bonn 54, Koblenz 68 km
ℹ ☎ (0 26 91) 3 05 16, Fax 3 05 18 — Tourist-Information, Hocheifel, Kirchstr 5, 53518 Adenau; Städtchen in der Eifel. Sehenswert: Pfarrkirche; Johanniter-Komturei; Nürburgring (1 km ↓); Nürburg, 678 m ⛷ (7 km ↘), Hohe Acht, 747 m ⛷ (7 km →)
→

Adenau

** **Zum Wilden Schwein**
Hauptstr 117, ✉ 53518, ☎ (0 26 91) 70 61,
Fax 13 90, ED VA
19 Zi, Ez: 90, Dz: 180, ⌐ WC ☎; P 🖃
** Hauptgericht 30; Terrasse

** **Landhaus Sonnenhof**
♂ ⚡ Auf den Hirzenstein 1, ✉ 53518,
☎ (0 26 91) 70 34, Fax 86 64, AX DC ED VA
37 Zi, Ez: 85-165, Dz: 150-260, 1 Suite, ⌐
WC ☎, 6🖃; Lift P 4⇔22 Fitneßraum
Kegeln Sauna Solarium ⓄI
Auch Zimmer der Kategorie * vorhanden

* **Historisches Haus/Blaue Ecke**
⚡ Markt 4, ✉ 53518, ☎ (0 26 91) 20 05,
Fax 38 05, AX ED VA
Hauptgericht 30; geschl: im Winter Mo,
Mitte Jan-Mitte Feb
* 8 Zi, Ez: 80-100, Dz: 128-150, ⌐
WC ☎; P 🖃 1⇔25
Rezeption: 9-24; geschl: im Winter Mo,
Mitte Jan-Mitte Feb
Eigenes Fischwasser. Für Hausgäste
Angelgelegenheit.

Adendorf siehe Wachtberg

Adorf 49 ↙

Sachsen — Kreis Oelsnitz — 500 m —
6 700 Ew — Bad Elster 6, Auerbach 27 km
ℹ ☎ (03 74 23) 22 47, Fax 22 51 — Fremdenverkehrsbüro, Freiberger Tor, 08626 Adorf.
Sehenswert: Reste der Stadtmauer;
Michaeliskirche; Marktplatz; Heimatmuseum im Stadttor

* **Zur Staffel**
Hohe Str 2, ✉ 08626, ☎ (03 74 23) 31 46,
Fax 31 47, ED VA
8 Zi, Ez: 60-85, Dz: 100-150, ⌐ WC ☎;
1⇔20 Solarium ⓄI
Rezeption: 11-24

* **Landhaus**
Elsterstr 142, ✉ 08626, ☎ (03 74 37) 25 60,
Fax 36 00, AX ED VA
8 Zi, Ez: 49-65, Dz: 95-120, ⌐ WC ☎; P 🖃
ⓄI
Rezeption: 11-20

Aerzen 25 ↘

Niedersachsen — Kreis Hameln-Pyrmont
— 200 m — 11 700 Ew — Hameln 10, Barntrup 13 km
ℹ ☎ (0 51 54) 98 80, Fax 20 16 — Gemeindeverwaltung, Kirchplatz 2, 31855 Aerzen.
Sehenswert: Fachwerkhäuser

* **Deutsches Haus**
Osterstr 26, ✉ 31855, ☎ (0 51 54) 12 30,
Fax 20 29, ED
6 Zi, Ez: 65, Dz: 130, ⌐ WC ☎; P 1⇔40
Solarium ⓄI
geschl: Mo mittags

Aerzen-Außerhalb (3 km ↗)
** **Golf & Schloßhotel Münchhausen**
einzeln ♂ ⚡ ⚐ Schloß Schwöbber,
✉ 31855, ☎ (0 51 54) 9 87-0, Fax 9 87-1 11,
DC VA
18 Zi, Ez: 85-165, Dz: 75-165, S; 4 Suiten, ⌐
WC ☎; Lift P 2⇔35 ⓄI
Golf 45
Rezeption: 8-18

Ahaus 23 ↓

Nordrhein-Westfalen — Kreis Borken —
50 m — 34 000 Ew — Coesfeld 19,
Rheine 40, Münster 55 km
ℹ ☎ (0 25 61) 7 22 88, Fax 7 21 05 — Verkehrsverein, Schloßstr 16 a, 48683 Ahaus;
Stadt im westlichen Münsterland. Sehenswert: Wasserschloß mit Park

** **Ratshotel Rudolph**
Coesfelder Str 21, ✉ 48683, ☎ (0 25 61)
91 10, Fax 91 13 00, AX DC ED VA
36 Zi, Ez: 138-148, Dz: 186-196, 3 Suiten,
3 App, ⌐ WC ☎, 2🖃; Lift P 🖃 5⇔150 ⚐
Fitneßraum Kegeln Sauna Solarium
Auch Zimmer der Kategorie * vorhanden
** **La Toscana**
Hauptgericht 25; Terrasse

** **Schloßhotel**
Oldenkottplatz 3, ✉ 48683, ☎ (0 25 61)
91 00, Fax 9 10 99, AX DC ED VA
20 Zi, Ez: 138, Dz: 186, ⌐ WC ☎, 2🖃; Lift
🖃 3⇔80 ⚐ Fitneßraum Kegeln Sauna
Solarium
Auch Zimmer der Kategorie * vorhanden
** **Fürstenstube**
Hauptgericht 25; Biergarten

Alstätte-Außerhalb (1 km ↑)
*** **Golfhotel**
einzeln ♂ ⚡ Schmäinghook 36, ✉ 48683,
☎ (0 25 67) 3 80, Fax 3 82 00, AX DC ED VA
33 Zi, Ez: 165, Dz: 210, 4 Suiten, 12 App, ⌐
WC ☎; Lift P 5⇔70 Sauna Solarium
Golf 24
*** Hauptgericht 35; Terrasse ✝

Ottenstein-Außerhalb (10 km ←)
** **Haus im Flör**
Hörsteloe 49, ✉ 48683, ☎ (0 25 67) 10 57,
Fax 34 77, AX DC ED VA
Hauptgericht 25; Gartenlokal Terrasse;
geschl: Mo, Sa mittags, 3 Wochen im
Sommer, 2 Wochen im Feb
** ♂ ⚡ 11 Zi, Ez: 90, Dz: 150, ⌐ WC
☎; P 🖃 1⇔14
Rezeption: 8-14, 17-23; geschl: Mo, Sa mit-
tags, 2 Wochen im Feb, 2 Wochen im Jul

Wüllen (3 km ↙)
* **Hof Zum Ahaus**
♂ Argentréstr 10, ✉ 48683, ☎ (0 25 61)
88 21, Fax 84 37, AX ED
14 Zi, Ez: 65, Dz: 120, ⌐ WC ☎; P Kegeln
ⓄI
geschl: Mi, 22.12.96-3.1.97

Ahlbeck siehe Usedom

Ahlefeld 10 □

Schleswig-Holstein — Kreis Rendsburg-Eckernförde — 14 m — 165 Ew — Rendsburg 14, Schleswig 18 km
i ☎ (0 43 53) 2 47 — Gemeindeverwaltung, 24811 Ahlefeld

* **Katerberg**
♂ Hauptstr 8, ✉ 24811, ☎ (0 43 53) 9 97 00, Fax 10 01, AX DC ED VA
11 Zi, Ez: 75-80, Dz: 100-120, 4 App, ⊿ WC ☎; **P** 2↔35
Rezeption: 8-21.30; geschl: Mo, Feb
* Hauptgericht 28; Gartenlokal; geschl: Mo, Feb

Ahlen 34 ↖

Nordrhein-Westfalen — Kreis Warendorf — 88 m — 54 000 Ew — Hamm 12, Beckum 14 km
i ☎ (0 23 82) 5 90, Fax 5 94 65 — Amt für Öffentlichkeitsarbeit, Westenmauer 10, 59227 Ahlen; Stadt im Münsterland.
Sehenswert: Kath. Kirche St. Bartholomäus

Vorhelm (6 km ↗)
* **Witte**
Hauptstr 32, ✉ 59227, ☎ (0 25 28) 88 86, Fax 31 10, AX ED VA
26 Zi, Ez: 85, Dz: 140, 1 Suite, ⊿ WC ☎; **P** 🅿 1↔15
geschl: 2 Wochen in den Sommerferien
Auch Zimmer der Kategorie ** vorhanden
** Hauptgericht 30; geschl: Fr

Ahorn 47 ↘

Bayern — Kreis Coburg (Land) — 369 m — 4 827 Ew — Coburg 5, Seßlach 8 km
i ☎ (0 95 61) 8 14 10, Fax 2 87 09 — Gemeindeverwaltung, Hauptstr 40, 96482 Ahorn

Witzmannsberg (2 km ↙)
* **Waldpension Am Lörholz**
♂ Badstr 20 a, ✉ 96482, ☎ (0 95 61) 13 35, Fax 16 41, AX ED VA
22 Zi, Ez: 60-80, Dz: 110-120, ⊿ WC ☎; **P**; garni

Ahrensburg 18 ↗

Schleswig-Holstein — Kreis Stormarn — 49 m — 28 000 Ew — Hamburg 21, Lübeck 38 km
i ☎ (0 41 02) 7 72 31, Fax 7 72 32 — Stadtverwaltung, Rathausplatz 1, 22926 Ahrensburg. Sehenswert: Schloß Ahrensburg: Museum der Wohnkultur des holsteinischen Landadels; Schloßkirche mit Gottesbuden; Freizeitbad „Badlantic"

*** **Park Hotel**
Lübecker Str 10 a, ✉ 22926, ☎ (0 41 02) 23 00, Fax 23 01 00, AX DC ED VA
99 Zi, Ez: 170-230, Dz: 170-230, S;
10 Suiten, 24 App, ⊿ WC ☎, 11🛏; Lift **P** 🅿 8↔200 Fitneßraum Sauna Solarium 🍴

** **Am Schloß**
Am Alten Markt 17, ✉ 22926, ☎ (0 41 02) 80 55, Fax 18 01, AX DC ED VA
74 Zi, Ez: 117-137, Dz: 167-177, 2 Suiten, 2 App, ⊿ WC ☎, 16🛏; Lift **P** 🅿 5↔80 Fitneßraum Sauna Solarium 🍴

** **Ahrensburg (Ringhotel)**
♂ Ahrensfelder Weg 48, ✉ 22926, ☎ (0 41 02) 5 15 60, Fax 51 56 56, AX DC ED VA
22 Zi, Ez: 129-139, Dz: 160-210, S; 2 Suiten, ⊿ WC ☎, 8🛏; **P** 1↔12; garni
Golf 18

Ahrensfelde (4 km ↓)
* **Ahrensfelder Hof Reiterhof Studt**
♂ Dorfstr 10, ✉ 22926, ☎ (0 41 02) 6 32 43; Fax 6 40 23, ED
10 Zi, Ez: 120, Dz: 180, 2 App, ⊿ WC ☎; **P** 1↔25 🍴
geschl: Mo

Ahrenshoop 12→

Mecklenburg-Vorpommern — Kreis Ribnitz-Damgarten — 17 m — 900 Ew — Ribnitz-Damgarten 16, Rostock 43 km
i ☎ (03 82 20) 2 34, Fax 3 00 — Gemeindeverwaltung, Kirchnersgang 2, 18347 Ahrenshoop; Ostseebad, Erholungsort. Sehenswert: Kirche; Ahrenshooper Holz; Kunstkaten; Hohes Ufer

** **Travel Hotel Haus am Meer**
Dorfstr 36, ✉ 18347, ☎ (03 82 20) 8 08 16, Fax 8 06 10, AX DC ED VA
24 Zi, Ez: 128-240, Dz: 140-240, ⊿ WC ☎; **P** 🍴
Auch Zimmer der Kategorie *** vorhanden

* **Pension Möwe**
◁ Schifferberg 16, ✉ 18347, ☎ (03 82 20) 60 80, Fax 8 06 16
24 Zi, Ez: 90-150, Dz: 120-200, ⊿ WC ☎, 6🛏; **P** 1↔30 Seezugang Sauna Solarium
Auch Zimmer der Kategorie ** vorhanden

* **Pension Bergfalke**
♂ Schifferberg 2, ✉ 18347, ☎ (03 82 20) 8 01 56, Fax 8 03 83, AX ED VA
7 Zi, Ez: 80-180, Dz: 150-240, 2 Suiten, 3 App, ⊿ WC ☎; **P** 3↔50 ♨ Sauna
geschl: Mitte Dez
Anmeldung im gegenüberliegenden Café Namenlos
* **Café Namenlos**
Hauptgericht 25; Terrasse
→

Ahrenshoop

⊗ Café Buhne 12
⇐ Grenzweg 12, ✉ 18347, ☎ (03 82 20) 2 32, AX ED VA
Hauptgericht 20; 🅿; geschl: Nov-Feb

Niehagen (2 km ↗)

✶✶ Landhaus Susewind
♂ Bauernreihe 4 a, ✉ 18347, ☎ (03 82 20) 8 00 73, Fax 8 00 73, AX ED VA
4 Zi, Ez: 105-165, Dz: 120-210, 2 Suiten, 6 App, ⇘ WC ☎; 🅿 Fitneßraum Sauna Solarium; garni

Aibling, Bad 72 ↘

Bayern — Kreis Rosenheim — 500 m — 15 200 Ew — Rosenheim 12, Miesbach 25, München 51 km
ℹ ☎ (0 80 61) 21 66, Fax 3 71 56 — Kurverwaltung, Wilhelm-Leibl-Platz 1, 83043 Bad Aibling; Moorheilbad im Voralpenland, an der Mangfall. Sehenswert: Stadtpfarrkirche Maria Himmelfahrt; Kurpark; Theresienmonument; Dorfkirche in Berbling (4 km ↗)

✶✶ Best Western Kur-und Sporthotel St. Georg
♂ Ghersburgstr 18, ✉ 83043, ☎ (0 80 61) 49 70, Fax 49 71 05, AX DC ED VA
226 Zi, Ez: 135-215, Dz: 180-230, 17 Suiten, 40 App, ⇘ WC ☎, 50⌂; Lift 🅿 ⊟ 16⇔350
☂ Fitneßraum Sauna Solarium

✶✶ Romantik Hotel Lindner
Marienplatz 5, ✉ 83043, ☎ (0 80 61) 9 06 30, Fax 3 05 35, AX DC ED VA
32 Zi, Ez: 75-170, Dz: 180-270, ⇘ WC ☎; 🅿 ⊟ 2⇔25
Auch Zimmer der Kategorie ✶ vorhanden
✶✶ Hauptgericht 28; Terrasse; ✿
geschl: 26.12.-5.1.97

✶ Bihler
♂ Katharinenstr 8, ✉ 83043, ☎ (0 80 61) 9 07 50, Fax 9 07 51 50, AX DC ED VA
22 Zi, Ez: 55-120, Dz: 120-160, ⇘ WC ☎; 🅿 ⊟ 1⇔25 Sauna Solarium
geschl: Mitte Jan-Mitte Feb
Auch Zimmer der Kategorie ✶✶ vorhanden
✶ Hauptgericht 19; Terrasse;
geschl: Mitte Jan-Mitte Feb

Harthausen (2 km →)

✶✶ Schmelmer Hof
Äußere Kolbermoorer Str, ✉ 83043, ☎ (0 80 61) 49 20, Fax 49 25 51, AX ED
112 Zi, Ez: 110-150, Dz: 180-200, 5 App, ⇘ WC ☎; Lift 🅿 ⊟ 8⇔100 ☂ Fitneßraum Kegeln Sauna Solarium
Auch Zimmer der Kategorie ✶ vorhanden
✶✶ Hauptgericht 27; Biergarten Gartenlokal Terrasse

✶ Lindl-Hof
Harthauser Str 35, ✉ 83043, ☎ (0 80 61) 4 90 80, Fax 49 08 60
17 Zi, Ez: 57-70, Dz: 105-130, 1 Suite, 16 App, ⇘ WC ☎; 🅿 ⊟ Fitneßraum Sauna; garni

✶ Medl
♂ ⇐ Erlenweg 4, ✉ 83043, ☎ (0 80 61) 60 19, Fax 3 61 96, ED
13 Zi, Ez: 60, Dz: 92, ⇘ WC ☎; 🅿
geschl: Mitte Dez-Mitte Jan

Aicha vorm Wald 66 □

Bayern — Kreis Passau — 350 m — 2 185 Ew — Vilshofen 9, Passau 15 km
ℹ ☎ (0 85 44) 75 11, Fax 15 40 — Gemeindeverwaltung, Hofmarktstr 2, 94529 Aicha vorm Wald; Erholungsort. Sehenswert: Wasserschloß

✶ Landhaus Bauer
♂ Panholzstr 2, ✉ 94529, ☎ (0 85 44) 84 03, Fax 93 94 49
16 Zi, Ez: 40-45, Dz: 70-80, 4 Suiten, ⇘ WC; 🅿; garni
Rezeption: 8-13, 16-18

Aichach 63 ↘

Bayern — Kreis Aichach-Friedberg — 446 m — 18 000 Ew — Schrobenhausen 16, Augsburg 26 km
ℹ ☎ (0 82 51) 90 20, Fax 9 02 71 — Stadtverwaltung, Stadtplatz 48, 86551 Aichach; Kreisstadt. Sehenswert: Stadtbild; Wallfahrtskirche Maria Birnbaum in Sielenbach (8 km ↘); ehem. Klosterkirche in Kühbach (5 km ↗); Wallfahrtskirche in Inchenhofen (7 km ↑)

⊟ Bauerntanz
Stadtplatz 18, ✉ 86551, ☎ (0 82 51) 8 95 50, Fax 5 28 04, AX DC ED VA
16 Zi, Dz: 110-115, ⇘ WC ☎; Lift 🅿 1⇔20 ⊗
Rezeption: 8-12, 14-18; geschl: So abends, Mo

Untergriesbach (2 km →)

⊟ Gasthof Wagner
♂ Harthofstr 38, ✉ 86551, ☎ (0 82 51) 8 97 70, Fax 89 77 50
31 Zi, Ez: 50-60, Dz: 80-90, ⇘ WC ☎; 🅿 2⇔50 ⊗
Rezeption: 7-14, 16.30-23; geschl: Di

Aichelberg 62 ↗

Baden-Württemberg — Kreis Göppingen — 500 m — 970 Ew — Kirchheim/Teck 10, Göppingen 14 km
ℹ ☎ (0 71 64) 22 67, Fax 36 92 — Gemeindeverwaltung, Vorderbergstr 2, 73101 Aichelberg

✶ Panorama
♂ ⇐ Boller Str 11, ✉ 73101, ☎ (0 71 64) 91 25 20, Fax 9 12 52 30, ED
17 Zi, Ez: 80-82, Dz: 130-135, ⇘ WC ☎; 🅿 ⊟ 2⇔28 ⊗
Rezeption: 10-14, 18-23

👑 Hervorragende Hotelleistung

Aichtal 61 ↘

Baden-Württemberg — Kreis Esslingen — 400 m — 9 500 Ew — Metzingen 12, Stuttgart 27 km
🛈 ☎ (0 71 27) 5 80 30, Fax 58 03 60 — Stadtverwaltung, Waldenburger Str 30, 72631 Aichtal. Sehenswert: Naturtheater Grötzingen; Häfnermuseum Neuenhaus; Uhlbergturm ⋖ bei Neuenhaus

Grötzingen (2 km →)
** **Aichtaler Hof**
Raiffeisenstr 5, ✉ 72631, ☎ (0 71 27) 95 90, Fax 95 99 59, AX DC ED VA
48 Zi, 11 App, ⇩ WC ☎, 11🛏; Lift 🅿 🚋
5⇔100 Fitneßraum Sauna Solarium Terrasse

Aidlingen 61 ▫

Baden-Württemberg — Kreis Böblingen — 450 m — 8 700 Ew — Sindelfingen 9, Böblingen 10, Herrenberg 15 km
🛈 ☎ (0 70 34) 12 50, Fax 1 25 50 — Bürgermeisteramt, Hauptstr 6, 71134 Aidlingen. Sehenswert: Schloß Deufringen

Deufringen (2 km ←)
*** **Alte Villa**
Aidlinger Str 36, ✉ 71134, ☎ (0 70 56) 28 72, Fax 44 72
Hauptgericht 44; Gartenlokal 🅿; geschl: Mo, Anfang-Mitte Jan, 3 Wochen in den Sommerferien

Aiterhofen 65 ▫

Bayern — Kreis Straubing-Bogen — 320 m — 3 016 Ew — Straubing 6 km
🛈 ☎ (0 94 21) 9 96 90, Fax 5 12 37 — Verwaltungsgemeinschaft, Straubinger Str 4, 94330 Aiterhofen

* **Murrerhof**
Passauer Str 1, ✉ 94330, ☎ (0 94 21) 9 94 30, Fax 99 43 50
25 Zi, Ez: 78, Dz: 110-120, ⇩ WC ☎, 2🛏; 🅿 🚋 2⇔60
geschl: Fr, Sa, Anfang-Mitte Jun, Ende Dez-Anfang Jan
* Hauptgericht 20; Biergarten Terrasse; geschl: Fr, Sa, Anfang-Mitte Jun, Ende Dez-Anfang Jan

* **Gasthof Goldenes Rad**
Passauer Str 6, ✉ 94330, ☎ (0 94 21) 4 29 26
6 Zi, Ez: 47-50, Dz: 80, ⇩ WC ☎; 🅿
geschl: 1.9.-15.9.

siehe auch **Straubing**

Albstadt

Albersdorf 9 ↓

Schleswig-Holstein — Kreis Dithmarschen — 6 m — 3 400 Ew — Heide 14, Rendsburg 34 km
🛈 ☎ (0 48 35) 7 80, Fax 78 42 — Amtsverwaltung, Bahnhofstr 23, 25767 Albersdorf; Luftkurort

* **Ramundt**
Friedrichstr 1, ✉ 25767, ☎ (0 48 35) 2 21, Fax 2 22
11 Zi, Ez: 75-85, Dz: 120-140, ⇩ WC ☎; 🅿 2⇔100 Kegeln
geschl: So

Albstadt 68 ↗

Baden-Württemberg — Zollernalbkreis — 700 m — 50 000 Ew — Sigmaringen 24, Pfullingen 25, Tübingen 37 km
🛈 ☎ (0 74 31) 1 60 12 04, Fax 1 60 12 04 — Verkehrsamt, im Stadtteil Ebingen, Marktstr 35, 72458 Albstadt. Sehenswert: Städtische Galerie; Albaquarium; Rathaus mit Ritterbrunnen; Raichberg ⋖ (3 km ↑); Von-Stauffenberg-Schloß mit musikhistorischer Sammlung; St.-Michaels-Kirche; Linkenboldshöhle (3 km ↗); Philipp-Matthias-Hahn-Museum im Kasten

Ebingen
** **Linde**
Untere Vorstadt 1, ✉ 72458, ☎ (0 74 31) 5 30 61, Fax 5 33 22
23 Zi, Ez: 105-140, Dz: 175-205, ⇩ WC ☎; 🅿 1⇔20
geschl: Mitte Jul-Mitte Aug, Ende Dez-Anfang Jan
*** Hauptgericht 45; geschl: So, Sa, feiertags, Mitte Jul-Mitte Aug, Ende Dez-Anfang Jan
Fachwerkhaus in der Fußgängerzone. Zufahrt zum Hotel möglich

* **Gästehaus am Schloßberg** 👑
♦ ⋖ Schloßbergstr 101, ✉ 72458, ☎ (0 74 31) 9 38 20, Fax 93 82 20, ED
6 Zi, Ez: 120-140, Dz: 140-160, ⇩ WC ☎; 🚋 1⇔12; **garni**
geschl: 1.-20.8

* **Alt Ebingen**
Langwatte 51, ✉ 72458, ☎ (0 74 31) 9 39 00, Fax 5 30 24, AX ED
16 Zi, Ez: 98, Dz: 140-150, 1 App, ⇩ WC ☎; 🅿
geschl: 3 Wochen im Sommer

🍴 **Frühholz**
Sonnenstr 46, ✉ 72458, ☎ (0 74 31) 26 98, Fax 5 84 53
8-18.30, so+feiertags 10-22 →

Albstadt

Tailfingen
** Blume-Post
Gerhardstr 10, ✉ 72461, ☎ (0 74 32)
1 20 22, Fax 1 43 20, ED VA
22 Zi, Ez: 85-105, Dz: 130-160, 1 Suite, ⌐
WC ☎; Lift P 🏠 1↔40
Restaurant für Hausgäste

** Landhaus Stiegel
Zitterhofstr 1, ✉ 72461, ☎ (0 74 32) 53 59,
Fax 1 47 20
Hauptgericht 25
* 8 Zi, Ez: 75, Dz: 120, ⌐ WC ☎; P
🏠 1↔110
Rezeption: 9-22

Aldersbach 66 ↗

Bayern — Kreis Passau — 350 m —
3 950 Ew — Aidenbach 3, Vilshofen 10 km
ℹ ☎ (0 85 43) 8 13, Fax 15 03 — Gemeindeverwaltung, Ritter-Tuschl-Str 10,
94501 Aldersbach. Sehenswert: Ehem.
Klosterkirche; Brauerei-Museum; Zisterzienserkloster

*** Mayerhofer
(Flair Hotel)**
Ritter-Tuschl-Str 2, ✉ 94501, ☎ (0 85 43)
16 02, Fax 16 04, ED VA
33 Zi, Ez: 65, Dz: 115, ⌐ WC ☎, 8✉; P 🏠
1↔30
geschl: Nov
* Hauptgericht 20; Biergarten
Terrasse; geschl: Nov

Aldingen 68 □

Baden-Württemberg — Kreis Tuttligen —
650 m — 6 680 Ew — Spaichingen 5, Trossingen 6, Rottweil 12 km
ℹ ☎ (0 74 24) 88 20, Fax 8 82 49 — Bürgermeisteramt, Marktplatz 2, 78554

Aldingen
* Birkenhof
In Stocken 18, ✉ 78554, ☎ (0 74 24)
9 70 70, Fax 97 07 40, ED VA
10 Zi, Ez: 74-78, Dz: 118-140, ⌐ WC ☎; P
geschl: Aug

Alexandersbad, Bad 58 ↗

Bayern — Kreis Wunsiedel — 590 m —
1 350 Ew — Wunsiedel 3, Bad Berneck 30,
Bayreuth 48 km
ℹ ☎ (0 92 32) 26 34, Fax 83 33 — Kurverwaltung, Am Kurpark 3, 95680 Bad Alexandersbad; Mineral- und Moorheilbad im
Fichtelgebirge. Sehenswert: Luisenburg:
Felsenlabyrinth, 871 m ⌐ (2 km ←);
Kösseine, 939 m ⌐ (6 km ↗)

Die von uns genannten Cafés bieten neben
Konditoreiwaren und Getränken häufig
auch kleine Gerichte an.

** Alexandersbad
⌐ Markgrafenstr 24, ✉ 95680, ☎ (0 92 32)
88 90, Fax 88 94 61, AX DC ED VA
110 Zi, Ez: 140-150, Dz: 210-230, 3 Suiten,
50 App, ⌐ WC ☎; Lift P 🏠 4↔130 ⌐ Fitneßraum Sauna Solarium
** Hauptgericht 25; Terrasse

* Pension Am Forst
♂ Zum Nagelbrunnen 20, ✉ 95680,
☎ (0 92 32) 42 42, Fax 44 66
18 Zi, Ez: 43-50, Dz: 86-100, 3 App, ⌐ WC
☎; P 🏠 Fitneßraum; garni
geschl: Anfang Nov-Mitte Dez

Alf 53 ↘

Rheinland-Pfalz — Kreis Cochem-Zell —
98 m — 1 200 Ew — Cochem 29, Bernkastel-Kues 41 km
ℹ ☎ (0 65 42) 24 19 — Verkehrsamt, Brückenstr 2, 56859 Alf; Weinbauort an der
Mosel. Sehenswert: Klosterruine Marienburg ⌐ (2 km ↘)

* Herrenberg
⌐ Moselstr 11, ✉ 56859, ☎ (0 65 42) 26 38,
Fax 26 88
11 Zi, Ez: 40-50, Dz: 70-100, 1 App, ⌐ WC
☎; Sauna; garni
geschl: Mitte Nov-Ende Mär

Alfdorf 62 □

Baden-Württemberg — Rems-Murr-Kreis
— 500 m — 6 600 Ew — Pfahlbronn 3,
Lorch 7, Schwäbisch Gmünd 11 km
ℹ ☎ (0 71 72) 30 90, Fax 3 09 29 — Gemeindeverwaltung, Obere Schloßstr 28,
73553 Alfdorf

Haghof (3 km ←)
**** Haghof
(Ringhotel)**
einzeln ♂ Welzheimer Str 3, ✉ 73553,
☎ (0 71 82) 9 28 00, Fax 92 80 88, AX ED VA
40 Zi, Ez: 110-160, Dz: 160-210, S; 2 Suiten,
⌐ WC ☎; Lift P 🏠 3↔80 ⌐ Kegeln Sauna
Solarium
Rezeption: 6.30-17 Uhr
** Hauptgericht 30; Biergarten Terrasse

Alfeld (Leine) 26 ↓

Niedersachsen — Kreis Hildesheim —
90 m — 23 264 Ew — Hildesheim 24, Einbeck 25, Hannover 48 km
ℹ ☎ (0 51 81) 70 30, Fax 70 31 80 — Verkehrsverein, Ständehausstr 1, 31061 Alfeld.
Sehenswert: Ev. Nikolaikirche; Rathaus;
Alte Lateinschule

*** Akzent-Hotel
Am Schlehberg**
♂ ⌐ Heinrich-Rinne-Str 37, ✉ 31061,
☎ (0 51 81) 8 53 10, Fax 85 31 58, AX ED VA
28 Zi, Ez: 98-140, Dz: 150-190, ⌐ WC ☎,
16✉; P 2↔100

* **City Hotel**
Leinstr 14, ✉ 31061, ☎ (0 51 81) 30 73,
Fax 2 63 97, AX DC ED VA
28 Zi, Ez: 65-95, Dz: 110-130, ⊿ WC ☎; Lift
🅿 🍴; garni
Rezeption: 7-20; geschl: Sa, Ende Jul-
Mitte Aug

Alfter 43 ↖

Nordrhein-Westfalen — Rhein-Sieg-Kreis
— 173 m — 20 000 Ew — Bonn 5 km
ℹ ☎ (02 28) 6 48 41 19, Fax 6 48 41 99 —
Gemeindeverwaltung, Am Rathaus,
53347 Alfter

Alfter-Außerhalb (2 km ↖)
*** **Herrenhaus Buchholz**
◁ Buchholzweg 1, ✉ 53347, ☎ (0 22 22)
6 00 05, Fax 6 14 69, AX ED VA
Hauptgericht 45; Gartenlokal 🅿;
Am Rande des Naturparks Kottenforst-
Ville

Witterschlick
⌂ **Lambertushof**
Hauptstr 238, ✉ 53347, ☎ (02 28) 64 50 14,
Fax 64 50 16, VA
14 Zi, Ez: 80, Dz: 125, S; ⊿ WC ☎; 🅿 Sauna
🍴

Algermissen 26 ↓

Niedersachsen — Kreis Hildesheim —
80 m — 6 734 Ew — Lehrte 12, Hildesheim 15, Hannover 23 km
ℹ ☎ (0 51 26) 9 10 — Gemeindeverwaltung,
Marktstr 7, 31191 Algermissen

Ummeln (3 km ↑)
** **Messehof**
♣ Ummilostr 41, ✉ 31191, ☎ (0 51 26)
97 10, Fax 97 17 00, AX DC ED VA
100 Zi, Ez: 149-199, Dz: 179-238, 7 Suiten,
⊿ WC ☎; 🅿 5⇌130 Fitneßraum Sauna 🍴

Alken 43 ↓

Rheinland-Pfalz — Kreis Mayen-Koblenz —
84 m — 700 Ew — Koblenz 22, St. Goar
32 km
ℹ ☎ (0 26 05) 89 97, Fax 47 71 — Verkehrsverein, Moselstr 4, 56332 Alken; Weinbau-
und Erholungsort im Moseltal. Sehenswert: Burg Thurant ◁ (1 km); St.-Michaels-
Kirche mit Beinhaus (12. Jh.)

** **Landhaus Schnee**
◁ Moselstr 6, ✉ 56332, ☎ (0 26 05) 33 83,
Fax 81 26, AX DC ED VA
24 Zi, Ez: 60-90, Dz: 100-150, ⊿ WC ☎; Lift
🅿 🍴 1⇌40 Sauna Solarium
Rezeption: 10-24; geschl: Mi, Jan
** ◁ Hauptgericht 25; geschl: Mi,
Jan

* **Zum Roten Ochsen**
◁ Moselstr 14, ✉ 56332, ☎ (0 26 05) 6 89,
Fax 7 07, AX ED
25 Zi, Ez: 50-70, Dz: 100-120, 1 Suite, ⊿ WC
☎; 🅿 🍴
Rezeption: 8-12, 15-20; geschl: Mo, Jan
* Hauptgericht 20; geschl: Mo, Jan

** **Burg Thurant**
Moselstr 15, ✉ 56332, ☎ (0 26 05) 35 81,
Fax 35 81, ED
Hauptgericht 25; Gartenlokal 🅿; nur
abends; geschl: Mo, Mitte-Ende Jun, Ende
Jan-Anfang Mär

Allenbach 53 ←

Rheinland-Pfalz — Kreis Birkenfeld —
600 m — 800 Ew — Morbach 10, Idar-Oberstein 16, Birkenfeld 16 km
ℹ ☎ (0 67 86) 20 89, Fax 25 51 — Gemeindeverwaltung, Hauptstr 10, 55758 Allenbach;
Erholungsort im Hunsrück, nahe dem
Erbeskopf, 816 m (↙). Sehenswert:
Edelsteinschleifereien

Hüttgeswasen (5 km ↙)
* **Gethmann
(Silencehotel)**
✉ 55743, ☎ (0 67 82) 8 88, Fax 8 80,
AX DC ED VA
26 Zi, Ez: 100-110, Dz: 140-160, S; ⊿ WC ☎;
Lift 🅿 🍴 1⇌30 ≋ Fitneßraum Sauna
Solarium
geschl: 1.12.-25.12.96
** Hauptgericht 25; Gartenlokal;
geschl: 1.12.-25.12.96

Allensbach 68 ↖

Baden-Württemberg — Kreis Konstanz —
400 m — 6 000 Ew — Konstanz 10, Singen
20 km
ℹ ☎ (0 75 33) 63 40, Fax 8 01 36 — Verkehrsamt, Rathausplatz 2, 78476 Allens-
bach; Erholungsort am Bodensee

* **Haus Rose**
◁ Konstanzer Str 23, ✉ 78476, ☎ (0 75 33)
31 00, Fax 73 92, ED VA
8 Zi, Ez: 55-75, Dz: 110-130, ⊿ WC ☎; 🅿 🍴
🍴
Rezeption: 8-10, 14-20; geschl: Mo

Allershausen 72 ↑

Bayern — Kreis Freising — 442 m —
4 600 Ew — Freising 13, München 35 km
ℹ ☎ (0 81 66) 6 79 30, Fax 18 47 — Gemeindeverwaltung, Johannes-Boos-Platz 6,
85391 Allershausen

* **Zum Gock'l**
Breimannweg 19, ✉ 85391, ☎ (0 81 66)
81 78, Fax 36 14, AX ED VA
18 Zi, Ez: 75-95, Dz: 125-145, 1 Suite,
1 App, ⊿ WC ☎; 🅿 🍴; garni →

Allershausen

* **An der Glonn**
Robert-Koch-Str 2, ⊠ 85391, ☎ (0 81 66)
6 76 10, Fax 52 54, AX ED VA
17 Zi, Ez: 85-110, Dz: 95-160, 5 App, ⊣ WC
☎, 1⌧; P 🍴 Fitneßraum Solarium; **garni**

* **Gästehaus Huberhof**
Freisinger Str 18, ⊠ 85391, ☎ (0 81 66)
80 86, Fax 92 98, AX DC ED VA
29 Zi, Ez: 50-95, Dz: 80-138, ⊣ WC ☎, 14⌧;
P 🍴
geschl: Ende Dez-Mitte Jan
Restaurant für Hausgäste. Im Altbau einfachere Zimmer vorhanden

Allmersbach im Tal 62 ↘

Baden-Württemberg — Rems-Murr-Kreis
— 445 m — 4 263 Ew — Backnang 6,
Schorndorf 15, Stuttgart 30 km
ℹ ☎ (0 71 91) 55 21, Fax 5 79 70 — Gemeindeverwaltung, Backnanger Str 42,
71573 Allmersbach

Heutensbach (1 km →)
** **Löwen**
Käsbühlstr 1, ⊠ 71573, ☎ (0 71 91) 50 40,
Fax 5 04 15, AX DC ED VA
27 Zi, Ez: 115, Dz: 170, 1 App, ⊣ WC ☎; P
🍴 2⇄50 Fitneßraum Sauna Solarium
Rezeption: 7-15, 17-21; geschl: Ende Dez-Anfang Jan
* Hauptgericht 25; Gartenlokal;
geschl: Ende Dez-Anfang Jan

Alpirsbach 60 ↘

Baden-Württemberg — Kreis Freudenstadt — 450 m — 7 000 Ew — Freudenstadt 17, Schramberg 20, Offenburg 60 km
ℹ ☎ (0 74 44) 61 42 81, Fax 61 42 83 — Kurverwaltung, im Haus des Gastes,
Hauptstr 20, 72275 Alpirsbach; Luftkurort
im Kinzigtal. Sehenswert: Ehem. Klosterkirche, Kreuzgang; Glasbläserei; Talsperre

* **Löwen-Post**
Marktplatz 12, ⊠ 72275, ☎ (0 74 44) 23 93,
ED
13 Zi, Ez: 70, Dz: 120-130, ⊣ WC ☎; 🍴 🍽

* **Rössle**
Aischbachstr 5, ⊠ 72275, ☎ (0 74 44) 22 81,
Fax 23 68, AX ED
26 Zi, Ez: 69-79, Dz: 106-116, ⊣ WC ☎; Lift
P 🍴 Solarium 🍽
Rezeption: 8-15, 17-23
Auch Zimmer der Kategorie ** vorhanden

Aischfeld (5,5 km →)
* **Sonne**
♂ Im Aischfeld 2, ⊠ 72275, ☎ (0 74 44)
23 30, Fax 23 53, DC ED VA
22 Zi, Ez: 55-70, Dz: 90-110, ⊣ WC ☎; P
1⇄20 Kegeln 🍽
geschl: Di, im Jan
Auch Zimmer der Kategorie ** vorhanden

Alsdorf 42 ↖

Nordrhein-Westfalen — Kreis Aachen —
169 m — 47 000 Ew — Baesweiler 5,
Aachen 10 km
ℹ ☎ (0 24 04) 5 00, Fax 2 26 40 — Stadtverwaltung, Hubertusstr, 52477 Alsdorf

** **Corso**
Burgstr. 30, ⊠ 52477, ☎ (0 24 04) 90 40,
Fax 90 41 80
32 Zi, Ez: 85-120, Dz: 130-170, 2 Suiten,
38 App, ⊣ WC ☎;Lift
Appartements für Langzeitvermietung

* **Rathaus-Hotel**
Hubertusstr 8, ⊠ 52477, ☎ (0 24 04)
9 06 90, Fax 90 69 69, AX DC ED VA
20 Zi, Ez: 85, Dz: 130, ⊣ WC ☎; Lift P;
garni

Alsfeld 45 □

Hessen — Vogelsbergkreis — 264 m —
18 000 Ew — Fulda 43, Gießen 50 km
ℹ ☎ (0 66 31) 18 21 65, Fax 18 21 09 — Verkehrsbüro, Rittergasse 3, 36304 Alsfeld;
Europäische Modellstadt für Denkmalschutz; Erholungsort zwischen Vogelsberg
und Knüllgebirge. Sehenswert: Altstadt
mit Marktplatz: Rathaus, Weinhaus und
Hochzeitshaus; ev. Walpurgiskirche:
Schnitzaltar, Turm ◄; Leonhardsturm;
Regionalmuseum

* **Zum Schwalbennest**
Pfarrwiesenweg 12, ⊠ 36304, ☎ (0 66 31)
50 61, Fax 7 10 81, AX DC ED VA
65 Zi, Ez: 80-100, Dz: 100-140, ⊣ WC ☎; Lift
P 🍴 2⇄60 🍽
Auch einfachere Zimmer vorhanden

* **Klingelhöffer**
Hersfelder Str 47, ⊠ 36304, ☎ (0 66 31)
20 73, Fax 7 10 64, AX DC ED VA
40 Zi, Ez: 75-85, Dz: 120-135, ⊣ WC ☎; P
3⇄60
* **Entenviertel**
Hauptgericht 25; geschl: So abends

Altastenberg siehe Winterberg

Altbach 61 →

Baden-Württemberg — Kreis Esslingen —
247 m — 4 500 Ew — Göppingen 18, Stuttgart 21 km
ℹ ☎ (0 71 53) 7 00 70, Fax 70 07 11 —
Gemeindeverwaltung, Esslinger Str 26,
73776 Altbach

* **Altbacher Hof mit Gästehaus**
Kirchstr 11, ⊠ 73776, ☎ (0 71 53) 70 70,
Fax 2 50 72, AX DC ED VA
85 Zi, Ez: 75-100, Dz: 120-140, 8 App, ⊣ WC
☎; Lift P 🍴 2⇄70
Auch Zimmer der Kategorie ** vorhanden
* **Ulrich-Stuben**
Hauptgericht 25; geschl: Fr

Altdorf 57 ↘

Bayern — Kreis Nürnberger Land — 444 m
— 14 000 Ew — Neumarkt/Oberpfalz 17,
Nürnberg 27 km
🅘 ☎ (0 91 87) 80 71 00, Fax 80 72 90 — Verkehrsamt, Oberer Markt 2, 90518 Altdorf.
Sehenswert: Ev. Laurentiuskirche; ehem.
Universität: Brunnen; Rathaus; Stadttore;
Wehrmauer; Sofienquelle

* **Gasthof Alte Nagelschmiede**
Oberer Markt 13, ✉ 90518, ☎ (0 91 87)
56 45, Fax 82 34, ED
20 Zi, Ez: 80-90, Dz: 130-170, 2 Suiten, ⌐⌐
WC ☎; P
geschl: So, Aug
* **Gasthof Alte Nagelschmiede**
Hauptgericht 25; Terrasse; geschl: So, Mo
mittags, Aug

* **Altes Zollhaus**
Neumarkter Str 13, ✉ 90518, ☎ (0 91 87)
23 35, Fax 8 03 55
13 Zi, Ez: 59-69, Dz: 95-98, ⌐⌐ WC ☎; P
1⇔40 ⓘ

Rotes Roß
Oberer Markt 5, ✉ 90518, ☎ (0 91 87)
52 72, Fax 80 48 54, DC ED VA
Hauptgericht 25; geschl: Mitte Aug-Mitte
Sep, Ende Dez-Anfang Jan
Alter fränkischer Gasthof, dessen
Geschichte sich bis zum 30jährigen Krieg
zurückverfolgen läßt

Altdorf 65 ↙

Bayern — Kreis Landshut — 394 m —
9 900 Ew — Landshut 3 km
🅘 ☎ (08 71) 30 30, Fax 3 03 56 — Gemeindeverwaltung, Dekan-Wagner-Str 13,
84032 Altdorf. Sehenswert: Kath. Kirche,
Hochaltar

* **Elisabeth**
Bernsteinstr 40, ✉ 84032, ☎ (08 71)
3 20 40, Fax 3 46 09, AX ED VA
28 Zi, Ez: 60-90, Dz: 130-170, 4 Suiten, ⌐⌐
WC ☎; Lift P 🍴 3⇔120 Sauna Solarium
ⓘ

* **Gasthof Wadenspanner**
Kirchgasse 2, ✉ 84032, ☎ (08 71) 93 21 30,
Fax 9 32 13 70, ED VA
23 Zi, Ez: 83-120, Dz: 130-170, ⌐⌐ WC ☎; P
1⇔80 ⓘ

Eugenbach (1 km ←)
* **Landgasthof Lainer**
Bucherstr 28, ✉ 84032, ☎ (08 71) 93 21 60,
Fax 9 32 16 16, ED VA
19 Zi, Ez: 75, Dz: 115-110, ⌐⌐ WC ☎, 2✉; P
ⓘ
Rezeption: 7-22, Di 7-11, 16-20

Alt Duvenstedt 9 →

Schleswig-Holstein — Kreis Rendsburg-
Eckernförde — 19 m — 1 350 Ew — Rendsburg 7 km
🅘 ☎ (0 43 38) 4 54 — Gemeindeverwaltung,
24791 Alt Duvenstedt

** **Zur Linde**
Dorfstr 7 a, ✉ 24791, ☎ (0 43 38) 9 97 00,
Fax 99 70 11
6 Zi, Dz: 100, 2 App, ⌐⌐ WC ☎; P
Rezeption: 8-12, 16-21; geschl: Mo

Neu Duvenstedt (3 km ↗)
*** **Töpferhaus** ♛
einzeln ⊙ ⋖ am Bistensee, ✉ 24791,
☎ (0 43 38) 4 02, Fax 5 51, AX DC ED VA
46 Zi, Ez: 125-195, Dz: 195-295, 2 Suiten, ⌐⌐
WC ☎, 30✉; P 4⇔60 Strandbad Seezugang Sauna Solarium
Im Gästehaus Zimmer der Kategorie **
vorhanden
** **Töpferhaus**
⋖ Hauptgericht 40; Terrasse

Altefähr siehe Rügen

Altena 33 ↘

Nordrhein-Westfalen — Märkischer Kreis
— 159 m — 24 000 Ew — Lüdenscheid 14,
Iserlohn 16, Hagen 26 km
🅘 ☎ (0 23 52) 20 90, Fax 20 92 03 — Stadtverwaltung, Lüdenscheider Str 22,
58762 Altena; Stadt im Sauerland. Sehenswert: Altstadt; Burg Altena (heute Jugendherberge - die erste der Welt); Museum der
Grafschaft Mark; Kohlberg, 514 m ⋖
(10 km →)

Dahle (6 km →)
** **Alte Linden**
Hauptstr 38, ✉ 58762, ☎ (0 23 52) 7 12 10,
Fax 7 50 94, ED VA
Hauptgericht 25; P Terrasse; geschl: Mo,
Sa mittags
** 12 Zi, Ez: 85, Dz: 135, ⌐⌐ WC ☎;
2⇔60

Großendrescheid (5 km ↙)
* **Gasthof Spelsberg**
Großendrescheid 17, ✉ 58762, ☎ (0 23 52)
9 58 00, Fax 95 80 88
Hauptgericht 20; Gartenlokal P; geschl:
Di, 4 Wochen im Sommer, Ende Dez-
Anfang Jan
** **Gästehaus Spelsberg**
⊙ ⋖ 12 Zi, Ez: 98, Dz: 145, 2 App, ⌐⌐ WC ☎;
2⇔40
geschl: 4 Wochen im Sommer, Ende Dez-
Anfang Jan

Altenahr

Altenahr 43 ←

Rheinland-Pfalz — Kreis Ahrweiler —
170 m — 1 900 Ew — Adenau 18,
Bonn 28 km
🅘 ☏ (0 26 43) 84 48, Fax 35 16 — Verkehrsverein, Haus des Gastes, 53505 Altenahr;
Ort im Ahrtal. Sehenswert: Kath. Kirche;
Burgruine Are ◄; Schloß Kreuzberg ◄
(2 km ✓); Ditschhardt, 330 m ◄

* Weingasthaus „Schäferkarre"
🅥 Brückenstr 29, ✉ 53505, ☏ (0 26 43)
71 28, Fax 12 47, AX DC ED VA
Hauptgericht 25; geschl: Mo

Kreuzberg
* Weiß
Bahnhofstr 36, ✉ 53505, ☏ (0 26 43) 84 03,
Fax 33 50
29 Zi, Ez: 50-110, Dz: 90-200, S; ⊿ WC; 🅿
🚗 2↻35 ≈ ¶⊚¶
geschl: 22.12.-27.12.97
Auch einfachere Zimmer vorhanden

Altenau 37 ↘

Niedersachsen — Kreis Goslar — 450 m —
2 850 Ew — Goslar 20, Osterode 27 km
🅘 ☏ (0 53 28) 80 20, Fax 8 02 38 — Kurverwaltung, „Haus des Gastes", Hüttenstr 9,
38707 Altenau; heilklimatischer Kurort und
Wintersportplatz im Harz. Sehenswert:
Oker-Stausee (3 km ↑); Barocke Holzkirche; Dammgraben

* Parkhaus
Markt 3, ✉ 38705, ☏ (0 53 28) 2 25,
Fax 5 44, AX DC ED VA
9 Zi, Ez: 60-90, Dz: 60-120, ⊿ WC; 🅿
2↻100

Altenbauna siehe Baunatal

Altenberg 51 ↘

Sachsen — Kreis Dippoldiswalde — 800 m
— 3 700 Ew — Dresden 40 km
🅘 ☏ (03 50 56) 42 61, Fax 42 63 — Stadtverwaltung, Platz des Bergmanns 2,
01773 Altenberg; Luftkurort. Sehenswert:
Schaustollen, Bergbaumuseum; Naturbad; Bob- und Rodelbahnen

** Am Skihang
♂ Am Skihang 1, ✉ 01773, ☏ (03 50 56)
3 16 10, Fax 3 16 18
15 Zi, Ez: 75, Dz: 120, 4 App, ⊿ WC; 🅿
3↻30 ¶⊚¶

* Zur Pinge
Rathausstr 2, ✉ 01773, ☏ (03 50 56)
3 19 30, Fax 3 19 31, ED
11 Zi, Ez: 60-75, Dz: 120, ⊿ WC; Lift 🅿 ¶⊚¶

* Lindenhof
Dresdner Str 25, ✉ 01773, ☏ (03 50 56)
3 42 56, Fax 3 42 66, AX DC ED VA
11 Zi, Ez: 50-65, Dz: 100, ⊿ WC; 🅿 🚗 ¶⊚¶
geschl: Apr-Nov

Hirschsprung (5 km ↑)
** Ladenmühle
♂ Bielatalstr 8, ✉ 01773, ☏ (03 50 56)
42 40, Fax 3 42 40, AX ED VA
46 Zi, Ez: 70-90, Dz: 120-150, WC; 🅿 🚗
1↻30 Sauna Solarium ¶⊚¶
Auch Zimmer der Kategorie * vorhanden

Altenberge 23 ↘

Nordrhein-Westfalen — Kreis Steinfurt —
119 m — 8 600 Ew — Münster 15, Steinfurt 15 km
🅘 ☏ (0 25 02) 8 20, Fax 82 40 — Gemeindeverwaltung, Kirchstr 25, 48341 Altenberge

* Stüer
Laerstr. 8, ✉ 48341, ☏ (0 25 05) 93 31-0,
Fax 93 31-93, AX DC ED VA
54 Zi, Ez: 89-90, Dz: 135-140, ⊿ WC, 2🚗
7↻180 Fitneßraum Kegeln Sauna
Solarium
Im Haupthaus und Haus Veronica auch
einfachere Zimmer vorhanden

Altenburg 49 ↑

Thüringen — Kreis Altenburg — 171 m —
48 000 Ew — Gera 36, Chemnitz 40, Leipzig 45 km
🅘 ☏ (0 34 47) 31 11 45 — Altenburg-Information, Weibermarkt 17, 04600 Altenburg;
Kreisstadt. Sehenswert: Schloß, Schloßkirche, Orgel; Spielkartenmuseum;
Lindenau-Museum; Brühl; Skatbrunnen;
Rathaus; Naturkundemuseum Mauritianum; Rote Spitzen; Nikolaiturm

** Best Western Parkhotel
August-Bebel-Str 16, ✉ 04600, ☏ (0 34 47)
58 30, Fax 58 34 44, AX ED VA
43 Zi, Ez: 95-125, Dz: 150-210, 2 Suiten, ⊿
WC, 16🚗; Lift 🅿 2↻150 ¶⊚¶

**** Astor
(Team Hotel)**
Bahnhofstr 4, ✉ 04600, ☏ (0 34 47) 58 70,
Fax 58 74 44, AX DC ED VA
92 Zi, Ez: 115-135, Dz: 155-175, ⊿ WC,
35🚗; Lift 🅿 8↻62 ¶⊚¶

** Engel
Johannisstr 27, ✉ 04600, ☏ (0 34 47)
5 65 10, Fax 56 51 14, AX ED VA
12 Zi, Ez: 85-105, Dz: 160-180, ⊿ WC; 🅿
🚗
Auch Zimmer der Kategorie * vorhanden
** Hauptgericht 20; Biergarten

**** Altenburger Hof
(Top International Hotel)**
Schmöllnsche Landstr 8, ✉ 04600,
☏ (0 34 47) 58 40, Fax 58 44 99, AX DC ED VA
145 Zi, Ez: 115-155, Dz: 155-240, 2 Suiten,
WC, 42🚗; Lift 🅿 5↻150 Fitneßraum
Sauna Solarium ¶⊚¶

Altenstadt

** Am Roßplan
Roßplan 8, ✉ 04600, ☎ (0 34 47) 5 66 10, Fax 56 61 61
26 Zi, Ez: 80, Dz: 120, ⊣ WC ☎; Lift 🅿 ⓘ
Auch Zimmer der Kategorie * vorhanden

* Wettiner Hof
Johann-Sebastian-Bach-Str 11, ✉ 04600, ☎ (0 34 47) 31 35 32, Fax 50 49 36, AX ED VA
10 Zi, Ez: 50-85, Dz: 100-125, 3 Suiten, ⊣ WC ☎, 1✉; 🅿 🖂 ⓘ

* Treppengasse
♂ Treppengasse 5, ✉ 04600, ☎ (0 34 47) 31 35 49, Fax 31 35 49, AX DC ED VA
13 Zi, Ez: 70-78, Dz: 90-110, ⊣ WC ☎; 🅿
Sauna; garni

Altenheim siehe Neuried

Altenkirchen 43 ↗

Rheinland-Pfalz — Kreis Altenkirchen — 216 m — 5 376 Ew — Siegburg 39, Neuwied 42, Limburg 49 km
ℹ ☎ (0 26 81) 8 52 37 — Verbandsgemeindeverwaltung, Rathausstr 13, 57610 Altenkirchen; Stadt im Westerwald

** Glockenspitze
Hochstr, ✉ 57610, ☎ (0 26 81) 8 00 50, Fax 80 05 99, AX DC ED VA
41 Zi, Ez: 95-155, Dz: 150-280, 5 Suiten, ⊣ WC ☎; Lift 7⇔600 ≋ Fitneßraum Kegeln Sauna Solarium Tennis 8

** Tonscherbe
Hauptgericht 35

Altenkunstadt 48 ↙

Bayern — Lichtenfels — 300 m — 5 000 Ew — Burgkunstadt 2 km
ℹ ☎ (0 95 72) 38 70, Fax 45 39 — Gemeindeverwaltung, Marktplatz 2, 96264 Altenkunstadt; Ort am oberen Main. Sehenswert: Kath. Wehrkirche; Schloß mit Kirche Strössendorf

Baiersdorf (3 km ↘)
** Fränkischer Hof
♂ Altenkunstadter Str 41, ✉ 96264, ☎ (0 95 72) 38 30 00, Fax 38 30 20, VA
28 Zi, Ez: 70-90, Dz: 130-165, ⊣ WC ☎, 7✉; Lift 🅿 1⇔50 ≋
Auch einfachere Zimmer vorhanden
* Hauptgericht 20; Terrasse

Altenmedingen 19 ↙

Niedersachsen — Kreis Uelzen — 40 m — 800 Ew — Bevensen 6, Lüneburg 24 km
ℹ ☎ (0 58 07) 3 07 — Verkehrsverein, Hauptstr 7, 29575 Altenmedingen

** Akzent-Hotel Fehlhaber
Hauptstr 5, ✉ 29575, ☎ (0 58 07) 8 80, Fax 8 82 22, AX DC ED VA
43 Zi, Ez: 85-146, Dz: 150-204, 1 Suite, ⊣ WC ☎; Lift 🖂 4⇔150 ≋ Fitneßraum Sauna Solarium
Auch Zimmer der Kategorie *** vorhanden

** Ambiente
Hauptgericht 25

** Hof Rose 👑
Landhaus Meierhof
♂ Niendorfer Weg 12, ✉ 29575, ☎ (0 58 07) 2 21+3 41, Fax 12 91
14 Zi, Ez: 68-85, Dz: 138-148, 1 App, ⊣ WC ☎; 🅿 🖂 1⇔20 ≋ Sauna
geschl: Mitte Jan-Ende Feb
Restaurant für Hausgäste

Altenstadt 70 ↖

Bayern — Kreis Neu-Ulm — 529 m — 4 800 Ew — Illertissen 7, Memmingen 23 km
ℹ ☎ (0 83 37) 80 84, Fax 89 34 — Marktverwaltung, Hindenburgstr 1, 89281 Altenstadt; Ort an der Iller. Sehenswert: Kath. Kirche: Fresken in Illereichen

* Garni
Bahnhofstr 6, ✉ 89281, ☎ (0 83 37) 72 60, Fax 91 12, ED
27 Zi, Ez: 60, Dz: 95, ⊣ WC ☎; 🅿 🖂 1⇔
geschl: So

🛏 Gasthaus zum Rößle
Memminger Str 2, ✉ 89281, ☎ (0 83 37) 10 37, Fax 3 09
19 Zi, Ez: 43-70, Dz: 78-110, ⊣ WC ☎; 🅿 🖂 ⓘ
geschl: Do mittags, 2 Wochen im Nov

Illereichen (1 km →)
*** Schloßwirtschaft 🍴
Kirchplatz 2, ✉ 89281, ☎ (0 83 37) 80 45, Fax 4 60, AX DC ED VA
Hauptgericht 55; Terrasse; geschl: So abends, Mo

* Gästehaus
♂ 10 Zi, Ez: 116, Dz: 160-220, 1 Suite, ⊣ WC ☎; 🖂 2⇔100
Auch Zimmer der Kategorie ** vorhanden

Altenstadt 45 ↙

Hessen — Wetterau — 130 m — 12 000 Ew — Frankfurt 22, Friedberg 20, Büdingen 12 km
ℹ ☎ (0 60 47) 8 00 00, Fax 80 00 50 — Gemeindeverwaltung, Frankfurter Str.11, 63674 Altenstadt. Sehenswert: Ev. St.-Nikolai-Kirche, Kloster Engelthal, Schloß in Höchst an der Nidder →

Altenstadt

Altenstadt
* **Zum Schwarzen Adler**
Vogelsbergstr 2, ✉ 63674, ☎ (0 60 47) 9 64 70, Fax 96 47 27, AX DC ED VA
15 Zi, Ez: 90, Dz: 140, 1 Suite, ⌐ WC ☎; Lift
* Hauptgericht 25

Altensteig 61 ✓

Baden-Württemberg — Kreis Calw — 500 m — 10 000 Ew — Nagold 14, Freudenstadt 25, Tübingen 48 km
ℹ (0 74 53) 66 33, Fax 2 72 57 — Verkehrsamt, Rosenstr 28, 72213 Altensteig; Luftkurort an der Nagold. Sehenswert: Schloß und Giebelhäuser; ev. Kirche und Schloß in Berneck (5 km ↑)

Wart (7 km ↗)
*** **Sonnenbühl**
♀ ◂ Wildbader Str 44, ✉ 72213, ☎ (0 74 58) 77 10, Fax 77 15 22, AX DC ED VA
126 Zi, Ez: 155-185, Dz: 198-228, 3 Suiten, ⌐ WC ☎, 15🅿; Lift 🅿 🏠 3↔150 ≋ Fitneßraum Sauna Solarium 🍽
Tennis 3

Altenweddingen 28 ✓

Sachsen-Anhalt — Kreis Wanzleben — 80 m — 2 050 Ew — Magdeburg 13, Schönebeck 15 km
ℹ ☎ (03 92 05) 2 13 28, Fax 2 06 79 — Gemeindeverwaltung, Schulstr 2, 39171 Altenweddingen

* **Bördeperle**
Neuer Weg 16, ✉ 39171, ☎ (03 92 05) 2 19 96, Fax 2 19 96, AX ED VA
12 Zi, Ez: 98-136, Dz: 150, ⌐ WC ☎; 🅿 🏠

Altenweddingen-Außerhalb (2 km ↓)
** **Körling**
Halberstädter Str 1, ✉ 39171, ☎ (03 92 05) 2 39 01, Fax 2 39 05, AX DC ED VA
29 Zi, Ez: 100-150, Dz: 140-180, 3 App, ⌐ WC ☎; 🅿 2↔80 Fitneßraum Sauna Solarium

Altglashütten
siehe **Feldberg (Schwarzwald)**

Altötting 73 ↑

Bayern — Kreis Altötting — 403 m — 11 983 Ew — Landshut 61, Passau 84, München 94 km
ℹ (0 86 71) 80 68, Fax 63 03 — Verkehrsbüro, Kapellplatz 2 a, 84503 Altötting; bedeutender Wallfahrtsort Bayerns. Sehenswert: Stiftskirche: Schatzkammer mit „Goldenem Rößl", Tilly- Gruft, Kreuzgang; Heilige Kapelle

*** **Zur Post**
Kapellplatz 2, ✉ 84503, ☎ (0 86 71) 50 40, Fax 62 14, AX DC ED VA
98 Zi, Ez: 120-180, Dz: 150-250, 4 Suiten, ⌐ WC ☎, 9🅿; Lift 🅿 🏠 9↔250 ≋ Fitneßraum Sauna Solarium
* Hauptgericht 25; Biergarten

* **Park-Hotel**
Neuöttinger Str 28, ✉ 84503, ☎ (0 86 71) 1 20 27, Fax 48 87, AX ED VA
12 Zi, Ez: 95, Dz: 150-160, ⌐ WC ☎; 🅿 🏠 ≋ Fitneßraum Sauna; **garni**

* **Plankl**
Schlotthamer Str 4, ✉ 84503, ☎ (0 86 71) 65 22, Fax 1 24 95, AX DC ED VA
65 Zi, Ez: 60-90, Dz: 100-130, 5 Suiten, 2 App, ⌐ WC ☎, 12🅿; Lift 🅿 🏠 2↔100 Sauna Solarium 🍽
geschl: Ende Dez

Altrip 54 ↓

Rheinland-Pfalz — Kreis Ludwigshafen am Rhein — 94 m — 7 200 Ew — Ludwigshafen 6, Heidelberg 15 km
ℹ ☎ (0 62 36) 3 99 90, Fax 39 99 49 — Gemeindeverwaltung, Ludwigstr 48, 67122 Altrip; Erholungsort

Altrip-Außerhalb (3 km ←) im Erholungsgebiet „Blaue Adria"
* **Darstein**
einzeln, Zum Strandhotel 10, ✉ 67122, ☎ (0 62 36) 4 44-0, Fax 44 41 40, AX DC ED VA
17 Zi, Ez: 73-95, Dz: 148-185, ⌐ WC ☎, 2🅿; 🅿 🏠 3↔40 Seezugang
geschl: Anfang Jan
* Hauptgericht 25; Gartenlokal Terrasse; geschl: Anfang Jan

Alt Schwerin 20 →

Mecklenburg-Vorpommern — Kreis Müritz — 80 m — 750 Ew — Malchow 7, Güstrow 45 km
ℹ ☎ (03 99 32) 99 23 — Gemeindeverwaltung, 17213 Amt Malchow-Land; Am Plauer See gelegen. Sehenswert: Agrarhistorisches Museum

* **Mecklenburger Bauernkrug**
Dorfstr 21, an der B 192, ✉ 17214, ☎ (03 99 32) 4 99 56, Fax 4 99 56
Hauptgericht 15; 🅿

Altusried 70 □

Bayern — Kreis Oberallgäu — 700 m — 8 550 Ew — Kempten 14, Memmingen 37 km
ℹ ☎ (0 83 73) 70 51, Fax 70 54 — Verkehrsamt, Hauptstr 18, 87452 Altusried

Kimratshofen (5 km ←)
** **Landgasthof Alte Post**
Am Kirchberg 2, ⌧ 87452, ☏ (0 83 73)
81 11, Fax 81 13, DC ED VA
Hauptgericht 30; geschl: Di
** ** 5 Zi, Ez: 75, Dz: 150, ⌐ WC ☏; Lift
P 2⇔250
Rezeption: 11-14, 17.30-21; geschl: Di

Alzenau 55 ↖

Bayern — Kreis Aschaffenburg — 128 m —
18 000 Ew — Hanau 12, Aschaffenburg
19 km
🛈 ☏ (0 60 23) 50 21 12, Fax 3 04 97 — Verkehrsamt, Rathaus, Hanauer Str 1,
63755 Alzenau; Stadt am Spessart, Weinort - Nordwestroute Bocksbeutelstraße.
Sehenswert: Burg ◂; Hahnenkamm, 436 m
◂ (5 km →); Wallfahrtskirche Kälberau
(2 km →)

** **Villa Messmer**
▽ Brentanostr 30, ⌧ 63755, ☏ (0 60 23)
65 95, Fax 3 22 77, AX DC ED VA
Hauptgericht 40; P Terrasse; nur abends;
geschl: 1 Woche im Jan, 1 Woche zu Pfingsten, 2 Wochen im Sep

Hörstein (4 km ↓)
** **Käfernberg**
♂ ◂ Mömbriser Str 79, ⌧ 63755,
☏ (0 60 23) 94 10, Fax 94 11 15, AX VA
30 Zi, Ez: 80-135, Dz: 130-185, ⌐ WC ☏; Lift
P 3⇔20 Sauna Solarium
Rezeption: 7-24, So 7-12, 15-22
Auch Zimmer der Kategorie * vorhanden
** ** Hauptgericht 32; Terrasse;
geschl: So, 2 Wochen im Aug

Kälberau (1,5 km ↗)
* **Kälberauer Hof**
♂ Achslandweg 1, ⌧ 63755, ☏ (0 60 23)
9 76 80, Fax 97 68 20
7 Zi, Ez: 85-90, Dz: 130, ⌐ WC ☏; P ⌘

Michelbach (3 km ↗)
* **Landhaus Herrnmühle**
Herrnmühle 4, ⌧ 63755, ☏ (0 60 23) 50 80,
Fax 33 13, AX DC ED VA
28 Zi, Ez: 95-132, Dz: 150-205, 3 Suiten, ⌐
WC ☏; P 2⇔30
** ** Hauptgericht 30; nur abends,
So + Sa auch mittags

Wasserlos (2 km ↓)
** **Krone am Park**
(Flair Hotel)
♂ ◂ Hellersweg 1, ⌧ 63755, ☏ (0 60 23)
60 52, Fax 87 24, AX VA
27 Zi, Ez: 118-138, Dz: 184-204, 1 Suite, ⌐
WC ☏; P ⌂ 1⇔30 Strandbad Fitneßraum
Kegeln Sauna Solarium; garni
geschl: 23.12.96-6.1.97

* **Krone**
(Flair Hotel)
Hahnenkammstr 37, ⌧ 63755, ☏ (0 60 23)
60 25, Fax 3 16 60, AX VA
22 Zi, Ez: 78-120, Dz: 175, ⌐ WC ☏; P ⌂
4⇔55
geschl: Mitte Jul-Mitte Aug
Auch Zimmer der Kategorie ** vorhanden
** ** Hauptgericht 25; geschl: Mitte
Jul-Mitte Aug
Eigenbauweine

* **Schloßberg im Weinberg**
einzeln ♂ ◂ Am Schloßberg 2, ⌧ 63755,
☏ (0 60 23) 10 58, Fax 3 02 53, AX DC ED VA
19 Zi, Ez: 85-95, Dz: 150-210, ⌐ WC ☏; P
3⇔60 ⌘ Kegeln
geschl: Jan
Eigenbauweine

Alzey 54 ←

Rheinland-Pfalz — Kreis Alzey-Worms —
173 m — 17 000 Ew — Bad Kreuznach 25,
Worms 27, Mainz 35 km
🛈 ☏ (0 67 31) 49 52 38, Fax 49 55 55 — Kulturamt, Ernst-Ludwig-Str 42, 55232 Alzey;
Kreisstadt. Sehenswert: Ev. Kirche;
Schloß; Fachwerkgiebelhäuser am Fischmarkt und Roßmarkt; Reste der Stadtmauer; Museum; Reste eines römischen
Kastells

** **Alzeyer Hof**
Antoniterstr 60, ⌧ 55232, ☏ (0 67 31) 88 05,
Fax 88 08, AX ED VA
25 Zi, Ez: 99-105, Dz: 139-149, 1 Suite, ⌐
WC ☏; Lift P ⌂ 2⇔60
** ** Hauptgericht 25; geschl: So,
3 Wochen in den Sommerferien

** **Am Schloß**
♂ Amtsgasse 39, ⌧ 55232, ☏ (0 67 31)
86 56, Fax 4 56 05, AX DC ED VA
25 Zi, Ez: 105-110, Dz: 135-150, ⌐ WC ☏; P
2⇔55 ⏣

* **Diamant**
Hospitalstr 28 A, ⌧ 55232, ☏ (0 67 31)
48 70, Fax 4 87 12, AX DC ED VA
17 Zi, Ez: 95, Dz: 125-135, ⌐ WC ☏; Lift ⌂;
garni

** **Restaurant Wesp
im Hotel Krause**
Gartenstr 2, ⌧ 55232, ☏ (0 67 31) 61 81,
Fax 14 56 13, ED
Hauptgericht 35; Biergarten P Terrasse;
⇌; geschl: Di, Sa mittags, Anfang Jan,
2 Wochen in den Sommerferien

Zum Wein-Zinken
▽ Klosterstr 9, ⌧ 55232, ☏ (0 67 31) 88 71,
Fax 62 66, ED
Hauptgericht 20; Terrasse; geschl: Do,
15.8.-29.8.
Eigenbauweine →

Alzey

Dautenheim (2,5 km ↘)
* **Winzerhotel Himmelacker**
Westhofer Str 1, ✉ 55232, ☎ (0 67 31)
4 21 12, Fax 4 26 80
8 Zi, Ez: 60, Dz: 98, ⊿ WC ☎; P 2⇔25;
garni

Amberg 58 ↘

Bayern — Stadtkreis — 373 m — 43 000 Ew — Nürnberg 64, Regensburg 66, Bayreuth 79 km
ℹ ☎ (0 96 21) 1 02 39, Fax 1 02 81 — Verkehrsamt, Zeughausstr 1 a, 92224 Amberg. Sehenswert: Alter Stadtkern; kath. Kirche St. Martin; kath. Kirche St. Georg: ehem. Jesuitenkolleg, Kongregationssaal, Provinzialbibliothek; Schulkirche; Rathaus; Stadtmauer: Nabburger Tor; Stadtmuseum im ehem. Baustadl; Wallfahrtskirche Mariahilf ◄ (3 km ↗)

** **Drahthammer Schlößl**
Drahthammerstr 30, ✉ 92224, ☎ (0 96 21)
7 03-0, Fax 8 84 24, AX DC ED VA
44 Zi, Ez: 84-129, Dz: 144-179, 5 Suiten, ⊿ WC ☎; P 3⇔70 Fitneßraum Sauna Solarium
** Hauptgericht 30; Terrasse

** **Ramada**
Schießstätteweg 10, ✉ 92224, ☎ (0 96 21)
48 30, Fax 48 34 44, AX DC ED VA
110 Zi, Ez: 132-147, Dz: 149-189, S; ⊿ WC ☎, 48▣; Lift P 4⇔40; garni

* **Altstadt-Hotel**
Batteriegasse 2, ✉ 92224, ☎ (0 96 21)
1 30 56, Fax 3 21 63, AX DC ED VA
25 Zi, Ez: 139-169, Dz: 189-219, 3 Suiten, ⊿ WC ☎; Lift P 2⇔100 ⓎⓄl
Auch Zimmer der Kategorie ** vorhanden

** **Casino Altdeutsche Stube**
Schrannenplatz 8, ✉ 92224, ☎ (0 96 21)
2 26 64, Fax 2 20 66, AX DC ED VA
Hauptgericht 25; geschl: Mo, Aug
Dem Restaurant angeschlossen „Das kleinste Hotel Europas: Eh'häusl". Der Gast hat das Hotel für sich alleine (max. 2 Personen)

☕ **Huber**
Ziegelgasse 10/Grammerpassage,
✉ 92224, ☎ (0 96 21) 1 54 69
9-18

siehe auch **Kümmersbruck**

Amelinghausen 18 ↘

Niedersachsen — Kreis Lüneburg — 60 m — 3 287 Ew — Lüneburg 20, Soltau 30, Uelzen 33 km
ℹ ☎ (0 41 32) 92 09 19, Fax 92 09 16 — Verkehrs- u. Kulturverein, Lüneburger Str 50, 21385 Amelinghausen; Erholungsort in der Lüneburger Heide. Sehenswert: Oldendorfer Totenstatt, prähistorische Grabdenkmäler; Schwindequelle

* **Schenck's Gasthaus**
Lüneburger Str 48, ✉ 21385, ☎ (0 41 32)
3 14, Fax 89 98
42 Zi, Ez: 68-88, Dz: 108-133, ⊿ WC ☎, 3▣;
P ⏍ 4⇔300 ⓈⓀ Kegeln Sauna Solarium
geschl: Ende Nov-Anfang Dez
Im Gästehaus Bergpension Zimmer der Kategorie ** vorhanden
* Hauptgericht 33; Gartenlokal Terrasse; geschl: Ende Nov-Anfang Dez

Amelsbüren siehe Münster

Amerdingen 63 □

Bayern — Kreis Donau-Ries — 520 m — 884 Ew — Neresheim 15, Nördlingen 19 km
ℹ ☎ (0 90 08) 2 37, Fax 12 75 — Gemeindeverwaltung, Hauptstr 12, 86735 Amerdingen

* **Kesseltaler Hof**
♞ Graf-Stauffenberg-Str 21, ✉ 86735,
☎ (0 90 08) 6 16, Fax 14 12, ED VA
14 Zi, Ez: 70, Dz: 100, ⊿ WC ☎, 2▣; P
2⇔25 ♒ Ⓢ Fitneßraum Kegeln Sauna
geschl: Mo, Di, Anfang Jan, Anfang Aug
** Hauptgericht 25; Terrasse;
geschl: Mo, Di, Anfang Jan, Anfang Aug

Ammerbuch 61 ↓

Baden-Württemberg — Kreis Tübingen — 365 m — 10 000 Ew — Herrenberg 9, Tübingen 12 km
ℹ ☎ (0 70 73) 30 30, Fax 3 03 38 — Gemeindeverwaltung, im Ortsteil Entringen, Kirchstr 6, 72119 Ammerbuch

Pfäffingen
* **Lamm**
Dorfstr 42, ✉ 72119, ☎ (0 70 73) 30 50,
Fax 3 05 13, AX DC ED VA
19 Zi, Ez: 88-125, Dz: 130-160, ⊿ WC ☎; P
2⇔60 ⓎⓄl
geschl: Ende Dez-Mitte Jan, Mitte Aug

Amöneburg 45 ↘

Hessen — Kreis Marburg-Biedenkopf — 365 m — 5 477 Ew — Stadtallendorf 12, Marburg 15 km
ℹ ☎ (0 64 22) 9 29 50, Fax 92 95 22 — Stadtverwaltung, Schulgasse 1, 35287 Amöneburg; Erholungsort. Sehenswert: Kath. Kirche; Reste der Burg und der Stadtmauer; Museum und Naturschutz-Informationszentrum

---

Bei den Ferienzeit-Angaben für Hotels und Restaurants bedeuten „Anfang" 1. bis 10., „Mitte" 11. bis 20. und „Ende" 21. bis 31. des jeweiligen Monats. Innerhalb dieser Zeiträume liegen Beginn und Ende der Ferienzeit.

** **Dombäcker**
Markt 18, ✉ 35287, ☎ (0 64 22) 94 090, Fax 5 14 95, [ED]
Hauptgericht 36; Terrasse; geschl: Mo, 1 Woche im Jan, 2 Wochen in den Sommerferien

Amorbach 55 □

Bayern — Kreis Miltenberg — 167 m — 5 020 Ew — Miltenberg 10, Heidelberg 67 km
[i] ☎ (0 93 73) 2 09 40, Fax 2 09 33 — Verkehrsamt, Altes Rathaus, 63916 Amorbach; Luftkurort im Odenwald. Sehenswert: Ev. Kirche, ehem. Abteikirche: Barockorgel; ehem. Kloster: Bibliothek, Grüner Saal; kath. Kirche St. Gangolf; Templerhaus 1291; Seegarten; Kirchenruine auf dem Gotthardsberg ⋖; Ruine Wildenburg (5 km ↓)

* **Badischer Hof mit Gästehaus**
Am Stadttor 4, ✉ 63916, ☎ (0 93 73) 9 50 50, Fax 95 03 00, [AX] [DC] [ED] [VA]
26 Zi, Ez: 85-95, Dz: 100-195, 1 Suite, ⌐ WC ☎; [P] [⨼] 1⇨
Auch einfache Zimmer vorhanden
** Hauptgericht 25; geschl: Mo

** **Victoria**
Johannisturmstr 10, ✉ 63916, ☎ (0 93 73) 73 15, Fax 73 15
Hauptgericht 35; geschl: Mo, Di, 2 Wochen im Frühjahr und Sommer

Amorbach-Außerhalb (4 km ←)
** **Der Schafhof**
(Relais & Châteaux)
einzeln ♂ ⋖ Der Schafhof, ✉ 63916, ☎ (0 93 73) 9 73 30, Fax 41 20, [AX] [DC] [ED] [VA]
19 Zi, Ez: 150-190, Dz: 180-300, 4 Suiten, ⌐ WC ☎; Lift [P] 3⇨120 Sauna Solarium
Ehemaliges Klostergut von 1720. Im Kelterhaus auch Zimmer der Kategorie ******* vorhanden
*** **Abtstube** ♕
♕ Hauptgericht 40; Terrasse
** **Benediktinerstube** ✤
♕ Hauptgericht 25; Terrasse

Boxbrunn (10 km ←)
🛏 **Bayerischer Hof**
Boxbrunn 8, ✉ 63916, ☎ (0 93 73) 14 35, Fax 32 08
16 Zi, Ez: 42-60, Dz: 90-120, ⌐ WC; [P] [⨼] ⎀
geschl: 3 Wochen im Jan, 2 Wochen nach Pfingsten

Ampfing 73 ↘

Bayern — Kreis Mühldorf am Inn — 400 m — 5 500 Ew — Mühldorf 9, Wasserburg 38 km
[i] ☎ (0 86 36) 5 00 90, Fax 50 09 80 — Gemeindeverwaltung, Schweppermannstr 1, 84539 Ampfing

** **Fohlenhof**
Zangberger Str 23, ✉ 84539, ☎ (0 86 36) 98 50, Fax 98 51 00, [AX] [DC] [ED] [VA]
30 Zi, Ez: 90-100, Dz: 120-140, 2 Suiten, ⌐ WC ☎; [P] [⨼] 2⇨50
** Hauptgericht 24; Terrasse; nur abends, So nur mittags; geschl: Sa, Mitte Aug-Anfang Sep

Amrum 8 ↗

Schleswig-Holstein — Kreis Nordfriesland — 27 m — 2 212 Ew — Bredstedt 25, Husum 42 km
Kleinste der Nordfriesischen Inseln mit großem Dünengürtel und Kiefernwäldchen; ganzjährig Schiffsverbindung mit dem Festlandhafen Dagebüll und der Nachbarinsel Föhr.

Achtung: Anmeldung zur Autoverladung bei der Wyker Dampfschiffs-Reederei Föhr/Amrum GmbH, ☎ (0 46 81) 80 40

Nebel
Nordseebad; [i] Kurverwaltung, Kirchenweg 1 a, 25946 Nebel (Amrum), ☎ (0 46 82) 8 81, Fax 29 99. Sehenswert: St.-Clemens-Kirche; Mühlenmuseum; historisches Friesenhaus

* **Ekke Nekkepenn**
Waasterstigh 19, ✉ 25946, ☎ (0 46 82) 22 45
Hauptgericht 25; [P] Terrasse; geschl: Do, Anfang Nov-Mitte Feb

Norddorf
Nordsee-Heilbad; [i] Kurverwaltung, 25946 Norddrof (Amrum), ☎ (0 46 82) 8 11, Fax 17 95. Sehenswert: Odde, nördlichste Spitze Amrums, Seevogel-Schutzgebiet

Achtung: Wattweg zur Insel Föhr, nur mit Führer (30 Min)

** **Hüttmann**
Ual Saareepswui 2, ✉ 25946, ☎ (0 46 82) 92 20, Fax 92 21 13
64 Zi, Ez: 60-145, Dz: 110-250, 2 Suiten, 13 App, ⌐ WC ☎, 10⎚; [P] 1⇨16 Fitneßraum Sauna Solarium
geschl: Ende Nov-Ende Feb
Auch Zimmer der Kategorie ***** vorhanden
** Hauptgericht 30; geschl: Ende Nov-Mitte Feb

* **Appartement Hotel Seeblick**
♂ Strandstr, ✉ 25946, ☎ (0 46 82) 92 10, Fax 25 74, [DC] [ED] [VA]
41 Zi, Ez: 95-140, Dz: 150-260, 7 Suiten, 16 App, ⌐ WC ☎; Lift [P] [⨼] 1⇨60 ⇲ Fitneßraum Sauna Solarium
geschl: Anfang Jan-Mitte Feb
→

Amrum

** Ual Öömrang Wiartshüs
🅥 Bräätlun 4, ✉ 25946, ☎ (0 46 82) 8 36, Fax 14 32, AX DC
Hauptgericht 30; Biergarten 🅿 Terrasse; geschl: im Winter Mi + Do, Mitte Dez, Mitte Jan-Mitte Feb
* 10 Zi, Ez: 85, Dz: 170-180, 2 App, ⊿ WC ☏; 1⇔ Sauna
Rezeption: 8-14, 16-22; geschl: im Winter Mi + Do, Mitte Dez, Mitte Jan-Mitte Feb

* Graf Luckner
Madelwai 4, ✉ 25946, ☎ (0 46 82) 9 45 00, Fax 94 50 37
Hauptgericht 25; 🅿; nur abends; geschl: Mi
* ♂ 18 Zi, Ez: 80-95, Dz: 160-190, ⊿ WC ☏; Sauna Solarium

⬛ Cafe-Bistro Das Kleine Hüttmann
Ual Saarepswai 2, im Hotel Hüttmann, ✉ 25946, ☎ (0 46 82) 92 20, Fax 92 21 13
Hauptgericht 16; 🅿; 11-18; geschl: Ende Nov-Ende Feb

Wittdün

Nordsee-Heilbad, Hafen der Insel; Reservierungsdienst Amrum, ☎ 8 65; 🅘 Kurverwaltung, Mittelstr 34, 25946 Wittdün (Amrum), ☎ (0 46 82) 8 61, Fax 8 71. Sehenswert: Kniepsand; Leuchtturm ◂; naturkundliches Informationszentrum Schutzstation Wattenmeer

** Weiße Düne
♂ ◂ Achtern Strand 6, ✉ 25946, ☎ (0 46 82) 94 00 00, Fax 43 59, AX DC ED VA
12 Zi, Ez: 119-185, Dz: 160-260, 12 App, ⊿ WC ☏; 🅿 1⇔45 ≘ Fitneßraum Sauna Solarium
Rezeption: 8-18; geschl: Mitte Nov-Mitte Dez
** Hauptgericht 26; Terrasse; geschl: Mo, Mitte Nov-Mitte Dez

* Vierjahreszeiten
♂ ◂ Obere Wandelbahn 16, ✉ 25946, ☎ (0 46 82) 3 50, Fax 29 35
33 Zi, Ez: 70-110, Dz: 120-190, 3 App, ⊿ WC ☏; 🅿 🛏 Sauna; garni

Amtsberg 50 ▢

Sachsen — Mittlerer Erzgebirgskreis — 520 m — 4 000 Ew — Zschopau 5, Chemnitz 15 km
🅘 ☎ (03 72 09) 24 44, Fax 40 01 — Gemeindeamt, Hauptstr, 09439 Amtsberg

Dittersdorf-Außerhalb
* Dittersdorfer Hof
einzeln ♂ ◂ Dittersdorfer Höhe, ✉ 09227, ☎ (03 72 09) 25 12
13 Zi, Ez: 94, Dz: 124, ⊿ WC ☏; 🅿 🍴

Weißbach
* Gasthof Zur Linde
Chemitzer Str 1, ✉ 09439, ☎ (0 37 25) 2 26 95, Fax 2 26 19, AX ED VA
12 Zi, Ez: 60-65, Dz: 90-110, ⊿ WC ☏; 🅿 1⇔20 🍴

Andernach 43 ▢

Rheinland-Pfalz — Kreis Mayen-Koblenz — 60 m — 30 000 Ew — Koblenz 17, Bonn 46 km
🅘 ☎ (0 26 32) 92 23 00, Fax 92 22 42 — Tourist-Information, Läufstr 11, 56626 Andernach; Erholungsort am Rhein. Sehenswert: Mariendom; Runder Turm ◂; Alter Krahnen; Rheintor mit Bäckerjungen

** Fischer
Am Helmwartsturm 4, ✉ 56626, ☎ (0 26 32) 49 20 47, Fax 4 55 47, AX DC ED VA
20 Zi, Ez: 125-140, Dz: 140-240, 1 Suite, ⊿ WC ☏; Lift 🛏 2⇔30 Sauna
** Puth's Restaurant
Hauptgericht 35; geschl: So

* Alte Kanzlei 👑
Steinweg 30, ✉ 56626, ☎ (0 26 32) 9 66 60, Fax 96 66 33, AX DC ED VA
10 Zi, Ez: 98-115, Dz: 140-180, 1 Suite, ⊿ WC ☏; 1⇔12 Sauna Solarium
geschl: So
Historisches Schultheißenhaus aus dem Jahre 1677
* 🅥 Hauptgericht 30; Gartenlokal; nur abends; geschl: So

* Parkhotel
◂ Konrad-Adenauer-Allee 33, ✉ 56626, ☎ (0 26 32) 4 40 51, Fax 49 34 41, AX DC ED VA
28 Zi, Ez: 100, Dz: 160, ⊿ WC ☏; Lift 🅿 🛏 2⇔40 Kegeln
* Am Schänzchen
Hauptgericht 30; Biergarten Terrasse

* Villa am Rhein
◂ Konrad-Adenauer-Allee 31, ✉ 56626, ☎ (0 26 32) 9 27 40, Fax 92 74 50, AX DC ED VA
25 Zi, Ez: 99-105, Dz: 150, ⊿ WC ☏; 🅿 🛏 1⇔24
geschl: Anfang-Mitte Jan
** Hauptgericht 25; Terrasse; geschl: Sa, Anfang-Mitte Jan

* Meder
◂ Konrad-Adenauer-Allee 36, ✉ 56626, ☎ (0 26 32) 42 63 2 /4 26 33, Fax 3 01 11, AX DC ED VA
10 Zi, Ez: 90-105, Dz: 140-180, ⊿ WC ☏; 🅿;
garni

*   Am Martinsberg
Frankenstr 6, ✉ 56626, ☎ (0 26 32) 4 55 22,
Fax 14 06, ED VA
30 Zi, Ez: 65-75, Dz: 110-120, 1 Suite, 🛁 WC
☎, 15✉; 🅿 🍽; garni

Angelbachtal 61 ↑

Baden-Württemberg — Rhein-Neckar-
Kreis — 168 m — 4 200 Ew — Heilbronn 40,
Mannheim 45 km
ℹ ☎ (0 72 65) 9 12 00, Fax 91 20 33 —
Gemeindeverwaltung, Schloßstr 1,
74916 Angelbachtal. Sehenswert: Wasserschloß mit Park; hist. Ortskern

Michelfeld
**   Schloß Michelfeld
Friedrichstr 2, ✉ 74918, ☎ (0 72 65) 70 41,
Fax 2 79, AX DC ED VA
18 Zi, Ez: 105-130, Dz: 160-210, 1 Suite, 🛁
WC ☎; Lift 🅿 3⟷30
geschl: Mo, 2 Wochen im Jan
**   Hauptgericht 35; Terrasse;
geschl: Mo, 2 Wochen im Jan

Anger 73 ↘

Bayern — Kreis Berchtesgadener-Land —
600 m — 4 000 Ew — Bad Reichenhall 10,
Traunstein 22, Berchtesgaden 38 km
ℹ ☎ (0 86 56) 98 89 22, Fax 98 89 15 — Verkehrsamt, Dorfplatz 4, 83454 Anger; Luftkurort. Sehenswert: Ehem. Augustinerstift

*   Gasthof Alpenhof
Dorfplatz 1, ✉ 83454, ☎ (0 86 56) 5 91,
Fax 73 75, ED
19 Zi, Ez: 45-52, Dz: 78-98, 🛁 WC ☎; 1⟷50
geschl: Ende Jan-Anfang Feb, Nov
*   Hauptgericht 20; Gartenlokal;
geschl: Mo, Di mittags, Nov, Ende Jan-
Anfang Feb

Angermünde 22 ↓

Brandenburg — Kreis Angermünde —
48 m — 11 000 Ew — Schwedt 18,
Joachimsthal 27 km
ℹ ☎ (0 33 31) 3 22 68 — Fremdenverkehrsbüro, Rosenstr 15, 16278 Angermünde.
Sehenswert: Hallenkirche St. Marien;
Stadtmauer mit Pulverturm; ehem. Franziskaner Klosterkirche

**   Weiss
Puschkinallee 11, ✉ 16278, ☎ (0 33 31)
2 18 54 -5 -6, Fax 2 33 66, AX ED VA
17 Zi, Ez: 110-130, Dz: 140-180, 🛁 WC ☎;
Lift 🅿 2⟷50 Kegeln
**   Hauptgericht 25; Terrasse

Angermund siehe Düsseldorf

Anholt siehe Isselburg

Anklam 14 ↓

Mecklenburg-Vorpommern — Kreis
Anklam — 5 m — 18 405 Ew — Greifswald 35, Pasewalk 48 km
ℹ ☎ (0 39 71) 21 05 41, Fax 8 35 55 —
Anklam-Information, Kleiner Wall 11,
17389 Anklam. Sehenswert: Marienkirche;
Otto-Lilienthal-Museum; Steintor; Pulverturm; Hoher Stein (3 km Richtung Pasewalk).

**   Am Stadtwall
Demminer Str 5, ✉ 17389, ☎ (0 39 71)
83 31 36, Fax 83 31 37, AX ED VA
18 Zi, Ez: 98, Dz: 149, 🛁 WC ☎; 🅿; garni

*   Dabers
Mägdestr 1, ✉ 17389, ☎ (0 39 71) 83 30 50,
AX ED VA
Hauptgericht 15

siehe auch **Ducherow**

Ankum 24 □

Niedersachsen — Kreis Osnabrück — 75 m
— 6 352 Ew — Bersenbrück 6, Fürstenau
14, Bramsche 20 km
ℹ ☎ (0 54 62) 4 75, Fax 85 97 — Gemeindeverwaltung, Hauptstr 27, 49577 Ankum.
Sehenswert: Kath. Kirche (Artländer Dom)

**   Schmidt
Hauptstr 35, ✉ 49577, ☎ (0 54 62) 88 90,
Fax 8 89 88, AX DC ED VA
19 Zi, Ez: 80-90, Dz: 110-130, 🛁 WC ☎; 🅿
3⟷400 Kegeln Sauna Solarium
geschl: Mitte-Ende Jul, Ende Dez
**   Hauptgericht 30; geschl: Mitte-
Ende Jul, Ende Dez

**   Artland-Sporthotel
Tütinger Str 28, ✉ 49577, ☎ (0 54 62) 88 20,
Fax 88 28 88, AX DC ED VA
53 Zi, Ez: 85-115, Dz: 130-160, 6 App, 🛁 WC
☎, 6✉; Lift 🅿 5⟷45 🏊 Fitneßraum Kegeln
Sauna Solarium
**   Hauptgericht 30

Annaberg-Buchholz 50 ↓

Sachsen — Kreis Annaberg — 600 m —
24 000 Ew — Chemnitz 30 km
ℹ ☎ (0 37 33) 42 51 39, Fax 42 51 38 — Tourist-Information, Rathaus, Markt 1,
09456 Annaberg-Buchholz. Sehenswert:
Spätgotische Hallenkirche St. Annen;
Adam-Ries-Haus; Erzgebirgsmuseum
Pöhlberg 832 m ⛷   →

Annaberg-Buchholz

Annaberg

★★ Parkhotel Waldschlößchen
♂ Waldschlößchenpark 1, ✉ 09456,
☎ (0 37 33) 6 45 81, Fax 6 45 88, AX DC ED VA
18 Zi, Ez: 100, Dz: 140-150, ⊣ WC ☎, 4🛏;
Lift 🅿 1⇨180 Bowling Kegeln 🍽
Rezeption: 7-18

★ Goldene Sonne
Adam-Ries-Str 11, ✉ 09456, ☎ (0 37 33)
4 22 06, Fax 2 21 83, AX ED VA
26 Zi, Ez: 90-110, Dz: 135-150, ⊣ WC ☎; Lift
🅿 2⇨30
★ Hauptgericht 20; Terrasse

Annaberg-Außerhalb (2 km →)

★ Berghotel Pöhlberg
einzeln ♂ ◂ 🌳 Ernst-Roch-Str, ✉ 09456,
☎ (0 37 33) 1 83 20, Fax 18 32 29,
AX DC ED VA
13 Zi, Ez: 100, Dz: 130-160, 1 Suite, ⊣ WC
☎; 🅿 1⇨80
★ Hauptgericht 15

Buchholz

★★ Landhotel Forsthaus
Schneeberger Str 22, ✉ 09456, ☎ (0 37 33)
6 60 17, Fax 6 58 49, AX DC ED VA
17 Zi, Ez: 95-110, Dz: 140-160, ⊣ WC ☎,
3🛏; 🅿 🍴 1⇨30
★★ Hauptgericht 25; geschl: Fr

Annweiler am Trifels   60 ↑

Rheinland-Pfalz — Kreis Südliche Weinstraße — 180 m — 7 100 Ew — Landau 15, Pirmasens 32, Speyer 41 km
ℹ ☎ (0 63 46) 22 00, Fax 79 17 — Büro für Tourismus, Rathaus, 76855 Annweiler; Luftkurort im Wasgau. Sehenswert: Trifels, 494 m ◂ (6 km ↘)

★ Pension Bergterrasse
♂ ◂ Trifelsstr 8, ✉ 76855, ☎ (0 63 46) 72 19, Fax 96 35 17
25 Zi, Ez: 45, Dz: 80-100, 2 App, ⊣ WC, 4🛏;
🅿 🍴 1⇨25; garni
Rezeption: 7-20

★ Weinstube „s'Reiwerle"
Flitschberg 7, ✉ 76855, ☎ (0 63 46)
92 93 62
Hauptgericht 25

Ansbach   56 ↘

Bayern — Stadtkreis — 409 m — 40 000 Ew — Nürnberg 42, Würzburg 80 km
ℹ ☎ (09 81) 5 12 43, Fax 5 13 90 — Verkehrsamt, Johann-Sebastian-Bach-Platz 1, 91522 Ansbach; Regierungsbezirkshauptstadt von Mittelfranken, Kreisstadt. Sehenswert: Ev. Gumbertuskirche: Schwanenritterkapelle; ev. Johanniskirche; Markgrafenschloß: Spiegelkabinett, Porzellansammlung; Hofgarten: Orangerie, Kaspar-Hauser-Gedenkstein; Museum: Kaspar-Hauser-Sammlung, Porzellan- und Fayence-Kabinett, Gemälde

★★ Bürger-Palais
Neustadt 48, ✉ 91522, ☎ (09 81) 9 51 31, Fax 9 56 00, AX DC ED VA
12 Zi, Ez: 160-180, Dz: 180-260, 3 Suiten, ⊣ WC ☎; 1⇨30 🍽

★★ Best Western Am Drechselsgarten
◂ Am Drechselsgarten 1, ✉ 91522,
☎ (09 81) 8 90 20, Fax 8 90 26 05,
AX DC ED VA
50 Zi, Ez: 155-180, Dz: 190-240, S; 1 Suite,
⊣ WC ☎, 5🛏; Lift 🅿 🍴 4⇨100 Bowling Fitneßraum Kegeln Sauna Solarium
geschl: Anfang Jan
★★ Drechsels-Stuben
◂ Hauptgericht 40; Terrasse; geschl: Anfang Jan

★ Schwarzer Bock
Pfarrstr 31, ✉ 91522, ☎ (09 81) 9 51 11, Fax 9 54 90, AX DC ED VA
17 Zi, Ez: 78-115, Dz: 140-225, ⊣ WC ☎; 🅿 🍴 Fitneßraum Solarium
★ Hauptgericht 25; Gartenlokal; geschl: So abends

★ Christl
♂ Richard-Wagner-Str 41, ✉ 91522,
☎ (09 81) 81 21, Fax 8 84 33, AX DC ED VA
21 Zi, Ez: 75-110, Dz: 120-140, ⊣ WC ☎,
🍴; garni

Linder
Uzstr 26, ✉ 91522, ☎ (09 81) 35 95, Fax 76 99
Terrasse; 7.30-19, So 12-18

Brodswinden (7 km ↘)

★ Landgasthof Kaeßer
✉ 91522, ☎ (09 81) 97 01 80, Fax 9 70 18 50, AX DC ED VA
17 Zi, Ez: 68-88, Dz: 108-138, 2 App, ⊣ WC
☎; 🅿 🍴 1⇨40 Solarium 🍽

Anzing   72 □

Bayern — Kreis Ebersberg — 516 m — 3 300 Ew — Markt Schwaben 5, München 22 km
ℹ ☎ (0 81 21) 36 14, Fax 4 87 31 — Gemeindeverwaltung, Schulstr 1, 85646 Anzing

★ Zur Ulme
Amselweg 4, ✉ 85646, ☎ (0 81 21) 50 56, Fax 4 12 23, AX ED VA
14 Zi, Ez: 98-130, Dz: 135-160, ⊣ WC ☎; 🅿
🍴 Fitneßraum Sauna Solarium; garni
geschl: Ende Dez-Anfang Jan

★ Zum Kirchenwirt
Hoegerstr 2, ✉ 85646, ☎ (0 81 21) 30 33, Fax 4 31 59, AX DC ED VA
21 Zi, Ez: 85-95, Dz: 120-130, ⊣ WC ☎; 🅿 🍴
1⇨20
★ Hauptgericht 16; Biergarten; geschl: Mo

Apfelstädt 47 ↑

Thüringen — Kreis Gotha — 250 m — 1 150 Ew — Erfurt 10, Gotha 16 km
🄸 ☎ (03 62 02) 9 04 27, Fax 8 22 73 — Gemeindeverwaltung, Hauptstr 34, 99192 Apfelstädt

Apfelstädt
✱✱   Domizil Drei Burgen
⋖ Riedweg 1, ✉ 99192, ☎ (03 62 02) 8 50, Fax 8 51 00, AX DC ED VA
100 Zi, Ez: 119-160, Dz: 149-190, 3 Suiten, ⌐ WC ☏, 10⊠; Lift 🄿 2⇔80 Fitneßraum Sauna Solarium
✱✱   ⋖ Hauptgericht 25; Terrasse

Apolda 48 ↑

Thüringen — Kreis Apolda — 180 m — 27 000 Ew — Weimar 15, Naumburg 28 km
🄸 ☎ (0 36 44) 26 42, Fax 26 42 — Apolda-Information, Markt 16, 99510 Apolda. Sehenswert: Glockenmuseum

✱✱✱   Holiday Inn
♂ Jenaer Str 2, ✉ 99510, ☎ (0 36 44) 58 00, Fax 58 01 00, AX DC ED VA
100 Zi, Ez: 165-245, Dz: 185-245, 1 App., ⌐ WC ☏, 28⊠; Lift 🄿 🄵 6⇔200 Sauna Solarium
✱✱   Trattoria Toscana
Hauptgericht 25; Terrasse

✱✱   2 Länder
Erfurter Str 31, ✉ 99510, ☎ (0 36 44) 5 02 20, Fax 50 22 40, AX ED VA
24 Zi, Ez: 80-90, Dz: 95-120, 6 App, ⌐ WC ☏, 6⊠; 🄿 2⇔40 🍴

✱   Weimarer Berg
Am Weimarer Berg 7, ✉ 99510, ☎ (0 36 44) 61 95 63, Fax 31 49, AX ED VA
114 Zi, Ez: 81, Dz: 113, 6 Suiten, ⌐ WC ☏; Lift 🄿 2⇔60 Fitneßraum Sauna Solarium 🍴

✱   Falkenberg
Jenaer Str 37, ✉ 99510, ☎ (0 36 44) 56 22 45, Fax 56 22 45, AX ED VA
8 Zi, Ez: 75-90, Dz: 120-150, ⌐ WC ☏; 🄿 🄵 🍴
geschl: So abends

Appenweier 60 ↓

Baden-Württemberg — Ortenaukreis — 200 m — 9 300 Ew — Offenburg 9, Straßburg 20 km
🄸 ☎ (0 78 05) 40 90, Fax 4 09 19 — Gemeindeverwaltung, Ortenauer Str 13, 77767 Appenweier; Ort zwischen Schwarzwald und Vogesen. Sehenswert: Kath. Kirche; Rathaus

✱   Hanauer Hof
Ortenauer Str 50, ✉ 77767, ☎ (0 78 05) 9 56 60, Fax 53 65, AX DC ED VA
31 Zi, Ez: 75, Dz: 120, ⌐ WC ☏; Lift 🄿 🄵 2⇔120 Solarium; geschl: Di
✱   Hauptgericht 25; geschl: Di

Arendsee (Altmark) 28 ↖

Sachsen-Anhalt — Kreis Osterburg — 30 m — 3 281 Ew — Salzwedel 24 km
🄸 ☎ (03 93 84) 3 15, Fax 3 18 — Stadtverwaltung, Am Markt 3, 39619 Arendsee; Luftkurort. Sehenswert: romanische Klosterkirche

✱   Deutsches Haus
Friedensstr 91, ✉ 39619, ☎ (03 93 84) 25 00, Fax 2 72 94, AX DC ED VA
14 Zi, Ez: 92-102, Dz: 128-148, 1 Suite, ⌐ WC ☏; 🄿 🄵 2⇔45
🍴   Hauptgericht 20; Biergarten

✱   Stadt Arendsee
Friedensstr 113, ✉ 39619, ☎ (03 93 84) 2 34, Fax 72 90, ED
12 Zi, Ez: 85, Dz: 120, 3 Suiten, WC ☏; 🄿 1⇔25 🍴
geschl: So

✱   Deuschle
Salzwedeler Str 52, ✉ 39619, ☎ (03 93 84) 2 71 39 + 23 06, Fax 23 06, AX ED VA
6 Zi, Ez: 70, Dz: 100, ⌐ WC ☏; 🄿 🍴

✱   Am Markt
Friedenstr 54, ✉ 39619, ☎ (03 93 84) 22 57, Fax 2 10 57
6 Zi, Ez: 80, Dz: 110, ⌐ WC ☏; 🄿 1⇔120 🍴

Kläden (3 km ←)
✱   Zur Wolfsschlucht
An der B 190, ✉ 39619, ☎ (03 93 84) 29 10
15 Zi, Ez: 75, Dz: 110, ⌐ WC ☏; 🄿 1⇔20 Kegeln; **garni**

siehe auch **Leppin**

Arnsberg 34 □

Nordrhein-Westfalen — Hochsauerlandkreis — 300 m — 79 000 Ew — Meschede 21, Soest 22 km
🄸 ☎ (0 29 32) 3 48 60, Fax 3 48 41 — Verkehrsverein, im Stadtteil Neheim-Hüsten, Bahnhofstr 132, 59759 Arnsberg; Regierungsbezirkshauptstadt im Sauerland, an der Ruhr. Sehenswert: Kath. Propsteikirche; Schloßruine; Sauerland-Museum; Hirschberger Tor; Leuchten-Museum im Stadtteil Neheim-Hüsten; Klosterkirche im Stadtteil Oelinghausen; Möhne-Stausee (13 km ↑) Sorpe-Stausees (10 km ↙); Pfarrkirche im Stadtteil Neheim-Hüsten

✱✱   Menge
Ruhrstr 60, ✉ 59821, ☎ (0 29 31) 5 25 20, Fax 52 52 50, AX ED
18 Zi, Ez: 85-105, Dz: 140-170, ⌐ WC ☏; 🄿 🄵 1⇔40
✱✱   Hauptgericht 30; Terrasse; ✣ nur abends; geschl: So, Mo, 3 Wochen in den Sommerferien →

Arnsberg

** **Zum Landsberger Hof**
Alter Markt 18, ✉ 59821, ☎ (0 29 31) 33 18,
Fax 1 21 83, ED
10 Zi, Ez: 85, Dz: 140, ⏤ WC ☎; P 🅿 1↔
Kegeln
geschl: Mi
** Hauptgericht 30; geschl: Mi

* **Swora**
Nordring 30, ✉ 59821, ☎ (0 29 31) 1 23 39,
Fax 2 21 44, ED
10 Zi, Ez: 75, Dz: 125, ⏤ WC ☎; P 🍷

Neheim-Hüsten (9 km ↘)
* **Meemann**
Marktstr 25, ✉ 59759, ☎ (0 29 32) 46 72,
Fax 3 70 65, AX DC ED VA
14 Zi, Ez: 90, Dz: 148, ⏤ WC ☎; P 1↔40
Kegeln
** Hauptgericht 28; geschl: Sa mittags

* **Waldhaus Rodelhaus**
✦ Zu den drei Bänken, ✉ 59757,
☎ (0 29 32) 9 70 40, Fax 2 24 37, AX DC ED VA
21 Zi, Ez: 78-80, Dz: 135-145, ⏤ WC ☎; P
3↔50 Sauna
* Hauptgericht 25; Terrasse;
geschl: Di, Ende Jul-Mitte Aug, Anfang-Mitte Jan

Arnsgereuth 48 ▫

Thüringen — Kreis Saalfeld/Rudolstadt —
573 m — 160 Ew — Saalfeld 4, Talsperre
Hohenwarte 20 km
ℹ ☎ (03 67 36) 2 23 05 — Gemeindeverwaltung, Herr Danz ist im Hotel Goldberg
☎ 03 67 36/2 24 30 zu erreichen; Ortsstr 20,
07318 Arnsgereuth

Arnsgereuth
* **Goldberg**
Am Goldberg 1, an der B 281, ✉ 07118,
☎ (03 67 36) 2 24 30, Fax 2 23 22, AX
17 Zi, Ez: 65-73, Dz: 80-96, WC ☎; 1↔30

Arnstadt 47 ↗

Thüringen — Kreis Arnstadt — 618 m —
29 670 Ew — Erfurt 21, Suhl 43 km
ℹ ☎ (0 36 28) 60 20 49 — Arnstadt-Information, Markt 1, 99310 Arnstadt; ältester
urkundlich erwähnter Ort Thüringens.
Sehenswert: Rathaus im Renaissance-Stil;
Bachdenkmal; Bachkirche; Liebfrauenkirche; Neues Palais mit Puppensammlung
„Mon Plaisir"; Drei Gleichen mit Wachsenburg (11 km ←); Traditionsbahnbetriebswerk (Dampflokomotiven)

** **Krone**
Am Bahnhof 8, ✉ 99310, ☎ (0 36 28)
7 70 60, Fax 60 24 84, AX DC ED VA
40 Zi, Ez: 90-120, Dz: 120-150, 4 Suiten, ⏤
WC ☎, 5🛏; P 2↔60 🍴

** **Stadthotel Mon Plaisir**
Lessingstr 15, ✉ 99310, ☎ (0 36 28)
73 91 11, Fax 73 92 22, AX DC ED VA
36 Zi, Ez: 79-135, Dz: 99-165, 1 App, ⏤ WC
☎; Lift P 2↔30 Sauna Solarium

** **Anders**
Gehrener Str 22, ✉ 99310, ☎ (0 36 28)
74 53, Fax 74 54 44, AX DC ED VA
37 Zi, Ez: 100-120, Dz: 135-175, ⏤ WC ☎,
4🛏; Lift P 3↔30 Sauna 🍴

* **Pension Prox**
Stadtilmer Str 45, ✉ 99310, ☎ (0 36 28)
6 12 20, Fax 61 22 14, ED
20 Zi, Ez: 70-85, Dz: 95-120, ⏤ WC ☎; P
1↔30 ≋; garni

* **Riedschenke**
Vor dem Riedtor 6, ✉ 99310, ☎ (0 36 28)
60 23 74, Fax 60 23 74
9 Zi, Ez: 75, Dz: 108, ⏤ WC ☎; P Kegeln 🍴
Rezeption: 6-14, 16-24

Arolsen 35 ▫

Hessen — Kreis Waldeck-Frankenberg —
286 m — 7 000 Ew — Korbach 18, Kassel 45, Paderborn 54 km
ℹ ☎ (0 56 91) 20 30, Fax 51 21 — Kurverwaltung, Postfach 1408, 34444 Arolsen; Heilbad. Sehenswert: Residenzschloß; Stadtmuseum: Kaulbachhaus, Rauchhaus,
Schreibersches Haus; Twiste-Stausee
(4 km ↘)

*** **Treff Hotel
Schloßhotel/Residenzhotel**
♣ Königin-Emma-Str 10, ✉ 34454,
☎ (0 56 91) 80 80, Fax 80 85 29, AX ED VA
148 Zi, Ez: 130-145, Dz: 198-219, S; 28 App,
⏤ WC ☎; Lift P 7↔250 🍸 Fitneßraum
Sauna Solarium
Auch Zimmer der Kategorie ** vorhanden
** Hauptgericht 30

* **Brauhaus Hotel**
Kaulbachstr 33, ✉ 34454, ☎ (0 56 91) 20 28,
Fax 69 42, AX DC ED VA
13 Zi, Ez: 80-90, Dz: 125-135, ⏤ WC ☎, 4🛏;
Lift P 🅿 🍴
geschl: Anfang-Mitte Jan, Mitte Jul

** **Schäfer's Restaurant**
Schloßstr 15, ✉ 34454, ☎ (0 56 91) 76 52,
Fax 76 52, AX DC ED VA
Hauptgericht 30; geschl: Mi

🍷 **Residenz-Café**
Kirchplatz 5, ✉ 34454, ☎ (0 56 91) 4 02 31,
AX DC ED VA
Biergarten P; 8-18

Mengeringhausen-Außerhalb (2 km ↓)
* **Luisen-Mühle**
♣ ✦ Luisenmühler Weg 1, ✉ 34454,
☎ (0 56 91) 30 21, Fax 25 78, DC ED VA
25 Zi, Ez: 60-85, Dz: 100-140, ⏤ WC ☎, 3🛏;
P 🅿 2↔20 🍸 Sauna Solarium 🍴
Rezeption: 8-13.30, 16-23; geschl: Fr

Aschaffenburg

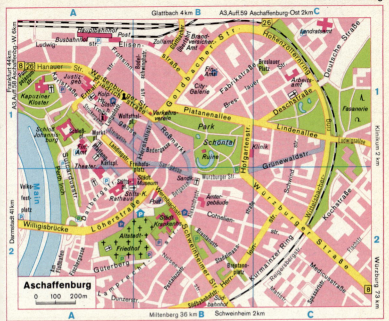

Artern 38

Thüringen — Kreis Artern — 185 m —
7 233 Ew — Eisleben (Lutherstadt) 30 km
🛈 ☎ (0 34 66) 32 55 33, Fax 32 55 50 —
Stadtverwaltung, Markt 14, 06556 Artern;
Alte Salzstadt am Fuße des Kyffhäuser-
gebirges

* **Weinberg**
Weinberg 1, ✉ 06556, ☎ (0 34 66)
32 21 32, Fax 32 21 32, AX ED
22 Zi, Ez: 85-100, Dz: 100-120, 1 Suite, ⌐
WC ☎, 2🖂; P 🍴

* **Aratora**
Herrnstr 01, ✉ 06556, ☎ (0 34 66) 32 19 10,
Fax 32 19 10, ED VA
6 Zi, Ez: 70-80, Dz: 120-149, ⌐ WC ☎ 🍴
Rezeption: 9-23

Asbach-Bäumenheim 63

Bayern — Donauwörth — 405 m —
4 210 Ew — Donauwörth 5, Augsburg
40 km
🛈 ☎ (09 06) 2 96 90, Fax 90 99 — Gemeindeverwaltung, Rathausplatz 1,
86663 Asbach-Bäumenheim

Ein im Betriebseintrag dargestelltes S
zeigt an, daß Sie hier bei einer Buchung
über den Varta Hotel-Service zu Sonderkonditionen übernachten können.

Bäumenheim
* **Kundinger**
Rudolf-Diesel-Str 2, ✉ 86663,
☎ (09 06) 9 19 89, Fax 9 14 21
19 Zi, Ez: 65, Dz: 120, ⌐ WC ☎; Lift P;
garni

Aschaffenburg 55

Bayern — Stadtkreis — 230 m — 65 000 Ew
— Hanau 27, Darmstadt 41, Frankfurt/
Main 50 km
🛈 ☎ (0 60 21) 39 58 00, Fax 39 58 02 — Tou-
rist-Information, Schloßplatz 2 (A 2),
63739 Aschaffenburg; kreisfreie Stadt am
Westrand des Spessarts; Mainhafen.
Sehenswert: Stiftskirche „Beweinung
Christi" von Grünewald; Schloß Johannis-
burg, Gemäldesammlung, Museum;
Pompejanum ≼; Parkanlagen, Schöntal,
Schönbusch (3 km ←); Schloßgarten,
Fasanerie

** **Dalberg**
Pfaffengasse 12, ✉ 63739, ☎ (0 60 21)
35 60, Fax 21 98 94, AX DC ED VA
26 Zi, Ez: 118-135, Dz: 185-205, S; ⌐ WC ☎,
2🖂; Lift P 🖂 1⌂25 🍴

** **City Hotel**
Frohsinnstr 23 (A 1), ✉ 63739, ☎ (0 60 21)
2 15 15, Fax 2 15 14, AX DC ED VA
34 Zi, Ez: 98-128, Dz: 148-198, 2 Suiten,
4 App, ⌐ WC ☎; Lift; garni
geschl: Ende Dez-Anfang Jan →

Aschaffenburg

** Post
Goldbacher Str 19 (B 1), ⌧ 63739,
☎ (0 60 21) 33 40, Fax 1 34 83, AX DC ED VA
71 Zi, Ez: 115-140, Dz: 180-230, S; ⌐ WC ☎,
10⌧; Lift P 🐾 2⇔40 ⌐ Sauna Solarium
Auch Zimmer der Kategorie ***** vorhanden
**** Königlich Bayerische
      Poststation**
Hauptgericht 35

** Aschaffenburger Hof
Weißenburger Str 20 (A 1), ⌧ 63739,
☎ (0 60 21) 2 14 41, Fax 2 72 98, AX DC ED VA
65 Zi, Ez: 108-138, Dz: 148-220, 1 Suite, ⌐
WC ☎; Lift P 🐾 1⇔40
Auch Zimmer der Kategorie ***** vorhanden
*   Gute Stube/Grüner Salon
Hauptgericht 30; Terrasse; geschl: Sa

**** Wilder Mann
      (Ringhotel)**
Löherstr 51 (A 2), ⌧ 63739, ☎ (0 60 21)
30 20, Fax 30 22 34, AX DC ED VA
55 Zi, Ez: 115-135, Dz: 155-175, S;
10 Suiten, ⌐ WC ☎; Lift P 🐾 5⇔100 ⓘ
geschl: Ende Dez-Anfang Jan
Auch Zimmer der Kategorie ***** vorhanden

*   Zum Goldenen Ochsen
Karlstr 16 (A 1), ⌧ 63739, ☎ (0 60 21)
2 31 32, Fax 2 57 85, AX DC ED VA
39 Zi, Ez: 92-99, Dz: 132-148, ⌐ WC ☎; P
2⇔20
geschl: 1 Woche im Jan
Auch Zimmer der Kategorie ****** vorhanden
*   Hauptgericht 25; geschl: Mo mittags, 3 Wochen im Aug, 1 Woche im Jan

*   Hofgut Fasanerie
Bismarckallee 1, ⌧ 63739, ☎ (0 60 21)
31 73-0, Fax 31 73-99, ED
Hauptgericht 25; Biergarten Gartenlokal;
nur abends, Sa + So auch mittags; geschl:
Anfang-Mitte Mai, Ende Dez-Mitte Jan
*   ♂ 5 Zi, Ez: 90-105, Dz: 130-140, ⌐
WC ☎, 1⌧
geschl: Anfang-Mitte Nov, Ende Dez-Mitte Jan

*   Turin
Luitpoldstr 6, ⌧ 63739, ☎ (0 60 21) 2 44 60
Hauptgericht 35; geschl: So, Mo

Schloßgass' 16
⊗ Schloßgasse 16 (A 1), ⌧ 63739,
☎ (0 60 21) 1 23 13
Hauptgericht 10; nur abends, so + feiertags auch mittags; geschl: Ende Feb-Anfang Mär

==Damm== (1 km ↑)
*   Pfaffenmühle
Glattbacher Str 44, ⌧ 63741, ☎ (0 60 21)
3 46 60, Fax 34 66 50, AX DC ED VA
34 Zi, Ez: 80, Dz: 150, ⌐ WC ☎; Lift P
1⇔40; garni
Rezeption: 6-12, 14-22

==Nilkheim==
** Classico
Geschwister-Scholl-Platz 10, ⌧ 63741,
☎ (0 60 21) 8 49 00, Fax 84 90 40,
AX DC ED VA
22 Zi, Ez: 100, Dz: 160-200, 2 App, ⌐ WC ☎;
Lift P 🐾; garni
geschl: Ende Dez-Anfang Jan

==Schweinheim== (2 km ↓)
*   Altes Sudhaus
Schweinheimer Str 117, ⌧ 63743,
☎ (0 60 21) 96 06 09, Fax 97 01 03, AX ED VA
15 Zi, Ez: 85, Dz: 135, ⌐ WC ☎; Lift P
1⇔25 ⓘ

siehe auch **Johannesberg**

Aschara   37 ↓

Thüringen — Kreis Bad Langensalza —
311 m — 547 Ew — Bad Langensalza 7 km
ⓘ ☎ (0 36 03) 4 81 19 — Gemeindeverwaltung, Hauptstr 26, 99958 Aschara

*   Ortris
einzeln, Hauptstr 50, ⌧ 99958, ☎ (0 36 03)
84 85 14, Fax 84 85 83, AX DC ED VA
12 Zi, Ez: 50-78, Dz: 80-118, ⌐ WC ☎, 2⌧;
P 1⇔20; garni

Aschau i. Chiemgau   73 ↗

Bayern — Kreis Rosenheim — 620 m —
5 000 Ew — Prien 13, Rosenheim 23, Kufstein 29 km
ⓘ ☎ (0 80 52) 3 92, Fax 47 17 — Kurverwaltung, Kampenwandstr 38, 83229 Aschau;
Luftkurort und Wintersportplatz im Priental. Sehenswert: Kath. Kirche; Schloß
Hohenaschau; Kampenwand (Seilbahn),
1669 m ⍈ (→); kath. Kirche im Ortsteil
Sachrang (12 km ↓); Chiemsee (16 km ↗)

****** Residenz Heinz Winkler   👑
       (Relais & Châteaux)**
♂ ⍾ Kirchplatz 1, ⌧ 83229, ☎ (0 80 52)
1 79 90, Fax 17 99 66, ED VA
19 Zi, Ez: 210-410, Dz: 280-510, 13 Suiten,
⌐ WC ☎; Lift P 🐾 1⇔25 Sauna Solarium
**** Hauptgericht 65;   🌶 🍴🍴
Terrasse

** Burghotel
Kampenwandstr 94, ⌧ 83229, ☎ (0 80 52)
90 80, Fax 90 82 00, AX DC ED VA
103 Zi, Ez: 90-150, Dz: 140-300, 2 Suiten, ⌐
WC ☎; Lift P 🐾 3⇔120 Fitneßraum Sauna
Solarium ⓘ

*   Edeltraud
⍾ Narzissenweg 15, ⌧ 83229, ☎ (0 80 52)
90 67-0, Fax 51 70
15 Zi, Ez: 59-69, Dz: 98-118, ⌐ WC ☎; P 🐾
Rezeption: 7-21; geschl: Mitte Nov-Mitte
Dez
Restaurant für Hausgäste

Ascheberg 34 ↘

Nordrhein-Westfalen — Kreis Coesfeld —
65 m — 13 250 Ew — Lüdinghausen 14,
Münster 23, Hamm 25 km
🅘 ☎ (0 25 93) 6 09 36, Fax 6 09 49 — Verkehrsverein, Katharinenplatz 1,
59387 Ascheberg. Sehenswert: Pfarrkirche;
Schloß Westerwinkel: Museum (8 km ↓);
Burgturm Davensberg: Museum (5 km ↑).

✱✱ Jagdschlößchen
Himmelsweg 2, ✉ 59387, ☎ (0 25 93) 92 00,
Fax 9 20 20, AX DC ED VA
25 Zi, Ez: 95-125, Dz: 150-180, ⊿ WC ☎; Lift
🅿 🖃 2↔ Fitneßraum Sauna Solarium
✱✱ ⦿ Hauptgericht 30; Biergarten

✱ Goldener Stern
Appelhofstr 5, ✉ 59387, ☎ (0 25 93) 3 73,
Fax 64 05, ED VA
19 Zi, Ez: 70-75, Dz: 120-130, ⊿ WC ☎, 6🖃
🅿 🖃 2↔60 Kegeln
✱✱ Hauptgericht 25; Biergarten

✱ Eschenburg
Steinfurter Str 21 a, ✉ 59387, ☎ (0 25 93)
10 35, AX ED VA
19 Zi, Ez: 60, Dz: 100, ⊿ WC ☎; 🅿 🖃 Kegeln
🍴

Davensberg (3 km ↘)
✱ Clemens-August
Burgstr 52, ✉ 59387, ☎ (0 25 93) 60 40,
Fax 60 41 78, ED
Ez: 65-70, Dz: 110-120, ⊿ WC ☎; 🅿 4↔200
Kegeln Sauna 🍴
Rezeption: 9-22; geschl: So abends, Mo,
10.2.-7.3.97

Herbern (6 km ↘)
✱ Zum Wolfsjäger
Südstr 36, ✉ 59387, ☎ (0 25 99) 4 14,
Fax 29 41, ED
19 Zi, Ez: 75-80, Dz: 120-130, ⊿ WC ☎; Lift
🅿 🖃 1↔35; garni

Aschersleben 38 ↘

Sachsen-Anhalt — Kreis Aschersleben —
112 m — 33 000 Ew — Eisleben (Lutherstadt) 27 km
🅘 ☎ (0 34 73) 42 46, Fax 42 46 — Aschersleben-Information, Poststr 6, 06449 Aschersleben. Sehenswert: Stadtbefestigungsanlage mit Rondell; St. Stephanikirche;
Planetarium; Tierpark

✱✱ Andersen
Bahnhofstr 32, ✉ 06449, ☎ (0 34 73)
8 74 60, Fax 8 74 61 50, AX ED VA
45 Zi, Ez: 83-120, Dz: 106-140, 1 Suite,
3 App, ⊿ WC ☎, 17🖃; Lift 🅿 1↔40
Restaurant für Hausgäste

✱ Weiße Taube
Johannisplatz 6, ✉ 06449, ☎ (0 34 73)
87 80, Fax 37 57, AX ED VA
33 Zi, Ez: 95-125, Dz: 125-185, ⊿ WC ☎; 🅿
1↔20 Fitneßraum Sauna 🍴

✱ Nord
Güstener Str 4, ✉ 06449, ☎ (0 34 73)
9 25 20, Fax 92 52 93, AX ED VA
33 Zi, Ez: 85-110, Dz: 120-150, ⊿ WC ☎,
5🖃; Lift 🅿 1↔20 Solarium 🍴

✱ Pension Quellgrund
Mehringerstr 77, ✉ 06449, ☎ (0 34 73)
9 22 10, Fax 92 21 22, AX ED
7 Zi, Ez: 70-80, Dz: 110-120, ⊿ WC ☎; 🅿;
garni

Aschheim 72 □

Bayern — Kreis München — 511 m —
5 201 Ew — München 10 km
🅘 ☎ (0 89) 9 09 97 80, Fax 90 99 78 33 —
Gemeindeverwaltung, Ismaninger Str 8,
85609 Aschheim

✱✱ Schreiberhof
Erdinger Str 2, ✉ 85609, ☎ (0 89) 90 00 60,
Fax 90 00 64 59, AX DC ED VA
87 Zi, Ez: 205-265, Dz: 285-325, ⊿ WC ☎,
11🖃; Lift 🅿 1↔120 Fitneßraum Sauna
Solarium
geschl: Ende Dez-Anfang Jan
✱✱ Hauptgericht 35; Terrasse;
geschl: Ende Dez-Anfang Jan

✱ Gästehaus Gross
Ismaninger Str 9 a, ✉ 85609, ☎ (0 89)
9 04 40 84, Fax 9 04 52 14, ED VA
15 Zi, Ez: 110, Dz: 140, ⊿ WC ☎; 🅿 🖃;
garni

Asendorf 18 □

Niedersachsen — Kreis Harburg — 56 m —
1 430 Ew — Jesteburg 3, Hanstedt 5 km
🅘 ☎ (0 41 83) 33 81 — Gemeindeverwaltung, Schützenstr 11, 21271 Asendorf

Asendorf-Außerhalb (1 km →) Richtung
Marxen
**✱✱ Zur Heidschnucke
(Ringhotel)**
♘ Zum Auetal 14, ✉ 21271, ☎ (0 41 83)
97 60, Fax 44 72, AX DC ED VA
50 Zi, Ez: 119-123, Dz: 194-202, S; 1 Suite,
⊿ WC ☎, 12🖃; Lift 🅿 4↔70 ⩰ Sauna
Solarium
Auch Zimmer der Kategorie ✱ vorhanden
✱✱ Schnuckenstall
Hauptgericht 37; Terrasse

Aspach 62 ←

Baden-Württemberg — Rems-Murr-Kreis
— 295 m — 7 433 Ew — Backnang 3, Ludwigsburg 19 km
🅘 ☎ (0 71 91) 21 20, Fax 2 12 39 — Gemeindeverwaltung, im Ortsteil Großaspach,
Backnanger Str 9, 71546 Aspach →

Aspach

Großaspach
** **   **Gasthof Lamm**
Hauptstr 23, ✉ 71546, ☎ (0 71 91) 2 02 71, Fax 2 31 31
Hauptgericht 30; 🅿; geschl: So abends, Mo, 3 Wochen Sommerferien

Asperg 61 →

Baden-Württemberg — Kreis Ludwigsburg — 270 m — 12 200 Ew — Ludwigsburg 5, Stuttgart 19, Heilbronn 37 km
ℹ ☎ (0 71 41) 26 90, Fax 26 92 53 — Bürgermeisteramt, Königstr 11, 71679 Asperg. Sehenswert: Hohenasperg, 356 m ◂; Kleinaspergle: Grab eines keltischen Fürsten (↓); Rathaus in Markgröningen (4 km ←); Schloß Ludwigsburg (5 km →); Schloß Monrepos (4 km ↗)

** **   **Adler (Ringhotel)** ♛
Stuttgarter Str 2, ✉ 71679, ☎ (0 71 41) 2 66 00, Fax 26 60 60, AX DC ED VA
65 Zi, Ez: 139-189, Dz: 206-300, S; ⊣ WC ☎, 14🍴; Lift 🅿 🚗 5⇄200 🛁 Sauna Solarium

*** **   **Symphonie**
Hauptgericht 40; Terrasse; nur abends; geschl: Sa, So, 3 Wochen im Aug

** **   **Schwabenstube**
Hauptgericht 33; Terrasse; geschl: Sa, So, 3 Wochen im Aug

** **   **Landgasthof Lamm**
Lammstr 1, ✉ 71679, ☎ (0 71 41) 2 64 10, Fax 26 41 50, AX DC ED VA
Hauptgericht 30

* **   **Flair Hotel**
15 Zi, Ez: 60-120, Dz: 150-160, ⊣ WC ☎, 🅿 1⇄80 Kegeln
geschl: in den Sommerferien

** **   **Alte Krone**
🍷 Königstr 15, ✉ 71679, ☎ (0 71 41) 68 00 58, Fax 68 00 56, AX DC ED VA
Hauptgericht 37; geschl: Sa mittags, So

Aßlar 44 →

Hessen — Lahn-Dill-Kreis — 150 m — 13 700 Ew — Wetzlar 5, Gießen 20 km
ℹ ☎ (0 64 41) 80 30, Fax 8 03 28 — Stadtverwaltung, Mühlgrabenstr 1, 35614 Aßlar

* **   **Pension Aßlar**
Geisenhöll 16, ✉ 35614, ☎ (0 64 41) 88 00 12, Fax 8 72 29, ED VA
7 Zi, Ez: 90, Dz: 135, ⊣ WC ☎, 🅿; garni

Assmannshausen
siehe **Rüdesheim am Rhein**

Ateritz 39 ↘

Sachsen-Anhalt — Kreis Wittenberg — 100 m — 528 Ew — Wittenberg 15, Bad Düben 18, Leipzig 55 km
ℹ ☎ (03 49 21) 2 04 09 — Gemeindeverwaltung, Lindenstr 15 a, 06901 Ateritz

Lubast (1 km †)
** **   **Heidehotel (Flair Hotel)**
Leipziger Str 1, ✉ 06901, ☎ (03 49 21) 2 05 14, Fax 2 02 11, ED VA
50 Zi, Ez: 80-115, Dz: 130-170, ⊣ WC ☎, 16🍴; Lift 🅿 🚗 3⇄100 Fitneßraum Sauna Solarium 🍴

Attendorn 34 ↓

Nordrhein-Westfalen — Kreis Olpe — 290 m — 23 000 Ew — Olpe 14, Siegen 40 km
ℹ ☎ (0 27 22) 6 42 29, Fax 47 75 — Verkehrsbüro, Rathauspassage, 57439 Attendorn. Sehenswert: Kath. Kirche St.-Johannes-Baptist; Attahöhle (1 km →); Burg Schnellenberg ◂ (2 km →); Kapelle und Burgruine Waldenburg (4 km ↓); Stausee Ahausen (3 km ↗); Schloß Ahausen (6 km ↗); Bigge- und Lister-Stausee (2 km ↙); Kirche: Wandmalereien, in Helden (6 km ↘)

* **   **Rauch**
Wasserstr 6, ✉ 57439, ☎ (0 27 22) 9 24 20, Fax 92 42 33, AX DC ED VA
13 Zi, Ez: 95-120, Dz: 130-160, ⊣ WC ☎, 🅿 🚗; garni
geschl: So abends

Attendorn-Außerhalb (2 km →)
*** **   **Burghotel Schnellenberg (European Castle)**
einzeln ☀ ◂ 🅥 ✉ 57439, ☎ (0 27 22) 69 40, Fax 69 41 69, AX DC ED VA
40 Zi, Ez: 175-195, Dz: 220-320, 2 Suiten, ⊣ WC ☎; 🅿 🚗 5⇄100 Kegeln
geschl: 2 Wochen im Jan
Auch Zimmer der Kategorie ** vorhanden

*** **   **Rittersaal**
🍷 Hauptgericht 45; geschl: 2 Wochen im Jan

Mecklinghausen (5 km ↘)
* **   **Haus Schnepper**
Talstr 19, ✉ 59439, ☎ (0 27 22) 82 96, Fax 8 91 33
19 Zi, Ez: 83, Dz: 148, ⊣ WC ☎; 🅿 2⇄80 Kegeln 🍴
geschl: Di

Niederhelden (8 km →)
** **   **Romantik Hotel Haus Platte**
Repetalstr 219, ✉ 57439, ☎ (0 27 21) 13 10, Fax 13 14 55, AX DC ED VA
50 Zi, Ez: 95-130, Dz: 190-250, ⊣ WC ☎; 🅿 🚗 6⇄300 🛁 Kegeln Sauna Solarium
geschl: Mitte Dez
Auch Zimmer der Kategorie *** vorhanden

** **   Hauptgericht 30; Biergarten Gartenlokal Terrasse; geschl: Mitte Dez

** Struck
Repetalstr 245, ✉ 57439, ☎ (0 27 21)
1 39 40, Fax 2 01 61, AX DC ED VA
54 Zi, Ez: 111-140, Dz: 186-252, ⌐ WC ☎,
3🛁; P 🖼 7🔄200 🈂 Kegeln Sauna
Solarium
Auch Zimmer der Kategorie *** vorhanden
** Hauptgericht 35; Terrasse

Atzbach siehe Lahnau

Aua siehe Neuenstein Kr. Hersfeld-Rotenburg

Aue 50

Sachsen — Kreis Aue — 350 m —
23 737 Ew — Klingenthal 30, Chemnitz
35 km
ℹ ☎ (0 37 71) 28 10, Fax 2 27 09 — Stadtverwaltung, Goethestr 5, 08280 Aue; Kreisstadt. Sehenswert: Neugotische Nikolaikirche; Friedenskirche; Bürgerhäuser im Jugendstil

** Blauer Engel (Flair Hotel)
Altmarkt 1, ✉ 08280, ☎ (0 37 71) 59 20,
Fax 2 31 73, AX ED VA
56 Zi, Ez: 100-125, Dz: 150-170, 1 Suite,
4 App, ⌐ WC ☎, 1🛁; Lift P 🖼 3🔄60 Bowling Fitneßraum Sauna Solarium 🍽

Auerbach (Vogtl.) 49 □

Sachsen — Kreis Auerbach — 500 m —
21 000 Ew — Plauen 26, Aue 29 km
ℹ ☎ (0 37 44) 8 14 50, Fax 8 14 37 — Fremdenverkehrsamt, Schloßstr 10, 08209 Auerbach; Drei-Türme-Stadt im östlichen Vogtland; historischer Stadtkern

* Auerbacher Hof
Bertolt-Brecht-Str 6, ✉ 08209, ☎ (0 37 44)
21 56 63, Fax 21 56 63, AX DC ED VA
16 Zi, Ez: 50-80, Dz: 70-80, 2 App, ⌐ WC ☎;
P 🖼; garni

* Auerbach
♂ Friedrich-Ebert-Str 38, ✉ 08209,
☎ (0 37 44) 8 09 01, Fax 8 09 11, AX ED VA
23 Zi, Ez: 50-80, Dz: 75-120, ⌐ WC ☎; P
3🔄40 🍽

* Auerbachs Keller
Hainstr 9, ✉ 08209, ☎ (0 37 44) 21 37 16,
Fax 21 37 16, AX ED VA
9 Zi, Ez: 75-110, Dz: 100-130, ⌐ WC ☎;
1🔄40 🍽

Die Redaktion ist auch auf die Mitarbeit unserer Leser angewiesen. Wenn Sie einen empfehlenswert erscheinenden Betrieb entdecken, welcher im Varta-Führer nicht genannt wird, können Sie uns gerne schreiben.

Auerbach i. d. OPf. 58 □

Bayern — Kreis Amberg-Sulzbach — 435 m
— 9 300 Ew — Pegnitz 16, Amberg 37 km
ℹ ☎ (0 96 43) 2 00, Fax 20 35 — Stadtverwaltung, Oberer Marktplatz 1, 91275 Auerbach. Sehenswert: Rathaus; Stadtpfarrkirche um 1700 St. Johannes der Täufer; Spitalkirche um 1400; Asamkirche und mittelalterliche Klosteranlage im Ortsteil Michelfeld; Erzgrube Maffei

** Romantik Hotel Goldner Löwe
♂ Unterer Markt 9, ✉ 91275, ☎ (0 96 43)
17 65, Fax 46 70, AX DC ED VA
27 Zi, Ez: 90-155, Dz: 185-260, S; 3 Suiten,
⌐ WC ☎, 6🛁; Lift P 🖼 3🔄10 Kegeln
Auch Zimmer der Kategorie * und *** vorhanden
** Löwenstube
Hauptgericht 30
1144 erstmals in der Chronik von Auerbach erwähnt. Werkzeuge des Eisenerzabbaus, dekorieren die kleinen Restauranträume

🛏 Federhof
Bahnhofstr 37, ✉ 91275, ☎ (0 96 43) 12 69,
Fax 46 22, ED
22 Zi, Ez: 65-85, Dz: 90-120, ⌐ WC ☎, 2🛁;
1🔄40 🍽
Rezeption: 7-14 + 17-22; geschl: Ende Dez-Mitte Jan

Auetal 25 ↘

Niedersachsen — Kreis Schaumburg —
160 m — 6 200 Ew — Hessisch Oldendorf 9, Rinteln 15, Bad Nenndorf 16 km
ℹ ☎ (0 57 52) 18 10, Fax 1 81 18 — Gemeindeverwaltung, Rehrener Str 25, 31749 Auetal

Rehren
* Waldhotel Mühlenhof
Zur Oberburg 7, ✉ 31749, ☎ (0 57 52)
4 24, Fax 3 46, ED VA
50 Zi, Ez: 65-75, Dz: 128-160, ⌐ WC ☎; Lift
P 🖼 1🔄20 ≋ 🈂 Sauna Solarium
geschl: Anfang Nov-Mitte Dez

Aufseß 57 ↗

Bayern — Kreis Bayreuth — 450 m —
1 398 Ew — Hollfeld 8, Ebermannstadt
17 km
ℹ ☎ (0 91 98) 3 28, Fax 81 58 — Gemeindeverwaltung, Schloßberg 98, 91347 Aufseß.
Sehenswert: Burg Unteraufseß; Schloß Oberaufseß

* Sonnenhof
Im Tal 70, ✉ 91347, ☎ (0 91 98) 7 36,
Fax 7 37, ED VA
20 Zi, Ez: 48-58, Dz: 78-110, ⌐ WC ☎; P 🖼
3🔄60 ≋ 🍽
geschl: Di, Mitte-Ende Jan, Mitte Nov-Anfang Dez

Auggen

Auggen 67 ✓

Baden-Württemberg — Kreis Breisgau-Hochschwarzwald — 300 m — 2 100 Ew — Müllheim 3, Badenweiler 8, Freiburg 31 km
🛈 ☎ (0 76 31) 36 77 21, Fax 36 77 44 — Verkehrsamt, Hauptstr 28, 79424 Auggen; Erholungs- und Weinbauort im Markgräfler Land. Sehenswert: Schloß Bürgeln, 665 m ◄ (9 km ↘)

* **Gästehaus Zur Krone**
Hauptstr 6, ✉ 79424, ☎ (0 76 31) 60 75, Fax 1 69 13, AX ED VA
21 Zi, Ez: 98-115, Dz: 150-170, ⌐ WC ☎; Lift
🅿 🛏 ≋ Fitneßraum Sauna Solarium
Rezeption: 6.30-21.30
In den Gästehäusern Kutscher- und Brunnenhaus Zimmer der Kategorie ** vorhanden

* **Weingut Gasthaus Krone**
Hauptstr 12, ✉ 79424, ☎ (07631) 07 63, Fax 1 25 06
Hauptgericht 30

Augsburg 63 ↘

Bayern — Kreisfreie Stadt — 496 m — 264 000 Ew — München 65, Ulm 80 km
🛈 ☎ (08 21) 50 20 70, Fax 5 02 07 45 — Touristik- und Kongreß-Service, Bahnhofstr 7, 86150 Augsburg; Sitz der Regierung von Bay. Schwaben; Universität; Theater; Freilichtbühne am Roten Tor; Kleinkunstbühne; Volksbühne; Marionettentheater Augsburger Puppenkiste. Sehenswert: Hist. Stadtkern; Maximilianprachtstraße mit Patrizier Palästen und Prachtbrunnen der Renaissance-Zeit; Hist. Renaissance-Rathaus mit goldenem Saal; Synagoge mit jüdischem Kulturmuseum; Zeughaus; Fuggerstadtpalast mit Damenhof; Bert-Brecht-Gedenkstätte; Perlachturm ◄; Werkmuseum der MAN; Zoo; Botanischer Garten; Fuggerei: älteste Sozialsiedlung der Welt; Dom: Krypta aus dem 10. Jh., Glasmalerei; Bronzetür; St. Ulrich kath. u. ev. Grablegen von Bischof Ulrich und Hl. Afra; St. Anna: Grablege der Fugger und Fuggerkapelle; Schaetzler-Palais mit Rokokosaal und Deutscher Barockgalerie; Römisches Museum; Staatsgalerie in der Kunsthalle; Lettl-Atrium surrealer Malerei; Lutherstiege; Naturmuseum mit Planetarium; Fuggereimuseum; Schwäb. Handwerkermuseum; Mozart-Gedenkstätte

Stadtplan siehe Seiten 156-157

*** **Steigenberger 3 Mohren**
Maximilianstr 40 (D 5), ✉ 86150, ☎ (08 21) 5 03 60, Fax 15 78 64, AX DC ED VA
102 Zi, Ez: 235-279, Dz: 280-350, S;
5 Suiten, ⌐ WC ☎; Lift 🅿 🛏 6↻500 🍽

*** **Best Western Augusta Hotel**
Ludwigstr 2 (C 3), ✉ 86152, ☎ (08 21) 5 01 40, Fax 5 01 46 05, AX DC ED VA
105 Zi, Ez: 182-199, Dz: 230-280, S;
2 Suiten, ⌐ WC ☎, 25🛏; Lift 🅿 10↻120
Fitneßraum Sauna Solarium
geschl: Ende Dez-Anfang Jan
Auch Zimmer der Kategorie ** vorhanden

** **Zirbel-Stuben**
Hauptgericht 35; geschl: Ende Dez

** **City Hotel Riegele**
Viktoriastr 4 (B 4), ✉ 86150, ☎ (08 21) 50 98 80, Fax 5 09 88 88, AX DC ED VA
28 Zi, Ez: 105-153, Dz: 160-195, ⌐ WC ☎; Lift 🅿 3↻120 🍽
Auch Zimmer der Kategorie * vorhanden

* **Ulrich**
Kapuzinergasse 6 (D 5), ✉ 86150, ☎ (08 21) 3 30 77, Fax 3 30 81, AX DC ED VA
31 Zi, Ez: 105-140, Dz: 160-190, ⌐ WC ☎, 14🛏; Lift 🅿 2↻30; garni
geschl: Ende Dez-Anfang Jan
Auch Zimmer der Kategorie ** vorhanden

* **Romantik Hotel Augsburger Hof**
Auf dem Kreuz 2 (C 2), ✉ 86152, ☎ (08 21) 31 40 83, Fax 3 83 22, AX DC ED VA
36 Zi, Ez: 115-185, Dz: 130-230, ⌐ WC ☎; Lift 🅿 🛏 Sauna Solarium
Auch Zimmer der Kategorie ** vorhanden
** Hauptgericht 35; Terrasse

* **Intercity Hotel**
Halderstr 29 (C 4), ✉ 86150, ☎ (08 21) 5 03 90, Fax 5 03 99 99, AX DC ED VA
120 Zi, Ez: 140-190, Dz: 160-250, S; ⌐ WC ☎, 25🛏; Lift 🅿 🛏 4↻150 Fitneßraum Sauna Solarium 🍽

* **Ost am Kö (Top International Hotel)**
Fuggerstr 4 (C 4), ✉ 86150, ☎ (08 21) 50 20 40, Fax 5 02 04 44, AX DC ED VA
55 Zi, Ez: 99-160, Dz: 160-220, S; 1 Suite, 4 App, ⌐ WC ☎, 10🛏; Lift 🅿 Fitneßraum Sauna Solarium; garni
Auch Zimmer der Kategorie ** vorhanden

* **Alpenhof (Ringhotel)**
Donauwörther Str 233 (A 1), ✉ 86154, ☎ (08 21) 4 20 40, Fax 4 20 42 00, AX DC ED VA
128 Zi, Ez: 115-155, Dz: 160-220, S;
2 Suiten, ⌐ WC ☎; Lift 🅿 🛏 9↻220 ≋ Sauna Solarium 🍽

* **Dom-Hotel**
Frauentorstr 8 (D 2), ✉ 86152, ☎ (08 21) 15 30 31, Fax 51 01 26, AX DC ED VA
43 Zi, Ez: 107-140, Dz: 140-190, 4 Suiten, ⌐ WC ☎; Lift 🅿 🛏 1↻25 ≋ Sauna Solarium; garni
Auch Zimmer der Kategorie ** vorhanden

Aulendorf

* Ibis am Hauptbahnhof
Halderstr 25 (C 5), ✉ 86150, ☎ (08 21)
5 01 60, Fax 5 01 61 50, AX DC ED VA
132 Zi, Ez: 114, Dz: 129, ⊿ WC, 15🖥; Lift
4⟳180 🍽

* Ibis beim Königsplatz
Hermanstr 25 (C 5), ✉ 86150, ☎ (08 21)
5 03 10, Fax 5 03 13 00, AX DC ED VA
104 Zi, Ez: 120, Dz: 135, ⊿ WC, 27🖥; Lift
🅿 4⟳100 🍽

** Oblinger
Pfärrle 14 (D 1), ✉ 86152, ☎ (08 21)
3 45 83 92, Fax 3 45 83 95, AX DC ED VA
Hauptgericht 30; Biergarten 🅿; ⊱; geschl:
So abends, Mo

** Die Ecke
Elias-Holl-Platz 2 (D 4), ✉ 86150, ☎ (08 21)
51 06 00, Fax 31 19 92, AX DC ED VA
Hauptgericht 40; Terrasse

** Feinkost Kahn
Annastr 16 (D 4), ✉ 86150, ☎ (08 21)
31 20 31, Fax 51 62 16, AX DC ED VA
Hauptgericht 35; 🚭; geschl: so+feiertags

▪ Eber
🔸Philippine-Welser-Str 6 (D 4), ✉ 86150,
☎ (0821) 3 68 47, Fax 15 82 49
Hauptgericht 20; Terrasse; 8-18, Sa bis 17;
geschl: so+feiertags

Göggingen (3 km ✓)
* Theratel
Nanette-Streicher-Str 4, ✉ 86199,
☎ (08 21) 90 60 40, Fax 99 50 39, AX DC ED VA
24 Zi, Ez: 95-120, Dz: 160-170, ⊿ WC ☎; Lift
🅿 1⟳25 ≋ Sauna Solarium; **garni**
Auch Zimmer der Kategorie ** vorhanden

Haunstetten (7 km ↓)
* Prinz Leopold
Bürgermeister-Widmeier-Str 56, ✉ 86179,
☎ (08 21) 8 07 70, Fax 8 07 73 33,
AX DC ED VA
37 Zi, Ez: 115-140, Dz: 140-175, ⊿ WC ☎,
8🖥; Lift 🅿 3⟳150
Auch Zimmer der Kategorie ** vorhanden
        Hauptgericht 20; geschl: Mi, Do
mittags
☎ (08 21) 81 25 64

* Gregor
Landsberger Str 62, ✉ 86179, ☎ (08 21)
8 00 50, Fax 80 05 69, AX DC ED VA
40 Zi, Ez: 95-120, Dz: 140-180, ⊿ WC ☎; Lift
🅿 2⟳150 Kegeln
Auch Zimmer der Kategorie ** vorhanden

*** Cheval Blanc
Hauptgericht 45; nur abends; geschl:
so+feiertags, Mo, Aug, Anfang Jan

** Lindenstube
Hauptgericht 30; so+feiertags
abends

Inningen (7 km ✓)
* Gasthof Haugg
Vogteistr 3, ✉ 86199, ☎ (08 21) 9 00 80,
Fax 9 00 81 98, AX ED
50 Zi, Ez: 70-80, Dz: 105-120, ⊿ WC ☎; 🅿
1⟳60 🍽
geschl: Fr, Aug

Lechhausen (3 km ↗)
** CIRA Boarding House
Kurt-Schumacher-Str 6, ✉ 86165,
☎ (08 21) 7 94 40, Fax 7 94 44 50,
AX DC ED VA
70 Zi, Ez: 150-160, Dz: 200-210, 5 Suiten,
2 App, ⊿ WC ☎, 24🖥; Lift 🅿 3⟳50 🍽

* Lech-Hotel
Neuburger Str 31, ✉ 86167, ☎ (08 21)
72 10 64, Fax 71 92 44, AX ED VA
39 Zi, Ez: 95-125, Dz: 140-175, ⊿ WC ☎; Lift
🅿 1⟳15 Kegeln; **garni**

Augustusburg   50 □

Sachsen — Kreis Freiberg — 500 m —
2 073 Ew — Chemnitz 15 km
ℹ ☎ (03 72 91) 65 51, Fax 65 52 — Verkehrsamt, Marienberger Str 24, 09573 Augustusburg. Sehenswert: Renaissance-
Schloß; Motorradmuseum; spätklassizisti-
sche Stadtkirche; Kutschensammlung;
Drahtseilbahn; Sommerrodelbahn

** Waldhaus
♂ Am Kurplatz 7, ✉ 09573, ☎ (03 72 91)
2 03 17, Fax 2 03 17, AX DC ED VA
17 Zi, Ez: 85-100, Dz: 120-140, 1 Suite, ⊿
WC ☎; Lift 🅿 2⟳50 Kegeln Sauna 🍽

** Morgensonne
♂ Morgensternstr 2, ✉ 09573, ☎ (03 72 91)
2 05 08/65 81, Fax 65 82, ED
12 Zi, Ez: 75-85, Dz: 80-120, 1 Suite, ⊿ WC
☎; 🅿 🛌 Kegeln; **garni**

▪ Friedrich
Hans-Planer-Str 1, ✉ 09573, ☎ (03 72 91)
66 66, Fax 6 00 52
Biergarten 🅿
*   ♂ 🔸 10 Zi, Ez: 75-85, Dz: 100-140,
1 App, ⊿ WC ☎; 🛌

Aulendorf   69 □

Baden-Württemberg — Kreis Ravensburg
— 650 m — 8 400 Ew — Saulgau 15,
Ravensburg 23 km
ℹ ☎ (0 75 25) 20 41 42, Fax 20 41 42 — Kurverwaltung, Hauptstr 38, 88326 Aulendorf;
Kneipp-Kurort. Sehenswert: Kath. Kirche;
Schloß; Schwaben-Therme

* Aulendorfer Hof
Hauptstr 21, ✉ 88326, ☎ (0 75 25) 10 77,
Fax 29 00, AX ED VA
15 Zi, Ez: 87-95, Dz: 135-150, ⊿ WC ☎; 🅿;
garni
Rezeption: 7-12, 15-21.30

Augsburg

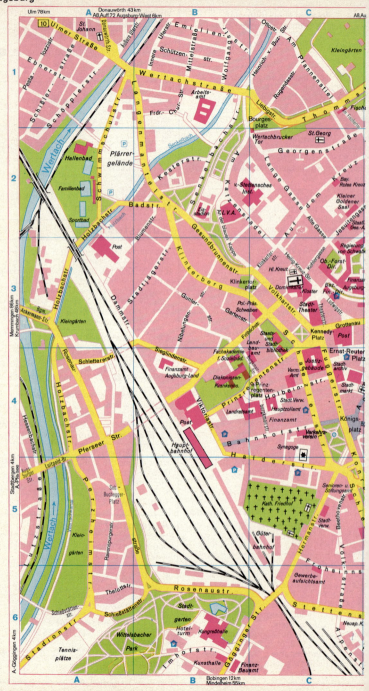

156

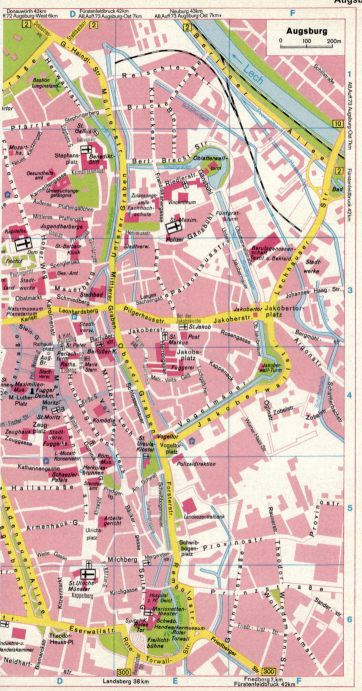

Aumühle 18→

Schleswig-Holstein — Kreis Herzogtum Lauenburg — 20 m — 3 500 Ew — Hamburg 29, Lauenburg 35 km
🛈 ☎ (0 41 04) 69 00, Fax 6 90 13 — Gemeindeverwaltung, Bismarckallee 21, 21521 Aumühle; Erholungsort. Sehenswert: Bismarck-Gedächtnisstätten in und um Friedrichsruh (2 km →)

**   Fürst-Bismarck-Mühle
Mühlenweg 3, ✉ 21521, ☎ (0 41 04) 20 28, Fax 12 00, DC ED VA
Hauptgericht 35; Gartenlokal P; geschl: Mi
*   7 Zi, Ez: 120, Dz: 190, ⌐ WC ☎

Aurich 15↗

Niedersachsen — Kreis Aurich — 6 m — 36 000 Ew — Emden 26, Leer 35, Wilhelmshaven 52 km
🛈 ☎ (0 49 41) 44 64, Fax 1 06 55 — Verkehrsverein, Norderstr 2, 26603 Aurich; Stadt am Ems-Jade-Kanal. Sehenswert: Ev. Lambertikirche, Turm, Schnitzaltar; Regierungsgebäude, Schloß; Mühlenmuseum Stiftsmühle; Upstalsboom (4 km ↓); Naturschutzgebiet Ewiges Meer: Hochmoorsee (11 km ↑); Moormuseum in Moordorf (6 km ←)

*   Stadt Aurich
Hoheberger Weg 17, ✉ 26603, ☎ (0 49 41) 43 31, Fax 6 25 72, AX DC ED VA
43 Zi, Ez: 85-120, Dz: 145-155, 5 Suiten, ⌐ WC ☎, 30⌂; Lift P 🠸 1⇔70 Fitneßraum Sauna Solarium ▮◎▮

*   Brems Garten
Kirchdorfer Str 7, ✉ 26603, ☎ (0 49 41) 92 00, Fax 92 09 20, AX DC ED VA
29 Zi, Ez: 85-100, Dz: 130-170, 2 Suiten, ⌐ WC ☎, P 5⇔500 Bowling Kegeln
**   Hauptgericht 30; Biergarten Gartenlokal Terrasse

Ogenbargen (11 km ↗)
*   Landgasthof Alte Post
Esenser Str 299, ✉ 26607, ☎ (0 49 47) 12 12, Fax 14 04
45 Zi, Ez: 59, Dz: 99, ⌐ WC; P Kegeln

Wallinghausen (3 km →)
*   Köhler's Forsthaus
♣ Hoheberger Weg 192, ✉ 26605, ☎ (0 49 41) 1 79 20, Fax 17 92 17, AX DC ED VA
50 Zi, Ez: 88-140, Dz: 140-280, 7 Suiten, ⌐ WC ☎; P 🠸 2⇔100 ≌ Fitneßraum Sauna Solarium
*   Hauptgericht 30; Terrasse

Wiesens (5 km ↘)
**   Waldhof
Zum Alten Moor 10, ✉ 26605, ☎ (0 49 41) 95 750, Fax 6 65 79
Hauptgericht 28; Terrasse; geschl: Mo
⌂   6 Zi, Ez: 75, Dz: 155, 3 Suiten, ⌐ WC ☎; P 1⇔30
Rezeption: 8-13, 15-21; geschl: Mo

Aying 72 □

Bayern — Kreis München — 611 m — 3 438 Ew — Bad Aibling 21, München 24 km
🛈 ☎ (0 80 95) 7 41, Fax 23 53 — Gemeindeverwaltung, Kirchgasse 4, 85655 Aying. Sehenswert: Kath. Kirche in Kleinhelfendorf (5 km ↘); Heimathaus Sixthof

**   Brauerei-Gasthof Aying
Zornedinger Str 2, ✉ 85653, ☎ (0 80 95) 7 05, Fax 20 53, AX DC ED VA
27 Zi, Ez: 140-180, Dz: 250-300, ⌐ WC ☎; P 5⇔200 Bowling Kegeln
**   Grill-Stube ✣
⊗ Hauptgericht 30

Ayl 52 □

Rheinland-Pfalz — Kreis Trier-Saarburg — 200 m — 1 150 Ew — Saarburg 4, Konz 10 km
🛈 ☎ (0 65 81) 8 12 15, Fax 8 12 90 — Verkehrsamt, Graf-Siegfried-Str 32, 54439 Saarburg; Erholungsort, idyllischer Weinort an der Saar

**   Ayler Kupp
♣ Trierer Str 49, ✉ 54441, ☎ (0 65 81) 30 31, Fax 23 44, DC ED VA
13 Zi, Ez: 65-85, Dz: 90-110, ⌐ WC ☎; P
Rezeption: 8-14, 17-22; geschl: Ende Dez-Ende Jan
****   Hauptgericht 25; geschl: So, Mo, Ende Dez-Ende Jan
Eigenbauweine

Aystetten 63 ↓

Bayern — Kreis Augsburg — 438 m — 2 956 Ew — Augsburg 13 km
🛈 ☎ (08 21) 48 13 49, Fax 48 39 59 — Gemeindeverwaltung, Bäckergasse 2, 86482 Aystetten

**   Ferrari Hotel
Hauptstr 83, ✉ 86482, ☎ (08 21) 4 80 40, Fax 4 80 41 00, DC ED VA
44 Zi, Ez: 105-120, Dz: 150, ⌐ WC ☎; Lift P 🠸 2⇔35 Sauna Solarium
**   Concilio Ristorante
Hauptgericht 32

*   Hirsch
Hauptstr 47, ✉ 86482, ☎ (08 21) 4 86 25 62, Fax 4 86 25 63, DC ED VA
11 Zi, Ez: 65-68, Dz: 104-108, ⌐ WC ☎; P 3⇔250 ▮◎▮
geschl: Anfang-Mitte Aug

Baden-Baden

Baabe siehe **Rügen**

Baad siehe **Kleinwalsertal**

Babenhausen 70 ↑

Bayern — Kreis Unterallgäu — 563 m — 5 192 Ew — Krumbach 16, Memmingen 22, Ulm 39 km
🛈 ☎ (0 83 33) 30 50, Fax 43 84 — Marktverwaltung, Marktplatz 1, 87727 Babenhausen; Erholungsort im Tal der Günz. Sehenswert: Kath. Kirche; Schloß, Fugger-Museum

** Zur Post
Stadtgasse 1, ✉ 87727, ☎ (0 83 33) 13 03, AX DC ED VA
Hauptgericht 30; 🅿; geschl: Mitte-Ende Aug

Bacharach 53 ↗

Rheinland-Pfalz — Kreis Mainz-Bingen — 80 m — 2 800 Ew — Bingen 14, St. Goar 14 km
🛈 ☎ (0 67 43) 29 68, Fax 31 55 — Verkehrsamt, Oberstr 1, 55422 Bacharach; Städtchen im Rheindurchbruchstal. Sehenswert: Ev. Kirche; Werner-Kapelle; Altes Haus; Burg Stahleck

Achtung: Autofähre (3 km ↑) nach Kaub, 6-20 Uhr, so + feiertags 8-20 Uhr, im Winter bis 19 Uhr

* Parkhotel
Marktstr 8, ✉ 55422, ☎ (0 67 43) 14 22, Fax 15 41, VA
28 Zi, Ez: 85-120, Dz: 110-220, 1 Suite, ⊿ WC ☎; Lift 🅿 🍽 ≘ Sauna Solarium ⛰
geschl: Mitte Nov-Anfang Mär

* Altkölnischer Hof
Blücherstr 2, ✉ 55422, ☎ (0 67 43) 13 39/ 21 86, Fax 27 93, AX
20 Zi, Ez: 85-95, Dz: 110-180, ⊿ WC ☎; Lift 🅿 🍽 1⇔120 Solarium ⛰
geschl: Nov-Mär

Backnang 62 ↘

Baden-Württemberg — Rems-Murr-Kreis — 271 m — 33 000 Ew — Stuttgart 31, Schwäbisch Hall 35 km
🛈 ☎ (0 71 91) 89 40, Fax 8 68 06 — Stadtverwaltung, Bahnhofstr 7, 71522 Backnang. Sehenswert: Ev. Stadtkirche; St. Michaelskirche; Rathaus; Museum Helferhaus

** Gerberhof
Wilhelmstr 16, ✉ 71522, ☎ (0 71 91) 97 70, Fax 97 73 77, AX DC ED VA
42 Zi, Ez: 95-150, Dz: 150-200, ⊿ WC ☎, 14✉; Lift 🅿 🍽; garni

** Am Südtor
Stuttgarter Str 139, ✉ 71522, ☎ (0 71 91) 14 40, Fax 14 41 44, AX DC ED VA
70 Zi, Ez: 95-120, Dz: 130-160, ⊿ WC ☎, 10✉; Lift 🅿 🍽 2⇔65; garni

* Rems-Murr-Hotel
Talstr 45, ✉ 71522, ☎ (0 71 91) 8 80 05, Fax 7 29 74, AX DC ED VA
40 Zi, Ez: 85-110, Dz: 120-160, ⊿ WC ☎; Lift 🅿 🍽; garni

* Bitzer
Eugen-Adolff-Str 29, ✉ 71522, ☎ (0 71 91) 9 63 35, Fax 8 76 36, AX DC ED VA
32 Zi, Ez: 89-95, Dz: 118-138, ⊿ WC ☎, 5✉; 🅿 🍽; garni

* Holzwarth
Eduard-Breuninger-Str 2-6, ✉ 71522, ☎ (0 71 91) 32 55-0, Fax 32 55 20, AX DC ED VA
15 Zi, Ez: 75-85, Dz: 110-130, ⊿ WC ☎; 🅿; garni
Rezeption: 6.30-13

**** Il Grappolo
Die Weinstube**
Schillerstr 23, ✉ 71522, ☎ (0 71 91) 9 60 10, DC ED VA
Hauptgericht 30

** Backnanger Stuben
Bahnhofstr 7, ✉ 71522, ☎ (0 71 91) 3 25 60, Fax 32 56 26, AX DC ED VA
Hauptgericht 28; 🅿 Terrasse

⬛ Weller
Schillerstr 19, ✉ 71522, ☎ (0 71 91) 6 88 26
9-19; geschl: Mo

Baden-Baden 60 ☐

Baden-Württemberg — Stadtkreis — 160 m — 50 000 Ew — Karlsruhe 41, Stuttgart 105, Freiburg 112 km
🛈 ☎ (0 72 21) 27 52 00, Fax 27 52 02 — Kurverwaltung, Augustaplatz 8, 76530 Baden-Baden; Mineralheilbad am Rande des Nördlichen Schwarzwaldes; Caracalla-Thermalbad; Friedrichsbad; Theater; Spielbank; Flughafen Baden-Oos; Internationales Galopprennen: Frühjahrsmeeting und Große Woche. Sehenswert: Kath. Stiftskirche: Grabmäler, Sandsteinkruzifix; Klosterkirche Lichtental; Russische Kirche; Stourdza-Kapelle; Lichtentaler Allee; Neues Schloß ⛰, Schloßmuseum; Römische Badruinen; Kunsthalle; Brahmshaus; Kurhaus: Spielbank; Altstadt - Altes Schloß (Ruine Hohenbaden), 403 m ⛰ (5 km ↑); Merkur (Schienen-Kabelbahn) 668 m ⛰ Ruine Ebersteinburg, 485 m ⛰ (5 km ↗); Ruine Yburg, 515 m ⛰ (8 km ↙); Schloß Favorite (10 km ↑); Schloß und Kirche in Neuweier (12 km ↙)

Stadtplan siehe Seite 160 →

Baden-Baden

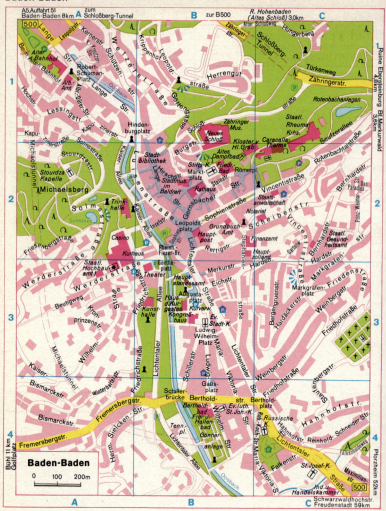

***** **Brenner's Park-Hotel** 👑👑
(Relais & Châteaux)
♂ Schillerstr 4 (B 3), ✉ 76530, ☎ (0 72 21)
90 00, Fax 3 87 72, AX DC ED VA
100 Zi, Ez: 345-685, Dz: 520-1050,
32 Suiten, 🚿 WC ☎; Lift 6⊖150 ≋ Fitneßraum Sauna Solarium
Auch Zimmer anderer Kategorien vorhanden
**** Park-Restaurant
Hauptgericht 50

**** **Steigenberger**
Europäischer Hof
Kaiserallee 2 (B 2), ✉ 76530, ☎ (0 72 21)
93 30, Fax 2 88 31, AX DC ED VA
131 Zi, Ez: 190-270, Dz: 290-430, S;
4 Suiten, 🚿 WC ☎, 36🖥; Lift 🅿 5⊖100
Auch Zimmer anderer Kategorien vor-
handen
*** Allee-Restaurant
Hauptgericht 40; Terrasse

In vielen im Varta aufgeführten Hotels sind neben den dargestellten Restaurants auch andere Restaurantkonzepte zu finden.

Ein im Betriebseintrag dargestelltes S zeigt an, daß Sie hier bei einer Buchung über den Varta Hotel-Service zu Sonder-konditionen übernachten können.

Baden-Baden

*** Steigenberger Avance Badischer Hof
♂ Lange Str 47 (A 1), ✉ 76530, ☎ (0 72 21) 93 40, Fax 93 44 70, AX DC ED VA
134 Zi, Ez: 185-270, Dz: 290-430, S;
5 Suiten, ⌐ WC ☎, 30⌂; Lift 🅿 🍴 9↔250 ≋ ≘ Sauna Solarium
*** Parkrestaurant
Hauptgericht 40; Terrasse

*** Privathotel Quisisana
♂ ◄ Bismarckstr 21, ✉ 76530, ☎ (0 72 21) 36 90, Fax 36 92 69, ED VA
46 Zi, Ez: 230-280, Dz: 340-440, 9 Suiten, ⌐ WC ☎; Lift 🅿 🍴 1↔16 ≘ Fitneßraum Sauna Solarium ¶◎¶

** Queens Hotel
Falkenstr 2 (C 4), ✉ 76530, ☎ (0 72 21) 21 90, Fax 21 95 19, AX DC ED VA
116 Zi, Ez: 190-290, Dz: 240-340, S;
5 Suiten, ⌐ WC ☎, 24⌂; Lift 🅿 🍴 7↔120 ≘ Fitneßraum Sauna Solarium
Auch Zimmer der Kategorie *** vorhanden
** Reblaus
Hauptgericht 35; Terrasse

** Holland Hotel Sophienpark
♂ Sophienstr 14 (B 2), ✉ 76482, ☎ (0 72 21) 35 60, Fax 35 61 21, AX DC ED VA
65 Zi, Ez: 190, Dz: 280, 5 Suiten, 5 App, ⌐ WC ☎, 12⌂; Lift 🅿 🍴 3↔60 ¶◎¶

** Romantik Hotel Der Kleine Prinz ♛
Lichtentaler Str 36, ✉ 76530, ☎ (0 72 21) 34 64, Fax 3 82 64, AX DC ED VA
21 Zi, Ez: 195-325, Dz: 295-425, 11 Suiten, 1 App, ⌐ WC ☎; Lift 🍴 1↔12
Auch Zimmer der Kategorie *** vorhanden
**
Hauptgericht 49; geschl: Mo, Di mittags, 2 Wochen im Jan

** Best Western Kurhotel Quellenhof
Sophienstr 27 (B 2), ✉ 76530, ☎ (0 72 21) 93 80, Fax 93 81 00, AX DC ED VA
43 Zi, Ez: 175-220, Dz: 250-290, S; 8 Suiten, ⌐ WC ☎, 4⌂; Lift 🍴 2↔25 Solarium
** Badstüble
Hauptgericht 35

** Akzent-Hotel Kappelmann
Rotenbachtalstr 30, ✉ 76530, ☎ (0 72 21) 35 50, Fax 35 51 00, AX DC ED VA
42 Zi, Ez: 160-170, Dz: 190-230, ⌐ WC ☎; Lift 🅿 1↔40
geschl: Mitte Jan-Mitte Feb
*
Hauptgericht 25; Terrasse; geschl: Mitte Jan-Mitte Feb

Deutscher Kaiser
Merkurstr 9 (B 3), ✉ 76530, ☎ (0 72 21) 27 00, Fax 27 02 70, AX DC ED VA
28 Zi, Ez: 120-160, Dz: 160-220, ⌐ WC ☎; Lift 🅿 🍴; garni

* Merkur
Merkurstr 8 (B 3), ✉ 76530, ☎ (0 72 21) 30 30, Fax 30 33 33, AX DC ED VA
34 Zi, Ez: 120-160, Dz: 160-220, 3 Suiten, ⌐ WC ☎; Lift 🅿 🍴 2↔35
** Sterntaler
Hauptgericht 25; geschl: Mo, 10.1.-28.2.97

⌂ Bayerischer Hof
Langestr 92 (B 2), ✉ 76530, ☎ (0 72 21) 9 35 50, Fax 93 55 55, AX DC ED VA
28 Zi, Ez: 110-160, Dz: 160-250, 1 Suite, ⌐ WC ☎, 10⌂; Lift 🅿 🍴 ¶◎¶

** Papalangi
Lichtentaler Str 13 (B 3), ✉ 76530, ☎ (0 72 21) 3 16 16, Fax 3 27 88, AX ED VA
Hauptgericht 28; Terrasse

Gaisbach 5 km ↘
* Waldhotel Forellenhof
♂ Gaisbach 91, ✉ 76534, ☎ (0 72 21) 97 40, Fax 97 42 99, AX DC ED VA
25 Zi, Ez: 85-125, Dz: 150-200, ⌐ WC ☎; Lift 🅿 🍴
geschl: Feb

Geroldsau (5 km ↓)
** Auerhahn
Geroldsauer Str 160, ✉ 76534, ☎ (0 72 21) 74 35, Fax 74 32, AX ED VA
28 Zi, Ez: 80-96, Dz: 124-160, ⌐ WC ☎; 🅿 🍴 1↔28
Auch Zimmer der Kategorie * vorhanden
*
Hauptgericht 25; Biergarten

Neuweier (12 km ↗)
** Rebenhof
♂ ◄ Weinstr 58, ✉ 76534, ☎ (0 72 23) 9 63 10, Fax 96 31 31, AX ED VA
17 Zi, Ez: 93-110, Dz: 145, ⌐ WC ☎; Lift 🅿 🍴 1↔20
geschl: So, 20.1.-24.2.97
**
Hauptgericht 33; Terrasse; geschl: So, Mo mittags, 20.1.-24.2.97

** Heiligenstein
♂ ◄ Heiligensteinstr 19 a, ✉ 76534, ☎ (0 72 23) 5 20 25, Fax 5 89 33, ED
32 Zi, Ez: 98-130, Dz: 150-170, 1 Suite, ⌐ WC ☎, 8⌂; Lift 🅿 2↔25 Sauna Solarium
** Schwarzwaldstube
Hauptgericht 25; Gartenlokal; nur abends; geschl: Di

*** Zum Alde Gott ♟
◄ Weinstr 10, ✉ 76534, ☎ (0 72 23) 55 13, Fax 6 06 24, AX DC ED VA
Hauptgericht 50; geschl: Do, Fr mittags, Jan

** Schloß Neuweier
♕ Mauerbergstr 21, ✉ 76534, ☎ (0 72 23) 5 79 44, Fax 5 89 33, AX ED VA
Hauptgericht 45; 🅿 Terrasse; geschl: Di
Eigenbauweine

→

Baden-Baden

** Traube
Mauerbergstr 107, ✉ 76534, ☎ (0 72 23) 5 72 16, Fax 67 64, ED VA
Hauptgericht 35; P; geschl: Mi
* 14 Zi, Ez: 85-95, Dz: 135-168, 2 Suiten, ⌐ WC ☎; ⌐ 1↔20 Fitneßraum Sauna Solarium

* Zum Rebstock
Schloßackerweg 3, ✉ 76534, ☎ (0 72 23) 5 72 40, AX ED
Hauptgericht 35; geschl: Mo, Di, Ende Dez
* 4 Zi, Ez: 60, Dz: 95-110, ⌐ WC; P
Rezeption: 10-24

Oberbeuern 4 km ↘
** Waldhorn ✣
Beuerner Str 54, ✉ 76534, ☎ (0 72 21) 7 22 88, Fax 7 34 88, AX ED VA
Hauptgericht 35; geschl: So abends, Mo, 2 Wochen im Okt, 1 Woche im Feb

Sandweier (6 km ↘)
* Blume
Mühlstr 24, ✉ 76532, ☎ (0 72 21) 9 50 30, Fax 95 03 70, ED VA
29 Zi, Ez: 85-100, Dz: 150-180, ⌐ WC ☎; Lift P 3↔70 ⌐ Kegeln Sauna Solarium
Rezeption: 10-22
** Hauptgericht 35; Terrasse

Umweg (7 km ↗)
*** Bocksbeutel
Umweger Str 103, ✉ 76534, ☎ (0 72 23) 5 80 31, Fax 6 08 08, AX DC ED VA
Hauptgericht 45; P Terrasse; geschl: Mo
* ♂ ⊰ 10 Zi, Dz: 130-150, ⌐ WC ☎; 2↔30 Sauna Solarium

siehe auch **Bühl**

Badenweiler 67 ⌐

Baden-Württemberg — Kreis Breisgau-Hochschwarzwald — 450 m — 3 800 Ew — Müllheim 7, Lörrach 27, Mülhausen 31 km
ⓘ ☎ (0 76 32) 7 21 10, Fax 7 21 70 — Kur- und Touristik GmbH, Ernst-Eisenlohr-Str 4 (B 2), 79410 Badenweiler; Thermal-Heilbad am Rande des Südlichen Schwarzwaldes.
Sehenswert: Römische Bäder; Cassiopeia Therme; Neues Kurhaus und Kurpark mit Burgruine ⊰; Blauen, 1165 m ⊰ (8 km ↘); Schloß Bürgeln, 665 m ⊰ (8 km ↓)

Achtung: Im Kurbezirk ist der Kfz-Verkehr im Sommer nur für Kurgäste und Einwohner in der Zeit von 6.30-13.30 und von 14.30-24 gestattet

**** Römerbad ♛
♂ ⊰ Schloßplatz 1 (A 2), ✉ 79410, ☎ (0 76 32) 7 00, Fax 7 02 00, AX DC ED VA
75 Zi, Ez: 240-330, Dz: 360-460, 9 Suiten, ⌐ WC ☎; Lift P ⌐ 3↔120 ≈ ⌐ Sauna Solarium
Rezeption: 7.30-21.30
*** Hauptgericht 45; Terrasse Park

*** Schwarzmatt ♛♛
(Relais & Châteaux)
♂ Schwarzmattstr 6 a (B 2), ✉ 79410, ☎ (0 76 32) 8 20 10, Fax 82 01 20, AX ED VA
36 Zi, Ez: 225-255, Dz: 300-410, 5 Suiten, ⌐ WC ☎; Lift P ⌐ 1↔60 ⌐ Solarium
*** Schwarzmatt
Hauptgericht 40; Terrasse

** Anna
♂ ⊰ Oberer Kirchweg 2 (B 1), ✉ 79410, ☎ (0 76 32) 79 70, Fax 79 71 50
35 Zi, Ez: 85-135, Dz: 150-240, 1 Suite, ⌐ WC ☎; Lift P ⌐ ⌐ Fitneßraum Solarium
geschl: Mitte Nov-Mitte Feb
Restaurant für Hausgäste. Auch Zimmer der Kategorie *** vorhanden

** Parkhotel Weißes Haus
♂ ⊰ Wilhelmstr 6 (B 2), ✉ 79405, ☎ (0 76 32) 8 20 30, Fax 50 45, AX
37 Zi, Ez: 85-120, Dz: 160-240, 3 Suiten, ⌐ WC ☎, 10⌐; Lift P ⌐ 2↔60 Fitneßraum Sauna Solarium
geschl: 6.1.97-4.2.97
Auch Zimmer der Kategorie *** vorhanden
** ⊰ Hauptgericht 45; Terrasse; geschl: 6.1.97-4.2.97

** Am Kurpark Villa Hedwig
♂ ⊰ Römerstr 10 (B 2), ✉ 79410, ☎ (0 76 32) 8 20 00, Fax 82 00 31, ED VA
11 Zi, Ez: 100-130, Dz: 170-210, 4 Suiten, ⌐ WC ☎; P Solarium ⌐
geschl: Nov, Ende Dez-Anfang Jan, Ende Feb

** Ritter
♂ ⊰ Friedrichstr 2 (A 2), ✉ 79410, ☎ (0 76 32) 83 10, Fax 83 12 99, AX ED VA
66 Zi, Ez: 95-140, Dz: 160-220, 2 Suiten, 9 App, ⌐ WC ☎; Lift P ⌐ 1↔80 ⌐ Sauna Solarium ⌐
Auch Zimmer der Kategorie *** vorhanden

** Eckerlin
♂ ⊰ Römerstr 2 (B 2), ✉ 79410, ☎ (0 76 32) 83 20, Fax 83 22 99, AX ED VA
55 Zi, Ez: 85-115, Dz: 170-210, 1 Suite, ⌐ WC ☎; Lift P 1↔40 ≈ ⌐ Fitneßraum Sauna Solarium ⌐

** Daheim am Park
♂ ⊰ Römerstr 8 (B 2), ✉ 79410, ☎ (0 76 32) 75 82 99, Fax 75 82 99
27 Zi, Ez: 98-128, Dz: 210-260, 6 Suiten, ⌐ WC ☎, 10⌐; Lift P ⌐ ⌐ Fitneßraum Sauna Solarium
geschl: Ende Nov-Ende Feb
Restaurant für Hausgäste

Bärenfels

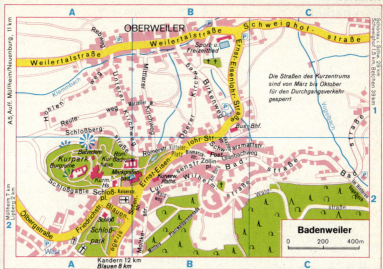

★★ Romantik Hotel Zur Sonne
⌕ Moltkestr 4 (B 2), ✉ 79410, ☎ (0 76 32) 7 50 80, Fax 75 08 65, AX DC ED VA
38 Zi, Ez: 90-120, Dz: 160-220, 10 App, ⌐ WC ☎; P 🅿 🍴

★★ Försterhaus Lais (Silencehotel)
⌕ Badstr 42 (C 2), ✉ 79410, ☎ (0 76 32) 8 21 20, Fax 82 12 82, AX DC ED VA
30 Zi, Ez: 60-106, Dz: 140-218, 2 Suiten, ⌐ WC ☎, 3✉; P 🅿 ≋ Fitneßraum Sauna Solarium
Auch Zimmer der Kategorie ★ vorhanden
★ Hauptgericht 25; Gartenlokal; geschl: So abends

★ Post
⌕ Sofienstr 1 (B 2), ✉ 79410, ☎ (0 76 32) 50 51, Fax 51 23, ED VA
52 Zi, Ez: 79-120, Dz: 160-240, 2 Suiten, 1 App, ⌐ WC ☎; Lift 🅿 1🛏 ≋ Sauna Solarium
geschl: Jan
★ Hauptgericht 30; geschl: Jan

★ Eberhardt-Burghardt
⌕ Waldweg 2 (B 2), ✉ 79410, ☎ (0 76 32) 81 10, Fax 81 11 88, ED VA
37 Zi, Ez: 70-95, Dz: 140-190, ⌐ WC ☎; Lift P 🅿 Solarium 🍴
geschl: Anfang Jan-Anfang Feb
Auch Zimmer der Kategorie ★★ vorhanden

★ Haus Burkart
⌕ Ernst-Eisenlohr-Str 10 (B 2), ✉ 79410, ☎ (0 76 32) 3 30, Fax 65 05
15 Zi, Ez: 65-90, Dz: 130-160, ⌐ WC ☎; P; garni
Rezeption: 7-13.30, 15-19.30; geschl: Mitte Nov-Ende Feb

★ Blauenwald
⌕ Blauenstr 11 (A 2), ✉ 79410, ☎ (0 76 32) 50 08, Fax 64 25
35 Zi, Ez: 62-70, Dz: 125-140, 3 App, ⌐ WC ☎; Lift P 🅿 ≋ Fitneßraum Solarium; **garni**
geschl: Ende Nov-Mitte Feb

Markgräfler Winzerstuben
▽ Luisenstr 6 (B 2), ✉ 79410, ☎ (0 76 32) 2 54
Hauptgericht 15; Gartenlokal; nur abends; geschl: Mitte Dez-Anfang Mär

Behringer
Zöllinplatz 2 (B 2), ✉ 79410, ☎ (0 76 32) 59 47, ED
8-18; geschl: Nov-Mär

Grether
Sofienstr 2 (B 2), ✉ 79410, ☎ (0 76 32) 2 37, Fax 76 78
Terrasse; 8-18.30

Bärenfels 51 ←

Sachsen — Kreis Dippoldiswalde — 750 m — 335 Ew — Dresden 35 km
ℹ ☎ (03 50 52) 53 02, Fax 53 02 — Fremdenverkehrsamt, Böhmische Str 36, 01776 Bärenfels; Erholungsort. Sehenswert: Meißner Glockenspiel

★ Gasthaus Felsenburg
⌕ Böhmische Str 20, ✉ 01776, ☎ (03 50 52) 2 04 50, Fax 3 40, AX DC ED VA
25 Zi, Ez: 61-74, Dz: 75-98, 1 Suite, ⌐ WC ☎; P 1🛏40 🍴

Bärenstein

Bärenstein 50 ↘

Sachsen — Kreis Annaberg — 712 m —
3 000 Ew — Annaberg-Buchholz 9, Oberwiesenthal 14 km
🅘 ☎ (03 73 47) 2 26, Fax 3 80 — Fremdenverkehrsamt, Oberwiesenthaler Str 14,
09471 Bärenstein

⌫ **Pension Huthaus**
Müglitztalstr 27, ✉ 01768, ☎ (03 50 54)
25 61, Fax 2 51 62
14 Zi, Ez: 35-60, Dz: 40-100, S; ⌐ WC ☎; 🅿
⌫

✱ **Berghotel Bärenstein**
einzeln ♂ ◄ Bergstr 18, ✉ 09471,
☎ (03 73 47) 3 34, Fax 3 34, ED
21 Zi, Ez: 50-65, Dz: 100-140, 1 Suite,
6 App, ⌐ WC ☎; 🅿 1↔70 ⓘ

Kühberg (2 km ↑)
✱ **Pöhlagrund**
einzeln ♂ Königswalder Str 20, ✉ 09471,
☎ (03 73 47) 13 20, Fax 13 20
31 Zi, Ez: 56-72, Dz: 80-92, 4 Suiten, ⌐ WC
☎; 🅿 ⌫ 1↔40 Sauna ⓘ

Bärnsdorf 40 ↘

Sachsen — Kreis Dresden — 190 m —
539 Ew — Dresden 10 km
🅘 ☎ (03 52 07) 2 80 — Gemeindeverwaltung Promnitztal, Hauptstr 48,
01471 Bärnsdorf

Berbisdorf (7 km ↖)
✱ **Landgasthof Berbisdorf**
Hauptstr 38, ✉ 01471, ☎ (03 52 08) 20 27,
Fax 28 66, AX ED VA
12 Zi, Ez: 110-130, Dz: 160, 1 Suite, ⌐ WC
☎; 🅿 2↔100 ⓘ

Baesweiler 42 ↖

Nordrhein-Westfalen — Kreis Aachen —
160 m — 25 718 Ew — Aachen 17,
Erkelenz 23 km
🅘 ☎ (0 24 01) 80 00, Fax 80 01 17 — Stadtverwaltung, Postfach 1180, 52490 Baesweiler

✱ **Klein**
Jülicher Str 1, ✉ 52499, ☎ (0 24 01) 20 17,
Fax 37 41
18 Zi, Ez: 68-80, Dz: 120, ⌐ WC ☎; 🅿 ⌫
Sauna Solarium; garni
Rezeption: 7-14, 16-22

Bahlingen 67 ↖

Baden-Württemberg — Kreis Emmendingen — 230 m — 3 500 Ew — Emmendingen 10, Freiburg 19 km
🅘 ☎ (0 76 63) 9 33 10, Fax 93 31 30 — Bürgermeisteramt, Webergäßle 2, 79353 Bah-
lingen

✱ **Zum Lamm**
Hauptstr 49, ✉ 79353, ☎ (0 76 63) 32 09,
Fax 54 33, AX ED
29 Zi, Ez: 68-86, Dz: 128-144, ⌐ WC ☎; 🅿
3↔80 Sauna Solarium ⓘ
Rezeption: 10-24; geschl: So
Auch Zimmer der Kategorie ✱✱ vorhanden

Baierbrunn 72 ←

Bayern — Kreis München — 650 m —
2 387 Ew — Wolfratshausen 14, München
15 km
🅘 ☎ (0 89) 7 93 20 21, Fax 7 93 86 51 —
Gemeindeverwaltung, Bahnhofstr 2,
82065 Baierbrunn

Buchenhain (1 km ↑)
✱ **Waldgasthof Buchenhain**
Buchenhain 1, ✉ 82065, ☎ (0 89)
7 93 01 24, Fax 7 93 87 01, AX ED VA
41 Zi, Ez: 90-110, Dz: 130-150, ⌐ WC ☎; Lift
🅿
geschl: Ende Dez-Mitte Jan
✱ Hauptgericht 25; geschl: Fr, Ende
Dez-Mitte Jan

Baiersbronn 60 ↘

Baden-Württemberg — Kreis Freudenstadt — 564 m — 16 000 Ew — Freudenstadt 7, Baden-Baden 42 km
🅘 ☎ (0 74 42) 84 14 14, Fax 70 87 — Kurverwaltung, Freudenstädter Str 36 a,
72270 Baiersbronn; Luftkurort und Wintersportplatz im Schwarzwald. Sehenswert:
Ehem. Klosterkirche im Ortsteil Kloster-
reichenbach (3 km ↗); Sankenbacher
Wasserfälle (4 km ↙); Marktplatz mit
Stadtkirche in Freudenstadt (7 km ↗)

✱✱ **Falken**
Oberdorfstr 95, ✉ 72270, ☎ (0 74 42)
8 40 70, Fax 5 05 25, AX ED ED VA
21 Zi, Ez: 58-68, Dz: 110-128, ⌐ WC ☎; Lift
🅿 ⌫ 1↔20 Fitneßraum Sauna Solarium
geschl: Di, Apr, Nov
✱ Hauptgericht 20; geschl: Di, Apr,
Nov

✱ **Schwarzwald-Hotel Rose**
Bildstöckleweg 2, ✉ 72270, ☎ (0 74 42)
20 35, Fax 43 96, AX DC VA
38 Zi, Ez: 75-90, Dz: 130-170, 5 Suiten,
2 App, ⌐ WC ☎; Lift 🅿 ⌫ 1↔ ≋ Fitneßraum Sauna Solarium
geschl: Di, Ende Nov-Mitte Dez
Auch Zimmer der Kategorie ✱✱ vorhanden
✱✱ Hauptgericht 25; Biergarten;
geschl: Ende Nov-Mitte Dez

✱ **Hirsch**
◄ Oberdorfstr 74, ✉ 72270, ☎ (0 74 42)
83 20, Fax 83 22 50
33 Zi, Ez: 52-65, Dz: 112-136, ⌐ WC ☎; Lift
🅿 ⌫ ≋ Sauna ⓘ
Rezeption: 8-21.30; geschl: Ende Mär,
Ende Nov-Mitte Dez

Baiersbronn

* Gasthof Rappen
Oberdorfstr 48, ✉ 72270, ☎ (0 74 42) 23 32, Fax 12 27 16
14 Zi, Ez: 46-50, Dz: 90-100, ⌐ WC; 🅿 ⓘ
Rezeption: 8-14, 16.30-24; geschl: Mo, Ende Okt-Mitte Nov

* Rosengarten
Bildstöckleweg 35, ✉ 72270, ☎ (0 74 42) 20 88 + 84 34-0, Fax 8 43 4- 34
26 Zi, Ez: 67-74, Dz: 110-150, 1 App, ⌐ WC ☎; 🅿 ≋ Sauna Solarium ⓘ
geschl: Mi, Do, Anfang Nov-Mitte Dez

Baiersbronn-Außerhalb

*** Schliffkopf-Hotel
einzeln ◆≼ Schwarzwaldhochstr 1, ✉ 72270, ☎ (0 74 49) 92 00, Fax 92 01 99
50 Zi, Ez: 85-165, Dz: 160-260, 4 Suiten, ⌐ WC ☎, 15◨; Lift 🅿 🍽 2⇔60 ≋ Sauna Solarium ⓘ
Auch Zimmer der Kategorie ✶✶ vorhanden

Heselbach (4 km ↗)
** Heselbacher Hof
♂ ≼ Heselbacher Weg 72, ✉ 72270, ☎ (0 74 42) 83 80, Fax 83 81 00
40 Zi, Ez: 85-105, Dz: 146-252, ⌐ WC ☎; Lift 🅿 🍽 1⇔25 ≋ Fitneßraum Solarium ⓘ
Rezeption: 8-21; geschl: Anfang Nov-Mitte Dez

Hinterlangenbach (23 km ↘) Zufahrt nur über Schönmünzach möglich
** Forsthaus Auerhahn
einzeln ♂ ≼ Haus Nr 108, ✉ 72270, ☎ (0 74 47) 93 40, Fax 93 41 99
20 Zi, Ez: 75-140, Dz: 165-235, 4 Suiten, 7 App, ⌐ WC ☎; Lift 🅿 ≋ Fitneßraum Sauna Solarium ⓘ
geschl: Di, Mitte Nov-Mitte Dez

Huzenbach (11 km ↑)
** Höhenhotel Huzenbach (Silencehotel)
♂ ≼ Roter Rain 47, ✉ 72270, ☎ (0 74 47) 10 77, Fax 4 75, DC ED VA
40 Zi, Ez: 85-130, Dz: 165-205, 2 Suiten, ⌐ WC ☎; Lift 🅿 6⇔35 Fitneßraum Sauna Solarium
geschl: Mitte-Ende Nov, Mitte Jan
** Le Délice
≼ Hauptgericht 35; geschl: Mitte-Ende Nov, Mitte Jan

Klosterreichenbach (3 km ↗)
* Ailwaldhof
einzeln ♂ ≼ Ailwald 3, ✉ 72270, ☎ (0 74 42) 5 00 06, Fax 5 00 09, ED
19 Zi, Ez: 95-155, Dz: 190-250, 8 Suiten, ⌐ WC ☎; 🅿 🍽 1⇔20 ≋ Sauna Solarium ⓘ
Rezeption: 8-20; geschl: Anfang Nov-Mitte Dez
Im Gästehaus auch Zimmer der Kategorie ✶✶✶ vorhanden

Mitteltal (5 km ↘)
**** Bareiss ♛♛♛
Im Schwarzwald (Relais & Châteaux)
≼ Gärtenbühlweg 14, ✉ 72270, ☎ (0 74 42) 4 70, Fax 4 73 20
93 Zi, Ez: 210-350, Dz: 400-780, 7 Suiten, ⌐ WC ☎; Lift 🅿 🍽 ≋ ≋ Fitneßraum Kegeln Sauna Solarium
***** Bareiss ♠ ♛♛
Hauptgericht 55; Terrasse; geschl: Mo, Di, 22.6.-18.7. + 23.11-24.12.1997
*** Kaminstube
Hauptgericht 40; Terrasse
* Dorfstuben
Ⓥ Hauptgericht 25

*** Lamm
Ellbachstr 4, ✉ 72270, ☎ (0 74 42) 49 80, Fax 4 98 78, AX DC ED VA
50 Zi, Ez: 55-110, Dz: 140-220, ⌐ WC ☎; Lift 🅿 🍽 ≋ Fitneßraum Sauna Solarium
Auch Zimmer der Kategorie ✶✶ vorhanden
** Hauptgericht 30

Obertal (9 km ↘)
*** Engel Obertal
♂ ≼ Rechtmurgstr 28, ✉ 72270, ☎ (0 74 49) 8 50, Fax 8 52 00, ED
68 Zi, Ez: 118-173, Dz: 226-382, 3 Suiten, ⌐ WC ☎; Lift 🅿 🍽 1⇔18 ≋ Fitneßraum Sauna Solarium
** Hauptgericht 30; Terrasse

** Waldhotel Sommerberg
≼ Hirschauer Wald 23, ✉ 72270, ☎ (0 74 49) 2 17, Fax 80 14, DC
41 Zi, Ez: 80-125, Dz: 160-250, 2 Suiten, 4 App, ⌐ WC ☎; Lift 🅿 🍽 4⇔50 ≋ ≋ Sauna Solarium ⓘ
Auch Zimmer der Kategorie ✶✶✶ vorhanden

Röt (7 km ↗)
** Gasthof Sonne
Murgtalstr 323, ✉ 72270, ☎ (0 74 42) 23 86, Fax 6 01 94
35 Zi, Ez: 74-109, Dz: 128-178, 2 Suiten, ⌐ WC ☎; 🅿 ≋ Sauna Solarium
geschl: Mitte Nov-Mitte Dez
** Hauptgericht 30; Terrasse; geschl: Mitte Nov-Mitte Dez

Schönmünzach (13 km ↑)
** Sonnenhof
♂ ≼ Schifferstr 36, ✉ 72270, ☎ (0 74 47) 93 00, Fax 93 03 33
42 Zi, Ez: 60-95, Dz: 114-168, ⌐ WC ☎; Lift 🅿 ≋ Fitneßraum Kegeln Sauna Solarium
Rezeption: 8-21; geschl: Mitte Nov-Mitte Dez
Auch Zimmer der Kategorie ✶ vorhanden
* Hauptgericht 25; Terrasse; geschl: Mitte Nov-Mitte Dez

→

Baiersbronn

** Holzschuh's Schwarzwaldhotel
Murgtalstr 655, ✉ 72270, ☎ (0 74 47)
9 46 30, Fax 94 63 49
30 Zi, Ez: 62-106, Dz: 140-204, 9 App, ⌐ WC
☎; Lift 🅿 🚗 3✩30 ≋ ≘ Fitneßraum Sauna Solarium
Rezeption: 8-12, 15-20; geschl: Di, Mitte Nov-Mitte Dez
Auch Zimmer der Kategorie ✱ vorhanden
** Hauptgericht 25; Terrasse

** Sackmann
Murgtalstr 602, ✉ 72270, ☎ (0 74 47) 28 90,
Fax 28 94 00
68 Zi, Ez: 78-104, Dz: 142-224, 5 Suiten,
7 App, ⌐ WC ☎, 10🍴; Lift 🅿 🚗 2✩40 ≋ ≘ Fitneßraum Sauna Solarium
Auch Zimmer der Kategorie *** vorhanden

*** Schloßberg 🍷
Hauptgericht 48; nur abends; geschl: Mo, Di

** Anita-Stube
Hauptgericht 32

** Löwen
Murgtalstr 604, ✉ 72270, ☎ (0 74 47) 93 20,
Fax 10 49, ED VA
27 Zi, Ez: 55-85, Dz: 110-150, ⌐ WC ☎; Lift
🅿 🚗
geschl: Ende Jan-Anfang Feb
Auch Zimmer der Kategorie ✱ vorhanden
** Hauptgericht 30; Terrasse;
geschl: Jan-Feb

Tonbach (3 km ↑)

**** Traube-Tonbach 👑👑
(Relais & Châteaux)
◂ Tonbachstr 237, ✉ 72270, ☎ (0 74 42)
49 20, Fax 49 26 92
103 Zi, Ez: 178-310, Dz: 330-494, 8 Suiten,
58 App, ⌐ WC ☎; Lift 🅿 🚗 2✩40 ≋ ≘ Fitneßraum Kegeln Sauna Solarium
Im gegenüberliegenden Haus Kohlwald
auch Zimmer der Kategorie *** vorhanden

***** Französisches 🍷🍷🍷
Restaurant
Schwarzwaldstube
◂ Hauptgericht 60; geschl: Mo, Di, 12.1-4.2.97, 4.8.-26.8.97
Schwarzwälder Holzbildhauerarbeiten als Rahmen für elegante französische Tafelkultur

*** Köhlerstube
Hauptgericht 50; geschl: Do

*** Sonnenhalde
☼ ◂ Obere Sonnenhalde 63, ✉ 72270,
☎ (0 74 42) 8 45 40, Fax 8 45 41 10
30 Zi, Ez: 64-110, Dz: 136-206, 3 Suiten, ⌐
WC ☎; Lift 🅿 🚗 ≘ Fitneßraum Sauna Solarium
geschl: Mi, Anfang Nov-Mitte Dez
Auch Zimmer der Kategorie ✱ vorhanden
** Sonnenhalde
Hauptgericht 32; Terrasse; geschl: Mi, Anfang Nov-Mitte Dez

** Schwarzwaldhotel Tanne
☼ ◂ Tonbacher Str 243, ✉ 72270,
☎ (0 74 42) 83 30, Fax 76 57
53 Zi, Ez: 88-96, Dz: 150-190, ⌐ WC ☎; Lift
🅿 🚗 1✩25 ≋ ≘ Fitneßraum Sauna Solarium 🍴
geschl: Anfang Nov-Mitte Dez
Auch Zimmer der Kategorie ✱ vorhanden

** Waldlust
☼ ◂ Tonbachstr 174, ✉ 72270, ☎ (0 74 42)
83 50, Fax 21 27
44 Zi, Ez: 65-95, Dz: 130-164, 2 Suiten, ⌐
WC ☎; Lift 🅿 🚗 ≋ ≘ Fitneßraum Sauna Solarium
geschl: Di, Anfang Nov-Mitte Dez
Auch Zimmer der Kategorie ✱ vorhanden
* Hauptgericht 25; Terrasse;
geschl: Di, Anfang Nov-Mitte Dez

Baiersdorf 57 ☐

Bayern — Kreis Erlangen-Höchstadt —
269 m — 6 400 Ew — Forchheim 10, Erlangen 11 km
ℹ ☎ (0 91 33) 7 79 00 — Stadtverwaltung, Waaggasse 2, 91083 Baiersdorf

** Zum Storchennest ✤
Hauptstr 41, ✉ 91083, ☎ (0 91 33) 8 26,
Fax 57 44, AX DC ED VA
Hauptgericht 30; Gartenlokal 🅿; geschl:
So, Mo, 2 Wochen im Aug, Anfang Jan
Abends auch Gourmet-Menü

Balderschwang 70 ✓

Bayern — Kreis Oberallgäu — 1044 m —
229 Ew — Sonthofen 12, Kempten 33 km
ℹ ☎ (0 83 28) 10 56, Fax 2 65 — Verkehrsamt, 87538 Balderschwang

** Gästehaus Hubertus
(Landidyll Hotel)
◂ ✉ 87538, ☎ (0 83 28) 92 00, Fax 9 20 10,
AX DC ED VA
25 Zi, Ez: 90-220, Dz: 160-360, 3 Suiten, ⌐
WC ☎; 🅿 1✩20 Sauna Solarium 🍴
Rezeption: 9-19; geschl: Apr, Nov
Preise inkl. Halbpension. Im Haupthaus
auch einfacheren Zimmer vorhanden

* Ifenblick
☼ ◂ ✉ 87538, ☎ (0 83 28) 10 14, Fax 3 28
43 Zi, Ez: 80-100, Dz: 160-180, ⌐ WC ☎; Lift
🅿 🚗 ≘ Kegeln Sauna 🍴
geschl: Ende Apr, Nov
Auch Zimmer der Kategorie ** vorhanden

Balduinstein 44 ✓

Rheinland-Pfalz — Rhein-Lahn-Kreis —
108 m — 650 Ew — Limburg 11, Nassau 32 km
ℹ ☎ (0 64 32) 8 21 45 — Gemeindeverwaltung, Bahnhofstr 15, 65558 Balduinstein;
Erholungsort im Lahntal. Sehenswert:
Burgruine Balduinstein ◂; Schloß
Schaumburg ◂

*** Am Kachelofen
Bahnhofstr 24, ✉ 65558, ☎ (0 64 32)
8 10 91, Fax 8 36 43, AX ED VA
Hauptgericht 35; Gartenlokal 🅿; geschl:
Di, ab Aschermittwoch 3 Wochen

* Zum Bären
10 Zi, Ez: 80-85, Dz: 150-160, ⊣ WC ☎;
2↻30
geschl: Di, ab Aschermittwoch 3 Wochen

Balingen 61 ↓

Baden-Württemberg — Zollernalbkreis —
540 m — 33 000 Ew — Rottweil 23, Tübingen 38 km
🛈 ☎ (0 74 33) 17 02 61, Fax 17 01 27 — Kulturamt, Neue Str 33, 72336 Balingen;
Kreisstadt am Rand der Schwäbischen Alb.
Sehenswert: Ev. Stadtkirche; Zollernschloß, historische Zehntscheuer mit Museen

** Stadt Balingen
Hirschbergstr 48, ✉ 72336, ☎ (0 74 33)
80 21, Fax 51 19, AX DC ED VA
60 Zi, Ez: 122, Dz: 196, ⊣ WC ☎, 7✉; Lift 🅿
2↻20 Sauna ◉

** Hamann
Neue Str 11, ✉ 72336, ☎ (0 74 33) 9 50-0,
Fax 51 23, DC ED VA
50 Zi, Ez: 100-140, Dz: 170-200, 2 Suiten,
6 App, ⊣ WC ☎; Lift 🖩 2↻30
geschl: Ende Dez-Anfang Jan
Auch Zimmer der Kategorie * vorhanden
** Gute Stube
Hauptgericht 15; Biergarten; geschl:
Sa + So, Ende Dez-Anfang Jan

* Thum
Klausenweg 20, ✉ 72336, ☎ (0 74 33)
9 69 00, Fax 96 90 44, DC ED VA
22 Zi, Ez: 70-130, Dz: 140-190, 3 Suiten, ⊣
WC ☎, 2✉; Lift 🅿 🖩 2↻90
Auch Zimmer der Kategorie ** vorhanden
** Hauptgericht 25; geschl: Sa,
Anfang Jan

Ballenstedt 37 ↗

Sachsen-Anhalt — Kreis Quedlinburg —
250 m — 7 645 Ew — Aschersleben 16,
Nordhausen 65 km
🛈 ☎ (03 94 83) 2 63, Fax 2 63 — Tourist
Information, Allee 50, 06493 Ballenstedt.
Sehenswert: Barockschloß; ehem. Klosterkirche; Pfarrkirche St.-Nikolai; Altes Rathaus; Kügelgenhaus

* Auf der Hohe
⊰ Ermslebener Chaussee, ✉ 06493,
☎ (03 94 83) 94 00, Fax 3 63, AX DC ED VA
24 Zi, Ez: 70, Dz: 100-130, ⊣ WC ☎; 🅿
1↻20 Fitneßraum Sauna Solarium; garni

* Stadt Bernburg
Allee 44, ✉ 06493, ☎ (03 94 83) 4 22,
Fax 94 10, AX DC ED VA
18 Zi, Ez: 50-65, Dz: 90-130, ⊣ WC ☎; 🅿 ◉

* Ratskeller
Rathausplatz 3, ✉ 06493, ☎ (03 94 83)
85 34, AX ED VA
11 Zi, Ez: 60-80, Dz: 90-120, ⊣ WC ☎; 🅿
1↻30

Ballersbach siehe Mittenaar

Ballrechten-Dottingen 67 ↙

Baden-Württemberg — Kreis Breisgau-Hochschwarzwald — 290 m — 1 864 Ew —
Heitersheim 5, Staufen 6 km
🛈 ☎ (0 76 34) 82 42, Fax 82 62 — Bürgermeisteramt, Alfred-Löffler-Str 1,
79282 Ballrechten-Dottingen; Weinbau-
und Erholungsort am Rande des Schwarzwaldes zur Rheinebene

Dottingen
* Landhaus zur Badischen Weinstraße
♣ Neue Kirchstr 26, ✉ 79282, ☎ (0 76 34)
80 20, Fax 6 97 54
12 Zi, Ez: 50, Dz: 80-90, ⊣ WC ☎; 🅿 🖩;
garni
geschl: 2 Wochen im Jan

* Winzer-Stube
Neue Kirchstr 30, ✉ 79282, ☎ (0 76 34)
6 97 05, Fax 63 81
Hauptgericht 28; 🅿 Terrasse; geschl: Mi,
Do, Anfang Jan-Anfang Feb
* Haus Blanka
♣ ⊰ 8 Zi, Ez: 55-60, Dz: 80-110, ⊣ WC ☎; 🖩
Rezeption: 10.30-14, 17.30-22

Ballstedt 48 ↖

Thüringen — Kreis Weimar — 200 m —
230 Ew — Erfurt 15, Weimar 15 km
🛈 ☎ (03 64 52) 2 47 — Gemeindeverwaltung, 99439 Ballstedt. Sehenswert: Schloß
Ettersburg: Park von Fürst Pückler (5 km ↖)

* Landhotel Zur Tanne
Im Dorfe 29, ✉ 99439, ☎ (03 64 52) 3 60,
Fax 7 08 57, AX DC ED VA
24 Zi, Ez: 80-86, Dz: 116-126, ⊣ WC ☎; 🅿
2↻60 Sauna Solarium ◉

Baltrum 15 ↗

Niedersachsen — Kreis Aurich — 13 m —
498 Ew
🛈 ☎ (0 49 39) 80 48, Fax 80 27 — Kurverwaltung, Haus Nr 130, 26573 Baltrum; kleinste
der Ostfriesischen Inseln, Nordsee-Heilbad

Achtung: Schiff von Neßmersiel in 30
Minuten; Kraftfahrzeuge nicht zugelassen
(Garagen in Neßmersiel) →

Baltrum

✶✶ Strandhotel H. Wietjes
♂ •≼ Strandstr 58, ✉ 26573, ☎ (0 49 39)
9 18 10, Fax 91 81 91
43 Zi, Ez: 70-115, Dz: 140-230, 24 App, ⊟
WC ☎; Lift Seezugang Sauna Solarium ▐◉▏
Rezeption: 8-14, 16-20; geschl: Mitte Okt-
Ende Feb
Auch Zimmer der Kategorie ✶ vorhanden

✶ Dünenschlößchen
♂ •≼ Ostdorf 48, ✉ 26574, ☎ (0 49 39)
9 12 30, Fax 91 23 13
36 Zi, Ez: 80-120, Dz: 150-170, 2 App, ⊟ WC
☎; Lift 1⇆25
Rezeption: 9.30-10.30, 16.30-17.30; geschl:
Mitte Okt-Mitte Mär

✶ Fischerstuben
Hauptgericht 30; Terrasse; geschl: Mo,
Mitte Okt-Mitte Mär

✶ Strandhof
♂ •≼ Haus Nr 123, ✉ 26573, ☎ (0 49 39)
8 90, Fax 89 13
26 Zi, Ez: 72-82, Dz: 134-154, 5 Suiten,
23 App, ⊟ WC ☎; 1⇆30 Seezugang Fitneßraum Sauna Solarium ▐◉▏
Rezeption: 8-14 + 16-22; geschl: Ende Sep-
Ostern

✶ Fresena
♂ •≼ Haus Nr 55, ✉ 26574, ☎ (0 49 39) 2 31,
Fax 12 41
28 Zi, Ez: 80-95, Dz: 160-190, 5 App, ⊟ WC
☎
Rezeption: 8-12.30, 17-22; geschl: Ende
Okt-Mitte Mär
✶ Hauptgericht 25; nur abends;
geschl: Di, Ende Okt-Mitte Mär

✶✶ Witthus
Haus Nr 137, ✉ 26574, ☎ (0 49 39) 91 190,
Fax 91 19 13
Hauptgericht 25; Terrasse; geschl: Mitte
Jan-Mitte Mär, Ende Okt-Weihnachten
✶ ♂ •≼ 11 Zi, Ez: 65, Dz: 110-140,
2 App, ⊟ WC ☎; Kegeln
geschl: Mitte Jan-Mitte Mär, Ende Okt-
Weihnachten

Balve 34

Nordrhein-Westfalen — Märkischer Kreis
— 280 m — 12 280 Ew — Menden 15, Werdohl 15 km
i ☎ (0 23 75) 5 38 00, Fax 2 00 14 — Verkehrsverein, Kirchplatz 2, 58802 Balve.
Sehenswert: Kath. St.-Blasius-Kirche; Lui-
senhütte; älteste und einzige vollständig
erhaltene Hochofenanlage Deutschlands;
Prähistorisches Museum; Balver Höhle;
Reckenhöhle (7 km ↑); Sorpe-Stausee
(8 km →)

✶ Pension Waltermann
♂ St.-Johannes-Str 10, ✉ 58802,
☎ (0 23 75) 25 24, AX DC ED
18 Zi, Ez: 55, Dz: 110, ⊟ WC; P 🅿 1⇆25;
garni

Binolen (7 km ↑)

✶ Haus Recke
einzeln, Binolen 1, ✉ 58802, ☎ (0 23 79)
91 810, Fax 2 93, AX ED VA
Hauptgericht 30; Biergarten Gartenlokal P
Terrasse; 8-22 Uhr; geschl: Mo, Anfang-
Mitte Feb, Anfang-Mitte Nov
✶ einzeln, 9 Zi, Ez: 85, Dz: 165,
3 App, ⊟ WC ☎; 🅿 4⇆100
Rezeption: 9-22; geschl: Anfang-Mitte
Feb, Anfang-Mitte Nov

Eisborn (8 km ↑)

✶ Zur Post
♂ Dorfstr 3, ✉ 58802, ☎ (0 23 79) 91 60,
Fax 91 62 00, AX DC ED VA
50 Zi, Ez: 93, Dz: 156-170, 1 Suite, ⊟ WC ☎;
Lift P 🅿 5⇆80 ≋ Fitneßraum Sauna
geschl: Jul
✶ Hauptgericht 25; Terrasse;
geschl: Jul

✶ Antoniushütte
♂ Dorfstr 10, ✉ 58802, ☎ (0 23 79) 91 50,
Fax 6 44, ED
59 Zi, Ez: 80-105, Dz: 140-195, 5 Suiten, ⊟
WC ☎; P 🅿 5⇆100 Kegeln
✶✶ Hauptgericht 25

Bamberg 57

Bayern — Stadtkreis — 240 m — 71 000 Ew
— Coburg 46, Nürnberg 55, Bayreuth
61 km
i ☎ (09 51) 87 11 61, Fax 87 19 60 — Frem-
denverkehrsamt, Geyersworthstr 3,
96047 Bamberg; Kreisstadt an der Regnitz;
Universität; E.-T.-A.-Hoffmann-Theater;
Konzert- und Kongreßhalle; zwölftes Denk-
mal des Weltkulturerbes in Deutschland
(UNESCO). Sehenswert: Dom, Bamberger
Reiter, Reliefs, Hochgrab, Veit-Stoß-Altar;
Kloster Michaelsberg •≼; Kirchen, ev. St.
Stephan, kath. St. Gangolf: Kreuzgang,
kath. St. Jakob, Karmelitenkirche St. Theo-
dor: Kreuzgang, kath. Obere Pfarrkirche
U. L. Frau, ehem. Dominikanerkirche St.
Christoph, kath. St. Martin; Altes Rathaus;
Alte Hofhaltung, Historisches Museum;
Neue Residenz mit Gemäldegalerie;
Staatsbibliothek und Rosengarten •≼;
Diözesan-Museum; Naturkunde-Museum;
Karl-May-Museum; E.-T.-A.-Hoffmann-
Haus; Wasserschloß Concordia; Bötting-
erhaus; Neues Rathaus; Obere Brücke: •≼
auf die Fischerhäuser „Klein-Venedig":
Domherrenhöfe; Altenburg •≼(2 km ✓)

✶✶✶ Treff Hotel Residenzschloss
Untere Sandstr 32 (A 2), ✉ 96049,
☎ (09 51) 6 09 10, Fax 6 09 17 01,
AX DC ED VA
185 Zi, Ez: 215-275, Dz: 275-315, S;
4 Suiten, ⊟ WC ☎, 43✉; Lift 🅿 11⇆400
Fitneßraum Sauna Solarium
Auch Zimmer der Kategorie ✶✶✶✶ vor-
handen
✶✶ Hauptgericht 40; geschl: Ende
Jul-Ende Aug

Bamberg

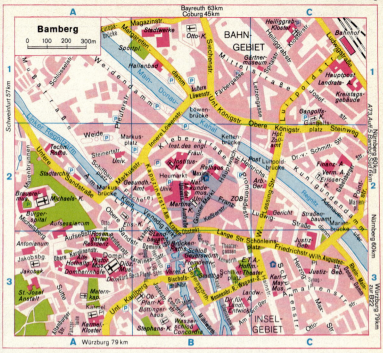

**✶✶ St. Nepomuk
mit Gästehäusern Molitor und
Steinmühle**
⊲ ⊗ Obere Mühlbrücke 9 (B 3), ✉ 96049,
☎ (09 51) 98 42 -0, Fax 9 84 21 00, AX DC ED VA
47 Zi, Ez: 130-160, Dz: 200-240, 3 Suiten,
1 App, ⊣ WC ☎, 7✉; Lift P 2⇨35
✶✶ ⊲ Hauptgericht 30

**✶✶ Romantik Hotel
Messerschmitt**
Lange Str 41 (B 3), ✉ 96047, ☎ (09 51)
2 78 66, Fax 2 61 41, AX DC ED VA
17 Zi, Ez: 85-125, Dz: 195-225, 2 Suiten,
1 App, ⊣ WC ☎, 4✉; P 3⇨60
geschl: 13.1.-18.1.97
✶✶✶ Hauptgericht 42; Gartenlokal;
geschl: 13.1.-23.1.97
✶ Hubertusstube
Hauptgericht 25; Gartenlokal; geschl:
13.1.-18.1.97

✶✶ Barock-Hotel am Dom ♛
♝ Vorderer Bach 4 (B 3), ✉ 96049,
☎ (09 51) 5 40 31, Fax 5 40 21, AX DC ED VA
19 Zi, Ez: 98-110, Dz: 145-160, ⊣ WC ☎; Lift
P; garni
Rezeption: 7.30-21; geschl: Anfang Jan-
Anfang Feb
Historisches Barockgebäude von 1520

✶✶ Berliner Ring
Pödeldorfer Str 146, ✉ 96050, ☎ (09 51)
91 50 50, Fax 1 47 15, AX ED VA
40 Zi, Ez: 96, Dz: 138-142, ⊣ WC ☎; Lift P
🚗; garni

✶✶ Domherrenhof
Karolinenstr 24 (B 3), ✉ 96049, ☎ (09 51)
95 59 90, Fax 9 55 99 55, AX ED VA
Ez: 125-135, Dz: 175-195, ⊣ WC ☎; P 🚗
1⇨25
✶✶ Hauptgericht 25

✶ Gasthof Wilde Rose
Keßlerstr 7 (B 2), ✉ 96047, ☎ (09 51)
98 18 20, Fax 2 20 71, AX DC ED VA
29 Zi, Ez: 70-90, Dz: 130-150, ⊣ WC ☎;
1⇨20
geschl: So ab 16
Parkplatzreservierung erforderlich
✶ Altfränkische Gaststube
Hauptgericht 20; geschl: So abends

✶ Zum Spatz
Herrnstr 2 (B 3), ✉ 96049, ☎ (09 51)
5 20 79, Fax 5 12 03, AX DC ED VA
6 Zi, Ez: 85-120, Dz: 120-140, 1 Suite, ⊣ WC
☎; garni
Rezeption: 7-18; geschl: Anfang Jan →

Bamberg

∗ Brudermühle
Schranne 1 (B 3), ✉ 96033, ☎ (09 51)
95 52 20, Fax 9 55 22 55, [DC] [VA]
16 Zi, Ez: 125, Dz: 170, ⌐ WC ☎; 1✧25 ⓘ
geschl: Mo

∗ Ibis
Theatergassen 10 (B 3), ✉ 96047, ☎ (09 51)
20 01 60, Fax 20 01 74, [AX] [DC] [ED] [VA]
49 Zi, Ez: 105-135, Dz: 120-150, ⌐ WC ☎,
5✉; Lift 🍴; garni

∗ Bergschlößchen
♂ ◃ Am Bundleshof 2, ✉ 96049, ☎ (09 51)
5 20 05, Fax 5 94 54, [ED]
14 Zi, Ez: 85-110, Dz: 130-150, ⌐ WC ☎; 🅿
1✧25
geschl: 7.-31.1.97
Restaurant für Hausgäste

∗ Weierich
Lugbank 5 (B 3), ✉ 96049, ☎ (09 51)
5 40 04, Fax 5 58 00, [AX] [DC] [ED] [VA]
23 Zi, Ez: 90, Dz: 140, 1 App, ⌐ WC ☎; 🅿
1✧20 ⓘ

Brauerei-Ausschank Schlenkerla
🍷 Dominikanerstr 6 (B 3), ✉ 96049,
☎ (09 51) 5 60 60, Fax 5 40 19
Hauptgericht 15; geschl: Di, Anfang-Mitte Jan

Klosterbräu
🍷 Obere Mühlbrücke 1-3, ✉ 96049,
☎ (09 51) 5 22 65, Fax 59 29 4/ 50 02 74
Hauptgericht 18; Biergarten; geschl: Mi
Älteste Braustätte Bambergs seit 1533

Spezial
🍷 Obere Königstr 10 (C 2), ✉ 96052,
☎ (09 51) 2 43 04, Fax 2 63 30
Hauptgericht 25; geschl: Sa abends, Weihnachten-Anfang Jan
Historische Braustube

☕ Am Dom
Ringleinsgasse 2 (B 3), ✉ 96049, ☎ (09 51)
5 68 52, Fax 5 90 42
Terrasse; 7.30-18.30, so + feiertags 13-18
Spezialität: Wiener Apfelstrudel, DomTorte

siehe auch **Buttenheim**

Bannewitz 51 ↖

Sachsen — Kreis Freital — 120 m —
3 423 Ew — Dresden 5, Freital 9 km
ⓘ ☎ (03 51) 40 90 00 — Gemeindeverwaltung, 01728

Bannewitz
∗ Gasthof Bannewitz
Winckelmannstr 1, ✉ 01728, ☎ (03 51)
4 01 55 36, Fax 4 01 55 37, [ED] [VA]
14 Zi, Ez: 90-100, Dz: 120, 2 Suiten, ⌐ WC
☎; 🅿 ⓘ
geschl: Ende Dez-Anfang Jan

Bansin siehe Usedom

Banzkow 20 ↖

Mecklenburg-Vorpommern — Schwerin —
1 596 Ew — Schwerin 20, Ludwigslust 25 km
ⓘ ☎ (0 38 61) 5 50 20 — Gemeindeverwaltung, Schulsteig 4, 19079 Banzkow

∗∗ Lewitz Mühle (Ringhotel)
An der Lewitz-Mühle 40, ✉ 19079,
☎ (0 38 61) 50 50, Fax 50 54 44, [AX] [DC] [ED] [VA]
52 Zi, Ez: 115-155, Dz: 170-290, 4 App, ⌐
WC ☎, 15✉; Lift 🅿 🍴 4✧170 ≋ 🛁 Fitneßraum Sauna Solarium ⓘ
Denkmalgeschützte holländer Galerienmühle von 1874 mit Hotelneubau.

Mirow
∗ Unter den Linden
♂ ◃ Unter den Linden 4a, ✉ 19079,
☎ (0 38 61) 79 16, Fax 79 18, [ED]
19 Zi, Ez: 98, Dz: 138, ⌐ WC ☎; 🅿 2✧30
geschl: Mo + Di bis 17

Barbing 65 ↖

Bayern — Kreis Regensburg — 332 m —
4 000 Ew — Obertraubling 5, Regensburg 8 km
ⓘ ☎ (0 94 01) 10 61, Fax 8 03 95 — Gemeindeverwaltung, Kirchstr 1, 93092 Barbing

∗ Barbarossa
Regensburger Str 9, an der B 8, ✉ 93092,
☎ (0 94 01) 12 12, Fax 7 91 54, [AX] [DC] [ED] [VA]
Hauptgericht 25; Biergarten; geschl: So abends, Mo
∗ 11 Zi, Ez: 75-100, Dz: 95-140, ⌐
WC ☎; 🅿 3✧80

Barby (Elbe) 28 ↓

Sachsen-Anhalt — Kreis Schönebeck —
50 m — 5 208 Ew — Schönebeck 11,
Magdeburg 31 km
ⓘ ☎ (03 92 98) 39 31, Fax 32 04 — Verwaltungsgemeinschaft Barby, Amt für Kultur und Sport, Goethestr 14, 39249 Barby.
Sehenswert: Johanniskirche (13. Jh.);
Marienkirche; Stadtmauer mit Wehrtürmen; Gierfähre. Elbe-Saale-Mündung

∗ Pension Zur Galerie
Breite Str 30, ✉ 39249, ☎ (03 92 98) 70 06,
Fax 34 92
7 Zi, Ez: 65-70, Dz: 100-110, ⌐ WC ☎; 🅿 ≋;
garni
geschl: Ende Dez-Anfang Jan

Barchfeld 46 ↗

Thüringen — Wartburgkreis — 250 m —
3 800 Ew — Bad Salzungen 5, Eisenach
18 km
🛈 ☎ (03 69 61) 47 50, Fax 4 43 32 —
Gemeindeverwaltung, Nürnberger Str 63,
36456 Barchfeld. Sehenswert: Verlies
Steinsche Schloß

* **Konifere**
Auweg 32, ✉ 36456, ☎ (03 69 61) 4 00 62,
Fax 4 00 64, AX ED
17 Zi, Ez: 75, Dz: 110, ⇨ WC ☎; P 1✪30 ▮◉▮
Auch Zimmer der Kategorie ** vorhanden

Bargteheide 18 ↗

Schleswig-Holstein — Kreis Stormarn —
48 m — 12 500 Ew — Bad Oldesloe 13,
Hamburg 27 km
🛈 ☎ (0 45 32) 4 04 70, Fax 40 47 77 — Stadtverwaltung, Rathausstr 26, 22941 Bargteheide

* **Papendoor**
Lindenstr 1, ✉ 22941, ☎ (0 45 32) 70 41,
Fax 70 43, AX DC ED VA
24 Zi, Ez: 100-130, Dz: 125-175, 1 Suite, ⇨
WC ☎; P 1✪14
** Hauptgericht 20; Terrasse;
geschl: so + feiertags

** **Utspann**
Hamburger Str 1, ✉ 22941, ☎ (0 45 32)
62 20, AX DC ED VA
Hauptgericht 25; P Terrasse; geschl: Mo,
Mitte Jan-Mitte Feb

Bargum 9 ↖

Schleswig-Holstein — Kreis Nordfriesland
— 7 m — 590 Ew — Niebüll 13,
Husum 27 km
🛈 ☎ (0 46 71) 58 57 — Verkehrsverein,
Süderstr 36, 25842 Bredstedt

*** **Andresens Gasthof**
Dorfstr 63, an der B 5, ✉ 25842, ☎ (0 46 72)
10 98, Fax 10 99, ED
Hauptgericht 55; P; geschl: Mo, Di, Mitte
Jan-Anfang Feb, 2 Wochen im Herbst
** 5 Zi, Ez: 135, Dz: 195, ⇨ WC ☎;
3✪150
geschl: Mo, Di, Mitte Jan-Anfang Feb,
2 Wochen im Herbst

Bark 10 ↖

Schleswig-Holstein — Kreis Segeberg —
35 m — 880 Ew — Bad Segeberg 12 km
🛈 ☎ (0 45 52) 9 97 70 — Amtsverwaltung,
23816 Leezen

Bockhorn (2 km ↖)
* **Comfort Hotel Schäfer**
Choice Hotels
Bockhorner Landstr 10 a, ✉ 23826,
☎ (0 45 58) 10 66, Fax 2 68, AX DC ED VA
21 Zi, Ez: 95-105, Dz: 135-165, S; 2 Suiten,
⇨ WC ☎, 3▱; P 1✪15 ▮◉▮

Barkhausen
siehe **Porta Westfalica**

Barleben 28 ↗

Sachsen-Anhalt — Kreis Wolmirstedt —
50 m — 3 810 Ew — Magdeburg 6, Wolmirstedt 6 km
🛈 ☎ (03 92 03) 52 22, Fax 52 39 — Gemeindeverwaltung, Breiter Weg 50, 39179 Bar-
leben

** **Sachsen-Anhalt**
Ebendorfer Str, ✉ 39179, ☎ (03 92 03)
6 13 63, Fax 6 13 73, AX DC ED VA
118 Zi, Ez: 149-179, Dz: 199-229, 1 Suite, ⇨
WC ☎, 6▱; Lift P 12✪120 Sauna ▮◉▮

* **Mariannenhof**
Hansenstr 40, ✉ 39179, ☎ (03 92 03)
60 94 45, Fax 6 13 34, AX ED VA
18 Zi, Ez: 115-135, Dz: 150-185, ⇨ WC ☎; P
1✪40; garni
Auch Zimmer der Kategorie ** vorhanden

Barlo siehe **Bocholt**

Barnstorf 24 →

Niedersachsen — Kreis Diepholz — 33 m
— 5 601 Ew — Diepholz 15, Bremen 51,
Nienburg 60 km
🛈 ☎ (0 54 42) 80 90, Fax 8 09 32 — Gemeindeverwaltung, Am Markt 4, 49406 Barns-
torf. Sehenswert: Romanische St.-Veit-Kir-
che (12. Jh.)

** **Roshop**
Am Markt 6, ✉ 49406, ☎ (0 54 42) 98 00,
Fax 98 04 44, AX ED VA
63 Zi, Ez: 80-125, Dz: 145-180, 1 Suite,
2 App, ⇨ WC ☎, 17▱; Lift P 7✪160 ≘
Fitneßraum Kegeln Sauna Solarium ▮◉▮

Barntrup 35 ↑

Nordrhein-Westfalen — Kreis Lippe —
200 m — 9 800 Ew — Bad Pyrmont 11,
Detmold 19 km
🛈 ☎ (0 52 63) 4 09 31, Fax 4 09 49 — Verkehrsamt, Mittelstr 38, 32683 Barntrup.
Sehenswert: Schloß

* **Jägerhof**
Frettholz 5, ✉ 32683, ☎ (0 52 63) 9 46 00,
Fax 87 71, AX DC ED VA
12 Zi, Ez: 110, Dz: 160, ⇨ WC ☎; P Kegeln
▮◉▮

Barsinghausen

Barsinghausen 25 ↘

Niedersachsen — Kreis Hannover — 100 m — 35 000 Ew — Stadthagen 17, Hannover 25, Hameln 36 km
🅘 ☏ (0 51 05) 77 42 63, Fax 6 56 32 — Fremdenverkehrsamt, Deisterstr 2, 30890 Barsinghausen; Stadt am Deister. Sehenswert: Kloster, Kirche; Schloß Wichtringhausen

** Stadthotel
Egestorfer Str 6, ✉ 30890, ☏ (0 51 05) 6 50 95, Fax 6 24 73, AX DC ED VA
40 Zi, Ez: 110-100, Dz: 150-160, 1 App, ⇨ WC ☏, 1✉; 🅿 🖃 2↔50; garni
geschl: Ende Dez

* Caspar
♂ Lauenauer Allee 8, ✉ 30890, ☏ (0 51 05) 35 43, Fax 51 92 22
9 Zi, Ez: 75-95, Dz: 135-155, ⇨ WC ☏; 🅿 🖃 Sauna Solarium; garni
Rezeption: 7-20

* Fuchsbachtal
Bergstr 54, ✉ 30890, ☏ (0 51 05) 77 60, Fax 77 63 33, AX ED VA
56 Zi, Ez: 70-190, Dz: 140-220, ⇨ WC ☏; Lift 🅿 7↔130 ☎ Fitneßraum Kegeln Sauna Solarium
* Hauptgericht 28; Biergarten

🍽 Albrecht
Marktstr 38, ✉ 30890, ☏ (0 51 05) 6 26 20
9-18.30, Sa bis 18, So 13-18

Bantorf (6 km ↘)
** Echo Hotel
Kronskamp 2, ✉ 30890, ☏ (0 51 05) 52 70, Fax 52 71 99, AX DC ED VA
64 Zi, Ez: 113-290, Dz: 139-430, S; ⇨ WC ☏, 4✉; 🅿 🖃 1↔25; garni
Auch Zimmer der Kategorie * vorhanden

Barßel 16 ↙

Niedersachsen — Kreis Cloppenburg — 3 m — 10 500 Ew — Westerstede 19, Friesoythe 29, Leer 31 km
🅘 ☏ (0 44 99) 81 40, Fax 81 59 — Fremdenverkehrsverein, Lange Str 25, 26672 Barßel; Erholungsort im Oldenburger Münsterland. Sehenswert: Moor- und Fehn-Museum Elisabethfehn (3 km ↙); Saterland

* Müllerhaus
Mühlenweg 4, ✉ 26676, ☏ (0 44 99) 27 07, AX
Hauptgericht 25; geschl: Di, Anfang Jan

* Ummen
Friesoyther Str 2, ✉ 26676, ☏ (0 44 99) 15 76 + 20 05, Fax 7 43 42
Hauptgericht 25; Biergarten 🅿
* 19 Zi, Ez: 65, Dz: 100-115, ⇨ WC ☏; 2↔100

Barth 13 ↖

Mecklenburg-Vorpommern — Kreis Ribnitz-Damgarten — 5 m — 11 000 Ew — Ribnitz-Damgarten 29, Stralsund 34 km
🅘 ☏ (03 82 31) 24 64 — Barth-Information, Am Markt 3, 18356 Barth. Sehenswert: St. Marienkirche; Dammtor; Kloster

** Pommernhotel
Divitzer Weg 2, ✉ 18356, ☏ (03 82 31) 82 00 05, Fax 8 20 06, AX DC ED VA
27 Zi, Ez: 90-120, Dz: 125-160, 4 Suiten, ⇨ WC ☏; 🅿 🖃 📺

Bartholomä 62 →

Baden-Württemberg — Ostalbkreis — 650 m — 2 003 Ew — Mögglingen 8, Heidenheim 17, Schwäbisch Gmünd 19 km
🅘 ☏ (0 71 73) 75 55, Fax 75 57 — Gemeindeverwaltung, Beckengasse 14, 73566 Bartholomä; Erholungsort

Bartholomä-Außerhalb (3 km ↘)
* Gasthof im Wental
✉ 73566, ☏ (0 71 73) 97 81 90, Fax 9 78 19 40, AX DC ED VA
27 Zi, Ez: 70, Dz: 110, ⇨ WC ☏; 🅿 🖃 3↔80 Solarium 📺
Rezeption: 9-22

Baunatal 35 ↘

Hessen — Kreis Kassel — 300 m — 25 500 Ew — Kassel 7 km
🅘 ☏ (05 61) 4 99 20, Fax 4 99 22 90 — Stadtverwaltung, im Stadtteil Altenbauna, Marktplatz 14, 34225 Baunatal

Altenbauna
** Best Western Ambassador
Friedrich-Ebert-Allee 1, ✉ 34225, ☏ (05 61) 4 99 30, Fax 4 99 35 00, AX DC ED VA
120 Zi, Ez: 110-180, Dz: 160-240, S;
2 Suiten, ⇨ WC ☏, 22✉; Lift 🅿 🖃 10↔180 Fitneßraum Sauna Solarium

Rengershausen
* Landgasthaus Bonn
Guntershäuser Str 4, ✉ 34225, ☏ (05 61) 94 97 60, Fax 49 89 99, AX DC ED VA
30 Zi, Ez: 95-100, Dz: 140-150, ⇨ WC ☏, 3✉; 🅿 🖃 1↔20 Kegeln 📺

Baustert 52 ↖

Rheinland-Pfalz — Kreis Bitburg-Prüm — 300 m — 523 Ew — Bitburg 12 km
🅘 ☏ (0 65 61) 89 34, Fax 46 46 — Tourist-Information Bitburger Land, Bedaplatz 11, 54634 Bitburg

Bayerisch Gmain

* **Sport-Ferienhotel Wiedenhof**
♂ ⋅≼ Schulstr 21, ✉ 54636, ☏ (0 65 27)
92 40, Fax 92 43 24, ED VA
41 Zi, Ez: 76-116, Dz: 118-182, 4 App, WC
☏; Lift P 🖾 1⇔40 ≈ Kegeln Sauna
Solarium
Golf 9
Auch Zimmer der Kategorie ** vorhanden
** **Schlemmerdiele**
Hauptgericht 26

Bautzen 41 ↓

Sachsen — Kreis Bautzen — 219 m —
47 500 Ew — Görlitz 44, Dresden 53 km
🅘 ☏ (0 35 91) 4 20 16, Fax 4 40 71 —
Bautzen-Information, Fleischmarkt 2,
02625 Bautzen; Sorbisches Kulturzentrum.
Sehenswert: Hauptmarkt; Rathaus;
Gewandhaus; Dom St. Petri; Reichenturm;
Fleischmarkt; Domstift; Nikolaikirche;
Deutsch-Sorbisches Volkstheater (zwei-
sprachige Bühne)

** **Goldener Adler**
Hauptmarkt 4, ✉ 02625, ☏ (0 35 91)
4 86 60, Fax 48 66 20
30 Zi, Ez: 115-155, Dz: 155-195, ⊣ WC ☏;
Lift

** **Husarenhof**
K.-Kollwitz-Platz 1, ✉ 02625, ☏ (0 35 91)
53 02 05, Fax 53 03 30
27 Zi, Ez: 90-110, Dz: 110-120, ⊣ WC ☏; P
2⇔20

* **Spree-Pension Frenzel**
Fischergasse 6, ✉ 02625, ☏ (0 35 91)
4 50 60, Fax 4 50 60, AX ED VA
14 Zi, Ez: 60-85, Dz: 100-110, 2 Suiten, ⊣
WC ☏; P ¥⊙¶

Burk (3 km ↗)
** **Spree Hotel**
♂ ⋅≼ An den Steinbrüchen, ✉ 02625,
☏ (0 35 91) 2 13 00, Fax 21 30 10, AX ED VA
71 Zi, Ez: 105-175, Dz: 150-195, 10 Suiten,
⊣ WC ☏, 20🖾; Lift P 4⇔40 Seezugang
Kegeln Sauna
** **Atrium**
Hauptgericht 25

Bayerbach 66 ↙

Bayern — Kreis Rottal-Inn — 354 m —
1 800 Ew — Griespach im Rottal 10, Passau
42 km
🅘 ☏ (0 85 63) 2 98 40, Fax 2 98 50 — Kurverwaltung, Neuer Marktplatz 1, 84364 Bad
Birnbach

* **Gasthof Zur Mühle**
Mühlenstr 3, ✉ 94137, ☏ (0 85 32) 9 61 60,
Fax 96 16 50
29 Zi, Ez: 35-50, Dz: 70-90, ⊣ WC ☏; P Fitneßraum Kegeln Sauna Solarium
geschl: Do, Jan
* Hauptgericht 20; geschl: Do

Holzham (3 km ↘)
* **Landgasthof Winbeck**
Haus Nr 5, ✉ 94137, ☏ (0 85 32) 78 17,
Fax 31 43
16 Zi, Ez: 43-52, Dz: 86-104, ⊣ WC ☏; P 🖾
¥⊙¶
geschl: So

Bayerisch Eisenstein 66 ↘

Bayern — Kreis Regen — 724 m —
1 800 Ew — Regen 24, Deggendorf 50,
Passau 82 km
🅘 ☏ (0 99 25) 3 27, Fax 4 78 — Verkehrsamt,
Hauptstr, 94252 Bayerisch Eisenstein;
Luftkurort und Wintersportplatz im Bayerischen Wald. Sehenswert: Großer Arber,
1456 m ⋅≼ (9 km, Sessellift + 1 Std ←);
Großer Arbersee (10 km ↗); Großer Falkenstein, 1312 m ⋅≼ (12 km + 3,5 Std ↘)

** **Sportel**
♂ ⋅≼ Hafenbrädl-Allee 16, ✉ 94252,
☏ (0 99 25) 6 25, Fax 4 28, ED
15 Zi, Ez: 60, Dz: 99-119, ⊣ WC ☏; P 🖾;
garni
geschl: Anfang Nov-Mitte Dez

** **Eisensteiner Hof**
Anton-Pech-Weg 14, ✉ 94252, ☏ (0 99 25)
2 32, Fax 2 32
21 Zi, Ez: 60-75, Dz: 98-120, 28 App, ⊣ WC
☏; Lift P Fitneßraum Sauna Solarium ¥⊙¶

** **Waldspitze**
Hauptstr 4, ✉ 94252, ☏ (0 99 25) 3 08,
Fax 12 87
56 Zi, Ez: 57-90, Dz: 94-160, 6 App, ⊣ WC
☏; Lift P 1⇔50 ≈ Sauna Solarium
Rezeption: 7.30-21.30; geschl: So mittags,
Mitte Nov-Mitte Dez
Auch Zimmer der Kategorie * vorhanden

* **Pension Am Regen**
♂ Anton-Pech-Weg 21, ✉ 94252,
☏ (0 99 25) 9 40 00, Fax 94 00 19, ED
7 Zi, Ez: 68-98, Dz: 90-140, 7 Suiten, ⊣ WC
☏, 4🖾; P Fitneßraum Sauna
Solarium; **garni**
geschl: Okt-Mitte Dez
Golf 18
Auch Zimmer der Kategorie ** vorhanden

* **Pension Wimmer**
♂ ⋅≼ Am Buchenacker 13, ✉ 94252,
☏ (0 99 25) 4 38, Fax 13 95
17 Zi, Ez: 47, Dz: 77-114, ⊣ WC; P 🖾 ≈ Fitneßraum Sauna Solarium; **garni**

Bayerisch Gmain 73 ↘

Bayern — Kreis Berchtesgadener Land —
560 m — 2 700 Ew — Bad Reichenhall 3,
Berchtesgaden 15 km
🅘 ☏ (0 86 51) 32 58, Fax 6 40 54 — Verkehrsamt, Großmainer Str 14,
83457 Bayerisch Gmain; Heilbad, Kurbezirk
von Bad Reichenhall

Siehe Stadtplan Bad Reichenhall →

Bayerisch Gmain

** Klosterhof
einzeln ♂ Steilhofweg 19 (C 1), ✉ 83457,
☎ (0 86 51) 40 84, Fax 6 62 11
10 Zi, Ez: 95-160, Dz: 175-210, 4 Suiten, ⊿
WC ☎; 🅿 2↔30 Sauna Solarium
geschl: Anfang Jan-Anfang Feb
** ◂ einzeln Hauptgericht 25; ✤
Gartenlokal; geschl: Mo, Di mittags,
Anfang Jan-Anfang Feb

** Kur-Hotel Rupertus
Rupertistr 3, ✉ 83457, ☎ (0 86 51) 6 20 53,
Fax 6 81 51
17 Zi, Ez: 57-70, Dz: 124-140, 1 App, ⊿ WC
☎; 🅿 ≘ Sauna Solarium; **garni**
geschl: Anfang Nov-Anfang Mär

▬ Sonnenhof
◂ Sonnenstr 11 (C 2), ✉ 83457, ☎ (0 86 51)
20 52
Terrasse; 8-18; geschl: Di, Nov-Mär
** ♂ 8 Zi, Ez: 65, Dz: 130-150, ⊿ WC
☎; 🅿
geschl: 01.11.-14.03.

Bayersoien 71 ✓

Bayern — Kreis Garmisch-Partenkirchen —
812 m — 1 000 Ew — Bad Kohlgrub 6,
Schongau 19, Garmisch-Partenkirchen
33 km
ℹ ☎ (0 88 45) 18 90, Fax 90 00 — Kur- und
Verkehrsamt, Dorfstr 45, 82435 Bayersoien; Luftkur- und Moorbadeort im Pfaffenwinkel. Sehenswert: Wallfahrtskirche in
der Wies (13 km ←); Klosterkirche Rottenbuch (6 km ↑); Eschelsbacher Brücke
(3 km ↑)

*** Parkhotel
(Silencehotel)
♂ ◂ Am Kurpark 1, ✉ 82435, ☎ (0 88 45)
1 20, Fax 83 98, 🆅🅰
46 Zi, Ez: 138-149, Dz: 186-206, 42 Suiten,
2 App, ⊿ WC ☎; Lift 🅿 🖼 5↔100 ≘ Seezugang Fitneßraum Sauna Solarium
*** Jahreszeiten
Hauptgericht 30; Terrasse

* Kurhotel St. Georg
♂ ◂ Eckweg 28, ✉ 82435, ☎ (0 88 45)
7 43 00, Fax 74 30 30
22 Zi, Ez: 65-74, Dz: 160-180, 2 App, ⊿ WC
☎; 🅿 🖼 Fitneßraum Solarium 🍽
geschl: Di, Mitte Nov-Mitte Jan

* Metzgerwirt
Dorfstr 39, ✉ 82435, ☎ (0 88 45) 7 40 80,
Fax 74 08 33, 🅰🆇 🅴🅳 🆅🅰
6 Zi, Ez: 53-57, Dz: 102-106, 4 Suiten, ⊿ WC
☎; 🅿 🖼 🍽
geschl: 20.11.-15.12.

Bayreuth 58 ↑

Bayern — Stadtkreis — 345 m — 73 000 Ew
— Hof 54, Bamberg 62, Nürnberg 79 km
ℹ ☎ (09 21) 88 50, Fax 8 85 38 — Fremden-
verkehrsverein, Luitpoldplatz 9, 95444 Bay-
reuth; Regierungsbezirkshauptstadt von
Oberfranken; Kreisstadt; Universität;
Richard-Wagner-Festspielhaus; Flug-
hafen. Sehenswert: Ev. Stadtkirche: Hoch-
altar; Markgräfliches Opernhaus; Neues
Schloß: Stadtmuseum, Hofgarten; Altes
Schloß; Haus Wahnfried mit Richard-
Wagner-Museum; Deutsches Freimaurer
Museum im Hofgarten; Jean-Paul-
Museum; Museum histor. Schreibmaschi-
nen; Eremitage-Park und -Schlösser
(5 km →); Hohe Warte ◂ (3 km ↑)

==Achtung:== Richard-Wagner-Festspiele ℹ ☎
(09 21) 2 02 21 (11-12 Uhr)

==Achtung:== Während der Bayreuther Festspiele, die in der Zeit von Ende Jul-Ende
Aug stattfinden, gelten alle von uns angegebenen Preise weder in Bayreuth noch in
der weiteren Umgebung. Wir empfehlen,
bei Reservierung sich unbedingt nach den
Preisen zu erkundigen.

*** Bayerischer Hof
Bahnhofstr 14 (B 2), ✉ 95444, ☎ (09 21)
7 86 00, Fax 7 86 05 60, 🅰🆇 🅳🅲 🅴🅳 🆅🅰
48 Zi, Ez: 98-280, Dz: 180-400, 1 Suite, ⊿
WC ☎; 🅿 🖼 1↔30 ≘ Sauna
Auch Zimmer der Kategorie ****** vorhanden
** ins Max
Hauptgericht 25; geschl: So, Anfang-Mitte
Jan

** Treff Hotel Residenzschloß
Erlanger Str 37, ✉ 95444, ☎ (09 21) 7 58 50,
Fax 7 58 56 01, 🅰🆇 🅳🅲 🅴🅳 🆅🅰
105 Zi, Ez: 160-195, Dz: 210-255, S;
3 Suiten, ⊿ WC ☎; Lift 🖼 6↔110 Fitneßraum Sauna Solarium
** Hauptgericht 35

** Treff Hotel Rheingold
Austr 2/Unteres Tor (A 3), ✉ 95445,
☎ (09 21) 7 56 50, Fax 7 56 58 01,
🅰🆇 🅳🅲 🅴🅳 🆅🅰
146 Zi, Ez: 110-185, Dz: 150-225, S; ⊿ WC
☎, 70🛁; Lift 🖼 8↔250 ≘ Fitneßraum
Sauna Solarium
** Orangerie
Hauptgericht 30; 🅿 Terrasse

** Best Western
Arvena Kongress Hotel
Eduard-Bayerlein-Str 5 a (A 2), ✉ 95445,
☎ (09 21) 72 70, Fax 72 71 15, 🅰🆇 🅳🅲 🅴🅳 🆅🅰
202 Zi, Ez: 155-290, Dz: 195-450, 24 Suiten,
⊿ WC ☎, 22🛁; Lift 🅿 🖼 15↔750 Fitneßraum Sauna Solarium 🍽

Bayreuth

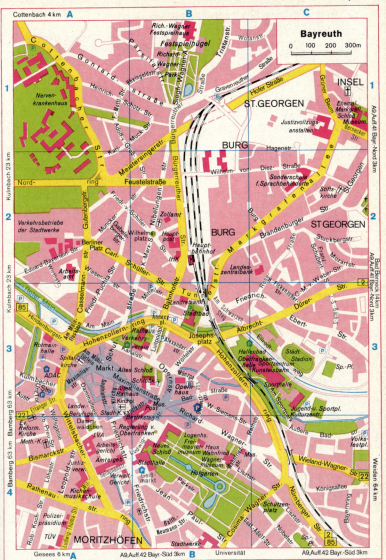

** Königshof
Bahnhofstr 23 (B 2), ✉ 95444, ☎ (09 21)
2 40 94, Fax 1 22 64, AX DC ED VA
34 Zi, Ez: 95-250, Dz: 160-320, 1 Suite, ⌂
WC ☎; Lift 🅿 1 ⇄ 40
Auch Zimmer der Kategorie ✱ vorhanden

** s'Pfännla
Hauptgericht 25; Terrasse; 12-14, 18-22

◀ Schöner, interessanter Ausblick

** Goldener Anker
♛ Opernstr 6 (B 3), ✉ 95444, ☎ (09 21)
6 50 51, Fax 6 55 00, DC ED VA
38 Zi, Ez: 98-135, Dz: 150-220, 1 Suite,
4 App, ⌂ WC ☎; 🅿 🚗; garni
geschl: Ende Dez-Anfang Jan
Auch Zimmer der Kategorie ✱ vorhanden.
Zum Teil mit antiken Möbeln ausgestattete
Zimmer

Bayreuth

* Akzent-Hotel im Kolpinghaus
Kolpingstr 5 (B 3), ✉ 95444, ☎ (09 21)
8 80 70, Fax 88 07 15, AX DC ED VA
37 Zi, Ez: 115-195, Dz: 160-295, 1 Suite,
1 App, ⌐ WC ☎, 5🚭; Lift 🅿 🚗 8⇆360
Auch Zimmer der Kategorie ****** vorhanden

** Merianer-Stuben
Hauptgericht 25; Terrasse

* Zur Lohmühle
Badstr 37 (B 3), ✉ 95444, ☎ (09 21) 5 30 60,
Fax 5 82 86, AX DC ED VA
42 Zi, Ez: 98-170, Dz: 160-270, ⌐ WC ☎; Lift
🅿 1⇆25
geschl: 1.8.-14.8.
** Hauptgericht 38; Biergarten;
geschl: Sa abends, Anfang-Mitte Sep

* Goldener Hirsch
Bahnhofstr 13 (B 2), ✉ 95444, ☎ (09 21)
2 30 46, Fax 2 24 83, DC ED VA
40 Zi, Ez: 90-140, Dz: 130-220, 3 App, ⌐ WC
☎, 8🚭; 🅿 🚗 1⇆50 🍽

* Schlemmerland
Kulmbacher Str 3 (A 3), ✉ 95444, ☎ (09 21)
75 93 90, Fax 7 59 39 35, AX DC ED VA
12 Zi, Ez: 85-120, Dz: 130-150, ⌐ WC ☎; Lift
🚗

* Gasthof Spiegelmühle
Kulmbacher Str 28, ✉ 95444, ☎ (09 21)
4 10 91, Fax 4 73 20, DC ED VA
13 Zi, Ez: 82, Dz: 120-140, ⌐ WC ☎; 🅿
1⇆15
geschl: So, Ende Mai-Mitte Jun
* Hauptgericht 20; nur abends;
geschl: So

* Gasthof Goldener Löwe
Kulmbacher Str 30, ✉ 95444, ☎ (09 21)
4 10 46, Fax 4 77 77, AX DC ED VA
12 Zi, Ez: 75-85, Dz: 130-160, ⌐ WC ☎; 🅿
1⇆28
geschl: So, Ende Dez-Mitte Jan

** Bürgerreuth
An der Bürgerreuth 20, ✉ 95445, ☎ (09 21)
7 84 00, Fax 78 40 24, AX ED VA
Hauptgericht 30; Biergarten 🅿 Terrasse
** ♂ 8 Zi, Ez: 70-118, Dz: 138-168, ⌐
WC ☎; 1⇆30

** Zur Sudpfanne
Oberkonnersreuther Str 6, ✉ 95448,
☎ (09 21) 5 28 83, Fax 51 50 11, AX DC ED VA
Hauptgericht 35; Biergarten 🅿 Terrasse;
geschl: Sa mittags

☕ Konditorei Operncafe Zollinger
Opernstr 16 (B 3), ✉ 95444, ☎ (09 21)
6 57 20, Fax 2 12 14
Terrasse; 9-18.30, so+feiertags 10.30-18;
geschl: Mo
Spezialität: Trüffel-Pralinen

☕ Frunsch
Sophienstr 9 (A 3), ✉ 95444, ☎ (09 21)
6 46 87, Fax 1 30 14
9-18

St. Johannis (2 km →)
** Cuvée 🍴
einzeln, Eremitage 6, ✉ 95448, ☎ (09 21)
7 99 97 10, Fax 7 99 97 11, AX ED
Hauptgericht 40; Terrasse; nur abends;
geschl: So, Mo, Nov
** Eremitage
♂ ◂ ✿ 6 Zi, Ez: 110-150, Dz: 180-220, ⌐ WC
☎; 🅿 1⇆100
Rezeption: 7.30-18; geschl: 1 Woche im
Nov, 3 Wochen im Feb
Sehenswerte Park- und Schloßanlage des
18. Jh. Ehem. Sommerwohnsitz der Markgräfin Wilhelmine. Zufahrt für Hotelgäste
möglich

Wolfsbach-Außerhalb (1 km ←)
*** Schloßhotel Thiergarten (European Castle)
✿ Oberthiergärtner Str 36, ✉ 95406,
☎ (0 92 09) 98 40, Fax 9 84 29, AX DC ED VA
Hauptgericht 40; 🅿 Terrasse
*** einzeln ♂ ◂ ✿ 8 Zi, Ez: 130-175,
Dz: 220-280, ⌐ WC ☎; 3⇆80 ≋ Fitneßraum
Sauna Solarium

siehe auch **Pegnitz**

Bayrischzell 72

Bayern — Kreis Miesbach — 800 m —
1 600 Ew — Miesbach 24, Kufstein 26,
Rosenheim 35 km
🛈 ☎ (0 80 23) 6 48, Fax 10 34 — Kurverwaltung, Kirchplatz 2, 83735 Bayrischzell;
heilklimatischer Kurort und Wintersportplatz in den Bayerischen Alpen. Sehenswert: Wendelstein, 1838 m ◂, Seilbahn bis
1724 m, dann noch 20 Min; Geo-Park Wendelstein

* Alpenrose
◂ Schlierseer Str 6, ✉ 83735, ☎ (0 80 23)
6 20, Fax 10 49
37 Zi, Ez: 75-110, Dz: 120-220, 4 Suiten, ⌐
WC ☎, 1🚭; 🅿 🚗 1⇆60 Kegeln
geschl: Anfang Nov-Mitte Dez
* Hauptgericht 25; Biergarten Terrasse; geschl: Anfang Nov-Mitte Dez

* Zur Post
Schulstr 3, ✉ 83735, ☎ (0 80 23) 2 26,
Fax 7 75, AX DC ED VA
43 Zi, Ez: 50-85, Dz: 100-160, 8 App, ⌐ WC
☎; 🅿 🚗 🍽
Rezeption: 7-20; geschl: Di, Ende Okt-Mitte Dez

* Gästehaus Effland
♂ Tannermühlstr 14, ✉ 83735, ☎ (0 80 23)
2 63, Fax 14 13
13 Zi, Ez: 70, Dz: 116-155, 2 App, ⌐ WC ☎;
🅿 ≋ Sauna Solarium; **garni**
geschl: Mitte-Ende Apr, Ende Okt-Mitte
Dez

Bederkesa

Osterhofen (3 km ↘)
** Alpenhof
◂ Osterhofen 1, ✉ 83735, ☎ (0 80 23) 2 87, Fax 5 86, ED
42 Zi, Ez: 79-85, Dz: 148-184, ⌁ WC ☎; Lift
🅿 🍴 1⇔30 ≋ Fitneßraum Kegeln Sauna Solarium
Rezeption: 8-17; geschl: Mitte Apr-Anfang Mai, Ende Okt-Weihnachten
* Hauptgericht 30; Terrasse; geschl: Mo, Do, Mitte Apr-Anfang Mai, Ende Okt-Weihnachten

Bebenhausen siehe Tübingen

Bebra 46 ↑

Hessen — Kreis Hersfeld-Rotenburg — 190 m — 16 500 Ew — Bad Hersfeld 15, Eisenach 45, Fulda 58 km
🅘 ☎ (0 66 22) 50 11 24, Fax 50 11 60 — Fremdenverkehrsamt, Rathausmarkt 1, 36179 Bebra. Sehenswert: Kräutergarten mit Seminaren; Spielzeugmuseum; Eisenbahnmuseum im Wasserturm mit Schmalspurbahn

** Röse
Hersfelder Str 1, ✉ 36179, ☎ (0 66 22) 93 90, Fax 93 93 93, AX DC ED VA
45 Zi, Ez: 60-119, Dz: 100-189, 1 App, ⌁ WC ☎; 🅿 🍴 5⇔130 Bowling Fitneßraum Kegeln Sauna Solarium
Rezeption: 7-14, 16.30-24; geschl: So abends, Dez-Mitte Jan
** Hauptgericht 35; Biergarten; geschl: So abends, Dez-Mitte Jan

Weiterode (2 km ↘)
* Sonnenblick
einzeln ◂ Sonnenblick 1, ✉ 36179, ☎ (0 66 22) 93 10, Fax 93 11 00, AX DC ED VA
64 Zi, Ez: 79-109, Dz: 118-158, ⌁ WC ☎; Lift
🅿 🍴 5⇔120 ≋ Kegeln Sauna Solarium
geschl: 22.-26.12.96
Auch Zimmer der Kategorie ****** vorhanden

Bechhofen 63 ↑

Bayern — Kreis Ansbach — 425 m — 5 500 Ew — Gunzenhausen 18, Ansbach 20, Dinkelsbühl 21 km
🅘 ☎ (0 98 22) 60 60, Fax 6 06 50 — Gemeindeverwaltung, Martin-Luther-Platz 1, 91572 Bechhofen

Kleinried (4 km ↗)
* Rieder Hof
Haus Nr 12, ✉ 91572, ☎ (0 98 22) 58 51, Fax 58 52, ED VA
Hauptgericht 20; 🅿 Terrasse; geschl: Do
* ♦ 6 Zi, Ez: 55, Dz: 95, ⌁ WC ☎; 🍴

Beckum 34 ↑

Nordrhein-Westfalen — Kreis Warendorf — 124 m — 37 243 Ew — Lippstadt 23, Münster 41 km
🅘 ☎ (0 25 21) 2 90, Fax 2 91 99 — Stadtverwaltung, Weststr 46, 59269 Beckum.
Sehenswert: Kath. Propsteikirche; Windmühle auf dem Höxberg (3 km ↗)

Höxberg (3 km ↘)
** Höxberg
einzeln ◂ Soestwarte 1, ✉ 59269, ☎ (0 25 21) 70 88, Fax 34 10, AX DC ED VA
39 Zi, Ez: 129-135, Dz: 207-225, 2 Suiten, ⌁ WC ☎, 6✉; 🅿 🍴 4⇔100 Fitneßraum Kegeln Sauna Solarium
** ◂ einzeln Hauptgericht 35; Terrasse

* Alt Vellern
Dorfstr 21, ✉ 59269, ☎ (0 25 21) 1 60 23, Fax 1 60 24
18 Zi, Ez: 98, Dz: 148, 1 Suite, ⌁ WC ☎; Lift
🅿 🍴 Sauna
geschl: Fr abends, 3 Wochen in den Sommerferien
* ⊗ Hauptgericht 27

Bedburg 42 ↑

Nordrhein-Westfalen — Erftkreis — 70 m — 22 000 Ew — Jülich 25, Köln 30 km
🅘 ☎ (0 22 72) 40 20, Fax 40 21 49 — Stadtverwaltung, Am Rathaus 1, 50181 Bedburg. Sehenswert: Schloß Bedburg; Alt-Kaster, Burgruine; Stadtmauer, Stadttore; Grottenhertener Turmwindmühle

* Bedburger Mühle
Friedrich-Wilhelm-Str 28, ✉ 50181, ☎ (0 22 72) 99 00, Fax 64 90, AX DC ED VA
50 Zi, Ez: 95-110, Dz: 140-160, 3 App, ⌁ WC ☎; 🅿 🍴 3⇔60 ¶

* Landhaus Danielshof
Hauptstr 3, ✉ 50181, ☎ (0 22 72) 98 00, Fax 98 02 00, AX DC ED VA
40 Zi, Ez: 140, Dz: 190, ⌁ WC ☎, 13✉; Lift
🅿 3⇔70 Sauna ¶

Bederkesa 17 ↖

Niedersachsen — Kreis Cuxhaven — 33 m — 4 500 Ew — Bremerhaven 21, Bremervörde 30, Cuxhaven 43 km
🅘 ☎ (0 47 45) 7 91 45, Fax 51 55 — Kurverwaltung, Amtsstr 8, 27621 Bederkesa; Luftkurort und Moorheilbad. Sehenswert: Mühle; ehem. Burg, Kreismuseum, Roland

** Romantik Hotel Waldschlößchen Bösehof
◂ Hauptmann-Böse-Str 19, ✉ 27624, ☎ (0 47 45) 94 80, Fax 94 82 00, AX DC ED VA
30 Zi, Ez: 80-100, Dz: 180-210, ⌁ WC ☎, 9✉; Lift 🅿 🍴 4⇔60 ≋ Kegeln Sauna Solarium

*** Böse's Restaurant
Hauptgericht 35; Terrasse

Bederkesa

** Sporthotel Bederkesa
Zum Hasengarten 9, ✉ 27621, ☏ (0 47 45)
9 44 10, Fax 67 96, AX ED VA
13 Zi, Ez: 80-95, Dz: 130-155, 1 Suite, ⌐ WC
☏; P 2⇔30 ≈ ≋ Seezugang Fitneßraum
Kegeln Sauna Solarium ⫞⊙⫟

* Seehotel Dock
Zum Hasengarten 2, ✉ 27624, ☏ (0 47 45)
9 47 80, Fax 94 78 78, ED
43 Zi, Ez: 70-80, Dz: 130-140, 2 App, ⌐ WC
☏; Lift P 1⇔200 ≋ Kegeln Sauna
Solarium ⫞⊙⫟

** Alte Wache
Burg zu Bederkesa, ✉ 27624, ☏ (0 47 45)
71 72, Fax 53 02, AX ED VA
Hauptgericht 25; P Terrasse; geschl: Mo

Beelen 34 ↑

Nordrhein-Westfalen — Kreis Warendorf
— 57 m — 5 762 Ew — Warendorf 10,
Rheda 17 km
ℹ ☏ (0 25 86) 88 70, Fax 8 87 88 — Gemeindeverwaltung, Warendorfer Str 9,
48361 Beelen. Sehenswert: Schloß Vorn-
holz in Ostenfelde (10 km ↓)

Beelen-Außerhalb (3 km →)
** Hemfelder Hof
Clarholzer Str 21, an der B 64, ✉ 48361,
☏ (0 25 86) 2 15, Fax 86 24, ED
Hauptgericht 25; Biergarten; geschl:
3 Wochen in den Sommerferien
* 11 Zi, Ez: 75, Dz: 130, ⌐ WC ☏; P
🚗 2⇔70
geschl: Fr, Sa mittags, Ende Jul-Mitte Aug

Beendorf 27 ↘

Sachsen-Anhalt — Kreis Haldensleben —
190 m — Helmstedt 5, Haldensleben 25 km
ℹ ☏ (03 90 50) 2 35 — Gemeindeverwaltung, 39343 Bartensleben

* Knigge Landhaus im Allertal
einzeln ♂ Parkstr 1, ✉ 39343, ☏ (03 90 50)
4 14, Fax 2 87
46 Zi, Ez: 80-95, Dz: 120-135, ⌐ WC ☏; P
3⇔100 ⫞⊙⫟

Beeskow 31 ↓

Brandenburg — Landkreis Oder-Spree —
40 m — 10 000 Ew — Eisenhüttenstadt 30,
Königs Wusterhausen 53 km
ℹ ☏ (0 33 66) 2 29 49, Fax 2 29 49 — Märki-
sche-Tourismus-Zentrale e.V., Bahnhofstr 34, 15848 Beeskow. Sehenswert:
Gotische Hallenkirche St. Marien; mittelalterlicher Stadtkern mit Stadtmauer und
Wehrtürmen

** Märkisches Gutshaus
Frankfurter Chaussee 49, ✉ 15848,
☏ (0 33 66) 2 00 53, Fax 2 00 55, AX ED VA
26 Zi, Ez: 70-130, Dz: 95-180, 3 Suiten, ⌐
WC ☏; P 1⇔20

* Zum Schwan
Berliner Str 31, ✉ 15848, ☏ (0 33 66)
2 03 98, Fax 2 34 34, AX DC ED VA
24 Zi, Ez: 80-100, Dz: 140, ⌐ WC ☏; P

Beetzendorf 27 ↗

Sachsen-Anhalt — Kreis Klötze — 65 m —
2 069 Ew — Klötze 10, Wittingen 26 km
ℹ ☏ (03 90 00) 3 54 — Gemeindeverwaltung, Marschweg 3, 38489 Beetzendorf

Deutsches Haus
Steinweg 5, ✉ 38489, ☏ (03 90 00) 2 74,
AX ED
17 Zi, Ez: 50, Dz: 90, ⌐ WC ☏; P 1⇔30 ⫞⊙⫟

Behringen 47 ↖

Thüringen — Kreis Bad Langensalza —
360 m — Eisenach 11, Bad Langensalza 16 km
ℹ ☏ (03 62 54) 2 60 — Gemeindeverwaltung, 99947 Behringen

Hütscheroda (2 km ←)
* Zum Herrenhaus
♂ Schloßstr 1, ✉ 99947, ☏ (03 62 54) 72 00,
Fax 7 20 23, AX ED VA
31 Zi, Ez: 85, Dz: 120, ⌐ WC ☏, 14✉; P
3⇔65 ⫞⊙⫟

Beilngries 64 ↑

Bayern — Kreis Eichstätt — 366 m —
8 000 Ew — Neumarkt/Oberpfalz 29, Ingolstadt 36 km
ℹ ☏ (0 84 61) 84 35, Fax 7 07 35 — Touristik-Verband, Hauptstr 14, 92339 Beilngries; Erholungsort an der Altmühl.
Sehenswert: Schloß Hirschberg ⫷;
Brauereimuseum; kath. Kirche im Stadtteil
Kottingwörth (4 km ↘); hist. Altstadt mit
Stadtmauer u. Türmen

**** Gallus
(Minotel)**
Neumarkter Str 25, ✉ 92339, ☏ (0 84 61)
2 47, Fax 76 80, AX DC ED VA
59 Zi, Ez: 90-130, Dz: 124-190, ⌐ WC ☏,
6✉; Lift P 🚗 6⇔120 Fitneßraum Sauna
Solarium
Auch Zimmer der Kategorie * vorhanden
** Ofenstube
Hauptgericht 30; Biergarten Gartenlokal
Terrasse

**** Gams
(Ringhotel)**
Hauptstr 16, ✉ 92339, ☏ (0 84 61) 2 56,
Fax 74 75, AX DC ED VA
62 Zi, Ez: 95-125, Dz: 140-190, ⌐ WC ☏,
3✉; Lift P 🚗 8⇔200 Fitneßraum Sauna
Solarium
Auch Zimmer der Kategorie * vorhanden
* Hauptgericht 25; Terrasse;
geschl: Anfang Jan

Bellingen, Bad

✳︎✳︎ Fuchs-Bräu (Landidyll Hotel)
Hauptstr 1, ✉ 92339, ☎ (0 84 61) 65 20, Fax 83 57, AX DC ED VA
66 Zi, Ez: 85-90, Dz: 115-140, ⊿ WC ☎, 9⌂; Lift P 🖃 7⇔100 ⇌ Sauna Solarium
Auch Zimmer der Kategorie ✳︎ vorhanden
✳︎ Hauptgericht 25; Biergarten

✳︎ Braugasthof Goldener Hahn
Hauptstr 44, ✉ 92339, ☎ (0 84 61) 64 13-0, Fax 64 13-89, DC ED VA
46 Zi, Ez: 70-85, Dz: 102-120, ⊿ WC ☎; Lift P 5⇔30 Fitneßraum Sauna
✳︎ Hauptgericht 21; Gartenlokal

✳︎ Gasthof Krone
Hauptstr 20, ✉ 92339, ☎ (0 84 61) 73 80, Fax 83 17
55 Zi, Ez: 59, Dz: 94, ⊿ WC ☎; P 2⇔80 ⎔
geschl: 3 Wochen im Jan

Paulushofen (4 km ↘)
✳︎ Landgasthof Euringer
Dorfstr 23, ✉ 92339, ☎ (0 84 61) 6 51-0, Fax 91 43, AX DC ED VA
30 Zi, Ez: 55-70, Dz: 85-110, ⊿ WC ☎, 10⌂; Lift P 🖃 3⇔80

Beilstein 53 ↖

Rheinland-Pfalz — Kreis Cochem-Zell — 88 m — 160 Ew — Cochem 10, Zell 26 km
ℹ️ ☎ (0 26 73) 14 17 — Verkehrsverein, Bachstr 33, 56814 Beilstein; Ort an der Mosel. Sehenswert: Kirche; Burgruine Beilstein: „Burg Metternich" ◁

✳︎ Burgfrieden
♂ Im Mühlental 62, ✉ 56814, ☎ (0 26 73) 9 36 39, Fax 93 63 88
34 Zi, Ez: 60-75, Dz: 120-130, ⊿ WC ☎; Lift P Fitneßraum Sauna Solarium
geschl: Anfang Jan-Anfang Apr, Anfang Nov-Ende Dez
✳︎ Hauptgericht 22; Terrasse

✳︎ Lipmann Am Klosterberg
♂ Klosterstr, ✉ 56814, ☎ (0 26 73) 18 50, Fax 12 87
25 Zi, Ez: 65, Dz: 90-135, ⊿ WC ☎; P 🖃; garni
geschl: Mitte Nov-Mitte Mär
Auch Zimmer der Kategorie ✳︎✳︎ vorhanden

✳︎ Haus Lipmann Alte Mosel-Weinstuben
◁ ⓥ Marktplatz 3, ✉ 56814, ☎ (0 26 73) 15 73
Hauptgericht 20; geschl: Mitte Nov-Mitte Mär

Bellheim 54 ↓

Rheinland-Pfalz — Kreis Germersheim — 124 m — 7 882 Ew — Germersheim 7, Landau 13 km
ℹ️ ☎ (0 72 72) 7 00 80, Fax 70 08 55 — Verbandsgemeindeverwaltung, Schubertstr 18, 76756 Bellheim

✳︎✳︎ Lindner's
♂ Postgrabenstr 52, ✉ 76756, ☎ (0 72 72) 7 53 00, Fax 7 72 36, ED VA
15 Zi, Ez: 85, Dz: 125, ⊿ WC ☎; P 2⇔20
✳︎✳︎ Hauptgericht 27; Terrasse; geschl: Mo, Di mittags, Anfang Jan, 3 Wochen im Jul

✳︎✳︎ Braustübl ✠
Hauptstr 78, ✉ 76756, ☎ (0 72 72) 7 55 00, Fax 7 40 13, ED VA
Hauptgericht 30; geschl: Mo, Di, 2 Wochen in den Sommerferien, Ende Dez-Jan
✳︎ 7 Zi, Ez: 80, Dz: 120, ⊿ WC ☎; P 1⇔60
geschl: 2 Wochen in den Sommerferien, Ende Dez-Jan

Bellingen, Bad 67 ↗

Baden-Württemberg — Kreis Lörrach — 250 m — 3 308 Ew — Schliengen 4, Müllheim 10, Lörrach 30 km
ℹ️ ☎ (0 76 35) 31 00 20, Fax 31 00 90 — Kurverwaltung, Badstr 14, 79415 Bad Bellingen; Heilbad am Oberrhein

✳︎✳︎ Paracelsus ♛
Akazienweg 1, ✉ 79415, ☎ (0 76 35) 8 10 40, Fax 33 54, DC ED VA
22 Zi, Ez: 88, Dz: 144, 1 Suite, ⊿ WC ☎; P 🖃
geschl: Do, Dez, Jan
Restaurant für Hausgäste

✳︎✳︎ Burger
Im Mittelgrund 5, ✉ 79415, ☎ (0 76 35) 8 10 00, Fax 81 00 35, AX DC ED VA
15 Zi, Ez: 85-120, Dz: 120-160, ⊿ WC ☎; P
Rezeption: 9-23; geschl: Do, 1.11.-20.12.97
✳︎ Hauptgericht 25; Terrasse; geschl: Do, 1.11.-20.12.97

✳︎ Kurhotel Markushof/Quellenhof
♂ Badstr 6, ✉ 79415, ☎ (0 76 35) 3 10 80, Fax 31 08 88, ED VA
53 Zi, Ez: 75-95, Dz: 130-180, ⊿ WC ☎; P 🖃 2⇔100 ⇌ Solarium
geschl: Mi, Mitte Jan-Mitte Feb
Auch Zimmer der Kategorie ✳︎✳︎ vorhanden ➡

179

Bellingen, Bad

** Landgasthof Schwanen
Rheinstr 50, ✉ 79411, ☎ (0 76 35) 13 14,
Fax 23 31, VA
Hauptgericht 35; P Terrasse; geschl: Di,
Mi mittags, Jan
Eigenbauweine
* 13 Zi, Ez: 61-79, Dz: 118-138,
12 App, ⌐ WC ☎; Fitneßraum Solarium
Rezeption: 8.30-16, 17-22; geschl: Jan
Auch Zimmer der Kategorie ** vorhanden

Hertingen (3 km ↘)
* Hebelhof
♂ ◄ Bellinger Str 5, ✉ 79415, ☎ (0 76 35)
10 01, Fax 33 22, ED
18 Zi, Ez: 70-130, Dz: 140-190, ⌐ WC ☎; P
 1✪ Fitneßraum Sauna Solarium
Rezeption: 7-21; geschl: Do, Jan
** Hermannstube
Hauptgericht 30; geschl: Do, Jan
Eigenbauweine

Belm 24 □

Niedersachsen — Kreis Osnabrück —
111 m — 14 231 Ew — Osnabrück 7 km
ℹ ☎ (0 54 06) 50 50, Fax 56 16 — Gemeindeverwaltung, Marktring 13, 49191 Belm.
Sehenswert: Spätromanische Pfarrkirche
mit Taufbrunnen von 1230; Schwarzkreide-
grube

Vehrte (4 km ↑)
* Kortlüke
Venner Str 5, ✉ 49191, ☎ (0 54 06) 8 35 00,
Fax 8 35 29, ED
20 Zi, Ez: 80, Dz: 120, ⌐ WC ☎; Lift P
5✪100 Kegeln ▣
Rezeption: 11-14, 17-22

Belzig 29 ↙

Brandenburg — Potsdam-Mittelmark —
105 m — 8 000 Ew — Treuenbrietzen 24,
Brandenburg 37 km
ℹ ☎ (03 38 41) 24 61, Fax 9 41 31 — Kultur-
und Informationszentrum, Wittenberger
Str, 14806 Belzig. Sehenswert: Burg Eisen-
hardt

* Burghotel
Wittenberger Str 14, ✉ 14806, ☎ (03 38 41)
3 12 96, Fax 3 12 97, AX DC ED VA
34 Zi, Ez: 85-95, Dz: 130-150, ⌐ WC ☎; P
2✪60 Sauna Solarium ▣
Restaurierte Burg aus dem 12. Jahrhundert

Wenddoche (6 km ↗)
* Fläming-Hotel Wenddoche
einzeln ♂ ✉ 14806, ☎ (03 38 46) 59 90,
Fax 4 00 20, AX ED VA
32 Zi, Ez: 55-85, Dz: 90-120, ⌐ WC ☎; P
3✪100 Sauna Solarium ▣

* Fläminghof Wernicke
einzeln ♂ Wendoche 2, ✉ 14806,
☎ (03 38 46) 4 00 40, Fax 4 00 39
16 Zi, Ez: 85-95, Dz: 120-130, S; ⌐ WC ☎;
P Sauna Solarium ▣
Reiterhof

Bempflingen 61 ↘

Baden-Württemberg — Kreis Esslingen —
336 m — 3 100 Ew — Metzingen 5, Nürtingen 11 km
ℹ ☎ (0 71 23) 9 38 30, Fax 93 83 30 —
Gemeindeverwaltung, Rathausstr 3,
72658 Bempflingen

*** Krone
Brunnenweg 40, ✉ 72658, ☎ (0 71 23)
3 10 83, Fax 3 59 85
Hauptgericht 40; P Terrasse; geschl:
so + feiertags, Mo, Ende Jul-Anfang Aug,
Ende Dez-Anfang Jan

Bendorf 43 ↘

Rheinland-Pfalz — Kreis Mayen-Koblenz —
83 m — 16 500 Ew — Koblenz 12 km
ℹ ☎ (0 26 22) 70 31 05, Fax 70 31 14 — Verkehrsamt, Im Stadtpark, 56170 Bendorf;
Stadt am Rhein. Sehenswert: „Garten der
Schmetterlinge Sayn"; Burg Sayn; Abteikirche, Kreuzgang, Brunnenhaus; Heins
Mühle; Turmuhrenmuseum

* Berghotel Rheinblick
◄ Remystr 79, ✉ 56170, ☎ (0 26 22)
12 71 27, Fax 1 43 23, AX DC ED VA
35 Zi, Ez: 95-130, Dz: 140-185, ⌐ WC ☎; Lift
P 4✪120
geschl: Fr, Ende Dez-Anfang Jan
Im Neubau Zimmer der Kategorie ** vor-
handen
** Panorama
◄ Hauptgericht 35; Terrasse; geschl: Ende
Dez-Anfang Jan

** Bistrorant Weinhaus Syre
Engersport 12, ✉ 56170, ☎ (0 26 22) 25 81,
Fax 25 02, ED
Hauptgericht 30; Gartenlokal P; geschl: Mo,
Di mittags
** Bistro Syreal
Hauptgericht 25; geschl: Mo, Di mittags,
3 Wochen in den Sommerferien

Benediktbeuern 71 ↘

Bayern — Kreis Bad Tölz-Wolfratshausen
— 640 m — 3 000 Ew — Bad Tölz 15, Weilheim 33, Garmisch-Partenkirchen 51 km
ℹ ☎ (0 88 57) 2 48, Fax 94 70 — Verkehrsamt, Prälatenstr 5, 83671 Benediktbeuern;
Erholungsort am Alpenrand. Sehenswert:
Ältestes Kloster Oberbayerns, Basilika,
Anastasia-Kapelle; Fraunhofersche Glashütte, Oberbayerisches Freilichtmuseum
Glentleiten bei Großweil (15 km ↙)

* Alpengasthof Friedenseiche
♂ Häuserstr 34, ✉ 83671, ☎ (0 88 57)
82 05, Fax 99 81, ED
29 Zi, Ez: 55-80, Dz: 100-108, ⌐ WC ☎; P
1✪25 ▣
geschl: Anfang Nov-Mitte Dez

Benneckenstein 37 □

Sachsen-Anhalt — Wernigerode — 550 m
— 2 900 Ew — Braunlage 11, Wernigerode
32 km
🛈 ☎ (03 94 57) 23 21 — Verwaltungsgemeinde Brocken, 38877 Benneckenstein

** Harzhaus
einzeln ♂ Am Heringsbrunnen 1, ✉ 38877,
☎ (03 94 57) 9 40, Fax 9 44 99, AX DC ED VA
36 Zi, Ez: 70-80, Dz: 120-140, 4 App, ᗡ WC
☎; 🅿 2⇌40 Sauna Solarium
Rezeption: 7.30-21; geschl: 10.11.-
27.11.1997

Benningen am Neckar 61→

Baden-Württemberg — Kreis Ludwigsburg
— 210 m — 5 400 Ew — Ludwigsburg 9 km
🛈 ☎ (0 71 44) 90 60, Fax 9 06 27 — Gemeindeverwaltung, Studionstr 10, 71726 Benningen. Sehenswert: Römisches Museum

* Mühle
Neckargasse 2, ✉ 71726, ☎ (0 71 44) 50 21,
Fax 41 66, ED VA
18 Zi, Ez: 90-95, Dz: 145-155, 1 App, ᗡ WC
☎; 🅿 🍴 ⓘ

Bensberg siehe Bergisch Gladbach

Bensdorf 28→

Brandenburg — Kreis Brandenburg —
Brandenburg 15, Genthin 15, Ziesar 20 km
🛈 ☎ (03 38 39) 2 30 — Gemeindeverwaltung, Lindenstr 4, 14789 Bensdorf

Vehlen (1,5 km ↘)
* Landgasthof Märkisch Ceres
♂ Bergstr 38, ✉ 14789, ☎ (03 38 39) 2 38,
Fax 2 77, DC ED VA
16 Zi, Ez: 75-90, Dz: 98-138, ᗡ WC ☎; 🅿
1⇌40 Fitneßraum Kegeln Sauna Solarium
ⓘ

Bensersiel siehe Esens

Bensheim 54→

Hessen — Kreis Bergstraße — 110 m —
38 000 Ew — Worms 20, Darmstadt 25,
Heidelberg 32 km
🛈 ☎ (0 62 51) 1 41 17, Fax 1 41 23 — Tourist
Information, Rodensteinstr 19,
64625 Bensheim; Weinstadt an der Bergstraße. Sehenswert: Alter Stadtkern;
Staatspark Fürstenlager (4 km ↗); Ruine
Auerbacher Schloß ◂ (6 km ↗); Melibokus,
515 m ◂ (12 km ↑)

Wer nicht zu zweit im Doppelbett schlafen
möchte, sollte ausdrücklich ein Zimmer
mit zwei getrennten Betten verlangen.

** Alleehotel Europa
Europa-Allee 45, ✉ 64625, ☎ (0 62 51)
10 50, Fax 10 51 00, AX DC ED VA
75 Zi, Ez: 138-178, Dz: 156-210, ᗡ WC ☎,
6🛁; Lift 🅿 🚗 6⇌120 Sauna

** Sankt Georg
Hauptgericht 30; Terrasse; 6.30-1

** Felix
Dammstr 46, ✉ 64625, ☎ (0 62 51) 6 64 71,
Fax 6 64 73, AX ED VA
14 Zi, Ez: 120, Dz: 170, ᗡ WC ☎; Lift 🅿 🚗
2⇌40

* Zur Post
Hauptgericht 28; Terrasse

*** Kelly's Hotel
(Top International Hotel)**
Wormser Str 14, ✉ 64625, ☎ (0 62 51)
10 10, Fax 40 63, AX DC ED VA
119 Zi, Ez: 128-168, Dz: 171-211, S ; 14 App,
ᗡ WC ☎, 22🛁; Lift 🅿 🚗 7⇌150 Sauna
Solarium ⓘ
Designerausstattung

* Bacchus
Rodensteinstr 30, ✉ 64625, ☎ (0 62 51)
3 90 91, Fax 76 08, AX DC ED VA
40 Zi, Ez: 110-130, Dz: 150-175, 18 App, ᗡ
WC ☎, 5🛁 ⓘ

Auerbach (3 km ↑) Luftkurort, Verkehrsverein, Darmstädter Str 166, ☎ (0 62 51) 7 84 00

**** Herrenhaus
(European Castle)**
Fürstenlager, ✉ 64625, ☎ (0 62 51) 7 22 74,
Fax 7 84 73, AX ED VA
Hauptgericht 30
** einzeln ♂ 9 Zi, Ez: 130-200,
Dz: 190-230, 4 Suiten, ᗡ WC ☎; 🚗 3⇌80

** Poststuben
Schloßstr 28, ✉ 64625, ☎ (0 62 51) 7 29 87,
Fax 7 47 43, AX DC ED VA
Hauptgericht 35; geschl: So abends,
2 Wochen in den Sommerferien
* Gästehaus
17 Zi, Ez: 100-130, Dz: 130-170, ᗡ WC ☎; 🚗
1⇌50 ⓘ
geschl: in den Sommerferien

Bentheim, Bad 23 □

Niedersachsen — Kreis Grafschaft Bentheim — 50 m — 14 000 Ew — holländische
Grenze 9, Rheine 23 km
🛈 ☎ (0 59 22) 50 98, Fax 73 54 — Verkehrsamt, Schloßstr 18, 48455 Bad Bentheim;
Thermalsole- und Schwefelheilbad; Spielbank; Freilichtbühne. Sehenswert: Schloß
◂; Steinkruzifix „Herrgott von Bentheim";
im Stadtteil Gildehaus, Windmühle; Brasilien-Museum im Kloster Bardel (9 km ↙)
nur auf Voranmeldung

** Am Berghang
♂ ◂ Kathagen 69, ✉ 48455, ☎ (0 59 22)
20 47, Fax 48 67, AX DC VA
27 Zi, Ez: 98-118, Dz: 170-190, 3 Suiten,
2 App, ᗡ WC ☎; 🅿 ☂ Fitneßraum Sauna
Solarium ⓘ →

Bentheim, Bad

** Grossfeld
Schloßstr 4, ✉ 48455, ☎ (0 59 22) 8 28,
Fax 43 49, AX DC ED VA
100 Zi, Ez: 90, Dz: 180, 12 Suiten, ⊿ WC ☎,
10🛏; Lift 🅿 🍴 2⇔50 ⇌ Kegeln Sauna
Solarium
Auch Zimmer anderer Kategorien vorhanden

** Bellevue
Hauptgericht 14

** Diana
Bahnhofstr 16, ✉ 48455, ☎ (0 59 22)
98 92-0, Fax 98 92-31, AX DC ED VA
16 Zi, Ez: 70-80, Dz: 120-130, ⊿ WC ☎; 🅿
🍽

** Schulze-Berndt
Ochtruper Str 38, ✉ 48455, ☎ (0 59 22)
98 84-0, Fax 98 84 22, ED VA
Hauptgericht 25; 🅿
Spielbank

* 9 Zi, Ez: 60-75, Dz: 130-170, ⊿ WC
☎; 2⇔80

Gildehaus (4 km ←)

* Niedersächsischer Hof
♂ Am Mühlenberg 5, ✉ 48455, ☎ (0 59 24)
85 67, Fax 60 16, AX DC ED VA
25 Zi, Ez: 85-90, Dz: 160-180, ⊿ WC ☎; 🅿
2⇔30 ⇌ Sauna Solarium

** ⓦ Hauptgericht 35; Terrasse

Bentwisch 20 ↗

Brandenburg — Kreis Perleberg — 19 m —
208 Ew — Wittenberge 5, Perleberg 10 km
ℹ ☎ (03 87 91) 99 90 — Amt Bad Wilsnack/
Weisen, Am Markt 1, 19334 Bad Wilsnack/
Weisen

Bentwisch

* Zum braunen Hirsch
♂ Dorfstr 34, ✉ 19322, ☎ (0 38 77) 6 05 30
15 Zi, Ez: 80-90, Dz: 130, ⊿ WC ☎, 2🛏; 🅿
🍽
Rezeption: 6.30-9, 11.30-13.30, 16-23

Berching 64 ↑

Bayern — Kreis Neumarkt (Oberpfalz) —
386 m — 7 500 Ew — Beilngries 8, Neumarkt 21 km
ℹ ☎ (0 84 62) 20 50 — Verkehrsamt, Pettenkoferplatz 12, 92334 Berching; Erholungsort an der Sulz. Sehenswert: Kath. Pfarrkirche; St.-Lorenz-Kirche; Wallfahrtskirche Mariahilf; Stadtbild mit Mauergürtel und 13 hist. Türmen; Klosterkirche in Plankstetten (4 km ↓)

** Altstadthotel-Brauereigasthof Winkler
♂ Reichenauplatz 22, ✉ 92334, ☎ (0 84 62)
2 73 31, Fax 2 71 28, AX ED
21 Zi, Ez: 68, Dz: 100, ⊿ WC ☎, 4🛏; Lift 🅿
2⇔40 Sauna Solarium
geschl: So abends

* Hauptgericht 17; Biergarten;
geschl: So abends, Anfang Sep

Berchtesgaden 73 ↘

Bayern — Kreis Berchtesgadener Land —
630 m — 8 500 Ew — Bad Reichenhall 18,
Salzburg 24, München 150 km
ℹ ☎ (0 86 52) 96 70, Fax 6 33 00 — Kurdirektion, Königseer Str 2 (B 3), 83471 Berchtesgaden; heilklimatisches Kurgebiet und Wintersportplatz in reizvoller Lage in den östlichen Bayerischen Alpen. Sehenswert: Ehem. Stiftskirche; Schloß: Wittelsbacher Schloßmuseum, Kreuzgang; Salzbergwerk mit Salzmuseum; Königssee (5 km ↓): Elektrobootfahrt (120 Min) u.a. nach St. Bartholomä; Rundfahrt (27 km) über die Roßfeldstr ◂; Kehlstein, 1834 m ◂; Watzmann, 2713 m ◂

** Fischer
♂ Königseer Str 51 (B 3), ✉ 83471,
☎ (0 86 52) 95 50, Fax 6 48 73, VA
54 Zi, Ez: 92-107, Dz: 204-248, 12 App, ⊿
WC ☎; Lift 🅿 🍴 ⇌ Sauna Solarium
geschl: Mitte Apr-Anfang Mai, Anfang
Nov-Mitte Dez

** Hauptgericht 30; Terrasse;
geschl: Mitte Apr-Anfang Mai, Anfang
Nov-Mitte Dez

** Alpenhotel Kronprinz
♂ ◂ Am Brandholz (A 3), ✉ 83471,
☎ (0 86 52) 60 70, Fax 60 71 20, AX DC ED VA
67 Zi, Ez: 103-150, Dz: 156-250, S; 2 Suiten,
⊿ WC ☎; Lift 🅿 🍴 2⇔25 Fitneßraum
Sauna Solarium 🍽

** Vier Jahreszeiten
◂ Maximilianstr 20 (B 3), ✉ 83471,
☎ (0 86 52) 95 20, Fax 50 29, AX DC ED VA
50 Zi, Ez: 90-135, Dz: 150-260, 9 Suiten, ⊿
WC ☎; Lift 🅿 🍴 2⇔300 ⇌ Sauna Solarium
🍽

** Wittelsbach
Maximilianstr 16 (B 3), ✉ 83471,
☎ (0 86 52) 9 63 80, Fax 6 63 04, AX DC ED VA
26 Zi, Ez: 45-110, Dz: 90-160, 3 Suiten, ⊿
WC ☎; Lift 🅿 🍴 Solarium; **garni**
Rezeption: 7-21; geschl: Mitte Nov-Mitte
Dez

* Krone
♂ ◂ Am Rad 5 (C 1), ✉ 83471, ☎ (0 86 52)
6 20 51, Fax 6 65 79, ED
21 Zi, Ez: 68-78, Dz: 124-156, 2 Suiten, ⊿
WC ☎; 🅿 1⇔20
Rezeption: 7-21; geschl: Mo, Ende Okt-Mitte Dez
Restaurant für Hausgäste

* Demming
◂ Sunklergäßchen 2 (B 3), ✉ 83471,
☎ (0 86 52) 96 10, Fax 6 48 78, AX DC ED VA
30 Zi, Ez: 84-91, Dz: 162-182, 4 Suiten,
6 App, ⊿ WC ☎; Lift 🅿 🍴 ⇌ Sauna
Solarium 🍽
geschl: Anfang Nov-Mitte Dez

Berchtesgaden

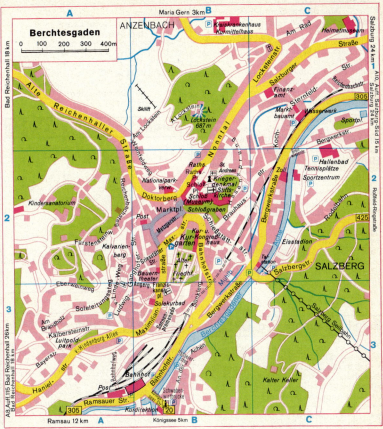

Anzenbach (1 km ↑)
* **Rosenbichl**
♂ ◄ Rosenhofweg 24 (B 1), ✉ 83471,
☎ (0 86 52) 56 00, Fax 55 41, ED
13 Zi, Ez: 65-95, Dz: 130-150, WC ☎,
13, P 2⇔15 Fitneßraum Sauna
Solarium
geschl: Nov
Restaurant für Hausgäste

* **Weiherbach**
♂ ◄ Weiherbachweg 6 (B 1), ✉ 83471,
☎ (0 86 52) 6 20 93, Fax 6 20 94
24 Zi, Ez: 58-105, Dz: 85-150, 4 Suiten,
4 App, WC ☎; Lift P Fitneßraum
Sauna Solarium
geschl: 4.11.-19.12.
Restaurant für Hausgäste

Ein im Betriebseintrag dargestelltes S
zeigt an, daß Sie hier bei einer Buchung
über den Varta Hotel-Service zu Sonderkonditionen übernachten können.

Berchtesgaden-Außerhalb (2 km ←)
** **Geiger**
♂ ◄ Stanggaß, ✉ 83471, ☎ (0 86 52) 96 53,
Fax 96 54 00, VA
50 Zi, Ez: 100-140, Dz: 180-300, 3 Suiten,
WC ☎; Lift P 1⇔35 ≈ Sauna
Solarium
geschl: Anfang Nov-Mitte Dez
Auch Zimmer der Kategorie *** vor-
handen
** Hauptgericht 38; Gartenlokal
Terrasse; nur abends; geschl: Anfang Nov-
Mitte Dez

Oberau (6 km ↗)
* **Neuhäusl**
♂ ◄ Wildmoos 45, ✉ 83471, ☎ (0 86 52)
94 00, Fax 6 46 37, ED
20 Zi, Ez: 66-88, Dz: 130-160, 3 Suiten,
WC ☎; Lift P Fitneßraum Sauna
Solarium
geschl: Di, Mitte Nov-Mitte Dez

→

Berchtesgaden

✱   Alpenhotel Denninglehen
♂ •∈ Am Priesterstein 7, ⊠ 83471,
☎ (0 86 52) 50 85, Fax 6 47 10
27 Zi, Ez: 99-120, Dz: 156-222, 4 Suiten, ⊿
WC ☎, 6🛁; Lift 🅿 🚗 1⇔20 ⇐ Fitneßraum
Sauna Solarium
geschl: Mitte-Ende Jan, Anfang-Mitte Dez
Restaurant für Hausgäste

siehe auch **Bischofswiesen**

siehe auch **Ramsau**

siehe auch **Schönau a. Königssee**

Berg   48 ↘

Bayern — Hof — 642 m — 2 850 Ew
ℹ ☎ (0 92 93) 94 30, Fax 9 43 22 — Gemeindeverwaltung, Kirchplatz 2, 95180 Berg.
Sehenswert: Pfarrkirche St. Jakobus

Rudolphstein
✱✱   Saale Hotel
Panoramstr 50, ⊠ 95180, ☎ (0 92 93) 94 10, Fax 94 16 66, AX DC ED VA
80 Zi, Ez: 65-100, Dz: 100-180, 1 Suite,
1 App, ⊿ WC ☎; Lift 🅿 🚗 4⇔50 ⇐ Sauna
Solarium 🍽
Auch Zimmer der Kategorie ✱ vorhanden

Berg b. Neumarkt i. d. OPf.   58 ↘

Bayern — Kreis Neumarkt i. d. OPf. —
400 m — 6 600 Ew — Neumarkt 7 km
ℹ ☎ (0 91 89) 2 24, Fax 75 70 — Gemeindeverwaltung, Herrnstr 1, 92348 Berg.
Sehenswert: Ruine der Klosterkirche im
Ortsteil Gnadenberg (4 km↑)

✱✱   Lindenhof
Rosenbergstr 13, ⊠ 92348, ☎ (0 91 89)
41 00, Fax 41 04 10
49 Zi, Ez: 60-75, Dz: 95-110, ⊿ WC ☎; Lift 🅿
1⇔22
Auch Zimmer der Kategorie ✱ vorhanden

Berg Kr. Starnberg   72 ←

Bayern — Kreis Starnberg — 640 m —
7 666 Ew — Starnberg 6, Wolfratshausen 9, München 27 km
ℹ ☎ (0 81 51) 50 80, Fax 5 09 62 — Gemeindeverwaltung, Ratsgasse 1, 82335 Berg;
Ort am Starnberger See. Sehenswert:
Votivkapelle im Schloßpark; Wallfahrtskirche Aufkirchen (1 km ↘); Bismarckturm
•∈ (4 km ↓)

✱✱   Park- und Strandhotel
•∈ Ölschlag 9, ⊠ 82335, ☎ (0 81 51) 5 01 01, Fax 5 01 05, AX ED VA
38 Zi, Ez: 120-190, Dz: 160-250, 10 Suiten,
⊿ WC ☎; Lift 🅿 4⇔35 ≋ Seezugang
Sauna Solarium Bootsverleih 🍽
Auch Zimmer der Kategorie ✱ vorhanden

Leoni (2 km ↗)
**✱✱✱   Dorint Hotel Leoni
            am Starnberger See**
♂ •∈ Assenbucher Str 44, ⊠ 82335,
☎ (0 81 51) 50 60, Fax 56 01 40, AX DC ED VA
68 Zi, Ez: 180-205, Dz: 270-295, 3 Suiten, ⊿
WC ☎; Lift 🅿 🚗 4⇔40 ≋ ⇐ Strandbad
Seezugang Sauna Solarium Bootsverleih
✱✱   Am Dampfersteg
•∈ Hauptgericht 35

Berga   37 □

Sachsen-Anhalt — Kreis Sangerhausen —
160 m — 6 200 Ew — Nordhausen 16, Sangerhausen 21 km
ℹ ☎ (03 46 51) 62 06, Fax 5 32 53 — Verwaltungsgemeinschaft, „Kyffhäuser", Lange
Str 8, 06537 Kelbra. Sehenswert: Rathaus;
St.-Martini-Kirche; St.-Georgi-Kirche

✱   Landhaus Blei
Stolberger Str 26, ⊠ 06536, ☎ (03 46 51)
5 34 71, Fax 5 34 72, DC ED VA
10 Zi, Ez: 75-90, Dz: 95-140, 1 Suite, ⊿ WC
☎; 🅿 1⇔30 Sauna 🍽
geschl: 1. Woche im Jan

Bergen siehe **Rügen**

Bergen Kr. Celle   26 ↑

Niedersachsen — Kreis Celle — 80 m —
18 000 Ew — Fallingbostel 22, Celle 24,
Soltau 24 km
ℹ ☎ (0 50 51) 4 79 16, Fax 4 79 36 — Stadt
Bergen, Deichend 5-7, 29303 Bergen;
Stadt in der Lüneburger Heide. Sehenswert: Heimatmuseum Römstedhaus;
Gedenkstätte Bergen-Belsen (7 km ↗);
Steingrab in Siddernhausen; Afrikamuseum

✱   CAT Center
Ziegeleiweg 10, ⊠ 29303, ☎ (0 50 51)
9 88 20, Fax 98 82 39
21 Zi, Ez: 90-130, Dz: 130-160, ⊿ WC ☎; 🅿
3⇔40; garni

Altensalzkoth (15 km ↘)
✱   Helms
Altensalzkoth 7, ⊠ 29303, ☎ (0 50 54)
81 82, Fax 81 84, AX DC ED VA
50 Zi, Ez: 79-120, Dz: 154-240, S; ⊿ WC ☎,
7🛁; Lift 🅿 🚗 3⇔80 Sauna Solarium 🍽
Rezeption: 7-21.30; geschl: Mitte Dez-
Ende Jan
Auch Zimmer der Kategorie ✱✱ vorhanden

Offen (4 km ↓)
✱   Rosenhof
Hauptstr 24, ⊠ 29303, ☎ (0 50 51) 9 88 80,
Fax 98 88 30, AX ED VA
12 Zi, Ez: 55-85, Dz: 85-120, ⊿ WC ☎; 🅿
geschl: im Feb
Restaurant für Hausgäste

Bergen Kr. Traunstein 73 ↓

Bayern — Kreis Traunstein — 650 m —
3 950 Ew — Traunstein 11, Grassau 12 km
🛈 ☎ (0 86 62) 83 21, Fax 58 55 — Verkehrsamt, Dorfplatz 5, 83346 Bergen; Luftkurort im Chiemgau. Sehenswert: Hochfelln (Seilbahn), 1670 m ⊸; Chiemsee (13 km ↘)

∗ **Säulner Hof**
♂ Säulner Weg 1, ✉ 83346, ☎ (0 86 62) 86 55, Fax 59 57, ED
14 Zi, Ez: 55-65, Dz: 85-105, ⇩ WC; P ⚑
geschl: Do, Mitte Nov-Mitte Dez, Mitte Jan-Anfang Feben Halbpension. Auch einfachere Zimmer vorhanden

Berggießhübel 51 □

Sachsen — Kreis Pirna — 350 m —
2 000 Ew — Pirna 15 km
🛈 ☎ (03 50 23) 2 27, Fax 3 89 — Stadtverwaltung, Ladenberg 7, 01819 Berggießhübel; Kneipp-Kurort

∗ **Sächsisches Haus**
Sebastian-Kneipp-Str 11, ✉ 01819,
☎ (03 50 23) 6 08 20, Fax 6 08 20
33 Zi, Ez: 80-90, Dz: 120-150, ⇩ WC ☏; P
2⇔120 ⚑

Zwiesel (1 km ↗)
∗∗ **Waldesruh**
einzeln ♂ Talstr 2, ✉ 01819, ☎ (0 35 02 3) 6 23 71, Fax 6 23 71, AX ED VA
60 Zi, Ez: 95-120, Dz: 115-180, 3 Suiten, ⇩ WC ☏; P 6⇔80 Fitneßraum Solarium ⚑

Berghaupten 60 ↓

Baden-Württemberg — Ortenaukreis —
450 m — 2 300 Ew — Gengenbach 2, Offenburg 7 km
🛈 ☎ (0 78 03) 28 20, Fax 96 77 10 — Verkehrsverein, Rathausplatz 2, 77791 Berghaupten; Erholungsort im Kinzigtal, Schwarzwald. Sehenswert: Stadtbild von Gengenbach (1 km →)

∗∗ **Hirsch**
Dorfstr 9, ✉ 77791, ☎ (0 78 03) 9 39 70, Fax 93 97 49, ED VA
17 Zi, Ez: 68-95, Dz: 100-135, 1 Suite, ⇩ WC ☏; P 🖾 1⇔90
geschl: 2 Wochen im Feb, Anfang Aug
Auch Zimmer der Kategorie ∗ vorhanden
∗∗ Hauptgericht 40; geschl: Mo, Di mittags, 2 Wochen im Feb, Anfang Aug

Bergheim 42 ↗

Nordrhein-Westfalen — Erftkreis — 92 m —
60 000 Ew — Köln 21, Düsseldorf 30, Aachen 45 km
🛈 ☎ (0 22 71) 8 90, Fax 8 92 39 — Stadtverwaltung, Bethlehemer Str 11, 50126 Bergheim. Sehenswert: Schloß Paffendorf; St. Georg Kapelle; Wallfahrtskirche St. Remigius; Aachener Tor, Stadtmauer

∗∗ **Meyer**
Beisselstr 3, ✉ 50126, ☎ (0 22 71) 80 60, Fax 4 17 22, AX ED VA
24 Zi, Ez: 100, Dz: 170, 2 App, ⇩ WC ☏; P
Sauna Solarium; garni

Bergisch Gladbach 43 ↖

Nordrhein-Westfalen — Rheinisch-Bergischer Kreis — 86 m — 104 859 Ew —
Köln 15, Bonn 36 km
🛈 ☎ (0 22 02) 14 22 41, Fax 14 23 00 — Presseamt im Rathaus, Konrad-Adenauer-Platz (B 1), 51465 Bergisch Gladbach; Kreisstadt. Sehenswert: Bergisches Museum für Bergbau, Handwerk und Gewerbe in Bergisch Gladbach; Neues Schloß und Rathaus in Bensberg (4 km ↓); Kirche und ehem. Wasserburg Blegge in Paffrath (5 km ↘); Burg Zweiffelstrunden und Johanniter-Komturei in Herrenstrunden (5 km ↗)

Stadtplan siehe Seiten 186-187

∗∗∗∗ **Schloßhotel Lerbach** ♛
 (Relais & Châteaux)
einzeln ♂ ⚘ Lerbacher Weg, ✉ 51465,
☎ (0 22 02) 20 40, Fax 20 49 40, AX DC ED VA
47 Zi, Ez: 290-480, Dz: 380-580, S; 7 Suiten, ⇩ WC ☏; Lift P 3⇔100 ≋ Sauna Solarium;
Golf 18; Tennis 1
∗∗∗∗ **Dieter Müller** 🍴🍴🍴
Hauptgericht 58; Terrasse; geschl: Anfang Jan, 3 Wochen in den Sommerferien
∗∗ **Schloßschänke**
Hauptgericht 40; Terrasse

∗ **Zur Post**
Johann-Wilhelm-Lindlar-Str 7 (B 1),
✉ 51465, ☎ (0 22 02) 93 65 60,
Fax 9 36 56 56, DC ED VA
10 Zi, Dz: 180-220, ⇩ WC ☏; Lift P 1⇔15;
garni
geschl: Sa + So mittags, Ende Dez-Anfang Jan

∗∗ **Eggemann's Bürgerhaus**
Bensberger Str 102 (B 2), ✉ 51469,
☎ (0 22 02) 3 61 34, Fax 3 25 05, AX DC ED
Hauptgericht 40; geschl: Do, Fr mittags, Ende Jul-Anfang Aug

Bensberg (4 km ↓)
∗ **Malerwinkel** ♛♛
♂ Fischbachstr 3, ✉ 51429, ☎ (0 22 04) 5 30 06, Fax 5 30 09, AX DC ED VA
15 Zi, Ez: 118-250, Dz: 180-330, 1 Suite,
1 App, ⇩ WC ☏, 5✉; P; garni
geschl: 24.12.-1.1. →

✉ Der Hinweis auf Nichtraucherzimmer zeigt Ihnen an, daß sich in diesem Hotel Zimmer befinden, in denen nicht geraucht werden darf. Die vorangestellte Ziffer bezieht sich auf die Anzahl der vorhandenen Nichtraucherzimmer wie sie der Redaktion vom Hotelbetrieb genannt wurden.

Bergisch Gladbach

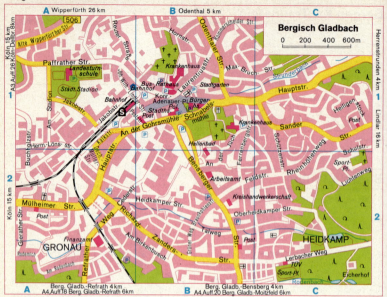

★★ Waldstuben
Am Milchbornbach 39 (B 1), ✉ 51429,
☎ (0 22 04) 9 55 50, Fax 95 55 60,
AX ED VA
Hauptgericht 45; geschl: So abends, Mo,
4 Wochen im Sommer

★ Waldhotel Mangold
♂ 21 Zi, Ez: 150-300, Dz: 200-300, ⊣ WC ☎,
5 ⌂; 🅿 3 ⇔ 60

★★ Das Fachwerkhaus
Burggraben 37 (B 1), ✉ 51429, ☎ (0 22 04)
5 49 11, Fax 5 76 41
Hauptgericht 40; Terrasse; geschl:
2 Wochen im Jan, 3 Wochen in den Sommerferien

★ Tessiner Klause
Wipperfürther Str 43 (C 1), ✉ 51429,
☎ (0 22 04) 5 34 63, Fax 5 34 63
Hauptgericht 25; Biergarten 🅿; geschl:
Mitte Aug-Anfang Sep, Ende Dez-Anfang Jan

Café Kroppenberg
Schloßstr 66 (B 1), ✉ 51429, ☎ (0 22 04)
9 49 30, Fax 94 93 10
9-18.30, so+feiertags ab 13.30
Spezialität: Punschtorte, Bergische Waffeln

Gronau (1,5 km ↓)

★★ Gronauer Tannenhof
Robert-Schuman-Str 2 (A 2), ✉ 51469,
☎ (0 22 02) 3 50 88, Fax 3 55 79, AX DC ED VA
34 Zi, Ez: 125-220, Dz: 165-250, ⊣ WC ☎,
Lift 🅿 🚗 4 ⇔ 100 Kegeln

★ Hauptgericht 20; Terrasse

Sand (1 km →)

★★ Privathotel Bremer
♂ Dombach-Sander-Str 72, ✉ 51465,
☎ (0 22 02) 93 50 01, Fax 93 50 50,
AX DC ED VA
21 Zi, Ez: 110-220, Dz: 200-320, 1 Suite, ⊣
WC ☎, 5 ⌂; 🅿 🚗 1 ⇔ 20; garni
Rezeption: 7-21

Bergkirchen 71 ↑

Bayern — Kreis Dachau — 515 m —
6 200 Ew — Dachau 4, Fürstenfeldbruck 14, München 23 km
ℹ ☎ (0 81 31) 5 69 70, Fax 8 69 66 —
Gemeindeverwaltung, Johann-Michael-Fischer-Str 1, 85232 Bergkirchen

Günding (3 km →)

★ Forelle
Brucker Str 16, ✉ 85232, ☎ (0 81 31)
5 67 30, Fax 8 01 19, ED VA
30 Zi, Ez: 98-120, Dz: 120-160, ⊣ WC ☎; 🅿
🚗; garni

Berglen 62 ←

Baden-Württemberg — Rems-Murr-Kreis
— 350 m — 5 800 Ew — Schorndorf 9,
Waiblingen 15 km
ℹ ☎ (0 71 95) 78 68, Fax 7 43 54 — Gemeindeverwaltung, Beethovenstr 14,
73663 Berglen

Bergzabern, Bad

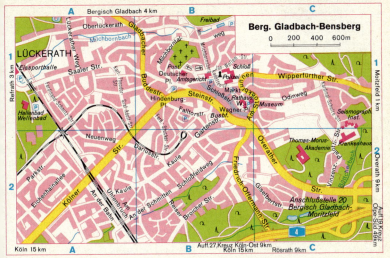

Lehnenberg
** Blessings Landhotel
♂ ⃕ Lessingstr 13, ✉ 73663, ☎ (0 71 95) 78 11, Fax 7 40 99, AX ED VA
20 Zi, Ez: 98-108, Dz: 148-158, 4 Suiten, 1 App, ⊣ WC ☎; P 2⇔48
** Hauptgericht 30; Terrasse

Bergneustadt 43 ↗

Nordrhein-Westfalen — Oberbergischer Kreis — 210 m — 20 000 Ew — Gummersbach 10, Olpe 19 km
ℹ ☎ (0 22 61) 40 41 77, Fax 40 41 75 — Verkehrsamt, Kölner Str 297, 51702 Bergneustadt; Amt 40

* Feste Neustadt
Hauptstr 19, ✉ 51702, ☎ (0 22 61) 4 17 95, Fax 4 80 21
20 Zi, Ez: 75-85, Dz: 150-170, ⊣ WC ☎; P 3⇔100 Kegeln 🍴
geschl: So abends, Mo, 3 Wochen im Sommer, Ende Dez-Anfang Jan

Niederrengse (7 km ↗)
Rengser Mühle
⊗ Niederrengse 4, ✉ 51702, ☎ (0 27 63) 91 450, Fax 91 45 20, AX ED
Hauptgericht 35; Gartenlokal P; geschl: Mo abends, Di
* 4 Zi, Ez: 105, Dz: 145, ⊣ WC, 4⌨

Bergrheinfeld 56 ↑

Bayern — Kreis Schweinfurt — 208 m — 4 676 Ew — Schweinfurt 5 km
ℹ ☎ (0 97 21) 9 70 00, Fax 97 00 30 — Gemeindeverwaltung, Hauptstr 38, 97493 Bergrheinfeld

* Astoria
Schweinfurter Str 117, ✉ 97493, ☎ (0 97 21) 9 70 10, Fax 97 01 13, AX ED VA
70 Zi, Ez: 56-65, Dz: 85-105, ⊣ WC ☎; P 1⇔25 🍴
geschl: So mittags, Ende Dez-Anfang Jan

⌂ Gasthof zum weißen Roß
Hauptstr 5, ✉ 97493, ☎ (0 97 21) 78 97 00, Fax 78 97 89
62 Zi, Ez: 48-78, Dz: 86-126, ⊣ WC ☎; P 2⇔50
geschl: Mo, 10 Tage im Jan, 3 Wochen im Aug
Im Gästehaus (Gartenstr) Zimmer der Kategorie ** vorhanden

Bergzabern, Bad 60 ↑

Rheinland-Pfalz — Kreis Südliche Weinstraße — 200 m — 6 900 Ew — Landau 14, Karlsruhe 35, Pirmasens 39 km
ℹ ☎ (0 63 43) 9 34 00 — Kurverwaltung, Kurtalstr 25, 76887 Bad Bergzabern; Kneippheilbad und Heilklimatischer Kurort. Sehenswert: Ev. Marktkirche; Schloß; Kirchenburg und Rathaus in Dörrenbach (5 km ↙); Burg Berwartstein (12 km ←)

** Petronella
Kurtalstr 47, ✉ 76887, ☎ (0 63 43) 10 75, Fax 53 13, AX DC ED VA
35 Zi, Ez: 68-95, Dz: 122-150, 13 Suiten, ⊣ WC ☎; Lift P 3⇔100 Sauna Solarium
Rezeption: 8-21; geschl: Jan
Auch Zimmer der Kategorie * vorhanden
* Hauptgericht 30; Terrasse;
geschl: im Winter Di, Jan →

Bergzabern, Bad

Pfälzer Wald
Kurtalstr 77, ✉ 76887, ☎ (0 63 43) 10 56, Fax 48 93, AX ED VA
25 Zi, Ez: 65-80, Dz: 130-150, 1 Suite, ⌂ WC ☎; P 〒
Rezeption: 8-20

Berka, Bad 48 ↖

Thüringen — Kreis Weimar — 270 m — 7 000 Ew — Weimar 12 km
ℹ ☎ (03 64 58) 4 21 02, Fax 4 10 79 — Kurverwaltung, Pfarrgasse, 99438 Bad Berka

∗ Wettiner Hof
Bahnhofstr 32, ✉ 99438, ☎ (03 64 58) 34 30, Fax 3 07 04, DC ED VA
30 Zi, Ez: 85, Dz: 110, ⌂ WC ☎; 2⇔30 〒

Berkenbrück 31 ←

Brandenburg — Kreis Fürstenwalde — 46 m — 880 Ew — Frankfurt/Oder 32, Berlin 60 km
ℹ ☎ (03 36 34) 2 13 — Gemeindeverwaltung, Bahnhofstr 29, 15518 Berkenbrück.
Sehenswert: Fallada Gedenkstätte

∗ Zum Beerenbusch
Dorfstr 1, ✉ 15518, ☎ (03 36 34) 3 29, AX ED VA
7 Zi, Ez: 80-100, Dz: 120, ⌂ WC ☎; P 〒

Berleburg, Bad 44 ↑

Nordrhein-Westfalen — Kreis Siegen-Wittgenstein — 450 m — 21 500 Ew — Bad Laasphe 21, Winterberg 23 km
ℹ ☎ (0 27 51) 70 77, Fax 1 34 37 — Touristik e.V, Poststr 44, 57319 Bad Berleburg; Kneippheilbad im Rothaargebirge.
Sehenswert: Schloß; Kurpark; Ludwigsburg; Schiefer-Schaubergwerk; „Drehkoite"; Schmiede-Museum; Landwirtschaftsmuseum

∗ Westfälischer Hof
Astenbergstr 6, ✉ 57319, ☎ (0 27 51) 9 24 90, Fax 92 49 59, AX DC ED VA
38 Zi, Ez: 60-100, Dz: 140-180, S; ⌂ WC ☎, 19✉; P 🅿 1⇔20 Sauna Solarium 〒
Auch Zimmer der Kategorie ∗∗ vorhanden

∗ Kaiser Friedrich
Ederstr 18, ✉ 57319, ☎ (0 27 51) 71 61, Fax 28 62, AX ED VA
Hauptgericht 25; geschl: Do
∗ 9 Zi, Ez: 60-75, Dz: 130-155, ⌂ WC ☎; P

==Wingeshausen== (14 km ←)
∗ Weber
Inselweg 5, ✉ 57319, ☎ (0 27 59) 4 12, Fax 5 40
Hauptgericht 25; Biergarten P Terrasse; geschl: Mo, Di, Jul

Berlin 30 ▫

Berlin — 35 m — 3 400 000 Ew — Frankfurt/Oder 90, Frankfurt/Main 545, Bonn 630 km
ℹ ☎ (0 30) 2 64 74 80, Fax 26 47 48 99 — Berlin-Tourismus-Marketing GmbH, Am Karlsbad 11, 10785 Berlin
Freie Universität; Technische Universität; ev. Kirchliche Hochschule; Hochschule der Künste; Humboldt-Universität; Akademie der Wissenschaften; Akademie der Künste; Bach-Akademie Philharmonie, Kammermusiksaal; Deutsche Oper; Schillertheater; Schloßparktheater; Schaubühne; Renaissance-Theater; Theater am Kurfürstendamm; Komödie; Theater des Westens; Freie Volksbühne; Kleines Theater; Tribüne; Hansa-Theater; Werkstatt; Kammerspiele; Vaganten-Bühne; Staatsoper; Komische Oper; Schauspielhaus (Konzerte); Metropoltheater (Admiralspalast); Deutsches Theater; Berliner Ensemble; Maxim-Gorki-Theater; Volksbühne; Theater am Palast; Theater der Freundschaft; Friedrichstadtpalast; Kabaretts: Die Stachelschweine; Die Wühlmäuse; Die Distel; Spielbank: im Europa-Center

Sehenswert: Schloß Charlottenburg; Schöneberger Rathaus: Turm ◂, Freiheitsglocke; Staatsbibliothek; Le-Corbusier-Haus; Martin-Gropius-Bau; Europa-Center; Internationales Congress-Centrum (ICC); Olympiastadion; Luftbrücken-Denkmal Tempelhof; Funkturm; Kurfürstendamm „Ku-Damm"; Kaiser-Wilhelm-Gedächtnis-Kirche; St. Nikolaikirche in Spandau; Dorfkirche in Dahlem, Buckow und Marienfelde; Maria Regina Martyrium: Gedächtniskirche und Gedenkstätte Plötzensee; Brandenburger Tor; Unter den Linden; Zeughaus, Neue Wache, Staatsbibliothek, Reiterstandbild Friedrichs des Großen; St.-Hedwigs-Kathedrale; Marienkirche: Totentanz; Dom; Parochialkirche; Michaelkirche; Sophienkirche; Nikolaikirche; Ribbeckhaus: Portal; Nicolaihaus: Innenhof; Stadtgericht Mitte; Rathaus Stadtmitte (Rotes Rathaus); Fernsehturm am Alexanderplatz; Neptunbrunnen; Granitschale (beim Dom)

Museen und Sammlungen:
Pergamon-Museum: Pergamon-Altar, Ischtar-Tor, Markttor von Milet; Nationalgalerie: Gemälde; Bode-Museum: Skulpturen, Gemälde u.a.; Museum für Naturkunde; Märkisches Museum; Altes Museum; Kupferstichkabinett; Kunstgewerbemuseum im Schloß Köpenick, ehem. Friedrichwerdersche Kirche: Schinkel-Museum; Museum Dahlem: Gemälde, Kupferstiche, Skulpturen, Völkerkunde, Islamische, Indische und Ostasiatische

Berlin

Kunst, Deutsche Volkskunde; Botanisches Museum in Dahlem; Charlottenburger Schloß: Vor- und Frühgeschichte, Kunstgewerbe, Reiterstandbild des Großen Kurfürsten; Antikenmuseum; Ägyptisches Museum: Nofretete, Kalabsha-Tor; Nationalgalerie; Brücke-Museum; Georg-Kolbe-Museum; Berlinische Galerie; Bröhan-Museum; Staatliche Kunsthalle; Bauhaus-Archiv: Museum für Gestaltung, Gipsformerei; Berlin-Museum; Post- und Fernmeldemuseum; Musikinstrumentenmuseum; Museum für Verkehr und Technik; Zuckermuseum; Kriminalmuseum; Museumsdorf Düppel; Museum am ehem. Checkpoint Charlie; Freimaurermuseum-Parkanlagen: Tiergarten mit Siegessäule; Schloß Bellevue: Berliner Amtssitz des Bundespräsidenten; Zoologischer Garten; Botanischer Garten in Dahlem; Treptower Park; Tierpark; Britzer Garten; Tiergarten; Umgebung: Grunewald mit Jagdschloß (8 km ✓); Grunewald-Turm ◂ (12 km ✓), Teufelsberg, 115 m ◂ am Teufelssee; Havel mit Pfaueninsel: Schloß (24 km ✓, besser mit Schiff); Wannsee mit Strandbad (16 km ✓); Schloßpark Kleinglienicke (18 km ✓); Humboldt-Schloß in Tegel, mit Tegeler See (13 km ↑); Spandau mit Zitadelle (10 km ↖); Dorf Lübars; Potsdam: Schlösser und Park von Sanssouci (20 km ✓); Müggelsee (20 km →)

Messen:
Grüne Woche 17.-26.1.97
ITB 8.-12.3.97
Import-Messe 20.-23.3.97
Funkausstellung 30.8.-7.9.97
autotechnica 30.10.-2.11.97
Boots-Ausstellung 15.-23.11.97

Stadtpläne siehe Seiten 190-195

Four Season Hotel
Charlottenstr 49, ✉ 10117, ☎ (0 30) 2 03 38, Fax 20 33 60 09
162 Zi, Ez: 395-595, Dz: 475-695, 42 Suiten, ᗡ WC ☎; Lift 🅿 4⇄120 Fitneßraum Sauna 🍽
Eröffnung nach Redaktionsschluß

**** Kempinski Hotel Bristol Berlin ♛
Kurfürstendamm 27 (F 3), ✉ 10719, ☎ (0 30) 88 43 40, Fax 8 83 60 75, AX DC VA
255 Zi, Ez: 340-512, Dz: 340-594, S;
52 Suiten, 2 App, ᗡ WC ☎, 54🖨; Lift 🅿 11⇄630 ⇌ Fitneßraum Sauna Solarium
Zimmer verschiedener Kategorien vorhanden
*** Kempinski
Hauptgericht 46; geschl: Jul 97
** Kempinski Eck
Hauptgericht 32

***** Restaurant mit außergewöhnlich anspruchsvoller Ausstattung

**** Grand Hotel Esplanade ♛
Lützowufer 15 (H 3), ✉ 10785, ☎ (0 30) 25 47 80, Fax 2 65 11 71, AX DC VA
369 Zi, Ez: 409-480, Dz: 488-530, S;
33 Suiten, ᗡ WC ☎, 32🖨; Lift 🅿 7⇄450 ⇌ Fitneßraum Sauna Solarium
*** Harlekin
Hauptgericht 50; nur abends
* Eck Kneipe
Hauptgericht 36; Biergarten; geschl: So mittags

**** Inter-Continental
Budapester Str 2 (G 3), ✉ 10787, ☎ (0 30) 2 60 20, Fax 2 60 28 07 60, AX DC ED VA
444 Zi, Ez: 345-535, Dz: 353-395, 67 Suiten, ᗡ WC ☎, 75🖨; Lift 🅿 🖨 34⇄3500 ⇌ Fitneßraum Sauna Solarium
Auch Zimmer anderer Kategorien vorhanden
**** Zum Hugenotten
Hauptgericht 45; nur abends; geschl: So, Mo, 2 Wochen im Jan, 3 Wochen im Jul-Aug
** L. A. Café
Hauptgericht 25; Terrasse

**** Grand Hotel Berlin
Friedrichstr 158-164 (Q 5), ✉ 10117, ☎ (0 30) 2 02 70, Fax 20 27 33 62, AX DC ED VA
358 Zi, Ez: 284-475, Dz: 294-530, S;
20 Suiten, 1 App, ᗡ WC ☎, 70🖨; Lift 🅿 🖨 6⇄140 ⇌ Fitneßraum Sauna Solarium
*** Coelln
Hauptgericht 39
** Goldene Gans
Hauptgericht 30; nur abends

**** Radisson SAS
◂ Karl-Liebknecht-Str 5 (R 4), ✉ 10178, ☎ (0 30) 2 38 28, Fax 23 82 75 90, AX DC ED VA
540 Zi, Ez: 250-520, Dz: 300-520, S;
32 Suiten, ᗡ WC ☎, 116🖨; Lift 🅿 🖨 13⇄800 ⇌ Fitneßraum Sauna Solarium
*** Orangerie
◂ Hauptgericht 25; nur abends

**** Palace
Budapester Str (G 3), ✉ 10789, ☎ (0 30) 2 50 20, Fax 2 62 65 77, AX DC ED VA
303 Zi, Ez: 309-509, Dz: 388-588, S;
18 Suiten, ᗡ WC ☎, 62🖨; Lift 🖨 15⇄600 Fitneßraum Sauna Solarium
Zimmer verschiedener Kategorien vorhanden
**** First Floor
Hauptgericht 55; 🅿; geschl: Anfang Jul-Anfang Aug →

Übernachtungspreise sind auch Marktpreise. Aus diesem Grund werden zum Beispiel zu Messezeiten an Messeplätzen oder zu Festspielzeiten an Festspielorten häufig höhere als die angegebenen Preise berechnet und in verkehrsarmen Zeiten niedrigere Preise. Die Preise sollten jeweils vor der Buchung erfragt werden.

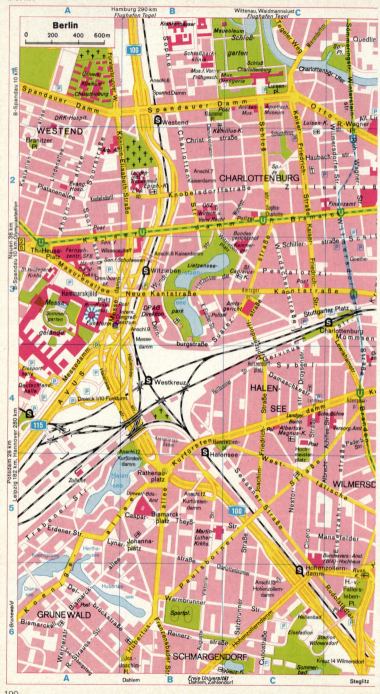

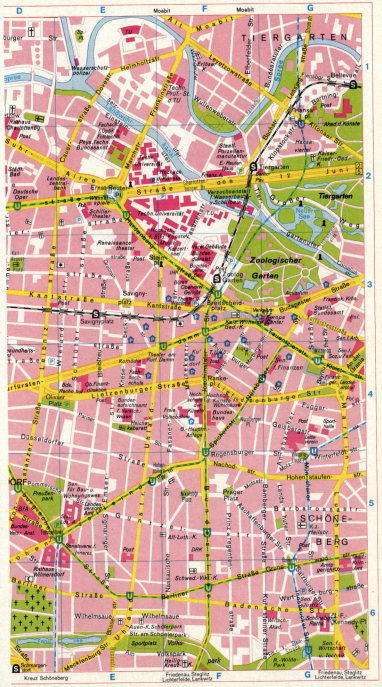

Berlin

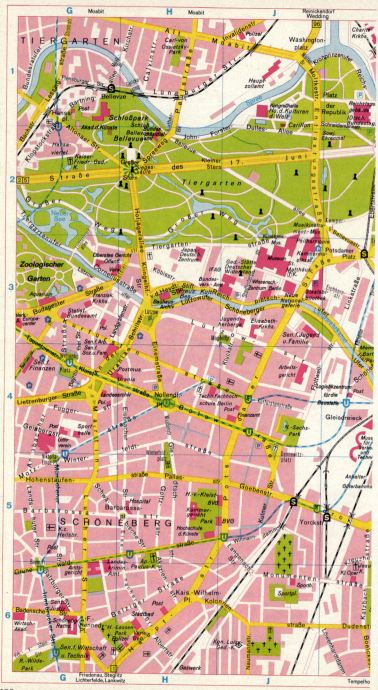

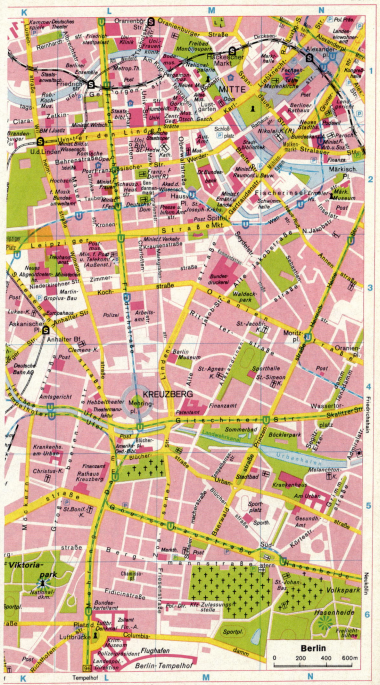

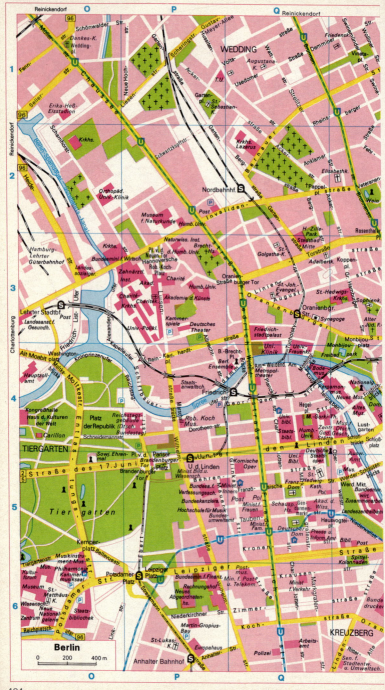

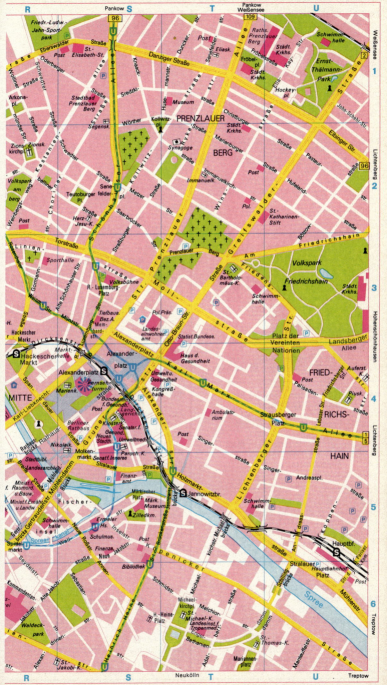

Berlin

★★★★ Steigenberger
Los-Angeles-Platz 1 (F 4), ✉ 10789,
☎ (0 30) 2 12 70, Fax 2 12 71 17, AX DC ED VA
386 Zi, Ez: 290-395, Dz: 340-505, S;
11 Suiten, ⌐ WC ☎, 82🍽; Lift 🅿 🚗
14⟳600 ≋ Sauna Solarium

★★★ Park-Restaurant
Hauptgericht 35; nur abends; geschl: So, Mo

★ Berliner Stube
Hauptgericht 20

★★★ Maritim proArte Hotel
Friedrichstr 150 (L 1), ✉ 10117, ☎ (0 30)
2 03 35, Fax 20 33 42 09, AX DC ED VA
374 Zi, Ez: 294-484, Dz: 348-558, S;
2 Suiten, 27 App, ⌐ WC ☎, 120🍽; Lift 🅿 🚗
15⟳1500 ≋ Fitneßraum Sauna Solarium
🍴
Designerhotel

★★★ Hilton
♂ ⛄ Mohrenstr 30 (Q 5), ✉ 10117, ☎ (0 30)
2 02 30, Fax 20 23 42 69, AX DC ED VA
460 Zi, Ez: 225-415, Dz: 255-465, S;
6 Suiten, 1 App, ⌐ WC ☎, 116🍽; Lift 🚗
18⟳500 ≋ Bowling Fitneßraum Sauna Solarium
Zimmer verschiedener Kategorien vorhanden

★★★ La Coupole
Hauptgericht 50; 🅿; nur abends; geschl: So, Mo

★★ Mark Brandenburg
Hauptgericht 25; Biergarten 🅿 Terrasse

★★★ Holiday Inn Crowne Plaza Berlin City Center
Nürnberger Str 65 (G 3), ✉ 10787, ☎ (0 30)
21 00 70, Fax 2 13 20 09, AX DC ED VA
415 Zi, Ez: 290-450, Dz: 340-450, S;
10 Suiten, ⌐ WC ☎, 150🍽; Lift 🅿 🚗
7⟳350 ≋ Sauna Solarium

★★ Globetrotter
Hauptgericht 30

★★★ Savoy
Fasanenstr 9 (F 3), ✉ 10623, ☎ (0 30)
31 10 30, Fax 31 10 33 33, AX DC ED VA
104 Zi, Ez: 234-342, Dz: 284-450, S;
17 Suiten, 4 App, ⌐ WC ☎, 15🍽; Lift
4⟳50 Fitneßraum Sauna Solarium

★★★ Belle Epoque
Hauptgericht 26; Terrasse

★★★ Mondial
Kurfürstendamm 47 (E 4), ✉ 10707;
☎ (0 30) 88 41 10, Fax 88 41 11 50,
AX DC ED VA
73 Zi, Ez: 190-380, Dz: 220-480, 1 Suite, ⌐
WC ☎; Lift 🚗 3⟳80 ≋ Solarium

★★ Kräutergarten
Hauptgericht 30; 🅿

★★★ Berlin
Lützowplatz 17 (H 3), ✉ 10785, ☎ (0 30)
2 60 50, Fax 26 05 27 16, AX DC ED VA
701 Zi, Ez: 290-450, Dz: 350-450, S;
11 Suiten, 10 App, ⌐ WC ☎, 227🍽; Lift 🅿
🚗 18⟳550 Fitneßraum Sauna Solarium
Zimmer verschiedener Kategorien vorhanden

★★ Globe
Hauptgericht 40; Gartenlokal

★★★ Schweizerhof Inter-Continental
Budapester Str 21 (G 3), ✉ 10787, ☎ (0 30)
2 69 60, Fax 2 69 69 00, AX DC ED VA
430 Zi, Ez: 295-445, Dz: 335-495, 26 Suiten,
⌐ WC ☎; Lift 🅿 🚗 7⟳700 ≋ Fitneßraum
Sauna Solarium
Zimmer verschiedener Kategorien vorhanden

★★★ Grillrestaurant
Hauptgericht 40; nur abends; geschl: So, Mo

★★ Best Western President
An der Urania 16 (G 4), ✉ 10787, ☎ (0 30)
21 90 30, Fax 2 14 12 00, AX DC ED VA
173 Zi, Ez: 235-325, Dz: 275-375, S;
13 Suiten, 2 App, ⌐ WC ☎, 20🍽; Lift 🅿 🚗
6⟳120 Fitneßraum Sauna Solarium
Auch Zimmer der Kategorie **★★★** vorhanden

★★ Die Saison
Hauptgericht 25; Terrasse; geschl: So abends

★★ Brandenburger Hof (Relais & Châteaux) 👑👑
Eislebener Str 14 (F 4), ✉ 10789, ☎ (0 30)
21 40 50, Fax 21 40 51 00, AX DC ED VA
87 Zi, Ez: 250-275, Dz: 290-445, S; ⌐ WC ☎;
Lift 3⟳40
Auch Zimmer der Kategorie **★★★** vorhanden

★★★ Die Quadriga 🍷
Hauptgericht 48; Gartenlokal; nur abends; geschl: So, Sa, 1.-12.1.97, 19.7.-17.8.97

★★ Am Zoo
Kürfürstendamm 25 (F 3), ✉ 10719,
☎ (0 30) 88 43 70, Fax 88 43 77 14,
AX DC ED VA
135 Zi, Ez: 183-285, Dz: 325-395, 1 Suite, ⌐
WC ☎; Lift 🅿 🚗 5⟳80; garni

★★ Hecker's Hotel (Top International Hotel)
Grolmanstr 35 (E 3), ✉ 10623, ☎ (0 30)
8 89 00, Fax 8 89 02 60, AX DC ED VA
72 Zi, Ez: 230-350, Dz: 290-350, S; ⌐ WC ☎,
12🍽; Lift 🅿 🚗
Auch Zimmer der Kategorie **★★★** vorhanden

★★ Hauptgericht 30

Berlin

** Alsterhof (Ringhotel)
Augsburger Str 5 (G 4), ✉ 10789, ☎ (0 30) 21 24 20, Fax 2 18 39 49, AX DC ED VA
200 Zi, Ez: 225-275, Dz: 290-390, S; ⊣ WC ☎, 33🛏; Lift 🅿 🍴 6🔄70 ≋ Sauna

* Alsterstuben
Hauptgericht 26; 🅿 Terrasse

** Hamburg (Ringhotel)
Landgrafenstr 4 (GH 3), ✉ 10787, ☎ (0 30) 26 47 70, Fax 2 62 93 94, AX DC ED VA
240 Zi, Ez: 199-279, Dz: 240-320, S; ⊣ WC ☎, 48🛏; Lift 🅿 🍴 4🔄90

** Alsterpavillon
Hauptgericht 32

** Queens Hotel
Güntzelstr 14 (F 5), ✉ 10717, ☎ (0 30) 8 73 02 41, Fax 8 61 93 26, AX DC ED VA
109 Zi, Ez: 185-230, Dz: 220-280, S;
2 Suiten, ⊣ WC ☎, 10🛏; Lift 🅿 🍴; garni

** Albrechtshof
Albrechtstr 8 (K 1), ✉ 10117, ☎ (0 30) 30 88 60, Fax 30 88 61 00, AX DC ED VA
88 Zi, Ez: 195-295, Dz: 235-365, 11 Suiten, ⊣ WC ☎, 44🛏; Lift 🅿 🍴 5🔄100 Fitneßraum Sauna Solarium

** Hauptgericht 26; Gartenlokal

** Luisenhof ♛
Köpenicker Str 92 (T 5), ✉ 10179, ☎ (0 30) 2 70 05 43, Fax 2 79 29 83, AX DC ED VA
26 Zi, Ez: 195-270, Dz: 250-320, 1 Suite, ⊣ WC ☎; Lift 1🔄35 🍽

** Villa Kastania
Kastanienallee 20 (A 2), ✉ 14052, ☎ (0 30) 3 00 00 20, Fax 30 00 02 10, AX ED VA
36 Zi, Ez: 178-248, Dz: 241-316, S; 8 Suiten, 10 App, ⊣ WC ☎, 10🛏; Lift 🅿 1🔄22 ≋ Sauna Solarium 🍽

** Seehof
◂ Lietzensee-Ufer 11 (B 3), ✉ 14057, ☎ (0 30) 32 00 20, Fax 32 00 22 51, AX DC ED VA
76 Zi, Ez: 195-357, Dz: 320-444, ⊣ WC ☎; Lift 🍴 4🔄60 ≋ Sauna Solarium

** au Lac
Hauptgericht 38; Terrasse

** Berlin Excelsior
Hardenbergstr 14 (F 3), ✉ 10623, ☎ (0 30) 3 15 50, Fax 31 55 10 02, AX DC ED VA
320 Zi, Ez: 245-335, Dz: 295-400, S;
3 Suiten, ⊣ WC ☎, 94🛏; Lift 🅿 🍴 5🔄120

** Peacock Garden
Hauptgericht 30; nur abends; geschl: So, Mo

** Concept Hotel (Top International Hotel)
Grolmanstr 41 (E 3), ✉ 10623, ☎ (0 30) 88 42 60, Fax 88 42 65 00, AX DC ED VA
94 Zi, Ez: 220-280, Dz: 280-350, S; 6 Suiten, ⊣ WC ☎; Lift 🍴 9🔄 Sauna Solarium 🍽

** Best Western Boulevard
Kurfürstendamm 12 (F 3), ✉ 10719, ☎ (0 30) 88 42 50, Fax 88 42 54 50, AX DC ED VA
57 Zi, Ez: 170-230, Dz: 204-320, S; ⊣ WC ☎, 7🛏; Lift 1🔄30 🚭; garni

** Alexander
♠ Pariser Str 37 (E 4), ✉ 10707, ☎ (0 30) 8 81 60 91, Fax 8 81 60 94, AX DC ED VA
21 Zi, Ez: 160-280, Dz: 310-400, 4 Suiten, ⊣ WC ☎; garni
Hotelausstattung in modernem Design von Michael Heister und Wolfgang Blume

** Bleibtreu
Bleibtreustr 31 (E 4), ✉ 10707, ☎ (0 30) 88 47 40, Fax 88 47 44 44, AX DC ED VA
60 Zi, Ez: 259-324, Dz: 324-364, ⊣ WC ☎, 12🛏; Lift Sauna 🍽
Auch Zimmer der Kategorie ***** vorhanden. Italienische Designer-Einrichtung

** Residenz
Meinekestr 9 (F 4), ✉ 10719, ☎ (0 30) 88 44 30, Fax 8 82 47 26, AX DC ED VA
72 Zi, Ez: 198-220, Dz: 266-310, 10 Suiten, 8 App, ⊣ WC ☎; Lift 1🔄10
Auch Zimmer der Kategorie ******* vorhanden

** Grand Cru
Hauptgericht 40

** Sylter Hof Berlin
Kurfürstenstr 116 (G 3), ✉ 10787, ☎ (0 30) 2 12 00, Fax 2 14 28 26, AX DC ED VA
126 Zi, Ez: 186, Dz: 272, S; 18 Suiten, 16 App, ⊣ WC ☎; Lift 🅿 8🔄180
Auch Zimmer der Kategorie ***** vorhanden

** Friesenstube
Hauptgericht 30

** Sorat Art'otel (Top International Hotel)
Joachimstaler Str 28 (F 4), ✉ 10719, ☎ (0 30) 88 44 70, Fax 88 44 77 00, AX DC ED VA
133 Zi, Ez: 180-310, Dz: 220-375, S; ⊣ WC ☎, 21🛏; Lift 🍴 2🔄100; garni

* Holiday Inn Garden Court Berlin - Kurfürstendamm
Bleibtreustr 25 (E 4), ✉ 10707, ☎ (0 30) 88 09 30, Fax 8 09 39 39, AX DC ED VA
73 Zi, Ez: 245-350, Dz: 285-350, 8 Suiten, ⊣ WC ☎, 32🛏; Lift 🅿 🍴 2🔄25; garni

* Kronprinz
Kronprinzendamm 1 (B 4), ✉ 10711, ☎ (0 30) 89 60 30, Fax 8 93 12 15, AX DC ED VA
66 Zi, Ez: 125-145, Dz: 185-240, 1 Suite, 6 App, ⊣ WC ☎, 13🛏; Lift 🍴 1🔄25; garni

* Hardenberg
Joachimstaler Str 39 (F 4), ✉ 10623, ☎ (0 30) 8 82 30 71, Fax 8 81 51 70, AX DC ED VA
37 Zi, Ez: 165-250, Dz: 195-280, ⊣ WC ☎, 2🛏; garni
Auch Zimmer der Kategorie ****** vorhanden →

Berlin

**∗ Kanthotel
(Top International Hotel)**
Kantstr 111 (C 3), ✉ 10627, ☎ (0 30)
3 23 02-0, Fax 3 24 09 52, AX ED VA
55 Zi, Ez: 249, Dz: 269, S; ⌐ WC ☎; Lift P;
garni

∗ Frühling am Zoo
Kurfürstendamm 17 (F 3), ✉ 10719,
☎ (0 30) 8 81 80 83, Fax 8 81 64 83,
AX ED VA
66 Zi, Ez: 150-215, Dz: 196-278, 7 App, ⌐
WC ☎; 1⇔20; garni

**∗ Econtel
(Juwel Hotel)**
Sömmeringstr 24 (D 1), ✉ 10589, ☎ (0 30)
34 68 10, Fax 3 46 81-1 63, AX ED VA
205 Zi, Ez: 146-211, Dz: 187-252, S; ⌐ WC
☎; Lift ⌂ 1⇔35; garni
Auch Zimmer der Kategorie ∗∗ vorhanden

∗ Panorama
Lewishamstr 1 (D 4), ✉ 10629, ☎ (0 30)
32 90 40, Fax 32 90 42 00
126 Zi, Ez: 160, Dz: 240, ⌐ WC ☎; Lift P ⍿

∗ Forum Hotel Berlin
◁ Alexanderplatz (S 4), ✉ 10178, ☎ (0 30)
2 38 90, Fax 23 89 43 05, AX DC ED VA
995 Zi, Ez: 195-285, Dz: 245-335, 12 Suiten,
⌐ WC ☎, 111⍽; Lift ⌂ 8⇔320 Fitneßraum
Sauna Solarium ⍿

∗ An der Oper
Bismarckstr 100 (D 2), ✉ 10625, ☎ (0 30)
31 58 30, Fax 31 58 31 09, AX DC ED VA
46 Zi, Ez: 175-220, Dz: 198-280, ⌐ WC ☎,
20⍽; Lift P; garni

∗ California
Kurfürstendamm 35 (F 3), ✉ 10719,
☎ (0 30) 88 01 20, Fax 88 01 21 11,
AX DC ED VA
44 Zi, Ez: 155-205, Dz: 185-235, ⌐ WC ☎,
6⍽; Lift P ⌂ 1⇔30 Fitneßraum Sauna
Solarium; garni

∗ Wittelsbach
Wittelsbacherstr 22 (D 4), ✉ 10707,
☎ (0 30) 8 62 13 45, Fax 8 62 15 32, AX ED VA
28 Zi, Ez: 130-180, Dz: 180-250, 5 Suiten, ⌐
WC ☎, 6⍽; Lift ⌂ 1⇔24; garni
Zimmer verschiedener Kategorien vorhanden. Kinderfreundliche Familienetage

∗ Gendarm
Charlottenstr 60 (L 2), ✉ 10117, ☎ (0 30)
2 04 41 80, Fax 2 08 24 82, AX DC ED VA
27 Zi, Ez: 140-160, Dz: 160-180, 4 Suiten,
2 App, ⌐ WC ☎, 6⍽; Lift P; garni

∗ Scandotel Castor
Fuggerstr 8 (G 4), ✉ 10777, ☎ (0 30)
21 30 30, Fax 21 30 31 60, AX DC ED VA
78 Zi, Ez: 170-198, Dz: 185-235, ⌐ WC ☎,
13⍽; Lift P; garni

∗ Novalis
Novalisstr 5 (Q 3), ✉ 10115, ☎ (0 30)
2 82 40 08, Fax 2 83 37 81
9 Zi, Ez: 125-155, Dz: 160-190, ⌐ WC ☎;
garni

∗∗∗ Bamberger Reiter
✓ Regensburger Str 7/Ecke Bamberger Str
(FG 5), ✉ 10777, ☎ (0 30) 2 18 42 82,
Fax 2 14 23 48, AX DC VA
Hauptgericht 55; Terrasse; nur abends;
geschl: So, Mo, Anfang-Mitte Aug,
Anfang-Mitte Jan

∗∗ Bistro Bamberger Reiter
Hauptgericht 30; So, Mo; geschl: Anfang-
Mitte Aug, Anfang-Mitte Jan
☎ (0 30) 2 13 67 33

Opernpalais
Unter den Linden 5 (LM 2), ✉ 10117,
☎ (0 30) 2 02 683, Fax 2 04 44 38, AX DC ED VA
Hauptgericht 42
∗∗∗ Königin Luise
Hauptgericht 35; nur abends; geschl: So,
Mo, Jul
∗ Fridericus
Hauptgericht 30
⍽ Operncafé
Terrasse; So-Fr: 9-19, Sa: 9-24

∗∗ Alt Luxemburg
Windscheidstr 31 (C 3), ✉ 10627, ☎ (0 30)
3 23 87 30, Fax 3 27 40 03, AX DC VA
Hauptgericht 50; geschl: So

∗∗ Trio
Klausenerplatz 14 (B 1), ✉ 14059, ☎ (0 30)
3 21 77 82
Hauptgericht 35; geschl: Mi,
Do

∗∗ Don Camillo
Schloßstr 7 (C 2), ✉ 14059, ☎ (0 30)
3 22 35 72, Fax 3 22 35 72
Hauptgericht 35; geschl: So,
Jul

∗∗ Ana e Bruno
Sophie-Charlotten-Str 101 (B 1), ✉ 14059,
☎ (0 30) 3 25 71 10, Fax 3 22 68 95, AX
Hauptgericht 40; nur abends; geschl: So,
Mo

∗∗ Französischer Hof
◁ Jägerstr 56 (L 2), ✉ 10117, ☎ (0 30)
2 29 39 69, Fax 2 29 31 52, AX DC ED VA
Hauptgericht 35

∗∗ Du Pont
Budapester Str 1 (G 3), ✉ 10787, ☎ (0 30)
2 61 88 11, Fax 2 61 88 11, AX DC ED VA
Hauptgericht 45; Terrasse; geschl: So, sa
mittags, feiertags, Ende Dez

∗∗ Anselmo
Damaschkestr 17 (C 4), ✉ 10771, ☎ (0 30)
3 23 30 94, Fax 3 24 62 28, AX
Hauptgericht 40; geschl: So

∗∗ Fischküche
Uhlandstr 181 (F 3), ✉ 10623, ☎ (0 30)
8 82 48 62, Fax 8 86 04 29, AX ED VA
Hauptgericht 35; Terrasse; geschl: So, feiertags

✱ **Am Fasanenplatz**
Fasanenstr 42 (F 4), ✉ 10719, ☎ (0 30)
8 83 97 23, Fax 8 81 66 37, AX ED VA
Hauptgericht 35; geschl: So mittags, Mo, Di

✱ **Ponte Vecchio**
Spielhagenstr 3 (C 2), ✉ 10585, ☎ (0 30)
3 42 19 99, DC
Hauptgericht 40; nur abends; geschl: Di

✱ **Bacco**
Marburger Str 5 (F 4), ✉ 10789, ☎ (0 30)
2 11 86 87, Fax 2 11 52 30, AX ED VA
Hauptgericht 40; geschl: Jul-Aug So und mittags

✱ **Il Sorriso**
Kurfürstenstr 76 (G 3), ✉ 10787, ☎ (0 30)
2 62 13 13, Fax 2 65 02 77, AX DC ED VA
Hauptgericht 35; P Terrasse; geschl: So, Ende Dez-Anfang Jan

✱ **Borchardt**
Französische Str 47 (L 2), ✉ 10117,
☎ (0 30) 2 29 31 44, Fax 20 39 71 50, AX VA
Hauptgericht 38; Terrasse
Das Restaurant befindet sich im historischen Gebäude einer traditionsreichen Delikatessenhandlung von 1853

✱ **Hitit**
Anatolisches Restaurant
Knobelsdorffstr 35 (B 2), ✉ 14059, ☎ (0 30)
3 22 45 57, Fax 3 21 18 46
Hauptgericht 25

Lutter+Wegner
⊗ Schlüterstr 55 (E 3), ✉ 10629, ☎ (0 30)
8 81 34 40, Fax 8 81 92 56
Hauptgericht 35; nur abends
Hist. altdeutsche Gaststube seit 1811

Paris Bar
Kantstr 152 (F 3), ✉ 10623, ☎ (0 30)
3 13 80 52, Fax 3 13 28 16, AX
Hauptgericht 52

Hardtke
Meinekestr 27a/b (F 4), ✉ 10719, ☎ (0 30)
8 81 98 27, Fax 8 85 43 87
Hauptgericht 20; Terrasse

Heinz Holl
⊗ Damaschkestr 26 (C 4), ✉ 10711,
☎ (0 30) 3 23 14 04, AX ED
Hauptgericht 30; nur abends; geschl: so+feiertags, in den Sommerferien

Café-Bistro Reinhard's
Poststr 28 (N 2), ✉ 10178, ☎ (0 30)
2 42 52 95, Fax 2 42 41 02, AX DC ED VA
Hauptgericht 25

Enoiteca Il Calice
Giesebrechtstr 19 (D 4), ✉ 10629, ☎ (0 30)
3 24 23 08, Fax 8 82 59 56, AX ED VA
Hauptgericht 25; Terrasse; nur abends

Kurpfalz-Weinstuben
⊗ Wilmersdorfer Str 93 (D 4), ✉ 10629,
☎ (0 30) 8 83 66 64
Hauptgericht 25; nur abends; geschl: Mo, zu Ostern, 3 Wochen im Aug →

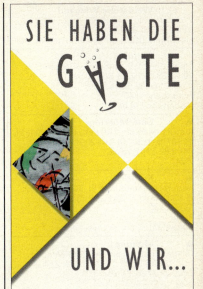

SIE HABEN DIE GÄSTE

UND WIR...

Diese Aufgabe erfordert Spezialisten, die nicht nur Kontakte herstellen, sondern es gleichzeitig verstehen, über die besondere Art dieser Veranstaltungen die Menschen zu bewegen.

HARTMANN & PARTNER ist ein solcher Spezialist.

Jede Veranstaltung erfordert eine genaue zeitliche, örtliche und inhaltliche Planung. Um hier wirklich an alles zu denken und die Gedanken in eine richtige Reihenfolge und einen reibungslosen Ablauf zu bringen, arbeiten wir nach den Prinzipien des Projektmanagements.

...DIE VERANTWORTUNG

HARTMANN & HARTMANN
VERANSTALTUNGSSERVICE GmbH
In den Schifferbergen 14
D-13505 Berlin
Telefon 030-4 36 10 50 · Telefax 030-4 36 10 80

Berlin

Weinstube Wiegand
Weimarer Str 12 (D 3), ✉ 10625, ☎ (0 30)
31 01 27, Fax 3 04 87 06, ED VA
Hauptgericht 30; nur abends; geschl: So

Daitokai
Tauentzienstr 9, im Europa-Center (G 3),
✉ 10789, ☎ (0 30) 2 61 80 99,
Fax 2 61 60 36, AX DC ED VA
Hauptgericht 40
japanische Küche

Café Möhring
Kurfürstendamm 213, Ecke Uhlandstr (F 3),
✉ 10719, ☎ (0 30) 8 81 20 75,
Fax 8 82 43 41, AX VA
7-24

Kranzler
Kurfürstendamm 18 (F 3), ✉ 10719,
☎ (0 30) 8 85 77 20, Fax 8 83 27 37,
AX DC ED VA
8-24
Spezialität: Kranzler Spezialtorte

Möhring
Charlottenstr 55, am Gendarmenmarkt
(L 2), ✉ 10117, ☎ (0 30) 2 03 09 22 40,
Fax 2 29 27 36, AX VA
9-24

Britz
** Park Hotel Blub
Buschkrugallee 60, ✉ 12359, ☎ (0 30)
60 00 36 00, Fax 60 00 37 77, AX DC ED VA
120 Zi, Ez: 205, Dz: 225, 3 Suiten, 36 App, ⌐
WC ☎, 48 ⌂; Lift P ⍰ 2⇔90 ⌘ Fitneßraum
Sauna Solarium ¶

** Britzer Hof
Jahnstr 13, ✉ 12347, ☎ (0 30) 6 85 00 80,
Fax 68 50 08 68, AX DC ED VA
58 Zi, Ez: 120-195, Dz: 130-250, ⌐ WC ☎,
31 ⌂; Lift ⍰ 1⇔28; garni

* Am Buschkrugpark
Buschkrugallee 107, ✉ 12359, ☎ (0 30)
6 00 99 00, Fax 60 09 90 20, AX DC ED VA
25 Zi, Ez: 140-210, Dz: 175-265, ⌐ WC ☎;
Lift P; garni
geschl: Ende Dez-Anfang Jan

* Apart-Hotel-Britz
Bürgerstr 42, ✉ 12347, ☎ (0 30) 6 28 90 30,
Fax 62 89 03 20, AX ED VA
32 Zi, Ez: 110-140, Dz: 120-160, ⌐ WC ☎,
10 ⌂; Lift P ⍰ 1⇔50; garni

Buchholz
* Business-Hotel Berlin
Pasewalkerstr 7, ✉ 13175, ☎ (0 30)
47 69 80, Fax 47 69 84 53, AX DC ED VA
99 Zi, Ez: 99-150, Dz: 158-240, ⌐ WC ☎; Lift
P ⍰; garni

Buckow
* Esprit
Rudower Str 179, ✉ 12351, ☎ (0 30)
6 62 10 51, Fax 6 61 34 60, AX ED VA
15 Zi, Ez: 145-200, Dz: 215-245, ⌐ WC ☎;
Lift P 1⇔20; garni

Dahlem (6 km ↙)
** Forsthaus Paulsborn
≤ einzeln Hüttenweg, am Grunewaldsee,
✉ 14193, ☎ (0 30) 8 13 80 10,
Fax 8 14 11 56, AX DC ED VA
Hauptgericht 30; P Terrasse; geschl: Mo

* Forsthaus Paulsborn
einzeln ☼ ≤ 10 Zi, Ez: 140-190, Dz: 180-245,
⌐ WC ☎; 3⇔80

* Alter Krug
☒ Königin-Luise-Str 52, ✉ 14195, ☎ (0 30)
8 32 50 89, Fax 8 32 77 49, AX DC ED VA
Hauptgericht 35; Gartenlokal P; geschl:
So abends, Mo

Friedrichsfelde
*** Abacus Tierpark Hotel
Franz-Mett-Str 3-9, ✉ 10319, ☎ (0 30)
5 16 20, Fax 5 16 24 00, AX DC ED VA
278 Zi, Ez: 190-230, Dz: 240-280, ⌐ WC ☎,
5 ⌂; Lift P 9⇔350 Fitneßraum Sauna
Solarium ¶
Auch Zimmer der Kategorie ** vorhanden

Friedrichshain
** Upstalsboom
Gubener Str 42, ✉ 10243, ☎ (0 30) 29 37 50,
Fax 29 37 57 77, AX DC ED VA
81 Zi, Ez: 118-160, Dz: 168-195, 4 App, ⌐
WC ☎, 12 ⌂; Lift P ⍰ 1⇔22 Fitneßraum
Sauna Solarium; garni

** Ramada-Garni
Frankfurter Allee 73a, Zufahrt über
Voigtstr, ✉ 10247, ☎ (0 30) 42 83 10,
Fax 42 83 18 10, AX DC ED VA
116 Zi, Ez: 174, Dz: 218, 4 Suiten, ⌐ WC ☎,
46 ⌂; Lift ⍰ 2⇔20 Solarium; garni

** Picco
Gürtelstr 41, ✉ 10247, ☎ (0 30) 29 38 30,
Fax 29 38 32 22, AX DC ED VA
60 Zi, Ez: 121-175, Dz: 173-205, ⌐ WC ☎,
10 ⌂; Lift P ⍰ 1⇔14 Sauna ¶

* East Side Hotel
Mühlenstr 6, ✉ 10243, ☎ (0 30) 29 38 33,
Fax 29 38 35 55
36 Zi, Ez: 140-185, Dz: 185-230, ⌐ WC ☎;
P; ¶

Frohnau (12 km ↑)
* Waldhotel
☼ Schönfließer Str 83, ✉ 13465, ☎ (0 30)
4 01 40 56, Fax 4 06 10 53, ED VA
49 Zi, Ez: 135-150, Dz: 180-220, ⌐ WC ☎; P
2⇔30
Rezeption: 7-21

* Rabennest
Hauptgericht 30

* Kühl's
Oranienburger Chaussee 45, ✉ 13465,
☎ (0 30) 4 01 40 56, Fax 4 06 10 53
Hauptgericht 30
* Ez: 130-150, Dz: 200-220, ⌐ WC
☎; P
Rezeption im Waldhotel →

Ein Quell von Frische & Reinheit

Ob in Hotel, Büro oder Werkhalle...

Sagen Sie Lebewohl zur Schlepperei von Mineralwasserflaschen und nutzen Sie unseren Wasserfall guter Ideen:
- Lieferung von frischeversiegeltem Mineralwasser
- Individuell auf Ihre Bedürfnisse abgestimmte Servicepakete
- Kostenlose Aufstellung des Gerätes bei entsprechender Abnahme von Mineralwasser
- Wasserkühler in zahlreichen Ausfertigungen, vom einfachen Gerät bis zum repräsentativen Luxusmodell

Fragen kostet nichts ! Wir schicken Ihnen gerne kostenlos und unverbindlich weitere Informationen zu

WATERKRACHT DEUTSCHLAND GMBH
Lorenzweg 5 - 12099 Berlin

HOTLINE: (030) 77 111 30 - FAX: (030) 76 902 191

Berlin

Grunewald (5 km ✓)

***** Schloßhotel Vier Jahreszeiten
♂ ⓥ Brahmsstr 10, ✉ 14193, ☎ (0 30)
89 58 40, Fax 89 58 48 00, AX DC ED VA
40 Zi, Ez: 583-645, Dz: 671-695, 12 Suiten,
⊿ WC ☏, 5🛏; Lift 🅿 🍴 4⇔100 🕭 Fitneßraum Sauna Solarium

***** Gourmet-Restaurant Vivaldi
ⓥ Hauptgericht 70; nur abends

*** Le Jardin
Hauptgericht 35; Gartenlokal Terrasse

*** Grand Slam
Gottfried-von-Cramm-Weg 47, ✉ 14193,
☎ (0 30) 8 25 38 10, Fax 8 26 63 00,
AX DC ED VA
Hauptgericht 55; 🅿; nur abends; geschl:
So, Mo, 3 Wochen in den Sommerferien

** Rockendorf im Grunewald
Hagenstr 18, ✉ 14193, ☎ (0 30) 8 25 45 71,
Fax 89 00 62 70, AX DC ED VA
Hauptgericht 45; nur abends; geschl: Mo,
Di

Hohenschönhausen

** BCA Wilhelmsberg
Landsberger Allee 203, ✉ 13055, ☎ (0 30)
97 80 80, Fax 97 80 84 50, AX DC ED VA
305 Zi, Ez: 140-180, Dz: 180-260, S;
5 Suiten, 81 App, ⊿ WC ☏, 24🛏; Lift 🅿
1⇔200 Fitneßraum Sauna Solarium 🍴

Köpenick (10 km ↘)

* Karolinenhof
Pretschener Weg 42, ✉ 12527, ☎ (0 30)
6 75 09 70, Fax 67 50 97 17, ED VA
10 Zi, Ez: 89-109, Dz: 119-169, ⊿ WC ☏,
5🛏; 🅿 1⇔ Sauna Solarium 🍴
Rezeption: 6-20

* Müggelsee
♂ Am Großen Müggelsee, ✉ 12559,
☎ (0 30) 65 88 20, Fax 65 88 22 63,
AX DC ED VA
168 Zi, Ez: 120-250, Dz: 150-300, 6 Suiten,
⊿ WC ☏; Lift 🅿 22⇔200 Sauna Solarium
🍴

* Jorena
Kaulsdorfer Str 149, ✉ 12555, ☎ (0 30)
6 57 10 97, Fax 6 57 21 22
7 Zi, Dz: 118-175, ⊿ WC ☏; 🅿 Sauna; garni

Kreuzberg (2 km →)

** Antares
Stresemannstr 97 (K 3), ✉ 10963, ☎ (0 30)
25 41 60, Fax 2 61 50 27, AX DC ED VA
85 Zi, Ez: 165-290, Dz: 195-360, S; 2 Suiten,
5 App, ⊿ WC ☏, 15🛏; Lift 🅿 🍴 5⇔80 Fitneßraum Sauna Solarium 🍴
geschl: 23.12.-26.12.
Auch einfachere Zimmer vorhanden

** Riehmers Hofgarten
Yorckstr 83 (L 5), ✉ 10965, ☎ (0 30)
78 10 11, Fax 7 86 60 59, AX DC ED VA
25 Zi, Ez: 170-220, Dz: 220-280, 1 App, ⊿
WC ☏; Lift 🍴 1⇔30 🍴

** Altes Zollhaus
Carl-Herz-Ufer 30 (M 4), ✉ 10961, ☎ (0 30)
6 92 33 00, Fax 6 92 35 66, AX DC ED VA
Hauptgericht 45; 🅿 Terrasse; nur abends;
geschl: So, Mo, 2 Wochen im Jan,
2 Wochen im Jul

** Osteria M-Risto-Arte
Hasenheide 48 (N 6), ✉ 10967, ☎ (0 30)
6 93 11 50, ED VA
Hauptgericht 25; Gartenlokal

Lichtenberg (5 km →)

* Nova
Weitlingstr 15, ✉ 11317, ☎ (0 30)
5 25 24 66, Fax 5 25 24 32, AX DC ED VA
38 Zi, Ez: 130-140, Dz: 165-180, ⊿ WC ☏;
Lift 🅿 1⇔24 Solarium; garni
Rezeption: 11-24

Lichtenrade

** Apart-Hotel
Bornhagenweg 24, ✉ 12309, ☎ (0 30)
7 65 90 10, Fax 76 59 01 39, AX ED VA
13 Zi, Ez: 140-190, Dz: 170-190, ⊿ WC ☏;
🅿; garni

* Pension Hackbarth
Franziusweg 22, ✉ 12307, ☎ (0 30)
7 45 70 96, Fax 7 46 40 29, ED VA
11 Zi, Ez: 160, Dz: 180, 2 App, ⊿ WC ☏; 🅿;
garni

Lichterfelde (8 km ↓)

** Villa Toscana Apartments
Bahnhofstr 19, ✉ 12207, ☎ (0 30)
7 72 39 61, Fax 7 73 44 88, AX DC ED VA
9 Zi, Ez: 158-178, Dz: 276, 7 App, ⊿ WC ☏;
Lift 🅿 1⇔12; garni
Rezeption: 7-20
Zum Teil Kitchenettes/Frühstück nur als
Zimmerservice möglich

** Park-Café
Bäkestr 15, ✉ 12207, ☎ (0 30) 7 72 90 95,
Fax 7 72 90 94
Hauptgericht 35; Terrasse

* Polonaise
Ferdinadstr 33, ✉ 12209, ☎ (0 30)
7 72 15 00
Hauptgericht 20
Schlesische Küche

Mariendorf

** Landhaus Alpinia ♛
Säntisstr 32, ✉ 12107, ☎ (0 30) 76 17 70,
Fax 7 41 98 35, AX ED VA
58 Zi, Ez: 145-230, Dz: 170-330, ⊿ WC ☏;
Lift 🅿 🍴 1⇔20 Sauna Solarium

** Säntisstuben
Hauptgericht 35

Mitte

** Pension Kastanienhof
♂ Kastanienallee 65, ✉ 10119, ☎ (0 30)
44 30 50, Fax 4 43 05 -1 11, ED VA
33 Zi, Ez: 130-160, Dz: 160-180, 2 Suiten, ⊿
WC ☏; Lift 1⇔15; garni
Rezeption: 7-20

→

Wenn's von Dauer sein soll...

...Beratung für Insider

Alles aus einer Hand

**Beratung
Planung
Realisierung
Service**

Büromöbel

Bürotechnik

Büromaterial

Telekommunikation

Bfl GmbH Berlin
Linienstraße 138 · 10115 Berlin
Telefon 0 30 / 2 80 51 06
Telefax 0 30 / 2 82 32 29

Berlin

Moabit (1,5 km ←)

*** Sorat Hotel Spree-Bogen
Alt-Moabit 99, ✉ 10559, ☎ (0 30) 39 92 00,
Fax 39 92 09 99, AX DC ED VA
220 Zi, Ez: 210-300, Dz: 280-370, S; 1 Suite,
⊿ WC, 50🖂; Lift 🖼 5⇌240 Fitneßraum
Sauna Solarium

** Alte Meierei
Hauptgericht 30; 🅿 Terrasse

** Tiergarten
Alt Moabit 99, ✉ 10559, ☎ (0 30)
39 98 96 00, Fax 3 93 86 92, AX DC ED VA
40 Zi, Ez: 150-180, Dz: 180-210, ⊿ WC ☎,
4🖂; Lift 🅿 🖼; garni

** Park Consul
Alt Moabit 86 a, ✉ 10555, ☎ (0 30)
39 07 80, Fax 39 07 89 00, AX DC ED VA
52 Zi, Ez: 175-275, Dz: 215-325, ⊿ WC ☎,
16🖂; Lift 🖼; garni

** Alfa
Ufnaustr 1, ✉ 10553, ☎ (0 30) 3 44 00 31,
Fax 3 45 21 11, AX DC ED VA
33 Zi, Ez: 140-226, Dz: 180-260, 2 Suiten, ⊿
WC ☎; Lift 🖼 1⇌35 🍴
Auch Zimmer der Kategorie * vorhanden

Neukölln

** Estrel Residence Hotel
♤ -♦ Sonnenallee 225, ✉ 12057, ☎ (0 30)
6 83 10, Fax 68 31 23 45, AX DC ED VA
1045 Zi, Ez: 179-194, Dz: 199-214, S;
80 Suiten, ⊿ WC ☎, 423🖂; Lift 🖼
70⇌1470 Fitneßraum Sauna Solarium 🍴
Auch Zimmer der Kategorie *** vorhanden

** Sorat
(Top International Hotel)
Rudower Str 90, ✉ 12351, ☎ (0 30)
60 00 80, Fax 60 00 86 66, AX DC ED VA
96 Zi, Ez: 185-260, Dz: 230-290, S; ⊿ WC ☎,
24🖂; Lift 🖼 8⇌90 Solarium; garni

** Best Western Euro Consul
Sonnenallee 6, ✉ 12047, ☎ (0 30) 61 38 20,
Fax 61 38 22 22, AX DC ED VA
70 Zi, Ez: 178-245, Dz: 195-285, ⊿ WC ☎,
14🖂; Lift 🖼 2⇌80; garni

Neukölln-Rudow

* Brit's
Rudower Str 80, ✉ 12351, ☎ (0 30)
60 90 50, Fax 6 02 30 14, AX DC ED VA
80 Zi, Ez: 100-160, Dz: 140-220, ⊿ WC ☎;
Lift 🅿 1⇌24 🍴

Pankow (10 km ↑)

** Solitaire
Hermann Hesse Str 64, ✉ 13156, ☎ (0 30)
91 60 10, Fax 91 60 11 00, AX ED
69 Zi, Ez: 125-170, Dz: 155-190, S;
19 Suiten, 43 App, ⊿ WC ☎; Lift 🅿 🖼
2⇌80 Fitneßraum Sauna Solarium 🍴

* Idaia
Idastr 10, ✉ 13156, ☎ (0 30) 4 76 57 21,
Fax 4 76 59 40, ED VA
23 Zi, Ez: 110-160, Dz: 160-200, ⊿ WC ☎,
7🖂; Lift 🅿 1⇌50 Solarium 🍴

Prenzlauer Berg (2 km ↑)

*** Sorat Hotel Gustavo
♤ Prenzlauer Allee 169, ✉ 10409, ☎ (0 30)
44 66 10, Fax 44 66 16 61, AX DC ED VA
123 Zi, Ez: 190-270, Dz: 240-310, S; ⊿ WC
☎, 46🖂; Lift 🖼 3⇌90; garni

* Greifswald
♤ Greifswalder Str 211, ✉ 10405, ☎ (0 30)
4 42 78 88, Fax 4 42 78 98, AX DC ED VA
25 Zi, Ez: 120-145, Dz: 150-170, 2 App, ⊿
WC ☎; 🅿; garni

** Offenbach-Stuben
🍷 Stubbenkammerstr 8, ✉ 10437, ☎ (0 30)
4 45 85 02, Fax 4 44 56 38, AX DC ED VA
Hauptgericht 25; Terrasse; nur abends

Restauration 1900
Husemannstr 1, ✉ 10435, ☎ (0 30)
4 42 24 94, AX ED
Hauptgericht 20
Wechselnde Ausstellung junger Künstler

Reinickendorf (7 km ↖)

** Carat
Ollenhauerstr 111, ✉ 13403, ☎ (0 30)
41 09 70, Fax 41 09 74 44, AX ED VA
41 Zi, Ez: 125-245, Dz: 150-315, 1 App, ⊿
WC ☎, 12🖂; Lift 🅿 3⇌80; garni

** Econtel Airport Tegel
(Juwel Hotel)
Gotthardstr 96, ✉ 13403, ☎ (0 30) 49 88 40,
Fax 49 88 45 55, AX ED VA
304 Zi, Ez: 164-264, Dz: 183-265, S; 80 App,
⊿ WC ☎, 76🖂; Lift 🅿 🖼 5⇌130 🍴

** Blattl's Comfort-Aparthotel
Holländer Str 31-34, ✉ 13407, ☎ (0 30)
45 60 90, Fax 45 60 98 00
175 Zi, Ez: 130, Dz: 160-170, ⊿ WC ☎; Lift
🖼 🍴

** Novotel Berlin-Airport
Kurt-Schumacher-Damm 202, ✉ 13405,
☎ (0 30) 4 10 60, Fax 4 10 67 00, AX DC ED VA
184 Zi, Ez: 207, Dz: 259, ⊿ WC ☎, 72🖂; Lift
🅿 12⇌250 ≋ Fitneßraum Sauna Solarium

* Le Jardin
Hauptgericht 25; Terrasse

* Central
Kögelstr 12, ✉ 13403, ☎ (0 30) 49 88 10,
Fax 49 88 16 50, AX ED VA
70 Zi, Ez: 100-165, Dz: 130-200, ⊿ WC ☎;
Lift 🅿; garni

* CD
Blankestr 11, ✉ 13403, ☎ (0 30) 4 96 05 55,
Fax 4 96 05 40, ED VA
10 Zi, Ez: 140-160, Dz: 190-210, ⊿ WC ☎; 🅿
🍴

* Ibis
Alt Reinickendorf 4, ✉ 13407, ☎ (0 30)
49 88 30, Fax 49 88 34 44, AX DC ED VA
116 Zi, Ez: 150-200, Dz: 165-215, S; ⊿ WC
☎, 29🖂; Lift 🅿 🖼 4⇌90 🍴

Berlin

Schönefeld

* Albergo
Dorfstr 20, ✉ 12529, ☏ (0 30) 66 09 40,
Fax 6 60 94 25, AX DC ED VA
10 Zi, Ez: 120-160, Dz: 185, ⊿ WC ☏; 1⇔35
🍴

** Mövenpick
Airport Berlin-Schönefeld, ✉ 12521,
☏ (0 30) 60 91 52 50, Fax 60 91 52 51,
AX DC ED VA
Hauptgericht 20

Siemensstadt (6 km ←)

*** Holiday Inn Berlin Esplanade
Rohrdamm 4, ✉ 13629, ☏ (0 30) 38 38 90,
Fax 38 38 99 00, AX DC ED VA
314 Zi, Ez: 255-345, Dz: 320-410, S;
4 Suiten, 18 App, ⊿ WC ☏, 134🅿; Lift 🅿 🚗
11⇔400 ≋ Fitneßraum Sauna Solarium

** Il Faggio
Hauptgericht 34; Terrasse; geschl: So, Sa

** Novotel Berlin-Siemensstadt
Ohmstr - 6, ✉ 13629, ☏ (0 30) 3 80 30,
Fax 3 81 94 03, AX DC ED VA
119 Zi, Ez: 124-239, Dz: 158-259, 5 Suiten,
⊿ WC ☏, 51🅿; Lift 🅿 9⇔250 ≋ 🍴

Spandau (12 km ←)

** Neotel Senator
-≼ Freiheit 5, ✉ 13597, ☏ (0 30) 33 09 80,
Fax 33 09 89 80, AX DC ED VA
115 Zi, Ez: 160-250, Dz: 180-300, 1 Suite, ⊿
WC ☏; Lift 🅿 1⇔100 🍴

** Achat
Heidereuterstr 7-38, ✉ 13597, ☏ (0 30)
33 07 20, Fax 33 07 24 55, AX DC ED VA
69 Zi, Dz: 160-350, ⊿ WC ☏, 8🅿; Lift 🅿
2⇔60 Sauna Solarium; **garni**

* Herbst
Moritzstr 20, ✉ 13597, ☏ (0 30) 3 33 40 32,
Fax 3 33 73 65, AX ED VA
21 Zi, Ez: 110-135, Dz: 160-195, ⊿ WC ☏;
🅿; **garni**
geschl: Ende Dez-2.1.97

* Kolk
Hoher Steinweg 7, ✉ 13597, ☏ (0 30)
3 33 88 79
Hauptgericht 25; Gartenlokal; geschl: Mo

Steglitz (6 km ↓)

*** Steglitz International
Albrechtstr, ✉ 12120, ☏ (0 30) 79 00 50,
Fax 79 00 55 30, AX DC ED VA
208 Zi, Ez: 175-205, Dz: 225-265, 3 Suiten,
⊿ WC ☏, 48🅿; Lift 9⇔400

** Schloßpark
Hauptgericht 30

* Ravenna
Grunewaldstr 8, ✉ 12165, ☏ (0 30)
79 09 10, Fax 7 92 44 12, AX ED VA
55 Zi, Ez: 135-148, Dz: 185-198, 3 Suiten,
1 App, ⊿ WC ☏; Lift 🅿 🚗 1⇔20; **garni**

* Am Forum Steglitz
Büsingstr 1, ✉ 12161, ☏ (0 30) 8 50 80 40,
Fax 8 59 22 98, AX DC ED VA
31 Zi, Ez: 165, Dz: 195, 4 App, ⊿ WC ☏; Lift
🅿 🚗

* Borger's
Hauptgericht 20; nur abends

Udagawa
Feuerbachstr 24, ✉ 12163, ☏ (0 30)
7 92 23 73
Hauptgericht 35; nur abends; geschl: Di

⬛ Senst
Schloßstr 96, ✉ 12165, ☏ (0 30) 7 91 60 04,
Fax 7 93 12 81
9-19.30, Sa bis 19, So 11-19

Tegel (10 km ↖)

** Sorat Humboldt Mühle
♂ An der Mühle 5-9, ✉ 13507, ☏ (0 30)
43 90 40, Fax 43 90 44 44, AX DC ED VA
118 Zi, Ez: 190-250, Dz: 240-300, S;
2 Suiten, ⊿ WC ☏, 29🅿; Lift 🅿 🚗 7⇔90
Fitneßraum Sauna Solarium
Eigene Hoteljacht (Charter möglich)

** Seaside
-≼ Hauptgericht 25; Terrasse

* Am Tegeler See
Wilkestr 2, ✉ 13507, ☏ (0 30) 4 38 40,
Fax 4 38 41 50, AX DC ED VA
50 Zi, Ez: 95-145, Dz: 175-210, 7 Suiten,
2 App, ⊿ WC ☏; Lift 🅿 🚗 1⇔20 🍴

* Alt-Tegel
Treskowstr 3, ✉ 13507, ☏ (0 30) 4 38 00 70,
Fax 4 33 86 63, ED VA
17 Zi, Ez: 110-135, Dz: 185-210, 1 App, ⊿
WC ☏; 🅿; **garni**

Alter Fritz
Brauhaus Joh. Albrecht
Karolinenstr 12, ✉ 13507, ☏ (0 30)
4 34 10 97, Fax 4 33 82 27, AX VA
Hauptgericht 25; Terrasse Biergarten

Tempelhof

** Alt Tempelhof
Luise-Henriette-Str 4, ✉ 12103, ☏ (0 30)
75 68 50, Fax 75 68 51 00, AX DC ED VA
53 Zi, Ez: 150-180, Dz: 180-230, S; ⊿ WC ☏,
19🅿; Lift 🚗 2⇔25; **garni**

Waidmannslut (11 km ↗)

*** Rockendorfs Restaurant 🍷🍷
Düsterhauptstr 1, ✉ 13469, ☏ (0 30)
4 02 30 99, Fax 4 02 27 42, AX DC ED VA
Hauptgericht 60; 🅿; geschl: So, Mo, Mitte
Jul-Mitte Aug, Ende Dez-Anfang Jan

Wannsee (15 km ↙)

** Forsthaus an der Hubertusbrücke
♂ -≼ Stölpchenweg 45, ✉ 14109, ☏ (0 30)
8 05 30 54, Fax 8 05 35 24, AX DC ED VA
22 Zi, Ez: 220-250, Dz: 280-320, ⊿ WC ☏; 🅿
⬛; **garni** →

Berlin

| * | **Wirtshaus Halali** | ✛ |

Königstr 24, ✉ 14109, ☎ (0 30) 8 05 31 25, Fax 8 05 92 01, AX ED VA
Hauptgericht 30; Biergarten; nur abends, so + feiertags auch mittags; geschl: Di, 2 Wochen im Jan, 2 Wochen im Aug

Wedding (5 km ↘)
** **Holiday Inn Garden Court Berlin-Humboldt Park**
Hochstr 2, ✉ 13357, ☎ (0 30) 46 00 30, Fax 46 00 34 44, AX DC ED VA
220 Zi, Ez: 195-295, Dz: 245-340, S; 11 Suiten, ⌐ WC ☎, 15✉; Lift 🅿 🗐 5↔300 Fitneßraum Sauna Solarium ⭐

** **Arcos Appartement-Hotel**
Genterstr 53 a/b, ✉ 13353, ☎ (0 30) 45 48 64 54, Fax 45 48 61 23, AX DC ED VA
45 Zi, Ez: 110-180, Dz: 220-250, ⌐ WC ☎; Lift 🅿 🗐 Fitneßraum Langzeitvermietung

** **Gästehaus Axel Springer**
Föhrer Str 14, ✉ 13353, ☎ (0 30) 45 00 60, Fax 4 50 06 46, AX DC ED VA
35 Zi, Ez: 149, Dz: 204, ⌐ WC ☎; Lift 🅿; garni

Wilmersdorf
** **Agon**
Xantener Str 4 (F 3), ✉ 10707, ☎ (0 30) 88 59 93-0, Fax 8 82 45 68, AX DC ED VA
60 Zi, Ez: 148-198, Dz: 176-236, ⌐ WC ☎; 20✉; Lift 🅿 2↔35; garni

Wittenau (10 km ↘)
* **Rheinsberg am See**
← Finsterwalder Str 64, ✉ 13435, ☎ (0 30) 4 02 10 02, Fax 4 03 50 57, ED VA
81 Zi, Ez: 169-199, Dz: 199-230, ⌐ WC ☎; Lift 🅿 2↔30✉ ≋ ≘ Seezugang Fitneßraum Sauna Solarium
Auch Zimmer der Kategorie ** vorhanden
** **Hugenottenschänke**
Hauptgericht 30; Gartenlokal Terrasse

Zehlendorf (10 km ↗)
** **Cristallo**
Teltower Damm 52, ✉ 14167, ☎ (0 30) 8 15 66 09, Fax 8 15 32 99, AX VA
Hauptgericht 35; 🅿 Terrasse; geschl: Di

Berlinchen 21 ↙

Brandenburg — Kreis Wittstock — 78 m — Wittstock 9, Neustrelitz 45 km
ℹ ☎ (03 39 66) 3 42 — Gemeindeverwaltung, Dorfstr 18, 16909 Berlinchen

* **Reiterhof**
Dorfplatz 3, ✉ 16909, ☎ (03 39 66) 2 09, Fax 2 91, VA
20 Zi, Ez: 75-85, Dz: 120, ⌐ WC ☎; 🅿 ⭐

Bermatingen 69 ↙

Baden-Württemberg — Bodenseekreis — 434 m — 3 400 Ew — Markdorf 4, Salem 8, Meersburg 11 km
ℹ ☎ (0 75 44) 9 50 20, Fax 95 02 26 — Verkehrsamt, Salemer Str 1, 88697 Bermatingen. Sehenswert: Kath. Kirche; Fachwerkbauten; Bermatinger Torkel

* **Haus Buchberg**
Buchbergstr 13, ✉ 88697, ☎ (0 75 44) 95 56-0, Fax 95 56 06, ED VA
15 Zi, Ez: 70, Dz: 120, ⌐ WC ☎; 🅿 🗐; garni
geschl: Mitte Jan-Mitte Feb

Bernau 67 ↘

Baden-Württemberg — Kreis Waldshut — 930 m — 2 000 Ew — Schönau im Schwarzwald 21, Waldshut 32, Freiburg 50 km
ℹ ☎ (0 76 75) 16 00 30, Fax 16 00 90 — Kurverwaltung, Rathausstr 18, 79872 Bernau; Luftkurort und Wintersportplatz im Schwarzwald. Sehenswert: Hans-Thoma-Museum im Rathaus; Resenhof; Sonnenuhren

Dorf
* **Gasthof Bergblick**
← Hasenbuckweg 1, ✉ 79872, ☎ (0 76 75) 4 24, Fax 14 66
12 Zi, Ez: 55-61, Dz: 100-125, 5 App, ⌐ WC ☎; 🅿 🗐 Sauna ⭐
geschl: Di, Nov, Dez

Riggenbach
* **Schwarzwaldgasthof Adler**
Riggenbacher Landstr 10, ✉ 79872,
☎ (0 76 75) 8 08, Fax 14 65, AX ED
19 Zi, Ez: 45-60, Dz: 90-120, ⌐ WC ☎; Lift 🅿 Sauna
Rezeption: 10-23; geschl: Mo, Ende Nov-Ende Dez
* ⊗ Hauptgericht 25; geschl: Mo
Ältester Gasthof in Bernau, von 1698

Bernau 30 ↗

Brandenburg — Kreis Barnim — 80 m — 21 000 Ew — Berlin 23, Eberswalde 26 km
ℹ ☎ (0 33 38) 36 53 88, Fax 87 36 — Stadtverwaltung, Marktplatz 2, 16321 Bernau. Sehenswert: Stadtmauer, Steintor, Hundurturm; St. Marienkirche; Herz-Jesu-Kirche; Kantorhaus

** **Kaisergarten**
Breitscheidstr 32, ✉ 16321, ☎ (0 33 38) 36 34 04, Fax 36 34 66, AX DC ED VA
70 Zi, Ez: 135, Dz: 180, ⌐ WC ☎, 6✉; Lift 2↔40 ⭐

** **Comfort-Hotel**
Zepernicker Chaussee 39, ✉ 16321,
☎ (0 33 38) 29 71, Fax 3 87 02, AX DC ED VA
48 Zi, Ez: 120-140, Dz: 140-175, ⌐ WC ☎, 8✉; 🅿 Sauna Solarium; garni

Bernau a. Chiemsee 73 ✓

Bayern — Kreis Rosenheim — 540 m — 6 200 Ew — Prien 6, Grassau 7, Rosenheim 25 km
🛈 ☎ (0 80 51) 80 08 51, Fax 80 08 50 — Verkehrsamt, Aschauer Str 10, 83233 Bernau; Luftkurort

*   Gasthof Alter Wirt
Kirchplatz 9, ✉ 83233, ☎ (0 80 51) 8 90 11, Fax 8 91 03
19 Zi, Ez: 75, Dz: 110, ⌐⌐ WC ☎; **P** 🚗 🍴
geschl: Mo, Nov
Im Gästehaus Bonnschlößl Zimmer der Kategorie ****** vorhanden

*   Talfriede
Kastanienallee 1, ✉ 83233, ☎ (0 80 51) 74 18, Fax 77 02, AX DC ED VA
29 Zi, Ez: 88-145, Dz: 125-195, ⌐⌐ WC ☎; **P**
Rezeption: 7-12, 16-22; geschl: Nov-Mär
Restaurant für Hausgäste

*   Jägerhof
Rottauer Str 15, ✉ 83233, ☎ (0 80 51) 7 37 7, Fax 78 29, ED VA
Hauptgericht 25; Gartenlokal **P**; geschl: Di, Mi, 2 Wochen im Apr, Nov
*   ⦿ 10 Zi, Ez: 63-76, Dz: 96-128, 2 Suiten, ⌐⌐ WC ☎; 1♻50
geschl: Di, Mi, 2 Wochen im Apr, Nov

Bernau a. Chiemsee-Außerhalb (4 km ✓)
Richtung Aschau

*   Seiserhof
☼ ⦿ Reit 5, ✉ 83233, ☎ (0 80 51) 98 90, Fax 8 96 46
26 Zi, Ez: 50-70, Dz: 96-120, 1 Suite, 6 App, ⌐⌐ WC ☎; **P** 🚗 🍴
Rezeption: 7-21; geschl: Di, Mi 15.11.-24.12., 15.1.-30.1.
Auch Zimmer der Kategorie ****** vorhanden
*   ⦿ Hauptgericht 15; Gartenlokal Terrasse; geschl: Mitte Nov-Mitte Dez, 2 Wochen im Jan

*   Gasthof Seiser-Alm
☼ ⦿ Reit 4, ✉ 83233, ☎ (0 80 51) 74 04, Fax 86 20, ED
24 Zi, Ez: 60, Dz: 120, ⌐⌐ WC ☎; Lift 1♻150 Sauna Solarium
Rezeption: 9-24; geschl: Do, Fr, 20.10.-20.11.
*   ⦿ Hauptgericht 22; Biergarten Terrasse; geschl: Do, Fr, 20.10-20.11.

Eichet (3 km ↗)
*   Gasthof Chiemsee
⦿ Zellerhornstr 1, ✉ 83233, ☎ (0 80 51) 72 45, Fax 88 39
25 Zi, Ez: 70-80, Dz: 110-130, ⌐⌐ WC ☎; **P** 🚗
Kegeln 🍴
geschl: Di, Nov

Felden (5 km ↑)
**   Seehotel Fischerstüberl
☼ ⦿ Haus Nr 4, ✉ 83233, ☎ (0 80 51) 72 17, Fax 74 40, AX DC ED VA
29 Zi, Ez: 105-115, Dz: 160-180, ⌐⌐ WC ☎; Lift **P** Sauna Solarium
geschl: Mitte Nov-Mitte Dez
*   ⦿ Hauptgericht 25; geschl: Mi, Mitte Nov-Mitte Dez

Bernburg (Saale) 38 ↑

Sachsen-Anhalt — Kreis Bernburg — 72 m — 39 000 Ew — Stassfurt 15, Magdeburg 46 km
🛈 ☎ (0 34 71) 2 60 96, Fax 2 60 98 — Stadtinformation, Lindenplatz 9, 06406 Bernburg. Sehenswert: Renaissance Schloß

***   Parkhotel Parforce-Haus
Aderstedter Str 1, ✉ 06406, ☎ (0 34 71) 36 20, Fax 36 21 11, AX ED VA
97 Zi, Ez: 100-130, Dz: 150-170, 6 Suiten, ⌐⌐ WC ☎, 8🅿; Lift **P** 5♻120 Fitneßraum Sauna Solarium
**   Hauptgericht 30   ✤

**   Askania
Breite Str 2, ✉ 06406, ☎ (0 34 71) 35 40, Fax 35 41 35, AX DC ED VA
47 Zi, Ez: 105, Dz: 165, ⌐⌐ WC ☎, 3🅿; **P** 2♻40 Kegeln Sauna Solarium 🍴

*   Bärenzwinger
Bärstr 30 c, ✉ 06406, ☎ (0 34 71) 37 02 22, Fax 37 02 23, AX ED VA
16 Zi, Ez: 98-118, Dz: 118-160, 1 Suite, 1 App, ⌐⌐ WC ☎; 🚗 1♻16; **garni**

*   Ulmer Spatz
Heinrich-Zille-Str 2, ✉ 06406, ☎ (0 34 71) 2 40 21/2 40 33, Fax 2 40 60, AX ED VA
18 Zi, Ez: 88-115, Dz: 126-148, ⌐⌐ WC ☎; **garni**

*   Kammerhof
Breite Str 62, ✉ 06406, ☎ (0 34 71) 2 20 06, Fax 2 11 88, AX ED VA
19 Zi, Ez: 70-90, Dz: 110-130, 1 App, ⌐⌐ WC ☎; **P**; **garni**

Berne 17 ←

Niedersachsen — Kreis Brake — 5 m — 6 600 Ew — Brake 20, Nordenham 50 km
🛈 ☎ (0 44 06) 94 19, Fax 94 11 49, Gemeindeverwaltung, 27804 Berne

**   Akzent-Hotel Weserblick
⦿ Juliusplate 6, ✉ 27804, ☎ (0 44 06) 9 28 20, Fax 92 82 50, AX DC ED VA
12 Zi, Ez: 109-129, Dz: 160-190, ⌐⌐ WC ☎; **P**
Seezugang Strandbad 2♻80 🍴; geschl: Mo, 2.1.-10.1.97

Berneck, Bad 58 ↑

Bayern — Kreis Bayreuth — 450 m —
5 200 Ew — Bayreuth 15, Münchberg
21 km

ℹ️ ☎ (0 92 73) 89 16, Fax 89 36 — Kurverwaltung, Bahnhofstr 77, 95460 Bad Berneck;
Kneippheilbad und Luftkurort im Fichtelgebirge. Sehenswert: Burgruinen

✻ **Hübner** ✤
Marktplatz 34, ✉ 95460, ☎ (0 92 73) 82 82,
Fax 80 57, AX DC ED VA
Hauptgericht 18; geschl: Do, Jan

Goldmühl (2 km ↘)
✻ **Gasthof Schwarzes Roß mit Gästehäusern**
✿ Goldmühl 11, ✉ 95460, ☎ (0 92 73) 3 64,
Fax 52 34, AX ED
24 Zi, Ez: 60-90, Dz: 70-140, 1 Suite, 5 App,
⇃ WC ☏; **P**
geschl: So abends, 1.-10.Nov 97
✻ Hauptgericht 15; Biergarten **P**;
geschl: So abends, 1.-10.Nov

Bernhausen siehe Filderstadt

Bernkastel-Kues 53 ↘

Rheinland-Pfalz — Kreis Bernkastel-Wittlich — 113 m — 7 000 Ew — Zell 45,
Trier 58 km

ℹ️ ☎ (0 65 31) 40 23, Fax 79 53 — Tourist-Information, im Stadtteil Bernkastel,
Gestade 5, 54470 Bernkastel-Kues; Erholungsort an der Mosel. Sehenswert: Marktplatz mit Rathaus; Fachwerkhäuser;
Michaelsturm; Burg Landshut ≼; in Kues:
St. Nikolaus-Hospital: Bibliothek; Moselwein-Museum; Cusanus-Geburtshaus

Bernkastel
✻✻ **Zur Post**
Gestade 17, ✉ 54463, ☎ (0 65 31) 20 22,
Fax 29 27, AX DC ED VA
42 Zi, Ez: 85-105, Dz: 150-180, ⇃ WC ☏; Lift
P 🍴 2⇔50 Fitneßraum Sauna Solarium
geschl: Jan
✻✻ **Poststube**
Hauptgericht 30; geschl: Jan

✻ **Behrens**
≼ Schanzstr 9, ✉ 54470, ☎ (0 65 31) 60 88,
Fax 60 89, AX DC ED VA
25 Zi, Ez: 65-130, Dz: 110-150, ⇃ WC ☏,
20🛏; Lift **P** 🍴 2⇔35
Rezeption: 7-20

✻ **Römischer Kaiser**
Markt 29, ✉ 54470, ☎ (0 65 31) 30 38,
Fax 76 72, AX DC ED VA
35 Zi, Ez: 55-95, Dz: 95-160, ⇃ WC ☏
geschl: Anfang Jan-Ende Feb
✻✻ Hauptgericht 35; geschl: 1.1.97-28.2.97

✻ **Doctor Weinstuben**
Hebegasse 5, ✉ 54470, ☎ (0 65 31) 60 81,
Fax 62 96, AX DC ED VA
19 Zi, Ez: 85-95, Dz: 150-160, ⇃ WC ☏; Lift
geschl: Do, Anfang Jan-Mitte Mär
✻ ⊗ Hauptgericht 25; Gartenlokal;
geschl: Do, Anfang Jan-Mitte Mär

✻ **Graacher Tor**
Graacher Str 3, ✉ 54470, ☎ (0 65 31) 22 04,
ED VA
Hauptgericht 25; Terrasse; geschl: im Winter Mi, Mär

Kues
✻✻ **Moselpark**
Im Kurpark, ✉ 54470, ☎ (0 65 31) 50 80,
Fax 50 86 12, AX ED VA
98 Zi, Ez: 145-179, Dz: 198-278, 12 Suiten,
38 App, ⇃ WC ☏; Lift **P** 11⇔400 🍴 Fitneßraum Kegeln Sauna Solarium
✻ Hauptgericht 30

✻ **Panorama**
✿ ≼ Rebschulweg 48, ✉ 54470, ☎ (0 65 31)
30 61, Fax 9 42 14, DC ED
14 Zi, Ez: 60-75, Dz: 100-130, 2 Suiten, ⇃
WC ☏; **P** 🍴 Sauna Solarium; **garni**
geschl: Mitte Jan-Mitte Feb

✻ **Am Kurpark**
Meisenweg 1, ✉ 54470, ☎ (0 65 31) 30 31,
Fax 0 65 35/ 12 45, AX
13 Zi, Ez: 53-70, Dz: 96-120, 2 App, ⇃ WC
☏; **P**

✻ **Zum Kurfürsten**
Amselweg 1, ✉ 54470, ☎ (0 65 31) 40 41,
AX DC ED VA
13 Zi, Ez: 42-65, Dz: 78-110, ⇃ WC ☏, 6🛏;
P Solarium

✻ **St. Maximilian**
Saarallee 12, ✉ 54470, ☎ (0 65 31) 9 65 00,
Fax 96 50 30, AX ED VA
12 Zi, Ez: 65-80, Dz: 90-110, ⇃ WC ☏; **P** 🍴
†⊙†
geschl: Mitte Nov-Mitte Mär

☕ **Café am Kurpark**
Meisenweg 1, im Hotel am Kurpark,
✉ 54470, ☎ (0 65 31) 30 31, Fax 12 45, AX
Terrasse; 8-22.30

Wehlen (5 km ↘)
✻ **Mosel-Hotel**
✿ ≼ Uferallee 3, ✉ 54470, ☎ (0 65 31)
85 27, Fax 15 46
16 Zi, Ez: 40-90, Dz: 70-160, ⇃ WC; **P**
Rezeption: 8-11, 15-22; geschl: Mitte Nov-Ende Feb
✻✻ ≼ Hauptgericht 25; Biergarten
Gartenlokal; nur abends; geschl: Mitte Nov-Mitte Mär

Bernried 71 □

Bayern — Kreis Weilheim-Schongau — 610 m — 2 000 Ew — Tutzing 7, Weilheim 13, Starnberg 19 km
🛈 ☏ (0 81 58) 60 26, Fax 60 28 — Gemeindeverwaltung, Dorfstr 3, 82347 Bernried; Erholungsort am Starnberger See. Sehenswert: ehem. Augustiner-Chorherrenstift; Wallfahrtskirche Maria Himmelfahrt; Schloß Höhenried

*** **Marina**
♂ ᛫< Am Jachthafen 1-15, ✉ 82347,
☏ (0 81 58) 93 20, Fax 71 17, AX DC ED VA
71 Zi, Ez: 155-285, Dz: 195-295, 1 Suite, 18 App, ᴅ WC ☏; P 6✧100 ≋ ≙ Seezugang Kegeln Sauna Solarium
geschl: Ende Dez-Anfang Jan
Auch Zimmer der Kategorie ****** vorhanden
** ᛫< Hauptgericht 30; Terrasse;
geschl: Ende Dez-Anfang Jan
Zum Hotel gehört das kulturhistorisch interessante Hofgut Bernried. Eigene Landwirtschaft, Wild und Fisch aus eigener Jagd und Zucht.

Bernried 65 →

Bayern — Kreis Deggendorf — 500 m — 4 600 Ew — Schwarzach 7, Deggendorf 11, Bogen 16 km
🛈 ☏ (0 99 05) 2 17, Fax 81 38 — Verkehrsamt, Engerlgasse 25 a, 94505 Bernried; Erholungsort im Bayerischen Wald

* **Bernrieder Hof**
Bogener Str 9, ✉ 94505, ☏ (0 99 05) 83 97, Fax 84 00
Ez: 48-70, Dz: 92-112, 1 Suite, ᴅ WC ☏; Lift P ᛎ 3✧80 Fitneßraum Sauna Solarium ⌑

Rebling (8 km ↗)
** **Reblingerhof (Silencehotel)**
einzeln ♂ ᛫< Kreisstr 3, ✉ 94505,
☏ (0 99 05) 5 55, Fax 18 39, ED
14 Zi, Ez: 76, Dz: 116-140, 5 App, ᴅ WC ☏; P ᛎ ≙ Fitneßraum Sauna Solarium ⌁ Damwildgehege, Forellenweiher
** ᛫< Hauptgericht 25; Terrasse;
geschl: Mo, 15. Nov-24. Dez

Bernsdorf 40 →

Sachsen — Kreis Hoyerswerda — 147 m — 5 300 Ew — Hoyerswerda 15, Dresden 50 km
🛈 ☏ (03 57 23) 92 24, Fax 92 26 33 — Stadtverwaltung, Rathausallee 2, 02994 Bernsdorf. Sehenswert: Dorfmuseum; Dubringer-Moor; Teichlandschaft

* **Deutsches Haus**
Kamenzer Str 1, ✉ 02994, ☏ (03 57 23) 3 95
16 Zi, Ez: 100-110, Dz: 130, ᴅ WC ☏; P ⌑

Bersenbrück 24 □

Niedersachsen — Kreis Osnabrück — 38 m — 7 000 Ew — Osnabrück 32, Cloppenburg 38 km
🛈 ☏ (0 54 39) 62 42, Fax 62 88 — Stadtverwaltung, Lindenstr 2, 49593 Bersenbrück. Sehenswert: Ehem. Kloster

* **Lange**
Am Brink 1, ✉ 49593, ☏ (0 54 39) 22 51, Fax 34 63, ED
13 Zi, Ez: 45-55, Dz: 85-98, ᴅ WC ☏; P ᛎ 1✧40 Kegeln
⌑ Hauptgericht 20

Bertrich, Bad 52 ↗

Rheinland-Pfalz — Kreis Cochem-Zell — 165 m — 1 200 Ew — Zell 17, Wittlich 25, Cochem 26 km
🛈 ☏ (0 26 74) 93 22 22, Fax 93 22 20 — Tourist Information, Kurfürstenstr 32, 56864 Bad Bertrich; Heilbad in der Eifel. Sehenswert: Schlößchen; Glaubersalztherme; Thermalbäder

** **Kurhotel am Kurfürstlichen Schlößchen**
♂ Kurfürstenstr 34, ✉ 56864, ☏ (0 26 74) 8 34, Fax 8 37, AX DC ED VA
40 Zi, Ez: 70-95, Dz: 155-190, ᴅ WC ☏; Lift ᛎ 3✧250
** Hauptgericht 25

** **Kurhotel Fürstenhof**
Kurfürstenstr 36, ✉ 56864, ☏ (0 26 74) 93 40, Fax 7 37, AX ED
64 Zi, Ez: 90-120, Dz: 180-220, 5 Suiten, ᴅ WC ☏; Lift P ᛎ 2✧30 ≙ Fitneßraum Sauna Solarium
Auch Zimmer der Kategorie ***** vorhanden
* Hauptgericht 35; Gartenlokal Terrasse

* **Quellenhof**
Kurfürstenstr 25, ✉ 56864, ☏ (0 26 74) 18 90, Fax 18 91 00
40 Zi, Ez: 75-78, Dz: 130-150, ᴅ WC ☏; Lift P 1✧50

* **Bertricher Hof**
᛫< Am Schwanenteich 7, ✉ 56864, ☏ (0 26 74) 4 30, Fax 8 16
15 Zi, Ez: 64-78, Dz: 126-142, 3 App, ᴅ WC ☏; P ⌑
Rezeption: 8-21; geschl: Dez

* **Am Schwanenweiher**
♂ Am Schwanenweiher, ✉ 56864, ☏ (0 26 74) 6 69, Fax 5 33
12 Zi, Ez: 65-75, Dz: 118-140, 3 App, ᴅ WC ☏; P ᛎ ⌁; garni →

Bertrich, Bad

* **Residenz**
Am Schwanenweiher 9, ✉ 56864,
☎ (0 26 74) 8 85, Fax 15 00
16 Zi, Ez: 58-68, Dz: 98-105, ⊿ WC ☎; 🅿
Restaurant für Hausgäste

Thomas
Kurfürstenstr 53, ✉ 56864, ☎ (0 26 74) 3 55,
Fax 3 52
9.30-18.30
Spezialität: Bad Bertricher Makronen

Bertsdorf-Hörnitz 41 ↗

Sachsen — Zittau — 2 400 Ew
ℹ ☎ (0 35 83) 51 26 47 — Gemeindeverwaltung, Olbersdorfer Str 3, 02763 Bertsdorf

Hörnitz
** **Schloßhotel Althörnitz**
Zittauer Str 9, ✉ 02763, ☎ (0 35 83)
55 00, Fax 55 02 00, AX ED VA
74 Zi, Ez: 90-100, Dz: 130-160, 4 Suiten, ⊿
WC ☎, 18⊠; Lift 🅿 4⇔60 Sauna Solarium
🍽

Bescheid 52 ↗

Rheinland-Pfalz — 400 m — 385 Ew — Hermeskeil 13, Trier 25 km
ℹ ☎ (0 65 09) 2 32 — Gemeindeverwaltung, 54413 Bescheid

Bescheid
** **Zur Malerklause**
Im Hofecken 2, ✉ 54413, ☎ (0 65 09) 5 58,
Fax 10 82, ED
Hauptgericht 35; Biergarten 🅿 Terrasse;
nur abends, Sa + So auch mittags; geschl:
Anfang-Mitte Jan, Anfang Sep

Besenfeld siehe Seewald

Besigheim 61 ↗

Baden-Württemberg — Kreis Ludwigsburg
— 185 m — 10 300 Ew — Bietigheim 5,
Heilbronn 20, Stuttgart 24 km
ℹ ☎ (0 71 43) 37 41, Fax 37 42 89 — Stadtverwaltung, Marktplatz 1, 74354 Besigheim; Stadt an der Mündung der Enz in den Neckar. Sehenswert: Ev Kirche:
Schnitzaltar; Rathaus; Rundtürme; Marktbrunnen

* **Am Markt**
Kirchstr 43, ✉ 74354, ☎ (0 71 43) 38 98,
Fax 38 99, AX DC ED VA
10 Zi, Ez: 93-98, Dz: 130-140, ⊿ WC ☎; 🅿
Sauna; **garni**
geschl: Ende Dez.-Anfang Jan
Haus von 1615

Die von uns genannten Ruhetage und Ruhezeiten werden von den Betrieben gelegentlich kurzfristig geändert.

* **Ortel**
Am Kelterplatz, ✉ 74354, ☎ (0 71 43)
80 71-0, Fax 80 71 80, AX DC ED VA
8 Zi, Ez: 92, Dz: 128, ⊿ WC ☎; Lift 🍽

Bestwig 34 ↘

Nordrhein-Westfalen — Hochsauerlandkreis — 350 m — 12 187 Ew — Meschede 10 km
ℹ ☎ (0 29 04) 8 12 75, Fax 8 12 74 — Verkehrsamt, Bundesstr 150, 59909 Bestwig.
Sehenswert: Bergbaumuseum in Ramsbeck (6 km ↓); Freizeitpark „Fort Fun" in Wasserfall (10 km ↓)

Föckinghausen
* **Waldhaus Föckinghausen**
✉ 59909, ☎ (0 29 04) 97 76-0,
Fax 97 76 76, AX ED VA
17 Zi, Ez: 68, Dz: 118, ⊿ WC ☎; 🅿 2⇔40
geschl: Mitte Nov-Anfang Dez
* Hauptgericht 32; Gartenlokal;
geschl: Mo, Mitte Nov-Mitte Dez

Ostwig (2 km →)
* **Nieder**
Hauptstr 19, ✉ 59909, ☎ (0 29 04) 9 71 00,
Fax 97 10 70, ED
35 Zi, Ez: 74-84, Dz: 116-126, ⊿ WC ☎; Lift
🅿 3⇔45 Kegeln Sauna Solarium 🍽
Rezeption: 9-14, 17-23; geschl: Mo, Mitte
Jul, Jan

Velmede (1 km ←)
** **Frielinghausen**
Oststr 4, ✉ 59900, ☎ (0 29 04) 5 55,
Fax 23 91, AX DC ED VA
Hauptgericht 30; Gartenlokal; geschl: Mo, Mär, Okt
* 8 Zi, Ez: 64, Dz: 110, ⊿ WC ☎; 🅿
Rezeption: 7-14, 17.30-1; geschl: Mo, Mär, Okt

Betzdorf 44 ↘

Rheinland-Pfalz — Kreis Altenkirchen —
186 m — 10 800 Ew — Siegen 23,
Olpe 38 km
ℹ ☎ (0 27 41) 29 10, Fax 2 91 19 — Stadtverwaltung, Hellerstr 2, 57518 Betzdorf; Stadt an der Sieg

* **Bürgergesellschaft**
Augustastr 5, ✉ 57518, ☎ (0 27 41) 10 41,
Fax 32 53, AX DC ED VA
Hauptgericht 30; geschl: Mo mittags
* 8 Zi, Ez: 95-105, Dz: 140-180, ⊿
WC ☎; 🅿 2⇔80 Kegeln

Beuren 62 ↗

Baden-Württemberg — Kreis Esslingen —
440 m — 3 437 Ew — Nürtingen 9, Metzingen 12, Urach 15 km
ℹ ☎ (0 70 25) 21 22, Fax 29 41 — Kurverwaltung, Thermalbadstr 5, 72660 Beuren;
Erholungsort am Fuße der Schwäbischen
Alb. Sehenswert: Burgruine Hohenneuffen, 743 m ⇐ (6 km ↓)

Bevensen, Bad

** Beurener Hof
Hohenneuffenstr 16, ✉ 72660, ☎ (0 70 25)
91 01 10, Fax 9 10 11 33
Hauptgericht 30; Gartenlokal 🅿 Terrasse;
geschl: Di, Mi mittags, 1 Woche zu
Fasching
** 10 Zi, Ez: 60-90, Dz: 120-150, ⌐
WC ☎; 🍴 1⇔
geschl: Di, Mi mittags, 1 Woche zu
Fasching

Beuron 68→

Baden-Württemberg — Kreis Sigmaringen
— 625 m — 900 Ew — Tuttlingen 22, Sigmaringen 30 km
🛈 ☎ (0 74 66) 2 14, Fax 2 14 — Verkehrsamt,
Abteistr 24, 88631 Beuron; Erholungs- und
Wallfahrtsort im oberen Donautal. Sehenswert: Klosterkirche; Burg Wildenstein ◀
(8 km →)

* Pelikan
Abteistr 12, ✉ 88631, ☎ (0 74 66) 4 06,
Fax 4 08
30 Zi, Ez: 60-80, Dz: 100-120, 5 App, ⌐ WC
☎; Lift 🅿 🍴 2⇔60
geschl: Anfang Jan-Anfang Mär
* Hauptgericht 25; geschl: Anfang
Jan-Anfang Mär

Beutelsbach siehe Weinstadt

Bevensen, Bad 19 ⌐

Niedersachsen — Kreis Uelzen — 40 m —
9 800 Ew — Uelzen 17, Lüneburg 27 km
🛈 ☎ (0 58 21) 5 70, Fax 57 66 — Kurverwaltung, Dahlenburger Str, 29549 Bad Bevensen; Heilbad, Kneipp- und Luftkurort am
Ostrand der Lüneburger Heide, am Elbe-Seitenkanal. Sehenswert: Kloster Medingen, Damenstift: Handweberei (2 km ↖);
Balneum

** Kieferneck
♂ Lerchenweg 1, ✉ 29549, ☎ (0 58 21)
5 60, Fax 56 88, 🄴🄳
50 Zi, Ez: 75-125, Dz: 140-230, 1 Suite, ⌐
WC ☎; Lift 🅿 4⇔60 ≙ Sauna Solarium
Rezeption: 6.30-21.30
Auch Zimmer der Kategorie ******* vorhanden
** Klassik
Hauptgericht 25; Terrasse; geschl: Mo

**** Fährhaus
(Ringhotel)**
♂ Alter Mühlenweg 1, ✉ 29549,
☎ (0 58 21) 50 00, Fax 5 00 89, 🄰🅇 🄳🄲 🄴🄳 🅅🄰
47 Zi, Ez: 113-174, Dz: 172-208, 9 Suiten, ⌐
WC ☎; Lift 🅿 🍴 3⇔40 ≙ Kegeln Sauna
Solarium
** Hauptgericht 30; Terrasse

** Kurhotel Ascona
♂ Zur Amtsheide 4, ✉ 29549, ☎ (0 58 21)
5 50, Fax 4 27 18, 🄴🄳 🅅🄰
77 Zi, Ez: 95-110, Dz: 170-200, 1 Suite, ⌐
WC ☎; Lift 🅿 🍴 1⇔30 ≙ Fitneßraum
Sauna Solarium
Restaurant für Hausgäste

** Ilmenautal
♂ Am Klaubusch 11, ✉ 29549, ☎ (0 58 21)
54 00, Fax 4 24 32, 🄴🄳 🅅🄰
42 Zi, Ez: 70-105, Dz: 130-180, ⌐ WC ☎; Lift
🅿
Rezeption: 8-21
** Hauptgericht 30

** Grünings Landhaus
Haberkamp 2, ✉ 29549, ☎ (0 58 21)
9 84 00, Fax 98 40 41
24 Zi, Ez: 135-145, Dz: 216-280, ⌐ WC ☎;
Lift 🅿 ≙ Sauna Solarium
geschl: Jan, Ende Nov-Mitte Dez
** Tessiner
Hauptgericht 38; Terrasse; geschl: Mo, Di,
Ende Nov-Mitte Dez, Jan

** Zur Amtsheide
♂ Zur Amtsheide 5, ✉ 29549, ☎ (0 58 21)
8 51, Fax 8 53 38, 🄰🅇 🄴🄳 🅅🄰
92 Zi, Ez: 80-108, Dz: 154-172, 17 Suiten,
16 App, ⌐ WC ☎; Lift 🅿 1⇔40 ≙ Fitneßraum Sauna Solarium
Rezeption: 7.30-20
Restaurant für Hausgäste. Appartementhotel mit Gästehäusern

** Pension Sonnenhügel
♂ Zur Amtsheide 9, ✉ 29549, ☎ (0 58 21)
54 10, Fax 5 41 12
24 Zi, Ez: 80-90, Dz: 152-160, 8 Suiten,
8 App, ⌐ WC ☎; Lift 🅿 🍴 Fitneßraum
Sauna Solarium
Rezeption: 8-20; geschl: Mitte Dez-Mitte
Jan
Restaurant für Hausgäste

* Residenz
♂ Rosengarten 2, ✉ 29549, ☎ (0 58 21)
4 20 11, Fax 4 20 14, 🄰🅇 🄳🄲 🄴🄳 🅅🄰
32 Zi, Ez: 65-85, Dz: 90-120, 2 Suiten, ⌐ WC
☎; 🅿
* Hauptgericht 25

* Landhaus Zur Aue
♂ An der Aue 1 a, ✉ 29549, ☎ (0 58 21)
9 84 10, Fax 4 27 94
28 Zi, Ez: 59-88, Dz: 130-204, ⌐ WC ☎,
13⊡; Lift 🅿
Rezeption: 9-20; geschl: Nov
Restaurant für Hausgäste

Medingen (2 km ↖)
** Vier Linden
Bevenser Str 3, ✉ 29549, ☎ (0 58 21) 54 40,
Fax 15 84, 🄰🅇 🄳🄲 🄴🄳 🅅🄰
44 Zi, Ez: 85-95, Dz: 140-200, 1 Suite, ⌐ WC
☎, 2⊡; 🅿 🍴 3⇔80 ≙ Sauna Solarium
Auch Zimmer der Kategorie ******* vorhanden
** Hauptgericht 25; Gartenlokal

Bevern

Bevern 36 ↖

Niedersachsen — Kreis Holzminden — 350 m — 4 700 Ew — Holzminden 5 km
🛈 ☎ (0 55 31) 82 36, Fax 8 02 43 — Gemeindeverwaltung, Angerstr, 37639 Bevern. Sehenswert: Schloß

*** Schloß Bevern ♆
⌘ Schloß 1, ✉ 37639, ☎ (0 55 31) 87 83, Fax 87 83, AX DC ED VA
Hauptgericht 40; geschl: Mo, Di mittags, 2 Wochen im Aug

Beverungen 35 →

Nordrhein-Westfalen — Kreis Höxter — 100 m — 6 900 Ew — Höxter 14, Kassel 55 km
🛈 ☎ (0 52 73) 9 22 21, Fax 9 21 20 — Verkehrsamt, Weserstr 10, 37688 Beverungen; Städtchen an der Weser. Sehenswert: Burg Beverungen; hist. Fachwerkhäuser, Dorfkirchen, 12.-19. Jh.; Stuhlmuseum; Korbmachermuseum; Weserfähren

** Stadt Bremen (Minotel)
Lange Str 13, ✉ 37688, ☎ (0 52 73) 90 30, Fax 2 15 75, AX ED VA
50 Zi, Ez: 90-110, Dz: 140-170, S; ⌐ WC ☎; Lift 🅿 🍴 3↔50 ≋ Kegeln Sauna Solarium
** Schiffahrtskontor
Hauptgericht 30; Biergarten

Bexbach 53 ↙

Saarland — Saar-Pfalz-Kreis — 350 m — 19 900 Ew — Homburg/Saar 7, Neunkirchen/Saar 7, Zweibrücken/Pfalz 16 km
🛈 ☎ (0 68 26) 52 90, Fax 52 91 49 — Stadtverwaltung, Rathausstr 68, 66450 Bexbach; Erholungsort. Sehenswert: Saarl. Bergbaumuseum mit Schaubergwerksanlage

** Haus Krone
Rathausstr 8, ✉ 66450, ☎ (0 68 26) 92 14-0, Fax 5 11 24, AX DC ED VA
17 Zi, Ez: 110, Dz: 180, 4 App, ⌐ WC ☎, 3✉; Lift 🅿 🍴 Solarium 🍽

Hochwiesmühle (1 km →)
** Hochwiesmühle (Landidyll Hotel)
⌘ Haus Nr 52, ✉ 66450, ☎ (0 68 26) 81 90, Fax 81 91 47, AX DC ED VA
80 Zi, Ez: 98-125, Dz: 148-168, 5 Suiten, ⌐ WC ☎, 1✉; Lift 🅿 🍴 4↔200 ≋ Fitneßraum Kegeln Sauna Solarium
** Hauptgericht 30

Beyendorf 28 ↙

Sachsen-Anhalt — Kreis Wanzleben — Magdeburg 10 km
🛈 ☎ (03 91) 4 60 01 — Gemeindeverwaltung, 39171 Beyendorf

** Classik Hotel (Ringhotel)
Leipziger Chaussee 13, ✉ 39171, ☎ (03 91) 6 29 00, Fax 6 29 05 19, AX DC ED VA
108 Zi, Ez: 125-190, Dz: 160-230, S; 1 Suite, ⌐ WC ☎, 5✉; Lift 🅿 🍴 7↔70 Sauna 🍽

Biberach 67 ↗

Baden-Württemberg — Ortenaukreis — 200 m — 3 000 Ew — Zell am Harmersbach 4, Lahr 14, Offenburg 18 km
🛈 ☎ (0 78 35) 63 65 11, Fax 63 65 20 — Verkehrsbüro, Hauptstr 27, 77781 Biberach; Erholungsort im Kinzigtal, Schwarzwald. Sehenswert: beheiztes Waldterrassenbad mit Riesenrutsche (77 m); Ruine Hohengeroldseck, 524 m ◂ (5 km + 15 Min ←)

Prinzbach (4 km ↙)
* Gasthof Badischer Hof
⌘ Dörfle 20, ✉ 77781, ☎ (0 78 35) 63 60, Fax 63 62 99, DC ED
40 Zi, Ez: 55-70, Dz: 110-140, 2 Suiten, ⌐ WC ☎; Lift 🅿 🍴 2↔40 ≋ Kegeln Sauna Solarium
geschl: im Winter Mi, Jan, Feb
* Hauptgericht 20; Terrasse; geschl: im Winter Mi, Jan, Feb

Biberach an der Riß 69 →

Baden-Württemberg — Kreis Biberach — 533 m — 30 000 Ew — Ulm 42, Bodensee 80 km
🛈 ☎ (0 73 51) 5 14 83, Fax 5 15 11 — Fremdenverkehrsstelle, Theaterstr 6 (A 2), 88400 Biberach an der Riß; Station der Oberschwäb. Barock- und der Schwäb. Dichterstraße. Sehenswert: Marktplatz; Altes und Neues Rathaus; Teile der mittelalterlichen Stadtbefestigung, Weißer Turm, Gigelturm; Ulmer Tor; Wieland-Schauraum, Wieland-Gartenhäuser; Patrizierhäuser; Stadtpfarrkirche St. Martin

** Best Western Hotel Kapuzinerhof
Kapuzinerstr 17 (A 2), ✉ 88400, ☎ (0 73 51) 50 60, Fax 50 61 00, AX DC ED VA
75 Zi, Ez: 135-155, Dz: 170-215, ⌐ WC ☎, 14✉; Lift 🅿 🍴 3↔60 Sauna
geschl: 23.12.96-06.01.97
** Kapuziner-Stübl
Hauptgericht 21; Terrasse; geschl: Sa, So, feiertags, 23.12.96-6.1.97

** Eberbacher Hof
Schulstr 11 (B 2), ✉ 88400, ☎ (0 73 51) 1 59 70, Fax 15 97 97, AX ED VA
26 Zi, Ez: 70-115, Dz: 115-175, ⌐ WC ☎; Lift 🅿 🍴 1↔50
Auch Zimmer der Kategorie ***** vorhanden
** Hauptgericht 35; Terrasse

Biebertal

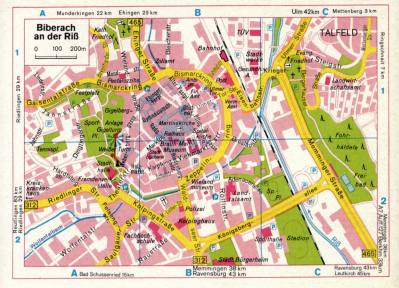

Berliner Hof
Berliner Platz 5 (B 2), ⊠ 88400, ☎ (0 73 51)
2 10 51, Fax 3 10 64, AX DC ED VA
28 Zi, Ez: 86-100, Dz: 125-150, ⌐ WC ☎; Lift
P 🚗 2↔60 Sauna
✳ Hauptgericht 30; Terrasse;
geschl: Sa

Erlenhof
Erlenweg 18 (B 2), ⊠ 88400, ☎ (0 73 51)
20 71, Fax 20 74, AX DC ED VA
16 Zi, Ez: 85-100, Dz: 120-140, ⌐ WC ☎,
1 🛏; P 🚗; garni

Gästehaus Haberhäusle
Haberhäuslestr 22 (außerhalb C 1),
⊠ 88400, ☎ (0 73 51) 5 80 20, Fax 1 27 10,
AX DC ED VA
12 Zi, Ez: 90, Dz: 125, ⌐ WC ☎; Lift 🚗 🍴

Zur Goldenen Ente
Gymnasiumstr 17 (B 1), ⊠ 88400,
☎ (07351) 07 351, Fax 6 41 34
Hauptgericht 25; Terrasse; geschl: So, Mo
mittags

Rindenmoos (3 km ↗)
✳✳ Landhotel Zur Pfanne
Auwiesenstr 24, ⊠ 88400, ☎ (0 73 51)
3 40 30, Fax 34 03 80, AX ED VA
19 Zi, Ez: 85-95, Dz: 120-130, 1 Suite, ⌐ WC
☎; Lift P Fitneßraum Kegeln Sauna 🍴

Die im Varta angegebene Kategorie eines
Beherbergungsbetriebes bezieht sich
jeweils auf den größeren Teil der Zimmer.
Verfügt ein Betrieb auch über eine
nennenswerte Zahl von Zimmern höherer
oder niedrigerer Kategorie, weist ein
entsprechender Vermerk darauf hin.

Bicken siehe Mittenaar

Bickensohl
siehe Vogtsburg im Kaiserstuhl

Biebelried 56 □

Bayern — Kreis Kitzingen — 300 m —
1 040 Ew — Kitzingen 6 km
ℹ ☎ (0 93 21) 9 16 60, Fax 2 27 40 — Verwaltungsgemeinschaft, Kaiserstr 37,
97318 Kitzingen. Sehenswert: Kath. Pfarrkirche; ehem. Johanniterkastell, Ruine

✳✳ Leicht
Würzburger Str 3, ⊠ 97318, ☎ (0 93 02)
8 14, Fax 31 63, AX DC ED VA
69 Zi, Ez: 110-140, Dz: 170-230, 1 Suite, ⌐
WC ☎; Lift P 🚗 7↔35
Golf 18
geschl: So mittags, Ende Dez-Mitte Jan
✳✳ ⊗ Hauptgericht 35; Gartenlokal;
geschl: So mittags, Ende Dez-Mitte Jan

Biebertal 44 →

Hessen — Kreis Gießen — 300 m —
10 100 Ew — Gießen 7, Wetzlar 13 km
ℹ ☎ (0 64 09) 69 26, Fax 69 11 — Gemeindeverwaltung, Mühlbergstr 9, 35444 Biebertal. Sehenswert: Burgruine Vetzberg;
Dünsberg mit Ringwallanlagen ⌐

Königsberg
✳ Berghof Reemühle
♂ ⌐ Bergstr 47, ⊠ 35444, ☎ (0 64 46) 3 60,
Fax 3 60, DC ED VA
8 Zi, Ez: 60-65, Dz: 100-110, ⌐ WC ☎; P
1↔80 🍴
Rezeption: 11-14, 18-24; geschl: Mo

Biedenkopf

Biedenkopf 44 ↗

Hessen — Kreis Marburg-Biedenkopf — 274 m — 14 527 Ew — Dillenburg 31, Marburg 34 km

ℹ ☎ (0 64 64) 70 41 85, Fax 70 41 05 — Verkehrsbüro, Marktplatz 4, 35216 Biedenkopf; Luftkurort an der Lahn. Sehenswert: Altstadt mit Fachwerkhäusern; Schloß ≼; Hinterlandmuseum; Fotografisch-optisches Museum; Sackpfeife, 674 m ≼ (12 km ↑)

* Park-Hotel
☼ ≼ Auf dem Radeköppel, ✉ 35216, ☎ (0 64 64) 78 80, Fax 78 83 33, AX DC ED VA
43 Zi, Ez: 85-95, Dz: 140-155, ⌐ WC ☎, P 4⇔350 ☎ Fitneßraum Kegeln Sauna Solarium ⌐
Rezeption: 7-21

Biederitz 28 ↙

Sachsen-Anhalt — Kreis Burg — 52 m — 3 163 Ew — Magdeburg 7 km

ℹ ☎ (03 92 92) 20 79 — Gemeindeverwaltung, Magdeburger Str 38, 39175 Biederitz

Heyrothsberge
** Zwei Eichen
Königsborner Str 17 a, ✉ 39175, ☎ (03 92 92) 2 78 82, Fax 2 78 82, AX ED VA
19 Zi, Ez: 95-120, Dz: 120-150, 1 Suite, ⌐ WC ☎; P; garni

* Pension Am Fuchsberg
☼ Am Fuchsberg 43, ✉ 39175, ☎ (03 92 92) 2 70 77, Fax 2 70 78, ED VA
11 Zi, Ez: 65-85, Dz: 90-130, ⌐ WC ☎, 5⌐;
P Sauna Solarium; garni

Bielefeld 35 ↖

Nordrhein-Westfalen — Stadtkreis — 113 m — 320 000 Ew — Paderborn 43, Osnabrück 53, Hannover 110 km

ℹ ☎ (05 21) 17 88 44, Fax 17 88 11 — Tourist-Information, Am Bahnhof 6 (C 1), 33602 Bielefeld; Stadt am Rande des Teutoburger Waldes. Universität, Evangelische Kirchl. Hochschule Bethel; Stadttheater; Theater am Alten Markt. Sehenswert: Ev. Neustädter Marienkirche; ev. Altstädter Nicolai-Kirche: Schnitzaltar; Glockenspiel; kath. Jodokuskirche; Burg Sparrenberg ≼; Crüwell-Haus; Kunsthalle; Museum Waldhof; Naturkunde-Museum; Rudolf-Oetker-Konzerthalle; Stadthalle; Seidenstickerhalle; Bauernhaus-Museum; Leineweber-Brunnen; Bodelschwinghsche Anstalten; Tierpark Olderdissen (5 km ←)

*** Mövenpick
Am Bahnhof 3 (C 1), ✉ 33602, ☎ (05 21) 5 28 20, Fax 5 28 21 00, AX DC ED VA
162 Zi, Ez: 120-215, Dz: 140-275, S;
12 Suiten, ⌐ WC ☎, 43⌐; Lift 15⇔2200
** Hauptgericht 20; P Terrasse

** Ravensberger Hof
Güsenstr 4 (B 2), ✉ 33602, ☎ (05 21) 9 62 11, Fax 9 62 13 00, AX ED VA
50 Zi, Ez: 152-185, Dz: 242-286, 1 App, ⌐ WC ☎, 13⌐; Lift 2⇔100 Sauna

** Ramada
Niederwall 31-35, ✉ 33602, ☎ (05 21) 5 25 30, AX DC ED VA
120 Zi, Ez: 132, Dz: 149, S; ⌐ WC ☎, 60⌐; Lift; garni

** Mercure
☼ Waldhof 15 (B 2), ✉ 33602, ☎ (05 21) 5 28 00, Fax 5 28 01 13, AX DC ED VA
124 Zi, Ez: 165-275, Dz: 185-345, S; 1 Suite, ⌐ WC ☎, 33⌐; Lift 4⇔250 Fitneßraum Sauna

** Beau Carré
Hauptgericht 30; P Terrasse; geschl: Fr, Sa, So

* Waldhotel Brand's Busch
einzeln ☼ Furtwänglerstr 52, über Detmolder Str (C 3), ✉ 33604, ☎ (05 21) 9 21 10, Fax 9 21 14 44, AX DC ED VA
72 Zi, Ez: 125-152, Dz: 182-205, 1 Suite, ⌐ WC ☎, 4⌐; Lift P 3⇔30 Fitneßraum Sauna Solarium
geschl: Ende Dez-Anfang Jan
** einzeln, Hauptgericht 30; Ende Dez-Anfang Jan

* Brenner Hotel Diekmann
Otto-Brenner-Str 133 (C 3), ✉ 33607, ☎ (05 21) 2 99 90, Fax 2 99 92 20, AX DC ED VA
72 Zi, Ez: 120-160, Dz: 150-200, 1 Suite, ⌐ WC ☎, 4⌐; Lift P 3⇔60 Kegeln
** Diekmann
Hauptgericht 18; Biergarten

* Altstadt-Hotel Ferris
Ritterstr 15 (B 2), ✉ 33602, ☎ (05 21) 96 72 50, Fax 9 67 25 49, AX DC ED VA
23 Zi, Ez: 130-150, Dz: 200, ⌐ WC ☎; Lift P 1⇔40 Kegeln Sauna ⌐
Rezeption: bis 21; geschl: 21.-26.12.97

** Lecoeur's
Obertorwall 10 (B 2), ✉ 33602, ☎ (05 21) 12 23 47, Fax 10 18 14, ED VA
Hauptgericht 38; nur abends; geschl: So, Mo, 2 Wochen in den Sommerferien

* Sparrenburg
≼ Am Sparrenberg 38 a (B 3), ✉ 33602, ☎ (05 21) 6 59 39, Fax 6 59 99, AX ED
Hauptgericht 30; Terrasse; geschl: Di, Anfang Aug

* Klötzer's Kleines Restaurant
Ritterstr 33 (B 2), ✉ 33602, ☎ (05 21) 6 89 54, Fax 6 93 21, AX ED
Hauptgericht 35; geschl: So, Mo

* Im Bültmannshof
Kurt-Schumacher-Str 17 a, über Stapenhorststr (A 1), ✉ 33615, ☎ (05 21) 10 08 41, Fax 16 13 90, DC ED VA
Hauptgericht 30; P Terrasse; geschl: Mo, Mitte Jul-Anfang Aug, Anfang Jan

Bielefeld

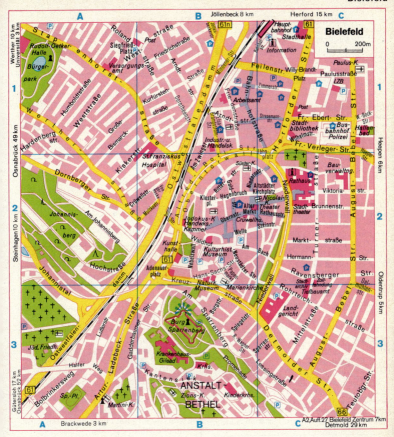

Café Knigge
Bahnhofstr 13 (BC 1), ✉ 33602, ☎ (05 21) 6 12 44, Fax 6 47 53
Terrasse; 8-19; geschl: Mo

Brackwede (7 km ↙)
** **Méditerranée**
Brackweder Str 66, ✉ 33647, ☎ (05 21) 41 00 77, Fax 41 00 78, AX DC ED VA
Hauptgericht 35; nur abends, So auch mittags; geschl: Mo

** **Brackweder Hof**
Gütersloher Str 236, ✉ 33649, ☎ (05 21) 44 25 26, Fax 44 94 41, AX DC ED VA
Hauptgericht 35; geschl: Ende Jul- Anfang Aug

Heepen (6 km →)
* **Kraus**
Alter Postweg 60, ✉ 33719, ☎ (05 21) 93 41 50, Fax 9 34 10 21
10 Zi, Ez: 125-145, Dz: 185, ⊿ WC ☎, 4⊠; Lift P; garni
Rezeption: 6.30-12, 16-20

* **Petter**
Alter Postweg 68, ✉ 33719, ☎ (05 21) 93 41 40, Fax 9 34 14 25, AX DC ED VA
18 Zi, Ez: 114, Dz: 160, ⊿ WC ☎; P 🚗
geschl: 23.12.97-4.1.98
* Hauptgericht 30; nur abends; geschl: Fr, Sa, So, 10.-18. Mai 1997

Hillegossen (7 km ↘)
** **Schweizer Haus**
⚜ Christophorusstr 23, ✉ 33699, ☎ (05 21) 92 42 90, Fax 20 61 12, AX DC ED VA
20 Zi, Ez: 108-115, Dz: 160-180, ⊿ WC ☎, 2⊠; P 🚗 1⇨25 Fitneßraum Sauna Solarium
geschl: Mitte Dez-Mitte Jan

** **Christophorus-Stuben**
Hauptgericht 25; Terrasse; nur abends; geschl: Fr, Sa, So, Mitte Dez-Mitte Jan →

Das S weist auf Hotels hin, die Sie unter (05 11) 3 40 13 26 zu Sonderkonditionen buchen können.

Bielefeld

★ Siekmann
Detmolder Str 624, ✉ 33699, ☎ (05 21) 92 43 40, Fax 9 24 34 34, AX DC ED VA
16 Zi, Ez: 84-90, Dz: 120-134, ⊣ WC ☎; P
2⇔30 ≋
★ Hauptgericht 30; geschl: Sa, Anfang Jul-Anfang Aug

Hoberge-Uerentrup (3 km ←)
★★ Hoberger Landhaus
♂ Schäferdreesch 18, ✉ 33619, ☎ (05 21) 10 10 31, Fax 10 39 27, AX DC ED VA
31 Zi, Ez: 123-160, Dz: 175-195, ⊣ WC ☎; P
3⇔100 ≘ Sauna Solarium
★★ Hauptgericht 30; Terrasse; nur abends; geschl: So

Oldentrup (5 km →)
★★★ Best Western Oldentruper Hof
Niedernholz 2, ✉ 33699, ☎ (05 21) 2 09 00, Fax 2 09 01 00, AX DC ED VA
136 Zi, Ez: 185-193, Dz: 233-241, S; ⊣ WC ☎, 45✉; Lift P ⊟ 8⇔200 ≘ Fitneßraum Kegeln Sauna Solarium
Auch Zimmer der Kategorie ★★ vorhanden
★★ Hofstube
Hauptgericht 28; Terrasse; geschl: Jul/Aug

Quelle (4 km ↗)
★ Büscher (Minotel)
Carl-Severing-Str 136, ✉ 33649, ☎ (05 21) 9 46 14-0, Fax 45 27 96, AX DC ED VA
32 Zi, Ez: 90-120, Dz: 150-185, ⊣ WC ☎; P
⊟ 3⇔140 ≘ Kegeln Sauna ⓘ
geschl: So abends, Ende Dez-Anfang Jan
Auch Zimmer der Kategorie ★★ vorhanden

★★ Schlichte Hof
⊗ Osnabrücker Str 100, an der B 68, ✉ 33649, ☎ (05 21) 4 55 88, Fax 45 28 88, AX ED VA
Hauptgericht 30
Restaurierter Fachwerkbau von 1492
★ 11 Zi, Ez: 89-100, Dz: 129-139, ⊣ WC ☎; P ⊟ 2⇔30

Senne I (8 km ↓)
★★★ Auberge Le Concarneau 🖉☎
⊗ Buschkampstr 75, ✉ 33659, ☎ (05 21) 49 37 17, Fax 49 33 88, ED
Hauptgericht 50; nur abends; geschl: so+feiertags, Mo, 2 Wochen zu Ostern, 3 Wochen im Sommer
★ Historisches Gasthaus Buschkamp
⊗ Hauptgericht 30
☎ (05 21) 49 28 00, Fax 49 33 88 Fünf Fachwerkhäuser, die früher in der näheren Umgebung standen, hier neu aufgebaut. Gastronomie im Museumshof

Senne I-Außerhalb (2 km ↗)
★★ Waldrestaurant Waterbör
einzeln, Waterboerstr 77, ✉ 33659, ☎ (05 21) 2 41 41, Fax 2 43 46, AX ED
Hauptgericht 30; P Terrasse; geschl: Mo

Sennestadt (12 km ↘)
★ Wintersmühle
Sender Str 6, ✉ 33689, ☎ (0 52 05) 9 82 50, Fax 98 25 33, AX DC ED VA
15 Zi, Ez: 95, Dz: 120-140, ⊣ WC ☎; P ⊟
Sauna
Restaurant für Hausgäste

Ummeln (9 km ↘)
★ Diembeck
Steinhagener Str 45, ✉ 33649, ☎ (05 21) 48 78 78, Fax 48 94 77, AX DC ED VA
29 Zi, Ez: 80-135, Dz: 140-190, ⊣ WC ☎; P
⊟ 1⇔50 ⓘ
Rezeption: 7-14, 16-24

Bienitz 39 ←

Sachsen — Kreis Leipziger Land — 120 m — 3 775 Ew — Leipzig 11, Merseburg 15 km
ⓘ ☎ (03 42 05) 8 64 67 — Gemeindeverwaltung, 04430 Bienitz

Dölzig (2 km →)
★★ Magnet-Hotel
Ringstr 91, ✉ 04430, ☎ (03 42 05) 6 50, Fax 6 52 22, AX ED VA
Ez: 95-125, Dz: 119-155, 53 App, ⊣ WC ☎; Lift P 1⇔12 Sauna
Restaurant für Hausgäste
Rezeption: 6-10, 17-24
Schlüsselautomat mit Kreditkarten außerhalb der Öffnungszeiten

⌂ Etap
Ringstr 3, ✉ 04430, ☎ (03 42 05) 8 41 11, AX ED VA
86 Zi, Ez: 76, Dz: 85-95, ⊣ WC; P; garni

Biersdorf 52 ↘

Rheinland-Pfalz — Kreis Bitburg-Prüm — 320 m — 549 Ew — Bitburg 10 km
ⓘ ☎ (0 65 61) 89 34, Fax 46 46 — Tourist Information Bitburger Land, Bedaplatz 11, 54634 Bitburg; Erholungsort in der Südeifel

★★★ Dorint Sporthotel Südeifel
♂ ◁ Am Stausee, ✉ 54636, ☎ (0 65 69) 9 90, Fax 79 09, AX DC ED VA
94 Zi, Ez: 175-205, Dz: 290-320, 7 Suiten, 59 App, ⊣ WC ☎; Lift P 14⇔400 ≘ Seezugang Bowling Kegeln Sauna Solarium
★★ ◁ Hauptgericht 30; geschl: Mo

✱ Waldhaus Seeblick
♂ ◄ Ferienstr 1, ✉ 54636, ☎ (0 65 69) 2 22,
Fax 79 15, ED
22 Zi, Ez: 70-80, Dz: 110, ⊿ WC ☎; P 2↔60
Kegeln
geschl: Anfang Jan-Mitte Feb
✱✱ ◄ Hauptgericht 24; geschl:
Anfang Jan-Mitte Feb

Biessenhofen 70→

Bayern — Kreis Ostallgäu — 700 m —
4 000 Ew — Marktoberdorf 4, Kaufbeuren
9 km
🛈 ☎ (0 83 41) 9 36 50, Fax 93 65 55 —
Gemeindeverwaltung, Füssener Str 12,
87640 Biessenhofen

✱✱ Neue Post
Füssener Str 17, ✉ 87640, ☎ (0 83 41)
9 37 50, Fax 93 75 32, AX DC ED VA
Hauptgericht 30; geschl: Mo, Di mittags

Bietigheim-Bissingen 61↗

Baden-Württemberg — Kreis Ludwigsburg
— 250 m — 40 000 Ew — Stuttgart 22, Heilbronn 25 km
🛈 ☎ (0 71 42) 7 42 27, Fax 7 44 06 — Verkehrsamt, im Stadtteil Bietigheim, Marktplatz 9, 74321 Bietigheim-Bissingen; Stadt an der Enz. Sehenswert: Altstadt; Rathaus; Stadtkirche; Stadtmuseum Hornmoldhaus; Grüne Mitte: ehem. Landesgartenschaugelände; Städt. Galerie

Bietigheim
✱✱ Parkhotel
Freiberger Str 71, ✉ 74321, ☎ (0 71 42)
5 10 77, Fax 5 40 99, AX DC ED VA
58 Zi, Ez: 100-110, Dz: 140-158, ⊿ WC ☎;
Lift P 🖼 3↔100 Kegeln
Auch Zimmer der Kategorie ✱ vorhanden
✱✱ Hauptgericht 30; Terrasse

✱ Rose
Kronenbergstr 14, ✉ 74321, ☎ (0 71 42)
4 20 04, Fax 4 59 28, AX DC ED VA
22 Zi, Ez: 98-130, Dz: 165-190, ⊿ WC ☎; P
🖼 1↔80
✱✱ Hauptgericht 30; Gartenlokal

✱✱ Zum Schiller
Am historischen Marktplatz 5, ✉ 74321,
☎ (0 71 42) 4 10 18, Fax 4 60 58, AX DC ED VA
Hauptgericht 45; P Terrasse; geschl: So,
Mo mittags, 3 Wochen zu Pfingsten,
1 Woche Ostern
✱ Zum Schiller
30 Zi, Ez: 98-130, Dz: 150-190, ⊿ WC ☎; Lift
🖼 2↔20
geschl: 25.8.-15.9.97

Bissingen
✱ Litz
Bahnhofstr 9/2, ✉ 74321, ☎ (0 71 42) 39 12,
Fax 3 35 23, AX DC ED VA
32 Zi, Ez: 85-95, Dz: 125-135, ⊿ WC ☎; P
geschl: Ende Jul-Mitte Aug

Billerbeck 33↑

Nordrhein-Westfalen — Kreis Coesfeld —
110 m — 10 000 Ew — Coesfeld 6, Steinfurt 20, Münster 28 km
🛈 ☎ (0 25 43) 73 73, Fax 73 50 — Verkehrsamt, Markt 1, 48727 Billerbeck. Sehenswert: Kath. St.-Johannis-Kirche; Wallfahrtskirche St. Ludgerus „Baumberger Dom"; Abtei Gerleve (5 km ✓); Westernberg: Longinusturm ◄ (6 km →); Wasserschloß Darfeld (7 km ↑)

✱✱ Domschenke
♂ Markt 6, ✉ 48727, ☎ (0 25 43) 44 24,
Fax 41 28, AX DC ED VA
23 Zi, Ez: 85-95, Dz: 130-148, 2 Suiten,
1 App, ⊿ WC ☎; P 🖼
✱✱ Hauptgericht 35

✱ Homoet
Schmiedestr 2, ✉ 48727, ☎ (0 25 43) 3 26,
Fax 85 46, AX ED
14 Zi, Ez: 70-85, Dz: 125-145, ⊿ WC ☎; P 🖼
✱✱ Hauptgericht 25; nur abends, So
auch mittags; geschl: Do, Feb

Billerbeck-Außerhalb (2 km ↑)
✱✱ Weissenburg
einzeln ◄ Gantweg 18, ✉ 48727,
☎ (0 25 43) 7 50, Fax 7 52 75, AX DC ED VA
55 Zi, Ez: 100-150, Dz: 180-220, ⊿ WC ☎;
Lift P 🖼 6↔100 ☺ Fitneßraum Kegeln
Sauna Solarium
Auch Zimmer der Kategorie ✱ vorhanden
✱✱ ◄ Hauptgericht 28; Biergarten
Gartenlokal Terrasse; geschl: Mo

Billigheim-Ingenheim 60↑

Rheinland-Pfalz — Kreis Südliche Weinstraße — 161 m — 3 800 Ew — Mainz 119,
Karlsruhe 31, Landau i.d. Pfalz 7 km
🛈 ☎ (0 63 45) 35 31 — Büro für Tourismus
Landau-Land, Rathaus, 76829 Leinsweiler

Ingenheim
✱ Landhotel Pfälzer Hof
Hauptstr 5, ✉ 76831, ☎ (0 63 49) 70 45,
Fax 68 22, ED
Hauptgericht 30; Gartenlokal P; geschl:
Mi, Do mittags, 2 Wochen Sommerferien
✱✱ 4 Zi, Ez: 75, Dz: 130, ⊿ WC ☎
geschl: Mi, Do mittags

Bilstein siehe Lennestadt

Bindlach 58↑

Bayern — Kreis Bayreuth — 360 m —
5 700 Ew — Bayreuth 3 km
🛈 ☎ (0 92 08) 66 40, Fax 6 64 49 — Gemeindeverwaltung, Rathausplatz 1, 95463 Bindlach. Sehenswert: Barocke Markgrafenkirche St. Bartholomäus →

Bindlach

** Transmar-Travel-Hotel
Bühlstr 12, ✉ 95463, ☏ (0 92 08) 68 60,
Fax 68 61 00, AX DC ED VA
147 Zi, Ez: 120-150, Dz: 150-200, 3 Suiten,
⌂ WC ☏, 28⌂; Lift P 🍴 15⇔750 Fitneß-
raum Sauna 🍴

Bingen 53 ↗

Rheinland-Pfalz — Kreis Mainz-Bingen —
80 m — 24 000 Ew — Bad Kreuznach 15,
Mainz 28, Koblenz 62 km
ℹ ☏ (0 67 21) 18 42 02, Fax 1 62 75 — Verkehrsamt, Rheinkai 21 (B 1), 55411 Bingen;
Fremdenverkehrs- und Weinstadt an der
Mündung der Nahe in den Rhein. Sehenswert: Basilika St. Martin; Burg Klopp mit
Heimatmuseum ◂; St. Rochuskapelle auf
dem Rochusberg ◂; Drususbrücke mit
Brückenkapelle; Mäuseturm; Alter Kran

Achtung: Personen- und Autofähren nach
Rüdesheim

** Best Western
    Atlantis Rheinhotel
◂ Am Rhein-Nahe-Eck (A 1), ✉ 55411,
☏ (0 67 21) 79 60, Fax 79 65 00, AX DC ED VA
134 Zi, Ez: 162-192, Dz: 231-296, S; 1 Suite,
⌂ WC ☏; Lift P 🍴 10⇔750 Fitneßraum
Sauna Solarium
**   Aquarius
Hauptgericht 30; Gartenlokal Terrasse

**   Weinhotel Michel
◂ Mainzer Str 74 (C 1), ✉ 55411,
☏ (0 67 21) 9 15 10, Fax 91 51 52, AX ED VA
24 Zi, Ez: 130-145, Dz: 170-205, 3 Suiten,
1 App, ⌂ WC ☏; Lift P 🍴 1⇔20 Fitneßraum Sauna Solarium; garni

Wer nicht zu zweit im Doppelbett schlafen
möchte, sollte ausdrücklich ein Zimmer
mit zwei getrennten Betten verlangen.

*   Martinskeller
Martinstr 3 (B 1), ✉ 55411, ☏ (0 67 21)
1 34 75, Fax 25 08, AX DC ED VA
12 Zi, Dz: 150-155, 3 Suiten, ⌂ WC ☏, 3⌂;
🍴 1⇔15 Sauna 🍴
geschl: 23.12.-29.12.97

**   Brunnenkeller
Vorstadt 60 (B 1), ✉ 55411, ☏ (0 67 21)
1 61 33, Fax 1 61 33, AX ED VA
Hauptgericht 40; P; Fr + Sa nur abends;
geschl: So, 2 Wochen im Sommer

Binz siehe Rügen

Binzen 67 ↗

Baden-Württemberg — Kreis Lörrach —
272 m — 2 581 Ew — Lörrach 5, Basel 9 km
ℹ ☏ (0 76 21) 66 08 51, Fax 66 08 60 —
Gemeindeverwaltung, Am Rathausplatz 6,
79589 Binzen; Weinbauort im Markgräfler
Land. Sehenswert: Schloßruine Rötteln,
417 m ◂ (4 km →)

***   Mühle
♂ Mühlenstr 26, ✉ 79589, ☏ (0 76 21)
60 72, Fax 6 58 08, AX DC ED VA
20 Zi, Ez: 85-160, Dz: 120-220, ⌂ WC ☏; P
🍴 1⇔60 ≋
Im Gästehaus Zimmer der Kategorie * vorhanden
**   Hauptgericht 40; Gartenlokal
geschl: So

*   Gasthaus Zum Ochsen
Hauptstr 42, ✉ 79589, ☏ (0 76 21) 6 23 26,
Fax 6 92 57, AX ED VA
24 Zi, Ez: 60-110, Dz: 100-180, ⌂ WC ☏; P
🍴 1⇔65
geschl: Mi, Do bis 17, Nov
**   Hauptgericht 14; Gartenlokal
geschl: Mi, Do mittags, Nov

Birgland 58 ↓

Bayern — Kreis Amberg-Sulzbach — 550 m
— 1 600 Ew — Sulzbach-Rosenberg 13 km
🛈 ☎ (0 96 66) 18 90, Fax 1 89 13 — Verkehrsverein, im Ortsteil Schwend, Sonnleite 11, 92262 Birgland; Ort in der Fränkischen Alb. Sehenswert: Burgruinen, 652 m ◂€

Schwend
* Pension Anni
♂ ◂€ Betzenbergerstr 5, ✉ 92262,
☎ (0 96 66) 3 35, Fax 12 32, AX ED
14 Zi, Ez: 46-50, Dz: 78-82, ⊟ WC; P Fitneßraum ฿◯l

Birkenau 54 →

Hessen — Kreis Bergstraße — 150 m —
10 500 Ew — Weinheim/Bergstraße 4, Heidelberg 17 km
🛈 ☎ (0 62 01) 30 05, Fax 3 10 99 — Verkehrsamt, Hauptstr 119, 69488 Birkenau; Luftkurort im Odenwald. Sehenswert: Ev. Kirche; Rathaus; Barockschloß; Sonnenuhren

* Drei Birken
Königsstr 2, ✉ 69488, ☎ (0 62 01) 30 32, Fax 38 49, DC ED VA
20 Zi, Ez: 90-100, Dz: 130-140, ⊟ WC ☎; P ⊟ 1◯15 Sauna; garni

** Drei Birken
Hauptstr 170, an der B 38, ✉ 69488,
☎ (0 62 01) 3 23 68, Fax 38 49
Hauptgericht 30; Gartenlokal P; geschl: Fr, 2 Wochen im Mär, 2 Wochen in den Sommerferien

Birkenfeld 53 ←

Rheinland-Pfalz — Kreis Birkenfeld —
400 m — 7 233 Ew — Idar-Oberstein 16 km
🛈 ☎ (0 67 82) 9 93 40, Fax 99 34 49 — Touristik und Informationsbüro, Birkenfelder Eisenbahn, Bahnhofstr 14, 55765 Birkenfeld; Ort im Hunsrück

* Oldenburger Hof
Achtstr 7, ✉ 55765, ☎ (0 67 82) 8 25, Fax 96 59, AX ED VA
11 Zi, Ez: 80, Dz: 110, ⊟ WC ☎; P 2◯30 Kegeln ฿◯l

Birkenwerder b. Berlin 30 ↑

Brandenburg — Kreis Oranienburg —
5 370 Ew — Berlin 25 km
🛈 ☎ (0 33 03) 29 01 25, Fax 29 01 01 —
Gemeindeverwaltung, Hauptstr 34, 16547 Birkenwerder. Sehenswert: Rathaus, Pfarrkirche

** Andersen
Clara-Zetkin-Str 9, ✉ 16547, ☎ (0 33 03) 50 32 69, Fax 50 32 70, AX DC ED VA
17 Zi, Ez: 120-160, Dz: 150-190, ⊟ WC ☎, 5⌂; Lift P 1◯15; garni

Birkweiler 60 ↑

Rheinland-Pfalz — Kreis Südliche Weinstraße — 200 m — 686 Ew — Landau 6, Bad Bergzabern 17, Neustadt (Weinstraße) 21 km
🛈 ☎ (0 63 45) 35 42 — Südliche Weinstraße e. V., Landau Land; Büro für Tourismus, Rathaus, 76829 Leinsweiler

* St. Laurentius Hof
Hauptstr 21, ✉ 76831, ☎ (0 63 45) 89 45, Fax 70 29, ED VA
13 Zi, Ez: 50-120, Dz: 80-140, 1 Suite, ⊟ WC ☎; P 1◯30 ฿◯l
Rezeption: 7-14, ab 18; geschl: Mo, Di mittags

Birnbach, Bad 66 ↗

Bayern — Kreis Rottal-Inn — 350 m —
2 300 Ew — Passau 44, Regensburg 120, München 136 km
🛈 ☎ (0 85 63) 2 98 40, Fax 2 98 50 — Kurverwaltung, Neuer Marktplatz 1, 84364 Bad Birnbach; Heilbad im Rottal

*** Churfürstenhof
♂ ◂€ Brunnaderstr 23, ✉ 84364, ☎ (0 85 63) 29 40, Fax 29 41 60
42 Zi, Ez: 65-92, Dz: 122-154, 6 Suiten, ⊟ WC ☎; Lift P ⊟ 1◯18 Sauna Solarium; garni
Rezeption: 7.30-21

** Vital-Hotel Vier Jahreszeiten
♂ Brunnaderstr 27, ✉ 84364, ☎ (0 85 63) 30 80, Fax 30 81 11
75 Zi, Ez: 83-92, Dz: 140-232, 2 Suiten, ⊟ WC ☎, 8⌂; Lift P ⊟ 1◯20 Fitneßraum Sauna Solarium
Rezeption: 7.30-21
Restaurant für Hausgäste

** Sammareier Gutshof
Pfarrkirchner Str 22, ✉ 84364, ☎ (0 85 63) 29 70, Fax 2 97 13, AX ED
38 Zi, Ez: 108-150, Dz: 164-188, 5 Suiten, 6 App, ⊟ WC ☎; Lift P ⊟ ≋ Fitneßraum Sauna Solarium ▬
Rezeption: 7-20

** Alt Birnbach
Hauptgericht 25; Terrasse;
☎ (0 85 63) 20 35

** Kurhotel Hofmark
♂ Professor-Drexel-Str 16, ✉ 84364,
☎ (0 85 63) 29 60, Fax 29 62 95
76 Zi, Ez: 96-140, Dz: 152-280, 9 Suiten, ⊟ WC ☎; Lift P ⊟ Fitneßraum Kegeln Solarium

** Hauptgericht 25; Terrasse; →

Birnbach, Bad

** Kurhotel Quellenhof
♂ Brunnaderstr 11, ✉ 84364, ☎ (0 85 63) 30 70, Fax 30 72 00, AX ED
38 Zi, Ez: 105-130, Dz: 170-230, 2 Suiten, ⌐ WC ☎; Lift P 🚗 ≋ Fitneßraum Sauna Solarium ⓘ
Rezeption: 7-20.30; geschl: Anfang Dez-Ende Jan

* Gräfliches Hotel Alte Post
Hofmark 23, ✉ 84364, ☎ (0 85 63) 29 20, Fax 2 92 99
41 Zi, Ez: 73-98, Dz: 126-160, 3 Suiten, 3 App, ⌐ WC ☎; P 2⟳20 ≋ Fitneßraum Sauna Solarium ⓘ
Rezeption: 7-20; geschl: Anfang-Mitte Dez
Auch Zimmer der Kategorie ** vorhanden

* St. Leonhard
♂ ◂ Brunnaderstr 21, ✉ 84364, ☎ (0 85 63) 9 60 70, Fax 9 60 72 00
20 Zi, Ez: 48-50, Dz: 96, 2 App, ⌐ WC ☎; P 🚗 Fitneßraum Sauna Solarium; garni
Rezeption: 8-16, 19-21; geschl: Jan

* Rappensberg
♂ Brunnaderstr 9, ✉ 84364, ☎ (0 85 63) 9 61 60
21 Zi, Ez: 48-50, Dz: 90, 2 Suiten, 4 App, ⌐ WC ☎; Lift P 🚗 Fitneßraum Sauna Solarium; garni
geschl: Dez

Bischoffingen
siehe **Vogtsburg im Kaiserstuhl**

Bischofsgrün 58 ↗

Bayern — Kreis Bayreuth — 650 m —
2 300 Ew — Wunsiedel 18, Bayreuth 27 km
ⓘ ☎ (0 92 76) 12 92, Fax 5 05 — Verkehrsamt, Hauptstr 27, 95493 Bischofsgrün; Luftkurort im Fichtelgebirge. Sehenswert: Natur-Kurpark, Matten-Sprungschanze (Skispringen im Sommer), Ochsenkopf, 1024 m ◂ (7 km ↗), Sommerrodelbahn; Schneeberg, 1053 m (4 km →); Europäische Wasserscheide

** Sporthotel Kaiseralm
◂ Fröbershammer 31, ✉ 95493, ☎ (0 92 76) 8 00, Fax 81 45, AX DC ED VA
118 Zi, Ez: 98-140, Dz: 180-260, 3 Suiten, ⌐ WC ☎; Lift P 🚗 8⟳180 ≋ Kegeln Sauna Solarium ⓘ
Auch Zimmer der Kategorie * vorhanden

* Kurhotel Puchtler
♂ ◂ Kirchenring 4, ✉ 95493, ☎ (0 92 76) 10 44, Fax 12 50, VA
32 Zi, Ez: 68-100, Dz: 116-186, 2 Suiten, 7 App, ⌐ WC ☎; Lift P 🚗 2⟳60 Fitneßraum Sauna Solarium
Rezeption: 11-14, 17-24; geschl: Mitte Nov-Mitte Dez

* Deutscher Adler
Hauptgericht 17; Biergarten; geschl: Mitte Nov-Mitte Dez

Siebenstern
♂ ◂ Kirchbühl 15, ✉ 95493, ☎ (0 92 76) 3 07, Fax 84 07
24 Zi, Ez: 31-52, Dz: 76-96, 2 App, ⌐ WC; P 1⟳15; garni
geschl: Anfang Nov-Mitte Dez
Rezeption im Gasthof Siebenstern

Bischofsheim siehe Maintal

Bischofsheim a. d. Rhön 46 ↘

Bayern — Rhön-Grabfeld-Kreis — 430 m —
5 700 Ew — Bad Neustadt a. d. Saale 19, Brückenau 24, Fulda 38 km
ⓘ ☎ (0 97 72) 14 52, Fax 10 54 — Verkehrsverein, Kirchplatz 5, 97653 Bischofsheim; Erholungsort. Sehenswert: Spätgot. Kirche. Roman. Zehntturm; Hist. Rentamt; älteste Holzschnittzschule in Deutschland; Kreuzberg, 928 m ◂ (7 km ↗)

Bischofsheim a. d. Rhön-Außerhalb
(5 km ↘)
** Rhönhäuschen
einzeln ⓥ Am Rhönhaus 1, ✉ 97653, ☎ (0 97 72) 3 22, Fax 91 20 33, AX ED VA
Hauptgericht 35; Gartenlokal P; ⌐

Haselbach (1 km ↗)
* Luisenhof
♂ Haselbachstr 93, ✉ 97653, ☎ (0 97 72) 18 80, Fax 86 54, AX ED
14 Zi, Ez: 50-60, Dz: 77-90, ⌐ WC; P 1⟳40 Fitneßraum Sauna Solarium ⓘ
Rezeption: 8-21; geschl: Mi, Ende Nov-Mitte Dez

Oberweißenbrunn (5 km ←)
* Zum Lamm
Geigensteinstr 26, ✉ 97653, ☎ (0 97 72) 2 96, Fax 2 98, AX ED VA
23 Zi, Ez: 37-51, Dz: 68-88, ⌐ WC ☎; P 🚗 Fitneßraum Sauna Solarium ⓘ
geschl: Mitte Nov-Mitte Dez

Bischofsmais 66 ←

Bayern — Kreis Regen — 700 m —
3 250 Ew — Regen 10, Deggendorf 15 km
ⓘ ☎ (0 99 20) 13 80, Fax 12 00 — Verkehrsamt, Hauptstr 34, 94253 Bischofsmais; Erholungsort und Wintersportplatz im Bayerischen Wald. Sehenswert: Wallfahrtskirche St. Hermann; Naturdenkmal Teufelstisch; Geißkopfbahn; verlassenes Dorf Oberbreitenau

Habischried (4,5 km ↑)
* Pension Schäffler
Ortsstr 2, ✉ 94253, ☎ (0 99 20) 13 75, Fax 83 18
14 Zi, Ez: 36-40, Dz: 68-78, ⌐ WC ☎; P Fitneßraum Sauna Solarium
geschl: Anfang Nov-Mitte Dez

Bischofswerda 41 ✓

Sachsen — Kreis Bautzen — 290 m — 12 909 Ew — Bautzen 20, Dresden 30 km
🄸 ☏ (03 56 94) 8 62 41, Fax 8 62 14 — Stadtverwaltung, Altmarkt 1, 01877 Bischofswerda. Sehenswert: Stadtkern; Rathaus; Kirchplatz mit Stadtkirche; Paradiesbrunnen; Postmeilensäule; Barockschloß Rammenau

✱✱ Holzmann Hotel am Markt
Altmarkt 30, ✉ 01877, ☏ (0 35 94) 75 10, Fax 75 14 00, AX DC ED VA
28 Zi, Ez: 120-160, Dz: 170-210, 1 Suite, 4 App, ⊿ WC ☎, 5⌨; 🅿 1⇔40 ⛾

Belmsdorf 2,5 km ↘
✱ **Pension Gutshof**
Alte Belmsdorfer Str 33, ✉ 01877, ☏ (0 35 94) 70 52 00
10 Zi, Ez: 75, Dz: 130, ⊿ WC ☎; 🅿
Restaurant für Hausgäste

Bischofswiesen 73 ↘

Bayern — Kreis Berchtesgadener Land — 614 m — 7 000 Ew — Berchtesgaden 5, Bad Reichenhall 14 km
🄸 ☏ (0 86 52) 72 25, Fax 78 95 — Verkehrsverein, Hauptstr 48, 83481 Bischofswiesen; Heilklimatischer Kurort

✱ **Brennerbascht**
Hauptstr 46, ✉ 83483, ☏ (0 86 52) 70 21, Fax 77 52, AX DC ED VA
26 Zi, Ez: 80-110, Dz: 110-180, ⊿ WC ☎; Lift 🅿 Fitneßraum Solarium ⛾
Rezeption: 8-21; geschl: Anfang Nov-Mitte Dez

✱ **Mooshäusl**
⊰ Jennerweg 11, ✉ 83481, ☏ (0 86 52) 73 40, Fax 73 40
20 Zi, Ez: 56-60, Dz: 110-120, ⊿ WC; 🅿 🖃 Fitneßraum Sauna Solarium
Rezeption: 8-21; geschl: Ende Okt-Mitte Dez, Mitte-Ende Jan
Restaurant für Hausgäste

Bispingen 18 ↓

Niedersachsen — Kreis Soltau-Fallingbostel — 80 m — 5 400 Ew — Soltau 16, Lüneburg 43 km
🄸 ☏ (0 51 94) 3 98 50, Fax 3 98 16 — Verkehrsamt, Borsteler Str 4, 29646 Bispingen; Luftkurort in der Lüneburger Heide. Sehenswert: Kirche aus Findlingsteinen; Motorradsammlung H. Bargmann im Ortsteil Behringen (4 km ↑), geöffnet nur nach Vereinbarung; Heidemuseum Dat ole Hus im Ortsteil Wilsede (10 km ↑); Wilseder Berg, 169 m ⊰ (12 km + ¾ Std ↘); Totengrund (5 km + 1 Std ↑)

✱ **König-Stuben**
Luheweg 25, ✉ 29646, ☏ (0 51 94) 5 14, Fax 74 47, ED VA
25 Zi, Ez: 78-113, Dz: 113-156, ⊿ WC ☎; 🅿 🖃 1⇔60 ⛾ Kegeln Sauna Solarium
geschl: Mitte Jan-Ende Feb

Behringen
✱ **Niedersachsen Hof**
Widukindstr 3, ✉ 29646, ☏ (0 51 94) 77 50, Fax 27 55, AX ED VA
Hauptgericht 25; geschl: Di, Jan, Feb
✱ ♞ 4 Zi, Ez: 75, Dz: 130, 1 Suite, ⊿ WC ☎; 🅿
geschl: Di, Jan, Feb

Wilsede (10 km ↑)
✱ **Witthöft's Gästehaus** 🏨
einzeln ♞ ✉ 29646, ☏ (0 41 75) 5 45, Fax 82 11, ED VA
9 Zi, Ez: 80-90, Dz: 140-160, ⊿ WC ☎; 🅿 1⇔15 ⛾
Rezeption: 8-20

Bissendorf 24 ↘

Niedersachsen — Kreis Osnabrück — 130 m — 13 200 Ew — Osnabrück 13, Herford 39 km
🄸 ☏ (0 54 02) 4 04 57, Fax 4 04 33 — Tourist-Information, Im Freeden 7, 49143 Bissendorf. Sehenswert: Wasserschloß Schelenburg; Wasserschloß Ledenburg; Ruine der Holter Burg

✱✱ **Landhaus Stumpe**
Osnabrücker Str 11, ✉ 49143, ☏ (0 54 02) 9 24 70, Fax 92 47 99
19 Zi, Ez: 85, Dz: 120, ⊿ WC ☎; 🅿 🖃
✱ Hauptgericht 25; Terrasse; geschl: Mi

Schledehausen-Außerhalb (1 km ←)
✱ **Akzent-Hotel Bracksiek**
Bergstr 22, ✉ 49143, ☏ (0 54 02) 9 90 30, Fax 99 03 51, AX DC ED VA
24 Zi, Ez: 98-150, Dz: 140-190, 1 Suite, ⊿ WC ☎; Lift 🅿 🖃 1⇔20 Kegeln ⛾

✱✱✱ **Hohe Leuchte**
♞ Bergstr 4, ✉ 49143, ☏ (0 54 02) 86 48, DC ED VA
Hauptgericht 40; Gartenlokal 🅿; nur abends, So auch mittags; geschl: Mi, 3 Wochen in den Sommerferien

Bitburg 52 ↑

Rheinland-Pfalz — Kreis Bitburg-Prüm — 320 m — 12 773 Ew — Trier 25, Prüm 33, Daun 43 km
🄸 ☏ (0 65 61) 89 34, Fax 46 46 — Tourist Information Bitburger Land, Bedaplatz 11, 54634 Bitburg; Kreisstadt in der Südeifel. Sehenswert: Mauerreste des ehem. röm. Straßenkastells; kath. Liebfrauen-Kirche; Kreismuseum; Kulturhaus Beda ➔

Bitburg

★★ Eifelbräu
Römermauer 36, ✉ 54634, ☎ (0 65 61) 91 00, Fax 91 01 00, DC ED VA
28 Zi, Ez: 95, Dz: 160, ⊣ WC ☎, 5✉; Lift P 🚗 3↔350 Kegeln Sauna
geschl: Mo
★★ Hauptgericht 20; geschl: Mo

★★ Zum Simonbräu
Am Markt 7, ✉ 54634, ☎ (0 65 61) 33 33, Fax 33 73, AX DC ED VA
Hauptgericht 10; Biergarten P
★★ 5 Zi, Ez: 90, Dz: 120-150, ⊣ WC ☎; 3↔18

Bitterfeld 39 ←

Sachsen-Anhalt — Kreis Bitterfeld — 76 m — 18 300 Ew — Halle 23, Leipzig 33 km
ℹ ☎ (0 34 93) 2 28 41, Fax 32 01 — Stadtverwaltung, Am Markt 7, 06749 Bitterfeld

★★ Rema-Hotel Ambassador
Zörbiger Str, ✉ 06749, ☎ (0 34 93) 2 13 40, Fax 2 13 46, AX DC ED VA
125 Zi, Ez: 170-250, Dz: 220-360, S; ⊣ WC ☎, 24✉; P 5↔150 Fitneßraum Sauna Solarium 🍽

Blaibach 65 ↗

Bayern — Kreis Cham — 420 m — 2 070 Ew — Kötzting 5, Cham 18 km
ℹ ☎ (0 99 41) 83 21, Fax 89 24 — Verkehrsamt, Badstr 5, 93476 Blaibach; Erholungsort im Bayerischen Wald. Sehenswert: Höllenstein-Stausee; Pfarrkirche St. Elisabeth

★ Blaibacher Hof
♂ ⋖ Kammleiten 6 b, ✉ 93476, ☎ (0 99 41) 85 88, Fax 72 77
18 Zi, Ez: 40-53, Dz: 70-96, ⊣ WC ☎; P 1↔40 Fitneßraum Sauna Solarium 🍽
geschl: Anfang Nov.-Mitte Dez.

Blaichach 70 ↓

Bayern — Kreis Oberallgäu — 850 m — 5 000 Ew — Sonthofen 3, Kempten 25 km
ℹ ☎ (0 83 21) 80 08 36 — Verkehrsamt, Immenstädter Str 7, 87544

Gunzesried
★★★ Allgäuer Berghof (Familotel)
einzeln ♂ ⋖ Alpe Eck über Sonthofen, ✉ 87544, ☎ (0 83 21) 80 60, Fax 80 62 19
39 Zi, Ez: 120-192, Dz: 160-420, 5 Suiten, 16 App, ⊣ WC ☎; Lift P 🚗 3↔80 ≋ Kegeln Sauna Solarium Kinderbetreuung
geschl: Mitte Nov-Mitte Dez

Blankenburg 37 ↗

Sachsen-Anhalt — Kreis Wernigerode — 250 m — 18 500 Ew — Quedlinburg 13, Wernigerode 16 km
ℹ ☎ (0 39 44) 28 98, Fax 40 11 — Blankenburg-Information, Tränkestr 1, 38889 Blankenburg; Erholungsort. Sehenswert: Schloß; Kleines Schloß mit Barockgarten; Kirche St. Bartholomäus; Rathaus; Umgebung: Michaelstein (3 km ←); Burgruine Regenstein (2 km ↑); Teufelsmauer (östl. der Stadt)

★★ Kurhotel Fürstenhof
Mauerstr 9, ✉ 38889, ☎ (0 39 44) 9 04 40, Fax 9 04 42 99, AX DC ED VA
27 Zi, Ez: 98-130, Dz: 140-170, ⊣ WC ☎; P 🚗 3↔250
Auch Zimmer der Kategorie ★★★ vorhanden

★ Berghotel Vogelherd
♂ ⋖ Am Vogelherd 10, ✉ 38889, ☎ (0 39 44) 92 60, Fax 35 50 35, ED VA
72 Zi, Ez: 85-125, Dz: 130-150, 10 Suiten, 10 App, ⊣ WC ☎; Lift P 🚗 4↔150 Fitneßraum Kegeln Sauna Solarium 🍽
Auch Zimmer der Kategorie ★★ vorhanden

🛏 **Pension An der Teufelsmauer**
Timmenröder Str 2, ✉ 38889, ☎ (0 39 44) 36 41 00, Fax 36 51 15, AX ED VA
10 Zi, Ez: 50-65, Dz: 80-110, ⊣ WC ☎; P 🍽

Blankenburg, Bad 48 ⟶

Thüringen — Kreis Rudolstadt — 220 m — 8 500 Ew — Rudolstadt 6, Saalfeld 8 km
ℹ ☎ (03 67 41) 26 67 — Fremdenverkehrsamt, Magdeburger Gasse 1, 07422 Bad Blankenburg

★★ Am Goldberg
♂ Goetheweg 9, ✉ 07422, ☎ (03 67 41) 4 22 10, Fax 4 22 13, AX DC ED VA
34 Zi, Ez: 98-195, Dz: 155-235, 1 Suite, 5 App, ⊣ WC ☎, 18✉; Lift P 2↔55 ≋ Fitneßraum Sauna Solarium
★★ Hauptgericht 25

★ Zum Steinhof
Wirbacher Str 6, ✉ 07422, ☎ (03 67 41) 4 10 33, Fax 4 10 35, AX DC ED VA
28 Zi, Ez: 90, Dz: 130, ⊣ WC ☎; P 1↔42 Sauna 🍽

★ Weinhaus Eberitzsch
Schwarzenburger Str 19, ✉ 07422, ☎ (03 67 41) 23 53, Fax 24 27
30 Zi, Ez: 70-110, Dz: 100-140, 2 Suiten, ⊣ WC ☎; P 🚗 2↔70 Kegeln Sauna Solarium 🍽
geschl: Do

Blankenheim Kr. Euskirchen 42 ↘

Nordrhein-Westfalen — Kreis Euskirchen — 550 m — 9 000 Ew — Schleiden 20, Adenau 31 km
🛈 ☎ (0 24 49) 83 33, Fax 8 71 15 — Verkehrsbüro, Rathausplatz 16, 53945 Blankenheim; Erholungsort in der Eifel. Sehenswert: Pfarrkirche; Burg; Ahrquelle; Stadttoranlagen; Burgruine Schloßthal; Geologischer Lehrpfad

✱ Kölner Hof
Ahrstr 22, ✉ 53945, ☎ (0 24 49) 14 05, Fax 10 61, AX ED VA
23 Zi, Ez: 80-95, Dz: 120-130, ⊟ WC ☎; 🅿 🍴
1 ⇨ 35 Fitneßraum Sauna Solarium
geschl: Mär

Blankenhof 21 ↗

Mecklenburg-Vorpommern — Kreis Neustrelitz — 85 m — 600 Ew — Neubrandenburg 9, Neustrelitz 24 km
🛈 ☎ (03 96 08) 2 05 04 — Verwaltungsgemeinschaft Neverin, Dorfstr 36, 17033 Neubrandenburg

Chemnitz (1,5 km ↗)
✱ Landhotel Chemnitz
Blankenhofer Weg 15 a, ✉ 17039, ☎ (03 95) 5 82 37 01
16 Zi, Ez: 99, Dz: 125, ⊟ WC ☎; 🅿 🍽

Blankenrode siehe Lichtenau

Blaubach 53 □

Rheinland-Pfalz — Kreis Kusel — 240 m — 500 Ew — Kusel 2, Kaiserslautern 35 km
🛈 ☎ (0 63 81) 4 20 50, Fax 42 05 68 — Verbandsgemeindeverwaltung, Marktplatz 1, 66869 Kusel. Sehenswert: Burgruine Lichtenberg

✱ Reweschnier (Silencehotel)
♪ Kuseler Str 5, ✉ 66869, ☎ (92 38 00) 92 38 80, Fax 92 38 80, ED VA
30 Zi, Ez: 76-92, Dz: 122-145, 2 App, ⊟ WC ☎; 🅿 🍴 2 ⇨ 80 Kegeln Sauna Solarium

Blaubeuren 69 ↗

Baden-Württemberg — Alb-Donau-Kreis — 512 m — 11 500 Ew — Ulm 18, Ehingen 19 km
🛈 ☎ (0 73 44) 1 30, Fax 13 36 — Bürgermeisteramt, Karlstr 2, 89143 Blaubeuren; Erholungsort in der Schwäbischen Alb. Sehenswert: Ehem. Klosterkirche: Hochaltar, Kreuzgang; Blautopf (Quelle); hist. Hammerschmiede; Urgeschichtliches Museum; Heimatmuseum in ehem. Badhaus der Mönche; Schubartstube; Altstadt

✱ Ochsen
Marktstr 4, ✉ 89143, ☎ (0 73 44) 66 65, Fax 84 30, AX DC VA
32 Zi, Ez: 75-90, Dz: 120-150, ⊟ WC ☎, 10🍽; 🅿 🍴 1 ⇨ 100 Solarium
Rezeption: 7-24 Uhr; geschl: Ende Dez-Anfang Jan
Auch Zimmer der Kategorie ✱✱ vorhanden
✱ Hauptgericht 25; 8-24; geschl: Ende Dez-Anfang Jan

✱ Löwen
Marktplatz 1, ✉ 89143, ☎ (0 73 44) 9 66 60, Fax 96 66 60
12 Zi, Ez: 85, Dz: 135, ⊟ WC ☎; 🅿 🍴 🍽

✱ Adler
Karlstr 8, ✉ 89143, ☎ (0 73 44) 50 27, Fax 2 11 47, ED VA
15 Zi, Ez: 75, Dz: 120, ⊟ WC ☎; 🅿 🍽
geschl: Mo

🍴 Dirr
Karlstr 46, ✉ 89143, ☎ (0 73 44) 65 80
Terrasse; 8-19; geschl: Di, Ende Sep-Anfang Okt, Anfang Feb
Spezialität: Baumkuchen

Weiler (2 km ↙)
✱ Forellenfischer
♂ Aachtalstr 5, ✉ 89143, ☎ (0 73 44) 50 24, Fax 2 11 99, AX ED
22 Zi, Ez: 70-90, Dz: 112-135, 1 Suite, 1 App, ⊟ WC ☎, 1🍽; 🅿 1 ⇨ 20; **garni**
Rezeption: 7-13, 16-21; geschl: Ende Dez-Anfang Jan

✱ Forellenfischer
Aachtalstr 6, ✉ 89143, ☎ (0 73 44) 65 45, DC
Hauptgericht 30; Gartenlokal 🅿; 11-14 + 18-24; geschl: So abends, Mo, 3 Wochen im Jan

Blauenthal 49 →

Sachsen — Kreis Aue — 600 m — 316 Ew — Schneeberg 11, Zwickau 30 km
🛈 ☎ (03 77 52) 31 16 — Gemeindeverwaltung, Hauptstr 10, 08318 Burkhardtsgrün

✱ Forelle
✉ 08318, ☎ (03 77 52) 63 00, Fax 63 29
6 Zi, Ez: 72-78, Dz: 118-134, 4 Suiten, ⊟ WC ☎; 🅿 🍴 🍽

Wolfsgrün (1 km ←)
✱ Wolfsgrüner Schlößchen
Eibenstocker Str 5, ✉ 08318, ☎ (03 77 52) 31 13, Fax 31 57
17 Zi, Ez: 68-73, Dz: 106-116, 3 App, ⊟ WC ☎; 🅿 🍽

⊗ Alte, beachtenswerte Architektur oder Einrichtung

Blaufelden 56 ↗

Baden-Württemberg — Kreis Schwäbisch Hall — 460 m — 5 000 Ew — Rothenburg ob der Tauber 18, Crailsheim 23, Bad Mergentheim 29 km
🛈 ☎ (0 79 53) 88 40, Fax 8 84 44 — Bürgermeisteramt, Hindenburgplatz 4, 74572 Blaufelden. Sehenswert: Wehrkirche; Götzenstube; Wasserschloß; 1000jährige Linde

✱✱✱ Zum Hirschen
Hauptstr 15, ✉ 74572, ☎ (0 79 53) 10 41, Fax 10 43
Hauptgericht 40; 🅿 Terrasse; geschl: im Winter So abends + Mo, Jan
✱✱ 10 Zi, Ez: 88-108, Dz: 126-186, 2 Suiten, ⌐ WC ☎; 🚗 1⇆20

Bleckede 19 ←

Niedersachsen — Kreis Lüneburg — 30 m — 8 500 Ew — Lüneburg 25, Hamburg 66 km
🛈 ☎ (0 58 52) 3 99 22, Fax 3 99 99 — Verkehrsverein, Lüneburger Str 2 a, 21354 Bleckede. Sehenswert: Schloß mit Turmruine ≼; hist. Altstadt; Hühnengräber; Storchenstraße; Elbtalhaus

✱ Zum Löwen
⌀ Lauenburger Str 1, ✉ 21354, ☎ (0 58 52) 94 00, Fax 94 40, AX DC ED VA
17 Zi, Ez: 95-110, Dz: 120-175, ⌐ WC ☎, 2⌸; 🅿 2⇆50 Fitneßraum Sauna Solarium 🍴
Auch Zimmer der Kategorie ✱✱ vorhanden

✱ Landhaus an der Elbe
♂ ≼ Elbstr 5, ✉ 21354, ☎ (0 58 52) 12 30, Fax 30 22
Ez: 70-100, Dz: 110-170, 1 Suite, 1 App, ⌐ WC ☎, 3⌸; 🅿 🚗 🍴

✱✱ Restaurant am Schlosspark
einzeln, Schützenweg, ✉ 21354, ☎ (0 58 52) 5 00, Fax 5 85, AX DC ED VA
Hauptgericht 25; 🅿; geschl: Mo

Bleicherode 37 ↙

Thüringen — Kreis Nordhausen — 275 m — 7 404 Ew — Nordhausen 16, Leinefelde 19 km
🛈 ☎ (03 63 38) 23 81, Fax 23 85 — Stadtverwaltung, Hauptstr 43, 99752 Bleicherode

✱✱ Confidenz Harz
♂ ≼ Förster-Genzel-Str 4, ✉ 99752, ☎ (03 63 38) 3 80, Fax 3 81 00, AX DC ED VA
31 Zi, Ez: 100-130, Dz: 145-180, 5 App, ⌐ WC ☎, 13⌸; Lift 🅿 3⇆80 ≋ Fitneßraum Sauna Solarium 🍴
Auch Zimmer der Kategorie ✱✱✱ vorhanden

✱ Berliner Hof
Hauptstr 62, ✉ 99752, ☎ (03 63 38) 4 24 54, Fax 6 09 24, AX ED VA
17 Zi, Ez: 60-73, Dz: 118-123, ⌐ WC ☎; 🅿 1⇆50 🍴
Rezeption: 10-22

Blieskastel 53 ↙

Saarland — Saar-Pfalz-Kreis — 380 m — 24 760 Ew — Zweibrücken 12, Homburg 13 km
🛈 ☎ (0 68 42) 5 20 75, Fax 52 07 60 — Verkehrsamt u. Kurverwaltung, Kardinal-Wendel-Str 56, 66440 Blieskastel; Kneippkurort

✱ Zur Post
Kardinal-Wendel-Str 19 a, ✉ 66440, ☎ (0 68 42) 9 21 60, Fax 42 02
12 Zi, Ez: 65-75, Dz: 110-135, ⌐ WC ☎; Sauna 🍴

✱✱ Schwalb
⌀ Gerbergasse 4, ✉ 66440, ☎ (0 68 42) 23 06, Fax 40 95
Hauptgericht 30; Biergarten; geschl: So abends, Mo

✱ Am Rathaus
Von-der-Leyen-Str, ✉ 66440, ☎ (0 68 42) 32 43, ED
Hauptgericht 25; geschl: Di

Niederwürzbach (6 km ←)

✱ Hubertushof
♂ ≼ Kirschendell 32, ✉ 66440, ☎ (0 68 42) 65 44, Fax 78 66, AX ED VA
6 Zi, Ez: 64, Dz: 114, ⌐ WC ☎; 🅿 1⇆
geschl: Di, Anfang Jan, 2 Wochen in den Sommerferien

✱ Hubertushof
Hauptgericht 30; 11-14, 17-24; geschl: 2 Wochen in den Sommerferien

Blomberg 35 ↑

Nordrhein-Westfalen — Kreis Lippe — 180 m — 15 000 Ew — Bad Pyrmont 17, Detmold 21 km
🛈 ☎ (0 52 35) 50 40, Fax 50 42 90 — Verkehrsbüro, Hindenburgplatz 1, 32825 Blomberg. Sehenswert: Ehem. Klosterkirche; Fachwerkbauten

✱✱ Burghotel (European Castle)
♂ ⌀ in der Burg, ✉ 32825, ☎ (0 52 35) 5 00 10, Fax 50 01 45, AX DC ED VA
50 Zi, Ez: 130-165, Dz: 190-250, 2 Suiten, ⌐ WC ☎, 9⌸; Lift 🅿 6⇆160 ≋ Fitneßraum Sauna Solarium
Auch Zimmer der Kategorie ✱ vorhanden. Geschlossene Burganlage mit Elementen der Weserrenaissance
✱✱ ⌀ Hauptgericht 45; Terrasse

✱ Deutsches Haus
Am Markt 7, ✉ 32825, ☎ (0 52 35) 4 68, Fax 27 15
16 Zi, Ez: 85-95, Dz: 125, ⌐ WC ☎; 3⇆200 Kegeln Solarium
✱✱ Hauptgericht 20

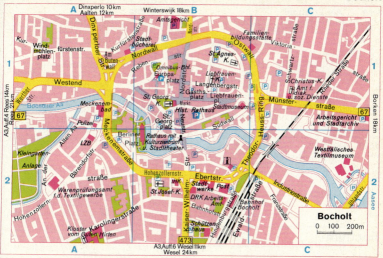

* **Knoll**
Langer Steinweg 33, ✉ 32825, ☎ (0 52 35)
9 60 00, Fax 73 98, AX DC ED VA
9 Zi, Ez: 80, Dz: 120, ⌐ WC ☎; P Kegeln ⌠◉⌡
geschl: Mo bis 17

Blowatz 12 ↙

Mecklenburg-Vorpommern — Nordwestmecklenburg — 1 050 Ew — Wismar 12 km
ℹ ☎ (03 84 27) — Gemeindeverwaltung,
23974 Blowatz

Groß Strömkendorf
** **Schäfer Eck**
✉ 23974, ☎ (03 84 27) 29 10, Fax 2 63
36 Zi, Ez: 90-115, Dz: 140-190, ⌐ WC ☎;
Sauna ⌠◉⌡

Blumberg 68 ↙

Baden-Württemberg — Schwarzwald-
Baar-Kreis — 700 m — 10 200 Ew —
Donaueschingen 16, Schaffhausen 22 km
ℹ ☎ (0 77 02) 51 28, Fax 51 55 — Verkehrs-
amt, Hauptstr 97, 78170 Blumberg.
Sehenswert: Wutachschlucht (8 km ←);
Museumsbahn Wutachtal

Epfenhofen (4 km ↓)
* **Löwen**
Kommentalstr 2, ✉ 78176, ☎ (0 77 02)
21 19, Fax 39 03
27 Zi, Ez: 59, Dz: 98, ⌐ WC; Lift P 🖼
Rezeption: 8-14, 17-23; geschl: Dez,
Anfang Jan-Mitte Feb
* Hauptgericht 25; geschl: Fr, Dez,
Anfang Jan-Mitte Feb

Zollhaus (2 km →)
* **Kranz**
Schaffhausener Str 11, ✉ 78176,
☎ (0 77 02) 25 30, Fax 36 97, ED
28 Zi, Ez: 58-68, Dz: 122-118, ⌐ WC ☎; P 🖼
Kegeln ⌠◉⌡
Rezeption: 10-22; geschl: Sa

Bobenthal 60 ↖

Rheinland-Pfalz — Kreis Pirmasens —
177 m — 376 Ew — Dahn 13, Bad Bergzabern 16 km
ℹ ☎ (0 63 91) 58 11, Fax 13 62 — Tourist-
Information, Schulstr 29, 66994 Dahn.
Sehenswert: Fachwerkhäuser

Bobenthal-Außerhalb (5 km ↘)
* **Waldrestaurant-Pension
St. Germanshof**
♂ Hauptstr 10, ✉ 76891, ☎ (0 63 94) 14 55,
Fax 53 91
12 Zi, Ez: 55-65, Dz: 90-110, ⌐ WC; P 🖼 ⌠◉⌡
geschl: Mitte-Ende Jan, Ende Nov

Bocholt 32 ↗

Nordrhein-Westfalen — Kreis Borken —
25 m — 70 000 Ew — Borken 18,
Wesel 24 km
ℹ ☎ (0 28 71) 50 44, Fax 18 59 27 — Stadtinformation, Kreuzstr 27, 46395 Bocholt;
Erholungsort im westlichen Münsterland.
Sehenswert: Hist. Rathaus; Pfarrkirche St.
Georg; Rathaus mit Kulturzentrum; Wasserschloß Anholt (16 km ←); Handwerksmuseum

→

Bocholt

★★★ Am Erzengel
Münsterstr 252, ✉ 46397, ☎ (0 28 71)
1 40 95, Fax 18 44 99, AX ED VA
35 Zi, Ez: 140, Dz: 190, ⌐ WC ☎; Lift 🅿 🚗
3✪100 Kegeln
★★ Hauptgericht 30; Biergarten Terrasse; geschl: Mo mittags

★ Stadthotel
Bahnhofstr 24 (B 2), ✉ 46395, ☎ (0 28 71)
1 50 44, Fax 18 04 95, AX ED VA
20 Zi, Ez: 100, Dz: 170, 1 App, ⌐ WC ☎; 🅿 🚗 ⓘ

Barlo (7 km ↗)
★★ Schloß Diepenbrock
einzeln, Schloßallee 5, ✉ 46397,
☎ (0 28 71) 35 45, Fax 3 96 07, AX DC ED VA
20 Zi, Ez: 145-170, Dz: 225-270, 1 Suite, ⌐
WC ☎; 🅿 🚗 1✪80
Rezeption: 11.30-14, 18.30-21.30
★★ Hauptgericht 35; Terrasse

Bochum 33 ☐

Nordrhein-Westfalen — Stadtkreis —
119 m — 406 300 Ew — Herne 6, Essen 16,
Recklinghausen 16 km
ⓘ ☎ (02 34) 1 30 31, Fax 6 57 27 — Verkehrsverein, im Hauptbahnhof, Kurt-Schumacher-Platz (B 3), 44787 Bochum; Industriestadt im Ruhrgebiet; Universität;
Schauspielhaus. Sehenswert: Rathaus mit
Glockenspiel; kath. Propsteikirche; Kunstsammlungen der Ruhr-Universität;
Museum Bochumer Kunstsammlung;
Deutsches Bergbau-Museum mit geologischer Sammlung; Geologischer Garten;
Planetarium; Stadtpark mit Bismarckturm
◄; Tierpark (Aquarium); Botanischer
Garten. Umgebung: in Dahlhausen: Eisenbahnmuseum; in Stiepel (7 km ↓) ev.
Kirche: Fresken

★★ Novotel
Stadionring 22 (C 1), ✉ 44791, ☎ (02 34)
5 06 40, Fax 50 30 36, AX DC ED VA
119 Zi, Ez: 189, Dz: 229, ⌐ WC ☎, 50🗋; Lift
🅿 8✪350 ≋ Sauna Solarium ⓘ

★★ Acora Hotel und Wohnen
Nordring 44 (A 2), ✉ 44787, ☎ (02 34)
6 89 60, Fax 6 74 73, AX DC ED VA
212 Zi, Ez: 170, Dz: 195, S; 17 Suiten, ⌐ WC
☎; Lift 🚗 3✪85 ⓘ

★ Ostmeier
Westring 35 (A 3), ✉ 44787, ☎ (02 34)
6 08 15, Fax 6 69 99, AX ED VA
40 Zi, Ez: 98-118, Dz: 155, ⌐ WC ☎; Lift 🅿
1✪20 ≈ Sauna Solarium
★★ Hauptgericht 30; nur abends;
geschl: Sa, So

★ Art Hotel Tucholsky
Viktoriastr 73 (A 3), ✉ 44787, ☎ (02 34)
1 35 43, Fax 6 04 49, AX DC ED VA
15 Zi, Ez: 80-100, Dz: 140-160, ⌐ WC ☎, ⓘ
Designerausstattung

★ Ibis
Kurt-Schumacher-Platz 13 (B 3), ✉ 44787,
☎ (02 34) 9 14 30, Fax 68 07 78, AX DC ED VA
82 Zi, Ez: 123, Dz: 138, ⌐ WC ☎, 22🗋; Lift
🅿 🚗; garni

★ Haus Vocke „Ambiente"
Wiemelhausener Str 214 (A 4), ✉ 44799,
☎ (02 34) 3 40 95, Fax 31 33 54, ED
17 Zi, Ez: 85-95, Dz: 120-130, 1 App, ⌐ WC
☎, 3🗋; 🅿 2✪50 Kegeln ⓘ

★ Schmidt-Mönnikes
Drusenbergstr 164 (A 4), ✉ 44789,
☎ (02 34) 33 39 60, Fax 3 33 96 66, AX ED VA
34 Zi, Ez: 97, Dz: 135, ⌐ WC ☎; 🅿 🚗 1✪35
Kegeln ⓘ
geschl: So mittags, Ende Dez-Anfang Jan

★★★ Stadtpark Restaurant ✝
◄ Klinikstr 41 (B 1), ✉ 44724, ☎ (02 34)
50 70 90, Fax 5 07 09 99, AX DC ED VA
Hauptgericht 35; 🅿 Terrasse; geschl: Mo,
27.12.96-13.1.97

★★ Stammhaus Fiege
Bongardstr 23 (AB 2), ✉ 44787, ☎ (02 34)
1 26 43, Fax 6 62 71, AX ED
Hauptgericht 25; geschl: Do, So abends

★★ Alt Nürnberg
Königsallee 16 (A 4), ✉ 44789, ☎ (02 34)
31 16 98, Fax 31 19 89, AX DC ED VA
Hauptgericht 35; 🅿; nur abends; geschl:
Mo

★★ Jacky Ballière ✝
Wittener Str 123 (C 3), ✉ 44789, ☎ (02 34)
33 57 60
Hauptgericht 35; geschl: So, Mi

★★ Altes Bergamt
Schillerstr 20 (A 1), ✉ 44791, ☎ (02 34)
5 19 55, Fax 51 24 25, DC ED VA
Hauptgericht 25; 🅿 Terrasse; geschl:
so + feiertags
Das Restaurant befindet sich in einem
Seitenflügel des Deutschen Bergbaumuseums.

Sundern (7 km ↓)
★ Zum Forsthaus
einzeln, Blankensteiner Str 147, ✉ 44787,
☎ (02 34) 47 11 37, AX ED VA
Hauptgericht 35; nur abends, So auch mittags

Wattenscheid (9 km ←)
★ Sol Inn Hotel
Josef-Haumann-Str 1, ✉ 44866,
☎ (0 23 27) 9 90-0, Fax 99 04 44, AX DC ED VA
112 Zi, Ez: 110-154, Dz: 125-169, ⌐ WC ☎,
56🗋; Lift 🅿 3✪100 ⓘ

★ Beckmannshof
Berliner Str 39, ✉ 44866, ☎ (0 23 27) 37 84,
Fax 3 38 57, AX DC ED VA
21 Zi, Ez: 100-110, Dz: 160, ⌐ WC ☎; 🅿 🚗
2✪160
geschl: So, Sa mittags, Ende Dez-Mitte
Jan
★★ Hauptgericht 32; geschl: Sa mittags, So

Bochum

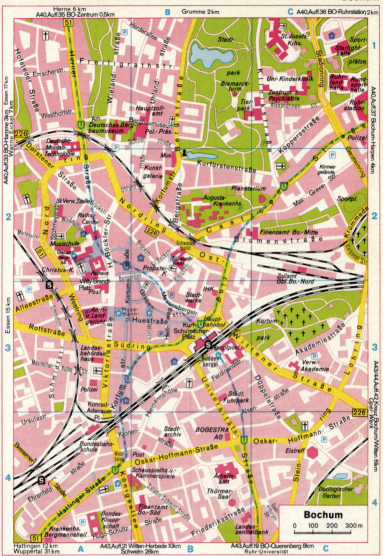

Weitmar (3 km) ↗
** Zum Neuling
Neulingstr 42, ✉ 44795, ☎ (02 34)
94 69 8-0, Fax 94 69 8- 45, AX DC ED VA
Hauptgericht 35; Biergarten; nur abends,
So auch mittags; geschl: Mi
* 16 Zi, Ez: 115, Dz: 160-180, ⌐ WC
☎; P 1⇆20 ≙ Fitneßraum Sauna Solarium

🚗 Unterstellmöglichkeiten für Fahrzeuge
oder Einzelgaragen

Werne (8 km) ↘
*** Queens Hotel
Kohlleppelsweg, ✉ 44791, ☎ (02 34)
9 25 90, Fax 9 25 96 25, AX DC ED VA
105 Zi, Ez: 213-228, Dz: 283-293, S;
3 Suiten, ⌐ WC ☎, 38✉; Lift P 5⇆100 Fitneßraum Sauna ⊙ →

In vielen im Varta aufgeführten Hotels sind
neben den dargestellten Restaurants auch
andere Restaurantkonzepte zu finden.

Bochum

Wiemelhausen (3 km ↓)
* **Haus Oekey**
Auf dem Alten Kamp 10, ✉ 44803,
☎ (02 34) 3 86 71, Fax 38 29 60, AX DC ED VA
17 Zi, Ez: 110, Dz: 150, ⊿ WC ☎; P 🍴
1⇔40 Kegeln
geschl: So
** Hauptgericht 35; Biergarten;
geschl: So, Mo, Sa mittags

Bocka 49 ↖

Thüringen — Kreis Greiz — 350 m —
322 Ew — Gera 11 km
ℹ ☎ (03 66 04) 26 05, Fax 24 14 — Gemeindeverwaltung, Dorfstr 2, 07589 Bocka

Kleinbocka
* **Hohe Reuth**
einzeln, Hofer Str, ✉ 07589, ☎ (03 66 04)
24 14 /8 06 87, Fax 24 14, AX DC ED VA
8 Zi, Ez: 80-110, Dz: 130, ⊿ WC ☎; P 1⇔14
🍴

Bocklet, Bad 46 ↖

Bayern — Kreis Bad Kissingen — 230 m —
4 092 Ew — Bad Kissingen 8, Bad Neustadt 22 km
ℹ ☎ (0 97 08) 2 17, Fax 80 48 40 — Kurverwaltung, Kurhausstr 2, 97708 Bad Bocklet;
Heilbad an der Fränkischen Saale. Sehenswert: Brunnenbau der Biedermeierbades;
Graf-Luxburg-Museum im Schloß, im Ortsteil Aschach; Riemenschneiderkreuz im
Ortsteil Steinach

** **Kurhotel Kunzmann**
♂ An der Promenade 6, ✉ 97708,
☎ (0 97 08) 7 80, Fax 7 81 00
79 Zi, Ez: 81-102, Dz: 162-204, ⊿ WC ☎; Lift
P 🍴 3⇔40 ≋ Fitneßraum Sauna Solarium
🍴
Rezeption: 8-21

* **Kurpension Laudensack**
Von-Hutten-Str 37, ✉ 97708, ☎ (0 97 08)
2 24, Fax 12 85
35 Zi, Ez: 51-61, Dz: 100-115, ⊿ WC ☎; P 🍴
Solarium 🍴
geschl: Di, Ende Dez-Mitte Feb

Bodendorf, Bad siehe Sinzig

Bodenheim 54 ↑

Rheinland-Pfalz — Kreis Mainz-Bingen —
100 m — 17 500 Ew — Mainz 12, Darmstadt 20 km
ℹ ☎ (0 61 35) 7 20, Fax 7 22 63 — Gemeindeverwaltung, Am Dollesplatz 1,
55294 Bodenheim; Weinanbaurort

Teilen Sie bitte der Redaktion des Varta
mit, wenn Sie sich in einem Haus besonders wohlgefühlt haben oder wenn Sie
unzufrieden waren.

* **Landhotel Battenheimer Hof**
Rheinstr 2, ✉ 55294, ☎ (0 61 35) 70 90,
Fax 7 09 50
42 Zi, Ez: 85-95, Dz: 130-140, ⊿ WC ☎; P
1⇔40; **garni**
Rezeption: 7-20; geschl: Mitte Dez-Mitte
Jan
Eigenbauweine

Bodenmais 66 ↖

Bayern — Kreis Regen — 700 m —
3 500 Ew — Regen 13, Deggendorf 35,
Cham 40 km
ℹ ☎ (0 99 24) 7 78 35, Fax 7 78 50 — Kur- und Verkehrsamt, Bahnhofstr 56,
94249 Bodenmais; heilklimatischer Kurort
und Wintersportplatz im Bayerischen
Wald. Sehenswert: Hist. Erzbergwerk;
Waldglashütte; Großer Arber, 1456 m ∙⛷
(11 km + Sessellift + 15 Min ↗); Großer
Arbersee (9 km ↗)

** **Bergknappenhof**
∙⛷ Silberbergstr 10, ✉ 94249, ☎ (0 99 24)
77 40, Fax 73 73
37 Zi, Ez: 69-85, Dz: 118-230, 5 Suiten,
31 App, ⊿ WC ☎; Lift P 🍴 ≋ Fitneßraum
Sauna Solarium 🍴
Auch Zimmer der Kategorie *** vorhanden

** **Waldhotel Riederin**
♂ ∙⛷ Riederin 1, ✉ 94249, ☎ (0 99 24) 77 60,
Fax 73 37
57 Zi, Ez: 90-137, Dz: 188-274, 4 Suiten, ⊿
WC ☎, 4✉; Lift P 🍴 ≋ ≋ Sauna Solarium
geschl: Ende Nov-Mitte Dez
Auch Zimmer der Kategorie *** vorhanden. Restaurant für Hausgäste

** **Hofbräuhaus**
♂ ∙⛷ Marktplatz 5, ✉ 94249, ☎ (0 99 24)
77 70, Fax 77 72 00, ED
75 Zi, Ez: 76-130, Dz: 114-196, ⊿ WC ☎; Lift
P 🍴 3⇔28 ≋ ≋ Fitneßraum Sauna
Solarium
Rezeption: 7-21; geschl: Mitte Nov-Mitte
Dez
** Hauptgericht 25; Terrasse;
geschl: 10.11.-15.12.96

** **Kur- und Sporthotel Adam**
Bahnhofstr 51, ✉ 94249, ☎ (0 99 24)
9 40 00, Fax 72 19, AX ED VA
32 Zi, Ez: 76-95, Dz: 144-164, 2 App, ⊿ WC
☎; Lift P 🍴 ≋ ≋ Sauna Solarium 🍴
Rezeption: 7-21

** **Neue Post**
♂ Kötztinger Str 25, ✉ 94249, ☎ (0 99 24)
70 77, Fax 72 69
53 Zi, Ez: 65-88, Dz: 106-196, 1 App, ⊿ WC
☎; Lift P 🍴 ≋ Fitneßraum Sauna Solarium
geschl: Mitte Nov-Mitte Dez
Im Gästehaus auch Zimmer der Kategorie
*** vorhanden
** Hauptgericht 16; Terrasse;
geschl: Mitte Nov-Mitte Dez

Bodenwerder

✱ Rothbacher Hof
Miesleuthenweg 10, ✉ 94249, ☎ (0 99 24) 95 20, Fax 95 21 00
43 Zi, Ez: 60, Dz: 100-130, 4 Suiten, ⊿ WC ☎; 🅿 Fitneßraum Sauna Solarium ⊺◯⊦
Auch Zimmer der Kategorie ✱✱ vorhanden

✱ Andrea
♂ ◂ Hölzlweg 10, ✉ 94249, ☎ (0 99 24) 3 86, Fax 74 74, ED
26 Zi, Ez: 60, Dz: 110-168, ⊿ WC ☎; 🅿 🖫 ≘ Fitneßraum Sauna Solarium
geschl: Anfang Nov-Mitte Dez
Preise inkl. Halbpension. Restaurant für Hausgäste

✱ Fürstenbauer
Kötztinger Str 34, ✉ 94249, ☎ (0 99 24) 95 50, Fax 70 92, ED VA
90 Zi, Ez: 90, Dz: 98-160, ⊿ WC ☎, 10🖾; 🅿 1↺40 ≘ Sauna Solarium
Rezeption: 8-21; geschl: 15.11.-15.12.
✱ Hauptgericht 18; Biergarten Terrasse

✱ Hubertus
♂ ◂ Amselweg 2, ✉ 94249, ☎ (0 99 24) 9 42 10, Fax 94 21 55
36 Zi, Ez: 61-68, Dz: 80-158, 4 App, ⊿ WC ☎; 🅿 🖫 ≘ Sauna Solarium ⊺◯⊦
Rezeption: 8-20; geschl: 9.11.-18.12.

✱ Kurparkhotel
Amselweg 1, ✉ 94249, ☎ (0 99 24) 10 94, Fax 3 39
16 Zi, Ez: 59-67, Dz: 98-128, 3 Suiten, ⊿ WC ☎; 🅿 ⊺◯⊦
Rezeption: 9-21

Bodenmais-Außerhalb (2 km ←)
✱✱ Hammerhof
◂ Kothinghammer 1, ✉ 94249, ☎ (0 99 24) 9 57-0, Fax 95 7- 77, AX
22 Zi, Ez: 65-70, Dz: 108-120, 21 Suiten, ⊿ WC ☎, 14🖾; Lift 🅿 Fitneßraum Sauna Solarium
✱ Hauptgericht 25; Terrasse

Böhmhof (1,5 km ↓)
✱✱ Feriengut-Hotel Böhmhof
◂ Haus Nr 1, ✉ 94249, ☎ (0 99 24) 2 22, Fax 17 18
18 Zi, Ez: 86, Dz: 146-176, 18 Suiten, 1 App, ⊿ WC ☎; Lift 🅿 🖫 ≋ ≘ Fitneßraum Sauna Solarium
Rezeption: 8.30-20; geschl: Apr, Anfang Nov-Mitte Dez
Im Gästehaus Landhaus Zimmer der Kategorie ✱✱✱ vorhanden

Mais (3 km ↘)
✱ Waldblick
Haus Nr 14, ✉ 94249, ☎ (0 99 24) 3 57
23 Zi, Ez: 42-51, Dz: 84-102, ⊿ WC; 🅿 ≋ ≘ Fitneßraum Sauna Solarium; **garni**
geschl: Mi

Mooshof (2 km ↘)
✱✱ Mooshof
♂ ◂ Haus Nr 7, ✉ 94249, ☎ (0 99 24) 77 50, Fax 72 38
55 Zi, Ez: 65-129, Dz: 130-190, 1 Suite, ⊿ WC ☎, 2🖾; Lift 🅿 ≋ ≘ Fitneßraum Sauna Solarium
geschl: Ende Nov-Mitte Dez
✱✱ ◂ Hauptgericht 30; Terrasse; ✤
geschl: Ende Nov-Mitte Dez

Bodenteich 27 ↘

Niedersachsen — Kreis Uelzen — 60 m — 3 300 Ew — Uelzen 18, Celle 62 km
ℹ ☎ (0 58 24) 95 01 80, Fax 33 08 — Kurverwaltung, Burgstr 8, 29389 Bodenteich; Luft-, Kneipp- und Schrothkurort am Ostrand der Lüneburger Heide; Erholungsort. Sehenswert: Seewiesengebiet; Wasserburg; Naturschutzgebiet Schafwedel: Zwergbirken (4 km →); Seepark

✱✱ Braunschweiger Hof (Flair Hotel)
Neustädter Str 2, ✉ 29389, ☎ (0 58 24) 2 50, Fax 2 55, AX DC EC VA
40 Zi, Ez: 80-95, Dz: 140-150, ⊿ WC ☎; Lift 🅿 🖫 4↺80 ≋ ≘ Fitneßraum Kegeln Sauna Solarium
✱ Hauptgericht 22

✱ Landhaus Bodenteich
Neustädter Str 100, ✉ 29389, ☎ (0 58 24) 30 85, Fax 30 87
19 Zi, Ez: 75, Dz: 130, 2 Suiten, ⊿ WC ☎; 🅿 1↺25 Fitneßraum Sauna Solarium
geschl: Mi

✱ Bodendiker
Neustädter Str 19, ✉ 29389, ☎ (0 58 24) 30 78, Fax 16 51
9 Zi, Ez: 55, Dz: 100, ⊿ WC ☎; 🅿 1↺60 Kegeln ⊺◯⊦
Rezeption: 11-14, 17.30-24; geschl: Mo mittags

Bodenwerder 36 ↘

Niedersachsen — Kreis Holzminden — 76 m — 6 200 Ew — Hameln 23, Höxter 33, Einbeck 34 km
ℹ ☎ (0 55 33) 4 05 41, Fax 61 52 — Fremdenverkehrsamt, Weserstr 3, 37616 Bodenwerder; Jod-Solbad an der Weser, Luftkurort. Sehenswert: Fachwerkhäuser; Herrenhaus der Freiherren von Münchhausen (Rathaus-Museum); Münchhausen-Brunnen; Berggarten mit „Lügengrotte"; ehem. Klosterkirche im Ortsteil Kemnade; ev. Kirche und Schloß in Hehlen (4 km ←)

✱ Goldener Anker
◂ Weserstr 13, ✉ 37619, ☎ (0 55 33) 21 35, Fax 30 57
13 Zi, Ez: 40-50, Dz: 80-95, ⊿ WC; 🅿
geschl: Nov-Mär
Restaurant für Hausgäste →

Bodenwerder

⌂ Deutsches Haus
Münchhausenplatz 4, ✉ 37619, ☎ (0 55 33) 39 25, Fax 41 13, AX ED
40 Zi, Ez: 85, Dz: 125-160, 2 App, ⊿ WC ☎; Lift P 1⇔200 Kegeln ¶◎¶
geschl: Jan

Bodenwöhr 65 ↘

Bayern — Kreis Schwandorf — 380 m — 3 903 Ew — Schwandorf 17, Cham 36, Regensburg 43 km
ℹ ☎ (0 94 34) 10 25, Fax 41 77 — Gemeindeverwaltung, Schwandorfer Str 20, 92439 Bodenwöhr

✶✶ Brauereigasthof Jacob
◀ Ludwigsheide 2, ✉ 92439, ☎ (0 94 34) 9 41 00, Fax 94 10 66
23 Zi, Ez: 77-85, Dz: 114-134, 1 App, ⊿ WC ☎, 11⌂; P 2⇔150 Strandbad Seezugang
Rezeption: 7-10, 16-22
✶ ◀ Hauptgericht 24; Biergarten Terrasse

Bodman-Ludwigshafen 68 ↘

Baden-Württemberg — Kreis Konstanz — 400 m — 3 900 Ew — Stockach 12 km
ℹ ☎ (0 77 73) 93 00 40, Fax 93 00 43 — Verkehrsamt, im Ortsteil Bodman, Hafenstr 5, 78351 Bodman-Ludwigshafen; Erholungsort am Überlinger (Boden-)See. Sehenswert: Schloßpark; Schloß Frauenberg; Ruine Alt-Bodman, 628 m ◀

Achtung: Schiffsfahrt über den Bodensee nach Überlingen (nur im Sommer)

Ludwigshafen
✶✶ Strandhotel Adler
◀ Hafenstr 4, ✉ 78351, ☎ (0 77 73) 52 14, Fax 50 70, AX DC ED VA
16 Zi, Ez: 80-95, Dz: 150-180, 2 Suiten, 3 App, ⊿ WC ☎; P Strandbad Seezugang
geschl: Anfang-Mitte Feb
✶ Hauptgericht 25; Terrasse

✶ Krone
Hauptstr 25, ✉ 78351, ☎ (0 77 73) 53 16, Fax 72 21, AX DC ED VA
22 Zi, Ez: 75-85, Dz: 110-160, 1 Suite, 1 App, ⊿ WC ☎; P 1⇔150
Rezeption: 7-14, 17-1; geschl: Nov+Dez
✶ Hauptgericht 25; Terrasse; geschl: Nov+Dez

Böblingen 61 ☐

Baden-Württemberg — Kreis Böblingen — 480 m — 47 000 Ew — Sindelfingen 2, Stuttgart 19 km
ℹ ☎ (0 70 31) 66 62 25, Fax 66 62 29 — Verkehrsamt, Tübinger Str 14, 71032 Böblingen. Sehenswert: Ev. Stadtkirche; Marktbrunnen; Zehntscheuern mit Bauernkriegsmuseum; Dt. Fleischermuseum

✶✶ Zum Reussenstein
Kalkofenstr 20, ✉ 71032, ☎ (0 70 31) 6 60 00, Fax 66 00 55, AX DC ED VA
42 Zi, Ez: 105-155, Dz: 160-195, 4 App, ⊿ WC ☎; Lift P 🚗 2⇔40 Fitneßraum Sauna ¶◎¶
Im Stammhaus Zimmer der Kategorie ✶ vorhanden

✶✶ Böhler
Postplatz 17, ✉ 71032, ☎ (0 70 31) 4 60 40, Fax 22 61 68, AX DC ED VA
42 Zi, Ez: 150-165, Dz: 170-220, 7 App, ⊿ WC ☎, 21⌂; Lift P 🚗 1⇔20 ≘ Fitneßraum Sauna Solarium
geschl: letzte Woche Jul, 2 Wochen im Aug

✶✶ Wanner
Tübinger Str 2, ✉ 71032, ☎ (0 70 31) 22 60 06, Fax 22 33 86, AX DC ED VA
30 Zi, Ez: 99-155, Dz: 180-195, 2 Suiten, 2 App, ⊿ WC ☎, 4⌂; Lift P 🚗 ¶◎¶
geschl: Ende Dez-Anfang Jan

✶✶ List
Friedrich-List-Str 57, ✉ 71032, ☎ (0 70 31) 2 18 40, Fax 21 84 84, AX DC ED VA
14 Zi, Ez: 125, Dz: 160, 1 Suite, 4 App, ⊿ WC ☎, 6⌂; Lift P 🚗; garni
geschl: 20.12.-4.1.

✶ Böblinger Haus
Keilbergstr 2, ✉ 71032, ☎ (0 70 31) 21 10, Fax 22 98 11, AX DC ED VA
34 Zi, Ez: 98-125, Dz: 150-180, ⊿ WC ☎, 9⌂; Lift P 🚗 1⇔15 ¶◎¶
geschl: 1.1.-7.1.97
Auch Zimmer der Kategorie ✶✶ vorhanden

☕ Café Frech
Postplatz 15, ✉ 71032, ☎ (0 70 31) 23 47 96, Fax 22 26 97
6.30-19, So 11-17.30; geschl: 2 Wochen in den Sommerferien

Böblingen-Außerhalb (1,5 km ↓)
✶ Rieth
Tübinger Str 155, ✉ 71032, ☎ (0 70 31) 72 30, Fax 27 77 60, AX DC ED VA
48 Zi, Ez: 82-100, Dz: 130-170, 2 Suiten, ⊿ WC ☎, 5⌂; P 🚗 Sauna ¶◎¶
geschl: Ende Dez-Anfang Jan

Dagersheim (5 km ←)
✶ Waldhorn
Böblinger Str 1, ✉ 71034, ☎ (0 70 31) 7 67 20, Fax 76 72 66, AX DC ED VA
34 Zi, Ez: 105-135, Dz: 140-180, WC ☎; P 1⇔100 ¶◎¶
Auch Zimmer der Kategorie ✶✶ vorhanden

Hulb (1 km ←)
✶✶ Duotel
Wolf-Hirth-Str 8/1, ✉ 71034, ☎ (0 70 31) 62 73, Fax 62 75 00, AX DC ED VA
73 Zi, Ez: 99-150, Dz: 140-180, 28 App, ⊿ WC ☎, 20⌂; Lift P 🚗 7⇔180 Sauna Solarium; garni

Boizenburg

✶ ✶   Novotel
Otto-Lilienthal-Str 18, ✉ 71034,
☎ (0 70 31) 64 50, Fax 22 88 16, AX DC ED VA
112 Zi, Ez: 114-160, Dz: 138-190, ⊣ WC ☎,
30🛏; Lift 🅿 7⇔300 ≋ Fitneßraum Sauna
Solarium ✲

Böbrach   66 ↘

Bayern — Kreis Regen — 550 m —
1 627 Ew — Bodenmais 4, Viechtach 17 km
ℹ ☎ (0 23 52) 23 52, Fax 34 33 — Fremdenverkehrsverein, Rathausplatz 1,
94255 Böbrach; Erholungsort

✶   Sport Hotel Ödhof
einzeln ♂ ✦ Öd Nr 5, ✉ 94255, ☎ (0 99 23)
12 46, Fax 33 21
30 Zi, Ez: 70-120, Dz: 100-145, 1 Suite, ⊣
WC ☎, 4🛏; Lift 🅿 1⇔40 ≋ ⌂ Fitneßraum
Kegeln Sauna Solarium ✲

✶   Brauerei Gasthof Eck
Eck 1, ✉ 94255, ☎ (0 99 23) 8 40 50,
Fax 84 05 55, AX ED VA
21 Zi, Ez: 44, Dz: 68-85, 1 App, ⊣ WC ☎,
1🛏; 🅿 🔲 Sauna Solarium ✲
geschl: Mo, Nov, Dez

Börgerende-Rethwisch   12 ↓

Mecklenburg-Vorpommern — Kreis Bad
Doberan Land — 4 m — 870 Ew — Bad
Doberan 5, Warnemünde 10,
Rostock 15 km
ℹ ☎ (03 82 03) 8 18 17 — Amt Bad Doberan
Land, Schulstr 5, 18209 Bad Doberan

Rethwisch
✶   Kiebitz
Nienhäger Str 1, ✉ 18211, ☎ (03 82 03)
86 00, Fax 81 11 08, AX ED VA
34 Zi, Ez: 95-140, Dz: 160, ⊣ WC ☎; Lift 🅿
1⇔100 Fitneßraum Kegeln Sauna
Solarium ✲

Bösdorf   11 ↗

Schleswig-Holstein — Kreis Plön — 25 m
— 1 503 Ew — Plön 6, Eutin 6,
Lübeck 30 km
ℹ ☎ (0 45 22) 81 14 — Gemeindeverwaltung, 24306 Bösdorf

Niederkleveez (3 km ↑)
✶ ✶   Fährhaus
♂ Am Dieksee 6, ✉ 24306, ☎ (0 45 23)
99 59 29, Fax 99 59 10
17 Zi, Ez: 70-110, Dz: 100-180, 1 Suite, ⊣
WC ☎, 17🛏; 🅿 Seezugang; **garni**
geschl: Anfang Okt-Mitte Mär

Bösleben-Wüllersleben   47 ↗

Thüringen — Kreis Arnstadt — 384 m —
715 Ew — Stadtilm 5, Arnstadt 7,
Erfurt 14 km
ℹ ☎ (03 62 00) 3 54 — Gemeindeverwaltung, Hauptstr 21, 99310 Bösleben

✶   Residenz
♂ Dorfstr 23, ✉ 99310, ☎ (03 62 00) 6 04 19,
Fax 4 19, AX
10 Zi, Ez: 60-90, Dz: 100-120, ⊣ WC ☎; 🅿
1⇔50 ✲
Rezeption: 11-23

Boffzen   36 ↘

Niedersachsen — Kreis Holzminden —
100 m — 3 146 Ew — Höxter 3, Holzminden
10 km
ℹ ☎ (0 52 71) 40 70, Fax 55 21 — Gemeindeverwaltung, Heinrich-Ohm-Str 21,
37691 Boffzen; Ort an der Weser. Sehenswert: Glasmuseum; Schloß Fürstenberg:
Porzellan-Manufaktur (2 km ↓)

Boffzen-Außerhalb (1,5 km ↗)
🛏   **Steinkrug**
♂ ✦ Am Steinkrug 4, ✉ 37691, ☎ (0 52 71)
48 28, Fax 4 93 48, AX DC ED VA
11 Zi, Ez: 50-55, Dz: 100-110, 1 Suite, ⊣ WC
☎; 🅿 ✲
Rezeption: 10-23; geschl: Nov und Mär

Bohmte   24 ↘

Niedersachsen — Kreis Osnabrück — 65 m
— 12 060 Ew — Osnabrück 22, Diepholz
30 km
ℹ ☎ (0 54 71) 80 80, Fax 48 95 — Gemeindeverwaltung, Bremer Str 4, 49163 Bohmte

✶   Gieseke-Asshorn
Bremer Str 55, ✉ 49163, ☎ (0 54 71) 10 01,
Fax 20 57, AX DC ED VA
Hauptgericht 25; nur abends; geschl:
Anfang Jan, Jul
✶ ✶   Gieseke-Asshorn
10 Zi, Ez: 75, Dz: 125, ⊣ WC ☎; 🅿 🔲
4⇔200 ≋ Fitneßraum Sauna Solarium
Rezeption: 11-24; geschl: Anfang Jan, Jul

Boizenburg   19 ←

Mecklenburg-Vorpommern — Kreis Ludwigslust — 35 m — 12 000 Ew — Lauenburg 10, Lüneburg 30, Hamburg 50 km
ℹ ☎ (03 88 47) 5 29.01, Fax 5 09 97 — Stadtverwaltung, Kirchplatz 1, 19252 Boizen-
burg

Schwanheide (6 km ↘)
**✶   Pension Schwanheider
    Tannen**
Bahnhofstr 14, ✉ 19258, ☎ (03 88 42)
2 18 22
12 Zi, Ez: 62, Dz: 84, 4 Suiten, 3 App, ⊣ WC
☎, 5🛏; 🅿 1⇔20 Sauna
Rezeption: 7-20
Restaurant für Hausgäste

Schwartow (2 km ↗)
✶   Waldhotel
♂ Waldweg 49, ✉ 19252, ☎ (03 88 47)
5 07 09, Fax 5 04 49
29 Zi, Ez: 75-95, Dz: 125-145, ⊣ WC ☎,
10🛏; 🅿 2⇔100 Kegeln Sauna Solarium ✲

Boll, Bad 62 □

Baden-Württemberg — Kreis Göppingen — 495 m — 5 000 Ew — Göppingen 8, Kirchheim u.T. 11 km
🛈 ☎ (0 71 64) 8 08 28, Fax 8 08 33 — Kultur- und Verkehrsamt, Hauptstr 81, 73087 Bad Boll; Kurort am Fuße der Schwäbischen Alb, Heilquellen-Kurbetrieb. Sehenswert: Roman. Stiftskirche; Versteinerungen Sammlung Hohl

*** Seminaris
•∢ Michael-Hörauf-Weg, ✉ 73087,
☎ (0 71 64) 80 50, Fax 1 28 86, AX DC ED VA
91 Zi, Ez: 125-230, Dz: 225-280, 2 Suiten, ⊣ WC ☎, 24✉; Lift 🅿 8⟳160 ❦

** Badhotel Stauferland
♂ •∢ Gruibinger Str 32, ✉ 73087,
☎ (0 71 64) 20 77, Fax 41 46, AX DC ED VA
45 Zi, Ez: 140-175, Dz: 230-260, ⊣ WC ☎;
Lift 🅿 ⊟ 2⟳ ≋ Fitneßraum Kegeln Sauna Solarium
geschl: 3 Wochen in den Sommerferien
** •∢ Hauptgericht 35; geschl:
3 Wochen in den Sommerferien

* Rosa Zeiten
Bahnhofsallee 7, ✉ 73087, ☎ (0 71 64) 20 22, Fax 22 21, VA
9 Zi, Ez: 85, Dz: 135, 3 App, ⊣ WC ☎; 🅿; garni

* Löwen
Hauptstr 46, ✉ 73087, ☎ (0 71 64) 9 40 90, Fax 94 09 44, AX DC ED VA
31 Zi, Ez: 76, Dz: 128, 4 Suiten, 2 App, ⊣ WC ☎; 🅿 ⊟ 2⟳150 Sauna Solarium
Rezeption: 7-14, 17-23; geschl: Mo, Ende Dez-Mitte Jan
* Hauptgericht 25; Gartenlokal; geschl: Mo, Ende Dez-Ende Jan

Bollendorf 52 ↘

Rheinland-Pfalz — Kreis Bitburg-Prüm — 215 m — 1 700 Ew — Bitburg 30, Trier 35, Luxemburg 35 km
🛈 ☎ (0 65 26) 2 30, Fax 12 49 — Tourist-Information, An der Brücke, 54669 Bollendorf; Luftkurort in der Südeifel, Grenzübergang nach Luxemburg. Sehenswert: Burg; Schloß im Ortsteil Weilerbach (4 km ↘); Demkmäler aus der Römer- und Keltenzeit

* Sonnenberg
einzeln ♂ •∢ Sonnenbergalee, ✉ 54669, ☎ (0 65 26) 9 28 00, Fax 92 80 79
25 Zi, Ez: 95 , Dz: 135, 3 Suiten, 3 App, ⊣ WC ☎, 3✉; Lift 🅿 ⊟ 2⟳80 ≋ Fitneßraum Sauna Solarium
* •∢ Hauptgericht 28; Biergarten Terrasse

* Burg Bollendorf
♂ •∢ ✉ 54669, ☎ (0 65 26) 6 90, Fax 69 38, AX DC ED VA
36 Zi, Ez: 106, Dz: 160-172, 4 Suiten, 15 App, ⊣ WC ☎, 4✉; Lift 🅿 7⟳100 Kegeln
Rezeption: 8-21; geschl: Anfang Jan-Mitte Feb
* Hauptgericht 25; geschl: im Winter Mi, Anfang Jan-Mitte Feb

* Ritschlay
♂ •∢ Auf der Ritschlay 3, ✉ 54669,
☎ (0 65 26) 2 12, Fax 3 43
22 Zi, Ez: 75, Dz: 126-144, ⊣ WC ☎; 🅿
geschl: Mitte Nov-Mitte Feb
Restaurant für Hausgäste

* Hauer
Sauerstadten 20, ✉ 54669, ☎ (0 65 26) 3 23, Fax 3 14, AX DC ED VA
21 Zi, Ez: 65-74, Dz: 110-128, ⊣ WC; Lift 🅿 ❦
geschl: Mitte Nov-Anfang Dez

Bollewick 21 ←

Mecklenburg-Vorpommern — Landkreis Müritz — 85 m — 392 Ew — Röbel 3, Mirow 20, Wittstock (Dosse) 25 km
🛈 ☎ (03 99 31) 5 06 51, Fax 5 06 51 — Amt Röbel-Land, Tourist-Information, Marktplatz 10, 17207 Röbel/Müritz

* Landgasthof Bollewick
einzeln ♂ Spitzkuhner Str 7, ✉ 17207,
☎ (03 99 31) 5 09 07, Fax 5 09 08
8 Zi, Ez: 75-90, Dz: 110-135, 1 App, ⊣ WC ☎; 🅿
geschl: 1.1.-28.2.97

Bolsterlang 70 ↓

Bayern — Kreis Oberallgäu — 900 m — 1 300 Ew — Fischen 3, Oberstdorf 10 km
🛈 ☎ (0 83 26) 83 14, Fax 94 06 — Verkehrsamt, Rathausweg 4, 87538 Bolsterlang; Erholungsort und Wintersportplatz. Sehenswert: Breitachklamm (8 km ↓)

Kierwang (1 km ↑)
* Gästehaus Rita
♂ •∢ Bergweg 16, ✉ 87538, ☎ (0 83 26) 12 11
9 Zi, Ez: 43, Dz: 82, ⊣ WC
geschl: Anfang Nov-Mitte Dez

Sonderdorf (1 km ↓)
* Gasthof-Pension Tietz
♂ •∢ Sonderdorf 18, ✉ 87538, ☎ (0 83 26) 74 44
13 Zi, Ez: 65-130, Dz: 75-160, ⊣ WC; 🅿 ❦
geschl: Mitte Apr-Mitte Mai, Anfang Nov-Mitte Dez

Boltenhagen 11 ↘

Mecklenburg-Vorpommern — Nordwestmecklenburg — 5 m — 2 300 Ew — Schwerin 47, Lübeck 44 km
ℹ️ ☎ (03 88 25) 92 84 — Kurverwaltung, Ernst-Thälmann-Str.66, 23946 Boltenhagen

*** Seehotel Grossherzog v. Mecklenburg
♂ An der Seebrücke, ✉ 23946, ☎ (03 88 25) 5 00, Fax 5 05 00, AX DC ED VA
149 Zi, Ez: 140-200, Dz: 180-380, ⊣ WC ☎, 10⌂; Lift 🅿 9✪200 ⇔ Strandbad Seezugang Sauna Solarium 🍴👁

Tarnewitz
* Lindenhof
Tarnewitzer Dorfstr 24, ✉ 23946, ☎ (01 71) 8 13 41 79, Fax 33 37
10 Zi, Ez: 60-90, Dz: 90-140, 8 App, ⊣ WC; 🅿; garni

Bonlanden siehe Filderstadt

Bonn 43 ↘

Nordrhein-Westfalen — Stadtkreis — 45 m — 313 000 Ew — Köln 30, Frankfurt/Main 175, Berlin 630 km
ℹ️ ☎ (02 28) 77 34 66, Fax 77 31 00 — Tourist-Information, Münsterstr 20, 53103 Bonn; Parlaments- und Regierungsstadt am Rhein; Universität; Oper; Schauspiel. Sehenswert: In Bonn: Münster: Kreuzgang; Remigiuskirche; Universitätskirche; Rathaus; Universität mit Hofgarten; Alter Zoll; Poppelsdorfer Schloß (Mineralogisch-petrologisches Museum) mit Botanischem Garten; Beethoven-Haus; Schumann-Haus; Ernst-Moritz-Arndt-Haus; Beethovenhalle; Bundeshaus; Villa Hammerschmidt; Palais Schaumburg; Museumsmeile Bonn mit: Kunst- und Ausstellungshalle, Haus der Geschichte, Zoologisches Forschungsinstitut und Museum Alexander König; Rheinisches Landesmuseum; Akademisches Kunstmuseum. In Bonn-Poppelsdorf: Kreuzbergkirche ⋖ mit Heiliger Stiege; In Bad Godesberg: Ruine Godesburg ⋖; Rheinpromenade ⋖; Redoute; Schloß; Kurpark; Siedlung Muffendorf; Umgebung: Rolandsbogen ⋖ bei Bad Godesberg-Mehlem, Drachenfels ⋖ und Petersberg gegenüber Bad Godesberg-Mehlem; Doppelkirche in Schwarzrheindorf; Stiftskirche in Vilich; Deutschordenskommende in Ramersdorf

Achtung: : Autofähre von Bonn-Bad Godesberg-Mehlem nach Königswinter 5.45-21.45, pausenlos, So ab 7.45; ℹ️ ☎ (0 22 23) 2 15 95 Autofähre von Bonn-Bad Godesberg nach Königswinter-Niederdollendorf 6.10-21.45 ständig, So ab 8.10; ℹ️ ☎ (0 22 23) 36 22 37

Stadtplan siehe Seiten 234-235

*** Günnewig Bristol
Prinz-Albert-Str 2 (C 4), ✉ 53115, ☎ (02 28) 2 69 80, Fax 2 69 82 22, AX DC ED VA
114 Zi, Ez: 145-360, Dz: 185-450, 2 Suiten, ⊣ WC ☎; Lift 🅿 🍴 7✪500 ⇔ Kegeln Sauna Solarium

*** Majestic
Hauptgericht 35; geschl: Sa, So

* Kupferklause
Hauptgericht 20; nur abends; geschl: So

*** Holiday Inn Crown Plaza
⋖ Berliner Freiheit 2 (D 2), ✉ 53111, ☎ (02 28) 7 26 90, Fax 7 26 97 00, AX DC ED VA
252 Zi, Ez: 178-285, Dz: 208-360, S; 12 Suiten, ⊣ WC ☎, 120⌂; Lift 🅿 🍴 21✪250 ⇔ Fitneßraum Sauna Solarium

*** Rhapsody
Hauptgericht 35; Terrasse

*** Günnewig Residence
Kaiserplatz 11 (C4), ✉ 53113, ☎ (02 28) 2 69 70, Fax 2 69 77 77, AX DC ED VA
139 Zi, Ez: 236-315, Dz: 295-373, 5 Suiten, ⊣ WC ☎, 16⌂; Lift 🅿 🍴 5✪220 ⇔ Sauna Solarium

** Zirbelstube
Hauptgericht 35; Biergarten

** Best Western Domicil
Thomas-Mann-Str 24 (C 3), ✉ 53111, ☎ (02 28) 72 90 90, Fax 69 12 07, AX DC ED VA
38 Zi, Ez: 180-381, Dz: 255-452, S; 3 Suiten, 1 App, ⊣ WC ☎; Lift 🅿 1✪45 Sauna
geschl: Ende Dez-Anfang Jan
Auch Zimmer der Kategorie *** vorhanden

** Krull
Hauptgericht 38; Terrasse; geschl: 1.1.-10.1.97

** Kaiser Karl
Vorgebirgsstr 56 (B 2), ✉ 53119, ☎ (02 28) 65 09 33, Fax 63 78 99, AX DC ED VA
42 Zi, Ez: 170-270, Dz: 270-380, 3 Suiten, ⊣ WC ☎; Lift 🍴 3✪40
geschl: Ende Dez-Anfang Jan

** Bistro
Hauptgericht 38; Terrasse; geschl: So

** Königshof
♂ ⋖ Adenauerallee 9 (D 3), ✉ 53111, ☎ (02 28) 2 60 10, Fax 2 60 15 29, AX DC ED VA
134 Zi, Ez: 225-250, Dz: 280-350, 4 Suiten, ⊣ WC ☎, 15⌂; Lift 🅿 🍴 5✪200
Auch Zimmer der Kategorie *** vorhanden

** La Belle Epoque
⋖ Hauptgericht 35; Terrasse

** Villa Esplanade
Colmantstr 47 (B 4), ✉ 53115, ☎ (02 28) 98 38 00, Fax 9 83 80 11, AX DC ED VA
17 Zi, Ez: 120-175, Dz: 160-200, ⊣ WC ☎; 1✪25; garni →

Bonn

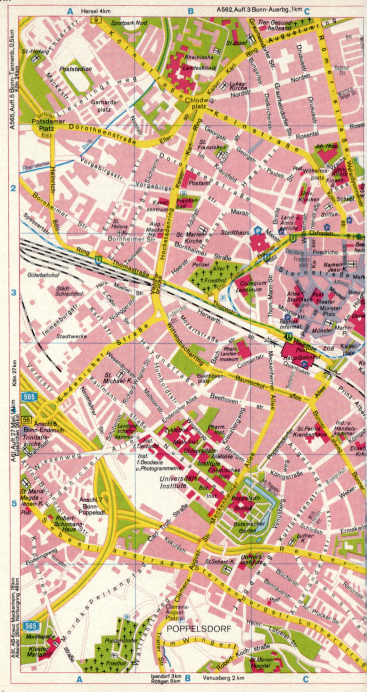

234

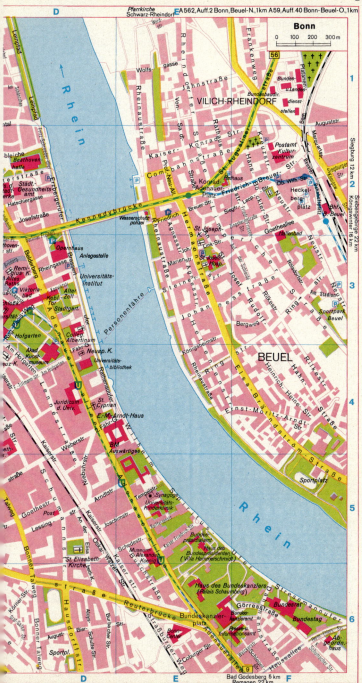

Bonn

**   Consul
(Top International Hotel)
Oxfordstr 12 (C 2/3), ✉ 53111, ☎ (02 28)
7 29 20, Fax 7 29 22 50, AX DC ED VA
90 Zi, Ez: 130-198, Dz: 149-260, S; 2 Suiten,
4 App, ⌐ WC ☎, 30✉; Lift ℗ 🚗 1↔28;
garni
geschl: Ende Dez-Anfang Jan

*   Eden
Am Hofgarten 6 (D 4), ✉ 53113, ☎ (02 28)
22 50 75, Fax 22 50 70
25 Zi, Ez: 154, Dz: 198, S; ⌐ WC ☎; 🚗 Fitneßraum; garni

*   Sternhotel
(Top International Hotel)
Markt 8 (C 3), ✉ 53111, ☎ (02 28) 7 26 70,
Fax 7 26 71 25, AX DC ED VA
80 Zi, Ez: 145-175, Dz: 185-245, S; ⌐ WC ☎;
Lift
Auch Zimmer der Kategorie ** vorhanden

*   Europa
Berliner Platz 9 (C 3), ✉ 53111, ☎ (02 28)
63 30 63, Fax 69 53 57, AX ED VA
60 Zi, Ez: 115-125, Dz: 165-185, 1 App, ⌐
WC ☎; Lift 🚗 1↔24 ⚹

*   Schwan
Mozartstr 24 (B 3), ✉ 53115, ☎ (02 28)
63 41 08, Fax 65 17 93, AX ED VA
22 Zi, Ez: 110-150, Dz: 160-200, 2 Suiten, ⌐
WC ☎; garni

*   Aigner
(Minotel)
Dorotheenstr 12 (C 2), ✉ 53111, ☎ (02 28)
63 10 37, Fax 63 00 17, AX DC ED VA
42 Zi, Ez: 85-120, Dz: 135-170, ⌐ WC ☎; Lift
🚗; garni

*   Continental
Am Hauptbahnhof 1-4 (C 3-4), ✉ 53111,
☎ (02 28) 63 53 60, Fax 63 11 90, AX DC ED VA
35 Zi, Ez: 155-190, Dz: 220-300, S; ⌐ WC ☎,
3✉; Lift 1↔20 Sauna; garni
geschl: 22.12.96-6.1.97

*   Mercedes
Maarflach 17 a (D 4), ✉ 53113, ☎ (02 28)
22 50 51, Fax 26 44 12, VA
16 Zi, Ez: 100-130, Dz: 150-180, S; ⌐ WC ☎;
garni

*   Mozart
Mozartstr 1 (B 3), ✉ 53115, ☎ (02 28)
65 90 71, Fax 65 90 75, AX DC ED VA
40 Zi, Ez: 65-150, Dz: 95-185, ⌐ WC ☎; Lift
🚗
geschl: Ende Dez-Anfang Jan
Auch einfache Zimmer vorhanden

*   Amadeus
Hauptgericht 30; nur abends

*   Zur Windmühle
Hatschiergasse 8 (D 2), ✉ 53111, ☎ (02 28)
63 11 41, Fax 69 81 92
12 Zi, Ez: 95-110, Dz: 150-170, S; ⌐ WC ☎;
🚗 ⚹
geschl: 24.12.97-2.1.98

*   Ibis
Vorgebirgsstr 33/Ecke Hochstadenring
(B 2), ✉ 53111, ☎ (02 28) 7 26 60,
Fax 7 26 64 05, AX DC ED VA
147 Zi, Ez: 150, Dz: 165, ⌐ WC ☎, 20✉; Lift
℗ 🚗 3↔140 ⚹

**   Le Petit Poisson
Wilhelmstr 23 a (C 2), ✉ 53225, ☎ (02 28)
65 59 05, Fax 63 38 83, AX DC ED VA
Hauptgericht 45; ℗; nur abends; geschl:
So, Mo

**   Die Traube
Thomas-Mann-Str 18/Ecke Berliner
Platz 23 (C 3), ✉ 53111, ☎ (02 28) 63 22 55,
Fax 69 69 47, AX ED VA
Hauptgericht 38; Terrasse; geschl: So, Sa
mittags, Mitte Jul-Mitte Aug

**   Bonner Eßzimmer
Wachsbleiche 26, neben Beethovenhalle
(D 2), ✉ 53111, ☎ (02 28) 63 88 68, AX DC VA
Hauptgericht 35; nur abends; geschl: So

Bad Godesberg (8 km ↘)
****   Maritim
Godesberger Allee (A 1), ✉ 53175,
☎ (02 28) 8 10 80, Fax 8 10 88 11,
AX DC ED VA
369 Zi, Ez: 249-455, Dz: 312-512, S;
43 Suiten, 2 App, ⌐ WC ☎; Lift ℗ 🚗
16↔2800 ≘ Fitneßraum Sauna Solarium

****   La Marée
Hauptgericht 50; geschl: Sa, So

*   Brasserie
Hauptgericht 25

***   Rheinhotel Dreesen
(Ringhotel)
♁ ⋖ Rheinstr 45 (C 3), ✉ 53179, ☎ (02 28)
8 20 20, Fax 8 20 21 53, AX DC ED VA
73 Zi, Ez: 195-295, Dz: 270-370, S; 1 Suite,
⌐ WC ☎; Lift ℗ 5↔300
geschl: 27.12.-12.1.
Auch Zimmer der Kategorie ** vorhanden

***   Gobelin
⋖ Hauptgericht 40; Biergarten; geschl:
27.12.96-12.1.97

*   Best Western
Kaiserhof
Moltkestr 64 (A 2), ✉ 53173, ☎ (02 28)
36 20 16, Fax 36 38 25, AX DC ED VA
50 Zi, Ez: 140-195, Dz: 195-242, S; ⌐ WC ☎;
Lift 1↔18; garni
geschl: Ende Dez
Auch Zimmer der Kategorie ** vorhanden

*   Ambassador
Bonner Str 29 (A 2), ✉ 53173, ☎ (02 28)
3 89 00, Fax 31 33 15, AX DC ED VA
34 Zi, Ez: 125-300, Dz: 175-360, 2 Suiten,
2 App, ⌐ WC ☎, 5✉; Lift ℗ 🚗 1↔50;
garni

*   Inselhotel
Theaterplatz 5 (A 2), ✉ 53117, ☎ (02 28)
36 40 82, Fax 35 28 78, AX DC ED VA
65 Zi, Ez: 125-170, Dz: 220-240, 1 Suite, ⌐
WC ☎; Lift ℗ 1↔35 ⚹
Auch Zimmer der Kategorie ** vorhanden

Bonn

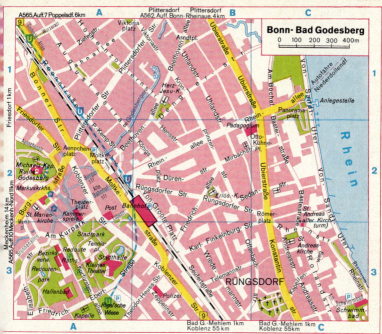

Bonn- Bad Godesberg

∗ **Günnewig Godesburg**
♣ ⋖ Auf dem Godesberg (A 2), ✉ 53117,
☏ (02 28) 31 60 71, Fax 31 12 18, AX DC ED VA
14 Zi, Ez: 140-195, Dz: 170-295, 1 Suite, ⌐
WC ☏; P 3⇔300 ¶◎¶

∗ **Zum Adler**
Koblenzer Str 60 (A 2), ✉ 53117, ☏ (02 28)
36 40 71, Fax 36 19 33
39 Zi, Ez: 110-135, Dz: 140-170, ⌐ WC ☏;
Lift ▭; garni

∗ **Haus Berlin**
♣ Rheinallee 40 (B 2), ✉ 53173, ☏ (02 28)
35 31 75, Fax 36 19 33
14 Zi, Ez: 129, Dz: 179, ⌐ WC ☏; garni

∗ **Kronprinzen**
♣ Rheinallee 29 (B 2), ✉ 53173, ☏ (02 28)
36 31 03, Fax 35 30 44, AX DC ED VA
10 Zi, Ez: 139-189, Dz: 189-229, 2 App, ⌐
WC ☏; garni

∗ **Akzent-Hotel Am Hohenzollernplatz**
Plittersdorfer Str 56 (A 1), ✉ 53173,
☏ (02 28) 95 75 90, Fax 9 57 59 29,
AX DC ED VA
8 Zi, Ez: 135-180, Dz: 150-250, 1 Suite,
1 App, ⌐ WC ☏; 2⇔12 Sauna Solarium;
garni

∗ **Sebastianushof**
Waldburgstr 34, ✉ 53177, ☏ (02 28)
95 11 4- 00, Fax 9 51 14 50, AX DC ED VA
19 Zi, Ez: 85-130, Dz: 150-170, S; ⌐ WC ☏,
5▭; P ▭ ¶◎¶

∗∗∗ **Halbedel's Gasthaus** ♛
♨ Rheinallee 47 (BC 1), ✉ 53173, ☏ (02 28)
35 42 53, Fax 35 42 53, AX ED
Hauptgericht 50; nur abends; geschl: Mo,
3 Wochen in den Sommerferien

∗∗ **St. Michael**
♨ Brunnenallee 26 (A 3), ✉ 53173,
☏ (02 28) 36 47 65, Fax 36 12 43, AX DC ED VA
Hauptgericht 45; Terrasse; geschl: So

∗∗ **Da Bruno**
⋖ Goldbergweg 17, ✉ 53177, ☏ (02 28)
32 10 01, Fax 32 83 14, AX DC ED
Hauptgericht 40; geschl: Sa mittags

∗∗ **Cäcilienhöhe**
♣ ⋖ 10 Zi, Ez: 130, Dz: 160, ⌐ WC ☏; P
1⇔25

Beuel (2 km →)

∗∗ **Zur Post**
Königswinterer Str 307, ✉ 53227, ☏ (02 28)
97 29 40, Fax 9 72 94 10, ED VA
51 Zi, Ez: 140, Dz: 180-220, ⌐ WC ☏; P ▭
Sauna Solarium ¶◎¶
Auch Zimmer der Kategorie ∗ vorhanden

→

Bonn

*** Ente
Siegfried-Leopold-Str 66/Ecke Hans-Böckler-Str (F 2), ✉ 53225, ☎ (02 28) 47 84 23, Fax 47 84 23, AX DC ED VA
Hauptgericht 35; geschl: Mo abends, Sa mittags

** Bistro
Hauptgericht 25; geschl: Sa mittags

Buschdorf (4,5 km ↘)
** La Castagna
Buschdorfer Str 38, ✉ 53117, ☎ (02 28) 67 33 04, Fax 68 72 39, AX DC ED VA
Hauptgericht 40; geschl: Sa mittags

Endenich (2 km ↗)
** Altes Treppchen
⊗ Endenicher Str 308 ((A 4)), ✉ 53121, ☎ (02 28) 62 50 04, Fax 62 12 64, AX DC ED VA
Hauptgericht 35; P Terrasse; geschl: Sa, So

* 22 Zi, Ez: 75-135, Dz: 135-195, ⊣ WC ☎; 🚗

Hardtberg (4 km ↗)
** Novotel
Max-Habermann-Str 2, ✉ 53123, ☎ (02 28) 2 59 90, Fax 25 08 93, AX DC ED VA
142 Zi, Ez: 147-165, Dz: 167-203, ⊣ WC ☎, 20▦; Lift P 8⊃350 ≋ ⊠

Heiderhof (10 km ↘)
** Suite-Hotel
♂ Schlehenweg 6, ✉ 53177, ☎ (02 28) 3 29 00, Fax 32 90 13, AX DC ED VA
22 Zi, Ez: 175-245, Dz: 199-280, ⊣ WC ☎; Lift P 🚗; garni

Kessenich (3 km ↓)
**** Steigenberger Venusberg
einzeln ♂ ⊰ An der Casselsruhe 1, ✉ 53127, ☎ (02 28) 28 80, Fax 28 82 88, AX DC ED VA
75 Zi, Ez: 250-290, Dz: 320-360, S; 4 Suiten, 6 App, ⊣ WC ☎, 6▦; Lift P 🚗 4⊃150 Sauna Solarium

*** Venusberg
⊰ Hauptgericht 40

* Jacobs
Bergstr 85, ✉ 53129, ☎ (02 28) 23 28 22, Fax 23 28 50, ED
43 Zi, Ez: 120-110, Dz: 150-175, S; 7 App, ⊣ WC ☎; Lift P ≘ Sauna; garni

Lannesdorf (10 km ↘)
** Korkeiche
⊗ Lyngsbergstr 104, ✉ 53177, ☎ (02 28) 34 78 97, Fax 36 32 14, AX DC ED
Hauptgericht 30; Gartenlokal; nur abends; geschl: Mo, Sa mittags, 1 Woche im Herbst, 3 Wochen im Frühjahr

Poppelsdorf (1 km ↗)
** President (Team Hotel)
Clemens-August-Str 32 (B 5), ✉ 53115, ☎ (02 28) 7 25 00, Fax 72 50 72, AX DC ED VA
98 Zi, Ez: 149-289, Dz: 179-349, S; ⊣ WC ☎, 27▦; Lift P 🚗 10⊃350 ⊠

* Der Wasserträger
Clemens-August-Str 13 (B 5), ✉ 53115, ☎ (02 28) 65 87 87, Fax 28 36 47, AX DC ED VA
Hauptgericht 35; Terrasse; nur abends

Ramersdorf (4,5 km ↘)
* Schloßhotel Kommende Ramersdorf (European Castle)
⊰ ⊗ Oberkasseler Str 10, ✉ 53227, ☎ (02 28) 44 07 34, Fax 44 44 00, AX DC ED VA
18 Zi, Ez: 90-140, Dz: 150-190, ⊣ WC ☎; P geschl: Mitte Jul-Anfang Aug, Ende Dez
** Hauptgericht 40; geschl: Di, Mitte Jul-Anfang Aug, Ende Dez

Röttgen (6 km ↗)
* Kottenforst
Reichsstr 66, ✉ 53125, ☎ (02 28) 91 92 20, Fax 9 19 22 55, DC ED VA
13 Zi, Ez: 85-95, Dz: 115-130, S; 1 Suite, 2 App, ⊣ WC ☎; P; garni

Tannenbusch (3 km ↘)
** Acora
Westpreußenstr 20, ✉ 53119, ☎ (02 28) 6 68 60, Fax 66 20 20, AX DC ED VA
185 Zi, Ez: 110-170, Dz: 135-200, S; ⊣ WC ☎, 29▦; 🚗; garni

Bonndorf im Schwarzw. 68 ↗

Baden-Württemberg — Kreis Waldshut — 850 m — 6 250 Ew — Schluchsee 14, Titisee-Neustadt 26, Donaueschingen 26 km
ℹ ☎ (0 77 03) 76 07, Fax 75 07 — Tourist-Informations-Zentrum, Schloßstr 1, 79848 Bonndorf; Luftkurort. Sehenswert: Schloß; Wutachschlucht mit Lotenbachklamm (5 km ↘); Mühlenmuseum

** Schwarzwald-Hotel
Rothausstr 7, ✉ 79848, ☎ (0 77 03) 4 21, Fax 4 42, AX DC ED VA
80 Zi, Ez: 75-95, Dz: 140-190, ⊣ WC ☎; Lift P 4⊃100 ≘ Sauna Solarium
** Hauptgericht 25; Gartenlokal Terrasse; geschl: Mo, Di mittags, Mitte Nov-Mitte Dez

Holzschlag (8 km ↘)
* Schwarzwaldhof Nicklas
♂ ⊰ Bonndorfer Str 66, ✉ 79848, ☎ (0 76 53) 8 03, Fax 8 04, AX DC ED
12 Zi, Ez: 47-57, Dz: 80-130, ⊣ WC ☎; P 1⊃12
geschl: Ende Oktober 14 Tage
Restaurant für Hausgäste

Sommerau (8 km ←)
* Gasthof Sommerau
einzeln ♂ ⊰ ✉ 79848, ☎ (0 77 03) 6 70, Fax 15 41
12 Zi, Ez: 58-68, Dz: 100-120, ⊣ WC ☎, 12▦; Lift P Sauna
Rezeption: 12-14, 17-22
* Hauptgericht 20; Gartenlokal; geschl: Mo, Di

Bopfingen 63 ←

Baden-Württemberg — Ostalbkreis — 468 m — 12 200 Ew — Nördlingen 12, Aalen 24 km
🛈 ☎ (0 73 62) 80 10, Fax 8 01 50 — Stadtverwaltung, Marktplatz 1, 73441 Bopfingen.
Sehenswert: Stadtbild; ev. Stadtkirche; Museum im Seelhaus; Burgruine ◂ und Wallfahrtskirche im Stadtteil Flochberg (1 km ↘); Ipf, 668 m ◂ (¾ Std ↑); ehem. Klosterkirche in Kirchheim am Ries (4 km ↗); Schloß Baldern ◂ (8 km ↘); ehem. Synagoge in Oberdorf; archäolog. Lehrpfad

Café Dietz
Hauptstr 63, ⌧ 73441, ☎ (0 73 62) 80 70, Fax 8 07 70, AX DC ED VA
P; 6.30-22; geschl: Mo, Anfang Jan
29 Zi, Ez: 75-80, Dz: 140, ᴅ WC ☎; 🅿 3⇨120 Solarium
geschl: Anfang Jan

Boppard 43 ↘

Rheinland-Pfalz — Rhein-Hunsrück-Kreis — 60 m — 16 500 Ew — Koblenz 21, Bingen 41, Mainz 69 km
🛈 ☎ (0 67 42) 38 88, Fax 8 14 02 — Tourist-Information, Oberstr 118, 56154 Boppard; Kneipp-Heilbad im Rheindurchbruchstal.
Sehenswert: Kath. St.-Severus-Kirche; kath. Karmeliterkirche; mittelalterliche Stadtbefestigung;Vierseenblick (Sessellift), 303 m ◂ (3 km ↘); römische Kastellanlagen; Romanische Pfeilerbasilika

Achtung: Autofähre nach Filsen: Jun-Aug 6.30-22; Sep, Apr, Mai 6.30-21, Okt-Mär 7-20. 🛈 ☎ (0 67 42) 38 88

✶✶✶ Best Western Bellevue-Rheinhotel
◂ Rheinallee 41, ⌧ 56154, ☎ (0 67 42) 10 20, Fax 10 26 02, AX DC ED VA
94 Zi, Ez: 125-170, Dz: 190-320, S; 1 Suite, 1 App, ᴅ WC ☎, 4✉; Lift 🅿 🍴 8⇨200 ≋
Fitneßraum Kegeln Sauna Solarium
Auch Zimmer der Kategorie ✶✶ vorhanden
✶✶ Pfeffermühle
Hauptgericht 35; nur abends, Fr-So auch mittags

✶ Rheinvilla
◂ Rheinallee 51, ⌧ 56154, ☎ (0 67 42) 25 82, Fax 8 19 01, AX DC ED VA
12 Zi, Ez: 59-80, Dz: 98-150, ᴅ WC ☎
geschl: Febr.
Auch Zimmer der Kategorie ✶✶ vorhanden
✶✶ Hauptgericht 30; Terrasse; geschl: im Winter Mo+Di, Feb

In der Zeit der Messen oder Festspiele erhöhen viele Hotels und Restaurants ihre Preise erheblich. Es ist daher immer ratsam, sich bei der Buchung die Preise bestätigen zu lassen.

Borchen

✶ Günther
◂ Rheinallee 40, ⌧ 56154, ☎ (0 67 42) 23 35, Fax 15 57, AX DC ED VA
19 Zi, Ez: 54-79, Dz: 84-148, ᴅ WC ☎; Lift; garni
Rezeption: 8-21; geschl: Mitte Dez-Mitte Jan
Auch Zimmer der Kategorie ✶✶ vorhanden

✶ Rheinlust
◂ Rheinallee 27, ⌧ 56154, ☎ (0 67 42) 30 01, Fax 30 04, AX DC ED VA
91 Zi, Ez: 80-120, Dz: 120-180, ᴅ WC ☎; Lift
🅿 🍴 1⇨20
geschl: Anfang Nov-Mitte Apr
✶✶ Le Gourmet/Kanne
Hauptgericht 30; geschl: Anfang Nov-Mitte Apr

✶ L'Europe
◂ Mainzer Str 4, ⌧ 56154, ☎ (0 67 42) 80 20, Fax 80 28 02, AX DC ED VA
84 Zi, Ez: 65-85, Dz: 100-140, ᴅ WC ☎; Lift
🅿 🍴
geschl: Nov-Mär
Restaurant für Hausgäste

Boppard-Außerhalb (12 km ↓)
✶✶ Golfhotel Jakobsberg
einzeln ⚥ ⌧ 56154, ☎ (0 67 42) 80 80, Fax 30 69, AX DC ED VA
101 Zi, Ez: 165-195, Dz: 230-250, 5 Suiten, 2 App, ᴅ WC ☎, 10✉; Lift 🅿 🍴 7⇨200 ≋
Fitneßraum Kegeln Sauna Solarium
✶✶ Klostergut
◂ einzeln Hauptgericht 35

Buchholz (6 km ←)
✶ Tannenheim
Bahnhof Buchholz 3, ⌧ 56154, ☎ (0 67 42) 22 81, Fax 24 32, AX ED VA
14 Zi, Ez: 56-65, Dz: 95-115, ᴅ WC; 🅿 🍴
geschl: Jan
✶ Hauptgericht 26; Biergarten; geschl: Do, Jan

Borchen 35 ↘

Nordrhein-Westfalen — Kreis Paderborn — 180 m — 1 600 Ew — Paderborn 7 km
🛈 ☎ (0 52 92) 21 18 — Heimat- und Verkehrsverein, im Ortsteil Etteln, Im Winkel 13, 33178 Borchen; Erholungsort

Nordborchen
✶ Pfeffermühle
Paderborner Str 66, ⌧ 33178, ☎ (0 52 51) 3 94 97, Fax 39 91 30, AX DC ED VA
32 Zi, Ez: 85-100, Dz: 120-140, ᴅ WC ☎; Lift
🅿 🍴 1⇨Solarium
geschl: So, Ende Dez-Anfang Jan
Auch Zimmer der Kategorie ✶✶ vorhanden
✶ Hauptgericht 17; Terrasse;
geschl: So, Ende Dez-Anfang Jan →

Borchen

*   Haus Amedieck
Paderborner Str 7, ✉ 33178, ☎ (0 52 51)
13 00, Fax 13 01 00, ED
41 Zi, Ez: 85-95, Dz: 130-140, ⊣ WC ☎; P
2⇔200 ¶
geschl: So, Ende Dez-Anfang Jan

Bordelum 9↖

Schleswig-Holstein — Kreis Nordfriesland
— 5 m — 1 767 Ew — Bredstedt 4 km
🛈 ☎ (0 46 71) 13 44, Gemeindeverwaltung,
Dörpshuus, 25852 Bordelum

***   Akzent-Hotel
         Landhaus Sterdebüll**
Dorfstr 90, ✉ 25852, ☎ (0 46 71) 9 11 00,
Fax 91 10 99, AX DC ED VA
34 Zi, Ez: 80-125, Dz: 120-170, ⊣ WC ☎; P
Sauna Solarium ¶
geschl: im Winter Mo

Borgholzhausen 24↘

Nordrhein-Westfalen — Kreis Gütersloh —
193 m — 8 476 Ew — Bielefeld 20, Osnabrück 33 km
🛈 ☎ (0 54 25) 80 70, Fax 8 07 99 — Verkehrsverein, Schulstr 5, 33829 Borgholz-
hausen. Sehenswert: Ravensburg, Luisen-
turm ≼ (2 km ↓); Schloß Brinke; Renais-
sance-Wasserschloß

Winkelshütten (3 km ↗)
**   Landhaus Uffmann
Meller Str 27, ✉ 33829, ☎ (0 54 25) 9 48 90,
Fax 2 55, AX DC ED VA
34 Zi, Ez: 115, Dz: 165, ⊣ WC ☎; P 🚗
4⇔120 Fitneßraum Kegeln Sauna
Auch Zimmer der Kategorie * vorhanden
**   Hauptgericht 32; Gartenlokal

Borghorst siehe Steinfurt

Borken 33↖

Nordrhein-Westfalen — Kreis Borken —
50 m — 38 000 Ew — Bocholt 20, Gladbeck
40 km
🛈 ☎ (0 28 61) 8 82 52, Fax 6 67 92 — Fremdenverkehrsamt, Bahnhofstr 22, 46325 Borken; Stadt im westlichen Münsterland.
Sehenswert: Wasserburg Gemen; Herrensitz Haus Pröbsting; 5 Türme der ehem.
Stadtbefestigung; Klosterkirche in Gemen;
Stadtmuseum

**   Lindenhof
Raesfelder Str 2, ✉ 46325, ☎ (0 28 61)
92 50, Fax 6 34 30, AX DC ED VA
56 Zi, Ez: 110-130, Dz: 140-190, 1 Suite, ⊣
WC ☎; Lift P 🚗 6⇔150 Kegeln
Auch Zimmer der Kategorie * vorhanden
**   Hauptgericht 30

*   Haus Fliederbusch
Hohe Oststr 20, ✉ 46325, ☎ (0 28 61)
9 22 50, Fax 92 25 19, AX DC ED VA
34 Zi, Ez: 75, Dz: 125, ⊣ WC ☎; P 🚗 2⇔60
Kegeln ¶
**   Appartment-Haus Fliederbusch
20 App, ⊣ WC ☎

*   Haus Waldesruh
Dülmener Weg 278, ✉ 46325, ☎ (0 28 61)
9 40 00, Fax 94 00 94, AX DC ED VA
21 Zi, Ez: 75-85, Dz: 120-140, 2 App, ⊣ WC
☎; P 2⇔220 Kegeln ¶
geschl: 14.7.-28.7.97

Gemen (2 km ↑)
*   Demming
Neustr 15, ✉ 46325, ☎ (0 28 61) 6 20 99,
Fax 6 62 42, ED VA
16 Zi, Ez: 75, Dz: 140, ⊣ WC ☎, 1🛌; P 🚗
2⇔150 Kegeln ¶
Rezeption: 7-13, 16-23, Mo 7-13, 17-20

Rhedebrügge (4,5 km ←)
**   Landhaus Grüneklee
Rhedebrügger Str 16, ✉ 46325, ☎ (0 28 72)
18 18, Fax 27 16, AX ED
Hauptgericht 30; Biergarten P; nur
abends, so + feiertags auch mittags;
geschl: Mo, Di, Jan
*   5 Zi, Ez: 60, Dz: 110, ⊣ WC ☎; 🚗
geschl: Jan

Weseke (6 km ↑)
¶
**   Landhaus Lindenbusch**
Hauptstr 29, ✉ 46325, ☎ (0 28 62) 91 20,
Fax 4 11 55, AX ED VA
Hauptgericht 25; Gartenlokal P; geschl:
Do mittags, Anfang-Mitte Jan
🛏 8 Zi, Ez: 65, Dz: 98, ⊣ WC ☎; 🚗
Kegeln
Rezeption: 7-14, 17-24; geschl: Anfang-
Mitte Jan

Borkheide 29↗

Brandenburg — Potsdam-Mittelmark —
50 m — 1 077 Ew — Brück 10, Beelitz 12,
Potsdam 40 km
🛈 ☎ (03 38 45) 3 04 — Gemeindeverwaltung, F.-Engels-Str 20, 14822 Borkheide.
Sehenswert: Hans-Grade-Museum

**   Fliegerheim
Friedrich-Engels-Str 9, ✉ 14822,
☎ (03 38 45) 4 11 15, Fax 4 11 16, ED VA
22 Zi, Ez: 75-95, Dz: 120-140, S; ⊣ WC ☎; P
2⇔120 ¶

*   Kieltyka
Friedrich-Engels-Str 45, ✉ 14822,
☎ (03 38 45) 4 03 15, Fax 4 11 63
8 Zi, Ez: 80-99, Dz: 104-160, ⊣ WC ☎; P
Strandbad ¶

Borkum 15

Niedersachsen — Kreis Leer — 3 m —
5 800 Ew — Leer 32, Oldenburg 89 km
🛈 ☎ (0 49 22) 8 41, Fax 8 44 — Verkehrsbüro, Am Georg-Schütte-Platz, 26757 Borkum; Ostfriesische Insel, Nordsee-Heilbad; Spielcasino

Achtung: PKW-Anmeldungen für die Überfahrt möglichst mit der Zimmerbuchung gleichzeitig vornehmen. Emden oder Eemshaven-Borkum und zurück bei der Reederei AG „EMS" in Emden, ☎ (0 49 21) 89 07 22, Fax 89 07 42

✶✶ Poseidon
♂ ⋖ Bismarckstr 40, ✉ 26757, ☎ (0 49 22) 81 18 15, Fax 41 89
58 Zi, Ez: 125-205, Dz: 220-310, 1 Suite, ⊟ WC ☎; Lift 2⇌100 ≋ Fitneßraum Sauna Solarium

✶✶ Seeterrassen
Hauptgericht 35; nur abends

✶✶ Nordseehotel (Ringhotel)
♂ ⋖ Bubertstr 9, ✉ 26757, ☎ (0 49 22) 30 80, Fax 30 81 13, AX DC ED VA
91 Zi, Ez: 100-190, Dz: 160-280, S; 6 Suiten, ⊟ WC ☎; Lift 🅿 2⇌40 ≋ Strandbad Seezugang Sauna Solarium
geschl: 1.-25.12.97

✶✶ Burchana
⋖ Hauptgericht 30; geschl: 1.-25.12.97

✶✶ Nautic-Kurhotel Upstalsboom
Goethestr 18, ✉ 26757, ☎ (0 49 22) 30 40, Fax 30 49 11, AX DC ED VA
58 Zi, Ez: 100-180, Dz: 150-220, 12 Suiten, ⊟ WC ☎; Lift 🅿 Sauna Solarium
Restaurant für Hausgäste

✶✶ Seehotel Upstalsboom
Viktoriastr 2, ✉ 26757, ☎ (0 49 22) 91 50, Fax 71 73, AX DC ED VA
39 Zi, Ez: 110-145, Dz: 200-240, ⊟ WC ☎, 18✉; Lift
Rezeption: 7-21; geschl: Mitte Nov-Ende Feb
Restaurant für Hausgäste

✶✶ Miramar
♂ ⋖ Am Westkaap 20, ✉ 26757,
☎ (0 49 22) 9 12 30, Fax 91 23 83
36 Zi, Ez: 140, Dz: 220-340, ⊟ WC ☎; 🅿 1⇌30 ≋ Strandbad Seezugang Fitneßraum Sauna Solarium
Rezeption: 6.30-24
Restaurant für Hausgäste

✶ Haus am Park
Bahnhofstr 5, ✉ 26757, ☎ (0 49 22) 22 77 + 25 11, Fax 72 82
12 Zi, Ez: 68-80, Dz: 136-160, 2 Suiten, ⊟ WC ☎, 4✉; 🅿 ≋ Sauna Solarium; garni

✶✶ Swarte Evert
🅆 Reedestr 5, ✉ 26757, ☎ (0 49 22) 37 71, Fax 46 75
Hauptgericht 30; geschl: im Winter Mi, 2 Wochen im Nov, 2 Wochen im Dez, Feb

✶ Upholm Hof
Upholenstr 45, ✉ 26757, ☎ (0 49 22) 41 76
Hauptgericht 35; geschl: im Winter Mo, Mitte Jan-Mitte Feb

Borna 39

Sachsen — Kreis Borna — 150 m —
23 789 Ew — Leipzig 21 km
🛈 ☎ (0 34 33) 87 30 — Stadtverwaltung, Angerstr 25, 04552 Borna

✶ Drei Rosen
Bahnhofstr 67, ✉ 04552, ☎ (0 34 33) 20 44 94, Fax 20 44 98, AX ED VA
17 Zi, Ez: 115-130, Dz: 160, 2 Suiten, ⊟ WC ☎; 🅿 2⇌18 Sauna 🍽

Bornheim 43

Nordrhein-Westfalen — Rhein-Sieg-Kreis — 55 m — 39 267 Ew — Bonn 7 km
🛈 ☎ (0 22 22) 94 50, Fax 94 51 26 — Stadtverwaltung, Rathausstr 2, 53332 Bornheim.
Sehenswert: Herrensitze; Burganlagen; Römerkanal; ehem. Klosterkirche im Stadtteil Walberberg

Walberberg (7 km ↘)
✶ Landhaus Wieler
Hauptstr 94-96, ✉ 53332, ☎ (0 22 27) 25 21, Fax 75 16
28 Zi, Ez: 90-120, Dz: 120-180, S; ⊟ WC ☎; Lift 1⇌400 Kegeln 🍽
Auch Zimmer der Kategorie ✶✶ vorhanden

Waldorf (3 km ←)
✶ Zum Dorfbrunnen
Schmiedegasse 36, ✉ 53332, ☎ (0 22 27) 8 80, Fax 8 82 22, AX ED VA
32 Zi, Ez: 90-115, Dz: 115-140, ⊟ WC ☎; Lift 🅿 2⇌50 Kegeln
✶ Hauptgericht 30

Bornheim 54

Rheinland-Pfalz — Kreis Südliche Weinstraße — 186 m — 1 000 Ew — Landau i. d. Pfalz 4, Neustadt a.d. Weinstraße 17 km
🛈 ☎ (0 63 48) 88 08 — Gemeindeverwaltung, 76879 Bornheim

✶ Pension Zur Weinlaube
♂ Wiesenstr 31, ✉ 76879, ☎ (0 63 48) 15 84, Fax 51 53, ED
18 Zi, Ez: 68-85, Dz: 85-120, 5 App, ⊟ WC ☎, 15✉; 🅿 🚗 1⇌100 Sauna
Restaurant für Hausgäste. Eigenbauweine

Bosau 11 ↗

Schleswig-Holstein — Kreis Ostholstein — 25 m — 750 Ew — Plön 8, Eutin 14, Bad Segeberg 34 km
🅸 ☏ (0 45 27) 4 98, Fax 10 50 — Kurverwaltung, Bischof-Vicelin-Damm 11, 23715 Bosau; Luftkurort am Plöner See. Sehenswert: St. Petri Kirche; Dunkersche Kate

** Strauers Hotel am See ♛
♂ ◃ Gerold Damm 2, ✉ 23715, ☏ (0 45 27) 99 40, Fax 99 41 11
35 Zi, Ez: 105-165, Dz: 180-220, 5 Suiten, 5 App, ⊿ WC ☏; 🅿 3⟳50 ≋ Strandbad Seezugang Sauna Solarium
geschl: Dez-Feb
** ◃ Hauptgericht 30; Terrasse

Bothel 17 ↘

Niedersachsen — Kreis Rotenburg — 30 m — 1 730 Ew — Rotenburg a. d. Wümme 7, Visselhövede 14, Soltau 27 km
🅸 ☏ (0 42 66) 2 88 — Gemeindeverwaltung, 27386 Bothel

*** Botheler Landhaus 🍴
♛ Hemsbünder Str 10, ✉ 27386, ☏ (0 42 66) 15 17, Fax 15 17, AX DC ED VA
Hauptgericht 40; 🅿 Terrasse; nur abends; geschl: So, Mo

Bottrop 33 ←

Nordrhein-Westfalen — Stadtkreis — 28 m — 118 100 Ew — Oberhausen 7, Essen 8, Gelsenkirchen 14 km
🅸 ☏ (0 20 41) 2 58 86, Fax 2 86 13 — Verkehrsverein, Altmarkt 6, 46236 Bottrop; Industriestadt im Ruhrgebiet. Sehenswert: Kath. Heilig-Kreuz-Kirche: Glasfenster; Stadtpark; Quadrat Bottrop: Moderne Galerie (Josef Albers), Museum für Ur- und Ortsgeschichte; Bavaria Film Park

** Ramada
Paßstr 6, ✉ 46236, ☏ (0 20 41) 16 80, Fax 26 26 99, AX DC ED VA
102 Zi, Ez: 170-218, Dz: 188-236, S; ⊿ WC ☏, 26⬛; Lift 🅿 🚗 4⟳140 Fitneßraum Sauna Solarium
** Hauptgericht 30; Biergarten

* Brauhaus-Hotel
Gladbecker Str 78, ✉ 46236, ☏ (0 20 41) 2 48 90, Fax 2 48 93, ED VA
23 Zi, Ez: 110-130, Dz: 160, ⊿ WC ☏; 🅿 1⟳30

Petit Marché
Hauptstr 6, ✉ 46244, ☏ (0 20 45) 32 31, Fax 32 31, AX ED
Hauptgericht 35; 🅿; geschl: So mittags, 2 Wochen in den Sommerferien

Bovenden 36 □

Niedersachsen — Kreis Göttingen — 280 m — 13 500 Ew — Göttingen 6 km
🅸 ☏ (05 51) 8 20 10, Fax 8 36 91 — Gemeindeverwaltung, Rathausplatz 1, 37120 Bovenden

Eddigehausen
* Zur Plesse
♂ Unterer Hainberg 2, ✉ 37120, ☏ (0 55 94) 9 51 00, Fax 95 10 50
18 Zi, Ez: 75, Dz: 110, ⊿ WC ☏; 🅿; garni
geschl: Jan

Rodetal (7 km ↗)
* Rodetal
Haus Nr 1, an der B 446, ✉ 37120, ☏ (0 55 94) 95 22-0, Fax 95 22-20, AX DC ED VA
Hauptgericht 27; Biergarten 🅿
* 9 Zi, Ez: 90-95, Dz: 140-150, ⊿ WC ☏; Lift 🚗 1⟳25

Brachttal 45 ↓

Hessen — Main-Kinzig-Kreis — 315 m — 4 900 Ew — Wächtersbach 7, Bad Orb 13 km
🅸 ☏ (0 60 53) 24 81, Fax 54 02 — Gemeindeverwaltung, im Ortsteil Schlierbach, Wächtersbacher Str 48, 63636 Brachttal

Udenhain
* Zum Bäcker
Hauptstr 1, ✉ 63636, ☏ (0 60 54) 55 58, Fax 60 21, ED
40 Zi, Ez: 65, Dz: 110, 2 Suiten, 1 App, ⊿ WC ☏; 🅿 1⟳30 Kegeln Sauna Solarium
🍽
Rezeption: 9-1; geschl: Mo, Di, Jan-Mitte Feb

Brackenheim 61 ↗

Baden-Württemberg — Kreis Heilbronn — 192 m — 12 700 Ew — Lauffen am Neckar 8, Heilbronn 16 km
🅸 ☏ (0 71 35) 10 50, Fax 1 05 88 — Stadtverwaltung, Marktplatz 1, 74336 Brackenheim; größter Weinbauort in Württemberg. Sehenswert: Rokoko-Rathaus; Dürrenzimmern ◃ ev. Stadtkirche; Renaissance-Schloß; Theodor-Heuss-Gedächtnisstätte; ev. Pfarrkirche und Burg im Stadtteil Neipperg; St. Ulrichskirche

** Zum Alten Bandhaus
Bandhausstr 2, ✉ 74336, ☏ (0 71 35) 9 82 50, Fax 98 25 26, ED VA
Hauptgericht 30
** 10 Zi, Ez: 93, Dz: 166, ⊿ WC ☏; Lift 🅿
geschl: Mo

Botenheim (1 km ↓)
** Adler
Hindenburgstr 4, ✉ 74336, ☎ (0 71 35)
9 81 10, Fax 98 11 20, ED
15 Zi, Ez: 75-95, Dz: 140-200, ⌁ WC ☎; P
geschl: 24.7.-12.8.
** Hauptgericht 35; Gartenlokal;
geschl: Di

Bräunlingen 68 ←

Baden-Württemberg — Schwarzwald-
Baar-Kreis — 700 m — 5 700 Ew — Hüfingen 3, Donaueschingen 7 km
ℹ ☎ (07 71) 6 19 00, Fax 60 31 69 — Verkehrsamt, Kirchstr 10, 78199 Bräunlingen; Erholungsort am südlichen Schwarzwald. Sehenswert: Rathaus; Stadtkirche; Kelnhof-Museum; Friedhofskapelle; Mühlentor; Kirnbergsee (7 km←)

* Lindenhof
Zähringer Str 24, ✉ 78199, ☎ (07 71)
6 10 63, Fax 67 23, AX ED
27 Zi, Ez: 50-65, Dz: 80-100, ⌁ WC ☎; Lift P 🚗
geschl: Fr, Ende Feb-Mitte Mär
* Hauptgericht 19; geschl: Fr, Ende Feb-Mitte Mär

Waldhausen (4 km ←)
* Martinshof
Hofweg 2, ✉ 78199, ☎ (07 71) 6 25 42
11 Zi, Ez: 51-77, Dz: 72-116, ⌁ WC ☎; P 🚗
1↔16 ¶◊
Rezeption: 8-21; geschl: Do, Nov

Brake (Unterweser) 16 →

Niedersachsen — Kreis Wesermarsch —
2 m — 16 304 Ew — Nordenham 22, Oldenburg 31 km
ℹ ☎ (0 44 01) 10 22 13, Fax 10 22 16 — Stadtverwaltung, Schrabberdeich 1, 26919 Brake; Kreisstadt, Überseehafen. Sehenswert: Altes Fischerhaus ⋖; Schiffahrtsmuseum; Golzwarder Kirche (3,5 km ↑); Stadtkaje; Weserinsel Harriersand

** Wilkens Hotel/Haus Linne
⋖ Mitteldeichstr 51, ✉ 26919, ☎ (0 44 01)
53 57, Fax 48 28
12 Zi, Ez: 90-95, Dz: 130-140, ⌁ WC ☎; P
geschl: Sa
* Hauptgericht 35; Terrasse;
geschl: Sa

* Landhaus Groth
Am Stadion 4, ✉ 26919, ☎ (0 44 01) 50 11, Fax 50 11, AX DC ED VA
13 Zi, Ez: 84-120, Dz: 110-140, ⌁ WC ☎; P
1↔120 ¶◊
geschl: Mo

* Columbus
Breite Str 1, ✉ 26919, ☎ (0 44 01) 22 44, AX DC ED VA
Hauptgericht 20; geschl: Mo, Sa+So abends

Brakel 35 □

Nordrhein-Westfalen — Kreis Höxter —
140 m — 16 500 Ew — Bad Driburg 14, Höxter 19, Paderborn 34 km
ℹ ☎ (0 52 72) 60 92 69, Fax 60 92 97 — Verkehrsamt, Am Markt 5, 33034 Brakel; Luftkurort mit Heilquelle. Sehenswert: Kath. Michaelskirche; Kapuzinerkirche; Rathaus; kath. Kirche im Stadtteil Rheder (5 km ↓); Schloß Hinnenburg (3 km ↑); Alte Waage; ehem. Benediktinerinnenkloster; Schloß Bökerhof

** Kur- und Tagungshotel
Am Kaiserbrunnen
♂ Brunnenallee 79, ✉ 33034, ☎ (0 52 72)
60 50, Fax 60 51 11, AX DC ED VA
62 Zi, Ez: 95-125, Dz: 170-200, ⌁ WC ☎, 15⌂; Lift P 🚗 12↔150 Fitneßraum Kegeln Sauna Solarium
** Am Kaiserbrunnen
Hauptgericht 30

Bramsche 24 □

Niedersachsen — Kreis Osnabrück — 69 m
— 28 500 Ew — Osnabrück 15, Lingen 53 km
ℹ ☎ (0 54 61) 8 30, Fax 8 31 98 — Stadtverwaltung, Hasestr 11, 49565 Bramsche; Stadt am Ems-Weser-Kanal. Sehenswert: Ev. Martinskirche; Bramscher Berg ⋖; Ausgrabungen zur Varus-Schlacht im Ortsteil Kalkriese, Infozentrum vor Ort; Tuchmachermuseum

** Idingshof
♂ Bührener Esch 1, ✉ 49565, ☎ (0 54 61)
88 90, Fax 8 89 64, AX DC ED VA
78 Zi, Ez: 98-136, Dz: 160-200, ⌁ WC ☎; Lift P 5↔200 Kegeln Sauna Solarium ¶◊

Hesepe (3 km ↑)
* Haus Surendorff
Dinklingsweg 1, ✉ 49565, ☎ (0 54 61)
9 30 20, Fax 93 02 28, DC ED VA
32 Zi, Ez: 80-100, Dz: 120-145, ⌁ WC ☎; P 🚗 2↔80 ⌂ Sauna
Auch Zimmer der Kategorie ** vorhanden
** Hauptgericht 30; geschl:
2 Wochen in den Sommerferien

Malgarten (7 km ↗)
*** Landhaus Hellmich
Sögelner Allee 45, ✉ 49565, ☎ (0 54 61)
38 41, Fax 6 40 25, AX DC ED VA
Hauptgericht 35; Gartenlokal P Terrasse; geschl: Mo
* 8 Zi, Ez: 75-85, Dz: 100-140, ⌁ WC ☎

Bramstedt, Bad 10 ↓

Schleswig-Holstein — Kreis Segeberg — 10 m — 10 000 Ew — Neumünster 19, Itzehoe 28 km
ℹ️ ☎ (0 41 92) 15 35, Fax 5 06 60 — Verkehrsbüro, Bleeck 17, 24576 Bad Bramstedt; Sol- und Moorbad

*** Kurhotel Gutsmann
♂ Birkenweg 14, ✉ 24576, ☎ (0 41 92) 50 80, Fax 50 81 59, AX DC ED VA
146 Zi, Ez: 98-160, Dz: 180-220, 4 Suiten, ⊿ WC ☎, 9🅿; Lift 🅿 11↔150 ≋ Kegeln Sauna Solarium
** Schleswig-Holstein-Stube
Hauptgericht 29; Terrasse

** Treff Hotel Köhlerhof
♂ Am Köhlerhof 4, ✉ 24576, ☎ (0 41 92) 50 50, Fax 50 56 38, AX DC ED VA
132 Zi, Ez: 134, Dz: 197, S; ⊿ WC ☎, 12🅿; Lift 🅿 🚐 15↔500 Bowling Kegeln
** Deichgraf
Hauptgericht 30; nur abends, sa + so + feiertags auch mittags

** Zur Post (Ringhotel)
Bleeck 29, ✉ 24576, ☎ (0 41 92) 5 00 60, Fax 50 06 80, AX DC ED VA
48 Zi, Ez: 105-160, Dz: 165-210, S; ⊿ WC ☎; Lift 🅿 9↔100
** Hauptgericht 35; Biergarten Terrasse

Brandenburg 29 ←

Brandenburg — Kreis Brandenburg — 31 m — 90 000 Ew — Genthin 30, Potsdam 32 km
ℹ️ ☎ (0 33 81) 52 42 57, Fax 22 37 43 — Brandenburg-Information, Hauptstr 51, 14776 Brandenburg. Sehenswert: Dom St. Peter und Paul; Pfarrkirche St. Gotthardt; Katharinenkirche; Altstädtisches Rathaus mit Roland; Brandenburger Seengebiet; Heidrische Mühle; Johanniskirche; Ruine; vier Tortürme

** Sorat (Top International Hotel)
Altstädtischer Markt 1, ✉ 14770, ☎ (0 33 81) 59 70, Fax 59 74 44, AX DC ED VA
88 Zi, Ez: 180-230, Dz: 210-260, S; ⊿ WC ☎, 32🅿; Lift 🚐 4↔70 Fitneßraum Sauna 🍽

* Mothes
Göttiner Landstr 37, ✉ 14776, ☎ (0 33 81) 66 19 00, Fax 66 19 00, AX ED VA
28 Zi, Ez: 95-120, Dz: 125-165, 1 Suite, ⊿ WC ☎; 🅿 1↔30 🍽

* Am St.Gotthard
Mühlentorstr 56, ✉ 14770, ☎ (0 33 81) 52 90-0, Fax 52 90-30
10 Zi, Ez: 90-120, Dz: 130-170, ⊿ WC ☎, 4🅿; 🅿 🍽

** Plaue Lindenhof
Chausseestr 21, ✉ 14774, ☎ (0 33 81) 40 35 10, Fax 40 24 95, AX ED VA
16 Zi, Ez: 90-130, Dz: 120-160, ⊿ WC ☎; 2↔25
* Hauptgericht 25; Gartenlokal

* Luisenhof
♂ Wehdseeufer 8 a, ✉ 14774, ☎ (0 33 81) 40 33 81, Fax 40 33 81
7 Zi, Ez: 75-125, Dz: 110-150, ⊿ WC ☎; 🅿 🍽
Seezugang

* Bürgerhof
Chausseestr 51, ✉ 14774, ☎ (0 33 81) 4 04 30, Fax 40 43 33
10 Zi, Ez: 79, Dz: 120, ⊿ WC ☎; 🅿; garni

Brand-Erbisdorf 50 →

Sachsen — Kreis Freiberg — 400 m — 10 000 Ew — Freiberg 5, Dresden 40, Chemnitz 40 km
ℹ️ ☎ (03 73 22) 3 20, Fax 3 23 41 — Stadtverwaltung, Markt 1, 09618 Brand-Erbisdorf

** Strupix
Großhartmannsdorfer Str 6, ✉ 09618, ☎ (03 73 22) 88 44, Fax 88 45, AX ED VA
16 Zi, Ez: 95-105, Dz: 155, ⊿ WC ☎, 5🅿; 🅿 Restaurant für Hausgäste

** Brander Hof
Am Markt, ✉ 09618, ☎ (03 73 22) 5 50, Fax 5 51 00, AX DC ED VA
36 Zi, Ez: 85-115, Dz: 130-160, 1 Suite, ⊿ WC ☎, 10🅿; Lift 🅿
** Hauptgericht 25

* Am Teich
♂ Am Teich 4, ✉ 09618, ☎ (03 73 22) 5 77 10, Fax 5 77 33, AX ED VA
13 Zi, Ez: 60-95, Dz: 105-120, 1 Suite, 1 App, ⊿ WC ☎; 🅿 1↔25; garni

Brandis 39 ↙

Sachsen — Kreis Wurzen — 160 m — 4 750 Ew — Wurzen 12, Leipzig 16 km
ℹ️ ☎ (03 42 92) 65 50, Stadtverwaltung, Markt 3, 04821 Brandis

** Parkhotel
Bahnhofstr 22, ✉ 04821, ☎ (03 42 92) 8 80, Fax 8 82 99, AX ED VA
58 Zi, Ez: 95-120, Dz: 140, ⊿ WC ☎, 21🅿; Lift 🅿 2↔40 🍽

Brannenburg 72 ↘

Bayern — Kreis Rosenheim — 500 m — 5 000 Ew — Rosenheim 15, Kufstein 23 km
ℹ️ ☎ (0 80 34) 45 15, Fax 16 23 — Verkehrsamt, Rosenheimer Str 5, 83098 Brannenburg; Luftkurort im Inntal. Sehenswert: Wendelstein, 1838 m ⛰ (Zahnradbahn bis 1724 m + 20 Min)

Degerndorf (1 km ↘)
* Gasthof Zur Post
Sudelfeldstr 20, ✉ 83098, ☎ (0 80 34)
10 66, Fax 18 64
35 Zi, Ez: 58-90, Dz: 115-135, ⊣ WC ☎; 🅿 🍽
3⇌120 Sauna Solarium ⦿
geschl: Mitte Jan-Mitte Feb

Braubach 43 ↘

Rheinland-Pfalz — Rhein-Lahn-Kreis —
72 m — 3 900 Ew — Oberlahnstein 5,
Koblenz 11, St. Goarshausen 23 km
ℹ ☎ (0 26 27) 97 60 00, Fax 97 60 05 — Verkehrsamt, Rathausstr 8, 56338 Braubach;
Ort im Rheindurchbruchstal. Sehenswert:
Alte Pfarrkirche St. Martin; ehem. Barbarakirche; Obertor; Fachwerkhäuser; Marksburg ⦿ (½ Std)

* Zum Weißen Schwanen
Ⓥ Brunnenstr 4, ✉ 56338, ☎ (0 26 27) 5 59,
Fax 88 02, AX DC ED VA
Hauptgericht 25; Gartenlokal 🅿; nur
abends; geschl: Mi, Jul-Aug
Urkundlich erstmals 1693 erwähnt
* ♂ Ⓥ 16 Zi, Ez: 80, Dz: 120-140, ⊣
WC ☎; 2⇌80
geschl: Jul-Aug
Im Kelterhaus Zimmer der Kategorie ***** und
in Alte Stadtmühle Zimmer der Kategorie
** vorhanden. Viele Antiquitäten. Kleines
Bauernmuseum

Brauneberg 52 ↗

Rheinland-Pfalz — Kreis Bernkastel-Wittlich — 105 m — 1 200 Ew — Bernkastel-Kues 7, Trier 54 km
ℹ ☎ (0 65 34) 4 14, Fax 83 55 — Verkehrsbüro, Hauptstr 153, 54472 Brauneberg;
Weinbauort an der Mosel. Sehenswert:
Röm. Kelteranlage; Franziskanerkloster

* Brauneberger Hof 👑
♂ Hauptstr 66, ✉ 54472, ☎ (0 65 34) 14 00,
Fax 14 01, ED
12 Zi, Ez: 80-95, Dz: 85-125, 1 App, ⊣ WC
☎; 🅿 🍽 1⇌12 ⦿
geschl: Mo, Mitte Jan-Mitte Feb

Braunfels 44 □

Hessen — Lahn-Dill-Kreis — 250 m —
10 865 Ew — Wetzlar 10, Weilburg 13 km
ℹ ☎ (0 64 42) 9 34 40, Fax 93 44 22 —
Braunfelser Kur GmbH, Fürst-Ferdinand-Str 4, 35619 Braunfels; Luftkurort im Taunus. Sehenswert: Hist. Stadtkern; Schloß:
Kunstsammlungen; Marktplatz; Museen;
Tiergarten

* Parkhotel Himmelreich
Am Kurpark 7, ✉ 35619, ☎ (0 64 42)
9 34 00, Fax 93 40 99, AX DC ED VA
23 Zi, Ez: 98-105, Dz: 145-155, ⊣ WC ☎; Lift
🅿 1⇌25 Fitneßraum Sauna Solarium ⦿

* Schloß-Hotel
Hubertusstr 2, ✉ 35619, ☎ (0 64 42) 30 50,
Fax 30 52 22, AX DC ED VA
36 Zi, Ez: 95-120, Dz: 145-175, ⊣ WC ☎; 🅿
2⇌35 ⦿
geschl: Mitte Dez-Mitte Jan

* Gasthaus Solmser Hof
Marktplatz 1, ✉ 35619, ☎ (0 64 42) 42 35,
Fax 69 53, AX DC ED VA
Hauptgericht 25; 🅿 Terrasse

Braunlage 37 ↖

Niedersachsen — Kreis Goslar — 560 m —
5 000 Ew — Clausthal-Zellerfeld 23,
Osterode 30, Goslar 34 km
ℹ ☎ (0 55 20) 9 30 70, Fax 93 07 20 — Kurverwaltung, Elbingeröder Str 17,
38700 Braunlage; heilklimatischer Kurort,
Wintersportplatz im Harz. Sehenswert:
Wurmberg, 972 m, Turm ⦿ (4 km ↑)

** Romantik Hotel Zur Tanne
Herzog-Wilhelm-Str 8, ✉ 38700,
☎ (0 55 20) 9 31 20, Fax 39 92, AX DC ED VA
22 Zi, Ez: 75-150, Dz: 100-225, ⊣ WC ☎,
3✉; 🅿 🍽
Rezeption: 9-24
Auch Zimmer der Kategorie ***** vorhanden
** Hauptgericht 35 ✤

* Kurhotel Hohenzollern
♂ ⦿ Dr.-Barner-Str 10, ✉ 38700,
☎ (0 55 20) 30 91, Fax 30 93, DC ED VA
35 Zi, Ez: 90-110, Dz: 156-200, 2 Suiten, ⊣
WC ☎; Lift 🅿 🍽 1⇌30 ⚓ Sauna ⦿

* Hasselhof
♂ Schützenstr 6, ✉ 38700, ☎ (0 55 20)
30 41, Fax 14 42, AX DC ED VA
20 Zi, Ez: 85-100, Dz: 146-166, ⊣ WC ☎,
4✉; 🅿 ⚓ Fitneßraum Solarium; garni

* Landhaus Foresta
♂ Am Jermerstein 1, ✉ 38700, ☎ (0 55 20)
6 76, Fax 81 35
21 Zi, Ez: 60-90, Dz: 120-160, 3 Suiten,
1 App, ⊣ WC ☎; 🅿 🍽 Fitneßraum Sauna
Solarium
Restaurant für Hausgäste

* Rosenhof
♂ Herzog-Johann-Albrecht-Str 41,
✉ 38700, ☎ (0 55 20) 17 07, Fax 34 72,
ED VA
15 Zi, Ez: 80-100, Dz: 120-160, 1 Suite, ⊣
WC ☎, 2✉; 🅿 Sauna Solarium
Rezeption: 8-14, 16-22
Restaurant für Hausgäste

* Haus Askania
Harzburger Str 6, ✉ 38700, ☎ (0 55 20) 4 81
Ez: 49-59, Dz: 98-118, ⊣ WC; 🅿 ⦿ →

Braunlage

✱ Harzhotel Regina
Bahnhofstr 12, ✉ 38700, ☏ (0 55 20)
9 30 40, Fax 13 45, AX DC ED VA
24 Zi, Ez: 64-88, Dz: 128-176, ⌑ WC ☏, 3🛏;
🅿 🖶 1⇔20 ⌂ Fitneßraum Sauna Solarium
geschl: Ende Apr-Mitte Mai, Mitte Nov-Mitte Dez
Restaurant für Hausgäste

🛏 Bremer Schlüssel
♂ Robert-Roloff-Str 11, ✉ 38700,
☏ (0 55 20) 30 68
12 Zi, Ez: 55, Dz: 96-106, ⌑ WC ☏; Lift 🅿 🖶

▪ Poppinga
Herzog-Wilhelm-Str 44, ✉ 38700,
☏ (0 55 20) 13 84
10-18, im Winter 14-18

Hohegeiß (11 km ↘)
✱✱ Landhaus Bei Wolfgang
Hindenburgstr 6, ✉ 38700, ☏ (0 55 83)
8 88, Fax 13 54, AX DC ED VA
Hauptgericht 30; Terrasse, geschl: Do,
Anfang Nov-Mitte Dez

Braunsbach 62 ↑

Baden-Württemberg — Kreis Schwäbisch
Hall — 250 m — 2 600 Ew — Langenburg 11, Schwäbisch Hall 13, Künzelsau
15 km
ℹ ☏ (0 79 06) 5 14, Fax 14 02 — Verkehrsamt, Geislinger Str 11, 74542 Braunsbach;
Ort am Kocher

Döttingen (3 km ↘)
✱✱ Schloß Döttingen
♂ ✉ 74542, ☏ (0 79 06) 10 10, Fax 1 01 10,
ED
90 Zi, Ez: 79-90, Dz: 150-160, ⌑ WC☏; 🅿 🖶
1⇔150 ≈ ⌂ Fitneßraum Kegeln Sauna
Solarium 🍽
Zimmer in drei Gebäudeteilen

Braunschweig 26 ↘

Niedersachsen — Kreisfreie Stadt — 70 m
— 260 000 Ew — Flughafen (8 km ↑) —
Wolfsburg 23, Helmstedt 30, Hildesheim
46 km
ℹ ☏ (05 31) 2 73 55 13, Fax 2 73 55 19 —
Verkehrsverein, Langer Hof 6,
38100 Braunschweig; Regierungsbezirkshauptstadt; Technische Universität, Hochschule für Bildende Künste; Staatstheater.
Sehenswert: Mittelalterlicher Stadtkern;
ev. Dom: Grabmal Heinrichs des Löwen;
kath. Ägidienkirche; ev. Martinikirche;
Burg Dankwarderode; Löwe; Altstadt-Rathaus; Gewandhaus; Gildehaus; Herzog-Anton-Ulrich-Museum: Gemälde, Städtisches Museum; Naturhistorisches
Museum; Landesmuseum; Raabe-Gedächtnisstätte; Zoologischer Garten.
Umgebung: Schloß Richmond ◄ (3 km ↓);
ehem. Klosterkirche in Ridagshausen
(4 km →); Bauernhausmuseum in Bortfeld
(12 km ←); ev. Kirche in Melverode

✱✱✱ Holiday Inn
Augustsr 6 (B 3), ✉ 38100, ☏ (05 31)
4 81 40, Fax 4 81 41 00, AX DC ED VA
140 Zi, Ez: 140-310, Dz: 170-370, ⌑ WC ☏,
53🛏; Lift 🅿 🖶 10⇔150 Fitneßraum Sauna
✱✱ Baumeister Korb
Hauptgericht 25

✱✱✱ Best Western Stadtpalais
Hinter Liebfrauen 1 a (B 3), ✉ 38100,
☏ (05 31) 24 10 24, Fax 24 10 25, AX DC ED VA
43 Zi, Ez: 179-229, Dz: 218-258, S; 1 Suite,
1 App, ⌑ WC ☏, 21🛏; Lift 🅿 1⇔60
✱ Zum Löwen
Hauptgericht 25; Biergarten

✱✱✱ Mövenpick
Jöddenstr 3 (A 2), ✉ 38100, ☏ (05 31)
4 81 70, Fax 4 81 75 51, AX DC ED VA
112 Zi, Ez: 171-245, Dz: 192-310, S;
10 Suiten, 6 App, ⌑ WC ☏, 42🛏; Lift 🖶
8⇔220 ⌂ Sauna Solarium
✱✱ Mövenpick Restaurant
Hauptgericht 25; 🅿 Terrasse

✱✱ Ritter St. Georg ♛
Alte Knochenhauerstr 12 (A 3), ✉ 38100,
☏ (05 31) 1 30 39, Fax 1 30 38, AX DC ED VA
22 Zi, Ez: 115-235, Dz: 220-360, 2 Suiten, ⌑
WC ☏; 2⇔30
✱✱✱ Ritter St. Georg 🍴
🍷 Hauptgericht 45; geschl: So
☏ (05 31) 4 66 84

✱✱ Deutsches Haus (Ringhotel)
Ruhfäutchenplatz 1 (B 2), ✉ 38100,
☏ (05 31) 1 20 00, Fax 1 20 04 44,
AX DC ED VA
84 Zi, Ez: 135-175, Dz: 210-250, S; 1 Suite,
⌑ WC ☏; Lift 🅿 7⇔25
✱✱ Zum Burglöwen
Hauptgericht 25

✱✱ Apartement-Hotel Celler Tor
Celler Str 32, ✉ 38114, ☏ (05 31) 5 90 50,
Fax 5 90 51 00, AX DC ED VA
Ez: 150-220, Dz: 180-350, 60 App, ⌑ WC ☏,
2🛏; Lift 🅿 11⇔300; garni
Rezeption: 8-18; geschl: So

✱✱ Stadthotel Magnitor
Am Magnitor 1 (B 3), ✉ 38100, ☏ (05 31)
4 71 30, Fax 4 71 34 99, AX DC ED VA
28 Zi, Ez: 165-194, Dz: 258-320, 1 Suite, ⌑
WC ☏; Lift 🅿 🖶 2⇔25
Auch Zimmer der Kategorie ✱ vorhanden
✱ Herrendorf ✣
Hauptgericht 30; nur abends

✱ Lessing-Hof
Okerstr 13 (A 2), ✉ 38100, ☏ (05 31)
2 41 60, Fax 2 41 62 22, ED VA
39 Zi, Ez: 107-137, Dz: 172-182, 2 Suiten, ⌑
WC ☏; Lift 🅿 🖶 1⇔15; garni
Zufahrt über Neuer Weg oder Alte Waage

Braunschweig

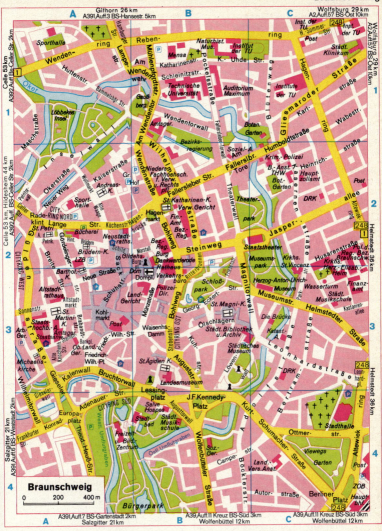

✱ An der Stadthalle
Leonhardstr 21 (C 3), ✉ 38102, ☎ (05 31)
7 30 68, Fax 7 51 48, AX DC ED VA
24 Zi, Ez: 105-135, Dz: 140-170, 🚻 WC ☎;
Lift P; garni
geschl. Ende Dez-Anfang Jan

✱ Gästehaus Wartburg
Rennelbergstr 12 (außerhalb A 2),
✉ 38114, ☎ (05 31) 50 00 11, Fax 50 76 29,
AX ED VA
21 Zi, Ez: 98-125, Dz: 145-185, 🚻 WC ☎; Lift
P 🚗; garni

✱ City-Hotel Mertens
Friedrich-Wilhelm-Str 27-29 (A 3),
✉ 38100, ☎ (05 31) 24 24 10, Fax 24 24 18,
AX DC ED VA
37 Zi, Ez: 99-150, Dz: 139-245, S; 🚻 WC ☎,
6 🛏; 🚗 2⇔28; garni
geschl. 24.12.-27.12., 31.12.-2.1.

✱ Brabanter Hof
Güldenstr 77 (A 3), ✉ 38100, ☎ (05 31)
4 30 90, Fax 4 30 10, ED VA
Hauptgericht 38; nur abends, So auch mittags; geschl. Mo, 3 Wochen in den Sommerferien

Braunschweig

*   **Wirtshaus zur Hanse**
Güldenstr 7 (A 3), ✉ 38100, ☎ (05 31) 24 39 00, Fax 2 43 90-99, AX DC ED VA
Hauptgericht 13

*   **Lago Maggiore**
Hagenbrücke 18 (B 2), ✉ 38100, ☎ (05 31) 4 52 20, Fax 1 79 22
Hauptgericht 30

▪   **Tolle**
Bohlweg 69 (B 3), ✉ 38100, ☎ (05 31) 4 44 37, Fax 1 38 75
Hauptgericht 13; Terrasse; 8-19, So 11-18.30

Lamme (5,5 km ←)
**   **Villa San Michele**
Neudammstr 28 b, ✉ 38116, ☎ (05 31) 25 26 20, Fax 2 52 62 27, AX DC ED VA
10 Zi, Ez: 125, Dz: 165, ⇨ WC ☎; 3⇔80 Sauna ⓘ

Riddagshausen (6 km →)
**   **Landhaus Seela**
Messeweg 41, ✉ 38104, ☎ (05 31) 37 00 11 62, Fax 37 00 11 93, DC ED VA
58 Zi, Ez: 120-220, Dz: 170-300, ⇨ WC ☎; Lift 🅿 🍴 8⇔200
**   Hauptgericht 35; Terrasse

*   **Grüner Jäger**
Ebertallee 50, ✉ 38104, ☎ (05 31) 7 16 43, Fax 7 00 13 60, AX DC ED VA
Hauptgericht 30

Rühme (7 km ↑)
*   **Nord**
Robert-Bosch-Str 7, ✉ 38112, ☎ (05 31) 31 08 60, Fax 3 10 86 86
27 Zi, Ez: 89-130, Dz: 110-190, 5 App, ⇨ WC ☎; Lift 🅿 🍴; garni

Rüningen (5 km ↓)
*   **Zum Starenkasten**
Thiedestr 25, ✉ 38122, ☎ (05 31) 87 41 21, Fax 87 41 26, AX DC ED VA
57 Zi, Ez: 120-160, Dz: 170-240, 5 Suiten, ⇨ WC ☎; Lift 🅿 5⇔200 🈂 Sauna
*   Hauptgericht 30

Südstadt (4 km ↘)
**   **Play-Off-Tagungshotel**
Salzdahlumer Str 137, ✉ 38126, ☎ (05 31) 2 63 10, Fax 6 71 19, AX DC ED VA
182 Zi, Ez: 119-280, Dz: 195-380, S; 2 Suiten, 2 App, ⇨ WC ☎, 37🛏; Lift 🅿 9⇔500 Fitneßraum Kegeln Sauna Solarium ⓘ

Veltenhof (7 km ↘)
**   **Pfälzer Hof**
Ernst-Böhme-Str 15, ✉ 38112, ☎ (05 31) 21 01 80, Fax 2 10 18 50, ED
35 Zi, Ez: 90-120, Dz: 160-140, 3 Suiten, 2 App, ⇨ WC ☎, 10🛏; Lift 🅿 🍴 2⇔80 Fitneßraum Kegeln Sauna Solarium ⓘ
Rezeption: 7-20

Wenden (8 km ↑)
**   **Quality Hotel Seminarius**
Hauptstr 48 b, ✉ 38110, ☎ (0 53 07) 20 90, Fax 20 94 00, AX DC ED VA
66 Zi, Ez: 95-160, Dz: 135-200, ⇨ WC ☎, 10🛏; Lift 🅿 11⇔120 Fitneßraum Kegeln Sauna Solarium ⓘ

Bredstedt   9 ↖

Schleswig-Holstein — Kreis Nordfriesland — 5 m — 4 600 Ew — Husum 16, Flensburg 39, Schleswig 47 km
ⓘ ☎ (0 46 71) 58 57 — Verkehrsverein, Süderstr 36, 25821 Bredstedt; Erholungsort. Sehenswert: Naturzentrum Nordfriesland: Seevogel-Schutzgebiet; Hamburger Hallig, Damm vom Festland (14 km ←)

**   **Ulmenhof**
Tondernsche Str 4, ✉ 25821, ☎ (0 46 71) 33 55, Fax 62 56, AX ED
Hauptgericht 30; Biergarten 🅿
*   9 Zi, Ez: 68-85, Dz: 95-160, 1 App, ⇨ WC ☎; 3⇔40

**   **Friesenhalle**
Hohle Gasse 2, ✉ 25821, ☎ (0 46 71) 15 21, Fax 28 75, AX DC ED VA
Hauptgericht 30; 🅿; geschl: So abends, Okt, Mär
*   11 Zi, Ez: 70-90, Dz: 140, 2 Suiten, ⇨ WC ☎; 🍴
geschl: Okt, Mär

Breege-Juliusruh siehe Rügen

Brehna   38 →

Sachsen-Anhalt — Kreis Bitterfeld — 90 m — 2 800 Ew — Bitterfeld 12, Halle 17 km
ⓘ ☎ (03 49 54) 4 81 21, Fax 4 81 21 — Verwaltungsgemeinschaft, „Am Strengbach", Bitterfelder Str 28, 06796 Brehna

***   **Country Park-Hotel**
        (Top International Hotel)
Thiemendorfer Mark 2, ✉ 06796, ☎ (03 49 54) 6 50, Fax 6 55 56, AX DC ED VA
188 Zi, Ez: 145-180, Dz: 180-225, S; ⇨ WC ☎, 50🛏; Lift 🅿 13⇔180 Sauna Solarium
geschl: 24.12.-2.1.
**   Hauptgericht 30; Terrasse; geschl: 24.12.-2.1.

Breisach am Rhein   67 ←

Baden-Württemberg — Kreis Breisgau-Hochschwarzwald — 190 m — 11 300 Ew — Colmar 21, Freiburg 26 km
ⓘ ☎ (0 76 67) 8 32 27, Fax 8 07 18 — Verkehrsamt, Werd 9, 79206 Breisach am Rhein. Sehenswert: Kath. St.-Stephans-Münster: Hochaltar, Lettner, Fresken; Stadttore; Museum für Stadtgeschichte; größte Erzeuger-Weinkellerei Europas

Breitnau

*** **Am Münster (Ringhotel)**
♂ ≼ Münsterbergstr 23, ⊠ 79206, ☎ (0 76 67) 83 80, Fax 83 81 00, AX DC ED VA
70 Zi, Ez: 105-160, Dz: 164-260, S; ⌐ WC ☎, 18⌂; Lift P ⇌ 4⇄180 ⛵ Fitneßraum Kegel Sauna Solarium
geschl: Anfang-Mitte Jan
Auch Zimmer der Kategorie ** und * vorhanden

** **Badische Weinstube**
≼ Hauptgericht 36; Terrasse; geschl: 7.-20. Jan

* **Münsterkeller**
≼ Hauptgericht 24; Terrasse; nur abends; geschl: 7.-20.Jan

* **Kaiserstühler Hof**
Richard-Müller-Str 2, ⊠ 79206, ☎ (0 76 67) 8 30 60, Fax 83 06 66, AX DC VA
18 Zi, Ez: 80-110, Dz: 126-190, 1 Suite, ⌐ WC ☎; Lift 1⇄30

* Hauptgericht 35; geschl: Mi, 3 Wochen zu Fasching

** **Kapuziner Garten**
≼ Kapuzinergasse 26, ⊠ 79206, ☎ (0 76 67) 9 30 00, Fax 93 00 93, AX
Hauptgericht 30; Terrasse

* ♂ ≼ 39 Zi, Ez: 80-103, Dz: 96-176, 4 Suiten, ⌐ WC ☎, 1⌂; Lift 1⇄25

Breisig, Bad   43 ⏏

Rheinland-Pfalz — Kreis Ahrweiler — 62 m — 8 000 Ew — Koblenz 30, Bonn 30 km
ℹ ☎ (0 26 33) 9 70 71, Fax 98 15 — Verkehrsamt, Albert-Mertes-Str 11, 53498 Bad Breisig; Mineralheilbad am Rhein. Sehenswert: Kath. Kirchen; Puppenmuseum; Märchenwald; Vulkan-Express

** **Rheinhotel Vier Jahreszeiten**
♂ ≼ Rheinstr 11, ⊠ 53498, ☎ (0 26 33) 60 70, Fax 92 20, AX DC ED VA
168 Zi, Ez: 125-140, Dz: 195-225, ⌐ WC ☎, 36⌂; Lift P ⇌ 15⇄360 ⛵ Kegel Sauna Solarium
Auch Zimmer der Kategorie ** vorhanden

** **Schweizer Stuben**
≼ Hauptgericht 28

Kurhaus-Kurhotel
♂ ≼ Koblenzer Str 35, ⊠ 53498, ☎ (0 26 33) 6 00 90, Fax 60 09 91, AX DC ED VA
64 Zi, Ez: 60-86, Dz: 142-178, ⌐ WC ☎; Lift P ⇌ ⛵ Solarium
Kurmittelhaus

* ≼ Hauptgericht 30

* **Zur Mühle**
♂ ≼ Rheinufer 91, ⊠ 53498, ☎ (0 26 33) 9 70 61, Fax 9 60 17, AX DC ED VA
33 Zi, Ez: 76-94, Dz: 124-160, ⌐ WC ☎; Lift P ⇌ 2⇄40 ⛵
geschl: Anfang Jan-Anfang Mär

* Hauptgericht 20; Terrasse

** **Historisches WeinhausTemplerhof**
Koblenzer Str 45, ⊠ 53498, ☎ (0 26 33) 94 35, Fax 73 94, AX DC ED VA
Hauptgericht 35; geschl: Mi, Do mittags, 3 Wochen im Jan, 2 Wochen im Jun

* **Alte Post**
Bachstr 9, ⊠ 53498, ☎ (0 26 33) 9 71 50, ED
Hauptgericht 20; Biergarten

* 8 Zi, Ez: 50-65, Dz: 100-120, ⌐ WC ☎; 1⇄40

Breitengüßbach   57 ↖

Bayern — Kreis Bamberg — 250 m — 4 000 Ew — Bamberg 9, Lichtenfels 24 km
ℹ ☎ (0 95 44) 9 22 30, Fax 92 23 55 — Gemeindeverwaltung, Kirchplatz 4, 96149 Breitengüßbach; Ort am oberen Main

** **Vierjahreszeiten**
Am Sportplatz 6, ⊠ 96149, ☎ (0 95 44) 8 61, Fax 8 64, ED
35 Zi, Ez: 80-95, Dz: 110-135, ⌐ WC ☎; P 3⇄35 ⛵ Sauna Solarium

** Hauptgericht 25; Terrasse; geschl: So abends, Fr, 2 Wochen im Nov, 2 Wochen im Feb

Breitnau   67 →

Baden-Württemberg — Kreis Breisgau-Hochschwarzwald — 950 m — 1 700 Ew — Hinterzarten 5, Neustadt im Schwarzwald 15, Freiburg 31 km
ℹ ☎ (0 76 52) 16 97, Fax 51 34 — Kurverwaltung, Dorfstr 11, 79874 Breitnau; Luftkurort und Wintersportplatz. Sehenswert: Hirschsprung; Höllental; Ravennaschlucht (5 km ↓); Titisee (9 km ↘)

Breitnau-Außerhalb (1 km →)

* **Gasthof Löwen**
≼ an der B 500, ⊠ 79874, ☎ (0 76 52) 3 59, Fax 3 59-55 12
15 Zi, Ez: 55-65, Dz: 100-130, 1 Suite, ⌐ WC; P Fitneßraum Sauna Solarium
geschl: Di, Mitte Nov-Mitte Dez

* Hauptgericht 25; Gartenlokal Terrasse; geschl: Di, Mitte Nov-Mitte Dez

Breitnau-Außerhalb (1,5 km ↘)

** **Kaiser's Tanne-Wirtshus** ♛
Am Wirbstein 27, ⊠ 79874, ☎ (0 76 52) 1 20 10, Fax 15 07
34 Zi, Ez: 95-150, Dz: 190-250, 4 Suiten, ⌐ WC ☎; Lift P ⇌ ⛵ Fitneßraum Sauna Solarium
Rezeption: 7-22
Auch Zimmer der Kategorie *** vorhanden

** **Bure Stube**
⊗ Hauptgericht 40; Gartenlokal Terrasse

→

249

Breitnau

<u>Höllsteig</u> (6 km ↓)
** **Best Western**
Hofgut Sternen
einzeln ♂ an der B 31, ✉ 79874, ☎ (0 76 52)
90 10, Fax 10 31, AX DC ED VA
55 Zi, Ez: 93-108, Dz: 146-186, S; ⌐ WC ☎,
8⌂; Lift Ⓟ 2⟷60
geschl: 6.-30.1.97
✱   Hauptgericht 21; Terrasse;
geschl: Mo, 6.-30.1.97

<u>Ödenbach</u> (2 km ↘)
** **Faller**
(Silencehotel)
Im Ödenbach 5, ✉ 79874, ☎ (0 76 52)
10 01, Fax 3 11
21 Zi, Ez: 40-100, Dz: 80-200, 4 Suiten, ⌐
WC ☎; Lift Ⓟ 🝔 1⟷15 Fitneßraum Sauna
Solarium
Rezeption: 8-21; geschl: nach Ostern bis
Anfang Mai
Auch Zimmer der Kategorie ✱ vorhanden
✱   Hauptgericht 30; Gartenlokal Terrasse; geschl: Di, nach Ostern bis Anfang Mai

Breitscheid 44 ▢

Hessen — Lahn-Dill-Kreis — 460 m —
4 880 Ew — Haiger 8, Herborn 10, Siegen
29 km
ℹ ☎ (0 27 77) 4 04, Fax 69 29 — Gemeindeverwaltung, Rathausstr 14, 35767 Breitscheid

<u>Gusternhain</u> (3 km ↓)
* **Landgasthaus Ströhmann**
Gusternhainer Str 11, ✉ 35767, ☎ (0 27 77)
3 04, Fax 70 80, ED
12 Zi, Ez: 80, Dz: 140, ⌐ WC ☎; Ⓟ 🝔 3⟷65
🍽

Breitungen (Werra) 46 ↗

Thüringen — Kreis Schmalkalden/Meiningen — 270 m — 6 000 Ew — Bad Salzungen 5, Schmalkalden 12 km
ℹ ☎ (03 68 48) 71 31 — Gemeindeverwaltung, Rathausstr 24, 98597 Breitungen.
Sehenswert: Klosterkirche; Trusetaler
Wasserfall (9 km ↗); Breitunger Seen

** **Skaras Landhaushotel**
Wirtsgasse 13, ✉ 98597, ☎ (03 68 48)
88 00, Fax 88 01 22, ED VA
14 Zi, Ez: 60-80, Dz: 110-160, 1 Suite, ⌐ WC
☎; Ⓟ 1⟷30 🍽

Übernachtungspreise sind auch Marktpreise. Aus diesem Grund werden zum
Beispiel zu Messezeiten an Messeplätzen
oder zu Festspielzeiten an Festspielorten
häufig höhere als die angegebenen Preise
berechnet und in verkehrsarmen Zeiten
niedrigere Preise. Die Preise sollten jeweils
vor der Buchung erfragt werden.

250

Bremen 17 ↗

Bremen — 8 m — 555 000 Ew — Hannover 110, Hamburg 120, Bonn 375 km
ℹ ☎ (04 21) 30 80 00, Fax 3 08 00 30 —
Verkehrsverein, Hillmannplatz 6, 28195
Bremen; Freie Hansestadt an der Weser,
Hauptstadt des Landes Bremen; zweitgrößter Seehafen der Bundesrepublik;
Universität, Hochschule für gestaltende
Kunst und Musik; Theater am Goetheplatz;
Schauspielhaus; Niederdeutsches Ernst-
Waldau-Theater; Spielcasino.

Sehenswert: Dom: Bleikeller; Liebfrauenkirche; Martinikirche; Seehäfen (Rundfahrten vom Martini-Anleger); Markt; Rathaus:
Halle, Ratskeller; Roland; Schütting: Handelskammer; Böttcherstr: Glockenspiel;
Paula-Becker-Modersohn-Haus mit
Gemäldeausstellung und Sammlung Bernhard Hoetger; Schnoorviertel; Gerhard-
Marcks-Haus; Kunstsammlung Roselius-
Haus; Kunsthalle: Gemälde; Übersee-
Museum; Landesmuseum für Kunst und
Kulturgeschichte; Focke-Museum; Neues
Museum Weserburg; Rundfunkmuseum;
Parkanlagen: Bürgerpark und Stadtwald;
Wallanlagen; Rhododendron-Park und
Botanischer Garten

**** **Park Hotel**
einzeln ♂ ◂ Im Bürgerpark, Anfahrt über-
Hollerallee (C 1), ✉ 28209, ☎ (04 21)
3 40 80, Fax 3 40 86 02, AX DC ED VA
150 Zi, Ez: 330-340, Dz: 450-540, S;
13 Suiten, ⌐ WC ☎; Lift Ⓟ 🝔 9⟷500
Zimmer unterschiedlicher Kategorien vorhanden
**** **Park-Restaurant**
Hauptgericht 50; Terrasse
** **buten un binnen**
Hauptgericht 35
*** **Maritim**
Hollerallee 99 (C 1), ✉ 28215, ☎ (04 21)
3 78 90, Fax 3 78 96 00, AX DC ED VA
234 Zi, Ez: 229-389, Dz: 298-468, S;
27 Suiten, ⌐ WC ☎, 59⌂; Lift 🝔 16⟷1700
🝔 Fitneßraum Sauna Solarium
**** **L'Echalote**
Hauptgericht 44; nur abends; geschl: Jul,
Aug
*** **Brasserie**
Hauptgericht 39; Terrasse; nur mittags
*** **Bremen Marriott Hotel**
♂ Hillmannplatz 20 (C 2), ✉ 28195,
☎ (04 21) 1 76 70, Fax 1 76 72 38,
AX DC ED VA
228 Zi, Ez: 197-257, Dz: 224-284, S;
4 Suiten, ⌐ WC ☎, 52⌂; Lift Ⓟ 9⟷700 🍽
*** **Holiday Inn Crowne Plaza**
♂ Böttcherstr 2, Eingang Wachtstr, Anfahrt über Mart (B 3-4), ✉ 28195, ☎ (04 21)
3 69 60, Fax 3 69 69 60, AX DC ED VA
228 Zi, Ez: 250-300, Dz: 300-350, S;
8 Suiten, ⌐ WC ☎, 96⌂; Lift 🝔 14⟷300 🝔
Fitneßraum Sauna Solarium
✱   Hauptgericht 34; Ⓟ

Bremen

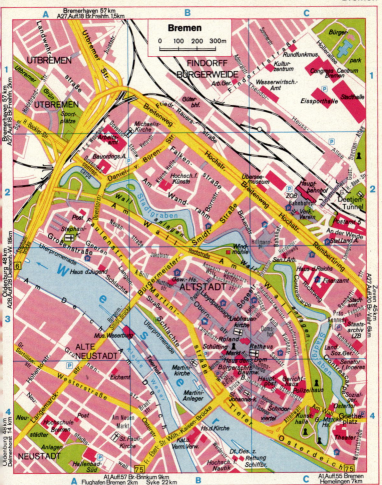

**	Best Western Zur Post

Bahnhofsplatz 11 (C 2), ✉ 28195, ☎ (04 21) 3 05 90, Fax 3 05 95 91, AX DC ED VA
194 Zi, Ez: 147-235, Dz: 190-295, S;
4 Suiten, 🛏 WC ☎, 25🖂; Lift 🚗 13⇌120 ⇌
Fitneßraum Sauna Solarium
Gegen Aufpreis Sonderleistungen möglich
(Golden Crown Club)

***	L'Orchidée

Hauptgericht 45; nur abends; geschl: So, Mo

**	Restaurant Café zur Post

Hauptgericht 35; nur mittags

*	Das Kachelstübchen

Hauptgericht 30; nur abends

☕ Café

**	Mercure

Bahnhofsplatz 5 (C 2), ✉ 28195, ☎ (04 21) 3 01 20, Fax 1 53 69, AX DC ED VA
143 Zi, Ez: 150-215, Dz: 190-235, S;
5 Suiten, 🛏 WC ☎, 25🖂; Lift 🅿 🚗 3⇌100
Sauna Solarium; garni

**	Überseehotel Treff Hotel

Am Markt/Wachtstr 27 (B 4), ✉ 28195,
☎ (04 21) 3 60 10, Fax 3 60 15 55,
AX DC ED VA
124 Zi, Ez: 140-180, Dz: 180-260, S; 🛏 WC
☎; Lift 🚗 8⇌50 🍽 →

Die von uns genannten Ruhetage und Ruhezeiten werden von den Betrieben gelegentlich kurzfristig geändert.

Bremen

** Hanseat
Bahnhofsplatz 8 (C 2), ✉ 28195, ☎ (04 21) 1 46 88, Fax 17 05 88, AX DC ED VA
33 Zi, Ez: 148-198, Dz: 178-238, ⌐ WC ☎; Lift 🛏; garni

** Schaper-Siedenburg
Bahnhofstr 8 (C 2), ✉ 28195, ☎ (04 21) 3 08 70, Fax 30 87 88, AX DC ED VA
93 Zi, Ez: 130-160, Dz: 165-190, S; 2 App, ⌐ WC ☎, 13🛏; Lift; garni
geschl: Ende Dez-Anfang Jan

** Bremer Haus
Löningstr 16 (C 3), ✉ 28195, ☎ (04 21) 3 29 40, Fax 3 29 44 11, AX DC ED VA
71 Zi, Ez: 125-145, Dz: 155-200, S; ⌐ WC ☎, 10🛏; Lift 🅿 🛏 1↔25 🍴

* Lichtsinn
Rembertistr 11 (C 3), ✉ 28203, ☎ (04 21) 36 80 70, Fax 32 72 87, AX DC ED VA
32 Zi, Ez: 145-150, Dz: 180-200, S; 2 Suiten, 12 App, ⌐ WC ☎; Lift 🅿 🛏 Fitneßraum Solarium; garni
Auch Zimmer der Kategorie ** vorhanden

* Ibis Bremen Ostertor
Rembertiring 51 (C 3), ✉ 28203, ☎ (04 21) 3 69 70, Fax 3 69 71 09, AX DC ED VA
162 Zi, Ez: 133, Dz: 148, S; ⌐ WC ☎, 14🛏; Lift 🛏 4↔40 🍴

* Ibis Altstadt
Faulenstr 45 (A 2), ✉ 28195, ☎ (04 21) 3 04 80, Fax 3 04 86 00, AX DC ED VA
120 Zi, Ez: 133, Dz: 148, S; 10 Suiten, ⌐ WC ☎, 40🛏; Lift 🛏 2↔40 🍴

* Jacobi-Hotel
Jacobistr 23 a (B 3), ✉ 28195, ☎ (04 21) 1 46 71, Fax 1 46 74, AX ED VA
13 Zi, Ez: 149-169, Dz: 129-169, ⌐ WC ☎; Lift 🛏 1↔; garni

*** Villa Verde
⛳ Auf dem Peterswerder/Weserstadion, ✉ 28205, ☎ (04 21) 3 05 91 00, Fax 4 98 73 07, AX DC ED VA
Hauptgericht 45; geschl: So, Mo, 3 Wochen im Sommer, 3 Wochen im Jan

** Meierei Bürgerpark
⛳ Bürgerpark (C 1), ✉ 28209, ☎ (04 21) 3 40 86 19, Fax 2 19 98 11, AX DC ED VA
Hauptgericht 40; Gartenlokal 🅿 Terrasse

** Concordenhaus
Hinter der Holzpforte 2, im Schnoorviertel (C 4), ✉ 28195, ☎ (04 21) 32 53 31, Fax 32 53 31, AX ED VA
Hauptgericht 30; Terrasse

Bremer Ratskeller
Am Markt 1 (B 3), ✉ 28195, ☎ (04 21) 32 16 76, Fax 3 37 81 21, AX DC ED VA

** Restaurant vor dem Bacchus
Hauptgericht 40
Bemerkenswerte Weinkarte

* Historische Halle
⛳ Hauptgericht 20

** Haus St. Petrus
⛳ Böttcherstr 3-5 (B 4-3), ✉ 28195, ☎ (04 21) 32 09 95, Fax 32 09 96, AX DC ED VA
Hauptgericht 35; geschl: So

** Das kleine Lokal
Besselstr 40, ✉ 28203, ☎ (04 21) 7 19 29, Fax 7 21 89, AX DC ED VA
Hauptgericht 40; Terrasse; geschl: Mo

Grashoff's Bistro
Contrescarpe 80 (C 2), ✉ 28195, ☎ (04 21) 1 47 40, Fax 30 20 40, DC VA
Hauptgericht 40; 10-18.30, Sa bis 14; geschl: So
Delikatessengeschäft mit Weinabteilung und Bistro

Bistro Feinkost Hocke
Schüsselkorb 17 (C 3), ✉ 28195, ☎ (04 21) 32 66 51, Fax 32 73 25, AX ED
Hauptgericht 40; 12-16; geschl: So

Knigge
Sögestr 42 (B 3), ✉ 28195, ☎ (04 21) 1 30 68, Fax 1 83 96
9-18.30
Teestube, holl. Kakaostube; Spezialität: Kapuzinertorte, Bremer Klaben

Blumenthal (26 km ↘)
* Zum Klüverbaum
Mühlenstr 43, ✉ 28779, ☎ (04 21) 60 00 77, Fax 60 87 14, AX DC ED VA
34 Zi, Ez: 95-110, Dz: 135-145, ⌐ WC ☎; 🅿 🛏 3↔120 Kegeln 🍴

Farge (32 km ↘)
** Fährhaus Farge (Ringhotel)
⛳ Wilhelmshavener Str 1, ✉ 28777, ☎ (04 21) 6 86 81, Fax 6 86 84, AX DC ED VA
20 Zi, Ez: 129-139, Dz: 180-190, ⌐ WC ☎; 🅿 🛏 3↔80 Kegeln
** ⛳ Hauptgericht 30; Terrasse

Horn-Lehe (6 km ↗)
*** Landgut Horn
Leher Heerstr 140, ✉ 28357, ☎ (04 21) 2 58 90, Fax 2 58 92 22, AX DC ED VA
104 Zi, Ez: 160-190, Dz: 195-225, 2 Suiten, ⌐ WC ☎, 9🛏; Lift 🅿 🛏 3↔90
Auch Zimmer der Kategorie ** vorhanden
** Victorian
Hauptgericht 33; Terrasse

** Horner Eiche
Im Hollergrund 1, über Zubringer Horn-Lehe, ✉ 28357, ☎ (04 21) 2 78 20, Fax 2 7696 66, AX DC ED VA
68 Zi, Ez: 105-125, Dz: 150-175, ⌐ WC ☎, 5🛏; Lift 🅿 🛏 2↔100; garni

** Deutsche Eiche
Lilienthaler Heerstr 174, ✉ 28357, ☎ (04 21) 25 10 11, Fax 25 10 14, AX DC ED VA
39 Zi, Ez: 105-125, Dz: 150-175, ⌐ WC ☎; Lift 🅿 🛏 4↔100 Kegeln
Auch Zimmer der Kategorie * vorhanden
* Hauptgericht 30; Terrasse

Bremerhaven

Neue Vahr (4 km →)
✱✱✱ Queens Hotel
August-Bebel-Allee 4, ✉ 28329, ☏ (04 21)
2 38 70, Fax 23 46 17, AX DC ED VA
142 Zi, Ez: 186-211, Dz: 252-277, S;
2 Suiten, ⊣ WC ☏, 34🛏; Lift 🅿 7⇔380
✱✱ Kornhaus
Hauptgericht 40

Neustadt (2 km ↙)
✱✱ Treff Hotel Airport
Neuenlander Str 55, ✉ 28199, ☏ (04 21)
5 09 50, Fax 50 86 52, AX DC ED VA
94 Zi, Ez: 99-154, Dz: 130-189, S; 14 Suiten,
62 App, ⊣ WC ☏, 44🛏; Lift 🅿 6⇔35
Sauna Solarium 🍽

Schwachhausen (4 km ↗)
**✱✱ Munte am Stadtwald
(Ringhotel)**
Parkallee 299, ✉ 28213, ☏ (04 21) 2 20 20,
Fax 21 98 76, AX DC ED VA
121 Zi, Ez: 166-240, Dz: 190-270, S;
2 Suiten, ⊣ WC ☏, 15🛏; Lift 🅿 🍴 14⇔250
♨ Sauna Solarium
✱✱ Hauptgericht 30

✱ Heldt
♂ Friedhofstr 41, ✉ 28213, ☏ (04 21)
21 30 51, Fax 21 51 45, AX DC ED VA
47 Zi, Ez: 89-125, Dz: 110-175, ⊣ WC ☏,
5🛏; 🅿 🍴 Solarium
✱✱ Gästehaus
9 Zi, Ez: 124-115, Dz: 165-156, ⊣ WC ☏, 3🛏

✱✱ Tiffany
Schwachhauser Heerstr 207, ✉ 28213,
☏ (04 21) 21 76 86, Fax 25 11 49, AX DC ED VA
Hauptgericht 40; 🅿; nur abends; geschl:
So, Anfang-Mitte Jan

Vegesack (23 km ↘)
✱✱ Strandlust
⋖ Rohrstr 11, ✉ 28757, ☏ (04 21) 6 60 90,
Fax 6 60 91 11, AX DC ED VA
45 Zi, Ez: 145-165, Dz: 220-260, 3 Suiten, ⊣
WC ☏, 15🛏; Lift 🅿 🍴 6⇔800 Kegeln
Auch Zimmer der Kategorie ✱✱✱ vorhanden
✱✱ ⋖ Hauptgericht 38; Gartenlokal
Terrasse

✱✱ Atlantic Hotel Vegesack
Sagerstr 20, ✉ 28199, ☏ (04 21) 6 60 50,
Fax 66 47 74, AX DC ED VA
37 Zi, Ez: 135-155, Dz: 180-260, 4 Suiten, ⊣
WC ☏; Lift 🍴 6⇔60 Fitneßraum Sauna
Solarium; **garni**

✱✱ Jan Tabac
Weserstr 93, ✉ 28757, ☏ (04 21) 66 22 72
Hauptgericht 30; Terrasse; nur abends;
geschl: So, Mo, Aug, Anfang-Mitte Jan
nur Menüs

Bremerhaven 17 ↖

Bremen — Stadtkreis — 3 m — 131 000 Ew
— Bremen 60, Hamburg 120 km
ℹ ☏ (04 71) 4 20 95, Fax 4 60 65 — Verkehrsamt, Van-Ronzelen-Str 2 (A 1),
27568 Bremerhaven; Seehafenstadt an der
Wesermündung, führender Fischereihafen
des Kontinents; Autofähre nach Blexen
(Nordenham); Stadttheater. Sehenswert:
Columbuskaje (Bahnhof am Meer);
Containerkreuz; Radarturm ⋖; Deichpromenade ⋖; Tiergrotten mit Nordsee-
Aquarium; Kunsthalle; Morgensternmuseum; Deutsches Schiffahrtsmuseum;
Wissenschaftl. Sammlung „Nordseemuseum" des Alfred-Wegener-Instituts;
Technikmuseum U-Boot „Wilhelm Bauer";
Freilichtmuseum Speckenbüttel

Stadtplan siehe Seite 254

**✱✱✱ Best Western
Naber**
Theodor-Heuss-Platz (B 1), ✉ 27568,
☏ (04 71) 4 87 70, Fax 4 87 79 99,
AX DC ED VA
93 Zi, Ez: 164-169, Dz: 190-245, S; 5 Suiten,
⊣ WC ☏, 9🛏; Lift 🅿 🍴 4⇔200
Auch Zimmer der Kategorie ✱✱ vorhanden
✱✱ Hauptgericht 35; Gartenlokal

✱✱ Haverkamp
Prager Str 34 (B 1), ✉ 27568, ☏ (04 71)
4 83 30, Fax 4 83 32 81, AX DC ED VA
108 Zi, Ez: 135-225, Dz: 185-300, 13 Suiten,
⊣ WC ☏; Lift 🅿 2⇔80 ♨ Sauna
Auch Zimmer der Kategorie ✱✱✱ vorhanden
✱✱ Hauptgericht 30; nur abends

✱ Primula
Stresemannstr 10, ✉ 27576, ☏ (04 71)
9 55 00, Fax 9 55 05 50, AX DC ED VA
82 Zi, Ez: 140-125, Dz: 155-125, S; 4 Suiten,
1 App, ⊣ WC ☏, 20🛏; Lift 🅿 3⇔40 🍽

✱ Comfort Hotel
Am Schaufenster 7, ✉ 27572, ☏ (04 71)
9 32 00, Fax 9 32 01 00, AX DC ED VA
88 Zi, Ez: 120-130, Dz: 150-160, ⊣ WC ☏,
17🛏; Lift 🅿 2⇔50; **garni**

✱ Parkhotel
einzeln ♂ Kammerweg, ✉ 27574, ☏ (04 71)
2 70 41, Fax 2 70 47, AX DC ED VA
47 Zi, Ez: 78-103, Dz: 106-143, 2 Suiten,
2 App, ⊣ WC ☏; 🅿 1⇔250 🍽

**✱✱ Natusch ✤
Fischereihafen-Restaurant**
🍷 Am Fischbahnhof 1, ✉ 27572, ☏ (04 71)
7 10 21, Fax 7 50 08, AX DC ED VA
Hauptgericht 32; geschl: Mo

✱✱ Da Pippo ✤
Hafenstr 53, ✉ 27576, ☏ (04 71) 4 44 54,
AX ED VA
Hauptgericht 35; geschl: So, Sa mittags
→

Bremerhaven

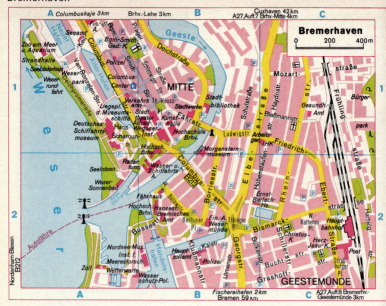

** Hummerkörbchen
Bürgermeister-Schmidt-Str 151 (A 1),
✉ 27568, ☎ (04 71) 4 43 55
Hauptgericht 30; geschl: Mo

** Fiedler's Aal-Kate
An der Packhalle IV, Nr.34, ✉ 27572,
☎ (04 71) 3 89 80, Fax 9 32 23 30
Hauptgericht 30; geschl: Mo abends

* Seute Deern
⚓ Am Alten Hafen, beim Schiffahrts-
museum (A 1), ✉ 27568, ☎ (04 71) 41 62 64,
Fax 4 59 49, AX DC ED VA
Hauptgericht 25;
Museumsschiff, Dreimast Bark von 1911

Leherheide (7 km ↗)
** Übersee-Hotel
Adolf-Kolping-Str 2, ✉ 27578, ☎ (04 71)
68 80, Fax 6 88 99, AX DC ED VA
37 Zi, Ez: 98-109, Dz: 149-169, ⊣ WC ☎,
9🛁; Lift 🅿 🍽 3⇔130 Kegeln Sauna
Solarium 🍽

Bremervörde 17 □

Niedersachsen — Kreis Rotenburg
(Wümme) — 5 m — 18 000 Ew — Stade 27,
Bremerhaven 50, Hamburg-Harburg 64 km
ⓘ ☎ (0 47 61) 8 63 35, Fax 8 63 76 — Touristik-Information, Rathausmarkt 1,
27432 Bremervörde; Stadt an der Oste.
Sehenswert: Vörder See; Natur- und Erlebnispark

** Oste-Hotel
Neue Str 125, ✉ 27432, ☎ (0 47 61) 87 60,
Fax 8 76 66, AX ED VA
41 Zi, Ez: 110, Dz: 155, ⊣ WC ☎, 7🛁; 🅿
6⇔200 Fitneßraum Kegeln Sauna 🍽

* Daub
Bahnhofstr 2, ✉ 27432, ☎ (0 47 61) 30 86,
Fax 20 17, AX DC ED VA
65 Zi, Ez: 75-87, Dz: 120-135, ⊣ WC ☎, 6🛁;
🅿 🍽 6⇔300 Sauna 🍽

* Parkhotel
Stader Str 22, ✉ 27432, ☎ (0 47 61) 24 60,
Fax 7 13 27, AX DC ED VA
15 Zi, Ez: 80-90, Dz: 115-130, 1 App, ⊣ WC
☎; 🅿 4⇔300 Kegeln
geschl: So abends
Auch Zimmer der Kategorie ****** vorhanden

** Sylter Stube
Hauptgericht 25; geschl: So abends

Brensbach 55 ←

Hessen — Odenwaldkreis — 175 m —
4 142 Ew — Dieburg 18, Michelstadt 20,
Darmstadt 24 km
ⓘ ☎ (0 61 61) 80 90, Fax 8 09 31 — Gemeindeverwaltung, Ezyer Str 5, 64395 Brens-
bach; gotische Kirche mit Sandsteinkanzel
von 1526

Der Hinweis auf andere Zimmerkategorien
im Zusatztext informiert Sie über Zimmer,
die in ihrer Größe und Ausstattung von der
Gesamtdarstellung des Betriebes abweichen.

Stierbach (4 km ↓)
*   **Freizeithotel Schnellertshof**
Erbacher Str 100, ✉ 64395, ☏ (0 61 61)
23 80, Fax 14 38, DC ED VA
18 Zi, Ez: 72-75, Dz: 120-125, ⊿ WC ☏; P
2✪30 ≙ Sauna Solarium ⛉

geschl: Mitte Jan

Wersau (2 km ↘)
*   **Zum Kühlen Grund**
Bahnhofstr 81, ✉ 64395, ☏ (0 61 61) 4 47,
Fax 15 61, ED VA
26 Zi, Ez: 80-83, Dz: 131-138, ⊿ WC ☏; Lift
P 3✪40 Kegeln
geschl: Mitte Jul-Mitte Aug, Anfang Jan
*   Hauptgericht 30; geschl: Mo,
Mitte Jul-Mitte Aug, Anfang Jan

Bretnig-Hauswalde 51 ↑

Sachsen — Kreis Kamenz — 300 m —
3 150 Ew — Bischofswerda 9, Radeberg
11 km
ℹ ☏ (03 59 52) 68 87, Fax 68 87 — Gemeindeverwaltung, Am Klinkenplatz 9,
01900 Bretnig-Hauswalde

*   **Zur Klinke**
Am Klinkenplatz 10 a, ✉ 01900,
☏ (03 59 52) 68 32, Fax 88 74
28 Zi, Ez: 90, Dz: 120-130, 1 Suite, ⊿ WC ☏;
P Fitneßraum Kegeln Sauna Solarium ⛉

Bretten 61 ↘

Baden-Württemberg — Kreis Karlsruhe —
170 m — 26 100 Ew — Bruchsal 15, Pforzheim 18, Karlsruhe 27 km
ℹ ☏ (0 72 52) 5 24 08, Fax 26 28 — Stadtinformation, Marktplatz 1, 75015 Bretten.
Sehenswert: Melanchthon-Museum;
Marktplatz; Pfeiferturm ◂≼ und Simmelturm; Hundlesbrunnen; Waldtierpark;
ehem. Kloster in Maulbronn (10 km ↘)

*   **Krone**
Marktplatz 2, ✉ 75015, ☏ (0 72 52) 20 41,
Fax 8 05 98, AX DC ED VA
50 Zi, Ez: 65-90, Dz: 100-140, ⊿ WC ☏; Lift
P 1✪80 Solarium
geschl: Fr
*   Hauptgericht 15; Biergarten;
geschl: Fr, Ende Dez-Anfang Jan

Brettental siehe Freiamt

Bretzfeld 55 ↓

Baden-Württemberg — Hohenlohekreis —
210 m — 10 255 Ew — Öhringen 7, Heilbronn 26, Schwäbisch Hall 30 km
ℹ ☏ (0 79 46) 77 10, Fax 7 71 14 — Bürgermeisteramt, Adolzfurter Str 12,
74626 Bretzfeld

Bitzfeld (1 km ↑)
*   **Gasthof Zur Rose**
Weißlensburger Str 12, ✉ 74626,
☏ (0 79 46) 77 50, Fax 77 54 00, ED VA
38 Zi, Ez: 50-95, Dz: 80-150, 2 Suiten, ⊿ WC
☏; Lift P 4✪50 ≙ Sauna Solarium
Rezeption: 7-13, 14-23; geschl: Do,
2 Wochen im Aug
Im Gästehaus Zimmer der Kategorie **
vorhanden
*   Hauptgericht 20; geschl: Do,
2 Wochen im Aug

Brettach (9 km ↘)
**   **Gasthof Rössle**
Mainhardter Str 26, ✉ 74626, ☏ (0 79 45)
9 11 10, Fax 91 11 30, AX ED
Hauptgericht 30; Biergarten P; geschl: Mo
abends, Di, Mitte Feb, Ende Jul-Anfang
Aug

Breuberg 55 ↘

Hessen — Odenwaldkreis — 180 m —
7 676 Ew — Erbach 22, Aschaffenburg 26,
Darmstadt 27 km
ℹ ☏ (0 61 63) 70 90, Fax 7 09 55 — Verkehrsamt, im Stadtteil Sandbach, ErnstLudwig-Str 2, 64747 Breuberg; Erholungsort. Sehenswert: Hist. Kirchen; Burg
Breuberg ◂≼; hist. Marktkreuz im Stadtteil
Neustadt

Neustadt (2 km ↓)
**   **Rodensteiner**
Wertheimer Str 3, ✉ 64747, ☏ (0 61 65)
20 01, Fax 20 04, AX DC ED VA
31 Zi, Ez: 95-130, Dz: 150-210, ⊿ WC ☏; Lift
P 3✪35
geschl: So abends, Mo mittags, AnfangMitte Jan
**   Hauptgericht 35; geschl: So
abends, Mo mittags, Anfang-Mitte Jan

Breuna 35 □

Hessen — Kreis Kassel — 350 m —
1 550 Ew — Warburg 11, Hofgeismar 18,
Kassel 30 km
ℹ ☏ (0 56 93) 8 27, Fax 64 23 — Verkehrsamt, Volkmarser Str 3, 34479 Breuna; Luftkurort

*   **Sonneneck**
            (Flair Hotel)
Stadtpfad 2, ✉ 34479, ☏ (0 56 93) 2 93,
Fax 71 44, DC ED VA
18 Zi, Ez: 68-128, Dz: 98-178, 2 Suiten, ⊿
WC ☏, 1🛁; P 🚗 2✪30 Fitneßraum Sauna
Solarium
geschl: Jan
*   Hauptgericht 20; Terrasse;
geschl: Mo, Jan

34 □ Der Ort befindet sich im Reisekartenteil auf Seite 34 im mittleren Planfeld.

Breyell

Breyell siehe **Nettetal**

Brielow 29 ←

Brandenburg — Kreis Brandenburg — 800 Ew — Brandenburg 5, Potsdam 35 km
🅘 ☎ (03 38 37) 2 54 — Gemeindeverwaltung, Hauptstr 14, 14778 Brielow. Sehenswert: 370jährige Schwedenlinde

Seehof
** **Parkhotel Seehof**
♂ ⋖ Freiheitsweg, ✉ 14778, ☎ (0 33 81) 75 00, Fax 70 29 10, AX DC ED VA
94 Zi, Ez: 120-190, Dz: 150-225, ⌐ 25✉; Lift 🅿 11⇔100 Seezugang Sauna

Brietlingen 18→

Niedersachsen — Kreis Lüneburg — 15 m — 1 946 Ew — Lauenburg 10, Lüneburg 11 km
🅘 ☎ (0 41 33) 31 31 — Gemeindeverwaltung, Scharnebecker Str 51, 21382 Brietlingen; Ort an der Alten Salzstraße

* **Landhotel Franck**
An der Alten Salzstr 31 b, ✉ 21382, ☎ (0 41 33) 4 00 90, Fax 40 09 33, AX DC ED VA
35 Zi, Ez: 78-130, Dz: 145-185, 11 Suiten, ⌐ WC ☎; 🅿 🅐 5⇔200 ≋ Fitneßraum Kegeln Sauna Solarium
* Hauptgericht 30

Brilon 35 ←

Nordrhein-Westfalen — Hochsauerlandkreis — 450 m — 26 000 Ew — Korbach 37, Lippstadt 44, Arnsberg 44 km
🅘 ☎ (0 29 61) 80 96, Fax 5 11 99 — Verkehrsverein, Steinweg 26, 59929 Brilon; Luftkurort und Wintersportplatz im Hochsauerland. Sehenswert: Kath. Propsteikirche; Nikolaikirche; Rathaus; Marktplatz; Fachwerkhäuser

** **Zur Post**
Königstr 7, ✉ 59929, ☎ (0 29 61) 40 44, Fax 97 35 97, AX ED VA
31 Zi, Ez: 90-95, Dz: 160-180, ⌐ WC ☎; Lift 🅿 3⇔40 ≋ Kegeln Sauna Solarium
** Hauptgericht 40; Gartenlokal; nur abends; geschl: 4 Wochen in den Sommerferien

* **Quellenhof**
Strackestr 12, ✉ 59929, ☎ (0 29 61) 20 45, Fax 20 47, AX DC ED VA
23 Zi, Ez: 80-100, Dz: 125-160, 1 Suite, ⌐ WC ☎; Lift 🅿 🅐 ≋ Kegeln Sauna Solarium
* Hauptgericht 25; geschl: Do

* **Haus Rech**
Hoppecker Str 1, ✉ 59929, ☎ (0 29 61) 9 75 40, Fax 97 54 54, AX DC ED VA
26 Zi, Ez: 80-85, Dz: 150-160, ⌐ WC ☎; Lift Sauna Solarium
* Hauptgericht 25; geschl: Mo abends

Brilon-Außerhalb
* **Waldhotel Brilon**
einzeln ♂ ⋖ Am Hölsterloh 1, ✉ 59929, ☎ (0 29 61) 34 73, Fax 5 04 70, AX DC ED VA
21 Zi, Ez: 67-77, Dz: 110-150, ⌐ WC ☎; 🅿 🅐 1⇔40 Sauna Solarium 🍴

Gudenhagen (4 km ↘)
*** **Haus Waldsee**
einzeln, am Waldfreibad, ✉ 59929, ☎ (0 29 61) 97 920, AX ED VA
Hauptgericht 30; 🅿 Terrasse
* 5 Zi, Dz: 120, ⌐ WC ☎; Seezugang
geschl: Mo,Di

Wald (7 km ↓)
* **Schloßhotel**
Korbacher Str 38 (B 251), ✉ 59929, ☎ (0 29 61) 9 79 40, Fax 97 94 35
20 Zi, Ez: 65, Dz: 130, ⌐ WC ☎; 🅿
** Hauptgericht 30

* **Jagdhaus Schellhorn**
einzeln ♂ In der Lüttmecke 10, ✉ 59929, ☎ (0 29 61) 33 34, Fax 60 52, AX ED VA
12 Zi, Ez: 70, Dz: 120, ⌐ WC ☎; 🅿 1⇔ ≋ Sauna Solarium
** einzeln, Hauptgericht 33; Terrasse; geschl: So abends, Mo mittags

Britz 30 ↗

Brandenburg — Kreis Eberswalde-Finow — 57 m — 2 250 Ew — Eberswalde-Finow 6 km
🅘 ☎ (0 33 34) 4 21 03, Fax 4 21 23 — Gemeindeverwaltung, Eberswalder Str 21, 16230 Britz

* **Zum Kaiser Wilhlem**
Eberswalder Str 90, ✉ 16230, ☎ (0 33 34) 4 24 16, Fax 4 24 16, AX DC ED VA
7 Zi, Ez: 80-90, Dz: 110, ⌐ WC ☎; 🅿 🍴
Rezeption: ab 11

Brodenbach 43 ↓

Rheinland-Pfalz — Kreis Mayen-Koblenz — 80 m — 650 Ew — Koblenz 25, Cochem 26 km
🅘 ☎ (0 26 05) 41 56 — Verkehrsverein, Moselufer 22, 56332 Brodenbach; Erholungsort an der Mosel. Sehenswert: Ruine Ehrenburg ⋖ (4 km ↓); Ehrbachklamm

Brodenbach-Außerhalb (1 km ↓)
* **Peifer**
≼ Moseluferstr 43, an der B 49, ⊠ 56332,
☎ (0 26 05) 7 56, Fax 8 43 15, ED
30 Zi, Ez: 60-70, Dz: 100-120, ⊿ WC ☎; Lift
🅿 ≈ Kegeln
geschl: Jan
* Hauptgericht 30; Terrasse;
geschl: Mi, Jan

Brokdorf 10 ↙

Schleswig-Holstein — Kreis Steinburg —
Wilster 9, Glückstadt 13, Brunsbüttel 17 km
ℹ ☎ (0 48 29) 3 29 — Gemeindeverwaltung,
25576 Brokdorf

* **Sell**
Dorfstr 65, ⊠ 25576, ☎ (0 48 29) 90 00,
Fax 90 05 95, ED
22 Zi, Ez: 65-85, Dz: 125-140, 1 App, ⊿ WC
☎; Lift 🅿 🚗 4⇔160
Rezeption: ab 11; geschl: Jan
* **Elbblick Brokdorf**
≼ Hauptgericht 25; Mo, Fr, Jan

Brombach siehe Eberbach

Brotterode 47 ↖

Thüringen — Kreis Schmalkalden/Meinin-
gen — 600 m — 3 672 Ew — Bad Liebenstein 12, Eisenach 19, Gotha 24 km
ℹ ☎ (03 68 40) 22 15, Fax 22 15 — Fremdenverkehrsamt, Hagenplatz 5, 98599 Brotterode. Sehenswert: Neugotische Kirche

Brotterode-Außerhalb (1 km ↗)
* **Waldschlößchen**
einzeln ♂ Im Gehege, ⊠ 98599,
☎ (03 68 40) 3 22 63, Fax 3 21 27
12 Zi, Ez: 75, Dz: 95, ⊿ WC; 🅿 2⇔60 🍽

Bruchhausen-Vilsen 25 ↑

Niedersachsen — Kreis Diepholz — 30 m
— 5 500 Ew — Syke 17, Verden/Aller 31 km
ℹ ☎ (0 42 52) 39 10, Fax 33 18 — Tourist
information, im Ortsteil Bruchhausen,
Lange Str 11, 27305 Bruchhausen-Vilsen;
Luftkurort. Sehenswert: Erste Museums-
eisenbahn Deutschlands, Saison Anfang
Mai-Anfang Okt; alte Kirche; Klostermühle
Heiligenberg; Automuseum beim Muse-
umsbahnhof Asendorf (7 km ↓), geöffnet
Sa, So, feiertags 10-18 Uhr, Ostern-Ende
Sep

Homfeld-Außerhalb
** **Forsthaus Heiligenberg**
Homfeld 15, ⊠ 27305, ☎ (0 42 52)
32 00, Fax 93 20 20, AX ED VA
Hauptgericht 35; 🅿 Terrasse; geschl: Mo
* einzeln ♂ 5 Zi, Ez: 85, Dz: 138-150,
Suite, ⊿ WC ☎
Rezeption: ab 10

* **Dillertal**
Am Museumsbahnhof, ⊠ 27305,
Heiligenberg 3
☎ (0 42 52) 26 80, Fax 6 78, DC ED VA
Hauptgericht 25; Biergarten 🅿 Terrasse;
11-24

Bruchsal 61 ↖

Baden-Württemberg — Kreis Karlsruhe —
114 m — 40 000 Ew — Karlsruhe 24,
Heidelberg 37 km
ℹ ☎ (0 72 51) 7 27 71, Fax 7 27 89 — Stadtinformation, Am Alten Schloß,
76646 Bruchsal; Stadt in der Oberrheinebene, Badische Landesbühne. Sehenswert: Barockschloß, Treppenhaus von
Balthasar Neumann; Barockkirche St.
Peter; Schloßgarten; Stadtgarten;
Belvedere; Ortsbild von Obergrombach;
Michaelsberg ≼; Kapelle bei Unter-
grombach

** **Scheffelhöhe**
♂ ≼ Adolf-Bieringer-Str 20, ⊠ 76646,
☎ (0 72 51) 80 20, Fax 80 21 56, AX DC ED VA
95 Zi, Ez: 130-170, Dz: 160-210, ⊿ WC ☎;
Lift 🅿 3⇔25 Sauna Solarium
** **Belvedere**
≼ Hauptgericht 30; Biergarten; geschl:
Ende Dez-Anfang Jan
☎ (0 72 51) 33 73, Fax 8 58 80

🍺 **Birk**
Kaiserstr 86, ⊠ 76646, ☎ (0 72 51) 27 83
Gartenlokal; 9-18.30; geschl: Mo

Büchenau (7 km ↙)
** **Ritter**
Au in den Buchen 83+92, ⊠ 76646,
☎ (0 72 57) 8 80, Fax 8 81 11, AX DC ED VA
99 Zi, Ez: 104-125, Dz: 140-190, 4 Suiten, ⊿
WC ☎; Lift 🅿 🚗 9⇔250 Fitneßraum Sauna
Solarium
geschl: Ende Dez-Anfang Jan
Auch Zimmer der Kategorie * vorhanden,
das Hotel verfügt über zwei Gästehäuser
** Hauptgericht 30; Biergarten;
geschl: Ende Dez-Anfang Jan

Bruck/Opf. 59 ↙

Bayern — Kreis Schwandorf — 380 m —
4 350 Ew — Bodenwöhr 5, Schwandorf 18,
Cham 33 km
ℹ ☎ (0 94 34) 10 92, Fax 42 13 — Fremdenverkehrsverein, Rathausstr 7, 92436 Bruck/
Opf. Sehenswert: Wallfahrtskirche

Mappach (1,5 km →)
* **Mappacher Hof**
Mappach 2, ⊠ 92436, ☎ (0 94 34) 95 10,
Fax 95 12 50, AX DC ED VA
29 Zi, Ez: 55-60, Dz: 84-94, ⊿ WC ☎, 1 ✉; 🅿
🚗 🍽

Brückenau, Bad 46 ↓

Bayern — Kreis Bad Kissingen — 305 m —
7 500 Ew — Fulda 33, Schweinfurt 53,
Würzburg 75 km
🛈 ☎ (0 97 41) 36 69, Fax 8 04 37 — Verkehrsamt, Rathausplatz 1, 97769 Bad Brückenau; Heilbad in der Rhön. Sehenswert: Stadtpfarrkirche; Tätsch'r Brunnen; Bauten der Fürstäbte von Fulda; Klosterkirche am Volkersberg; Dreistelzberg, 660 m ⛷ (5 km + 15 Min ↗)

* **Gasthof Krone**
Marktplatz 5, ⌧ 97769, ☎ (0 97 41) 40 81, Fax 38 51, DC ED VA
10 Zi, Ez: 80, Dz: 140, ⊒ WC ☎; P 🍴
Rezeption: 7-12, 17-22; geschl: So, Jan

* **Zur Mühle**
♂ Ernst-Putz-Str 17, ⌧ 97769, ☎ (0 97 41) 50 61, DC ED VA
37 Zi, Ez: 41-64, Dz: 91-120, 1 Suite, ⊒ WC ☎; P 🅿 2↔40 🍴
geschl: Mo

🛏 **Deutsches Haus**
Bahnhofstr, ⌧ 97769, ☎ (0 97 41) 50 75, Fax 50 76
15 Zi, Ez: 60, Dz: 100, ⊒ WC ☎; P 🅿 1↔60 Sauna 🍴
geschl: 3 Wochen im Mär

Staatsbad (3 km ←)
** **Dorint Kurhotel**
♂ ⛷ Heinrich-von-Bibra-Str 13, ⌧ 97769, ☎ (0 97 41) 8 50, Fax 8 54 25, AX DC ED VA
146 Zi, Ez: 155-205, Dz: 212-262, 2 Suiten, 31 App, ⊒ WC ☎; Lift P 🅿 13↔350 🍴 Fitneßraum Kegeln Sauna Solarium
** **König Ludwig**
Hauptgericht 37; Terrasse

siehe auch **Zeitlofs**

Brüel 20 ↘

Mecklenburg-Vorpommern — Kreis Parchim — 60 m — 3 381 Ew — Neukloster 18, Schwerin 26, Parchim 42 km
🛈 ☎ (03 84 83) 3 50 — Stadtverwaltung, August-Bebel-Str 1, 19412 Brüel

* **Koenig's Landhaus**
Wariner Str 70, ⌧ 19412, ☎ (03 84 83) 2 08 49, Fax 2 08 49
6 Zi, Ez: 70-85, Dz: 100-130, ⊒ WC ☎; P
geschl: Fr, Jan

Brügge 10 ↘

Schleswig-Holstein — Kreis Rendsburg-Eckernförde — 19 m — 866 Ew — Bordesholm 2, Kiel 25 km
🛈 ☎ (0 43 22) 50 10, Fax 5 01 64 — Amt Bordesholm-Land, Marktplatz 2, 24582 Bordesholm

** **Brügger Markt**
Am Markt 5, ⌧ 24582, ☎ (0 43 22) 22 45, Fax 49 61, AX ED
Hauptgericht 30; Gartenlokal P; geschl: Di, 3 Wochen in den Sommerferien

Brüggen (Niederrhein) 32 ↙

Nordrhein-Westfalen — Kreis Viersen —
50 m — 14 185 Ew — Venlo 15, Mönchengladbach 22 km
🛈 ☎ (0 21 63) 57 01 64, Fax 57 01 65 — Verkehrsamt, Klosterstr 38, 41379 Brüggen; Erholungsort im Schwalmtal. Sehenswert: Kath. Kirche: Orgel; Burg; Jagd- und Naturkundemuseum; Hariksee (3,3 km ↘); kath. Kirche im Ortsteil Bracht (6 km ↗)

** **Brüggener Klimp**
Burgwall 15, ⌧ 41379, ☎ (0 21 63) 95 50, Fax 79 17, VA
63 Zi, Ez: 95-110, Dz: 150-180, ⊒ WC ☎; P 🅿 3↔200 🛋 Kegeln Sauna Solarium
Rezeption: 7-20
* Hauptgericht 25; Biergarten

Brühl 42 ↗

Nordrhein-Westfalen — Erftkreis — 64 m
— 44 400 Ew — Köln 14, Bonn 22 km
🛈 ☎ (0 22 32) 7 93 45, Fax 4 80 51 — Brühl-Info, Uhlstr 3, 50321 Brühl; Stadt am Vorgebirge. Sehenswert: Schloß Augustusburg: Treppenhaus, Park; Jagdschloß Falkenlust; Kaiserbahnhof; Phantasialand; Max-Ernst-Kabinett

** **Treff Hansa Hotel**
Römerstr 1, ⌧ 50321, ☎ (0 22 32) 20 40, Fax 20 45 23, AX DC ED VA
157 Zi, Ez: 199-359, Dz: 259-429, S; ⊒ WC ☎, 30📧; Lift P 🅿 15↔250 Fitneßraum Sauna Solarium
** Hauptgericht 35; Terrasse

** **Am Stern**
Uhlstr 101, ⌧ 50321, ☎ (0 22 32) 1 80 00, Fax 18 00 55, AX DC ED VA
41 Zi, Ez: 120-140, Dz: 190, 2 App, ⊒ WC ☎ Lift P; garni

Pingsdorf
* **Rheinischer Hof**
Euskirchener Str 123, ⌧ 50321, ☎ (0 22 32) 9 33 01-0, Fax 3 16 89, DC ED VA
22 Zi, Dz: 140-170, S; ⊒ WC ☎; Lift P
geschl: 15.12.97-15.1.98

Brunne 29 ↗

Brandenburg — Kreis Ostprignitz-Ruppin
— 30 m — 328 Ew — Neuruppin 21 km
🛈 ☎ (03 39 32) 59 51 00 — Amt Fehrbellin, Johann-Sebastian-Bach-Str 6, 16833 Fehrbellin. Sehenswert: Barockkirche

✱ Pension Landhaus von Zieten
♂ Dorfstr 46, ✉ 16833, ☎ (03 39 32) 7 03 79, Fax 7 03 79
7 Zi, Ez: 70-85, Dz: 100-120, S; ⌐ WC, 2✉; 🅿 1⇔12; garni
Rezeption: bis 18

Brunsbüttel 9↓

Schleswig-Holstein — Kreis Dithmarschen — 1 m — 13 500 Ew — Itzehoe 25, Heide 41, Elmshorn 41 km
🛈 ☎ (0 48 52) 39 10, Fax 30 70 — Stadtverwaltung, Koogstr 61, 25541 Brunsbüttel.
Sehenswert: Nord-Ostsee-Kanal mit Schleusen (330 m lang; 45 m breit; 14 m tief); Matthias-Boie-Haus; Jakobuskirche: Schnitzaltar; Heimatmuseum; Kultur- und Tagungszentrum „Elbeforum"

✱ Zur Post
Hafenstr 16, ✉ 25541, ☎ (0 48 52) 66 66, Fax 60 61, AX DC ED VA
20 Zi, Ez: 85, Dz: 140, 3 Suiten, ⌐ WC ☎; 🅿 Kegeln ⌘

✱ Zur Traube
Markt 9, ✉ 25541, ☎ (0 48 52) 5 46 10, Fax 54 61 50, AX DC ED VA
19 Zi, Ez: 98-110, Dz: 138-150, ⌐ WC ☎; 🅿 🚗 1⇔60 Kegeln Sauna
✱✱ Hauptgericht 35

siehe auch **Sankt Michaelisdonn**

Buch Rhein-Lahn-Kreis 44↗

Rheinland-Pfalz — Rhein-Lahn-Kreis — 350 m — 611 Ew — Nastätten 4, St. Goar 18 km
🛈 ☎ (0 67 72) 83 17 — Gemeindeverwaltung, Bundesstr 6, 56357 Ochtrup

✱ Bucher Hof ⚜
Schulstr 4, ✉ 56357, ☎ (0 67 72) 59 38, Fax 66 00, AX DC ED VA
Hauptgericht 28; Gartenlokal 🅿; geschl: Di

Buchen (Odenwald) 55 □

Baden-Württemberg — Neckar-Odenwald-Kreis — 342 m — 17 500 Ew — Tauberbischofsheim 30, Mosbach 27, Miltenberg 31 km
🛈 ☎ (0 62 81) 3 10, Fax 3 11 55 — Verkehrsamt, Platz am Bild, 74722 Buchen; Erholungsort. Sehenswert: Mittelalterliche Stadtbefestigung; Bezirksmuseum im Hof der Alten. Kurmainzischen Amtskellerei; kath. Stadtkirche; Altes Rathaus; Burg im Stadtteil Bödigheim (7 km ↓); Tröpfsteinhöhle im Stadtteil Eberstadt (6 km ↘)

✱✱ Romantik Hotel Prinz Carl
Hochstadtstr 1, ✉ 74722, ☎ (0 62 81) 18 77, Fax 18 79, AX DC ED VA
20 Zi, Ez: 95-130, Dz: 130-175, ⌐ WC ☎; Lift 🅿 🚗 3⇔40
✱✱ Hauptgericht 30; Terrasse

Buchholz i. d. Nordheide

Hainstadt (2 km ↑)
✱ Schwanen
Hornbacher Str 4, ✉ 74722, ☎ (0 62 81) 28 63, Fax 9 70 98
20 Zi, Ez: 50-57, Dz: 84-94, ⌐ WC ☎; Lift 🅿 🚗 ⌘ ⌘
geschl: Mi

Hettigenbeuern (8 km ↘)
✱ Gasthof Löwen
♂ Morretalstr 8, ✉ 74722, ☎ (0 62 86) 2 75
18 Zi, Ez: 55-60, Dz: 90-100, ⌐ WC; 🅿 ⌘
Sauna Solarium ⌘
geschl: Mi, Mitte Nov-Mitte Dez

Buchenberg 70 □

Bayern — Kreis Oberallgäu — 900 m — 3 900 Ew — Kempten 8, Isny 17 km
🛈 ☎ (0 83 78) 92 02 22, Fax 62 02 20 — Verkehrsamt, Rathaussteige 2, 87474 Buchenberg; Luftkur- und Wintersportort.
Sehenswert: Kirche; hist. Römerstraße; Heimatmuseum

✱✱ Kurhotel Sommerau
♂ Eschacher Str 35, ✉ 87474, ☎ (0 83 78) 70 11, Fax 70 14, AX DC ED VA
38 Zi, Ez: 93-109, Dz: 162-178, ⌐ WC ☎, 6✉; 🅿 2⇔300 Seezugang Kegeln Sauna ⌘
geschl: Di

✱ Haases Gasthof Adler
Lindauer Str 15, ✉ 87474, ☎ (0 83 78) 9 20 10, Fax 75 91, AX DC ED VA
24 Zi, Ez: 40-75, Dz: 80-135, ⌐ WC ☎; 🅿 🚗 2⇔65 ⌘ Seezugang Fitneßraum Sauna Solarium ⌘

Buchenhain 22 ←

Brandenburg — Templin — 400 Ew — Templin 32, Feldberg 10, Prenzlau 28 km
🛈 ☎ (03 98 89) 76 04 — Gemeindeverwaltung, 17268 Buchenhain

Buchenhain
✱✱✱ Landhaus Arnimshain
einzeln ♂ Dorfstr 32, ✉ 17268, ☎ (03 98 89) 6 40, Fax 6 41 50
40 Zi, Ez: 90-99, Dz: 120-180, ⌐ WC ☎, 40✉; 🅿 4⇔160
Rezeption: 9-18
✱✱ Hauptgericht 28; geschl: Mo, im Winter Di

Buchholz siehe Boppard

Buchholz i.d.Nordheide 18 □

Niedersachsen — Kreis Harburg — 71 m — 34 000 Ew — Harburg 20, Lüneburg 48 km
🛈 ☎ (0 41 81) 2 89 60, Fax 3 93 84 — Verkehrsverein, Bahnhofstr 1, 21244 Buchholz.
Sehenswert: Schmetterlingspark; Gutskapelle; Holmer Mühle; Brunsberg, 129 m ⚐ (60 min ↗); Museumsdorf; Steinzeitgräber; Film- und Spielzeugmuseen; Bossard-Tempel →

Buchholz i. d. Nordheide

Dibbersen (5 km ↑)
* Gästehaus Ulmenhof
♂ Am Sööl'n 1, ✉ 21244, ☏ (0 41 81)
3 43 40, Fax 9 71 03
12 Zi, Ez: 68, Dz: 92, ⊿ WC ☏; 🅿 🚍; garni

* Frommann
Harburger Str 8, ✉ 21244, ☏ (0 41 81)
78 00, Fax 3 94 32, AX DC ED VA
48 Zi, Ez: 67-88, Dz: 100-125, ⊿ WC ☏; 🅿 🚍
2⇔50 ≋ Kegeln ⓎⓄⓁ

Holm (5 km ↓)
* Seppenser Mühle
einzeln ♂ ⋖ Seppenser Mühle 2, ✉ 21244,
☏ (0 41 87) 68 99, Fax 69 09, AX ED VA
21 Zi, Ez: 92, Dz: 130-140, ⊿ WC ☏; Lift 🅿
2⇔16
Rezeption: 7-21; geschl: Jan
* einzeln, Hauptgericht 30; geschl:
Jan

Seppensen (3 km ↓)
** Heitmann
♂ Buchholzer Landstr 6, ✉ 21244,
☏ (0 41 81) 3 90 15, Fax 3 98 51, AX DC ED VA
11 Zi, Ez: 95, Dz: 135, ⊿ WC ☏; 🅿; garni
Rezeption: 7.30-20

Steinbeck (3 km ↘)
** Zur Eiche
Steinbecker Str 111, ✉ 21244, ☏ (0 41 81)
80 68, Fax 3 95 09, AX DC ED VA
18 Zi, Ez: 98, Dz: 155, ⊿ WC ☏; 🅿 🚍 3⇔40
Kegeln ⓎⓄⓁ

Steinbeck-Außerhalb
* Hoheluft
an der B 75, ✉ 21244, ☏ (0 41 81) 9 21 10,
Fax 92 11 50, ED VA
31 Zi, Ez: 58-93, Dz: 108-150, ⊿ WC ☏; 🅿 🚍
1⇔40 ⓎⓄⓁ

Trelde (5 km ←)
* Wentzien's Gasthof
an der B 75, ✉ 21244, ☏ (0 41 86) 73 34,
Fax 56 40, AX DC ED VA
21 Zi, Ez: 60-75, Dz: 100-120, ⊿ WC ☏; 🅿
geschl: Mi
Im Gästehaus Zimmer der Kategorie ******
vorhanden

Buchholz Kr. Pritzwalk 20 ↘

Brandenburg — Kreis Pritzwalk — 100 m —
453 Ew — Pritzwalk 3 km
ⓘ ☏ (0 33 95) 26 79 — Gemeindeverwaltung, 16928 Buchholz

* Prignitzer Hof
Hauptstr 4, ✉ 16928, ☏ (0 33 95) 30 23 91,
Fax 30 23 91, AX ED VA
8 Zi, Ez: 50-60, Dz: 80-95, 1 App, ⊿ WC ☏;
🅿 🚍 2⇔150 ⓎⓄⓁ

Buchloe 70 ↗

Bayern — Kreis Ostallgäu — 627 m —
9 653 Ew — Mindelheim 10, Bad Wörishofen 12, Kaufbeuren 26 km
ⓘ ☏ (0 82 41) 5 00 10, Fax 50 01 40 — Stadtverwaltung, Rathausplatz 1, 86807 Oldenburg

** Stadthotel
Bahnhofstr 47, ✉ 86807, ☏ (0 82 41) 50 60,
Fax 50 61 35, AX VA
44 Zi, Ez: 88-118, Dz: 137-177, ⊿ WC ☏,
10✉; Lift 🅿 🚍 3⇔120 Fitneßraum Sauna
Solarium ⓎⓄⓁ

Buckow 31 ↖

Brandenburg — Kreis Märkisch Oderland
— 99 m — 2 000 Ew — Eberswalde 35,
Frankfurt/Oder 46 km
ⓘ ☏ (03 34 33) 5 75 00, Fax 6 59 20 —
Umwelt- und Fremdenverkehrsamt,
Märkische Schweiz, Wriezener Str 1 A,
15377 Buckow; „Perle der Märkischen
Schweiz" (Th. Fontane). Sehenswert:
Brecht-Weigel-Haus; 13 Seen in der
Umgebung

** Bergschlößchen
♂ ⋖ Königstr 38, ✉ 15377, ☏ (03 34 33)
5 73 12, Fax 5 74 12, AX ED VA
14 Zi, Ez: 80-110, Dz: 100-160, 1 Suite, ⊿
WC ☏; 🅿 1⇔16 Fitneßraum Kegeln Sauna
Solarium
* Hauptgericht 25; Terrasse

* Wilhelmshöhe
⋖ Lindenstr 10, ✉ 15377, ☏ (03 34 33) 2 46,
Fax 4 31, ED VA
51 Zi, Ez: 55-90, Dz: 120-148, ⊿ WC ☏; Lift
🅿 🚍 6⇔70 Fitneßraum Sauna Solarium ⓎⓄⓁ

* Buchenfried
♂ Am Fischerberg 9, ✉ 15377, ☏ (03 34 33)
2 87
12 Zi, Ez: 86, Dz: 152-160, 1 Suite, ⊿ WC ☏;
🅿 Seezugang ⓎⓄⓁ

Büchlberg 66 →

Bayern — Kreis Passau — 540 m —
3 900 Ew — Hauzenberg 10, Röhrnbach 13,
Passau 15 km
ⓘ ☏ (0 85 05) 9 00 80, Fax 90 08 48 — Verkehrsamt, Hauptstr 5, 94124 Büchlberg;
Erholungsort im Bayerischen Wald

* Binder
⋖ Freihofer Str 6, ✉ 94124, ☏ (0 85 05)
9 00 70, Fax 90 07 99
57 Zi, Ez: 50-73, Dz: 86-100, ⊿ WC ☏; Lift 🅿
🚍 Fitneßraum Sauna Solarium ⓎⓄⓁ

Pension Beinbauer
♂ ⚞ Pangerlbergstr 5, ✉ 94124, ☎ (0 85 05) 65 20, Fax 64 63
26 Zi, Ez: 45-65, Dz: 80-90, ⊿ WC; 🅿 🍴 Fitneßraum Sauna Solarium
geschl: Mitte Nov-Mitte Dez
Restaurant für Hausgäste

Bückeburg 25 ↓

Niedersachsen — Kreis Schaumburg — 60 m — 21 500 Ew — Minden 10, Stadthagen 13 km
🛈 ☎ (0 57 22) 20 61 81, Fax 20 62 00 — Städt. Verkehrsbüro, Lange Str 44, 31675 Bückeburg; Residenzstadt im Weserbergland. Sehenswert: Schloß; Mausoleum; Stadtkirche; Landesmuseum für Schaumburg-Lippische Geschichte; Hubschaubermuseum; Idaturm ⚞

** Ambiente
Herminenstr 9, ✉ 31675, ☎ (0 57 22) 10 12, Fax 34 16, AX ED VA
34 Zi, Ez: 125-190, Dz: 170-240, S; 3 Suiten, ⊿ WC ☎, 3☒; Lift 🅿 🍴 2⇌35 Fitneßraum Sauna Solarium ▼◎
Auch Zimmer der Kategorie *** vorhanden

** Altes Forsthaus
♂ Am Harrl 2, ✉ 31675, ☎ (0 57 22) 2 80 40, Fax 28 04 44, AX DC ED VA
42 Zi, Ez: 125-170, Dz: 195-280, 2 Suiten, ⊿ WC ☎, 4☒; Lift 🅿 5⇌120 Kegeln
** Diana
Hauptgericht 32; Terrasse
* Forstschenke
Hauptgericht 20

** Ratskeller
Bahnhofstr 2, ✉ 31675, ☎ (0 57 22) 40 96, Fax 2 65 48, AX DC ED VA
Hauptgericht 30

Röcke (3 km ←)
** Große Klus
Am Klusbrink 19, ✉ 31675, ☎ (0 57 22) 9 51 20, Fax 95 12 50, AX ED VA
18 Zi, Ez: 85-140, Dz: 125-180, S; ⊿ WC ☎, 4☒; 🅿 2⇌35
** Hauptgericht 35; Biergarten
nur abends, So auch mittags

Bücken 25 ↑

Niedersachsen — Kreis Nienburg (Weser) — 20 m — 2 161 Ew — Hoya 3, Nienburg 20, Verden 22 km
🛈 ☎ (0 42 51) 81 50, Fax 8 15 50 — Samtgemeinde Grafschaft Hoya, Schloßplatz 2, 27318 Hoya. Sehenswert: Dom (9. Jh); Fachwerkhäuser

Dedendorf (1,5 km ↑)
* Gasthof Zur Linde
Hoyaer Str 33, ✉ 27333, ☎ (0 42 51) 23 25, Fax 74 64, DC ED VA
27 Zi, Ez: 28-70, Dz: 56-105, 3 App, ⊿ WC ☎; 🅿 🍴 5⇌300 ⚐ Fitneßraum Kegeln Sauna Solarium ▼◎
geschl: So abends
Auch einfache Zimmer vorhanden

Nordholz (6 km ✓)
* Landhaus Hünecke
Haus Nr 2, ✉ 27333, ☎ (0 50 22) 6 21, Fax 17 26, AX ED
14 Zi, Ez: 55-60, Dz: 95-100, ⊿ WC ☎; 🅿 3⇌250 ⚐ Sauna Solarium ▼◎
Rezeption: Mo-Sa. 8-22, So 8-14

Büdelsdorf 10 □

Schleswig-Holstein — Kreis Rendsburg-Eckernförde — 12 m — 10 474 Ew — Rendsburg 2, Eckernförde 24 km
🛈 ☎ (0 43 31) 35 50, Fax 3 55 77 — Gemeindeverwaltung, Am Markt 1, 24782 Büdelsdorf

** Dorfschänke
Alte Dorfstr 6, ✉ 24782, ☎ (0 43 31) 34 250, Fax 34 25 20, AX ED VA
Hauptgericht 25; 🅿; geschl: Do, 3 Wochen in den Sommerferien

Büdingen 45 ✓

Hessen — Wetteraukreis — 153 m — 20 000 Ew — Hanau 26, Friedberg 31, Frankfurt/Main 44 km
🛈 ☎ (0 60 42) 88 41 37, Fax 88 41 82 — Fremdenverkehrsamt, Marktplatz 7, 63654 Büdingen; Luftkurort am Vogelsberg. Sehenswert: Remigius-(Friedhofs-)Kirche; ev. Marienkirche; Schloß; Heuson-Museum im Rathaus; Fachwerkhäuser; mächtige Mauern und Türme; Untertor (Jerusalemer Tor); Mühltor

** Stadt Büdingen
Jahnstr 16, ✉ 63654, ☎ (0 60 42) 5 61, Fax 5 64, AX DC ED VA
52 Zi, Ez: 95-102, Dz: 145, ⊿ WC ☎; Lift 🅿 5⇌800 Kegeln ▼◎
Auch Zimmer der Kategorie * vorhanden

* Haus Sonnenberg
Sudetenstr 4, ✉ 63654, ☎ (0 60 42) 30 51, Fax 18 23, AX DC ED VA
Hauptgericht 30; 🅿; geschl: Mo mittags, Anfang Jan
** ♂ 13 Zi, Ez: 98-130, Dz: 130-160, ⊿ WC ☎; 2⇌100 Kegeln Solarium
Rezeption: 7-15, 17-24; geschl: Anfang Jan

Büdlicherbrück

Büdlicherbrück siehe **Naurath**

Bühl 60 ☐

Baden-Württemberg — Kreis Rastatt — 136 m — 25 500 Ew — Baden-Baden 15, Offenburg 32 km
🛈 ☎ (0 72 23) 28 32 33, Fax 28 32 09 — Verkehrsamt, Hauptstr 41, 77815 Bühl; Stadt am Rande des Schwarzwaldes. Sehenswert: Stadtkirche; Barockkirche im Stadtteil Kappelwindeck; Burgruine Altwindeck ⋖ (4 km ↗); Klosterkirche in Schwarzach (10 km ↘)

** Wehlauers Badischer Hof
Hauptstr 36, ✉ 77815, ☎ (0 72 23) 2 30 63, Fax 2 30 65, AX DC ED VA
23 Zi, Ez: 95-155, Dz: 160-240, 1 Suite, ⊟ WC ☎, 10🍽; Lift 🅿 2↔40

* Sternen
Hauptstr 32, ✉ 77815, ☎ (0 72 23) 9 86 50, Fax 98 65 33, AX ED VA
16 Zi, Ez: 80-85, Dz: 135-145, ⊟ WC ☎; Lift 🅿
Rezeption: 9.30-24; geschl: Mi, Jul
* Hauptgericht 20; geschl: Juli

** Die Grüne Bettlad 👑
♨ Blumenstr 4, ✉ 77815, ☎ (0 72 23) 2 42 38, Fax 2 42 47, AX VA
Hauptgericht 40; Terrasse; geschl: So, Mo, 2 Wochen in den Sommerferien, Ende Dez-Mitte Jan
300 Jahre altes Fachwerkhaus mit malerischem Innenhof. Bauernmalerei in Gaststube und Zimmern
* 5 Zi, Ez: 135-160, 👑
Dz: 180-220, 1 Suite, ⊟ WC ☎
geschl: 2 Wochen in den Sommerferien, Ende Dez-Mitte Jan

** Gude Stub 🌿
♨ Dreherstr 9, ✉ 77815, ☎ (0 72 23) 84 80, Fax 90 01 80, ED VA
Hauptgericht 35; Terrasse; geschl: Di, 2 Wochen nach Fasching

☕ Böckeler's Café am Rathaus
Hauptstr 48, ✉ 77815, ☎ (0 72 23) 9 45 94, Fax 9 45 90
7.30-18; geschl: Mo

Bühl-Außerhalb (15 km ↘)
***** Schloßhotel Bühlerhöhe 👑👑👑
einzeln ♂ ⋖ Schwarzwaldhochstr 1, ✉ 77815, ☎ (0 72 26) 5 50, Fax 5 57 77, AX DC ED VA
69 Zi, Ez: 300-450, Dz: 510-690, 21 Suiten, ⊟ WC ☎, 7🍽; Lift 🅿 🚗 10↔120 ≋ Fitneßraum Sauna Solarium
***** Imperial 🗝 👑👑
einzeln, Hauptgericht 63; nur Abends, so+feiertags auch mittags; geschl: 3 Wochen im Jan
*** Schloss-Restaurant
⋖ einzeln Hauptgericht 48; Terrasse

** Plättig-Hotel
einzeln ♂ ⋖ Schwarzwaldhochstr 1, ✉ 77815, ☎ (0 72 26) 5 30, Fax 5 54 44, AX DC ED VA
47 Zi, Ez: 120-140, Dz: 160-220, S, 1 Suite, 9 App, ⊟ WC ☎; Lift 🅿 🚗 2↔130 ≋ Sauna Solarium
** Wintergarten
Hauptgericht 30; Terrasse
* Hubertusstube
Hauptgericht 20; Terrasse; nur abends

Kappelwindeck (3 km ↘)
* Zum Rebstock
Kappelwindeckstr 85, ✉ 77815, ☎ (0 72 23) 2 21 09, Fax 4 01 42
Hauptgericht 25; Gartenlokal 🅿; geschl: Feb, Nov
* 7 Zi, Ez: 60, Dz: 98-130, ⊟ WC ☎; 🚗
geschl: Feb, Nov

** Burg Windeck
⋖ Kappelwindecker Str 104, ✉ 77815, ☎ (0 72 23) 94 920, Fax 4 00 16, AX DC ED VA
Hauptgericht 32; 🅿 Terrasse; geschl: Mo, Feb
* Burg Windeck 👑
einzeln ♂ ⋖ 18 Zi, Ez: 125-140, Dz: 180-250, 3 Suiten, ⊟ WC ☎, 6🍽; 🚗 3↔50 Fitneßraum Sauna Solarium
geschl: Mo, Feb

* Jägersteig
⋖ Kappelwindeckstr 95 a, ✉ 77815, ☎ (0 72 23) 9 85 90, Fax 98 59 98, ED VA
Hauptgericht 25; 🅿 Terrasse; geschl: Do, Mitte Jan-Mitte Feb
* ♂ ⋖ 13 Zi, Ez: 65-80, Dz: 110-124, ⊟ WC ☎; 1↔25
geschl: Do, Mitte Jan-Mitte Feb

Rittersbach (2 km ↓)
* Zur Blume
Hubstr 85, ✉ 77815, ☎ (0 72 23) 2 21 04, Fax 2 21 17, ED
12 Zi, Ez: 35-80, Dz: 70-130, ⊟ WC ☎; 🅿 🚗 2↔60
* Hauptgericht 20; Gartenlokal; geschl: Do

Vimbuch
* Kohler's Hotel
Vimbucher Str 25, ✉ 77815, ☎ (0 72 23) 93 99-0, Fax 8 32 49, AX DC ED VA
23 Zi, Ez: 55-70, Dz: 100-130, ⊟ WC ☎; Lift 🅿 🍽
Auch Zimmer der Kategorie ****** vorhanden

Waldmatt (4 km ↘)
** Traube 🌿
Obere Windeckstr 20, ✉ 77815, ☎ (0 72 23) 2 16 42, ED
Hauptgericht 30; nur abends, So auch mittags; geschl: Mo

Bühlertal 60 □

Baden-Württemberg — Kreis Rastatt —
400 m — 8 400 Ew — Bühl 4, Baden-
Baden 15 km
🛈 ☏ (0 72 23) 7 33 95, Fax 7 59 84 — Ver-
kehrsverein, Hauptstr 92, 77830 Bühlertal;
Luftkurort im Schwarzwald. Sehenswert:
Gertelbach-Wasserfälle; Basilika St.
Michael; Kapellenweg

✱✱ Rebstock
Hauptstr 110, ✉ 77830, ☏ (0 72 23) 7 31 18,
Fax 7 59 43, AX DC ED VA
27 Zi, Ez: 95-120, Dz: 160-190, ⊴ WC ☏; Lift
🅿 2⇌150 Kegeln Solarium
geschl: 2 Wochen in Nov, 2 Wochen im
Feb
✱✱　　　Hauptgericht 25; Terrasse;
geschl: Do, 2 Wochen im Nov, 2 Wochen
im Feb

✱ Grüner Baum
Hauptstr 31, ✉ 77830, ☏ (0 72 23) 7 22 06,
Fax 7 58 48, AX
47 Zi, Ez: 65-80, Dz: 120-200, 1 App, ⊴ WC
☏; 🅿 🚗 3⇌250
geschl: Mitte Jan
Auch Zimmer der Kategorie ✱✱ vorhanden
✱　　　Hauptgericht 30; geschl: Mitte
Jan

✱✱ Badischer Löwe
Sessgasse 3, ✉ 77830, ☏ (0 72 23) 99 80,
Fax 99 82 99, AX ED VA
21 Zi, Ez: 80-100, Dz: 140-160, ⊴ WC ☏,
15✉; 🅿 1⇌80
✱✱　　　Badische Stube
Hauptgericht 25; Terrasse; geschl: So
abends, Mo, Jan

Untertal
✱ Adler
Hauptstr 1, ✉ 77830, ☏ (0 72 23) 9 98 90,
Fax 99 89 99
3 Zi, Ez: 65-85, Dz: 120-130, ⊴ WC ☏, 2✉;
🅿 🚗
✱　　　Hauptgericht 25

Bülstringen 27 ↘

Sachsen-Anhalt — Kreis Haldensleben —
100 m — 746 Ew — Haldensleben 6, Helmstedt 34, Wolfsburg 49 km
🛈 ☏ (03 90 58) 3 42 — Gemeindeverwaltung, Hauptstr 50, 39345 Bülstringen

✱ Landhaus Gabriel
Hauptstr 35, ✉ 39345, ☏ (03 90 58) 27 00
37 Zi, Ez: 80, Dz: 120, ⊴ WC; 🅿 🍽

🚭 Der Hinweis auf Nichtraucherzimmer
zeigt Ihnen an, daß sich in diesem Hotel
Zimmer befinden, in denen nicht geraucht
werden darf. Die vorangestellte Ziffer bezieht sich auf die Anzahl der vorhandenen
Nichtraucherzimmer wie sie der Redaktion
vom Hotelbetrieb genannt wurden.

Bünde 25 ↗

Nordrhein-Westfalen — Kreis Herford —
66 m — 43 000 Ew — Herford 13, Osnabrück 40 km
🛈 ☏ (0 52 23) 16 12 12, Fax 16 13 51 — Tourist Information, Rathaus, Bahnhofstr 15,
32257 Bünde; Erholungsort Randring-
hausen; Zentrum der Dt. Zigarrenindustrie.
Sehenswert: Striedïecks Hof: Kreisheimat-
und Tabakmuseum; geologisches Naturdenkmal Doberg; Jod-Schwefel-Quellen

✱✱ Handelshof
Bahnhofstr 79, ✉ 32257, ☏ (0 52 23)
9 29 30, Fax 92 93 10, AX DC ED VA
19 Zi, Ez: 98-125, Dz: 142-175, 1 Suite,
1 App, ⊴ WC ☏; Lift 🅿; garni
Rezeption: 16-22
Auch Zimmer der Kategorie ✱ vorhanden

✱ City-Hotel
Kaiser-Wilhelm-Str 2, ✉ 32257, ☏ (0 52 23)
1 00 96, Fax 1 00 97, AX DC ED VA
41 Zi, Ez: 79-124, Dz: 120-170, ⊴ WC ☏; Lift
🅿 🚗 1⇌40; garni

Ennigloh (1 km ↘)
✱ Parkhotel Sonnenhaus
Borriesstr 29, ✉ 32257, ☏ (0 52 23) 4 29 69,
Fax 4 35 63, AX DC ED VA
18 Zi, Ez: 95-100, Dz: 150, ⊴ WC ☏, 2✉; 🅿
🚗 4⇌100
✱　　　Am Kamin
Hauptgericht 25; Biergarten Terrasse;
geschl: So

Bürchau 67 ↓

Baden-Württemberg — Kreis Lörrach —
650 m — 220 Ew — Neuenweg 3, Schopfheim 19, Todtnau 21 km
🛈 ☏ (0 76 29) 6 38 — Verkehrsverein, Obere
Sonnhalde 32, 79683 Bürchau; Erholungsort im südlichen Schwarzwald

✱ Sonnhalde
♂ ⊰ Sonnhaldenweg 37, ✉ 79683,
☏ (0 76 29) 2 60, Fax 17 37
20 Zi, Ez: 48-68, Dz: 96-110, 2 Suiten,
2 App, ⊴ WC; 🅿 🚗 2⇌60 🛁 Fitneßraum
Rezeption: 8.30-23; geschl: Mitte Nov-
Mitte Dez
✱　　⊰ Hauptgericht 25; Gartenlokal
🅿; geschl: Mo, Di, Mitte Nov-Mitte Dez

Büren 35 ←

Nordrhein-Westfalen — Kreis Paderborn
— 300 m — 20 500 Ew — Brilon 24, Paderborn 28 km
🛈 ☏ (0 29 51) 6 02 52, Fax 6 02 80 — Verkehrsamt Büren, Königstr 18, 33142 Büren;
Erholungsort. Sehenswert: Kath. Stadtkirche; ehem. Jesuitenkirche: Decken-
malereien; Jesuitenkolleg; Schloß Erpern-
burg im Stadtteil Brenken (4 km ↗);
Wewelsburg; Burgruine Ringelstein mit
Hexenkeller; ehem. Kloster Böddeken →

Büren

Brenken (4 km ↗)
✱✱ Forsthaus Krug
einzeln ⓥ Loretoberg 9, ✉ 33142,
☎ (0 29 51) 24 81, Fax 24 81
Hauptgericht 25; Biergarten 🅿; geschl: Di

Bürgel 48 ↗

Thüringen — Kreis Gera — 300 m —
1 750 Ew — Jena 13, Eisenberg 13,
Gera 37 km
ℹ ☎ (03 66 92) 2 22 14 — Stadtverwaltung,
Am Markt, 07616 Bürgel

✱ Sonne
Markt 9, ✉ 07616, ☎ (03 66 92) 2 25 22
14 Zi, Ez: 60-69, Dz: 105-120, ⊿ WC ☎, 2 📺
🍽

Bürgstadt 55 □

Bayern — Kreis Miltenberg — 130 m —
4 000 Ew — Miltenberg 2, Wertheim 28,
Aschaffenburg 44 km
ℹ ☎ (0 93 71) 83 22 — Verkehrsverein,
Streckfuß 31, 63927 Bürgstadt; Weinbau-
und Erholungsort am Main. Sehenswert:
Martinskapelle und Rathaus; Centgrafen-
kapelle; Ringwall

✱✱ Weinhaus Stern ✤
Hauptstr 23, ✉ 63927, ☎ (0 93 71) 26 76,
Fax 6 51 54, AX ED
Hauptgericht 30; Gartenlokal 🅿; nur
abends; geschl: Mi, Do, 2 Wochen im Feb,
2 Wochen im Aug
✱ 12 Zi, Ez: 59-95, Dz: 105-195, ⊿
WC ☎
Rezeption: 15-23; geschl: 2 Wochen im
Aug, 2 Wochen im Feb

✱✱ Gasthof Adler
Hauptstr 30, ✉ 63927, ☎ (0 93 71) 26 00,
Fax 6 76 00, AX ED
Hauptgericht 30; Gartenlokal 🅿; geschl:
Mo, Di mittags
✱✱ Landhaus Adler
♂ 18 Zi, Ez: 70-100, Dz: 115-190, WC ☎; 🖼
2↔30 Sauna Solarium
Im Haupthaus auch einfache Zimmer vor-
handen

Büsum 9 ↗

Schleswig-Holstein — Kreis Dithmarschen
— 4 m — 5 000 Ew — Heide 20, Meldorf 22,
Husum 51 km
ℹ ☎ (0 48 34) 90 90, Fax 65 30 — Kurverwaltung, Am Südstrand 11, 25761 Büsum;
Nordsee-Heilbad und Fischereihafen.
Sehenswert: Fischerkirche; Aquarium;
Sturmflut-Sperrwerk; Fischkutter-Regatta
im August

In vielen im Varta aufgeführten Hotels sind
neben den dargestellten Restaurants auch
andere Restaurantkonzepte zu finden.

✱✱ Friesenhof
♂ ⛵ Nordseestr 66, ✉ 25761, ☎ (0 48 34)
20 95, Fax 81 08, AX DC ED VA
44 Zi, Ez: 110-160, Dz: 150-270, ⊿ WC ☎;
Lift 🅿 2↔60 Fitneßraum Sauna Solarium
geschl: 7.1.-28.2.97
Auch Zimmer der Kategorie ✱ vorhanden
✱✱ Hauptgericht 22; Terrasse;
geschl: 7.1.-28.2.97

✱✱ Zur Alten Apotheke
Hafenstr 10, ✉ 25761, ☎ (0 48 34) 20 46
15 Zi, Ez: 130-140, Dz: 160-170, 2 Suiten, ⊿
WC ☎; Lift 🅿 🖼; garni
Rezeption: 8-21; geschl: Mitte Nov-Ende
Feb

✱✱ Strandhotel Hohenzollern
♂ ⛵ Strandstr 2, ✉ 25761, ☎ (0 48 34)
99 50, Fax 99 51 50, AX
43 Zi, Ez: 54-155, Dz: 108-162, ⊿ WC ☎; Lift
🅿 🖼 Seezugang
geschl: Anfang Nov-Mitte Dez
✱ Hauptgericht 25; Terrasse;
geschl: Anfang Nov-Mitte Dez

✱ Büsum
♂ ⛵ Blauort 18, ✉ 25761, ☎ (0 48 34) 6 01 40,
Fax 6 01 88, ED
28 Zi, Ez: 67-83, Dz: 116-146, 2 Suiten,
4 App, ⊿ WC ☎; Lift 🅿 Fitneßraum Sauna
Solarium; **garni**
Rezeption: 8-21; geschl: Anfang Nov-Mitte
Mär

✱ Seegarten
♂ ⛵ Strandstr 3, ✉ 25761, ☎ (0 48 34)
60 20, Fax 6 02 66, DC ED VA
23 Zi, Ez: 72-105, Dz: 140-205, 21 App, ⊿
WC ☎; Lift 🅿 🖼; garni
Rezeption: 7-18; geschl: Ende Okt-Mitte
Mär

✱✱ Alter Muschelsaal
ⓥ Hafenstr 27, ✉ 25761, ☎ (0 48 34) 24 40,
Fax 45 55
Hauptgericht 30

Büsumer Deichhausen 9 ↗

Schleswig-Holstein — Kreis Dithmarschen
— 4 m — 338 Ew — Büsum 2, Heide 18 km
ℹ ☎ (0 48 34) 38 68, Fax 84 41 — Bade-
verein Büsumer Deichhausen e.V.,
Marschenweg 8, 25761 Büsumer Deichhausen; Erholungsort an der Nordsee

✱✱ Der Rosenhof
♂ To Wurth 12, ✉ 25761, ☎ (0 48 34) 98 00,
Fax 9 80 80, AX ED
18 Zi, Ez: 90-130, Dz: 150-190, 3 Suiten, ⊿
WC ☎; 🅿 1↔30 Sauna
Rezeption: 8-18; geschl: Mitte Jan-Mitte
Mär
✱✱ Hauptgericht 25; Gartenlokal;
geschl: Mo, Mitte Jan-Mitte Mär

Büttelborn 54 ↗

Hessen — Kreis Groß-Gerau — 88 m — 12 633 Ew — Groß-Gerau 3, Darmstadt 12 km
ℹ️ ☎ (0 61 52) 1 78 80, Fax 17 88 56 — Gemeindeverwaltung, Mainzer Str 13, 64572 Büttelborn

Büttelborn-Außerhalb (1 km ↗)
** **Haus Monika**
an der B 42, ✉ 64572, ☎ (0 61 52) 18 10, Fax 18 11 89, AX DC ED VA
39 Zi, Ez: 98-124, Dz: 148-170, ⇨ WC ☎, 14⊠; Lift 🅿 2↔40
geschl: Ende Dez-Anfang Jan
Auch Zimmer der Kategorie * vorhanden
** Hauptgericht 30; Terrasse;
geschl: So abends, Sa, 2 Wochen in den Sommerferien

Bützer 28 →

Brandenburg — 60 m — 583 Ew — Rathenow 10, Tangermünde 26, Brandenburg 26 km
ℹ️ ☎ (0 33 86) 28 09 33 — Gemeindeverwaltung, Havelstr, 14715 Bützer

Bützer
** **Bading**
♂ Havelstr 17 b, ✉ 14715, ☎ (0 33 86) 2 70 40, Fax 27 04 51, ED VA
9 Zi, Ez: 100, Dz: 145, 3 Suiten, ⇨ WC ☎; 🅿; garni
geschl: Ende Dez

Bundenbach 53 ↘

Rheinland-Pfalz — Kreis Birkenfeld — 400 m — 1 200 Ew — Kirn 10 km
ℹ️ ☎ (0 65 44) 18 10, Fax 1 81 21 — Verbandsgemeindeverwaltung, Zum Idar 23, 55624 Rhaunen; Erholungsort im Hunsrück. Sehenswert: Ruine Schmidtburg; 2200 Jahre alte Keltensiedlung „Altburg"

Rudolfshaus (3 km ↘)
** **Forellenhof Reinhartsmühle (Silencehotel)**
einzeln ♂ ◆ ✉ 55606, ☎ (0 65 44) 3 73, Fax 10 80, AX DC ED VA
30 Zi, Ez: 90-120, Dz: 150-180, ⇨ WC ☎, 2⊠; 🅿 🚗 2↔30
geschl: Jan, Feb
** Hauptgericht 30; Terrasse;
geschl: Mo, Jan, Feb

Burbach 44 ↘

Nordrhein-Westfalen — Kreis Siegen-Wittgenstein — 370 m — 15 173 Ew — Dillenburg 18, Siegen 20 km
ℹ️ ☎ (0 27 36) 55 77, Fax 45 55 — Kulturbüro der Gemeinde Burbach, Alte Vogtei, Ginnerbach 2, 57299 Burbach; Ort im Siegerland. Sehenswert: Basaltfelsenmeer „Großer Stein"; Museum „Leben und Arbeiten"

Holzhausen (8 km ↘)
** **Fiester Hannes** ✦
Flammersbacher Str 7, ✉ 57299, ☎ (0 27 36) 2 95 929, Fax 29 59 20, AX ED
Hauptgericht 35; Terrasse; geschl: Di, Anfang Jan
** 7 Zi, Ez: 96, Dz: 180-260, ⇨ WC ☎; 1↔16
Rezeption: 8-15, 18-24; geschl: Di, Anfang Jan

Burg (Spreewald) 41 ↘

Brandenburg — Kreis Cottbus-Land — 55 m — 3 400 Ew — Lübbenau 14, Cottbus 18 km
ℹ️ ☎ (03 56 03) 4 17 — Fremdenverkehrsbüro, Am Hafen 1, 03096 Burg. Sehenswert: 200jährige Kirche; Luther-Eiche; Bismarckturm

** **Romantik Hotel Zur Bleiche**
♂ Bleichestr 16, ✉ 03096, ☎ (03 56 03) 6 20, Fax 6 02 92, AX DC ED VA
57 Zi, Ez: 136-168, Dz: 192-236, 8 Suiten, 10 App, ⇨ WC ☎, 5⊠; 🅿 3↔200
** Hauptgericht 30

** **Zum Leineweber**
♂ Am Bahndamm 2, ✉ 03096, ☎ (03 56 03) 6 40, Fax 6 11 29, AX DC ED VA
41 Zi, Ez: 110-135, Dz: 160-180, ⇨ WC ☎, 17⊠; 🅿 1↔35 Sauna 🍽

Kauper (7 km ↘)
*** **Waldhotel Eiche**
einzeln ♂ ✉ 03096, ☎ (03 56 03) 6 43, Fax 6 01 84, AX ED VA
55 Zi, Ez: 120-140, Dz: 160-200, 8 Suiten, ⇨ WC ☎, 2⊠; Lift 🅿 3↔60 Fitneßraum Sauna Solarium
** Hauptgericht 25

** **Landhotel**
Ringchaussee 195, ✉ 03096, ☎ (03 56 03) 6 46, Fax 6 48 00, AX DC ED VA
49 Zi, Ez: 105-150, Dz: 145-190, 2 App, ⇨ WC ☎; 🅿 3↔200 Fitneßraum Sauna Solarium 🍽

** **Seehotel**
♂ Willischzaweg 4, ✉ 03096, ☎ (03 56 03) 6 50, Fax 6 52 50, AX DC ED VA
35 Zi, Ez: 90-130, Dz: 130-170, ⇨ WC ☎; 🅿 1↔25 Seezugang; garni
Rezeption: 7.30-24

Müschen (2 km ↓)
* **Spreewaldhof**
Dorfstr 19, ✉ 03096, ☎ (03 56 03) 8 06, Fax 8 06
7 Zi, Ez: 100, Dz: 140, ⇨ WC ☎; 🅿 Sauna Solarium 🍽

Burg auf Fehmarn

Burg auf Fehmarn
siehe **Fehmarn**

Burg b. Magdeburg 28 ↓

Sachsen-Anhalt — Kreisstadt — 59 m — Magdeburg 25, Genthin 30 km
🛈 ☎ (0 39 21) 68 95, Fax 7 32 15 — Burg-Information, Schartauer Str 10, 39288 Burg; Bestandteil der „Straße der Romantik". Sehenswert: Hist. Altstadt mit Resten der Stadtmauer (14. Jh.); größte Granitkirchen östl. der Elbe; Berliner Torturm

** ** **Burg Hotel**
Bahnhofstr 14, ✉ 39288, ☎ (0 39 21) 93 60, Fax 93 61 50, AX ED VA
50 Zi, Ez: 70-95, Dz: 95-145, 1 Suite, 3 App, ⊣ WC ☎, 20🖃; 🅿 2⇔60
Restaurant für Hausgäste

** ** **Wittekind**
An den Krähenbergen 2, ✉ 39288,
☎ (0 39 21) 98 45 66, Fax 98 45 69, AX ED VA
26 Zi, Ez: 95-120, Dz: 130-165, ⊣ WC ☎; 🅿 2⇔30 Sauna Solarium 🍽

* **Carl von Clausewitz**
In der Alten Kaserne 35, ✉ 39288,
☎ (0 39 21) 4 52 13, Fax 4 52 15, AX ED VA
51 Zi, Ez: 75-125, Dz: 130-195, ⊣ WC ☎; Lift 🅿 5⇔40 Fitneßraum Sauna Solarium
Auch Zimmer der Kategorie ** vorhanden
* Hauptgericht 19; Biergarten

Burg Stargard 21 ↗

Mecklenburg-Vorpommern — 20 m — 3 912 Ew — Neubrandenburg 10, Neustrelitz 25 km
🛈 ☎ (03 96 03) 25 30 — Stadtverwaltung, 17094 Burg Stargard

Burg Stargard
** ** **Marienhof**
Marie-Hager-Str 1, ✉ 17094, ☎ (03 96 03) 25 50, Fax 2 55 31, AX DC ED VA
25 Zi, Ez: 80-95, Dz: 120-165, 2 Suiten, ⊣ WC ☎, 1🖃; 🅿 1⇔30 🍽

Burgdorf 26 □

Niedersachsen — Kreis Hannover — 56 m — 30 237 Ew — Hannover 21, Celle 21 km
🛈 ☎ (0 51 36) 89 80, Fax 89 81 12 — Stadtverwaltung, Vor dem Hannoverschen Tor 1, 31303 Burgdorf. Sehenswert: Fachwerkbauten

** ** **Sporting-Hotel**
Tuchmacherweg 20, ✉ 31303, ☎ (0 51 36) 8 50 51, Fax 66 02, AX DC ED VA
54 Zi, Ez: 89-129, Dz: 132-298, 11 App, ⊣ WC ☎, 2🖃; Lift 🅿 2⇔30 Sauna 🍽
Auch Zimmer der Kategorie * vorhanden

* **Am Försterberg**
Immenser Str 10, ✉ 31303, ☎ (0 51 36) 20 51, Fax 87 33 42, AX DC ED VA
24 Zi, Ez: 88-180, Dz: 150-280, ⊣ WC ☎; 🅿 1⇔30
** Hauptgericht 35; Terrasse
* **Schwarzer Herzog**
Immenser Str 43, ✉ 31303, ☎ (0 51 36) 8 84 00, Fax 89 48 29
15 Zi, Ez: 90-100, Dz: 130-150, ⊣ WC ☎; 🅿 🍽

Beinhorn-Außerhalb (2,5 km ↑)
** ** **Moormühle**
einzeln, Oldhorster Moor 4, ✉ 31303,
☎ (0 51 36) 8 89 80, Fax 88 98 55,
AX DC ED VA
28 Zi, Ez: 110-150, Dz: 150-210, ⊣ WC ☎; 🚗 3⇔90
18 Golf. Auch Zimmer der Kategorie * vorhanden
** Hauptgericht 25; Biergarten Terrasse; nur abends; geschl: Sa, So + feiertags

Burgen 43 ↓

Rheinland-Pfalz — Kreis Mayen-Koblenz — 82 m — 850 Ew — Cochem 21, Koblenz 30 km
🛈 ☎ (0 26 05) 44 21 — Gemeindeverwaltung, Schulstr 48, 56332 Burgen; Weinbau- und Erholungsort im Moseltal. Sehenswert: Jenseits der Mosel (Autofähre): Hist. Kapelle Unterbischofstein ◄, Burg Eltz ◄ (7 km ←)

* **Wunder**
Moselstr 100, ✉ 56332, ☎ (0 26 05) 7 93, Fax 43 09
20 Zi, Ez: 38-45, Dz: 70-84, ⊣ WC; 🅿 ≈ Sauna Solarium
geschl: Jan, Feb

Burghaslach 56 →

Bayern — Neustadt a. d. Aisch-Bad Windsheim — 350 m — 2 470 Ew — Schlüsselfeld 5, Scheinfeld 16 km
🛈 ☎ (0 95 52) 10 18, Fax 72 63 — Gemeindeverwaltung, Kirchplatz 12, 96152 Burghaslach

🛏 **Pension Talblick**
✿ ◄ Fürstenforster Str 32, ✉ 96152, ☎ (0 95 52) 17 70
10 Zi, Ez: 35, Dz: 70, ⊣ WC; 🅿 🚗
geschl: Nov-Mär
Restaurant für Hausgäste

Oberrimbach (5 km ←)
* **Steigerwaldhaus**
Oberrimbach 2, ✉ 96152, ☎ (0 95 52) 78 58, Fax 63 71, AX DC ED VA
12 Zi, Ez: 45, Dz: 75, 1 Suite, ⊣ WC ☎; 🅿 🚗 1⇔60 Fitneßraum
Rezeption: 7-24; geschl: Di, Mitte Jan-Feb, Ende Aug
* Hauptgericht 25; Gartenlokal; geschl: Mitte Jan-Feb, Ende Aug

Burghausen 73 ↗

Bayern — Kreis Altötting — 400 m —
18 000 Ew — Altötting 16, Salzburg 59,
Passau 82 km
🛈 ☏ (0 86 77) 24 35, Fax 88 71 55 — Verkehrsamt, Stadtplatz 112, 84489 Burghausen. Sehenswert: Burg (längste Anlage
Europas): Heimatmuseum, Staatsgalerie,
Fotomuseum; kath. Pfarrkirche; hist. Altstadt; ehem. Wallfahrtskirche Marienberg
(3 km ↗); Klosterkirche in Raitenhaslach,
ehem. Zisterzienserabtei (5 km ↗)

** Residenz
Robert-Koch-Str 15, ✉ 84489, ☏ (0 86 77)
9 75-0, Fax 40 00, AX ED VA
43 Zi, Dz: 130-150, 2 Suiten, ⊣ WC ☏, 4✉;
Lift 🅿 🍴 1⇔30 ♥◉

** Lindacher Hof
Mehringer Str 47, ✉ 84489, ☏ (0 86 77)
98 60, Fax 98 64 00, AX DC ED VA
35 Zi, Ez: 110-130, Dz: 150-160, 6 Suiten,
4 App, ⊣ WC ☏; Lift 🅿 🍴 1⇔25 Fitneßraum Sauna Solarium; **garni**

** Glöcklhofer
Ludwigsberg 4, ✉ 84489, ☏ (0 86 77) 70 24,
Fax 6 55 00, AX DC ED VA
49 Zi, Ez: 105-110, Dz: 150-165, 2 Suiten, ⊣
WC ☏, 10✉; 🅿 🍴 3⇔60 ≈ Solarium
** Hauptgericht 30; Biergarten

*** Bayerische Alm
(Landidyll Hotel)**
♂ ⊰ Robert-Koch-Str 211, ✉ 84489,
☏ (0 86 77) 98 20, Fax 98 22 00, AX DC ED VA
Ez: 110-150, Dz: 150-190, 1 App, ⊣ WC ☏;
🅿 🍴 1⇔30
** Hauptgericht 30 ❀

*** Post
mit Gartenhaus Salzach**
Stadtplatz 39, ✉ 84489, ☏ (0 86 77) 96 50,
Fax 96 56 66, DC ED VA
24 Zi, Ez: 98-115, Dz: 135-155, ⊣ WC ☏,
10✉; 🅿 🍴 5⇔400
geschl: 2.-12.1.97
* Herzogstuben/ Post
Hauptgericht 20; geschl: 2.-10.1.97

** Fuchsstuben
Mautnerstr 271, ✉ 84489, ☏ (0 86 77)
6 27 24
Hauptgericht 25; Biergarten; geschl:
Anfang Jun, Mitte Aug-Anfang Sep

Burgkunstadt 48 ↗

Bayern — Kreis Lichtenfels — 285 m —
6 800 Ew — Lichtenfels 16, Kulmbach
17 km
🛈 ☏ (0 95 72) 3 88 17, Fax 3 88 35 — Verkehrsamt, Vogtei 5, 96224 Burgkunstadt,
Stadt am oberen Main. Sehenswert: Fachwerkrathaus; Schustermuseum

Gärtenroth (7 km →)
* Landgasthof Hofmann
♂ Mainrother Str 11, ✉ 96224, ☏ (0 92 29)
5 76, Fax 61 35, ED
26 Zi, Ez: 55, Dz: 96, ⊣ WC ☏, 6✉; 🅿
4⇔80 ♥◉
Rezeption: 8-12, 16-23

Burgstädt 50 ↘

Sachsen — Kreis Mittweida — 341 m —
11 800 Ew — Chemnitz 15 km
🛈 ☏ (0 37 24) 6 30 — Stadtverwaltung,
Brühl 1, 09217 Burgstädt

*** Alte Spinnerei
Chemnitzer Str 89, ✉ 09217, ☏ (0 37 24)
6 80, Fax 6 81 00, AX DC ED VA
115 Zi, Ez: 115-145, Dz: 145-170, ⊣ WC ☏,
30✉; Lift 🅿 11⇔300 Fitneßraum Sauna
Solarium ♥◉

* Goldener Löwe
Burkersdrofer Str 122, ✉ 09217, ☏ (0 37 24)
2 85 8/ 29 34, Fax 28 58, ED
9 Zi, Dz: 90-100, ⊣ WC ☏; 🅿 2⇔120 Fitneßraum Sauna Solarium ♥◉
Rezeption: 11-24

* Am Taurastein
Mittweidaer Str 23, ✉ 09217, ☏ (0 37 24)
32 11, Fax 25 87, ED VA
20 Zi, Ez: 80, Dz: 120, ⊣ WC ☏, 10✉; 🅿 🍴;
garni

* Zur Scharfen Ecke
Markt 23, ✉ 09217, ☏ (0 37 24)
24 78 + 1 47 41, Fax 1 47 42
Hauptgericht 16; 🅿 Terrasse; 7-23
* 7 Zi, Ez: 76-95, Dz: 104-130, ⊣ WC
☏
geschl: Mo

Burgwald 45 ↘

Hessen — Kreis Waldeck-Frankenberg —
300 m — 5 145 Ew — Frankenberg 13, Marburg 18 km
🛈 ☏ (0 64 51) 30 61, Fax 2 11 67 — Gemeindeverwaltung, im Ortsteil Industriehof,
Hauptstr 73, 35099 Burgwald

Ernsthausen
*** Burgwald Stuben ♨
Marburger Str 25, an der B 252, ✉ 35099,
☏ (0 64 57) 80 66, Fax 10 76
Hauptgericht 35; 🅿; nur abends, so+feiertags auch mittags; geschl: 3 Wochen in
den Sommerferien

Burgwedel 26 □

Niedersachsen — Kreis Hannover — 50 m
— 20 673 Ew — Hannover 22, Celle 24 km
🛈 ☏ (0 51 39) 8 97 30, Fax 89 73 55 —
Gemeindeverwaltung, im Ortsteil Großburgwedel, Fuhrberger Str 2, 30938 Burgwedel →

Burgwedel

Großburgwedel
** Menge's Hof
Mega Hotel
Isernhägener Str 1, ✉ 30938, ☎ (0 51 39) 80 30, Fax 8 73 55, AX DC ED VA
44 Zi, Ez: 140-185, Dz: 190-255, ⌐ WC ☎; Lift P 7⇔120 ≘ Fitneßraum Sauna Solarium
** Hauptgericht 35; Gartenlokal Terrasse

* Ole Deele
Heinrich-Wöhler-Str 14, ✉ 30938,
☎ (0 51 39) 9 98 30, ED VA
15 Zi, Ez: 90-155, Dz: 145-195, ⌐ WC ☎; P 🖃 2⇔45; garni

* Marktkieker
Am Markt 7, ✉ 30938, ☎ (0 51 39) 70 93, Fax 89 40 65, AX DC ED VA
16 Zi, Ez: 104-146, Dz: 156-209, 1 Suite, ⌐ WC ☎, 4⌶; P 1⇔10; garni
geschl: Ende Dez-Anfang Jan

Großburgwedel-Außerhalb (1 km ↖)
* Am Springhorstsee
einzeln ♂ Springhorstsee 1, ✉ 30938,
☎ (0 51 39) 8 99 30, Fax 2 70 70, ED
21 Zi, Ez: 95-100, Dz: 155-180, 2 Suiten, ⌐ WC ☎; P 🖃 Seezugang Kegeln ¶◎¹

Kleinburgwedel (3 km ↗)
** Woltemath's Restaurant
Lüttjen Borwe
Wallstr 13, ✉ 30938, ☎ (0 51 39) 17 45, Fax 2 74 88, ED
Hauptgericht 40; Gartenlokal P; nur abends, So auch mittags; geschl: 3 Wochen im Juli

Burkhardtsgrün 49→

Sachsen — Aue-Schwarzenberg — 650 m — 370 Ew — Schneeberg 6, Schönheide 10 km
ℹ ☎ (03 77 52) 31 16 — Gemeindeverwaltung, Hauptstr 10, 08318 Burkhardtsgrün.
Sehenswert: Auersberg, Talsperre Sosa, Talsperre Eibenstock, Klein-Erzgebirge in Waschleithe

* Am Alten Zollhaus
Hauptstr 19, ✉ 08318, ☎ (03 77 52) 62 00, Fax 62 06, AX DC ED VA
16 Zi, Ez: 85-95, Dz: 120-140, 2 Suiten, ⌐ WC ☎, 2⌶; P 2⇔25 ≘ Fitneßraum Sauna Solarium ¶◎¹

Burkheim
siehe **Vogtsburg im Kaiserstuhl**

Burscheid 33 ↙

Nordrhein-Westfalen — Rheinisch-Bergischer Kreis — 200 m — 17 500 Ew — Remscheid 20, Solingen 13, Leverkusen 11 km
ℹ ☎ (0 21 74) 89 20, Fax 89 23 00 — Stadtverwaltung, Bismarckstr 8, 51399 Burscheid. Sehenswert: Altenberger Dom (5 km ↓)

Burscheid-Außerhalb (2 km ←) Richtung Opladen
* Haus Kuckenberg
Kuckenberg 28, an der B 232, ✉ 51399,
☎ (0 21 74) 50 25, Fax 6 18 39, AX ED VA
Hauptgericht 25; Terrasse; nur abends, So + feiertags auch mittags
* 12 Zi, Ez: 80-100, Dz: 130, ⌐ WC ☎; Kegeln

Hilgen (4 km ↗)
* Zur Heide
Heide 21, ✉ 51399, ☎ (0 21 74) 56 40, Fax 6 37 73, AX DC ED VA
23 Zi, Ez: 80-95, Dz: 130-160, S; 1 App, ⌐ WC ☎, 4⌶; P Kegeln Sauna ¶◎¹
geschl: Anfang Jan-Mitte Jan

Buschvitz siehe **Rügen**

Butjadingen 16 ↗

Niedersachsen — Kreis Wesermarsch — 1 m — 5 800 Ew — Nordenham 16 km
ℹ ☎ (0 47 33) 16 16, Fax 18 60 — Kur- und Touristik GmbH, im Ortsteil Burhave, Strandallee 61, 26969 Butjadingen

Tossens
* Kurhotel Strandhof
Strandallee 35, ✉ 26969, ☎ (0 47 36) 12 71, Fax 5 59, ED VA
19 Zi, Ez: 74-94, Dz: 118-148, 18 App, ⌐ WC ☎; P 🖃 3⇔100 Fitneßraum Sauna Solarium

* Gut Tossens
♂ Tossenser Deich 3, ✉ 26969, ☎ (0 47 36) 9 29 20, Fax 92 92 92
17 Zi, Ez: 85-100, Dz: 130-150, 1 Suite, ⌐ WC ☎; P 2⇔40 ≋ Seezugang Fitneßraum Sauna Solarium
Rezeption: 8-20

Buttenheim 57 □

Bayern — Kreis Bamberg (Land) — 273 m — 2 901 Ew — Hirschaid 3, Forchheim 10, Bamberg 15 km
ℹ ☎ (0 95 45) 9 22 20, Fax 92 22 44 — Verwaltungsgemeinschaft, Hauptstr 15, 96155 Buttenheim

** Landhotel Schloß Buttenheim
♂ Schloßstr 16, ✉ 96155, ☎ (0 95 45) 40 47, Fax 59 15, ED VA
8 Zi, Ez: 80-85, Dz: 130-135, ⌐ WC ☎; P; garni
Rezeption: 7-12, ab 17; geschl: Ende Dez-Anfang Jan

Butzbach 44→

Hessen — Wetteraukreis — 295 m — 23 500 Ew — Gießen 25, Wetzlar 19 km
ℹ ☎ (0 60 33) 89 51 59, Fax 89 52 20 — Verkehrsamt, August-Storch-Str 8, 35510 Butzbach; Stadt in der Wetterau. Sehenswert: Ev. Markuskirche; hist. Marktplatz und Stadtkern; Rathaus; Teile der Stadtmauer mit Hexenturm

* **Römer**
Limes-Galerie/Jakob-Rumpf-Str 2,
✉ 35510, ☎ (0 60 33) 69 63, Fax 7 13 43,
AX DC VA
50 Zi, Ez: 95-130, Dz: 150-190, 1 App, ⇃ WC
☎; Lift P ⇃; garni
Auch Zimmer der Kategorie ** vorhanden

* **Hessischer Hof**
Weiseler Str 43, ✉ 35510, ☎ (0 60 33)
94 40, Fax 1 62 82, AX DC ED VA
32 Zi, Ez: 98-125, Dz: 140-170, 10 App, ⇃
WC ☎; Lift P ⇃; garni

* **Zum Stern**
Weiseler Str 36, ✉ 35510, ☎ (0 60 33)
79 77, Fax 79 72
Hauptgericht 30; Gartenlokal P

Buxtehude 18 ←

Niedersachsen — Kreis Stade — 20 m —
32 500 Ew — Stade 22, Harburg 22, Hamburg 33 km
ℹ ☎ (0 41 61) 50 12 97, Fax 50 13 18 —
Stadt-Info, Stavenort 2, 21614 Buxtehude;
Stadt an der Geestgrenze des Alten Landes. Sehenswert: Ev. Petrikirche; Rathaus;
Marschtor mit Schleuse und Zwinger;
Fachwerkhäuser; Westfleth

** **Herzog Widukind**
Kottmeierstr 1, ✉ 21614, ☎ (0 41 61) 64 60,
Fax 64 61 46, AX DC ED VA
45 Zi, Ez: 125-165, Dz: 165-205, S; ⇃ WC ☎,
10✉; Lift P 2⟳25; garni

** **Zur Mühle**
Ritterstr 16, ✉ 21614, ☎ (0 41 61) 5 06 50,
Fax 50 65 30, AX DC ED VA
37 Zi, Ez: 135, Dz: 175, 6 Suiten, 4 App, ⇃
WC ☎; Lift P ⇃ 1⟳20

** **Fleth-Restaurant**
Hauptgericht 35; geschl: So
Mühle aus dem 18. Jh. in der Altstadt

** **Am Stadtpark**
Bahnhofstr 1, ✉ 21614, ☎ (0 41 61)
50 68 10, Fax 50 68 15, AX ED VA
20 Zi, Ez: 108-115, Dz: 155-160, ⇃ WC ☎;
Lift P ⇃ ✈; garni
Rezeption: 6-22

** **An der Linah**
Harburger Str 44, ✉ 21614, ☎ (0 41 61)
6 00 90, Fax 60 09 10, AX DC ED VA
28 Zi, Ez: 90-100, Dz: 140, ⇃ WC ☎; P
1⟳25; garni
Rezeption: 6-22, So + Sa 7-20

Neukloster (5 km ←)
** **Seeburg**
⇃ Cuxhavener Str 145, ✉ 21614,
☎ (0 41 61) 74 10-0, Fax 74 10 74,
AX DC ED VA
14 Zi, Ez: 90-130, Dz: 150-170, ⇃ WC ☎; P
⇃ 3⟳60
* ⇃ Hauptgericht 30; Terrasse

Calbe

Cadenberge 17 ↑

Niedersachsen — Kreis Cuxhaven — 8 m
— 3 082 Ew — Cuxhaven 33, Stade 33 km
ℹ ☎ (0 47 77) 80 10, Fax 83 96 — Gemeindeverwaltung, Am Markt 1, 21781 Cadenberge

* **Eylmann's Hotel**
Bergstr 5, ✉ 21781, ☎ (0 47 77) 2 21,
Fax 15 14
26 Zi, Ez: 59-75, Dz: 98-140, ⇃ WC ☎; Lift P
⇃ 3⟳90 ⛄

Rezeption: 7-22, Sa. + So. 10-21

Cadolzburg 57 ↙

Bayern — Kreis Fürth (Land) — 380 m —
8 757 Ew — Fürth 7, Nürnberg 15 km
ℹ ☎ (0 91 03) 50 90, Fax 77 55 — Gemeindeverwaltung, Rathausplatz 1, 90556 Cadolzburg. Sehenswert: Hohenzollernburg ⇃

* **Zum Wasserhaus**
Zum Wasserhaus 2, ✉ 90556, ☎ (0 91 03)
25 75, Fax 77 26, AX ED
5 Zi, Ez: 70-90, Dz: 100-120, 4 App, ⇃ WC
☎; P Fitneßraum Sauna Solarium; garni
geschl: Sep

Egersdorf (3 km →)
* **Gasthaus Grüner Baum**
♂ Dorfstr 11, ✉ 90556, ☎ (0 91 03) 9 21,
Fax 55 39, AX DC ED VA
35 Zi, Ez: 78-85, Dz: 120-135, ⇃ WC ☎; P ⇃
1⟳40 ⛄
Im Altbau auch einfachere Zimmer vorhanden

* **Landhotel Regenbogen**
♂ Mittelweg 5 A, ✉ 90556, ☎ (0 91 03)
20 54, Fax 26 37, ED VA
6 Zi, Ez: 60, Dz: 90, ⇃ WC; P; garni
geschl: Aug

Cahnsdorf 40 ↗

Brandenburg — Kreis Lübben — 62 m —
484 Ew — Luckau 4, Lübbenau 12, Berlin
70 km
ℹ ☎ (0 35 44) 21 58 — Gemeindeverwaltung, 15926 Cahnsdorf

* **Landhaus am Park**
Parkweg 3, ✉ 15926, ☎ (0 35 44) 5 00 90,
Fax 50 09 44, AX ED VA
25 Zi, Ez: 90-130, Dz: 130-150, ⇃ WC ☎,
11✉; Lift P 1⟳30 ⛄

Calbe 38 ↑

Sachsen-Anhalt — Kreis Schönebeck —
13 207 Ew — Stassfurt 12 km
ℹ ☎ (03 90 80) 20 35 — Stadtverwaltung,
Schulstr 11, 39240 Calbe. Sehenswert:
Stephanikirche, Laurentiuskirche,
Bismarckturm ⇃ →

Calbe

* **Zur Altstadt**
Schloßstr 11, ⊠ 39240, ☏ (03 92 91) 24 64, Fax 7 73 99, AX ED VA
20 Zi, Ez: 120, Dz: 160, ⊿ WC ☏; 1⇔45

Calden 36 ↙

Hessen — Kreis Kassel — 239 m —
7 300 Ew — Kassel 14, Warburg 20 km
🄘 ☏ (0 56 74) 70 20, Fax 7 02 36 — Gemeindeverwaltung, Holländische Str 35, 34379 Calden. Sehenswert: Schloß Wilhelmsthal: Museum und Park (2 km ↓)

Calden-Außerhalb (2 km ↘)
* **Schloßhotel Wilhelmsthal**
⊠ 34379, ☏ (0 56 74) 8 48, Fax 54 20, ED VA
18 Zi, Ez: 98-140, Dz: 180-240, ⊿ WC ☏; P 🗟 ⴲ
Rezeption: 11-22; geschl: Mo, Jan

Calw 61 ←

Baden-Württemberg — Kreis Calw —
330 m — 24 000 Ew — Pforzheim 28, Tübingen 40, Stuttgart 41 km
🄘 ☏ (0 70 51) 56 71, Fax 5 16 08 — Verkehrsamt, im Stadtteil Hirsau, Aureliusplatz 10, 75365 Calw. Sehenswert: Marktplatz mit Rathaus und Brunnen; Fachwerkhäuser, Nagold-Brücke mit St.-Nikolaus-Kapelle; Hermann-Hesse-Museum. Im Stadtteil Hirsau: Klosterruine, Kreuzgang, Marienkapelle; Eulenturm; Aureliuskirche; Klostermuseum. Im Stadtteil Altburg: Bauernhaus-Museum

* **Ratsstube**
Marktplatz 12, ⊠ 75365, ☏ (0 70 51) 18 64, Fax 7 08 26, ED VA
13 Zi, Ez: 120, Dz: 165, ⊿ WC ☏, 6🖂; 1⇔50
geschl: Mitte Feb-Anfang Mär
* Hauptgericht 25; P

* **Rössle**
Hermann-Hesse-Platz 2, ⊠ 75365, ☏ (0 70 51) 79 00-0, Fax 79 00-79, ED VA
20 Zi, Ez: 85-95, Dz: 135-145, ⊿ WC ☏; P 🗟 2⇔60
geschl: Fr, Aug
* Hauptgericht 25; Terrasse; geschl: Fr, Aug

Hirsau (Luftkurort, 3 km ↑)
** **Kloster Hirsau**
Wildbader Str 2, ⊠ 75365, ☏ (0 70 51) 56 21, Fax 5 17 95, DC VA
42 Zi, Ez: 75-150, Dz: 150-210, ⊿ WC ☏; Lift P 🗟 5⇔100 ≋ Kegeln Sauna Solarium
** **Ulrich's Klostergalerie**
Hauptgericht 35; Gartenlokal Terrasse; geschl: 3 Wochen in den Sommerferien

Stammheim (5 km ↘)
** **Adler**
Hauptstr 16, ⊠ 75365, ☏ (0 70 51) 42 87, Fax 2 03 11
Hauptgericht 30; Gartenlokal P; geschl: 2 Wochen über Fasching
* 8 Zi, Ez: 85, Dz: 120, ⊿ WC ☏; 1⇔
Rezeption: 7-15, 17.30-24; geschl: 2 Wochen über Fasching

Cambs 19 ↗

Mecklenburg-Vorpommern — Kreis Parchim — 37 m — 600 Ew — Schwerin 12, Brüel 15 km
🄘 ☏ (0 38 66) 6 32 26 — Amt Ostufer Schweriner See, Dorfplatz 4, 19067 Leezen

** **Christinenhof**
♂ Schweriner Str 9a, ⊠ 19067, ☏ (0 38 66) 6 60, Fax 66 55, AX ED VA
27 Zi, Ez: 120-140, Dz: 160-180, ⊿ WC ☏, 6🖂; P 🗟 3⇔50 Seezugang
** Hauptgericht 27; Gartenlokal Terrasse

Caputh 29 □

Brandenburg — Kreis Potsdam — 99 m —
3 900 Ew — Potsdam 5, Berlin 35 km
🄘 ☏ (03 32 09) 76 90 — Gemeindeverwaltung, 14548 Caputh. Sehenswert: Barockschloß; Schwielowsee; romanische Kirche

** **Müllerhof**
Weberstr 49, ⊠ 14548, ☏ (03 32 09) 7 90, Fax 79 50
15 Zi, Ez: 80-105, Dz: 120-150, 2 App, ⊿ WC ☏; P 🗟 2⇔40 🍴

* **Akzent-Hotel Märkisches Gildehaus**
♂ Schwielowseestr 58, ⊠ 14548, ☏ (03 32 09) 7 02 65, Fax 7 08 36, AX ED VA
23 Zi, Ez: 120-125, Dz: 145-150, ⊿ WC ☏; P 8⇔80 Strandbad Seezugang Fitneßraum Sauna Solarium 🍴

Ferch (4 km ↙)
🍴 **Haus am See**
⊰ Neue Scheune 19, ⊠ 14548, ☏ (03 32 09) 7 09 55; geschl: 02.01.97 - 10.02.97
** ⊰ 21 Zi, Ez: 120, Dz: 140-160; P 1⇔50
geschl: 2.1. bis 10.2.97

🍴 **Landhaus Ferch**
⊰ Dorfstr 41 VA, ⊠ 14548, ☏ (03 32 09) 7 03 91, Fax 7 03 91, AX DC ED VA
Hauptgericht 20; P Terrasse; geschl: Jan
* ⊰ 7 Zi, Ez: 85-130, Dz: 120-180, ⊿ WC ☏; Seezugang
Rezeption: 11-23

Castrop-Rauxel 33

Nordrhein-Westfalen — Kreis Recklinghausen — 100 m — 80 300 Ew — Herne 7, Bochum 11 km
ℹ ☎ (0 23 05) 10 61, Fax 1 84 40 — Stadtverwaltung, Europaplatz 1, 44575 Castrop-Rauxel; Industriestadt im Ruhrgebiet; Sitz des Westfälischen Landestheaters.
Sehenswert: Wasserschloß Bladenhorst; Schiffshebewerk Henrichenburg (9 km ↑)

*** Ramada Schloßhotel Goldschmieding
♂ Dortmunder Str 99, ✉ 44577, ☎ (0 23 05) 30 10, Fax 1 3 20, AX DC ED VA
84 Zi, S; 1 Suite, ⊿ WC ☎, 20🖃; 🅿 🖴
5⇔120 Fitneßraum Sauna Solarium ⓎⓄl

*** Haus Goldschmieding
Dortmunder Str 49, ✉ 44575, ☎ (0 23 05) 3 29 31, Fax 1 59 45, AX DC ED VA
Hauptgericht 50; Biergarten 🅿 Terrasse
geschl: Mo, Sa mittags

* Haus Bladenhorst
🍴 Wartburgstr 5, ✉ 44579, ☎ (0 23 05) 7 79 91, AX DC ED VA
Hauptgericht 30; 🅿 Terrasse; geschl: Mo, Sa mittags

Celle 26

Niedersachsen — Kreis Celle — 40 m — 74 000 Ew — Hannover 40, Soltau 48, Braunschweig 53 km
ℹ ☎ (0 51 41) 12 12, Fax 1 24 59 — Verkehrsverein, Markt 6 (B 2), 29221 Celle; Stadt am Südrand der Lüneburger Heide, an der Aller; Schloßtheater. Sehenswert: Ev. Stadtkirche: Fürstengruft; Herzogsschloß: Kapelle, Synagoge; Rathaus; Fachwerkhäuser in der Altstadt; Bomann-Museum; Stickmuster-Museum; Hoppener-Haus; Französischer Garten; Hengstparade des Landesgestüts (Ende Sep/Anfang Okt) - Umgebung: Kloster Wienhausen: Bildteppiche, Deckengemälde (10 km ↘)

Stadtplan siehe Seite 272

*** Fürstenhof Celle (Relais & Châteaux)
Hannoverschr Str 55 ((A 3)), ✉ 29221, ☎ (0 51 41) 20 10, Fax 20 11 20, AX DC ED VA
71 Zi, Ez: 178-325, Dz: 265-465, 5 Suiten, ⊿ WC ☎; Lift 🅿 🖴 4⇔80 🏊 Sauna Solarium; Golf 18
**** Endtenfang
Hauptgericht 50; Biergarten Terrasse
* Kutscherstube
Hauptgericht 25; Biergarten; nur abends; geschl: so + feiertags
Ehemaliges herzogliches Landhaus im Barockstil. Tapetenzimmer mit französischer Handdrucktapete

** Sol Inn
Fahrberger Straße 6, ✉ 29225, ☎ (0 51 41) 97 20, Fax 97 24 44, AX DC ED VA
126 Zi, Ez: 110-195, Dz: 165-250, 3 Suiten, ⊿ WC ☎, 30🖃; Lift 🅿 3⇔100 ⓎⓄl
Golf 18

** Caroline Mathilde
♂ Bremer Weg 37 (A 1), ✉ 29223, ☎ (0 51 41) 3 20 23, Fax 3 20 28, AX DC ED VA
45 Zi, Ez: 105-130, Dz: 130-180, 4 Suiten, 3 App, ⊿ WC ☎, 38🖃; Lift 🅿 3⇔50 🏊
Sauna; garni
geschl: Ende Dez

** Brauner Hirsch
Münzstr 9 c (Außerhalb B1), ✉ 29223, ☎ (0 51 41) 9 39 30, Fax 93 93 50, AX ED VA
23 Zi, Ez: 110-200, Dz: 160-260, 1 Suite, ⊿ WC ☎, 2🖃; 🅿 1⇔30; garni

** Celler Hof
Stechbahn 11 (B2), ✉ 29221, ☎ (0 51 41) 2 80 61, Fax 2 80 65
49 Zi, Ez: 110-125, Dz: 145-170, ⊿ WC ☎; Lift 🅿 🖴; garni

* Blumlage
Blumlage 87 (C 2), ✉ 29221, ☎ (0 51 41) 70 71, Fax 20 11 20, AX DC ED VA
32 Zi, Ez: 98-190, Dz: 150-305, ⊿ WC ☎; 🅿; garni
Golf 18

* Borchers
Schuhstr 52 (B 1), ✉ 29221, ☎ (0 51 41) 70 61, Fax 20 11 20, AX DC ED VA
19 Zi, Ez: 98-190, Dz: 160-305, ⊿ WC ☎; Lift 🖴; garni
Golf 18
Auch Zimmer der Kategorie ** vorhanden

* St. Georg
♂ St.-Georg-Str 25 (Außerhalb C 2), ✉ 29221, ☎ (0 51 41) 2 10 51, Fax 21 77 25, AX ED VA
15 Zi, Ez: 95-195, Dz: 145-280, 1 App, ⊿ WC ☎; 🖴; garni
Rezeption: 6.30-19; geschl: Ende Dez

* Am Stadtgraben
♂ 🍴 Fritzenwiese 22 (C 1), ✉ 29221, ☎ (0 51 41) 10 91, Fax 2 40 82, AX DC ED VA
8 Zi, Ez: 90-140, Dz: 190-260, ⊿ WC ☎; 🅿 1⇔40 Sauna; garni

* Bacchus
Bremer Weg 132 a (A 1), ✉ 29221, ☎ (0 51 41) 5 20 31, Fax 5 26 89, AX ED VA
42 Zi, Ez: 85, Dz: 148, S; ⊿ WC ☎, 2🖃; 🅿 2⇔60 Solarium ⓎⓄl

* Utspann
♂ 🍴 Im Kreise 13 (C 2), ✉ 29221, ☎ (0 51 41) 9 27 20, Fax 92 72 52, AX DC ED VA
18 Zi, Ez: 141-205, Dz: 212-295, 2 Suiten, 3 App, ⊿ WC ☎; 🅿 1⇔20 Sauna Solarium ⓎⓄl
geschl: Ende Dez-Anfang Jan →

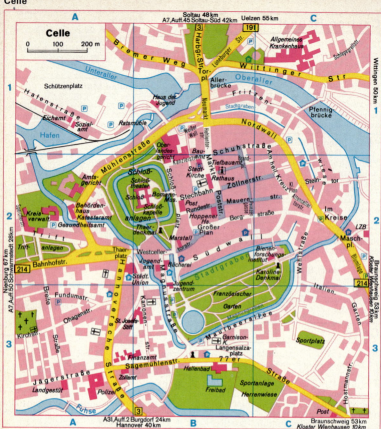

★★ Stiller's Restaurant
Langensalzplatz 1 (B 3), ✉ 29221,
☎ (0 51 41) 90 82 00, Fax 90 82 60
Hauptgericht 35

★★ Schifferkrug
Speicherstr 9 (A 2), ✉ 29221, ☎ (0 51 41)
70 15, Fax 63 50, ED VA
Hauptgericht 30; Gartenlokal; geschl: So, Mo

★ Schifferkrug
⬥ 13 Zi, Ez: 70-95, Dz: 110-160, ⌂ WC ☎; P

★★ Ratskeller
▽ Markt 14 (B 2), ✉ 29221, ☎ (0 51 41)
2 90 99, Fax 2 90 90, AX ED VA
Hauptgericht 33; geschl: Di, Jan
Ältestes Gasthaus in Niedersachsen (1378)

★★ Rissmann's Feinschmecker Treff
Am Heiligen Kreuz 33 (B 2), ✉ 29221,
☎ (0 51 41) 90 70 00, Fax 2 54 54, AX DC ED VA
Hauptgericht 35; geschl: So

Congress Union Celle
Thaerplatz 1 (A 2), ✉ 29221, ☎ (0 51 41)
91 93, Fax 4 44, ED VA

★★ Wintergarten
Hauptgericht 30; P Terrasse; geschl:
so+feiertags abends

★ Bistro
Hauptgericht 20; Terrasse; geschl: So

Schmidt
Kleiner Plan 4 (C 2), ✉ 29221, ☎ (0 51 41)
2 80 71, Fax 2 72 40, AX DC ED VA
Hauptgericht 25

Schmidt
8 Zi, Ez: 90-110, Dz: 130-180, ⌂ WC ☎

Schweine-Schulze
▽ Neue Str 36 (B 2), ✉ 29221,
☎ (0 51 41) 2 29 44, Fax 21 47 56
Hauptgericht 25; geschl: so+feiertags,
2 Wochen in den Sommerferien, Feb

Kiess
Großer Plan 16 (B 2), ✉ 29221, ☎ (0 51 41)
2 25 40
8-19; geschl: so+feiertags

Chemnitz

Altencelle (4 km ↘)
** Schaperkrug
Braunschweiger Heerstr 85, ✉ 29227,
☎ (05 141) 8 30 91, Fax 88 19 58,
AX DC ED VA
37 Zi, Ez: 95-180, Dz: 120-220, 1 Suite, ⊟
WC ☏; P 🅿 3⇌70
geschl: Ende Dez-Anfang Jan
** Hauptgericht 35; geschl: So
abends, Ende Dez-Anfang Jan

** Landhotel Vieth
Heinrich-Heine-Str 3, ✉ 29227, ☎ (05141)
9 84 70, Fax 98 47 49, ED VA
7 Zi, Ez: 95-115, Dz: 145-165, ⊟ WC ☏, 5✉;
P; garni

Groß Hehlen (4 km ↘)
**** Celler Tor
(Ringhotel)**
Celler Str 13, ✉ 29226, ☎ (05 141) 59 00,
Fax 59 04 90, AX DC ED VA
66 Zi, Ez: 147-205, Dz: 198-296, S; 7 Suiten,
⊟ WC ☏, 2✉; Lift P 🅿 13⇌320 ≋ Fitneß-
raum Sauna Solarium
Auch Zimmer der Kategorie ******* vor-
handen
** Hauptgericht 30

Neustadt (1 km ←)
* Schaper
Heese 6, ✉ 29225, ☎ (05 141) 4 23 10,
Fax 4 69 65, DC ED VA
14 Zi, Ez: 85-110, Dz: 130-160, 2 Suiten, ⊟
WC ☏; P
geschl: So abends, Mo, Ende Dez-
Mitte Jan

Cham 65 ↗

Bayern — Kreis Cham — 379 m —
17 500 Ew — Furth im Wald 19, Straubing
43 km
ℹ ☎ (0 99 71) 49 33, Fax 68 11 — Verkehrsamt, Propsteistr 46, 93413 Cham; Ort im
Bayerischen Wald. Sehenswert: Kath.
Kirche St. Jakob; Rathaus; Biertor; Ur-
kirche des Oberen Bayer. Waldes mit
Karner (Beinhaus) in Chammünster
(3 km →)

* Randsberger Hof
Randsbergerhofstr 15, ✉ 93413,
☎ (0 99 71) 12 66, Fax 2 02 99, AX DC ED VA
100 Zi, Ez: 59-67, Dz: 118-134, 4 Suiten, ⊟
WC ☏; Lift P 🅿 4⇌200 ≋ Fitneßraum
Kegeln Sauna Solarium ⌠⍉⌡

* Kolpinghaus
Schützenstr 14, ✉ 93413, ☎ (0 99 71) 84 93,
Fax 84 94 99, AX ED VA
29 Zi, Ez: 52-55, Dz: 94-100, ⊟ WC ☏; P
8⇌240 Kegeln ⌠⍉⌡
geschl: 22.12.-25.12.

** Bräu-Pfandl
♥ Lucknerstr 11, ✉ 93413, ☎ (0 99 71)
2 07 87, Fax (09 46 1) 56 75, AX DC ED VA
Hauptgericht 25; geschl: Juli-Mitte Aug

Altenmarkt (2 km ↗)
** Stadt- und Sporthotel Cham
♂ Prälat-Wolker-Str 5, ✉ 93413,
☎ (0 99 71) 39 50, Fax 3 95 20, AX DC ED VA
67 Zi, Ez: 82-107, Dz: 110-150, ⊟ WC ☏; Lift
P 3⇌100 Sauna ⌠⍉⌡
Rezeption: 7-20

Chameregg (4 km ↘)
* Berggasthaus Ödenturm
Am Ödenturm 11, ✉ 93413, ☎ (0 99 71)
89 27-0, Fax 89 27-20, DC ED
Hauptgericht 19; P Terrasse; geschl: So
abends, Mo, Anfang Okt-Anfang Dez

Chemnitz 50 □

Sachsen — Kreis Chemnitz — 300 m —
290 000 Ew — Dresden 82, Leipzig 82 km
ℹ ☎ (03 71) 4 50 87 50, Fax 4 50 87 25 —
Tourist-Information, Stadthalle, Rathausstr 1, 09009 Chemnitz; Tor zum silbernen
Erzgebirge; früher Zentrum der Spinnerei,
Weberei, Tuchmacherei; Universitätsstadt.
Sehenswert: Opernhaus; Museen mit Ver-
steinertem Wald; Altes und Neues Rathaus; Roter Turm; Schloßberg mit Benediktinerkloster und Schloßkirche; Burg
Rabenstein; Stiftskirche Ebersdorf; Tierpark; Stausee; Wildgatter; Parkeisenbahn

Stadtplan siehe Seite 274

**** Günnewig Chemnitzer Hof
Theaterplatz 4 (B 2), ✉ 09111, ☎ (03 71)
68 40, Fax 6 25 87, AX DC ED VA
98 Zi, Ez: 140-199, Dz: 175-268, S; 4 Suiten,
⊟ WC ☏, 18✉; Lift 🅿 8⇌250 ⌠⍉⌡

*** Dorint Parkhotel
Deubners Weg 12 (A 4), ✉ 09112,
☎ (03 71) 3 80 70, Fax 3 80 71 00,
AX DC ED VA
186 Zi, Ez: 190-290, Dz: 240-340, 1 Suite, ⊟
WC ☏, 80✉; Lift P 🅿 17⇌250 Fitneßraum
Sauna Solarium
** Hauptgericht 28; Biergarten
Terrasse

** Sea Side Residenz-Hotel
Bernsdorfer Str 2 (B 4), ✉ 09126, ☎ (03 71)
6 01 31, Fax 6 27 81, AX DC ED VA
194 Zi, Ez: 150-160, Dz: 190, S; 2 Suiten,
98 App, ⊟ WC ☏, 42✉; Lift P 4⇌100
Fitneßraum Sauna ⌠⍉⌡

** Mercure Kongress
Brückenstr 19 (B 3), ✉ 09111, ☎ (03 71)
68 30, Fax 68 35 05, AX DC ED VA
386 Zi, Ez: 130-195, Dz: 150-230, 9 App, ⊟
WC ☏, 144✉; Lift P 10⇌220 Sauna
Solarium ⌠⍉⌡

** Günnewig Europa
Straße der Nationen 56 (B 2), ✉ 09111,
☎ (03 71) 68 10, Fax 67 06 06, AX DC ED VA
109 Zi, Ez: 99-125, Dz: 119-144, S; ⊟ WC ☏,
10✉; Lift 🅿; garni →

273

Chemnitz

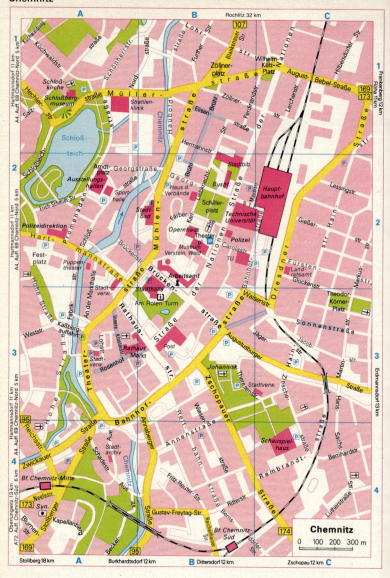

**	Elisenhof
Mühlenstr 102 (B 1), ✉ 09111, ☏ (03 71) 4 71 69-0, Fax 4 71 69-50, AX DC ED VA
26 Zi, Ez: 110-145, Dz: 150-180, 1 App, ⌂ WC ☏, 3 ⌂; Lift P; garni

Ein im Betriebseintrag dargestelltes S zeigt an, daß Sie hier bei einer Buchung über den Varta Hotel-Service zu Sonderkonditionen übernachten können.

**	Sächsischer Hof
Brühl 26 (B 2), ✉ 09111, ☏ (03 71) 46 14 80, Fax 4 61 48 92, AX DC ED VA
18 Zi, Ez: 98-145, Dz: 145-185, 2 Suiten, ⌂ WC ☏; Lift P 2⌂40 ¶⌂

Teilen Sie bitte der Redaktion des Varta mit, wenn Sie sich in einem Haus besonders wohlgefühlt haben oder wenn Sie unzufrieden waren.

Clausthallerfeld

✱ Tiffany
Clausstr 54 (außerha), ✉ 09126, ☎ (03 71) 52 07 10, Fax 5 20 71 27
14 Zi, Ez: 70-90, Dz: 135, ⊒ WC ☎; **P**; garni
Rezeption: 7-18; geschl: 15.-31.12.97

Adelsberg (4 km ↘)
✱✱ Adelsberger Parkhotel Hoyer
♂ Wilhelm-Busch-Str 61, ✉ 09127,
☎ (03 71) 77 33 03, Fax 77 33 77, AX ED VA
25 Zi, Ez: 109-195, Dz: 145-235, 2 Suiten, ⊒ WC ☎; Lift **P** 2⇔50 Fitneßraum Sauna Solarium
✱✱ Hauptgericht 25

Rabenstein (8 km ←)
✱✱ Burghotel Rabenstein
♂ Grünaer Str 2, ✉ 09117, ☎ (03 71)
85 65 02, Fax 85 05 79, AX DC ED VA
17 Zi, Ez: 115-155, Dz: 195-235, 3 Suiten, ⊒ WC ☎; **P** 2⇔90
Auch Zimmer der Kategorie **✱✱✱** vorhanden
✱✱ Hauptgericht 25; Gartenlokal

Chieming 73 ▢

Bayern — Kreis Traunstein — 532 m — 4 000 Ew — Traunstein 11, Seeon 15 km
ℹ ☎ (0 86 64) 2 45, Fax 89 98 — Verkehrsamt, Hauptstr 20 b, 83339 Chieming; Luftkurort am Ostufer des Chiemsees, Erholungsort. Sehenswert: Kirchen; römische Altarsteine

Ising (6 km ↘)
✱✱✱ Gut Ising
Kirchberg 3, ✉ 83339, ☎ (0 86 67) 7 90,
Fax 7 94 32, AX DC ED VA
109 Zi, Ez: 172-195, Dz: 248-350, 9 Suiten, ⊒ WC ☎; Lift **P** 🍴 7⇔300 ⛱ Strandbad Seezugang Fitneßraum Kegeln Sauna Solarium
geschl: Anfang Jan-Anfang Feb
Auch Zimmer der Kategorie **✱✱✱✱** vorhanden
✱✱ Zum Goldenen Pflug
🍽 Hauptgericht 25; Gartenlokal Terrasse; geschl: 7.1.-9.2.97

Chorin 30 ↗

Brandenburg — Kreis Eberswalde — 65 m — 509 Ew — Eberswalde-Finow 10, Angermünde 14 km
ℹ ☎ (03 33 65) 4 04 — Fremdenverkehrsverein, Dorfstr 35, 16248 Parstein. Sehenswert: Kloster

✱ Haus Chorin
(Verband Christlicher Hotels)
einzeln ♂ ⛵ Neue Klosterallee 10, ✉ 16230,
☎ (03 33 66) 4 47, Fax 3 26, AX ED VA
63 Zi, Ez: 87-130, Dz: 130-170, ⊒ WC ☎,
18🛏; Lift **P** 5⇔230 Seezugang Bowling Fitneßraum Sauna 🍴

Chossewitz 31 ↘

Brandenburg — Kreis Beeskow — 155 m — 100 Ew — Eisenhüttenstadt 18,
Beeskow 21 km
ℹ ☎ (03 36 73) 57 50 — Gemeindeverwaltung, 15848 Chossewitz

✱ Seeschloß
♂ ⛵ Dorfstr 19, ✉ 15848, ☎ (03 36 73) 3 28,
Fax 51 00, AX ED VA
8 Zi, Ez: 95, Dz: 110-130, ⊒ WC; **P** 1⇔24
Rezeption: 9-22
✱ Hauptgericht 18; nur abends,
Fr-So auch mittags

Clausthal-Zellerfeld 37 ↘

Niedersachsen — Kreis Goslar — 550 m — 17 000 Ew — Osterode 13, Goslar 17 km
ℹ ☎ (0 53 23) 8 10 24, Fax 8 39 62 — Kur-/Tourist-Information, Bahnhofstr 5 a,
38678 Clausthal-Zellerfeld; heilklimatischer Kurort und Wintersportplatz im Harz; Techn. Universität mit bedeutender Mineraliensammmlung. Sehenswert: in Clausthal: Marktkirche „Zum Heiligen Geist" (größte Holzkirche Deutschlands); in Zellerfeld: St.-Savatoris-Kirche; Fratzenapotheke; Thomas-Merten-Platz mit Glockenspiel; Bergwerksmuseum; Dietzelhaus; Kunsthandwerkerhof

✱✱ Goldene Krone
Kronenplatz 3, ✉ 38668, ☎ (0 53 23) 93 00,
Fax 93 01 00, AX ED VA
25 Zi, Ez: 105-125, Dz: 160-180, 2 Suiten, ⊒ WC ☎, 3🛏; Lift **P** 🍴 2⇔45 🍴

Clausthal
✱ Friese
Burgstätter Str 2, ✉ 38678, ☎ (0 53 23)
93 81-0, Fax 93 81 99, AX DC ED VA
29 Zi, Ez: 75, Dz: 100-130, S; 1 Suite, ⊒ WC
☎, 5🛏; **P**
Rezeption: 8-21 Uhr

Clausthal-Außerhalb (2 km ↓)
✱ Pixhaier Mühle
einzeln ♂ An der Pixhaier Mühle 1
(Richtung Fachklinik am Hasenberg),
✉ 38678, ☎ (0 53 23) 22 15, Fax 79 83,
ED VA
17 Zi, Ez: 75-95, Dz: 150-190, ⊒ WC ☎; Lift
P 1⇔20
geschl: Nov

Zellerfeld
✱✱ Parkhotel Calvör
Treustr 6 (A2), ✉ 38678, ☎ (0 53 23)
95 00, Fax 95 02 22, AX DC ED VA
38 Zi, Ez: 98-108, Dz: 138-174, ⊒ WC ☎,
15🛏; **P** 3⇔90 Sauna Solarium 🍴
Auch Zimmer der Kategorie **✱** vorhanden

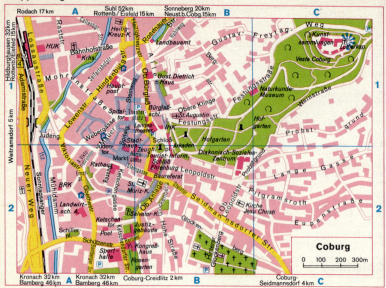

Cloppenburg

Niedersachsen — Kreis Cloppenburg — 38 m — 25 400 Ew — Vechta 26, Oldenburg 42, Meppen 60 km
🛈 ☎ (0 44 71) 18 50, Fax 8 55 02 — Stadtverwaltung, Mühlenstr. 20, 49661 Cloppenburg. Sehenswert: St.-Andreas-Kirche; Museumsdorf Cloppenburg, Niedersächsisches Freilichtmuseum; Wallfahrtsort Bethen mit Gnadenkapelle (2 km ↗); Thülsfelder Talsperre, Naturschutzgebiet (12 km ↘); Baumweg: Urwald, Ahlhorner Fischteiche (10 km ↗)

**   Park Hotel
Burgstr 8, ⌧ 49661, ☎ (0 44 71) 66 14, Fax 66 17, AX ED VA
48 Zi, Ez: 90-130, Dz: 150-195, 3 Suiten, ⌂ WC ☎, 6✉; Lift P 3⇄150 Bowling Sauna Solarium 🍴

*   Schäfers Hotel
Lange Str 66, ⌧ 49661, ☎ (0 44 71) 24 84, Fax 8 48 44, AX DC ED VA
12 Zi, Ez: 75, Dz: 120-130, ⌂ WC ☎; P ✉ 1⇄30
Rezeption: 12-22; geschl: 2 Wochen Sommerferien
** Hauptgericht 35; geschl: 2 Wochen Sommerferien

*   Schlömer
Bahnhofstr 17, ⌧ 49661, ☎ (0 44 71) 28 38, Fax 65 24, AX DC ED VA
16 Zi, Ez: 75-95, Dz: 125-140, ⌂ WC ☎; P ✉ 🍴
geschl: So

Coburg

Bayern — Stadtkreis — 300 m — 44 000 Ew — Bamberg 46, Hof 90, Fulda 135 km
🛈 ☎ (0 95 61) 7 41 80, Fax 74 18 29 — Tourist-Information, Herrngasse 4 (AB 2), 96450 Coburg; Kreisfreie Stadt in Oberfranken; Landestheater. Sehenswert: Ev. Morizkirche: Grabmal; Veste Coburg ⦉; Kunstsammlungen (2 km →); Naturkunde-Museum im Hofgarten; Coburger Puppenmuseum; Rathaus; Schloß Ehrenburg: Festsäle, Schloßkapelle; Gymnasium Casimirianum; Stadthaus. Umgebung: Schloß mit Kirche; Gerätemuseum „Alte Schäferei", in Ahorn (5 km ↙)

**   Romantik Hotel Goldene Traube
Am Viktoriabrunnen 2 (A 2), ⌧ 96450, ☎ (0 95 61) 87 60, Fax 87 62 22, AX DC ED VA
70 Zi, Ez: 98-155, Dz: 160-210, 1 Suite, ⌂ WC ☎; Lift P ✉ 3⇄150 Fitneßraum Sauna Solarium
Auch Zimmer der Kategorie ******* vorhanden

**   Traube-Stuben
Hauptgericht 30; Terrasse

**   Blankenburg Parkhotel
Rosenauer Str 30 (B 1), ⌧ 96450, ☎ (0 95 61) 7 50 05, Fax 7 56 74, AX DC ED VA
46 Zi, Ez: 95-125, Dz: 150-180, S; 2 Suiten, 46 App, ⌂ WC ☎, 9✉; Lift P ✉ 2⇄50
Rezeption: 6.30-22
Auch Zimmer der Kategorie ****** vorhanden
**   Kräutergarten
Hauptgericht 35; Terrasse; geschl: So

** Ramada
Ketschendorfer Str 86, ✉ 96450,
☎ (0 95 61) 82 10, Fax 82 14 44, AX DC ED VA
123 Zi, Ez: 148, Dz: 186, ⊣ WC ☎, 41 ✉; Lift
🅿 2⇔40; garni

** Festungshof
♂ ≼ Festungsberg 1 (C 1), ✉ 96450,
☎ (0 95 61) 7 50 77, Fax 9 43 72, AX ED VA
11 Zi, Ez: 115-145, Dz: 140-240, 3 Suiten, ⊣
WC ☎; 🅿 🚗

** Stadt Coburg (Ringhotel)
Lossaustr 12 (A 1), ✉ 96450, ☎ (0 95 61)
87 40, Fax 87 42 22, AX DC ED VA
41 Zi, Ez: 115-150, Dz: 136-176, S; 2 App, ⊣
WC ☎, 6✉; Lift 🅿 1⇔60 Sauna Solarium

* Backstüble
Hauptgericht 25; geschl: So

* Goldener Anker
Rosengasse 14, ✉ 96450, ☎ (0 95 61)
9 50 27, Fax 9 25 60, AX DC ED VA
82 Zi, Ez: 85-135, Dz: 165-200, ⊣ WC ☎; Lift
🅿 🚗 1⇔80 Sauna ≋, garni
Auch Zimmer der Kategorie ** vorhanden

*** Schaller
Ketschendorfer Str 22 (A 2), ✉ 96450,
☎ (0 95 61) 2 50 74, Fax 2 88 74, ED VA
Hauptgericht 38; geschl:
so+feiertags, 2 Wochen Jan/Feb,
1 Woche Jul

** Coburger Tor
11 Zi, Ez: 120-160, Dz: 160-250, 2 Suiten, ⊣
WC ☎; Lift 🅿 2⇔20

* Loreley
⍟ Herrngasse 14 (B 2), ✉ 96450,
☎ (0 95 61) 9 24 70, Fax 7 58 05, DC VA
Hauptgericht 25; Terrasse
Historische Coburger Traditionsgaststätte
mit Lüftlmalerei

■ Schubart
Mohrenstr 11 (A 1), ✉ 96450, ☎ (0 95 61)
9 21 21, Fax 9 29 03
🅿; Mo 8-18 Di-Sa 8-19 so+feiertags 10-18

■ Feyler
Rosenstr 6-8 (A 2), ✉ 96450, ☎ (0 95 61)
8 04 80, Fax 80 48 80
Mo-Fr 8-18, Sa 7.30-13; geschl: So

Scheuerfeld (3 km ←)
* Löhnert
♂ Schusterdamm 28, ✉ 96450,
☎ (0 95 61) 3 10 31, Fax 3 26 52
57 Zi, Ez: 48-73, Dz: 85-103, ⊣ WC ☎; 🅿 ≋
Sauna 🍴
Rezeption: 6-21; geschl: So, Do bis 17
Auch einfachere Zimmer vorhanden

Cochem 43

Rheinland-Pfalz — Kreis Cochem-Zell —
100 m — 6 200 Ew — Mayen 32, Zell 37,
Koblenz 51 km
🛈 ☎ (0 26 71) 39 71, Fax 84 10 — Verkehrsamt, Endertplatz 1, 56812 Cochem; Kreisstadt an der Mosel. Sehenswert: Mittelalterlicher Ortskern; Kath. Pfarrkirche;
Rathaus; Stadttore; Reichsburg Cochem
≼; Pinnerkreuz ≼

* Haus Erholung
≼ Moselpromenade 64, ✉ 56812,
☎ (0 26 71) 75 99, Fax 43 62, ED
19 Zi, Ez: 50-65, Dz: 90-120, 2 App, ⊣ WC ☎;
Lift 🅿 ≋ Sauna Solarium; garni
Rezeption: 8-21; geschl: Ende Nov-Mitte
Mär

* Alte Thorschenke (Gast im Schloß)
Brückenstr 3, ✉ 56812, ☎ (0 26 71) 70 59,
Fax 42 02, AX DC ED VA
34 Zi, Ez: 75-145, Dz: 165-225, ⊣ WC ☎; Lift
🚗 1⇔25
geschl: Anfang Jan-Mitte Mär
** ⍟ Hauptgericht 30; Terrasse;
geschl: im Winter Mi, Anf Jan-Mitte Mär
Eigenbauweine

** Lohspeicher
Obergasse 1, ✉ 56812, ☎ (0 26 71) 39 76,
Fax 17 72, AX DC ED
Hauptgericht 40; geschl: Di, Mi mittags,
Jan, Feb
* 8 Zi, Ez: 95, Dz: 170, ⊣ WC ☎; Lift
🚗
geschl: Jan, Feb

Cochem-Außerhalb (2 km ↘)
** Weißmühle (Silencehotel)
einzeln ♂ ≼ Enderttal, ✉ 56812,
☎ (0 26 71) 89 55, Fax 82 07, DC ED VA
36 Zi, Ez: 95-120, Dz: 165-220, 1 Suite,
1 App, ⊣ WC ☎; Lift 🅿 🚗 2⇔50 Kegeln
Sauna Solarium
Rezeption: 7-23

** Müllerstube
Hauptgericht 40; Terrasse

Cond (1 km →)
* Zehnthof
≼ Zehnthausstr 9, ✉ 56812, ☎ (0 26 71)
30 52, Fax 72 86, AX DC ED VA
23 Zi, Ez: 60-100, Dz: 120-180, ⊣ WC ☎; 🅿
1⇔12 🍴
geschl: Anfang Jan-Mitte Mär

* Am Rosenhügel
≼ Valwiger Str 57, ✉ 56812, ☎ (0 26 71)
9 76 30, Fax 97 63 63, ED VA
23 Zi, Ez: 70-90, Dz: 110-170, ⊣ WC ☎; Lift
🅿 Fitneßraum Sauna Solarium
geschl: Anfang Dez-Mitte Feb
Restaurant für Hausgäste →

Cochem

✱ Thul
♂ ◂ Brauselaystr 27, ✉ 56812, ☎ (0 26 71) 71 34, Fax 53 67, DC
23 Zi, Ez: 70-95, Dz: 120-190, ⌐ WC ☎; Lift
P ⛁ Fitneßraum Sauna Solarium
geschl: Anfang Dez-Ende Feb

✱ Am Hafen
◂ Ufer-/Zehnthausstr, ✉ 56812,
☎ (0 26 71) 84 74, Fax 80 99, AX DC VA
19 Zi, Ez: 70-120, Dz: 90-200, 2 Suiten, ⌐ WC ☎; P ⛁ Solarium
geschl: Anfang-Mitte Jan

✱ Hafenschenke
◂ Hauptgericht 25; geschl: Anfang-Mitte Jan

Sehl (2 km ↘)
✱✱ Panorama (Minotel)
◂ Klostergartenstr 44, ✉ 56812,
☎ (0 26 71) 30 65, Fax 30 64, AX DC ED VA
43 Zi, Ez: 85-100, Dz: 140-195, S; 1 Suite, 6 App, ⌐ WC ☎; Lift P ⛁ 2⇔100 ⛲ Sauna Solarium
geschl: Jan
Auch Zimmer der Kategorie ✱ vorhanden
✱ Kaminzimmer
Hauptgericht 25; geschl: Jan

✱ Parkhotel von Landenberg
Sehler Anlagen 1, ✉ 56812, ☎ (0 26 71) 71 10, Fax 83 79, AX DC ED VA
24 Zi, Ez: 85-105, Dz: 150-220, 1 Suite, ⌐ WC ☎; P ⛁ 1⇔100 ⛲ Sauna Solarium ⌘
geschl: Anfang Jan-Mitte Mär
Im Sep und Okt nur mit Halbpension

✱ Keßler-Meyer
♂ ◂ Am Reilsbach, ✉ 56812, ☎ (0 26 71) 45 64, Fax 38 58
30 Zi, Ez: 98-150, Dz: 125-250, 3 Suiten, 3 App, ⌐ WC ☎; P ⛁ ⛲ Sauna Solarium; garni
geschl: Mitte Nov-Anfang Feb
Auch Zimmer der Kategorie ✱✱ vorhanden

✱ Zur Schönen Aussicht
◂ Sehler Anlagen 22, ✉ 56812, ☎ (0 26 71) 72 32, Fax 98 02 95
15 Zi, Ez: 55-75, Dz: 90-130, 1 Suite, ⌐ WC ☎; P
geschl: im Winter Mo, Ende Dez-Mitte Jan
✱ ◂ Hauptgericht 25; Terrasse;
geschl: Ende Dez-Mitte Jan

Cölbe 45 ↘

Hessen — Kreis Marburg — 192 m —
6 715 Ew — Marburg 7 — Frankenberg (Eder) 30 km
ℹ ☎ (0 64 21) 9 85 00, Gemeindeverwaltung, Kasseler Str 88, 35091 Cölbe

✱ Company
Lohnstr 6, ✉ 35091, ☎ (0 64 21) 9 86 60, Fax 98 66 66, AX ED DC VA
25 Zi, Ez: 95-130, Dz: 150-160, ⌐ WC ☎, 1✉; P Sauna Solarium 1⇔20 ⌘

Coesfeld 33 ↑

Nordrhein-Westfalen — Kreis Coesfeld — 81 m — 32 739 Ew — Borken 28, Münster 38 km
ℹ ☎ (0 25 41) 1 51 50, Fax 1 51 01 — Verkehrsverein, Markt 8, 48653 Coesfeld;
Stadt im Münsterland. Sehenswert: Lambertikirche; Jakobikirche; ehem. Jesuitenkirche; Pulverturm; Walkenbrückerturm und Tor; Abtei Gerleve (6 km →); Schloß Varlar (6 km ↑)

✱✱ Haselhoff
Ritterstr 2, ✉ 48653, ☎ (0 25 41) 9 42 00, Fax 94 20 30, DC ED VA
16 Zi, Ez: 90, Dz: 140, ⌐ WC ☎; P ⛁ 4⇔80
geschl: Sa
✱ Hauptgericht 25; Biergarten

✱ Zur Mühle ♛
♂ Mühlenstr 23, ✉ 48653, ☎ (0 25 41) 91 30, Fax 65 77, AX DC ED VA
31 Zi, Ez: 100-110, Dz: 150-160, ⌐ WC ☎; P ⛁ 1⇔50; garni

✱✱✱ Valkenhof ⌘ ⌘
Mühlenstr 5, ✉ 48653, ☎ (0 25 41) 8 77 34, Fax 8 77 79, AX DC ED VA
Hauptgericht 58; Terrasse;
geschl: Mo
Bistro
Hauptgericht 27; Biergarten

Colditz 50 ↘

Sachsen — Kreis Muldental — 250 m —
3 138 Ew — Rochlitz 12, Grimma 16, Döbeln 24 km
ℹ ☎ (03 43 81) 4 33 25, Fax 4 02 03 — Gemeindeverwaltung, Leipziger Str 11, 04680 Colditz

Zschadraß
✱ Gilde Hof
Hauptstr 4, ✉ 04680, ☎ (03 43 81) 80 20, Fax 80 21 01, AX ED VA
23 Zi, Ez: 70-80, Dz: 110-130, ⌐ WC ☎; P 2⇔70 ⌘

Colmberg 56 ↘

Bayern — Kreis Ansbach — 450 m —
1 640 Ew — Rothenburg ob der Tauber 15, Ansbach 15 km
ℹ ☎ (0 98 03) 2 53 — Gemeindeverwaltung, Am Markt 1, 91598 Colmberg

✱ Burg Hotel Colmberg
einzeln ♂ ◂ ⌘ ✉ 91598, ☎ (0 98 03) 6 15, Fax 2 62, AX ED
25 Zi, Ez: 80-125, Dz: 130-210, 2 Suiten, ⌐ WC ☎, 2✉; P ⛁ 2⇔35
geschl: Di, Jan
1000jährige Burganlage

Coswig (Anhalt) 39

Sachsen-Anhalt — Kreis Zerbst — 70 m —
9 508 Ew — Wittenberg 13, Magdeburg 60,
Leipzig 65 km
ℹ ☎ (03 49 03) 21 39, Fax 21 58 — Stadtverwaltung, Schloßstr 57, 06869 Coswig.
Sehenswert: Kirche St. Nicolai; Klosterhof;
Schloß

* Stadt Coswig
Bahnhofstr 7, ✉ 06869, ☎ (03 49 03) 50 70,
Fax 5 07 51, AX ED VA
22 Zi, Ez: 99-145, Dz: 130-165, ⌐ WC ☎,
3✉; P 1✪44 ✞

Coswig Kr. Meißen 40 ↓

Sachsen — Kreis Meißen — 118 m —
24 500 Ew — Meißen 8, Dresden 12 km
ℹ ☎ (0 35 23) 7 98 41, Fax 7 55 06 — Stadtverwaltung, Hauptstr 18, 01640 Coswig.
Sehenswert: Kirche (15. Jh.); Ravensburger
Platz

Brockwitz (1 km ←)
* Lindenhof
Dresdner Str 191, ✉ 01640, ☎ (0 35 23)
7 17 45, Fax 7 17 45
5 Zi, Ez: 82, Dz: 92, ⌐ WC ☎; P ✞

Cottbus 41

Brandenburg — Kreis Cottbus-Stadt —
77 m — 122 000 Ew — Dresden 94,
Berlin 130 km
ℹ ☎ (03 55) 2 42 54, Fax 79 19 31 — Cott-
bus-Information, Karl-Marx-Str 68,
03044 Cottbus; 1156 erstmals urkundlich
erwähnt; Universitäts- und Parkstadt;
Messe- und Tagungszentrum; seit dem
Mittelalter bekannte Tuchmacherstadt.
Sehenswert: mittelalterlicher Stadtkern
mit Stadtmauer, Türmen und Toren; Altmarkt mit barocken Giebelhäusern und
Apothekenmuseum; Oberkirche, Klosterkirche, Schloßkirche; Kunstsammlungen;
Stadtmuseum; Planetarium; Staatstheater
(Jugendstilbau); Fürst-Pückler-Museum;
Schloß und Park Branitz; Tierpark; Parkeisenbahn; Spreewehrmühle

Stadtplan siehe Seite 280

*** Holiday Inn
Berliner Platz, ✉ 03046, ☎ (03 55) 36 60,
Fax 36 69 99, AX DC ED VA
184 Zi, Ez: 150-280, Dz: 240-330, 11 Suiten,
⌐ WC ☎, 51✉; Lift 🅿 7✪250
** Hauptgericht 30

*** Maritim
Vetschauer Str 12, ✉ 03048, ☎ (03 55)
4 76 10, Fax 4 76 19 00, AX DC ED VA
230 Zi, Ez: 205-268, Dz: 268-328, S;
11 Suiten, ⌐ WC ☎, 41✉; Lift 🅿 8✪420 ≋
Fitneßraum Sauna Solarium
** Bistro Arcade
Hauptgericht 30; P Terrasse; 10.30-24

Crailsheim

**** Sorat
(Top International Hotel)**
Schloßkirchplatz 2 (B 1-2), ✉ 03046,
☎ (03 55) 7 84 40, Fax 78 42 44, AX DC ED VA
101 Zi, Ez: 145-190, Dz: 195-240, S; 6 App,
⌐ WC ☎, 29✉; Lift 🅿 6✪30 Fitneßraum
Sauna Solarium ✞

** Dorotheenhof
Waisenstr 19, ✉ 03046, ☎ (03 55) 7 83 80,
Fax 7 83 84 44, AX ED VA
62 Zi, Ez: 140-165, Dz: 195-235, ⌐ WC ☎,
20✉; Lift 🅿 3✪40
** Hauptgericht 28; Terrasse

**** Best Western
Branitz**
♂ Heinrich-Zille-Str, ✉ 03042, ☎ (03 55)
7 51 00, Fax 71 31 72, AX DC ED VA
201 Zi, Ez: 135-155, Dz: 155-175, 4 Suiten,
⌐ WC ☎, 36✉; Lift 🅿 🚗 20✪700 Fitneßraum Kegeln Sauna Solarium ✞
Im Gästehaus „Im grünen Garten" auch
einfache Zimmer vorhanden

** Ahorn-Hotel & Pension
Bautzener Str 134, ✉ 03050, ☎ (03 55)
47 80 00, Fax 4 78 00 40, AX ED VA
20 Zi, Ez: 110-150, Dz: 145-190, 1 Suite, ⌐
WC ☎; P 1✪25

* Holiday Inn Express
Berliner Str (A-B 1), ✉ 03046, ☎ (03 55)
35 60, Fax 35 69 99, AX DC ED VA
110 Zi, Ez: 145, Dz: 145, ⌐ WC ☎, 28✉; Lift
🚗 2✪30; garni

* Zur Sonne
♂ Taubenstr 7 (B 3), ✉ 03046, ☎ (03 55)
79 19 10, Fax 79 70 95, ED VA
13 Zi, Ez: 135-145, Dz: 175, 1 Suite, ⌐ WC
☎; P ✞

* Ostrow
♂ Wasserstr 4 (C 2), ✉ 03046, ☎ (03 55)
78 00 80, Fax 7 80 08 20, AX ED
18 Zi, Ez: 85-115, Dz: 130-180, ⌐ WC ☎; P

Groß Gaglow (3 km ↓)
* Sol Inn Hotel
Am Seegraben, ✉ 03058, ☎ (03 55) 5 83 70,
Fax 5 83 74 44, AX ED VA
98 Zi, Ez: 103-133, Dz: 117-147, 2 Suiten, ⌐
WC ☎, 68✉; Lift 🅿 3✪90 ✞

Schmellwitz (3 km ↑)
** Waldhotel
♂ Drachhausener Str 70, ✉ 03044,
☎ (03 55) 8 76 40, Fax 8 76 41 00, AX ED VA
51 Zi, Ez: 80-140, Dz: 100-180, 2 Suiten, ⌐
WC ☎; P 2✪80 ✞

Crailsheim 62 ↗

Baden-Württemberg — Kreis Schwäbisch
Hall — 412 m — 30 000 Ew — Schwäbisch
Hall 32, Aalen 41, Ansbach 47 km
ℹ ☎ (0 79 51) 40 31 25, Fax 4 32 34 — Ver-
kehrsamt, Marktplatz 1, 74564 Crailsheim;
Stadt an der Jagst. Sehenswert: Ev. Kirche;
Diebsturm; Liebfrauenkapelle; Rathaus-
turm →

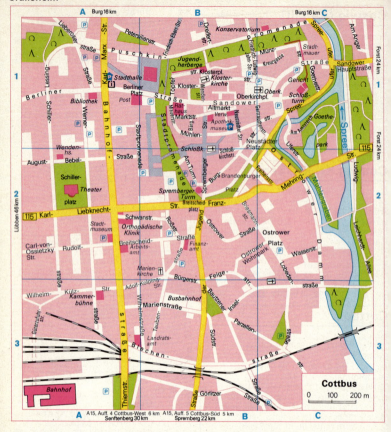

** Post-Faber
Lange Str 2, ✉ 74564, ☎ (0 79 51) 96 50,
Fax 9 65 55, AX DC ED VA
65 Zi, Ez: 98-128, Dz: 158-188, 1 Suite, 🛁
WC ☎, Lift 🅿 🚗 2↔30 Sauna Solarium
Rezeption: 8-22, Fr 8-14, Sa 17-22
Auch Zimmer der Kategorie ✱ vorhanden
**   Hauptgericht 25; geschl: Fr
abends, Sa mittags

Creglingen 56 ↗

Baden-Württemberg — Main-Tauber-Kreis
— 277 m — 5 000 Ew — Rothenburg ob der
Tauber 17, Bad Mergentheim 28, Ochsenfurt 29 km
ℹ ☎ (0 79 33) 6 31, Fax 6 31 — Touristikzen-
trum „Oberes Taubertal", Bad Mergentheimer Str, 97993 Creglingen; Erholungsort im Taubertal. Sehenswert: Fingerhut-
museum; Herrgottskirche: Marienaltar von
Riemenschneider (2 km ↓); ehem. Klosterkirche im Ortsteil Frauental (6 km ↗); Feuerwehrmuseum Schloß Waldmannshofen

✱ Krone
Hauptstr 12, ✉ 97993, ☎ (0 79 33) 5 58,
Fax 14 44
12 Zi, Dz: 100-110, S; 🛁 WC; 🅿 ▯①
geschl: Mo, 15.12.-31.1.

✱ Zum Schloßbäck
Kirchenstaffel 1, ✉ 97993, ☎ (0 79 33) 4 10,
Fax 4 10, ED
Hauptgericht 30; Terrasse; nur abends,
Sa + So + feiertags auch mittags; geschl:
Mi

Creuzburg 46 ↗

Thüringen — Kreis Eisenach — 310 m —
2 500 Ew — Eisenach 10, Eschwege 25 km
ℹ ☎ (03 69 26) 9 80 47, Fax 3 80 — Fremdenverkehrsbüro, Am Markt 4,
99831 Creuzburg. Sehenswert: Burg Creuzburg; Werrabrücke, 7 Bogen; Liborius-
kapelle; Nicolaikirche

≈ Hoteleigenes Freibad

Cuxhaven

* **Auf der Creuzburg**
♂ ⁂ ✉ 99831, ☎ (03 69 26) 9 84 78,
Fax 9 84 79, AX ED
6 Zi, Ez: 90-120, Dz: 130-160, ⌐ WC ☎; P
2↔70 ⓘ
geschl: Jan
Hotel befindet sich in der hist. Burganlage aus dem 12. Jhd.

* **Alte Posthalterei**
Plan 1, ✉ 99831, ☎ (03 69 26) 60 14,
Fax 60 15, AX DC ED VA
5 Zi, Ez: 85, Dz: 120, ⌐ WC ☎; P 1↔40 ⓘ
Rezeption: 10-22

Crimmitschau 49 ↑

Sachsen — Kreis Werdau — 237 m —
23 655 Ew — Zwickau 15, Gera 31, Chemnitz 35 km
ⓘ ☎ (0 37 62) 77 16, Fax 20 21 — Stadtverwaltung, Markt 1, 08451 Crimmitschau

** **Touric**
Bahnhofstr 8, ✉ 08451, ☎ (0 37 62) 79 90,
Fax 79 92 51, AX DC ED VA
33 Zi, Ez: 85-105, Dz: 110-135, 9 App, ⌐ WC
☎, 10✉; Lift P 2↔70 Bowling Fitneßraum
Sauna Solarium; **garni**
Auch Zimmer der Kategorie * vorhanden

** **Mauritius**
Herrengasse 11, über Buttengasse,
✉ 08451, ☎ (0 37 62) 9 51 60, Fax 95 16 20,
AX ED
14 Zi, Ez: 85-88, Dz: 120-129, ⌐ WC ☎; P
1↔18 Sauna Solarium
* ⓥ Hauptgericht 25; Biergarten

Gablenz
* **Sperlingsberg**
Sperlingsberg 2, ✉ 08451, ☎ (0 37 62)
4 02 77, Fax 4 68 51, ED
10 Zi, Ez: 75-85, Dz: 95-115, 2 Suiten,
2 App, ⌐ WC ☎, 2✉; P Sauna; **garni**

Crottendorf 50 ↓

Sachsen — Kreis Annaberg-Buchholz —
650 m — 4 400 Ew — Schwarzenberg 16,
Annaberg-Buchholz 18 km
ⓘ ☎ (03 73 44) 2 51 — Gemeindeverwaltung, Annaberger Str 230 c, 09474 Crottendorf

Crottendorf-Außerhalb (3,5 km ↗)
* **Dietrichsmühle**
einzeln ♂ Wolfner Mühle 299, ✉ 09474,
☎ (0 37 74) 8 11 89, Fax 8 62 77, AX ED
23 Zi, Ez: 60-75, Dz: 100, 1 Suite, 1 App, ⌐
WC ☎, 5✉; P ⓘ

⌐ Kostengünstige Unterkunft mit Standard-Ausstattung

Cursdorf 47 →

Thüringen — Kreis Neuhaus am Rennweg
— 700 m — 850 Ew — Neuhaus 7, Großbreitenbach 13 km
ⓘ ☎ (03 67 05) 20 17, Fax 20 70 — Gemeindeverwaltung, Bahnhofstr 1, 98744 Cursdorf; Erholungsort

** **ESTA Tagungshotel**
Ortsstr 29, ✉ 98744, ☎ (03 67 05) 6 26 32,
Fax 6 26 30
40 Zi, Ez: 80, Dz: 130, ⌐ WC ☎, 25✉; P ⌐
6↔80 Fitneßraum Sauna Solarium
Rezeption: 7.30-20
Restaurant für Hausgäste. Auch Zimmer der Kategorie ** vorhanden

* **Koch**
Schulstr 87, ✉ 98744, ☎ (03 67 05) 6 22 65,
Fax 6 07 75, AX ED VA
10 Zi, Ez: 55-80, Dz: 80-120, 2 Suiten, ⌐ WC
☎; P ⌐ 1↔25 Sauna Solarium

Cuxhaven 17 ↖

Niedersachsen — Kreis Cuxhaven — 3 m
— 55 568 Ew — Bremerhaven 45,
Bremen 111, Hamburg 128 km
ⓘ ☎ (0 47 21) 4 70 81 — Kurverwaltung,
Cuxhavener Str 92, 27476 Cuxhaven;
Hafenstadt und Nordsee-Heilbad an der
Elbmündung. Sehenswert: Landungsbrücke „Alte Liebe" ⁂, Schiffsansage;
Fischereihafen; Schloß Ritzebüttel mit
Park; Kugelbake ⁂; Strandhaus Döse ⁂;
Kurpark Döse - Insel Neuwerk: Leuchtturm
⁂; Insel Scharhörn (nur mit Führer); Insel
Helgoland (Tagesausflug)

Stadtplan siehe Seite 282

** **Best Western Donner's**
♂ ⁂ Am Seedeich 2 (B 2), ✉ 27472,
☎ (0 47 21) 50 90, Fax 50 91 34, AX DC ED VA
83 Zi, Ez: 95-150, Dz: 190-300, ⌐ WC ☎,
11✉; Lift P ⌐ 5↔100 ⌐ Sauna Solarium
Auch Zimmer der Kategorie * vorhanden
** **Hochrestaurant**
⁂ Hauptgericht 30

** **Seepavillon Donner (Ringhotel)**
♂ ⁂ Bei der Alten Liebe 5 (B 2), ✉ 27472,
☎ (0 47 21) 56 60, Fax 56 61 30, AX DC ED VA
51 Zi, Ez: 93-124, Dz: 163-186, S; 2 Suiten,
2 App, ⌐ WC ☎, 5✉; Lift P ⌐ 4↔280
Strandbad Seezugang Fitneßraum Sauna
Solarium
Auch Zimmer der Kategorie * vorhanden
** ⁂ Hauptgericht 30; Terrasse

* **Stadt Cuxhaven**
Alter Deichweg 11 (B 2), ✉ 27472,
☎ (0 47 21) 58 20, Fax 58 22 00, AX DC ED VA
42 Zi, Ez: 85-125, Dz: 176-185, ⌐ WC ☎; Lift
P 1↔30 Kegeln ⓘ →

Cuxhaven

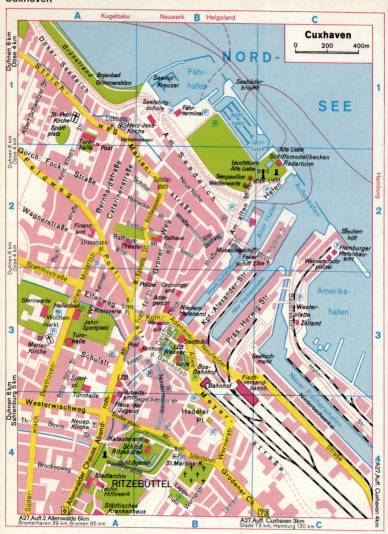

Döse (3 km ↘)
** Deichgraf
⊶ Nordfeldstr 16, ✉ 27476, ☎ (0 47 21)
40 50, Fax 40 56 14, AX ED VA
75 Zi, Ez: 141-274, Dz: 177-414, 5 Suiten,
21 App., 🛏 WC ☎, 10🍽; Lift 🅿 🚗 🚐 5⇄40 ⛴
Fitneßraum Sauna Solarium
Auch Zimmer der Kategorie ***** vorhanden
** Hauptgericht 32

Abweichungen zwischen Datenteil und
Reisekartenteil ergeben sich durch verschiedene Redaktionsschlußzeiten.

* Astrid
⚓ Hinter der Kirche 26, ✉ 27476,
☎ (0 47 21) 4 09 70, Fax 4 85 26
26 Zi, Ez: 80-90, Dz: 140-160, 3 Suiten, 🛏
WC ☎; 🅿 Sauna Solarium; **garni**
Rezeption: 8-20; geschl: Nov

✉ Der Hinweis auf Nichtraucherzimmer
zeigt Ihnen an, daß sich in diesem Hotel
Zimmer befinden, in denen nicht geraucht
werden darf. Die vorangestellte Ziffer bezieht sich auf die Anzahl der vorhandenen
Nichtraucherzimmer wie sie der Redaktion
vom Hotelbetrieb genannt wurden.

Duhnen (5 km ↘)

*** Badhotel Sternhagen ♛
⚓ ⚐ Cuxhavener Str 86, ✉ 27476,
☎ (0 47 21) 43 40, Fax 43 44 44, AX DC
49 Zi, Ez: 190-300, Dz: 300-450, 15 Suiten,
⌐ WC ☎, 5✉; Lift P 🅿 ≈ Seezugang Fitneßraum Sauna Solarium
geschl: Ende Nov-Mitte Dez
Auch Zimmer der Kategorie **** vorhanden

*** Sterneck 🍴
⚐ Hauptgericht 45; geschl: Mitte Nov-
Mitte Dez, Mitte Jan-Mitte Feb

* Ekendöns
Hauptgericht 30; nur abends; geschl: Ende
Nov-Mitte Dez

*** Strandperle
⚓ ⚐ Duhner Strandstr 15, ✉ 27476,
☎ (0 47 21) 4 00 60, Fax 40 06 96,
AX DC VA
46 Zi, Ez: 125-233, Dz: 160-374, 7 Suiten,
10 App, ⌐ WC ☎; Lift P 🅿 2⇌100 ≈
Sauna Solarium
Auch Zimmer der Kategorie ** vorhanden

*** Schweizer Stube
Hauptgericht 35; Terrasse

** Kur-Strand-Hotel Duhnen
⚐ Duhner Strandstr 5, ✉ 27476,
☎ (0 47 21) 40 30, Fax 40 33 33, AX DC ED VA
80 Zi, Ez: 100-220, Dz: 180-350, 4 Suiten,
2 App, ⌐ WC ☎; Lift P 🅿 4⇌100 ≈
Strandbad Seezugang Fitneßraum Sauna
Solarium
** Hauptgericht 35

** Seeschwalbe
Cuxhavener Str 87, ✉ 27476,
☎ (0 47 21) 42 01 00, Fax 42 01 44
48 Zi, Ez: 85-120, Dz: 128-203, 1 Suite,
2 App, ⌐ WC ☎, 3✉; Lift P 1⇌20 Sauna
Solarium; **garni**
geschl: 5.1.-7.2.

** Meeresfriede
Wehrbergsweg 11, ✉ 27476, ☎ (0 47 21)
43 50, Fax 43 52 22, DC VA
23 Zi, Ez: 77-125, Dz: 172-210, 2 Suiten,
2 App, ⌐ WC ☎; P 🅿 ≈ Solarium
geschl: Mitte Nov-Mitte Feb
Restaurant für Hausgäste. Auch Zimmer
der Kategorie * vorhanden

** Akzent-Hotel Neptun
⚓ Nordstr 11, ✉ 27476, ☎ (0 47 21) 42 90,
Fax 40 33 33, AX DC ED VA
24 Zi, Ez: 80-170, Dz: 150-225, 1 App, ⌐ WC
☎, 2✉; P ≈ Strandbad Sauna Solarium;
garni
geschl: Anfang Nov-Anfang Apr

* Wehrburg
⚓ Wehrbergsweg 53, ✉ 27476, ☎ (0 47 21)
4 00 80, Fax 4 00 82 76, DC ED VA
70 Zi, Ez: 60-165, Dz: 120-180, 9 App, ⌐ WC
☎; Lift P 🅿 1⇌45 Sauna Solarium; **garni**

Sahlenburg (5 km ←)

** Wattenkieker
⚐ Sahlenburger Strand 27, ✉ 27476,
☎ (0 47 21) 20 00, Fax 20 02 00, ED
21 Zi, Ez: 108-110, Dz: 166-260, ⌐ WC ☎;
Lift P Strandbad Sauna Solarium
Rezeption: 8-21; geschl: Nov-Feb
** ⚐ Hauptgericht 25; Terrasse;
geschl: Nov-Feb

** Muschelgrund
Muschelgrund 1, ✉ 27476, ☎ (0 47 21)
20 90, Fax 20 92 09
18 Zi, Ez: 95-100, Dz: 140-180, ⌐ WC ☎; P
Sauna Solarium; **garni**
geschl: 15.11.96-15.2.97

* Itjen
⚐ Am Sahlenburger Strand 3, ✉ 27476,
☎ (0 47 21) 2 03 10, Fax 20 31 19
21 Zi, Ez: 65-85, Dz: 100-130, ⌐ WC ☎; P;
garni
geschl: Nov-Feb

Daaden 44 ↘

Rheinland-Pfalz — Kreis Altenkirchen —
350 m — 4 854 Ew — Siegen 27,
Limburg 55 km
ℹ ☎ (0 27 43) 20 82, Fax 41 57 — Verbandsgemeindeverwaltung, Bahnhofstr 6,
57567 Daaden; Ort im nördlichen Westerwald, Fremdenverkehrsgemeinde.
Sehenswert: Ev. Pfarrkirche; Schloß
Friedewald; Steinches Mühle in Deschen

* Gasthof Koch
Mittelstr 3, ✉ 57567, ☎ (0 27 43) 9 21 50,
Fax 92 15 44, ED
22 Zi, Ez: 30-50, Dz: 60-100, 1 App, ⌐ WC
☎; 🅿 ≈
Rezeption: 8-14, 16-22; geschl: Mo
* Hauptgericht 30

Dachau 71 ↑

Bayern — Kreis Dachau — 505 m —
38 000 Ew — München 17 km
ℹ ☎ (0 81 31) 8 45 66, Fax 84 45 29 —
Verkehrsverein, Konrad-Adenauer-Str 2,
85221 Dachau. Sehenswert: Kath. Stadtpfarrkirche; Hofgarten ⚐ hinter dem-
Schloß; Gedenkstätte: ehem. Konzen-
trationslager; Gemäldegalerie; Bezirksmuseum

** Aurora
Roßwachtstr 1, ✉ 85221, ☎ (0 81 31)
5 15 30, Fax 51 53 32, AX DC ED VA
14 Zi, Ez: 130, Dz: 225, 1 Suite, 4 App, ⌐
WC ☎; Lift P 1⇌60 Sauna Solarium
** Hauptgericht 40; Biergarten
Terrasse →

Dachau

** Central
Münchner Str 46 a, ⌧ 85221, ☎ (0 81 31)
56 40, Fax 56 41 21, AX ED VA
44 Zi, Ez: 135-195, Dz: 185-225, ⌐ WC ☎,
5✉; Lift 🅿 🚗 2⟲50 ⊙

** Fischer
Bahnhofstr 4, ⌧ 85221, ☎ (0 81 31) 7 82 04,
Fax 7 85 08, AX DC ED VA
26 Zi, Ez: 98-140, Dz: 135-195, ⌐ WC ☎; Lift
🅿 🚗 2⟲40
geschl: 24.12.-7.1.
* Hauptgericht 25; Terrasse;

* Huber
Josef-Seliger-Str 7, ⌧ 85221, ☎ (0 81 31)
5 15 20, Fax 51 52 50, AX DC ED VA
15 Zi, Ez: 98-115, Dz: 125-150, ⌐ WC ☎; 🅿
🚗; garni
geschl: Ende Dez-Anfang Jan

* Hörhammerbräu
Konrad-Adenauer-Str 12, ⌧ 85221,
☎ (0 81 31) 47 11 / 36 23-0, Fax 36 23-40,
AX DC ED VA
19 Zi, Ez: 100-130, Dz: 130-190, 1 Suite, ⌐
WC ☎; 🅿 2⟲60 Kegeln
* Hauptgericht 25; Terrasse

Dachwig 47 ↑

Thüringen — 190 m — 1 616 Ew —
Bad Langensalza 14, Erfurt 26 km
ℹ ☎ (03 62 06) 32 05 — Gemeindeverwaltung

Dachwig
* Landgasthof Zur Tanne
Anger 1, ⌧ 99100, ☎ (03 62 06) 31 70,
Fax 31 70, AX ED
10 Zi, Ez: 75-85, Dz: 100-120, ⌐ WC ☎; 🅿
1⟲40 Kegeln Sauna Solarium ⊙

Dagebüll 9 ↖

Schleswig-Holstein — Kreis Nordfriesland
— 1 m — 1 100 Ew — Niebüll 12 km
ℹ ☎ (0 46 67) 3 53, Fax 4 55 — Fremdenverkehrszentrale, Am Badedeich 1,
25899 Dagebüll; Erholungsort am
Nationalpark Wattenmeer. Fährhafen zu
den Inseln Föhr und Amrum.

Achtung: Anmeldung zur Autoverladung
bei der Wyker Dampfschiffs-Reederei
Föhr/Amrum, Buchungszentrale (0 46 81)
80 40

Hafen (4 km ↗)
* Strandhotel
⋖ Koogswarft, ⌧ 25899, ☎ (0 46 67) 2 12,
Fax 4 96
33 Zi, Ez: 65-75, Dz: 98-160, 4 App, ⌐ WC
☎; 🅿 🚗 Strandbad Seezugang ⊙

Dahlewitz 30 ↘

Brandenburg — Teltow-Fläming —
5 291 Ew — Berlin 15 km
ℹ ☎ (03 37 08) 23 60, Fax 2 36 21 — Amt
Rangsdorf, 15834 Rangsdorf

Dahlewitz
*** Berliner Ring
Eschenweg 18, ⌧ 15827, ☎ (03 37 08) 5 80,
Fax 5 88 88, AX DC ED VA
266 Zi, Ez: 115, Dz: 130, ⌐ WC ☎, 20✉; Lift
🅿 6⟲100 ⊙
Golf 9

Dahlwitz-Hoppegarten 30 ↗

Brandenburg — Kreis Strausberg — 60 m
— 3 940 Ew — Berlin 10, Strausberg 15 km
ℹ ☎ (0 33 42) 8 03 00 — Gemeindeverwaltung, Lindenallee 14, 15366 Dahlwitz-Hoppegarten;

**** Treff Hotel Hoppegarten
Berlin**
Köpenicker Str 1, ⌧ 15366, ☎ (0 33 42)
36 70, Fax 36 73 67, AX DC ED VA
161 Zi, Ez: 135-205, Dz: 185-295, S; ⌐ WC
☎, 21✉; Lift 🅿 🚗 7⟲110 Fitneßraum
Sauna Solarium
** Hofgarten-Restaurant
Hauptgericht 25; Terrasse

Birkenstein
* Birkensteiner Hof
♂ Am Fließ 62 a, ⌧ 15366, ☎ (0 33 42)
30 01 33, Fax 30 01 32
14 Zi, Ez: 90-130, Dz: 100-150, ⌐ WC ☎,
6✉; 🅿; garni

Dahme 11 □

Schleswig-Holstein — Kreis Ostholstein —
5 m — 1 142 Ew — Oldenburg i. H. 21,
Neustadt i. H. 25 km
ℹ ☎ (0 43 64) 80 11, Fax 12 56 — Kurverwaltung, An der Kurpromenade,
23747 Dahme; Ostsee-Heilbad, Meerwasser-Hallenbad mit Außenbecken

* Matinee
Haakestr 6, ⌧ 23747, ☎ (0 43 64) 4 97 70,
Fax 49 77 98, DC VA
24 Zi, Ez: 120-140, Dz: 170-190, ⌐ WC ☎;
Lift 🅿 1⟲20 ⌂ Fitneßraum Sauna
Solarium ⊙

* Holsteinischer Hof
⋖ Strandstr 9, ⌧ 23747, ☎ (0 43 64) 10 85,
Fax 87 46
36 Zi, Ez: 90-100, Dz: 170-200, ⌐ WC ☎; Lift
🅿 1⟲50
geschl: Anfang Okt-Mitte Mär
* Hauptgericht 25; nur abends;
geschl: Anfang Okt-Mitte Mär

⊨ **Thode**
◂ Memelstr 3, ✉ 23747, ☏ (0 43 64) 4 97 10, Fax 49 71 13
35 Zi, Ez: 78-146, Dz: 124-188, S; 2 App, ⌐⌐ WC ☏; Lift 🅿 ≋ Sauna Solarium; **garni**
Rezeption: 8-21; geschl: Mitte Okt-Ende Mär
Im Gästehaus auch Zimmer der Kategorie ✱ vorhanden

Dahn 60 ↘

Rheinland-Pfalz — Kreis Pirmasens — 202 m — 5 170 Ew — Bad Bergzabern 19, Pirmasens 20, Landau i. d. Pfalz 39 km
🛈 ☏ (0 63 91) 58 11, Fax 13 62 — Tourist-Information, Schulstr 29, 66994 Dahn; Luftkurort im Wasgau. Sehenswert: Felsgebilde: Jungfernsprung, Braut und Bräutigam; Burgruinen: Altdahn, Grafendahn, Tanstein (1 km), Neudahn (2 km); Dahner Sommerspiele

✱✱ **Pfalzblick**
einzeln ♂ ◂ Goethestr 1, ✉ 66994, ☏ (0 63 91) 40 40, Fax 40 45 40, AX DC ED VA
77 Zi, Ez: 95-149, Dz: 150-280, 1 Suite, ⌐⌐ WC ☏, 16⌐; Lift 🅿 3↻35 ≋ Sauna Solarium
✱✱ **Schlemmerstübchen**
◂ einzeln Hauptgericht 25; Terrasse

Reichenbach (2 km ↘)
✱ **Altes Bahnhöf'l**
An der Reichenbach 6, an der B 427, ✉ 66994, ☏ (0 63 91) 37 55
Hauptgericht 20; geschl: Mo, Jan

Dahnsdorf 29 ↙

Brandenburg — 60 m — 463 Ew — Belzig 8, Treuenbrietzen 16, Wittenberg 33 km
🛈 ☏ (03 38 43) 3 02 — Gemeindeverwaltung, Waldstr 2, 14806 Dahnsdorf

Dahnsdorf
✱✱ **Dahnsdorfer Hof**
Hauptstr 9, ✉ 14806, ☏ (03 38 43) 4 54 55, Fax 4 54 44
18 Zi, Ez: 85, Dz: 120, ⌐⌐ WC ☏; 🅿; **garni**

Dallgow 29 □

Brandenburg — Kreis Havelland — 50 m — 3 100 Ew — Berlin 20, Potsdam 20 km
🛈 ☏ (0 33 22) 29 84 41 — Gemeindeverwaltung, Ordnungsamt, Wilmsstr 41, 14624 Dallgow

Döberitz (2 km ←)
✱✱✱ **Parkhotel**
Johann-Sebastian-Bach-Str 7, ✉ 14624, ☏ (0 33 22) 27 89, Fax 27 88 00, AX DC ED VA
41 Zi, Ez: 165-195, Dz: 230-265, 7 Suiten, ⌐⌐ WC ☏; Lift 🅿 4↻80
✱✱ Hauptgericht 30

Dammbach 55 ↑

Bayern — Kreis Aschaffenburg — 520 m — 2 000 Ew — Marktheidenfeld 30, Aschaffenburg 25 km
🛈 ☏ (0 60 92) 70 55, Fax 10 18 — Verkehrsverein, Hauptstr 59, 63872 Heimbuchenthal; Erholungsort im Spessart

Krausenbach-Außerhalb (2,5 km ↘)
✱ **Waldhotel Heppe**
einzeln ♂ ◂ Heppe 1, ✉ 63874, ☏ (0 60 92) 94 10, Fax 94 12 85
29 Zi, Ez: 60-69, Dz: 122-132, ⌐⌐ WC ☏; 🅿 🖃
1↻26 ≋ Fitneßraum Sauna Solarium 🍽
geschl: Di, Mitte Dez-Mitte Feb

Damme 24 □

Niedersachsen — Kreis Vechta — 63 m — 14 442 Ew — Holdorf 9, Diepholz 20, Osnabrück 31 km
🛈 ☏ (0 54 91) 66 20, Fax 6 62 23 — Stadtverwaltung, Mühlenstr 18, 49401 Damme. Sehenswert: Fachwerkhäuser; Pfarrkirche St. Viktor; Hünensteine; Naturschutzgebiet Dümmersee (7 km →)

✱✱ **Lindenhof**
♂ Osterdammerstr 51, ✉ 49401, ☏ (0 54 91) 12 49, Fax 56 52, AX ED VA
10 Zi, Ez: 95, Dz: 140-160; ⌐⌐ WC ☏; 🅿 🖃
✱✱ Hauptgericht 30; ✣
geschl: Di mittags, 2 Wochen im Sommer

✱ **Regina**
Steinfelder Str 45, ✉ 49401, ☏ (0 54 91) 22 23, Fax 55 59, AX ED VA
13 Zi, Ez: 70-75, Dz: 110-120, ⌐⌐ WC ☏; 🅿 🍽
geschl: So, Ende Dez-Anfang Jan

✱✱ **Ratskeller**
Mühlenstr 18, ✉ 49401, ☏ (0 54 91) 37 66
Hauptgericht 30; geschl: Mi, 3 Wochen in den Sommerferien

Damnatz 19 ↘

Niedersachsen — Kreis Lüchow-Dannenberg — 10 m — 400 Ew — Dannenberg 7, Hitzacker 13 km
🛈 ☏ (0 58 61) 8 08 43 — Samtgemeindeverwaltung, Gäste-Information, Rosmarienstr 3, 29451 Dannenberg (Elbe); Fachwerkhäuser; St.-Johannis-Kirche

✱✱ **Steinhagen**
♂ Am Elbdeich 6, ✉ 29472, ☏ (0 58 65) 5 54, Fax 14 19, AX DC ED VA
9 Zi, Ez: 70, Dz: 110, 1 Suite, ⌐⌐ WC; 🅿
geschl: Mitte Jan-Ende Feb
✱✱ Hauptgericht 25; Terrasse;
geschl: im Winter Mo+Di, Mitte Jan-Ende Feb

Dannenberg

Dannenberg 19 ↓

Niedersachsen — Kreis Lüchow-Dannenberg — 8 015 Ew — Lüchow 19, Lüneburg 53 km
ℹ ☎ (0 58 61) 80 81 90, Fax 80 81 00 — Gäste-Information, Rathaus, Am Markt 5, 29451 Dannenberg

✱ **Alte Post**
Marschtorstr 6, ✉ 29451, ☎ (0 58 61) 25 11, Fax 40 66
14 Zi, Ez: 75, Dz: 120, ⌐ WC ☎; 🅿
Rezeption: 10-23
✱ Hauptgericht 25

✱ **Birkenhof**
Marschtorstr 27, ✉ 29451, ☎ (0 58 61) 24 41, Fax 22 77, AX ED VA
10 Zi, Ez: 80, Dz: 120, ⌐ WC ☎; 🅿 1↔60
Rezeption: 10-22; geschl: Mo
✱ Hauptgericht 22; Terrasse

✱ **Marschtor**
Marschtorstr 43, ✉ 29451, ☎ (0 58 61) 43 78, Fax 87 22, AX DC ED VA
6 Zi, Ez: 80-100, Dz: 100-140, ⌐ WC ☎; 🚗;
garni

Dannenfels 53 →

Rheinland-Pfalz — Donnersbergkreis — 420 m — 1 000 Ew — Kirchheimbolanden 8, Kaiserslautern 27 km
ℹ ☎ (0 63 57) 16 14, Fax 16 14 — Verkehrsamt, 67814 Dannenfels; Erholungsort.
Sehenswert: Burgruinen; Fernsehturm; Ludwigsturm ⋖

Bastenhaus (2 km ↖)
✱ **Bastenhaus**
einzeln ♣ Haus Nr 1, ✉ 67814, ☎ (0 63 57) 50 21, Fax 71 28, AX ED VA
23 Zi, Ez: 69-79, Dz: 104-124, ⌐ WC ☎, 12⬚; 🅿 2↔40 Sauna Solarium ⍟
geschl: 2 Wochen im Aug, 3 Wochen im Feb/Mär
Auch Zimmer der Kategorie ✱✱ vorhanden

Dargun 13 ↓

Mecklenburg-Vorpommern — Kreis Malchin — 25 m — 4 347 Ew — Demmin 13, Malchin 22 km
ℹ ☎ (03 99 59) 2 05 33 — Stadtverwaltung, Platz des Friedens, 17159 Dargun

✱ **Am Klostersee**
Am Klosterdamm, ✉ 17159, ☎ (03 99 59) 25 20, Fax 2 52 28, AX DC ED VA
26 Zi, Ez: 80-100, Dz: 100-140, ⌐ WC ☎; 🅿 2↔100, Seezugang ⍟

⊗ Alte, beachtenswerte Architektur oder Einrichtung

Darmstadt 54 ↗

Hessen — Stadtkreis — 141 m — 140 000 Ew — Frankfurt/Main 28, Heidelberg 56 km
ℹ ☎ (0 61 51) 13 27 83, Fax 13 20 75 — Verkehrsamt, Luisenplatz 5 (C 2), 64283 Darmstadt; Regierungsbezirkshaupt- und Kreisstadt des Kreises Darmstadt-Dieburg; Technische Hochschule; Staatstheater.
Sehenswert: Ev. Stadtkirche; kath. Ludwigskirche; Rathaus; Luisenplatz: Ludwigsäule ⋖; Mathildenhöhe: Hochzeitsturm ⋖; Russische Kapelle; Jugendstilmuseum; Schloß und Herrngarten: Porzellanschlößchen; Landesmuseum; Stadtmuseum; Wella-Museum. Umgebung: Kranichstein Jagdschloß: Jagdmuseum; Eisenbahnmuseum (6 km ↗)

✱✱✱ **Maritim Rhein-Main Hotel**
Am Kavalleriesand 6, ✉ 64295, ☎ (0 61 51) 30 30, Fax 30 31 11, AX DC ED VA
244 Zi, Ez: 241-371, Dz: 298-382, S;
4 Suiten, ⌐ WC ☎, 42⬚; Lift 🅿 10↔300 ≘ Fitneßraum Sauna Solarium
✱✱ Hauptgericht 40; 🅿 Terrasse

✱✱✱ **Maritim Konferenzhotel**
Rheinstr 105 (A 2), ✉ 64295, ☎ (0 61 51) 87 80, Fax 89 31 94, AX DC ED VA
341 Zi, Ez: 225-347, Dz: 282-422, S;
11 Suiten, ⌐ WC ☎, 27⬚; Lift 🅿 11↔500 ≘ Bowling Sauna Solarium
✱✱ **Landgraf**
Hauptgericht 40

✱✱✱ **Contel**
Otto-Röhm-Str 90, ✉ 64293, ☎ (0 61 51) 88 20, Fax 88 28 88, AX ED VA
275 Zi, Ez: 150-220, Dz: 198-253, ⌐ WC ☎, 200⬚; Lift 🅿 15↔150
geschl: Ende Dez-Anfang Jan
✱✱ **Samantha's**
Hauptgericht 30; Terrasse; geschl: Sa+So, Ende Dez-Anfang Jan

✱✱ **Weinmichel**
Schleiermacherstr 10 (C 1), ✉ 64283, ☎ (0 61 51) 2 90 80, Fax 2 35 92, AX DC ED VA
75 Zi, Ez: 186-198, S; ⌐ WC ☎, 37⬚; Lift 🅿 1↔50
✱✱ **Weinstuben**
Hauptgericht 35; Gartenlokal
✱ **Taverne**
Hauptgericht 23; nur abends

✱✱ **Treff Page Hotel**
Eschollbrücker Str 16, ✉ 64295, ☎ (0 61 51) 38 50, Fax 38 51 00, AX DC ED VA
166 Zi, Ez: 170-190, S; ⌐ WC ☎, 40⬚; Lift 🅿 5↔190 Fitneßraum Sauna Solarium
✱✱ Hauptgericht 28; geschl: Sa, So

☎☎ Hervorragende Küchenleistung

Darmstadt

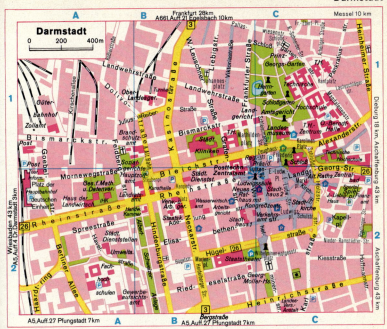

** Parkhaus-Hotel
Grafenstr 31 (B 2), ✉ 64283, ☎ (0 61 51)
2 81 00, Fax 29 39 08, AX DC ED VA
80 Zi, Ez: 155, Dz: 190, ⌐ WC, 10✉, Lift
P 🚗 4⇔100; garni

** Prinz Heinrich
Bleichstr 48 (B 2), ✉ 64283, ☎ (0 61 51)
89 98 88, Fax 89 59 01, AX ED
64 Zi, Ez: 105-137, Dz: 175, 51 App, ⌐ WC
☎, 12✉; Lift P 🚗
Auch Zimmer der Kategorie * vorhanden
* Hauptgericht 16; Terrasse; nur
abends, So auch mittags; geschl: feiertags

** Donnersberg
Donnersbergring 38, ✉ 64295, ☎ (0 61 51)
3 10 40, Fax 3 31 47, AX ED VA
20 Zi, Ez: 119-150, Dz: 149-189, ⌐ WC ☎;
Lift P; garni
Rezeption: 7-12, 15-23; geschl: Ende Dez-
Anfang Jan
Auch Zimmer der Kategorie * vorhanden

* Akzent-Hotel Mathildenhöhe
Spessartring 53, ✉ 64287, ☎ (0 61 51)
49 84 -0, Fax 49 84 50, AX DC ED VA
22 Zi, Ez: 120-140, Dz: 160-180, ⌐ WC ☎,
8✉; Lift P 🚗 10; garni
geschl: 23.12.96 - 1.1.97

* Hornung
Mornewegstr 43 (A 2), ✉ 64293,
☎ (0 61 51) 92 66, Fax 89 18 92, AX DC ED VA
36 Zi, Ez: 105-145, Dz: 130-195, ⌐ WC ☎,
4✉; Lift P; garni

Bormuth
Marktplatz 5 (C 2), ✉ 64283, ☎ (0 61 51)
2 63 71, Fax 2 73 28
7.30-18; geschl: So

Darmstadt-Außerhalb (8 km ↗)
** Einsiedel
einzeln, Dieburger Str 263, ✉ 64287,
☎ (0 61 59) 2 44, Fax 17 44, AX ED
Hauptgericht 45; P Terrasse; geschl: Di,
Mi

Darmstadt-Außerhalb (4,5 km ↘)
* Reuterhof
Mainzer Str 168, ✉ 64293, ☎ (0 61 51)
92 70, Fax 9 27 51, AX ED VA
40 Zi, Ez: 90-100, Dz: 110-120, 39 App, ⌐
WC ☎; Lift P 🚗 2⇔120 Fitneßraum
Restaurant für Hausgäste

Arheilgen (4 km ↑)
* Weißer Schwan
Frankfurter Landstr 190, ✉ 64291,
☎ (0 61 51) 37 17 02, Fax 37 78 84, AX ED VA
24 Zi, Ez: 75-95, Dz: 120-150, ⌐ WC; P 🍽

Eberstadt (7 km ↓)
* Rehm
Heidelberger Landstr 306, ✉ 64297,
☎ (0 61 51) 94 13-0, Fax 94 13-13
22 Zi, Ez: 65-95, Dz: 110-135, ⌐ WC ☎,
12✉; P 🚗; garni →

Darmstadt

Kranichstein (3 km ↗)
*** Schlosshotel Kranichstein ♛
einzeln ♂ Kranichsteiner Str 261, ✉ 64289,
☎ (0 61 51) 9 77 90, Fax 97 79 20,
AX DC ED VA
11 Zi, Ez: 180, Dz: 240-280, S; 4 Suiten, ⌐
WC ☎; Lift P 3↔250
*** Der Grill
Hauptgericht 40; nur abends; geschl: So,
Mo, feiertags
** Kavaliersbau
Hauptgericht 35; Terrasse; geschl: im
Winter Mo

Darscheid 42 ↘

Rheinland-Pfalz — Kreis Daun — 500 m —
650 Ew — Daun 6, Cochem 29 km
ℹ ☎ (0 65 92) 93 91 77, Fax 93 91 77 —
Verkehrsamt, Leopoldstr 5, 54550 Daun;
Erholungsort in der Eifel. Sehenswert: Die
drei Maare bei Daun

** Kucher's Landhotel
Karl-Kaufmann-Str 2, ✉ 54552, ☎ (0 65 92)
6 29, Fax 36 77, AX ED
Hauptgericht 38; Gartenlokal P; geschl:
Mo, Di mittags, Mitte-Ende Jan, Ende
Mär-Anfang Apr
* 14 Zi, Ez: 65-80, Dz: 130-160, ⌐
WC ☎, 4 ✉
geschl: Mitte-Ende Jan, Ende Mär-Anfang
Apr

Dasing 63 ↘

Bayern — Kreis Aichach-Friedberg —
482 m — 2 600 Ew — Friedberg 7,
Aichach 9 km
ℹ ☎ (0 82 05) 9 60 50, Fax 96 05 30 —
Verwaltungsgemeinschaft, Kirchstr 7,
86453 Dasing. Sehenswert: Pfarrkirche
St. Martin

Lindl (2 km ↗)
** Highway-Hotel
Robert-Bosch-Str 1, ✉ 86453, ☎ (0 82 05)
60 90, Fax 60 92 55, AX DC ED VA
85 Zi, Ez: 90-170, Dz: 130-180, S; ⌐ WC ☎,
25 ✉; Lift P 3↔25 Fitneßraum Sauna
Solarium; **garni**
Reservierung von Tageszimmern möglich

Dassel 36 ↑

Niedersachsen — Kreis Northeim — 200 m
— 11 500 Ew — Einbeck 13, Holzminden
24 km
ℹ ☎ (0 55 64) 5 01, Fax 2 02 28 — Fremdenverkehrsverein, Südstr 1, 37586 Dassel;
Erholungsort. Sehenswert: Hist. Technik-
museum Blankschmiede

Die von uns genannten Cafés bieten neben
Konditoreiwaren und Getränken häufig
auch kleine Gerichte an.

* Deutsche Eiche
Obere Str 14, ✉ 37586, ☎ (0 55 64) 9 60 10,
Fax 27 50, AX DC ED VA
19 Zi, Ez: 70-90, Dz: 120-140, ⌐ WC ☎;
Rezeption: 7-14.30, 17-24
** Hauptgericht 25

Lüthorst (7 km ↗)
*** Akzent-Hotel
Wilhelm-Busch-Landhotel**
♂ Weiße Mühle 11, ✉ 37586, ☎ (0 55 62)
9 40 40, Fax 94 04 13, AX ED VA
28 Zi, Ez: 74-78, Dz: 118-128, ⌐ WC ☎; P
3↔160 ✉ Kegeln Sauna Solarium
* Hauptgericht 22

Datteln 33 □

Nordrhein-Westfalen — Kreis Recklinghausen — 50 m — 37 000 Ew — Recklinghausen 11, Dortmund 24, Münster 45 km
ℹ ☎ (0 23 63) 10 71, Fax 10 73 51 — Stadtverwaltung, Genthiner Str 8, 45711
Datteln; größter Kanalknotenpunkt
Europas. Sehenswert: Hermann-Grocht-
mann-Museum

* Zum Ring
Ostring 41, ✉ 45711, ☎ (0 23 63) 5 24 65,
Fax 5 35 01, AX DC ED VA
9 Zi, Ez: 85-100, Dz: 130-150, ⌐ WC ☎; P ✉
Sauna Solarium 🍽

Datteln-Ahsen (6,5 km ↘)
**** Jammertal
(Silencehotel)**
einzeln ♂ Redder Str 421, ✉ 45711,
☎ (0 23 63) 37 70, Fax 37 71 00, AX DC ED VA
63 Zi, Ez: 125-150, Dz: 150-260, 7 Suiten,
1 App, ⌐ WC ☎; Lift P 6↔120 ≈ ✉
Fitneßraum Kegeln Sauna Solarium
** Schnieders Gute Stube
Hauptgericht 30; Terrasse

Dattenrode siehe Ringgau

Daufenbach siehe Zemmer

Daun 42 ↘

Rheinland-Pfalz — Kreis Daun — 450 m —
8 200 Ew — Cochem 34, Mayen 40,
Prüm 40 km
ℹ ☎ (0 65 92) 93 91 77, Fax 93 91 89 —
Verkehrsamt, Leopoldstr 5, 54550 Daun;
heilklimatischer Kur- und Kneipport in der
Eifel. Sehenswert: Die drei Dauner Maare:
Gemündener, Weinfelder- oder Toten- und
Schalkenmehrer Maar; Hirsch- und
Saupark

Bei den Ferienzeit-Angaben für Hotels und
Restaurants bedeuten „Anfang" 1. bis 10.,
„Mitte" 11. bis 20. und „Ende" 21. bis 31.
des jeweiligen Monats. Innerhalb dieser
Zeiträume liegen Beginn und Ende der
Ferienzeit.

✱✱✱ Schloßhotel Kurfürstliches Amtshaus (European Castle)
⊰ Auf dem Burgberg, ✉ 54550, ☏ (0 65 92) 30 31, Fax 49 42, AX DC ED VA
41 Zi, Ez: 115-160, Dz: 220-260, 1 Suite, ⊿ WC ☏; Lift 🅿 3⇔55 ≋ Sauna Solarium
geschl: 5.1.-23.1.97
Auch Zimmer der Kategorie ✱✱ vorhanden

✱✱✱ Graf Leopold 🍷
⊰ Hauptgericht 50; Terrasse; geschl: Mo, Di, 5.-23.1.97

✱✱ Panorama
♂ ⊰ Rosenbergstr 26, ✉ 54550, ☏ (0 65 92) 93 40, Fax 93 42 30
28 Zi, Ez: 93-100, Dz: 160-170, ⊿ WC ☏; Lift 🅿 ≋ Sauna Solarium
geschl: Mo, Mitte Nov-Mitte Dez, Ende Feb-Mitte Mär
✱✱ Hauptgericht 30; Terrasse

✱ Parkhotel Ana Marija
♂ Maria-Hilf-Str 16, ✉ 54550, ☏ (0 65 92) 9 68 60, Fax 96 86 11, AX ED
33 Zi, Ez: 75-95, Dz: 130-150, 1 App, ⊿ WC ☏; 🅿

✱ Zum Goldenen Fäßchen
Rosenbergstr 5, ✉ 54550, ☏ (0 65 92) 30 97, Fax 86 73, AX DC ED VA
28 Zi, Ez: 68-80, Dz: 136-160, 1 App, ⊿ WC ☏; Lift 🅿 📺 3⇔80 Fitneßraum Kegeln Sauna Solarium 🍽
geschl: Do

Gemünden (2 km ↓)
✱ Berghof
♂ ⊰ Lieserstr 20, ✉ 54550, ☏ (0 65 92) 28 91, Fax 14 14
17 Zi, Ez: 49-59, Dz: 78-104, ⊿ WC ☏; 🅿 📺
geschl: Mo, Nov, 3 Wochen vor Ostern
✱ Hauptgericht 23; geschl: Mo, Nov, 3 Wochen vor Ostern

Dedelstorf 27 ↖

Niedersachsen − Kreis Gifhorn − 106 m − 1 651 Ew − Wittingen 19, Gifhorn 25, Uelzen 33 km
ℹ ☏ (0 58 32) 83 21, Fax 83 40 − Touristinformation, Bahnhofstr 32, 29386 Hankensbüttel

Repke (2 km →)
✱ Dierks
Celler Str 6, ✉ 29386, ☏ (0 58 32) 60 82, Fax 60 84, AX ED VA
17 Zi, Ez: 60-86, Dz: 109-119, ⊿ WC ☏; 2⇔80

Dederstedt 38 □

Sachsen-Anhalt − Kreis Mansfelder Land − 215 m − 530 Ew − Eisleben 8, Halle 31 km
ℹ ☏ (03 47 73) 2 02 92, Fax 2 02 92 − Gemeindeverwaltung, Dorfstr 2, 06295 Dederstedt

✱ Papa Dicken
♂ 🍷 Dorfstr 16, ✉ 06295, ☏ (03 47 73) 2 03 08, ED
12 Zi, Ez: 70, Dz: 120, ⊿ WC ☏; 🅿 📺 1⇔16; garni

Deggendorf 66 ←

Bayern − Kreis Deggendorf − 314 m − 32 000 Ew − Straubing 36, Passau 69, Landshut 74 km
ℹ ☏ (09 91) 2 96 01 69, Fax 3 15 86 − Verkehrsamt, Oberer Stadtplatz, 94469 Deggendorf; Stadt an der Donau, am Rand des Bayerischen Waldes.
Sehenswert: Pfarrkirche Mariä Himmelfahrt: Hochaltar; Wallfahrtskirche Zum Heiligen Grab: Turm; Rathaus

✱✱✱ Flamberg Parkhotel
Edlmairstr 4, ✉ 94469, ☏ (09 91) 60 13, Fax 3 15 51, AX DC ED VA
112 Zi, Ez: 168-198, Dz: 216-246, S;
13 Suiten, ⊿ WC ☏, 10✉; Lift 🅿 📺 9⇔68 Fitneßraum Sauna Solarium
✱✱ Tassilo
Hauptgericht 28; Terrasse; geschl: 3 Wochen im Aug

✱✱ Donauhof
Hafenstr 1, ✉ 94469, ☏ (09 91) 3 89 90, Fax 38 99 66, AX DC ED VA
45 Zi, Ez: 65-100, Dz: 110-160, 3 Suiten, ⊿ WC ☏; Lift 🅿 Sauna Solarium 🍽

✱✱ Grauer Hase
Untere Vorstadt 12, ✉ 94469, ☏ (09 91) 37 12 70, Fax 3 71 27 20, AX ED DC VA
Hauptgericht 30; geschl: So, Ende Jul-Mitte Aug

✱ La Padella
Rosengasse 7, ✉ 94469, ☏ (09 91) 55 41, AX DC ED VA
Hauptgericht 30; Terrasse; geschl: So abends, Mo, Ende Apr, Mitte Sep

Fischerdorf (1 km ↓)
✱ Rosenhof
♂ Rosenstr 7, ✉ 94469, ☏ (09 91) 82 55, Fax 38 23 13, AX DC ED VA
20 Zi, Ez: 50-70, Dz: 80-120, ⊿ WC ☏, 15✉; 🅿; garni

Natternberg (5 km ↗)
✱✱ Zum Burgwirt
Deggendorfer Str 7, ✉ 94469, ☏ (09 91) 3 00 45, Fax 3 12 87, ED
37 Zi, Ez: 70-185, Dz: 110-160, 2 Suiten, ⊿ WC ☏; 🅿 📺 4⇔100 Fitneßraum Kegeln Sauna Solarium
Rezeption: 7-14, 16-24; geschl: Mo, Aug
✱ Hauptgericht 25; Biergarten Terrasse; geschl: Mo, Aug

Deggenhausertal 69 ↙

Baden-Württemberg — Bodenseekreis —
500 m — 3 500 Ew — Ravensburg 22,
Überlingen 25 km
ℹ️ ☎ (0 75 55) 9 20 00, Fax 92 00 99 —
Gemeindeverwaltung, im Ortsteil
Wittenhofen, Badener Str 14, 88693
Deggenhausertal

Limpach
* **Guts-Gasthof Mohren**
♂ ⋖ Kirchgasse 1, ✉ 88693, ☎ (0 75 55)
9 30 -0, Fax 9 30 -1 00, ED VA
38 Zi, Ez: 60-80, Dz: 85-120, ⌐ WC ☎; P 🚗
5↔150 Kegeln ⌘
geschl: Mo, Di bis 17, Mitte Jan-Mitte Feb

Wittenhofen
* **Landhotel Adler**
Haus Nr. 17, ✉ 88693, ☎ (0 75 55) 2 02,
Fax 52 73
20 Zi, Ez: 50-60, Dz: 100-120, ⌐ WC; P 🚗
Kegeln
geschl: Feb
* Hauptgericht 25

Deidesheim 54 ↙

Rheinland-Pfalz — Kreis Bad Dürkheim —
117 m — 3 900 Ew — Neustadt a. d.
Weinstr 6, Bad Dürkheim 7 km
ℹ️ ☎ (0 63 26) 50 21, Fax 50 23 — Amt für
Fremdenverkehr, Bahnhofstr 11, 67146
Deidesheim; Luftkurort an der Haardt.
Sehenswert: Kath. Kirche; Rathaus;
Feigengasse; Fachwerkhäuser; Galerien;
Museum für Weinkultur; Museum für Film-
und Fototechnik

** **Steigenberger Maxx**
♂ ⋖ Am Paradiesgarten 1, ✉ 67146,
☎ (0 63 26) 97 00, Fax 97 03 33, AX DC ED VA
128 Zi, Ez: 155-175, Dz: 205-225, S; ⌐ WC
☎, 64 🛏; Lift P 🚗 6↔110 Sauna Solarium
** **Maxx**
Hauptgericht 25; Terrasse; geschl: So
abends

** **Deidesheimer Hof**
(Relais & Châteaux)
Am Marktplatz, ✉ 67146, ☎ (0 63 26)
9 68 70, Fax 76 85, AX DC ED VA
20 Zi, Dz: 160-315, 2 Suiten, ⌐ WC ☎; P
4↔60
geschl: Anfang Jan
Auch Zimmer der Kategorie ******* vor-
handen
**** **Schwarzer Hahn**
Hauptgericht 50; nur abends; geschl: So,
Mo, Anfang Jul-Anfang Aug
** **Weinstube St. Urban**
⍟ Hauptgericht 35; Terrasse; geschl:
Anfang Jan

** **Hatterer's Hotel**
Weinstr 12, ✉ 67146, ☎ (0 63 26) 60 11,
Fax 75 39, AX DC ED VA
57 Zi, Ez: 135-150, Dz: 190-220, ⌐ WC ☎;
Lift P 🚗 4↔80 Solarium
*** **Le jardin d'hiver**
⋖ Hauptgericht 45; Terrasse

** **Gästehaus Ritter von Böhl**
Weinstr 5, ✉ 67146, ☎ (0 63 26) 97 22 01,
Fax 97 22 00
22 Zi, Ez: 80, Dz: 130, ⌐ WC ☎; garni
Rezeption: 8-12, 14-19

** **Kurpark-Residenz**
♂ An der Marlach 20, ✉ 67146, ☎ (0 63 26)
70 80, Fax 7 08 77, AX DC ED VA
Ez: 110-155, Dz: 145-200, 25 App, ⌐ WC ☎;
P 🚗 1↔15 Solarium; garni
Rezeption: 8-12, 14-19
Appartementhaus. Auch Langzeitvermie-
tung möglich.

* **Gästehaus Hebinger**
Bahnhofstr 71, ✉ 67146, ☎ (0 63 26) 3 87,
Fax 74 94
10 Zi, Ez: 85, Dz: 155, ⌐ WC ☎; garni
Rezeption: 8-12, 14.30-20; geschl: Ende
Dez-Anfang Jan
Eigenbauweine

*** **Gasthaus zur Kanne**
⍟ Weinstr 31 VA, ✉ 67146, ☎ (0 63 26)
9 66 00, Fax 96 60 96, AX DC ED VA
Hauptgericht 35; Biergarten Gartenlokal P
Terrasse

Gutsausschank
⍟ Schloss Deidesheim, ✉ 67146,
☎ (0 63 26) 9 66 99, Fax 96 69 20
Hauptgericht 15; Gartenlokal Terrasse; nur
abends, Sa + So auch mittags; geschl: Do,
Fr, Jan-Feb, Nov
Eigenbauweine

Gutsausschank Zum Woibauer
Schloßstr 8, ✉ 67146, ☎ (06326) 06 32
Hauptgericht 10; nur abends; geschl: Mo
Eigenbauweine

Deining 64 ↑

Bayern — Kreis Neumarkt (Oberpfalz) —
500 m — 3 400 Ew — Neumarkt i. d. Oberpfalz 10, Regensburg 57 km
ℹ️ ☎ (0 91 84) 9 62, Fax 9 64 — Gemeindeverwaltung, Schloßstr 6, 92364 Deining

* **Zum Hahnenwirt**
Hauptstr 2, ✉ 92364, ☎ (0 91 84) 16 63,
Fax 21 06, ED
Hauptgericht 25
* **Gästehaus**
34 Zi, Ez: 40-80, Dz: 70-120, ⌐ WC ☎; P 🚗

Delmenhorst

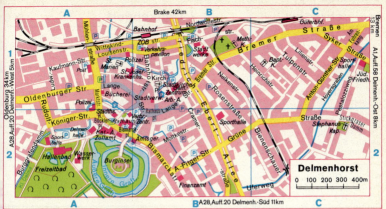

Delbrück 35 ↘

Nordrhein-Westfalen — Kreis Paderborn — 95 m — 24 736 Ew — Paderborn 16, Rheda-Wiedenbrück 22 km
🛈 ☎ (0 52 50) 9 84 10, Fax 98 41 13 — Verkehrsverein Delbrücker Land, Boker Str 6, 33129 Delbrück. Sehenswert: Pfarrkirche; Kreuzkapelle; Fachwerkhäuser

★★ Landgasthaus Waldkrug (Flair Hotel)
♂ Graf-Sporck-Str 34, ✉ 33129, ☎ (0 52 50) 5 32 03, Fax 56 99, AX DC ED VA
19 Zi, Ez: 95-120, Dz: 140-180, ⇨ WC ☎, 3⌂; Lift P 3⌁200 Kegeln
★★ Hauptgericht 25

★★ Balzer
Oststr 4, ✉ 33129, ☎ (0 52 50) 5 32 41, Fax 5 46 84, ED VA
Hauptgericht 30; nur abends; geschl: Anfang-Mitte Jan

★ 9 Zi, Ez: 75, Dz: 130, ⇨ WC ☎; P
Rezeption: 7-14, 18-23; geschl: Sa, So abends, Anfang-Mitte Jan

★ Gatrio
Lange Str 5, ✉ 33129, ☎ (0 52 50) 71 45, Fax 5 39 41
Hauptgericht 30; geschl: Di

Delecke siehe Möhnesee

Delitzsch 39 ←

Sachsen — Kreis Delitzsch — 98 m — 27 890 Ew — Bitterfeld 14, Leipzig 20, Halle 30 km
🛈 ☎ (03 42 02) 3 40 — Stadtverwaltung, Markt 3, 04509 Delitzsch

⌂ Unterstellmöglichkeiten für Fahrzeuge oder Einzelgaragen

★★ Akzent-Hotel Delitzsch
Grünstr 43, ✉ 04509, ☎ (03 42 02) 8 11-0, Fax 11-99, ED VA
27 Zi, Ez: 99-109, Dz: 130-145, 1 Suite, ⇨ WC ☎, 8⌂; P 2⌁30 Sauna; garni
geschl: 24.12.-6.1.

★★ Goldener Adler
Hallesche Str 13, ✉ 04509, ☎ (03 42 02) 5 71 68, Fax 6 10 33, AX DC ED VA
24 Zi, Ez: 80-120, Dz: 100-165, 3 App, ⇨ WC ☎; Lift P Sauna ⚑
Auch Zimmer der Kategorie ★ vorhanden

Kertitz

★ Flämingsthaler Hof
♂ Schenkenbergerstr 3, ✉ 04509, ☎ (03 42 02) 2 11 85, Fax 2 13 29, AX ED VA
16 Zi, Ez: 80-130, Dz: 110-148, 3 App, ⇨ WC ☎; P Sauna Solarium ⚑

Schenkenberg (1 km ↘)

★★ Schenkenberger Hof
♂ Hofegasse 3, ✉ 04509, ☎ (03 42 02) 2 13 66, Fax 2 10 81, AX ED VA
27 Zi, Ez: 90-120, Dz: 130-160, ⇨ WC ☎; P ≋ ⚑

Delmenhorst 17 ↗

Niedersachsen — Stadtkreis — 8 m — 78 000 Ew — Bremen 14, Oldenburg 35 km
🛈 ☎ (0 42 21) 12 04 79 — Verkehrsverein, Delmegarten 5 (AB 1), 27749 Delmenhorst. Sehenswert: Stadtkirche mit Grafengruft; Rathaus (Jugendstil) mit Wasserturm; Gräfliches Gartenhaus auf der Burginsel; Galerie „Haus Coburg"; Industriemuseum „Nordwolle"

★★ Am Stadtpark
An den Graften 1 (A 2), ✉ 27753, ☎ (0 42 21) 1 46 44, Fax 1 83 46, AX DC ED VA
100 Zi, Ez: 112-139, Dz: 139-196, ⇨ WC ☎, 24⌂; Lift P 🅿 8⌁1000 Kegeln Sauna ⚑
Auch Zimmer der Kategorie ★ vorhanden

→

Delmenhorst

** Goldenstedt
Urselstr 18 (außerhalb), ✉ 27751,
☎ (0 42 21) 96 00, Fax 96 01 00, AX DC ED VA
35 Zi, Ez: 105, Dz: 160, ⌂ WC ☎; 🅿 🚗
2⇄75 Kegeln
* Hauptgericht 25; nur abends

* Thomsen
Bremer Str 186, ✉ 27751, ☎ (0 42 21)
9 70-0, Fax 7 00 01, AX DC ED VA
88 Zi, Ez: 55-98, Dz: 90-140, S; ⌂ WC ☎;
Lift 🅿 🚗 8⇄150 Kegeln
geschl: Sa 11-17, So 14-17
Auch einfache Zimmer vorhanden

** Die Scheune
Bremer Str 327, ✉ 27751, ☎ (0 42 21)
7 02 15, Fax 7 02 16, AX DC ED VA
Hauptgericht 38; Biergarten 🅿 Terrasse;
nur abends, So nur mittags; geschl: Mo

Delmenhorst-Außerhalb (5 km ↘)
** Gut Hasport
♂ Hasporter Damm 220, ✉ 27755,
☎ (0 42 21) 2 60 81, Fax 2 60 84
18 Zi, Ez: 75, Dz: 120, 3 Suiten, ⌂ WC ☎; 🅿
🚗 ≈ Seezugang; **garni**
Rezeption: 7-21

Hasbergen
* Alt Hasberger Krug
Hasberger Dorfstr 31, ✉ 27749, ☎ (0 42 21)
4 22 23, Fax 4 37 13, AX DC ED VA
Hauptgericht 25; Gartenlokal 🅿; geschl:
Mo mittags, Ende Dez-Mitte Jan
* ♂ 7 Zi, Ez: 85-95, Dz: 130-150, ⌂
WC ☎; 2⇄100 Sauna
geschl: Mo mittags, Ende Dez - Anfang
Jan

Demmin 13 ↓

Mecklenburg-Vorpommern — Kreis
Demmin — 19 m — 15 900 Ew — Neu-
brandenburg 46, Stralsund 57 km
ℹ ☎ (0 39 98) 22 50 31, Fax 22 31 34 —
Stadtverwaltung, Markt 23, 17109
Demmin. Sehenswert: Pfarrkirche St.
Bartholomaei; Luisentor; Pulverturm;
Rosenkranzköniginkirche; Ensemble der
Speicher am Hafen; Wasserturm

** Trebeltal
◁ Klänhammer Weg 3, ✉ 17109,
☎ (0 39 98) 25 10, Fax 25 12 51
42 Zi, Ez: 86, Dz: 130-140, ⌂ WC ☎; Lift 🅿
2⇄50 Kegeln Sauna Solarium 🍽

* Am Stadtpark
Kirchhofstr 1, ✉ 17109, ☎ (0 39 98)
36 23 68, Fax 36 23 69, AX ED VA
15 Zi, Ez: 80-95, Dz: 100-120, ⌂ WC ☎; 🅿
Kegeln 🍽

Denkendorf 64 □

Bayern — Kreis Eichstätt — 500 m —
3 950 Ew — Beilngries 14, Ingolstadt 25,
Eichstätt 30 km
ℹ ☎ (0 84 66) 2 51, Fax 12 50 — Gemeindeverwaltung, Wassertal 2, 85095
Denkendorf

* Mozartstuben
Mozartstr 12, ✉ 85095, ☎ (0 84 66) 10 92,
Fax 83 29, AX DC ED VA
40 Zi, Ez: 80, Dz: 110, ⌂ WC ☎; 🅿 🚗 2⇄30
🍽

* Post
Hauptstr 4, ✉ 85095, ☎ (0 84 66) 2 36,
Fax 16 45
70 Zi, Ez: 46-69, Dz: 72-138, ⌂ WC 🍽
geschl: Nov

Denkendorf 61 →

Baden-Württemberg — Kreis Esslingen —
291 m — 10 400 Ew — Esslingen 6,
Nürtingen 11 km
ℹ ☎ (07 11) 34 64 20, Fax 3 46 42 66 —
Gemeindeverwaltung, Furtstr 1,
73770 Denkendorf. Sehenswert: Ehem.
Klosterkirche

** Bären-Post
Deizisauer Str 12, ✉ 73770, ☎ (07 11)
34 40 26, Fax 3 46 06 25, AX ED VA
62 Zi, Ez: 95-150, Dz: 120-190, 4 App, ⌂ WC
☎; Lift 🅿 🚗 6⇄100
geschl: Ende Dez-Anfang Jan
** Hauptgericht 35; Biergarten
Terrasse

Denkingen 68 □

Baden-Württemberg — Kreis Tuttlingen —
725 m — 2 200 Ew — Spaichingen 5, Rottweil 10 km
ℹ ☎ (0 74 24) 9 70 60, Fax 13 32 — Gemeindeverwaltung, Hauptstr 46, 78588 Denkingen; Ort in der Schwäbischen Alb

Denkingen-Außerhalb (5 km →)
* Klippeneck
◁ Klippeneck 4, ✉ 78588, ☎ (0 74 24)
8 59 28, Fax 8 50 59, AX VA
Hauptgericht 30; Biergarten 🅿; geschl:
Mo, Anfang-Mitte Jan.
* einzeln ♂ ◁ 8 Zi, Ez: 80, Dz: 130,
⌂ WC ☎
geschl: Mo, Anfang-Mitte Jan

Denzlingen 67 □

Baden-Württemberg — Kreis Emmen-
dingen — 240 m — 11 500 Ew —
Emmendingen 7, Freiburg 8 km
ℹ ☎ (0 76 66) 49 30 — Verkehrsverein,
Rosenstr 18, 79211 Denzlingen; Ort am
Rande des Schwarzwaldes. Sehenswert:
Ev. Pfarrkirche; Ruine der St.-Severins-
Kapelle

⁕⁕ Rebstock-Stube
Hauptstr 74, ✉ 79211, ☎ (0 76 66) 20 71, Fax 79 42, AX DC ED VA
Hauptgericht 40; 🅿; geschl: So, Mo, 1.-15.8.97
⁕
10 Zi, Ez: 60-75, Dz: 110-150, ⊟ WC ☎; 🛏
geschl: 1.-15.8.97

Derenburg 37 ↑

Sachsen-Anhalt — Kreis Wernigerode — 180 m — 2 900 Ew — Wernigerode 10, Halberstadt 12 km
ℹ ☎ (0 39 45) 2 31 — Gemeindeverwaltung, Marktplatz 1, 38895 Derenburg

⁕⁕ Schloßvilla Derenburg
Schloßstr 15, ✉ 38895, ☎ (03 94 53) 67 80, Fax 6 78 50, ED VA
14 Zi, Ez: 95-130, Dz: 140-220, 1 Suite, ⊟ WC ☎; 🅿 2↔30 🍴

Derental 35 ↗

Niedersachsen — Kreis Holzminden — 260 m — 740 Ew — Beverungen 8, Höxter 15 km
ℹ ☎ (0 52 73) 83 36, Fax 8 83 46 — Verkehrsamt, Am Sportplatz 4, 37691 Derental; Erholungsort im Solling

⁕ Düsterdiek
♂ Sollingstr 7, ✉ 37691, ☎ (0 52 73) 3 79 40, Fax 3 79 4- 50, AX DC ED VA
28 Zi, Ez: 58-72, Dz: 100-124, 1 App, ⊟ WC ☎; 🅿 1↔25 🛌 Kegeln Sauna
⁕ Kaminzimmer
Hauptgericht 20; Biergarten; geschl: Feb

Dermbach 46 ↗

Thüringen — Kreis Bad Salzungen — 360 m — 3 500 Ew — Bad Salzungen 19, Schmalkalden 20, Fulda 47 km
ℹ ☎ (03 69 64) 6 14, Fax 6 17 — Gemeindeverwaltung, Hinter dem Schloß, 36466 Dermbach. Sehenswert: Barockkirchen; Schloß; Eibengarten

⁕ Zum Röhnpaulus
Bahnhofstr 21, ✉ 36466, ☎ (03 69 64) 2 34
9 Zi, Ez: 60, Dz: 90, ⊟ WC ☎; 🅿 🍴

Dernbach 43 →

Rheinland-Pfalz — Kreis Neuwied — 308 m — 800 Ew — Neuwied 20, Altenkirchen 30 km
ℹ ☎ (0 26 89) 71 77 — Gemeindeverwaltung, Wiesenstr 8, 56307 Dernbach; Ort im Westerwald

⁕⁕ Country-Hotel
◂ Hauptstr, ✉ 56307, ☎ (0 26 89) 29 90, Fax 29 93 22, AX DC ED VA
139 Zi, Ez: 110-150, Dz: 190, ⊟ WC ☎; Lift 🅿 🛌 Kegeln Sauna Solarium
⁕⁕ Hauptgericht 30

Dersau 10 ↖

Schleswig-Holstein — Kreis Plön — 40 m — 800 Ew — Plön 9, Bad Segeberg 25, Neumünster 27 km
ℹ ☎ (0 45 26) 6 80, Fax 2 01 — Fremdenverkehrsverein, Dorfstr 67, 24326 Dersau; Luftkurort am großen Plöner See im Naturpark Holsteinische Schweiz

⁕ Zur Mühle am See (Flair Hotel)
♂ ◂ Dorfstr 47, ✉ 24326, ☎ (0 45 26) 83 45, Fax 14 03, AX DC ED VA
34 Zi, Ez: 80-90, Dz: 125-135, 1 App, ⊟ WC ☎; 🅿 1↔20 🛌 Strandbad Seezugang 🍴
geschl: 2 Wochen im Nov

Dessau 39 ↖

Sachsen-Anhalt — Kreisfreie Stadt — 64 m — 95 000 Ew — Köthen 20, Wittenberg 34, Leipzig 60 km
ℹ ☎ (03 40) 21 46 61, Fax 21 52 33 — Dessau-Information, Friedrich-Naumann-Str 12 (BC 3), 06844 Dessau; ehem. Hauptstadt des Freistaates Anhalt. Sehenswert: Bauhaus und Bauhausbauten; Georgengarten und Schloß Georgium mit Anhaltinischer Gemäldegalerie; Museum Schloß Mosigkau und Park; Landschaftsgarten Luisium; Johannbau; Kirchen: St. Marien und St. Johannis; Umgebung: Landschaftsgarten Wörlitz (15 km →); Schloß und Park Oranienbaum (7 km →)

Stadtplan siehe Seite 294

⁕⁕⁕ Steigenberger Avance
Friedensplatz (AB 2), ✉ 06844, ☎ (03 40) 2 51 50, Fax 2 51 41 00, AX DC ED VA
198 Zi, Ez: 130-245, Dz: 195-305, S; 6 Suiten, ⊟ WC ☎, 99🛏; Lift 🛏 12↔270 Fitneßraum Sauna Solarium
⁕⁕ Fürst Leopold
Hauptgericht 30

⁕⁕⁕ Astron
Zerbster Str 29 (C 2), ✉ 06844, ☎ (03 40) 2 51 40, Fax 2 51 41 00, AX DC ED VA
161 Zi, Ez: 120-220, Dz: 150-250, S; ⊟ WC ☎, 57🛏; Lift 🅿 🛏 9↔200 Fitneßraum Sauna Solarium
⁕⁕ Hauptgericht 30

⁕ City Pension
Ackerstr 3 a, ✉ 06842, ☎ (03 40) 82 30 76, Fax 82 50 17, AX ED VA
24 Zi, Ez: 85-89, Dz: 120-140, ⊟ WC ☎; Lift 🛏 1↔35 Solarium; garni
Auch Zimmer der Kategorie ⁕⁕ vorhanden →

Dessau

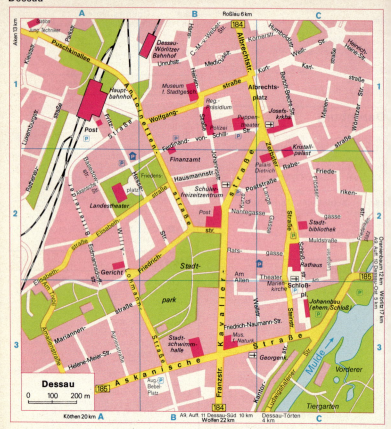

✱ Pension An den 7 Säulen
Ebertallee 66, ✉ 06846, ☎ (03 40) 61 96 20,
Fax 61 96 22
23 Zi, Ez: 100-130, Dz: 140-180, ⌂ WC ☎,
12⌂; 🅿 🏠; garni

Mosigkau (5 km ←)
✱ Zum Alten Dessauer
Orangeriestr 37, ✉ 06847, ☎ (03 40)
51 12 78, Fax 51 12 78
Ez: 100-130, Dz: 130-150, ⌂ WC ☎; 🅿

✱ Zum kleinen Prinzen
Erich-Weinert-Str 16, ✉ 06847, ☎ (03 40)
51 70 71, Fax 51 70 73, AX DC ED VA
23 Zi, Ez: 100-130, Dz: 140-200, 2 App, ⌂
WC ☎; 🅿 1⌂70

siehe auch **Wörlitz**

In der Zeit der Messen oder Festspiele
erhöhen viele Hotels und Restaurants ihre
Preise erheblich. Es ist daher immer
ratsam, sich bei der Buchung die Preise
bestätigen zu lassen.

Detmold 35 ⬉

Nordrhein-Westfalen — Kreis Lippe —
134 m — 75 000 Ew — Lemgo 12, Paderborn 27, Bielefeld 30 km
ℹ ☎ (0 52 31) 97 73 28, Fax 97 74 47 — Tourist Information, Rathaus, Lange Str (B 2),
32754 Detmold; Regierungsbezirkshauptstadt und Kreisstadt am Rand des Teutoburger Waldes; Hochschule für Musik;
Landestheater; Kneipp-Kurort; Erholungsort.

Sehenswert: Ref. Erlöserkirche; Schloß:
Gobelins; Rathaus; Lippisches Landesmuseum; Westfälisches Freilichtmuseum;
Neues Palais: Palaisgarten;
Hermannsdenkmal ⬉ 386 m (6 km ←);
Adlerwarte in Berlebeck (5 km ↓); Externsteine (11 km ↓); Naturschutzgebiet
Donoper Teich (8 km ←); Vogel- und
Blumenpark in Heiligenkirchen (4 km ↓).

🍽 Kostengünstige Mahlzeit

Detmold

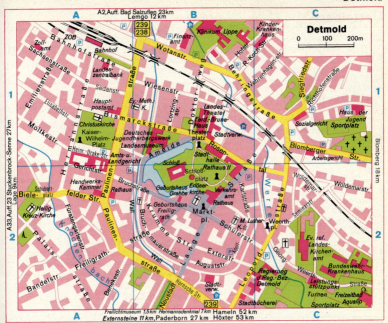

★★★ Best Western Residenz
Paulinstr 19 (A 2), ✉ 32756, ☎ (0 52 31) 93 70, Fax 93 73 33
82 Zi, Ez: 130-184, Dz: 184-250, 1 Suite, ⇄ WC ☎, 33🛏; 4⇌140
★★ **Opera**
Hauptgericht 30; 🅿 Terrasse

★★ Detmolder Hof
Lange Str 19 (B 2), ✉ 32756, ☎ (0 52 31) 9 91 20, Fax 99 12 99, AX DC ED VA
39 Zi, Ez: 128-139, Dz: 175-215, 1 Suite, ⇄ WC ☎; Lift 3⇌50
★★ Hauptgericht 35; Biergarten; Historisches Haus (1480); Antiquitäten

★★ Lippischer Hof (Ringhotel)
Hornsche Str 1 (B 2), ✉ 32756, ☎ (0 52 31) 93 60, Fax 2 44 70, AX DC ED VA
27 Zi, Ez: 130-170, Dz: 170-210, S; 1 Suite, ⇄ WC ☎, 1🛏; Lift 🅿 2⇌70
★★ Hauptgericht 35; Gartenlokal

★★ Speisekeller im Rosental
Am Schloßplatz 7 (B2), ✉ 32756, ☎ (0 52 31) 2 22 67, Fax 3 37 56
Hauptgericht 27; Terrasse; geschl: Mo

★★ Krug zum grünen Kranze
Bielefelder Str 42 (A 2), ✉ 32756, ☎ (0 52 31) 2 63 43, Fax 30 02 82, AX ED VA
Hauptgericht 30; Biergarten 🅿; geschl: 3 Wochen in den Sommerferien, Ende Dez

Wortmann
Lange Str 33 (B 2), ✉ 32756, ☎ (0 52 31) 2 44 80, Fax 3 30 64
Biergarten; 7-19 Uhr

Berlebeck Erholungsort (6 km ↓)
★ Haus am Wasserfall
🏕 Schlehenweg 3A, ✉ 32760, ☎ (0 52 31) 49 66, Fax 4 82 58
8 Zi, Ez: 70-85, Dz: 105-120, 2 App, ⇄ WC ☎; 🅿; garni
Rezeption: 14-20

★★ Romantik Hotel Hirschsprung
Paderborner Str 212, ✉ 32760, ☎ (0 52 31) 49 11, Fax 41 72, AX DC ED VA
Hauptgericht 35; Biergarten 🅿
★ 🏕 17 Zi, Ez: 100-149, Dz: 145-225, 1 Suite, ⇄ WC ☎, 5🛏; 🚐 1⇌100

Heiligenkirchen (4 km ↓)
★ Achilles
Paderborner Str 87, ✉ 32758, ☎ (0 52 32) 9 46 30, Fax 94 63 55, DC ED VA
22 Zi, Ez: 70-80, Dz: 110-180, ⇄ WC ☎; 🚐 2⇌ Sauna Solarium
geschl: Ende Dez-Anfang Jan

Pivitsheide (6 km ←)
★ Forellenhof
🏕 Gebrüder-Meyer-Str 50, ✉ 32758, ☎ (0 52 32) 9 85 00, Fax 98 50 40, AX ED VA
12 Zi, Ez: 79-95, Dz: 125-140, ⇄ WC ☎, 3🛏; 🅿 🍴

Dettelbach

Dettelbach 56 □

Bayern — Kreis Kitzingen — 201 m —
6 500 Ew — Kitzingen 9, Würzburg 19 km
🄸 ☎ (0 93 24) 35 60, Fax 49 81 — Verkehrsamt, im hist. Rathaus, Rathausplatz 1, 97337 Dettelbach; Erholungsort am Main. Sehenswert: Stadtbild; kath. Pfarrkirche; Wallfahrtskirche; Rathaus; Mauern, Türme und Tore

* Akzent-Hotel Franziskaner
♂ Wallfahrtsweg 14, ⌧ 97337, ☎ (0 93 24) 41 91, Fax 45 37, AX DC ED VA
14 Zi, Ez: 80-95, Dz: 120-130, ⊿ WC ☎; 🅿 ⓨ

* Akzent-Hotel Am Bach
Eichgasse 5, ⌧ 97337, ☎ (0 93 24) 14 80, Fax 14 19, AX DC ED VA
13 Zi, Ez: 65-85, Dz: 113-130, 1 Suite, ⊿ WC ☎; 🅿 🚗 ⓨ

** Himmelstoß ♙
Bamberger Str 3, ⌧ 97337, ☎ (0 93 24) 47 76, Fax 49 69
Hauptgericht 35; Gartenlokal 🅿; geschl: Mo, Di, 3 Wochen im Jan, 2 Wochen im Aug

Dettingen an der Erms 62 ↙

Baden-Württemberg — Kreis Reutlingen — 372 m — 9 100 Ew — Metzingen 5, Bad Urach 6 km
🄸 ☎ (0 71 23) 7 20 70, Fax 72 07 63 — Bürgermeisteramt, Rathausplatz 1, 72581 Dettingen. Sehenswert: Ev. Pfarrkirche; Fachwerkhäuser; Rathaus Schlößle; Marktplatz; Bürgerhaus

* Rößle
Uracher Str 30, ⌧ 72581, ☎ (0 71 23) 97 80-0, Fax 9 78 0- 10, DC ED VA
24 Zi, Ez: 60-100, Dz: 130-160, ⊿ WC ☎, 5⌧; 🅿 2⟳40
Im Neubau Zimmer der Kategorie ****** vorhanden
** Hauptgericht 30; Gartenlokal

* Gasthof Löwen
Metzinger Str 20, ⌧ 72581, ☎ (0 71 23) 7 12 86, Fax 8 83 87, ED
Hauptgericht 25; 🅿 Terrasse; geschl: Mi
* 19 Zi, Ez: 70-85, Dz: 110-120, ⊿ WC ☎
Rezeption: 7-14, 17-23; geschl: Mi

Dettingen unter Teck 62 ↙

Baden-Württemberg — Kreis Esslingen — 350 m — 5 250 Ew — Kirchheim/Teck 3 km
🄸 ☎ (0 70 21) 5 00 00, Fax 50 00 39 — Bürgermeisteramt, Schulstr 4, 73265 Dettingen

* Teckblick
◁ Teckstr 44, ⌧ 73265, ☎ (0 70 21) 8 30 48, Fax 5 30 24, AX DC ED VA
25 Zi, Ez: 65-68, Dz: 95-98, ⊿ WC ☎; Lift 🅿 3⟳30 Kegeln ⓨ
geschl: So abends, Anfang Jan

* Rößle
Austr 32, ⌧ 73265, ☎ (0 70 21) 9 84 90, Fax 9 84 91 50, ED VA
50 Zi, Ez: 75-85, Dz: 100-115, 5 App, ⊿ WC ☎; Lift 🅿 🚗; garni
Rezeption: 7-12, 16-23

Dieblich 43 ↓

Rheinland-Pfalz — Kreis Mayen-Koblenz — 72 m — 2 250 Ew — Koblenz 13, Cochem 34 km
🄸 ☎ (0 26 07) 3 61 — Gemeindeverwaltung, Alte Schule, Marktplatz, 56332 Dieblich; Erholungsort an der Mosel. Sehenswert: Kath. Kirche; Heesenburg; Weinbrunnen; Fachwerkhäuser; Moseltalbrücke

* Pistono
Hauptstr 30, ⌧ 56332, ☎ (0 26 07) 2 18, Fax 10 39, ED
84 Zi, Ez: 65-90, Dz: 100-170, 14 App, ⊿ WC ☎; Lift 🅿 🚗 3⟳100 ⌂ Sauna Solarium ⓨ
geschl: im Winter Mo, 2 Wochen nach Karneval

* Kachelburg (Minotel)
◁ Moseluferstr, ⌧ 56332, ☎ (0 26 07) 3 05, Fax 86 36, AX ED VA
13 Zi, Ez: 55-90, Dz: 95-145, ⊿ WC; 🅿 1⟳24 ⓨ
geschl: Jan

** Halferschenke ✢
♘ Hauptstr 63, ⌧ 56332, ☎ (0 26 07) 10 08, Fax 96 02 94, AX ED VA
Hauptgericht 30; Gartenlokal 🅿; nur abends, so+feiertags auch mittags; geschl: Mo, 2 Wochen im Feb

Diekholzen 26 ↓

Niedersachsen — Kreis Hildesheim — 120 m — 6 900 Ew — Hildesheim 8, Alfeld 21 km
🄸 ☎ (0 51 21) 20 20, Fax 2 02 55 — Gemeindeverwaltung, Alfelder Str 5, 31199 Diekholzen

* Gasthof Jörns
Marienburger Str 41, ⌧ 31199, ☎ (0 51 21) 26 21 46, Fax 26 21 36, ED VA
19 Zi, Ez: 60-95, Dz: 105-150, ⊿ WC ☎; 🅿 1⟳70 Kegeln
geschl: 22.12.-2.1.97

Diemelsee 35 ✓

Hessen — Kreis Waldeck-Frankenberg — 430 m — 6 000 Ew — Korbach 14, Arolsen 15, Willingen 21 km
🛈 ☏ (0 56 33) 8 73, Fax 56 94 — Verkehrsamt, Am Kahlenberg 1, 34519 Diemelsee; Erholungsgebiet im Sauerland. Sehenswert: Diemelsee; Besucherbergwerk Grube „Christiane" mit Bergwerksmuseum

Heringhausen
★★ Treff Hotel Diemelsee
♂ ⁃⦅ Seestr 17, ✉ 34519, ☏ (0 56 33) 60 80, Fax 54 29, AX DC ED VA
Ez: 110-130, Dz: 180-220, S; 69 App, ⸺ WC ☏; Lift P 2⟳120 ≘ Seezugang Sauna Solarium ⁞⊚⁞

Diemelstadt 35 ☐

Hessen — Kreis Waldeck-Frankenberg — 300 m — 6 451 Ew — Warburg 11, Arolsen 16 km
🛈 ☏ (0 56 42) 84 34, Fax 15 29 — Verkehrsamt, im Stadtteil Wrexen, Ramser Str 6, 34474 Diemelstadt; Luftkurort Wrexen. Sehenswert: Ev. Kirche, Taufstein in Wrexen; Kirchenruine, Schloß (Alterheim), hist. Stadtkern in Rhoden

Rhoden
★ Montana
Am Jungfernborn 1, ✉ 34474, ☏ (0 56 94) 9 79 70, Fax 97 97 97, AX ED VA
35 Zi, Ez: 80, Dz: 111, ⸺ WC ☏, 4✉; P 2⟳20; **garni**

Dierhagen 12→

Mecklenburg-Vorpommern — Kreis Ribnitz-Damgarten — 99 m — 1 500 Ew — Ribnitz-Damgarten 14 km
🛈 ☏ (03 82 26) 2 01 — Gemeindeverwaltung, Kirchstr 16 a, 18347 Dierhagen; Ostseebad

★ Werth's Hof
Neue Str 6, ✉ 18347, ☏ (03 82 26) 50 80, Fax 8 01 49
18 Zi, Ez: 70-80, Dz: 90, ⸺ WC ☏, 5✉; P ⁞⊚⁞

Dierhagen Ost (2 km ↑)
★★ Blinkfüer
♂ An der Schwedenschanze 20, ✉ 18347, ☏ (03 82 26) 8 03 84, Fax 8 03 92, AX DC ED VA
23 Zi, Ez: 95-125, Dz: 155-195, 5 Suiten, ⸺ WC ☏; P 2⟳70 Seezugang Fitneßraum Sauna Solarium
★★ Hauptgericht 25; Terrasse

Dießen a. Ammersee

Strand
★★★ Strandhotel Fischland
einzeln ♂ ⁃⦅ Ernst- Moritz - Arndt- Str, ✉ 18347, ☏ (08 32 26) 5 20, Fax 5 29 99, AX ED VA
53 Zi, Ez: 150-260, Dz: 180-290, 6 App, 7 Suiten, ⸺ WC ☏; Lift P 3⟳180 Sauna Solarium Fitneßraum ≘ Strandbad Seezugang Bootsverleih ⁞⊚⁞
Tennis 3

Diesbar-Seußlitz 40 ✓

Sachsen — Kreis Riesa — 150 m — 900 Ew — Meißen 14, Riesa 18 km
🛈 ☏ (03 52 67) 2 49 — Gemeindeverwaltung, Elbstr 29, 01612 Diesbar-Seußlitz; Erholungsort. Sehenswert: Barockschloß mit Barockgarten; Gartenhaus „Heinrichsburg"; Winzerhaus „Luisenburg"

✱ Merkers Weinstuben
⁃⦅ Meißner Str 10, ✉ 01612, ☏ (03 52 67) 7 80, Fax 3 17, AX DC ED VA
Hauptgericht 25; Terrasse; nur abends, Fr-So auch mittags; geschl: Mo, Feb
✱ ⁃⦅ 6 Zi, Ez: 62-90, Dz: 92-102, 1 Suite, ⸺ WC; P
Rezeption: 11-24; geschl: Mo, Feb

Dieskau 38→

Sachsen-Anhalt — Saalkreis — 1 705 Ew — Halle 5, Leipzig 36, Bitterfeld 32 km
🛈 ☏ (03 45) 7 82 09 06 — Gemeindeverwaltung, Leipziger Str 1, 06184 Döllnitz

✱ Wenotel
Hallesche Str 1, ✉ 06184, ☏ (03 45) 5 80 20, Fax 5 80 21 00, AX DC ED VA
109 Zi, Dz: 110, S; ⸺ WC ☏, 45✉; Lift P 🔲
1⟳45; **garni**

Dießen a. Ammersee 71 ☐

Bayern — Kreis Landsberg am Lech — 600 m — 9 000 Ew — Weilheim 17, Landsberg 21, München 55 km
🛈 ☏ (0 88 07) 10 48, Fax 44 59 — Verkehrsamt, Mühlstr a, 86911 Dießen; Luftkurort, Erholungsort. Sehenswert: Marienmünster; St. Stephanskirche; ehem. Pfarrkirche

✱ Strandhotel
♂ ⁃⦅ Jahnstr 10, ✉ 86911, ☏ (0 88 07) 9 22 20, Fax 89 58, DC VA
18 Zi, Ez: 98-200, Dz: 150-270, ⸺ WC ☏; P Strandbad Seezugang ⁞⊚⁞
Rezeption: 8-20; geschl: Ende Dez
Auch Zimmer der Kategorie **★★** vorhanden →

Dießen a. Ammersee

** Maurerhansl
Johannisstr 7, ✉ 86911, ☎ (0 88 07) 92 29 00, Fax 92 29 33
Hauptgericht 34; Terrasse; nur abends; geschl: Di, 23.-30.12.97
* 7 Zi, Ez: 95-115, Dz: 140-180, ⌂ WC ☎
Rezeption: 8-12, 15-24

Riederau (4 km ↑)
* Kramerhof
♂ Ringstr 4, ✉ 86911, ☎ (0 88 07) 77 97, Fax 46 90, ED
10 Zi, Ez: 75-95, Dz: 98-110, ⌂ WC ☎; **P** 1⇔100 Kegeln ¶◎¶
geschl: Mi, Anfang-Mitte Jan

** Seehaus
⋖ einzeln Seeweg 22, ✉ 86911, ☎ (0 88 07) 73 00, Fax 68 10
Hauptgericht 35; geschl: im Winter Mo

Dietenhofen 57 ✓

Bayern — 5 080 Ew — Fürth 24 km
ℹ ☎ (0 98 24) — Gemeindeverwaltung, Rathausplatz 1, 90599 Dietenhofen

** Moosmühle
einzeln, Mühlstr 12, ✉ 90599, ☎ (0 98 24) 95 90, Fax 9 59 59
Hauptgericht 30; Biergarten **P** Terrasse; geschl: Mo, Di mittags
** 28 Zi, Ez: 85-115, Dz: 145-180, ⌂ WC ☎; Lift 2⇔15 Fitneßraum Kegeln Sauna
geschl: Mitte-Ende Aug

Dietersheim 56 →

Bayern — Kreis Neustadt a. d. Aisch — 300 m — 1 950 Ew — Neustadt a. d. Aisch 5, Bad Windsheim 12 km
ℹ ☎ (0 91 61) 27 73, Fax 71 54 — Gemeindeverwaltung, Hauptstr 7, 91463 Dietersheim

* Frankenland
♂ Schützenstr 15, ✉ 91463, ☎ (0 91 61) 28 76, Fax 74 76
10 Zi, Ez: 60-65, Dz: 85-100, ⌂ WC ☎; **P** 🚌 ¶◎¶
geschl: So abends, Mo

Dietzenbach 54 ↗

Hessen — Kreis Offenbach — 170 m — 31 000 Ew — Offenbach 9, Dieburg 17 km
ℹ ☎ (0 60 74) 30 10, Fax 3 23 55 — Stadtverwaltung, Offenbacher Str 11, 63128 Dietzenbach. Sehenswert: Altstadt, hist. Fachwerkfassaden

Dietzenbach-Außerhalb (2 km →)
** Sonnenhof
Otto-Hahn-Str 7, ✉ 63128, ☎ (0 60 74) 48 90, Fax 48 93 33, AX ED VA
83 Zi, Ez: 155-205, Dz: 207-270, ⌂ WC ☎, 31 📺; Lift **P** 🚌 5⇔25 ¶◎¶
geschl: Ende Dez-Anfang Jan

Steinberg (2,5 km ↑)
* Steinberg Residenz
Taunusstr 15, ✉ 63128, ☎ (0 60 74) 8 50 80, Fax 8 50 82 00, AX DC ED VA
24 Zi, Ez: 128-176, Dz: 196-224, ⌂ WC ☎; **P** ¶◎¶

Diez 44 ✓

Rheinland-Pfalz — Rhein-Lahn-Kreis — 119 m — 10 000 Ew — Limburg 4, Wiesbaden 44 km
ℹ ☎ (0 64 32) 50 12 70, Fax 51 36 — Verkehrsamt, Wilhelmstr 63, 65582 Diez; Felke- und Oranierstadt an der Lahn. Sehenswert: Altstadt mit Stiftskirche, Grafenschloß, Barockschloß; Schloß Oranienstein; Burgruine Aardeck ⋖ (2,5 km ↘)

* Wilhelm von Nassau
♂ Weiherstr 38, ✉ 65582, ☎ (0 64 32) 10 14, Fax 14 47, AX DC ED VA
37 Zi, Ez: 108-122, Dz: 165-182, ⌂ WC ☎; Lift **P** 3⇔70 🛎 Kegeln Sauna Solarium ¶◎¶
Rezeption: 7-21

Dillenburg 44 ↗

Hessen — Lahn-Dill-Kreis — 230 m — 25 000 Ew — Siegen 29, Wetzlar 31, Biedenkopf 34 km
ℹ ☎ (0 27 71) 9 61 17, Fax 9 61 78 — Verkehrsamt, Hauptstr 19, 35683 Dillenburg. Sehenswert: Ev. Kirche; Wilhelmsturm ⋖; Nassau-Oranisches-Museum; Landgestüt (Hengstparade)

* Zum Schwan
Wilhelmsplatz 6, ✉ 35683, ☎ (0 27 71) 89 90 0, Fax 89 90 50, AX DC ED VA
15 Zi, Ez: 79-89, Dz: 128-145, ⌂ WC ☎; **P** 🚌 1⇔15
geschl: Sa, 2 Wochen Sommerferien, Ende Dez-Mitte Jan

** Bartmann's Haus
Untertor 3, ✉ 35683, ☎ (0 27 71) 78 51, Fax 2 22 06, AX DC ED VA
Hauptgericht 35; geschl: Anfang-Mitte Aug

Dillingen (Saar) 52 ↓

Saarland — Kreis Saarlouis — 178 m — 22 000 Ew — Saarlouis 5, Merzig 14 km
ℹ ☎ (0 68 31) 70 92 40, Fax 70 92 28 — Stadtverwaltung, Amt für Wirtschaftsförderung, Merziger Str, 66763 Dillingen. Sehenswert: Altes Schloß; Saardom; Museum für Vor- und Frühgeschichte im Stadtteil Pachten

* Saarland-Hotel König
Goebenstr 1, ✉ 66763, ☎ (0 68 31) 7 80 01, Fax 7 80 02, AX DC ED VA
24 Zi, Ez: 85-95, Dz: 140-160, 3 App, ⌂ WC ☎; **P** 🚌 2⇔100 ¶◎¶
geschl: Anfang Jan

Dinkelsbühl

* Am Fischerberg
Berliner Str 1, an der B 51, ✉ 66763,
☎ (0 68 31) 7 25 38
Hauptgericht 35; 🅿 geschl: Sa mittags,
so + feiertags

Diefflen (3 km ↗)
** Bawelsberger Hof
Dillinger Str 5 a, ✉ 66763, ☎ (0 68 31)
70 39 93, Fax 7 39 76, AX DC ED VA
46 Zi, Ez: 110-144, Dz: 155-189, ⊿ WC ☎,
8✉; Lift 🅿 2⇌80 Sauna
** Bawelsberger Hof
Hauptgericht 24; Terrasse

Dillingen a. d. Donau 63 ✓

Bayern — Kreis Dillingen — 434 m —
17 000 Ew — Donauwörth 27, Augsburg
44, Ulm 46 km
ℹ ☎ (0 90 71) 5 41 08, Fax 5 41 99 — Verkehrsamt, Königstr 37, 89407 Dillingen;
ehem. fürstbischöfliche Residenz- und
Universitätsstadt. Sehensw.: Studienkirche; ehem. Universität mit Jesuitenkolleg und „Goldenem Saal", Basilika St.
Peter; Franziskanerinnenkirche; Schloß;
Mitteltorturm; Rathaus; Königstr
(hist. Straßenbild); Stadt- und Hochstiftmuseum

* Dillinger Hof
Rudolf-Diesel-Str 8, ✉ 89407, ☎ (0 90 71)
80 61, Fax 83 23, AX DC ED VA
49 Zi, Ez: 85-95, Dz: 120-135, 3 App, ⊿ WC
☎; 🅿 1⇌40 Fitneßraum Kegeln Sauna
Solarium 🍴

* Convikt
Conviktstr 9, ✉ 89407, ☎ (0 90 71) 40 55,
Fax 40 58, AX ED
50 Zi, Ez: 80-90, Dz: 130-150, ⊿ WC ☎, 5✉;
Lift 🅿 2⇌40 🍴

◻ Trumm
Donauwörther Str 62, an der B 16,
✉ 89407, ☎ (0 90 71) 30 72, Fax 41 00,
AX ED VA
20 Zi, Ez: 50-65, Dz: 90-95, ⊿ WC ☎; 🅿 ⏁;
garni
geschl: Ende Dez

Dillstädt 47 ←

Thüringen — Kreis Suhl — 450 m — 930 Ew
— Meiningen 10, Suhl 12 km
ℹ ☎ (03 68 46) 2 40 — Gemeindeverwaltung, Dorfstr 18, 98530 Dillstädt

* Der Distelhof
♂ Dorfstr 3, ✉ 98530, ☎ (03 68 46) 6 05 47,
Fax 6 13 32, AX DC ED VA
25 Zi, Ez: 60-85, Dz: 100-129, 1 Suite, ⊿ WC
☎; 🅿 ⏁ 1⇌50 🍴

Dilsberg siehe Neckargemünd

Dingolfing 65 ◻

Bayern — Kreis Dingolfing-Landau —
364 m — 15 836 Ew — Landau an der
Isar 16, Landshut 30, Straubing 39 km
ℹ ☎ (0 87 31) 50 11 66, Fax 50 11 66 — Stadtverwaltung, Dr.-Josef-Hastreiter-Str 2,
84130 Dingolfing

* Maximilian
Wollerstr 2, ✉ 84130, ☎ (0 87 31) 5 06 20,
Fax 50 62 50, AX DC ED VA
40 Zi, Ez: 78, Dz: 116, 2 App, ⊿ WC ☎; Lift
🅿 2⇌37; garni

* Gasthof Alte Post
Bruckstr 7, ✉ 84130, ☎ (0 87 31) 3 14 60,
Fax 31 46 40, AX DC ED VA
21 Zi, Ez: 78, Dz: 140, ⊿ WC ☎; 🅿 ⏁
geschl: Aug, Ende Dez-Anfang Jan

Dinkelsbühl 63 ↖

Bayern — Kreis Ansbach — 444 m —
11 000 Ew — Feuchtwangen 11,
Ellwangen 22, Nördlingen 31 km
ℹ ☎ (0 98 51) 9 02 40, Fax 9 02 79 — Verkehrsamt, Marktplatz (B 1), 91550 Dinkelsbühl; mittelalterliche Stadt mit nahezu
vollständig erhaltener Befestigungsanlage
mit Türmen und vier Stadttoren. Sehenswert: geschlossenes mittelalterliches
Stadtbild; Münster St. Georg; Marktplatz
mit Deutschem Haus; Hezelhof; Spitalanlage mit Historischem Museum

Stadtplan siehe Seite 300

** Blauer Hecht (Ringhotel)
Schweinemarkt 1 (A 1), ✉ 91550,
☎ (0 98 51) 8 11 + 58 10, Fax 8 14 + 58 11 70,
AX DC ED VA
43 Zi, Ez: 87-105, Dz: 134-168, 1 Suite, ⊿
WC ☎, 9✉; 🅿 ⏁ 3⇌60 ≋ Sauna Solarium
geschl: Jan
Auch Zimmer der Kategorie * vorhanden
** Hauptgericht 25; geschl: Mo,
Jan-Mitte Febr.

* Goldene Kanne
Segringer Str 8 (B 1), ✉ 91550, ☎ (0 98 51)
60 11, Fax 22 81, AX ED VA
23 Zi, Ez: 75-98, Dz: 110-160, 3 Suiten, ⊿
WC ☎, 4✉; ⏁ 4⇌450
Auch Zimmer der Kategorie ** vorhanden
* Gustav-Adolf
Hauptgericht 17; 🅿; geschl: Jan-Apr Di,
Ende Nov

* Zum Goldenen Anker 👑
Untere Schmiedsgasse 22 (A 1), ✉ 91550,
☎ (0 98 51) 5 78 00, Fax 57 80 80,
AX DC ED VA
15 Zi, Ez: 80-95, Dz: 120-150, 2 App, ⊿ WC
☎; ⏁ Sauna
* Hauptgericht 20 →

Dinkelsbühl

✱	**Eisenkrug**

Dr.-Martin-Luther-Str 1 (B 1), ✉ 91550,
☎ (0 98 51) 5 77 00, Fax 57 70 70,
AX DC ED VA
22 Zi, Ez: 90-100, Dz: 130-160, ⌐ WC ☎; Lift
P 🚗 1⇔20 Sauna Solarium
geschl: 3 Wochen Februar-März
Im Gästehaus (Untere Schmiedgasse 7,
B 1) Zimmer der Kategorie ✱✱ vorhanden

✱✱	**Zum kleinen Obristen**

Hauptgericht 45; Terrasse; geschl: Mo, Di,
2 Wochen im Feb

✱	**Historisches Gewölbe**

🍴 Hauptgericht 25; nur abends; geschl: im
Winter Mo

✱	**Weißes Roß**
	(Flair Hotel)

Steingasse 12 (A 1), ✉ 91550, ☎ (0 98 51)
2 27 4/ 78 40, Fax 67 70, AX DC ED VA
21 Zi, Ez: 80-95, Dz: 130-160, 2 Suiten, ⌐
WC ☎; ¶☺¶
geschl: Mitte Jan-Mitte Feb
Auch Zimmer der Kategorie ✱✱ vorhanden.
Gasthof seit 400 Jahren. Ehem. Malerher-
berge, deren Tradition mit einer Malschule
fortgesetzt wird

✱	**Akzent-Hotel Goldene Rose**

Marktplatz 4 (B 1), ✉ 91550, ☎ (0 98 51)
5 77 50, Fax 57 75 75, AX DC ED VA
33 Zi, Ez: 90-110, Dz: 120-180, 1 App, ⌐ WC
☎, 3✉; P 🚗 3⇔60
Auch Zimmer der Kategorie ✱✱ vorhanden

✱	Hauptgericht 25
✱	**Gasthof Zur Goldenen Krone**

Nördlinger Str 24 (B 2), ✉ 91550,
☎ (0 98 51) 22 93, Fax 65 20, AX DC ED VA
25 Zi, Ez: 70-75, Dz: 98-115, ⌐ WC; Lift P 🚗
¶☺¶
Rezeption: 10-22; geschl: Mi, Mitte Aug,
Mitte Nov

✱	**Gasthof Goldenes Lamm**

Lange Gasse 26 (B 2), ✉ 91550, ☎ (0 98 51)
22 67, Fax 64 41
18 Zi, Ez: 65-80, Dz: 98-120, ⌐ WC; P 🚗
Kegeln ¶☺¶
Rezeption: 8-14, 16-22; geschl: Mitte Jan-
Mitte Feb

✱	**Gasthof Goldenes Lamm**
✱	**Deutsches Haus**

🍴 Weinmarkt 3 (B 1), ✉ 91550, ☎ (0 98 51)
60 58, Fax 79 11, AX DC ED VA
Hauptgericht 30; geschl: Ende Dez-Anfang
Jan

| ✱✱ | 8 Zi, Ez: 135, Dz: 210, 2 Suiten, ⌐ |

WC ☎; P Sauna Solarium
geschl: Ende Dez-Anfang Jan

Dinklage 24 ↗

Niedersachsen — Kreis Vechta — 30 m —
10 000 Ew — Lohne 8, Quakenbrück 12 km
🛈 ☎ (0 44 43) 89 90, Fax 8 99 25 — Gemeindeverwaltung, Am Markt 1, 49413
Dinklage. Sehenswert: Wasserburg
(Benediktinerinnen-Kloster)

✱✱	**Burghotel**

♗ Burgallee 1, ✉ 49413, ☎ (0 44 43) 89 70,
Fax 89 74 44, AX DC ED VA
53 Zi, Ez: 165-185, Dz: 215-235, ⌐ WC ☎,
22✉; Lift P 10⇔150 Fitneßraum Kegeln
Sauna Solarium
Auch Zimmer der Kategorie ✱✱✱ vorhanden

✱✱	**Kaminstube** ✤

Hauptgericht 35; Terrasse

✱	**Rheinischer Hof**

Burgstr 54, ✉ 49413, ☎ (0 44 43) 12 60
18 Zi, Ez: 40-85, Dz: 90-130, ⌐ WC ☎; P ¶☺¶
Auch einfache Zimmer vorhanden

Dinklage-Außerhalb (2 km →)
* **Wiesengrund**
Lohner Str 17, ✉ 49413, ☎ (0 44 43) 20 50,
Fax 37 98, AX DC ED VA
20 Zi, Ez: 79, Dz: 120, ⌐ WC ☎; P 🅿 2✧50
🍴

Dinslaken 32→

Nordrhein-Westfalen — Kreis Wesel —
71 m — 68 000 Ew — Wesel 14,
Duisburg 16 km
ℹ ☎ (0 20 64) 6 62 22, Fax 6 64 35 — Stadtinformation, Friedrich-Ebert-Str 82,
46535 Dinslaken; Stadt am Niederrhein;
Landestheater Burghofbühne. Sehenswert: Kath. Kirche; Trabrennbahn
(Halbmeilenbahn)

** **Am Park**
♂ Althoffstr 16, ✉ 46535, ☎ (0 20 64)
5 40 54, Fax 5 40 57, AX DC ED VA
22 Zi, Ez: 150, Dz: 200, 2 Suiten, ⌐ WC ☎;
Lift P; garni

* **Zum Schwarzen Ferkel**
Voerder Str 79, ✉ 46535, ☎ (0 20 64)
5 11 20, Fax 5 26 84
10 Zi, Ez: 65-75, Dz: 120-130, ⌐ WC ☎; P
Kegeln
Rezeption: 8-14, 18-22; geschl: 21.7.-
10.8.97
* Hauptgericht 25; Terrasse; nur
abends, So-Mi auch mittags; geschl: Do,
21.7.-10.8.97

Hiesfeld (2,5 km →)
** **Landhotel Galland
Im kühlen Grunde**
Dickerstr 346, ✉ 46539, ☎ (0 20 64) 4 95 90,
Fax 49 59 35, AX ED VA
20 Zi, Ez: 85-95, Dz: 130-170, ⌐ WC ☎; P
2✧60 Kegeln 🍴

** **Haus Hiesfeld**
Kirchstr 125, ✉ 46539, ☎ (0 20 64) 9 40 00,
Fax 9 60 09, AX DC ED VA
Hauptgericht 45; Biergarten P Terrasse

Dippoldiswalde 51 ↖

Sachsen — Kreis Dippoldiswalde — 400 m
— 6 348 Ew — Dresden 20 km
ℹ ☎ (0 35 04) 61 48 77, Fax 61 48 77 —
Tourismusbüro, Hospitalstr 11, 01744
Dippoldiswalde. Sehenswert: Kirche und
Schloß, hist. Markt

* **Am Schloß**
Rosengasse 12, ✉ 01744, ☎ (0 35 04)
61 79 47, Fax 61 79 48, ED
12 Zi, Ez: 75-95, Dz: 100-130, ⌐ WC ☎; P
🍴
geschl: Do

Dippoldiswalde-Außerhalb (2 km ↓)
** **Heidehof**
einzeln ♂ ⋘ Hohe Str 2, ✉ 01744,
☎ (0 35 04) 6 48 70, Fax 64 87 55,
AX DC ED VA
22 Zi, Ez: 110, Dz: 165, ⌐ WC ☎, 6🖂; P
3✧90
* **Heidehof**
Hauptgericht 25; Biergarten

Dirmstein 54 □

Rheinland-Pfalz — Kreis Bad Dürkheim —
108 m — 2 700 Ew — Grünstadt 6, Frankenthal 10 km
ℹ ☎ (0 62 38) 6 67 — Gemeindeverwaltung,
Marktstr 4, 67246 Dirmstein. Sehenswert:
St.-Laurentius-Kirche

* **Kempf**
Marktstr 4, ✉ 67246, ☎ (0 62 38) 9 84 00,
Fax 98 40 88, AX ED VA
25 Zi, Ez: 75-110, Dz: 95-160, ⌐ WC ☎; Lift
P 4✧120 Fitneßraum Sauna 🍴

Ditzenbach, Bad 62 ✓

Baden-Württemberg — Kreis Göppingen
— 510 m — 3 300 Ew — Mühlhausen
i. Täle 6, Geislingen a. d. Steige 13 km
ℹ ☎ (0 73 34) 69 11, Fax 96 01 30 — Verkehrsamt, Haus des Gastes, Helfen-
steinstr 18, 73342 Bad Ditzenbach;
Mineralheilbad im oberen Filstal, auf
der Schwäbischen Alb

** **Kurhotel Sanct Bernhard**
♂ ⋘ Sonnenbühl 1, ✉ 73342, ☎ (0 73 34)
9 64 10, Fax 96 41 41
9 Zi, Ez: 80-110, Dz: 140-200, 1 Suite,
15 App, ⌐ WC ☎; Lift P 🅿 Fitneßraum
Solarium; **garni**
geschl: So, Ende Dez-Anfang Jan

* **Lamm**
Hauptstr 30, ✉ 73342, ☎ (0 73 34) 43 21,
Fax 50 89, AX ED
24 Zi, Ez: 70-180, Dz: 100-200, 2 Suiten, ⌐
WC ☎, 3🖂; P 🅿 🍴
geschl: So, Sa abends, Ende Feb-Anfang
Mär
Im Gästehaus Zimmer der Kategorie **
vorhanden

Gosbach (2 km ↙)
** **Gasthof Hirsch**
Unterdorfstr 2, an der B 466, ✉ 73342,
☎ (0 73 35) 96 30-0, Fax 96 30-36, AX ED
Hauptgericht 30; Biergarten; 11.30-14, 17-
23; geschl: Mo, Mitte Aug, Ende Okt-
Anfang Nov, Mitte Jan-Mitte Feb
* 8 Zi, Ez: 65-70, Dz: 110-115, ⌐ WC
☎; P 1✧ Kegeln
Rezeption: 7.30-15, 17-24; geschl: Mitte
Aug, Mitte Okt-Anf Nov, Mitte Jan-Mitte
Feb

Ditzingen

Ditzingen 61 □

Baden-Württemberg — Kreis Ludwigsburg — 310 m — 23 225 Ew — Stuttgart 12 km
🛈 ☎ (0 71 56) 16 40, Fax 16 41 01 — Stadtverwaltung, Am Laien 1, 71254 Ditzingen

** **Blankenburg**
Gerlinger Str 27, ✉ 71254, ☎ (0 71 56) 93 20, Fax 93 21 90, AX DC ED VA
70 Zi, Ez: 98-145, Dz: 98-195, ⊿ WC ☎, 12🖂; Lift 🅿 3↔40 ⊗

Dobel 60 →

Baden-Württemberg — Kreis Calw — 700 m — 2 200 Ew — Herrenalb 6, Pforzheim 24 km
🛈 ☎ (0 70 83) 7 45 13, Fax 7 45 35 — Kurverwaltung, Neue Herrenalber Str 11, 75335 Dobel; heilklimatischer Kurort im nördlichen Schwarzwald

* **Auf der Sonneninsel**
Hauptstr 5, ✉ 75335, ☎ (0 70 83) 9 24 10, Fax 92 41 99
24 Zi, Ez: 80-90, Dz: 120-150, ⊿ WC ☎, 8🖂; Lift 🅿 🍴 1↔40 Solarium; **garni**
Rezeption: 7-19

* **Rössle**
Johann-Peter-Hebel-Str 7, ✉ 75335, ☎ (0 70 83) 23 53, Fax 5 16 57
35 Zi, Ez: 32-70, Dz: 65-130, 1 App, ⊿ WC ☎; Lift 🅿 🍴 2↔30 Sauna Solarium ⊗
geschl: Di, Mitte Nov-Mitte Dez
Auch einfache Zimmer vorhanden

* **Funk**
Hauptstr 32, ✉ 75335, ☎ (0 70 83) 50 60, Fax 5 06 10, AX DC ED VA
16 Zi, Ez: 80, Dz: 120, ⊿ WC ☎; 🅿 🍴 ⊗
geschl: Nov

* **Wagnerstüble**
Wildbader Str 45, ✉ 75335, ☎ (0 70 83) 87 58, Fax 73 45
Hauptgericht 35; geschl: Mo abends, Di

Doberan, Bad 12 ↓

Mecklenburg-Vorpommern — Kreis Doberan — 50 m — 12 000 Ew — Rostock 15, Wismar 42 km
🛈 ☎ (03 82 03) 21 54, Fax 25 05 — Kreisverwaltung, Amt für Tourismus, August-Bebel-Str 3, 18209 Bad Doberan; erstes deutsches Seebad. Sehenswert: Zisterzienser Klosterkirche; Kamp-Park im englischen Stil; Kleinbahn „Molli"; Ehem.-Welk-Gedenkstätte

** **Romantik Kurhotel**
August-Bebel-Str 2, ✉ 18209, ☎ (03 82 03) 30 36, Fax 21 26, AX DC ED VA
60 Zi, Ez: 130-155, Dz: 175-245, 2 App, ⊿ WC ☎; Lift 🅿 5↔200 Fitneßraum Sauna Solarium
Auch Zimmer der Kategorie *** vorhanden. Ehem. Logierhaus des Herzogs von Mecklenburg
** Hauptgericht 25

Heiligendamm (7 km ↗)
** **Residenz-Hotel Am Heiligen Damm**
♂ ◄ Prof.-Dr.-Vogel-Str 16, ✉ 18209, ☎ (03 82 03) 46 20, Fax 4 62 48, AX ED VA
35 Zi, Ez: 100-160, Dz: 200-260, 7 Suiten, ⊿ WC ☎, 2🖂; Lift 🅿 🍴 6↔100 Seezugang Fitneßraum Sauna Solarium ⊗
Indoor-Golf

Doberlug-Kirchhain 40 □

Brandenburg — Kreis Finsterwalde — 95 m — 8 200 Ew — Finsterwalde 11, Bad Liebenwerda 20 km
🛈 ☎ (03 53 22) 22 93, Fax 22 71 — Fremdenverkehrsbüro, im Weißgerbermuseum, Potsdamer Str 18, 03253 Doberlug-Kirchhain. Sehenswert: Schloß; Pfarrkirche; Stadttorsäule; Klosterkirche; Weißgerbermuseum

Kirchhain
* **Rose**
Am Rosenende 12, ✉ 03253, ☎ (03 53 22) 3 13 14, Fax 44 64, ED
27 Zi, Ez: 60-80, Dz: 80-120, ⊿ WC ☎; 🅿 🍴 1↔35 ⊗
Rezeption: 7-14, 16-23

Döbeln 39 ↘

Sachsen — Kreis Döbeln — 230 m — 26 400 Ew — Meißen 30, Chemnitz 38, Leipzig 75 km
🛈 ☎ (0 34 31) 44 39 02, Fax 44 39 11 — Fremdenverkehrsbüro, Straße des Friedens 3, 04720 Döbeln. Sehenswert: Pfarrkirche St. Nikolai; Bürgerhäuser am Markt; Rathaus; Lessing-Gymnasium; Musikschule

** **Döbelner Hof**
Bäckerstr 8, über Ritterstr, ✉ 04720, ☎ (0 34 31) 57 48 91, Fax 57 48 90, AX ED VA
36 Zi, Ez: 90-120, Dz: 120-180, 3 App, ⊿ WC ☎, 2🖂; Lift 🍴 ⊗

* **Bavaria**
Marktstr 3, ✉ 04720, ☎ (0 34 31) 71 02 76, Fax 71 05 93
12 Zi, Ez: 90, Dz: 140, ⊿ WC ☎; 🅿 ⊗
geschl: So

* Weiße Taube
Eisenbahnstr 1, ⌧ 04720, ☎ (0 34 31)
61 17 14, Fax 61 17 14, AX DC ED VA
11 Zi, Ez: 85-95, Dz: 150, ⌐ WC ☎; **P** ⌐
2⇔100 Kegeln ▧
Rezeption: 11-23

Dölbau 38→

Sachsen-Anhalt — Saalkreis — 835 Ew —
Halle 7, Neustadt 8, Leipzig 25 km
❶ ☎ (03 45) 5 60 48 22, Fax 5 60 48 22 —
Gemeindeverwaltung, Lindenstr 2,
06184 Dölbau

Dölbau
** Consul Hotel Halle
Hotelstr 1, an der B 14, ⌧ 06184,
☎ (03 46 02) 6 70, Fax 6 76 70, AX DC ED VA
123 Zi, Dz: 119-245, S; ⌐ WC ☎, 52⌧; Lift
P ⌐ 6⇔90 Fitneßraum Sauna Solarium
** Hauptgericht 30; Terrasse;
geschl: Sa

Dörentrup 25↓

Nordrhein-Westfalen — Kreis Lippe —
160 m — 8 988 Ew — Lemgo 8,
Hameln 35 km
❶ ☎ (0 52 65) 81 40 — Verkehrsverein, För-
sterweg 9, 32694 Dörentrup; Erholungsort
zwischen Teutoburger Wald und Wiehengebirge. Sehenswert: Wallanlage; Wasserschloß; Kurpark

Farmbeck (3 km ↘)
* Landhaus Begatal
Bundesstr 2, an der B 66, ⌧ 32694,
☎ (0 52 65) 82 55, Fax 82 25, DC ED VA
12 Zi, Ez: 78-98, Dz: 116-126, ⌐ WC ☎, 3⌧;
P 1⇔24 Kegeln

Schwelentrup (3 km ↑, Erholungsort)
* Jagdrestaurant Grünental
Sternberger Str 3, ⌧ 32694, ☎ (0 52 65)
2 52, Fax 4 98, DC ED
Hauptgericht 30; geschl: Mo, Di

Dörnigheim siehe Maintal

Dörpen 15↘

Niedersachsen — Kreis Emsland — 6 m —
3 801 Ew — Holländische Grenze 11,
Papenburg 15 km
❶ ☎ (0 49 63) 40 20, Fax 4 02 30 — Gemeindeverwaltung, Hauptstr 25, 26892 Dörpen.
Sehenswert: Informationszentrum der
Magnetschnellbahn „Transrapid"

* Borchers
Neudörpener Str 48, ⌧ 26892, ☎ (0 49 63)
16 72, Fax 44 34, AX DC ED VA
31 Zi, Ez: 70, Dz: 130, ⌐ WC ☎, 1⌧; **P** ⌐
1⇔100 Fitneßraum Sauna ▧

Dollnstein

Dörrenbach 60↑

Rheinland-Pfalz — Südliche Weinstraße —
300 m — 1 000 Ew — Bad Bergzabern 4 km
❶ ☎ (063 43) 22 44 — Verkehrsverein,
Im Rödelstal 26, 76889 Dörrenbach.
Sehenswert: Kirche; Friedhofsbefesti-
gung; Rathaus; Fachwerkbauten

🛏 **Keschtehäusel**
Hauptstr 4, ⌧ 76889, ☎ (0 63 43) 87 97,
Fax 87 97
9 Zi, Ez: 55-65, Dz: 85-95, 3 App, ⌐ WC; **P**
geschl: Mi, Mitte Nov-Mitte Dez

Dörverden 25↗

Niedersachsen — Kreis Verden — 19 m —
9 250 Ew — Verden 9, Nienburg 25 km
❶ ☎ (0 42 34) 39 90, Fax 3 99 45 — Gemeindeverwaltung, Große Str 80, 27313
Dörverden

** Pfeffermühle
Große Str 70, ⌧ 27313, ☎ (0 42 34) 13 65,
Fax 21 50, AX DC ED VA
Hauptgericht 28; **P** Terrasse
* 16 Zi, Ez: 60-80, Dz: 95-130,
1 Suite, 1 App, ⌐ WC ☎; ⌐ 1⇔20 Fitneß-
raum Solarium
Auch Zimmer der Kategorie ****** vorhanden

Barnstedt (9 km ↗)
** Fährhaus
◁ einzeln Haus Nr 11, ⌧ 27313, ☎ (0 42 39)
3 33, ED
Hauptgericht 28; nur abends; geschl: Di
* einzeln ♂ 4 Zi, Ez: 70, Dz: 100, ⌐
WC ☎
Rezeption: 15-22

Dolle 28←

Sachsen-Anhalt — Kreis Tangerhütte —
100 m — 552 Ew — Colbitz 12,
Stendal 25 km
❶ ☎ (03 93 64) 2 35 — Gemeindeverwaltung, Lindenstr 19, 39517 Dolle

** Deutsches Haus
Magdeburger Str 25, ⌧ 39517,
☎ (03 93 64) 43 95, Fax 2 47, ED VA
24 Zi, Ez: 95, Dz: 125-135, ⌐ WC ☎; **P**
2⇔50 ▧
geschl: Sa

Dollnstein 63→

Bayern — Kreis Eichstätt — 400 m —
750 Ew — Eichstätt 9, Weissenburg 40 km
❶ ☎ (0 84 21) 15 02 — Fremdenverkehrs-
ein, 91795 Markt Dollnstein ➜

Dollnstein

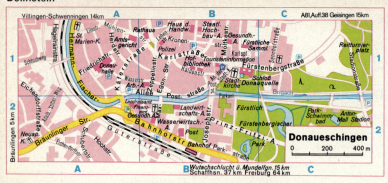

Obereichstätt (4 km ↗)
* **Zur Hüttenschänke**
Allee 15, ✉ 91795, ☎ (0 84 21) 9 79 70,
Fax 97 97 97, ED
18 Zi, Ez: 50-65, Dz: 100-110, 4 App, ⌐ WC
☎; P Sauna ¶○¶
Rezeption: 8-21; geschl: Mi

Dommitzsch 39 □

Sachsen — Kreis Torgau-Oschatz — 90 m
— 2 840 Ew — Torgau 12, Wittenberg 34,
Leipzig 45 km
ℹ ☎ (03 42 23) 4 03 15, Fax 4 03 15 — Stadtverwaltung, Markt 1, 04880 Dommitzsch.
Sehenswert: Marienkirche; Marktplatz mit
Gänsebrunnen.

* **Roter Hirsch**
Pretzscher Str 2, ✉ 04880, ☎ (03 42 23)
4 02 41
14 Zi, Ez: 60, Dz: 135, ⌐ WC ☎; **garni**

Dommitzsch-Außerhalb (1 km ↗)
* **Gasthaus Fährhaus**
◂≡ Elbstr 15, ✉ 04880, ☎ (03 42 23) 4 03 46,
Fax 4 03 46, ED
9 Zi, Ez: 50-65, Dz: 75-85, ⌐ WC; P 🚗 ¶○¶

Donaueschingen 68 ←

Baden-Württemberg — Schwarzwald-
Baar-Kreis — 660 m — 20 000 Ew — Villingen-Schwenningen 16, Tuttlingen 28,
Titisee-Neustadt 34 km
ℹ ☎ (07 71) 85 72 21, Fax 85 72 28 — Verkehrsamt, Karlstr 58 (B 1), 78166 Donaueschingen. Sehenswert: Kath. Kirche,
Schloß: Ausstattung; Fürstliche Sammlungen: Gemälde; Hofbibliothek: Handschriften; Schloßpark mit Donauquelle

* **Zur Linde**
Karlstr 18 (B 1), ✉ 78166, ☎ (07 71) 83 18-0,
Fax 83 18-40, DC ED VA
22 Zi, Ez: 85-105, Dz: 135-165, ⌐ WC ☎; Lift
P 🚗 ¶○¶
geschl: Ende Dez-Ende Jan

* **Zum Schützen**
Josefstr 2 (B 2), ✉ 78166, ☎ (07 71) 50 85,
Fax 1 43 03, AX DC ED VA
24 Zi, Ez: 95-100, Dz: 145, ⌐ WC ☎; P
* Hauptgericht 25; geschl: Do

Aufen (2 km ↘)
* **Waldblick**
♂ Am Hinteren Berg 7, ✉ 78166, ☎ (07 71)
83 25 20, Fax 8 32 52 25, AX DC ED VA
50 Zi, Ez: 90-105, Dz: 130-160, ⌐ WC ☎; Lift
P 🚗 4⌂60 ≊ Fitneßraum Sauna Solarium
¶○¶
geschl: Anfang-Mitte Aug

Donaueschingen-Außerhalb (3 km ↗)
*** **Öschberghof**
einzeln ♂ ◂≡ Golfplatz 1, ✉ 78166, ☎ (07 71)
8 40, Fax 8 46 00, AX ED VA
55 Zi, Ez: 188-198, Dz: 276-296, S; ⌐ WC ☎;
Lift P 🚗 7⌂200 ≊ Fitneßraum Sauna
Solarium
Rezeption: 6-21.30; geschl: Ende Dez-Ende
Jan
** ◂≡ Hauptgericht 35; Terrasse;
geschl: Ende Dez-Ende Jan

Donaueschingen-Außerhalb (4 km ↘)
* **Concorde**
Dürrheimer Str 82, ✉ 78166, ☎ (07 71)
8 36 30, Fax 8 36 31 20, AX DC ED VA
77 Zi, Ez: 98-105, Dz: 150-170, ⌐ WC ☎,
48✉; Lift P 6⌂80 ≊ Fitneßraum Sauna
Solarium ¶○¶

Donaustauf 65 ↘

Bayern — Kreis Regensburg — 342 m —
3 900 Ew — Regensburg 10 km
ℹ ☎ (0 94 03) 9 50 20, Fax 95 02 30 — Verwaltungsgemeinschaft, Wörther Str 5,
93093 Donaustauf

** **Forsters Gasthaus zur Post**
Maxstr 43, ✉ 93093, ☎ (0 94 03) 91 00,
Fax 91 09 10, AX DC ED VA
32 Zi, Ez: 95-110, Dz: 160, 10 App, 6 Suiten,
⌐ WC ☎; Lift P 1⌂180
Golf 18

** **Zum Postillion**
Hauptgericht 25; Gartenlokal; geschl: Mo,
Jan

Donzdorf

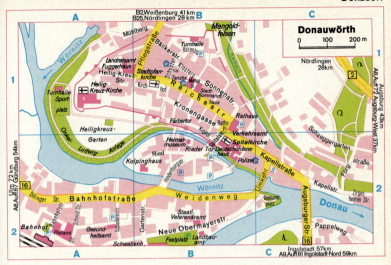

** Kupferpfanne
♢ Lessingstr 48, ✉ 93093, ☎ (0 94 03)
9 50 40, Fax 43 96, AX DC ED VA
20 Zi, Ez: 89-90, Dz: 138-150, ⊿ WC ☎; P
1⇨30 Fitneßraum Sauna
** Hauptgericht 30; geschl: So, Mo

* Pension Walhalla
♢ Ludwigstr 37, ✉ 93093, ☎ (0 94 03)
9 50 60, Fax 95 06 13, ED VA
22 Zi, Ez: 60-70, Dz: 90-98, ⊿ WC ☎; Lift P
🏠 1⇨ Solarium; **garni**
Rezeption: 7-21.30

Donauwörth 63 □

Bayern — Donau-Ries-Kreis — 403 m —
18 000 Ew — Nördlingen 28, Augsburg 42,
Ingolstadt 57 km
ℹ️ ☎ (09 06) 78 91 45, Fax 78 92 22 —
Verkehrsamt, Rathausgasse 1 (B 1),
86609 Donauwörth; Kreisstadt. Sehenswert: Kath. Münster; ehem. Klosterkirche
Heiligkreuz; Fuggerhaus; Reichsstraße;
Deutschordenshaus; Rathaus; Tanzhaus;
Reste der Stadtbefestigung; Rieder-Tor;
Klosterkirche in Kaisheim (7 km ↑); Schloß
Leitheim (10 km →)

* Posthotel Traube
Kapellstr 14 (C 2), ✉ 86609, ☎ (09 06)
70 64 40, Fax 2 33 90, AX DC ED VA
43 Zi, Ez: 85-120, Dz: 130-180, 2 Suiten, ⊿
WC ☎; Lift P 🏠 3⇨60 Fitneßraum Sauna
geschl: Jan
* **Badische Weinstube**
Hauptgericht 15; Biergarten; geschl: Jan

** Goldener Greifen
Pflegstr 15, ✉ 86609, ☎ (09 06) 33 75,
Fax 2 83 75
Hauptgericht 35; geschl: Mo, 1 Woche Jan
Goldener Greifen
10 Zi, Ez: 40-60, Dz: 80-100; ⊿ WC ☎; P 🏠
Sauna
geschl: 1 Woche Januar

Parkstadt (1 km →)
*** Parkhotel
(Landidyll Hotel)**
◁ Sternschanzenstr 1, ✉ 86609, ☎ (09 06)
7 06 51-0, Fax 7 06 51-80, AX DC ED VA
45 Zi, Ez: 99-125, Dz: 150-180, ⊿ WC ☎,
12✉; P 🏠 3⇨55 Fitneßraum Kegeln
Auch Zimmer der Kategorie ** vorhanden
** ◁ Hauptgericht 35; Gartenlokal
Terrasse

* Parkstadt
♢ Andreas-Mayr-Str 11, ✉ 86609,
☎ (09 06) 40 39, Fax 2 39 86, AX ED VA
14 Zi, Ez: 57-67, Dz: 96-110, ⊿ WC ☎; P ≋;
garni
geschl: Mitte Jul-Mitte Aug

Donzdorf 62 □

Baden-Württemberg — Kreis Göppingen
— 407 m — 11 500 Ew — Göppingen 14,
Geislingen a.d. Steige 15 km
ℹ️ ☎ (0 71 62) 20 02 29, Fax 2 39 91 — Bürgermeisteramt, Schloß 1, 73072 Donzdorf.
Sehenswert: Kath. Pfarrkirche; Schloß;
Schloß Ramsberg →

Wer nicht zu zweit im Doppelbett schlafen
möchte, sollte ausdrücklich ein Zimmer
mit zwei getrennten Betten verlangen.

Donzdorf

*** Becher
Schloßstr 7, ✉ 73072, ☎ (0 71 62) 2 00 50,
Fax 20 05 55, AX DC ED VA
65 Zi, Ez: 100-130, Dz: 150-200, 2 Suiten, 🍴
WC ☎; Lift 🅿 🖼 2⇔100 Fitneßraum
Kegeln Sauna Solarium
geschl: So ab 15

*** De Balzac
Hauptgericht 48; geschl: so+feiertags,
Mo, 2 Wochen im Jan, 1 Woche in den
Sommerferien

** Bauernstube
Hauptgericht 38; Terrasse; geschl: So
abends, Mo mittags

Dormagen 33

Nordrhein-Westfalen — Kreis Neuss —
51 m — 59 500 Ew — Neuss 17, Köln 20,
Leverkusen 22 km
ℹ ☎ (0 21 33) 5 32 96, Fax 5 34 61 — Verkehrsamt, Schloßstr 37, 41541 Dormagen.
Sehenswert: Ehem. Klosterkirche im Stadtteil Knechtsteden (6 km ←); Zollfeste im
Stadtteil Zons (5 km ↑)

** Höttche
Krefelder Str 14, ✉ 41539, ☎ (0 21 33)
25 30, Fax 1.06 16, AX DC ED VA
63 Zi, Ez: 115-175, Dz: 220-300, 2 Suiten,
WC ☎; Lift 🅿 🖼 ≘ Kegeln Sauna Solarium
geschl: Ende Dez
Auch Zimmer der Kategorie ******* vorhanden

** Hauptgericht 35; Terrasse;
geschl: Ende Dez

* Zur Flora
Florastr 49, ✉ 41539, ☎ (0 21 33) 4 60 11,
Fax 47 78 24, AX DC ED VA
16 Zi, Ez: 110-125, Dz: 140-180, S; 🍴 WC ☎;
🅿 1⇔60 🍽
Rezeption: 6-14, 16-24; geschl: So abends,
Mo mittags

* Ragusa
Marktplatz 7, ✉ 41539, ☎ (0 21 33) 4 35 02,
Fax 4 36 09, AX DC ED VA
18 Zi, Ez: 96-150, Dz: 155-205, 🍴 WC ☎; 🅿
1⇔ Kegeln
Rezeption: 7-14.30, 17-24

St. Peter (6 km ↘)
* Stadt Dormagen
Robert-Bosch-Str 2, ✉ 41541, ☎ (0 21 33)
78 28, Fax 7 09 40, AX DC ED VA
15 Zi, Ez: 90-120, Dz: 140-150, 🍴 WC ☎; 🅿
1⇔ Fitneßraum Sauna Solarium; **garni**
geschl: Ende Dez-Anfang Jan

Zons (5 km ↑)
** Schloß Friedestrom
♛ Parkstr 2, ✉ 41541, ☎ (0 21 33) 50 30,
Fax 50 32 90, AX DC ED VA
30 Zi, Ez: 170-280, Dz: 210-320, 3 Suiten, 🍴
WC ☎; Lift 🖼 2⇔50 Fitneßraum Kegeln
Sauna Solarium; **garni**
Auch Zimmer der Kategorie ******* vor-
handen

⌂ Gästehaus Wolfgang Schmitz
⇤ Mauerstr 26 a, ✉ 41541, ☎ (0 21 33)
4 76 58, Fax 1 02 22, AX ED
6 Zi, Ez: 80-100, Dz: 120-150, 🍴 WC ☎ 🍽

Dornburg 44 ←

Hessen — Kreis Limburg-Weilburg —
250 m — 8 442 Ew — Limburg/Lahn 15,
Siegen 50 km
ℹ ☎ (0 64 36) 50 80, Fax 5 08 32 — Gemeindeverwaltung, im Ortsteil Frickhofen,
Egenolfstr 26, 65599 Dornburg. Sehenswert: Blasiuskirche

Frickhofen
* Café Bock
Hauptstr 30, ✉ 65599, ☎ (0 64 36) 20 77,
Fax 22 56, ED
10 Zi, Ez: 70-90, Dz: 140-160, 🍴 WC ☎;
1⇔25 🍽; **garni**
Rezeption: 6.30-12, 14-21

Dornstadt 62 ↘

Baden-Württemberg — Alb-Donau-Kreis
— 594 m — 8 800 Ew — Ulm 10,
Geislingen 22 km
ℹ ☎ (0 73 48) 20 10, Fax 2 01 28 — Gemeindeverwaltung, Kirchplatz 2, 89160
Dornstadt

Dornstadt-Außerhalb (1 km ↘)
** Krone
Bodelschwinghweg 1, an der B 10,
✉ 89160, ☎ (0 73 48) 2 10 33, Fax 2 21 80,
AX DC ED VA
37 Zi, Ez: 75-130, Dz: 120-170, 🍴 WC ☎; Lift
🅿 🖼 Kegeln
geschl: Anfang-Mitte Aug, Ende Dez
Auch Zimmer der Kategorie ***** vorhanden

** Kronenschmiede
Hauptgericht 26; geschl: Anfang-Mitte
Aug, Ende Dez

Dornstetten 60 ↘

Baden-Württemberg — Kreis Freudenstadt — 630 m — 6 900 Ew — Freudenstadt 8, Horb 17, Altensteig 19 km
ℹ ☎ (0 74 43) 58 68, Fax 24 09 11 — Kurverwaltung, Marktplatz 1, 72280 Dornstetten;
Luftkurort im östlichen Schwarzwald.
Sehenswert: Ev. Stadtkirche; Fachwerkhäuser; Marktbrunnen; Puppen- und
Spielzeugmuseum

Aach (2 km ←)
* Waldgericht
Grüntaler Str 4, ✉ 72280, ☎ (0 74 43)
96 27-0, Fax 49 83, ED VA
28 Zi, Ez: 60, Dz: 120, 🍴 WC ☎; 🅿 1⇔30
* Hauptgericht 25

Hallwangen (2,5 km ↑)
** Die Mühle ⚜
Eichenweg 23, ✉ 72280, ☎ (0 74 43) 63 29
Hauptgericht 35; geschl: Mo

Dorsten 33 ↖

Nordrhein-Westfalen — Kreis Recklinghausen — 27 m — 81 000 Ew — Recklinghausen 16, Oberhausen 23, Borken 25 km
🛈 ☎ (0 23 62) 66 34 81, Fax 66 33 66 — Stadtverwaltung, Halterner Str 5, 46284 Dorsten; kleine Hansestadt an der Lippe. Sehenswert: Museum am Markt; Jüdisches Museum Westfalen; Tüshaus Mühle; Wasserschloß Lembeck (13 km ↑)

** Henschel
Borkener Str 47, ✉ 46284, ☎ (0 23 62) 6 26 70, [AX] [DC] [ED] [VA]
Hauptgericht 45; **P**; geschl: Mo, Sa + So mittags, 2 Wochen in den Sommerferien

Deuten (6,5 km ↑)
* Grewer
Weseler Str 351, ✉ 46286, ☎ (0 23 69) 80 83, Fax 83 22, [DC] [ED] [VA]
16 Zi, Ez: 48-64, Dz: 80-108, ⌐⌐ WC ☎; **P**
Kegeln

Holsterhausen (2 km ↖) Marienviertel
* Haus Berken
An der Molkerei 50, ✉ 46284, ☎ (0 23 62) 6 12 13, Fax 6 22 70, [AX] [DC] [ED] [VA]
21 Zi, Ez: 70-120, Dz: 120-160, ⌐⌐ WC ☎; **P**
geschl: Mi
** Hauptgericht 35; geschl: Mi

Dortmund 33 □

Nordrhein-Westfalen — Stadtkreis — 86 m — 600 000 Ew — Hagen 16, Bochum 17, Essen 34 km
🛈 ☎ (02 31) 2 56 66, Fax 16 35 93 — Verkehrsverein, Königswall 20, 44137
Dortmund; Handels- und Dienstleistungszentrum im Ruhrgebiet; Universität; Fachhochschule; Musiktheater, Schauspiel, Kinder- und Jugendtheater.
Sehenswert: Ev. Marienkirche (12. Jh.): Altarbild von Konrad von Soest; ev. Reinoldikirche; Hauptkirche (13. Jh.); ev. Petrikirche mit Antwerpener Schnitzaltar der Lukasgilde; kath. Propsteikirche; Westfalenhalle; Museum für Kunst- und Kulturgeschichte; Museum am Ostwall; Naturkunde-Museum; Brauerei-Museum; Westf. Industriemuseum, Deutsche Arbeitsschutzausstellung; Romberg-Park; Westfalenpark: Kochbuchmuseum, Schulmuseum; Tierpark; Revierpark Wischlingen; Fredenbaumpark; Hohensyburg ◂, Hengsteysee (17 km ↓); Schloß Cappenberg (19 km ↑)

Stadtplan siehe Seite 308

*** Renaissance Hotel
Lindemannstr 88, ✉ 44137, ☎ (02 31) 9 11 30, Fax 9 11 39 99, [AX] [DC] [ED] [VA]
223 Zi, Ez: 186-250, Dz: 212-250, S;
5 Suiten, ⌐⌐ WC ☎, 51⬚; Lift **P** 🚗 10⇔250 Fitneßraum Sauna Solarium
*** Michelangelo
Hauptgericht 38; Terrasse

*** Holiday Inn Crowne Plaza
An der Buschmühle 1 (C 6), ✉ 44139, ☎ (02 31) 1 08 60, Fax 1 08 67 77, [AX] [DC] [ED] [VA]
185 Zi, Ez: 160-283, Dz: 160-356, S;
5 Suiten, ⌐⌐ WC ☎, 74⬚; Lift **P** 🚗 19⇔450 ≘ Fitneßraum Sauna Solarium
** Viktoria
Hauptgericht 33; Terrasse; nur abends

***** Holiday Inn
Römischer Kaiser**
Olpe 2 (B 2), ✉ 44135, ☎ (02 31) 54 32 00, Fax 57 43 54, [AX] [DC] [ED] [VA]
110 Zi, Ez: 258-318, Dz: 341-401, S;
8 Suiten, ⌐⌐ WC ☎, 22⬚; Lift **P** 🚗 7⇔200 Fitneßraum Sauna Solarium
*** Castellino 🍴
Hauptgericht 45; geschl: So, Sa mittags
** Brasserie Bonvivant
Hauptgericht 30

*** Astron Suite-Hotel
Königswall 1 (B 1), ✉ 44137, ☎ (02 31) 9 05 50, Fax 9 05 59 00, [AX] [DC] [ED] [VA]
Ez: 153-310, Dz: 173-360, S; 185 Suiten, ⌐⌐ WC ☎, 35⬚; Lift **P** 🚗 2⇔80 Fitneßraum Sauna Solarium; garni

*** Parkhotel Westfalenhallen
♪ Strobelallee 41 (A 6), ✉ 44139, ☎ (02 31) 1 20 42 30, Fax 1 20 45 55, [AX] [DC] [ED] [VA]
143 Zi, Ez: 154-214, Dz: 209-259, 2 Suiten, ⌐⌐ WC ☎, 24⬚; Lift **P** 🚗 23⇔10000 ≘ Fitneßraum Sauna Solarium
geschl: 3 Wochen in den Sommerferien
** Rosenterrassen
Hauptgericht 35; Terrasse; geschl:
3 Wochen in den Sommerferien

** Steigenberger Maxx
Berswordtstr, ✉ 44139, ☎ (02 31) 9 02 10, Fax 9 02 19 99, [AX] [DC] [ED] [VA]
166 Zi, Ez: 120-220, Dz: 160-220, S;
10 Suiten, ⌐⌐ WC ☎, 80⬚; Lift **P** 🚗 5⇔100 Fitneßraum Sauna Solarium 🍴

** Drees
Hohe Str 107 (A 4), ✉ 44139, ☎ (02 31) 1 29 90, Fax 1 29 95 55, [AX] [DC] [ED] [VA]
146 Zi, Ez: 99-169, Dz: 150-208, ⌐⌐ WC ☎, 46⬚; Lift **P** 🚗 6⇔100 ≘ Fitneßraum Kegeln Sauna Solarium
** Hauptgericht 25

* Akzent-Hotel Esplanade
Bornstr 4 (B 1), ✉ 44135, ☎ (02 31) 5 85 30, Fax 5 85 32 70, [AX] [DC] [ED] [VA]
48 Zi, Ez: 140-160, Dz: 160-180, 1 App, ⌐⌐ WC ☎, 9⬚; Lift **P** 🚗 1⇔30; garni
geschl: Ende Dez

* Sol Inn
Emil-Figge-Str 41, ✉ 44227, ☎ (02 31) 9 90 50, Fax 9 70 54 44, [AX] [DC] [ED] [VA]
90 Zi, Ez: 154-180, Dz: 169-195, ⌐⌐ WC ☎, 45⬚; Lift **P** 2⇔140 🍴 →

Dortmund

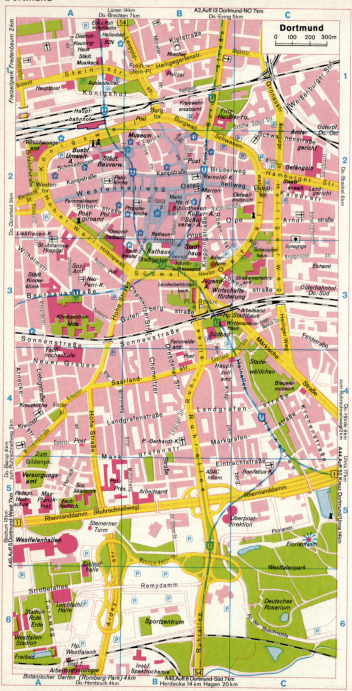

Dortmund

* Senator
Münsterstr 187, ✉ 44145, ☎ (02 31)
86 10 12-0, Fax 81 36 90, AX DC ED VA
34 Zi, Ez: 100-120, Dz: 170-190, ⌐ WC ☎;
Lift P ⌂ 2⇔25 Fitneßraum Sauna
Solarium; **garni**
geschl: Ende Dez-Anfang Jan

* Königshof
Königswall 4 (B 1), ✉ 44137, ☎ (02 31)
5 70 41, Fax 5 70 40, AX ED VA
46 Zi, Ez: 145-155, Dz: 168-178, ⌐ WC ☎;
Lift P ⌂ 2⇔40; **garni**

* Stadthotel
Reinoldistr 14 (B 2), ✉ 44135, ☎ (02 31)
57 10 00, Fax 57 71 94, AX DC ED VA
31 Zi, Ez: 120-155, Dz: 150-175, ⌐ WC ☎;
Lift ⌂; **garni**
geschl: Mitte-Ende Jul, Ende Dez-
Anfang Jan

* City-Hotel
Silberstr 37 (A 2), ✉ 44137, ☎ (02 31)
14 20 86, Fax 16 27 65, AX DC ED VA
50 Zi, Ez: 165-180, Dz: 220-220, ⌐ WC ☎,
15✉; Lift P ⌂ 1⇔60; **garni**

* Gildenhof
Hohe Str 139 (A 5), ✉ 44139, ☎ (02 31)
12 20 35, Fax 12 20 38, AX DC ED VA
50 Zi, Ez: 59-129, Dz: 159, ⌐ WC ☎, 3✉;
Lift P ⌂ 1⇔30; **garni**
geschl: 22.12.-3.1.

** Mövenpick-Appenzeller-Stube
Kleppingstr 9 (B 2), ✉ 44135, ☎ (02 31)
57 92 25, Fax 52 41 60, AX DC ED VA
Hauptgericht 35

** Le Calvados
Märkische Str 182 (C 4), ✉ 44141, ☎ (02 31)
43 55 73, Fax 43 55 73
Hauptgericht 39; nur abends, feiertags
auch mittags; geschl: Di

Barop (5 km ✓)
** Romantik Hotel Lennhof
Menglinghauser Str 20, ✉ 44227,
☎ (02 31) 7 57 26, Fax 75 93 61, AX DC ED VA
34 Zi, Ez: 140-170, Dz: 210, 2 Suiten, ⌐ WC
☎; P 2⇔20 ⌂ Sauna Solarium
** ⓋHauptgericht 45; Gartenlokal

Bövinghausen (12 km ←)
* Akzent-Hotel Commerz
Provinzialstr 396, ✉ 44388, ☎ (02 31)
6 96 20, Fax 6 96 21 00, AX DC ED VA
68 Zi, Ez: 108-130, Dz: 150-165, 1 Suite, ⌐
WC ☎; Lift P ⌂ 2⇔40 Kegeln
geschl: Ende Dez-Anfang Jan

Gartenstadt (2 km ↘)
***** Parkhotel Wittekindshof
(Top International Hotel)**
Westfalendamm 270, ✉ 44141, ☎ (02 31)
5 19 30, Fax 55 91 00, AX DC ED VA
63 Zi, Ez: 150-225, Dz: 265-300, S; 2 Suiten,
1 App, ⌐ WC ☎, 12✉; Lift P 5⇔200
Kegeln Sauna Solarium
*** Zum Widukind
Hauptgericht 35; Terrasse

Höchsten (8 km ↓)
* Überacker
Wittbräucker Str 504, ✉ 44267, ☎ (0 23 04)
8 04 21, Fax 8 68 44, AX DC ED VA
17 Zi, Ez: 80-90, Dz: 140-160, 1 Suite, ⌐ WC
☎; P ⌂ 2⇔80 Kegeln
geschl: Do, 3 Wochen in den Sommerferien
* Hauptgericht 30; Biergarten;
geschl: Do, 3 Wochen in den Sommerferien

Hörde (4 km ↘)
* Zum Treppchen
ⓋFaßstr 21, ✉ 44263, ☎ (02 31) 43 14 42,
Fax 43 00 78, AX DC ED VA
Hauptgericht 30; Gartenlokal P; nur
abends, Di-Fr auch mittags; geschl: So
Gebäude aus dem Jahr 1763

Huckarde (10 km ↖)
** Alter Bahnhof
Altfriedstr 16, ✉ 44369, ☎ (02 31) 39 19 30,
Fax 39 19 30, AX DC ED VA
Hauptgericht 40; Biergarten Gartenlokal
Terrasse; geschl: Sa+So mittags, Mo

Kirchhörde (6 km ↓)
* Haus Mentler
Schneiderstr 1, ✉ 44229, ☎ (02 31)
73 17 88, Fax 73 00 43, DC ED VA
15 Zi, Ez: 135, Dz: 175, ⌐ WC ☎; P 2⇔110
** Hauptgericht 35

Körne (2 km →)
** Prodomo
Paderborner Str 79, ✉ 44143, ☎ (02 31)
5 65 60, Fax 5 65 62 00, AX DC ED VA
23 Zi, Ez: 95, Dz: 130-160, S; 46 Suiten,
45 App, ⌐ WC ☎; Lift P 2⇔10; **garni**

* Körner Hof
Hallesche Str 102, ✉ 44143, ☎ (02 31)
5 62 08 40, Fax 56 10 71, AX DC ED VA
21 Zi, Ez: 130-145, Dz: 160-195, ⌐ WC ☎,
3✉; Lift ⌂ ⌂ Sauna Solarium; **garni**
geschl: Ende Dez-Anfang Jan

Oespel (7 km ✓)
** Novotel
Brennaborstr 2, ✉ 44149, ☎ (02 31) 9 69 50,
Fax 69 09 44, AX DC ED VA
104 Zi, Ez: 170, Dz: 210, ⌐ WC ☎, 29✉; Lift
P 7⇔180 ≈ Sauna Solarium ⓎⓄⓎ

Syburg (10 km ↓)
**** Best Western
Landhaus Syburg**
⋖ Westhofener Str 1, ✉ 44265, ☎ (02 31)
7 74 50, Fax 77 44 21, AX DC ED VA
64 Zi, Ez: 175-255, Dz: 225-305, S; ⌐ WC ☎,
11✉; Lift P ⌂ 3⇔70 ⌂ Kegeln Sauna
Solarium
** Landhausrestaurant
Hauptgericht 35 →

Dortmund

✱ Landgasthof Dieckmann
Wittbräucker Str 980, ✉ 44265, ☎ (02 31) 77 44 61, Fax 77 42 71, AX DC ED VA
21 Zi, Ez: 125, Dz: 170-190, ⌐ WC ☎; Lift P
2⇔20
✱✱ Hauptgericht 30; Biergarten Terrasse

✱✱✱ La Table 🍷🍷
Hohensyburgstr 200, im Spielbankgebäude, ✉ 44265, ☎ (02 31) 9 77 70 37, Fax 9 77 70 77, AX DC ED VA
Hauptgericht 55; P Terrasse; nur abends; geschl: Mo, 2 Wochen im Jul

Dorum 17↖

Niedersachsen — Kreis Cuxhaven — 2 m — 2 585 Ew — Bremerhaven 20, Cuxhaven 22 km
ℹ ☎ (0 47 42) 87 50, Fax 82 64 — Kurverwaltung, Westerbüttel 8, 27632 Dorum; Nordseebad an der Wesermündung. Sehenswert: Ev. Alte Wehrkirche; Niedersächsisches Deichmuseum

Dorumer Neufeld (6,5 km ↖)
✱ Deichhotel Grube
♂ Am Neuen Deich 2, ✉ 27632, ☎ (0 47 41) 14 36, Fax 20 30
13 Zi, Ez: 70, Dz: 115, ⌐ WC, P 1⇔
geschl: Feb
Auch einfachere Zimmer vorhanden

✱ Strandhalle Dorumer Tief
◄ Am Kutterhafen, ✉ 27632, ☎ (0 47 41) 12 27, Fax 20 75, ED
Hauptgericht 25; P Terrasse; geschl: Mitte Jan-Anfang Feb

Dossenheim 54↘

Baden-Württemberg — Rhein-Neckar-Kreis — 96 m — 11 500 Ew — Schriesheim 3, Heidelberg 5 km
ℹ ☎ (0 62 21) 8 65 10, Fax 86 51 38 — Bürgermeisteramt, Rathausplatz 1, 69221 Dossenheim; Ort an der Bergstraße. Sehenswert: Kirche; Schauenburg, Ruine; Weißer Stein ◄; im Ortsteil Schwabenheim: Barockkapelle; gotische Bergkirche mit mittelalterlichen Bauinschriften

✱ Goldener Hirsch/Am Kirchberg
Hauptstr 59, ✉ 69221, ☎ (0 62 21) 8 51 19, Fax 86 38 35, ED VA
26 Zi, Ez: 78-90, Dz: 98-120, ⌐ WC ☎; P 🍴
🍽
geschl: Ende Dez-Anfang Jan

Drachselsried 66↖

Bayern — Kreis Regen — 533 m — 2 300 Ew — Bodenmais 8, Viechtach 14, Regen 21 km
ℹ ☎ (0 99 45) 5 05, Fax 23 43 — Verkehrsamt, Zellertalstr 8, 94256 Drachselsried; Erholungsort im Bayerischen Wald

✱ Falter
Zellertalstr 6, ✉ 94256, ☎ (0 99 45) 9 40 20, Fax 94 02 52, AX ED
35 Zi, Ez: 47, Dz: 90-110, 3 Suiten, ⌐ WC ☎; Lift P 🍴 ≋ Sauna Solarium 🍽
geschl: Nov

Oberried (2 km →)
✱✱ Margeriten Hof
♂ ◄ Leitenfeld 9, ✉ 94256, ☎ (0 99 45) 9 41 20, Fax 94 12 50
30 Zi, Ez: 61-80, Dz: 113-170, 1 Suite, 3 App, ⌐ WC ☎; Lift P ≋ Fitneßraum Sauna Solarium 🍽
Rezeption: 8-18; geschl: Nov

✱ Jagdhotel Zellertal
♂ ◄ Leitenfeld 11, ✉ 94256, ☎ (0 99 45) 95 20, Fax 95 24 11
22 Zi, Ez: 60-85, Dz: 100-140, ⌐ WC ☎, 20🍴; Lift P ≋ Solarium
Rezeption: 8-21; geschl: Anfang Nov-Mitte Dez
Rerstaurant für Hausgäste

✱ Berggasthof Pension Hochstein
einzeln ♂ Hochfallweg 7, ✉ 94256, ☎ (0 99 45) 4 63, Fax 26 21
35 Zi, Ez: 50-52, Dz: 80-84, 2 Suiten, ⌐ WC; P 1⇔20 Fitneßraum Sauna Solarium 🍽
geschl: Anfang Nov-Mitte Dez

Oberried-Außerhalb (5 km →)
✱ Berggasthof Riedlberg
einzeln ♂ ◄ Riedlberg 1, ✉ 94256, ☎ (0 99 24) 70 35, Fax 72 73
32 Zi, Ez: 65-90, Dz: 120-190, ⌐ WC ☎; P ≋ ≋ Fitneßraum Sauna Solarium 🍽
geschl: Anfang Nov-Mitte Dez
Auch Zimmer der Kategorie ✱✱ vorhanden

Unterried (3 km ↘)
✱ Lindenwirt
Unterried 9, ✉ 94256, ☎ (0 99 45) 95 10, Fax 95 12 99
43 Zi, Ez: 62-70, Dz: 120-136, ⌐ WC ☎; Lift P ≋ Sauna Solarium
geschl: Anfang Nov-Mitte Dez
Auch einfache Zimmer vorhanden
✱✱ Lindenwirt
Hauptgericht 25; Terrasse; geschl: Anfang Nov-Mitte Dez

Drage 18→

Niedersachsen — Kreis Harburg — 5 m — 2 350 Ew — Winsen 7, Geesthacht 9, Lüneburg 30 km
ℹ ☎ (0 41 77) 76 84, Fax 76 84 — Gemeindeverwaltung, Winsener Str 40, 21423 Drage

Stove (5 km ↗)
✱✱ Zur Rennbahn
einzeln ♂ Stover Strand 4, ✉ 21423, ☎ (0 41 76) 9 13 10, Fax 91 31 25, DC ED VA
10 Zi, Ez: 85, Dz: 140, ⌐ WC ☎; P Kegeln
Rezeption: 7-21
✱✱ Hauptgericht 20; Gartenlokal Terrasse; geschl: Do

Dreieich 54 ↗

Hessen — Kreis Offenbach am Main — 150 m — 42 565 Ew — Offenbach 13, Frankfurt/Main 14, Darmstadt 16 km
ℹ ☎ (0 61 03) 60 10, Fax 60 13 44 — Stadtverwaltung, im Stadtteil Sprendlingen, Hauptstr 15, 63303 Dreieich. Sehenswert: Burgruine und Stadtmauer im Stadtteil Dreieichenhain

Dreieichenhain
** Turmhotel
Kabelstr 6, ⌧ 63303, ☎ (0 61 03) 9 48 60, Fax 94 86 66, ED VA
Ez: 140-180, Dz: 150-220, 30 App, ⌂ WC ☎; Lift P 🚗 2⇔30 Fitneßraum Sauna Solarium; garni
Auch Langzeitvermietung

** Le Maître
Siemensstr 14, ⌧ 63303, ☎ (0 61 03) 8 20 85, Fax 8 49 66, AX DC ED VA
Hauptgericht 35; P Terrasse; geschl: So, in den Sommerferien

** Alte Bergmühle
🍷 Geißberg 25, ⌧ 63303, ☎ (0 61 03) 8 18 58, Fax 8 89 99, AX DC ED VA
Hauptgericht 32; Gartenlokal P Terrasse

Götzenhain-Außerhalb (3 km ↑) Richtung Neu-Isenburg
** Gutsschänke Neuhof
🍷, ⌧ 63303, ☎ (0 61 02) 3 00 00, Fax 30 00 55, AX DC ED VA
Hauptgericht 35; Gartenlokal
Die Geschichte des Neuhofs läßt sich bis in die Zeit der Römersiedlungen zurückverfolgen. Der neue „Hoff" wurde um das Jahr 1700 erbaut

Sprendlingen
*** Dorint
Eisenbahnstr 200, ⌧ 63303, ☎ (0 61 03) 60 60, Fax 6 30 19, AX DC ED VA
88 Zi, Ez: 210-300, Dz: 210-370, S; 4 Suiten, ⌂ WC ☎, 12📺; Lift P 🚗 8⇔100 ≘ Sauna Solarium
** Hauptgericht 30; Biergarten

** Best Western Bauer Hotel Europa
Hauptstr 47, ⌧ 63303, ☎ (0 61 03) 60 40, Fax 6 52 65, AX DC ED VA
75 Zi, Ez: 139-159, Dz: 179-209, ⌂ WC ☎, 26📺; Lift P 🚗 3⇔30; garni
Auch Zimmer der Kategorie ***** vorhanden

Dreis 52 ↗

Rheinland-Pfalz — Kreis Bernkastel-Wittlich — 180 m — 1 300 Ew — Wittlich 8, Trier 32 km
ℹ ☎ (0 65 78) 72 49 — Gemeindeverwaltung, 54518 Dreis; Erholungsort in der Eifel

* Waldhotel Sonnora 👑
einzeln ♂ ⌂ Auf dem Eichelfeld, ⌧ 54518, ☎ (0 65 78) 4 06, Fax 14 02, AX ED VA
21 Zi, Ez: 100-130, Dz: 150-300, WC ☎; P
geschl: Mo, Di, Jan
Auch Zimmer der Kategorie ****** vorhanden
*** Hauptgericht 55; 🍷🍷🍷
geschl: Mo, Di, Mitte Jan

Dresden 51 ↖

Sachsen — Kreis Dresden — 133 m — 500 000 Ew — Flughafen Dresden-Klotzsche 10, Leipzig 130, Berlin 190 km
ℹ ☎ (03 51) 3 36 12 59 — Dresden-Werbung und Tourismus GmbH, Goethe-allee 18, 01309 Dresden; Landeshauptstadt, an der Elbe gelegen; Zentrum der Kunst, Kultur, Wissenschaft und Industrie; Technische Universität und Hochschulen. Sehenswert: Zwinger; Theaterplatz; Semperoper; kath. Hofkirche; Brühlsche-Terrassen; Albertinum; Johanneum; Frauenkirche (Ruine); Altmarkt; Kreuzkirche; Fernsehturm; Schloß Pillnitz; Gemäldegalerie; Grünes Gewölbe; Porzellansammlung; Verkehrsmuseum; Deutsches Hygiene-Museum; Militärhistorisches Museum; gute Ausflugsmöglichkeiten in das Osterzgebirge und das Elbsandsteingebirge; Messe:
☎ (03 51) 4 59 81 14

Stadtplan siehe Seite 312

Zentrum - Altstadt
***** Kempinski Hotel Taschenbergpalais Dresden
♂ ⌂ Taschenberg 3 (B 3), ⌧ 01067, ☎ (03 51) 4 91 20, Fax 4 91 28 12, AX DC ED VA
188 Zi, Ez: 424-514, Dz: 513-603, S; 25 Suiten, ⌂ WC ☎, 32📺; Lift 🚗 8⇔800 ≘ Fitneßraum Sauna Solarium
*** Intermezzo
Hauptgericht 40; P Terrasse

*** Hilton
An der Frauenkirche 5 (B 3), ⌧ 01067, ☎ (03 51) 8 64 20, Fax 8 64 27 25, AX DC ED VA
321 Zi, Ez: 220-405, Dz: 280-455, S; 12 Suiten, ⌂ WC ☎, 85📺; Lift P 🚗 10⇔500 ≘ Bowling Fitneßraum Sauna Solarium
*** Rossini
Hauptgericht 30

** Dorint
Grunaer Str 14 (C 3), ⌧ 01069, ☎ (03 51) 4 91 50, Fax 4 91 51 00, AX DC ED VA
242 Zi, Ez: 225-275, Dz: 275-325, 1 Suite, ⌂ WC ☎, 56📺; Lift 🚗 14⇔200 ≘ Fitneßraum Sauna Solarium
** Brücke
Hauptgericht 30; P →

Dresden

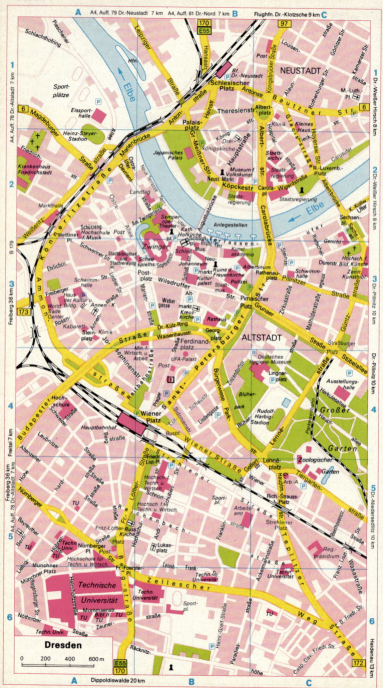

Dresden

** Seidler Art'otel Dresden
Ostra-Allee 33 (A 2), ⊠ 01067, ☎ (03 51)
4 92 20, Fax 4 92 27 77, AX DC ED VA
158 Zi, Ez: 195-255, Dz: 235-295, 16 Suiten,
⊒ WC ☎, 87📧; Lift 5⇔400 Fitneßraum
Sauna Solarium
Designerausstattung von Denis Santa-chiara

** Factory
Hauptgericht 30

** Am Terrassenufer
◁ Terrassenufer 12 (C 2), ⊠ 01069,
☎ (03 51) 4 40 95 00, Fax 4 40 96 00,
AX DC ED VA
190 Zi, Ez: 195-335, Dz: 220-440, S;
6 Suiten, ⊒ WC ☎, 51📧; Lift 3⇔25

* Pavillon
Hauptgericht 20

* Classic
Winckelmannstr 6 (A 4), ⊠ 01069,
☎ (03 51) 47 85 00, Fax 4 78 50 99, AX ED VA
20 Zi, Ez: 150-175, Dz: 180-210, 1 Suite, ⊒
WC ☎; Lift 🅿 🍽
Auch Zimmer der Kategorie ** vorhanden

* Mercure Newa
St.-Petersburger-Str 34 (B 4), ⊠ 01069,
☎ (03 51) 4 81 40, Fax 4 95 51 37,
AX DC ED VA
4 Zi, Ez: 170-260, Dz: 195-280, S; 2 Suiten,
⊒ WC ☎, 27📧; Lift 🅿 🅿 6⇔220 Fitneßraum Sauna Solarium

* Team Hotel Europa
Strehlener Str 20, ⊠ 01069, ☎ (03 51)
4 66 40, Fax 4 66 41 00, AX DC ED VA
97 Zi, Ez: 135-175, Dz: 165-205, 1 App ⊒
WC ☎, 31📧; Lift 🅿; garni

*** Ibis Hotels
Bastei, Königstein, Lilienstein**
Prager Str (B 4), ⊠ 01069, ☎ (03 51)
4 85 63 88, Fax 4 95 40 76, AX DC ED VA
306 Zi, Dz: 135-155, S; 9 Suiten, ⊒ WC ☎,
68📧; Lift 1⇔30
geschl: Ende Dez-Anfang Jan

***** Italienisches Dörfchen
Erlwein-Restaurant**
◁ Theaterplatz 3 (B 2), ⊠ 01067, ☎ (03 51)
49 81 60, Fax 4 98 16 88, AX DC ED VA
Hauptgericht 55; nur abends; geschl: Ende
Jul-Anfang Aug

Biersaal
Hauptgericht 20

** Fischgalerie ✚
Maxstr 2 (B 2), ⊠ 01067, ☎ (03 51)
4 90 35 06, Fax 4 90 35 08, AX ED VA
Hauptgericht 30

** Opernrestaurant
◁ Theaterplatz 2 (B 2), ⊠ 01067, ☎ (03 51)
49 11 521, Fax 4 95 60 97, AX DC ED VA
Hauptgericht 30; Terrasse; geschl: Mo

Markthalle
Weißeritzstr, Ecke Jahnstr (A 2), ⊠ 01067,
☎ (03 51) 4 95 51 67, Fax 4 98 16 44,
AX DC ED VA
Hauptgericht 25; Terrasse; geschl: So

Vis-a-Vis im Hotel Hilton
◁ An der Frauenkirche 5 (B 3), ⊠ 01067,
☎ (03 51) 86 42 835, Fax 8 64 27 25,
AX DC ED VA
🅿 Terrasse; 11-19, im Sommer 11-24

Zentrum - Neustadt

***** Bülow Residenz
(Relais & Châteaux)** ♛
♂ Rähnitzgasse 19 (B 2), ⊠ 01097,
☎ (03 51) 8 00 30, Fax 8 00 31 00,
AX DC ED VA
26 Zi, Ez: 315, Dz: 420, S; 5 Suiten, ⊒ WC
☎, 6📧; Lift 🅿 2⇔25
geschl: 2 Wochen im Jan 97

*** Das Carousell
Hauptgericht 40; Terrasse; nur abends;
geschl: 2 Wochen im Jan 97

*** Bellevue
◁ Große-Meißner-Str 15 (B 2), ⊠ 01097,
☎ (03 51) 8 12 00, Fax 8 12 06 09,
AX DC ED VA
323 Zi, Ez: 230-360, Dz: 284-444, S;
16 Suiten, ⊒ WC ☎, 51📧; Lift 🅿 🅿 9⇔510
≘ Fitneßraum Sauna Solarium

*** Canaletto
Hauptgericht 35; geschl: So

** Buri-Buri
Hauptgericht 35; nur abends; geschl: Mo
polynesische Küche

** Astron
Hansastr 43 (B 1), ⊠ 01097, ☎ (03 51)
4 77 20, Fax 4 77 22 00, AX DC ED VA
269 Zi, Ez: 140-210, Dz: 160-230, S; ⊒ WC
☎, 65📧; Lift 10⇔300 Fitneßraum Sauna
Solarium 🍽

** Bayerischer Hof
Antonstr 35 (B 1), ⊠ 01097, ☎ (03 51)
82 93 70, Fax 8 01 48 60, AX DC ED VA
24 Zi, Ez: 180, Dz: 240, 3 Suiten, ⊒ WC ☎;
Lift 🅿 2⇔30 🍽
geschl: 24.12.-1.1.

**** Verde
(Top International Hotel)**
Buchenstr 8 (nördlich), ⊠ 01097, ☎ (03 51)
8 11 10, Fax 8 11 13 33, AX DC ED VA
77 Zi, Ez: 170, Dz: 230, S; 8 Suiten, 1 App,
⊒ WC ☎, 40📧; Lift 🅿 🅿 2⇔12 Sauna
Solarium 🍽

** BCA Bautzner Str
Bautzner Str 53 (C 1), ⊠ 01099, ☎ (03 51)
42 09 90, Fax 42 09 94 00, AX ED VA
Ez: 105-195, Dz: 165-265, 10 Suiten,
104 App, ⊒ WC ☎; Lift 🅿
Rezeption: 7-20
Auch Zimmer der Kategotrie * vorhanden.
Langzeitvermietung möglich. Zimmerpreis
exclusiv Frühstück

* Martha Hospiz
Nieritzstr 11 (B 1), ⊠ 01097, ☎ (03 51)
81 76-0, Fax 8 17 62 22, AX ED VA
50 Zi, Ez: 90-150, Dz: 190-230, ⊒ WC ☎; Lift
🅿; garni
geschl: Ende Dez
Auch Zimmer der Kategorie ** vorhanden →

Dresden

✱ Tulip Inn
Fritz-Reuter-Str 21, ✉ 01097, ☎ (03 51)
8 04 69 02, Fax 8 04 69 01, AX DC ED VA
74 Zi, Ez: 130-195, Dz: 150-230, 4 Suiten, ⇨
WC ☎, 17🛏; Lift 🅿 1⇔25 Sauna 🍴
Auch Zimmer der Kategorie ✱✱ vorhanden

✱ Novalis
Bärnsdorfer Str 18, ✉ 01127, ☎ (03 51)
8 21 30, Fax 8 21 31 80, AX DC ED VA
84 Zi, Ez: 95-160, Dz: 130-195, S; ⇨ WC ☎,
15🛏; Lift 🅿 1⇔40 Sauna
Restaurant für Hausgäste

✱ Rothenburger Hof
Rothenburger Str 15 (C 1), ✉ 01099,
☎ (03 51) 5 02 28 08, AX DC VA
20 Zi, Ez: 135, Dz: 195, ⇨ WC ☎; 3⇔20 🍴

✱✱ König Albert ✢
Königstr 26 (B 1-2), ✉ 01097, ☎ (03 51)
5 48 83, AX DC ED VA
Hauptgericht 35; Terrasse

Blasewitz (3 km →)
✱✱ Am Blauen Wunder
Loschwitzer Str 48, ✉ 01309, ☎ (03 51)
3 36 60, Fax 3 36 62 99, AX ED VA
38 Zi, Ez: 168-190, Dz: 198-260, ⇨ WC ☎;
Lift 🖨 1⇔42
geschl: So, Mo
✱✱ Il Desco
Hauptgericht 35; geschl: So, Mo

✱ Villa Marie
◂ Fährgäßchen 1, ✉ 01309, ☎ (03 51)
4 41 11 89, Fax 2 81 13 63, AX ED
Hauptgericht 25; Biergarten Terrasse
italienische Küche

🍴 Toscana
◂ Schillerplatz 7, ✉ 01309, ☎ (03 51)
3 07 44
im Sommer 9-22, so + feiertags 12-22

Briesnitz (4 km ↘)
✱ Zum Nußbaum
Wirtschaftsweg 13, ✉ 01157, ☎ (03 51)
4 21 03 54, Fax 2 81 06 67, ED VA
13 Zi, Ez: 90-98, Dz: 120-130, S; 2 App, ⇨
WC ☎; 🅿 🖨

Cotta (3 km ←)
✱✱ Cotta (Top International Hotel)
Mobschatzer Str 7, ✉ 01157, ☎ (03 51)
4 28 60, Fax 4 28 63 33, AX DC ED VA
6 Zi, Ez: 170, S; 38 Suiten, ⇨ WC ☎, 22🛏;
Lift 🖨 3⇔50 🍴

✱✱ Residenz Alt Dresden (Ringhotel)
Mobschatzer Str 29, ✉ 01157, ☎ (03 51)
4 28 10, Fax 4 28 19 88, AX DC ED VA
124 Zi, Ez: 170-185, Dz: 185-210, S; 1 Suite,
90 App, ⇨ WC ☎, 44🛏; Lift 🅿 🖨 8⇔160
Fitneßraum Sauna Solarium 🍴

Friedrichstadt (2,5 km ←)
✱ Wenotel
Schlachthofring 24, ✉ 01067, ☎ (03 51)
4 97 60, Fax 4 97 61 00, AX DC ED VA
82 Zi, Ez: 114, Dz: 140, ⇨ WC ☎, 21🛏; Lift
🅿; garni

✱ Fischhaus Alberthafen
Magdeburger Str 58, ✉ 01067, ☎ (03 51)
4 98 21 10, Fax 4 98 21 09, AX DC ED VA
Hauptgericht 28; nur abends, Sa auch
mittags; geschl: So abends

Großzschachwitz (10 km ↘)
✱ Ascot
Pirnaer Landstr 264, ✉ 01259, ☎ (03 51)
20 71 10, Fax 2 07 11 30, AX ED VA
15 Zi, Ez: 110-130, Dz: 120-170, ⇨ WC ☎;
🅿; garni
geschl: Ende Dez

Gruna (3 km →)
✱✱ Smetana
Schlüterstr 25, ✉ 01277, ☎ (03 51)
25 60 80, Fax 2 56 08 88, AX DC VA
30 Zi, Ez: 125-145, Dz: 175-195, 4 App, ⇨
WC ☎; Lift 🅿 1⇔40 Fitneßraum Sauna
Solarium
Restaurant für Hausgäste

Klotzsche (8 km ↑)
✱✱ Best Western Airport
Karl-Marx-Str 25, ✉ 01109, ☎ (03 51)
8 83 30, Fax 8 83 33 33, AX DC ED VA
92 Zi, Ez: 199-240, Dz: 260-310, S; 7 Suiten,
3 App, ⇨ WC ☎, 31🛏; Lift 🅿 🖨 4⇔80
Fitneßraum Sauna Solarium 🍴

✱ Point Hotel
Königsbrücker Landstr 71, ✉ 01109,
☎ (03 51) 8 80 81 21, Fax 8 80 81 26,
AX ED VA
31 Zi, Ez: 110-160, Dz: 150-198, 2 App, ⇨
WC ☎, 6🛏; Lift 🅿 🖨 2⇔80; garni

Laubegast (8 km ↘)
✱✱ Prinz Eugen
☙ Gustav-Hartmann-Str 4, ✉ 01279,
☎ (03 51) 2 51 59 98, Fax 2 51 59 86,
AX DC ED VA
47 Zi, Ez: 120-190, Dz: 160-240, ⇨ WC ☎,
4🛏; Lift 🅿 7⇔40; garni

✱ Treff Resident Hotel
Brünner Str 11, ✉ 01279, ☎ (03 51) 2 56 20,
Fax 2 56 28 00, AX DC ED VA
125 Zi, Ez: 135-165, Dz: 200-195, S;
5 Suiten, ⇨ WC ☎, 26🛏; Lift 🅿 🖨 3⇔80
Solarium 🍴
Langzeitvermietung möglich

Leubnitz (5 km ↘)
✱✱ Gästehaus Schütze
Klosterteichplatz 3, ✉ 01219, ☎ (03 51)
4 70 77 87, Fax 4 70 65 74
5 Zi, Ez: 100-120, Dz: 140-180, ⇨ WC ☎,
5🛏; garni

Leubnitz-Neuostra (5 km ↘)
**   Treff Hotel
Wilhelm-Franke-Str 90, ✉ 01219, ☏ (03 51)
4 78 20, Fax 4 78 25 50, AX DC ED VA
262 Zi, Ez: 199-260, Dz: 273-334, S; ⌂ WC
☎, 73✉; Lift ▣ ▣ 13↔585 Fitneßraum
Sauna Solarium ❡

Lockwitz (11 km ↘)
*   Am Hofegarten
Lockwitzgrund 2, ✉ 01275, ☏ (03 51)
28 28 60, Fax 2 82 86 66, AX DC ED VA
20 Zi, Ez: 110-168, Dz: 120-198, ⌂ WC ☎;
▣ ▣ ❡

Loschwitz (5 km ↗)
**   Schöne Aussicht
Krügerstr 1, ✉ 01326, ☏ (03 51) 2 68 33 05,
Fax 2 68 33 05, AX ED VA
Hauptgericht 25; ▣ Terrasse
*   Schöne Aussicht
9 Zi, Ez: 130-145, Dz: 150-175, ⌂ WC ☎;
2↔35

Mickten (3 km ↘)
**   Windsor
♂ Roßmäßlerstr 13, ✉ 01139, ☏ (03 51)
8 49 01 41, Fax 8 49 01 44, AX DC ED VA
25 Zi, Ez: 160-210, Dz: 215-250, ⌂ WC ☎;
Lift ▣ 1↔40 ❡

*   Pension Kathrin
Leipziger Str 169, ✉ 01139, ☏ (03 51)
8 48 45 60, Fax 8 49 17 42, AX ED
10 Zi, Ez: 90-139, Dz: 130-170, ⌂ WC ☎,
3✉; ▣; garni

*   Dresden Domizil
Geblerstr 6, ✉ 01139, ☏ (03 51) 8 49 65 17,
Fax 8 49 65 18, AX ED
29 Zi, Ez: 118, Dz: 158, ⌂ WC ☎, ▣ 1↔40
❡

Naußlitz (3 km ↙)
**   Am Südwesthang
◂≡ Südwesthang 8, ✉ 01187, ☏ (03 51)
4 11 03 58, Fax 4 11 03 58
12 Zi, Ez: 90-125, Dz: 130-160, S; 1 Suite, ⌂
WC ☎, 6✉; ▣ ▣; garni

Niedersedlitz (10 km ↘)
**   Ambiente 👑
♂ Meusegaster Str 23, ✉ 01259, ☏ (03 51)
20 78 80, Fax 2 07 88 36, ED VA
20 Zi, Ez: 158-190, Dz: 190-265, S; ⌂ WC ☎;
Lift ▣; garni

Reick (4 km ↘)
**   Coventry
**   (Top International Hotel)**
Hülßestr 1, ✉ 01237, ☏ (03 51) 2 82 60,
Fax 2 81 63 10, AX DC ED VA
51 Zi, Ez: 130-250, Dz: 220-290, S; 2 Suiten,
1 App, ⌂ WC ☎, 3✉; Lift ▣ ▣ 4↔80 ❡

Seidnitz (5 km ↘)
**   An der Rennbahn
Winterbergstr 96, ✉ 01237, ☏ (03 51)
2 54 00 30, Fax 2 52 27 58, AX ED VA
22 Zi, Ez: 145, Dz: 180, ⌂ WC ☎, ▣ 2↔100
❡

Striesen (3 km →)
**   BCA Artushof
Fetscherstr 30, ✉ 01307, ☏ (03 51)
44 59 10, AX DC VA
104 Zi, Ez: 105-195, Dz: 170-265, ⌂ WC ☎;
Lift ▣
Rezeption: 7-10, 17-20
Langzeitvermietung möglich. Zimmer-
preise exklusiv Frühstück

Tolkewitz (5,5 km ↘)
*   Alttolkewitzer Hof
Alttolkewitz 7, ✉ 01279, ☏ (03 51)
2 51 04 31, Fax 2 52 65 04, AX ED VA
27 Zi, Ez: 125-145, Dz: 160-200, ⌂ WC ☎,
10✉; ▣ 1↔40 ❡

Weißer Hirsch (5 km ↗)
**   Villa Emma 👑
♂ Stechgrundstr 2, ✉ 01324, ☏ (03 51)
37 48 10, Fax 3 74 81 18, AX ED VA
21 Zi, Ez: 210-290, Dz: 310-450, S; ⌂ WC ☎,
1✉; ▣ Sauna
geschl: 23.12.96-2.1.97
**   Hauptgericht 30; Terrasse; ✤
geschl: So

*   Pension Arcade
Bautzner Landstr 58, ✉ 01324, ☏ (03 51)
26 99 50, Fax 2 69 95 31, ED
12 Zi, Ez: 90-110, Dz: 150-170, S; 2 App, ⌂
WC ☎; ▣ Solarium; garni

Driburg, Bad   35 ↑

Nordrhein-Westfalen — Kreis Höxter —
220 m — 18 000 Ew — Paderborn 20,
Detmold 28, Höxter 31 km
🛈 ☏ (0 52 53) 8 81 80, Fax 8 81 35 —
Verkehrsamt, Lange Str 140, 33014 Bad
Driburg; Moor- und Mineralheilbad am
Eggegebirge. Sehenswert: Völkerkund-
liches Museum; Glasmuseum; Ruine Iburg
◂≡ (5 km ↙); Burg im Stadtteil Dringenberg
(9 km ↘); ehem. Stiftskirche im Ortsteil
Neuenheerse (11 km ↓); Weberhaus im
Stadtteil Alhausen (5 km ↗)

***   Gräfliches Kurhaus
♂ Im Kurpark, ✉ 33014, ☏ (0 52 53) 95 20,
Fax 95 22 04, AX DC ED VA
85 Zi, Ez: 135, Dz: 236, 1 Suite, ⌂ WC ☎;
Lift ▣ ▣ 5↔350 ⌘ Fitneßraum Kegeln
Sauna Solarium
**   Hauptgericht 35; Terrasse

**   Schwallenhof
**   (Landidyll Hotel)**
♂ Brunnenstr 34, ✉ 33014, ☏ (0 52 53)
98 13 00, Fax 98 13 88, AX DC ED VA
41 Zi, Ez: 72-110, Dz: 134-170, 4 App, ⌂ WC
☎; Lift ▣ ▣ ⌘ Sauna Solarium
Auch Zimmer der Kategorie ***** vorhanden
***   Hauptgericht 25; geschl: Anfang
Jan-Anfang Feb   →**

Driburg, Bad

* **Neuhaus**
♂ ◄ Steinbergstieg 18, ✉ 33014,
☎ (0 52 53) 40 80, Fax 40 86 16, AX DC ED
66 Zi, Ez: 98-105, Dz: 160-170, 6 App, ⌐ WC
☏, 6⊠; Lift P ▭ 7↻105 ≋ Sauna Solarium
geschl: im Jul 97
* ◄ Hauptgericht 35; Terrasse;
geschl: im Jul 97

* **Am Rosenberg**
♂ ◄ Hinter dem Rosenberge 22, ✉ 33014,
☎ (0 52 53) 97 97-0, Fax 97 97-97, DC ED VA
22 Zi, Ez: 70-80, Dz: 140-150, 1 Suite,
1 App, ⌐ WC ☏, P 1↻25 ≋ ≋ Fitneßraum
Sauna Solarium ⍾

* **Eggenwirth**
Mühlenstr 17, ✉ 33014, ☎ (0 52 53) 24 51,
DC ED VA
16 Zi, Ez: 65-80, Dz: 120, ⌐ WC ☏; P ▭
* Hauptgericht 25; geschl: Mi

◼ **Heyse**
Lange Str 123, ✉ 33014, ☎ (0 52 53) 41 22,
Fax 41 33
P Terrasse; 9.30-18; geschl: Mo
Stündlich Vorführung von Wasserspielen
im Springbrunnen innerhalb des Café-
raumes. Spezialität: Bad Driburger Moor-
torte

◼ **Stadtcafé Gruß**
Lange Str 78, ✉ 33014, ☎ (0 52 53) 23 28
9-18, So ab 10; geschl: Mo mittags
Spezialität: Bad Driburger Moor

Drolshagen 43 ↗

Nordrhein-Westfalen — Kreis Olpe —
353 m — 12 000 Ew — Olpe 8, Bergneustadt 12 km
ℹ ☎ (0 27 61) 7 03 81, Fax 7 03 92 — Amt für
Stadtwerbung, Klosterhof 2, 57489 Drols-
hagen. Sehenswert: Kath. St.-Clemens-
Kirche; Altes Kloster; Biggesee und
Listersee (7 km ↗)

* **Zur Brücke**
Hagener Str 12, ✉ 57489, ☎ (0 27 61) 75 48,
Fax 75 40
Hauptgericht 25; geschl: Di, 3 Wochen in
den Sommerferien
* 12 Zi, Ez: 70-75, Dz: 130-140, ⌐
WC ☏; P ▭ Kegeln
Rezeption: 10-22; geschl: Di, 3 Wochen in
den Sommerferien

Ducherow 22 ↘

Mecklenburg-Vorpommern — Kreis
Anklam — 7 m — 2 600 Ew — Anklam 10,
Ueckermünde 18 km
ℹ ☎ (03 97 26) 4 36 — Gemeindeverwaltung, Hauptstr 50, 17398 Ducherow

* **Deutsches Haus**
Hauptstr 24, ✉ 17398, ☎ (03 97 26) 2 07 81,
Fax 2 07 87
8 Zi, Ez: 65-75, Dz: 100-120, ⌐ WC ☏; P
1↻25 ⍾

Auerose (4 km ↘)
* **Pension Auerose**
♂ Dorfstr 3 a, ✉ 17398, ☎ (03 97 26)
2 03 13 /2 03 14, Fax 2 03 13 /2 03 14,
AX ED VA
16 Zi, Ez: 79-89, Dz: 99-119, ⌐ WC ☏; P ▭
Restaurant für Hausgäste

Ducherow-Außerhalb (1 km ↓)
** **Domitel**
Pommernstr 1, ✉ 17398, ☎ (03 97 26)
83 11, Fax 83 18, AX ED VA
50 Zi, Ez: 88, Dz: 118, ⌐ WC ☏; P 2↻30
Sauna ⍾

Dudeldorf 52 ↑

Rheinland-Pfalz — Kreis Bitburg-Prüm —
265 m — 1 206 Ew — Bitburg 11,
Wittlich 25 km
ℹ ☎ (0 65 61) 89 34, Fax 46 46 — Tourist
Information Bitburger Land, Bedaplatz 11,
54634 Bitburg; Ort in der Südeifel

* **Romantik Hotel** ♛
Zum Alten Brauhaus
♂ Herrengasse 2, ✉ 54647, ☎ (0 65 65)
20 57, Fax 21 25, AX DC ED VA
15 Zi, Ez: 140-160, Dz: 180-240, ⌐ WC ☏; P
1↻ Solarium
Rezeption: 10-22; geschl: Mi, Jan
** Hauptgericht 35; Terrasse; nur
abends; geschl: Mi, Jan

Duderstadt 36 →

Niedersachsen — Kreis Göttingen — 200 m
— 24 076 Ew — Göttingen 29, Osterode 33,
Heiligenstadt 33 km
ℹ ☎ (0 55 27) 84 12 00, Fax 84 12 01 —
Gästeinformation, im Rathaus,
Marktstr 66, 37115 Duderstadt; Fachwerkstadt im Eichsfeld. Sehenswert: Geschlossenes mittelalterliches Stadtbild; hist.
Rathaus; gotische Kirchen; Westerturm,
vollständig erhaltener Ringwall, Stadtmauer

*** **Zum Löwen** ♛
♂ Marktstr 30, ✉ 37115, ☎ (0 55 27) 30 72,
Fax 7 26 30, AX DC ED VA
42 Zi, Ez: 130-170, Dz: 230-270, ⌐ WC ☏,
2⊠; Lift P ▭ 2↻80 ≋ Sauna Solarium
** Hauptgericht 30; Terrasse ✢

Brochthausen (13 km →)
* **Zur Erholung**
Brochthauser Str 65, ✉ 37115, ☎ (0 55 29)
9 62 00, Fax 3 83, ED
20 Zi, Ez: 70, Dz: 120, ⌐ WC ☏; P ⍾

Düren

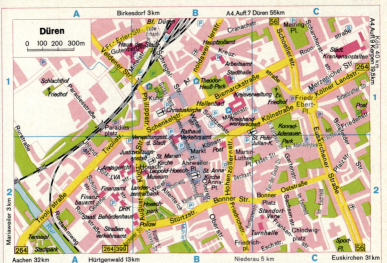

Fuhrbach (6 km ↑)

★★   Zum Kronprinzen
Fuhrbacher Str 31, ⊠ 37115, ☎ (0 55 27)
91 90, Fax 91 02 50, [AX][DC][VA]
45 Zi, Ez: 95-115, Dz: 135-155, 1 Suite, ⊿
WC ☎, 3⊠; Lift ⓅⒹ 4⇄100 Fitneßraum
Kegeln Sauna Solarium ¶⊙¶

Westerode (2 km ↘)

★   Rosenthaler Hof
Rosenthaler Str 31, ⊠ 37115, ☎ (0 55 27)
91 50, Fax 91 53 33, [AX][DC][ED][VA]
98 Zi, Ez: 60-90, Dz: 110-160, 1 Suite,
1 App, ⊿ WC ☎, 2⊠; Lift Ⓟ ⊟ 4⇄200
Fitneßraum Kegeln Sauna Solarium ¶⊙¶

Düben, Bad   39 □

Sachsen — Kreis Eilenburg — 92 m —
8 743 Ew — Bitterfeld 15, Halle 30,
Leipzig 30 km
ⓘ ☎ (03 42 43) 2 21 03 — Stadtverwaltung,
Markt 11, 04849 Bad Düben; Heilbad.
Sehenswert: 1000jährige Burg

★★   Gasthof Kühne
Hüfnermark 10, ⊠ 04849, ☎ (03 42 43)
2 30 21, Fax 2 53 77, [AX][DC][ED][VA]
19 Zi, Ez: 70-80, Dz: 120-140, ⊿ WC ☎; Ⓟ
2⇄50 ¶⊙¶

★★   National
           (Ringhotel)
Ritterstr 6, ⊠ 04849, ☎ (03 42 43) 2 50 60
+ 2 50 71-75, Fax 2 36 88, [AX][DC][ED][VA]
34 Zi, Ez: 95-130, Dz: 160, S; ⊿ WC ☎, 5⊠;
Lift Ⓟ 4⇄60 Fitneßraum Kegeln Sauna
Solarium ¶⊙¶

Dülmen   33 ↑

Nordrhein-Westfalen — Kreis Coesfeld —
67 m — 43 000 Ew — Haltern 12,
Coesfeld 15, Lüdinghausen 15 km
ⓘ ☎ (0 25 94) 1 22 92, Fax 31 35 — Verkehrsamt, Markt 1, 48249 Dülmen. Sehenswert: Hl.-Kreuz-Kirche; Lüdinghauser Tor;
Wildpark; Merfelder Bruch: Wildpferde-
gehege (12 km ←)

★★   Merfelder Hof
Borkener Str 60, ⊠ 48249, ☎ (0 25 94)
10 55, Fax 8 09 04, [AX][DC][ED][VA]
55 Zi, Ez: 85-110, Dz: 120-170, ⊿ WC ☎,
2⊠; Lift Ⓟ 3⇄40 ≈ Fitneßraum Sauna
Solarium

★★   Hauptgericht 17; Terrasse

★   Zum Wildpferd
Münsterstr 52, ⊠ 48249, ☎ (0 25 94) 50 63,
Fax 8 52 35, [AX][DC][ED][VA]
32 Zi, Ez: 89-135, Dz: 125-245, ⊿ WC ☎; Lift
Ⓟ ⊟ 2⇄ ≈ ≘ Sauna Solarium
geschl: So abends, Ende Dez

★   Hauptgericht 25; geschl: So
abends, Ende Dez

Düren   42 ↑

Nordrhein-Westfalen — Kreis Düren —
126 m — 91 000 Ew — Aachen 32,
Köln 37 km
ⓘ ☎ (0 24 21) 2 50, Fax 2 52 29 01 —
Stadtverwaltung, Kaiserplatz 2 (B 2),
52349 Düren; Stadt an der Rur, am Nord-
rand der Eifel. Sehenswert: Kath. St.-Anna-
Kirche; ev. Christuskirche; Schloß Burgau;
Leopold-Hoesch-Museum: Gemälde,
Papiermuseum; Haus der Stadt →

Düren

*** Hefter's ♛
Kreuzstr 82 (C 1), ✉ 52351, ☎ (0 24 21)
1 45 85, Fax 1 45 85
Hauptgericht 52; Terrasse; 12-15, 18.30-24;
geschl: So mittags, Mo, Di, Ende Jan-
Anfang Feb, 2 Wochen in den Sommerferien

Rölsdorf (2 km ✓)
* Jägerhof
Monschauer Str 217, ✉ 52355, ☎ (0 24 21)
9 67 10, Fax 96 71 71
23 Zi, Ez: 85-90, Dz: 115-120, ⊣ WC ☎; **P**;
garni

Dürkheim, Bad 54 ✓

Rheinland-Pfalz — Kreis Bad Dürkheim —
132 m — 17 000 Ew — Grünstadt 11, Neustadt a. d. Weinstraße 14, Mannheim
24 km
ℹ ☎ (0 63 22) 93 51 56, Fax 93 51 59 — Verkehrsamt, Mannheimer Str 24, 67098 Bad
Dürkheim; Mineral-Heilbad am Rande des
Pfälzer Waldes zur Oberrheinebene; Spielbank. Sehenswert: Ev. Stadtkirche; ev.
Kirche im Stadtteil Seebach; Pfalzmuseum
für Naturkunde; Klosterruine Limburg ◂⋐
(3 km ←); Ruine Hardenburg (4 km ←)

** Dorint
Kurbrunnenstr 30, ✉ 67098, ☎ (0 63 22)
60 10, Fax 60 16 03, AX DC ED VA
98 Zi, Ez: 135-220, Dz: 175-280, S; 2 Suiten,
⊣ WC ☎, 13🖃; Lift **P** 13↻1200 ≈ Kegeln
Sauna Solarium
Direkter Zugang zum Freizeitbad „Salina-
rium"
** Salinen- und Parkrestaurant
Hauptgericht 20; Terrasse

** Kurparkhotel
◂⋐ Schloßplatz 1, ✉ 67098, ☎ (0 63 22)
79 70, Fax 79 71 58, AX DC ED VA
113 Zi, Ez: 140-175, Dz: 195-235, ⊣ WC ☎,
24🖃; Lift **P** 🚗 9↻210 ≘ Kegeln Sauna
Solarium
Direkter Zugang zur Spielbank und zum
Wellnesszentrum „Vitalis"
** Graf zu Leiningen
◂⋐ Hauptgericht 35; Terrasse

** Weingarten
Triftweg 11 a, ✉ 67098, ☎ (0 63 22) 9 40 10,
Fax 94 01 55, AX ED VA
16 Zi, Ez: 98, Dz: 140-160, 2 App, ⊣ WC ☎,
5🖃; **P** 2↻20 Sauna; **garni**
Rezeption: 6.30-21; geschl: Anfang-Mitte
Jan

**** Boller's Parkhotel
        Leininger Hof**
◂⋐ Kurgartenstr 17, ✉ 67098, ☎ (0 63 22)
60 20, Fax 60 23 00, AX DC ED VA
91 Zi, Ez: 95-160, Dz: 145-230, ⊣ WC ☎; Lift
🚗 6↻120 ≘ Sauna Solarium ¶⦿⦀

** Gartenhotel Heusser
◉ Seebacher Str 50, ✉ 67098, ☎ (0 63 22)
93 00, Fax 93 04 99, AX DC ED VA
75 Zi, Ez: 115, Dz: 160-195, ⊣ WC ☎; Lift **P**
🚗 7↻40 ≈ ≘ Sauna Solarium ¶⦿⦀

** Fronmühle
Salinenstr 15, ✉ 67098, ☎ (0 63 22) 9 40 90,
Fax 94 09 40, AX DC ED VA
21 Zi, Ez: 95, Dz: 160, ⊣ WC ☎; Lift **P**
1↻20 ≘ Sauna Solarium
** Hauptgericht 35; Gartenlokal Terrasse; geschl: Mo

* An den Salinen
Salinenstr 40, ✉ 67098, ☎ (0 63 22) 9 40 40,
Fax 94 04 34, VA
13 Zi, Ez: 75-95, Dz: 125-150, ⊣ WC ☎; **P**;
garni
Rezeption: 7-21.30

** Weinrefugium
Schlachthausstr 1 a, ✉ 67098, ☎ (0 63 22)
6 89 74, Fax 24 17
Hauptgericht 35; Biergarten Gartenlokal **P**
Terrasse; geschl: Mo, Di, Karneval 10 Tage

Leistadt-Außerhalb (1 km ↓)
** Annaberg
einzeln ◉ ◂⋐ Annabergstr 1, ✉ 67098,
☎ (0 63 22) 9 40 00, Fax 94 00 90,
AX DC ED VA
15 Zi, Ez: 140, Dz: 190-250, 5 Suiten, ⊣ WC
☎; **P** 1↻90
Auch Zimmer der Kategorie ******* vor-
handen. 200jähriges Weingut zu einem
Hotel umgestaltet
** Hauptgericht 25; geschl: Mo mit-
tags, Di mittags

Seebach (2 km ✓)
* Landhaus Fluch
Seebacher Str 95, ✉ 67098, ☎ (0 63 22)
24 88, Fax 6 57 29
24 Zi, Ez: 80-90, Dz: 130-150, ⊣ WC ☎; **P**;
garni
Rezeption: 7-21; geschl: So, Ende Dez-
Mitte Jan

Dürrenberg, Bad 38 ↘

Sachsen-Anhalt — Kreis Merseburg-
Querfurt — 105 m — 12 500 Ew —
Merseburg 11, Halle 23, Leipzig 28 km
ℹ ☎ (0 34 62) 8 02 58, Fax 8 02 58 —
Fremdenverkehrsamt, Kurhausstr 6,
06231 Bad Dürrenberg. Sehenswert:
Gradierwerk; Borlachturm

* Parkhotel Buchta
Leipziger Str 12, ✉ 06231, ☎ (0 34 62) 9 80,
Fax 9 82 50, AX DC ED VA
40 Zi, Ez: 119-145, Dz: 145-165, 1 Suite, ⊣
WC ☎; Lift **P** 🚗 3↻250

Düsseldorf

Dürrheim, Bad 68 □

Baden-Württemberg — Schwarzwald-Baar-Kreis — 780 m — 11 740 Ew — Schwenningen 5, Villingen 8, Donaueschingen 9 km
ℹ ☎ (0 77 26) 66 62 95, Fax 66 63 01 — Kur- und Bäder GmbH, Luisenstr 4, 78073 Bad Dürrheim; Soleheilbad und Heilklimatischer Kurort

* **Kurpension Brigitte**
♂ Von-Langsdorff-Weg 7, ✉ 78073,
☎ (0 77 26) 76 00
12 Zi, Ez: 65-85, Dz: 130-160, ⊣ WC ☎; **P**;
garni
geschl: Mitte Nov-Ende Jan

Dürrwangen 63 ↖

Bayern — Kreis Ansbach — 450 m — 2 600 Ew — Dinkelsbühl 5, Feuchtwangen 8 km
ℹ ☎ (0 98 56) 7 15, Fax 16 96 — Gemeindeverwaltung, Sulzacher Str 14, 91602 Dürrwangen

* **Gasthof Zum Hirschen**
Hauptstr 13, ✉ 91602, ☎ (0 98 56) 2 60, Fax 18 01
32 Zi, Dz: 85-98, ⊣ WC ☎; **P** 🚗 🍽
geschl: Mo, Anfang Aug

Düsseldorf 32 ↘

Nordrhein-Westfalen — Stadtkreis — 38 m — 580 000 Ew — Krefeld 30, Leverkusen 32, Wuppertal 35 km
ℹ ☎ (02 11) 17 20 20, Fax 16 10 71 — Verkehrsverein, Immermannstr 65 b, 40210 Düsseldorf; Landes- und Regierungsbezirkshauptstadt am Rhein; Universität, Kunstakademie; Kunst- und Modestadt; internationale Messe- und Kongreßplatz; Tonhalle; Opernhaus; Schauspielhaus; Kammerspiele; „Kom(m)ödchen"; Rheinhafen; Flughafen Lohausen (7 km ↑).

Sehenswert: Kath. Lambertuskirche: Portal, Schatzkammer; kath. Andreaskirche; die Königsallee („Kö") mit dem WZ-Center auf der Westseite und dem Kö-Center auf der Ostseite; Kö-Galerie; Hofgarten mit Schloß Jägerhof; Altstadt: Schneider-Wibbel-Gasse (mit Kunstuhr: 11, 13, 15, 18 und 21 Uhr); Markt: Reiterdenkmal des „Jan Wellem"; Altes Rathaus; Hetjens-Museum - Deutsches Keramik-Museum; Löbbecke-Museum; Landesmuseum Volk und Wirtschaft; Kunstsammlung Nordrhein-Westfalen (Kunst des 20. Jh.); Kunstmuseum; Sammlung Dr. Schneider: Meißner Porzellan; Goethe-Museum; Heinrich-Heine-Institut; kath. Kirche in Kaiserswerth (10 km ↑); Schloß Benrath mit Park (10 km ↙)

Messen:
boot 18.-26.1.97
CDP 2.-5.2.97
Igedo 2.-4.2.97
didacta 17.-21.2.97
GDS 13.-16.3.97
Igedo 20.-22.4.97
IMPRINTA 4.-10.6.97
Igedo 3.-5.8.97
CPD 3.-6.8.97
GDS 11.-14.9.97
REHA 22.-25.10.97
Igedo 2.-4.11.97
A+A 1.-7.11.97
Medica 19.-22.11.97

Stadtplan siehe Seiten 320-321

***** **Breidenbacher Hof** 👑
Heinrich-Heine-Allee 36 (C 5), ✉ 40213,
☎ (02 11) 1 30 30, Fax 1 30 38 30,
AX DC ED VA
122 Zi, Ez: 330-480, Dz: 440-630, 6 Suiten, 1 App, ⊣ WC ☎; Lift 🚗 6⇔250 Sauna
**** **Grill Royal** 🍴
Hauptgericht 52; **P**; geschl: Sa+So mittags
** **Breidenbacher Eck**
Hauptgericht 35; **P** Terrasse; 12-16/18-24
** **Trader Vic's**
Hauptgericht 45; **P**; nur abends; geschl: Jul 97
☎ (02 11) 1 30 38 88 Club-Atmosphäre. Polynesische Küche

**** **Steigenberger Parkhotel**
Corneliusplatz 1 (C 4), ✉ 40213, ☎ (02 11) 1 38 10, Fax 13 16 79, AX DC ED VA
123 Zi, Ez: 335-445, Dz: 450-590, S;
12 Suiten, ⊣ WC ☎, 36🍽; Lift **P** 9⇔220 Sauna
*** **Menuett**
Hauptgericht 43; Terrasse

*** **Nikko**
Immermannstr 41 (D 5), ✉ 40210,
☎ (02 11) 83 40, Fax 16 12 16, AX DC ED VA
283 Zi, Ez: 335-470, Dz: 415-630, S;
17 Suiten, 1 App, ⊣ WC ☎, 45🍽; Lift 4⇔500 ≈ Fitneßraum Sauna Solarium
** **Benkay**
Hauptgericht 45
japanische Küche
** **Nikkolette**
Hauptgericht 32

*** **Queens Hotel**
Ludwig-Erhard-Allee 3 (E 6), ✉ 40227,
☎ (02 11) 7 77 10, Fax 7 77 17 77,
AX DC ED VA
120 Zi, Ez: 297-547, Dz: 374-624, S;
5 Suiten, ⊣ WC ☎, 43🍽; Lift 🚗 5⇔120 Sauna Solarium 🍽 →

***** Restaurant mit außergewöhnlich anspruchsvoller Ausstattung

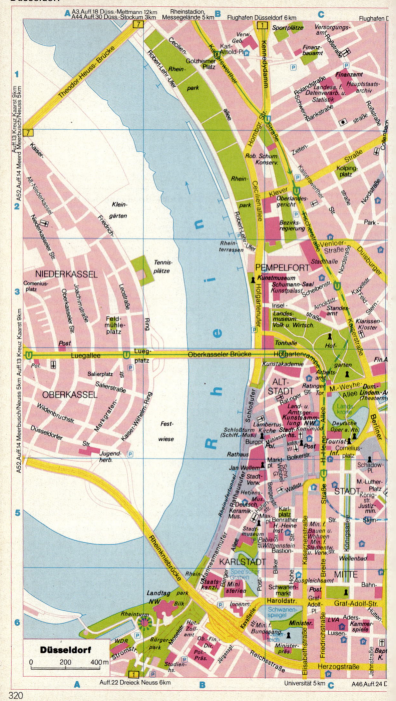

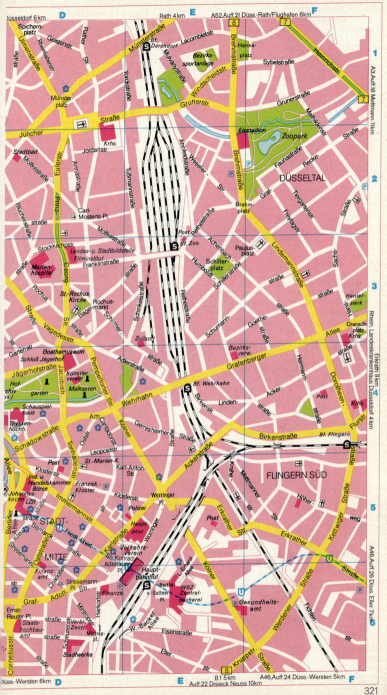

Düsseldorf

*** Holiday Inn Düsseldorf Königsallee
Graf-Adolf-Platz 10 (C 6), ✉ 40213, ☎ (02 11) 3 84 80, Fax 3 84 83 90, AX DC ED VA
177 Zi, Ez: 324-534, Dz: 403-613, ⌐ WC ☎, 36✉; Lift 🅿 6↔80 ≏ Sauna Solarium

** The Duesseldorfer
Hauptgericht 35

** Best Western Majestic
Cantadorstr 4 (D 4), ✉ 40211, ☎ (02 11) 36 70 30, Fax 3 67 03 99, AX DC ED VA
52 Zi, Ez: 245-320, Dz: 295-420, S; 6 App, ⌐ WC ☎; Lift 1↔30 Fitneßraum Sauna ⚹
geschl: Ende Dez-Anfang Jan

** Windsor
Grafenberger Allee 36 (E 4), ✉ 40237, ☎ (02 11) 91 46 80, Fax 9 14 68 40, AX DC ED VA
17 Zi, Ez: 160-275, Dz: 195-395, 1 Suite, ⌐ WC ☎; 🅿 1↔25 Sauna Solarium; garni
Auch Zimmer der Kategorie *** vorhanden

** Astron
Kölner Str 186 (F 6), ✉ 40227, ☎ (02 11) 7 81 10, Fax 7 81 18 00, AX DC ED VA
320 Zi, Ez: 140-390, Dz: 160-410, S; ⌐ WC ☎, 64✉; Lift 🅿 19↔180 Fitneßraum Sauna Solarium ⚹
Auch Zimmer der Kategorie *** vorhanden

** Madison I
Graf-Adolf-Str 94 (D 6), ✉ 40210, ☎ (02 11) 1 68 50, Fax 1 68 53 28, AX DC ED VA
100 Zi, Ez: 170, Dz: 210, S; 5 Suiten, ⌐ WC ☎, 21✉; Lift 🅿 3↔100 ≏ Fitneßraum Sauna Solarium; garni

** Madison II
♂ Graf-Adolf-Str 47 (D 6), ✉ 40210, ☎ (02 11) 38 80 30, Fax 3 88 03 88, AX DC ED VA
16 Zi, Ez: 145, Dz: 195, S; 8 Suiten, ⌐ WC ☎, 2✉; Lift 🅿; garni
geschl: Jul, Ende Dez

** Lessing
♂ Volksgartenstr 6, ✉ 40227, ☎ (02 11) 9 77 00, Fax 9 77 01 00, AX DC ED VA
30 Zi, Ez: 165-250, Dz: 230-310, 1 Suite, ⌐ WC ☎; Lift 1↔20 Sauna Solarium; garni

** Terminus
Am Wehrhahn 81 (E 4), ✉ 40211, ☎ (02 11) 35 05 91/94, Fax 35 83 50, AX ED VA
45 Zi, Ez: 170-350, Dz: 220-490, ⌐ WC ☎; Lift ≏ Fitneßraum Sauna Solarium; garni
geschl: Ende Dez-Anfang Jan

** Victoria
Jahnstr 33 a (C 6), ✉ 40215, ☎ (02 11) 37 80 40, Fax 37 80 52, AX DC ED VA
77 Zi, Ez: 98-135, Dz: 115-175, ⌐ WC ☎; Lift 🅿 5↔250 Fitneßraum Sauna Solarium; garni
geschl: 21.12.97-4.6.98

** Rema-Hotel Central
Luisenstr 42 (C 6), ✉ 40215, ☎ (02 11) 37 90 01, Fax 37 90 94, AX DC VA
70 Zi, Ez: 160-240, Dz: 230-340, S; 1 Suite, ⌐ WC ☎, 10✉; Lift; garni

** Rema-Hotel Concorde
Graf-Adolf-Str 60 (D 6), ✉ 40210, ☎ (02 11) 36 98 25, Fax 35 46 04, AX DC ED VA
82 Zi, Ez: 170-240, Dz: 240-340, S; ⌐ WC ☎, 16✉; Lift; garni

** Best Western Eden
Adersstr 29 (C 6), ✉ 40215, ☎ (02 11) 3 89 70, Fax 3 89 77 77, AX DC ED VA
121 Zi, Ez: 200-450, Dz: 220-470, S; 1 App, ⌐ WC ☎, 30✉; Lift 🅿 🖂 4↔100; garni
geschl: Ende Dez-Anfang Jan

** An der „Kö"
Talstr 9 (C 6), ✉ 40217, ☎ (02 11) 37 10 48, Fax 37 08 35, AX DC ED VA
45 Zi, Ez: 120-320, Dz: 180-400, ⌐ WC ☎; Lift 🅿; garni

** Carat Hotel
Benrather Str 7 a (C 5), ✉ 40213, ☎ (02 11) 1 30 50, Fax 32 22 14, AX DC ED VA
72 Zi, Ez: 155-320, Dz: 200-395, S; 1 Suite, ⌐ WC ☎, 15✉; Lift 1↔25 Sauna Solarium; garni

** Dorint
Stresemannplatz 1 (D 6), ✉ 40210, ☎ (02 11) 3 55 40, Fax 35 41 20, AX DC ED VA
148 Zi, Ez: 205-305, Dz: 227-415, 4 Suiten, ⌐ WC ☎, 63✉; Lift 🖂 4↔100

** Le Bistro
Hauptgericht 40; 🅿 Terrasse; nur abends

** Günnewig Hotel Esplanade
Fürstenplatz 17 (außerhalb D 6), ✉ 40215, ☎ (02 11) 37 50 10, Fax 37 40 32, DC
81 Zi, Ez: 139-350, Dz: 178-468, S; ⌐ WC ☎; Lift 🖂 Sauna Solarium ⚹
Auch Zimmer der Kategorie *

** Bellevue
Luisenstr 98 (D 6), ✉ 40215, ☎ (02 11) 38 41 40, Fax 3 84 14 13, AX DC ED VA
48 Zi, Ez: 165-295, Dz: 215-350, 2 Suiten, 8 App, ⌐ WC ☎, 7✉; Lift 🅿 🖂 3↔80 Fitneßraum Sauna Solarium; garni
geschl: 23.12.97-4.1.98

** Kastens Hotel
Jürgensplatz 52 (B 6), ✉ 40219, ☎ (02 11) 3 02 50, Fax 3 02 51 10, AX DC ED VA
48 Zi, Ez: 120-220, Dz: 160-240, 3 Suiten, ⌐ WC ☎; Lift 1↔30; garni
geschl: Ende Dez-Anfang Jan

** Rema-Hotel Monopol
Oststr 135 (D 5), ✉ 40210, ☎ (02 11) 8 42 08, Fax 32 88 43, AX DC ED VA
55 Zi, Ez: 170-240, Dz: 240-340, S; ⌐ WC ☎, 10✉; Lift 🅿 🖂; garni

Düsseldorf

✱✱ Uebachs
Leopoldstr 3 (D 4), ✉ 40211, ☎ (02 11) 36 05 66, Fax 35 80 64, AX DC ED VA
82 Zi, Ez: 179-350, Dz: 228-448, ⊣ WC ☎, 16🛏; Lift 🚗 2⇔30; **garni**
Auch Zimmer der Kategorie ✱ vorhanden

✱✱ An der Oper
Heinrich-Heine-Allee 15 (C 4), ✉ 40213, ☎ (02 11) 3 23 06 21, Fax 32 86 56, AX DC ED VA
48 Zi, Ez: 109-187, Dz: 195-239, ⊣ WC ☎; Lift; **garni**

✱ Akzent-Hotel Prinz Anton
Karl-Anton-Str 11 (E 5), ✉ 40211, ☎ (02 11) 35 20 00, Fax 36 20 10, AX DC ED VA
24 Zi, Ez: 160-298, Dz: 210-398, 2 Suiten, 14 App, ⊣ WC ☎; Lift 🅿 🚗; **garni**
geschl: 24.12.96, 5.1.97

✱ Günnewig Börsenhotel
Kreuzstr 19a (D 5), ✉ 40210, ☎ (02 11) 36 30 71, Fax 36 53 38, AX DC ED VA
75 Zi, Ez: 125-275, Dz: 150-350, S; ⊣ WC ☎; Lift 1⇔80 Sauna; **garni**

✱ Astoria
Jahnstr 72, ✉ 40215, ☎ (02 11) 38 51 30, Fax 37 20 89, AX DC ED VA
25 Zi, Ez: 150-165, Dz: 190-390, 4 Suiten, ⊣ WC ☎; Lift 🅿 🚗; **garni**
geschl: Ende Dez-Anfang Jan
Auch Zimmer der Kategorie ✱✱ vorhanden

✱ Cornelius
Corneliusstr 82, ✉ 40215, ☎ (02 11) 38 20 55, Fax 38 20 50, AX DC ED VA
48 Zi, Ez: 130-225, Dz: 180-280, 1 Suite, ⊣ WC ☎; Lift 🅿 1⇔30 Fitneßraum Sauna Solarium; **garni**
geschl: Mitte Dez-Anfang Jan

✱ Mondial
Graf-Adolf-Str 82 (D 6), ✉ 40210, ☎ (02 11) 1 73 99 20, Fax 16 26 78, AX DC ED VA
29 Zi, Ez: 98-290, Dz: 136-350, ⊣ WC ☎; Lift; **garni**

✱ City-Hotel
Bismarckstr 73 (D 5), ✉ 40210, ☎ (02 11) 36 50 23, Fax 36 53 43, AX DC ED VA
54 Zi, Ez: 148-220, Dz: 198-320, ⊣ WC ☎; Lift; **garni**
geschl: Ende Dez-Anfang Jan

✱ Residenz
Worringer Str 88 (E 5), ✉ 40211, ☎ (02 11) 36 08 54, Fax 36 46 76, AX DC ED VA
34 Zi, Ez: 148-275, Dz: 189-320, S; ⊣ WC ☎, 6🛏; Lift 🅿 🚗 1⇔40; **garni**

✱ Wieland
Wielandstr 8 (E 4), ✉ 40211, ☎ (02 11) 1 73 00 -0, Fax 17 30 0- 40, AX DC ED VA
24 Zi, Ez: 95-320, Dz: 120-350, S; ⊣ WC ☎; Lift 1⇔30; **garni**
geschl: 25.12.-4.1.

✱ Weidenhof
Oststr 87 (D 5), ✉ 40210, ☎ (02 11) 32 54 54, Fax 13 38 52, AX DC ED VA
32 Zi, Ez: 135-230, Dz: 195-285, S; ⊣ WC ☎; Lift; **garni**

✱ Schumacher
Worringer Str 55 (E 5), ✉ 40211, ☎ (02 11) 36 78 50, Fax 3 67 85 70, AX DC ED VA
29 Zi, Ez: 150-380, Dz: 220-380, 2 Suiten, ⊣ WC ☎, 5🛏; Lift 1⇔12 Sauna Solarium; **garni**

✱ Ambassador
Harkortstr 9 (D 6), ✉ 40210, ☎ (02 11) 37 00 03, Fax 37 67 02, AX DC ED VA
60 Zi, Ez: 135-190, Dz: 189-240, ⊣ WC ☎; Lift 🅿; **garni**

✱ Stadt München
Pionierstr 6 (D 6), ✉ 40215, ☎ (02 11) 37 50 80, Fax 37 96 95, AX DC ED VA
45 Zi, Ez: 170-260, Dz: 230-390, 3 Suiten, 3 App, ⊣ WC ☎; Lift 🚗 1⇔; **garni**

✱ Minerva
Cantadorstr 13 a (D 4), ✉ 40211, ☎ (02 11) 17 24 50, Fax 35 63 98, AX DC ED VA
16 Zi, Ez: 125-185, Dz: 125-275, ⊣ WC ☎; Lift 🅿 🚗; **garni**

✱ Ibis Düsseldorf Hauptbahnhof
Konrad-Adenauer-Platz 14 (E 5-6), ✉ 40210, ☎ (02 11) 1 67 20, Fax 1 67 21 01, AX DC ED VA
166 Zi, Ez: 135-185, Dz: 135-185, S; ⊣ WC ☎, 16🛏; Lift 3⇔30; **garni**

✱ Ibis am Handelszentrum
Ludwig-Erhard-Allee 2 (E 6), ✉ 40227, ☎ (02 11) 7 70 10, Fax 7 70 17 16, AX DC ED VA
146 Zi, Ez: 113-190, Dz: 126-200, ⊣ WC ☎, 40🛏; Lift 🅿 🚗 1⇔60; **garni**

✱✱✱ Victorian
Königstr 3 a (C 5), ✉ 40212, ☎ (02 11) 8 65 50 22/23, Fax 8 65 50 13, AX DC ED VA
Hauptgericht 50; geschl: so + feiertags
✱✱ Bistro im Victorian
Hauptgericht 25

✱✱ La Terazza
Königsallee 30, im Kö-Center (C 5), ✉ 40212, ☎ (02 11) 32 75 40, Fax 32 09 75, AX DC ED VA
Hauptgericht 35; geschl: so + feiertags
Italienische Küche

✱✱ Weinhaus Tante Anna
🍷 Andreasstr 2 (C 4), ✉ 40213, ☎ (02 11) 13 11 63, Fax 13 29 74, AX DC ED VA
Hauptgericht 40; nur abends

✱✱ Napalai
Königsallee 60 c, Eingang Grünstr (C 5), ✉ 40212, ☎ (02 11) 32 50 81
Hauptgericht 35
Thailändische Küche →

Düsseldorf

** Tse-Yang
Immermannstr 65 (D 5), ✉ 40210, ☎ (02 11) 36 90 20, Fax 1 64 94 23
Hauptgericht 30
Chinesische Küche

* Breuer's Restaurant
Hammer Str 38, ✉ 40219, ☎ (02 11) 39 31 13, Fax 30 79 79, AX DC ED VA
Hauptgericht 38; Terrasse; nur abends; geschl: So

* Zum St. Maximilian
♥ Citadellstr 8 (B 5), ✉ 40213, ☎ (02 11) 86 40 50, Fax 8 64 05 55, ED
Hauptgericht 40; Gartenlokal Terrasse; ➪; nur abends; geschl: Mo

☕ Heinemann
Bahnstr 16 (CD 6), ✉ 40212, ☎ (02 11) 13 13 50
9-19, So ab 10.30

☕ Café Wien
Schadowstr 11, in den Schadow Arkaden, ✉ 40212, ☎ (02 11) 8 64 94 20, Fax 8 64 94 30, AX DC ED VA
Terrasse; 8-24

Angermund (15 km ↑)
** Haus Litzbrück
Bahnhofstr 33, ✉ 40489, ☎ (02 03) 99 79 60, Fax 9 97 96 53, AX DC ED VA
17 Zi, Ez: 175-205, Dz: 245-330, 4 Suiten, ⊿ WC ☎; ▣ ▣ 2✣25 ♨ Sauna Solarium
** Hauptgericht 35; Terrasse

Benrath (11 km ↘)
** Giuseppe Verdi
Paulistr 5, ✉ 40597, ☎ (02 11) 7 18 49 44, Fax 7 18 20 53, AX DC ED VA
Hauptgericht 40; geschl: Mo

** Lignano
Hildener Str 43, ✉ 40597, ☎ (02 11) 7 11 89 36, Fax 71 89 59, AX ED VA
Hauptgericht 40; nur abends; geschl: So, Ende Jul-Anfang Aug

Bilk (3 km ↓)
** Sorat
(Top International Hotel)
Volmerswerther Str 35, ✉ 40221, ☎ (02 11) 3 02 20, Fax 3 02 25 55, AX DC ED VA
142 Zi, Ez: 198-338, Dz: 271-461, S;
18 Suiten, ⊿ WC ☎, 60✉; Lift ▣ ▣ 3✣300 Fitneßraum Sauna Solarium
** Hauptgericht 25

** Grand Hotel
Varnhagenstr 37, ✉ 40225, ☎ (02 11) 31 08 00, Fax 31 66 67, AX DC ED VA
70 Zi, Ez: 175-495, Dz: 175-495, 1 Suite, ⊿ WC ☎; Lift ▣ 1✣50 Sauna; garni

** Garden Hotel
Suitbertusstr 22, ✉ 40223, ☎ (02 11) 93 40 60, Fax 9 34 06 86, AX DC ED VA
31 Zi, Ez: 165-395, Dz: 195-395, 1 Suite, ⊿ WC ☎, 10✉; Lift ▣ ▣; garni
geschl: Ende Dez-Anfang Jan

* Aida
Ubierstr 36, ✉ 40223, ☎ (02 11) 1 59 90, Fax 1 59 91 03, AX DC ED VA
93 Zi, Ez: 128-248, Dz: 158-298, ⊿ WC ☎; Lift ▣ 2✣30 Fitneßraum Sauna Solarium; garni
geschl: Ende Dez-Anfang Jan

Derendorf (2 km ↑)
**** Villa Viktoria
♣ Blumenthalstr 12 (C 1), ✉ 40476, ☎ (02 11) 46 90 00, Fax 46 90 06 01, AX DC ED VA
⊿ WC ☎; Lift ▣ ▣ Sauna Solarium; garni
40 Suiten 290-1090; S

*** Lindner Rhein Residence
Kaiserswerther Str 20 (C 2), ✉ 40477, ☎ (02 11) 4 99 90, Fax 4 99 94 99, AX DC ED VA
124 Zi, Ez: 272-452, Dz: 329-529, 2 Suiten, ⊿ WC ☎, 29✉; Lift 2✣18 Fitneßraum Sauna Solarium 🍴

** Gildors Hotel
Collenbachstr 51 (D 1), ✉ 40476, ☎ (02 11) 48 80 05, Fax 44 48 44, AX DC ED VA
50 Zi, Ez: 170-270, Dz: 290-360, ⊿ WC ☎; Lift ▣ ▣; garni
geschl: Ende Dez

* Michelangelo
Roßstr 61 (C 1), ✉ 40476, ☎ (02 11) 48 01 01, Fax 46 77 42, AX DC ED VA
70 Zi, Ez: 140-225, Dz: 180-275, ⊿ WC ☎, 30✉; Lift ▣; garni

** La Capannina
Frankenstr 27 (C 1), ✉ 40476, ☎ (02 11) 44 16 52, AX DC ED VA
Hauptgericht 40; geschl: Sa
Italienische Küche

** Gatto Verde
Rheinbabenstr 5 (D 1), ✉ 40476, ☎ (02 11) 46 18 17, Fax 46 29 33, AX DC ED VA
Hauptgericht 42; Terrasse; geschl: So, Sa mittags, Jul
Italienische Küche

Gerresheim (7 km →)
* Gerricus
Schönaustr 15, ✉ 40625, ☎ (02 11) 28 20 21, Fax 28 31 89, AX DC ED VA
27 Zi, Ez: 155-265, Dz: 205-315, ⊿ WC ☎, 3✉; Lift ▣ ▣ 1✣15; garni
geschl: Ende Dez

Golzheim (3 km ↑)
**** Hilton
Georg-Glock-Str 20, ✉ 40474, ☎ (02 11) 4 37 70, Fax 4 37 76 50, AX DC ED VA
363 Zi, Ez: 367-677, Dz: 491-759, S;
9 Suiten, ⊿ WC ☎, 132✉; Lift ▣ ▣ 22✣1050 ♨ Fitneßraum Sauna Solarium
** Hofgarten-Restaurant
Hauptgericht 35

Düsseldorf

★★★★ Radisson SAS
Karl-Arnold-Platz 5 (B 1), ✉ 40474,
☎ (02 11) 4 55 30, Fax 4 55 31 10,
AX DC ED VA
294 Zi, Ez: 195-634, Dz: 215-692, S;
16 Suiten, ⌐ WC ☎, Lift P 🅿 7⇔800 ⌂
Fitneßraum Sauna Solarium ⑩

★★ Ashley's Garden
♂ Karl-Kleppe-Str 20, ✉ 40474, ☎ (02 11)
43 44 53, Fax 45 32 99, AX DC ED VA
33 Zi, Ez: 185-340, Dz: 225-380, 5 Suiten,
1 App, ⌐ WC ☎, 8✉; P 3⇔80 Fitneßraum
Sauna Solarium
★★ Hauptgericht 35; geschl: Mo

★★ An'ne Bell
Rotterdamer Str 11, ✉ 40478, ☎ (02 11)
4 37 08 88, Fax 4 38 03 69, ED
Hauptgericht 45; Biergarten P Terrasse;
geschl: Sa mittags, im Winter Do, Anfang
Jan, Karwoche, 2 Wochen im Sep

★★ Rosati
Felix-Klein-Str 1, ✉ 40474, ☎ (02 11)
4 36 05 03, Fax 45 29 63, AX DC ED VA
Hauptgericht 40; P Terrasse; geschl: So,
Sa mittags

Holthausen (8 km ↘)
★ Concorde Schumann
Bonner Str 15, ✉ 40589, ☎ (02 11) 79 11 16,
Fax 79 24 39, AX DC ED VA
38 Zi, Ez: 145-245, Dz: 195-260, ⌐ WC ☎,
8✉; Lift; garni

★ Elbroich
Bonner Str 7, ✉ 40589, ☎ (02 11) 79 90 71,
Fax 7 90 00 88, AX DC ED VA
51 Zi, Ez: 130-210, Dz: 165-250, 1 Suite, ⌐
WC ☎, 15✉; Lift P 🅿; garni

Kaiserwerth (9 km ↑)
★★★★ Im Schiffchen 🍴🍴
Kaiserswerther Markt 9, ✉ 40489,
☎ (02 11) 40 10 50, Fax 40 36 67,
Hauptgericht 65; nur abends; geschl: So,
Mo
Französische und vegetarische Küche
★★★ Aalschokker 🍴
Hauptgericht 45; nur abends; geschl: So,
Mo

Kalkum (10 km ↑)
★★ Landgasthof Zum Schwarzbach
Edmund-Bertrams-Str 43, ✉ 40489,
☎ (02 11) 40 43 08, Fax 40 29 12, AX DC ED VA
Hauptgericht 35; nur abends, So auch
mittags; geschl: Mo

Lohausen (7 km ↑)
★★ Arabella Airport Hotel
Flughafen, ✉ 40474, ☎ (02 11) 4 17 30,
Fax 4 17 37 07, AX DC ED VA
200 Zi, Ez: 264-474, Dz: 328-538, S;
16 Suiten, ⌐ WC ☎, 60✉; Lift 🅿 12⇔200
⑩

★ Villa Fiore
Niederrheinstr 270, ✉ 40489, ☎ (02 11)
4 08 90 17, Fax 4 08 90 19, AX DC ED VA
11 Zi, Ez: 130-220, Dz: 150-260, ⌐ WC ☎; P
🅿; garni

★ Fairport-Hotel
Niederrheinstr 160-166, ✉ 40474, ☎ (02 11)
45 09 56, Fax 45 37 79, AX DC ED VA
44 Zi, Ez: 100-255, Dz: 120-325, 2 Suiten, ⌐
WC ☎; Lift P 2⇔150 ⌂ Sauna Solarium ⑩

Lörick (5 km ←)
★★ Fischerhaus ♛
♂ Bonifatiusstr 35, ✉ 40547, ☎ (02 11)
59 79 79, Fax 5 97 97 59, AX DC ED VA
35 Zi, Ez: 129-269, Dz: 189-329, ⌐ WC ☎;
P
★★★ Hummerstübchen 👨‍🍳
Hauptgericht 60; nur abends; geschl: So,
Mo

Mörsenbroich (3 km ↗)
★★★ Düsseldorf Renaissance Hotel
Nördlicher Zubringer 6, ✉ 40470, ☎ (02 11)
6 21 60, Fax 6 21 66 66, AX DC ED VA
237 Zi, Ez: 195-410, Dz: 195-450, S;
8 Suiten, ⌐ WC ☎, 42✉; Lift 🅿 10⇔520 ⌂
Fitneßraum Sauna Solarium
★★★ Summertime
Hauptgericht 30

★★ Haus am Zoo
Sybelstr 21 (E 1), ✉ 40239, ☎ (02 11)
62 63 33, Fax 62 65 36, AX DC ED VA
23 Zi, Ez: 180-220, Dz: 250-350, ⌐ WC ☎;
Lift 🅿 1⇔20 ≈ Sauna Solarium; garni

★ Merkur
Mörsenbroicher Weg 49, ✉ 40470,
☎ (02 11) 63 40 31, Fax 62 25 25, AX DC ED VA
26 Zi, Ez: 110-150, Dz: 170-250, 1 Suite,
1 App, ⌐ WC ☎; P 🅿; garni
geschl: Ende Dez-Anfang Jan

Obergärige Bierstuben
Zum Schiffchen
☒ Hafenstr 5 (BC 5), ✉ 40213, ☎ (02 11)
13 24 21, Fax 1 34 45 69, AX DC ED VA
Hauptgericht 25; Biergarten; geschl:
so+feiertags

Zum Uerige
☒ Berger Str 1 (C 5), ✉ 40213,
☎ (02 11) 86 69 90, Fax 13 28 86
Hauptgericht 10

Oberkassel (3 km ←)
★★★ Ramada
Am Seestern 16, ✉ 40547, ☎ (02 11)
59 59 59, Fax 59 35 69, AX DC ED VA
222 Zi, Ez: 246-331, Dz: 272-472, S;
6 Suiten, ⌐ WC ☎, 60✉; Lift P 🅿 11⇔200
⌂ Sauna Solarium
★★ Vasco da Gama
Hauptgericht 35

→

Düsseldorf

✸✸✸ Lindner Rheinstern
◂§ Emanuel-Leutze-Str 17, ✉ 40547,
☎ (02 11) 5 99 70, Fax 5 99 73 39,
AX DC ED VA
254 Zi, Ez: 257-527, Dz: 334-604, 2 Suiten,
⌐ WC ☎, 54🛏; Lift 🅿 🚗 11⇌450 ⇌ Fitneß-
raum Sauna Solarium
✸✸ Belle Etoile
Hauptgericht 40

✸✸ Hanseat
Belsenstr 6, ✉ 40545, ☎ (02 11) 57 50 60,
Fax 58 96 62, AX DC ED VA
37 Zi, Ez: 180-290, Dz: 250-350, ⌐ WC ☎;
garni

✸✸ La Capannina
Hansa-Allee 30, ✉ 40447, ☎ (02 11)
55 26 72, Fax 55 26 46, AX DC ED VA
Hauptgericht 35; geschl: So
Italienische Küche

Pempelfort (1 km ↑)
✸ Imperial
Venloer Str 9 (C 3), ✉ 40477, ☎ (02 11)
4 92 19 08, Fax 4 98 27 78, AX DC ED VA
61 Zi, Ez: 124-219, Dz: 159-269, ⌐ WC ☎;
Lift 🚗 1⇌25; **garni**
geschl: Ende Dez-Anfang Jan

✸ Doria
Duisburger Str 1 a (C 3), ✉ 40477,
☎ (02 11) 49 91 92, Fax 4 91 04 02,
AX DC ED VA
41 Zi, Ez: 130-225, Dz: 170-295, 7 App, ⌐
WC ☎; Lift 🚗; **garni**
geschl: Ende Dez-Anfang Jan

Reisholz (8 km ↘)
✸✸ Novotel Düsseldorf Süd
Am Schönenkamp 9, ✉ 40599, ☎ (02 11)
7 40 80, Fax 74 55 12, AX DC ED VA
120 Zi, Ez: 114-270, Dz: 138-320, ⌐ WC ☎,
29🛏; Lift 🅿 8⇌300 ≈ 🍽

Stockum (6 km ↑)
✸ Fashion Hotel
Am Hain 44, ✉ 40468, ☎ (02 11) 43 95-0,
Fax 4 39 52 00, AX DC ED VA
29 Zi, Ez: 130-240, Dz: 180-300, ⌐ WC ☎; 🅿
Kegeln
geschl: Ende Dez-Anfang Jan

Unterbach (10 km →)
✸✸ Landhotel Am Zault
Gerresheimer Landstr 40, ✉ 40627,
☎ (02 11) 25 10 81, Fax 25 47 18, AX DC ED VA
57 Zi, Ez: 190-260, Dz: 240-360, 2 Suiten, ⌐
WC ☎; 🅿 5⇌100 Fitneßraum Sauna
Solarium
✸✸ Hauptgericht 35

Unterrath (7 km ↑)
✸✸✸ Lindner Airport
Unterrather Str 08, ✉ 40468, ☎ (02 11)
95 16-0, Fax 9 51 65 16, AX DC ED VA
196 Zi, Ez: 257-522, Dz: 334-549, S;
3 Suiten, 38 App, ⌐ WC ☎, 50🛏; Lift 🅿 🚗
7⇌140 Fitneßraum Sauna Solarium
Auch Zimmer der Kategorie ✸✸ vorhanden
✸✸ Albatros
Hauptgericht 30
Thailändische Küche

Wittlaer (11 km ↑)
✸✸ Brand's Jupp
⊗ Kalkstr 49, ✉ 40489, ☎ (02 11) 40 40 49,
Fax 4 79 04 03, AX DC ED VA
Hauptgericht 30; Biergarten Gartenlokal
Terrasse; geschl: Mo, Di mittags

Duisburg 32 →

Nordrhein-Westfalen — Stadtkreis — 33 m
— 535 000 Ew — Essen 16, Krefeld 24,
Düsseldorf 25 km
ℹ️ ☎ (02 03) 3 05 25 61, Fax 3 05 25 62 —
Stadtinformation, Königstr 53 (C 1),
47051 Duisburg; Industriestadt an Rhein
und Ruhr; größter Binnenhafen der Welt;
Universität; Theater. Sehenswert: Ev.
Salvatorkirche; Abteikirche Duisburg-
Hamborn; Hafen Duisburg-Ruhrort;
Schwanentorbrücke: Hebebrücke;
Dreigiebelhaus; Mercator-Halle; Wilhelm
Lehmbruck Museum; Kultur- und Stadt-
historisches Museum; Museum der
Deutschen Binnenschiffahrt; Zoo;
Delphinarium, Chinesischer Garten; Sport-
park Werdau; Revierpark Mattlerbusch:
Niederrhein-Therme

✸✸✸ Steigenberger Duisburger Hof
Neckarstr 2 (C 1), ✉ 47051, ☎ (02 03)
3 00 70, Fax 3 00 74 00, AX DC ED VA
102 Zi, Ez: 209-309, Dz: 316-416, S;
13 Suiten, ⌐ WC ☎, 30🛏; Lift 🅿 12⇌300
Fitneßraum Sauna
✸✸✸ L'Escalier
Hauptgericht 36; Gartenlokal

✸✸ Plaza
Düsseldorfer Str 54 (B 2), ✉ 47051,
☎ (02 03) 2 82 20, Fax 2 82 23 00,
AX DC ED VA
75 Zi, Ez: 149-329, Dz: 199-429, 3 Suiten,
6 App, ⌐ WC ☎, 25🛏; Lift 🅿 🚗 3⇌60 ⇌
Fitneßraum Sauna Solarium
✸ Hauptgericht 35; nur abends;
geschl: Fr, Sa, So

✸✸ Conti
Düsseldorfer Str 131 (B 2), ✉ 47051,
☎ (02 03) 28 70 05, Fax 28 81 48, AX DC ED VA
45 Zi, Ez: 159-259, Dz: 189-349, ⌐ WC ☎,
4🛏; Lift 🅿 🚗 Sauna Solarium; **garni**

Duisburg

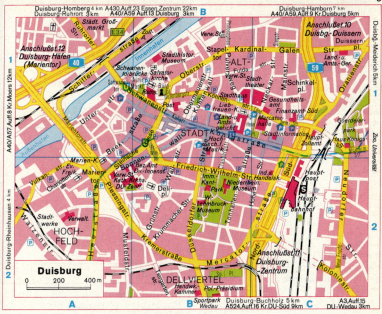

**	**Regent/Haus Hammerstein**

Dellplatz 1 (B 2), ✉ 47051, ☎ (02 03)
29 59 00, Fax 2 22 88, AX DC ED VA
65 Zi, Ez: 109-209, Dz: 129-289, 2 Suiten,
3 App., ⌐ WC ☎, 10🅿; Lift 🅿 🚗 1⇌30 ⌂
Fitneßraum Sauna Solarium 🍴

**	**Novotel**

Landfermannstr 20 (C 1), ✉ 47051,
☎ (02 03) 30 00 30, Fax 30 00 35 55,
AX DC ED VA
162 Zi, Ez: 170, Dz: 210, ⌐ WC ☎, 35🅿; Lift
🚗 5⇌130 ⌂ Sauna Solarium 🍴

**	**Stadt Duisburg**

Düsseldorfer Str 124 (B 2), ✉ 47051,
☎ (02 03) 28 70 85, Fax 28 77 54, AX DC ED VA
37 Zi, Ez: 139-199, Dz: 179-229, ⌐ WC ☎;
Lift 🅿 🚗 2⇌60 Sauna Solarium 🍴

*	**Ibis**

Mercatorstr 15 (C 2), ✉ 47051, ☎ (02 03)
30 00 50, Fax 34 00 88, AX DC ED VA
95 Zi, Ez: 93-143, Dz: 108-143, ⌐ WC ☎,
24🅿; Lift 🅿 3⇌25 Kegeln; garni

*	**Haus Friederichs**

Neudorfer Str 35 (C 2), ✉ 47051, ☎ (02 03)
35 57 37, Fax 35 20 57
37 Zi, Ez: 130-150, Dz: 175-250, ⌐ WC ☎;
Lift 🅿 1⇌50 🍴

**	**La Provence**

Hohe Str 29 (C 2), ✉ 47051, ☎ (02 03)
2 44 53
Hauptgericht 50; nur abends; geschl: So +
feiertags, 2 Wochen Osterferien,
3 Wochen Sommerferien

**	**Rôtisserie Laterne**

Mülheimer Str 38, im Klöcknerhaus (C 1),
✉ 47058, ☎ (02 03) 35 15 15, AX ED
Hauptgericht 30; geschl: So, Sa

	Caféhaus Dobbelstein

Sonnenwall 8 (B 1), ✉ 47051, ☎ (02 03)
2 02 30, Fax 28 74 82
Terrasse; 8.30-19

	Kö-Café Dobbelstein

Königstr 23 (B 1), ✉ 47051, ☎ (02 03)
2 02 30, Fax 28 74 82
Terrasse; 8.30-19, So ab 11

Buchholz (6 km ↓)

**	**Sittardsberg**

Sittardsberger Allee 10, ✉ 47249,
☎ (02 03) 70 00 01, Fax 70 11 25, AX DC ED VA
40 Zi, Ez: 98-179, Dz: 118-225, 1 Suite,
2 App., ⌐ WC ☎; Lift 🅿 🚗 10⇌70 Fitneßraum Kegeln Sauna Solarium

**	**La Gioconda**

Hauptgericht 35

Großenbaum (10 km ↓)

**	**Ramor**

Angermünder Str 37, ✉ 47269, ☎ (02 03)
99 80 60, Fax 9 98 06 55, AX DC ED VA
15 Zi, Ez: 120-200, Dz: 160-280, 2 App., ⌐
WC ☎; 🅿 🚗 1⇌80; garni →

Duisburg

Homberg (5 km ↖)
** **Akzent-Ampurias
     Rheinhotel Ampurias**
⋖ Königstr 24, ⌧ 47198, ☎ (0 20 66)
1 20 05, Fax 1 20 07, AX DC ED VA
11 Zi, Ez: 160-180, Dz: 180-195, 1 App, ⇃
WC ☏; Lift P 2⇔25
geschl: Ende Dez-Anfang Jan
** **Rebstock**
⋖ Hauptgericht 30

** **Akzent-Hotel Rheingarten**
⋖ Königstr 78, ⌧ 47198, ☎ (0 20 66)
5 50 05, Fax 5 50 04, AX DC ED VA
27 Zi, Ez: 160-180, Dz: 180-195, 3 Suiten, ⇃
WC ☏; Lift P 3⇔160
** **Apfel**
⋖ Hauptgericht 30; Terrasse; geschl: Sa
mittags

Ruhrort (4 km ↖)
** **La Vigie**
Kasteelstr 1, ⌧ 47119, ☎ (02 03) 80 05 50,
Fax 8 00 55 50, AX DC ED VA
11 Zi, Ez: 155-229, Dz: 155-229, ⇃ WC ☏;
Lift P 1⇔30
** •⋖ Hauptgericht 35

Wanheimerort (3 km ↓)
* **Am Sportpark**
Buchholzstr 27, ⌧ 47055, ☎ (02 03)
77 03 40, Fax 77 12 50, AX DC ED VA
20 Zi, Ez: 79-100, Dz: 132-165, ⇃ WC ☏; Lift
P ⊟ ≋ Sauna; garni

** **Dettmann's Restaurant**
Kalkweg 26, ⌧ 47055, ☎ (02 03) 72 57 90,
Fax 72 92 13, AX ED VA
Hauptgericht 40; Gartenlokal P; geschl:
Mo, Sa mittags, Anfang-Mitte Jan

Durbach 60 ↓

Baden-Württemberg — Ortenaukreis —
220 m — 3 800 Ew — Offenburg 7 km
ℹ ☎ (07 81) 4 21 53, Fax 4 39 89 — Verkehrsverein, Talstr 36, 77770 Durbach;
Erholungs- und Weinbauort am Rande des
Schwarzwaldes zur Oberrheinebene.
Sehenswert: Schloß Staufenberg ⋖
(1 km ↗); Wein- und Heimatmuseum

*** **Ritter**
Talstr 1, ⌧ 77770, ☎ (07 81) 9 32 30,
Fax 9 32 31 00, AX DC ED VA
41 Zi, Ez: 78-180, Dz: 130-280, 10 Suiten,
10 App, ⇃ WC ☏; Lift P ⊟ 4⇔30 ≋ Sauna
Solarium
Auch einfachere Zimmer vorhanden
** ⊗ Hauptgericht 40; Terrasse;
geschl: Mo mittags
* **Ritterkeller**
Hauptgericht 25; 18-23; geschl: So, 6.1.-
10.2.97

* **Linde**
Lindenplatz 1, ⌧ 77770, ☎ (07 81) 9 36 30,
Fax 93 63 39, AX DC ED VA
14 Zi, Ez: 95, Dz: 140, 6 App, ⇃ WC ☏, 9⊠;
P 3⇔200
* Hauptgericht 25; Terrasse

Halbgütle (2 km ↗)
** **Rebstock**
♂ Halbgütle 30, ⌧ 77770, ☎ (07 81) 48 20,
Fax 48 21 60, AX ED VA
28 Zi, Ez: 75-138, Dz: 142-190, 10 Suiten, ⇃
WC ☏; Lift P ⊟ 3⇔40 Sauna Solarium
geschl: Jan 97
** Hauptgericht 25; Terrasse
geschl: Mo, Jan

Ebelsbach 57 ↖

Bayern — Kreis Haßberge — 232 m —
3 842 Ew — Eltmann 2, Haßfurt 13 km
ℹ ☎ (0 95 22) 72 50, Fax 7 25 66 — Gemeindeverwaltung, Zum Nußacker 9,
97500 Ebelsbach

Steinbach (3 km ↖)
* **Landgasthof Neeb**
Dorfstr 1, ⌧ 97500, ☎ (0 95 22) 9 23 10,
Fax 92 31 44, AX DC ED VA
16 Zi, Ez: 64, Dz: 108, ⇃ WC ☏; P ⓘ
geschl: Mo

Ebendorf 28 ↙

Sachsen-Anhalt — 55 m — 855 Ew —
Magdeburg 6, Wolmirstadt 10 km
ℹ ☎ (03 92 03) 6 03 03 — Gemeindeverwaltung, Haldensleber Str 9, 39179

Ebendorf
** **Astron**
Olvenstedter Str 2 a, ⌧ 39179, ☎ (03 92 03)
7 00, Fax 7 01 00, AX DC ED VA
143 Zi, Ez: 172-230, Dz: 224-310, ⇃ WC ☏,
53⊠; Lift P 9⇔260 Fitneßraum Sauna
Solarium ⓘ

Ebensfeld 57 ↑

Bayern — Kreis Lichtenfels — 254 m —
5 700 Ew — Lichtenfels 11, Bamberg 20 km
ℹ ☎ (0 95 73) 50 63, Fax 3 12 25 — Fremdenverkehrsverein, St.-Veit-Str 11,
96250 Ebensfeld; Ort am oberen Main.
Sehenswert: Ansberg: Veitskapelle,
Lindengruppe

* **Pension Veitsberg**
♂ Prächtinger Str 14, ⌧ 96250, ☎ (0 95 73)
64 00, Fax 3 14 30
18 Zi, Ez: 40-50, Dz: 70-90, 8 App, ⇃ WC; P
⊟ ⚓
Restaurant für Hausgäste

Prächting (2 km ↘)
* **Landgasthof Hummel**
Prächtinger Hauptstr 6, ⌧ 96250,
☎ (0 95 73) 30 33, ED
10 Zi, Ez: 35-40, Dz: 60-70, 2 App, ⇃ WC ☏;
P ⊟ Sauna Solarium ⓘ
Rezeption: 8-11, 16-23; geschl: Mo,
Anfang-Mitte Nov

Eberbach 55 ✓

Baden-Württemberg — Rhein-Neckar-Kreis — 131 m — 15 000 Ew — Mosbach 24, Michelstadt 26, Heidelberg 27 km
ℹ ☎ (0 62 71) 48 99, Fax 13 19 — Kurverwaltung, Kellereistr 32, 69412 Eberbach; Stadt im Odenwald, am Neckar; Heilquellen-Kurbetrieb. Sehenswert: Alter Markt; Museum; Burgruine; Stadtmauer mit 4 Türmen; Altes Badhaus; Zinnfigurenkabinett im Haspelturm; Katzenbuckel, 626 m ◂€ (11 km →)

* **Krone-Post**
Hauptstr 1, ✉ 69412, ☎ (0 62 71) 20 13, Fax 16 33, AX DC ED VA
35 Zi, Ez: 85-135, Dz: 123-220, ⊿ WC ☎; Lift 🅿 1⇔20
geschl: im Winter Sa
Zimmer verschiedener Kategorien vorhanden
* Hauptgericht 30; Terrasse; geschl: im Winter Sa

▬ **Viktoria**
Friedrichstr 5, ✉ 69412, ☎ (0 62 71) 20 18, Fax 7 21 92, AX DC ED VA
7-18.30
Spezialität: Viktoria-Torte

Brombach (16 km ↘)
** **Haus Talblick** ✤
Gaisbergweg 5, ✉ 69434, ☎ (0 62 72) 14 51, Fax 31 55
Hauptgericht 35; nur abends, So auch mittags; geschl: Mo, Di, Jan, Mitte-Ende Jul
Fachwerkgebäude von 1832

Ebermannstadt 57 □

Bayern — Kreis Forchheim — 292 m — 3 900 Ew — Forchheim 13, Pegnitz 37 km
ℹ ☎ (0 91 94) 5 06 40, Fax 5 06 50 — Verkehrsamt, Bahnhofstr 5, 91320 Ebermannstadt; Erholungsort in der Fränkischen Schweiz

* **Gasthof Schwanenbräu**
Marktplatz 2, ✉ 91320, ☎ (0 91 94) 2 09, Fax 58 36
13 Zi, Ez: 70-75, Dz: 100-120, 2 Suiten, ⊿ WC ☎; 2⇔40
geschl: So abends, Anfang-Mitte Jan

* **Brauereigasthof Sonne**
Hauptstr 29, ✉ 91320, ☎ (0 91 94) 3 42, Fax 45 48, ED VA
16 Zi, Ez: 60-70, Dz: 100-110, 1 Suite, ⊿ WC ☎; 3⇔40
Auch Zimmer der Kategorie ** vorhanden

* **Resengörg mit Gästehäusern**
Hauptstr 36, ✉ 91320, ☎ (0 91 94) 7 39 30, Fax 73 93 73, DC ED VA
31 Zi, Ez: 70-75 Dz: 110-120, 3 Suiten, ⊿ WC ☎, 6✉; Lift 3⇔50
geschl: Mo mittags, Mitte-Ende Feb

Ebersbach a. d. Fils 62 ←

Baden-Württemberg — Kreis Göppingen — 350 m — 15 744 Ew — Göppingen 10, Esslingen 20 km
ℹ ☎ (0 71 63) 16 11 09, Fax 16 12 44 — Stadtverwaltung, Marktplatz 1, 73061 Ebersbach

Weiler
* **Schätzl**
◂€ Schäferstr 11, ✉ 73061, ☎ (0 71 63) 30 86, Fax 5 23 68, AX ED VA
13 Zi, Ez: 89, Dz: 130, ⊿ WC ☎; 🅿
Rezeption: 7-20

Ebersberg 72 □

Bayern — Kreis Ebersberg — 520 m — 10 000 Ew — Wasserburg am Inn 23, München 33 km
ℹ ☎ (0 80 92) 24 70, Fax 2 47 37 — Stadtverwaltung, Marienplatz, 85560 Ebersberg; Erholungsort

* **Hölzerbräu**
Sieghartstr 1, ✉ 85560, ☎ (0 80 92) 2 40 20, Fax 2 40 31, DC ED VA
40 Zi, Ez: 90-100, Dz: 130-150, 5 Suiten, ⊿ WC ☎; Lift 🅿 🚗 4⇔60 Fitneßraum Sauna Solarium
Auch Zimmer der Kategorie ** vorhanden
* Hauptgericht 25; Biergarten;

* **Klostersee**
♣ Am Priel 3, ✉ 85560, ☎ (0 80 92) 8 28 50, Fax 82 85 50, AX DC ED VA
25 Zi, Ez: 75-90, Dz: 110-130, ⊿ WC ☎; 🅿 🚗 2⇔42 Strandbad Seezugang
Golf 18

* **Klostersee-Stuben**
Hauptgericht 20; Terrasse; nur abends; geschl: Sa, So

Ebersburg 46 □

Hessen — Kreis Fulda — 450 m — 4 300 Ew — Gersfeld 10, Fulda 12 km
ℹ ☎ (0 66 56) 98 20, Fax 9 82 26 — Gemeindeverwaltung, Schulstr 3, 36157 Ebersburg; Ort in der Rhön

Weyhers
* ◂€ **Rhönhotel Alte Mühle**
♣ ◂€ Alte Mühle 4, ✉ 36157, ☎ (0 66 56) 81 00, Fax 77 48
55 Zi, Ez: 70-85, Dz: 115-135, 2 App, ⊿ WC ☎, 10✉; 🅿 🚗 2⇔40 Fitneßraum Sauna Solarium ▬

Eberstadt 55 ↓

Baden-Württemberg — Kreis Heilbronn — 191 m — 3 000 Ew — Neckarsulm 8, Heilbronn 10 km
ℹ ☎ (0 71 34) 9 80 80, Fax 98 08 25 — Gemeindeverwaltung, Hauptstr 39, 74246 Eberstadt →

Eberstadt

*　　　　**Landgasthof Krone**
Hauptstr 47, ✉ 74246, ☎ (0 71 34) 9 86 00, Fax 98 60 30, AX DC ED VA
16 Zi, Ez: 75-95, Dz: 100-135, ⊣ WC ☎; 🅿
2↔60
**　　　Hauptgericht 25; Terrasse; geschl: Mo

Eberswalde-Finow 30 ↗

Brandenburg — Kreis Barnim — 90 m — 51 000 Ew — Berlin 50, Prenzlau 64 km
ℹ ☎ (0 33 34) 2 31 68, Fax 6 41 90 — Fremdenverkehrs-Information, Pavillon am Markt, 16225 Eberswalde. Sehenswert: Pfarrkirche St. Maria Magdalena; Kleine Konzerthalle (ehem. Spitalkapelle St. Georg); Löwenbrunnen; Forstbotanischer Garten; Alte Forstakademie; Museum; Tierpark; Umgebung: Kloster Chorin; Biosphärenreservat Schorfheide; Werbellinsee; Parsteiner See; Schiffshebewerk Niederfinow

Eberswalde
*　　　　**Pension am Schützenplatz**
Lessingstr, ✉ 16225, ☎ (0 33 34) 21 22 29, AX ED VA
5 Zi, Ez: 80, Dz: 120, 1 App, ⊣ WC; 🅿 🍽

Finow
*　　　　**Saturn**
Angermünder Str, ✉ 16227, ☎ (0 33 34) 3 39 31, AX DC ED VA
49 Zi, Ez: 99-119, Dz: 139, ⊣ WC ☎; 🅿 Fitneßraum Sauna Solarium 🍽

siehe auch **Nieder-Finow**

Ebingen siehe Albstadt

Ebrach 56 ↗

Bayern — Kreis Bamberg — 320 m — 2 000 Ew — Bamberg 34, Würzburg 47 km
ℹ ☎ (0 95 53) 9 22 00, Fax 92 20 20 — Verkehrsamt, Rathausplatz 2, 96157 Ebrach; Erholungsort im Steigerwald. Sehenswert: Abtei; Klosterkirche; Kaisersaal, Treppenhaus

**　　　**Klosterbräu**
　　　　　(Landidyll Hotel)
Marktplatz 4, ✉ 96157, ☎ (0 95 53) 1 80, Fax 18 88, AX DC ED VA
39 Zi, Ez: 94-114, Dz: 168-188, 1 Suite, ⊣ WC ☎; Lift 🅿 🍴 3↔100 Fitneßraum Sauna Solarium
Rezeption: 8-21
*　　　　**Mönchstube**
Hauptgericht 25

*　　　　**Zum alten Bahnhof**
Bahnhofstr 4, ✉ 96157, ☎ (0 95 53) 12 41, Fax 14 68
15 Zi, Ez: 46, Dz: 82, 1 App, ⊣ WC; 1↔30 Sauna Solarium 🍽
geschl: 6.1.-15.2.

Ebstorf 18 ↘

Niedersachsen — Kreis Uelzen — 66 m — 4 500 Ew — Uelzen 12, Bevensen 15, Lüneburg 27 km
ℹ ☎ (0 58 22) 29 96 — Fremdenverkehrsverein, Winkelplatz 4, 29574 Ebstorf; Luftkurort in der Lüneburger Heide. Sehenswert: Im ehem. Kloster Nachbildung der Ebstorfer Weltkarte (13. Jh.); Klosterkirche: Kreuzgang

*　　　　**Gasthof Zur Tannenworth**
♂ Lutherstr 5, ✉ 29574, ☎ (0 58 22) 39 92, Fax 39 92, ED
5 Zi, Ez: 50-65, Dz: 80-100, ⊣ WC ☎; 🅿
geschl: Mi, Anfang Jan, Mitte Okt
*　　　　Hauptgericht 25; geschl: Mi, Anfang Jan, Mitte Okt

Eching 72 ↘

Bayern — Kreis Freising — 465 m — 10 500 Ew — Freising 17, München 21 km
ℹ ☎ (0 89) 3 19 00 00, Fax 3 19 21 18 — Gemeindeverwaltung, Untere Hauptstr 3, 85386 Eching

***　　**Olymp**
　　　　　(Golden Tulip Hotel)
Wielandstr 3, ✉ 85386, ☎ (0 89) 32 71 00, Fax 32 71 01 12, AX DC ED VA
65 Zi, Ez: 125-260, Dz: 145-280, S; 1 Suite, 27 App, ⊣ WC ☎, 11🖥; Lift 🅿 🍴 8↔60 ≘ Sauna Solarium
Auch Zimmer der Kategorie ** vorhanden
**　　　Hauptgericht 25; Terrasse

*　　　　**Höckmayr**
Obere Hauptstr 2 a, ✉ 85386, ☎ (0 89) 3 19 74 20, Fax 31 97 42 34, AX DC ED VA
18 Zi, Ez: 90-130, Dz: 130-160, ⊣ WC ☎; Lift 🅿 🍴; garni
Auch Zimmer der Kategorie ** vorhanden

Eching 72 ↗

Bayern — Kreis Landshut — 483 m — 2 800 Ew — Landshut 7 km
ℹ ☎ (0 87 09) 20 74, Fax 32 51 — Gemeindeverwaltung, im Ortsteil Viecht, Hauptstr 12, 84174 Eching

Kronwinkl 4 km W
**　　　**Schloß Wirtschaft Kronwinkl**
14 Zi, Ez: 88-118 Ez: 65-118, Dz: 148-158, ⊣ WC ☎; 2↔80
geschl: Mo
**　　　Hauptgericht 36; Biergarten; geschl: Mo

---

* Hotel oder Gasthaus mit guter Ausstattung, über dem Durchschnitt

Eckartsberga 38 ↓

Sachsen-Anhalt — Kreis Burgenland — 200 m — 2 000 Ew — Apolda 20, Naumburg 22 km
ℹ ☎ (03 44 67) 2 02 91, Fax 2 02 92 — Stadtverwaltung, Am Markt 20, 06648 Eckartsberga. Sehenswert: Eckartsburg; historische Windmühle; Schloß Marienthal

∗ Am Markt
Hauptstr 111, an der B 87, ✉ 06648, ☎ (03 44 67) 2 17 21, Fax 2 17 22, ED VA
8 Zi, Ez: 60, Dz: 100, WC ☎; P ▯

Eckenhagen siehe Reichshof

Eckernförde 10 □

Schleswig-Holstein — Kreis Rendsburg-Eckernförde — 14 m — 23 000 Ew — Schleswig 21, Rendsburg 26, Kiel 29 km
ℹ ☎ (0 43 51) 7 17 90, Fax 62 82 — Kurverwaltung, Preußerstr 1, 24340 Eckernförde; Ostseebad an der Eckernförder Bucht. Sehenswert: Nikolaikirche: Barockaltar; Altstadt; Hafen

∗∗∗ Stadthotel
⊰ Am Exer 3, ✉ 24340, ☎ (0 43 51) 60 44, Fax 60 43, AX ED VA
63 Zi, Ez: 130-200, Dz: 170-250, 2 Suiten, 7 App, WC ☎, 10▯; Lift ▯ 5⟷80 Seezugang Sauna Solarium; garni

∗∗ Seelust
⊰ Preußerstr 3, ✉ 24340, ☎ (0 43 51) 50 75, Fax 27 14, ED VA
30 Zi, Ez: 100-180, Dz: 160-220, 2 Suiten, 4 App, WC ☎; Lift ▯ 1⟷100 Strandbad Seezugang
Auch Zimmer der Kategorie ∗ vorhanden
∗ Hauptgericht 25; Terrasse; nur abends; geschl: Mo

∗∗ Ratskeller
Rathausmarkt 8, ✉ 24340, ☎ (0 43 51) 24 12
Hauptgericht 25; geschl: im Winter Mo, Anfang-Mitte Jan

Edelsfeld 58 □

Bayern — Kreis Amberg-Sulzbach — 528 m — 1 747 Ew — Sulzbach-Rosenberg 10, Auerbach 18 km
ℹ ☎ (0 96 65) 2 87 — Gemeindeverwaltung, Blumenstr 3, 92265 Edelsfeld

∗∗ Goldener Greif
Sulzbacher Str 5, ✉ 92265, ☎ (0 96 65) 2 83, Fax 81 23
24 Zi, Ez: 48-58, Dz: 80-95, WC ☎; Lift ▯ 2⟷100 ⊜ Fitneßraum Kegeln Sauna Solarium
Rezeption: 7-14, 16-1; geschl: Di, Anfang-Mitte Aug
Auch Zimmer der Kategorie ∗ vorhanden
∗ Hauptgericht 10; geschl: Di, Anfang-Mitte Aug.

Edenkoben 54 ⟋

Rheinland-Pfalz — Kreis Südliche Weinstraße — 150 m — 6 000 Ew — Neustadt a.d. Weinstraße 10, Landau 10, Speyer 23 km
ℹ ☎ (0 63 23) 32 34, Fax 8 08 88 — Büro für Tourismus, Poststr 23, 67480 Edenkoben; Luftkurort an der Haardt. Sehenswert: Schloß Ludwigshöhe mit Slevogt-Dauerausstellung, 326 m ⊰ (3 km ←), von hier Sesselbahn zur Ruine Rietburg, 544 m ⊰

∗∗ ⊰ Park Hotel
▯⊰ Unter dem Kloster 1, ✉ 67480, ☎ (0 63 23) 9 52-0, Fax 95 22 22, AX ED VA
44 Zi, Ez: 98-109, Dz: 165-188, WC ☎; Lift ▯ 4⟷50 ⊜ Fitneßraum Sauna Solarium ▯
Rezeption: 7-19; geschl: Mo, Ende Dez

∗ Gutshof Ziegelhütte
Luitpoldstr 79, ✉ 67480, ☎ (0 63 23) 70 51 + 15 51, Fax 8 11 08
15 Zi, Ez: 65-90, Dz: 90-130, 2 Suiten, WC ☎, 2▯; 1⟷20 ▯

Edesheim 54 ⟋

Rheinland-Pfalz — Kreis Südliche Weinstraße — 150 m — 2 300 Ew — Landau/Pfalz 6, Neustadt a.d. Weinstraße 10 km
ℹ ☎ (0 63 23) 29 06 — Verbandsgemeindeverwaltung, Poststr 23, 67480 Edenkoben; Weinbauort mit sehenswerten Gebäuden und Hoftoren aus Barock- und Rokokozeit

∗∗ Wein-Castell
Staatsstr 21, an der B 38, ✉ 67483, ☎ (0 63 23) 23 92, Fax 8 16 76
Hauptgericht 30; Gartenlokal ▯; geschl: Mo, Di, Ende Jan-Mitte Feb
∗ 13 Zi, Ez: 68, Dz: 130, WC
Rezeption: 11.30-14, 17.30-22; geschl: Mo, Di, Ende Jan-Mitte Feb
Eigenes Weingut und Brennerei

Edewecht 16 ↓

Niedersachsen — Westerstede — 10 m — 1 580 Ew — Bad Zwischenahn 7, Frisoyte 13, Oldenburg 15 km
ℹ ☎ (0 44 05) 16 21, Fax 40 44 — Fremdenverkehrsverein Edewecht, Rathausstr 7, 26181 Edewecht

Edewecht
∗ Fittje
Hauptstr 162, ✉ 26188, ☎ (0 44 05) 92 87-0, Fax 92 87-87
17 Zi, Ez: 75, Dz: 130 WC ☎; ▯ ▯
geschl: Mo

Ediger-Eller

Ediger-Eller 43 ↙

Rheinland-Pfalz — Kreis Cochem-Zell — 92 m — 1 400 Ew — Cochem 7, Zell 15 km
🛈 ☎ (0 26 75) 13 44, Fax 16 43 — Verkehrsamt, im Ortsteil Ediger, Pelzerstr 1, 56814 Ediger-Eller; Weinbauort im Moseltal. Sehenswert: Kreuzkapelle, spätgotische Pfarrkirche

Ediger
✻ **Weinhaus Feiden**
◂⋹ Moselweinstr 22, ✉ 56814, ☎ (0 26 75) 2 59, Fax 15 83, ED VA
17 Zi, Ez: 58-85, Dz: 110-140, ⊿ WC; 🅿 🚃 1⇔25
geschl: Do, Mitte Nov-Ende Dez, Mitte Jan-Anfang Mär
Auch einfache Zimmer vorhanden
✻ Hauptgericht 30; Terrasse;
geschl: Do, Mitte Jan-Anfang Mär, Mitte Nov-Ende Dez

Efringen-Kirchen 67 ↙

Baden-Württemberg — Kreis Lörrach — 240 m — 7 550 Ew — Lörrach 9, Müllheim 23 km
🛈 ☎ (0 76 28) 80 60, Fax 7 04 — Bürgermeisteramt, Friedrich-Rottra-Str 49, 79588 Efringen-Kirchen. Sehenswert: Freskenkirchen; hist. Ortskern

Blansingen (6 km ↑)
✻✻ **Gasthof Traube**
🟉 Alemannenstr 19, ✉ 79588, ☎ (0 76 28) 82 90, Fax 87 36, AX
Hauptgericht 40; Gartenlokal 🅿; geschl: Di, Mi mittags
✻✻ ♂ 7 Zi, Ez: 110, Dz: 180, ⊿ WC ☎; 1⇔20

Egringen (2,5 km ↗)
✻ **Gasthaus Rebstock**
Kanderner Str 21, ✉ 79588, ☎ (0 76 28) 3 70, Fax 10 24, ED VA
Hauptgericht 30; Gartenlokal 🅿; geschl: Mo, Di, 2 Wochen Jan-Feb
Eigenbauweine
✻ 9 Zi, Ez: 68-95, Dz: 98-140, 1 App, ⊿ WC ☎; 🚃
geschl: Mo, Di, 2 Wochen Jan-Feb

Egestorf 18 ↓

Niedersachsen — Kreis Harburg — 110 m — 2 100 Ew — Lüneburg 30, Soltau 31, Hamburg 45 km
🛈 ☎ (0 41 75) 15 16, Fax 15 16 — Verkehrsverein, Barkhof 1 b, 21272 Egestorf; Erholungsort in der Lüneburger Heide. Sehenswert: Heidekirche: Glockenturm; Heidebauernsiedlung, Wilseder Berg, 169 m ◂⋹ (130 Min ←)

✻✻ **Acht Linden**
Alte Dorfstr 1, ✉ 21272, ☎ (0 41 75) 8 43 33, Fax 84 33 59, AX DC ED VA
28 Zi, Ez: 80-95, Dz: 130-195, 3 App, ⊿ WC ☎; 🅿 🚃 3⇔80 Fitneßraum Sauna Solarium 🍴 ⋐
Auch Zimmer der Kategorie ✻ vorhanden

✻ **Egestorfer Hof**
Gasthaus Soltau
Lübberstedter Str 1, ✉ 21272, ☎ (0 41 75) 4 90, Fax 10 90, ED VA
25 Zi, Ez: 65-90, Dz: 100-160, 3 Suiten, ⊿ WC ☎; 🅿 2⇔30 Kegeln Solarium 🍴 ⋐

Döhle (5 km ↙)
✻ **Heidehotel Aevermannshof**
♂ Dorfstr 44, ✉ 21272, ☎ (0 41 75) 14 54, Fax 16 35, AX ED
20 Zi, Ez: 64-70, Dz: 58-65, ⊿ WC ☎; 2⇔50
✻ Hauptgericht 25

Egestorf-Außerhalb (3 km ←)
✻✻ **Hof Sudermühlen**
einzeln ♂ Sudermühlen 1, ✉ 21272, ☎ (0 41 75) 84 80, Fax 12 01, AX DC ED VA
55 Zi, Ez: 130, Dz: 130-210, ⊿ WC ☎; Lift 🅿 🚃 6⇔80 ⋐ Sauna Solarium Tennis 1
Auch Zimmer der Kategorie ✻ vorhanden
✻✻ Hauptgericht 35

Sahrendorf (3 km ↘)
✻ **Studtmanns Gasthof**
Zur Grünen Aue
Im Sahrendorf 19, ✉ 21272, ☎ (0 41 75) 5 03, Fax 10 86, AX ED VA
22 Zi, Ez: 60-75, Dz: 100-120, ⊿ WC ☎, 4✉; 🅿 🍴 ⋐
geschl: Di, Mitte Jan-Mitte Feb

Eggenfelden 73 ↑

Bayern — Kreis Rottal-Inn — 406 m — 13 000 Ew — Pfarrkirchen 14, Altötting 25, Landau a. d. Isar 36 km
🛈 ☎ (0 87 21) 7 08 35, Fax 73 88 — Fremdenverkehrsamt, Rathausplatz 1, 84307 Eggenfelden; Stadt an der Rott

✻ **Bachmeier**
Schönauer Str 2, ✉ 84307, ☎ (0 87 21) 9 71 00, Fax 9 71 01 00, AX ED VA
40 Zi, Ez: 80-90, Dz: 115-130, ⊿ WC ☎; 🅿 🚃 2⇔30 Fitneßraum Sauna Solarium
✻ Hauptgericht 30; Biergarten Terrasse

Eggenstein-Leopoldshafen 60 ↓

Baden-Württemberg — Kreis Karlsruhe — 111 m — 12 713 Ew — Karlsruhe 9 km
🛈 ☎ (07 21) 7 08 50, Fax 70 85 23 — Gemeindeverwaltung, im Ortsteil Eggenstein, Friedrichstr 32, 76344 Eggenstein-Leopoldshafen

Eggenstein
*** **Zum Löwen** 🍴
Hauptstr 51, ✉ 76344, ☏ (07 21) 7 80 07-0,
Fax 7 80 07-99, ED VA
Hauptgericht 45; 11.30-14, 18.30-24;
geschl: So, Sa mittags
* 11 Zi, Ez: 95, Dz: 140, ⌐ WC ☏,
11 🖂; P

Eggesin 22 ↑

Mecklenburg-Vorpommern — Kreis Uek-
ermünde — 21 m — 8 705 Ew — Ueckermünde 6, Torgelow 8 km
ℹ ☏ (03 97 79) 2 03 02 — Stadtverwaltung,
Bahnhofstr 7 a, 17367 Eggesin. Sehenswert: Fachwerkkirche von 1731; Ziegelei-
Ringofen

* **Garni-Hotel Gutgesell**
Ueckermünder Str 2a, ✉ 17367,
☏ (03 97 79) 26 60, Fax 2 66 40
20 Zi, Ez: 70, Dz: 90, ⌐ WC ☏, 2🖂; garni

* **Waldidyll**
♂ Luckower Str 11, ✉ 17367, ☏ (03 97 79)
2 05 31
12 Zi, Ez: 80, Dz: 120, ⌐ WC ☏; P Solarium
🍽

Eggesin-Außerhalb (1 km ↑)
** **Stadt Eggesin**
Stettiner Str 47 b, ✉ 17367, ☏ (03 97 79)
2 18 00, Fax 2 18 05, AX DC ED VA
46 Zi, Ez: 85-100, Dz: 135-150, 1 Suite, ⌐
WC ☏, 8🖂; P 2⟲50 Kegeln Sauna 🍽 ⚓

Egloffstein 58 ←

Bayern — Kreis Forchheim — 400 m —
2 200 Ew — Gräfenberg 8, Ebermannstadt
12, Pegnitz 27 km
ℹ ☏ (0 91 97) 2 02, Fax 16 39 — Tourist
Information, Felsenkellerstr 20,
91349 Egloffstein; Luftkurort im Trubachtal

* **Gasthof-Pension Schäfer**
♂ Markgrafenstr 48, ✉ 91349, ☏ (0 91 97)
2 95, Fax 12 00, ED
27 Zi, Ez: 45-55, Dz: 80-90, 2 App, ⌐ WC ☏;
P 🖥 🍽
geschl: Di, Jan

⌂ **Häfner**
Badstr 131, ✉ 91349, ☏ (0 91 97) 5 35,
Fax 88 25, AX DC ED VA
22 Zi, Ez: 60-100, Dz: 120-130, ⌐ WC ☏; P
🖥 3⟲45 Solarium 🍽
Rezeption: 12-22; geschl: Di, Do, Mitte
Feb-Anfang Mär

Ehlscheid

Ehingen (Donau) 69 ↗

Baden-Württemberg — Alb-Donau-Kreis
— 515 m — 25 000 Ew — Ulm 25, Biberach
an der Riß 26 km
ℹ ☏ (0 73 91) 50 30, Fax 50 32 22 — Stadtverwaltung, Marktplatz 1, 89584 Ehingen.
Sehenswert: Konviktskirche; kath. Kirche
St. Blasius; Liebfrauenkirche; Ritterhaus;
Ständehaus; Schloß Mochental: Besen-
museum, Kunstgalerie; Stadtmuseum;
Marktbrunnen

** **Adler**
Hauptstr 116, ✉ 89584, ☏ (0 73 91) 80 43,
Fax 5 49 21, AX ED VA
39 Zi, Ez: 68-95, Dz: 110-140, ⌐ WC ☏; Lift
P 🖥 3⟲300 Kegeln geschl: So ab 14
Zimmer unterschiedlicher Kategorien vor-
handen
* Hauptgericht 25; geschl: So
abends, Mo

** **Gasthof zum Ochsen**
Schulgasse 3, ✉ 89584, ☏ (0 73 91)
5 35 68, Fax 5 28 67, AX DC ED VA
19 Zi, Ez: 89-95, Dz: 130-140, 1 Suite, ⌐ WC
☏; Lift P 🖥
** Hauptgericht 30; Terrasse; ✿
geschl: So abends, 1.1.-7.1.

⚓ **Höchstädter**
Hauptstr 69, ✉ 89584, ☏ (0 73 91) 5 34 02
8.30-18, Sa 7.30-14

Kirchen (8 km ←)
* **Zum Hirsch**
Osterstr 3, ✉ 89584, ☏ (0 73 93) 9 50 10,
Fax 41 01, AX ED VA
17 Zi, Ez: 60-85, Dz: 95-130, 2 Suiten, ⌐ WC
☏; Lift P 🖥 1⟲120
* Hauptgericht 20; Biergarten;
geschl: Mo

Nasgenstadt (2 km →)
** **Panorama**
◁ Karpfenweg 7, ✉ 89584, ☏ (0 73 91)
5 45 00, Fax 5 44 15, AX DC ED VA
32 Zi, Ez: 70-85, Dz: 110-140, ⌐ WC ☏; Lift
P 🖥 Fitneßraum Sauna; garni

Ehlscheid 43 □

Rheinland-Pfalz — Kreis Neuwied — 365 m
— 1 300 Ew — Neuwied 16, Bad Hönningen 21 km
ℹ ☏ (0 26 34) 22 07 — Kurverwaltung,
Parkstr 2, 56581 Ehlscheid; heilklimatischer Kurort

* **Westerwald**
Parkstr 3, ✉ 56581, ☏ (0 26 34) 65 60,
Fax 6 5610, ED VA
60 Zi, Ez: 75-95, Dz: 129-149, ⌐ WC ☏; Lift
P 5⟲60 🛏 Kegeln Sauna Solarium ⚓
Rezeption: 9-18
* Hauptgericht 20; Terrasse; →

Ehlscheid

✱ Franke's Park-Hotel
Parkstr 17, ✉ 56581, ☎ (0 26 34) 85 43, Fax 24 21
12 Zi, Ez: 59-65, Dz: 110-120, ⊟ WC ☎; 🅿
geschl: Do, Okt-Ostern

✱ Gut Stubb
Hauptgericht 20; Terrasse; geschl: Do, Okt-Ostern

Ehrenkirchen 67 ☐

Baden-Württemberg — Kreis Breisgau-Hochschwarzwald — 570 m — 6 000 Ew — Bad Krozingen 3, Staufen 5, Freiburg 13 km
🅘 ☎ (0 76 33) 80 40, Fax 8 04 20 — Gemeindeverwaltung, Jengerstr 6, 79238 Ehrenkirchen; Ort am Rande des Schwarzwaldes zur Oberrheinebene. Sehenswert: Kath. Kirche

Kirchhofen

✱✱ Gasthaus Krone
🆅 Herrenstr 5, ✉ 79238, ☎ (0 76 33) 52 13, Fax 8 35 50, AX DC ED VA
Hauptgericht 35; Gartenlokal; geschl: Di, Mi mittags, Nov-Apr Mi, Mitte Feb-Anfang Mär, Jul

✱ 9 Zi, Ez: 50, Dz: 90-100, 1 Suite, ⊟ WC; 🅿
geschl: Di, Mi, Mitte Feb-Anfang Mär, Jul

✱ Sonne-Winzerstuben
Schwendistr 20, ✉ 79238, ☎ (0 76 33) 70 70, Fax 60 60, AX DC ED VA
Hauptgericht 25; Gartenlokal 🅿 Terrasse; geschl: Do abends, Freitag, Ende Dez-Mitte Jan

Eibenstock 50 ↙

Sachsen — Kreis Aue/Schwarzenberg — 640 m — 6 200 Ew — Schönheide 12, Aue 17, Chemnitz 47 km
🅘 ☎ (03 77 52) 22 44 — Tourist Information, Rathausplatz 1, 08309 Eibenstock

✱ Bühlhaus
♂ Bühlstr 16, ✉ 08309, ☎ (03 77 52) 21 27, Fax 29 24, AX DC ED VA
21 Zi, Ez: 65-100, Dz: 110-140, 1 Suite, ⊟ WC ☎; 🅿 🍴

✱ Ratskeller
Schönheider Str 9, ✉ 08309, ☎ (03 77 52) 28 00, Fax 29 87, AX DC ED VA
23 Zi, Ez: 40-80, Dz: 50-160, ⊟ WC ☎; 🅿
1⟲35 🍴
Auch Zimmer der Kategorie **✱✱** vorhanden

Eichendorf 65 →

Bayern — Kreis Dingolfing-Landau — 354 m — 5 850 Ew — Landau 18, Vilshofen 27 km
🅘 ☎ (0 99 52) 3 01 — Gemeindeverwaltung, Marktplatz 5, 94428 Eichendorf

Exing (6 km ←)

✱ Zum alten Brauhaus
Haus Nr 7, ✉ 94428, ☎ (0 99 56) 3 50, Fax 3 71
16 Zi, Ez: 54, Dz: 90-100, ⊟ WC ☎; 🅿 🚃
2⟲200 🍴
geschl: Mi

Eichhorst 30 ↗

Brandenburg — Kreis Barnim — 45 m — 465 Ew — Eberswalde 6, Joachimsthal 12, Templin 42 km
🅘 ☎ (0 33 35) 6 02, Fax 6 02 — Gemeindeverwaltung, Schulstr 1, 16244 Eichhorst

Eichhorst-Außerhalb (5 km ↑)

✱✱ Jagdschloß Hubertusstock
einzeln ♂ ◄ ✉ 16244, ☎ (03 33 63) 5 00, Fax 5 02 55, AX DC ED VA
24 Zi, Ez: 150-250, Dz: 180-250, 2 Suiten, ⊟ WC ☎; 🅿 1⟲50 🕿 Kegeln Sauna

✱✱ Hauptgericht 25; Terrasse

Eichstätt ○ 64 ←

Bayern — Kreis Eichstätt — 388 m — 12 500 Ew — Weißenburg 24, Ingolstadt 27, Augsburg 70 km
🅘 ☎ (0 84 21) 79 77, Fax 67 36 — Verkehrsbüro, Kardinal-Preysing-Platz 14, 85072 Eichstätt; Stadt an der Altmühl; Kath. Universität. Sehenswert: Stadtbild; Dom: Kreuzgang; Kloster St. Walburg; Schutzengelkirche; Kapuzinerkirche; Residenz: Treppenhaus und Spiegelsaal; Sommerresidenz mit Hofgarten; Diözesan-Museum; Residenzplatz mit Mariensäule; Marktplatz: Rathaus, Willibaldsbrunnen; Kloster Rebdorf; Willibaldsburg: Jura-Museum ◄ (1 km ←); Info-Zentrum Naturpark Altmühltal

✱✱ Adler
Marktplatz 22, ✉ 85072, ☎ (0 84 21) 67 67, Fax 82 83, AX DC ED VA
28 Zi, Ez: 120-140, Dz: 160-210, 8 Suiten, ⊟ WC ☎, 4🖂; Lift 🚃 Sauna Solarium; **garni**
Rezeption: 6.30-21; geschl: Im Winter So, 1 Woche im November
Barockbau aus dem 17. Jh.

✱ Klosterstuben
Pedettistr 26, ✉ 85072, ☎ (0 84 21) 35 00, Fax 39 00
22 Zi, Ez: 70-100, Dz: 95-140, ⊟ WC ☎, 10🖂; 🚃

✱ Hauptgericht 15

✱ Fuchs
Ostenstr 8, ✉ 85072, ☎ (0 84 21) 67 88, Fax 8 01 17, AX ED VA
23 Zi, Ez: 65-85, Dz: 100-120, ⊟ WC ☎; Lift 🅿; **garni**
Rezeption: 8-21; geschl: Mi abends

★★★ Domherrnhof
Domplatz 5, ✉ 85072, ☎ (0 84 21) 61 26, Fax 8 08 49, AX ED
Hauptgericht 40; geschl: Mo, Mitte Jan-Mitte Feb
Barockhaus von 1715 mit Rokoko-Stuckarbeiten

☕ Konditorei-Cafe im Hotel Fuchs
Ostenstr 8, ✉ 85072, ☎ (0 84 21) 67 88, Fax 8 01 17
Gartenlokal P; 8-21

Eichstätt-Außerhalb (9 km ↘)

★ Waldgasthof Geländer
einzeln ♂ an der B 13, ✉ 85132, ☎ (0 84 21) 67 61, Fax 26 14
31 Zi, Ez: 51-59, Dz: 84-106, S; ⊿ WC ☎; P 🚗 2⇔40 🍽
geschl: Do, Feb

Eichstätt-Außerhalb (1 km ←)

★ Burghotel
♂ ⦿ auf der Willibaldsburg, ✉ 85072, ☎ (0 84 21) 49 70, Fax 9 98 80, ED
8 Zi, Ez: 65-85, Dz: 110-140, 1 App, ⊿ WC ☎; P 2⇔200 🍽
geschl: Mo

Landershofen (3 km ↘)

★ Haselberg
Am Haselberg 1, ✉ 85072, ☎ (0 84 21) 9 89 80, ED
26 Zi, Ez: 62-89, Dz: 94-112, S; ⊿ WC ☎; P 2⇔50 🍽 ☕
geschl: Mo, Di, Ende Dez-Ende Jan

Wasserzell (4 km ↗)

★ Gasthof Zum Hirschen
Brückenstr 9, ✉ 85072, ☎ (0 84 21) 96 80, Fax 96 82 68
40 Zi, Ez: 62-70, Dz: 94-108, ⊿ WC ☎; Lift P 🚗 3⇔40 🍽
Rezeption: 9-22; geschl: Jan, Feb
Im Gästehaus auch Zimmer der Kategorie ★ vorhanden

Eichstetten 67 □

Baden-Württemberg — Kreis Breisgau-Hochschwarzwald — 189 m — 2 400 Ew — Emmendingen 10, Breisach 16, Freiburg 27 km
🛈 ☎ (0 76 63) 9 32 30, Fax 56 96 — Gemeindeverwaltung, 79356 Eichstetten. Sehenswert: Rathaus mit Staffelgiebel; Steinbrücke 18. Jh.; Dorfmuseum

★ Zum Ochsen ⚜
Altweg 2, ✉ 79356, ☎ (0 76 63) 15 16, Fax 10 20
Hauptgericht 25; Gartenlokal P; geschl: Mo, Di mittags, Jul, Feb

Eichwalde 30 ↘

Brandenburg — Kreis Königs Wusterhausen — 36 m — 5 127 Ew — Königs Wusterhausen 9, Berlin 24 km
🛈 ☎ (0 30) 67 50 20 — Gemeindeamt, Grünauer Str 49, 15732 Eichwalde. Sehenswert: Ev. und kath. Kirche; Büdnerhaus; Wasserturm; Bruno-Traut-Siedlung

★★ C+W Gourmet ⚜
Bahnhofstr 9, ✉ 15732, ☎ (0 30) 6 75 84 23, Fax 6 75 84 23
Hauptgericht 30; Terrasse; geschl: Mo, Di, 23.12.96-10.1.97, 2.8.-19.8.97

Eigeltingen 68 ↘

Baden-Württemberg — Kreis Konstanz — 550 m — 3 000 Ew — Stockach 10, Engen 12 km
🛈 ☎ (0 77 74) 13 57, Fax 64 93 — Gemeindeverwaltung, Krumme Str 1, 78253 Eigeltingen; Erholungsort im Hegau

---

Eigeltingen-Außerhalb (1 km ↑)

★ Lochmühle
einzeln, Hinterdorfstr 44, ✉ 78253, ☎ (0 77 74) 70 86, Fax 68 65, ED
35 Zi, Ez: 85-90, Dz: 120-150, 2 Suiten, 3 App, ⊿ WC ☎; P 🚗 3⇔40 ≈ 🍽
geschl: Feb
Erlebnis-Freizeitanlage mit Bauernhof

Eilenburg 39 □

Sachsen — Kreis Eilenburg — 150 m — 20 500 Ew — Leipzig 20, Delitzsch 23 km
🛈 ☎ (0 34 23) 65 21 74, Fax 38 58 — Amt für Fremdenverkehr, Markt 1, 04838 Eilenburg. Sehenswert: Rathaus; Burggelände mit Sorbenturm

★★ Il-Burg
♂ Puschkinstr 33, ✉ 04838, ☎ (0 34 23) 5 95 28, Fax 5 94 05, AX DC ED VA
34 Zi, Ez: 120-165, Dz: 150-180, ⊿ WC ☎, 5✉; Lift P 🚗 1⇔25 🍽
geschl: Ende Dez

Eilsen, Bad 25 ↓

Niedersachsen — Kreis Schaumburg — 80 m — 2 170 Ew — Bückeburg 8, Hameln 27 km
🛈 ☎ (0 57 22) 8 86 50, Fax 8 86 51 — Kurverwaltung, Bückeburger Str 2, 31707 Bad Eilsen; Kurort im Weserbergland; Schlamm- und Schwefelbäder

★ Haus Christopher
♂ Rosenstr 11, ✉ 31707, ☎ (0 57 22) 8 44 46, Fax 8 15 89, ED
18 Zi, Ez: 50-85, Dz: 90-140, ⊿ WC, 8✉; P;
garni
geschl: Ende Dez-Anfang Jan

Eimeldingen 67

Baden-Württemberg — Kreis Lörrach — 262 m — 1 900 Ew — Efringen-Kirchen 4, Lörrach 7 km
ℹ ☎ (0 76 21) 6 25 91, Fax 6 50 23 — Gemeindeverwaltung, Dorfstr 1, 79591 Eimeldingen

∗ **Gasthaus Löwen**
Hauptstr 23, ⌧ 79591, ☎ (0 76 21) 6 25 88, Fax 6 97 26
Hauptgericht 30; Biergarten 🅿; geschl: Di + Mi, Ende Aug.-Anfang Sept.
∗ **Gästehaus Löwen**
6 Zi, Ez: 130-140, ⇃ WC ☎; Sauna Solarium

Eimke 18

Niedersachsen — Kreis Uelzen — 40 m — 988 Ew — Uelzen 17, Munster 19, Lüneburg 40 km
ℹ ☎ (0 58 73) 14 14 — Gemeindeverwaltung, Salzwedeler Str 16, 29578 Eimke

∗ **Wacholderheide**
Dorfstr 6, ⌧ 29578, ☎ (0 58 73) 3 29, Fax 14 50, AX ED VA
24 Zi, Ez: 50-70, Dz: 100-140, ⇃ WC ☎; 🅿 2⇨120 Kegeln 🍽
geschl: Mo

Einbeck 36 ↑

Niedersachsen — Kreis Northeim — 114 m — 29 600 Ew — Northeim 17, Alfeld 24 km
ℹ ☎ (0 55 61) 31 61 21, Fax 31 61 08 — Tourist-Information, Marktplatz 6, 37574 Einbeck. Sehenswert: Ev. ehem. Stiftskirche; ev. Marktkirche; Rathaus; Ratswaage; Ratsapotheke; Brodhaus; Reste der Stadtbefestigung; Fachwerkhäuser; Fahrradmuseum; Kuventhaler Straßenbrücke (6 km ↑, an der B 3)

∗∗ **Akzent-Hotel Panorama**
⚞ Mozartstr 2, ⌧ 37574, ☎ (0 55 61) 7 20 72, Fax 7 40 11, AX DC ED VA
40 Zi, Ez: 110-130, Dz: 140-170, 1 App, ⇃ WC ☎, 5✉; Lift 🅿 🚗 4⇨250 Fitneßraum Kegeln Sauna Solarium
geschl: Ende Dez
∗∗ Hauptgericht 25; Biergarten Gartenlokal; geschl: Ende Dez

∗ **Hasenjäger**
einzeln ♂ ⚞ Hubeweg 119, ⌧ 37574, ☎ (0 55 61) 9 30 20, Fax 7 36 67, AX DC ED VA
19 Zi, Ez: 100, Dz: 115-160, ⇃ WC ☎; 🅿 🚗 2⇨50
∗∗ ⚞ Hauptgericht 26; Biergarten Terrasse

Abweichungen zwischen Datenteil und Reisekartenteil ergeben sich durch verschiedene Redaktionsschlußzeiten.

∗ **Gilde-Hof**
Marktplatz 3, ⌧ 37574, ☎ (0 55 61) 50 26, Fax 7 45 89, AX ED VA
18 Zi, Ez: 105-115, Dz: 145-170, 1 Suite, ⇃ WC ☎, 2✉; 🅿 🚗 2⇨45 Solarium
∗ Hauptgericht 25

∗ **Goldener Löwe**
Möncheplatz 10, ⌧ 37574, ☎ (0 55 61) 7 40 50, Fax 7 42 95
13 Zi, Ez: 90-120, Dz: 130-150, ⇃ WC ☎, 3✉; 🅿 🍽
Rezeption: 6-14, 15-23

∗∗ **Der Schwan**
Tiedexer Str 1, ⌧ 37574, ☎ (0 55 61) 46 09, Fax 7 23 66, AX DC ED VA
Hauptgericht 32; Gartenlokal 🅿; geschl: Fr
∗∗ 12 Zi, Ez: 90-115, Dz: 130-170, ⇃ WC ☎, 4✉; 🚗

Negenborn (6 km ↗)
∗∗ **Einbecker Sonnenberg**
einzeln ♂ ⚞ ⌧ 37574, ☎ (0 55 61) 79 50, Fax 79 51 00, AX DC ED VA
28 Zi, Ez: 115-135, Dz: 165-205, 28 App, ⇃ WC ☎; 🅿 🚗 2⇨50 ≈ Fitneßraum Sauna Hotelanlage bestehend aus mehreren Bungalows
∗∗ ⚞ Hauptgericht 33; Terrasse; nur abends, Sa + So auch mittags

Einsiedel 50

Sachsen — Kreis Stollberg — 360 m — 3 160 Ew — Chemnitz 9, Annaberg-Buchholz 21 km
ℹ ☎ (03 72 09) 66 40, Fax 24 14 — Gemeindeverwaltung, Hauptstr 79, 09227 Einsiedel. Sehenswert: Kirche St. Jacobi; Rathaus; Brauerei; Trinkwassertalsperre

Berbisdorf (2 km ←)
∗∗ **Aparthotel Erzgebirge**
♂ Kirchweg 25, ⌧ 09227, ☎ (03 72 09) 66 20, Fax 71 74, AX ED VA
22 Zi, Ez: 80-115, Dz: 110-149, 1 App, ⇃ WC ☎; 🅿 🚗 1⇨30 Sauna 🍽

Eisenach 46 ↗

Thüringen — Kreis Eisenach — 250 m — 43 000 Ew — Erfurt 58, Kassel 76 km
ℹ ☎ (0 36 91) 6 90 40, Fax 7 61 61 — Eisenach-Information, Bahnhofstr 3, 99817 Eisenach. Sehenswert: Wartburg; Markt; Marktbrunnen; Stadtschloß; Rathaus; Lutherhaus; Lutherdenkmal; St.-Georgen-Kirche; Predigerkirche; St.-Annen-Kirche; St.-Elisabeth-Kirche; Nikolaikirche; Bachhaus; Reuter-Wagner-Museum; Automobilbaumuseum; Kartausgarten mit Teezimmer

∗∗∗ **Thüringer Hof**
Karlsplatz 11 (B 1), ⌧ 99817, ☎ (0 36 91) 2 80, Fax 28 19 00, AX DC ED VA
126 Zi, Ez: 195, Dz: 235, 1 Suite, ⇃ WC ☎, 63✉; Lift 🅿 🚗 5⇨200 Fitneßraum Sauna Solarium 🍽

Eisenach

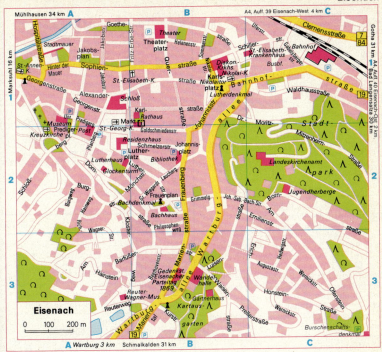

*** Romantik Hotel Kaiserhof
Wartburgallee 2 (B 1), ✉ 99817, ☎ (0 36 91)
21 35 13, Fax 20 36 53, AX ED VA
64 Zi, Ez: 130-150, Dz: 170-220, 2 Suiten, ⌐
WC ☎, 30 ⌐; Lift P 3↔150 Fitneßraum
Sauna Solarium
Auch Zimmer der Kategorie ** vorhanden

** Historisches Weinrestaurant
Turmschänke
⍉ Hauptgericht 35; nur abends

** Villa Anna
☉ ⍾ Fritz-Koch-Str 12, ✉ 99817,
☎ (0 36 91) 2 39 50, Fax 23 95 30, AX ED VA
14 Zi, Ez: 115-165, Dz: 150-210, ⌐ WC ☎;
⌐; garni
Auch Zimmer der Kategorie *** vorhanden. Jugendstilvilla

** Schloßhotel Eisenach
Markt 10 (A 1), ✉ 99817, ☎ (0 36 91)
21 42 60, Fax 21 42 59, AX DC ED VA
40 Zi, Ez: 110-180, Dz: 145-220, 3 Suiten, ⌐
WC ☎; Lift P 2↔60 Sauna Solarium ⍟
Auch Zimmer der Kategorie *** vorhanden

** Burgfried
Marienstr 60 (B 3), ✉ 99817, ☎ (0 36 91)
21 42 21, Fax 21 42 24, AX DC ED VA
18 Zi, Ez: 110-130, Dz: 150-170, 1 Suite, ⌐
WC ☎; P; garni
Jugendstilvilla

** Sophien Hotel
Sophienstr 41 (B 1), ✉ 99817, ☎ (0 36 91)
25 10, Fax 2 51 11, AX ED VA
56 Zi, Ez: 105-115, Dz: 150-170, S; 1 Suite,
2 App, ⌐ WC ☎, 6⌐; Lift P ⌐ 4↔40
Sauna Solarium
** Hauptgericht 25

** Haus Hainstein
☉ ⍾ Am Hainstein 16 (A 3), ✉ 99817,
☎ (0 36 91) 24 20, Fax 24 21 09, AX DC ED VA
46 Zi, Ez: 70-115, Dz: 130-150, ⌐ WC ☎; Lift
P 5↔100 ⍟

** Logotel
Karl-Marx-Str 30, ✉ 99817, ☎ (0 36 91)
23 50, Fax 23 51 00, AX DC ED VA
48 Zi, Ez: 80-110, Dz: 120-140, 2 App, ⌐ WC
☎, 15⌐; Lift P ⌐ 4↔80 ⍟ ⍾

** Andersen
Clemensstr 31 (C 1), ✉ 99817, ☎ (0 36 91)
25 50, Fax 25 53 00, AX DC ED VA
48 Zi, Ez: 100-135, Dz: 119-180, ⌐ WC ☎,
20⌐; Lift P ⌐ 4↔80 Solarium

** Falstaff
Hauptgericht 18

* Hellgrafenhof mit Gästehaus
Katharinenstr 13, ✉ 99817, ☎ (0 36 91)
2 93 90, Fax 29 39 26, AX DC ED VA
39 Zi, Ez: 120, Dz: 160, 1 Suite, ⌐ WC ☎; P
2↔70 Sauna Solarium ⍟ →

Eisenach

*   Pension Klostergarten
♂ Am Klosterholz 23, ✉ 99817, ☎ (0 36 91)
78 51 66, Fax 78 51 48, AX ED VA
19 Zi, Ez: 80-90, Dz: 110-120, ⊿ WC ☎; P;
garni

*   Haus Waldblick
♂ Albrechtstr 1, ✉ 99817, ☎ (0 36 91)
21 47 51, Fax 21 47 52
11 Zi, Ez: 65-75, Dz: 90-135, ⊿ WC ☎; P 🖫;
garni

*   Villa Elisabeth
◂ Reuterweg 1 (B 3), ✉ 99817, ☎ (0 36 91)
7 70 52
8 Zi, Ez: 70-100, Dz: 130-150, 1 Suite, ⊿ WC
☎, 8✉; garni
Rezeption: 8-12, 17-19

Eisenach-Außerhalb (3 km ↙)
*****   Auf der Wartburg
        (Gast im Schloß)**
einzeln ♂ ◂ Auf der Wartburg, ✉ 99817,
☎ (0 36 91) 51 11, Fax 51 11, AX DC ED VA
35 Zi, Ez: 195-275, Dz: 260-395, ⊿ WC ☎,
4✉; P 2⟲120
Gebührenpflichtiger Parkplatz unterhalb
des Burgkegels (Pendelbus bei Bedarf),
Pkw-Zufahrt von 17-9 Uhr
**   Landgrafenstube
⊽ Hauptgericht 25; Terrasse; geschl: Jan-Feb

Stedtfeld (3 km ←)
***   Holiday Inn
Weinbergstr 5, ✉ 99819, ☎ (0 36 91) 81 50,
Fax 81 51 00, AX DC ED VA
138 Zi, Ez: 120-245, Dz: 150-235, ⊿ WC ☎,
47✉; Lift P 5⟲250 Fitneßraum Sauna
Solarium ⎠ ⎐

Stockhausen (5 km ↗)
*   Comfort Hotel
Am Grundbach 1, ✉ 99819, ☎ (03 69 20)
8 21 00, Fax 8 22 99, AX DC ED VA
99 Zi, Ez: 99, Dz: 119, ⊿ WC ☎, 50✉; P;
garni

siehe auch **Creuzburg**

Eisenberg   70 ↘

Bayern — Kreis Ostallgäu — 850 m —
1 020 Ew — Pfronten 7, Füssen 12 km
ℹ ☎ (0 83 64) 12 37 — Fremdenverkehrsbüro, Pröbstener Str 9, 87637 Eisenberg;
Erholungsort im Ostallgäu

Pröbsten (1 km ↗)
**   Gockelwirt
Pröbstener Str 23, ✉ 87637, ☎ (0 83 64)
8 30, Fax 83 20
22 Zi, Ez: 72-85, Dz: 124-190, 1 Suite, ⊿ WC
☎; P 🖫 ≋ Sauna Solarium ⎠
Rezeption: 8-21; geschl: Do, Anfang Nov-
Mitte Dez, Mitte Jan-Mitte Feb

Unterreuten (3 km ↘)
**   Gästehaus Magnushof
♂ Haus Nr 51, ✉ 87637, ☎ (0 83 63) 9 11 20,
Fax 91 12 50, DC ED VA
10 Zi, Ez: 75, Dz: 180-270, 2 App, ⊿ WC ☎,
4✉; P 1⟲50 ≋ Fitneßraum Sauna
Solarium; garni ⎐
Restaurant für Hausgäste

Zell (2 km ↙)
**   Burghotel Bären
♂ ◂ Dorfstr 4, ✉ 87637, ☎ (0 83 63) 50 11,
Fax 7 31 19
34 Zi, Ez: 65, Dz: 118-154, 2 App, ⊿ WC ☎;
Lift P 🖫 Sauna Solarium ⎐
geschl: im Winter Di, Mitte Nov-Ende Dez,
14.4.-27.4.97
**   Hauptgericht 25; Terrasse;
geschl: Di, Mitte Nov-Ende Dez, 14.4.-
27.4.97

Eisenberg   54 ←

Rheinland-Pfalz — Donnersbergkreis —
250 m — 8 000 Ew — Grünstadt 10, Kirchheimbolanden 15, Mannheim 40 km
ℹ ☎ (0 63 51) 4 07 60, Fax 4 07 55 — Verbandsgemeindeverwaltung, Hauptstr 86,
67304 Eisenberg; Erholungsort. Sehenswert: Besucherbergwerk Reindlstollen

**   Waldhotel
♂ Martin-Luther-Str 20, ✉ 67304,
☎ (0 63 51) 14 30, Fax 14 31 00, AX DC ED VA
39 Zi, Ez: 105, Dz: 160, ⊿ WC ☎; Lift P
3⟲100 Kegeln Sauna Solarium
**   Eisenberger Stuben
Hauptgericht 30; Terrasse

Eisenberg   48 ↗

Thüringen — Kreis Eisenberg — 275 m —
12 428 Ew — Gera 16, Jena 26 km
ℹ ☎ (03 66 91) 7 33, Fax 73 60 — Eisenberg-
Information, Markt 27, 07607 Eisenberg.
Sehenswert: Barocke Schloßkirche

Serba (6 km ↙)
*   Zu den grauen Ziegenböcken
Alten Regensburger Str 48, ✉ 07616,
☎ (03 66 01) 4 22 77, Fax 4 22 78, ED
11 Zi, Ez: 90-120, Dz: 140, S; ⊿ WC ☎; P
⎠ ⎐
geschl: Fr, Nov

Eisenhüttenstadt   31 ↘

Brandenburg — Oder-Spree-Kreis — 45 m
— 48 538 Ew — Frankfurt/Oder 28,
Guben 29 km
ℹ ☎ (0 33 64) 5 64 01, Fax 5 65 65 — Fremdenverkehrsbüro, Am Trockendock 1 a,
15890 Eisenhüttenstadt. Sehenswert: Gotische Pfarrkirche St. Nikolai; Kunstgalerie;
Feuerwehrmuseum; Zwillingsschacht-
schleuse; Städt. Museum; Arboretum;
Freizeit- und Erholungspark „Insel"

✱✱ City Hotel Lunic
Straße der Republik 35 a, ✉ 15890,
☎ (0 33 64) 55 41, Fax 4 43 11
67 Zi, Ez: 125-135, Dz: 170, 1 Suite, ⊿ WC
☎; Lift 🅿 🍴; ꙮ

✱✱ Fürstenberg
Gubener Str 12, ✉ 15890, ☎ (0 33 64)
7 54 40, Fax 75 01 32, AX DC ED VA
24 Zi, Ez: 105-120, Dz: 135-150, 10 App, ⊿
WC ☎; Lift 🅿 🍴 2⟲25 Bowling Fitneßraum Sauna Solarium ꙮ 🏊

✱ Berlin
Beeskower Str 114, ✉ 15890, ☎ (0 33 64)
42 60, Fax 41 47 50, AX DC ED VA
80 Zi, Ez: 109, Dz: 129, S; 4 Suiten, 20 App,
⊿ WC ☎, 22🚻; Lift 🅿 4⟲50 Sauna ꙮ

Eisenschmitt 42 ↘

Rheinland-Pfalz — Kreis Bernkastel-Wittlich — 320 m — 540 Ew — Wittlich 18,
Bitburg 21 km
ℹ ☎ (0 65 72) 89 49, Fax 89 51 — Kurverwaltung, Grafenstr, 54531 Manderscheid;
Erholungsort in der Eifel. Sehenswert:
Abtei Himmerod (4 km ↘)

Eichelhütte (3 km →)
✱✱ Molitors Mühle
einzeln ♀ ◁ ☎ 54533, ☎ (0 65 67) 96 60,
Fax 96 61 00, AX ED VA
27 Zi, Ez: 70-120, Dz: 140-180, 4 Suiten,
6 App, ⊿ WC ☎, 2🚻; 🅿 🍴 3⟲30 🏊
Sauna Solarium 🏊
geschl: im Winter Mo, Mitte Jan-Mitte Feb
Tennis 🎾
✱✱ ◁ Hauptgericht 25; Terrasse;
geschl: Im Winter Mo, Mitte Jan-Mitte Feb

Eisleben Lutherstadt 38 □

Sachsen-Anhalt — Kreis Eisleben — 128 m
— 25 000 Ew — Sangerhausen 20, Halle
34 km
ℹ ☎ (0 34 75) 60 21 24, Fax 60 26 34 —
Fremdenverkehrsverein, Hallesche Str 6,
06295 Eisleben. Sehenswert: Hist. Stadtkern; St.-Petri-Pauli-Kirche; St.-Andreas-
Kirche; St.-Annen-Kirche mit Steinbilder-
bibel; Luther-Haus und Luther-Denkmal;
Heimatmuseum; Kloster Helfta

✱✱ Mansfelder Hof (Flair Hotel)
Hallesche Str 33, ✉ 06295, ☎ (0 34 75)
66 90, Fax 66 92 21, AX DC ED VA
32 Zi, Ez: 85-110, Dz: 145, ⊿ WC ☎, 2🚻;
Lift 🅿 3⟲120 Bowling ꙮ

✱ Gerichtslaube
Friedensstr 2, ✉ 06295, ☎ (0 34 75)
60 22 34, Fax 68 00 13, AX DC ED VA
15 Zi, Ez: 80-90, Dz: 135-145, ⊿ WC ☎, 🅿
1⟲50 ꙮ

✱ Alter Simpel
Glockenstr 7, ✉ 06295, ☎ (0 34 75)
71 77 33, Fax 71 64 74, AX DC ED VA
9 Zi, Ez: 80-95, Dz: 120-145, ⊿ WC ☎, 🅿;
garni ꙮ
Rezeption: 7-21

Helfta (3 km ↘)
✱ Zur Lutherstadt
Goethestr 46, ✉ 06295, ☎ (0 34 75)
71 91 40, Fax 71 91 42, AX DC ED VA
14 Zi, Ez: 95-125, Dz: 155, ⊿ WC ☎; 🅿 Fitneßraum Sauna Solarium ꙮ

Eislingen (Fils) 62 □

Baden-Württemberg — Kreis Göppingen
— 336 m — 19 000 Ew — Göppingen 4,
Schwäbisch Gmünd 11 km
ℹ ☎ (0 71 61) 80 42 66, Fax 80 43 99 —
Stadtverwaltung, Hauptstr 61, 73054 Eis-
lingen

✱✱ Eichenhof
Leonhardstr 81, ✉ 73054, ☎ (0 71 61) 85 20,
Fax 85 21 62, AX DC ED VA
124 Zi, Ez: 85-125, Dz: 140-185, ⊿ WC ☎,
45🚻; Lift 🅿 🍴 20⟲400 Kegeln
geschl: 24.-30.12.97
Auch Zimmer der Kategorie ✱✱✱ vorhanden
✱✱ Hauptgericht 25; Terrasse;
geschl: Sa, So, Ende Jul-Anfang Aug

✱✱ Schönblick
◁ Höhenweg 11, ✉ 73054, ☎ (0 71 61)
8 20 47, Fax 8 74 67, ED VA
Hauptgericht 28; 🅿 Terrasse; geschl: Mi,
Di

Eitorf 43 ↑

Nordrhein-Westfalen — Rhein-Sieg-Kreis
— 89 m — 17 000 Ew — Siegburg 22,
Waldbröl 31 km
ℹ ☎ (0 22 43) 8 90, Fax 8 91 79 — Gemeindeverwaltung, Markt 1, 53783 Eitorf; Ort an
der Sieg. Sehenswert: Kath. Kirche im
Ortsteil Merten (4 km ←)

Alzenbach (3 km ↗)
✱ Schützenhof
Windecker Str 2, ✉ 53783, ☎ (0 22 43)
88 70, Fax 88 73 32
90 Zi, Ez: 40-80, Dz: 70-140, ⊿ WC ☎; Lift 🅿
6⟲50 🏊 Kegeln Sauna Solarium ꙮ 🏊
geschl: Ende Dez
Auch einfachere Zimmer vorhanden

Niederottersbach (10 km →)
✱ Haus Steffens
Ottersbachtalstr 15, ✉ 53783, ☎ (0 22 43)
9 19 40, Fax 91 94 44
17 Zi, Ez: 60, Dz: 115, 1 App, ⊿ WC ☎; 🅿
1⟲30 Kegeln Sauna Solarium ꙮ
geschl: Mo

Elbenschwand

Elbenschwand 67 ↓

Baden-Württemberg — Kreis Lörrach — 617 m — Zell (Wiesental) 9, Kandern 17 km
🛈 ☎ (0 76 29) 2 28 — Gemeindeverwaltung, Rathaus, 79692 Elbenschwand

Holl (5 km ∕)
** Hirschen
Haus Nr 5, ⌫ 79692, ☎ (0 76 29) 2 57
Hauptgericht 30; P Terrasse; geschl: Mi abends, Do

Elchingen 62 ↘

Bayern — Kreis Neu-Ulm — 500 m — 9 700 Ew — Ulm 14, Günzburg 16 km
🛈 ☎ (07 31) 2 06 60, Fax 20 66 34 — Gemeindeverwaltung, im Ortsteil Thalfingen, Pfarrgäßle 2, 89275 Elchingen.
Sehenswert: Ehem. Klosterkirche

Unterelchingen
* Zahn
Hauptstr 35, ⌫ 89275, ☎ (0 73 08) 30 07, Fax 4 23 89, ED
16 Zi, Ez: 75, Dz: 125, ⌐ WC ☎; P 🚗 2↔50 Kegeln; geschl: Fr
* Hauptgericht 25; Terrasse; geschl: Fr

Elend 37 ↘

Sachsen-Anhalt — Kreis Wernigerode — 506 m — 510 Ew — Braunlage 6, Elbingerode 10 km
🛈 ☎ (03 94 55) 3 75, Fax 3 75 — Gemeindeverwaltung, Hauptstr 19, 38875 Elend; Erholungsort. Sehenswert: Kleinste Holzkirche Deutschlands

* Waldesruh
Hauptstr 30, ⌫ 38875, ☎ (03 94 55) 3 77, Fax 2 81, VA
19 Zi, Ez: 60-135, Dz: 100-170, ⌐ WC ☎; P 🚗 2↔60 ⌨

Mandelholz (3 km →)
* Grüne Tanne
an der B 27, ⌫ 38875, ☎ (03 94 54) 4 31 85, Fax 4 31 50
23 Zi, Ez: 60-75, Dz: 90-120, 1 App, ⌐ WC ☎; Lift P ⌨
geschl: Mo, Mitte-Ende Nov

Elfershausen 46 ↓

Bayern — Kreis Bad Kissingen — 199 m — 4 595 Ew — Hammelburg 8, Bad Kissingen 14 km
🛈 ☎ (0 97 04) 9 11 00, Fax 91 10 44 — Verwaltungsgemeinschaft, Marktstr 17, 97725 Elfershausen. Sehenswert: Ruine Trimburg ⋖ (3 km ↘)

** Ullrich
⋖ August-Ullrich-Str 42, ⌫ 97725, ☎ (0 97 04) 2 81, Fax 61 07, AX DC ED VA
66 Zi, Ez: 90-110, Dz: 138-160, ⌐ WC ☎; Lift P 🚗 5↔100 ⌨ Kegeln Sauna Solarium
Auch Zimmer der Kategorie * vorhanden
* Hauptgericht 30; Biergarten Terrasse

▭ Landgasthof Zum Stern
August-Ullrich-Str 5, ⌫ 97725, ☎ (0 97 04) 2 74, Fax 73 71, ED
20 Zi, Ez: 45, Dz: 80, ⌐ WC ☎; 🚗 ⌨

Ellefeld 49 □

Sachsen — Kreis Auerbach/Vogtl. — 500 m — 3 500 Ew — Auerbach 5, Klingenthal 18 km
🛈 ☎ (0 37 45) 53 56, Fax 53 78 — Gemeindeverwaltung, Hauptstr 21, 08236 Ellefeld

Ellefeld
** Ellefelder Hof
Marktplatz 1a, ⌫ 08236, ☎ (0 37 45) 7 81 50, Fax 52 40, Gültstr 1, 08236, ☎ (0 37 45)
24 Zi, Ez: 90, Dz: 100-140, ⌐ WC ☎, 7⌨; Lift P 3↔150 ⌨ ⌨
Rezeption: ab 10; geschl: 2.1.-19.1.

Ellwangen (Jagst) 62 ↗

Baden-Württemberg — Ostalbkreis — 434 m — 23 000 Ew — Aalen 18, Dinkelsbühl 22, Crailsheim 23 km
🛈 ☎ (0 79 61) 24 63, Fax 5 52 67 — Verkehrsamt, Spitalstr 1, 73479 Ellwangen (Jagst); Erholungsort. Sehenswert: Basilika; ev. Kirche; Wallfahrtskirche auf dem Schönenberg; Schloß: Museum; Römerkastell (8 km ↓)

** Roter Ochsen
mit Gästehaus
Schmiedstr 16, ⌫ 73479, ☎ (0 79 61) 40 71, Fax 5 36 13, AX DC ED VA
30 Zi, Ez: 50-120, Dz: 105-180, 2 Suiten, ⌐ WC ☎, 4⌨; 🚗 1↔25
Im Haupthaus auch Zimmer der Kategorie * vorhanden
** Hauptgericht 25; Gartenlokal; geschl: So abends, Mo

* Stadthotel Germania
Wolfgangstr 4, ⌫ 73479, ☎ (0 79 61) 5 50 51, Fax 5 50 54, AX DC ED VA
31 Zi, Ez: 80-90, Dz: 120-140, 1 Suite, 1 App, ⌐ WC ☎, 14⌨; Lift P 🚗 2↔12; garni

* Gasthof Weißer Ochsen
Schmiedstr 20, ⌫ 73479, ☎ (0 79 61) 24 37, Fax 5 33 96, ED
22 Zi, Ez: 45-85, Dz: 80-120, ⌐ WC ☎; P 🚗 2↔100 ⌨
Rezeption: 10-23; geschl: Di
** Hauptgericht 20; Terrasse; geschl: Di

Elmshorn 18

Schleswig-Holstein — Kreis Pinneberg — 10 m — 44 148 Ew — Itzehoe 23, Hamburg 36 km
🛈 ☎ (0 41 21) 23 12 36, Fax 2 56 27 — Verkehrsverein Torhaus, Peterstr 3, 25335 Elmshorn

* **Royal**
Lönsweg 5, ✉ 25335, ☎ (0 41 21) 4 26 40, Fax 42 64 94, 63 Zi, Ez: 85-110, Dz: 145-170, ⌐ WC ☎; 🅿
🚗 9⇄500 🅼 Kegeln Sauna Solarium
* Hauptgericht 25; Terrasse

Elmstein 53

Rheinland-Pfalz — Kreis Bad Dürkheim — 225 m — 3 200 Ew — Neustadt a. d. Weinstr 22, Kaiserslautern 28 km
🛈 ☎ (0 63 28) 2 34, Fax 82 33 — Verkehrsamt, Bahnhofstr 14, 67471 Elmstein; Erholungsort im Naturpark „Pfälzer Wald"

Iggelbach (2 km ↗)
** **Heller's Waldhotel**
♂ Schloßgasse 31, ✉ 67471, ☎ (0 63 28) 9 82 00, Fax 98 20 20
8 Zi, Ez: 55-60, Dz: 100-140, 1 App, ⌐ WC ☎, 1🛏; 🅿 🚗 1⇄28 Fitneßraum Sauna Solarium ⌘
Rezeption: 9-12, 14-23; geschl: Anfang Nov

Elster, Bad 39 ↑

Sachsen — Elstertalkreis — 500 m — 4 700 Ew — Plauen 23, Schönberg 33 km
🛈 ☎ (03 74 37) 7 14 61, Fax 7 12 60 — Bad Elster Information, Badstr 6, 08645 Bad Elster; Mineral- und Moorheilbad im „Bäderwinkel" des Vogtlandes. Sehenswert: Kurhaus und -park; Brunnentempel der Marienquelle; Pfarrkirche St. Trinitatis; Albertbad

* **Kurhotel Haus am See**
♂ Robert-Koch-Str 3, ✉ 08645, ☎ (03 74 37) 7 30, Fax 21 09, AX DC ED VA
39 Zi, Ez: 75-110, Dz: 110-170, 11 Suiten, ⌐ WC ☎; Lift 🅿 🚗 2⇄100 Bowling Fitneßraum Sauna Solarium ⌘

Mühlhausen (2,5 km ↗)
** **Vogtland**
Brambacher Str 38, ✉ 08626, ☎ (03 74 37) 4 60 24, Fax 34 84, ED VA
30 Zi, Ez: 80-110, Dz: 110-160, ⌐ WC ☎; Lift 🅿 🚗 Sauna Solarium ⌘
* Hauptgericht 20; Terrasse

Bei den Ferienzeit-Angaben für Hotels und Restaurants bedeuten „Anfang" 1. bis 10., „Mitte" 11. bis 20. und „Ende" 21. bis 31. des jeweiligen Monats. Innerhalb dieser Zeiträume liegen Beginn und Ende der Ferienzeit.

Elsterwerda 40

Brandenburg — Kreis Elbe-Elster — 93 m — 11 000 Ew — Lauchhammer 23, Riesa 26, Dresden 60 km
🛈 ☎ (0 35 33) 6 50, Fax 6 52 22 — Stadtverwaltung, Hauptstr 12, 04910 Elsterwerda. Sehenswert: Pfarrkirche St. Katharina; Barockschloß; Kleine Galerie „Hans Nadler"

** **Arcus**
Hauptstr 14, ✉ 04910, ☎ (0 35 33) 16 23 55, Fax 16 23 54, AX DC ED VA
16 Zi, Ez: 90-120, Dz: 130-140, 1 App, ⌐ WC ☎, 10🛏; 🅿 ⌘ ⌘

* **City-Hotel**
Denkmalplatz 4, ✉ 04910, ☎ (0 35 33) 16 18 18, Fax 39 67, AX DC ED VA
20 Zi, Ez: 85, Dz: 130, 1 Suite, 1 App, ⌐ WC ☎; 🅿 🚗 3⇄35 Sauna
Restaurant für Hausgäste

* **Europäischer Hof**
Denkmalplatz 1, ✉ 04910, ☎ (0 35 33) 21 66, Fax 20 36
16 Zi, Ez: 95-120, Dz: 135-150, ⌐ WC ☎; 🅿 ⌘

Elstra 41

Sachsen — Kreis Kamenz — 230 m — 3 189 Ew — Kamenz 10, Bischofswerda 10, Bautzen 30 km
🛈 ☎ (03 57 93) 52 62, Fax 52 63 — Stadtverwaltung, Rathaus, Am Markt, 01920 Elstra. Sehenswert: Schloß; ehem. Rittergut; hist. Stadtkern

Prietitz
* **Lindenhof**
Hauptstr 2, ✉ 01920, ☎ (03 57 93) 54 28
10 Zi, Ez: 65, Dz: 110, ⌐ WC ☎; 🅿 ⌘

Elten siehe Emmerich

Eltmann 56 ↗

Bayern — Kreis Haßberge — 240 m — 5 300 Ew — Haßfurt 15, Bamberg 19 km
🛈 ☎ (0 95 22) 8 99 24, Fax 8 99 60 — Fremdenverkehrsamt, Marktplatz 1, 97483 Eltmann; Stadt am Main. Sehenswert: Ruine Wallburg ⌘; Wallfahrtskirche Maria Limbach (4 km ←)

* **Haus Am Wald**
♂ ⌘ Georg-Göpfert-Str 31, ✉ 97483, ☎ (0 95 22) 2 31, Fax 7 06 20
15 Zi, Ez: 60, Dz: 98, ⌐ WC ☎; 🅿 ≈
geschl: Feb
Restaurant für Hausgäste →

⌘ In diesem Hotel sind ein oder mehrere Restaurants vorhanden.

Eltmann

✱ Wallburg
Wallburgstr 1, ✉ 97483, ☎ (0 95 22) 60 11, Fax 81 38
16 Zi, Ez: 45-60, Dz: 94-100, ⌐ WC ☎; 🅿 🚗
1⇔25 Sauna Solarium 🍴
Rezeption: 8-13, 16-21; geschl: Di, Ende Dez-Mitte Jan

Eltville am Rhein 54 ↖

Hessen — Rheingau-Taunus-Kreis — 100 m — 16 000 Ew — Wiesbaden 14, Rüdesheim 15, Mainz 15 km
🅘 ☎ (0 61 23) 69 71 54, Fax 8 11 87 — Kultur- und Gästeamt, Schmittstr 2, 65343 Eltville. Sehenswert: Altstadt mit alten Adelshöfen; kath. Kirche; kurfürstl. Burg (14. Jh); Marktplatz mit Fachwerkensemble; ehem. Kloster Eberbach; Bubenhäuser Höhe ⦿

✱✱ Frankenbach Mainzer Hof
Wilhelmstr 13, ✉ 65343, ☎ (0 61 23) 90 40, Fax 6 36 02, AX DC ED VA
23 Zi, Ez: 120-130, Dz: 160-200, 2 Suiten, ⌐ WC ☎; 🅿 3⇔150; garni 🚗
geschl: 3 Wochen in den Sommerferien

✱ Sonnenberg
♣ Friedrichstr 65, ✉ 65343, ☎ (0 61 23) 30 81, Fax 6 18 29, AX ED
30 Zi, Ez: 100-125, Dz: 150-165, 1 Suite, ⌐ WC ☎; Lift 🅿 🚗; garni
geschl: Mitte Dez-Anfang Jan

✱✱ Piccolo Mondo
Schmittstr 1, ✉ 65343, ☎ (0 61 23) 21 24, AX ED VA
Hauptgericht 35; geschl: Do, Anfang-Mitte Jan

Erbach (2 km ←)
✱✱✱✱ Schloß Reinhartshausen (Relais & Châteaux) 👑
⦿ Hauptstr 43, ✉ 65346, ☎ (0 61 23) 67 60, Fax 67 64 00, AX DC ED VA
38 Zi, Ez: 360, Dz: 410, 13 Suiten, 2 App, ⌐ WC ☎; Lift 🅿 🚗 6⇔180 🛟 Sauna Solarium
geschl: Anfang-Mitte Jan
Eigenbauweine
✱✱✱✱✱ Marcobrunn 🍷🍷
Hauptgericht 50; nur abends, So nur mittags; geschl: Mo, Di, Jan
✱✱ Wintergarten
⦿ Hauptgericht 40; Terrasse; geschlossen: Okt-Apr
✱✱ Schloßkeller
🍷 Hauptgericht 40; Ab 18; geschl: Apr-Sep

✱✱ Pan zu Erbach
Eberbacher Str 44, ✉ 65346, ☎ (0 61 23) 6 35 38, Fax 42 09, AX DC ED VA
Hauptgericht 40; Gartenlokal; nur abends, So auch mittags; geschl: Mi, 2 Wochen zu Fasching
Eigenes Weingut

✱✱ Fattoria Da Salvo
Taunusstr 2, ✉ 65346, ☎ (0 61 23) 6 21 43, Fax 6 21 13, AX ED VA
Hauptgericht 35; Terrasse

Hattenheim (4 km ←)
✱✱✱ Kronenschlößchen
Rheinallee, ✉ 65347, ☎ (0 67 23) 6 40, Fax 76 63, AX DC ED VA
6 Zi, Ez: 230-280, Dz: 250-680, 12 Suiten, ⌐ WC ☎; 🅿 3⇔60 🛟
Auch Zimmer der Kategorie ✱✱✱✱ vorhanden
✱✱✱ Hauptgericht 55; 🍷
Terrasse; nur abends, Sa + So mittags; geschl: Feb
✱✱ Bistro
Hauptgericht 35; Terrasse

✱✱ Zum Krug ✤
🍷 Hauptstr 34, ✉ 65347, ☎ (0 67 23) 9 96 80, Fax 99 68 25, AX DC ED VA
Hauptgericht 30; geschl: So abends, Mo, Ende Jul-Anfang Aug, Ende Dez-Ende Jan
Eigenbauweine
✱✱ 10 Zi, Ez: 110, Dz: 200, 2 Suiten, ⌐ WC ☎
geschl: Jan, Ende Jul-Anfang Aug

Martinsthal (3 km ↑)
✱ Zur Krone
Hauptstr 27, ✉ 65344, ☎ (0 61 23) 9 95 20, Fax 99 52 52, ED
9 Zi, Ez: 80, Dz: 150-170, ⌐ WC ☎, 9🛏; 🅿 🍴
geschl: Mi, Mitte Okt

Elzach 67 ↗

Baden-Württemberg — Kreis Emmendingen — 370 m — 6 700 Ew — Waldkirch 14, Haslach 15, Triberg 25 km
🅘 ☎ (0 76 82) 8 04 70, Fax 8 04 72 — Verkehrsamt, Haus des Gastes, 79215 Elzach; Luftkurort im Schwarzwald. Sehenswert: Kath. Kirche; Neunlindenkapelle; Rohrhardsberg, 1150 m ⦿ (7 km + 30 Min ↘); Landwassermühle in Oberprechtal

Oberprechtal (6 km ↗)
✱ Gasthof Adler
Waldkircher Str 2, ✉ 79215, ☎ (0 76 82) 12 91, Fax 12 25
12 Zi, Ez: 55-90, Dz: 110-160, ⌐ WC ☎, 6🛏; 🅿
geschl: Di, Mitte Jan-Anfang Feb
Auch Zimmer der Kategorie ✱✱ vorhanden
✱✱ 🍷 Hauptgericht 30; geschl: Di, Mitte Jan-Anfang Feb

✱ Hirschen
Triberger Str 8, ✉ 79215, ☎ (0 76 82) 12 70, Fax 70 24, DC ED VA
14 Zi, Ez: 55-70, Dz: 110-140, ⌐ WC ☎; 🅿 1⇔30 🍴
geschl: Mo

Emden

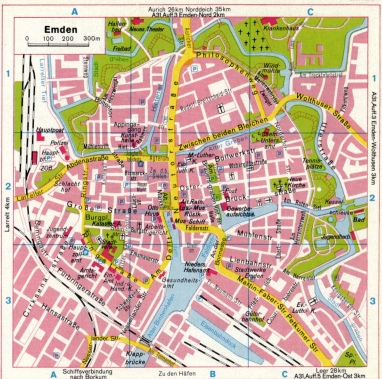

Elze 26

Niedersachsen — Kreis Hildesheim — 90 m — 9 900 Ew — Hildesheim 19, Hannover 30, Hameln 32 km
i ☎ (0 50 68) 46 40, Fax 40 52 — Stadtverwaltung, Hauptstr. 61, 31008 Elze; Städtchen an der Leine

Café Papenhof
Papendahlweg 14, ✉ 31008, ☎ (0 50 68) 40 45, Fax 22 60, AX ED VA
geschl: Ende Dez
** **Gästehaus**
18 Zi, Ez: 75-110, Dz: 120-180, WC ;
P Sauna

Mehle (3 km ←)
** **Schökel**
Alte Poststr. 35, ✉ 31008, ☎ (0 50 68) 30 66, Fax 30 69, AX
Hauptgericht 40; nur abends, So auch mittags; geschl: Mo + Di, Anfang Jan
* 10 Zi, Ez: 75-90, Dz: 130-180, WC ; P 1 40
Rezeption: 8-12, 17-24; geschl: Jul, Anfang Jan

Emden 15

Niedersachsen — Stadtkreis — 4 m — 51 000 Ew — Aurich 23, Leer 29, Oldenburg 100 km
i ☎ (0 49 21) 2 00 94, Fax 3 25 28 — Verkehrsverein, An Bord des Feuerschiffs, Ratsdelft (B 2), 26725 Emden; viertgrößter deutscher Nordseehafen, nahe der Mündung der Ems; Endpunkt des Dortmund-Ems- und Ems-Jade-Kanals.

Sehenswert: Rathaus mit Ostfriesischem Landesmuseum: Rüstkammer; Kunsthalle; Museumsschiffe: Feuerschiff Deutsche Bucht, Rettungskreuzer „Georg Breusing"; Otto-Huus; Wall mit Windmühlen; Umgebung: Wasserburg Hinte (5 km ↑) →

Übernachtungspreise sind auch Marktpreise. Aus diesem Grund werden zum Beispiel zu Messezeiten an Messeplätzen oder zu Festspielzeiten an Festspielorten häufig höhere als die angegebenen Preise berechnet und in verkehrsarmen Zeiten niedrigere Preise. Die Preise sollten jeweils vor der Buchung erfragt werden.

Emden

*** Parkhotel Upstalsboom
Friedrich-Ebert-Str 73 (C 3), ✉ 26725,
☎ (0 49 21) 82 80, Fax 82 85 99, AX DC ED VA
94 Zi, Ez: 168-190, Dz: 215-240, 1 Suite, ⌐⌐
WC ☎, 26🍴; Lift 🅿 🖨 5⇔70 Fitneßraum
Sauna Solarium
Auch Zimmer der Kategorie ****** vorhanden
** Park-Bistro
Hauptgericht 25; Terrasse

** Faldernpoort
Courbièrestr 6 (C 3), ✉ 26725, ☎ (0 49 21)
2 10 75, Fax 2 87 61, AX DC ED VA
41 Zi, Ez: 140-130, Dz: 200-220, ⌐⌐ WC ☎, 🅿
3⇔200 Kegeln
* Hauptgericht 30; nur abends;
geschl: So

* Heerens-Hotel
Friedrich-Ebert-Str 67 ((C 3)), ✉ 26725,
☎ (0 49 21) 2 37 40, Fax 2 31 58, AX DC ED VA
21 Zi, Ez: 99-149, Dz: 125-199, 1 Suite, ⌐⌐
WC ☎; 🅿 🖨 1⇔30
Auch Zimmer der Kategorie ****** vorhanden
** Hauptgericht 35; geschl: Sa,
3 Wochen in den Sommerferien

* Am Boltentor
Hinter dem Rahmen 10 (A 2), ✉ 26721,
☎ (0 49 21) 9 72 70, Fax 97 27 33, ED
19 Zi, Ez: 110, Dz: 155-165, 2 Suiten, ⌐⌐ WC
☎; 🅿; garni
Zimmer der Kategorie ****** vorhanden

* Goldener Adler
Neutorstr 5 (B 2), ✉ 26721, ☎ (0 49 21)
9 27 30, Fax 92 73 39, AX DC ED VA
17 Zi, Ez: 120, Dz: 160, 1 Suite, ⌐⌐ WC ☎; 🅿
Auch Zimmer der Kategorie ****** vorhanden
** Hauptgericht 25; Biergarten;
geschl: 1.-17.1.

* Deutsches Haus
Neuer Markt 7 (B 2), ✉ 26721, ☎ (0 49 21)
9 27 60, Fax 92 76 40, AX DC ED VA
27 Zi, Ez: 110-120, Dz: 160-180, ⌐⌐ WC ☎; 🅿
🖨
geschl: Ende Dez-Anfang Jan
** Hauptgericht 27; Terrasse;
geschl: So abends, Mo mittags, Ende Dez-
Anfang Jan

* Prinz Heinrich
Wolthuser Str 17 (C 1), ✉ 26725,
☎ (0 49 21) 9 31 80, Fax 4 25 59
10 Zi, Ez: 80, Dz: 120, ⌐⌐ WC ☎; 🅿;
garni
Rezeption: ab 16.30

* Großer Kurfürst
Neutorstr 41 (B 2), ✉ 26721, ☎ (0 49 21)
2 03 03, Fax 3 28 24, AX DC ED VA
20 Zi, Ez: 100, Dz: 135, ⌐⌐ WC ☎; 🅿 🖨;
garni

* Alt-Emder Bürgerhaus
Friedrich-Ebert-Str 33 (C 2), ✉ 29725,
☎ (0 49 21) 2 42 41, Fax 2 42 49, AX DC ED VA
Hauptgericht 23; 🅿; nur abends; geschl:
Di, Feb
* 12 Zi, Ez: 95-110, Dz: 120-160, ⌐⌐
WC ☎; 🖨 Sauna

Emmelshausen 43 ↓

Rheinland-Pfalz — Rhein-Hunsrück-Kreis
— 450 m — 4 400 Ew — Boppard 13, St.
Goar 16, Simmern 20 km
ℹ ☎ (0 67 47) 18 17, Fax 17 16 — Tourist
Information, Rhein-Mosel-Str 45,
56281 Emmelshausen; Luftkurort im Hunsrück. Sehenswert: Agrarhist. Museum;
Spinnwebmuseum; Hunsrückbahn zum
Rhein

* Münster
Waldstr 3 a, ✉ 56281, ☎ (0 67 47) 9 39 40,
Fax 93 94 13, ED
18 Zi, Ez: 55-70, Dz: 98-115, ⌐⌐ WC ☎; 🅿
Sauna Solarium; garni

* Union-Hotel
Rhein-Mosel-Str 71, ✉ 56281, ☎ (0 67 47)
15 67, Fax 10 12, AX ED
35 Zi, Ez: 74, Dz: 120, ⌐⌐ WC ☎; Lift 🅿 🖨
3⇔60 Kegeln 🍴
geschl: Mi, Mitte Jul-Anfang Aug

☕ Krechel
Rhein-Mosel-Str 58, ✉ 56281, ☎ (0 67 47)
85 60, Fax 80 73
🅿 Terrasse; 6.30-18, So ab 13

Emmendingen 67 □

Baden-Württemberg — Kreis Emmendingen — 201 m — 24 000 Ew — Waldkirch 12,
Freiburg 15, Offenburg 48 km
ℹ ☎ (0 76 41) 45 23 26, Fax 45 23 60 — Verkehrsamt, Landvogteistr 10,
79312 Emmendingen; Stadt am Rande des
Schwarzwaldes. Sehenswert: Wohnhaus
und Grab der Goethe-Schwester Cornelia
Schlosser; Burgruine Landeck ◅ (5 km ↑);
Burgruine Hochburg ◅ (5 km →)

Maleck (4 km ↗)
** Park-Hotel Krone
Brandelweg 1, ✉ 79312, ☎ (0 76 41) 84 96,
Fax 5 25 76, AX DC ED VA
17 Zi, Ez: 90-100, Dz: 140-160, ⌐⌐ WC ☎; 🅿
1⇔20 ☕
geschl: Mo, Feb
Garten mit Teichlandschaft
*** ◅ Hauptgericht 40; Gartenlokal;
geschl: Mo, Anfang Feb-Anfang Mär

Windenreute (2 km →)
Windenreuter Hof
♂ ◁ Rathausweg 19, ⊠ 79312, ☏ (0 76 41)
76 92, Fax 5 32 75, AX DC ED VA
58 Zi, Ez: 80-115, Dz: 160-180, 3 Suiten,
15 App, ⊿WC ☏, 5🟦; 🅿 🚗 3⟳100 Fitneßraum Sauna 🛁
Auch Zimmer der Kategorie ✱ vorhanden

** **Breisgaublick**
◁ Hauptgericht 45; Terrasse

Emmerich 32 ↑

Nordrhein-Westfalen — Kreis Kleve —
19 m — 30 000 Ew — Arnheim 34,
Wesel 39 km
ℹ ☏ (0 28 22) 7 54 04, Fax 27 56 — Fremdenverkehrsamt, Martinikirchgang 2,
46446 Emmerich; Stadt am Niederrhein,
nahe der holländischen Grenze.
Sehenswert: Ehem. Stiftskirche; kath. Kirche; ehem. Damenstiftskirche im Stadtteil
Hochelten (7 km ↘); Rheinbrücke, längste
deutsche Hängebrücke; Rheinmuseum;
Museum für Kaffeetechnik; Rheinpromenade

🍴 **Köpping**
◁ Rheinpromenade 2, ⊠ 46446,
☏ (0 28 22) 38 59, AX ED
🅿 Terrasse 🛁

Elten (Erholungsort - 7 km ↘)
Waldhotel Hoch-Elten
♂ ◁ Lindenallee 34, ⊠ 46446, ☏ (0 28 28)
70 41, Fax 71 22, AX DC ED VA
32 Zi, Ez: 98-155, Dz: 170-230, 3 Suiten, ⊿
WC ☏; Lift 🅿 🚗 3⟳10 🛁 Fitneßraum
Sauna Solarium
Golf 18, Tennis 2
*** ◁ Hauptgericht 45; geschl: Sa
mittags, So, Anfang-Mitte Jan

** **Auf der Heide**
Luitgardisstr 8, ⊠ 46446, ☏ (0 28 28)
9 14 20, Fax 73 36, AX DC ED VA
23 Zi, Ez: 98-120, Dz: 128-178, ⊿ WC ☏,
3🟦; 🅿 3⟳45 Sauna Solarium
Auch Zimmer der Kategorie ✱ vorhanden

✱ **Moses Heidestübchen**
Hauptgericht 25; Terrasse; nur abends,
so + feiertags auch mittags; geschl: Mo

Empfingen 61 ↙

Baden-Württemberg — Kreis Freudenstadt — 500 m — 3 350 Ew — Horb 8, Haigerloch 11, Tübingen 30 km
ℹ ☏ (0 74 85) 9 98 80, Fax 99 88 30 —
Bürgermeisteramt, Mühlheimer Str 2,
72186 Empfingen

** **Ammann**
Haigerlocher Str 110, ⊠ 72186, ☏ (0 74 85)
9 98 30, Fax 14 72, AX DC ED VA
36 Zi, Ez: 105-125, Dz: 160-180, ⊿WC ☏;
🅿 3⟳30 Sauna Solarium 🍴

Ems, Bad 43 ↘

Rheinland-Pfalz — Rhein-Lahn-Kreis —
75 m — 10 500 Ew — Koblenz 18, Montabaur 20, Wiesbaden 60 km
ℹ ☏ (0 26 03) 40 41, Fax 44 88 — Kur- und
Erholungslandschaft, Römerstr 1,
56130 Bad Ems; Kreisstadt, heilklimatischer Kurort an der Lahn. Sehenswert: Alte
Post; Bismarcksäule; Benedettistein;
Marmorsaal; Theatersaal; Kaiserdenkmal;
kath. Kirche; Martinskirche; Russisch-
Orthodoxe Kirche; Mainzer Haus; Wasser-
u. Quellenturm; römischer Wachtturm;
Haus zu den „Vier Türmen"; Spielbank;
Bismarckhöhe ◁

*** **Best Western
    Atlantis Kurhotel**
◁ Römerstr 1, ⊠ 56130, ☏ (0 26 03) 79 90,
Fax 79 92 52, AX DC ED VA
107 Zi, Ez: 170-200, Dz: 200-300, S;
4 Suiten, 1 App, ⊿ WC ☏, 11🟦; Lift 🚗
7⟳100 🛁 Sauna Solarium
** **Benedetti**
Hauptgericht 24; 🅿 Terrasse

** **Schweizerhaus** ✿
◁ Malbergstr 21, ⊠ 56130, ☏ (0 26 03)
27 16, Fax 7 07 84, AX DC ED VA
Hauptgericht 30; 🅿 Terrasse; geschl: Do,
Ende Okt-Mitte Nov
✱ ♂ ◁ 11 Zi, Ez: 70-75, Dz: 135-140,
⊿ WC ☏; 1⟳20
Rezeption: 11.30-14, 18-21.30; geschl: Do,
Ende Okt-Mitte Nov

🛁 **Cafe Maxeiner**
Römerstr 37, ⊠ 56130, ☏ (0 26 03) 25 90
8-18; Terrasse

Emsbüren 23 □

Niedersachsen — Kreis Emsland — 65 m
— 8 790 Ew — Lingen 15, Rheine 20 km
ℹ ☏ (0 59 03) 70 20, Fax 7 02 55 — Gemeindeverwaltung, Markt 18, 48488 Emsbüren;
Freilichtmuseum „Heimathof"; Mehringer
Hünensteine; St.-Andreas-Kirche; Kornbrennerei Kuipers

✱ **Kamphues**
Lange Str 5, ⊠ 48488, ☏ (0 59 03) 3 62,
Fax 10 52, AX DC ED VA
11 Zi, Ez: 65, Dz: 120, ⊿ WC ☏; 🅿 🚗 1⟳25
Kegeln 🍴

Emsdetten 23 ↘

Nordrhein-Westfalen — Kreis Steinfurt —
44 m — 33 000 Ew — Rheine 14, Münster
30 km
ℹ ☏ (0 25 72) 8 26 66, Fax 8 95 18 — Verkehrsverein, Am Markt, 48282 Emsdetten;
Stadt im Münsterland. Sehenswert: St.-
Servatius-Kirche; Wannenmacher-
Museum; August-Holländer-Museum →

Emsdetten

** Lindenhof
Alte Emsstr 7, ⊠ 48282, ☎ (0 25 72) 92 60, Fax 92 62 00, AX
27 Zi, Ez: 85-95, Dz: 130-140, ⊣ WC ☎; Lift
P 🚗 Sauna 🍽
Rezeption: 7-13, 16.30-24; geschl: Ende Jul-Anfang Aug, Ende Dez-Anfang Jan
Auch Zimmer der Kategorie * vorhanden

* Kloppenborg
Frauenstr 15, ⊠ 48282, ☎ (0 25 72) 92 10, Fax 92 11 50, ED VA
23 Zi, Ez: 100-110, Dz: 145-160, ⊣ WC ☎; Lift P 🚗 Kegeln
* Hauptgericht 25; nur abends; geschl: So

* Gasthaus Düsterbeck
Borghorster Str 2, ⊠ 48282, ☎ (0 25 72) 8 10 35, Fax 8 10 36, AX ED VA
22 Zi, Ez: 90, Dz: 130, 2 Suiten, ⊣ WC ☎; P 🚗 3↔150 Kegeln 🍽
Rezeption: 7-14, 17-2

Hemberg (6 km ↘)
** Altes Gasthaus Lanvers
♂ Dorfstr 11, ⊠ 48282, ☎ (0 25 72) 1 50 90, Fax 15 09 90, AX ED VA
30 Zi, Ez: 90-120, Dz: 150-190, ⊣ WC ☎; Lift P 🚗 2↔100 Kegeln ⚓
Rezeption: 7-10, 15-22;
* Hauptgericht 30; Gartenlokal Terrasse; nur abends, so + feiertags auch mittags

Emstal, Bad 35 ↘

Hessen — Kreis Kassel — 300 m — 6 000 Ew — Fritzlar 13, Wolfhagen 14, Kassel 21 km
ℹ ☎ (0 56 24) 99 97 26, Fax 55 41 — Kurverwaltung, im Ortsteil Sand, Karlsbader Str 4, 34308 Bad Emstal; Heilbad

Sand
** Parkhotel Emstaler Höhe
♂ ⚞ Kissinger Str 2, ⊠ 34308, ☎ (0 56 24) 50 90, Fax 50 92 00, AX DC ED VA
48 Zi, Ez: 92-110, Dz: 136-180, 4 Suiten, ⊣ WC ☎, 5🚗; Lift P 8↔200 Fitneßraum Kegeln Sauna Solarium 🍽

Emstek 24 ↑

Niedersachsen — Cloppenburg
ℹ ☎ (0 44 73) 9 48 40 — Gemeindeverwaltung, Am Markt 1, 49685 Emstek

Hoheging
* Waldesruh
Am Baumweg 2, ⊠ 49685, ☎ (0 44 71) 9 48 50, Fax 94 85 16, AX DC ED VA
22 Zi, Ez: 55-75, Dz: 90-125, ⊣ WC ☎; P 2↔100 Fitneßraum 🍽
Rezeption: 14-23
Auch einfachere Zimmer vorhanden

Endersbach siehe Weinstadt

Endingen 67 ↖

Baden-Württemberg — Kreis Emmendingen — 187 m — 8 200 Ew — Freiburg 27, Offenburg 47 km
ℹ ☎ (0 76 42) 6 89 90, Fax 68 99 99 — Kaiserstühler Verkehrsbüro, Adelshof, 79346 Endingen; Weinbaustädtchen am Kaiserstuhl. Sehenswert: Kath. St.-Martins-Kirche; kath. St.-Peters-Kirche; Altes Rathaus: Saal; Neues Rathaus; Rathausbrunnen; Kornhaus; Heimatmuseum

* Kaiserstuhl
Alfred-Herr-Str 1, ⊠ 79346, ☎ (0 76 42) 91 90, Fax 91 09, AX ED VA
34 Zi, Ez: 98-128, Dz: 128-158, ⊣ WC ☎, 1🚗; Lift P 1↔40 Sauna
** Hauptgericht 35; Gartenlokal; geschl: Di

* Pfauen
Hauptstr 78, ⊠ 79346, ☎ (0 76 42) 9 02 30, Fax 90 23-40, VA
35 Zi, Ez: 70-110, Dz: 100-170, ⊣ WC ☎; Lift P 🚗 1↔20; garni
Im Gästehaus Barbara auch Zimmer der Kategorie ** vorhanden

* Gästehaus Trahasch
♂ Adelshof 14, ⊠ 79346, ☎ (0 76 42) 53 55
7 Zi, Ez: 65-70, Dz: 85-90, ⊣ WC ☎; P; garni

** Schindlers Ratsstube
Marktplatz 10, ⊠ 79346, ☎ (0 76 42) 34 58, AX ED
Hauptgericht 35; P Terrasse; geschl: So abends, Mo, 1 Woche zu Fasching, 2 Wochen in den Sommerferien

Kiechlinsbergen (6 km ↗)
** Stube ✣
Winterstr 28, ⊠ 79346, ☎ (0 76 42) 17 86, Fax 42 86, ED
Hauptgericht 35; geschl: Mo, Di, 2 Wochen im Jan, 2 Wochen im Juli

Endorf, Bad 73 ←

Bayern — Kreis Rosenheim — 525 m — 6 700 Ew — Prien 8, Rosenheim 16, Wasserburg am Inn 20 km
ℹ ☎ (0 80 53) 30 08 30 — Kurverwaltung, Bahnhofstr 6, 83093 Bad Endorf; Kurort, Heilbad mit Jod-Thermalsolebädern

** Appart-Hotel
♂ Breitensteinstr 29, ⊠ 83089, ☎ (0 80 53) 40 70, Fax 40 72 10
52 Zi, Ez: 102-122, Dz: 174-204, ⊣ WC ☎; Lift P 🚗; garni

Eisenbartling (1 km →)
* Zum Alten Ziehbrunnen
♂ ◄ Bergstr 30, ✉ 83093, ☎ (0 80 53) 93 29, Fax 4 94 17
10 Zi, Ez: 40-70, Dz: 80-140, ⌐ WC; 🅿 🚲
Rezeption: 7.30-21; geschl: Di, Mi, Anfang Nov-Ende Dez
Restaurant für Hausgäste

Kurf (1 km ↓)
** Der Kurfer Hof
♂ Haus Nr 1, ✉ 83093, ☎ (0 80 53) 20 50, Fax 20 52 19
31 Zi, Ez: 85-145, Dz: 150-240, 2 Suiten, ⌐ WC; Lift 🅿 🚗 2⟳30 ⌂ Fitneßraum Sauna Solarium 🍽 🚲

Pelham (5 km ↗)
* Pension Seeblick
◄ Pelham 4, ✉ 83093, ☎ (0 80 53) 30 90, Fax 30 95 00
78 Zi, Ez: 55-88, Dz: 100-170, ⌐ WC ☎; Lift 🅿 1⟳40 Seezugang Fitneßraum Sauna Solarium 🍽 🚲
Rezeption: 9-12, 13-18; geschl: Anfang Nov-Mitte Dez

Eng siehe Hinterriß

Engelskirchen 43 ↑

Nordrhein-Westfalen — Oberbergischer Kreis — 121 m — 20 600 Ew — Gummersbach 31, Köln 38 km
ℹ ☎ (0 22 63) 8 31 37, Fax 16 10 — Verkehrsamt, Engelsplatz 4, 51766 Engelskirchen; Stadt an der Agger. Sehenswert: Industriemuseum; Oelchenshammer - hist. Wasserhammer von 1787; Aggertalhöhle

** Alte Schlosserei
Engelsplatz 7, ✉ 51766, ☎ (0 22 63) 2 02 12, Fax 22 25, AX DC ED VA
Hauptgericht 35; Biergarten; geschl: Mo, Sa ab 18

Engelthal 57 ↘

Bayern — Kreis Nürnberger Land — 368 m — 1 020 Ew — Hersbruck 6, Nürnberg 30 km
ℹ ☎ (0 91 58) 3 80 — Gemeindeverwaltung, 91238 Engelthal

* Grüner Baum
Hauptstr 9, ✉ 91238, ☎ (0 91 58) 2 62, AX ED
Hauptgericht 20; Biergarten; geschl: Mo, Di, je 10 Tage im Feb, Jun, Nov
* 5 Zi, Ez: 45, Dz: 80, ⌐ WC ☎; 🅿
geschl: Mo, Di, je 10 Tage im Feb, Jun, Nov

Enger 24 ↘

Nordrhein-Westfalen — Kreis Herford — 103 m — 17 623 Ew — Herford 9 km
ℹ ☎ (0 52 24) 6 90 30, Fax 69 03 66 — Stadtverwaltung, Bahnhofstr 44, 32130 Enger

** Brünger in der Wörde
Herforder Str 14, ✉ 32130, ☎ (0 52 24) 23 24, Fax 57 27, AX DC ED VA
Hauptgericht 35; 🅿 Biergarten Kegeln; geschl: Mo

Enge-Sande 9 ↖

Schleswig-Holstein — Kreis Nordfriesland — 1 050 Ew — Niebüll 10, Flensburg 30 km
ℹ ☎ (0 46 62) 34 64 — Gemeindeverwaltung, Dorfstr 37, 25917 Enge-Sande

Enge
** De ole Stuuv
Dorfstr 28, ✉ 25917, ☎ (0 46 62) 31 90, ED VA
Hauptgericht 30; 🅿; nur abends, So auch mittags; geschl: Mo
* Dörpskrog
3 Zi, Ez: 50, Dz: 100, ⌐ WC; Kegeln
Rezeption: 9-13, ab 18

Enkenbach-Alsenborn 53 ↘

Rheinland-Pfalz — Kreis Kaiserslautern — 289 m — 7 462 Ew — Kaiserslautern 13, Grünstadt 26 km
ℹ ☎ (0 63 03) 60 66, Fax 55 07 — Verkehrsverein, im Ortsteil Alsenborn, Burgstr 33, 67677 Enkenbach-Alsenborn; Ort im Pfälzer Wald

Enkenbach
** Schläfer
Hauptstr 3, ✉ 67677, ☎ (0 63 03) 30 71, Fax 44 85, AX DC ED VA
Hauptgericht 35; Gartenlokal; geschl: Mo, Sa mittags
** 16 Zi, Ez: 85, Dz: 130, ⌐ WC ☎

Enkirch 53 ↘

Rheinland-Pfalz — Kreis Bernkastel-Wittlich — 105 m — 1 850 Ew — Traben-Trarbach 6, Zell 13 km
ℹ ☎ (0 65 41) 92 65, Fax 52 69 — Verkehrsbüro, Brunnenplatz 2, 56850 Enkirch. Weinbauort an der Mosel; Erholungsort. Sehenswert: Fachwerkhäuser; Weinhöfe; Starkenburger Höhe ◄ (4 km ↓)

* Gästehaus Hotel Anker
Zum Herrenberg 2, ✉ 56850, ☎ (0 65 41) 62 04, Fax 51 95, DC ED VA
24 Zi, Ez: 50-80, Dz: 100-130, ⌐ WC ☎; 🅿 🚗 🍽
geschl: Di, Jan
Anmeldung im Hotel Steffensberg, Brunnenplatz 1

⌂ Dampfmühle (Minotel)
Am Steffensberg 80, ✉ 56850, ☎ (0 65 41) 68 67, Fax 49 04, AX ED VA
18 Zi, Ez: 65-80, Dz: 110-140, ⌐ WC, 6✉; 🅿 1⟳25 ≋ 🍽
Rezeption: 8-20; geschl: Mitte Jan-Mitte Feb →

Enkirch

Enkirch-Außerhalb (2 km ↘)
* **Neumühle**
♂ Großbachtal 17, ✉ 56850, ☎ (0 65 41) 15 50, Fax 37 35
40 Zi, Ez: 60-75, Dz: 90-120, ⊿ WC; 🅿
Kegeln Solarium 🍴 🍺
geschl: Nov-Mär

Ennepetal 33 ↓

Nordrhein-Westfalen — Ennepe-Ruhr-Kreis — 223 m — 35 645 Ew — Wuppertal 10, Hagen 13 km
ℹ ☎ (0 23 33) 79 50, Fax 79 52 80 — Stadtverwaltung, Bismarckstr 21, 58256 Ennepetal; heilklimatischer Kurort.
Sehenswert: Kluterthöhle; Heilenbecker-, Hasper-, Ennepe-Talsperren

Voerde (4 km ↗)
* **Haus Grete**
Breckerfelder Str 15, ✉ 58256, ☎ (0 23 33) 82 08, Fax 8 88 91, AX DC ED VA
25 Zi, Ez: 48-105, Dz: 94-172, 2 Suiten, ⊿ WC ☎; 🅿 1⇔20 Kegeln 🍴
geschl: So, Ende Dez-Anfang Jan

Ennigerloh 34 ↑

Nordrhein-Westfalen — Kreis Warendorf — 102 m — 20 600 Ew — Beckum 10, Warendorf 17 km
ℹ ☎ (0 25 24) 83 00, Fax 44 13 — Verkehrsamt, Rathaus, Marktplatz 1, 59320 Ennigerloh; Ort im östlichen Münsterland

* **Haus Hubertus**
Enniger Str 4, ✉ 59320, ☎ (0 25 24) 9 30 80, Fax 93 08 40, AX DC ED VA
19 Zi, Ez: 85-95, Dz: 130-140, ⊿ WC ☎; 🅿 🍴 2⇔50 Sauna Solarium
** Hauptgericht 30; Terrasse

Ostenfelde (5 km ↗)
* **Kröger**
Hessenknapp 17, ✉ 59320, ☎ (0 25 24) 9 31 90, Fax 93 19 10
14 Zi, Ez: 70, Dz: 110, 1 Suite, ⊿ WC ☎; 🅿 🍴 2⇔40 Kegeln 🍴
Rezeption: 18-22; geschl: Mitte Jul-Mitte Aug
Golf 9

Enzklösterle 60 →

Baden-Württemberg — Kreis Calw — 650 m — 1 500 Ew — Wildbad 12, Freudenstadt 29 km
ℹ ☎ (0 70 85) 75 16, Fax 13 98 — Kurverwaltung, Friedenstr 16, 75337 Enzklösterle; Luftkurort im Schwarzwald

*** **Enztalhotel** ♛
⊰ Freudenstädter Str 67, ✉ 75337, ☎ (0 70 85) 1 80, Fax 16 42
45 Zi, Ez: 111-130, Dz: 170-230, 2 Suiten, ⊿ WC ☎; Lift 🅿 🍴 ≋ Fitneßraum Kegeln Sauna Solarium
geschl: Anfang-Mitte Dez
** Hauptgericht 35; geschl: Anfang-Mitte Dez

* **Gästehaus Am Lappach**
♂ Aichelberger Weg 4, ✉ 75337, ☎ (0 70 85) 75 11, Fax 76 11
30 Zi, Ez: 75-90, Dz: 118-142, ⊿ WC ☎; Lift 🅿 ≋; garni
Rezeption: 8-21; geschl: Anfang Nov-Mitte Dez

* **Schwarzwaldschäfer**
♂ Am Dietersberg 2, ✉ 75337, ☎ (0 70 85) 17 12, Fax 75 02
24 Zi, Ez: 80-95, Dz: 150-160, 2 Suiten, 2 App, ⊿ WC ☎; 🅿 🍴 ≋ Sauna Solarium
geschl: Mitte Nov-Mitte Dez
Restaurant für Hausgäste

* **Wiesengrund**
♂ Friedenstr 1, ✉ 75337, ☎ (0 70 85) 9 23 20, Fax 92 32 43
24 Zi, Ez: 70-85, Dz: 100-138, ⊿ WC ☎; Lift 🅿 🍴 2⇔50 🍺
geschl: Mo, Anfang Nov-Mitte Dez
Auch Zimmer der Kategorie ** vorhanden
* **Flößerstube**
Hauptgericht 18; Gartenlokal Terrasse;
geschl: Anfang Nov.-Mitte Dez.

* **Schwarzwaldhof**
Freudenstädter Str 9, ✉ 75337, ☎ (0 70 85) 17 08, Fax 13 28
27 Zi, Ez: 77, Dz: 140-150, ⊿ WC ☎; Lift 🅿 🍴
geschl: Anfang-Mitte Mär
* Hauptgericht 28; geschl: Anfang-Mitte Mär

Eppelborn 52 ↘

Saarland — 400 m — 18 876 Ew — St. Wendel 9, Saarlouis 22, Saarbrücken 25 km
ℹ ☎ (0 68 81) 8 80 10 — Gemeindeverwaltung, Rathausstr 27, 66571

** **Eppelborner Hof**
Rathausstr 1, ✉ 66571, ☎ (0 68 81) 89 50, Fax 89 52 00, AX ED VA
30 Zi, Ez: 105-115, Dz: 160, 3 Suiten, ⊿ WC ☎; Lift 🅿 3⇔70 Fitneßraum Sauna Solarium
** Hauptgericht 30; Terrasse;
geschl: Sa mittags

Eppelheim 54 ↘

Baden-Württemberg — Rhein-Neckar-Kreis — 107 m — 13 703 Ew — Heidelberg 5, Mannheim 30 km
i ☎ (0 62 21) 79 40, Fax 76 40 11 — Gemeindeverwaltung, Schulstr 2, 69214 Eppelheim. Sehenswert: Wasserturm

* **Lilienthal**
Lilienthalstr 19, ✉ 69214, ☎ (0 62 21) 7 91 20, Fax 76 74 10, ED VA
19 Zi, Ez: 115, Dz: 160, ⊣ WC ☎; **P** 🅿; garni
geschl: Mitte Dez-Anfang Jan

Eppenbrunn 60 ↖

Rheinland-Pfalz — Kreis Pirmasens — 350 m — 1 700 Ew — Pirmasens 13 km
i ☎ (0 63 35) 51 55, Fax 59 55 — Verkehrsamt, Haus des Gastes, 66957 Eppenbrunn; Luftkurort im Pfälzerwald

* **Kupper**
♂ Himbaumstr 22, ✉ 66957, ☎ (0 63 35) 3 41, Fax 51 77, ED
24 Zi, Ez: 65, Dz: 110, ⊣ WC; **P** 2⇌150 ≘ Kegeln Sauna Solarium ▼⊙▮
Rezeption: 10-14, 16-24; geschl: Mi, So abends, Jan

Eppendorf 50 ↗

Sachsen — Kreis Flöha — 515 m — 3 680 Ew — Augustusburg 8, Freiberg 14, Chemnitz 22 km
i ☎ (03 72 93) 2 51, Fax 2 52 — Gemeindeverwaltung, Großwaltersdorfer Str 8, 09575 Eppendorf

** **Design- und Konferenzhotel Eppendorfer Hof**
Borstendorfer Str 62, ✉ 09575, ☎ (03 72 93) 2 80, Fax 2 56, AX DC ED VA
36 Zi, Ez: 105-140, Dz: 140-180; ⊣ WC ☎, 4✉; Lift **P** 4⇌50 ▼⊙▮ 🛋
Designerausstattung

* **Prinz Albert**
Albertplatz 1, ✉ 09575, ☎ (03 72 93) 2 53, Fax 2 53, AX DC ED VA
10 Zi, Ez: 40-65, Dz: 70-90, ⊣ WC ☎; **P** 4⇌250 ▼⊙▮

Eppertshausen 54 ↗

Hessen — Kreis Darmstadt-Dieburg — 130 m — 5 316 Ew — Dieburg 6, Rodgau 8, Darmstadt 25 km
i ☎ (0 60 71) 3 10 41, Fax 3 53 21 — Gemeindeverwaltung, Franz-Gruber-Platz 14, 64859 Eppertshausen

* **Alte Krone**
Dieburger Str 1, ✉ 64859, ☎ (0 60 71) 3 00 00, Fax 30 00 10, AX DC ED VA
40 Zi, Ez: 75-150, Dz: 130-150, 2 App, ⊣ WC ☎; Lift **P** 🅿 3⇌60
* Hauptgericht 30; Terrasse; geschl: Sa mittags

* **Am Rotkäppchenwald**
♂ Jahnstr 22, ✉ 64859, ☎ (0 60 71) 3 90 40, Fax 39 04 44
18 Zi, Ez: 75-95, Dz: 110-130, ⊣ WC ☎, 11✉; Lift **P** 🅿; garni
geschl: Ende Dez-Anfang Jan

Eppingen 61 ↑

Baden-Württemberg — Kreis Heilbronn — 178 m — 18 400 Ew — Bretten 20, Heilbronn 26, Pforzheim 38 km
i ☎ (0 72 62) 60 40, Fax 60 41 77 — Bürgermeisteramt, Rathausstr 14, 75031 Eppingen. Sehenswert: Kath. Kirche; Wandmalereien; Rathaus; Alte Universität: Stadt- und Fachwerkmuseum; Baumannsches Haus; Alte Postschenke; Pfeiferturm; hist. Altstadt

** **Altstadthotel Wilde Rose** ♛
♂ Kirchgasse 29, ✉ 75031, ☎ (0 72 62) 9 14 00, Fax 91 40 90, AX ED VA
10 Zi, Ez: 132, Dz: 178, ⊣ WC ☎; **P** ▼⊙▮
Fachwerkhaus von 1582

* **Villa Waldeck**
♂ Waldstr 80, ✉ 75031, ☎ (0 72 62) 10 61, Fax 33 66, AX DC ED VA
18 Zi, Ez: 65-85, Dz: 140, ⊣ WC ☎; **P** 🅿 3⇌100 Kegeln ▼⊙▮
geschl: Mo, Anfang-Mitte Jan

** **Palmbräuhaus**
Rappenauer Str 5, ✉ 75031, ☎ (0 72 62) 84 22, Fax 84 22, ED
Hauptgericht 30; geschl: Mo abend, Di

Erbach Alb-Donau-Kreis 69 ↗

Baden-Württemberg — Alb-Donau-Kreis — 550 m — 11 800 Ew — Ulm 10, Ehingen 14 km
i ☎ (0 73 05) 1 30, Fax 13 13 — Gemeindeverwaltung, Erlenbachstr 50, 89155 Erbach; Ort an der Donau. Sehenswert: Barockkirche; Schloß

* **Kögel**
Ehinger Str 44, ✉ 89155, ☎ (0 73 05) 80 21, Fax 50 84, ED DC
18 Zi, Ez: 80-90, Dz: 120, 1 Suite, 1 App, ⊣ WC ☎, 12✉; **P** 🅿 3⇌20
geschl: 23.12.96-8.1.97
** **Trüffel**
Hauptgericht 32; geschl: so + feiertags

* **Zur Linde**
Bahnhofstr 8, ✉ 89155, ☎ (0 73 05) 50 21/50 22, Fax 50 23, ED
14 Zi, Ez: 70-90, Dz: 100-120, ⊣ WC ☎, 4✉; **P** 🅿 ▼⊙▮
→

Erbach Alb-Donau-Kreis

** Schloßrestaurant
Am Schloßberg 1, ✉ 89155, ☎ (0 73 05) 69 54, AX DC ED VA
Hauptgericht 35; P Terrasse; geschl: Mo, Di mittags

Erbach Odenwaldkreis 55 ←

Hessen — Odenwaldkreis — 240 m — 13 000 Ew — Michelstadt 3, Amorbach 21, Eberbach 24 km
ℹ ☎ (0 60 62) 64 39, Fax 64 66 — Verkehrsamt, Marktplatz 1, 64711 Erbach; Kreisstadt, Luftkurort. Sehenswert: Gräfliche Sammlungen im Schloß; hist. Stadtkern; Elfenbeinmuseum in der Werner-Borchers-Halle; Rathaus; Elfenbeinschnitzereien

* Odenwälder Wappenstube
Am Schloßgraben 30, ✉ 64711, ☎ (0 60 62) 22 36, Fax 47 89, AX DC ED VA
Hauptgericht 25; Gartenlokal P; nur abends; geschl: Mo, Feb
* 14 Zi, Ez: 65-76, Dz: 95-130, ⊿ WC ☎
geschl: Mo, Feb

Erlenbach (2 km ↘)
* Erlenhof
◂ Bullauer Str 10, ✉ 64711, ☎ (0 60 62) 31 74, Fax 6 26 66, ED
27 Zi, Ez: 84-92, Dz: 134-140, ⊿ WC ☎; P 2↔70 Fitneßraum Kegeln Sauna Solarium
Rezeption: 9-22; geschl: Mitte-Ende Feb
* Hauptgericht 40; geschl: Mo, Mitte-Ende Feb

Erbendorf 58 ↗

Bayern — Kreis Tirschenreuth — 510 m — 5 300 Ew — Kemnath 14, Bayreuth 40, Weiden 24 km
ℹ ☎ (0 96 82) 23 27, Fax 23 20 — Verkehrsamt, Bräugasse 2, 92681 Erbendorf; Erholungsort. Sehenswert: Naturpark Steinwald; Oberpfalzturm

🛏 Pension Pöllath
♂ Josef-Höser-Str 12, ✉ 92681, ☎ (0 96 82) 5 87
13 Zi, Ez: 28-35, Dz: 62-66, ⊿ WC; P Sauna Solarium; **garni**

Pfaben (6 km ↑)
** Steinwaldhaus
♂ ◂ Pfaben 18, ✉ 92681, ☎ (0 96 82) 93 30, Fax 93 31 99, AX DC ED VA
59 Zi, Ez: 63-83, Dz: 110-140, 1 Suite, ⊿ WC ☎; Lift P 🚗 3↔40 ≘ Fitneßraum Kegeln Solarium
geschl: Mär, Mitte Nov-Mitte Dez
* ◂ Hauptgericht 20; Gartenlokal; geschl: Mär, Mitte Nov-Mitte Dez

Straßenschacht (2 km ↙)
* Am Kreuzstein
Straßenschacht 7, ✉ 92681, ☎ (0 96 82) 13 20, AX DC VA
Hauptgericht 18; geschl: Mo

Erbenhausen 46 →

Thüringen — Kreis Meiningen — 570 m — 752 Ew — Fulda 45 km
ℹ ☎ (03 69 46) 7 60, Fax 8 75 — Fremdenverkehrsinformation, der Verw.gemeinschaft "Hohe Rhön", Gerthäuser Str 8, 98634 Kaltensundheim

Erbenhausen-Außerhalb (4 km ↙)
** Eisenacher Haus
einzeln ♂ ◂ Frankenheimer Str 84, ✉ 98634, ☎ (03 69 46) 3 02 15, Fax 3 02 33, AX DC ED VA
44 Zi, Ez: 65-110, Dz: 90-140, ⊿ WC ☎, 4🛌; P 🚗 4↔50 Sauna Solarium
Im Berggasthof Zimmer der Kategorie ***** vorhanden
** Hauptgericht 23; Biergarten

Erding 72 ↗

Bayern — Kreis Erding — 464 m — 27 000 Ew — Freising 19, München 37 km
ℹ ☎ (0 81 22) 40 80, Fax 40 82 50 — Stadtverwaltung, Landshuter Str 1, 85435 Erding. Sehenswert: Kath. Kirche St. Johann; Schöner Turm

** Best Western Parkhotel
Am Bahnhof 3, ✉ 85435, ☎ (0 81 22) 49 90, Fax 49 94 99, AX DC VA
68 Zi, Ez: 165-195, Dz: 195-235, ⊿ WC ☎, 11🛌; Lift P 🚗 5↔90
** Hauptgericht 30; Gartenlokal

** Kastanienhof
(Golden Tulip Hotel)
Am Bahnhof 7, ✉ 85435, ☎ (0 81 22) 9 80-0, Fax 4 24 77, AX DC ED VA
88 Zi, Ez: 95-210, Dz: 130-270, 4 Suiten, ⊿ WC ☎, 18🛌; Lift P 🚗 6↔120 Fitneßraum Sauna Solarium
** Kupferpfanne
Hauptgericht 30; Biergarten

Aufhausen (3 km ↓)
** Am Schloßberg
Schloßallee 26, ✉ 85435, ☎ (0 81 22) 96 20, Fax 96 22 22, AX DC ED VA
28 Zi, Ez: 100-120, Dz: 130-150, 4 App, ⊿ WC ☎; Lift P Sauna Solarium 🍴

Flughafen (8 km ↘)
**** Kempinski Hotel
Airport München
◂ Terminalstr/Mitte 20, ✉ 85356, ☎ (0 89) 9 78 20, Fax 97 82 26 10, AX DC ED VA
343 Zi, Ez: 309-409, Dz: 338-438, S; 46 Suiten, ⊿ WC ☎, 150🛌; Lift P 🚗 30↔350 ≘ Fitneßraum Sauna Solarium
** Charles Lindbergh
Hauptgericht 39; Biergarten Terrasse

** Il Mondo
Terminal B, Ebene 2, ✉ 85334, ☎ (0 89) 9 75-9 32 22, Fax 9 75-9 31 06, AX DC ED VA
Hauptgericht 35

Erfurt

Erdmannsdorf 50 ⬜

Sachsen — Kreis Flöha — 470 m —
2 328 Ew — Chemnitz 13 km
🛈 ☎ (03 72 91) 2 02 32 — Gemeindeverwaltung, Rathausstr 3, 09573 Erdmannsdorf

*   Landhaus Puschke
Chemnitzer Str 62, ✉ 09573, ☎ (03 72 91)
2 94 60, Fax 2 94 61, AX ED
26 Zi, Ez: 90-100, Dz: 120-130, 2 Suiten, ⊿
WC ☎, 2🛏; Lift 🅿 1⟷60 Sauna Solarium
🍴
Rezeption: 11-24

Erftstadt 42 ↗

Nordrhein-Westfalen — Erftkreis — 100 m —
48 500 Ew — Euskirchen 17, Düren 20,
Köln 22 km
🛈 ☎ (0 22 35) 40 90, Fax 40 95 05 — Stadtverwaltung, Holzdamm 10, 50374 Erftstadt;
Stadt in der Erftniederung. Sehenswert:
Landesburg im Stadtteil Lechenich; Wasserburg Konradsheim; Schloß Gracht im
Stadtteil Liblar; Schloß Gymnich

Kierdorf
**   Hans Josef Zingsheim
Goldenbergstr 30, ✉ 50374, ☎ (0 22 35)
8 53 32
Hauptgericht 35; nur abends, so + feiertags auch mittags; geschl: Mo, Mi

Lechenich
***   Husarenquartier 🍷
Schloßstr 10, ✉ 50374, ☎ (0 22 35) 50 96,
Fax 69 11 43, AX DC ED VA
Hauptgericht 40; 🅿 Terrasse
***   **   7 Zi, Ez: 80, Dz: 135, ⊿ WC ☎;
1⟷25
Rezeption: 9-15, 18-24

Erfurt 47 ↗

Thüringen — Kreisfreie Stadt — 200 m —
206 000 Ew — Erfurt-Bindersleben (Flughafen) 7, Eisenach 58, Gera 82 km
🛈 ☎ (03 61) 5 62 62 67, Fax 5 62 33 55 —
Fremdenverkehrsamt, Krämerbrücke 3,
99084 Erfurt; Landeshauptstadt; hist. Handelsmetropole; eine der
ältesten Universitätsstädte Deutschlands,
heute pädagogische Hochschule. Sehenswert: Hist. Altstadt; Dom; Severi-,
Kaufmanns-, Regler-, Prediger-, Barfüßer-
und Ägidienkirche; Augustinerkirche und
-kloster; Krämerbrücke; Fischmarkt;
Roland; Haus Zum Roten Ochsen; Bartholomäusturm; Haus Zum Breiten Herd;
Anger; Zitadelle Petersberg; Naturkundemuseum; Angermuseum; Stadthalterei

Stadtplan siehe Seite 352

***   Dorint Hotel
Meienbergstr 26 (B 2), ✉ 99084, ☎ (03 61)
5 94 90, Fax 59 49-1 00, AX DC ED VA
142 Zi, Ez: 210-240, Dz: 230-260, 3 Suiten,
⊿ WC ☎, 46🛏; Lift 🅿 🍽 9⟷160 Sauna
Solarium 🍴

**   Zumnorde
Anger 50 (B 2), ✉ 99084, ☎ (03 61) 5 68 00,
Fax 5 68 04 00, AX DC ED VA
46 Zi, Ez: 195, Dz: 220, 3 Suiten, 1 App, ⊿
WC ☎, 10🛏; Lift 🍽 2⟷32; **garni**
geschl: Ende Dez-Anfang Jan
Auch Zimmer der Kategorie ******* vorhanden

****   Best Western
Bauer Hotel Excelsior**
Bahnhofstr 35 (C 3), ✉ 99084, ☎ (03 61)
5 67 00, Fax 5 67 01 00, AX DC ED VA
74 Zi, Ez: 159-199, Dz: 199-259, S; 3 Suiten,
⊿ WC ☎, 24🛏; Lift 🅿 2⟷50 Fitneßraum
Sauna Solarium 🍴 🍽
Auch Zimmer der Kategorie ******* vorhanden

**   Sorat
Gotthardstr 27 (B 2), ✉ 99084, ☎ (03 61)
6 74 00, Fax 6 74 04 44, AX DC ED VA
85 Zi, Ez: 170-250, Dz: 210-290, S; ⊿ WC ☎,
25🛏; Lift 🍽 3⟷100 Fitneßraum Sauna
Solarium 🍴

**   Carat
♂ 🔹 Hans-Grundig-Str 40, ✉ 99099,
☎ (03 61) 3 43 00, Fax 3 43 01 00,
AX DC ED VA
60 Zi, Ez: 115-170, Dz: 170-250, ⊿ WC ☎,
10🛏; Lift 🅿 🍽 4⟷35 Fitneßraum Sauna
Solarium
Restaurant für Hausgäste

**   Radisson SAS
🔹 Juri-Gagarin-Ring 127 (C 2), ✉ 99085,
☎ (03 61) 55 10, Fax 55 12 10, AX DC ED VA
318 Zi, Ez: 150-225, Dz: 180-255, 3 Suiten,
⊿ WC ☎, 46🛏; Lift 🅿 8⟷380 🍴

**   Am Spielbergtor
Am Spielbergtor 20 (C 3), ✉ 99096,
☎ (03 61) 3 48 10, Fax 3 48 11 34
20 Zi, Ez: 95, Dz: 150, ⊿ WC ☎; 🅿
*   Chapeau Claque
Hauptgericht 25

**   Intercity Hotel
Willy-Brandt-Platz 11 (C 3), ✉ 99084,
☎ (03 61) 5 60 00, Fax 5 60 09 99,
AX DC ED VA
161 Zi, Ez: 173-193, Dz: 211-231, S; ⊿ WC
☎, 40🛏; Lift 🍽 6⟷100 🍴

****   Aparthotel+Boarding-House
Solitaire**
Lassallestr 47, ✉ 99086, ☎ (03 61) 5 60 70,
Fax 5 60 71 00, AX DC VA
54 Zi, Ez: 110-140, Dz: 148-165, S; ⊿ WC ☎;
Lift 🅿
Rezeption: 7-12, 16-22   →

Erfurt

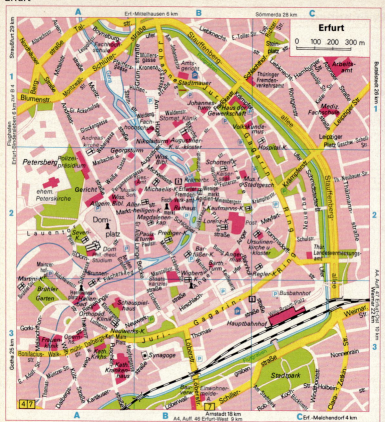

**	Apartment-Hotel Lindeneck

Triftstr 36, ✉ 99086, ☎ (03 61) 7 39 56,
Fax 7 39 58 88, AX DC ED VA
32 Zi, Ez: 90-185, Dz: 138-178, ⌐ WC ☎,
6🛏; P; garni

**	Royal Appartement House

Klingenstr 4, ✉ 99094, ☎ (03 61) 2 25 14 42,
Fax 2 25 27 17, AX DC ED VA
20 Zi, Ez: 95-140, Dz: 130-165, 1 Suite, ⌐
WC ☎; P; garni

*	Erfurtblick

♂ ≼ Nibelungenweg 20, ✉ 99092,
☎ (03 61) 22 06 60, Fax 2 20 66 22, AX ED
11 Zi, Ez: 95-110, Dz: 130-150, ⌐ WC ☎; P;
garni

*	Gartenstadt

Binderslebener Landstr 212, ✉ 99092,
☎ (03 61) 2 10 45 12, Fax 2 10 45 13,
AX DC ED VA
13 Zi, Ez: 95, Dz: 125, ⌐ WC ☎; P Sauna
Solarium 🍽

*	Ibis

Barfüßerstr 9 (B 2), ✉ 99084, ☎ (03 61)
6 64 10, Fax 6 64 11 11, AX DC ED VA
105 Zi, Ez: 145, Dz: 160, ⌐ WC ☎, 27🛏; 🚗
3⇌100
Hauptgericht 25

*	Zum Bären

Andreasstr 26 (A 2), ✉ 99084, ☎ (03 61)
5 62 86 98, Fax 5 62 86 98, AX ED VA
15 Zi, Ez: 98-145, Dz: 150-198, ⌐ WC ☎; P;
🍽
geschl: Ende Dez-Anfang Jan

**	Weinrestaurant Horst Kohl

Neuwerkstr 31 (A 3), ✉ 99084, ☎ (03 61)
6 42 25 61, Fax 6 42 25 61
Hauptgericht 25

Kerspleben (5,5 km ↗)

**	Weißer Schwan

Erfurter Str 179, ✉ 99198, ☎ (03 62 03)
5 80, Fax 5 81 00, AX DC ED VA
44 Zi, Ez: 95-125, Dz: 110-150, ⌐ WC ☎; Lift
P 🚗 2⇌50 Fitneßraum Kegeln Sauna
Solarium 🍽

Erkrath

Linderbach (4 km →)
** Linderhof
Straße des Friedens 12, ✉ 99198, ☎ (03 61)
4 21 19 20, Fax 41 63 33, AX DC ED VA
52 Zi, Ez: 98-178, Dz: 180-238, ⇨ WC ☎,
4🛁; Lift P 🍽 3↔80 Sauna Solarium
** Hauptgericht 27; Terrasse

** Sleep & Meet Economy Hotel
Auf der großen Mühle 4, ✉ 99198,
☎ (03 61) 4 38 30, Fax 4 38 34 00,
AX DC ED VA
96 Zi, Ez: 95-140, Dz: 110-145, ⇨ WC ☎,
25🛁; Lift P 🍽 6↔90; **garni**
Für Gruppen auch Halb- oder Vollpension möglich

Marbach 3 km ↘
** Castell
Hermann-Müller-Str 2, ✉ 99092, ☎ (03 61)
6 44 22 22, Fax 66 67 68
Hauptgericht 35; nur abends, So auch mittags

Molsdorf 6 km ✓
* Landhotel Burgenblick
Am Zwetschgarten 1, ✉ 99192,
☎ (03 62 02) 8 11 11, Fax 8 11 12,
AX DC ED VA
23 Zi, Ez: 108-138, Dz: 138-168, 1 App, ⇨
WC ☎; P 1↔20 Fitneßraum Sauna 🍽 ⚓

Erfweiler 60 ↘

Rheinland-Pfalz — Kreis Pirmasens —
215 m — 1 250 Ew — Dahn 3, Bad Bergzabern 18, Pirmasens 21 km
ℹ ☎ (0 63 91) 58 11, Fax 13 62 — Tourist-Information Dahner Felsenland,
Schulstr 29, 66994 Dahn; Erholungsort.
Sehenswert: Fachwerkbauten

* Die kleine Blume
♂ Winterbergstr 106, ✉ 66996, ☎ (0 63 91)
50 61, Fax 8 13
26 Zi, Ez: 95, Dz: 180, ⇨ WC ☎; Lift P 🍽 ⚓
Sauna Solarium 🍽
geschl: Jan

Erkelenz 32 ↓

Nordrhein-Westfalen — Kreis Heinsberg
— 97 m — 40 500 Ew — Mönchengladbach 15, Aachen 40 km
ℹ ☎ (0 24 31) 8 50, Fax 7 05 58 — Stadtverwaltung, Johannismarkt 17, 41812 Erkelenz. Sehenswert: Kath. Kirche St. Lambertus; Burg; Altes Rathaus; Haus Spiess;
ehem. Kreuzherrnkloster Hohenbusch;
ehem. Leonhardskapelle; Neumühle;
Immerather Windmühle

** Rheinischer Hof
Kölner Str 18, ✉ 41812, ☎ (0 24 31) 22 94,
Fax 7 46 66, AX DC ED VA
15 Zi, Ez: 95-150, Dz: 160-220, 2 Suiten,
3 App, ⇨ WC ☎; P 🍽 Solarium; **garni**
Auch Zimmer der Kategorie * vorhanden

** Oerather Mühle
Roermonder Str 36, ✉ 41812, ☎ (0 24 31)
24 02, Fax 7 28 57, AX DC ED VA
Hauptgericht 25; P Terrasse

Erkheim 70 ↑

Bayern — Kreis Unterallgäu — 595 m —
2 693 Ew — Memmingen 14, Mindelheim
14 km
ℹ ☎ (0 83 36) 8 02 40, Fax 80 24 34 — Verwaltungsgemeinschaft, Marktstr 1,
87746 Erkheim

* Gästehaus Herzner
♂ Färberstr 37, ✉ 87746, ☎ (0 83 36) 3 00,
Fax 8 07 29
14 Zi, Ez: 44-56, Dz: 78-95, ⇨ WC; P 🍽 ⚓
Sauna
geschl: Ende Dez-Mitte Jan
Restaurant für Hausgäste

Erkrath 33 ✓

Nordrhein-Westfalen — Kreis Mettmann
— 76 m — 50 000 Ew — Mettmann 9,
Düsseldorf 10 km
ℹ ☎ (02 11) 2 40 70, Fax 2 40 72 95 — Stadtverwaltung, Bahnstr 16, 40699 Erkrath.
Sehenswert: Neandertalmuseum; kath.
Pfarrkirche; Wasserburg Haus Brück;
Wasserburg Haus Unterbach (2 km ↓)

Hochdahl (2 km →)
** Akzent-Hotel Schildsheide
♂ Schildsheider Str 47, ✉ 40699,
☎ (02 11) 2 40 41 4 60 81, Fax 4 60 83, AX DC ED VA
37 Zi, Ez: 120-298, Dz: 170-318, 1 App, ⇨
WC ☎, 10🛁; P 🍽 ⚓ Fitneßraum Sauna
Solarium 🍽

** Neanderhöhle
Neandertal 3, ✉ 40699, ☎ (0 21 04) 78 29,
Fax 7 48 25, AX DC ED VA
16 Zi, Ez: 90, Dz: 140, ⇨ WC ☎; P
** Hauptgericht 30; geschl: Mo

* Landhaus Kemperdick
Kemperdick 1, ✉ 40699, ☎ (0 21 04)
3 15 10, Fax 3 64 34, AX DC ED VA
9 Zi, Ez: 95, Dz: 150, ⇨ WC ☎; P
* Hauptgericht 25; Biergarten

* Zur Alten Post
♂ Leibnizstr 68, ✉ 40699, ☎ (0 21 04)
9 49 50, Fax 94 95 94, AX DC ED VA
26 Zi, Ez: 110-180, Dz: 160-320, 1 Suite, ⇨
WC ☎; P 🍽 1↔40
* Hauptgericht 25; Terrasse; nur abends

Unterfeldhaus (3 km ↓)
* Unterfeldhaus
Millrather Weg 21, ✉ 40699, ☎ (02 11)
25 30 00, Fax 25 43 32, ED VA
12 Zi, Ez: 85-120, Dz: 110-160, ⇨ WC ☎; P
🍽; **garni**
geschl: Ende Dez-Anfang Jan

Erlabrunn

Erlabrunn 56 ↖

Bayern — Kreis Würzburg — 179 m —
1 500 Ew — Würzburg 12, Karlstadt 17 km
🄸 ☎ (09 31) 4 69 51, Fax 46 29 28 — Verwaltungsgemeinschaft, Mainstr 15,
97276 Margetshöchheim; Weinort am Main

** Weinhaus Flach
Würzburger Str 14, ✉ 97250, ☎ (0 93 64)
53 19, Fax 53 10
38 Zi, Ez: 70-90, Dz: 110-140, 1 Suite, 🚿 WC
☎; Lift 🅿 🖃 1↔50 🍽
geschl: Di, Ende Jan-Anfang Feb, Ende Aug-Anfang Sep
Im Gästehaus Zimmer der Kategorie * vorhanden

🛏 Gästehaus Tenne
Würzburger Str 4, ✉ 97250, ☎ (0 93 64)
93 84
14 Zi, Ez: 50, Dz: 90, 🚿 WC; 🅿; garni

Erlangen 57 ▫

Bayern — Stadtkreis — 279 m —
103 000 Ew — Nürnberg 18, Bamberg 40 km
🄸 ☎ (09 131) 2 50 74, Fax 2 38 62 — Verkehrsverein, Rathausplatz 1 (B 3),
91052 Erlangen. Sehenswert: Hugenottenkirche mit Barockorgel; Neustädter (Universitäts-) Kirche; Altstädter (Dreifaltigkeits-) Kirche; Schloß mit Schloßgarten; Hugenottenbrunnen; Stadtmuseum

*** Bayerischer Hof
♂ Schuhstr 31 (B 3), ✉ 91052, ☎ (09 131)
78 50, Fax 12 21 00, 🆎 🅳🅲 🅴🅳 🆅🅰
158 Zi, Ez: 170-240, Dz: 260-340, 5 Suiten,
🚿 WC ☎; Lift 🅿 🖃 5↔250 Fitneßraum Sauna Solarium
** Hauptgericht 35; Terrasse

*** Transmar Kongreß-Hotel
Beethovenstr 3 (B 3), ✉ 91052, ☎ (09 131)
78 40, Fax 78 41 30, 🆎 🅳🅲 🅴🅳 🆅🅰
130 Zi, Ez: 194-294, Dz: 224-324, 7 Suiten,
🚿 WC ☎, 6🖃; Lift 🅿 🖃 2↔40 ≘ Fitneßraum Sauna Solarium 🍽
Kongreßkapazitäten in der angrenzenden Kongreßhalle bis 1800 Personen

** Luise
♂ Sophienstr 10 (C 3), ✉ 91052, ☎ (09 131)
12 20, Fax 12 21 00, 🆎 🅳🅲 🅴🅳 🆅🅰
100 Zi, Ez: 119-189, Dz: 149-199, 1 Suite, 🚿
WC ☎, 30🖃; Lift 🅿 🖃 1↔12 ≘ Fitneßraum; garni
geschl: Ende Dez-Anfang Jan
Auch Zimmer der Kategorie *** vorhanden

** Altstadt
Kuttlerstr 10 (AB 2), ✉ 91054, ☎ (0 91 31)
2 70 70, Fax 2 82 46, 🆎 🅳🅲 🅴🅳 🆅🅰
31 Zi, Ez: 100-120, Dz: 170, 1 Suite, 🚿 WC
☎, 4🖃; Lift 🅿 🖃 Sauna Solarium; garni
geschl: Ende Dez-Anfang Jan

** Rokokohaus
♂ Theaterplatz 13 (B 2), ✉ 91054,
☎ (0 91 31) 78 30, Fax 78 31 99, 🆎 🅳🅲 🅴🅳 🆅🅰
37 Zi, Ez: 120-150, Dz: 185-195, 🚿 WC ☎;
Lift 🅿 🖃 Solarium; garni
geschl: Ende Dez-Anfang Jan
Haus von 1760. Dreiachsiger Quaderbau

* Silberhorn
♂ Wöhrstr 13 (B 1), ✉ 91054, ☎ (0 91 31)
8 09 90, Fax 20 69 69, 🆎 🅴🅳 🆅🅰
21 Zi, Ez: 80-130, Dz: 150-195, 1 App, 🚿 WC
☎; 🅿 Solarium; garni
Rezeption: 6.30-21
Auch Zimmer der Kategorie ** vorhanden

* Grauer Wolf
Hauptstr 80 (B 1-2), ✉ 91054, ☎ (0 91 31)
8 10 60, Fax 81 06 47, 🆎 🅳🅲 🅴🅳 🆅🅰
25 Zi, Ez: 65-135, Dz: 120-180, 8 App, 🚿 WC
☎; Lift 🅿 2↔20 Sauna 🍽

* Hotelchen Am Theater
Theaterstr 10 (B 2), ✉ 91054, ☎ (0 91 31)
8 08 60, Fax 80 86 86, 🆎 🅳🅲 🅴🅳 🆅🅰
12 Zi, Ez: 90-125, Dz: 150-170, 1 Suite,
1 App, 🚿 WC ☎, 1🖃; 🖃 Sauna; garni
Rezeption: Mo-Fr 7-20, Sa+So 7-12, 17-20

** Altmann's Stube
Theaterplatz 9 (B 2), ✉ 91054, ☎ (0 91 31)
8 91 60, Fax 89 16 66, 🆎 🅳🅲 🅴🅳 🆅🅰
Hauptgericht 30; Gartenlokal 🅿; geschl: so
+ feiertags
* 14 Zi, Ez: 80-105, Dz: 130, 🚿 WC
☎
Auch einfachere Zimmer vorhanden

** da Pippo
Paulistr 12 (B 2), ✉ 91054, ☎ (0 91 31)
20 73 94, Fax 98 43, 🆎 🅳🅲 🅴🅳 🆅🅰
Hauptgericht 35; Terrasse; nur abends;
geschl: So

* Weinhaus Kach
Kirchenstr 2 (B 1), ✉ 91054, ☎ (0 91 31)
20 31 91
Hauptgericht 25; Gartenlokal; geschl:
so+feiertags

Schoppenweinstube Zur Kanne
Goethestr 26 (AB 2), ✉ 91054, ☎ (0 91 31)
2 26 26, Fax 20 12 44
Hauptgericht 25; Biergarten; nur abends;
geschl: so + feiertags, Ende Aug-Mitte Sep

Bruck (3 km ↓)
** Art Hotel Erlangen
Äußere Brucker Str 90, ✉ 91052,
☎ (0 91 31) 7 14 00, Fax 71 40 13,
🆎 🅳🅲 🅴🅳 🆅🅰
32 Zi, Ez: 115-188, Dz: 152-274, 🚿 WC ☎,
2🖃; 🅿 🖃 1↔30 Sauna Solarium 🏊
geschl: Ende Dez-Anfang Jan

Erlangen

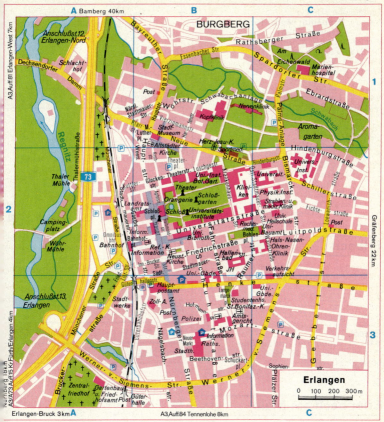

** Basilikum
Äußere Brucker Str 90, ✉ 91052,
☎ (0 91 31) 3 73 33, Fax 3 77 88, AX DC ED VA
Hauptgericht 42; geschl: Mo, Sa mittags,
in den Sommerferien

Eltersdorf (4 km ↓)
* Haber
Egidienplatz 1, ✉ 91058, ☎ (0 91 31)
6 00 95, Fax 77 11 24, ED VA
15 Zi, Ez: 85-90, Dz: 115-130, ⊟ WC ☎; P
⊙
Rezeption: 6-13, 15-22; geschl: Ende Dez

* Rotes Roß
Eltersdorfer Str 15 a, ✉ 91058, ☎ (0 91 31)
6 00 84, Fax 6 00 87, AX DC ED VA
31 Zi, Ez: 87-114, Dz: 128-160, ⊟ WC ☎,
⊙ ✉; P 🚂 Sauna Solarium; **garni**

Die Angabe hinter der Ortsbezeichnung
bezieht sich auf den beiliegenden Reisekartenteil. 10 ↑ bedeutet, daß sich der Ort
im Reisekartenteil auf der Seite 10 im nördlichen Planfeld befindet.

Frauenaurach (4 km ↙)
* Schwarzer Adler
Herdegenplatz 1, ✉ 91056, ☎ (0 91 31)
99 20 51, Fax 99 31 95, AX DC ED VA
13 Zi, Ez: 115-155, Dz: 170-190, 1 Suite, ⊟
WC ☎; P; **garni**
geschl: Ende Dez-Anfang Jan, 2 Wochen
im Aug

Weinstube
Gartenlokal; nur abends; geschl: Sa, So,
Mo, Ende Dez-Anfang Jan, 2 Wochen im
Aug
Denkmalgeschütztes Fachwerkhaus von
1703

Kosbach (4 km ←)
*** Gasthaus Polster
Am Deckersweiher 26, ✉ 91056,
☎ (0 91 31) 7 55 40, Fax 75 54 45, AX DC ED VA
Hauptgericht 38; Biergarten P

** Polster-Stube
Hauptgericht 30

** 12 Zi, Ez: 135-185, Dz: 165-185,
3 Suiten   →

Erlangen

Tennenlohe (6 km ↓)

★★ Transmar Motor-Hotel (Golden Tulip)
Wetterkreuzstr 7, ⌧ 91058, ☎ (0 91 31) 60 80, Fax 60 81 00, AX DC ED VA
124 Zi, Ez: 194-294, Dz: 224-324, 1 Suite, ⌐ WC ☎, 10🛏; Lift 🅿 6⇔250 Fitneßraum Sauna Solarium 🍽

★★ Lachnerhof
Märterleinsweg 2, ⌧ 91058, ☎ (0 91 31) 7 70 70, Fax 77 07 47, AX DC ED VA
28 Zi, Ez: 95-115, Dz: 138-158, ⌐ WC ☎, 5🛏; Lift 🅿 3⇔35

★ Tennenloher Hof
Wetterkreuz 32, ⌧ 91058, ☎ (0 91 31) 69 60, Fax 69 62 95, AX DC ED VA
34 Zi, Ez: 100-120, Dz: 120-150, ⌐ WC ☎, 9🛏; Lift 🅿 30 ≘ Sauna 🍽
Auch Zimmer der Kategorie **★★** vorhanden. Im Gästehaus Greißinger (Hollerweg 4) Zimmer der Kategorie **★** vorhanden

Erlbach 49 ↓

Sachsen — Kreis Klingenthal — 550 m — 1 730 Ew — Mark-Neukirchen 3, Klingenthal 16 km
ℹ ☎ (03 74 22) 62 25, Fax 62 25 — Fremdenverkehrsamt, Klingenthaler Str 1, 08265 Erlbach

Erlbach

★★ Landhotel Lindenhöhe
♂ ⋖ Hetzschen 10, ⌧ 08265, ☎ (03 74 22) 60 66, Fax 61 65, ED
25 Zi, Ez: 75-85, Dz: 98-120, ⌐ WC ☎, 3🛏; 🅿 1⇔25 Sauna 🍽

Erlenbach am Main 55 ↘

Bayern — Kreis Miltenberg — 125 m — 8 617 Ew — Miltenberg 16, Aschaffenburg 20 km
ℹ ☎ (0 93 72) 70 40, Fax 7 04 10 — Stadtverwaltung, Bahnstr 26, 63906 Erlenbach am Main; Erholungsort, Weinbauort

★ Fränkische Weinstuben
Mechenharder Str 5, ⌧ 63906, ☎ (0 93 72) 50 49, Fax 50 48, ED VA
18 Zi, Ez: 65-90, Dz: 110-130, ⌐ WC ☎; 🅿 🍽

★ Zum Unkelbach
Klingenberger Str 13, ⌧ 63906, ☎ (0 93 72) 42 01, AX ED VA
Hauptgericht 35; Biergarten 🅿; geschl: Di, Sa mittags

Ernst 43 ↙

Rheinland-Pfalz — Kreis Cochem-Zell — 85 m — 625 Ew — Cochem 5 km
ℹ ☎ (0 26 71) 55 16, Fax 73 34 — Verkehrsverein, Weingartenstr 67, 56814 Ernst; Weinbauort an der Mosel

★ Haus Pollmanns
⋖ Moselstr 54, ⌧ 56814, ☎ (0 26 71) 86 83, Fax 56 46
79 Zi, Ez: 73-78, Dz: 110-120, ⌐ WC; Lift 🅿 1⇔40 Kegeln 🍽
geschl: Do mittags, Anfang Jan-Ende Feb
Auch einfachere Zimmer vorhanden

Erolzheim 70 ↖

Baden-Württemberg — Kreis Biberach an der Riß — 600 m — 2 771 Ew — Ochsenhausen 11, Memmingen 20 km
ℹ ☎ (0 73 54) 6 18, Fax 21 43 — Bürgermeisteramt, 88453 Erolzheim. Sehenswert: Pfarrkirche; Frohbergkapelle; Rathaus

★★ Schloß Erolzheim
⋖ Schloßstr 6, ⌧ 88453, ☎ (0 73 54) 9 30 50, Fax 93 05 40, AX DC ED VA
12 Zi, Ez: 95-135, Dz: 105-185, ⌐ WC ☎; 🅿 🍽 2⇔25
★ Hauptgericht 25; nur abends, So auch mittags

★ Gästehaus Marktschmiede
Marktplatz 8, ⌧ 88453, ☎ (0 73 54) 4 05, Fax 25 05, DC ED VA
13 Zi, Ez: 69-79, Dz: 108-118, ⌐ WC ☎, 9🛏; 🅿 🍽

Erpfingen siehe Sonnenbühl

Erwitte 34 →

Nordrhein-Westfalen — Kreis Soest — 110 m — 13 800 Ew — Lippstadt 7, Soest 17 km
ℹ ☎ (0 29 43) 89 60, Fax 8 96 37 — Stadtverwaltung, Am Markt 13, 59597 Erwitte. Sehenswert: Kath. Kirche St. Laurentius; Burg Erwitte; Altes Rathaus

★ Büker
Am Markt 14, ⌧ 59597, ☎ (0 29 43) 23 36, Fax 41 68, AX ED
22 Zi, Ez: 75-90, Dz: 120-135, ⌐ WC ☎; 🅿 🍽 4⇔170 🍽
geschl: Fr

Westernkotten, Bad (Heilbad, 3 km ↗)

★★ Kurpension Grüttner
♂ Salzstr 15, ⌧ 59597, ☎ (0 29 43) 80 70, Fax 80 72 90
54 Zi, Ez: 78, ⌐ WC ☎, 54🛏; Lift 🅿 ≘ Sauna Solarium
geschl: Ende Nov-Mitte Dez
Restaurant für Hausgäste

★ Kurpension Haus am Park
♂ Griesestr 4, ⌧ 59597, ☎ (0 29 43) 9 70 10, Fax 97 01 50
28 Zi, Ez: 70-90, Dz: 130-150, 3 Suiten, ⌐ WC ☎, 28🛏; 🅿 🍽 ≘ Fitneßraum Sauna Solarium; garni
geschl: Anfang Jan-15. Feb

356

Eschwege

** Alter Markt/Haus Dietz
Weringhauser Str 2, ✉ 59597, ☎ (0 29 43)
9 70 40, Fax 97 04 31, AX DC ED VA
Hauptgericht 25; 🅿 Terrasse; geschl: Do,
Anfang-Mitte Jan

Eschau 55 □

Bayern — Kreis Miltenberg — 171 m —
4 098 Ew — Obernburg 8, Miltenberg
16 km
🛈 ☎ (0 93 74) 3 50, Fax 76 00 — Gemeindeverwaltung, Rathausstr 11, 63863 Eschau;
Ort im Spessart

Hobbach (4 km ↑)
* Gasthof Engel
Bayernstr 47, ✉ 63863, ☎ (0 93 74) 3 88,
Fax 78 31, ED
31 Zi, Ez: 70, Dz: 120-130, ⌐ WC ☎; 🅿 ⓎⒺ︎
Rezeption: 11-21; geschl: Fr, Anfang-Mitte
Aug

Eschbach 43 ↘

Rheinland-Pfalz — Rhein-Lahn-Kreis —
350 m — 220 Ew — St. Goarshausen 9,
Nastätten 12 km
🛈 ☎ (0 67 72) 32 10 — Verbandsgemeindeverwaltung, Bahnhofstr 1, 56355 Nastätten; Ort im hinteren Taunus

* Zur Suhle
♂ ✦ Talstr 2, ✉ 56357, ☎ (0 67 71) 79 21,
Fax 3 65, ED
19 Zi, Ez: 70-85, Dz: 130-160, 1 Suite, ⌐ WC
☎; Lift 🅿 1⇌20 🕭 Kegeln Sauna Solarium
Rezeption: 8-21; geschl: Ende Jul-Anfang
Aug
** Hauptgericht 25; Terrasse;
geschl: Ende Jul-Anfang Aug

Eschborn 44 ↘

Hessen — Main-Taunus-Kreis — 138 m —
18 427 Ew — Frankfurt/Main 10 km
🛈 ☎ (0 61 96) 49 00, Fax 49 03 00 — Stadtverwaltung, Rathausplatz 36, 65760 Eschborn

** Novotel
Philipp-Helfmann-Str 10, ✉ 65760,
☎ (0 61 96) 90 10, Fax 48 21 14, AX DC ED VA
227 Zi, Ez: 205-220, Dz: 240-260, ⌐ WC ☎,
80🛏; Lift 🅿 🚗 11⇌250 ≈ ⓎⒺ︎

Niederhöchstadt (2 km ↘)
** Bommersheim
Hauptstr 418, ✉ 65760, ☎ (0 61 73) 6 50 25,
Fax 6 50 24, AX ED VA
24 Zi, Ez: 160-210, Dz: 200-260, 2 Suiten, ⌐
WC ☎; Lift 🅿 2⇌12
** Hauptgericht 28; Gartenlokal;
nur abends; geschl: So

Eschenbach i. d. OPf. 58 ↗

Bayern — Kreis Neustadt a. d. Waldnaab
— 430 m — 3 735 Ew — Bayreuth 24, Weiden 25, Pegnitz 30 km
🛈 ☎ (0 96 45) 2 24 — Stadtverwaltung,
Marienplatz 42, 92676 Eschenbach

Kleinkotzenreuth (3 km ↘)
* Obersee
einzeln ♂ Obersee 1, ✉ 92676, ☎ (0 96 45)
60 00, Fax 61 54, AX DC ED
17 Zi, Ez: 65-70, Dz: 110-120, ⌐ WC ☎;
1⇌25 Strandbad Seezugang 🏊
* Hauptgericht 20

Eschenlohe 71 ↓

Bayern — Kreis Garmisch-Partenkirchen —
636 m — 1 511 Ew — Murnau 9, Garmisch-
Partenkirchen 16, Oberammergau 17 km
🛈 ☎ (0 88 24) 82 28, Fax 89 56 — Verkehrsamt, Murnauer Str 1, 82438 Eschenlohe;
Ort am Alpenrand, an der Loisach

** Tonihof ⚜
✦ Walchenseestr 42, ✉ 82438, ☎ (0 88 24)
92 93-0, Fax 92 93-99, DC ED VA
Hauptgericht 30; 🅿 Terrasse; geschl: Mi
** ♂ ✦ 25 Zi, Ez: 89, Dz: 152-198, ⌐
WC ☎; 🚗 1⇌20 Fitneßraum Sauna
Solarium

* Zur Brücke
Loisachstr 1, ✉ 82438, ☎ (0 88 24) 2 10,
Fax 2 32
18 Zi, Ez: 60-65, Dz: 120-104, 4 Suiten, ⌐
WC ☎; 🅿 🚗 170 ⓎⒺ︎
geschl: Di, Mitte Nov-Mitte Dez

⌂ Landgasthof Alter Wirt
Dorfplatz 4, ✉ 82438, ☎ (0 88 24) 14 06,
Fax 14 97
10 Zi, Ez: 45-68, Dz: 90-116, ⌐ WC, 1🛏; 🅿
2⇌70 ⓎⒺ︎
geschl: Mo

Wengen (1 km ↓)
* Wengererhof
♂ ✦ Haus Nr 1, ✉ 82438, ☎ (0 88 24)
9 20 30, Fax 92 03-45
23 Zi, Ez: 72-80, Dz: 100-135, ⌐ WC ☎; 🅿
Fitneßraum; **garni**
Rezeption: 8-13, 15-22; geschl: So ab 13

Eschwege 36 ↘

Hessen — Werra-Meißner-Kreis — 160 m
— 24 000 Ew — Bebra 39, Göttingen 54,
Kassel 56 km
🛈 ☎ (0 56 51) 30 42 10, Fax 5 02 91 —
Verkehrsamt, Hospitalplatz 16,
37269 Eschwege; Kreisstadt an der Werra.
Sehenswert: Hist. Altstadt; Altes Rathaus;
ehem. Landgrafenschloß mit Dietemann-
Kunstuhr; Nikolaiturm; Neustädter u. Altstädter Kirche; Raiffeisenhaus; Fachwerkbauten →

Eschwege

**** Dölle's Nr. 1
(Ringhotel)**
Friedrich-Wilhelm-Str 2, ✉ 37269,
☎ (0 56 51) 74 44 -0, Fax 7 44 4- 77,
AX DC ED VA
38 Zi, Ez: 80-140, Dz: 128-190, S; ⊣ WC
☎, 8⊠; Lift ℙ 🚗 2⟲120 Fitneßraum Kegeln
Sauna Solarium
Auch Zimmer der Kategorie * vorhanden
***   Hauptgericht 35; geschl: So

*   Zur Struth
Struthstr 7 a, ✉ 37269, ☎ (0 56 51)
92 28 13, Fax 27 88, DC ED VA
37 Zi, Ez: 65-85, Dz: 110-130, ⊣ WC ☎; ℙ
Rezeption 6-20; geschl: Jul
*   Hauptgericht 25; Biergarten;
geschl: So abends, Mo mittags

*   Gasthaus Zur Krone
Stad 9, ✉ 37269, ☎ (0 56 51) 3 00 66,
Fax 62 52, DC ED VA
13 Zi, Ez: 69, Dz: 99, 1 Suite, 3 App, ⊣ WC
☎; 🚗 Kegeln 🍴

Eschweiler   42↘

Nordrhein-Westfalen — Kreis Aachen —
140 m — 55 285 Ew — Düren 16,
Aachen 20, Köln 60 km
ℹ ☎ (0 24 03) 7 10, Fax 7 13 84 — Stadtverwaltung, Rathausplatz 1, 52249 Eschweiler. Sehenswert: Leder-Pieta in der kath.
Kirche St. Peter und Paul; Burg Röthgen
(16. Jh.)

**   Günnewig Hotel de Ville
Dürener Str 5, ✉ 52249, ☎ (0 24 03) 86 10,
Fax 86 11 50, AX DC ED VA
66 Zi, Ez: 155-185, Dz: 195-225, ⊣ WC ☎,
23⊠; Lift ℙ 🚗 5⟲100
**   Altes Rathaus
Hauptgericht 30; Terrasse

*   Parkhotel
Parkstr 16, ✉ 52249, ☎ (0 24 03) 7 87 70,
Fax 3 68 09, AX DC ED VA
16 Zi, Ez: 87-110, Dz: 138, ⊣ WC ☎; 🍴

◼   Birfeld
Grabenstr 42, ✉ 52249, ☎ (0 24 03) 2 23 31
8.30-18.30; geschl: So

Esens-Bensersiel   16↘

Niedersachsen — Kreis Wittmund — 5 m
— 6 150 Ew — Neuharlingersiel 9, Wittmund 14, Langeoog 5 km
ℹ ☎ (0 49 71) 30 88, Fax 49 88 — Kurverwaltung, im Ortsteil Esens, Kirchplatz,
26427 Esens-Bensersiel; Nordseebad.
Sehenswert: St.-Magnus-Kirche;
Holarium; Rathaus mit Ahnensaal

Achtung: Schiffsfahrten ab Bensersiel -
Hafen-Ostseite zur Insel Langeoog
ℹ ☎ (0 49 71) 25 01

Bensersiel
**   Hörn van Diek
Lammertshörn 1, ✉ 26427, ☎ (0 49 71)
24 29, Fax 24 29
Ez: 75-120, Dz: 120-160, 20 App, ⊣ WC; ℙ
🛋 Solarium; **garni**
geschl: Anfang Nov-Ende Dez

*   Röttgers
⚓ Am Wattenmeer 6, ✉ 26427, ☎ (0 49 71)
30 18, Fax 38 67
20 Zi, Dz: 90-150, ⊣ WC ☎; ℙ; **garni**

*   Schiffer
⚓ Am Wattenmeer 8, ✉ 26427, ☎ (0 49 71)
16 31
10 Zi, Ez: 50-60, Dz: 80-100, 2 Suiten,
7 App, ⊣ WC; ℙ; **garni**

*   Störtebeker
⚓ Am Wattenmeer 4, ✉ 26427, ☎ (0 49 71)
9 19 00, Fax 91 90 55
25 Zi, Ez: 53, Dz: 85-95, 8 App, ⊣ WC ☎; ℙ
Sauna Solarium; **garni**
geschl: Mitte Jan- Mitte Feb

Esens
**   Krögers Hotel
Bahnhofstr 18, ✉ 26427, ☎ (0 49 71)
30 65 68, Fax 42 65, AX DC ED VA
44 Zi, Ez: 110, Dz: 156-210, 1 Suite, ⊣ WC
☎, 12⊠; Lift ℙ 3⟲150 🛋 Fitneßraum
Kegeln Sauna Solarium 🍴
geschl: Im Winter Mo

*   Wietings Hotel
Am Markt 7, ✉ 26427, ☎ (0 49 71) 45 68,
Fax 41 51, ED VA
22 Zi, Ez: 78-98, Dz: 124-136, ⊣ WC ☎, 4⊠;
ℙ Fitneßraum Sauna Solarium 🍴
geschl: Mi, Anfang Jan-Anfang Feb

Eslohe   34↘

Nordrhein-Westfalen — Hochsauerlandkreis — 350 m — 8 000 Ew — Meschede 19,
Schmallenberg 20, Lennestadt 24 km
ℹ ☎ (0 29 73) 4 42, Fax 25 10 — Kur- und
Verkehrsverein, Kupferstr 30,
59889 Eslohe; Luftkurort im Sauerland

*   Forellenhof Poggel
Homertstr 21, ✉ 59889, ☎ (0 29 73) 62 71,
Fax 68 11, ED VA
23 Zi, Ez: 65-80, Dz: 120-140, ⊣ WC ☎; Lift
ℙ 🚗 1⟲30 ◼
*   Hauptgericht 25; Gartenlokal

*   Haus Stoetzel
⚓ St.-Rochus-Weg 1 a, ✉ 59889,
☎ (0 29 73) 67 32, Fax 22 28
9 Zi, Ez: 48-58, Dz: 96-116, ⊣ WC; ℙ 2⟲30
Rezeption: 8-13, 16-21; geschl: Mitte Jan-
Anfang Feb
*   Domschänke
Hauptgericht 22; nur abends, Sa + So auch
mittags; geschl: Mo, Di

Essen

Cobbenrode (8 km ↓)
** Hennemann
Olper Str 28, ✉ 59889, ☎ (0 29 73) 37 01, Fax 37 03, AX DC ED VA
26 Zi, Ez: 95, Dz: 180, 2 Suiten, 2 App., ⇨ WC ☎, 2🛏; Lift 🅿 🍴 2✪25 🏊 Fitneßraum Kegeln Sauna Solarium
Tennis 5
Rezeption: 10-22
** Hauptgericht 30; Gartenlokal; geschl: Mo

** Berghotel Habbel
einzeln ◐ ◀ Stertberg 1, ✉ 59889,
☎ (0 29 73) 9 70 00, Fax 9 70 03 69
64 Zi, Ez: 85-115, Dz: 150-210, ⇨ WC ☎; Lift 🅿 🍴 🏊 Fitneßraum Kegeln Sauna Solarium
** ◀ Hauptgericht 30

Wenholthausen (5 km ↑)
** Sauerländer Hof
Südstr 35, ✉ 59889, ☎ (0 29 73) 7 77, Fax 23 63, AX DC ED VA
21 Zi, Ez: 69-82, Dz: 130-186, ⇨ WC ☎; 🅿 🏊 Sauna Solarium
Rezeption: 8-14, 16-20; geschl: 3.-23.3.97
Golf 9; Auch Zimmer der Kategorie ***** vorhanden
** Hauptgericht 25; Biergarten; geschl: Do, 3.-23.3.97

Espelkamp 25 ←

Nordrhein-Westfalen — Kreis Minden-Lübbecke — 50 m — 27 200 Ew — Rahden 6, Lübbecke 9, Diepholz 34 km
ℹ ☎ (0 57 72) 56 20, Fax 80 11 — Stadtverwaltung, Wilhelm-Kern-Platz 1, 32339 Espelkamp. Sehenswert: Ev. Thomaskirche; Schloß Benkhausen; ev. Kirche Isenstedt; Alte Klus Frotheim; Ellerburger Mühle; Speicher von 1900 in Fabbenstedt

** Mittwald
Ostlandstr 23, ✉ 32339, ☎ (0 57 72) 40 29, Fax 71 49, AX DC ED VA
50 Zi, Ez: 85-120, Dz: 130-170, ⇨ WC ☎, 5🛏; Lift 🅿 🍴 3✪50 Fitneßraum Sauna Solarium
geschl: Sa
* Hauptgericht 25; Gartenlokal; geschl: Sa

Frotheim (4 km ↘)
* Birkenhof
Schmiedestr 4, ✉ 32339, ☎ (0 57 43) 80 00, Fax 45 00, AX DC ED VA
24 Zi, Ez: 50-65, Dz: 100-130, ⇨ WC ☎; 🅿 🍴 Kegeln 🍴◐
Rezeption: 10-14, 16-22

Espenau 36 ↙

Hessen — Kreis Kassel — 275 m — 4 872 Ew — Fuldatal 8, Kassel 10, Hofgeismar 14 km
ℹ ☎ (0 56 73) 79 26, Fax 58 54 — Gemeindeverwaltung, Im Ort 1, 34314 Espenau

Espenau-Außerhalb an der Gabelung B 7 und B 83
** Waldhotel Schäferberg (Ringhotel)
Wilhelmsthaler Str 14, ✉ 34314,
☎ (0 56 73) 79 51, Fax 79 73, AX DC ED VA
92 Zi, Ez: 140-180, Dz: 180-240, S; 6 Suiten, ⇨ WC ☎, 30🛏; Lift 🅿 🍴 15✪200 Fitneßraum Kegeln Sauna Solarium
** Bauernstube
Hauptgericht 30; Terrasse

Essel 26 ↖

Niedersachsen — Kreis Soltau-Fallingbostel — 41 m — 560 Ew — Walsrode 25, Celle 33, Nienburg 34 km
ℹ ☎ (0 50 71) 8 09 55, Fax 8 09 58 — Tourist Information, Bahnhofstr 15, 29690 Schwarmstedt; Ort im Allertal. Sehenswert: Sieben Steinhäuser (Hünengräber, 16 km ↗, Besuch nur am 1. und 3. Wochenende im Monat von 8-18 Uhr möglich); Serengetipark Hodenhagen (12 km); Vogelpark Walsrode

Essel-Außerhalb (6 km ↗)
*** Heide-Kröpke
einzeln ◐ Ostenholzer Moor/Esseler Damm 1, ✉ 29690, ☎ (0 51 67) 97 90, Fax 97 92 91, AX DC ED VA
53 Zi, Ez: 85-175, Dz: 195-230, 9 Suiten, ⇨ WC ☎, 9🛏; Lift 🅿 🍴 6✪50 🏊 Kegeln Sauna Solarium
Golf 18, Tennis 1
** einzeln, Hauptgericht 30; Terrasse

Essen 33 ←

Nordrhein-Westfalen — Stadtkreis — 116 m — 620 000 Ew — Duisburg 23, Düsseldorf 31, Dortmund 34 km
ℹ ☎ (02 01) 88 35 64, Fax 88 54 09 — Fremdenverkehrsamt, Rathaus, Porscheplatz, 45127 Essen; Verkehrsverein "Messe-Kongreß-Service", Norbertstr 2 (A 6, Messehaus), ☎ 7 24 44 01, Fax 7 24 44 46.
Industriezentrum, Messe- und Kongreßstadt an der Ruhr; Universität, Folkwang-Hochschule für Musik, Theater, Tanz; Theater. Sehenswert: Münster: Münsterschatz, Goldene Madonna; ehem. Abteikirche Essen-Werden; Museum Folkwang: Neuere Kunst; Deutsches Plakatmuseum; Ruhrlandmuseum; Industriedenkmal Zeche Zollverein; Villa Hügel: Ausstellungen, im Kl. Haus Historische Sammlung Krupp; Schloß Borbeck; Grugapark: Botanischer Garten, Bonsai-Sammlung; Baldeneysee: Ruhrstausee (10 km ↓); Stadtwald

Messen:
IPM 31.1.-2.2.97
Equitana 1.-9.3.97
Schweissen & Schneiden 10.-16.9.97

Stadtplan siehe Seite 360 →

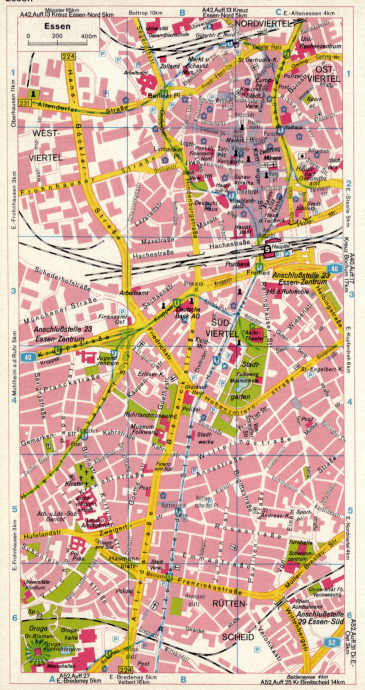

Essen

*** Sheraton
Huyssenallee 55 (B 4), ✉ 45128, ☎ (02 01) 1 00 70, Fax 1 00 77 77, AX DC ED VA
205 Zi, Ez: 255-530, Dz: 280-580, S;
12 Suiten, ⌐ WC ☎, 90🍽; Lift 🅿 4↔100 ⚓
Fitneßraum Sauna Solarium 🍴

*** Handelshof - Mövenpick
Am Hauptbahnhof 2 (C 2), ✉ 45127,
☎ (02 01) 1 70 80, Fax 1 70 81 73,
AX DC ED VA
189 Zi, Ez: 215-270, Dz: 275-310, S;
5 Suiten, ⌐ WC ☎, 80🍽; Lift 🅿 6↔60
Le Bistro
Hauptgericht 19

** Balance Hotel
Frohnhauser Str 6 (B2), ✉ 45127, ☎ (02 01) 2 40 70, Fax 2 40 72 40, AX DC ED VA
128 Zi, Ez: 130-165, Dz: 130-165, 15 Suiten, 25 App, ⌐ WC ☎, 87🍽; Lift 🅿 5↔150
Sauna Solarium 🍴

** Essener Hof
(Top International Hotel)
Teichstr 2 (C 2), ✉ 45127, ☎ (02 01) 2 09 01, Fax 23 83 51, AX DC ED VA
130 Zi, Ez: 125-220, Dz: 195-250, S;
2 Suiten, ⌐ WC ☎; Lift 5↔100
** Bauernstube/Gute Stube
Hauptgericht 17; nur abends; geschl: Sa, So

* Europa
Hindenburgstr 35 (B 2), ✉ 45127, ☎ (02 01) 23 20 41, Fax 23 26 56, AX DC ED VA
50 Zi, Ez: 120-180, Dz: 190-220, ⌐ WC ☎;
Lift; garni

* Atelier Garni
Niederstr 13 (A 1), ✉ 45141, ☎ (02 01) 31 30 14, Fax 32 55 48, AX DC ED VA
24 Zi, Ez: 98-138, Dz: 125-165, ⌐ WC ☎; Lift 🅿; garni
Rezeption: 6-12, 15-22; geschl: Sonntag, Ende Dez-Anfang Jan, 2 Wochen im Sommer

* Luise
Dreilindenstr 96 (B 3), ✉ 45127, ☎ (02 01) 23 92 53, Fax 20 02 19, AX DC ED VA
29 Zi, Ez: 110, Dz: 160, ⌐ WC ☎; Lift; garni

* Ibis
Hollestr 50 (C 2), ✉ 45127, ☎ (02 01) 2 42 80, Fax 2 42 86 00, AX DC ED VA
144 Zi, Ez: 133-170, Dz: 148-185, ⌐ WC ☎, 72🍽; Lift 🅿 2↔45 🍴

** Zeitungsente
Sachsenstr 30, im NRZ Pressehaus (B 3), ✉ 45128, ☎ (02 01) 23 66 08, Fax 23 66 63, AX DC ED VA
Hauptgericht 30; 🅿; geschl: So

** L'Opera
Theaterpassage, Eingang Hirschlandplatz (C 2), ✉ 45127, ☎ (02 01) 23 91 24, Fax 22 91 13, AX DC ED VA
Hauptgericht 35

** La Grappa
Rellinghauser Str 4 (C 4), ✉ 45128,
☎ (02 01) 23 17 66, Fax 22 91 46, AX DC ED VA
Hauptgericht 40; geschl: So, Sa mittags

** Bonne Auberge
Witteringstr 92 (C 4), ✉ 45130, ☎ (02 01) 78 39 99, Fax 78 39 99, AX DC ED VA
Hauptgericht 45; Terrasse; geschl: So, Sa mittags, feiertags

** Rôtisserie im Saalbau
Huyssenallee 53 (C 3), ✉ 45128, ☎ (02 01) 2 47 04-0, Fax 2 47 04-99, AX DC ED VA
Hauptgericht 32; geschl: So mittags, Sa

☕ Café Overbeck
Kettwiger Str 15 (C 2), ✉ 45127, ☎ (02 01) 23 71 71, Fax 23 27 07
8-19, So 10-18

Altenessen (4 km ↑)
** Astoria Classic
Wilhelm-Nieswand-Allee 175, ✉ 45326,
☎ (02 01) 8 35 84, Fax 8 35 80 40,
AX DC ED VA
102 Zi, Ez: 155-260, Dz: 180-300, 3 Suiten, ⌐ WC ☎, 6🍽; Lift 🅿 🍴 4↔100 Fitneßraum Sauna Solarium 🍴 ☕
Im Stammhaus Astoria und im Gästehaus auch Zimmer der Kategorie * vorhanden

Borbeck (5 km ←)
** Am Schloßpark
Gasthof Krebs
Borbecker Str 180, ✉ 45355, ☎ (02 01) 67 50 01, Fax 68 77 62, AX ED VA
28 Zi, Ez: 105-180, Dz: 140-225, ⌐ WC ☎; 🅿 🍴 Kegeln 🍴
Rezeption: 7-24, Do 7-19

** Haus Gimken
Schloßstr 182, ✉ 45355, ☎ (02 01) 86 70 80, Fax 8 67 08 88, AX DC ED VA
25 Zi, Ez: 140-220, Dz: 295-280, ⌐ WC ☎; 🅿 🍴 1↔30 Fitneßraum Sauna Solarium 🍴
Auch Zimmer der Kategorie * vorhanden

Bredeney (5 km ↓)
** Holiday Inn
Theodor-Althoff-Str 5, ✉ 45133, ☎ (02 01) 76 90, Fax 7 69 31 43, AX DC ED VA
287 Zi, Ez: 250, Dz: 325, S; 6 Suiten, ⌐ WC ☎, 76🍽; Lift 🅿 🍴 ⚓ Fitneßraum Kegeln Sauna Solarium
** Rhapsody
Hauptgericht 40

** Waldhaus Langenbrahm
♂ Wiedfeldtstr 23, ✉ 45133, ☎ (02 01) 4 50 40, Fax 4 50 42 99, AX ED VA
30 Zi, Ez: 170-220, Dz: 240-340, ⌐ WC ☎;
Lift 🅿 1↔60; garni

Gnau im Alten Stiftshaus
Stiftsplatz 3, ✉ 45134, ☎ (02 01) 47 27 36, Fax 47 27 98, AX ED
Hauptgericht 30; Biergarten Gartenlokal; nur abends →

Essen

Burgaltendorf (11 km ↘)

** Mintrops Burghotel
♂ Schwarzensteinweg 81, ⊠ 45289,
☎ (02 01) 57 17 10, Fax 5 71 71 47,
AX DC ED VA
60 Zi, Ez: 160-220, Dz: 225-285, ⊿ WC ☎,
3🛏; Lift 🅿 5↻40 ≘ Sauna Solarium

Frohnhausen (3 km ↙)

* Oehler
Liebigstr 8, ⊠ 45145, ☎ (02 01) 70 53 27,
Fax 73 37 92
12 Zi, Ez: 80-90, Dz: 130-140, ⊿ WC ☎; 🅿;
garni 🍽
geschl: Mitte Dez-Anfang Jan

** Kölner Hof
Duisburger Str 20, ⊠ 45145, ☎ (02 01)
76 34 30, Fax 76 34 30, AX DC VA
Hauptgericht 40; Gartenlokal; geschl: Mo,
Di mittags

Kettwig (11 km ↙)

** Residence ♛♛
Auf der Forst 1, ⊠ 45219, ☎ (0 20 54) 89 11,
Fax 8 25 01, AX DC VA
16 Zi, Ez: 169, Dz: 219-299, 2 Suiten, 1 App,
⊿ WC ☎; 🅿 🚗
geschl: Jul, Anfang Jan
*** Residence/Benedikt 🍴🍴🍴🍴
Hauptgericht 60; Terrasse; nur abends;
geschl: So, Mo, Jul, Anfang Jan
Auch euro-asiatische Menüs

** Sengelmannshof
Sengelmannsweg 35, ⊠ 45219, ☎ (0 20 54)
60 68, Fax 8 32 00, AX DC ED VA
26 Zi, Ez: 120-140, Dz: 185-225, ⊿ WC ☎;
Lift 🅿 2↻40 Kegeln Sauna
geschl: Ende Dez
** Hauptgericht 30; geschl: Sa mittags

* Diening
Kirchfeldstr 34, ⊠ 45219, ☎ (0 20 54) 45 77,
Fax 54 03, AX DC ED VA
15 Zi, Ez: 110-130, Dz: 130-180, ⊿ WC ☎; 🅿
🚗; garni
Rezeption: 7-10, 17-23

* Knappmann
Ringstr 198, ⊠ 45219, ☎ (0 20 54) 78 09,
Fax 67 89, AX ED VA
10 Zi, Ez: 109-114, Dz: 149-154, ⊿ WC ☎; 🅿
🚗 Kegeln 🍽
geschl: Do, Ende Dez-Anfang Jan

* Schmachtenbergshof
Schmachtenbergstr 157, ⊠ 45219,
☎ (0 20 54) 8 93 3- 35, Fax 1 65 47, ED
22 Zi, Ez: 105-130, Dz: 165-175, 1 Suite, ⊿
WC ☎; 🅿 🚗 2↻70 Kegeln 🍽

** Jägerhof
Hauptstr 23, ⊠ 45219, ☎ (0 20 54) 8 40 11,
Fax 8 09 84, AX DC ED VA
Hauptgericht 32; Terrasse ⇌; geschl: So

** Le petit restaurant
Ruhrtalstr 417, ⊠ 45219, ☎ (0 20 54)
1 85 78
Hauptgericht 40; Biergarten; geschl: Di,
Sa mittags, 3 Wochen in den Sommer-
ferien

* Ange d'Or Junior
Ruhrtalstr 326, ⊠ 45219, ☎ (0 20 54) 23 07,
Fax 63 43
Hauptgericht 30; Terrasse; nur abends;
geschl: Mo, Di, Ende Dez-Mitte Jan
Restaurant-Bistro mit originellem Konzept

Kettwig-Außerhalb (2 km ←)

*** Schloß Hugenpoet ♛
(Relais & Châteaux)
einzeln ◄ ⊗ August-Thyssen-Str 51,
⊠ 45219, ☎ (0 20 54) 1 20 40, Fax 12 04 50,
AX DC ED VA
24 Zi, Ez: 265-365, Dz: 365-490, 1 Suite, ⊿
WC ☎; Lift 🅿 5↻60 🚗
geschl: Anfang Jan
Golf 18, Tennis 1
*** ⊗ Hauptgericht 55; Terrasse; 🍴
geschl: Anfang Jan
300 Jahre altes Wasserschloß aus der
Spätrenaissance. Alte Gemälde. Hist. wert-
volle Sandsteinkamine in der Halle

Rüttenscheid (2 km ↓)

** Best Western Hotel Ypsilon
Müller-Breslau-Str 18 c (C 6), ⊠ 45130,
☎ (02 01) 8 96 90, Fax 8 96 91 00,
AX DC ED VA
93 Zi, Ez: 198-295, Dz: 248-295, S; 2 Suiten,
6 App, ⊿ WC ☎, 28🛏; Lift 🅿 🚗 2↻80

** An der Gruga
Eduard-Lucas-Str 17, ⊠ 45131, ☎ (02 01)
4 19 10, Fax 42 51 02, AX DC VA
40 Zi, Ez: 140-160, Dz: 195-230, ⊿ WC ☎;
Lift 🅿 🚗; garni

** Maximilian
Manfredstr 10, ⊠ 45131, ☎ (02 01)
45 01 70, Fax 4 50 17 99, AX DC ED VA
31 Zi, Ez: 150-180, Dz: 200-240, ⊿ WC ☎;
Lift 🅿; garni

** Im Girardet-Haus
Girardetstr 2 (B 6), ⊠ 45131, ☎ (02 01)
87 88 00, Fax 8 78 80 88, AX DC ED VA
42 Zi, Ez: 205-255, Dz: 250-310, 1 Suite,
42 App, ⊿ WC ☎; Lift 🅿 3↻100; garni

** Ruhr-Hotel
Krawehlstr 42 (A 5), ⊠ 45130, ☎ (02 01)
77 80 53, Fax 78 02 83, AX ED VA
29 Zi, Ez: 120-160, Dz: 180-240, ⊿ WC ☎,
4🛏; Lift; garni

Esslingen am Neckar

✱ Alma
Almastr 7 (B 5), ✉ 45130, ☎ (02 01) 7 24 00, Fax 7 24 01 06, AX DC ED VA
41 Zi, Ez: 160-220, Dz: 200-300, ᴅ WC ☎; Lift P; garni

✱ Arosa
Rüttenscheider Str 149 (B 6), ✉ 45130, ☎ (02 01) 7 22 60, Fax 7 22 61 00, AX DC ED VA
88 Zi, Ez: 168-208, Dz: 228-288, ᴅ WC ☎, 27⊟; Lift P 2⇔60 Kegeln ⌘

✱ Messehotel
Eduard-Lucas Str 8, ✉ 45131, ☎ (02 01) 42 11 00, Fax 42 50 72, ED VA
15 Zi, Ez: 120-150, Dz: 160-190, ᴅ WC ☎; ⌘
geschl: So, Aug

✱ Behr's Parkhotel
Alfredstr 118, ✉ 45131, ☎ (02 01) 77 90 95, Fax 78 98 16, AX ED
17 Zi, Ez: 100-150, Dz: 150-200, ᴅ WC ☎; P 🚗 ⌘

✱ Rüttenscheider Hof
Klarastr 18, ✉ 45130, ☎ (02 01) 79 10 51, Fax 79 28 75, AX ED VA
24 Zi, Ez: 100-135, Dz: 180-190, ᴅ WC ☎; ⌘ 🍷

✱ Emile ✠
Emilienstr 2 (C 4), ✉ 45128, ☎ (02 01) 79 13 18, Fax 79 13 31, ED VA
Hauptgericht 25; ⍾; geschl: Sa mittags, So, Mitte Jul-Anfang Aug
Bistro mit italienischer Küche. Tischreservierung empfehlenswert

Weinhaus Michl
Elfriedenstr, Ecke Julienstr (B 6), ✉ 45109, ☎ (02 01) 77 27 56, AX ED VA
Hauptgericht 30; geschl: So, Ende Dez-Anfang Jan

Werden (8 km ↓)
✱ Gastgeb ♕
Hammerstr 17, ✉ 45239, ☎ (02 01) 4 00 35, Fax 40 11 14, AX DC ED VA
12 Zi, Ez: 120, Dz: 180, ᴅ WC ☎; P; garni

✱ Hohenstein
♂ Hohensteinweg 5, ✉ 45239, ☎ (02 01) 49 69 49 + 49 65 10, Fax 49 69 60, AX DC ED VA
8 Zi, Ez: 110-130, Dz: 170-190, 1 Suite, ᴅ WC ☎, 1⊟; P 1⇔20; garni
Rezeption: 7-12.30, 14.30-22; geschl: Jul

Werden-Außerhalb
✱✱ Landhaus Rutherbach
einzeln, Ruhrtalstr 221, ✉ 45219, ☎ (02 01) 49 52 46, AX ED VA
Hauptgericht 35; nur abends, so + feiertags auch mittags; geschl: Mo

Essen, Bad 24 ↘

Niedersachsen — Kreis Osnabrück — 70 m — 3 000 Ew — Osnabrück 25, Diepholz 40, Herford 41 km
ℹ ☎ (0 54 72) 8 33, Fax 44 42 — Kurverwaltung, Ludwigsweg 6, 49152 Bad Essen; Heilbad am Wiehengebirge. Sehenswert: Alte Wassermühle; hist. Kirchplatz

✱✱ Landhotel Buchenhof
Bergstr 22-26, ✉ 49152, ☎ (0 54 72) 93 90, Fax 9 39 -2 00, AX DC ED VA
21 Zi, Ez: 90-155, Dz: 150-230, 4 App, ᴅ WC ☎, 4⊟; P 🚗 1⇔25 Fitneßraum Sauna Solarium; garni
Rezeption: 6.30-20
Auch Zimmer der Kategorie ✱ verfügbar.

✱ Parkhotel
♂ ◄ Auf der Breede 1, ✉ 49152, ☎ (0 54 72) 40 70, Fax 4 07 20, AX ED
28 Zi, Ez: 95-110, Dz: 145-165, 1 Suite, ᴅ WC ☎, 4⊟; Lift P 4⇔160 ⌘

Essing 64 ↗

Bayern — Kreis Kelheim — 359 m — 965 Ew — Kelheim 7, Riedenburg 10 km
ℹ ☎ (0 94 47) 3 63, Fax 72 00 — Gemeindeverwaltung, Marktplatz 1, 93343 Essing; Ort im Altmühltal

✱ Schneider's Kleines Brauhaus
Altmühlgasse 10, ✉ 93343, ☎ (0 94 47) 9 18 00, Fax 91 80 20
Hauptgericht 25; ⍾; geschl: Mo, Di, 2 Wochen im Feb

Essing-Außerhalb (1 km ←)
✱ Weihermühle
Weihermühle 4, ✉ 93343, ☎ (0 94 47) 3 55, Fax 6 83, AX DC ED VA
22 Zi, Ez: 60-120, Dz: 80-170, 1 App, ᴅ WC ☎; Lift P 🚗 1⇔20 ≋ Sauna Solarium
geschl: Im Winter Di, Jan + Feb, Mitte Nov-Mitte Dez

✱
Hauptgericht 20; Biergarten Terrasse; geschl: Mo, Di, Jan-Feb, Mitte Nov-Mitte Dez

Esslingen am Neckar 61 →

Baden-Württemberg — Kreis Esslingen — 230 m — 92 000 Ew — Stuttgart 14, Göppingen 28, Ulm 77 km
ℹ ☎ (07 11) 35 12 24 41, Fax 35 12 29 12 — Stadtinformation, Amt für Touristik, Marktplatz 16 (A 1), 73728 Esslingen am Neckar; Schauspielhaus. Sehenswert: Stadtkirche St. Dionys (Glasmalereien); Frauenkirche; Münster St. Paul; Altes Rathaus; Burg ◄; Tore und Türme der ehem. Stadtbefestigung

Stadtplan siehe Seite 364 →

Esslingen am Neckar

★★ Am Schelztor
Schelztorstr 5 (A 1), ✉ 73728, ☎ (07 11)
3 96 96 40, Fax 35 98 87, AX DC ED VA
33 Zi, Ez: 110-130, Dz: 170-190, ⌂ WC ☎;
Lift 🅿 1⇔25 Fitneßraum Sauna

★★ Distel
Hauptgericht 25; geschl: Sa, So, 3 Wochen
in den Sommerferien, Ende Dez

★★ Am Schillerpark
Neckarstr 60 (B 2), ✉ 73728, ☎ (07 11)
93 13 30, Fax 93 13 31 00, AX DC ED VA
49 Zi, Ez: 90-195, Dz: 150-225, 2 Suiten, ⌂
WC ☎; Lift 🅿 🚗 🍽
geschl: Ende Dez-Anfang Jan

★★ Rosenau
Plochinger Str 65 (C 2), ✉ 73730, ☎ (07 11)
31 63 97, Fax 3 16 13 44, AX ED VA
57 Zi, Ez: 95-150, Dz: 160-190, ⌂ WC ☎; Lift
🅿 🚗 ⛱ Sauna Solarium
geschl: Aug
Auch Zimmer der Kategorie ★ vorhanden
★★ Hauptgericht 25; Gartenlokal;
nur abends; geschl: Sa, Aug, Ende Dez-
Anfang Jan

★ Panorama-Hotel
◁ Mülberger Str 66 (C 1), ✉ 73728,
☎ (07 11) 37 31 88, Fax 37 10 96, AX DC ED VA
34 Zi, Ez: 108, Dz: 150, ⌂ WC ☎; Lift 🅿 🚗;
garni
geschl: Ende Dez-Anfang Jan

★★ Dicker Turm
◁ Auf der Burg (B 1), ✉ 73701, ☎ (07 11)
35 50 35, Fax 3 50 85 96, DC ED VA
Hauptgericht 30; 🅿; geschl: im Sommer
So

Berkheim (3 km ↓)
★★ Linde
Ruiter Str 2, ✉ 73734, ☎ (07 11) 34 53 05,
Fax 3 45 41 25, AX DC ED VA
100 Zi, Ez: 90-160, Dz: 130-210, 1 Suite,
4 App, ⌂ WC ☎, 4🍽; Lift 🅿 🚗 3⇔90 ⛱
Sauna Solarium
Im Stammhaus auch Zimmer der Kategorie
★ vorhanden
★★ Hauptgericht 30; Terrasse;
geschl: Ende Dez-Mitte Jan

Liebersbronn (2 km ↗)
★ Traube
Im Gehren 6, ✉ 73732, ☎ (07 11) 37 03 10,
Fax 3 70 31 30, ED VA
52 Zi, Ez: 85-105, Dz: 130-150, ⌂ WC ☎; Lift
🅿 🚗 2⇔70 ⛱ Kegeln Sauna Solarium
geschl: Mitte-Ende Jul
★ Hauptgericht 25; Terrasse

★ Jägerhaus
♂ ◁ Römerstr 1, ✉ 73732, ☎ (07 11)
37 03 30, Fax 3 70 33 43, ED VA
37 Zi, Ez: 125, Dz: 150, ⌂ WC ☎; Lift 🅿 🚗
3⇔100 Kegeln Sauna Solarium
Rezeption: 7-12, 14-19
★ ◁ Hauptgericht 25; Biergarten

Neckarhalde (2 km ↘)
* **Kelter**
♂ ⋅≼ Kelterstr 104, ✉ 73733, ☎ (07 11)
9 18 90 60, Fax 91 89 06 28, ED VA
12 Zi, Ez: 60-80, Dz: 120-150, ⌐⌐ WC ☎; Lift
P ⌂
Auch Zimmer der Kategorie ****** vorhanden
* ⋅≼ Hauptgericht 30; Biergarten
Terrasse; geschl: Mo

Zell (5 km ↘)
** **Zeller Zehnt**
Hauptstr 97, ✉ 73730, ☎ (07 11) 93 08 10-0,
Fax 36 75 45, AX DC ED VA
29 Zi, Ez: 90, Dz: 160, 1 App, ⌐⌐ WC ☎; Lift
P ⌂ Fitneßraum Sauna ⍟
geschl: Ende Jul-Anfang Aug

Esterwegen 16 ↙

Niedersachsen — Kreis Emsland — 35 m
— 4 600 Ew — Oldenburg 45, Papenburg 20, Sögel 20 km
ℹ ☎ (0 59 55) 2 00, Fax 2 00 20 — Gemeindeverwaltung, Poststr 13, 26897 Esterwegen; Erholungsort

* **Graf Balduin**
♂ Am Sportpark, ✉ 26897, ☎ (0 59 55)
2 02 00, Fax 2 02 99, AX DC ED VA
32 Zi, Ez: 70-90, Dz: 120-140, 1 Suite, ⌐⌐ WC
☎; Lift P 3↔80
Tennis 2
geschl: So
** Hauptgericht 25; geschl: So

Ettal 71 ↙

Bayern — Kreis Garmisch-Partenkirchen —
900 m — 1 000 Ew — Oberammergau 5,
Garmisch-Partenkirchen 15 km
ℹ ☎ (0 88 22) 35 34, Fax 63 99 — Gemeindeverwaltung, Ammergauer Str 8,
82488 Ettal; Luftkurort und Wintersportplatz. Sehenswert: Klosterkirche; Schloß
Linderhof (10 km ←)

** **Blaue Gams**
♂ ⋅≼ Vogelherdweg 12, ✉ 82488,
☎ (0 88 22) 64 49, Fax 8 69
52 Zi, Ez: 55-75, Dz: 95-180, ⌐⌐ WC ☎; Lift P
⍟

* **Zur Post**
Kaiser-Ludwig-Platz 18, ✉ 82488,
☎ (0 88 22) 35 96, Fax 69 71, ED VA
21 Zi, Ez: 65-120, Dz: 110-180, 4 App, ⌐⌐
WC; P ⌂ ⍟
Rezeption: 8-21.30; geschl: Anfang Nov-
Mitte Dez

Linderhof (10 km ←)
** **Schloßhotel Linderhof**
Haus Nr 14, ✉ 82488, ☎ (0 88 22) 7 90,
Fax 43 47, AX DC ED VA
29 Zi, Ez: 70-90, Dz: 140-160, ⌐⌐ WC ☎; Lift
P 1↔50 ⍟
Rezeption: 8-21; geschl: Ende Nov-Weih-
nachten

Ettlingen

Ettlingen 60 ↗

Baden-Württemberg — Kreis Karlsruhe —
136 m — 38 000 Ew — Karlsruhe 7 km
ℹ ☎ (0 72 43) 10 12 21, Fax 10 14 30 — Ver-
kehrsamt, im Schloß, 76275 Ettlingen;
Stadt am Nordrand des Schwarzwaldes.
Sehenswert: Kath. Kirche St. Martin;
Schloß: Asam-Saal, Albgau-Museum;
Karl-Hofer-Museum; Karl-Albiker-
Museum; Ostasien-Museum; Rathaus und
Narrenbrunnen

Achtung: Schloß-Festspiele

*** **Erbprinz** ♛
Rheinstr 1, ✉ 76275, ☎ (0 72 43) 32 20,
Fax 1 64 71, AX DC ED VA
41 Zi, Ez: 150-198, Dz: 260-295, 6 Suiten, ⌐⌐
WC ☎; Lift P ⌂ 3↔50
**** Hauptgericht 45

** **Stadthotel Engel**
Kronenstr 13, ✉ 76275, ☎ (0 72 43) 33 00,
Fax 33 01 99, AX DC ED VA
90 Zi, Ez: 160, Dz: 190, 4 App, ⌐⌐ WC ☎,
18✉; Lift P ⌂ Fitneßraum Sauna
Solarium; **garni**
geschl: Ende Dez

* **Holder**
Lindenweg 18, ✉ 76275, ☎ (0 72 43)
1 60 08 + 3 29 92, Fax 7 95 95, AX ED VA
29 Zi, Ez: 106-145, Dz: 140-165, ⌐⌐ WC ☎; P
Fitneßraum Sauna Solarium
geschl: Ende Dez-Anfang Jan
Restaurant für Hausgäste. Auch Zimmer
der Kategorie ****** vorhanden

* **Drei Mohren**
Rheinstr 15, ✉ 76275, ☎ (0 72 43) 1 60 31,
Fax 1 57 91, AX DC ED VA
31 Zi, Ez: 85-168, Dz: 128-185, ⌐⌐ WC ☎; Lift
P ⌂ Kegeln
Auch einfache Zimmer vorhanden
** Hauptgericht 30; Terrasse;
geschl: Sa+So

** **Weinstube Zum Engele** 🍽
Kronenstr 13, ✉ 76275, ☎ (0 72 43)
76 17 20, Fax 46 73, AX DC ED VA
Hauptgericht 35; Terrasse; geschl: So

** **Ratsstuben**
Kirchenplatz 1, ✉ 76275, ☎ (0 72 43)
7 61 30, Fax 76 13 20, AX DC ED VA
Hauptgericht 30

Ettlingen-Außerhalb (5 km ↘)
*** **Holiday Inn**
Beim Runden Plom, ✉ 76275, ☎ (0 72 43)
38 00, Fax 38 06 66, AX DC ED VA
193 Zi, Ez: 184-240, Dz: 184-315, S;
4 Suiten, ⌐⌐ WC ☎, 80✉; Lift P 19↔300 ⌂
Fitneßraum Kegeln Sauna Solarium
** **Rhapsody**
Hauptgericht 40; Terrasse

Ettringen

Ettringen 43 ↙

Rheinland-Pfalz — Mayen-Koblenz — 200 m — 2 645 Ew — Mayen 4, Mendig 6 km
ℹ ☎ (0 26 51) 23 62 — Gemeindeverwaltung, 56729 Ettringen

** Parkhotel am Schloß
Im Nettetal, ✉ 56729, ☎ (0 26 51) 80 84 04, Fax 80 84 00, AX DC ED VA
14 Zi, Ez: 125-220, Dz: 330-354, 4 Suiten, ⌐ WC ☎; P 🅿 2⇄16 ❗ ≡

Eurasburg 71 →

Bayern — Kreis Bad Tölz-Wolfratshausen — 614 m — 3 634 Ew — Wolfratshausen 7, Penzberg 13, München 27 km
ℹ ☎ (0 81 79) 7 01 — Gemeindeverwaltung, 82547 Eurasburg

Beuerberg-Außerhalb (3 km ↓) Richtung Penzberg
** Gut Faistenberg
einzeln ⌂, ✉ 82547, ☎ (0 81 79) 16 16, Fax 12 00
Hauptgericht 40; nur abends
*** einzeln ♂ ⌐ 10 Zi, Ez: 139-212, ♛ Dz: 178-298, ⌐ WC ☎; P 🅿

Euskirchen 42 ↗

Nordrhein-Westfalen — Kreis Euskirchen — 150 m — 50 000 Ew — Bonn 26, Düren 30, Köln 36 km
ℹ ☎ (0 22 51) 1 40, Fax 1 42 49 — Stadtverwaltung, Kölner Str 75, 53879 Euskirchen; Kreisstadt zwischen Rhein und Eifel.
Sehenswert: Kath. Martinskirche; Stadtbefestigung: Dicker Turm mit Stadtmuseum; Burg Veynau; Hardtburg; Burg Ringsheim; Waldfreibad; Steinbach-Talsperre (11 km ↘).

* Bei Rothkopfs
Kommerner Str 76, ✉ 53879, ☎ (0 22 51) 5 56 11, Fax 30 60, AX DC ED VA
25 Zi, Ez: 110-125, Dz: 150-180, 7 App, ⌐ WC ☎; P
Rezeption: 6.30-14, 17-1; geschl: Fr, Mitte Dez-Anfang Jan
Auch einfachere Zi vorhanden
* Hauptgericht 25

* Concordia
Kessenicher Str 36, ✉ 53879, ☎ (0 22 51) 21 67, Fax 7 42 48, AX DC ED VA
14 Zi, Ez: 85, Dz: 120, ⌐ WC ☎; 1⇄30 ❗

Eutin 11 ↙

Schleswig-Holstein — Kreis Ostholstein — 34 m — 19 435 Ew — Lübeck 37, Kiel 52 km
ℹ ☎ (0 45 21) 31 55 — Fremdenverkehrsamt, im Haus des Kurgastes, Bleekergang, 23701 Eutin; Kreisstadt und Luftkurort „Rosenstadt" am Großen Eutiner See.
Sehenswert: St.-Michaelis-Kirche; Schloß mit Park; Ukleisee (6 km ↑)

** Voss-Haus
Vossplatz 6, ✉ 23701, ☎ (0 45 21) 7 07 70, Fax 70 77 77, AX ED VA
15 Zi, Ez: 130, Dz: 165-190, 3 App, ⌐ WC ☎; P 🅿 3⇄150 Seezugang ≡
Hist. Haus. Hier hat Johann Heinrich Voss von 1784-1802 gelebt und Homers Ilias und Odyssee ins Deutsche übersetzt
** Hauptgericht 30; Terrasse

** L' Etoile
Lübecker Landstr 36, ✉ 23701, ☎ (0 45 21) 70 28 60, Fax 70 28 66
Hauptgericht 35; nur abends, Sa + So auch mittags; geschl: Mo, Di
Le Bistro
Hauptgericht 30; geschl: Mo

≡ **Carl Maria von Weber -Cafe-**
Lübecker Str 48, ✉ 23701, ☎ (0 45 21) 7 82 50, Fax 7 82 51
7-18, Sa 9-18, So 10-18; geschl: Di
Spezialität: Freischütztorte

Fissau (2 km ↑)
* Wiesenhof
♂ Leonhard-Bold-Str 25, ✉ 23701, ☎ (0 45 21) 7 07 60, Fax 70 76 66, ED
35 Zi, Ez: 65-79, Dz: 120-160, 9 App, ⌐ WC; P 🅿 ≋ Fitneßraum Sauna Solarium
Rezeption: 8-21
* Hauptgericht 25; Terrasse; im Winter nur abends; geschl: Mi

* Fissauer Fährhaus
⌐ Leonhard-Boldt Str 8, ✉ 23701, ☎ (0 45 21) 23 83, Fax 7 38 81
Hauptgericht 30; geschl: Di, Anfang Jan-Anfang Mär

Neudorf (3 km ←)
* Freischütz
Braaker Str 1, ✉ 23701, ☎ (0 45 21) 24 60, Fax 40 49
15 Zi, Ez: 70-90, Dz: 120-140, ⌐ WC ☎; P 🅿; garni

Extertal 25 ↓

Nordrhein-Westfalen — Kreis Lippe — 300 m — 13 790 Ew — Rinteln 13, Bad Pyrmont 25 km
ℹ ☎ (0 52 62) 40 20, Fax 4 02 58 — Verkehrsamt, im Ortsteil Bösingfeld, Mittelstr 36, 32699 Extertal. Sehenswert: Hist. Dampf- und Elektrozüge; Hohe Asch, 371 m; ⌐ (2 km ↘); Burg Sternberg (4 km ←)

Linderhofe
* Burg Sternberg
Sternberger Str 37, ✉ 32699, ☎ (0 52 62) 94 40, Fax 94 41 44
40 Zi, Ez: 68-94, Dz: 108-160, 1 Suite, 1 App, ⌐ WC ☎, 10🎨; Lift P 🅿 4⇄60 ≋ Sauna Solarium ❗ ≡
Auch einfachere Zimmer vorhanden

Falkenau 50 □

Sachsen — Kreis Freiberg — 400 m — 2 050 Ew — Chemnitz 12 km
🛈 ☎ (0 37 26) 23 74 — Gemeindeverwaltung, Ernst-Thälmann-Str 18, 09569 Falkenau

∗ Falkenhöhe
Dresdner Str 4, ✉ 09569, ☎ (0 37 26) 62 62, Fax 62 63, AX DC ED VA
15 Zi, Ez: 90-120, Dz: 120-150, ⇨ WC ☎, 5✉; P ⓘ

Falkenberg (Elster) 40 ←

Brandenburg — Kreis Herzberg — 83 m — 6 797 Ew — Bad Liebenwerda 19, Torgau 20, Finsterwalde 37 km
🛈 ☎ (03 53 65) 26 01 — Stadtverwaltung, Lindenstr 7 a, 04895 Falkenberg

∗ Lindenstraße
Lindenstr 55 b, ✉ 04895, ☎ (03 53 65) 40 10, Fax 4 01 24
11 Zi, Ez: 45-75, Dz: 75-105, 1 Suite, 1 App, ⇨ WC ☎; P

Falkenhagen 31 □

Brandenburg — Kreis Märkisch-Oderland — 20 m — 861 Ew — Frankfurt/Oder 19, Fürstenwalde 26 km
🛈 ☎ (03 36 03) 2 38 — Gemeindeverwaltung, Ernst-Thälmann-Str 11, 15306 Falkenhagen

Falkenhagen-Außerhalb (2 km ↓)
∗∗ Seehotel Luisenhof
einzeln ⚲ ⚓ Am Gabelsee, ✉ 15306, ☎ (03 36 03) 4 00, Fax 4 04 00, AX ED VA
28 Zi, Ez: 85-105, Dz: 135-155, 4 Suiten, ⇨ WC ☎; P 🅿 2⇔40 Strandbad Seezugang Fitneßraum Kegeln Sauna Solarium ⓘ Tennis 2

Falkenhagen 20 ↘

Brandenburg — Kreis Prignitz — 116 m — 425 Ew — Pritzwalk 7, Plau 39 km
🛈 ☎ (03 39 86) 2 67 — Gemeindeverwaltung, Hauptstr 48, 16928 Falkenhagen

∗ Falkenhagen
Rapshagener Str, ✉ 16928, ☎ (03 39 86) 8 21 23, Fax 8 21 25, AX DC ED VA
45 Zi, Ez: 85-95, Dz: 120-130, ⇨ WC ☎; P 2⇔60 ⓘ

Falkensee 30 ←

Brandenburg — Rathenau — 22 300 Ew — 30 m — Berlin 20, Potsdam 23 km
🛈 — Informationszentrum Stadthalle, Am Gutspark, 14612 Falkensee

∗ Falkensee
Spandauer Str 6, ✉ 14612, ☎ (0 33 22) 2 50 10, Fax 25 01 55, AX ED VA
26 Zi, Ez: 80-110, Dz: 119-169, ⇨ WC ☎; Lift P ⓘ

Falkenstein 65 ↑

Bayern — Kreis Cham — 628 m — 3 020 Ew — Roding 14, Straubing 35, Regensburg 39 km
🛈 ☎ (0 94 62) 2 44, Fax 53 10 — Verkehrsamt, Marktplatz 1, 93167 Falkenstein; Luftkurort im Bayerischen Wald. Sehenswert: Burg; Park, ⚓(1 km ↘); Klosterkirche in Frauenzell (12 km ↙)

∗∗ Am Schloßpark
Rodinger Str 5, ✉ 93167, ☎ (0 94 62) 7 96, Fax 16 64, AX DC ED VA
17 Zi, Ez: 75, Dz: 110-130, 2 Suiten, ⇨ WC ☎; Lift P 🅿 1⇔35 Sauna Solarium
∗ Hauptgericht 25; geschl: Mo

∗ Pension Schwarz
⚲ ⚓ Arracher Höhe 1, ✉ 93167, ☎ (0 94 62) 2 50, Fax 6 74
23 Zi, Ez: 47-50, Dz: 90-100, ⇨ WC; P 🅿 ≋ Sauna Solarium ⓘ
Rezeption: 9-20; geschl: Mitte Nov-Mitte Dez

Falkenstein (Vogtl.) 49 □

Sachsen — Kreis Auerbach — 575 m — 10 000 Ew — Klingenthal 18, Reichenbach 22 km
🛈 ☎ (0 37 45) 7 01 25 — Fremdenverkehrsamt, Clara-Zetkin-Str 1, 08224 Falkenstein

∗∗ Falkenstein
⚲ Amtsstr 1, ✉ 08223, ☎ (0 37 45) 74 20, Fax 74 24 44, AX DC ED VA
50 Zi, Ez: 125-165, Dz: 135-185, ⇨ WC ☎, 12✉; Lift P 🅿 3⇔100 Sauna
geschl: Jul
∗ Hauptgericht 20; Terrasse

Fallersleben siehe Wolfsburg

Fallingbostel 26 ↘

Niedersachsen — Kreis Soltau-Fallingbostel — 50 m — 11 500 Ew — Soltau 18, Nienburg/Weser 47 km
🛈 ☎ (0 51 62) 40 00, Fax 40 05 00 — Kurverwaltung, Sebastian-Kneipp-Platz 1, 29683 Fallingbostel; Kreisstadt; Kneippheilbad und Schrothkurort in der Lüneburger Heide. Sehenswert: Hermann-Löns-Grab in Tietlinger Wacholderhain; Sieben Steinhäuser (Hünengräber, 15 km ↘), Besuch nur am 1. und 3. Wochenende im Monat von 8-18 Uhr) →

Fallingbostel

** Berlin
Düshorner Str 7, ✉ 29683, ☎ (0 51 62) 30 66, Fax 16 36, AX DC ED VA
20 Zi, Ez: 95-110, Dz: 120-150, ⌁ WC ☎; P ⌂ 1⇨30
geschl: Sa, Sep
** Hauptgericht 28; Terrasse

* Haus Petersen
Schlüterberg 1, ✉ 29683, ☎ (0 51 62) 59 66, Fax 12 62, DC ED VA
16 Zi, Ez: 75-95, Dz: 110-150, ⌁ WC ☎; P ⌂ ≈ Fitneßraum Sauna; garni

* Karpinski
Kirchplatz 1, ✉ 29683, ☎ (0 51 62) 30 41, Fax 64 05, AX DC ED VA
22 Zi, Ez: 65-85, Dz: 92-125, ⌁ WC ☎; Lift P ⌂; garni
geschl: Anfang Dez-Anfang Jan

Farchant 71 ↗

Bayern — Kreis Garmisch-Partenkirchen — 700 m — 3 700 Ew — Garmisch-Partenkirchen 5 km
ℹ ☎ (0 88 21) 67 55, Fax 6 13 16 — Verkehrsamt, Am Gern 1, 82490 Farchant; Erholungsort

** Appartementhaus Farchanter Alm
♂ ◂ Esterbergstr 37, ✉ 82490, ☎ (0 88 21) 68 40, Fax 6 84 49, AX DC ED
23 Zi, Ez: 85-99, Dz: 130-145, 23 App, ⌁ WC ☎; P ⌂ ≈ Sauna Solarium ⌐
Rezeption: 8.30-19; geschl: Anfang Nov-Mitte Dez

* Föhrenhof
♂ Frickenstr 2, ✉ 82490, ☎ (0 88 21) 66 40, Fax 6 13 40
18 Zi, Ez: 55-65, Dz: 95-160, 3 App, ⌁ WC; P 1⇨20 Kegeln ⌐
geschl: Mitte-Ende Apr, Ende Okt-Mitte Dez, Jan

* Kirchmayer
Hauptstr 14, ✉ 82490, ☎ (0 88 21) 6 87 33, Fax 63 45, AX ED VA
17 Zi, Ez: 70-85, Dz: 110-150, ⌁ WC ☎; Lift P ≈
geschl: Mitte Nov-Mitte Dez
⌐ Hauptgericht 20; Biergarten Gartenlokal; geschl: Mitte Nov-Mitte Dez

* Alter Wirt
Bahnhofstr 1, ✉ 82490, ☎ (0 88 21) 62 38, Fax 6 14 55, AX DC ED VA
35 Zi, Ez: 53-75, Dz: 90-130, ⌁ WC ☎; P 3⇨350 ≈ Kegeln ⌐
geschl: Außerhalb der Saison am Donnerstag, Jan
Auch einfachere Zimmer vorhanden

* Gästehaus Zugspitz
◂ Mühldörflstr 4, ✉ 82490, ☎ (0 88 21) 67 29, Fax 6 16 64
14 Zi, Ez: 55, Dz: 100-110, ⌁ WC ☎; P Fitneßraum Sauna Solarium; garni

Faßberg 26 ↗

Niedersachsen — Kreis Celle — 65 m — 6 583 Ew — Hermannsburg 11, Munster 13, Uelzen 35 km
ℹ ☎ (0 50 53) 3 29, Fax 16 09 — Gemeindeverwaltung, Große Horststr 44, 29328 Faßberg; Erholungsort in der Lüneburger Heide

Müden (Erholungsort, 5 km ✓)
** Niemeyer's Posthotel
Hauptstr 7, ✉ 29328, ☎ (0 50 53) 9 89 00, Fax 98 90 64, ED VA
38 Zi, Ez: 120-140, Dz: 160-190, ⌁ WC ☎, 8⌂; P ⌂ 3⇨60 Sauna Solarium
geschl: So abends, Okt-Mär
** Schäferstuben
Hauptgericht 27; Terrasse

** Landhotel Bauernwald
♂ Alte Dorfstr 8, ✉ 29328, ☎ (0 50 53) 5 88, Fax 15 56, VA
37 Zi, Ez: 110-130, Dz: 150-180, 1 App, ⌁ WC ☎; P ⌂ 3⇨50 Sauna ⌐
geschl: Mo, Mitte Dez-Mitte Jan
** Hauptgericht 27; Gartenlokal Terrasse; geschl: Mo, Mitte Dez-Mitte Jan

Faulbach 55 □

Bayern — 135 m — 2 721 Ew — Wertheim 12, Miltenberg 22 km
ℹ ☎ (0 93 92) 84 44 — Gemeindeverwaltung, Hauptstr 121, 97906 Faulbach

** Goldener Engel
Hauptstr 128, ✉ 97906, ☎ (0 93 92) 25 15, Fax 25 16, ED VA
Hauptgericht 35; P; nur abends; geschl: Mo, Di, 4 Wochen im Aug

Fehmarn 11 →

Schleswig-Holstein — Ostholstein — waldlose, fruchtbare, flache Ostseeinsel, mit einer Eisenbahn-Straßen-Brücke (◂) über den 1,2 km breiten Fehmarnsund mit dem Festland verbunden; von Puttgarden (an der Nordküste) Eisenbahn- und Autofähre über den 19 km breiten Fehmarnbelt nach Rødbyhavn (auf der dänischen Insel Lolland); ℹ Insel-Information, Breite Str 28, 23769 Burg auf Fehmarn, ☎ (0 43 71) 30 54, Fax 5 06 81

Burg auf Fehmarn Ostsee-Heilbad. Sehenswert: Nikolaikirche, Hafen Burgstaaken

Feldafing

** Glaeßer Appartements
Ahornweg 3, ✉ 23769, ☎ (0 43 71) 92 22,
Fax 18 15
Ez: 80-100, Dz: 160-200, 10 Suiten, 1 App,
⊣ WC ☎; 🅿 Fitneßraum Sauna Solarium;
garni
geschl: Nov
Golf 9

* Schützenhof
Menzelweg 2, ✉ 23769, ☎ (0 43 71) 96 02,
Fax 96 70
32 Zi, Ez: 60-75, Dz: 110-140, ⊣ WC; 🅿
1⟲120 🍴
Rezeption: 10-14, 17-23

* Burgklause
Blieschendorfer Weg 1, ✉ 23769,
☎ (0 43 71) 67 82, Fax 17 35, DC ED VA
15 Zi, Ez: 90, Dz: 130-150, ⊣ WC ☎; 🅿 30
Sauna Solarium 🍴
Rezeption: 8-14, 17-23

** Der Lachs
Landkirchner Weg 1a, ✉ 23796,
☎ (0 43 71) 8 72 00
Hauptgericht 30; 🅿 Terrasse; nur abends,
So auch mittags

* Doppeleiche
Breite Str 32, ✉ 23769, ☎ (0 43 71) 99 20,
AX DC ED VA
Hauptgericht 30; Terrasse; geschl: im Winter Di, Jan

Neue Tiefe
* Strand-Hotel
◂ Am Binnensee 2, ✉ 23769, ☎ (0 43 71)
31 42, Fax 97 30, ED
9 Zi, Ez: 69-79, Dz: 118-138, 13 App, ⊣ WC
☎; 🅿; garni

Neujellingsdorf
* Margarethenhof
♚ Dorfstr 7, ✉ 23769, ☎ (0 43 71) 39 75,
Fax 45 22
Hauptgericht 27; 🅿; nur abends; geschl:
Mo, Anfang Nov-Ende Feb

Westfehmarn
** Entenfang Hof Bellevue
einzeln, zwischen Lemkendorf und Lemkenhafen, ✉ 23769, ☎ (0 43 72) 99 70 28,
Fax 99 70 88
Hauptgericht 30; 🅿 Terrasse; nur abends

Westfehmarn-Lemkenhafen
* Haus Meeresfrieden
◂ Am Hafen 20, ✉ 23769, ☎ (0 43 72)
18 15, Fax , VA
5 Zi, Ez: 89-119, Dz: 118-178, S; 5 App, ⊣
WC ☎; 🅿 🍴

Westfehmarn-Petersdorf
Südermühle
♚ Mühlenweg 2, ✉ 23769, ☎ (0 43 72) 6 36,
Fax 12 91, AX DC ED VA
Hauptgericht 20; Biergarten Gartenlokal 🅿
Terrasse; geschl: Do, Mitte Jan-Ende Mär,
Nov

Fehrenbach 47 □

Thüringen — Kreis Hildburghausen —
590 m — 857 Ew — Hildburghausen 20,
Neuhaus am Rennweg 22 km
🅘 ☎ (03 68 70) 3 78 — Gemeindeverwaltung, Ernst-Thälmann-Str 9, 98666 Fehrenbach

* Werra Park Hotel
Am Sommerberg
♂ ◂ Schulstr 23, ✉ 98666, ☎ (03 68 74)
9 40 00, Fax 9 47 77
70 Zi, Ez: 80-85, Dz: 126-136, 12 App, ⊣ WC
☎; Lift 🅿 3⟲120 Fitneßraum Sauna
Solarium 🍴
24 Ferienhäuser vohanden

Feilnbach, Bad 72→

Bayern — Kreis Rosenheim — 514 m —
6 000 Ew — Bad Aibling 11, Rosenheim
15 km
🅘 ☎ (0 80 66) 14 44, Fax 8 87 50 — Kurverwaltung, Bahnhofstr 5, 83075 Bad Feilnbach; Moorheilbad am Wendelstein.
Sehenswert: Kath. Kirche im Ortsteil
Lippertskirchen (1 km ↘)

** Kur- und Sporthotel
♂ Am Heilholz 3, ✉ 83075, ☎ (0 80 66)
88 80, Fax 8 88 55
24 Zi, Ez: 85-115, Dz: 160-190, 3 App, ⊣ WC
☎; 🅿 🖨 ≋ Fitneßraum Kegeln Sauna
Solarium; garni
geschl: Mitte Dez-Mitte Jan
Auch Zimmer der Kategorie *** vorhanden

* Gästehaus Funk
♂ Nordweg 21, ✉ 83075, ☎ (0 80 66) 80 15,
Fax 84 42
12 Zi, Ez: 45-85, Dz: 86-100, ⊣ WC ☎; 🅿 Fitneßraum Sauna Solarium; garni

Au bei Bad Aibling (5 km ↘)
** Zur Post ✤
Hauptstr 48, ✉ 83075, ☎ (0 80 64) 7 42, ED
Hauptgericht 42; 🅿 Terrasse; nur abends,
So nur mittags; geschl: Mo, 2 Wochen zu
Pfingsten
nur Menüs

Feldafing 71 □

Bayern — Kreis Starnberg — 650 m —
3 840 Ew — Starnberg 8, München 33 km
🅘 ☎ (0 81 57) 10 31, Fax 10 52 — Gemeindeverwaltung, Possenhofener Str 5,
82340 Feldafing; Ort am Starnberger See

** Golf-Hotel Kaiserin Elisabeth
◂ Tutzinger Str 2, ✉ 82340, ☎ (0 81 57)
10 13, Fax 49 39, AX DC ED VA
68 Zi, Ez: 75-160, Dz: 150-280, 3 Suiten, ⊣
WC ☎; Lift 🅿 🖨 3⟲80 ≋ Strandbad Seezugang Kegeln
** Hauptgericht 30

Feldberg (Schwarzw.) 67 □

Baden-Württemberg — Kreis Breisgau-Hochschwarzwald — 1000 m — 1 700 Ew — Todtnau 11, Freiburg 37 km
🅘 ☎ (0 76 55) 80 19, Fax 8 01 43 — Tourist-Information, im Ortsteil Altglashütten, Kirchgasse 1, 79868 Feldberg; Luftkurort und Wintersportplatz am Feldberg, 1493 m ≤ (Sesselbahn + 30 Min ↘)

Altglashütten (8 km →)
** **Pension Schlehdorn**
≤ Am Sommerberg 1, ✉ 79868, ☎ (0 76 55) 5 64, Fax 13 20
16 Zi, Ez: 60-80, Dz: 110-160, 1 Suite, 4 App, ⊿ WC ☎; 🅿 🚗 Sauna Solarium; garni
Restaurant für Hausgäste

* **Waldeck**
Windfällstr 19, ✉ 79868, ☎ (0 76 55) 3 64, Fax 2 31, ED VA
30 Zi, Ez: 56-80, Dz: 92-118, ⊿ WC ☎; 🅿 🚗 Sauna Solarium ⓌΟΙ
geschl: Mi, Nov-Mitte Dez
* Hauptgericht 30; Terrasse; geschl: Mi, Nov-Mitte Dez

* **Sonneck**
Schwarzenbachweg 5, ✉ 79868, ☎ (0 76 55) 2 11, Fax 7 67
15 Zi, Ez: 50-56, Dz: 94-110, ⊿ WC ☎; 🅿 ⓌΟΙ

Bärental (5 km →)
* **Akzent-Hotel Adler**
♂ ⊗ Feldbergstr 4, ✉ 79868, ☎ (0 76 55) 2 30, Fax 12 28, AX DC ED VA
16 Zi, Ez: 95-130, Dz: 140-200, 7 App, ⊿ WC ☎, 2🚿; 🅿 🚗 ☕
** Hauptgericht 24; Gartenlokal

* **Diana**
≤ Panoramaweg 11, ✉ 79868, ☎ (0 76 55) 5 88, Fax 10 34, AX ED
23 Zi, Ez: 110-130, Dz: 190-240, 1 Suite, ⊿ WC ☎; Lift 🅿 🚗 1↔30 ⓢ Kegeln Sauna Solarium
geschl: 1.11.-15.12.97
* **Bärentalstuben**
≤ Hauptgericht 35; nur abends; geschl: 1.11.-15.12.97

Falkau (10 km →)
* **Peterle**
♂ ≤ Schuppenhörnlestr 18, ✉ 79868, ☎ (0 76 55) 6 77, Fax 17 71, ED VA
14 Zi, Ez: 44-48, Dz: 92-100, ⊿ WC ☎, 14🚿; 🅿 🚗 Sauna ⓌΟΙ ☕
Rezeption: 10-20; geschl: Do, Mitte Nov-Mitte Dez

* **Sporthotel Falkau**
♂ Haslachstr 12, ✉ 79868, ☎ (0 76 55) 90 81 20, Fax 9 08 12 20
25 Zi, Ez: 65-70, Dz: 106-116, ⊿ WC; 🅿 🚗 1↔40 Kegeln Sauna ⓌΟΙ
geschl: Mi, Dez

Neuglashütten (6 km →)
* **Grüner Baum**
♂ ≤ Bärhaldeweg 2, ✉ 79868, ☎ (0 76 55) 13 95, Fax 17 36, AX ED VA
12 Zi, Ez: 65, Dz: 116, ⊿ WC; 🅿 Sauna Solarium ⓌΟΙ
geschl: Mi

Feldkirchen 72 □

Bayern — Kreis München — 523 m — 3 900 Ew — München 13, Markt Schwaben 13 km
🅘 ☎ (0 89) 9 09 97 40, Fax 90 99 74 36 — Gemeindeverwaltung, Münchner Str 1, 85622 Feldkirchen

** **Bauer**
Münchner Str 6, ✉ 85622, ☎ (0 89) 9 09 80, Fax 9 09 84 14, AX DC ED VA
105 Zi, Ez: 155, Dz: 215, 3 Suiten, ⊿ WC ☎; Lift 🅿 🚗 5↔300 ⓢ Sauna Solarium
** Hauptgericht 30

Feldkirchen-Westerham 72 □

Bayern — Kreis Rosenheim — 550 m — 9 500 Ew — Glonn 10, Bad Aibling 13 km
🅘 ☎ (0 80 63) 97 03 37, Fax 97 03 44 — Gemeindeverwaltung, Ollinger Str 10, 83620 Feldkirchen-Westerham; Erholungsort

* **Mareis**
Münchner Str 10, ✉ 83620, ☎ (0 80 63) 97 30, Fax 97 38 85, AX DC ED VA
57 Zi, Ez: 84-110, Dz: 100-180, ⊿ WC ☎; Lift 🅿 🚗 Kegeln Sauna Solarium ⓌΟΙ
geschl: Anfang Jan

Aschbach (3 km ↘)
** **Berggasthof Aschbach**
≤ Haus Nr 3, ✉ 83620, ☎ (0 80 63) 90 91, Fax 2 00, ED VA
Hauptgericht 23; 🅿 Terrasse; geschl: Mo, Mitte Jan-Mitte Feb
* ≤ 9 Zi, Ez: 90-110, Dz: 120-160, ⊿ WC ☎; 🅿 2↔30
geschl: Mo, Mitte Jan-Mitte Feb

Fellbach 61 →

Baden-Württemberg — Rems-Murr-Kreis — 210 m — 42 000 Ew — Waiblingen 3, Stuttgart 8 km
🅘 ☎ (07 11) 5 85 14 16, Fax 5 85 12 60 — Pressereferat, Marktplatz 3, 70734 Fellbach

*** **Classic Congress Hotel**
Tainerstr 7, ✉ 70734, ☎ (07 11) 5 85 90, Fax 5 85 93 04, AX DC ED VA
150 Zi, Ez: 145-195, Dz: 215-260, 2 Suiten, ⊿ WC ☎, 30🚿; Lift 🅿 🚗 10↔80 Fitneßraum Kegeln Sauna Solarium
geschl: 24.12.-30.12.
** **Alt Württemberg**
Hauptgericht 38; Terrasse; geschl: 24.12.-30.12.

Fichtelberg

✱ City
Bruckstr 3, ✉ 70734, ☎ (07 11) 9 57 98 60,
Fax 95 79 86 55, AX DC ED VA
26 Zi, Ez: 90, Dz: 14; ⇃ WC ☎; **P**; garni
geschl: 2 Wochen im Jul

✱ Am Kappelberg
Karlstr 37, ✉ 70734, ☎ (07 11) 58 50 41,
Fax 58 12 18, AX DC ED VA
42 Zi, Ez: 105-120, Dz: 140-160, ⇃ WC ☎,
4🛏; Lift **P** 🚗 1⟷20 ≘ Fitneßraum Kegeln
Sauna Solarium 🍴
Restaurant für Hausgäste

⌂ Alte Kelter
Kelterweg 7, ✉ 70734, ☎ (07 11) 58 90 74/
75, Fax 58 29 41, AX ED VA
30 Zi, Ez: 60-70, Dz: 100-130, ⇃ WC ☎; **P** 🚗
1⟷30 Kegeln 🍴
geschl: Fr

✱ Weinstube Germania ✤
Schmerstr 6, ✉ 70734, ☎ (07 11) 58 20 37,
Fax 58 20 77
Hauptgericht 35; geschl: So, Mo,
3 Wochen in den Sommerferien
✱ 7 Zi, Ez: 75-80, Dz: 135-140, ⇃ WC
☎
geschl: So, Mo, 3 Wochen in den Sommerferien

✱ Weinstube Mack
🏠 Hintere Str 47, ✉ 70734, ☎ (07 11)
58 17 51, Fax 58 17 51, AX ED
Hauptgericht 25; nur abends; geschl: So

✱ Weinkeller Häussermann
Kappelbergstr 1, ✉ 70734, ☎ (07 11)
58 77 75, Fax 58 77 73, ED
Hauptgericht 28

Schmiden (2 km ↑)
✱✱ Hirsch
Fellbacher Str 2, ✉ 70736, ☎ (07 11)
9 51 30, Fax 58 18 10 65, AX DC ED VA
116 Zi, Ez: 98-130, Dz: 150-190, 5 Suiten,
3 App, ⇃ WC ☎; Lift **P** 🚗 1⟷25 ≘ Sauna
Solarium
Im 50 m entfernten Gästehaus Zimmer der
Kategorie ✱✱✱ vorhanden
✱ Hauptgericht 25; geschl: So, Fr

Feuchtwangen 63 ↘

Bayern — Kreis Ansbach — 460 m —
11 000 Ew — Dinkelsbühl 12, Crailsheim 21, Ansbach 26 km
ℹ ☎ (0 98 52) 9 04 44, Fax 9 04 32 — Verkehrsamt, Marktplatz 1, 91555 Feuchtwangen; Erholungsort. Sehenswert: Ev. Kirche,
ehem. Stiftskirche: Kreuzgang; Marktplatz

Achtung: Kreuzgangspiele

✱✱ Romantik Hotel ♛
Greifen Post
Marktplatz 8, ✉ 91555, ☎ (0 98 52) 68 00,
Fax 6 80 68, AX DC ED VA
38 Zi, Ez: 139-169, Dz: 189-259, 3 Suiten, ⇃
WC ☎, 6🛏; Lift 🚗 4⟷30 ≘ Sauna
Solarium
Auch Zimmer der Kategorie ✱✱✱ vorhanden
✱✱✱ Hauptgericht 32; Terrasse

✱ Gasthof Lamm
Marktplatz 5, ✉ 91555, ☎ (0 98 52) 25 00,
Fax 28 84
8 Zi, Ez: 65-95, Dz: 120-145, ⇃ WC ☎;
2⟷60 🍴
geschl: Di

✱✱ Gasthof Goldener Löwe ✤
Untere Tor Str 21, ✉ 91555, ☎ (0 98 52)
45 05, ED
Hauptgericht 30; geschl: Mo, Di mittags

Dorfgütingen (6 km ↑)
✱ Landgasthof Zum Ross
Haus Nr 37, ✉ 91555, ☎ (0 98 52) 99 33,
Fax 99 14
12 Zi, Ez: 70, Dz: 93-105, ⇃ WC ☎; **P** 🚗
1⟷20 Sauna Solarium
Rezeption: 10-22; geschl: So abends, Mo,
Ende Dez-Mitte Jan
✱ Hauptgericht 25; Biergarten;
geschl: So abends, Mo

Fichtelberg 58 ↗

Bayern — Kreis Bayreuth — 684 m —
2 900 Ew — Wunsiedel 14, Bayreuth 29 km
ℹ ☎ (0 92 72) 9 70 32, Fax 9 70 44 — Verkehrsamt, Bayreuther Str 4, 95686 Fichtelberg; Luftkurort und Wintersportplatz im
Fichtelgebirge. Sehenswert: Fichtelsee
(3 km ↑), Ochsenkopf, 1024 m ⛷ (6 km ↘)

✱✱ Schönblick
♂ ⛷ Gustav-Leutelt-Str 18, ✉ 95686,
☎ (0 92 72) 4 27, Fax 67 31
40 Zi, Ez: 67-115, Dz: 104-165, 4 App, ⇃ WC
☎; Lift **P** 🚗 4⟷60 ≘ Fitneßraum Sauna
Solarium
Auch Zimmer der Kategorie ✱ vorhanden
✱✱ Restaurant bei Heusingers
Hauptgericht 22; Gartenlokal Terrasse

Fichtelberg-Außerhalb (1 km ↑)
✱ Waldhotel am Fichtelsee
einzeln ♂ ⛷ Am Fichtelsee 1, ✉ 95686,
☎ (0 92 72) 4 66, Fax 4 69
18 Zi, Ez: 54-69, Dz: 92-108, ⇃ WC ☎; **P** ≋
≘ Seezugang 🍴
geschl: Ende Okt-Mitte Dez

Neubau (2 km ↑)
✱ Gasthof-Pension Specht
♂ Fichtelberger Str 41, ✉ 95686,
☎ (0 92 72) 9 73-0, Fax 9 73 20
24 Zi, Ez: 37-50, Dz: 70-86, ⇃ WC ☎; **P** 🚗
1⟷40 🍴 🍴

Fichtenau

Fichtenau 62 ↗

Baden-Württemberg — Kreis Schwäbisch Hall — 528 m — 4 600 Ew — Dinkelsbühl 5, Feuchtwangen 16, Ellwangen 17 km
🅘 ☎ (0 79 62) 89 20, Fax 14 41 — Gemeindeverwaltung, Hauptstr 2, 74576 Fichtenau; Erholungsort. Sehenswert: in Wildenstein Schloß; in Matzenbach: Läuteturm, Bildkapelle; in Lautenbach: St.-Annä-Kirche, Bernhardsweiler

Lautenbach (2 km ↑)
∗ **Storchenmühle**
♂ ≼ Buckenweilerstr 42, ✉ 74579,
☎ (0 79 62) 5 66, Fax 12 34, AX DC ED VA
10 Zi, Ez: 75, Dz: 115, ⌐ WC ☎; P 1↔30 Fitneßraum Sauna Solarium ᐁ
Rezeption: 11-20; geschl: Di
∗∗ ≼ Hauptgericht 25; geschl: Di

Filderstadt 61 ↘

Baden-Württemberg — Kreis Esslingen — 370 m — 39 894 Ew — Nürtingen 12, Stuttgart 16, Tübingen 25 km
🅘 ☎ (07 11) 7 00 30, Fax 7 00 33 45 — Stadtinformation, Bernhäuser Hauptstr 43, 70794 Filderstadt

Bernhausen
∗∗ **Rega-Flughafen Stuttgart**
Karl-Benz-Str 25, ✉ 70794, ☎ (07 11) 7 09 00, Fax 7 09 01 00, AX DC ED VA
113 Zi, Ez: 145-195, Dz: 190-250, ⌐ WC ☎, 15⬚; Lift P ⌠ 1↔15 ᐁ ☰
Shuttle-Service zum Flughafen

∗ **Schwanen**
Obere Bachstr 5, ✉ 70794, ☎ (07 11) 70 00 50, Fax 70 00 54 11, AX DC ED VA
39 Zi, Ez: 134-139, Dz: 160-195, 10 App, ⌐ WC ☎; Lift ⌠; garni
Rezeption: 6-22, So + Sa 7-12

∗ **Schumacher**
Volmarstr 19, ✉ 70794, ☎ (07 11) 70 30 83, Fax 70 44 20
25 Zi, Ez: 95, Dz: 140, ⌐ WC ☎; Lift P; garni

Bonlanden
∗∗ **Am Schinderbuckel**
Bonlander Hauptstr 145, ✉ 70794,
☎ (07 11) 7 78 10, Fax 7 78 15 55,
AX DC ED VA
121 Zi, Ez: 154-195, Dz: 185-250, ⌐ WC ☎, 11⬚; Lift P ⌇ Fitneßraum Kegeln Sauna Solarium ☰
∗∗ Hauptgericht 27; Biergarten Terrasse

∗∗ **Comfort Inn Stuttgart Airport**
Rainäckerstr 61, ✉ 70794, ☎ (07 11) 7 78 30, Fax 7 78 33 87, AX DC ED VA
62 Zi, Ez: 129-139, Dz: 158-168, S; ⌐ WC ☎; Lift P ⌠ Fitneßraum Sauna; garni

Plattenhardt
∗ **Crystal**
Uhlbergstr 54, ✉ 70794, ☎ (07 11) 77 88 90, Fax 7 78 89 50, AX DC ED VA
18 Zi, Ez: 32-155, Dz: 150-170, ⌐ WC ☎; Lift ⌠; garni ᐁ
Rezeption: 7-11, 15.30-20

Sielmingen
∗∗ **Zimmermann**
Wieland-/Brühlstr, ✉ 70794, ☎ (0 71 58) 93 30, Fax 93 32 75, ED VA
36 Zi, Ez: 98-117, Dz: 165, ⌐ WC ☎, 12⬚; Lift P ⌠ 1↔20 ᐁ
Auch Zimmer der Kategorie ∗ vorhanden

Fincken 20 →

Mecklenburg-Vorpommern — Landkreis Müritz — 84 m — 300 Ew — Röbel 12, Malchow 15, Wittstock 26 km
🅘 ☎ (03 99 22) 4 41 — Gemeindeverwaltung, Dorfstr 2, 17209 Fincken

∗ **Schloßhotel Fincken**
♂ Hofstr 11, ✉ 17209, ☎ (03 99 22) 7 50, Fax 7 51 31, AX ED VA
63 Zi, Ez: 85-95, Dz: 115-150, ⌐ WC ☎; P ⌠ 4↔40 Seezugang Fitneßraum Sauna ᐁ
geschl: Ende Dez-Anfang Jan

Finnentrop 34 ↓

Nordrhein-Westfalen — Kreis Olpe — 330 m — 18 000 Ew — Lennestadt 7, Attendorn 11, Plettenberg 17 km
🅘 ☎ (0 27 21) 51 20, Fax 69 58 — Verkehrsamt, Am Markt 1, 57413 Finnentrop; Ort im Südsauerland

Rönkhausen (7 km ↑)
∗ **Akzent-Hotel Im Stillen Winkel**
Kapellenstr 11, ✉ 57413, ☎ (0 23 95) 3 71, Fax 15 83, AX DC ED VA
Hauptgericht 30; Biergarten P Kegeln; nur abends; geschl: Do
∗ 8 Zi, Ez: 95, Dz: 145, ⌐ WC ☎; ⌠

Schönholthausen (7 km →)
∗ **Steinhoff**
♂ Zur Schlerre 3, ✉ 57413, ☎ (0 27 21) 9 74 70, Fax 97 47 28, ED
12 Zi, Ez: 50-58, Dz: 100-116, 2 App, ⌐ WC ☎; P 1↔40 Kegeln ᐁ

Finning 71 ↘

Bayern — Kreis Landsberg am Lech — 560 m — 1 381 Ew — Landsberg am Lech 10, Dießen 12 km
🅘 ☎ (0 88 06) 75 79 — Gemeindeverwaltung, Findingstr 4, 86923 Finning

Oberfinning

⌂ **Zum Staudenwirt**
♂ Staudenweg 6, ✉ 86923, ☎ (0 88 06) 74 08, Fax 12 29
7 Zi, Ez: 30-38, Dz: 55-65, ⌐ WC; **P** 2⇔150 ⫙
Rezeption: 11-1

Finowfurt 30 ↗

Brandenburg — Kreis Barnim — 33 m — 3 798 Ew — Eberswalde 8 km
i ☎ (0 33 35) 73 15 — Amt Barnim-Nord, Am Leninplatz 30, 16244 Finowfurt.
Sehenswert: Konzerthalle; Luftfahrthistorisches Museum

* **Motel 5**
Finowfurter Ring 2, ✉ 16244, ☎ (0 33 35) 3 09 20, Fax 3 09 19, AX DC ED VA
30 Zi, Ez: 85-120, Dz: 115-150, ⌐ WC, 3⌷; **P** ⌂ 1⇔50 ⫙
Auch Zimmer der Kategorie ** vorhanden

Finsterwalde 40 □

Brandenburg — Kreis Herzberg — 103 m — 24 000 Ew — Lübbenau 55, Dresden 80 km
i ☎ (0 35 31) 6 30 47, Fax 3 75 85 — Verkehrsbüro, Rathaus, Markt 1, 03238 Finsterwalde

* **Zum Vetter**
♂ Lange Str 15, ✉ 03238, ☎ (0 35 31) 22 69, Fax 32 05, ED VA
20 Zi, Ez: 45-99, Dz: 90-139, ⌐ WC ☎; **P** ⌂; garni

* **Boulevardhotel Sängerstadt**
Markt 2, ✉ 03283, ☎ (0 35 31) 25 57, Fax 33 89, ED VA
27 Zi, Ez: 55-80, Dz: 110-130, ⌐ WC ☎; ⫙

* **Goldener Hahn**
Bahnhofstr 3, ✉ 03238, ☎ (0 35 31) 22 14, Fax 85 35, AX DC ED VA
Hauptgericht 25; Biergarten **P**
* 11 Zi, Ez: 70-95, Dz: 120-160, 1 Suite, ⌐ WC ☎

Fischach 63 ↓

Bayern — Kreis Augsburg — 500 m — 4 330 Ew — Augsburg 19, Krumbach 29 km
i ☎ (0 82 36) 58 10, Fax 5 81 40 — Gemeindeverwaltung, Hauptstr 16, 86850 Fischach

* **Lehner's Landgasthof**
Werner-von-Siemens-Str 12, ✉ 86850, ☎ (0 82 36) 96 02-0, Fax 17 75, ED
7 Zi, Ez: 60, Dz: 100; ⌐ WC ☎; **P** ⫙
geschl: Mo, 2 Wochen im Jan

34 ↗ Der Ort befindet sich im Reisekartenteil auf Seite 34 im nordöstlichen Planfeld.

⌂ **Posthalterei**
Poststr 14, ✉ 86850, ☎ (0 82 36) 10 29, Fax 3 06, DC
9 Zi, Ez: 50, Dz: 95, ⌐ WC ☎; **P** ⫙

Fischbachtal 54 →

Hessen — Kreis Darmstadt-Dieburg — 350 m — 2 450 Ew — Dieburg 14, Bensheim 17, Darmstadt 19 km
i ☎ (0 61 66) 9 30 00, Fax 88 88 — Gemeindeverwaltung, Darmstädter Str 8, 64405 Fischbachtal. Sehenswert: Schloß in Lichtenberg

Lichtenberg

*** **Landhaus Baur** ♟ ⌑
Lippmannweg 15, ✉ 64405, ☎ (0 61 66) 83 13, Fax 88 41, AX ED
Hauptgericht 54; **P** Terrasse; geschl: Mo, Di mittags, 2 Wochen im Jan, 2 Wochen im Nov

** ♂ ⌐ 10 Zi, Ez: 120-190, ♛
Dz: 160-250, ⌐ WC ☎; ⌂
geschl: Mo, Di mittags, 2 Wochen im Jan, 2 Wochen im Nov

Fischen i. Allgäu 70 ↓

Bayern — Kreis Oberallgäu — 761 m — 2 900 Ew — Paßstraße nach Balderschwang 16 km — Oberstdorf 6, Sonthofen 7 km
i ☎ (0 83 26) 18 15, Fax 90 66 — Kurverwaltung, Am Anger 15, 87538 Fischen i. Allgäu; heilklimatischer Kurort und Wintersportplatz. Sehenswert: Pfarrkirche St. Verena; Frauenkapelle; Schimuseum

** **Burgmühle**
⌐ Auf der Insel 4, ✉ 87538, ☎ (0 83 26) 99 50, Fax 73 52
23 Zi, Ez: 75-116, Dz: 150-260, 2 Suiten, 3 App, ⌐ WC ☎, 23⌷; **P** ⌂ ⌂ Fitneßraum Sauna Solarium
geschl: Anfang Nov-Mitte Dez
Restaurant für Hausgäste

** **Rosenstock**
♂ ⌐ Berger Weg 14, ✉ 87538, ☎ (0 83 26) 18 95, Fax 96 76
43 Zi, Ez: 78-107, Dz: 126-208, ⌐ WC ☎; Lift
P ⌂ Sauna Solarium ⌑
Restaurant für Hausgäste

** **Gästehaus Maria Theresia**
♂ ⌐ ✉ 87538, ☎ (0 83 26) 6 66, Fax 6 66, ED
6 Zi, Ez: 43-46, Dz: 85-91, 3 App, ⌐ WC; Solarium; garni
geschl: Anfang Nov-Mitte Dez

* **Pension Haus Alpenblick**
♂ ⌐ Maderhalmer Weg 10, ✉ 87538, ☎ (0 83 26) 97 91, Fax 97 94
20 Zi, Ez: 65-68, Dz: 122-160, 1 Suite, 2 App, ⌐ WC ☎; **P** ⌂ Solarium ⌑
geschl: Mi

→

Fischen i. Allgäu

Langenwang (3 km ↓)
** Kur- und Sporthotel
Sonnenbichl
♂ ◃ Sägestr 19, ✉ 87538, ☎ (0 83 26)
9 94-0, Fax 99 41 80
53 Zi, Ez: 71-200, Dz: 126-338, 1 Suite, ⌐
WC ☏; Lift 🅿 🛏 1↻30 ≋ Sauna Solarium
🍴
Rezeption: 7.30-21; geschl: Anfang Nov-Mitte Dez
Tennis 1
** ◃ Hauptgericht 25; Biergarten Terrasse; geschl: Anfang Nov-Mitte Dez

* Frohsinn
♂ ◃ Wiesenweg 4, ✉ 87538, ☎ (0 83 26)
18 48, Fax 18 40
54 Zi, Ez: 82-92, Dz: 142-210, 6 App, ⌐ WC
☏; Lift 🅿 ≋ Kegeln Sauna Solarium 🍴
Rezeption: 8-21; geschl: Mo, Mitte-Ende Apr, Anfang Nov-Mitte Dez

Maderhalm (1 km ↓)
** Kur- und Sporthotel Tanneck
◃ Haus Nr 20, ✉ 87538, ☎ (0 83 26) 99 90,
Fax 99 91 33, AX
57 Zi, Ez: 115-159, Dz: 190-322, 3 Suiten,
3 App, ⌐ WC ☏; Lift 🅿 🛏 2↻40 ≋ Fitneßraum Sauna Solarium 🍴
geschl: Anfang Nov-Mitte Dez, Mitte Apr-Anfang Mai

* Café-Pension Maderhalm
♂ ◃ Haus Nr 19, ✉ 87538, ☎ (0 83 26)
3 60 50, Fax 74 92
13 Zi, Ez: 65-90, Dz: 122-130, ⌐ WC ☏; 🅿 🛏
🍴
geschl: Nov

Fischerbach 60 ↓

Baden-Württemberg — Ortenaukreis —
220 m — 1 600 Ew — Haslach 5, Wolfach 11, Offenburg 32 km
ℹ ☎ (0 78 32) 20 85, Fax 52 72 — Gemeindeverwaltung, Hauptstr 38, 76616 Fischerbach; Erholungsort im Schwarzwald.
Sehenswert: Brandenkopf, 931 m ◃
(5 km +30 Min ↗)

* Gasthof Krone
♂ ◃ Vordertalstr 17, ✉ 77716, ☎ (0 78 32)
29 97, Fax 55 75, AX DC ED VA
19 Zi, Ez: 55-65, Dz: 100-120, ⌐ WC ☏; Lift
🅿 🛏 Kegeln
geschl: Mo, Nov
* ◃ Hauptgericht 25; Terrasse;
geschl: Mo, Nov

Fischingen 67 ↙

Baden-Württemberg — Kreis Lörrach —
270 m — 590 Ew — Efringen-Kirchen 3,
Lörrach 10 km
ℹ ☎ (0 76 28) 18 70 — Gemeindeverwaltung, 79592 Fischingen

* Zur Tanne
Dorfstr 15, ✉ 79592, ☎ (0 76 28) 3 63,
Fax 9 53 21, AX ED VA
16 Zi, Ez: 80, Dz: 130, ⌐ WC ☏; 🅿 2↻80
* Hauptgericht 28; Gartenlokal;
nur abends, sa + so + feiertags auch mittags

Fladungen 46 →

Bayern — Rhön-Grabfeld-Kreis — 414 m —
2 425 Ew — Mellrichstadt 18, Kaltenordheim 20, Bad Brückenau 45 km
ℹ ☎ (0 97 78) 80 24, Fax 6 82 — Verkehrsamt, Rathaus, 97650 Fladungen; Ort in der Rhön. Sehenswert: Kath. Kirche; Rathaus; mittelalterlicher Stadtkern mit Fachwerkhäusern; Stadtmauer; Rhön-Museum; Fränk. Freilandmuseum

** Pension Sonnentau
♂ ◃ Wurmberg 3, ✉ 97650, ☎ (0 97 78)
9 12 20, Fax 91 22 55
50 Zi, Ez: 46-78, Dz: 76-132, ⌐ WC ☏; Lift
🅿 🛏 2↻50 ≋ Fitneßraum Sauna Solarium 🍴
Rezeption: 8-21
Im Haupthaus einfachere Zimmer vorhanden

Fladungen-Außerhalb (4 km ←)
🛏 Berggasthof Sennhütte
einzeln ♂ ◃ an der Hochrhönstr, ✉ 97650,
☎ (0 97 78) 2 27, Fax 81 65
28 Zi, Ez: 40-44, Dz: 76-80, ⌐ WC ☏; Lift 🅿
🛏 Sauna Solarium 🍴
Rezeption: 10-18; geschl: Mitte Nov-Ende Dez

Fleckenberg siehe Schmallenberg

Flein 61 ↗

Baden-Württemberg — Kreis Heilbronn —
210 m — 5 640 Ew — Heilbronn 6 km
ℹ ☎ (0 71 31) 5 00 70, Fax 50 07 69 —
Gemeindeverwaltung, Kellergasse 1,
74223 Flein

** Wo der Hahn kräht
♂ ◃ Altenbergweg 11, ✉ 74223,
☎ (0 71 31) 5 08 10, Fax 50 81 66, ED VA
50 Zi, Ez: 115-125, Dz: 140-160, 10 App, ⌐
WC ☏; 🅿 3↻110 Bowling Kegeln
* Hauptgericht 30; Gartenlokal Terrasse

Flensburg 9 ↑

Schleswig-Holstein — Kreisfreie Stadt —
20 m — 87 000 Ew — Schleswig 36,
Husum 44, Niebüll 44 km
ℹ ☎ (04 61) 2 30 90, Fax 1 73 52 — Touristinformation, Speicherlinie 40 (A 2),
24937 Flensburg; Ostsee-Hafenstadt an der Flensburger Förde. Sehenswert: Marien-, Nikolai-, Johannis- und Hl.-Geist-Kirche; Nordertor; hist. Altstadt; Marineschule Mürwik; hist. Reeder- u. Kaufmannshöfe; Schleswig-Holstein-Musikfestival

Flensburg

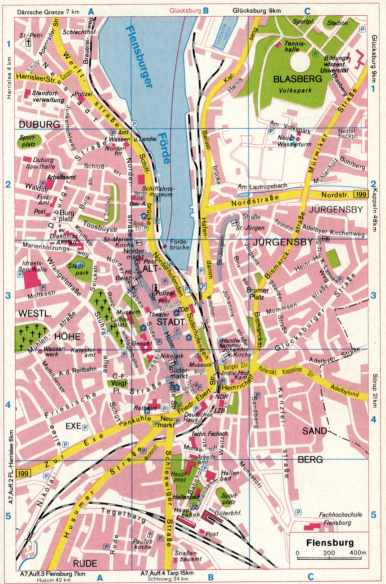

★★ Ramada
Norderhofenden 6 (B 3), ✉ 24937,
☎ (04 61) 8 41 10, Fax 8 41 12 99,
AX DC ED VA
91 Zi, Ez: 125-145, Dz: 160-190, ○; 4 Suiten,
⊔ WC ☎, 29 ⌂; Lift 4 ⟷ 100 Fitneßraum
Sauna; garni

★★ Central
Neumarkt 1 (B 4), ✉ 24937, ☎ (04 61)
8 60 00, Fax 2 25 99, AX DC ED VA
52 Zi, Ez: 95, Dz: 160, ⊔ WC ☎; Lift P
1 ⟷ 30; garni →

○ Betrieb verfügt über eine Anzahl ruhiger Zimmer

375

Flensburg

* Flensburger Hof
Süderhofenden 38 (B 3), ✉ 24937,
☎ (04 61) 1 73 20, Fax 1 73 31, AX DC ED VA
28 Zi, Ez: 105-130, Dz: 155-180, ⊿ WC ☏;
Lift 🅿; garni

** Stadtrestaurant
Bahnhofstr 15 (B 4), ✉ 24937, ☎ (04 61)
2 35 66, Fax 1 20 27, AX DC ED VA
Hauptgericht 25; geschl: So

* Piet Henningsen
🌱 Schiffbrücke 20 (B 2), ✉ 24939, ☎ (04 61)
2 45 76, Fax 2 87 77, AX DC ED VA
Hauptgericht 30; Gartenlokal

* Borgerforeningen
Holm 17 (B 3), ✉ 24937, ☎ (04 61) 2 33 85,
Fax 2 30 85, AX DC ED VA
Hauptgericht 30; Gartenlokal 🅿; geschl:
So

Flensburg-Außerhalb (3 km ←)
** Marienhölzung
Marienhölzungsweg 150, ✉ 24939,
☎ (04 61) 58 22 94, ED
Hauptgericht 30; Biergarten 🅿; geschl:
Mo, Feb-Mär

Mürwik (3,5 km ↗)
* Am Wasserturm
♂ Blasberg 13 (C 1), ✉ 24943, ☎ (04 61)
3 15 06 00, Fax 31 22 87, AX DC ED VA
34 Zi, Ez: 95-130, Dz: 170-180, 2 Suiten, ⊿
WC ☏; 🅿 ♨ Sauna
* Hauptgericht 25; Gartenlokal

siehe auch **Harrislee**

siehe auch **Krusee**

Flintsbach a. Inn 72 ↘

Bayern — Kreis Rosenheim — 480 m —
2 400 Ew — Rosenheim 17, Kufstein 19 km
ℹ ☎ (0 80 34) 18 13, Fax 20 62 — Verkehrsamt, Kirchstr 9, 83126 Flintsbach; Erholungsort. Sehenswert: Kath. Kirche St.
Martin; Wallfahrtskirche St. Peter auf dem
Petersberg, 847 m ⏏ (60 Min ←); Burgruine
Falkenstein; Wendelstein (2 km ← + Zahnradbahn bis 1724 m + 20 Min), 1838 m ⏏

* Gasthof Dannerwirt
Kirchplatz 4, ✉ 83126, ☎ (0 80 34) 9 06 00,
Fax 90 60 50, ED
26 Zi, Ez: 65-75, Dz: 95-105, 1 Suite, ⊿ WC
☏; 🅿 1↔20 🍴
geschl: Do, Mitte-Ende Nov

Flörsheim 54 ↑

Hessen — Main-Taunus-Kreis — 95 m —
17 649 Ew — Rüsselsheim 2, Mainz 11,
Wiesbaden 20 km
ℹ ☎ (0 61 45) 50 30, Fax 5 03 75 — Stadtverwaltung, Bahnhofstr 12, 65439 Flörsheim;
Stadt am Main

* Herrnberg
Bürgermeister-Lauck-Str, ✉ 65439,
☎ (0 61 45) 20 11, Fax 20 13, AX DC ED VA
36 Zi, Ez: 115-145, Dz: 145-175, ⊿ WC ☏;
Lift 🅿 🍴 1↔16
* Hauptgericht 21; nur abends;
geschl: Fr, 3 Wochen in den Sommerferien

Bad Weilbach
***** Airport Country Hotel
(Top International Hotel)**
Alleestr 18, ✉ 65439, ☎ (0 61 45) 93 00,
Fax 93 02 30, AX DC ED VA
56 Zi, Ez: 135-210, Dz: 150-290, S; 1 Suite,
⊿ WC ☏, 11🍴; Lift 🅿 4↔90
geschl: 24.-27.12.
Auch Zimmer der Kategorie ****** vorhanden.
** Die Jahreszeiten
Hauptgericht 30; Terrasse; geschl: 24.-
27.12.

Flöthe 27 ↙

Niedersachsen — Wolfenbüttel — 980 Ew
— Braunschweig 25, Salzgitter 15,
Goslar 22 km
ℹ ☎ (0 53 34) 7 90 70 — Samtgemeinde
Oderwald, Dahlgrundsweg 5,
38312 Börßum

Klein-Flöthe
* Kutscherstuben
Lindenstr 5, ✉ 38312, ☎ (0 53 39) 7 00,
Fax 7 09, ED VA
20 Zi, Ez: 65-80, Dz: 110-140, ⊿ WC ☏; 🅿
3↔120 Kegeln 🍴

Floß 59 ←

Bayern — Kreis Neustadt a. d. Waldnaab
— 500 m — 3 744 Ew — Flossenburg 6,
Neustadt a. d. Waldnaab 8, Weiden 11 km
ℹ ☎ (0 96 03) 9 21 10, Fax 92 11 50 — Verkehrsamt, Rathausplatz 3, 92685 Floß

* Goldener Löwe
Marktplatz 2, ✉ 92685, ☎ (0 96 03) 10 74,
Fax 10 76, AX DC ED VA
25 Zi, Ez: 68-98, Dz: 108-148, 1 Suite, ⊿ WC
☏; Lift 🅿 2↔150 Fitneßraum Sauna
Solarium 🍴 ♨

Fockbek 10 ←

Schleswig-Holstein — Kreis Rendsburg-
Eckernförde — 16 m — 5 700 Ew — Rendsburg 3, Schleswig 25, Eckernförde 28 km
ℹ ☎ (0 43 31) 6 67 70, Fax 66 77 66 —
Gemeindeverwaltung, Rendsburger
Str 42, 24787 Fockbek

Die im Varta angegebene Kategorie eines
Beherbergungsbetriebes bezieht sich
jeweils auf den größeren Teil der Zimmer.
Verfügt ein Betrieb auch über eine
nennenswerte Zahl von Zimmern höherer
oder niedrigerer Kategorie, weist ein
entsprechender Vermerk darauf hin.

Forchheim

* Schützenhaus
an der B 202, ✉ 24787, ☎ (0 43 31) 6 12 30, Fax 6 19 12
26 Zi, Ez: 70-95, Dz: 110-150, ⌐ WC ☎; **P** 4⇔88 ⌶
Rezeption: 10-14, 16.30-22; geschl: Sa, 22.12.-7.1.
Im Gästehaus Zimmer der Kategorie ****** vorhanden

Föckelberg 53 □

Rheinland-Pfalz — Kreis Kusel — 450 m — 394 Ew — von Kaiserslautern 25 km
i ☎ (0 63 81) 4 20 90, Fax 42 09 49 — Verbandsgemeindeverwaltung, Schulstr 7, 66885 Altenglan; Ort im Nordpfälzer Bergland

Föckelberg-Außerhalb (1,5 km ←)
* Turm-Hotel
Auf dem Potzberg
einzeln ♂ ◄ Auf dem Potzberg, ✉ 66887, ☎ (0 63 85) 7 20, Fax 7 21 56
44 Zi, Ez: 68-72, Dz: 110-118, 2 Suiten, 1 App, ⌐ WC ☎; **P** 🖻 6⇔50 Sauna ⌶
geschl: Mitte Jan-Mitte Feb

Föhr 8 ↗

Schleswig-Holstein — Kreis Nordfriesland — 5 m — 6 400 Ew — von Dagebüll bis Niebüll 13, Husum 42, Hamburg 198 km

Achtung: Ganzjährig Schiffsverbindung mit dem Festlandhafen Dagebüll und der Nachbarinsel Amrum - Anmeldung zur Autoverladung bei der Wyker Dampfschiffs-Reederei Föhr/Amrum ☎ (0 46 81) 80 40

Hedehusum
** Luisenhof ♛
♂ ♉ Poolstich 5, ✉ 25938, ☎ (0 46 83) 12 21, Fax 12 23
7 Zi, Ez: 180-220, Dz: 260-280, ⌐ WC ☎, 7⛱; **P** Seezugang; **garni**
geschl: 6.1.-31.1.97

Nieblum Nordseebad
** Landhotel Witt
Alkersumstieg 4, ✉ 25938, ☎ (0 46 81) 5 87 70, Fax 58 77 58
Hauptgericht 35; Gartenlokal **P**; ⌐

Oevenum
** Landhaus Laura
♂ ♉ Buurnstrat 49, ✉ 25938, ☎ (0 46 81) 5 97 90, Fax 59 79 35
14 Zi, Ez: 80-130, Dz: 160-280, 3 Suiten, ⌐ WC ☎; **P** 1⇔18 ⌶ ⌫

Süderende
** Landhaus Altes Pastorat
♂ ♉ ✉ 25938, ☎ (0 46 83) 2 26, Fax 2 50
5 Zi, Ez: 220, Dz: 275, 1 Suite, ⌐ WC ☎; **P** 1⇔15; **garni**
geschl: Anfang Okt-Ostern

Wyk Nordseeheilbad.
Sehenswert: Dr.-Carl-Häberlin-Friesenmuseum, Naturkundliches Informationszentrum der Nationalparkverwaltung; Wattenmeerraum mit Diorama im Umweltzentrum

** Kurhaus Hotel
♂ ◄ Sandwall 40, ✉ 25938, ☎ (0 46 81) 7 92, Fax 15 91
35 Zi, Ez: 92-206, Dz: 134-265, 1 Suite, ⌐ WC ☎; Lift **P** Seezugang Fitneßraum Kegeln Sauna Solarium ⌶
Rezeption: 8-20; geschl: 15.11.-26.12.96 8.1.-1.3.97

* Duus
◄ Hafenstr 40, ✉ 25938, ☎ (0 46 81) 5 98 10, Fax 59 81 40, AX DC ED VA
22 Zi, Ez: 90-130, Dz: 110-190, 1 App, ⌐ WC ☎
Auch Zimmer der Kategorie ****** vorhanden

* Austernfischer
Hauptgericht 28; geschl: Do

* Colosseum
Große Str 40, ✉ 25938, ☎ (0 46 81) 5 97 00, Fax 59 70 37, ED
22 Zi, Ez: 85-98, Dz: 155, 1 Suite, 2 App, ⌐ WC ☎; **P** Kegeln Sauna Solarium ⌶
Rezeption: 7-21.30; geschl: Mitte Feb-Mitte Mär

** Alt Wyk ✣
Große Str 4, ✉ 25938, ☎ (0 46 81) 32 12, Fax 24 71
Hauptgericht 30; nur abends; geschl: Di, Mitte Jan-Ende Feb, Ende Nov-Mitte Dez

Forchheim 57 □

Bayern — Kreis Forchheim — 265 m — 30 000 Ew — Bamberg 25, Nürnberg 33 km
i ☎ (0 91 91) 8 43 38, Fax 8 42 06 — Verkehrsamt, Rathaus, 91301 Forchheim; Kreisstadt an Regnitz und Rhein-Main-Donau-Kanal; Tor zur Fränkischen Schweiz. Sehenswert: Kaiserpfalz; Stadtmauern mit Kassematten; Rathaus; kath. Martinskirche; Nürnberger Tor; Schloß Jägersburg ◄ (4 km ↗)

* Am Kronengarten
Bamberger Str 6 a, ✉ 91301, ☎ (0 91 91) 6 67 68, Fax 6 63 31, ED
25 Zi, Ez: 85, Dz: 120, ⌐ WC ☎; Lift **P** 🖻; **garni**
Rezeption: 6-12, 16-19.30

* Franken
♂ Ziegeleistr 17, ✉ 91301, ☎ (0 91 91) 62 40, Fax 6 24 80, AX DC ED VA
40 Zi, Ez: 74-84, Dz: 109, ⌐ WC ☎; **P** 🖻 1⇔50 ⌶

→

Forchheim

* Pilatushof
♂ Kapellenstr 13, ✉ 91311, ☎ (0 91 91)
8 99 70, Fax 6 58 35, AX DC ED VA
8 Zi, Ez: 70-90, Dz: 120, ⊿ WC ☎; 🅿; **garni**
geschl: im Aug

Burk (1 km ↗)
* Schweizer Grom
Röthenstr 5, ✉ 91301, ☎ (0 91 91) 39 55,
Fax 39 55, ED
30 Zi, Ez: 60-80, Dz: 90-120, ⊿ WC ☎; 🅿 ⌾
geschl: im Jun

Forchtenberg 62 ↖

Baden-Württemberg — Hohenlohekreis —
223 m — 4 665 Ew — Künzelsau 12,
Öhringen 15 km
ℹ ☎ (0 79 47) 20 59, Fax 72 51 — Bürgermeisteramt, Hauptstr 14, 74670 Forchtenberg; mittelalterliches Weinstädtchen im
Kochertal. Sehenswert: Ev. Stadtkirche:
Kanzel; Stadtmauer

Sindringen (7 km ←)
* Krone
Untere Str 2, ✉ 74670, ☎ (0 79 48) 9 10 00,
Fax 24 92, ED
25 Zi, Ez: 65-75, Dz: 100-110, 2 App, ⊿ WC
☎; 🅿 📺 1↔40 ⌾ ⚓
geschl: Di, Jan

Forst 61 ↖

Baden-Württemberg — Kreis Karlsruhe —
113 m — 6 700 Ew — Bruchsal 5, Karlsruhe 21, Heidelberg 30 km
ℹ ☎ (0 72 51) 78 00, Fax 7 80 37 — Bürgermeisteramt, Weiherer Str 1, 76694 Forst.
Sehenswert: Pfarrhaus; Pfarrkirche St. Barbara; Jägerhaus; Barockschloß in Bruchsal

** Forst
Gottlieb-Daimler-Str 6, ✉ 76694,
☎ (0 72 51) 71 35-0, Fax 8 39 94, AX DC ED VA
26 Zi, Ez: 102-160, Dz: 165-190, ⊿ WC ☎,
4📺; 🅿 📺 Seezugang
Auch Zimmer der Kategorie ***** vorhanden
** Hauptgericht 35; Terrasse;
geschl: Mo, Sa mittags, 3 Wochen in den
Sommerferien

Forst (Lausitz) 41 ↑

Brandenburg — Spree-Neiße-Kreis —
78 m — 26 000 Ew — Cottbus 22 km
ℹ ☎ (0 35 62) 98 90, Fax 74 60 — Stadtverwaltung, Promenade 9, 03149 Forst; Grenzstadt zu Polen. Sehenswert: Rosengarten;
Wassermühle Noßdorf; Stadtkirche

** Giro
Taubenstr 30, ✉ 03149, ☎ (0 35 62)
98 30 41, Fax 98 39 99, AX ED VA
32 Zi, Ez: 90-120, Dz: 120-150, ⊿ WC ☎; 🅿
2↔40 ⌾

* Haufe
Cottbuser Str 123, ✉ 03149, ☎ (0 35 62)
28 44, Fax 28 45, ED VA
26 Zi, Ez: 65, Dz: 130, ⊿ WC ☎, 7📺; 🅿
Sauna
Restaurant für Hausgäste

Domsdorf
** Wiwo
Domsdorfer Kirchweg 14, ✉ 03149,
☎ (0 35 62) 95 10, Fax 98 43 79, AX ED VA
76 Zi, Ez: 95-115, Dz: 125-155, 1 Suite, ⊿
WC ☎, 16📺; Lift 🅿 📺 3↔150 ⌾

Frammersbach 55 ↑

Bayern — Kreis Main-Spessart — 221 m —
5 108 Ew — Lohr 12, Bad Orb 30 km
ℹ ☎ (0 93 55) 48 00, Fax 97 12 33 — Verkehrsverein, Rathaus, Marktplatz 3,
97833 Frammersbach; Erholungsort im
Spessart. Sehenswert: Heiligkreuzkapelle
auf dem Auberg (387 m)

* Landgasthof Kessler
Orber Str 23, ✉ 97833, ☎ (0 93 55) 12 36,
Fax 45 15
14 Zi, Ez: 53-64, Dz: 97-108, WC ☎, 5📺; 🅿
📺 1↔30 Fitneßraum Solarium ⚓
geschl: Mi abends, 3 Wochen im Jan
* Hauptgericht 25; geschl: Mi
abends, 3 Wochen im Jan

* Schwarzkopf ✟
Loherstr 80, ✉ 97833, ☎ (0 93 55) 3 07,
Fax 44 12
Hauptgericht 30; ⌂

Frankenberg 50 ↑

Sachsen — Kreis Hainichen — 262 m —
15 000 Ew — Chemnitz 12, Dresden 55 km
ℹ ☎ (03 72 06) 22 41 — Stadtverwaltung,
Markt 15, 09669 Frankenberg

* Lützelhöhe
♂ Dr.-Wilhelm-Klütz-Str 53, ✉ 09669,
☎ (03 72 06) 53 20, Fax 53 00, ED VA
17 Zi, Ez: 90, Dz: 130, ⊿ WC ☎; 🅿 1↔25 ⌾

Frankenberg (Eder) 35 ↙

Hessen — Kreis Waldeck-Frankenberg —
280 m — 18 407 Ew — Korbach 31, Marburg 37 km
ℹ ☎ (0 64 51) 50 51 13, Fax 50 51 24 — Verkehrsamt, Obermarkt 13, 35066 Frankenberg. Sehenswert: Ev. Liebfrauenkirche;
ehem. Kloster Georgenberg; Rathaus;
Fachwerkhäuser

** Sonne
Marktplatz 2, ✉ 35066, ☎ (0 64 51) 75 00,
Fax 2 21 47, AX DC ED VA
41 Zi, Ez: 98-180, Dz: 160-250, 4 Suiten, ⊿
WC ☎, 5📺; Lift 📺 4↔160 Fitneßraum
Sauna Solarium
** Hauptgericht 30; Terrasse;
geschl: So abends, Jan

* **Rats-Schänke**
Marktplatz 7, ✉ 35066, ☎ (0 64 51) 7 26 60, Fax 72 66 55, AX DC ED VA
32 Zi, Ez: 88-130, Dz: 150-230, 1 Suite, 3 App, ⇩ WC ☎; Lift 🅿 🍴
geschl: Anfang Jan

Frankenhain 47 □

Thüringen — Ilm-Kreis — 500 m —
1 048 Ew — Ilmenau 13, Arnstadt 18, Gotha 24 km
ℹ ☎ (03 62 05) 3 66, Fax 3 66 — Gemeindeverwaltung, Hauptstr 7, 99330 Frankenhain. Sehenswert: Kirche St. Leonhardi

* **Am Gisselgrund**
Ohrdrufer Str 9, ✉ 99330, ☎ (03 62 05) 9 11 57, Fax 9 50 05, AX DC ED VA
17 Zi, Ez: 72-75, Dz: 99-127, ⇩ WC ☎; 🅿 Fitneßraum Sauna Solarium 🍴 ♨

Frankenhausen, Bad 37 ↘

Thüringen — Kyffhäuserkreis — 138 m —
10 000 Ew — Sangerhausen 30, Weimar 47 km
ℹ ☎ (03 46 71) 30 37, Fax 41 26 — Kyffhäuser-Information, Anger 14, 06567 Bad Frankenhausen; Erholungsort und Soleheilbad. Sehenswert: Bauernkriegspanorama; Kyffhäuserdenkmal; Barbarossahöhle; Schloß; schiefer Kirchturm

*** **Residence Frankenburg**
◂≼ Am Schlachtberg, ✉ 06567, ☎ (03 46 71) 7 50, Fax 7 53 00, AX DC ED VA
72 Zi, Ez: 130-165, Dz: 190-215, 15 Suiten, ⇩ WC ☎, 6🛏; Lift 🅿 6✪20 ≋ Fitneßraum Sauna Solarium
*** Hauptgericht 35; Gartenlokal Terrasse

** **Reichental**
Rottleber Str 4, ✉ 06567, ☎ (03 46 71) 6 80, Fax 6 81 00, AX DC ED VA
48 Zi, Ez: 120-130, Dz: 165-185, 1 Suite, 3 App, ⇩ WC ☎, 9🛏; Lift 🅿 3✪120 ≋ Fitneßraum Kegeln Sauna Solarium ♨
** Hauptgericht 30; Biergarten

* **Grabenmühle**
Am Wallgraben 1, ✉ 06567, ☎ (03 46 71) 24 75
14 Zi, Ez: 60-80, Dz: 120, ⇩ WC ☎; 🅿 🍴

* **Am Weinberg**
♂ Am Weinberg 2, ✉ 06567, ☎ (03 46 71) 40 30, Fax 40 30, AX DC ED VA
9 Zi, Ez: 65-95, Dz: 130, 2 Suiten, ⇩ WC ☎; 🅿; garni
geschl: Mitte Dez-Mitte Jan

* **Bellevue**
Goethestr 13, ✉ 06567, ☎ (03 46 71) 30 80, Fax 30 46
28 Zi, Ez: 70-110, Dz: 130-150, ⇩ WC ☎; 🅿 🍴

Frankenstein 50 ↗

Sachsen — Kreis Flöha — 460 m — 753 Ew — Oederan 10, Freiberg 16 km
ℹ ☎ (03 73 21) 2 29 — Gemeindeverwaltung, Dorfweg 7, 09569 Frankenstein

Memmendorf (5 km ↑)
* **Goldener Stern**
Dorfstr 52 a, ✉ 09569, ☎ (03 72 92) 2 19 51, Fax 2 19 52, AX ED
16 Zi, Ez: 68, Dz: 95, WC ☎; 🅿 2✪40 🍴

Frankenthal 54 □

Rheinland-Pfalz — Stadtkreis — 107 m —
49 730 Ew — Worms 12, Ludwigshafen 10 km
ℹ ☎ (0 62 33) 8 93 95, Fax 8 94 00 — Stadtverwaltung, Rathausplatz 2, 67227 Frankenthal. Sehenswert: Romanisches Portal des ehem. Augustiner-Chorherrenstifts; kath. Dreifaltigkeitskirche; Zwölfapostelkirche; Stadttore; Porzellan-Sammlung im Rathaus; Erkenbert-Museum

** **Best Western Bauer Hotel Residenz**
Mina-Karcher-Platz, ✉ 67227, ☎ (0 62 33) 34 30, Fax 34 34 34, AX DC ED VA
104 Zi, Ez: 90-179, Dz: 120-239, S; 8 Suiten, ⇩ WC ☎, 42🛏; Lift 🅿 3✪40 Fitneßraum Sauna Solarium; garni ♨

** **Central**
Karolinenstr 6, ✉ 67227, ☎ (0 62 33) 87 80, Fax 2 21 51, AX DC ED VA
80 Zi, Ez: 99-159, Dz: 169-189, 5 Suiten, 1 App, ⇩ WC ☎; Lift 🅿 5✪80 ≋ Kegeln Sauna Solarium
Auch Zimmer der Kategorie * vorhanden
** Rôtisserie Zum Winzer
Hauptgericht 35; Biergarten; geschl: So

* **Achat**
Mahlastr 18, ✉ 67227, ☎ (0 62 33) 49 20, Fax 49 29 99, AX ED VA
126 Zi, Ez: 99-120, Dz: 99-160, S; 126 App, ⇩ WC ☎, 48🛏; Lift 🅿 🅿 1✪12 🍴
geschl: Ende Dez-Anfang Jan
Langzeitvermietung möglich

** **Adamslust**
An der Adamslust 10, ✉ 67227, ☎ (0 62 33) 6 17 16, Fax 6 82 49, AX DC ED VA
Hauptgericht 40

♨ **Rathaus-Café**
Rheinstr 8, ✉ 67227, ☎ (0 62 33) 3 16 60, Fax 2 82 59, ED VA
Biergarten 🅿; 6.30-18
* **Gästehaus Filling**
33 Zi, Ez: 52-85, Dz: 95-110, ⇩ WC ☎; 1✪70; garni
Rezeption: 6.30-21.30
Auch einfache Zimmer vorhanden

Frankfurt am Main 44

Hessen — Stadtkreis — 100 m — 646 349 Ew — Wiesbaden 38, Heidelberg 90, Würzburg 120 km
🛈 ☎ (0 69) 21 23 08 08, Fax 21 23 07 76 — Tourismus- und Congress Gmbh, Kaiserstr 56, 60329 Frankfurt; Handels- und Messestadt; Bank- und Finanzplatz (Börse); bedeutendster deutscher Flughafen; Universität, Philosophisch-Theologische Hochschule, Hochschule für bildende Künste, für Musik und darstellende Kunst; Oper, Schauspiel, Kammerspiel, Komödie; Fritz-Rémond-Theater im Zoo; Volkstheater; Satirisches Kabarett; Die Maininger. Sehenswert: Dom; ev. Katharinenkirche: Glasfenster; ehem. Paulskirche; kath. St. Leonhardskirche; ev. Nikolaikirche; kath. Liebfrauenkirche; Deutschordenskirche in Sachsenhausen; ehem. Dominikanerkirche; ehem. Karmeliterkirche; Römerberg mit Altem Rathaus (Römer); Alte Oper; Hauptwache; Eschenheimer Turm; Goethehaus und Goethemuseum; Struwwelpetermuseum; Städelsches Kunstinstitut: Gemäldegalerie; Schirn-Kunsthalle; Liebieghaus; Museum alter Plastik; Hist. Museum; Museum für Vor- und Frühgeschichte (Holzhausen-Schlößchen)

Messen:
Heimtextil 8.-11.1.97
Beauty-, Paper-, Christmasworld 25.-29.1.97
Ambiente 14.-18.2.97
Musikmesse 26.2.-3.3.97
Interstoff 3.-5.3.97
ISH 18.-22.3.97
ACHEMA 9.-14.6.97
Tendence 23.-27.8.97
IAA 11.-21.9.97
Buchmesse 15.-20.10.97

Stadtplan siehe Seiten 382-383

**** Steigenberger Frankfurter Hof
Kaiserplatz (D 4), ✉ 60311, ☎ (0 69) 2 15 02, Fax 21 59 00, AX DC ED VA
332 Zi, Ez: 345-495, Dz: 410-560, 38 Suiten, WC ☎, 82⌧; Lift 16↔450 Fitneßraum Sauna Solarium
**** Français
Hauptgericht 50; geschl: So, Mo, Sa mittags, in den Sommerferien
*** Hofgarten
Hauptgericht 35; geschl: Fr abends, Sa
** Frankfurter Stubb
Hauptgericht 30; geschl: So, Sa, in den Sommerferien
* Bistro Kaiserbrunnen
Hauptgericht 20

***** Restaurant mit außergewöhnlich anspruchsvoller Ausstattung

**** Arabella Grand Hotel
Konrad-Adenauer-Str 7 (E 3), ✉ 60313, ☎ (0 69) 2 98 10, Fax 2 98 18 10, AX DC ED VA
367 Zi, Ez: 295-545, Dz: 365-615, 11 Suiten, WC ☎, 74⌧; Lift 12↔500 Fitneßraum Sauna Solarium
*** Premiere
Hauptgericht 45; P; nur abends
Vorwiegend Fischgerichte
* Zur Posthalterei
Hauptgericht 15

**** Hessischer Hof
Friedrich-Ebert-Anlage 40 (B 4), ✉ 60325, ☎ (0 69) 7 54 00, Fax 7 54 09 24, AX DC ED VA
103 Zi, Ez: 390-610, Dz: 540-610, S; 14 Suiten, WC ☎, 21⌧; Lift P 11↔300 Fitneßraum
Auch Zimmer der Kategorie *** vorhanden
*** Sevres
Hauptgericht 45

**** Intercontinental
Wilhelm-Leuschner-Str 43 (C 5), ✉ 60329, ☎ (0 69) 2 60 50, Fax 25 24 67, AX DC ED VA
428 Zi, Ez: 355-625, Dz: 355-625, 37 Suiten, 1 App, WC ☎, 60⌧; Lift 16↔700 Fitneßraum Sauna Solarium
Auch Zimmer der Kategorie *** vorhanden

*** Le Meridien Parkhotel
Wiesenhüttenplatz 28 (C 5), ✉ 60329, ☎ (0 69) 2 69 70, Fax 2 69 78 84, AX DC ED VA
280 Zi, Ez: 235-498, Dz: 285-628, 16 Suiten, WC ☎, 72⌧; Lift P 14↔250 Fitneßraum Sauna Solarium
Auch Zimmer der Kategorie **** vorhanden
** Le Parc
Hauptgericht 35
Teile der Fassade stehen unter Denkmalschutz und stammen aus der Zeit der Jahrhundertwende

*** Marriott
Hamburger Allee 2 (A 3-4), ✉ 60486, ☎ (0 69) 7 95 50, Fax 79 55 24 32, AX DC ED VA
564 Zi, Ez: 254-510, Dz: 283-560, 24 Suiten, WC ☎, 56⌧; Lift 10↔1450 Fitneßraum Sauna Solarium

*** Sofitel
Savignystr 14 (B 4), ✉ 60325, ☎ (0 69) 7 53 30, Fax 7 53 31 75, AX DC ED VA
124 Zi, Ez: 230-340, Dz: 414-514, WC ☎, 36⌧; Lift 3↔120
** Hauptgericht 35

*** An der Messe
Westendstr 104 (B 3), ✉ 60325, ☎ (0 69) 74 79 79, Fax 74 83 49, AX DC ED VA
46 Zi, Ez: 230-340, Dz: 250-450, 2 Suiten, WC ☎; Lift; **garni**
Auch Zimmer der Kategorie ** vorhanden

Frankfurt am Main

** Mercure & Residenz
Voltastr 29 (A 3), ✉ 60486, ☎ (0 69) 7 92 60, Fax 79 26 16 06, AX DC ED VA
334 Zi, Ez: 130-375, Dz: 170-430, 12 Suiten, 80 App, ⊣ WC ☎, 78✉; Lift 🅿 4↔100 Fitneßraum Sauna Solarium
** L'Arc en Ciel
Hauptgericht 30; 🅿 Terrasse

** Best Western Alexander am Zoo
Waldschmidtstr 59 (F 3), ✉ 60316, ☎ (0 69) 94 96 00, Fax 94 96 07 20, AX DC ED VA
50 Zi, Ez: 147-210, Dz: 182-260, S; 1 Suite, 8 App, ⊣ WC ☎, 20✉; Lift 🅿 4↔30 Sauna
geschl: Ende Dez

** Palmenhof
Bockenheimer Landstr 89 (B 3), ✉ 60325, ☎ (0 69) 7 53 00 60, Fax 75 30 06 66, AX DC ED VA
46 Zi, Ez: 190-335, Dz: 170-395, 2 Suiten, 37 App, ⊣ WC ☎; Lift 🅿 🅿
geschl: Ende Dez-Anfang Jan
*** Bastei
Hauptgericht 40; 🅿 Terrasse;
geschl: so + feiertags, Sa, Ende Dez-Anfang Jan

** Scandic Crown
Wiesenhüttenstr 42 (C 5), ✉ 60329, ☎ (0 69) 27 39 60, Fax 27 39 67 95, AX DC ED VA
144 Zi, Ez: 175-375, Dz: 175-440, S; ⊣ WC ☎, 63✉; Lift 7↔120 ≘ Fitneßraum Sauna Solarium 🍴

** Best Western Imperial
Sophienstr 40 (A 2), ✉ 60487, ☎ (0 69) 7 93 00 30, Fax 79 30 03 88, AX DC ED VA
60 Zi, Ez: 190-410, Dz: 210-450, S; ⊣ WC ☎; Lift 🅿 🅿
* La Provence
Hauptgericht 35; nur abends

** Victoria
Elbestr 24 (C 4), ✉ 60329, ☎ (0 69) 27 30 60, Fax 27 30 61 00, AX DC ED VA
73 Zi, Ez: 160, Dz: 190, S; 2 Suiten, ⊣ WC ☎; Lift; garni

** Die Villa
Emil-Sulzbach-Str 4-16 (A 3), ✉ 60486, ☎ (0 69) 9 79 90 70, Fax 97 99 07 11, AX DC ED VA
20 Zi, Ez: 250-350, Dz: 290-450, S; 2 Suiten, ⊣ WC ☎; 🅿; garni
geschl: 21.12.96-1.1.97

** Liebig
Liebigstr 45, ✉ 60323, ☎ (0 69) 72 75 51, Fax 72 75 55, AX DC ED VA
19 Zi, Ez: 165-265, Dz: 225-345; ⊣ WC ☎; 5✉; 🅿
geschl: 24.12.-1.1.

** Novotel
Lise-Meitner-Str 2 (A 3), ✉ 60486, ☎ (0 69) 79 30 30, Fax 79 30 39 30, AX DC ED VA
235 Zi, Ez: 146-292, Dz: 314-334, ⊣ WC ☎, 70✉; Lift 🅿 🅿 12↔250 Fitneßraum Sauna Solarium 🍴

** Intercity Hotel
Poststr 8 (B 5), ✉ 60329, ☎ (0 69) 27 39 10, Fax 27 39 19 99, AX DC ED VA
384 Zi, Ez: 140-312, Dz: 170-391, S; 2 Suiten, ⊣ WC ☎, 120✉; Lift 13↔120 🍴

** CA Comfort Aparthotel
Launhardtstr 2-4, ✉ 60314, ☎ (0 69) 94 99 00, Fax 9 49 90 -8 00, AX DC ED VA
Ez: 99-300, Dz: 138-270, 1 Suite, 170 App, ⊣ WC ☎, 27✉; Lift 🅿 Fitneßraum Sauna 🍴
Langzeitvermietung

* Rema-Hotel Bristol
Ludwigstr 13 (B 5), ✉ 60327, ☎ (0 69) 24 23 90, Fax 25 15 39, AX DC ED VA
145 Zi, Ez: 170-250, Dz: 240-360, S; ⊣ WC ☎, 50✉; Lift 2↔30; garni

* Best Western Bauer Hotel Domicil
Karlstr 14 (C 4), ✉ 60329, ☎ (0 69) 27 11 10, Fax 25 32 66, AX DC ED VA
70 Zi, Ez: 120-239, Dz: 140-289, S; ⊣ WC ☎, 10✉; Lift; garni

* Concorde
Karlstr 9 (C 4), ✉ 60329, ☎ (0 69) 23 32 30, Fax 23 78 28, AX DC ED VA
45 Zi, Ez: 120-160, Dz: 140-200, ⊣ WC ☎; Lift; garni
geschl: Ende Dez
Auch Zimmer der Kategorie ****** vorhanden

* Florentina
Westendstr 23 (C 4), ✉ 60325, ☎ (0 69) 74 60 44, Fax 74 79 24, AX DC ED VA
35 Zi, Ez: 85-250, Dz: 160-350, ⊣ WC ☎; Lift 🅿 🅿; garni
geschl: Ende Dez-Anfang Jan
Auch einfache Zimmer vorhanden

* Astoria
Rheinstr 25 (B 4), ✉ 60325, ☎ (0 69) 97 56 00, Fax 97 56 01 40, AX DC ED VA
50 Zi, Ez: 99-180, Dz: 140-240, ⊣ WC ☎; 🅿 1↔15 Sauna Solarium; garni
geschl: Ende Dez

* Rhein-Main
Heidelberger Str 3 (B 5), ✉ 60327, ☎ (0 69) 25 00 35, Fax 25 25 18, AX DC ED VA
48 Zi, Ez: 185-285, Dz: 285-385, 1 Suite, ⊣ WC ☎; Lift 🅿 🅿; garni →

Frankfurt am Main

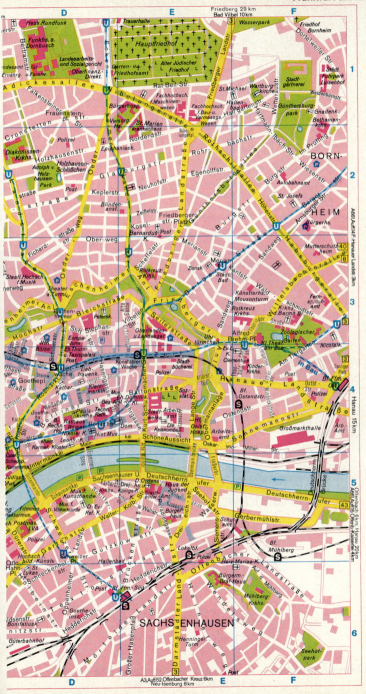

Frankfurt am Main

✱ Am Dom
Kannengießergasse 3 (E 4), ⌧ 60311,
☎ (0 69) 28 21 41, Fax 28 32 37, AX VA
30 Zi, Ez: 150-275, Dz: 185-280, 4 Suiten,
4 App, ⊣ WC ☏; Lift; **garni**

✱ Mondial
Heinestr 13 (D 2), ⌧ 60322, ☎ (0 69)
59 04 22, Fax 59 04 24, AX DC ED VA
20 Zi, Ez: 150-170, Dz: 180-220, ⊣ WC ☏;
Lift 🅿 🍴; **garni**
Auch Zimmer der Kategorie ✱✱ vorhanden

✱ Nizza
Elbestr 10 (C 5), ⌧ 60329, ☎ (0 69)
2 42 53 80, Fax 24 25 38 30, ED
24 Zi, Ez: 125-155, Dz: 180-200, ⊣ WC ☏,
5🛌; Lift; **garni**
Künstlerhotel mit individuell möblierten
Zimmern

✱ Consul
Mainzer Landstr 118 (A 5), ⌧ 60327,
☎ (0 69) 9 75 70 00, Fax 97 57 00 36,
AX DC ED VA
18 Zi, Ez: 120-180, Dz: 160-250, 2 Suiten, ⊣
WC ☏; Lift; **garni**

✱ Mozart
Parkstr 17 (C 2), ⌧ 60322, ☎ (0 69) 55 08 31,
Fax 5 96 45 59, AX DC ED VA
35 Zi, Ez: 145-160, Dz: 210, ⊣ WC ☏; Lift 🅿;
garni
geschl: Ende Dez

✱ Ibis
Speicherstr 3 (C 5), ⌧ 60327, ☎ (0 69)
27 30 30, Fax 23 70 24, AX DC ED VA
233 Zi, Ez: 146-243, Dz: 161-258, S; ⊣ WC
☏, 40🛌; Lift 🍴 3🍽30 ⚡

✱ Hamburger Hof
Poststr 10 (B 5), ⌧ 60329, ☎ (0 69) 23 50 45,
Fax 23 58 02, AX DC ED VA
60 Zi, Ez: 105-120, Dz: 145, ⊣ WC ☏; Lift 🅿;
garni 🍴

✱✱✱ Weinhaus Brückenkeller
🍷 Schützenstr 6 (E 4), ⌧ 60311, ☎ (0 69)
28 42 38, Fax 29 60 68, AX DC ED VA
Hauptgericht 50; nur abends; geschl:
So+feiertags
Traditionsreiches Weinlokal

✱✱✱ Villa Leonhardi
Zeppelinallee 18 (B 2), ⌧ 60325, ☎ (0 69)
74 25 35, Fax 74 04 76, AX DC ED VA
Hauptgericht 40; geschl: Sa+So, Ende
Dez-Anfang Jan

✱✱ Mövenpick La Mouetta
Opernplatz 2 (C 4), ⌧ 60313, ☎ (0 69)
2 06 80, Fax 29 61 35, AX DC ED VA
Hauptgericht 30; Terrasse

✱✱ Da Lauda
Große Bockenheimer Str 52 (D 4),
⌧ 60313, ☎ (0 69) 29 46 94, Fax 44 03 48,
AX DC ED VA
Hauptgericht 35

✱✱ Alte Kanzlei
Niedenau 50 (C 4), ⌧ 60325, ☎ (0 69)
72 14 24, Fax 17 38 54, AX DC ED VA
Hauptgericht 35; Terrasse; geschl: So, Sa
mittags

✱✱ Aubergine
Alte Gasse 14 (E 3), ⌧ 60313, ☎ (0 69)
9 20 07 80, Fax 9 20 07 86, AX DC ED VA
Hauptgericht 40; geschl: So, Sa mittags,
3 Wochen in den Schulferien

✱ Börsenkeller
Schillerstr 11 (D 3), ⌧ 60313, ☎ (0 69)
28 11 15, Fax 29 45 51, AX DC ED VA
Hauptgericht 25; Terrasse; geschl: So

✱ Rosa
Grüneburgweg 25 (C 3), ⌧ 60322, ☎ (0 69)
72 13 80, Fax 6 31 40 16
Hauptgericht 35; nur abends; geschl:
So+Mo, 2 Wochen in den Sommerferien

✱ Avocado
Hochstr 27 (D 3), ⌧ 60313, ☎ (0 69)
29 28 67, Fax 4 63 09, AX ED VA
Hauptgericht 42; Terrasse; geschl: So

☕ Altes Café Schneider
Kaiserstr 12 (C 4-5), ⌧ 60311, ☎ (0 69)
28 14 47
7.30-19; geschl: Im Sommer So

☕ Laumer
Bockenheimer Landstr 67 (BC 3), ⌧ 60325,
☎ (0 69) 72 79 12, Fax 72 61 42, AX
🅿 Terrasse; 7.30-19, so+feiertags 9.30-19

**☕ Café Boulevard
im Arabella Grand Hotel**
Konrad-Adenauer-Str 7 (E 3), ⌧ 60313,
☎ (0 69) 2 98 18 10, Fax 2 98 18 10, AX DC ED VA

==Apfelweinstuben==
Adolf Wagner
🍷 Schweizer Str 71 (D 6), ⌧ 60594, ☎ (0 69)
61 25 65, Fax 61 14 45
Hauptgericht 20

Zum Gemalten Haus
🍷 Schweizer Str 67 (D 6), ⌧ 60594, ☎ (0 69)
61 45 59, Fax 6 03 14 57
Hauptgericht 20; geschl: Mo, Di

Zur Buchscheer
🍷 Schwarzsteinkautweg 17, ⌧ 60598,
☎ (0 69) 63 51 21
Hauptgericht 15; Gartenlokal 🅿;
geschl: Di, 3 Wochen im Nov

Zum Eichkatzerl
🍷 Dreieichstr 29 (E 5), ⌧ 60594, ☎ (0 69)
61 74 80
Hauptgericht 15; Gartenlokal; geschl: So,
Mo, 2 Wochen zu Weihnachten, 1 Woche
zu Ostern, 3 Wochen im Sommer
Eigene Kelterei

→

Frankfurt am Main

Bergen-Enkheim (7 km ↗)

*** Amadeus
Röntgenstr 5, ✉ 60388, ☎ (0 61 09) 37 00,
Fax 37 07 20, AX DC ED VA
156 Zi, Ez: 195-325, Dz: 245-325, 4 Suiten,
36 App, ⌐ WC ☎, 82🛏; Lift 🅿 🍽 4⇔120;
garni

** Borger
Triebstr 51, ✉ 60388, ☎ (0 61 09) 3 09 00,
Fax 30 90 30, AX DC ED VA
33 Zi, Ez: 120-170, Dz: 160-240, 1 App, ⌐
WC ☎; 🅿 🍽; garni
geschl: Ende Dez-Anfang Jan

* Schöne Aussicht
⌐ Im Sperber 24, ✉ 60388, ☎ (0 61 09)
28 13, Fax 2 17 85, AX DC ED VA
Ez: 120-180, Dz: 160-240, ⌐ WC ☎; Lift
2⇔90 Kegeln ⌐

* Klein
Vilbeler Landstr 55, ✉ 60388, ☎ (0 61 09)
73 46-0, Fax 73 46-4 21, AX DC ED VA
57 Zi, Ez: 108-188, Dz: 148-260, 2 Suiten, ⌐
WC ☎; Lift 🅿 4⇔40
** Pfifferling
Hauptgericht 30; Biergarten Terrasse;
geschl: Ende Dez-Anfang Jan

Flughafen (12 km ↙)

*** Sheraton
Hugo-Eckener-Ring 15, ✉ 60549, ☎ (0 69)
6 97 70, Fax 69 77 22 09, AX DC ED VA
1050 Zi, Ez: 395-585, Dz: 425-615,
30 Suiten, ⌐ WC ☎, 300🛏; Lift 🅿 🍽
28⇔1200 ⌐ Fitneßraum Sauna Solarium
*** Papillon
Hauptgericht 65
* Maxwell's Bistro
Hauptgericht 45

*** Steigenberger Avance Frankfurt Airport
⌐ Unterschweinstiege 16, ✉ 60549,
☎ (0 69) 6 97 50, Fax 69 75 25 05,
AX DC ED VA
420 Zi, Ez: 295-555, Dz: 370-620, S;
37 Suiten, ⌐ WC ☎, 60🛏; Lift 32⇔500 ⌐
Sauna Solarium
Zimmer der Kategorie ******** im Executive Tower
** Waldrestaurant Unterschweinstiege
Hauptgericht 40; Gartenlokal 🅿

*** Steigenberger Flughafen-Restaurant 5 Continents
⌐ Flughafen, Besucherebene (über Abflug B), ✉ 60549, ☎ (0 69) 3 44 41,
Fax 69 47 30, AX DC ED VA
Hauptgericht 33

Harheim (10 km ↑)

** Harheimer Hof
⌐ Alt Harheim 11, ✉ 60437, ☎ (0 61 01)
46 Zi, Ez: 160-270, Dz: 210-320, S; ⌐ WC ☎;
Lift 🅿 🍽 5⇔100 ⌐ Sauna Solarium
geschl: Ende Dez-Anfang Jan
** Einhornstube
Hauptgericht 30; Terrasse; geschl: Ende
Dez-Anfang Jan

Hausen (3 km ↖)

* Ibis
Königsberger Str 1, ✉ 60487, ☎ (0 69)
24 70 70, Fax 24 70 71 32, AX DC ED VA
114 Zi, Ez: 135-170, Dz: 150-170, ⌐ WC ☎,
26🛏; Lift 🅿 2⇔30 ⌐

Höchst (10 km ←)

** Lindner Congress Hotel
Bolongarostr 90, ✉ 65929, ☎ (0 69)
3 30 02 00, Fax 3 30 02 -9 99, AX DC ED VA
258 Zi, Ez: 149-425, Dz: 198-502, 4 Suiten,
23 App, ⌐ WC ☎; Lift 🍽 Fitneßraum Sauna
Solarium ⌐
Multimedia-Hotel

** Höchster Hof
⌐ Mainberg 3, ✉ 65929, ☎ (0 69) 3 00 40,
Fax 3 00 46 80, AX DC ED VA
140 Zi, Ez: 110-250, Dz: 170-370, 1 Suite,
6 App, ⌐ WC ☎, 25🛏; Lift 🅿 7⇔100 Fitneßraum Kegeln Sauna Solarium
geschl: Ende Dez-Anfang Jan
Auch Zimmer der Kategorie ***** vorhanden
* Hauptgericht 25; nur abends;
geschl: Jul, Aug

** Il Vecchio Muro
Schleifergasse 3, ✉ 65929, ☎ (0 69)
31 95 59, Fax 31 95 59, AX DC ED VA
Hauptgericht 40

Nied (8 km ←)

** Ramada
⌐ Oeserstr 180, ✉ 65933, ☎ (0 69) 3 90 50,
Fax 3 80 82 18, AX DC ED VA
203 Zi, Ez: 205-400, Dz: 230-425, S; 1 Suite,
32 App, ⌐ WC ☎; Lift 🅿 🍽 10⇔350 ⌐
Sauna Solarium ⌐

Nieder-Erlenbach (14 km ↑)

** Alte Scheune
Alt-Erlenbach 44, ✉ 60437, ☎ (0 61 01)
4 45 51, Fax 40 93 11, AX ED VA
25 Zi, Ez: 135-175, Dz: 185-210, 8 App, ⌐
WC ☎, 8🛏; 🅿 🍽 1⇔40
geschl: 21.12.96-6.1.97
** Hauptgericht 35; Gartenlokal;
geschl: so+feiertags, Fr+Sa mittags

Nieder-Eschbach (12 km ↑)

* Darmstädter Hof
An der Walkmühle 1, ✉ 60437, ☎ (0 69)
50 91 09-0, Fax 50 91 09-50, AX DC VA
16 Zi, Ez: 130-150, Dz: 170-190, ⌐ WC ☎; 🅿
3⇔120 Kegeln
geschl: 3 Wochen in den Sommerferien
* Hauptgericht 30; Terrasse;
geschl: Mo, 3 Wochen in den Sommerferien

Frankweiler

* Markgraf
Deuil-la-Barre-Str 103, ✉ 60437, ☎ (0 69)
9 50 76 30, Fax 95 07 63 15, AX DC ED VA
22 Zi, Ez: 95-140, Dz: 140-180, ⌐ WC ☎; P 🚗 ¶⌐

Niederrad (3 km ✓)
*** Arabella Congress Hotel
Lyoner Str 44-48, ✉ 60528, ☎ (0 69)
6 63 30, Fax 6 63 36 66, AX DC ED VA
392 Zi, Ez: 158-435, Dz: 181-498, 4 Suiten,
⌐ WC ☎, 155🍴; Lift 13⟳520 ☂ Sauna Solarium 🍺

*** Bayern Stub'n
Hauptgericht 26; P Terrasse

*** Dorint
Hahnstr 9, ✉ 60528, ☎ (0 69) 66 30 60,
Fax 66 30 66 00, AX DC ED VA
183 Zi, Ez: 292-504, Dz: 394-504, S;
8 Suiten, ⌐ WC ☎, 28🍴; Lift P 5⟳250 ☂
Sauna Solarium

** Opal
Hauptgericht 37

*** Weidemann
Kelsterbacher Str 66, ✉ 60528, ☎ (0 69)
67 59 96, Fax 67 39 28, AX DC ED VA
Hauptgericht 45; Gartenlokal P Terrasse;
geschl: So, Sa mittags

Niederrad-Außerhalb (3 km ✓)
*** Queens Hotel Frankfurt
Isenburger Schneise 40, ✉ 60528, ☎ (0 69)
6 78 40, Fax 6 70 26 34, AX DC ED VA
277 Zi, Ez: 160-592, Dz: 190-592, S;
3 Suiten, ⌐ WC ☎, 45🍴; Lift P
** Hauptgericht 30

Niederursel (8 km ↘)
*** Ramada Nordwest Zentrum
Walter-Möller-Platz, ✉ 60439, ☎ (0 69)
58 09 30, Fax 58 24 47, AX DC ED VA
93 Zi, Ez: 163-179, Dz: 206-222, S; ⌐ WC ☎,
38🍴; Lift P 1⟳20; garni

Rödelheim (4 km ↘)
** Osteria Enoteca
Arnoldshainer Str 2, ✉ 60489, ☎ (0 69)
7 89 22 16, AX ED VA
Hauptgericht 45; Gartenlokal; geschl: So

Sachsenhausen (1 km ↓)
*** Holiday Inn Crowne Plaza Frankfurt Conference Center
≼ Mailänder Str 1, ✉ 60598, ☎ (0 69)
6 80 20, Fax 6 80 23 33, AX DC ED VA
404 Zi, Ez: 255-355, Dz: 330-430, S;
3 Suiten, ⌐ WC ☎, 103🍴; Lift P 🚗
19⟳400 Fitneßraum Sauna Solarium
** Hauptgericht 25

** Maingaustuben ✣
Schifferstr 38, ✉ 60594, ☎ (0 69) 61 07 52,
Fax 62 07 90, AX DC VA
Hauptgericht 33; Terrasse; geschl: Sa, So abends

** Bistrot 77
Ziegelhüttenweg 1, über Mörfelder
Landstr (D 6), ✉ 60598, ☎ (0 69) 61 40 40,
Fax 7 24 08 85, AX ED VA
Hauptgericht 49; Gartenlokal Terrasse;
geschl: So, Sa Mittag

** Die Gans
Schweizer Str 76 (D 6), ✉ 60594, ☎ (0 69)
61 50 75, Fax 62 26 25, AX DC ED VA
Hauptgericht 40; Terrasse; nur abends;
geschl: So, Ende Dez-Anfang Jan

Sindlingen (13 km ←)
** Post (Top International Hotel)
Sindlinger Bahnstr 12, ✉ 65931, ☎ (0 69)
3 70 10, Fax 3 70 15 02, AX DC ED VA
108 Zi, Ez: 110-260, Dz: 170-280, S; 7 App,
⌐ WC ☎, 10🍴; Lift P 🚗 5⟳40 ☂ Fitneßraum Kegeln Sauna Solarium ¶⌐
geschl: So, 23.12.-31.12.96

siehe auch **Neu-Isenburg**

Frankfurt (Oder) 31 →

Brandenburg — Kreis Frankfurt (Oder) —
22 m — 85 000 Ew — Berlin 90, Dresden
200 km
ℹ ☎ (03 35) 32 52 16, Fax 2 25 65 — Fremdenverkehrsverein, Karl-Marx-Str 8 a (B 2),
15230 Frankfurt (Oder); wichtige Grenz-
und Messestadt; Europa-Universität
„Viadrina". Sehenswert: Rathaus;
St.-Marien-Kirche; Franziskaner Klosterkirche (Konzerthalle „Carl Philipp Emanuel
Bach") in norddeutscher Backsteingotik;
Kleist-Museum

Stadtplan siehe Seite 388

* Graham's
August-Bebel-Str 11 (außerha), ✉ 15234,
☎ (03 35) 4 33 54 29, Fax 4 33 39 91,
AX ED VA
12 Zi, Ez: 112-140, Dz: 132-165, 4 App, ⌐
WC ☎; P ¶⌐

🍺 Brunnencafé
Karl-Marx-Str 8 (B 2), ✉ 15230, ☎ (03 35)
2 36 83
9-24, So ab 11

Gubener Vorstadt
* Zur Alten Oder
Fischerstr 32 (C 4), ✉ 15230, ☎ (03 35)
55 62 20, Fax 32 44 39, AX DC ED VA
25 Zi, Ez: 80-130, Dz: 100-160, ⌐ WC ☎; P
Fitneßraum Sauna; garni

Lichtenberg (8 km ✓)
*** Holiday Inn
einzeln, Turmstr 1, ✉ 15234, ☎ (03 35)
5 56 50, Fax 5 56 51 00, AX DC ED VA
143 Zi, Ez: 217-195, Dz: 284-250, S;
17 Suiten, 8 App, ⌐ WC ☎, 65🍴; Lift P
10⟳600 Fitneßraum Sauna Solarium
** Hauptgericht 30

Frankweiler 54 ✓

Rheinland-Pfalz — Kreis Südliche Weinstraße — 160 m — 1 016 Ew — Landau i. d.
Pfalz 8, Pirmasens 42 km
ℹ ☎ (0 63 45) 15 11 — Südliche Weinstraße
e. V., Büro für Tourismus Landau-Land,
Rathaus, 76829 Leinsweiler →

Frankweiler

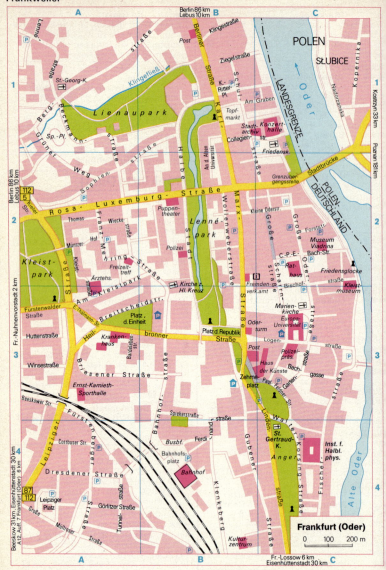

** Robichon
Orensfelsstr 31, ✉ 76833, ☎ (0 63 45) 32 68, Fax 85 29, 🅔
Hauptgericht 35; geschl: Mo abends, Di, 3 Wochen in den Sommerferien, Anfang Jan

Die von uns genannten Cafés bieten neben Konditoreiwaren und Getränken häufig auch kleine Gerichte an.

Frasdorf 73

Bayern — Kreis Rosenheim — 700 m — 2 700 Ew — Aschau 5, Prien am Chiemsee 12, Rosenheim 18 km

🛈 ☎ (0 80 52) 7 71, Fax 6 35 — Verkehrsamt, Hauptstr 9, 83112 Frasdorf; Erholungsort im Chiemgau. Sehenswert: Wallfahrtskirche St Florian (2 km ↗)

✳✳ Landgasthof Karner
♂ Nußbaumstr 6, ✉ 83112, ☎ (0 80 52) 40 71, Fax 47 11, AX DC ED VA
20 Zi, Ez: 110-150, Dz: 175-205, 1 App, ⊣ WC ☎; **P** 1↔60 ≋ Sauna
✳✳✳ 🍴 Hauptgericht 40; Terrasse 🍷

✳ Alpenhof
Hauptstr 31, ✉ 83112, ☎ (0 80 52) 22 95, Fax 51 18
Hauptgericht 25; Gartenlokal **P**

Umrathshausen (2 km ↗)
✳ Goldener Pflug
♂ Humprehtstr 1, ✉ 83112, ☎ (0 80 53) 3 58, Fax 46 84, ED VA
23 Zi, Ez: 95-160, Dz: 120-200, 1 Suite, 1 App, ⊣ WC ☎; **P** 2↔40 Sauna Solarium
geschl: Mo, Anfang-Ende Jan, Jun, Okt
Tennis 12

✳✳ Pflug Gewölbe
Hauptgericht 15; Biergarten Terrasse; geschl: Okt-Mai Mo, Jan

Frauenau 66 ↑

Bayern — Kreis Regen — 616 m — 3 156 Ew — Zwiesel 8, Grafenau 21 km
i ☎ (0 99 26) 7 10, Fax 17 99 — Verkehrsamt, Hauptstr 12, 94258 Frauenau; Erholungsort im Bayerischen Wald. Sehenswert: Glashütten, Glasmuseum; Trinkwasser-Talsperre: höchstgelegener Stausee der Bundesrepublik (4 km ↗); Großer Rachel, 1453 m ◂; (150 Min →)

✳✳ St. Florian
Althüttenstr 22, ✉ 94258, ☎ (0 99 26) 95 20, Fax 82 66
Ez: 65-75, Dz: 124-136, 5 Suiten, ⊣ WC ☎, 2⊠; Lift **P** ≋ Fitneßraum Sauna Solarium 🍴
geschl: Mitte Nov-Mitte Dez
Im Stammhaus auch einfache Zimmer vorhanden

✳✳ Eibl-Brunner
Hauptstr 18, ✉ 94258, ☎ (0 99 26) 95 10, Fax 7 26, ED VA
54 Zi, Ez: 48-73, Dz: 96-162, ⊣ WC ☎; Lift **P** ≋ Fitneßraum Sauna Solarium
geschl: Anfang Nov-Mitte Dez
Auch Zimmer der Kategorie ✳ vorhanden
✳ Hauptgericht 20; Terrasse;
geschl: Ende Mär-Anfang Apr, Anfang Nov-Mitte Dez

✳ Landgasthof Hubertus
♂ Loderbauerweg 2, ✉ 94258, ☎ (0 99 26) 95 00, Fax 81 87, AX ED VA
41 Zi, Ez: 48-53, Dz: 86, 4 Suiten, 6 App, ⊣ WC ☎; Lift **P** ≋ Fitneßraum Sauna Solarium 🍴 🍷
Rezeption: 8-12; geschl: Anfang Nov-Anfang Dez
Auch Zimmer der Kategorie ✳✳ vorhanden

✳ Gästehaus Falkenau
♂ Godehardstr 18, ✉ 94258, ☎ (0 99 26) 7 15
14 Zi, Ez: 46-52, Dz: 84-92, 2 Suiten, ⊣ WC ☎; **P** 🚗 Fitneßraum Sauna Solarium 🍷
Rezeption: 8-20

✳ Waldhotel Prucker
♂ Spitzhiebelweg 26, ✉ 94258, ☎ (0 99 26) 2 45, Fax 12 57
17 Zi, Ez: 50-55, Dz: 84-130, 2 Suiten, 3 App, ⊣ WC ☎; **P** 🚗 ≋ Sauna Solarium; garni
geschl: Mitte Mär-Ende Apr, Ende Okt-Mitte Dez

Frauenstein 51 ←

Sachsen — Kreis Brand-Erbisdorf — 650 m — 1 290 Ew — Dippoldiswalde 18, Freiberg 19, Dresden 35 km
i ☎ (03 73 26) 95 53 — Stadtverwaltung, Fremdenverkehrsamt, Markt 28, 09623 Frauenstein. Sehenswert: Burgruine; Postmeilensäule; Gottfried-Silbermann-Museum

✳ Goldener Löwe
Markt 10, ✉ 09623, ☎ (03 73 26) 2 36, Fax 4 50, AX ED VA
20 Zi, Ez: 75-90, Dz: 120, ⊣ WC ☎; **P** 🍴

✳ Frauensteiner Hof
Freiberger Str 22, ✉ 09623, ☎ (03 73 26) 91 14, Fax 91 15, AX ED VA
25 Zi, Ez: 75, Dz: 125, ⊣ WC ☎; **P** 🚗 1↔20
✳✳ Hauptgericht 20; Biergarten Terrasse

Frauenwald 47 □

Thüringen — Kreis Arnstadt/Ilmenau — 824 m — 1 324 Ew — Ilmenau 12, Suhl 12 km
i ☎ (03 67 82) 6 19 25, Fax 6 12 39 — Fremdenverkehrsamt, Nordstr 96, 98711

✳✳ Am Tränkbachtal
♂ Nordstr 79, ✉ 98711, ☎ (03 67 82) 6 17 83, Fax 6 19 94, AX ED
40 Zi, Ez: 60-140, Dz: 130-150, 1 Suite, 3 App, ⊣ WC ☎; **P** 3↔25
Fitneßraum Sauna Solarium 🍴

Fraureuth 49 □

Sachsen — Kreis Werdau — 359 m — 3 500 Ew — Werdau 4, Zwickau 10 km
i ☎ (0 37 61) 20 62, Fax 20 76 — Gemeindeverwaltung, Hauptstr 94, 08427 Fraureuth. Sehenswert: Fraureuther Porzellan; Kirche mit Silbermann-Orgel →

Fraureuth

* **Pension Schützenhaus**
Werdauer Str 71, ⌧ 08427, ☎ (0 37 61) 51 63, Fax 51 63, ED
9 Zi, Ez: 75, Dz: 109, 1 App, ⌐ WC ☎; P
1↔20 Bowling ¶⊙¶

Frechen 42↗

Nordrhein-Westfalen — Erftkreis — 109 m — 45 000 Ew — Köln 11, Düren 27 km
🛈 ☎ (0 22 34) 50 10, Fax 50 12 19 — Stadtverwaltung, Johann-Schmitz-Platz 1, 50226 Frechen. Sehenswert: Keramion - Ausstellung zeitgenössischer Keramik; Keramikmuseum - Ausstellung hist. Keramik

** **Halm Schützenhaus**
Johann-Schmitz-Platz 22, ⌧ 50226, ☎ (0 22 34) 95 70 00, Fax 5 22 32, AX DC ED VA
39 Zi, Ez: 150-285, Dz: 210-285; ⌐ WC ☎; Lift P 🚗 4↔220 Sauna
** Hauptgericht 30

* **Bartmannkrug**
Kölner Str 6-78, ⌧ 50226, ☎ (0 22 34) 1 84 60, Fax 18 46 50, AX DC ED VA
40 Zi, Ez: 130-195, Dz: 190-295, WC ☎; Lift P 3↔120 Kegeln
* Hauptgericht 25; geschl: So, Mitte Jul-Anfang Aug

** **Ermanno**
Othmarstr 46, ⌧ 50226, ☎ (0 22 34) 1 41 63, Fax 24 26, AX ED VA
Hauptgericht 30; geschl: So, Sa mittags

☕ **Halver**
Hauptstr 42, ⌧ 50226, ☎ (0 22 34) 5 54 04
8.30-18.30, Sa bis 17, So 13-18

<u>Königsdorf</u>
** **Königsdorfer Hof**
Augustinusstr 15, ⌧ 50226, ☎ (0 22 34) 6 00 70, Fax 60 07 70, AX DC ED VA
34 Zi, Ez: 130-191, Dz: 120-276, 3 Suiten, WC ☎, 15📠; P Fitneßraum Sauna Solarium
geschl: Ende Dez-Anfang Jan
Auch Zimmer der Kategorie *** vorhanden
** Hauptgericht 35; nur abends

Fredeburg 19↘

Schleswig-Holstein — Kreis Herzogtum Lauenburg — 20 m — 48 Ew — Ratzeburg 5, Mölln 7, Lübeck 20 km
🛈 ☎ (0 45 41) 80 00 80, Fax 53 27 — Fremdenverkehrsamt, Fünfhausen 1, 23909 Ratzeburg

* **Fredenkrug**
Am Wildpark 5, ⌧ 23909, ☎ (0 45 41) 35 55, Fax 45 55, ED
15 Zi, Ez: 75-90, Dz: 110-130, ⌐ WC ☎; P 🚗
* Hauptgericht 20

Fredenbeck 17↗

Niedersachsen — Kreis Stade — 5 m — 4 902 Ew — Stade 13, Bremervörde 21 km
🛈 ☎ (0 41 49) 91 60, Fax 91 20 — Samtgemeindeverwaltung, Postfach 1120, 21715 Fredenbeck. Sehenswert: Kleinbahnmuseum

* **Fredenbeck**
Dinghorner Str 19, ⌧ 21717, ☎ (0 41 49) 9 28 20, Fax 92 82 34, AX VA
10 Zi, Ez: 75, Dz: 110, ⌐ WC ☎; P; **garni**
Rezeption: 7-21; geschl: Ende Dez-Anfang Jan

* **Zur Linde**
Alter Stadtweg 1, ⌧ 21717, ☎ (0 41 49) 14 38
8 Zi, Ez: 50, Dz: 90, 1 Suite, ⌐ WC ☎; P ¶⊙¶

Fredersdorf 30→

Brandenburg — Kreis Märkisch Oderland — 75 m — 7 500 Ew — Berlin 10, Strausberg 13 km
🛈 ☎ (03 34 39) 83 50, Fax 8 35 30 — Gemeindeverwaltung, Fredersdorf-Vogelsdorf, Lindenallee 3, 15370 Fredersdorf

** **Flora**
(Top International Hotel)
♣ Mittelstr, ⌧ 15370, ☎ (03 34 39) 8 30, Fax 8 31 13, AX DC ED VA
55 Zi, Ez: 135-155, Dz: 180-200, S; ⌐ WC ☎, 7📠; P 3↔60 ¶⊙¶

Freiamt 67↗

Baden-Württemberg — Kreis Emmendingen — 400 m — 4 100 Ew — Emmendingen 10, Freiburg 21, Lahr 33 km
🛈 ☎ (0 76 45) 6 44, Fax 6 28 — Verkehrsbüro, Badstr 1, 79348 Freiamt; Erholungsort. Sehenswert: Kapelle in Tennenbach (5 km ↓); Hünersedel, 744 m ◄ (8 km + 15 Min ↗); Skulpturenausstellung im Kurgarten

<u>Brettental</u>
* **Ludinmühle** ♕
♣ Brettental 31, ⌧ 79348, ☎ (0 76 45) 9 11 90, Fax 91 19 99, AX DC ED VA
43 Zi, Ez: 88-130, Dz: 140-240, 2 Suiten, ⌐ WC ☎, 16📠; P 🚗 3↔50 ≋ Fitneßraum Sauna Solarium ☕
Auch Zimmer der Kategorie * vorhanden
** Hauptgericht 30; Terrasse

Freiberg 50 ↗

Sachsen — Kreis Freiberg — 400 m — 50 000 Ew — Dresden 33, Chemnitz 35 km
ℹ ☎ (0 37 31) 2 36 02, Fax 27 31 30 — Freiberg-Information, Burgstr 1, 09599 Freiberg. Sehenswert: Historische Altstadt; spätgotische Hallenkirche Dom St. Marien: Tulpenkanzel, Goldene Pforte (1230), bedeutendste Silbermann-Orgel; Bergakademie mit mineralogischer Sammlung; Silberbergwerk; Hammerwerk; Stadttheater

✱✱✱ Alekto
Am Bahnhof 3, ✉ 09599, ☎ (0 37 31) 79 40, Fax 79 41 00, AX DC ED VA
50 Zi, Ez: 95-145, Dz: 175-225, 17 App, ⊟ WC ☎, 7✉; Lift 🅿 1↔40 ¶⊙⌡ 🍺
Auch Zimmer der Kategorie ✱✱ vorhanden

✱✱ Silberhof
Silberhofstr 1, ✉ 09599, ☎ (0 37 31) 24 72 71, Fax 2 34 03, AX VA
29 Zi, Ez: 99-145, Dz: 165-185, 3 Suiten, ⊟ WC ☎; Lift 🅿 1↔20; garni 🍺

✱✱ Kreller
Fischerstr 5, ✉ 09599, ☎ (0 37 31) 2 35 50, Fax 2 32 19, AX DC ED VA
28 Zi, Ez: 95-120, Dz: 140-160, ⊟ WC ☎, 2✉; Lift 🅿 🍴 2↔60 ¶⊙⌡

✱✱ Am Obermarkt
Waisenhausstr 2, ✉ 09599, ☎ (0 37 31) 3 43 61, Fax 3 43 38, AX DC ED VA
33 Zi, Ez: 89-130, Dz: 150-180, ⊟ WC ☎; 🅿 🍴 1↔20 ¶⊙⌡

✱ Kronprinz
Bahnhofstr 19, ✉ 09599, ☎ (0 37 31) 35 52 50, Fax 35 52 16, ED
20 Zi, Ez: 75-95, Dz: 100-160, ⊟ WC ☎; Lift 🅿 Kegeln ¶⊙⌡

✱ Mauck'sches Gut
♂ Hornstr 20, ✉ 09599, ☎ (0 37 31) 3 39 78, Fax 3 39 78, AX ED VA
19 Zi, Ez: 75-95, Dz: 100-135, ⊟ WC ☎; 🅿; garni

✱ Brauhof
Körnerstr 2, ✉ 09599, ☎ (0 37 31) 2 32 81, AX DC ED VA
8 Zi, Ez: 80, Dz: 100, ⊟ WC ☎; 4↔180 ¶⊙⌡ 🍺
Rezeption: 10.30-24

✱ Freiberger Hof
Am Bahnhof 9, ✉ 09599, ☎ (0 37 31) 3 53 40, Fax 35 34 10, DC ED VA
24 Zi, Ez: 90-105, Dz: 140, 2 Suiten, ⊟ WC ☎; 🅿 2↔50 ¶⊙⌡
Rezeption: 11-24

Weinhaus Blasius
🍴 Burgstr 26, ✉ 09599, ☎ (0 37 31) 2 22 35, AX DC ED VA
Hauptgericht 20; Terrasse; nur abends; geschl: So

Freiberg am Neckar 61 ↗

Baden-Württemberg — Kreis Ludwigsburg — 254 m — 14 000 Ew — Ludwigsburg 5, Bietigheim 5 km
ℹ ☎ (0 71 41) 27 80, Fax 27 81 37 — Stadtverwaltung, Marktplatz 2, 71691 Freiberg

✱ Am Wasen
Wasenstr 7, ✉ 71691, ☎ (0 71 41) 2 74 70, Fax 27 47 67, AX DC ED VA
25 Zi, Ez: 95-122, Dz: 130-170, ⊟ WC ☎, 1✉; 🅿 🍴; garni
Auch Zimmer der Kategorie ✱✱ vorhanden

✱ Schober
Bahnhofstr 63-65, ✉ 71691, ☎ (0 71 41) 2 76 70, Fax 2 76 74 44, AX ED VA
31 Zi, Ez: 108-138, Dz: 168-188, S; ⊟ WC ☎, 3✉; Lift 🅿 🍴 ¶⊙⌡
geschl: 20.08.-10.09.
Auch Zimmer der Kategorie ✱✱ vorhanden

✱ Rössle
Benninger Str 11, ✉ 71691, ☎ (0 71 41) 2 74 90, Fax 27 07 39, ED
25 Zi, Ez: 68-79, Dz: 118-128, S; ⊟ WC ☎, 5✉; 🅿 🍴 1↔25 Solarium ¶⊙⌡

✱ Baumann
Ruitstr 67, ✉ 71691, ☎ (0 71 41) 7 81 50, Fax 78 15 50
24 Zi, Ez: 68-78, Dz: 98-118, ⊟ WC ☎; Lift 🅿 🍴 Sauna Solarium; garni

✱✱ Schwabenstuben
Marktplatz 5, ✉ 71691, ☎ (0 71 41) 7 50 37, Fax 7 50 38, AX DC ED VA
Hauptgericht 30; 🅿 Terrasse; geschl: Mo, Sa mittags, Anfang Jan-Anfang Feb, 3 Wochen im Aug

Freiburg (Elbe) 17 ↗

Niedersachsen — Kreis Stade — 2 m — 8 200 Ew — Wischhafen/Elbe 7, Stade 32 km
ℹ ☎ (0 47 79) 89 90, Fax 8 99 34 — Samtgemeindeverwaltung, Hauptstr 48, 21729 Freiburg; Erholungsort

✱✱ Gut Schöneworth
♂ Landesbrücker Str 42, ✉ 21729, ☎ (0 47 79) 9 23 50, Fax 82 03
15 Zi, Ez: 98-118, Dz: 148-198, 2 Suiten, ⊟ WC ☎; 🅿 🍴 3↔24 Fitneßraum Sauna Solarium
Restaurant für Hausgäste

Freiburg im Breisgau

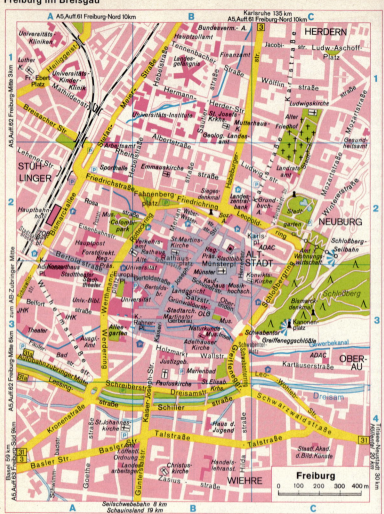

Freiburg im Breisgau 67 □

Baden-Württemberg — Kreisfreie Stadt — 278 m — 197 000 Ew — Titisee 30, Basel 65, Karlsruhe 140 km
ℹ ☎ (07 61) 3 68 90 90, Fax 3 70 03 — Freiburg Information, Rottekring 14 (B 2), 79098 Freiburg; Regierungsbezirkshauptstadt am Fuße des Schwarzwaldes; Universität, Hochschule für Musik; Pädagogische Hochschule; originelle „Straßenbächle"; Mineral-Thermalbad; Stadttheater; Alemannische Bühne

♛ Lobenswerte Hotelleistung

Sehenswert: Münster: Turm ◄; ehem. Klosterkirche St. Martin; Haus zum Walfisch; Rathaus: Glockenspiel; hist. Kaufhaus; Kornhaus; Wentzingerhaus; Schwabentor; Martinstor; Augustinermuseum: Kunst und Kulturgeschichte des Oberrheins; Naturkundemuseum; Museum für Völkerkunde, für Neue Kunst, für Ur- und Frühgeschichte; Planetarium; Botanischer Garten; Schloßberg (Seilbahn), 463 m ◄; Umgebung: Schauinsland (Seilbahn: Fahrzeit 16 Min oder 19 km ↓), 1284 m ◄.

🚐 Kostengünstige Unterkunft mit Standard-Ausstattung

Freiburg im Breisgau

**** Colombi-Hotel
Am Colombi-Park 16 (B 2), ✉ 79098,
☎ (07 61) 2 10 60, Fax 3 14 10, AX DC ED VA
94 Zi, Ez: 269-314, Dz: 438-458, 34 Suiten,
⌐ WC ☎, 79🍴; Lift P 🖃 4⇔300 ⌂ Sauna
Solarium
Auch Zimmer der Kategorie ******* vorhanden
**** Zirbelstube
Hauptgericht 50

*** Dorint Kongress-Hotel
Konrad-Adenauer-Platz 2 (A 3), ✉ 79098,
☎ (07 61) 3 88 90, Fax 3 88 91 00,
AX DC ED VA
210 Zi, Ez: 257-287, Dz: 279-265, S;
9 Suiten, ⌐ WC ☎, 63🍴; Lift P 🖃 10⇔200
⌂ Sauna Solarium
** La Rotonde
Hauptgericht 25; Terrasse

** Zum Roten Bären ♛
(Ringhotel)
Oberlinden 12 (B 3), ✉ 79098, ☎ (07 61)
38 78 70, Fax 3 87 87 17, AX DC ED VA
24 Zi, Ez: 195-215, Dz: 250-310, S; 1 Suite,
⌐ WC ☎; Lift 🖃 2⇔45 Sauna
Golf 18; Ältestes Gasthaus Deutschlands
(12. Jh.)
** Hauptgericht 30

** Oberkirchs Hotel
Münsterplatz 22 (B 3), ✉ 79098, ☎ (07 61)
3 10 11, Fax 3 10 31, AX ED VA
24 Zi, Ez: 100-200, Dz: 220-280, 3 Suiten, ⌐
WC ☎; Lift P 🖃
geschl: Jan
Auch Zimmer der Kategorie ***** vorhanden
* Oberkirchs Weinstuben
Hauptgericht 35; Terrasse; geschl: So,
Jan
Eigenbauweine

** Rheingold
Eisenbahnstr 47 (A 2), ✉ 79098, ☎ (07 61)
2 82 10, Fax 2 82 11 11, AX DC ED VA
49 Zi, Ez: 190-230, Dz: 250-280, S; ⌐ WC ☎,
13🍴; Lift 4⇔250; garni

** Park-Hotel Post
Eisenbahnstr 35 (A 2), ✉ 79098, ☎ (07 61)
38 54 80, Fax 3 16 80, ED VA
43 Zi, Ez: 149-169, Dz: 219-259, ⌐ WC ☎;
Lift 🖃; garni

** Intercity Hotel
Bismarckallee 3 (A 2), ✉ 79098, ☎ (07 61)
3 80 00, Fax 3 80 09 99, AX DC ED VA
152 Zi, Ez: 185-210, Dz: 230-250, S; ⌐ WC
☎, 68🍴; Lift 🖃 8⇔75

** Central-Hotel
Wasserstr 6 (B 2), ✉ 79098, ☎ (07 61)
3 19 70, Fax 3 19 71 00, AX DC ED VA
48 Zi, Ez: 145-160, Dz: 210, 1 Suite, ⌐ WC
☎, 20🍴; Lift P 🖃; garni

** Victoria
Eisenbahnstr 54 (A 2), ✉ 79098, ☎ (07 61)
3 18 81, Fax 3 32 29, AX DC ED VA
63 Zi, Ez: 149-189, Dz: 195-249, 1 Suite, ⌐
WC ☎, 12🍴; Lift P 🖃 1⇔25; garni

** Novotel
Am Karlsplatz (B 2), ✉ 79098, ☎ (07 61)
3 85 10, Fax 3 07 67, AX DC ED VA
114 Zi, Ez: 140-155, Dz: 155-165, ⌐ WC ☎,
22🍴; Lift 4⇔80

** Schiller
Hildastr 2 (B 4), ✉ 79102, ☎ (07 61)
70 33 70, Fax 7 03 37 77, AX ED VA
22 Zi, Ez: 130, Dz: 170, 1 Suite, ⌐ WC ☎;
Lift
* Hauptgericht 35; Terrasse
Französisches Jugendstilbistro

* Kolpinghaus
Karlstr 7 (C 2), ✉ 79104, ☎ (07 61) 3 19 30,
Fax 3 19 32 02, AX DC ED VA
94 Zi, Ez: 105-135, Dz: 150-190, ⌐ WC ☎;
Lift P 6⇔250
Auch Zimmer der Kategorie ****** vorhanden

* Minerva
Poststr 8 (A 2), ✉ 79098, ☎ (07 61)
2 02 06 16, Fax 2 02 06 26, AX DC ED VA
26 Zi, Ez: 125-175, Dz: 180-205, ⌐ WC ☎,
4🍴; Lift 1⇔16 Fitneßraum Sauna
Solarium; garni

* Am Rathaus
Rathausgasse 4 (B 2), ✉ 79098, ☎ (07 61)
3 11 29, Fax 28 65 14, AX DC ED VA
40 Zi, Ez: 100-135, Dz: 175-210, ⌐ WC ☎;
Lift 🖃; garni

* Markgräfler Hof
Gerberau 22 (B 3), ✉ 79098, ☎ (07 61)
3 25 40, Fax 3 79 47, AX DC ED VA
18 Zi, Ez: 120-160, Dz: 140-195, ⌐ WC ☎; 🖃
** Hauptgericht 45; geschl: So, Mo

* Atlanta
Rheinstr 29 (A 2), ✉ 79104, ☎ (07 61)
27 20 06, Fax 28 90 90, AX DC ED VA
45 Zi, Ez: 120-165, Dz: 160-195, ⌐ WC ☎,
15🍴; Lift P 🖃 ⌂; garni

*** Wolfshöhle
Konviktstr 8 (C 3), ✉ 79098, ☎ (07 61)
3 03 03, Fax 28 88 84, AX DC ED VA
Hauptgericht 30; geschl: So

*** Enoteca
Gerberau 21 (B 3), ✉ 79098, ☎ (07 61)
3 89 91 30, Fax 38 99 13 24, AX DC ED VA
Hauptgericht 40; geschl: so + feiertags
Enoteca Trattoria
Schwabentorplatz 6 (B 3)
Hauptgericht 20

→

Freiburg im Breisgau

✹✹ Alte Weinstube Zur Traube
Schusterstr 17 (B 3), ✉ 79098, ☎ (07 61)
3 21 90, Fax 2 63 13, AX VA
Hauptgericht 40; geschl: So, Mo mittags,
2 Wochen im Sommer

✹✹ Greiffenegg-Schlößle
◄ Schloßbergring 3 (C 3), ✉ 79098,
☎ (07 61) 3 27 28, Fax 28 96 02, AX ED VA
Hauptgericht 40; Terrasse Biergarten
Vom Schloßbergring über einen Aufzug zu
erreichen

✹ Kleiner Meyerhof
Rathausgasse 27 (B 2-3), ✉ 79098,
☎ (07 61) 2 69 41, Fax 28 60 52, ED VA
Hauptgericht 30

☕ Café und Confiserie Graf Anton
Am Colombi-Park 16, im Colombi-Hotel
(B 2), ✉ 79098, ☎ (07 61) 2 10 60,
Fax 3 14 10, AX DC VA
8-19

☕ Steinmetz
Kaiser-Joseph-Str 193 (B 3), ✉ 79098,
☎ (07 61) 3 66 66
8-18.30; geschl: So, 3 Wochen in den Sommerferien

Kornhaus
Münsterplatz 11 (B 2), ✉ 79098, ☎ (07 61)
3 25 65
8-18.30; geschl: so + feiertags

Freiburg im Breisgau-Außerhalb

✹✹ Schloßberg-Restaurant Dattler
◄ Am Schloßberg 1 (C 2), ✉ 79104,
☎ (07 61) 3 17 29, Fax 2 62 43, AX DC VA
Hauptgericht 35; P Terrasse; geschl: Di,
Feb

Herdern (1 km ↗)
✹✹ Panorama Hotel Mercure
einzeln ♂ ◄ Wintererstr 89 (C 2), ✉ 79104,
☎ (07 61) 5 10 30, Fax 5 10 33 00,
AX DC ED VA
84 Zi, Ez: 177-252, Dz: 199-314, S; ⌐ WC ☎,
14⌂; Lift P 7↔120 ≘ Fitneßraum Sauna
Solarium
Tennis 2
✹✹ ◄ Hauptgericht 40; Terrasse

✹✹ Eichhalde
Stadtstr 91 (C 2), ✉ 79104, ☎ (07 61)
5 48 17, Fax 5 43 86, ED
Hauptgericht 40; Gartenlokal; geschl: Di,
Sa mittags, Anfang Jan, 2 Wochen im Sep

Kappel (7 km ↘)
✹ Gasthaus Zum Kreuz
♂ Kleinstr 6, ✉ 79117, ☎ (07 61) 62 05 50,
Fax 6 47 93, ED
19 Zi, Ez: 85-95, Dz: 130-170, 1 App, ⌐ WC
☎; P 1↔25 Fitneßraum Sauna Solarium
Rezeption: 7.30-21; geschl: Jan
Hauptgericht 28; Gartenlokal P;
geschl: Mo, Di, 3 Wochen im Jan

Lehen (2,5 km ↘)
✹✹ Bierhäusle
Breisgauer Str 41, ✉ 79110, ☎ (07 61)
8 83 00, Fax 80 68 20, AX ED VA
42 Zi, Ez: 88-120, Dz: 160-205, ⌐ WC ☎; Lift
P 1↔35
Auch Zimmer der Kategorie ✹ vorhanden
✹✹ Hauptgericht 30; Gartenlokal
geschl: So abends, Mo, 3 Wochen im Aug

✹✹ Hirschengarten
Breisgauer Str 51, ✉ 79110, ☎ (07 61)
8 03 03, Fax 8 83 33 39, AX ED VA
20 Zi, Ez: 85-95, Dz: 115-130, ⌐ WC ☎, 8⌂;
Lift P ⌐; garni
geschl: Mitte Dez-Anfang Jan

✹ Gasthaus Hirschen
Breisgauer Str 47, ✉ 79110, ☎ (07 61)
8 21 18, Fax 8 79 94
Hauptgericht 30; ⌐; geschl: Do

Littenweiler (4 km ↘)
✹✹ Schwärs Hotel Löwen (Minotel)
Kappler Str 120, ✉ 79117, ☎ (07 61)
6 30 41, Fax 6 06 90, AX DC ED VA
68 Zi, Ez: 71-170, Dz: 100-220, S; 3 Suiten,
⌐ WC ☎; Lift P ⌐ 5↔130
Im Stammhaus auch einfache Zimmer vorhanden
✹ Hauptgericht 25; Terrasse

Munzingen (13 km ↙)
✹✹ Schloß Reinach
St.-Erentrudis-Str 12, ✉ 79112, ☎ (0 76 64)
40 70, Fax 40 71 55, AX ED VA
72 Zi, Ez: 118-142, Dz: 150-170, 4 App, ⌐ WC
☎, 5⌂; Lift P ⌐ 4↔400 Solarium
Auch Zimmer der Kategorie ✹ vorhanden
✹✹ s'Herrehus im Schloß Reinach
Hauptgericht 40; nur abends

St. Georgen (4 km ↙)
✹✹ Zum Schiff
Basler Landstr 37, ✉ 79111, ☎ (07 61)
47 30 41, Fax 47 55 63, AX DC ED VA
65 Zi, Ez: 90-105, Dz: 158-190, ⌐ WC ☎,
15⌂; Lift P 1↔60 Sauna Solarium
✹ Hauptgericht 25; Gartenlokal;
nur abends, So auch mittags

✹ Ritter St. Georg
Basler Landstr 82, ✉ 79111, ☎ (07 61)
4 35 93, ED VA
13 Zi, Ez: 85-95, Dz: 120-140, ⌐ WC ☎, 4⌂;
P; garni
geschl: Ende Dez- Anfang Jan

Tiengen-Außerhalb (9 km ↙)
✹✹✹ Dorint Hotel An den Thermen
♂ An den Heilquellen 8, ✉ 79111,
☎ (07 61) 4 90 80, Fax 4 90 81 00,
AX DC ED VA
130 Zi, Ez: 218, Dz: 260, S; ⌐ WC ☎, 12⌂;
Lift P ⌐ 5↔100 Fitneßraum
Direkter Zugang zum Mineral-Thermal-Bad
✹✹ Goguette
Hauptgericht 35; Terrasse

Freinsheim

Wiehre (2 km ↘)
**** **Klösterle**
Dreikönigstr 8 (B 4), ✉ 79102, ☎ (07 61) 7 57 84, Fax 7 37 88
Hauptgericht 35; Gartenlokal; nur abends; geschl: So+Mo, Ende Dez-Anfang Jan

Zähringen (4 km ↑)
**** **Zähringer Burg**
Reutebachgasse 19, ✉ 79108, ☎ (07 61) 5 40 41, Fax 55 57 55, AX ED VA
Hauptgericht 30; P

Freiensteinau 45 ↘

Hessen — Vogelsbergkreis — 450 m — 400 Ew — Schlüchtern 15, Gedern 21 km
ℹ ☎ (0 66 44) 74 90 — Verkehrsverein, im Ortsteil Nieder-Moos, Gartenstr 3, 36399 Freiensteinau; Ort im Vogelsberg.
Sehenswert: Ev. Kirche: Rokoko-Orgel

Nieder-Moos (6 km ↑)
**** **Gästehaus Jöckel**
Zum See 5, ✉ 36399, ☎ (0 66 44) 3 43, Fax 18 86
27 Zi, Ez: 50-65, Dz: 100-130, ⇩ WC ☎; Lift P 🛏 ≋ Seezugang Fitneßraum Kegeln Sauna Solarium ▓ 🍺
Rezeption: 9-24; geschl: Ende Feb-Mitte Mär, Nov
Anmeldung im Gasthof gegenüber. Dort sind auch einfachere Zimmer vorhanden.

Freienwalde, Bad 31 ↘

Brandenburg — Kreis Bad Freienwalde — 80 m — 11 000 Ew — Eberswalde 28, Frankfurt/Oder 65 km
ℹ ☎ (0 33 44) 34 02 — Oberbarnim-Information, Karl-Marx-Str 25, 16259 Bad Freienwalde. Sehenswert: Schloß und Park; Pfarrkirche St. Nikolai; Oderland-Museum

* **Gasthaus Zum Löwen**
Hauptstr 41, ✉ 16259, ☎ (0 33 44) 52 15, Fax 47 11 12
16 Zi, Ez: 105, Dz: 165, ⇩ WC ☎; P 1⇌35 Bowling Kegeln ▓

Falkenberg
* **Villa Fontane**
Fontaneweg 4, ✉ 16259, ☎ (03 34 58) 3 03 80, Fax 3 03 81
8 Zi, Ez: 80-90, Dz: 120-140, ⇩ WC ☎; P; garni

Freigericht 45 ↓

Hessen — Main-Kinzig-Kreis — 150 m — 14 300 Ew — Alzenau 10, Gelnhausen 13, Hanau 19 km
ℹ ☎ (0 60 55) 91 60, Fax 91 62 22 — Gemeindeverwaltung, im Ortsteil Somborn, Bahnhofstr 13, 63579 Freigericht; Erholungsort

Horbach
* **Vorspessart**
Geiselbacher Str 11, ✉ 63579, ☎ (0 60 55) 8 30 74, Fax 8 34 90, AX ED VA
16 Zi, Ez: 70-80, Dz: 120-130, ⇩ WC ☎; Lift P 1⇌15 ≋ Solarium ▓
geschl: Ende Dez-Mitte Jan

Freilassing 73 →

Bayern — Kreis Berchtesgadener Land — 423 m — 14 500 Ew — Salzburg 7, Bad Reichenhall 19, Traunstein 29 km
ℹ ☎ (0 86 54) 23 12, Fax 17 95 — Verkehrsverein, Bahnhofstr 2, 83395 Freilassing; Erholungsort

* **Krone**
Hauptstr 26, ✉ 83395, ☎ (0 86 54) 6 01 70, Fax 60 17 17, AX DC VA
32 Zi, Ez: 98-100, Dz: 160, ⇩ WC ☎; Lift P 🛏; garni

Brodhausen (3 km ←)
**** **Gasthof Moosleitner**
Wasserburger Str 52, ✉ 83395, ☎ (0 86 54) 6 30 60, Fax 63 06 99, AX DC ED VA
53 Zi, Ez: 98-140, Dz: 178-210, S; 1 Suite, 2 App, ⇩ WC ☎, 10▣; Lift P 🛏 2⇌40 Sauna Solarium
Golf 18, Tennis 4
**** Hauptgericht 25; Biergarten Gartenlokal

Freinsheim 54 ↗

Rheinland-Pfalz — Kreis Bad Dürkheim — 120 m — 4 500 Ew — Bad Dürkheim 7, Grünstadt 10, Frankenthal 12 km
ℹ ☎ (0 63 53) 17 79, Fax 45 77 — Verkehrsverein, Hauptstr 2, 67251 Freinsheim.
Sehenswert: Hist. Altstadt und Befestigungsanlage; Eisentor; Rathaus

**** **Luther** ♔
♣ Hauptstr 29, ✉ 67251, ☎ (0 63 53) 20 21, Fax 83 88, AX VA
23 Zi, Ez: 110-150, Dz: 180-250, ⇩ WC ☎; P 3⇌30
geschl: 3 Wochen in den Sommerferien
***** Hauptgericht 45; Terrasse; 🍺
nur abends; geschl: So, 3 Wochen in den Sommerferien

**** **Von-Busch-Hof**
🍷 Buschhof 5, ✉ 67251, ☎ (0 63 53) 77 05, Fax 37 41, ED VA
Hauptgericht 30; Gartenlokal; nur abends, so+feiertags auch mittags; geschl: Di, Mitte Jan-Mitte Feb
* **Klosterkeller**
🍷 Hauptgericht 25

****** Hotel mit anspruchsvoller Ausstattung

Freising

Freising 72 ↑

Bayern — Kreis Freising — 441 m —
42 019 Ew — München 34, Landshut 35 km
i ☎ (0 81 61) 5 41 22, Fax 5 42 31 — Fremdenverkehrsamt, Marienplatz 7, 85350 Freising; ehem. Bischofs- und Residenzstadt an der Isar; Bayer. Staatsbrauerei Weihenstefan (älteste Brauerei der Welt); Fakultäten für Brauwesen, Landwirtschaft und Gartenbau der TU München. Sehenswert: Dom; Johanneskirche; ehem. fürstbischöfliche Residenz mit Asamsaal und Diözesanmuseum auf dem Domberg ◂; Klosterkirche St. Peter und Paul mit Hochaltar; Heimatmuseum

★★★ Ramada Hotel Freising München Airport
Alois-Steinecker-Str 20, ✉ 85354,
☎ (0 81 61) 96 60, Fax 96 62 81, AX DC ED VA
252 Zi, Ez: 215-290, Dz: 270-355, S;
17 Suiten, ⊒ WC ☎, 41 ✉; Lift **P** 🗐
17 ◯ 350 ≋ Fitneßraum Sauna Solarium

★★ Domberg
Hauptgericht 30

Asamstube
Hauptgericht 20

★★★ Dorint
Dr.-von-Daller-Str 8, ✉ 85356, ☎ (0 81 61)
53 20, Fax 53 21 00, AX DC ED VA
138 Zi, Ez: 232-272, Dz: 274-324, S;
16 Suiten, ⊒ WC ☎, 21 ✉; Lift **P** 🗐 8 ◯ 120
Sauna Solarium

★★ Zur alten Schießstätte
Hauptgericht 30

★★ Isar-Hotel
Isarstr 4, ✉ 85356, ☎ (0 81 61) 86 50,
Fax 86 55 55, AX DC ED VA
40 Zi, Ez: 90-165, Dz: 170-195, ⊒ WC ☎,
12 ✉; Lift **P** 🗐

★★ Hauptgericht 25
chinesische Küche

★ Bayerischer Hof
Untere Hauptstr 3, ✉ 85354, ☎ (0 81 61)
30 37, Fax 9 48 38, AX ED VA
68 Zi, Ez: 83-85, Dz: 140-145, ⊒ WC ☎; Lift
P 🗐 ¶⊙¶

Bräustüberl Weihenstephan
♀ Weihenstephan 1, ✉ 85354, ☎ (0 81 61)
1 30 04, Fax 4 10 66, AX DC ED VA
Hauptgericht 20; geschl: Ende Dez-Anfang Jan

Haindlfing (6 km ↖)
★ Gasthaus Landbrecht
Freisinger Str 1, ✉ 85354, ☎ (0 81 67) 89 26
Hauptgericht 20; **P** Terrasse; nur abends,
Sa + So auch mittags; geschl: 2 Wochen nach Pfingsten

Freital 51 ↘

Sachsen — Kreis Freital — 184 m —
39 000 Ew — Dresden 11, Freiberg 24 km
i ☎ (03 51) 6 47 62 47, Fax 6 47 62 61 —
Fremdenverkehrsamt, Dresdner Str 56,
01705 Freital. Sehenswert: Ehem. Renaissanceschloß; Bergbauschauanlage; Porzellanmanufaktur mit Schauwerkstatt; Windberg ◂ 352 m

★ Berghotel
Am Langen Rain 15, ✉ 01705, ☎ (03 51)
6 48 40, AX ED VA
162 Zi, Ez: 99, Dz: 139, ⊒ WC ☎; **P** 3 ◯ 70
Solarium ¶⊙¶

★ Stadt Freital
Bahnhofstr 10, ✉ 01705, ☎ (03 51)
4 76 03 44, Fax 4 76 03 46, AX ED VA
15 Zi, Ez: 60-105, Dz: 120-165, ⊒ WC ☎; **P**
2 ◯ 30 ¶⊙¶

Wurgwitz (5 km ↖)
★★ Best Western Solar Parkhotel
♂ ◂ Pesterwitzer Str 8, ✉ 01705, ☎ (03 51)
6 56 60, Fax 6 50 29 51, AX DC ED VA
119 Zi, Ez: 168, Dz: 186, ⊒ WC ☎; Lift **P**
6 ◯ 120 Sauna Solarium
Golf 18
★★ ◂ Hauptgericht 28; Terrasse

Fremdingen 63 ←

Bayern — Donau-Rieß-Kreis — 446 m —
2 261 Ew
i ☎ (0 90 86) 12 05, Fax 8 56, Gemeindeverwaltung, Kirchberg 1, 86742 Fremdingen

Raustetten (2 km ←)
⌂ Gasthof Waldeck
Haus Nr 12, ✉ 86742, ☎ (0 90 86) 2 30,
Fax 14 00
22 Zi, Ez: 38-40, Dz: 64-68; ⊒ WC; **P**

Freudenberg (Main) 55 □

Baden-Württemberg — Main-Tauber-Kreis
— 127 m — 3 945 Ew — Miltenberg 8,
Wertheim 22 km
i ☎ (0 93 75) 9 20 00, Fax 92 00 50 — Stadtverwaltung, Hauptstr 152, 97896 Freudenberg; Erholungsort am Main. Sehenswert:
Hist. Stadtkern; Burgruine; Burgschauspiele

★★ Goldenes Faß
◂ Faßgasse 3, ✉ 97896, ☎ (0 93 75) 6 24 /
6 51, Fax 12 44, ED
14 Zi, Ez: 77, Dz: 125, ⊒ WC ☎; **P** 🗐 ¶⊙¶

Boxtal (9 km ↗)
⌂ Gasthof Rose
Kirchstr 15, ✉ 97896, ☎ (0 93 77) 12 12,
Fax 14 27, ED
22 Zi, Ez: 36-65, Dz: 35-110, ⊒ WC ☎; **P**
1 ◯ 20 ¶⊙¶
geschl: Mo, 2 Wochen im Nov, Feb

Freudenstadt

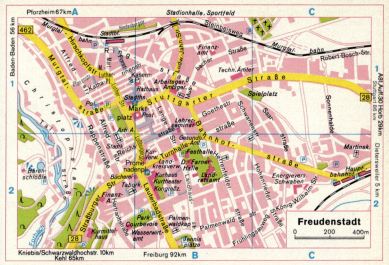

Freudenberg (Westfalen)
44 ↘

Nordrhein-Westfalen — Kreis Siegen-Wittgenstein — 300 m — 18 000 Ew — Siegen 12, Olpe 21 km
ℹ️ ☎ (0 27 34) 4 31 64, Fax 4 31 15 — Kultur- und Touristikbüro, Krottorfer Str 25, 57258 Freudenberg; Luftkurort. Sehenswert: Hist. Stadtkern „Alter Flecken"; Freilichtbühne (Jun-Sep)

**   **Zur Altstadt**
Oranienstr 41, ✉ 57258, ☎ (0 27 34) 49 60, Fax 4 96 49, AX DC ED VA
28 Zi, Ez: 129, Dz: 180, 2 Suiten, ⌐ WC ☎; Lift P 🚗 3⇄ ≋ 😊 Fitneßraum Sauna Solarium
Auch Zimmer der Kategorie ✱ vorhanden
**   Hauptgericht 25

*   **Zum Alten Flecken**
Marktstr 11, ✉ 57258, ☎ (0 27 34) 2 76 80, Fax 12 77
25 Zi, Ez: 80-100, Dz: 140-150, ⌐ WC ☎; 🚗 ≋ 😊 Sauna Solarium
*   Hauptgericht 26

Freudenberg-Außerhalb (1 km ↓)
*   **Siegerland Haus im Walde**
♣ Schützenstr 31, ✉ 57258, ☎ (0 27 34) 46 70, Fax 46 76 51, AX DC ED VA
48 Zi, Ez: 75-135, Dz: 100-180, 4 Suiten, ⌐ WC ☎, 6🛏; Lift P 🚗 6⇄40 😊 Fitneßraum Sauna Solarium
Golf 18
**   Hauptgericht 20; Gartenlokal Terrasse

Freudenberg-Außerhalb (2 km ↗)
**   **Waldhotel Wilhelmshöhe**
Krumme Birke 7, ✉ 57258, ☎ (0 27 34) 27 80, Fax 27 81 00, AX DC ED VA
23 Zi, Ez: 105-120, Dz: 155, 2 Suiten, ⌐ WC ☎; P 2⇄30 Sauna Solarium
**   Hauptgericht 25; Biergarten; geschl: Sa, So

Freudenstadt
60 ↘

Baden-Württemberg — Kreis Freudenstadt — 740 m — 23 000 Ew — Baden-Baden 60, Stuttgart 86, Freiburg 92 km
ℹ️ ☎ (0 74 41) 86 40, Fax 8 51 76 — Kurverwaltung, Promenadeplatz 1 (B 2), 72250 Freudenstadt; heilklimatischer Kurort und Wintersportplatz im Schwarzwald. Sehenswert: Ev. Stadtkirche: Taufbecken, Lesepult; Marktplatz mit Laubengängen (Deutschlands größter Marktplatz)

**   **Palmenwald (Ringhotel)**
◁ Lauterbadstr 56 (B 2), ✉ 72250, ☎ (0 74 41) 80 70, Fax 80 74 00, AX DC ED VA
82 Zi, Ez: 115-120, Dz: 180-210, **S**; 1 Suite, ⌐ WC ☎, 5🛏; Lift P 4⇄80 😊 Fitneßraum Sauna Solarium
Golf 18; Tennis 6
Auch Zimmer der Kategorie ******* vorhanden
*   Hauptgericht 25; Biergarten Terrasse; nur abends →

In der Vergangenheit hat sich oft gezeigt, daß einige Hotels ihre Preise im Laufe des Jahres anheben. Daher ist es ratsam, sich bei der Buchung die Preise bestätigen zu lassen.

Freudenstadt

** Schwarzwaldhotel Birkenhof
◄ Wildbader Str 95 (A 1), ✉ 72250,
☎ (0 74 41) 89 20, Fax 47 63, AX DC ED VA
57 Zi, Ez: 108-145, Dz: 190-220, ⊣ WC ☎,
9🛏; Lift P 🍴 3⇔100 ⚓ Kegeln Sauna Solarium
* Hauptgericht 26

** Schwarzwaldhof
♁ ◄ Hohenrieder Str 74 (C 2), ✉ 72250,
☎ (0 74 41) 8 60 30, Fax 86 03 30,
AX DC ED VA
40 Zi, Ez: 94-109, Dz: 155-215, 1 Suite, ⊣
WC ☎; Lift P 🍴 2⇔100 ⚓ Sauna Solarium
** Hauptgericht 35; geschl: Mi

** Hohenried
♁ Zeppelinstr 5 (B 2), ✉ 72250, ☎ (0 74 41)
24 14, Fax 25 59, AX DC ED VA
27 Zi, Ez: 80-105, Dz: 150-220, 1 Suite, ⊣
WC ☎; P 🍴 3⇔65 ⚓ Sauna Solarium 🍽 ⚓

* Bären
Lange Str 33 (B 1-2), ✉ 72250, ☎ (0 74 41)
27 29, Fax 28 87, DC ED VA
26 Zi, Ez: 75-85, Dz: 140-170, ⊣ WC ☎, 6🛏;
P 🍴 🍽

* Schwanen
Forststr 6 (A 1), ✉ 72250, ☎ (0 74 41) 22 67,
Fax 8 32 65, ED VA
15 Zi, Ez: 60-80, Dz: 116-132, ⊣ WC ☎, 3🛏;
P 🍴
Rezeption: 7.30-21
* Hauptgericht 25; Terrasse

** Warteck ✢
Stuttgarter Str 14 (B 1), ✉ 72250,
☎ (0 74 41) 74 18, Fax 29 57, VA
Hauptgericht 38; geschl: Di
** 13 Zi, Ez: 75, Dz: 110-140, ⊣ WC
☎
Rezeption: 8-14, 17.30-23; geschl: Di

⚓ Bacher Zum Falken
Loßburger Str 5 (B 2), ✉ 72250, ☎ (0 74 41)
25 87, Fax 39 50
8-18.30

Freudenstadt-Außerhalb (2 km ↙)
** Langenwaldsee
einzeln, Straßburger Str 99, ✉ 72250,
☎ (0 74 41) 22 34, Fax 41 91, DC ED VA
43 Zi, Ez: 70-130, Dz: 130-230, 3 Suiten, ⊣
WC ☎; P 🍴 2⇔ ≋ ⚓ Seezugang Sauna Solarium
geschl: Anfang Nov-Mitte Dez
1 Tennis, 18 Golf. Auch Zimmer der Kategorie * vorhanden
** Hauptgericht 30; P Terrasse;
geschl: Anfang Nov-Mitte Dez

Igelsberg (11 km ↑)
** Krone
Hauptstr 8, ✉ 72250, ☎ (0 74 42) 84 28 -0,
Fax 5 03 72, DC ED
27 Zi, Ez: 85-112, Dz: 112-184, ⊣ WC ☎; Lift
P 2⇔30 ⚓ Seezugang Fitneßraum 🍽 ⚓
Rezeption: 8-19; geschl: 24.11.-20.12.96
Auch Zimmer der Kategorie * vorhanden

Kniebis (10 km ←)
** Waldblick
♁ Eichelbachstr 47, ✉ 72250, ☎ (0 74 42)
83 40, Fax 30 11, ED
32 Zi, Ez: 87-148, Dz: 130-220, ⊣ WC ☎; Lift
P 🍴 2⇔80 ⚓ Seezugang Fitneßraum Solarium
Rezeption: 8-21; geschl: Di, 2 Wochen im Frühjahr, Anfang Nov-Mitte Dez
Auch Zimmer der Kategorie * und *** vorhanden
** Hauptgericht 30; geschl: Di,
2 Wochen im Frühjahr, Anfang Nov-Mitte Dez

* Kniebishöhe
♁ Alter Weg 42, ✉ 72250, ☎ (0 74 42)
23 97, Fax 5 02 76
14 Zi, Ez: 57-60, Dz: 94-130, ⊣ WC ☎; Lift P
Sauna Solarium
Rezeption: 8-21; geschl: Di, Mitte-Ende Apr, Anfang Nov-Mitte Dez
* Hauptgericht 20; geschl: Di,
Mitte-Ende Apr, Anfang Nov-Mitte Dez

Lauterbad (3 km ↓)
** Kur & Sporthotel Lauterbad
♁ ◄ Amselweg 5, ✉ 72250, ☎ (0 74 41)
8 10 06, Fax 8 26 88, AX DC ED VA
36 Zi, Ez: 71-88, Dz: 142-232, 2 Suiten, ⊣
WC ☎; P 2⇔30 ⚓ Fitneßraum Sauna Solarium ⚓
geschl: Do
Auch Zimmer der Kategorie *** vorhanden
** Hauptgericht 31; Terrasse;
geschl: Do

** Grüner Wald
(Minotel)
♁ ◄ Kinzigtalstr, ✉ 72250, ☎ (0 74 41)
70 51, Fax 70 55, ED VA
35 Zi, Ez: 90-135, Dz: 130-190, 5 Suiten, ⊣
WC ☎, 10🛏; P 🍴 2⇔30 ⚓ Fitneßraum Sauna Solarium
Auch Zimmer der Kategorie *** vorhanden
** Hauptgericht 28; Gartenlokal Terrasse

Freyburg (Unstrut) 38 ↓

Sachsen-Anhalt — Kreis Nebra — 120 m —
5 000 Ew — Naumburg 8, Weißenfels
17 km

ℹ ☎ (03 44 64) 2 72 60 — Stadtverwaltung,
Markt 1, 06632 Freyburg

** Unstruttal
Markt 11, ✉ 06632, ☎ (03 44 64) 70 70,
Fax 7 07 40
17 Zi, Ez: 95-115, Dz: 150, ⊣ WC ☎; Lift P
1⇔60 🍽

Frickingen

**   Zum Künstlerkeller
Breite Str 14, ✉ 06632, ☎ (03 44 64)
2 72 92, Fax 2 73 07
32 Zi, Ez: 85-150, Dz: 135-180, 2 Suiten, ⊿
WC ☎; 2⇔80
♨ Hauptgericht 20;
Hist. Jahnstube - Turnvater Jahn war hier
Stammgast

*   Zur Traube
Oberstr 46, ✉ 06632, ☎ (03 44 64) 2 77 42,
Fax 6 33, AX DC
12 Zi, Ez: 90-100, Dz: 130, 2 Suiten, ⊿ WC
☎; Sauna ⦿

*   Pension Adrian
Oberstr 39, ✉ 06632, ☎ (03 44 64) 2 80 58
8 Zi, Ez: 70-80, Dz: 90-130, ⊿ WC ☎; P Fitneßraum Sauna; **garni**
Rezeption: 8-14, 18-22

Freyburg-Außerhalb (3 km ↘)
**   Berghotel zum Edelacker
einzeln ♂ ◂ Schloß 25, ✉ 06632,
☎ (03 44 64) 3 50, Fax 3 53 33, AX DC ED VA
83 Zi, Ez: 125, Dz: 175, ⊿ WC ☎, 12✉; Lift
P 4⇔100 Fitneßraum Sauna Solarium ⦿
🍽

Freyburg-Außerhalb
*   Rebschule
einzeln ♂ ◂ Ehrauberge, ✉ 06632,
☎ (03 44 64) 2 76 47
23 Zi, Ez: 88-95, Dz: 125-135, ⊿ WC ☎; P
⦿

Freystadt   58 ↙

Bayern — Kreis Neumarkt (Oberpfalz) —
410 m — 7 500 Ew — Hilpoltstein 11, Neu-
markt/Oberpfalz 15, Nürnberg 38 km
ℹ ☎ (0 91 79) 9 49 00, Fax 94 90 90 — Stadtverwaltung, Marktplatz 1, 92342 Freystadt.
Sehenswert: Asam-Wallfahrtskirche Maria
Hilf; Stadttore; hist. Marktplatz

*   Pietsch
Marktplatz 55, ✉ 92342, ☎ (0 91 79) 51 04,
Fax 27 58, AX ED VA
59 Zi, Ez: 60-80, Dz: 95-120, ⊿ WC ☎; Lift P
🍽 3⇔60 ≈ Kegeln
geschl: So
*   Hauptgericht 20; geschl: So

Freyung   66 ↗

Bayern — Kreis Freyung-Grafenau —
655 m — 7 500 Ew — Grafenau 19,
Passau 40 km
ℹ ☎ (0 85 51) 5 88 50, Fax 5 88 55 — Verkehrsamt, Rathausplatz 2, 94078 Freyung;
Kreisstadt. Luftkurort und Wintersportplatz im Bayerischen Wald. Sehenswert:
Jagd- und Fischereimuseum mit Galerie im
Schloß Wolfstein; Buchberger Leite (Wild-
bachklamm)

**   Zur Post
Stadtplatz 2, ✉ 94078, ☎ (0 85 51) 40 25,
Fax 77 52, ED
40 Zi, Ez: 38-60, Dz: 76-120, ⊿ WC ☎; Lift P
🍽 Fitneßraum Sauna Solarium ⦿
geschl: Mo, Nov
Auch Zimmer der Kategorie ***** vorhanden

***   Gasthof Brodinger
        „Am Freibad"**
Zuppingerstr 3, ✉ 94078, ☎ (0 85 51) 43 42,
Fax 79 73, DC ED VA
20 Zi, Ez: 55-75, Dz: 110-150, 1 Suite, ⊿ WC
☎; Lift P 1⇔100 ≈ ẑ Kegeln Sauna
Solarium ⦿
geschl: So abends, Mo, 2 Wochen Ende
Apr, 2 Wochen Anfang Nov

*   Gasthof Brodinger
Schulgasse 15, ✉ 94078, ☎ (0 85 51) 40 04,
Fax 72 83, DC ED VA
17 Zi, Ez: 50-75, Dz: 100-150, ⊿ WC ☎; Lift
P ≈ ⦿
Rezeption: 10-14, 16.30-21.30; geschl: Sa
abends, So, 2 Wochen im Mai, 2 Wochen
im Nov

Ort (1,5 km ←)
**   Landgasthaus Schuster   ✣
Haus Nr 19, ✉ 94078, ☎ (0 85 51) 71 84
Hauptgericht 35; P; geschl: Mo, Di mit-
tags, 2 Wochen in den Pfingstferien

Frickenhausen   56 □

Bayern — Kreis Würzburg — 180 m —
1 399 Ew — Ochsenfurt 3, Kitzingen 13 km
ℹ ☎ (0 93 31) 27 26 — Gemeindeverwaltung, Nr. 35 1/2, 97252 Frickenhausen;
Weinbauort am Main. Sehenswert: Kath.
Kirche; Rathaus; Ringmauer; Tore

**   Meintzinger
Jahnplatz 33, ✉ 97252, ☎ (0 93 31) 8 72 10,
Fax 75 78, AX ED VA
21 Zi, Ez: 90-140, Dz: 130-230, 2 Suiten,
1 App, ⊿ WC ☎; P 🍽 1⇔25; **garni**
Eigenbauweine

****   Ehrbar's Fränkische
        Weinstube**
♨ Hauptstr 19, ✉ 97252, ☎ (0 93 31) 6 51,
Fax 52 07
Hauptgericht 30; Terrasse; geschl: Mo,
Jan, Feb

Frickhofen siehe Dornburg

Frickingen   69 ↙

Baden-Württemberg — Bodenseekreis —
605 m — 2 700 Ew — Überlingen 11,
Pfullendorf 23 km
ℹ ☎ (0 75 54) 9 83 00, Fax 98 30 12 —
Gemeindeverwaltung, Kirchstr 7,
88699 Frickingen   →

Frickingen

* **Gasthof Paradies**
Kirchstr 8, ✉ 88699, ☎ (0 75 54) 81 71, Fax 10 42, ED
19 Zi, Ez: 45-50, Dz: 90-100, ⌐ WC ☎; P
Kegeln ⌐ geschl: Fr abends

Fridingen an der Donau 68→

Baden-Württemberg — Kreis Tuttlingen — 626 m — 3 300 Ew — Tuttlingen 14, Sigmaringen 36 km
🅘 ☎ (0 74 63) 83 70, Fax 8 37 50 — Stadtverwaltung, Kirchplatz 2, 78567 Fridingen; Erholungsort. Sehenswert: Donauversickerung; Heimatmuseum

Bergsteig (2,5 km ↗)
* **Landhaus Donautal**
◂ Bergsteig 1, ✉ 78567, ☎ (0 74 63) 4 69, Fax 50 99, ED VA
Hauptgericht 25; Gartenlokal P Terrasse; geschl: Mo + Fr abends, Mitte Jan-Ende Feb
* 7 Zi, Ez: 89-95, Dz: 130-150, ⌐ WC ☎; 🖂
Rezeption: 9.30-23; geschl: Mo, Fr abends, Mitte Jan-Mitte Feb

Friedberg 45 ↙

Hessen — Wetteraukreis — 159 m — 25 000 Ew — Frankfurt/Main 29, Gießen 33 km
🅘 ☎ (0 60 31) 8 82 05, Fax 6 12 70 — Fremdenverkehrsamt, Am Seebach 2, 61169 Friedberg; Kreisstadt. Sehenswert: Ev. Kirche; Burg mit Adolfsturm ◂; Burgmannenhäuser; Judenbad; Wetterau-Museum; Bibliothekszentrum

** **Stadt Friedberg**
♂ Am Seebach 2, ✉ 61169, ☎ (0 60 31) 60 70, Fax 60 71 00, ED VA
85 Zi, Ez: 132-145, Dz: 198, ⌐ WC ☎; Lift P 🖂 8⇔1000 Kegeln Sauna ⌐

Dorheim (5 km ↗)
* **Dorheimer Hof**
Wetterastr 70, ✉ 61169, ☎ (0 60 31) 6 33 53, Fax 6 33 58, AX ED VA
19 Zi, Ez: 90, Dz: 120-148, ⌐ WC ☎; P 1⇔20 ⌐
Rezeption: 6-12, 17-1

Friedberg 63 ↘

Bayern — Aichbach-Friedberg — 514 m — 29 885 Ew — Augsburg 7, München 75, Ulm 87 km
🅘 ☎ (08 21) 6 00 22 13 — Verkehrsbüro, 86316 Friedberg

* **Kussmühle**
Pappelweg 14, ✉ 86316, ☎ (08 21) 26 75 80, Fax 2 67 58 88, ⌐
27 Zi, Ez: 79, Dz: 128, ⌐ WC ☎; P ⌐

* **Gästehaus Café Frey**
Münchner Str 11, ✉ 86316, ☎ (08 21) 60 50 61
8 Zi, Ez: 70, Dz: 125; ⌐ WC ☎; 🖂; garni
Rezeption: 7-21

Derching (7 km ↑)
* **Gästehaus Kastl**
Bürgermeister-Schlickenrieder-Str 20, ✉ 86316, ☎ (08 21) 78 40 21, Fax 78 38 69, AX DC ED VA
15 Zi, Ez: 65-70, Dz: 120, ⌐ WC ☎; P; garni

Friedebach 48 ↗

Thüringen — Saale-Orla-Kreis — 220 m — 103 Ew — Pößneck 9, Saalfeld 15 km
🅘 ☎ (0 36 47) 22 95 — Fremdenverkehrsamt, (im Glockenturm), Gerberstr 6, 07381 Pößneck

* **Waldhaus Bergmann**
einzeln ♂ Ortsstr 39, ✉ 07381, ☎ (0 36 47) 4 44 53, Fax 4 44 53, AX DC ED VA
10 Zi, Ez: 55-80, Dz: 125-155, 1 App, ⌐ WC ☎; P 🖂 2⇔25 ⌐
geschl: im Winter Mi

Friedeburg 16 □

Niedersachsen — Kreis Wittmund — 10 m — 9 655 Ew — Wittmund 15, Wilhelmshaven 25, Leer 40 km
🅘 ☎ (0 44 65) 8 06 24, Fax 8 06 77 — Tourist Information, Hauptstr 96, 26446 Friedeburg; Erholungsort

* **Bio-Pension Eichenhorst**
♂ Margaretenstr 19, ✉ 26446, ☎ (0 44 65) 14 82, Fax 82 31
16 Zi, Ez: 85-100, Dz: 170-180, 1 App, ⌐ WC ☎, 16🖂; P 2⇔25 Sauna
Rezeption: 9-21; geschl: Ende Okt-Mitte Mär
Restaurant für Hausgäste

* **Oltmanns**
Hauptstr 79, ✉ 26446, ☎ (0 44 65) 2 05, Fax 83 66, ED
11 Zi, Ez: 65, Dz: 98-108, ⌐ WC; Kegeln geschl: Mi
* ⌐ Hauptgericht 25; Biergarten; geschl: Mi

Friedeburg-Außerhalb (1,5 km ←)
Friedeburg
Hopelser Weg 11, ✉ 26446, ☎ (0 44 65) 3 67, Fax 3 67, ED
Hauptgericht 35; Gartenlokal P; geschl: Di, in den Herbstferien

Marx (3,5 km ↓)
** **Landhaus Rippen**
Hauptstr 33, ✉ 26446, ☎ (0 44 65) 2 32,
Fax 86 03, AX ED VA
14 Zi, Ez: 70-75, Dz: 110-120, WC ☎, 2;
P 150 Kegeln
Rezeption: 16-23
* Hauptgericht 25; nur abends;
geschl: So

Friedenweiler 67 →

Baden-Württemberg — Kreis Breisgau-Hochschwarzwald — 900 m — 1 900 Ew —
Titisee-Neustadt 7 km
ℹ ☎ (0 76 51) 50 34, Fax 41 30 — Kurverwaltung, Rathausstr 16, 79877 Friedenweiler;
Kneipp-Kurort und Wintersportplatz.
Sehenswert: Rötenbachschlucht; Peter-Thumb-Kirche.

Rötenbach (4 km ↘)
* **Gasthaus zum Rössle**
Hauptstr 14, ✉ 79877, ☎ (0 76 54) 70 42,
Fax 70 41
29 Zi, Ez: 55-60, Dz: 110-120, WC ☎; Lift
P Fitneßraum Kegeln Sauna Solarium
geschl: Di, Mitte Nov-Mitte Dez

Friedersdorf 40 ↘

Sachsen — Kreis Kamenz — 300 m —
618 Ew — Pulsnitz 3, Kamenz 14, Bautzen 40 km
ℹ ☎ (03 59 55) 36 10 — Gemeindeverwaltung, Mittelstr 12, 01936 Friedersdorf

* **Waldblick**
Königsbrücker Str 19, ✉ 01936,
☎ (03 59 55) 4 52 27, Fax 4 47 70, ED
27 Zi, Ez: 60-120, Dz: 110-165, 1 Suite,
WC ☎; P

Friedewald 46 ↑

Hessen — Kreis Hersfeld-Rotenburg —
390 m — 2 511 Ew — Bad Hersfeld 13 km
ℹ ☎ (0 66 74) 80 26, Fax 81 00 — Gemeindeverwaltung, Motzfelder Str 12, 36289 Friedewald. Sehenswert: Schloßbrunnen; Sternwarte

** **Gasthaus zum Löwen**
Hauptstr 17, ✉ 36289, ☎ (0 66 74) 9 22 20,
Fax 92 22 59, AX DC VA
Hauptgericht 30; Biergarten P ; geschl:
Mo

Friedland 36 □

Niedersachsen — Kreis Göttingen — 140 m
— 6 900 Ew — Göttingen 15, Münden 24 km
ℹ ☎ (0 55 04) 80 20, Fax 8 02 39 — Gemeindeverwaltung, 37133 Friedland. Sehenswert: Europ. Brotmuseum im Ortsteil
Mollenfelde (5 km ↙)

Groß Schneen (2 km ↗)
** **Schillingshof**
Lappstr 14, ✉ 37133, ☎ (0 55 04) 2 28,
Fax 4 27, DC ED VA
Hauptgericht 40; Gartenlokal P ;
geschl: Mo, Di mittags, Anfang-Mitte Jan,
3 Wochen in den Sommerferien

Friedrichroda 47 ↘

Thüringen — Kreis Gotha — 430 m —
6 100 Ew — Eisenach 27, Ohrdruf 14 km
ℹ ☎ (0 36 23) 20 06 93, Fax 20 06 94 — Kur- und Tourismus GmbH, Marktstr 13,
99892 Friedrichroda; Erholungsort.
Sehenswert: Schloß Reinhardsbrunn mit
großem Landschaftspark; Marienglashöhle - größte Gipskristallhöhle Europas

* **Landhaus Machold**
Im Grund 8, ✉ 99894, ☎ (0 36 23) 20 08 99,
Fax 30 48 08
14 Zi, Ez: 60, Dz: 90, WC ☎; P 1↔30

* **Im Grund**
Im Grund 3, ✉ 99894, ☎ (0 36 26) 30 45 83,
Fax 20 09 29, ED
26 Zi, Ez: 85, Dz: 120, 3 Suiten, WC ☎; P
Kegeln Sauna

* **Pension Phönix**
Tabarzer Str 3, ✉ 99894, ☎ (0 36 23)
20 08 80, Fax 20 08 81, ED
7 Zi, Ez: 70, Dz: 90-110, WC ☎;
Rezeption: 7-13, 17-1

Friedrichroda-Außerhalb (6 km ↙)
* **Berggasthof Tanzbuche**
einzeln ♂ Auf dem Höhenberg, ✉ 99894,
☎ (0 36 23) 30 44 38, Fax 20 08 46
25 Zi, Ez: 50, Dz: 90, 3 App, WC ☎; P
1↔50

Friedrichsdorf 44 ↘

Hessen — Hochtaunuskreis — 200 m —
24 000 Ew — Bad Homburg 4, Frankfurt/Main 19 km
ℹ ☎ (0 61 72) 73 10, Fax 73 12 88 — Stadtverwaltung, Hugenottenstr 55,
61381 Friedrichsdorf; ehem. Hugenottensiedlung

** **Queens Hotel**
Im Dammwald 1, ✉ 61381, ☎ (0 61 72)
73 90, Fax 73 98 52, AX DC ED VA
124 Zi, Ez: 120-219, Dz: 141-290, S; 1 Suite,
WC ☎, 18; Lift P 10↔120 Fitneßraum Kegeln Sauna Solarium
** **Kabinett**
Hauptgericht 35 →

Friedrichsdorf

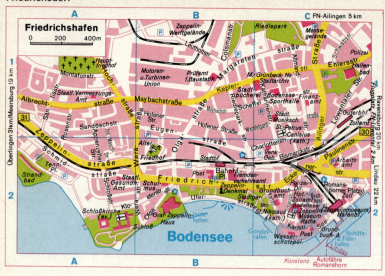

★★ Arkadia
Am Houiller Platz 2, ✉ 61381, ☎ (0 61 72) 76 20, Fax 76 24 44
Ez: 110-248, Dz: 140-330, 3 Suiten, 15 App, ⌧ WC ☎; 1⇔15; **garni**

★★ Lindenhof
Hugenottenstr 47, ✉ 61381, ☎ (0 61 72) 76 60, Fax 7 66 66, AX ED VA
40 Zi, Ez: 135-150, Dz: 180-200, ⌧ WC ☎, 3⊞; Lift P 🐾 1⇔20 ≋ ≈ Sauna Solarium
Auch Zimmer der Kategorie ★ vorhanden

★ Lindenhof
Hauptgericht 28; nur abends

Friedrichshafen 69 ↓

Baden-Württemberg — Bodenseekreis — 410 m — 55 681 Ew — Lindau 22 km
🛈 ☎ (0 75 41) 3 00 10, Fax 7 25 88 — Tourist-Information, Postfach 2460 (B 2), 88014 Friedrichshafen; Kreisstadt mit Hafen am Bodensee. Sehenswert: Barocke Schloßkirche; Zeppelin-Museum „Technik und Kunst"; Schulmuseum; Schiffsfahrt nach Meersburg und zur Insel Mainau

Achtung: Autofähre nach Romanshorn (Schweiz) Mär-Nov 5.43-20.43 Uhr jede Stunde; Nov-Mär jede 2. Stunde
☎ (0 75 41) 20 13 89

Messen:
AERO 23.-27.4.97
Eurobike 27.-31.8.97
Interboot 20.-28.9.97

34 ▯ Der Ort befindet sich im Reisekartenteil auf Seite 34 im mittleren Planfeld.

★★★ Buchhorner Hof (Ringhotel)
Friedrichstr 33 (B 2), ✉ 88045, ☎ (0 75 41) 20 50, Fax 3 26 63, AX DC ED VA
90 Zi, Ez: 109-179, Dz: 149-250, S; 8 Suiten, 2 App, ⌧ WC ☎, 10⊞; Lift P 🐾 6⇔160 Sauna Solarium
Auch Zimmer der Kategorie ★★ vorhanden

★★ Buchhorner Hof
Hauptgericht 30

★★★ Seehotel
⤺ Bahnhofplatz 2 (B 2), ✉ 88045,
☎ (0 75 41) 30 30, Fax 30 31 00, AX DC ED VA
132 Zi, Ez: 150-200, Dz: 200-320, ⌧ WC ☎, 57⊞; Lift P 🐾 3⇔120 Fitneßraum Sauna Solarium 🍽
Moderne Architektur und moderne Einrichtung.

★★ Föhr
⤺ Albrechtstr 73 (A 1), ✉ 88045,
☎ (0 75 41) 30 50, Fax 2 72 73, AX DC ED VA
70 Zi, Ez: 85-170, Dz: 160-240, 4 Suiten, 2 App, ⌧ WC ☎; Lift P 🐾 2⇔35 ☘
★★ Hauptgericht 27; nur abends

★★ Goldenes Rad
Karlstr 43 (C 2), ✉ 88045, ☎ (0 75 41) 28 50, Fax 28 52 85, AX DC ED VA
50 Zi, Ez: 95-159, Dz: 130-250, S; 10 Suiten, 2 App, ⌧ WC ☎, 8⊞; Lift P 🐾 1⇔25 Sauna Solarium
geschl: Mitte Dez-Anfang Jan
★ Hauptgericht 25; Biergarten;
geschl: Di, Feb

Friedrichshall, Bad

** City-Krone
Schanztr 7 (C 2), ✉ 88045, ☎ (0 75 41) 7 05-0, Fax 7 05-1 00, AX DC ED VA
80 Zi, Ez: 120-179, Dz: 140-240, 4 Suiten, 1 App, ⊿ WC ☎, 17🍴; Lift P 🛏 2⇔60 ≈ Sauna Solarium
✱ Hauptgericht 30; nur abends, So mittags; geschl: Feb

Ailingen (5 km ↑)
** Gasthof Gerbe
Hirschlatter Str 14, ✉ 88048, ☎ (0 75 41) 50 90, Fax 5 51 08, VA
65 Zi, Ez: 60-100, Dz: 98-100, ⊿ WC ☎; Lift P 🛏 ≈ Fitneßraum Sauna Solarium
Auch Zimmer der Kategorie ✱ vorhanden
✱ Hauptgericht 25; Gartenlokal; geschl: Fr, Jan

✱ Gasthof Adler
Hauptstr 57, ✉ 88048, ☎ (0 75 41) 5 60 81, Fax 5 29 10
42 Zi, Ez: 80, Dz: 150, ⊿ WC ☎; Lift P 2⇔60 🍴
geschl: Do

✱ Sieben Schwaben
Hauptstr 37, ✉ 88048, ☎ (0 75 41) 5 50 98, Fax 5 69 53, AX DC ED VA
27 Zi, Ez: 90-120, Dz: 135-160, 2 Suiten, ⊿ WC ☎; Lift P 1⇔25
geschl: Jan
** Sieben-Schwaben-Keller
Hauptgericht 25; nur abends, so + feiertags auch mittags; geschl: Jan

✱ Altes Rathaus
Ittenhauser Str 14, ✉ 88048, ☎ (0 75 41) 5 02 00, Fax 50 20 50, AX DC ED VA
12 Zi, Ez: 85-120, Dz: 130-160, ⊿ WC ☎; P 🛏 Kegeln 🍴
geschl: Mitte Jan-Mitte Feb

Fischbach (6 km ←)
*** Traube
Meersburger Str 13, ✉ 88048, ☎ (0 75 41) 9 58-0, Fax 9 58-8 88, AX DC ED VA
85 Zi, Ez: 100-160, Dz: 150-250, ⊿ WC ☎; Lift P 🛏 4⇔80 Kegeln Sauna Solarium
geschl: Anfang Jan
Auch Zimmer der Kategorie ** vorhanden
✱ Hauptgericht 25; Terrasse

** Maier
Poststr 1, ✉ 88048, ☎ (0 75 41) 40 40, Fax 40 41 00, AX DC ED VA
50 Zi, Ez: 85-130, Dz: 145-190, ⊿ WC ☎; Lift P 🛏
geschl: Ende Dez-Mitte Jan
** Hauptgericht 25; Biergarten; geschl: Ende Dez-Mitte Jan

Manzell (4 km ←)
** Waldhorn
Dornierstr 2, ✉ 88045, ☎ (0 75 41) 95 70, Fax 95 73 33, AX DC ED VA
40 Zi, Ez: 95-150, Dz: 150-230, ⊿ WC ☎, 5🍴; Lift P 🛏 3⇔70 Sauna Solarium 🍴
Auch Zimmer der Kategorie ✱ vorhanden

Schnetzenhausen (4 km ↖)
*** Krone mit Gästehäusern Sonnbüchel und Silberdistel (Ringhotel)
Untere Mühlbachstr 1, ✉ 88045, ☎ (0 75 41) 40 80, Fax 4 36 01, AX DC ED VA
123 Zi, Ez: 130-180, Dz: 170-250, S; 2 Suiten, ⊿ WC ☎, 10🍴; Lift P 🛏 5⇔70 ≈ ≈ Fitneßraum Kegeln Sauna Solarium
geschl: Ende Dez
Tennis 4;
Auch Zimmer der Kategorie ** vorhanden.
** Hauptgericht 30; Biergarten Terrasse; geschl: Ende Dez

** Kachlofe
Manzeller Str 30, ✉ 88045, ☎ (0 75 41) 4 16 92, Fax 4 38 15, AX DC ED VA
Hauptgericht 30; Biergarten Gartenlokal P Terrasse; nur abends, So auch mittags

Waggershausen (2 km ↖)
*** Traube
◁ Sonnenbergstr 12, ✉ 88045, ☎ (0 75 41) 60 60, Fax 6 06 -1 69, AX DC ED VA
47 Zi, Ez: 95-190, Dz: 130-170, 1 Suite, 2 App, ⊿ WC ☎; Lift P 🛏 1⇔30 Kegeln Sauna Solarium
geschl: 22.-27.12.96
Auch Zimmer der Kategorie ** vorhanden
** Hauptgericht 25; Biergarten; geschl: Mo mittags, Fasnet 97

Friedrichshall, Bad 61 ↗

Baden-Württemberg — Kreis Heilbronn — 130 m — 14 000 Ew — Heilbronn 10, Mosbach 24 km
ℹ ☎ (0 71 36) 83 20, Fax 8 32 88 — Stadtverwaltung, Friedrichshaller Str 35, 74177 Bad Friedrichshall; Drei-Flüsse-Stadt am Kocher, Jagst und Neckar; Sole-Freibad.
Sehenswert: Salzbergwerk; hist. Gebäude

Jagstfeld (2,5 km ↑)
** Zur Sonne ✤
Deutschordenstr 16, ✉ 74177, ☎ (0 71 36) 40 63, Fax 72 08, AX ED VA
Hauptgericht 35; P Terrasse; geschl: Mo, Di
✱ ◁ 13 Zi, Ez: 78-88, Dz: 138-152, ⊿ WC ☎; 2⇔60
Rezeption: Mo + Di 16-19, Mi-So 7-24 →

Wird in dem Hoteleintrag auf Golf hingewiesen, befindet sich in der Nähe des Betriebes ein Golfplatz. In der Regel können Sie dort als Gast Golf spielen und über das Hotel reservieren. Die Ziffer bezieht sich auf die Anzahl der Löcher.

Friedrichshall, Bad

Kochendorf (1 km ↓)
**** Schloß Lehen
(European Castle)**
Hauptstr 2, ✉ 74177, ☏ (0 71 36) 40 44,
Fax 2 01 55, AX DC ED VA
26 Zi, Ez: 90-145, Dz: 165-210, 1 Suite, ⊿
WC ☏; Lift P ➤ 3✧10
*** Lehenstube 🍺
Hauptgericht 40; geschl: So, Mo,
2 Wochen im Jul
** Rittersaal
Hauptgericht 30; Terrasse

Friedrichskoog 9 ↙

Schleswig-Holstein — Kreis Dithmarschen
— 2 500 Ew — Brunsbüttel 26 km
ℹ ☏ (0 48 54) 10 84, Fax 8 50 — Kurverwaltung, Koogstr 66, 25718 Friedrichskoog;
Nordseebad. Sehenswert: Seehundaufzuchtstation; Hochzeitsmühle

Friedrichskoog-Spitze (5 km ←)
* Möven-Kieker
Strandweg 6, ✉ 25718, ☏ (0 48 54) 2 86,
Fax 16 89
15 Zi, Ez: 69-109, Dz: 98-208, 2 App, ⊿ WC
☏; P Strandbad Seezugang ⚓
geschl: Anfang Jan-Mitte Feb
* Hauptgericht 24; Gartenlokal Terrasse; geschl: im Winter Mo, Anfang Jan-Mitte Feb

Friedrichstadt 9 □

Schleswig-Holstein — Kreis Nordfriesland
— 1 m — 2 600 Ew — Husum 14, Heide 25 km
ℹ ☏ (0 48 81) 72 40, Fax 70 93 — Tourist-Information, Am Markt 9, 25840 Friedrichstadt; ehem. holländische Siedlung
(Grachten); hist. Altstadt; Luftkurort.
Sehenswert: Alte Münze; backsteinerne
Treppengiebelhäuser

**** Aquarium
(Ringhotel)**
Am Mittelburgwall 4, ✉ 25840, ☏ (0 48 81)
6 91, Fax 70 64, AX DC ED VA
38 Zi, Ez: 105-140, Dz: 156-216, ⊿ WC ☏,
3✉; P ➤ 5✧170 ≋ Strandbad Seezugang
Kegeln Sauna Solarium ⚓
** Hauptgericht 30; Terrasse

* Holländische Stube
Am Mittelburgwall 22, ✉ 25840,
☏ (0 48 81) 9 39 00, Fax 93 90 22, AX DC ED VA
Hauptgericht 25; Terrasse; geschl: im Winter Mo + Di
* 10 Zi, Ez: 100-120, Dz: 120-160,
1 Suite, ⊿ WC ☏

Die Redaktion ist auch auf die Mitarbeit
unserer Leser angewiesen. Wenn Sie einen
empfehlenswert erscheinenden Betrieb
entdecken, welcher im Varta-Führer nicht
genannt wird, können Sie uns gerne
schreiben.

Friesenheim 67 ↑

Baden-Württemberg — Ortenaukreis —
161 m — 11 804 Ew — Lahr 5, Offenburg
14 km
ℹ ☏ (0 78 21) 6 33 70, Fax 63 37 59 — Bürgermeisteramt, Hauptstr 73, 77948 Friesenheim; Weinbauort am Schwarzwald.
Sehenswert: Freilichtmuseum: römische
Straßenstation

Oberweier (1 km →)
** Mühlenhof
Hauptstr 32, ✉ 77948, ☏ (0 78 21) 63 20,
Fax 63 21 53, AX ED VA
32 Zi, Ez: 60-78, Dz: 100-132, ⊿ WC ☏; Lift
P ➤
Auch Zimmer der Kategorie * vorhanden
** Hauptgericht 25; Terrasse; ✣
geschl: Di, 3 Wochen im Jan + im Aug

Friesoythe 16 ↙

Niedersachsen — Kreis Cloppenburg —
9 m — 17 950 Ew — Cloppenburg 24,
Oldenburg 30, Leer 45 km
ℹ ☏ (0 44 91) 29 30, Fax 20 00 — Stadtverwaltung, Rathaus, 26169 Friesoythe.
Sehenswert: Tierpark Thüle (9 km ↓);
Thülsfelder Stausee (12 km ↓); St.-Vitus-Kirche

* Stadt Friesoythe
♂ Willohstr 12, ✉ 26169, ☏ (0 44 91) 39 85,
Fax 14 65
11 Zi, Ez: 85-120, Dz: 140-160, 1 Suite, ⊿
WC ☏, 2✉; P ➤ 1✧15 Sauna; **garni**

Fritzlar 35 ↘

Hessen — Schwalm-Eder-Kreis — 210 m
— 15 245 Ew — Bad Wildungen 15,
Kassel 28 km
ℹ ☏ (0 56 22) 8 03 43, Fax 8 03 38 —
Touristinformation, im Rathaus,
34560 Fritzlar; Stadt an der Eder. Sehenswert: Hist. Stadtbild; St.-Petri-Dom: Domschatz; Minoritenkirche; Marktplatz mit
Rolandsbrunnen; got. Steinhäuser u.
Stadtmauer mit Türmen; Fachwerkhäuser;
Regionalmuseum im Hochzeits- und Patrizierhaus; Steinkammergrab in Züschen
(7 km ↖)

Ungedanken (4,5 km ←)
* Zum Büraberg
Bahnhofstr 5, ✉ 34560, ☏ (0 56 22) 99 80,
Fax 99 81 60, AX DC ED VA
34 Zi, Ez: 80-90, Dz: 120-130, ⊿ WC ☏, 2✉;
P ➤ 6✧50 Kegeln 🍽
geschl: So 15-Mo 16

Fünfstetten 63 □

Bayern — Donau-Ries-Kreis — 530 m —
1 370 Ew — Wemding 7, Donauwörth 15 km
ℹ ☏ (0 90 91) 4 36 — Gemeindeverwaltung,
Schulberg 6, 86681 Fünfstetten

Fürth

* **Landgasthof zur Sonne**
Marktplatz 13, ✉ 86681, ☏ (0 90 91) 10 14, Fax 38 00, ED
Hauptgericht 20; Biergarten P; geschl: Di
🛏 6 Zi, Ez: 50-70, Dz: 90-110, S;
1 Suite, 1 App, ⌐ WC ☏, 1✉; 🚗 2⇔200
Tennis 4; geschl: Di

Fürstenau 24 ←

Niedersachsen — Kreis Osnabrück — 52 m — 8 960 Ew — Lingen 27, Meppen 37, Osnabrück 43 km
ℹ ☏ (0 59 01) 30 10, Fax 39 12 — Stadtverwaltung, Schloßplatz 1, 49584 Fürstenau. Sehenswert: Schloß

* **Gasthof Wübbel**
Osnabrücker Str 56, ✉ 49584, ☏ (0 59 01) 27 89, Fax 41 55, ED
10 Zi, Ez: 55, Dz: 110, ⌐ WC ☏; P 1⇔30 Kegeln 🍽
Rezeption: 10-14, 16-24; geschl: Di, Mitte Jul-Ende Aug

* **Stratmann**
Große Str 29, ✉ 49584, ☏ (0 59 01) 31 39, Fax 76 12, AX
12 Zi, Ez: 50-55, Dz: 100-110, ⌐ WC ☏; P 🚗 1⇔50 🍽

Fürstenberg 21 ↘

Brandenburg — Kreis Gransee — 62 m — 5 200 Ew — Neustrelitz 18, Gransee 22 km
ℹ ☏ (03 30 93) 22 54 — Touristikverband Havel, Am Bahnhof, 16798 Fürstenberg

* **Haus an der Havel**
Schliemannstr 6, ✉ 16798, ☏ (03 30 93) 3 90 69, Fax 3 90 69, ED
7 Zi, Ez: 70, Dz: 100, 1 Suite, ⌐ WC ☏, 3✉; P Seezugang Fitneßraum Sauna Solarium 🍽 🏊

* **Fürstenberger Freizeit Hotel**
Bornmühlenstr 44, ✉ 16798, ☏ (03 30 93) 3 79 97, Fax 3 71 85, AX ED VA
9 Zi, Ez: 70-80, Dz: 100-120, ⌐ WC ☏; P Sauna Solarium 🍽 🏊

Fürstenberg siehe Lichtenfels

Fürstenberg 35 ↗

Niedersachsen — Kreis Holzminden — 200 m — 1 280 Ew — Höxter 6, Beverungen 10 km
ℹ ☏ (0 52 71) 51 01, Fax 4 92 74 — Verkehrsamt, Am Schloß 29, 37699 Fürstenberg; Erholungsort an der Weser. Sehenswert: Schloß Fürstenberg (Porzellan-Museum)

* **Hubertus**
♂ ≼ Derentaler Str 58, ✉ 37699, ☏ (0 52 71) 59 11, Fax 52 56, AX DC ED VA
23 Zi, Ez: 65-80, Dz: 135, 1 Suite, ⌐ WC ☏; P 1⇔70 Kegeln 🍽 🏊

Fürstenfeldbruck 71 ↑

Bayern — Kreis Fürstenfeldbruck — 528 m — 32 000 Ew — München 26, Landsberg 38, Augsburg 41 km
ℹ ☏ (0 81 41) 2 81 07, Fax 2 12 87 — Verkehrsamt, Hauptstr 31, 82256 Fürstenfeldbruck; Kreisstadt an der Amper. Sehenswert: Klosterkirche Fürstenfeld; St.-Leonhard-Kirche; Altes Rathaus; Marktplatz

* **Post**
Hauptstr 7, ✉ 82256, ☏ (0 81 41) 2 40 74, Fax 1 67 55, AX DC ED VA
43 Zi, Ez: 120, Dz: 130-180, ⌐ WC ☏; Lift P 🚗 1⇔50 🍽
geschl: Ende Dez-Anfang Jan

* **Brucker Gästehaus**
Kapellenstr 3, ✉ 82256, ☏ (0 81 41) 4 09 70, Fax 40 97 99, AX ED VA
12 Zi, Ez: 95, Dz: 140-145, 1 Suite, ⌐ WC ☏; P 🚗; garni
Rezeption: 7-21, Sa + So 7-12, 17-21

Fürstenwalde 31 ←

Brandenburg — Landkreis Oder-Spree — 90 m — 34 000 Ew — Königs Wusterhausen 21, Frankfurt (Oder) 28 km
ℹ ☏ (0 33 61) 55 70, Fax 55 71 89 — Stadtverwaltung, Eisenbahnstr 18, 15501 Fürstenwalde. Sehenswert: Domkirche St. Marien (15. Jh.); Altes Rathaus mit Ausstellungszentrum; Heimatmuseum und Tierpark

* **Zille-Stuben**
Schloßstr 26, ✉ 15517, ☏ (0 33 61) 5 77 25, Fax 5 77 26, AX ED VA
27 Zi, Ez: 80-110, Dz: 130-145, ⌐ WC ☏; P 1⇔24 🍽
Rezeption: 11.30-23
Auch Zimmer der Kategorie ** vorhanden

Fürth 57 ↙

Bayern — Kreisfreie Stadt — 297 m — 108 699 Ew — Nürnberg 7 km
ℹ ☏ (09 11) 9 74 12 10, Fax 9 74 12 05 — Stadt-Information, Königstr 88 (B 3), 90762 Fürth. Sehenswert: Altstadtviertel und St.-Michael-Kirche; Rathaus; Stadttheater; Centauren-Brunnen; Schloß Burgfarmbach mit Rundfunkmuseum

Stadtplan siehe Seite 407

*** **Astron Suite-Hotel**
Königstr 140 (B 1-2), ✉ 90762, ☏ (09 11) 7 40 40, Fax 7 40 44 00, AX DC ED VA
118 Zi, Ez: 151-228, Dz: 169-261, S;
118 Suiten, ⌐ WC ☏, 32✉; Lift 🚗 Sauna Solarium →

Fürth

Dreiklang aus Tradition, Lebensart und Zukunft

Foto: Erich Malter

Umrahmt von weiten Flußtälern präsentiert sich die Stadt in einer gelungenen Symbiose von Tradition und Moderne. Historische Altstadtbezirke, liebevoll saniert, wechseln mit attraktiven Einkaufsmöglichkeiten. Das hochmoderne Klinikum, das Euro-Med-Zentrum, bedeutende Elektroindustriebetriebe und Spielwarenfirmen, Europas größtes Versandhaus „Quelle", eine lebendige Kulturszene sowie ein vielfältiges Freizeitangebot machen Fürth zu einem gefragten Standort weit über die Region hinaus. Das neobarocke Stadttheater ist eines der schönsten Theater Bayerns.

Mit der Stadthalle verfügt Fürth über ein multifunktionales Veranstaltungszentrum mit allen technischen und organisatorischen Voraussetzungen für erfolgreiche Ausstellungen, Tagungen, Präsentationen und gesellschaftliche Ereignisse.

Sommerfeste, die berühmte „Michaeliskärwa" im Oktober, bunte „Grafflmärkte" und viele andere Veranstaltungen sind beliebte Anziehungspunkte für den gesamten nordbayerischen Raum.

STADTHALLE FÜRTH
Vielfalt ist unsere Stärke!

Weitere Infos: Stadt-Information, Rathaus, 90744 Fürth, Tel.: 0911/974-1210 oder 1201

*** Pyramide
Europaallee 1 (außerhalb C 3), ⌧ 90763,
☎ (09 11) 9 71 00, Fax 9 71 01 11,
AX DC ED VA
94 Zi, Ez: 189-249, Dz: 208-268, 7 Suiten, ⌂ WC ☎, 16⌧; Lift P 🅿 6↔500 Fitneßraum Sauna Solarium ⛔

** Park-Hotel
Rudolf-Breitscheid-Str 15 (B 3), ⌧ 90762,
☎ (09 11) 77 66 66, Fax 7 49 90 64,
AX DC ED VA
70 Zi, Ez: 128-178, Dz: 158-228, 6 Suiten, ⌂ WC ☎, 20⌧; Lift P 🅿 5↔80; garni

** Bavaria
Nürnberger Str 54 (C 3), ⌧ 90762,
☎ (09 11) 77 49 41, Fax 74 80 15, AX DC ED VA
52 Zi, Ez: 120-200, Dz: 170-260, 6 Suiten, ⌂ WC ☎; Lift P ≈ Sauna Solarium ⛔

** Werners Appartement Hotel
Friedrichstr 22 (B 3), ⌧ 90762, ☎ (09 11)
74 05 60, Fax 7 40 56 30, AX DC ED VA
Ez: 113-135, Dz: 169-190, 2 Suiten, 17 App,
⌂ WC ☎; P 🅿 1↔45 ⛔

** Novotel
Laubenweg 6 (C 1), ⌧ 90765, ☎ (09 11)
9 76 00, Fax 9 76 01 00, AX DC ED VA
131 Zi, Ez: 166-201, Dz: 212-222, ⌂ WC ☎, 28⌧; Lift P 🅿 ≈ Sauna Solarium

* Le Grill
Hauptgericht 25

* Schwarzes Kreuz
Königstr 81 (B 2), ⌧ 90762, ☎ (09 11)
74 09 10, Fax 7 41 81 67, AX DC ED VA
22 Zi, Ez: 125-185, Dz: 175-285, ⌂ WC ☎; P 3↔150 ⛔

* Baumann
Schwabacher Str 131 (B 3), ⌧ 90763,
☎ (09 11) 77 76 50, Fax 74 68 59, AX DC ED VA
26 Zi, Ez: 90-120, Dz: 138-138, ⌂ WC ☎; Lift P; garni

** Kupferpfanne
Königstr 85 (B 2), ⌧ 90762, ☎ (09 11)
77 12 77, Fax 77 76 37, AX ED VA
Hauptgericht 42; geschl: so + feiertags

Dambach (2 km ↙)

*** Forsthaus
Zum Vogelsang 20, ⌧ 90768, ☎ (09 11)
77 98 80, Fax 72 08 85, AX DC ED VA
100 Zi, Ez: 168-210, Dz: 235-270, 3 Suiten,
4 App, ⌂ WC ☎, 25⌧; Lift P 🅿 11↔300 ≈ Fitneßraum Sauna Solarium ⛔

*** Waldrestaurant
Hauptgericht 40; Biergarten Terrasse

Ronhof (2 km ↗)

* Hachmann
Ronhofer Hauptstr 191, ⌧ 90765, ☎ (09 11)
7 90 80 05, Fax 7 90 80 07, AX ED VA
21 Zi, Ez: 125-165, Dz: 160-235, 2 App, ⌂ WC ☎; P 🅿 1↔20 Sauna Solarium ⛔
geschl: So

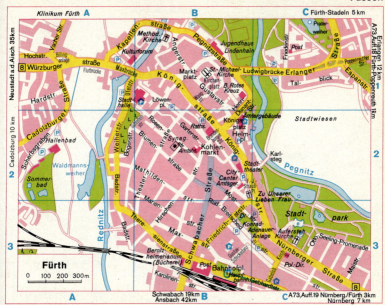

Füssen

Bayern — Kreis Ostallgäu — 800 m —
16 400 Ew — Schongau 38, Kempten 41 km
ℹ ☎ (0 83 62) 70 77, Fax 3 91 81 — Kurverwaltung, Kaiser-Maximilian-Platz 1 (B 2),
87629 Füssen; Kneippkurort, Mineral- und
Moorheilbad am Lech. Sehenswert: Kirche
und ehem. Kloster St. Mang mit Stadtmuseum; Staatsgalerie im Hohen Schloß;
hist. Altstadt; Lechfall; Königsschlösser
Neuschwanstein und Hohenschwangau ⋖
(5 km ↘); Spital- und Krippkirche

Stadtplan siehe Seite 408

★★★ Treff Hotel Luitpoldpark
Luitpoldstr., ✉ 87629, ☎ (0 83 62) 90 40,
Fax 90 46 78, AX DC ED VA
123 Zi, Ez: 129-175, Dz: 198-290, S;
8 Suiten, ⌐ WC ☎, 10⌂; Lift 🚗 5⟳154 Fitneßraum Sauna Solarium ▼
Auch Zimmer der Kategorie ★★★★ vorhanden

★ Hirsch
Kaiser-Maximilian-Platz 7 (B 2-3), ✉ 87629,
☎ (0 83 62) 50 80, Fax 50 81 13, AX DC VA
48 Zi, Ez: 110-145, Dz: 165-210, ⌐ WC ☎, P
🚗 1⟳25 ▼
geschl: Jan, Mitte Nov-Mitte Dez

★ Fürstenhof
Kemptener Str 23 (A 3), ✉ 87629,
☎ (0 83 62) 9 14 80, Fax 3 90 48, AX ED VA
15 Zi, Ez: 68-82, Dz: 104-130, ⌐ WC ☎; P;
garni
Rezeption: 7-21; geschl: Nov, Dez

★ Christine
♂ Weidachstr 31 (B 2), ✉ 87629,
☎ (0 83 62) 72 29, Fax 94 05 54
15 Zi, Ez: 100-180, Dz: 150-180, ⌐ WC ☎; P
🚗; garni
geschl: Mitte Jan-Mitte Feb

Faulenbach, Bad (1 km ↙)

★ Kur-Hotel Ruchti
♂ ⋖ Alatseestr 38 (A 3), ✉ 87629,
☎ (0 83 62) 9 10 10, Fax 72 13, AX DC ED VA
50 Zi, Ez: 50-100, Dz: 104-180, 2 Suiten,
2 App, ⌐ WC ☎; Lift P 1⟳90 Sauna
Solarium ▼
geschl: Mitte Nov-Mitte Dez
Im Gästehaus Zimmer der Kategorie ★★
vorhanden

★ Kurhotel Berger
♂ ⋖ Alatseestr 26 (A 3), ✉ 87629,
☎ (0 83 62) 9 13 30, Fax 91 33 99,
AX DC ED VA
35 Zi, Ez: 72-92, Dz: 126-162, ⌐ WC ☎; Lift
P ≋ Sauna Solarium
geschl: Anfang Nov-Mitte Dez
Restaurant für Hausgäste

★★ Alpen-Schlößle
Alatseestr 28 (A 3), ✉ 87629, ☎ (0 83 62)
40 17, Fax 3 98 47
Hauptstr 28; P Terrasse; geschl: Di
★★ ♂ 14 Zi, Ez: 80-90, Dz: 150-160, ⌐
WC ☎

Hopfen am See (5 km ↑) ℹ ☎ (0 83 62)
74 58, Verkehrsamt, Uferstr 21 →

Füssen

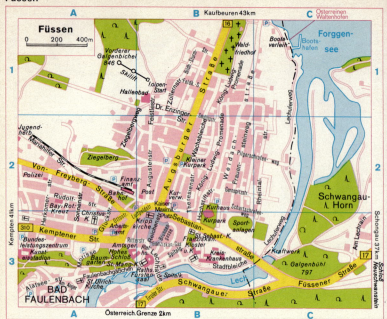

** Geiger
◁ Uferstr 18, ✉ 87629, ☎ (0 83 62) 70 74, Fax 3 88 38
13 Zi, Ez: 60-120, Dz: 120-210, 13 Suiten, ⊿ WC ☎; P
geschl: Anfang Nov-Mitte Dez

** Bauernstube
Hauptgericht 25; geschl: Do, im Jan, Anfang Nov-Mitte Dez

** Alpenblick
◁ Uferstr 10, ✉ 87629, ☎ (0 83 62) 5 05 70, Fax 50 57 73, AX DC ED VA
52 Zi, Ez: 79-220, Dz: 138-240, 4 Suiten, 18 App, ⊿ WC ☎; Lift P 🏠 Seezugang Sauna Solarium
Auch Zimmer der Kategorie *** vorhanden
* ◁ Hauptgericht 25; Terrasse

** Landhaus Enzensberg
♂ ◁ Höhenstr 53, ✉ 87629, ☎ (0 83 62) 40 61, Fax 3 91 79
7 Zi, Ez: 80-155, Dz: 170-230, 3 Suiten, ⊿ WC ☎; P 1↻12
** ✡ Hauptgericht 32;
Terrasse; geschl: Okt-Jun Mo

Weißensee (6 km ←) ℹ ☎ (0 83 62) 65 09, Verkehrsamt

** Bergruh
◁ Alte Steige 16, ✉ 87629, ☎ (0 83 62) 90 20, Fax 9 02 12, ED VA
29 Zi, Ez: 72-96, Dz: 120-220, 5 Suiten, ⊿ WC ☎; Lift P 🏠 Fitneßraum Sauna Solarium
Restaurant für Hausgäste

Füssing, Bad   66 ↓

Bayern — Kreis Passau — 324 m — 6 751 Ew — Passau 35 km
ℹ ☎ (0 85 31) 22 62 45, Fax 2 13 67 — Kurverwaltung, Rathausstr 8, 94072 Bad Füssing; Thermal-Mineralheilbad. Sehenswert: Wallfahrtskirche in Aigen (7 km ✍)

*** Kurhotel Wittelsbach ♛
Beethovenstr 8, ✉ 94072, ☎ (0 85 31) 9 52 01, Fax 2 22 56, AX ED VA
66 Zi, Ez: 140, Dz: 250, 3 Suiten, ⊿ WC ☎; Lift P 🏠 ≈ 🏠 Fitneßraum Sauna Solarium
geschl: Mitte Dez-Mitte Jan
Golf 18;
Restaurant für Hausgäste

*** Kurhotel Quellenhof
Dr-Koch-Str 2, ✉ 94072, ☎ (0 85 31) 29 90, Fax 29 91 00
71 Zi, Ez: 72-88, Dz: 138-152, 5 Suiten, ⊿ WC ☎, 5✉; Lift P 🏠 ≈ 🏠 Fitneßraum Sauna Solarium; garni
Rezeption: 7-21; geschl: Anfang Dez-Ende Jan

✉ Der Hinweis auf Nichtraucherzimmer zeigt Ihnen an, daß sich in diesem Hotel Zimmer befinden, in denen nicht geraucht werden darf. Die vorangestellte Ziffer bezieht sich auf die Anzahl der vorhandenen Nichtraucherzimmer wie sie der Redaktion vom Hotelbetrieb genannt wurden.

Fulda

★★★ Kurhotel Holzapfel
Thermalbadstr 5, ✉ 94072, ☎ (0 85 31) 95 70, Fax 95 72 80, ED
77 Zi, Ez: 116-144, Dz: 208-324, 2 Suiten, ⇨ WC ☎; Lift P 1⇔30 ≈ ≘ Fitneßraum Sauna Solarium
geschl: Dez, Jan
Preise inklusive Halbpension. Auch Zimmer der Kategorie ★★ vorhanden
★★ Hauptgericht 35; Terrasse;
geschl: Dez, Jan

★★ Kurhotel Mürz
♂ Birkenallee 9, ✉ 94072, ☎ (0 85 31) 95 80, Fax 2 98 76, AX DC ED
67 Zi, Ez: 105-133, Dz: 240-308, ⇨ WC ☎; Lift P ≘ Sauna Solarium
Preise inklusive Vollpension

★★ Park-Hotel
♂ Waldstr 16, ✉ 94072, ☎ (0 85 31) 92 80, Fax 20 61
105 Zi, Ez: 105-145, Dz: 210-330, 3 Suiten, ⇨ WC ☎, 25🖂; Lift P 1⇔80 ≈ ≘ Fitneßraum Solarium
Preise inklusive Vollpension
★★ Schönbrunn
Hauptgericht 28; Terrasse; geschl: Anfang Dez-Anfang Feb

★★ Kur- und Badehotel Ludwig Thoma
Ludwig-Thoma-Weg 23, ✉ 94072, ☎ (0 85 31) 22 80, Fax 22 81 07, AX ED VA
77 Zi, Ez: 75-110, Dz: 150-160, 15 Suiten, 77 App, ⇨ WC ☎; Lift P 🖂 ≘ Fitneßraum Sauna Solarium 🍽
Rezeption: 8-19

★★ Kurhotel Zink
Thermalbadstr 1, ✉ 94072, ☎ (0 85 31) 92 70, Fax 92 76 99
113 Zi, Ez: 141-164, Dz: 273-369, 12 Suiten, ⇨ WC ☎; Lift P 🖂 ≈ ≘ Fitneßraum Solarium
Preise inklusive Vollpension. Restaurant für Hausgäste

★★ Promenade
Kurallee 20, ✉ 94072, ☎ (0 85 31) 2 21 51, Fax 29 58 00
22 Zi, Ez: 77-88, Dz: 154-176, 2 App, ⇨ WC ☎; Lift 🖂; garni
Rezeption: 9-22
Auch Zimmer der Kategorie ★★★ vorhanden

★★ Villa Fortuna
Thermalbadstr 19, ✉ 94072, ☎ (0 85 31) 95 46, Fax 95 47 00
58 Zi, Ez: 67-83, Dz: 126-156, ⇨ WC ☎, 30🖂; Lift P 🖂 ≘ Solarium; garni
Rezeption: 7.30-22, im Winter 7.30-20
Auch Zimmer der Kategorie ★ vorhanden

★★ Vogelsang
Ludwig-Thoma-Weg 13, ✉ 94072, ☎ (0 85 31) 9 50 50, Fax 95 05 55
21 Zi, Ez: 75-80, Dz: 98-120, 2 App, ⇨ WC ☎; Lift 🖂 Solarium; garni
Rezeption: 8-12, 14-19

★ Bayerischer Hof
Kurallee 18, ✉ 94072, ☎ (0 85 31) 95 66, Fax 95 68 00, AX DC ED
59 Zi, Ez: 115-125, Dz: 196-216, ⇨ WC ☎; Lift P 🖂 ≘ Solarium 🍽
geschl: Dez, Jan

★ Kurhotel Sonnenhof
Schillerstr 4, ✉ 94072, ☎ (0 85 31) 2 26 40, Fax 2 26 42 07, ED
96 Zi, Ez: 112-142, Dz: 202, 3 Suiten, ⇨ WC ☎; Lift P 🖂 ≈ ≘ Fitneßraum Solarium 🍽
Rezeption: 7.30-20.30; geschl: Ende Nov-Mitte Jan

★ Pension Lorenz
Goethestr 1, ✉ 94072, ☎ (0 85 31) 9 21 10, Fax 92 11 13
23 Zi, Ez: 68, Dz: 92-102, ⇨ WC ☎; Lift P 🖂
geschl: Sa, Mitte Dez-Anfang Feb

Riedenburg (1 km ↘)
★ Zur Post
Inntalstr 36, ✉ 94072, ☎ (0 85 31) 2 90 90, Fax 2 90 92 27
56 Zi, Ez: 64-69, Dz: 92-146, ⇨ WC ☎; Lift P 🍽
Rezeption: 8-20; geschl: Do, Anfang-Ende Jan, Anfang-Mitte Dez
Auch Zimmer der Kategorie ★★ vorhanden

Safferstetten (1,5 km ↓)
★★ Kurhotel Am Mühlbach
Bachstr 15, ✉ 94072, ☎ (0 85 31) 27 80, Fax 27 84 27
61 Zi, Ez: 75-150, Dz: 190-260, 1 Suite, ⇨ WC ☎; Lift P 🖂 ≈ ≘ Fitneßraum Sauna Solarium
geschl: Ende Nov-Weihnachten
Restaurant für Hausgäste

Fulda 46 □

Hessen — Kreis Fulda — 273 m —
57 308 Ew — Kassel 110, Würzburg 110 km
ℹ ☎ (06 61) 10 23 45, Fax 10 27 75 — Verkehrsbüro, Schloßstr 1 (B 3-2), 36037 Fulda; Stadt zwischen Rhön und Vogelsberg; Katholische Philosophisch-Theologische Hochschule. Sehenswert: Michaeliskirche; Dom: Bonifatiusgruft, Dommuseum; Stadtpfarrkirche; Kloster Frauenberg ≤; Klosterkirche St. Andreas in Neuenberg, ehem. Propsteikirche Johannesberg (5 km ↓); Orangerie: Floravase; Vonderaumuseum; Schloß: Fürstensaal, Garten, Spiegelkabinett; Landesbibliothek; Petersberg, 401 m ≤ (4 km →); Schloß Fasanerie: Antiken- und Porzellanmuseum (7 km ↓)

Stadtplan siehe Seite 410 →

Fulda

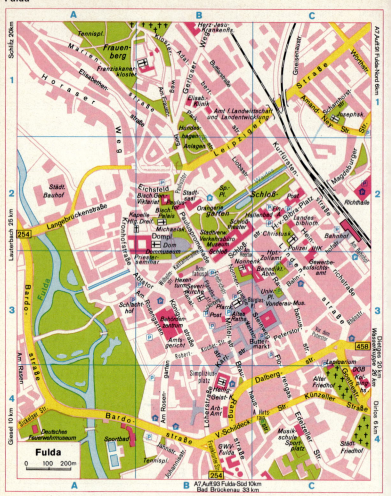

*** Romantik Hotel Goldener Karpfen
Simpliziusbrunnen 1 (B 4), ✉ 36037, ☎ (06 61) 7 00 44, Fax 7 30 42, AX DC ED VA
45 Zi, Ez: 180-250, Dz: 280-350, 5 Suiten, ⌂ WC ☎, 20✉; Lift P 🅿 5⌂80 Sauna Solarium
Auch Zimmer der Kategorie ** vorhanden
*** Hauptgericht 35

*** Holiday Inn Garden Court
Lindenstr 45 (C 3), ✉ 36037, ☎ (06 61) 8 33 00, Fax 8 33 05 55, AX DC ED VA
134 Zi, Ez: 201-221, Dz: 224-244, S;
4 Suiten, ⌂ WC ☎, 67✉; Lift 🅿 10⌂160
Fitneßraum Sauna Solarium

*** Maritim Am Schloßgarten
♂ Pauluspromenade 2 (B 2), ✉ 36037, ☎ (06 61) 28 20, Fax 28 24 99, AX DC ED VA
113 Zi, Ez: 195-285, Dz: 254-344, S;
2 Suiten, 10 App., ⌂ WC ☎, 11✉; Lift P
13⌂899 🅿 Kegeln Sauna Solarium

** Dianakeller
Hauptgericht 32; Terrasse

** Zum Ritter
Kanalstr 18 (B 3), ✉ 36037, ☎ (06 61) 81 65, Fax 7 14 31, AX DC ED VA
33 Zi, Ez: 149-179, Dz: 189-249, 2 Suiten, ⌂ WC ☎; Lift 🅿 🅿 4⌂50
** ⊗ Hauptgericht 25; Biergarten

* Hotel oder Gasthaus mit guter Ausstattung, über dem Durchschnitt

Gadebusch

✳︎✳︎ Am Dom
Wiesenmühlenstr 6 (A 3), ✉ 36037,
☎ (06 61) 9 79 80, Fax 9 79 85 00, AX ED VA
45 Zi, Ez: 115-125, Dz: 165-175, ⊣ WC ☎,
15🛁; Lift 🅿 🔲; garni

✳︎✳︎ Lenz
Leipziger Str 122 (C 1), ✉ 36037, ☎ (06 61)
6 20 40, Fax 6 20 44 00, AX DC ED VA
55 Zi, Ez: 124-140, Dz: 190-240, S; 1 App, ⊣
WC ☎, 6🛁; Lift 🅿 4↔60 Kegeln Sauna
Solarium
geschl: Mitte Dez-Anfang Jan
Auch Zimmer der Kategorie ✳︎ vorhanden

✳︎ Wiesen-Mühle
♣ Wiesenmühlenstr 13 (A 3), ✉ 36037,
☎ (06 61) 2 27 27, Fax 2 27 20, AX ED
26 Zi, Ez: 98-110, Dz: 138-165, 1 Suite, ⊣
WC ☎, 🅿 3↔80
✳︎ ⊗ Hauptgericht 19
Restaurierte Mühle aus dem Jahr 1337;
Hausbrauerei

✳︎ Kolpinghaus
Goethestr 13 (C 4), ✉ 36043, ☎ (06 61)
7 60 52, Fax 7 60 57, AX DC ED VA
55 Zi, Ez: 109, Dz: 170, ⊣ WC ☎; Lift 🅿 🔲
8↔450 Kegeln
✳︎ **Prälat**
Hauptgericht 25

✳︎ Peterchens Mondfahrt
Rabanusstr 7 (C 3), ✉ 36037, ☎ (06 61)
9 02 35-0, Fax 9 02 35-44, AX DC ED VA
21 Zi, Ez: 92-115, Dz: 112-170, S; 2 App, ⊣
WC ☎; Lift 🅿; garni

Weinstube Dachsbau ✤
⊗ Pfandhausstr 8 (B 3), ✉ 36037, ☎ (06 61)
7 41 12
Hauptgericht 30; geschl: So, Mo mittags,
Ende Jul-Anfang Aug
Älteste Weinstube Fuldas

Thiele
Mittelstr 2 (B 3), ✉ 36037, ☎ (06 61)
7 27 74, Fax 7 27 74
9-19, so + feiertags ab 10
Spezialität: Creme Giovanni

Kämmerzell (6 km ↘)
✳︎ Zum Stiftskämmerer ✤
Kämmerzeller Str 10, ✉ 36041, ☎ (06 61)
5 23 69, Fax 5 95 45, AX DC ED VA
Hauptgericht 25; 🅿 Terrasse; geschl: Di,
2 Wochen in den Sommerferien

Furth i. Wald 59 ↘

Bayern — Kreis Cham — 450 m — 9 500 Ew
— Cham 19, Lam 23 km
ℹ ☎ (0 99 73) 38 13, Fax 5 09 19 — Tourist-
Information, Schloßplatz 1, 93437 Furth;
Erholungsort im Bayerischen Wald, Grenz-
übergang zur Tschechien. Sehenswert:
Leonhardi-Ritt (Ostermontag); Drachen-
stich (August)

✳︎ Hohenbogen
Bahnhofstr 25, ✉ 93437, ☎ (0 99 73) 15 09,
Fax 15 02
38 Zi, Ez: 54-59, Dz: 108-118, 1 Suite,
2 App, ⊣ WC ☎; Lift 🅿 🔲 3↔180
✳︎ Hauptgericht 20

✳︎ Zur Post
Stadtplatz 12, ✉ 93437, ☎ (0 99 73) 15 06,
Fax 18 57, ED VA
Hauptgericht 25; Gartenlokal 🅿 🍽;
geschl: So abends, Mo, Nov

Furtwangen 67 →

Baden-Württemberg — Schwarzwald-
Baar-Kreis — 850 m — 11 000 Ew — Triberg 17, Titisee-Neustadt 25, Freiburg
45 km
ℹ ☎ (0 77 23) 93 91 11, Fax 93 91 99 — Verkehrsamt, Marktplatz 4, 78120 Furtwangen; Erholungsort und Wintersportplatz.
Sehenswert: Deutsches Uhrenmuseum;
Brend, 1148 m ◀ (6 km ↖); Hexenloch-
Schlucht (9 km ↗)

✳︎✳︎ Zum Ochsen
Marktplatz 9, ✉ 78120, ☎ (0 77 23) 9 31 16,
Fax 93 11 55, ED VA
34 Zi, Ez: 62-84, Dz: 104-145, ⊣ WC ☎; 🅿 🔲
Sauna
Auch Zimmer der Kategorie ✳︎ vorhanden
✳︎✳︎ Hauptgericht 25; geschl: Fr mit-
tags, 2 Wochen im Nov

Gadebusch 19 ↑

Mecklenburg-Vorpommern — Kreis Gadebusch — 48 m — 6 600 Ew — Ratzeburg 22, Schwerin 24, Lübeck 43 km
ℹ ☎ (0 38 86) 22 06, Fax 30 57 — Kultur-
und Informationsservice, Markt,
19205 Gadebusch. Sehenswert: Stadtkirche; Rathaus; Rauchhaus Möllin;
Schloß

✳︎ Stadt Gadebusch
Wismarsche Str 9, ✉ 19205, ☎ (0 38 86)
71 21 13, Fax 71 27 72, ED
17 Zi, Ez: 80-100, Dz: 100-140, ⊣ WC ☎; 🅿;
garni

✳︎ Altes Backhaus
Lübsche Str 8, ✉ 19205, ☎ (0 38 86) 34 32,
Fax 34 32, ED
12 Zi, Ez: 70, Dz: 90, ⊣ WC ☎; 🅿 🍽

Güstow (1 km ↑)
✳︎ Christinenhof
Dorfstr 3, ✉ 19205, ☎ (0 38 86) 71 27 24,
Fax 71 27 15, ED
18 Zi, Ez: 75-85, Dz: 110, ⊣ WC ☎; 🅿; garni

Gärtringen

Gärtringen 61 □

Baden-Württemberg — Kreis Böblingen —
460 m — 10 800 Ew — Herrenberg 7,
Böblingen 8 km
🅘 ☎ (0 70 34) 27 10, Fax 2 71 15 — Gemeindeverwaltung, Rohrweg 2, 71116
Gärtringen. Sehenswert: Ev. Kirche; Sandmühlen-Museum; Literarisches Museum

∗ Bären
Daimlerstr 11, ✉ 71116, ☎ (0 70 34) 27 60,
Fax 27 62 22, AX DC ED VA
31 Zi, Ez: 85-105, Dz: 110-165, 2 App, ⊣ WC
☎, 9⊠, 🅿 🖳 1⇔20 Kegeln
geschl: Ende Dez-Anfang Jan
∗ Hauptgericht 24; Gartenlokal;
geschl: So, Anfang Jul-Anfang Aug

∗ Kerzenstüble
an der B 14, ✉ 71116, ☎ (0 70 34) 9 24 00,
Fax 92 40 40, AX DC ED VA
28 Zi, Ez: 80-110, Dz: 100-160, ⊣ WC ☎; Lift
🅿 🖳 1⇔20 Kegeln
∗ Hauptgericht 25; geschl:
So abends, Mo

Gäufelden 61 ↗

Baden-Württemberg — Kreis Böblingen —
428 m — 7 610 Ew — Herrenberg 6,
Tübingen 15, Nagold 16 km
🅘 ☎ (0 70 32) 7 80 20, Fax 78 02 11 —
Gemeindeverwaltung, Öschelbronn,
71126 Gäufelden

Nebringen (1 km ↑)
∗∗ Aramis
Siedlerstr 40-44, ✉ 71126, ☎ (0 70 32)
78 10, Fax 78 15 55, AX DC ED VA
54 Zi, Ez: 138, Dz: 215, 1 App, ⊣ WC ☎,
4⊠; Lift 🅿 5⇔200 Fitneßraum Kegeln
Sauna Solarium ⚓
geschl: Ende Dez-Anfang Jan
∗ Hauptgericht 35; Biergarten Terrasse; geschl: Ende Dez-Anfang Jan

∗ Gäufelden
Siedlerstr 6, ✉ 71126, ☎ (0 70 32) 97 40,
Fax 97 41 50, AX DC ED VA
37 Zi, Ez: 65-90, Dz: 90-135, ⊣ WC ☎, 2⊠;
🅿 🖳 2⇔45 ⦿

Gaggenau 60 →

Baden-Württemberg — Kreis Rastatt —
142 m — 30 000 Ew — Rastatt 10, Baden-
Baden 16 km
🅘 ☎ (0 72 25) 7 96 69, Fax 7 96 69 —
Tourist-Info, im Stadtteil Bad Rotenfels,
Rathausstr 11, 76571 Gaggenau; Stadt im
romantischen Murgtal, im Nördlichen
Schwarzwald, Thermal-Mineral-Badezentrum

∗∗∗ Parkhotel
Konrad-Adenauer-Str 1, ✉ 76571,
☎ (0 72 25) 6 70, Fax 7 62 05, AX DC ED VA
63 Zi, Ez: 140-185, Dz: 240, 9 Suiten, ⊣ WC
☎, 6⊠; Lift 🖳 6⇔220
Auch Zimmer der Kategorie ∗∗ vorhanden
∗∗ Hauptgericht 50

Michelbach (3 km ↗)
∗∗ Traube
⊛ Lindenstr 10, ✉ 76571, ☎ (0 72 25)
7 62 63, Fax 7 02 13, AX ED VA
Hauptgericht 45; 🅿 Terrasse; geschl:
Mo, 1 Woche im Sep

Ottenau (2 km ↘)
∗∗ Gasthaus Adler
Hauptstr 255, ✉ 76571, ☎ (0 72 25) 37 06
Hauptgericht 35; 🅿 Terrasse; geschl: Mo,
Fasching 1 Woche, 2 Wochen in den Sommerferien

Rotenfels, Bad (Heilbad, 2 km ↑)
∗ Ochsen
Murgtalstr 22, ✉ 76571, ☎ (0 72 25)
9 69 90, Fax 96 99 50, AX ED VA
25 Zi, Ez: 90-120, Dz: 140-160, ⊣ WC ☎; 🅿
🖳 ⦿
Auch Zimmer der Kategorie ∗∗ vorhanden

Gahlenz 50 ↗

Sachsen — Kreis Flöha — 484 m —
1 049 Ew — Oederan 4, Chemnitz 17 km
🅘 ☎ (03 72 92) 2 09 73 — Gemeindeverwaltung, Hauptstr 118, 09569 Gahlenz

∗ Landhotel
Hauptstr 130, ✉ 09569, ☎ (03 72 92)
6 02 77, Fax 6 02 77, AX DC ED VA
14 Zi, Ez: 45-65, Dz: 90-120, 1 Suite, ⊣ WC
☎; 🅿 🖳 1⇔20 ⦿ ⚓

Gaienhofen 68 ↘

Baden-Württemberg — Kreis Konstanz —
400 m — 4 000 Ew — Öhningen 8, Radolfzell 12 km
🅘 ☎ (0 77 35) 8 18 23, Fax 30 04 — Gemeindeverwaltung, Im Kohlgarten 1, 78343
Gaienhofen; Badeort am Untersee (Bodensee), Erholungsort. Sehenswert:
Höri-Museum; Otto-Dix-Haus;
Hermann-Hesse-Haus

Hemmenhofen (2 km ↙)
∗∗ Sport- und Tagungshotel Höri
⊸ Uferstr 23, ✉ 78343, ☎ (0 77 35) 81 10,
Fax 81 12 22, AX DC ED VA
80 Zi, Ez: 140-260, Dz: 250-400, 6 Suiten, ⊣
WC ☎; 🅿 8⇔200 ⚓ Seezugang Fitneßraum Kegeln Sauna Solarium
geschl: Mitte Nov-Anfang Apr
Auch Zimmer der Kategorie ∗ vorhanden
∗∗ Hauptgericht 40; Terrasse;
geschl: Anfang Nov-Anfang April

Ganderkesee

* **Landgasthaus Kellhof**
Hauptstr 318, ✉ 78343, ☎ (0 77 35) 20 35,
Fax 81 12 22, AX DC ED VA
16 Zi, Ez: 70-140 Dz: 110-180, ⊿ WC ☎; 🖼
Rezeption: 10-14, 17-23; geschl: Di, Mi,
Anfang Jan-Anfang Mär
Nutzung der Freizeitmöglichkeiten im
Hotel Höri
* Hauptgericht 25; Terrasse;
geschl: Di, Mi, Anfang Jan-Anfang Mär

Horn (1 km ↗)
* **Gasthof Hirschen**
Kirchgasse 1, ✉ 78343, ☎ (0 77 35) 30 51,
Fax 16 34
30 Zi, Ez: 58-85, Dz: 102-130, 1 App, ⊿ WC
☎; Strandbad
Rezeption: 8-21; geschl: im Winter
Mi+Do, 7.1.-8.2.97
* Hauptgericht 25; geschl: Jan

Gaildorf 62 ↑

Baden-Württemberg — Kreis Schwäbisch
Hall — 329 m — 12 200 Ew — Schwäbisch
Hall 17, Murrhardt 20, Schwäbisch
Gmünd 29 km
ℹ️ ☎ (0 79 71) 25 30, Fax 2 53 88 — Stadtver-
waltung, Schloßstr 20, 74405 Gaildorf.
Sehenswert: Schloß; Rathaus; Fachwerk-
häuser; Kernerturm

Unterrot (2 km ↓)
* **Gasthof Kocherbähnle**
Schönberger Str 8, ✉ 74405, ☎ (0 79 71)
70 54, Fax 2 10 88, AX DC ED VA
Hauptgericht 25; 🅿 Terrasse; geschl: So
abends, Mo, 3 Wochen in den Sommerferien
* 9 Zi, Ez: 68-70, Dz: 120-130, ⊿ WC
☎; 🖼
geschl: 3 Wochen in den Sommerferien

Gaimersheim 64 ←

Bayern — Kreis Eichstätt — 385 m —
8 937 Ew — Ingolstadt 8, Eichstätt 20 km
ℹ️ ☎ (0 84 58) 67 44, Fax 67 47 — Gemeindeverwaltung, Marktplatz 3, 85080
Gaimersheim

Gaimersheim-Außerhalb (3 km ↓)
** **Parkhotel Heidehof**
Ingolstädter Str 121, ✉ 85080, ☎ (0 84 58)
6 40, Fax 6 42 30, AX DC ED VA
99 Zi, Ez: 139-164, Dz: 189-199, 5 Suiten, ⊿
WC ☎, 25🖻; Lift 🅿 🖼 8⟳100 ≈ ⌂ Bow-
ling Fitneßraum Kegeln Sauna Solarium
** Hauptgericht 25; Terrasse

Gallinchen 41 ↘

Brandenburg — Spree-Neiße-Kreis —
80 m — 1 100 Ew — Cottbus 4,
Spremberg 16 km
ℹ️ ☎ (03 55) 53 93 93 — Gemeindeverwaltung, Friedensplatz 6, 03058 Gallinchen.
Sehenswert: Schloß, Kutzeburger Mühle

* **Jahrmarktthof**
Friedensplatz 8, ✉ 03058, ☎ (03 55)
53 94 12, Fax 54 29 76, ED VA
12 Zi, Ez: 65-80, Dz: 100-125, ⊿ WC ☎; 🅿
🍽

Gammelby 10 □

Schleswig-Holstein — Kreis Rendsburg-
Eckernförde — 30 m — 453 Ew — Eckernförde 5, Schleswig 16 km
ℹ️ ☎ (0 43 51) 7 17 90, Fax 62 82 — Kurverwaltung, Am Exer 1, 24340 Eckernförde

* **Gammelby**
Dorfstr 6, ✉ 24340, ☎ (0 43 51) 88 10,
Fax 8 81 66, AX DC ED VA
33 Zi, Ez: 80-110, Dz: 120-170, ⊿ WC ☎; 🅿
🖼 1⟳120 Kegeln Sauna Solarium
* Hauptgericht 25

Gammertingen 69 ↘

Baden-Württemberg — Kreis Sigmaringen
— 666 m — 6 675 Ew — Albstadt 18,
Sigmaringen 20, Hechingen 26 km
ℹ️ ☎ (0 75 74) 40 60, Fax 4 06 23 —
Bürgermeisteramt, Hohenzollernstr 5,
72501 Gammertingen; Luftkurort. Sehenswert: Rathaus; Karlshöhle mit Bärenhöhle
(19 km ↑)

** **Romantik Hotel Posthalterei**
Sigmaringer Str 4, ✉ 72501, ☎ (0 75 74)
8 76, Fax 8 78, AX DC ED VA
30 Zi, Ez: 95-148, Dz: 145-215, ⊿ WC ☎,
10🖻; Lift 🅿 🖼 Fitneßraum Sauna Solarium
Rezeption: 7-21
Zimmer der Kategorie *** und Tagungs-
bereich im gegenüberliegenden Gästehaus
** Hauptgericht 30; Biergarten

* **Gästehaus Kreuz**
Marktstr 6, ✉ 72501, ☎ (0 75 74) 8 33,
Fax 46 80, ED VA
19 Zi, Ez: 45-85, Dz: 80-135, ⊿ WC ☎; 🅿 🖼
4⟳400 Kegeln 🍽

Ganderkesee 16 ↘

Niedersachsen — Kreis Oldenburg — 32 m
— 28 500 Ew — Delmenhorst 6, Wildeshausen 19, Oldenburg 26 km
ℹ️ ☎ (0 42 22) 4 44 12, Fax 18 35 — Gemeindeverwaltung, Rathausstr 24, 27777 Gan-
derkese; Erholungsort

* **Akzent-Hotel Jägerklause**
♂ Nedenhüsen 16, ✉ 27777, ☎ (0 42 22)
10 15, Fax 51 01, AX ED VA
25 Zi, Ez: 75-100, Dz: 110-150, ⊿ WC ☎,
6🖻; 2⟳25
Rezeption: 7-14, 16-24; geschl: Ende Dez-
Anfang Jan
Im Gästehaus Zimmer der Kategorie **
vorhanden
** Hauptgericht 26; Biergarten Terrasse →

Ganderkesee

Bookholzberg (10 km ↑)
* **Landhaus Hasbruch**
einzeln, Hedenkampstr 20, ✉ 27777,
☎ (0 42 23) 9 21 90, Fax 92 19 30, AX ED
12 Zi, Ez: 80-90, Dz: 110-130, ⊿ WC ☎, 2⌂;
🅿 5⇔450 Kegeln ⓘ☉↓⚓

Hoyerswege (4 km ↘)
** **Menkens' Restaurant**
Wildeshauser Landstr 66, ✉ 27777,
☎ (0 42 22) 9 31 00, Fax 93 10 55, AX DC ED VA
Hauptgericht 30; Gartenlokal 🅿 ⌂;
geschl: Mo mittag

Stenum (6 km ↗)
* **Backenköhler-Stenum**
♂ Dorfring 40, ✉ 27777, ☎ (0 42 23) 7 30,
Fax 86 04, ED VA
48 Zi, Ez: 85-105, Dz: 130-155, ⊿ WC ☎, 🅿
🚗 8⇔600 Fitneßraum Kegeln
geschl: Anfang Jan, Anfang-Mitte Jul
* Hauptgericht 25; Biergarten
Terrasse; geschl: Anfang Jan, Anfang-Mitte Jul

Gandersheim, Bad   36 ↗

Niedersachsen — Kreis Northeim — 125 m
— 12 123 Ew — Seesen 14, Einbeck 22,
Northeim 34 km
ⓘ ☎ (0 53 82) 7 24 47, Fax 63 82 — Kurverwaltung, Hildesheimer Str 7 a, 37581 Bad Gandersheim; Heilbad. Sehenswert: Ev. ehem. Stiftskirche und Abtei; St.-Georgs-Kirche; Rathaus; Burg; Marktplatz; Klosterkirchen; Kaisersaal.

Achtung: Domfestspiele im Sommer,
ⓘ ☎ (0 53 82) 7 24 47

** **Kurpark-Hotel Bartels**
Dr.-Heinrich-Jasper-Str 2, ✉ 37581,
☎ (0 53 82) 7 50, Fax 7 51 47, ED VA
110 Zi, Ez: 60-130, Dz: 115-180, ⊿ WC ☎;
Lift 🅿 6⇔80 ⚓ Sauna Solarium

⌂ **Gerichtsschänke**
Burgstr 10, ✉ 37581, ☎ (0 53 82) 9 80 10,
Fax 98 01 98, AX ED VA
25 Zi, Ez: 68-80, Dz: 120-140; ⊿ WC ☎; 🅿 ⚓
ⓘ☉

Ackenhausen (5 km ↗)
** **Seminar-Hotel Alte Mühle**
einzeln, Am Mühlenteich 1, ✉ 37581,
☎ (0 53 82) 59 90, Fax 55 60
32 Zi, Ez: 100-130, Dz: 140-220, ⊿ WC ☎; 🅿
Sauna
Restaurant für Hausgäste. Einzelreservierungen nur auf Anfrage

Garbsen   26 ←

Niedersachsen — Kreis Hannover —
50 m — 60 910 Ew — Hannover 12,
Wunstorf 14 km
ⓘ ☎ (0 51 37) 70 40, Fax 70 45 55 — Stadtverwaltung, im Stadtteil Berenbostel,
Birkenweg 1, 30827 Garbsen

** **Prager Brunnen**
Platinweg 1, ✉ 30823, ☎ (0 51 31) 60 69,
ED VA
Hauptgericht 30; nur abends, so + feiertags auch mittags

Berenbostel (2 km ↑)
** **Landhaus am See**
einzeln ♂ ≤ Seeweg 27, ✉ 30827,
☎ (0 51 31) 4 68 60, Fax 46 86 66,
AX DC ED VA
39 Zi, Ez: 95-180, Dz: 150-260, 1 Suite, ⊿
WC ☎; 🅿 Sauna Solarium
Auch Zimmer der Kategorie ***** vorhanden
** Hauptgericht 25   ✚

Frielingen (8 km ↘)
* **Bullerdieck**
Bürgermeister-Wehrmann-Str 21,
✉ 30826, ☎ (0 51 31) 4 58-0, Fax 4 58-2 22,
AX DC ED VA
54 Zi, Ez: 98-150, Dz: 130-200, 3 Suiten,
1 App., ⊿ WC ☎, 6⌂; Lift 🅿 🚗 3⇔30
Sauna Solarium
Rezeption: 7-21
Auch Zimmer der Kategorie ****** vorhanden
* Hauptgericht 30; Biergarten

Havelse (2 km ↘)
* **Wildhage**
Hannoversche Str 45, ✉ 30826, ☎ (0 51 37)
7 50 33, Fax 7 54 01, AX DC ED VA
25 Zi, Ez: 108-180, Dz: 156-240, ⊿ WC ☎; 🅿
🚗 Fitneßraum Kegeln Sauna Solarium
** **Tradition**
Hauptgericht 30

Stelingen (6 km ↗)
* **Gästehaus Münkel**
♂ Engelbosteler Str 51, ✉ 30827,
☎ (0 51 31) 4 69 50, Fax 46 95 46, ED
20 Zi, Ez: 80-180, Dz: 120-240, 2 App, ⊿ WC
☎; 🅿; garni

Garching   72 ↘

Bayern — Kreis München — 481 m —
13 128 Ew — München 14, Freising 18 km
ⓘ ☎ (0 89) 32 08 90, Fax 32 08 92 98 —
Stadtverwaltung, Rathausplatz 3,
85748 Garching

** **Hoyacker Hof**
Freisinger Landstr 9 a, ✉ 85748, ☎ (0 89)
3 20 69 65, Fax 3 20 72 43, ED VA
61 Zi, Ez: 130-150, Dz: 180-220, ⊿ WC ☎;
Lift 🅿 🚗; garni

* **Coro**
Heideweg 1, ✉ 85748, ☎ (0 89) 3 29 27 70,
Fax 3 29 17 77, AX ED VA
22 Zi, Ez: 80-120, Dz: 160-180, ⊿ WC ☎; Lift
🅿 Sauna; garni
geschl: Ende Dez-Anfang Jan

* **König Ludwig II.**
Bürgerplatz 3, ✉ 85748, ☎ (0 89)
3 20 50 46, Fax 3 29 15 10, AX DC ED VA
24 Zi, Ez: 120-150, Dz: 180-200, ⊿ WC ☎;
Lift 🚗
** Hauptgericht 25

✱ **Am Park**
Bürgermeister-Amon-Str 2, ✉ 85748,
☏ (0 89) 3 20 40 84, Fax 3 20 40 89,
AX DC ED VA
44 Zi, Ez: 125-145, Dz: 195, 2 Suiten, 8 App,
⇨ WC ☏; P 🔒 1↔10; **garni**
geschl: Ende Dez-Anfang Jan

Gardelegen 27→

Sachsen-Anhalt — Kreis Gardelegen —
49 m — 13 000 Ew — Wolfsburg 40,
Stendal 35 km
🅸 ☏ (0 39 07) 4 22 66 — Gardelegen-Information, Bahnhofstr 1, 39638 Gardelegen.
Sehensw: Rathaus; Salzwedeler Tor;
Kloster Neuendorf; Pfarrkirche St. Marien

✱✱ **Reutterhaus**
Sandstr 80, ✉ 39638, ☏ (0 39 07) 4 17 95,
Fax 4 19 64, AX ED VA
23 Zi, Ez: 88-93, Dz: 105-154, ⇨ WC ☏,
13🛏; P 1↔25 Sauna 🍴

✱ **Altes Zollhaus**
Stendaler Str 21, ✉ 39638, ☏ (0 39 07)
71 29 36, Fax (0 53 72) 05 37 2/ 72 34,
AX ED VA
9 Zi, Ez: 45-70, Dz: 90-95, ⇨ WC ☏; P 🍴
Rezeption: 6-14.30, 17.30-24

Zienau (1 km ↘)
✱ **Heide-Hotel**
Am Wald 1, ✉ 39638, ☏ (0 39 07) 71 25 94,
Fax 71 25 94
15 Zi, Ez: 80-90, Dz: 100-110, 2 Suiten, ⇨
WC ☏; P 🍴

Garlin 20 ✓

Brandenburg — Kreis Perleberg — 35 m —
729 Ew — Ludwigslust 19, Perleberg 19 km
🅸 ☏ (03 87 97) 78 20 — Gemeindeverwaltung, 19357 Garlin

✱✱ **Landhaus Toft**
♂ ◀ Karstädter Str, ✉ 19357, ☏ (03 87 97)
78 27, Fax 78 36, ED VA
39 Zi, Ez: 99, Dz: 150, 2 Suiten, ⇨ WC ☏,
5🛏; P 🔒 2↔75 Sauna Solarium 🍴
Auch Zimmer der Kategorie ✱ vorhanden

Garlstorf 18 □

Niedersachsen — Kreis Harburg — 60 m —
800 Ew — Winsen (Luhe) 17, Lüneburg
21 km
🅸 ☏ (0 41 72) 71 20 — Verkehrsverein,
Egestorfer Landstr 24, 21376 Garlstorf;
Ort in der Lüneburger Heide

✱✱ **Hohe Geest**
Egestorfer Landstr 10, ✉ 21376,
☏ (0 41 72) 71 35, Fax 14 80, AX DC ED VA
13 Zi, Ez: 95-130, Dz: 130-190, 2 Suiten, ⇨
WC ☏; P 1↔15
✱ Hauptgericht 32; Terrasse; nur
abends; geschl: So, Mo

Garmisch-Partenkirchen

✱ **Niemeyers Heidehof
(Flair Hotel)**
Winsener Landstr 4, ✉ 21376, ☏ (0 41 72)
71 27, Fax 79 31, DC ED VA
12 Zi, Ez: 95-118, Dz: 138-148, 1 App, ⇨ WC
☏, 3🛏; P 🔒 1↔12
Rezeption: 7-15, 17-22
✱ Hauptgericht 30; Terrasse; ✝
geschl: Do

Garmisch-Partenkirchen 71 ✓

Bayern — Kreis Garmisch-Partenkirchen —
720 m — 26 400 Ew — Oberammergau 20,
Mittenwald 25, München 95 km
🅸 ☏ (0 88 21) 18 06, Fax 1 80 55 — Verkehrsamt, im Stadtteil Garmisch, Richard-Strauß-Platz, 82467 Garmisch-Partenkirchen; heilklimatischer Kurort und Wintersportplatz; Theater; Spielbank. Sehenswert: Alte kath. Kirche; neue kath. Kirche;
Wallfahrtskirche St. Anton; Werdenfelser
Heimatmuseum; Zugspitze 2963 m ◀
(Zahnradbahn vom Zugspitzbahnhof in D 2
zum Schneefernerhaus, von dort Seilbahn
zum Gipfel, oder direkt zum Gipfel mit der
Seilbahn vom Eibsee 7 km ✓); Wank, 1780
m ◀ (Seilbahn-Talstation in F 1); Kreuzeck,
1652 m ◀ (Seilbahn-Talstation südlich
A 3); Osterfelder Kopf, 2050 m ◀ (Seilbahn-Talstation südlich A 3); Eckbauer, 1236 m
◀ (Seilbahn-Talstation in F 3); Hausberg,
1230 m ◀ (Seilbahn-Talstation in D 3);
Partnachklamm, Naturschutzgebiet;
Höllentalklamm (4 km + 15 Min ✓); Eibsee,
972 m (7 km ✓)

Stadtplan siehe Seiten 416-417

Garmisch
✱✱✱ **Grand-Hotel Sonnenbichl**
◀ Burgstr 97 (C 1), ✉ 82467, ☏ (0 88 21)
70 20, Fax 70 21 31, AX DC ED VA
93 Zi, Ez: 125-200, Dz: 175-300, S; 4 Suiten,
⇨ WC ☏, 8🛏; Lift P 4↔100 ⌂ Fitneßraum
Sauna Solarium
Auch Zimmer anderer Kategorien vorhanden
✱✱✱ **Blauer Salon**
Hauptgericht 35; nur abends

✱✱ **Zugspitz**
◀ Klammstr 19 (C 1), ✉ 82467, ☏ (0 88 21)
10 81, Fax 7 80 10, AX DC ED VA
33 Zi, Ez: 100-140, Dz: 170-244, 3 Suiten, ⇨
WC ☏; Lift P 🔒 ⌂ Fitneßraum Sauna
Solarium
Rezeption: 8-20

✱✱ **Clausings Posthotel**
Marienplatz 12 (C 1), ✉ 82467, ☏ (0 88 21)
70 90, Fax 70 92 05, AX DC ED VA
44 Zi, Ez: 100-180, Dz: 160-280, 1 Suite, ⇨
WC ☏; Lift P 2↔30
Auch Zimmer der Kategorie ✱ vorhanden
✱✱ **Stüberl**
🍷 Hauptgericht 30; Biergarten Terrasse→

Garmisch-Partenkirchen

** Alpina
Alpspitzstr 12 (C 2), ✉ 82467, ☎ (0 88 21)
78 30, Fax 7 13 74, AX DC ED VA
69 Zi, Ez: 120-140, Dz: 190-310, 1 Suite, ⌂
WC ☎, 15⌧; Lift 🅿 🚗 2⇔28 ≙ Fitneßraum
Sauna Solarium
** Hauptgericht 30; Gartenlokal

** Staudacherhof
♂ ⛷ Höllentalstr 48 (C 2), ✉ 82467,
☎ (0 88 21) 9 29-0, Fax 92 93 33, ED VA
37 Zi, Ez: 80-170, Dz: 190-330, 1 Suite, ⌂
WC ☎; Lift 🅿 🚗 ≋ ≙ Sauna Solarium;
garni
Anfang Apr-Anfang Mai, Ende Nov-Mitte
Dez

** Rheinischer Hof
mit Gästehaus Windrose
Zugspitzstr 76 (A 2), ✉ 82467, ☎ (0 88 21)
91 20, Fax 5 91 36, VA
32 Zi, Ez: 116-197, Dz: 154-236, 8 App, ⌂
WC ☎, 5⌧; Lift 🅿 🚗 ≋ ≙ Sauna Solarium
Restaurant für Hausgäste

* Brunnthaler
⛷ Klammstr 31 (C 2), ✉ 82467, ☎ (0 88 21)
5 80 66, Fax 7 66 96
22 Zi, Ez: 65-98, Dz: 146-166, 7 App, ⌂ WC
☎; Lift 🅿 🚗 Sauna; garni
Rezeption: 7.30-21.30

** Husar
♂ Fürstenstr 27 (C 1), ✉ 82467, ☎ (0 88 21)
17 13, Fax 94 81 90, AX DC ED VA
Hauptgericht 35; 🅿 Terrasse; geschl:
Mo
Historisches Gebäude aus dem 16. Jh. mit
sehenswerter Fassadenmalerei

* Alpenhof
Am Kurpark 10 (C 1), ✉ 82467, ☎ (0 88 21)
5 90 55, Fax 7 88 90, DC ED VA
Hauptgericht 30; 🅿 Terrasse; geschl:
3 Wochen im Nov

🍴 Krönner
Achenfeldstr 1, Ecke Bahnhofstr (C 1),
✉ 82467, ☎ (0 88 21) 30 07, Fax 7 46 48,
AX ED
Gartenlokal Terrasse; 8-18.30; geschl: Mo
Spezialität: Agnes-Bernauer-Torte

Garmisch-Partenkirchen

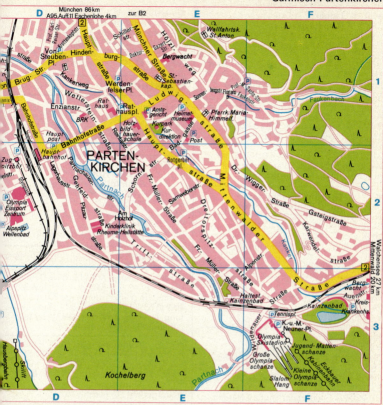

<mark>Partenkirchen</mark>

***   **Reindl's Partenkirchner Hof**
Bahnhofstr 15 (D 1), ✉ 82467, ☎ (0 88 21)
5 80 25, Fax 7 34 01, AX DC ED VA
65 Zi, Ez: 115-190, Dz: 200-240, 21 Suiten,
2 App, ⌁ WC ☎; Lift 🚗 3✥40 ≈ Fitneßraum Sauna Solarium 🚗
geschl: Mitte Nov-Mitte Dez
Zimmer unterschiedlicher Kategorien
vorhanden

**   **Reindl's Restaurant** ✚
Hauptgericht 35; P Terrasse; geschl: Mitte
Nov-Mitte Dez

***   **Dorint Sporthotel**
♂ ≼ Mittenwalder Str 59 (F 3), ✉ 82467,
☎ (0 88 21) 70 66 18, AX DC ED VA
152 Zi, Ez: 230-270, Dz: 300-380, S; 72 App,
⌁ WC ☎; P 🚗 5✥200 ≈ Fitneßraum
Kegeln Sauna Solarium
Tennis 6; überwiegend Ein- und
Mehrraumappartements

**   **Zirbelstube/Bayernland**
Hauptgericht 30; Biergarten

♛ Lobenswerte Hotelleistung

**   **Queens Hotel Residence**
Mittenwalder Str 2 (E 2), ✉ 82467,
☎ (0 88 21) 75 60, Fax 7 42 68, AX DC ED VA
117 Zi, Ez: 130-226, Dz: 198-302, S;
5 Suiten, ⌁ WC, 13✥; Lift P 🚗 5✥200
≈ Fitneßraum Sauna Solarium

**   **Bayerische Botschaft**
Hauptgericht 40; Biergarten Terrasse

**   **Posthotel Partenkirchen**
≼ ⌀ Ludwigstr 49 (E 1), ✉ 82467,
☎ (0 88 21) 5 10 67, Fax 7 85 68, AX DC ED VA
60 Zi, Ez: 100-195, Dz: 200-280, 1 Suite, ⌁
WC ☎; Lift P 3✥80 🚗

**   **Alte Posthalterei**
⌀ Hauptgericht 30; Gartenlokal

**   **Wittelsbach**
(Top International Hotel)
≼ Von-Brug-Str 24 (D 1), ✉ 82467,
☎ (0 88 21) 5 30 96, Fax 5 73 12, AX DC ED VA
60 Zi, Ez: 125-230, Dz: 270, S; ⌁ WC ☎; Lift
P 🚗 ≈ Sauna Solarium
geschl: Anfang Nov-Mitte Dez

**   Hauptgericht 30 →

Garmisch-Partenkirchen

* **Leiner (Landidyll Hotel)**
Wildenauer Str 20 (F 3), ✉ 82467,
☏ (0 88 21) 95 28-0, Fax 95 28-1 00,
AX DC ED VA
49 Zi, Ez: 79-99, Dz: 148-180, 2 App, ⊿ WC
☏; Lift 🅿 ≘ Sauna Solarium ⓘ
Rezeption: 8-21; geschl: Anfang Nov-
Mitte Dez

* **Boddenberg**
♂ Wildenauer Str 21 (F 3), ✉ 82467,
☏ (0 88 21) 9 32 60, Fax 93 26 45,
AX DC ED VA
24 Zi, Ez: 80-115, Dz: 150-190, S; 1 Suite, ⊿
WC ☏, 2⌧; 🅿 🔁 ≋ Solarium; **garni**
geschl: Anfang Nov-Mitte Dez

* **Gasthof Fraundorfer mit Gästehaus Barbara**
Ludwigstr 24 (E 1), ✉ 82467, ☏ (0 88 21)
21 76-7 10 71, Fax 7 10 73, AX ED VA
26 Zi, Ez: 67-124, Dz: 124-184, 5 Suiten,
3 App, ⊿ WC ☏; 🅿 1↔25 Sauna Solarium
ⓘ
geschl: 15.-30.4.97

Kneitinger
Bahnhofstr 7 (D 1), ✉ 82467, ☏ (0 88 21)
24 51
8-18.30

Rieß (1 km ↓)
*** **Ramada Sporthotel**
♂ ⋖ Am Rieß 5 (B 3), ✉ 82467, ☏ (0 88 21)
75 80, Fax 38 11, AX DC ED VA
155 Zi, Ez: 140-260, Dz: 180-360, S;
53 Suiten, ⊿ WC ☏, 23⌧; Lift 🅿 🔁
11↔200 ≘ Fitneßraum Sauna Solarium
Auch Zimmer der Kategorie ** vorhanden
** Hauptgericht 30

ⓘ **Riessersee**
⋖ Rieß 6 (B 3), ✉ 82467, ☏ (0 88 21)
9 54 40, Fax 7 25 89, AX ED VA
🅿 Terrasse ⚓; geschl: Mo außer Ferienzeit,
Mitte Nov-Mitte Dez
* ♂ ⋖ 5 Zi, Ez: 100-140, Dz: 150-200,
2 App, ⊿ WC ☏; 🔁 ≋ ≘ Strandbad See-
zugang
Rezeption: 8.30-20; geschl: Mo, Mitte
Nov-Mitte Dez

Garrel 24 ↑

Niedersachsen — Kreis Cloppenburg —
20 m — 10 500 Ew — Cloppenburg 13,
Friesoythe 16 km
ⓘ ☏ (0 44 74) 89 90, Fax 8 99 30 — Gemeindeverwaltung, Hauptstr 15, 49681 Garrel

* **Zur Post**
Hauptstr 34, ✉ 49681, ☏ (0 44 74) 80 00,
Fax 78 47, AX DC ED VA
27 Zi, Ez: 68-75, Dz: 120-140, ⊿ WC ☏; 🅿
2↔60 Solarium ⓘ

Garrel-Außerhalb 1,5 km
** **Auehof**
Nikolausdorfer Str 21, ✉ 49681, ☏ (0 44 74)
9 48 40, Fax 94 84 30, ED VA
20 Zi, Ez: 75-85, Dz: 125-135, ⊿ WC ☏,
20⌧; Lift 🅿 3↔100 Kegeln ⓘ

Garstedt 18 □

Niedersachsen — Kreis Harburg —
1 132 Ew — Sulzhausen 6, Winsen/Luhe 9,
Lüneburg 22 km
ⓘ ☏ (0 41 73) 3 60, Fax 3 60 — Gemeindeverwaltung, Hauptstr 9, 21441

Garstedt
* **Akzent-Hotel Schmidt's Gasthaus**
Hauptstr 1, ✉ 21441, ☏ (0 41 73) 2 35,
Fax 62 61, AX DC ED VA
22 Zi, Ez: 110-200, Dz: 145-260, 1 Suite, ⊿
WC ☏; 🅿 🔁 4↔80 ⓘ
Auch einfachere Zimmer vorhanden

Gartow 19 ↘

Niedersachsen — Kreis Lüchow-Dannenberg — 27 m — 1 400 Ew — Lüchow 24,
Dannenberg 26, Wittenberge 30 km
ⓘ ☏ (0 58 46) 3 33, Fax 22 88 — Kurverwaltung, Nienwalder Weg 1, 29471 Gartow;
Luftkurort in der Elbtalaue

* **Wendland**
Hauptstr 11, ✉ 29471, ☏ (0 58 46) 4 11,
Fax 4 20
16 Zi, Ez: 75-90, Dz: 130, ⊿ WC ☏; 🅿
* **Jägerstube**
Hauptgericht 25; geschl: Mo

* **Gartower Hof**
Springstr 2, ✉ 29471, ☏ (0 58 46) 3 95
Hauptgericht 20; 🅿 Terrasse; geschl: Di,
6.1.-10.2.97

Garz siehe Rügen

Gaste siehe Hasbergen

Gattendorf 49 ↙

Bayern — Kreis Hof — 500 m — 1 000 Ew —
Hof 6 km
ⓘ ☏ (0 92 81) 4 07 30, Fax 4 50 01 —
Gemeindeverwaltung, Kirchstr 24,
95185 Gattendorf

** **Schloßhotel Gattendorf**
♂ ⋖ Schloßplatz 6, ✉ 95185, ☏ (0 92 81)
4 12 54, Fax 4 50 59, ED
31 Zi, Ez: 75-95, Dz: 120-180, ⊿ WC ☏; 🅿
1↔40 ≘
Rezeption: 7-12, 16-22; geschl: So abends,
Fr
* Hauptgericht 25; Terrasse; nur
abends, So auch mittags; geschl: Fr, Ende
Dez

Gauangelloch siehe Leimen

Gau-Bischofsheim 54 ↘

Rheinland-Pfalz — Kreis Mainz-Bingen — 90 m — 2 000 Ew — Mainz 13 km
ℹ ☎ (0 61 35) 28 80, Fax 28 80 — Gemeindeverwaltung, Unterhofstr 10, 55296 Gau-Bischofsheim

*** Weingut Nack
Pfarrstr 13, ✉ 55296, ☎ (0 61 35) 30 43, AX DC ED VA
Hauptgericht 40; nur abends, So auch mittags

Gaußig 41 ↗

Sachsen — Kreis Bautzen — 288 m — Bautzen 10, Bischofswerda 10 km
ℹ ☎ (03 59 30) 2 30 — Gemeindeverwaltung, 02631 Gaußig

* Pension Fabian
♂ Haus Nr 72 g, ✉ 02633, ☎ (03 59 30) 5 02 02, Fax 5 02 02
6 Zi, Ez: 50-60, Dz: 90, ⊿ WC ☎; 🅿 1↔15

Gauting 72 ←

Bayern — Kreis Starnberg — 584 m — 18 170 Ew — Starnberg 10, München 17 km
ℹ ☎ (0 89) 85 79 70 — Gemeindeverwaltung, Bahnhofstr 7, 82131

* Gästehaus Bauer
♂ Unterbrunner Str 9, ✉ 82131, ☎ (0 89) 8 50 12 30, Fax 8 50 97 10
13 Zi, Ez: 95-145, Dz: 138-168, 1 Suite, ⊿ WC ☎, 3🖂; 🅿; garni

Geesthacht 18 →

Schleswig-Holstein — Kreis Herzogtum Lauenburg — 30 m — 28 000 Ew — Lauenburg 15, Hamburg 29 km
ℹ ☎ (0 41 52) 1 32 66 — Stadtverwaltung, Markt 15, 21502 Geesthacht.
Sehenswert: St.-Salvatoris-Kirche; Krügersches Haus (Heimatmuseum); Elbe-Staustufe mit Schleusenanlagen; Pumpspeicherwerk ◂; alte Dampfzüge; bronzezeitliches Totenhaus in Tesperhude

** Kleines Theaterhotel
Schillerstr 33, ✉ 21502, ☎ (0 41 52) 88 08 80, Fax 88 08 81, ED VA
25 Zi, Ez: 95-155, Dz: 120-180, ⊿ WC ☎, 17🖂; 🅿 3↔300 Sauna; garni
geschl: 21.12.96-05.01.97

Geilenkirchen

** Lindenhof
Johannes-Ritter-Str 38, ✉ 21502, ☎ (0 41 52) 30 61, Fax 30 62, ED
24 Zi, Ez: 85-98, Dz: 100-140, ⊿ WC ☎; 🅿 ⦿

** Fährhaus Ziehl
Fährstieg 20, ✉ 21502, ☎ (0 41 52) 30 41, Fax 7 07 88, AX DC ED VA
Hauptgericht 30; Gartenlokal 🅿 Terrasse; geschl: Fr
* ◂ 18 Zi, Ez: 80-99, Dz: 107-150, ⊿ WC ☎; 🖂 1↔16
geschl: Fr
Auch Zimmer der Kategorie ****** vorhanden

Tesperhude (5 km ↘)
* Landhaus Tesperhude
◂ Elbuferstr 100, ✉ 21502, ☎ (0 41 52) 7 22 44, Fax 7 22 45, ED
11 Zi, Ez: 95-105, Dz: 140, ⊿ WC ☎; 🅿 🖃; garni

Gehlberg 47 ☐

Thüringen — Ilmkreis — 600 m — 887 Ew — Oberhof 10, Suhl 12, Ilmenau 26 km
ℹ ☎ (03 68 45) 4 14, Fax 5 04 14 — Fremdenverkehrsamt, Hauptstr 41, 98559 Gehlberg

* Gasthof Beerberg
Hauptstr 17, ✉ 98559, ☎ (03 68 45) 58 10, Fax 5 81 13
21 Zi, Ez: 65-75, Dz: 100-120, 2 App, ⊿ WC ☎; 🅿 ⦿

* Daheim
♂ Ritterstr 16, ✉ 98559, ☎ (03 68 45) 5 02 39, Fax 5 10 91, ED VA
24 Zi, Ez: 70-90, Dz: 100-140, ⊿ WC ☎; Lift 🅿 2↔100 ≘ Sauna Solarium ⦿

Gehrden 26 ↗

Niedersachsen — Kreis Hannover — 70 m — 15 000 Ew — Hannover 12, Bad Nenndorf 16 km
ℹ ☎ (0 51 08) 6 40 40, Fax 64 04 13 — Stadtverwaltung, Kirchstr 3, 30989 Gehrden

* Ratskeller
Am Markt 6, ✉ 30989, ☎ (0 51 08) 20 98, Fax 20 08, AX DC ED VA
16 Zi, Ez: 110-170, Dz: 150-210, ⊿ WC ☎, 2🖂; Lift 2↔50
Rezeption: 10-22; geschl: Mo, Ende Jul-Anfang Aug
** Hauptgericht 25; geschl: Mo, Sa mittags, in den Sommerferien

Geilenkirchen 42 ↘

Nordrhein-Westfalen — Kreis Heinsberg — 75 m — 24 307 Ew — Aachen 30 km
ℹ ☎ (0 24 51) 6 70 71 — Stadtverwaltung, Kulturamt, Markt 13, 52511 Geilenkirchen
→

Geilenkirchen

∗ City Hotel
Theodor-Heuss-Ring 15, ✉ 52511,
☎ (0 24 51) 62 70, Fax 62 73 00, AX DC ED VA
21 Zi, Ez: 98, Dz: 139-149, 14 Suiten, 5 App,
⌑ WC ☎; Lift1↔40 Sauna ⌘

Geiselwind 56 ↗

Bayern — Kreis Kitzingen — 345 m —
2 220 Ew — Ebrach 11, Schlüsselfeld 11 km
🛈 ☎ (0 95 56) 2 92, Fax 2 94 — Gemeindeverwaltung, Marktplatz 1, 96160 Geiselwind; Ort im Steigerwald

∗∗ Landhotel Steigerwald
♂ Friedrichstr 10, ✉ 96160, ☎ (0 95 56)
1 70, Fax 17 50, AX ED VA
30 Zi, Ez: 125, Dz: 195, 4 App, ⌑ WC ☎; P
3↔60 Fitneßraum Sauna Solarium ⌘

∗ Gasthof Krone
Kirchplatz 2, ✉ 96160, ☎ (0 95 56) 12 44,
Fax 4 00, AX DC ED VA
65 Zi, Ez: 65-70, Dz: 90, ⌑ WC ☎; Lift ⌘
3↔120 ⌘
Auch Zimmer im 300 m entfernten Gästehaus vorhanden

Geisenheim 53 ↗

Hessen — Rheingau-Taunus-Kreis — 96 m
— 12 000 Ew — Rüdesheim 3, Wiesbaden 23 km
🛈 ☎ (0 67 22) 70 10, Fax 70 11 20 — Verkehrsamt, Rüdesheimer Str 48, 65366 Geisenheim. Sehenswert: Kath. Kirche; Stockheimer Hof; Ostein-Palais; ehem. Klosterkirche im Stadtteil Johannisberg (4 km ↗); Schloß Johannisberg ⌘

Johannisberg (2 km ↑)
∗∗ Burg Schwarzenstein
⌘ Haus Nr 5, ✉ 65366, ☎ (0 67 22) 9 95 00,
Fax 99 50 99
Hauptgericht 35; geschl: 1 Woche in den Sommerferien, Ende Dez-Ende Feb
∗∗∗ ♂ ⌘ 5 Zi, Ez: 95-229, Dz: 180-390,
⌑ WC ☎; P 1↔10

∗ Gutsschänke Schloß Johannisberg
⌘ ✉ 65366, ☎ (0 67 22) 85 38, Fax 73 92
Hauptgericht 30; P Terrasse; geschl: Di, Jan, Feb

Johannisberg-Außerhalb (2 km ↘)
∗ Haus Neugebauer
einzeln ♂ ⌘ ✉ 65366, ☎ (0 67 22) 60 38,
Fax 74 43, AX DC ED VA
20 Zi, Ez: 95-105, Dz: 160, ⌑ WC ☎; P ⌘
1↔20 ⌘ ⌘

Marienthal (7 km ↑)
∗ Akzent-Hotel Waldhotel Gietz
♂ Marienthaler Str 20, ✉ 65366,
☎ (0 67 22) 99 60 26, Fax 99 60 99,
AX DC ED VA
31 Zi, Ez: 125-160, Dz: 178-208, 1 Suite, ⌑
WC ☎; P 4↔55 ⌘ Sauna ⌘
Auch Zimmer der Kategorie ∗∗ vorhanden
∗ Hauptgericht 25; Terrasse

Geising 51 □

Sachsen — Kreis Dippoldiswalde — 700 m
— 2 824 Ew — Dresden 40 km
🛈 ☎ (03 50 56) 42 97, Fax 42 97 — Stadtverwaltung, Hauptstr 25, 01778 Geising.
Sehenswert: Hist. Stadtkern; Bergbauschauanlage Silberstollen; Bauernmuseum

∗ Schellhaus Baude
♂ ⌘ Altenberger Str 14, ✉ 01778,
☎ (03 50 56) 54 59, Fax 54 59, AX ED VA
18 Zi, Ez: 90-128, Dz: 119-135, 2 Suiten,
2 App, ⌑ WC ☎, 10⌘; P ⌘ Sauna
∗ ⌘ Hauptgericht 20; Terrasse

∗ Ratskeller
Hauptstr 31, ✉ 01778, ☎ (03 50 56) 3 80-0,
Fax 38 0-20
17 Zi, Ez: 65, Dz: 82, 1 Suite, ⌑ WC ☎; P
⌘ ⌘
Rezeption: 11.30-22

Geisingen 68 □

Baden-Württemberg — Kreis Tuttlingen —
645 m — 6 000 Ew — Donaueschingen 13, Tuttlingen 16 km
🛈 ☎ (0 77 04) 80 70, Fax 8 07 32 — Stadtverwaltung, Hauptstr 36, 78187 Geisingen; Ort an der oberen Donau

Kirchen-Hausen (2 km ↘)
∗ Sternen
Ringstr 2, ✉ 78187, ☎ (0 77 04) 80 39,
Fax 80 38 88, AX DC ED VA
83 Zi, Ez: 55-130, Dz: 90-140, 1 App, ⌑ WC
☎; Lift P ⌘ 6↔150 ⌘ Fitneßraum Kegeln
Sauna Solarium
∗ Hauptgericht 15; Terrasse

Geislingen a. d. Steige 62 □

Baden-Württemberg — Kreis Göppingen
— 464 m — 27 000 Ew — Göppingen 18, Ulm 31 km
🛈 ☎ (0 73 31) 2 43 60, Fax 4 14 50 — Stadtinformation, Hauptstr 24, 73312 Geislingen; Stadt am Steilabfall der Schwäbischen Alb. Sehenswert: Ev. Stadtpfarrkirche; Fachwerkhäuser; Alter Zoll; Alter Bau; Ödenturm ⌘; Ruine Helfenstein ⌘ (3 km →)

Gelnhausen

* Krone
Stuttgarter Str 148, ✉ 73312, ☎ (0 73 31)
6 10 71, Fax 6 10 75, ED
34 Zi, Ez: 76-91, Dz: 115-153, ⌐ WC ☎;
2⇔150 ⁍
geschl: So

** Götz-Stube
Ostmarkstr 95, ✉ 73312, ☎ (0 73 31)
4 22 25, Fax 4 22 25, DC VA
Hauptgericht 25; P Terrasse; geschl: Di abends

Eybach (5 km ↗)
* Landgasthof Ochsen
von-Degenfelder-Str 23, ✉ 73312,
☎ (0 73 31) 6 20 51, Fax 6 20 55
33 Zi, Ez: 78-90, Dz: 150-170, ⌐ WC ☎; Lift
🆓 1⇔35
geschl: Fr, Nov
* Hauptgericht 25; Terrasse;
geschl: Fr, Nov

Weiler ob Helfenstein (3 km →)
** Burghotel ♛
♂ Burggasse 41, ✉ 73312, ☎ (0 73 31)
4 10 51, Fax 4 10 53, ED VA
23 Zi, Ez: 104-145, Dz: 160-210, ⌐ WC ☎; P
🆓 1⇔15 ≌ Fitneßraum Sauna; garni

** Burgstüble ✤
Dorfstr 12 VA, ✉ 73312, ☎ (0 73 31) 4 21 62,
Fax 94 17 51, AX DC ED VA
Hauptgericht 25; Gartenlokal P; nur abends; geschl: So, 2 Wochen im Aug

Geithain 39 ↓

Sachsen — Kreisstadt — 225 m —
7 200 Ew — Chemnitz 30, Leipzig 45 km
ℹ ☎ (03 43 41) 4 31 75, Fax 4 25 85 — Stadtverwaltung, Markt 8, 04643 Geithain.
Sehenswert: Stadtmauer mit Stadttor; Nikolaikirche mit Kalandstube; Zollhaus; Pulverturm; Postmeilensäulen

** Andersen
Bahnhofstr 11 a, ✉ 04643, ☎ (03 43 41)
4 43 17, Fax 4 43 16, AX DC ED VA
23 Zi, Ez: 110, Dz: 145, ⌐ WC ☎, 5✉; Lift P
1⇔35; garni

Geldern 32 □

Nordrhein-Westfalen — Kreis Kleve —
27 m — 30 609 Ew — Wesel 28, Krefeld 30, Kleve 34 km
ℹ ☎ (0 28 31) 39 80, Fax 39 81 30 —
Stadtverwaltung, Issumer Tor 36, 47608 Geldern; Stadt nahe der holländischen Grenze

* See-Hotel Janssen
♂ Danziger Str 5, ✉ 47608, ☎ (0 28 31)
92 90, Fax 92 92 99, AX DC ED VA
60 Zi, Ez: 115, Dz: 178; 2 Suiten; ⌐ WC ☎,
31 ✉; Lift P Sauna Solarium Bowling Kegeln ⁍

* Rheinischer Hof
Bahnhofstr 40, ✉ 47608, ☎ (0 28 31) 55 22,
Fax 98 08 11, AX DC ED VA
26 Zi, Ez: 52-68, Dz: 92-108, ⌐ WC ☎; 🆓 ⁍

Walbeck
** Alte Bürgermeisterei
Walbeckerstr 2, ✉ 47608, ☎ (0 28 31)
8 99 33, Fax 98 01 72
Hauptgericht 42; Biergarten P

Gelnhausen 45 ↓

Hessen — Main-Kinzig-Kreis — 141 m —
21 000 Ew — Wächtersbach 11,
Hanau 21 km
ℹ ☎ (0 60 51) 82 00 54, Fax 82 00 18 —
Fremdenverkehrsamt, Obermarkt,
63571 Gelnhausen; Stadt im Kinzigtal.
Sehenswert: Ev. Marienkirche: Lettner, Wandmalereien; Kaiserpfalz (Barbarossaburg); alter Stadtkern, Rathaus; Romanisches Haus; Stadtbefestigung; Hexenturm

** Burg-Mühle
Burgstr 2, ✉ 63571, ☎ (0 60 51) 8 20 50,
Fax 82 05 54, AX DC ED VA
33 Zi, Ez: 103-113, Dz: 145-165, ⌐ WC ☎; P
Sauna Solarium
geschl: So abends
** Hauptgericht 35; geschl: So abends
Die Geschichte des hist. Raumes reicht bis in die Zeit Barbarossas zurück. Im Restaurant dreht sich noch am Originalplatz ein Mühlrad

* Stadt-Schänke
Fürstenhofstr 1, ✉ 63571, ☎ (0 60 51)
1 60 51, Fax 1 60 53, AX DC ED VA
13 Zi, Ez: 110, Dz: 160-190, ⌐ WC ☎; P ⁍
geschl: Sa, Ende Dez-Anfang Jan
Auch Zimmer der Kategorie ** vorhanden

* Grimmelshausen-Hotel
Schmidtgasse 12, ✉ 63571, ☎ (0 60 51)
9 24 20, Fax 92 42 42, AX DC ED VA
31 Zi, Ez: 60-100, Dz: 90-140, ⌐ WC ☎; 🆓
1⇔20; garni
Auch Zimmer der Kategorie ** vorhanden

* Altes Weinkellerchen
Untermarkt 17, ✉ 63571, ☎ (0 60 51) 31 80,
Fax 35 81, AX ED VA
Hauptgericht 30; geschl: Mo + Sa mittags

Meerholz (6 km ↙)
** Schießhaus ✤
Schießhausstr 10, ✉ 63571, ☎ (0 60 51)
6 69 29, Fax 6 60 97, DC ED
Hauptgericht 30; Gartenlokal P; geschl: Mi, Anfang-Mitte Jan, 2 Wochen in den Sommerferien

siehe auch **Linsengericht**

Gelsenkirchen

Gelsenkirchen 33 ←

Nordrhein-Westfalen — Stadtkreis — 28 m — 293 000 Ew — Essen 9, Bochum 11, Dortmund 29 km
ℹ️ ☎ (02 09) 2 33 76, Fax 2 96 98 — Verkehrsverein, Hans-Sachs-Haus, Ebertstr 15 (A 2), 45879 Gelsenkirchen; Industriestadt im Ruhrgebiet am Rhein-Herne-Kanal (7 Häfen); Musiktheater; Künstlersiedlung Halfmannshof. Sehenswert: Buerscher Grüngürtel mit Berger See (Schloß Berge); Schloß Horst; Wasserburg Lüttinghof; Städtisches Museum: Kunstsammlung; Ruhrzoo

*** Maritim
◂ Am Stadtgarten 1 (A 2), ✉ 45817, ☎ (02 09) 17 60, Fax 20 70 75, AX DC ED VA
195 Zi, Ez: 185-255, Dz: 236-296, S;
27 Suiten, ⊿ WC ☎, 29🛏; Lift 🅿 🍴 9🔄650
⩰ Kegeln Sauna Solarium
** Parkrestaurant
Hauptgericht 40; Terrasse

* Ibis
Bahnhofsvorplatz 12 (B 2), ✉ 45879, ☎ (02 09) 1 70 20, Fax 20 98 82, AX DC ED VA
104 Zi, Ez: 138, Dz: 138, ⊿ WC ☎, 11🛏; Lift 6🔄80 🍴

** Hirt
Arminstr 14 (B 2), ✉ 45879, ☎ (02 09) 2 32 35, Fax 1 53 96
Hauptgericht 25; 🅿 Terrasse; geschl: So

* Hüller Mühle
Hüller Mühle 111, ✉ 45888, ☎ (02 09) 8 55 06, Fax 87 30 28, AX ED
Hauptgericht 35

Buer (9 km ↑)
** Buerer Hof
Hagenstr 4, ✉ 45894, ☎ (02 09) 34 90 31, Fax 34 90 34, AX DC ED VA
24 Zi, Ez: 115-145, Dz: 150-215, ⊿ WC ☎, 10🛏; Lift 🅿 🍴; garni

** Monopol
Springestr 9, ✉ 45894, ☎ (02 09) 93 06 40, Fax 37 86 75, AX DC ED VA
29 Zi, Ez: 130, Dz: 175, ⊿ WC ☎; Lift 🅿 🍴 🍴
Auch Zimmer der Kategorie * vorhanden

Geltendorf 71 ↖

Bayern — Kreis Landsberg am Lech — 600 m — 4 700 Ew — Landsberg 15, Fürstenfeldbruck 20 km
ℹ️ ☎ (0 81 93) 50 77, Fax 55 51 — Gemeindeverwaltung, Schulstr 13, 82269 Geltendorf

Kaltenberg (3 km ←)
* Bräustüberl
Schloßstr 8, ✉ 82269, ☎ (0 81 93) 68 28, Fax 68 42
Hauptgericht 25; 🅿 Terrasse

Geltow 29 □

Brandenburg — Kreis Potsdam-Mittelmark — 30 m — 2 100 Ew — Potsdam 6 km
ℹ️ — Amt Schwielowsee, Straße der Einheit 3, 14548 Caputh

** Landhaus Geliti
♂ Wentorfstr 2, ✉ 14542, ☎ (0 33 27) 59 70, Fax 59 71 00, AX DC ED VA
37 Zi, Ez: 125-135, Dz: 160-190, ⊿ WC ☎; 🅿 1🔄35 🍴

* Hofer
♂ Obstweg 1a, ✉ 14542, ☎ (0 33 27) 5 61 76, Fax 5 55 96
8 Zi, Ez: 90-110, Dz: 140, ⊿ WC ☎; 🅿 🍴; garni

Gemmingen 61 ↑

Baden-Württemberg — Kreis Heilbronn — 200 m — 4 350 Ew — Sinsheim 16, Heilbronn 17, Bretten 26 km
ℹ️ ☎ (0 72 67) 80 80, Fax 8 08 43 — Gemeindeverwaltung, Schwaigerner Str 9, 75050 Gemmingen; Ort im Kraichgau

** Restaurant am Park Krone
Richener Str 3, ✉ 75050, ☎ (0 72 67) 2 56, Fax 83 06, AX ED
Hauptgericht 26; ⇌; geschl: Di, 3 Wochen in den Sommerferien

Gemünden a. Main 55 ↗

Bayern — Kreis Main-Spessart — 160 m — 11 000 Ew — Lohr 13, Karlstadt 16, Hammelburg 18 km
ℹ️ ☎ (0 93 51) 38 30, Fax 48 54 — Fremdenverkehrsamt, Hofweg 9, 97737 Gemünden a. Main; Erholungsort; Fränkische Drei-Flüsse-Stadt (Main, Saale, Sinn). Sehenswert: Kath. Dreifaltigkeitskirche; Ruine Scherenburg; Unterfränkisches Verkehrsmuseum; Kloster Schönau (4 km ↗)

** Atlantis Main-Spessart-Hotel
Hofweg 11, ✉ 97737, ☎ (0 93 51) 8 00 40, Fax 80 04 30, AX DC ED VA
50 Zi, Ez: 75, Dz: 120, ⊿ WC ☎, 12🛏; Lift 🅿 6🔄80 Kegeln 🍴

* Akzent-Hotel Schäffer
Bahnhofstr 28, ✉ 97737, ☎ (0 93 51) 20 81, Fax 46 09, AX DC ED VA
28 Zi, Ez: 90-95, Dz: 125-135, ⊿ WC ☎; 🅿 🍴 2🔄80
* Hauptgericht 20; geschl: So abends

🍴 Madlon
Marktplatz 5, ✉ 97737, ☎ (0 93 51) 33 73
9-18, Sa bis 17; geschl: Mo, feiertags

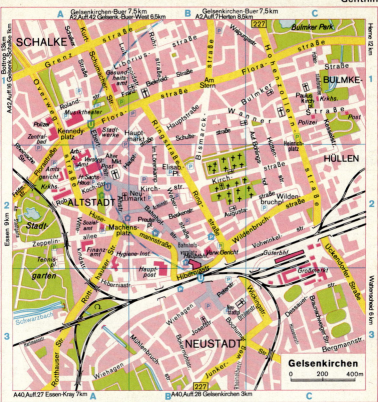

Gengenbach 60 ↓

Baden-Württemberg — Ortenaukreis — 172 m — 11 500 Ew — Offenburg 10, Lahr 25 km

ℹ ☎ (0 78 03) 93 01 43, Fax 93 01 42 — Verkehrsamt, Winzerhof, 77723 Gengenbach; Erholungsort im Kinzigtal mit hist. Stadtbild. Sehenswert: Kath. ehem. Klosterkirche; kath. Friedhofskirche; Rathaus; Stadttore und Türme; Fachwerkbauten; Narrenmuseum im Niggelturm; Verkehrs- und Flößermuseum

**   **Gästehaus Pfeffermühle**
Oberdorfstr 24a, ✉ 77723, ☎ (0 78 03) 9 33 50, Fax 66 28, AX DC ED VA
18 Zi, Ez: 68-75, Dz: 96-120, 1 App, ⌐ WC ☎, 4⌂; P 🚗
geschl: Ende Jan-Anfang Feb 97

*   **Pfeffermühle**
Victor-Kretz-Str 17, ✉ 77723, ☎ (0 78 03) 9 33 50, Fax 66 28, AX DC ED VA
Hauptgericht 25; geschl: Mi mittags, Do, Ende Feb-Anfang Mär

Discher
Leutkirchstr 44, ✉ 77723, ☎ (0 78 03) 36 06, Fax 4 01 90
P ; 9-18.30, Sa 8.30-18; geschl: So, Mo

Genthin 28 →

Sachsen-Anhalt — Kreis Jerichower Land — 35 m — 15 923 Ew — Brandenburg 30, Magdeburg 53 km

ℹ ☎ (0 39 33) 80 22 25, Fax 80 22 25 — Tourist Information, Bahnhofstr 8, 39307 Genthin. Sehenswert: Dreischiffige Hallenkirche; Figurengrabstein; Straße der Romanik; Kreisheimatmuseum; Bockwindmühlen

**   **Müller**
Ziegeleistr 1, ✉ 39307, ☎ (0 39 33) 9 69 00, Fax 96 90 145, AX DC ED VA
33 Zi, Ez: 80-115, Dz: 120-180, ⌐ WC ☎; P 3⌂150 Sauna Solarium 🍴

**   **Stadt Genthin**
Mühlenstr 3, ✉ 39307, ☎ (0 39 33) 90 09-0, Fax 90 09 -10, AX DC ED VA
25 Zi, Ez: 52-99, Dz: 104-120, 1 Suite, ⌐ WC ☎, 6⌂; P 🚗 1⌂40 🍴 →

Genthin

Brettin (6 km ↗)
★★ Grüner Baum
Stremmestr 14, ✉ 39307, ☎ (0 39 33) 48 23, Fax 80 31 35, AX ED VA
15 Zi, Ez: 85-95, Dz: 125-145, 4 App, ⌐ WC ☎; P 1⇔30 Sauna Solarium ¶☉¶

Dunkelforth
★★ Rasthof Dunkelforth
An der B1, ✉ 39307, ☎ (0 39 33) 2 26 5-66, Fax 22 67, AX ED VA
21 Zi, Ez: 90, Dz: 140; ⌐ ☎; P 1⇔24 ≋

Georgenthal 47 ↘

Thüringen — Kreis Gotha — 430 m — 2 600 Ew — Ohrdruf 5, Gotha 14, Eisenach 35 km
🛈 ☎ (03 62 53) 51 32 — Gemeindeverwaltung, 99887 Georgenthal

★★ Rodebachmühle
einzeln ♂ ✉ 99887, ☎ (03 62 53) 3 40, Fax 3 45 11, AX ED VA
61 Zi, Ez: 95, Dz: 150-195, 4 Suiten, ⌐ WC ☎; P 4⇔40 Fitneßraum Sauna Solarium
Auch Zimmer der Kategorie ★ vorhanden
★ Gourmesa
Hauptgericht 20; Biergarten Terrasse

Gera 49 ↘

Thüringen — Kreis Gera — 205 m — 123 000 Ew — Zwickau 45, Jena 45 km
🛈 ☎ (03 65) 2 64 32, Fax 2 41 92 — Tourist-Information, Breitscheidstr 1 (B 3), 07545 Gera; Stadt am Mittellauf der Weißen Elster; ehem. Tuchmacher- und Gerberstadt. Sehenswert: Markt; Rathaus; Reste der mittelalterlichen Stadtbefestigung; Stadtapotheke; Simsonbrunnen; ehem. Regierungsgebäude (Barock); Ferbersches Haus; Schreibersches Haus mit Naturkundemuseum; Stadtmuseum; Otto-Dix-Haus; Salvatorkirche; Trinitatiskirche; Pfarrkirche St. Marien; Orangerie; Bergfried Schloß Oberstein

★★★ Ramada
Gutenbergstr 2 a, ✉ 07548, ☎ (03 65) 2 90 90, Fax 29 01 00, AX DC ED VA
165 Zi, Ez: 139-219, Dz: 139-238, ⌐ WC ☎, 82✉; Lift 🅿 10⇔350 Fitneßraum Sauna Solarium ¶☉¶

★★★ Dorint
Berliner Str 38 (B 1), ✉ 07545, ☎ (03 65) 4 34 40, Fax 4 34 41 00, AX DC ED VA
282 Zi, Ez: 205-240, Dz: 225-260, S;
4 Suiten, 31 App, ⌐ WC ☎, 75✉; Lift P 15⇔320 ≋ Sauna Solarium ⬛
★★ Wintergarten
Hauptgericht 26; Terrasse

★★ Schillerhöhe
Schillerstr 9 (C 3), ✉ 07545, ☎ (03 65) 83 98 80, Fax 8 39 88 80, AX DC ED VA
27 Zi, Ez: 135-155, Dz: 165-240, 1 Suite, 1 App, ⌐ WC ☎, 10✉; Lift 🅿 1⇔20; garni
Auch Zimmer der Kategorie ★★★ vorhanden

★★ Best Western Bauer Hotel Regent
Schülerstr. 22, ✉ 07545, ☎ (03 65) 8 27 50, Fax 8 27 51 00, AX DC ED VA
81 Zi, Ez: 90-189, Dz: 120-249, 4 Suiten, 10 App, ⌐ WC ☎; Lift P 🅿 6⇔100 Fitneßraum Sauna Solarium ¶☉¶

Debschwitz
★ An der Elster
Südstr 12, ✉ 07548, ☎ (03 65) 7 10 61 61, Fax 7 10 61 71, ED VA
17 Zi, Ez: 110-118, Dz: 135-148, 2 Suiten, 4 App, ⌐ WC ☎; P Sauna; garni

Dürrenebersdorf (7 km ↙)
★★ Comfort Inn
Hofer Str 12 d, ✉ 07548, ☎ (03 65) 8 21 50, Fax 8 21 52 00, AX DC ED VA
59 Zi, Ez: 99-159, Dz: 99-159, 10 Suiten, 10 App, ⌐ WC ☎, 20✉; Lift P 3⇔45 Fitneßraum Solarium ⬛
Restaurant für Hausgäste. Auch Zimmer der Kategorie ★ vorhanden

Ernsee (4 km ←)
★ Kalte Eiche
Ernseer Str 21, ✉ 07548, ☎ (03 65) 81 02 80, Fax 81 05 60
8 Zi, Ez: 90-160, Dz: 120-145, ⌐ WC ☎; P ¶☉¶

Frankenthal (6 km ←)
★ Pension Frankenthal
♂ Frankenthaler Str 74, ✉ 07548, ☎ (03 65) 81 03 10, Fax 81 05 56, ED VA
20 Zi, Ez: 70-90, Dz: 120, ⌐ WC ☎, 5✉; P ¶☉¶

Langenberg (6 km ↖)
★ Zum Coryllis
Platz des Friedens 8, ✉ 07552, ☎ (03 65) 41 41 51, Fax 41 41 51, AX ED VA
16 Zi, Ez: 98-120, Dz: 110-150, ⌐ WC ☎; P ≋; garni
geschl: Ende Dez-Anfang Jan

Untermhaus
★ Galerie-Hotel
Leibnizstr 21, ✉ 07548, ☎ (03 65) 2 01 50, Fax 20 15 22, AX DC ED VA
17 Zi, Ez: 135, Dz: 165, ⌐ WC ☎; P; garni
Rezeption: Mo-Do 7-22, Fr-So 7-11, 16-20
Ausstellungen zeitgemäßer Künstler

★ Pension Zwergschlößchen
Untermhauser Str 67, ✉ 07548, ☎ (03 65) 5 30 78, Fax 5 30 79
24 Zi, Ez: 95, Dz: 130, 3 Suiten, ⌐ WC ☎; P 🅿 ¶☉¶

siehe auch **Großebersdorf**

Gerlingen

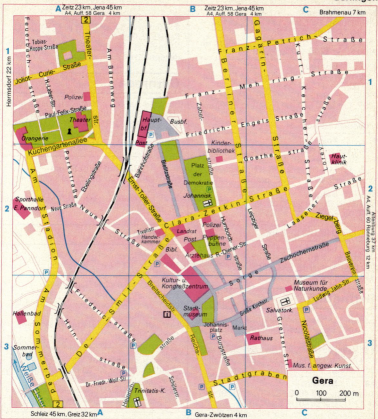

Geretsried 71→

Bayern — Kreis Bad Tölz-Wolfratshausen — 605 m — 21 970 Ew — Wolfratshausen 8, Bad Tölz 15 km
ℹ️ ☎ (0 81 71) 62 98 26, Fax 6 22 90 — Stadtverwaltung, Karl-Lederer-Platz 1, 82538 Geretsried. Sehenswert: Naturschutzgebiet der Isar-Auen

Gelting (2 km ↘)
∗
⚘ **Zum Alten Wirth**
Buchberger Str 4, ✉ 82538, ☎ (0 81 71) 71 96, Fax 7 67 58, AX DC ED VA
40 Zi, Ez: 90-95, Dz: 150, 🚿 WC ☎; 🅿 1🚗30 Sauna Solarium
∗∗ Hauptgericht 25; Biergarten; geschl: Di, Mitte Aug

In der Vergangenheit hat sich oft gezeigt, daß einige Hotels ihre Preise im Laufe des Jahres anheben. Daher ist es ratsam, sich bei der Buchung die Preise bestätigen zu lassen.

Gerlingen 61 □

Baden-Württemberg — Kreis Ludwigsburg — 350 m — 18 500 Ew — Leonberg 4, Stuttgart 14 km
ℹ️ ☎ (0 71 56) 20 50, Fax 20 53 80 — Stadtverwaltung, Hauptstr 42, 70839 Gerlingen. Sehenswert: Schloß Solitude ⦿ (4 km ↘)

∗∗ **Gasthof Krone**
Hauptstr 28, ✉ 70839, ☎ (0 71 56) 43 11-0, Fax 4 31 11 00, AX DC ED VA
49 Zi, Ez: 140-170, Dz: 192-265, 6 Suiten, 🚿 WC ☎, 6🛁; Lift 🅿 🚘 4🚗100 Kegeln Sauna
∗∗ Hauptgericht 35; Terrasse; geschl: So, Mo, feiertags, 3 Wochen in den Sommerferien

∗∗ **Viva**
Dieselstr 2, ✉ 70839, ☎ (0 71 56) 43 13 00, Fax 43 13 43, AX DC ED VA
96 Zi, Ez: 87-141, Dz: 98-163, S; 🚿 WC ☎, 32🛁; Lift 🅿 4🚗150 Bowling Fitneßraum Kegeln Sauna Solarium 🍽

→

Gerlingen

✱ Artemis
Dieselstr 31, ✉ 70839, ☏ (0 71 56) 94 20, Fax 94 22 99, AX DC ED VA
153 Zi, Ez: 99-142, Dz: 120-175, 14 App, ⌐ WC ☏; Lift 🅿 🍴 5✪40; garni

✱ Bonjour
Weilimdorfer Str 70, ✉ 70839, ☏ (0 71 56) 4 31 80, Fax 4 31 84 00, AX DC ED VA
120 Zi, Ez: 99-129, Dz: 99-149, ⌐ WC ☏, 60📧; Lift 🅿 🍴 6✪100 Fitneßraum Sauna Solarium 🍴
Modernes Design

✱ Toy
Raiffeisenstr 5, ✉ 70839, ☏ (0 71 56) 9 44 10, Fax 94 41 41, AX ED VA
20 Zi, Ez: 115-130, Dz: 135-150, 2 Suiten, ⌐ WC ☏, 5📧; 🅿 🍴 1✪20; garni

✱ Balogh
Max-Eyth-Str 16, ✉ 70839, ☏ (0 71 56) 94 45 00, Fax 2 91 40, AX ED VA
46 Zi, Ez: 90-110, Dz: 130-145, ⌐ WC ☏, 4📧; Lift 🅿 🍴 1✪10; garni

✱ Lamm
Leonberger Str 2, ✉ 70839, ☏ (0 71 56) 2 22 51, Fax 4 88 15, AX DC ED VA
Hauptgericht 27; geschl: Di

Germering 71 ↑

Bayern — Kreis Fürstenfeldbruck — 541 m — 36 000 Ew — Fürstenfeldbruck 10, München 15 km
🛈 ☏ (0 89) 89 41 90, Fax 8 41 56 89 — Stadtverwaltung, Rathausplatz 1, 82110 Germering

✱✱ Mayer
Augsburger Str 45, ✉ 82110, ☏ (0 89) 84 40 71, Fax 84 40 94, AX DC ED VA
64 Zi, Ez: 98-130, Dz: 165-195, ⌐ WC ☏; Lift 🅿 🍴 5✪100 ☎ Kegeln Solarium
✱✱ Hauptgericht 25; geschl: Mo

Unterpfaffenhofen (1 km ↓)
✱ Huber
Bahnhofsplatz 8, ✉ 82110, ☏ (0 89) 89 41 70, Fax 89 41 73 33, AX ED VA
34 Zi, Ez: 109, Dz: 163, ⌐ WC ☏; Lift 🅿 🍴 1✪30 🍴
Auch einfachere Zimmer vorhanden

Germersheim 60 ↗

Rheinland-Pfalz — Kreis Germersheim — 101 m — 17 300 Ew — Speyer 15, Landau 20, Bruchsal 24 km
🛈 ☏ (0 72 74) 5 42 18, Fax 5 42 47 — Stadtverwaltung, Kolpingplatz 3, 76726 Germersheim; Stadt am Rhein. Sehenswert: Kath. Kirche; Ludwigstor und Weißenburger Tor

✱✱ Germersheimer Hof
Josef-Probst-Str 15 a, ✉ 76726, ☏ (0 72 74) 50 50, Fax 5 05 11, AX DC ED VA
21 Zi, Ez: 95-110, Dz: 120-130, 5 Suiten, ⌐ WC ☏; 🅿 🍴 2✪40 🍴 ☎

✱ Post
♂ Sandstr 8, ✉ 76726, ☏ (0 72 74) 30 98, Fax 89 79, AX ED
17 Zi, Ez: 90, Dz: 135, ⌐ WC ☏; garni
Rezeption: 6-20

Gernrode 37 ↗

Sachsen-Anhalt — Kreis Quedlinburg — 250 m — 3 810 Ew — Quedlinburg 11 km
🛈 ☏ (03 94 85) 2 87, Fax 2 41 — Stadtverwaltung, Marktstr 20, 06507 Gernrode; Ort am Nordrand des Ostharzes

✱ Gasthof Zum Bären
Marktstr 21, ✉ 06507, ☏ (03 94 85) 7 40, Fax 7 40
19 Zi, Ez: 50-80, Dz: 90-130, 1 Suite, ⌐ WC ☏, 3📧; 🅿 🍴

Gernsbach 60 →

Baden-Württemberg — Kreis Rastatt — 168 m — 15 000 Ew — Gaggenau 5, Baden-Baden 11, Bad Herrenalb 12 km
🛈 ☏ (0 72 24) 6 44 44, Fax 5 09 96 — Verkehrsamt, Igelbachstr 11, 76593 Gernsbach; Luftkurort an der Murg, im nördlichen Schwarzwald. Sehenswert: Hist. Altstadt; altes Rathaus; Kirchen; Schloß Eberstein; Kurpark

✱✱ Sonnenhof
◁ Loffenauer Str 33, ✉ 76593, ☏ (0 72 24) 64 80, Fax 6 48 60, AX ED VA
42 Zi, Ez: 90-120, Dz: 115-145, 2 Suiten, ⌐ WC ☏; Lift 🅿 2✪40 ☎ Sauna 🍴

✱ Stadt Gernsbach (Minotel)
Hebelstr 2, ✉ 76593, ☏ (0 72 24) 20 91, Fax 20 94, AX DC ED VA
40 Zi, Ez: 90-115, Dz: 110-175, ⌐ WC ☏, 3📧; Lift 🅿 1✪50; garni

Gernsbach-Außerhalb (4 km ↙)
✱ Nachtigall
Müllenbild 1, ✉ 76593, ☏ (0 72 24) 21 29, Fax 6 96 26, AX DC ED VA
Hauptgericht 25; 🅿 Terrasse; geschl: Mo, Feb
Eigenes Jagdrevier
✱ einzeln, 16 Zi, Ez: 60-75, Dz: 110-150, ⌐ WC ☏, 6📧; 🍴 1✪20
geschl: Feb

Kaltenbronn (16 km ↘)
✱ Sarbacher
♂ ◁ Kaltenbronner Str 598, ✉ 76593, ☏ (0 72 24) 9 33 90, Fax 93 39 93, AX DC ED VA
12 Zi, Ez: 75-85, Dz: 150-190, ⌐ WC ☏; 🅿 🍴 2✪25 Fitneßraum Sauna Solarium 🍴 ☎

Gernsheim 54 □

Hessen — Kreis Groß-Gerau — 90 m —
9 215 Ew — Pfungstadt 12, Groß-Gerau 20,
Mannheim 35 km
🛈 ☎ (0 62 58) 10 80, Fax 30 27 — Stadtverwaltung, Stadthausplatz 1,
64579 Gernsheim

* **Hubertus**
Am Waldfrieden, ✉ 64579, ☎ (0 62 58)
22 57, Fax 5 22 29, AX DC ED VA
40 Zi, Ez: 58-110, Dz: 88-135, 1 Suite,
1 App, ⊣ WC ☎; P 🚗 2⇔80 Sauna
Solarium ᵞ◎ᵎ
Auch Zimmer der Kategorie ** vorhanden

Gerolsbach 64 ↙

Bayern — Kreis Pfaffenhofen — 460 m —
2 833 Ew — Schrobenhausen 10, Pfaffenhofen 12 km
🛈 ☎ (0 84 45) 10 84, Fax 12 60 — Gemeindeverwaltung, St.-Andreas-Str 19,
85302 Gerolsbach

** **Zur Post**
St.-Andreas-Str 3, ✉ 85302, ☎ (0 84 45)
5 02, Fax 5 02
Hauptgericht 35; P Terrasse; nur abends,
so+feiertags auch mittags; geschl: Mo, Di

Gerolstein 42 ↘

Rheinland-Pfalz — Kreis Daun — 362 m —
7 100 Ew — Daun 21, Prüm 20 km
🛈 ☎ (0 65 91) 13 80, Fax 13 66 — Verkehrsamt, Kyllweg 1, 54568 Gerolstein; Luftkurort in der Eifel. Sehenswert: Erlöserkirche;
Röm. Villa Sarabodis; Ruine Löwenburg,
436 m ◀; Papenkaule: vulkan. Krater; Dolo-
mitfelsen; Ruine Gerolstein ◀ (2 km ↘);
Ruine Kasselburg (4km ↗): Adler- und
Wolfspark; Mausefallenmuseum Neroth;
Bertrada Burg Mürlenbach; Naturkundliches Museum Gerolstein

* **Landhaus Tannenfels**
Lindenstr 68, ✉ 54568, ☎ (0 65 91) 41 23,
Fax 41 04
12 Zi, Ez: 52-65, Dz: 106-116, ⊣ WC ☎; P 🚗
ᵞ◎ᵎ
Rezeption: 8-21

Müllenborn (4 km ↘)
** **Landhaus Müllenborn**
einzeln ♂ ◀ Auf dem Sand 45, ✉ 54568,
☎ (0 65 91) 2 88, Fax 88 14, AX DC ED VA
17 Zi, Ez: 105, Dz: 188, 2 App, ⊣ WC ☎; P
🚗 1⇔30 Fitneßraum Sauna Solarium
** **Zwölfender**
◀ Hauptgericht 26; Terrasse

ᵞ◎ᵎ In diesem Hotel sind ein oder mehrere
Restaurants vorhanden.

Gerolzhofen 56 ↗

Bayern — Kreis Schweinfurt — 235 m —
7 000 Ew — Schweinfurt 21, Würzburg 42 km
🛈 ☎ (0 93 82) 6 07 34, Fax 6 07 51 — Verkehrsamt, Marktplatz 20, 97447 Gerolzhofen. Sehenswert: Kath. Kirche; Altes
Rathaus; doppelter Stadtmauerring;
1. bayer. Schulmuseum

* **An der Stadtmauer**
Rügshöfer Str 25, ✉ 97447, ☎ (0 93 82)
60 90, Fax 60 91 79, AX ED VA
41 Zi, Ez: 82-98, Dz: 125-150, ⊣ WC ☎; Lift
P 🚗 geschl: So
* Hauptgericht 25; Gartenlokal
Terrasse; nur abends; geschl: So

* **Wilder Mann**
Marktplatz 2, ✉ 97447, ☎ (0 93 82) 44 44,
Fax 2 22
Hauptgericht 25; geschl: Mi
* 4 Zi, Ez: 85, Dz: 120, ⊣ WC ☎

Gersdorf b. Leisnig 50 ↑

Sachsen — Kreis Döbeln — 271 m —
1 245 Ew — Döbeln 14, Grimma 23,
Chemnitz 40 km
🛈 ☎ (0 34 28) 27 88, Fax 27 88 — Gemeindeverwaltung, Am Schanzenbach 105 a,
04703 Gersdorf

Schönerstädt (1 km ↘)
** **Waldhotel Schönerstädt**
einzeln, An der B 176, ✉ 04703,
☎ (03 43 28) 4 17 03, Fax 4 17 04,
AX DC ED VA
24 Zi, Ez: 90-110, Dz: 130-170, ⊣ WC ☎; P
2⇔30 Fitneßraum Kegeln Sauna Solarium
ᵞ◎ᵎ 🚢

Gersfeld 46 □

Hessen — Kreis Fulda — 500 m — 6 000 Ew
— Bad Brückenau 25, Fulda 27, Neustadt
a.d.Saale 32 km
🛈 ☎ (0 66 54) 17 80, Fax 83 21 — Kurverwaltung, Brückenstr 1, 36129 Gersfeld;
Kneipp-Heilbad und Wintersportort im
Naturpark Rhön. Sehenswert: Ev. Barockkirche (Kanzelwand); Barock-Schloß;
Wachtküppel, 706 m ◀ (6 km ↑); Wasserkuppe: Segelflugmuseum, Segelflug-
gelände 950 m ◀ (9 km ↘); Hochwild-
schutzpark „Ehrengrund" (1 km ↘)

** **Gersfelder Hof**
Auf der Wacht 14, ✉ 36129, ☎ (0 66 54)
18 90, Fax 74 66, AX ED VA
65 Zi, Ez: 100-123, Dz: 154-200, 3 Suiten,
17 App, ⊣ WC ☎; Lift P 🚗 6⇔70 ⇌ Fitneßraum Kegeln Sauna Solarium
Tennis 1
** Hauptgericht 28; Terrasse →

Gersfeld

✱ Sonne
Amelungstr 1, ✉ 36129, ☎ (0 66 54) 3 03,
Fax 76 49
20 Zi, Ez: 46-54, Dz: 82-90, 9 App, ⊴ WC ☎;
P 🅿 1⇔35 Sauna Solarium 🍴
geschl: Mitte-Ende Jan

Gersheim 53 ↙

Saarland — Saarpfalz-Kreis — 220 m —
7 000 Ew — Saarbrücken 30, Blieskastel 10,
Zweibrücken 20 km
🅘 ☎ (0 68 43) 8 01 40, Fax 8 01 38 —
Gewerbe- und Verkehrsverein, Bliessstr,
66453 Gersheim; Ort im Bliesgau;
gallo-römische Ausgrabungen

<mark>Herbitzheim (2 km ↗)</mark>
✱ Bliesbrück
Rubenheimer Str, ✉ 66453, ☎ (0 68 43)
18 81, Fax 87 31, AX DC ED VA
29 Zi, Ez: 65-95, Dz: 115-155, 1 Suite, ⊴ WC
☎, Lift **P** 2⇔100 Sauna 🍴
Rezeption: ab 16; geschl: 2 Wochen im Feb

Gersthofen 63 ↘

Bayern — Kreis Augsburg — 462 m —
18 000 Ew — Augsburg 6 km
🅘 ☎ (08 21) 49 88 80, Fax 4 98 88 36 —
Stadtverwaltung, Rathausplatz 1,
86368 Gersthofen; Stadt am Lech und an
der „Romantischen Straße". Sehenswert:
Ballonmuseum

✱✱ Räter Hotel
    Via Claudia
Augsburger Str 130, ✉ 86368, ☎ (08 21)
4 98 50, Fax 4 98 55 06, AX DC ED VA
89 Zi, Ez: 90-134, Dz: 120-144; 1 Suite, ⊴
WC ☎, 24✉; Lift **P** 6⇔80
geschl: Ende Dez - Anfang Jan
Restaurant für Hausgäste

✱ Römerstadt
Donauwörther Str 42, ✉ 86368, ☎ (08 21)
24 79 00, Fax 49 71 56, AX DC ED VA
37 Zi, Ez: 105, Dz: 155, 5 App, ⊴ WC ☎; Lift
P 🅿 Sauna; **garni**
geschl: Ende Dez-Anfang Jan

Gescher 33 ↘

Nordrhein-Westfalen — Kreis Borken —
50 m — 16 000 Ew — Coesfeld 13,
Borken 19, Ahaus 20 km
🅘 ☎ (0 25 42) 43 00, Fax 28 55 — Stadtinformation, Lindenstr 2, 48712 Gescher.
Sehenswert: Glockengießerei und
-museum; hist. Stadtkern; Museumshof
mit Kutschenmuseum; Kunstprojekt
Rathausgalerie

✱ Tenbrock
Hauskampstr 12, ✉ 48712, ☎ (0 25 42)
78 18, Fax 50 67, ED
10 Zi, Ez: 65, Dz: 120; ⊴ WC ☎; 🅿 400
Sauna 🍴
geschl: 3 Wochen in den Sommerferien

✱ Domhotel
Kirchplatz 6, ✉ 48712, ☎ (0 25 42) 9 30 10,
Fax 76 58, AX DC ED VA
18 Zi, Ez: 85-120, Dz: 140-180, ⊴ WC ☎; **P**
🅿 2⇔40
Rezeption: 7-15, 16-23; geschl: 3 Wochen
in den Sommerferien
Auch Zimmer der Kategorie **✱✱** vorhanden
✱✱ Hauptgericht 30; Biergarten;
geschl: Mo, 3 Wochen in den Sommerferien

Gevelsberg 33 ↓

Nordrhein-Westfalen — Ennepe-Ruhr-
Kreis — 200 m — 32 861 Ew — Hagen 10,
Wuppertal 11 km
🅘 ☎ (0 23 32) 7 10, Fax 7 12 30 — Stadtverwaltung, Rathausplatz 1, 58285 Gevels-
berg. Sehenswert: Wasserburg Rocholz;
Kluterthöhle (3 km ↓)

✱ Alte Redaktion
Hochstr 10, ✉ 58285, ☎ (0 23 32) 7 09 70,
Fax 70 97 50, AX DC ED VA
43 Zi, Ez: 95-135, Dz: 165-185, 1 Suite, ⊴
WC ☎, 10✉; **P** 3⇔100 🍴

Giengen a. d. Brenz 62 ↘

Baden-Württemberg — Kreis Heidenheim
— 460 m — 19 100 Ew — Heidenheim 12,
Ulm 33 km
🅘 ☎ (0 73 22) 13 90, Fax 13 92 51 — Stadtverwaltung, Marktstr 11, 89537 Giengen.
Sehenswert: Ev. Stadtkirche; Charlotten-
höhle (5 km ↙)

✱ Lamm
Marktstr 19, ✉ 89537, ☎ (0 73 22) 50 93,
Fax 2 19 96, AX DC ED VA
38 Zi, Ez: 81-105, Dz: 130-180, 3 Suiten, ⊴
WC ☎, 14✉; Lift **P** 2⇔80 Kegeln 🍴 🍺
Gästehaus City Hotel in der Lange Str. 37

Giesen 26 ↙

Niedersachsen — Kreis Hildesheim —
90 m — 8 744 Ew — Hildesheim 8,
Hannover 23 km
🅘 ☎ (0 51 21) 9 31 00, Fax 93 10 80 —
Gemeindeverwaltung, Rathausstr 27,
31180 Giesen. Sehenswert: Gräberfelder
im Giesener Forst

<mark>Ahrbergen</mark>
✱ Ahrberger Hof
Hildesheimer Str 1, ✉ 31180, ☎ (0 50 66)
30 34, Fax 6 49 92, AX ED VA
10 Zi, Ez: 95-120, Dz: 150-170, ⊴ WC ☎; **P**
1⇔20
✱✱ Hauptgericht 30; Biergarten; nur
abends; geschl: So

Gifhorn

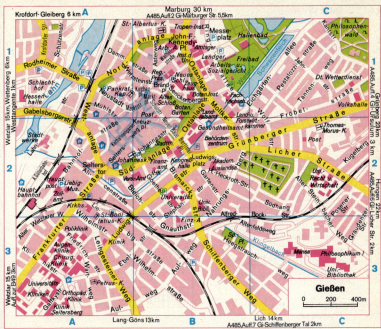

Gießen 44→

Hessen — Kreis Gießen — 157 m —
79 000 Ew — Wetzlar 15, Marburg 30,
Frankfurt/Main 67 km
🛈 ☎ (06 41) 3 06 24 89, Fax 7 69 57 00 —
Stadt- und Touistikinformation,
Berliner Platz 2 (B 2), 35390 Gießen;
Regierungsbezirkshauptstadt an der Lahn,
Universitätsstadt, Stadttheater. Sehens-
wert: Neues Schloß; Altes Schloß, Zeug-
haus; Burgmannenhäuser; Stadtkirchen-
turm; Liebig-Museum; Oberhess.
Museum; Botanischer Garten; Alter
Friedhof; Klosterruine Schiffenberg

** Best Western Steinsgarten
Hein-Heckroth-Str 20 (B 2), ✉ 35390,
☎ (06 41) 3 89 90, Fax 3 89 92 00,
AX DC ED VA
125 Zi, Ez: 135-235, Dz: 160-280, S;
4 Suiten, 🛏 WC ☎, 21✉; Lift 🅿 🚗 10⇔200
♨ Sauna Solarium
** Hauptgericht 32; Terrasse

* Residenz
Wiesecker Weg 12 (außerhalb B 1),
✉ 35396, ☎ (06 41) 3 99 80, Fax 39 98 88,
AX ED VA
29 Zi, Ez: 105-138, Dz: 137-180, 4 Suiten,
33 App, 🛏 WC ☎; Lift 🅿 🚗; garni

* Köhler
Westanlage 35 (A 2), ✉ 35390, ☎ (06 41)
7 60 86, Fax 7 60 88, AX DC ED VA
27 Zi, Ez: 75-95, Dz: 130-170, 🛏 WC ☎, 6✉;
Lift 🚗 1⇔20 🍽

* Parkhotel Sletz
Wolfstr 26 (C 2), ✉ 35394, ☎ (06 41)
40 10 40, Fax 40 10 41 40, AX DC ED VA
20 Zi, Ez: 110, Dz: 140, 🛏 WC ☎, 5✉; 🅿 🚗
Solarium; garni

* Da Michele
Grünberger Str 4 (B 2), ✉ 35390, ☎ (06 41)
3 23 26, AX ED
Hauptgericht 35; geschl: So, Mo mittags,
4 Wochen in den Sommerferien

Gifhorn 27←

Niedersachsen — Kreis Gifhorn — 54 m —
42 000 Ew — Wolfsburg 25, Braunschweig 29, Celle 43 km
🛈 ☎ (0 53 71) 8 81 75, Fax 8 82 58 —
Tourist-Information, Cardenap 1, 38518
Gifhorn; Erholungsort an der Aller.
Sehenswert: Renaissanceschloß; inter-
nationaler Mühlenpark; Fachwerkhäuser
→

Teilen Sie bitte der Redaktion des Varta
mit, wenn Sie sich in einem Haus besonders wohlgefühlt haben oder wenn Sie
unzufrieden waren.

Gifhorn

** Best Western Skan Tours
Isenbütteler Weg 56, ✉ 38518, ☎ (0 53 71) 93 00, Fax 93 04 99, AX DC ED VA
63 Zi, Ez: 98-149, Dz: 155-199, S; ⇧ WC ☎, 8🛏; Lift 🅿 5⇔90 Sauna Solarium
Rezeption: 18-22
** Skandinavia
Hauptgericht 25; Biergarten; nur abends

* Grasshoff
Weißdornbusch 4, ✉ 38518, ☎ (0 53 71) 94 63-0, Fax 5 63 61, AX ED VA
19 Zi, Ez: 98-123, Dz: 140-150, ⇧ WC ☎; 🅿 🛏; garni

* Deutsches Haus (Landidyll Hotel)
Torstr 11, ✉ 38518, ☎ (0 53 71) 81 80, Fax 5 46 72, AX DC ED VA
46 Zi, Ez: 90-120, Dz: 120-160, ⇧ WC ☎; 🅿 4⇔100
geschl: So + feiertags abends
** Hauptgericht 30; Biergarten Terrasse; geschl: so + feiertags abends

** Ratsweinkeller
🍽 Cardenap 1, ✉ 38518, ☎ (0 53 71) 5 91 11, Fax 38 28, AX ED
Hauptgericht 30; Terrasse; geschl: Mo, 1 Woche im Januar

Gifhorn-Außerhalb (2 km ←)
** Heidesee (Ringhotel)
einzeln ♂ Celler Str 159, ✉ 38518, ☎ (0 53 71) 95 10, Fax 5 64 82, AX DC ED VA
45 Zi, Ez: 98-189, Dz: 148-250, ⇧ WC ☎, 3🛏; Lift 🅿 🛏 3⇔60 ≋ Sauna Solarium
geschl: 23.-28.12.97
* einzeln, Hauptgericht 25; Terrasse; geschl: Jan-Mitte Feb

Gilching 71 ↑

Bayern — Kreis Starnberg — 580 m — 15 571 Ew — München 20 km
🅸 ☎ (0 81 05) 3 86 60, Fax 38 66 59 — Gemeindeverwaltung, Rathausstr 2, 82205 Gilching. Sehenswert: Pfarrkirche St. Vitus mit Arnoldusglocke

* Thalmeier
Sonnenstr 55, ✉ 82205, ☎ (0 81 05) 50 41, Fax 98 99, ED VA
16 Zi, Ez: 105, Dz: 150, ⇧ WC ☎; 🅿 🛏; garni
geschl: Ende Dez-Anfang Jan

Gingst siehe Rügen

Ginsheim-Gustavsburg 54 ↑

Hessen — Kreis Groß-Gerau — 84 m — 15 000 Ew — Mainz 5, Rüsselsheim 8 km
🅸 ☎ (0 61 34) 58 50, Fax 58 53 88 — Gemeindeverwaltung, im Ortsteil Gustavsburg, Dr.-Herrmann-Str 32, 65462 Ginsheim-Gustavsburg; Ort an der Mündung des Mains in den Rhein

Ginsheim
* Weinhaus Wiedemann
Frankfurter Str 31, ✉ 65462, ☎ (0 61 44) 9 35 50, Fax 93 55 25
12 Zi, Ez: 70-100, Dz: 90-160, 1 App, ⇧ WC ☎, 3🛏; 🅿 1⇔30 🍽
Rezeption: 7-10, 14-24; geschl: Di

* Rheinischer Hof
Hauptstr 51, ✉ 65462, ☎ (0 61 44) 21 48, Fax 3 17 65
30 Zi, Ez: 100-140, Dz: 140-180, 10 Suiten, 7 App, ⇧ WC ☎; 🅿 2⇔80
Rezeption: 10-24; geschl: So abends, Mo, Mitte-Ende Aug
Auch Zimmer der Kategorie ** vorhanden
* 🍽 Hauptgericht 30; geschl: Mo, So abends, Mitte August

Gustavsburg
** Alte Post
Dr.-Herrmann-Str 28, ✉ 65462, ☎ (0 61 34) 7 55 50, Fax 5 26 45, AX ED VA
38 Zi, Ez: 85-160, Dz: 130-180, ⇧ WC ☎; Lift 🅿 ≋ Sauna; garni
Auch Zimmer der Kategorie * vorhanden

Girbigsdorf 41 ↘

Sachsen — Kreis Görlitz — 253 m — Görlitz 3 km
🅸 ☎ (0 35 81) 2 46 54 — Gemeindeverwaltung, Dorfstr 52, 02829 Girbigsdorf

* Mühlenhotel
♂ Dorfstr 86, ✉ 02829, ☎ (0 35 81) 31 40 49, Fax 31 50 37, AX ED VA
22 Zi, Ez: 75-85, Dz: 110, 1 Suite, ⇧ WC ☎; geschl: Mitte Dez-Mitte Jan
Restaurant für Hausgäste

Gisselberg siehe Marburg

Gladbeck 33 ←

Nordrhein-Westfalen — Kreis Recklinghausen — 81 m — 81 190 Ew — Gelsenkirchen 10, Dorsten 10, Essen 14 km
🅸 ☎ (0 20 43) 9 90, Fax 99 11 30 — Stadtverwaltung, Willy-Brandt-Platz 2, 45964 Gladbeck; Industriestadt im Ruhrgebiet. Sehenswert: Wasserschloß Wittringen

* Schultenhof
Schultenstr 1, ✉ 45966, ☎ (0 20 43) 5 12 70, Fax 98 32 40
16 Zi, Ez: 80, Dz: 110, ⇧ WC ☎; 🛏 2⇔120 Kegeln 🍽

** Wasserschloß Wittringen
⋖ 🍽 Burgstr 64, ✉ 45964, ☎ (0 20 43) 2 23 23, Fax 6 74 51, AX DC ED VA
Hauptgericht 30; 🅿 Biergarten

Ellinghorst (4 km ✓)
*** Motel Gladbeck**
Bohmertstr 333, ✉ 45964, ☎ (0 20 43)
69 80, Fax 68 15 17, AX DC ED VA
120 Zi, Ez: 125, Dz: 140, 36 App, ⊿ WC ☎;
Lift ■ 16⇔800 ※

Gladenbach 44 ↗

Hessen — Kreis Marburg-Biedenkopf —
300 m — 12 000 Ew — Biedenkopf 18,
Marburg 19, Herborn 28 km
ℹ ☎ (0 64 62) 20 12 11, Fax 20 11 01 —
Kur- und Verkehrsgesellschaft, Hainstr 3,
35075 Gladenbach; Kneipp-Heilbad, Luftkurort. Sehenswert: Ev. Martinskirche;
Handweberei; Fachwerkhäuser

** Gästehaus Mondie**
♂ Hoherainstr 47, ✉ 35075, ☎ (0 64 62)
93 94-0, Fax 24 88, AX DC ED VA
5 Zi, Ez: 65-95, Dz: 145, ⊿ WC ☎; ■ Sauna
Solarium; **garni**
geschl: Mitte Dez-Anfang Jan

* **Gladenbacher Hof**
Bahnhofstr 72, ✉ 35075, ☎ (0 64 62) 60 36,
Fax 52 36, AX ED VA
34 Zi, Ez: 60-90, Dz: 100-170, ⊿ WC ☎, 5✉;
■ 5⇔45 ☒ Fitneßraum Kegeln Sauna
Solarium ※

Glashütte siehe Laasphe

Glashütten 44 ↘

Hessen — Hochtaunuskreis — 510 m —
5 097 Ew — Königstein/Ts. 7, Idstein 16 km
ℹ ☎ (0 61 74) 29 20, Fax 68 03 — Gemeindeverwaltung, Schloßborner Weg 2,
61479 Glashütten. Sehenswert: Großer
Feldberg, 880 m ◂ (8 km ↗)

** Glashüttener Hof**
Limburger Str 84, ✉ 61479, ☎ (0 61 74)
69 22, Fax 69 46
Hauptgericht 44; ■ Terrasse
* 9 Zi, Ez: 90, Dz: 180, ⊿ WC ☎;
1⇔80
Rezeption: 10-15, 17.30-23

Schloßborn (4 km ✓)
** Schützenhof**
Langstr 13, ✉ 61479, ☎ (0 61 74) 6 10 74,
Fax 96 40 12
Hauptgericht 50; ■ Terrasse; nur abends,
Do-Sa auch mittags; geschl: Mo,
4 Wochen im Sommer

Bei den Ferienzeit-Angaben für Hotels und
Restaurants bedeuten „Anfang" 1. bis 10.,
„Mitte" 11. bis 20. und „Ende" 21. bis 31.
des jeweiligen Monats. Innerhalb dieser
Zeiträume liegen Beginn und Ende der
Ferienzeit.

Glauchau 49 ↗

Sachsen — Kreis Glauchau — 260 m —
26 432 Ew — Zwickau 12, Chemnitz 34,
Gera 40 km
ℹ ☎ (0 37 63) 6 50, Fax 23 10 — Stadtverwaltung, Markt 1, 08371 Glauchau.
Sehenswert: Doppelschloß Glauchau
mit Kunstsammlung und Museum; hist.
Stadtkern; Kirche St. Georg (Barock, mit
Silbermann-Orgel)

*** Holiday Inn**
Auestr 16, ✉ 08371, ☎ (0 37 63) 6 60,
Fax 6 66 66, AX DC ED VA
75 Zi, Ez: 98-160, Dz: 130-190, S; 1 Suite, ⊿
WC ☎, 20✉; Lift ■ 4⇔80 ☒
** Hauptgericht 25

** Wettiner Hof**
♂ Wettinerstr 13, ✉ 08371, ☎ (0 37 63)
50 20, Fax 50 22 99, AX DC ED VA
45 Zi, Ez: 90-105, Dz: 125-165, 1 App, ⊿ WC
☎, 8✉; Lift ▥ 4⇔85 ※
* **Sächsische Stube**
Hauptgericht 20

** Meyer**
♂ Agricolastr 6, ✉ 08371, ☎ (0 37 63) 24 55,
Fax 1 50 38, AX DC ED VA
19 Zi, Ez: 90-98, Dz: 125-160, 1 App, ⊿ WC
☎; ■ 1⇔40 ※

Gesau (2 km ↘)
* **Erbschänke**
Meeraner Str 81, ✉ 08371, ☎ (0 37 63)
7 81 77, Fax 78 89 64, AX DC ED VA
24 Zi, Ez: 80-90, Dz: 100-130, ⊿ WC ☎; ■
※

Voigtlaide
** Landgasthof Voigtlaide**
♂ Thurmer Str 7, ✉ 08373, ☎ (0 37 63)
22 63, Fax 22 63, AX DC ED VA
14 Zi, Ez: 100, Dz: 120, ⊿ WC ☎, 6✉; ■ ▥
3⇔160 ☒
* Hauptgericht 15; Biergarten
Terrasse

siehe auch **Wernsdorf**

Glees 43 ✓

Rheinland-Pfalz — Kreis Ahrweiler —
250 m — 565 Ew — Mendig 7, Andernach 15 km
ℹ ☎ (0 26 36) 87 30, Fax 8 01 46 — Gemeindeverwaltung, Kapellenstr, 56651 Niederzissen; Ort in der Eifel. Sehenswert: Abtei
Maria Laach am Laacher See = Naturschutzgebiet: vulkanischer Explosions-
krater (5 km ↘) →

Glees

Maria Laach (5 km ↘)
** Seehotel Maria Laach
⋖ ✉ 56653, ☎ (0 26 52) 58 40, Fax 58 45 22,
AX ED VA
61 Zi, Ez: 135-165, Dz: 210-270, 1 Suite, ⌐ WC ☎, 5⊠; Lift **P** 6↔240 ⌂ Sauna Solarium
Auch Zimmer der Kategorie ******* vorhanden
** Hauptgericht 35

Gleiszellen-Gleishorbach 60 ↑

Rheinland-Pfalz — Kreis Südliche Weinstraße — 230 m — 850 Ew — Bad Bergzabern 4, Landau 15, Annweiler 15 km
i ☎ (0 63 43) 47 11 — Bürgermeisteramt, Winzergasse 55, 76889 Gleiszellen-Gleishorbach; Erholungsort am Fuß des Pfälzerwaldes. Sehenswert: St.-Dionysius-Kapelle; Fachwerkhäuser

Gleiszellen
** Südpfalz-Terrassen
♂ ⋖ Winzergasse 42, ✉ 76889, ☎ (0 63 43) 20 66, Fax 59 52, ED VA
53 Zi, Ez: 80-130, Dz: 120-220, 5 App, ⌐ WC ☎; Lift **P** 🚗 3↔50 ⌂ Sauna Solarium 🍽 🛥
geschl: Mo, Jan
Auch Zimmer der Kategorie ***** vorhanden

* Gasthof Zum Lam
Winzergasse 37, ✉ 76889, ☎ (0 63 43) 85 18, Fax 81 35
24 Zi, Ez: 60, Dz: 90-100, ⌐ WC ☎
Auch Zimmer der Kategorie ****** vorhanden
* Hauptgericht 30; nur abends, so+feiertags auch mittags; geschl: Mi, 3 Wochen nach Fasching

Glesien 39 ←

Sachsen — Kreis Delitzsch — 250 m — 1 300 Ew — Schkeuditz 8, Delitzsch 13 km
i ☎ (03 42 07) 23 73 — Gemeindeverwaltung, Kolsaerstr 1, 04509 Glesien

** Arriva
Lilienthalstr, ✉ 04509, ☎ (03 42 07) 4 80, Fax 4 82 00, AX ED VA
78 Zi, Ez: 110-130, Dz: 155-160, ⌐ WC ☎, 48⊠; **P** 4↔30 🍽
Auch Zimmer der Kategorie ***** vorhanden

Glienicke (Nordbahn) 30 ↑

Brandenburg — Kreis Oranienburg — 66 m — 4 446 Ew — Berlin 3, Oranienburg 16 km
i ☎ (03 30 56) 8 03 70, Fax 8 03 69 — Gemeindeverwaltung, Hauptstr 19, 16548 Glienicke

** Waldschlößchen
Karl-Liebknecht-Str 55, ✉ 16548, ☎ (03 30 56) 8 20 00, Fax 8 24 06, ED
Hauptgericht 20; Biergarten
* 23 Zi, Ez: 98, Dz: 155, ⌐ WC ☎; **P**

Glindenberg 28 ⤴

Sachsen-Anhalt — Kreis Wolmirstedt — 40 m — 690 Ew — Wolmirstedt 4, Magdeburg 14 km
i ☎ (03 92 01) 2 16 04 — Gemeindeverwaltung, 39326 Glindenberg

* Haus Retter
Wolmirstedter Str 3, ✉ 39326, ☎ (03 92 01) 2 18 36, Fax 2 29 17
23 Zi, Ez: 95-115, Dz: 125-145, ⌐ WC ☎; **P** 🚗 3↔120 🍽

Glottertal 67 □

Baden-Württemberg — Kreis Breisgau-Hochschwarzwald — 329 m — 2 750 Ew — Waldkirch 12, Emmendingen 14, Freiburg 14 km
i ☎ (0 76 84) 2 53, Fax 17 86 — Verkehrsamt, Rathausweg 12, 79286 Glottertal; Erholungsort. Sehenswert: Pfarrkirche; Barockkirche in St. Peter (9 km ↘); Hilzingermühle von 1621

***** Hirschen
(Silencehotel)**
♂ Rathausweg 2, ✉ 79286, ☎ (0 76 84) 8 10, Fax 17 13, ED VA
52 Zi, Ez: 85-150, Dz: 200-250, 2 App, ⌐ WC ☎; Lift **P** 3↔60 Sauna Solarium
Auch Zimmer der Kategorie ***** und ****** vorhanden
** Hauptgericht 40; geschl: Mo

**** Gasthof zum Kreuz
(Landidyll Hotel)**
♂ Landstr 14, ✉ 79286, ☎ (0 76 84) 8 00 80, Fax 80 08 39, AX DC ED VA
37 Zi, Ez: 78-115, Dz: 140-185, ⌐ WC ☎; Lift **P** 🚗 1↔25 Sauna Solarium
Rezeption: 7.30-11.30, 16-21; geschl: Mitte Jan
Auch Zimmer der Kategorie ***** vorhanden
** Hauptgericht 30; Gartenlokal; geschl: Mitte Jan

** Schwarzenberg's Traube
Kirchstr 25, ✉ 79286, ☎ (0 76 84) 13 13, Fax 7 38, AX ED VA
12 Zi, Ez: 95-110, Dz: 160-180, ⌐ WC ☎; Lift **P** 🚗 2↔30
** Hauptgericht 40; Terrasse; geschl: So abends, Mo

Schloßmühle ★★
Talstr 22, ✉ 79286, ☎ (0 76 84) 2 29,
Fax 14 85, AX DC ED VA
10 Zi, Ez: 85-95, Dz: 145-155, ⌐ WC ☎; Lift
P
★★ ⊗ Hauptgericht 40; geschl: Mi,
3 Wochen im Nov, 2 Wochen im Feb

Tobererhof ★★
♂ •⦇ Kandelstr 34, ✉ 79286, ☎ (0 76 84)
91 05 -0, Fax 10 13, ED VA
16 Zi, Ez: 85-100, Dz: 135-165, ⌐ WC ☎,
2⊡; P; garni
Rezeption: 7.30-20
Auch Zimmer der Kategorie ★ vorhanden

Pension Faller ★
♂ •⦇ Talstr 9, ✉ 79286, ☎ (0 76 84) 2 26, ED
11 Zi, Ez: 65-80, Dz: 90-130, ⌐ WC ☎; P 🖨;
garni
geschl: Mitte Nov
Auch Zimmer der Kategorie ★★ vorhanden

Wisser's Sonnenhof ★
♂ •⦇ Schurhammerweg 7, ✉ 79286,
☎ (0 76 84) 2 64, Fax 10 93
17 Zi, Ez: 70-80, Dz: 100-160, ⌐ WC ☎; P
†◎†
geschl: Mo, Feb
Auch Zimmer der Kategorie ★★ vorhanden

Schwarzenberg ★
Talstr 24, ✉ 79286, ☎ (0 76 84) 13 24,
Fax 17 91, AX DC ED VA
20 Zi, Ez: 80-85, Dz: 140-160, ⌐ WC ☎; Lift
P 🖨 ≋ Sauna Solarium
Restaurant für Hausgäste

Gasthaus zum Adler ★★
⊗ Talstr 11, ✉ 79286, ☎ (0 76 84) 10 81,
Fax 10 83, AX ED VA
Hauptgericht 35; P; geschl: Di
★ 10 Zi, Ez: 40-90, Dz: 100-160,
1 Suite, ⌐ ☎; 1↻30

Glowe siehe Rügen

Glücksburg 10 ↘

Schleswig-Holstein — Kreis Schleswig-
Flensburg — 10 m — 6 500 Ew — Flensburg 11, Kappeln/Schlei 43 km
ℹ ☎ (0 46 31) 6 00 70, Fax 33 01 — Kurverwaltung, im Stadtteil Sandwig, Sandwigstr 1a, 24960 Glücksburg; Ostsee-Heilbad an der Flensburger Förde, Hanseati-
sche Yachtschule. Sehenswert: Schloß;
Rosarium; Ökologiepark

Holnis (4 km ↗)
Café Drei ★
♂ Drei 5, ✉ 24960, ☎ (0 46 31) 6 10 00,
Fax 29 83 17
10 Zi, Ez: 95, Dz: 155, 14 App, ⌐ WC ☎; 🖨
1↻100 Strandbad Seezugang
★ •⦇ Hauptgericht 25; Terrasse;
geschl: Mi

Sandwig (1 km ↑)
Intermar ★★★
♂ •⦇ Förderstr 2, ✉ 24960, ☎ (0 46 31) 4 90,
Fax 4 95 25, AX DC ED VA
80 Zi, Ez: 135-175, Dz: 200-245, 3 Suiten, ⌐
WC ☎, 5⊡; Lift P 🖨 8↻210 ≋ Strandbad
Fitneßraum Sauna Solarium ▬
König von Dänemark ★★
Hauptgericht 35; Terrasse
Zum Dampfer ★
Hauptgericht 15; geschl: im Winter

Kurparkhotel ★
Sandwigstr 1, ✉ 24960, ☎ (0 46 31) 5 51,
Fax 5 56, AX DC ED VA
13 Zi, Ez: 87-98, Dz: 133-148, 2 Suiten, ⌐
WC ☎; Lift P 🖨
Friesenstube ★
Hauptgericht 20

Glückstadt 17 ↗

Schleswig-Holstein — Kreis Steinburg —
3 m — 11 778 Ew — Itzehoe 21, Elmshorn 23, Brunsbüttel 33 km
ℹ ☎ (0 41 24) 6 40, Fax 64 94 — Stadtverwaltung, Am Markt 4, 25348 Glückstadt;
Stadtdenkmal an der Unterelbe. Sehenswert: Stadtkirche; Marktplatz; Rathaus;
Brockdorff-Palais; Detlefsen-Museum;
Königshof: ehem. Zuchthaus; Palais am
Hafen „Quasi non possidentes"; Stör-
sperrwerk (5 km ↖).

Achtung: Autofähre halbstündig nach
Wischhafen

Raumann ★
Am Markt 5, ✉ 25348, ☎ (0 41 24) 9 16 90,
Fax 91 69 50, AX DC ED VA
37 Zi, Ez: 43-120, Dz: 80-190, ⌐ WC ☎;
4↻150 Solarium †◎†

Ratskeller Glückstadt ★★
Am Markt 4, ✉ 25348, ☎ (0 41 24) 24 64,
Fax 41 54, AX DC ED VA
Hauptgericht 30; Terrasse

Der kleine Heinrich ★
Am Markt 2, ✉ 25348, ☎ (0 41 24) 36 36,
Fax 36 16, AX DC ED VA
Hauptgericht 25

Neumann ▬
Große Kremper Str 18, ✉ 25348,
☎ (0 41 24) 21 50
8.30-18, geschl: Mo
Spezialität: Königsberger-Marzipan

Gmund a. Tegernsee 72 ↓

Bayern — Kreis Miesbach — 740 m —
6 349 Ew — Miesbach 13, Bad Tölz 15 km
ℹ ☎ (0 80 22) 75 05 27, Fax 75 05 20 — Verkehrsamt, Kirchenweg 6, 83703 Gmund;
Erholungsort, Anlegeplatz der Tegernsee-
Schiffahrt. Sehenswert: Ortskern mit
Kirche St. Ägidius ➝

Gmund a. Tegernsee

Finsterwald (1 km ↘)
* **Feichtner Hof**
Kaltenbrunner Str 2, ✉ 83703, ☎ (0 80 22) 73 22, Fax 7 49 64
Hauptgericht 20; Biergarten P Terrasse; geschl: im Winter Do
*** 10 Zi, Ez: 75-130, Dz: 150-220, ⊿ WC ☎

Gut Steinberg (8 km ←, über Marienstein)
*** **Margarethenhof**
Golf und Country Club Hotel
einzeln ♂ ⊰ ✉ 83701, ☎ (0 80 22) 7 50 60, Fax 7 48 18, AX ED VA
29 Zi, Ez: 140-195, Dz: 220-360, ⊿ WC ☎; P 3⊙150 Fitneßraum Sauna Solarium ⌘
Golf 18
Rezeption: 8-20

Kaltenbrunn (3 km ↗)
** **Gut Kaltenbrunn**
⊰ ✉ 83703, ☎ (0 80 22) 79 69, Fax 7 45 36, AX ED
Hauptgericht 25; geschl: im Winter Mo

Ostin (3 km ↘)
* **Gasthof Zum Kistlerwirt**
Schlierseer Str 60, ✉ 83703, ☎ (0 80 22) 7 67 19, Fax 7 52 58, AX DC ED VA
25 Zi, Ez: 40-65, Dz: 120, ⊿ WC ☎; P Fitneßraum Sauna Solarium ⌘
Rezeption: 7-21; geschl: Fr, Anfang Nov-Mitte Dez

Goch 32 ↘

Nordrhein-Westfalen — Kreis Kleve — 17 m — 30 500 Ew — Kleve 13, Rees 21, Geldern 22 km
ℹ ☎ (0 28 23) 32 02 02, Fax 32 02 51 — Tourist-Information, Markt 15, 47574 Goch.
Sehenswert: Kath. Kirche; Haus zu den fünf Ringen; Steintor; Langenberghaus; Museum für Kunst- und Kulturgeschichte; Kultur- und Kongreßzentrum Kastell

** **Sporthotel De Poort**
Jahnstr 6, ✉ 47574, ☎ (0 28 23) 96 00, Fax 8 07 86, AX DC ED VA
70 Zi, Ez: 125-135, Dz: 175-185, ⊿ WC ☎, 6✉; Lift P 8⊙75 ⊜ Bowling Fitneßraum Kegeln Sauna Solarium
Golf 9; Tennis 12
Auch Zimmer der Kategorie * vorhanden
** Hauptgericht 25

* **Litjes**
Pfalzdorfer Str 2, ✉ 47574, ☎ (0 28 23) 40 16, Fax 41 82 36, AX ED VA
17 Zi, Ez: 75, Dz: 120, ⊿ WC ☎; P 3⊙300 Kegeln ⌘

Göggingen, Bad
siehe **Neustadt a. d. Donau**

Göhren siehe Rügen

Göhren-Lebbin 21 ←

Mecklenburg-Vorpommern — Landkreis Müritz — 64 m — 750 Ew — Malchow 7, Röbel 15, Waren 16 km
ℹ ☎ (03 99 32) 2 35 — Gemeindeverwaltung, 17213 Göhren-Lebbin

Schloß Blücher
(Gast im Schloß)
♂ ⊰ ✉ 17213, ☎ (03 99 32) 1 75, Fax 1 79 99, AX ED VA
41 Zi, Ez: 160-195, Dz: 195-265, 2 Suiten, ⊿ WC ☎; P 🚗 3⊙150 Fitneßraum Sauna Solarium
Renovierte Zimmer der Kategorie *** vorhanden
*** ⊗ Hauptgericht 30; Terrasse ✦

Roez
** **Motel Zur Schmiede**
Malchower Str 6 a, ✉ 17213, ☎ (03 99 32) 1 33 15, Fax 1 33 19, ED VA
21 Zi, Ez: 80, Dz: 130, 1 Suite, ⊿ WC ☎, 2✉; P ⌘

Göppingen 62 □

Baden-Württemberg — Kreis Göppingen — 319 m — 56 000 Ew — Geislingen 20, Schwäbisch Gmünd 22, Stuttgart 45 km
ℹ ☎ (0 71 61) 65 02 92, Fax 68 36 63 — Tourist Information, Marktstr 2 (B 2), 73033 Göppingen; Stadt an der Fils.
Sehenswert: Ev. Stadtkirche; Oberhofenkirche; Schloß; Dokumentationsraum für Staufische Geschichte; Naturkundliches Museum; Städtisches Museum im „Storchen"; Städtische Galerie; Märklin-Museum; Stiftskirche in Faurndau; Hohenstaufen, 684 m ⊰ (8 km ↘)

** **Hohenstaufen**
(Ringhotel)
Freihofstr 64 (B 1), ✉ 73033, ☎ (0 71 61) 67 00, Fax 7 00 70, AX DC ED VA
50 Zi, Ez: 105-145, Dz: 140-190, S; 1 App, ⊿ WC ☎, 12✉; P 🚗 2⊙40
** Hauptgericht 30; geschl: Fr, Ende Dez-Anfang Jan

* **Drei Kaiserberge**
Schillerplatz 4 (A 2), ✉ 73033, ☎ (0 71 61) 68 40 61, Fax 2 59 79
17 Zi, Ez: 70-102, Dz: 120-164, ⊿ WC ☎; garni

In der Zeit der Messen oder Festspiele erhöhen viele Hotels und Restaurants ihre Preise erheblich. Es ist daher immer ratsam, sich bei der Buchung die Preise bestätigen zu lassen.

Görlitz

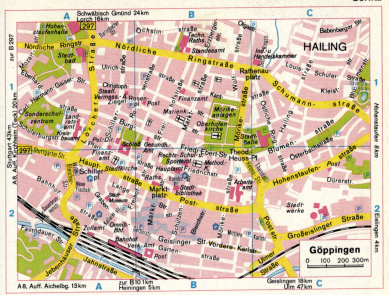

Göppingen

✱ Im Kaiserbau
Poststr 14a (B 2), ✉ 73033, ☎ (0 71 61)
9 76 70, Fax 97 67 11, AX DC ED VA
25 Zi, Ez: 99-165, Dz: 135-225, ⊿ WC ☎; Lift
P 🚗 Fitneßraum Sauna Solarium ⑲

✱ Alte Kellerei
Kellereistr 16 (A 2), ✉ 73033, ☎ (0 71 61)
97 80 60, Fax 9 78 06 13, AX DC ED VA
19 Zi, Ez: 99-130, Dz: 153-180, ⊿ WC ☎; Lift
P 🚗 ⑲

Heidle
Lange Str 16 (AB 2), ✉ 73033, ☎ (0 71 61)
7 33 77
8.30-19, So 9.30-18; geschl: Mo

Görlitz 41 ↘

Sachsen — Kreis Görlitz — 200 m —
70 000 Ew — Bautzen 43 km
ℹ ☎ (0 35 81) 40 69 99, Fax 40 52 49 —
Euro-Tour-Zentrum, Obermarkt 29 (B 2),
02826 Görlitz. Sehenswert: Hist. Altstadt
(Spätgotik, Renaissance, Barock); Pfarrkirche St. Peter und Paul; Dreifaltigkeitskirche; Rathaustreppe; Schönhof; Heiliges
Grab; Biblisches Haus

Stadtplan siehe Seite 436

✱✱ Sorat
(Top International Hotel)
Struvestr 1 (C 2), ✉ 02826, ☎ (0 35 81)
40 65 77, Fax 40 65 79, AX DC ED VA
46 Zi, Ez: 145-185, Dz: 185-225, S; ⊿ WC ☎,
6🛏; Lift 1⇔20 ⑲

✱✱ Zum Grafen Zeppelin
Jauernicker Str 15, ✉ 02826, ☎ (0 35 81)
40 35 74, Fax 40 04 47, AX ED VA
42 Zi, Ez: 95-125, Dz: 130-165, ⊿ WC ☎; P
🚗
Restaurant für Hausgäste
Auch Zimmer der Kategorie ✱ vorhanden

✱✱ Europa
Berliner Str 2 (B 3), ✉ 02826, ☎ (0 35 81)
40 73 50, Fax 40 73 52, AX VA
17 Zi, Ez: 130-150, Dz: 180-240, ⊿ WC ☎,
3🛏; P; garni
Zufahrt zum Hotelparkplatz über Jakobstr

✱ Hansa
Berliner Str 33 (B 2), ✉ 02826, ☎ (0 35 81)
40 63 01, Fax 40 63 01, AX ED VA
33 Zi, Ez: 70-120, Dz: 160-180, ⊿ WC ☎; 🚗
1⇔40 ⑲
Zufahrt über Bahnhofstr

Biesnitz
✱ Silesia
Biesnitzer Str 11, ✉ 02827, ☎ (0 35 81)
4 81 00, Fax 48 10 10, AX ED VA
34 Zi, Ez: 95-130, Dz: 130-170, 3 Suiten,
1 App, ⊿ WC ☎; Lift P 2⇔60 Sauna
Solarium ⑲
Auch Zimmer der Kategorie ✱✱ vorhanden

✱ Burghotel Landeskrone
einzeln ♂ ⛰ Fahrstr 1 (außerhalb A 3),
✉ 02827, ☎ (0 35 81) 7 43 20, Fax 74 32 33
8 Zi, Ez: 90-150, Dz: 195, 1 Suite, ⊿ WC ☎,
P ⑲
Rezeption: 9-22; geschl: Mo ab 18 →

Görlitz

✱ Kulmbacher Postillion
Aufgangstr 6, ✉ 02827, ☎ (0 35 81)
74 09 66, Fax 74 09 48, AX ED VA
Hauptgericht 20; Biergarten 🅿; geschl:
10.-24.2.97

siehe auch **Girbigsdorf**

siehe auch **Markersdorf**

Gößweinstein 57 ↗

Bayern — Kreis Forchheim — 493 m —
4 200 Ew — Ebermannstadt 16,
Pegnitz 22 km
ℹ ☎ (0 92 42) 4 56, Fax 3 14 — Verkehrsamt,
Burgstr 6, 91327 Gößweinstein; Luftkurort
in der Fränkischen Schweiz. Sehenswert:
Wallfahrtsbasilika Balthasar Neumann;
Burg

✱ Fränkischer Hahn
Badanger Str 35, ✉ 91327, ☎ (0 92 42) 4 02,
ED
11 Zi, Ez: 80, Dz: 90-110, ⌂ WC ☎; 🅿 🚗;
garni
Rezeption: 8-21

34 ▢ Der Ort befindet sich im Reisekartenteil auf Seite 34 im mittleren Planfeld.

✱ Zur Post
Balthasar-Neumann-Str 10, ✉ 91327,
☎ (0 92 42) 2 78
14 Zi, Ez: 48-53, Dz: 84-94, ⌂ WC; 🅿 🚗 🍽
☕
geschl: Mo, Anfang Nov-Mitte Dez

✱ Regina
⌕ Sachsenmühler Str 1, ✉ 91327,
☎ (0 92 42) 2 50, Fax 73 62
16 Zi, Ez: 47-63, Dz: 74-106, ⌂ WC; 🅿 🚗
Fitneßraum Solarium; **garni**

🛏 **Zur Rose**
Pezoldstr 2, ✉ 91327, ☎ (0 92 42) 2 25,
Fax 10 29
18 Zi, Ez: 43-48, Dz: 76-86, ⌂ WC; 🍽
Rezeption: 9-22; geschl: Mo, Anfang
Nov-Mitte Dez

Behringersmühle (2 km ↑)
✱ Frankengold
Pottensteiner Str 29, ✉ 91327, ☎ (0 92 42)
15 05, Fax 71 14, AX ED VA
17 Zi, Ez: 50-80, Dz: 95-135, ⌂ WC ☎; Lift
🅿 🚗 1 ⌂ 20 🍽
geschl: Do, Mitte Jan-Anfang Feb
Auch Zimmer der Kategorie ✱✱ vorhanden

🍽 In diesem Hotel sind ein oder mehrere
Restaurants vorhanden.

Göttingen

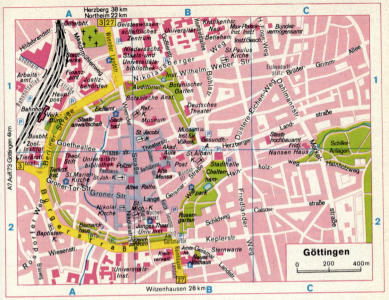

Göttingen 36

Niedersachsen — Kreis Göttingen — 150 m — 132 645 Ew — Northeim 22, Duderstadt 31, Kassel 47 km
ℹ ☎ (05 51) 5 40 00, Fax 4 00 29 98 — Fremdenverkehrsverein, Markt 9, 37073 Göttingen. Sehenswert: Ev. Johanniskirche; ev. Marienkirche mit Kommende des Deutschen Ritterordens; ev. Jacobikirche: Altar; ev. Albanikirche; Altes Rathaus mit Gänseliesel-Brunnen; Fachwerkhäuser: Junkernschänke, Ratsapotheke, Schrödersches Haus, Bornemannsches Haus; Alte Universitätsbibliothek; Bismarckhäuschen; Städtisches Museum; Museum am Thie, Museum der Chemie; Völkerkundemuseum; Zoologisches Museum; Botanischer Garten; Bismarckturm, 330 m ⋖ (3 km →).

★★★ Gebhards Hotel
Goetheallee 22 (A 1), ✉ 37073, ☎ (05 51) 4 96 80, Fax 4 96 81 10, AX DC ED VA
60 Zi, Ez: 140-190, Dz: 190-280, 2 Suiten, ⊿ WC ☎, 2🛏; Lift 🅿 🚗 4⇌120 Sauna
Auch Zimmer der Katergorie ★★ vorhanden.
★★ Hauptgericht 35; Terrasse

Wird in dem Hoteleintrag auf Golf hingewiesen, befindet sich in der Nähe des Betriebes ein Golfplatz. In der Regel können Sie dort als Gast Golf spielen und über das Hotel reservieren. Die Ziffer bezieht sich auf die Anzahl der Löcher.

★★ Eden
Reinhäuser Landstr 22 a (B 2), ✉ 37083, ☎ (05 51) 7 60 07, Fax 7 67 61, AX ED VA
99 Zi, Ez: 140-240, Dz: 188-367, 1 App, ⊿ WC ☎, 10🛏; Lift 🅿 🚗 8⇌180 ≈ Sauna Solarium 🍴
Auch Zimmer der Katergorie ★★★ vorhanden.

★★ Leine Hotel-Boarding House
Groner Landstr 55, ✉ 37081, ☎ (05 51) 50 51-0, Fax 5 05 11 70, AX DC VA
101 Zi, Ez: 140-170, Dz: 190-225, ⊿ WC ☎, 20🛏; Lift 🚗; garni
Auch Langzeitvermietung möglich

★ Stadt Hannover
Goetheallee 21 (A 1), ✉ 37073, ☎ (05 51) 4 59 57, Fax 4 54 70, AX DC ED VA
30 Zi, Ez: 98-145, Dz: 145-175, ⊿ WC ☎; Lift 🅿; garni
geschl: Mitte Dez-Mitte Jan

★ Schwarzer Bär
🍴 Kurze Str 12 (B 2), ✉ 37073, ☎ (05 51) 5 82 84, Fax 5 82 84, AX DC ED VA
Hauptgericht 30

★ Ratskeller
Am Markt 4 VA (B 2), ✉ 37073, ☎ (05 51) 5 64 33, Fax 4 57 33, AX DC ED VA
Hauptgericht 25; Terrasse

■ Cron und Lanz
Weender Str 25 (B 2), ✉ 37073, ☎ (05 51) 5 60 22, Fax 5 60 24
8.45-18.30, So ab 13 →

Göttingen

Grone (3 km ←)

★★★ Best Western Friendly Parkhotel
Kasseler Landstr 45, ✉ 37081, ☎ (05 51) 90 20, Fax 90 21 66, AX DC ED VA
140 Zi, Ez: 135-190, Dz: 195-275, S; 4 Suiten, ⊿ WC ☎, 11🖂; Lift 🅿 10⇔400 ≋ Kegeln Sauna Solarium
Auch Zimmer der Kategorie ★★ vorhanden.
★★★ Hauptgericht 35

★★ Schweizer Hof
Kasseler Landstr 118, ✉ 37081, ☎ (05 51) 5 09 60, Fax 5 09 61 00, AX DC ED VA
39 Zi, Ez: 98-168, Dz: 128-248, ⊿ WC ☎, 20🖂; Lift 🅿 🚗 3⇔25 Fitneßraum Sauna Solarium
geschl: 24.12.96-4.1.97
★ Schweizer Stuben
Hauptgericht 18; geschl: Ende Dez-Anfang Jan

★ Atrium Hotel und Boardinghouse
Kasseler Landstr 25 c, ✉ 37081, ☎ (05 51) 9 00 50, Fax 9 00 54 00, AX DC ED VA
51 Zi, Ez: 90-155, Dz: 130-220, 2 Suiten, 13 App, ⊿ WC ☎, 6🖂; Lift 🅿 🚗 1⇔30 Sauna Solarium 🍽

★ Novostar
Kasseler Landstr 25, ✉ 37081, ☎ (05 51) 9 97 70, Fax 9 97 74 00, AX DC ED VA
72 Zi, Ez: 79-180, Dz: 129-219, ⊿ WC ☎, 8🖂; Lift 🅿; garni

★ Rennschuh
Kasseler Landstr 93, ✉ 37081, ☎ (05 51) 9 00 90, Fax 9 00 91 99, AX DC ED VA
110 Zi, Ez: 70-90, Dz: 100-130, 1 Suite, ⊿ WC ☎; Lift 🅿 🚗 1⇔30 ≋ Kegeln Sauna Solarium 🍽
geschl: Ende Dez-Anfang Jan

Groß Ellershausen (5 km ←)

★★ Freizeit In
Dransfelder Str 3, ✉ 37079, ☎ (05 51) 9 00 10, Fax 9 00 11 00, AX DC ED VA
210 Zi, Ez: 140-235, Dz: 210-290, 4 Suiten, ⊿ WC ☎, 24🖂; Lift 🅿 🚗 38⇔1200 ≋ Fitneßraum Kegeln Sauna Solarium 🚗
★★ Hauptgericht 27; Biergarten Gartenlokal Terrasse

Niklausberg (5 km ↑)

★ Beckmann
♂ Ulrideshuser Str 44, ✉ 37077, ☎ (05 51) 20 90 80, Fax 2 09 08 55, AX DC ED VA
28 Zi, Ez: 60-80, Dz: 100-140, ⊿ WC ☎; Lift 🅿 🚗 🍽
Auch einfachere Zimmer vorhanden

Weende

★★ Am Papenberg
Hermann-Rein-Str, ✉ 37075, ☎ (05 51) 3 05 50, Fax 05 54 00, AX ED VA
64 Zi, Ez: 125-210, Dz: 180-210, S; 6 Suiten, ⊿ WC ☎, 16🖂; Lift 🅿 4⇔90; garni

★★ Astoria
Hannoversche Str 51, ✉ 37075, ☎ (05 51) 3 05 00, Fax 3 05 01 00, AX DC ED VA
65 Zi, Ez: 90-140, Dz: 160-190, 6 Suiten, 87 App, ⊿ WC ☎, 18🖂; Lift 🅿 🚗 13⇔220 Fitneßraum Sauna Solarium; garni
geschl: 20.12.96-2.1.97
Auch Zimmer der Katergorie ★ vorhanden und Langzeitvermietung möglich.

Götz 29 ←

Brandenburg — Potsdam-Mittelmark — 950 Ew — Brandenburg 15, Potsdam 22, Nauen 30 km
ℹ ☎ (03 32 07) 3 26 60 — Gemeindeverwaltung, Dorfstr 51, 14778 Götz

★★ Götz
Ringstr 7, ✉ 14778, ☎ (03 32 07) 6 90 00, Fax 6 91 00, ED VA
39 Zi, Ez: 95-115, Dz: 145-165, ⊿ WC ☎, 8🖂; 🅿 🚗 1⇔20; garni
geschl: Ende Dez-Anfang Jan

Gohrisch 51 ↗

Sachsen — Kreis Pirna — 300 m — 900 Ew — Bad Schandau 3, Pirna 13 km
ℹ ☎ (03 50 21) 4 96 — Verkehrsamt, Hauptstr 108, 01824 Gohrisch; Luftkurort in der Sächsischen Schweiz

★ Parkhotel Margartenhof
♂ Pfaffendorfer Str 89, ✉ 01824, ☎ (03 50 21) 6 81 53, Fax 6 83 16, AX ED VA
32 Zi, Ez: 80-95, Dz: 118-128; 1 Suite, ⊿ WC ☎; 🅿 2⇔40 Fitneßraum Kegeln Sauna Solarium 🍽

★ Anna's Hof
Hauptstr 118, ✉ 01824, ☎ (03 50 21) 6 82 91, Fax 6 70 98, AX ED VA
13 Zi, Ez: 65-75, Dz: 100-130, ⊿ WC ☎; 🅿 🍽
geschl: Jan

★ Pension Waldidylle
♂ Papstdorfer Str 130, ✉ 01824, ☎ (03 50 21) 6 83 56
11 Zi, Ez: 50-85, Dz: 70-100, 2 App, ⊿ WC ☎; 🅿; garni

🛏 Deutsches Haus
Cunnersdorfer Str 20, ✉ 01824, ☎ (03 50 21) 6 89 37, Fax 6 76 84
29 Zi, Ez: 61-85, Dz: 91-120; ⊿ WC ☎; 🅿 🚗 🍽
geschl: Nov

Papstdorf

★ Erblehngericht
Alte Hauptstr 42, ✉ 01824, ☎ (03 50 21) 6 85 13, Fax 6 84 30
28 Zi, Ez: 65, Dz: 98, S; ⊿ WC ☎; 🅿 3⇔100 Sauna Solarium 🍽

Goldbach 55 ↖

Bayern — Kreis Aschaffenburg — 140 m —
10 100 Ew — Aschaffenburg 4 km
🛈 ☎ (0 60 21) 5 00 60, Fax 50 06 45 —
Gemeindeverwaltung, Sachsenhausen 19,
63773 Goldbach

** Bacchusstube
Aschaffenburger Str 2, ⌧ 63773,
☎ (0 60 21) 5 10 34, Fax 5 10 37, AX DC ED VA
12 Zi, Ez: 90, Dz: 150, ⊿ WC ☎; P ¶○|

* MaSell
Aschaffenburger Str 54, ⌧ 63773,
☎ (0 60 21) 59 53, Fax 5 95 59, DC ED VA
8 Zi, Ez: 90-120, Dz: 150-170, 3 App, ⊿ WC
☎; P 2↻20 Solarium ≋
Auch Zimmer der Kategorie ****** vorhanden
* Hauptgericht 30; Terrasse;
geschl: so + feiertags abends

Goldberg 20 ↗

Mecklenburg-Vorpommern — Kreis Lübz
— 67 m — 5 000 Ew — Dobbertin 3,
Lübz 14, Güstrow 28 km
🛈 ☎ (03 87 36) 71 21 — Stadtverwaltung,
Lange Str 67, 19399 Goldberg

Goldberg-Außerhalb (2 km ↑)
* Seelust
♂ ⊰ am Goldberger See, ⌧ 19399,
☎ (03 87 36) 71 56, Fax 71 58, AX ED VA
26 Zi, Ez: 90-125, Dz: 125-145, 1 Suite, ⊿
WC ☎; P 2↻85 Strandbad Seezugang
Sauna Solarium ¶○|

Goldkronach 58 ↑

Bayern — Kreis Bayreuth — 444 m —
3 200 Ew — Bad Berneck 5, Bayreuth 10 km
🛈 ☎ (0 92 73) 4 06, Fax 16 63 — Stadtverwaltung, Marktplatz, 95497 Goldkronach;
Erholungsort

*** Alexander von Humbold
mit Gästehaus**
Bernecker Str 4, ⌧ 95497, ☎ (0 92 73)
9 79-0, Fax 9 79-9 99, AX DC ED VA
40 Zi, Ez: 88-198, Dz: 128-218, 1 Suite,
6 App, ⊿ WC ☎, 10✉; Lift P 5↻200 ≋
Fitneßraum Sauna Solarium ≋
* ⓥ Hauptgericht 25; Biergarten
Terrasse

Golßen 30 ↘

Brandenburg — Dahme-Spreewald —
50 m — 2 400 Ew — Luckau 15, Zossen 33 km
🛈 ☎ (0 35 44) 30 50, Fax 30 50 — Fremdenverkehrsverein, Lindenstr 5, 15926 Luckau

* Motel Golßen
Hauptstr 19, ⌧ 15938, ☎ (03 54 52) 1 55 00,
Fax 1 55 35, ED VA
42 Zi, Ez: 84-94, Dz: 126-136, 4 Suiten, ⊿
WC ☎; P ¶○|

Gomadingen 62 ↗

Baden-Württemberg — Kreis Reutlingen
— 675 m — 2 100 Ew — Münsingen 9,
Bad Urach 14, Reutlingen 24 km
🛈 ☎ (0 73 85) 96 96 33, Fax 96 96 22 — Verkehrsverein, Marktplatz 2, 72532 Gomadingen; Luftkurort auf der Schwäbischen Alb

Dapfen (4 km ↘)
* Gasthof Zum Hirsch
Lautertalstr 59, ⌧ 72532, ☎ (0 73 85) 4 27,
Fax 13 11
22 Zi, Ez: 70-73, Dz: 120-130, ⊿ WC ☎; P 🖳
2↻25 ≋ Fitneßraum Sauna
geschl: Anfang Jan
* Hauptgericht 25; geschl: Di, Jan,
Aug

Offenhausen (2 km ←)
** Landhaus Gulewitsch
⊰ Gächinger Str 1, ⌧ 72532, ☎ (0 73 85)
16 11, Fax 14 78
22 Zi, Ez: 78-92, Dz: 108-148, 2 App, ⊿ WC
☎; Lift P 🖳 2↻30 Fitneßraum Sauna
Solarium; **garni** ¶○|
Rezeption: 8-12, 14-22

Gomaringen 61 ↓

Baden-Württemberg — Kreis Tübingen —
640 m — 7 490 Ew — Tübingen 10, Reutlingen 12 km
🛈 ☎ (0 70 72) 9 15 50 — Gemeindeverwaltung, Rathausstr 4, 72810 Gomaringen

** Arcis
Bahnhofstr 10, ⌧ 72810, ☎ (0 70 72) 91 80,
Fax 91 81 91, AX DC ED
39 Zi, Ez: 92-135, Dz: 140-175, 9 App, ⊿ WC
☎, 10✉; Lift P 🖳 35; **garni**

Gommern 28 ↓

Sachsen-Anhalt — Kreis Burg — 50 m —
6 355 Ew — Schönebeck 10, Magdeburg
20 km
🛈 ☎ (03 92 00) 5 14 17, Fax 5 14 18 — Stadtverwaltung, Platz des Friedens 10,
39245 Gommern. Sehenswert: Mittelalterliche Wasserburg

** Robinien-Hof
⊰ Salzstr 49, ⌧ 39245, ☎ (03 92 00) 6 40,
Fax 6 43 17, AX ED VA
42 Zi, Ez: 88-110, Dz: 112-140, 2 Suiten, ⊿
WC ☎; Lift P 2↻50 ≋ Strandbad Sauna
Solarium ¶○| →

Gommern

✱ Drei Linden
Am Walde 1, ✉ 39245, ☎ (03 92 00)
5 01 81, Fax 5 01 80, AX ED VA
32 Zi, Ez: 98, Dz: 133; 1 Suite, 1 App, ⏃ WC
☎, 10◨; 🅿 Strandbad ⍾

Gompitz 51 ↖

Sachsen — Dresden — 200 m — 2 000 Ew
— Dresden 5, Freital 7, Radebeul 10 km
🛈 ☎ (03 51) 41 40 90 — Gemeindeverwaltung, Altnossenerstr 38, 01462 Gompitz

Gompitz
✱✱ Kim Hotel
Gompitzer Höhe 2, ✉ 01462, ☎ (03 51)
41 02-0, Fax 41 02-1 60
98 Zi, Ez: 100-150, Dz: 130-210, ⏃ WC ☎,
50◨; Lift 🅿 3↻210 Fitneßraum Sauna
Solarium ⍾

Gondorf 52 ↑

Rheinland-Pfalz — Kreis Bitburg-Prüm —
290 m — 372 Ew — Bitburg 10, Wittlich
26 km
🛈 ☎ (0 65 61) 89 34, Fax 46 46 — Tourist-Information, Bitburger Land, Bedaplatz 11,
54634 Bitburg; Ort in der Südeifel

✱✱ Waldhaus Eifel
(Silencehotel)
♂ Am Eifelpark, ✉ 54647, ☎ (0 65 65)
20 77, Fax 33 61, AX DC ED VA
48 Zi, Ez: 76-85, Dz: 130-144, 2 Suiten,
4 App, ⏃ WC ☎; Lift 🅿 🚗 ⍾ Kegeln Sauna
Solarium ⍾

Goslar 37 ↖

Niedersachsen — Kreis Goslar — 320 m —
46 000 Ew — Hildesheim 50, Braunschweig 50, Göttingen 70 km
🛈 ☎ (0 53 21) 28 46, Fax 2 30 05 — Tourist-Information, Markt 7, 38640 Goslar;
tausendjährige Kaiserstadt am Nordhang
des Oberharzes mit mittelalterlichem
Stadtbild.

Sehenswert: Kaiserpfalz mit Ulrichskapelle; Domvorhalle; ehem.
Klosterkirche Neuwerk; kath. Kirche St.
Jakobi; ev. Marktkirche; ev. Pfarrkirche St.
Peter und Paul (auf dem Frankenberg);
Stift zum Großen Heiligen Kreuz; Marktplatz: Glocken- und Figurenspiel; Rathaus
mit Huldigungssaal; Bürger- und Gildehäuser: Brusttuch, Bäckergildehaus, Kaiserworth, Siemenshaus, Zur Börse, Rammelsberger Bergbaumuseum; Stadtbefestigung: Breites Tor, Zwinger; ehem.
Stiftskirche im Grauhof (5 km ↑); Ruine der
Stiftskirche Riechenberg (2 km ↖)

✱✱ Der Achtermann
Rosentorstr 20 (B 1), ✉ 38640, ☎ (0 53 21)
2 10 01, Fax 4 27 48, AX ED VA
152 Zi, Ez: 159-219, Dz: 268-338, ⏃ WC ☎;
Lift 🅿 12↻650 🚗 Fitneßraum Sauna
Solarium
Auch Zimmer der Kategorie ✱✱✱ vorhanden

✱✱ Altdeutsche Stube
⌘ Hauptgericht 30; Terrasse

✱✱ Treff Hotel
Das Brusttuch
Hoher Weg 1 (B 2), ✉ 38640, ☎ (0 53 21)
3 46 00, Fax 34 60 99, AX DC ED VA
13 Zi, Ez: 119-165, Dz: 195-265, S; ⏃ WC ☎;
Lift 🅿 1↻30 🚗 🍴
✱✱ ⌘ Hauptgericht 35

✱✱ Treff Hotel Bären
Krugwiese 11 a, ✉ 38640, ☎ (0 53 21)
78 20, Fax 78 23 04, AX DC ED VA
165 Zi, Ez: 119-169, Dz: 160-230, S; ⏃ WC
☎; Lift 🅿 🚗 10↻350 🚗 Sauna Solarium ⍾
🍴

✱ Die Tanne
Bäringerstr 10 (A 2), ✉ 38640, ☎ (0 53 21)
3 43 90, Fax 34 39 34, ED VA
23 Zi, Ez: 95-120, Dz: 140-180, ⏃ WC ☎,
3◨; 🅿 🚗 1↻50; garni

🍴 Barock-Café Anders
Hoher Weg 4 (B 2-3), ✉ 38640, ☎ (0 53 21)
2 38 14
9.30-18.15
Spezialität: Schlesische Backwaren

Hahnenklee (17 km ↙)
✱ Der Harz Treff
Kur- und Sporthotel
♂ Triftstr 25, ✉ 38644, ☎ (0 53 25) 7 20,
Fax 7 21 35, AX DC ED VA
208 Zi, Ez: 97-150, Dz: 144-206, S; 4 Suiten,
⏃ WC ☎, 40◨; Lift 🅿 🚗 10↻300 🚗 Fitneßraum Sauna Solarium ⍾
Auch Zimmer der Kategorie ✱✱ vorhanden

✱✱ Hahnenkleer Hof
♂ ◂ Parkstr 24 a, ✉ 38644, ☎ (0 53 25)
5 11 10, Fax 51 11 99, AX DC ED VA
46 Zi, Ez: 100-150, Dz: 200-220, 4 Suiten,
4 App, ⏃ WC ☎, 15◨; Lift 🅿 🚗 3↻100 🚗
Strandbad Fitneßraum Sauna Solarium ⍾

Rezeption: 7.30-13, 14-20; geschl:
Mitte Nov-Mitte Dez

✱✱ Walpurgishof
Am Bocksberg 1, ✉ 38644, ☎ (0 53 25)
70 90, Fax 70 91, AX DC ED VA
59 Zi, Ez: 110-125, Dz: 160-270, 10 App, ⏃
WC ☎; Lift 🅿 3↻40 Fitneßraum Kegeln
Sauna Solarium
Rezeption: 8-21
✱✱ ⌘ Hauptgericht 25

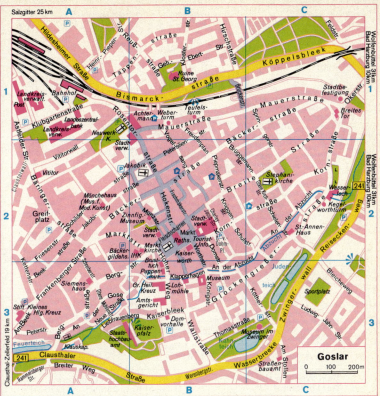

---

* **Apparthotel Bocksbergblick**
☎ Brünneleweg 4, ✉ 38644, ☏ (0 53 25) 50 00, Fax 50 02 99, AX DC ED VA
30 Zi, Ez: 85-125, Dz: 150-250, 16 App, ⌁ WC ☏; P 3✧30 ≋ Sauna Solarium ⚜
Rezeption: 8-17; geschl: Mi
Auch Ferienappartements

---

* **Landhaus Kiesow**
☎ Höhenweg 14, ✉ 38644, ☏ (0 53 25) 25 93, Fax 27 29, ED
21 Zi, Ez: 62-65, Dz: 98-106, ⌁ WC ☏; P 🚌
≋ Fitneßraum Sauna Solarium
geschl: Anfang Nov-Mitte Dez
Restaurant für Hausgäste

Hahnenklee-Außerhalb (3 km ↘)
*** **Dorint Hotel Kreuzeck**
einzeln ☎ ⚐ Am Kreuzeck 1-4, ✉ 38642, ☏ (0 53 25) 7 40, Fax 7 48 39, AX DC ED VA
97 Zi, Ez: 180-215, Dz: 265-295, S; 8 App, ⌁ WC ☏, 10⌁; Lift P 9✧120 ≋ Fitneßraum Kegeln Sauna Solarium

** **Kreuzeck**
Hauptgericht 37; Terrasse

Hahnenklee-Bockswiese (15 km ✎)
* **Bellevue**
☎ Birkenweg 5, ✉ 38644, ☏ (0 53 25) 20 84, Fax 33 19, VA
26 Zi, Ez: 55-85, Dz: 110-150, 6 App, ⌁ WC ☏; P 🚌 ≋ Sauna Solarium; garni

---

Gotha 47 ↑

Thüringen — Kreis Gotha — 306 m — 52 000 Ew — Erfurt 24, Eisenach 32 km
ℹ ☏ (0 36 21) 5 40 36, Fax 22 21 34 — Gotha-Information, Blumenbachstr 1-3, 99867 Gotha. Sehenswert: Schloß Friedenstein (Frühbarock); Schloßkirche; Ekhof-Theater; Schloßmuseum; Forschungsbibliothek; Naturkundemuseum; Kartographisches Museum - bislang einzig in Europa; hist. Hauptmarkt mit Wasserkunst; Rathaus; Klosterkirche mit Kreuzgang; Margarethenkirche

Stadtplan siehe Seite 442   →

🛏 Kostengünstige Unterkunft mit Standard-Ausstattung

Gotha

Best Western Hotel Der Lindenhof
Schöne Aussicht 5, ✉ 99867, ☎ (0 36 21)
7 23 50, Fax 72 35 19, AX DC ED VA
94 Zi, Ez: 120-145, Dz: 160-190, 🚿 WC ☎,
49🛏; Lift 🅿 🚐 5⇌120 Sauna Solarium
Eröffnung nach Redaktionsschluß

*** Pannonia Hotel am Schloßpark
Lindenauallee 20 (A 2), ✉ 99867,
☎ (0 36 21) 44 20, Fax 44 24 52, AX DC ED VA
80 Zi, Ez: 125-165, Dz: 180-235, 16 Suiten,
🚿 WC ☎, 12🛏; Lift 🅿 🚐 9⇌60 Fitneßraum Sauna Solarium

*** Orangerie
Hauptgericht 25; Biergarten Terrasse

** Waldbahn Hotel
Bahnhofstr (B 3), ✉ 99867, ☎ (0 36 21)
23 40, Fax 23 41 30, AX DC ED VA
53 Zi, Ez: 85-132, Dz: 155-188, 3 App, 🚿 WC
☎; Lift 🅿 2⇌60 Bowling Sauna Solarium

** Waldbahn-Restaurant
Hauptgericht 20

** Turmhotel Gotha
Am Luftschiffhafen 2, ✉ 99867, ☎ (0 36 21)
71 60, Fax 71 64 30, AX DC ED VA
104 Zi, Ez: 120-155, Dz: 140-195, S; 🚿 WC
☎, 20🛏; Lift 🅿 🚐 6⇌150 🍴 🍺

* Zur alten Druckerei
Oststr 51 (C 1), ✉ 99867, ☎ (0 36 21)
4 55 40, Fax 45 54 44, AX DC ED VA
32 Zi, Ez: 90-100, Dz: 140, 🚿 WC ☎; Lift 🅿 🍴

* Treff Hotel Gotha
Ordruffer Str 2 b (C 3), ✉ 99867,
☎ (0 36 21) 71 70, Fax 71 75 00, AX DC ED VA
120 Zi, Ez: 100-130, Dz: 130-150, 🚿 WC ☎,
30🛏; Lift 🅿 4⇌160 Fitneßraum Sauna
Solarium 🍴 🍺

* Toscana
Pfortenwallgasse 1 (A 1), ✉ 99867,
☎ (0 36 21) 2 95 93, Fax 2 95 96, AX DC ED VA
20 Zi, Ez: 125, Dz: 190, 🚿 WC ☎; 🅿 🍴

* St. Gambrin
Schwabhäuser Str 47 (B 1), ✉ 99867,
☎ (0 36 21) 3 09 00, Fax 30 90 40,
AX DC ED VA
24 Zi, Ez: 100-120, Dz: 140-160, 🚿 WC ☎; 🅿
🚐 1⇌30 🍴

* Partnerhotel
Eisenacher Str 87 (außerhalb A 1),
✉ 99867, ☎ (0 36 21) 30 12 35, Fax 30 12 39,
AX DC ED VA
30 Zi, Ez: 90-95, Dz: 110-130, 🚿 WC ☎; 🅿 🍴

** Pagenhaus
Schloß Friedenstein (A 2), ⌧ 99867,
☏ (0 36 21) 40 36 12, Fax 45 69 10,
AX DC ED VA
Hauptgericht 35; Biergarten Gartenlokal P
Terrasse; geschl: Di, Jan

Gospiteroda (11 km ✓)
* Thüringer Waldblick
einzeln ♂ ⋖ Am Boxberg 86, ⌧ 99880,
☏ (0 36 21) 5 46 38, Fax 5 46 38, AX ED VA
18 Zi, Ez: 90, Dz: 125-150, 5 Suiten, ⊣ WC
☏; P 2✪100 Fitneßraum Sauna Solarium
¥◎¦

Siebleben (2 km →)
** Gothaer Hof
Weimarer Str 18, ⌧ 99867, ☏ (0 36 21)
22 40, Fax 22 47 44, AX DC ED VA
104 Zi, Ez: 110-190, Dz: 150-220, ⊣ WC ☏,
21⊠; Lift P 6✪130 ≋ Fitneßraum
Sauna Solarium
Auch Zimmer der Kategorie * vorhanden
** Hauptgericht 20; Terrasse

** Landhaus Hotel Garni
Salzgitterstr 76, ⌧ 99867, ☏ (0 36 21)
36 49-0, Fax 36 49 49, AX ED VA
12 Zi, Ez: 95-110, Dz: 120-140, 2 Suiten, ⊣
WC ☏, 3⊠; P

Gottleuba, Bad   51 □

Sachsen — Kreis Pirna — 320 m —
2 133 Ew — Königstein 15, Pirna 19,
Dresden 35 km
ℹ ☏ (03 50 23) 2 71, Fax 3 90 — Verkehrsamt, Hauptstr 5, 01816 Bad Gottleuba;
Kurort. Sehenswert: Marktbrunnen; Postmeilensäule; Talsperre

Gottleuba, Bad-Außerhalb (3 km →)
** Berghotel Augustusberg
einzeln ♂ ⋖ ⌧ 01816, ☏ (03 50 23) 6 25 04,
Fax 6 24 80, AX ED
20 Zi, Ez: 75-85, Dz: 95-135, ⊣ WC ☏; P
2✪35 Fitneßraum Sauna Solarium ¥◎¦

Gottmadingen   68 ↓

Baden-Württemberg — Kreis Konstanz —
432 m — 8 900 Ew — Singen 7, Schaffhausen 14, Konstanz 38 km
ℹ ☏ (0 77 31) 7 80 10, Fax 78 01 52 —
Bürgermeisteramt, Johann-Georg-Fahr-
Str 10, 78244 Gottmadingen

** Sonne
Hauptstr 61, ⌧ 78244, ☏ (0 77 31) 7 16 28,
Fax 7 37 51, AX DC ED VA
39 Zi, Ez: 75-95, Dz: 120-150, ⊣ WC ☏; Lift
P ¥◎¦
Auch Zimmer der Kategorie * vorhanden

** Kranz
Hauptstr 37, ⌧ 78244, ☏ (0 77 31) 70 61,
Fax 7 39 94, ED VA
20 Zi, Ez: 80, Dz: 130, ⊣ WC ☏; Lift P ⊟
1✪20 ¥◎¦

* Linde
Lindenstr 8, ⌧ 78244, ☏ (0 77 31) 7 11 73,
Fax 7 38 99, AX DC ED VA
14 Zi, Ez: 75-80, Dz: 120-130, 1 Suite, ⊣ WC
☏; P ⊟ ¥◎¦
geschl: Mo, Mitte-Ende Jan

* Heilsberg
♂ Heilsbergweg 2, ⌧ 78244, ☏ (0 77 31)
7 16 64, Fax 7 42 64, ED VA
11 Zi, Ez: 75-90, Dz: 120, ⊣ WC ☏; P ⊟ ¥◎¦

Bietingen (3 km ←)
* Landgasthof Wider
Ebringer Str 11, ⌧ 78244, ☏ (0 77 34)
9 40 00, Fax 94 00 99, ED VA
15 Zi, Ez: 55-65, Dz: 95-110, ⊣ WC ☏; P ⊟
Kegeln ¥◎¦
geschl: Di

Graach an der Mosel   52 ✓

Rheinland-Pfalz — Kreis Bernkastel-Wittlich — 105 m — 800 Ew — Bernkastel-
Kues 2, Traben-Trarbach 18 km
ℹ ☏ (0 65 31) 57 07 73, Fax 57 04 00 —
Gemeindeverwaltung, Hauptstr 94,
54470 Graach

* Weinhaus Pfeiffer
⋖ Gestade 12, ⌧ 54470, ☏ (0 65 31) 40 01,
Fax 10 78
13 Zi, Ez: 42-85, Dz: 82-120, ⊣ WC ☏; P ⊟;
garni
geschl: Do, 20.12.96-1.2.97
Eigenbauweine

Graal-Müritz   12 →

Mecklenburg-Vorpommern — Kreis
Rostock — 8 m — 3 976 Ew — Ribnitz-
Damgarten 14, Rostock 20 km
ℹ ☏ (03 82 06) 8 11 62 — Gemeindeverwal-
tung, Zur Seebrücke, 18181 Graal-Müritz;
Erholungs- und Luftkurort, Seeheilbad

Graal
** Ifa Grand Hotel
⋖ Waldstr, ⌧ 18181, ☏ (03 82 06) 7 30,
Fax 7 32 27, AX DC ED VA
86 Zi, Ez: 120-190, Dz: 150-230, 20 Suiten;
⊣ WC ☏; P ⊟ 4✪80 ≋ Sauna Solarium
¥◎¦
Auch Zimmer der Kategorie *** vorhan-
den

** Residenz an der Seebrücke
Zur Seebrücke 34, ⌧ 18181, ☏ (03 82 06)
2 07, Fax 7 92 46, AX DC ED VA
67 Zi, Ez: 88-120, Dz: 120-250, 1 Suite,
12 App, ⊣ WC ☏; P 1✪16 Seezugang
Sauna Solarium ¥◎¦

** Ostseewoge
⋖ An der Seebrücke 35, ⌧ 18181,
☏ (03 82 06) 7 10, Fax 7 17 77, AX ED VA
27 Zi, Ez: 150, Dz: 190, ⊣ WC ☏, 1⊠; Lift P
1✪35 Seezugang Fitneßraum Sauna
Solarium ¥◎¦

→

Graal-Müritz

* Haus am Meer
◀ Zur Seebrücke 36, ✉ 18181, ☎ (03 82 06) 73 90, Fax 7 39 39, AX
27 Zi, Ez: 70-130, Dz: 120-150, ◨ WC ☎; P
Seezugang Sauna ¶⊙¶

* Kähler
Zur Seebrücke 18, ✉ 18181, ☎ (03 82 06) 7 98 06, Fax 4 12
10 Zi, Ez: 70-90, Dz: 120-130, 1 Suite, ◨ WC ☎; P ⇌ 1⇔20 ¶⊙¶

Müritz

* Seehotel Düne
♂ ◀ Strandstr 64, ✉ 18181, ☎ (03 82 06) 7 97 72, Fax 7 97 74, AX DC ED VA
20 Zi, Ez: 85-120, Dz: 130-180, ◨ WC ☎; P 2⇔35 Sauna ¶⊙¶

Gräfelfing 71 ↗

Bayern — Kreis München — 540 m — 13 500 Ew — München 12, Fürstenfeldbruck 16, Starnberg 17 km
ℹ ☎ (0 89) 8 58 20 — Gemeindeverwaltung, Ruffiniallee 2, 82166 Gräfelfing

Lochham (1 km ↗)

* Würmtaler Gästehaus
Rottenbucher Str 55, ✉ 82166, ☎ (0 89) 8 54 50 56, Fax 85 38 97, ED VA
53 Zi, Ez: 110-160, Dz: 145-240, ◨ WC ☎, 2✉; P ⇌ 2⇔50 Sauna ¶⊙¶

** Lochhamer Einkehr
Lochhamer Str 4, ✉ 82166, ☎ (0 89) 85 54 22, Fax 8 54 17 61, AX ED VA
Hauptgericht 30; geschl: Mo

Grafenau 66 □

Bayern — Kreis Freyung-Grafenau — 650 m — 9 016 Ew — Freyung 16, Regen 31, Passau 41 km
ℹ ☎ (0 88 52) 4 27 43, Fax 46 90 — Verkehrsamt, Rathausgasse 1, 94481 Grafenau; Luftkurort und Wintersportplatz im Bayerischen Wald

*** Steigenberger Avance Sonnenhof
♂ ◀ Sonnenstr 12, ✉ 94481, ☎ (0 85 52) 44 80, Fax 46 80, AX DC ED VA
190 Zi, Ez: 148-214, Dz: 198-266, 4 Suiten, ◨ WC ☎, 48✉; Lift P ⇌ 9⇔180 ≈ ☉ Bowling Fitneßraum Kegeln Sauna Solarium 🐾 Tennis 8;
Auch Zimmer der Kategorie ****** vorhanden

** Hobelspan
Hauptgericht 27; Terrasse

** Parkhotel
♂ ◀ Freyunger Str 51, ✉ 94481, ☎ (0 85 52) 44 90, Fax 44 91 61, AX ED VA
37 Zi, Ez: 70-155, Dz: 150-250, 8 Suiten, ◨ WC ☎; Lift P 2⇔70 ☉ Fitneßraum Sauna Solarium
geschl: Nov-Mitte Dez

** Zum Postillion
◀ Hauptgericht 25; geschl: Nov-Mitte Dez

** Am Kurpark
♂ ◀ Freyunger Str 49, ✉ 94481, ☎ (0 85 52) 42 90, Fax 42 94 12, AX DC ED VA
110 Zi, Ez: 78-106, Dz: 120-182, 7 App, ◨ WC ☎; Lift P ⇌ ☉ Fitneßraum Sauna Solarium

** Hauptgericht 25; Terrasse

*** Säumerhof
◀ Steinberg 32, ✉ 94481, ☎ (0 85 52) 24 01, Fax 53 43, AX DC ED VA
Hauptgericht 36; P Terrasse; nur abends, Fr-So+feiertags auch mittags
* ◀ 8 Zi, Ez: 75-90, ♕
Dz: 150-180, 1 Suite, ◨ WC ☎; 1⇔20
Sauna Solarium

Grüb (1 km ↑)

** Hubertus
♂ Haus Nr 20, ✉ 94481, ☎ (0 85 52) 9 64 90, Fax 52 65
35 Zi, Ez: 65-75, Dz: 130-140, ◨ WC ☎; Lift P ⇌ 1⇔40 ☉ Fitneßraum Sauna Solarium ¶⊙¶ 🐾
geschl: Mo
Auch Zimmer der Kategorie ***** vorhanden

Grafenhausen 67 ↘

Baden-Württemberg — Kreis Waldshut — 1000 m — 2 204 Ew — Schluchsee 9, Bonndorf 15, Waldshut 28 km
ℹ ☎ (0 77 48) 5 20 41, Fax 5 20 42 — Kurverwaltung, Schulstr 1, 79865 Grafenhausen; Luftkurort im südlichen Schwarzwald

Rothaus (4 km ↖)

* Kurhaus Rothaus mit Gästehaus
Haus Nr 2, ✉ 79865, ☎ (0 77 48) 12 51, Fax 55 42
50 Zi, Ez: 88-109, Dz: 145-185, 2 Suiten, ◨ WC ☎; P ⇌ 1⇔35 Sauna
geschl: Anfang-Ende Apr, Mitte Nov-Ende Dez

* Hauptgericht 30; geschl: Ende Apr, Mitte Nov-Mitte Dez

Grafenwiesen 65 ↗

Bayern — Kreis Cham — 480 m — 1 700 Ew — Kötzting 4, Lam 13, Viechtach 18 km
ℹ ☎ (0 99 41) 16 97, Fax 47 83 — Verkehrsamt, Rathausplatz 6, 93479 Grafenwiesen; Erholungsort im Bayerischen Wald, am Weißen Regen

** Birkenhof
♂ ◀ Auf der Rast 7, ✉ 93479, ☎ (0 99 41) 15 82, Fax 49 61
50 Zi, Ez: 70-80, Dz: 130-160, ◨ WC; Lift P ⇌ ☉ Fitneßraum Sauna Solarium ¶⊙¶ 🐾
Rezeption: 7.30-22, So 7.30-20; geschl: Anfang Jan, Anfang-Mitte Mär, Anfang Nov-Mitte Dez

Grafing b. München 72→

Bayern — Kreis Ebersberg — 522 m —
11 500 Ew — Ebersberg 4, Wasserburg/
Inn 27, München 32 km
🛈 ☎ (0 80 92) 70 30, Fax 7 03 37 — Stadtverwaltung, Marktplatz 28, 85567 Grafing

✳ **Kastenwirt**
Marktplatz 21, ⌧ 85567, ☎ (0 80 92) 50 83,
Fax 58 70, AX ED VA
18 Zi, Ez: 85, Dz: 125, ᕲ WC ☎; P 🚗
3⇆150
Rezeption: 7-14.30, 17-24
✳ Hauptgericht 20; geschl: Mi

✳ **Aquarium**
Am Eisstadion, ⌧ 85567, ☎ (0 80 92) 91 06,
Fax 39 72, AX ED VA
Hauptgericht 25; geschl: Mo, 2 Wochen im
Apr, 2 Wochen im Aug

Grainau 71 ↙

Bayern — Kreis Garmisch-Partenkirchen —
750 m — 3 700 Ew — Garmisch-Partenkirchen 6 km
🛈 ☎ (0 88 21) 8 14 11, Fax 84 88 — Verkehrsamt, Am Kurpark 1, 82491 Grainau;
Luftkurort und Wintersportplatz. Sehenswert: Zugspitze, 2963 m ≼ (entweder mit
Zahnradbahn bis Sonn-Alpin, von dort
Seilbahn zum Gipfel, oder Seilbahn ab
Eibsee direkt zum Gipfel); Höllentalklamm
(3 km ↓); Eibsee (4 km ↙)

✳✳✳ **Alpenhof** ♛
♂ ≼ Alpspitzstr 34, ⌧ 82491, ☎ (0 88 21)
98 70, Fax 9 87 77, DC ED VA
36 Zi, Ez: 85-170, Dz: 240-350, ᕲ WC ☎,
25✉; Lift P 🚗 Fitneßraum Sauna Solarium
🏊
geschl: 6.11.96-17.12.96
✳✳ Hauptgericht 30; Terrasse;
geschl: 7.11.-18.12.96

✳✳ **Waxenstein**
Kur- und Sporthotel
♂ ≼ Höhnrainweg 3, ⌧ 82491, ☎ (0 88 21)
98 40, Fax 84 01, AX DC ED VA
48 Zi, Ez: 125-200, Dz: 200-290, 6 Suiten, ᕲ
WC ☎; Lift P 🚗 3⇆80 ⌂ Fitneßraum
Sauna Solarium
✳✳✳ **Kupferkessel**
Hauptgericht 25; Terrasse

✳ **Längenfelder Hof**
♂ ≼ Längenfelder Str 8, ⌧ 82491,
☎ (0 88 21) 80 88, Fax 8 18 07
20 Zi, Ez: 70-150, Dz: 120-186, 4 App, ᕲ WC
☎; P 🚗 ⌂ Fitneßraum Sauna Solarium;
garni
geschl: Mitte Nov-Mitte Dez

✳ **Gästehaus Bergland**
♂ ≼ Alpspitzstr 14, ⌧ 82491, ☎ (0 88 21)
9 88 90, Fax 98 89 99, AX DC ED VA
9 Zi, Dz: 110-140, 1 Suite, ᕲ WC ☎; P;
garni

✳ **Wetterstein**
Waxensteinstr 26, ⌧ 82491, ☎ (0 88 21)
8 00 45, Fax 88 38
15 Zi, Ez: 69-75, Dz: 116-150, ᕲ WC ☎; P 🚗
Sauna Solarium; **garni**

✳ **Alpspitz**
Loisachstr 56, ⌧ 82491, ☎ (0 88 21) 8 16 85,
Fax 8 27 94, AX ED VA
21 Zi, Ez: 45-75, Dz: 130-150, WC ☎; P Fitneßraum Sauna Solarium 🍽
geschl: Mi
Auch Zimmer der Kategorie ✳✳ vorhanden

✳ **Sonneneck**
Waxensteinstr 23, ⌧ 82491, ☎ (0 88 21)
89 40, Fax 8 28 38, ED
17 Zi, Ez: 75-85, Dz: 130-180, ᕲ WC ☎; P;
garni
geschl: Ende Nov-Anfang Dez

✳ **Gästehaus Barbara**
♂ Am Krepbach 12, ⌧ 82491, ☎ (0 88 21)
89 24, Fax 89 24
12 Zi, Ez: 60-75, Dz: 86-94, 5 App, ᕲ WC ☎;
P; garni

✳ **Haus Bayern**
♂ ≼ Zugspitzstr 72, ⌧ 82491, ☎ (0 88 21)
89 85
15 Zi, Ez: 50-80, Dz: 100-120, 2 Suiten, ᕲ
WC ☎; P 🚗 ≈; garni

Grainau-Außerhalb (4 km ↙)
✳✳✳ **Eibsee Hotel**
einzeln ♂ ≼ Am Eibsee 1, ⌧ 82491,
☎ (0 88 21) 80 81, Fax 8 25 85, AX DC ED VA
113 Zi, Ez: 150-190, Dz: 160-280, 5 Suiten,
1 App, ᕲ WC ☎, 20✉; Lift P 6⇆180 ≈ ⌂
Strandbad Seezugang Fitneßraum Sauna
Solarium 🏊
3 Tennis
✳✳ ≼ Hauptgericht 35; Terrasse

Gramkow 11 ↘

Mecklenburg-Vorpommern — Kreis Nordwestmecklenburg — 1 000 Ew — Wismar 16, Grevesmühlen 11, Boltenhagen 18 km
🛈 ☎ (03 84 28) 3 20, Fax 3 20 — Gemeindeverwaltung, Dorfstr 17, 23968
Gramkow. Sehenswert: Dorfkirche

Hohen Wieschendorf
✳✳ **Golf Hotel**
einzeln ♂ ≼ Am Golfplatz 1, ⌧ 23968,
☎ (03 84 28) 4 82, Fax 4 84
16 Zi, Ez: 98-195, Dz: 123-245, 32 App, ᕲ
☎; P 🚗 🍽 🏊
Golf 18

♂ Betrieb verfügt über eine Anzahl ruhiger
Zimmer

Gransee 21 ↘

Brandenburg — Kreis Oberhavel — 53 m —
4 900 Ew — Neuruppin 31, Oranienburg 34, Berlin 60 km
🛈 ☎ (0 33 06) 21 60 60 — Tourist Information, Rudolf-Breitscheid-Str 44, 16775 Gransee. Sehenswert: St.-Marien-Kirche; Franziskaner-Kloster; Luisendenkmal; Ruppiner Tor (14. Jh.) mit Stadtmauer und Pulverturm

✽ **Lindenhof**
Templiner Str 29, ✉ 16775, ☎ (0 33 06) 25 24, Fax 2 15 37, ED VA
10 Zi, Ez: 60, Dz: 98, ⊴ WC ☎; P 🍴
Rezeption: 6-14.30, 17.30-23

Grasbrunn 72 □

Bayern — Kreis München — 560 m —
3 900 Ew — München 14 km
🛈 ☎ (0 89) 46 30 06 — Gemeindeverwaltung, im Ortsteil Neukeferloh, Lerchenstr 1, 85630 Grasbrunn

Keferloh (3 km ↑)
✽ **Gasthof Kreitmair**
einzeln, Haus Nr 28, ✉ 85630, ☎ (0 89) 46 46 57, Fax 4 60 37 68, DC ED VA
Hauptgericht 30; Biergarten P; geschl: Mo

Grasellenbach 54 →

Hessen — Kreis Bergstraße — 450 m —
690 Ew — Wald-Michelbach 6, Fürth/Odw. 12, Hirschhorn/Neckar 27 km
🛈 ☎ (0 62 07) 25 54, Fax 25 54 — Kurverwaltung, Am Kurpark 1, 64689 Grasellenbach; Kneippheilbad im Odenwald. Sehenswert: Siegfriedsbrunnen; Walburgiskapelle; Hirtenhäuschen; Nibelungenhalle

✽✽ **Siegfriedsbrunnen (Ringhotel)**
♂ Hammelbacher Str 7, ✉ 64689, ☎ (0 62 07) 60 80, Fax 15 77, AX ED VA
58 Zi, Ez: 97-133, Dz: 184-218, S; 2 Suiten, ⊴ WC ☎; Lift P 5⇔80 ≈ ≘ Sauna Solarium
Rezeption: 7-21
✽✽ Hauptgericht 30

✽ **Gassbachtal**
♂ Hammelbacher Str 16, ✉ 64689, ☎ (0 62 07) 9 40 00, Fax 94 00 13
22 Zi, Ez: 69-82, Dz: 138-164, ⊴ WC ☎; Lift P Fitneßraum Sauna Solarium ⚓
Rezeption: 8-19; geschl: Mo, Feb
Auch Zimmer der Kategorie ✽✽ vorhanden. Restaurant für Hausgäste

✽ **Landhaus Muhn**
♂ ◄ Im Erzfeld 10, ✉ 64689, ☎ (0 62 07) 9 40 20, Fax 94 02 19, AX DC ED VA
15 Zi, Ez: 65-86, Dz: 130-148, ⊴ WC ☎; P 🚗
Fitneßraum Sauna Solarium ⚓
geschl: Mitte Nov-Mitte Dez
Auch Zimmer der Kategorie ✽✽ vorhanden

Grassau Kr. Traunstein 73 ↗

Bayern — Kreis Traunstein — 540 m —
6 000 Ew — Prien 14, Reit im Winkl 18, Traunstein 25 km
🛈 ☎ (0 86 41) 23 40, Fax 40 08 41 — Verkehrsamt, Kirchplatz 3, 83224 Grassau; Luftkurort im Chiemgau. Sehenswert: Kath. Kirche Mariä Himmelfahrt; Soleleitungsmuseum

✽✽✽ **Astron Sporthotel Achental**
Mietenkamer Str 65, ✉ 83224, ☎ (0 86 41) 40 10, Fax 17 58, AX DC ED VA
148 Zi, Ez: 163, Dz: 206, ⊴ WC ☎, 52🛏; Lift P 17⇔250 ≈ ≘ Fitneßraum Kegeln Sauna Solarium
✽✽ Hauptgericht 30

Grassau-Außerhalb (6 km ↘) über Rottau
✽ **Berggasthof Adersberg**
einzeln ♂ ◄ ✉ 83224, ☎ (0 86 41) 30 11
30 Zi, Ez: 55-60, Dz: 90-110, ⊴ WC ☎; P ≈ Fitneßraum Kegeln Sauna Solarium 🍴⚓
geschl: Di, Ende Nov-Mitte Dez

Greding 64 ↘

Bayern — Kreis Roth — 400 m — 7 000 Ew — Eichstätt 31, Ingolstadt 35, Neumarkt i. d. Oberpfalz 38 km
🛈 ☎ (0 84 63) 9 04 20, Fax 9 04 50 — Verkehrsamt, Marktplatz 13, 91171 Greding; Erholungsort im Fränkischen Jura. Sehenswert: Roman. Basilika mit Karner; Marktplatz; Schloß; Stadtmauer

✽ **Schuster**
Marktplatz 23, ✉ 91171, ☎ (0 84 63) 9030, Fax 7 88, AX DC ED VA
62 Zi, Ez: 95-180, Dz: 130-220, ⊴ WC ☎; Lift P 🚗 6⇔90 ≘ Sauna Solarium 🍴
Auch Zimmer der Kategorie ✽✽ vorhanden

✽ **Am Markt**
Marktplatz 2, ✉ 91171, ☎ (0 84 63) 10 51, Fax 16 02, AX DC ED VA
29 Zi, Ez: 48-68, Dz: 85-98, ⊴ WC ☎; P 🍴

Greetsiel siehe Krummhörn

Grefrath 32 □

Nordrhein-Westfalen — Kreis Viersen — 35 m — 14 400 Ew — Viersen 10, Krefeld 21 km
🛈 ☎ (0 21 58) 91 81 23, Fax 91 81 08 — Gemeindeverwaltung, Rathausplatz 3, 47929 Grefrath. Sehenswert: Laurentius-Kirche; Freilichtmuseum Dorenburg; Haus Niershoff; im Stadtteil Oedt: Kirche und Burgruine Uda

✽✽ **Akzent-Hotel Sporthotel Grefrather Hof**
Am Waldrand 1, ✉ 47929, ☎ (0 21 58) 40 70, Fax 40 72 00, AX DC ED VA
78 Zi, Ez: 95-135, Dz: 134-184, ⊴ WC ☎; Lift P 🚗 10⇔80 ≘ Kegeln Sauna Solarium
✽ Hauptgericht 25; Terrasse

Greifswald 13 ↘

Mecklenburg-Vorpommern — Hansestadt Greifswald — 6 m — 70 700 Ew — Stralsund 31, Anklam 37 km
i ☎ (0 38 34) 34 60, Fax 37 88 — Fremdenverkehrsverein, Schuhhagen 22, 17489 Greifswald; Hansestadt. Sehenswert: Zweitälteste Universität Nordeuropas; Dom; Kirchen St.-Marien, St.-Jakobi und St.-Josef; Fangelturm; Befestigungsanlagen; Zisterzienserkloster; Ortsteil Wieck: Klappbrücke; Fischer- und Kapitänshäuser; Universitätsgebäude im Barock

✱✱ Best Western Europa
Hans-Beimler-Str 1, ✉ 17491, ☎ (0 38 34) 80 10, Fax 80 11 00, AX DC ED VA
51 Zi, Ez: 162-197, Dz: 204-214, 4 App, ⊿ WC ☎, 16⌘; Lift ℙ 3↔120 Fitneßraum Sauna Solarium

✱✱ Galloway
Hauptgericht 26; Terrasse

✱✱ Am Gorzberg
✉ 17462, ☎ (0 38 34) 54 40, Fax 54 44 44, AX DC ED VA
116 Zi, Ez: 140, Dz: 170, 4 Suiten, ⊿ WC ☎, 58⌘; ℙ 3↔200 Fitneßraum Sauna Solarium ⛾

✱ Möller
♂ Hans-Fallada-Str 4, ✉ 17489, ☎ (0 38 34) 50 23 23, Fax 50 23 24, ED
16 Zi, Ez: 90-150, Dz: 140-160, ⊿ WC ☎; ℙ 🚗 ⛾
Auch Zimmer der Kategorie ✱✱ vorhanden

Wieck (6 km →)

✱✱ Ryck-Hotel
♂ Rosenstr 17 b, ✉ 17493, ☎ (0 38 34) 8 33 00, Fax 83 30 32, AX ED VA
18 Zi, Ez: 90-140, Dz: 150-170, 2 Suiten, ⊿ WC ☎; ℙ ⛾
Rezeption: 7-12, 16-23

✱ Maria
♂ Dorfstr 45 a, ✉ 17493, ☎ (0 38 34) 84 14 26, Fax 84 01 36, ED
10 Zi, Ez: 90, Dz: 130, 1 App, ⊿ WC ☎; ℙ
✱ Hauptgericht 20; Terrasse

siehe auch **Mesekenhagen**

siehe auch **Neuenkirchen**

Greiz 49 ↘

Thüringen — Kreis Greiz — 325 m — 33 000 Ew — Reichenbach 9, Zwickau 25 km
i ☎ (0 36 61) 70 32 92, Fax 70 32 91 — Greiz-Information, Burgplatz, Unteres Schloß, 07973 Greiz; Stadt im Vogtland. Sehenswert: Schloß; Theater; Rathaus; Pulverturm ⚓

✱✱ Schloßberg-Hotel
Marienstr 5, ✉ 07973, ☎ (0 36 61) 62 21 23, Fax 62 21 66, ED
27 Zi, Ez: 80-100, Dz: 120-150, 6 Suiten, ⊿ WC ☎, 5⌘; Lift, 3↔60; **garni**

✱ Ambiente
Bahnhofstr 7, ✉ 07973, ☎ (0 36 61) 67 20 54, Fax 66 34, ED VA
6 Zi, Ez: 80, Dz: 100-130, 1 Suite, ⊿ WC ☎; ℙ ⛾
geschl: 6.1.-17.1.97

Untergrochlitz (3 km ↙)
✱ Am Wald
♂ Untergrochlitzer Str 8, ✉ 07973, ☎ (0 36 61) 67 08 03, Fax 67 08 05, ED
13 Zi, Ez: 90, Dz: 110-130, ⊿ WC ☎, 11⌘; ℙ

siehe auch **Mohlsdorf**

Gremsdorf 57 ←

Bayern — Kreis Erlangen-Höchstadt — 272 m — 1 345 Ew — Höchstadt a. d. Aisch 3, Forchheim 22 km
i ☎ (0 91 93) 83 43, Fax 42 49 — Gemeindeverwaltung, Hauptstr 21, 91350 Gremsdorf

✱ Gasthof Scheubel
Hauptstr 1, ✉ 91350, ☎ (0 91 93) 34 44, Fax 25 89, ED
33 Zi, Ez: 45-78, Dz: 78-118, ⊿ WC ☎; ℙ 🚗 3↔100 ⛾
geschl: Ende Dez
Auch einfachere Zimmer vorhanden

Grenzach-Wyhlen 67 ↙

Baden-Württemberg — Kreis Lörrach — 560 m — 13 525 Ew — Basel 6, Lörrach 12 km
i ☎ (0 76 24) 3 20, Fax 3 22 11 — Bürgermeisteramt, im Ortsteil Grenzach, Hauptstr 10, 79639 Grenzach-Wyhlen

Grenzach
✱ Eckert
Basler Str 20, ✉ 79639, ☎ (0 76 24) 50 01, Fax 24 14, ED
27 Zi, Ez: 105, Dz: 175, 2 Suiten, ⊿ WC ☎; Lift ℙ 🚗
✱ Hauptgericht 38; geschl: Do abends, Sa mittags

Greußen 37 ↘

Thüringen — Kreis Sondershausen — 230 m — Sömmerda 18, Sondershausen 20 km
i ☎ (0 36 36) 2 96 — Stadtverwaltung, Marktplatz 1, 99718 Greußen

✱ Am Steingraben
Flattigstr 21, ✉ 99718, ☎ (0 36 36) 70 11 45, Fax 70 11 43, AX DC ED VA
20 Zi, Ez: 75, Dz: 120, ⊿ WC ☎; ℙ; **garni**

Greven 23

Nordrhein-Westfalen — Kreis Steinfurt — 50 m — 31 000 Ew — Münster 15, Rheine 31, Osnabrück 38 km
🅘 ☏ (0 25 71) 13 00, Fax 5 52 34 — Verkehrsverein, Alte Münsterstr 23, 48268 Greven; Stadt an der Ems. Sehenswert: Kath. Kirche St. Martin; Sachsenhof Pentrup

** Zur Kroner Heide
Kronerheide 5, ✉ 48268, ☏ (0 25 71) 9 39 60, Fax 93 96 66
32 Zi, Ez: 100-110, Dz: 150-200, ⇃ WC ☏; 🅿 🚗 4⇄30
geschl: So
Restaurant für Hausgäste

** Eichenhof
Hansaring 70, ✉ 48268, ☏ (0 25 71) 5 20 07, Fax 5 20 00, ⒶⓍ ⒹⒸ ⒺⒹ ⓋⒶ
27 Zi, Ez: 110, Dz: 160, ⇃ WC ☏; 🅿 2⇄25
Golf 9
** Hauptgericht 25; Biergarten; geschl: Sa Mittag

Gimbte (5 km ↘)
* Schraeder
Dorfstr 29, ✉ 48268, ☏ (0 25 71) 92 20, Fax 9 22 57
32 Zi, Ez: 75-80, Dz: 120-130, ⇃ WC ☏; 🅿 🚗
Kegeln
* Hauptgericht 25; geschl: So abends, Mo mittags, 2 Wochen im Feb

* Altes Wirtshaus mit Gästehaus
Alter Fährweg 6, ✉ 48268, ☏ (0 25 71) 5 20 44, Fax 5 48 81 ⒺⒹ
16 Zi, Ez: 75-80, Dz: 130, ⇃ WC ☏; 2⇄60
Rezeption: 11-23

** Altdeutsche Schänke
Dorfstr 18, ✉ 48268, ☏ (0 25 71) 22 61, ⒶⓍ ⒺⒹ
Hauptgericht 25; 🅿; geschl: Di, 1.8.-30.8.97

Greven-Außerhalb (3,5 km ←)
* Wermelt
Nordwalder Str 160, ✉ 48268, ☏ (0 25 71) 92 70, Fax 92 71 52, ⒶⓍ ⒹⒸ ⒺⒹ ⓋⒶ
16 Zi, Ez: 80, Dz: 120, 13 App, ⇃ WC ☏; 🅿 🍴

Grevenbroich 32

Nordrhein-Westfalen — Kreis Neuss — 60 m — 61 800 Ew — Neuss 15, Köln 29 km
🅘 ☏ (0 21 81) 60 80, Fax 60 82 02 — Stadtverwaltung, Am Markt 1, 41515 Grevenbroich; Stadt an der Erft. Sehenswert: Museum im Stadtpark; Schloß Hülchrath im Stadtteil Neukirchen (8 km ↗)

** Montanushof
Montanusstr 66, ✉ 41515, ☏ (0 21 81) 60 90, Fax 60 96 00, ⒶⓍ ⒹⒸ ⒺⒹ ⓋⒶ
114 Zi, Ez: 150-350, Dz: 230-480, 2 Suiten, ⇃ WC ☏, 39⊠; Lift 🅿 🚗 9⇄220 Bowling Kegeln Sauna Solarium; garni

* Stadt Grevenbroich
Röntgenstr 40, ✉ 41515, ☏ (0 21 81) 30 48, Fax 37 05, ⒶⓍ ⒺⒹ
27 Zi, Ez: 85-110, Dz: 140-160, ⇃ WC ☏; 🅿; garni
geschl: Ende Dez-Anfang Jan

**** Zur Traube 🍷 🍷🍷
(Relais & Châteaux)
Bahnstr 47, ✉ 41515, ☏ (0 21 81) 6 87 67, Fax 6 11 22, ⒹⒸ ⒺⒹ ⓋⒶ
Hauptgericht 60; geschl: So, Mo, Mitte-Ende Jul, Mitte Dez-Mitte Jan
*** 4 Zi, Ez: 220-360, 👑
Dz: 290-360, 2 Suiten, ⇃ WC ☏; 🅿 🚗 2⇄24
Rezeption: 12-14, 18.30-21; geschl: So, Mo, Mitte-Ende Jul, Ende Dez-Mitte Jan

** Harlekin
Lilienthalstr 16, ✉ 41515, ☏ (0 21 81) 6 35 34, Fax 6 48 32, ⒶⓍ ⒹⒸ ⒺⒹ ⓋⒶ
Hauptgericht 40; 🅿 Terrasse; geschl: Mo, 3 Wochen in den Sommerferien

Kapellen (7 km ↗)
** Zu den drei Königen
Neusser Str 49, ✉ 41516, ☏ (0 21 82) 27 84, Fax 27 84, ⒶⓍ ⒺⒹ
Hauptgericht 40; geschl: Mo, Sa mittags, 2 Wochen im Sommer

Grevenstein siehe Meschede

Grevesmühlen 19 ↑

Mecklenburg-Vorpommern — Kreis Grevesmühlen — 50 m — Wismar 21, Lübeck 42 km
🅘 ☏ (0 38 81) 71 12 58 — Stadtinformation, Große Seestr 1, 23936 Grevesmühlen

Grevesmühlen
* Alte Bäckerei
Große Alleestr 51/53, ✉ 23936, ☏ (0 38 81) 7 83 00
14 Zi, Ez: 90, Dz: 140, ⇃ WC ☏; 🅿 🍴
Auch Zimmer der Kategorie ****** vorhanden

Hamberge (3 km →)
⌂ Rabe
☏ Dorfstr, ✉ 23936, ☏ (0 38 81) 71 14 94, Fax 71 14 94
10 Zi, Ez: 50-60, Dz: 80-100; 1 Suite, ⇃ WC; 🅿 🍴

Griebo 39

Sachsen-Anhalt — Kreis Roßlau — 63 m — 724 Ew — Coswig (Anh.) 4, Wittenberg 9, Dessau 22 km
🅘 ☏ (03 49 03) 25 03 — Gemeindeverwaltung, Schulstr 2, 06869 Griebo

* Bayrischer Hof
an der B 187, ✉ 06869, ☏ (03 49 03) 6 34 38, ⒶⓍ ⒹⒸ ⒺⒹ ⓋⒶ
22 Zi, Ez: 76-99, Dz: 117-149, ⇃ WC ☏; 🅿 2⇄80 Kegeln 🍴

Griesbach i. Rottal 66

Bayern — Kreis Passau — 460 m —
8 300 Ew — Pfarrkirchen 19, Passau 30 km
🛈 ☎ (0 85 32) 7 92 40, Fax 76 14 — Kurverwaltung, Stadtplatz 1, 94086 Griesbach;
Heilbad und Luftkurort; Golfzentrum

*** Columbia Hotel
⊰ Passauer Str 39 a, ✉ 94086, ☎ (0 85 32) 30 90, Fax 30 91 54, AX ED VA
124 Zi, Ez: 140-195, Dz: 280-390, 11 Suiten, 2 App, ⊣ WC ☎; Lift P 🖻 3↔40 ≈ 🛆 Fitneßraum Sauna Solarium
Golf 18
** Hauptgericht 30; Biergarten Terrasse

** Schloßhotel
♂ ⊰ Am Schloßberg 23, ✉ 94086,
☎ (0 85 32) 70 00, Fax 70 01 32
26 Zi, Ez: 99-139, Dz: 158-218, 10 Suiten, 2 App, ⊣ WC ☎; Lift P 🖻 🛆 Solarium
Rezeption: 8-18; geschl: Mi, 1.-24.12.
** ⊰ Hauptgericht 25; Biergarten Terrasse; geschl: Mi, 1.-24.12.

** Residenz Griesbach
⊰ Prof.-Baumgartner-Str 1, ✉ 94086,
☎ (0 85 32) 70 80, Fax 70 86 35, AX DC ED VA
60 Zi, Ez: 78-90, Dz: 126-200, 20 Suiten, 43 App, ⊣ WC ☎; Lift P 🖻 1↔50 🛆 Sauna Solarium
Rezeption: 7-21
** Zum Wastl
Hauptgericht 25; Biergarten Terrasse

* Rottaler Hof
⊰ Kronberger Str 11, ✉ 94086, ☎ (0 85 32) 9 60 40, Fax 96 04 33
19 Zi, Ez: 35-50, Dz: 90-110, ⊣ WC ☎; P Fitneßraum Sauna Solarium; **garni**
Rezeption: 8-20; geschl: Nov-Feb

Griesbach, Bad Im Thermalbadzentrum Dreiquellenbad (4 km ↓)

**** Golfhotel Maximilian
♂ Kurallee 1, ✉ 94086, ☎ (0 85 32) 79 50, Fax 79 51 50, AX DC ED VA
207 Zi, Ez: 145-205, Dz: 230-350, S;
22 Suiten, ⊣ WC ☎, 50✉; Lift P 🖻 13↔140 ≈ 🛆 Fitneßraum Sauna Solarium
Golf 18; Tennis 9
** California-Grill
Hauptgericht 35; Terrasse

*** König Ludwig
♂ ⊰ Am Kurwald 2, ✉ 94086, ☎ (0 85 32) 79 90, Fax 79 97 99, AX DC ED VA
184 Zi, Ez: 170-210, Dz: 300-340, S;
10 Suiten, ⊣ WC ☎, 28✉; Lift P 🖻 3↔280 ≈ 🛆 Fitneßraum Kegeln Sauna Solarium
Golf 18; Tennis 9
*** König Ludwig
Hauptgericht 30; Terrasse
* Zum Heurigen
Hauptgericht 20; Gartenlokal; nur abends

*** Parkhotel (Thermen-Vitalzentrum)
♂ ⊰ Am Kurwald 10, ✉ 94086, ☎ (0 85 32) 2 80, Fax 2 82 04, AX DC ED VA
157 Zi, Ez: 202-237, Dz: 334-404, 5 Suiten, ⊣ WC ☎, 35✉; Lift 🖻 ≈ 🛆 Fitneßraum Sauna Solarium
Golf 18; Thermen — Vitalzentrum; Zimmerpreise inkl. Halbpension
** Classico
Hauptgericht 35; Terrasse; nur abends

*** Fürstenhof
♂ ⊰ Thermalbadstr 28, ✉ 94086,
☎ (0 85 32) 98 10, Fax 98 11 35, AX DC ED VA
140 Zi, Ez: 120-192, Dz: 220-296, 8 Suiten, ⊣ WC ☎, 25✉; Lift 🖻 ≈ 🛆 Fitneßraum Sauna Solarium
Golf 18; Tennis 1; Zimmerpreise inkl. Halbpension
** ⊰ Hauptgericht 35; P Terrasse; nur abends

** Drei Quellen Therme
♂ Thermalbadstr 3, ✉ 94086, ☎ (0 85 32) 79 80, Fax 75 47, AX DC ED VA
101 Zi, Ez: 100-160, Dz: 150-230, 5 Suiten, ⊣ WC ☎; Lift 🖻 Fitneßraum Sauna Solarium
Golf 18; Tennis 1; Auch Zimmer der Kategorie *** vorhanden
** Hauptgericht 25; P Terrasse

** Konradshof
♂ ⊰ Thermalbadstr 30, ✉ 94086,
☎ (0 85 32) 70 20, Fax 70 21 98, AX
71 Zi, Ez: 81-99, Dz: 168-180, ⊣ WC ☎; Lift 🖻 ≈ 🛆 Fitneßraum Sauna Solarium 🍴
Rezeption: 7.30-20

** Glockenspiel
♂ ⊰ Thermalbadstr 21, ✉ 94086,
☎ (0 85 32) 70 60, Fax 7 06 53, AX ED
52 Zi, Ez: 79-90, Dz: 134-148, 9 App, ⊣ WC ☎; Lift 🖻 ≈ 🛆 Sauna Solarium
Rezeption: 7.30-21
Restaurant für Hausgäste

* Haus Christl
♂ Thermalbadstr 11, ✉ 94086, ☎ (0 85 32) 9 60 20, Fax 96 02 10
20 Zi, Ez: 61-70, Dz: 116-130, 1 Suite, ⊣ WC ☎; P 🖻 🛆 Sauna Solarium; **garni**
Rezeption: 7.30-19; geschl: Anfang Dez-Mitte Jan

Schwaim (5 km ↓)

** Gutshof Sägemühle
♂ ⊰ Haus Nr 52, an der B 388, im Golfgelände, ✉ 94086, ☎ (0 85 32) 9 61 40, Fax 34 35, AX DC ED VA
22 Zi, Ez: 110-180, Dz: 220, ⊣ WC ☎; P 1↔40
Rezeption: 9-18; geschl: Mitte Nov-Mitte Dez
Golf 18

** Sonne
⊰ Hauptgericht 25; Gartenlokal Terrasse; geschl: Mitte Nov-Anfang Dez

siehe auch **Haarbach**

Griesheim

Griesheim 54 ↗

Hessen — Kreis Darmstadt-Dieburg —
130 m — 22 000 Ew — Darmstadt 6,
Groß-Gerau 8 km
🛈 ☎ (0 61 55) 70 10 — Stadtverwaltung,
Wilhelm-Leuschner-Str 75, 64347
Griesheim

** Prinz Heinrich
♂ Am Schwimmbad 12, ✉ 64347,
☎ (0 61 55) 6 00 90, Fax 6 00 92 88, AX ED VA
79 Zi, Ez: 110-133, Dz: 170-180, 1 Suite,
32 App, ⇩ WC ☎, 45⌧; Lift 🅿 🖃 2⇄30
Sauna Solarium
geschl: Ende Dez
** Hauptgericht 25; Terrasse;
geschl: Ende Dez

* Nothnagel
Wilhelm-Leuschner-Str 67, ✉ 64347,
☎ (0 61 55) 8 37 00, Fax 40 34, ED VA
31 Zi, Ez: 110-125, Dz: 150-160, ⇩ WC ☎;
Lift 🅿 ⌂ Fitneßraum Sauna Solarium;
garni
Rezeption: 5.30-20; geschl: Di abends
Auch Zimmer der Kategorie ** vorhanden

Grießen siehe Klettgau

Grillenberg 38 ←

Sachsen-Anhalt — Sangerhausen —
160 m — 320 Ew — Sangerhausen 8 km
🛈 ☎ (0 34 64) 58 20 36 — Gemeindeverwaltung, Hauptstr 12e, 06528 Grillenberg

* Berghotel Grillenberg
einzeln ♂ ◂ Hühnerweg 47, ✉ 06528,
☎ (0 34 64) 58 00, Fax 58 01 00, ED VA
23 Zi, Ez: 70-100, Dz: 140-160, ⇩ WC ☎; 🅿
2⇄40 🍽

Grimma 39 ↓

Sachsen — Kreis Grimma — 155 m —
18 200 Ew — Leipzig 28, Dresden 110 km
🛈 ☎ (0 34 37) 91 98 53, Fax 91 98 53 —
Fremdenverkehrsamt, Markt 23,
04668 Grimma; Kreisstadt im Muldental.
Sehenswert: Hist. Altstadt: Frauenkirche,
Rathaus, Hängebrücke; Göschenhaus;
Wasser- und Schiffmühle Höfgen; Klosterruine Nimbschen

* Goldenes Schiff
Leipziger Platz 6, ✉ 04668, ☎ (0 34 37)
9 88 00, Fax 91 12 72, AX DC ED VA
19 Zi, Ez: 100, Dz: 140, ⇩ WC ☎; 🍽
geschl: Fr

Höfgen (5 km ↘)
* Zur Schiffsmühle
einzeln ♂ ◂ Zur Schiffsmühle Nr 1,
✉ 04668, ☎ (0 34 37) 91 02 86, Fax 91 02 87,
AX ED
31 Zi, Ez: 85-120, Dz: 150-200, 1 Suite, ⇩
WC ☎; 🅿 2⇄40 Fitneßraum Sauna
Solarium 🍽

Gröbern 39 ↖

Sachsen-Anhalt — Kreis Gräfenhainichen
— 142 m — Gräfenhainichen 7,
Bitterfeld 17 km
🛈 ☎ (03 49 55) 4 75 — Gemeindeverwaltung, Mühlstr 21, 06773 Gröbern

** Gröberner Hof
Hauptstr 5, ✉ 06773, ☎ (03 49 55) 3 73,
Fax 3 73, AX ED VA
28 Zi, Ez: 90, Dz: 120, ⇩ WC ☎; 🅿 Fitneßraum Kegeln Sauna Solarium 🍽

Grömitz 11 ↓

Schleswig-Holstein — Kreis Ostholstein —
10 m — 6 700 Ew — Neustadt/Holst. 11,
Oldenburg/Holst. 22 km
🛈 ☎ (0 45 62) 6 92 56, Fax 6 92 46 — Kurverwaltung, Kurpromenade 58, 23743
Grömitz; Ostsee-Heilbad an der Lübecker
Bucht

*** Carat Club- und Sporthotel
◂ Strandallee 4, ✉ 23743, ☎ (0 45 62)
39 10, Fax 39 12 55, AX DC VA
151 Zi, Ez: 156-188, Dz: 246-286; 2 Suiten,
⇩ WC ☎; Lift 🅿 🖃 ⌂ Fitneßraum Kegeln
Sauna Solarium
geschl: Anfang Jan-Anfang Mär
** Zur Pinie
Hauptgericht 30; geschl: Anfang Jan-Anfang Mär

Lätt Hus
Hauptgericht 20

** Landhaus Langbehn
Neustädter Str 43, ✉ 23743, ☎ (0 45 62)
18 50, Fax 1 85 99, ED VA
40 Zi, Ez: 100-165, Dz: 160-250, ⇩ WC ☎,
20⌧; 🅿 Sauna
Restaurant für Hausgäste

** Pinguin
Christian-Westphal-Str 52, ✉ 23743,
☎ (0 45 62) 98 27, Fax 17 17
21 Zi, Ez: 85-130, Dz: 160-210, ⇩ WC ☎; 🅿
🖃 Sauna Solarium
Rezeption: ab 18; geschl: Mo, Anfang
Jan-Mitte Mär
*** La Marée
Hauptgericht 42; nur abends; geschl: So,
Mo, Anfang Jan-Mitte Mär

** Strandidyll
♂ ◂ Uferstr 26, ✉ 23743, ☎ (0 45 62) 18 90,
Fax 1 89 89
26 Zi, Ez: 100-216, Dz: 165-234, 5 Suiten,
50 App, ⇩ WC ☎; Lift 🅿 ⌂ Sauna Solarium

geschl: Mitte Nov-Anfang Mär
** Hauptgericht 30; Terrasse;
geschl: Mitte Nov-Anfang Mär

Großalmerode

** Kurhotel Villa am Meer
♂ Seeweg 6, ✉ 23743, ☎ (0 45 62) 25 50,
Fax 25 52 99
36 Zi, Ez: 88-169, Dz: 164-204, 3 Suiten, ⊌
WC ☎; Lift 🅿 Sauna 🍽
Rezeption: 7-21; geschl: Mitte Okt-Ostern

* Seedeich
Blankwasserweg 6, ✉ 23743, ☎ (0 45 62)
80 81, Fax 80 84
25 Zi, Ez: 75, Dz: 160, ⊌ WC ☎; 🅿
geschl: Mitte Jan-Mitte Feb
Auch Zimmer der Kategorie ** vorhanden
* Hauptgericht 30; geschl: Mo,
Anfang Jan-Mitte Feb

* Hof Krähenberg
einzeln ♂ Nienhagener Weg, ✉ 23743,
☎ (0 45 62) 2 27 22, Fax 22 72 50
30 Zi, Ez: 80-120, Dz: 124-190, S; 4 App, ⊌
WC ☎; 🅿 1⇌20 ≋ Strandbad Fitneßraum
Sauna Solarium
Rezeption: 7.30-20; geschl: Dez, Jan
Restaurant für Hausgäste

Grönenbach 70 □

Bayern — Kreis Unterallgäu — 700 m —
4 700 Ew — Memmingen 14, Kempten
24 km
ℹ ☎ (0 83 34) 77 11, Fax 61 33 — Kurverwaltung, Marktplatz 1, 87730 Grönenbach;
Kneippkurort im Alpenvorland. Sehenswert: Stiftskirche; Schloß

*** Allgäuer Tor
♂ ⋖ Sebastian-Kneipp-Allee 7, ✉ 87730,
☎ (0 83 34) 60 80, Fax 60 81 99, AX DC ED VA
153 Zi, Ez: 180-190, Dz: 340, 4 Suiten, ⊌
WC ☎; Lift 🅿 🔄 ≋ Fitneßraum Sauna
Solarium 🏊
Restaurant für Hausgäste

** Landhotel Grönenbach
Ziegelbergerstr 7, ✉ 87730, ☎ (0 83 34)
13 67, Fax 62 75, AX DC ED VA
21 Zi, Ez: 110-125, Dz: 170, 2 Suiten, ⊌ WC
☎, 10🛁; 🅿 2⇌25 ≋ ≋ Fitneßraum Sauna
Solarium
Restaurant für Hausgäste

** Badische Weinstube ✤
Marktplatz 8, ✉ 87730, ☎ (0 83 34) 5 05,
Fax 63 90
Hauptgericht 20

Gronau (Leine) 26 ↙

Niedersachsen — Kreis Hildesheim —
78 m — 5 525 Ew — Alfeld 17, Hannover
44 km
ℹ ☎ (0 51 82) 58 40, Fax 12 22 — Samtgemeindeverwaltung, Blankestr 16,
31028 Gronau (Leine) 🍽

* Gasthof Zur Grünen Aue
Leintor 19, ✉ 31028, ☎ (0 51 82) 24 72,
Fax 24 52
Hauptgericht 30; Biergarten 🅿 🛏; geschl:
Mi, 2 Wochen in den Sommerferien

Gronau (Westf.) 23 ↙

Nordrhein-Westfalen — Kreis Borken —
40 m — 42 000 Ew — holländische
Grenze 3, Ahaus 10, Bad Bentheim 21 km
ℹ ☎ (0 25 62) 14 87, Fax 2 58 52 —
Verkehrsverein, Konrad-Adenauer-Str 45,
48599 Gronau (Westf.); Erholungsort.
Sehenswert: Stadtkirche; Erholungsgebiet
Dreiländersee

* Gronauer Sporthotel
Jöbkesweg 5, ✉ 48599, ☎ (0 25 62) 70 40,
Fax 7 04 99, AX DC ED VA
48 Zi, Ez: 75-95, Dz: 125-145, 10 Suiten,
12 App, ⊌ WC ☎, 6🛁; 🅿 Kegeln Sauna
Solarium 🍽
geschl: So abends, Ende Dez-Anfang Jan

Epe (4 km ↙)
** Schepers
Ahauser Str 1, ✉ 48599, ☎ (0 25 65) 12 67,
Fax 37 51, AX ED VA
24 Zi, Ez: 98-120, Dz: 155-170, ⊌ WC ☎; Lift
🅿 🔄 2⇌30
Auch Zimmer der Kategorie * vorhanden
** Hauptgericht 30; Terrasse; ✤
geschl: So

* Ammertmann
Nienborger Str 23, ✉ 48599, ☎ (0 25 65)
13 14, Fax 61 03, AX DC VA
24 Zi, Ez: 75-95, Dz: 130, 1 App, ⊌ WC ☎;
🅿 🔄 3⇌60 Solarium
* Hauptgericht 25; geschl: So
abends, Mo mittags

Epe-Außerhalb (4 km ←)
* Moorhof
einzeln ♂ Amtsvennweg 60, ✉ 48599,
☎ (0 25 62) 9 39 20, Fax 8 02 00, AX DC ED VA
21 Zi, Ez: 98, Dz: 148, ⊌ WC ☎; 🅿 🔄
2⇌100 🍽

** Heidehof 🏆
einzeln, Amtsvenn 1, ✉ 48599, ☎ (0 25 65)
13 30, Fax 30 73, AX DC ED VA
Hauptgericht 40; Biergarten 🅿 Terrasse;
geschl: Mo, Sa mittags, Anfang-Mitte Feb

Gronau-Außerhalb (4,5 km ↗)
** Driland
einzeln, Gildehauser Str 350, ✉ 48599,
☎ (0 25 62) 36 00, Fax 41 47, AX DC ED VA
Hauptgericht 25; geschl: Di

Großalmerode 36 ↓

Hessen — Werra-Meißner-Kreis — 300 m
— 8 500 Ew — Witzenhausen 10,
Kassel 26 km
ℹ ☎ (0 56 04) 12 55, Fax 86 16 — Verkehrsverein, Marktplatz 9, 37247 Großalmerode;
Erholungsort. Sehenswert: Glasmuseum;
Bilstein, 643 m ⋖

→

Großalmerode

⌂ Zur Krone
Am Marktplatz 1, ✉ 37247, ☎ (0 56 04) 79 52, Fax 86 16
27 Zi, Ez: 35-70, Dz: 60-120, ⌐ WC ☎; 🅿
1↺80 Kegeln ⊙
Rezeption: 9-14, 17-22; geschl: So abends

Großaspach siehe Aspach

Großbeeren 29 →

Brandenburg — 40 m — 2 498 Ew —
Ludwigsfelde 8, Berlin 14, Potsdam 18 km
ℹ ☎ (03 37 01) 5 53 05 — Gemeindeverwaltung, Dorfau 4, 14979 Großbeeren

✱✱ Großbeeren
Dorfaue 9, ✉ 14979, ☎ (03 37 01) 7 70, Fax 7 71 00, ᴇᴅ ᴠᴀ
43 Zi, Ez: 100-120, Dz: 125-155, 3 Suiten, ⌐ WC ☎, 7✉; Lift 🅿 3↺80; garni ⊙

✱✱ Süd-Hotel
Berliner Str 121, ✉ 14979, ☎ (03 37 01) 7 00, Fax 5 76 04, ᴀx ᴅᴄ ᴇᴅ ᴠᴀ
54 Zi, Ez: 60-125, Dz: 90-140, 1 Suite, ⌐ WC ☎, 39✉; 🅿 2↺50 ⊙
geschl: 23.12.96-1.1.97

Großbettlingen 61 ↘

Baden-Württemberg — Kreis Esslingen — 325 m — 3 704 Ew — Bempflingen 4, Nürtingen 6 km
ℹ ☎ (0 70 22) 4 00 60, Fax 40 06 40 — Bürgermeisteramt, Schweizerhof 2, 72663 Großbettlingen

✱✱ U-No 1
Nürtinger Str 92, ✉ 72663, ☎ (0 70 22) 94 32 10, Fax 9 43 21 44, ᴀx ᴅᴄ ᴇᴅ ᴠᴀ
50 Zi, Ez: 95-110, Dz: 140-160, ⌐ WC ☎, 7✉; Lift 🅿 🚗 3↺80 Kegeln ⊙

✱ Café Bauer
◄ Nürtinger Str 41, ✉ 72663, ☎ (0 70 22) 9 44 10, Fax 4 57 29, ᴇᴅ
15 Zi, Ez: 85, Dz: 130, 1 App, ⌐ WC ☎; 🅿 1↺23
geschl: so+feiertags ab 18, Anfang Jan

Groß Beuchow 40 ↗

Brandenburg — Kreis Calau — 65 m — 377 Ew — Lübbenau 5 km
ℹ ☎ (0 35 42) 24 82 — Gemeindeverwaltung, Hauptstr 15, 03222 Groß Beuchow

✱ Landhaus-Hotel
LPG-Str, ✉ 03222, ☎ (0 35 42) 87 50, Fax 87 51 25, ᴀx ᴇᴅ ᴠᴀ
88 Zi, Ez: 113-138, Dz: 128-196, 2 Suiten, ⌐ WC ☎, 70✉; Lift 🅿 3↺150 ⊙

Klein Beuchow (2 km ↗)
✱ Spreewald Freizeit Center Am Mühlberg
Luckauer Str 10, ✉ 03222, ☎ (0 35 42) 38 04, Fax 38 03, ᴀx ᴅᴄ ᴇᴅ ᴠᴀ
29 Zi, Ez: 75-80, Dz: 120-130, ⌐ WC ☎, 10✉; 🅿 1↺50 Sauna ⊙

Großbottwar 61 ↙

Baden-Württemberg — Kreis Ludwigsburg — 215 m — 7 600 Ew — Heilbronn 24, Stuttgart 28 km
ℹ ☎ (0 71 48) 3 10, Fax 31 77 — Stadtverwaltung, Marktplatz 1, 71723 Großbottwar.
Sehenswert: Renaissance-Rathaus; Marktplatz; Fachwerkhäuser; Stadtmauer; Burg Lichtenberg

✱ Pension Bruker
Kleinaspacher Str 18, ✉ 71723, ☎ (0 71 48) 80 63, Fax 61 90, ᴇᴅ ᴠᴀ
12 Zi, Ez: 58, Dz: 90, ⌐ WC ☎; 🅿 Sauna Solarium; garni
Eigenbauweine, Straußwirtschaft

✱✱ Stadtschänke Johannespfründe
⊗ Hauptstr 36, ✉ 71723, ☎ (0 71 48) 80 24, Fax 49 77, ᴀx ᴅᴄ ᴇᴅ ᴠᴀ
Hauptgericht 30; geschl: Mi, Anfang Sep, Anfang Jan
✱ 5 Zi, Ez: 80, Dz: 130, ⌐ WC ☎; 🅿
geschl: Anfang Sep, Anfang Jan

Groß Breese 20 ↓

Brandenburg — Kreis Perleberg — 30 m — 347 Ew — Wittenberge 3, Perleberg 10 km
ℹ ☎ (0 38 77) 7 28 21 — Gemeindeverwaltung, 19322 Groß Breese

✱ Eichenkrug
♂ Dorfstr 15, ✉ 19322, ☎ (0 38 77) 7 28 24, Fax 7 28 24, ᴀx ᴇᴅ ᴠᴀ
7 Zi, Ez: 60-70, Dz: 100, 1 Suite, 1 App, ⌐ WC ☎, 1✉; 🅿 2↺80 ⊙

Groß-Briesen 29 ↙

Brandenburg — Kreis Belzig — 50 m — 240 Ew — Brandenburg 22, Belzig 11 km
ℹ ☎ (03 38 46) 3 56 — Gemeindeverwaltung, 14806 Groß-Briesen

⌂ Pension Wolter
♂ Blumenstr 15, ✉ 14806, ☎ (03 38 46) 59 70, Fax 5 97 22, ᴇᴅ
9 Zi, Ez: 50-55, Dz: 85-95, ⌐ WC ☎; 🅿 ⊙

Klein Briesen (2 km ↘)
✱✱ Juliushof
einzeln ♂ Juliushof 1, ✉ 14806, ☎ (03 38 46) 4 02 45, Fax 4 02 45, ᴀx ᴇᴅ
12 Zi, Ez: 95-125, Dz: 135-170, ⌐ WC ☎; 🅿 🚗 2↺25 Sauna ⊙
Im Wald gelegenes, ehemaliges Jagdhaus.

Großburgwedel siehe Burgwedel

Groß Dölln 22 ✓

Brandenburg — 60 m — Templin 24, Eberswalde-Finow 31 km
🛈 ☎ (03 98 83) 2 57 — Gemeindeverwaltung, 17268 Groß Dölln

Groß Dölln-Außerhalb
*** Pannonia
einzeln ♂ ⊰ Döllnkrug 2, ✉ 17268,
☎ (0 33 37) 6 30, Fax 6 34 02, AX DC ED VA
101 Zi, Ez: 180-165, Dz: 235-215, 6 Suiten,
⌀ WC ☎, 20✉; Lift 🅿 📠 8♡180 ≋ Seezugang Fitneßraum Sauna Solarium ⍓

Großebersdorf 49 ↘

Thüringen — Kreis Gera — 350 m — 454 Ew — Niederpöllnitz 2, Gera 15, Weimar 70 km
🛈 ☎ (03 66 07) 23 27 — Gemeindeverwaltung, Haus Nr 35 a, 07589 Großebersdorf

**** Zum Adler
(Landidyll Hotel)**
Hauptstr 22, ✉ 07589, ☎ (03 66 07) 50 00, Fax 5 01 00, AX DC ED VA
42 Zi, Ez: 130, Dz: 160, ⌀ WC ☎, 13✉; Lift 🅿 📠 Sauna Solarium
*   Hauptgericht 25; Biergarten

Großefehn 16 ←

Niedersachsen — Kreis Aurich — 5 m — 11 000 Ew — Wiesmoor 10, Aurich 13, Leer 22 km
🛈 ☎ (0 49 43) 9 19 30, Fax 20 11 06 — Gemeindeverwaltung, im Ortsteil Ostgroßefehn, Kanalstr Süd 54, 26629 Großefehn; Ort im ostfriesischen Fehngebiet. Sehenswert: Großefehner Mühlenstraße (5 Windmühlen); Timmeler Meer, Alte Seefahrtschule im Ortsteil Timmel

Mittegroßefehn
*   **Landhaus Feyen**
Auricher Landstr 8, ✉ 26629, ☎ (0 49 43) 91 90 -0, Fax 44 07, AX DC ED VA
26 Zi, Ez: 68, Dz: 120, ⌀ WC ☎; 🅿 3♡50 ⍓

Großenaspe 10 ↘

Schleswig-Holstein — Kreis Segeberg — 20 m — 2 056 Ew — Bad Bramstedt 10, Neumünster 13 km
🛈 ☎ (0 43 27) 3 30 — Gemeindeverwaltung, 24623 Großenaspe

Brokenlande (5 km ↑)
** Rosengarten
Hamburger Chaussee 16, ✉ 24623,
☎ (0 43 27) 9 97 90, Fax 99 79 32
18 Zi, Ez: 135-175, Dz: 175-215, ⌀ WC ☎; 🅿
Restaurant für Hausgäste

Großenlüder

Großenbrode 11 ▢

Schleswig-Holstein — Kreis Ostholstein — 5 m — 1 900 Ew — Heiligenhafen 11, Burg auf Fehmarn 12 km
🛈 ☎ (0 43 67) 80 01, Fax 86 59 — Kurverwaltung, Teichstr 12, 23775 Großenbrode; Ostseeheilbad, Fischereihafen an der Ostsee, gegenüber der Insel Fehmarn.
Sehenswert: Eisenbahn- und Straßenbrücke nach Fehmarn; St.-Katarinen-Kirche

** Ostsee-Hotel
♂ ⊰ Am Südstrand, ✉ 23775, ☎ (0 43 67) 71 90, Fax 71 90
25 Zi, Ez: 58-162, Dz: 144-232, ⌀ WC ☎; Lift 🅿 1♡30 Strandbad Seezugang; **garni**
Rezeption: 7-20
Auch Zimmer der Kategorie ******* vorhanden

Großendrescheid siehe Altena

Großenkneten 16 ↘

Niedersachsen — Kreis Oldenburg — 40 m — 11 471 Ew — Wildeshausen 15, Cloppenburg 23, Oldenburg 26 km
🛈 ☎ (0 44 35) 60 00, Fax 6 00 40 — Gemeindeverwaltung, Markt 3, 26197 Großenkneten. Sehenswert: Ahlhorner Heide; Huntloser Moor; Hünengräber: Visbeker Braut und Bräutigam; Huntloser Kirche; Mühle Hengstlage

Moorbeck (6 km →)
*   **Zur Wassermühle auf
     Gut Moorbeck**
♂ Amelhauser Str 56, ✉ 26197, ☎ (0 44 33) 2 55, Fax 2 55
14 Zi, Ez: 115, Dz: 170, ⌀ WC ☎; 🅿 ≋
Kegeln Sauna Solarium
Rezeption: 7-19
*   ♆ Hauptgericht 25; geschl: Di

Großenlüder 46 ←

Hessen — Kreis Fulda — 250 m — 8 205 Ew — Lauterbach 13, Fulda 13 km
🛈 ☎ (0 66 48) 95 00 24, Fax 74 57 — Gemeindeverwaltung, Am Fronhof 8, 36137 Großenlüder. Sehenswert: Burg; Teufelskaute

** Landhotel Kleine Mühle
St.-Georg-Str 21, ✉ 36137, ☎ (0 66 48) 9 51 00, Fax 61 11 23, AX DC ED VA
12 Zi, Ez: 75-105, Dz: 150-175, 1 App, ⌀ WC ☎; 🅿 1♡30 ⍓

*   **Weinhaus Schmitt**
Am Bahnhof 2, ✉ 36137, ☎ (0 66 48) 74 86, Fax 87 62
8 Zi, Ez: 48-51, Dz: 85-90, ⌀ WC; 🅿 📠
Kegeln ⍓
Rezeption: 11-14, 17-22; geschl: Do →

Großenlüder

Kleinlüder-Außerhalb (3 km ↘)
** **Hessenmühle**
einzeln ♂ ✉ 36137, ☎ (0 66 50) 9 88 00,
Fax 9 88 88, AX ED
54 Zi, Ez: 70, Dz: 120, 2 App, ⊣WC ☎; 🅿 🚗
4⇔60 Kegeln ✝⊙¶ 🍺

Großenseebach 57 ←

Bayern — Kreis Erlangen-Höchstadt —
290 m — 2 200 Ew — Herzogenaurach 6,
Erlangen 12 km
ℹ️ ☎ (0 91 35) 86 15 — Gemeindeverwaltung, Am Hirtenberg 1, 91091 Großenseebach

* **Seebach**
Hauptstr 2, ✉ 91091, ☎ (0 91 35) 71 60,
Fax 71 61 05, AX DC ED VA
20 Zi, Ez: 85-105, Dz: 130-175, 1 App, ⊣WC ☎, 5✉; 🅿 🚗 2⇔25 ✝⊙¶
Auch Zimmer der Kategorie ** vorhanden

Groß-Gerau 54 ↗

Hessen — Kreis Groß-Gerau — 90 m —
22 668 Ew — Rüsselsheim 11,
Darmstadt 15 km
ℹ️ ☎ (0 61 52) 71 60, Fax 71 63 09 — Stadtverwaltung, Marktplatz 1, 64521 Groß-Gerau. Sehenswert: Ev. Kirche; Rathaus

** **Adler**
Frankfurter Str 11, ✉ 64521, ☎ (0 61 52) 80 90, Fax 80 95 03, AX DC ED VA
76 Zi, Ez: 97-180, Dz: 150-280, 5 Suiten, ⊣WC ☎; Lift 🅿 3⇔280 ≘ Fitneßraum Sauna Solarium
** Hauptgericht 25; geschl: So abends, Ende Dez-Anfang Jan

Groß Grönau 19 ↘

Schleswig-Holstein — Kreis Herzogtum Lauenburg — 16 m — 4 000 Ew —
Lübeck 10, Ratzeburg 16 km
ℹ️ ☎ (0 45 09) 80 85, Fax 17 63 — Gemeindeverwaltung, Hauptstr 59 a, 23627 Groß Grönau

St. Hubertus (2 km ↑)
** **Forsthaus St. Hubertus (Minotel)**
Haus Nr 1, ✉ 23627, ☎ (0 45 09) 20 26,
Fax 24 61, AX DC ED VA
20 Zi, Ez: 95, Dz: 150, ⊣WC ☎; 🅿
** Hauptgericht 30; Terrasse

Großheirath 47 ↘

Bayern — Kreis Coburg — 275 m —
2 300 Ew — Coburg 11, Lichtenfels 11 km
ℹ️ ☎ (0 95 65) 70 80, Fax 70 93 — Gemeindeverwaltung, Schulstr 34, 96269 Großheirath

** **Gasthof Steiner**
Hauptstr 5, ✉ 96269, ☎ (0 95 65) 79 40,
Fax 7 94 97, AX ED
67 Zi, Ez: 52-95, Dz: 81-140, 4 Suiten, ⊣WC ☎, 5✉; Lift 🅿 🚗 5⇔350 ≘ Kegeln Sauna Solarium ✝⊙¶
Im Altbau einfachere Zimmer vorhanden

Großheubach 55 □

Bayern — Kreis Miltenberg — 150 m —
5 010 Ew — Miltenberg 4 km
ℹ️ ☎ (0 93 71) 40 99 43, Fax 40 99 88 —
Verkehrsverein, Mainstr 1, 63920 Großheubach; Wein- und Erholungsort. Sehenswert: Rathaus; Kloster Engelberg
(•≤ 253 m, 1 km →)

* **Gasthaus Rosenbusch**
Engelbergweg 6, ✉ 63920, ☎ (0 93 71) 81 42, Fax 6 98 38
19 Zi, Ez: 70, Dz: 104-136, 1 Suite, ⊣WC ☎; 🅿 🚗 Sauna Solarium ✝⊙¶
geschl: Do, Feb, Mär, Nov

Großkarlbach 54 ↗

Rheinland-Pfalz — Kreis Bad Dürkheim —
110 m — 1 160 Ew — Grünstadt 6, Frankenthal 11, Bad Dürkheim 14 km
ℹ️ ☎ (0 62 38) 6 95, Fax 8 58 06 — Gemeindeverwaltung, Kändelgasse 4, 67229 Großkarlbach. Sehenswert: Ev. Kirche; kath. Kirche; Fachwerkhäuser; alte Mühle

* **Winzergarten**
Hauptstr 17, ✉ 67229, ☎ (0 62 38) 21 51, Fax 12 75
55 Zi, Ez: 70, Dz: 104, ⊣WC ☎; Lift 🅿 ✝⊙¶

* **Pfälzer Hof**
Hauptstr 46, ✉ 67229, ☎ (0 62 38) 21 15, Fax 10 95, ED
12 Zi, Ez: 65-72, Dz: 98-106, ⊣WC ☎; 🅿 ✝⊙¶

** **Gebr. Meurer**
Hauptstr 67, ✉ 67229, ☎ (0 62 38) 6 78,
Fax 10 07, AX ED
Hauptgericht 35; 🅿 Terrasse; nur abends, So auch mittags

** **Historische Gaststätte Karlbacher**
🍷 Hauptstr 57, ✉ 67229, ☎ (0 62 38) 37 37, Fax 45 35, ED VA
Hauptgericht 40; 🅿 Terrasse; geschl: Mo + Di, Feb 97

Groß Köris 30 ↘

Brandenburg — Kreis Königs Wusterhausen — 60 m — 1 769 Ew — Teupitz 5,
Königs Wusterhausen 24, Lübbenau 39 km
ℹ️ ☎ (03 37 62) 43 90 — Gemeindeverwaltung, Berliner Str 1, 15746 Groß Köris

Klein Köris
** **Lindengarten**
♂ ⌖ Chausseestr 57, ✉ 15746, ☎ (3 37 66) 4 20 63, Fax 4 20 62
29 Zi, Ez: 100-145, Dz: 150-180, 4 App, ⌐ WC ☎; Lift 🅿 2⇌110 Strandbad Seezugang 🍴

Groß Mohrdorf 13 □

Mecklenburg-Vorpommern — Kreis Stralsund — 23 m — 692 Ew — Stralsund 12, Barth 20 km
🛈 ☎ (03 83 23) 3 06 — Gemeindeverwaltung, 18445 Groß Mohrdorf

Hohendorf (2 km ↗)
** **Schloßpark-Hotel Hohendorf**
einzeln ♂ 🌐 ✉ 18445, ☎ (03 83 23) 8 06 38, Fax 8 14 12, AX ED VA
35 Zi, Ez: 148, Dz: 190, S; 9 App, ⌐ WC ☎, 5⛱; 🅿 2⇌50 🍴
Auch Zimmer der Kategorie *** vorhanden. Park

Groß Nemerow 21 ↗

Mecklenburg-Vorpommern — Kreis Neubrandenburg — 94 m — 868 Ew — Neubrandenburg 12 km
🛈 ☎ (03 96 05) 2 06 — Gemeindeverwaltung, Dorfstr 17, 17094 Groß Nemerow

Groß Nemerow-Außerhalb (2 km ↙)
** **Bornmühle**
einzeln ♂ ⌖ Bornmühle 35, ✉ 17094, ☎ (03 96 05) 6 00, Fax 60 -3 99, AX DC ED VA
65 Zi, Ez: 130-155, Dz: 170-198, 4 Suiten, ⌐ WC ☎, 15⛱; Lift 🅿 4⇌120 ≋ Seezugang Sauna Solarium 🏊
** Hauptgericht 28; Terrasse

Großostheim 55 ↘

Bayern — Kreis Aschaffenburg — 137 m — 14 330 Ew — Aschaffenburg 9, Darmstadt 33 km
🛈 ☎ (0 60 26) 5 00 40, Fax 50 04 43 — Gemeindeverwaltung, Schaafheimer Str 33, 63762 Großostheim

Ringheim (3 km ↘)
* **Landhaus Hotel**
♂ Ostring 8 b, ✉ 63762, ☎ (0 60 26) 60 81, Fax 22 12, AX DC ED VA
20 Zi, Ez: 78-88, Dz: 120-130, ⌐ WC ☎; 🅿
Weinstube Zimmermann
Hauptgericht 20; Gartenlokal; nur abends; geschl: So

Groß Plasten 21 ↘

Mecklenburg-Vorpommern — Landkreis Müritz — 822 Ew — Waren 11, Neubrandenburg 25 km
🛈 ☎ (03 99 34) 72 74 — Gemeindeverwaltung, 17192

Groß-Umstadt

*** **Schloß Groß Plasten**
♂ ⌖ Dorfstr 43, ✉ 17192, ☎ (03 99 34) 80 20, Fax 8 02 99, AX ED VA
31 Zi, Ez: 90-150, Dz: 160-210, ⌐ WC ☎; 🅿 🍴 2⇌65 ≋ Sauna Solarium 🏊
Auch Zimmer der Kategorie ** vorhanden
** **Seerose**
Hauptgericht 30; Gartenlokal Terrasse

Großrosseln 52 ↖

Saarland — Kreis Saarbrücken — 200 m — 10 250 Ew — Völklingen 9, Saarbrücken 14 km
🛈 ☎ (0 68 98) 44 90, Fax 44 91 30 — Gemeindeverwaltung, Klosterplatz 2, 66352 Großrosseln; Grenzübergang nach Frankreich

** **Seimetz**
Ludweiler Str 34, am Deutsch-Französischen Platz, ✉ 66352, ☎ (0 68 98) 46 12, Fax 40 01 27, ED VA
Hauptgericht 35; 🅿; geschl: Mo + Sa mittags

Groß Schauen 31 ↙

Brandenburg — Kreis Oder/Spree — 90 m — 192 Ew — Fürstenwalde 20, Berlin 80 km
🛈 ☎ (03 36 78) 21 02, Fax 21 24 — Amt Storkow, Ernst-Thälmann-Str 1, 15859

Groß Schauen-Außerhalb
* **Köllnitzer Fischerstuben**
⌖ Hauptstr 19, ✉ 15859, ☎ (03 36 78) 7 10 84, Fax 20 06, ED
Hauptgericht 20; 🅿 Terrasse

Groß-Umstadt 55 ↖

Hessen — Kreis Darmstadt-Dieburg — 180 m — 20 000 Ew — Dieburg 7, Aschaffenburg 23 km
🛈 ☎ (0 60 78) 78 12 60, Fax 78 12 26 — Fremdenverkehrsamt, Markt 1, 64823 Groß-Umstadt. Sehenswert: Ev. Pfarrkirche; Rathaus; Burgmannenhäuser; Marktbrunnen

** **Carat**
♂ Lise-Meitner-Str 12, ✉ 64823, ☎ (0 60 78) 7 80 10, Fax 78 01 55, ED VA
17 Zi, Ez: 95-120, Dz: 130-160, 2 Suiten, ⌐ WC ☎; Lift 🅿 🍴 🏊
geschl: Ende Dez-Anfang Jan

** **Brüder Grimm Hotel**
Krankenhausstr 8, ✉ 64823, ☎ (0 60 78) 78 40, Fax 78 44 44, AX DC ED VA
51 Zi, Ez: 125-150, Dz: 180, 15 Suiten, ⌐ WC ☎; Lift 🅿 3⇌100; garni
Restaurant für Hausgäste →

Groß-Umstadt

* **Haus Jakob**
♂ ◁ Zimmerstr 43, ✉ 64823, ☎ (0 60 78)
7 80 00, Fax 7 41 56, AX DC ED VA
33 Zi, Ez: 78-120, Dz: 125, 1 Suite, ⌂ WC ☎;
P ≋; garni
geschl: So abends, Ende Dez
Auch Zimmer der Kategorie ****** vorhanden

Groß Wittensee 10 □

Schleswig-Holstein — Kreis Rendsburg-
Eckernförde — 10 m — 1 000 Ew — Eckernförde 9, Rendsburg 15 km
i ☎ (0 43 56) 4 42 — Fremdenverkehrsverein, Dorfstr 54, 24361 Groß Wittensee

* **Schützenhof
(Minotel)**
Rendsburger Str 2, ✉ 24361, ☎ (0 43 56)
1 70, Fax 17 66, AX DC ED VA
49 Zi, Ez: 94-148, Dz: 148-198, 13 App, ⌂
WC ☎, 5🛏, 🚗 4⟷150 ≋ Seezugang Fitneßraum Sauna Solarium
geschl: 20.12.96-6.1.97
* Hauptgericht 25; Terrasse;
geschl: Do., 20.12.96-6.1.97

Groß-Zimmern 54 ↗

Hessen — Dieburg — 168 m — 117 000 Ew
— Dieburg 4, Darmstadt 15 km
i ☎ (0 60 71) 9 70 20, Fax 7 19 76 —
Gemeindeverwaltung, Rathausplatz,
64846 Groß-Zimmern

* **An der Waldstraße**
Waldstr 42, ✉ 64846, ☎ (0 60 71) 97 00-0,
Fax 97 00 11, AX DC ED VA
36 Zi, Ez: 99-115, Dz: 148-160, ⌂ WC ☎; Lift
P 2⟷35; garni

Großzöberitz 38 →

Sachsen-Anhalt — Kreis Bitterfeld — 89 m
— 574 Ew — Bitterfeld 8, Köthen 22,
Halle 24 km
i ☎ (03 49 56) 2 02 76 — Gemeindeverwaltung, Schmiedeweg 2, 06780 Großzöberitz

** **Gut Tannepöls**
Bitterfelder Str 7, ✉ 06780, ☎ (03 49 56)
2 55 60, Fax 2 22 88
10 Zi, Ez: 67-170, Dz: 104-210, 4 Suiten,
6 App, ⌂ WC ☎; **P**; garni
geschl: Ende Dez

Grünberg 45 ←

Hessen — Kreis Gießen — 273 m —
13 200 Ew — Gießen 21, Alsfeld 30 km
i ☎ (0 64 01) 80 40, Fax 8 04 77 — Fremdenverkehrsamt, Rabegasse 1,
35305 Grünberg; Luftkurort am Vogelsberg. Sehenswert: Rathaus; Diebsturm

Grünberg-Außerhalb (2 km →)
** **Sporthotel**
♂ Am Tannenkopf 1, ✉ 35305, ☎ (0 64 01)
80 20, Fax 80 21 66, ED VA
51 Zi, Ez: 98, Dz: 166, 1 Suite, ⌂ WC ☎; Lift
P 13⟷100 ≋ Fitneßraum Kegeln Sauna
Solarium
geschl: Ende Dez-Anfang Jan
** Hauptgericht 33; Terrasse;
geschl: So abends, Ende Dez

Grünenplan 36 ↑

Niedersachsen — Kreis Holzminden —
250 m — 3 200 Ew — Alfeld 7,
Einbeck 26 km
i ☎ (0 51 87) 72 08, Fax 3 01 40 — Verkehrsamt, Am Park 2, 31073 Grünenplan;
Erholungsort am Hils (Weserbergland)

* **Lampes Posthotel**
Obere Hilsstr 1, ✉ 31073, ☎ (0 51 87) 72 82,
Fax 7 50 37, AX DC ED VA
20 Zi, Ez: 88, Dz: 150, 1 App, ⌂ WC ☎; Lift
P 🚗 Kegeln
geschl: Anfang Jan
** Hauptgericht 25; geschl: Mo,
Anfang Jan

Grünheide (Mark) 31 ←

Brandenburg — Kreis Fürstenwalde —
43 m — 2 500 Ew — Fürstenwalde 21,
Berlin 28 km
i ☎ (0 33 62) 7 59 33 — Fremdenverkehrsverein, Fangschleusenstr 1 b,
15537 Erkner; Erholungsort

* **Seegarten**
♂ Am Schlangenluch 12, ✉ 15537,
☎ (0 33 62) 64 21, Fax 61 29, AX ED VA
9 Zi, Ez: 80-115, Dz: 140, 14 Suiten, ⌂ WC
☎; **P** 3⟷60 Seezugang Kegeln Sauna 🍴

Alt Buchhorst
* **Prisod**
♂ ◁ Am Reiherhorst 8, ✉ 15537,
☎ (0 33 62) 5 81 90, Fax 58 19 10, AX ED VA
17 Zi, Ez: 106, Dz: 148, ⌂ WC ☎, 10🛏; **P**
Strandbad Seezugang Fitneßraum Sauna
🍴

Grünstadt 54 ←

Rheinland-Pfalz — Kreis Bad Dürkheim —
146 m — 13 218 Ew — Bad Dürkheim 13,
Worms 22 km
i ☎ (0 63 59) 80 50, Fax 8 56 88 — Stadtverwaltung, Kreuzerweg 2, 67269 Grünstadt;
Erholungsort

** **Villa Roos**
Poststr 19, ✉ 67269, ☎ (0 63 59) 8 50 32,
Fax 8 50 34, AX DC ED VA
13 Zi, Ez: 95-130, Dz: 155-205, ⌂ WC ☎,
3🛏; **P** 1⟷20
Bistro Babette
Hauptgericht 30; Gartenlokal; nur abends;
geschl: So

Asselheim (2 km ↑)
****   Pfalzhotel Asselheim
         (Landidyll Hotel)**
Holzweg 6, ✉ 67269, ☎ (0 63 59) 8 00 30,
Fax 80 03 99, AX DC ED VA
33 Zi, Ez: 115-125, Dz: 150-198, 3 App, ⌐|
WC ☎; Lift **P** 🍴 6↔120 ≋ Kegeln Sauna
Rezeption: 6-21
**   Scharfes Eck
Hauptgericht 35; Terrasse; geschl: Mo

Grünwald 71 ↗

Bayern — Kreis München — 583 m —
9 500 Ew — München 14, Wolfratshausen 18 km
i ☎ (0 89) 64 16 20, Fax 6 41 62 66 —
Gemeindeverwaltung, Rathausstr 3,
82031 Grünwald; Erholungsort an der Isar.
Sehenswert: Burg; Bavaria Filmstudios

**   Tannenhof   ♛
Marktplatz 3, ✉ 82031, ☎ (0 89) 6 41 70 74,
Fax 6 41 56 08, AX DC ED VA
19 Zi, Ez: 150-170, Dz: 190-220, 2 Suiten, ⌐|
WC ☎; **P** 1↔12; **garni**
geschl: Ende Dez-Anfang Jan

**   Gasthof Alter Wirt
Marktplatz 1, ✉ 82031, ☎ (0 89) 6 41 78 55,
Fax 6 41 42 66, AX ED VA
50 Zi, Ez: 120-180, Dz: 160-220, 2 App, ⌐|
WC ☎, 12🍴; Lift **P** 🍴 3↔100
**   Hauptgericht 25; Biergarten Ter-
rasse

*   Brasserie Bunuel
Am Marktplatz 9, ✉ 82031, ☎ (0 89)
6 41 18 57, Fax 69 58 19, AX DC ED VA
Hauptgericht 30; geschl: So

Geiselgasteig (2 km ↗)
**   Ritterhof
♠ Nördliche Münchner Str 6, ✉ 82031,
☎ (0 89) 6 49 00 90, Fax 6 49 30 12, AX ED VA
12 Zi, Ez: 120-140, Dz: 150-180, 1 Suite, ⌐|
WC ☎; **P** 🍴 ≋ Solarium; **garni**

Grundhof 10 ↘

Schleswig-Holstein — Kreis Schleswig-
Flensburg — 35 m — 860 Ew —
Flensburg 19 km
i ☎ (0 46 36) 88 36, Fax 88 37 — Fremden-
verkehrsverein, Amt Langballig,
Süderende 1, 24977 Langballig; Luftkurort.
Sehenswert: Museumsdorf Unewatt

**   Grundhof-Krug
Holnisser Weg 4, ✉ 24977, ☎ (0 46 36)
10 88, Fax 10 89, AX DC ED VA
Hauptgericht 30; geschl: Mi, Feb, Mär

Gschwend 62 □

Baden-Württemberg — Ostalbkreis —
500 m — 4 500 Ew — Gaildorf 10,
Murrhardt 15, Schwäbisch Gmünd 19 km
i ☎ (0 79 72) 68 10, Fax 6 81 85 — Gemeindeverwaltung, Gmünder Str 2,
74417 Gschwend; Erholungsort im
Schwäbischen Wald

**   Herrengass   ✤
Welzheimer Str 11, ✉ 74417, ☎ (0 79 72)
4 50, Fax 64 34, AX DC ED VA
Hauptgericht 30; **P** Terrasse; geschl: Mo,
2 Wochen in den Sommerferien, 2 Wochen
im Feb

Gstadt a. Chiemsee 73 ←

Bayern — Kreis Rosenheim — 530 m —
1 053 Ew — Prien 11, Rosenheim 29 km
i ☎ (0 80 54) 4 42, Fax 79 97 — Verkehrsamt, Seeplatz 5, 83257 Gstadt; Erholungsort. Sehenswert: Insel Herrenchiemsee mit
Schloß; Insel Frauenchiemsee, Überfahrt
ab Gstadt

*   Pension Jägerhof
Breitbrunner Str 5, ✉ 83257, ☎ (0 80 54)
2 42, Fax 73 92
27 Zi, Ez: 56-71, Dz: 92-136, ⌐| WC; **P** 🍴 Fit-
neßraum Sauna Solarium; **garni**
geschl: Anfang Nov-Mitte Mär

*   Gästehaus Grünäugl
◁ Seeplatz 7, ✉ 83257, ☎ (0 80 54) 5 35,
Fax 77 43
16 Zi, Ez: 65-120, Dz: 100-135, 2 App, ⌐| WC
☎, 10🍴; **P** 🍴 Seezugang Sauna Solarium
Rezeption: 7-21

*   Gästehaus Heistracher
◁ Seeplatz 1, ✉ 83257, ☎ (0 80 54) 2 51,
Fax 5 62
26 Zi, Ez: 50-85, Dz: 90-140, ⌐| WC; **P** 🍴
Strandbad Seezugang; **garni**

Guben 41 ↑

Brandenburg — Spree-Neiße-Kreis —
45 m — 30 404 Ew — Cottbus 20, Eisenhüttenstadt 30, Frankfurt/O. 60 km
i ☎ (0 35 61) 39 10, Fax 38 67 —
Fremdenverkehrsverein, Berliner Str 26,
03172 Guben; Grenzstadt zu Polen.
Sehenswert: Ev. Kirche; Klosterkirche; hist.
Stadtkern auf polnischer Seite

Bresinchen
*   Bergschänke
Dorfstr 14, ✉ 03172, ☎ (0 35 61) 37 96,
Fax 43 15 76
21 Zi, Ez: 65-75, Dz: 90-120, ⌐| WC ☎; **P**
2↔40 🍽   →

Guben

Groß Breesen
** Waldow
♂ Hinter der Bahn 20, ✉ 03172, ☎ (0 35 61) 4 06-0, Fax 21 71
62 Zi, Ez: 80, Dz: 120, ⊣ WC ☎; **P** 3⇔140
☝ Sauna Solarium ⓘ

Güglingen 61 ↑

Baden-Württemberg — Kreis Heilbronn — 206 m — 5 300 Ew — Heilbronn 19, Bretten 25, Stuttgart 45 km
ⓘ ☎ (0 71 35) 1 08 24, Fax 1 08 57 — Stadtverwaltung, Marktstr 19, 74363 Güglingen.
Sehenswert: Stadtkern; Mauritiuskirche

** Herzogskelter
Deutscher Hof 1, ✉ 74363, ☎ (0 71 35) 17 70, Fax 1 77 77, AX DC ED VA
32 Zi, Ez: 95-160, Dz: 150-200, S; ⊣ WC ☎, 4✉; Lift 🅿
geschl: Mitte Jan-Anfang Feb
Auch Zimmer der Kategorie ******* vorhanden
** Hauptgericht 35

Frauenzimmern (2 km →)
** Zum Löwen
Brackenheimer Str 23, ✉ 74363, ☎ (0 71 35) 98 34-0, Fax 98 34 40, ED
14 Zi, Ez: 75-85, Dz: 125-135, 2 Suiten, ⊣ WC ☎; **P** ⓘ
Rezeption: 7-18; geschl: Mitte Dez-Anfang Jan

Güntersberge 37 □

Sachsen-Anhalt — 1 134 Ew
ⓘ ☎ (03 94 88) 3 23 — Gemeindeverwaltung, 06507 Güntersberge

* Zur Güntersburg
Marktstr 24, ✉ 06507, ☎ (03 94 88) 3 30, Fax 3 30
24 Zi, Ez: 75, Dz: 110, ⊣ WC; **P** 3⇔40 ⓘ

Günzburg 63 ↗

Bayern — Kreis Günzburg — 465 m — 20 000 Ew — Ulm 25, Krumbach 26, Augsburg 54 km
ⓘ ☎ (0 82 21) 3 20 25, Fax 3 20 65 — Stadtverwaltung, Schloßplatz 1, 89312 Günzburg. Sehenswert: Altstadt, Marktplatz; Liebfrauenkirche; ehem. Schloß, Hofkirche; Römerfunde; Heimatmuseum

** Zettler
♂ Ichenhauser Str 26 a, ✉ 89312, ☎ (0 82 21) 3 00 08, Fax 67 14, AX DC ED VA
47 Zi, Ez: 140-160, Dz: 190-210, 2 Suiten, ⊣ WC ☎, 11✉; Lift **P** 🅿 5⇔80 Fitneßraum Sauna
geschl: Anfang Jan
** Hauptgericht 38; Terrasse;
geschl: so+feiertags abends, Anfang Jan

** Ramada
Am Hofgarten, ✉ 89312, ☎ (0 82 21) 35 10, Fax 35 13 33, AX DC ED VA
90 Zi, Ez: 105-174, Dz: 145-181, 10 Suiten, ⊣ WC ☎, 43✉; Lift 🅿 2⇔40; garni

* Bettina
Augsburger Str 68, ✉ 89312, ☎ (0 82 21) 3 20 39, Fax 36 22 36, AX ED VA
11 Zi, Ez: 80-85, Dz: 120-130; ⊣ WC ☎; **P**; garni
Rezeption: 6-21; geschl: 21.12.96-7.1.97

Güstrow 20 ↗

Mecklenburg-Vorpommern — Kreis Güstrow — 8 m — 38 000 Ew — Teterow 25, Schwerin 62 km
ⓘ ☎ (0 38 43) 6 10 23, Fax 6 30 75 — Güstrow-Information, Gleviner Str 33, 18273 Güstrow. Sehenswert: Schloß mit Schloßmuseum und Renaissancegarten; Dom St. Maria, St. Johannes Evangelista und St. Cäcilia; Markt mit Rathaus; Ernst-Barlach-Gedenkstätten: Gertrudenkapelle, Atelierhaus; Dom

** Best Western Stadt Güstrow
♂ Pferdemarkt 58, ✉ 18273, ☎ (0 38 43) 78 00, Fax 78 01 00, AX DC ED VA
71 Zi, Ez: 145-160, Dz: 195-215, ⊣ WC ☎, 20✉; Lift **P** 🅿 4⇔100 Sauna Solarium
Auch Zimmer der Kategorie ******* vorhanden
** Hauptgericht 25; Gartenlokal

** Altstadt
Baustr 10, ✉ 18273, ☎ (0 38 43) 68 60 03, Fax 68 61 06, AX DC ED VA
44 Zi, Ez: 120, Dz: 129, 1 App, ⊣ WC ☎; Lift **P** 1⇔25; garni

* Am Tierpark
Verbindungschaussee 7, ✉ 18273, ☎ (0 38 43) 21 59 80, Fax 21 59 85
60 Zi, Ez: 69-89, Dz: 88-108, ⊣ WC ☎; **P** 🅿 4⇔60 ⓘ

* Rubis
Schweriner Str 89, ✉ 18273, ☎ (0 38 43) 6 93 80, Fax 69 38 50, ED VA
Ez: 85, Dz: 128, ⊣ WC ☎; **P** ⓘ

* VillaCamenz
Lange Stege 13, ✉ 18273, ☎ (0 38 43) 21 49 93, Fax 21 25 41
15 Zi, Ez: 60-75, Dz: 80-90, ⊣ WC ☎; **P**; garni

ⓘ **Barlach Stuben**
Hageböcker Str 109, ✉ 18273, ☎ (0 38 43) 68 48 81, ED
Hauptgericht 18

Heidberg (3 km ↘)
** Kurhaus am Inselsee
♂ Haus Nr 1, ✉ 18273, ☎ (38 43) 85 00, Fax 8 22 03, AX ED VA
24 Zi, Ez: 115-175, Dz: 180-225, ⊣ WC ☎; Lift **P** 1⇔30 Strandbad Seezugang ⓘ ☝

Guldental

Gütersloh 34 ↗

Nordrhein-Westfalen — Kreis Gütersloh — 78 m — 93 000 Ew — Rheda-Wiedenbrück 9, Bielefeld 17 km

i ☎ (0 52 41) 82 27 49, Fax 82 21 39 — Verkehrsverein, Berliner Str 70 (B 1), 33330 Gütersloh. Sehenswert: Botanischer Garten; Mohn's Park; Veerhoff-Haus; alter Kirchplatz; Freilichtbühne; Stadtmuseum

*** Parkhotel
Kirchstr 27 (B 2), ✉ 33330, ☎ (0 52 41) 87 70, Fax 87 74 00, AX DC ED VA
97 Zi, Ez: 250, Dz: 285-320, 5 Suiten, ⇨ WC ☎; Lift P 🅿 8⇔230 Sauna Solarium Golf 18
*** Hauptgericht 46; Terrasse; geschl: Sa mittags, Ende Dez
** Brasserie
Hauptgericht 28; nur abends; geschl: So + feiertags, 2 Wochen im Sommer

** Stadt Gütersloh
Kökerstr 23 (B 1), ✉ 33330, ☎ (0 52 41) 1 05 -0, Fax 1 05 -1 00, AX DC ED VA
55 Zi, Ez: 151-176, Dz: 184-224, 2 Suiten, ⇨ WC ☎, 10⌂; Lift P 🅿 4⇔80 Sauna
*** Schiffchen
Hauptgericht 38; Terrasse; nur abends; geschl: So,
☎ (0 52 41) 1 50 25, Fax 1 34 97

* Appelbaum
Neuenkirchener Str 59 (B 2), ✉ 33330, ☎ (0 52 41) 9 55 10, Fax 95 51 23, AX DC ED VA
23 Zi, Ez: 90-120, Dz: 135-165, ⇨ WC ☎, 2⌂; P 🅿 Kegeln 🍴
Rezeption: 9-15, 17-24

☕ Stadt-Café
Hohenzollernstr 14 (B 1), ✉ 33330, ☎ (0 52 41) 2 09 07, Fax 1 36 35
Terrasse; 9-18.30, Sa 9-18, So 11-18; geschl: Ende Dez-Mitte Jan

Guldental 53 ↗

Rheinland-Pfalz — Kreis Bad Kreuznach — 150 m — 2 500 Ew — Bingen 12, Bad Kreuznach 13 km

i ☎ (0 67 04) 20 50, Fax 2 05 45 — Verbandsgemeindeverwaltung, Naheweinstr 80, 55450 Langenlonsheim

* Guldentaler Hof
Naheweinstr 65, ✉ 55452, ☎ (0 67 07) 10 31, Fax 10 33
18 Zi, Ez: 60, Dz: 110-180, ⇨ WC ☎; P 🅿 1⇔40 Kegeln 🍴

* Enk
Naheweinstr 36, ✉ 55452, ☎ (0 67 07) 91 20, Fax 9 12 41
11 Zi, Ez: 60, Dz: 98, ⇨ WC ☎, 11⌂; P 🅿;
garni
geschl: 20.12.97-15.1.98

** Kaiserhof
Hauptstr 2, ✉ 55452, ☎ (0 67 07) 87 46, Fax 17 82, ED VA
Hauptgericht 25; P 🅿 Terrasse; ⇨; geschl: Di

Übernachtungspreise sind auch Marktpreise. Aus diesem Grund werden zum Beispiel zu Messezeiten an Messeplätzen oder zu Festspielzeiten an Festspielorten häufig höhere als die angegebenen Preise berechnet und in verkehrsarmen Zeiten niedrigere Preise. Die Preise sollten jeweils vor der Buchung erfragt werden.

Gummersbach 43 ↗

Nordrhein-Westfalen — Oberbergischer Kreis — 450 m — 52 000 Ew — Olpe 29, Remscheid 39, Lüdenscheid 40 km
🛈 ☎ (0 22 61) 8 70, Fax 8 76 00 — Stadtverwaltung, Rathausplatz 1, 51643 Gummersbach; Kreisstadt. Sehenswert: Ev. Pfarrkirche; ehem. Vogteihaus; ev. Kirche im Stadtteil Lieberhausen (10 km ↗); Aggertalsee (6 km ↗)

☕ **Rebhan „Süße Ecke"**
Moltkestr 1, ✉ 51643, ☎ (0 22 61) 2 23 77
9-18.30
Spezialität: Oberbergische Tannenzapfen

Becke (3 km ↗)
✱ **Stremme**
Beckerstr 55, ✉ 51647, ☎ (0 22 61) 9 26 40, Fax 2 95 21, AX DC ED VA
Hauptgericht 30; Biergarten 🅿; geschl: Fr
✱ ☼ 19 Zi, Ez: 89-99, Dz: 140-180, ⊿ WC ☎; 1↻45 Kegeln
Im Gästehaus Zimmer der Kategorie ✱✱ vorhanden

Dieringhausen (9 km ↙)
✱✱✱ **Die Mühlenhelle** 🍷
Hohler Str 1, ✉ 51645, ☎ (0 22 61) 7 50 97, Fax 7 24 01, AX ED
Hauptgericht 45; 🅿; geschl: So abends, Mo, 3 Wochen im Aug
✱✱ 6 Zi, Ez: 85-120, Dz: 170, 1 Suite, ⊿ WC ☎

Hülsenbusch (6 km ←)
✱✱ **Schwarzenberger Hof**
Schwarzenberger Str 48, ✉ 51647, ☎ (0 22 61) 2 21 75, Fax 2 19 07, ED
Hauptgericht 30; Biergarten 🅿 Terrasse; geschl: Mo, Anfang Jan, Anfang Aug

Rospe (2 km ↓)
✱ **Tabbert**
Hardtstr 28, ✉ 51643, ☎ (0 22 61) 6 02 50, Fax 2 85 65, DC VA
22 Zi, Ez: 70-95, Dz: 130-140, ⊿ WC ☎; 🅿 2↻50; **garni**
Rezeption: 8-13, 16-22; geschl: Sa, Ende Mär-Anfang Apr
Restaurant für Hausgäste

Vollmerhausen (7 km ↙)
✱ **ECU-Hotel**
Vollmerhauser Str 8, ✉ 51645, ☎ (0 22 61) 9 73-0, Fax 97 3-70
55 Zi, Ez: 80-140, Dz: 120-160, ⊿ WC ☎; 10🍴; 🅿 5↻410 ≋ Sauna Solarium 🍽

Windhagen (3 km ↑)
✱✱ **Heedt**
Windhagen 4, ✉ 51647, ☎ (0 22 61) 6 50 21, Fax 2 81 61, AX DC ED VA
130 Zi, Ez: 95-170, Dz: 187-255, 6 Suiten, ⊿ WC ☎; Lift 🅿 🚗 16↻200 ≋ Sauna Solarium
Auch Zimmer der Kategorie ✱ vorhanden
✱✱ Hauptgericht 40

Gumpelstadt 46 ↗

Thüringen — 300 m — 1 103 Ew — Bad Salzungen 5, Eisenach 17 km
🛈 ☎ (0 36 95) 8 43 50 — Gemeinde Moorgrund, Hauptstr 52, 36433 Gumpelstadt

Witzelroda
✱ **Falkenblick**
einzeln ☼ ⬥ Am Frankenstein, ✉ 36433, ☎ (0 36 95) 87 25 10
10 Zi, Ez: 64, Dz: 97, ⊿ WC ☎; 🅿 🍽
Hauseigene Falknerei mit Flugvorführungen

Gundelsheim 55 ↙

Baden-Württemberg — Kreis Heilbronn — 155 m — 7 300 Ew — Mosbach 13, Heilbronn 20 km
🛈 ☎ (0 62 69) 96 12, Fax 96 96 — Stadtverwaltung, Tiefenbacher Str 16, 74831 Gundelsheim; Stadt am Neckar. Sehenswert: Schloß Horneck; Siebenbürgisches Museum; hist. Altstadt

✱ **Zum Lamm mit Gästehaus**
Schloßstr 25, ✉ 74831, ☎ (0 62 69) 4 20 20, Fax 42 02 99, AX DC ED VA
33 Zi, Ez: 70-130, Dz: 100-180, ⊿ WC ☎; 🅿 🚗
geschl: Do
✱ Hauptgericht 30; geschl: Do

Gunzenhausen 63 ↑

Bayern — Kreis Weißenburg-Gunzenhausen — 420 m — 17 000 Ew — Weißenburg 22, Ansbach 28 km
🛈 ☎ (0 98 31) 5 08 76, Fax 5 08 79 — Verkehrsamt, Marktplatz 25, 91710 Gunzenhausen; Stadt an der Altmühl. Sehenswert: Ev. Kirche; kath. Kirche; Blasturm; Färberturm; Altmühlsee mit Vogelinsel

✱✱✱ **Parkhotel Altmühltal**
☼ Zum Schießwasen 15, ✉ 91710, ☎ (0 98 31) 31 50 40, Fax 8 94 22, AX ED VA
48 Zi, Ez: 125-145, Dz: 170-210, 5 Suiten, 2 App, ⊿ WC ☎, 14🍴; Lift 🅿 🚗 6↻500 ≋ Kegeln Sauna Solarium
✱✱ **Chicorée**
Hauptgericht 32; Terrasse

✱✱ **Zur Post**
Bahnhofstr 7, ✉ 91710, ☎ (0 98 31) 6 74 70, Fax 67 47 -2 22, AX DC ED VA
25 Zi, Ez: 85-120, Dz: 130-180, 1 Suite, ⊿ WC ☎, 5🍴; 🅿 🚗 1↻80
Rezeption: 7-12, 15-22; geschl: Ende Dez-Mitte Jan
✱✱ Hauptgericht 27; Biergarten Terrasse; nur abends; geschl: So, Mo, Ende Dez-Mitte Jan

* **Grauer Wolf**
Marktplatz 9, 91710, ☎ (0 98 31) 90 58, Fax 90 58, DC ED VA
15 Zi, Ez: 70-80, Dz: 100-110, 3 App, ⌐ WC ☎; P

Gustow siehe Rügen

Gutach im Breisgau 67 □

Baden-Württemberg — Kreis Emmendingen — 300 m — 3 770 Ew — Waldkirch 3, Elzach 8, Freiburg 15 km
🛈 ☎ (0 76 85) 2 44, Fax 2 37 — Verkehrsamt, im Ortsteil Bleibach, Im Bahnhof, 79261 Gutach im Breisgau; Erholungsort im Schwarzwald, an der Elz

Bleibach (2 km ↗)
** **Romantik Hotel Stollen**
Am Stollen 2, ✉ 79261, ☎ (0 76 85) 2 07, Fax 15 50, AX ED VA
Hauptgericht 45; Biergarten P Terrasse; geschl: Di, Mitte Jan
** 9 Zi, Ez: 120-140, Dz: 180-220, 1 Suite, ⌐ WC ☎, 2🖂; 🖃 1↔25
geschl: Mitte-Ende Jan

** **Pension Dreitälerblick**
Ölbergweg 10, ✉ 79261, ☎ (0 76 85) 9 10 90, Fax 4 20, ED
Hauptgericht 30; geschl: Mi, Do mittags
* ♂ 9 Zi, Ez: 65, Dz: 110, ⌐ WC ☎; P

Bleibach-Außerhalb
** **Der Silberkönig (Ringhotel)**
einzeln ♂ ⦂ Am Silberwald 24, ✉ 79261, ☎ (0 76 85) 70 10, Fax 70 11 00, AX DC ED VA
41 Zi, Ez: 102-112, Dz: 178-188, S; 2 Suiten, ⌐ WC ☎, 7🖂; Lift P 5↔140 Kegeln Sauna Solarium ⚊
*** **Vier Jahreszeiten**
Hauptgericht 29; Terrasse

Siegelau (2 km ↑)
* **Zum Bären**
Talstr 17, ✉ 79261, ☎ (0 76 85) 2 74, Fax 77 55
12 Zi, Ez: 50-100, Dz: 80-120, ⌐ WC ☎ P 🍴

Gutach (Schwarzwaldbahn) 13 ↘

Baden-Württemberg — Ortenaukreis — 250 m — 2 250 Ew — Triberg 17, Offenburg 40, Freudenstadt 46 km
🛈 ☎ (0 78 33) 63 57, Fax 12 03 — Verkehrsamt, Hauptstr 38, 77793 Gutach (Schwarzwaldbahn); Erholungsort

* **Gasthof Linde**
♂ Ramsbachweg 2, ✉ 77793, ☎ (0 78 33) 3 08, Fax 81 26, ED VA
23 Zi, Ez: 55-75, Dz: 80-130, ⌐ WC ☎; Lift P 🖃 2↔130 ≋ Fitneßraum Kegeln Sauna Solarium 🍴
geschl: Mitte Jan-Anfang Feb

* **Gasthof Engel**
Steingrün 16, ✉ 77793, ☎ (0 78 33) 3 57, Fax 9 58 90
12 Zi, Ez: 50-55, Dz: 96, ⌐ WC; P 🖃 3↔150 🍴
geschl: Mitte Jan-Mitte Feb

Gutenzell-Hürbel 70 ↖

Baden-Württemberg — Kreis Biberach an der Riß — 550 m — 1 600 Ew — Ochsenhausen 6, Schwendi 9 km
🛈 ☎ (0 73 52) 23 13, Fax 72 76 — Gemeindeverwaltung, im Ortsteil Gutenzell, Kirchberger Str 8, 88484 Gutenzell-Hürbel.
Sehenswert: Barockklosterkirche mit Barockkrippe

Gutenzell
** **Gasthof Klosterhof**
Schloßbezirk 2, ✉ 88484, ☎ (0 73 52) 30 21, Fax 77 79
Hauptgericht 30; Gartenlokal P; geschl: Fr, Ende Dez, Ende Aug-Anfang Sep
* **Gästehaus**
♂ 18 Zi, Ez: 40-60, Dz: 100-115, ⌐ WC ☎; 🖃 1↔25
geschl: Fr, Ende Dez, Ende Aug-Anfang Sep

Haan 33 ↙

Nordrhein-Westfalen — Kreis Mettmann — 165 m — 30 500 Ew — Wuppertal 10, Düsseldorf 14 km
🛈 ☎ (0 21 29) 11 61, Fax 11 63 00 — Stadtverwaltung, Kaiserstr 85, 42781 Haan

** **CM Cityclass Hotel Savoy (Top International Hotel)**
Neuer Markt 23, ✉ 42781, ☎ (0 21 29) 5 00 06, Fax 5 49 63, AX DC ED VA
86 Zi, Ez: 160-235, Dz: 230-335, S; ⌐ WC ☎, 21🖂; Lift P 🖃 2↔30 ≋ Sauna Solarium; garni

* **Friedrich Eugen Engels**
♂ Hermann-Löns-Weg 14, ✉ 42781, ☎ (0 21 29) 9 37 00, Fax 93 70 40, ED
19 Zi, Ez: 80-110, Dz: 150-160, 1 Suite, ⌐ WC ☎; Lift P 🖃 2↔60 ≋ Sauna Solarium ⚊
Rezeption: 7-14, 18-22; geschl: Do, 4 Wochen in den Sommerferien
** Hauptgericht 24; Gartenlokal; geschl: Do, Mitte Jul-Mitte Aug

* **Im Park**
Nordstr 28, ✉ 42781, ☎ (0 21 29) 5 00 71, Fax 5 91 05, AX ED VA
18 Zi, Ez: 70-140, Dz: 100-180, ⌐ WC ☎; P 🖃
Rezeption: 7-10, 17-24
* Hauptgericht 25; nur abends

* **Sohn**
♂ Neustr 11, ✉ 42781, ☎ (0 21 29) 3 40 45, Fax 24 32, ED
7 Zi, Ez: 85-110, Dz: 130-150, ⌐ WC ☎; 🖃; garni →

Haan

Außerhalb (Industriegebiet Ost) (4 km ↗)
** Schallbruch
Schallbruch 15, ✉ 42781, ☏ (0 21 29)
3 10 41, Fax 3 10 51, AX DC ED VA
50 Zi, Ez: 125-135, Dz: 160-200, ⌐ WC ☏;
Lift P 🖶 ≘ Sauna Solarium ⦿

Haar 72 ☐

Bayern — Kreis München — 541 m —
17 942 Ew — München 14, Ebersberg 18 km
ℹ ☏ (0 89) 46 00 20, Fax 46 00 21 11 —
Gemeindeverwaltung, Bahnhofstr 7,
85540 Haar

* Zum Wiesbacher
Waldluststr 25, ✉ 85540, ☏ (0 89)
4 56 04 40, Fax 45 60 44 60, AX ED VA
32 Zi, Ez: 115-180, Dz: 165-215, ⌐ WC ☏;
Lift P ≋ Kegeln Sauna ⦿
geschl: Mi, Ende Dez-Anfang Jan

Haarbach 66 ↙

Bayern — Kreis Passau Land — 380 m —
2 468 Ew — Ortenburg 6, Griesbach im
Rottal 8 km
ℹ ☏ (0 85 35) 4 44 — Gemeindeverwaltung,
94542 Haarbach

Oberuttlau (3 km ↘)
** Gutshof Uttlau
♣ Oberuttlau 10, ✉ 94542, ☏ (0 85 35)
18 90, Fax 1 89 45
22 Zi, Ez: 90-110, Dz: 100-115, ⌐ WC ☏; P
geschl: Dez, Jan, Feb
*

Hackenheim 53 ↗

Rheinland-Pfalz — Kreis Bad Kreuznach —
160 m — 1 800 Ew — Bad Kreuznach 5 km
ℹ ☏ (06 71) 6 34 43, Fax 91 39 — Gemeindeverwaltung, Ringstr 33, 55546 Hackenheim

*** Metzlers Gasthof 🍷
Hauptstr 69, ✉ 55546, ☏ (06 71) 6 53 12,
AX ED
Hauptgericht 35; nur abends, So nur mittags; geschl: Mo, 3 Wochen in den Sommerferien

Weinstube
Hauptgericht 25; nur abends; geschl: Mo,
3 Wochen in den Sommerferien

Hadamar 44 ↙

Hessen — Kreis Limburg-Weilburg —
131 m — 11 324 Ew — Limburg 10, Westerburg 18 km
ℹ ☏ (0 64 33) 89 31, Fax 89 55 — Stadtverwaltung, Untermarkt 1, 65589 Hadamar;
Erholungsort im Westerwald. Sehenswert:
Kath. Liebfrauenkirche; Renaissance-Schloß; Rathaus; Fachwerkhäuser

** Nassau-Oranien
Borngasse 21, ✉ 65589, ☏ (0 64 33) 91 90,
Fax 91 91 00, AX DC ED VA
61 Zi, Ez: 125-140, Dz: 180-220, 1 Suite, ⌐
WC ☏; Lift P 6⟷100 ≘ Kegeln Sauna Solarium
Auch Zimmer der Kategorie * vorhanden
** Hauptgericht 25; Biergarten

Häusern 67 ↘

Baden-Württemberg — Kreis Waldshut —
900 m — 1 300 Ew — Waldshut 21, Freiburg 58 km
ℹ ☏ (0 76 72) 14 62, Fax 94 20 — Kurverwaltung, St.-Fridolin-Str 5, 79838 Häusern;
Luftkurort und Wintersportplatz im
südlichen Schwarzwald. Sehenswert:
Abteikirche in St. Blasien (4 km ←);
Schluchsee (8 km ↑)

*** Schwarzwald-Hotel Adler 👑
♣ ⓧ St.-Fridolin-Str 15, ✉ 79838,
☏ (0 76 72) 41 70, Fax 41 71 50, ED VA
33 Zi, Ez: 95-165, Dz: 160-280, 14 Suiten, ⌐
WC ☏; Lift P 🖶 2⟷20 ≘ Fitneßraum Sauna Solarium
Tennis 2
geschl: Ende Nov-Mitte Dez
*** ⋖ Hauptgericht 45; Terrasse; 🍷
geschl: Mo, Di, Ende Nov-Mitte Dez

**** Albtalblick
(Landidyll Hotel)**
⋖ St.-Blasier-Str, ✉ 79837, ☏ (0 76 72)
9 30 00, Fax 93 00 90, AX ED VA
29 Zi, Ez: 60-90, Dz: 110-170, 3 Suiten,
9 App., ⌐ WC ☏; Lift P 🖶 1⟷30 Fitneßraum Sauna Solarium ⓦ
** Landidyll Albtalblick
⋖ Hauptgericht 18; Terrasse

* Gasthof Schöpperle
Klemme 3, ✉ 79838, ☏ (0 76 72) 21 61,
Fax 96 01
15 Zi, Ez: 65, Dz: 100-130, ⌐ WC ☏; P 🖶 ⦿
geschl: Mi, Mär

* Chämi-Hüsle
St.-Fridolin-Str 1, ✉ 79838, ☏ (0 76 72)
41 71 80, Fax 41 71 50
Hauptgericht 20; nur abends, so+feiertags auch mittags; geschl: Di, Mi, Anfang
Nov-Mitte Dez

Hagen 33 ↘

Nordrhein-Westfalen — Stadtkreis —
438 m — 216 086 Ew — Dortmund 17,
Wuppertal 23, Lüdenscheid 27 km
ℹ ☏ (0 23 31) 20 70, Fax 2 07 24 73 —
Hagen-Information, Rathaus, Friedrich-Ebert-Platz (B 2), 58042 Hagen; Industriestadt am Nordrand des Sauerlandes;
Theater Hagen. Sehenswert: Karl-E.-Osthaus-Museum; Westfälisches Freilichtmuseum; Schloß Hohenlimburg ⋖; Stiftskirche in Hohenlimburg-Elsey (8 km →)

Hagen

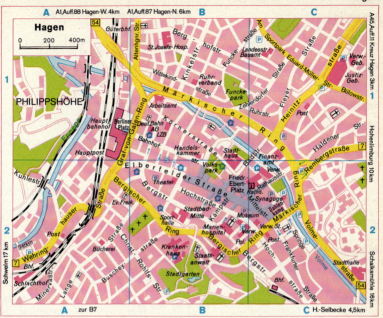

*** **Queens Hotel**
♦ Wasserloses Tal 4 (C 2), ✉ 58093,
☎ (0 23 31) 39 10, Fax 39 11 53, AX DC ED VA
145 Zi, Ez: 184-242, Dz: 247-305, S;
2 Suiten, ⇨ WC ☎, 40✉; Lift P 7⇨300 ⌂
Kegeln Sauna Solarium
Auch Zimmer der Kategorie ** vorhanden

** **Felsengarten**
Hauptgericht 35; Terrasse

* **Deutsches Haus**
Bahnhofstr 35 (B 1), ✉ 58095, ☎ (0 23 31)
2 10 51, Fax 2 15 68, AX DC ED VA
38 Zi, Ez: 85-115, Dz: 160-170, ⇨ WC ☎,
4✉; Lift P ⌂ 1⇨25 ▯

* **Lex**
Elberfelder Str 71 (B 2), ✉ 58095,
☎ (0 23 31) 3 20 30, Fax 2 77 93, VA
38 Zi, Ez: 105-130, Dz: 160-180, ⇨ WC ☎;
Lift P ⌂ ▯

* **Central**
Dahlenkampstr 2 (C 2), ✉ 58095,
☎ (0 23 31) 1 63 02, Fax 2 95 63, ED
24 Zi, Ez: 90, Dz: 150, ⇨ WC ☎; Lift P;
garni
geschl: So, Ende Dez

⌂ **Dreisbach**
Elberfelder Str 22 (B 2), ✉ 58095,
☎ (0 23 31) 2 38 95
9-18.30, Sa 9-14.30; geschl: So

Ambrock (6 km ↘)
⌂ **Kehrenkamp**
Delsterner Str 172, ✉ 58091, ☎ (0 23 31)
7 90 11, Fax 7 33 84, AX DC ED VA
19 Zi, Ez: 78, Dz: 120, ⇨ WC ☎, P ▯

Garenfeld (6 km ↗)
** **Deelenkrug**
Im Flasspoth 1, ✉ 58099, ☎ (0 23 04)
6 70 66, Fax 6 31 03, AX DC ED
Hauptgericht 35; P; nur abends; geschl:
So

Halden (4 km →)
* **Landhotel Halden**
Berchumer Str 82, ✉ 58093,
☎ (0 23 31) 58 65 39, Fax 58 63 82,
AX DC ED VA
22 Zi, Ez: 120, Dz: 180, ⇨ WC ☎; P ⌂
2⇨30 Kegeln
** Hauptgericht 35; Gartenlokal
Terrasse

Haspe (2 km ↙)
** **Union**
Kölner Str 25, ✉ 58135, ☎ (0 23 31) 47 30,
Fax 4 73 15, AX DC ED VA
22 Zi, Ez: 135-180, Dz: 200-250, 6 App, ⇨
WC ☎; Lift P 1⇨25 ▯
geschl: 22.12.96-1.1.97

** **Alte Reichsbank**
Haenelstr 2, ✉ 58136, ☎ (0 23 31) 4 59 86,
Fax 4 59 86
Hauptgericht 35; Gartenlokal P Terrasse;
nur abends; geschl: Mo →

463

Hagen

Hohenlimburg (8 km →)

* Reher Hof
Alter Reher Weg 13, ✉ 58119, ☎ (0 23 34) 5 11 83, Fax 5 18 81, AX DC ED VA
17 Zi, Ez: 95-125, Dz: 170, 1 App, ⊿ WC ☎; 🅿 🖃 1⟳50 Kegeln ⫯
geschl: so + feiertags

Selbecke (3 km ↓)

* Schmidt
Selbecker Str 220, ✉ 58091, ☎ (0 23 31) 97 83 00, Fax 97 83 30, AX DC ED VA
34 Zi, Ez: 88-110, Dz: 130-160, 6 App, ⊿ WC ☎; 🅿 🖃 Sauna Solarium ⫯
Auch Zimmer der Kategorie ** vorhanden

* Auf'm Kamp
♂ ⫯ Selbecker Stieg 26, ✉ 58091,
☎ (0 23 31) 7 59 59, Fax 97 01 36, ED VA
20 Zi, Ez: 75-85, Dz: 115, ⊿ WC ☎; 🅿 ⫯

Hagenow 19 ☐

Mecklenburg-Vorpommern — Kreis Hagenow — 25 m — 13 600 Ew — Ludwigslust 29, Schwerin 31, Lüneburg 70 km
🛈 ☎ (0 38 83) 2 90 96 — Hagenow-Information, Kirchenstr 4, 19230 Hagenow.
Sehenswert: Stadtkirche; Stadtmuseum; Altstadt

* Zum Maiwirth
Teichstr 7, ✉ 19230, ☎ (38 83) 72 91 02, Fax 72 91 02, ED
24 Zi, Ez: 90, Dz: 120, 1 Suite, 1 App, ⊿ WC ☎; 🅿 ⫯

* Mecklenburg
Lange Str 94, ✉ 19230, ☎ (0 38 83) 2 21 01, Fax 51 00 66, ED
24 Zi, Ez: 75-85, Dz: 110-120, ⊿ WC ☎; 🅿 1⟳60 ⫯

Hagnau 69 ↙

Baden-Württemberg — Bodenseekreis — 400 m — 1 450 Ew — Meersburg 4, Friedrichshafen 14, Überlingen 18 km
🛈 ☎ (0 75 32) 43 00 21, Fax 96 41 — Verkehrsverein, Seestr 16, 88709 Hagnau;
Erholungsort und altes Winzer- und Fischerdorf am Bodensee. Sehenswert: Spätgotische Pfarrkirche St. Johann, ehem. Klosterhöfe

** Landhaus Kupferkanne
♂ Neugartenstr 39, ✉ 88709, ☎ (0 75 32) 44 10, Fax 75 53, ED VA
12 Zi, Ez: 90-130, Dz: 180-220, 1 App, ⊿ WC ☎; 🅿 1⟳20 ⫯
geschl: Jan

** Erbguths Villa am See
♂ Meersburger Str 4, ✉ 88709, ☎ (0 75 32) 62 02, Fax 69 97
6 Zi, Ez: 130-250, Dz: 198-400, 1 Suite, 2 App, ⊿ WC ☎, 6🖂; 🅿 🖃 Seezugang Sauna Solarium; garni
Rezeption: 8-18; geschl: Ende Nov, Ende Feb
Nichtraucherhaus

** Hansjakob
♂ ⫯ Hansjakobstr 17, ✉ 88709, ☎ (0 75 32) 63 66, Fax 51 35
24 Zi, Ez: 80-85, Dz: 148-158, ⊿ WC ☎; 🅿 🖃; garni
geschl: Anfang Nov-Mitte Mär

** Alpina
Höhenweg 10, ✉ 88709, ☎ (0 75 32) 52 38, Fax 65 32, AX DC ED VA
18 Zi, Ez: 120, Dz: 160-190, 3 Suiten, 3 App, ⊿ WC ☎; 🅿 🖃
Rezeption: 7-21; geschl: Mitte Dez-Mitte Jan
Restaurant für Hausgäste

** Der Löwen
Hansjakobstr 2, ✉ 88709, ☎ (0 75 32) 62 41, Fax 90 48
16 Zi, Ez: 67-97, Dz: 134-174, 1 App, ⊿ WC ☎, 1🖂; 🅿 🖃 Strandbad Seezugang ⫯
Rezeption: 8.30-12; geschl: Mi, Nov-Mär
** Hauptgericht 25; Gartenlokal; nur abends, Sa + So auch mittags; geschl: Mo, Nov-Mär

* Strandhaus Dimmler
♂ ⫯ Seestr 19, ✉ 88709, ☎ (0 75 32) 62 57, Fax 43 34 34
16 Zi, Ez: 60-78, Dz: 120-180, ⊿ WC ☎; 🅿 🖃 Strandbad Seezugang; garni

* Gästehaus Schmäh
Kapellenstr 7, ✉ 88709, ☎ (0 75 32) 62 10, Fax 14 03
15 Zi, Ez: 70-100, Dz: 118-126, 2 Suiten, ⊿ WC ☎; 🅿 🖃 Solarium; garni
geschl: Anfang Nov-Mitte Mär

* Landhaus Messmer
♂ ⫯ Meersburger Str 12, ✉ 88709,
☎ (0 75 32) 43 31 14, Fax 66 98
14 Zi, Ez: 65-120, Dz: 145-190, ⊿ WC ☎, 2🖂; 🅿 🖃 Strandbad Seezugang Sauna; garni ⫯
geschl: Dienstag, Anfang Dez - Ende Jan

⌂ Scharfes Eck
Kirchweg 2, ✉ 88709, ☎ (0 75 32) 62 61, Fax 62 61
12 Zi, Ez: 55-85, Dz: 105-130, ⊿ WC; 🅿 🖃 Solarium; garni
geschl: So mittags, Anfang Nov-Mitte Mär

* Seeblick
⫯ Seestr 1, ✉ 88709, ☎ (0 75 32) 62 82, Fax 58 01
Hauptgericht 25; geschl: Mi

Haigerloch

Hahnenklee siehe Goslar

Haibach 55 ↑

Bayern — Kreis Aschaffenburg — 280 m —
8 209 Ew — Aschaffenburg 5 km
🛈 ☎ (0 60 21) 64 80, Fax 6 48 50 — Gemeindeverwaltung, Hauptstr 6, 63808 Haibach

∗ Zur Post
Industriestr Ost 19, ✉ 63808, ☎ (0 60 21)
6 30 40, Fax 63 04 13, AX DC ED VA
18 Zi, Ez: 88, Dz: 138, ⌐ WC ☎; **P** 🚗; garni

∗ Frankenhof
Würzburger Str, ✉ 63808, ☎ (0 60 21)
6 36 00, Fax 63 60 10, ED VA
9 Zi, Ez: 80-135, Dz: 135-155, 1 App, ⌐ WC
☎; **P** 1⇆80 🍽

∗ Sonnenhof
Ringwallstr 3, ✉ 63808, ☎ (0 60 21) 6 92 34,
Fax 6 61 86, ED
14 Zi, Ez: 60-80, Dz: 120-150, ⌐ WC ☎; **P**
🍽

∗ Edel
Zum Stadion 17, ✉ 63808, ☎ (0 60 21)
6 30 30, Fax 6 60 70, ED
8 Zi, Ez: 75, Dz: 120, ⌐ WC ☎, 8✉; **P** 🚗;
garni

∗ Spessartstuben
Jahnstr 7, ✉ 63808, ☎ (0 60 21) 6 36 60,
Fax 63 66 66, ED VA
30 Zi, Ez: 95, Dz: 130-140, ⌐ WC ☎; **P** 🚗
1⇆80 Sauna Solarium
geschl: Sa, Ende Jul-Mitte Aug, Ende Feb-
Anfang Mär
∗ Hauptgericht 26; Terrasse;
geschl: Sa, Ende Jul-Mitte Aug, Ende Feb-
Anfang Mär

Haidmühle 66 →

Bayern — Kreis Freyung-Grafenau —
900 m — 1 800 Ew — Freyung 24, Wegscheid 32, Passau 52 km
🛈 ☎ (0 85 56) 10 64, Fax 7 13 — Verkehrsamt, Schulstr 39, 94145 Haidmühle; Erholungsort im Bayerischen Wald. Sehenswert: Dreisesselstein, 1312 m ⬥ (12 km →)

∗∗ Haidmühler Hof
Max-Pangerl-Str 11, ✉ 94145, ☎ (0 85 56)
97 00, Fax 10 28, ED
47 Zi, Ez: 70-95, Dz: 110-160, ⌐ WC ☎; Lift
P 2⇆50 🛋 Sauna Solarium 🍽
Rezeption: 8-20; geschl: Nov
Auch Zimmer der Kategorie ∗ vorhanden

Auersbergsreut (3 km ↘)
∗ Haus Auersperg 👑
♂ ⬥ ✉ 94145, ☎ (0 85 56) 3 53, Fax 10 17,
ED
19 Zi, Ez: 58-76, Dz: 86-110, ⌐ WC ☎; **P** 🚗
Sauna
Rezeption: 9-22; geschl: Mitte-Ende Nov
∗ Hauptgericht 25; Gartenlokal;
geschl: Mitte-Ende Nov

Bischofsreut (6 km ↘)
∗∗ Haus Märchenwald
einzeln ♂ ⬥ Langreut 42, ✉ 94145,
☎ (0 85 50) 2 25, Fax 6 48
18 Zi, Ez: 54-65, Dz: 88-120, 3 Suiten,
13 App, ⌐ WC ☎, 5✉; **P** 🚗 1⇆30 Fitneßraum Sauna Solarium 🍽 ⬥
geschl: Nov. - Mitte Dez.
Auch Zimmer der Kategorie ∗ vorhanden

Haiger 44 ↑

Hessen — Lahn-Dill-Kreis — 289 m —
20 000 Ew — Dillenburg 7, Siegen 23 km
🛈 ☎ (0 27 73) 81 10, Fax 8 11 66 — Stadtverwaltung, Marktplatz 7, 35708 Haiger; Stadt im Westerwald. Sehenswert: Ev. Pfarrkirche: 500 Jahre alte Fresken

Offdilln (10 km ↑)
∗∗ Landhaus Mühlenhof 👑
einzeln, Mühlenhof 1, ✉ 35708, ☎ (0 27 74)
24 52, Fax 5 19 93, ED
Hauptgericht 35; **P** Terrasse; geschl: Mo,
Di, 2 Wochen im Jan
∗∗ einzeln ♂ 3 Zi, Ez: 70, Dz: 120, ⌐
WC ☎; 1⇆15 Sauna Solarium
geschl: 2 Wochen im Jan

Haigerloch 61 ↙

Baden-Württemberg — Zollernalbkreis —
500 m — 10 000 Ew — Hechingen 15,
Balingen 16, Horb 18 km
🛈 ☎ (0 74 74) 6 97 26, Fax 60 68 — Verkehrsamt, Oberstadtstr 11, 72401 Haigerloch. Sehenswert: Altstadt; Wallfahrtskirche St. Anna; Schloß; Schloßkirche;
Atomkeller-Museum; Weilerkapelle im
Stadtteil Owingen

∗∗∗ Historisches Gasthaus 👑
Schwanen
6, ✉ 72401, ☎ (0 74 74) 75 75, Fax 75 76,
AX ED VA
Hauptgericht 45; geschl: Mo, Di mittags,
Ende November
∗∗ 10 Zi, Ez: 120, Dz: 200-220, ⌐ WC
☎; 🚗
geschl: Ende Jan-Anfang Feb

Haigerloch-Außerhalb (1 km ↑)
∗∗ Gastschloß
(Gast im Schloß)
♂ ⬥ Schloßstr 3, ✉ 72401, ☎ (0 74 74)
69 30, Fax 6 93 82, AX DC ED VA
30 Zi, Ez: 120-160, Dz: 190-260, ⌐ WC ☎; **P**
5⇆90
geschl: Ende Jul-Anfang Aug, Anfang-
Mitte Jan
∗∗ Hauptgericht 45; geschl:
So, Ende Jul-Anfang Aug, Anfang-Mitte
Jan

Hainburg 55

Hessen — Kreis Offenbach — 112 m —
14 723 Ew — Seligenstadt 5, Hanau 9,
Frankfurt 20 km
🛈 ☎ (0 61 82) 50 66 — Gemeindeverwaltung, im Ortsteil Hainstadt, Hauptstr 44,
63512 Hainburg

Hainstadt (1 km ↗)

** Hessischer Hof
Hauptstr 56, ✉ 63512, ☎ (0 61 82) 44 11,
Fax 75 47, AX ED VA
11 Zi, Ez: 130-140, Dz: 170-220, 1 Suite, ⊣
WC ☎; Lift P 2⇔80 🍴
geschl: Mo

Halberstadt 37 ↗

Sachsen-Anhalt — Kreis Halberstadt —
125 m — 47 500 Ew — Magdeburg 53,
Braunschweig 62, Göttingen 115 km
🛈 ☎ (0 39 41) 55 18 15, Fax 55 10 89 —
Fremdenverkehrsbüro, Düsterngraben 3,
38820 Halberstadt; Mittelalterliche
Bischofsstadt. Sehenswert: Dom St.
Stephanus: Domschatz; Liebfrauen-,
Martini- und St. Laurentiuskirche; Literaturmuseum Gleimhaus; Vogelkundemuseum Heineanum; Städt. Museum

*** Romantik Parkhotel Unter den Linden
Klamrothstr 2, ✉ 38820, ☎ (0 39 41)
60 00 77, Fax 60 00 78, AX DC ED VA
44 Zi, Ez: 130-165, Dz: 180-225, 2 Suiten, ⊣
WC ☎; Lift P 🍴 2⇔40 Sauna
** Hauptgericht 30; Terrasse ✿

** Antares
Sternstr 6, ✉ 38820, ☎ (0 39 41) 60 02 50,
Fax 60 02 49, ED
24 Zi, Ez: 105-120, Dz: 145-175, ⊣ WC ☎,
2🛏; Lift P 1⇔20 🍴

** Halberstädter Hof
Trillgasse 10, ✉ 38820, ☎ (0 39 41) 2 70 80,
Fax 2 61 89, AX ED VA
23 Zi, Ez: 95-130, Dz: 170-190, ⊣ WC ☎; P
🍴

** Am Grudenberg
Grudenberg 10, ✉ 38820, ☎ (0 39 41)
6 91 20, Fax 69 12 69, ED
21 Zi, Dz: 120-155, ⊣ WC ☎, 5🛏; P Fitneßraum Sauna Solarium; **garni**
geschl: Ende Dez - Anfang Jan

* Gästehaus Abtshof
Abtshof 27a, ✉ 38820, ☎ (0 39 41) 6 88 30,
Fax 68 83 68
14 Zi, Ez: 70, Dz: 95, ⊣ WC ☎; P; **garni**

* Pension Heimliche Liebe
Robert-Koch-Str 25, ✉ 38820, ☎ (0 39 41)
44 23 93, Fax 44 23 93, ED
10 Zi, Ez: 60-80, Dz: 120, 1 App, ⊣ WC ☎;
🍴
Rezeption: 10-24

Halblech 71 ↗

Bayern — Kreis Ostallgäu — 810 m —
3 400 Ew — Füssen 15, Schongau 22 km
🛈 ☎ (0 83 68) 2 85, Fax 72 21 — Verkehrsamt, im Ortsteil Buching, Bergstr 2,
87642 Halblech; Erholungsort am
Alpenrand

Buching

** Akzent-Hotel Bannwaldsee
Sesselbahnstr 10, ✉ 87642, ☎ (0 83 68)
90 00, Fax 90 01 50, AX DC ED VA
63 Zi, Ez: 100-120, Dz: 100-180, 1 Suite, ⊣
WC ☎; Lift P 3⇔40 ≋ Kegeln Sauna
Solarium 🍴
geschl: Ende Nov-Mitte Dez
Auch Zimmer der Kategorie ***** vorhanden

Trauchgau

* Sonnenbichl
einzeln ⚷ ⚜ Am Müllerbichl 1, ✉ 87642,
☎ (0 83 68) 8 71, Fax 72 39
24 Zi, Ez: 70-80, Dz: 110-140, 2 App, ⊣ WC
☎; P 🛏 ≋ Fitneßraum Sauna Solarium 🍴
geschl: Anfang Nov-Mitte Dez

Haldem siehe Stemwede

Haldensleben 28 ↗

Sachsen-Anhalt — Kreis Haldensleben —
57 m — 21 000 Ew — Magdeburg 19,
Braunschweig 65 km
🛈 ☎ (0 39 04) 7 22 92 — Haldensleben-
Information, Stendaler Turm, 39340
Haldensleben. Sehenswert: Hist. Markt mit
einzigem reitenden Roland auf deutschem
Boden; Landschaftspark; Pfarrkirche St.
Marien; alte Stadtbefestigung mit Stendaler und Bülstringer Tor; hist. Quadratmeile, Großsteingräber; Hundisburg
(5 km ↓) mit Schloßruine

** Behrens
Bahnhofstr 28, ✉ 39340, ☎ (0 39 04) 34 21,
Fax 34 21, AX ED VA
19 Zi, Ez: 95, Dz: 160, ⊣ WC ☎, 8🛏; P 🛏
🍴
Auch Zimmer der Kategorie ***** vorhanden

* Am Hallenbad
Waldring 115, ✉ 39340, ☎ (0 39 04) 63 03,
Fax 63 03, AX DC ED VA
36 Zi, Ez: 103-129, Dz: 140-175, ⊣ WC ☎,
10🛏; Lift P 2⇔30 🍴

Halle (Saale)

Pfeiffer
Bülstringer Str 5, ✉ 39340, ☎ (0 39 04) 4 01 89
7.30-18, So 14-18; geschl: Sa

Halfing 73 ←

Bayern — Kreis Rosenheim — 502 m — 2 530 Ew — Prien 15, Wasserburg 15, Rosenheim 18 km
🛈 ☎ (0 80 55) 87 13, Fax 3 15 — Gemeindeverwaltung, Wasserburger Str 1, 83128 Halfing. Sehenswert: Kirche Mariä Himmelfahrt

* Gasthof Schildhauer
Chiemseestr 3, ✉ 83128, ☎ (0 80 55) 87 28, Fax 5 78
31 Zi, Ez: 55-80, Dz: 110-140, 4 App, ⌐ WC; Lift 🅿 🚗 ♨ Fitneßraum Sauna Solarium ⍾
Rezeption: 9-21; geschl: Di, Nov

Hallbach 50 →

Sachsen — 580 m — 700 Ew — Olbernhau 3 km
🛈 ☎ (03 73 60) 7 22 86 — Gemeindeverwaltung, Dorfstr 120, 09526 Hallbach

* Bielatal
Dresdner Str 10, ✉ 09526, ☎ (03 73 60) 7 28 53, Fax 7 28 53, AX ED VA
10 Zi, Ez: 60-75, Dz: 100-110, ⌐ WC; 🅿 2⟲50 ⍾

Hallbergmoos 72 ↑

Bayern — Kreis Freising — 445 m — 5 738 Ew — Freising 9, München 18 km
🛈 ☎ (08 11) 10 01, Fax 17 13 — Gemeindeverwaltung, Theresienstr 7, 85399 Hallbergmoos

*** Mövenpick Hotel Cadettt
Ludwigstr 43, ✉ 85399, ☎ (08 11) 88 80, Fax 88 84 44, AX DC ED VA
165 Zi, Ez: 156-216, Dz: 177-237, S; 9 App, ⌐ WC, 82; Lift 🅿 14⟲50 Fitneßraum Sauna Solarium ⍾

* Regent
Wilhelmstr 1, ✉ 85399, ☎ (08 11) 5 50 40, Fax 55 04 55, AX ED VA
14 Zi, Ez: 65-150, Dz: 100-210, ⌐ WC; 🅿 🚗 4⟲45 Seezugang ⍾
Rezeption: 6-14, 17.30-23

Goldach (2 km ↓)
** Daniel's
Hauptstr 11, ✉ 85399, ☎ (08 11) 5 51 20, Fax 55 12 63, AX ED VA
26 Zi, Ez: 98-120, Dz: 130-180, 13 App, ⌐ WC, 6; 🅿 2⟲20; garni ⚘

** Gästehaus Alter Wirt
Hauptstr 66, ✉ 85399, ☎ (08 11) 55 15 40
14 Zi, Ez: 90-99, Dz: 130-139, ⌐ WC, 6; 1⟲14 ⍾
Rezeption: 6.30-21

Halle 24 ↘

Nordrhein-Westfalen — Kreis Gütersloh — 128 m — 19 500 Ew — Bielefeld 16, Gütersloh 18, Herford 24 km
🛈 ☎ (0 52 01) 18 30, Fax 18 31 10 — Stadtverwaltung, Graebenstr 24, 33790 Halle; Stadt am Teutoburger Wald. Sehenswert: Museum für Kindheits- und Jugendwerke bedeutender Künstler; Wasserschloß Tatenhausen (3 km ✈)

*** Sportpark
Weststr 16, ✉ 33790, ☎ (0 52 01) 89 90, Fax 89 94 40, AX DC ED VA
98 Zi, Ez: 165-185, Dz: 220-240, 5 Suiten, ⌐ WC, 36; Lift 🅿 3⟲120 Sauna Solarium ⚘
Golf 9; Tennis 24
** La Fontana
Hauptgericht 35; Terrasse

** Gästehaus Schmedtmann
♂ Lange Str 14, ✉ 33790, ☎ (0 52 01) 8 10 50, Fax 81 05 26, AX DC ED VA
12 Zi, Ez: 120-130, Dz: 160-180, ⌐ WC; 🅿 🚗 Fitneßraum Sauna Solarium
Auch Zimmer der Kategorie ******* vorhanden
** Hauptgericht 30; geschl: So abends, Sa

* St. Georg
♂ Winnebrockstr 2, ✉ 33790, ☎ (0 52 01) 8 10 40, Fax 8 10 41 32, ED VA
27 Zi, Ez: 75, Dz: 110-120, ⌐ WC, 12; 🅿; garni
Rezeption: 6-13, 15-21; geschl: 20.12.96-6.1.97

Halle (Saale) 38 →

Sachsen-Anhalt — Kreis Halle — 100 m — 300 000 Ew — Leipzig 31, Magdeburg 90 km
🛈 ☎ (03 45) 2 33 40, Fax 50 27 98 — Tourist-Information, Marktplatz 1, 06108 Halle; Wichtiger Industriestandort an der Saale; frühere Salz- und Hansestadt; Stadt der Händelfestspiele; Universität. Sehenswert: Marktplatz: Roter Turm; Alter Markt: Eselsbrunnen; Leipziger Turm; Dom; Hallmarkt; Händel-Denkmal; Geburtshaus Georg Friedrich Händels mit großer Sammlung von Musikinstrumenten aus fünf Jahrhunderten; Marktkirche; Pfarrkirche St. Ulrich; Halloren- und Salinenmuseum; staatliche Galerie Moritzburg; Burg Giebichenstein

Stadtplan siehe Seite 468 →

Halle (Saale)

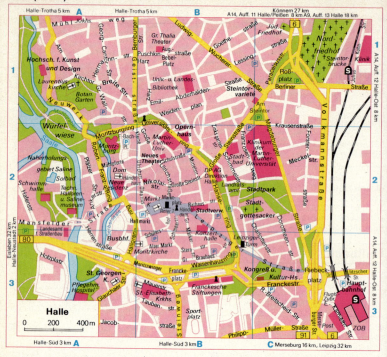

*** **Maritim Hotel Halle**
Riebeckplatz 4 (C 3), ✉ 06110, ☎ (03 45)
5 10 10, Fax 5 10 17 77, AX DC ED VA
346 Zi, Ez: 145-257, Dz: 238-348, S;
2 Suiten, ⌐ WC ☎, 36🖂; Lift 🅿 12⇔850 ≘
Fitneßraum Sauna Solarium
Auch Zimmer der Kategorie ** vorhanden

** **Le Grand**
Hauptgericht 30

** **Europa**
Delitzscher Str 17 (C 3), ✉ 06112, ☎ (03 45)
57 00 50, Fax 57 00 51 61, AX DC ED VA
109 Zi, Ez: 95-165, Dz: 150-220, 1 Suite, ⌐
WC ☎; Lift 🅿 4⇔40

** **Saale-Restaurant**
Hauptgericht 25; Biergarten

** **Martha Haus**
Adam-Kuckhoff-Str 5 (B 1), ✉ 06108,
☎ (03 45) 5 10 80, Fax 5 10 85 15, DC ED VA
20 Zi, Ez: 90-155, Dz: 180-190, ⌐ WC ☎; Lift
🅿 1⇔30 Sauna; garni 🍺

** **Rotes Ross**
Leipziger Str 76 (BC 3), ✉ 06108, ☎ (03 45)
3 72 71, Fax 2 63 31
50 Zi, Ez: 90-150, Dz: 130-198, ⌐ WC ☎; Lift
🅿 🍴
Hotelparkplatz über Frankestr zu erreichen

** **Schweizer Hof**
Waisenhausring 15 (B 3), ✉ 06108,
☎ (03 45) 2 02 63 92, Fax 50 30 68, AX ED VA
18 Zi, Ez: 145-170, Dz: 170-195, ⌐ WC ☎,
5🖂; Lift 2⇔40 🍴
Rezeption: So 7-15

** **Am Steintor**
Krukenbergstr 29 (C 2), ✉ 06112, ☎ (03 45)
50 09 60, Fax 5 00 96 13, AX DC ED VA
49 Zi, Ez: 135, Dz: 170, ⌐ WC ☎; Lift 🅿
2⇔30 🍴

** **Apart**
Kohlschütter Str 5 (außerhalb AB 1),
✉ 06114, ☎ (03 45) 50 11 01, Fax 3 50 05,
AX DC ED VA
50 Zi, Ez: 90-135, Dz: 110-195, ⌐ WC ☎,
5🖂; 🅿 2⇔60; garni
Auch Zimmer der Kategorie * vorhanden

** **Bavaria Apartmenthotel**
Merseburger Str 56 (C 3), ✉ 06110,
☎ (03 45) 50 08 20, Fax 50 08 24 20,
AX DC ED VA
43 Zi, Ez: 125, Dz: 180, 7 Suiten, 16 App., ⌐
WC ☎, 10🖂; Lift 🅿 Sauna 🍴

Ein im Betriebseintrag dargestelltes S
zeigt an, daß Sie hier bei einer Buchung
über den Varta Hotel-Service zu Sonderkonditionen übernachten können.

Hallstadt

** Aparthotel+Boarding-House Solitaire
Streiberstr 38 (außerhalb C 3), ✉ 06110,
☎ (03 45) 51 50 60, Fax 5 15 06 53, AX DC VA
44 Zi, Ez: 120-150, Dz: 163-175, S;
16 Suiten, 30 App, ⊣ WC ☎; Lift **P**; garni
Rezeption: 7-12, 16-22

** Aparthotel+Boarding-House Solitaire
Torstr 19 (außerhalb B 3), ✉ 06110,
☎ (03 45) 2 13 93, Fax 2 13 94 00, DC ED VA
33 Zi, Ez: 120-135, Dz: 148-155, S; ⊣ WC ☎;
Lift **P**; garni
Rezeption: 7-12, 16-22
Auch Zimmer der Kategorie * vorhanden

* Am Wasserturm
Lessingstr 8 (C 1), ✉ 06114, ☎ (03 45)
5 12 65 42, Fax 5 12 65 43, AX DC ED VA
52 Zi, Ez: 95-150, Dz: 150-180, S; 23 App,
⊣ WC ☎; Lift 1↺35 Sauna Solarium; **garni**

* Zum kleinen Sandberg
Kleiner Sandberg 5 (B 2), ✉ 06108,
☎ (03 45) 7 70 02 69
9 Zi, Ez: 140-175, Dz: 220-290, ⊣ WC ☎
** Hauptgericht 25

* Eigen
Kurt-Wüsteneck-Str 1 (außerhalb C 3),
✉ 06132, ☎ (03 45) 7 75 56, Fax 7 75 57 77,
AX DC VA
31 Zi, Ez: 95-135, Dz: 145-170, ⊣ WC ☎; **P**
🚗 ⍓
geschl: Ende Dez - Anfang Jan

* Westfalia
Grenzstr 35 (außerhalb C 3), ✉ 06112,
☎ (03 45) 5 60 62 91, Fax 5 60 62 96,
AX DC ED VA
36 Zi, Ez: 110-120, Dz: 150, 2 Suiten, ⊣ WC
☎; Lift **P** 1↺40 ⍓

* Elisabeth
Otto-Kilian-Str 49 (außerhalb A 3),
✉ 06110, ☎ (03 45) 1 20 20 25,
Fax 1 20 20 28, AX ED VA
17 Zi, Ez: 90-120, Dz: 120-160, 2 Suiten, ⊣
WC ☎; **garni**
Rezeption: 8-20

* Kastanienhof
Beesener Str 226 (außerhalb B 3), ✉ 06110,
☎ (03 45) 4 27 90, Fax 4 13 96, AX ED VA
18 Zi, Ez: 75-115, Dz: 95-145, 1 Suite, ⊣ WC
☎; ⍓

* Kröllwitzer Hof
Schinkelstr 7 (außerhalb A 1), ✉ 06120,
☎ (03 45) 5 51 14 37, Fax 5 51 14 35
12 Zi, Ez: 90-120, Dz: 120-150, ⊣ WC ☎; **P**
🚗 1↺40 ≈ ⍓

Neustadt
* Steigenberger Esprix
Neustädter Passage 5, ✉ 06122, ☎ (03 45)
6 93 10, Fax 6 93 16 26, AX DC ED VA
186 Zi, Ez: 120-160, Dz: 150-210, ⊣ WC ☎,
45 ⌘; Lift **P** 5↺130 Solarium
* Hauptgericht 25; **P** Terrasse

Peißen
*** Treff Hansa Hotel
Hansaplatz 1, ✉ 06188, ☎ (03 45) 5 64 70,
Fax 5 64 75 50, AX DC ED VA
301 Zi, Ez: 179-229, Dz: 253-303, S; ⊣ WC
☎, 99 ⌘; Lift **P** 15↺450 Fitneßraum Sauna
Solarium
** Hauptgericht 25; Terrasse; nur
abends

**** Alba-Hotel Zur Mühle
(Top International Hotel)**
An der Mühle 180, ✉ 06188, ☎ (03 45)
5 75 00, Fax 5 75 01 00, AX DC ED VA
168 Zi, Ez: 110-175, Dz: 140-215, S; ⊣ WC
☎, 80 ⌘; Lift **P** 4↺300 Fitneßraum
Solarium ⍓

Trotha (3 km ↑)
* Pension Am Krähenberg
Am Krähenberg 1, ✉ 06113, ☎ (03 45)
5 22 55 06, Fax 5 22 55 59, AX ED VA
18 Zi, Ez: 90-118, Dz: 120-142, ⊣ WC ☎; **P**
🚗; garni

Hallenberg 35 ✓

Nordrhein-Westfalen — Hochsauerlandkreis — 420 m — 2 700 Ew — Winterberg 15, Frankenberg/Eder 23 km
ℹ️ ☎ (0 29 84) 82 03 — Verkehrsverein,
Merklinghauser Str 1, 59969 Hallenberg;
Erholungsort im Sauerland. Sehenswert:
Pfarrkirche St Heribert; kath. Wallfahrtskirche; Marktplatz; Fachwerkhäuser;
Backhaus

** Diedrich
Nuhnestr 2, ✉ 59969, ☎ (0 29 84) 80 12,
Fax 22 38, ED
48 Zi, Ez: 90-100, Dz: 140-170, 4 App, ⊣ WC
☎; Lift **P** 3↺40 Sauna Solarium
geschl: Dienstag
** Hauptgericht 30; geschl: Di

** Sauerländer Hof
◄ Merklinghauser Str 27, ✉ 59969,
☎ (0 29 84) 4 21, ED
15 Zi, Ez: 40-45, Dz: 80-90, 1 App, ⊣ WC; **P**
🚗 Kegeln
geschl: Mi
Auch Zimmer der Kategorie * vorhanden
** Hauptgericht 25; geschl: Mi

Hesborn (4 km ↑)
* Zum Hesborner Kuckuck
♂ Ölfestr 22, ✉ 59969, ☎ (0 29 84) 4 75,
Fax 5 73
46 Zi, Ez: -97, Dz: 134-158, 7 Suiten, ⊣ WC
☎; Lift **P** 3↺60 ≘ Kegeln Sauna Solarium
⍓ 🚆
Rezeption: 8-19; geschl: Mitte-Ende Nov

Hallstadt 57 ↖

Bayern — Kreis Bamberg — 239 m —
8 500 Ew — Bamberg 5 km
ℹ️ ☎ (09 51) 75 00, Fax 7 50 39 — Stadtverwaltung, Marktplatz 2, 96103 Hallstadt;
Stadt am oberen Main →

Hallstadt

** Holiday Inn Garden Court
Lichtenfelser Str 35, ✉ 96103, ☏ (09 51)
9 72 70, Fax 97 27 90, AX DC ED VA
47 Zi, Ez: 135-165, Dz: 135-185, ⊿ WC ☏,
23✉; P 🚗 1⇔20 Sauna ⓘ⊙|

* Frankenland
Bamberger Str 76, ✉ 96103, ☏ (09 51)
7 12 22, Fax 7 36 85, AX DC ED VA
41 Zi, Ez: 70-76, Dz: 99-105, 1 Suite, ⊿ WC
☏, 5✉; Lift P 🚗 2⇔60 ⓘ⊙|

Haltern 33 ↑

Nordrhein-Westfalen — Kreis Recklinghausen — 40 m — 34 791 Ew — Dülmen 12, Recklinghausen 13, Lüdinghausen 21 km
ⓘ ☏ (0 23 64) 93 33 66, Fax 93 33 64 — Verkehrsamt, Markt 1, 45721 Haltern; Stadt an
der Lippe. Sehenswert: Kath. Pfarrkirche
mit Schnitzaltar; Römermuseum; Annaberg; Halterner und Hullerner Stausee

* Ratshotel
Mühlenstr 3, ✉ 45721, ☏ (0 23 64) 34 65,
Fax 1 61 17, AX DC ED VA
20 Zi, Ez: 90-100, Dz: 130-135, ⊿ WC ☏; P
🚗 2⇔20 ⓘ⊙|

Sythen (4 km ↗)
* Sythener Flora
Am Wehr 71, ✉ 45721, ☏ (0 23 64) 96 22-0,
Fax 9 62 2-96, AX DC ED VA
Hauptgericht 30; P Terrasse; geschl. Donnerstag, Mitte Jun-Mitte Jul
* Pfeiffer
11 Zi, Ez: 60-75, Dz: 115-140, ⊿ WC ☏;Lift
🚗
geschl. Do, Mitte Jun-Mitte Jul

Hamberge 18 ↗

Schleswig-Holstein — Kreis Stormarn —
16 m — 1 075 Ew — Reinfeld 5, Lübeck 10,
Bad Oldesloe 14 km
ⓘ ☏ (0 45 33) 2 00 10, Fax 20 01 69 — Stadtverwaltung, Paul-von-Schoenaich-Str 14,
23858 Reinfeld

Hansfelde (6 km ↗)
* Oymanns Hotel
⊷ Stormarnstr 12, ✉ 23619, ☏ (04 51)
89 13 51, Fax 89 29 75, AX DC ED VA
19 Zi, Ez: 60-80, Dz: 105-110, ⊿ WC ☏; P
Kegeln
Tennis 3;
Rezeption: 6.30-12, 15-22
* Hamberger Hof
Hauptgericht 20; nur abends, So auch
mittags

Hamburg 18 ↑

Hamburg — 1 680 000 Ew — Lübeck 65,
Kiel 93, Bremen 120 km
ⓘ ☏ (0 40) 30 05 10, Fax 30 05 12 53 —
Tourismus-Zentrale, Burchardstr 14,
20095 Hamburg; Tourist-Information im
Hauptbahnhof (E 4), ☏ (0 40) 30 05 12 30;
Flughafen Fuhlsbüttel ☏ (0 40) 30 05 12 40.
Freie und Hansestadt, heute Bundesland
an der Elbe - wichtigster Seehandelsplatz
und zweitgrößte Industriestadt der
Bundesrepublik; Universität, Technische
Universität, Hochschule für Wirtschaft und
Politik, Hochschule für bildende Künste,
Musik und Theater; Staatsoper; Schau-
spielhaus; Thaila-Theater; Neue Flora,
Operettenhaus; Ohnsorg-Theater;
Schmidt-Theater; Spielbank

Sehenswert: St.-Michaelis-Kirche:
„Michel", bedeutendster Barockbau Nord-
deutschlands und Wahrzeichen der Stadt,
Lift zur Aussichtsplattform im Turm ⊷;
St.-Jacobi-Kirche: Arp-Schnitger-Orgel;
St.-Petri-Kirche; St.-Katharinen-Kirche;
Turm der Nikolaikirche - Hafen; Köhlbrand-
brücke ⊷; Elbtunnel; Binnenalster: Jung-
fernstieg, Lombardsbrücke ⊷; Außen-
alster; Fleete; Kanäle; Rathaus; Börse;
Krameramtswohnungen; Fassade des
Görtz-Palais; Chilehaus - Kunsthalle:
Gemälde; Deichtorhallen-Ausstellungen;
Museum für Kunst und Gewerbe; Museum
für Hamburgische Geschichte; Museum
für Völkerkunde; Altonaer Museum: Volkskunde u. a.; Hamburger Museum für
Archäologie und Geschichte; Museumsdorf Volksdorf; Planetarium; Automuseum
Hillers; „electrum" - Museum für Elektrizi-
tät; Johannes-Brahms-Gedenkräume; St.
Pauli: Reeperbahn, Fischmarkt (Sonntag
früh), Erotic-Art-Museum, Bismarck-Denk-
mal; Hagenbecks Tierpark; Botanischer
Garten; Park „Planten un Blomen"; Alster-
park an der Außenalster; Stadtpark -
Jenischpark; Ernst-Barlach-Haus; Hirsch-
park - Blankenese (14 km ←): Süllberg ⊷
und Bismarckstein ⊷; Wedel (25 km ←):
Schulauer Fährhaus ⊷ Schiffsbegrüßungs-
anlage „Willkomm-Höft"; Curslack
(27 km ↘): Vierländer Freilichtmuseum
Rieckhaus; bei Harburg (15 km ↓):
Freilichtmuseum am Kiekeberg; Im
Alten Land (40 km ←): Baumblüte;
Seefahrten nach Helgoland

Messen:
Internorga 14.-19.3.97
hanseboot 25.10.-2.11.97

Stadtplan siehe Seiten 472-473

Teilen Sie bitte der Redaktion des Varta
mit, wenn Sie sich in einem Haus besonders wohlgefühlt haben oder wenn Sie
unzufrieden waren.

Hamburg

***** Vier Jahreszeiten 👑
♂ ⋖ ⊗ Neuer Jungfernstieg 9 (D 3),
✉ 20354, ☎ (0 40) 3 49 40, Fax 3 49 46 02,
AX DC ED VA
158 Zi, Ez: 413-533, Dz: 550-670, S;
23 Suiten, ⌐ WC ☏, 4🖂; Lift 🚗 5⇔150 ⇌
Auch Zimmer anderer Kategorien vorhanden

**** Haerlin 🍴 ⚘
⋖ Hauptgericht 46; geschl: Mo

*** Jahreszeiten Grill
Hauptgericht 40

***** Kempinski Hotel 👑
Atlantic Hamburg
♂ ⋖ ⊗ An der Alster 72 (E 3), ✉ 20099,
☎ (0 40) 2 88 80, Fax 24 71 29, AX DC ED VA
254 Zi, Ez: 370-440, Dz: 420-490; 13 Suiten,
1 App, ⌐ WC ☏, 14🖂; Lift 🚗 12⇔800 ⇌
Fitneßraum Sauna Solarium
Auch Zimmer anderer Kategorien vorhanden

**** Atlantic-Restaurant
Hauptgericht 50

** Atlantic-Mühle
Hauptgericht 30; nur abends

**** Steigenberger
Heiligengeistbrücke 4 (C 5), ✉ 20459,
☎ (0 40) 36 80 60, Fax 36 80 67 77,
AX DC ED VA
222 Zi, Ez: 304-364, Dz: 383-443, S;
12 Suiten, ⌐ WC ☏, 130🖂; Lift 🅿 🚗
10⇔265 ⇌

*** Calla
Hauptgericht 40; nur abends; geschl: So,
Mo, in den Sommerferien
Euro-asiatische Küche

Bistro am Fleet
Hauptgericht 26; Terrasse

**** Elysee 👑
♂ Rothenbaumchaussee 10 (C 2), ✉ 20148,
☎ (0 40) 41 41 20, Fax 41 41 27 33,
AX DC ED VA
299 Zi, Ez: 289-349, Dz: 348-408, S;
6 Suiten, ⌐ WC ☏; Lift 🚗 7⇔550 ⇌ Fitneßraum Sauna Solarium ⇌

** Piazza Romana
Hauptgericht 35

* Brasserie
Hauptgericht 30

**** Marriott
♂ ABC-Str 52 (C 4), ✉ 20354, ☎ (0 40)
3 50 50, Fax 35 05 17 77, AX DC ED VA
277 Zi, Ez: 350-350, Dz: 295-370, 5 Suiten,
⌐ WC ☏, 150🖂; Lift 🚗 7⇔220 ⇌ Fitneßraum Sauna Solarium 🍽

🖂 Der Hinweis auf Nichtraucherzimmer zeigt Ihnen an, daß sich in diesem Hotel Zimmer befinden, in denen nicht geraucht werden darf. Die vorangestellte Ziffer bezieht sich auf die Anzahl der vorhandenen Nichtraucherzimmer wie sie der Redaktion vom Hotelbetrieb genannt wurden.

**** Inter-Continental
♂ ⋖ Fontenay 10 (D 1), ✉ 20354, ☎ (0 40)
41 41 50, Fax 41 41 51 86, AX DC ED VA
286 Zi, Ez: 285-395, Dz: 335-445, 18 Suiten,
1 App, ⌐ WC ☏, 90🖂; Lift 🅿 🚗 10⇔500 ⇌
Sauna Solarium ⇌
Auch Zimmer anderer Kategorien vorhanden

**** Dachgarten-Restaurant
Fontenay-Grill
⋖ Hauptgericht 45; Terrasse; nur abends,
So auch mittags; geschl: Jul

** Orangerie
Hauptgericht 32; Terrasse

*** Renaissance Hamburg Hotel
Große Bleichen (C 4), ✉ 20354, ☎ (0 40)
34 91 80, Fax 34 91 84 31, AX DC ED VA
205 Zi, Ez: 313-368, Dz: 341-446, 3 Suiten,
⌐ WC ☏, 30🖂; Lift 🅿 8⇔150 Sauna Solarium

*** Noblesse
Hauptgericht 40

*** Radisson SAS
⋖ Marseiller Str 2 (C 2), ✉ 20355, ☎ (0 40)
3 50 20, Fax 35 02 33 33, AX DC ED VA
560 Zi, Ez: 312-417, Dz: 389-514, S;
26 Suiten, ⌐ WC ☏, 125🖂; Lift 🚗 10⇔800
⇌ Fitneßraum Sauna Solarium

*** Trader Vic's
Hauptgericht 31

*** Holiday Inn Crowne Plaza
Graumannsweg 10, ✉ 22087, ☎ (0 40)
22 80 60, Fax 2 20 87 04, AX DC ED VA
286 Zi, Ez: 323-388, Dz: 391-456, 2 Suiten,
6 App, ⌐ WC ☏, 43🖂; Lift 🅿 🚗 8⇔200 ⇌
Sauna Solarium
Auch Zimmer der Kategorie ****** vorhanden

*** Lord Nelson
Hauptgericht 40

*** Madison
♂ Schaarsteinweg 4 (B 5), ✉ 20459,
☎ (0 40) 37 66 60, Fax 37 66 61 37, AX ED VA
146 Zi, Ez: 239, Dz: 288, 19 Suiten, ⌐ WC
☏, 42🖂; Lift 🚗 3⇔70 ⇌ Fitneßraum Sauna Solarium 🍽
Langzeitvermietung möglich

*** Europäischer Hof
Kirchenallee 45 (E 4), ✉ 20099, ☎ (0 40)
24 82 48, Fax 24 82 47 99, AX DC ED VA
320 Zi, Ez: 180-340, Dz: 240-420, S; ⌐ WC
☏, 120🖂; Lift 🚗 5⇔200 ⇌ Fitneßraum Sauna Solarium
Auch Zimmer der Kategorie ****** vorhanden
** Hauptgericht 30; Terrasse

*** Maritim Hotel Reichshof
♂ Kirchenallee 34-36 (E 4), ✉ 20099,
☎ (0 40) 24 83 30, Fax 24 83 38 88,
AX DC ED VA
297 Zi, Ez: 239-319, Dz: 298-398, S;
6 Suiten, ⌐ WC ☏, 57🖂; Lift 🚗 16⇔450 ⇌
Sauna Solarium
Auch Zimmer der Kategorie ****** vorhanden

** Classic
⊗ Hauptgericht 48
→

Hamburg

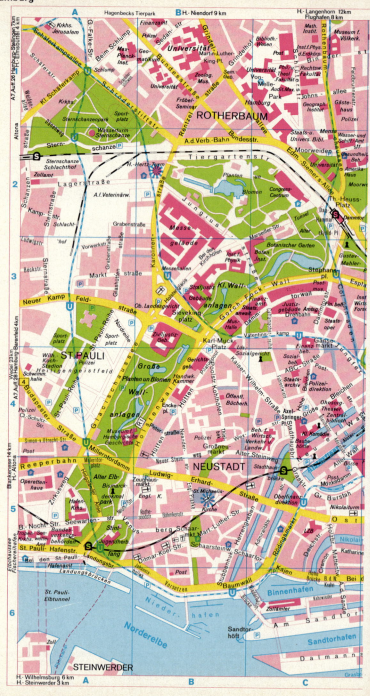

Hamburg

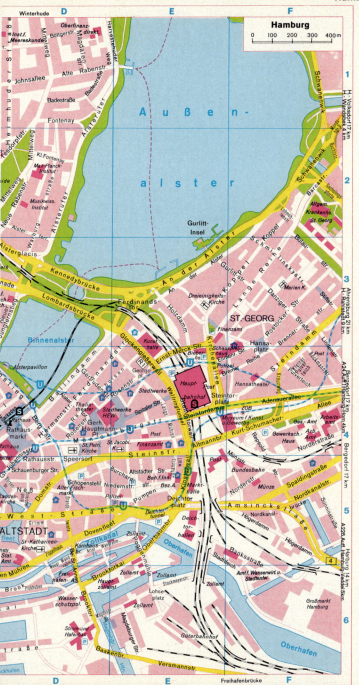

Hamburg

*** Residenz Hafen Hamburg
Seewartenstr 9 (A 5), ✉ 20459, ☏ (0 40)
31 11 90, Fax 3 19 27 36, AX DC VA
115 Zi, Ez: 209, Dz: 226, S; 10 Suiten, ⊣ WC
☏, 20✉; Lift P 🖨 3↔200 Sauna Solarium

** Prem ♛
An der Alster 9 (F 2), ✉ 20099, ☏ (0 40)
24 17 26, Fax 2 80 38 51, AX DC ED VA
53 Zi, Ez: 220-370, Dz: 279-454, 3 Suiten, ⊣
WC ☏; Lift P 1↔30 Sauna
Auch Zimmer der Kategorie *** vorhanden
*** La Mer
Hauptgericht 45; Terrasse; geschl: Sa + So mittags

** Continental
Kirchenallee 37 (E 4), ✉ 20099, ☏ (0 40)
2 80 33 57, Fax 2 80 31 74, AX DC ED VA
35 Zi, Ez: 195-250, Dz: 250-300, 4 Suiten, ⊣
WC ☏, 6✉; Lift; **garni**
Auch Zimmer der Kategorie *** vorhanden

** Best Western St. Raphael
Adenauerallee 41 (F 4), ✉ 20097, ☏ (0 40)
24 82 00, Fax 24 82 03 33, AX DC ED VA
128 Zi, Ez: 190-260, Dz: 240-310, S;
2 Suiten, ⊣ WC ☏, 7✉; Lift P 🖨 3↔70 Fitneßraum Sauna Solarium 🍽
Auch Zimmer anderer Kategorien vorhanden

** Bellevue
◂ An der Alster 14 (F2), ✉ 20099, ☏ (0 40)
28 44 40, Fax 28 44 42 22, AX DC ED VA
78 Zi, Ez: 190-220, Dz: 290-330, S; ⊣ WC ☏,
6✉; P 🖨 3↔60 🍽

** Senator
Lange Reihe 18 (F 3), ✉ 20099, ☏ (0 40)
24 12 03, Fax 2 80 37 17, AX DC ED VA
56 Zi, Ez: 185-210, Dz: 260-285, S;
11 Suiten, 11 App, ⊣ WC ☏, 28✉; Lift 🖨
4↔80
Restaurant für Hausgäste

** Novotel Hamburg City Süd
Amsinckstr 53 (F 5), ✉ 20097, ☏ (0 40)
23 63 80, Fax 23 42 30, AX DC ED VA
173 Zi, Ez: 199, Dz: 238, S; 12 Suiten, ⊣ WC
☏, 74✉; Lift P 🖨 6↔70 Sauna Solarium
🍽

** Oper (Top International Hotel)
Drehbahn 15, ✉ 20354, ☏ (0 40) 35 60 10,
Fax 35 60 13 10, AX DC ED VA
120 Zi, Ez: 160-215, Dz: 208-300, S; 2 App,
⊣ WC ☏, 25✉; Lift 2↔50 🍽

Abweichungen zwischen Datenteil und Reisekartenteil ergeben sich durch verschiedene Redaktionsschlußzeiten.

** Hafen Hamburg
◂ Seewartenstr 9 (A 5), ✉ 20459, ☏ (0 40)
31 11 30, Fax 3 19 27 36, AX DC VA
240 Zi, Ez: 175-195, Dz: 195-220, S; 8 App,
⊣ WC ☏; Lift P 🖨 🍽
Auch Zimmer der Kategorie * vorhanden

** Aussen Alster
♺ Schmilinskystr 11 (F 3), ✉ 20099,
☏ (0 40) 24 15 57, Fax 2 80 32 31,
AX DC ED VA
27 Zi, Ez: 175-195, Dz: 275-298, ⊣ WC ☏;
Lift Sauna Solarium 🍽

* Baseler Hof
Esplanade 11 (C 3), ✉ 20354, ☏ (0 40)
35 90 60, Fax 35 90 69 18, AX DC ED VA
148 Zi, Ez: 140, Dz: 210, 2 Suiten, ⊣ WC ☏;
Lift 4↔60
geschl: Ende Dez
Auch Zimmer der Kategorie ** vorhanden
** Kleinhuis Weinbistro
Hauptgericht 30; geschl: Ende Dez

* Alster-Hof
Esplanade 12 (D 3), ✉ 20354, ☏ (0 40)
35 00 70, Fax 35 00 75 14, AX DC ED VA
117 Zi, Ez: 140-165, Dz: 180-220, 3 Suiten,
1 App, ⊣ WC ☏; Lift; **garni**
geschl: 24.12.96-02.01.97
Auch Zimmer der Kategorie ** vorhanden

* Wedina Hotel an der Alster
Gurlittstr 23 (F 3), ✉ 20099, ☏ (0 40)
24 30 11, Fax 2 80 38 94, AX DC ED VA
30 Zi, Ez: 140-175, Dz: 160-240, ⊣ WC ☏; P
≋ Sauna; **garni**
Auch Zimmer der Kategorie ** vorhanden

* Ibis
Holzdamm 4 (E 3), ✉ 20099, ☏ (0 40)
24 82 90, Fax 24 82 99 99, AX DC ED VA
164 Zi, Ez: 170-200, Dz: 185-215, S; ⊣ WC
☏, 26✉; Lift 🖨 4↔80 🍽

*** Cölln's Austernstuben
Brodschrangen 1 (D 5), ✉ 20457, ☏ (0 40)
32 60 59, Fax 32 60 59, AX DC
Hauptgericht 60; Sa nur abends; geschl:
So, 1. Januarwoche

*** Schümanns Austernkeller
☒ Jungfernstieg 34 (C 4), ✉ 20354, ☏ (0 40)
34 62 65
Hauptgericht 60

** Il Ristorante
Große Bleichen 16 (C 4), ✉ 20354, ☏ (0 40)
34 33 35, Fax 34 57 48, AX DC ED
Hauptgericht 40

** Ratsweinkeller
☒ Große Johannisstr 2 (D 4), ✉ 20457,
☏ (0 40) 36 41 53, Fax 37 22 01, AX DC ED VA
Hauptgericht 26

Hamburg

** Peter Lembcke
Holzdamm 49 (E 3), 20099, ☎ (0 40)
(04 0) 24 32 90, Fax 2 80 41 23, AX DC ED VA
Hauptgericht 40; geschl: so + feiertags, Sa
mittags

** Anna
Bleichenbrücke (C 4), 20354, ☎ (0 40)
36 70 14, Fax 37 50 07 36, AX DC ED VA
Hauptgericht 35; Terrasse; geschl: so + feiertags

** Tao
Poststr 37, 20354, ☎ (0 40) 34 02 30
Hauptgericht 30; geschl: So
chinesische Küche

** Deichgraf
Deichstr 3 Altstadt (C 5), 20459,
☎ (0 40) 36 42 08, Fax 36 42 68, AX DC ED VA
Hauptgericht 36; geschl: So

* Bistro Petit Délice
Große Bleichen 21 (C 4), 20354, ☎ (0 40)
34 34 70
Hauptgericht 35; Terrasse; geschl: Sa

* Dunes
Karpfangerstr 20, 20459, ☎ (0 40)
31 44 73, Fax 47 02 49, AX
Hauptgericht 30; Sa nur abends

* Bistro Rive
Van der Smissen Str 1 (A 6), 22767,
☎ (0 40) 3 80 59 19, Fax 3 89 47 75, AX
Hauptgericht 32

* Fischküche
Kajen 12 (C 5), 20459, ☎ (0 40) 36 56 31,
AX DC ED VA
Hauptgericht 34; Terrasse; geschl: so + feiertags, Sa mittags

* Dominique
Karl-Muck-Platz 11 (B 3), 20355, ☎ (0 40)
34 45 11, AX
Hauptgericht 42; geschl: So + Sa mittags,
Ende Dez-Anfang Jan, Ostern

Le Plat du Jour
Dornbuschstr 4, 20095, ☎ (0 40)
32 14 14, Fax 4 10 58 57
Hauptgericht 30; geschl: So

Nikolaikeller
Cremon 36 (C 5), 20457, ☎ (0 40)
36 61 13, Fax 36 72 28, AX DC ED VA
Hauptgericht 25; geschl: So,
Spezialität: Heringsgerichte

Zur Schlachterbörse
Kampstr 42 (A 2), 20357, ☎ (0 40)
43 65 43, Fax 4 39 96 56, AX ED
Hauptgericht 35; geschl: Sa, So
Traditionelle Gaststätte am Schlachthof

Condi
im Hotel Vier Jahreszeiten
Neuer Jungfernstieg 9, an der Binnenalster (D 3), 20354, ☎ (0 40) 3 49 46 42,
Fax 3 49 46 02, AX DC ED VA
Mo-Sa 10.30-18.30; geschl: So →

HAMBURG IST BUCHBAR!

Möchten Sie Ihren Aufenthalt in Ruhe
und ganz unkompliziert planen
und buchen – oder suchen Sie noch
kurzfristig ein Hotelzimmer in Hamburg?
Die Hamburg-Profis der
Tourismus-Zentrale Hamburg
bieten Ihnen

**365 TAGE IM JAHR
täglich von 8–20 Uhr**

040/
300 51 300

den Hamburg-Rundum-Service:

Hotels
Über 170 Hotels, von der gemütlichen
Pension bis zum Luxus-Hotel, in
allen Preislagen, mit aktuellen Sonderraten und Wochenendangeboten

Tickets
Eintrittskarten für Musicals, Theater,
Oper, Kabarett, Konzerte, Ausstellungen,
Sportveranstaltungen, Rundfahrten,
Hamburg-CARD

Pauschalprogramm
„Happy Hamburg Reisen"
Das umfangreichste
Pauschalangebot für Hamburg

Oder buchen Sie
direkt in Ihrem
Reisebüro
über START

Buchbar in Ihrem
Reisebüro über

 **Tourismus-Zentrale
Hamburg GmbH**
Fax: 040/300 51-333

Hamburg

Andersen
Jungfernstieg 26 (C 4), ✉ 20354, ☎ (0 40) 68 40 42, Fax 68 03 94
8-18.30, So 9-18

Allermöhe (13 km ↘; BAB 25, Abfahrt HH-Nettelnburg)
* **Am Deich**
⚓ Allermöher Werftstegel 3, ✉ 21037, ☎ (0 40) 7 23 37-0, Fax 7 23 24 24
13 Zi, Ez: 99, Dz: 145, ⇨ WC ☎; 🅿 1↔20 ⓎⓄⓁ
Rezeption: 7-15, 18-23

Alsterdorf (6 km ↑)
** **Best Western Alsterkrug**
Alsterkrugchaussee 277, ✉ 22297, ☎ (0 40) 51 30 30, Fax 51 30 34 03, AX DC ED VA
105 Zi, Ez: 210-250, Dz: 250-290, S; 2 App, ⇨ WC ☎, 30✉; Lift 🅿 🚗 4↔50 Fitneßraum Kegeln Sauna Solarium
** Hauptgericht 30; Gartenlokal; geschl: So mittags

Altona (4 km ←)
** **Rema-Hotel Domicil**
Stresemannstr 62, ✉ 22769, ☎ (0 40) 4 31 60 26, Fax 4 39 75 79, AX DC ED VA
80 Zi, Ez: 170-250, Dz: 220-360, ⇨ WC ☎, 17✉; Lift 🚗; garni

** **Best Western Raphael Hotel Altona**
Präsident-Krahn-Str 13, ✉ 22765, ☎ (0 40) 38 02 40, Fax 38 02 44 44, AX DC ED VA
43 Zi, Ez: 155-195, Dz: 170-250, ⇨ WC ☎; Lift 🅿 Sauna Solarium ⓎⓄⓁ
geschl: Ende Dez-Anfang Jan
Auch Zimmer der Kategorie * vorhanden

** **Intercity Hotel**
Paul-Nevermann-Platz 17, ✉ 22756, ☎ (0 40) 38 03 40, Fax 38 03 49 99, AX DC ED VA
133 Zi, Ez: 190-220, Dz: 240-270, ⇨ WC ☎, 54✉; Lift 5↔100 ⓎⓄⓁ
Auch Zimmer der Kategorie * vorhanden

* **Ibis Altona**
Königstr 4, ✉ 22767, ☎ (0 40) 31 18 70, Fax 31 18 73 04, AX DC ED VA
148 Zi, Ez: 151-160, Dz: 175-195, S; ⇨ WC ☎, 44✉; Lift 2↔40 ⓎⓄⓁ

*** **Fischereihafen-Restaurant**
🍴 Große Elbstr 143, ✉ 22767, ☎ (0 40) 38 18 16, Fax 3 89 30 21, AX DC ED VA
Hauptgericht 45

** **Landhaus Dill** ✤
Elbchaussee 94, ✉ 22763, ☎ (0 40) 3 90 50 77 /3 90 43 87, Fax 3 90 09 75, AX DC ED VA
Hauptgericht 35; Gartenlokal Terrasse; geschl: Mo

Bahrenfeld (4 km ↘)
** **Novotel Hamburg West**
Albert-Einstein-Ring 2, ✉ 22761, ☎ (0 40) 89 95 20, Fax 89 95 23 33, AX DC ED VA
127 Zi, Ez: 124-191, Dz: 158-229, 10 Suiten, ⇨ WC ☎, 65✉; Lift 🅿 🚗 6↔100 Sauna Solarium ⓎⓄⓁ

** **Tafelhaus** 🍷
Holstenkamp 71, ✉ 22525, ☎ (0 40) 89 27 60, Fax 8 99 33 24
Hauptgericht 40; 🅿 Terrasse; geschl: So + Mo, Sa mittags, 3 Wochen im Jul, 3 Wochen im Jan

Barmbek-Nord (City-Nord - 6 km ↗)
*** **Queens Hotel Hamburg**
Mexikoring 1, ✉ 22297, ☎ (0 40) 63 29 40, Fax 6 32 24 72, AX DC ED VA
182 Zi, Ez: 154-259, Dz: 218-8, S; 1 Suite, ⇨ WC ☎, 36✉; Lift 🅿 🚗 7↔200 Fitneßraum Sauna Solarium
** **Windsor**
Hauptgericht 32; Biergarten Terrasse

Barmbek-Süd
** **Rema-Hotel Meridian**
Holsteinischer Kamp 59, ✉ 22081, ☎ (0 40) 2 91 80 40, Fax 2 98 33 36, AX DC ED VA
80 Zi, Ez: 170-250, Dz: 240-360, 2 Suiten, ⇨ WC ☎, 24✉; Lift 🅿 ⚓ Sauna Solarium; garni

Bergedorf (16 km ↘)
*** **Treff Hotel**
Holzhude 2, ✉ 21029, ☎ (0 40) 72 59 60, Fax 72 59 51 87, AX DC ED VA
205 Zi, Ez: 185-205, Dz: 235-255, S; 3 App, ⇨ WC ☎, 54✉; Lift 🚗 16↔1000 Sauna Solarium
Auch Zimmer der Kategorie ** vorhanden
** **Treff Hotel Hamburg**
Hauptgericht 35; Terrasse

* **Alt-Lohbrügger Hof**
Leuschnerstr 76, ✉ 21031, ☎ (0 40) 7 39 60 00, Fax 7 39 00 10, AX DC ED VA
66 Zi, Ez: 150, Dz: 190, 1 Suite, ⇨ WC ☎, 2✉; 🅿 8↔300 Kegeln
* Hauptgericht 30; Terrasse

* **Sachsentor**
Bergedorfer Schloßstr 10, ✉ 21029, ☎ (0 40) 7 24 30 11, Fax 7 24 30 14, AX DC ED VA
35 Zi, Ez: 140, Dz: 180-190, ⇨ WC ☎, 10✉; Lift 🚗; garni

** **Laxy's Restaurant**
Bergedorfer Str 138, ✉ 21029, ☎ (0 40) 7 24 76 40, DC ED VA
Hauptgericht 40; nur abends; geschl: So

Billbrook (10 km ↘)
*** **Böttcherhof**
⚓ Wöhlerstr 2, ✉ 22113, ☎ (0 40) 73 18 70, Fax 73 18 78 99, AX ED VA
138 Zi, Ez: 190-200, Dz: 230-240, S; 9 Suiten, 8 App, ⇨ WC ☎, 46✉; Lift 🚗 10↔250 Fitneßraum Sauna Solarium
** Hauptgericht 35

Billstedt
** **Panorama**
Billstedter Hauptstr 44, ✉ 22111, ☏ (0 40) 73 35 90, Fax 73 35 99 50, AX DC ED VA
111 Zi, Ez: 160-180, Dz: 190-210, 7 Suiten, ⌐ WC ☏, 18 ; Lift P 🚗 7✦200 ; garni

Blankenese (14 km ←) - Achtung: Die Zufahrt zu den Häusern im Strandweg und zum Blankeneser Landungssteg ist von Ostern bis Sep So und Sa von 10-20 Uhr gesperrt

** **Strandhotel**
♂ -€ Strandweg 13, ✉ 22587, ☏ (0 40) 86 13 44, Fax 86 49 36, AX DC ED VA
16 Zi, Ez: 150-220, Dz: 290-340, 1 Suite, ⌐ WC ☏; P

** **Merlot**
-€ Hauptgericht 40; nur abends; geschl: So

* **Blankenese**
Schenefelder Landstr 164, ✉ 22589, ☏ (0 40) 87 47 42, Fax 8 70 32 33, AX DC ED VA
43 Zi, Ez: 80-130, Dz: 130-150, 1 Suite, 2 App, ⌐ WC ☏, 10 ; P 🚗; garni
Rezeption: 6-21
Weitere Zimmer der Kategorie * in mehreren Gästehäusern

** **Ahrberg**
-€ 🍴 Strandweg 33, ✉ 22587, ☏ (0 40) 86 04 38, Fax 86 82 42, AX ED
Hauptgericht 28; Biergarten P Terrasse; geschl: So

* **Flic-Flac Bistro**
Blankeneser Landstr 27, ✉ 22587, ☏ (0 40) 86 53 45, Fax 8 66 36 77, AX ED VA
Hauptgericht 35; P Terrasse; 18-24; geschl: Mo

Borgfelde (3 km →)
*** **Berlin**
Borgfelder Str 1, ✉ 20537, ☏ (0 40) 25 16 40, Fax 25 16 44 13, AX DC ED VA
93 Zi, Ez: 180-205, Dz: 210-235, S; ⌐ WC ☏; Lift P 🚗 3✦🍴
Auch Zimmer der Kategorie *** vorhanden

Bramfeld (9 km ↗)
** **Don Camillo e Peppone**
Im Soll 50, ✉ 22179, ☏ (0 40) 6 42 90 21, AX DC ED
Hauptgericht 35; P Terrasse; nur abends; geschl: So + Mo, 4 Wochen in den Sommerferien

Duvenstedt (20 km ↗)
* **Zur Kastanie**
♂ Specksaalredder 14, ✉ 22397, ☏ (0 40) 6 07 08 73, Fax 6 07 18 89, ED
24 Zi, Ez: 75-95, Dz: 115-135, ⌐ WC ☏; P 🚗; garni 🍴
Rezeption: 6-17 →

New York hat das Börsen-Viertel.
London hat das Parlaments-Viertel.
Paris hat das Künstler-Viertel –
Nur Hamburg –
Hamburg hat das HANSE-VIERTEL.
Eine viertel Meile
shopping, slemming, smiling.

DAS SCHÖNSTE VIERTEL HAMBURGS

Hamburg

** **Le Relais de France**
Poppenbütteler Chaussee 3, ✉ 22397,
☎ (0 40) 6 07 07 50, Fax 6 07 26 73
Hauptgericht 35; 🅿 Terrasse; nur abends;
geschl: So, Mo

Bistro Relais
Hauptgericht 35; Terrasse; geschl: So, Mo

Eimsbüttel (4 km ↖)
** **Norge**
Schäferkampsallee 49, ✉ 20357, ☎ (0 40)
44 11 50, Fax 44 11 55 77, AX DC ED VA
130 Zi, Ez: 160-244, Dz: 190-274, S;
2 Suiten, ⌐ WC, 15🖻; Lift 🅿 4⇔180 Fitneßraum Sauna Solarium
Auch Zimmer der Kategorie *** vorhanden

** **Kon-Tiki-Grill**
Hauptgericht 35

Eppendorf (4 km ↑)
** **Anna und Sebastiano**
Lehmweg 30, ✉ 20251, ☎ (0 40) 4 22 25 95,
Fax 4 20 80 08, AX DC ED VA
Hauptgericht 45; nur abends; geschl:
3 Wochen in den Sommerferien

** **Sellmer**
Ludolfstr 50, ✉ 20249, ☎ (0 40) 47 30 57,
Fax 4 60 15 69, AX DC ED VA
Hauptgericht 40; 🅿

** **Il Gabbiano**
Eppendorfer Landstr 145, ✉ 20251,
☎ (0 40) 4 80 21 59, Fax 4 80 79 21,
AX DC ED VA
Hauptgericht 40; geschl: So, Sa mittags,
Jul

* **Österreich**
Martinistr 11, ✉ 20251, ☎ (0 40) 4 60 48 30,
Fax 47 24 13, AX
Hauptgericht 35; Terrasse; geschl: So, Mo

Finkenwerder (12 km ↙)
** **Finkenwerder Elbblick**
◁ Focksweg 42, ✉ 21129, ☎ (0 40)
7 42 51 91, Fax 7 43 46 72, AX DC ED VA
Hauptgericht 40; Terrasse

Fuhlsbüttel/Flughafen (10 km ↑)
*** **Airport-Hotel**
Flughafenstr 47, ✉ 22415, ☎ (0 40)
53 10 20, Fax 53 10 22 22, AX DC ED VA
145 Zi, Ez: 240-285, Dz: 285-330, S;
14 Suiten, ⌐ WC, 30🖻; Lift 🅿 🚗
12⇔280 ≋ Sauna Solarium

*** **Concorde**
Hauptgericht 60

** **Top Air**
Airport Hamburg - Terminal 4, ✉ 22335,
☎ (0 40) 50 75 33 24, Fax 15 75 18 42,
AX DC ED VA
Hauptgericht 40; 🅿

Groß-Borstel
** **Entrée**
Borsteler Chaussee 168, ✉ 22453, ☎ (0 40)
5 57 78 80, Fax 55 77 88 10, AX ED VA
20 Zi, Ez: 150-180, Dz: 189-179, ⌐ WC,
7🖻; Lift 🚗; garni

Groß-Flottbek (8 km ←)
** **Landhaus Flottbek**
Baron-Voght-Str 179, ✉ 22607, ☎ (0 40)
8 22 74 10, Fax 82 27 41 51, AX DC ED VA
24 Zi, Ez: 175, Dz: 235-295, 1 Suite, ⌐ WC
☎; 🅿 1⇔20 🚗

** **Reet**
Hauptgericht 45

Hamm (4 km →)
** **Hamburg International**
Hammer Landstr 200, ✉ 20537, ☎ (0 40)
21 14 01, Fax 21 14 09, AX ED VA
112 Zi, Ez: 130-220, Dz: 170-250, ⌐ WC ☎;
Lift 🅿 🚗
Auch Zimmer der Kategorie * und ***
vorhanden
** Hauptgericht 35; geschl: So

Hammerbrook (2 km →)
** **Altdeutsches Restaurant**
Wendenstr 8, ✉ 20097, ☎ (0 40) 23 26 60,
Fax 23 26 60, AX DC ED VA
Hauptgericht 35; geschl: Sa, So

Harburg (15 km ↓)
*** **Lindtner**
♠ Heimfelder Str 123, ✉ 21075, ☎ (0 40)
79 00 90, Fax 79 00 94 82, AX DC ED VA
103 Zi, Ez: 245-275, Dz: 285-345, 10 Suiten,
⌐ WC ☎, 30🖻; Lift 🅿 15⇔750 Fitneßraum
Sauna Solarium

** **Lilium**
Hauptgericht 45; Terrasse

** **Panorama**
Harburger Ring 8, ✉ 21073, ☎ (0 40)
76 69 50, Fax 76 69 51 83, AX DC ED VA
88 Zi, Ez: 180-195, Dz: 210-240, 2 Suiten,
8 App, ⌐ WC ☎, 14🖻; Lift 🚗 5⇔200 🚗
Auch Zimmer der Kategorie *** vorhanden

* Hauptgericht 35; 🅿 Terrasse;
geschl: So abends

* **Süderelbe**
Großer Schippsee 29, ✉ 21073, ☎ (0 40)
77 32 14, Fax 77 31 04, AX DC ED VA
21 Zi, Ez: 120, Dz: 160, ⌐ WC ☎; Lift 🚗;
garni
geschl: Ende Dez-Anfang Jan

** **Marinas**
Schellerdamm 26, ✉ 21079, ☎ (0 40)
7 65 38 28, Fax 7 65 14 91, AX ED VA
Hauptgericht 35; geschl: So, Sa
mittags

Harvestehude (3 km ↑)
*** **Abtei**
(Relais & Châteaux)
♠ Abteistr 14, ✉ 20149, ☎ (0 40) 44 29 05,
Fax 44 98 20, AX DC ED VA
11 Zi, Ez: 260-350, Dz: 350-410, 3 Suiten, ⌐
WC ☎; 🚗
Rezeption: 7-17
Elegante Stadtvilla mit Antiquitäten

*** Hauptgericht 45;
Gartenlokal; Terrasse; nur abends; geschl:
So + Mo, Anfang-Mitt Jan

Hamburg

* **Mittelweg**
Mittelweg 59 (D 1), ✉ 20149, ☎ (0 40)
4 14 10 10, Fax 41 41 01 20
30 Zi, Ez: 120-165, Dz: 180-250, 2 App, ⌂
WC ☎; 🅿 🍴; garni

Hausbruch (14 km ✓)
* **Berghotel Sennhütte**
einzeln ⚘ ⊲ Wulmsberg 12, ✉ 21149,
☎ (0 40) 7 97 00 10, Fax 7 97 00 11 98,
AX ED VA
97 Zi, Ez: 88-122, Dz: 159-182, ⌂ WC; 🅿
16↻120 ⌂ Fitneßraum Kegeln Sauna
* **Hamburg Blick**
⊲ Hauptgericht 32; Terrasse

Langenhorn (12 km ↑)
*** **Dorint Hamburg-Airport**
Langenhorner Chaussee 183, ✉ 22415,
☎ (0 40) 53 20 90, Fax 53 20 96 00, AX DC ED VA
147 Zi, Ez: 210-280, Dz: 260-320, 2 Suiten,
⌂ WC ☎, 15✉; Lift 🅿 8↻130 ⌂ Sauna
Solarium
*** **Hansa-Brasserie**
Hauptgericht 25; Terrasse

---

* **Schümann**
Langenhorner Chaussee 157, ✉ 22415,
☎ (0 40) 5 31 00 20, Fax 53 10 02 10,
AX ED VA
45 Zi, Ez: 135-178, Dz: 160-198, 2 App, ⌂
WC ☎, 6✉; 🅿 🍴; garni

** **Zum Wattkorn**
⊗ Tangstedter Landstr 230, ✉ 22417,
☎ (0 40) 5 20 37 97, Fax 5 20 90 44
Hauptgericht 35; ⌂; nur mittags; geschl:
Mo

Lemsahl-Mellingstedt (17 km ↗)
*** **Marriott Hotel Treudelberg**
Lemsahler Landstr 45, ✉ 22397, ☎ (0 40)
60 82 20, Fax 60 82 24 44, AX DC ED VA
135 Zi, Ez: 240-280, Dz: 265-305, ;
2 Suiten, ⌂ WC ☎, 25✉; Lift 🅿 14↻180 ⌂
Fitneßraum Sauna Solarium 🍴
Golf 18, Tennis 2

Lokstedt (6 km ↑)
** **Engel**
Niendorfer Str 59, ✉ 22529, ☎ (0 40)
58 03 15, Fax 58 34 85, AX DC ED VA
94 Zi, Ez: 157-177, Dz: 205-225, 4 Suiten, ⌂
WC ☎; Lift 🅿 🍴 4↻45 Fitneßraum Sauna
Solarium 🍴

Neugraben (14 km ✓)
** **Scheideholzer Hof**
Bauernweide 11, ✉ 21149, ☎ (0 40)
70 20 40, Fax 7 01 23 68, AX ED VA
29 Zi, Ez: 115-130, Dz: 150-170, ⌂ WC ☎,
20✉; Lift 🅿 🍴; garni
Rezeption: 6.30-19 →

HAMBURG IST MEHR ALS EINE REISE WERT!

Hamburg ist immer ein Erlebnis.
Und wer auf seiner Reise
auch noch die REISEN '97 oder '98
besuchen kann, der kommt voll
auf seine Kosten.

Internationale Ausstellung
International Exhibition
Tourismus · Caravan · Autovision

8. – 16. Februar 1997
tägl. 10 – 18 Uhr

PARTNERLAND '97

Natürlich Polen

REISEN '98: 7.2. – 15.2.98

Hamburg Messe

Hamburg Messe und Congress GmbH · Jungiusstraße 13
Messehaus · 20355 Hamburg · Tel. (0 40) 35 69-0

Hamburg

Nienstedten (10 km ←)

**** Louis C.Jacob ♛
♂ ⊰ Elbchaussee 401-403, ✉ 22609,
☎ (0 40) 82 25 50, Fax 82 25 54 44
86 Zi, Ez: 308-322, Dz: 406-514, S; ⇘ WC ☏;
Lift 🅿 Sauna
**** ⊰ Hauptgericht 50; 🅿 🍴
Gartenlokal
*   Das kleine Jakob
Hauptgericht 28; nur abends

**   Marktplatz
♒ Nienstedtener Marktplatz 21, ✉ 22609,
☎ (0 40) 82 98 48, Fax 82 98 43
Hauptgericht 25; Gartenlokal 🅿; nur
abends, So auch mittags; geschl: Mo

Othmarschen (7 km ←)

**   Il Punto
Beseler Str 35, ✉ 22607, ☎ (0 40) 89 55 34
Hauptgericht 40; nur abends; geschl: Mo, Di

Ottensen (5 km ←)

**** Landhaus Scherrer   🅿 🍴🍴
(Relais & Châteaux)
Elbchaussee 130, ✉ 22763, ☎ (0 40)
8 80 13 25, Fax 8 80 62 60, AX DC ED VA
Hauptgericht 55; 🅿; geschl: So
**   Bistro
Hauptgericht 40; nur mittags; geschl: So

***   Le Canard   🍴
⊰ Elbchaussee 139, ✉ 22763, ☎ (0 40)
8 80 50 57, Fax 47 24 13, AX DC ED VA
Hauptgericht 58; 🅿 Terrasse; geschl: So

Poppenbüttel (13 km ↗)

**   Poppenbütteler Hof
Poppenbütteler Weg 236, ✉ 22339,
☎ (0 40) 6 02 10 72, Fax 6 02 31 30,
AX DC ED VA
31 Zi, Ez: 195-215, Dz: 260-290, 1 Suite, ⇘
WC ☏, 4📧; Lift 🅿 3⟷35 🍽

*   Rosengarten
Poppenbütteler Landstr 10 b, ✉ 22391,
☎ (0 40) 6 02 30 36, Fax 6 06 53 53, AX ED VA
10 Zi, Ez: 118, Dz: 188, 1 Suite, 2 App, ⇘
WC ☏, 3📧; 🅿 Sauna; garni
geschl: Ende Dez-Anfang Jan

**   Dante
An der Alsterschleife 3, ✉ 22399, ☎ (0 40)
6 02 00 43, Fax 6 02 28 26, AX ED
Hauptgericht 35; 🅿 Terrasse; nur abends,
sa + so + feiertags auch mittags; geschl: Mo

Rahlstedt (11 km ↗)

***   Herrenhaus
♂ ♒ Sieker Landstr 119, ✉ 22143, ☎ (0 40)
6 75 66 40, Fax 6 75 30 13, AX DC ED VA
12 Zi, Ez: 170, Dz: 220, 2 Suiten, ⇘ WC ☏;
🅿 3⟷40 🍽
geschl: im Winter Mo

*   Eggers
Rahlstedter Str 78, ✉ 22149, ☎ (0 40)
6 77 40 11, Fax 6 77 22 11, AX ED VA
89 Zi, Ez: 110-150, Dz: 160-195, ⇘ WC ☏;
Lift 🅿 4⟷30 ⛵ Kegeln Sauna
*   Hauptgericht 25; Biergarten; nur
abends, Sa + So auch mittags

Rothenburgsort

***   Forum
⊰ Billwerder Neuer Deich 14, ✉ 20539,
☎ (0 40) 78 84 00, Fax 78 84 10 00,
AX DC ED VA
373 Zi, Ez: 198-255, Dz: 255-300, 12 Suiten,
104 App, ⇘ WC ☏, 124📧; Lift 🅿 🍴
14⟷280 ⛵ Fitneßraum Sauna Solarium 🍽

Rotherbaum (2 km ↑)

**   Garden Hotels Pöseldorf
Magdalenenstr 60 (D 1), ✉ 20148, ☎ (0 40)
41 40 40, Fax 4 14 04 20, AX DC ED VA
60 Zi, Ez: 180-320, Dz: 200-260, 3 Suiten,
8 App, ⇘ WC ☏, 10📧; Lift 🅿 🍴; garni
geschl: Ende Dez-Anfang Jan
Hotelkomplex bestehend aus drei Patrizier-
villen. Auch Zimmer der Kategorie *******
vorhanden

**   Vorbach
Johnsallee 63-67, ✉ 20146, ☎ (0 40)
44 18 20, Fax 44 18 28 88, AX ED VA
101 Zi, Ez: 150-230, Dz: 200-260, 5 Suiten,
10 App, ⇘ WC ☏; Lift 🍴 3⟷20; garni

**   L'Auberge Francaise
Rutschbahn 34, ✉ 20146, ☎ (0 40)
4 10 25 32, Fax 4 10 58 57, AX DC ED VA
Hauptgericht 40; geschl: Sa + So, Ende
Dez-Anfang Jan

**   Ventana
Grindelhof 77, ✉ 20146, ☎ (0 40) 45 65 88,
Fax 48 17 19, AX DC
Hauptgericht 45; geschl: So

**   La Vite
Heimhuder Str 5 (D 1-2), ✉ 20148, ☎ (0 40)
45 84 01, Fax 45 42 53, AX DC ED VA
Hauptgericht 40

**   Bistro Zeik**
Oberstr 14 a, ✉ 20144, ☎ (0 40) 4 20 40 14,
Fax 4 20 40 16
Hauptgericht 30; Terrasse

St. Pauli (2 km ←)

***   Astron Suite Hotel
Feldstr 53-58, ✉ 20357, ☎ (0 40) 43 23 20,
Fax 43 23 23 00, AX DC ED VA
Ez: 230-370, Dz: 280-390, S ; 119 Suiten, ⇘
WC ☏; Lift 🍴 1⟷12 Fitneßraum Sauna
Solarium; garni

**   Bavaria Blick
⊰ Bernhard-Nocht-Str 99, ✉ 20359,
☎ (0 40) 31 16 31 16, Fax 31 16 31 99,
AX DC ED VA
Hauptgericht 35

Hamburg

Sasel (14 km ↗)

* Mellingburger Schleuse (Ringhotel)
einzeln ♂ Mellingburgredder 1, ✉ 22395, ☎ (0 40) 6 02 40 01, Fax 6 02 79 12, AX DC ED VA
37 Zi, Ez: 135-180, Dz: 175-225, 3 Suiten, ⇱ WC ☎; P 🖃 9⇌180 ≙ Fitneßraum Kegeln Sauna Solarium ⓘ

Schnelsen (11 km ↖)

** Novotel Hamburg Nord
Oldesloer Str 166, ✉ 22457, ☎ (0 40) 55 99 30, Fax 5 59 20 20, AX DC ED VA
122 Zi, Ez: 189, Dz: 223, ⇱ WC ☎, 16🛏; Lift P ≋ ≙ ⓘ

* Ausspann
Holsteiner Chaussee 428, ✉ 22457, ☎ (0 40) 5 59 87 00, Fax 55 98 70 60, AX DC ED VA
17 Zi, Ez: 105-125, Dz: 150-165, ⇱ WC ☎, 5🛏; P; garni
Auch Zimmer der Kategorie ** vorhanden

Stellingen (6 km ↖)

** Holiday Inn
Kieler Str 333, ✉ 22525, ☎ (0 40) 54 74 00, Fax 54 74 01 00, AX DC ED VA
105 Zi, Ez: 154-218, Dz: 184-238, S; ⇱ WC ☎, 32🛏; Lift P 🖃 2⇌20 Fitneßraum Sauna Solarium
Auch Zimmer der Kategorie *** vorhanden

** Hauptgericht 28; Terrasse

** Helgoland
Kieler Str 177, ✉ 22525, ☎ (0 40) 85 70 01, Fax 8 51 14 45, AX DC ED VA
107 Zi, Ez: 160-180, Dz: 210-230, 2 Suiten, 1 App, ⇱ WC ☎, 5🛏; Lift P 🖃 2⇌150 ⓘ
Auch Zimmer der Kategorie * vorhanden

Uhlenhorst (3 km ↑)

** Parkhotel Alster-Ruh
♂ Am Langenzug 6, ✉ 22085, ☎ (0 40) 22 45 77, Fax 2 27 89 66, AX ED VA
23 Zi, Ez: 150-195, Dz: 220-325, ⇱ WC ☎; 🖃; garni
Auch Zimmer der Kategorie *** vorhanden

* Nippon
Hofweg 75, ✉ 22085, ☎ (0 40) 2 27 11 40, Fax 22 71 14 90, AX DC ED VA
42 Zi, Ez: 170-215, Dz: 200-260, 1 Suite, WC ☎; Lift P 🖃
japanisches Ambiente

* Wa-Yo
Hauptgericht 35; nur abends; geschl: Mo
Sushi

** Mühlenkamper Fährhaus
⊗ Hans-Henny-Jahnn-Weg 1, ✉ 22085, ☎ (0 40) 2 20 69 34 + 2 20 73 90, Fax 2 20 69 32, AX DC ED VA
Hauptgericht 30; geschl: Sa mittags, so+feiertags

** La Fayette
Zimmerstr 30, ✉ 22085, ☎ (0 40) 22 56 30, Fax 22 56 32, AX
Hauptgericht 36; Terrasse; nur abends; geschl: So, 2 Wochen im Jun

** Ristorante Roma
Hofweg 72, ✉ 22085, ☎ (0 40) 2 20 25 54, Fax 2 27 92 25, AX DC ED VA
Hauptgericht 35; Gartenlokal; geschl: So

Veddel (8 km ↓)

** Ryan Carat Hotel
Sieldeich 5, ✉ 20539, ☎ (0 40) 78 96 60, Fax 78 61 96, AX DC ED VA
90 Zi, Ez: 205-220, Dz: 245-270, ⇱ WC ☎; Lift P 🖃 5⇌Sauna Solarium
Auch Zimmer der Kategorie *** vorhanden

** Hauptgericht 20; Terrasse

Wandsbek (5 km ↗)

* Kröger
Ahrensburger Str 107, ✉ 22045, ☎ (0 40) 6 56 69 94, Fax 6 56 74 23, AX DC ED VA
34 Zi, Ez: 149-159, Dz: 185-205, 1 Suite, 2 App, ⇱ WC ☎; P 🖃 25; garni

* Zum Studio
Sonnenweg 27, ✉ 22045, ☎ (0 40) 66 07 22, Fax 66 17 56, AX DC ED VA
17 Zi, Ez: 110-140, Dz: 140-160, ⇱ WC ☎; P; garni

Wilhelmsburg (10 km ↓)

*** Forte Crest Hotel
Stillhorner Weg 40, ✉ 21109, ☎ (0 40) 7 52 50, Fax 7 52 54 44, AX DC ED VA
147 Zi, Ez: 211-286, Dz: 277-352, S; 1 Suite, ⇱ WC ☎, 59🛏; Lift P ≙ Fitneßraum Sauna Solarium

** Moorwerder Stube
Hauptgericht 30

Winterhude (4 km ↑)

*** Hanseatic ♛
♂ Sierichstr 150, ✉ 22299, ☎ (0 40) 48 57 72, Fax 48 57 73, AX ED
12 Zi, Ez: -278, Dz: 305-375, 1 Suite, ⇱ WC ☎, 4🛏; garni
Klassizistische Villa

* Am Stadtpark
Flüggestr 6, ✉ 22303, ☎ (0 40) 27 84 00, Fax 27 84 01 10, DC ED VA
39 Zi, Ez: 106, Dz: 139, ⇱ WC ☎; Lift P 1⇌10; garni

** Borsalino
Barmbeker Str 165, ✉ 22299, ☎ (0 40) 47 60 30, Fax 47 02 49, AX DC ED VA
Hauptgericht 35; geschl: Ende Dez-Anfang Jan

** Chez Jacques
Gertigstr 42, ✉ 22303, ☎ (0 40) 2 79 29 38, Fax 2 79 29 38, AX DC ED VA
Hauptgericht 35; P; geschl: So, Mo mittags, Sa mittags, Mitte Jul-Ende Aug

Hameln

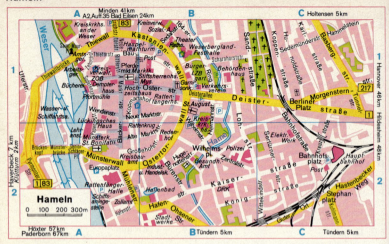

Hameln 25

Niedersachsen — Kreis Hameln-Pyrmont — 68 m — 60 000 Ew — Minden 40, Hannover 46, Hildesheim 51 km
🛈 ☎ (0 51 51) 20 26 17, Fax 20 25 00 — Verkehrsverein, Deisterallee 3 (B 1), 31785 Hameln; Kreisstadt an der Weser.
Sehenswert: Ev. Münsterkirche, ev. Marktkirche; Osterstraße mit Hochzeitshaus: Rattenfänger-Kunstuhr und Glockenspiel; Rattenfängerhaus; Rattenfängerbrunnen; Stiftsherrenhaus; Leistsches Haus: Museum; Dempterhaus; Schloß Hämelschenburg (11 km ↓)

Achtung: Rattenfänger-Freilichtspiele (nur sonntags 12 Uhr) von Mitte Mai - Mitte Sep auf der Hochzeitshaus-Terrasse

*** Best Western Stadt Hameln
♂ ⋐ Münsterwall 1 (A 2), ✉ 31787, ☎ (0 51 51) 90 10, Fax 90 13 33, AX DC ED VA
85 Zi, Ez: 137-230, Dz: 195-290, S, ⊿ WC ☎; Lift 🅿 🚗 6↔150 ≙ Sauna
Auch Zimmer der Kategorie ** vorhanden
** ⋐ Hauptgericht 25; Biergarten Terrasse

** Akzent-Hotel Jugendstil
Wettorstr 15 (AB 1), ✉ 31785, ☎ (0 51 51) 9 55 80, Fax 95 58 66, AX ED VA
18 Zi, Ez: 120-215, Dz: 148-255, ⊿ WC ☎, 2✉; Lift 🅿 🚗; garni
Rezeption: 7-21; geschl: Ende Dez-Anfang Jan

** Christinenhof
♂ Alte Marktstr 18 (B 2), ✉ 31785, ☎ (0 51 51) 9 50 80, Fax 4 36 11, AX ED VA
30 Zi, Ez: 140, Dz: 175-210, ⊿ WC ☎; 🅿 🚗 ≙ Sauna Solarium; garni
geschl: Ende Dez-Anfang Jan

** Dorint
164er Ring 3 (B 1), ✉ 31785, ☎ (0 51 51) 79 20, Fax 79 21 91, AX DC ED VA
105 Zi, Ez: 135-377, Dz: 229-399, S; ⊿ WC ☎, 16✉; Lift 🅿 🚗 5↔88 ≙ Sauna Solarium 🍴
** Hauptgericht 30; Terrasse

* Zur Krone
Osterstr 30 (B 1), ✉ 31785, ☎ (0 51 51) 90 70, Fax 90 72 17, AX DC ED VA
29 Zi, Ez: 120-240, Dz: 170-320, 5 Suiten, ⊿ WC ☎; Lift 🚗 3↔150 🍴
Auch Zimmer der Kategorie ** vorhanden

* Zur Post
Am Posthof 6 (B 1), ✉ 31785, ☎ (0 51 51) 76 30, Fax 76 41, AX ED VA
35 Zi, Ez: 79-115, Dz: 129-149, ⊿ WC ☎; Lift 🅿 🚗; garni

* Bellevue
Klütstr 34, ✉ 31787, ☎ (0 51 51) 6 10 18, Fax 6 61 79, AX DC ED VA
19 Zi, Ez: 90-130, Dz: 130-195, ⊿ WC ☎; 🅿 🚗; garni
Rezeption: 6.30-21.30

* An der Altstadt
Deiserallee 16, ✉ 31785, ☎ (0 51 51) 75 91, Fax 4 20 25
17 Zi, Ez: 79-99, Dz: 119-139, ⊿ WC ☎, 2✉; garni
geschl: Ende Dez-Mitte Jan

* Zur Börse
Osterstr 41a, Zufahrt über Kopmannshof (B 1), ✉ 31785, ☎ (0 51 51) 70 80, Fax 2 54 85, AX DC ED VA
34 Zi, Ez: 75, Dz: 140, ⊿ WC ☎; Lift 🅿 🚗 2↔90; garni 🍴

Rattenfängerhaus
Osterstr 28 (B 1), ✉ 31785, ☎ (0 51 51) 38 88, Fax 2 67 42, AX DC ED VA
Hauptgericht 22

Museumscafé
Osterstr 8 (B 1), ✉ 31785, ☎ (0 51 51) 2 15 53, Fax 2 43 30
9-19, So 10-19
Spezialität: Rattenfängertorte

Hameln-Außerhalb (2 km ←)

** Klütturm
Auf dem Klüt, ✉ 31787, ☎ (0 51 51) 6 16 44, Fax 6 73 27, AX ED VA
Hauptgericht 35; Terrasse; geschl: Di, Jan-Feb

Klein Berkel (4 km ↓)

** Klein Berkeler Warte
an der B 1, ✉ 31789, ☎ (0 51 51) 99 00, Fax 99 02 22, AX ED VA
58 Zi, Ez: 90-120, Dz: 130-180, ⊐ WC ☎, 13⊠; P 6⟷60 Kegeln
geschl: Mitte-Ende Jan
Auch Zimmer der Kategorie * vorhanden
* Hauptgericht 25; Terrasse; geschl: Mitte-Ende Jan

* Ohrberg
Schulstr/Margeritenweg 1, ✉ 31789, ☎ (0 51 51) 6 50 55, Fax 6 59 79, AX DC ED VA
18 Zi, Ez: 85-120, Dz: 135-200, ⊐ WC ☎; P ⌂; garni
geschl: 2 Wochen im Jul

Wehrbergen (4 km ↘)

* Zum Weserhof
einzeln, Weserhof 5, ✉ 31787, ☎ (0 51 51) 4 10 66
Hauptgericht 35; nur abends, so + feiertags auch mittags; geschl: Mo, Di, Sep

Hamfelde 18 ↗

Schleswig-Holstein — Kreis Herzogtum Lauenburg — 466 Ew — Mölln 21, Hamburg 39 km
ℹ ☎ (0 41 54) 24 71 — Gemeindeverwaltung, Dorfstr 8, 22929 Hamfelde

* Pirsch-Mühle
Möllner Str 2, ✉ 22929, ☎ (0 41 54) 23 00, Fax 42 03, AX ED VA
14 Zi, Ez: 63-98, Dz: 128, ⊐ WC ☎; Sauna; garni

** Hamfelder Mühle
Möllner Str 2, ✉ 22929, ☎ (0 41 54) 22 44
Hauptgericht 30; nur abends, So auch mittags; geschl: Mo
Restaurierte Mühle

Hamm (Westf)

Hamm (Sieg) 43 ↗

Rheinland-Pfalz — Kreis Altenkirchen — 200 m — 3 300 Ew — Siegen 48, Siegburg 55 km
ℹ ☎ (0 26 82) 60 25 — Verbandsgemeindeverwaltung, Rathaus, Lindenallee 2, 57577 Hamm (Sieg)

* Alte Vogtei
Lindenallee 3, ✉ 57577, ☎ (0 26 82) 2 59, Fax 89 56, AX ED VA
Hauptgericht 30; Gartenlokal P; geschl: Mi, Do mittags, 20.07.-10.08.

** Romantik Hotel
13 Zi, Ez: 80-120, Dz: 150-210, 1 App, ⊐ WC ☎, 2⊠; ⌂ Kegeln
geschl: Mi, Do bis 17, 20.7.-10.8.
Geburtshaus Friedrich Wilhelm Raiffeisens

Hamm (Westf) 34 ↖

Nordrhein-Westfalen — Stadtkreis — 63 m — 186 000 Ew — Soest 32, Münster 37, Dortmund 40 km
ℹ ☎ (0 23 81) 2 34 00, Fax 2 83 48 — Verkehrsverein, Bahnhofsvorplatz 3 (A 2), 59065 Hamm (Westf); Stadt an der Lippe.
Sehenswert: Ev. Pauluskirche; Gustav-Lübcke-Museum; Eisenbahnmuseum; Maximilian-Park; Glaselefant; Öko-Zentrum; Waldbühne

Stadtplan siehe Seite 484

*** Queens Hotel
Neue Bahnhofstr 3 (A 2), ✉ 59065, ☎ (0 23 81) 9 19 20, Fax 9 19 28 33, AX DC ED VA
139 Zi, Ez: 190-220, Dz: 245-275, S;
8 Suiten, ⊐ WC ☎, 26⊠; Lift ⌂ ≙ Kegeln Sauna Solarium ⊠

** Stadt Hamm
Südstr 9 (A 2), ✉ 59065, ☎ (0 23 81) 2 90 91, Fax 1 52 10, AX DC ED VA
28 Zi, Ez: 95-180, Dz: 190-210, 2 Suiten, ⊐ WC ☎; Lift ⌂ 1⟷30

** Harvey's Restaurant
Hauptgericht 30; nur abends

* Herzog
Caldenhofer Weg 22 (B 2), ✉ 59065, ☎ (0 23 81) 2 00 50, Fax 1 38 02, AX DC ED VA
25 Zi, Ez: 69-98, Dz: 145-150, ⊐ WC ☎; P ⌂; garni

Rhynern (7 km ↘)

* Grüner Baum
Reginstr 3, ✉ 59069, ☎ (0 23 85) 24 54, Fax 63 53, AX DC ED VA
24 Zi, Ez: 128, Dz: 180, ⊐ WC ☎; P ⌂
* Hauptgericht 35; geschl: Sa mittags

** Haus Helm
Reginstr 5, ✉ 59069, ☎ (0 23 85) 80 61, Fax 9 10 05 20, AX ED VA
Hauptgericht 28; geschl: Mo, Di, 4 Wochen Sommerferien

Hammelburg

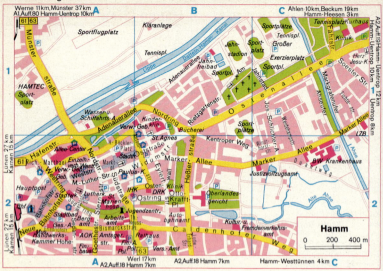

Hammelburg 56

Bayern — Kreis Bad Kissingen — 189 m — 12 800 Ew — Gemünden am Main 20, Schweinfurt 30, Würzburg 52 km
🛈 ☎ (0 97 32) 8 02 49, Fax 8 02 79 — Touristinformation, Kirchgasse 4, 97762 Hammelburg; Stadt an der Fränkischen Saale. Sehenswert: Kath. Kirche; Marktbrunnen; Kellereischloß; Barockkloster; Stadtmuseum Herrenmühle; Schloß Saaleck (2 km ←)

* Pension Kaiser
An der Walkmühle 11, ✉ 97762, ☎ (0 97 32) 9 11 30, Fax 11 33 00, ED
11 Zi, Ez: 63, Dz: 98, ⊿ WC ☎; P 🚗 🍴 ☕

* Stadtcafé
Am Marktplatz 8, ✉ 97762, ☎ (0 97 32) 9 11 90, Fax 16 79
17 Zi, Ez: 65, Dz: 110, 2 App, ⊿ WC ☎; Lift P 🚗; garni ☕

siehe auch **Wartmannsrot**

Hamminkeln 32

Nordrhein-Westfalen — Kreis Wesel — 33 m — 26 000 Ew — Wesel 9, Bocholt 10 km
🛈 ☎ (0 28 52) 8 80, Fax 8 81 30 — Gemeindeverwaltung, Brüner Str, 46499 Hamminkeln. Sehenswert: Turmwindmühlen; Schloß Ringenberg; ev. Kirche; Klosterkirche im OT Marienthal

Marienthal (7 km →)

** Romantik Hotel Haus Elmer
♂ An der Klosterkirche 12, ✉ 46499, ☎ (0 28 56) 91 10, Fax 9 11 70, AX DC ED VA
24 Zi, Ez: 130-170, Dz: 190-240, 7 Suiten, ⊿ WC ☎; P 5⚬80 Kegeln Sauna ☕
geschl: Anfang Jan
Auch Zimmer der Kategorie *** vorhanden

**
Hauptgericht 35; Gartenlokal Terrasse; geschl: Anfang Jan

* Marienthaler Gasthof
Pastor-Winkelmann-Str 2, ✉ 46499, ☎ (0 28 56) 6 49, Fax 7 45, AX DC ED VA
Hauptgericht 25; Biergarten Gartenlokal P; geschl: Di

*
7 Zi, Ez: 95, Dz: 150, ⊿ WC ☎, 4 📺; Lift 🚗 1⚬100

Hanau 45

Hessen — Main-Kinzig-Kreis — 100 m — 92 000 Ew — Frankfurt/Main 20, Aschaffenburg 28 km
🛈 ☎ (0 61 81) 25 24 00, Fax 29 56 02 — Verkehrsbüro, Am Markt 14, 63450 Hanau; Kreisstadt. Sehenswert: Ev. Marienkirche; Niederländisch-Wallonische Kirche; Deutsches Goldschmiedehaus; Neustädter Rathaus mit Brüder-Grimm-Denkmal; Schloß Philippsruhe; Historische Kuranlagen und Puppenmuseum in Wilhelmsbad (2 km ↘); im Stadtteil Steinheim (2 km ↙) am jenseitigen Mainufer: Altstadt; Schloß; im Stadtteil Klein-Auheim: Wildpark „Alte Fasanerie"

Hanau

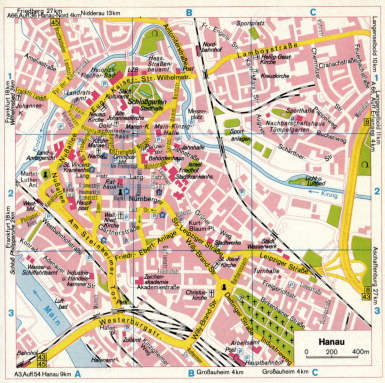

* * \quad **Zum Riesen**
Heumarkt 8 (A 2), ✉ 63450, ☎ (0 61 81)
2 50 20, Fax 25 02 59, AX ED VA
28 Zi, Ez: 125-155, Dz: 160-200, ⌐ WC ☎,
14 ⌧; Lift P 2↔50; **garni**
Auch Zimmer der Kategorie * vorhanden

* \quad **Brüder Grimm Hotel**
Kurt-Blaum-Platz 6 (B 2), ✉ 63450,
☎ (0 61 81) 3 06 00, Fax 30 65 12,
AX DC VA
80 Zi, Ez: 150-180, Dz: 200-280, 11 Suiten,
⌐ WC ☎, 30 ⌧; Lift P 3↔140 Fitneßraum
Sauna Solarium
Auch Zimmer der Kategorie ** vorhanden

** \quad **La Fontana**
Hauptgericht 35; geschl: So, Sa mittags

Steinheim (1 km ↓)
*** \quad **Best Western**
\qquad **Villa Stokkum**
Steinheimer Vorstadt 70, ✉ 63456,
☎ (0 61 81) 66 40, Fax 66 15 80, AX DC ED VA
136 Zi, Ez: 122-280, Dz: 166-370, S;
2 Suiten, ⌐ WC ☎, 31 ⌧; Lift P 🚗 4↔120
Golf 18

** \quad Hauptgericht 35; Gartenlokal

* \quad **Zur Linde**
Steinheimer Vorstadt 31, ✉ 63456,
☎ (0 61 81) 65 90 71, Fax 65 90 74, ED VA
30 Zi, Ez: 90-135, Dz: 110-180, ⌐ WC ☎; P
🍽
Rezeption: Do bis 20
Auch Zimmer der Kategorie ** vorhanden

* \quad **Birkenhof**
Von-Eiff-Str 37, ✉ 63456, ☎ (0 61 81)
6 48 80, Fax 64 88 39, AX ED VA
23 Zi, Ez: 120-130, Dz: 150-180, 3 Suiten, ⌐
WC ☎; P 🚗 Fitneßraum
geschl: Weihnachten u. Ostern
Auch Zimmer der Kategorie ** vorhanden

Wilhelmsbad (2 km ↘)
** \quad **Da Enzo**
einzeln, Wilhelmsbader Allee 32, ✉ 63454,
☎ (0 61 81) 8 32 19, Fax 8 77 22, AX ED
Hauptgericht 40; geschl: Mo, Feb

* \quad **Golf-Hotel**
einzeln ♠ 7 Zi, Ez: 95, Dz: 150, ⌐ WC ☎; P
geschl: Mo, Feb
Golf 18

In vielen im Varta aufgeführten Hotels sind
neben den dargestellten Restaurants auch
andere Restaurantkonzepte zu finden.

Handeloh 18 □

Niedersachsen — Kreis Harburg — 40 m —
2 200 Ew — Buchholz 13, Schneverdingen 19 km
🛈 ☏ (0 41 88) 2 19 — Gemeindeverwaltung, Lohbergenweg 1, 21256 Handeloh; Ort in der Lüneburger Heide

* **Akzent-Hotel Gästehaus Zum Lindenheim**
Hauptstr 38, ✉ 21256, ☏ (0 41 88) 89 39-0, Fax 89 39 39, AX DC ED VA
13 Zi, Ez: 80-100, Dz: 120-140; ⌴ WC ☏, 2🛁; P 🚗
geschl: im Winter Di + Mi; 24.2.-19.3.97

* **Fuchs**
Hauptstr 35, ✉ 21256, ☏ (0 41 88) 4 14, Fax 74 23, ED
33 Zi, Ez: 60-85, Dz: 95-120, 1 Suite, 1 App, ⌴ WC ☏; P 3⇌100 Kegeln Sauna Solarium 🍽
Rezeption: 7-21; geschl: Mitte Feb-Mitte Mär

Hanerau-Hademarschen 9 ↘

Schleswig-Holstein — Kreis Rendsburg-Eckernförde — 40 m — 3 100 Ew — Itzehoe 27, Heide 27, Rendsburg 30 km
🛈 ☏ (0 48 72) 27 81, Fax 27 81 — Fremdenverkehrsverein, Bergstr 5, 25557 Hanerau-Hademarschen

In der Vergangenheit hat sich oft gezeigt, daß einige Hotels ihre Preise im Laufe des Jahres anheben. Daher ist es ratsam, sich bei der Buchung die Preise bestätigen zu lassen.

** **Landgasthof Köhlbarg**
Kaiserstr 33, ✉ 25557, ☏ (0 48 72) 33 33, Fax 91 19, ED VA
13 Zi, Ez: 68, Dz: 120, 2 App, ⌴ WC ☏; P 🚗
geschl: Mitte-Ende Feb
** Hauptgericht 25; nur abends, Sa + So auch mittags; geschl: Di, Mitte-Ende Feb

Hann. Münden 36 □

Niedersachsen — Kreis Göttingen — 130 m
— 27 400 Ew — Kassel 22, Göttingen 30 km
🛈 ☏ (0 55 41) 7 53 13, Fax 47 63 — Verkehrsverein, im Rathaus, Lotzestr (AB 1), 34346 Hann Münden; Erholungsort am Zusammenfluß von Fulda und Werra zur Weser. Sehenswert: Ev. St.-Blasii-Kirche; Welfenschloß; Museum; Rathaus; Stadtbefestigung; Fachwerkhäuser; Botanischer Garten; Tillyschanze ≼; Werrabrücke ≼; Weserlied-Anlage ≼; Doktor-Eisenbart-Spiele

* **Schmucker Jäger**
Wilhelmshäuser Str 45 (A 2), ✉ 34346, ☏ (0 55 41) 9 81 00, Fax 29 01, AX DC ED VA
30 Zi, Ez: 60-95, Dz: 94-145, ⌴ WC ☏; P 🚗 3⇌200 🍽
geschl: So abends, Mo mittags, Anfang-Mitte Jan
Auch einfachere Zimmer vorhanden

Gimte
** **Freizeit Auefeld**
Hallenbadstr 33, ✉ 34346, ☏ (0 55 41) 70 50, Fax 10 10, AX DC ED VA
55 Zi, Ez: 98-130, Dz: 160-200, 2 Suiten, ⌴ WC ☏, 10🛁; Lift P 🚗 7⇌1800 Fitneßraum Kegeln Sauna Solarium Tennis 7
** Hauptgericht 25; Terrasse

Hann. Münden-Außerhalb (4,5 km →)
** **Letzter Heller**
Letzter Heller 7, an der B 80, ✉ 34346,
☎ (0 55 41) 64 46, Fax 60 71, AX DC ED VA
Hauptgericht 30; Gartenlokal 🅿; nur
abends, sa + so auch mittags; geschl: Do,
3 Wochen im Feb

Laubach (4 km ↘)
** **Werratal-Hotels**
Buschweg 40, ✉ 34346, ☎ (0 55 41)
3 50 21, Fax 3 34 25, AX DC ED VA
42 Zi, Ez: 105, Dz: 152, 1 Suite, ⎍ WC ☎,
8🛏; 🅿 🚗 2↔40 Sauna Solarium
Hotelanlage bestehend aus drei Häusern
* Hauptgericht 25; geschl: Di, Nov

Hannover 26 ←

Niedersachsen — Stadtkreis — 55 m —
523 000 Ew — Bremen 110, Hamburg 170,
Köln 325 km
🛈 ☎ (05 11) 30 14 22, Fax 30 14 14 —
Tourist-Information, Ernst-August-Platz 2,
30159 Hannover; Landes- und Regierungs-
bezirkshauptstadt an der Leine und am
Mittellandkanal; Messestadt; Universität,
Tierärztliche und Medizinische Hoch-
schule, Hochschule für Musik und Theater;
Opernhaus, Schauspielhaus, Landes-
bühne; Flughafen Langenhagen (9 km ↑)
Sehenswert: Ev. Marktkirche; ev. St.
Johanniskirche; kath. Propsteikirche; Altes
Rathaus; Neues Rathaus; Leineschloß;
Ballhof; Landesmuseum: Gemälde,
Plastiken, Naturgeschichte, Urgeschichte;
Sprengel-Museum: Kunst des 20. Jh.;
Kestner-Museum: Ägypt. Sammlung u. a.;
Hist. Museum am Hohen Ufer; Wilhelm-
Busch-Museum mit Zille-Sammlung;
Elektrotechnisches Museum - Parkanla-
gen: Königliche Gärten Herrenhausen;
Botanischer Garten; Eilenriede mit zoolo-
gischem Garten; Stadtpark; Hermann-
Löns-Park; Maschsee; Busstops

Messen:
Domotex 11.-14.1.97
CeBit 13.-19.3.97
Hannover Messe 14.-19.4.97
LIGNA 5.-10.5.97
Interhospital 3.-6.6.97
EMO 10.-17.9.97
AGRITECHNICA 9.-15.11.97

Stadtplan siehe Seiten 488-489

**** **Kastens Hotel Luisenhof**
Luisenstr 1 (D 3), ✉ 30159, ☎ (05 11)
3 04 40, Fax 3 04 48 07, AX DC ED VA
154 Zi, Ez: 209-475, Dz: 268-578, S;
6 Suiten, ⎍ WC ☎, 21🛏; Lift 🅿 🚗 10↔250
Auch Zimmer der Kategorie ******* vorhanden
** **Luisenstube**
Hauptgericht 40; geschl: im Sommer Mo

*** **Maritim Grand Hotel**
Friedrichswall 11 (D 4), ✉ 30159, ☎ (05 11)
3 67 70, Fax 32 51 95, AX DC ED VA
246 Zi, Ez: 255-495, Dz: 308-588, S;
25 Suiten, ⎍ WC ☎, 50🛏; Lift 🚗 9↔550
Solarium 🛀
*** Hauptgericht 30

*** **Forum Hotel Schweizerhof**
Hinüberstr 6 (E 3), ✉ 30175, ☎ (05 11)
3 49 50, Fax 3 49 51 23, AX DC ED VA
197 Zi, Ez: 269-339, Dz: 319-389, S;
3 Suiten, ⎍ WC ☎, 46🛏; Lift 🅿 🚗 8↔300
Kegeln
Auch Zimmer der Kategorie ******** vor-
handen
* **Gourmet Büffet**
Hauptgericht 25

*** **Maritim Stadthotel**
Hildesheimer Str 4 (E 5), ✉ 30169,
☎ (05 11) 9 89 40, Fax 9 89 49 00,
AX DC ED VA
283 Zi, Ez: 245-459, Dz: 298-598, S;
8 Suiten, ⎍ WC ☎, 43🛏; Lift 🅿 🚗 9↔650
♨ Sauna Solarium
** **Le Cordon Rouge**
Hauptgericht 37

** **Plaza**
(Team Hotel)
Fernroder Str 9 (D 3), ✉ 30161, ☎ (05 11)
3 38 80, Fax 3 38 84 88, AX DC ED VA
102 Zi, Ez: 128-398, Dz: 166-436, S; ⎍ WC
☎, 27🛏; Lift 10↔200 🍽

** **Mercure**
Willy-Brandt-Allee 3 (D 4), ✉ 30169,
☎ (05 11) 8 00 80, Fax 8 09 37 04,
AX DC ED VA
145 Zi, Ez: 135-445, Dz: 155-475, ⎍ WC ☎,
38🛏; Lift 🚗 5↔150 Fitneßraum Sauna
Solarium
** **Kastanie**
Hauptgericht 24; 🅿 Terrasse

** **Grand Hotel Mussmann**
Ernst-August-Platz 7 (D 3), ✉ 30159,
☎ (05 11) 3 65 60, Fax 3 65 61 45,
AX DC ED VA
140 Zi, Ez: 178-498, Dz: 318-518, S; ⎍ WC
☎, 60🛏; Lift 🚗 3↔70 Sauna; **garni**
Auch einfachere Zimmer und Zimmer der
Kategorie ******* vorhanden

** **Loccumer Hof**
(Verband Christlicher Hotels)
Kurt-Schumacher-Str 16 (D 3), ✉ 30159,
☎ (05 11) 1 26 40, Fax 13 11 92, AX DC ED VA
85 Zi, Ez: 135-220, Dz: 140-260, 2 Suiten, ⎍
WC ☎; Lift 🅿 🚗 4↔40 🍽

** **Am Leineschloß**
Am Markte 12 (D 4), ✉ 30159, ☎ (05 11)
32 71 45, Fax 32 55 02, AX DC ED VA
81 Zi, Ez: 196-320, Dz: 265-390, ⎍ WC ☎,
26🛏; Lift 🚗; **garni** →

Hannover

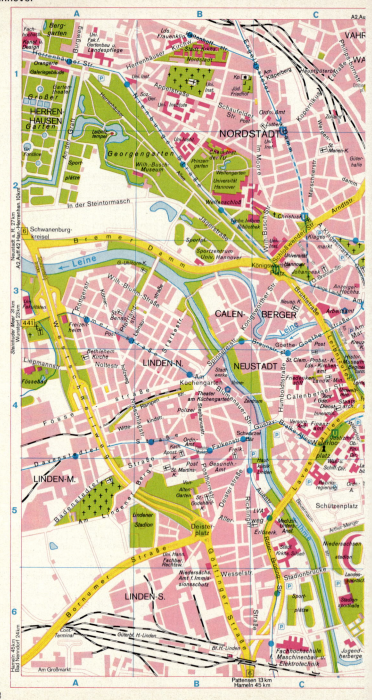

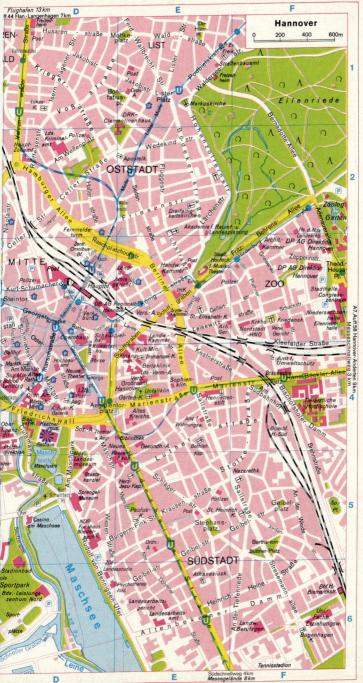

Hannover

** Congress-Hotel am Stadtpark
◄ Clausewitzstr 6 (F 3), ✉ 30175, ☎ (05 11)
2 80 50, Fax 81 46 52, AX DC ED VA
248 Zi, Ez: 170-380, Dz: 298-480, S;
4 Suiten, ⌐ WC ☎, 18✉; Lift P 🚗
27⇔4000 ≙ Fitneßraum Sauna Solarium
🍴
Auch Zimmer der Kategorie * vorhanden

** Königshof
Königstr 12 (E 3), ✉ 30175, ☎ (05 11)
31 20 71, Fax 31 20 79, AX DC ED VA
74 Zi, Ez: 98-338, Dz: 138-380, 6 Suiten, ⌐
WC ☎, 24✉; Lift P 🚗 3⇔100; **garni**
geschl: Ende Dez-Anfang Jan

* Am Rathaus
Friedrichswall 21 (D 4), ✉ 30159, ☎ (05 11)
32 62 68, Fax 32 88 68, AX DC ED VA
48 Zi, Ez: 160-260, Dz: 240-380, ⌐ WC ☎;
Lift 1⇔50 Sauna
Auch Zimmer der Kategorie ** vorhanden

* Lühmann's
Hauptgericht 18; geschl: So

* Thüringer Hof
Osterstr 37 (D 4), ✉ 30159, ☎ (05 11)
3 60 60, Fax 3 60 62 77, AX DC ED VA
48 Zi, Ez: 145-235, Dz: 195-330, ⌐ WC ☎,
4✉; Lift; **garni**
geschl: Ende Dez

* Alpha-Tirol
Lange Laube 20 (C 3), ✉ 30159, ☎ (05 11)
13 10.66, Fax 34 15 35, AX DC ED VA
29 Zi, Ez: 128-158, Dz: 170-210, 10 App, ⌐
WC ☎, 6✉; Lift 🚗; **garni**

* Atlanta
Hinüberstr 1 (E 3), ✉ 30175, ☎ (05 11)
33 86-0, Fax 34 59 28, ED VA
36 Zi, Ez: 130-210, Dz: 180-310; 1 App, ⌐
WC ☎, 14✉; Lift P 🚗; **garni**

Maritim Am Maschsee
Arthur-Menge-Ufer 3, im Casino (D 5),
✉ 30169, ☎ (05 11) 88 40 57, Fax 88 75 33,
AX DC ED VA

*** Bakkarat 🍳
◄ Hauptgericht 50; geschl: So, Mo (außer
Messen + Feiertage), Mitte Jan-Mitte Feb

** Seeterrassen
◄ Hauptgericht 21; Terrasse

*** Feuchter's Lila Kranz
Berliner Allee 33 (E 3), ✉ 30175, ☎ (05 11)
85 89 21, Fax 28 22 11, DC ED VA
Hauptgericht 40

** 5 Zi, Ez: 150-280, Dz: 180-320, ⌐
WC ☎

*** Clichy
Weißekreuzstr 31 (E 2), ✉ 30161, ☎ (05 11)
31 24 47, Fax 31 82 83, AX VA
Hauptgericht 45; geschl: So, Sa mittags

***** Hotel mit außergewöhnlich
anspruchsvoller Ausstattung

Mövenpick - Café Kröpcke
Georgstr 35 (D 3), ✉ 30159, ☎ (05 11)
32 62 85, Fax 3 63 25 39
Gastronomischer Komplex mit unter-
schiedlichen Betriebsteilen

** Opus 1
Hauptgericht 30
Restaurant & Wine bar

** Gattopardo 🍳
Hainhölzer Str 1 (C 2), ✉ 30159, ☎ (05 11)
1 43 75, Fax 31 82 83,
Hauptgericht 30; Terrasse; nur abends

** Hindenburg-Klassik
Gneisenaustr 55 (F.3), ✉ 30175, ☎ (05 11)
85 85 88, Fax 81 92 13, AX VA
Hauptgericht 45; Gartenlokal Terrasse;
geschl: So

** Goldene Kartoffel
Alemannstr 11 (C 1), ✉ 30165, ☎ (05 11)
3 50 00 02, Fax 35 16 00
Hauptgericht 25; Terrasse

* Neue Zeiten 🍳
Jakobistr 24 (DE 1), ✉ 30163, ☎ (05 11)
39 24 47, Fax 34 78
Hauptgericht 32; Terrasse; nur abends;
geschl: So, Mo

* Biesler Weinstube
Sophienstr 6 (D 4), ✉ 30159, ☎ (05 11)
32 10 33, Fax 32 11 34
Hauptgericht 31; nur abends; geschl: So,
Mo

* Milano
Hallerstr 34 (D 2), ✉ 30161, ☎ (05 11)
33 23 09, ED
Hauptgericht 30; geschl: So

* Gaststätte Leineschloß
Hinrich-Wilhelm-Kopf-Platz 1 (D 4),
✉ 30157, ☎ (05 11) 32 03 32, Fax 32 03 72
Hauptgericht 32; geschl: So, 3 Wochen Jul

* Broyhan-Haus
🍽 Kramerstr 24 (D 4), ✉ 30159, ☎ (05 11)
32 39 19, Fax 2 10 80 82, AX DC ED VA
Hauptgericht 30; Terrasse; geschl: So mit-
tags
Historisches Bürgerhaus aus dem 14. Jh.

* Altdeutsche Bierstube
🍽 Lärchenstr 4 (E 2), ✉ 30161, ☎ (05 11)
34 49 21, Fax 3 88 34 09, AX DC ED VA
Hauptgericht 25; geschl: So

* Brauhaus Ernst August
Schmiedestr 13 (D 3), ✉ 30159, ☎ (05 11)
36 59 50, Fax 32 57 41
Hauptgericht 30; Biergarten

* Holländische Kakao-Stube
Ständehausstr 2 (D 3), ✉ 30159, ☎ (05 11)
30 41 00, Fax 32 69 01
9-19, Sa 8.30-15; geschl: So,
Spezialität: Rheinische Baisertorte

* Café an der Marktkirche
Am Markte 9 (D 4), ✉ 30159, ☎ (05 11)
32 68 49
9-19; geschl: So
Spezialität: Kanzler-Torte

Hannover

Ahlem
* Lukullus
Wunstorfer Landstr 47, ✉ 30453, ☎ (05 11) 48 24 71, AX DC ED VA
Hauptgericht 20; griechische Küche

Bemerode (10 km ↘)
** Treff Hotel Europa
Bergstr 2, ✉ 30539, ☎ (05 11) 9 52 80, Fax 9 52 84 88, AX DC ED VA
179 Zi, Ez: 195-595, Dz: 260-595, S;
4 Suiten, ⊴ WC ☎, 15🛏; Lift 🅿 9⇄400
Fitneßraum Sauna Solarium
** Ländertreff
Hauptgericht 28; Terrasse

* Kronsberger Hof
einzeln ♂ Wasseler Str 1, ✉ 30539,
☎ (05 11) 51 10 21, Fax 52 50 25,
AX DC ED VA
25 Zi, Ez: 130-210, Dz: 200-320, ⊴ WC ☎; 🅿
4⇄150 Kegeln
Auch Zimmer der Kategorie ****** vorhanden
** Silhouette
Hauptgericht 30; Terrasse; geschl: So abends

Bothfeld (7 km ↗)
** Residenz Hotel Halberstadt (Minotel)
♂ Im Heidkampe 80, ✉ 30659, ☎ (05 11) 64 01 18, Fax 6 47 89 88, AX ED VA
43 Zi, Ez: 115-290, Dz: 155-380, 1 App, ⊴ WC ☎, 10🛏; 🅿 🔲 Sauna Solarium 🍽
geschl: Ende Dez-Anfang Jan

** Landgasthof Witten's Hop
♡ Gernsstr 4, ✉ 30659, ☎ (05 11) 64 88 44, Fax 64 88 13, AX DC ED VA
Hauptgericht 25; geschl: Anfang Jan-Ende Feb

* Rother's Restaurant
Gottfried-Keller-Str 28, ✉ 30655, ☎ (05 11) 6 96 66 65, Fax 6 96 57 35
Hauptgericht 35; Gartenlokal

Döhren (4 km ↘)
** Wiehbergers Hotel
♂ Wiehbergstr 55 a, ✉ 30519, ☎ (05 11) 87 99 90, Fax 8 79 99 99, AX ED VA
18 Zi, Ez: 149, Dz: 169, ⊴ WC ☎, 7🛏; 🅿 1⇄14; garni
Tennis 1;
Futuristische Designerausstattung

** Titus
Wiehbergstr 98, ✉ 30519, ☎ (05 11) 83 55 24, Fax 8 38 65 38, AX DC ED VA
Hauptgericht 35; Terrasse

** Gastwirtschaft Wichmann
♡ Hildesheimer Str 230, ✉ 30519,
☎ (05 11) 83 16 71, Fax 8 37 98 11, AX ED VA
Hauptgericht 45; Gartenlokal 🅿

Groß Buchholz (6 km ↗)
*** Pannonia Atrium & Apartments
Karl-Wiechert-Allee 68, ✉ 30625, ☎ (05 11) 5 40 70, Fax 57 28 78, AX DC ED VA
184 Zi, Ez: 220-400, Dz: 290-500, S;
6 Suiten, 32 App, ⊴ WC ☎; Lift 🅿 🔲
14⇄300 Fitneßraum Sauna Solarium
** Ambiente
Hauptgericht 25; Biergarten

** Novotel
Feodor-Lynen-Str 1, ✉ 30625, ☎ (05 11) 9 56 60, Fax 9 56 63 33, AX DC ED VA
112 Zi, Ez: 175-320, Dz: 225-360, ⊴ WC ☎, 28🛏; Lift 🅿 🔲 6⇄140 ≈ Fitneßraum Sauna Solarium 🍽

*   **Ibis**
Feodor-Lynen-Str 1, ✉ 30625, ☎ (05 11) 9 56 70, Fax 57 61 28, AX DC ED VA
96 Zi, Ez: 133-190, Dz: 148-205, S; ⊴ WC ☎, 18🛏; Lift 🅿 🔲 2⇄25 🍽

** Gallo Nero
Groß Buchholzer Kirchweg 72 b, ✉ 30655, ☎ (05 11) 5 46 34 34, Fax 54 82 83, ED VA
Hauptgericht 40; 🅿 Terrasse; geschl: So, 3 Wochen in den Sommerferien

** Buchholzer Windmühle
♡ Pasteurallee 30, ✉ 30655, ☎ (05 11) 64 91 38, Fax 6 47 89 30
Hauptgericht 32; Gartenlokal 🅿 Terrasse; geschl: Mo, so + feiertags, Ende Dez-Anfang Jan

Herrenhausen (4 km ↘)
*** Stern's Restaurant
Herrenhäuser Kirchweg 20 (B 1), ✉ 30167, ☎ (05 11) 70 22 44, Fax 70 85 59, AX DC ED VA
Hauptgericht 60; 🅿 Terrasse
** Romantik Hotel Georgenhof
14 Zi, Ez: 155-165, Dz: 240-270, 1 Suite, ⊴ WC ☎; 3⇄50

Isernhagen Süd (9 km ↗)
* Parkhotel Welfenhof
Prüßentrift 85, ✉ 30657, ☎ (05 11) 6 54 06, Fax 65 10 50, AX DC ED VA
110 Zi, Ez: 135-300, Dz: 195-320, S; ⊴ WC ☎, 40🛏; Lift 🅿 7⇄80 Sauna Solarium
* Welfenstube
Hauptgericht 35

Kirchrode (7 km →)
** Queens Hotel
♂ Tiergartenstr 117, ✉ 30559, ☎ (05 11) 5 10 30, Fax 52 69 24, AX DC ED VA
176 Zi, Ez: 125-487, Dz: 150-510, S;
3 Suiten, ⊴ WC ☎, 33🛏; Lift 🅿 🔲 7⇄350 Fitneßraum Sauna Solarium 🍽
Auf der „Belle Etage" auch Zimmer der Kategorie ******* vorhanden
** Hauptgericht 35;
Mittags nur Lunchbuffet

** Alte Mühle
♡ Hermann-Löns-Park 3, ✉ 30559, ☎ (05 11) 55 94 80, Fax 55 26 80, AX ED
Hauptgericht 40; Gartenlokal 🅿; geschl: Di, 6.-31.1.97 →

Hannover

✳ **La Favola**
Tiergartenstr 138, ✉ 30559, ☎ (05 11) 51 12 23
Hauptgericht 35; geschl: Mo

Kleefeld (5 km →)
✳✳ **Kleefelder Hof (Top International Hotel)**
Kleestr 3 a, ✉ 30625, ☎ (05 11) 5 30 80, Fax 5 30 83 33, AX DC ED VA
86 Zi, Ez: 165-210, Dz: 195-250, S; ⊴ WC ☎, 20✉; Lift P 🔄 1⇔20; garni

Lahe (8 km ↗)
✳✳ **Holiday Inn Garden Court**
Oldenburger Allee 1, ✉ 30659, ☎ (05 11) 6 15 50, Fax 6 15 55 55, AX DC ED VA
150 Zi, Ez: 253-540, Dz: 283-570, S; ⊴ WC ☎, 81✉; Lift P 🔄 11⇔350 Fitneßraum Sauna Solarium
✳✳ **Dolce Vita**
Hauptgericht 35

✳✳ **Best Western Föhrenhof**
Kirchhorster Str 22, ✉ 30659, ☎ (05 11) 6 15 40, Fax 61 97 19, AX DC ED VA
77 Zi, Ez: 170-250, Dz: 230-350, S; 1 Suite, ⊴ WC ☎, 8✉; Lift P 🔄 6⇔150
✳✳ Hauptgericht 35; Terrasse; geschl: Ende Dez

List (2 km ↗)
✳✳✳ **Seidler Hotel Pelikan**
Podbielskistr 145 (F 1), ✉ 30177, ☎ (05 11) 9 09 30, Fax 9 09 35 55, AX DC ED VA
123 Zi, Ez: 214-365, Dz: 288-390, 8 Suiten, 7 App, ⊴ WC ☎, 24✉; Lift 🔄 6⇔250 Fitneßraum Sauna Solarium
✳✳ **Edo**
Hauptgericht 40; japanische Küche
✳✳ **Signatur**
Hauptgericht 30

✳✳ **Dorint**
Podbielskistr 21-23 (E 1), ✉ 30163, ☎ (5 11) 3 90 40, Fax 39 04-1 00, AX DC ED VA
202 Zi, Ez: 199-577, Dz: 243-599, S; 4 Suiten, ⊴ WC ☎, 84✉; Lift 🔄 9⇔300 Sauna Solarium ¥🕪
✳✳ **Intermezzo**
Hauptgericht 25; P Terrasse

✳ **Martens**
Waldstr 8 A (E 1), ✉ 30163, ☎ (05 11) 66 20 33, Fax 39 31 37, AX DC ED VA
37 Zi, Ez: 128-225, Dz: 168-285, 1 Suite, ⊴ WC ☎, 4✉; Lift P 🔄; garni

✳ **Waldersee**
♂ Walderseestr 39, ✉ 30177, ☎ (05 11) 90 99 10, Fax 9 09 91 49, AX DC ED VA
29 Zi, Ez: 140-310, Dz: 160-350, 1 App, ⊴ WC ☎; Lift P 🔄 ≋ Fitneßraum Sauna Solarium; garni

Mittelfeld (9 km ↘, an der Messe)
✳✳ **Best Western Parkhotel Kronsberg**
Laatzener Str 18, ✉ 30539, ☎ (05 11) 8 74 00, Fax 86 71 12, AX DC ED VA
167 Zi, Ez: 190-390, Dz: 280-490, S; 2 Suiten, ⊴ WC ☎, 42✉; Lift P 🔄 14⇔200 ≋ Fitneßraum Kegeln Sauna Solarium
Auch Zimmer der Kategorie ✳✳✳ vorhanden
✳✳ Hauptgericht 20; Terrasse; geschl: Ende Dez-Anfang Jan

Ricklingen (3 km ↙)
✳ **La Provence**
Beekestr 95, ✉ 30459, ☎ (05 11) 41 33 77, Fax 42 73 47
Hauptgericht 36; Gartenlokal; nur abends; geschl: Mo, Di

Stöcken (6 km ↖)
✳✳ **Am Entenfang**
♂ Eichsfelder Str 4, ✉ 30419, ☎ (05 11) 9 79 50, Fax 9 79 52 99
48 Zi, Ez: 110-160, Dz: 152-202, 2 Suiten, 8 App, ⊴ WC ☎, 6✉; Lift P 🔄 2⇔85 Sauna Solarium ¥🕪

Vahrenwald (2 km ↑)
✳✳ **Fora**
Großer Kolonnenweg 19, ✉ 30163, ☎ (05 11) 6 70 60, Fax 6 70 61 11, AX DC ED VA
104 Zi, Ez: 130-500, Dz: 150-550, S; 2 Suiten, 36 App, ⊴ WC ☎, 16✉; Lift 15⇔200 Fitneßraum Sauna Solarium
✳✳ Hauptgericht 30

✳ **Haus Sparkuhl**
Hischestr 4 (D 1), ✉ 30165, ☎ (05 11) 9 37 80, Fax 9 37 81 99, ED VA
25 Zi, Ez: 108-110, Dz: 150, ⊴ WC ☎; P; garni
geschl: 24.12.96 - 01.01.97

✳ **Vahrenwald**
Vahrenwalder Str 205, ✉ 30165, ☎ (05 11) 63 30 77, Fax 67 31 63, DC ED VA
26 Zi, Ez: 100-150, Dz: 140-190, ⊴ WC ☎; Lift P 🔄 3⇔80; garni

✳✳ **Basil** ✤
Dragoner Str 30 a, ✉ 30163, ☎ (05 11) 62 26 36, Fax 3 94 14 34
Hauptgericht 30; nur abends; geschl: So

Vinnhorst (9 km ↖)
✳ **Mecklenheide**
Schulenburger Landstr 262, ✉ 30419, ☎ (05 11) 74 09 50, Fax 7 40 95 32, AX ED VA
42 Zi, Ez: 115-225, Dz: 140-290, ⊴ WC ☎; Lift P 🔄 ¥🕪

Waldhausen (3 km ↘)
✳✳✳ **Landhaus Ammann (Relais & Châteaux)**
Hildesheimer Str 185, ✉ 30173, ☎ (05 11) 83 08 18, Fax 8 43 77 49, AX DC ED VA
16 Zi, Ez: 245-290, Dz: 275-330, 2 Suiten, ⊴ WC ☎; Lift P 🔄 5⇔250 Sauna 🐚
✳✳✳ **Ammanns Restaurant** 🍴
Hauptgericht 49; Terrasse

Hardheim

* **Atrium**
Am Mittelfelde 65, ✉ 30519, ☎ (05 11)
87 97 20, Fax 8 79 72 97, AX ED VA
25 Zi, Ez: 169-395, Dz: 189-445, ⌐ WC ☎;
P; garni

* **Hubertus**
Adolf-Ey-Str 11, ✉ 30519, ☎ (05 11)
98 49 70, Fax 83 06 81, AX ED VA
25 Zi, Ez: 88-120, Dz: 120-160, ⌐ WC ☎; **P**;
garni

** **Die Insel** ✤
⌐ Rudolf-von-Bennigsen-Ufer 81,
✉ 30519, ☎ (05 11) 83 12 14, Fax 83 13 22
Hauptgericht 35; geschl: Mo, Anfang-
Mitte Jan

Waldheim (2,5 km ↖)
* **Corallo**
Liebrechtstr 60, ✉ 30519, ☎ (05 11)
8 43 79 19, Fax 83 68 19
Hauptgericht 40; Terrasse; nur abends, So
auch mittags; geschl: Mo, 3 Wochen im
Sommer

siehe auch **Laatzen**

siehe auch **Langenhagen**

Hanstedt 18 □

Niedersachsen — Kreis Harburg — 40 m —
4 595 Ew — Harburg 32, Lüneburg 32 km
ℹ ☎ (0 41 84) 5 25, Fax 76 95 — Verkehrsverein, Am Steinberg 2, 21271 Hanstedt;
Erholungsort in der Lüneburger Heide.
Sehenswert: Rathaus; St.-Jacobi-Kirche;
Hanstedter Platz

** **Sellhorn**
(Ringhotel)
Winsener Str 23, ✉ 21271, ☎ (0 41 84)
80 10, Fax 8 01 85, AX DC ED VA
45 Zi, Ez: 127-155, Dz: 166-206, S; 1 Suite,
6 App, ⌐ WC ☎, 12🛌; Lift **P** 🚗 3✪50 ≋
Sauna
** Hauptgericht 35; Gartenlokal
Terrasse

Hanstedt-Außerhalb (2 km ↓)
* **Hanstedter Heideforelle**
Ollsener Str 63, ✉ 21271, ☎ (0 41 84) 78 62,
Fax 84 05, ED
Hauptgericht 30

Happurg 58 □

Bayern — Kreis Nürnberger Land — 354 m
— 3 650 Ew — Hersbruck 4, Nürnberg
23 km
ℹ ☎ (0 91 51) 30 56, Fax 21 90 — Gemeindeverwaltung, Hersbrucker Str 6,
91230 Happurg; Erholungsort in der
Fränkischen Alb

Kainsbach (3 km ↓)
** **Kainsbacher Mühle**
(Flair Hotel)
♦ ✉ 91230, ☎ (0 91 51) 72 80, Fax 72 81 62,
AX DC ED VA
35 Zi, Ez: 140-145, Dz: 210-240, 1 Suite, ⌐
WC ☎, 6🛌; Lift **P** 🚗 3✪60 ≋ Fitneßraum
Sauna Solarium 🏊
** Hauptgericht 48; Terrasse

Hardegsen 36 □

Niedersachsen — Kreis Northeim — 175 m
— 8 000 Ew — Northeim 18, Uslar 19, Göttingen 20 km
ℹ ☎ (0 55 05) 5 03 17, Fax 5 03 33 —
Fremdenverkehrsverein, Vor dem Tore 1,
37181 Hardegsen; Luftkurort am Solling.
Sehenswert: Burg

* **Restaurant Illemann**
Lange Str 32, ✉ 37181, ☎ (0 55 05) 9 45 40,
Fax 94 54 50, AX DC ED VA
17 Zi, Ez: 75, Dz: 130, S; ⌐ WC ☎; **P** 🚗
Rezeption: 7-14, 16-22; geschl: Fr, Nov

Goseplack (6 km ←)
** **Altes Forsthaus**
Goseplack 8, ✉ 37181, ☎ (0 55 05) 94 0,
Fax 94 04 44, AX DC ED VA
16 Zi, Ez: 88-140, Dz: 165-185, 3 Suiten, ⌐
WC ☎; Lift **P** 3✪45 Sauna Solarium 🏊
geschl: Di, Mitte Jan-Anfang Feb

Hardheim 55 □

Baden-Württemberg — Neckar-Odenwald-Kreis — 350 m — 7 000 Ew — Tauberbischofsheim 17, Miltenberg 23 km
ℹ ☎ (0 62 83) 58 26, Fax 58 55 — Verkehrsamt, Schloßplatz 6, 74736 Hardheim; Erholungsort

Hardheim-Außerhalb (2 km ↖)
** **Wohlfahrtsmühle**
einzeln, 5, ✉ 74736, ☎ (0 62 83) 2 22 20,
Fax 22 22 40
Hauptgericht 25; **P** Terrasse; geschl: Mo,
Jan
* einzeln ♦ 15 Zi, Ez: 40-70, Dz: 70-
105, ⌐ WC ☎; 🚗
Rezeption: 9-21; geschl: Mo, Jan

Schweinberg (3 km →)
* **Gasthof zum Ross**
Königheimer Str 23, ✉ 74736, ☎ (0 62 83)
10 51, Fax 5 03 22
25 Zi, Ez: 55, Dz: 95, ⌐ WC ☎; Lift **P** 1✪30
geschl: 5.8.-22.8.97
* Hauptgericht 35

* **Grüner Baum**
Königheimer Str 19, ✉ 74736, ☎ (0 62 83)
62 03, Fax 5 03 16, AX ED
10 Zi, Ez: 45, Dz: 80, ⌐ WC ☎; **P** 🍴
geschl: Do

Haren (Ems) 23 ↑

Niedersachsen — Kreis Emsland — 25 m — 19 331 Ew — Meppen 14, Papenburg 50 km
🅘 ☎ (0 59 32) 82 25, Fax 82 82 — Fremdenverkehrsamt, Rathaus Neuer Markt 1, 49733 Haren (Ems)

✱ **Greive mit Gästehaus**
Nordstr 10, ✉ 49733, ☎ (0 59 32) 22 66, Fax 64 17, ED VA
23 Zi, Ez: 73, Dz: 115-140, ᛄ WC ☎, 8✉; 🅿 🚗 2⟲30 Fitneßraum Kegeln Sauna 🍴
Rezeption: 7-13, 16-22
Auch Zimmer der Kategorie ✱✱ vorhanden

Harpstedt 25 ↘

Niedersachsen — Kreis Oldenburg — 20 m — 3 703 Ew — Wildeshausen 11, Bassum 12, Delmenhorst 20 km
🅘 ☎ (0 42 44) 10 08, Fax 80 94 — V V V Harpstedt, Amtsfreiheit 4, 27243 Harpstedt; Erholungsort

✱ **Akzent-Hotel Zur Wasserburg**
Amtsfreiheit 4, ✉ 27243, ☎ (0 42 44) 10 08, Fax 80 94, AX DC ED VA
30 Zi, Ez: 85-100, Dz: 150-170, ᛄ WC ☎, 12✉; 🅿 🚗 3⟲40 Kegeln
geschl: Anfang-Mitte Jan
Im Gästehaus Zimmer der Kategorie ✱✱ vorhanden
✱ Hauptgericht 25; geschl: Anfang-Mitte Jan

Harrislee 9 ↑

Schleswig-Holstein — Kreis Schleswig-Flensburg — 10 m — 10 700 Ew — Dänische Grenze 2, Flensburg 4 km
🅘 ☎ (04 61) 70 60, Fax 7 06 53 — Gemeindeverwaltung, Süderstr 101, 24955 Harrislee

Wassersleben (4 km ↑)
✱ **Wassersleben**
⋖ Haus Nr 4, ✉ 24955, ☎ (04 61) 7 74 20, Fax 7 74 21 33, AX DC ED VA
25 Zi, Ez: 90-165, Dz: 190-225, ᛄ WC ☎, 2✉; 🅿 4⟲130 Strandbad Golf 18
✱✱ ⋖ Hauptgericht 30; Terrasse

Harsefeld 17 →

Niedersachsen — Kreis Stade — 33 m — 9 609 Ew — Buxtehude 17, Stade 17, Bremervörde 28 km
🅘 ☎ (21 65) 80 21 12, Fax 62 99 — Gemeindeverwaltung, Herrenstr 25, 21698 Harsefeld; Luftkurort. Sehenswert: Ehem. Benediktiner-Kloster; St.-Marien- und Bartholomäikirche

✱ **Eichhorn**
Herrenstr 44, ✉ 21698, ☎ (0 41 64) 22 57, Fax 36 39, ED
12 Zi, Ez: 55-70, Dz: 90-120, ᛄ WC ☎; Kegeln 🍴

✱ **Meyers Gasthof**
Marktstr 19, ✉ 21698, ☎ (0 41 64) 8 14 60, Fax 30 22, AX DC ED VA
26 Zi, Ez: 83-108, Dz: 130-180, ᛄ WC ☎, 6✉; 🅿 🚗 1⟲50 Kegeln 🍴
Rezeption: 7-14, 16.30-24
Auch Zimmer der Kategorie ✱✱ vorhanden
✱ Hauptgericht 30; geschl: 2 Wochen im Jul

Harsewinkel 34 ↗

Nordrhein-Westfalen — Kreis Gütersloh — 80 m — 21 000 Ew — Gütersloh 13, Warendorf 19 km
🅘 ☎ (0 52 47) 93 51 82, Fax 93 51 70 — Verkehrsamt, Münsterstr 14, 33428 Harsewinkel. Sehenswert: Abteikirche des ehem. Zisterzienserklosters Marienfeld; Motorrad-Museum im OT Greffen

✱✱✱ **Poppenborg**
Brockhäger Str 9, ✉ 33428, ☎ (0 52 47) 22 41, Fax 17 21, AX DC ED VA
Hauptgericht 40; Gartenlokal ⌂; geschl: Mi, je 1 Woche Jan, Ostern, Herbst

Greffen (6 km ↘)
✱ **Zur Brücke**
Hauptstr 38, ✉ 33428, ☎ (0 25 88) 8 90, Fax 89 89, AX DC ED VA
45 Zi, Ez: 95, Dz: 150, ᛄ WC ☎; 🅿 🚗 ≋ Kegeln Sauna Solarium 🍴
geschl: Aug

Marienfeld (4 km ↘)
✱✱ **Klosterpforte**
♣ Klosterhof 2, ✉ 33428, ☎ (0 52 47) 70 80, Fax 8 04 84, AX ED
87 Zi, Ez: 110-145, Dz: 160-210, 2 Suiten, ᛄ WC ☎; Lift 🅿 🚗 Kegeln
✱✱ Hauptgericht 30; nur abends; geschl: Di

Hartha 39 ↘

Sachsen — Kreis Döbeln — 200 m — 8 658 Ew — Döbeln 10, Grimma 30, Chemnitz 34 km
🅘 ☎ (03 43 28) 5 20 — Stadtverwaltung, Karl-Marx-Str 32, 04746 Hartha

✱✱ **Flemmingener Hof**
Leipziger Str 1, ✉ 04746, ☎ (03 43 28) 4 15 31, Fax 4 15 31, AX DC ED VA
38 Zi, Ez: -120, Dz: 130-150, ᛄ WC ☎, 24✉; Lift 🅿 1⟲35 Sauna Solarium 🍴

✱ **Central**
Pestalozzistr 1, ✉ 04746, ☎ (03 43 28) 4 13 28, Fax 4 13 29, AX ED VA
27 Zi, Ez: 65-105, Dz: 145, ᛄ WC ☎; 🍴
Zimmerausstattung mit Antiquitäten

Hartha 51

Sachsen — Kreis Freital — 380 m —
2 300 Ew — Freital 12, Dresden 24 km
🄸 ☎ (03 52 03) 23 93, Fax 23 94 — Fremdenverkehrsamt, Am Hartheberg 6,
01737 Hartha

✶✶ Parkhotel Forsthaus
Am Kurplatz 13, ✉ 01737, ☎ (03 52 03)
3 40, Fax 3 41 50, AX ED VA
37 Zi, Ez: 95, Dz: 150, ⊒ WC ☎, 14✉; Lift 🅿
2⇌70 Sauna ↾⊚↿

✶ Kirchner
Talmühlenstr 14, ✉ 01737, ☎ (03 52 03)
24 48, Fax 24 47, AX ED VA
26 Zi, Ez: 80-90, Dz: 120-140, 2 Suiten, ⊒
WC ☎; 🅿 2⇌20 Fitneßraum Sauna
Solarium ↾⊚↿
Rezeption: 17-22

Grillenburg (5 km ↗)
✶ Jagdhotel Zum Keiler
♂ Hauptstr 8, ✉ 01737, ☎ (03 52 02) 43 02,
Fax 43 84, AX ED VA
9 Zi, Ez: 105-120, Dz: 130-140, 3 Suiten, ⊒
WC ☎; 🅿 2⇌16 ↾⊚↿
Rezeption: 7-21

✶ Waldhotel Zur Grille
♂ Hauptstr 18, ✉ 01737, ☎ (03 52 02)
43 84, Fax 43 84, AX ED VA
14 Zi, Ez: 95-120, Dz: 130-140, ⊒ WC ☎; 🅿
2⇌100 ↾⊚↿

Hartmannsdorf 50

Sachsen — Kreis Mittweida — 300 m —
4 600 Ew — Chemnitz 9 km
🄸 ☎ (0 37 22) 9 30 45, Fax 9 23 33 —
Gemeindeverwaltung, Untere Hauptstr 111, 09232 Hartmannsdorf

✶✶ Domizil
Am Berg 3, ✉ 09232, ☎ (0 37 22) 9 54 61,
Fax 9 54 76, AX DC ED VA
84 Zi, Ez: 119-149, Dz: 119-189, 1 Suite, ⊒
WC ☎, 26✉; Lift 🅿 🄵 2⇌80 Sauna
Solarium

✶✶ Refugium ✤
Hauptgericht 22; Terrasse

Harzburg, Bad 37

Niedersachsen — Kreis Goslar — 280 m —
25 000 Ew — Goslar 12, Braunschweig
50 km
🄸 ☎ (0 53 22) 7 53 30, Fax 7 53 33 — Kurbetriebsgesellschaft, Herzog-Wilhelm-Str 86
(B 2), 38667 Bad Harzburg; Heilbad am
Nordrand des Oberharzes; Spielbank.
Sehenswert: Großer Burgberg (Seilbahn),
483 m ◂•; Reste der Harzburg; Radau-Wasserfall

Stadtplan siehe Seite 496

**✶✶✶ Braunschweiger Hof
(Ringhotel)**
Herzog-Wilhelm-Str 54 (B 1-2), ✉ 38667,
☎ (0 53 22) 78 80, Fax 78 84 99, AX DC ED VA
84 Zi, Ez: 145-195, Dz: 238-278, S; 4 Suiten,
⊒ WC ☎; Lift 🅿 🄵 10⇌100 ≋ ≙ Fitneßraum Kegeln Sauna Solarium
Golf 9;
Auch Zimmer der Kategorie ✶✶ vorhanden
✶✶ Hauptgericht 35; Gartenlokal
Terrasse

✶✶ Germania ♛
♂ Berliner Platz 2 (B 3), ✉ 38667,
☎ (0 53 22) 95 00, Fax 95 01 95, AX ED VA
34 Zi, Ez: 140-190, Dz: 180-240, 1 Suite, ⊒
WC ☎; Lift 🅿 Sauna Solarium; **garni**

✶✶ Seela
Nordhäuser Str 5 (B 3), ✉ 38667,
☎ (0 53 22) 79 60, Fax 79 61 99, DC ED VA
120 Zi, Ez: 98-213, Dz: 156-316, 6 Suiten, ⊒
WC ☎, 9✉; Lift 🅿 🄵 10⇌100 ≙ Fitneßraum Kegeln Sauna Solarium ⚓
✶✶ Schlemmerstube
Hauptgericht 35; Terrasse

✶ Tannenhof
Nordhäuser Str 6 (B 3), ✉ 38667,
☎ (0 53 22) 9 68 80, Fax 96 88 99,
AX DC ED VA
16 Zi, Ez: 85-110, Dz: 130-160, ⊒ WC ☎; Lift
🅿 1⇌25; **garni** ⚓
Auch Zimmer der Kategorie ✶✶ vorhanden

✶ Parkhotel
♂ Hindenburgring 12 a (A 2), ✉ 38667,
☎ (0 53 22) 78 60, Fax 78 62 28, AX DC ED VA
45 Zi, Ez: 125-170, Dz: 185-250, 3 Suiten, ⊒
WC ☎; Lift 🅿 8⇌60 ≋ Solarium ↾⊚↿ ⚓
Golf 9

✶ Harz-Autel
Nordhäuser Str 3 (B 3), ✉ 38667,
☎ (0 53 22) 30 11, Fax 5 35 45, AX DC ED VA
35 Zi, Ez: 90-140, Dz: 130-190, 2 App, ⊒ WC
☎; 🅿 🄵 ≙ Sauna Solarium ↾⊚↿
Tennis 1; Golf 9

✶ Pension Marxmeier
Am Stadtpark 41 (B 3), ✉ 38667,
☎ (0 53 22) 23 67, Fax 21 82, ED
22 Zi, Ez: 59-67, Dz: 118-134, ⊒ WC ☎; 🅿 ≙
Sauna Solarium; **garni**
Rezeption: 7.30-21; geschl: Mitte Nov-
Mitte Dez

✶ Am Eichenberg
Fritz-König-Str 17, ✉ 38667, ☎ (0 53 22)
9 62 10, Fax 96 21 96, AX ED VA
29 Zi, Ez: 50-125, Dz: 100-180; ⊒ WC ☎,
1✉; 🅿 1⇌20 Fitneßraum Sauna Solarium
↾⊚↿

⚓ Cafe Winuwuk
♛ Waldstr, ✉ 38667, ☎ (0 53 22) 14 59,
Fax 5 40 68
🅿 Terrasse; 11.30-18; geschl: Mo
1922 von Worpsweder Künstlern erbaut→

Harzburg, Bad

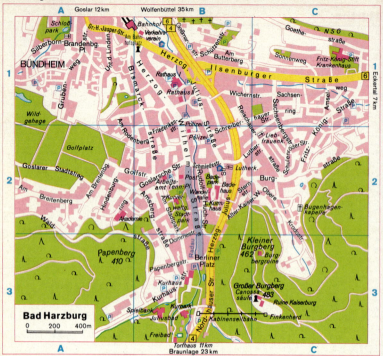

🍽 **Peters**
Herzog-Wilhelm-Str 106 (B 2), ✉ 38667,
☎ (0 53 22) 28 27
7-19
Spezialität: Sponblätter

Harzgerode 37 →

Sachsen-Anhalt — Kreis Quedlinburg —
400 m — 5 500 Ew — Quedlinburg 20,
Eisleben 42, Braunlage 44 km
ℹ ☎ (03 94 84) 23 24, Fax 22 59 — Stadtverwaltung, Markt 7, 06493 Harzgerode; Erholungsort. Sehenswert: St-Marien-Kirche;
Schloß; Fachwerkhäuser; Stadtmauer;
Selketalbahn

Alexisbad (4 km ←)
** **Habichtstein**
Kreisstr 4, ✉ 06493, ☎ (03 94 84) 22 01,
Fax 39 27, AX DC ED VA
69 Zi, Ez: 90-110, Dz: 126-140, 7 Suiten, ⌁
WC ☎; Lift P 🍴 5⇔190 Fitneßraum Sauna
Solarium 🍴

In der Zeit der Messen oder Festspiele
erhöhen viele Hotels und Restaurants ihre
Preise erheblich. Es ist daher immer
ratsam, sich bei der Buchung die Preise
bestätigen zu lassen.

Hasbergen 24 ↙

Niedersachsen — Kreis Osnabrück —
100 m — 9 843 Ew — Osnabrück 7,
Lengerich 10 km
ℹ ☎ (0 54 05) 50 20, Fax 5 02 66 — Gemeindeverwaltung, Martin-Luther-Str 12,
49205 Hasbergen

Gaste (10 km ↑)
** **Gasthaus Thies**
Rheiner Landstr 16, ✉ 49205, ☎ (0 54 05)
26 01
Hauptgericht 25; Gartenlokal P Terrasse;
geschl: Di, 1 Woche im Jan, 2 Wochen in
den Sommerferien

Hasel 67 ↓

Baden-Württemberg — Kreis Lörrach —
400 m — 1 067 Ew — Bad Säckingen 15,
Lörrach 20 km
ℹ ☎ (0 77 62) 93 07, Fax 73 94 — Gemeindeverwaltung, Hofstr 2, 79686 Hasel. Sehenswert: Erdmannshöhle; Haselbachtal;
Dolinenlandschaft; Naturlehrpfad

Wer nicht zu zweit im Doppelbett schlafen
möchte, sollte ausdrücklich ein Zimmer
mit zwei getrennten Betten verlangen.

Landgasthof Erdmannshöhle
✶✶ Hauptstr 14, ✉ 79686, ☎ (0 77 62) 97 52, Fax 96 43, AX DC ED VA
Hauptgericht 35; P Terrasse
✶ 18 Zi, Ez: 70-90, Dz: 100-160, ⌑ WC ☎; 🅿 1↔60
Tennis 3

Haselmühl siehe Kümmersbruck

Haselünne 23

Niedersachsen — Kreis Emsland — 20 m — 11 400 Ew — Meppen 14, Löningen 20, Lingen 21 km
ℹ ☎ (0 59 61) 50 90, Fax 5 09 50 — Stadtverwaltung, Krummer Dreh 18, 49740 Haselünne. Sehenswert: Kath. Kirche; Brennereimuseum; Wacholderhain (30 Min ↓)

✶✶ Burghotel
Steintorstr 7, ✉ 49740, ☎ (0 59 61) 15 44, Fax 41 41, AX DC ED VA
14 Zi, Ez: 90, Dz: 145, 2 App, ⌑ WC ☎; 🅿 2↔30 Fitneßraum Sauna Solarium; **garni** geschl: Mitte Dez-Anfang Jan
Historisches Stadtpalais

✶ Parkhotel am See
einzeln ♂ ◅ Am See 2, ✉ 49740, ☎ (0 59 61) 94 25 -0, Fax 9 42 5- 25, ED VA
12 Zi, Ez: 80-95, Dz: 130, ⌑ WC ☎, 4✉; 🅿 Seezugang ▮◐ 🛥
Rezeption: 10.30-23

✶✶ Jagdhaus Wiedehage
Steintorstr 9, ✉ 49740, ☎ (0 59 61) 79 22, Fax 79 92
Hauptgericht 30; Gartenlokal;
Historisches Ackerbürgerhaus aus dem 18. Jh.

Haslach im Kinzigtal 67 ↗

Baden-Württemberg — Ortenaukreis — 220 m — 6 200 Ew — Offenburg 27, Freiburg 44, Freudenstadt 48 km
ℹ ☎ (0 78 32) 7 06 70, Fax 59 09 — Verkehrsamt, Im Alten Kapuzinerkloster, 77716 Haslach; Erholungsort. Sehenswert: Schwarzwälder Trachtenmuseum; Dr-Heinrich-Hansjakob-Museum; hist. Fachwerkaltstadt

✶ Gasthof Ochsen
Mühlenstr 39, ✉ 77716, ☎ (0 78 32) 2 44 6/ 39 57
Hauptgericht 25; 🅿; geschl: Mo, Do ab 15, 2 Wochen im Mär, 2 Wochen im Sep
✶ 8 Zi, Ez: 65-75, Dz: 120-140, ⌑ WC ☎, 8✉; 🅿
geschl: Mo, 2 Wochen im Mär, 2 Wochen im Sep

Haßloch

Hasselfelde 37 □

Sachsen-Anhalt — Kreis Wernigerode — 462 m — 2 708 Ew — Nordhausen 28, Wernigerode 28, Quedlinburg 29 km
ℹ ☎ (03 94 59) 78 90, Fax 7 89 89 — Verwaltungsgemeinschaft Hochharz, Am Markt 12, 38899 Hasselfelde

✶ Hagenmühle
♂ ◅ Hagenstr 6, ✉ 38899, ☎ (03 94 59) 7 13 39, Fax 7 13 36, VA
17 Zi, Ez: 63-83, Dz: 110; ⌑ WC ☎; 🅿 2↔55
Sauna ▮◐

Haßfurt 56 ↗

Bayern — Kreis Haßberge — 224 m — 12 500 Ew — Schweinfurt 23, Bamberg 34 km
ℹ ☎ (0 95 21) 68 80, Fax 68 82 80 — Verkehrsamt, Marktplatz 1, 97437 Haßfurt; Kreisstadt am Main. Sehenswert: Kath. Stadtpfarrkirche; Ritterkapelle; Rathaus; Stadttore; ehem. Klosterkirche Mariaburghausen (2 km ↓)

Augsfeld (5 km ↘)
✶ Goger
Bamberger Str 22, ✉ 97437, ☎ (0 95 21) 92 50, Fax 53 39, ED
45 Zi, Ez: 65-70, Dz: 110-140, ⌑ WC ☎; Lift 🅿 3↔180 Sauna Solarium ▮◐
Rezeption: 7.30-10, 16.30-21

Haßloch 54 ↙

Rheinland-Pfalz — Kreis Bad Dürkheim — 114 m — 20 038 Ew — Neustadt 10, Speyer 16 km
ℹ ☎ (0 63 24) 5 99 22 25, Fax 5 99 23 00 — Tourist Information, Rathausplatz 1, 67454 Haßloch. Sehenswert: Rathaus; Fachwerkhäuser; Holiday-Park; Vogelpark; Mühlenwanderweg

✶✶ Sägmühle (Silencehotel)
einzeln ♂ Sägmühlweg 140, ✉ 67454, ☎ (0 63 24) 10 31, Fax 10 34, AX DC ED VA
27 Zi, Ez: 85-115, Dz: 135-165, ⌑ WC ☎; Lift 🅿 ✉
✶✶ Hauptgericht 30; Terrasse; nur abends, Fr-So auch mittags; geschl: Mo, 27.1.-17.2.97

✶✶ Pfalz Hotel (Minotel)
Lindenstr 50, ✉ 67454, ☎ (0 63 24) 40 47, Fax 8 25 03, AX DC ED VA
38 Zi, Ez: 86-110, Dz: 130-180, ⌑ WC ☎, 6✉; Lift 🅿 ✉ ≙ Sauna Solarium ▮◐
geschl: 20.12.-12.1.97 →

Haßloch

✶ Pälzer Buwe
Rathausplatz 2, ✉ 67454, ☎ (0 63 24) 42 80, Fax 42 21, AX DC ED VA
Hauptgericht 25; Biergarten 🅿; geschl: Mi
✶✶ 10 Zi, Ez: 80-97, Dz: 135-147, 2 Suiten, 1 App, ⇨ WC ☎; Lift Fitneßraum Sauna Solarium

✶ Da Botticelli
Langgasse 62, ✉ 67454, ☎ (0 63 24) 5 87 55, Fax 8 33 92, AX ED
Hauptgericht 25
✶ 9 Zi, Ez: 75, Dz: 120, ⇨ WC ☎; 1⇨25
Rezeption: 7-14, 17.30-23.30

Hattersheim 54 ↑

Hessen — Main-Taunus-Kreis — 103 m — 25 215 Ew — Frankfurt/Main 16 km
ℹ ☎ (0 61 90) 80 81 31, Fax 80 81 34 — Stadtverwaltung, Rathausstr 10, 65795 Hattersheim; Stadt am unteren Main

✶✶ Parkhotel am Posthof
Am Markt 17, ✉ 65795, ☎ (0 61 90) 8 99 90, Fax 89 99 99, AX DC ED VA
58 Zi, Ez: 185-310, Dz: 235-355, ⇨ WC ☎; Lift 🅿 Fitneßraum Sauna 🍽

✶ Am Schwimmbad
♂ Staufenstr 35, ✉ 65795, ☎ (0 61 90) 9 90 50, Fax 9 90 51 55, DC ED VA
17 Zi, Ez: 90-150, Dz: 140-190, ⇨ WC ☎; 🅿
Restaurant für Hausgäste

Hattingen 33 □

Nordrhein-Westfalen — Ennepe-Ruhr-Kreis — 64 m — 61 151 Ew — Bochum 12, Essen 21 km
ℹ ☎ (0 23 24) 20 12 28, Fax 2 50 56 — Verkehrsverein, Bahnhofstr 5, 45525 Hattingen; Stadt an der Ruhr. Sehenswert: Fachwerkhäuser; Burg Blankenstein; Wasserburg Haus Kemnade (6 km →)

✶✶ Avantgarde
Welperstr 49, ✉ 45525, ☎ (0 23 24) 5 09 70, Fax 2 38 27, AX DC ED VA
29 Zi, Ez: 85-130, Dz: 120-190, 5 App, ⇨ WC ☎, 2⚬; Lift 🅿 🍴 3⇨80 Fitneßraum Sauna Solarium
✶✶ Da Vito
Hauptgericht 20; Biergarten

✶✶ Die Schulenburg
◂ Schützenplatz 1, ✉ 45525, ☎ (0 23 24) 2 10 33, Fax 2 65 67, AX DC ED VA
13 Zi, Ez: 105, Dz: 180, 2 Suiten, ⇨ WC ☎; 🅿 2⇨250 🍽

🍴 Adele
Steinhagenstr 1, ✉ 45525, ☎ (0 23 24) 2 54 79
Terrasse; 9-18.30, so + feiertags ab 12.30; geschl: Mo

Blankenstein (6 km →)
✶✶ Burgstube Haus Kemnade
⚑ An der Kemnade 10, ✉ 45527, ☎ (0 23 24) 9 33 10, Fax 93 31 99, Hauptgericht 30; 🅿 Terrasse; geschl: Mo, 2 Wochen im Sommer, Ende Dez-Mitte Jan

Holthausen (3 km ↘)
✶ An de Krüpe
Dorfstr 27, ✉ 45527, ☎ (0 23 24) 9 33 50, Fax 93 35 55, ED
19 Zi, Ez: 100-90, Dz: 160-140, ⇨ WC ☎, 4⚬; 🅿 🍴 2⇨30 Kegeln 🍽

Niederelfringhausen (9 km ↓)
✶✶✶ Landhaus Huxel
⚑ Felderbachstr 9, ✉ 45529, ☎ (0 20 52) 64 15, AX DC ED VA
Hauptgericht 35; 🅿 Terrasse; geschl: Mo + Di, Mitte-Ende Feb

Oberelfringhausen (12 km ↓)
✶✶ Landhaus Felderbachtal
◂ Felderbachstr 133, ✉ 45529, ☎ (02 02) 52 20 11, Fax 52 67 02, AX DC ED VA
Hauptgericht 38; 🅿 Terrasse

Oberstüter (8 km ↓)
✶✶ Zum Hackstück
♂ Hackstückstr 123, ✉ 45527, ☎ (0 23 24) 7 31 24, Fax 7 33 33, AX ED VA
23 Zi, Ez: 118-135, Dz: 188-198, 1 Suite, 1 App, ⇨ WC ☎; 🅿 🍴 4⇨30 🍽
geschl: Mitte-Ende Jul
✶✶ Hauptgericht 30; Gartenlokal; geschl: Di, Mitte-Ende Jul

Welper (3 km ↗)
✶✶ Zum kühlen Grunde
Am Büchsenschütz 15, ✉ 45527, ☎ (0 23 24) 6 07 72, Fax 6 76 41, AX DC ED VA
Hauptgericht 30; Gartenlokal 🅿; geschl: Do, 3 Wochen in den Sommerferien

Hattstedtermarsch 9 ↘

Schleswig-Holstein — Kreis Nordfriesland — 2 m — 320 Ew — Husum 10 km
ℹ ☎ (0 48 46) 5 70, Fax 18 91 — Amtsverwaltung, Amtsweg 10, 25856 Hattstedt; Erholungsort

Hattstedtermarsch-Außerhalb
✶ Landhaus Arlauschleuse
einzeln ♂ ✉ 25856, ☎ (0 48 46) 3 66, Fax 10 95
28 Zi, Ez: 70-80, Dz: 120-140, ⇨ WC ☎; 🅿 🍽
geschl: Mitte Jan-Anfang Feb

Hauenstein 60 ↘

Rheinland-Pfalz — Kreis Pirmasens — 250 m — 4 300 Ew — Pirmasens 23, Landau 24 km
ℹ ☎ (0 63 92) 4 02 10, Fax 4 02 60 — Verkehrsamt, Schulstr 4, 76846 Hauenstein; Luftkurort im Wasgau. Sehenswert: St.-Katharinen-Kapelle mit Pieta (1460); domartige Christ-Königs-Kirche; Bartholomäuskirche mit klassizistischem Turm (13. Jh.); Schuhmuseum „Die Schuhfabrik"; Schuhmacherdenkmal

Havelberg

** Felsentor (Ringhotel)
Bahnhofstr 88, ✉ 76846, ☎ (0 63 92) 40 50, Fax 40 51 45, AX DC ED VA
21 Zi, Ez: 75-125, Dz: 146-186, S; ⌐ WC ☎; P 3⇔90 Sauna Solarium ⚓
geschl: Mo
** Hauptgericht 30; Gartenlokal Terrasse; geschl: Mo, Jan

* Zum Ochsen
Marktplatz 15, ✉ 76846, ☎ (0 63 92) 5 71, Fax 72 35
20 Zi, Ez: 70-95, Dz: 110-165, ⌐ WC ☎; P 1⇔90
geschl: Do
** Hauptgericht 25; Biergarten Terrasse; geschl: Do

Haunstetten siehe Augsburg

Hausach 67 ↗

Baden-Württemberg — Ortenaukreis — 249 m — 5 750 Ew — Haslach 8, Triberg 19, Offenburg 33 km
ℹ ☎ (0 78 31) 79 75, Fax 79 56 — Verkehrsamt, Hauptstr 40, 77756 Hausach; Erholungsort im Kinzigtal, im Schwarzwald. Sehenswert: Friedhofskirche; Burgruine Husen; Freilichtmuseum Vogtsbauernhof (4 km ↘); Brandenkopf, 931 m ⚑ (4 km + 60 Min ↑); Farrenkopf, 789 m ⚑ (2 km + 60 Min ↓)

* Gasthaus Zur Blume
Eisenbahnstr 26, ✉ 77756, ☎ (0 78 31) 2 86, Fax 89 33, AX ED VA
16 Zi, Ez: 55-75, Dz: 80-105, ⌐ WC ☎; P 🚗 ¶○¹
geschl: Jan

* Zur Eiche
Wilhelm-Zangen-Str 30, ✉ 77756, ☎ (0 78 31) 2 29/68 83, Fax 89 47, AX DC ED VA
Hauptgericht 19; Biergarten P 🚗

Hausberge siehe Porta Westfalica

Hausen 46 →

Bayern — Rhön-Grabfeld — 826 Ew — Bad Neustadt a. d. Saale 25 km
ℹ ☎ (0 97 78) 16 13 — Gemeinde Hausen, Fährbrücker Str. 5, 97647 Hausen

Roth
** Landhaus König
♂ ⚑ Röhnweg 7, ✉ 97647, ☎ (0 97 79) 8 11 80, Fax 81 18 18, ED VA
17 Zi, Ez: 60-75, Dz: 96-126, ⌐ WC ☎; P Sauna Solarium ¶○¹

Hausen ob Verena 68 □

Baden-Württemberg — Kreis Tuttlingen — 807 m — 695 Ew — Spaichingen 5, Trossingen 15, Tuttlingen 18 km
ℹ ☎ (0 74 24) 22 08, Fax 22 18 — Gemeindeverwaltung, 78595 Hausen

Hausen ob Verena-Außerhalb (2 km ↓)
** Hofgut Hohenkarpfen
einzeln ♂ ⚑ ☒ Am Hohen Karpfen, ✉ 78595, ☎ (0 74 24) 94 50, Fax 94 52 45, AX DC ED VA
19 Zi, Ez: 88-95, Dz: 150-180, 2 Suiten, ⌐ WC ☎; P 2⇔40 ⚓
** Hauptgericht 30; Terrasse

Hauzenberg 66 →

Bayern — Kreis Passau — 545 m — 12 500 Ew — Passau 18 km
ℹ ☎ (0 85 86) 30 30, Fax 30 58 — Verkehrsamt, Schulstr 2, 94051 Hauzenberg; Erholungs- und Wintersportort. Sehenswert: Marienbrunnen; kath. Pfarrkirche: Freudenseer Flügelaltar; Besucherbergwerk Kropfmühl mit Museum und geologischem Lehrpfad; Schnapsmuseum

Geiersberg (5 km ↗)
* Berggasthof Sonnenalm
einzeln ♂ ⚑ Haus Nr 8, ✉ 94051, ☎ (0 85 86) 47 94, Fax 9 11 06
10 Zi, Ez: 48, Dz: 96, 1 App, ⌐ WC; P 1⇔20 Fitneßraum Sauna Solarium ⚓
Rezeption: 11-22; geschl: Ende Okt-Ende Dez
Restaurant für Hausgäste

Penzenstadl (4 km ↗)
* Landhotel Rosenberger
einzeln ♂ ⚑ Prenzenstadl 31, ✉ 94051, ☎ (0 85 86) 97 00, Fax 55 63, AX ED
50 Zi, Ez: 55-87, Dz: 90-164, 10 Suiten, 20 App, ⌐ WC ☎; P ≈ Kegeln Sauna Solarium ¶○¹
Rezeption: 8-17.30; geschl: Anfang Nov-Mitte Dez

Havelberg 28 ↑

Sachsen-Anhalt — Kreis Havelberg — 50 m — 8 000 Ew — Wittenberge 37, Rathenow 43 km
ℹ ☎ (03 93 87) 2 24, Fax 2 24 — Tourist Information, Salzmarkt 1, 39539 Havelberg. Sehenswert: Dom St. Marien; Stiftsgebäude; Prignitz-Museum; Fachwerkhäuser

* Am Schmokenberg
⚑ Schonberger Weg 6, ✉ 39539, ☎ (03 93 87) 2 14 44, Fax 2 14 44, ED VA
28 Zi, Ez: 75-90, Dz: 110-130, 1 Suite, 2 App, ⌐ WC ☎, 2✉; P 🚗 4⇔300 Fitneßraum Kegeln Sauna Solarium ¶○¹

Haverlah

Haverlah 26 ↘

Niedersachsen — Kreis Wolfenbüttel — 158 m — 1 500 Ew — Bad Salzgitter 4 km
🛈 ☎ (0 53 41) 3 33 63 — Gemeindeverwaltung, 38275 Haverlah

Steinlah (2 km ↑)
** **Gutshof Steinlah**
♂ ⌀ Lindenstr 5, ✉ 38275, ☎ (0 53 41) 33 84 41, Fax 33 84 42, AX DC ED VA
21 Zi, Ez: 80-148, Dz: 128-178, 2 App, ⌐ WC ☎; P 🖾 4⇔30
** ⌀ Hauptgericht 25; nur abends

Havixbeck 23 ↘

Nordrhein-Westfalen — Kreis Coesfeld — 182 m — 10 740 Ew — Münster 19, Coesfeld 20 km
🛈 ☎ (0 25 07) 75 10, Fax 41 34 — Verkehrsverein, Schulstr 10, 48329 Havixbeck. Sehenswert: Kirchplatz: Pfarrkirche, Pestkapelle; Wasserburgen; Droste-Museum; Sandstein-Museum; Haus Sudhues

* **Akzent-Hotel Kemper**
Altenberger Str 14, ✉ 48329, ☎ (0 25 07) 12 40, Fax 92 62, AX ED VA
16 Zi, Ez: 88-98, Dz: 130-150, 3 App, ⌐ WC ☎; P Kegeln 🍴

* **Beumer**
Hauptstr 46, ✉ 48329, ☎ (0 25 07) 9 85 40, Fax 91 81, AX DC ED VA
21 Zi, Ez: 85-95, Dz: 150-170, ⌐ WC ☎, 1🖾; P 2⇔50 ≙ Kegeln Sauna Solarium
geschl: Mitte-Ende Dez
* Hauptgericht 25; geschl: Mo, Mitte-Ende Dez.

Hayingen 69 ↑

Baden-Württemberg — Kreis Reutlingen — 662 m — 2 150 Ew — Riedlingen 18, Münsingen 21, Ehingen 23 km
🛈 ☎ (0 73 86) 4 12, Fax 5 33 — Verkehrsamt, Kirchstr 15, 72534 Hayingen; Luftkurort auf der Schwäbischen Alb. Sehenswert: Wimsener Höhle (4 km ↓); Münster in Zwiefalten (7 km ↓)

Indelhausen (3 km ↑)
* **Gasthof Hirsch (Flair Hotel)**
Wannenweg 2, ✉ 72534, ☎ (0 73 86) 2 76, Fax 2 06
34 Zi, Ez: 53-60, Dz: 93-110, ⌐; P 🖾 🍴
geschl: Mo, im Winter auch Do, Mitte Nov-Mitte Dez
Im Gästehaus Kloker auch Zimmer der Kategorie ** vorhanden

Hebsack siehe Remshalden

Hechingen 61 ↓

Baden-Württemberg — Zollernalbkreis — 510 m — 18 000 Ew — Tübingen 22, Rottweil 39 km
🛈 ☎ (0 74 71) 18 51 14, Fax 18 51 44 — Verkehrsamt, Marktplatz 1, 72379 Hechingen; Stadt am Fuße des Hohenzollern. Sehenswert: Stiftskirche; hist. Stadtrundgang; Synagoge; Unterer Turm; Rathaus; Franziskaner-Klosterkirche; Villa Eugenia, Römische Gutsanlage (3 km ↘); Klosterkirche Stetten (2 km ↘); Burg Hohenzollern, 855 m ◂ (6 km ↓); Städt. Museum

* **Klaiber**
Obertorplatz 11, ✉ 72379, ☎ (0 74 71) 22 57, Fax 1 39 18
28 Zi, Ez: 80-90, Dz: 130-140, ⌐ WC ☎; 🖾 ⇌
Rezeption: Sa 18-20

Hechingen-Außerhalb (2 km ↓)
** **Brielhof**
an der B 27, ✉ 72379, ☎ (0 74 71) 23 24 + 40 97, Fax 1 69 08, AX DC ED VA
24 Zi, Ez: 90-140, Dz: 180-200, 1 App, ⌐ WC ☎; P 🖾 3⇔80
geschl: Ende Dez
Auch Zimmer der Kategorie *** vorhanden
** Hauptgericht 35; Terrasse; geschl: Ende Dez

Heede 15 ↘

Niedersachsen — Kreis Emsland — 6 m — 3 801 Ew — Holländische Grenze 11, Papenburg 12 km
🛈 ☎ (0 49 63) 40 20, Fax 4 02 30 — Samtgemeinde, Hauptstr 25, 26892 Dörpen

Heede
* **Zur Linde**
Dörpener Str 1, ✉ 26892, ☎ (0 49 63) 81 78, Fax 16 53, AX DC ED VA
28 Zi, Ez: 50, Dz: 90, 1 App, ⌐ WC ☎; P 1⇔50 🍴
geschl: 2 Wochen im Nov

Heide 9 ↙

Schleswig-Holstein — Kreis Dithmarschen — 14 m — 20 703 Ew — Husum 36, Rendsburg 41, Nordsee 17 km
🛈 ☎ (04 81) 69 91 17, Fax 6 52 11 — Verkehrsverein, Postelweg 1, 25746 Heide; Erholungsort und Kreisstadt. Sehenswert: Kirche St. Jürgen; Museum Dithmarscher Vorgeschichte; Klaus-Groth-Museum; Brahmshaus; größter Marktplatz Deutschlands; St.-Georg-Brunnen; Wasserturm; Tivoli, Ball- und Festsaal; hist. Stadtbild

Berlin

** ⚲ Oesterstr 18, ✉ 25746, ☎ (04 81) 8 54 50, Fax 8 54 53 00, AX DC ED VA
71 Zi, Ez: 109-194, Dz: 180-267, ⌂ WC ☎, 10🛏; Lift 🅿 🖂 5⇔110 Fitneßraum Sauna Solarium; garni
Auch Zimmer der Kategorie *** vorhanden

Heider Hof

* Markt 74, ✉ 25746, ☎ (04 81) 25 05, Fax 16 02, AX DC ED VA
29 Zi, Ez: 80, Dz: 150, 2 Suiten, ⌂ WC ☎; 🅿 🖂 3⇔150 🍽

Kotthaus

* Rüsdorfer Str 3, ✉ 25746, ☎ (04 81) 85 09 80, Fax 8 50 98 45, AX ED VA
9 Zi, Ez: 85-130, Dz: 136-160, 3 Suiten, ⌂ WC ☎; 🅿

** Am Kamin
Hauptgericht 35

Berliner Hof

** Berliner Str 46, ✉ 25746, ☎ (04 81) 55 51, Fax 55 51, ED
Hauptgericht 35; Biergarten; nur abends, so + feiertags auch mittags; geschl: Mo, Mitte Jan-Mitte Feb

Heidelberg 54 ↘

Baden-Württemberg — Rhein-Neckar-Kreis — 113 m — 140 000 Ew — Mannheim 15, Eberbach 33, Karlsruhe 55 km
ℹ ☎ (0 62 21) 14 22 11, Fax 14 22 22 — Verkehrsverein, Friedrich-Ebert-Anlage 2, 69115 Heidelberg; Stadt im Neckartal, älteste Universität in der Bundesrepublik; Hochschule für Musik und Theater, Pädagogische Hochschule; Stadttheater
Sehenswert: Ev. Heiliggeist-, ev. Peters- und Jesuitenkirche; Schloß ◂ Hotel Zum Ritter; Haus Zum Riesen; ehem. Wormser Hof; Karlstor; Brückentor - Kurpfälzisches Museum; Völkerkunde-Museum; Apothekenmuseum (im Schloß); Museum des Zoologischen Instituts; Philosophenweg ◂; Zoologischer Garten; Botanischer Garten; Königstuhl, 568 m ◂ (Bergbahn, 7 km ↘); kath. Kirche in Handschuhsheim (3 km ↑); Klosterkirche Neuburg in Ziegelhausen (4 km →, auf dem rechten Neckarufer)

Achtung: Schloßfestspiele Ende Jul-Ende Aug ℹ ☎ (0 62 21) 58 35 14

Stadtplan siehe Seiten 502-503

Übernachtungspreise sind auch Marktpreise. Aus diesem Grund werden zum Beispiel zu Messezeiten an Messeplätzen oder zu Festspielzeiten an Festspielorten häufig höhere als die angegebenen Preise berechnet und in verkehrsarmen Zeiten niedrigere Preise. Die Preise sollten jeweils vor der Buchung erfragt werden.

Heidelberg

Der Europäische Hof Hotel Europa 👑

**** Friedrich-Ebert-Anlage 1 (D 3), ✉ 69117, ☎ (0 62 21) 51 50, Fax 51 55 06, AX DC ED VA
119 Zi, Ez: 289-409, Dz: 390-540, S; 15 Suiten, 1 App, ⌂ WC ☎; Lift 🅿 🖂 10⇔400
Auch Zimmer der Kategorie *** vorhanden

*** Kurfürstenstube
🍽 Hauptgericht 50; Terrasse

Holiday Inn Crowne Plaza

*** Kurfürstenanlage 1 (D 3), ✉ 69115, ☎ (0 62 21) 91 70, Fax 2 10 07, AX DC ED VA
232 Zi, Ez: 302-337, Dz: 359-394, 4 Suiten, ⌂ WC ☎, 87🛏; Lift 🖂 7⇔250 ♨ Sauna Solarium

** Atrium
Hauptgericht 30; 🅿

Heidelberg Renaissance Hotel

*** ◂ Vangerowstr 16 (B 3), ✉ 69115, ☎ (0 62 21) 90 80, Fax 2 29 77, AX DC ED VA
236 Zi, Ez: 225-325, Dz: 225-380, S; 3 Suiten, 12 App, ⌂ WC ☎, 57🛏; Lift 🖂 16⇔350 ♨ Fitneßraum Sauna Solarium

** Globetrotter
Hauptgericht 32

Best Western Rega

** Bergheimer Str 63 (C 3), ✉ 69115, ☎ (0 62 21) 50 80, Fax 50 85 00, AX DC ED VA
124 Zi, Ez: 230-250, Dz: 270-290, S; ⌂ WC ☎, 9🛏; Lift 🖂 3⇔80 🍽

Romantik Hotel Zum Ritter

** Hauptstr 178 (EF 2), ✉ 69117, ☎ (0 62 21) 13 50, Fax 13 52 30, AX DC ED VA
37 Zi, Ez: 160-240, Dz: 255-350, 2 Suiten, ⌂ WC ☎; Lift 🖂
Auch Zimmer der Kategorie * vorhanden

** 🍽 Hauptgericht 35
Renaissance-Haus

Ebert Park Hotel

** Karlsruher Str 130 (außerha), ✉ 69126, ☎ (0 62 21) 31 03 00, Fax 31 03 10
50 Zi, Ez: 120, Dz: 150, ⌂ WC ☎; Lift 🅿 🖂 🍽

Am Rathaus

* Heiliggeiststr 1 (F 2), ✉ 69117, ☎ (0 62 21) 1 47 30, Fax 14 73 37, AX DC ED VA
17 Zi, Ez: 160-190, Dz: 205-225, ⌂ WC ☎; garni
Auch Zimmer der Kategorie ** vorhanden

Gasthaus Backmulde

* Schiffgasse 11 (E 2), ✉ 69117, ☎ (0 62 21) 5 36 60, Fax 53 66 60, AX DC ED VA
13 Zi, Ez: 98-128, Dz: 160, ⌂ WC ☎; 🅿
Rezeption: 7-17; geschl: So, Mo mittags
Fußgängerzone: Hotelzufahrt möglich

** 🍽 Hauptgericht 35; geschl: So, Mo mittags, 1 Woche im Feb, 2 Wochen im Aug →

Heidelberg

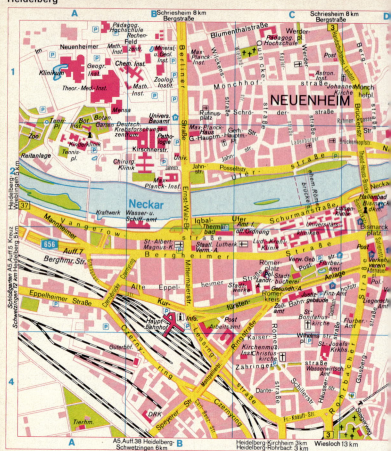

*	**Parkhotel Atlantic**
↻ ≼ Schloß-Wolfsbrunnen-Weg 23 (G 2), ✉ 69118, ☎ (0 62 21) 16 40 51, Fax 16 40 54, AX DC ED VA 22 Zi, Ez: 140-160, Dz: 190-220, 1 Suite, ⇌ WC ☎; P 🚗 1⇌20; garni	

*	**Am Schloß**
≼ Zwingerstr 20 (F 2), ✉ 69117, ☎ (0 62 21) 1 41 70, Fax 14 17 37, AX DC ED VA 22 Zi, Ez: 160-200, Dz: 205-255, 1 Suite, 1 App, ⇌ WC ☎; Lift P; garni geschl: Ende Dez-Anfang Jan	

*	**Schnookeloch**
Haspelgasse 8 (E 2), ✉ 69117, ☎ (0 62 21) 1 44 60, Fax 2 23 77, AX DC ED VA 11 Zi, Ez: 120-140, Dz: 150-170, ⇌ WC ☎; ⑴	

*	**Acor**
Friedrich-Ebert-Anlage 55 (E 3), ✉ 69117, ☎ (0 62 21) 2 20 44, Fax 2 86 09, AX DC ED VA 18 Zi, Ez: 145-165, Dz: 195-235, ⇌ WC ☎; Lift P 🚗; garni geschl: Ende Dez-Anfang Jan	

*	**Perkeo**
Hauptstr 75 (E 2), ✉ 69117, ☎ (0 62 21) 14 13-0, Fax 14 13 37, AX DC ED VA 24 Zi, Ez: 135-160, Dz: 170-220, ⇌ WC ☎; garni geschl: Ende Dez - Anf Jan	

*	**Neckar-Hotel**
Bismarckstr 19 (D 2), ✉ 69115, ☎ (0 62 21) 1 08 14, Fax 2 32 60, AX ED VA 35 Zi, Ez: 140-200, Dz: 180-250, ⇌ WC ☎; Lift P; garni	

Heidelberg

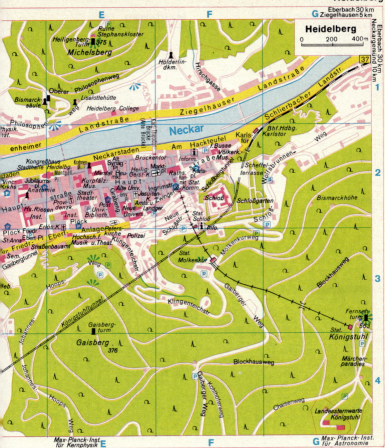

✱ Nassauer Hof
Plöck 1 (D 3), ✉ 69117, ☎ (0 62 21)
16 30 24, Fax 18 38 93, AX ED VA
23 Zi, Ez: 165-185, Dz: 185-220, ⌐ WC ☎,
6✉; Lift P 🚗 1⇔20 🍷
geschl: Ende Dez-Anfang Jan

✱ Intercity Hotel Arcade
Lessingstr 3 (B 4), ✉ 69115, ☎ (0 62 21)
91 30, Fax 91 33 00, AX DC ED VA
170 Zi, Ez: 135-150, Dz: 175-190, ⌐ WC ☎,
33✉; Lift P 4⇔50 🍽

✱ Krokodil
Kleinschmidtstr 12 (C 3), ✉ 69115,
☎ (0 62 21) 2 40 59, Fax 1 22 21, AX ED VA
16 Zi, Ez: 100-150, Dz: 130-195, ⌐ WC ☎; 🚗
🍽
Rezeption: 10-1; geschl: Ende Dez-
Anfang Jan

✱ Anlage
Friedrich-Ebert-Anlage 32 (E 3), ✉ 69117,
☎ (0 62 21) 2 64 25, Fax 16 44 26,
AX DC ED VA
20 Zi, Ez: 99-134, Dz: 149-189, ⌐ WC ☎; Lift
P; garni

✱✱✱ Zur Herrenmühle
🍴 Hauptstr 237 (F 2), ✉ 69117, ☎ (0 62 21)
1 29 09, Fax 2 20 33, AX DC ED VA
Hauptgericht 50; Gartenlokal P; nur
abends; geschl: So

✱✱ Simplicissimus
Ingrimstr 16 (E 2), ✉ 69117, ☎ (0 62 21)
18 33 36, Fax 18 19 80, AX ED VA
Hauptgericht 39; nur abends; geschl: Di,
3 Wochen im Aug, 1 Woche zu Fasching
→

Das S weist auf Hotels hin, die Sie unter
(05 11) 3 40 13 26 zu Sonderkonditionen
buchen können.

Heidelberg

Zum Roten Ochsen
☯ Hauptstr 217 (F 2), ✉ 69117, ☎ (0 62 21)
2 09 77, Fax 16 43 83
Hauptgericht 20; geschl: so+feiertags,
Mitte Dez.-Mitte Jan.
Hist. Studentenlokal von 1703

Schafheutle
Hauptstr 94 (DE 2), ✉ 69117, ☎ (0 62 21)
1 46 80, Fax 14 68 50
Gartenlokal; 9-18.30, Sa bis 18; geschl:
so+feiertags

Knösel
Haspelgasse (E 2), ✉ 69117, ☎ (0 62 21)
2 23 45, Fax 1 01 60
9-18.30; geschl: Mo
Spezialität: Studentenkuß

Grenzhof (7 km ←)
** **Gutsschänke Grenzhof**
♂ Haus Nr 9, ✉ 69123, ☎ (0 62 02) 94 30,
Fax 94 31 00, AX ED VA
27 Zi, Ez: 105-130, Dz: 170-230, 1 Suite, ⊟
WC ☎; Lift 🅿 1↔25
** Hauptgericht 35; Biergarten;
nur abends; geschl: So

Handschuhsheim (2 km ↑)
* **Elen**
Dossenheimer Landstr 61, ✉ 69121,
☎ (0 62 21) 4 59 10, Fax 45 91 45, VA
24 Zi, Ez: 95-115, Dz: 115-155, ⊟ WC ☎; 🅿;
garni
Rezeption: 8-20; geschl: Jan

Kirchheim (4 km ↓)
*** **Queens Hotel**
Pleikartsförsterstr 101, ✉ 69124,
☎ (0 62 21) 78 80, Fax 78 84 99, AX DC ED VA
167 Zi, Ez: 219-284, Dz: 283-348, S;
2 Suiten, ⊟ WC ☎, 51; Lift 🅿 5↔360 Fitneßraum Sauna Solarium

Neuenheim (1 km ↑)
*** **Hirschgasse**
♂ Hirschgasse 3 (F 1), ✉ 69120, ☎ (0 62 21)
4 54 -0, Fax 45 41 11, AX DC ED VA
Ez: 245-330, Dz: 295-650, 18 Suiten, ⊟ WC
☎; Lift 🅿
geschl: Ende Dez-Mitte Jan
*** Die Hirschgasse
Hauptgericht 40; nur abends; geschl: Ende
Dez-Mitte Jan

Pfaffengrund (3 km ↙)
* **Neu Heidelberg**
Kranichweg 15, ✉ 69123, ☎ (0 62 21)
70 70 05, Fax 70 03 81, VA
22 Zi, Ez: 98-148, Dz: 158-188, ⊟ WC ☎,
4; 🅿 Sauna

Ziegelhausen (3 km →)
* **Ambiente**
⊷ In der Neckarhelle 33, ✉ 69118,
☎ (0 62 21) 8 99 20, Fax 89 92 42
27 Zi, Ez: 95-110, Dz: 136-160, ⊟ WC ☎; 🅿;
garni

Heidenau   18 ←

Niedersachsen — Kreis Harburg — 45 m —
1 690 Ew — Tostedt 7, Sittensen 13 km
🅸 41 60 — Gemeindeverwaltung,
Hauptstr 22, 21258 Heidenau

* **Heidenauer Hof**
Hauptstr 23, ✉ 21258, ☎ (0 41 82) 41 44,
Fax 47 44, ED VA
37 Zi, Ez: 70-95, Dz: 110-160, ⊟ WC ☎,
10; 🅿 🍴 3↔200 Bowling Kegeln
Im Gästehaus Zimmer der Kategorie **
vorhanden

Heidenau   51 ↘

Sachsen — Kreis Pirna/Sebnitz — 213 m —
19 700 Ew — Pirna 4, Dresden 14 km
🅸 ☎ (0 35 29) 57 13 51, Fax 51 25 23 —
Stadtverwaltung, Dresdner Str 47,
01809 Heidenau

** **Alte Reichskrone**
Dresdner Str 84, ✉ 01809, ☎ (0 35 29)
55 30, Fax 55 32 00, AX DC ED VA
42 Zi, Ez: 110-160, Dz: 165-210, ⊟ WC ☎,
12; Lift 🅿 4↔50 Sauna Solarium
geschl: 24.12.96-2.1.97

* **Mühlenhof**
Mühlenstr 4/6, ✉ 01809, ☎ (0 35 29)
51 76 00, Fax 51 36 38, AX ED VA
25 Zi, Ez: 90-110, Dz: 120-150; ⊟ WC ☎,
5; 🅿 🍴; garni

* **Ausspann**
Großlugaer Str 1, ✉ 01809, ☎ (0 35 29)
51 55 76, Fax 51 64 07, AX DC ED VA
21 Zi, Ez: 80-160, Dz: 150-200; ⊟ WC ☎; 🅿
1↔30 Fitneßraum Solarium

Heidenheim   63 ↑

Bayern — Kreis Weißenburg-Gunzenhausen — 540 m — 2 938 Ew — Wassertrüdingen 12, Gunzenhausen 15 km
🅸 ☎ (0 98 33) 10 15, Fax 17 97 — Gemeindeverwaltung, Ringstr 12, 91719 Heidenheim.
Sehenswert: Naturpark Altmühltal;
Heidenheimer Münster; Hahnenkammsee;
Katharinenkapelle in Hechlingen am See;
sieben Quellen; Steinerne Rinne

Hechlingen (5 km ↓)
* **Forellenhof**
✉ 91719, ☎ (0 98 33) 7 05, Fax 50 65, ED
34 Zi, Ez: 40-70, Dz: 80-140, 3 Suiten, ⊟
WC; 🅿 Fitneßraum Sauna Solarium
Rezeption: 10-24; geschl: Di, Anfang
Jan-Mitte Feb

**** Restaurant mit anspruchsvoller
Ausstattung

Heidesheim

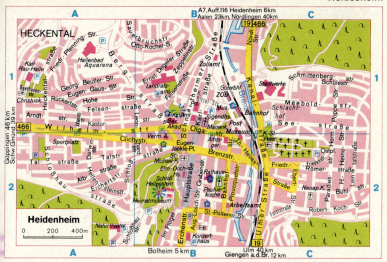

Heidenheim a. d. Brenz 62→

Baden-Württemberg — Kreis Heidenheim
a. d. Brenz — 495 m — 52 000 Ew —
Aalen 23, Nördlingen 40, Ulm 40 km
ℹ ☎ (0 73 21) 32 73 40, Fax 32 76 87 —
Touristinformation, Hauptstr 34,
89522 Heidenheim an der Brenz; Stadt auf
der Schwäbischen Alb. Sehenswert:
Michaelskirche; Schloß Hellenstein ⋖;
Museum im Römerbad; Landesmuseum;
Stadtgalerie: Picasso-Plakatsammlung;
Naturtheater mit Freilichtbühne

★★   Astron Hotel
Friedrich-Pfenning-Str 30 (A 1), ✉ 89518,
☎ (0 73 21) 98 00, Fax 98 01 00, AX DC ED VA
82 Zi, Ez: 174-210, Dz: 228-270, 7 App, S; ⌥
WC ☎, 20⌥; Lift P ⚐ 5⇔250 ≋ Fitneßraum Sauna Solarium
Golf 18; Kostenloser Zugang für Hotelgäste
im angrenzenden Freizeitbad Aquarena

★★   Barbarossa
Hauptgericht 30; Terrasse

⌂   Raben
Erchenstr 1 (B 2), ✉ 89522, ☎ (0 73 21)
2 18 39
11 Zi, Ez: 70-75, Dz: 110-130, ⌥ WC ☎; P ⚐

★★   Weinstube zum Pfauen   ✿
Schloßstr 26, ✉ 89518, ☎ (0 73 21) 4 52 95
Hauptgericht 33; geschl: So, Mo + Sa mit-
tags, 2 Wochen im Aug

Mergelstetten (3 km ↓)
★★   Hirsch
Buchhofsteige 3, ✉ 89522, ☎ (0 73 21)
95 40, Fax 95 43 30, AX DC ED VA
55 Zi, Ez: 100-135, Dz: 138-200, 1 Suite, ⌥
WC ☎; Lift P ⚐
geschl: Ende Dez-Anfang Jan

Mittelrain (4 km ↘)
★   Rembrandt-Stuben
Rembrandtweg 9, ✉ 89520, ☎ (0 73 21)
6 54 34, Fax 6 66 46, ED VA
Hauptgericht 30; P Terrasse; geschl: So
abends, Mo, 15.8.-15.9.

Oggenhausen (9 km →)
**★★   Landgasthof Oggenhausener
            Bierkeller**
✉ 89522, ☎ (0 73 21) 5 22 30, AX DC ED
Hauptgericht 38; geschl: Mi, 3 Wochen in
den Sommerferien

siehe auch **Steinheim am Albuch**

Heidersdorf 50→

Sachsen — Kreis Freiberg — 680 m —
2 500 Ew — Olbernhau 5, Marienberg 22,
Freiberg 32 km
ℹ ☎ (03 73 65) 4 70, Fax 4 70 — Fremdenverkehrsamt, Dresdner Str 53, 09619 Sayda

★   Flöhatalbaude
Olbernhauer Str 40, ✉ 09526, ☎ (03 73 61)
43 03, Fax 43 25, ED
14 Zi, Ez: 38-85, Dz: 55-125, ⌥ WC ☎; P
Sauna ⛱
Auch einfachere Zimmer vorhanden

Heidesheim 54↘

Rheinland-Pfalz — Kreis Mainz-Bingen —
100 m — 6 500 Ew — Mainz 12,
Bingen 17 km
ℹ ☎ (0 61 32) 5 83 84, Fax 5 65 45 —
Verkehrsverein, Mainzer Str 64, 55262
Heidesheim; Erholungsort. Sehenswert:
Burg Windeck; Schloßmühle; St.-Georgs-
Kapelle
→

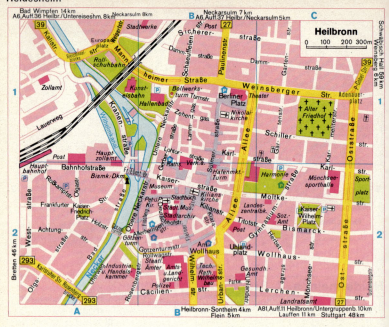

---

* **Mainzer Hof**
Binger Str 41, ✉ 55262, ☎ (0 61 32) 51 31,
Fax 51 33, AX DC ED VA
16 Zi, Ez: 80, Dz: 120, 🛁 WC ☎; P 🍽
Rezeption: 6.30-11, 15-23; geschl:
3 Wochen in den Sommerferien

Heigenbrücken 55 ↑

Bayern — Kreis Aschaffenburg — 300 m —
2 500 Ew — Lohr 21, Aschaffenburg 26 km
ℹ ☎ (0 60 20) 13 81, Fax 97 10 50 — Verkehrsamt, Hauptstr 7, 63869 Heigenbrücken; Luftkurort im Spessart

* **Landgasthof Hochspessart**
Lindenallee 40-42, ✉ 63869, ☎ (0 60 20)
9 72 00, Fax 26 30, ED VA
34 Zi, Ez: 69-89, Dz: 118-138, 2 Suiten, 🛁
☎; P 4⇄80 Kegeln Sauna Solarium 🍴
* Hauptgericht 23; Terrasse

Heilbad...

Alle Orte mit dem Zusatz HEILBAD, wie
HEILBAD HEILIGENBAD, sind unter dem
Ortsnamen, also Heiligenbad, zu finden.

Wird in dem Hoteleintrag auf Golf hingewiesen, befindet sich in der Nähe des Betriebes ein Golfplatz. In der Regel können
Sie dort als Gast Golf spielen und über das
Hotel reservieren. Die Ziffer bezieht sich
auf die Anzahl der Löcher.

Heilbronn 61 ↗

Baden-Württemberg — Stadtkreis —
157 m — 120 500 Ew — Schwäbisch
Hall 44, Stuttgart 50, Heidelberg 65 km
ℹ ☎ (0 71 31) 56 22 70, Fax 56 31 40 — Verkehrsamt, Marktplatz (B 1-2), 74072 Heilbronn; Kreisstadt am Neckar. Sehenswert:
Kilianskirche mit Hochaltar; Rathaus mit
astronomischer Kunstuhr; Kulturzentrum
Deutschhof mit Deutschordensmünster
St. Peter und Paul; Käthchenhaus; Hafenmarkt-, Götzen- und Bollwerksturm -
Umgebung: Wartberg, 309 m ◁ (4 km ↑);
Freizeitpark Tripsdrill, Steinsalzbergwerk;
Greifvogelwarte Burg Guttenberg mit Flugvorführung

*** **Insel-Hotel**
Friedrich-Ebert-Brücke (AB 2), ✉ 74072,
☎ (0 71 31) 63 00, Fax 62 60 60, AX DC ED VA
120 Zi, Ez: 128-198, Dz: 228-268, 4 Suiten,
🛁 WC ☎, 35 🛏; Lift P 🍴 10⇄150 ⚓ Sauna
Solarium 🍴
** **Schwäbisches Restaurant**
Hauptgericht 30; Terrasse

** **Park-Villa**
♣ Gutenbergstr 30 (C 2), ✉ 74074,
☎ (0 71 31) 9 57 00, Fax 95 70 20,
AX DC ED VA
25 Zi, Ez: 145, Dz: 200-235, 🛁 WC ☎; P;
garni
geschl: Ende Dez-Anfang Jan

Heiligenberg

★★ Burkhardt (Ringhotel)
Lohtorstr 7 (B 1), ✉ 74072, ☎ (0 71 31) 6 22 40, Fax 62 78 28, AX DC VA
82 Zi, Ez: 149-185, Dz: 170-240, S; ⌐ WC ☎;
Lift P 🚗 7⇔100
Auch Zimmer der Kategorie ★ vorhanden
★★ Hauptgericht 35

★★ Götz
Moltkestr 52 (C 2), ✉ 74076, ☎ (0 71 31) 98 90, Fax 98 98 90, Dz: 168-220, ⌐ WC ☎;
76 Zi, Ez: 125-156, Dz: 168-220, ⌐ WC ☎;
Lift P 🚗 4⇔70 Kegeln
★★ Hauptgericht 27; Gartenlokal

★★ Nestor
Jakobgasse 9 (B 1), ✉ 74072, ☎ (0 71 31) 65 60, Fax 65 61 13, AX DC ED VA
42 Zi, Ez: 138-169, Dz: 181-238, S; ⌐ WC ☎,
14✉; Lift 🚗 1⇔30; garni

★ Stadthotel
Neckarsulmer Str 36, Zufahrt über Käferflugstr, ✉ 74076, ☎ (0 71 31) 9 52 20, Fax 95 22 70, AX DC ED VA
44 Zi, Ez: 108-125, Dz: 148-160, ⌐ WC ☎;
Lift P 🚗 1⇔25; garni

★ Arkade am Theater
Weinsberger Str 29 (C 1), ✉ 74072,
☎ (0 71 31) 9 56 00, Fax 95 60 66,
AX DC ED VA
50 Zi, Ez: 98-118, Dz: 149, ⌐ WC ☎; Lift P
🚗 2⇔70 Sauna Solarium; garni

★ Grüner Kranz
Lohtorstr 9 (B 1), ✉ 74076, ☎ (0 71 31) 9 61 70, Fax 96 17 55, ED VA
18 Zi, Ez: 98-96, Dz: 152-156, ⌐ WC ☎; P 🚗
geschl: 3 Wochen Jul-Aug
★★ Hauptgericht 30; geschl: Mo, 3 Wochen im Aug

★ Central
Roßkampfstr 15-17 (A 2), ✉ 74072,
☎ (0 71 31) 6 24 20, Fax 62 42 40,
AX DC ED VA
24 Zi, Ez: 95, Dz: 130, ⌐ WC ☎; P 1⇔50;
garni

★★ Beichtstuhl
🟢 Fischergasse 9 (B 2), ✉ 74072,
☎ (0 71 31) 8 95 86, Fax 62 73 94, AX ED VA
Hauptgericht 40; Terrasse; geschl:
so + feiertags

★★ Ratskeller
Marktplatz 7 (B 2), ✉ 74072, ☎ (0 71 31) 8 46 28, Fax 16 34 12
Hauptgericht 30; geschl: so + feiertags, 3 Wochen im Sep

★★ Stöber
Wartbergstr 46, ✉ 74076, ☎ (0 71 31) 16 09 29, Fax 16 61 62, AX ED
Hauptgericht 25; Gartenlokal P; geschl:
Sa, 3 Wochen in den Sommerferien

★★ Wagner's Heilbronner Winzerstüble
Ludwig-Pfau-Str 14, ✉ 74072, ☎ (0 71 31) 8 40 42, Fax 96 24 32, AX ED VA
Hauptgericht 36; Biergarten P; nur abends; geschl: so + feiertags, Sa mittags

Böckingen (4 km ←)

★ Am Kastell
Kastellstr 64, ✉ 74080, ☎ (0 71 31) 91 70, Fax 91 72 99, AX DC ED VA
72 Zi, Ez: 108-123, Dz: 138, ⌐ WC ☎; Lift P
🚗 2⇔45 Sauna
★★ Hauptgericht 30

★ Rebstock
Eppinger Str 43, ✉ 74080, ☎ (0 71 31) 3 09 09, Fax 3 09 09
Hauptgericht 30; Gartenlokal; geschl: Mo, Sa mittags, 2 Wochen im Jan, 3 Wochen in den Sommerferien

Sontheim (4 km ↙)

★★ Altes Theater
Lauffener Str 2, ✉ 74081, ☎ (0 71 31) 5 92 20, Fax 59 22 44, AX DC ED VA
14 Zi, Ez: 106-123, Dz: 140-156, ⌐ WC ☎,
7✉; P 2⇔180 🍴
Designerhotel im alten Stadttheater mit regelmäßigen kulturellen Veranstaltungen

★★ Zum Freihof
Hauptstr 23, ✉ 74081, ☎ (0 71 31) 57 20 39
Hauptgericht 25; nur abends, So auch mittags; geschl: Mo, 2 Wochen im Feb, 3 Wochen in den Sommerferien

Heiligenberg 69 ↗

Baden-Württemberg — Bodenseekreis —
750 m — 2 700 Ew — Pfullendorf 15,
Überlingen 20, Meersburg 22 km
🛈 ☎ (0 75 74) 2 46, Fax 92 60 — Kurverwaltung, Pfullendorfer Str 1, 88633 Heiligenberg; Luftkurort. Sehenswert: Schloß mit Rittersaal; Wallfahrtskirche Betenbrunn; Freundschaftshöhle

★ Berghotel Baader (Silencehotel)
Salemer Str 5, ✉ 88633, ☎ (0 75 54) 81 91, Fax 81 92, AX DC ED VA
17 Zi, Ez: 65-115, Dz: 130-160, ⌐ WC ☎; P
1⇔70 🏊 Sauna Solarium
Auch Zimmer der Kategorie ★★ vorhanden
★★★ Hauptgericht 40; Gartenlokal;
geschl: Di

★ Galerie De Weiss
Postplatz 5, ✉ 88633, ☎ (0 75 54) 7 65, Fax 7 65, ED
Hauptgericht 30; geschl: Mo, Ende Jan-Ende Feb
Kunstgalerie

☕ Schloß-Café
Postplatz 6, ✉ 88633, ☎ (0 75 54) 2 04, Fax 2 04
Gartenlokal; 7-18, So ab 10; geschl: Di, 3 Wochen im Okt

→

Heiligenberg

Steigen (1 km ←)
* **Gasthof Hack**
⌘ Am Bühl 11, ✉ 88633, ☎ (0.75 54) 86 86, Fax 83 69
11 Zi, Ez: 55-60, Dz: 92-112, ⊣ WC ☎; 🅿 🖼
geschl: Mo, Di, Mitte Okt-Mitte Nov, Mitte Jan-Mitte Feb
* Hauptgericht 25; geschl: Mo + Di, Mitte Okt-Mitte Nov, Mitte Jan-Mitte Feb

Heiligenhafen 11 ☐

Schleswig-Holstein — Kreis Ostholstein — 3 m — 9 850 Ew — Oldenburg in Holstein 14, Neustadt in Holstein 38 km
🅘 ☎ (0 43 62) 10 81, Fax 39 38 — Kurverwaltung, Bergstr 43, 23774 Heiligenhafen; Ostsee-Heilbad und Fischereihafen mit den vorgelagerten Landzungen Steinwarder und Graswarder. Sehenswert: Vogelschutzgebiet Graswarder mit Informationszentrum des Deutschen Bundes für Vogelschutz

** **Stadt Hamburg**
Hafenstr 17, ✉ 23774, ☎ (0 43 62) 10 41, Fax 58 36, [AX] [DC] [ED] [VA]
13 Zi, Ez: 98-110, Dz: 169, 1 App, ⊣ WC ☎, 1 🖼
** Hauptgericht 30

** **Weberhaus**
Kirchenstr 4, ✉ 23774, ☎ (0 43 62) 28 40, Fax 90 01 80, [AX] [DC] [ED] [VA]
Hauptgericht 35; Gartenlokal; geschl: Mo, Feb

* **Zum alten Salzspeicher**
Hafenstr 2[VA], ✉ 23774, ☎ (0 43 62) 28 28, Fax 63 26, [AX] [DC] [ED] [VA]
Hauptgericht 30; geschl: Di

Heiligenhaus 33 ✓

Nordrhein-Westfalen — Kreis Mettmann — 190 m — 29 843 Ew — Düsseldorf 18, Mülheim 19, Wuppertal 22 km
🅘 ☎ (0 20 56) 1 30, Fax 1 33 95 — Stadtverwaltung, Hauptstr 157, 42579 Heiligenhaus

** **Waldhotel Heiligenhaus (Ringhotel)**
⌘ Parkstr 38, ✉ 42579, ☎ (0 20 56) 59 70, Fax 59 72 60, [AX] [DC] [ED] [VA]
66 Zi, Ez: 158-218, Dz: 266-306, S; 3 Suiten, ⊣ WC ☎, 16🖼; Lift 🅿 🖼 7⟳60 Fitneßraum Sauna Solarium
** **Parkrestaurant**
Hauptgericht 40; Terrasse; geschl: So

** **In der Blume**
In der Blume 2, ✉ 42579, ☎ (0 20 56) 9 80 70, Fax 98 07 30, [AX] [DC] [ED] [VA]
6 Zi, Ez: 140-180, Dz: 230-280, ⊣ WC ☎; 🅿
Sauna Solarium; **garni**

* **Jagdhütte**
einzeln, Ruhrstr 34, ✉ 42579, ☎ (0 20 56) 34 31
Hauptgericht 25; Biergarten 🅿; nur abends; geschl: Mo

Hetterscheidt (2 km →)
* **Gasthof Kuhs/Deutscher Hof**
Velberter Str 146, ✉ 42579, ☎ (0 20 56) 65 28, Fax 6 85 13
Hauptgericht 30; Gartenlokal 🅿; geschl: Mo, Di, in den Sommerferien

Heiligenstadt 57 ☐

Bayern — Kreis Bamberg — 380 m — 3 700 Ew — Ebermannstadt 12, Bamberg 26 km
🅘 ☎ (0 91 98) 92 99 24, Fax 92 99 40 — Verkehrsamt, Marktplatz 20, 91332 Heiligenstadt; Ort in der Fränkischen Schweiz. Sehenswert: Schloß Greifenstein (2 km ↑)

** **Heiligenstadter Hof**
Marktplatz 9, ✉ 91332, ☎ (0 91 98) 7 81, Fax 81 00, [ED] [VA]
24 Zi, Ez: 65-70, Dz: 100-120, 2 Suiten, ⊣ WC ☎; Lift 2⟳100 🍴
geschl: Anfang-Mitte Feb

Veilbronn (4 km ↓)
* **Gasthof Sponsel-Regus**
⌘ Haus Nr 9, ✉ 91332, ☎ (0 91 98) 2 22 + 9 29 70, Fax 14 83
42 Zi, Ez: 46-70, Dz: 96, 1 Suite, ⊣ WC ☎; 🅿 🖼 1⟳80 🍴
Rezeption: 8-21; geschl: Mitte Jan-Mitte Feb
Auch Zimmer der Kategorie ** vorhanden

Heiligenstadt, Heilbad 36 →

Thüringen — Kreis Heiligenstadt — 260 m — 17 500 Ew — Göttingen 41, Erfurt 88 km
🅘 ☎ (0 36 06) 20 63, Fax 40 04 — Tourist Information, Wilhelmstr 105, 37308 Heilbad Heiligenstadt; Kneipp-Heilbad. Sehenswert: Schloß; Neues Rathaus (Barock); Storm-Literaturmuseum; Propsteikirche St. Marien; Pfarrkirche St. Ägidien; Maria-Hilf-Kapelle; Redemptoristenkloster; St.-Gerhardus-Kirche; Stiftskirche St. Martin; Stadtmauer; Fachwerkhäuser

** **Eichsfelder Hof**
Wilhelmstr 56, ✉ 37308, ☎ (0 36 06) 6 60 30, Fax 66 03 83, [AX] [DC] [ED] [VA]
33 Zi, Ez: 98, Dz: 140, ⊣ WC ☎; Lift 🅿 2⟳200 Solarium 🍴

** **Stadthotel**
Dingelstädter Str 43, ✉ 37308, ☎ (0 36 06) 66 60, Fax 66 62 22, [AX] [ED] [VA]
25 Zi, Ez: 98-125, Dz: 145-160, ⊣ WC ☎; 1⟳30
** Hauptgericht 25

* **Traube**
Bahnhofstr 2, ✉ 37308, ☎ (0 36 06)
61 22 53, Fax 60 45 09
11 Zi, Ez: 70-85, Dz: 110-120, ⌐ WC ☎; **P** 🚗
¶◎¶

Heiligenstedten 10 ↙

Schleswig-Holstein — Kreis Steinburg —
7 m — 1 183 Ew — Itzehoe 3, Hamburg 60 km
i ☎ (0 48 21) 7 88 55 — Gemeindeverwaltung, 25524 Heiligenstedten

*** **Schloß Heiligenstedten** ♛
♂ Schloßstr 13, ✉ 25524, ☎ (0 48 21)
8 73 35, Fax 8 73 38, AX DC ED VA
15 Zi, Ez: 140-340, Dz: 190-400, 4 Suiten, ⌐
WC ☎; **P** 2✧50
*** **Orangerie**
Hauptgericht 30

Heiligkreuzsteinach 54 ↘

Baden-Württemberg — Rhein-Neckar-Kreis — 262 m — 2 800 Ew — Neckarsteinach 12, Schriesheim 13, Wald-Michelbach 13
i ☎ (0 62 20) 65 55, Fax 74 04 — Verkehrsamt, Silberne Bergstr 3, 69253 Heiligkreuzsteinach; Erholungsort im Odenwald

Eiterbach (3 km ↑)
** **Goldener Pflug**
Ortsstr 40, ✉ 69253, ☎ (0 62 20) 85 09,
Fax 74 80, AX DC ED VA
Hauptgericht 50; **P** Terrasse; nur abends,
So + Sa auch mittags

Heilsbronn 57 ↙

Bayern — Kreis Ansbach — 423 m —
8 300 Ew — Ansbach 17, Nürnberg 25 km
i ☎ (0 98 72) 80 60, Fax 8 06 66 —
Verkehrsamt, Kammereckerplatz 1,
91560 Heilsbronn. Sehenswert: Münster
mit Hohenzollerngrablege; Spitalkapelle

* **Goldener Stern**
Ansbacher Str 3, ✉ 91560, ☎ (0 98 72)
12 62, Fax 69 25, AX ED VA
30 Zi, Ez: 40-90, Dz: 70-130, 1 App, ⌐ WC
☎; **P** 🚗 ≋ ¶◎¶
Rezeption: 7-13, 16-22; geschl: Sa, Mitte-Ende Mai, Anfang-Mitte Aug

* **Klosterhof**
Marktplatz 17, ✉ 91560, ☎ (0 98 72) 12 26,
Fax 55 16
Hauptgericht 25; Biergarten; geschl: Mo

Heimbach 42 □

Nordrhein-Westfalen — Kreis Düren —
210 m — 4 500 Ew — Schleiden 18,
Düren 24 km
i ☎ (0 24 46) 80 80, Fax 8 08 88 — Verkehrsamt, Seerandweg, 52396 Heimbach;
Luftkurort in der Eifel, an der Rur. Sehenswert: Burg Hengebach; Wallfahrtskirche;
Glasbläserei; Kloster Mariawald (4 km ↓);
Rurtalsperre (4 km ←); Jugendstil-Wasserkraftwerk mit RWE-Industriemuseum (2 km ←)

* **Eifeler Hof**
Hengebachstr 43, ✉ 52396, ☎ (0 24 46)
4 42, Fax 13 54, AX DC ED VA
Hauptgericht 25; Biergarten; geschl: Mo,
Di, Mitte-Ende Jan

Hasenfeld (3 km ←)
* **Pension Haus Diefenbach**
♂ ◁ Brementhaler Str 44, ✉ 52396,
☎ (0 24 46) 31 00, Fax 38 25
14 Zi, Ez: 49-72, Dz: 94-116, ⌐ WC; **P** 🚗
1✧20 ≋ Fitneßraum Sauna Solarium;
garni
geschl: Mitte Nov-Ende Dez

** **Landhaus Weber** ✿
Schwammenaueler Str 8, ✉ 52396,
☎ (0 24 46) 2 22, Fax 38 50
Hauptgericht 35; **P** Terrasse; nur abends;
geschl: Di, Mi, 2 Wochen im Sep,
2 Wochen im Feb
* ♂ 8 Zi, Ez: 60-62, Dz: 94-110, ⌐
WC, 1⌐;
geschl: 2 Wochen im Feb

Heimbuchenthal 55 ↑

Bayern — Kreis Aschaffenburg — 220 m —
2 040 Ew — Aschaffenburg 20, Obernburg 20 km
i ☎ (0 60 92) 15 15, Fax 55 11 — Verkehrsverein, Hauptstr 59, 63872 Heimbuchenthal; Erholungsort im Spessart. Sehenswert: 1000jährige Eichen; Wasserschloß
Mespelbrunn (2 km ↗)

** **Lamm**
St.-Martinus-Str 1, ✉ 63872, ☎ (0 60 92)
94 40, Fax 94 41 00, ED
44 Zi, Ez: 73-90, Dz: 146-150, ⌐ WC ☎; Lift
P 🚗 6✧100 ≋ Kegeln Sauna Solarium ⚑
Tennis 6, Golf 9
** Hauptgericht 25; Terrasse

** **Panorama Hotel
Heimbuchenthaler Hof**
♂ ◁ Am Eichenberg 1, ✉ 63872,
☎ (0 60 92) 60 70, Fax 68 02, AX DC ED VA
35 Zi, Ez: 90-128, Dz: 160-170, ⌐ WC ☎; Lift
P 🚗 ≋ Kegeln Sauna Solarium ¶◎¶ ⚑
Tennis 1 →

Heimbuchenthal

✱ Zum Wiesengrund
♂ Elsavastr 9, ✉ 63872, ☎ (0 60 92) 15 64, Fax 69 77
25 Zi, Ez: 70, Dz: 140, ⌂ WC ☎; 🅿 2⇌40 Sauna Solarium 🍴 🍺
Rezeption: 10-22; geschl: Jan

✱ Pension Christel
Hauptstr 3, ✉ 63872, ☎ (0 60 92) 97 14-0, Fax 9 71 4-99
57 Zi, Ez: 45-60, Dz: 80-110, ⌂ WC ☎; Lift 🅿 🍴 Fitneßraum Sauna Solarium 🍴
Rezeption: 10-13
Auch Zimmer der Kategorie ✱✱ vorhanden

Heinsberg 32 ✓

Nordrhein-Westfalen — Kreis Heinsberg — 76 m — 38 900 Ew — Geilenkirchen 11, Erkelenz 20 km
ℹ ☎ (0 24 52) 1 40, Fax 1 42 60 — Stadtverwaltung, Apfelstr 60, 52525 Heinsberg; Kreisstadt. Sehenswert: Burgruine und Reste der Stadtbefestigungauf dem Kirchberg; Selfkantdom mit Krypta und Hochgrab der Herren von Heinsberg; Torbogenhaus; Propstei; Burg Randerath; Windmühlen

✱ Corsten
Hochstr 160, ✉ 52525, ☎ (0 24 52) 18 60, Fax 18 64 00, AX DC ED VA
37 Zi, Ez: 65-100, Dz: 140, 1 Suite, 1 App, ⌂ WC ☎; Lift 🅿 3⇌100 Fitneßraum Sauna Solarium
Auch Zimmer der Kategorie ✱✱ vorhanden
✱ Hauptgericht 30; geschl: Fr

Randerath (9 km ↘)
✱✱ Burgstuben Residenz
Feldstr 50, ✉ 52525, ☎ (0 24 53) 8 02, Fax 35 26, AX DC ED VA
Hauptgericht 45; geschl: Mo, 3 Wochen in den Sommerferien

Unterbruch (3 km ↗)
✱✱ Altes Brauhaus
Wurmstr 4, ✉ 52525, ☎ (0 24 52) 6 10 35, Fax 6 74 86, AX DC ED VA
Hauptgericht 40; Terrasse; geschl: Mo

Heitersheim 67 ✓

Baden-Württemberg — Kreis Breisgau-Hochschwarzwald — 246 m — 5 000 Ew — Müllheim 9, Freiburg 20 km
ℹ ☎ (0 76 34) 4 02 12, Fax 4 02 34 — Verkehrsamt, Hauptstr 54, 79419 Heitersheim; Ort im Markgräfler Land. Sehenswert: Pfarrkirche, Johanniter- und Malteser-Museum im Malteserschloß (ehem. Wasserschloß); Ausgrabung einer Römervilla

✱✱ Landhotel Krone
Hauptstr 7, ✉ 79423, ☎ (0 76 34) 5 10 70, Fax 51 07 66, VA
20 Zi, Ez: 88-138, Dz: 130-180, 4 Suiten, ⌂ WC ☎, 8📺; 🅿 🍴 1⇌30 🍺
✱✱ Die guten Stuben
Hauptgericht 35; Gartenlokal Terrasse; geschl: Di, Mi mittags

✱ Gasthof Ochsen (Flair Hotel)
Am Ochsenplatz 9, ✉ 79423, ☎ (0 76 34) 22 18, Fax 30 25, ED VA
30 Zi, Ez: 90-110, Dz: 120-180, ⌂ WC ☎; 🅿 🍴
geschl: Ende Dez-Ende Jan
✱ Hauptgericht 30; geschl: Mo, Fr, Ende Dez-Ende Jan

Heldenbergen siehe Nidderau

Helgoland 8 ✓

Schleswig-Holstein — Kreis Pinneberg — 56 m — 1 750 Ew
ℹ ☎ (0 47 25) 8 08 50, Fax 4 26 — Kurverwaltung, Lung Wai 28, auf dem Unterland, 27498 Helgoland; Einzige deutsche Felseninsel in der Nordsee; Seeheilbad. Sehenswert: Orts-Wiederaufbau: Ober- und Unterland; Aquarium; Klippenrandweg ◄: Vogelfelsen; Kirche und Leuchtturm

Achtung: Auf der Insel gilt die Zollfreiheit. Bitte informieren Sie sich über die gültigen Zollbestimmungen.
Anreise: Pkw werden nicht zur Insel befördert. Ganzjährig Schiffsverbindungen ab Cuxhaven, im Sommer auch von Wilhelmshaven, Bremerhaven, Büsum und den Inseln. Garagen und Parkplätze befinden sich unmittelbar am Anleger. Die Überfahrt erfolgt mit den Seebäderschiffen im Sommer an Seebäderbrücke und im Winterhalbjahr an der „Alte Liebe" (Hafen).
ℹ ☎ (0 47 25) 8 08 50. Ganzjährig mit dem Flugzeug. Linienmaschinen fliegen Helgoland von Bremen, Hamburg, Bremerhaven, Wilhelmshaven, Büsum und Wangerooge an.

Oberland
✱ Zum Hamburger
◄ Am Falm 304, ✉ 27498, ☎ (0 47 25) 4 09, Fax 74 40
Hauptgericht 30; 🍴; geschl: Mitte Okt-Ende Feb

Unterland
✱✱ Insulaner
♂ ◄ Am Südstrand 2, ✉ 27498, ☎ (0 47 25) 8 14 10, Fax 81 41 81
37 Zi, Ez: 83-130, Dz: 150-220, 5 App, ⌂ WC ☎; 1⇌16 Sauna Solarium
Rezeption: 7.30-22, im Winter 7.30-14
Restaurant für Hausgäste. Auch Zimmer der Kategorie ✱ vorhanden

Helmstadt

✱ **Seehotel**
♂ ◄ Lung Wai 23, ✉ 27498, ☎ (0 47 25) 8 13 10, Fax 4 46, AX DC ED VA
16 Zi, Ez: 95, Dz: 175-195, ⌐ WC ☎; garni

✱ **Helgoland**
♂ ◄ Am Südstrand 16, ✉ 27498,
☎ (0 47 25) 2 20, Fax 74 32
14 Zi, Ez: 80-85, Dz: 160-185, ⌐ WC ☎; ⚓
geschl: Mitte Okt-Ende Mär
Restaurant für Hausgäste

✱ **Schwan**
♂ ◄ Am Südstrand 17, ✉ 27498,
☎ (0 47 25) 77 51, Fax 77 56, ED VA
18 Zi, Ez: 90-98, Dz: 148-196, 1 App, ⌐ WC ☎; 1⇔40 ⚓
✱ Hauptgericht 25; Terrasse

✱ **Haus Hanseat**
♂ ◄ Am Südstrand 21, ✉ 27486,
☎ (0 47 25) 6 63, Fax 74 04
21 Zi, Ez: 88-95, Dz: 83-90, 3 App, ⌐ WC ☎; garni
geschl: Anfang Nov-Ende Dez, Mitte Jan-Ende Feb

✱ **Haus am Meer**
♂ ◄ Am Südstrand 10, ✉ 27498,
☎ (0 47 25) 8 13 80, Fax 74 92, DC ED VA
15 Zi, Ez: 70-130, Dz: 140-180, 1 App, ⌐ WC ☎; garni ⚓
Rezeption: 6.30-20

✱ **Haus Hilligenlei**
♂ ◄ Kurpromenade 36, ✉ 27498,
☎ (0 47 25) 77 33, Fax 3 54
25 Zi, Ez: 95-100, Dz: 162-172, 2 App, ⌐ WC ☎; garni

✱ **Haus Seeblick**
♂ ◄ Am Südstrand 11, ✉ 27498,
☎ (0 47 25) 3 85, Fax 74 03
8 Zi, Ez: 90-130, Dz: 160-190, ⌐ WC ☎; garni
Rezeption: 8-14

✱ **Weddig's Fischerstube**
Friesenstr 61, ✉ 27498, ☎ (0 47 25) 72 35
Hauptgericht 25
Fischrestaurant

Hellenthal 42 □

Nordrhein-Westfalen — Kreis Euskirchen — 500 m — 8 700 Ew — Schleiden 6, Blankenheim 21 km
ℹ ☎ (0 24 82) 8 51 15, Fax 8 51 14 — Verkehrsamt, Rathausstr 2, 53940 Hellenthal; Wintersportplatz in der nördlichen Eifel. Sehenswert: Olef-Talsperre (1 km ←); Wildgehege mit Greifvogelstation (1,5 km ↑); Besucherbergwerk

34 ↗ Der Ort befindet sich im Reisekartenteil auf Seite 34 im nordöstlichen Planfeld.

Hollerath (6 km ↙)
✱ **Hollerather Hof**
◄ Luxemburger Str 44, ✉ 53940,
☎ (0 24 82) 71 17, Fax 78 34, DC ED VA
12 Zi, Ez: 50-60, Dz: 85-120, 1 Suite, ⌐ WC ☎; P ≘ Sauna Solarium
geschl: Mitte-Ende Nov
✱ Hauptgericht 20; Terrasse;
geschl: Mitte-Ende Nov

Hellwege 17 ↓

Niedersachsen — 885 Ew
ℹ ☎ (0 42 64) 8 32 00 — Samtgemeinde Sottrum, Am Eichkamp 12, 27367 Sottrum

✱ **Prüser's Gasthof**
Dorfstr 5, ✉ 27367, ☎ (0 42 64) 99 90, Fax 9 99 45, DC ED VA
30 Zi, Ez: 70-73, Dz: 115-120, ⌐ WC ☎; Lift P 1⇔200 ≘ Fitneßraum Kegeln Sauna Solarium ⎮○⎮
geschl: Di, 26.12.96-07.01.97

Helmbrechts 48 ↘

Bayern — Kreis Hof — 616 m — 10 000 Ew — Münchberg 8, Schwarzenbach 11, Naila 13 km
ℹ ☎ (0 92 52) 7 01 50, Fax 7 01 11 — Verkehrsamt, Luitpoldstr 21, 95233 Helmbrechts; Ort im Frankenwald. Sehenswert: Textilmuseum

✱ **Deutsches Haus**
Friedrichstr 6, ✉ 95233, ☎ (0 92 52) 10 68, Fax 60 11, ED
15 Zi, Ez: 88-98, Dz: 128, 1 Suite, ⌐ WC ☎; P ⎮○⎮
geschl: So, Ende Dez-Anfang Jan

✱ **Zeitler**
Kulmbacher Str 15, ✉ 95233, ☎ (0 92 52) 9 62-0, Fax 9 62 -1 13
24 Zi, Ez: 75-91, Dz: 110-140, ⌐ WC ☎; P 🅿 1⇔60
Rezeption: Sa+So 7-15, 17.30-24
✱ Hauptgericht 25

✱ **Franken am Kurheim**
Gustav-Weiß-Str 5, ✉ 95233, ☎ (0 92 52) 61 65, Fax 86 23
Hauptgericht 25
✱✱ 8 Zi, Ez: 90-105, Dz: 130-140, ⌐ WC ☎, 4🛏; P 🅿 1⇔50 Sauna Solarium
Rezeption: 8-19

Helmstadt 55 →

Bayern — Würzburg — 310 m — 2 720 Ew
ℹ ☎ (0 93 69) 23 00, Fax 29 44 — Gemeindeverwaltung, Im Kies 4, 97264 Helmstadt

✱ **Zur Krone**
Würzburgerstr 23, ✉ 97264, ☎ (0 93 69) 9 06 40, Fax 90 64 40, ED VA
16 Zi, Ez: 55-70, Dz: 90-100; ⌐ WC ☎; P 1⇔24 Kegeln ⎮○⎮
geschl: Di, 2 Wochen im Nov
Auch Zimmer der Kategorie ✱✱ vorhanden

Helmstedt

Helmstedt 27 ↓

Niedersachsen — Kreis Helmstedt — 140 m — 28 484 Ew — Braunschweig 36, Magdeburg 40, Berlin 187 km
🛈 ☎ (0 53 51) 1 73 33, Fax 1 71 02 — Fremdenverkehrsamt, Markt 1, 38350 Helmstedt. Sehenswert: Renaissancebau der ehem. Universität (Juleum); Reste der alten Stadtbefestigung mit Hausmannsturm; Rohr'sches Haus am Markt; Rathaus; Großsteingräber aus der Jungsteinzeit

** **Holiday Inn Garden Court**
◄ Chardstr 2, ✉ 38350, ☎ (0 53 51) 12 80, Fax 12 81 28, AX DC ED VA
63 Zi, Ez: 150-190, Dz: 170-210, 2 Suiten, ᗑ WC ☎, 22⌧; Lift 🅿 🚗 2⇔40 Sauna; **garni**

* **Funkes Bräustübel**
Neumärkerstr 36, ✉ 38350, ☎ (0 53 51) 63 26, ED
Hauptgericht 20

Hemdingen 18 ↖

Schleswig-Holstein — Kreis Pinneberg — 5 m — 1 381 Ew — Barmstedt 6, Quickborn 6, Elmshorn 12 km
🛈 ☎ (0 41 23) 68 80, Fax 6 88 44 — Amtsverwaltung Rantzau, Chemnitzstr 30, 25355 Barmstedt

* **Hemdinger Hof**
Barmstedter Str 2, ✉ 25485, ☎ (0 41 23) 20 58, Fax 46 84, AX ED VA
29 Zi, Ez: 80, Dz: 135, ᗑ WC ☎; 🅿 4⇔100 Kegeln
** Hauptgericht 20; Biergarten; nur abends, sa + so + feiertags auch mittags

Hemer 34 ↙

Nordrhein-Westfalen — Märkischer Kreis — 208 m — 35 000 Ew — Iserlohn 6, Menden 6 km
🛈 ☎ (0 23 72) 5 52 57, Fax 5 53 00 — Kulturamt, Hauptstr 209, 58675 Hemer; Stadt im nördlichen Sauerland. Sehenswert: Heinrichshöhle (1 km ↖); Felsenmeer (1 km ↖), Felsenmeer-Museum

Becke (1 km ↗)
** **Zum Bären**
Urbecker Str 110, ✉ 58675, ☎ (0 23 72) 1 07 65, Fax 18 15, AX DC ED VA
Hauptgericht 40; geschl: Sa mitags + Mo, Anfang Jan

Hemer-Außerhalb (4 km ↓)
** **Haus Winterhof**
Stephanopel 30, ✉ 58675, ☎ (0 23 72) 89 81, Fax 8 19 25, AX ED
Hauptgericht 35; Gartenlokal 🅿 Terrasse; geschl: Di, 2 Wochen in den Sommerferien

Hemmingen 26 ↗

Niedersachsen — Kreis Hannover — 55 m — 17 000 Ew — Hannover 5 km
🛈 ☎ (05 11) 4 10 31 34, Fax 4 10 31 30 — Gemeindeverwaltung, im Ortsteil Westerfeld, Rathausplatz 1, 30966 Hemmingen

Westerfeld (2 km ↖)
* **Berlin**
Berliner Str 4, ✉ 30966, ☎ (05 11) 42 30 14, Fax 23 28 70, AX DC ED VA
37 Zi, Ez: 135-310, Dz: 160-370, 25 App, ᗑ WC ☎, 8⌧; Lift 🅿 Sauna Solarium; **garni**

Hemsbach 54 →

Baden-Württemberg — Rhein-Neckar-Kreis — 100 m — 12 600 Ew — Weinheim 5, Heppenheim 7, Mannheim 22 km
🛈 ☎ (0 62 01) 7 07 26, Fax 7 07 45 — Stadtverwaltung, Schloßgasse 41, 69502 Hemsbach; Ort an der Bergstraße

** **Krone**
Schloßgasse 35, ✉ 69502, ☎ (0 62 01) 4 35 75, Fax 4 60 30, AX DC VA
Hauptgericht 25
* 5 Zi, Ez: 75, Dz: 105, ᗑ WC ☎; 🅿
Rezeption: 7-15, 17-24

Balzenbach (4 km →)
** **Watzenhof (Silencehotel)**
♪ ✉ 69502, ☎ (0 62 01) 77 67, Fax 7 37 77, AX ED VA
16 Zi, Ez: 125, Dz: 165, 2 Suiten, ᗑ WC ☎; 🅿 🚗 1⇔50
Rezeption: 8-14.30, 17.30-22.30; geschl: So abends-Mo mittags, Anfang-Mitte Jan
** Hauptgericht 25; Gartenlokal Terrasse; geschl: So abends, Mo mittags, Anfang-Mitte Jan

Hengersberg 66 ←

Bayern — Kreis Deggendorf — 400 m — 7 010 Ew — Deggendorf 11, Vilshofen 22, Grafenau 38 km
🛈 ☎ (0 99 01) 9 30 70, Fax 9 30 74 — Verkehrsamt, Mimminger Str 2, 94491 Hengersberg; Erholungsort an der Donau am Rande des Bayerischen Waldes. Sehenswert: Klosterkirche in Niederaltaich (3 km ↙)

* **Niederalteicher Hof**
Marktplatz 9, ✉ 94491, ☎ (0 99 01) 61 12, Fax 38 11
29 Zi, Ez: 40-50, Dz: 80-100, ᗑ WC ☎; Lift 🅿 🚗 2⇔250 🍴

* **Erika**
Am Oheweher, ✉ 94491, ☎ (0 99 01) 60 01, Fax 67 62, AX DC ED VA
26 Zi, Ez: 55-68, Dz: 98, ᗑ WC ☎; 🅿 🍴

Hennef 43

Nordrhein-Westfalen — Rhein-Sieg-Kreis — 69 m — 35 000 Ew — Bonn 16, Altenkirchen 32 km
☎ (0 22 42) 88 81 59, Fax 88 82 38 — Stadtverwaltung, Frankfurter Str 97, 53773 Hennef; Ort an der Sieg. Sehenswert: Burgstadt Blankenberg (7 km →); Marienwallfahrtskirche in Bödingen (3 km →)

** Im Euro Park
Reutherstr 1 a-c, ✉ 53773, ☎ (0 22 42) 87 60, Fax 87 61 99, AX DC ED VA
77 Zi, Ez: 99-290, Dz: 120-290, 1 Suite, ⸗ WC ☎, 24⊠; Lift ᴾ 8↔200
geschl: 20.12.96-6.1.97
Auch Zimmer der Kategorie ******* vorhanden

** Werner's
Hauptgericht 28; geschl: Sa, So, 20.12.96-6.1.97

* Schloßhotel Regina Wasserburg
Frankfurter Str 124, ✉ 53773, ☎ (0 22 42) 50 24, Fax 27 47, DC ED VA
20 Zi, Ez: 119-149, Dz: 169-199, ⸗ WC ☎; ᴾ Kegeln

** Hennefer Eßzimmer
Hauptgericht 30

* Stadt Hennef
Wehrstr 46, ✉ 53773, ☎ (0 22 42) 9 21 30, Fax 92 13 40, AX DC ED VA
21 Zi, Ez: 75-115, Dz: 120-130, ⸗ WC ☎; ᴾ

Marktterrassen
Frankfurter Str 98, ✉ 53773, ☎ (0 22 42) 50 48, Fax 8 31 66, AX DC ED VA
15 Zi, Ez: 95-105, Dz: 130-150, 2 Suiten, ⸗ WC ☎; Lift; **garni**

** Haus Steinen
Hanftalstr 94, ✉ 53773, ☎ (0 22 42) 32 16, Fax 8 32 09, AX ED
Hauptgericht 40; Biergarten ᴾ Terrasse; nur abends, So nur mittags; geschl: Di

Rôtisserie Christine
Frankfurter Str 55, ✉ 53773, ☎ (0 22 42) 29 07, Fax 86 69 04, AX DC ED VA
Hauptgericht 47; Gartenlokal ᴾ Terrasse; geschl: so+feiertags, Sa mittags

Stadt Blankenberg (7 km ↘)
Haus Sonnenschein
Mechtildisstr 3, ✉ 53773, ☎ (0 22 48) 23 58, Fax 9 20 17, AX DC ED VA
13 Zi, Ez: 99, Dz: 140, ⸗ WC ☎; Lift ᴾ ↔30 Kegeln
* Hauptgericht 25

* Galerie Hotel
Mechtildisstr 13, ✉ 53773, ☎ (0 22 48) 52 00, Fax 9 20 17, AX DC ED VA
13 Zi, Ez: 99, Dz: 140, ⸗ WC ☎; Lift ᴾ ↔30 Kegeln

Süchterscheid
* Landhaus Süchterscheid
Mühlental 3, ✉ 53773, ☎ (0 22 48) 7 93, Fax 46 26, ED
Hauptgericht 25; ᴾ Terrasse; nur abends, so+feiertags auch mittags
* 6 Zi, Ez: 95-110, Dz: 140-155, S; ⸗ WC ☎; 2↔30

siehe auch **Ruppichteroth**

Hennigsdorf 30

Brandenburg — 45 m — 25 306 Ew — Potsdam 26, Berlin 15 km
☎ (0 33 02) 87 70, Fax 87 72 90 — Stadtverwaltung, Neuendorfstr 23 a, 16761 Hennigsdorf

*** Pannonia
Fontanestr 110, ✉ 16761, ☎ (0 33 02) 87 50, Fax 87 54 45, AX DC ED VA
112 Zi, Ez: 125-185, Dz: 185-250, ⸗ WC ☎, 14⊠; Lift ᴾ 4↔100 Fitneßraum Sauna Solarium
** Hauptgericht 25

Hennstedt Kr. Steinburg 10

Schleswig-Holstein — Kreis Steinburg — 535 Ew — Itzehoe 18, Nortorf 22 km
☎ (0 48 77) 4 30 — Bürgermeisteramt, Tönsheider Str 8, 25581 Hennstedt

Seelust (1 km ↓)
* Seelust
Seelust 6, ✉ 25581, ☎ (0 48 77) 6 77, Fax 7 66, ED VA
13 Zi, Ez: 90, Dz: 130, ⸗ WC; ᴾ ≘ Strandbad Seezugang Sauna Solarium
Rezeption: 8-10, 14.30-21.30
* Hauptgericht 25; Terrasse; nur abends, sa+so+feiertags auch mittags; geschl: Di, Mär

Henstedt-Ulzburg 18

Schleswig-Holstein — Kreis Segeberg — 32 m — 22 322 Ew — Kaltenkirchen 4, Norderstedt 10, Hamburg 20 km
☎ (0 41 93) 90 30, Fax 9 39 01 — Gemeindeverwaltung, Ortsteil Ulzburg, Beckersbergstr 1, 24558 Henstedt-Ulzburg

Ulzburg
** Wiking
Hamburger Str 81, ✉ 24558, ☎ (0 41 93) 90 80, Fax 9 23 23, AX ED VA
62 Zi, Ez: 90-130, Dz: 140-180, 1 Suite, 5 App, ⸗ WC ☎, 13⊠; Lift ᴾ 2↔100 Fitneßraum Kegeln Sauna Solarium; **garni**
geschl: Ende Dez-Anfang Jan

Heppenheim

Heppenheim 54→

Hessen — Kreis Bergstraße — 110 m —
24 000 Ew — Bensheim 5, Weinheim 11,
Worms 22 km
🅘 ☎ (0 62 52) 1 31 71, Fax 1 31 23 — Fremdenverkehrsbüro, Großer Markt 3,
64646 Heppenheim; Kreisstadt an der
Bergstraße. Sehenswert: Kirche St. Peter;
Marktplatz mit Rathaus, Liebig-Apotheke;
Barockbrunnen; Museum für Stadtgeschichte; Ruine Starkenburg mit
Sternwarte (294 m ◂; 2 km ↗)

Achtung: Festspiele Heppenheim
🅘 ☎ (0 62 52) 82 03

** Am Bruchsee
◂ Am Bruchsee 1, ✉ 64646, ☎ (0 62 52)
96 00, Fax 96 02 50, AX DC ED VA
72 Zi, Ez: 145-160, Dz: 210-230, 1 Suite, ⏣
WC ☎, 5⊠; Lift 🅿 🖳 8⇔200 Fitneßraum
Sauna Solarium 🛏
** ◂ Hauptgericht 35; Terrasse

** Ramada
Siegfriedstr 1, ✉ 64646, ☎ (0 62 52) 12 90,
Fax 12 91 00, AX DC ED VA
112 Zi, Ez: 135-140, Dz: 160-165, ⏣ WC ☎,
42⊠; Lift 🖳 3⇔100; **garni**

** Alchemia
♥ Großer Markt 5, ✉ 64646, ☎ (0 62 52)
23 26, AX ED
Hauptgericht 35

Herbolzheim 67 ↘

Baden-Württemberg — Kreis Emmendingen — 179 m — 8 492 Ew — Lahr 14,
Emmendingen 15 km
🅘 ☎ (0 76 43) 5 91, Fax 44 08 — Stadtverwaltung, 79336 Herbolzheim

** Highway Hotel
Breisgauallee, an der Ausfahrt der A5 Herbolzheim, ✉ 79336, ☎ (0 76 43) 4 00 31,
Fax 4 00 38, AX DC ED VA
76 Zi, Ez: 114-180, Dz: 150-180, S; ⏣ WC ☎
12⊠; Lift 🅿; 3⇔80 Sauna Solarium Fitneßraum; **garni**
Reservierung von Tageszimmern möglich.

Herborn 44 □

Hessen — Lahn-Dill-Kreis — 208 m —
21 500 Ew — Dillenburg 7, Wetzlar 24, Gladenbach 28 km
🅘 ☎ (0 27 72) 70 82 24, Fax 70 85 00 — Verkehrsamt, Hauptstr 39, 35745 Herborn.
Sehenswert: Ev. Kirche; Schloß; Rathaus;
hist. Altstadt; Heimatmuseum

** Schloß-Hotel
Schloßstr 4, ✉ 35745, ☎ (0 27 72) 70 60,
Fax 70 66 30, AX DC ED VA
70 Zi, Ez: 135-160, Dz: 203-235, 2 Suiten, ⏣
WC ☎; Lift 🅿 🖳 6⇔100 Kegeln
Golf 12; Auch Zimmer der Kategorie * vorhanden
** Le Bistro
Hauptgericht 32

** Zum Löwen
Turmstr 2, ✉ 35745, ☎ (0 27 72) 9 27 00,
Fax 92 70 25, ED VA
12 Zi, Ez: 100-125, Dz: 150-180, ⏣ WC ☎; 🍴

** Hohe Schule
Schulhofstr 5, ✉ 35745, ☎ (0 27 72) 28 15,
Fax 92 79 21, AX DC ED VA
8 Zi, Ez: 120-140, Dz: 180, 1 Suite, ⏣ WC ☎;
🅿
Rezeption: 8-16.30
* Hauptgericht 30; Gartenlokal;
geschl: So abends, Mo

Herbrechtingen 62 ↘

Baden-Württemberg — Kreis Heidenheim
an der Brenz — 470 m — 12 670 Ew —
Heidenheim a.d. Brenz 7, Ulm 33 km
🅘 ☎ (0 73 24) 1 30, Fax 13 85 — Stadtverwaltung, Lange Str 58, 89542 Herbrechtingen; Stadt an der Brenz

* Grüner Baum
Lange Str 46, ✉ 89542, ☎ (0 73 24) 95 40,
Fax 95 44 00, AX DC ED VA
40 Zi, Ez: 85-95, Dz: 135-150, ⏣ WC ☎; 🅿
* Hauptgericht 25; geschl: So

Herbstein 45 □

Hessen — Vogelsbergkreis — 450 m —
5 100 Ew — Lauterbach 11, Gedern 29 km
🅘 ☎ (0 66 43) 96 00 19, Fax 96 00 20 —
Kurbetriebsgesellschaft, Rathaus,
36358 Herbstein; Luftkurort. Sehenswert:
Stadtmauer mit 3 Wehrtürmen (13. Jh.);
hist. Ortskern; Fachwerkhäuser; kath.
Kirche; Fastnachtsmuseum; Schloß Stockhausen (9 km →)

* Café-Pension Weismüller
♂ Blücherstr 4, ✉ 36358, ☎ (0 66 43) 15 25
Fax 75 18, ED
10 Zi, Ez: 65, Dz: 120, ⏣ WC ☎; 🅿 🖳 Sauna
Solarium 🍴
Rezeption: 12-1; geschl: Di

Herdecke 33 □

Nordrhein-Westfalen — Ennepe-Ruhr-Kreis — 110 m — 26 259 Ew — Hagen 5,
Dortmund 12, Bochum 24 km
🅘 ☎ (0 23 30) 61 13 25, Fax 61 13 66 —
Stadtverwaltung, Stiftsplatz 1, 58313 Herdecke; Stadt an der Ruhr zwischen Harkort- und Hengsteysee. Sehenswert: Ev.
Kirche; alte Schiefer- und Fachwerkhäuse

Herford

★★ Zweibrücker Hof (Ringhotel)
Zweibrücker-Hof-Str 4, ✉ 58313,
☎ (0 23 30) 60·50, Fax 60 55 55, AX DC VA
71 Zi, Ez: 129-160, Dz: 179-195, S; 8 App, ⌐
WC ☎, 32⬜; Lift P 🅿 6↔350 🍴 Fitneßraum Kegeln Sauna Solarium ●
★★ Hauptgericht 30; Terrasse

Wittbräucke (3 km ↗)
★★ Landhotel Bonsmann's Hof
Wittbräucker Str 38, ✉ 58313, ☎ (0 23 30)
7 07 62, Fax 7 15 62, VA
Hauptgericht 32; Biergarten Gartenlokal P
Terrasse
★ 12 Zi, Ez: 80-95, Dz: 130-150, ⌐
WC ☎; 2↔14

Herford 25 ↙

Nordrhein-Westfalen — Kreis Herford —
68 m — 64 000 Ew — Bielefeld 15, Detmold 25, Minden 37 km
🛈 ☎ (0 52 21) 18 96 66, Fax 18 96 94 — Verkehrsamt, Hämelinger Str 4 (B 2),
32052 Herford; Stadt zwischen Wiehengebirge und Teutoburger Wald. Sehenswert:
Münster; Jacobi-, Johannis- und Marienkirche; Wittekindsdenkmal; Stadttheater;
hist. Bürgerhäuser und Fachwerkbauten

★★ Dohm-Hotel
Löhrstr 4 (B 2), ✉ 32052, ☎ (0 52 21)
10 25-0, Fax 1 02 5-50, AX DC ED VA
36 Zi, Ez: 145-150, Dz: 190-210, ⌐ WC ☎,
4⬜; Lift P 🅿 3↔100
Auch Zimmer der Kategorie ★ vorhanden
★★ Hauptgericht 25; Gartenlokal;
geschl: Sa + So abends

★★ Winkelmann
Mindener Str 1 (C 1), ✉ 32049, ☎ (0 52 21)
98 00, Fax 98 01 62, AX DC ED VA
36 Zi, Ez: 95-140, Dz: 150-190, ⌐ WC ☎,
12⬜; Lift P 2↔80 Sauna ●

★ Schinkenkrug
Paracelsusstr 14, ✉ 32049, ☎ (0 52 21)
92 00, Fax 92 02 00, AX ED VA
23 Zi, Ez: 75-90, Dz: 120-150, ⌐ WC ☎; P 🅿
3↔100 ●

★ Hansa
Brüderstr 40 (B 2), ✉ 32052, ☎ (0 52 21)
5 97 20, Fax 59 72 59, AX
16 Zi, Ez: 60-90, Dz: 100-135, ⌐ WC ☎; Lift
P; garni
Rezeption: 7-20; geschl: So, Mitte Jul-
Mitte Aug
Auch Zimmer der Kategorie ★★ vor-
handen

→

Herford

* **Münchner Hof**
Berliner Str 29, ✉ 32052, ☎ (0 52 21)
52 94 81, Fax 52 91 02, AX DC ED VA
17 Zi, Ez: 85-115, Dz: 125-165, 2 Suiten,
1 App, ⇨WC ☎, 4🛌; Lift 🅿 1⇆95 🍴

Herford-Außerhalb (4 km →)
* **Waldesrand**
♂ Zum Forst 4, ✉ 32049, ☎ (0 52 21)
9 23 20, Fax 9 23 24 29, AX DC ED VA
51 Zi, Ez: 65-125, Dz: 120-160, 1 Suite, ⇨
WC ☎; Lift 🅿 3⇆30 🍴
geschl: Mo bis 18
Auch Zimmer der Kategorie ** vorhanden

Eickum (3 km ←)
** **Tönsings Kohlenkrug** 🍷
Diebrocker Str 316, ✉ 32051, ☎ (0 52 21)
3 28 36, Fax 3 38 83, AX ED
Hauptgericht 35; geschl: Mo, Di

Falkendiek (4 km ↑)
* **Stille-Falkendiek**
Löhner Str 157, ✉ 32049, ☎ (0 52 21)
9 67 0-00, Fax 6 75 83, ED VA
19 Zi, Ez: 80, Dz: 130, ⇨WC ☎; 🅿 🚗
3⇆150 Kegeln 🍴
Rezeption: 7-14, 16-24

Hergensweiler 69 ↘

Bayern — Kreis Lindau — 550 m —
1 500 Ew — Lindau 10, Wangen 11 km
ℹ ☎ (0 83 88) 2 17, Fax 7 24 — Gemeindeverwaltung, Friedhofweg 7, 88138
Hergensweiler; Erholungsort

Stockenweiler (1,5 km ↗)
** **Stockenweiler**
Haus Nr 5, an der B 12, ✉ 88138,
☎ (0 83 88) 2 43, AX ED VA
Hauptgericht 45; 🅿; nur abends; geschl:
Mi, Do, 3 Wo im Jun

Heringhausen siehe Diemelsee

Heringsdorf siehe Usedom

Herleshausen 46 ↗

Hessen — Werra-Meißner-Kreis — 220 m
— 3 021 Ew — Bad Hersfeld 45, Kassel 74,
Eisenach 14 km
ℹ ☎ (0 56 54) 64 45, Fax 61 54 — Verkehrsverein, Sackgasse 8, 37293 Herleshausen.
Sehenswert: Ev. Kirche, Schloß Augu-
stenau; Schloß im Ortsteil Nesselröden
(4 km ↘); Burgruine Brandenfels beim
Ortsteil Markershausen (6 km ↘)

🛏 **Schneider**
Anger 7, ✉ 37293, ☎ (0 56 54) 64 28,
Fax 14 47
17 Zi, Ez: 40-70, Dz: 60-90, 2 App, ⇨WC ☎;
🅿 🚗 1⇆100 🍴
geschl: So abends

Hohenhaus (6 km ↘)
*** **Hohenhaus** 👑
(Relais & Châteaux)
einzeln ♂ ◄ ☎ 37293, ☎ (0 56 54) 6 80,
Fax 13 03, AX DC ED VA
26 Zi, Ez: 225-275, Dz: 370-450, ⇨WC ☎;
Lift 🅿 🚗 2⇆40 🏊 Fitneßraum Sauna
Solarium 🎾
Tennis 1; Golf 18
*** Hauptgericht 48; 🍷🍷
Gartenlokal Terrasse

Hermannsburg 26 ↗

Niedersachsen — Kreis Celle — 50 m —
8 000 Ew — Celle 27, Soltau 33,
Uelzen 48 km
ℹ ☎ (0 50 52) 80 55, Fax 84 23 — Verkehrsverein, Harmsstr 3 a, 29309 Hermannsburg; Erholungsort in der Lüneburger
Heide. Sehenswert: Ludwig-Harms-Haus;
Missionsausstellungen

** **Heidehof**
Billingstr 29, ✉ 29320, ☎ (0 50 52) 80 81,
Fax 33 32, AX DC ED VA
104 Zi, Ez: 100-170, Dz: 150-220, ⇨WC ☎,
16🛌; Lift 🅿 🚗 12⇆220 🏊 Fitneßraum
Kegeln Sauna Solarium
** **Atrium**
Hauptgericht 25; Terrasse

* **Völkers Hotel**
Billingstr 7, ✉ 29320, ☎ (0 50 52) 80 97,
Fax 33 44, AX DC ED VA
17 Zi, Ez: 68-115, Dz: 130-168, ⇨WC ☎,
5🛌; 🅿 🚗 3⇆30
* Hauptgericht 26; Biergarten

Baven (2 km ↘)
* **Drei Linden**
Billingstr 102, ✉ 29320, ☎ (0 50 52)
98 87-0, Fax 34 30, ED VA
14 Zi, Ez: 70-80, Dz: 120-130, 1 Suite, ⇨WC
☎; 🅿
geschl: im Winter Di
* Hauptgericht 25; geschl: im Winter Di

Oldendorf-Außerhalb (7 km ↘)
* **Zur Alten Fuhrmanns**
Schänke
einzeln ♂ Dehningshof 1, ✉ 29390,
☎ (0 50 54) 10 65, Fax 80 95, AX ED VA
19 Zi, Ez: 75-85, Dz: 90-140, 5 Suiten, ⇨WC
☎; 🅿 Kegeln
geschl: im Winter Di
** Hauptgericht 25; geschl: Di

Hermsdorf 48 ↗

Thüringen — Holzlandkreis — 350 m —
10 000 Ew — Gera 20, Jena 20 km
ℹ ☎ (03 66 01) 6 27 50, Fax 5 77 50 — Fremdenverkehrsamt, Friedrich-Engels-Str 56,
07629 Hermsdorf

* Zur Linde
Alte Regensburger Str 45, ✉ 07629,
☎ (03 66 01) 36 95, Fax 8 36 95, ED VA
9 Zi, Ez: 75, Dz: 110, ⌐ WC ☎; P ¶⊙|

Hermsdorf/Erzgebirge 51 ←

Sachsen — Kreis Dippoldiswalde — 750 m
— 980 Ew — Dippoldiswalde 18, Dresden 35, Prag 110 km
i ☎ (03 50 57) 2 10 — Gemeindeverwaltung, 01776 Hermsdorf/Erzgebirge

Neuhermsdorf (4 km ↓)
** Altes Zollhaus
♂ Altenberger Str 7, ✉ 01776, ☎ (03 50 57)
2 61, Fax 2 64, AX DC ED VA
41 Zi, Ez: 130, Dz: 160-180, 4 Suiten, ⌐ WC
☎; Lift P 4✿169 Fitneßraum Sauna
Solarium
Auch Zimmer der Kategorie *** vorhanden
*   Hauptgericht 25

* Wettin
Altenberger Str 24, ✉ 01776, ☎ (03 50 57)
2 18
29 Zi, Ez: 75, Dz: 120, ⌐ WC ☎; P 1✿70
Sauna ¶⊙|

Herne 33 □

Nordrhein-Westfalen — Stadtkreis — 61 m
— 177 500 Ew — Bochum 7, Recklinghausen 8, Gelsenkirchen 10 km
i ☎ (0 23 23) 16 28 44, Fax 16 29 77 — Verkehrsverein, Berliner Platz 11 (B 2),
44623 Herne; Industriestadt im Ruhrgebiet. Sehenswert: Wasserschloß Strünkede

** Parkhotel
♂ Schaeferstr 111 (C 1), ✉ 44623,
☎ (0 23 23) 5 20 47, Fax 1 87 06, AX DC ED VA
40 Zi, Ez: 90-105, Dz: 140-160, ⌐ WC ☎; P
🏠 1✿45 Fitneßraum Kegeln Sauna
Solarium

** Parkhaus
Hauptgericht 30; geschl: Mo

* Sicking
Bahnhofstr 26 (B 2), ✉ 44623, ☎ (0 23 23)
1 49 10, Fax 14 91 91, AX DC ED VA
23 Zi, Ez: 95, Dz: 150, ⌐ WC ☎; P 🏠; garni
Rezeption: 7-12, 16-21.30

Wird in dem Hoteleintrag auf Golf hingewiesen, befindet sich in der Nähe des Betriebes ein Golfplatz. In der Regel können Sie dort als Gast Golf spielen und über das Hotel reservieren. Die Ziffer bezieht sich auf die Anzahl der Löcher.

Heroldsberg

Heroldsberg 57 □

Bayern — Kreis Erlangen-Höchstadt — 380 m — 7 400 Ew — Nürnberg 13, Erlangen 15, Fürth 20 km
ℹ️ ☎ (09 11) 56 65 70, Fax 5 66 57 40 — Gemeindeverwaltung, Kirchenweg 4, 90562 Heroldsberg; Ort im Nürnberger Reichswald

* Landgasthof Gelber Löwe
Hauptstr 42, ✉ 90562, ☎ (09 11) 95 65 80, Fax 9 56 58 88, AX DC ED VA
34 Zi, Ez: 99-120, Dz: 120-150, 1 Suite, 8 App, ⊣ WC ☎; Lift 🅿 🚗 1↔30 Sauna
geschl: Ende Dez-Anfang Jan
* Hauptgericht 30; Terrasse;
geschl: so + feiertags, Ende Dez-Anfang Jan

* Rotes Roß
Hauptstr 10, ✉ 90562, ☎ (09 11) 9 56 50, Fax 9 56 52 00, AX DC ED VA
45 Zi, Ez: 90-105, Dz: 125-150, ⊣ WC ☎; 🅿 🚗 5↔150
geschl: Ende Dez-Anfang Jan
* Hauptgericht 25; Gartenlokal;
geschl: Fr, Aug, Ende Dez-Anfang Jan

Herpf 46→

Thüringen — Kreis Schmalkalden — 319 m — 1 000 Ew — Meiningen 5, Mellrichstadt 18, Schmalkalden 30 km
ℹ️ ☎ (03 69 43) 7 21, Fax 7 21 — Gemeindeverwaltung, Schreinergasse, 98617 Herpf

* Landgasthof Brunneneck
Hauptstr 81, ✉ 98617, ☎ (03 69 43) 66 00, Fax 7 42
13 Zi, Ez: 65-75, Dz: 110-135, 3 Suiten, 1 App, ⊣ WC ☎, 3🚗; 🅿 2↔24 🍽
Rezeption: 10-24

Herrenalb, Bad 60→

Baden-Württemberg — Kreis Calw — 400 m — 7 500 Ew — Baden-Baden 22, Karlsruhe 26, Pforzheim 20 km
ℹ️ ☎ (0 70 83) 79 33, Fax 89 43 — Kurverwaltung, Rathausplatz 11, 76332 Bad Herrenalb; Heilbad und heilklimatischer Kurort im nördlichen Schwarzwald. Sehenswert: Hist. Klosterstraße mit ehem. Klosteranlage, Klosterkirche; Spielzeugmuseum

*** Mönchs Posthotel (Relais & Châteaux)
♂ ♘ Dobler Str 2, ✉ 76328, ☎ (0 70 83) 74 40, Fax 7 44 22, AX DC ED VA
25 Zi, Ez: 135-285, Dz: 495-410, 2 Suiten, 10 App, ⊣ WC ☎; Lift 🅿 🚗 50 ≈ Fitneßraum Solarium
*** Klosterschänke
♘ Hauptgericht 45
** Locanda
Hauptgericht 25; geschl: Mo, Di, Jan-Ostern

** Landhaus Marion
♂ Bleichweg 31, ✉ 76332, ☎ (0 70 83) 74 00, Fax 74 06 00, AX DC ED VA
55 Zi, Ez: 75-100, Dz: 150-260, 7 Suiten, ⊣ WC ☎, 10🚗; Lift 🅿 🚗 ≈ Kegeln Sauna Solarium 🍽
Auch Zimmer der Kategorie * vorhanden

** Lacher am Park
♂ Rehteichweg 2, ✉ 76332, ☎ (0 70 83) 74 90, Fax 74 99 08, ED VA
64 Zi, Ez: 85-107, Dz: 166-196, 6 App, ⊣ WC ☎; Lift 🅿 🚗 ≈ Sauna Solarium
geschl: Ende Nov-Ende Dez
Restaurant für Hausgäste. Auch Zimmer der Kategorie * vorhanden

** Höfer's Hotel Harzer am Kurpark
Kurpromenade 1, ✉ 76332, ☎ (0 70 83) 30 21, Fax 87 03, AX ED VA
27 Zi, Ez: 66-120, Dz: 100-200, ⊣ WC ☎; Lift 🚗 ≈ Sauna Solarium
geschl: Ende Nov-Mitte Dez
Restaurant für Hausgäste

* Kurhotel Am Mayenberg
♂ Alte Dobler Str 8, ✉ 76332, ☎ (0 70 83) 74 80, Fax 74 84 44
27 Zi, Ez: 90-102, Dz: 180-234, ⊣ WC ☎; Lift 🅿 🚗 🍽
Auch Zimmer der Kategorie ** vorhanden

🍺 Lacher
Rehteichweg 2, ✉ 76332, ☎ (0 70 83) 74 90, Fax 74 99 08
9.30-19; geschl: Fr

🍺 Zoller
Ettlinger Str 16, ✉ 76332, ☎ (0 70 83) 31 06, Fax 5 18 12
🅿 Terrasse; 9.30-18.30, so + feiertags ab 10.30; geschl: Mo, Mitte Jan-Mitte Feb
Spezialität: Käsekuchen

Rotensol (5 km ↗)
** Lamm
♂ Mönchstr 31, ✉ 76332, ☎ (0 70 83) 9 24 40, Fax 92 44 44, AX ED VA
24 Zi, Ez: 85-95, Dz: 145-165, 1 Suite, ⊣ WC ☎, 8🚗; 🅿 3↔35
geschl: Mo, 2 Wochen im Jan
Golf 18
** Hauptgericht 25;
Terrasse; geschl: Mo, 2 Wochen im Jan

Herrenberg 61 ↙

Baden-Württemberg — Kreis Böblingen — 450 m — 28 000 Ew — Calw 20, Tübingen 20, Stuttgart 34 km
ℹ️ ☎ (0 70 32) 92 42 24, Fax 92 43 33 — Verkehrsamt, Marktplatz 5, 71083 Herrenberg. Sehenswert: Ev. Stiftskirche mit Kanzel und Chorgestühl; Marktplatz, Fachwerkhäuser, Marktbrunnen; Schloßruine auf dem Schloßberg; Alter Rain, 552 m (3 km ↗)

Herrsching

★★ Residence
Daimlerstr 1, ✉ 71083, ☎ (0 70 32) 27 10, Fax 27 11 00, AX DC ED VA
159 Zi, Ez: 199, Dz: 225, 22 Suiten, ⌐ WC ☎; Lift 🅿 🖼 7✥180 Fitneßraum Sauna Solarium
Golf 27

★★ Bellevue
Hauptgericht 30; Terrasse

★★ Hasen (Ringhotel)
Hasenplatz 6, ✉ 71083, ☎ (0 70 32) 20 40, Fax 20 41 00, AX DC ED VA
65 Zi, Ez: 90-140, Dz: 130-180, S; 3 App, ⌐ WC ☎, 18✉; Lift 🅿 🖼 5✥150 Sauna Solarium

★★
Hauptgericht 30; Biergarten

⌂ Pension Kirchgasse
Kirchgasse 1, ✉ 71083, ☎ (0 70 32) 66 17, Fax 2 49 78
7 Zi, Ez: 68-85, Dz: 108-128, 1 App, ⌐ WC; garni

★★ Historischer Weinkeller Alt Herrenberg
✍ Schuhgasse 23, ✉ 71083, ☎ (0 70 32) 2 33 44, Fax 2 86 62, AX ED
Hauptgericht 42; nur abends; geschl: So + feiertags, 2 Wochen in den Sommerferien
Original erhaltener Gewölbekeller aus dem Jahre 1460

★ Café Neumann
Reinhold-Schick-Platz 2, ✉ 71083, ☎ (0 70 32) 51 39
🅿; 8-22

Herrenberg-Außerhalb (2 km →)

★ Auf der Höh
✍ einzeln Hildrizhauser Str 83, ✉ 71083, ☎ (0 70 32) 51 53, Fax 51 53, ED
Hauptgericht 38; 🅿 Terrasse; geschl: Mo, Di

Mönchberg (3 km ↘)

★ Euro Ring Hotel Kaiser
✍ Kirchstr 10, ✉ 71083, ☎ (0 70 32) 9 78 80, Fax 97 88 30, AX DC ED VA
30 Zi, Ez: 95-125, Dz: 150-180, ⌐ WC ☎, 5✉; 🅿 🖼 1✥25 Sauna ⚕
geschl: Fr ab 14, Sa, Ende Dez-Anfang Jan

★★ Kaiser
Hauptgericht 25; Terrasse; geschl: Sa, Fr abends, Ende Dez-Anfang Jan

---

Herrendeich siehe Nordstrand

Herrieden 56 ↘

Bayern — Kreis Ansbach — 420 m — 7 000 Ew — Ansbach 11, Feuchtwangen 20 km
🅸 ☎ (0 98 25) 80 80, Fax 8 08 30 — Stadtverwaltung, Herrnhof 10, 91567 Herrieden; Stadt an der Altmühl. Sehenswert: Kath. Kirchen St. Vitus und St. Martin

★★ Gasthaus Limbacher ✤
Vordere Gasse 34, ✉ 91567, ☎ (0 98 25) 53 73
Hauptgericht 35; geschl: 2 Wochen im Feb, 2 Wochen im Okt

Schernberg (1 km ↑)

★ Gasthof zum Bergwirt
Haus Nr 1, ✉ 91567, ☎ (0 98 25) 84 69, Fax 49 25
30 Zi, Ez: 60-65, Dz: 85-95, ⌐ WC ☎; 🅿 4✥200 Fitneßraum Kegeln Sauna Solarium
Rezeption: 7-14, 17-24; geschl: Mi

★
Hauptgericht 20; Biergarten; geschl: Mi

Herrischried 67 ↘

Baden-Württemberg — Kreis Waldshut — 874 m — 2 350 Ew — Todtmoos 11, Bad Säckingen 18 km
🅸 ☎ (0 77 64) 92 00 40, Fax 92 00 49 — Kurverwaltung, Hauptstr 28, 79737 Herrischried. Sehenswert: Hotzenhaus; Hornberg, 969 m ◁; Gugelturm ◁; Hornberg-Becken

Kleinherrischwand (2 km ↑)

★ Pension Waldheim
♦ ◁ Haus Nr 26, ✉ 79737, ☎ (0 77 64) 2 42, Fax 13 29
16 Zi, Ez: 52, Dz: 94-120, 12 App, ⌐ WC ☎; 🅿 🖼 1✥20 Fitneßraum
geschl: Mitte Nov-Mitte Dez
Restaurant für Hausgäste

Herrsching 71 ↑

Bayern — Kreis Starnberg — 568 m — 9 228 Ew — Starnberg 18, Weilheim 18 km
🅸 ☎ (0 81 52) 52 27 — Verkehrsbüro, Bahnhofplatz 3, 82211 Herrsching; Luftkurort am Ammersee. Sehenswert: Pfarrkirche St. Martin; Klosterkirche in Andechs (5 km ↓)

★★ Piushof
♦ ◁ Schönbichlstr 18, ✉ 82211, ☎ (0 81 52) 10 07, Fax 83 28, AX DC ED VA
20 Zi, Ez: 140-160, Dz: 180-190, 1 Suite, ⌐ WC ☎, 6✉; 🅿 🖼
Tennis 2

★★
Hauptgericht 30; geschl: So, Mo, Di

★ Ammersee
◁ Summerstr 32, ✉ 82211, ☎ (0 81 52) 20 11, Fax 53 74, AX DC ED VA
40 Zi, Ez: 80-160, Dz: 150-220, ⌐ WC ☎; Lift 🅿 Strandbad Seezugang Sauna Solarium
🍽 →

Die im Varta angegebene Kategorie eines Beherbergungsbetriebes bezieht sich jeweils auf den größeren Teil der Zimmer. Verfügt ein Betrieb auch über eine nennenswerte Zahl von Zimmern höherer oder niedrigerer Kategorie, weist ein entsprechender Vermerk darauf hin.

Herrsching

* **Sonnenhof**
Summerstr 23, ✉ 82211, ☎ (0 81 52) 20 19, Fax 9 62 90
10 Zi, Ez: 125-135, Dz: 150-170, 2 App, ⌐ WC ☎; 🅿; garni
geschl: Mitte Dez-Ende Jan

** **Promenade**
◂≤ Summerstr 6, ✉ 82211, ☎ (0 81 52) 10 88, Fax 59 81, DC ED VA
Hauptgericht 25; Terrasse; geschl: im Winter Mi, Ende Dez-Ende Jan
** ◂≤ 11 Zi, Ez: 120-150, Dz: 168-208, ⌐ WC ☎; 🅿 🍽
geschl: Ende Dez-Ende Jan

Hersbruck 58 ⟋

Bayern — Kreis Nürnberger Land — 340 m — 12 150 Ew — Sulzbach-Rosenberg 23, Nürnberg 28 km
ℹ ☎ (0 91 51) 47 55, Fax 44 73 — Verkehrsamt, Stadthaus am Schloßplatz, 91217 Hersbruck; Erholungsort an der Pegnitz, in der Frankenalb. Sehenswert: Ev. Kirche; ehem. Spitalkirche; Stadtmauer-reste, Tortürme; Hirtenmuseum

** **Petit Hotel Panorama**
♂ ◂≤ Höhenweg 10, ✉ 91217, ☎ (0 91 51) 38 04, Fax 45 60, ED VA
8 Zi, Ez: 87-145, Dz: 135-240, 2 Suiten, ⌐ WC ☎; 🅿 🍽 1✿8 ≋ Sauna; garni
Rezeption: 7-13, 15-23; geschl: Mitte Feb-Anfang Mär, Anfang Sep
Auch Zimmer der Kategorie * vorhanden

⌂ **Gasthof Schwarzer Adler**
Martin-Luther-Str 26, ✉ 91217, ☎ (0 91 51) 22 31, Fax 22 36, DC ED VA
18 Zi, Ez: 40-60, Dz: 70-100, ⌐ WC ☎; 🍽 🍴

Herscheid 33 ⟍

Nordrhein-Westfalen — Märkischer Kreis — 450 m — 7 000 Ew — Lüdenscheid 9, Plettenberg 15 km
ℹ ☎ (0 23 57) 24 58 — Verkehrsverein, Nieder-Holte 1, 58849 Herscheid; Erholungsort im Ebbegebirge. Sehenswert: Kirche; Fachwerkhäuser; Museumseisenbahn Nordhelle, 663 m ◂≤ (5 km + 20 Min ↓); Östertalsperre

Reblin (3 km ↓)
* **Jagdhaus Weber**
◂≤ Haus Nr 11, ✉ 58849, ☎ (0 23 57) 9 09 00, Fax 90 90 90, AX DC ED VA
14 Zi, Ez: 90-120, Dz: 140-180, ⌐ WC ☎; 🅿 🍽 1✿30
Rezeption: 8-21
** Hauptgericht 30; Biergarten; geschl: Di

Wellin (5 km ⟋)
* **Waldhotel Schröder**
einzeln ♂ Haus Nr 4, ✉ 58849, ☎ (0 23 57) 41 88, Fax 10 78, DC ED VA
13 Zi, Ez: 79, Dz: 140, ⌐ WC ☎; 🍽 2✿30
geschl: Mo, Ende Jun-Mitte Jul
** Hauptgericht 25; geschl: Mo

Hersfeld, Bad 46 ⟍

Hessen — Kreis Hersfeld-Rotenburg — 220 m — 32 000 Ew — Alsfeld 37, Fulda 45, Herleshausen 59 km
ℹ ☎ (0 66 21) 20 12 74, Fax 20 12 44 — Verkehrsbüro, Am Markt 1 (B 2), 36251 Bad Hersfeld; Kreisstadt an der Fulda, Heilbad, Erholungsort. Sehenswert: Stiftsruine; ev. Kirche; Rathaus; alte Bürgerhäuser; Haus Mährisch Schönberg

Achtung: Bad Hersfelder Festspiele Jun-Aug ℹ ☎ (0 66 21) 7 20 66

** **Am Kurpark**
♂ Am Kurpark 19 ((A 3)), ✉ 36251, ☎ (0 66 21) 16 40, Fax 16 47 10, AX DC ED VA
93 Zi, Ez: 155-165, Dz: 235-255, 10 Suiten, ⌐ WC ☎; Lift 🅿 🍽 7✿≋ Kegeln Sauna Solarium ⚕
Direktzugang zum Erlebnisbad „Römer-Therme"
** **Lukullus**
Hauptgericht 30

** **Romantik Hotel Zum Stern**
♂ Linggplatz 11 ((B 2)), ✉ 36251, ☎ (0 66 21) 18 90, Fax 18 92 60, AX DC ED VA
55 Zi, Ez: 110-139, Dz: 160-220, 2 Suiten, ⌐ WC ☎, 6🛏; Lift 🅿 🍽 6✿120 ≋ Sauna Solarium ⚕
geschl: Anfang-Mitte Jan
Zimmer verschiedener Kategorien vorhanden
** Hauptgericht 33; geschl: Fr mittags, Anfang-Ende Jan

** **Vitalis**
♂ Lüderitzstr 37 (außerhalb A2), ✉ 36251, ☎ (0 66 21) 9 29 20, Fax 92 92 15
9 Zi, Ez: 95, Dz: 130, ⌐ WC ☎, 3🛏; 🅿 🍽; garni
geschl: Ende Dez-Anfang Jan

** **Haus am Park**
♂ Am Hopfengarten 2 (A 3), ✉ 36251, ☎ (0 66 21) 9 26 20, Fax 92 62 30, AX ED VA
15 Zi, Ez: 89-139, Dz: 120-205, 1 Suite, 3 App, ⌐ WC ☎; 🅿 Sauna Solarium; garni
Direktzugang zum Sole-Erlebnisbad im Hotel „Am Kurpark"

* **Haus Deutschland**
♂ Am Kurpark (A 3), ✉ 36251, ☎ (0 66 21) 6 30 88, Fax 7 83 55, DC ED VA
26 Zi, Ez: 102-136, Dz: 112-150, ⌐ WC ☎; 🍽 1✿20 🍴

Herxheim bei Landau

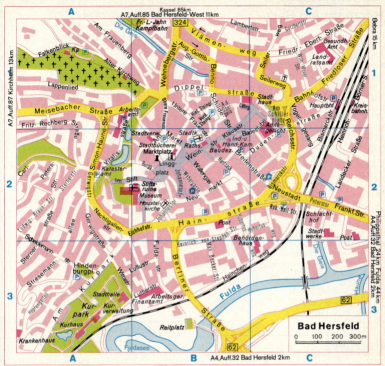

Herten   33 □

Nordrhein-Westfalen — Kreis Recklinghausen — 60 m — 70 000 Ew — Recklinghausen 5, Bochum 18, Bottrop 25 km
ℹ ☎ (0 23 66) 3 52 56 — Verkehrsverein,
Antoniusstr 26, 45699 Herten. Sehenswert:
Wasserschloß

✶✶ Am Schlosspark
Resser Weg 36, ✉ 45699, ☎ (0 23 66)
8 00 50, Fax 8 34 96, AX DC ED VA
45 Zi, Ez: 120-160, Dz: 160-180; 2 Suiten, ⌂
WC ☎, 6🛏; 🅿 1↔40 Sauna Solarium
✶✶   Hauptgericht 25; geschl: So
abends

Westerholt (7 km ←)
✶✶ Schloß Westerholt
Schloßstr 1, ✉ 45701, ☎ (02 09) 96 19 80,
Fax 96 19 82 22, AX DC ED VA
30 Zi, Ez: 138-200, Dz: 160-240, 3 Suiten, ⌂
WC ☎; 🅿 🛏 2↔60
Auch Zimmer der Kategorie **✶✶✶** vor-
handen
✶✶✶   Hauptgericht 30
☎ (02 09) 96 19 70

🍽 In diesem Hotel sind ein oder mehrere
Restaurants vorhanden.

Herxheim bei Landau   60 ↗

Rheinland-Pfalz — Kreis Südliche Weinstraße — 130 m — 9 728 Ew — Landau
12 km
ℹ ☎ (0 72 76) 50 10, Fax 5 01 66 —
Verbandsgemeindeverwaltung,
Obere Hauptstr 2, 76863 Herxheim

Hayna (3 km ↓)
**✶✶ Krone
       (Silencehotel)**
Hauptstr 62, ✉ 76863, ☎ (0 72 76) 50 80,
Fax 5 08 14, DC VA
50 Zi, Ez: 138-198, Dz: 188-255, 3 Suiten, ⌂
WC ☎, 20🛏; Lift 🅿 🛏 3↔50 ≋ Sauna
Solarium
Rezeption: 9-21
Im Haus Katharina auch Zimmer der Kate-
gorie **✶✶✶** vorhanden
✶✶✶ Kronen-Restaurant
Hauptgericht 50; nur abends; geschl: Mo,
Di, Anfang Jan, Ende Jul-Mitte Aug
✶✶   Pfälzer Stube
Hauptgericht 30; geschl: Di

Abweichungen zwischen Datenteil und
Reisekartenteil ergeben sich durch verschiedene Redaktionsschlußzeiten.

Herzberg am Harz 37 ←

Niedersachsen — Kreis Osterode — 233 m — 17 700 Ew — Osterode 11, Duderstadt 20, Braunlage 30 km
🛈 ☎ (0 55 21) 85 20, Fax 85 21 20 — Fremdenverkehrsverein, Marktplatz 30, 37412 Herzberg; Erholungsort am Harz. Sehenswert: Schloßberg mit Welfenschloß; Nikolai- und St.-Josef-Kirche; Lonau-Wasserfall; Juessee; Felsgruppe Hanskühnenburg, 811 m (11 km ↑); Einhornhöhle (4 km ↘)

** Gasthof zum Schloß
Osteroderstr 7, ✉ 37412, ☎ (0 55 21) 8 99 40, Fax 89 94 38, AX DC ED VA
20 Zi, Ez: 83-125, Dz: 125-160, ⌁ WC ☎; 🅿 🚗
Rezeption: 10-23, Mo 15-22; geschl: 3 Wochen im Sommer
Auch Zimmer der Kategorie * vorhanden
** Hauptgericht 30; Biergarten; geschl: Mo mittags, Anfang Jan, 2 Wochen im Sommer

⌂ Jägerhof
Sägemühlenstr 34, ✉ 37412, ☎ (0 55 21) 30 68, Fax 48 45, AX ED VA
10 Zi, Ez: 56-66, Dz: 96-110, ⌁ WC ☎; 🅿 1↻60 Kegeln 🍴
geschl: Di

Herzlake 24 ↘

Niedersachsen — Kreis Emsland — 30 m — 8 823 Ew — Haselünne 9, Löningen 13 km
🛈 ☎ (0 59 62) 8 80, Fax 21 30 — Samtgemeindeverwaltung, Neuer Markt 2, 49770 Herzlake. Sehenswert: St.-Nikolauskirche; St.-Clemenskirche; Steingräber; Windmühle; Waldbühne Ahmsen

** Flora
Zuckerstr 43, ✉ 49770, ☎ (0 59 62) 20 15, Fax 20 97, ED VA
13 Zi, Ez: 69-65, Dz: 129-139, 2 Suiten, ⌁ WC ☎, 3🛏; 🅿 1↻14 Sauna Solarium; garni

Aselage (5 km →)
*** Zur Alten Mühle
einzeln ♂ Haus Nr 12, ✉ 49770, ☎ (0 59 62) 20 21, Fax 20 26, AX DC ED VA
68 Zi, Ez: 145-195, Dz: 197-294, 9 Suiten, ⌁ WC ☎, 5🛏; Lift 🅿 6↻200 ≋ Sauna Solarium
** Mühlenrestaurant
Hauptgericht 40; Gartenlokal Terrasse

Bei den Ferienzeit-Angaben für Hotels und Restaurants bedeuten „Anfang" 1. bis 10., „Mitte" 11. bis 20. und „Ende" 21. bis 31. des jeweiligen Monats. Innerhalb dieser Zeiträume liegen Beginn und Ende der Ferienzeit.

Herzogenaurach 57 ←

Bayern — Kreis Erlangen-Höchstadt — 296 m — 22 000 Ew — Erlangen 12, Nürnberg 23 km
🛈 ☎ (0 91 32) 90 10, Fax 90 11 19 — Stadtverwaltung, Marktplatz 11, 91074 Herzogenaurach. Sehenswert: Stadttürme; altes Rathaus; Fränkischer Marktplatz; Pfarrkirche St. Magdalena

*** Herzogspark
Beethovenstr 6, ✉ 91074, ☎ (0 91 32) 77 80, Fax 4 04 30, AX DC ED VA
77 Zi, Ez: 195-235, Dz: 230-270, 3 Suiten, 8 App, ⌁ WC ☎, 70🛏; Lift 🅿 🚗 8↻350 ≋ Fitneßraum Sauna Solarium Tennis 2
Auch Zimmer der Kategorie ****** vorhanden
*** Mondial
Hauptgericht 42
** Stüberl ✤
Hauptgericht 33; Terrasse

** Akazienhaus
Beethovenstr 16-18, ✉ 91074, ☎ (0 91 32) 7 84 50, Fax 4 04 30, AX DC ED VA
25 Zi, Ez: 115, Dz: 155, 2 App, ⌁ WC ☎; 🅿; garni

Herzogenrath 42 ↘

Nordrhein-Westfalen — Kreis Aachen — 128 m — 43 300 Ew — Aachen 12, Geilenkirchen 12 km
🛈 ☎ (0 24 06) 8 30, Fax 1 29 54 — Stadtverwaltung, Rathausplatz 1, 52134 Herzogenrath

* Stadthotel
Rathausplatz 5, ✉ 52134, ☎ (0 24 06) 30 91, Fax 41 89
19 Zi, Ez: 80, Dz: 120, ⌁ WC ☎; 🅿 1↻18 🍴

Kohlscheid (3 km ↓)
** Parkrestaurant Laurweg
Kaiserstr 101, ✉ 52134, ☎ (0 24 07) 35 71, Fax 5 94 36, AX DC ED VA
Hauptgericht 35; 🅿 Terrasse

Hesel 15 →

Niedersachsen — Kreis Leer — 40 m — 8 974 Ew — Leer 13, Aurich 21, Westerstede 26 km
🛈 ☎ (0 49 50) 26 48 — Verkehrsverein, Postfach 1124, 26832 Hesel

* Alte Posthalterei
Leeraner Str 4, ✉ 26835, ☎ (0 49 50) 7 48, Fax 35 09, AX DC ED VA
18 Zi, Ez: 68, Dz: 116, ⌁ WC ☎; 🅿 ≋ Sauna Solarium 🍴

Heusenstamm

* **Jagdhaus Kloster-Barthe**
Stiekelkamper Str 19, ✉ 26835, ☎ (0 49 50) 26 33, Fax 26 35, AX DC ED VA
38 Zi, Ez: 64, Dz: 110, ⊿ WC ☎; P 🚗
4⟷350 Kegeln
* Hauptgericht 25

Heselbach siehe Baiersbronn

Hessisch Oldendorf 25 ↘

Niedersachsen — Kreis Hameln-Pyrmont — 70 m — 20 000 Ew — Hameln 12, Rinteln 13 km
ℹ ☎ (0 51 52) 78 21 64, Fax 78 21 72 — Verkehrsamt, Kirchplatz 4, 31840 Hessisch Oldendorf; Stadt an der Weser. Sehenswert: Ev. Stadtkirche; Münchhausenhof; Fachwerkhäuser; Stift Fischbeck (5 km ↘)

** **Baxmann**
Segelhorster Str 3, ✉ 31840, ☎ (0 51 52) 9 41 00, Fax 94 10 99, AX ED VA
29 Zi, Ez: 80-120, Dz: 130-200, ⊿ WC ☎, 1🛏; P Kegeln Sauna; **garni**
** Hauptgericht 25; Terrasse; geschl: Mo
☎ (0 51 52) 16 14. Zwei Gehminuten vom Hotel entfernt

Fischbeck-Außerhalb (5 km ↘)
* **Weißes Haus**
einzeln, Waldhofstr 100, ✉ 31840, ☎ (0 51 52) 85 22, Fax 6 19 25, DC ED VA
Hauptgericht 25; Biergarten Gartenlokal
P; geschl: Mo, Jan, Feb
* **Gästehaus**
♂ ⚐ 14 Zi, Ez: 80-95, Dz: 130-160, 1 Suite, ⊿ WC ☎; 🚗 1⟷20
geschl: Mo, Jan, Feb

Fuhlen (2 km ↓)
* **Westerterrasse**
⚐ Brüggeanger 14, ✉ 31840, ☎ (0 51 52) 9 43 00, Fax 94 30 33, ED
15 Zi, Ez: 68-85, Dz: 125-165, 1 Suite, ⊿ WC ☎, 4🛏; P 🚗 1⟷80 🍽 ⚓
Rezeption: 10-22; geschl: Mi, Nov

Hettigenbeuern siehe Buchen

Hetzdorf 50 ↗

Sachsen — Kreis Freiberg — 380 m — 950 Ew — Freiberg 13, Freital 20 km
ℹ ☎ (03 52 09) 4 25, Fax 4 25 — Fremdenverkehrsamt, Untere Dorfstr 1, 09600 Hetzdorf

* **Bergschlößchen**
♂ ⚐ Am Bergschlößchen 46c, ✉ 09600, ☎ (03 52 09) 2 09 91, Fax 2 09 92, AX ED VA
18 Zi, Ez: 69-110, Dz: 99-168, ⊿ WC ☎; P 2⟷50 🍽

Heubach 62 →

Baden-Württemberg — Ostalbkreis — 460 m — 9 700 Ew — Schwäbisch Gmünd 14, Aalen 19 km
ℹ ☎ (0 71 73) 18 10, Fax 1 81 49 — Stadtverwaltung, Hauptstr 53, 73540 Heubach. Sehenswert: Rathaus; Blockturm; Heimat- u. Miedermuseum; Burgruine Rosenstein, 686 m ⚐ (45 Min →)

* **Deutscher Kaiser**
Hauptstr 42, ✉ 73540, ☎ (0 71 73) 87 08, Fax 80 89, AX DC ED VA
Hauptgericht 25
** 9 Zi, Ez: 69-75, Dz: 95-110, ⊿ WC ☎, 1🛏
Rezeption: 11-14, 18-22; geschl: So, Sommerferien

Heubach-Außerhalb
* **Jägerhaus**
einzeln, Bartholomäer Str 41, ✉ 73540, ☎ (0 71 73) 69 07, Fax 69 07
Hauptgericht 35; P Terrasse; nur abends, So auch mittags; geschl: Mo, Di, jeder 1. Sa im Monat, Ende Feb-Anfang Mär

Heubach 47 □

Thüringen — Kreis Hildburghausen — 590 m — 1 030 Ew — Hildburghausen 20, Neuhaus am Rennweg 22 km
ℹ ☎ (03 67 82) 5 10 — Gemeindeverwaltung, Rudolf-Breitscheid-Str 22, 98666 Heubach

* **Werrapark Hotel Heubacher Höhe**
♂ ⚐ Rudolf-Breitscheid-Str 41, ✉ 98666, ☎ (03 68 74) 9 30 00, Fax 9 37 77
121 Zi, Ez: 73-82, Dz: 116-126, 21 App, ⊿ WC ☎; Lift P 2⟷50
Fitneßraum Sauna Solarium Bowling 🍽

Heusenstamm 54 ↗

Hessen — Kreis Offenbach am Main — 112 m — 19 500 Ew — Offenbach am Main 8, Neu-Isenburg 8 km
ℹ ☎ (0 61 04) 60 70, Fax 60 72 78 — Stadtverwaltung, Im Herrengarten 1, 63150 Heusenstamm

** **Rainbow**
Seligenstädter Grund 15, ✉ 63150, ☎ (0 61 04) 93 30, Fax 93 31 20, AX DC ED VA
74 Zi, Ez: 165-200, Dz: 185-235, 4 Suiten, ⊿ WC ☎, 3🛏; Lift P 2⟷100 🍽

* **Schloßhotel**
Frankfurter Str 9, ✉ 63150, ☎ (0 61 04) 31 31, Fax 6 15 32, AX DC ED VA
30 Zi, Ez: 106-136, Dz: 156-176, ⊿ WC ☎; Lift P 2⟷60 🍽

Heusweiler 52 ↘

Saarland — Stadtverband Saarbrücken — 200 m — 20 000 Ew — Saarbrücken 15, Saarlouis 15 km
🅘 ☎ (0 68 06) 91 10, Fax 91 11 09 — Gemeindeverwaltung, Saarbrücker Str 35, 66265 Heusweiler

Eiweiler (2 km ↑)
** Elsässische Stuben ✣
Lebacher Str 73, ✉ 66265, ☎ (0 68 06) (0 68 06) 9 18 90, AX DC ED VA
Hauptgericht 30; Gartenlokal; geschl: Sa mittags, So, 1. Januarwoche

Heuweiler 67 □

Baden-Württemberg — Kreis Breisgau-Hochschwarzwald — 289 m — 977 Ew — Waldkirch 10, Emmendingen 10, Freiburg 11 km
🅘 ☎ (0 76 66) 22 80, Fax 76 91 — Bürgermeisteramt, Dorfstr 21, 79194 Heuweiler

** Zur Laube
Glottertalstr 1, ✉ 79194, ☎ (0 76 66) 22 67, Fax 81 20
Hauptgericht 35; Terrasse
*** Petrusstube
Hauptgericht 35; geschl: Di
** 7 Zi, Ez: 84-94, Dz: 138-148, ⌐ WC ☎; Lift 🅿 🍽 Kegeln

Hiddenhausen 25 ↙

Nordrhein-Westfalen — Kreis Herford — 92 m — 20 000 Ew — Bünde 5, Herford 8 km
🅘 ☎ (0 52 21) 69 30, Fax 69 34 80 — Gemeindeverwaltung, im Ortsteil Lippinghausen, Rathausstr 1, 32120 Hiddenhausen. Sehenswert: Ev. Pfarrkirche St. Gangolf, Westturm, Uhrwerk; Gut Bustedt, Wandmalereien; Haus Hiddenhausen

Schweicheln-Bermbeck (6 km ↘)
* Freihof
♣ Herforder Str 118, ✉ 32120, ☎ (0 52 21) 6 12 75, Fax 6 76 43, AX DC ED VA
35 Zi, Ez: 70-100, Dz: 120-150, ⌐ WC ☎; 🅿 🍽 1↔40 Fitneßraum Sauna Solarium
* Hauptgericht 25; Terrasse; nur abends; geschl: So ab 15

Sundern (5 km ↓)
** Am Felsenkeller
Bünder Str 38, ✉ 32120, ☎ (0 52 21) 6 22 24, Fax 69 08 14, AX ED
Hauptgericht 35; Biergarten Gartenlokal 🅿; geschl: Di abends

Zu Sonderkonditionen können Sie in Hotels übernachten, die mit S gekennzeichnet sind. Eine Buchung ist allerdings nur telefonisch über den Varta Hotel-Service möglich. Zu normalen Geschäftszeiten: (05 11) 3 40 13 26.

Hiddensee siehe Rügen

Hilchenbach 44 ↑

Nordrhein-Westfalen — Kreis Siegen-Wittgenstein — 350 m — 17 100 Ew — Kirchhundem 12, Siegen 16, Olpe 28 km
🅘 ☎ (0 27 33) 2 88 77, Fax 2 88 80 — Verkehrsbüro, Markt 13, 57271 Hilchenbach; reizklimatischer Ferienort im Rothaargebirge. Sehenswert: Fachwerkhäuser am Markt; Ruine Ginsburg, 653 m (5 km ↘); Breitenbachtalsperre (5 km ↙); Schaubergwerk in Müsen (7 km ←); Stiftskirche Keppel (4 km ↙)

** Haus am Sonnenhang
einzeln ♣ ⪋ Wilhelm-Münker-Str 21, ✉ 57271, ☎ (0 27 33) 70 04, Fax 42 60, AX DC ED VA
21 Zi, Ez: 90-130, Dz: 140-180, 3 Suiten, ⌐ WC ☎; 🅿 🍽
Auch Zimmer der Kategorie * vorhanden
** ⪋ Hauptgericht 25; Terrasse; nur abends, So auch mittags; geschl: Fr

Müsen (5 km ←)
** Gasthof Stahlberg
Hauptstr 85, ✉ 57271, ☎ (0 27 33) 62 97, Fax 6 03 29, AX DC ED VA
Hauptgericht 25; geschl: Mo, Mitte-Ende Jan
* 12 Zi, Ez: 85-115, Dz: 130-175, ⌐ WC ☎; 🅿 🍽 1↔50
geschl: Mitte-Ende Jan

Vormwald (2 km ↘)
*** Chesa
Siebelhofstr 54, ✉ 57271, ☎ (0 27 33) 8 94 30, Fax 70 06, AX DC ED
Hauptgericht 40; nur abends; geschl: Mo, Di-Sa mittags, 2 Wochen in den Sommerferien
** Ginsburg-Stuben
Hauptgericht 35; geschl: Sa mittags, 2 Wochen in den Sommerferien
** Landhotel Siebelnhof
30 Zi, Ez: 110-150, Dz: 180-250, 2 Suiten, ⌐ WC ☎; 🅿 🍽 2↔≋ Fitneßraum Sauna Solarium
geschl: Sa mittags, 2 Wochen in den Sommerferien
Im 100 m entfernten Gästehaus auch Zimmer der Kategorie * vorhanden

Hildburghausen 47 □

Thüringen — Kreis Hildburghausen — 350 m — 15 000 Ew
🅘 ☎ (0 36 85) 26 81 — Stadtverwaltung, Clara-Zetkin-Str, 98646 Hildburghausen. Sehenswert: Rathaus; Hennebergisches Museum

* Eschenbach
Häselriether Str 19, ✉ 98646, ☎ (0 36 85) 7 94 30, Fax 7 94 34 34, AX DC ED VA
26 Zi, Ez: 65-120, Dz: 140-150, 1 Suite, ⌐ WC ☎, 4🄿; Lift 🅿 1↔22; garni

Ebenhards (4,5 km ↖)
* **Grüner Baum**
Dorfstr 34, ⌧ 98646, ☎ (0 36 85) 70 09 28,
Fax 70 09 28
7 Zi, Ez: 58-70, Dz: 98, ⌐ WC; 🅿 ¶⊙¦

Gerhardtsgereuth (5 km ↑)
** **Am Schwanenteich**
♂ ⌧ 98646, ☎ (0 36 85) 70 07 44,
Fax 70 07 46, AX DC ED VA
23 Zi, Ez: 85-115, Dz: 120-150, 3 Suiten,
3 App, ⌐ WC ☎; Lift 🅿 Sauna Solarium ¶⊙¦

Hilden 33 ↙

Nordrhein-Westfalen — Kreis Mettmann
— 80 m — 55 383 Ew — Solingen 12,
Düsseldorf 14, Leverkusen 17 km
🅘 ☎ (0 21 03) 7 20, Fax 7 26 01 — Stadtverwaltung, Am Rathaus 1, 40721 Hilden.
Sehenswert: Ev. Kirche; Wilhelm-Fabry-
Museum: Kornbrennerei; Ringwallanlage

*** **Am Stadtpark**
Klotzstr 22, ⌧ 40721, ☎ (0 21 03) 57 90,
Fax 57 91 02, AX DC ED VA
105 Zi, Ez: 129-199, Dz: 205-295, S; ⌐ WC
☎; Lift 🅿 🅶 4⟲50 ≋ Kegeln Sauna
Auch Zimmer der Kategorie ** vorhanden
** **Voyage/Römertopf**
Hauptgericht 30; geschl: Sa mittags

** **Bellevue**
   (Team Hotel)
Schwanenstr 27, ⌧ 40721, ☎ (0 21 03)
50 30, Fax 50 34 44, AX DC ED VA
85 Zi, Ez: 169-284, Dz: 199-344, 8 Suiten, ⌐
WC ☎, 27🅶; Lift 🅿 🅶 8⟲175
** **Team Hotel Bellevue**
Hauptgericht 30

** **Rema-Hotel Forum**
Liebigstr 19, ⌧ 40721, ☎ (0 21 03) 5 60 32,
Fax 5 28 41, AX DC ED VA
50 Zi, Ez: 160-230, Dz: 230-330, S; ⌐ WC ☎,
15🅶; Lift 🅿 🅶 2⟲30 Fitneßraum Sauna
Solarium; garni

* **Forstbacher Hof**
Forstbachstr 47, ⌧ 40723, ☎ (0 21 03)
6 26 14, Fax 6 26 28
24 Zi, Ez: 90-95, Dz: 115-125, ⌐ WC ☎; 🅿 🅶
Kegeln ¶⊙¦
geschl: 3 Wochen im Jul

** **Margarethenhof**
Walder Str 287, ⌧ 40724, ☎ (0 21 03)
6 16 06, Fax 24 20 68, ED
Hauptgericht 23; 🅿; geschl: So abends,
Mo, Ende Dez-Anfang Jan

** **Mediterran**
Bahnhofsallee 22, ⌧ 40721, ☎ (0 21 03)
5 51 65, Fax 5 24 51
Hauptgericht 26; 🅿 Terrasse

Hilders 46 □

Hessen — Kreis Fulda — 460 m — 5 300 Ew
— Tann 10, Gersfeld 20, Fulda 29 km
🅘 ☎ (0 66 81) 76 12, Fax 76 13 — Verkehrsamt, Schulstr 2, 36115 Hilders; Luftkurort
in der Rhön. Sehenswert: Kath. Barockkirche; Auersburg, Ruine; Burg Eberstein,
Ruine; Mariengrotte; Rhöner Museumsdorf in Tann (9 km ↑); Milseburg, 835 m ◄
(11 km ←); Wasserkuppe, 950 m;
Wachsmuseum

* **Engel**
Marktstr 12, ⌧ 36115, ☎ (0 66 81) 97 70,
Fax 97 73 00, AX DC ED VA
26 Zi, Ez: 72-82, Dz: 112-128, 1 Suite, ⌐ WC
☎, 8🅶; 2⟲100 Sauna Solarium ¶⊙¦
geschl: So ab 15
Auch Zimmer der Kategorie ** vorhanden

Hildesheim 26 ↓

Niedersachsen — Kreis Hildesheim —
90 m — 111 371 Ew — Hannover 35,
Seesen 41, Braunschweig 45 km
🅘 ☎ (0 51 21) 1 59 95, Fax 3 17 04 — Verkehrsverein, Am Ratsbauhof 1 c, 31134
Hildesheim; Stadttheater. Sehenswert:
Dom: 1000jähriger Rosenstock, Domschatz, Annenkapelle, Bernwardstüren,
Christussäule, Taufbecken; ev. Michaeliskirche; ev. Andreaskirche (mit 114,5 m
hohem Turm ◄, dem Wahrzeichen der
Stadt); kath. Godehardikirche; kath. Mauritiuskirche: Kreuzgang; kath. Heiligkreuz-
kirche; ev. Lambertikirche; Rathaus: Relief
des 1945 zerstörten Knochenhauer-Amts-
hauses; Tempelhaus; Fachwerkhäuser:
Hinterer Brühl, Lappenberg; Marktplatz:
Kochenhauer-Amtshaus, Wedekindhaus,
Lüntzelhaus; Rolandsstift; Roemer-
Pelizaeus-Museum; Diözesanmuseum;
Galgenberg ◄ (2 km ↖)

Stadtplan siehe Seite 526

*** **Forte Hotel**
♂ Markt 4, Zufahrt über Jacobistr (C 2),
⌧ 31134, ☎ (0 51 21) 30 00, Fax 30 04 44,
AX DC ED VA
109 Zi, Ez: 160-425, Dz: 200-485, S; ⌐ WC
☎, 31🅶; Lift 🅶 7⟲180 ≋ Fitneßraum
Sauna Solarium
** **Gildehaus**
Hauptgericht 30; 🅿 Terrasse

** **Parkhotel Berghölzchen**
♂ Am Berghölzchen 1 (A 3), ⌧ 31139,
☎ (0 51 21) 97 90, Fax 97 94 00, AX DC ED VA
80 Zi, Ez: 130-248, Dz: 150-268, ⌐ WC ☎,
19🅶; Lift 🅿 6⟲636 Sauna Solarium Fitneßraum
Auch Zimmer der Kategorie *** vorhanden
** Hauptgericht 30; 🅿 Terrasse →

Hildesheim

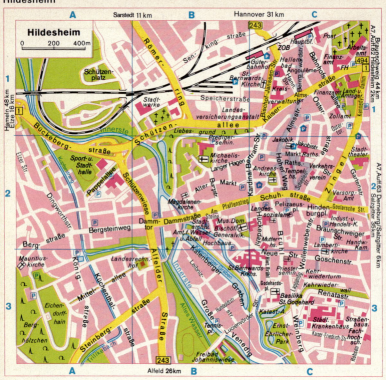

** Schweizer Hof
Hindenburgplatz 6 (C 2), ✉ 31134,
☎ (0 51 21) 3 90 81, Fax 3 87 57, AX DC ED VA
50 Zi, Ez: 165-340, Dz: 225-340, 1 Suite, ⌐
WC ☎, 8 ⌂; Lift P; garni
Auch Zimmer der Kategorie * vorhanden

* Bürgermeisterkapelle
Rathausstr 8 (C 2), ✉ 31134, ☎ (0 51 21)
1 40 21, Fax 3 88 13, AX DC ED VA
40 Zi, Ez: 100-140, Dz: 160-200, ⌐ WC ☎;
Lift 🚗 1⊙30
** Hauptgericht 30; P

* Gästehaus Klocke
♦ Humboldtstr 11 (B 3), ✉ 31134,
☎ (0 51 21) 3 70 61, Fax 3 78 20, AX ED VA
18 Zi, Ez: 100-120, Dz: 156-160, ⌐ WC ☎; P
🚗; garni

** Knochenhauer Amtshaus
▽ Markt 7 (C 2), ✉ 31134, ☎ (0 51 21)
3 23 23, Fax 3 23 23, AX DC VA
Hauptgericht 25
Rekonstruiertes Knochenhauer Amtshaus
von 1529. Das Gebäude zählt zu den schönsten Fachwerkhäusern der Welt.

* Der Ratskeller
▽ Markt 1 (C 2), ✉ 31134, ☎ (0 51 21)
1 44 41, Fax 1 23 72, AX ED VA
Hauptgericht 25; Terrasse; geschl: Mo

* Weinstube Schlegel
▽ Am Steine 4 (B 2), ✉ 31134, ☎ (0 51 21)
3 31 33
Hauptgericht 30; nur abends; geschl: So

☕ Café am Dom
Schuhstr 2 (C 2), ✉ 31134, ☎ (0 51 21)
3 46 86
9-19, So ab 12

☕ Borchhardt
Scheelenstr 11 (C 2), ✉ 31134, ☎ (0 51 21)
3 63 38, Fax 3 52 60, ED
Terrasse; 7-18.30
Spezialität: Hildesheimer Rosentorte

Ochtersum (3 km ↓)
* Am Steinberg
Adolf-Kolping-Str 6, ✉ 31139, ☎ (0 51 21)
26 11 42, Fax 26 77 55, AX DC ED VA
28 Zi, Ez: 95-180, Dz: 130-180, ⌐ WC ☎,
8 ⌂; P 🚗; garni

★★★ **Restaurant Kupferschmiede**
einzeln, Steinberg 6, ✉ 31139, ☎ (0 51 21) 26 30 25, Fax 26 30 70, AX DC ED VA
Hauptgericht 37; 🅿 Terrasse; geschl: So, Mo
Jugendstilhaus in ruhiger Waldlage

Hildfeld siehe Winterberg

Hillegossen siehe Bielefeld

Hillesheim 42 ↘

Rheinland-Pfalz — Kreis Daun — 450 m — 2 126 Ew — Blankenheim 24, Daun 22 km
ℹ ☎ (0 65 93) 8 01 16, Fax 8 01 18 — Verkehrsamt, Burgstr 6, 54576 Hillesheim; Sehenswürdigkeiten: Stadtmauer mit begehbarem Wehrgang; kath. Pfarrkirche mit Stumm-Orgel; Burg Kerpen

★★★ **Golf- und Sporthotel Augustiner Kloster**
Augustiner Str 2, ✉ 54576, ☎ (0 65 93) 98 10, Fax 98 14 50, AX DC ED VA
53 Zi, Ez: 135, Dz: 210-260, ⊿ WC, 10 ⌂; Lift 🅿 🖃 5 ↻ 350 ≘ Fitneßraum Sauna Solarium
Tennis 4; Golf 18

★★ **Klostergarten**
Hauptgericht 30; Terrasse

Hiltrup siehe Münster

Himmelkron 58 ↑

Bayern — Kreis Kulmbach — 330 m — 3 500 Ew — Bad Berneck 6, Bayreuth 16, Kulmbach 16 km
ℹ ☎ (0 92 27) 93 10, Fax 7 31 10 — Gemeindeverwaltung, Klosterberg 9, 95502 Himmelkron. Sehenswert: Klosterkirche mit spätgotischem Kreuzgang; Stiftskirche; in Lanzendorf Pfarrkirche

Himmelkron-Außerhalb 1 km ↘, im Gewerbegebiet Ost

🛏 **Sleep & Go**
Bayreuther Str 5, ✉ 95502, ☎ (0 92 73) 9 61 16, Fax 9 61 17, AX DC ED VA
95 Zi, Ez: 79, Dz: 79, ⊿ WC; Lift 🅿
Rezeption: 9-23
Zimmerpreis ohne Frühstück. Frühstück im Restaurant Strada nebenan

Himmelpforten 17 ↗

Niedersachsen — Kreis Stade — 5 m — 4 025 Ew — Stade 10 km
ℹ ☎ (0 41 44) 2 09 90 — Gemeindeverwaltung, Hauptstr 18, 21709 Himmelpforten

★★ **Kamphof** ✿
Hauptstr 28, ✉ 21709, ☎ (0 41 44) 33 31, Fax 33 31
Hauptgericht 35; Biergarten Gartenlokal
🅿; geschl: Mo

Hindelang 70 ↓

Bayern — Kreis Oberallgäu — 850 m — 5 000 Ew — Sonthofen 8, Oberstdorf 21, Kempten 37 km
ℹ ☎ (0 83 24) 89 20, Fax 80 55 — Kurverwaltung, Marktstr 9, 87541 Hindelang; heilklimatischer und Kneippkurort, Wintersportplatz. Sehenswert: Kath. Kirche; Rathaus; Kanzel, ⋜ (6 km ↗); Liebfrauenkirche: Schnitzaltar, Madonna; Hammerschmiede; Schaukäserei

★★ **Romantik Hotel Bad-Hotel Sonne**
Marktstr 15, ✉ 87541, ☎ (0 83 24) 89 70, Fax 89 74 99, AX DC ED VA
58 Zi, Ez: 88-120, Dz: 192-244, 2 Suiten, 46 App, ⊿ WC☎; Lift 🅿 🖃 1↻45 ≘ Kegeln Sauna Solarium
Rezeption: 7-21; geschl: 1.-15.12.96

★★ **Chesa Schneider**
Hauptgericht 29; Gartenlokal; geschl: 1.-15.12.96

★★ **Sonneck**
♂ ⋜ Rosengasse 10, ✉ 87541, ☎ (0 83 24) 93 11-0, Fax 87 98
23 Zi, Ez: 85, Dz: 180-250, 1 Suite, 1 App, ⊿ WC☎; Lift 🅿 ≘ Fitneßraum Solarium ≋
geschl: Mo, Mitte Nov-Mitte Dez
Restaurant für Hausgäste

Bad Oberdorf (1 km →)
★★★ **Prinz-Luitpold-Bad**
♂ ⋜ Andreas-Groß-Str, ✉ 87541, ☎ (0 83 24) 89 00, Fax 89 03 79
115 Zi, Ez: 130-166, Dz: 240-334, 2 Suiten, ⊿ WC☎; Lift 🅿 🖃 ≋ ≘ Fitneßraum Sauna Solarium ⓘ

★ **Haus Helgard**
♂ ⋜ Luitpoldstr 20, ✉ 87541, ☎ (0 83 24) 20 64, Fax 15 30
18 Zi, Ez: 55-69, Dz: 106-140, 3 App, ⊿ WC☎; 🅿 🖃; garni ≋
Rezeption: 7-20; geschl: Di, Mitte Apr-Anfang Mai, Anfang Nov-Mitte Dez

★ **Bären**
♂ Bärengasse 1, ✉ 87541, ☎ (0 83 24) 9 30 40, Fax 93 04 32
30 Zi, Ez: 75, Dz: 150, ⊿ WC☎; Lift 🅿 Fitneßraum Sauna Solarium
Rezeption: 7-21; geschl: Ende Nov-Mitte Dez
Restaurant für Hausgäste. Auch Zimmer der Kategorie ★★ vorhanden

★ **Hirschbachwinkel**
Hindelanger Str 28, ✉ 87541, ☎ (0 83 24) 4 52, Fax 14 98
12 Zi, Ez: 52, Dz: 116-140, 1 Suite, ⊿ WC☎; 🅿 Solarium; **garni**
Rezeption: 8-21; geschl: Mo, Anfang Nov-Mitte Dez →

Hindelang

Oberjoch (7 km ↗)
*** Alpenhotel
♂ ⋖ Am Prinzenwald 3, ✉ 87541,
☎ (0 83 24) 70 90, Fax 70 92 00, AX ED VA
Ez: 138-168, Dz: 216-296, 2 Suiten, ⌐ WC
☎, 174◨; Lift P 🖃 1↔20 ≘ Fitneßraum
Kegeln Sauna Solarium ⚐
** Hauptgericht 30; Terrasse

** Lanig
♂ ⋖ Ornachstr 11, ✉ 87541, ☎ (0 83 24)
70 80, Fax 70 82 00, AX ED
29 Zi, Ez: 105-198, Dz: 196-336, 2 Suiten, ⌐
WC ☎; Lift P 🖃 2↔50 ≋ ≘ Fitneßraum
Sauna Solarium ⚐
geschl: Ostern bis Pfingsten und Nov
Übernachtungspreise inkl. Halbpension
* ⋖ Hauptgericht 25; Terrasse;
geschl: Ostern-Pfingsten, 1.10.-15.12.

* Alpengasthof Löwen
♂ Paßstr 17, ✉ 87541, ☎ (0 83 24) 97 30,
Fax 75 15, ED
24 Zi, Ez: 65-82, Dz: 120-160, 2 App, ⌐ WC
☎, 6◨; P 🖃 2↔50 ⚐
Rezeption: 8-21; geschl: im Sommer Mo,
Mitte-Ende Apr, Anfang Nov-Mitte Dez

* Heckelmiller
♂ ⋖ Ornachstr 8, ✉ 87541, ☎ (0 83 24)
71 37, Fax 75 37
18 Zi, Ez: 60-78, Dz: 120-170, 5 App, ⌐ WC
☎; P 🖃 Fitneßraum Sauna Solarium; **garni**
⚐
Rezeption: 7.30-21; geschl: Do, Ende Apr-
Mitte Jun, Anfang Nov-Mitte Dez

Unterjoch
** Edelsberg
♂ ⋖ Am Edelsberg 10, ✉ 87541,
☎ (0 83 24) 98 00 00, Fax 98 00 50
24 Zi, Ez: 87, Dz: 174, 2 Suiten, ⌐ WC ☎;
Lift P ≘ Sauna Solarium ⚐ ⚐
geschl: Ende Nov-Mitte Dez

Hinsbeck siehe Nettetal

Hinterriß 71 ↘

Tirol — 1000 m — 4 000 Ew — Mitten-
wald 30, Bad Tölz 40 km
ℹ ☎ (00 43 52 45) 6 26 16, Fax 7 27 97 —
Tourismusverband, Dorf 69, 6134 Vomp;
Einzige ganzjährig bewohnte Siedlung im
Naturpark Karwendel; Grenzübergang in
Vorderriß. Sehenswert: Großer Ahornbo-
den und Talabschluß; Schaukäserei
Engalm

* Zur Post
einzeln ♂ ⋖ Haus Nr 10, ✉ 6215,
☎ (00 43 52 45) 2 06, Fax 2 06
34 Zi, Ez: 60-63, Dz: 98-108, ⌐ WC, 1◨; Lift
P Sauna ⚐ ⚐
geschl: Mitte Nov-Mitte Dez, Mitte Jan-
Anfang Feb
Tennis 1

Eng (15 km ↘) über die Mautstr in 1216 m
Höhe
** Alpengasthof Eng
einzeln ♂ ⋖ Haus Nr 1, ✉ A-6200,
☎ (00 43 52 45) 2 31, Fax 2 31 80
45 Zi, Ez: 50-70, Dz: 100-155, ⌐ WC; P ⚐
geschl: Anfang Nov-Ende Apr

Hinterriß-Außerhalb (2 km ↘)
** Herzoglicher Alpenhof
einzeln ♂ ⋖ Haus Nr 11, ✉ A-6200,
☎ (00 43 52 45) 2 07, Fax 2 07 11
16 Zi, Ez: 65-75, Dz: 130, 1 App, ⌐ WC ☎;
P Sauna ⚐
Rezeption: 8-21; geschl: Apr, Mitte Mai,
Nov, Mitte Dez

Hinterzarten 67→

Baden-Württemberg — Kreis Breisgau-
Hochschwarzwald — 895 m — 2 300 Ew —
Neustadt im Schwarzwald 11, Frei-
burg 25 km
ℹ ☎ (0 76 52) 12 06 42, Fax 12 06 49 —
Kur- und Verkehrsamt, beim Kurhaus,
79856 Hinterzarten; heilklimatischer
Kurort und Wintersportplatz. Sehenswert:
kath. Pfarrkirche; ev. Kirche; Heimatpfad;
Großjockenmühle; Hochmoor (Natur-
schutzgebiet); Ravennaschlucht (5 km +15
Min ↘); Feldberg, 1493 m ⋖ (12 km +
Sesselbahn+30 Min ↗); Titisee (5 km →)

**** Parkhotel Adler 👑
♂ ⋖ Adlerplatz 3, ✉ 79856, ☎ (0 76 52) 12 70,
Fax 12 77 17, AX DC ED VA
46 Zi, Ez: 165-298, Dz: 310-480, 32 Suiten,
⌐ WC ☎, 5◨; Lift P 🖃 4↔120 ≘ Kegeln
Sauna Solarium
Tennis 2
Auch Zimmer anderer Kategorien vor-
handen
*** Hauptgericht 45; Gartenlokal
Terrasse

*** Reppert
♂ ⋖ Adlerweg 23, ✉ 79856, ☎ (0 76 52)
1 20 80, Fax 12 08 11, AX DC ED VA
31 Zi, Ez: 95-193, Dz: 174-330, 5 Suiten, ⌐
WC ☎; Lift P 🖃 1↔25 ≘ Fitneßraum
Sauna Solarium
geschl: 15.11.-10.12.97
Auch Zimmer der Kategorie ** vorhanden.
Restaurant für Hausgäste

*** Kesslermühle
♂ Erlenbrucker Str 45, ✉ 79856,
☎ (0 76 52) 12 90, Fax 12 91 59, ED VA
35 Zi, Ez: 85-189, Dz: 210-284, ⌐ WC ☎; Lift
P ≘ Fitneßraum Sauna Solarium ⚐
Rezeption: 7.30-21.30; geschl: Anfang Nov-
Mitte Dez
Golf 27; Tennis 6
Restaurant für Hausgäste

Hirschau

** **Thomahof**
♂ ⋖ Erlenbrucker Str 16, ✉ 79856,
☎ (0 76 52) 12 30, Fax 12 32 39, DC ED VA
34 Zi, Ez: 110-130, Dz: 210-270, 7 Suiten, ⊿
WC ☎; Lift 🅿 🚗 ≋ Fitneßraum Sauna
Solarium ⋐
geschl: Anfang-Mitte Dez
Auch Zimmer der Kategorie ******* vorhanden
** Hauptgericht 45; Terrasse;
geschl: Anfang-Mitte Dez

** **Bergfried**
♂ ⋖ Sickingerstr 28, ✉ 79856, ☎ (0 76 52)
12 80, Fax 1 28 88, VA
36 Zi, Ez: 99-258, Dz: 178-278, 1 Suite,
8 App, ⊿ WC ☎, 3✉; Lift 🅿 🚗 1↻20 ≋ Fitneßraum Sauna Solarium
geschl: 29.11.-13.12.97
Restaurant für Hausgäste

** **Sonnenberg**
♂ ⋖ Am Kesslerberg 9, ✉ 79856,
☎ (0 76 52) 1 20 70, AX
20 Zi, Ez: 140-180, Dz: 160-200, ⊿ WC ☎; Lift
🅿 🚗 ≋ Fitneßraum Sauna; **garni**
Rezeption: 8-20

* **Gästehaus Sonne**
♂ Rathausstr, ✉ 79856, ☎ (0 76 52) 1 20 30,
Fax 4 84
17 Zi, Ez: 80-98, Dz: 120-180, ⊿ WC ☎; 🚗
Sauna Solarium; **garni**
geschl: Mitte Nov-Mitte Dez
Reservierung über Schwarzwaldhof. Auch
Zimmer der Kategorie ****** vorhanden

* **Zartenbach**
Freiburger Str 17, ✉ 79856, ☎ (0 76 52)
13 68, Fax 15 12
18 Zi, Ez: 70-95, Dz: 98-150, ⊿ WC ☎; 🅿 🚗
geschl: Mo, Mitte Nov-Mitte Dez
* Hauptgericht 30; geschl: Mo,
Mitte Nov-Mitte Dez

Weinstube Zum Holzschopf
Freiburger Str 3 a, ✉ 79856, ☎ (0 76 52)
2 73, DC ED VA
Hauptgericht 25; nur abends; geschl: Di,
4 Wochen nach Ostern

Alpersbach (6 km ←)
* **Esche**
Haus Nr 9, ✉ 79856, ☎ (0 76 52) 2 11,
Fax 17 20
Hauptgericht 25; geschl: Di, Mi, Anfang
Nov-Mitte Dez
** ♂ ⋖ 13 Zi, Ez: 65-71, Dz: 116-162,
4 App, ⊿ WC ☎; 🚗
Rezeption: 9-21; geschl: Di + Mi, Nov

Bruderhalde (5 km ↘)
** **Alemannenhof**
einzeln ♂ ⋖ Haus Nr 21, ✉ 79856,
☎ (0 76 52) 9 11 80, Fax 7 05, AX DC ED VA
22 Zi, Ez: 85-160, Dz: 170-280, 11 App, ⊿
WC ☎, 1✉; Lift 🅿 🚗 1↻20 ≋ Seezugang
Sauna Solarium ⋐
Rezeption: 7-21
** ⋖ Hauptgericht 25; Terrasse

** **Heizmannshof**
einzeln, Bruderhalde 35, ✉ 79856,
☎ (0 76 52) 14 36, Fax 54 68, AX DC ED VA
Hauptgericht 25; 🅿 Terrasse
*** einzeln ♂ ⋖ 15 Zi, Ez: 80-120,
Dz: 154-180, 6 Suiten, ⊿ WC ☎, 2✉;1↻20
Tennis 1

Hirsau siehe Calw

Hirschaid 57 □

Bayern — Kreis Bamberg — 250 m —
9 500 Ew — Bamberg 12, Forchheim 13 km
ℹ ☎ (0 95 43) 8 22 50, Fax 56 20 — Gemeindeverwaltung, Rathausstr 13, 96114
Hirschaid; Ort an der Regnitz und am
Main-Donau-Kanal

** **Göller**
Nürnberger Str 96, ✉ 96114, ☎ (0 95 43)
82 40, Fax 82 44 28, AX DC ED VA
63 Zi, Ez: 70-120, Dz: 110-150, ⊿ WC ☎,
5✉; Lift 🅿 🚗 4↻100 ≋ Seezugang Sauna
Solarium ⋐
geschl: Anfang Jan
Auch Zimmer der Kategorie ***** vorhanden
** Hauptgericht 20; Gartenlokal
Terrasse; geschl: So abends, Anfang Jan

* **Jagdhaus**
Luitpoldstr 6, ✉ 96114, ☎ (0 95 43) 8 40 50,
Fax 84 05 40
8 Zi, Ez: 60-75, Dz: 100, ⊿ WC ☎; 🅿 Sauna
Solarium; **garni**
geschl: Ende Dez-Anfang Jan

* **Brauereigasthof Kraus**
Luitpoldstr 11, ✉ 96114, ☎ (0 95 43) 91 82,
Fax 62 75
20 Zi, Ez: 45-60, Dz: 80-100, ⊿ WC ☎; 🅿 🍴
geschl: Di, Sep

Friesen (6 km ↗)
* **Landhaus Friesen**
♂ Ahornstr 17, ✉ 96114, ☎ (0 95 45)
5 04 14, Fax 5 02 93, AX ED
8 Zi, Ez: 50-65, Dz: 80-96, ⊿ WC ☎; 🅿;
garni

Hirschau 58 →

Bayern — Kreis Amberg-Sulzbach — 430 m
— 6 500 Ew — Amberg 18, Weiden 21 km
ℹ ☎ (0 96 22) 81 02, Fax 55 11 — Stadtverwaltung, Rathausplatz 1, 92242 Hirschau.
Sehenswert: Quarz-Sandberg Monte
Kaolino

** **Schloß-Hotel**
Hauptstr 1, ✉ 92242, ☎ (0 96 22) 70 10-0,
Fax 70 10-40, AX DC ED VA
12 Zi, Ez: 90-115, Dz: 140-165, ⊿ WC ☎; Lift
🅿 🚗 🍴 ⋐
geschl: Do

* **Josefshaus**
Kolpingstr 8, ✉ 92242, ☎ (0 96 22) 16 86
12 Zi, Ez: 65, Dz: 110, ⊿ WC ☎; 🅿 Fitneßraum Sauna Solarium 🍴

Hirschbach

Hirschbach 58 □

Bayern — Kreis Amberg-Sulzbach — 500 m — 1 300 Ew — Hersbruck 11, Sulzbach-Rosenberg 20 km
ℹ ☎ (0 91 52) 80 72 — Verkehrsverein, Alte Dorfstr 25, 92275 Hirschbach; Ort in der Frankenalb

Goldener Hirsch
♂ Hirschbacher Dorfplatz 1, ✉ 92275, ☎ (0 91 52) 85 07, Fax 85 07, DC
15 Zi, Ez: 20-36, Dz: 40-72, 2 App, ⊣ WC ☎; P 🖨 ⓘ
geschl: Mo, Feb

Hirschberg an der Bergstraße 54 ↘

Baden-Württemberg — Rhein-Neckar-Kreis — 125 m — 9 700 Ew — Weinheim 5, Heidelberg 12 km
ℹ ☎ (0 62 01) 5 98 27, Fax 5 98 50 — Bürgermeisteramt, Großsachsener Str 14, 69493 Hirschberg. Sehenswert: Wallfahrtskirche; römische Ausgrabungen

Großsachsen
* **Krone**
Landstr 9, ✉ 69493, ☎ (0 62 01) 50 50, Fax 50 54 00, AX DC ED VA
100 Zi, Ez: 93-130, Dz: 120-180, ⊣ WC ☎; Lift P 🖨 7⟲80 ⍐ Fitneßraum Sauna Solarium
** Hauptgericht 35

Leutershausen
** **Astron**
Brandenburger Str 30, ✉ 69493, ☎ (0 62 01) 50 20, Fax 5 71 76, AX DC ED VA
114 Zi, Ez: 117-168, Dz: 135-206, ⊣ WC ☎, 20✉; Lift P 7⟲100 Fitneßraum Sauna Solarium ⓘ

* **Hirschberg**
Goethestr 2, ✉ 69493, ☎ (0 62 01) 59 67-0, Fax 5 81 37, AX ED VA
32 Zi, Ez: 90-100, Dz: 130, ⊣ WC ☎; P 🖨 1⟲20 ⓘ
geschl: So, Mitte Dez-Anfang Jan

Hirschegg siehe Kleinwalsertal

Hirschhorn (Neckar) 55 ↗

Hessen — Kreis Bergstraße — 131 m — 3 900 Ew — Eberbach 9, Heidelberg 22 km
ℹ ☎ (0 62 72) 17 42, Fax 17 42 — Verkehrsamt, Alleeweg 2, 69434 Hirschhorn; Luftkurort. Sehenswert: Burganlage: Schloß, Turm ⋖; ehem. Karmeliterkloster; Pfarrkirche mit Mittelturm; Altstadt; Neckarstaustufe; Ersheimer Kapelle mit Elendstein; Langbein-Museum

** **Schloßhotel (European Castle)**
einzeln ♂ ⋖ Auf der Burg, ✉ 69434, ☎ (0 62 72) 13 73, Fax 32 67, AX ED VA
23 Zi, Ez: 120-150, Dz: 185-215, 2 Suiten, ⊣ WC ☎; Lift P 3⟲20
geschl: Mo, Mitte Dez-Ende Feb
** Hauptgericht 35; Terrasse;
geschl: Mo, Mitte Dez-Ende Feb

* **Haus Panorama**
⋖ Schießbuckel 8, ✉ 69434, ☎ (0 62 72) 15 15, Fax 17 67
6 Zi, Ez: 60-70, Dz: 90-120, ⊣ WC ☎; P ⍐ Sauna Solarium; **garni**

Langenthal (6 km ↗)
* **Linde**
✉ 69434, ☎ (0 62 72) 13 66, Fax 34 29
26 Zi, Ez: 50-65, Dz: 90-100, ⊣ WC; P ⍐ Solarium ⓘ 🐾
Rezeption: 9-14, 16-23; geschl: Mo, Mitte Nov-Anfang Jan

Hittfeld siehe Seevetal

Hitzacker 19 ↙

Niedersachsen — Kreis Lüchow-Dannenberg — 75 m — 7 230 Ew — Dannenberg/Elbe 8, Uelzen 45, Lüneburg 47 km
ℹ ☎ (0 58 62) 80 22, Fax 76 15 — Kurverwaltung, Weinbergsweg 2, 29456 Hitzacker; Luftkurort am linken Elbufer. Sehenswert: Altstadt; Weinberg ⋖; Riesenkastanie

** **Parkhotel**
Am Kurpark 3, ✉ 29456, ☎ (0 58 62) 80 81, Fax 83 50, AX DC VA
77 Zi, Ez: 90-159, Dz: 140-198, 4 Suiten, 2 App, ⊣ WC ☎; Lift P 5⟲120 ⍐ Fitneßraum Sauna Solarium
geschl: 1.1.-15.2.
* **Pavillon**
Hauptgericht 26; geschl: 1.1.-15.2.

** **Scholz**
♂ Prof.-Borchling-Str 2, ✉ 29456, ☎ (0 58 62) 95 91 00, Fax 95 92 22, AX ED
33 Zi, Ez: 77-109, Dz: 124-152, 1 Suite, 8 App, ⊣ WC ☎; Lift P Fitneßraum Sauna ⓘ

* **Waldfrieden**
♂ ⋖ Weinbergsweg 25, ✉ 29456, ☎ (0 58 62) 60 11, Fax 60 12, AX ED VA
22 Zi, Ez: 75-95, Dz: 118, ⊣ WC ☎, 2✉; P 2⟲200 Kegeln 🐾
geschl: Jan
* Hauptgericht 30; Biergarten;
geschl: Jan

Hoberge-Uerentrup
siehe **Bielefeld**

Hochheim am Main 54 ↑

Hessen — Main-Taunus-Kreis — 120 m — 17 500 Ew — Mainz 6, Wiesbaden 11, Frankfurt/Main 25 km
🛈 ☎ (0 61 46) 90 00, Fax 90 01 99 — Stadtverwaltung, Burgeffstr 30, 65239 Hochheim; Wein- und Sektstädtchen. Sehenswert: Altstadt, Pfarrkirche; Madonnenstandbild am Plan; Barockkirche

** **Rheingauer Tor**
Taunusstr 9, ✉ 65239, ☎ (0 61 46) 8 26 20, Fax 40 00, AX DC ED VA
25 Zi, Ez: 105-125, Dz: 155, ᛃ WC ☎, 6🛏; Lift 🅿; garni
Rezeption: 6-12, 17-20; geschl: Ende Dez-Anfang Jan

* **Hochheimer Riesling-Stuben** ⚜
⚑ Wintergasse 9, ✉ 65239, ☎ (0 61 46) 8 33 10, Fax 83 31 66, AX DC ED VA
Hauptgericht 35; nur abends

Hochkirch 41 ↓

Sachsen — Kreis Bautzen — 350 m — 2 691 Ew — Bautzen 7, Löbau 10 km
🛈 ☎ (03 59 39) 2 26, Fax 3 43 — Gemeindeverwaltung, Otto-Grotewohl-Str 1, 02627 Hochkirch. Sehenswert: Kirche, Kuppritzer Park, Windmühle in Pommritz, Schanze in Niethen, Orchideenwiese in Lehn

* **Gasthof Zur Post**
Schulstr 1, ✉ 02627, ☎ (03 59 39) 5 25, Fax 5 26, AX ED VA
19 Zi, Ez: 40-90, Dz: 80-120, ᛃ WC ☎; 🅿 🖻 1↔25 Kegeln 🍴

Hochstadt siehe Maintal

Hockenheim 54 ↘

Baden-Württemberg — Rhein-Neckar-Kreis — 101 m — 18 000 Ew — Mannheim 24, Karlsruhe 41 km
🛈 ☎ (0 62 05) 2 10, Fax 2 12 60 — Verkehrsverein, Rathausstr 1, 68766 Hockenheim. Sehenswert: Hockenheimring; Motorsportmuseum; Tabakmuseum; Aquadrom

** **Treff Page Hotel**
Heidelberger Str 8, ✉ 68766, ☎ (0 62 05) 29 40, Fax 29 41 50, AX DC ED VA
80 Zi, Ez: 150-270, Dz: 190-400, S; ᛃ WC ☎, 26🛏; Lift 🖻 Kegeln; garni
Restaurant und Konferenzräume in der angrenzenden Stadthalle

** **Achat**
Gleisstr 8/1, ✉ 68766, ☎ (0 62 05) 29 70, Fax 29 79 99, AX ED VA
64 Zi, Ez: 138-200, Dz: 178-260, S; 20 App, ᛃ WC ☎, 20🛏; Lift 🅿 2↔15 🍴
geschl: Ende Dez-Anfang Jan

* **Kanne**
Karlsruher Str 3, ✉ 68766, ☎ (0 62 05) 9 46 46, Fax 94 64 44, AX ED VA
29 Zi, Ez: 85-113, Dz: 130-160, ᛃ WC ☎, 4🛏; Lift 🅿 🍴
Rezeption: 7-10, 17-23

Hockenheim-Außerhalb (6 km ←)
* **Rheinhotel Luxhof (Top International Hotel)**
An der Speyerer Rheinbrücke, ✉ 68766, ☎ (0 62 05) 30 30, Fax 3 03 25, AX DC ED VA
44 Zi, Ez: 80-110, Dz: 130-160, S; 2 Suiten, ᛃ WC ☎, 10🛏; 🅿 🖻 2↔60 Fitneßraum Sauna Solarium
* Hauptgericht 25; Terrasse

Hockenheim-Außerhalb (2 km ↗)
** **Motodrom**
am Hockenheimring, ✉ 68766, ☎ (0 62 05) 29 80, Fax 29 82 22, AX DC ED VA
56 Zi, Ez: 99-129, Dz: 129-149, 2 Suiten, ᛃ WC ☎, 2🛏; Lift 🅿 🖻 5↔250 Kegeln Sauna Solarium 🍴
geschl: Jan
Auch Zimmer der Kategorie * vorhanden

Höchberg 56 ↖

Bayern — Kreis Würzburg — 300 m — 9 500 Ew — Würzburg 4, Wertheim 28 km
🛈 ☎ (09 31) 49 70 70, Fax 49 70 798 — Gemeindeverwaltung, Hauptstr 58, 97204 Höchberg; ältester Wallfahrtsort Frankens. Sehenswert: kath. Kirche Mariä Geburt

** **Zum Lamm**
Hauptstr 76, ✉ 97204, ☎ (09 31) 40 90 94, Fax 40 89 73, AX ED VA
37 Zi, Ez: 80-110, Dz: 130-170, ᛃ WC ☎; Lift 🅿 🖻 2↔80
geschl: Ende Dez-Mitte Jan
* Hauptgericht 20; geschl: Mi, Ende Dez-Mitte Jan

Höchenschwand 67 ↘

Baden-Württemberg — Kreis Waldshut — 1015 m — 2 200 Ew — St. Blasien 7, Waldshut 18 km
🛈 ☎ (0 76 72) 25 47, Fax 94 89 — Kurverwaltung, Dr.-Rudolf-Eberle-Str 3, 79862 Höchenschwand; heilklimatischer Kurort und Wintersportplatz im südlichen Schwarzwald

** **Alpenblick**
St.-Georg-Str 9, ✉ 79862, ☎ (0 76 72) 41 80, Fax 41 84 44, ED VA
23 Zi, Ez: 70-95, Dz: 110-190, 3 Suiten, ᛃ WC ☎; Lift 🅿 🖻 Sauna
** Hauptgericht 25; Gartenlokal →

Höchenschwand

* Berghotel Steffi
♂ ⋐ Panoramastr 22, ✉ 79862, ☎ (0 76 72) 8 55 + 3 16, Fax 95 57
16 Zi, Ez: 80-110, Dz: 140, 1 Suite, 1 App, ⌐ WC ☎, 16🛏, 🅿 🚗 Fitneßraum Kegeln Sauna Solarium ⛾⚊

* Pension Nägele
Schwimmbadstr 11, ✉ 79862, ☎ (0 76 72) 9 30 30, Fax 14 01
34 Zi, Ez: 46-56, Dz: 96-104, 3 Suiten, ⌐ WC ☎; Lift 🅿 🚗 Sauna Solarium ⛾⚊
Rezeption: 8-20; geschl: Mitte Nov-Mitte Dez

** Hubertusstuben
Kurhausplatz 1, ✉ 79862, ☎ (0 76 72) 41 10, Fax 41 12 40, AX DC ED VA
Hauptgericht 30; Terrasse; geschl: Di, 7.-31.1.97

Höchst i. Odw. 55 ↘

Hessen — Odenwaldkreis — 200 m — 10 000 Ew — Obernburg 15, Erbach/Odenwald 17, Dieburg 18 km
ℹ ☎ (0 61 63) 7 08 23, Fax 7 08 32 — Verkehrsamt, Montmelianer Platz 4, 64739 Höchst; Erholungsort

* Burg Breuberg
Aschaffenburger Str 4, ✉ 64739, ☎ (0 61 63) 51 33, Fax 51 38
22 Zi, Ez: 90, Dz: 144, ⌐ WC ☎; 🅿 🚗 1⊙40
Rezeption: 7-14.30, 16.30-22
** Hauptgericht 30; Gartenlokal

Hetschbach (2 km ↘)
* Zur Krone
Rondellstr 20, ✉ 64739, ☎ (0 61 63) 22 78, Fax 8 15 72, AX DC ED VA
20 Zi, Ez: 70, Dz: 135, ⌐ WC ☎; 🅿 2⊙30 Fitneßraum Sauna Solarium
geschl: Mo, Do mittags, 1 Woche im Feb, 2 Wochen in den Sommerferien, 1 Woche im Nov
** Hauptgericht 38; Gartenlokal; geschl: Mo, Do mittags, 1 Woche im Feb, 2 Wochen in den Sommerferien, 1 Woche im Nov

Höfen an der Enz 61 ←

Baden-Württemberg — Kreis Calw — 360 m — 1 600 Ew — Wildbad 7, Pforzheim 18, Calw 20 km
ℹ ☎ (0 70 81) 7 84 23, Fax 7 84 50 — Verkehrsverein, Wildbader Str 1, 75339 Höfen; Luftkurort im nördlichen Schwarzwald

** Ochsen
Bahnhofstr 2, ✉ 75339, ☎ (0 70 81) 79 10, Fax 79 11 00, DC ED VA
69 Zi, Ez: 72-98, Dz: 112-160, 3 Suiten, ⌐ WC ☎; Lift 🅿 🚗 3⊙40 ⚊ Kegeln Sauna Solarium
Im Gästehaus auch Zimmer der Kategorie ***** vorhanden
* Hauptgericht 30; Gartenlokal Terrasse

** Schwarzwaldhotel Hirsch
Alte Str 40, ✉ 75339, ☎ (0 70 81) 95 90, Fax 95 91 59, AX DC ED VA
20 Zi, Ez: 90-98, Dz: 125-180, ⌐ WC ☎; Lift 🅿 🚗 2⊙ Kegeln ⛾⚊
* Hauptgericht 25; Terrasse; geschl: Mo

Höhbeck 19 ↘

Niedersachsen — Kreis Lüchow-Dannenberg — 668 m — 650 Ew — Gartow 7, Lüchow 39 km
ℹ ☎ (0 58 46) 3 33, Fax 22 88 — Kurverwaltung, Nienwalder Weg 1, 29471 Gartow

Pevestorf
* Gästehaus Lindenhof
♂ Haus Nr 7 a, ✉ 29478, ☎ (0 58 46) 6 25
10 Zi, Ez: 60-75, Dz: 90-120, ⌐ WC, 10🛏
🅿; garni
Rezeption: 8-13, 18.30-19.30; geschl: Nov-Feb

Höhr-Grenzhausen 43 ↘

Rheinland-Pfalz — Westerwaldkreis — 300 m — 14 000 Ew — Neuwied 18, Montabaur 17, Koblenz 18 km
ℹ ☎ (0 26 24) 10 40, Fax 1 04 89 — Verbandsgemeinde, im Stadtteil Grenzhausen, Rathausstr 48, 56203 Höhr-Grenzhausen. Sehenswert: Keramik-Museum; Burgruine Grenzau ⋐ (1 km ↑)

Grenzau (2 km ↑)
** Sporthotel Zugbrücke
♂ Am Brexbach 11, ✉ 56203, ☎ (0 26 24) 10 50, Fax 10 54 62, AX DC ED VA
138 Zi, Ez: 155-185, Dz: 215-265, 2 Suiten, ⌐ WC ☎, 17🛏; Lift 🅿 🚗 16⊙250 ⚊ Fitneßraum Kegeln Sauna Solarium ⚊
Auch Zimmer anderer Kategorien vorhanden
** Élysée
Hauptgericht 29; Biergarten

Höhr
** Heinz
(Silencehotel)
♂ ⋐ Bergstr 77, ✉ 56203, ☎ (0 26 24) 30 33, Fax 59 74, AX DC ED VA
64 Zi, Ez: 95-170, Dz: 169-260, ⌐ WC ☎; Lift 🅿 🚗 5⊙50 ⚊ Fitneßraum Sauna Solarium
geschl: 22.- 26.12.96
Auch Zimmer der Kategorie ******* vorhanden
** Hauptgericht 29; geschl: Ende Dez

Hönningen, Bad 43 □

Rheinland-Pfalz — Kreis Neuwied — 63 m — 5 700 Ew — Linz 6, Neuwied 16 km
ℹ ☎ (0 26 35) 22 73, Fax 27 36 — Kurverwaltung, Neustr 2 a, 53557 Bad Hönningen; Heilbad am Rhein

* **Kurpark-Hotel**
♂ ◄ Allee St. Pierre les Nemours 1,
✉ 53557, ☎ (0 26 35) 49 41, Fax 40 62,
AX ED VA
15 Zi, Ez: 90-110, Dz: 140-180, ⌐ WC ☎; Lift
P
Rezeption: 9-22; geschl: Anfang Feb-
Mitte Mär
*   ◄ Hauptgericht 25

* **St. Pierre**
Hauptstr 138, ✉ 53557, ☎ (0 26 35) 20 91,
Fax 20 93, AX DC ED VA
20 Zi, Ez: 70-90, Dz: 140-180, ⌐ WC ☎; P
🍴; garni
Rezeption: 7-21

Hönow 30 ↗

Brandenburg — Kreis Märkisch Oderland
— 70 m — 2 203 Ew — Berlin 2 km
ℹ ☎ (0 33 42) 8 03 00, Fax 20 04 98 —
Gemeindeverwaltung, Mahlsdorfer Str 56,
15366 Hönow

** **Andersen**
Mahlsdorfer Str 61 a, ✉ 15366, ☎ (0 30)
99 23 20, Fax 99 23 23 00, AX DC ED VA
50 Zi, Ez: 90-165, Dz: 119-240, ⌐ WC ☎,
25✉; Lift P 1⇔20; garni

* **Landhaus**
♂ Dorfstr 23, ✉ 15366, ☎ (0 33 42) 8 32 16,
Fax 30 09 38
19 Zi, Ez: 80-105, Dz: 140-160, ⌐ WC ☎; P;
garni
geschl: 24.12.96-5.1.97

Hörstel 23 ↘

Nordrhein-Westfalen — Kreis Steinfurt —
50 m — 17 000 Ew — Rheine 10, Ibbenbüren 12 km
ℹ ☎ (0 54 54) 8 90, Fax 8 91 02 — Stadtverwaltung, Kalixtusstr 6, 48477 Hörstel.
Sehenswert: Kloster Gravenhorst; Schloß
Surenburg; Heimathaus; kath. Pfarrkirche
St. Marien; Schleusenanlagen; Knoll-
manns Mühle

Bevergern
** **Saltenhof**
Kreimershoek 71, ✉ 48477, ☎ (0 54 59)
40 51, Fax 12 51, AX DC ED VA
Hauptgericht 30; Gartenlokal P; geschl:
Do mittags, Anfang-Mitte Jan
**   ♂ 12 Zi, Ez: 95, Dz: 140-180, ⌐ WC
☎
geschl: Anfang-Mitte Jan

Hörup 9 ↘

Schleswig-Holstein — Kreis Schleswig-
Flensburg — 10 m — 560 Ew —
Schafflund 6, Leck 10 km
ℹ ☎ (0 46 39) 3 82 — Gemeindeverwaltung,
Grüner Weg 5, 24980 Hörup

* **Höruper Hof**
Dorfstr 17, ✉ 24980, ☎ (0 46 39) 10 18,
Fax 15 10, AX ED VA
12 Zi, Ez: 60-90, Dz: 95-125, 1 Suite, 1 App,
⌐ WC ☎, 1✉; 4⇔400
*   Hauptgericht 30; Terrasse

Hösbach 55 ↘

Bayern — Kreis Aschaffenburg — 145 m —
13 200 Ew — Aschaffenburg 5, Lohr 28 km
ℹ ☎ (0 60 21) 5 00 30, Fax 50 03 59 —
Gemeindeverwaltung, Rathausstr 3,
63768 Hösbach

Hösbach-Bahnhof (1 km ↘)
** **Gerber**
Aschaffenburger Str. 12/14, ✉ 63768,
☎ (0 60 21) 59 40, Fax 59 41 00, DC ED VA
46 Zi, Ez: 100-125, Dz: 155-175, 4 App, ⌐
WC ☎, 12✉; Lift P 🍴 6⇔100 Fitneßraum
🍽

Winzenhohl-Außerhalb (2,5 km ↓)
* **Klingerhof**
einzeln ♂ ◄ Am Hügel 7, ✉ 63768,
☎ (0 60 21) 64 60, Fax 64 61 80, AX DC ED VA
46 Zi, Ez: 115-125, Dz: 150-170, ⌐ WC ☎;
Lift P 5⇔150 ♨ Kegeln Sauna Solarium
Auch Zimmer der Kategorie ** vorhanden.
** **Galerie**
◄ Hauptgericht 30; Biergarten Terrasse

Hötzelsroda 47 ↘

Thüringen — Kreis Eisenach — 350 m —
756 Ew — Eisenach 6, Gotha 35 km
ℹ ☎ (0 36 91) 26 57 — Gemeindeverwaltung, Hötzelstr, 99819 Hötzelsroda

* **Pension Birkenhof**
♂ Schillerplatz 8, ✉ 99819, ☎ (0 36 91)
61 19 27, Fax 61 18 12, AX ED VA
14 Zi, Ez: 65-85, Dz: 95-120, ⌐ WC ☎; P
Restaurant für Hausgäste

Hövelhof 35 ↘

Nordrhein-Westfalen — Kreis Paderborn
— 100 m — 14 000 Ew — Paderborn 14,
Gütersloh 23, Bielefeld 27 km
ℹ ☎ (0 52 57) 5 00 90, Fax 50 09 31 —
Gemeindeverwaltung, Schloßstr 14,
33161 Hövelhof. Sehenswert: Sehr alte
Bauerngehöfte; Wassermühlen

** **Gasthof Förster/Hotel Victoria**
♂ Bahnhofstr 35, ✉ 33161, ☎ (0 52 57)
30 18, Fax 65 78, AX ED VA
24 Zi, Ez: 80-130, Dz: 140-170, ⌐ WC ☎; Lift
P 2⇔250
Auch Zimmer der Kategorie * vorhanden
*   Hauptgericht 25; Terrasse;
geschl: Mitte-Ende Jul   →

Hövelhof

** **Gasthof Brink**
Allee 38, ✉ 33161, ☏ (0 52 57) 32 23
Hauptgericht 35; **P**; nur abends; geschl:
Mo, Jul
* 9 Zi, Ez: 78-100, Dz: 135-160,
⊣ WC ☏; 🅿 2⇄70
geschl: Mo, Jul

Höxter 35 ↗

Nordrhein-Westfalen — Kreis Höxter —
151 m — 16 000 Ew — Detmold 53,
Hameln 55 km
ℹ ☏ (0 52 71) 6 34 31, Fax 6 31 25 —
Verkehrsamt, historisches Rathaus,
37671 Höxter; Stadt an der Weser. Sehenswert: Ev. Kilianikirche; Dechanei; Rathaus;
Renaissancehäuser; ehem. Kloster Corvey:
Westwerk der Schloßkirche, Kreuzgang
(2 km →)

** **Niedersachsen
(Ringhotel)**
Möllinger Str 4/Grubestr 3-7, ✉ 37671,
☏ (0 52 71) 68 80, Fax 68 84 44, AX DC ED VA
80 Zi, Ez: 97-198, Dz: 148-228, S; 1 Suite, ⊣
WC ☏, 9🖂; Lift 🅿 🚗 3⇄80 ≘ Fitneßraum
Kegeln Sauna Solarium
Auch Zimmer der Kategorie * vorhanden
** **Huxori Stube**
Hauptgericht 35

* **Wirtshaus Strullenkrug**
🥨 Hennekenstr 10, ✉ 37671, ☏ (0 52 71)
77 75, Fax 3 78 69
Hauptgericht 22; Biergarten

■ **Pammel**
Marktstr 10, ✉ 37671, ☏ (0 52 71) 79 30,
Fax 3 77 23
8-19, So 10-18

Hof 49 ↙

Bayern — Kreisfreie Stadt — 495 m —
53 000 Ew — Plauen 27, Bayreuth 50 km
ℹ ☏ (0 92 81) 81 52 70, Fax 81 53 70 —
Tourist-Information, Klosterstr 10 (B 1),
95028 Hof; Kreisfreie Stadt; Theater.
Sehenswert: Ev. Kirchen St. Michael, St.
Lorenz und Hospitalkirche; Rathaus; Altes
Gymnasium; Stadtpark Theresienstein:
Turm ⚑; Bismarckturm, 576 m ⚑; Museum
Bayerisches Vogtland

*** **Central**
Kulmbacher Str 4 (A 1), ✉ 95030,
☏ (0 92 81) 60 50, Fax 6 24 40, AX DC ED VA
105 Zi, Ez: 130-189, Dz: 175-230, 2 Suiten,
⊣ WC ☏, 50🖂; Lift 🅿 5⇄580 Kegeln
Sauna Solarium
Golf 18
** **Kastaniengarten**
Hauptgericht 30; Biergarten Terrasse; nur
abends; geschl: So, Juli

* **Strauß**
Bismarckstr 31 (B 2), ✉ 95028, ☏ (0 92 81)
20 66, Fax 8 44 74, ED VA
49 Zi, Ez: 82-128, Dz: 145, 5 App, ⊣ WC ☏;
Lift 🅿 🚗 2⇄60
* Hauptgericht 25; Biergarten

* **Nestor Elan**
Ernst-Reuter-Str 137, ✉ 95030, ☏ (0 92 81)
70 30, Fax 70 31 13, AX DC ED VA
111 Zi, Ez: 99-127, Dz: 106-154, ⊣ WC ☏,
73 🖂; Lift 🅿 5⇄100 Sauna Solarium 🍽

* **Am Maxplatz**
♂ Maxplatz 7 (B 1), ✉ 95028, ☏ (0 92 81)
17 39, Fax 8 79 13, AX ED VA
18 Zi, Ez: 95-105, Dz: 140-155, ⊣ WC ☏; 🅿
🚗; garni

* **Deutsches Haus**
Marienstr 33 (B 2), ✉ 95028, ☏ (0 92 81)
10 48, Fax 14 15 85, AX DC ED VA
10 Zi, Ez: 110, Dz: 120, ⊣ WC ☏; Lift 🅿 🚗
Sauna Solarium; garni
geschl: Ende Dez-Anfang Jan

Haid (4 km ↗)
** **Gut Haid**
⚑ Plauener Str 123, ✉ 95028, ☏ (0 92 81)
73 10, Fax 73 11 00, AX DC ED VA
41 Zi, Ez: 140, Dz: 180, 6 Suiten, ⊣ WC ☏,
7🖂; Lift 🅿 🚗 4⇄90 Sauna Solarium
* **Reiterstuben**
🥨 Hauptgericht 28

Unterkotzau (1 km ↑)
* **Brauereigasthof Falter**
♂ Hirschberger Str 6, ✉ 95030, ☏ (0 92 81)
68 44, Fax 6 11 78, DC ED
26 Zi, Ez: 85-110, Dz: 140-170, ⊣ WC ☏; 🅿
3⇄100 ■
geschl: Ende Dez-Anfang Jan
** Hauptgericht 20; Biergarten,
Terrasse

Hofbieber 46 □

Hessen — Kreis Fulda — 450 m — 6 000 Ew
— Fulda 13 km
ℹ ☏ (0 66 57) 9 87 20, Fax 9 87 32 — Fremdenverkehrsbüro, Schulweg 5, 36145 Hofbieber; Luftkurort in der Rhön. Sehenswert: Schloß Bieberstein; Milseburg, 835
m ⚑ (4 km +30 Min ↘); Naturlehrgarten
Fohlenweide

Hofbieber-Außerhalb (1 km ↓)
** **Fohlenweide**
einzeln ♂ ✉ 36145, ☏ (0 66 57) 98 80,
Fax 98 81 00, AX ED VA
27 Zi, Ez: 114, Dz: 150-190, 1 Suite, 7 App,
⊣ WC ☏; 🅿 2⇄35
Kinderbetreuung
** Hauptgericht 25; Terrasse

Hofheim am Taunus

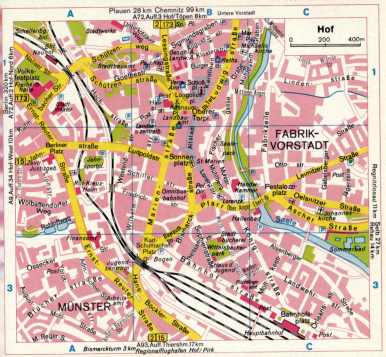

Hofgeismar 35→

Hessen — Kreis Kassel — 165 m —
17 000 Ew — Bad Karlshafen 22, Kassel 23,
Warburg 24 km
ℹ ☎ (0 56 71) 88 80, Fax 8 88 55 — Magistrat der Stadt Hofgeismar, Markt 1, 34369 Hofgeismar. Sehenswert: Ehem. Stiftskirche: Altarbild; Schloß Schönburg; Apothekenmuseum; Rathaus; Teile der Stadtmauer; Fachwerkhäuser; ehem. Gestüt mit Fürstenhaus im OT Beberbeck (9 km) ↗; Sababurg (13 km) ↗; Stadtmuseum ↗

Sababurg (13 km) ↗

★★ Dornröschenschloß Sababurg (European Castle)
einzeln ☼ ✉ 34369, ☎ (0 56 71) 80 80,
Fax 80 82 00, AX DC ED VA
17 Zi, Ez: 144-240, Dz: 210-340, WC ☎; 🅿
2 ⇌ 40
Auch Zimmer der Kategorie ★★★ vorhanden. Burganlage von 1334. Märchenschloß der Brüder Grimm inmitten des Reinhardswaldes. Die Burg liegt über dem Tierpark Sababurg, einem der ältesten Tiergärten Europas (1571)

★★ Hauptgericht 40

Varta Hotel-Service (05 11) 3 40 13 26.

Hofheim am Taunus 44 ↘

Hessen — Main-Taunus-Kreis — 200 m —
36 000 Ew — Frankfurt/Main 18, Wiesbaden 20 km
ℹ ☎ (0 61 92) 20 23 92, Fax 2 14 00 — Magistrat der Stadt, Chinonplatz 2, 65719 Hofheim; Kreisstadt. Sehenswert: Hist. Altstadt; Stadtmuseum; Pfarrkirche Kapellenberg mit Meisterturm und Bergkapelle; Bahai-Tempel (7 km) ↘

★★ Burkartsmühle
☼ ✉ Kurhausstr 71, ✉ 65719, ☎ (0 61 92)
2 50 88, Fax 2 68 69, AX DC VA
26 Zi, Ez: 185-240, Dz: 205-300, 2 Suiten, ⊟
WC ☎; Lift 🅿 2 ⇌ 25 ≈ Sauna Solarium
Rezeption: 7-20
Tennis 7

★★ Hauptgericht 40; geschl: So abends, Mo

★ Am Rosenberg
☼ ⊲ Wielandstr 24, ✉ 65719, ☎ (0 61 92)
29 20, Fax 2 88 15, AX DC ED VA
80 Zi, Ez: 130-220, Dz: 190-350, 3 App, ⊟
WC ☎; Lift 🅿 7 ⇌ 100 Solarium

★★ Prinzess
⊲ Hauptgericht 30

→

Hofheim am Taunus

*　　　　Dreispitz
In der Dreispitz 6, ✉ 65719, ☎ (0 61 92) 9 65 20, Fax 2 69 10
24 Zi, Ez: 100-160, Dz: 165-200, ⌐ WC ☎; **P** 25 ⓘ
Rezeption: 7-11, 15-1; geschl: 4 Wochen in den Sommerferien

**　　　　Die Scheuer
🍴 Burgstr 12, ✉ 65719, ☎ (0 61 92) 2 77 74, Fax 18 92, AX DC ED VA
Hauptgericht 40; Gartenlokal; geschl: Mo
Historisches Fachwerkgebäude aus dem 17. Jh.

**　　　　Zum Türmchen**
Burggrabenstr 16, ✉ 65719, ☎ (0 61 92) 2 67 47
Hauptgericht 15; nur abends

**　　　　Altes Rathaus**
Hauptstr 40, ✉ 65719, ☎ (0 61 92) 67 33
8.30-18.30, So 13.30-18; geschl: Mo, Anfang Jan

Diedenbergen (4 km ↗)

**　　　　Treff Hansa Hotel Rhein-Main
⌐ Casteller Str 106, ✉ 65719, ☎ (0 61 92) 95 00, Fax 30 00, AX DC ED VA
157 Zi, Ez: 145-265, Dz: 200-305, S; ⌐ WC ☎, 23 🛏; Lift **P** 🚗 7⇄300 Fitneßraum Sauna Solarium ⓘ

**　　　　Völker's
Marxheimer Str 4, ✉ 65719, ☎ (0 61 92) 30 65, Fax 3 90 60, AX DC ED VA
Hauptgericht 40; Biergarten; geschl: Mi, Sa mittags, Anfang Jan
*　　　　12 Zi, Ez: 95-160, Dz: 150-190, ⌐ WC ☎; **P**
Rezeption: 12-14, 18-23; geschl: Mi, Anfang Jan

*　　　　Romano
Casteller Str 68, ✉ 65719, ☎ (0 61 92) 3 71 08, Fax 3 15 76, AX DC ED VA
Hauptgericht 30; Terrasse; geschl: Mo, Weihnachten-Neujahr

Marxheim (2 km ↓)

*　　　　Löwenhof
Schulstr 5, ✉ 65719, ☎ (0 61 92) 9 93 00, Fax 99 30 99, AX DC ED VA
21 Zi, Ez: 110-195, Dz: 145-250, ⌐ WC ☎; **P** 🚗 2⇄30 ⓘ
geschl: so+feiertags, Sa

Wildsachsen 9 km ↘

**　　　　Alte Rose
Alt Wildsachsen 37, ✉ 65719, ☎ (0 61 98) 83 82, Fax 29 89, AX DC ED VA
Hauptgericht 39; Gartenlokal Terrasse; nur abends, so+feiertags auch mittags

Hofheim (Unterfranken) 56 ↗

Bayern — Haßberge — 275 m — 5 099 Ew — Haßfurt 13, Schweinfurt 25 km
ⓘ ☎ (0 95 23) 2 68 — Verwaltungsgemeinschaft, Obere Sennigstr 4, 97461 Hofheim (Unterfranken). Sehenswert: Kirche; Stadtmauer; Schloß Bettenburg: Park

Rügheim (4 km ↓)

**　　　　Landhotel Hassberge
♂ Schloßweg 1, ✉ 97461, ☎ (0 95 23) 9 24-0, Fax 92 41 00, AX DC ED VA
60 Zi, Ez: 92-96, Dz: 145, 1 Suite, ⌐ WC ☎; Lift **P** 2⇄50 Fitneßraum Sauna Solarium ⓘ 🏊
geschl: Anfang-Mitte Aug

Hohegeiß siehe Braunlage

Hohenau 66 □

Bayern — Kreis Freyung-Grafenau — 812 m — 3 500 Ew — Freyung 8, Grafenau 9, Passau 45 km
ⓘ ☎ (0 85 58) 3 11, Fax 24 89 — Gemeindeverwaltung, Dorfplatz 22, 94545 Hohenau; Ort im Bayerischen Wald. Sehenswert: Burgruine Neubuchenberg ⌐

*　　　　Gasthof Schreiner
♂ ⌐ Dorfplatz 17, ✉ 94545, ☎ (0 85 58) 10 62, Fax 27 17
44 Zi, Ez: 40-43, Dz: 70-76, 2 Suiten, 4 App, ⌐ WC; Lift **P** ⓘ
Rezeption: 8-20

*　　　　Gasthof Hohenauer Hof
♂ ⌐ Dorfplatz 17, ✉ 94545, ☎ (0 85 58) 10 56, Fax 28 56, ED
55 Zi, Ez: 48-50, Dz: 80-90, 2 Suiten, ⌐ WC; Lift **P** 🏊 Kegeln Sauna Solarium ⓘ
Rezeption: 7-21

Bierhütte (2 km ↘)

**　　　　Romantik Hotel Bierhütte
⌐ Haus Nr 10, ✉ 94545, ☎ (0 85 58) 31 5, Fax 23 87, AX DC ED VA
37 Zi, Ez: 99-139, Dz: 150-220, 6 App, ⌐ WC ☎; **P** 🚗 2⇄40 Seezugang Fitneßraum Sauna Solarium
Im Gästehaus Zimmer der Kategorie ******* vorhanden. Barockbau aus dem 16. Jh unter Denkmalschutz
**　　　　Hauptgericht 35; Gartenlokal 🌸 Terrasse

Hohenfurch 71 ←

Bayern — Kreis Weilheim-Schongau — 700 m — 1 400 Ew — Schongau 5, Landsberg 30 km
ⓘ ☎ (0 88 61) 47 10 — Gemeindeverwaltung, Hauptplatz 7, 86978 Hohenfurch; Erholungsort

*　　　　Schönachhof
♂ Kapellenstr 22, ✉ 86978, ☎ (0 88 61) 41 08, Fax 20 09 46
13 Zi, Ez: 47-55, Dz: 88-98, ⌐ WC ☎; **P** ⓘ

Hohenkammer 64 ↓

Bayern — Kreis Freising — 460 m — 1 700 Ew — Pfaffenhofen 13, München 34 km
ⓘ ☎ (0 81 37) 4 02 — Gemeindeverwaltung, Petersherser Str 1, 85411 Hohenkammer

Hohenzieritz

* **Landgasthof Alte Post**
Hauptstr 2, ✉ 85411, ☏ (0 81 37) 50 88, Fax 25 79
15 Zi, Ez: 78-90, Dz: 120, ⌐ WC ☏; P ▯
geschl: Mo

Hohenlimburg siehe Hagen

Hohen Neuendorf 30 ↑

Brandenburg — Kreis Oberhavel — 54 m — 13 625 Ew — Oranienburg 6, Berlin 9 km
ℹ ☏ (0 33 03) 50 07 50, Fax 50 07 51 — Gemeindeverwaltung, Oranienburger Str 2, 16540 Hohen Neuendorf; Ort im grünen Gürtel nördlich Berlins

** **Am Lunik Park**
Stolper Str 8, ✉ 16540, ☏ (0 33 03) 29 10, Fax 29 14 44, AX DC VA
58 Zi, Ez: 165, Dz: 195, ⌐ WC ☏; Lift P
2⇌40 Sauna Solarium ▯

Bergfelde
* **Am Hofjagdrevier**
Hohen Neuendorferstr 48, ✉ 16562, ☏ (0 33 03) 5 31 20, Fax 5 31 22 60, ED VA
34 Zi, Ez: 90-100, Dz: 130-160, 2 Suiten, ⌐ WC ☏, 20✉; Lift P 1⇌30 Bowling Fitneßraum Sauna Solarium ▯

* **Am Stadtrand**
Birkenwerderstr 14, ✉ 16562, ☏ (0 33 03) 5 31 50, Fax 53 15 55
18 Zi, Ez: 85-135, Dz: 138-178, ⌐ WC ☏, 3✉; P 1⇌12 Sauna ▯

Borgsdorf (3 km ↑)
* **Landgasthaus Borgsdorf**
Friedensallee 2, ✉ 16556, ☏ (0 33 03) 50 01 91, Fax 50 01 92, AX DC ED VA
11 Zi, Ez: 130, Dz: 210, 1 Suite, ⌐ WC ☏; P ▯ 3⇌150
Rezeption: 10-24
* Hauptgericht 20; Biergarten

Hohenroda 46 ↑

Hessen — Kreis Hersfeld-Rotenburg — 300 m — 4 000 Ew — Bad Hersfeld 22 km
ℹ ☏ (0 66 76) 80 21, Fax 81 68 — Gemeindeverwaltung, im Ortsteil Oberbreitzbach, Schloßstr 45, 36284 Hohenroda

Schwarzengrund
** **Hessen Hotelpark Hohenroda**
einzeln ☾ ⚕ Im Schwarzengrund 9, ✉ 36284, ☏ (0 66 76) 1 81, Fax 14 87, AX DC ED VA
215 Zi, Ez: 115, Dz: 180, 53 App, ⌐ WC ☏, 120✉; Lift P 15⇌300 ≋ Seezugang Fitneßraum Sauna Solarium ▯
Tennis 2

Hohenroth 46 ↘

Bayern — Rhön-Grabfeld — 303 m — 3 333 Ew
ℹ ☏ (0 97 71) 20 44 — Gemeindeverwaltung, Hauptstr 12, 97618 Hohenroth

Querbachshof (4 km ↑)
Gasthof zur Sonne
Querbachshof 4, ✉ 97618, ☏ (0 97 71) 50 76, Fax 50 77
Hauptgericht 25; Biergarten P; nur abends, So auch mittags; geschl: Mo
⌂ 6 Zi, Ez: 79, Dz: 99, 2 App, ⌐ WC ☏
Rezeption: 16-23

Hohenstein 44 ✓

Hessen — Rheingau-Taunus-Kreis — 290 m — 6 634 Ew — Bad Schwalbach 10, Wiesbaden 15 km
ℹ ☏ (0 61 20) 2 90, Fax 29 40 — Gemeindeverwaltung, Schwalbacher Str 1, 65329 Hohenstein. Sehenswert: Burgruine

Burg Hohenstein
** **Waffenschmiede (Gast im Schloß)**
Burgstr 12, in der Burgruine, ✉ 65329, ☏ (0 61 20) 33 57, Fax 63 30, DC ED VA
Hauptgericht 35; Terrasse; geschl: Mo, Di, Anfang Jan-Mitte Feb, Ende Juli
** ☾ ⚕ 8 Zi, Ez: 120-130, Dz: 210-220, ⌐ WC ☏; P
Rezeption: 10-24; geschl: Mo + Di, Anfang Jan-Mitte Feb, Ende Jul

Hohenwestedt 10 ✓

Schleswig-Holstein — Kreis Rendsburg-Eckernförde — 80 m — 4 500 Ew — Ankrug 8, Itzehoe 20, Neumünster 23 km
ℹ ☏ (0 48 71) 3 60, Fax 36 36 — Gemeindeverwaltung, Am Markt 15, 24594 Hohenwestedt

* **Landhaus**
Itzehoer Str 39, ✉ 24594, ☏ (0 48 71) 9 44, Fax 43 27, AX DC ED VA
25 Zi, Ez: 90-120, Dz: 140-180, 4 App, ⌐ WC ☏; P ▯ 4⇌100 Kegeln
Tennis 1
* Hauptgericht 30; geschl: Ende Dez-Anfang Jan

Hohenzieritz 21 □

Mecklenburg-Vorpommern — Kreis Mecklenburg-Strelitz — 65 m — 612 Ew — Neustrelitz 11, Neubrandenburg 20 km
ℹ ☏ (0 39 81) 48 12 70, Fax 48 14 00 — Landratsamt, Woldegker Chaussee 35, 17235 Neustrelitz ➔

Hohenzieritz

Prillwitz (7 km ↗)
* **Jagdschloß Prillwitz**
♂ ⊗ Dorfstr 8, ✉ 17237, ☎ (03 98 24) 2 03 45, Fax 2 03 46
11 Zi, Dz: 130, ⊣ WC ☎; P 1⊖50 Seezugang ⑨
Rezeption: 9-22

Hohnstein 51 ↗

Sachsen — Kreis Sebnitz — 333 m — 1 042 Ew — Neustadt (Sachs) 9, Pirna Dresden 34 km
🛈 ☎ (03 59 75) 2 50, Fax 2 51 — Fremdenverkehrsamt, Rathausstr 10, 01848 Hohnstein; Erholungsort. Sehenswert: Burg Hohnstein, Museum, Bärengarten; Rathaus; Kirche von Georg Bähr; ehem. Puppenspielhaus; Gautschgrotte; Hockstein 291 m ◄

* **Zur Aussicht**
♂ ◄ Am Bergborn 7, ✉ 01848, ☎ (03 59 75) 2 13, Fax 2 13, AX ED VA
12 Zi, Ez: 90, Dz: 140-150, 3 Suiten, ⊣ WC ☎; P 1⊖25 ⑨
geschl: Mo, Jan

Hohnstein-Außerhalb (1 km ←)
* **Pension Polenztal mit Gästehaus**
einzeln ♂ ✉ 01848, ☎ (03 59 75) 4 49, Fax 4 49
26 Zi, Ez: 60-80, Dz: 80-100, ⊣ WC ☎; P ⑨

Rathewalde
** **Luk Das kleine Landhotel**
♂ Basteiweg 7, ✉ 01847, ☎ (03 59 75) 8 00 13, Fax 8 00 13, ED
8 Zi, Ez: 80-105, Dz: 130-160, ⊣ WC ☎; P; garni

Hohwacht 11 ←

Schleswig-Holstein — Kreis Plön — 9 m — 1 300 Ew — Lütjenburg 7, Plön 24, Kiel 36 km
🛈 ☎ (0 43 81) 70 85, Fax 96 76 — Kurverwaltung, Berliner Platz, 24321 Hohwacht; Ostsee-Heilbad mit bewaldeter Steilküste zwischen Hohwachter Bucht und Großem Binnensee

*** **Hohe Wacht**
♂ An der Steilküste/Kurpark, ✉ 24321, ☎ (0 43 81) 9 00 80, Fax 90 08 88, AX DC ED VA
60 Zi, Ez: 170-225, Dz: 240-280, 2 Suiten, 30 App, ⊣ WC ☎; Lift P 4⊖120 ☆ Fitneßraum Sauna Solarium ⑨
*** Hauptgericht 30; Terrasse

⌧ Kostengünstige Unterkunft mit Standard-Ausstattung

** **Genueser Schiff**
einzeln ♂ ◄ Seestr 18, ✉ 24321, ☎ (0 43 81) 75 33, Fax 58 02, AX ED
18 Zi, Ez: 110-190, Dz: 180-240, 5 Suiten, 10 App, ⊣ WC ☎; P Strandbad Seezugang ⑨
geschl: Di, Jan, Feb
** ◄ Hauptgericht 35; ✣
Gartenlokal; nur abends; geschl: Di, Jan, Feb

** **Hohwachter Hof**
♂ Strandstr 6, ✉ 24321, ☎ (0 43 81) 70 31, Fax 66 54
16 Zi, Ez: 81, Dz: 132, ⊣ WC ☎; P
geschl: Anfang Nov-Mitte Dez
* Hauptgericht 25; Terrasse;
geschl: Im Winter Di, Anfang Nov-Mitte Dez

* **Haus am Meer**
♂ ◄ Dünenweg 1, ✉ 24321, ☎ (0 43 81) 40 74-0, Fax 40 74 74, ED
25 Zi, Ez: 150, Dz: 150-260, 4 Suiten, 7 App, ⊣ WC ☎; P 1⊖22 ☆ Sauna Solarium ⑨
geschl: 1.11.- 20.12.96, 10.1.-10.2.97
** **De schwatte Gret**
◄ Hauptgericht 25

* **Haus auf dem Strom**
♂ Hinter dem Deich 11, ✉ 24321, ☎ (0 43 81) 40 23 40, Fax 40 23 50
12 Zi, Ez: 75-120, Dz: 140-170, ⊣ WC ☎; P 1⊖25 Solarium; garni
Rezeption: 7-21

* **Schuberts Strandhotel**
♂ Strandstr 10, ✉ 24321, ☎ (0 43 81) 60 91, Fax 60 93, DC ED VA
32 Zi, Ez: 55-92, Dz: 104-200, 7 App, ⊣ WC ☎; P 🅿 2⊖110 Fitneßraum Sauna Solarium; garni ⑨ ⑨
geschl: Di, Anfang Nov-Mitte Apr

* **Seeschlößchen**
♂ ◄ Dünenweg 4, ✉ 24321, ☎ (0 43 81) 4 07 60, Fax 4 07 6- 50, AX DC ED VA
34 Zi, Ez: 90-110, Dz: 190-240, 20 App, ⊣ WC ☎; Lift P 2⊖60 ☆ Sauna Solarium ⑨
* ◄ Hauptgericht 27; Terrasse

* **Seelust**
♂ Strandstr 8, ✉ 24321, ☎ (0 43 81) 40 79-0, Fax 40 79 -3 00, ED
14 Zi, Ez: 60-79, Dz: 100-150, 6 App, ⊣ WC ☎; P 🅿 1⊖12; garni ⑨
geschl: Nov-Feb

Holdorf 24 □

Niedersachsen — Kreis Vechta — 37 m — 5 500 Ew — Damme 10, Lohne 16, Diepholz 20 km
🛈 ☎ (0 54 94) 80 80, Fax 8 08 33 — Gemeindeverwaltung, Große Str 19, 49451 Holdorf

* **Zur Post**
Große Str 11, ✉ 49451, ☎ (0 54 94) 2 34, Fax 82 70, AX DC ED VA
18 Zi, Ez: 60-65, Dz: 110-120, ⊣ WC ☎; P
geschl: Ende Dez-Anfang Jan

siehe auch **Steinfeld (Oldenburg)**

Hollenstedt 18 ←

Niedersachsen — Kreis Harburg — 24 m — 2 547 Ew — Buxtehude 14, Harburg 30 km
ℹ ☏ (0 41 65) 8 00 44, Fax 8 04 81 — Gemeindeverwaltung, Am Markt 10, 21279 Hollenstedt

✱ **Hollenstedter Hof (Minotel)**
Am Markt 1, ✉ 21279, ☏ (0 41 65) 2 13 70, Fax 83 82, AX DC ED VA
32 Zi, Ez: 95, Dz: 135-155, ⌐ WC ☏, 5◨; P 4⇔50 Kegeln
✱✱ Hauptgericht 30; Terrasse

✱ **Ristorante Casagrande**
Alte Dorfstr 10a, ✉ 21279, ☏ (0 41 65) 8 18 71, AX DC ED VA
Hauptgericht 30

Hollfeld 58 ↖

Bayern — Kreis Bayreuth — 402 m — 5 400 Ew — Bayreuth 23, Bamberg 38 km
ℹ ☏ (0 92 74) 9 80 10, Fax 8 01 37 — Verkehrsamt, Marienplatz 18, 96142 Hollfeld; Erholungsort in der nördlichen Fränkischen Schweiz

✱ **Wittelsbacher Hof**
Langgasse 8, ✉ 96142, ☏ (0 92 74) 6 11, Fax 8 05 16, ED
Hauptgericht 18; P Terrasse; geschl: Mo
✱ 14 Zi, Ez: 65-80, Dz: 98-118, ⌐ WC ☏
geschl: Mo

Treppendorf (2 km ↓)
✱ **Bettina**
⌐ Treppendorf 22, ✉ 96140, ☏ (0 92 74) 7 47, Fax 14 08, AX ED
23 Zi, Ez: 65-85, Dz: 100-130; 1 App, ⌐ WC ☏, 6◨; P 3⇔40 Fitneßraum Sauna Solarium 🍽
geschl: Mo
Tennis 2

Holtland 16 ←

Niedersachsen — Kreis Leer — 10 m — 2 124 Ew — Leer 10 km
ℹ ☏ (0 49 50) 33 96 — Gemeindeverwaltung, Schulstr 13, 26835 Holtland

✱ **Preyt**
Leeraner Str 15, ✉ 26835, ☏ (0 49 50) 22 11- 22 93, Fax 35 72, DC ED VA
Hauptgericht 25; P Terrasse
✱ **Gästehaus**
♂ 24 Zi, Ez: 40-75, Dz: 80-140, ⌐ WC ☏; 🖥 2⇔40
Im Haupthaus auch einfache Zimmer vorhanden

Holzappel 44 ✓

Rheinland-Pfalz — Rhein-Lahn-Kreis — 300 m — 1 300 Ew — Montabaur 17, Limburg 17, Bad Ems 25 km
ℹ ☏ (0 64 39) 75 42 — Verkehrsverein, Lindenallee 2, 56379 Holzappel; Erholungsort. Sehenswert: Goethehaus; Bärenbrunnen; Heimat- und Bergbau-Museum; Melander-Gruft

✱✱ **Herrenhaus Zum Bären** 👑
♛ Hauptstr 15, ✉ 56379, ☏ (0 64 39) 70 14, Fax 70 12, AX DC ED VA
8 Zi, Ez: 135-178, Dz: 265-298, 2 Suiten, ⌐ WC ☏; Lift P 🖥 1⇔25 🍽
geschl: Mo, Jan

Holzgerlingen 61 □

Baden-Württemberg — Kreis Böblingen — 464 m — 11 000 Ew — Böblingen 6, Tübingen 19, Stuttgart 25 km
ℹ ☏ (0 70 31) 6 80 80, Fax 68 08 17 — Stadtverwaltung, Böblinger Str 5, 71088 Holzgerlingen

✱✱ **Gärtner**
Römerstr 29, ✉ 71088, ☏ (0 70 31) 74 56, Fax 74 57 00, AX DC ED VA
37 Zi, Ez: 105-140, Dz: 150-180, 3 App, ⌐ WC ☏; Lift P 🖥 3⇔100 🍽

✱ **Bühleneck**
Bühlenstr 81, ✉ 71088, ☏ (0 70 31) 7 47 50, Fax 60 53 45, ED
10 Zi, Ez: 88-98, Dz: 132-140, 3 Suiten, 2 App, ⌐ WC ☏; Fitneßraum Sauna Solarium; **garni**
Rezeption: 6.30-14, 17-22

Holzgerlingen-Außerhalb (3 km ↓)
✱ **Am Golfplatz** ⛳
Im Schaichhof 1, ✉ 71088, ☏ (0 71 57) 6 61 88, AX DC ED VA
Hauptgericht 20; Terrasse; geschl: Mo, Jan

Holzhau 51 ←

Sachsen — Kreis Brand-Erbisdorf — 700 m — 500 Ew — Neuhausen 16, Freiberg 29, Dippoldiswalde 32 km
ℹ ☏ (03 73 27) 5 04, Fax 6 19 — Fremdenverkehrsamt, Bergstr 9, 09623 Holzhau; Erholungsort

✱✱ **Lindenhof (Landidyll Hotel)**
♂ Bergstr 4, ✉ 09623, ☏ (03 73 27) 73 92, Fax 14 57, AX ED VA
62 Zi, Ez: 70-120, Dz: 130-160, 3 Suiten, 1 App, ⌐ WC ☏; Lift P 6⇔120 Fitneßraum Kegeln Sauna Solarium 🍽
Auch Zimmer der Kategorie ✱ vorhanden
✱✱ Hauptgericht 20 →

Holzhau

** Berghotel Talblick
♂ ⋖ Alte Str 32, ⌧ 09623, ☎ (03 73 27) 74 16, Fax 74 29, AX ED P
30 Zi, Ez: 90-100, Dz: 100-140, ⌐ WC ☎; P
2⟳50 Fitneßraum Sauna Solarium
* Hauptgericht 20; Terrasse

Holzhausen siehe Burbach

Holzkirchen 72 □

Bayern — Kreis Miesbach — 667 m — 12 264 Ew — Bad Tölz 19, München 33 km
ℹ ☎ (0 80 24) 64 20, Fax 87 58 — Gemeindeverwaltung, Marktplatz 1, 83607 Holzkirchen

** Alte Post
Marktplatz 10, ⌧ 83607, ☎ (0 80 24) 60 35, Fax 60 39
44 Zi, Ez: 135-170, Dz: 170-175, ⌐ WC ☎; Lift P
Auch Zimmer der Kategorie * vorhanden
* Hauptgericht 20; geschl: Di

Holzminden 36 ↘

Niedersachsen — Kreis Holzminden — 99 m — 21 000 Ew — Höxter 10, Einbeck 36, Hameln 48 km
ℹ ☎ (0 55 31) 20 88, Fax 14 01 14 — Kulturamt, Obere Str 30, 37603 Holzminden; Stadt an der Weser. Sehenswert: Museumsschiff "Stör"; Puppen- und Spielzeugmuseum; Ackerbürgerhäuser

* Parkhotel Interopa
Altendorferstr 9, ⌧ 37603, ☎ (0 55 31) 20 01, Fax 6 12 66, AX DC ED VA
42 Zi, Ez: 85-105, Dz: 130-170, ⌐ WC ☎, 2⌧; P; garni

* Schleifmühle
♂ Schleifmühle 3, ⌧ 37603, ☎ (0 55 31) 50 98, Fax 12 06 60
17 Zi, Ez: 90, Dz: 130, ⌐ WC ☎; P 1⟳15 Solarium

** Hellers Krug
Altendorfer Str 19, ⌧ 37603, ☎ (0 55 31) 21 15, Fax 21 15, AX DC ED VA
Hauptgericht 40; P

Holzminden-Silberborn Außerhalb (11 km ↘) ℹ ☎ (0 55 36) 2 23

* Sollingshöhe
♂ ⋖ Dasseler Str 15, ⌧ 37603, ☎ (0 55 36) 9 50 80, Fax 14 22
22 Zi, Ez: 60-65, Dz: 110-140, 2 Suiten, 1 App, ⌐ WC ☎; P Sauna Solarium
Rezeption: ab 10
* Hauptgericht 18; Terrasse; geschl: im Winter Di

Neuhaus im Solling (12 km ↓)
ℹ ☎ (0 55 36) 10 11

* Schatte
Am Wildenkiel 15, ⌧ 37603, ☎ (0 55 36) 10 55, Fax 15 60, AX DC ED VA
42 Zi, Ez: 66-85, Dz: 138-165, ⌐ WC ☎; Lift P Fitneßraum Sauna Solarium
geschl: 2 Wochen im Nov, Jan
Auch Zimmer anderer Kategorien vorhanden

* Brauner Hirsch (Landidyll Hotel)
Am Langenberg 5, ⌧ 37603, ☎ (0 55 36) 10 33, Fax 2 89, AX DC ED VA
27 Zi, Ez: 65-80, Dz: 130-160, ⌐ WC ☎; 1⟳Kegeln
** Hauptgericht 25; Biergarten Terrasse

Holzschlag siehe Bonndorf

Holzwickede 33 →

Nordrhein-Westfalen — Kreis Unna — 152 m — 17 312 Ew — Unna 7, Dortmund 10 km
ℹ ☎ (0 23 01) 18 10, Fax 1 33 32 — Gemeindeverwaltung, Allee 5, 59439 Holzwickede

* Lohenstein
Hauptstr 21, ⌧ 59439, ☎ (0 23 01) 86 17, Fax 1 42 80, AX DC ED VA
12 Zi, Ez: 70-74, Dz: 110-118, ⌐ WC ☎; P; garni
Rezeption: So 8-14

Homberg siehe Duisburg

Homberg (Ohm) 45 ↗

Hessen — Vogelsbergkreis — 264 m — 7 832 Ew — Kirchhain 14, Gießen 36 km
ℹ ☎ (0 66 33) 8 11 — Stadtverwaltung, 35315 Homberg (Ohm)

** Zwerg Nase
Bahnhofstr 1, ⌧ 35315, ☎ (0 66 33) 58 00, Fax 59 90, ED VA
Hauptgericht 30; P Terrasse; nur abends

Homburg 53 ↙

Saarland — Saarpfalz-Kreis — 250 m — 44 000 Ew — Zweibrücken 10, Saarbrücken 31 km
ℹ ☎ (0 68 41) 10 10, Fax 10 15 55 — Verkehrsamt, Am Forum, 66424 Homburg; Kreisstadt. Sehenswert: Hist. Marktplatz mit Rathaus und Brunnen; Burgruine Hohenburg ⋖; Schloßberghöhlen; Römermuseum Schwarzenacker (4 km ↓)

Homburg v. d. Höhe, Bad

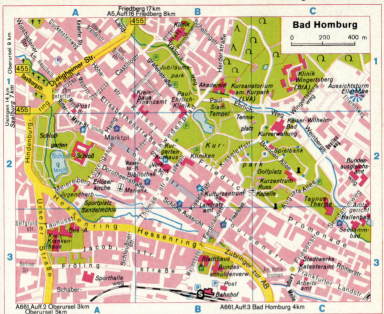

★★★ Schweizerstuben
Kaiserstr 72, ⊠ 66424, ☎ (0 68 41) 9 24 00, Fax 9 24 02 20, AX DC ED VA
25 Zi, Ez: 118-175, Dz: 200-260, 3 Suiten, ⌂ WC ☎; Lift P 🚗 1↔120 ≋ Sauna Solarium
Auch Zimmer der Kategorie ★★ vorhanden
★★★
Hauptgericht 35; Terrasse; nur abends

★★★ Schloßberghotel (Sympathie Hotel)
einzeln ♂ ◂ Schloßberghöhenstr, ⊠ 66424, ☎ (0 68 41) 66 60, Fax 6 20 18, AX DC ED VA
76 Zi, Ez: 140-155, Dz: 200-220, 7 App, ⌂ WC ☎; Lift P 8↔300 ≋ Sauna Solarium 🍽
Auch Zimmer der Kategorie ★★ vorhanden

★★ Stadt Homburg
Ringstr 80, ⊠ 66424, ☎ (0 68 41) 13 31, Fax 6 49 94, AX DC ED VA
40 Zi, Ez: 113-118, Dz: 168, 1 Suite, 1 App, ⌂ WC ☎; Lift P 🚗 3↔150 ≋ Sauna Solarium
★★ Le Connaisseur
Hauptgericht 35; Biergarten Terrasse; geschl: Sa mittags

★ Euler
Talstr 40, ⊠ 66424, ☎ (0 68 41) 6 00 76, Fax 55 30, AX DC ED VA
50 Zi, Ez: 90, Dz: 135-140, ⌂ WC ☎; 🚗
geschl: Ende Dez-Anfang Jan
★
Hauptgericht 25; geschl: So abends, Sa, Ende Jul-Anfang Aug, Ende Dez-Anfang Jan

Sanddorf (3 km →)
★★ Auberge du Chasseur
Sickinger Str 44, ⊠ 66424, ☎ (0 68 41) 1 52 11, Fax 12 01 53, AX DC ED VA
Hauptgericht 35; geschl: Mi, 10 Tage im Feb, 3 Wochen im Sep

Homburg v. d. Höhe, Bad 44 ↘

Hessen — Hochtaunuskreis — 195 m — 52 000 Ew — Frankfurt/Main 17, Wiesbaden 35 km
ℹ ☎ (0 61 72) 12 13 10, Fax 12 13 27 — Verkehrsamt, im Kurhaus, Louisenstr 58 (B 2), 61348 Bad Homburg v. d. Höhe. Kur- und Kongreßstadt; Taunus-Therme; Seedammbad; Spielbank. Sehenswert: Erlöser- und Marienkirche; Sinclair-Haus; Schloß mit Weißem Turm ◂; Kurpark mit Kaiser-Wilhelms-Bad; Siamesischer Tempel; Römerkastell Saalburg (7 km ↘); Russische Kapelle; Gotisches Haus mit Städt. Museum

★★★★ Steigenberger Bad Homburg
♂ Kaiser-Friedrich-Promenade 69 (B 2), ⊠ 61348, ☎ (0 61 72) 18 10, Fax 18 16 30, AX DC ED VA
155 Zi, Ez: 277-357, Dz: 317-407, S; 14 Suiten, ⌂ WC ☎, 52📺; Lift 🚗 8↔300 ≋ Sauna Solarium
★★★ Charly's Parkside
Hauptgericht 40; P; nur abends
Charly's le Bistro
Hauptgericht 32; P →

Homburg v. d. Höhe, Bad

★★★ Maritim Kurhaushotel
Ludwigstr ((B 2)), ✉ 61348, ☎ (0 61 72) 66 00, Fax 66 01 00, AX DC ED VA
148 Zi, Ez: 253-421, Dz: 298-498, S; ⌐ WC ☏, 63🛁; Lift 🅿 🍴 12↔722 🛋 Fitneßraum Sauna Solarium 🍽 🍹
Golf 9

★★ Parkhotel
♂ Kaiser-Friedrich-Promenade 53 (B 2), ✉ 61348, ☎ (0 61 72) 80 10, Fax 80 14 00, AX DC ED VA
110 Zi, Ez: 134-274, Dz: 174-344, 10 App, ⌐ WC ☏, 25🛁; Lift 🅿 🍴 3↔60 Fitneßraum Sauna Solarium
Tennis 1
Auch Zimmer der Kategorie ★★★ vorhanden

★★ Villa am Kurpark
♂ Kaiser-Friedrich-Promenade 57 (B 2), ✉ 61348, ☎ (0 61 72) 2 60 47, Fax 2 22 88, AX ED VA
24 Zi, Ez: 130-205, Dz: 205-310, ⌐ WC ☏; Lift 🅿 1↔20; **garni**
geschl: Ende Dez-Anfang Jan

★★ Hardtwald-Hotel (Silencehotel)
♂ Philosophenweg 31, ✉ 61350, ☎ (0 61 72) 98 80, Fax 8 25 12, AX DC ED VA
42 Zi, Ez: 145-295, Dz: 195-295, ⌐ WC ☏; 🅿 3↔30
geschl: Mo, Ende Dez-Anfang Jan
Auch Zimmer der Kategorie ★ vorhanden
★★ Hauptgericht 35; Terrasse; geschl: So abends, Mo, Ende Dez-Anfang Jan

★ Haus Daheim
Elisabethstr 42 (B 2), ✉ 61348, ☎ (0 61 72) 67 73 50, Fax 67 73 55 00, AX DC ED VA
19 Zi, Ez: 115-175, Dz: 185-275, ⌐ WC ☏; **garni**
geschl: Ende Dez

★★★ Sängers Restaurant 👨‍🍳
Kaiser-Friedrich-Promenade 85 (B 2), ✉ 61348, ☎ (0 61 72) 92 88 39, Fax 92 88 59, AX ED
Hauptgericht 55; Terrasse; geschl: Anfang Jan, 2 Wochen in den Sommerferien
Bistro
Hauptgericht 30; Terrasse; geschl: Anfang Jan, 3 Wochen in den Sommerferien

★★★ Oberle's
Obergasse 1 (A 1), ✉ 61348, ☎ (0 61 72) 2 46 62, Fax 2 46 62, AX ED VA
Hauptgericht 45; Terrasse; geschl: Mo, Sa mittags, Anfang Jan, 3 Wochen in den Sommerferien

Die von uns genannten Ruhetage und Ruhezeiten werden von den Betrieben gelegentlich kurzfristig geändert.

★★ Assmann's
Kisseleffstr 27, im Kurpark (B 2), ✉ 61348, ☎ (0 61 72) 2 47 10, Fax 2 91 85, AX
Hauptgericht 40; 🅿 Terrasse; geschl: Mi abends

★★ Da Alfonso
Louisenstr 109 a, ✉ 61348, ☎ (0 61 72) 2 97 35, Fax 45 73 63, AX DC ED VA
Hauptgericht 35; 🅿 Terrasse

★★ Golfhaus
Kaiser-Friedrich-Promenade 84, ✉ 61348, ☎ (0 61 72) 69 08 53, AX DC ED VA
Hauptgericht 30; 🅿 Terrasse; geschl: Mo

★★ Bauer's Walhalla
Wallstr 6, ✉ 61348, ☎ (0 61 72) 2 93 05, Fax 2 93 05, AX DC ED VA
Hauptgericht 40; nur abends; geschl: So

Gasthaus zum Wasserweibchen
🍷 Am Mühlberg 57 (A 2), ✉ 61348, ☎ (0 61 72) 2 98 78, Fax 30 50 93, AX ED
Hauptgericht 25; Gartenlokal Terrasse; nur abends; geschl: Sa+feiertags, 2 Wochen in den Sommerferien, Ende Dez-Anfang Jan

🍹 Peter Kofler
Louisenstr 42 (B 2), ✉ 61348, ☎ (0 61 72) 2 15 30, Fax 2 39 48, AX ED
Mo-Fr 14-23, Sa bis 18.30, So 10.30-18.30
Spezialität: Papageno-Torte

Dornholzhausen (2 km ↘)
★ Sonne
Landwehrweg 3, ✉ 61350, ☎ (0 61 72) 96 52 -0, Fax 96 52 13, AX DC ED VA
30 Zi, Ez: 98-135, Dz: 145-185; 4 Suiten, ⌐ WC ☏; 🅿 🍴 🍽

Ober-Erlenbach (5 km →)
★★ Katharinenhof
♂ Ober-Erlenbacher Str 16, ✉ 61352, ☎ (0 61 72) 40 00, Fax 40 03 00, AX DC ED VA
31 Zi, Ez: 120-180, Dz: 200-280, ⌐ WC ☏; 🅿; **garni**
Rezeption: 7-20; geschl: Ende Dez-Anfang Jan

Honau siehe Lichtenstein (Württ)

Honnef, Bad 43 ⃞

Nordrhein-Westfalen — Rhein-Sieg-Kreis — 78 m — 24 000 Ew — Bonn 18, Neuwied 34 km
ℹ️ ☎ (0 22 24) 18 41 70, Fax 7 96 87 — Verkehrsbüro, Hauptstr 28 a, 53604 Bad Honnef; Erholungsort und Heilbad im Siebengebirge. Sehenswert: In Honnef: Pfarrkirche; in Rhöndorf: Adenauer-Haus; Kapelle und Fachwerkhäuser; Ruine Drachenfels, 321 m ⛰ (5 km+60 Min; auch Zahnradbahn, Esel oder Pferd); Löwenburg, 455 m ⛰ (3 km ↗)

Horb am Neckar 61 ⌒

Baden-Württemberg — Kreis Freudenstadt — 420 m — 23 000 Ew — Nagold 19,
Freudenstadt 24, Tübingen 36 km
🛈 ☎ (0 74 51) 36 11, Fax 90 12 90 — Verkehrsbüro, Marktplatz 12, 72160 Horb.
Sehenswert: Kath. Kirche Heiligkreuz;
kath. Spitalkirche; Rathaus

** **Schillerstuben**
Schillerstr 19, ⌧ 72160, ☎ (0 74 51) 82 22,
Fax 6 01 08, AX DC ED VA
Hauptgericht 22; Terrasse; geschl: im Win-
ter So abends

Isenburg (2 km ⌒)
** **Waldeck**
♂ Mühlsteige 33, ⌧ 72160, ☎ (0 74 51)
38 80, Fax 49 50, DC ED VA
23 Zi, Ez: 90, Dz: 140, ⌐ WC ☎; Lift P 🍽
Sauna Solarium 🍴
geschl: Mo, Mitte Jul-Anfang Aug, Ende
Dez-Anfang Jan
Auch Zimmer der Kategorie * vorhanden

Horben 67 □

Baden-Württemberg — Kreis Breisgau-
Hochschwarzwald — 600 m — 920 Ew —
Freiburg i. Breisgau 9 km
🛈 ☎ (07 61) 2 94 11, Fax 29 06 11 —
Gemeindeverwaltung, Im Dorf 1, 79289
Horben; Ort am Schauinsland, 1284 m ⚞
(15 km ⇘ oder Seilbahn in 16 Min)

Langackern (1 km ↑)
** **Luisenhöhe**
einzeln ♂ ⚞ ⌧ 79289, ☎ (07 61) 2 96 90,
Fax 29 04 48, AX DC ED VA
41 Zi, Ez: 145-170, Dz: 190-240, 4 Suiten, ⌐
WC ☎; Lift P 🍽 2⌁30 ⌤ Fitneßraum
Sauna Solarium
Tennis 1
** ⚞ Hauptgericht 35

* **Engel**
♂ ⚞ Haus Nr 14, ⌧ 79289, ☎ (07 61)
2 91 11, Fax 29 06 27, AX VA
20 Zi, Ez: 80-95, Dz: 130-155, 2 Suiten, ⌐
WC ☎; P 🍽 2⌁30
* ⚞ Hauptgericht 30; geschl: Mo

Horbruch 53 ⌒

Rheinland-Pfalz — Kreis Birkenfeld —
460 m — 360 Ew — Morbach 12, Bernkastel-Kues 18, Kirn 28 km
🛈 ☎ (0 65 43) 22 10 — Gemeindeverwaltung, Unterdorf 4 a, 55483 Horbruch; Ort
im Hunsrück
→

** **Seminaris**
Alexander-von-Humboldt-Str 20, ⌧ 53604,
☎ (0 22 24) 77 10, Fax 77 15 55, AX DC ED VA
194 Zi, Ez: 115-160, Dz: 210-255, 19 Suiten,
⌐ WC ☎, 48🛏; Lift P 🍽 24⌁400 ⌤ Fitneß-
raum Kegeln Sauna Solarium ⚞
** **Alexanders Restaurant**
Hauptgericht 35; Biergarten Terrasse

*** **Das kleine Restaurant**
Hauptstr 16 a, ⌧ 53604, ☎ (0 22 24) 44 50,
Fax 7 85 40, AX ED VA
Hauptgericht 40; P Terrasse; nur abends;
geschl: So, 2 Wochen im Aug

** **Jagdhaus im Schmelztal**
einzeln, Schmelztalstr 50, ⌧ 53604,
☎ (0 22 24) 26 26, Fax 7 54 43, DC ED VA
Hauptgericht 35; P Terrasse; geschl: Di,
Mi

Rhöndorf (1 km ↑)
** **Bellevue**
⚞ Karl-Broel-Str 41, ⌧ 53604, ☎ (0 22 24)
30 11, Fax 30 31, AX ED VA
85 Zi, Ez: 189-265, Dz: 240-390, ⌐ WC ☎,
8🛏; Lift P 🍽 8⌁250 ⚞
Restaurant für Hausgäste; Auch Zimmer
der Kategorie * vorhanden

* **Hoff**
Löwenburgstr 35, ⌧ 53604, ☎ (0 22 24)
23 42, Fax 7 50 91, ED
14 Zi, Ez: 75-85, Dz: 140-150, 1 Suite,
1 App, ⌐ WC ☎; **garni** ⚞
Rezeption: 7-12, 15-20; geschl: Ende Dez-
Anfang Jan

** **Caesareo**
Rhöndorfer Str 39, ⌧ 53604, ☎ (0 22 24)
7 56 39, Fax 7 56 39, AX DC ED VA
Hauptgericht 40; Terrasse; geschl: Mo

Rottbitze (10 km →)
* **Domblick**
Rottbitze Str 81, ⌧ 53604, ☎ (0 22 24)
8 02 16
11 Zi, Ez: 85, Dz: 150, ⌐ WC ☎; P 🍴

Hooksiel siehe Wangerland

Hopsten 24 ←

Nordrhein-Westfalen — Kreis Steinfurt —
40 m — 6 434 Ew — Ibbenbüren 15,
Rheine 16, Fürstenau 17 km,
🛈 ☎ (0 54 58) 79 20, Fax 7 92 44 — Gemeindeverwaltung, Bunte Str 35, 48496 Hop-
sten

* **Kiepenkerl**
Ibbenbürener Str 2, ⌧ 48496, ☎ (0 54 58)
9 31 10, Fax 9 31 11
19 Zi, Ez: 35-50, Dz: 70-100, ⌐ WC ☎, 2🛏;
Lift P 4⌁200 Solarium
* Hauptgericht 25; Terrasse;
geschl: Di

Horbruch

*   Alter Posthof
Oberdorf 2, ✉ 55483, ☎ (0 65 43) 40 60,
Fax 68 48, AX DC ED VA
Hauptgericht 20; P Terrasse; nur abends;
geschl: Mo, Di, Jan, Anfang Feb
**   3 Zi, Ez: 70-90, Dz: 120-140, ⇨ WC
☎; 🚗 1⇨10
geschl: Di, Jan, Anfang Feb

Horbruch-Außerhalb (1 km ↓)
**   Historische Schloßmühle ♛
(European Castle)
einzeln ♂ ⌕ ✉ 55483, ☎ (0 65 43) 40 41,
Fax 31 78
9 Zi, Ez: 120-165, Dz: 190-265, 1 Suite, ⇨
WC ☎; P 🚗 10
**   ⓥ Hauptgericht 35; Gartenlokal
Terrasse; nur abends, So auch mittags;
geschl: Mo

Horn-Bad Meinberg 35 ↑

Nordrhein-Westfalen — Kreis Lippe —
210 m — 18 290 Ew — Detmold 10 km
ℹ ☎ (0 52 34) 20 12 62, Fax 20 12 22 — Verkehrsbüro, im Stadtteil Horn, Rathausplatz 2, 32805 Horn-Bad Meinberg; Heilbad und Luftkurort am Teutoburger Wald.
Sehenswert: Länderwaldpark; Externsteine (2 km ↙)

Billerbeck (4 km →)
*   Zur Linde
♂ Steinheimer Str 219, ✉ 32805,
☎ (0 52 33) 94 40, Fax 64 04, ED
53 Zi, Ez: 79-89, Dz: 135-150, ⇨ WC ☎; Lift
P 🚗 5⇨200 ⌘ Kegeln Sauna Solarium 🍽
geschl: Di

Holzhausen-Externsteine (3 km ←)
**   Kurhotel Bärenstein
♂ ⌕ Am Bärenstein 44, ✉ 32805,
☎ (0 52 34) 20 90, Fax 20 92 69
74 Zi, Ez: 67-97, Dz: 144-166, 2 Suiten, ⇨
WC ☎; Lift P ⌘ Fitneßraum Sauna
Solarium 🍽 ☕
geschl: Mo
Auch Zimmer der Kategorie * vorhanden

Leopoldstal (5 km ↓)
**   Gut Rothensiek
einzeln ♂ Rothensieker Weg 50, ✉ 32805,
☎ (0 52 34) 2 00 70, Fax 20 07 66, ED
40 Zi, Ez: 98, Dz: 156, ⇨ WC ☎, 11✉; P
3⇨80; **garni** ☕
geschl: Ende Dez

Meinberg, Bad
***   Kurhotel Parkblick
♂ Parkstr 63, ✉ 32805, ☎ (0 52 34) 90 90,
Fax 90 91 50, AX DC ED VA
74 Zi, Ez: 110-133, Dz: 170-186, 4 Suiten, ⇨
WC ☎; Lift 🚗 3⇨90 ⌘ Fitneßraum Sauna
Solarium
**   **Parkstube**
Hauptgericht 30; P

**   Kurhaus Zum Stern
♂ Parkstr 15, ✉ 32805, ☎ (0 52 34) 90 50,
Fax 90 53 00, AX DC ED VA
130 Zi, Ez: 120-145, Dz: 180-190, 5 Suiten,
⇨ WC ☎; Lift P 🚗 7⇨250 ⌘ Fitneßraum
Kegeln Sauna Solarium
**   Hauptgericht 35

**   Gästehaus Mönnich ♛
Brunnenstr 55, ✉ 32805, ☎ (0 52 34)
8 40 00, Fax 84 00 40
12 Zi, Ez: 68-78, Dz: 135-145, 3 Suiten, ⇨
WC ☎, 8✉; P 🚗 Fitneßraum Solarium;
garni
Rezeption: 7-21; geschl: Dez, Jan
Tennis 6
Fotogalerie und ständige Kunstausstellungen

*   Teutonia
Allee 19, ✉ 32805, ☎ (0 52 34) 9 88 66,
Fax 9 14 53, DC ED VA
11 Zi, Ez: 70-98, Dz: 156, 6 App, ⇨ WC ☎;
Lift P ⌘ Sauna Solarium
Rezeption: 10-15, 18-22
**   Hauptgericht 30

Hornberg 67 ↗

Baden-Württemberg — Ortenaukreis —
400 m — 4 900 Ew — Villingen 30, Offenburg 48 km
ℹ ☎ (0 78 33) 60 72, Fax 7 93 29 — Verkehrsamt, Bahnhofstr 3, 78132 Hornberg;
Erholungsort im mittleren Schwarzwald.
Sehenswert: Freilichtspiele „Hornberger
Schießen"; Viadukt der Schwarzwaldbahn;
Burgruine auf dem Schloßberg, 456 m ⌕
(2 km ←); Althornberg, 726 m ⌕ (5 km ↓);
Wasserfall in Triberg (11 km ↓)

**   Schloß Hornberg
einzeln ♂ ⌕ Auf dem Schloßberg 1,
✉ 78132, ☎ (0 78 33) 68 41, Fax 72 31,
AX DC ED VA
39 Zi, Ez: 70-80, Dz: 120-200, ⇨ WC ☎; P
3⇨160
Auch Zimmer der Kategorie * vorhanden
**   ⌕ Hauptgericht 25; Terrasse

**   Adler
Hauptstr 66, ✉ 78132, ☎ (0 78 33) 3 67,
Fax 5 48, AX DC ED VA
19 Zi, Ez: 68, Dz: 110, ⇨ WC ☎, 5✉; Lift P
🚗
geschl: Fr, Mitte Jan-Mitte Feb
**   Hauptgericht 20; geschl: Fr,
Mitte Jan-Mitte Feb

Fohrenbühl (5 km ↗)
**   Schwanen
Haus Nr 66, ✉ 78730, ☎ (0 78 33) 3 17,
Fax 86 21, AX ED
17 Zi, Ez: 60-65, Dz: 120, ⇨ WC ☎, 3✉;
🚗 1⇨30 Kegeln Sauna Solarium 🍽
geschl: Di, Mitte Nov-Mitte Dez
Auch einfache Zimmer vorhanden

Hoya 25 ↑

Niedersachsen — Kreis Nienburg/Weser — 20 m — 3 700 Ew — Verden 21, Nienburg 24 km
🅘 ☏ (0 42 51) 81 50, Fax 8 15 50 — Samtgemeinde Grafschaft Hoya, Schloßplatz 2, 27318 Hoya

** Graf von Hoya
Von-Kronenfeld-Str 13, ✉ 27318,
☏ (0 42 51) 4 05, Fax 4 07, Ⓐ Ⓔ Ⓥ
25 Zi, Ez: 90, Dz: 135, 1 App, ⊿ WC ☏, 2✉
🅿; garni

Hoyerswerda 41 ←

Sachsen — Kreis Hoyerswerda — 120 m — 67 000 Ew — Bautzen 44 km
🅘 ☏ (0 35 71) 45 69 20, Fax 45 69 25 — Tourist Information, Markt 1, 02977 Hoyerswerda

** Congresshotel Lausitz
Dr.-Wilhelm-Külz-Str, ✉ 02977, ☏ (0 35 71) 46 30, Fax 46 34 44, Ⓐ Ⓓ Ⓔ Ⓥ
134 Zi, Ez: 99-125, Dz: 140-200, 4 App, ⊿ WC ☏, 32✉; Lift 🅿 9⟳820 Fitneßraum Sauna Solarium

** Zur Mühle
An der Mühle 4, ✉ 02977, ☏ (0 35 71) 47 70, Fax 47 72 00, Ⓐ Ⓔ Ⓥ
20 Zi, Ez: 115-155, Dz: 140-170, ⊿ WC ☏; 🅿 1⟳24 Bowling 🍽

* Achat
Bautzener Allee 1a, ✉ 02977, ☏ (0 35 71) 47 00, Fax 47 09 99, Ⓐ Ⓔ Ⓥ
79 Zi, Ez: 106-89, Dz: 131, S; 11 Suiten, 35 App, ⊿ WC ☏, 38✉; 🅿 1⟳25; garni
Langzeitvermietung möglich

* Zum Gewölbe
Dresdener Str 36, ✉ 02977, ☏ (0 35 71) 4 84 00, Fax 48 40 29, Ⓐ Ⓔ
9 Zi, Ez: 90-110, Dz: 130, 1 Suite, ⊿ WC ☏; 🅿 🍽

Hude 16 ↘

Niedersachsen — Kreis Oldenburg — 10 m — 13 500 Ew — Delmenhorst 16, Oldenburg 20, Bremen 30 km
🅘 ☏ (0 44 08) 80 30, Fax 83 33 — Verkehrsamt, Parkstr 53, 27798 Hude; Erholungsort.
Sehenswert: Klosterruine; Urwald Hasbruch; Heimatmuseum Vielstedter Bauernhaus (4 km ↓)

* Klosterschänke
Hurreler Str 3, ✉ 27798, ☏ (0 44 08) 77 77, Fax 22 11, Ⓐ Ⓓ Ⓔ Ⓥ
Hauptgericht 20
* ♂ 10 Zi, Ez: 94, Dz: 114, ⊿ WC ☏; 🅿 Kegeln

Hügelsheim

Hückelhoven 32 ↓

Nordrhein-Westfalen — Kreis Heinsberg — 40 m — 36 000 Ew — Heinsberg 15, Mönchengladbach 23, Jülich 24 km
🅘 ☏ (0 24 33) 8 20, Fax 8 22 65 — Stadtverwaltung, Parkhofstr 76, 41836 Hückelhoven; Stadt an der Rur

** Europa Haus
Dr.-Ruben-Str, ✉ 41836, ☏ (0 24 33) 83 70, Fax 83 71 01, Ⓐ Ⓓ Ⓔ Ⓥ
38 Zi, Ez: 110-150, Dz: 160-250, ⊿ WC ☏, 3✉; Lift 🅿 2⟳70 Fitneßraum Sauna Solarium; garni

Ratheim (3 km ←)
* Ohof
♂ Burgstr 48, ✉ 41836, ☏ (0 24 33) 50 91, Fax 6 05 43, Ⓐ Ⓓ Ⓔ Ⓥ
31 Zi, Ez: 75-90, Dz: 120-150, 1 Suite, ⊿ WC ☏; 🅿 1⟳30 Sauna Solarium; garni
Restaurant für Hausgäste

Hüfingen 68 ←

Baden-Württemberg — Schwarzwald-Baar-Kreis — 684 m — 7 100 Ew — Donaueschingen 4, Blumberg 14, Schaffhausen 30 km
🅘 ☏ (07 71) 6 00 90, Fax 60 09 22 — Bürgermeisteramt, Hauptstr 18, 78183 Hüfingen.
Sehenswert: Römerbad; Badruine; Altstadt; Stadtmuseum

Behla
* Kranz
Römerstr 8, ✉ 78183, ☏ (07 71) 6 10 65, Fax 6 35 94, Ⓔ
30 Zi, Ez: 60, Dz: 100, 1 App, ⊿ WC ☏; 🚗 2⟳100 Sauna Solarium 🍽
geschl: Im Winter Fr, Jan

Fürstenberg
* Zum Rößle
Zähringerstr 12, ✉ 78183, ☏ (07 71) 6 19 22, Fax 6 28 28
15 Zi, Ez: 50, Dz: 85-90, ⊿ WC; 🅿 🚗 🍽
geschl: Mi, 3 Wochen im Feb

Hügelsheim 60 □

Baden-Württemberg — Kreis Rastatt — 121 m — 1 880 Ew — Iffezheim 4, Rastatt 9, Baden-Baden 11 km
🅘 ☏ (0 72 29) 3 04 40, Fax 30 44 10 — Bürgermeisteramt, Hauptstr 34, 76549 Hügelsheim

* Hirsch
Hauptstr 28, ✉ 76549, ☏ (0 72 29) 22 55, Fax 22 29, Ⓔ Ⓥ
25 Zi, Ez: 80-100, Dz: 120-160, 4 Suiten, ⊿ WC ☏; Lift 🅿 ≋ ≘ Sauna
geschl: Mi
Auch Zimmer der Kategorie ** vorhanden
* Hauptgericht 30; Gartenlokal;
geschl: Mi, Ende Jul-Anfang Aug, Ende Feb-Mitte Mär →

Hügelsheim

✱ Waldhaus
♂ Am Hecklehamm 20, ✉ 76549,
☎ (0 72 29) 3 04 30, Fax 30 43 43, ED VA
13 Zi, Ez: 99, Dz: 140, 1 Suite, ⌐ WC ☎,
6◨, P Sauna Solarium; **garni**
geschl: in den Winterferien.

✱ Zum Schwan
Hauptstr 45, ✉ 76549, ☎ (0 72 29) 3 06 90,
Fax 30 69 69, ED VA
21 Zi, Ez: 70, Dz: 105, ⌐ WC ☎, P 🚗
✱ Hauptgericht 30; Biergarten;
geschl: Mo, Ende Dez

Hüllhorst 25 ↗

Nordrhein-Westfalen — Kreis Minden-
Lübbecke — 330 m — 11 500 Ew —
Lübbecke 8, Bünde 15, Minden 20 km
🛈 ☎ (0 57 44) 50 60, Fax 5 06 70 — Verkehrsverein, Löhner Str 1, 32609 Hüllhorst

Oberbauerschaft (6 km ←)
✱ Struckmeyer (Wiehen-Therme)
Ginsterweg 4, ✉ 32609, ☎ (0 57 41) 3 44 66,
Fax 34 46 44, ED
16 Zi, Ez: 70-80, Dz: 120-140, 1 Suite, ⌐ WC
☎; P 🚗 3⇔130 ≋ Sauna Solarium 🍽

Hünfeld 46 □

Hessen — Kreis Fulda — 295 m —
14 700 Ew — Fulda 17, Bad Hersfeld 29 km
🛈 ☎ (0 66 52) 18 00, Fax 18 01 88 — Stadtverwaltung, Konrad-Adenauer-Platz 1,
36088 Hünfeld; Stadt an der Rhön

Michelsrombach (10 km ↙)
✱ Zum Stern
Biebergasse 2, ✉ 36088, ☎ (0 66 52) 25 75,
Fax 7 28 51, ED
31 Zi, Ez: 50-55, Dz: 80-84, ⌐ WC; P 🚗
2⇔40 🍽
Rezeption: 11.30-24

Hürtgenwald 42 ↑

Nordrhein-Westfalen — Kreis Düren —
370 m — 8 500 Ew — Düren 8,
Aachen 12 km
🛈 ☎ (0 24 29) 3 09 42, Fax 3 09 70 —
Gemeindeverwaltung, im Ortsteil Klein-
hau, August-Scholl-Str 5, 52393 Hürtgen-
wald; Ort in der Voreifel. Sehenswert:
Wehebachstausee (von Kleinhau 4 km ↘);
Mestrenger Mühle im Kalltal;
Krawutschke-Turm ◉

Simonskall
✱✱ Landhotel Kallbach (Silencehotel)
♂ Haus Nr. 24 - 26, ✉ 52393, ☎ (0 24 29)
12 74, Fax 20 69, AX DC ED VA
45 Zi, Ez: 100-120, Dz: 150-170, ⌐ WC ☎;
Lift P 🚗 6⇔150 ≋ Sauna Solarium
✱✱ Hauptgericht 26; Biergarten

✱ Talschenke
Haus Nr 1, ✉ 52393, ☎ (0 24 29) 71 53,
Fax 20 63, ED
Hauptgericht 20; Gartenlokal P Terrasse;
geschl: Mo, Jan
✱ ♂ 12 Zi, Ez: 80, Dz: 120, ⌐ WC ☎;
1⇔20
Rezeption: 9-22; geschl: Mo, Jan

Vossenack
✱✱ Zum Alten Forsthaus (Landidyll Hotel)
Germeter Str 49, ✉ 52393, ☎ (0 24 29)
78 22, Fax 21 04, DC VA
38 Zi, Ez: 100-135, Dz: 150-195, 2 Suiten, ⌐
WC ☎, P 🚗 4⇔100 ≋ Fitneßraum Kegeln
Sauna Solarium
Auch Zimmer der Kategorie ✱ vorhanden
✱✱ Hauptgericht 26; Terrasse

Hürth 42 ↗

Nordrhein-Westfalen — Erftkreis — 96 m
— 51 000 Ew — Erftstadt 10, Köln 11 km
🛈 ☎ (0 22 33) 5 31 05, Fax 5 31 47 — Pressereferat, Rathaus, 50354 Hürth. Sehenswert:
Wasserburgen Kendenich und Gleuel (mit
Oldtimer-Museum); Burg Efferen; Burgruine Fischenich; Römerkanal - Wanderweg und Reste der 100 km langen
Eifelwasserleitung nach Köln

✱✱ Hansa-Hotel
Theresienhöhe/Ecke Friedrich-Ebert-Str,
✉ 50354, ☎ (0 22 33) 9 44 00,
Fax 9 44 01 50, AX DC ED VA
164 Zi, Ez: 139-355, Dz: 199-429, S;
9 Suiten, 12 App, ⌐ WC ☎, 30◨; Lift P 🚗
Fitneßraum Sauna Solarium
✱✱ Hauptgericht 27; Biergarten

Alt-Hürth
✱✱ Lindenhof
♡ Lindenstr 19, ✉ 50354, ☎ (0 22 33)
4 25 19, Fax 4 59 61, AX DC ED VA
Hauptgericht 30; geschl: Mo + Sa mittags

Burbach
✱✱ Trüffel im Burbacher Hof
Zur Gotteshülfe 47, ✉ 50354, ☎ (0 22 33)
3 47 33, Fax 3 72 76, AX DC ED VA
Hauptgericht 39; geschl: so + feiertags, Sa
mittags

Fischenich (2 km ↘)
✱✱ Breitenbacher Hof
Raiffeisenstr 64, ✉ 50354, ☎ (0 22 33)
4 70 10, Fax 47 01 11, AX DC ED VA
33 Zi, Ez: 110-145, Dz: 140-180, ⌐ WC ☎; P
Tennis 4
✱✱ Hauptgericht 30

Kalscheuren (2 km →)
✱✱ Euro Media
♂ Ursulastr 29, ✉ 50354, ☎ (0 22 33)
97 40 20, Fax 9 74 02 99, AX DC ED VA
50 Zi, Ez: 95-265, Dz: 140-310, 7 Suiten, ⌐
WC ☎, 16◨; Lift P 4⇔110 🍽

Hüttgeswasen siehe Allenbach

Hummersen siehe Lügde

Husum 9↖

Schleswig-Holstein — Kreis Nordfriesland — 5 m — 21 000 Ew — Schleswig 35, Flensburg 42 km
🛈 ☏ (0 48 41) 8 98 70, Fax 47 28 — Tourist-Information, Großstr 27, 25813 Husum; Hafenstadt an der Westküste. Sehenswert: Marienkirche; Nissenhaus: Nordfriesisches Museum; Ostenfelder Bauernhaus: Freilichtmuseum; Storm-Museum; Schloßgarten; Schiffahrtsmuseum; Roter Hauburg (10 km ↗); Altstadt

**** Altes Gymnasium
↻ ⋜ Süderstr 6, ✉ 25813, ☏ (0 48 41) 83 30, Fax 8 33 12, AX DC ED VA
72 Zi, Ez: 205-225, Dz: 260-290, ⌁ WC ☏, 20⌂; Lift 🅿 5⇔200 ≙ Fitneßraum Sauna Solarium
Ehemaliges „Königlich Preußisches Gymnasium" aus dem 19.Jahrhundert

*** Eucken ☕
Hauptgericht 36; Terrasse

** Wintergarten
Hauptgericht 30

** Theodor Storm
Neustadt 60, ✉ 25813, ☏ (0 48 41) 8 96 60, Fax 8 19 33, AX DC ED VA
56 Zi, Ez: 85-128, Dz: 150-200, ⌁ WC ☏; Lift 🅿 🚗 2⇔100
Auch Zimmer der Kategorie *** vorhanden

** Husums Brauhaus
Hauptgericht 30; Biergarten

* Hinrichsen
Süderstr 35, ✉ 25813, ☏ (0 48 41) 50 51, Fax 28 01
43 Zi, Ez: 69-110, Dz: 110-140, 3 App, ⌁ WC ☏; 🅿 🚗; garni

* Thomas-Hotel
Zingel 7, ✉ 25813, ☏ (0 48 41) 60 87, Fax 8 15 10, AX DC ED VA
36 Zi, Ez: 80-125, Dz: 140-155, ⌁ WC ☏; Lift 🅿 🚗 2⇔140

* Hauptgericht 20

* Am Schloßpark
Hinter der Neustadt 76, ✉ 25813, ☏ (0 48 41) 2 02 2- 24, Fax 6 20 62, AX ED VA
36 Zi, Ez: 79-115, Dz: 135-180, ⌁ WC ☏; 🅿 🚗 Solarium; garni
Golf 9

* Osterkrug
Osterende 56, ✉ 25813, ☏ (0 48 41) 28 85, Fax 28 81, ED
31 Zi, Ez: 90-110, ⌁ WC ☏, 10⌂; 🅿 2⇔100
Auch einfachere Zimmer vorhanden

* Rosenburg
Schleswiger Chaussee 65, ✉ 25813, ☏ (0 48 41) 96 05 -0, Fax 7 38 93, AX DC ED VA
14 Zi, Ez: 75-95, Dz: 125-150, ⌁ WC ☏; 🅿 Golf 9

** Hauptgericht 27; Terrasse

Husum-Außerhalb (2 km ←)

** Nordseehotel
einzeln ↻ ⋜ Dockkoog, ✉ 25813, ☏ (0 48 41) 50 21, Fax 6 32 37, AX DC ED VA
23 Zi, Ez: 85-110, Dz: 135-190, ⌁ WC ☏; Lift 🅿 🚗 ≙ Sauna Solarium 🚗
Rezeption: 7-21.30
Auch Zimmer der Kategorie * vorhanden

* Hauptgericht 21

Huzenbach siehe Baiersbronn

Ibach 67↖

Baden-Württemberg — Kreis Waldshut — 900 m — 390 Ew — St. Blasien 6, Bad Säckingen 34 km
🛈 ☏ (0 76 72) 8 42, Fax 24 97 — Bürgermeisteramt, Ober-Ibach 6, 79837 Ibach; Erholungsort im südlichen Schwarzwald. Sehenswert: Kath. Kirche; Gletschermühle

---

Mutterslehen (6 km ↑)

* Schwarzwaldgasthof Hirschen
↻ ⋜ ✉ 79837, ☏ (0 76 72) 8 66, Fax 94 12, AX ED VA
15 Zi, Ez: 74-83, Dz: 128-146, ⌁ WC ☏; 🅿 Sauna Solarium
geschl: Di

* Hauptgericht 30; Terrasse; geschl: Di

Ibbenbüren 24↙

Nordrhein-Westfalen — Kreis Steinfurt — 70 m — 46 252 Ew — Tecklenburg 8, Greven 22, Rheine 24 km
🛈 ☏ (0 54 51) 5 37 77, Fax 5 32 44 — Tourist-Information, am Bahnhof, 49477 Ibbenbüren; Stadt am Teutoburger Wald. Sehenswert: Christuskirche; Ludwig-Kirche; Botanischer Garten; Auto-Museum ☏ (0 54 51) 68 06; Motorrad-Museum ☏ (054 51) 64 54; Dörenther Klippen ⋜ (6 km ↓)

---

* Brügge
Münsterstr 201, ✉ 49479, ☏ (0 54 51) 9 40 50, Fax 94 05 32, ED VA
Hauptgericht 25; Biergarten 🅿; geschl: Mo, 4 Wochen in den Sommerferien

* 16 Zi, Ez: 75, Dz: 128, ⌁ WC ☏; 🚗 1⇔25 Kegeln →

Ibbenbüren

Lehen (3 km ↓)
★★ Residence Hubertushof
Münsterstr 222, ⌧ 49479, ☎ (0 54 51)
9 41 00, Fax 94 10 90, AX DC ED VA
21 Zi, Ez: 90-135, Dz: 140-180, 2 Suiten,
2 App, ⌐ WC ☎; P 🚗 2✪50 🍴
Auch Zimmer der Kategorie ★★★ vorhanden
✱ Hauptgericht 25; Terrasse;
geschl: Di, Jan

Iburg, Bad 24 ↓

Niedersachsen — Kreis Osnabrück —
125 m — 11 000 Ew — Osnabrück 16,
Warendorf 26, Münster 42 km
🛈 ☎ (0 54 03) 40 16 12, Fax 40 43 33 — Kurverwaltung, Am Gografenhof 4, 49186 Bad
Iburg; Kneippheilbad im Osnabrücker
Land. Sehenswert: Schloß: ehem. Benediktinerabtei (Rittersaal, Bennoturm,
Klosterkirche, Schloßkirche); Fleckenskirche St. Nikolaus; Altes Forsthaus Freudenthal; Märchenwald; Uhrenmuseum;
Töpferei- und Münz-Museum; Roller- und
Kleinwagenmuseum

★★ Im Kurpark
Philipp-Sigismund-Allee 4, ⌧ 49186,
☎ (0 54 03) 40 10, Fax 40 14 44, AX DC ED VA
44 Zi, Ez: 98-120, Dz: 145, 7 Suiten, ⌐ WC
☎, 12🏠; Lift P 🚗 6✪200 ≈ 🏊 Kegeln
Sauna Solarium 🍴

✱ Waldhotel Felsenkeller
Charlottenburger Ring 46, ⌧ 49186,
☎ (0 54 03) 8 25, Fax 8 04, AX ED
28 Zi, Ez: 65-70, Dz: 95-115, ⌐ WC ☎; Lift P
🚗 1✪120 🍴 🍴
geschl: im Winter Fr, Anfang Jan-Mitte Feb

✱ Gasthof zum Freden
Zum Freden 41, ⌧ 49186, ☎ (0 54 03) 40 50,
Fax 17 06, AX ED VA
39 Zi, Ez: 60-75, Dz: 100-120, ⌐ WC ☎; P 🚗
3✪25 Fitneßraum Sauna Solarium
geschl: Mitte Jan-Anfang Feb
★★ Hauptgericht 30; Terrasse;
geschl: Do, Mitte Jan-Anfang Feb

Bad Iburg-Außerhalb (2 km ↑)
✱ Zum Dörenberg
◀ Osnabrücker Str 145, ⌧ 49186,
☎ (0 54 03) 3 43, Fax 49 66, VA
16 Zi, Ez: 60, Dz: 120, ⌐ WC ☎; P 🚗 2✪20
🍴
geschl: Mo, Di, 2 Wochen im Jul

Ichenhausen 63 ↙

Bayern — Kreis Günzburg — 460 m —
7 822 Ew — Günzburg 10, Krumbach 15 km
🛈 ☎ (0 82 23) 4 00 50 — Verwaltungsgemeinschaft, Heinrich-Sinz-Str 14,
89335 Ichenhausen

✱ Zum Hirsch
Heinrich-Sinz-Str 1, ⌧ 89335, ☎ (0 82 23)
20 33/9 68 70, Fax 9 68 72 35, ED VA
25 Zi, Ez: 55-60, Dz: 99-106, 1 Suite, ⌐ WC
☎; P 🚗 3✪60
geschl: So abends, 1 Woche im Aug

Ichtershausen 47 ↗

Thüringen — Kreis Arnstadt — 200 m —
4 000 Ew — Arnstadt 5, Erfurt 16 km
🛈 ☎ (0 36 28) — Gemeindeverwaltung,
99334 Ichtershausen

✱ Residenz
Erfurter Str 31, ⌧ 99334, ☎ (0 36 28) 91 00,
Fax 91 00, AX
31 Zi, Ez: 100, Dz: 150, 1 Suite, ⌐ WC ☎; P
🍴

Eischleben (1,5 km ↗)
✱ Krone
Erfurter Str 22, ⌧ 99334, ☎ (0 36 28)
7 55 79-7 58 77, Fax 64 03 75, AX DC ED VA
10 Zi, Ez: 80, Dz: 130, ⌐ WC ☎; P 🍴

Icking 72 ←

Bayern — Kreis Bad Tölz-Wolfratshausen
— 636 m — 3 191 Ew — München 26 km
🛈 ☎ (0 81 78) 57 11 — Gemeindeverwaltung, 82057 Icking

★★ Forelle
Kirchenleite 37, ⌧ 82057, ☎ (0 81 78) 13 51,
AX DC ED VA
Hauptgericht 25; geschl: Di

Idar-Oberstein 53 ↖

Rheinland-Pfalz — Kreis Birkenfeld —
350 m — 35 000 Ew — Kirn 17, Birkenfeld 20 km
🛈 ☎ (0 67 81) 6 44 21, Fax 6 44 25 — Fremdenverkehrsamt, Georg-Maus-Str 1,
55743 Idar-Oberstein; Stadt an der Nahe;
Edelstein- und Schmuckindustrie. Sehenswert: Deutsches Edelsteinmuseum in der
Diamant- und Edelsteinbörse; Edelsteinmine und -schleifereien, hist. Weilerschleife, Felsenkirche, Alte und Neue
Burg; Stadtmuseum

Messe:
INTREGEM, 26.-29.9.97

Idar
✱ Zum Schwan
Hauptstr 25, ⌧ 55743, ☎ (0 67 81) 9 44 30,
Fax 14 40, AX ED VA
15 Zi, Ez: 95-105, Dz: 140-160, ⌐ WC ☎; P
🚗 3✪150
Rezeption: 12-14; geschl: So+feiertags
✱ Hauptgericht 33; geschl: So+
feiertags

Illschwang

Oberstein
* **City-Hotel**
Otto-Decker-Str 15, ✉ 55743, ☎ (0 67 81) 50 55-0, Fax 50 55-50, AX DC ED VA
15 Zi, Ez: 90, Dz: 130, ⊣ WC ☎; 🖳; garni
Rezeption: 6.30-21

* **Edelstein Hotel**
Hauptstr 302, ✉ 55743, ☎ (0 67 81) 2 30 58, Fax 2 64 41, AX DC ED VA
17 Zi, Ez: 85, Dz: 130, ⊣ WC ☎; 🅿 1↔30 Sauna; **garni**
Rezeption: 6.30-21

Idstein 44 ↓

Hessen — Rheingau-Taunus-Kreis — 400 m — 20 000 Ew — Wiesbaden 18, Frankfurt/Main 30 km
🅘 ☎ (0 61 26) 7 82 15, Fax 7 82 80 — Fremdenverkehrsamt, König-Adolf-Platz 2, 65510 Idstein; Städtchen im Taunus.
Sehenswert: Ev. Unionskirche: Grabmale; Schloß; Bergfried (Hexenturm); Rathaus; Killingerhaus

** **Höerhof**
♂ 🌿 Obergasse 26, ✉ 65510, ☎ (0 61 26) 5 00 26, Fax 50 02 26, AX DC ED VA
10 Zi, Ez: 240-390, Dz: 260, 4 Suiten, ⊣ WC ☎; 🅿 2↔20
Golf 18; Hist. Fachwerkhaus - Inneneinrichtung in modernem Design
** 🌿 Hauptgericht 45; Gartenlokal

* **Goldenes Lamm**
Himmelgasse 7, ✉ 65510, ☎ (0 61 26) 13 81, Fax 13 66
20 Zi, Ez: 80-100, Dz: 130, ⊣ WC ☎; 🍷

* **Zum Tal**
Marktplatz 4, ✉ 65510, ☎ (0 61 26) 30 67, ED VA
Hauptgericht 30; Biergarten 🅿; 🛏; nur abends

* **Gasthof Zur Peif**
Himmelsgasse 2, ✉ 65510, ☎ (0 61 26) 5 73 57, ED VA
Hauptgericht 25; nur abends; geschl: Mi, 3 Wochen im Okt, 1 Woche im Jan

Iffeldorf 71 □

Bayern — Kreis Weilheim-Schongau — 605 m — 2 074 Ew — Penzberg 4, Weilheim 21 km
🅘 ☎ (0 88 59) 28 00, Fax 8 22 22 — Verkehrsamt, Hofmark 9, 82393 Iffeldorf

** **Landgasthof Osterseen**
♂ 🌿 Hofmark 9, ✉ 82393, ☎ (0 88 56) 10 11, Fax 96 06, AX DC ED VA
24 Zi, Ez: 108-138, Dz: 180-210, ⊣ WC ☎; 🅿 🖳 1↔20 Kegeln Sauna
** Hauptgericht 25; Terrasse; geschl: Di, 2.-31.97

Igelsberg siehe Freudenstadt

Ihringen 67 ←

Baden-Württemberg — Kreis Breisgau-Hochschwarzwald — 204 m — 4 900 Ew — Breisach 6, Freiburg 28 km
🅘 ☎ (0 76 68) 92 00, Fax 92 90 — Fremdenverkehrsbüro, Bachenstr 38, 79241 Ihringen; größte Weinbaugemeinde Badens, am Südhang des Kaiserstuhls, mit dem wärmsten Klima Deutschlands

** **Bräutigam**
Bahnhofstr 1, ✉ 79241, ☎ (0 76 68) 9 03 50, Fax 90 35 69, AX DC ED VA
41 Zi, Ez: 50-80, Dz: 140-160, 1 Suite, ⊣ WC ☎, 5🛏; 🅿 🖳 Solarium
geschl: 2 Wochen im Jan
** Hauptgericht 30; geschl: Mi, 2 Wochen im Jan

** **Winzerstube**
Wasenweiler Str 36, ✉ 79241, ☎ (0 76 68) 50 51, Fax 93 79, AX ED VA
Hauptgericht 30; Gartenlokal; geschl: Di, 2 Wochen im Jan, 2 Wochen im Jul

Illertissen 70 ↖

Bayern — Kreis Neu-Ulm — 513 m — 14 500 Ew — Ulm 22, Memmingen 30 km
🅘 ☎ (0 73 03) 1 72 21, Fax 1 72 27 — Stadtverwaltung, Hauptstr 14, 89257 Illertissen.
Sehenswert: St.-Martin-Kirche; Vöhlinschloß; Bienenmuseum; Heimatmuseum; hist. Zehentstadel

** **Am Schloß**
♂ 🌿 Schloßallee 17, ✉ 89257, ☎ (0 73 03) 9 64 00, Fax 4 22 68, ED VA
17 Zi, Ez: 85-110, Dz: 120-150, ⊣ WC ☎; 🅿 🖳 Sauna Solarium 🍽
geschl: Sa, Ende Dez-Anfang Jan

** **Gasthof Krone**
Auf der Spöck 2, ✉ 89257, ☎ (0 73 03) 34 01, Fax 4 25 94, ED
Hauptgericht 35; Gartenlokal 🅿; geschl: Mi

🍷 **Rau**
Hauptstr 17, ✉ 89257, ☎ (0 73 03) 34 94, Fax 27 97
9-18; geschl: Mo

Dornweiler
** **Dornweiler Hof**
Dietenheimer Str 91, ✉ 89257, ☎ (0 73 03) 27 81, Fax 78 11, AX DC ED VA
Hauptgericht 30; Gartenlokal 🅿; geschl: Di, 3 Wochen im Jan

Illschwang 58 ↓

Bayern — Kreis Amberg Sulzbach — 540 m — 1 530 Ew — Sulzbach-Rosenberg 9 km
🅘 ☎ (0 96 66) 2 35 — Gemeindeverwaltung, 92278 Illschwang →

Illschwang

* **Weißes Roß**
Am Kirchberg 1, ⊠ 92278, ☎ (0 96 66) 2 23, Fax 2 84, AX DC ED VA
32 Zi, Ez: 65-70, Dz: 100-130, 1 Suite, ⇩ WC ☎; Lift P 🚗 3⇔80 🔸
geschl: Mo, 1 Woche im Nov, 1 Woche im Jan
Auch Zimmer der Kategorie ** vorhanden
* Hauptgericht 22; Biergarten

Ilmenau 47 □

Thüringen — Kreis Arnstadt — 500 m — 27 000 Ew — Erfurt 40, Coburg 71 km
ℹ ☎ (0 36 77) 6 21 32, Fax 25 02 — Ilmenau-Information, Lindenstr 12, 98693 Ilmenau; Stadt an der Klassikerstraße Thüringen. Sehenswert: Goethestadt mit Goethe-Gedenkstätten; Rathaus; Stadtkirche; Jagdhaus auf dem Kickelhahn; Goethe-Wanderweg

** **Die Tanne**
Lindenstr 38, ⊠ 98693, ☎ (0 36 77) 65 90, Fax 65 95 03, ED
99 Zi, Ez: 90-120, Dz: 135-145, 12 Suiten, 4 App, ⇩ WC ☎, 90🚗; Lift 🚗 4⇔130 Fitneßraum Sauna Solarium

** **Lindenhof**
Lindenstr 7, ⊠ 98693, ☎ (0 36 77) 6 80 00, Fax 68 00 88, AX DC ED VA
30 Zi, Ez: 90, Dz: 130-150, ⇩ WC ☎; Lift P 1⇔60 Sauna Solarium 🍽 🔸

* **Ilmenauer Hof**
Erfurter Str 38, an der B 4, ⊠ 98693, ☎ (0 36 77) 6 76 10, Fax 67 61 67, AX DC ED VA
50 Zi, Ez: 90-120, Dz: 120-150, ⇩ WC ☎, 8🚗; Lift P 🚗 1⇔40; garni

* **Pension Melanie**
Heinrich-Heine-Str 3, ⊠ 98693, ☎ (0 36 77) 67 01 45, Fax 89 42 46
6 Zi, Ez: 55-60, Dz: 75-80, 1 Suite, ⇩ WC ☎; P 1⇔16; garni

Ilmenau-Außerhalb (4,5 km ↓, Richtung Neuhaus am Rennsteig)
*** **Berg- und Jagdhotel Gabelbach**
einzeln ♂ ≼ Waldstr 23 a, ⊠ 98693, ☎ (0 36 77) 20 25 55, Fax 31 06, AX ED VA
60 Zi, Ez: 90-120, Dz: 140-240, 17 Suiten, WC ☎, 12🚗; Lift P 🚗 8⇔120 ⊆ Fitneßraum Kegeln Sauna Solarium 🔸
** Hauptgericht 25; Terrasse

Manebach (6 km ↙)
** **Moosbach**
♂ Schmücker-Str 112, ⊠ 98693, ☎ (0 36 77) 6 19 79, Fax 89 42 72, AX ED VA
27 Zi, Ez: 89, Dz: 138-158, ⇩ WC ☎; Lift P 🚗 Fitneßraum Sauna Solarium 🍽 🔸

Unterpörlitz (3 km ↗)
* **Pörlitz**
Hohe Str 2, ⊠ 98693, ☎ (0 36 77) 6 32 25, Fax 6 32 25, AX DC ED VA
18 Zi, Ez: 90, Dz: 120-140, ⇩ WC ☎; P 🍽
Rezeption: 10-24

Ilsenburg 37 ↖

Sachsen-Anhalt — Kreis Wernigerode — 240 m — 7 200 Ew — Wernigerode 10, Bad Harzburg 14 km
ℹ ☎ (03 94 52) 81 12, Fax 2 49 — Fremdenverkehrsamt, Marktplatz 1, 38871 Ilsenburg. Sehenswert: Klosterkirche; Marienkirche; Hüttenmuseum; Fürst-Stolberg-Hütte; Ilsestein-Ilsefälle; Wanderweg zum Brocken

*** **Zu den Rothen Forellen**
Marktplatz 2, ⊠ 38871, ☎ (03 94 52) 93 93, Fax 93 99, AX DC ED VA
48 Zi, Ez: 170-270, Dz: 220-310, 3 Suiten, ⇩ WC ☎, 4🚗; Lift P 6⇔100 ⊆ Bowling Sauna Solarium 🍽 🔸
*** Hauptgericht 38; Gartenlokal Terrasse

* **Kurpark-Hotel Im Ilsetal**
Ilsetal 16, ⊠ 38871, ☎ (03 94 52) 95 60, Fax 9 56 66, AX ED VA
25 Zi, Ez: 70-95, Dz: 125-120, 7 Suiten, ⇩ WC ☎, 3🚗; P 🚗 2⇔40 Fitneßraum Sauna Solarium 🍽 🔸

* **Stadt Stolberg**
Faktoreistr 5, ⊠ 38871, ☎ (03 94 52) 95 10, Fax 9 51 55
28 Zi, Ez: 75-85, Dz: 120-145, ⇩ WC ☎; P 🚗 4⇔30 🍽

Ilsfeld 61 ↗

Baden-Württemberg — Kreis Heilbronn — 249 m — 7 300 Ew — Heilbronn 13, Ludwigsburg 25 km
ℹ ☎ (0 70 62) 9 04 20, Fax 90 42 19 — Gemeindeverwaltung, Rathausstr 8, 74360 Ilsfeld

* **Ochsen**
König-Wilhelm-Str 31, ⊠ 74360, ☎ (0 70 62) 68 01, Fax 6 49 96
30 Zi, Ez: 74, Dz: 104-108, ⇩ WC ☎; Lift P 🚗 1⇔20 Kegeln 🍽
geschl: Mi bis 17, Jan

Auenstein (3,5 km ↘)
* **Skala**
Im Mühlhof 5, ⊠ 74360, ☎ (0 70 62) 9 06 00, Fax 90 60 50, AX ED VA
14 Zi, Ez: 85, Dz: 125, ⇩ WC ☎; P 1⇔20 🍽

Ilshofen 62 ↗

Baden-Württemberg — Kreis Schwäbisch Hall — 435 m — 4 700 Ew — Crailsheim 14, Schwäbisch Hall 18 km
ℹ ☎ (0 79 04) 70 20, Fax 7 02 12 — Stadtverwaltung, Am Markt 6, 74532 Ilshofen.
Sehenswert: Haller Torturm; Burgruine Leofels (6 km ↑)

** Parkhotel
◁ Parkstr 2, ✉ 74532, ☎ (0 79 04) 70 30, Fax 70 32 22, AX DC ED VA
64 Zi, Ez: 134-178, Dz: 178-225, 6 Suiten, ⌐ WC ☎, 6⌂; Lift P ⌾ 8⟳250 ⇌ Kegeln Sauna Solarium ⚡
** Panorama-Restaurant
Hauptgericht 30; Biergarten Terrasse

* Brauereigasthof Post (Landidyll Hotel)
Hauptstr 5, ✉ 74532, ☎ (0 79 04) 7 03 55, Fax 70 32 22, AX DC ED VA
31 Zi, Ez: 40-65, Dz: 65-95, ⌐ WC ☎; P 1⟳50 ◉
Rezeption: 11-14, 17.30-24; geschl: Sa, 2 Wochen in den Sommerferien
Auch einfachere Zimmer vorhanden

Immenstaad 69 ↙

Baden-Württemberg — Bodenseekreis — 400 m — 5 924 Ew — Friedrichshafen 9, Meersburg 9 km
ℹ ☎ (0 75 45) 20 11 10, Fax 20 12 08 — Verkehrsamt, Dr.-Zimmermann-Str 1, 88090 Immenstaad; Erholungsort am Bodensee. Sehenswert: „Schwörerhaus", Schloß Kirchberg (18. Jh.), Schloß Hersberg (16. Jh.), Museum „Zum Puppenhaus" in Kippenhausen; Schiffsfahrt nach Meersburg und zur Insel Mainau

** Heinzler
♂ ◁ Am Strandbad 3, ✉ 88090, ☎ (0 75 45) 93 19-0, Fax 32 61, ED VA
28 Zi, Ez: 100-130, Dz: 160-280, 7 Suiten, ⌐ WC ☎; Lift P ≋ Strandbad Seezugang Fitneßraum Sauna Solarium
geschl: Mi im Winter, Mitte Jan-Mitte Feb
** ◁ Hauptgericht 30; ✤
geschl: Mo

* Seehof
♂ ◁ Am Yachthafen, ✉ 88090, ☎ (0 75 45) 93 60, Fax 93 61 33, AX ED VA
38 Zi, Ez: 99-140, Dz: 145-210, ⌐ WC ☎; P ⌾ ≋ Strandbad Seezugang ⚡
** Hauptgericht 33; Gartenlokal ✤
Terrasse; geschl: im Winter Mo

* Adler
Dr.-Zimmermann-Str 2, ✉ 88090,
☎ (0 75 45) 14 79, Fax 13 11, ED
33 Zi, Ez: 70-80, Dz: 100-120, ⌐ WC ☎; P ⌾ Sauna Solarium
geschl: Sa im Winter, Jan
◉ Hauptgericht 25; geschl: im Winter Sa

Immenstadt i. Allgäu 70 ↙

Bayern — Kreis Oberallgäu — 732 m — 13 000 Ew — Sonthofen 7, Oberstaufen 16, Kempten 21 km
ℹ ☎ (0 83 23) 3 04 81, Fax 78 46 — Gästeamt, Marienplatz 3, 87509 Immenstadt; Luftkurort und Wintersportplatz. Sehenswert: Kirche St. Nikolaus, Großer Alpsee (3 km ↘), Stadtschloß am Marienplatz, Burgruine Laubenbergerstein

* Lamm
Kirchplatz 2, ✉ 87509, ☎ (0 83 23) 61 92, Fax 5 12 17
28 Zi, Ez: 50-75, Dz: 100-140, ⌐ WC; P ⌾
Restaurant für Hausgäste. Auch Zimmer der Kategorie ** vorhanden

* Steineberg
Edmund-Probst-Str 1, ✉ 87509,
☎ (0 83 23) 96 46-0, Fax 96 46-99
16 Zi, Ez: 65, Dz: 110, 15 App, ⌐ WC ☎; Lift P ◉
geschl: Mo, Jan

* Deutsches Haus
Färberstr 10, ✉ 87509, ☎ (0 83 23) 89 94, ED
Hauptgericht 20; P Terrasse; geschl: Di, Mitte Mär

⚡ Park-Café
Hofgartenstr 12, ✉ 87509, ☎ (0 83 23) 63 15, Fax 63 18
9-18; geschl: Sa

Bühl (3 km ↘)
** Rothenfels
◁ Missener Str 60, ✉ 87509, ☎ (0 83 23) 9 19-0, Fax 91 91 91, AX DC ED VA
33 Zi, Ez: 85-130, Dz: 118-216, ⌐ WC ☎; Lift P ⌾ 1⟳20 ⇌ Fitneßraum Sauna Solarium ◉ ⚡
geschl: Fr in der Nebensaison, Mitte Nov-Mitte Dez
Auch Zimmer der Kategorie *** vorhanden

Knottenried (7 km ↘)
* Bergstätter Hof
◁ Haus Nr 17, ✉ 87509, ☎ (0 83 20) 2 87, Fax 12 51
Hauptgericht 25; P Terrasse ⌂; geschl: Mo, Di, Anfang Nov-Mitte Dez

Stein (2,5 km ↗)
* Krone
✉ 87509, ☎ (0 83 23) 88 54, Fax 5 11 37, AX ED VA
20 Zi, Ez: 70-75, Dz: 108-128, ⌐ WC ☎; P ⌾ 1⟳30 Sauna Solarium ◉
geschl: Di, Nov
Auch Zimmer der Kategorie ** vorhanden

* Eß
♂ Daumenweg 9, ✉ 87509, ☎ (0 83 23) 81 04, Fax 96 21 20
16 Zi, Ez: 50-70, Dz: 116-130, ⌐ WC ☎; P Sauna; **garni**
Rezeption: 7-21

Ingelfingen 55 ↘

Baden-Württemberg — Hohenlohekreis — 220 m — 5 600 Ew — Künzelsau 4, Bad Mergentheim 32 km
ℹ ☏ (0 79 40) 1 30 90, Fax 67 16 — Stadtverwaltung, Schloßstr 12, 74653 Ingelfingen; Ort im Kochertal. Sehenswert: Ev. Kirche; Burgruine Lichteneck; hist. Altstadt

** Schloß-Hotel
Schloßstr 14, ✉ 74653, ☏ (0 79 40) 60 77, Fax 5 75 78, AX DC ED VA
23 Zi, Ez: 110, Dz: 150, ⊣ WC ☏; 🅿 1↔20; garni
geschl: 3 Wochen im Aug

* Haus Nicklass
Mariannenstr 47, ✉ 74653, ☏ (0 79 40) 9 10 10, Fax 91 01 99, AX DC ED VA
33 Zi, Ez: 55-85, Dz: 70-130, S; 2 App, ⊣ WC ☏; 🅿 🖳 Fitneßraum Sauna Solarium ⓄⓁ
Im 100 m entfernten Gästehaus auch Zimmer der Kategorie ***** vorhanden

* Weinstüble
Hauptgericht 21; Terrasse; geschl: Fr, 27.12.96-15.1.97

Ingelheim 54 ↘

Rheinland-Pfalz — Kreis Mainz-Bingen — 130 m — 23 000 Ew — Bingen 14, Mainz 17 km
ℹ ☏ (0 61 32) 78 20, Fax 78 21 34 — Stadtverwaltung, Neuer Markt 1, 55218 Ingelheim

** Rheinkrone
Dammstr 14, ✉ 55218, ☏ (0 61 32) 98 21 10, Fax 9 82 11 33, AX DC ED VA
18 Zi, Ez: 115-160, Dz: 150-180, 2 Suiten, ⊣ WC ☏; Lift 🅿 1↔20 ⓄⓁ

* Erholung
Binger Str 92, ✉ 55218, ☏ (0 61 32) 7 30 63, Fax 7 31 59, AX ED VA
13 Zi, Ez: 95, Dz: 150, ⊣ WC ☏; 🅿; garni
Rezeption: 7-21; geschl: So 12-18, Ende Dez-Anfang Jan

Ingolstadt 64 □

Bayern — Stadtkreis — 374 m — 109 983 Ew — Donauwörth 57, Regensburg 73, München 80 km
ℹ ☏ (08 41) 30 54 17, Fax 30 54 15 — Verkehrsamt, Rathausplatz 2 (B 2), 85049 Ingolstadt; Stadt an der Donau; Stadttheater. Sehenswert: Asamkirche Maria de Viktoria; Liebfrauenmünster; Moritzkirche; Franziskanerkirche; turmreiche Stadtmauer: Kreuztor; Neues Schloß: Bayerisches Armeemuseum; Medizinhist. Museum; Spielzeugmuseum; Museum für Konkrete Kunst

*** Queens Hotel Ingolstadt
Goethestr 153 (außerhalb C 1), ✉ 85055, ☏ (08 41) 50 30, Fax 50 37, AX DC ED VA
119 Zi, Ez: 130-218, Dz: 160-286, S; ⊣ WC ☏, 12🖂; Lift 🅿 9↔160 Sauna Solarium

** Maximilian
Hauptgericht 30; Terrasse

** Domizil Hummel
♥ Feldkirchener Str 69 (außerhalb C 1), ✉ 85055, ☏ (08 41) 5 60 03, Fax 5 92 11,
39 Zi, Ez: 98-110, Dz: 130-145, 3 Suiten, 2 App, ⊣ WC ☏, 6🖂; 🅿 🖳 4↔150 Fitneßraum Sauna Solarium ⓄⓁ
geschl: Ende Dez-Anfang Jan

* Ara Hotel
Schollstr 10 a (außerhalb C 1), ✉ 85055, ☏ (08 41) 9 54 30, Fax 9 54 34 44, AX DC ED VA
95 Zi, Ez: 138, Dz: 151, ⊣ WC ☏, 10🖂; Lift 🅿 2↔120 ⓄⓁ

* Pius Hof
Gundekarstr 4 (außerhalb A 1), ✉ 85057, ☏ (08 41) 4 30 11, Fax 4 45 33, AX ED VA
50 Zi, Ez: 95-139, Dz: 135-170, ⊣ WC ☏; Lift 🅿 2↔200 Fitneßraum Kegeln Sauna Solarium
geschl: Ende Dez-Anfang Jan

** Thomas Stub'n
Hauptgericht 30

* Bavaria
♥ Feldkirchener Str 67 (außerhalb C 1), ✉ 85055, ☏ (08 41) 9 53 40, Fax 5 88 02, AX DC ED VA
40 Zi, Ez: 65-100, Dz: 125-130, ⊣ WC ☏; Lift 🅿 🖳 ≋ Fitneßraum Sauna Solarium; garni

* Pfeffermühle
Manchinger Str 68, ✉ 85053, ☏ (08 41) 96 50 20, Fax 6 61 42, AX ED VA
16 Zi, Ez: 98, Dz: 130, 4 Suiten, ⊣ WC ☏; 🅿 2↔90 Sauna Solarium ⓄⓁ ⚐

* Ammerland
Ziegeleistr 64 (außerhalb C 1), ✉ 85055, ☏ (08 41) 5 60 54, Fax 2 61 15, AX ED VA
28 Zi, Ez: 88-95, Dz: 128-135, ⊣ WC ☏, 2🖂; 🅿 🖳; garni
geschl: 20.12.96-10.1.97

* Bayerischer Hof
Münzbergstr 12 (B 3), ✉ 85049, ☏ (08 41) 14 03, Fax 1 77 02, AX DC ED VA
34 Zi, Ez: 90, Dz: 140, ⊣ WC ☏; Lift 🅿 Sauna Solarium ⓄⓁ
geschl: Sa abends, So, Anfang Jan

* Donau-Hotel
Münchener Str 10 (außerhalb B 3), ✉ 85051, ☏ (08 41) 6 25 00, Fax 6 87 44, AX DC ED VA
52 Zi, Ez: 96, Dz: 140-157, 2 Suiten, ⊣ WC ☏; Lift 🅿 🖳 2↔110
geschl: 1.1.-7.1.97

** Wilder Wein ⚑
Hauptgericht 30; geschl: So abends, Sa, Anfang Jan, Aug

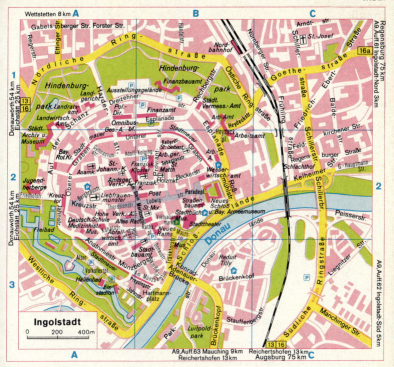

Ingolstadt

✶✶ Restaurant im Stadttheater
◁ Schloßlände 1 (B 2), ✉ 85049, ☎ (08 41)
93 51 50, Fax 9 35 15 20, DC ED VA
Hauptgericht 30; Terrasse; geschl: So
abends, Mo ganztags, Mitte Aug-Anfang
Sep

Unsernherrn (2 km ↓)

✶ Pension Eisinger
♂ Dorfstr 17 a, ✉ 85051, ☎ (08 41) 97 36 60,
Fax 9 73 66 24
19 Zi, Ez: 58, Dz: 98, ⊿ WC ☎; 🅿 🅵 Sauna
Solarium; **garni**

Inning a. Ammersee   71 ↖

Bayern — Kreis Starnberg — 550 m —
4 110 Ew — Fürstenfeldbruck 15, Starnberg 20, Landsberg am Lech 23 km
ℹ ☎ (0 81 43) 70 22, Fax 84 82 — Verkehrsverein, Marktplatz 1, 82266 Inning —
Erholungsort. Sehenswert: Kath. Kirche;
Ammersee; Wörthsee (3 km ↘)

✶ Pension Broslhof
Bruckerstr 3, ✉ 82266, ☎ (0 81 43) 70 41,
Fax 9 54 82
18 Zi, Ez: 55-75, Dz: 85-110, 2 Suiten,
5 App, ⊿ WC ☎; 🅿 🅵 ⌂ Fitneßraum
Kegeln Solarium; **garni**
Rezeption: 8-20

Stegen (2 km ←)

✶ Gasthof Seehaus Schreyegg
◁ Landsberger Str 78, ✉ 82266,
☎ (0 81 43) 80 86, Fax 73 70, AX ED VA
14 Zi, Ez: 95, Dz: 145, ⊿ WC ☎; 🅿 Seezugang
Rezeption: 8-21; geschl: im Winter Di + Mi

✶✶ Seerestaurant
◁ Hauptgericht 35; Biergarten Terrasse

Insel Hiddensee siehe Rügen

Insul   42 →

Rheinland-Pfalz — Kreis Ahrweiler —
240 m — 470 Ew — Adenau 8, Altenahr
11 km
ℹ ☎ (0 26 95) 4 29 — Gemeindeverwaltung,
Hauptstr 39, 53520 Insul

✶ Haus Ewerts
♂ Ahrstr 13, ✉ 53520, ☎ (0 26 95) 3 80,
Fax 17 23
24 Zi, Ez: 65, Dz: 80-110, ⊿ WC; 🅿
Rezeption: 9-12, 18-20; geschl: Di, Mitte
Nov-Mitte Dez

✶   Hauptgericht 20; Biergarten;
geschl: Di, Mitte Nov-Mitte Dez

Inzell

Bayern — Kreis Traunstein — 700 m —
4 000 Ew — Bad Reichenhall 16 km
🛈 ☎ (0 86 65) 9 88 50, Fax 98 85 30 — Verkehrsverein, Rathausplatz 5, 83334 Inzell; Luftkur- und Wintersportort, Bundesleistungszentrum im Eis- und Rollschnellauf

*** Chiemgauer Hof
♂ ⋐ Lärchenstr 5, ✉ 83334, ☎ (0 86 65) 67 00, Fax 6 70 70, ED VA
84 Zi, Ez: 95-115, Dz: 150-190, 10 App, ⊣ WC ☎; Lift P 4⇄120 ≘ Fitneßraum Sauna Solarium
** Hauptgericht 30; Terrasse

** Sport- und Kurhotel Zur Post
Reichenhaller Str 2, ✉ 83334, ☎ (0 86 65) 9 85-0, Fax 67 72 19, AX DC ED VA
47 Zi, Ez: 80-110, Dz: 160-210, 2 Suiten, 16 App, ⊣ WC ☎, 5⊠; Lift P 🍴 1⇄50 ≘ Fitneßraum Sauna Solarium
geschl: 23.11.-14.12.97
** Hauptgericht 21; Terrasse; geschl: Ende Nov-Mitte Dez

** Bayerischer Hof
♂ ⋐ Kreuzfeldstr 55, ✉ 83334, ☎ (0 86 65) 67 70, Fax 67 72 19, AX DC ED VA
33 Zi, Ez: 75-100, Dz: 120-160, 10 Suiten, 54 App, ⊣ WC ☎, 2⊠; Lift P 🍴 1⇄100 ≘ Fitneßraum Sauna Solarium 🍽

⌑ Am Rathaus
Traunsteiner Str 4, ✉ 83334, ☎ (0 86 65) 16 23
P; 8-18; geschl: Apr, Nov

Schmelz (2 km ←)
* Gasthof Schmelz
Schmelzer Str 132, ✉ 83334, ☎ (0 86 65) 98 70, Fax 17 18
34 Zi, Ez: 75-145, Dz: 140-180, 2 Suiten, 6 App, ⊣ WC ☎; Lift P 🍴 1⇄40 ≘ Sauna Solarium ⌑
Rezeption: 8-21; geschl: Mo, Mitte Nov-Mitte Dez
* Hauptgericht 20; Gartenlokal; geschl: Mo, Mitte Nov-Mitte Dez

Inzlingen 67

Baden-Württemberg — Kreis Lörrach — 340 m — 2 600 Ew — Lörrach 4 km
🛈 ☎ (0 76 21) 81 77, Fax 8 71 50 — Gemeindeverwaltung, Riehenstr 5, 79594 Inzlingen. Sehenswert: Wasserschloß

*** Inzlinger Wasserschloß 👑
⊗ Riehenstr 5, ✉ 79594, ☎ (0 76 21) 4 70 57, Fax 13 55, ED VA
Hauptgericht 50; Gartenlokal P; geschl: Di, Mi, Feb

** Gästehaus am Wasserschloß
12 Zi, Ez: 130, Dz: 180, ⊣ WC ☎
Im Baumgarten 6, ☎ (0 76 21) 20 64

Inzlingen-Außerhalb (1 km ↗)
** Landgasthaus Waidhof
⊗ an der B 316, ✉ 79594, ☎ (0 76 21) 26 29, Fax 12 22 65
Hauptgericht 40; Gartenlokal P; geschl: So abends, Mo, Jul, Feb

Iphofen 56

Bayern — Kreis Kitzingen — 226 m —
5 300 Ew — Kitzingen 8, Würzburg 28, Neustadt a. d. Aisch 31 km
🛈 ☎ (0 93 23) 87 15 44, Fax 87 15 55 — Verkehrsbüro, Gerätheingasse 13, 97346 Iphofen; Weinstadt. Sehenswert: Kath. Kirche; Rathaus; Knauf-Museum; Stadtmauer mit 3 Toren; Fränkisches Bauern- und Handwerkermuseum in Mönchsondheim
(6 km ↓)

** Romantik Hotel Zehntkeller
Bahnhofstr 12, ✉ 97346, ☎ (0 93 23) 30 62, Fax 15 19, AX DC ED VA
46 Zi, Ez: 120-160, Dz: 150-230, 1 Suite, ⊣ WC ☎; P 🍴 3⇄28
geschl: Mitte-Ende Jan
Auch Zimmer der Kategorie ***** vorhanden
** ⊗ Hauptgericht 35; ✢
Terrasse; geschl: Mitte-Ende Jan
1436 zum erstenmal urkundlich erwähnt. Eigenbauweine. Die Weinkeller liegen bis zu drei Stockwerken tief unter der Erde

* Goldene Krone
Marktplatz 2, ✉ 97346, ☎ (0 93 23) 33 30, Fax 63 41, ED
24 Zi, Ez: 75-85, Dz: 100-130, ⊣ WC ☎; P 🍴 1⇄60
geschl: Anfang-Mitte Aug, Ende Dez-Anfang Jan
* Hauptgericht 30; Terrasse; geschl: Di, Ende Dez-Mitte Jan
Eigenbauweine

* Huhn „Das kleine Hotel" 👑
Mainbernheimer Str 10, ✉ 97346,
☎ (0 93 23) 12 46, Fax 10 76
8 Zi, Ez: 55-76, Dz: 130, 1 App, ⊣ WC ☎; 2⇄12; garni

* Wirtshaus zum Kronsberg
♂ Schwanbergweg 14, ✉ 97346,
☎ (0 93 23) 35 40, Fax 50 03, AX ED VA
8 Zi, Ez: 70-75, Dz: 90-110, ⊣ WC ☎; 🍽
geschl: Mo

* Deutscher Hof
Ludwigstr 10, ✉ 97346, ☎ (0 93 23) 33 48
geschl: Mi, 2 Wochen im Feb, 2 Wochen im Aug

Irschenberg 72

Bayern — Kreis Miesbach — 749 m —
2 680 Ew — Miesbach 8, Bad Aibling 10 km
🛈 ☎ (0 80 62) 50 81, Fax 61 14 — Gemeindeverwaltung, Kirchplatz 2, 83737 Irschenberg

Iserlohn

✶ Landhotel Irschenberg
♂ ◀ Loiderdinger Str 12, ✉ 83737,
☎ (0 80 62) 86 00, Fax 84 18, ED VA
28 Zi, Ez: 100-130, Dz: 150-170, ⊿ WC ☎; P
1⇌35
geschl: Nov
✶ Hauptgericht 24; nur abends;
geschl: Mo, Di, Nov

Irsee 70 ↗

Bayern — Kreis Ostallgäu — 780 m —
1 300 Ew — Kaufbeuren 7, Bad Wörishofen
14 km
ℹ ☎ (0 83 41) 56 15 — Fremdenverkehrsverein, Frühlingstr 5, 87660 Irsee. Sehenswert: Kath. Kirche

✶✶ Klosterbräu
Klosterring 1, ✉ 87660, ☎ (0 83 41)
43 22 00, Fax 43 22 69, VA
55 Zi, Ez: 92-108, Dz: 144-168, ⊿ WC ☎; P
🅿 2⇌40 ✶
geschl: Mitte Jan-Anfang Feb

Isenbüttel 27 ←

Niedersachsen — Kreis Gifhorn — 60 m —
5 000 Ew — Gifhorn 7, Wolfsburg 21,
Braunschweig 22 km
ℹ ☎ (0 53 74) 88 17, Fax 88 88 — Samtgemeindeverwaltung, Gutsstr 11, 38550 Isenbüttel; Ort am Tankumsee

Isenbüttel-Außerhalb (3 km ↗)
✶✶ Seehotel am Tankumsee
einzeln ♂ ◀ Eichenpfad 2, ✉ 38550,
☎ (0 53 74) 88 10 00, Fax 9 10 91, AX DC ED VA
65 Zi, Ez: 109-175, Dz: 150-210, ⊿ WC ☎,
6⊠; P 🅿 7⇌250 ≈ Strandbad Seezugang
Fitneßraum Kegeln Sauna Solarium ☞
Tennis 2; Auch Zimmer der Kategorie ✶✶✶
vorhanden
✶✶ Seerose
◀ Hauptgericht 35; Biergarten Gartenlokal
Terrasse

Isenburg 43 ↘

Rheinland-Pfalz — Kreis Neuwied — 300 m
— 812 Ew — Neuwied 16, Koblenz 21 km
ℹ ☎ (0 26 01) 24 06 — Gemeindeverwaltung, Caanerstr 3, 56271 Isenburg

✶ Haus Maria
♂ Caaner Str 6, ✉ 56271, ☎ (0 26 01) 29 80,
AX DC ED VA
14 Zi, Ez: 50-65, Dz: 95-120, 1 App, ⊿ WC;
P 🅿
✶✶ Hauptgericht 30; Terasse;
geschl: Mo

Iserlohn 33 ↘

Nordrhein-Westfalen — Märkischer Kreis
— 250 m — 100 000 Ew — Menden 12,
Hagen 19, Dortmund 28 km
ℹ ☎ (0 23 71) 1 32 33, Fax 14 92 32 — Verkehrsbüro, Konrad-Adenauer-Ring 15
(C 2), 58636 Iserlohn. Sehenswert: Bauern-,
Johannes-, Kilians- und Oberste Stadtkirche; Dechenhöhle mit Höhlenmuseum;
Stadtmuseum; hist. Fabrikanlage mit
Nadelmuseum; Kalkfelsen Pater und
Nonne; Danzturm; Bismarckturm

Stadtplan siehe Seite 556

✶✶ An der Isenburg
Theodor-Heuss-Ring 54 (B 2), ✉ 58636,
☎ (0 23 71) 2 64 51, Fax 2 64 54, AX DC ED VA
36 Zi, Ez: 140-180, Dz: 185-260, 2 Suiten, ⊿
WC ☎, 6⊠; Lift P 🅿 3⇌40 ✶

✶✶ Engelbert
Poth 4 (A 2), ✉ 58638, ☎ (0 23 71) 1 23 45,
Fax 2 21 58, AX DC ED VA
30 Zi, Ez: 125-170, Dz: 195-230, ⊿ WC ☎;
Lift 1⇌20 Sauna Solarium; **garni**

Franzosenhohl (2 km ↓)
✶ Franzosenhohl
♂ ◀ Danzweg 25, ✉ 58644, ☎ (0 23 71)
8 29 20, Fax 82 92 98, AX DC ED VA
22 Zi, Ez: 108, Dz: 148, WC ☎; Lift P Kegeln
Sauna
✶ Hauptgericht 35; Terasse

✶✶ Waldhaus Graumann
◀ Danzweg 29, ✉ 58644, ☎ (0 23 71)
2 36 05, Fax 2 65 61, ED
Hauptgericht 30; Gartenlokal P Terrasse;
geschl: Do, Mär

Iserlohn-Außerhalb (2 km ↗)
✶✶ Waldhotel Horn
einzeln ♂ ◀ Seilerwaldstr 10, ✉ 58636,
☎ (0 23 71) 97 20, Fax 97 23 72, AX DC ED VA
43 Zi, Ez: 130-175, Dz: 175-235, 2 Suiten, ⊿
WC ☎; Lift P 🅿 3⇌35 ≈ Sauna ☞
✶✶ Hauptgericht 43; Terasse;
geschl: So abends, Mo mittags

✶ Korth
einzeln ♂ In der Calle 4, ✉ 58636,
☎ (0 23 71) 9 78 70, Fax 9 78 67, AX DC VA
21 Zi, Ez: 118-145, Dz: 185-195, 1 App, ⊿
WC ☎; P 2⇌80 ≈ Sauna Solarium ☞
✶✶ Hauptgericht 35; Biergarten Terrasse

Kesbern (5 km ↓)
✶ Zur Mühle
einzeln ♂ ◀ Grüner Talstr 400, ✉ 58644,
☎ (0 23 52) 9 19 60, Fax 2 16 09, AX ED VA
16 Zi, Ez: 85-95, Dz: 140-160, ⊿ WC ☎; P 🅿
Kegeln
✶ Hauptgericht 35; Biergarten
Gartenlokal ➡

Iserlohn

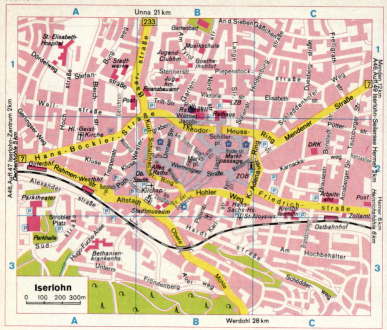

Letmathe (5 km ←)
* **Zur Dechenhöhle**
Untergrüner Str 8, ✉ 58644, ☎ (0 23 74) 73 34, Fax 73 36, AX DC ED VA
Hauptgericht 30; 🅿 Terrasse; geschl: So

Lössel (5 km ↗)
** **Neuhaus**
Lösseler Str 149, ✉ 58644, ☎ (0 23 74) 72 55, Fax 76 64, AX DC ED VA
Hauptgericht 35; Gartenlokal 🅿 Terrasse; nur abends; geschl: Di
* **Gästehaus**
15 Zi, Ez: 85-135, Dz: 130-190, 3 App, ⌐ WC ☎; 🍴 4♨80 Fitneßraum Sauna Solarium

Rheinen (12 km ↘)
* **Gut Rheinen**
Dorfstr 2, ✉ 58640, ☎ (0 23 04) 5 10 10, Fax 51 01 20, AX DC ED VA
20 Zi, Ez: 80-90; Dz: 140, ⌐ WC ☎; 🅿 1♨15; garni
geschl: Ende Dez-Anfang Jan

Isernhagen   26 □

Niedersachsen — Kreis Hannover — 54 m — 21 485 Ew — Langenhagen 6, Hannover 12 km
ℹ ☎ (05 11) 6 15 30, Fax 6 15 34 80 — Gemeinde Isernhagen, Bothfelder Str 29, 30916 Isernhagen

Altwarmbüchen
* **Hennies**
Hannoversche Str 40, ✉ 30916, ☎ (05 11) 9 01 80, Fax 9 01 82 99, AX DC ED VA
100 Zi, Ez: 80-100, Dz: 125-150, ⌐ WC ☎; Lift 🅿 🚌 6♨100 Fitneßraum Kegeln Sauna Solarium .
* Hauptgericht 20; Terrasse; geschl: Mo mittags

Farster Bauerschaft
* **Grapenkieker**
⚑ Hauptstr 56, ✉ 30916, ☎ (0 51 39) 8 80 68, Fax 20 72, AX DC ED VA
Hauptgericht 20; Biergarten 🅿; nur abends; geschl: So, Mo
Auf Bestellung: rustikales mittelalterliches Bauernessen

Horster Bauerschaft
* **Gästehaus Engel**
Burgwedeler Str 151, ✉ 30916, ☎ (05 11) 97 25 60, Fax 9 72 56 46, AX DC ED VA
25 Zi, Ez: 95-160, Dz: 140-220, ⌐ WC ☎; 🅿 1♨20; garni
Rezeption: 7-21

** **Leonardo da Vinci**
Weizenkamp 4, ✉ 30916, ☎ (05 11) 77 57 64, ED
Hauptgericht 35; geschl: Mo

Isselburg

Kircher Bauerschaft
** Hopfenspeicher
Dorfstr 16, ✉ 30916, ☎ (0 51 39) 8 76 09, Fax 8 76 09, ED
Hauptgericht 40; Gartenlokal P Terrasse; nur abends; geschl: So, 2 Wochen in den Sommerferien, 2 Wochen im Jan

Kirchhorst
Kirchhorster Kaffeestuben
Großhorst 2, ✉ 30916, ☎ (0 51 36) 8 70 66
14.30-19; geschl: Mo

Niederhägener Bauerschaft
* Sportpark Isernhagen
Dieselstr 3, ✉ 30916, ☎ (05 11) 97 28 40, Fax 9 72 84 10
42 Zi, Ez: 98, Dz: 148, ⊿ WC ☎; Lift P Fitneßraum Sauna Solarium ⍟

Ising siehe Chieming

Ismaning 72 ↘

Bayern — Kreis München — 490 m — 13 872 Ew — München 14, Erding 20, Dachau 21 km
ℹ ☎ (0 89) 9 60 90 00, Fax 96 34 68 — Gemeindeverwaltung, Schloßstr 2, 85737 Ismaning; Ort an der Isar

** Am Schloßpark
Schloßstr 7 a, ✉ 85737, ☎ (0 89) 96 10 20, Fax 9 61 26 81, AX DC ED VA
72 Zi, Ez: 160, Dz: 240, 3 Suiten, 20 App, ⊿ WC ☎; Lift P 3↻200 Fitneßraum Sauna Solarium
Auch einfachere Zimmer vorhanden

** Neuwirt
Hauptgericht 25; Gartenlokal Terrasse

** Gasthof Zur Mühle
Kirchplatz 5, ✉ 85737, ☎ (0 89) 96 09 30, Fax 96 09 31 10, AX DC ED VA
110 Zi, Ez: 135-185, Dz: 175-270, ⊿ WC ☎; Lift P 3↻30 ≘ Sauna Solarium
* Hauptgericht 30; Biergarten Terrasse

* Frey
Hauptstr 15, ✉ 85737, ☎ (0 89) 9 62 42 30, Fax 96 24 23 40, AX DC ED VA
23 Zi, Ez: 130-170, Dz: 170-220, ⊿ WC ☎; P Sauna Solarium; **garni**

* Fischerwirt
Schloßstr 17, ✉ 85737, ☎ (0 89) 96 48 53, Fax 96 35 83, AX ED VA
44 Zi, Ez: 80-160, Dz: 130-250, ⊿ WC ☎; Lift P Solarium; **garni**
geschl: Ende Dez-Anfang Jan

* Sternhotel Soller
Münchner Str 54, ✉ 85737, ☎ (0 89) 9 61 20 31, Fax 96 44 74, AX ED VA
60 Zi, Ez: 95-180, Dz: 120-220, ⊿ WC ☎; Lift P Sauna ⍟

Isny 70 ↙

Baden-Württemberg — Kreis Ravensburg — 720 m — 13 800 Ew — Leutkirch 18, Wangen 24, Kempten 25 km
ℹ ☎ (0 75 62) 7 01 10, Fax 7 01 72 — Kurverwaltung, Unterer Grabenweg 18, 88316 Isny; heilklimatischer Kurort und Wintersportplatz im Allgäu. Sehenswert: St.-Georg-Kirche; Nikolaikirche; Rathaus; Stadtmauer (13. Jh.); Naturschutzgebiet Eistobel, Urseen

** Linde
Lindauer Str 75, ✉ 88316, ☎ (0 75 62) 40 46, Fax 40 20, AX DC ED VA
31 Zi, Ez: 80-110, Dz: 140-180, 3 Suiten, 2 App, ⊿ WC ☎; P ≘ Solarium ⍟

* Am Roßmarkt
Am Roßmarkt 8, ✉ 88316, ☎ (0 75 62) 40 51, Fax 40 54, AX DC ED VA
14 Zi, Ez: 75-85, Dz: 120-130, 14 App, ⊿ WC ☎; P Fitneßraum Sauna Solarium; **garni**
Rezeption: 6.30-12.30, 14.30-21.30; geschl: Ende Nov-Anfang Dez

Isny-Außerhalb (7 km ←, über Neutrauchburg)
** Best Western Berghotel Jägerhof
einzeln ☼ ⋖ ✉ 88316, ☎ (0 75 62) 7 70, Fax 7 72 52, AX DC ED VA
85 Zi, Ez: 135-235, Dz: 190-305, 7 Suiten, ⊿ WC ☎; Lift P 4↻100 ≘ Fitneßraum Sauna Solarium ⍟
** ⋖ Hauptgericht 25

Großholzleute (4 km ↘)
* Kurhotel Adler
Hauptstr 27, ✉ 88316, ☎ (0 75 62) 20 41, Fax 5 52 99, AX DC ED VA
21 Zi, Ez: 75, Dz: 130, ⊿ WC ☎; P 3↻30 Sauna
geschl: Mo
* Hauptgericht 25; geschl: Mo

Neutrauchburg (1 km ↑)
* Schloßgasthof Sonne
Schloßstr 7, ✉ 88316, ☎ (0 75 62) 32 73, Fax 51 89, DC ED VA
Hauptgericht 25; geschl: Do
* 6 Zi, Ez: 78, Dz: 140, ⊿ WC ☎; P; geschl: Do

Isnyberg siehe Argenbühl

Isselburg 32 ↗

Nordrhein-Westfalen — Kreis Borken — 17 m — 10 400 Ew — Rees 10, Bocholt 15 km
ℹ ☎ (0 28 74) 4 70, Fax 47 11 — Stadtverwaltung, Markt 14, 46419 Isselburg. Sehenswert: Festungsturm; Wasserburg mit Museum und Park; Biotopwildpark Anholter Schweiz; Rathäuser in Anholt und Werth; St. Pankratiuskirche →

Isselburg

Anholt (4 km ↘)
** **Parkhotel Wasserburg Anholt (European Castle)**
♂ ⁇ Klever Str 2, ✉ 46419, ☎ (0 28 74) 45 90, Fax 40 35, AX DC ED VA
26 Zi, Ez: 110-180, Dz: 230-300, 2 Suiten, ⌐ WC ☎; Lift 🅿 🚗 3↔120
geschl: Jan

*** **Schloßrestaurant** 🍷
Hauptgericht 40; Terrasse; nur abends, So nur mittags; geschl: Mo, Jan

* **Treppchen**
Hauptgericht 30; Terrasse; geschl: 2 Wochen im Jan

Isserstedt 48 ↑

Thüringen — Kreis Jena — 400 m — 523 Ew — Apolda 8, Jena 10 km
ℹ ☎ (03 64 25) 3 86 — Gemeindeverwaltung, Am Rasen 1, 07751 Isserstedt

* **Landgasthof Schimanski**
Hauptstr 34, ✉ 07751, ☎ (03 64 25) 2 23 16
10 Zi, Ez: 90-110, Dz: 140-160, ⌐ WC ☎; 🅿 🍽

Issum 32 ↓

Nordrhein-Westfalen — Kreis Kleve — 50 m — 11 340 Ew — Geldern 8, Wesel 20 km
ℹ ☎ (0 28 35) 1 00 — Gemeindeverwaltung, Herrlichkeit 7, 47661 Issum

Issum-Außerhalb (3 km ↗)
* **Landhaus Heinen**
Weseler Str 179, ✉ 47661, ☎ (0 28 55) 22 28
10 Zi, Ez: 95, Dz: 180, 1 Suite, 5 App, ⌐ WC; 🅿 1↔60 🍽
Rezeption: 11-14.30, 18-23; geschl: Do, Aug

Itzehoe 10 ↙

Schleswig-Holstein — Kreis Steinburg — 20 m — 33 978 Ew — Neumünster 47, Heide 54, Hamburg 61 km
ℹ ☎ (0 48 21) 6 13 09, Fax 6 54 23 — Verkehrsverein, Reichenstr 23, 25524 Itzehoe; Kreisstadt. Sehenswert: St.-Laurentii-Kirche, Klosterhof; St.-Jürgen-Kapelle: Deckengemälde; Schloß Breitenburg (4 km ↘); Schloß Heiligenstedten (4 km); Germanengrab

* **Gästehaus Hinsch** 👑
Schillerstr 27, ✉ 25524, ☎ (0 48 21) 7 40 51, Fax 7 13 30, ED
16 Zi, Ez: 86-128, Dz: 130-166, ⌐ WC ☎; 🅿 garni

** **Adler**
Lindenstr 72, ✉ 25524, ☎ (0 48 21) 7 20 31, Fax 7 20 33, AX DC ED VA
Hauptgericht 27; geschl: 20.7.-14.8.
* 10 Zi, Ez: 90-95, Dz: 135-145, ⌐ WC ☎; 🅿

siehe auch **Oelixdorf**

Jagsthausen 55 ↘

Baden-Württemberg — Kreis Heilbronn — 212 m — 1 400 Ew — Schöntal 4, Möckmühl 13 km
ℹ ☎ (0 79 43) 22 95, Fax 85 43 — Verkehrsverein, Schloßstr 12, 74249 Jagsthausen; Erholungsort. Sehenswert: Götzenburg: Eiserne Hand des Götz von Berlichingen

Achtung:
Burgfestspiele ℹ ☎ (0 79 43) 22 95, Fax 85 43

** **Burghotel Götzenburg (Gast im Schloß)**
⁇ ⊗ Schloßstr 20, ✉ 74249, ☎ (0 79 43) 22 22, Fax 82 00, AX DC ED VA
Hauptgericht 35; 🅿; geschl: Nov-Mitte März
* ♂ 16 Zi, Ez: 75-100, Dz: 110-190, 1 Suite, ⌐ WC ☎; 🚗 1↔25 Kegeln
geschl: Nov-Mitte Mär

Jarmen 13 ↘

Mecklenburg-Vorpommern — Kreis Demmin — 4 m — 3 500 Ew — Demmin 22, Greifswald 22, Neubrandenburg 40 km
ℹ ☎ (03 99 97) 1 02 36, Fax 1 02 36 — Stadtverwaltung, Dr.-Georg-Kohnert-Str 5, 17126 Jarmen

* **Zum Brunnen**
Demminer Str 42, ✉ 17126, ☎ (03 99 97) 1 02 83, Fax 1 02 35, ED
10 Zi, Ez: 110-130, Dz: 150, 1 Suite, ⌐ WC ☎; 🅿 🚗 Strandbad 🍽
Rezeption: 7-23, So 17-23

Jena 48 ↗

Thüringen — Kreisfreie Stadt — 140 m — 100 000 Ew — Gera 39, Erfurt 45 km
ℹ ☎ (0 36 41) 2 20 50, Fax 2 46 71 — Fremdenverkehrsamt, Löbderstr 9 (B 2), 07743 Jena; alte thüringische Universitätsstadt; Zentrum der Optik und Feinmechanik. Sehenswert: Marktplatz; Rathaus; Stadtkirche St. Michael; Schillerkirche; Burschenschaftsdenkmal; Zeiss-Planetarium und Optisches Museum; Phyletisches Museum; Botanischer Garten; Schiller-Gedenkstätte; Goethe-Gedenkstätte; Romantikerhaus; Umgebung: Dornburger Schlösser (12 km ↗)

*** **Esplanade Jena**
Carl-Zeiss-Platz 4 ((A 2)), ✉ 07743, ☎ (0 36 41) 80 00, Fax 80 01 50, AX DC ED VA
146 Zi, Ez: 195-225, Dz: 225-255, 7 Suiten, 26 App, ⌐ WC ☎, 58🛌; Lift 🚗 9↔420 Fitneßraum Sauna Solarium 🍽

** **Papiermühle**
Erfurter Str 102, ✉ 07743, ☎ (0 36 41) 4 59 80, Fax 45 98 45
18 Zi, Dz: 140, 7 App, ⌐ WC ☎; 🅿 🍽

Jena

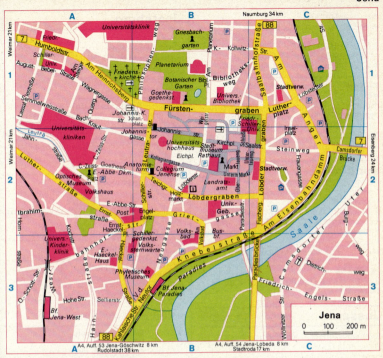

** Schwarzer Bär
Lutherplatz 2 (C 1), ✉ 07743, ☎ (0 36 41) 40 60, Fax 40 61 13, AX ED VA
64 Zi, Ez: 95-140, Dz: 150-200, 2 Suiten, ⊿ WC ☎, 1🅿; Lift 🅿 🚗 3⇔120 Solarium
Auch Zimmer der Kategorie * vorhanden
* Hauptgericht 18; Terrasse

* Zur Schweiz
Quergasse 15 (A 1), ✉ 07743, ☎ (0 36 41) 44 93 56, Fax 44 93 54
19 Zi, Ez: 95, Dz: 140, 4 Suiten, ⊿ WC ☎; 🅿
🍴

Jenaer Hof
Bachstr 24 (A 1), ✉ 07743, ☎ (0 36 41) 44 38 55, Fax 44 38 66, AX DC ED VA
🅿; 9-19, So + Sa + feiertags 13-18
* 13 Zi, Ez: 75-95, Dz: 105-150, ⊿ WC ☎; garni

Jena-Außerhalb (3,5 km →)
* Bergblick
Eisenberger Str 51, ✉ 07749, ☎ (0 36 41) 44 38 93, Fax 44 38 14
6 Zi, Ez: 100, Dz: 130-150, ⊿ WC ☎; 🅿 Fitneßraum Sauna Solarium; garni

Drackendorf (6 km ↘)
* Burgblick
Dorfstr 20 a, ✉ 07751, ☎ (0 36 41) 33 67 16, Fax 33 67 09, AX ED
7 Zi, Ez: 60-100, Dz: 90-120, ⊿ WC ☎; 🅿 1⇔30 🍴

Lichtenhain (1 km ↓)
** Am Herrenberge
Am Herrenberge 9, ✉ 07745, ☎ (0 36 41) 62 50, Fax 60 55 54, AX ED VA
94 Zi, Ez: 99-155, Dz: 140-185, 3 Suiten, ⊿ WC ☎, 60🅿; Lift 🅿 4⇔25 Solarium 🍴

Lobeda (6 km ↓)
*** Holiday Inn
◁ Otto-Militzer-Str 1, ✉ 07747, ☎ (0 36 41) 30 10, Fax 33 45 75, AX DC ED VA
171 Zi, Ez: 120-183, Dz: 140-243, S;
11 Suiten, ⊿ WC ☎, 56🅿; Lift 🅿 4⇔120 Fitneßraum Sauna Solarium 🍴

** Steigenberger Maxx
◁ Stauffenbergstr 59, ✉ 07747, ☎ (0 36 41) 30 00, Fax 30 08 88, AX DC ED VA
230 Zi, Ez: 120-175, Dz: 220-230, S;
16 Suiten, ⊿ WC ☎; Lift 🅿 8⇔160 Fitneßraum Sauna Solarium
Geschäftshotel im amerikanischen Stil der 30er, 40er und 50er Jahre
** Hauptgericht 30; 🅿 Terrasse

Winzerla (2,5 km ↓)
* Zur Weintraube
Rudolstädter Str 76, ✉ 07745, ☎ (0 36 41) 60 57 70, Fax 60 65 83, AX ED VA
18 Zi, Ez: 110-120, Dz: 150-170, 2 Suiten, ⊿ WC ☎; 🅿 🚗 3⇔35 🍴

→

Jena

** Quality
⇜ Rudolstädter Str 82, ⊠ 07745,
☎ (0 36 41) 6 60, Fax 66 10 10, AX DC ED VA
295 Zi, Ez: 120-179, Dz: 140-199, S; 42 App,
⌐ WC ☎, 100⌂; Lift ▣ 4⇄300
** Hauptgericht 25; Biergarten

Ziegenhain (4 km →)
** Ziegenhainer Tal
♂ Ziegenhainer Str 107, ⊠ 07749,
☎ (0 36 41) 39 58 40, Fax 39 58 42, AX ED VA
20 Zi, Ez: 90-100, Dz: 140, 1 App, ⌐ WC ☎;
▣ Fitneßraum Sauna Solarium
Restaurant für Hausgäste

Jerichow 28 ▢

Sachsen-Anhalt — Kreis Genthin — 30 m
— 2 317 Ew — Genthin 13, Stendal 21 km
🛈 ☎ (03 93 43) 5 20 00 — Stadtverwaltung,
Karl-Liebknecht-Str 10, 39319 Jerichow.
Sehenswert: Mittelalterliche Klosteranlage

⌂ Zur Klosterklause
Lindenstr 19, ⊠ 39319, ☎ (03 93 43) 2 76,
AX DC ED VA
9 Zi, Ez: 60-70, Dz: 100-130, ⌐ WC ☎; ▣
1⇄45 ¶

Jessen 39 ↗

Sachsen-Anhalt — Kreis Wittenberg —
76 m — 11 000 Ew — Pretzsch 11, Wittenberg 20, Jüterbog 29 km
🛈 ☎ (0 35 37) 21 28 91, Fax 21 24 74 —
Fremdenverkehrsverein, Rehainer Str 14,
06917 Jessen. Sehenswert: Schloß Hemsendorf; mittelalterliche Weinpresse

** Schwarzenbach
Rosa-Luxemburg-Str 36, ⊠ 06917,
☎ (0 35 37) 27 60, Fax 21 22 31, AX ED VA
34 Zi, Ez: 115-130, Dz: 168-190, 2 Suiten, ⌐
WC ☎, 3⌂; Lift ▣ 1⇄70 Fitneßraum
Sauna Solarium; **garni**

Jessern 31 ↓

Brandenburg — Kreis Lübben — 40 m —
201 Ew — Cottbus 40, Fürstenwalde 48 km
🛈 ☎ (03 54 78) 3 60 — Gemeindeverwaltung, 15913 Jessern; Ort am Schwielochsee

** Haus Babenberg
♂ ⇜ Am Babenberg 6, ⊠ 15913,
☎ (03 54 78) 3 12, Fax 3 06, AX ED VA
55 Zi, Ez: 78-110, Dz: 116-160, ⌐ WC ☎; ▣
3⇄180 Strandbad Seezugang Kegeln
Sauna Solarium ¶
Auch Zimmer der Kategorie * vorhanden

Abweichungen zwischen Datenteil und
Reisekartenteil ergeben sich durch verschiedene Redaktionsschlußzeiten.

Jesteburg 18 ▢

Niedersachsen — Kreis Harburg — 40 m —
6 000 Ew — Harburg 18, Buxtehude 37,
Lüneburg 40 km
🛈 ☎ (0 41 83) 53 63 — Verkehrsverein,
21266 Jesteburg; Luftkurort im Norden der
Lüneburger Heide

** Prodomo Hotel
Am Alten Moor 2, ⊠ 21266, ☎ (0 41 83)
79 50, Fax 79 53 00, AX DC ED VA
60 Zi, Ez: 135-165, Dz: 190-210, 5 Suiten, ⌐
WC ☎; ▣ 3⇄80 Fitneßraum Kegeln Sauna
Solarium ¶ ⛱
Tennis 4

* Jesteburger Hof
Kleckerwaldweg 1, ⊠ 21266, ☎ (0 41 83)
20 08, Fax 33 11, AX DC ED VA
21 Zi, Ez: 80-85, Dz: 110-150, ⌐ WC ☎; ▣ ⌷
1⇄30 ¶
Auch einfachere Zimmer vorhanden

* Haus Deutscher Ring
einzeln ♂ Itzenbütteler Str 35, ⊠ 21266,
☎ (0 41 83) 93 90, Fax 93 91 00
100 Zi, Ez: 75-160, Dz: 110-150, ⌐ WC ☎,
2⌂; ▣ 10⇄200 Fitneßraum Kegeln
Rezeption: 7.30-21; geschl: 3 Wochen im
Jul
Restaurant für Hausgäste

*** Niedersachsen
(Ringhotel)**
Hauptstr 60, ⊠ 21266, ☎ (0 41 83) 9 30 30,
Fax 93 03 11, AX DC ED VA
43 Zi, Ez: 99-115, Dz: 152-186, ⌐ WC ☎,
6⌂; Lift ▣ ⌷ 3⇄60 ⛬ Sauna Solarium
Rezeption: 7-21
** Hauptgericht 30

Bendestorf (4 km ↑)
** Landhaus Meinsbur
⊗ Gartenstr 2, ⊠ 21227, ☎ (0 41 83) 7 79 90,
Fax 60 87, AX DC ED VA
Hauptgericht 40
** 17 Zi, Ez: 100-160, Dz: 200-290,
1 Suite, ⌐ WC ☎; ▣ 2⇄18

Jever 16 ↘

Niedersachsen — Kreis Friesland — 12 m
— 13 000 Ew — Wilhelmshaven 19,
Aurich 33 km
🛈 ☎ (0 44 61) 7 10 10, Fax 93 92 99 — Verkehrsbüro, Alter Markt 18, 26441 Jever;
Kreisstadt. Sehenswert: Ev. Kirche; Edo-Wiemken-Denkmal; Schloß; Rathaus;
Mühlenmuseum; Friesisches Brauhaus
mit Brauereimuseum

** Friesen
♂ Harlinger Weg 1, ⊠ 26441, ☎ (0 44 61)
9 34-0, Fax 93 41 11, AX DC ED VA
37 Zi, Ez: 79-110, Dz: 139-169, ⌐ WC ☎; ▣
⌷ 2⇄25; **garni**
Rezeption: 7-21
Auch Zimmer der Kategorie * vorhanden

Jork

* Pellmühle
Mühlenstr 55, ⌂ 26441, ☎ (0 44 61) 9 30 00, Fax 7 11 11, AX DC ED VA
19 Zi, Ez: 60-80, Dz: 108-148, ⊣ WC ☎; P 🚗; garni
Rezeption: 7-21

** Alte Apotheke
⊗ Apothekerstr 1, ⌂ 26441, ☎ (0 44 61) 40 88, Fax 7 38 57, AX DC ED VA
Hauptgericht 35; geschl: Mo mittags
1540 erbaut, über Jahrhunderte hinweg als Apotheke betrieben. Von der alten Einrichtung wurde viel bewahrt. Weinkeller

* Haus der Getreuen
⊗ Schlachtstr 1, ⌂ 26441, ☎ (0 44 61) 30 10, Fax 7 23 73, AX DC ED VA
Hauptgericht 25

Joachimsthal 22 ↙

Brandenburg — Kreis Eberswalde — 80 m — 3 020 Ew — Eberswalde 18 km
ℹ ☎ (03 33 61) 2 16, Fax 2 82 — Stadtverwaltung, Joachimsplatz 1, 16247 Joachimsthal. Sehenswert: Pfarrkirche (barocker Saalbau im Kern); Schorfheide und Werbellinsee

* Am Grimnitzsee
♂ Angermünder Str 18, ⌂ 16247, ☎ (03 33 61) 97 28, Fax 9 72 81 25, AX DC ED VA
19 Zi, Ez: 90, Dz: 145, ⊣ WC ☎; Lift P 2↔80 Seezugang Sauna 🍴

Jöhstadt 50 ↘

Sachsen — Kreis Annaberg — 700 m — 1 700 Ew — Annaberg-Buchholz 6, Marienberg 18, Chemnitz 40 km
ℹ ☎ (03 73 43) 26 12 — Stadtverwaltung, Markt 185, 09477 Jöhstadt

* Schlösselmühle
Schlösselstr 60, ⌂ 09477, ☎ (03 73 43) 26 66, Fax 26 65, ED
12 Zi, Ez: 52, Dz: 84, 2 Suiten, ⊣ WC ☎; P 🍴

* Rathaus-Hotel
Markt 177, ⌂ 09477, ☎ (03 73 43) 26 05, Fax 26 05, AX ED VA
18 Zi, Ez: 69-99, Dz: 98-238, ⊣ WC ☎; 🚗 🍴
Rezeption: 9-22

Johannesberg 55 ↘

Bayern — Kreis Aschaffenburg — 370 m — 4 000 Ew — Aschaffenburg 8 km
ℹ ☎ (0 60 21) 42 10 36, Fax 45 06 78 — Gemeindeverwaltung, Oberafferbacher Str 12, 63867 Johannesberg; Ort im Spessart

** Meier's Restaurant
Hauptstr 2, ⌂ 63867, ☎ (0 60 21) 47 00 77, Fax 41 39 64, AX DC ED VA
Hauptgericht 50; Gartenlokal P; geschl: Mo, Ende Augt-Anfang Sep

* Sonne
8 Zi, Ez: 68-78, Dz: 118, ⊣ WC ☎; 🚗 2↔40 geschl: Mo, Ende Aug-Anfang Sep

Rückersbach (2 km ↖)
* Rückersbacher Schlucht
Hörsteiner Str 33, ⌂ 63867, ☎ (0 60 29) 14 41, Fax 77 98
15 Zi, Ez: 34-65, Dz: 68-110, ⊣ WC ☎; P
Rezeption: 11-14, 17-24; geschl: 2 Wochen in den Sommerferien
Auch einfachere Zimmer vorhanden
* Hauptgericht 30; Biergarten Terrasse; geschl: Mo, Di, 2 Wochen in den Sommerferien

Johanngeorgenstadt 49 →

Sachsen — Kreis Schwarzenberg — 900 m — 8 400 Ew — Schwarzenberg 11, Klingenthal 42 km
ℹ ☎ (0 37 73) 30 30, Fax 82 80 — Fremdenverkehrsamt, Eibenstocker Str 52, 08349 Johanngeorgenstadt; Erholungsort im Erzgebirge

* Am Wäldchen
Eibenstocker Str 66, ⌂ 08349, ☎ (0 37 73) 22 57, Fax 22 57, ED
7 Zi, Ez: 75, Dz: 90, ⊣ WC ☎; P 🍴

Johannisberg siehe Geisenheim

Jork 18 ↖

Niedersachsen — Kreis Stade — 1 m — 10 650 Ew — Buxtehude 9, Stade 21 km
ℹ ☎ (0 41 62) 9 14 70, Fax 54 61 — Gemeindeverwaltung, Am Gräfengericht 2, 21635 Jork; Ort im Alten Land. Sehenswert: Ortsbild mit reetgedeckten Ziegel-Fachwerkhäusern; Rathaus; Museum Altes Land; Windmühle Aurora

* Zum Schützenhof
♂ Schützenhofstr 16, ⌂ 21635, ☎ (0 41 62) 9 14 60, Fax 91 46 91, AX DC ED VA
15 Zi, Ez: 85, Dz: 125-135, ⊣ WC ☎; P 2↔30 Kegeln ♦
Rezeption: 6-21
** Ollanner Buurhuus
Hauptgericht 27; Biergarten; geschl: Do

** Herbstprinz
⊗ Osterjork 76, ⌂ 21635, ☎ (0 41 62) 74 03, Fax 57 29
Hauptgericht 35; Gartenlokal P Terrasse; geschl: Mo
300jährige reetgedeckte Altländer Bauernkate →

Jork

Estebrügge (3 km ↘)
** **Estehof**
⌇ Estebrügger Str 87, ✉ 21635, ☎ (0 41 62) 2 75
Hauptgericht 40

Jübek 9 ↗

Schleswig-Holstein — Kreis Schleswig-Flensburg — 14 m — 2 100 Ew — Silberstedt 5, Schleswig 12, Husum 30 km
ℹ ☎ (0 46 26) 96 22, Fax 96 96 — Amtsverwaltung, Hauptstr 41, 24887 Silberstedt

* **Goos**
Große Str 92, ✉ 24855, ☎ (0 46 25) 70 41, Fax 10 84, AX ED VA
24 Zi, Ez: 70, Dz: 120, 1 Suite, ⌐ WC ☎; 🅿
🚗 3⇌200 ⚹
Rezeption: 7-14, 17-23; geschl: So ab 14

Jüchen 32 ↘

Nordrhein-Westfalen — Kreis Neuss — 70 m — 22 080 Ew — Neuss 20, Mönchen-Gladbach 20, Düsseldorf 35 km
ℹ ☎ (0 21 65) 91 50, Fax 91 51 18 — Gemeindeverwaltung, Odenkirchner Str 24, 41363 Jüchen. Sehenswert: Schloß Dyck

Damm (10 km ↗)
* **Dycker Weinhaus**
Klosterstr 1, ✉ 41363, ☎ (0 21 82) 8 50 50, Fax 5 00 57, AX DC ED VA
Hauptgericht 30; Biergarten 🅿; geschl: Ende Dez-Mitte Jan
* 14 Zi, Ez: 150-170, Dz: 165-220, ⌐ WC ☎; 4⇌200
geschl: Ende Dez-Mitte Jan

Jügesheim siehe Rodgau

Jülich 42 ↑

Nordrhein-Westfalen — Kreis Düren — 83 m — 32 000 Ew — Düren 16, Aachen 28 km
ℹ ☎ (0 24 61) 6 30, Fax 6 33 62 — Stadtverwaltung, Große Rurstr 17, 52428 Jülich. Sehenswert: Zitadelle; Hexenturm

** **Kaiserhof**
Bahnhofstr 5, ✉ 52428, ☎ (0 24 61) 6 80 70, Fax 68 07 77, AX DC ED VA
43 Zi, Ez: 115-130, Dz: 170-190, ⌐ WC ☎, 5🛏; Lift 🅿 🚗 2⇌70
** Hauptgericht 35; Terrasse; geschl: So abends, Mo mittags

⚓ **Schilling**
Kölnstr 30, ✉ 52428, ☎ (0 24 61) 20 23
9-18.30, Sa 9-14, so+feiertags 13.30-18; geschl: 2 Wochen in den Sommerferien

Jünkerath 42 ↘

Rheinland-Pfalz — Kreis Daun — 430 m — 1 920 Ew — Gerolstein 27, Schleiden 25, Stadtkyll 3 km
ℹ ☎ (0 65 97) 28 78, Fax 48 71 — Verkehrsverein, Oberes Kylltal, Kurallee, 54584 Jünkerath; Erholungsort in der Vulkaneifel

* **Garni**
Kölner Str 37, ✉ 54584, ☎ (0 65 97) 28 22
8 Zi, Ez: 38, Dz: 68, ⌐ WC; 🅿

Jürgenstorf 21 ↘

Mecklenburg-Vorpommern — Kreis Demmin — 80 m — 1 000 Ew — Stavenhagen 4, Waren 26, Neubrandenburg 29 km
ℹ ☎ (03 99 55) 2 02 19 — Gemeindeverwaltung, Warener Str 37 a, 17153 Jürgenstorf

** **Unkel Bräsig**
Warener Str 1 a, ✉ 17153, ☎ (03 99 55) 3 81 11, Fax 3 82 22, AX DC ED VA
18 Zi, Ez: 75-85, Dz: 110-125, ⌐ WC ☎; 🅿 2⇌100 ⚹
geschl: Jan

Jüterbog 30 ↙

Brandenburg — Kreis Luckenwalde — 76 m — 12 000 Ew — Luckenwalde 15, Wittenberg 52 km
ℹ ☎ (0 33 72) 40 17 73, Fax 40 17 08 — Stadtverwaltung, Markt, 14913 Jüterbog. Sehenswert: Stadtmauer mit Dammtor, Neumarkter Tor und Zinnaer Tor; Rathaus; Nikolaikirche; Mönchenkirche (ehem. Franziskaner-Klosterkirche); Liebfrauenkirche; Kloster Zinna (3 km); Schloß Wiepersdorf (20 km)

** **Best Western Hotel Am Schloßpark**
Schloßstr 87, ✉ 14913, ☎ (0 33 72) 46 60, Fax 46 61 62, AX ED VA
75 Zi, Ez: 90-160, Dz: 130-190, 6 Suiten, 6 App, ⌐ WC ☎, 11🛏; Lift 🅿 6⇌190 Sauna Solarium ⚹
** **Turmrestaurant**
Hauptgericht 25

* **Park Hotel**
Zinnaer Vorstadt 48, ✉ 14913, ☎ (0 33 72) 40 17 76, Fax 40 15 91, AX ED VA
24 Zi, Ez: 75-95, Dz: 120-140, ⌐ WC ☎, 4🛏; 🅿 1⇌20; garni

* **Zum Goldenen Stern**
Markt 14, ✉ 14913, ☎ (0 33 72) 40 14 76, Fax 40 16 14, ED VA
25 Zi, Ez: 79-94, Dz: 108-148, ⌐ WC ☎, 13🛏; 🅿 ⚹

Kaarst

Juist 15 †

Niedersachsen — Kreis Aurich — 3 m — 1 626 Ew
i ☎ (0 49 35) 80 92 22, Fax 80 92 23 — Kurverwaltung, Postfach 1464, 26571 Juist; Nordsee-Heilbad; 17 km lange ostfriesische Insel; Flugplatz

Achtung: Kraftfahrzeuge nicht zugelassen; Schiff in 90 Min von Norddeich;
i Kurverwaltung ☎ (0 49 35) 80 92 22

*** Romantik Hotel Achterdiek ♛
♂ Wilhelmstr 36, ✉ 26571, ☎ (0 49 35) 80 40, Fax 17 54
34 Zi, Ez: 140-180, Dz: 290-480, 3 Suiten, 8 App, ⌁ WC ☎; 4⇌30 ≙ Fitneßraum Sauna Solarium
geschl: Anfang Nov-Mitte Dez
Auch Zimmer der Kategorie ****** vorhanden
*** Die gute Stube
Hauptgericht 45; geschl: Mo, Anfang Nov-Mitte Dez

*** Pabst (Ringhotel)
♂ Strandstr 15, ✉ 26571, ☎ (0 49 35) 8 05 - 4 20, Fax 80 51 55, AX DC ED VA
52 Zi, Ez: 140-240, Dz: 280-480, S; 8 Suiten, 6 App, ⌁ WC ☎; Lift 2⇌40 ≙ Strandbad Fitneßraum Sauna Solarium
Auch Zimmer der Kategorie ****** vorhanden
** Brasserie
Hauptgericht 35; Terrasse

** Friesenhof
♂ Strandstr 21, ✉ 26571, ☎ (0 49 35) 80 60, Fax 18 12
76 Zi, Ez: 111-161, Dz: 178-266, ⌁ WC ☎; Lift 1⇌12
Rezeption: 8.30-21; geschl: Ende Okt - Mitte Mär
Auch einfache Zimmer vorhanden
** Hauptgericht 30; geschl: Mitte Okt-Mitte Mär

** Nordseehotel Freese
Wilhelmstr 60, ✉ 26571, ☎ (0 49 35) 80 10, Fax 18 03
68 Zi, Ez: 150-350, Dz: 240-320, 13 Suiten, 5 App, ⌁ WC ☎; Lift 1⇌60 ≙ Fitneßraum Sauna Solarium
geschl: Anfang Nov-Ende Dez, Mitte Jan-Mitte Mär

* Buschhaus
♂ Karl-Wagner-Str 7, ✉ 26571, ☎ (0 49 35) 10 30, Fax 72 25
13 Zi, Ez: 130-175, Dz: 210-320, 1 Suite, 1 App, ⌁ WC ☎; Seezugang Sauna Solarium
geschl: Ende Okt-Ende Dez
Restaurant für Hausgäste

* Westfalenhof
♂ Friesenstr 24, ✉ 26571, ☎ (0 49 35) 10 09, Fax 5 74
28 Zi, Ez: 91-150, Dz: 182-274, 2 Suiten, 3 App, ⌁ WC ☎
geschl: Mitte Okt-Ende Mär
Restaurant für Hausgäste. Auch Zimmer der Kategorie ****** vorhanden

* Köbes
Strandstr 8, ✉ 26571, ☎ (0 49 35) 4 44, Fax 16 75
Hauptgericht 30; Terrasse; geschl: 6. Nov-26. Dez 96, 10. Jan-1. Feb 97

Jungholz 70 ↘

Tirol — 1058 m — 374 Ew — Hindelang 15, Immenstadt 26, Kempten 30 km
i ☎ (0 83 65) 81 20, Fax 82 87 — Verkehrsamt, 87491 Jungholz; (von Österreich aus PLZ A-6691, ☎ 0 56 76) Luftkurort und Wintersportplatz im Allgäu

Achtung: gehört hoheitsrechtlich zu Österreich (Tirol), Zahlungsmittel: Deutsche Mark

*** Vital-Hotel
♂ Haus Nr 48, ✉ 87491, ☎ (0 83 65) 81 61, Fax 82 10
81 Zi, Ez: 90-175, Dz: 184-320, 3 Suiten, 1 App, ⌁ WC ☎; Lift P 🍴 4⇌100 ≙ Fitneßraum Kegeln Sauna Solarium 🍴
geschl: Anfang Nov-Mitte Dez, Mitte Apr-Mitte Mai

** Sporthotel Adler
♂ ≼ Haus Nr 27, ✉ 87491, ☎ (0 83 65) 81 02, Fax 81 63
53 Zi, Ez: 112, Dz: 224, ⌁ WC ☎; Lift P 🍴 1⇌25 ≙ Fitneßraum Sauna Solarium
geschl: Anfang Nov-Mitte Dez
Auch Zimmer der Kategorie ***** vorhanden

** Ferien- und Sporthotel Waldhorn
♂ ≼ Haus Nr 78, ✉ 87491, ☎ (0 83 65) 81 35, Fax 82 65, DC
32 Zi, Ez: 85-100, Dz: 170-200, ⌁ WC ☎; P 🍴 1⇌20 ≙ Fitneßraum Sauna Solarium 🍴
geschl: Anfang Nov-Mitte Dez

* Alpenhof
≼ Hauptstr 23, ✉ 87491, ☎ (0 83 65) 8 11 40, Fax 82 01 50, AX ED
29 Zi, Ez: 72-116, Dz: 108-166, 8 Suiten, 2 App, ⌁ WC ☎; P 🍴 1⇌25 Fitneßraum Sauna Solarium 🍴
Rezeption: 9-23.30; geschl: Mitte Apr-Anfang Mai, Anfang Nov-Mitte Dez

Kaarst 32 ↘

Nordrhein-Westfalen — Kreis Neuss — 42 m — 41 800 Ew — Neuss 6, Mönchengladbach 15, Krefeld 16 km
i ☎ (0 21 31) 98 71 09, Fax 98 75 00 — Stadtverwaltung, Am Neumarkt 2, 41544 Kaarst

→

Kaarst

*** Holiday Inn
Königsberger Str 20, ⊠ 41564, ☎ (0 21 31)
96 90, Fax 96 94 44, AX DC ED VA
193 Zi, Ez: 199-245, Dz: 285-320, S;
16 Suiten, 4 App, ⇌ WC ☎, 30🛌; Lift 🅿 🚗
9⇌400 ≋ Fitneßraum Sauna Solarium ⌘

** Classic Hotel
♂ Friedensstr 12, ⊠ 41564, ☎ (0 21 31)
66 80 91, Fax 60 18 33, AX DC ED VA
22 Zi, Ez: 158-218, Dz: 217-277, ⇌ WC ☎,
6🛌; Lift 🚗; garni

* Landhaus Michels
Kaiser-Karl-Str 10, ⊠ 41564, ☎ (0 21 31)
60 40 04, Fax 60 53 39, AX DC ED VA
20 Zi, Ez: 90-140, Dz: 130-170, ⇌ WC ☎, 🅿
🚗; garni
geschl: Ende Dez-Anfang Jan
Auch einfache Zimmer vorhanden

Büttgen (3,5 km ↓)
* Jan van Werth
Rathausplatz 20, ⊠ 41564, ☎ (0 21 31)
7 58 80, Fax 14 33, DC ED VA
28 Zi, Ez: 89-120, Dz: 155-185, ⇌ WC ☎; Lift
🅿 🚗 Kegeln ⌘
geschl: 23.12.96-2.1.97

Holzbüttgen (1 km ↓)
* Open Air
August-Thyssen-Str 13, ⊠ 41564,
☎ (0 21 31) 66 20, Fax 66 25 22, AX DC ED VA
35 Zi, Ez: 120-230, Dz: 145-300, 1 App, ⇌
WC ☎; Lift 🅿 🚗 5⇌70 Fitneßraum Kegeln
Sauna Solarium
Tennis 14
Auch Zimmer der Kategorie ** vorhanden
** Hauptgericht 25

Kälberbronn
siehe **Pfalzgrafenweiler**

Kämpfelbach 61 ↖

Baden-Württemberg — Enzkreis — 210 m
— 5 800 Ew — Pforzheim 8, Karlsruhe
25 km
ℹ ☎ (0 72 31) 8 90 78, Fax 8 10 88 —
Gemeindeverwaltung, Kelterstr 1,
75236 Kämpfelbach

Bilfingen
* Langer
♂ Talstr 9, ⊠ 75236, ☎ (0 72 32) 40 40,
Fax 4 04 20, DC ED VA
22 Zi, Ez: 95, Dz: 130-160, 2 App, ⇌ WC ☎,
1🛌; Lift 🅿 🚗 2⇌20 Kegeln
** Hauptgericht 28; Biergarten

Kagar 21 ↗

Brandenburg — Kreis Neuruppin — 80 m
— 191 Ew — Neuruppin 26 km
ℹ ☎ (03 39 23) 2 18 — Gemeindeverwaltung, Grävenitzstr 3, 16837 Flecken Zechlin

* Landhaus Schröder
Wallitzer Str, ⊠ 16837, ☎ (03 39 23) 4 84,
Fax 5 20, ED VA
19 Zi, Ez: 75, Dz: 110, 1 Suite, ⇌ WC ☎; 🅿
Kegeln Sauna ⌘

Kahla 48 ↗

Thüringen — Holzlandkreis — 170 m —
8 050 Ew — Jena 11, Rudolstadt 21,
Weimar 28 km
ℹ ☎ (03 64 24) 7 71 07, Fax 7 71 04 — Tourist Information, Markt 10, 07764 Kahla.
Sehenswert: Stadtmauer; Saalewehr,
Floßgasse; Metznersches Haus

Leubengrund (5 km ↘)
** Waldhotel Linzmühle
einzeln ♂ Im Leubengrund, ⊠ 07768,
☎ (03 64 24) 8 40, Fax 8 42 20, AX DC ED VA
46 Zi, Ez: 70-90, Dz: 100-140, ⇌ WC ☎,
10🛌; 🅿 3⇌25 Fitneßraum Sauna ⌘

Löbschütz (2 km ↘)
* Saalehotel
Neustädter Str 18 a, ⊠ 07768, ☎ (03 64 24)
2 24 79, Fax 2 24 69, AX ED VA
14 Zi, Ez: 70-80, Dz: 100-110, ⇌ WC ☎; 🅿
⌘

Kahl a. Main 55 ↖

Bayern — Kreis Aschaffenburg — 107 m —
7 136 Ew — Hanau 10, Aschaffenburg 16,
Frankfurt am Main 24 km
ℹ ☎ (0 61 88) 94 40, Fax 9 44 29 — Gemeindeverwaltung, Aschaffenburger Landstr 1,
63796 Kahl; Erholungsort

** Zeller
Aschaffenburger Str 2, ⊠ 63796,
☎ (0 61 88) 91 80, Fax 91 81 00, AX ED VA
60 Zi, Ez: 112-124, Dz: 175, ⇌ WC ☎; 🅿 Fitneßraum Sauna Solarium
geschl: Ende Dez-Anfang Jan
** Hauptgericht 30; Terrasse;
geschl: So, Sa mittags

* Dörfler
Westring 10, ⊠ 63796, ☎ (0 61 88) 9 10 10,
Fax 91 01 33, AX DC ED VA
18 Zi, Ez: 80-100, Dz: 120-160, ⇌ WC ☎; 🅿
⌘
geschl: Ende Dez-Anfang Jan

Kahl a. Main-Außerhalb (2 km ←)
* Am Leinritt
Leinrittstr 2, ⊠ 63796, ☎ (0 61 88) 8 14 33,
Fax 8 14 55, AX ED VA
23 Zi, Ez: 95-105, Dz: 135-160, ⇌ WC ☎; 🅿
≋; garni

Kaisersbach 62 □

Baden-Württemberg — Rems-Murr-Kreis
— 570 m — 2 400 Ew — Welzheim 7, Murrhardt 12 km
ℹ ☎ (0 71 84) 93 83 80, Fax 9 39 38 21 —
Bürgermeisteramt, Dorfstr 5, 73667 Kaisersbach; Erholungsort

Kaiserslautern

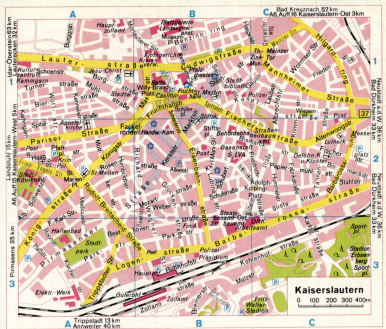

Kaiserslautern

Ebnisee (3 km ←)
*** **Schassbergers**
Kur- und Sporthotel
⌂ Winnender Str 10, ✉ 73667, ☎ (0 71 84) 29 20, Fax 29 22 04, AX ED VA
46 Zi, Ez: 120-265, Dz: 180-360, 3 Suiten, 1 App, ⌂ WC ☎; Lift P 🚗 4⇔150 ≋ ≙ Seezugang Fitneßraum Sauna Solarium 🛥
Golf 9; Tennis 3
Auch Zimmer der Kategorie ** vorhanden
*** **Abend Restaurant**
Hauptgericht 39; Terrasse; nur abends; geschl: So, Mo
nur Menüs
** **Flößerstube**
Hauptgericht 30; Terrasse

Kaisersesch 43

Rheinland-Pfalz — Kreis Cochem-Zell — 438 m — 2 637 Ew — Cochem 17, Mayen 15, Koblenz 36 km
ℹ ☎ (0 26 53) 59 09 35, Fax 37 76 — Tourist-Information-Verkehrsamt, Bahnhofstr 47, 56759 Kaisersesch; Ort in der Eifel

* **Kurfürst**
⌂ Auf der Wacht 21, ✉ 56759, ☎ (0 26 53) 65 66, Fax 60 91
14 Zi, Ez: 55-69, Dz: 88-95, ⌂ WC ☎, 14🛏;
P 🍽

Kaiserslautern 53

Rheinland-Pfalz — Stadtkreis — 233 m — 100 000 Ew — Ludwigshafen 58, Saarbrücken 68 km
ℹ ☎ (06 31) 3 65 23 17, Fax 3 65 27 23 — Verkehrsamt, Willy-Brandt-Platz 1 (B 1), 67653 Kaiserslautern; Kreisstadt im Pfälzer Wald; Universität, Pfalztheater. Sehenswert: Ev. Stiftskirche; kath. Kirche St. Martin; Fruchthalle; Pfalzgalerie in der Landesgewerbeanstalt; Burgruine Hohenecken ◂(7 km ↗); Kaiserbrunnen

*** **Dorint**
St.-Quentin-Ring 1 (außerhalb C 3),
✉ 67663, ☎ (06 31) 2 01 50, Fax 1 49 08,
AX DC ED VA
149 Zi, Ez: 170-220, Dz: 170-280, S; 1 Suite, 3 App, ⌂ WC, 47🛏; Lift P 🚗 13⇔225 ≋
≙ Fitneßraum Sauna Solarium 🛥
** **Dorado**
Hauptgericht 30; Gartenlokal Terrasse

** **Schulte**
Malzstr 7 (B 3), ✉ 67663, ☎ (06 31) 2 01 6 90, Fax 2 01 69 19, AX DC ED VA
3 Zi, Ez: 155-175, Dz: 180-240, 14 App, ⌂ WC, 11🛏; Lift P 1⇔20 Fitneßraum Sauna 🍽
geschl: 20.12.96-8.1.97 →

⌂ Kostengünstige Unterkunft mit Standard-Ausstattung

Kaiserslautern

* Altes Zollamt
Buchenlochstr 1 (außerhalb A 3), ✉ 67663,
☎ (06 31) 31-6 66-00, Fax 31-6 66-66,
AX DC ED VA
12 Zi, Ez: 129-145, Dz: 169-200, ⌐⌐ WC ☎,
6✉; P; garni
geschl: Aug

* Lautertaler Hof
Mühlstr 31 (A 1), ✉ 67659, ☎ (06 31)
37 26-0, Fax 7 30 33, AX DC ED VA
20 Zi, Ez: 90, Dz: 130, 1 App, ⌐⌐ WC ☎; P 🚗
🍽

* City Hotel
Rosenstr 28 (A 2), ✉ 67655, ☎ (06 31)
1 30 25, Fax 1 33 41
18 Zi, Ez: 110, Dz: 150, ⌐⌐ WC ☎; Lift P ≈
Sauna Solarium; garni

* Altstadt-Hotel
Steinstr 51 (B 1), ✉ 67657, ☎ (06 31)
3 64 30, Fax 3 64 31 00, AX DC ED VA
26 Zi, Ez: 92-98, Dz: 130-140, ⌐⌐ WC ☎; 🚗
1↻20; garni

** Uwe's Tomate
Schillerplatz 4 (B 1), ✉ 67655, ☎ (06 31)
9 34 06, Fax 69 61 87, ED
Hauptgericht 40; Terrasse; geschl: So, Mo,
3 Wochen im Sep

** Alte Post
Mainzer Tor 3 (C 1), ✉ 67655, ☎ (06 31)
6 43 71, AX DC ED VA
Hauptgericht 40; geschl: Sa mittags, So,
Ende Jul-Anfang Aug

* Stadthotel
Friedrichstr 39 (B 2), ✉ 67655, ☎ (06 31)
36 26 30, Fax 3 62 63 50
Hauptgericht 28
* 9 Zi, Ez: 100-115, Dz: 150, ⌐⌐ WC
☎; P

* BBK-Stammhaus
Pirmasenser Str 27 (B 2), ✉ 67655,
☎ (06 31) 2 64 26
Hauptgericht 25; geschl: So, 2 Wochen im
Sep

Dansenberg (7 km ↙)
* Gasthof Fröhlich
♂ Dansenberger Str 10, ✉ 67661, ☎ (06 31)
3 57 16-0, Fax 3 57 16 66, AX ED VA
20 Zi, Ez: 75-85, Dz: 110-120, ⌐⌐ WC ☎; P
2↻40 Kegeln Sauna Solarium
geschl: 3 Wochen im Jan
* Hauptgericht 25; geschl: Mo,
3 Wochen im Jan

Kaiserslautern-Außerhalb (3 km ←)
** Blechhammer
einzeln ♂ Am Hammerweiher 1, ✉ 67659,
☎ (06 31) 3 72 50, Fax 3 72 51 00,
AX DC ED VA
30 Zi, Ez: 115, Dz: 175, ⌐⌐ WC ☎; P 2↻35
Kegeln
* Hauptgericht 30; Terrasse

Kaiserstuhl
siehe **Vogtsburg im Kaiserstuhl**

Kaiserswerth siehe Düsseldorf

Kakerbeck 27 ↗

Sachsen-Anhalt — Kreis Gardelegen —
70 m — 1 078 Ew — Klötze 10, Kalbe 11,
Gardelegen 18 km
ℹ ☎ (03 90 81) 2 15 — Gemeindeverwaltung, Dorfstr 72, 39624 Kakerbeck

Jemmeritz
* Garni
♂ Dorfstr 19, ✉ 39624, ☎ (03 90 81) 3 35,
Fax 3 35
7 Zi, Ez: 60, Dz: 100, ⌐⌐ WC ☎; P

Kalbach 46 □

Hessen — Kreis Fulda — 380 m — 5 900 Ew
— Schlüchtern 16, Fulda 18, Bad
Brückenau 26 km
ℹ ☎ (0 66 55) 50 55, Fax 50 45 — Verkehrsamt, Hauptstr 12, 36148 Kalbach

Grashof
* Landhotel Grashof
♂ ◄ Haus Nr 4, ✉ 36148, ☎ (0 66 55) 97 70,
Fax 9 77 55, ED
21 Zi, Ez: 54-84, Dz: 115-135, ⌐⌐ WC ☎; P
3↻60 Kegeln
* Hauptgericht 25; geschl: Mo

Kalbe (Milde) 47 ↗

Sachsen-Anhalt — Altmarkkreis — 25 m —
3 500 Ew
ℹ ☎ (03 90 80) 20 35, Fax 30 29 — Tourist-
information, Schulstr. 11, 39624 Kalbe
(Milde); Wasserburganlage aus dem 9.-10.
Jahrhundert, Altes Wachhaus von 1584,
Kirche St. Nicolai von 1170, historische Altstadt, Kurpark

** Altmark Hotel
Ernst-Thälmann-Str 6, ✉ 39624,
☎ (03 90 80) 30 77, Fax 20 77, AX ED VA
43 Zi, Ez: 60-110, Dz: 85-165, ⌐⌐ WC ☎, 5✉;
Lift P 2↻80 🍽

* Zum Pottkuchen
Marktstr 9, ✉ 39624, ☎ (03 90 80) 21 59,
Fax 21 03, ED
15 Zi, Ez: 60-70, Dz: 90-100, 1 App, ⌐⌐ WC
☎; P 25; garni
Rezeption: 14-21

Die im Varta angegebene Kategorie eines
Beherbergungsbetriebes bezieht sich
jeweils auf den größeren Teil der Zimmer.
Verfügt ein Betrieb auch über eine
nennenswerte Zahl von Zimmern höherer
oder niedrigerer Kategorie, weist ein
entsprechender Vermerk darauf hin.

Kalkar 32 ↑

Nordrhein-Westfalen — Kreis Kleve — 20 m — 12 000 Ew — Rees 9, Goch 12, Kleve 14 km
ℹ ☎ (0 28 24) 1 31 20, Fax 1 32 34 — Verkehrsamt, Markt 20, 47546 Kalkar. Sehenswert: Kath. Kirche: Hochaltar, Schnitzwerke; Rathaus; Treppengiebelhäuser; Städt. Museum: Sachsenspiegel; rom. Doppelturmbasilika in Wissel; Dorfkirche in Hanselaer (2 km →)

* **Siekmann**
Kesselstr 32, ✉ 47546, ☎ (0 28 24) 23 05, Fax 31 05, AX ED VA
19 Zi, Ez: 50-80, Dz: 100-140, WC ☎;
1◯180 Kegeln Sauna Solarium ▮◯
geschl: Mi, Jun-Aug

** **Ratskeller** ✤
Markt 25, ✉ 47546, ☎ (0 28 24) 24 60, DC VA
Hauptgericht 35; geschl: Mo, Anfang-Mitte Aug

Kehrum (5 km ↘)
* **Landhaus Beckmann**
Römerstr 1, ✉ 47546, ☎ (0 28 24) 20 86, Fax 23 92, AX DC ED VA
22 Zi, Ez: 90-110, Dz: 150-170, WC ☎, 2✉; P
* Hauptgericht 30; Terrasse; geschl: Di

Kalkhorst 11 ↓

Mecklenburg-Vorpommern — Nordwestmecklenburg — 10 m — 1 415 Ew — Klütz 9, Dassow 10 km
ℹ ☎ (03 88 27) — Gemeindeverwaltung, 23942 Kalkhorst

Hohen Schönberg
* **Landhotel Lenorenwald**
⚐ Kalkhorster Str 5, ✉ 23948, ☎ (03 88 27) 2 37
13 Zi, Ez: 70-100, Dz: 100-120, 3 App, WC ☎; P ▮◯

Kallstadt 54 ↗

Rheinland-Pfalz — Kreis Bad Dürkheim — 150 m — 1 130 Ew — Bad Dürkheim 4, Grünstadt 9, Ludwigshafen 15 km
ℹ ☎ (0 63 53) 5 01 73, Fax 5 01 70 — Verbandsgemeinde Freinsheim, Verkehrsamt, Hauptstr 2, 67251 Freinsheim; Weinbauort an der Haardt

** **Kallstadter Hof**
Weinstr 102, ✉ 67169, ☎ (0 63 22) 89 49, Fax 6 60 40, AX DC ED VA
Hauptgericht 35; Gartenlokal Terrasse; geschl: Mi, 2 Wochen zu Fasching, 2 Wochen im Sommer
** 13 Zi, Ez: 90-120, Dz: 110-190, WC ☎; P 1◯30
Rezeption: 9-22; geschl: 2 Wochen zu Fasching, 2 Wochen im Sommer

Kaltenkirchen

** **Weinkastell Zum Weißen Roß** ♛
Weinstr 80, ✉ 67169, ☎ (0 63 22) 50 33, Fax 86 40, AX ED
Hauptgericht 40; geschl: Mo+Di, Ende Jul-Anfang Aug, Anfang Jan-Mitte Feb Eigenbauweine
* 13 Zi, Ez: 95-125, Dz: 160-180, 1 Suite, WC ☎
Rezeption: 7-15, 17-22

* **Gutsausschank Breivogel**
Freinsheimer Str, ✉ 67169, ☎ (0 63 22) 6 11 08, Fax 6 73 79, AX ED VA
Hauptgericht 35; P Terrasse

Gutsschänke Henninger
⚐ Weinstr 101, ✉ 67169, ☎ (0 63 22) 6 34 69
Hauptgericht 25; geschl: Di Eigenbauweine

Kaltenborn 43 ←

Rheinland-Pfalz — Kreis Ahrweiler — 500 m — 350 Ew — Adenau 10, Bad Neuenahr 18 km
ℹ ☎ (0 26 91) 18 35 — Verkehrsverein, Waldstr 1, 53520 Kaltenborn; Ort in der Eifel

Jammelshofen (2 km ↘)
* **Waldhotel**
◁ Bergstr 18, ✉ 53520, ☎ (0 26 91) 20 31, Fax 76 30, AX ED
23 Zi, Ez: 60-90, Dz: 100-150, 1 Suite, WC; P ▮◯ Solarium
* ◁ Hauptgericht 25; Terrasse

Kaltenengers 43 □

Rheinland-Pfalz — Kreis Mayen-Koblenz — 64 m — 1 816 Ew — Mülheim-Kärlich 6, Koblenz 11 km
ℹ ☎ (0 26 30) 63 54 — Gemeindeverwaltung, Hauptstr 77, 56220 Kaltenengers

** **Rheinhotel Larus**
◁ In der Obermark 7, ✉ 56220, ☎ (0 26 30) 9 89 80, AX DC ED VA
32 Zi, Ez: 135, Dz: 190, 3 Suiten, 2 App, WC ☎, 15✉; Lift P ▮◯ 3◯80
** **Larus Pavillon**
◁ Hauptgericht 30; Terrasse

Kaltenkirchen 18 ↑

Schleswig-Holstein — Kreis Segeberg — 28 m — 16 022 Ew — Bad Bramstedt 12, Hamburg 36 km
ℹ ☎ (0 41 91) 50 90, Fax 22 94 — Stadtverwaltung, Holstenstr 14, 24568 Kaltenkirchen →

Kaltenkirchen

* **Kaltenkirchener Hof (Minotel)**
Alvesloher Str 2, ✉ 24568, ☎ (0 41 91) 78 61, Fax 69 10, AX DC ED VA
28 Zi, Ez: 90, Dz: 130, ⊣ WC ☎; **P** 🚗
2⇌160 Kegeln
** Hauptgericht 17; Terrasse; nur abends

* **Kleiner Markt**
Königstr 7, ✉ 24568, ☎ (0 41 91) 9 99 20, Fax 8 97 85, AX DC ED VA
9 Zi, Ez: 90, Dz: 130, ⊣ WC ☎; **P** 🍽
Rezeption: 7-14, 17-20

** **Medieval im Ratskeller**
Schulstr, ✉ 24568, ☎ (0 41 91) 8 56 50, AX ED VA
Hauptgericht 30; geschl: So

Kaltennordheim 46→

Thüringen — Kreis Bad Salzungen — 440 m — 2 100 Ew — Meiningen 21, Schmalkalden 37, Fulda 46 km
🛈 ☎ (03 69 66) 2 56 — Verwaltungsgemeinschaft Oberes Feldatal, Wilhelm-Külz-Platz 2, 36452 Kaltennordheim; Erholungsort. Sehenswert: Schloßanlage; Kilianskirche; Nikolaikirche; Schnitzschule in Empfertshausen, Schnitzerbetriebe

* **Zum Löwen**
August-Bebel-Str 1, ✉ 36452, ☎ (03 69 66) 3 50, Fax 51 26
15 Zi, Ez: 50-75, Dz: 90-120, ⊣ WC ☎; **P** 🚗
Solarium 🍽
geschl: Mi

Kaltensundheim 46→

Thüringen — Kreis Meiningen — 460 m — 1 000 Ew — Kaltennordheim 3, Meiningen 27 km
🛈 ☎ (03 69 46) 7 60, Fax 8 75 — Verwaltungsgemeinschaft „Hohe Rhön", Gerthäuser Str 8, 98634 Kaltensundheim. Sehenswert: Kirchenburg mit Taufstein von 1440 und Barockorgel

* **Zur guten Quelle**
Hauptstr 7, ✉ 98634, ☎ (03 69 46) 38 50, Fax 3 85 38, ED
8 Zi, Ez: 45-59, Dz: 70-80, 1 App, ⊣ WC ☎, 4📺; **P** 2⇌50 Kegeln 🍽 🚬
Rezeption: 9-24

Kamen 34←

Nordrhein-Westfalen — Kreis Unna — 62 m — 48 344 Ew — Unna 8, Lünen 12, Hamm 16 km
🛈 ☎ (0 23 07) 14 81 82, Fax 14 81 40 — Stadtverwaltung, Bahnhofstr 37, 59174 Kamen; Stadt am Ostrand des Ruhrgebietes. Sehenswert: Ev. Kirche in Methler (4 km ←)

** **Holiday Inn**
Kamen Karrée 2/3, ✉ 59174, ☎ (0 23 07) 96 90, Fax 96 96 66, AX DC ED VA
120 Zi, Ez: 160-200, Dz: 155-240, 3 Suiten, ⊣ WC ☎, 68📺; **P** 6⇌250 Fitneßraum Sauna 🍽

* **Stadt Kamen**
Markt 11, ✉ 59174, ☎ (0 23 07) 97 29 00, Fax 9 72 90 10, DC ED VA
35 Zi, Ez: 109-120, Dz: 180, ⊣ WC ☎; **P** 2⇌50 🍽

* **Kautz**
Ängelholmer Str 16, ✉ 59174, ☎ (0 23 07) 1 80 15, Fax 1 80 17, AX ED VA
10 Zi, Ez: 85-90, Dz: 150-160, ⊣ WC ☎; **P** 🚗
2⇌80 🍽
Rezeption: 7-9, 17-22

* **In der Kaiserau**
Robert Koch Str. 43, ✉ 59174, ☎ (0 23 07) 93 13 10, Fax 93 13 10, AX DC ED VA
15 Zi, Ez: 90, Dz: 140, ⊣ WC ☎, 7📺; 6⇌240 Kegeln 🍽

🍴 **Ebbinghaus**
Weststr 18, ✉ 59174, ☎ (0 23 07) 1 02 21
9-19; geschl: Mi + Do

Kamenz 41↗

Sachsen — Kreis Kamenz — 200 m — 17 000 Ew — Hoyerswerda 25, Dresden 35 km
🛈 ☎ (0 35 78) 30 43 00, Fax 7 92 99 — Kamenz-Information, Markt 1, 01917 Kamenz

*** **Goldner Hirsch** 👑
Markt 10, ✉ 01917, ☎ (0 35 78) 30 12 21, Fax 30 44 97, AX DC ED VA
18 Zi, Ez: 220-275, Dz: 300-350, 2 Suiten, ⊣ WC ☎; Lift **P** 2⇌60
*** **Al fresco**
Hauptgericht 26; Biergarten; geschl: Sa, So

** **Zur Westlausitz**
Nebelschützer Str 11, ✉ 01917, ☎ (0 35 78) 30 13 13, Fax 53 01, AX ED VA
35 Zi, Ez: 110-160, Dz: 160-180, ⊣ WC ☎; Lift **P** 2⇌50 Sauna Solarium 🍽

* **Stadt Dresden**
Weststr 10, ✉ 01917, ☎ (0 35 78) 30 14 10, Fax 30 14 11, AX DC ED VA
18 Zi, Ez: 95-110, Dz: 150-160, ⊣ WC ☎; **P** 3⇌420 Kegeln Sauna 🍽

* **Weißer Engel**
Rosa-Luxemburg-Str 7, ✉ 01917, ☎ (0 35 78) 30 41 87, Fax 30 41 87
7 Zi, Ez: 60-95, Dz: 100-140, ⊣ WC ☎; **P** 🍽

* **Lessingstuben**
Rosa-Luxemburg-Str 9, ✉ 01917, ☎ (0 35 78) 30 42 11, Fax 30 41 11, AX ED VA
Hauptgericht 35

Kappel-Grafenhausen

Thonberg (2 km ↘)
* **Gasthof Thonberg**
Bautzner Str 288, ✉ 01917, ☎ (0 35 78)
61 31, Fax 54 69, AX DC ED VA
12 Zi, Ez: 60-90, Dz: 100-130, ⊿ WC ☎; P 🖂
Kegeln ¶◎¶

Kammerstein 57 ✓

Bayern — Kreis Roth — 398 m — 2 284 Ew
— Schwabach 5, Roth 12, Nürnberg 15 km
ℹ ☎ (0 91 22) 40 61 — Gemeindeverwaltung, Eisentrautstr 11, 91126 Schwabach

Haag (2 km ↗)
* **Meyerle**
Schwabacher Str 30, ✉ 91126, ☎ (0 91 22)
51 58, Fax 1 58 58, ED VA
23 Zi, Ez: 80-85, Dz: 120, ⊿ WC ☎; P 🖂 ¶◎¶
geschl: Mo, Fr ab 14

Kampen siehe Sylt

Kamp-Lintfort 32 →

Nordrhein-Westfalen — Kreis Wesel —
28 m — 40 000 Ew — Duisburg 24,
Wesel 27 km
ℹ ☎ (0 28 42) 91 20, Fax 91 23 67 — Stadtverwaltung, Am Rathaus 2, 47475 Kamp-Lintfort; Stadt am Niederrhein. Sehenswert: Kloster Kamp, Zisterzienser-Kloster, Terrassengarten

*** **Parkhotel Niederrhein**
Neuendickstr 96, ✉ 47475, ☎ (0 28 42)
21 04, Fax 21 09, AX DC ED VA
44 Zi, Ez: 140-260, Dz: 230-320, 1 Suite, ⊿
WC ☎; Lift P 🖂 5⇆80 ≋ ≙ Kegeln Sauna Solarium
Auch Zimmer der Kategorie ** vorhanden
** Hauptgericht 40; Terrasse

Kamp-Lintfort-Außerhalb (10 km ↑)
** **Pötters**
Weseler Str 362, an der B 58, ✉ 47475,
☎ (0 28 02) 40 29, Fax 8 06 13, AX DC ED VA
Hauptgericht 30; P; nur abends; geschl:
Mo

Kandel 60 ↗

Rheinland-Pfalz — Kreis Germersheim —
226 m — 8 595 Ew — Karlsruhe 16, Landau 17 km
ℹ ☎ (0 72 75) 96 00, Fax 96 01 01 — Verbandsgemeindeverwaltung, Gartenstr 8, 76870 Kandel; Ort am Bienwald. Sehenswert: Kirche St. Georg; Rathaus; Fachwerkhäuser; Saubrunnen am ehem. Saumarkt

* **Zur Pfalz**
Marktstr 57, ✉ 76870, ☎ (0 72 75) 50 21,
Fax 82 68, AX DC ED VA
44 Zi, Ez: 103-125, Dz: 146-160, ⊿ WC ☎;
Lift P Fitneßraum Sauna Solarium 🏊
Auch Zimmer der Kategorie ** vorhanden
* Hauptgericht 30; Gartenlokal;
geschl: Mo mittags, 2 Wochen im Sommer

Kandern 67 ✓

Baden-Württemberg — Kreis Lörrach —
350 m — 3 600 Ew — Lörrach 11, Müllheim 15, Basel 21 km
ℹ ☎ (0 76 26) 8 99 60 — Verkehrsamt, Hauptstr 18, 79400 Kandern; Erholungsort im südlichen Schwarzwald. Sehenswert: Schloß Bürgeln, 665 m ⦿ (5 km ↑); Blauen, 1165 m ⦿ (16 km ↗); Hist. Dampfeisenbahn

** **Zur Weserei**
♂ Hauptstr 70, ✉ 79400, ☎ (0 76 26) 4 45,
Fax 65 81, AX ED VA
25 Zi, Ez: 62-98, Dz: 92-177, 1 Suite, ⊿ WC
☎; Lift P 🖂 1⇆20 Sauna Solarium
Rezeption 7-21; geschl: 14 Tage vor Fasnacht bis einschl. Rosenmontag
** Hauptgericht 35; Gartenlokal;
geschl: Mo, Di mittags

Riedlingen (2 km ←)
*** **Villa Umbach**
Bahnhofstr, ✉ 79400, ☎ (0 76 26) 91 41 30,
Fax 9 14 13 23, DC VA
Hauptgericht 35; Gartenlokal P Terrasse
** ♂ 5 Zi, Ez: 70-130, Dz: 170, ⊿ WC
☎
geschl: Di

Kappel-Grafenhausen 67 ↘

Baden-Württemberg — 180 m — 3 931 Ew
— Rust 3, französische Grenze 5,
Lahr 14 km
ℹ ☎ (0 78 22) 86 30 — Bürgermeisteramt, Rathausstr 2, 77966

Grafenhausen
* **Gästehaus Engel**
Hauptstr 92, ✉ 77966, ☎ (0 78 22) 6 10 51,
Fax 6 10 56, AX ED VA
16 Zi, Ez: 60-80, Dz: 90-120, ⊿ WC ☎; P 🖂
¶◎¶
Rezeption: 7-14, 17-24

* **Euro**
Hauptstr 198, ✉ 77966, ☎ (0 78 22) 86 38-0,
Fax 86 38- 38, AX DC ED VA
61 Zi, Ez: 79-119, Dz: 119-165, S; ⊿ WC,
17🖂; 🖂; garni

Kappeln 10 ↗

Schleswig-Holstein — Kreis Schleswig-Flensburg — 17 m — 10 000 Ew — Schleswig 33, Flensburg 40 km
ℹ ☎ (0 46 42) 40 27, Fax 54 41 — Tourist-Information, Schleswiger Str 1, 24376 Kappeln; Fischerstädtchen an der Schlei, Erholungsort. Sehenswert: Kirche; einzige funktionstüchtige Heringszäune Europas; Holländer Windmühle

*　　　Thomsen's Motel
Theodor-Storm-Str 2, ✉ 24376, ☎ (0 46 42) 10 52, Fax 71 54, ED
28 Zi, Ez: 80-100, Dz: 140, 10 App, ⊣ WC ☎; P; garni
Rezeption: 7-21

**　　　Stadt Kappeln　　　✤
Schmiedestr 36, ✉ 24376, ☎ (0 46 42) 40 21, Fax 55 55, AX ED
Hauptgericht 30; italienische Küche
** 8 Zi, Ez: 80-100, Dz: 135-140, ⊣ WC ☎; P

Kappelrodeck 60 ↓

Baden-Württemberg — Ortenaukreis — 220 m — 5 600 Ew — Achern 6, Offenburg 21, Baden-Baden 31 km
ℹ ☎ (0 78 42) 8 02 10, Fax 8 02 75 — Verkehrsamt, Hauptstr 65, 77876 Kappelrodeck; Erholungs- und Weinbauort am Rande des Schwarzwaldes zur Oberrheinebene. Sehenswert: Schloß Rodeck, Zauberschloß; Fachwerkhäuser

*　　　Zum Prinzen
Hauptstr 86, ✉ 77876, ☎ (0 78 42) 20 88, Fax 87 18, AX DC ED VA
14 Zi, Ez: 78-85, Dz: 115-125, ⊣ WC ☎; Lift P 2↔30 Kegeln
geschl: Mo, Ende Jun-Anfang Jul, Mitte-Ende Jan
** Hauptgericht 30; Gartenlokal; geschl: Mo, Ende Jun-Anfang Jul, Mitte-Ende Jan

*　　　Hirsch
Grüner Winkel 24, ✉ 77876, ☎ (0 78 42) 21 90, Fax 36 90, AX DC ED VA
15 Zi, Ez: 60-75, Dz: 120, ⊣ WC ☎; 🚗
geschl: Mo; Mitte Mär, Mitte Nov, Mitte Dez
** Hauptgericht 25; Gartenlokal; geschl: Mo, Mitte Mär, Mitte Nov-Mitte Dez

Waldulm
**　　　Rebstock　　　✤
Kutzendorf 1, ✉ 77876, ☎ (0 78 42) 94 80, Fax 9 48 20
Hauptgericht 30; P Terrasse; geschl: Mo, 2 Wochen im Feb
* ↻ 9 Zi, Ez: 52-62, Dz: 84-116, ⊣ WC
Rezeption: 9-23; geschl: Mo, 2 Wochen im Feb

Karben 45 ↙

Hessen — Wetteraukreis — 160 m — 20 300 Ew — Friedberg 14, Frankfurt/Main 17 km
ℹ ☎ (0 60 39) 48 10, Fax 4 81 30 — Stadtverwaltung, Rathausplatz 1, 61184 Karben

Groß-Karben
**　　　Quellenhof
Brunnenstr 7, ✉ 61184, ☎ (0 60 39) 33 04, Fax 4 32 72, AX DC ED VA
19 Zi, Ez: 140, Dz: 180, ⊣ WC ☎; Lift P Fitneßraum Sauna Solarium
geschl: Ende Dez-Anfang Jan
Tennis 7
**　　　La Fontaine
Hauptgericht 35; Terrasse; geschl: Sa, Ende Dez

*　　　Stadt Karben
St.-Egrève-Str 25, ✉ 61184, ☎ (0 60 39) 80 10, Fax 80 12 22, AX DC ED VA
36 Zi, Ez: 95-195, Dz: 135-255, ⊣ WC ☎; Lift P 🚗 1↔25 Solarium 🍽
geschl: Ende Dez

Karlsdorf-Neuthard 61 ↖

Baden-Württemberg — Kreis Karlsruhe — 110 m — 8 300 Ew — Bruchsal 5, Karlsruhe 18 km
ℹ ☎ (0 72 51) 44 30, Fax 4 06 12 — Gemeindeverwaltung, im Ortsteil Karlsdorf, Amalienstr 1, 76689 Karlsdorf-Neuthard. Sehenswert: Rathaus; Heimatmuseum

Karlsdorf
*　　　Karlshof
Bruchsaler Str 1, an der B 25, ✉ 76689, ☎ (0 72 51) 9 44 10, Fax 94 41 32, AX DC ED VA
54 Zi, Ez: 90, Dz: 125, ⊣ WC ☎
Rezeption: 9-22
Auch Zimmer im 600 m entfernten Gästehaus vorhanden
** Hauptgericht 30; geschl: So abends

Karlsfeld 71 ↗

Bayern — Kreis Dachau — 486 m — 16 000 Ew — Dachau 5, München 9, Freising 25 km
ℹ ☎ (0 81 31) 9 91 51, Fax 9 91 03 — Gemeindeverwaltung, Gartenstr 7, 85757 Karlsfeld

*　　　Schwertfirm
Adalbert-Stifter-Str 5, ✉ 85757, ☎ (0 81 31) 9 00 50, Fax 90 05 70, AX ED VA
50 Zi, Ez: 100-150, Dz: 130-160, ⊣ WC ☎, 10✉; Lift P 🚗 20 Fitneßraum; garni
Rezeption: 6-21; geschl: Ende Dez-Anfang Jan
Auch Zimmer der Kategorie ****** vorhanden

Karlshafen, Bad 36

Hessen — Kreis Kassel — 120 m —
4 725 Ew — Höxter 23, Holzminden 31,
Münden 41 km
🛈 ☎ (0 56 72) 99 99 22, Fax 99 99 25 — Kurverwaltung, Hafenplatz 8, 34385 Bad Karlshafen; Soleheilbad an der Mündung der Diemel in die Weser; ursprünglich Hugenottensiedlung. Sehenswert: Barocke Stadtanlage; Rathaus, Invalidenhaus; Deutsches Hugenotten-Museum; Ruine Krukenburg ⋖ (3 km ↓)

** **Zum Schwan**
Conradistr 3, ⊠ 34385, ☎ (0 56 72) 10 44, Fax 10 46, AX DC ED VA
32 Zi, Ez: 105-130, Dz: 190-210, ⊣ WC ☎; Lift 🖨 2⇔30
** ⊗ Hauptgericht 35

* **Hessischer Hof**
Carlstr 13, ⊠ 34385, ☎ (0 56 72) 10 59, Fax 25 15, AX ED VA
18 Zi, Ez: 60, Dz: 100, ⊣ WC ☎; 🅿 🖨 2⇔80
geschl: im Winter Mo
* Hauptgericht 25; Biergarten;
geschl: im Winter Mo

Karlsruhe 60

Baden-Württemberg — Stadtkreis —
116 m — 270 000 Ew — Stuttgart 80, Frankfurt/Main 140, Saarbrücken 145 km
🛈 ☎ (07 21) 3 55 30, Fax 35 53 43 — Verkehrsverein, Bahnhofplatz 6, 73137 Karlsruhe; Regierungsbezirkshaupt- und Kreisstadt mit fächerförmig angelegtem Straßennetz im Stadtkern; Universität, Akademie der bildenden Künste, Hochschule für Musik, Pädagogische Hochschule; Badisches Staatstheater; Kammertheater.

Sehenswert: Kath. Kirche St. Stephan; ev. Stadtkirche; Schloß: Landesmuseum; Rathaus; Gemäldesammlung in der Staatlichen Kunsthalle: Hans-Thoma-Museum; Städt. Galerie; Badischer Kunstverein: Ausstellungen; Museum am Friedrichsplatz (Naturkunde); Verkehrsmuseum; Pyramide; Schloßplatz; Schwarzwaldhalle; Nancyhalle; Stadtgarten mit Zoo; Schloßgarten; Botanischer Garten; Schloß und ev. Kirche in Durlach (6 km →)

Stadtplan siehe Seite 572

*** **Karlsruhe Renaissance Hotel**
Mendelssohnplatz (C 3), ⊠ 76131, ☎ (07 21) 3 71 70, Fax 37 71 56, AX DC ED VA
215 Zi, Ez: 246-296, Dz: 322-382, S;
8 Suiten, ⊣ WC ☎, 51 🖨; Lift 🖨 12⇔300 ⓘ

✦ Besonders beachtenswertes Restaurant

** **Queens Hotel**
Ettlinger Str 23 (B 4), ⊠ 76137, ☎ (07 21) 3 72 70, Fax 3 72 71 70, AX DC ED VA
147 Zi, Ez: 227-267, Dz: 309-329, S;
5 Suiten, 1 App, ⊣ WC ☎, 48 🖨; Lift 🅿 🖨 7⇔300 ⓘ

** **Residenz (Ringhotel)**
Bahnhofplatz 14 (B 6), ⊠ 76137, ☎ (07 21) 3 71 50, Fax 3 71 51 13, AX ED VA
103 Zi, Ez: 130-195, Dz: 185-230, S; 1 Suite, ⊣ WC ☎, 20 🖨; 8⇔120
** **Ketterer**
Hauptgericht 35; Terrasse

** **Allee-Hotel**
Kaiserallee 91, ⊠ 76185, ☎ (0 721) 98 56 10, Fax 9 85 61 11, AX DC ED VA
27 Zi, Ez: 115-178, Dz: 150-230, ⊣ WC ☎; Lift 🖨 2⇔60
Maiers Bistro
Hauptgericht 20; Gartenlokal

** **Alfa**
Bürgerstr 4/Ludwigsplatz (A 3), ⊠ 76133, ☎ (07 21) 2 99 26, Fax 2 99 29, AX ED VA
38 Zi, Ez: 170-190, Dz: 240-260, 1 Suite, ⊣ WC ☎; Lift 🖨; garni
Frühstück im benachbarten Restaurant Mövenpick-Marché

** **Ambassador**
Hirschstr 34 (A 3), ⊠ 76133, ☎ (07 21) 1 80 20, Fax 1 80 21 70, AX ED VA
72 Zi, Ez: 170-200, Dz: 220-260, ⊣ WC ☎, 10 🖨; Lift 🖨; garni
Im Gästehaus Alte Münze (Sophienstr 24) auch Zimmer der Kategorie * vorhanden

** **Bahnpost**
Am Stadtgarten 5 (B 5), ⊠ 76137, ☎ (07 21) 3 49 77, Fax 3 49 79, AX ED VA
27 Zi, Ez: 150-170, Dz: 200-240, ⊣ WC ☎; Lift ≋ ≘; garni

** **Rio**
Hans-Sachs-Str 2, ⊠ 76133, ☎ (07 21) 8 40 80, Fax 8 40 81 00, AX DC ED VA
119 Zi, Ez: 151-175, Dz: 201-212, ⊣ WC ☎; Lift 🅿 🖨 ⓘ
Im Gästehaus Zimmer der Kategorie * vorhanden

** **Kübler**
Bismarckstr 39 (A 2), ⊠ 76133, ☎ (07 21) 14 40, Fax 14 44 41, AX ED VA
120 Zi, Ez: 118-168, Dz: 160-200, 2 Suiten, 16 App, ⊣ WC ☎; Lift 🅿 🖨 2⇔25 Fitneßraum Sauna Solarium; garni
Zimmer unterschiedlicher Kategorien vorhanden

* **Eden**
Bahnhofstr 15 (A 5), ⊠ 76137, ☎ (07 21) 1 81 80, Fax 1 81 82 22, AX DC ED VA
68 Zi, Ez: 105-150, Dz: 148-208, ⊣ WC ☎; Lift 🖨 5⇔60
** Hauptgericht 32; Gartenlokal 🅿 →

Karlsruhe

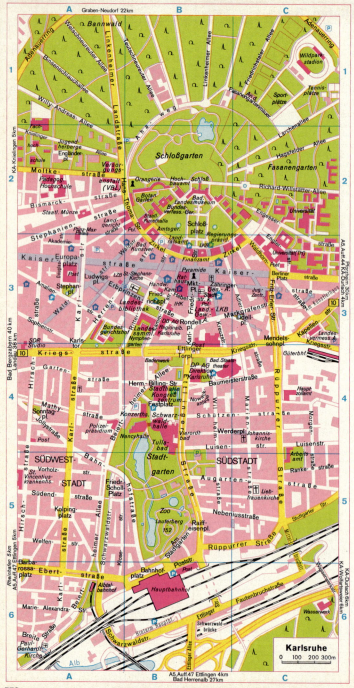

Karlsruhe

✱ Blankenburg
Kriegsstr 90 (B 4), ✉ 76133, ☎ (07 21)
6 09 50, Fax 60 95 60, AX DC ED VA
45 Zi, Ez: 140-159, Dz: 198-210, ⊣ WC ☎,
7🛁; Lift 🅿 2⇔30 Fitneßraum Sauna
Solarium; **garni**
Rezeption: so + feiertags ab 15; geschl:
Ende Dez-Anfang Jan
Auch Zimmer der Kategorie ✱✱ vorhanden

✱✱ Kaiserhof
Karl-Friedrich-Str 12 (B 3), ✉ 76133,
☎ (07 21) 9 17 00, Fax 9 17 01 50,
AX DC ED VA
44 Zi, Ez: 150-165, Dz: 210-220, 2 Suiten,
3 App, ⊣ WC ☎; Lift 2⇔60 Solarium
geschl: Ende Dez-Anfang Jan
✱✱ Hauptgericht 36; Terrasse

✱ Hasen
Gerwigstr 47, ✉ 76131, ☎ (07 21) 9 63 70,
Fax 9 63 71 23, AX ED VA
38 Zi, Ez: 100-150, Dz: 175-215, ⊣ WC ☎;
Lift 🚗 2⇔50
geschl: 23.12.96-2.1.97
✱✱ Hauptgericht 35; geschl: Sa + So,
Mitte Jul-Ende Aug

✱ Berliner Hof
Douglasstr 7 (A 3), ✉ 76133, ☎ (07 21)
1 82 80, Fax 1 82 81 00, AX DC ED VA
55 Zi, Ez: 95-150, Dz: 160-190, ⊣ WC ☎; Lift
🅿 🚗 Sauna Solarium; **garni**

✱ Acora
Sophienstr 69, ✉ 76133, ☎ (07 21) 8 50 90,
Fax 84 85 51, AX DC ED VA
Ez: 95-175, Dz: 130-175, 157 App, ⊣ WC ☎;
Lift 🚗; **garni**
Dependance mit Appartements für Langzeitvermietung

✱✱✱ Unter den Linden
Kaiserallee 71, ✉ 76185, ☎ (07 21) 98 48 10,
Fax 9 84 81 36, AX DC ED VA
Hauptgericht 40; geschl: So
✱✱ 15 Zi, Ez: 110, Dz: 150, ⊣ WC ☎,
5⇔60

✱✱ Oberländer Weinstube
🍷 Akademiestr 7 (A 2), ✉ 76133, ☎ (07 21)
2 50 66, Fax 2 11 57, AX DC ED VA
Hauptgericht 45; Gartenlokal; geschl: So,
2 Wochen Sommerschulferien

✱✱ O'Henry's
Breite Str 24 (A 6), ✉ 76135, ☎ (07 21)
38 55 51, Fax 38 79 30, AX DC ED VA
Hauptgericht 37; 🅿 Terrasse; geschl: Sa
mittags

✱✱ La Gioconda
Akademiestr 26 (A 3), ✉ 76133, ☎ (07 21)
2 55 40, AX DC ED VA
Hauptgericht 39; geschl: so + feiertags

Blüthner's
Gutenbergstr 5, ✉ 76135, ☎ (07 21)
84 22 28
Hauptgericht 35; Terrasse; nur abends;
geschl: Mo, 3 Wochen im Sommer
Im französischen Bistrostil gehalten.

Hansjakob Stube
Ständehausstr 4 (B 3), ✉ 76133, ☎ (07 21)
2 71 66, ED VA
Hauptgericht 30; geschl: Mi, so + feiertags
abends, Anfang Jan

Am Tiergarten
Bahnhofplatz 6 (B 6), ✉ 76137, ☎ (07 21)
93 22 20, VA
geschl: Ende Dez-Anfang Jan
✱ 14 Zi, Ez: 95-150, Dz: 135-220,
5 App, ⊣ WC ☎; Lift
geschl: Ende Dez-Anfang Jan

Jäck
Karlstr 37 (A 3), ✉ 76133, ☎ (07 21) 2 71 49,
Fax 2 06 31
7.30-18

Daxlanden (5 km ←)
✱✱ Steuermann
Hansastr 13, ✉ 76189, ☎ (07 21) 50 32 01,
Fax 57 40 20, AX ED VA
18 Zi, Ez: 105-154, Dz: 140-180, ⊣ WC ☎,
5🛁; 🅿
geschl: Anfang Jan
✱✱ Hauptgericht 35; geschl: so + feiertags, Sa mittags

✱✱ Künstlerkneipe Zur Krone
🍷 Pfarrstr 18, ✉ 76189, ☎ (07 21) 57 22 47,
Fax 57 23 41, AX ED
Hauptgericht 48; Biergarten Gartenlokal;
geschl: So, Mo

Durlach (6 km →)
✱✱✱ Zum Ochsen
Pfinzstr 64, ✉ 76227, ☎ (07 21) 94 38 60,
Fax 9 43 86 43, AX ED VA
Hauptgericht 45; Gartenlokal 🅿; geschl:
Mo, Di mittags
✱✱✱ 6 Zi, Ez: 165-205,
Dz: 330, ⊣ WC ☎

Grötzingen (8 km →)
Zum Bundschuh
Grötzinger Weinstube
🍷 Friedrichstr 14, ✉ 76229, ☎ (07 21)
48 17 72, Fax 48 17 72, ED VA
Hauptgericht 30; Gartenlokal 🅿; nur
abends; geschl: So, 2 Wochen im Feb,
2 Wochen im Aug

Knielingen (8 km ↖)
✱ Burgau
Neufeldstr 10, ✉ 76187, ☎ (07 21) 56 30 34,
Fax 56 35 08, AX DC ED VA
17 Zi, Ez: 143-176, Dz: 210-230, ⊣ WC ☎; 🅿
1⇔16 Sauna Solarium
✱ Besoldstube
Hauptgericht 30; Biergarten; geschl: Sa,
so + feiertags

Neureut (6 km ↑)
✱✱ Achat
An der Vogelhardt 10, ✉ 76149, ☎ (07 21)
7 83 50, Fax 78 35 -3 33, AX ED VA
84 Zi, Ez: 99-120, Dz: 99-160, S; ⊣ WC ☎,
42🛁; Lift 🅿 🚗 🍴
geschl: 23.12.96-01.01.97
Auch Zimmer der Kategorie ✱ vorhanden

→

Karlsruhe

** Nagel's Kranz
Neureuter Hauptstr 210, ✉ 76149,
☎ (07 21) 70 57 42
Hauptgericht 42; Gartenlokal; geschl:
so + feiertags, Mo mittags, Sa mittags

Wolfartsweier (8 km ↘)
**** Schloßberg-Stuben
Le Mignon**
Wettersteinstr 5, ✉ 76228, ☎ (07 21)
49 48 53, Fax 49 69 74, AX DC ED VA
Hauptgericht 40; Biergarten Gartenlokal
P; geschl: Mo, 3 Wochen in den Sommerferien, 1 Woche in den Winterferien

Karlstadt 55 ↗

Bayern — Kreis Main-Spessart — 163 m —
15 000 Ew — Gemünden 15, Würzburg
24 km
ℹ ☎ (0 93 53) 79 32 34, Fax 79 32 52 —
Informationszentrale für Touristik, Marktplatz 8, 97753 Karlstadt; Kreisstadt am
Main. Sehenswert: Andreaskirche; Rathaus; Befestigungsring

** Alte Brauerei
Hauptstr 58, ✉ 97753, ☎ (0 93 53) 5 69,
Fax 47 47, AX ED VA
20 Zi, Ez: 110, Dz: 160, ⊣ WC ☎; Lift P
2⇔50
Rezeption: 6-21; geschl: Ende Dez-Anfang Jan
** Hauptgericht 30; Biergarten;
geschl: Sa mittags, 27.12.96-9.1.97

Karoxbostel siehe Seevetal

Karsdorf 38 ↓

Sachsen-Anhalt — Kreis Nebra — 116 m —
2 900 Ew — Naumburg 30, Merseburg
33 km
ℹ ☎ (03 44 61) 52 36, Fax 52 43 — Gemeindeverwaltung, Breite Str 6, 06638 Karsdorf

** Haus Trias
Straße der Einheit 29, ✉ 06638,
☎ (03 44 61) 7 01 04, Fax 7 01 04, AX ED VA
50 Zi, Ez: 75-96, Dz: 80-120, 3 Suiten, ⊣ WC
☎, 2✉; Lift P 3⇔60 ✞
Rezeption: 6-11, 16-22

Kassel 36 ↙

Hessen — Kreisfreie Stadt — 373 m —
200 000 Ew — Hannover 155, Frankfurt/
Main 190, Würzburg 220 km
ℹ ☎ (05 61) 7 87 80 07, Fax 10 38 38 — Tourismus- und Kurzentrale, Königsplatz 53,
34117 Kassel; Regierungsbezirkshauptstadt im Fuldatal, Universität/Gesamthochschule; Staatstheater; Flughafen bei
Calden (14 km ↖).

Sehenswert: Ev. Brüderkirche; ev. Martinuskirche; ref. Karlskirche: Glockenspiel
(12 und 18 Uhr); Schloß: Wilhelmshöhe:
Staatl. Kunstsammlungen; Löwenburg;
documenta-Halle Fridericianum; Neue
Galerie; Hess. Landesmuseum; Deutsches
Tapetenmuseum; Murhardsche und Landesbibliothek: Hildebrandslied; Brüder-
Grimm-Museum im Schloß Bellevue;
Naturkundemuseum im Ottoneum (ältestes Theatergebäude Deutschlands);
Thermalsolebad Kurhessen-Therme; Parkanlagen: Bundesgartenschau-Areal Karls-/
Fuldaaue mit Orangerie (Museum für
Astronomie und Technik); Blumeninsel
Siebenbergen; Bergpark Wilhelmshöhe ⚐
Herkules, Wasserkünste (vom Himmelfahrtstag bis Ende Sep Mi, so + feiertags
14.30 -15.45 Uhr); Botanischer Garten;
Museen für Astronomie- und Technikgeschichte sowie Grabmalskunst

*** La Strada
Raiffeisenstr 10, ✉ 34121, ☎ (05 61)
2 09 00, Fax 2 09 05 00, AX DC ED VA
209 Zi, Ez: 108-178, Dz: 133-205, S; 16 App,
⊣ WC ☎, 40✉; Lift ⊟ 13⇔400 Fitneßraum
Sauna Solarium
** Mediterrané
Hauptgericht 25; Terrasse

*** Mövenpick
Spohrstr 4 (B 1), ✉ 34117, ☎ (05 61)
7 28 50, Fax 7 28 51 18, AX DC ED VA
128 Zi, Ez: 152-232, Dz: 274-314, S;
4 Suiten, ⊣ WC ☎, 55✉; Lift P 5⇔300 ✞
🍷

** Mercure Hotel Hessenland
Obere Königsstr 2 (B 2), ✉ 34117,
☎ (05 61) 9 18 10, Fax 9 18 11 60,
AX DC ED VA
48 Zi, Ez: 169-184, Dz: 199-214, S; ⊣ WC ☎,
13✉; Lift; garni

** Domus
Erzberger Str 1 (B 1), ✉ 34117, ☎ (05 61)
7 29 60, Fax 7 29 64 98, AX DC ED VA
48 Zi, Ez: 115-145, Dz: 150-205, 3 Suiten, ⊣
WC ☎; Lift P 2⇔50 ✞

** Chassalla
Wilhelmshöher Allee 99, ✉ 34121,
☎ (05 61) 9 27 90, Fax 9 27 91 01,
AX DC ED VA
44 Zi, Ez: 140, Dz: 185, 1 Suite, ⊣ WC ☎,
5✉; Lift P 🅿 2⇔50 ✞

** City Hotel
Wilhelmshöher Allee 38, ✉ 34119,
☎ (05 61) 7 28 10, Fax 7 28 11 99,
AX DC ED VA
44 Zi, Ez: 118-198, Dz: 178-248, 1 Suite, ⊣
WC ☎, 16✉; Lift P 🅿 4⇔50 Fitneßraum
Sauna Solarium ✞ 🍷

* Excelsior
Erzbergerstr 2 (B 1), ✉ 34117, ☎ (05 61)
10 29 84, Fax 1 51 10, AX DC ED VA
65 Zi, Ez: 100-125, Dz: 140-180, 10 App, ⊣
WC ☎; Lift P 🅿 5⇔60
geschl: Ende Dez

Kassel

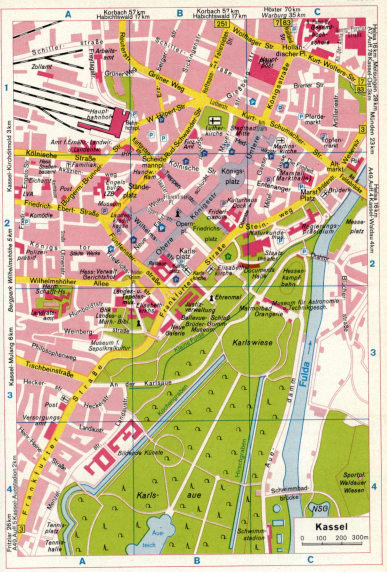

** Park Schönfeld
Bosestr. 13, ✉ 34121, ☎ (05 61) 2 20 50,
Fax 2 75 51, AX ED
Hauptgericht 35; Terrasse; geschl: So

** La Frasca
Jordanstr 11 (A 2), ✉ 34117, ☎ (05 61)
1 44 94
Hauptgericht 40; Biergarten P; nur
abends; geschl: So

Paulus
Obere Königstr 28 a (B 2), ✉ 34117,
☎ (05 61) 97 88 90, Fax 78 05 54, AX DC ED VA
8-24, So ab 9 →

In der Vergangenheit hat sich oft gezeigt,
daß einige Hotels ihre Preise im Laufe des
Jahres anheben. Daher ist es ratsam, sich
bei der Buchung die Preise bestätigen zu
lassen.

Kassel

Bettenhausen (5 km →)
★★★ **Queens Hotel**
Heiligenröder Str 61, ✉ 34123, ☎ (05 61)
5 20 50, Fax 52 74 00, AX DC ED VA
142 Zi, Ez: 120-150, Dz: 160-190, S; 🚿 WC
☎, 11🖥; Lift 🅿 10⇌200 ≋ Sauna Solarium 🍴

★★ **Queens Garden**
Hauptgericht 28; Terrasse

Niederzwehren (6 km ↓)
★★ **Gude**
Frankfurter Str 299, ✉ 34134, ☎ (05 61)
4 80 50, Fax 4 80 51 01, AX DC ED VA
87 Zi, Ez: 140-200, Dz: 180-260, 3 Suiten, 🚿
WC ☎, 11🖥; Lift 🅿 🍴 6⇌200 ≋ Fitneßraum Sauna Solarium 🍽
Auch Zimmer der Kategorie ★★★ vorhanden

Wilhelmshöhe (5 km ←; Kneipphheilbad)
★★ **Holiday Inn Garden Court**
Wilhelm-Schmidt-Str 4, ✉ 34131,
☎ (05 61) 9 33 90, Fax 9 33 91 00,
AX DC ED VA
137 Zi, Ez: 200-250, Dz: 225-275, S; 🚿 WC
☎, 73🖥; Lift 🍴 14⇌70 Sauna Solarium 🍽

★★ **Best Western**
Kurfürst Wilhelm I
Wilhelmshöher Allee 257, ✉ 34131,
☎ (05 61) 3 18 70, Fax 31 87 77, AX DC ED VA
42 Zi, Ez: 180-200, Dz: 230-250, 1 Suite, 🚿
WC ☎, 9🖥; Lift 🍴 4⇌18 🍽
Auch Zimmer der Kategorie ★★★ vor-
handen

★★ **Schloßhotel Wilhelmshöhe**
⬳ Am Schloßpark 2, ✉ 34131, ☎ (05 61)
3 08 80, Fax 3 08 84 28, AX DC ED VA
92 Zi, Ez: 198, Dz: 266, 2 Suiten, 4 App, 🚿
WC ☎; Lift 🅿 🍴 5⇌100 ≋ Fitneßraum
Sauna Solarium
★★ **Schloß Weissenstein**
Hauptgericht 30

★★ **Kurparkhotel**
Wilhelmshöher Allee 336, ✉ 34131,
☎ (05 61) 3 18 90, Fax 3 18 91 24, AX ED VA
87 Zi, Ez: 160-190, Dz: 220-280, 7 Suiten, 🚿
WC ☎, 13🖥; Lift 🅿 🍴 1⇌40 ≋ Fitneßraum
Sauna Solarium 🍴
Auch Zimmer der Kategorie ★★★ vor-
handen
★★ Hauptgericht 25; Terrasse

★ **Intercity Hotel**
Wilhelmshöher Allee 241, ✉ 34121,
☎ (05 61) 9 38 80, Fax 9 38 89 99,
AX DC ED VA
147 Zi, Ez: 190-220, Dz: 230-260, S; 🚿 WC
☎, 40🖥; Lift 5⇌130 🍽

★ **Schweizer Hof**
Wilhelmshöher Allee 288, ✉ 34131,
☎ (05 61) 9 36 90, Fax 9 36 99, AX DC ED VA
63 Zi, Ez: 150-180, Dz: 180-210, 3 Suiten, 🚿
WC ☎, 10🖥; Lift 🅿 3⇌70 Kegeln 🍽 🍴
Auch Zimmer der Kategorie ★★ vorhanden

★ **Haus Rothstein**
Heinrich-Schütz-Allee 56, ✉ 34131,
☎ (05 61) 3 37 84, Fax 3 37 84, AX DC ED VA
Hauptgericht 30; ⇌; geschl: Mo

Kastellaun 53 ↑

Rheinland-Pfalz — Rhein-Hunsrück-Kreis
— 450 m — 4 000 Ew — Simmern 13,
Zell 28, St. Goar 30 km
🛈 ☎ (0 67 62) 4 03 20, Fax 4 03 40 — Verkehrsamt, Kirchstr 1, 56288 Kastellaun;
Städtchen im Hunsrück, Erholungsort.
Sehenswert: Ev. Kirche; Burgruine, Burg-
bühne

★ **Zum Rehberg**
♂ Mühlenweg 1, ✉ 56288, ☎ (0 67 62)
13 31, Fax 26 40
35 Zi, Ez: 75-100, Dz: 110-200, 7 Suiten,
6 App, 🚿 WC ☎; 🅿 🍴 1⇌60 Sauna
Solarium; garni
Auch Zimmer der Kategorie ★★ vorhanden

Katzenelnbogen 44 ✓

Rheinland-Pfalz — Rhein-Lahn-Kreis —
300 m — 8 500 Ew — Nastätten 10, Limburg 17 km
🛈 ☎ (0 64 86) 7 90, Fax 79 21 — Verbandsgemeindeverwaltung, Aarstr 20, 56368 Katzenelnbogen

Berghausen (3 km →)
★ **Berghof**
Bergstr 3, ✉ 56368, ☎ (0 64 86) 9 12 10,
Fax 18 37, ED
39 Zi, Ez: 50-57, Dz: 80-94, 4 App, 🚿 WC ☎;
🅿 🍴 2⇌50 Kegeln 🍽
geschl: Mo

Katzhütte-Oelze 48 ←

Thüringen — Kreis Rudolstadt — 714 m —
2 373 Ew — Gross Breitenbach 8, Neuhaus 11, Saalfeld 30 km
🛈 ☎ (03 67 05) 6 70, Fax 6 71 10 — Verwaltungsgemeinschaft, Bergbahn Region
Schwarztal, Markt 5, 98744 Oberweisbach

Oelze
★ **Zum Ritter**
♂ Eisfelder Str 22, ✉ 98746, ☎ (03 67 81)
32 20, Fax 3 22 55, VA
14 Zi, Ez: 70-80, Dz: 98-120, 🚿 WC ☎, 2🖥;
🅿 🍴 Sauna 🍽 🍴

Katzow 14 ✓

Mecklenburg-Vorpommern — Kreis Greifswald — 28 m — 614 Ew — Wolgast 5,
Greifswald 16 km
🛈 ☎ (03 83 73) 2 32 — Gemeindeverwaltung, Haus Nr 20, 17509 Katzow

* **Landhotel Adebar**
♂ Dorfstr 24, ✉ 17509, ☎ (03 83 73) 25 00, Fax 2 50 93, AX ED VA
43 Zi, Ez: 80-100, Dz: 120-150, 18 App, ⊿ WC ☎; P 2⇄24 Kegeln Sauna Solarium ⴲ
Rezeption: 7-21

Kaub 53 ↗

Rheinland-Pfalz — Rhein-Lahn-Kreis — 64 m — 1 340 Ew — St. Goarshausen 10, Rüdesheim 19 km
ℹ ☎ (0 67 74) 2 22, Fax 82 30 — Verkehrsamt, Metzgergasse 26, 56349 Kaub; Stadt im Rheindurchbruchstal, Erholungsort. Sehenswert: Stadtmauer mit Wehrgang; Blücher-Denkmal/-Museum; Pfalz im Rhein; Burg Gutenfels ⦿ (1 km ↘)

Achtung: Autofähre Sommer: von 6-20, so + feiertags 8-20; Winter: 6-19, so + feiertags 8-19 ℹ (0 67 74) 3 64

* **Haus Berlin**
Hochstr 44, ✉ 56349, ☎ (0 67 74) 9 10-0, Fax 9 10 30, VA
10 Zi, Ez: 120, Dz: 150, 1 Suite, ⊿ WC ☎; garni

* **Zum Turm**
Zollstr 50, ✉ 56349, ☎ (0 67 74) 3 06, Fax 12 21, DC ED VA
Hauptgericht 30; ⨀; geschl: Di, Mitte-Ende Mär, Mitte-Ende Nov

Kaufbeuren 70 →

Bayern — Stadtkreis — 687 m — 43 000 Ew — Marktoberdorf 12, Mindelheim 26, Landsberg 33 km
ℹ ☎ (0 83 41) 4 04 05, Fax 7 39 62 — Verkehrsverein, Kaiser-Max-Str 1, 87600 Kaufbeuren; Stadt an der Wertach. Sehenswert: St.-Blasius-Kapelle: Jörg-Lederer-Altar; Stadtmauer, hist. Altstadt, Klosterkirche in Irsee (8 km ↘); Museen: Stadt-, Puppen-, Industrie- und Schmuckmuseum

** **Goldener Hirsch**
Kaiser-Max-Str 39, ✉ 87600, ☎ (0 83 41) 4 30 30, Fax 43 03 75, AX ED VA
40 Zi, Ez: 70-118, Dz: 120-167, 4 Suiten, ⊿ WC ☎, 10⧈; Lift P 3⇄200 Fitneßraum Sauna Solarium ⴲ ⨀

** **Am Kamin (Flair Hotel)**
Füssener Str 62, ✉ 87600, ☎ (0 83 41) 93 50, Fax 93 52 22, AX ED VA
32 Zi, Ez: 98-115, Dz: 145, ⊿ WC ☎, 15⧈; Lift P 3⇄40 Kegeln ⴲ ⨀

* **Hasen**
Ganghoferstr 7, ✉ 87600, ☎ (0 83 41) 89 41, Fax 7 44 51, AX DC ED VA
65 Zi, Ez: 55-98, Dz: 86-150, ⊿ WC ☎; Lift P 3⇄60 ⴲ ⨀

⨀ **Rathauscafe**
Kaiser-Max-Str 22, ✉ 87600, ☎ (0 83 41) 23 46, Fax 1 65 81, AX DC ED VA
8-19; geschl: So

Kaufering 71 ↘

Bayern — Kreis Landsberg — 600 m — 8 724 Ew — Landsberg 4, Augsburg 33 km
ℹ ☎ (0 81 91) 66 40, Fax 6 64 50 — Gemeindeverwaltung, Pfälzer Str 1, 86916 Kaufering; Ort am Lech

* **Rid**
Bahnhofstr 24, ✉ 86916, ☎ (0 81 91) 71 16, Fax 65 83 29, AX ED VA
101 Zi, Ez: 40-72, Dz: 70-130, ⊿ WC ☎; Lift P ⌨ Kegeln Sauna Solarium ⴲ
geschl: So, Ende Dez-Anfang Jan
Auch einfachere Zimmer vorhanden

Kauschwitz 49 ←

Sachsen — Kreis Plauen — 435 m — 896 Ew — Plauen 5, Greiz 17, Hof 31 km
ℹ ☎ (0 37 41) 52 37 18, Fax 52 69 68 — Gemeindeverwaltung, Zwoschwitzer Str 19, 08525 Kauschwitz. Sehenswert: Ev.-Luth. Kirche mit Kapelle; Umgebindehaus

Zwoschwitz (3 km ↓)
* **Landhotel Gasthof Zwoschwitz**
♂ Talstr 1, ✉ 08525, ☎ (0 37 41) 3 16 74, Fax 3 41 36, AX ED VA
25 Zi, Ez: 45-92, Dz: 75-134, ⊿ WC ☎; P 2⇄100 Kegeln ⴲ ⨀
Auch Zimmer der Kategorie ** vorhanden

Kayhude 18 ↑

Schleswig-Holstein — Kreis Segeberg — 25 m — 836 Ew — Norderstedt 12, Bad Segeberg 25, Lübeck 39 km
ℹ ☎ (0 45 35) 50 90, Fax 5 09 99 — Gemeindeverwaltung, Segeberger Str 41, 23845 Itzstedt

** **Alter Heidkrug**
Segeberger Str 10, ✉ 23863, ☎ (0 40) 6 07 02 52
Hauptgericht 25; Biergarten P Terrasse; geschl: Do

Kehl 60 ↙

Baden-Württemberg — Ortenaukreis — 139 m — 32 200 Ew — Straßburg 6, Offenburg 19 km
ℹ ☎ (0 78 51) 8 82 26, Fax 48 02 48 — Kultur- und Verkehrsamt, Großherzog-Friedrich-Str 19 (B 2), 77694 Kehl; Stadt am Oberrhein, Rheinbrücke

Stadtplan siehe Seite 578 →

Kehl

* **Comfort Inn Europa**
Straßburger Str 9 (B 1), ✉ 77694,
☎ (0 78 51) 9 36-0, Fax 9 36-4 00,
AX DC ED VA
56 Zi, Ez: 99-139, Dz: 139-169, 2 Suiten, ⌐
WC ☎, 9✉; Lift ℗ 4↻100

* **Grieshaber's Rebstock**
Hauptstr 183, ✉ 77694, ☎ (0 78 51) 24 70,
Fax 7 85 68, ED VA
31 Zi, Ez: 65-90, Dz: 95-130, ⌐ WC ☎; ℗
** Hauptgericht 25; nur abends, So
nur mittags; geschl: Mo

** **Milchkutsch**
Hauptstr 147 a, ✉ 77694, ☎ (0 78 51)
7 61 61, Fax 6 21, AX ED VA
Hauptgericht 29; Gartenlokal ℗; geschl:
Sa + So

* **Landgasthof Rössel**
Dorfstr 2, ✉ 77694, ☎ (0 78 54) 90 77,
Fax 1 87 77
Hauptgericht 30
* 7 Zi, Ez: 75, Dz: 110, ⌐ WC ☎

Kork (5 km →)
* **Hirsch**
Gerbereistr 20, Ecke Gottlieb-Fecht-Str,
✉ 77694, ☎ (0 78 51) 36 00, Fax 7 30 59,
ED VA
56 Zi, Ez: 65-80, Dz: 90-140, ⌐ WC ☎; Lift ℗

Rezeption: 7-12, 17-24; geschl: Mitte Dez-
Anfang Feb
** Hauptgericht 25;
nur abends; geschl: So

* **Landgasthof Schwanen**
Landstr 3, ✉ 77694, ☎ (0 78 51) 79 60,
Fax 79 62 22, ED VA
31 Zi, Ez: 65-78, Dz: 90-102, ⌐ WC ☎; ℗
Rezeption: 8-15, 17-22; geschl: Mo,
3 Wochen im Sommer
* Hauptgericht 25; geschl: Mo,
3 Wochen im Sommer

Marlen (6 km ↓)
** **Wilder Mann**
Schlossergasse 28, ✉ 77694, ☎ (0 78 54)
9 69 90, Fax 96 77 77
Hauptgericht 30; Biergarten Gartenlokal
℗; geschl: Mi, Do + Fr mittags
** **Gästehaus**
12 Zi, Ez: 98-128, Dz: 158-188, ⌐ WC ☎,
6✉; Kegeln

Keitum siehe Sylt

Kelbra 37 ↘

Sachsen-Anhalt — Kreis Sangerhausen —
200 m — 3 200 Ew — Bad Frankenhausen 13, Nordhausen 19, Sangerhausen
21 km
ℹ ☎ (03 46 51) 65 28, Fax 5 32 53 — Stadtinformation, Lange Str 10, 06537 Kelbra;
Erholungsort am Rande des Harzes, am
Fuße des Kyffhäusers. Sehenswert: Rathaus; St.-Martini-Kirche

** **Kaiserhof**
Frankenhäuser Str 1, ✉ 06537,
☎ (03 46 51) 65 31, Fax 62 15, DC ED VA
40 Zi, Ez: 80-110, Dz: 130-190, ⌐ WC ☎; Lift
℗ 🍴 2↻90 ≋ Sauna Solarium 🎿
Auch Zimmer der Kategorie * vorhanden

** **Barbarossa**
einzeln ☼ ⚓ Am Stausee, ✉ 06537,
☎ (03 46 51) 4 20, Fax 42 33, VA
28 Zi, Ez: 80-11, Dz: 120-140, 3 Suiten, ⌐
WC ☎; ℗ 3↻50 Strandbad Seezugang Fitneßraum Sauna Solarium 🎿 ⛵

* **Landhotel Sachsenhof**
Marktstr 38, ✉ 06537, ☎ (03 46 51) 61 58,
Fax 62 89, AX DC ED VA
18 Zi, Ez: 75, Dz: 115, ⌐ WC ☎; ℗ 2↻30 🎿

* **Pension Weidemühle**
Nordhäuser Str 3, ✉ 06537, ☎ (03 46 51) 37 40, Fax 3 74 99
19 Zi, Ez: 60, Dz: 90, ⌂ WC ☎; 🅿 1↔25 Fitneßraum 🍽
Rezeption: 18-23

* **Heinicke**
Jochstr, ✉ 06537, ☎ (03 46 51) 61 83/61 89, Fax 63 83, DC ED VA
16 Zi, Ez: 76-85, Dz: 100-120, ⌂ WC ☎; 🅿 2↔40 Kegeln Sauna 🍽

Kelheim (Bayern) 64 ↗

Bayern — Kreis Kelheim — 354 m — 15 500 Ew — Regensburg 26, Ingolstadt 51 km
ℹ ☎ (0 94 41) 70 10, Fax 70 12 29 — Verkehrsbüro, Ludwigsplatz 14, 93309 Kelheim; Stadt an der Mündung der Altmühl in die Donau. Sehenswert: Archäologisches Museum; Befreiungshalle, 451 m ◅ (3 km ←); Kloster Weltenburg (5 km ←); Tropfsteinhöhle Schulerloch

* **Aukoferbräu**
Alleestr 27, ✉ 93309, ☎ (0 94 41) 20 20, Fax 2 14 37
50 Zi, Ez: 50-79, Dz: 100-132, ⌂ WC ☎; Lift 🅿 🖻 3↔100 🍽
geschl: Ende Dez-Anfang Jan

** **Gasthof Stockhammer**
Am Oberen Zweck 2, ✉ 93309, ☎ (0 94 41) 70 04-0, Fax 70 04-31, AX DC ED VA
Hauptgericht 30; Biergarten Terrasse;
geschl: Mo, 3 Wochen im August

* **Ratskeller**
13 Zi, Ez: 65-85, Dz: 110-150, ⌂ WC ☎, 1✉; 🅿
Rezeption: 10-24; geschl: Mo, 3 Wochen im Aug

Kelkheim (Hessen) 54 ↑

Hessen — Main-Taunus-Kreis — 250 m — 26 300 Ew — Höchst/Main 7, Frankfurt/Main 18, Wiesbaden 25 km
ℹ ☎ (0 61 95) 80 30, Fax 80 31 33 — Stadtverwaltung, Gagernring 6, 65779 Kelkheim; Stadt am Südhang des Taunus

* **Arkadenhotel**
Frankenallee 12, ✉ 65779, ☎ (0 61 95) 20 88, Fax 20 55, AX DC ED VA
35 Zi, Ez: 129-210, Dz: 189-290, ⌂ WC ☎; Lift 🅿 🖻 2↔25 Sauna Solarium 🍽
Rezeption: 7-20

* **Post**
Breslauer Str 42, ✉ 65779, ☎ (0 61 95) 20 58, Fax 20 55, AX DC ED VA
18 Zi, Ez: 115-190, Dz: 160-250, ⌂ WC ☎; Lift 🅿 🖻
Rezeption: 7-15, 18-22; geschl: So

** **Die Kutscherstube**
Hauptgericht 35; Terrasse; geschl: So

* **Becker's Waldhotel**
♂ Unter den Birken 19, ✉ 65779, ☎ (0 61 95) 99 00 40, Fax 99 04 44, ED VA
19 Zi, Ez: 98-140, Dz: 150-170, ⌂ WC ☎; 🅿 Sauna Solarium; **garni**

* **Kelkheimer Hof**
Großer Haingraben 7, ✉ 65779, ☎ (0 61 95) 9 93 20, Fax 40 31, AX ED VA
19 Zi, Ez: 120-170, Dz: 160-220, 4 Suiten, ⌂ WC ☎; 🅿 🖻 1↔15; **garni**

Fischbach (5 km ↘)
** **Schloßhotel Rettershof**
einzeln ♂ an der B 455, ✉ 65779, ☎ (0 61 74) 2 90 90, Fax 2 53 52, AX DC ED VA
35 Zi, Ez: 165-190, Dz: 255-290, ⌂ WC ☎; 🅿 🖻 5↔35 Kegeln Sauna Solarium
** **Le Duc**
◅ Hauptgericht 40; Terrasse

* **Zum fröhlichen Landmann**
◅ einzeln an der B 455, ✉ 65779, ☎ (0 61 74) 2 15 41, Fax 2 53 52
Hauptgericht 25; Biergarten 🅿 Terrasse;
geschl: Mo, Di, Jan+Feb

Münster (2 km ↘)
* **Zum Goldenen Löwen**
Alte Königsteiner Str 1, ✉ 65779, ☎ (0 61 95) 9 90 70, Fax 7 39 17, ED
26 Zi, Ez: 90-95, Dz: 130-140, ⌂ WC ☎; 🅿 2↔100 Kegeln 🍽
geschl: Do, Ende Jul-Mitte Aug, Ende Dez-Anfang Jan

Kell 52 →

Rheinland-Pfalz — Kreis Trier-Saarburg — 441 m — 1 831 Ew — Hermeskeil 11, Trier 36 km
ℹ ☎ (0 65 89) 10 44, Fax 1 79 13 — Verkehrsamt, Alte Mühle, 54427 Kell; Luftkurort am Stausee im Südwest-Hunsrück

** **St. Michael**
Kirchstr 3, ✉ 54427, ☎ (0 65 89) 9 15 50, Fax 91 55 50
41 Zi, Ez: 65-75, Dz: 130-150, ⌂ WC ☎; Lift 🅿 🖻 4↔210 Fitneßraum Sauna Solarium
** Hauptgericht 20; Gartenlokal Terrasse; geschl: Mo

* **Haus Doris**
♂ Nagelstr 8, ✉ 54427, ☎ (0 65 89) 71 10, Fax 14 16, ED
16 Zi, Ez: 60, Dz: 100, ⌂ WC ☎, 8✉; 🅿 2↔50 Fitneßraum Kegeln Sauna Solarium
geschl: Mi, 2 Wochen im Nov
* Hauptgericht 21; geschl: Mi, 2 Wochen im Nov

Kellenhusen

Kellenhusen 11 ↘

Schleswig-Holstein — Kreis Ostholstein — 5 m — 850 Ew — Grömitz 15, Oldenburg in Holstein 17 km
🛈 ☎ (0 43 64) 10 81, Fax 18 64 — Kurverwaltung, Strandpromenade, 23746 Kellenhusen. Sehenswert: Fischerdenkmal; 1000jährige Eiche

* Erholung
Am Ring 31, ✉ 23746, ☎ (0 43 64) 2 36, Fax 17 05, ED
34 Zi, Ez: 65-102, Dz: 136-144, 7 App, ⊣ WC ☎; Lift 🅿 ⚑
geschl: 26.12.96-5.1.97

Kelsterbach 54 ↗

Hessen — Kreis Groß-Gerau — 107 m — 15 500 Ew — Rüsselsheim 11, Frankfurt/Main 12 km
🛈 ☎ (0 61 07) 77 31, Fax 13 82 — Stadtverwaltung, Mörfelder Str 33, 65451 Kelsterbach; Stadt am unteren Main

** Astron Hotel Frankfurt Airport
Mörfelder Str 113, ✉ 65451, ☎ (0 61 07) 93 80, Fax 93 81 00, AX DC ED VA
154 Zi, Ez: 140-390, Dz: 180-390, S; ⊣ WC ☎, 38✉; Lift 🅿 ⚑ 4⇆25 Fitneßraum Sauna Solarium ⚑ ⚑

** Novotel Frankfurt Rhein-Main
Am Weiher 20, ✉ 65451, ☎ (0 61 07) 76 80, Fax 80 60, AX DC ED VA
150 Zi, Ez: 195-240, Dz: 240, 2 Suiten, ⊣ WC ☎, 45✉; Lift 🅿 ⚑ 7⇆300 ⚑ Fitneßraum Sauna Solarium ⚑

* Lindenhof
An der Siedlung 1, ✉ 65451, ☎ (0 61 07) 93 30, Fax 6 26 55, AX DC ED VA
58 Zi, Ez: 75-145, Dz: 150-200, ⊣ WC ☎; Lift 🅿 3⇆120
geschl: Ende Dez-Anfang Jan
* Hauptgericht 30; Biergarten Gartenlokal; nur abends, So auch mittags

* Tanne
Tannenstr 2, ✉ 65451, ☎ (0 61 07) 93 40, Fax 54 84, AX ED VA
36 Zi, Ez: 107-224, Dz: 148-224, ⊣ WC ☎, 8✉; 🅿 ⚑ ⚑

** Alte Oberförsterei
Staufenstr 16, ✉ 65451, ☎ (0 61 07) 6 16 73, Fax 6 46 27, AX DC ED VA
Hauptgericht 35; 🅿 Terrasse; geschl: Mo, 3 Wochen in den Sommerferien

Keltern 61 ←

Baden-Württemberg — Enzkreis — 270 m — 8 200 Ew — Pforzheim 11, Ettlingen 16, Karlsruhe 18 km
🛈 ☎ (0 72 36) 70 30, Fax 7 03 35 — Gemeindeverwaltung, Lindenstr 7, 75210 Keltern

Ellmendingen
** Goldener Ochsen
Durlacher Str 8, ✉ 75210, ☎ (0 72 36) 81 42, Fax 71 08
Hauptgericht 25; geschl: Do
* 13 Zi, Ez: 75-85, Dz: 130-160, 1 Suite, ⊣ WC ☎; ⚑ 1⇆18
geschl: Fr

Kemmenau 43 ↘

Rheinland-Pfalz — Rhein-Lahn-Kreis — 450 m — 450 Ew — Bad Ems 5, Koblenz 15 km
🛈 ☎ (0 26 03) 1 42 62, Fax 1 44 16 — Gemeindeverwaltung, Im Kirschgarten 40, 56132 Kemmenau; Erholungsort im Westerwald

** Kupferpfanne
Hauptstr 17, ✉ 56132, ☎ (0 26 03) 96 13-0, Fax 1 41 98, AX DC ED VA
Hauptgericht 40; 🅿 Terrasse; ⚑; geschl: Di, Mitte Feb

Kemmern 57 ↖

Bayern — Bamberg — 2 500 Ew — Würzburg 75, Nürnberg 50, Schweinfurt 60 km
🛈 ☎ (0 95 44) 50 15, Fax 50 90 — Gemeindeverwaltung, Hauptstr 2, 96164 Kemmern. Sehenswert: Kirche, St. Helenenkapelle

**** Rosenhof
(Select Marketing Hotels)**
Hauptstr 68, ✉ 96164, ☎ (0 95 44) 92 40, Fax 92 42 40, DC ED VA
36 Zi, Ez: 89-99, Dz: 129-149, 1 App, ⊣ WC ☎, 5✉; Lift 🅿 1⇆25 ⚑

Kemnat siehe Ostfildern

Kemnitz 30 ←

Brandenburg — Kreis Potsdam — 88 m — 421 Ew — Potsdam 17 km
🛈 ☎ (0 33 27) 32 77 — Gemeindeverwaltung, Seestr 1, 14542 Kemnitz

* Landgasthof am Golfplatz
☎ Seestr 9, ✉ 14542, ☎ (0 33 27) 46 46, Fax 46 47 47, AX DC ED VA
28 Zi, Ez: 98-129, Dz: 140-166, ⊣ WC ☎; 🅿 1⇆100 Seezugang
Golf 27
** Hauptgericht 25; Biergarten; geschl: Nov-Mär

Kempen 32 ⊡

Nordrhein-Westfalen — Kreis Viersen — 68 m — 34 010 Ew — Grefrath 7, Krefeld 14 km
🛈 ☎ (0 21 52) 49 46, Fax 34 05 — Verkehrsamt, Engerstr 3, 47906 Kempen. Sehenswert: Kath. Kirche St. Maria: Hochaltar, Chorgestühl; Kramermuseum

** Thomasstadt
Hülser Str 9, ✉ 47906, ☎ (0 21 52) 20 95 50, Fax 51 76 23
6 Zi, Ez: 85-100, Dz: 125, 4 App, ⊣ WC ☎;
🅿 🖻; garni
geschl: Ende Dez-Anfang Jan

** et kemp'sche huus
⌖ Neustr 31, ✉ 47906, ☎ (0 21 52) 5 44 65, AX DC ED VA
Hauptgericht 40; 🅿 Terrasse; geschl: Mo, Sa mittags

Kempenich 43 ↙

Rheinland-Pfalz — Kreis Ahrweiler — 450 m — 1 675 Ew — Mayen 19, Adenau 20, Koblenz 36 km
ℹ ☎ (0 26 36) 8 73 50 — Verbandsgemeinde, Brohltal, Kapellenstr, 56651 Niederzissen; Erholungsort in der Eifel

* Eifelkrone
In der Hardt 1, ✉ 56746, ☎ (0 26 55) 13 01, Fax 95 90 40
15 Zi, Ez: 52-56, Dz: 92-120, ⊣ WC ☎; 🅿 🖻
🍴
Rezeption: 8-21; geschl: 1.11.-15.12.96

Kempfeld 53 ↖

Rheinland-Pfalz — Kreis Birkenfeld — 520 m — 1 000 Ew — Morbach 10, Idar-Oberstein 13 km
ℹ ☎ (0 67 85) 7 91 03, Fax 12 09 — Fremdenverkehrsgemeinde, Brühlstr 16, 55756 Herrstein; Erholungsort. Sehenswert: Ruine Wildenburg, 665 m ⌖ (2 km ↘); hist. Wasserschleiferei

** Hunsrücker Faß (Silencehotel)
Hauptstr 70, ✉ 55758, ☎ (0 67 86) 97 00, Fax 9 70 -1 00, AX DC ED VA
11 Zi, Ez: -140, Dz: 130-195, 1 Suite, ⊣ WC ☎; 🅿 1↻30 Sauna Solarium
Rezeption: 10-14, 17-22
Auch Zimmer der Kategorie ✱ vorhanden
** Hauptgericht 48; Terrasse; geschl: So mittags, Di

* Wildenburger Hof
einzeln ☎ ⌖ Wildenburger Str 17, ✉ 55758, ☎ (0 67 86) 70 33, Fax 71 31
14 Zi, Ez: 70, Dz: 80-100, ⊣ WC ☎; 🅿 Sauna
🍴 🍺
Rezeption: 8-14, 16-20

Kempten (Allgäu) 70 □

Bayern — Stadtkreis — 689 m — 62 000 Ew — Marktoberdorf 25, Isny 28, Sonthofen 30 km
ℹ ☎ (08 31) 2 52 52 37, Fax 2 52 54 27 — Amt für Tourismus, Rathausplatz 29 (B 1), 87435 Kempten. Sehenswert: Kath. Kirche St. Lorenz-Basilika; ev. Kirche St. Mang, ehem. Fürstäbtliche Residenz; Burghalde ⌖; Naturkunde- und Römisches Museum im Zumsteinhaus; Alpinmuseum und Alpenländische Galerie im Marstall; Archäolog. Park Cambodunum

** Fürstenhof
Rathausplatz 8 (B 1), ✉ 87435, ☎ (08 31) 2 53 60, Fax 2 53 61 20, AX DC ED VA
72 Zi, Ez: 115-145, Dz: 170-225, 3 Suiten, ⊣ WC ☎, 8🖻; Lift 🅿 🖻 5↻200
** Hauptgericht 30 →

Kempten (Allgäu)

** Akzent-Hotel Bayerischer Hof
Füssener Str 96 (C 2), ✉ 87437, ☎ (08 31)
5 71 80, Fax 5 71 81 00, AX DC ED VA
51 Zi, Ez: 102-145, Dz: 169-195, ⌐⌐ WC ☎;
Lift 🅿 🖥 1↔35 Fitneßraum Sauna
Solarium 🍴

* Peterhof
Salzstr 1 (A 1), ✉ 87435, ☎ (08 31) 5 24 40,
Fax 52 44 20, AX DC ED VA
51 Zi, Ez: 98-128, Dz: 165-178, 2 Suiten, ⌐⌐
WC ☎, 10✉; Lift 🅿 🖥 3↔70 🍴

* Graf
Kotterner Str 72, ✉ 87435, ☎ (08 31)
52 18 70, Fax 5 21 87 55, AX DC ED VA
23 Zi, Ez: 75, Dz: 125, ⌐⌐ WC ☎; garni

* Auf'm Lotterberg
♂ Königsberger Str 31, ✉ 87439, ☎ (08 31)
59 20 40, Fax 5 92 04 40, AX DC ED VA
26 Zi, Ez: 83, Dz: 146, ⌐⌐ WC ☎; 🅿 🖥; garni
Rezeption: 8-12, 14-22; geschl: Anfang
Dez-Anfang Jan

* Gasthof Waldhorn
♂ Steufzger Str 80, ✉ 87435, ☎ (08 31)
82 61, Fax 82 64
56 Zi, Ez: 60-70, Dz: 90-100, ⌐⌐ WC ☎; Lift 🅿
🖥 1↔100 🍴
geschl: So abends, Mo

* Sonnenhang
♂ ⌐⌐ Mariaberger Str 78, ✉ 87439,
☎ (08 31) 9 37 56, Fax 9 75 25, ED VA
17 Zi, Ez: 83, Dz: 146, ⌐⌐ WC ☎; 🅿 🖥 2↔50
🍴

* Gästehaus bei den Birken
♂ Goethestr 25, ✉ 87435, ☎ (08 31) 2 80 08,
Fax 2 80 20, AX DC
16 Zi, Ez: 55-65, Dz: 85-110, ⌐⌐ WC ☎; 🅿;
garni
geschl: Ende Dez

* Hummel
Immenstädter Str 2 (B 2), ✉ 87435,
☎ (08 31) 2 22 86, Fax 1 30 69, AX DC ED VA
Hauptgericht 30; 🅿 Terrasse; geschl: Mo

Lenzfried (2 km →)
* Landhotel Hirsch
Lenzfrieder Str 55, ✉ 87437, ☎ (08 31)
57 40 00, Fax 57 00 41, ED VA
25 Zi, Ez: 88-100, Dz: 128, ⌐⌐ WC ☎; 🅿
1↔40 🍴
Rezeption: 7-20

siehe auch **Lauben**

siehe auch **Wiggensbach**

Kenzingen 67 ↖

Baden-Württemberg — Kreis Emmendingen — 178 m — 8 000 Ew — Freiburg
i. Br. 23, Lahr 23 km
ℹ ☎ (0 76 44) 7 91 40, Fax 7 91 60 — Verkehrsamt, Hauptstr 15, 79341 Kenzingen

* Sport- und Tagungshotel
Breitenfelderstr 51, ✉ 79341, ☎ (0 76 44)
80 90, Fax 8 09 94, AX DC VA
45 Zi, Ez: 89, Dz: 147, ⌐⌐ WC ☎, 10✉; Lift 🅿
🖥 3↔70 ≈ ☁ Fitneßraum Kegeln Sauna
Solarium
* Hauptgericht 30; Terrasse

* Gasthof Schieble
Offenburger Str 6, ✉ 79341, ☎ (0 76 44)
84 13, Fax 43 30, DC ED VA
27 Zi, Ez: 75, Dz: 110, ⌐⌐ WC ☎, 4✉; 🅿 🖥
Sauna
Rezeption: 10-14, 17-24
** Hauptgericht 26; geschl: So
abends, Mo, Anfang-Mitte Feb, Ende Okt-
Mitte Nov

* Beller
Hauptstr 41, ✉ 79341, ☎ (0 76 44) 5 26,
Fax 45 39
14 Zi, Ez: 65-100, Dz: 80-120, ⌐⌐ WC ☎; 🅿 🖥
geschl: Do + Fr bis 17, Mitte Feb-Mitte Mär
* Hauptgericht 20; Gartenlokal;
geschl: Do + Fr bis 17, Mitte Feb-Mitte Mär

Kerken 32 □

Nordrhein-Westfalen — Kreis Kleve —
35 m — 12 000 Ew — Kempen 9,
Geldern 11, Krefeld 15 km
ℹ ☎ (0 28 33) 92 20, Fax 92 21 23 —
Gemeindeverwaltung, Dionysiusplatz 4,
47647 Kerken

Aldekerk
** Haus Thoeren
Marktstr 14, ✉ 47647, ☎ (0 28 33) 44 31,
Fax 49 87, ED VA
12 Zi, Ez: 95, Dz: 140-150, ⌐⌐ WC ☎; 🅿
Rezeption: 17-22
** Hauptgericht 35; Biergarten;
geschl: Mo, 7.7.-21.7.97

Nieukerk
* Landgasthaus Wolters
Sevelener Str 15, ✉ 47647, ☎ (0 28 33)
22 06, Fax 51 54, DC ED VA
16 Zi, Ez: 70-120, Dz: 100-160, 1 App, ⌐⌐ WC
☎, 1✉; 🅿 🖥
Rezeption: 7-14, 17-24; geschl: Sa
* Hauptgericht 19; Terrasse;
geschl: Sa

Kernen im Remstal 61 →

Baden-Württemberg — Rems-Murr-Kreis
— 270 m — 14 400 Ew — Fellbach 4,
Waiblingen 6, Esslingen 10 km
ℹ ☎ (0 71 51) 4 01 40, Fax 4 01 41 25 —
Gemeindeverwaltung, Stettener Str 12,
71394 Kernen. Sehenswert: Villa Rustica in
Rommelshausen; Altes Schloß und Ruine
Yburg in Stetten; Weinbaulehrpfad

Stetten

✶✶ Romantik Restaurant ⚜
Zum Ochsen
⌀ Kirchstr 15, ✉ 71394, ☎ (0 71 51) 4 20 15, Fax 41 71 03, AX DC ED VA
Hauptgericht 35; P; geschl: Mi, Jul-Aug

✶ Gästehaus Schlegel
♠ 27 Zi, Ez: 75-98, Dz: 120-180, 1 App, ⌐ WC ☎; Lift 1⟲35; **garni**

✶✶ Weinstube Bayer ⚜
Gartenstr 5, ✉ 71394, ☎ (0 71 51) 4 52 52, Fax 4 33 80
Hauptgericht 30; Gartenlokal P Terrasse; geschl: So abends, Mo, 5.1.-13.1.1997, 3 Wochen im Juli

✶ Idler
Dinkelstr 1, ✉ 71394, ☎ (0 71 51) 94 91 30, Fax 94 91 30
Hauptgericht 30; Terrasse; P; ⌂; geschl: Mo, 2 Wochen im Aug

Kerpen 42 ↗

Nordrhein-Westfalen — Erftkreis — 80 m — 55 800 Ew — Düren 16, Köln 20 km
ℹ ☎ (0 22 37) 5 80 — Stadtverwaltung, Jahnplatz 1, 50171 Kerpen; Stadt an der Erft

✶✶ St. Vinzenz
Stiftsstr 65, ✉ 50171, ☎ (0 22 37) 92 31 40, Fax 9 23 14 14, AX DC ED VA
17 Zi, Ez: 140, Dz: 180, ⌐ WC ☎; P 🚗 2⟲25
Rezeption: 6-14, 17-24

✶ ⌀ Hauptgericht 30; geschl: Sa mittags

Horrem (6 km ↗)

✶ Rosenhof
Hauptstr 119, ✉ 50169, ☎ (0 22 73) 45 81, Fax 10 44
20 Zi, Ez: 80, Dz: 125, ⌐ WC ☎, 2⛨; P 🚗 2⟲80 Kegeln ⛨
Rezeption: 16-22; geschl: Ende Dez-Anfang Jan

Kerpen-Außerhalb (1 km →)

✶✶✶ Schloß Loersfeld 🔑 ⛨
einzeln ⌀ 4, ✉ 50171, ☎ (0 22 73) 5 77 55, Fax 5 74 66
Hauptgericht 44; P Terrasse; geschl: So, Mo, 3 Wochen in den Sommerferien, Ende Dez-Mitte Jan

Sindorf (3 km ↑)

✶ Zum Alten Brauhaus
Herrenstr 76, ✉ 50170, ☎ (0 22 73) 5 30 86, Fax 5 45 70, AX DC ED VA
51 Zi, Ez: 85-145, Dz: 120-195, ⌐ WC ☎; Lift P 🚗 1⟲20 Kegeln ⛨

✶ Parkhotel
Kerpener Str 183, ✉ 50170, ☎ (0 22 73) 98 58-0, Fax 5 49 85, AX DC ED VA
23 Zi, Ez: 83-105, Dz: 120-150, 2 App, ⌐ WC ☎; Lift P 🚗 ⛨

Kesselsdorf 40 ↓

Sachsen — Weißeritzkreis — 326 m — 1 000 Ew — Dresden 15, Freiberg 21 km
ℹ ☎ (03 52 04) 71 44, Fax 50 37 — Gemeindeverwaltung, Straße des Friedens 15, 01723 Kesselsdorf

✶✶ Intor
Zschoner Ring 6, ✉ 01723, ☎ (03 52 04) 45 90, Fax 45 91 13, AX DC ED VA
126 Zi, Ez: 115-150, Dz: 160-220, ⌐ WC ☎, 34⛨; Lift P 🚗 6⟲180 Sauna Solarium
✶✶ Hauptgericht 20; Terrasse

⌂ Etap
Kaufbacher Ring 7, ✉ 01723, ☎ (0 35 204) 51 00, Fax 51 29, VA
80 Zi, Ez: 65, Dz: 75, ⌐ WC ☎; Lift P; **garni**
Rezeption: 6.30-10, 17-23

Kestert 43 ↘

Rheinland-Pfalz — Rhein-Lahn-Kreis — 71 m — 850 Ew — St. Goarshausen 7, Lahnstein 18 km
ℹ ☎ (0 67 73) 71 42, Fax 71 24 — Verkehrsverein, Rheinstr 37, 56348 Kestert; Erholungsort im Rheindurchbruchstal

✶ Krone
◀ Rheinstr 37, ✉ 56348, ☎ (0 67 73) 71 42, Fax 71 24, AX DC ED VA
24 Zi, Ez: 55-65, Dz: 80-100, 3 Suiten, 1 App, ⌐ WC ☎, 2⛨; P 🚗 2⟲100 Sauna Solarium
geschl: Mitte Feb-Mitte Mär
Auch Zimmer der Kategorie **✶✶** vorhanden
✶ Hauptgericht 20; Terrasse; geschl: Mo, Mitte Feb-Mitte Mär

⌂ Goldener Stern
◀ Rheinstr 38, ✉ 56348, ☎ (0 67 73) 71 02, Fax 71 04, ED
12 Zi, Ez: 45-65, Dz: 75-110, ⌐ WC ☎; P 🚗 2⟲80 Kegeln ⛨ ⚓
Rezeption: 9-21; geschl: Mo

Ketsch 54 ↘

Baden-Württemberg — Rhein-Neckar-Kreis — 110 m — 12 300 Ew — Schwetzingen 4, Speyer 10, Ludwigshafen 16 km
ℹ ☎ (0 62 02) 60 60, Fax 6 85 51 — Gemeindeverwaltung, Hockenheimer Str 5, 68775 Ketsch

✶ Seehotel
♠ Kreuzwiesenweg 2, ✉ 68775, ☎ (0 62 02) 69 70, Fax 69 71 99, AX DC ED VA
42 Zi, Ez: 105-145, Dz: 175-225, ⌐ WC ☎, 17⛨; P 3⟲40 Seezugang; **garni**
geschl: Anfang Jan

✶✶ Stecker's
Kreuzwiesenweg 2, ✉ 68775, ☎ (0 62 02) 60 90 04, Fax 60 91 48, AX ED VA
Hauptgericht 35; P Terrasse; geschl: Sa mittags, So, Anfang Jan

→

Ketsch

** Hirsch
Hockenheimer Str 47, ✉ 68775, ☎ (0 62 02) 6 14 39, Fax 60 90 26, AX ED
Hauptgericht 35; **P**; geschl: Di, Ende Jul-Mitte Aug

Kettwig siehe Essen

Kevelaer 32 □

Nordrhein-Westfalen — Kreis Kleve — 22 m — 24 000 Ew — Holländ. Grenze 8, Geldern 10, Goch 12 km
i ☎ (0 28 32) 12 21 52, Fax 43 87 — Verkehrsamt, im Rathaus, Peter-Plümpe-Platz 12, 47623 Kevelaer; Wallfahrtsort. Sehenswert: Gnadenkapelle; Marienbasilika; Niederrheinisches Museum für Volkskunde und Kulturgeschichte

** Best Western Parkhotel Kevelaer
Neustr 3, ✉ 47623, ☎ (0 28 32) 9 53 30, Fax 79 93 79, AX DC ED VA
47 Zi, Ez: 95-110, Dz: 150, ⇨ WC ☎; Lift **P** 🌊
8⇔70 ≌ Fitneßraum Sauna Solarium ⛾ 🏊

* Am Bühnenhaus
Bury-St.-Edmunds-Str 13, ✉ 47623, ☎ (0 28 32) 44 68, Fax 40 42 39, AX ED VA
27 Zi, Ez: 75-90, Dz: 120-150, 1 App, ⇨ WC ☎; **P** 1⇔15; garni
geschl: Ende Dez-Anfang Jan

* Gelder Dyck
Gelderner Str 43, ✉ 47623, ☎ (0 28 32) 14 14, Fax 37 58
6 Zi, Ez: 68, Dz: 98, 1 App, ⇨ WC ☎; Kegeln ⛾ 🏊
Rezeption: 10.30-14, 16.30-24, Mo 18-24

** Zur Brücke
Bahnstr 44, ✉ 47623, ☎ (0 28 32) 23 89, Fax 23 88, AX DC ED VA
Hauptgericht 35; Gartenlokal **P** Terrasse; geschl: Di
** 10 Zi, Ez: 98-110, Dz: 148-158, ⇨ WC ☎; 🌊

Schravelen (2 km ↑)
* Konferenz- und Sporthotel Schravelsche Heide
♂ Grotendonker Str 54, ✉ 47626, ☎ (0 28 32) 8 05 51, Fax 8 09 32, AX DC ED VA
40 Zi, Ez: 89, Dz: 159, ⇨ WC ☎; **P** 3⇔40 ≌ Kegeln Sauna Solarium
** Hauptgericht 30; Biergarten Terrasse

Kiedrich 54 ↖

Hessen — Rheingau-Taunus-Kreis — 164 m — 3 650 Ew — Eltville 3, Wiesbaden 15 km
i ☎ (0 61 23) 9 05 00, Fax 42 21 — Gemeindeverwaltung, Marktstr 27, 65399 Kiedrich; Erholungs- und Weinbauort am Südhang des Taunus, im Rheingau. Sehenswert: St.-Valentin-Kirche; Totenkapelle St. Michael; Adelshöfe; Rathaus; Fachwerkhäuser

* Nassauer Hof
Bingerpfortenstr 17, ✉ 65399, ☎ (0 61 23) 24 76, Fax 6 22 20, AX DC ED VA
27 Zi, Ez: 90-110, Dz: 160, ⇨ WC ☎; **P** 1⇔25
geschl: Ende Jan
* Hauptgericht 30; geschl: Mi, Jan

Kiefersfelden 72 ↘

Bayern — Kreis Rosenheim — 500 m — 6 600 Ew — Kufstein 5, Rosenheim 33 km
i ☎ (0 80 33) 6 93 94, Fax 76 55 — Verkehrsamt, Rathausplatz 3, 83088 Kiefersfelden; Luftkurort und Wintersportplatz am Kaisergebirge. Sehenswert: König-Otto-Kapelle; ältestes Volkstheater Deutschlands (1618); Museumseisenbahn

* Gruberhof
•⇨ König-Otto-Str 2, ✉ 83088, ☎ (0 80 33) 70 40, Fax 75 50, AX DC ED VA
32 Zi, Ez: 86, Dz: 142, 3 App, ⇨ WC ☎; **P** 🌊 ≈ Sauna ⛾ 🏊
geschl: Mi, Nov

* Zur Post
Bahnhofstr 26, ✉ 83088, ☎ (0 80 33) 70 51, Fax 85 73, AX DC VA
39 Zi, Ez: 98, Dz: 148, ⇨ WC ☎; Lift **P** 🌊
Kegeln Sauna Solarium ⛾

Kiel 10→

Schleswig-Holstein — Stadtkreis — 5 m — 248 000 Ew — Lübeck 75, Flensburg 83, Hamburg 95 km
i ☎ (04 31) 67 91 00, Fax 67 54 39 — Tourist Information Kiel, Sophienblatt 30, 24103 Kiel; Landeshauptstadt, an der Kieler Förde; Universität; Pädagogische Hochschule; Opernhaus; Schauspielhaus; „Kieler Woche" (Segelregatten) im Jun; tägl. Autofähren nach Dänemark, Norwegen und Schweden, wöchentl. nach Rußland, Lettland und Litauen. Sehenswert: Ev. Nikolaikirche; Rathaus:Turm •⇨; Hindenburgufer •⇨; Kunsthalle; Botanischer Garten; Zoologisches Museum; Meeresaquarium; Museum für Völkerkunde; archäologische Sammlung; Kieler Stadt- und Schiffahrtsmuseum; Schleswig-Holsteinisches Freilichtmuseum bei Rammsee (6 km ✓); Olympia-Zentrum in Schilksee (15 km ↑); Marine-Denkmal Laboe (20 km →)

Achtung:
Schleswig-Holstein Musik Festival
i ☎ (04 31) 56 70 48

*** Maritim Hotel Bellevue
•⇨ Bismarckallee 2 (C 1), ✉ 24105, ☎ (04 31) 3 89 40, Fax 33 84 90, AX DC ED VA
72 Zi, Ez: 207-327, Dz: 316-436, ⇨ WC ☎, S; 2 Suiten, 15 App, ⇨ WC ☎, 5⇔; Lift **P** 🌊 ≌ Strandbad Sauna Solarium 🏊
** •⇨ Hauptgericht 35; Terrasse →

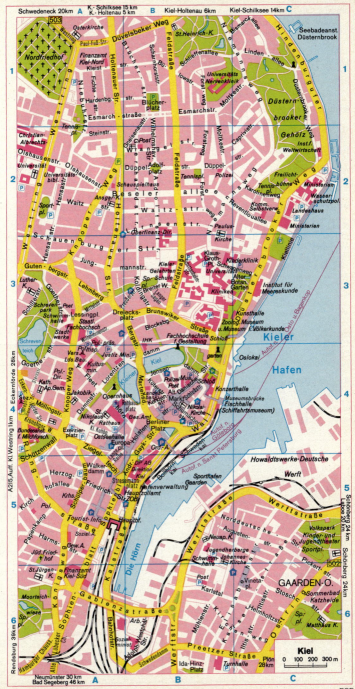

Kiel

★★★ Steigenberger Avance Conti Hansa
Schloßgarten 7 (B 4), ✉ 24103, ☏ (04 31) 5 11 50, Fax 5 11 54 44, AX DC ED VA
165 Zi, Ez: 225-290, Dz: 270-340, S; 1 Suite, ⇘ WC ☏, 18✉; Lift 🅿 9⇌350 Sauna Solarium 🞄

★★ Bistro Möwe
Hauptgericht 32; Terrasse

★★ Best Western Kieler Yacht-Club
◂€ Hindenburgufer 70 (C 1), ✉ 24105, ☏ (04 31) 8 50 55, Fax 8 50 39, AX DC ED VA
61 Zi, Ez: 175-260, Dz: 230-325, S; ⇘ WC ☏; Lift 🅿 5⇌250
Auch Zimmer der Kategorie ★★★ vorhanden

★★ ◂€ Hauptgericht 35; Terrasse

★★ Parkhotel Kieler Kaufmann (Ringhotel)
♂ Niemannsweg 102 (C 1), ✉ 24105, ☏ (04 31) 8 81 10, Fax 8 81 11 35, AX DC ED VA
46 Zi, Ez: 182-229, Dz: 240-320, S; ⇘ WC ☏, 7✉; 🅿 3⇌80 ⌂ Sauna
Auch Zimmer der Kategorie ★★★ vorhanden

★★ Hauptgericht 35; Terrasse

★★ Intercity Hotel
Kaistr 54-56 (A 5), ✉ 24114, ☏ (04 31) 6 64 30, Fax 6 64 34 99, AX DC ED VA
124 Zi, Ez: 180-210, Dz: 220-250, S; ⇘ WC ☏, 40✉; Lift 3⇌100 🍴
Auch Zimmer der Kategorie ★ vorhanden

★ Berliner Hof
Ringstr 6 (A 5), ✉ 24103, ☏ (04 31) 6 63 40, Fax 6 63 43 45, AX DC ED VA
85 Zi, Ez: 100-120, Dz: 150-180, ⇘ WC ☏, 16✉; Lift 🅿 🍴; garni
geschl: Ende Dez-Anfang Jan

★ Erkenhof
Dänische Str 12 (B 4), ✉ 24103, ☏ (04 31) 9 50 08, Fax 97 89 65, AX DC ED VA
29 Zi, Ez: 110-125, Dz: 150-200, ⇘ WC ☏; Lift 🅿; garni
geschl: Ende Dez-Anfang Jan

★ Astor
◂€ Am Holstenplatz 1-2 (B 4), ✉ 24103, ☏ (04 31) 9 30 17, Fax 9 63 78, AX DC ED VA
59 Zi, Ez: 85-135, Dz: 160-170, ⇘ WC ☏; Lift 🍴 3⇌60; garni

★★ September
Alte Lübecker Chaussee 27, ✉ 24113, ☏ (04 31) 68 06 10, Fax 68 88 30
Terrasse; nur abends; geschl: So
nur Menüs

★★ Restaurant im Schloß
◂€ Am Wall 74 (B 4), ✉ 24103, ☏ (04 31) 9 11 55, Fax 9 11 57, AX DC ED VA
Hauptgericht 35; 🅿 Terrasse; geschl: So abends, Mo + Sa mittags

★★ Normandie
Schützenwall 1 (A 5), ✉ 24114, ☏ (04 31) 67 34 24, Fax 55 23 56
Hauptgericht 30; 🅿 Terrasse; nur abends; geschl: Mo

Hasseldiecksdamm (5 km ←)

★★ Birke
Martenshofweg 8, ✉ 24109, ☏ (04 31) 5 33 10, Fax 5 33 13 33, AX DC ED VA
64 Zi, Ez: 125-270, Dz: 150-280, S; 2 App, ⇘ WC ☏; Lift 🅿 🍴 4⇌100 Fitneßraum Sauna Solarium

★ Waldesruh
Hauptgericht 35; geschl: So, Jan
Martenshofweg 2, ☏ (04 31) 52 00 01, Fax 52 00 02

Holtenau (5 km ↑)

★ Waffenschmiede
♂ ◂€ Friedrich-Voß-Ufer 4, ✉ 24159, ☏ (04 31) 36 96 90, Fax 36 39 94, ED VA
12 Zi, Ez: 95-105, Dz: 135-195, ⇘ WC ☏; 🅿
geschl: Ende Dez-Mitte Jan

★ ◂€ Hauptgericht 30; Terrasse; geschl: Do, Ende Dez-Mitte Jan

Wellsee (4 km ↘)

★★ Sporthotel Avantage
Braunstr 40, ✉ 24145, ☏ (04 31) 71 79 80, Fax 7 17 98 20
20 Zi, Ez: 115, Dz: 140-160, ⇘ WC ☏; 🅿 🍴

Kierdorf siehe Erftstadt

Kinderbeuern 52 ↗

Rheinland-Pfalz — Kreis Bernkastel-Wittlich — 170 m — 1 025 Ew — Wittlich 12, Traben-Trarbach 17, Daun 33 km
ℹ ☏ (0 65 41) 70 61 11, Fax 70 61 01 — Verkehrsbüro Mittelmosel-Kondelwald, Rathaus, 54536 Kröv; Ort im Alftal

★ Alte Dorfschänke
Dorfstr 14, ✉ 54538, ☏ (0 65 32) 24 94, Fax 15 32, DC ED VA
12 Zi, Ez: 50-60, Dz: 90, ⇘ WC ☏; 🅿 1⇌80

★★ Hauptgericht 18; Terrasse; geschl: Mo

Kinding 64 ↘

Bayern — Kreis Eichstätt — 520 m — 2 600 Ew — Beilngries 10, Eichstätt 25, Ingolstadt 28 km
ℹ ☏ (0 84 67) 5 87, Fax 5 41 — Gemeindeverwaltung, Kipfenberger Str 4, 85125 Kinding; Ort an der Altmühl

★ Gästehaus Biedermann
Kipfenberger Str 10, ✉ 85125, ☏ (0 84 67) 2 82, Fax 2 82
22 Zi, Ez: 38-55, Dz: 70-90, 2 Suiten, 4 App, ⇘ WC; 🅿 🍴 Fitneßraum; garni

* **Gasthof Zum Krebs**
Marktplatz 1, ✉ 85125, ☎ (0 84 67) 3 39,
Fax 2 07
40 Zi, Ez: 54-60, Dz: 84-92, ᴅ WC; 🅿 🖪 ⓉⓄⓁ
geschl: im Winter Mi, Mitte Nov-Mitte Dez
Auch einfache Zimmer vorhanden

Enkering (2 km ↙)
** **Gasthof zum Bräu**
Rumburgstr 1a, ✉ 85125, ☎ (0 84 67) 85 00,
Fax 8 50 57
17 Zi, Ez: 60-65, Dz: 98-120, ᴅ WC ☎; Lift 🅿
2⇔140
geschl: Mo, Mitte Dez
** Hauptgericht 25

Kinheim 52 ↗

Rheinland-Pfalz — Kreis Bernkastel-Wittlich — 110 m — 1 100 Ew — Bernkastel-Kues 14, Zell 29 km
🛈 ☎ (0 65 32) 34 44, Fax 14 99 — Verkehrsbüro, Moselweinstr, 54538 Kinheim; Wein- und Erholungsort an der Mosel

* **Pohl zum Rosenberg**
◂ᴇ Moselweinstr 3, ✉ 54538, ☎ (0 65 32)
21 96, Fax 10 54
31 Zi, Ez: 70-75, Dz: 120-125, ᴅ WC ☎; 🅿 ≘
Sauna Solarium
geschl: im Winter Do, Mitte Jan-Mitte Feb
** ◂ᴇ Hauptgericht 21; Terrasse;
geschl: im Winter Do, Mitte Jan-Mitte Feb

Kipfenberg 64 ↘

Bayern — Kreis Eichstätt — 376 m —
5 100 Ew — Beilngries 16, Eichstätt 25,
Ingolstadt 28 km
🛈 ☎ (0 84 65) 1 74 30, Fax 1 74 22 — Verkehrsbüro, Marktplatz 2, 85110 Kipfenberg; Erholungsort im Altmühltal

* **Alter Peter**
Marktplatz 16, ✉ 85110, ☎ (0 84 65) 2 97,
Fax 36 63, Ⓐⓧ ⒺⒹ ⓋⒶ
24 Zi, Ez: 65, Dz: 95, ᴅ WC ☎; Lift 2⇔60
Sauna ⚐
Rezeption: 9-22; geschl: im Winter Mi
* Hauptgericht 20; Gartenlokal Terrasse; geschl: Nov

Arnsberg (6 km ↙)
* **Landgasthof Zum Raben**
Schloßleite 1, ✉ 85110, ☎ (0 84 65) 9 40 40,
Fax 94 04 50
26 Zi, Ez: 63-73, Dz: 82-92, 1 App, ᴅ WC ☎;
🅿 Solarium ⚐
Rezeption: 7-11
* Hauptgericht 15; Biergarten Terrasse

* **Schloß Arnsberg**
einzeln ♂ ◂ᴇ ✉ 85110, ☎ (0 84 65) 31 54,
Fax 10 15
20 Zi, Ez: 74-85, Dz: 115-135, ᴅ WC; 🅿 🖪
2⇔20 Solarium ⓉⓄⓁ ⚐
geschl: Mo, Mitte Feb-Mitte Mär

Pfahldorf (5 km ↘)
* **Gasthof Geyer**
Alte Hauptstr 10, ✉ 85110, ☎ (0 84 65)
5 01, Fax 33 96, ⒺⒹ
35 Zi, Ez: 55-65, Dz: 86-96, 1 Suite, 4 App,
ᴅ WC ☎, 2🖃; Lift 🅿 🖪 2⇔50 Sauna ⓉⓄⓁ
Rezeption: 10-21; geschl: Do, Mitte-Ende Nov

Kirchen 44 ↘

Rheinland-Pfalz — Kreis Altenkirchen —
350 m — 10 140 Ew — Betzdorf 5, Siegen
21 km
🛈 ☎ (0 27 41) 9 57 21, Fax 6 21 03 —
Gemeindeverwaltung, Lindenstr 7,
57548 Kirchen; Luftkurort an der Sieg.
Sehenswert: Jugendburg Freusburg
◂ᴇ(3 km ↑); Druidenstein in Herkersdorf
(2 km ←); Ottoturm in Herkersdorf ◂ᴇ

Katzenbach (2 km →)
** **Zum Weißen Stein**
◂ᴇ Dorfstr 50, ✉ 57548, ☎ (0 27 41) 9 59 50,
Fax 6 25 81, Ⓐⓧ ⒹⒸ ⒺⒹ ⓋⒶ
35 Zi, Ez: 89-95, Dz: 149-159, 12 Suiten, ᴅ
WC ☎; 🅿 🖪 3⇔50
** Hauptgericht 25; Biergarten Terrasse

Kirchenlamitz 49 ↙

Bayern — Kreis Wunsiedel — 591 m —
4 400 Ew — Selb 13, Wunsiedel 16,
Hof 21 km
🛈 ☎ (0 92 85) 9 59 15, Fax 81 40 — Stadtverwaltung, Marktplatz 3, 95158 Kirchenlamitz; Erholungsort im Fichtelgebirge.
Sehenswert: Epprechtstein ◂ᴇ mit Burgruine 799 m (2 km ↙)

* **Gasthof Deutsches Haus**
Hofer Str 23, ✉ 95158, ☎ (0 92 85) 3 76,
Fax 58 11, Ⓐⓧ ⒹⒸ ⒺⒹ ⓋⒶ
Hauptgericht 20; 🅿 Terrasse ⌂;
geschl: Fr

Kirchenlamitz-Außerhalb (6 km ↗)
* **Jagdschloß Fahrenbühl**
einzeln ♂ Fahrenbühl 13, ✉ 95158,
☎ (0 92 84) 3 64, Fax 3 58, Ⓐⓧ ⒺⒹ
14 Zi, Ez: 50-74, Dz: 80-118, ᴅ WC ☎; 🅿 🖪
≘ Sauna Solarium
geschl: Anfang Nov-Ende Dez
Restaurant für Hausgäste. Auch Zimmer
anderer Kategorien vorhanden

Kirchensittenbach 57 →

Bayern — Kreis Nürnberger Land — 355 m
— 2 100 Ew — Hersbruck 7, Pegnitz 26,
Nürnberg 28 km
🛈 ☎ (0 91 51) 9 46 47, Fax 9 47 60 —
Gemeindeverwaltung, Rathausgasse 1,
91241 Kirchensittenbach; Ort in der Fränkischen Alb
→

Kirchensittenbach

Kleedorf (3 km ↘)
** **Zum Alten Schloß (Landidyll Hotel)**
♂ Haus Nr 5, ✉ 91241, ☎ (0 91 51) 86 00, Fax 86 01 46, AX DC ED VA
54 Zi, Ez: 95-110, Dz: 140-160, 2 Suiten, 1 App, ⊿ WC ☎, 20🛁; Lift 🅿 🚗 8⇔50 Fitneßraum Sauna Solarium 🍽 🍺
Auch Zimmer der Kategorie ✱ vorhanden

Kirchham 66 ↓

Bayern — Kreis Passau — 325 m — 2 384 Ew — Rotthalmünster 4, Bad Füssing 6 km
🅘 ☎ (0 85 33) 17 23, Fax 71 46 — Verkehrsamt, Kirchplatz 3, 94148 Kirchham

** **Haslinger Hof**
einzeln ♂ Ed 1, ✉ 94148, ☎ (0 85 31) 29 50, Fax 29 52 00
47 Zi, Ez: 54-65, Dz: 74-120, ⊿ WC ☎; 🅿 🚗 Fitneßraum Sauna Solarium 🍽

Kirchhasel 48 □

Thüringen — Kreis Rudolstadt — 200 m — 246 Ew — Rudolstadt 4, Kahla 18, Pößneck 20 km
🅘 ☎ (0 36 72) 2 20 31, Fax 2 20 31 — Gemeindeverwaltung, 07407 Kirchhasel

Kolkwitz (3 km ↘)
* **Thüringer Landhotel Edelhof**
♂ Ortsstr 27, ✉ 07407, ☎ (0 36 72) 2 26 26, Fax 2 26 28
34 Zi, Ez: 70, Dz: 90, ⊿ WC ☎; 🅿 2⇔80 ≈ Fitneßraum Kegeln Sauna 🍽

Kirchheim am Ries 63 ←

Baden-Württemberg — Ostalbkreis — 497 m — 1 870 Ew — Bopfingen 5, Nördlingen 8 km
🅘 ☎ (0 73 62) 30 28, Fax 30 69 — Bürgermeisteramt, Auf dem Wörth 7, 73467 Kirchheim am Ries. Sehenswert: Keltenschanze; römische Gutshöfe; alemannisches Gräberfeld, Alemannenmuseum; Klosteranlage

* **Landhotel Engelhard**
Schulgasse 1, ✉ 73467, ☎ (0 73 62) 31 18, Fax 31 36
10 Zi, Ez: 48-55, Dz: 95-105, 3 App, ⊿ WC ☎; 🅿; garni

Kirchheim b. München 72 ↑

Bayern — Kreis München (Land) — 500 m — 13 000 Ew — Vaterstetten 4, München 20 km
🅘 ☎ (0 89) 90 90 90 — Gemeindeverwaltung, Münchener Str 6, 85551 Kirchheim b. München

Heimstetten (2 km ↓)
** **Räter-Park Hotel**
Räterstr 9, ✉ 85551, ☎ (0 89) 90 50 40, Fax 9 04 46 42, AX DC ED VA
150 Zi, Ez: 98-215, Dz: 140-255, 5 App, ⊿ WC ☎, 44🛁; Lift 🅿 🚗 6⇔150 Fitneßraum Sauna Solarium
** **Räter-Stuben**
Hauptgericht 22; Biergarten

Kirchheimbolanden 53 →

Rheinland-Pfalz — Donnersbergkreis — 250 m — 7 200 Ew — Alzey 13, Worms 32, Kaiserslautern 37 km
🅘 ☎ (0 63 52) 17 12, Fax 71 02 62 — Touristik-Verband, Uhlandstr 1, 67292 Kirchheimbolanden; Kreisstadt, Luftkurort. Sehenswert: Ev. Kirchen St. Peter und St. Paul; Hochzeitszimmer; Mozartorgel; ehem. Schloß; Reste der Stadtbefestigung: Wehrgang, Apothekerturm, Grauer Turm, Rotes Tor; Drosselfels, 452m ⏃ (6 km ←); Donnersberg, 687m ⏃

* **Braun**
Uhlandstr 1, ✉ 67292, ☎ (0 63 52) 23 43, Fax 62 28, AX DC ED VA
42 Zi, Ez: 76-96, Dz: 126-130, 1 Suite, ⊿ WC ☎; Lift 🅿 🚗 2⇔40 Fitneßraum Kegeln Sauna

Schillerhain (1 km ←)
* **Schillerhain**
♂ ⏃ Schillerhain 1, ✉ 67292, ☎ (0 63 52) 71 20, Fax 71 21 39
20 Zi, Ez: 75-85, Dz: 130-145, 2 Suiten, ⊿ WC ☎; Lift 🅿 🚗 3⇔50 🍽
geschl: 3 Wochen im Jan

Kirchheim Kr. Hersfeld-Rotenburg 46 ↘

Hessen — Kreis Hersfeld-Rotenburg — 245 m — 4 200 Ew — Bad Hersfeld 11, Alsfeld 23 km
🅘 ☎ (0 66 25) 9 20 00, Fax 92 00 21 — Gemeindeverwaltung, Hauptstr 20, 36275 Kirchheim; Ort im Knüllgebirge

** **Hattenberg**
Am Hattenberg 1, ✉ 36275, ☎ (0 66 25) 70 01, Fax 83 11, AX ED VA
45 Zi, Ez: 109, Dz: 159, ⊿ WC ☎, 6🛁; Lift 🅿 2⇔50; garni

* **Eydt**
Hauptstr 21, ✉ 36275, ☎ (0 66 25) 70 01, Fax 53 33, AX ED VA
60 Zi, Ez: 71-82, Dz: 109-129, ⊿ WC ☎; Lift 🅿 🚗 3⇔120 🍽

In der Freizeitanlage Seepark
** **Seehotel**
einzeln ⏃ ✉ 36275, ☎ (0 66 28) 8 80, Fax 8 81 19, AX DC ED VA
106 Zi, Ez: 150-170, Dz: 195-225, 2 Suiten, 30 App, ⊿ WC ☎; Lift 🅿 14⇔400 ≈ Seezugang Kegeln Sauna Solarium 🍽 🍺
Tennis 6; Golf 18

Kirchheim unter Teck 62

Baden-Württemberg — Kreis Esslingen — 311 m — 37 000 Ew — Göppingen 18, Stuttgart 32 km
🛈 ☎ (0 70 21) 30 27, Fax 48 05 38 — Verkehrsverein Teck-Neuffen, Max-Eyth-Str 15, 73230 Kirchheim unter Teck; Stadt an der Schwäb. Alb. Sehenswert: Renaissance-Schloß; Stadtmauer mit Bastei; Fachwerk-Rathaus mit Kassettendecke; gotische Martinskirche; Museum und Galerie im Kornhaus; Literarisches Museum im Max-Eyth-Haus; Museum Hauff (Erdgeschichte) in Holzmaden

✳✳✳ Zum Fuchsen
Schlierbacher Str 23, ✉ 73230, ☎ (0 70 21) 57 80, Fax 57 84 44, AX DC ED VA
80 Zi, Ez: 135-175, Dz: 170-220, 1 App, ⌐ WC ☎, 14🛏; Lift 🅿 🚗 6⟷60 Fitneßraum Sauna Solarium
✳✳ Hauptgericht 28; Gartenlokal; geschl: So

✳✳ Holiday Inn Garden Court
Eichendorffstr 99, ✉ 73230, ☎ (0 70 21) 8 00 80, Fax 8 00 88, AX DC ED VA
52 Zi, Ez: 149, Dz: 177, ⌐ WC ☎, 13🛏; Lift 🅿 🚗 40 Fitneßraum Sauna Solarium
✳✳ Hauptgericht 25; Terrasse Italienische Küche

✳ Stadthotel Waldhorn
♂ Marktplatz 8, ✉ 73230, ☎ (0 70 21) 9 22 40, Fax 92 24 50, AX DC ED VA
14 Zi, Ez: 125-140, Dz: 160-190, 1 Suite, ⌐ WC ☎; Lift 🚗 🍽
✳ Hauptgericht 20; Biergarten Gartenlokal 🅿 Terrasse

✳ Schwarzer Adler
Alleenstr 108, ✉ 73230, ☎ (0 70 21) 26 13, Fax 7 19 85, ED VA
37 Zi, Ez: 110-125, Dz: 140-180, ⌐ WC ☎, 4🛏; Lift 🅿 🚗
geschl: Sa, So
✳ Hauptgericht 25; Terrasse; geschl: Sa, So

Ötlingen
✳ Teck-Garni-Hotel
Stuttgarter Str 173, ✉ 73230, ☎ (0 70 21) 4 50 46, Fax 4 35 99
17 Zi, Ez: 90, Dz: 130, ⌐ WC ☎; 🅿 🚗; garni

Kirchhofen siehe Ehrenkirchen

Kirchhundem 34

Nordrhein-Westfalen — Kreis Olpe — 400 m — 13 400 Ew — Lennestadt 3, Kreuztal 24, Schmallenberg 25 km
🛈 ☎ (0 27 23) 40 90, Fax 4 09 55 — Verkehrsamt, Hundemstr 35, 57399 Kirchhundem; Luftkurort zwischen Rothaar- und Ebbegebirge. Sehenswert: Rhein-Weser Turm, 720 m ◁; Stickereimuseum Altes Pastorat; Schloß Adolfsburg bei Oberhundem (8 km →)

Heinsberg (11 km ↘)
✳✳ Schwermer
Talstr 60, ✉ 57399, ☎ (0 27 23) 76 38, Fax 7 33 00, ED VA
Hauptgericht 25; Biergarten Gartenlokal 🅿
✳ Gästehaus
26 Zi, Ez: 62-87, Dz: 124-174, ⌐ WC; 🚗 3⟷Kegeln Solarium
Rezeption: 8-14, 17-22
Im Haupthaus auch einfache Zimmer vorhanden

Oberhundem (8 km →)
✳ Pano's
Am Panorama-Park, ✉ 57399, ☎ (0 27 23) 9 74 20, Fax 9 74 26, AX ED VA
Hauptgericht 20; Terrasse; geschl: 20. Okt.-Ende März 1997
✳✳✳ 11 Zi, Ez: 115, Dz: 130-190, 1 Suite, ⌐ WC ☎; 🅿 1⟷30 Sauna Solarium
Rezeption: 11-20; geschl: Mitte Okt.-Ende Mär

Kirchlinteln 25

Niedersachsen — Kreis Verden — 53 m — 9 800 Ew — Verden 7, Visselhövede 19 km
🛈 ☎ (0 42 36) 8 70, Fax 87 26 — Gemeindeverwaltung, Am Rathaus 1, 27308 Kirchlinteln

Neddenhaverbergen
✳ Zur Linde
Neddener Dorfstr 33, ✉ 27308, ☎ (0 42 38) 2 37, Fax 17 36
Hauptgericht 19; 🅿
✳✳ Zur Linde
8 Zi, Ez: 65, Dz: 98-110, ⌐ WC ☎; 2⟷50

Schafwinkel (10 km ↗)
✳ Landhaus Badenhoop
♂ Zum Keenmoor 13, ✉ 27308, ☎ (0 42 37) 93 90, Fax 93 93 00, ED
18 Zi, Ez: 80-100, Dz: 115-150, ⌐ WC ☎; Lift 🅿 3⟷200 🛋 Kegeln Sauna Solarium 🏊
✳✳ Keenspieker
Hauptgericht 30; Gartenlokal

Kirchzarten 67

Baden-Württemberg — Kreis Breisgau-Hochschwarzwald — 400 m — 8 300 Ew — Freiburg 9, Titisee-Neustadt 23, Todtnau 27 km
🛈 ☎ (0 76 61) 39 39, Fax 3 93 45 — Verkehrsamt, Hauptstr 24, 79199 Kirchzarten; Luftkurort. Sehenswert: Kath. Kirche St. Gallus. Grabmal; Talvogtei; Kapelle auf dem Giersberg, 486 m (1 km ↘)

✳ Sonne
Hauptstr 28, ✉ 79199, ☎ (0 76 61) 6 20 15, Fax 75 35, AX DC ED VA
24 Zi, Ez: 75-98, Dz: 106-135, ⌐ WC ☎; 🅿 🚗 1⟷30
geschl: Anfang-Mitte Nov
✳ Hauptgericht 30; geschl: Fr, Sa mittags, 1.11.-18.11.97 →

Kirchzarten

✱ Fortuna
Hauptstr 7, ✉ 79199, ☎ (0 76 61) 39 80, Fax 39 81 00
34 Zi, Ez: 68-70, Dz: 100-110, ⌐⌐ WC ☎; Lift
🅿 🍽 1✧100 Kegeln 🍽

Dietenbach (1 km ↓)
✱✱ Landgasthof Zum Rössle
Dietenbach 1, ✉ 79199, ☎ (0 76 61) 22 40, Fax 98 00 22, AX DC ED
Hauptgericht 30; Gartenlokal 🅿; geschl: Mi
✱ ♦ 6 Zi, Ez: 55-75, Dz: 90-120, 3 Suiten, ⌐⌐ WC ☎
geschl: Mi
Historisches Gasthaus seit 1750

Kirkel 53

Saarland — Kreis Saar-Pfalz — 150 m — 9 300 Ew — Homburg 10, Saarbrücken 17 km
ℹ ☎ (0 68 41) 8 09 80 — Verkehrsamt, im Ortsteil Limbach, Hauptstr 10, 66459 Kirkel

Neuhäusel (1 km ←)
✱✱✱ Ressmann's Residence
Kaiserstr 87, ✉ 66459, ☎ (0 68 49) 90 00-0, Fax 90 00-50, VA
Hauptgericht 38; 🅿; geschl: Di, Sa mittags, 1 Woche Fasching

✱✱ Rützelerie Geiß
Blieskasteler Str 25, ✉ 66459, ☎ (0 68 49) 13 81, Fax 13 81, ED VA
Hauptgericht 35; nur abends; geschl: So, Mo, 2 Wochem Feb, 3 Wochen Sommerferien

Kirn 53 □

Rheinland-Pfalz — Kreis Bad Kreuznach — 300 m — 9 500 Ew — Idar-Oberstein 16, Bad Kreuznach 33 km
ℹ ☎ (0 67 52) 9 34 00, Fax 93 40 30 — Verkehrsbüro, Am Bahnhof, 55600 Kirn; Städtchen an der Nahe, zwischen Hunsrück und Nordpfälzer Bergland. Sehenswert: Ev. Kirche; Rathaus; Kyrburg ◁

✱✱ Kyrburg
◁ 5, ✉ 55600, ☎ (0 67 52) 9 36 60, Fax 9 36 67, AX DC ED VA
Hauptgericht 34; geschl: Mo, Feb

Kirrweiler 54

Rheinland-Pfalz — Kreis Südliche Weinstraße — 150 m — 1 650 Ew — Neustadt a.d.Weinstraße 6, Landau 10 km
ℹ ☎ (0 63 21) 58 99 17, Fax 58 99 99 — Büro für Tourismus, Marktstr 1, 67485 Maikammer. Sehenswert: ehem. Sommerresidenz der Fürstbischöfe von Speyer; vom Schloß ist noch die Schaffnerei, Schlössel genannt, erhalten; Teile der Ortsmauer; Winzerhöfe mit eindrucksvollen Portalen; Friedhofskapelle

✱ Gästehaus Sebastian
Hauptstr 77, ✉ 67489, ☎ (0 63 21) 5 99 76, Fax 5 72 00
4 Zi, Ez: 65-90, Dz: 110-120, 9 App, ⌐⌐ WC ☎, 2✉; 🅿 Fitneßraum; garni
Eigenes Weingut

Kirschweiler 53

Rheinland-Pfalz — Kreis Birkenfeld/Nahe — 453 m — 1 300 Ew — Idar-Oberstein 10 km
ℹ ☎ (0 67 81) 3 63 63, Fax 3 56 98 — Gemeindeverwaltung, Dorfwiesenstr 8, 55743 Kirschweiler; Erholungsort; Dorf der Edelsteinschleifer. Sehenswert: Kristallbrunnen, Edelsteinbrunnen; Edelsteinschleifereien; Barock-Kirche; „Festung" - alte Keltensiedlung 623 m ◁

✱✱ Kirschweiler Brücke
An der B 422, ✉ 55743, ☎ (0 67 81) 3 33 83, Fax 3 33 08
Hauptgericht 25; geschl: Mi

Kissing 71

Bayern — Aichach-Friedberg — 9 570 Ew
ℹ ☎ (0 82 33) 7 90 70, Fax 52 90 — Gemeindeverwaltung, Pestalozzistr 5, 86438 Kissing

✱ Hubertus
Gewerbering 5, ✉ 86438, ☎ (0 82 33) 7 90 20, Fax 2 64 83
Ez: 90, Dz: 135, ⌐⌐ WC ☎; 🅿; garni
Rezeption: 7-12

✱ Kühner's Landhaus
Gewerbering 3, ☎ (0 82 33) 2 00 05, Fax 2 09 82, ED VA
Hauptgericht 25; 🅿 Terrasse

Kissingen, Bad 46

Bayern — Kreis Bad Kissingen — 201 m — 23 200 Ew — Hammelburg 18, Schweinfurt 25, Bad Neustadt a. d. Saale 28 km
ℹ ☎ (09 71) 8 04 80, Fax 80 48 40 — Kurverwaltung, Am Kurgarten 1 (B 1), 97688 Bad Kissingen; Mineral- und Moorheilbad an der Fränkischen Saale. Spielbank. Sehenswert: Regentenbau; Altes Rathaus; Kurtheater

✱✱✱ Steigenberger Kurhaushotel
♦ Kurgarten 3 (B 1), ✉ 97688, ☎ (09 71) 8 04 10, Fax 8 04 15 97, AX DC ED VA
99 Zi, Ez: 145-235, Dz: 230-395, S; 1 Suite, ⌐⌐ WC ☎, 40✉; Lift 🍽 5✧80 ≈ ≘ Fitneßraum Sauna Solarium 🚭
Golf 18
Auch Zimmer der Kategorie ✱✱✱✱ vorhanden

✱✱✱ Kurhaus Restaurant
Hauptgericht 40; 🅿

✱ Kissinger Stüble
Hauptgericht 25; Terrasse

Kissingen, Bad

✶✶✶ Frankenland
☎ Frühlingstr 11 (C 1), ✉ 97688, ☏ (09 71) 8 10, Fax 81 28 10, AX ED VA
433 Zi, Ez: 95-158, Dz: 160-223, 2 Suiten, 63 App, ⌐WC ☎, 200🅿; Lift 🅿 🍴 12↻500
🛌 Fitneßraum Sauna Solarium ⚓

✶✶ Rôtisserie
Hauptgericht 30; Terrasse

✶✶✶ Residenz am Rosengarten
☎ Theresienstr 8, ✉ 97688, ☏ (09 71) 7 12 60, Fax 6 60 49
Ez: 98-169, Dz: 118-209, 25 App, ⌐WC; Lift 🅿 🍴; garni
Auch Zimmer der Kategorie ✶✶✶✶ vorhanden

✶✶ Laudensacks Parkhotel
☎ Kurhausstr 28 (B 2), ✉ 97688, ☏ (09 71) 7 22 40, Fax 72 24 44, AX DC ED VA
18 Zi, Ez: 110-140, Dz: 200-250, 1 Suite, ⌐WC ☎; Lift 🅿 🍴 Fitneßraum Sauna Solarium
geschl: Mitte Dez-Ende Jan
✶✶✶ Hauptgericht 35; Terrasse; nur abends, Sa + So auch mittags; geschl: Do, Mitte Dez-Ende Jan

✶✶ Bristol Hotel
☎ Bismarckstr 8 (B 1), ✉ 97688, ☏ (09 71) 82 40, Fax 8 45 65, AX ED VA
40 Zi, Ez: 140-200, Dz: 220-260, 10 Suiten, ⌐WC ☎, 9🅿; Lift 🅿 4↻70 🛌 Fitneßraum Sauna
Golf 18
✶✶ Hauptgericht 35; Terrasse

✶✶ Kissinger Hof
☎ Bismarckstr 14 (B 1), ✉ 97688, ☏ (09 71) 92 70, Fax 92 75 55, AX DC ED VA
99 Zi, Ez: 98-148, Dz: 156-196, ⌐WC ☎; Lift 🅿 🍴 5↻40 Fitneßraum Sauna Solarium 🍽

✶✶ Rixen Hotel (Top International Hotel)
Frühlingstr 18 (C 1), ✉ 97688, ☏ (09 71) 82 30, Fax 82 36 00, AX DC ED VA
94 Zi, Ez: 111-130, Dz: 190-216, S; ⌐WC ☎, 11🅿; Lift 🅿 8↻100 Fitneßraum Sauna Solarium 🍽

✶ Kurhaus Erika
☎ Prinzregentenstr 23 (B 2), ✉ 97688, ☏ (09 71) 7 10 40, Fax 71 04 99, ED VA
30 Zi, Ez: 75-105, Dz: 150-180, 1 App, ⌐WC ☎, 5🅿; Lift 🅿 Fitneßraum Sauna Solarium
Rezeption: 8-21; geschl: Nov-Jan
Restaurant für Hausgäste

✶ Vier Jahreszeiten
☎ Bismarckstr 23 (B 2), ✉ 97688, ☏ (09 71) 92 60, Fax 9 26 90
71 Zi, Ez: 70-110, Dz: 140-200, 2 Suiten, ⌐WC ☎; Lift 🅿 🍽
geschl: Nov-Mär

✶ Weinhaus Schubert
☒ Kirchgasse 2 (B 1), ✉ 97688, ☏ (09 71) 26 24, AX DC ED VA
Hauptgericht 25; geschl: So

Reiterswiesen (2 km ↘)
✶ Am Ballinghain
Kissinger Str 129, ✉ 97688, ☏ (09 71) 27 63, Fax 24 95
12 Zi, Ez: 75-85, Dz: 130-140, ⌐WC ☎; 🅿 🍴 🍽
geschl: 1.-28.2.97

Kißlegg 69

Baden-Württemberg — Kreis Ravensburg — 695 m — 8 300 Ew — Leutkirch 13, Wangen 14, Bad Waldsee 22 km
🛈 ☎ (0 75 63) 1 81 31, Fax 72 24 — Kurverwaltung, Im Neuen Schloß, 88353 Kißlegg; Luftkurort. Sehenswert: Altes Schloß; Neues Schloß; Heimatstube; Kath. Kirche St. Gallus und Ullrich; Gottesackerkapelle St. Anna; Treppengalerie; Museum Expressiver Realismus

✳ **Sonnenstrahl**
♂ Sebastian-Kneipp-Str 1, ✉ 88353, ☎ (0 75 63) 18 90, Fax 74 43, ⓋⒶ 62 Zi, Ez: 120-115, Dz: 170-200, ⌐ WC ☎, 15🍴; Lift 🅿 7⇔250 🛋 Sauna Solarium 🍴 🍺
Erholungszentrum mit Heilpraxis und esoterischen Seminaren.

✳ **Gasthof Ochsen**
Herrnstr 21, ✉ 88353, ☎ (0 75 63) 9 10 90, Fax 91 09 50, ⒹⒸ ⒺⒹ ⓋⒶ 35 Zi, Ez: 53-62, Dz: 80-98, ⌐ WC ☎; 🅿 3⇔100 Fitneßraum Sauna Solarium geschl: im Winter Di + Mi
✳ Hauptgericht 20; geschl: im Winter Di + Mi

Kittendorf 21

Mecklenburg-Vorpommern — Kreis Stavenhagen — 50 m — 480 Ew — Stavenhagen 10, Waren 21, Neubrandenburg 30 km
🛈 ☎ (03 99 55) 2 04 53 — Gemeindeverwaltung, Dorfstr 23, 17153 Kittendorf

✳✳ **Schloßhotel Kittendorf**
🍺 ☒ ✉ 17153, ☎ (03 99 55) 5 00, Fax 5 01 40 24 Zi, Ez: 130, Dz: 160-240, 7 Suiten, ⌐ WC ☎; 🅿 3⇔25; **garni**

Kitzingen 56

Bayern — Kreis Kitzingen — 200 m — 20 400 Ew — Ochsenfurt 17, Würzburg 19 km
🛈 ☎ (0 93 21) 2 02 05, Fax 2 11 46 — Verkehrsamt, Schrannenstr 1, 97318 Kitzingen; Stadt am Main. Sehenswert: Fastnachtsmuseum im Falterturm; Klosterkeller; Kreuzkapelle; Stadtpfarrkirche Petrini; Pfarrkirche St. Johannes

✳✳ **Esbach-Hof**
Repperndorfer Str 3, ✉ 97318, ☎ (0 93 21) 80 55, Fax 2 44 56, ⒶⓍ ⒹⒸ ⒺⒹ ⓋⒶ 32 Zi, Ez: 98-110, Dz: 130-150, ⌐ WC ☎; Lift 🅿 1⇔30
✳✳ Hauptgericht 25; Biergarten Terrasse

🛏 **Bayerischer Hof**
Herrnstr 2, ✉ 97318, ☎ (0 93 21) 61 47, Fax 40 47, ⒶⓍ ⒹⒸ ⒺⒹ ⓋⒶ 30 Zi, Ez: 85; Dz: 125-140, ⌐ WC ☎; 🚗 2⇔25 🍴 geschl: Mitte Dez-Anfang Jan

Klaffenbach 50

Sachsen — Kreis Stollberg — 500 m — 1 791 Ew — Chemnitz 9, Stollberg 11 km
🛈 ☎ (0 37 26) 26 63 50 — Fremdenverkehrsamt, Wasserschloß, 09221 Klaffenbach

✳✳ **Schloßhotel Klaffenbach (Ringhotel)**
♂ Gutsweg 6, ✉ 09221, ☎ (03 71) 2611 0, Fax 2 61 11 00, ⒶⓍ ⒹⒸ ⒺⒹ ⓋⒶ 51 Zi, Ez: 135-148, Dz: 170-188, 1 Suite, 1 App, ⌐ WC ☎, 10🍴; 🅿 4⇔45 🍺
✳✳ **Schloßrestaurant**
Hauptgericht 30

Klausdorf 30

Brandenburg — Kreis Zossen — 98 m — 1 470 Ew — Luckenwalde 23, Königs Wusterhausen 27 km
🛈 ☎ (03 37 03) 73 65 — Amt am Möllensee, Strandbad Klausdorf, Zossener Str 74, 15838 Klausdorf

✳✳ **Imperator**
♂ 🍺 Zossener Str 76, ✉ 15838, ☎ (03 37 03) 9 90, Fax 9 91 17, ⒶⓍ ⒺⒹ 65 Zi, Ez: 120-160, Dz: 160-250, 4 Suiten, ⌐ WC ☎, 3🍴; 🅿 3⇔70 🛋 Strandbad Seezugang Fitneßraum Sauna Solarium 🍴 🍺 Golf 18

Kleinbartloff 37

Thüringen — Kreis Worbis — 420 m — 500 Ew — Leinefelde 7, Mühlhausen 16 km
🛈 ☎ (03 60 76) 2 22 — Gemeindeverwaltung, 37355 Kleinbartloff

Reifenstein (2 km ←)
✳✳ **Reifenstein**
einzeln ♂ 🍺 ✉ 37355, ☎ (03 60 76) 4 70, Fax 4 72 02, ⒶⓍ ⒺⒹ 41 Zi, Ez: 90-100, Dz: 140, 2 Suiten, 10 App, ⌐ WC ☎; Lift 🅿 🚗 4⇔180 🛋 Fitneßraum Kegeln Sauna Solarium 🍴 🍺

Kleinblittersdorf 52

Saarland — Stadtverband Saarbrücken — 195 m — 13 131 Ew — Saarbrücken 11 km
🛈 ☎ (0 68 05) 2 00 80, Fax 20 08 65 — Gemeindeverwaltung, Rathausstr 16, 66271 Kleinblittersdorf; Ort an der Saar

✳ **Roter Hahn**
Saarbrücker Str 20, ✉ 66271, ☎ (0 68 05) 30 55, Fax 2 23 89, ⒺⒹ ⓋⒶ Hauptgericht 30; 🅿; geschl: Mo abends, Di

Kleinburgwedel siehe Burgwedel

Klein Gaglow 41 ↖

Brandenburg — Kreis Cottbus-Land — 80 m — 747 Ew — Cottbus 6 km
🛈 ☎ (03 55) 52 21 98 — Landratsamt, Dorfstr 19, 03099 Klein Gaglow

✱ Düsenhöft
Hauptstr 28, ✉ 03099, ☎ (03 55) 53 53 42, Fax 52 20 37, ED
15 Zi, Ez: 75-115, Dz: 130-150, ⌐ WC ☎; P 🍴

Kleinich 53 ↖

Rheinland-Pfalz — Kreis Bernkastel-Wittlich — 420 m — 200 Ew — Morbach 11, Bernkastel-Kues 16, Kirchberg 17 km
🛈 ☎ (0 65 36) 5 21, Fax 84 33 — Verkehrsverein, Hauptstr 1, 54483 Kleinich; Ort im Hunsrück

✱ Landhaus Arnoth
♂ ◂ Auf dem Pütz, ✉ 54483, ☎ (0 65 36) 2 86, Fax 12 17, ED
23 Zi, Ez: 100-130, Dz: 140-160, ⌐ WC ☎; P
3⟷40 Fitneßraum Sauna
Rezeption: 8-20
So abends, Mo
✱ Alter Gasthof Faust
Hauptgericht 35; Gartenlokal Terrasse; nur abends, so + feiertags auch mittags

Kleinmachnow 30 □

Brandenburg — Kreis Potsdam — 60 m — 13 200 Ew — Potsdam 8, Berlin 10 km
🛈 ☎ (0 33 29) 2 20 68 — Gemeindeamt, Meiereifeld 35, 14532 Kleinmachnow

✱✱ Astron
♂ Zehlendorfer Damm 190, ✉ 14532, ☎ (03 32 03) 4 90, Fax 4 99 00, AX DC ED VA
257 Zi, Ez: 190, Dz: 230, ⌐ WC ☎; Lift P 🖥
12⟷250 Fitneßraum Sauna Solarium 🍴

⊟ Bäkemühle
Zehlendorfer Damm 217, ✉ 14532, ☎ (0 33 29) 6 31 08, Fax 6 22 73, AX ED VA
5 Zi, Ez: 120-155, Dz: 140-175, ⌐ WC ☎;
2⟷60 🍴

Kleinolbersdorf-Altenhain 50 □

Sachsen — Kreis Chemnitz Land — 420 m — 1 343 Ew — Chemnitz 8, Zschopau 11, Stollberg 24 km
🛈 ☎ (03 71) 77 25 61 — Gemeindeverwaltung, Rathausstr 5, 09128 Kleinolbersdorf-Altenhain

Kleinolbersdorf
✱ Kleinolbersdorf
Hauptstr 45, ✉ 09128, ☎ (03 71) 77 24 02, Fax 77 24 04, AX DC ED VA
17 Zi, Ez: 95-110, Dz: 120-135, 1 Suite, ⌐ WC ☎; P 1⟷22 🍴

Klein Schwechten 28 ↖

Sachsen-Anhalt — Kreis Osterburg — 43 m — 472 Ew — Goldbeck 2, Osterburg 12, Stendal 15 km
🛈 ☎ (03 93 88) 2 26, Fax 2 06 — Gemeindeverwaltung, Dorfstr, 39579 Klein Schwechten

Häsewig (2 km ←)
✱ Alte Ziegelei
Dorfstr 19 a, ✉ 39579, ☎ (03 93 88) 2 84 44, AX DC ED VA
10 Zi, Ez: 85, Dz: 125, ⌐ WC ☎; P 🖥 🍴

Kleinwalsertal 70 ✓

Vorarlberg — Bregenz — 1100 m — 5 500 Ew — Oberstdorf 13, Sonthofen 25, Immenstadt 32 km
🛈 ☎ (0 83 29) 51 14, Fax 51 14 21 — Verkehrsamt, im Walserhaus, Walserstr 64, 87568 Hirschegg

Achtung: Luftkurortgebiet, das hoheitsrechtlich zu Österreich (Vorarlberg) gehört, jedoch dem deutschen Wirtschaftsgebiet angeschlossen ist; zum Besuch ist nur der Personalausweis nötig. Zahlungsmittel ist die Deutsche Mark

Baad (4 km ✓)
✱ Haus Hoeft
♂ Baad 18, ✉ 87569, ☎ (0 83 29) 50 36
18 Zi, Ez: 46-53, Dz: 72-106, ⌐ WC; P 🏠 Fitneßraum Sauna Solarium; **garni**
geschl: Di, Mitte Okt-Mitte Dez

Hirschegg - 1150 m - 1500 Ew
✱✱✱ Ifen-Hotel
◂ Oberseitestr 6, ✉ 87568, ☎ (0 83 29) 5 07 10, Fax 34 75, AX DC ED VA
54 Zi, Ez: 149-239, Dz: 278-498, 5 Suiten, 2 App, ⌐ WC ☎; Lift P 🖥 2⟷80 🏠 Fitneßraum Sauna Solarium 🏊
geschl: Mitte Apr-Mitte Jun
Auch Zimmer der Kategorie ✱✱ vorhanden
✱✱✱ ◂ Hauptgericht 40; Terrasse; geschl: Mitte Apr-Mitte Jun

✱✱ Walserhof
♂ ◂ Walserstr 11, ✉ 87568, ☎ (0 83 29) 56 84, Fax 59 38, AX
39 Zi, Ez: 85-135, Dz: 170-236, 3 Suiten, 4 App, ⌐ WC ☎; Lift P 🖥 🏠 Fitneßraum Sauna Solarium 🏊
geschl: 8.11.-15.12.
1 Tennis
✱✱ Hauptgericht 25; Terrasse; geschl: 8.11.-15.12.96 →

Kleinwalsertal

** Gemma
♂ ◄ Schwarzwassertalstr 21, ✉ 87568, ☎ (0 83 29) 53 60, Fax 68 61, AX DC ED VA
27 Zi, Ez: 103-156, Dz: 168-240, 2 Suiten, 2 App, ⊿ WC ☏, 2🛏; Lift 🅿 🍴 ≋ Fitneß-raum Sauna Solarium
geschl: Anfang Nov-Mitte Dez
Restaurant für Hausgäste

* Der Sonnenberg
♂ ◄ 🅥 Am Berg 26, ✉ 87568, ☎ (0 83 29) 54 78, Fax 54 33 33
17 Zi, Ez: 116-150, Dz: 221-300, 1 Suite, 1 App, ⊿ WC ☏; 🅿 20 ≘ Fitneßraum Sauna Solarium
geschl: Mitte Apr-Mitte Mai, Anfang Nov-Mitte Dez
Übernachtungspreise inkl. Halbpension.
Restaurant für Hausgäste. Renoviertes 400 Jahre altes Bauernhaus

* Adler
Walserstr 51, ✉ 87568, ☎ (0 83 29) 54 24, Fax 36 21, ED
19 Zi, Ez: 65-150, Dz: 110-160, ⊿ WC ☏; 🅿 🍴 Sauna Solarium 🍷
Rezeption: 8-16; geschl: Mi
* ◄ Hauptgericht 25; geschl: Mi

* Haus Tanneneck
◄ Walserstr 25, ✉ 87568, ☎ (0 83 29) 57 67, Fax 30 03
16 Zi, Ez: 85-145, Dz: 150-270, ⊿ WC ☏; 🅿 ≘ Solarium
geschl: Mitte Apr-Mitte Mai, Anfang Nov-Mitte Dez
Übernachtungspreise inkl. Halbpension

==Mittelberg== - 1250m - 1600 Ew - Seilschwebebahn auf das Walmendingerhorn, 1993 m, ◄

*** Happy Austria
♂ ◄ von Klenzeweg 5, ✉ 87568, ☎ (0 83 29) 55 51, Fax 38 00, AX ED VA
53 Zi, Ez: 99-185, Dz: 156-330, 33 Suiten, 3 App, ⊿ WC ☏; Lift 🅿 🍴 1↻40 ≘ Fitneßraum Kegeln Sauna Solarium 🍷 Tennis 3
** ◄ Hauptgericht 25; Terrasse

** Alpenhof Wildental
einzeln ♂ ◄ Höfle 8, ✉ 87569, ☎ (0 83 29) 6 54 40, Fax 6 54 48
57 Zi, Ez: 112-240, Dz: 204-392, ⊿ WC ☏, 3🛏; Lift 🅿 🍴 ≘ Sauna Solarium 🍴
Rezeption: 9-21.30; geschl: Anfang Apr-Ende Mai, Ende Okt-Mitte Dez
Übernachtungspreise inkl. Halbpension.
Auch Zimmer der Kategorie *** vorhanden

** Ifa Hotel Alpenrose
♂ ◄ Walserstr 46, ✉ 87569, ☎ (0 83 29) 3 36 40, Fax 3 36 48 88
101 Zi, Ez: 90-148, Dz: 170-266, ⊿ WC ☏; Lift 🅿 🍴 ≘ Fitneßraum Sauna Solarium 🍴
geschl: Ende Okt-Ende Dez, Mitte Apr-Ende Mai
Kinderbetreuung; Übernachtungspreise inkl. Halbpension

** Lärchenhof
♂ ◄ Schützabühl 2, ✉ 87569, ☎ (0 83 29) 65 56, Fax 65 00
14 Zi, Ez: 51-123, Dz: 106-190, 2 Suiten, 8 App, ⊿ WC ☏, 1🛏; 🅿 🍴 ≋ Fitneßraum Sauna Solarium; garni
Rezeption: 8-20; geschl: Mitte Apr-Mitte Mai, Nov-Mitte Dez

** Steinbock
◄ Bödmerstr 46, ✉ 87569, ☎ (0 83 29) 50 33, Fax 31 64
23 Zi, Ez: 77-128, Dz: 110-240, 3 Suiten, ⊿ WC ☏; 🅿 🍴 Fitneßraum Sauna Solarium 🍴 🍷
Rezeption: 8.30-21; geschl: im Sommer Mi

** Rosenhof (Flair Hotel)
♂ ◄ An der Halde 15, ✉ 87569, ☎ (0 83 29) 51 94, Fax 65 85 40
8 Zi, Ez: 140-150, Dz: 130-160, 28 Suiten, ⊿ WC ☏, 12🛏; 🅿 🍴 ≘ Fitneßraum Sauna Solarium 🍴 🍷
Rezeption: 8.30-20; geschl: Mitte Apr-Mitte Mai, Anfang Nov-Mitte Dez
Ferienhotel mit Gästehäusern

* Leitner
◄ Walserstr 55, ✉ 87569, ☎ (0 83 29) 5 78 80, Fax 64 16 39
26 Zi, Ez: 86-125, Dz: 156-320, 4 Suiten, 4 App, ⊿ WC ☏; Lift 🅿 🍴 ≘ Fitneßraum Sauna Solarium
Rezeption: 7.30-20; geschl: So, Mitte Apr-Anfang Mai, Anfang Nov-Mitte Dez
Restaurant für Hausgäste

==Riezlern== - 1088 m - 2200 Ew. Sehenswert: Kanzelwand, Seilschwebebahn, 2059 m ◄; Walser-Museum; Spielcasino

** Erlebach
♂ ◄ Eggstr 21, ✉ 87567, ☎ (0 83 29) 53 69, Fax 34 44
42 Zi, Ez: 95-100, Dz: 170-300, 5 Suiten, ⊿ WC ☏; Lift 🅿 🍴 1↻20 ≘ Fitneßraum Kegeln Sauna Solarium 🍷
geschl: Mitte Apr-Ende Mai, Mitte Nov-Mitte Dez
** Hauptgericht 26; Terrasse;
geschl: Mi, Mitte Apr-Ende Mai, Ende Nov-Mitte Dez

** Jagdhof
Walserstr 27, ✉ 87567, ☎ (0 83 29) 56 03, Fax 33 48, ED
45 Zi, Ez: 105-119, Dz: 180-220, 14 Suiten, ⊿ WC ☏, 12🛏; Lift 🅿 🍴 1↻40 ≋ ≘ Fitneßraum Sauna Solarium 🍴 🍷

✉ Der Hinweis auf Nichtraucherzimmer zeigt Ihnen an, daß sich in diesem Hotel Zimmer befinden, in denen nicht geraucht werden darf. Die vorangestellte Ziffer bezieht sich auf die Anzahl der vorhandenen Nichtraucherzimmer wie sie der Redaktion vom Hotelbetrieb genannt wurden.

✱✱ Almhof Rupp
Walserstr 83, ✉ 87567, ☎ (0 83 29) 50 04,
Fax 32 73
14 Zi, Ez: 119-190, Dz: 160-370, 16 Suiten,
⌐ WC ☎; Lift 🅿 🍴 ≋ Sauna Solarium
Rezeption: 8-20; geschl: Mitte Apr-Mitte
Mai, Anfang Nov-Mitte Dez
Auch Zimmer der Kategorie ✱✱✱ vorhanden
✱✱ ◁ Hauptgericht 30; Terrasse; ✤
nur abends; geschl: Mitte Apr-Mitte Mai,
Anfang Nov-Mitte Dez

✱✱ Riezler Hof
◁ Walserstr 57, ✉ 87567, ☎ (0 83 29)
5 37 70, Fax 53 77 50, AX DC ED VA
27 Zi, Ez: 80-150, Dz: 132-225, ⌐ WC ☎; Lift
🅿 1↔25 Sauna Solarium
Rezeption: 8-21; geschl: 1.11.-15.12.97
✱ Hauptgericht 20; Terrasse;
geschl: Mi, 1.11.-15.12.97

✱ Wagner
Walserstr 1, ✉ 87567, ☎ (0 83 29) 52 48,
Fax 32 66, ED
20 Zi, Ez: 90-120, Dz: 140-200, 1 Suite,
6 App, ⌐ WC ☎; 🅿 🍴 ≋ Fitneßraum Sauna
Solarium
geschl: Ende Apr-Ende Mai, Anfang Nov-Mitte Dez
Restaurant für Hausgäste

✱ Haus Böhringer
♂ ◁ Westeggweg 6, ✉ 87567, ☎ (0 83 29)
53 38, Fax 53 38-13
19 Zi, Ez: 62-88, Dz: 110-170, ⌐ WC ☎; 🅿 🍴
≋ Sauna Solarium; **garni**
geschl: Mitte Apr-Mitte Mai, Mitte Okt-Mitte Dez

✱ Zur Post
Walserstr 48, ✉ 87567, ☎ (0 83 29) 5 21 50,
Fax 52 15 25
30 Zi, Ez: 75-120, Dz: 65-108, ⌐ WC ☎; 🅿 🍴
Fitneßraum Solarium 🍽

✱ Kirsch's Gute Stube
♀ Zwerwaldstr 28, ✉ 87567, ☎ (0 83 29)
52 76, Fax 38 50, AX DC ED VA
Hauptgericht 25; Gartenlokal 🅿 Terrasse;
geschl: Mi, Do mittags, Ende Apr, Mitte
Jun, Nov-Mitte Dez
✱ Alpenhof Kirsch
♂ 5 Zi, Ez: 70-90, Dz: 120-160, ⌐ WC ☎
Rezeption: 8-21; geschl: Mi, Do mittags,
Ende Apr, Mitte Jun, Nov-Mitte Dez

Klein Wittensee 10 □

Schleswig-Holstein — Kreis Rendsburg-
Eckernförde — 10 m — 170 Ew — Alt
Duvenstedt 9, Eckernförde 12, Rendsburg
13 km
🅸 ☎ (0 43 56) 4 42 — Fremdenverkehrsverein, Dorfstr 54, 24361 Klein Wittensee

✱✱ Landhaus Wolfskrug
Dorfstr 11, ✉ 24361, ☎ (0 43 56) 3 54,
Fax 3 54, AX
Hauptgericht 35; 🅿 Terrasse
✱ 5 Zi, Ez: 50-100, Dz: 100-150,
2 Suiten, ⌐ WC; 🍴 3↔80 Seezugang
Sauna
geschl: Di

Klettgau 68 ↙

Baden-Württemberg — Kreis Waldshut —
400 m — 7 000 Ew — Waldshut 20, Schaffhausen (Schweiz) 20 km
🅸 ☎ (0 77 42) 85 70, Fax 8 57 50 — Gemeindeverwaltung, im Ortsteil Erzingen, Degernauer Str 22, 79771 Klettgau

Grießen
✱✱ Landgasthof Mange
Kirchstr 2, ✉ 79771, ☎ (0 77 42) 54 17,
Fax 31 69, AX DC ED VA
Hauptgericht 38; geschl: Mo, Di,
2 Wochen im Februar

Kleve 32 ↖

Nordrhein-Westfalen — Kreis Kleve —
106 m — 47 500 Ew — Emmerich 9, Kalkar 12, Holländische Grenze 13 km
🅸 ☎ (0 28 21) 8 42 67, Fax 2 37 59 — Verkehrsamt, Kavarinerstr 20, 47533 Kleve;
Stadt am Niederrhein. Sehenswert:
Schwanenburg ◁, geologische Sammlung; romanische und gotische Kirchen;
Amphitheater; Museum Haus Koekkoek;
Tiergarten; Prinz-Moritz-Grab; Ehrenfriedhöfe; Johanna-Sebus-Denkmal; Festung
Schenkenschanz

✱✱✱ Cleve
Tichelstr 11, ✉ 47533, ☎ (0 28 21) 71 70,
Fax 71 71 00, AX DC ED VA
110 Zi, Ez: 100-170, Dz: 210, 8 Suiten, ⌐ WC ☎,
48 ✉; Lift 🅿 🍴 6↔120 ≋ Bowling Fitneßraum Sauna Solarium
✱✱✱ Lohengrin
Hauptgericht 40; nur abends; geschl: So
✱✱ Bistro
Hauptgericht 25

✱✱ Parkhotel Schweizerhaus
Materborner Allee 3, ✉ 47533, ☎ (0 28 21)
80 70, Fax 80 71 00, AX DC ED VA
136 Zi, Ez: 85-130, Dz: 120-165, ⌐ WC ☎,
2 ✉; Lift 🅿 🍴 8↔300 Kegeln
Auch Zimmer der Kategorie ✱ vorhanden
✱✱ Schweizer Stube
Hauptgericht 35; Biergarten Terrasse

✱✱ Heek
Lindenallee 37, ✉ 47533, ☎ (0 28 21)
72 63-0, Fax 1 21 98, AX ED VA
33 Zi, Ez: 95-102, Dz: 140-160, ⌐ WC ☎; Lift
🅿 🍴 ≋ Kegeln; **garni**

Klieken 39

Sachsen-Anhalt — Kreis Roßlau — 70 m — 1 182 Ew — Coswig 8, Roßlau 10, Dessau 16 km
🅘 ☏ (03 49 03) 3 24 — Stadtverwaltung, Rathaus, Am Markt 1, 06869 Coswig

---

✱✱ Waldschlößchen
Hauptstr 10, ✉ 06869, ☏ (03 49 03) 6 84 80, Fax 6 25 02, AX ED VA
35 Zi, Ez: 85-95, Dz: 110-145, ⌐ WC ☎; 🅿
2↔60 Fitneßraum Sauna Solarium ◯|

Buro
✱ Motel 5
Fichtenbreite 5, ✉ 06869, ☏ (03 49 03) 6 61 50, Fax 6 61 53, AX DC ED VA
30 Zi, Ez: 69-110, Dz: 79-145, ⌐ WC ☎, 5⌂;
🅿 1↔35 ◯| ⚓
Auch Zimmer der Kategorie ✱✱ vorhanden

Klingelbach 44

Rheinland-Pfalz — Rhein-Lahn-Kreis — 320 m — 680 Ew — Katzenelnbogen 1, Nastätten 15, Limburg 15 km
🅘 ☏ (0 64 86) 84 15 — Gemeindeverwaltung, Kirchstr 29, 56368 Klingelbach; Erholungsort im westlichen Taunus

---

✱ Sonnenhof
♂ ◁ Kirchstr 31, ✉ 56368, ☏ (0 64 86) 70 86, Fax 15 43, AX ED VA
19 Zi, Ez: 54-63, Dz: 100-118, 1 Suite, 1 App, ⌐ WC ☎; 🅿 🚗 2↔40 Fitneßraum Kegeln Sauna Solarium ◯| ⚓

Klingenberg a. Main 55

Bayern — Kreis Miltenberg — 128 m — 6 000 Ew — Miltenberg 12, Aschaffenburg 23 km
🅘 ☏ (0 93 72) 1 33 11, Fax 1 33 38 — Fremdenverkehrsamt, Bahnhofstr 3, 63911 Klingenberg; Erholungsort und „Rotweinstadt Frankens". Sehenswert: Burgruine ◁; Germanenschanze ◁

✱ Fränkischer Hof
♂ Lindenstr 13, ✉ 63911, ☏ (0 93 72) 23 55, Fax 1 26 47, AX DC ED VA
17 Zi, Ez: 70-85, Dz: 120-150, ⌐ WC ☎; 🅿 🚗
1↔15 ◯|

✱✱ Winzerstübchen 🍷
Bergwerkstr 8, ✉ 63911, ☏ (0 93 72) 26 50, Fax 29 77, AX ED
Hauptgericht 50; Biergarten; nur abends, So + Sa auch mittags; geschl: Mo + Di, Mitte Aug-Anfang Sep
Ab Jan 97: Zum alten Rentamt, Hauptstr 25 a

Röllfeld-Außerhalb (2 km →) Richtung Rölldach
✱✱ Paradeismühle
einzeln ♂ Paradeismühle 1, ✉ 63911, ☏ (0 93 72) 25 87, Fax 15 87, AX DC ED VA
41 Zi, Ez: 77-92, Dz: 130-160, ⌐ WC ☎; 🅿 🚗
3↔≈ Fitneßraum Sauna Solarium ⚓
Rezeption: 7-19
✱ Hauptgericht 30; Biergarten Gartenlokal Terrasse

Trennfurt (1 km ←)
✱ Schöne Aussicht
Bahnhofstr 18, ✉ 63911, ☏ (0 93 72) 30 07, Fax 30 12, AX ED VA
28 Zi, Ez: 80-90, Dz: 130-150, 2 App, ⌐ WC ☎; Lift 🅿 🚗 1↔25
geschl: Ende Dez-Mitte Jan
✱ Hauptgericht 25; Terrasse; geschl: Do mittags, Ende Dez-Mitte Jan

Klingenbrunn siehe Spiegelau

Klingenthal 49 ↓

Sachsen — Göltzschtalkreis — 530 m — 12 000 Ew — Markneukirchen 11, Aue 40 km
🅘 ☏ (03 74 67) 2 24 94, Fax 2 43 02 — Fremdenverkehrsamt, Kirchstr 6, 08248 Klingenthal; Erholungs- und Wintersportort. Sehenswert: Schaumanufaktur; Pfarrkirche Zum Friedefürsten; Skulptur „Der Akkordeonspieler"

✱ Gasthof zum Döhlerwald
Markneukirchner Str 80, ✉ 08248, ☏ (03 74 67) 2 21 09, Fax 2 21 09
12 Zi, Ez: 56-75, Dz: 95, ⌐ WC ☎; 🅿 1↔30 ◯|
Rezeption: 10-22

Klink 21 ←

Mecklenburg-Vorpommern — Landkreis Müritz — 88 m — 1 200 Ew — Waren 8, Malchow 16 km
🅘 ☏ (0 39 91) 29 22 — Gemeindeverwaltung, Gemeindeweg 16, 17192 Klink

---

Klink-Außerhalb (1 km ↗)
✱✱ Müritz
♂ ◁ an der B 192, ✉ 17192, ☏ (0 39 91) 1 40, Fax 14 17 94, AX DC ED VA
362 Zi, Ez: 97-132, Dz: 134-169, 50 Suiten, ⌐ WC ☎, 38⌂; Lift 🅿 8↔250 ⚓ Strandbad Seezugang Fitneßraum Sauna Solarium ◯|

Sembzin (3 km ↓)
✱ Sembziner Hof
Dorfstr, ✉ 17192, ☏ (0 39 91) 73 32 02, Fax 73 32 04, AX ED VA
30 Zi, Ez: 80-135, Dz: 130-160, 2 Suiten, ⌐ WC ☎; 🅿 2↔60 Fitneßraum Sauna Solarium ◯| ⚓
geschl: Anfang-Mitte Feb

Klipphausen 40 ↓

Sachsen — Kreis Meißen — 200 m —
2 300 Ew — Wilsdruff 5, Meißen 10,
Dresden 20 km
🛈 ☎ (03 52 04) 51 90, Fax 51 90 — Gemeindeverwaltung, Talstr 3, 01665 Klipphausen.
Sehenswert: Lehmannmühle

Sora (1,5 km ←)
** **Zur Ausspanne**
Hauptstr 21, ✉ 01665, ☎ (03 52 04)
52 06 08, Fax 52 09, AX DC ED VA
33 Zi, Ez: 120-130, Dz: 150, 1 Suite, 1 App,
⇃ WC ☎; Lift 🅿 3⇔60 ≈ 🎨

Klötze 27 ↗

Sachsen-Anhalt — Kreis Klötze — 55 m —
6 300 Ew — Salzwedel 33, Wolfsburg
55 km
🛈 ☎ (0 39 09) 21 44, Fax 26 79 — Stadtverwaltung, Schulplatz 1, 38486 Klötze

* **Alte Schmiede**
Neustädter Str 37, ✉ 38486, ☎ (0 39 09)
4 24 77, Fax 4 24 88, AX ED VA
16 Zi, Ez: 65-75, Dz: 95-110, ⇃ WC ☎;
1⇔30 🎨

* **Braunschweiger Hof**
Neustädter Str 49, ✉ 38486, ☎ (0 39 09)
23 51, Fax 23 51, AX DC ED VA
14 Zi, Ez: 65, Dz: 115, ⇃ WC ☎, 3✉; 🅿
1⇔40 Bowling 🎨

Klosterlausnitz, Bad 48 ↗

Thüringen — Kreis Stadtroda — 330 m —
3 200 Ew — Hermsdorf 2, Eisenberg 8,
Gera 15 km
🛈 ☎ (03 66 01) 57 10, Fax 5 71 22 —
Gemeindeverwaltung, Markt 3, 07639
Bad Klosterlausnitz

* **Lausnitzer Hof**
Bahnhofstr 6, ✉ 07639, ☎ (03 66 01)
4 45 50, Fax 4 45 49, AX DC ED VA
21 Zi, Ez: 110, Dz: 130, ⇃ WC ☎; 🅿 3⇔60
Kegeln 🎨 ⚓

* **Zu den drei Schwänen**
Köstritzer Str 13, ✉ 07639, ☎ (03 66 01)
4 11 22, Fax 8 01 58, ED VA
13 Zi, Ez: 85-100, Dz: 120-130, ⇃ WC ☎,
5✉; 🅿 🎨
Rezeption: 8-20

* **Haus am Park**
Eisenberger Str 9, ✉ 07639, ☎ (03 66 01)
4 20 81-83, Fax 4 20 84
18 Zi, Ez: 60-80, Dz: 100-120, ⇃ WC ☎; 🅿
Sauna Solarium; garni ⚓

siehe auch **Tautenhain**

Klotten

Klostermansfeld 38 ←

Sachsen-Anhalt — Kreis Eisleben — 230 m
— 3 418 Ew — Helbra 5, Hettstedt 12,
Eisleben 14 km
🛈 ☎ (03 47 72) 2 52 07 — Verwaltungsgemeinschaft, Kirchstr 1, 06308 Klostermansfeld

* **Am Park**
Siebigeröder Str 3, ✉ 06308, ☎ (03 47 72)
2 56 27, Fax 2 53 19, AX DC ED VA
30 Zi, Ez: 80-95, Dz: 120-140, 1 Suite, ⇃ WC
☎, 2✉; Lift 🅿 2⇔40 Sauna Solarium 🎨
geschl: Ende Dez

* **Zur Stadt Breslau**
Chausseestr 1, ✉ 06308, ☎ (03 47 72)
2 56 22, Fax 2 54 90, AX ED VA
8 Zi, Ez: 60-110, Dz: 110-150, ⇃ WC ☎;
🎨

Klosterreichenbach
siehe **Baiersbronn**

Kloster Zinna 29 ↘

Brandenburg — Teltow-Fläming — 60 m —
1 200 Ew — Jüterbog 4, Luckenwalde
15 km
🛈 ☎ (0 33 72) 26 10 — Museum Kloster
Zinna, Am Kloster 6, 14913 Kloster Zinna.
Sehenswert: Zisterzienserkloster, Kirche,
Abteigebäude; Webersiedlung

Kloster Zinna
* **Romantik Hotel Alte Försterei**
🍴 Markt 7, an der B 101, ✉ 14913,
☎ (0 33 72) 46 50, Fax 46 52 22, AX ED VA
16 Zi, Ez: 108-148, Dz: 191, 2 Suiten, 2 App,
⇃ WC ☎, 2✉; 🅿 3⇔140
Rezeption: 9-22
Auch Zimmer der Kategorie ** vorhanden.
** 🍴 Hauptgericht 25; Biergarten;
Hist. Försterei aus dem 18. Jh.

Klotten 43 ↙

Rheinland-Pfalz — Kreis Cochem-Zell —
92 m — 1 600 Ew — Cochem 3, Boppard
34 km
🛈 ☎ (0 26 71) 51 99 — Verkehrsverein,
Am Kapellenberg 10, 56818 Klotten.
Sehenswert: spätgotische Pfarrkirche St.
Maximilian; Burgberg mit Burgruine

* **Zur Post**
⬳ Bahnhofstr 24, ✉ 56818, ☎ (0 26 71)
71 16, Fax 13 11
14 Zi, Ez: 55-105, Dz: 90-140, ⇃ WC ☎; 🅿
3⇔200 Kegeln
geschl: im Winter Do, Jan-Mitte Feb
* 🍴 Hauptgericht 25; Terrasse;
geschl: im Winter Do, Jan-Mitte Feb

Klütz 11 ↘

Mecklenburg-Vorpommern — Kreis Nordwestmecklenburg — 9 m — 3 409 Ew — Wismar 23, Lübeck 34 km
🅸 ☎ (03 88 25) 5 69, Fax 5 69 — Fremdenverkehrszentrum, Schloßstr 1, 23948 Klütz.
Sehenswert: Pfarrkirche St. Marien; Schloß Bothmer (Barock); Klützer Mühle

Wohlenberg (7 km ↘)
* Landhaus Wohlenberg
An der Chaussee 11, ✉ 23948, ☎ (03 88 25) 2 23 26, Fax 2 23 26, AX ED
17 Zi, Ez: 90-130, Dz: 120-160, 5 Suiten, 1 App, ⌐ WC ☎; 🅿 1⇆40 Sauna 🍴
Rezeption: 8-20; geschl: 3.-28.11.96, 6.1.-1.2.97

Kniebis siehe Freudenstadt

Knittelsheim 60 ↗

Rheinland-Pfalz — Kreis Germersheim — 123 m — 811 Ew — Landau 12, Karlsruhe 24 km
🅸 ☎ (0 72 72) 70 08 32, Fax 70 08 55 — Verbandsgemeindeverwaltung, Schubertstr 18, 76756 Bellheim

** Steverding's Isenhof
Hauptstr 15 a, ✉ 76879, ☎ (0 63 48) 57 00, Fax 59 17, AX DC ED VA
Hauptgericht 40; Gartenlokal 🅿 Terrasse; geschl: Di, Mi

Kobern-Gondorf 43 ↓

Rheinland-Pfalz — Kreis Mayen-Koblenz — 75 m — 3 000 Ew — Koblenz 16, Mayen 22 km
🅸 ☎ (0 26 07) 10 55, Fax 40 45 — Verkehrsamt, Lennigstr 12, 56330 Kobern-Gondorf; Erholungsort. Sehenswert: Matthiaskapelle; Abteihof

Kobern
* Simonis
Marktplatz 4, ✉ 56330, ☎ (0 26 07) 2 03, Fax 2 04, AX ED
15 Zi, Ez: 75-130, Dz: 140-185, 2 Suiten, ⌐ WC ☎, 3⌂; 🅿 1⇆25 Solarium
Rezeption: 7-14, 17-23; geschl: Mo, Ende Dez-Ende Jan
* Hauptgericht 27; Gartenlokal; geschl: Mo, Ende Dez-Ende Jan

Oberburg
** Marais
einzeln, ✉ 56330, ☎ (0 26 07) 86 11, Fax 86 47, AX ED
Hauptgericht 40; 🅿 Terrasse; geschl: Mo, Di, Jan

---

* Hotel oder Gasthaus mit guter Ausstattung, über dem Durchschnitt

Koblenz 43 ↘

Rheinland-Pfalz — Kreisfreie Stadt — 65 m — 108 000 Ew — Montabaur 21, Nürburgring 53, Bonn 59 km
🅸 ☎ (02 61) 3 13 04, Fax 1 29 38 00 — Touristik- und Congressamt, Verkehrspavillon am Hauptbahnhof, 56068 Koblenz; Regierungsbezirkshauptstadt und Sitz der Kreisverwaltung Mayen-Koblenz an der Mündung der Mosel in den Rhein; Stadttheater Sehenswert: Basilika St. Kastor; ev. Florinskirche; kath. Liebfrauenkirche; Deutschherrenhaus; ehem. Kurfürstliche Burg und Schloß; Rathaus; Mittelrhein. Museum; Wehrtechn. Studiensammlung; Museum Ludwig; Deutsches Eck mit Reiterstandbild Kaiser Wilhelms I. ◂; Schängelbrunnen; Rheinanlagen ◂; Schloß Stolzenfels ◂ (5 km ↓); Festung Ehrenbreitstein ◂ mit Landesmuseum; Alte kath. Kirche in Güls (5 km ←)

*** Holiday Inn
◂ Julius-Wegeler-Str 6 (B 3), ✉ 56068, ☎ (02 61) 13 60, Fax 1 36 11 99, AX DC ED VA
168 Zi, Ez: 230-233, Dz: 305-311, S; 1 Suite, ⌐ WC ☎, 80⌂; Lift 12⇆90 Sauna Solarium 🍴

** Brenner
Rizzastr 20 (A 3), ✉ 56068, ☎ (02 61) 9 15 78-0, Fax 3 62 78, AX DC ED VA
24 Zi, Ez: 120-150, Dz: 165-230, ⌐ WC ☎, 2⌂; Lift 🅿 1⇆20; garni

** Kleiner Riesen
◂ Kaiserin-Augusta-Anlagen 18 (B 4), ✉ 56068, ☎ (02 61) 3 20 77, Fax 16 07 25, AX ED VA
28 Zi, Ez: 120-150, Dz: 180-220, ⌐ WC ☎; Lift 🅿 🅿; garni
Auch Zimmer der Kategorie ***** vorhanden

** Hohenstaufen (Top International Hotel)
Emil-Schüller-Str 41 (A 3), ✉ 56068, ☎ (02 61) 3 01 40, Fax 3 23 03, AX DC ED VA
52 Zi, Ez: 115-149, Dz: 165-235, S; 1 App, ⌐ WC ☎; Lift 🅿 🅿 2⇆18; garni

* Top Hotel Krämer
Kardinal-Krementz-Str 12 (A 3), ✉ 56073, ☎ (02 61) 40 62 00, Fax 4 13 40, AX ED VA
21 Zi, Ez: 85-150, Dz: 140-190, ⌐ WC ☎, 3⌂; Lift 🅿 🅿 1⇆10; garni
Auch Zimmer der Kategorie ****** vorhanden

* Continental Pfälzer Hof
Bahnhofsplatz 1 (A 3), ✉ 56068, ☎ (02 61) 3 30 73, Fax 30 16-0, AX DC ED VA
35 Zi, Ez: 100-160, Dz: 140-260, 1 App, ⌐ WC ☎, 2⌂; Lift 🅿 2⇆30 Sauna 🍴
geschl: Ende Dez-Ende Jan
Auch Zimmer der Kategorie ****** vorhanden

* Trierer Hof
Clemensstr 1 (B 2), ✉ 56068, ☎ (02 61) 1 00 60, Fax 1 00 61 00, AX DC ED VA
36 Zi, Ez: 105-125, Dz: 155-190, ⌐ WC ☎; Lift 1⇆20; garni

Koblenz

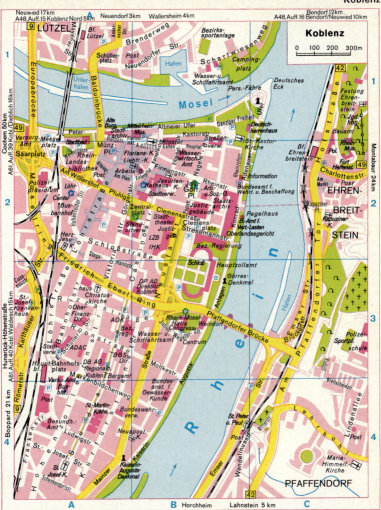

Wacht am Rhein ★★
Rheinzollstr 6, Adenauer-Ufer (B 2)
✉ 56068, ☎ (02 61) 1 53 13, Fax 70 24 84, AX
Hauptgericht 25; Terrasse

Stresemann ★★
Rheinzollstr 8 (B 2), ✉ 56068, ☎ (02 61)
1 54 64, Fax 16 05 53, AX DC ED VA
Hauptgericht 27; geschl: Oktober-Ostern
Mo + Di, Ostern-Oktober Di, Anfang Jan

Baumann
Löhrstr 93 (A 3), ✉ 56068, ☎ (02 61) 3 14 33,
Fax 3 39 29
Terrasse; 7-18.30, so + feiertags 11-18

Ehrenbreitstein (2 km →)

Diehls Hotel ★★
⊰ Am Pfaffendorfer Tor 10 (C 2), ✉ 56077,
☎ (02 61) 97 07-0, Fax 97 09-2 13,
AX DC ED VA
60 Zi, Ez: 128-298, Dz: 180-260, 8 Suiten,
WC ☎, 5⬜; Lift P 🅿 5↔200 ⸛ Sauna
Solarium
Auch Zimmer der Kategorie ★ und ★★★
vorhanden

Rheinterrasse ★★★
⊰ Hauptgericht 35; Biergarten →

● Betrieb verfügt über eine Anzahl ruhiger
Zimmer

Koblenz

* **Hoegg**
Hofstr 281 (C 1), ⌧ 56077, ☎ (02 61)
7 36 29, Fax 7 79 61, AX ED VA
24 Zi, Ez: 80-100, Dz: 120-130, ⌐ WC ☎;
1⇔20 ⓘ
geschl: Do

Güls (5 km ↗)
** **Avantgarde**
Stauseestr 27, ⌧ 56072, ☎ (02 61) 46 09 00,
Fax 4 60 90 40, AX ED VA
25 Zi, Ez: 115, Dz: 180, 2 Suiten, ⌐ WC ☎,
5✉; P 2⇔200 Sauna Solarium ⓘ

* **Gülser Weinstube**
In der Laach 5, an der B 416, ⌧ 56072,
☎ (02 61) 40 15 88, Fax 4 23 72, AX ED VA
13 Zi, Ez: 70-80, Dz: 130-150, 1 Suite,
1 App., ⌐ WC ☎; P 1⇔60 Kegeln ⓘ
Rezeption: 7-10, 15-24; geschl: Mo

Metternich (2 km ←)
** **Fährhaus am Stausee**
♂ ⋖ an der Fähre 3, ⌧ 56072, ☎ (02 61)
9 27 29-0, Fax 9 27 29-90, AX DC ED VA
20 Zi, Ez: 90-115, Dz: 130-180, ⌐ WC ☎; P
2⇔60 ⬛
geschl: Mo, Ende Dez
** ⋖ Hauptgericht 35; Gartenlokal;
geschl: Mo, Ende Dez

Moselweiß (2 km ←)
* **Oronto**
Ferdinand-Sauerbruch-Str 27, ⌧ 56073,
☎ (02 61) 4 80 81, Fax 40 31 92, AX ED VA
41 Zi, Ez: 95-110, Dz: 130-160, ⌐ WC ☎; Lift
⬛; garni
geschl: Ende Dez-Anfang Jan

* **Zum Schwarzen Bären**
Koblenzer Str 35, ⌧ 56073, ☎ (02 61)
4 60 27 00, Fax 4 60 27 13, AX ED VA
20 Zi, Ez: 80-90, Dz: 140-150, ⌐ WC ☎, 4✉;
P ⬛ 2⇔40 ⓘ
geschl: 3 Wochen im Jul, Karneval

Rauental (1 km ←)
* **Scholz**
Moselweißer Str 121, ⌧ 56073, ☎ (02 61)
40 80 21, Fax 40 80 26, AX DC ED VA
65 Zi, Ez: 95, Dz: 145, ⌐ WC ☎; Lift P
Kegeln ⓘ
geschl: Ende Dez-Anfang Jan

Kochel a. See 71 ◻

Bayern — Kreis Bad Tölz-Wolfratshausen
— 600 m — 4 200 Ew — Bad Tölz 23,
Mittenwald 33 km
ⓘ ☎ (0 88 51) 3 38, Fax 55 88 — Verkehrsamt, Kalmbachstr 11, 82431 Kochel; Luftkurort am Ostufer des Kochelsees. Sehenswert: Franz-Marc-Museum; Walchenseekraftwerk (4 km ↗); Walchensee, 802 m
(9 km ↓); Herzogstand (Bergbahn), 1731 m
⋖ (13 km ↗); Oberbayerisches Freilichtmuseum Glentleiten bei Großweil (7 km ↘)

* **Alpenhof Postillion**
Kalmbachstr 1, ⌧ 82431, ☎ (0 88 51) 18 20,
Fax 18 21 61, AX ED VA
35 Zi, Ez: 75-115, Dz: 180-220, 6 App., ⌐ WC
☎; Lift P ⬛ 3⇔50 ⚓ Fitneßraum Sauna
Solarium ⓘ ⬛

* **Schmied von Kochel**
Schlehdorfer Str 6, ⌧ 82431, ☎ (0 88 51)
90 10, Fax 73 31, ED VA
34 Zi, Ez: 80-95, Dz: 130-150, ⌐ WC ☎; Lift
P 1⇔80 ⓘ

Kochel a. See-Außerhalb (1 km ↓)
* **Seehotel Grauer Bär**
⋖ Mittenwalder Str 82, ⌧ 82431,
☎ (0 88 51) 8 61, Fax 16 07, AX ED VA
26 Zi, Ez: 70-80, Dz: 120-170, 3 App., ⌐ WC
☎; P ⬛ Seezugang ⓘ
Rezeption: 8-21; geschl: Mi

Ried (5 km ↗)
* **Zum Rabenkopf**
Kocheler Str 23, ⌧ 82431, ☎ (0 88 57)
2 08-82 85, Fax 91 67, AX DC ED VA
Hauptgericht 25; Biergarten P; geschl: Do
* 16 Zi, Ez: 48-88, Dz: 96-136, ⌐ WC
☎; ⬛
Rezeption: 10-22; geschl: So, ab Mitte Jan,
Feb, Ende Okt

Köln 43 ↖

Nordrhein-Westfalen — Stadtkreis — 36 m
— 1 004 928 Ew — Bonn 30, Düsseldorf 50,
Aachen 70 km
ⓘ ☎ (02 21) 2 21 33 45, Fax 2 21 33 20 —
Verkehrsamt, Unter Fettenhennen 19 (D 2), 50667 Köln; Flughafen Köln
Wahn (15 km ↘) ☎ (0 22 03) 4 00
Regierungsbezirkshauptstadt am Rhein,
Kunst- und Musikstadt, Universität, Hochschule für Musik, Neue Philharmonie;
Opern- und Schauspielhaus, Kammerspiele; Hänneschen-Puppenspiele; Theater am Dom; Theater Der Keller; Deutsche
Sporthochschule

Sehenswert: Dom: Chor, Dreikönigsschrein, Altarbild, Schatzkammer und
Bronzetüren, Südturm ⋖; Ausgrabungen
des römischen Praetoriums; Gürzenich:
Städtisches Festhaus mit Ruine St. Alban
(Trauernde Eltern nach Käthe Kollwitz);
Rathaus
Alte Kirchen: Antoniterkirche: Schwebender Engel von Barlach; St. Aposteln; St.
Georg; St. Gereon: Dekagon; St. Maria im
Kapitol: Holztüren; St. Maria in Lyskirchen:
Wandmalereien; Groß St. Martin; St. Pantaleon; St. Severin; St. Ursula: Goldene
Kammer; St. Kunibert; St. Andreas; St.
Cäcilien
Neue Kirchen: St. Columba: Trümmermadonna; St. Maria Königin (Marienburg);
St. Josef (Braunsfeld); St. Mechtern und
St. Anna (Ehrenfeld); St. Theresia (Mülheim) u. a.

Köln

Museen: Wallraf-Richartz-Museum: Gemälde; Museum Ludwig (beide im neuen Museumskomplex zwischen Dom und Rhein); Rautenstrauch-Joest-Museum: Völkerkunde; Kölnisches Stadtmuseum im Zeughaus; Schnütgen-Museum: kirchliche Kunst des Mittelalters; Diözesan-Museum; Röm.-Germ. Museum: Dionysos-Mosaik und Poblicius-Grabmal; Ostasiatisches Museum; Kunstgewerbemuseum; Käthe-Kollwitz-Museum; Besteckmuseum Bodo Glaub; Motorenmuseum; Eigelstein-Tor; Hahnentor; Severinstor; Parkanlagen: Zoologischer Garten mit Aquarium; Rheinpark mit Tanzbrunnen; Botanischer Garten, Grüngürtel; Stadtwald

Messen:
Int. Möbelmesse 13.-19.1.97
ISM 26.-30.1.97
Herren-Mode-Woche 31.1.-2.2.97
Demotechnica 18.-21.2.97
Eisenwarenmesse 2.-5.3.97
Interzum 2.-6.5.97
Herren-Mode-Woche 1.-3.8.97
SPOGA 31.8.-2.9.97
Anuga 11.-16.10.97

Stadtplan siehe Seiten 602-603

**** Excelsior Hotel Ernst
Domplatz (D 2), ⌧ 50667, ☎ (02 21) 27 01, Fax 13 51 50, AX DC ED VA
133 Zi, Ez: 310-460, Dz: 410-630, 25 Suiten, ⌑ WC ☎; Lift 13↺300 Fitneßraum
*** Hanse-Stube
Hauptgericht 52; Terrasse

**** Hyatt Regency
◂ Kennedy-Ufer 2 a (E 2), ⌧ 50679, ☎ (02 21) 8 28 12 34, Fax 8 28 13 70, AX DC ED VA
307 Zi, Ez: 333-623, Dz: 401-691, S;
18 Suiten, ⌑ WC ☎, 58◨; Lift P
12↺700 ≋ Fitneßraum Sauna Solarium
**** Graugans
◂ Hauptgericht 45; Biergarten Terrasse; geschl: So mittags, Sa mittags,
☎ (02 21) 8 28 17 75. Euro-asiatische Küche
** Glashaus
◂ Hauptgericht 35;
☎ (02 21) 8 28 17 77

**** Dom-Hotel
◂ Domkloster 2 a (D 2), ⌧ 50667, ☎ (02 21) 2 02 40, Fax 2 02 44 44, AX DC ED VA
123 Zi, Ez: 359-464, Dz: 628-798, 2 Suiten, ⌑ WC ☎; Lift 9↺100
Auch Zimmer der Kategorie ******* vorhanden. Eingang von der Domplatte, PKW-Anfahrt möglich
** Atelier am Dom
◂ Hauptgericht 46

**** Maritim
◂ Heumarkt 20 (E 3), ⌧ 50667, ☎ (02 21) 2 02 70, Fax 2 02 78 26, AX DC ED VA
426 Zi, Ez: 265-475, Dz: 322-542, S;
28 Suiten, 4 App, ⌑ WC ☎, 30◨; Lift
22↺1600 ≋ Fitneßraum Sauna Solarium
Hohe, gläserne Hallenkonstruktion
*** Bellevue
◂ Hauptgericht 54; Terrasse;
☎ (02 21) 2 02 78 75
Bistro La Galerie
Hauptgericht 34; nur abends; geschl: So, Mo, Jul, Aug
☎ (02 21) 2 02 78 61

*** Im Wasserturm (Design Hotel) ♛♛
Kaygasse 2 (C 4), ⌧ 50676, ☎ (02 21) 2 00 80, Fax 2 00 88 88, AX DC ED VA
48 Zi, Ez: 419-519, Dz: 548-648, S;
42 Suiten, ⌑ WC ☎, 18◨; Lift P 4↺80 Fitneßraum Sauna Solarium
Denkmalgeschützter hundertjähriger Wasserturm mit exklusiver Innenausstattung; Design Andrée Putman
*** Im Wasserturm
◂ Hauptgericht 45; Gartenlokal Terrasse

*** Holiday Inn Crowne Plaza
Habsburgring 9 (A 3), ⌧ 50674, ☎ (02 21) 2 09 50, Fax 25 12 06, AX DC ED VA
299 Zi, Ez: 295-550, Dz: 295-550, 3 Suiten, ⌑ WC ☎, 132◨; Lift P 7↺450 ≋ Fitneßraum Sauna Solarium
** Le Bouquet
Hauptgericht 35;
☎ (02 21) 2 09 51 68

*** Renaissance
Magnusstr 20 (B 2), ⌧ 50672, ☎ (02 21) 2 03 40, Fax 2 03 47 77, AX DC ED VA
227 Zi, Ez: 220-668, Dz: 220-696, S;
8 Suiten, 1 App, ⌑ WC ☎, 31◨; Lift
10↺350 ≋ Sauna Solarium
*** Raffael/Valentino
Hauptgericht 45; P Terrasse

*** Dorint Kongreß-Hotel
Helenenstr 14 (B 2), ⌧ 50667, ☎ (02 21) 22 80, Fax 2 28 13 01, AX DC ED VA
280 Zi, Ez: 323-538, Dz: 381-606, S;
29 Suiten, ⌑ WC ☎, 64◨; Lift 12↺1000 ≋ Fitneßraum Sauna Solarium
** Bergische Stube
Hauptgericht 35

*** Consul
Belfortstr 9, ⌧ 50668, ☎ (02 21) 7 72 10, Fax 7 72 12 59, AX DC ED VA
120 Zi, Ez: 230-330, Dz: 270-395, S; ⌑ WC ☎, 20◨; Lift P 7↺200 ≋ Sauna Solarium
** Quirinal
Hauptgericht 30; Terrasse →

Köln

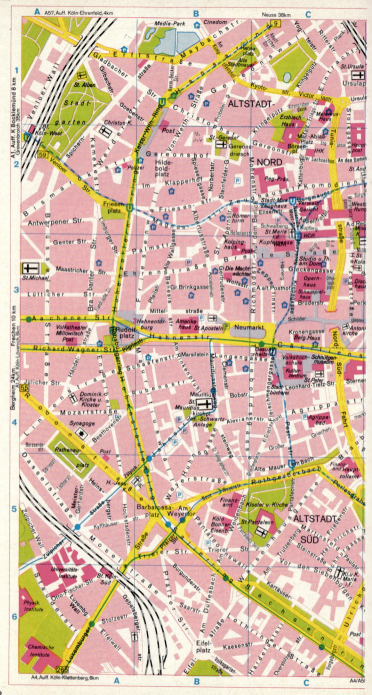

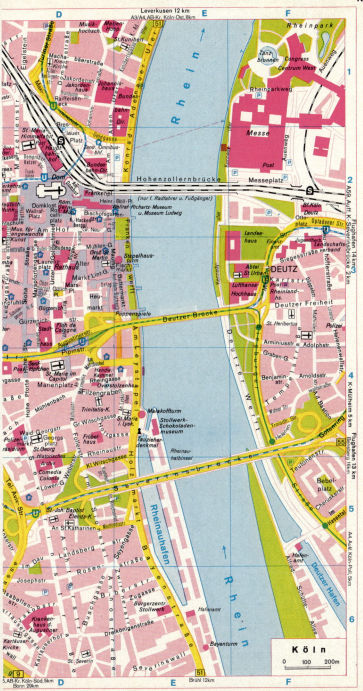

Köln

Köln

** Dorint Hotel Köln
Friesenstr 44-48 (B 2), ✉ 50670, ☎ (02 21) 1 61 40, Fax 1 61 41 00, AX DC ED VA
103 Zi, Ez: 198-353, Dz: 251-396, 6 Suiten, ⇘ WC ☏, 43▨; Lift 🅿 🍴 3⇔250
** Wintergarten
Hauptgericht 25; Terrasse

** Sofitel Köln Mondial am Dom
Kurt-Hackenberg-Platz 1 (D 2), ✉ 50667, ☎ (02 21) 2 06 30, Fax 2 06 35 22, AX DC ED VA
204 Zi, Ez: 235-398, Dz: 280-420, 1 Suite, ⇘ WC ☏, 40▨; Lift 🍴 7⇔500
** Symphonie
Hauptgericht 35

** Viktoria
(Top International Hotel)
♂ Worringer Str 23 (außerhalb DE 1), ✉ 50668, ☎ (02 21) 7 20 04 76, Fax 72 70 67, AX DC ED VA
47 Zi, Ez: 175-285, Dz: 220-460, S; ⇘ WC ☏; Lift 🅿; garni
geschl: Ende Dez-Anfang Jan
Gelungene Kombination eines Hauses aus der Jahrhundertwende mit moderner Einrichtung

** Appartel am Dom 👑
Allerheiligenstr 2 (D 1), ✉ 50668, ☎ (02 21) 91 26 78-0, Fax 91 26 78 55, AX DC ED VA
24 Zi, 1 Suite, 24 App, ⇘ WC ☏, 12▨; Lift 🅿 🍴 2⇔20 Fitneßraum Solarium; garni
geschl: 23.12.96-2.1.1997

** Best Western Ascot
Hohenzollernring 95 (A 2), ✉ 50672, ☎ (02 21) 52 10 76, Fax 52 10 70, AX DC ED VA
46 Zi, Ez: 171-389, Dz: 253-411, 1 App, ⇘ WC ☏, 12▨; Lift Fitneßraum Sauna Solarium; garni 🍽
geschl: Ende Dez-Anfang Jan

** Senats-Hotel
Unter Goldschmied 9 (D 3), ✉ 50667, ☎ (02 21) 2 06 20, Fax 2 06 22 00, AX ED VA
53 Zi, Ez: 128-350, Dz: 180-350, 6 Suiten, ⇘ WC ☏, 20▨; Lift 🅿 5⇔350
geschl: Ende Dez-Anfang Jan

** Savoy
Turiner Str 9 (D 1), ✉ 50668, ☎ (02 21) 1 62 30, Fax 1 62 32 00, AX DC ED VA
99 Zi, Ez: 175-400, Dz: 225-525, 4 App, ⇘ WC ☏, 34▨; Lift 🅿 8⇔120 Sauna Solarium; garni
geschl: Ende Dez

** Euro Plaza
Breslauer Platz 2 (D 1), ✉ 50668, ☎ (02 21) 1 65 10, Fax 1 65 13 33, AX DC ED VA
110 Zi, Ez: 125-450, Dz: 120-545, 6 Suiten, ⇘ WC ☏, Lift 3⇔80 🍽

** Cristall
(Design Hotel)
Ursulaplatz 9 (D 1), ✉ 50668, ☎ (02 21) 1 63 00, Fax 1 63 03 33, AX DC ED VA
85 Zi, Ez: 190-330, Dz: 250-390, S; ⇘ WC ☏, 20▨; Lift; garni

** Haus Lyskirchen (Ringhotel)
Filzengraben 26 (E 4), ✉ 50676, ☎ (02 21) 2 09 70, Fax 2 09 77 18, AX DC ED VA
94 Zi, Ez: 180-260, Dz: 230-350, S; ⇘ WC ☏, 14▨; Lift 🍴 4⇔100 ⚓ Kegeln Sauna Solarium
Golf 9; Tennis 10; Auch Zimmer der Kategorie ***** vorhanden
*** ** Hauptgericht 35; 🅿; geschl: so + feiertags

** Mercure Severinshof
Severinstr 199 (D 5), ✉ 50676, ☎ (02 21) 2 01 30, Fax 2 01 36 66, AX DC ED VA
189 Zi, Ez: 220-345, Dz: 294-394, 15 Suiten, 48 App, ⇘ WC ☏, 30▨; Lift 🍴 4⇔100 Fitneßraum Sauna Solarium
** Brasserie
Hauptgericht 29; 🅿 Terrasse

** Coellner Hof
Hansaring 100 (außerhalb C 1), ✉ 50670, ☎ (02 21) 12 20 75, Fax 13 52 35, AX DC ED VA
70 Zi, Ez: 140-240, Dz: 170-330, ⇘ WC ☏, 35▨; Lift 🅿 🍴 2⇔35
** Coellner Stube
Hauptgericht 30; nur abends; geschl: Fr, Sa

** Flandrischer Hof
Flandrische Str 3 (A 3), ✉ 50674, ☎ (02 21) 25 20 95, Fax 25 10 52, AX DC ED VA
142 Zi, Ez: 120-255, Dz: 185-380, 1 Suite, ⇘ WC ☏, 23▨; Lift 🅿 1⇔20 🍽

** Euro Garden
Domstr 10 (D 1), ✉ 50668, ☎ (02 21) 1 64 90, Fax 1 64 93 33, AX DC ED VA
82 Zi, Ez: 125-450, Dz: 170-545, S; 3 Suiten, ⇘ WC ☏, 16▨; Lift 🅿 🍴 3⇔70 Sauna; garni

** Antik-Hotel Bristol
(Top International Hotel)
Kaiser-Wilhelm-Ring 48 (B 1), ✉ 50672, ☎ (02 21) 12 01 95, Fax 13 14 95, AX DC ED VA
44 Zi, Ez: 165-285, Dz: 195-350, S; 4 Suiten, ⇘ WC ☏; Lift; garni
geschl: Ende Dez
Zimmer mit antiken Möbeln unterschiedlicher Stilepochen eingerichtet

** Eden-Hotel am Dom
(Top International Hotel)
Am Hof 18 (D 2), ✉ 50667, ☎ (02 21) 2 58 04 91, Fax 2 58 04 95, AX DC ED VA
33 Zi, Ez: 176-353, Dz: 235-385, S; ⇘ WC ☏, 10▨; Lift; garni
geschl: Ende Dez-Anfang Jan

** CM Cityclass Hotel Residence
(Top International Hotel)
Alter Markt 55 (D 3), ✉ 50667, ☎ (02 21) 2 57 69 91, Fax 2 57 76 59, AX DC ED VA
51 Zi, Ez: 170-240, Dz: 240-340, S; 5 Suiten, ⇘ WC ☏, 11▨; Lift 1⇔15; garni

Köln

**** CM Cityclass Hotel Europa
         am Dom**
Am Hof 38 (D 2), ✉ 50667, ☎ (02 21)
2 05 80, Fax 2 58 20 32, AX DC ED VA
92 Zi, Ez: 180-295, Dz: 250-395, S; 1 Suite,
⌐ WC ☎, 12🍴; Lift; **garni**

** Ambassador
Barbarossaplatz 4 a (B 5), ✉ 50674,
☎ (02 21) 23 51 81, Fax 23 51 85, AX DC ED VA
51 Zi, Ez: 165-350, Dz: 220-350, 15 Suiten,
1 App, ⌐ WC ☎, 5🍴; Lift P 🍴 2↔30 🍽

** Esplanade
Hohenstaufenring 56 (A 4), ✉ 50674,
☎ (02 21) 21 03 11, Fax 21 68 22, AX DC ED VA
33 Zi, Ez: 125-265, Dz: 165-320, 1 Suite, ⌐
WC ☎; Lift 🍴 Fitneßraum Sauna Solarium;
garni
geschl: 24.12.-31.12.97

** Kommerz-Hotel
Breslauer Platz (D 2), ✉ 50668, ☎ (02 21)
1 61 00, Fax 1 61 01 22, AX DC ED VA
77 Zi, Ez: 175-250, Dz: 240-340, 1 App, ⌐
WC ☎; Lift Fitneßraum Sauna Solarium;
garni

* Merian
Allerheiligenstr 1 (D 1), ✉ 50668, ☎ (02 21)
1 66 50, Fax 1 66 52 00, AX DC ED VA
30 Zi, Ez: 120-250, Dz: 150-375, 2 Suiten, ⌐
WC ☎; Lift 🍴; **garni**
geschl: Ende Dez-Anfang Jan

* Restaurant zum Kolpinghaus
St.-Apern-Str 32 (B 3), ✉ 50667, ☎ (02 21)
2 09 30, Fax 2 57 80 81, AX DC ED
55 Zi, Ez: 115-130, Dz: 175-200, ⌐ WC ☎;
Lift P 10↔200 Kegeln Solarium
* Am Römerturm
Hauptgericht 25; geschl: 6-24

*** Königshof
       (Top International Hotel)**
Richartzstr 14 (D 2), ✉ 50667, ☎ (02 21)
2 57 87 71, Fax 2 57 87 62, AX DC ED VA
81 Zi, Ez: 155-285, Dz: 215-390, S; ⌐ WC ☎,
5🍴; Lift; **garni**

*** Astor und Aparthotel
       Concorde**
Friesenwall 68 (B 3), ✉ 50672, ☎ (02 21)
25 31 01, Fax 25 31 06, AX DC ED VA
44 Zi, Ez: 150-310, Dz: 210-340, 1 Suite,
6 App, ⌐ WC ☎, 9🍴; Lift P; **garni**

* Domspatz
An den Dominikanern 1 (D 2), ✉ 50668,
☎ (02 21) 12 50 31, AX
12 Zi, Ez: 115-225, Dz: 135-300, ⌐ WC ☎;
garni

* Windsor
Von-Werth-Str 38 (B 1), ✉ 50670, ☎ (02 21)
13 40 31, Fax 13 12 16, AX DC ED VA
33 Zi, Ez: 130-190, Dz: 180-275, ⌐ WC ☎;
Lift; **garni**

* Central-Hotel am Dom
An den Dominikanern 3 (D 2), ✉ 50668,
☎ (02 21) 13 50 88, Fax 13 50 80, AX DC ED VA
61 Zi, Ez: 135-245, Dz: 175-345, 1 App, ⌐
WC ☎; Lift 1↔20; **garni** 🍽
geschl: Ende Dez-Anfang Jan

* Ibis Barbarossaplatz
Neue Weyerstr 4 (B 5), ✉ 50676, ☎ (02 21)
2 09 60, Fax 2 09 61 99, AX DC ED VA
208 Zi, Ez: 115-175, Dz: 115-175, ⌐ WC ☎,
30🍴; Lift 🍴 🍽

* Intercity Hotel Ibis
Bahnhofsvorplatz (D 2), ✉ 50667, ☎ (02 21)
9 12 85 80, Fax 13 81 94, AX DC ED VA
66 Zi, Ez: 150-205, Dz: 150-205, ⌐ WC ☎,
12🍴; Lift; **garni**

* Buchholz
Kunibertsgasse 5 (E 1), ✉ 50668, ☎ (02 21)
12 18 24, Fax 13 16 65, AX DC ED VA
17 Zi, Ez: 85-150, Dz: 110-280, ⌐ WC ☎;
Lift; **garni**
geschl: Ende Dez-Anfang Jan

* Am Chlodwigplatz
Merowingerstr 33, ✉ 50677, ☎ (02 21)
31 40 31, Fax 33 14 84, AX DC ED VA
23 Zi, Ez: 103-135, Dz: 170-195, ⌐ WC ☎;
🍴; **garni**
geschl: Ende Dez-Anfang Jan

* Conti
Brüsseler Str 40 (A 3), ✉ 50674, ☎ (02 21)
25 20 62, Fax 25 21 07, AX DC ED VA
44 Zi, Ez: 130-265, Dz: 170-298, ⌐ WC ☎,
11🍴; Lift 🍴 2↔20; **garni**
geschl: 1.1.-5.1.97, 21.12.-31.12.97

***** Ambiance am Dom
         (im Excelsior Hotel Ernst)**
Trankgasse 1 (D 2), ✉ 50667, ☎ (02 21)
1 39 19 12, AX DC ED VA
Hauptgericht 45; geschl: so+feiertags,
Sa, 3 Wochen in den Sommerferien

*** Bado la poêle d'or
Komödienstr 52 (C 2), ✉ 50667, ☎ (02 21)
13 41 00, AX DC ED VA
Hauptgericht 49; P Terrasse; geschl: So,
Mo mittags, feiertags, Ende Dez-Anfang
Jan

Bistrot B
Hauptgericht 23; Terrasse; geschl: So, Mo
mittags, feiertags
☎ (02 21) 13 47 04

*** La Vita
Magnusstr 3 (B 2), ✉ 50672, ☎ (02 21)
2 57 04 51, Fax 25 48 96, AX DC ED VA
Hauptgericht 50; Terrasse

Börsen-Restaurant
Unter Sachsenhausen 10 (C 2), ✉ 50667,
☎ (02 21) 13 30 21, Fax 13 30 40, AX DC ED VA
*** Maître
Hauptgericht 45; geschl: so+feiertags, Sa
mittags, in den Sommerferien
** Börsen-Stube
Hauptgericht 35; geschl: so+feiertags, Sa ➔

Köln

** Grande Milano
Hohenstaufenring 29 (A 4), ✉ 50674,
☎ (02 21) 24 21 21, Fax 24 48 46, AX DC ED VA
Hauptgericht 40; Terrasse; geschl: Sa mittags, So

** Die Bastei
⋖ Konrad-Adenauer-Ufer 80 (außerhalb E 1), ✉ 50668, ☎ (02 21) 12 28 25,
Fax 1 39 01 87, AX DC ED VA
Hauptgericht 40; **P**; geschl: Sa mittags

** Alfredo
Tunisstr 3 (C 3), ✉ 50667, ☎ (02 21)
2 57 73 80, Fax 2 57 73 80, AX
Hauptgericht 49; geschl: Sa + So,
3 Wochen im Jul

** Nüdelchen
Kleiner Griechenmarkt 23 (C 4), ✉ 50676,
☎ (02 21) 21 45 12, Fax 21 45 12, AX DC
Hauptgericht 40; nur abends; geschl:
so + feiertags, Mo

** Messeturm
⋖ Kennedy-Ufer (F 1), ✉ 50679, ☎ (02 21)
88 10 08, Fax 81 85 75, AX DC ED VA
Hauptgericht 35; geschl: Sa mittags

** Em Krützche
🍷 Am Frankenturm 1 (E 3), ✉ 50667,
☎ (02 21) 2 58 08 39, Fax 25 34 17,
AX DC ED VA
Hauptgericht 40; Biergarten Gartenlokal;
geschl: Mo

** Châlet Suisse
Am Hof 200 (D 2), ✉ 50667, ☎ (02 21)
2 57 85 41, Fax 2 08 17 50
Hauptgericht 30

** Alter Wartesaal
🍷 Johannisstr 11, im Hauptbahnhof (D 2),
✉ 50668, ☎ (02 21) 9 12 88 50,
Fax 91 28 85 10, AX DC ED VA
Hauptgericht 30; abends, So Brunch ab 10.30

* Artischocke
Moltkestr 50, ✉ 50674, ☎ (02 21) 25 28 61,
AX DC ED VA
Hauptgericht 39; nur abends; geschl:
So + Mo

* Le Moissonnier
Krefelder Str 25, ✉ 50670, ☎ (02 21)
72 94 79, Fax 7 32 54 61
Hauptgericht 38; geschl: So, Mo,
4 Wochen im Sommer, 1 Woche im Jan

* Weinhaus Im Walfisch
🍷 Salzgasse 13 (D 3), ✉ 50667, ☎ (02 21)
2 57 78 79, Fax 2 58 08 61, AX DC ED VA
Hauptgericht 45; geschl: so + feiertags, Sa mittags, Ende Dez-Anfang Jan
In der Altstadt, nur zu Fuß zu erreichen.
Hist. Gebäude aus dem Jahr 1626, unter Denkmalschutz. Hoher holzgetäfelter Gastraum mit Empore. Die Weinkarte umfaßt über 300 verschiedene Weine

* D'r Wackes
Benesisstr 57 (B 3), ✉ 50672, ☎ (02 21)
2 57 34 56, Fax 2 06 22 00
Hauptgericht 30; nur abends; geschl:
feiertags, Ende Dez-Anfang Jan

🍽 Reichard
Unter Fettenhennen 11 (D 2), ✉ 50674,
☎ (02 21) 2 57 85 42, Fax 2 08 17 50
Terrasse

🍽 Eigel
Brückenstr 3 (D 3), ✉ 50667, ☎ (02 21)
2 57 58 58, Fax 2 57 13 24
Mo 9-19, Sa 9-18, So 14-18

🍽 Franck
Rudolfplatz 12 (A 3), ✉ 50674, ☎ (02 21)
9 25 77 10, Fax 92 57 71 25, AX DC ED VA
Terrasse; 9-18.30; geschl: So

Köln-Altkölsche Kneipen („Kölsche Weetschafte"). In meist großen, aber dennoch behaglichen Räumen werden an blankgescheuerten Tischen einheimische Spezialitäten geboten. Der Kellner heißt hier „Köbes".

Gaffel-Haus
🍷 Alter Markt 20 (D 3), ✉ 50667, ☎ (02 21)
2 57 76 92, Fax 25 38 79, AX DC ED VA
Hauptgericht 25; Biergarten

Gasthaus Alt-Köln
🍷 Trankgasse 7-9 (D 2), ✉ 50667, ☎ (02 21)
13 74 71, Fax 13 68 85, AX DC ED VA
Hauptgericht 28

Brauhaus Früh am Dom
Am Hof 12 (D 2), ✉ 50667, ☎ (02 21)
2 58 03 97, Fax 25 63 26
Hauptgericht 20; Biergarten

Brauhaus Sion
Unter Taschenmacher 5 (D 3), ✉ 50667,
☎ (02 21) 2 57 85 40, Fax 2 08 17 50
Hauptgericht 20

Haus Töller
🍷 Weyer Str 96 (B 5), ✉ 50676, ☎ (02 21)
2 40 91 87
Hauptgericht 20; nur abends
Haus Töller besteht seit 1862 fast unverändert in Einrichtung und Abwicklung. Das Kölsch wird aus Holzfässern ohne Kohlensäure gezapft. Spezialität: Hämchen und in Schmalz gebackener Reibekuchen

Küppers Brauhaus
🍷 Alteburger Str 157, ✉ 50968, ☎ (02 21)
93 47 81-0, Fax 93 47 81-9, AX DC ED VA
Hauptgericht 20; Biergarten **P**

Braunsfeld (4 km ←)

*** Best Western Regent International
⋖ Melatengürtel 15, ✉ 50933, ☎ (02 21)
5 49 90, Fax 5 49 99 98, AX DC ED VA
171 Zi, Ez: 155-385, Dz: 155-411, **S**;
8 Suiten, 3 App, ⌐ WC ☎, 49 ⌐; Lift **P** 🍽
4⟲100 Sauna Solarium
Restaurant für Hausgäste

Köln

** Select Hotel 2000
Eupener Str 152, ⊠ 50933, ☎ (02 21)
49 70 20, Fax 49 57 78, AX DC ED VA
29 Zi, Ez: 158-210, Dz: 198-320, ⊣ WC ☎;
Lift 🅿 🖃 Fitneßraum Sauna Solarium 🍽

** Haus Marienbild
Aachener Str 561, ⊠ 50933, ☎ (02 21)
49 31 66, Fax 4 99 58 89
Hauptgericht 40; 🅿

Brück (8 km →)
** Silencium
Olpener Str 1031, ⊠ 51109, ☎ (02 21)
89 90 40, Fax 8 99 04 89, AX DC ED VA
67 Zi, Ez: 120-390, Dz: 160-450, 1 Suite, ⊣
WC ☎, 11🛏; Lift 🅿 🖃 2⟲20; garni
geschl: Ende Dez-Anfang Jan
Auch Zimmer der Kategorie * vorhanden

Buchforst (5 km →)
** Kosmos-Hotel
Waldecker Str 11, ⊠ 51065, ☎ (02 21)
6 70 90, Fax 6 70 93 21, AX DC ED VA
161 Zi, Ez: 165-318, Dz: 247-420, S; 6 App,
⊣ WC ☎, 11🛏; Lift 🅿 🖃 7⟲130 ≋ Sauna
🍽
geschl: Ende Dez-Anfang Jan
Auch Zimmer der Kategorie *** vorhanden

Dellbrück (9 km ↗)
* Uhu
Dellbrücker Hauptstr 201, ⊠ 51069,
☎ (02 21) 6 80 40 86, Fax 6 80 50 37,
AX DC ED VA
35 Zi, Ez: 95-150, Dz: 140-220, ⊣ WC ☎; Lift
🖃 1⟲20; garni

Ehrenfeld (4 km ←)
** Imperial
Barthelstr 93, ⊠ 50823, ☎ (02 21) 51 70 57,
Fax 52 09 93, AX DC ED VA
35 Zi, Ez: 190-260, Dz: 270-340, ⊣ WC ☎,
4🛏; Lift 🅿 🖃 2⟲45 Fitneßraum Sauna
Solarium
** Hauptgericht 24; Terrasse; nur abends

Hochkirchen (6 km ↓)
* An der Tennisanlage Schmitte
Großrotter Weg 1, ⊠ 50997, ☎ (0 22 33)
92 10 00, Fax 2 39 61, AX DC ED VA
18 Zi, Ez: 118-170, Dz: 160-220, ⊣ WC ☎; 🅿
🍽
Tennis 2

Holweide (7 km ↗)
** Rema-Hotel Bergischer Hof
Bergisch Gladbacher Str 406, ⊠ 51067,
☎ (02 21) 96 37 90, Fax 63 90 85, AX DC ED VA
56 Zi, Ez: 120-250, Dz: 160-350, 1 Suite, ⊣
WC ☎, 16🛏; Lift 🅿 🖃; garni
geschl: Ende Dez-Anfang Jan
Auch Zimmer der Kategorie * vorhanden

*** Isenburg
Johann-Bensberg-Str 49, ⊠ 51067,
☎ (02 21) 69 59 09, Fax 69 87 03, AX VA
Hauptgericht 40; 🅿 Terrasse; geschl: So,
Mo, Sa mittags, Mitte Jul-Mitte Aug

Immendorf (8 km ↓)
** Bitzerhof
🍷 Immendorfer Hauptstr 21, ⊠ 50997,
☎ (0 22 36) 6 19 21, Fax 6 29 87, AX ED
Hauptgericht 35; Gartenlokal 🅿 Terrasse

Junkersdorf (7 km ←)
** Brenner'scher Hof
Wilhelm-von-Capitaine-Str 15, ⊠ 50858,
☎ (02 21) 9 48 60 00, Fax 94 86 00 10,
AX DC ED VA
26 Zi, Ez: 225-340, Dz: 275-410, 14 Suiten,
⊣ WC ☎; Lift 🅿 🖃 3⟲60 ≋ 🍽
Auch Zimmer der Kategorie *** vorhanden
* Hauptgericht 35; geschl: Mo

** Vogelsanger Stübchen
Vogelsanger Weg 28, ⊠ 50858, ☎ (02 21)
48 14 78, AX
Hauptgericht 40; Gartenlokal; geschl:
So+Mo, 2 Wochen zu Fasching,
2 Wochen in den Sommerferien

Lindenthal (3 km ←)
*** Queens Hotel
🌣 ⟨ Dürener Str 478, ⊠ 50935, ☎ (02 21)
4 67 60, Fax 43 37 65, AX DC ED VA
147 Zi, Ez: 169-295, Dz: 199-370, S; ⊣ WC
☎, 30🛏; Lift 🅿 🖃 7⟲600 ⚓
** Im Stadtwald
Hauptgericht 40; Biergarten

*** Rôtisserie Zum Krieler Dom
Bachemer Str 233, ⊠ 50935, ☎ (02 21)
43 29 43
Hauptgericht 40; geschl: Di

Lövenich (8 km ←)
* Landhaus Gut Keuchhof
🌣 Braugasse 14, ⊠ 50859, ☎ (0 22 34)
94 60 00, Fax 9 46 00 58, AX DC ED VA
43 Zi, Ez: 130-180, Dz: 180-280, ⊣ WC ☎; 🅿
Fitneßraum Sauna Solarium
geschl: Ende Dez-Anfang Jan

Marienburg (4 km ↓)
** Marienburger Bonotel
Bonner Str 478, ⊠ 50968, ☎ (02 21) 3 70 20,
Fax 3 70 21 32, AX DC ED VA
89 Zi, Ez: 180-385, Dz: 215-415, 4 Suiten,
1 App, ⊣ WC ☎; Lift 🅿 🖃 2⟲100 Fitneßraum Sauna Solarium
** Lenny's
Hauptgericht 35; Terrasse; nur abends

** Grand Duc
Bonner Str 471, ⊠ 50968, ☎ (02 21)
37 37 25, Fax 38 37 16, AX DC ED VA
Hauptgericht 38; Gartenlokal 🅿 Terrasse

** Ruckes Restaurant
Bonner Str 391, ⊠ 50968, ☎ (02 21)
37 31 33, ED
Hauptgericht 40; nur abends; geschl: So

→

Köln

Marsdorf (8 km ←)
** Novotel
Horbeller Str 1, ✉ 50858, ☎ (0 22 34) 51 40, Fax 51 41 06, AX DC ED VA
199 Zi, Ez: 114-290, Dz: 138-310, ⊿ WC ☎, 80🛏; Lift 🅿 7⇔150 ≋ ⌂ Fitneßraum Sauna Solarium

** Le Jardin
Hauptgericht 30

Merheim (7 km →)
*** Goldener Pflug 🍲
Olpener Str 421, ✉ 51109, ☎ (02 21) 89 61 24, Fax 8 90 81 76, AX ED VA
Hauptgericht 55; 🅿; geschl: so + feiertags, Sa mittags

** Ristorante Gatti
Güterloher Str 16, ✉ 51109, ☎ (02 21) 6 99 99 10, Fax 6 99 99 16, AX ED
Hauptgericht 45; geschl: So, Sa mittags

☞ Engelshof
15 Zi, Ez: 110-160, Dz 160-210, ⊿ WC ☎; 🅿 1⇔18

Müngersdorf (6 km ←)
*** Landhaus Kuckuck 🏵
Im Stadtwald
einzeln, Olympiaweg 2, Zufahrt nur über Junkersdorfer Str, ✉ 50933, ☎ (02 21) 49 31 71, Fax 4 97 28 47, AX DC ED VA
Hauptgericht 45; 🅿 Terrasse; geschl: Mo, Fasching

** Remise
🌿 Wendelinstr 48, ✉ 50933, ☎ (02 21) 4 91 18 81, Fax 4 91 18 81, AX DC ED VA
Hauptgericht 40; 🅿; geschl: So, Sa mittags

Neu-Ehrenfeld (3 km ↖)
*** Zum offenen Kamin
Eichendorffstr 25, ✉ 50823, ☎ (02 21) 55 68 78, Fax 5 50 24 25, AX DC ED VA
Hauptgericht 45; geschl: so + feiertags, Mo

Porz (12 km ↘)
*** Holiday Inn
Waldstr 255, ✉ 51147, ☎ (0 22 03) 56 10, Fax 56 19, AX DC ED VA
177 Zi, Ez: 268-468, Dz: 355-490, S; ⊿ WC ☎, 53🛏; Lift 🅿 ☜

** Vivaldi
Hauptgericht 40; Biergarten; geschl: Sa mittags

** Terminal
Theodor-Heuss-Str 78, ✉ 51149, ☎ (0 22 03) 30 00 21, Fax 3 97 38, AX DC ED VA
61 Zi, Ez: 155-290, Dz: 205-335, ⊿ WC ☎, 13🛏; Lift 🅿 2⇔80 Sauna Solarium; garni 🍽

** Quality Köln-Airport
Hauptstr 369, ✉ 51143, ☎ (0 22 03) 5 50 36, Fax 5 59 31, AX DC ED VA
59 Zi, Ez: 99-259, Dz: 135-399, 1 Suite, 1 App, ⊿ WC ☎, 11🛏; Lift 🅿 2⇔60 🍽
geschl: Ende Dez-Anfang Jan

** Ambiente
Oberstr 53, ✉ 51149, ☎ (0 22 03) 91 18 60, Fax 9 11 86 36, AX DC ED VA
27 Zi, Ez: 115-180, Dz: 160-220, ⊿ WC ☎; Lift 🅿 1⇔25; garni
geschl: Ende Dez-Anfang Jan

* Spiegel
Hermann-Löns-Str 122, ✉ 51147, ☎ (0 22 03) 6 10 46, Fax 69 56 53, AX ED VA
27 Zi, Ez: 95-130, Dz: 150-280, ⊿ WC ☎, 6🛏; 🅿 ☜
Auch Zimmer der Kategorie ** vorhanden

** Spiegel
Hauptgericht 40; Terrasse; geschl: Fr

* Geisler
Frankfurter Str 172, in Porz-Wahn, ✉ 51147, ☎ (0 22 03) 6 10 27, Fax 6 15 97, AX DC ED VA
65 Zi, Ez: 80-210, Dz: 130-220, ⊿ WC ☎; Lift 🅿 1⇔45; garni ☜
geschl: 1 Woche im Dez

* Haus Ingeborg
Grengeler Mauspfad 79, in Porz-Wahnheide, ✉ 51147, ☎ (0 22 03) 6 20 43, Fax 6 71 94, AX DC ED VA
36 Zi, Ez: 75-230, Dz: 100-300, 2 App, ⊿ WC ☎; 🅿 ☜ Fitneßraum Solarium; **garni**

*** Zur Tant
◄ Rheinbergstr 49, in Porz-Langel, ✉ 51143, ☎ (0 22 03) 8 18 83, Fax 8 73 27, AX DC ED VA
Hauptgericht 45; 🅿 Terrasse; geschl: Do, Anfang-Mitte Feb
Fachwerkhaus, unter Denkmalschutz

* Hütter's Piccolo
◄ Hauptgericht 30; 🅿 Terrasse; geschl: Do, Anfang-Mitte Feb

Rath (9 km →)
** Krein
Rösrather Str 568, ✉ 51107, ☎ (02 21) 86 15 92, ED
Hauptgericht 31; 🅿; geschl: Di abends, Mi, 3 Wochen in den Sommerferien

Rheinkassel (14 km ↑)
** Rheinkasseler Hof
♂ Amandusstr 8, ✉ 50769, ☎ (02 21) 70 92 70, Fax 70 10 73, AX ED VA
41 Zi, Ez: 150-280, Dz: 190-298, 5 Suiten, ⊿ WC ☎; Lift 🅿 3⇔40 Kegeln Sauna Solarium
geschl: Ende Dez

** Wintergarten
Hauptgericht 35; Biergarten Gartenlokal Terrasse; geschl: Fr + Sa mittags, Ende Dez

Rodenkirchen (5 km ↓)
** Atrium Rheinhotel
Karlstr 2, ✉ 50996, ☎ (02 21) 9 35 72-0, Fax 93 57 22 22, AX DC ED VA
77 Zi, Ez: 153-293, Dz: 198-428, 9 Suiten, 8 App, ⊿ WC ☎; Lift 🅿 ☜ 1⇔30 Fitneßraum Sauna Solarium; garni
Auch Zimmer der Kategorie * vorhanden

Königsbach-Stein

*   Gertrudenhof
Hauptstr 78, ✉ 50996, ☎ (02 21) 39 30 31,
Fax 39 62 20, AX DC ED VA
22 Zi, Ez: 130-160, Dz: 220-260, ⊣ WC ☎;
Lift P
Auch Zimmer der Kategorie ****** vorhanden

**   Höhn's Restaurant
Hauptgericht 40; nur abends; geschl: Sa,
So + Mo mittags

*   Rheinblick
♂ ⦿ Uferstr 20, ✉ 50996, ☎ (02 21)
39 12 82, Fax 39 21 39, AX DC ED VA
16 Zi, Ez: 120-140, Dz: 140-170, 11 App, ⊣
WC ☎; ▦ ≋ Sauna Solarium; garni

¶⊚⼁   Zum Treppchen
⊗ Kirchstr 15, ✉ 50996, ☎ (02 21) 39 21 79,
Fax 39 41 52
Hauptgericht 20; Terrasse

Sürth (7 km ↓)
**   Falderhof
♂ Falderstr 29, ✉ 50999, ☎ (0 22 36)
9 66 99-0, Fax 9 66 99-8, AX DC ED VA
33 Zi, Ez: 140-235, Dz: 185-295, ⊣ WC ☎,
6⊠; P 2⟲120 ¶⊚⼁
geschl: 21.12.96-5.1.97
Unter Denkmalschutz stehender Gutshof

Weiden (8 km ←)
*   Gartenhotel Ponick
♂ Königsberger Str 9, ✉ 50858, ☎ (0 22 34)
4 08 70, Fax 40 87 87, AX ED VA
33 Zi, Ez: 100-120, Dz: 150-170, ⊣ WC ☎;
Lift P ▦; garni
geschl: Ende Dez

*   Triton
Aachener Str 1128, ✉ 50858, ☎ (0 22 34)
7 77 29, Fax 4 75 48
18 Zi, Ez: 100-150, Dz: 150-200, ⊣ WC ☎;
¶⊚⼁

*   Goethe
Goethestr 5, ✉ 50858, ☎ (0 22 34) 7 42 22,
Fax 7 42 32
12 Zi, Ez: 90-120, Dz: 130-180, ⊣ WC; P
Solarium; garni

Zollstock (3 km ↙)
*   Christina
Bischofsweg 46, ✉ 50968, ☎ (02 21)
37 63 10, Fax 3 76 31 99, AX DC ED VA
67 Zi, Ez: 88-218, Dz: 108-238, S; ⊣ WC ☎,
8⊠; Lift P ▦; garni
geschl: Ende Dez-Anfang Jan

**   Filippo Nisi
Gottesweg 108, ✉ 50939, ☎ (02 21)
42 86 18, Fax 41 42 14, AX DC ED VA
Hauptgericht 40; Terrasse; geschl: Di

Abweichungen zwischen Datenteil und
Reisekartenteil ergeben sich durch verschiedene Redaktionsschlußzeiten.

Köngen 62 ←

Baden-Württemberg — Kreis Esslingen —
281 m — 9 000 Ew — Plochingen 6, Nürtingen 7, Kirchheim unter Teck 8 km
ℹ ☎ (0 70 24) 8 00 70, Fax 80 07 60 —
Gemeindeverwaltung, Oberdorfstr 2,
73257 Köngen; Ort am Neckar. Sehenswert: Römerpark, Museum; Spätgot.
Kirche mit Deckenbemalung aus der
Renaissance-Zeit; hist. Ulrichsbrücke

**   Schwanen
Schwanenstr 1, ✉ 73257, ☎ (0 70 24) 88 64,
Fax 8 36 07, AX DC ED VA
44 Zi, Ez: 90-125, Dz: 125-165, 1 Suite, ⊣
WC ☎; Lift P
geschl: Ende Dez.-Anfang Jan.
**   Hauptgericht 40; Terrasse;
geschl: So + Mo, Ende Dez.-Anfang Jan.

*   Neckartal
Bahnhofstr 19, ✉ 73257, ☎ (0 70 24) 88 41,
Fax 8 36 52, AX ED VA
39 Zi, Ez: 58-115, Dz: 95-155, ⊣ ☎; Lift P
3⟲60 ¶⊚⼁
geschl: Fr, 1 Woche im Jan

Köngernheim 54 ↖

Rheinland-Pfalz — 150 m — 845 Ew —
Oppenheim 8, Alzey 18, Mainz 20 km
ℹ ☎ (0 67 37) 2 73 — Gemeindeverwaltung

**   Untermühle
Außerhalb 1, ✉ 55278, ☎ (0 67 37) 10 63,
Fax 97 47, ED VA
Hauptgericht 30
*   einzeln, 15 Zi, Ez: 110, Dz: 140, ⊣
WC ☎; P 2⟲35

König, Bad 55 ←

Hessen — Odenwaldkreis — 250 m —
8 500 Ew — Höchst 6, Erbach 8 km
ℹ ☎ (0 60 63) 15 65, Fax 55 17 — Verkehrsbüro, Elisabethenstr 13, 64732 Bad König;
Thermal-Heilbad im Odenwald. Sehenswert: Altes und Neues Schloß; Ev. Kirche,
Orgel; Seeanlage

**   Büchner
♂ Frankfurter Str 6, ✉ 64732, ☎ (0 60 63)
55 83, Fax 5 71 01
33 Zi, Ez: 60-80, Dz: 110-150, 1 Suite,
1 App, ⊣ WC ☎; P ▦ 2⟲30 ≋ Fitneßraum
Sauna Solarium; garni

Königsbach-Stein 61 ↖

Baden-Württemberg — Enzkreis — 190 m
— 9 200 Ew — Pforzheim 10, Bretten 13,
Karlsruhe 20 km
ℹ ☎ (0 72 32) 4 00 80, Fax 40 08 25 —
Gemeindeverwaltung, Marktstr 15,
75203 Königsbach-Stein. Sehenswert:
Burgruine und Fachwerkhäuser; Schloß →

Königsbach-Stein

Königsbach
** Europäischer Hof
Steiner Str 100, ⌧ 75203, ☏ (0 72 32) 10 05,
Fax 46 97, AX DC ED VA
20 Zi, Ez: 95, Dz: 160, 1 App, ᵈ WC ☏; **P** 🍽
geschl: So abends, Mo, Sa mittags
** Hauptgericht 40

Königsberg siehe Biebertal

Königsberg 56 ↗

Bayern — Kreis Haßberge — 276 m —
4 200 Ew — Haßfurt 7, Hofheim/Ufr. 8,
Bamberg 30 km
i ☏ (0 95 25) 5 12, Fax 5 22 — Stadtverwaltung, Marktplatz, 97486 Königsberg; Stadt am Hang der Haßberge. Sehenswert: Marienkirche; Rathaus; Fachwerkhäuser; Glockenspiel; Regiomontanushaus; Burgruine auf dem Schloßberg

* Goldner Stern
Markt 6, ⌧ 97486, ☏ (0 95 25) 9 22 10,
Fax 92 21 33, DC ED VA
14 Zi, Ez: 85-110, Dz: 150-210, S; 1 Suite, ᵈ WC ☏; 1⟳30
Auch Zimmer der Kategorie ** vorhanden
** Hauptgericht 25

🛏 Hof-Café Herrenschenke
Marienstr 3, ⌧ 97486, ☏ (0 95 25) 3 71,
Fax 3 71
8 Zi, Ez: 43-48, Dz: 75-80, ᵈ WC ☏; **P** 🍽
geschl: Mo

Königsbrück 40 ↘

Sachsen — Kreis Kamenz — 231 m —
4 806 Ew — Kamenz 15, Großenhain 26 km
i ☏ (03 57 95) 25 42 — Stadtverwaltung, Markt 20, 01936 Königsbrück

* Stadt Königsbrück
Weißbacher Str 20, ⌧ 01936, ☏ (03 57 95)
4 57 43, Fax 4 69 43
11 Zi, Ez: 65-85, Dz: 90-135, ᵈ WC ☏

Königsbrunn 71 ↘

Bayern — Kreis Augsburg — 515 m —
22 900 Ew — Augsburg 13, Landsberg 24 km
i ☏ (0 82 31) 60 60, Fax 60 61 61 — Stadtverwaltung, Marktplatz 7, 86343 Königsbrunn

** Arkadenhof
Hauptstr 72, ⌧ 86343, ☏ (0 82 31) 8 60 27,
Fax 8 60 20, AX DC ED VA
39 Zi, Ez: 85-115, Dz: 99-150, ᵈ WC ☏, 5🍽;
Lift **P** 🍽; garni
geschl: Ende Dez

* Zeller
Hauptstr 78, ⌧ 86343, ☏ (0 82 31) 99 60,
Fax 99 62 22, AX DC ED VA
76 Zi, Ez: 85-118, Dz: 110-170, ᵈ WC ☏,
10🍽; Lift **P** 🍽 6⟳250 Kegeln
* Hauptgericht 25; Biergarten
Kegeln Terrasse

Königsdorf 72 ↙

Bayern — Kreis Bad Tölz-Wolfratshausen
— 625 m — 2 500 Ew — Bad Tölz 10,
Wolfratshausen 12 km
i ☏ (0 81 79) 3 28, Fax 10 98 — Gemeindeverwaltung, Hauptstr 54, 82549 Königsdorf. Sehenswert: Kirche

**** Posthotel Hofherr
Gasthof Zur Post
(Landidyll Hotel)**
Hauptstr 31 a, ⌧ 82549, ☏ (0 81 79) 50 90,
Fax 6 59, AX DC ED VA
49 Zi, Ez: 110, Dz: 145-176, ᵈ WC ☏, 8🍽;
Lift **P** 4⟳35 Kegeln Sauna Solarium 🍽

Königsfeld 68 ↖
im Schwarzwald

Baden-Württemberg — Schwarzwald-
Baar-Kreis — 800 m — 6 000 Ew — Villingen 10, Schramberg 13 km
i ☏ (0 77 25) 80 09 45, Fax 80 09 44 — Kurverwaltung, Friedrichstr 5, 78121 Königsfeld; heilklimatischer Kurort und Kneippkurort. Sehenswert: 1000jähriges Kirchlein in Buchenberg (5 km ↖)

*** Fewotel Schwarzwald Treff
einzeln 🚲 Klimapark, ⌧ 78126,
☏ (0 77 25) 80 80, Fax 80 88 08, AX DC ED VA
136 Zi, Ez: 109-135, Dz: 178-266, S;
18 Suiten, 79 App, ᵈ WC ☏, 12🍽; Lift **P**
4⟳120 🛁 Fitneßraum Sauna Solarium
Tennis 4
** Markgraf
Hauptgericht 25; Terrasse

* Pension Schiller
🚲 Albert-Schweitzer-Weg 4, ⌧ 78126,
☏ (0 77 25) 9 38 70, Fax 93 87 70
9 Zi, Ez: 60-90, Dz: 120-140, 2 Suiten,
3 App, ᵈ WC ☏, 9🍽; **P**
geschl: Nov

Königslutter am Elm 27 ↙

Niedersachsen — Kreis Helmstedt —
150 m — 16 552 Ew — Helmstedt 16,
Braunschweig 22, Wolfsburg 23 km
i ☏ (0 53 53) 50 10, Fax 50 11 55 — Stadtverwaltung, Am Markt 1, 38150 Königslutter. Sehenswert: Ev. ehem. Stiftskirche: Grabdenkmäler u. a. Kaiser Lothars II,
Kreuzgang

Königshof ★★

Braunschweiger Str 21 a, ✉ 38154,
☏ (0 53 53) 50 32, Fax 50 32 44, AX DC ED VA
175 Zi, Ez: 120-145, Dz: 180-200, 6 Suiten,
⇨ WC ☏; Lift P 18⇔500 ≋ Fitneßraum
Kegeln Sauna Solarium
Tennis 8;
Auch Zimmer der Kategorie ★★★ vorhanden

★★★ La Trevise
Hauptgericht 40; Terrasse; nur abends;
geschl: Mo, Anfang Jul-Anfang Aug

Bornum (5 km ←)

★ Lindenhof
Im Winkel 23, ✉ 38154,
☏ (0 53 53) 9 20-0,
Fax 46 48, ED VA
18 Zi, Ez: 80-90, Dz: 95-105, 1 Suite, ⇨ WC
☏; P 🖬 2⇔60 ¶◯¶
geschl: 3 Wochen in den Sommerferien

Königssee
siehe **Schönau am Königssee**

Königstein 58 □

Bayern — Kreis Amberg-Sulzbach — 530 m
— 950 Ew — Sulzbach-Rosenberg 20,
Pegnitz 24 km
ℹ ☏ (0 96 65) 17 64, Fax 2 19 — Gemeindeverwaltung, Oberer Markt 19, 92281 Königstein; Erholungsort in der Frankenalb.
Sehenswert: Ossinger, 653 m ◄; Maximiliansgrotte; romanische Doppelkapelle;
botanischer Lehrpfad

★ Wilder Mann
Oberer Markt 1, ✉ 92281, ☏ (0 96 65) 2 37,
Fax 6 47
24 Zi, Ez: 45-55, Dz: 80-90, 6 Suiten, ⇨ WC
☏; Lift P 🖬 1⇔30 Fitneßraum Sauna
Solarium ¶◯¶ ⚓
geschl: Mitte Nov.-Mitte Dez.
Golf 18
Auch Zimmer der Kategorie ★★ vorhanden

★ Königsteiner Hof
Marktplatz 10, ✉ 92281, ☏ (0 96 65) 7 42,
Fax 81 77
19 Zi, Ez: 45-50, Dz: 85-90, 1 App, ⇨ WC☏;
Lift P Sauna Solarium ¶◯¶ ⚓
geschl: Mitte Nov-Mitte Dez

★ Gasthof Reif
Oberer Markt 5, ✉ 92281, ☏ (0 96 65) 2 52,
Fax 86 72
16 Zi, Ez: 39-50, Dz: 68-80, 4 Suiten, ⇨ WC;
P 🖬 Sauna Solarium ¶◯¶
Rezeption: 8-21; geschl: Mitte Nov-Mitte
Dez

Königstein 51 ↑

Sachsen — Kreis Pirna — 127 m —
3 000 Ew — Bad Schandau 5, Dresden
35 km
ℹ ☏ (03 50 21) 2 61 — Stadtverwaltung,
Goethestr 7, 01824 Königstein; Erholungsort. Sehenswert: Festung Königstein

★ Lindenhof
◄ Gohrischer Str 2, ✉ 01824, ☏ (03 50 21)
6 82 43, Fax 6 62 14, AX ED VA
34 Zi, Ez: 80-180, Dz: 150-210, ⇨ WC ☏; P
2⇔40 ¶◯¶

Königstein im Taunus 44 ↘

Hessen — Hochtaunuskreis — 450 m —
17 900 Ew — Frankfurt/Main 21, Wiesbaden 25 km
ℹ ☏ (0 61 74) 20 22 51, Fax 20 22 84 — Kurverwaltung, Hauptstr 1, 61462 Königstein
im Taunus; Heilklimatischer Kurort am
Südhang des Taunus. Sehenswert: Burgruine ◄; Burgruine Falkenstein ◄ (1 km ↑);
Opelzoo (1,5 km→)

★★★ Sonnenhof
einzeln ♂ ◄ ❂ Falkensteiner Str 9,
✉ 61462, ☏ (0 61 74) 2 90 80, Fax 29 08 75,
AX DC ED VA
45 Zi, Ez: 135-185, Dz: 240-300, ⇨ WC ☏; P
🖬 3⇔40 ≋ Sauna Solarium ⚓
Ehemalige Villa und Sommerresidenz der
Bankiersfamilie von Rothschild. Erbaut
1888-1894.
★★ Hauptgericht 45; Terrasse

★★ Königshof
♂ Wiesbadener Str 30, ✉ 61462,
☏ (0 61 74) 2 90 70, Fax 29 07 52, AX ED VA
26 Zi, Ez: 140-170, Dz: 215, ⇨ WC ☏; P Fitneßraum Sauna Solarium; garni
geschl: Sa, So+feiertags ab 13, Ende Dez-Anfang Jan

★ Zum Hirsch
Burgweg 2, ✉ 61462, ☏ (0 61 74) 50 34,
Fax 50 19
28 Zi, Ez: 85-130, Dz: 160-200, ⇨ WC ☏; P;
garni
Rezeption: 7-13, 14-20

★★ Leimeister
Hauptstr 27, ✉ 61462, ☏ (0 61 74) 2 18 37,
Fax 94 03 38, AX DC ED VA
Hauptgericht 40

Königswartha 41 ↙

Sachsen — Kreis Bautzen — 150 m —
5 000 Ew — Kamenz 14, Hoyerswerda
19 km
ℹ ☏ (03 59 31) 2 02 25, Fax 2 02 26 —
Gemeindeverwaltung, 02699 Königswartha

★ Heidehof
Hermsdorfer Str 32, ✉ 02699, ☏ (03 59 31)
2 30-0, Fax 2 30-15
18 Zi, Ez: 79-89, Dz: 139, ⇨ WC ☏; P 1⇔
¶◯¶
Rezeption: 6-11, 16-24

Königswinter 43 □

Nordrhein-Westfalen — Rhein-Sieg-Kreis
— 60 m — 38 541 Ew — Bonn 12,
Linz 17 km
🛈 ☎ (0 22 44) 88 93 25, Fax 88 93 78 — Verkehrsamt, Drachenfelsstr 11,
53637 Königswinter; Stadt am Rhein und
Siebengebirge. Sehenswert: Naturschutzgebiet Siebengebirge mit Ruine Drachenfels, 321 m ◄ (60 Min. auch Zahnradbahn,
Esel); Schloß Drachenburg; Nibelungenhalle; Siebengebirgsmuseum; Ruine
Kloster Heisterbach (4 km ↗); kath. Kirche
in Oberpleis (12 km ↗)

Achtung: Autofähre nach Bonn-Bad Godesberg-Mehlem von 5.45-21.45 alle 10-15
Minuten, So ab 7.45; 🛈 ☎ (0 22 23) 2 15 95
und von Königswinter Niederdollendorf
nach Bonn-Bad Godesberg von 6.05-21.50,
So ab 7.50 ständig; 🛈 ☎ (02 28) 36 22 37

**** Gästehaus Petersberg
einzeln ♂ ◄ Auf dem Petersberg, ⌧ 53639,
☎ (0 22 23) 7 40, Fax 7 44 43, AX DC ED VA
92 Zi, Ez: 195-380, Dz: 335-505, 12 Suiten,
⊿ WC ☎, 21⌧; Lift 🅿 🍴 8⇔500 ≋ Sauna
🛥
Wird zeitweise als Gästehaus der Regierung genutzt. Anmeldung empfehlenswert
**** Rheinterrassen
◄ einzeln Hauptgericht 50; Gartenlokal
Terrasse; nur abends

*** Maritim
◄ Rheinallee 3, ⌧ 53639, ☎ (0 22 23) 70 70,
Fax 70 78 11, AX DC ED VA
248 Zi, Ez: 221-401, Dz: 302-502, S;
32 Suiten, ⊿ WC ☎, 66⌧; Lift 🅿 🍴
10⇔500 ≋ Fitneßraum Sauna Solarium
*** ◄ Hauptgericht 45; Gartenlokal
Terrasse

** Rheinhotel Loreley
◄ Rheinallee 12, ⌧ 53639, ☎ (0 22 23)
92 50, Fax 92 51 00, AX DC ED VA
52 Zi, Ez: 140-160, Dz: 180-200, 2 Suiten, ⊿
WC ☎; Lift 🅿 🍴 2⇔45 🛥
Rezeption: ab 12
** Monopol
Hauptgericht 35

* Krone
Hauptstr 374, ⌧ 53639, ☎ (0 22 23) 2 24 00,
Fax 48 04, ED VA
18 Zi, Ez: 85-120, Dz: 150-180, ⊿ WC ☎; 🅿
🍴 1⇔ 🍽
Rezeption: 7-15, 17-23; geschl: Mitte Nov-Anfang Dez

* Rheingold
Drachenfelsstr 36, ⌧ 53639, ☎ (0 22 23)
9 20 20, Fax 92 02 00, ED VA
24 Zi, Ez: 80-130, Dz: 110-170, ⊿ WC ☎; Lift
🅿 50
* Hauptgericht 20; Gartenlokal Terrasse; geschl: Mitte Nov-Ende Feb

* Hindenburg
Hauptstr 357, ⌧ 53639, ☎ (0 22 23) 2 19 54,
Fax 2 48 57, ED VA
14 Zi, Ez: 95-110, Dz: 140-160, S; ⊿ WC ☎;
🅿 🍴 Solarium; garni
geschl: So, Ende Dez-Anfang Jan

Margarethenhöhe (6 km →)
* Im Hagen
♂ ◄ Ölbergringweg 45, ⌧ 53639,
☎ (0 22 23) 92 13-0, Fax 92 13 99,
AX DC ED VA
19 Zi, Ez: 95-120, Dz: 150-180, ⊿ WC ☎; 🅿
1⇔12
geschl: Mitte Dez-Anfang Jan
* ◄ Hauptgericht 30; Terrasse;
geschl: Fr, Ende Dez-Anfang Jan

Oberdollendorf (4 km ↑)
** Weinhaus Zur Mühle
Lindenstr 7, ⌧ 53639, ☎ (0 22 23) 2 18 13,
Fax 2 25 66, AX DC ED VA
Hauptgericht 25; 🅿 Terrasse

Königs Wusterhausen 30 ↘

Brandenburg — Kreis Königs Wusterhausen — 51 m — 18 405 Ew — Berlin 25 km
🛈 ☎ (0 33 75) 29 12 69, Fax 29 46 37 —
Fremdenverkehrsverband, Dahmeland,
Am Nottekanal, 15711 Königs Wusterhausen

** Sophienhof
Kirchplatz 3, ⌧ 15711, ☎ (0 33 75) 29 05 00,
Fax 29 06 99, AX DC ED VA
60 Zi, Ez: 150-210, Dz: 180-240, S; 3 App, ⊿
WC ☎; 🅿 🍴 5⇔40 Sauna Solarium
** **Hoenckes Altes Wirtshaus** ✣
Hauptgericht 27

** Brandenburg
Karl-Liebknecht-Str 10, ⌧ 15711,
☎ (0 33 75) 67 60, Fax 6 76 66, AX DC ED VA
34 Zi, Ez: 95-140, Dz: 140-175, ⊿ WC ☎; Lift
🅿 🍴 2⇔25 Solarium; garni
geschl: 24.12.-31.12.97

Könnern 38 □

Sachsen-Anhalt — Kreis Bernburg —
104 m — 3 600 Ew — Köthen 20, Halle
26 km
🛈 ☎ (03 46 91) 2 02 23, Fax 2 02 24 — Stadtverwaltung, 06420 Könnern

** Henning Hof
Große Freiheit 78, ⌧ 06420, ☎ (03 46 91)
29 00, Fax 29 03 10, AX ED VA
45 Zi, Ez: 90-140, Dz: 120-170, ⊿ WC ☎; Lift
🅿 🍴 3⇔120 Fitneßraum Sauna Solarium
🍽

Kösen, Bad 38 ↓

Sachsen-Anhalt — Kreis Naumburg —
115 m — 5 300 Ew — Naumburg 7,
Jena 26 km
🛈 ☎ (03 44 63) 82 89, Fax 82 80 — Kurverwaltung, Loreleypromenade, 06628 Bad Kösen; Kurort. Sehenswert: Romanisches Haus; Soleförderanlagen, Radhaus, Soleschacht, Gradierwerk; Zisterzienserkloster; Schulpforte; Rudelsburg; Burg Saaleck

** **Schoppe**
Naumburger Str 1, ✉ 06628, ☎ (03 44 63) 2 85 85, Fax 2 85 86
8 Zi, Ez: 80, Dz: 120, ⊿ WC ☎; **P** 🍴

** **Villa Ilske**
♂ ← Ilskeweg 2, ✉ 06628, ☎ (03 44 63) 2 73 63, Fax 2 73 63
16 Zi, Ez: 80-100, Dz: 110-160, ⊿ WC ☎; **P** ≋ Kegeln Sauna Solarium 🍽

* **Schöne Aussicht**
einzeln ♂ ← Ilskeweg 1, ✉ 06628,
☎ (03 44 63) 3 67
18 Zi, Ez: 75, Dz: 110, ⊿ WC ☎; **P** 🍽

* **Zum Wehrdamm**
← Loreleypromenade 3, ✉ 06628,
☎ (03 44 63) 2 84 05, Fax 2 83 96
4 Zi, Ez: 75-100, Dz: 100-130, S; 4 Suiten, ⊿ WC ☎; **P** 🍽

Kössen 73 ↗

Tirol — Kreis Kitzbühl — 600 m — 3 400 Ew — Reit im Winkel 5, Kiefersfelden 22 km
🛈 ☎ (00 43 53 75) 62 87, Fax 69 89 — Tourismusverband, A-6345 Kössen - Österreich. Sehenswert: Pfarrkirche Zum hl. Petrus; Wallfahrtskirche Maria Klobenstein; Kössener Schichten; Lüftlmalereien

Kössen-Außerhalb (4,5 km →)

*** **Peternhof**
einzeln ♂ ← ✉ 6345, ☎ (0043 5375) 62 85, Fax 69 44
106 Zi, Ez: 77-105, Dz: 162-172, 5 Suiten, ⊿ WC ☎; Lift **P** 🚂 2↻60 ≋ Fitneßraum Sauna Solarium
Rezeption: 8-21
Fußweg nach Reit im Winkel, 50 m
*** Hauptgericht 30

Köstritz, Bad 49 ↖

Thüringen — Kreis Gera — 299 m —
3 556 Ew — Gera 12 km
🛈 ☎ (03 66 05) 8 81 17, Kulturamt, Heinrich-Schütz-Str 4, 07586 Bad Köstritz

** **Schloßhotel**
Julius-Sturm-Platz 9, ✉ 07586,
☎ (03 66 05) 3 30, Fax 3 33 33
86 Zi, Ez: 110, Dz: 130, ⊿ WC ☎, 24🍴; Lift **P** 3↻90 Sauna Solarium
** **Hubertus**
Hauptgericht 25; Terrasse

* **Pension Egerer**
Bahnhofstr 60, ✉ 07586, ☎ (03 66 05) 26 71, Fax 80 23, ED VA
13 Zi, Ez: 75-95, Dz: 90-115, ⊿ WC ☎, 6🍴; **P** 1↻28 ≋ Solarium

Köthen 38 ↗

Sachsen-Anhalt — Kreis Köthen — 88 m —
33 800 Ew — Bernburg 19, Bitterfeld 34 km
🛈 ☎ (0 34 96) 56 53 50, Fax 23 97 — Köthen-Information, Hallescher Turm - Hallesche Str, 06366 Köthen; einstige Residenzstadt des Fürstentums Anhalt-Köthen. Sehenswert: Kirchen St. Jakob, St.-Agnus und St.-Marien; Spiegelsaal, Schloßkapelle und Naumann-Museum im Schloß; Rathaus; Bachgedenkstätte im Hist. Museum

** **Anhalt**
Ludwigstr 53, ✉ 06366, ☎ (0 34 96) 55 00 11, Fax 55 00 10, AX ED VA
68 Zi, Ez: 100-120, Dz: 130-150, 1 App, ⊿ WC ☎; Lift **P** 2↻35 Strandbad Fitneßraum 🍽 🍴

Kötschlitz 38 →

Sachsen-Anhalt — Merseburg-Querfurt —
110 m — 767 Ew — Leipzig 13, Merseburg 15 km
🛈 ☎ (03 46 38) 5 60, Fax 56 01 23 — Verwaltungsgemeinschaft Kötzschau, Gemeindeholz 2, 06254 Zöschen

Günthersdorf
** **Aue Park**
♂ ← Aue-Park-Allee 3, ✉ 06254, ☎ (03 46 38) 5 10, Fax 5 12 20, AX DC ED VA
57 Zi, Ez: 100-165, Dz: 160-210, ⊿ WC ☎, 19🍴; Lift **P** 🚂 7↻230 Sauna Solarium 🍽

Kötzting 65 ↗

Bayern — Kreis Cham — 440 m — 7 100 Ew — Viechtach 15, Cham 23 km
🛈 ☎ (0 99 41) 60 21 50, Fax 60 21 55 — Verkehrsamt, Herrenstr 10, 93444 Kötzting; Luftkurort im Bayerischen Wald. Sehenswert: Kath. Kirche; Wallfahrtskirche in Weißenregen (1 km ↓); Altes Rathaus, Glockenspiel; 1000jährige Linde; Höllenstein-Stausee (10 km ↓)

** **Gasthof Amberger Hof**
Torstr 2, ✉ 93444, ☎ (0 99 41) 95 00, Fax 95 01 10, ED
34 Zi, Ez: 75, Dz: 120, ⊿ WC ☎; Lift **P** 🚂 Solarium
Rezeption: 7-14, 17-22; geschl: Sa
* Hauptgericht 25

Kötzting-Außerhalb (1,5 km ↙)
* **Am Steinbachtal**
Steinbach 2, ✉ 93444, ☎ (0 99 41) 16 94, Fax 82 12
57 Zi, Ez: 50, Dz: 100, ⊿ WC; Lift **P** Fitneßraum 🍽
geschl: Anfang Nov-Mitte Dez →

Kötzting

Liebenstein (5 km ↑)
∗∗ Bayerwaldhof
♂ ⋖ Liebenstein 1, ✉ 93444, ☎ (0 99 41)
13 97, Fax 48 06
47 Zi, Ez: 65-80, Dz: 110-160, 1 Suite, ⊟ WC
☎; Lift ℗ 2⇔50 ≋ Fitneßraum Sauna
Solarium ⓨ⊚

Kohlgrub, Bad 71 ↙

Bayern — Kreis Garmisch-Partenkirchen —
850 m — 2 200 Ew — Murnau 13, Schongau 25, Garmisch-Partenkirchen 32 km
ⓘ ☎ (0 88 45) 90 21, Fax 7 51 36 — Kurverwaltung, Hauptstr 27, 82433 Bad Kohlgrub; Moorheilbad am Alpenrand. Sehenswert: Hörnle, 1550 m ⋖, Seilbahn; Echelsbacher Brücke (8 km ↘); Klosterkirche in Rottenbuch (12km ↘); Staffelsee
(12 km →)

**∗∗ Astron Kurhotel
Schillingshof**
♂ ⋖ Fallerstr 11, ✉ 82433, ☎ (0 88 45)
70 10, Fax 83 49, ⒶⓍ ⒹⒸ ⒺⒹ ⓋⒶ
131 Zi, Ez: 169-179, Dz: 266-276, ⊟ WC ☎;
Lift ℗ 🄻 3⇔ ≋ Fitneßraum Kegeln Sauna
Solarium ⓨ⊚ ⛱

∗ Gertraud
⋖ Kehrerstr 22, ✉ 82433, ☎ (0 88 45) 8 50,
Fax 85 44
18 Zi, Ez: 50-70, Dz: 100-146, ⊟ WC ☎; ℗
Solarium; **garni**
geschl: Anfang Nov-Ende Jan

∗∗ Pfeffermühle ⚜
Trillerweg 10, ✉ 82433, ☎ (0 88 45) 7 40 60,
Fax 10 47
Hauptgericht 30; ℗ Terrasse; nur abends;
geschl: Do, Anfang Nov.-Ende Jan.
Pfeffermühlensammlung
∗ ♂ 7 Zi, Ez: 48-68, Dz: 110-140,
2 Suiten, ⊟ WC ☎
Rezeption: 7-11, ab 16

Kohren-Sahlis 49 ↗

Sachsen — Kreis Geithain — 230 m —
2 200 Ew — Geithain 10, Altenburg 20 km
ⓘ ☎ (03 43 44) 2 58 — Fremdenverkehrsverband, Kohrener Land, 04655 Gnandstein.
Sehenswert: Töpfermuseum; Töpferbrunnen; Reste einer Burganlage; Mühlen; im
Ortsteil Rüdigsdorf Schwindpavillon mit
Fresken

Terpitz (2 km →)
∗ Elisenhof
Haus Nr 27, ✉ 04655, ☎ (03 43 44) 6 14 39,
Fax 6 28 15, ⒶⓍ ⒺⒹ
Hauptgericht 25; ℗ Terrasse; geschl:
Anfang-Mitte Jan
∗∗ ♂ 10 Zi, Ez: 120, Dz: 160-250, ⊟
WC ☎; 🄻

Koitzsch 40 ↖

Sachsen — Kreis Kamenz — 224 m —
319 Ew — Königsbrück 4, Kamenz 10 km
ⓘ ☎ (03 57 95) 24 26 — Gemeindeverwaltung, Dorfstr 22, 01936 Koitzsch

∗ Gasthof zum Brüderchen
Kamenzer Str 6, ✉ 01936, ☎ (03 57 95)
4 28 75, Fax 4 74 36, ⒶⓍ ⒺⒹ ⓋⒶ
6 Zi, Ez: 70, Dz: 120, ⊟ WC ☎; ℗ 🄻 Fitneßraum Sauna ⓨ⊚
geschl: Fr

Kolbermoor 72 ↖

Bayern — Kreis Rosenheim — 465 m —
16 200 Ew — Bad Aibling 4, Rosenheim
5 km
ⓘ ☎ (0 80 31) 9 10 21, Fax 9 72 21 — Stadtverwaltung, Rosenheimer Str 30 b,
83059 Kolbermoor

∗ Heider
Rosenheimer Str 35, ✉ 83059, ☎ (0 80 31)
9 60 76, Fax 9 14 10, ⒺⒹ ⓋⒶ
38 Zi, Ez: 79-98, Dz: 139-159, 3 Suiten,
3 App, ⊟ WC ☎, 6✉; Lift ℗; **garni**
Rezeption: 6-12, 15-23; geschl: Mitte Dez-Mitte Jan
Auch Zimmer der Kategorie **∗∗** vorhanden

Kolkwitz 41 ↖

Brandenburg — Kreis Cottbus-Land —
58 m — 3 400 Ew — Cottbus 6 km
ⓘ ☎ (03 55) 2 83 21 — Landratsamt,
Blechenstr 1, 03046 Cottbus

∗ Pension Christa
Berliner Str 2 B + G, ✉ 03099, ☎ (03 55)
2 83 49, Fax 28 72 68
16 Zi, Ez: 50-90, Dz: 70-100, 1 App, ⊟ WC;
℗ ⓨ⊚
Rezeption: 6-24, Sa+So 6-18

Kolkwitz-Außerhalb (1,5 km →)
∗∗ Haus Irmer
Berliner Str 90 c, ✉ 03099, ☎ (03 55)
28 74 74, Fax 28 74 77, ⒶⓍ ⒺⒹ ⓋⒶ
36 Zi, Ez: 130, Dz: 160, ⊟ WC ☎; Lift ℗
2⇔50 Sauna Solarium
∗ Hauptgericht 30

Kollnburg 65 ↗

Bayern — Kreis Regen — 670 m —
2 800 Ew — Viechtach 4 km
ⓘ ☎ (0 99 42) 50 91, Fax 56 00 — Verkehrsamt, Schulstr 1, 94262 Kollnburg; Erholungsort im Bayerischen Wald. Sehenswert: Barockpfarrkirche; Burgruine; Aussichtsturm; Höllenstein-Stausee (12 km ↑)

Konstanz

*	**Zum Bräu**

Viechtacher Str 6, ⌂ 94262, ☏ (0 99 42)
50 71, Fax 50 74, ED
45 Zi, Ez: 37-45, Dz: 60-80, ⌐ WC ☏; Lift P
Fitneßraum Kegeln Sauna Solarium ⌘
geschl: Nov

Konstanz 69

Baden-Württemberg — Kreis Konstanz —
400 m — 75 000 Ew — Singen 31, Schaffhausen 48, Zürich 60 km
ℹ ☏ (0 75 31) 90 03 76, Fax 90 03 64 — Tourist-Information, Bahnhofplatz 13,
78462 Konstanz; Hist. Stadt am Bodensee;
Universität; Stadttheater; Spielbank;
Grenzübergänge zur Schweiz.
Sehenswert: Münster ⌘, Hl. Grab, Kreuz-
gabg; ehem. Augustinerkirche; ehem.
Dominikanerkloster (heute Inselhotel:
Kreuzgang); kath. Kirche St. Stephan; alt-
kath. Christuskirche; Konzilgebäude; Insel
Mainau (6 km ↑), Insel Reichenau
(11 km ←)

Achtung: Autofähre von Konstanz-Staad
(4 km ↗) nach Meersburg alle 15 Min. von
6-22 Uhr, ℹ ☏ (0 75 31) 80 33 66

**** Steigenberger Inselhotel
⌘ Auf der Insel 1 (B 2), ⌂ 78462,
☏ (0 75 31) 12 50, Fax 2 64 02, AX DC ED VA
100 Zi, Ez: 185-310, Dz: 280-420, S;
2 Suiten, ⌐ WC ☏, 10⌂; Lift P 5⇔400
Strandbad Seezugang Sauna Solarium ⌘
*** Seerestaurant
⌘ Hauptgericht 39; Terrasse; geschl: Mitte
Jan-Anfang Feb
** Dominikaner-Stube
⌐ Hauptgericht 35; Terrasse

*** Ramada Hotel Halm
⌘ Bahnhofplatz 6 (B 3), ⌂ 78462,
☏ (0 75 31) 12 10, Fax 2 18 03, AX DC ED VA
96 Zi, Ez: 152-207, Dz: 205-280, S; 3 Suiten,
⌐ WC ☏, 20⌂; Lift 4⇔80 Sauna Solarium
⌘

*** Rega Parkhotel am See
⌘ Seestr 25 a (C 1), ⌂ 78464, ☏ (0 75 31)
89 90, Fax 89 94 00, AX DC ED VA
33 Zi, Ez: 160-230, Dz: 200-350, 6 Suiten, ⌐
WC ☏; Lift 2⇔Sauna Solarium
** Hauptgericht 30; Gartenlokal;
geschl: Mo, Nov-Dez, Jan-Mär →

Konstanz

** Seeblick
Neuhauser Str 14 (C 1), ✉ 78464,
☎ (0 75 31) 81 30 22, Fax 81 32 22, AX DC ED VA
85 Zi, Ez: 95-120, Dz: 165-225, WC ☎; Lift
P 2↔60
Auch Zimmer der Kategorie * vorhanden

** Ganter
Hauptgericht 35; nur abends; geschl: So, Mo, Jan

** Barleben am See
Seestr 15 (C 1), ✉ 78464, ☎ (0 75 31)
5 00 74, Fax 81 02 40, AX DC ED VA
9 Zi, Ez: 150-180, Dz: 225-285, WC ☎; P
Seezugang; **garni**
geschl: Jan, Dez

* Buchner Hof
Buchner Str 6, ✉ 78464, ☎ (0 75 31)
8 10 20, Fax 81 02 40, AX DC ED VA
13 Zi, Ez: 100-160, Dz: 120-180, 2 Suiten, WC ☎; P Sauna Solarium; **garni**
geschl: Ende Dez-Mitte Jan

* Stadthotel
Bruderturmgasse 2 (A 3), ✉ 78462,
☎ (0 75 31) 9 04 60, Fax 90 46 46,
AX DC ED VA
24 Zi, Ez: 110-130, Dz: 150-185, WC ☎;
Lift; **garni**
geschl: Ende Dez-Anfang Jan
Auch Zimmer der Kategorie ** vorhanden

* Bayrischer Hof
Rosgartenstr 30 (B 3), ✉ 78462, ☎ (0 75 31)
13 04-0, Fax 13 04-13, AX DC ED VA
25 Zi, Ez: 110-142, Dz: 172-185, WC ☎;
6; Lift P; **garni**
geschl: 23.12.-8.1.

* Waldhaus Jakob
Eichhornstr 84 (C 1), ✉ 78464,
☎ (0 75 31) 8 10 00, Fax 81 00 67,
AX DC ED VA
37 Zi, Ez: 90-100, Dz: 160-180, WC ☎,
13; Lift P 4↔100
** Hauptgericht 30; Biergarten

* Barbarossa
Obermarkt 8 (A 2), ✉ 78462, ☎ (0 75 31)
2 20 21, Fax 2 76 30, AX DC ED VA
53 Zi, Ez: 97-115, Dz: 130-195, WC ☎; Lift
2↔70
Auch einfachere Zimmer vorhanden

*** Siber
Seestr 25 (C 1), ✉ 78464, ☎ (0 75 31)
6 30 44, Fax 6 48 13, DC ED VA
Hauptgericht 48; Gartenlokal P Terrasse;
geschl: Mitte Feb

*** Seehotel
(Relais & Châteaux)
11 Zi, Ez: 305-390, Dz: 340-390, 1 Suite,
WC ☎; 1↔90
geschl: Mitte Feb
Golf 18
Jugendstilvilla direkt am See

** Goldener Sternen
Bodanplatz 1 (B 3), ✉ 78462, ☎ (0 75 31)
2 52 28, Fax 2 16 73, AX DC ED VA
Hauptgericht 35
* 20 Zi, Ez: 70-125, Dz: 144-164, WC ☎;

** Nikolai Torkel
Eichhornstr 83 (C 1), ✉ 78464, ☎ (0 75 31)
8 14 10, Fax 81 41 20, ED VA
Hauptgericht 15; P Terrasse; geschl: So
abends, Mo, Di mittags
* 6 Zi, Ez: 100, Dz: 170, WC ☎
Rezeption: 10-22; geschl: Mo

** Casino-Restaurant
Seestr 21 (C 1), ✉ 78464, ☎ (0 75 31)
6 36 15, Fax 5 40 60, AX DC ED VA
Hauptgericht 35; P Terrasse; nur abends

** Stephanskeller
St.-Stephans-Platz 41 (A 2), ✉ 78462,
☎ (0 75 31) 2 35 66, Fax 1 71 16, AX ED VA
Hauptgericht 35; Terrasse

* Pinocchio
Untere Laube 47 (A 2), ✉ 78462,
☎ (0 75 31) 1 57 77, Fax 1 53 44, AX DC ED VA
Hauptgericht 35; Gartenlokal Terrasse;
geschl: Ende Jun.-Anfang Jul.

Staad (4 km ↗)

** Schiff am See
(Ringhotel)
William-Graf-Platz 2, ✉ 78464,
☎ (0 75 31) 3 10 41, Fax 3 19 81, AX DC ED VA
23 Zi, Ez: 90-150, Dz: 135-192, 5 Suiten, WC ☎; Lift P 1↔25
Auch Zimmer der Kategorie *** vorhanden
** Hauptgericht 25; Terrasse;
geschl: Mo. Di., Jan.

** Staader Fährhaus
Fischerstr 30, ✉ 78464, ☎ (0 75 31) 3 31 18,
Fax 3 31 18, AX DC ED VA
Hauptgericht 40; Gartenlokal; geschl: Di,
Mi mittags, 2 Wochen Ende Sep/Okt,
1 Woche über Neujahr, 1 Woche über
Fastnacht

Wallhausen
* Haus Seehang
Seehang 20, ✉ 78465, ☎ (0 75 33) 40 90,
Fax 48 01
14 Zi, Ez: 65-75, Dz: 100-150, WC ☎; Lift
P; **garni**
Rezeption: 8-19

Wollmatingen (4 km ↖)
** Tweer Hotel Goldener Adler
Fürstenbergstr 70, ✉ 78467, ☎ (0 75 31)
9 75 00, Fax 97 50 90, AX DC ED VA
49 Zi, Ez: 110-198, Dz: 160-260, WC ☎,
6; Lift P 2↔50
** Hauptgericht 30; geschl: So

Konz 52 □

Rheinland-Pfalz — Kreis Trier-Saarburg — 137 m — 16 632 Ew — Trier 9, Saarburg 14 km
ℹ️ (0 65 01) 77 90, Fax 47 18 — Verkehrsamt, Granastr 24, 54329 Konz; Städtchen am Zusammenfluß von Saar und Mosel, größte Weinbaugemeinde von Mosel-Saar-Ruwer. Sehenswert: Kloster Karthaus; römische Villa mit Mosaiken; Freilichtmuseum Roscheider Hof, Tempelanlage auf dem Metzenberg

∗ Parkhotel
Granastr 26, ✉ 54329, ☎ (0 65 01) 21 57, Fax 78 82, AX ED VA
22 Zi, Ez: 65-100, Dz: 95-120, ⌐ WC ☎; P
🍴 ⚒
geschl: 23.12.96-8.1.97

∗ Römerstuben
Wiltinger Str 25, ✉ 54329, ☎ (0 65 01) 20 75, Fax 21 17, AX DC ED VA
27 Zi, Ez: 80-90, Dz: 100-125, ⌐ WC ☎; P 3⇔200
∗ Hauptgericht 28; Terrasse

∗ Alt-Conz
♂ Gartenstr 8, ✉ 54329, ☎ (0 65 01) 9 36 70, Fax 77 75, AX ED VA
14 Zi, Ez: 75-85, Dz: 100-120, ⌐ WC ☎; P 🚗
∗ Hauptgericht 25; Biergarten;
geschl: Mo mittags

Korb 61 →

Baden-Württemberg — Rems-Murr-Kreis — 300 m — 9 800 Ew — Waiblingen 3, Winnenden 5 km
ℹ️ ☎ (0 71 51) 2 00 40, Fax 20 04 23 — Bürgermeisteramt, J.-F.-Weishaar-Str 7, 71404 Korb

∗∗ Hahnen
Heppachstr 24, ✉ 71404, ☎ (0 71 51) 93 90 20, Fax 9 39 02 55, ED VA
25 Zi, Ez: 95-110, Dz: 140, ⌐ WC ☎; P 🚗
1⇔35; **garni** 🍴
Rezeption: 7-20

∗∗ Rommel
Boschstr 7, ✉ 71404, ☎ (0 71 51) 93 10, Fax 93 12 40, ED VA
47 Zi, Ez: 105-135, Dz: 158-180, ⌐ WC ☎; Lift P 🚗 🍴
Auch Zimmer der Kategorie ∗ vorhanden

Steinreinach (0,5 km ↘)
∗ Zum Lamm
Buocher Str 34, ✉ 71404, ☎ (0 71 51) 3 25 77
Hauptgericht 25; P; geschl: Mo, Di, Aug, Jan

Korbach 35 ↗

Hessen — Kreis Waldeck-Frankenberg — 400 m — 23 000 Ew — Waldeck 26, Kassel 59 km
ℹ️ ☎ (0 56 31) 5 32 31, Fax 5 32 00 — Verkehrsamt, im Rathaus, Stechbahn 1, 34497 Korbach; Kreisstadt. Sehenswert: Ev. Kilianskirche: Südportal; ev. Kirche St. Nikolai; Rathaus mit Roland; Stadtbefestigung

∗∗ Zum Rathaus (Landidyll Hotel)
Stechbahn 8, ✉ 34497, ☎ (0 56 31) 5 00 90, Fax 50 09 59, AX DC ED VA
33 Zi, Ez: 80-130, Dz: 140-160, 2 Suiten, 2 App, ⌐ WC ☎, 1🛏; Lift P 🚗 2⇔60
Sauna Solarium 🍴

∗∗ Touric
Medebacher Landstr 10, ✉ 34497,
☎ (0 56 31) 95 85, Fax 95 84 50, AX DC ED VA
40 Zi, Ez: 88-98, Dz: 146-195, ⌐ WC ☎; Lift 5⇔800 ≋ 🛥 Kegeln Sauna Solarium 🍴

Kordel 52 ↑

Rheinland-Pfalz — Kreis Trier-Saarburg — 200 m — 2 500 Ew — Trier 18, Bitburg 22 km
ℹ️ ☎ (0 65 05) 2 44 — Gemeindeverwaltung, Kreuzfeld 10, 54306 Kordel; Erholungsort im Kylltal, in der Eifel

∗ Neyses am Park
Kreuzfeld 1, ✉ 54306, ☎ (0 65 05) 5 99, Fax 5 09, AX ED
15 Zi, Ez: 55-68, Dz: 106-126, ⌐ WC ☎; Lift P 2⇔30 ⚒
geschl: Anfang-Mitte Apr, Anfang-Mitte Nov
∗∗ Hauptgericht 25; geschl: Do, Mo mittags, Anfang-Mitte Mär, Anfang-Mitte Nov

Korntal-Münchingen 61 □

Baden-Württemberg — Kreis Ludwigsburg — 345 m — 17 319 Ew — Stuttgart 11 km
ℹ️ ☎ (07 11) 8 36 70, Fax 83 66 28 — Stadtverwaltung, Saalplatz 4, 70825 Korntal-Münchingen. Sehenswert: Schloß Solitude ⋖ (6 km ↗)

Münchingen
∗∗ Mercure
Siemensstr 50, ✉ 70825, ☎ (0 71 50) 1 30, Fax 1 32 66, AX DC ED VA
208 Zi, Ez: 165-195, Dz: 185-215, ⌐ WC ☎, 28🛏; Lift P 14⇔350 🛥 Sauna Solarium
∗∗ Rebkammer
Hauptgericht 35; Biergarten; geschl: 24.12.96-4.1.97

→

Korntal-Münchingen

** Strohgäu-Hotel
Stuttgarter Str 60, ✉ 70825, ☎ (0 71 50)
9 29 30, Fax 92 93 99, AX DC ED VA
48 Zi, Ez: 109-138, Dz: 148-190, ⊿ WC ☎; P
3⇔50 Sauna Solarium
Auch Zimmer der Kategorie * vorhanden
** Hauptgericht 30; Biergarten

Kornwestheim 61 →

Baden-Württemberg — Kreis Ludwigsburg
— 300 m — 30 000 Ew — Stuttgart 12 km
ℹ ☎ (0 71 54) 20 20, Fax 20 22 22 — Stadtverwaltung, Jakob-Siegle-Platz 1, 70806 Kornwestheim. Sehenswert: Ev. Kirche St. Martin; Rathaus-Wasserturm; Galerie; Schulmuseum; Salamander-Stadtpark

** Domizil
Stuttgarter Str 1, ✉ 70806, ☎ (0 71 54)
80 90, Fax 80 92 00, AX DC ED VA
50 Zi, Ez: 125-150, Dz: 155-175, 8 App, ⊿
WC ☎, 2🛏; Lift P 🛏 4⇔60 ⚹

* Hasen
Christofstr 22, ✉ 70806, ☎ (0 71 54)
81 35 00, Fax 81 35 70
22 Zi, Ez: 75-80, Dz: 98-105, ⊿ WC ☎
geschl: Mo; 3 Wochen im Jul

Weinstube Grashöfle
Lange Str 24, ✉ 70806, ☎ (0 71 54) 48 78
Hauptgericht 25; Gartenlokal; nur abends; geschl: Mo, zu Fasching
Tischreservierung erforderlich

Korschenbroich 32 ↘

Nordrhein-Westfalen — Kreis Neuss —
39 m — 30 000 Ew — Mönchengladbach 6, Neuss 13 km
ℹ ☎ (0 21 61) 61 30, Fax 61 31 08 — Stadtverwaltung, Sebastianusstr 1, 41352 Korschenbroich. Sehenswert: Schloß Myllendonk (2 km ↑); hist. Stadtteil Liedberg

* St. Andreas
Gustav-Heinemann-Str 1, ✉ 41352,
☎ (0 21 61) 6 47 64, Fax 6 47 12, AX DC ED VA
18 Zi, Ez: 118-198, Dz: 178-298, ⊿ WC ☎;
Lift P ⚹

Kleinenbroich (4 km →)
* Gästehaus Bienefeld
☞ Im Kamp 5, ✉ 41352, ☎ (0 21 61)
9 98 30-0, Fax 9 98 30-99, AX DC ED VA
15 Zi, Ez: 95-120, Dz: 160, ⊿ WC ☎; P 🛏;
garni
geschl: Mitte-Ende Jul

Wer nicht zu zweit im Doppelbett schlafen möchte, sollte ausdrücklich ein Zimmer mit zwei getrennten Betten verlangen.

Kraiburg a. Inn 73 ↖

Bayern — Mühldorf a. Inn — 404 m —
3 500 Ew — Waldkraiburg 4, Mühldorf 8 km
ℹ ☎ (0 86 38) 7 20 08, Fax 7 32 09 — Gemeindeverwaltung, Marktplatz 1, 84559 Kraiburg a. Inn. Sehenswert: Hist. Marktplatz; Schloßbergkirche; neuromanische Kirche Hardthaus

** Hardthaus ✣
Marktplatz 31, ✉ 84559, ☎ (0 86 38)
7 30 67, Fax 7 30 68
Hauptgericht 30; P Terrasse; geschl:
Mo + Di, 1 Woche im Sept., 2 Wochen im Jan.

Krakow am See 20 ↗

Mecklenburg-Vorpommern — Güstrow —
48 m — 3 500 Ew — Güstrow 12, Plau 22 km
ℹ ☎ (03 84 57) 22 58, Fax 36 13 — Krakow-Information, Schulplatz 1, 18292 Krakow am See. Sehenswert: Wassermühle Kuchelmiß; Synagoge; Wolhynisches Umsiedlermuseum

** Ich weiß ein Haus am See
☞ Altes Forsthaus 2, ✉ 18292, ☎ (03 84 57)
2 32 73, Fax 2 32 74, AX DC ED VA
Hauptgericht 35; P Terrasse; nur abends; geschl: Mo, Mitte-Ende Jan
* ☞ einzeln ♂; 8 Zi, Ez: 180-220,
Dz: 200-260, ⊿ WC ☎, 6🛏; 1⇔17 Seezugang Strandbad
geschl: Mo, Mitte-Ende Jan

* Nordischer Hof
Am Markt 3, ✉ 18292, ☎ (03 84 57) 2 23 04,
Fax 2 23 04, VA
12 Zi, Ez: 105-115, Dz: 160, ⊿ WC ☎; P
2⇔45 Sauna ⚹

Kranichfeld 47 ↗

Thüringen — Kreis Weimar — 300 m —
3 300 Ew — Erfurt 20, Weimar 20 km
ℹ ☎ (03 64 50) 4 20 21, Fax 4 20 21 — Verkehrsamt, Markt 4 a, 99448 Kranichfeld. Sehenswert: Oberschloß; Baumbachhaus

* Zum alten Kurhaus
Ilmenauer Str 21, ✉ 99448, ☎ (03 64 50)
3 12 15, Fax 13 12 18, DC ED VA
12 Zi, Ez: 92-120, Dz: 140-200, 1 Suite, ⊿
WC ☎; P
* Hauptgericht 15; nur abends

Übernachtungspreise sind auch Marktpreise. Aus diesem Grund werden zum Beispiel zu Messezeiten an Messeplätzen oder zu Festspielzeiten an Festspielorten häufig höhere als die angegebenen Preise berechnet und in verkehrsarmen Zeiten niedrigere Preise. Die Preise sollten jeweils vor der Buchung erfragt werden.

Krefeld

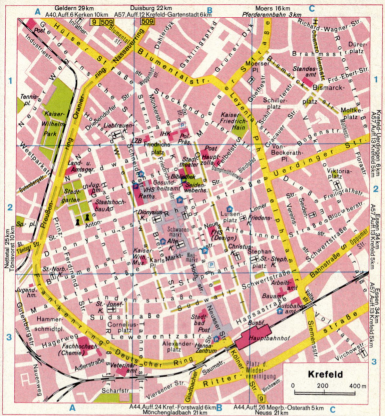

Krauchenwies 69 ←

Baden-Württemberg — Kreis Sigmaringen — 583 m — 4 800 Ew — Sigmaringen 9, Pfullendorf 11, Meßkirch 12 km
[i] ☎ (0 75 76) 97 20, Fax 9 72 14 — Gemeindeverwaltung, 72505 Krauchenwies

Göggingen (4 km ←)
* **Landgasthof Löwen**
an der B 311, ✉ 72505, ☎ (0 75 76) 8 12, [ED]
13 Zi, Ez: 58, Dz: 95, ⌂ WC ☎; [P] 🚗
* Hauptgericht 20; geschl: Do

Krausenbach siehe Dammbach

Krausnick 40 ↗

Brandenburg — Lübben — Berlin 80, Cottbus 60, Lübben 16 km
[i] ☎ (03 54 72) 2 36 — Gemeindeverwaltung, 15910 Krausnick

Varta Hotel-Service (05 11) 3 40 13 26.

** **Landhotel Krausnick**
Dorfstr 94, ✉ 15910, ☎ (03 54 72) 6 10, Fax 6 11 22, [AX] [DC] [ED] [VA]
38 Zi, Ez: 85, Dz: 130, ⌂ WC ☎, 10⌂; [P] 2⌂50 Sauna Solarium 🍴

Krefeld 32 ↘

Nordrhein-Westfalen — Stadtkreis — 40 m — 246 000 Ew — Duisburg 20, Düsseldorf 26 km
[i] ☎ (0 21 51) 2 92 90, Fax 6 90 94 — Verkehrs- und Werbeamt, Theaterplatz 1 (B 2), 47798 Krefeld; Rheinhafen; Stadttheater. Sehenswert: Rathaus; alte Patrizierhäuser; Burg Linn; Kaiser-Wilhelm-Museum und Haus Lange (alte und moderne Kunst); Textilmuseum; Zoologischer und Botanischer Garten →

Ein im Betriebseintrag dargestelltes S zeigt an, daß Sie hier bei einer Buchung über den Varta Hotel-Service zu Sonderkonditionen übernachten können.

619

Krefeld

*** Best Western Parkhotel Krefelder Hof
Uerdinger Str 245, ✉ 47800, ☏ (0 21 51) 58 40, Fax 5 84 35, AX DC VA
140 Zi, Ez: 145-185, Dz: 195-235, 10 Suiten, WC ☏, 13 ; Lift 10 450 Sauna Solarium
Golf 18

*** im Park
Hauptgericht 30; Terrasse

* Niederrheinische Altbierstube
Hauptgericht 25; Biergarten; nur abends; geschl: So

*** Hansa-Hotel
Am Hauptbahnhof (B 3), ✉ 47798, ☏ (0 21 51) 82 90, Fax 82 91 50, AX DC ED VA
102 Zi, Ez: 199-349, Dz: 259-349, S; 5 Suiten, 5 App, WC ☏, 36 ; Lift 4 150 Fitneßraum Sauna Solarium
geschl: Ende Dez

** Seidenraupe
Hauptgericht 25; nur abends; geschl: Ende Dez

** Garden Hotel
Schönwasserstr 12, ✉ 47800, ☏ (0 21 51) 59 02 96, Fax 59 02 99, AX DC ED VA
51 Zi, Ez: 99-179, Dz: 129-199, S; WC ☏, 8 ; Lift ; garni
Golf 18

** City Hotel Krefeld
Philadelphiastr 63 (C 2), ✉ 47799, ☏ (0 21 51) 62 61 00, Fax 62 61 00, AX DC ED VA
66 Zi, Ez: 120-270, Dz: 150-320, 6 Suiten, WC ☏, 12 ; Lift 2 30 Fitneßraum Solarium

** Koperpot
Rheinstr 30 (B 2), ✉ 47799, ☏ (0 21 51) 61 48 14, AX ED
Hauptgericht 36; Gartenlokal

** Le Crocodile
Uerdinger Str 336, ✉ 47800, ☏ (0 21 51) 50 01 10, Fax 50 01 10, AX
Hauptgericht 35; Terrasse; geschl: So mittags, Mo, in den Osterferien

** Aquilon
Ostwall 199 (B 2), ✉ 47798, ☏ (0 21 51) 80 02 07, AX
Hauptgericht 38; Terrasse; geschl: So

Bockum (3 km →)
* Alte Post
Uerdinger Str 550 a, ✉ 47800, ☏ (0 21 51) 5 88 40, Fax 50 08 88, AX DC ED VA
33 Zi, Ez: 100-160, Dz: 150-220, WC ☏; Lift ; garni
geschl: 24.12.97-1.1.98
Auch Zimmer der Kategorie ** vorhanden

* Benger
Uerdinger Str 620, ✉ 47800, ☏ (0 21 51) 9 55 40, Fax 95 54 44, AX DC VA
20 Zi, Ez: 100-125, Dz: 150-180, WC ☏;
geschl: Ende Dez-Anfang Jan

** Sonnenhof
Uerdinger Str 421, ✉ 47800, ☏ (0 21 51) 59 35 40, Fax 50 51 65, AX ED
Hauptgericht 35; Terrasse; 12-14, 17.30-24

** La Capannina
Uerdinger Str 552, ✉ 47800, ☏ (0 21 51) 59 14 61, Fax 50 12 29, AX DC ED VA
Hauptgericht 35; Terrasse

Fichtenhain
* Sol Inn Hotel
Europark Fichtenhain A 1, ✉ 47807, ☏ (0 21 51) 83 60, Fax 83 64 44, AX DC ED VA
99 Zi, Ez: 105-199, Dz: 169-209, WC ☏, 12 ; Lift 3 140

Linn (4 km →)
* Burg Hotel Kaisler
Rheinbabenstr 122, ✉ 47809, ☏ (0 21 51) 57 30 51, Fax 57 30 53, AX DC ED VA
24 Zi, Ez: 110, Dz: 160, WC ☏; Lift 4 350
Rezeption: 6-18

Traar (6 km ↗)
*** Dorint Sport & Country Hotel
Elfrather Weg 5, ✉ 47802, ☏ (0 21 51) 95 60, Fax 95 61 00, AX DC ED VA
158 Zi, Ez: 235-335, Dz: 275-375, S;
4 Suiten, WC ☏, 18 ; Lift 12 275 Fitneßraum Sauna Solarium

** Dorint
Hauptgericht 30; Terrasse

Traar-Außerhalb (4 km ←)
** Landhaus Fischerheim
Nieper Str 275, ✉ 47802, ☏ (0 21 51) 56 48 35, Fax 56 40 25, ED
Hauptgericht 30; geschl: Mo, Sa mittags

Uerdingen (7 km →)
* Imperial
Bahnhofstr 60 a, ✉ 47829, ☏ (0 21 51) 4 92 80, Fax 49 28 49
26 Zi, Ez: 95-140, Dz: 140-180, WC ☏; Lift ; garni

Verberg (4 km ↑)
* Gut Heyenbaum
Zwingenbergstr 2, ✉ 47802, ☏ (0 21 51) 56 47 66, Fax 56 39 78, AX DC ED VA
Hauptgericht 30; Biergarten Gartenlokal
; nur abends; geschl: Ende Dez

Kreischa

Sachsen — Kreis Freital — 425 m — 3 312 Ew — Dippoldiswalde 10, Dresden 15 km
ℹ ☏ (03 52 06) 52 65 — Gemeindeverwaltung, Dresdner Str 10, 01731 Kreischa

Kreuznach, Bad

** Kreischaer Hof
Alte Str 4, ✉ 01731, ☏ (03 52 06) 2 20 51, Fax 2 20 51, AX ED VA
49 Zi, Ez: 85-120, Dz: 120-160, ⊿ WC ☏; Lift
🅿 2⇔45 Sauna 🍴

** Am Park
Dresdner Str 13, ✉ 01731, ☏ (03 52 06) 20 50, Fax 2 05 50, ED VA
26 Zi, Ez: 90-125, Dz: 130-160, 2 Suiten, ⊿ WC ☏; 🅿 Sauna Solarium 🍴

<mark>Gombsen</mark> (2 km ↗)
* Landhotel Rosenschänke
Baumschulstr 17, ✉ 01731, ☏ (03 52 06) 2 18 70, Fax 2 18 58, AX DC ED VA
10 Zi, Ez: 80-90, Dz: 110-130, ⊿ WC ☏; 🅿
🍴
Rezeption: 11-23

Kremmen 30 ↖

Brandenburg — Kreis Oranienburg — 45 m — 2 729 Ew — Oranienburg 16, Berlin 30 km
ℹ ☏ (03 30 55) 7 03 39 — Gemeindeverwaltung, Markt 1, 16766 Kremmen

* Kremmener Luch
♂ ⚓ Am Seeweg 4 a, ✉ 16766, ☏ (03 30 55) 7 03 56, Fax 7 04 43, AX DC ED VA
Ez: 135, Dz: 195, 6 App, ⊿ WC ☏; 🅿
Strandbad Seezugang 🍴

Krempe 17 ↗

Schleswig-Holstein — Kreis Itzehoe — 3 m — 2 087 Ew — Glückstadt 8, Itzehoe 10 km
ℹ ☏ (0 48 24) 8 16 — Stadtverwaltung, Am Markt 1, 25361 Krempe

* Ratskeller zu Krempe
🍽 Am Markt 1, ✉ 25361, ☏ (0 48 24) 3 81 54, Fax 3 81 55, AX DC ED VA
Hauptgericht 22; Terrasse; geschl: Mo, Sa mittags, Jan
Rathausbau aus dem 16. Jh.

Kressbronn a. Bodensee 69 ↓

Baden-Württemberg — Bodenseekreis — 420 m — 7 200 Ew — Lindau 10, Friedrichshafen 12 km
ℹ ☏ (0 75 43) 9 66 50, Fax 6 02 39 — Verkehrsamt, Seestr 20, 88079 Kressbronn; Erholungsort

** Strandhotel
♂ ⚓ Uferweg 5, ✉ 88079, ☏ (0 75 43) 68 41, Fax 70 02
34 Zi, Ez: 120-140, Dz: 170-200, ⊿ WC ☏; Lift 🅿 🖶 Strandbad Seezugang ⚓
geschl: Anfang Dez-Mitte Mär

* Am Kretzergrund
⚓ Hauptgericht 25; Terrasse; geschl: Anfang Dez-Mitte Mär

* Krone
Hauptstr 41-45, ✉ 88079, ☏ (0 75 43) 9 60 80, Fax 96 08 15, AX DC ED VA
24 Zi, Ez: 55-120, Dz: 90-160, 2 App, ⊿ WC ☏; 🅿 🖶 ≋ Kegeln 🍴
Rezeption: 9-23; geschl: Mi, Ende Okt-Mitte Nov, Mitte Dez-Anfang Jan
Im Neubau Zimmer der Kategorie ** vorhanden

* Seehof
♂ ⚓ Seestr 25, ✉ 88079, ☏ (0 75 43) 9 36 30, Fax 93 63 40
16 Zi, Ez: 82-105, Dz: 134-150, ⊿ WC ☏; 🅿
geschl: Mitte Nov-Anfang Mär
Restaurant für Hausgäste; von Apr bis Okt Zimmervermietung nur mit Abendessen.

Kreuth 72 ↓

Bayern — Kreis Miesbach — 800 m — 3 700 Ew — Tegernsee 10 km
ℹ ☏ (0 80 29) 18 19, Fax 18 28 — Kurverwaltung, Nördliche Hauptstr 3, 83708 Kreuth; heilklimatischer Kurort, Wintersportplatz.
Sehenswert: Leonhardi-Kirche.

** Zur Post
♂ Nördliche Hauptstr 5, ✉ 83708, ☏ (0 80 29) 10 21, Fax 3 22, AX ED VA
75 Zi, Ez: 85-140, Dz: 140-180, 1 Suite, ⊿ WC ☏; Lift 🅿 🖶 6⇔100 Sauna ⚓
** Poststuben
Hauptgericht 17; Biergarten

<mark>Scharling</mark> (3 km ↓)
** Gasthof Hirschberg ✤
Nördliche Hauptstr 89, ✉ 83708, ☏ (0 80 29) 3 15, Fax 10 04
Hauptgericht 25; 🅿 Terrasse; geschl: Mo, Di, Nov

Kreuznach, Bad 53 ↗

Rheinland-Pfalz — Kreis Bad Kreuznach — 104 m — 40 000 Ew — Bingen 15, Alzey 27, Mainz 40 km
ℹ ☏ (06 71) 8 36 00 50, Fax 8 36 00 80 — Kur- und Salinenbetriebe, Kurhausstr 28, 55543 Bad Kreuznach; Radon-Solbad an der Nahe. Sehenswert: Altstadt; ev. Paulus-Kirche; kath. Kirche St. Nikolai; Alte Nahebrücke: Brückenhäuser; Dr.-Faust-Haus; Mosaikboden in der Römerhalle; Kauzenburg; Schloßparkmuseum; Salinental

*** Parkhotel Kurhaus
♂ Kurhausstr 28, ✉ 55543, ☏ (06 71) 80 20, Fax 3 54 77, AX DC ED VA
104 Zi, Ez: 149-189, Dz: 230-280, S;
4 Suiten, ⊿ WC ☏, 15🖶; Lift 🅿 🖶 11⇔450 Sauna ⚓
Direkter, kostenloser Zugang zu den Crucenia-Thermen.
*** Parkrestaurant
Hauptgericht 30; nur abends →

Kreuznach, Bad

** **Landhotel Kauzenberg**
einzeln ♂ Auf dem Kauzenberg, ✉ 55545,
☎ (06 71) 38 00-0, Fax 38 00-1 24,
AX DC ED VA
46 Zi, Ez: 125-165, Dz: 160-240, ⌐ WC ☎,
4🛏; P 3⇔35 Fitneßraum Sauna Solarium
🍴
Auch Zimmer der Kategorie ******* vorhanden

** **Die Kauzenburg**
◁ Hauptgericht 30; Gartenlokal Terrasse;
geschl: Do, 15.1.-25.2.97
5 Gehminuten vom Hotel entfernt. Nach
Voranmeldung „Essen wie im Mittelalter"

** **Insel-Stuben**
(Flair Hotel)
Kurhausstr 10, ✉ 55543, ☎ (06 71) 83 79 90,
Fax 8 37 99 55, AX DC ED VA
22 Zi, Ez: 112-118, Dz: 170-190, ⌐ WC ☎,
3🛏; Lift P 1⇔20 🍽

** **Kurhotel Der Quellenhof**
♂ Nachtigallenweg 2, ✉ 55543, ☎ (06 71)
83 83 30, Fax 3 52 18, DC ED VA
44 Zi, Ez: 80-140, Dz: 190-240, 4 Suiten, ⌐
WC ☎, P 🖼 ≙ Fitneßraum Sauna Solarium
🍽
Rezeption: 7-21

** **Engel im Salinental**
Heinrich-Held-Str 10, ✉ 55543, ☎ (06 71)
38 10, Fax 4 38 05, AX DC ED VA
28 Zi, Ez: 110-135, Dz: 168-190, ⌐ WC ☎;
Lift P 2⇔40 Fitneßraum Sauna
Restaurant für Hausgäste

* **Michel Mort**
Eiermarkt 9, ✉ 55545, ☎ (06 71) 83 93 30,
Fax 8 39 33 10, AX DC ED VA
18 Zi, Ez: 109, Dz: 165, ⌐ WC ☎; P 1⇔16
Solarium 🍽

*** **Im Gütchen** 👑
Hüffelsheimer Str 1, ✉ 55545, ☎ (06 71)
4 26 26, Fax 48 04 35, AX ED
Hauptgericht 40; P Terrasse; nur abends,
so+feiertags auch mittags; geschl: Mo,
Di, 2 Wochen im Jan

Historisches Dr.-Faust-Haus
▽ Magister-Faust-Gasse 47, ✉ 55545,
☎ (06 71) 2 87 58
Hauptgericht 20; nur abends, Sa+So auch
mittags; geschl: Di

siehe auch **Hackenheim**

Kreuztal 44 ↘

Nordrhein-Westfalen — Kreis Siegen-Wittgenstein — 260 m — 33 000 Ew — Siegen 11, Olpe 18 km
ℹ ☎ (0 27 32) 5 10, Fax 45 34 — Stadtverwaltung, Siegener Str 5, 57223 Kreuztal.
Sehenswert: Schloß Junkernhees

** **Keller**
Siegener Str 33, ✉ 57223, ☎ (0 27 32)
40 05, Fax 2 10 07, AX DC ED VA
Hauptgericht 35; Gartenlokal P; geschl:
Sa mittags
* 14 Zi, Ez: 80-98, Dz: 160-170, ⌐
WC ☎
Golf 18

Kreuzwertheim 55 ↗

Bayern — Kreis Main-Spessart — 140 m —
3 911 Ew — Wertheim 1, Marktheidenfeld
12 km
ℹ ☎ (0 93 42) 3 70 26, Fax 2 16 40 —
Gemeindeverwaltung, Lengfurter Str 8,
97892 Kreuzwertheim; Ort am Main

* **Lindenhof**
◁ Lindenstr 41, ✉ 97892, ☎ (0 93 42) 10 41,
Fax 43 53
14 Zi, Ez: 98-135, Dz: 120-210, 1 Suite, ⌐
WC ☎, 10🛏; P 🖼 Solarium 🍴
Auch Zimmer der Kategorie ****** vorhanden
** ◁ Hauptgericht 30; Terrasse

* **Herrnwiesen** 👑
◁ In den Herrnwiesen 4, ✉ 97892,
☎ (0 93 42) 3 70 31, Fax 2 28 63, AX ED VA
20 Zi, Ez: 90-130, Dz: 140-180, 2 App, ⌐ WC
☎, 10🛏; P 🖼
Restaurant für Hausgäste. Auch Zimmer
der Kategorie ****** vorhanden

Kriftel 44 ↘

Hessen — Main-Taunus-Kreis — 120 m —
10 400 Ew — Frankfurt/Main 16, Wiesbaden 20 km
ℹ ☎ (0 61 92) 4 00 40, Fax 4 55 14 —
Gemeindeverwaltung, Frankfurter Str 33,
65830 Kriftel

* **Mirabell**
♂ Richard-Wagner-Str 33, ✉ 65830,
☎ (0 61 92) 4 20 88, Fax 4 51 69, ED VA
45 Zi, Ez: 125-165, Dz: 190-240, ⌐ WC ☎,
15🛏; Lift P 🖼 ≙ Fitneßraum Sauna
Solarium; **garni**
geschl: Ende Dez-Anfang Jan

Krippen 51 ↗

Sachsen — Kreis Pirna — 125 m — 790 Ew
— Bad Schandau 6, Dresden 25 km
ℹ ☎ (03 50 28) 4 01, Fax 3 66 — Gemeindeverwaltung, Friedrich-Gottlob-Keller-Str 54, 01814 Krippen

* **Erbgericht**
Bächelweg 4, ✉ 01814, ☎ (03 50 28)
8 09 41, Fax 8 09 43, AX ED VA
45 Zi, Ez: 95, Dz: 98-158, 8 App, ⌐ WC ☎,
2🛏; P 3⇔180 Sauna 🍽
Rezeption: 10-23

Grundmühle
✱ Friedrich-Gottlob-Keller-Str 69, ✉ 01814, ☎ (03 50 28) 8 07 18, Fax 8 04 20, AX ED VA
39 Zi, Ez: 85-95, Dz: 98-138, 1 Suite, ⌂ WC ☎, 4🛏; 🅿 2⇔80 Fitneßraum Sauna Solarium 🍽
Rezeption: 10-23

Kritzmow 12→

Mecklenburg-Vorpommern — Kreis Bad Doberan — 58 m — 773 Ew — Rostock 6 km
ℹ ☎ (03 81) 72 43 68, Fax 72 51 61 — Amtsverwaltung, Warnow-West, Satower Str 76, 18198 Kritzmow

Sievershagen
✱✱ **Atrium Hotel Krüger**
Ostsee-Park-Str 2, an der B 105, ✉ 18069, ☎ (03 81) 8 00 23 43, Fax 8 00 23 42, AX DC ED VA
57 Zi, Ez: 95, Dz: 150, 2 Suiten, ⌂ WC ☎; Lift 🅿 1⇔40; garni

✱ **Ziegenkrug**
An der B 198, ✉ 18198, ☎ (03 81) 77 04-0, Fax 7 69 74 67, AX ED VA
62 Zi, Ez: 95-115, Dz: 150-180, ⌂ WC ☎, 5🛏; 🅿 4⇔200 Sauna Solarium 🍽 🍺

Kröv 53 ↖

Rheinland-Pfalz — Kreis Bernkastel-Wittlich — 120 m — 2 500 Ew — Traben-Trarbach 4, Bernkastel-Kues 18 km
ℹ ☎ (0 65 41) 94 86, Fax 67 99 — Verkehrsbüro, Robert-Schuman-Str 63, 54536 Kröv; Weinbau- und Erholungsort an der Mosel

✱ **Ratskeller**
Robert-Schuman-Str 49, ✉ 54536, ☎ (0 65 41) 99 97, Fax 32 02, ED VA
35 Zi, Ez: 65-75, Dz: 140-160, ⌂ WC ☎; Lift 🅿 Kegeln 🍺
geschl: Mitte Jan.-Mitte Febr.
✱✱ Hauptgericht 25; geschl: Di, Mitte Jan-Mitte Feb

🍺 **Café Royal**
Robert-Schuman-Str 46, ✉ 54536, ☎ (0 65 41) 41 47, Fax 32 02
🅿 Terrasse; 11-24, Nov-Apr bis 18; geschl: Mo, Di

Kronach 48 ↓

Bayern — Kreis Kronach — 320 m — 20 000 Ew — Kulmbach 22, Coburg 33 km
ℹ ☎ (0 92 61) 9 72 36, Fax 9 72 89 — Fremdenverkehrbüro, Lucas-Cranach-Str 19, 96317 Kronach. Sehenswert: Kath. Kirche St.-Johannes-Bapt.; Festung Rosenberg ⊰; Altstadt mit Mauerringen: Bamberger Tor; Altes Rathaus; Geburtshaus von Lucas Cranach d. Ä.

✱✱ **Bauer's** ✤
Kulmbacher Str 7, ✉ 96317, ☎ (0 92 61) 9 40 58, Fax 5 22 98, AX ED VA
Hauptgericht 30; Gartenlokal 🅿; geschl: So abends, 1 Woche im Jan, 2 Wochen im Aug
✱ ✿ 18 Zi, Ez: 85-98, Dz: 136-145, ⌂ WC ☎

Kronberg im Taunus 44 ↘

Hessen — Hochtaunuskreis — 200 m — 18 000 Ew — Königstein 3, Frankfurt/Main 20 km
ℹ ☎ (0 61 73) 70 32 23, Fax 70 32 46 — Verkehrs- und Kulturamt, Katharinenstr 7, 61476 Kronberg; Luftkurort am Südhang des Taunus. Sehenswert: Ev. Johannis-Kirche; Burg ⊰; Opelzoo (1,5 km ←); Altkönig, 798 m (90 Min ↑)

✱✱✱✱ **Schloßhotel Kronberg** ♛
(Relais & Châteaux)
einzeln ✿ ⊰ ⚑ Hainstr 25, ✉ 61476, ☎ (0 61 73) 7 01 01, Fax 70 12 67, AX DC ED VA
51 Zi, Ez: 385-780, Dz: 525-830, 7 Suiten, ⌂ WC ☎; Lift 🅿 9⇔60
Golf 18; Tennis 4
Erbaut wurde das Schloß in den Jahren 1891-1894 als Alterssitz für die Kaiserinwitwe Viktoria. Noch heute fasziniert die Stilmischung -englisches Tudor und deutsches Fachwerk.
✱✱✱✱ einzeln ⚑ Hauptgericht 46; Terrasse

✱✱ **Concorde-Hotel Viktoria**
✿ Viktoriastr 7, ✉ 61476, ☎ (0 61 73) 40 73, Fax 28 63, AX DC ED VA
37 Zi, Ez: 175-355, Dz: 245-400, S; 2 Suiten, 3 App, ⌂ WC ☎, 10🛏; Lift 🅿 🅿 2⇔25 Sauna; garni 🍺

✱ **Kronberger Hof**
Bleichstr 12, ✉ 61476, ☎ (0 61 73) 7 96 22, Fax 59 05, AX ED
7 Zi, Ez: 95-120, Dz: 170-180, 3 Suiten, ⌂ WC ☎; 🅿 🅿 1⇔60 Sauna Solarium
✱ Hauptgericht 28; Terrasse

✱ **Frankfurter Hof**
Frankfurter Str 1, ✉ 61476, ☎ (0 61 73) 7 95 96, Fax 57 76, ED VA
11 Zi, Ez: 80-130, Dz: 150-180, ⌂ WC ☎; 🅿 🅿 🍽
geschl: Fr, 3 Wochen in den Sommerferien
Golf 18

✱✱ **Goldene Kugel**
⚑ Mauerstr 14, ✉ 61476, ☎ (0 61 73) 47 25, AX DC ED VA
Hauptgericht 40; nur abends; geschl: So, Mo, 2 Wochen im Sommer, Ende Dez-Anfang Jan

✱ **Zum Feldberg**
Grabenstr 5, ✉ 61476, ☎ (0 61 73) 7 91 19, AX
Hauptgericht 25; nur abends, So auch mittags

Kronburg

Kronburg 70 □

Bayern — Kreis Unterallgäu — 630 m —
1 550 Ew — Memmingen 10, Kempten
25 km
🛈 ☎ (0 83 94) 2 06, Fax 15 92 — Gemeindeverwaltung, im Ortsteil Illerbeuren,
Museumstr 1, 87758 Kronburg

Illerbeuren (2 km ←)
* **Museumsgasthof Gromerhof**
✣ Im Bauernhofmuseum, ✉ 87758,
☎ (0 83 94) 5 94, Fax 14 70, ED
Hauptgericht 25; Gartenlokal; geschl:
10.1.–15.2.

Kropp 10 ←

Schleswig-Holstein — Kreis Schleswig-
Flensburg — 15 m — 5 400 Ew — Schleswig 11, Rendsburg 13 km
🛈 ☎ (0 46 24) 7 20, Fax 72 50 — Amtsverwaltung, Am Markt 10, 24848 Kropp

** **Wikingerhof**
Tetenhusener Chaussee 1, ✉ 24848,
☎ (0 46 24) 7 00, Fax 26 13, AX DC ED VA
56 Zi, Ez: 100-120, Dz: 170-180, ⚑ WC ☎,
2 ✉, 🅿 3⇔70 Sauna Solarium
** Hauptgericht 20

Krozingen, Bad 67 ←

Baden-Württemberg — Kreis Breisgau-
Hochschwarzwald — 233 m — 13 000 Ew
— Freiburg 16, Müllheim 15 km
🛈 ☎ (0 76 33) 4 00 80, Fax 15 01 05 — Kur- und Bäderverwaltung, Herbert-Hellmann-Allee 12, 79189 Bad Krozingen; Mineral-Thermalheilbad zwischen Rhein und südlichem Schwarzwald. Sehenswert: Schloß mit hist. Tasteninstrumenten; Litschgihaus; Glöcklehof-Kapelle in Oberkrozingen

** **Barthel's Hotellerie**
   an den Thermen
✣ Thürachstr 1, ✉ 79189, ☎ (0 76 33)
1 00 50, Fax 10 05 50, AX DC ED VA
35 Zi, Ez: 100-110, Dz: 180-250, 4 Suiten,
19 App, ⚑ WC ☎, 2 ✉; Lift 🅿 1⇔30 Sauna
Solarium ⚐
** Hauptgericht 30; Terrasse

** **Litschgi**
Basler Str 10, ✉ 79189, ☎ (0 76 33) 1 40 33,
Fax 1 32 31, AX DC ED VA
24 Zi, Ez: 95-130, Dz: 140-190, 2 Suiten, ⚑
WC ☎; Lift 🅿 2⇔60
** **Litschgi-Stuben**
Hauptgericht 35; geschl: Mo, Di mittags

** **Haus Pallotti**
Thürachstr 3, ✉ 79189, ☎ (0 76 33) 4 00 60,
Fax 40 06 10, AX DC ED VA
61 Zi, Ez: 70-95, Dz: 140-160, ⚑ WC ☎; Lift
🅿 1⇔40 ⚐ ⚐

* **Zur Mühle**
Litschgistr 6, ✉ 79189, ☎ (0 76 33) 31 40,
Fax 21 23, AX DC ED VA
22 Zi, Ez: 65-95, Dz: 140, 2 Suiten, 1 App, ⚑
WC ☎, 7✉; 🅿 ⚑ Sauna; **garni**
Rezeption: 7-12,16-21; geschl: Mitte Jan-
Anfang Mär

* **Rössle**
Basler Str 18, ✉ 79189, ☎ (0 76 33) 31 03,
AX DC ED VA
9 Zi, Ez: 75-95, Dz: 140, 1 App, ⚑ WC ☎; 🅿
⚑; **garni**
Rezeption: 7-12,16-21; geschl: Mitte Dez-
Anfang Jan

* **Biedermeier**
✣ In den Mühlenmatten 12, ✉ 79189,
☎ (0 76 33) 91 03 00, Fax 91 03 40, ED VA
25 Zi, Ez: 55-80, Dz: 100-120, 2 Suiten,
10 App, ⚑ WC ☎; 🅿 ⚑ Fitneßraum Sauna;
garni
Rezeption: 8-20; geschl: Jan

* **Vier Jahreszeiten**
✣ Herbert-Hellmann-Allee 24, ✉ 79189,
☎ (0 76 33) 31 86, Fax 1 44 38
21 Zi, Ez: 55-115, Dz: 110-170, ⚑ WC ☎; 🅿
⚑ ⚐
Rezeption: 7-15, 17-22.30; geschl: Do,
Mitte Dez-Ende Jan

* **Batzenberger Hof**
Freiburger Str 2, ✉ 79189, ☎ (0 76 33)
41 50, Fax 16 03 02
Hauptgericht 30; 🅿; geschl: So,Mo
** 13 Zi, Ez: 68-98, Dz: 120-148, ⚑
WC ☎
Rezeption: 8-13, 16-22

Biengen (3 km ↑)
* **Gästehaus Rosi**
✣ ⚑ In der Breite 21, ✉ 79189, ☎ (0 76 33)
36 52, Fax 15 01 02
8 Zi, Ez: 44-65, Dz: 88-125, 1 App, ⚑ WC; 🅿
⚑ ⚑ Sauna Solarium; **garni**
geschl: Dez-Jan

** **Krone**
Hauptstr 18, ✉ 79189, ☎ (0 76 33) 39 66,
Fax 10 11 77, AX ED VA
Hauptgericht 38; Gartenlokal 🅿; geschl:
So, Mo, 2 Wochen im Feb

Schmidhofen (2 km ↘)
* **Gasthaus Storchen**
✣ Felix-Nabor-Str 2, ✉ 79189, ☎ (0 76 33)
53 29, Fax 70 19
Hauptgericht 30; Gartenlokal 🅿; geschl:
Mo, Di mittags, Mitte Jan, 2 Wochen im
Sommer

Krün 71 ↓

Bayern — Kreis Garmisch-Partenkirchen —
875 m — 1 850 Ew — Mittenwald 5, Garmisch-Partenkirchen 14 km
🛈 ☎ (0 88 25) 10 94, Fax 22 44 — Verkehrsamt, Rathaus, 82494 Krün; Erholungsort und Wintersportplatz. Sehenswert: Barmsee (1 km ←); Walchensee (10 km ↑)

Krummhörn

✱ Alpenhof
♂ ⋖ Edelweißstr 11, ✉ 82494, ☏ (0 88 25) 10 14, Fax 10 16, AX DC ED VA
37 Zi, Ez: 62-86, Dz: 132-140, 2 Suiten, 1 App, ⌂ WC, 5⌂; P 🅿 2✪25 ≋ Fitneßraum Sauna
Rezeption: 8-21; geschl: So, Ende März, Ende Apr, Anfang Nov, Mitte Dez
Golf 9
Restaurant für Hausgäste

✱ Gästehaus Bayern
⋖ Esterbergstr 2, ✉ 82494, ☏ (0 88 25) 10 39, Fax 10 39, ED
11 Zi, Ez: 60-70, Dz: 120-132, 8 App, ⌂ WC ☏; Lift ≋ Fitneßraum Sauna Solarium; **garni**
geschl: Nov

Krün-Außerhalb (2 km ⌕)
✱ Alpengasthof Barmsee
♂ ⋖ ✉ 82494, ☏ (0 88 25) 20 34, Fax 8 79
22 Zi, Ez: 54-69, Dz: 98-138, 2 App, ⌂ WC ☏; P 🅿 ≋ Seezugang Fitneßraum Sauna Solarium ⓘⓞⓛ ☞
geschl: Mi, Mitte-End Apr, Ende Okt-Mitte Dez

Gerold (7 km ⌕)
✱ Pension Simon
♂ ⋖ Haus Nr 6, ✉ 82493, ☏ (0 88 23) 54 44, Fax 9 42 55
17 Zi, Ez: 51, Dz: 80-100, 4 App, ⌂ WC; P 🅿 Fitneßraum; **garni**
geschl: Anfang Nov-Mitte Dez

Klais (4 km ⌕)
✱ Post
Bahnhofstr 7, ✉ 82493, ☏ (0 88 23) 22 19, Fax 9 40 55
10 Zi, Ez: 45-80, Dz: 90-150, ⌂ WC; P 🅿 ⓘⓞⓛ
geschl: Mo, Mitte Apr-Anfang Mai, Ende Okt-Mitte Dez

Krugsdorf 22 ⌕

Mecklenburg-Vorpommern — Kreis Pasewalk — 50 m — 360 Ew — Pasewalk 8, Prenzlau 22 km
ⓘ ☏ (03 97 43) 2 41 — Gemeindeverwaltung, Dorfstr 2, 17309 Krugsdorf

✱✱ Schloßpark-Hotel
♂ Zerrenthiner Str 3, ✉ 17309, ☏ (03 97 43) 5 02 85, Fax 5 02 37, ED
40 Zi, Ez: 80-100, Dz: 130-150, ⌂ WC ☏, 2⌂; Lift P 🅿 2✪70 Strandbad; **garni**

✱✱ Schloßhotel
♂ Zerrenthiner Str 2, ✉ 17309, ☏ (03 97 43) 5 02 54, Fax 5 02 54, AX ED
11 Zi, Ez: 80-100, Dz: 150, 1 Suite, ⌂ WC; P 🅿 Sauna
✱✱ Hauptgericht 20

Krumbach (Schwaben) 70 ↑

Bayern — Kreis Günzburg — 512 m — 12 400 Ew — Ulm 38, Memmingen 39, Augsburg 49 km
ⓘ ☏ (0 82 82) 90 20, Fax 9 02 33 — Stadtverwaltung, Nattenhauser Str 5, 86381 Krumbach. Sehenswert: Kath. Kirche St. Michael; Schloß; hist. Fachwerk-Rathaus; Wasserschlößchen

✱ Falk
Heinrich-Sinz-Str 4, ✉ 86381, ☏ (0 82 82) 20 11, Fax 20 24, AX ED
18 Zi, Ez: 62, Dz: 112, ⌂ WC ☏; P 🅿 3✪40 ⓘⓞⓛ

✱ Gasthof Diem
Kirchenstr 5, ✉ 86381, ☏ (0 82 82) 88 82-0, Fax 88 82-50, ED
27 Zi, Ez: 62, Dz: 95-125, ⌂ WC ☏; P 🅿 3✪80 Sauna ⓘⓞⓛ
Golf 18

✱ Traubenbräu
Marktplatz 5, ✉ 86381, ☏ (0 82 82) 20 93, Fax 58 73, AX ED VA
10 Zi, Ez: 68, Dz: 110, ⌂ WC ☏, 2⌂; P 🅿 2✪86 Kegeln ⓘⓞⓛ
geschl: 2 Wochen im Aug

Niederraunau
✱ Zum grünen Baum
Mindelheimer Str, ✉ 86381, ☏ (0 82 82) 8 96 70, Fax 89 67 40, AX ED VA
14 Zi, Ez: 50-70, Dz: 100, ⌂ WC ☏; Lift P 🅿 Sauna Solarium ⓘⓞⓛ

Krummbek 11 ←

Schleswig-Holstein — Kreis Plön — 25 m — 300 Ew — Schönberg 3, Lütjenburg 20, Kiel 21 km
ⓘ ☏ (0 43 44) 3 80 — Gemeindeverwaltung, Knüll 4, 24217 Schönberg

✱ Witt's Gasthof
Im Dorfe 9, ✉ 24217, ☏ (0 43 44) 15 68, Fax 66 15, ED
Hauptgericht 20; P 🅿; geschl: im Winter Di + Mi
♂ 55 Zi, Ez: 65-75, Dz: 100-110, ⌂ WC ☏; 🅿 40 Kegeln
geschl: im Winter Mi

Krummhörn 15 □

Niedersachsen — Kreis Aurich — 15 000 Ew — Emden 13, Norden 22 km
ⓘ ☏ (0 49 26) 9 18 80, Fax 20 29 — Verkehrsbüro, Zur Hauener Hooge 15, 26736 Greetsiel; Erholungsort. Sehenswert: Ostfriesisches Freilichtmuseum in Pewsum; hist. Orgeln aus 6 Jahrhunderten; Leuchtturm Campen; Krabbenkutterhafen; Zwillingsmühlen; hist. Giebelhäuser; Museen für Landwirtschaft, Fischerei und Buddelschiffe; älteste spielbare Orgel der Welt in Rysum →

Krummhörn

Greetsiel

** Landhaus Steinfeld
♂ Kleinbahnstr 16, ✉ 26736, ☎ (0 49 26)
9 18 10, Fax 20 39, AX DC ED VA
21 Zi, Ez: 165-295, Dz: 195-295, ⇨ WC ☎; P
1↔40 ☜ Sauna Solarium
** Hauptgericht 25; geschl: Mitte-
Ende Jan

* Hohes Haus
Hohe Str 1, ✉ 26736, ☎ (0 49 26) 18 10,
Fax 1 81 99, AX ED VA
34 Zi, Ez: 85-130, Dz: 170-200, ⇨ WC ☎,
6✉; P 2↔60 Bowling Fitneßraum Kegeln
Rezeption: 7-19
* Hauptgericht 18; Gartenlokal

* Witthus ♛
Kattrepel 7, ✉ 26736, ☎ (0 49 26) 5 40,
Fax 14 71, ED VA
14 Zi, Ez: 115-125, Dz: 140-210, ⇨ WC ☎,
8✉; P
geschl: Anfang Nov-Mitte Dez
* Hauptgericht 24; Gartenlokal;
geschl: Do, Anfang Nov-Mitte Dez

Krusaa 9 ↑

10 m — Deutsche Grenze 1, Flensburg 8 km
ℹ ☎ 00 45 74 67 21 71, Fax 00 45 74 67 14 67,
Turistbureau, DK-6340 Krusaa

Kollund (5 km →)

** Faakelgaarden
⋖ ♂ Fjordvejen 44, ✉ DK-6340,
☎ 00 45 47 67 83 00, Fax 00 45 47 67 83 63
19 Zi, Ez: 210, Dz: 249, 2 Suiten, ⇨ WC ☎;
P 🚂 Seezugang, Strandbad
Golf 18
** ⋖ Hauptgericht 30; Terrasse

Kuchelmiß 20 ↗

Mecklenburg-Vorpommern — Güstrow —
800 Ew
ℹ ☎ (03 84 56) 3 56 — Gemeindeverwaltung, 18292 Kuchelmiß

Serrahn-Außerhalb (1,5 km ↓)

** Landhaus am Serrahner See
einzeln ♂ Dobbiner Weg 24, ✉ 18292,
☎ (03 84 56) 2 40, Fax 2 40
25 Zi, Ez: 99-190, Dz: 150-280, 3 Suiten, ⇨
WC ☎, 4✉; 3↔90
Tennis 2
** einzeln, Hauptgericht 25

Kühlungsborn 12 ↙

Mecklenburg-Vorpommern — Kreis Bad
Doberan — 20 m — 7 500 Ew —
Rostock 35, Wismar 44 km
ℹ ☎ (03 82 93) 84 90, Fax 62 03 — Kurver-
waltung, Poststr 20, 18225 Kühlungsborn;
Ostseebad, Erholungsort. Sehenswert:
Kleinbahn „Molli" Kühlungsborn-Bad
Doberan; Bastorfer Leuchtturm (6 km ↙)

** Europa Hotel
Straße des Friedens 8, ✉ 18225,
☎ (03 82 93) 8 80, Fax 8 84 44, AX DC ED VA
54 Zi, Ez: 115-195, Dz: 165-235, 8 App, ⇨
WC ☎, 23✉; Lift P 3↔100 Fitneßraum
Sauna Solarium ☜
Auch Zimmer der Kategorie ******* vor-
handen

** Godewind
Hauptgericht 25; Terrasse

** Apparthotel Seeschloß
Straße des Friedens 7, ✉ 18225,
☎ (03 82 93) 1 80, Fax 1 84 44
Ez: 180-235, Dz: 205-260, 52 App, ⇨ WC ☎;
Fitneßraum Sauna Solarium; garni

** Am Strand
Straße des Friedens 16, ✉ 18225,
☎ (03 82 93) 80-0, Fax 8 01 18, AX DC ED VA
36 Zi, Ez: 130-140, Dz: 140-180, ⇨ WC ☎; Lift P
1↔ Fitneßraum Sauna Solarium
** Hauptgericht 28; Terrasse; im
Winter nur abends

** Strandblick
Straße des Friedens 6, ✉ 18225,
☎ (03 82 93) 6 33, Fax 6 35 00, AX ED VA
34 Zi, Ez: 90-190, Dz: 140-240, 5 Suiten, ⇨
WC ☎, 12✉; Lift P 3↔70 Fitneßraum
Sauna; garni ☜

** Strandhotel Sonnenburg
Straße des Friedens 15, ✉ 18225,
☎ (03 82 93) 83 90, Fax 8 39 13, AX DC ED VA
25 Zi, Ez: 110-130, Dz: 150-180, ⇨ WC ☎,
5✉; Lift P 1↔30 🍴

** Schweriner Hof
⋖ Straße des Friedens 46, ✉ 18225,
☎ (03 82 93) 7 90, Fax 7 94 10, AX DC ED VA
28 Zi, Ez: 110-165, Dz: 130-220, 2 Suiten,
13 App, ⇨ WC ☎, 15✉; Lift P 1↔25
Sauna Solarium; garni ☜

** Residenz Waldkrone
Tannenstr 4, ✉ 18225, ☎ (03 82 93) 5 96,
Fax 61 87, AX ED VA
13 Zi, Ez: 130-165, Dz: 150-195, 8 Suiten, ⇨
WC ☎; P 2↔40
** Hauptgericht 26; Terrasse

** Esplanade
⋖ Hermann-Häcker-Str 44, ✉ 18225,
☎ (03 82 93) 83 50, Fax 8 35 32
23 Zi, Ez: 70-130, Dz: 120-170, 2 Suiten, ⇨
WC ☎, 10✉; P 1↔18; garni

** Rosenhof
Poststr 18, ✉ 18225, ☎ (03 82 93) 7 86,
Fax 7 87 87, AX ED VA
14 Zi, Ez: 80-115, Dz: 110-170, 1 Suite, ⇨
WC ☎; P 🚂 🍴
geschl: Nov

** Villa Verdi
⋖ Straße des Friedens 26, ✉ 18225,
☎ (03 82 93) 85 70, Fax 8 57 11
18 Zi, Ez: 80-110, Dz: 90-160, 5 App, ⇨ WC
☎; Lift P; garni

Künzell

** Neptun
Strandstr 37, ✉ 18225, ☎ (03 82 93) 6 30,
Fax 6 32 99, AX ED VA
24 Zi, Ez: 110-170, Dz: 130-200, 1 Suite, ⌐
WC ☎; Lift ⓟ 2⊃50 Fitneßraum Sauna
Solarium ⓘ

** Westfalia
Straße Des Friedens 17, ✉ 18225,
☎ (03 82 93) 1 21 95, Fax 1 21 96
9 Zi, Ez: 80-130, Dz: 100-175, 5 Suiten, ⌐
WC ☎, 4✉; Lift ⓟ; garni

** Villa Meeresburg
Straße des Friedens 10, ✉ 18225,
☎ (03 82 93) 66 37, Fax 61 12, AX DC ED VA
8 Zi, Ez: 120-140, Dz: 160-200, ⌐ WC ☎,
2✉; ⓟ Fitneßraum Sauna Solarium ⓘ
Vital-Zentrum. Auch Zimmer der Kategorie
*** vorhanden

** Arendsee
(Travel Charme Hotels)
Straße des Friedens 30, ✉ 18225,
☎ (03 82 93) 7 03 00, Fax 7 04 00,
AX DC ED VA
60 Zi, Ez: 115-200, Dz: 145-230, 6 App, ⌐
WC ☎; Lift ⓟ 3⊃60 Fitneßraum Sauna
Solarium ⓘ
geschl: 2.1.-23.1.1997

** Wilhelmine
Strandstr 53, ✉ 18225, ☎ (03 82 93) 80 90,
Fax 8 09 99
Ez: 80-95, Dz: 120-150, ⌐ WC ☎; Lift ⓟ ⓘ
⚓

** Nordischer Hof
Straße des Friedens 25, ✉ 18225,
☎ (03 82 93) 76 00, Fax 76 04, AX DC ED VA
11 Zi, Ez: 85-130, Dz: 140-160, 27 App, ⌐
WC ☎; Lift ⓟ Fitneßraum Sauna Solarium;
garni
Auch Zimmer der Kategorie ***** vorhanden

* Von Jutrzenka
Dünenstr 1, ✉ 18225, ☎ (03 82 93) 85 60,
Fax 8 56 12, AX ED
12 Zi, Ez: 85-110, Dz: 110-160, ⌐ WC ☎; ⓟ
🚐 ⓘ
geschl: Jan

* Schloß am Meer
◄ Tannenstr 8, ✉ 18225, ☎ (03 82 93)
8 53 00, Fax 8 53 06, AX ED VA
27 Zi, Ez: 80-130, Dz: 110-190, ⌐ WC ☎; ⓟ
2⊃30 Seezugang Sauna Solarium; **garni**
geschl: Mitte Dez-Ende Jan

* Nordwind
Hermannstr 23, ✉ 18225, ☎ (03 82 93)
72 07, Fax 1 22 11, AX ED VA
27 Zi, Ez: 65-95, Dz: 80-150, 1 Suite, ⌐ WC
☎; ⓟ ⓘ
geschl: Feb
Auch Zimmer der Kategorie ****** vorhanden

* Villa Ludwigsburg
Doberaner Str 34, ✉ 18225, ☎ (03 82 93)
85 90, Fax 8 59 59, AX DC ED VA
16 Zi, Ez: 80-120, Dz: 120-200, 2 Suiten, ⌐
WC ☎, 2✉; ⓟ 🚐; garni
Rezeption: 7-20

* Antik-Hotel Villa Patricia
◄ ⓥ Straße des Friedens 2, ✉ 18225,
☎ (03 82 93) 85 40, Fax 8 54 85, AX DC ED VA
27 Zi, Ez: 70-140, Dz: 99-199, ⌐ WC ☎; ⓟ;
garni
Auch Zimmer anderer Kategorien vorhanden

* Poseidon
Hermannstr 6, ✉ 18225, ☎ (03 82 93) 71 82,
Fax 75 25, AX ED VA
21 Zi, Ez: 75-115, Dz: 110-160, 2 Suiten, ⌐
WC ☎; ⓟ ⓘ
Rezeption: 7-21; geschl: Nov

* Polar-Stern
Straße des Friedens 24, ✉ 18225,
☎ (03 82 93) 2 02, Fax 2 02, AX DC ED VA
25 Zi, Ez: 90-110, Dz: 100-170, ⌐ WC ☎; ⓟ
2⊃50 ⓘ ⚓

* Brunshöver Möhl
ⓥ An der Mühle 3, ✉ 18225, ☎ (03 82 93)
9 37, Fax 9 37, AX DC ED VA
Hauptgericht 25; ⓟ; Im Winter nur abends,
So auch mittags

⚓ Röntgen
Strandstr 30 a, ✉ 18225, ☎ (03 82 93)
78 10, Fax 7 81 99, AX ED VA
ⓟ Terrasse
Apartmenthaus mit 17 Fewo

Kümmersbruck 58 ↘

Bayern — Kreis Amberg-Sulzbach — 374 m
— 8 955 Ew — Amberg 3 km
ⓘ ☎ (0 96 21) 70 80, Fax 7 08 40 — Gemeindeverwaltung, Schulstr 37, 92245 Kümmersbruck. Sehenswert: Bergbau- und
Industrie-Museum Ostbayern in Theuern
(5 km ↘)

Haselmühl (0,5 km ↙)
** Gasthof Zur Post
Vilstalstr 82, ✉ 92245, ☎ (0 96 21) 77 50,
Fax 7 47 30, AX DC ED VA
29 Zi, Ez: 90-100, Dz: 145-150, ⌐ WC ☎; ⓟ
🚐
geschl: Anfang-Mitte Aug, Ende Dez-Anfang Jan
** Hauptgericht 25; Biergarten Terrasse; geschl: So, Do, Anfang-Mitte Aug,
Ende Dez-Anfang Jan

Künzell 46 □

Hessen — Kreis Fulda — 340 m —
15 200 Ew — Fulda 2 km
ⓘ ☎ (06 61) 39 00, Fax 3 90 49 — Gemeindeverwaltung, Unterer Ortesweg 23,
36093 Künzell →

Künzell

*** Bäder-Park-Hotel
Harbacher Weg 1, ✉ 36093, ☎ (06 61)
39 70, Fax 39 71 51, AX DC ED VA
54 Zi, Ez: 160-190, Dz: 230-260, 3 Suiten, ⌐
WC ☎; Lift P 🚗 6⇔320 ≋ 🏊 Kegeln Sauna
Solarium 🍽 🍺
Tennis 15
Direkter, freier Zugang zum Freizeitbad
Rhön-Therme

Küps 48 ↓

Bayern — Kreis Kronach — 291 m —
7 500 Ew — Kronach 7, Lichtenfels 16 km
ℹ ☎ (0 92 64) 6 80, Fax 68 10 — Gemeindeverwaltung, Bahnhofstr 1, 96328 Küps

Oberlangenstadt (1 km ↗)
* Hubertus
♂ Hubertusstr 7, ✉ 96328, ☎ (0 92 64)
96 00, Fax 9 60 55, DC ED VA
24 Zi, Ez: 81, Dz: 131, ⌐ WC ☎, 8🛏; P 🚗
1⇔40 🏊 Fitneßraum Sauna

Küsten 19 ↓

Niedersachsen — Kreis Lüchow-Dannenberg — 372 Ew — Lüchow 7, Uelzen 35 km
ℹ ☎ (0 58 41) 12 60 — Samtgemeindeverwaltung, Theodor-Körner-Str 14,
29439 Lüchow. Sehenswert: Wendisches
Rundlingsdorf im Ortsteil Lübeln

Lübeln (2 km →)
* Avoessel
♂ Haus Nr 10, ✉ 29482, ☎ (0 58 41) 93 40,
Fax 9 34 44, AX DC ED VA
24 Zi, Ez: 85-95, Dz: 150-195, ⌐ WC ☎; P
3⇔80 🍺
** Hauptgericht 29; Terrasse; im
Winter nur abends; geschl: So abends,
Mo, Jan

*** 1. Deutsches Kartoffelhotel
(Landidyll Hotel)**
♂ Haus Nr 1, ✉ 29482, ☎ (0 58 41) 13 60,
Fax 16 88, AX DC ED VA
40 Zi, Ez: 85-95, Dz: 150-170, S; 4 Suiten,
3 App, ⌐ WC ☎; P 2⇔18 Strandbad See-
zugang Fitneßraum Sauna Solarium 🍺
Rezeption: 9-19
* 🍽 Hauptgericht 20;
Vorwiegend Kartoffelgerichte

Kuhs 20 ↗

Mecklenburg-Vorpommern — Kreis
Güstrow — 47 m — Güstrow 8,
Rostock 25 km
ℹ ☎ (03 84 54) 4 19 — Gemeindeverwaltung, An der Chaussee 5, 18299 Weitendorf

* Landhotel Kuhs
Güstrower Str 39, ✉ 18276, ☎ (03 84 54)
31 00, Fax 2 07 60, AX DC ED VA
21 Zi, Ez: 125-160, Dz: 140-180, 1 Suite,
1 App, ⌐ WC ☎; P 2⇔25 🍽

Kuhschnappel 49 ↗

Sachsen — Kreis Chemnitzer Land —
260 m — 529 Ew — Hohenstein-Ernstthal 8, Glauchau 12 km
ℹ ☎ (0 37 23) 4 20 98 — Gemeindeverwaltung, Ernst-Schneller-Str 41, 09356 Kuhschnappel

* Kuhschnappel
E.Schneller Str 30, ✉ 09356, ☎ (0 37 23)
32 20, Fax 32 21, AX ED VA
19 Zi, Ez: 78, Dz: 112, ⌐ WC ☎, 6🛏; P
3⇔250 🍽

Kulmain 58 ↗

Bayern — Kreis Tirschenreuth — 580 m —
2 300 Ew — Kemnath 2, Marktredwitz 24,
Bayreuth 25 km
ℹ ☎ (0 96 42) 4 36, Fax 71 00 — Gemeindeverwaltung, Hauptstr 28, 95508 Kulmain;
Ort am Rande des Fichtelgebirges.
Sehenswert: Armesberg mit Wallfahrtskirche; Pfarrkirche Maria Himmelfahrt

* Gasthof Wiesend
Hauptstr 15, ✉ 95508, ☎ (0 96 42) 93 00,
Fax 93 03 00, DC ED VA
29 Zi, Ez: 58-88, Dz: 90-140, ⌐ WC ☎, 9🛏;
P 🚗 1⇔20 Fitneßraum Sauna Solarium
Tennis 1
Im Hotel Post auch Zimmer der Kategorie
** vorhanden
* Hauptgericht 20; geschl: so+
feiertags, Sa

Kulmbach 48 ↓

Bayern — Kreisstadt — 306 m — 30 000 Ew
— Bayreuth 22, Münchberg 28, Nürnberg
120 km
ℹ ☎ (0 92 21) 9 58 80, Fax 95 88 44 — Fremdenverkehrsbüro, Sutte 2, 95326 Kulmbach. Sehenswert: Ev. Petri-Kirche; Plas-
senburg ✦; Zinnfigurenmuseum; Rathaus;
Langheimer Amtshof; Brauereimuseum

** Astron Hotel
♂ Luitpoldstr 2, ✉ 95326, ☎ (0 92 21) 60 30,
Fax 60 31 00, AX DC ED VA
102 Zi, Ez: 170, Dz: 190-240, S; 1 Suite, ⌐
WC ☎, 16🛏; Lift P 6⇔150 Sauna
Solarium
** Hauptgericht 30; Terrasse

** Hansa-Hotel
Weltrichstr 2 a, ✉ 95326, ☎ (0 92 21) 79 95,
Fax 6 68 87, AX DC ED VA
30 Zi, Ez: 120-155, Dz: 175-225, ⌐ WC ☎,
3🛏; Lift P 🚗 2⇔40
Das Haus wurde von dem Designer Dirk
Obliess gestaltet
** Hauptgericht 30; geschl: Sa+So

Kyritz

* **Kronprinz**
Fischergasse 4, ✉ 95326, ☎ (0 92 21) 92 18-0, Fax 92 18-36, AX DC ED VA
19 Zi, Ez: 95-120, Dz: 130-170, ⇨ WC ☎; P
1⇔25 ▮ ▬

* **Purucker**
Melkendorfer Str 4, ✉ 95326, ☎ (0 92 21) 77 57, Fax 6 69 49, AX DC ED VA
23 Zi, Ez: 89-98, Dz: 135-170, ⇨ WC ☎; Lift P ≋ Fitneßraum Sauna Solarium ▮
geschl: 9.-30.8.97

* **Ertl**
Hardenbergstr 3, ✉ 95326, ☎ (0 92 21) 97 40 00, Fax 97 40 50, AX DC ED VA
35 Zi, Ez: 95-130, Dz: 150-180, ⇨ WC ☎; P ▬ 2⇔50
geschl: Mitte Dez
* Hauptgericht 20; Biergarten; geschl: So

* **Christl**
Bayreuther Str 7, ✉ 95326, ☎ (0 92 21) 79 55, Fax 6 64 02, AX ED VA
24 Zi, Ez: 65-80, Dz: 125-130, 2 Suiten, ⇨ WC ☎; P ▬
Restaurant für Hausgäste

Zum Mönchshof Bräuhaus
Hofer Str 20, ✉ 95326, ☎ (0 92 21) 42 64, Fax 8 05 15
Hauptgericht 15; Biergarten P Terrasse; geschl: Mo
Im Haus befindet sich das bayrische Brauereimuseum.

▬ **Café am Holzmarkt**
Klostergasse 12, ✉ 95326, ☎ (0 92 21) 8 17 22, Fax 8 30 51
P; 7.30-18.30

Höferänger (4 km ↘)
** **Dobrachtal (Flair Hotel)**
Haus Nr 10, ✉ 95326, ☎ (0 92 21) 94 20, Fax 94 23 55, AX DC ED VA
57 Zi, Ez: 70-110, Dz: 140-180, ⇨ WC ☎; Lift P ▬ 3⇔60 ≋ Sauna Solarium
geschl: Fr, Ende Dez-Anfang Jan
Auch Zimmer der Kategorie * vorhanden
** Hauptgericht 25; Biergarten Terrasse; geschl: Fr, Ende Dez-Anfang Jan

Kunreuth 57 □

Bayern — Kreis Forchheim — 385 m — 1 341 Ew — Erlangen 18 km
ℹ ☎ (0 91 91) 90 11 — Verwaltungsgemeinschaft Gosberg, 91358 Kunreuth

Regensberg (5 km ↘)
* **Berg-Gasthof Hötzelein**
♂ ⋖ Auf dem Regensberg 10, ✉ 91358, ☎ (0 91 99) 80 90, Fax 8 09 99, VA
32 Zi, Ez: 85-90, Dz: 110-140, 1 Suite, ⇨ WC; Lift P 3⇔30 Sauna
geschl: Di, Ende Nov-Ende Dez
Auch Zimmer der Kategorie ** vorhanden
** ⋖ Hauptgericht 25; Terrasse; geschl: Di

Kuppenheim 60→

Baden-Württemberg — Kreis Rastatt — 129 m — 7 400 Ew — Rastatt 5, Baden-Baden 10, Karlsruhe 20 km
ℹ ☎ (0 72 22) 4 00 10, Fax 40 01 37 — Stadtverwaltung, Schloßstr 6, 76456 Kuppenheim

* **Zur Blume**
Rheinstr 7, ✉ 76456, ☎ (0 72 22) 9 47 80, Fax 94 78 80, ED VA
Hauptgericht 25; Gartenlokal; geschl: Mo, 2 Wochen im Winter, 2 Wochen im Sommer
* 15 Zi, Ez: 65-85, Dz: 110-140, ⇨ WC ☎; P ▬
geschl: Mo, 2 Wochen im Winter, 2 Wochen im Sommer

Oberndorf (2 km ↘)
*** **Raub's Restaurant**
Hauptstr 41, ✉ 76456, ☎ (0 72 25) 7 56 23, Fax 7 93 78
Hauptgericht 50; P; geschl: So, Mo
** **Kreuz-Stübl**
Hauptgericht 30; Gartenlokal; geschl: So, Mo

Kurort

Alle Orte mit dem Zusatz KURORT, wie KURORT OYBIN, sind unter dem Ortsnamen, also Oybin, zu finden.

Kusterdingen 61 ↘

Baden-Württemberg — Tübingen — 410 m — 7 700 Ew — Tübingen 6, Reutlingen 8 km
ℹ ☎ (0 70 71) 1 30 80, Fax 13 08 10 — Gemeindeverwaltung, 72127 Kusterdingen

Mähringen
* **Mayer's Waldhorn**
Neckar-Alb-Str 47, ✉ 72127, ☎ (0 70 71) 1 33 30, Fax 13 33 99, ED VA
18 Zi, Ez: 90-120, Dz: 140-160, ⇨ WC ☎; Lift P 2⇔70 ▮
geschl: So abends, Mo, Aug

Kyritz 20 ↘

Brandenburg — Kreis Kyritz — 40 m — 10 000 Ew — Pritzwalk 30 km
ℹ ☎ (0 33 97) 20 05 — Stadtverwaltung, Marktplatz 1, 16866 Kyritz

** **Landhaus Muth**
Pritzwalker Str 40, ✉ 16866, ☎ (03 39 71) 7 15 12, Fax 7 15 13, AX DC ED VA
19 Zi, Ez: 85-100, Dz: 115-130, ⇨ WC ☎; P 1⇔20
* Hauptgericht 19; Biergarten; geschl: So abends, Anfang Jan →

Kyritz

** Deutsches Haus
Maxim-Gorki-Str 4 Am Markt, ✉ 16866,
☎ (03 39 71) 7 23 69, Fax 7 23 71,
AX DC ED VA
14 Zi, Ez: 80-90, Dz: 120-140, ⇗ WC ☎; 🅿
Sauna Solarium 🍽 🍺
Rezeption: Mo-Sa 10-22, So 10-16

Laasphe, Bad 44 ↗

Nordrhein-Westfalen — Kreis Siegen-Wittgenstein — 330 m — 15 000 Ew — Marburg 38, Siegen 41 km
🅸 ☎ (0 27 52) 8 98, Fax 77 89 — Kurverwaltung, im Haus des Gastes, Wilhelmsplatz, 57334 Bad Laasphe; Kneippheilbad an der oberen Lahn. Sehenswert: Schloß Wittgenstein; Fachwerkbauten; Radiomuseum; Pilzmuseum

** Akzent Panorama Hotel Lahnblick
⋖ Höhenweg 10, ✉ 57334, ☎ (0 27 52) 10 80, Fax 10 81 13, AX DC ED VA
41 Zi, Ez: 91-96, Dz: 170, ⇗ WC ☎; Lift 🅿
4⇔50 ≙ Kegeln Sauna Solarium
* ⋖ Hauptgericht 25; Terrasse

** Berghaus Sieben
♂ ⋖ Mühlfeld 14, ✉ 57334, ☎ (0 27 52) 47 67-0, Fax 47 67-3
8 Zi, Ez: 75-80, Dz: 130-140, 2 App, ⇗ WC ☎; 🅿 🍺
Rezeption: 8-19

Feudingen (9 km ←)
** Lahntalhotel
Sieg-Lahn-Str 23, ✉ 57334, ☎ (0 27 54) 12 85, Fax 12 86, AX ED VA
25 Zi, Ez: 125-155, Dz: 250-320, 3 Suiten, ⇗ WC ☎; Lift 🅿 2⇔120 Fitneßraum Sauna Solarium
Auch Zimmer der Kategorie *** vorhanden
** Hauptgericht 25; geschl: Di

** Akzent Landhotel Doerr
Sieg-Lahn-Str 8, ✉ 57334, ☎ (0 27 54) 37 00, Fax 37 01 00, AX DC ED VA
42 Zi, Ez: 103-145, Dz: 205-290, 5 Suiten, ⇗ WC ☎, 7✉; Lift 🅿 3⇔80 ≙ Kegeln Sauna Solarium 🍺
Tennis 6
Zimmerpreise inkl. Halbpension
** Wittgenstein
Hauptgericht 29; Biergarten Terrasse

* Pension im Auerbachtal
♂ Wiesenweg 5, ✉ 57334, ☎ (0 27 54) 5 88, Fax 81 98
16 Zi, Ez: 68, Dz: 124-136, ⇗ WC ☎; 🅿 🍽
1⇔110 ≙ Sauna Solarium
Rezeption: 8-12, 15-21; geschl: Anfang Dez-Ende Jan
Restaurant für Hausgäste

Glashütte (14 km ←)
*** Jagdhof Glashütte 👑👑👑
♂ Glashütter Str 20, ✉ 57334, ☎ (0 27 54) 39 90, Fax 39 92 22, AX DC ED VA
19 Zi, Ez: 188-235, Dz: 350-390, 10 Suiten, ⇗ WC ☎; Lift 🅿 🍽 3⇔80 ≙ Kegeln Sauna Solarium 🍺
Auch Zimmer der Kategorie *** vorhanden
*** Jagdhof-Stuben/Gourmet
♡ Hauptgericht 45; Terrasse

Hesselbach (8,5 km ↗)
*** L'école 🍽🍽
Hesselbacher Str 23, ✉ 57334, ☎ (0 27 52) 53 42, AX ED
Hauptgericht 40; 🅿 Terrasse; nur abends; geschl: Mo, Di, Jan

Laatzen 26 ↗

Niedersachsen — Kreis Hannover — 50 m — 39 000 Ew — Hannover 6, Hildesheim 20 km
🅸 ☎ (05 11) 8 20 50, Fax 8 20 53 73 — Stadtverwaltung, Rathaus, Marktplatz 13, 30880 Laatzen

*** Copthorne
Würzburger Str 21, ✉ 30880, ☎ (05 11) 9 83 60, Fax 9 83 66 66, AX DC ED VA
215 Zi, Ez: 143-382, Dz: 194-440, S;
7 Suiten, ⇗ WC ☎, 107✉; Lift 🅿 🍽
10⇔700 ≙ Fitneßraum Sauna Solarium
** Bentleys
Hauptgericht 40; Biergarten Gartenlokal Terrasse

Grasdorf (2 km ↓)
** Am Kamp
Am Kamp 12, ✉ 30880, ☎ (05 11) 98 29 40, Fax 9 82 94 66, AX DC ED VA
44 Zi, Ez: 169-395, Dz: 189-445, 1 Suite, 2 App, ⇗ WC ☎, 4✉; Lift 🅿 🍽; garni
Rezeption: 8.30-21

* Haase
Am Thie 4, ✉ 30880, ☎ (05 11) 82 10 41, Fax 82 80 79, ED
50 Zi, Ez: 110-170, Dz: 160-290, ⇗ WC ☎; 🅿
** Haasestube
Hauptgericht 25; Terrasse; geschl: Mo + Di

Laboe 10 →

Schleswig-Holstein — Kreis Plön — 4 649 Ew — Kiel 18 km
🅸 ☎ (0 43 43) 73 53, Fax 17 81 — Kurverwaltung, Strandstr 25, 24235 Laboe; Ostseebad an der Kieler Außenförde. Sehenswert: Marine-Ehrenmal ⋖ (85 m hoch, Seefahrtsmuseum), U-Boot-Museum „U 995"

* Seeterrassen
♂ ⋖ Strandstr 84/88, ✉ 24235, ☎ (0 43 43) 60 70, Fax 6 07 70, AX DC ED VA
40 Zi, Ez: 65-85, Dz: 120-140, ⇗ WC ☎; Lift 🅿 🍽 Fitneßraum Sauna Solarium 🍽 🍺
Rezeption: 8-21; geschl: Dez, Jan

Ladbergen 24 ✓

Nordrhein-Westfalen — Kreis Steinfurt — 60 m — 6 000 Ew — Greven 10, Lengerich 11, Emsdetten 17 km
🅘 ☎ (0 54 85) 81 41, Fax 81 44 — Gemeindeverwaltung, Jahnstr 5, 49549 Ladbergen.
Sehenswert: Restaurierte Getreidemühle Erpenbeck

∗ Gasthaus Zur Post
Dorfstr 11, ✉ 49549, ☎ (0 54 85) 9 39 30, Fax 22 91, AX DC ED VA
22 Zi, Ez: 60-90, Dz: 120-160, 🚿 WC; 🅿 🚗
Rezeption: bis 15, ab 18; geschl: Anfang-Mitte Jan
∗∗ ⓥ Hauptgericht 25; geschl: So, Mo, Anfang-Mitte Jan

∗∗ Rolinck's Alte Mühle
Mühlenstr 17, ✉ 49549, ☎ (0 54 85) 14 84, AX
Hauptgericht 45; 🅿 Terrasse; 12-14; 18-22; geschl: Dienstag + Samstagmittag, in den Sommerferien

∗∗ Waldhaus an de Miälkwellen
einzeln, Grevener Str 43, ✉ 49549, ☎ (0 54 85) 9 39 90, Fax 93 99 93, AX DC ED VA
Hauptgericht 30; Biergarten Gartenlokal 🅿 Terrasse
∗∗ einzeln ♂ 7 Zi, Ez: 65-95, Dz: 95-155, 🚿 WC ☎; 2⇌140 Sauna 🛁
Auch Zimmer der Kategorie ∗ vorhanden

Ladenburg 54 ↘

Baden-Württemberg — Rhein-Neckar-Kreis — 103 m — 12 000 Ew — Mannheim 7, Heidelberg 7, Weinheim 10 km
🅘 ☎ (0 62 03) 7 00, Fax 7 02 50 — Bürgermeisteramt, Hauptstr 7, 68526 Ladenburg; Stadt am unteren Neckar, in der Oberrheinebene. Sehenswert: St.-Gallus-Kirche; St.-Sebastians-Kapelle; Bischofshof mit Lobdengaumuseum; Carl-Benz-Haus; Fachwerkhäuser

∗∗ Nestor
Benzstr 21, ✉ 68526, ☎ (0 62 03) 93 90, Fax 93 91 13, AX DC ED VA
113 Zi, Ez: 179, Dz: 219, S; 15 Suiten, 🚿 WC ☎, 64🛏; Lift 🅿 🚗 8⇌250 Sauna Solarium
∗∗ Trajan
Hauptgericht 30; Terrasse

∗ Cronberger Hof
Cronberger Gasse 10, ✉ 68526, ☎ (0 62 03) 9 26 10, Fax 92 61 50, AX DC ED VA
17 Zi, Ez: 140, Dz: 190, 🚿 WC ☎; 🅿 🚗; garni

∗∗ Die Zwiwwel ✤
Kirchenstr 24, ✉ 68526, ☎ (0 62 03) 9 28 40, Fax 92 84 55, AX DC ED VA
Hauptgericht 30; Terrasse
∗ 29 Zi, Ez: 50-99, Dz: 90-160, 🚿 WC ☎; 🅿 1⇌50

∗ Sackpfeife
ⓥ Kirchenstr 45, ✉ 68526, ☎ (0 62 03) 31 45, Fax 31 45
Hauptgericht 30; Gartenlokal; geschl: So + feiertags, Ende Dez-Anfang Jan
Holzbau von 1598 mit Galerien und bleiverglasten Schiebefenstern, Beispiel alemannisch-oberrheinischer Hauskultur der Renaissancezeit

Laer, Bad 24 ↓

Niedersachsen — Kreis Osnabrück — 208 m — 7 300 Ew — Bad Rothenfelde 6, Iburg 8 km
🅘 ☎ (0 54 24) 29 11 88, Fax 29 11 89 — Kurverwaltung, Glandorfer Str 5, 49196 Bad Laer; Sole-Heilbad im Osnabrücker Land. Sehenswert: Fachwerkhäuser; Kirchturm; Puppen- und Trachtenmuseum

∗∗ Becker
Thieplatz 13, ✉ 49192, ☎ (0 54 24) 90 96, Fax 91 95
30 Zi, Ez: 70-94, Dz: 144-174, 3 Suiten, 🚿 WC ☎; Lift 🅿 🚗 🛁 Fitneßraum Sauna Solarium
geschl: Ende Nov-Anfang Feb
Restaurant für Hausgäste

∗ Haus Große Kettler
Bahnhofstr 11, ✉ 49196, ☎ (0 54 24) 80 70, Fax 8 07 77, AX ED VA
31 Zi, Ez: 74-90, Dz: 122-146, 🚿 WC ☎; Lift 🅿 2⇌50 🛁 Sauna Solarium
geschl: Ende Dez-Anfang Jan
Restaurant für Hausgäste; Auch Zimmer der Kategorie ∗∗ vorhanden.

🍺 **Aschenberg**
Thieplatz 10, ✉ 49196, ☎ (0 54 24) 91 70
geschl: Di

Lahnau 44 →

Hessen — Lahn-Dill-Kreis — 176 m — 8 449 Ew — Wetzlar 6, Gießen 10 km
🅘 ☎ (0 64 41) 9 64 40, Fax 96 44 44 — Gemeindeverwaltung, im Ortsteil Dorlar, Schulstr 1, 35633 Lahnau

Atzbach
∗∗ Bergschenke
◁ Bergstr 27, ✉ 35633, ☎ (0 64 41) 6 19 02, Fax 6 46 44, AX ED
Hauptgericht 40; geschl: Do, Sa mittags, Anfang-Mitte Jan

Waldgirmes
∗ Triangel
Rodheimer Str 50 a, ✉ 35633, ☎ (0 64 41) 6 51 77, Fax 6 52 92, AX ED VA
15 Zi, Ez: 95, Dz: 145, 1 App., 🚿 WC ☎; 🅿 1⇌36; garni

Lahnstein 43 ↘

Rheinland-Pfalz — Rhein-Lahn-Kreis — 72 m — 19 384 Ew — Koblenz 7, St. Goarshausen 8 km
🛈 ☎ (0 26 21) 17 52 41, Fax 17 53 40 — Verkehrsamt, Stadthallenpassage, 56112 Lahnstein; Stadt an der Mündung der Lahn in den Rhein. Sehenswert: Altes Rathaus mit Marktbrunnen, Martinsburg in Oberlahnstein; Burg Lahneck ≼ (3 km →), Allerheiligenberg ≼ (2 km →); kath. St.-Johannis-Kirche in Niederlahnstein

Lahnstein auf der Höhe
*** Dorint Hotel Rhein-Lahn
♂ ≼ im Kurzentrum, ✉ 56112, ☎ (0 26 21) 91 20, Fax 91 21 00, AX DC ED VA
200 Zi, Ez: 160-180, Dz: 250-280, S;
10 Suiten, ⊿ WC ☎, 48🛏; Lift 🅿 🖼
18⇔400 ≈ 🏊 Fitneßraum Kegeln Sauna Solarium
Tennis 15
Auch Zimmer der Kategorie ** vorhanden
** Panorama
≼ Hauptgericht 28
** Parkrestaurant
Terrasse
Mittagsbuffet, abends Menüs

Niederlahnstein
** Wirtshaus an der Lahn ✣
🍷 Lahnstr 8, ✉ 56112, ☎ (0 26 21) 72 70, Fax 72 70, AX ED
Hauptgericht 35; Gartenlokal 🅿; nur abends; geschl: Mo, zu Fasching, 2 Wochen im Sommer

Lahr (Schwarzwald) 60 ↙

Baden-Württemberg — Ortenaukreis — 172 m — 38 000 Ew — Offenburg 18 km
🛈 ☎ (0 78 21) 28 20, Fax 28 24 60 — Verkehrsbüro, Rathausplatz 4, 77933 Lahr. Sehenswert: Ev. ehem. Stiftskirche; Museum der Stadt Lahr; Villa Jamm im Stadtpark und Schutterlindenberg ≼; ev. Kirche im Stadtteil Brugheim (3 km →)

** Schulz
Alte Bahnhofstr 6, ✉ 77933, ☎ (0 78 21) 2 60 97, Fax 2 26 74, AX DC ED VA
50 Zi, Ez: 98-135, Dz: 155-175, ⊿ WC ☎; Lift 🅿 🖼
** Hauptgericht 30

* Schwanen
Gärtnerstr 1, ✉ 77933, ☎ (0 78 21) 2 10 74, Fax 3 76 17, AX DC ED
55 Zi, Ez: 85-120, Dz: 130-185, 5 Suiten, ⊿ WC ☎; Lift 🅿 🖼 2⇔60
auch Zimmer der Kategorie ** vorhanden
** Hauptgericht 30; nur abends;
geschl: So

* Zum Löwen
Obertorstr 5, ✉ 77933, ☎ (0 78 21) 2 30 22, Fax 15 14, AX DC ED VA
30 Zi, Ez: 70-100, Dz: 110-130, WC ☎; 🖼 1⇔70
* Hauptgericht 25; 🅿; geschl: So

* Am Westend
Schwarzwaldstr 97, ✉ 77933, ☎ (0 78 21) 9 50 40, Fax 5 17 09, ED VA
34 Zi, Ez: 92, Dz: 132-156, ⊿ WC ☎, 4🛏; Lift 🅿 🖼 1⇔14 Fitneßraum Sauna Solarium 🍽
geschl: Ende Dez-Anfang Jan

Reichenbach (6 km →)
** Adler
Hauptstr 78, ✉ 77933, ☎ (0 78 21) 70 35, Fax 70 33, AX ED VA
21 Zi, Ez: 105, Dz: 160, ⊿ WC ☎; 🅿 🖼 1⇔25 Kegeln
*** Hauptgericht 42; Terrasse; 🍷 geschl: Di, Ende Jan-Mitte Feb

Sulz (3 km ↓)
* Dammenmühle
♂ Dammenmühle 1, ✉ 77933, ☎ (0 78 21) 9 39 30, Fax 93 93 93, ED VA
Hauptgericht 30; Biergarten Terrasse; geschl: Mo, Ende Sep-Anfang Okt, Ende Jan-Anfang Feb
* 13 Zi, Ez: 75-105, Dz: 130-195, 3 Suiten, ⊿ WC ☎; 🅿 4⇔80 ≈
Auch Zimmer anderer Kategorien vorhanden

Laichingen 62 ↓

Baden-Württemberg — Alb-Donau-Kreis — 800 m — 9 000 Ew — Blaubeuren 14, Münsingen 23, Bad Urach 26 km
🛈 ☎ (0 73 33) 8 50, Fax 85 25 — Stadtverwaltung, Bahnhofstr 26, 89150 Laichingen; Ort auf der Schwäbischen Alb. Sehenswert: Laichinger Tiefenhöhle; Höhlenmuseum

** Krehl „Zur Ratstube"
Radstr 7, ✉ 89150, ☎ (0 73 33) 40 21, Fax 40 20, DC ED VA
29 Zi, Ez: 68-90, Dz: 110-124, 2 App, ⊿ WC ☎; Lift 🅿 🖼 Sauna
Rezeption: 7-23, So+Sa 7-13, 17-23
* Zirbelstube
Hauptgericht 25; Gartenlokal; nur abends; geschl: So, Sa

Feldstetten (5 km ↙)
* Post
an der B 28, ✉ 89150, ☎ (0 73 33) 51 18, Fax 2 11 51, AX ED VA
25 Zi, Ez: 55-65 Dz: 95-115, 3 Suiten, 4 App, WC ☎; 🅿 🖼 2⇔30 Sauna 🍽
geschl: Mo

Lalendorf 20 ↗

Mecklenburg-Vorpommern — Kreis Güstrow — 82 m — 1 660 Ew — Teterow 12, Güstrow 15 km
🛈 ☎ (03 84 52) 2 02 19, Fax 2 02 40 — Gemeindeamt, Hauptstr 5, 18279 Lalendorf

* Im Wiesengrund
Hauptstr 3, ✉ 18279, ☎ (03 84 52) 2 05 42, Fax 2 05 42, ED
10 Zi, Ez: 60-65, Dz: 110-115, ⊣ WC ☎; 🅿 🖳 ⛃

Lam 66 ↖

Bayern — Kreis Cham — 570 m — 3 000 Ew — Kötzting 18, Furth i. W. 23, Zwiesel 33 km
🛈 ☎ (0 99 43) 7 77, Fax 81 77 — Verkehrsamt, Marktplatz 1, 93462 Lam; Luftkurort und Wintersportplatz im Bayerischen Wald. Sehenswert: Mineralien-Museum; Osser, 1293 m ◂ (130 Min →); Märchen- und Gespensterschloß in Lambach (3 km ↗)

*** Steigenberger Avance Sonnenhof
einzeln ♂ ◂ Im Himmelreich 13, ✉ 93462, ☎ (0 99 43) 3 70, Fax 81 91, AX DC ED VA
164 Zi, Ez: 121-153, Dz: 212-256, 9 App, ⊣ WC ☎, 80🖳; Lift 🅿 🖳 7↺200 ≈ ≘ Fitneßraum Kegeln Sauna Solarium Tennis 0; Golf 9
** Petrusstube ✤
Hauptgericht 25; Terrasse

** Ferienhotel Bayerwald
◂ Arberstr 73, ✉ 93462, ☎ (0 99 43) 95 30, Fax 83 66, AX DC ED
52 Zi, Ez: 55-75, Dz: 110-160, 1 Suite, 1 App, ⊣ WC ☎; 🅿 🖳 ≘ Fitneßraum Sauna Solarium ⛃
geschl: So ab 14, Mitte Nov-Mitte Dez
* Hauptgericht 20; geschl: So abends, Mitte Nov-Mitte Dez

* Sonnbichl
♂ ◂ Lambacher Str 31, ✉ 93462, ☎ (0 99 43) 7 33, Fax 82 49
35 Zi, Ez: 60, Dz: 100, 5 App, ⊣ WC ☎; Lift 🅿 🖳 Fitneßraum Sauna Solarium ⛃ ⛃
geschl: Mo, Anfang Nov-Mitte Dez

Lampertheim 54 □

Hessen — Kreis Bergstraße — 94 m — 31 500 Ew — Mannheim 6, Worms 9 km
🛈 ☎ (0 62 06) 93 50, Fax 93 53 00 — Stadtverwaltung, Römerstr 102, 68623 Lampertheim; Stadt in der Oberrheinebene, an einem Altrhein. Sehenswert: Rathaus; Fachwerkhäuser

** Treff Page Hotel
Andreasstr 4, ✉ 68623, ☎ (0 62 06) 5 20 97, Fax 5 20 98, AX DC ED VA
67 Zi, Ez: 130-150, Dz: 160-180, S; ⊣ WC ☎, 12🖳; Lift 🖳 2↺25 ⛃

* Flair
Industriestr 25, ✉ 68623, ☎ (0 62 06) 9 29 80, Fax 1 33 88
20 Zi, Ez: 80-90, Dz: 120-140, ⊣ WC ☎; 🅿 1↺40; garni

* Deutsches Haus
Kaiserstr 47, ✉ 68623, ☎ (0 62 06) 93 60, Fax 93 61 00, AX DC ED VA
33 Zi, Ez: 75-90, Dz: 110-150, ⊣ WC ☎; Lift 🅿 1↺20
geschl: Anfang Jan
* Hauptgericht 25; Terrasse

*** Waldschlössl ☎
Luisenstr 2 a, ✉ 68623, ☎ (0 62 06) 5 12 21, Fax 1 26 30, AX DC VA
Hauptgericht 50; 🅿 Terrasse; geschl: Sa mittags, So, Mo
** Geo's Stube ✤
Hauptgericht 30; Gartenlokal Terrasse; geschl: So, Mo, 1 Woche Fasching

** Zum Fährhaus
Biedensandstr 58, ✉ 68623, ☎ (0 62 06) 22 60, Fax 5 26 97, AX DC ED VA
Hauptgericht 40; Gartenlokal 🅿; geschl: Di, 2 Wochen im Herbst, 2 Wochen im Feb

Landau a. d. Isar 65 ↖

Bayern — Kreis Dingolfing-Landau — 390 m — 12 200 Ew — Dingolfing 16, Plattling 22, Straubing 27 km
🛈 ☎ (0 99 51) 94 10, Fax 94 12 10 — Stadtverwaltung, Oberer Stadtplatz 1, 94405 Landau a. d. Isar. Sehenswert: Stadtpfarrkirche St. Maria Himmelfahrt; Steinfels-Wallfahrtskirchlein; Museum Kastenhof; Wachsender Felsen bei Usterling

* Gästehaus Numberger
♂ Dr.-Aicher-Str 2, ✉ 94405, ☎ (0 99 51) 9 80 20, Fax 9 80 22 00
19 Zi, Ez: 68-65, Dz: 98-120, ⊣ WC ☎, 1🖳; 🅿 🖳 Fitneßraum Sauna Solarium; garni
geschl: So nachmittags

Landau in der Pfalz 60 ↑

Rheinland-Pfalz — Stadtkreis — 144 m — 38 283 Ew — Neustadt a. d. Weinstraße 16, Speyer 28, Karlsruhe 34 km
🛈 ☎ (0 63 41) 1 31 81, Fax 1 31 95 — Büro für Tourismus, Marktstr 50 (A 1), 76825 Landau in der Pfalz. Sehenswert: Ev. ehem. Stiftskirche; kath. ehem. Klosterkirche; Deutsches Tor; Galeereturm; Frank-Loebsches Haus; Strieffler-Haus

Stadtplan siehe Seite 634

** Parkhotel
◂ Mahlastr 1 (C 2), ✉ 76829, ☎ (0 63 41) 14 50, Fax 14 54 44, AX ED VA
78 Zi, Ez: 130-160, Dz: 165-220, ⊣ WC ☎, 3🖳; Lift 🅿 8↺600 ≘ Fitneßraum Kegeln Sauna Solarium
** Landauer
Hauptgericht 30; Terrasse →

Landau in der Pfalz

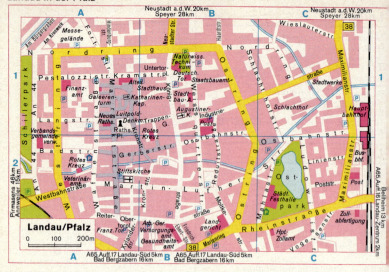

Godramstein (4 km ↖)
** **Keller**
Bahnhofstr 28, ✉ 76829, ☎ (0 63 41)
6 03 33, Fax 6 27 92
Hauptgericht 30; 🅿 Terrasse; geschl: Mi,
Do, 3 Wochen in den Sommerferien, Ende
Dez-Anfang Jan

Nußdorf (4 km ↑)
** **Landhaus Herrenberg Gutsrestaurant**
Lindenbergstr 72, ✉ 76829, ☎ (0 63 41)
6 02 05, Fax 6 07 09
Hauptgericht 25; Gartenlokal 🅿; nur
abends; geschl: Do
** 9 Zi, Ez: 115, Dz: 170-210, 1 Suite,
⇘ WC ☎; 2↔70

Queichheim (1 km →)
** **Provencal**
Queichheimer Hauptstr 136, ✉ 76829,
☎ (0 63 41) 5 05 57, Fax 5 07 11, AX DC ED VA
Hauptgericht 40; Gartenlokal 🅿; geschl:
Mo, 3 Wochen in den Sommerferien

Landesbergen 25 □

Niedersachsen — Kreis Nienburg (Weser)
— 30 m — 2 703 Ew — Nienburg 12,
Rehburg-Loccum 14 km
ℹ ☎ (0 50 28) 8 70, Fax 87 70 — Samtgemeindeverwaltung, Hinter den Höfen 13,
31628 Landesbergen; Ort an der Mittelweser. Sehenswert: Landesberger
Windmühle, „Münchhausen-Schloß" in
Brokeloh

Ein im Betriebseintrag dargestelltes S
zeigt an, daß Sie hier bei einer Buchung
über den Varta Hotel-Service zu Sonderkonditionen übernachten können.

Brokeloh (6 km →)
* **Der Dreschhof**
♂ Haus Nr 48, ✉ 31628, ☎ (0 50 27) 5 77,
Fax 18 35, ED VA
23 Zi, Ez: 65-115, Dz: 130-165, ⇘ WC 🅿;
1↔36
Rezeption: 17.30-19.30; geschl: Di, Ende
Dez-Anfang Jan
* Hauptgericht 20; nur abends, So
auch mittags; geschl: Di, Ende Dez-
Anfang Jan

Landsberg a. Lech 71 ↖

Bayern — Kreis Landsberg — 600 m —
21 500 Ew — Schongau 30, Augsburg
36 km
ℹ ☎ (0 81 91) 12 82 46, Fax 12 81 80 — Verkehrsamt, Hauptplatz 1, 86899 Landsberg.
Sehenswert: Kath. Stadtpfarrkirche: Chorfenster; kath. Johannis-Kirche; kath. Hl.-
Kreuz-Kirche; Rathaus: Schmalzturm; Bayertor; Mutterturm: Herkomer-Sammlung;
Stadtmauer; Neues Stadtmuseum

* **Goggl**
Herkomer Str 19, ✉ 86899, ☎ (0 81 91)
32 40, Fax 32 41 00, AX DC ED VA
62 Zi, Ez: 100-130, Dz: 150-200, ⇘ WC ☎,
7🛏; Lift 🚗 3↔400 Fitneßraum Sauna
Solarium
Auch Zimmer der Kategorie ** vorhanden
* Hauptgericht 25; Biergarten 🅿
Terrasse; geschl: Mo

* **Landhotel Endhart**
Erpftinger Str 19, ✉ 86899, ☎ (0 81 91)
9 20 74, Fax 3 23 46, ED VA
16 Zi, Ez: 72-105, Dz: 95-115, ⇘ WC 🅿;
🚗; garni ⚓
Rezeption: 7-20

Landsberger Hof
* **Landsberger Hof**
Weilheimer Str 5, ✉ 86899, ☎ (0 81 91)
3 20 20, Fax 3 20 21 00, AX DC ED VA
33 Zi, Ez: 50-120, Dz: 100-170, ⊿ WC ☎; P
🖃; garni

* **Am Hexenturm**
Vordere Mühlgasse 190, ✉ 86899,
☎ (0 81 91) 18 74, Fax 56 61, ED
Hauptgericht 27; Terrasse

Außerhalb
** **Ramada**
Graf Zeppelin Str 6, ✉ 86899, ☎ (0 81 91)
9 29 00, Fax 9 29 44 00, AX DC ED VA
108 Zi, Ez: 132-147, Dz: 149-189, S; ⊿ WC
☎, 38🖃; Lift P 3⇌120; garni

Pitzling (5 km ↓)
* **Aufeld**
♂ Aufeldstr 3, ✉ 86899, ☎ (0 81 91) 40 54,
Fax 40 55, ED VA
9 Zi, Ez: 50-60, Dz: 80-100, ⊿ WC ☎; P
1⇌20 Fitneßraum Sauna Solarium; garni

Landscheid 52 ↗

Rheinland-Pfalz — Kreis Bernkastel-Wittlich — 320 m — 2 300 Ew — Wittlich 14,
Bitburg 21 km
ℹ ☎ (0 65 75) 42 53 — Gemeindeverwaltung, Maarstr 16, 54526 Landscheid

Burg (1 km ↗)
* **Waldhotel Viktoria**
einzeln ♂ ✉ 54526, ☎ (0 65 75) 6 41,
Fax 89 44, AX DC ED VA
52 Zi, Ez: 72-85, Dz: 130-150, 3 App, ⊿ WC
☎; P 🖃 ⌂ Kegeln Sauna Solarium
geschl: Jan
* Hauptgericht 25; geschl: Jan

Niederkail (2 km ↙)
* **Lamberty**
Brückenstr 8, ✉ 54526, ☎ (0 64 75) 9 51 80,
Fax 9 51 80, AX
22 Zi, Ez: 50-60, Dz: 100, ⊿ WC ☎; P
1⇌100 Kegeln 🍽
geschl: Mo

Landshut 65 ↙

Bayern — Stadtkreis — 393 m — 59 697 Ew
— Flughafen München II 40, Regensburg 62, München 69 km
ℹ ☎ (08 71) 92 20 50, Fax 8 92 75 — Verkehrsverein, Altstadt 315 (B 3), 84028 Landshut. Sehenswert: Stadtbild; kath. St.-
Martins-Kirche: Chorgestühl, Mutter-
gottes, Turm (mit 131 m der höchste
Backsteinturm der Welt); kath. Hl-Geist-
(=Spital-) Kirche; Abteikirche Seligenthal;
ehem. Dominikanerkirche; ehem. Jesuitenkirche; Burg Trausnitz ◅; Stadtresi-
denz; Stadt- und Kreis-Museum; Hofgarten mit Tiergehege ◅; Niederbayrisches
Automobil- und Motorrad-Museum in
Adlkofen (9 km →), geöffnet So 13.30-
16.30 Uhr, sonst nach Vereinbarung

Stadtplan siehe Seite 636

Landstuhl

** **Romantik Hotel Fürstenhof** 👑
♂ Stethaimer Str 3 (B 1), ✉ 84034,
☎ (08 71) 9 25 50, Fax 92 55 44, AX DC ED VA
22 Zi, Ez: 140-180, Dz: 185-210, 2 Suiten, ⊿
WC ☎, 3🖃; P 🖃 1⇌18 Fitneßraum Sauna
Solarium
Golf 18
** Hauptgericht 40; Gartenlokal
Terrasse; geschl: So

** **Lindner Kaiserhof**
Papiererstr 2 (B 2), ✉ 84034, ☎ (08 71)
68 70, Fax 68 74 03, AX DC ED VA
144 Zi, Ez: 150-260, Dz: 150-260, S; ⊿ WC
☎, 25🖃; Lift P 🖃 10⇌250

** **Herzog Ludwig**
Hauptgericht 30; Biergarten Terrasse

** **Goldene Sonne**
Neustadt 520 (B 2), ✉ 84028, ☎ (08 71)
92 53-0, Fax 92 53-3 50, AX DC ED VA
55 Zi, Ez: 115-130, Dz: 170-190, 2 App, ⊿
WC ☎, 5🖃; Lift P 2⇌100
Auch Zimmer der Kategorie * vorhanden
** Hauptgericht 32; Biergarten
Gartenlokal; geschl: Fr abends

* **Weinstube Isar-Klause**
Untere Länd 124 (B 2), ✉ 84028, ☎ (08 71)
2 31 00, Fax 2 76 07 68
Hauptgericht 30; Biergarten; nur abends;
geschl: So, Ende Aug

▬ **Belstner**
Altstadt 295 (B 3), ✉ 84028, ☎ (08 71)
2 21 90, Fax 27 36 90
9-18; Boulevardterrasse; geschl: So

Landstuhl 53 ↓

Rheinland-Pfalz — Kreis Kaiserslautern —
248 m — 9 533 Ew — Kaiserslautern 16,
Pirmasens 33 km
ℹ ☎ (0 63 71) 8 30, Fax 8 31 01 — Verbandsgemeindeverwaltung, Kaiserstr 47,
66849 Landstuhl; Erholungsort. Sehenswert: Kath. Kirche: Grabmal Franz von
Sickingens; Burg Nanstein ◅ (1 km ↘)

** ◅ **Moorbad**
♂ Hauptstr 39, ✉ 66849, ☎ (0 63 71)
1 40 66, Fax 1 79 90, AX DC ED VA
24 Zi, Ez: 120, Dz: 170, ⊿ WC ☎; Lift P;
garni
Rezeption: 6-12, 15-23

** **Schloßcafé**
einzeln ♂ Burgweg 10, ✉ 66849,
☎ (0 63 71) 9 21 40, Fax 92 14 29, AX DC ED VA
17 Zi, Ez: 75-105, Dz: 140-160, ⊿ WC ☎; P
3⇌90 ▬
Rezeption: 8-23, Mo 8-10, 16-19
** Hauptgericht 35; Terrasse;
geschl: Mo, 1 Woche im Nov, 3 Wochen
im Feb

→

Landstuhl

✱ Rosenhof
Am Köhlerwäldchen 6, ✉ 66849,
☎ (0 63 71) 8 00 10, Fax 6 46 41, AX DC ED VA
33 Zi, Ez: 95-90, Dz: 130, 1 Suite, 1 App, 🚿
WC ☎, 10 📺; 🅿 🚗 2 ⇌ 40 🍽

✱ Christine
Kaiserstr 3, ✉ 66849, ☎ (0 63 71) 90 20,
Fax 90 22 22, AX DC ED VA
25 Zi, Ez: 90-100, Dz: 130-140, 17 App, 🚿
WC ☎; Lift 🅿; **garni**
Rezeption: 6-21

Langdorf 66 ↘

Bayern — Kreis Regen — 645 m —
1 990 Ew — Regen 6, Bodenmais 7,
Zwiesel 7 km
ℹ ☎ (0 99 21) 94 11 13, Fax 75 87 — Verkehrsamt, im Rathaus, Hauptstr 8, 94264 Langdorf; Erholungsort im „Zwieseler Winkel" - Bayerischer Wald

✱✱ Zur Post
Regener Str 2, ✉ 94264, ☎ (0 99 21) 30 43,
Fax 82 78
44 Zi, Ez: 47-67, Dz: 82-144, 🚿 WC ☎, 1 📺;
Lift 🅿 🚗 1 ⇌ 120 Fitneßraum Sauna
Solarium 🍽 🏊
geschl: Di, Nov

✱ Eichenbühl
♂ Zum Eichenbühl 10, ✉ 94264,
☎ (0 99 21) 95 20, Fax 95 21 50, AX DC ED VA
48 Zi, Ez: 75, Dz: 80-140, 24 App, 🚿 WC ☎;
🅿 🏊 Sauna Solarium 🍽
Rezeption: 8-20; geschl: Anfang Nov-Mitte Dez

Langebrück 40 ↘

Sachsen — Kamenz — 3 500 Ew —
Kamenz 55, Dresden 15 km
ℹ ☎ (03 52 01) 7 02 30 — Gemeindeverwaltung, Schillerstr 5, 01465 Langebrück

✱ Lindenhof
Dresdner Str 6, ✉ 01465, ☎ (03 52 01)
7 02 39, Fax 7 02 45, AX ED VA
35 Zi, Dz: 135, 🚿 WC ☎, 3 📺; Lift 🅿 🚗
Sauna 🍽

Langelsheim 36 ↗

Niedersachsen — Kreis Goslar — 300 m —
14 700 Ew — Goslar 8, Seesen 15 km
ℹ ☎ (0 53 26) 50 40, Fax 5 04 29 — Stadtverwaltung, Harzstr 8, 38685 Langelsheim; Stadt am nördlichen Harzrand. Sehenswert: Niedersächs. Bergbaumuseum in Lautenthal; Innerste-Stausee (4 km ↗); Grane-Stausee (3 km ↘)

Langenargen

<u>Wolfshagen</u> (Erholungsort, 5 km ↓)
** **Wolfshof**
◄ Kreuzallee 22, ✉ 38685, ☎ (0 53 26) 79 90, Fax 79 91 19, AX ED VA
Ez: 110-150, Dz: 180-260, 3 Suiten, 12 App, ⇨ WC ☎; Lift P ⛽ 1↔60 ≙ Fitneßraum Kegeln Sauna Solarium
** Hauptgericht 35; Terrasse

*   **Berghotel Wolfshagen**
◄ Heimbergstr 1, ✉ 38685, ☎ (0 53 26) 40 62, Fax 44 32, ED
51 Zi, Ez: 72-90, Dz: 127-152, ⇨ WC ☎; Lift P Fitneßraum Kegeln Sauna Solarium
** Hauptgericht 30; Terrasse

Langen 54 ↗

Hessen — Kreis Offenbach — 140 m — 33 000 Ew — Darmstadt 12, Frankfurt/Main 10 km
ℹ ☎ (0 61 03) 20 30, Fax 2 63 02 — Stadtverwaltung, Südliche Ringstr 80, 63225 Langen

** **Holiday Inn Garden Court**
♂ Rheinstr 25, ✉ 63225, ☎ (0 61 03) 50 50, Fax 50 51 00, AX DC ED VA
90 Zi, Ez: 178-378, Dz: 201-401, ⇨ WC ☎, 45✉; Lift P ⛽ 1↔12 Fitneßraum Sauna Solarium ⛄

*   **Deutsches Haus**
Darmstädter Str 23, ✉ 63225, ☎ (0 61 03) 2 20 51, Fax 5 42 95, AX DC ED VA
70 Zi, Dz: 160, 5 App, ⇨ WC ☎; Lift P ⛽ 3↔60 ⛄
geschl: Ende Dez-Anfang Jan

*   **Dreieich**
Frankfurter Str 49, ✉ 63225, ☎ (0 61 03) 91 50, Fax 5 20 30, AX ED VA
100 Zi, Ez: 50-150, Dz: 85-190, 11 App, ⇨ WC ☎; P ⛽
*   Flair
Hauptgericht 30; nur abends; geschl: So, Sa, Aug

<u>Langen-Außerhalb</u> (2 km →)
** **Merzenmühle**
Haus Nr 12, ✉ 63225, ☎ (0 61 03) 5 35 33, Fax 5 36 55, DC ED VA
Hauptgericht 30; Terrasse; geschl: Mo, Sa abends

<u>Neurott</u> (1 km ↘)
** **Steigenberger Maxx**
♂ Robert-Bosch-Str 26, ✉ 63225, ☎ (0 61 03) 97 20, Fax 97 25 55, AX DC ED VA
208 Zi, Ez: 185-255, Dz: 225-255, S; ⇨ WC ☎, 49✉; Lift P ⛽ 6↔100 Sauna ⛄

** **Achat**
♂ Robert-Bosch-Str 58, ✉ 63225, ☎ (0 61 03) 75 60, Fax 75 69 99, AX ED VA
170 Zi, Ez: 99-177, Dz: 99-224, S; 10 Suiten, 180 App, ⇨ WC ☎, 90✉; Lift P ⛽ 13↔80 ⛄
geschl: Ende Dez-Anfang Jan

Langenargen 69 ↓

Baden-Württemberg — Bodenseekreis — 400 m — 7 000 Ew — Friedrichshafen 10, Lindau 15 km
ℹ ☎ (0 75 43) 3 02 92, Fax 46 96 — Verkehrsamt, Obere Seestr 2/2, 88085 Langenargen; Erholungsort am Bodensee. Sehenswert: Kath. St.-Martin-Kirche; Schiffsfahrten zu allen Orten an der Linie Bregenz-Konstanz

** **Engel**
◄ Marktplatz 3, ✉ 88085, ☎ (0 75 43) 24 36, Fax 42 01, DC ED VA
38 Zi, Ez: 90-150, Dz: 160-220, 5 App, ⇨ WC ☎; Lift P ⛽ Seezugang
geschl: 22.12.97-15.3.98
** **Grillstube Graf Anton**
Hauptgericht 30; Terrasse; geschl: Mi, Do mittags, Ende Dez-Mitte Mär

** **Akzent-Hotel Löwen**
◄ Obere Seestr 4, ✉ 88085, ☎ (0 75 43) 30 10, Fax 3 01 51, AX DC ED VA
27 Zi, Ez: 130-180, Dz: 180-240, ⇨ WC ☎; Lift P ⛽ 2↔30 ⛄
geschl: Anfang Jan-Anfang Mär
** ◄ Hauptgericht 37; Gartenlokal Terrasse; geschl: Di, Mitte Jan-Anfang Mär

** **Schiff**
◄ Marktplatz 1, ✉ 88085, ☎ (0 75 43) 24 07, Fax 45 46, VA
46 Zi, Ez: 100-190, Dz: 160-260, 4 Suiten, ⇨ WC ☎; Lift P ⛽ Sauna Solarium
geschl: Anfang Nov-Mitte Mär
** ◄ Hauptgericht 28; Terrasse; geschl: Anfang Nov-Mitte Mär

** **Seeterrasse**
♂ ◄ Obere Seestr 52, ✉ 88085, ☎ (0 75 43) 20 98, Fax 38 04, ED VA
41 Zi, Ez: 95-165, Dz: 170-270, 4 Suiten, 1 App, ⇨ WC ☎; Lift P ⛽ ≈ ⛄ ⛄
geschl: Ende Okt-Ende Mär

*   **Litz**
◄ Obere Seestr 11, ✉ 88085, ☎ (0 75 43) 45 01, Fax 32 32, ED
39 Zi, Ez: 120-170, Dz: 220-260, 1 Suite, 8 App, ⇨ WC ☎, 2✉; Lift P ⛽; garni
geschl: 1.11.96-15.3.97

*   **Klett**
◄ Obere Seestr 15, ✉ 88085, ☎ (0 75 43) 22 10, Fax 22 10
18 Zi, Ez: 95-120, Dz: 140-180, ⇨ WC
geschl: Mo, Jan, Feb
*   Hauptgericht 26; Gartenlokal; nur abends; geschl: Mo, Jan, Feb

*** **Adler Gourmet-Restaurant**
Oberdorfer Str 11, ✉ 88085, ☎ (0 75 43) 30 90, Fax 3 09 50, ED VA
Hauptgericht 45; P Terrasse; geschl: So abends, Mo, Ende Jan.-Anfang Feb.
*   15 Zi, Ez: 85-140, Dz: 140-200, ⇨ WC ☎
geschl: Ende Jan-Anfang Feb →

Langenargen

Langenargen-Außerhalb (2,5 km ↘)
* **Schwedi**
♂ ◂◾ ⊠ 88085, ☎ (0 75 43) 21 42, Fax 46 67, ED
28 Zi, Ez: 95-140, Dz: 160-210, 1 Suite, ⬚ WC ☎; Lift 🅿 🚗 ≋ Seezugang Sauna Solarium
geschl: Di, Anfang Nov-Anfang Feb
Auch Zimmer der Kategorie ** vorhanden
* ◂◾ Hauptgericht 25; Terrasse; geschl: Di, Anfang Nov-Anfang Feb

Oberdorf (3 km ↗)
* **Hirsch**
♂ Ortsstr 1, ⊠ 88085, ☎ (0 75 43) 9 30 30, Fax 16 20, DC ED VA
23 Zi, Ez: 70-80, Dz: 120-150, 2 Suiten, ⬚ WC ☎; 🅿 🚗
geschl: Fr, Ende Dez, Ende Jan
* Hauptgericht 25; Biergarten; nur abends; geschl: Fr, Ende Dez-Ende Jan

Langenau 62 ↘

Baden-Württemberg — Alb-Donau-Kreis — 461 m — 12 191 Ew — Ulm 19, Günzburg 20, Heidenheim 24 km
🛈 ☎ (0 73 45) 8 10, Fax 81 55 — Stadtverwaltung, Marktplatz 1, 89129 Langenau.
Sehenswert: Ev. Martinskirche

** **Lobinger-Hotel Weißes Roß**
Hindenburgstr 29, ⊠ 89129, ☎ (0 73 45) 80 10, Fax 80 15 51, AX DC ED VA
81 Zi, Ez: 98-115, Dz: 115-155, ⬚ WC ☎; Lift 🅿 🚗 7⟳100 🍴
geschl: Ende Dez-Anfang Jan

* **Gasthof zum Bad**
Burghof 1, ⊠ 89129, ☎ (0 73 45) 9 60 00, Fax 96 00 50
16 Zi, Ez: 69-79, Dz: 106, ⬚ WC ☎; 🅿 2⟳150 Kegeln 🍴
geschl: Mo, Ende Jul-Anfang Aug

* **Pflug**
Hindenburgstr 56, ⊠ 89129, ☎ (0 73 45) 95 00, Fax 95 01 50, DC ED VA
29 Zi, Ez: 58-68, Dz: 100, ⬚ WC ☎; Lift 🅿; garni
Rezeption: 6.45-11.30, 17-21.30; geschl: So, Ende Dez-Anfang Jan

Langenbrücken, Bad
siehe **Schönborn, Bad**

Langenfeld 33 ↙

Nordrhein-Westfalen — Kreis Mettmann — 44 m — 56 300 Ew — Solingen 13, Düsseldorf 19, Köln 24 km
🛈 ☎ (0 21 73) 79 40, Fax 79 42 22 — Stadtverwaltung, Konrad-Adenauer-Platz 1, 40764 Langenfeld. Sehenswert: Wasserburg Haus Graven; Kath. Kirche in Richrath

** **Rema-Hotel Mondial**
Solinger Str 188, ⊠ 40764, ☎ (0 21 73) 2 30 33, Fax 2 22 97, AX DC ED VA
62 Zi, Ez: 130-210, Dz: 170-340, 7 Suiten, 1 App, ⬚ WC ☎; Lift 🅿 ≋ Kegeln Sauna Solarium; garni
geschl: Ende Dez-Anfang Jan

** **Romantik Hotel Gravenberg**
Elberfelder Str 45, ⊠ 40764, ☎ (0 21 73) 9 22 00, Fax 2 27 77, AX DC ED VA
38 Zi, Ez: 150-190, Dz: 220-290, 3 Suiten, ⬚ WC ☎, 9🛏; 🅿 🚗 3⟳60 ≋ Fitneßraum Sauna Solarium
geschl: So ab 14, Mo, 2 Wochen in den Winterferien
** Hauptgericht 35; Gartenlokal; geschl: So abends, Mo, 4 Wochen im Sommer, 2 Wochen im Winter

** **Landhotel Lohmann**
Opladener Str 19, ⊠ 40764, ☎ (0 21 73) 9 16 10, Fax 1 45 43, AX DC ED VA
25 Zi, Ez: 125-155, Dz: 175-195, ⬚ WC ☎, 4🛏; 🅿 2⟳150
geschl: Di ab 14 und Mi, In den Sommerferien 3 Wochen
** Hauptgericht 25; Terrasse; geschl: Di abends, Mi, 3 Wochen in den Sommerferien

Langenhagen 26 ←

Niedersachsen — Kreis Hannover — 51 m — 49 500 Ew — Hannover 9, Celle 39 km
🛈 ☎ (05 11) 7 30 70, Fax 7 30 74 81 — Stadtverwaltung, Marktplatz 1, 30853 Langenhagen; Flughafen Hannover-Langenhagen, ☎ (05 11) 97 70

** **Ambiente**
Walsroder Str 70, ⊠ 30853, ☎ (05 11) 7 70 60, Fax 7 70 61 11
67 Zi, Ez: 135-330, Dz: 170-350, ⬚ WC ☎, 14🛏; Lift 🅿 🚗
** Hauptgericht 30; nur abends; geschl: So

* **Wegner**
Walsroder Str 39, ⊠ 30851, ☎ (05 11) 72 69 10, Fax 72 69 1- 90, DC ED VA
56 Zi, Ez: 59-109, Dz: 118-160, ⬚ WC ☎; Lift 🅿 🚗; garni
geschl: Ende Dez-Anfang Jan

* **Zollkrug**
Walsroder Str 36, ⊠ 30851, ☎ (05 11) 74 20 05, Fax 74 43 75, DC ED VA
23 Zi, Ez: 105-175, Dz: 169-245, ⬚ WC ☎; 🅿; garni
geschl: Ende Dez

Godshorn (2 km ↙)
** **Frick's Restaurant**
Alt-Godshorn 45, ⊠ 30855, ☎ (05 11) 78 48 12, Fax 74 89 99
Hauptgericht 35; 🅿 Terrasse; geschl: Mo

Krähenwinkel (2 km ↑)
★★ Jägerhof
Walsroder Str 251, ✉ 30855, ☎ (05 11)
7 79 60, Fax 7 79 61 11, AX DC ED VA
76 Zi, Ez: 90-185, Dz: 180-320, 1 Suite, ⌐⌐
WC ☎; P 🚗 4↔100 Sauna
geschl: Ende Dez-Anfang Jan
Auch Zimmer der Kategorie ★ vorhanden
★★ Hauptgericht 30; Terrasse;
geschl: Sa Mittag, so+feiertags,
Ende Dez-Anfang Jan

Langenhagen-Flughafen (3 km ←)
★★★★ Maritim Airport Hotel
✈ Flughafenstr 5, ✉ 30669, ☎ (05 11)
9 73 70, Fax 9 73 75 90, AX DC ED VA
490 Zi, Ez: 255-455, Dz: 308-588, S;
40 Suiten, ⌐⌐ WC ☎, 258🛏; Lift 🚗
24↔1400 🏊 Fitneßraum Sauna Solarium
★★★ Bistro Bottaccio
Hauptgericht 35
★★ Rôtisserie
Hauptgericht 32

**★★★ Holiday Inn Crowne Plaza
Hannover Airport**
Petzelstr 60, ✉ 30855, ☎ (05 11) 7 70 70,
Fax 73 77 81, AX DC ED VA
208 Zi, Ez: 154-520, Dz: 184-520, 2 Suiten,
⌐⌐ WC ☎, 39🛏; Lift 🚗 11↔150 🏊 Fitneß-
raum Sauna Solarium ⚓
★★ Hauptgericht 30; Terrasse

★ Mövenpick
✈ Flughafenstr, im Flughafengebäude,
✉ 30669, ☎ (05 11) 9 77 25 09,
Fax 9 77 27 09, AX DC ED VA
Hauptgericht 20

Langen-Jarchow 20 ↖

Mecklenburg-Vorpommern — Kreis Sternberg — 65 m — 240 Ew — Sternberg 14,
Wismar 20, Schwerin 32 km
ℹ ☎ (03 84 83) 3 44 — Gemeindeverwaltung, 19412 Langen-Jarchow

★ Fuchs
♂ Brüeler Str 47, ✉ 19412, ☎ (03 84 83)
2 24 15, Fax 2 24 15, AX ED VA
20 Zi, Ez: 73, Dz: 115, ⌐⌐ WC; P Seezugang
🍴

Langensalza, Bad 37 ↙

Thüringen — Kreis Bad Langensalza —
16 900 Ew — Gotha 16, Eisenach 23,
Erfurt 27 km
ℹ ☎ (0 36 03) 25 68 — Bad Langensalza
Information, Neumarkt 5, 99947 Bad Langensalza; Heilbad. Sehenswert: Altstadt
mit Bürgerhäusern, z. B. Klopstockhaus;
Marktkirche St. Bonifatius; Marktbrunnen;
Herkuleshaus; Museum

**★ Alpha Hotel
„Hermann von Salza"**
Kurpromenade 1, ✉ 99947, ☎ (0 36 03)
8 58 00, Fax 81 56 92, AX DC ED VA
75 Zi, Ez: 67-190, Dz: 98-225, S; 3 Suiten, ⌐⌐
WC ☎, 3🛏; Lift P 🚗 12↔100 Fitneßraum
Sauna Solarium 🍴 ⚓

Thamsbrück
★ Im Thielschen Grund
♂ Unterm Berge 5, ✉ 99947, ☎ (0 36 03)
61 51, ED VA
12 Zi, Ez: 70-80, Dz: 90-100, ⌐⌐ WC ☎; P
1↔35 🍴

Langenselbold 45 ↙

Hessen — Kreis Main-Kinzig — 120 m —
12 300 Ew — Hanau 25, Gelnhausen 25 km
ℹ ☎ (0 61 84) 8 02 12 +8 02 13, Fax 8 02 53
— Stadtverwaltung, Schloßpark 2, 63505
Langenselbold

Langenselbold
★★ Holiday Inn Garden Court
Gelnhäuser Str 5, ✉ 63505, ☎ (0 61 84)
92 60, Fax 92 61 10, AX DC ED VA
87 Zi, Ez: 201-331, Dz: 282-310, ⌐⌐ WC ☎,
25🛏; Lift P 🚗 8↔250 Fitneßraum Sauna
🍴

Langeoog 15 ↗

Niedersachsen — Kreis Wittmund — 6 m
— 2 400 Ew — Aurich 28, Leer 63 km
ℹ ☎ (0 49 72) 69 30, Fax 65 88 — Kurverwaltung, Hauptstr 28, 26465 Langeoog; Ostfriesische Insel, Nordsee-Heilbad. Sehenswert: Schiffahrtsmuseum; Vogelkolonie

Achtung: Flugplatz, Informationen über
Flugverbindungen ☎ (0 49 72) 4 00, nur
Mai-Sep. PKW nicht zugelassen, mit Schiff
und Inselbahn in 45 Min. von Bensersiel
mit den Schiffen der Inselgemeinde in Bensersiel ☎ (0 49 71) 25 01 oder Langeoog
☎ (0 49 72) 2 26 (Garagen in Bensersiel)

★★★ La Villa
♂ Vormann-Otten-Weg 12, ✉ 26465,
☎ (0 49 72) 7 77, Fax 13 90
10 Zi, Ez: 145-165, Dz: 220-260, 6 Suiten, ⌐⌐
WC ☎, 1🛏; Sauna Solarium
Restaurant für Hausgäste

★★ Flörke
♂ Hauptstr 17, ✉ 26465, ☎ (0 49 72)
9 22 00, Fax 16 90
46 Zi, Ez: 100-135, Dz: 170-220, 4 Suiten, ⌐⌐
WC ☎; Lift Sauna Solarium
geschl: Anfang Nov-Mitte Mär
Restaurant für Hausgäste

★ Upstalsboom
♂ Am Wasserturm, ✉ 26465, ☎ (0 49 72)
68 60, Fax 8 78, AX DC ED VA
36 Zi, Ez: 77-170, Dz: 158-240, ⌐⌐ WC ☎;
1↔40 Fitneßraum Sauna Solarium
★★ Friesenstube
Hauptgericht 25; geschl: Nov-Feb, Mo →

Langeoog

*　　　Lamberti
Hauptstr 31, ✉ 26465, ☎ (0 49 72) 66 77, Fax 66 00
18 Zi, Ez: 110-130, Dz: 160-240, 2 Suiten, ⌂ WC ☎; 1⇨30 Fitneßraum Sauna Solarium
Rezeption: 7-12, 13-24
****　　　** Hauptgericht 30

***　　　Strandeck
(Silencehotel)**
♂ Kavalierpad 2, ✉ 26465, ☎ (0 49 72) 68 80, Fax 68 82 22
36 Zi, Ez: 113-155, Dz: 176-310, ⌂ WC ☎; Lift ≌ Seezugang Fitneßraum Sauna Solarium
geschl: Dez, Jan
**　　　Strandrose
nur abends; geschl: Di, Anfang Okt-Mitte Mär
Nur Menüs für 105-120. Im Strandeck Menüs von 44-60. Beachtenswerte Weinkarte

*　　　Pension Kolb
♂ Barkhausenstr 32, ✉ 26465, ☎ (0 49 72) 4 04, Fax 16 07
20 Zi, Ez: 130, Dz: 180-220, 1 Suite, ⌂ WC ☎; Fitneßraum Sauna Solarium; **garni**

**　　　Ostfriesische Teestube**
◂ ⦻ Am Hafen 27, ✉ 26465, ☎ (0 49 72) 61 56, Fax 18 80
Terrasse; 12-21.30, im Winter bis 20; geschl: Do, Anfang Nov-Mitte Dez, Ende Jan-Ende Feb
Spezialität: Sanddornkuchen

Langerringen　　　　　70 ↗

Bayern — Kreis Augsburg — 560 m — 3 200 Ew — Schwabmünchen 4, Buchloe 13 km
ℹ ☎ (0 82 32) 9 60 30, Fax 96 03 21 — Gemeindeverwaltung, Hauptstr 16, 86853 Langerringen. Sehenswert: Wallfahrtskirche in Klosterlechfeld (5 km →)

Schwabmühlhausen (5 km ↓)
**　　　Untere Mühle
♂ Haus Nr 1, ✉ 86853, ☎ (0 82 48) 12 10, Fax 72 79, AX DC ED VA
39 Zi, Ez: 75-95, Dz: 140-160, WC ☎; Lift ℙ ⊟ 5⇨40 ≌
geschl: Anfang-Mitte Aug
Auch Zimmer der Kategorie ***** vorhanden
***　　　** Hauptgericht 30; Terrasse

Langwedel　　　　　17 ↓

Niedersachsen — Verden — 11 960 Ew — Verden 8, Bremen 30, Hamburg 100 km
ℹ ☎ (0 42 32) 3 90 — Gemeindeverwaltung, Große Str 1, 27299 Langwedel

*　　　Gästehaus Lange
Hollenstr 71, ✉ 27299, ☎ (0 42 32) 79 84, Fax 82 08, ED
10 Zi, Ez: 65-75, Dz: 90-110, ⌂ WC ☎; **garni**
Rezeption: 7-20

Lanke　　　　　30 ↗

Brandenburg — Kreis Bernau — 60 m — 722 Ew — Bernau 11, Eberswalde-Finow 20, Berlin 25 km
ℹ ☎ (0 33 37) 22 35 — Gemeindeverwaltung, Prenzlauer Str 22, 16359 Lanke

**　　　Landhotel am Obersee
Oberseerstr 3, ✉ 16359, ☎ (0 33 37) 37 41, Fax 37 39, AX ED VA
20 Zi, Ez: 85-105, Dz: 130, ⌂ WC ☎; ℙ 1⇨45 Solarium ⦿

**　　　Seeschloß
Am Obersee, ✉ 16359, ☎ (0 33 37) 20 43, Fax 34 12, AX ED VA
22 Zi, Ez: 90-100, Dz: 130-150, 2 Suiten, ⌂ WC ☎; ℙ 2⇨40 ≋ Seezugang Solarium ⦿

Lathen　　　　　23 ↗

Niedersachsen — Kreis Emsland — 20 m — 4 300 Ew — Meppen 20, Papenburg 26 km
ℹ ☎ (0 59 33) 66 47, Fax 66 66 — Gäste-Info-Service, Große Str 3, 49762 Lathen; Ort an der Ems. Sehenswert: Kirche: Taufstein; Versuchsstrecke der Magnet-Schwebebahn „Transrapid"; Hilter Mühle; Naturpark Hilterberg; Gut „Junkern Beel"

***　　　Pingel-Anton
(Team Hotel)**
Sögeler Str 2, ✉ 49762, ☎ (0 59 33) 9 33 30, Fax 93 33 39, AX DC ED VA
25 Zi, Ez: 60-85, Dz: 120-150, ⌂ WC ☎; ℙ ⊟ 3⇨110 ⦿

Laubach　　　　　45 ←

Hessen — Kreis Gießen — 250 m — 10 300 Ew — Grünberg 10, Schotten 13 km
ℹ ☎ (0 64 05) 92 10, Fax 92 13 13 — Kurverwaltung, Friedrichstr 11, 35321 Laubach; Luftkurort im Naturpark Hoher Vogelsberg. Sehenswert: Ev. Stadtkirche; Schloß: Bibliothek, gotische Räume, Park; Engelsbrunnen

Laubach-Außerhalb (1,5 km →)
**　　　Waldhaus
♂ An der Ringelshöhe 7, ✉ 35321, ☎ (0 64 05) 2 52, Fax 10 41, AX ED
31 Zi, Ez: 85-105, Dz: 135-148, ⌂ WC ☎; Lift ℙ 2⇨60 ≌ Sauna
Auch Zimmer der Kategorie ***** vorhanden
**　　　Hessenstube
Hauptgericht 30; Terrasse; geschl: So abends

Münster (6 km ←)
* **Zum Hirsch**
Licher Str 32, ✉ 35321, ☎ (0 64 05) 14 56,
Fax 74 67, AX ED
18 Zi, Ez: 45-65, Dz: 90-100, ⊣ WC ☎; 🅿
1↔20 Fitneßraum 🍴
Rezeption: 8-17; geschl: Mo, Ende Jan,
Ende Jul-Anfang Aug

Lauben 70 □

Bayern — Kreis Oberallgäu — 677 m —
3 008 Ew — Dietmannsried 4, Kempten
7 km
🅘 ☎ (0 83 74) 5 82 20, Fax 64 88 — Gemeindeverwaltung, im Ortsteil Heising,
Dorfstr 2, 87493 Lauben

Moos (1 km →)
** **Andreashof**
♂ ⊰ Sportplatzstr 15, ✉ 87493, ☎ (0 83 74)
80 94, Fax 98 42, ED VA
38 Zi, Ez: 99-130, Dz: 155-170, 3 Suiten, ⊣
WC ☎, 25🖂; Lift 🅿 🖾 3↔100 🍴
Auch Zimmer der Kategorie *** vorhanden

Laucha an der Unstrut 38 ↓

Sachsen-Anhalt — Kreis Nebra — 112 m —
3 000 Ew — Naumburg 12, Weißenfels 27 km
🅘 ☎ (03 44 62) 2 08 31, Fax 2 02 02 —
Stadtverwaltung, Markt 1, 06636 Laucha

** **Schützenhaus**
Nebraer Str 4, ✉ 06636, ☎ (03 44 62)
2 03 25
14 Zi, Ez: 80, Dz: 120, 1 Suite, ⊣ WC ☎; 🅿
🍴

Lauchhammer 40 □

Brandenburg — Kreis Senftenberg —
100 m — 21 500 Ew — Elsterwerda 15,
Finsterwalde 23 km
🅘 ☎ (0 35 74) 21 75, Fax 21 79 — Stadtverwaltung, Weinbergstr 15, 01979 Lauchhammer

Lauchhammer-West (2,5 km ↗)
* **Mückenberger Hof**
♂ Senftenberger Str 2, ✉ 01979,
☎ (0 35 74) 76 80, Fax 76 81 00, AX DC ED VA
26 Zi, Ez: 90-110, Dz: 130-150, 2 Suiten, ⊣
WC ☎; 🅿 Fitneßraum Sauna Solarium 🍴

Lauchringen 67 ↘

Baden-Württemberg — Kreis Waldshut —
364 m — 7 000 Ew — Waldshut 8 km
🅘 ☎ (0 77 41) 6 09 50, Fax 60 95 43 —
Gemeindeverwaltung, Hohrainstr 59,
79787 Lauchringen

Lauda-Königshofen

* **Feldeck**
Klettgaustr 1, ✉ 79787, ☎ (0 77 41) 22 05,
Fax 6 14 68, ED VA
35 Zi, Ez: 65-90, Dz: 110-190, ⊣ WC ☎, 2🖂;
Lift 🅿 🖾 1↔45 🚭 🍴

Lauchstädt, Bad 38 □

Sachsen-Anhalt — Kreis Merseburg —
117 m — 4 200 Ew — Merseburg 3,
Halle 15 km
🅘 ☎ (03 46 35) 2 02 05, Fax 2 03 88 —
Fremdenverkehrsamt, Markt 1, 06246 Bad
Lauchstädt

* **Lauchstädter Hof**
Markt 15, ✉ 06246, ☎ (03 46 35) 2 05 87,
Fax 2 05 87, AX DC ED VA
10 Zi, Ez: 95, Dz: 140, ⊣ WC ☎; 🅿 🍴
geschl: Jul

Lauda-Königshofen 55 ↘

Baden-Württemberg — Main-Tauber-Kreis
— 250 m — 15 100 Ew — Tauberbischofsheim 8, Bad Mergentheim 12 km
🅘 ☎ (0 93 43) 50 11 28, Fax 50 11 00 —
Bürgermeisteramt, im Stadtteil Lauda,
Marktplatz 1, 97922 Lauda-Königshofen;
Stadt im Taubertal. Sehenswert: Kath.
Pfarrkirche; Fachwerkhäuser; Tauberbrücke und Oberes Tor; kath. ehem.
Klosterkirche im Stadtteil Gerlachsheim
(2 km ↗); Pulverturm; Dampflokdenkmal; hochbarocker Kreuzweg im Stadtfriedhof

Beckstein (Erholungsort, 3 km ↓)
* **Adler**
Weinstr 24, ✉ 97922, ☎ (0 93 43) 20 71,
Fax 89 07, ED
28 Zi, Ez: 65-75, Dz: 96-120, ⊣ WC ☎; 🅿
1↔30 Solarium 🍴

* **Gästehaus Birgit**
♂ ⊰ Am Nonnenberg 12, ✉ 97922,
☎ (0 93 43) 9 98, Fax 9 90
16 Zi, Ez: 60-70, Dz: 90-110, ⊣ WC ☎, 6🖂;
🅿; garni
geschl: Jan

Königshofen
* **Gemmrig's Landhaus**
Hauptstr 68, ✉ 97922, ☎ (0 93 43) 70 51,
Fax 70 53
Hauptgericht 25; 🅿 Terrasse; geschl: So
abends, Mo, Anfang Jan, 2 Wochen im
Aug
* 5 Zi, Ez: 54-65, Dz: 95-110, ⊣ WC
☎
Rezeption: 7-14, 17-23; geschl: So abends,
Mo, Anfang Jan, 2 Wochen im Aug →

Lauda-Königshofen

Lauda
* **Ratskeller**
Josef-Schmitt-Str 17, ⊠ 97911, ☎ (0 93 43) 6 20 70, Fax 28 20, AX ED
Hauptgericht 25; Gartenlokal; geschl: So abends, Mo mittags, 2 Wochen Jul-Aug
** 11 Zi, Ez: 68-78, Dz: 110-130, ⊒ WC ☎, 7⊠; P ⊟ 1⇆25
geschl: 2 Wochen Jul-Aug

Laudenbach 55 □

Bayern — Kreis Miltenberg — 130 m — 1 510 Ew — Miltenberg 6 km
i ☎ (0 93 72) 22 69 — Verkehrsverein, Im Bruch 4, 63925 Laudenbach; Ort am Main, zwischen Spessart und Odenwald. Sehenswert: Schloß, Park; Kirche

* **Romantik Hotel Zur Krone**
Obernburger Str 4, ⊠ 63925, ☎ (0 93 72) 24 82, Fax 1 01 12, AX DC ED VA
5 Zi, Ez: 95-150, Dz: 140-180, 9 Suiten, 2 App, ⊒ WC ☎, 2⊠; Lift P ⊟
geschl: Do, Fr mittags, Mitte Aug, Ende Feb-Mitte Mär
Auch Zimmer der Kategorie ** vorhanden
** Hauptgericht 32; Gartenlokal; geschl: Do, Fr mittags, Mitte Aug, Ende Feb-Mitte Mär

Lauenburg (Elbe) 19 ←

Schleswig-Holstein — Kreis Herzogtum Lauenburg — 55 m — 11 000 Ew — Lüneburg 25, Hamburg 44, Lübeck 69 km
i ☎ (0 41 53) 59 09 81, Fax 5 28 90 — Fremdenverkehrsamt, Amtsplatz 6, 21481 Lauenburg; Alte Schifferstadt an der Elbe und am Elbe-Lübeck-Kanal. Sehenswert: Schloßberg ≼, Backsteinhäuser auf Granit-Bollwerken (Unterstadt). Palmschleuse im ehem. Steckenitz-Kanal (älteste Schleuse Europas von 1724); Elbschiffahrtsmuseum

** **Lauenburger Mühle**
♂ ≼ Bergstr 17, ⊠ 21481, ☎ (0 41 53) 58 90, Fax 5 55 55, ED VA
34 Zi, Ez: 115-138, Dz: 150-180, ⊒ WC ☎; Lift P ⊟ 2⇆80 ▼○┃
Historische Windmühle mit Mühlenmuseum

* **Möller**
≼ Elbstr 46, ⊠ 21481, ☎ (0 41 53) 20 11, Fax 5 37 59, AX DC ED VA
36 Zi, Ez: 90-130, Dz: 150-180, ⊒ WC ☎; 3⇆25 ▼○┃
Zimmer unterschiedlicher Kategorien vorhanden

Lauenstein siehe Ludwigsstadt

Lauenstein 51 □

Sachsen — Dippoldiswalde — 875 Ew
i ☎ (03 50 54) 2 83 62 — Stadtverwaltung, Bahnhofstr 4, 01778 Lauenstein

* **Schützenhaus**
Talstr 17, ⊠ 01778, ☎ (03 50 54) 2 52 30, Fax 2 52 30
20 Zi, Ez: 75, Dz: 110, ⊒ WC ☎; P Sauna Solarium ▼○┃

Lauf a. d. Pegnitz 57 □

Bayern — Kreis Nürnberger Land — 303 m — 24 600 Ew — Nürnberg 16, Amberg 47 km
i ☎ (0 91 23) 18 41 13, Fax 18 41 84 — Verkehrsverein, Urlasstr 22, 91207 Lauf a. d. Pegnitz; Kreisstadt. Sehenswert: Ev. Kirche; Rathaus; Hersbrucker und Nürnberger Tor; Marktplatz; Kaiserburg; Industrie-Museum

** **Zur Post**
Friedensplatz 8, ⊠ 91207, ☎ (0 91 23) 95 90, Fax 95 94 00, AX DC ED VA
40 Zi, Ez: 110, Dz: 158-198, ⊒ WC ☎; Lift P 3⇆35
* Hauptgericht 25; geschl: Mo

* **Gasthof Zum Wilden Mann**
Marktplatz 21, ⊠ 91207, ☎ (0 91 23) 50 05, Fax 50 05
24 Zi, Ez: 45-78, Dz: 78-120, ⊒ WC ☎; P ⊟ garni
Rezeption: 7.30-21.30; geschl: So, Ende Dez-Anfang Jan

Letten (3 km ↓)
** **Waldgasthof Am Letten**
♂ Am Letten 13, ⊠ 91207, ☎ (0 91 23) 95 30, Fax 20 64, AX ED
52 Zi, Ez: 105-125, Dz: 140-165, ⊒ WC ☎; Lift P 5⇆150 Fitneßraum Sauna Solarium
geschl: Ende Dez-Anfang Jan
** Hauptgericht 30; Biergarten Terrasse; geschl: so + feiertags, Ende Dez-Anfang Jan

Laufeld 52 ↗

Rheinland-Pfalz — Kreis Bernkastel-Wittlich — 427 m — 475 Ew — Wittlich 21, Daun 19 km
i ☎ (0 65 72) 7 48 — Gemeindeverwaltung, 54533 Laufeld; Erholungsort

** **Laufelder Hof**
Hauptstr 7, ⊠ 54533, ☎ (0 65 72) 7 62, Fax 7 63, AX ED VA
25 Zi, Ez: 60-70, Dz: 110-130, ⊒ WC ☎, 2⊠; P 2⇆100 ≙ Kegeln Sauna Solarium
geschl: Jan
** Hauptgericht 30; geschl: Mo mittags

Lauffen am Neckar 61 ↗

Baden-Württemberg — Kreis Heilbronn — 172 m — 10 200 Ew — Heilbronn 11, Stuttgart 38 km
i ☎ (0 71 33) 10 60, Fax 1 06 19 — Stadtverwaltung, Rathausstr 10, 74348 Lauffen. Sehenswert: Ev. Regiswindis-Kirche; alte Neckarbrücke; Römische Gutshofanlage; Pfalzgrafenburg; Rathaus

* **Elefanten**
Bahnhofstr 12, ✉ 74348, ☎ (0 71 33) 51 23, Fax 1 78 17, AX DC ED VA
13 Zi, Ez: 100-110, Dz: 170-190, ⌐ WC ☎; Lift P ⌐ 1✪15
geschl: Fr, Anfang-Mitte Jan
** Hauptgericht 30; geschl: Fr, Anfang-Mitte Jan

Lauingen (Donau) 63

Bayern — Kreis Dillingen — 437 m — 9 950 Ew — Dillingen 5, Günzburg 20 km
ℹ ☎ (0 90 72) 70 30, Fax 26 82 — Stadtverwaltung, Herzog-Georg-Str 17, 89415 Lauingen. Sehenswert: Kath. Kirche St.-Martin; Marktplatz mit Rathaus und Schimmelturm ⋖

** **Kannenkeller**
Dillinger Str 26, ✉ 89415, ☎ (0 90 72) 70 70, Fax 70 77 07, AX ED VA
30 Zi, Ez: 95, Dz: 145, 1 Suite, ⌐ WC ☎, 10✉; Lift P 2✪30
* Hauptgericht 25; Biergarten

* **Gasthof Reiser**
Bahnhofstr 4, ✉ 89415, ☎ (0 90 72) 30 96, Fax 30 97, ED
26 Zi, Ez: 65-90, Dz: 130, 1 Suite, ⌐ WC ☎; P ⌐ 1✪40 🍽
Rezeption: 8-11; geschl: So mittags, Sa, Ende Aug-Anfang Sep

Laupheim 69

Baden-Württemberg — Kreis Biberach an der Riß — 515 m — 17 500 Ew — Biberach 18, Ulm 24 km
ℹ ☎ (0 73 92) 70 40, Fax 70 42 56 — Kulturamt, Marktplatz 1, 88471 Laupheim. Sehenswert: Kath. Kirche und Schloß Groß-Laupheim; Planetarium

** **Zum Rothen Ochsen**
🎖 Kapellenstr 23, ✉ 88471, ☎ (0 73 92) 60 41, Fax 1 67 65
Hauptgericht 30; Terrasse; geschl: Di, Sa mittags, Aug, 1 Woche im Jan
* 7 Zi, Ez: 78, Dz: 125, ⌐ WC ☎

Lausick, Bad 39

Sachsen — Muldentalkreis — 176 m — 8 500 Ew — Borna 12, Grimma 15 km
ℹ ☎ (03 43 45) 2 24 66, Fax 24 66 — Kur- und Verkehrsverein, Straße der Einheit 17, 04651 Bad Lausick. Sehenswert: St.-Kilians-Kirche mit Silbermannorgel

*** **Kurhotel (Ringhotel)**
Badstr 35, ✉ 04651, ☎ (03 43 45) 3 21 00, Fax 3 22 00, ED
108 Zi, Ez: 70-125, Dz: 105-155, 8 Suiten, 4 App, ⌐ WC ☎, 16✉; Lift P 5✪300 ≋ Fitneßraum Sauna Solarium 🍽 🍺

* **Am Kurpark**
Badstr 36, ✉ 04651, ☎ (03 43 45) 70 70, Fax 7 07 88, ED VA
21 Zi, Ez: 75, Dz: 120, ⌐ WC ☎, 7✉; P 1✪15 🍽 🍺

* **Am Markt**
Straße der Einheit 23, ✉ 04651, ☎ (03 43 45) 50 60, Fax 5 06 66, AX DC ED VA
50 Zi, Ez: 55-89, Dz: 90-128, ⌐ WC ☎, 15✉; Lift P 2✪30 Strandbad; **garni**
Auch Zimmer der Kategorie ** vorhanden

Lautenbach 60

Baden-Württemberg — Ortenaukreis — 500 m — 1 871 Ew — Oberkirch 3, Oppenau 7, Offenburg 20 km
ℹ ☎ (0 78 02) 92 59 50, Fax 92 59 59 — Verkehrsamt, Hauptstr 48, 77794 Lautenbach; Luftkurort im Renchtal, im Mittleren Schwarzwald. Sehenswert: spätgotische Wallfahrtskirche Mariä Krönung; Hochaltar

** **Zur Sonne**
Hauptstr 51, ✉ 77794, ☎ (0 78 02) 9 27 60, Fax 92 76 62, AX DC ED VA
Hauptgericht 25; geschl: Mi, Nov
** **Gästehaus Sonnenhof**
♂ 25 Zi, Ez: 61-96 Dz: 106-140, ⌐ WC ☎; Lift ⌐ 1✪40
Rezeption: 10.30-23; geschl: Mi, Nov

Lauter 50

Sachsen — Kreis Aue — 480 m — 5 300 Ew — Aue 3, Schwarzenberg 5, Annaberg-Buchholz 30 km
ℹ ☎ (0 37 71) 25 62 01, Fax 25 62 04 — Stadtverwaltung, Rathausstr 11, 08310 Aue. Sehenswert: Kirche, Glockenturm

* **Danelchristelgut**
einzeln ♂ ⋖ Antonsthaler Str 44, ✉ 08312, ☎ (0 37 71) 2 22 57, Fax 2 29 77, AX ED VA
36 Zi, Ez: 95-110, Dz: 130-150, 1 Suite, ⌐ WC ☎, 17✉; P 1✪50
* Hauptgericht 20

Lauterbach 68

Baden-Württemberg — Kreis Rottweil — 579 m — 3 400 Ew — Schramberg 4, St. Georgen 24, Freudenstadt 41 km
ℹ ☎ (0 74 22) 43 70, Fax 2 20 17 — Kurverwaltung, Schramberger Str 5, 78730 Lauterbach; Luftkurort im Schwarzwald. Sehenswert: Schwarzwaldmühlen; Moosenwaldkapf mit Gedächtnishaus, 880 m ⋖ (6 km ↘) →

Lauterbach

* **Holzschuh**
Siebenlinden 2, ✉ 78730, ☎ (0 74 22) 44 40, Fax 2 18 15, DC ED VA
9 Zi, Ez: 55-65, Dz: 110-130, ⊿ WC; P 🅿 ≋ ⛾
geschl: Mo, Mitte-Ende Jan

Lauterbach-Außerhalb (2,5 km ←)
* **Käppelehof**
einzeln ♂ ⊸ Käppelehof 5, ✉ 78730, ☎ (0 74 22) 38 89, Fax 2 36 86, ED
14 Zi, ⊿ WC ☎; P ≋
geschl: Anfang Nov-Ende Dez

Lauterbach 45 →

Hessen — Vogelsbergkreis — 300 m — 14 000 Ew — Alsfeld 17, Fulda 25 km
ⓘ ☎ (0 66 41) 1 84 12, Fax 1 84 67 — Verkehrsamt, im Rathaus, Marktplatz 14, 36341 Lauterbach; Kreisstadt und Luftkurort am Vogelsberg. Sehenswert: Ev. Kirche; Hohhaus-Museum; Schloß Eisenbach (4 km ↓)

** **Schubert (Ringhotel)**
Kanalstr 12, ✉ 36341, ☎ (0 66 41) 9 60 70, Fax 51 71, AX DC ED VA
31 Zi, Ez: 95-125, Dz: 160-198, S; ⊿ WC ☎, 10✉; P 2⟳30
geschl: So, 3 Wochen im Sommer
** **Schubert**
Hauptgericht 30; Biergarten; geschl: So, Mo, 2 Wochen im Aug

Maar (3 km ↘)
* **Jägerhof**
Hauptstr 9, ✉ 36341, ☎ (0 66 41) 9 65 60, Fax 6 21 32, AX ED VA
28 Zi, Ez: 70-95, Dz: 90-135, ⊿ WC ☎; P 3⟳80 Kegeln
** Hauptgericht 28; Biergarten

Sickendorf (5 km ↘)
** **Schloß Sickendorf**
✉ 36341, ☎ (0 66 41) 96 13 14, Fax 96 13 35, ED VA
Hauptgericht 40; geschl: Mo
** ♂ 7 Zi, Ez: 100, Dz: 150, ⊿ WC ☎; P
Rezeption: 10-24

Lauterbach siehe Rügen

Lauterberg, Bad 37 ←

Niedersachsen — Kreis Osterode — 350 m — 14 000 Ew — Braunlage 18, Osterode 23, Duderstadt 27 km
ⓘ ☎ (0 55 24) 40 21, Fax 55 06 — Kurverwaltung, Haus des Kurgastes, Ritscherstr 4, 37431 Bad Lauterberg; Kneippheilbad im Südharz. Sehenswert: Oder-Stausee (2 km ↗); Stöberhai, 718 m ⊸ (7 km ↗); Burgruine Scharzfels, Einhornhöhle (5 km ↘)

*** **Revita**
⊸ Promenade 56, ✉ 37431, ☎ (0 55 24) 8 31, Fax 8 04 12, AX ED VA
271 Zi, Ez: 126-189, Dz: 107-133, 6 Suiten, ⊿ WC ☎, 238✉; Lift P 🅿 21⟳600 ⛾ Fitneßraum Kegeln Sauna Solarium
Auch Zimmer anderer Kategorien vorhanden
** **Dachgarten-Restaurant**
⊸ Hauptgericht 35; nur abends
** **Parkrestaurant**
Hauptgericht 30

* **St. Hubertusklause**
Wiesenbek 16, ✉ 37431, ☎ (0 55 24) 86 90, Fax 8 69 50, AX ED VA
31 Zi, Ez: 65-80, Dz: 130-150, ⊿ WC ☎; Lift P 🅿 Sauna Solarium ⛾
Rezeption: 7-20

Bad Lauterberg-Außerhalb (2 km ↘)
* **Kneippkurhotel Wiesenbeker Teich**
einzeln ♂ ⊸ ✉ 37431, ☎ (0 55 24) 29 95, Fax 29 94, AX DC ED VA
50 Zi, Ez: 95, Dz: 190-230, 2 Suiten, ⊿ WC ☎; Lift P 🅿 ≋ ⛾ Seezugang Fitneßraum Sauna Solarium 🐕
* Hauptgericht 20; Gartenlokal

Lauterecken 53 □

Rheinland-Pfalz — Kreis Kusel — 163 m — 2 472 Ew — Kusel 24, Idar-Oberstein 30, Kaiserslautern 32 km
ⓘ ☎ (0 63 82) 7 91 65, Fax 7 91 49 — Verbandsgemeindeverwaltung, Schulstr 6 a, 67742 Lauterecken; Städtchen am Glan

* **Pfälzer Hof**
Hauptstr 12, ✉ 67742, ☎ (0 63 82) 73 38, Fax 66 52
18 Zi, Ez: 68, Dz: 104, ⊿ WC; P 🅿 1⟳70 Fitneßraum Kegeln Sauna Solarium ⛾
geschl: Fr, Mitte Jul-Anfang Aug
* Hauptgericht 20; Biergarten
Terrasse; geschl: Fr, So abends

Lebach 52 ↘

Saarland — Kreis Saarlouis — 280 m — 8 772 Ew
ⓘ ☎ (0 68 81) 5 33 33 — Verkehrsverein Lebach, Marktstr 22, 66822 Lebach

** **Locanda Grappolo d'oro** ✣
Mottener Str 94, ✉ 66822, ☎ (0 68 81) 33 39, Fax 5 35 23
Hauptgericht 35; geschl: Mo

Lechenich siehe Erftstadt

Leck 9 ↘

Schleswig-Holstein — Kreis Nordfriesland — 6 m — 7 145 Ew — Niebüll 8, Flensburg 26 km
ⓘ ☎ (0 46 62) 8 10, Fax 81 50 — Gemeindeverwaltung, 25917 Leck

Leezen

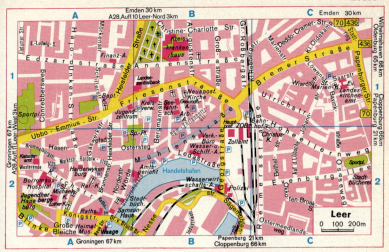

✱ Thorsten
Hauptstr 31, ✉ 25917, ☎ (0 46 62) 9 63,
Fax 9 64, AX ED VA
18 Zi, Ez: 68, Dz: 120, ⌐ WC ☎; 🅿; garni

Leer 15 ↘

Niedersachsen — Kreis Leer — 3 m —
32 007 Ew — Holländische Grenze 20,
Papenburg 21, Emden 29 km
ℹ ☎ (04 91) 8 20, Fax 8 23 99 — Stadtverwaltung, Rathausstr 1, 26789 Leer; Hafenstadt nahe der Emsmündung. Sehenswert:
Ref. Kirche; Rathaus: Glockenspiel;
Waage; Harderwykenburg; Haneburg;
Haus Samson u. a. Bürgerhäuser;
Drehbrücke über die Ems ⚓ (3 km ←);
Ledasperrwerk (2 km ↓)

✱✱✱ Best Western Hotel Frisia
Bahnhofsring 16 (B 1), ✉ 26789, ☎ (04 91)
9 28 40, Ez: 99-139, Dz: 138-178, 2 App, ⌐ WC
☎; Lift 🅿 3⌂58 Sauna Solarium 🍽 ⚓
Auch Zimmer der Kategorie ✱✱ vorhanden

✱✱ Akzent-Hotel Ostfriesen Hof
Groninger Str 109, ✉ 26789, ☎ (04 91)
6 09 10, Fax 6 09 11 99, AX DC ED VA
57 Zi, Ez: 98-150, Dz: 160-200, 3 Suiten, ⌐
WC ☎, 10⌂; Lift 🅿 🔒 5⌂160 ⚓ Kegeln
Sauna Solarium ⚓
Auch Zimmer der Kategorie ✱ vorhanden
✱ Hauptgericht 25; Biergarten;
Terrasse

✱✱ Zur Waage und Börse ✱
⚑ Neue Str 1 (A 2), ✉ 26789, ☎ (04 91)
6 22 44, Fax 46 65, ED
Hauptgericht 35; geschl: Mo + Di,
3 Wochen im Nov

☕ **Sophien Café**
Heisfelder Str 78 (B 1), ✉ 26789, ☎ (04 91)
92 78 60, Fax 7 12 83
🅿 Terrasse; 10.30-18, Fr-So + feiertags ab
14.30
✱ 10 Zi, Ez: 50-80, Dz: 110-140,
1 Suite, 2 App, ⌐ WC ☎, 2⌂; 🔒; garni

Logabirum (4 km →)
✱ Parkhotel Waldkur
⚑ Zoostr 14, ✉ 26789, ☎ (04 91) 9 79 60,
Fax 7 21 81, AX DC ED VA
40 Zi, Ez: 75-105, Dz: 120-170, 1 App, ⌐ WC
☎; 🅿 Solarium

Nettelburg (4 km ↘)
✱✱ Lange
einzeln ⚑ Zum Schöpfwerk 1, ✉ 26789,
☎ (04 91) 1 20 11, Fax 1 20 16, AX DC ED VA
48 Zi, Ez: 95-140, Dz: 150-195, 1 Suite, ⌐
WC ☎, 10⌂; Lift 🅿 🔒 2⌂60 ⚓ Seezugang
Sauna Solarium
Auch Zimmer der Kategorie ✱ vorhanden
✱✱ Hauptgericht 30

Leezen 19 ↗

Mecklenburg-Vorpommern — Kreis
Schwerin — 68 m — 1 338 Ew — Schwerin
16 km
ℹ ☎ (0 38 66) 2 36 — Gemeindeverwaltung,
Amt Ostufer Schweriner See, Seestr 19,
19067 Leezen

Rampe (3 km ↑)
✱ Zum Ramper Moor
Dorfplatz 3 a, ✉ 19067, ☎ (0 38 66) 4 62 90,
Fax 46 29 30
13 Zi, Ez: 80-90, Dz: 98-105, ⌐ WC ☎, 2⌂;
🅿 1⌂20 🍽
Rezeption: 12-22

Leezen 10 ↘

Schleswig-Holstein — Kreis Segeberg — 28 m — 1 400 Ew — Bad Segeberg 10, Bad Oldesloe 13 km
🛈 ☎ (0 45 52) 9 70, Fax 97 25 — Amtsverwaltung, Hamburger Str 28, 23816 Leezen

* Teegen
Heiderfelder Str 5, ✉ 23816, ☎ (0 45 52) 91 73/2 90, Fax 91 69, AX DC ED VA
15 Zi, Ez: 45-65, Dz: 90-120, ⇩ WC ☎; 🅿 🚗
1⇔100 ⇌ Strandbad Sauna Solarium
geschl: Mo, Jul
** Hauptgericht 25; Terrasse; geschl: Mo, Jul

Legden 23 ↓

Nordrhein-Westfalen — Borken — 71 m — 5 814 Ew — Ahaus 5, Coesfeld 7 km
🛈 ☎ (0 25 66) 40 04, Fax 30 21 — Verkehrsverein, Amtsstr 1, 48739 . Sehenswert: rom. Pfarrkirche in Asbeck; Buntglasfenster d. St.- Brigida-Kirche; Wasserschloß; Dahlienkulturen

** Treff Hotel Dorf Münsterland
Haidkamp 1, ✉ 48739, ☎ (0 25 66) 20 80, Fax 20 81 04, AX ED VA
115 Zi, Ez: 80-240, Dz: 180-240, S; ⇩ WC ☎; Lift 7⇔1000 🍽 🚿
Hotelanlage mit Fachwerkhäusern in einem Freizeitdorf

Legden-Außerhalb (2 km ↓)
* Hermannshöhe
Haulingort 30, ✉ 48739, ☎ (0 25 66) 9 30 00, Fax 93 00 60
41 Zi, Ez: 60-80, Dz: 120-160, ⇩ WC ☎; 🅿 🚗 7⇔180 ⇌ Kegeln Sauna 🍽

Lehndorf 49 ↑

Thüringen — Kreis Altenburg — 230 m — 1 050 Ew — Altenburg 6, Crimmitschau 15 km
🛈 ☎ (0 34 47) 50 14 34 — Gemeindeverwaltung, An der Schule, 04603 Lehndorf

Gleina
* Kertscher Hof
Dorfstr 1, ✉ 04603, ☎ (0 34 47) 50 23 51, Fax 50 23 53, AX ED VA
14 Zi, Ez: 80, Dz: 120, ⇩ WC ☎, 1🛏; 🅿; garni
Auch Zimmer der Kategorie ****** vorhanden

Lehnin 29 □

Brandenburg — Kreis Brandenburg — 70 m — 3 300 Ew — Groß Kreutz 10, Beelitz-Heilstätten 18 km
🛈 ☎ (0 33 82) 3 08 — Gemeindeverwaltung, Friedensstr 3, 14797 Lehnin

** Markgraf
Friedensstr 13, ✉ 14797, ☎ (0 33 82) 70 06 04, Fax 70 04 30, AX ED VA
39 Zi, Ez: 80-115, Dz: 120-190, 3 Suiten, ⇩ WC ☎; Lift 🅿 1⇔80
* Hauptgericht 20; Biergarten Terrasse

Lehrte 26 □

Niedersachsen — Kreis Hannover — 60 m — 42 166 Ew — Burgdorf 9, Peine 20, Hannover 21 km
🛈 ☎ (0 51 32) 50 50, Fax 50 51 14 — Stadtverwaltung, Rathausplatz 1, 31275 Lehrte

** Median
Zum Blauen See 3, ✉ 31275, ☎ (0 51 32) 8 29 00, Fax 82 90 99, AX DC ED VA
51 Zi, Ez: 160-270, Dz: 190-380, 5 App, ⇩ WC ☎, 24🛏; Lift 🅿 3⇔90 Fitneßraum Sauna Solarium
** Hauptgericht 32; Terrasse

* Alte Post
Poststr 8, ✉ 31275, ☎ (0 51 32) 40 01, Fax 40 04, AX ED VA
38 Zi, Ez: 100-220, Dz: 165-280, ⇩ WC ☎; 🅿 🚗 1⇔100 Kegeln Sauna
** Hauptgericht 25; geschl: So

Ahlten (4 km ↙)
* Trend-Hotel
Raiffeisenstr 18, ✉ 31275, ☎ (0 51 32) 8 69 10, Fax 86 91 70, ED VA
46 Zi, Ez: 95-165, Dz: 140-220, ⇩ WC ☎; Lift 🅿 1⇔50 Sauna; garni

Leibsch 31 ↙

Brandenburg — 40 m — 253 Ew — Lübben 20, Beeskow 34 km
🛈 ☎ (03 54 73) 7 67 — Gemeindeverwaltung, Hauptstr 21, 15910 Leibsch

* Zum goldenen Stern
♆ Hauptstr 30, ✉ 15910, ☎ (03 54 73) 8 83-0, Fax 6 82
25 Zi, Ez: 60-80, Dz: 100-120, ⇩ WC ☎; 🅿 🍽

Leichlingen 33 ↙

Nordrhein-Westfalen — Rheinisch-Bergischer Kreis — 60 m — 26 600 Ew — Remscheid 20, Köln 25, Düsseldorf 28 km
🛈 ☎ (0 21 75) 99 21 13, Fax 99 21 75 — Verkehrsverein, Rathaus, Am Büscherhof 1, 42799 Leichlingen; Stadt an der Wupper

Witzhelden (8 km →)
** Landhaus Lorenzet
Neuenhof 1 VA, ✉ 42799, ☎ (0 21 74) 3 86 86, Fax 3 95 18, AX DC ED VA
Hauptgericht 45; Terrasse; 🅿

Leidersbach 55 ↘

Bayern — Kreis Miltenberg — 192 m — 4 500 Ew — Aschaffenburg 14 km
🛈 ☎ (0 60 28) 80 37, Fax 38 17 — Gemeindeverwaltung, Hauptstr 123, 63849 Leidersbach; Ort im Spessart

*   Gasthof Zur Krone
Hauptstr 106, ✉ 63849, ☎ (0 60 28) 14 62, Fax 84 23
9 Zi, Ez: 55, Dz: 90, ⌐ WC ☎; 🅿 ⓘ
geschl: Mi, Mitte Aug-Anfang Sep

Leimen 54 ↘

Baden-Württemberg — Rhein-Neckar-Kreis — 250 m — 23 000 Ew — Heidelberg 7 km
🛈 ☎ (0 62 24) 70 42 14, Fax 70 42 80 — Fremdenverkehrsamt, Kurpfalz-Centrum 1, 69181 Leimen. Sehenswert: mittelalterliche Stadtmauer; Ausgrabungen und Funde der Römerzeit; Klosteranlage im Stadtteil St. Ilgen

**   Engelhorn
Ernst-Naujoks-Str 2, ✉ 69181, ☎ (0 62 24) 70 70, Fax 70 72 00, AX DC ED VA
37 Zi, Ez: 115-125, Dz: 160-200, 3 Suiten, 7 App, ⌐ WC ☎; Lift 🅿 🗐; garni
Rezeption: 7-21; geschl: 22.12.96-10.1.97
Auch Zimmer der Kategorie * vorhanden

**   Kurpfalz-Residenz/
**   Markgrafen**
Markgrafenstr 4, ✉ 69181, ☎ (0 62 24) 70 80, Fax 70 81 14, AX DC VA
153 Zi, Ez: 132-145, Dz: 165-195, 10 Suiten, 116 App, ⌐ WC ☎; Lift 🅿 6⇔60 Sauna Solarium ⓘ
Rezeption: 7-21, Sa 8-17, so+feiertags 9-21
Im Hotel Kurpfalz-Residenz Zimmer für Langzeitbelegung

**   Seipel
Bürgermeister-Weidemaier-Str 26, ✉ 69181, ☎ (0 62 24) 98 20, Fax 98 22 22, AX DC ED VA
23 Zi, Ez: 120-130, Dz: 150-170, ⌐ WC ☎; Lift 🅿 🗐 Fitneßraum Sauna; garni
geschl: Ende Dez-Anfang Jan

**   Bären
Rathausstr 20, ✉ 69181, ☎ (0 62 24) 98 10, Fax 98 12 22, AX ED VA
26 Zi, Ez: 105-120, Dz: 170, ⌐ WC ☎; Lift 🅿 1⇔30
Rezeption: 6.30-21;
* Hauptgericht 33; Biergarten; geschl: Mo

**   Traube
St.-Ilgener-Str 7, ✉ 69181, ☎ (0 62 24) 7 60 86, Fax 7 58 24, AX DC ED VA
33 Zi, Ez: 65-115, Dz: 120-160, ⌐ WC ☎, 5🛏; Lift 🅿 🗐
* Hauptgericht 30; nur abends; geschl: So

Gauangelloch (8 km →)
***   Zum Schwanen
Hauptstr 38, ✉ 69181, ☎ (0 62 26) 32 19, Fax 69 19, AX DC ED VA
Hauptgericht 45; 🅿 Terrasse; nur abends, so+feiertags auch mittags; geschl: Di
**   ♦ 5 Zi, Ez: 110-125, Dz: 140-165, ⌐ WC ☎; 🗐 1⇔20
Rezeption: 10-14, 18-23

Lingental (3 km ↗, Richtung Gaiberg)
*   Lingentaler Hof
Kastanienweg 2, ✉ 69181, ☎ (0 62 24) 9 70 10, Fax 97 01 19
14 Zi, Ez: 95, Dz: 145, ⌐ WC ☎; Lift 🅿 ⓘ
geschl: So abends, Mo, Jan, Aug

Leinefelde 36 →

Thüringen — Kreis Worbis — 340 m — 16 700 Ew — Heiligenstadt 14, Nordhausen 41 km
🛈 ☎ (0 36 05) 8 40 — Stadtverwaltung, Triftstr 2, 37327 Leinefelde. Sehenswert: Leineringquelle; Kath. Pfarrkirche St. Maria Magdalena; Luther-Kirche; Kirche St. Bonifatius

⌂   Zur Leine-Quelle
Johann-Carl-Fuhlrott-Str 50, ✉ 37327, ☎ (0 36 05) 25 48, Fax 50 23 10
5 Zi, Ez: 70-90, Dz: 120, ⌐ WC ☎; 🅿 1⇔60 ⓘ
geschl: Mi

Leinfelden-Echterdingen 61 ↘

Baden-Württemberg — Kreis Esslingen — 495 m — 35 800 Ew — Stuttgart 12, Tübingen 28 km
🛈 ☎ (07 11) 1 60 02 37, Fax 1 60 02 69 — Stadtverwaltung, im Stadtteil Leinfelden, Kernerstr 4, 70771 Leinfelden-Echterdingen; Kreisstadt, Flughafen Stuttgart ☎ (07 11) 94 80. Sehenswert: Spielkarten-Museum; hist. Turmuhr

Echterdingen
**   Filderland
Tübinger Str 16, ✉ 70771, ☎ (07 11) 9 49 46, Fax 9 49 48 88, AX DC ED VA
48 Zi, Ez: 95-135, Dz: 150-190, ⌐ WC ☎, 12🛏; Lift 🅿 🗐 1⇔15; garni
geschl: Ende Dez-Anfang Jan

*   Sonne
Hauptstr 86, ✉ 70771, ☎ (07 11) 94 96 50, Fax 9 49 65 40, AX ED VA
24 Zi, Ez: 110, Dz: 150, ⌐ WC ☎; 🅿 🗐; garni

*   Martins Klause
Martin-Luther-Str 1, ✉ 70771, ☎ (07 11) 94 95 90, Fax 9 49 59 59, AX ED VA
18 Zi, Ez: 100-110, Dz: 130-160, ⌐ WC ☎; Lift 🅿 Kegeln ⓘ →

Leinfelden-Echterdingen

* **Ratsstuben**
Bernhäuser Str 16, ✉ 70771, ☎ (07 11) 79 17 25
Hauptgericht 30; geschl: Mo

Echterdingen-Außerhalb (2 km →) am Flughafen
*** **Stuttgart-Airport Mövenpick Hotel**
Randstr, ✉ 70629, ☎ (07 11) 7 90 70, Fax 79 35 85, AX DC ED VA
229 Zi, Ez: 289-329, Dz: 329-410, S; 23 Suiten, ⇃ WC ☎, 83🛏; Lift 🅿 🖃 9⇔70
Fitneßraum Sauna Solarium
** Hauptgericht 25; Terrasse

*** **Top Air** 🍷
⇃ im Flughafengebäude, Terminal 1, ✉ 70629, ☎ (07 11) 9 48 21 37, Fax 7 97 92 10, AX DC ED VA
Hauptgericht 55; geschl: Sa mittags, Ende Jul-Mitte Aug

Leinfelden
* **Drei Morgen**
Bahnhofstr 39, ✉ 70771, ☎ (07 11) 16 05 60, Fax 1 60 56 46, AX DC ED VA
27 Zi, Ez: 105, Dz: 145, 1 App, ⇃ WC ☎; Lift 🅿 🖃; garni

Stetten (3 km ↘)
** **Alber**
Stettener Hauptstr 25, ✉ 70771, ☎ (07 11) 9 47 43, Fax 9 47 44 00, AX DC ED VA
34 Zi, Ez: 115-135, Dz: 150-165, 2 Suiten, ⇃ WC ☎, 16🛏; Lift 🅿 🖃 3⇔50 🍴

** **Nödingerhof**
Unterer Kasparswald 22, ✉ 70771, ☎ (07 11) 79 90 67, Fax 7 97 92 24, AX DC ED VA
52 Zi, Ez: 130-140, Dz: 190-200, ⇃ WC ☎; Lift 🅿 🖃 3⇔60 Kegeln
** ⇃ Hauptgericht 35; Terrasse

* **Airport-Hotel**
Untere Halde 12, ✉ 70771, ☎ (07 11) 94 76 10, Fax 9 47 61 94, AX DC ED VA
33 Zi, Ez: 85-110, Dz: 150, ⇃ WC ☎; 🅿 🖃; garni

Leingarten 61 ↗

Baden-Württemberg — Kreis Heilbronn — 171 m — 9 000 Ew — Schwaigern 5, Heilbronn 8 km
ℹ ☎ (0 71 31) 4 06 10, Fax 40 61 38 — Gemeindeverwaltung, Heilbronner Str 38, 74211 Leingarten

** **Löwen** ☎
Heilbronner Str 43, ✉ 74211, ☎ (0 71 31) 40 36 78, Fax 90 00 60
Hauptgericht 40; Terrasse; nur abends; geschl: Mo, Mitte Jan-Mitte Feb

Leinsweiler 60 ↑

Rheinland-Pfalz — Kreis Südliche Weinstraße — 260 m — 450 Ew — Annweiler 10, Landau 10, Bad Bergzabern 12 km
ℹ ☎ (0 63 45) 24 05, Fax 31 85 — Verkehrsverein, Slevogtstr 30, 76829 Leinsweiler; Staatlich anerkannter Erholungsort. Weinbauort. Sehenswert: Kirche; Rathaus; Slevogthof; Ruine Madenburg, 473 m ⇃ (30 Min ✓)

** **Leinsweiler Hof (Silencehotel)**
⇃ Weinstr, ✉ 76829, ☎ (0 63 45) 40 90, Fax 36 14, AX DC ED VA
50 Zi, Ez: 100-130, Dz: 180-230, 3 Suiten, 14 App, ⇃ WC ☎, 4🛏; 🅿 3⇔30 ≋ Sauna Solarium
** Hauptgericht 26; Biergarten Gartenlokal Terrasse; geschl: Mo+So abends, Jan

** **Castell**
Hauptstr 24 a, ✉ 76829, ☎ (0 63 45) 70 03, Fax 70 04, ED VA
16 Zi, Ez: 95-120, Dz: 140-175, ⇃ WC ☎; 🅿 🖃
geschl: 20.1.-6.2.97
* Hauptgericht 28; Terrasse; geschl: Di, 20.1.-12.2.97

* **Gasthof Rebmann**
Weinstr 8, ✉ 76829, ☎ (0 63 45) 25 30, Fax 77 28, ED VA
10 Zi, Ez: 80-90, Dz: 125-140, 1 App, ⇃ WC ☎; 🅿 1⇔40 🍴
geschl: Mi, Jan

Leipheim 62 ↘

Bayern — Kreis Günzburg — 470 m — 6 300 Ew — Günzburg 5, Ulm 19 km
ℹ ☎ (0 82 21) 70 70, Fax 7 07 90 — Stadtverwaltung, Marktstr 5, 89340 Leipheim; Stadt an der Donau. Sehenswert: Altstadt; St.-Veits-Kirche; Schloß; Stadtmauer mit Wehrtürmen

* **Gasthof Zur Post**
Bahnhofstr 6, ✉ 89340, ☎ (0 82 21) 27 70, Fax 27 72 00, AX DC ED VA
54 Zi, Ez: 75, Dz: 120, ⇃ WC ☎; Lift 🅿 3⇔100 Kegeln 🍴

Leipheim-Außerhalb
* **Landgasthof Waldvogel**
Grüner Weg 1, ✉ 89340, ☎ (0 82 21) 2 79 70, Fax 27 97 34, ED VA
33 Zi, Ez: 65-78, Dz: 110-120, 2 App, ⇃ WC ☎, 12🛏; 🅿 🖃 4⇔140 🍴
geschl: Mi

Leipzig 39

Sachsen — Kreis Leipzig — 118 m — 500 002 Ew — Leipzig-Schkeuditz (Flughafen) 12, Berlin 170, Nürnberg 260 km
🛈 ☎ (03 41) 7 10 40, Fax 28 18 54 — Fremdenverkehrs- und Kongreßamt, Katharinenstr 11, 04109 Leipzig; Messestadt; seit dem Mittelalter bedeutendes Handelszentrum; Zentrum der Kultur und Wissenschaft.

Sehenswert: Markt mit Renaissancerathaus (Altes Rathaus); Neues Rathaus (Neorenaissancebau); Alte Handelsbörse; alte Waage; Naschmarkt; Thomaskirche, Nikolaikirche, Russische Kirche; Bachdenkmal; Mendebrunnen; Mädlerpassage mit Porzellanglockenspiel; „Auerbachs Keller"; Leibnizdenkmal; Schinkeltor; Goethedenkmal; Völkerschlachtdenkmal; Deutsche Bücherei; Deutsches Buch- und Schriftmuseum; Hauptbahnhof (größter Kopfbahnhof Europas); Bayerischer Bahnhof; Moritzbastei; Gewandhaus; Gohliser Schlößchen, Auensee

Messen:
Mode Messe Frühjahr 8.-10.2.97
Buchmesse 20.-23.3.97
Auto Mobil Int. 5.-13.4.97
Mode Messe Herbst 9.-11.8.97

Stadtplan siehe Seite 650

**** **Kempinski Hotel Fürstenhof Leipzig**
♦ ⌀ Tröndlinring 8 (A 2), ✉ 04105, ☎ (03 41) 1 40-0, Fax 1 40 37 00, AX DC ED VA
76 Zi, Ez: 339-449, Dz: 428-490, 16 Suiten, 2 App, ⌁ WC ☎, 44🛏; Lift 🅿 🔚 5⇔100 ⌂
Fitneßraum Sauna Solarium
Auch Zimmer der Kategorie ********* vorhanden
*** Hauptgericht 40 🍷

*** **Renaissance**
Querstr 12 (C 3), ✉ 04103, ☎ (03 41) 1 29 20, Fax 1 29 28 00, AX DC ED VA
295 Zi, Ez: 180-326, Dz: 180-355, S; 61 Suiten, ⌁ WC ☎, 84🛏; Lift 🅿 🔚 15⇔500 ⌂ Fitneßraum Sauna Solarium
Auch Zimmer der Kategorie ******** vorhanden
*** Hauptgericht 30

*** **Inter-Continental**
⊲ Gerberstr 15 (B 1), ✉ 04105, ☎ (03 41) 98 80, Fax 9 88 12 29, AX DC ED VA
429 Zi, Ez: 295-365, Dz: 325-395, 18 Suiten, ⌁ WC ☎, 51🛏; Lift 🅿 15⇔600 ⌂
Bowling Fitneßraum Sauna Solarium
*** **Brühl**
Hauptgericht 30
** **Yamato**
Hauptgericht 40; geschl: So
japanische Küche

** **Park Hotel**
Richard-Wagner-Str 7 (B 2), ✉ 04109, ☎ (03 41) 9 85 20, Fax 9 85 27 50, AX DC ED VA
233 Zi, Ez: 150-250, Dz: 195-295, 9 Suiten, 47 App, ⌁ WC ☎, 78🛏; Lift 🔚 6⇔110
Fitneßraum Sauna Solarium 🍴

** **Dorint**
Stephanstr 6 (C 4), ✉ 04103, ☎ (03 41) 9 77 90, Fax 9 77 91 00, AX DC ED VA
177 Zi, Ez: 220-280, Dz: 270-300, S; 1 Suite, 2 App, ⌁ WC ☎, 80🛏; Lift 🔚 9⇔220
Fitneßraum Sauna Solarium 🍴

** **Leipziger Hof**
Hedwigstr 1-3 (außerhalb C 1), ✉ 04315, ☎ (03 41) 6 97 40, Fax 6 97 41 50, AX DC ED VA
69 Zi, Ez: 155-175, Dz: 220, S; 1 Suite, 4 App, ⌁ WC ☎; Lift 🅿 2⇔25 Fitneßraum Sauna Solarium 🍴

** **Ramada**
Gutenbergplatz 1-5 (außerhalb C 4), ✉ 04103, ☎ (03 41) 12 93-0, Fax 1 29 34 44
Ez: 133, Dz: 151, S; ⌁ WC ☎; Lift 🔚; garni

** **Rema-Hotel Vier Jahreszeiten**
Rudolf-Breitscheid-Str 23 - 29 (B 2), ✉ 04105, ☎ (03 41) 9 85 10
66 Zi, Ez: 150-230, Dz: 180-330, ⌁ WC ☎; Lift 🅿; garni
Auch Zimmer der Kategorie ******* vorhanden

** **Holiday Inn Garden Court City Center**
Rudolf-Breitscheid-Str 3 (B 2), ✉ 04105, ☎ (03 41) 1 25 10, Fax 1 25 11 00, AX DC ED VA
113 Zi, Ez: 160-250, Dz: 200-270, S; 8 Suiten, ⌁ WC ☎, 38🛏; Lift 🅿 1⇔25 Fitneßraum Sauna Solarium 🍴

** **Mercure**
Augustusplatz 5/6 (B 3), ✉ 04109, ☎ (03 41) 2 14 60, Fax 9 60 49 16, AX DC ED VA
283 Zi, Ez: 130-190, Dz: 180-265, S; 10 Suiten, ⌁ WC ☎, 15🛏; Lift 🅿 4⇔150 🍴

** **Markgraf**
Körnerstr 36 (außerhalb B 6), ✉ 04107, ☎ (03 41) 30 30 30, Fax 3 03 03 99
48 Zi, Ez: 125-245, Dz: 175-275, 5 App, ⌁ WC ☎, 16🛏; Lift 🅿 🔚; garni

* **Adagio**
Seeburgstr 96 (C 4), ✉ 04103, ☎ (03 41) 21 66 99, Fax 9 60 30 78, AX DC ED VA
27 Zi, Ez: 150-250, Dz: 180-350, 1 Suite, 2 App, ⌁ WC ☎; Lift 🅿 1⇔30 🍴
Auch Zimmer der Kategorie ****** vorhanden

* **Comfort Hotel Berlin City Center**
Riebeckstr 30 (außerhalb C 4), ✉ 04317, ☎ (03 41) 2 67 30 00, Fax 2 67 32 80, AX DC ED VA
49 Zi, Ez: 115-170, Dz: 145-199, S; 2 Suiten, ⌁ WC ☎, 11🛏; Lift 2⇔25; garni →

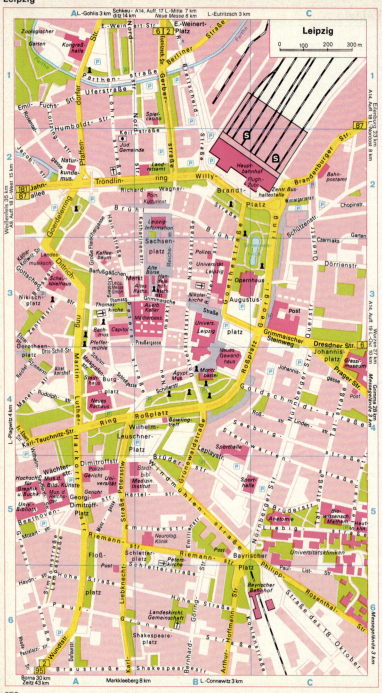

Leipzig

* Deutscher Hof
Waldstr 31, ✉ 04105, ☎ (03 41) 7 11 00,
Fax 7 11 02 22, AX DC ED VA
38 Zi, Ez: 95-150, Dz: 150-195, 1 App, ⊣ WC
☎; Lift 1⇔30 ○

* Ibis
Brühl 69 (B 2), ✉ 04109, ☎ (03 41) 2 18 60,
Fax 2 18 62 22, AX DC ED VA
126 Zi, Ez: 93-154, Dz: 108-154, ⊣ WC ☎,
42🚗; Lift; garni

** Blauer Stern
Dittrichring 18-20 (A 3), ✉ 04109, ☎ (03 41)
2 11 08 74, Fax 9 80 65 93
Hauptgericht 35

** Stadtpfeiffer
Augustusplatz 8 (B 3), ✉ 04109, ☎ (03 41)
9 60 51 86, Fax 2 11 35 94, AX ED VA
Hauptgericht 27; Terrasse; geschl: So

** Fellinis
Volkmarstr 18 (außerhalb C 4), ✉ 04317,
☎ (03 41) 2 61 51 31, Fax 2 69 24 50
Hauptgericht 30

** Classico
Nikolaistr 16, ✉ 04109, ☎ (03 41) 2 11 13 55
Hauptgericht 35

Auerbachs Keller
Grimmaischestr 2-4, Mädler-Passage (B 3),
✉ 04109, ☎ (03 41) 21 61 00, Fax 2 16 10 11,
AX DC ED VA
Historischer Weinausschank
** Historischer Keller
Ⓥ Hauptgericht 30; nur abends; geschl: So
* Großer Keller
Ⓥ Hauptgericht 20
Mephisto Bar

* Medici
Nikolaikirchhof 5 (B 3), ✉ 04109, ☎ (03 41)
2 11 38 78, Fax 9 60 08 05, AX DC ED VA
Hauptgericht 25; geschl: So

* Paulaner im Mückenschlösschen
Ⓥ Waldstr 86, ✉ 04105, ☎ (03 41)
9 83 20 51, Fax 9 83 20 52
Hauptgericht 25

* Thüringer Hof
Burgstr 19 (A 3), ✉ 04109, ☎ (03 41)
9 94 49 99, Fax 9 94 49 33
Hauptgericht 25

* Apels Garten
Kolonnadenstr 2, über Dorotheenplatz ((A 4)), ✉ 04109, ☎ (03 41) 9 60 77 77, AX ED VA
Hauptgericht 25; Terrasse; geschl: So abends

Zur Neuberin
Ⓥ Richard-Wagner-Platz 1 (A 2), ✉ 04105,
☎ (03 41) 9 60 43 79, Fax 9 60 43 70
Hauptgericht 20; nur abends; geschl: So,
Anfang Jan

Paulaner Palais
Klostergasse 3-5 (A 3), ✉ 04109, ☎ (03 41)
2 11 31 15, Fax 2 11 72 89, AX ED VA
Hauptgericht 20

Kabarett-Gastronomie

Boccaccio
Ⓥ Kurt-Eisner-Str 43, ✉ 04275, ☎ (03 41)
3 01 01 12, Fax 3 01 01 22
Hauptgericht 20; nur abends

Academixer
Kupfergasse, ✉ 04109, ☎ (03 41)
9 60 48 48, Fax 2 11 42 58
Hauptgericht 15; nur abends

Leipziger Funzel
Nikolaistr 12 (B 3), ✉ 04109, ☎ (03 41)
9 60 32 32, Fax 9 60 20 44
Hauptgericht 15; nur abends; geschl: So

Leipziger Pfeffermühle
Thomaskirchhof 16 (A 3), ✉ 04109,
☎ (03 41) 9 60 32 53
Hauptgericht 10; nur abends

Connewitz (5 km ↙)

*** Leonardo Hotel und Residenz
Windscheidstr 21/23, ✉ 04277, ☎ (03 41)
30 33-0, Fax 3 03 35 55
50 Zi, Ez: 165-185, Dz: 220, 3 Suiten,
14 App, ⊣ WC ☎; Lift 🚗 1⇔40 Sauna
Solarium
** Mona Lisa
Hauptgericht 25; geschl: Sa

** Avantgarde
Arno-Nitzsche-Str 14, ✉ 04277, ☎ (03 41)
3 08 06-0, Fax 3 08 06 99
28 Zi, Ez: 120-210, Dz: 140-250, 1 App, ⊣
WC ☎, 6🚗; Lift 🅿 🚗 1⇔ Fitneßraum
Sauna Solarium; garni

* Schilling (Ringhotel)
Meusdorfer Str 47 a, ✉ 04277, ☎ (03 41)
3 01 37 70, Fax 3 01 38 00, AX DC ED VA
33 Zi, Ez: 120-160, Dz: 160-200, ⊣ WC ☎,
7🚗; Lift 🅿 2⇔20 Bowling Fitneßraum
Sauna ○

Dölitz (8 km ↓)

Pension Petit
Am Eichwinkel 8b, ✉ 04279, ☎ (03 41)
33 60 70, Fax 3 36 07 20, VA
8 Zi, Ez: 60-80, Dz: 90-120, ⊣ WC ☎; 🅿;
garni

Eutritzsch (2 km ↑)

** Maximilian
Dessauer Str 24, ✉ 04129, ☎ (03 41)
5 64 23 13, Fax 5 64 15 29, AX DC ED VA
20 Zi, Ez: 88-190, Dz: 138-230, ⊣ WC ☎; 🅿
2⇔25; garni

** Am St. Georg
Brodauer Weg 25, ✉ 04129, ☎ (03 41)
5 64 54 82, Fax 5 64 68 47
14 Zi, Ez: 65-126, Dz: 90-156, ⊣ WC ☎, 5🚗;
🅿; garni

* Prodomo
Gräfestr 15 a, ✉ 04129, ☎ (03 41) 5 96 30,
Fax 5 96 31 13, AX DC ED VA
83 Zi, Ez: 123-178, Dz: 141-226, S; ⊣ WC ☎,
22🚗; Lift 🅿 🚗 3⇔80 ○ →

Leipzig

Gohlis (3 km ↑)

** Akzent-Hotel de Saxe
Gohliser Str 25, ✉ 04155, ☎ (03 41) 5 93 80,
Fax 5 93 82 99, AX DC ED VA
33 Zi, Ez: 150, Dz: 195, ⌐ WC ☎, 9🍴; Lift 🅿
2🔄30 🍽

Auch Zimmer der Kategorie ***** vorhanden

* Schaarschmidts
Coppistr 32, ✉ 04157, ☎ (03 41) 58 48 28
Hauptgericht 20; nur abends; geschl: So

Großzschocher (8 km ↙)

** Best Western Hotel Windorf
✿ Gerhard-Ellrodt-Str 21, ✉ 04249,
☎ (03 41) 4 27 70, Fax 4 27 72 22,
AX DC ED VA
100 Zi, Ez: 115-165, Dz: 150-185, 1 Suite, ⌐
WC ☎, 38🍴; Lift 🅿 2🔄65 🍽

Leutzsch (4 km ↖)

*** Lindner
Hans-Driesch-Str 27 a, ✉ 04179, ☎ (03 41)
4 47 80, Fax 4 47 84 78, AX DC ED VA;
185 Zi, Ez: 185-410, Dz: 260-385, S;
15 Suiten, 15 App, ⌐ WC ☎, 21🍴; Lift 🅿
7🔄160 Fitneßraum Sauna Solarium

** Am Wasserschloß
Hauptgericht 35; Terrasse

* Solitaire
Hans-Driesch-Str 52, ✉ 04179, ☎ (03 41)
4 48 40, Fax 4 48 41 00, AX DC ED VA
43 Zi, Ez: 120-152, Dz: 173, S; 37 App, ⌐
WC ☎; Lift 🅿; **garni**
Rezeption: 7-12, 16-22

* Am Auewald
Paul-Michael-Str 12-14, ✉ 04179,
☎ (03 41) 4 51 10 03, Fax 4 51 24 55
37 Zi, Ez: 75-145, Dz: 120-200, 1 Suite, ⌐
WC ☎; 3🔄70

Lindenau (3 km ←)

** Best Western Hotel Lindenau
Georg-Schwarz-Str 33, ✉ 04177, ☎ (03 41)
4 48 03 10, Fax 4 48 03 00, AX DC ED VA
48 Zi, Ez: 99-250, Dz: 198-310, ⌐ WC ☎,
4🍴; Lift 🅿 1🔄20 Sauna 🍽

** Merseburger Hof
Merseburgerstr 107/ Ecke Hebelstr 24,
✉ 04177, ☎ (03 41) 4 77 44 62,
Fax 4 77 44 13, AX DC ED VA
50 Zi, Ez: 110-178, Dz: 160-228, ⌐ WC ☎,
4🍴; Lift 🅿 1🔄30 Bowling 🍽

Möckern (4 km ↖)

** Silencium
Georg-Schumann-Str 268, ✉ 04159,
☎ (03 41) 9 01 29 90, Fax 9 01 29 91,
AX ED VA
34 Zi, Ez: 98-170, Dz: 140-180, ⌐
2🍴; Lift 2🔄45; **garni**
Auch Zimmer der Kategorie ***** vorhanden

Paunsdorf (7 km →)

*** Treff Hotel
Schongauerstr 39, ✉ 04329, ☎ (03 41)
25 40, Fax 2 54 15 50
291 Zi, Ez: 149-269, Dz: 219-339, S;
144 App, ⌐ WC ☎, 90🍴; Lift 🅿 18🔄850 🍽
Fitneßraum Sauna Solarium
Langzeitvermietung möglich

Plagwitz (3 km ↙)

* Ratskeller Plagwitz
Weißenfelser Str 10, ✉ 04229, ☎ (03 41)
4 79 60 35, Fax 4 79 60 55, AX ED VA
28 Zi, Ez: 98-153, Dz: 168-210, 2 Suiten, ⌐
WC ☎; Lift 🅿 1🔄40 🍽
geschl: 24.12.96-2.1.97

* Da Vito
Nonnenstr 11 b, ✉ 04229, ☎ (03 41)
4 80 26 26
Hauptgericht 25; geschl: Fr mittags

Portitz (7 km ↗)

** Accento
Tauchaer Str 260, ✉ 04349, ☎ (03 41)
9 26 20, Fax 9 26 21 00, AX DC ED VA
111 Zi, Ez: 179-239, Dz: 179-239, S;
4 Suiten, ⌐ WC ☎, 40🍴; Lift 🅿 🚗 5🔄80
Fitneßraum Sauna
geschl: Ende Dez-Anfang Jan
Restaurant für Hausgäste

Probstheida (6 km ↘)

** Parkhotel Diani
✿ Connewitzer Str 19, ✉ 04289, ☎ (03 41)
86 74-0, Fax 8 67 42 50
75 Zi, Ez: 110-220, Dz: 145-235, ⌐ WC ☎,
33🍴; Lift 🅿 🚗 2🔄 Sauna Solarium
geschl: Anfang-Mitte Jan

** Hauptgericht 25; Terrasse;
geschl: Anfang-Mitte Jan

Rückmarsdorf (3 km ←)

** 3 Linden
Merseburger Str 12, ✉ 04430, ☎ (03 41)
9 41 01 24, Fax 9 41 01 29, AX ED VA
40 Zi, Ez: 145-165, Dz: 175-195, ⌐ WC ☎,
8🍴; Lift 🅿 1🔄30 Fitneßraum Sauna
Solarium; **garni**

Schönefeld (2 km ↗)

🛏 Etap
Föpplstr 7, ✉ 04347, ☎ (03 41) 2 32 32 81
86 Zi, Ez: 74, Dz: 83-93, ⌐ WC; 🅿; **garni**
Rezeption: 6.30-10, 17-23

* Ratskeller
Wenckstr 1, ✉ 04347, ☎ (03 41) 2 33 09 65,
Fax 2 33 09 65, ED
Hauptgericht 20; Biergarten; geschl: So
abends

Sellerhausen (2 km →)

* Zum goldenen Adler
Portitzer Str 10, ✉ 04318, ☎ (03 41)
24 40 00, Fax 2 30 02 58, AX ED VA
19 Zi, Ez: 140, Dz: 160, ⌐ WC ☎; Lift 🅿
1🔄20 🍽

Stötteritz
★★★ Balance-Hotel
⚲ Wasserturmstr 33, ✉ 04299, ☎ (03 41) 8 67 90, Fax 8 67 94 44, AX DC ED VA
105 Zi, Ez: 130-245, Dz: 130-245, 29 Suiten, ⌾ WC ☎, 33✉; Lift 🍴 5⇔125 Sauna 🍽
Auch Zimmer der Kategorie ★★ vorhanden

Wahren (4 km ↑)
★★ Parkresidenz
⚲ Toskastr 10, ✉ 04159, ☎ (03 41) 9 17 10, Fax 9 17 13 99, AX ED VA
Ez: 105-187, Dz: 140-209, 90 App, ⌾ WC ☎, 10✉; 🅿 🍴 Sauna Solarium; **garni**
Rezeption: Mo-Fr 7-20, Sa 7-11, So 7-11, 16-20
Tennis 3; Langzeitvermietung möglich

siehe auch **Lindenthal**

siehe auch **Seehausen**

siehe auch **Wiederitzsch**

Leißling 38 ↘

Sachsen-Anhalt — Weißenfels — 1940 m — 1 379 Ew — Weißenfels 6, Naumburg 10 km
ℹ ☎ (0 34 43) 8 40 38 — Gemeindeverwaltung, Schönburger Str 16, 06667 Leißling

Leißling
★★ Schöne Aussicht
Naumburger Landstr 1, ✉ 06667, ☎ (0 34 43) 80 41 37, Fax 80 54 10, AX DC ED VA
20 Zi, Ez: 107-127, Dz: 137-169, 1 Suite, ⌾ WC ☎; 🅿 3⇔350 🍽 ⚓

Leiwen 52 ↗

Rheinland-Pfalz — Kreis Trier-Saarburg — 119 m — 1 700 Ew — Bernkastel-Kues 29, Trier 32 km
ℹ ☎ (0 65 07) 31 00, Fax 30 52 — Verkehrsverein, Römerstr, 54340 Leiwen; Staatlich anerkannter Weinbau- und Erholungsort an der Mosel

★ Weinhaus Weis
Römerstr 10, ✉ 54340, ☎ (0 65 07) 30 48, Fax 82 32, AX DC ED VA
18 Zi, Ez: 55-85, Dz: 100-125, ⌾ WC ☎; Lift 🅿 🍽
geschl: Anfang Jan-Ende Feb

Leiwen-Außerhalb (3 km ↘)
★ Zummethof
einzeln ⚲ ⚐ Panoramaweg 1, ✉ 54340, ☎ (0 65 07) 9 35 50, Fax 93 55 44, ED VA
24 Zi, Ez: 68-80, Dz: 98-130, ⌾ WC ☎; 🅿 2⇔130 Fitneßraum Sauna Solarium ⚓
geschl: 3.1.-28.2.
★ Hauptgericht 25; Terrasse; geschl: 3.1.-28.2.

Lembruch 24 →

Niedersachsen — Kreis Diepholz — 37 m — 949 Ew — Lemförde 8, Diepholz 10 km
ℹ ☎ (0 54 47) 2 42, Fax 2 42 — Fremdenverkehrsamt, Große Str 142, 49459 Lembruch; Erholungsort am Dümmersee. Sehenswert: Evang.-luth. St. Marienkirche in Burlage; Dümmer-Museum

★★ Seeschlößchen (Ringhotel)
⚐ Große Str 154, ✉ 49459, ☎ (0 54 47) 9 94 40, Fax 17 96, AX DC ED VA
20 Zi, Ez: 98-125, Dz: 140-175, S; 2 App, ⌾ WC ☎; 🅿 🍴 3⇔120 Seezugang Fitneßraum Kegeln Sauna Solarium
★★ Hauptgericht 35; Terrasse

★ Dümmerhotel Standlust
⚲ ⚐ Seestr 1, ✉ 49459, ☎ (0 54 47) 9 93 30, Fax 99 33 44, AX DC ED VA
13 Zi, Ez: 75-105, Dz: 120-165, ⌾ WC ☎; 🅿 🍴 4⇔150 Seezugang 🍽
geschl: Di

★★★ Landhaus Götker ☎
⌂ Tiemanns Hof 1, ✉ 49459, ☎ (0 54 47) 12 57, Fax 10 57, AX DC VA
Hauptgericht 50; 🅿 Terrasse; geschl: Mo, Di, Anfang-Mitte Jan, in den Herbstferien

★ Seeblick
Birkenallee, ✉ 49459, ☎ (0 54 47) 9 95 80, Fax 14 41, DC VA
Hauptgericht 25; 🅿 Terrasse
★ ⚲ ⚐ 19 Zi, Ez: 40-95, Dz: 70-168, 1 App, ⌾ WC ☎; 🍴 3⇔50 ⚓ Seezugang Sauna Solarium

Lemgo 25 ↗

Nordrhein-Westfalen — Kreis Lippe — 100 m — 40 000 Ew — Detmold 12, Bielefeld 29 km
ℹ ☎ (0 52 61) 21 33 47, Fax 21 32 15 — Lemgo-Information, Papenstr 7, 32657 Lemgo. Sehenswert: Stadtbild; ev. Kirchen St. Nikolai, St. Marien: Orgel; Rathaus; Hexenbürgermeisterhaus; Weserrenaissance-Museum Schloß Brake

Kirchheide (8 km ↑)
★★ Im Borke
⚲ Salzufler Str 132, ✉ 32657, ☎ (0 52 66) 16 91, Fax 12 31, ED
37 Zi, Ez: 75-85, Dz: 130-150, ⌾ WC ☎; Lift 🅿 3⇔80 Kegeln Sauna 🍽

Matorf (5 km ↑)
★ An der Ilse
Vlothoer Str 77, ✉ 32657, ☎ (0 52 66) 80 90, Fax 10 71, AX DC ED VA
40 Zi, Ez: 55-75, Dz: 92-105, 1 Suite, 3 App, ⌾ WC ☎; 🍴 4⇔300 ⚓ Fitneßraum Kegeln Sauna Solarium
Rezeption: 14-22
★ Gasthof Hartmann
Hauptgericht 25; Biergarten; geschl: Di, im Feb

Lengefeld

Lengefeld 37

Thüringen — Kreis Mühlhausen — 318 m — 728 Ew — Mühlhausen 8, Heiligenstadt 30 km
🛈 ☎ (03 60 23) 5 02 46, Fax 5 02 46 — Gemeindeverwaltung, Bei der Kirche 7, 99976 Lengefeld. Sehenswert: St.-Johannes-Kirche

Lengefeld-Außerhalb
*   Lengefelder Warte
♂ Lengefelder Warte, an der B 247,
✉ 99976, ☎ (03 60 23) 5 02 06, Fax 5 23 01, AX DC ED VA
11 Zi, Ez: 60-70, Dz: 90-110, 1 Suite, ⇱ WC ☎; 🅿 1↔60 ¶⊙¶ ⚓

Stein (1 km ↖)
*   Hagemühle
◁ Hagemühle 1, ✉ 99976, ☎ (03 60 27) 7 00 80, Fax 7 00 82, DC ED VA
16 Zi, Ez: 65, Dz: 110, ⇱ WC ☎; 🅿 2↔150 Fitneßraum Kegeln Sauna Solarium ¶⊙¶

Lengenfeld 49 □

Sachsen — Kreis Reichenbach — 387 m — 6 800 Ew — Reichenbach 10, Plauen 23, Zwickau 28 km
🛈 ☎ (03 76 06) 30 50 — Stadtverwaltung, Hauptstr 1, 08485 Lengenfeld. Sehenswert: Museum; Klopfers-Mühle

**   Lengenfelder Hof
Auerbacher Str 2, ✉ 08485, ☎ (03 76 06) 8 70, Fax 22 43, AX DC ED VA
53 Zi, Ez: 95-98, Dz: 128, 2 Suiten, ⇱ WC ☎; Lift 🅿 2↔150 Sauna Solarium ⚓
*   Hauptgericht 15; Terrasse

Lenggries 72

Bayern — Kreis Bad Tölz-Wolfratshausen — 700 m — 8 300 Ew — Bad Tölz 9 km
🛈 ☎ (0 80 42) 50 08 20, Fax 50 08 50 — Verkehrsamt, Rathausplatz 1, 83661 Lenggries; Luftkurort und Wintersportplatz an der Isar. Sehenswert: Brauneck (Seilbahn), 1555 m ◁; Sylvenstein-Stausee (13 km ↓)

**   Arabella Brauneck
◁ Münchner Str 25, ✉ 83661, ☎ (0 80 42) 50 20, Fax 42 24, AX DC ED VA
98 Zi, Ez: 115-145, Dz: 152-182, 2 Suiten, 5 App, ⇱ WC ☎; Lift 🅿 🖬 11↔200 Kegeln Sauna Solarium
** Leonhardistube
Hauptgericht 21; Biergarten

*   Alpenrose
Brauneckstr 1, ✉ 83661, ☎ (0 80 42) 9 15 50, Fax 52 00, DC ED VA
27 Zi, Ez: 66-75, Dz: 98-115, ⇱ WC ☎, 7🖻; 🅿 🖬 Sauna
Rezeption: 8-12, 15-20; geschl: Ende Nov-Anfang Dez

*   Altwirt
Marktstr 13, ✉ 83661, ☎ (0 80 42) 80 85, Fax 53 57, ED
20 Zi, Ez: 70-80, Dz: 90-120, 1 App, ⇱ WC ☎; 🅿 🖬 1↔80 Sauna Solarium ¶⊙¶
Rezeption: 7-21; geschl: Mo, Di bis 17, Mitte Nov-Mitte Dez

Fall (15 km ↓)
**   Jäger vom Fall
♂ Ludwig-Ganghofer-Str 8, ✉ 83661, ☎ (0 80 45) 1 30, Fax 1 32 22, AX DC ED VA
69 Zi, Ez: 100-145, Dz: 140-180, 1 App, ⇱ WC ☎, 10🖻; Lift 🅿 7↔150 Seezugang Fitneßraum Sauna Solarium ¶⊙¶

Fleck (4 km ↓)
*   Alpengasthof Zum Papyrer
Haus Nr 5, ✉ 83661, ☎ (0 80 42) 24 67, Fax 45 63, AX DC ED VA
20 Zi, Ez: 78, Dz: 125, ⇱ WC ☎; 🅿 🖬 1↔25 Sauna Solarium ¶⊙¶

Lennestadt 34 ↓

Nordrhein-Westfalen — Kreis Olpe — 450 m — 28 375 Ew — Olpe 23, Werdohl 34 km
🛈 ☎ (0 27 23) 60 88 01, Fax 60 81 19 — Verkehrsamt, im Stadtteil Altenhundem, Helmut-Kumpf-Str 25, 57368 Lennestadt; Luftkurort im Sauerland. Sehenswert: Kath. Pfarrkirche; Kloster; Hohe Bracht, 584 m ◁ (13 km ↓)

Achtung: Karl-May-Festspiele; Burgruine Peperburg; Burg Bilstein

Bilstein (6 km ←)
*** Faerber-Luig
Freiheit 42, ✉ 57357, ☎ (0 27 21) 8 00 08, Fax 8 20 25, DC ED VA
80 Zi, Ez: 98-145, Dz: 185-250, ⇱ WC ☎; Lift 🅿 7↔120 🏊 Fitneßraum Kegeln Sauna Solarium
geschl: Jul
Auch Zimmer der Kategorie ****** vorhanden
** Hauptgericht 35; Biergarten; geschl: Jul

Bonzel (3 km ←)
*   Kramer
♂ Bonzeler Str 7, ✉ 57368, ☎ (0 27 21) 9 84 20, Fax 98 42 20, AX ED
27 Zi, Ez: 66, Dz: 120, ⇱ WC ☎; Lift 🅿 2↔80 🏊 Kegeln Sauna Solarium ¶⊙¶
geschl: Mo

Kirchveischede (5 km ←)
*   Landhotel Laarmann
Westfälische Str 52, ✉ 57368, ☎ (0 27 21) 88 15, Fax 8 14 99, AX DC ED VA
20 Zi, Ez: 73-95, Dz: 126-146, ⇱ WC ☎; 🅿 🖬 2↔40 Fitneßraum Kegeln Sauna Solarium
*   Hauptgericht 35; Terrasse

Oedingen (9 km ↗)
*　　　Haus Buckmann
Rosenweg 10, ✉ 57368, ☎ (0 27 23) 2 51, Fax 73 40, AX ED VA
13 Zi, Ez: 70-78, Dz: 124-140, ⌐ WC ☎; P 🖻
1⟳100 Fitneßraum Kegeln Sauna Solarium
geschl: Mi
** 　　　Hauptgericht 35; Biergarten Terrasse; geschl: Mi

Saalhausen (6 km →)
**　　　Haus Hilmeke 👑
einzeln ♂ ◄ Lennstr 14, ✉ 57368,
☎ (0 27 23) 9 14 10, Fax 8 00 16
27 Zi, Ez: 96-116, Dz: 138-186, ⌐ WC ☎; Lift
P 🖻 ≘ Sauna Solarium ⓘ
geschl: Anfang Nov-Weihnachten

*　　　Voss
Winterberger Str 36, ✉ 57368, ☎ (0 27 23) 81 14, Fax 82 87
19 Zi, Ez: 73-100, Dz: 145-190, ⌐ WC ☎; Lift
P 🖻 ≘ Fitneßraum Sauna Solarium
geschl: Mi ab 14, 1.-26.12.

🍽　　　Heimes
In den Peilen, ✉ 57368, ☎ (0 27 23) 83 75
geschl: Mo

Lenzkirch　　　　　　　　　　67 →

Baden-Württemberg — Kreis Breisgau-Hochschwarzwald — 810 m — 4 900 Ew — Titisee-Neustadt 11, Bonndorf 16 km
ⓘ ☎ (0 76 53) 6 84 39, Fax 6 84 20 — Kurverwaltung, Am Kurpark 1, 79853 Lenzkirch; heilklimatischer Kurort im Schwarzwald.
Sehenswert: Naturschutzgebiet Ursee (3 km ←), Titisee (10 km ↘), Schluchsee (12 km ↓)

**　　　Vogt am Kurpark
♂ Am Kurpark 7, ✉ 79849, ☎ (0 76 53) 7 06, Fax 67 78, DC VA
8 Zi, Ez: 85-110, Dz: 130-156, 2 Suiten, 5 App, ⌐ WC ☎; Lift P 🖻 🍽
geschl: Nov
Auch Zimmer der Kategorie ******* vorhanden. Jugendstilvilla
* 　　　Hauptgericht 25; Terrasse

Kappel (3 km ↗)
*　　　Schwarzwald-Gasthof Pfauen
◄ Mühlhaldeweg 1, ✉ 79853, ☎ (0 76 53) 7 88, Fax 62 57, DC ED VA
25 Zi, Ez: 70-80, Dz: 110-130, ⌐ WC ☎; Lift
P 1⟳20 Fitneßraum Sauna Solarium ⓘ 🍽
geschl: Mo, Mitte Nov-Mitte Dez
Auch Zimmer der Kategorie ****** vorhanden

*　　　Gasthof Straub
Neustädter Str 3, ✉ 79853, ☎ (0 76 53) 2 22, Fax 94 29
33 Zi, Ez: 42-73, Dz: 70-146, 4 Suiten, 19 App, ⌐ WC ☎; Lift P 🖻 1⟳20 Fitneßraum Sauna Solarium ⓘ
geschl: Sa, Mitte Nov-Mitte Dez

Raitenbuch (3 km ←)
*　　　Grüner Baum
Haus Nr 17, ✉ 79853, ☎ (0 76 53) 2 63, Fax 4 66
16 Zi, Ez: 57-61, Dz: 98-104, ⌐ WC; P 🖻 ⓘ
geschl: Mo, Mitte-Ende Apr, Anfang Nov-Mitte Dez

Ruhbühl (3 km →)
***　　Schwarzwaldhotel Ruhbühl
♂ Am Schönenberg 6, ✉ 79853,
☎ (0 76 53) 68 60, Fax 68 65 55, AX ED VA
35 Zi, Ez: 120-160, Dz: 180-260, 1 Suite, 30 App, ⌐ WC ☎; Lift P 2⟳30 ≘ Kegeln Sauna Solarium
** 　　　Hauptgericht 30; Terrasse

Saig (6 km ↘)
***　　Saigerhöh
einzeln ♂ ◄ Saigerhöh 12, ✉ 79853,
☎ (0 76 53) 68 50, Fax 7 41, AX DC ED VA
90 Zi, Ez: 110-250, Dz: 230-330, 16 Suiten,
⌐ WC ☎; P 🖻 6⟳ ≘ Fitneßraum Kegeln Sauna Solarium
** 　　　Hauptgericht 35; Terrasse

**　　　Schwarzwald-Gasthof Ochsen
◄ Dorfplatz 1, ✉ 79853, ☎ (0 76 53) 7 35, Fax 60 91, AX ED VA
36 Zi, Ez: 82-102, Dz: 144-204, ⌐ WC ☎; Lift
P 🖻 ≘ Fitneßraum Sauna Solarium ⓘ
geschl: Di, Mi mittags, Mitte Nov-Mitte Dez
Auch Zimmer der Kategorie ***** vorhanden

**　　　Hochfirst
Dorfplatz 5, ✉ 79853, ☎ (0 76 53) 7 51, Fax 5 05
25 Zi, Ez: 60-95, Dz: 90-190, 2 Suiten, ⌐ WC ☎; P 🖻 ≘ Sauna Solarium
geschl: Mi abends, Do, 2.11.-20.12.
Auch Zimmer der Kategorie ***** vorhanden
* 　　　Hauptgericht 22; Gartenlokal Terrasse; geschl: Mi abends, Do, 2.11.-20.12.

*　　　Haus Tanneck
♂ ◄ Hochfirstweg 18, ✉ 79853, ☎ (0 76 53) 4 18
18 Zi, Ez: 60-70, Dz: 100-140, ⌐ WC ☎; P 🖻 ⓘ
geschl: Anfang Nov-Anfang Dez

Leonberg　　　　　　　　　　61 ☐

Baden-Württemberg — Kreis Böblingen — 386 m — 44 000 Ew — Böblingen 15, Stuttgart 17 km
ⓘ ☎ (0 71 52) 7 30 22, Fax 20 44 92 — Verkehrsverein, Römerstr 110, 71229 Leonberg. Sehenswert: Ev. Stadtkirche; Marktplatz mit Fachwerkhäusern; Rathaus; Engelberg, 506 m ◄ (2 km →); Schloß Solitude ◄ (7 km →); Pomeranzengarten (Renaissancegarten)
→

Leonberg

** **Panorama**
(Team Hotel)
Römerstr 102, ✉ 71229, ☎ (0 71 52) 30 33,
Fax 30 34 99, AX DC ED VA
152 Zi, Ez: 126-155, Dz: 153-195, S; ⊣ WC
☎, 48✉; Lift P ⇔ 4⇔150 Sauna Solarium
¶○¶ ⚓

* **Hirsch**
(Ringhotel)
Hindenburgstr 1, ✉ 71229, ☎ (0 71 52)
9 76 60, Fax 97 66 88, AX DC ED VA
78 Zi, Ez: 105-165, Dz: 160-260, S; ⊣ WC ☎;
Lift P 5⇔80 Fitneßraum Sauna
Auch Zimmer der Kategorie ****** vorhanden
** Hauptgericht 35; geschl: So
Weinstube Alt Eltingen
Hauptgericht 25; Gartenlokal

* **Kirchner**
Leonberger Str. 14-16, ✉ 71229,
☎ (0 71 52) 6 06 30, Fax 60 63 60, AX ED VA
37 Zi, Ez: 105-130, Dz: 145-175, ⊣ WC ☎;
Lift P 1⇔50 ¶○¶
geschl: 3 Wochen in den Sommerferien
Im Stammhaus auch Zimmer der Kategorie
** vorhanden

Höfingen (2 km ↑)
** **Schloß Höfingen**
Am Schloßberg 17, ✉ 71229, ☎ (0 71 52)
2 10 49, Fax 2 81 41, AX DC ED VA
Hauptgericht 45; geschl: so + feiertags,
4 Wochen in den Sommerferien
* ⋖ 9 Zi, Ez: 95, Dz: 140, ⊣ WC ☎;
P 1⇔16
geschl: so + feiertags, Mo, 4 Wochen in
den Sommerferien
Burg aus dem 11. Jh.

Ramtel (2 km ↓)
** **Best Western**
Eiss
Neue Ramtelstr 28, ✉ 71229, ☎ (0 71 52)
94 40, Fax 94 44 40, AX DC ED VA
78 Zi, Ez: 150-200, Dz: 170-260, S; 4 Suiten,
1 App, ⊣ WC ☎, 12✉; Lift P ⇔ 7⇔150 Fitneßraum Sauna Solarium
** Hauptgericht 25; Terrasse;
geschl: 1.-10.1.97

* **Online**
Böblinger Str 9, ✉ 71229, ☎ (0 71 52)
97 98 70, Fax 9 79 87 50, AX DC ED VA
23 Zi, Ez: 98-115, Dz: 98-138, ⊣ WC ☎,
10✉; P 1⇔40; garni

Leppin 28 ↘

Sachsen-Anhalt — Kreis Osterburg —
24 m — 4 630 Ew — Arendsee 3, Seehausen 17 km
ℹ ☎ (03 93 84) 8 17 — Gemeindeverwaltung, Dorfstr 12, 39615 Leppin

* **Leppiner Hof**
Dorfstr 62, ✉ 39615, ☎ (03 93 84) 8 37,
Fax 8 37, AX ED VA
11 Zi, Ez: 80, Dz: 120, ⊣ WC ☎; P 1⇔25 ¶○¶

Leubsdorf 50 ↗

Sachsen — Kreis Flöha — 520 m —
1 810 Ew — Flöha 12, Chemnitz 24 km
ℹ ☎ (03 72 91) 2 02 33 — Gemeindeverwaltung, Hauptstr 82, 09573 Leubsdorf

* **Lindenhof**
Borstendorfer Str 4 a, ✉ 09573,
☎ (03 72 91) 2 60, Fax 26 10, AX DC ED VA
16 Zi, Ez: 55-70, Dz: 90-120, 1 Suite, ⊣ WC
☎; P 3⇔200 Kegeln ¶○¶

Leutershausen
siehe **Hirschberg an der Bergstraße**

Leutershausen 56 ↘

Bayern — Kreis Ansbach — 450 m —
5 442 Ew — Ansbach 15 km
ℹ ☎ (0 98 23) 95 10, Fax 9 51 50 — Stadtverwaltung, Am Markt 1, 91578 Leutershausen. Sehenswert: Gotische Stadtkirche St.
Peter; Stadtmauer; Fachwerkbauten;
Gustav-Weißkopf-Museum und -Denkmal;
Handwerkermuseum; Motorradmuseum

▱ **Neue Post**
Mühlweg 1, ✉ 91578, ☎ (0 98 23) 89 11,
Fax 82 68
14 Zi, Ez: 45-50, Dz: 70, ⊣ WC
geschl: Mo

Leuth siehe **Nettetal**

Leverkusen 43 ↘

Nordrhein-Westfalen — Stadtkreis — 40 m
— 160 850 Ew — Köln 15, Düsseldorf 28 km
ℹ ☎ (02 14) 3 52 83 16 — Information,
Friedrich-Ebert-Platz 3 (B 3), 51373
Leverkusen; Stadt am Rhein. Sehenswert:
Schloß Morsbroich mit Museum (1 km →);
Japanischer Garten; Schulbiologiezentrum
Gut Ophoven; Diepentalsperre

*** **Ramada**
Am Büchelter Hof 11 (B 2), ✉ 51373,
☎ (02 14) 3 83 30, Fax 38 38 00, AX DC ED VA
202 Zi, Ez: 220-425, Dz: 245-500, S; ⊣ WC
☎, 76✉; Lift P 6⇔110 ⚓ Sauna Solarium
** **Tenne**
Hauptgericht 30; Terrasse

* **City-Hotel**
Wiesdorfer Platz 8 (B 3), ✉ 51373,
☎ (02 14) 4 20 46, Fax 4 30 25, AX DC ED VA
71 Zi, Ez: 145-295, Dz: 195-380, ⊣ WC ☎,
7✉; Lift ⇔ 1⇔30 ¶○¶
geschl: Ende Dez-Anfang Jan

*** **La Concorde**
Hardenbergstr 91, westl parallel zum
Europaring (B 2), ✉ 51373, ☎ (02 14)
6 39 38, Fax 6 39 38, AX DC ED VA
Hauptgericht 40; P; geschl: Sa mittags,
So, 3 Wochen in den Sommerferien

Lich

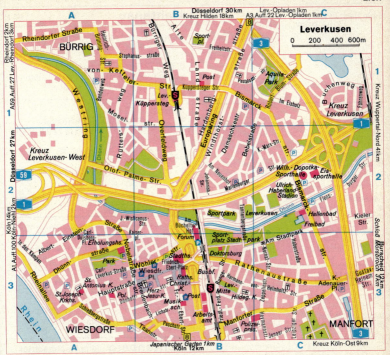

Fettehenne (5 km →)

★ **Fettehenne**
Berliner Str 40, ✉ 51377, ☎ (02 14) 9 10 43,
Fax 9 10 45, ED
37 Zi, Ez: 80-98, Dz: 125-150, ⊿ WC ☎, P 🚗
1 ⇌ 30 ≋ Kegeln 🍽
Auch einfache Zimmer vorhanden

Opladen (6 km ↑)

★ **Astor**
Bahnhofstr 16, ✉ 51379, ☎ (0 21 71) 71 20,
Fax 7 12 55, AX DC ED VA
16 Zi, Ez: 100-170, Dz: 170-275, ⊿ WC ☎,
3 ✉, 🚗; garni
Auch Zimmer der Kategorie ★★ vorhanden

Schlebusch (6 km →)

★★ **Rema-Hotel Atrium**
♂ Heinrich-Lübke-Str 40, ✉ 51375,
☎ (02 14) 5 60 10, Fax 5 60 11, AX DC ED VA
55 Zi, Ez: 95-230, Dz: 130-280, S; ⊿ WC ☎,
4 ✉, P 20 Fitneßraum Sauna Solarium;
garni
Auch Zimmer der Kategorie ★ vorhanden

★ **Kürten**
Saarstr, ✉ 51375, ☎ (02 14) 5 50 51,
Fax 5 70 97, VA
29 Zi, Ez: 95-170, Dz: 130-180, ⊿ WC ☎, P
1 ⇌ 20; garni 🍺

Lich   45 ←

Hessen — Kreis Gießen — 170 m —
12 700 Ew — Gießen 14, Bad Nauheim 28,
Marburg 50 km
ℹ ☎ (0 64 04) 80 60, Fax 80 62 24 — Stadtverwaltung, Unterstadt 1, 35423 Lich;
Staatlich anerkannter Erholungsort.
Sehenswert: Marienstiftskirche; Schloß
mit Parkanlage; Stadtturm; Fachwerkhäuser; Kloster Arnsburg (4 km ↙)

★★ **Ambiente**
Hungener Str 46, ✉ 35423, ☎ (0 64 04)
9 15 00, Fax 91 50 50, ED VA
16 Zi, Ez: 90-125, Dz: 125-160, ⊿ WC ☎,
3 ✉, P; garni
Rezeption: 7-20

Arnsburg (4 km ↙)

★★ **Landhaus Klosterwald**
an der B 488, ✉ 35423, ☎ (0 64 04) 9 10 10,
Fax 91 01 34, AX ED VA
18 Zi, Ez: 115-130, Dz: 160-180, ⊿ WC;
Lift P 3 ⇌ 60 Sauna 🍽

★★ **Alte Klostermühle**
♂ 🐕 ✉ 35423, ☎ (0 64 04) 9 19 00,
Fax 48 67, AX DC ED VA
26 Zi, Ez: 95-140, Dz: 160-235, ⊿ WC ☎, P
4 ⇌ 30

★★ Hauptgericht 30   →

Lich

Eberstadt (6 km ✓)
* **Zum Pfaffenhof**
Butzbacher Str 25, ✉ 35423, ☎ (0 60 04) 6 29, Fax 5 30, ED
17 Zi, Ez: 40-100, Dz: 80-130, ⌐ WC ☎; P
2⟲50 ⚐
geschl: So
Auch einfachere Zimmer vorhanden

Lichte 48→

Thüringen — Kreis Saalfeld-Rudolstadt — 600 m — 2 184 Ew — Neuhaus am Rennweg 3, Saalfeld 22 km
🅘 ☎ (03 67 01) 6 02 52 — Gemeindeverwaltung, Saalfelder Str 4, 98739 Lichte

Geiersthal
* **Waldhotel am Mutzenberg**
♂ ✉ 98739, ☎ (03 67 01) 6 05 32, Fax 6 28 36, ED
22 Zi, Ez: 65-80, Dz: 100-120, 3 Suiten, ⌐ WC ☎, 10⚐; P 2⟲70 Sauna Solarium ⚐

Lichtenau 35 □

Nordrhein-Westfalen — Kreis Paderborn — 280 m — 10 000 Ew — Paderborn 17, Warburg 25 km
🅘 ☎ (0 52 95) 89 65, Fax 89 70 — Stadtverwaltung, Lange Str 39, 33165 Lichtenau. Sehenswert: Ehem. Klosterkirche im Stadtteil Dalheim (9 km ✓); Wallfahrtskirche im Stadtteil Kleinenberg (7 km ↘); rekonstruiertes neolithisches Steinkammergrab mit Schutzdach und Grünanlage im Stadtteil Atteln (9 km ✓)

Blankenrode (10 km ↓)
* **Haus Eggewald**
♂ Schulkamp 3, ✉ 33165, ☎ (0 29 94) 4 58, Fax 92 90
17 Zi, Ez: 65-75, Dz: 110-130, ⌐ WC; P ⌂ Kegeln Sauna Solarium ⚐
Rezeption: 9-23; geschl: Do, Mitte Nov-Mitte Dez

Herbram-Wald (9 km ↗)
* **Hubertushof**
♂ Hubertusweg 5, ✉ 33165, ☎ (0 52 59) 8 00 90, Fax 80 09 99, AX DC ED VA
50 Zi, Ez: 90-98, Dz: 140-150, ⌐ WC ☎; P 3⟲30 ⌂ Fitneßraum Kegeln Sauna Solarium
* Hauptgericht 25; Gartenlokal Terrasse

Kleinenberg (7 km ↘)
** **Zur Niedermühle**
Niedermühlenweg 7, ✉ 33165, ☎ (0 56 47) 2 52, AX ED
Hauptgericht 25; geschl: Do, Mitte-Ende Jul, Mitte-Ende Jan

Lichtenau 60 □

Baden-Württemberg — Kreis Rastatt — 127 m — 4 700 Ew — Bühl 12, Achern 16, Rastatt 22 km
🅘 ☎ (0 72 27) 9 57 70, Fax 95 77 95 — Stadtverwaltung, Hauptstr 15, 77839 Lichtenau; Städtchen in der Oberrheinebene

Scherzheim (2 km ✓)
* **Gasthaus Zum Rössel**
♂ Rösselstr 6, ✉ 77839, ☎ (0 72 27) 9 59 50, Fax 95 95 50, AX ED VA
16 Zi, Ez: 78, Dz: 130, ⌐ WC ☎; Lift P 3⟲50 Kegeln
* Hauptgericht 25; Gartenlokal geschl: Di

Lichtenberg 51 ↑

Sachsen — Kreis Bischofswerda — 123 m — Pulsnitz 4, Dresden 15 km
🅘 ☎ (03 59 55) 22 15 — Gemeindeverwaltung, Hauptstr 1, 01896 Lichtenberg

** **Zum Tor des Ostens**
♂ ⚐ Hauptstr 69, ✉ 01896, ☎ (03 59 55) 4 41 15, Fax 4 41 15, AX ED VA
33 Zi, Ez: 110, Dz: 140, WC ☎; P 2⟲40 Fitneßraum Sauna Solarium ⚐

Lichtenberg siehe Fischbachtal

Lichtenberg 48 ↘

Bayern — Kreis Hof/Saale — 570 m — 1 228 Ew — Naila 7, Lobenstein 10 km
🅘 ☎ (0 92 88) 10 81, Fax 54 11 — Verkehrsamt, Rathaus, Marktplatz 16, 95192 Lichtenberg; Luftkurort. Sehenswert: Döbraberg ⚐ 795 m (15 km ✓); Höllental (2 km ↗)

** **Burghotel**
♂ Schloßberg 1, ✉ 95192, ☎ (0 92 88) 51 51, Fax 54 59, AX DC ED VA
25 Zi, Ez: 78, Dz: 136, ⌐ WC ☎; Lift P ⌂ 1⟲40 ⚐
** Hauptgericht 25; Biergarten

** **Burgrestaurant Harmonie** ✤
⚐ Schloßberg 2, ✉ 95192, ☎ (0 92 88) 2 46, Fax 2 46, ED
Hauptgericht 25; Gartenlokal P; geschl: Di abends, Mi, Anfang-Mitte Jan

Lichtenfels 35 ✓

Hessen — Kreis Waldeck-Frankenberg — 400 m — 4 400 Ew — Medebach 7, Korbach 10, Frankenberg 19 km
🅘 ☎ (0 56 36) 3 78, Fax 7 77 — Verkehrsamt, im Stadtteil Goddelsheim, Aarweg 10, 35104 Lichtenfels

Fürstenberg (Erholungsort)
* **Zur Igelstadt**
♂ Mittelstr 2, ✉ 35104, ☎ (0 56 36) 97 99-0, Fax 97 99-49, AX DC ED VA
28 Zi, Ez: 85, Dz: 120, ⊿ WC ☎; Lift P 🍴
1⇔150 ☂ Kegeln Sauna Solarium 🍽

Lichtenfels 48 ✓

Bayern — Kreis Lichtenfels — 272 m — 21 000 Ew — Coburg 19, Bamberg 33 km
ℹ ☎ (0 95 71) 79 50, Fax 79 51 90 — Verkehrsamt, Marktplatz 1, 96215 Lichtenfels; Städtchen am oberen Main, Korbstadt. Sehenswert: Kath. Kirche; Rathaus; Tortürme; Stadtschloß; Wallfahrtskirche Vierzehnheiligen (3 km ✓); ehem. Kloster Banz (5 km ✓)

** **Krone**
Robert-Koch-Str 11, ✉ 96215, ☎ (0 95 71) 7 00 50, Fax 7 00 65, AX DC ED VA
63 Zi, Ez: 99, Dz: 129, ⊿ WC ☎; Lift P
2⇔70 Sauna Solarium; **garni**

** **City Hotel**
Bahnhofstr 5, ✉ 96215, ☎ (0 95 71) 9 24 30, Fax 92 43 40, ED
26 Zi, Ez: 69-79, Dz: 112-125, ⊿ WC ☎, 16🛏; Lift P 1⇔20; **garni**

* **Preußischer Hof**
Bamberger Str 30, ✉ 96215, ☎ (0 95 71) 50 15, Fax 28 02, AX DC ED VA
40 Zi, Ez: 55-88, Dz: 95-124, ⊿ WC ☎, 5🛏; Lift P Sauna Solarium 🍽
Auch Zimmer der Kategorie ** vorhanden

Reundorf (4 km ✓)
* **Gasthof Müller**
♂ Kloster-Banz-Str 4, ✉ 96215, ☎ (0 95 71) 60 21, Fax 7 09 47, ED
41 Zi, Ez: 49-53, Dz: 88, ⊿ WC ☎; P 🍽
Rezeption: 7-20; geschl: Mi, Do, Ende Okt-Mitte Nov

Schney (2 km →)
* **Mainlust**
◂ Lichtenfelser Weg 26, ✉ 96215, ☎ (0 95 71) 22 98, Fax 22 98
13 Zi, Ez: 65-100, Dz: 80-160, 3 App, ⊿ WC, 13🛏; P 🍽
Auch Zimmer der Kategorie ** vorhanden

Lichtenstein (Sa.) 50 ←

Sachsen — Kreis Hohenstein-Ernstthal — 314 m — 12 000 Ew — Glauchau 13, Zwickau 14 km
ℹ ☎ (03 72 04) 24 01, Fax 20 17 — Lichtenstein Information, Altmarkt 8, 09350 Lichtenstein. Sehenswert: Schloß; Laurentiuskirche; Lutherkirche

* **Parkschlößchen**
Rödlitzer Str 11, ✉ 09350, ☎ (03 72 04) 66 70, Fax 6 67 11
10 Zi, Ez: 80, Dz: 120, ⊿ WC ☎; Lift P Sauna 🍽

* **Am Neumarkt**
Seminarplatz 3, ✉ 09350, ☎ (03 72 04) 9 89 70
5 Zi, Ez: 75, Dz: 90, ⊿ WC ☎; 1⇔16 🍽
Rezeption: 11-14, ab 18

Lichtenstein-Außerhalb (2 km ✓)
* **Alberthöhe**
einzeln ♂ ◂ Niclaser Str 51, ✉ 09350, ☎ (01 72) 3 76 60 08, AX ED
8 Zi, Ez: 75-95, Dz: 80-120, ⊿ WC ☎, 4🛏; P 🍽

Lichtenstein (Württ) 61 ↘

Baden-Württemberg — Kreis Reutlingen — 510 m — 9 735 Ew — Reutlingen 10, Tübingen 20 km
ℹ ☎ (0 71 29) 69 60, Fax 63 89 — Gemeindeverwaltung, im Ortsteil Unterhausen, Rathausplatz 17, 72805 Lichtenstein. Sehenswert: Wilhelm-Hauff-Museum in Honau; Schloß Lichtenstein, 813 m ◂ (4 km + 15 Min ✓ vom Ortsteil Honau); Traifelbergfelsen, 795 m ◂ (beim Ortsteil Honau); Olgahöhle (Tuffsteinhöhle); Ruine Greifenstein (Ortsteil Holzelfingen); Nebelhöhle

Honau
* **Adler**
Heerstr 26, ✉ 72805, ☎ (0 71 29) 40 41, Fax 6 02 20, ED
55 Zi, Ez: 65-120, Dz: 90-180, 9 App, ⊿ WC ☎, 20🛏; Lift P 🍴 4⇔100 Fitneßraum Kegeln Sauna Solarium 🍽

* **Forellenhof Rößle**
Heerstr 20, ✉ 72805, ☎ (0 71 29) 9 29 70, Fax 92 97 50
14 Zi, Ez: 60-180, Dz: 90-120, ⊿ WC ☎, 3🛏; P 🍴 🍽
geschl: Jan

Lichtentanne 49 ↗

Sachsen — Zwickauer Land — 370 m — 3 310 Ew — Zwickau 8 km
ℹ ☎ (03 75) 56 97-0, Fax 56 97-1 00 — Gemeindeverwaltung, Hauptstr 69, 08115 Lichtentanne

Lichtentanne
** **Am Weissenbrunner Park**
Kohlenstr 33, ✉ 08115, ☎ (03 75) 5 67 30, Fax 5 67 34 00, AX DC ED VA
113 Zi, Ez: 95-140, Dz: 120-165, 7 Suiten, 24 App, ⊿ WC ☎, 32🛏; Lift P 🍴 15⇔60 Fitneßraum Sauna 🍽

Liebenau 25 □

Niedersachsen — Kreis Nienburg — 25 m — 6 625 Ew — Nienburg 13 km
ℹ ☎ (0 50 23) 2 90, Fax 17 22 — Gemeindeverwaltung, Ortstr 28, 31618 Liebenau. Sehenswert: Ev. Kirche; Schloß Eickhof →

Liebenau

* Schweizerlust
einzeln ♂ Am Sündern 272, ⌧ 31618,
☎ (0 50 23) 5 88, Fax 45 91, ED VA
9 Zi, Ez: 60, Dz: 100, ⌐ WC ☎; P 4⇔400
Kegeln ▼
Rezeption: 9-22; geschl: Mo, Jul

Liebenwalde 29 ↗

Brandenburg — Kreis Oranienburg — 40 m
— 4 500 Ew — Eberswalde 33, Berlin 42,
Neuruppin 48 km
ℹ ☎ (03 30 54) 6 02 46, Fax 6 02 47 — Amt
Liebenwalde, Am Markt 20, 16559 Liebenwalde. Sehenswert: Marktplatz mit Rathaus; hist. Dorfkirchen; Jagdgebiet Schorfheide

Liebenwalde-Außerhalb (3 km ↖)
*** Preußischer Hof
(Top International Hotel)**
einzeln, Bischofwerder Weg 12, ⌧ 16559,
☎ (03 30 54) 8 70, Fax 8 71 87, AX DC ED VA
93 Zi, Ez: 150-180, Dz: 230-280, S; 3 Suiten,
⌐ WC ☎; P 15⇔250 Fitneßraum Kegeln
Sauna Solarium ▼

Liebenzell, Bad 61 ←

Baden-Württemberg — Kreis Calw —
340 m — 9 200 Ew — Calw 7, Pforzheim
21 km
ℹ ☎ (0 70 52) 40 80, Fax 40 81 08 — Kurverwaltung, Kurhausdamm 4, 75378 Bad Liebenzell; Heilbad und Luftkurort im nördlichen Schwarzwald, im Tal der Nagold.
Sehenswert: Kurpark; Burg Liebenzell ◄
(2 km ←); Klosterruine mit Eulenturm in
Hirsau (4 km ↓)

** Kronen-Hotel
Badweg 7, ⌧ 75378, ☎ (0 70 52) 40 90,
Fax 40 94 20
43 Zi, Ez: 117-160, Dz: 210-282, ⌐ WC ☎;
Lift P 1⇔35 ≘ Sauna Solarium
Golf 18; Auch Zimmer der Kategorie ***
vorhanden
*** Hauptgericht 29; Terrasse

** Waldhotel-Post
♂ ◄ Hölderlinstr 1, ⌧ 75378, ☎ (0 70 52)
40 70, Fax 4 07 90, AX ED
43 Zi, Ez: 85-134, Dz: 170-252, ⌐ WC☎; Lift
P ▣ ≘ Sauna Solarium
Rezeption: 7-21
Auch Zimmer der Kategorie *** vorhanden
** Hauptgericht 45

** Ochsen
Karlstr 12, ⌧ 75378, ☎ (0 70 52) 20 74,
Fax 20 76
42 Zi, Ez: 80-120, Dz: 160-240, 3 App, ⌐ WC
☎; Lift P 4⇔80 ≘ Sauna Solarium
Rezeption: 7-19
** Rôtisserie Zinnstüble
Hauptgericht 35

* Am Bad-Wald
♂ ◄ Reuchlinweg 19, ⌧ 75378, ☎ (0 70 52)
92 70, Fax 30 14
33 Zi, Ez: 49-58, Dz: 96-116, 4 App, ⌐ WC
☎; Lift ▣ ≘ Sauna Solarium; **garni**
Rezeption: 7.30-20; geschl: 15.-26.12.

☕ Schweigert
Kurhausdamm 11, ⌧ 75378, ☎ (0 70 52)
44 04
8.30-19
Spezialität: Schwarzwälder Kirschtorte

☕ Maletsch
Baumstr 13, ⌧ 75378, ☎ (0 70 52) 14 50
P Terrasse; 9-22, im Winter 9-18.30
Spezialität: Victoria-Torte

Liebertwolkwitz 39 ↙

Sachsen — Kreis Leipzig — 130 m —
4 680 Ew — Leipzig 10, Naunhof 10 km
ℹ ☎ (03 42 97) 4 27 14 — Gemeindeverwaltung, Markt 1, 04445 Liebertwolkwitz

* Liebethal
Leipziger Str 44, ⌧ 04445, ☎ (03 42 97)
4 85 15, Fax 4 22 61
11 Zi, Ez: 95-160, Dz: 200, ⌐ WC ☎; P
2⇔35 ▼

Liederbach 54 ↑

Hessen — Main-Taunus-Kreis — 150 m —
7 500 Ew — Kelkheim 1, Frankfurt/
Main 16 km
ℹ ☎ (0 69) 30 09 80, Fax 3 00 98 35 —
Gemeindeverwaltung, Villebon-Platz 9,
65835 Liederbach

Oberliederbach
** Liederbacher Hof
♂ Höchster Str 9, ⌧ 65835, ☎ (0 69)
31 00 74, Fax 31 00 75, DC ED VA
20 Zi, Ez: 120-180, Dz: 195-260, ⌐ WC ☎;
P; **garni**
Rezeption: 8-12, 16-22; geschl: Ende Dez

Lieser 52 ↗

Rheinland-Pfalz — Kreis Bernkastel-Wittlich — 110 m — 1 600 Ew — Bernkastel-Kues 6, Wittlich 15 km
ℹ ☎ (0 65 31) 87 46, Fax 30 27 — Verkehrsbüro, Paulsstr 113, 54470 Lieser; Weinbauort an der Mosel

* Weinhaus Stettler
◄ Moselstr 41, ⌧ 54470, ☎ (0 65 31) 75 50,
Fax 73 25, AX ED VA
20 Zi, Ez: 67-73, Dz: 100-112, 3 App, ⌐ WC
☎; P Sauna Solarium; **garni** ☕
Auch Zimmer der Kategorie ** vorhanden

Limburg a. d. Lahn

Zum Niederberg
⊰ Moselstr 2, ✉ 54470, ☎ (0 65 31) 9 57-0, Fax 79 26, DC ED VA
19 Zi, Ez: 55-70, Dz: 90-140, 8 App, ⌐ WC ☎; P 🖃 Sauna Solarium
geschl: Mi, Mitte Dez-Mitte Feb
∗ Hauptgericht 20;
Terrasse; geschl: Mi, Mitte Dez-Mitte Feb

Rosenlay
♂ Beethovenstr 3, ✉ 54470, ☎ (0 65 31) 33 22, Fax 86 84
14 Zi, Ez: 45-60, Dz: 70-90, ⌐ WC; P Sauna Solarium
geschl: Mitte Nov-Mitte Mär

Lietzow siehe Rügen

Lilienthal 17

Niedersachsen — Kreis Osterholz — 12 m — 16 500 Ew — Bremen 11, Osterholz 23 km
ℹ ☎ (0 42 98) 92 90, Fax 92 92 92 — Gemeindeverwaltung, Hauptstr 31, 28865 Lilienthal. Sehenswert: Ehem. Klosterkirche; Nieders. Kutschenmuseum; Schulmuseum

∗ **Schomacker (Landidyll Hotel)**
♂ Heidberger Str 25, ✉ 28865, ☎ (0 42 98) 93 74-0, Fax 42 91, AX DC ED VA
28 Zi, Ez: 92-110, Dz: 145-165, ⌐ WC ☎, 4🛏; P 🖃 1⇔20 Kegeln
∗ Hauptgericht 25; Terrasse; nur abends, Sa-Mo auch mittags

∗ **Rohdenburg**
Trupermoorer Landstr 28, ✉ 28865, ☎ (0 42 98) 36 10, Fax 32 69, AX DC ED VA
12 Zi, Ez: 90, Dz: 140, ⌐ WC ☎; P 1⇔40 Kegeln
Rezeption: 10-0; geschl: Mo mittags, Mi, Anfang Jul
∗ Hauptgericht 27; Mo mittags, Mi, Anfang Jul

∗ **Alte Posthalterei**
Klosterstr 5, ✉ 28865, ☎ (0 42 98) 21 21
Hauptgericht 40; nur abends, So mittags; geschl: Mo

Limbach 43

Rheinland-Pfalz — Westerwaldkreis — 358 m — 400 Ew — Hachenburg 4, Altenkirchen 9, Siegen 35 km
ℹ ☎ (0 26 62) 27 04, Fax 93 90 45 — Gemeindeverwaltung, Hardtweg 3, 57629 Limbach

Limbach
∗∗ **Peter Hilger**
Hardtweg 5, ✉ 57629, ☎ (0 26 62) 71 06, Fax 93 92 31, ED
Hauptgericht 35; P Terrasse ⌐; geschl: Mo, Di

Limbach 55

Baden-Württemberg — Neckar-Odenwald-Kreis — 468 m — 4 549 Ew — Buchen 12, Mosbach 15 km
ℹ ☎ (0 62 87) 9 20 00, Fax 92 00 28 — Bürgermeisteramt, Muckentalerstr 9, 74838 Limbach; Erholungsort

∗ **Volk (Landidyll Hotel)**
♂ Baumgarten 3, ✉ 74838, ☎ (0 62 87) 93 00, Fax 93 01 00, AX DC ED VA
21 Zi, Ez: 85-100, Dz: 135-150, 1 Suite, 1 App, ⌐ WC ☎; P 2⇔30 🛶 Kegeln Sauna Solarium

Limbach-Oberfrohna 50

Sachsen — Kreis Glauchau/Chemnitzer Land — 365 m — 21 500 Ew — Chemnitz 15 km
ℹ ☎ (0 37 22) 7 80, Fax 7 83 03 — Fremdenverkehrsamt, Rathausplatz 1, 09212 Limbach-Oberfrohna

∗ **Cityhotel**
Jägerstr 11, ✉ 09212, ☎ (0 37 22) 9 55 12, Fax 9 54 77, AX DC ED VA
44 Zi, Ez: 80-100, Dz: 120-150, 2 Suiten, ⌐ WC ☎, 6🛏; Lift P 🖃 1⇔40 Sauna ⵔ

∗∗ **Zur Spindel**
Körnerstr 14, ✉ 09212, ☎ (0 37 22) 9 22 94, Fax 9 54 26, AX ED VA
Hauptgericht 20; P Terrasse; geschl: Sonntag, 1.-14.1.97
∗∗ 7 Zi, Ez: 95-135, Dz: 120-160, 1 Suite, ⌐ WC ☎; 🖃 1⇔30 Kegeln
geschl: 1.-14.1.97

Limberg 41

Brandenburg — Kreis Cottbus-Land — 377 Ew — Cottbus 15 km
ℹ ☎ (03 56 04) 2 27 — Gemeindeverwaltung, 03099 Limberg

∗ **Limberg**
♂ Hauptstr 70, ✉ 03099, ☎ (03 56 04) 6 30, Fax 6 31 00, AX DC ED VA
28 Zi, Ez: 85-155, Dz: 120-175, 2 App, ⌐ WC ☎, 10🛏; P 1⇔30 ⵔ

Limburg a. d. Lahn 44

Hessen — Kreis Limburg-Weilburg — 130 m — 30 200 Ew — Weilburg 21, Montabaur 23, Wiesbaden 40 km
ℹ ☎ (0 64 31) 20 32 22, Fax 32 93 — Verkehrsamt, Hospitalstr 2, 65549 Limburg; Kreisstadt mit altem Stadtkern. Sehenswert: Dom: Ausmalung, Taufstein, Stifter-Grabmal; ehem. Burg: Stadtarchiv; Diözesan-Museum: Kreuzreliquiar; kath. ehem. Franziskanerkirche; Alte Lahnbrücke ⊰; Fachwerkbauten →

Limburg a. d. Lahn

** Romantik Hotel 👑👑
Zimmermann
Blumenröder Str 1, ✉ 65549, ☎ (0 64 31)
46 11, Fax 4 13 14, AX DC ED VA
26 Zi, Ez: 135-210, Dz: 148-295, 4 Suiten, ⌐⌐
WC ☎, 8✉; 1↔12 P
geschl: Ende Dez-Anfang Jan
Auch Zimmer der Kategorie ******* vorhanden

** Nassauer Hof
Brückengasse 1, ✉ 65549, ☎ (0 64 31)
2 50 50, Fax 50 59, AX DC ED VA
37 Zi, Ez: 135-175, Dz: 185-220, 1 Suite, ⌐⌐
WC ☎; Lift P 🖬
** Zum Enteneck
Hauptgericht 30; Gartenlokal

** Ramada
Schiede 10, ✉ 65549, ☎ (0 64 31) 20 70,
Fax 20 74 44, AX DC ED VA
100 Zi, Ez: 133, Dz: 151, ⌐⌐ WC ☎, 25✉; Lift
P 🖬 3↔60; garni

** Dom-Hotel
Grabenstr 57, ✉ 65549, ☎ (0 64 31) 2 40 77,
Fax 68 56, AX DC ED VA
48 Zi, Ez: 120-200, Dz: 170-270, 2 Suiten, ⌐⌐
WC ☎, 8✉; Lift P 🖬 ✻
geschl: Ende Dez-Anfang Jan
Auch Zimmer der Kategorie ***** vorhanden

* Martin
Holzheimer Str 2, ✉ 65549, ☎ (0 64 31)
4 10 01, Fax 4 31 85, AX DC VA
27 Zi, Ez: 93-150, Dz: 140-156, 2 Suiten, ⌐⌐
WC ☎; Lift P 🖬
Restaurant für Hausgäste

* Huss
Bahnhofsplatz 3, ✉ 65549, ☎ (0 64 31)
9 33 50, Fax 2 51 36, AX DC ED VA
32 Zi, Ez: 95-120, Dz: 140-180, ⌐⌐ WC ☎; Lift
P 🖬 1↔25 ✻

* Die Gabel
☯ Rütsche 5, ✉ 65549, ☎ (0 64 31) 69 42,
Fax 2 20 36, AX DC ED VA
Hauptgericht 30; Terrasse; nur abends;
geschl: Mo

Limpach siehe Deggenhausertal

Lindau (Bodensee) 69 ↓

Bayern — Kreis Lindau — 400 m —
25 000 Ew — Bregenz (Österreich) 8, Friedrichshafen 21 km
🛈 ☎ (0 83 82) 26 00 30, Fax 26 00 26 —
Verkehrsverein, am Hauptbahnhof, Ludwigstr 68 (B 3), 88131 Lindau; Ferieninsel und Gartenstadt im Bodensee. Sehenswert: Mittelalterliches Stadtbild; Hafen, Löwe, Leuchtturm; Bodenseeschiffahrt zur Insel Mainau

Auf dem Festland Aeschach (2 km ↗)

* Am Holdereggenpark
⚘ Giebelbachstr 1, ✉ 88131, ☎ (0 83 82)
60 66, Fax 56 79, ED
29 Zi, Ez: 80-89, Dz: 140-170, ⌐⌐ WC ☎; P 🖬
geschl: Nov-Mär
Restaurant für Hausgäste

* Schöngarten
Schöngartenstr 15, ✉ 88131, ☎ (0 83 82)
9 34 00, Fax 93 40 30, DC ED VA
12 Zi, Ez: 85, Dz: 120-150, ⌐⌐ WC ☎; Lift P
🖬 Sauna Solarium; **garni**

🚗 Ebner
Friedrichshafener Str 19, ✉ 88131,
☎ (0 83 82) 9 30 70, Fax 93 07 40, AX DC ED VA
P; 7-19; geschl: Mo
** 18 Zi, Ez: 80-98, Dz: 140-195, ⌐⌐
WC ☎, 2✉; 🖬 Fitneßraum

Auf der Insel

*** Bayerischer Hof
◂ Seepromenade (B 3), ✉ 88131,
☎ (0 83 82) 91 50, Fax 91 55 91, DC ED VA
104 Zi, Ez: 150-250, Dz: 250-520, 2 Suiten,
⌐⌐ WC ☎; Lift P 🖬 8↔300
geschl: Mitte Nov-Ende Mär
*** ◂ Hauptgericht 40; nur abends;
geschl: Mitte Nov-Ende Mär
** Reutemann mit Seegarten
◂ 64 Zi, Ez: 120-205, Dz: 200-340, ⌐⌐ WC ☎;
8↔300 ≋
Auch Zimmer der Kategorie ******* vorhanden
** ◂ Hauptgericht 30; Terrasse

** Lindauer Hof
◂ Seepromenade (B 3), ✉ 88131,
☎ (0 83 82) 40 64, Fax 2 42 03, AX ED VA
25 Zi, Ez: 95-175, Dz: 160-336, 2 Suiten, ⌐⌐
WC ☎; Lift
Auch Zimmer der Kategorie ******* vorhanden.
** ◂ Hauptgericht 30; Gartenlokal
Terrasse; geschl: 7.1.-28.2.97

* Insel-Hotel
Maximilianstr 42 (B 2), ✉ 88131,
☎ (0 83 82) 50 17, Fax 67 56, AX DC ED VA
26 Zi, Ez: 98-102, Dz: 168-188, ⌐⌐ WC ☎; Lift
P 🖬; **garni**

* Brugger
Bei der Heidenmauer 11 (C 2), ✉ 88131,
☎ (0 83 82) 93 41-0, Fax 41 33, AX DC ED VA
23 Zi, Ez: 75-95, Dz: 140-170, ⌐⌐ WC ☎;
garni
geschl: Dez

** Seeterrasse
◂ Oskar-Groll-Anlage 2, in der Spielbank
(C 2), ✉ 88131, ☎ (0 83 82) 52 00,
Fax 2 19 43, AX DC ED VA
Hauptgericht 27; P Terrasse; geschl: Do,
15.1.-15.2.97

Lindau (Bodensee)

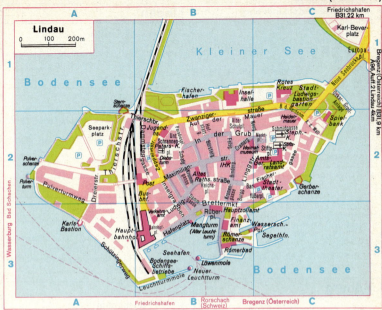

Alte Post
Fischergasse 3 (C 3), ✉ 88131, ☎ (0 83 82) 9 34 60, Fax 93 46 46
Hauptgericht 25; Biergarten; geschl: 22.12.96-1.3.97
✱ 12 Zi, Ez: 85-130, Dz: 160, ⌁ WC ☎
Rezeption: 7-14.30, 17-23.30; geschl: 22.12.96-1.3.97

Hoyren (4 km ↑)
✱✱ Villino
einzeln ♂ Hoyerberg 34, ✉ 88131,
☎ (0 83 82) 9 34 50, Fax 93 45 12, DC ED VA
16 Zi, Ez: 200, Dz: 220-320, 6 Suiten, ⌁ WC ☎, 5 ✉; P Sauna Solarium
geschl: 3 Wochen im Jan
✱✱ Hauptgericht 45; Terrasse; nur abends; geschl: 3 Wochen im Jan

✱✱✱ Hoyerberg Schlößle
⌁ einzeln Hoyerbergstr 64, ✉ 88131,
☎ (0 83 82) 2 52 95, Fax 18 37, DC ED VA
Hauptgericht 50; P Terrasse; geschl: Mo, Di mittags, Feb

Reutin (3 km ↗)
✱✱ Reulein
♂ ⌁ Steigstr 28, ✉ 88131, ☎ (0 83 82) 96 45-0, Fax 7 52 62, AX DC ED VA
26 Zi, Ez: 115-180, Dz: 180-280, ⌁ WC ☎; Lift P 🅿; garni
geschl: Ende Dez-Ende Jan

Bodensee Hotel
Rickenbacher Str 2, ✉ 88131, ☎ (0 83 82) 96 70 51-54, Fax 96 70 55, DC ED VA
34 Zi, Ez: 88-110, Dz: 170-185, ⌁ WC ☎; Lift P 🅿
✱ Hauptgericht 25; Terrasse

Gasthof Köchlin
⊗ Kemptener Str 41, ✉ 88131, ☎ (0 83 82) 96 60-0, Fax 96 60 43, AX DC ED VA
Hauptgericht 24; Biergarten P; geschl: Mo, Anfang Nov, Mitte Mär
✱ 23 Zi, Ez: 60-100, Dz: 110-140, ⌁ WC ☎
geschl: Mo, Anfang Nov, Mitte Mär

Schachen (5 km ↘)
✱✱✱ Bad Schachen
einzeln ♂ ⌁ Bad Schachen 1, ✉ 88131, ☎ (0 83 82) 29 80, Fax 2 53 90, AX VA
110 Zi, Ez: 195-273, Dz: 298-398, 18 Suiten, ⌁ WC ☎; Lift P 🅿 6✇225 ≋ ⛱ Strandbad Seezugang Fitneßraum Solarium
geschl: Ende Okt-Anfang Apr
Golf 18; Tennis 2
Traditionshotel in einem 5 ha großen Park am See gelegen
✱✱✱ ⌁ einzeln Hauptgericht 40;
geschl: Ende Okt-Ende Mär →

Wird in dem Hoteleintrag auf Tennis hingewiesen, sind das Hotel ein oder mehrere Tennisplätze angeschlossen. Die Ziffer bezieht sich auf die Anzahl der Tennisplätze.

Lindau (Bodensee)

* Ferienhotel Lindenhof
♂ Dennenmoos 3, ✉ 88131, ☎ (0 83 82) 9 31 90, Fax 93 19 31, AX ED
18 Zi, Ez: 92-158, Dz: 160-230, 1 Suite, ⌂ WC ☎, 3🛏; 🅿 1↔15 🚢 Seezugang Sauna Solarium ■
Rezeption: 7.30-21.30; geschl: Mo, Anfang Nov-Mitte März
Auch Zimmer der Kategorie ** vorhanden

* Parkhotel Eden
♂ Schachener Str 143, ✉ 88131, ☎ (0 83 82) 58 16, Fax 2 37 30, AX ED VA
26 Zi, Ez: 85-90, Dz: 170-180, ⌂ WC ☎; Lift 🅿 🍽
geschl: Mitte Okt-Mitte Mär

** Schachener Hof
Schachener Str 76, ✉ 88131, ☎ (0 83 82) 31 16, Fax 54 95, ED
Hauptgericht 38; Biergarten 🅿 Terrasse; nur abends, So auch mittags; geschl: Di, Mi, Anfang Jan-Mitte Feb

*
8 Zi, Ez: 100, Dz: 150-180, ⌂ WC ☎
Rezeption: ab 14, So ab 12; geschl: Anfang Jan-Mitte Feb

Lindberg 66 ↖

Bayern — Kreis Regen — 700 m — 2 390 Ew — Zwiesel 4 km
ℹ ☎ (0 99 22) 12 00, Fax 57 78 — Verkehrsamt, Zwieselauer Str 1, 94227 Lindberg; Erholungsort im Bayerischen Wald. Sehenswert: Großer Falkenstein 1312 m ⛰ (5 km + 1 Std ↑); Naturschutzgebiet Höllbachgespreng (5 km + 1,5 Std ↑); Waldmuseum in Zwiesel (4 km ↗); 18-Loch-Golfpark

Lehen
* Riesberghof
♂ Riesweg 4, ✉ 94227, ☎ (0 99 22) 85 20, Fax 85 21 00, AX DC ED VA
Ez: 60-80, Dz: 80-110, 2 Suiten, 66 App, ⌂ WC ☎; 🅿 🚗 Fitneßraum Sauna Solarium 🍽
Rezeption: 8-19; geschl: Mitte Nov-Anfang Dez
Auch Zimmer der Kategorie ** vorhanden

Zwieslerwaldhaus (10 km ↑, über die B11 Richtung Bayerisch-Eisenstein)
* Zwieseler Waldhaus
♂ Haus Nr 28, ✉ 94227, ☎ (0 99 25) 18 12 80, Fax 18 11 81
7 Zi, Ez: 57-72, Dz: 72-114, 48 App, ⌂ WC ☎; 🅿 Sauna
Hist. Gasthaus von 1768
* 🍴 Hauptgericht 20

* Waldhotel Naturpark
♂ Haus Nr 42, ✉ 94227, ☎ (0 99 25) 9 41 10, Fax 5 72
17 Zi, Ez: 75, Dz: 130-150, ⌂ WC ☎; 🅿 🚗 ≋ Fitneßraum Sauna Solarium 🍽
geschl: Di, Anfang Nov-Weihnachten

Linden 44 →

Hessen — Kreis Gießen — 180 m — 11 800 Ew — Gießen 7, Butzbach 12 km
ℹ ☎ (0 64 03) 60 50, Fax 6 05 25 — Stadtverwaltung, Konrad-Adenauer-Str 25, 35440 Linden

Leihgestern (2 km →)
* Gasthof Zum Löwen
Rathausstr 6, ✉ 35440, ☎ (0 64 03) 6 26 95, Fax 6 48 52
16 Zi, Ez: 70-90, Dz: 100-130, 2 App, ⌂ WC ☎; 🅿 3↔50 🍽
geschl: Mitte-Ende Jul

Lindenfels 54 →

Hessen — Kreis Bergstraße — 400 m — 5 500 Ew — Bensheim 21, Weinheim 23, Michelstadt 24 km
ℹ ☎ (0 62 55) 24 25, Fax 27 80 — Verkehrsamt, Burgstr 39, 64678 Lindenfels; heilklimatischer Kurort im Odenwald. Sehenswert: Burgruine ⛰

Kolmbach (4 km ↘)
* Buchenhof
♂ ⛰ Winterkastener Weg 10, ✉ 64678, ☎ (0 62 54) 8 33, Fax 8 36, ED
14 Zi, Ez: 70-80, Dz: 110, ⌂ WC ☎; 🅿 Solarium 🍽
geschl: Jan

Winterkasten (3 km ↑)
* Landhaus Sonne
♂ ⛰ Bismarckturmstr 24, ✉ 64678, ☎ (0 62 55) 25 23, Fax 25 86
8 Zi, Ez: 66-90, Dz: 124-136, 2 Suiten, ⌂ WC ☎; 🅿 🚢 Fitneßraum Sauna Solarium; **garni**

Lindenthal 39 ←

Sachsen — Leipziger Land — 120 m — 3 250 Ew — Leipzig 8 km
ℹ ☎ (03 41) 59 19 60, Fax 59 19 60 — Gemeindeverwaltung, Ernst-Thälmann-Str 2, 04466 Lindenthal; Gustav-Adolf-Denkmal

* Pension Möller
Hauptstr 46, ✉ 04466, ☎ (03 41) 4 67 47-0, Fax 4 67 47 10, AX DC ED VA
23 Zi, Ez: 95-115, ⌂ WC ☎; 🅿 Sauna 🍽

Breitenfeld (2 km ↑)
** Breitenfelder Hof
Lindenallee 8, ✉ 04466, ☎ (03 41) 46 51-0, Fax 46 51 -1 33, AX DC ED VA
73 Zi, Ez: 175-190, Dz: 210-225, S; ⌂ WC ☎, 40🛏; 🅿 1↔15 Sauna Solarium 🍽
geschl: 23.12.96-1.1.97

Linderhofe siehe Extertal

Lindlar 43 ↑

Nordrhein-Westfalen — Oberbergischer Kreis — 240 m — 21 000 Ew — Gummersbach 24, Köln 35 km
i ☎ (0 22 66) 9 64 07, Fax 88 67 — Verkehrsamt, Borromäusstr 1, 51789 Lindlar. Sehenswert: Hist. Ortskern; St.-Severin-Kirche; Wasserburg Eibach, Ruine; Bergisches Freilichtmuseum; Kuriositätenmuseum

* **Zum Holländer**
Kölner Str 6, ⊠ 51789, ☎ (0 22 66) 66 05, Fax 4 43 88, ED VA
Hauptgericht 25; geschl: So abends, 3 Wochen in den Sommerferien
* 12 Zi, Ez: 90, Dz: 120-140, ⊟ WC ☎; **P**
geschl: So abend

Lindow Kr. Neuruppin 21 ↓

Brandenburg — Kreis Neuruppin — 40 m — 2 600 Ew — Gransee 15, Neuruppin 23 km
i ☎ (03 39 33) 7 02 20, Fax 7 02 20 — Verkehrsverein, „Stadt der drei Seen", Straße des Friedens 3, 16835 Lindow; Erholungsort. Sehenswert: Ehem. Prämonstratenser Nonnenkloster im Landschaftsschutzgebiet gelegen - gute Wandermöglichkeiten

* **Am Wutzsee**
Straße des Friedens 33, ⊠ 16835, ☎ (03 39 33) 7 02 20, Fax 7 02 20, AX ED VA
18 Zi, Ez: 90-105, Dz: 120-160, ⊟ WC ☎; **P** 2⇔100
* Hauptgericht 25; Terrasse

* **Krone**
Straße des Friedens 11, ⊠ 16835, ☎ (03 39 33) 7 03 13, Fax 7 03 13, AX ED VA
Hauptgericht 20; Terrasse
* 4 Zi, Ez: 70, Dz: 100, 2 Suiten, ⊟ WC ☎; **P** 1⇔15

Lingen (Ems) 23 □

Niedersachsen — Kreis Emsland — 27 m — 54 279 Ew — Meppen 20, Nordhorn 20, Rheine 33 km
i ☎ (05 91) 9 14 40, Fax 9 14 41 31 — Stadtverwaltung, Elisabethstr 14, 49808 Lingen. Sehenswert: Marktplatz mit Rathaus: Glockenspiel; Bürgerhäuser; Palais Danckelmann; Emslandmuseum Lingen

** **Van Olfen**
Frerener Str 4, ⊠ 49809, ☎ (05 91) 41 94, Fax 5 90 52, AX DC ED VA
21 Zi, Ez: 74-85, Dz: 118-128, ⊟ WC ☎; **P** 🚗 Sauna; **garni**
geschl: Ende Dez-Anfang Jan

** **Park-Hotel**
Marienstr 29, ⊠ 49808, ☎ (05 91) 91 21 60, Fax 5 44 55, AX DC ED VA
29 Zi, Ez: 110-130, Dz: 170-190, 4 Suiten, ⊟ WC ☎; Lift **P** 3⇔135 Sauna Solarium
** Hauptgericht 30; Terrasse

* **Altes Landhaus**
Lindenstr 45, ⊠ 49808, ☎ (05 91) 80 40 90, Fax 5 91 34, AX DC ED VA
22 Zi, Ez: 85-125, Dz: 128-225, 1 Suite, ⊟ WC ☎; **P** Sauna Solarium
** Hauptgericht 30

Lingen-Außerhalb (8 km ↓)
** **Am Wasserfall**
◄ Am Wasserfall 2, ⊠ 49808, ☎ (05 91) 80 90, Fax 22 78, AX DC ED VA
58 Zi, Ez: 74-115, Dz: 112-129, 3 Suiten, ⊟ WC ☎, 4✉; Lift **P** 9⇔200 ≈ Fitneßraum Kegeln Sauna Solarium 🍴
Auch Zimmer der Kategorie * vorhanden

Schepsdorf (2 km ↗)
* **Hubertushof**
Nordhorner Str 18, ⊠ 49808, ☎ (05 91) 91 29 20, Fax 9 12 92 90, DC ED VA
39 Zi, Ez: 80-110, Dz: 140-160, ⊟ WC ☎; **P** 🚗 3⇔60 Kegeln 🍴
Auch Zimmer der Kategorie ** vorhanden

Linnich 42 ↑

Nordrhein-Westfalen — Kreis Düren — 67 m — 12 300 Ew — Jülich 11, Aachen 27, Mönchengladbach 28 km
i ☎ (0 24 62) 20 60 — Stadtverwaltung, Rurdorfer Str 64, 52441 Linnich. Sehenswert: Kath. Kirche, Flandrischer Schnitzaltar; ev. Kirche, Orgel

* **Rheinischer Hof**
Rurstr 21, ⊠ 52441, ☎ (0 24 62) 10 32, Fax 71 37, DC ED VA
Hauptgericht 30; Terrasse; geschl: Mo, Di, Ende Jul-Anfang Aug

Linsengericht 45 ↓

Hessen — Main-Kinzig-Kreis — 159 m — 9 399 Ew — Gelnhausen 2, Hanau 22 km
i ☎ (0 60 51) 70 90, Fax 70 91 00 — Gemeindeverwaltung, Schulstr 10, 63589 Linsengericht; Gemeinde Linsengericht im Naturpark Spessart

Eidengesäß (4 km ↘)
** **Der Löwe**
Hauptstr 20, ⊠ 63589, ☎ (0 60 51) 7 13 43, Fax 7 53 39, AX ED VA
Hauptgericht 25; Biergarten **P**; nur abends, So auch mittags; geschl: Mo, 2 Wochen im Jan, 2 Wochen in den Sommerferien

Linz 43 □

Rheinland-Pfalz — Kreis Neuwied — 50 m — 6 078 Ew — Bonn 28, Koblenz 40 km
🛈 ☎ (0 26 44) 25 26, Fax 58 01 — Verkehrsamt, Marktplatz, 53545 Linz; Städtchen rechts des Rheins. Sehenswert: Alte kath. St.-Martins-Kirche, Fresken; Neue kath. Marienkirche, Altar; Rathaus; Neutor; Rheintor; Fachwerkhäuser; Kaiserberg 178 m •◁

Achtung: Autofähre nach Remagen-Kripp von 6-24 Uhr, ☎ (0 26 44) 56 07 50; Burg Linz; röm. Glashütte; Waffen- und Folterkammer

* Haus Bucheneck
•◁ Linzhausenstr 1, ⌧ 53542, ☎ (0 26 44) 94 20, Fax 94 21 55, AX DC ED VA
18 Zi, Ez: 105-135, Dz: 155-210, ⊿ WC ☎; P
** •◁ Hauptgericht 20; Biergarten Terrasse

* Café Weiss
Mittelstr 7-11, ⌧ 53545, ☎ (0 26 44) 96 24 12, Fax 96 24 30
8 Zi, Ez: 100, Dz: 140-150, ⊿ WC ☎; Lift; garni

Lippborg siehe Lippetal

Lippetal 34 □

Nordrhein-Westfalen — Kreis Soest — 70 m — 11 985 Ew — Beckum 12, Soest 15, Hamm 19 km
🛈 ☎ (0 29 23) 6 10, Fax 61 45 — Gemeindeverwaltung, im Ortsteil Hovestadt, Bahnhofstr 6, 59510 Lippetal. Sehenswert: Wallfahrtskirche St. Ida; Wasserschlösser Hovestadt und Assen

Lippborg
** Gasthof Willenbrink   ❦
Hauptstr 10, ⌧ 59510, ☎ (0 25 27) 2 08, Fax 14 02
Hauptgericht 30; P Terrasse; nur abends; geschl: Mo, Mitte Jul-Mitte Aug, Ende Dez-Anfang Jan
* 6 Zi, Ez: 75-80, Dz: 130, ⊿ WC ☎, 2✉
Rezeption: 7-13, 16-22; geschl: Mitte Jul-Mitte Aug, Ende Dez-Anfang Jan
Golf 18

Lippspringe, Bad 35 ↘

Nordrhein-Westfalen — Kreis Paderborn — 150 m — 13 000 Ew — Paderborn 9, Detmold 21 km
🛈 ☎ (0 52 52) 5 03 03, Fax 93 01 83 — Verkehrsbüro, Bielefelder Str 24, 33175 Bad Lippspringe; Heilbad und heilklimatischer Kurort am Südhang des Teutoburger Waldes. Sehenswert: Prinzenpalais; Lippequelle; Burgruine; Portal der kath. Kirche; Kurparks; Westfalen-Therme

*** Best Western Parkhotel
♂ Peter-Hartmann-Allee 4, ⌧ 33175, ☎ (0 52 52) 9 63-0, Fax 96 31 11, AX DC ED VA
101 Zi, Ez: 130-222, Dz: 170-278, S; ⊿ WC ☎, 16✉; Lift P 10⇔350 ≘ Sauna Solarium
☛
** Parkrestaurant
•◁ Hauptgericht 30; Gartenlokal Terrasse

* Aparthotel am Kurpark
Arminusstr 39, ⌧ 33175, ☎ (0 52 52) 96 55 80, Fax 96 55 88, DC ED VA
Ez: 80-95, Dz: 160-170, 21 App, ⊿ WC ☎, 6✉; Lift P Sauna Solarium
Rezeption: 8-18

* Gästehaus Scherf
♂ Arminiusstr 23, ⌧ 33175, ☎ (0 52 52) 20 40, Fax 20 41 88, AX ED
32 Zi, Ez: 70-130, Dz: 120-180, 4 Suiten, 6 App, ⊿ WC ☎; Lift P 🅿 ≘ Fitneßraum Sauna Solarium; garni

* Palm
Schwimmbadstr, Westfalen Therme, ⌧ 33175, ☎ (0 52 52) 96 40
Hauptgericht 25; P Terrasse

Lippstadt 34 ↗

Nordrhein-Westfalen — Kreis Soest — 80 m — 70 000 Ew — Rheda-Wiedenbrück 19, Soest 25, Paderborn 32 km
🛈 ☎ (0 29 41) 5 85 15, Fax 7 97 17 — Verkehrsverein, Lange Str 14, 59555 Lippstadt. Sehenswert: Ruine der Stiftskirche; ev. Große Marienkirche, Hochaltar, Sakramentshäuschen; kath. Kirche im Stadtteil Benninghausen (8 km ←); ev. Stiftskirche im Stadtteil Cappel (4 km ↘); Wasserschlösser Overhagen (4 km ↙) und Schwarzenraben (6 km ↘)

** Treff Hotel Lippe Residenz
Lipper Tor 1, ⌧ 59555, ☎ (0 29 41) 98 90, Fax 98 95 29, AX ED VA
80 Zi, Ez: 150, Dz: 225, S; ⊿ WC ☎, 10✉; Lift P 3⇔170 🍴

* Lippischer Hof
Cappelstr 3, ⌧ 59555, ☎ (0 29 41) 9 72 20, Fax 9 72 24 99, AX DC ED VA
49 Zi, Ez: 80-130, Dz: 130-160, ⊿ WC ☎, 6✉; Lift 🅿 1⇔80 🍴

* Drei Kronen
Marktstr 2, ⌧ 59555, ☎ (0 29 41) 31 18, Fax 5 95 57, DC ED
9 Zi, Ez: 105, Dz: 125, ⊿ WC ☎; P 1⇔160
** Hauptgericht 30; geschl: Mo

** Peters**
Am Markt, ⌧ 59555, ☎ (0 29 41) 40 37, Fax 40 38
8-19, Sa bis 17; geschl: So

Bad Waldliesborn (Heilbad - 5 km ↑)
** Klusenhof
Klusestr 1, ✉ 59556, ☎ (0 29 41) 9 40 50,
Fax 94 05 22, ED
13 Zi, Ez: 90-130, Dz: 160-210, 2 App, ⊣ WC
☎, 10🛏; 🅿 🚂 Kegeln 🍴

* Jonathan
Parkstr 1, ✉ 59556, ☎ (0 29 41) 88 80,
Fax 8 23 10, AX DC ED VA
68 Zi, Ez: 98, Dz: 170, ⊣ WC ☎; 🅿 4⇌80 🍴

List siehe Sylt

Lobbe siehe Rügen

Lobberich siehe Nettetal

Lobenstein 48 ↘

Thüringen — 650 m — 7 125 Ew — Hof 33,
Saalfeld 40 km
ℹ ☎ (03 66 51) 24 49 — Stadtverwaltung,
Markt 1, 07356 Lobenstein. Sehenswert:
Kirche St. Michaelis; hist. Altstadt; Wasserkraftmuseum in Ziegenrück (20 km ↑)

* Oberland
Topfmarkt 2, ✉ 07356, ☎ (03 66 51) 24 94,
Fax 25 77, AX DC ED VA
19 Zi, Ez: 80-95, Dz: 130-160, ⊣ WC ☎, 6🛏;
Lift 🅿 Sauna Solarium
Rezeption: 11-23
Auch Zimmer der Kategorie ** vorhanden
** Hauptgericht 25

* Schwarzer Adler
Wurzbacher Str 1, ✉ 07356, ☎ (03 66 51)
8 89 29, Fax 8 89 31, ED
16 Zi, Ez: 70, Dz: 120, ⊣ WC ☎; 🅿 Sauna
Solarium 🍴

* Markt-Stuben
Markt 24, ✉ 07356, ☎ (03 66 51) 24 88,
Fax 3 00 25, AX DC ED VA
Hauptgericht 15; Terrasse; geschl:
1.-15.1.97
** 10 Zi, Ez: 50-75, Dz: 110-150, ⊣
WC ☎
geschl: 1.-15.1.97

Löbau 41 ↘

Sachsen — Kreis Löbau — 281 m —
17 500 Ew — Bautzen 19, Görlitz 21,
Zittau 25 km
ℹ ☎ (0 35 85) 45 00, Fax 32 16 — Stadtverwaltung, Altmarkt 1, 02708 Löbau. Sehenswert: Rathaus; Johanniskirche; Kirche St. Nikolai

* Kaiserhof
Breitscheidstr 2, ✉ 02708, ☎ (0 35 85)
86 22 30, Fax 86 22 33, AX DC ED VA
23 Zi, Ez: 100-120, Dz: 150, 1 Suite, ⊣ WC
☎; 🅿 1⇌24 🍴

* Stadt Löbau
Elisenstr 1, ✉ 02708, ☎ (0 35 85) 86 18 30,
Fax 86 20 86, ED VA
33 Zi, Ez: 95, Dz: 130, 2 Suiten, ⊣ WC ☎; 🅿
1⇌35 🍴

Löf 43 ↓

Rheinland-Pfalz — Kreis Mayen-Koblenz —
80 m — 2 200 Ew — Cochem 22,
Koblenz 28 km
ℹ ☎ (0 26 05) 28 91, Fax 8 42 70 — Gemeindeverwaltung, Moseluferstr 13, 56332 Löf;
Erholungsort an der Mosel. Sehenswert:
Burgen Thurant, Ehrenburg, Bischofstein
und Eltz

* Traube
◂ Moselufer 2, ✉ 56332, ☎ (0 26 05) 6 80,
Fax 83 19
65 Zi, Ez: 65, Dz: 110, ⊣ WC; 🅿 Sauna
Solarium 🍴

Löffingen 68 ←

Baden-Württemberg — Kreis Breisgau-Hochschwarzwald — 800 m — 6 500 Ew —
Titisee-Neustadt 12, Donaueschingen
16 km
ℹ ☎ (0 76 54) 8 02 70, Fax 8 02 65 — Kurverwaltung, Rathausplatz 14, 79843 Löffingen; Erholungsort im Hochschwarzwald.
Sehenswert: Rathaus; Maienländertor;
Wutachschlucht mit Lothenbachklamm
(7 km + 2 Std ↓); Schwarzwaldpark (Wild-u.
Freizeitpark)

Löffingen-Außerhalb (2 km ↑)
* Schwarzwald-Parkhotel
einzeln ⚲ am Wildgehege, ✉ 79843,
☎ (0 76 54) 2 39, Fax 7 73 25, ED VA
23 Zi, Ez: 78-86, Dz: 136-152, ⊣ WC ☎; 🅿 🚂
2⇌25 🕭 Fitneßraum Solarium 🏊
geschl: Mär
** einzeln, Hauptgericht 30; Gartenlokal Terrasse; geschl: Di, Mär

Löhnberg 44 □

Hessen — Kreis Limburg-Weilburg —
170 m — 4 710 Ew — Weilburg 5,
Wetzlar 18 km
ℹ ☎ (0 64 71) 9 86 60, Fax 98 66 44 —
Gemeindeverwaltung, Obertorstr 5,
35792 Löhnberg

** Zur Krone
Obertorstr 1, ✉ 35792, ☎ (0 64 71) 60 70,
Fax 6 21 07, AX DC ED VA
42 Zi, Ez: 95-105, Dz: 158, 3 Suiten, ⊣ WC
☎, 10🛏; Lift 🅿 🚂 3⇌120 Kegeln Sauna
Solarium
Rezeption: 6.30-21.30; geschl: Mi + Sa
mittags
Auch einfachere Zimmer vorhanden
** Hauptgericht 25; geschl: Mi + Sa
mittags

Löhne 25

Nordrhein-Westfalen — Kreis Herford — 65 m — 38 000 Ew — Bielefeld 20 km
ℹ ☎ (0 57 31) 8 28 00, Fax 78 44 00 — Verkehrsverein, im Stadtteil Gohfeld, Koblenzer Str 3, 32582 Löhne; Erholungsort. Sehenswert: Wasserschloß Ulenburg; Haus Beck; Mühlenhof „Vom Korn zum Brot"

** Entenhof
Bünder Str 290, ⌧ 32584, ☎ (0 57 32) 8 10 55, Fax 89 17 44, AX DC ED VA
38 Zi, Ez: 110-165, Dz: 195-225, 2 Suiten, ⊣ WC ☎, 4⌧; P 3⟿50 ▯

Löningen 24

Niedersachsen — Kreis Cloppenburg — 36 m — 13 500 Ew — Haselünne 20, Cloppenburg 22 km
ℹ ☎ (0 54 32) 42 22, Fax 3 09 77 — Stadtverwaltung, Verkehrsverein, Lindenallee 1, 49624 Löningen. Sehenswert: St.-Vitus-Kirche (größte pfeilerlose Saalkirche Deutschlands); Skulpturengarten; Adventsbläserbrunnen; Jubiläumsbrunnen; Huckelrieder Windmühle; Dornenkrone; Alte Wasserpumpe

** Le Cha-Cha-Cha
Langenstr 53, ⌧ 49624, ☎ (0 54 32) 39 58, Fax 39 58, DC ED VA
Hauptgericht 35; P Terrasse; geschl: Mo

Löpten 30

Brandenburg — Kreis Dahme-Spreewald — 285 m — 60 m — Groß Köris 2 km
ℹ ☎ (03 37 66) 68 90, Fax 6 89 54 — Amt Schenkenländchen, Markt 9, 15755 Groß Köris

* Eichenhof
♂ Eichenweg 35, ⌧ 15757, ☎ (03 37 66) 4 16 70, Fax 4 20 76
13 Zi, Ez: 65-90, Dz: 100-180, ⊣ WC ☎; P ▯
Reiterhof mit Reitschule

Lörrach 67

Baden-Württemberg — Kreis Lörrach — 294 m — 44 000 Ew — Basel 10 km
ℹ ☎ (0 76 21) 41 56 20, Fax 21 17 — Verkehrsbüro, Bahnhofsplatz 6, 79539 Lörrach; Kreisstadt an der Schweizer Grenze; Berufsakademie. Sehenswert: Ev. Stadtkirche; Fridolins-Kirche; Museum; Schloßruine Rötteln, 417 m ◂ (4 km ↑); Wasserschloß in Inzlingen (6 km ↘)

** Parkhotel David
Turmstr 24, ⌧ 79539, ☎ (0 76 21) 30 41, Fax 8 88 27, AX DC ED VA
30 Zi, Ez: 125-210, Dz: 160-210, ⊣ WC ☎, Lift 3⟿100; garni

** Stadt-Hotel
Weinbrennerstr 2, ⌧ 79539, ☎ (0 76 21) 4 00 90, Fax 40 09 66, AX DC ED VA
28 Zi, Ez: 125-230, Dz: 160-250, 1 App, ⊣ WC ☎, 12⌧; Lift ▯; garni

** Villa Elben
♂ ◂ Hünerbergweg 26, ⌧ 79539, ☎ (0 76 21) 20 66, Fax 4 32 80, AX ED VA
34 Zi, Ez: 105-130, Dz: 140-160, ⊣ WC ☎, 4⌧; Lift ▯; garni

** Zum Kranz
Basler Str 90, ⌧ 79540, ☎ (0 76 21) 8 90 83, Fax 1 48 43, AX DC ED VA
Hauptgericht 45; Gartenlokal P; geschl: So + Mo

*
9 Zi, Ez: 85-110, Dz: 140-180, ⊣ WC ☎; 1⟿70 Kegeln

Löwenberg 30

Brandenburg — Kreis Oberhavel — 63 m — 1 710 Ew — Neuruppin 20, Oranienburg 20, Berlin 30 km
ℹ ☎ (03 30 94) 69 80 — Touristik Service e. V., Friedrich-Ebert-Str 27, 16775 Löwenberg

** Löwenberger Hof
Berliner Str 18, ⌧ 16775, ☎ (03 30 94) 5 03 47, Fax 5 03 47, AX ED VA
25 Zi, Ez: 90-150, Dz: 120-180, ⊣ ☎, 3⌧; 2⟿30 ▯
Auch Zimmer der Kategorie * vorhanden

Löwenbruch 29

Brandenburg — Luckenwalde — 55 m — 310 Ew — Berlin 32, Cottbus 40, Potsdam 25 km
ℹ ☎ (0 33 78) 23 49 — Gemeindeverwaltung, 14974 Löwenbruch

** Landhotel Löwenbruch
Dorfstr 3, ⌧ 14974, ☎ (0 33 78) 8 62 70, Fax 86 27 77
30 Zi, Ez: 98-130, Dz: 120-160, ⊣ WC ☎, 8⌧; P 1⟿35 Sauna Solarium ▯

Löwenstein 61

Baden-Württemberg — Kreis Heilbronn — 360 m — 3 141 Ew — Heilbronn 17, Schwäbisch Hall 31 km
ℹ ☎ (0 71 30) 2 20, Fax 22 50 — Bürgermeisteramt, Maybachstr 32, 74245 Löwenstein; Erholungsort. Sehenswert: Burgruine; Breitenauer See

* Gasthof Lamm
Maybachstr 43, ⌧ 74245, ☎ (0 71 30) 5 42, Fax 5 14
Hauptgericht 25; P; geschl: Mo, 1 Woche im Jan, 2 Wochen im Aug, 1 Woche Fastnacht

*
8 Zi, Ez: 70-80, Dz: 110-120, ⊣ WC ☎
Rezeption: 11-14, 17-23; geschl: Mo, 1 Woche im Jan, 2 Wochen im Sommer

Hößlinsülz (3 km ↑)
* **Roger**
♂ ◄ Heiligenfeldstr 56, ✉ 74245,
☎ (0 71 30) 2 30, Fax 60 33, ED VA
45 Zi, Ez: 85-95, Dz: 110-140, ⌐⌐ WC ☎; Lift
P 📠 3↔80 ⌐⌐

Loffenau 60 →

Baden-Württemberg — Kreis Rastatt —
400 m — 2 700 Ew — Gernsbach 4, Bad
Herrenalb 8 km
ℹ ☎ (0 70 83) 92 33 18, Fax 92 33 20 —
Verkehrsamt, Untere Dorfstr 1, 76597
Loffenau; Erholungsort im nördlichen
Schwarzwald

* **Zur Sonne**
Obere Dorfstr 4, ✉ 76597, ☎ (0 70 83)
24 87, Fax 20 66, ED VA
20 Zi, Ez: 50-70, Dz: 90-130, ⌐⌐ WC ☎; Lift P
2↔35 ⌐⌐
geschl: Mi, Jan

Lohberg 66

Bayern — Kreis Cham — 700 m — 2 100 Ew
— Lam 5, Kötzting 24, Zwiesel 27 km
ℹ ☎ (0 99 43) 34 60, Fax 83 69 — Rathausamt, Rathausweg 1 a, 93470 Lohberg;
Erholungsort und Wintersportplatz im
Bayerischen Wald. Sehenswert: Osser,
1293 m ◄ (2 Std ↑)

Silbersbach (5 km ↘)
* **Osserhotel**
einzeln ♂ ◄ Haus Nr 12, ✉ 93470,
☎ (0 99 43) 7 41, Fax 28 81
45 Zi, Ez: 60-81, Dz: 92-124, ⌐⌐ WC ☎; P 📠
Sauna Solarium ⌐⌐
geschl: Mi, Nov-Mitte Dez, Anfang-
Mitte April

Zackermühle (1 km ↙)
* **Pension Grüne Wiese**
♂ Sommerauer Str 10, ✉ 93470,
☎ (0 99 43) 12 08, Fax 81 10
26 Zi, Ez: 55-65, Dz: 90-100, ⌐⌐ WC; P 🏠 Fitneßraum Sauna Solarium ⟲
Rezeption: 8-13, 15-22; geschl: Di, Ende
Okt-Weihnachten
Restaurant für Hausgäste

Lohmar 43 ↘

Nordrhein-Westfalen — Rhein-Sieg-Kreis
— 75 m — 26 000 Ew — Siegburg 4,
Bonn 16, Köln 24 km
ℹ ☎ (0 22 46) 1 50 — Gemeindeverwaltung,
Rathausstr 4, 53797 Lohmar. Sehenswert:
Pfarrkirche und Burg

34 ↗ Der Ort befindet sich im Reisekartenteil auf Seite 34 im nordöstlichen Planfeld.

Heide (9 km ↓)
* **Franzhäuschen**
Franzhäuschenstr 7, ✉ 53785, ☎ (0 22 41)
38 50 19, Fax 38 23 19, AX DC ED VA
9 Zi, Ez: 80-100, Dz: 110-150, ⌐⌐ WC ☎; P
⌐⌐

Honrath (10 km ↗)
** **Haus am Berg**
Zum Kammerberg 24, ✉ 53797, ☎ (0 22 06)
22 38, Fax 17 86, AX VA
Hauptgericht 45; P Terrasse; geschl: Sa
mittags, Sonntag
* ◄ 15 Zi, Ez: 90-120, Dz: 160-180,
⌐⌐ WC ☎, 4📠; 1↔20
Rezeption: 10-13, 17.30-22

Wahlscheid (7 km ↗)
** **Schloß Auel**
einzeln ⟲ ✉ 53797, ☎ (0 22 06) 6 00 30,
Fax 6 00 32 22, AX DC ED VA
18 Zi, Ez: 165-205, Dz: 250-300, 2 Suiten, ⌐⌐
WC ☎; P 6↔120
Auch Zimmer der Kategorie ******* vor-
handen.
Barockschloß mit Barockkapelle.
⌐⌐ Hauptgericht 25; Biergarten Ter-
rasse; nur abends, So + Sa auch mittags

* **Zur alten Linde**
Bartholomäustr 8, ✉ 53797, ☎ (0 22 06)
9 59 30, Fax 95 93 45, DC ED VA
27 Zi, Ez: 120-160, Dz: 180-230, 1 App, ⌐⌐
WC ☎; P 3↔40 Fitneßraum Kegeln Sauna
geschl: So, 3 Wochen in den Sommerferien
** Hauptgericht 35; Biergarten
Terrasse; geschl: so + feiertags

* **Haus Säemann**
♂ Am Alten Rathaus 17, ✉ 53797,
☎ (0 22 06) 77 87, Fax 8 30 17, AX ED
17 Zi, Ez: 70-90, Dz: 120-150, ⌐⌐ WC ☎; P 📠
geschl: Mo
Auch einfachere Zimmer vorhanden
* Hauptgericht 35; Biergarten;
geschl: Mo

** **Haus Stolzenbach**
an der B 484, ✉ 53797, ☎ (0 22 46) 9 20 80,
Fax 92 08 20
Hauptgericht 35

Wahlscheid-Außerhalb (4 km ↗)
* **Naafs Häuschen**
✉ 53797, ☎ (0 22 06) 8 00 81, Fax 8 21 65,
AX DC ED VA
45 Zi, Ez: 146-169, Dz: 200, ⌐⌐ WC ☎; P 📠
6↔80 Kegeln Sauna Solarium; geschl: Do
** Hauptgericht 35; Terrasse
⌐⌐ **Bit-Schänke** (im alten Kuhstall)
Hauptgericht 25; Biergarten; nur abends

***** Restaurant mit außergewöhnlich
anspruchsvoller Ausstattung

Lohme siehe **Rügen**

Lohmen 51 ↑

Sachsen — Sebnitz — 108 m — 3 400 Ew — Dresden 25, Sebnitz 10, Pirna 5 km
ℹ ☎ (0 35 01) 5 81 00, Fax 58 10 25 — Gemeindeverwaltung, Basteistr 79, 01847 Lohmen

** Landhaus Nicolai
Basteistr 22, ✉ 01847, ☎ (0 35 01) 5 81 20, Fax 58 12 88, ED VA
38 Zi, Ez: 90-135, Dz: 130-164, 2 Suiten, 2 App, ⊣ WC ☎, 15✉; Lift 🅿 3⇌140 Kegeln ⓘ

Lohmen 20 ↗

Mecklenburg-Vorpommern — Kreis Güstrow — 99 m — 555 Ew — Dobbertin 7, Güstrow 16 km
ℹ ☎ (03 84 58) 2 03 15, Fax 2 00 19 — Gemeindeverwaltung, Dorfstr 20 A, 18276 Lohmen

** Mecklenburg
Zum Suckwitzer See 1, ✉ 18276, ☎ (03 84 58) 30 10, Fax 3 01 55, AX ED VA
32 Zi, Ez: 95, Dz: 145, ⊣ WC ☎, 13✉; 🅿 1⇌44 Strandbad ⓘ

Lohne 24 ↗

Niedersachsen — Kreis Vechta — 44 m — 21 916 Ew — Vechta 8, Diepholz 14, Cloppenburg 27 km
ℹ ☎ (0 44 42) 88 60, Fax 88 62 45 — Stadtverwaltung, Vogtstr 26, 49393 Lohne. Sehenswert: St.-Gertrud-Kirche; Wasserburg Hopen; St.-Anna-Klus; Industrie-Museum; Waldbad

** Schützenhof
Steinfelder Str 7, ✉ 49393, ☎ (0 44 42) 9 22 80, Fax 92 28 15, ED VA
11 Zi, Ez: 85, Dz: 110-130, ⊣ WC ☎; 🅿 ⓘ

* Waldhotel
♂ Burgweg 16, ✉ 49393, ☎ (0 44 42) 32 60, Fax 7 10 36, AX DC ED VA
14 Zi, Ez: 68, Dz: 98-105, ⊣ WC ☎; 🅿 🚂 ⓘ
geschl: Fr

* Wilke
Brinkstr 43, ✉ 49393, ☎ (0 44 42) 7 33 70, Fax 7 33 72, AX DC ED VA
Hauptgericht 25; geschl: Do
* 5 Zi, Ez: 80, Dz: 120, ⊣ WC ☎; 🅿
Rezeption: 7-14, 17-24

Lohne-Außerhalb (6 km ←)
** Landhaus Stuben
Dinklager Str 132, westl. der Autobahnabfahrt Dinklage/Lohne, ✉ 49393, ☎ (0 44 43) 43 83, Fax 37 67, AX DC ED VA
Hauptgericht 30; Gartenlokal 🅿; geschl: So abends, Mo

Lohr 55 ↗

Bayern — Kreis Main-Spessart — 162 m — 15 700 Ew — Hammelburg 31, Aschaffenburg 38, Würzburg 41 km
ℹ ☎ (0 93 52) 51 52, Fax 7 02 95 — Verkehrsverein, Schloßplatz 5, 97816 Lohr; Erholungsort am Main. Sehenswert: Kath. Kirche St. Michael; Schloß, Spessartmuseum; Rathaus; Stadtturm; kath. Kirche und Schloß im Stadtteil Steinbach (3 km ↗); Wallfahrtskirche Maria Buchen (4 km ↘)

** Parkhotel Leiss
Jahnstr 2, ✉ 97816, ☎ (0 93 52) 60 90, Fax 60 94 09, AX DC ED VA
57 Zi, Ez: 95-150, Dz: 150-200, ⊣ WC ☎, 27✉; Lift 🅿 1⇌17; **garni**
Rezeption: 7-21

* Bundschuh
♂ Am Kaibach 7, ✉ 97816, ☎ (0 93 52) 25 06, Fax 68 85, AX DC ED VA
35 Zi, Ez: 88-128, Dz: 135-200, ⊣ WC ☎, 10✉; Lift 🅿 🚂 1⇌45
geschl: Ende Dez-Mitte Jan
Restaurant für Hausgäste; Auch Zimmer der Kategorie ****** vorhanden

Sendelbach (1 km ↓)
* Landhotel Zur alten Post
Steinfelder Str 1, ✉ 97816, ☎ (0 93 52) 27 65, Fax 76 93, AX ED
11 Zi, Ez: 68-72, Dz: 110-118, ⊣ WC ☎; 🅿 2⇌60
Rezeption: 8-14, 17-24; geschl: Mi, 3 Wochen im Jan
* Postillion-Stuben
Hauptgericht 25; nur abends; geschl: Mi, 3 Wochen im Jan

Steinbach (3 km ↗)
⊨ Gasthof Adler
Steinbacher Str 14, ✉ 97816, ☎ (0 93 52) 20 74, Fax 7 08 56, ED
19 Zi, Ez: 40-80, Dz: 75-145, ⊣ WC ☎; 🅿 ⓘ
geschl: Do, 4 Wochen nach Fasching

Loiching 65 □

Bayern — Kreis Dingolfing-Landau — 353 m — Dingolfing 5 km
ℹ ☎ (0 87 31) 80 94, Fax 4 00 99 — Gemeindeverwaltung, Kirchplatz 4, 84180 Loiching; Ort an der Isar

Oberteisbach (4 km ↘)
* Gasthof Räucherhansl
♂ Haus Nr 2, ✉ 84180, ☎ (0 87 31) 32 00, Fax 4 06 70, AX ED VA
54 Zi, Ez: 80-90, Dz: 130, ⊣ WC ☎, 8✉; Lift 🅿 🚂 2⇌80 Kegeln Sauna Solarium ⓘ
geschl: Di mittags

Loitz 13 ↘

Mecklenburg-Vorpommern — Kreis Demmin — 8 m — 4 568 Ew — Demmin 13, Grimmen 29 km
🛈 ☎ (03 99 98) 3 01 — Stadtverwaltung, Langestr 83, 17121 Loitz

** Am Markt
Marktstr 162, ✉ 17121, ☎ (03 99 98) 30 10, Fax 3 01 28, AX ED
15 Zi, Ez: 75, Dz: 95, 1 App, ⇨ WC ☎; P 🚗
Restaurant für Hausgäste

Rustow (6 km ←)
* Peenetal
Demminer Str 17, ✉ 17121, ☎ (03 99 98) 1 01 55, Fax 1 01 56
13 Zi, Ez: 90, Dz: 130, ⇨ WC ☎; P 1⇔60 ❧

Longuich 52 ↗

Rheinland-Pfalz — Kreis Trier-Saarburg — 125 m — 1 300 Ew — Trier 10, Wittlich 25 km
🛈 ☎ (0 65 02) 17 16 — Touristinformation, Maximinstr 17, 54340 Longuich; Ort an der Mosel

* Zur Linde
Cerisiersstr 10, ✉ 54340, ☎ (0 65 02) 55 82, Fax 78 17, AX ED
13 Zi, Ez: 52, Dz: 88-100, 4 App, ⇨ WC ☎; P 🚗 2⇔50 Sauna Solarium
Rezeption: 12-14, 18-22; geschl: Mo, 2 Wochen im Feb

** Hauptgericht 23; Terrasse; geschl: Mo, 2 Wochen im Feb

Lorch 53 ↗

Hessen — Rheingau-Taunus-Kreis — 80 m — 4 500 Ew — Rüdesheim 13, St. Goarshausen 16 km
🛈 ☎ (0 67 26) 18 15, Fax 7 44 — Verkehrsamt, Markt 5, 65391 Lorch; Erholungsort im Rheindurchbruchstal. Sehenswert: Kath. St.-Martins-Kirche, Hochaltar; Hilchenhaus; Skulpturenmuseum

Achtung: Autofähre nach Niederheimbach von Mo-Fr 6.10-20, Sa ab 7, So ab 8, im Winter bis 18.30 (nach Bedarf)
🛈 ☎ (0 67 43) 60 32

* Arnsteiner Hof
Schwalbacher Str 8, ✉ 65391, ☎ (0 67 26) 93 71, Fax 80 41 37, AX DC ED VA
16 Zi, Ez: 75, Dz: 120-140, ⇨ WC ☎; P 🚗 1⇔80 ❧

Lorch 62 □

Baden-Württemberg — Ostalbkreis — 285 m — 10 800 Ew — Schwäb. Gmünd 9, Schorndorf 13, Göppingen 16 km
🛈 ☎ (0 71 72) 18 01 19, Fax 18 01 59 — Verkehrsamt, Hauptstr 19, 73547 Lorch; Stauferstadt im Remstal. Sehenswert: ehem. Benediktinerkloster

Weitmars
** Ambiente
Teckstr 62, ✉ 73547, ☎ (0 71 72) 1 80 90, Fax 18 09 99, AX DC ED VA
13 Zi, Ez: 98, Dz: 148, 2 Suiten, 9 App, ⇨ WC ☎, 2🛁; P 🚗; garni
Rezeption: 7-12, 17-20; geschl: Ende Dez-Anfang Jan, Aug

Lorsch 54 →

Hessen — Kreis Bergstraße — 90 m — 11 500 Ew — Bensheim 5, Heppenheim 5, Worms 16 km
🛈 ☎ (0 62 51) 59 67 50, Fax 59 67 60 — Verkehrsamt, Marktplatz 1, 64653 Lorsch; Ort in der Oberrheinebene. Sehenswert: Karolingische Torhalle; Reste der Abteikirche; Rathaus; Kloster Altenmünster

** Zum Schwanen
Nibelungenstr 52, ✉ 64653, ☎ (0 62 51) 5 22 53, AX
Hauptgericht 45; nur abends; geschl: Sa, in den Sommerferien

Losheim 52 □

Saarland — Kreis Merzig-Wadern — 300 m — 15 000 Ew — Merzig 11, Wadern 14, Trier 36 km
🛈 ☎ (0 68 72) 61 69, Fax 84 89 — Verkehrsbüro, Saarbrücker Str 13, 66679 Losheim; Erholungsort

Losheim-Außerhalb (1,5 km ↘)
** Seehotel
♂ ⇽ Zum Stausee 202, ✉ 66679, ☎ (0 68 72) 6 00 80, Fax 60 08 11, AX ED VA
42 Zi, Ez: 90-95, Dz: 145-150, ⇨ WC ☎, 3🛁; Lift P 🚗 2⇔35 Seezugang Kegeln Sauna Solarium ❧

Loßburg 60 ↘

Baden-Württemberg — Kreis Freudenstadt — 660 m — 6 000 Ew — Freudenstadt 8 km
🛈 ☎ (0 74 46) 95 06 -0, Fax 9 50 6- 14 — Kurverwaltung, Hauptstr 35, 72290 Loßburg; Luftkurort im Schwarzwald. Sehenswert: Klosterkirche in Alpirsbach (8 km ↓); Marktplatz mit Stadtkirche in Freudenstadt (8 km ↑)

** Landgasthof Hirsch
Hauptstr 5, ✉ 72290, ☎ (0 74 46) 9 50 50, Fax 95 05 55, ED VA
45 Zi, Ez: 70-130, Dz: 130-180, ⇨ WC ☎; Lift P 🚗 1⇔35 ❧ 🍺
geschl: 3 Wochen im Jan
Auch Zimmer der Kategorie * vorhanden

* Zur Traube
♂ Gartenweg 3, ✉ 72290, ☎ (0 74 46) 15 14, Fax 32 97
35 Zi, Ez: 65-70, Dz: 110-130, ⇨ WC; Lift P 🚗 ≋ Solarium ❧
geschl: Mo, Mitte Nov-Mitte Dez

Lostau 28 ↗

Sachsen-Anhalt — Landkreis Jerichower Land — 56 m — 926 Ew — Burg 13, Magdeburg 20 km
🛈 ☎ (03 92 22) 90 80, Fax 9 08 14 — Vewaltungsgemeinschaft Möser, Thälmann Str 59, 39291 Möser

✱ Landgasthof Zur Erholung
Möserstr 27, ✉ 39291, ☎ (03 92 22) 90 10, Fax 9 01 16
17 Zi, Ez: 90, Dz: 150, ⌐ WC ☎; 1 ⇆ 100
Rezeption: 11-24
✱ Hauptgericht 20; Gartenlokal 🅿; geschl: Di

Lottstetten 68 ↓

Baden-Württemberg — Kreis Waldshut — 442 m — 2 350 Ew — Schaffhausen 11, Waldshut 36 km
🛈 ☎ (0 77 45) 9 20 10, Fax 51 24 — Bürgermeisteramt, Rathausplatz 1, 79807 Lottstetten

Nack (3 km ↓)
✱✱ Gasthof Kranz
Dorfstr 23, ✉ 79807, ☎ (0 77 45) 73 02, Fax 84 69
Hauptgericht 30; geschl: Di + Mi, Feb

Luckenwalde 29 ↘

Brandenburg — Kreis Teltow-Fläming — 46 m — 27 000 Ew — Berlin 50 km
🛈 ☎ (0 33 71) 21 12, Fax 21 12 — Tourist- und Stadtinformation, R.-Breitscheid-Str 6, 14943 Luckenwalde. Sehenswert: Stadtkern mit Marktturm; St. Johanniskirche; Rathaus; Stadt- und Tierpark

✱✱ Märkischer Hof
Poststr 8, ✉ 14943, ☎ (0 33 71) 60 40, Fax 60 44 44, AX DC ED VA
49 Zi, Ez: 80-110, Dz: 100-150, ⌐ WC ☎, 4🛏; Lift 🅿 1⇆60; garni

✱✱ Luckenwalder Hof
♛ Dahmer Str 34, ✉ 14943, ☎ (0 33 71) 61 01 45, Fax 61 01 46, AX DC ED VA
19 Zi, Ez: 94-125, Dz: 159, ⌐ WC ☎, 4🛏; 🅿
Bistro
Hauptgericht 25; Biergarten; nur abends; geschl: Sa, So

✱ Pelikan
Puschkinstr 27, ✉ 14943, ☎ (0 33 71) 61 29 96, Fax 61 29 96, DC ED VA
19 Zi, Ez: 90-100, Dz: 135-160, ⌐ WC ☎; 🅿 1⇆20

Kolzenburg (5 km ↓)
✱ Zum Eichenkranz
♛ Unter den Eichen 1, ✉ 14943, ☎ (0 33 71) 61 07 29, Fax 61 07 30, ED
21 Zi, Ez: 85-90, Dz: 110-130, ⌐ WC ☎, 5🛏; 🅿 1⇆35 🍽

Ludwigsburg 61 ↗

Baden-Württemberg — Kreis Ludwigsburg — 280 m — 86 000 Ew — Stuttgart 14 km
🛈 ☎ (0 71 41) 91 02 52, Fax 91 07 74 — Ludwigsburg Information, Wilhelmstr 10 (B 2), 71638 Ludwigsburg; Heilbad am Neckar; Pädagogische Hochschule; Sport-Akademie. Sehenswert: Marktplatz; Residenzschloß; Gartenschau „Blühendes Barock" mit „Märchengarten" und Großvoliere (März-Okt); Favoritschloß und Wildpark; Seeschloß Monrepos (4 km ↖)

Achtung: Schloßfestspiele

✱✱ Favorit
Gartenstr 18 (A 2), ✉ 71638, ☎ (0 71 41) 9 00 51, Fax 90 29 91, AX DC ED VA
92 Zi, Ez: 150-160, Dz: 190-200, ⌐ WC ☎, 26🛏; Lift 🚗 1⇆20 Sauna Solarium; **garni**

✱✱ Nestor
Stuttgarter Str 35/2 (B3), ✉ 71638, ☎ (0 71 41) 9 67-0, Fax 9 67-1 13, AX DC ED VA
150 Zi, Ez: 142-182, Dz: 162-222, S; 1 Suite, ⌐ WC ☎, 62🛏; Lift 🅿 8⇆300 Fitneßraum Sauna Solarium
✱✱ Hauptgericht 30; Terrasse

✱ Acora
Schillerstr 19, ✉ 71638, ☎ (0 71 41) 9 41 00, Fax 90 22 59, AX DC ED VA
44 Zi, Ez: 110-135, Dz: 135-160, S; WC ☎; Lift 🅿; garni

✱✱✱ Alte Sonne 🍷
Bei der kath. Kirche 3 (B 2), ✉ 71634, ☎ (0 71 41) 92 52 31, Fax 90 26 35, AX VA
Hauptgericht 45; Terrasse; geschl: Di, 2 Wochen im Jan, 2 Wochen in den Sommerferien
Mittags auch schwäbische Küche

✱✱✱ Le Carat 🍷
Schwieberdinger Str 60, ✉ 71636, ☎ (0 71 41) 4 76 00, Fax 47 60 60, AX ED VA
Hauptgericht 40; Terrasse

✱✱ Post-Cantz ✻
Eberhardstr 6 (B 2), ✉ 71634, ☎ (0 71 41) 92 35 63, Fax 90 56 07, AX DC ED VA
Hauptgericht 30; geschl: Mi + Do, 2 Wochen in den Sommerferien

✱✱ Zum Postillion
Asperger Str 12, ✉ 71634, ☎ (0 71 41) 92 47 77, AX DC ED VA
Hauptgericht 30; Terrasse; geschl: Mo, Sa mittags, So abends, im Somer Mo + So, 3 Wochen in den Sommerferien

🍺 Kunzi
Myliusstr 13 (A 3), ✉ 71638, ☎ (0 71 41) 92 19 47, Fax 92 28 71, AX ED VA
🅿; 6.30-24; so + feiertags ab 10

Ludwigsdorf

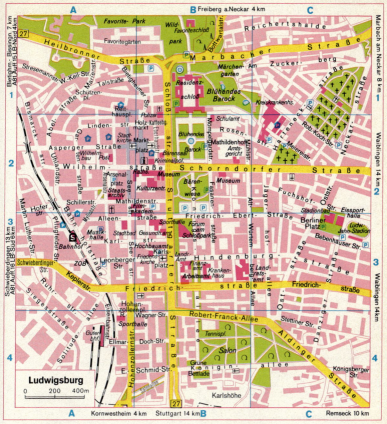

Hoheneck (2 km ↑)

* Krauthof
Beihinger Str 27, ✉ 71642, ☎ (0 71 41)
5 08 80, Fax 50 88 77, AX DC ED VA
40 Zi, Ez: 125-150, Dz: 170-200, ⌐ WC ☎,
3 ✉; Lift P 5↔100 Sauna Solarium ⚬

* Hoheneck
⚬ Uferstr, ✉ 71642, ☎ (0 71 41) 5 11 33,
Fax 5 20 77, ED VA
15 Zi, Ez: 115, Dz: 170-180, ⌐ WC ☎; P
geschl: So, Ende Dez-Anfang Jan

Ludwigsburg-Außerhalb (4 km ↘)

*** Schlosshotel Monrepos
⚬ Schloß Monrepos 22, ✉ 71634,
☎ (0 71 41) 30 20, Fax 30 22 00, AX DC ED VA
79 Zi, Ez: 160-260, Dz: 200-340, 2 Suiten, ⌐
WC ☎; Lift P ✉ 9↔200 ⚓ Seezugang
Bootsverleih Fitneßraum Sauna Solarium
geschl: Ende Dez-Anfang Jan

** Gutsschenke
Hauptgericht 30; geschl: Ende Dez-Anfang
Jan

Pflugfelden (1 km ←)

** Stahl
Dorfstr 4, ✉ 71636, ☎ (0 71 41) 4 41 10,
Fax 44 11 42, AX DC ED VA
24 Zi, Ez: 125-150, Dz: 180-190, ⌐ WC ☎;
Lift ✉ 1↔20; garni

Ludwigsdorf 41 ↘

Sachsen — Kreis Görlitz — 190 m —
1 050 Ew — Görlitz 5, Niersky 20 km
ℹ ☎ (0 35 81) 31 01 92 — Gemeindeverwaltung, Dorfstr 116, 02829 Ludwigsdorf

** Gutshof Hedicke ♛
Dorfstr 115, ✉ 02829, ☎ (0 35 81) 3 80 00,
Fax 38 00 20, AX ED VA
12 Zi, Ez: 110-124, Dz: 159-179, 2 Suiten, ⌐
WC ☎, 2✉; P 3↔25
*** ⚬ Hauptgericht 35; Terrasse; ☎
geschl: So abends, Mo, 2.-15.1.97

** Hotel oder Gasthaus mit sehr guter
Ausstattung

Ludwigshafen am Rhein

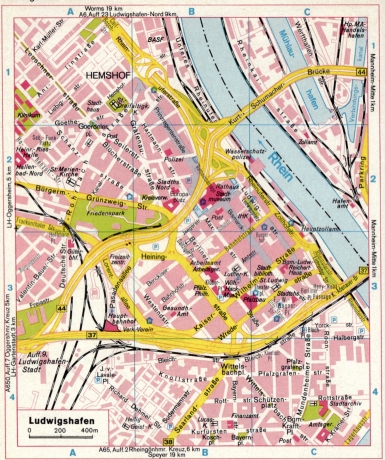

Ludwigshafen am Rhein 54 ↓

Rheinland-Pfalz — Stadtkreis — 96 m — 171 374 Ew — Mannheim 1, Heidelberg 22, Karlsruhe 67 km

ℹ ☎ (06 21) 51 20 35, Fax 62 42 95 — Verkehrsverein, Pavillon am Hauptbahnhof (A 3), 67059 Ludwigshafen; Kreisstadt; Rheinhafen; Theater im Pfalzbau; Prinzregenten Theater im Hemshof. Sehenswert: Wallfahrtskirche und Schillerhaus im Stadtteil Oggersheim; kath. Kirche im Stadtteil Mundenheim (4 km ↙); Wilhelm-Hack-Museum; Ebert-Park, Stadtpark am Rhein; Lutherkirche mit Lutherplatz

Ein im Betriebseintrag dargestelltes S zeigt an, daß Sie hier bei einer Buchung über den Varta Hotel-Service zu Sonderkonditionen übernachten können.

★★★ Ramada Hotel Ludwigshafen
Pasadena Allee 4 (A 3), ✉ 67059, ☎ (06 21) 5 95 10, Fax 51 19 13, AX DC ED VA
189 Zi, Ez: 195-210, Dz: 210-230, S;
3 Suiten, ⌁ WC ☎; Lift P 🍽 8↻200 ≘
Bowling Sauna Solarium

★★★ Bibliothek im Landhaus
Hauptgericht 35

★★ Europa Hotel
(Top International Hotel)
Am Ludwigsplatz 5 (B 2), ✉ 67059,
☎ (06 21) 5 98 70, Fax 5 98 71 22,
AX DC ED VA
113 Zi, Ez: 195-228, Dz: 240-288, S;
2 Suiten, ⌁ WC ☎; Lift P 🍽 5↻250 ≘
Fitneßraum Sauna Solarium
Auch Zimmer der Kategorie ★★★ vorhanden

★★ Windrose
Hauptgericht 35; geschl: So abends, Sa

Lübbecke

** Excelsior
Lorientallee 16, ✉ 67059, ☎ (06 21) 5 98 50, Fax 5 98 55 00, AX DC ED VA
160 Zi, Ez: 123-163, Dz: 155-195, ⌐ WC ☎, 10✉; Lift 🅿 🖃 3⇔50 🍽

Friesenheim (3 km ↘)
* Ebertpark
Kopernikusstr 67, ✉ 67063, ☎ (06 21) 6 90 60, Fax 6 90 66 01, AX DC VA
93 Zi, Ez: 125-130, Dz: 150-160, ⌐ WC ☎; Lift 🅿; garni

Gartenstadt (2 km ↗)
* Gartenstadt-Hotel
Maudacher Str 188, ✉ 67065, ☎ (06 21) 55 10 51, Fax 55 10 54, AX DC ED VA
50 Zi, Ez: 105-120, Dz: 160-200, ⌐ WC ☎; Lift 🅿 🖃 1⇔60 ≘ Sauna Solarium
Restaurant für Hausgäste;

Ludwigslust 19→

Mecklenburg-Vorpommern — Kreis Ludwigslust — 36 m — 12 800 Ew — Perleberg 36, Schwerin 37 km
🛈 ☎ (0 38 74) 2 90 76 — Ludwigslust-Information, Schloßfreiheit 8, 19288 Ludwigslust. Sehenswert: Eine der wertvollsten Stadtanlagen aus dem 18./19. Jh. in Deutschland; Schloß (Spätbarock) und Schloßpark; Stadtkirche; kath. Kirche; klassizistische Mausoleen

*** Erbprinz
Schweriner Str 38, ✉ 19288, ☎ (0 38 74) 4 71 74, Fax 2 91 60, AX ED VA
36 Zi, Ez: 120-190, Dz: 210-290, 1 Suite, ⌐ WC ☎, 4✉; Lift 🅿 🖃 3⇔100 Fitneßraum Sauna Solarium
** Ferdinand Franz I
Hauptgericht 25; Terrasse

** Romantik-Landhotel de Weimar
Schloßstr 15, ✉ 19288, ☎ (0 38 74) 41 80, Fax 41 81 90, AX DC ED VA
49 Zi, Ez: 150-165, Dz: 200-285, S; 3 Suiten, ⌐ WC ☎, 6✉; Lift 🅿 4⇔100
** Ambiente
Hauptgericht 25; Gartenlokal; geschl: So abends

** Mecklenburger Hof
Lindenstr 40, ✉ 19288, ☎ (0 38 74) 41 00, Fax 41 01 00, ⌐ WC ☎, 2✉; Lift 🅿 🖃 3⇔50
37 Zi, Ez: 88-99, Dz: 154-185, ⌐ WC ☎, 2✉; Lift 🅿 🖃 3⇔50
** Fürst Blücher
Hauptgericht 30; Gartenlokal

* Stadt Hamburg
Letzte Str 4, ✉ 19288, ☎ (0 38 74) 41 50, Fax 2 30 57, AX DC ED VA
33 Zi, Ez: 50-95, Dz: 70-130, ⌐ WC ☎; 🅿 1⇔20 🍽

* Parkhotel
Kanalstr 19, ✉ 19288, ☎ (0 38 74) 2 20 15, Fax 2 01 56
19 Zi, Ez: 65-90, Dz: 110-120, ⌐ WC ☎; 🅿 🍽

* Café Wulff
Johannes-Gillhoff-Str 19, ✉ 19288, ☎ (0 38 74) 4 22 40, Fax 42 24 44
9 Zi, Ez: 75-85, Dz: 90-95, ⌐ WC ☎; 🅿 🍽 ☞

Ludwigsstadt 48 □

Bayern — Kreis Kronach — 600 m — 4 200 Ew — Kronach 32, Saalfeld 34 km
🛈 ☎ (0 92 63) 6 36, Fax 18 02 — Fremdenverkehrsbüro, Marktplatz 1, 96337 Ludwigsstadt; Erholungsort im Frankenwald. Sehenswert: Marienkapelle; Schiefermuseum; Burg Lauenstein, 550 m (4 km ↑), Aussichtsturm Thüringer Warte, 678 m ◀ (2 km ←)

Lauenstein (2 km ↑)
** Posthotel
◀ Orlamünder Str 2, ✉ 96337, ☎ (0 92 63) 5 05, Fax 71 67, DC ED VA
25 Zi, Ez: 75-90, Dz: 110-140, ⌐ WC ☎; Lift 🅿 🖃 2⇔30 ≘ Sauna Solarium
Auch Zimmer der Kategorie * vorhanden
** ◀ Hauptgericht 25; Terrasse

Lübbecke 25 ↗

Nordrhein-Westfalen — Kreis Minden-Lübbecke — 90 m — 25 000 Ew — Minden 23, Herford 23, Osnabrück 45 km
🛈 ☎ (0 57 41) 27 60, Fax 9 05 61 — Stadtverwaltung, Kreishausstr 4, 32312 Lübbecke; Ort am Wiehengebirge. Sehenswert: St.-Andreas-Kirche; Rathaus; Burgmannshof mit Museum

** Quellenhof
✥ Obernfelder Allee 1, ✉ 32132, ☎ (0 57 41) 3 40 60, Fax 34 06 59, DC ED VA
23 Zi, Ez: 100-105, Dz: 150-230, 1 Suite, ⌐ WC ☎, 1✉; Lift 🅿 2⇔50 Fitneßraum Solarium ☞
geschl: Fr
** Hauptgericht 30; Terrasse; geschl: Fr, Anfang-Mitte Jul, Anfang Jan

** Borchard
Langekamp 26, ✉ 32132, ☎ (0 57 41) 10 45, Fax 10 38, AX DC ED VA
27 Zi, Ez: 100-130, Dz: 160-190, ⌐ WC ☎; 🅿 🖃 3⇔50 Bowling Kegeln
geschl: Jul
* Hauptgericht 20; Biergarten; geschl: Jul

Lübben 31

Brandenburg — Kreis Dahme-Spreewald — 53 m — 15 210 Ew — Frankfurt/Oder 68, Leipzig 138 km
🛈 ☏ (0 35 46) 7 90, Fax 41 61 — Stadtverwaltung, Bahnhofstr 31, 15907 Lübben.
Sehenswert: Ehem. Stadtmauer mit Eckturm und Trutzer; Paul-Gerhard-Kirche; ehem. Ständehaus; Schloß mit Spätrenaissancegiebel; Schloßturm mit Wappensaal; Postmeilensäule; Kirche Steinkirchen

** Spreewaldhotel Stephanshof
Berliner Chaussee 1/Lehnigksbergerweg 1, ⌧ 15907, ☏ (0 35 46) 2 72 10, Fax 27 21 60, ED
31 Zi, Ez: 75-100, Dz: 130-160, WC ☏; Lift ℗ 1⇔30

* Spreeufer
Hinter der Mauer 4, ⌧ 15907, ☏ (0 35 46) 27 26-0, Fax 27 26-34
23 Zi, Ez: 95, Dz: 140, WC ☏; garni
Rezeption: 7-10, 14-21

* Steinkirchener Hof
Cottbuser Str 16, ⌧ 15907, ☏ (0 35 46) 82 12, Fax 82 78, AX DC ED VA
16 Zi, Ez: 70-115, Dz: 130-150, WC ☏; ℗ 1⇔30

* Spreeblick
Gubener Str 53, ⌧ 15907, ☏ (0 35 46) 83 12, Fax 32 78
25 Zi, Ez: 80-90, Dz: 100-120, 2 Suiten, WC ☏; 🚗 2⇔40 Sauna Solarium

Lübbenau 40

Brandenburg — Kreis Calau — 51 m — 19 800 Ew — Lübben 13, Cottbus 31 km
🛈 ☏ (0 35 42) 36 68, Fax 36 68 — Fremdenverkehrsverein, Ehm-Welk-Str 15, 03222 Lübbenau. Sehenswert: Stadtkirche St. Nikolai (Barockbau); Schloßbezirk; Spreewaldmuseum

*** Schloß Lübbenau
♣ Schloßbezirk 6, ⌧ 03222, ☏ (0 35 42) 87 30, Fax 87 36 66, AX ED VA
47 Zi, Ez: 114-150, Dz: 200-290, 6 Suiten, WC ☏; Lift ℗ 🚗 4⇔100
Auch Zimmer der Kategorie ****** vorhanden
*** Hauptgericht 30; Terrasse

** Turmhotel
Nach Stottoff 1, ⌧ 03222, ☏ (0 35 42) 8 91 00, Fax 89 10 47
12 Zi, Ez: 120, Dz: 180, WC ☏; ℗ Sauna Solarium

** Spreewaldeck
Dammstr 31, ⌧ 03222, ☏ (0 35 42) 8 90 10, Fax 89 01 10, AX ED VA
26 Zi, Ez: 110-130, Dz: 160-190, 1 Suite, WC ☏; Lift ℗ 2⇔40

Boblitz (4 km ↘)
* Spreewaldhotel
an der B 115, ⌧ 03222, ☏ (0 35 42) 4 32 12, Fax 4 32 14
30 Zi, Ez: 95, Dz: 120-140, WC ☏; ℗ garni

Leipe (10 km →)
** Spreewaldhotel Leipe
♣ Dorfstr 20, ⌧ 03226, ☏ (0 35 42) 22 34, Fax 38 91, AX DC ED VA
21 Zi, Ez: 95-125, Dz: 130-190, WC ☏; ℗ 1⇔35

Lübeck 19

Schleswig-Holstein — Stadtkreis — 18 m — 238 276 Ew — Hamburg 65, Kiel 75, Puttgarden 92 km
🛈 ☏ (04 51) 7 23 00, Fax 70 48 90 — Verkehrsverein, Holstenstr. 20 (B 3), 23552 Lübeck; Hansestadt an der Trave (Elbe-Lübeck-Kanal).
Sehenswert: Stadtbild; Dom: Triumphkreuz; St.-Marien-Kirche: Totentanzorgel, Astronomische Uhr; Heiligen-Geist-Hospital; St.-Jakobi-Kirche: Orgeln; ehem. St.-Katharinen-Kirche: Figuren von Barlach; St.-Petri-Kirche (Turm mit Lift); St Aegidien-Kirche; Rathaus, Holstentor, Burgtor; Buddenbrookhaus; Stiftshöfe: Füchtingshof, Hasenhof; ehem. St.-Annen-Kloster: Museum für Kunst- und Kulturgeschichte; Behnhaus: Museum für moderne Kunst, Naturhistorisches Museum; Terrakotten am Hause Musterbahn 3; Haus der Schiffergesellschaft; Bürgerhäuser; Salzspeicher; Hubbrücken über den Elbe-Lübeck-Kanal

*** Senator Hotel Lübeck
Willy-Brandt-Allee 6 (A 3), ⌧ 23554, ☏ (04 51) 14 20, Fax 1 42 22 22, AX DC ED VA
224 Zi, Ez: 188-278, Dz: 271-351, S; 3 Suiten, WC ☏, 18; Lift 🚗 8⇔360 Fitneßraum Sauna Solarium
** Trave
Hauptgericht 30; Terrasse; nur abends

*** Holiday Inn
Travemünder Allee 3 (C 1), ⌧ 23568, ☏ (04 51) 3 70 60, Fax 3 70 66 66, AX DC ED VA
155 Zi, Ez: 184-225, Dz: 184-285, 3 Suiten, WC ☏, 59; Lift ℗ 🚗 10⇔300 Fitneßraum Sauna Solarium
** Rhapsody
Hauptgericht 30; Terrasse

Lübeck

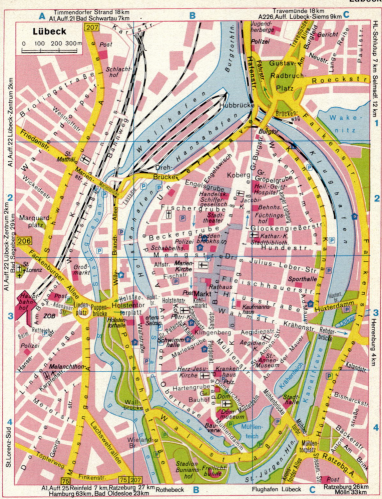

*** **Mövenpick**
Auf der Wallhalbinsel 1 (A 3), ✉ 23554,
☎ (04 51) 1 50 40, Fax 1 50 41 11,
AX DC ED VA
197 Zi, Ez: 162-277, Dz: 184-284, S ;
3 Suiten, ⌐ WC ☎, 64❚ ; Lift 🅿 12⟳600
Auch Zimmer der Kategorie ** vorhanden

** Hauptgericht 25; Terrasse

** **Kaiserhof** ♛
Kronsforder Allee 11-13 (C 4), ✉ 23560,
☎ (04 51) 70 33 01, Fax 79 50 83, AX DC ED VA
54 Zi, Ez: 140-188, Dz: 190-240, 6 Suiten, ⌐
WC ☎; Lift 🅿 🚗 3⟳25 ⚲ Fitneßraum
Sauna Solarium; garni
Auch Zimmer der Kategorie *** vorhanden

* **Best Western
   Alter Speicher**
Beckergrube 91 (B 2), ✉ 23552, ☎ (04 51)
7 10 45, Fax 70 48 04, DC ED VA
50 Zi, Ez: 130-190, Dz: 180-250, 3 Suiten,
2 App, WC ☎, 3❚ ; Lift 2⟳50 Fitneßraum
Sauna Solarium; garni
geschl: 23.12.-27.12.
Auch Zimmer der Kategorie ** vorhanden   →

Bei den Ferienzeit-Angaben für Hotels und
Restaurants bedeuten „Anfang" 1. bis 10.,
„Mitte" 11. bis 20. und „Ende" 21. bis 31.
des jeweiligen Monats. Innerhalb dieser
Zeiträume liegen Beginn und Ende der
Ferienzeit.

Lübeck

✳ Jensen (Ringhotel)
An der Obertrave 4 (B 3), ✉ 23552,
☏ (04 51) 7 16 46, Fax 7 33 86, AX DC ED VA
40 Zi, Ez: 120-150, Dz: 160-195, S; 2 Suiten,
⌐ WC ☏; Lift 🍴
✳✳ Yachtzimmer
Hauptgericht 30; Terrasse

✳ Excelsior
Hansestr 3 (A 3), ✉ 23558, ☏ (04 51)
8 80 90, Fax 88 09 99, AX DC ED VA
59 Zi, Ez: 95-150, Dz: 140-190, 2 Suiten, ⌐
WC ☏, 4✉; Lift P 🍴 1↔60

✳ Park-Hotel
Lindenplatz 2 (A 3), ✉ 23554, ☏ (04 51)
87 19 70, Fax 8 71 97 29, AX DC ED VA
18 Zi, Ez: 110-140, Dz: 150-198, ⌐ WC ☏,
4✉; P; garni
geschl: Ende Dez-Mitte Jan

✳ Wakenitzblick
Augustenstr 30, ✉ 23564, ☏ (04 51)
79 12 96, Fax 79 26 45, AX DC ED VA
23 Zi, Ez: 90-95, Dz: 140-150, ⌐ WC ☏; P 🍴
🍽

✳ Lindenhof mit Gästehaus (Top International Hotel)
Lindenstr 1 a (A 3), ✉ 23558, ☏ (04 51)
8 40 15, Fax 86 40 23, AX DC ED VA
55 Zi, Ez: 110-140, Dz: 150-190, S; 10 App,
WC ☏, 10✉; Lift P 🍴 1↔20; garni

✳✳✳ Wullenwever 🍷
⊗ Beckergrube 71 (B 2), ✉ 23552, ☏ (04 51)
70 43 33, Fax 7 06 36 07, AX DC VA
Hauptgericht 45; Gartenlokal; geschl: So, Mo

✳✳✳ Schabbelhaus
⊗ Mengstr 48 (B 2), ✉ 23552, ☏ (04 51)
7 20 11, Fax 7 50 51, AX DC ED VA
Hauptgericht 40; Gartenlokal; geschl: So
Das Schabbelhaus ist eine Stiftung. Ein Museum Alt-Lübscher Wohnkultur. Mit vielen wertvollen Möbeln eingerichtet. Drei Patrizierhäuser, die alle mehr als 500 Jahre alt sind, bilden heute eine Einheit

Kontor
Hauptgericht 20; geschl: So

✳✳ Das kleine Restaurant 🍷
An der Untertrave 39 (B 2), ✉ 23552,
☏ (04 51) 70 59 59, Fax 70 59 59, AX DC ED VA
Hauptgericht 35; nur abends; geschl: So

✳✳ Historischer Weinkeller unter dem Heiligen Geist Hospital
⊗ Koberg 8-9 (C 2), ✉ 23552, ☏ (04 51)
7 62 34, Fax 7 53 44, AX DC ED VA
Hauptgericht 30; nur abends; geschl: So, Di

✳✳ Lübecker Hanse
⊗ Kolk 3 (B 3), ✉ 23552, ☏ (04 51) 7 80 54,
Fax 7 13 26, AX DC ED VA
Hauptgericht 25; geschl: so + feiertags,
Sa, Anfang Jan

✳ Haus der Schiffergesellschaft
⊗ Breite Str 2 (B 2), ✉ 23552, ☏ (04 51)
7 67 76 + 7 67 70, Fax 7 32 79
Hauptgericht 20; geschl: Mo

🍰 Niederegger
Breite Str 89 (C 3), ✉ 23552, ☏ (04 51)
53 01-1 26 / 27, Fax 7 76 24
9-18.30, Sa 9-18, So 10-18
Spezialität: Marzipan; Nußtorte

Gothmund (7 km ↗)

✳✳ Fischerklause
Fischerweg 21, ✉ 23568, ☏ (04 51)
39 88 70, Fax 2 58 65
Hauptgericht 30; Terrasse; geschl: Mo
✳ ♂ 6 Zi, Ez: 95, Dz: 160, ⌐ WC ☏;
P

Israelsdorf (2 km ↘)

✳ Waldhotel Twiehaus
Waldstr 41-43, ✉ 23568, ☏ (04 51) 39 87 40,
Fax 3 98 74 30, ED
Hauptgericht 25; Biergarten Gartenlokal
P; geschl: Di, 1.10.-1.4. Di + Mi, Ende Dez-Mitte Feb
✳✳ ♂ 10 Zi, Ez: 100-110, Dz: 150-170,
⌐ WC ☏, 10✉; 🍴

Ivendorf (12 km ↗)

✳ Grüner Jäger
♂ Ivendorfer Landstr 40, ✉ 23570,
☏ (0 45 02) 26 67, Fax 20 65, AX DC ED VA
30 Zi, Ez: 65-85, Dz: 100-140, ⌐ WC ☏; P
1↔20 Kegeln 🍽

Kücknitz (9 km ↗)

✳ Waldhusen
Waldhusener Weg 22, ✉ 23569, ☏ (04 51)
39 87 30, Fax 3 98 73 33
Hauptgericht 25; P Terrasse; geschl: Mo
✳✳ 10 Zi, Ez: 80-80, Dz: 120, 2 Suiten,
⌐ WC ☏; 3↔100 Kegeln
geschl: Mo

Moisling (4 km ↙)

✳✳ Treff Hotel
Dr.-Luise-Klinsmann-Str 1, ✉ 23558,
☏ (04 51) 8 80 20, Fax 8 40 33, AX DC ED VA
123 Zi, Ez: 145-162, Dz: 180, S; 2 Suiten,
45 App, ⌐ WC ☏, 20✉; Lift 🍴 3↔15
Zimmer zum Teil mit Kitchenette, für Langzeitvermietung
✳ Goode Stuv'
Hauptgericht 25; nur abends

St. Gertrud (2 km ↗)

✳ Pergola
Adolfstr 2, ✉ 23568, ☏ (04 51) 3 53 56,
Fax 3 88 76 20, ED VA
7 Zi, Ez: 80-75, Dz: 125-120, ⌐ WC ☏; garni
Rezeption: 8-18; geschl: 1 Woche im Jan

St. Lorenz-Nord (3 km ↘)

✳✳ Zum Ratsherrn
Herrendamm 2, ✉ 23556, ☏ (04 51) 4 33 39,
Fax 4 79 16 62, AX DC ED VA
30 Zi, Ez: 95-140, Dz: 150-180, ⌐ WC ☏,
9✉; P 1↔70 🍽
Auch Zimmer der Kategorie ✳ vorhanden

✱ Motel Zur Lohmühle
Bei der Lohmühle 54, ✉ 23554, ☎ (04 51)
47 17 69, Fax 47 17 17, AX DC ED VA
32 Zi, Ez: 95-105, Dz: 135-155, ⌐ WC ☎,
4🖃; P 🖂 2⇔200 ⱶ◎ǀ

Travemünde - 20 km ↗ - 12 m - 11500 Ew -
Ostsee-Heilbad an der Lübecker Bucht;
Spielkasino; Fischerei- und Jachthafen;
Fährverbindungen vom Skandina-
vienkai nach Dänemark, Schweden, Finn-
land und Polen - 🛈 Kurverwaltung, im
Strandbad-Centrum, Strandpromenade 17,
23570 Travemünde, ☎ (0 45 02) 8 04 30,
Fax 8 04 66

✱✱✱ Maritim Strandhotel
♂·≼ Trelleborgallee 2, ✉ 23570, ☎ (0 45 02)
8 90, Fax 7 44 39, AX DC ED VA
230 Zi, Ez: 179-319, Dz: 248-438, 10 Suiten,
⌐ WC ☎, 24🖃; Lift 🖂 12⇔1200 ⱶ Seezugang Fitneßraum Kegeln Sauna Solarium

✱✱✱ Über den Wolken
≼ Hauptgericht 50; nur abends; geschl:
So, Mo, Jan

✱✱ Ostseerestaurant
≼ Hauptgericht 35

✱✱✱ Kurhaus-Hotel
≼ Außenallee 10, ✉ 23570, ☎ (0 45 02)
88 10, Fax 7 44 37, AX DC ED VA
104 Zi, Ez: 99-279, Dz: 164-344, S; 4 Suiten,
⌐ WC ☎, 6🖃; Lift P 18⇔600 ⱶ Fitneßraum Sauna Solarium 🚋

✱✱ Buddenbrookrestaurant
Hauptgericht 28; Terrasse

✱✱ Atlantic
≼ Kaiserallee 2 a, ✉ 23570, ☎ (0 45 02)
7 50 57, Fax 7 35 08, AX DC ED VA
33 Zi, Ez: 70-140, Dz: 120-190, 4 Suiten, ⌐
WC ☎; P Solarium; **garni**
Auch Zimmer der Kategorie ✱ vorhanden

✱ Strand-Schlößchen
♂·≼ Strandpromenade 7, ✉ 23570,
☎ (0 45 02) 7 50 35, Fax 7 58 22, ED VA
33 Zi, Ez: 90-180, Dz: 150-240, ⌐ WC ☎; P
✱ ≼ Hauptgericht 30

✱ Sonnenklause
Kaiserallee 21, ✉ 23570, ☎ (0 45 02)
86 13 00, Fax 7 52 80, ED
26 Zi, Ez: 75-130, Dz: 130-195, 2 Suiten, ⌐
WC ☎; P 🖂
geschl: Anfang Nov-Mitte Dez
Restaurant für Hausgäste

✱✱✱ Casino-Restaurant
≼ Kaiserallee 2, ✉ 23570, ☎ (0 45 02) 84 10,
Fax 84 11 02, DC ED VA
Hauptgericht 42; P Terrasse; nur abends;
geschl: feiertags

✱ Lord Nelson
Vorderreihe 56, ✉ 23570, ☎ (0 45 02) 63 69,
AX DC ED VA
Hauptgericht 25; Terrasse

🚋 Niederegger
Vorderreihe 56, ✉ 23570, ☎ (0 45 02) 20 31
9-18; Terrasse

Lüdenscheid

Lübstorf 19 ↗

Mecklenburg-Vorpommern — Kreis
Schwerin — 65 m — 1 152 Ew — Schwerin
11 km
🛈 ☎ (0 38 67) 2 35 — Gemeindeverwaltung,
Wiligrader Str 1, 19069 Lübstorf

✱ Gasthaus zum Rethberg
Feldweg 1, ✉ 19069, ☎ (0 38 67) 87 03,
Fax 5 63, AX ED VA
14 Zi, Ez: 110, Dz: 130, 2 Suiten, ⌐ WC ☎,
4🖃; P 1⇔30 Fitneßraum Sauna Solarium
ⱶ◎ǀ

Seehof
✱ Pension am See
♂ Eschenweg 30, ✉ 19069, ☎ (0 38 67)
3 89, Fax 55 76 52
11 Zi, Ez: 68-65, Dz: 82-88, ⌐ WC ☎; P
Strandbad; **garni**

Lüchow 19 ↓

Niedersachsen — Kreis Lüchow-Dannenberg — 18 m — 9 700 Ew — Dannenberg 19, Schnackenburg 33, Uelzen 42 km
🛈 ☎ (0 58 41) 12 62 49, Fax 12 62 81 —
Gästeinformation, Theodor-Körner-Str 4,
29439 Lüchow; Kreisstadt im Wendland.
Sehenswert: Ev. Johannis-Kirche; Amts-
turm; Fachwerkbauten; Dorfkirche in Plate
(2 km ↑); wendische Rundlingsdörfer in der
Umgebung z. B. Satemin (5 km ←)

✱ Katerberg
Bergstr 6, ✉ 29439, ☎ (0 58 41) 7 01 81,
Fax 7 02 89, AX ED
6 Zi, Ez: 75, Dz: 125, ⌐ WC ☎; P ≈ Kegeln
ⱶ◎ǀ

✱ Alte Post
Kirchstr 15, ✉ 29439, ☎ (0 58 41) 20 86,
Fax 50 48, AX ED VA
14 Zi, Ez: 85, Dz: 140, ⌐ WC ☎, 3🖃; P ⱶ◎ǀ
Rezeption: 7-14, 16-24

siehe auch **Küsten**

Lüdenscheid 33 ↘

Nordrhein-Westfalen — Märkischer Kreis
— 400 m — 80 000 Ew — Hagen 27, Iserlohn 29, Plettenberg 30 km
🛈 ☎ (0 23 51) 1 70, Fax 17 17 00 — Stadtverwaltung, Rathausplatz 2 (B 1),
58507 Lüdenscheid; Kreisstadt im märkischen Sauerland. Sehenswert: Verse-
Stausee (5 km ↘); Wasserschloß Neuenhof (3 km ↓); Homert, 539 m ≼ (7 km ↓)

Stadtplan siehe Seite 680 →

Lüdenscheid

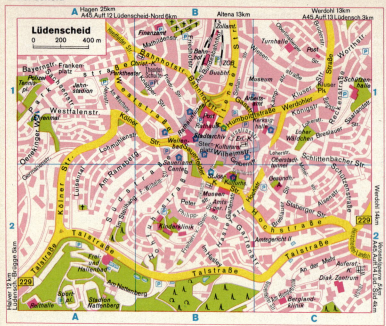

*** Queens Hotel am Stadtpark
⚑ ⬥ Parkstr 66 (A 1), ✉ 58509, ☎ (0 23 51)
15 60, Fax 3 91 57, AX DC ED VA
159 Zi, Ez: 195-215, Dz: 275-295, S;
10 Suiten, ⬜ WC ☎, 18🛏; Lift 🅿 🚗 ⛱
Kegeln Sauna Solarium
Auch Zimmer der Kategorie ** vorhanden

** Wintergarten
Hauptgericht 35; Terrasse

*** Petersilie
⬥ Loher Str 19 (C 1), ✉ 58511, ☎ (0 23 51)
8 32 31, Fax 86 18 73, ED
Hauptgericht 45; 🅿; nur abends; geschl:
So, Mo, Anfang-Mitte Jan

*** Tafelstübchen
Hauptgericht 30; geschl: So, Mo, Anfang-
Mitte Jan

☕ Kersting
Rathausplatz 15 (B 1), ✉ 58509, ☎ (0 23 51)
2 34 47, Fax 3 90 73
9-19; Terrasse; geschl: So

Brügge (5 km ←)
** Passmann
Volmestr 83, ✉ 58515, ☎ (0 23 51) 9 79 80,
Fax 97 98 99, AX DC ED VA
33 Zi, Ez: 110, Dz: 165, ⬜ WC ☎, 🅿 🚗
2⬌100 Kegeln Solarium

*** Gute Stube
Hauptgericht 27

🛏 Kostengünstige Unterkunft mit
Standard-Ausstattung

Oberrahmede (3 km ↑)
🛏 Zum Markgrafen
Altenaer Str 209, ✉ 58513, ☎ (0 23 51)
59 04, Fax 5 45 21, AX DC ED VA
12 Zi, Ez: 90, Dz: 135, 1 Suite, ⬜ WC ☎; 🅿
🍽
geschl: So

Lüdinghausen 33 ↗

Nordrhein-Westfalen — Kreis Coesfeld —
50 m — 21 500 Ew — Münster 28, Dortmund 36 km

ℹ ☎ (0 25 91) 92 61 75, Fax 92 61 77 — Verkehrsamt, Amtshaus 12, 59348 Lüdinghausen; Erholungsort im Münsterland.

Sehenswert: Kath. Kirche St. Felizitas;
Wasserburg Vischering; Amthaus; Was-
serschloß Nordkirchen (8 km ↘) im Ortsteil
Seppenrade: weltgrößter Ammonit

* Borgmann
Münsterstr 17, ✉ 59348, ☎ (0 25 91)
9 18 10, Fax 91 81 30, AX DC ED VA
14 Zi, Ez: 80-90, Dz: 120-140, ⬜ WC ☎; 🅿
🍽
geschl: So

Seppenrade (4 km ←)
* Schulzenhof
✉ 59438, ☎ (0 25 91) 81 61, Fax 8 80 82,
AX DC ED VA
10 Zi, Ez: 70-75, Dz: 135-140, ⬜ WC ☎; 🅿 🚗
🍽
geschl: Di + Mi abends

Lügde 35 ↗

Nordrhein-Westfalen — Kreis Lippe —
250 m — 11 700 Ew — Bad Pyrmont 3, Höxter 28, Detmold 38 km
🛈 ☎ (0 52 81) 7 80 29, Fax 7 80 29 — Fremdenverkehrsring, Vordere Str 81,
32676 Lügde; Erholungsort im Weserbergland. Sehenswert: Stadtbild; kath. St.-Kilian-Kirche, Wandmalereien; Herlingsburg; Osterberg (Sitte der brennenden Osterräder); Stadtmauer, Wehrtürme; Kloster Falkenhagen; romanische Kirche in Elbrinxen; 1000jährige Linde

Elbrinxen (6 km ↓)
** **Landhotel Lippischer Hof (Flair Hotel)**
Untere Dorfstr 3, ✉ 32676, ☎ (0 52 83) 98 70, Fax 98 71 89, ED VA
38 Zi, Ez: 70-90, Dz: 120-145, ⌀ WC ☏; P 3⇔60 Kegeln Sauna Solarium 🍴
Rezeption: 9-24

Hummersen (14 km ↘)
* **Lippische Rose**
Detmolder Str 35, ✉ 32676, ☎ (0 52 83) 70 90, Fax 70 91 55
65 Zi, Ez: 90-135, Dz: 150-190, ⌀ WC ☏; Lift P 🚗 5⇔100 ⚲ Fitneßraum Kegeln Sauna Solarium
Rezeption: 9-23; geschl: Mitte-Ende Jan
* Hauptgericht 25; Terrasse; geschl: Im Winter Di, Mitte-Ende Jan

Lüneburg 18 ↘

Niedersachsen — Kreis Lüneburg — 17 m — 65 000 Ew — Uelzen 36, Soltau 50, Hamburg 60 km
🛈 ☎ (0 41 31) 30 95 93, Fax 30 95 98 — Touristik-Information, Rathaus, Am Markt (B 2), 21335 Lüneburg; Regierungsbezirkshauptstadt am Nordrand der Lüneburger Heide; Sole- und Moorbad; Stadttheater. Sehenswert: Ev. Johannis-Kirche, Barockorgel; ev. Michaelis-Kirche; ev. Nicolai-Kirche; Kloster Lüne; Rathaus, Gerichtslaube, Ratssilber; Backsteinbauten, Staffelgiebel; Museum für das Fürstentum Lüneburg, Vorgeschichte, Stadt- und Landesgeschichte; Brauereimuseum; Deutsches Salzmuseum; Ostpreußisches Landesmuseum; Alter Kran an der Ilmenau; Kalkberg; Altstadt, Senkungsgebiet; Dom in Bradowick (6 km ↑), Schiffshebewerk in Scharnebeck (10 km ↗)

Stadtplan siehe Seite 682

*** **Mövenpick Hotel Bergström**
♂ ≼ Bei der Lüner Mühle (C 2), ✉ 21335, ☎ (0 41 31) 30 80, Fax 30 84 99, AX DC ED VA
71 Zi, Ez: 170-190, Dz: 210-230, ⌀ WC ☏, 6🛏; Lift P 🚗 12⇔180 Sauna Solarium 🍴
** **Brasserie**
Hauptgericht 35; Terrasse

** **Bargenturm**
Lambertiplatz (A 3), ✉ 21335, ☎ (0 41 31) 72 90, Fax 7 24 99, AX DC ED VA
40 Zi, Ez: 127-162, Dz: 157-202, 4 Suiten, ⌀ WC ☏; Lift P 🚗 7⇔300 🍴
** **Zum Heidkrug**
🏵 Am Berge 5 (B 2), ✉ 21335, ☎ (0 41 31) 24 16-0, Fax 24 16-20, ED VA
Hauptgericht 33; Terrasse; 🛏; geschl: So, Anfang Jan, 3 Wochen im Jul
Bürgerhaus von 1455
* **Ratskeller**
🏵 Am Markt 1 (B 2), ✉ 21335, ☎ (0 41 31) 3 17 57, Fax 3 45 26, AX ED VA
Hauptgericht 25; geschl: Mi, Mitte Jan
* **Kronen-Brauhaus zu Lüneburg**
🏵 Heiligengeiststr 39-41 (B 3), ✉ 21335, ☎ (0 41 31) 71 32 00, Fax 4 18 61, AX DC ED VA
Hauptgericht 20; Biergarten

Lüneburg-Kurgebiet
** **Seminaris**
Soltauer Str 3 (A 4), ✉ 21335, ☎ (0 41 31) 71 30, Fax 71 31 28, AX DC ED VA
161 Zi, Ez: 115-155, Dz: 185-205, 24 Suiten, ⌀ WC ☏, 23🛏; Lift P 🚗 19⇔350 ⚲ Fitneßraum Kegeln Sauna Solarium
** **Catalpa**
Hauptgericht 27; Terrasse
** **Residenz (Ringhotel)**
♂ Munstermannskamp 10, ✉ 21335, ☎ (0 41 31) 4 50 47, Fax 40 16 37, AX DC ED VA
35 Zi, Ez: 125-185, Dz: 199-240, S; ⌀ WC ☏, 10🛏; Lift P 🚗 2⇔35
Auch Zimmer der Kategorie * vorhanden
** **Die Schnecke**
Hauptgericht 35; Terrasse

siehe auch **Brietlingen**

siehe auch **Reinstorf**

Lünen 33 ↗

Nordrhein-Westfalen — Kreis Unna —
100 m — 90 000 Ew — Dortmund 14, Münster 45 km
🛈 ☎ (0 23 06) 10 40, Fax 10 43 45 — Stadtverwaltung, Willy-Brandt-Platz 1, 44530 Lünen; Stadt am Nordrand des Ruhrgebietes. Sehenswert: Hansesaal, Kunstsammlung Hansetuch; ev. Stadtkirche St. Georg; St. Marien-Kirche, Mariengnadenbild

** **Am Stadtpark (Ringhotel)**
Kurt-Schumacher-Str 43, ✉ 44532, ☎ (0 23 06) 2 01 00, Fax 2 01 05 55, AX DC ED VA
65 Zi, Ez: 153-173, Dz: 198, S; 5 Suiten, ⌀ WC ☏, 30🛏; Lift P 🚗 8⇔500 ⚲ Fitneßraum Kegeln Sauna Solarium
** **Flamingo**
Hauptgericht 38; Terrasse ➔

Lünen

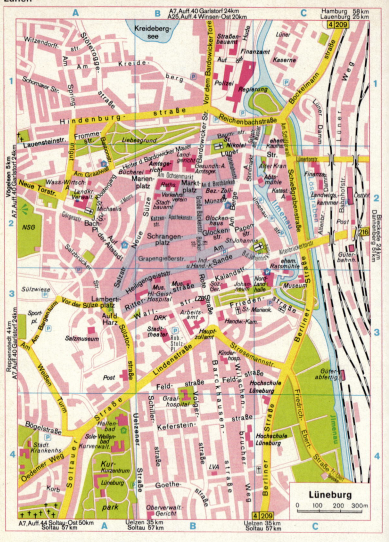

Lünen-Außerhalb (1,5 km ↘)

** Schloß Schwansbell
⌾ Schwansbeller Weg 32, ✉ 44532,
☎ (0 23 06) 20 68 10, Fax 2 34 54, AX
Hauptgericht 40; Gartenlokal P; geschl.:
Mo

Lüsse 29 ↙

Brandenburg — Potsdam-Mittelmark —
165 Ew
ℹ ☎ (03 38 41) 82 08 — Gemeindeverwaltung, Dorfstr. 32, 14806 Lüsse

* Zum Landhaus Sternberg
Dorfstr. 31, ✉ 14806, ☎ (03 38 41) 81 45,
Fax 3 40 75
9 Zi, Ez: 65-95, Dz: 96-125, 2 App., ⌂ WC ☎;
P; garni

Die im Varta angegebene Kategorie eines
Beherbergungsbetriebes bezieht sich
jeweils auf den größeren Teil der Zimmer.
Verfügt ein Betrieb auch über eine
nennenswerte Zahl von Zimmern höherer
oder niedrigerer Kategorie, weist ein
entsprechender Vermerk darauf hin.

Lütjenburg 11 ←

Schleswig-Holstein — Kreis Plön — 30 m
— 5 600 Ew — Hohwacht 7, Plön 20,
Oldenburg i. H. 21 km
🛈 ☎ (0 43 81) 40 20 49, Fax 40 20 24 —
Verkehrsamt, Markt 12, 24321 Lütjenburg;
Luftkurort. Sehenswert: Ev. St.-Michaels-
Kirche, Schnitzaltar, Reventlow-Grab; Fär-
berhaus am Markt; Vogelberg mit Bismarckturm ◄; Pilsberg 128 m ◄ (5 km ↖); Gut Klet-
kamp (7 km ↓); Schloß Panker (5 km ↑)

** **Ostseeblick**
♂ ◄ Am Bismarckturm 3, ⌧ 24321,
☎ (0 43 81) 66 88, Fax 72 40
25 Zi, Ez: 90-170, Dz: 145-165, 5 Suiten, ⌴
WC ☎, 4⌧; 🅿 ⌘ Kegeln Sauna Solarium;
garni
geschl: So, Anfang Jan - Mitte Feb
Golf 9

* **Lüttje Burg**
Markt 20, ⌧ 24321, ☎ (0 43 81) 40 50,
Fax 48 14, AX DC ED VA
33 Zi, Ez: 75-80, Dz: 110-130, ⌴ WC ☎; 🅿
1↔120 Fitneßraum Sauna Solarium
Rezeption: 11.30-24

** **Gutgesell**
Ⓥ Kurze Twiete 4, ⌧ 24321, ☎ (0 43 81)
94 98, AX ED VA
Hauptgericht 35; nur abends; geschl: Di

Lütjensee 18 ↗

Schleswig-Holstein — Kreis Stormarn —
40 m — 2 725 Ew — Trittau 11, Ahrensburg
14, Hamburg 27 km
🛈 ☎ (0 41 54) 8 07 90, Fax 80 79 75 — Amtsverwaltung, Europaplatz 5, 22946 Trittau;
Luftkurort

** **Fischerklause**
◄ Am See 1, ⌧ 22952, ☎ (0 41 54) 71 65,
Fax 7 51 85, ED
Hauptgericht 30; 🅿 Terrasse; geschl: Do,
Jan
** ♂ ◄ 15 Zi, Ez: 100, Dz: 140-160, ⌴
WC ☎; Seezugang
geschl: Do, Jan

Lütjensee-Außerhalb (1,5 km ↗)
** **Seehof**
einzeln ◄ am Lütjensee, ⌧ 22952,
☎ (0 41 54) 71 00, Fax 71 01, ED
Hauptgericht 30; Terrasse; geschl: Feb
Fische aus eigener Teichwirtschaft. Eigene
Fischräucherei
** **Gästehaus**
einzeln ♂ 6 Zi, Ez: 95-105, Dz: 190-220, ⌴
WC ☎
geschl: Feb

Lütjensee-Außerhalb (1,5 km ←)
* **Forsthaus Seebergen**
♂ ◄ An den Schwanenteichen, ⌧ 22952,
☎ (0 41 54) 7 92 90, Fax 7 06 45, AX DC ED VA
6 Zi, Ez: 65-115, Dz: 110-170, 6 Suiten, ⌴
WC ☎; 🅿
Rezeption: 12-21.30
** ◄ Hauptgericht 35; Terrasse;
geschl: Mo

Lüttenhagen 21 →

Mecklenburg-Vorpommern — Kreis Neustrelitz — 128 m — 346 Ew — Feldberg 6,
Neustrelitz 25 km
🛈 ☎ (03 98 31) 3 35 — Stadtverwaltung,
Prenzlauer Str 1, 17258 Feldberg

Cantnitz (5 km ↑)
* **Iris**
♂ Dorfstr 18, ⌧ 17258, ☎ (0 39 64) 21 02 22,
Fax 21 02 24, AX DC ED VA
11 Zi, Ez: 80-103, Dz: 110-135, 5 Suiten, ⌴
WC ☎; 🅿 60 Seezugang Sauna Solarium
* Hauptgericht 20; im Winter nur
abends, sa+so+feiertags auch mittags

Lützelbach siehe Modautal

Lützenhardt siehe Waldachtal

Luhden 25 ↓

Niedersachsen — Kreis Schaumburg —
60 m — 935 Ew — Bückeburg 5, Rinteln
7 km
🛈 ☎ (0 57 22) 8 86 50, Fax 8 86 51 — Kurverwaltung, Bückeburger Str 2, 31707 Bad
Eilsen. Sehenswert: Klippenturm

Schermbeck (2 km ←)
** **Landhaus Schinken-Kruse**
Ⓥ Steinbrink 10, ☎ 31711, ☎ (0 57 22)
44 04, Fax 88 11 59, AX DC ED VA
Hauptgericht 25; 🅿 Terrasse; geschl: Mo

Luhme 21 ↗

Brandenburg — Kreis Neuruppin — 81 m
— 174 Ew — Rheinsberg 12, Neuruppin 25,
Wittstock 25 km
🛈 ☎ (03 39 23) 2 11 — Gemeindeverwaltung, Heegeseeweg 2, 16837 Luhme

* **Gasthaus Luhme**
Dorfstr 2, ⌧ 16837, ☎ (03 39 23) 3 77,
Fax 3 77
10 Zi, Ez: 60, Dz: 100, ⌴ WC ☎; 🅿 2↔80
Seezugang

Heimland
** **Am Birkenhain**
einzeln ♂ Sonnenweg 2, ⌧ 16837,
☎ (03 39 23) 7 02 79, Fax 7 02 79
15 Zi, Ez: 77-84, Dz: 110-150, ⌴ WC ☎; 🅿
1↔26
Rezeption: 7-21
* Hauptgericht 20; Terrasse

Luisenthal 47

Thüringen — Kreis Gotha — 520 m —
1 640 Ew — Ohrdruf 7, Gotha 21 km
🛈 ☎ (03 62 57) 2 27, Fax 2 27 — Gemeindeverwaltung, 99885 Luisenthal; Am Nordhang des Thüringer Waldes; 130 km Wanderwege. Sehenswert: Ohra-Talsperre

** Der Berghof
einzeln ♂ Langenburgstr 18, ✉ 99885,
☎ (0 36 24) 37 70, Fax 37 74 44, AX DC ED VA
93 Zi, Ez: 100-140, Dz: 160-240, 12 App, ⌐ WC ☎, 13🍴; Lift 🅿 🍴 6⇔250 Fitneßraum Kegeln Sauna Solarium 🍽

* Zum Luchs
Friedrich-Engels-Str 59, ✉ 99885,
☎ (03 62 57) 4 01 00, Fax 4 04 33,
AX DC ED VA
36 Zi, Ez: 80-100, Dz: 120-150, ⌐ WC ☎; 🅿
🍴 1⇔30 Solarium 🍽

Lychen 21

Brandenburg — Kreis Uckermark — 60 m — 3 500 Ew — Neustrelitz 35 km
🛈 ☎ (03 98 88) 2 84, Fax 4 61 — Stadtverwaltung, Am Markt 1, 17279 Lychen.
Sehenswert: Gotische Feldsteinkirche St. Johannes; barockes Rathaus

Wurlgrund (1 km ←)
* Waldhaus Grünheide
♂ Wurlweg 1, ✉ 17279, ☎ (03 98 88) 32 32, Fax 32 35
17 Zi, Ez: 70-90, Dz: 90-120, ⌐ WC ☎, 🅿
🍴 1⇔40 Seezugang Sauna Solarium 🍽
Auch Zimmer der Kategorie ** vorhanden

Maasholm 10

Schleswig-Holstein — Kreis Schleswig-Flensburg — 5 m — 700 Ew — Kappeln 12 km
🛈 ☎ (0 46 42) 62 01, Fax 63 02 — Fremdenverkehrsverein, Ostsee-Hasselberg-Maasholm, 24404 Maasholm; Erholungsort an der Schleimündung

* Maasholm
♂ Hauptstr 38, ✉ 24404, ☎ (0 46 42) 60 42, Fax 6 91 37
18 Zi, Ez: 90, Dz: 140, ⌐ WC ☎; 🅿 🍽

Maasholm-Bad (2 km ↑)
* Schulz
♂ Schleimünder Str 253, ✉ 24404,
☎ (0 46 42) 62 16, Fax 60 86
Hauptgericht 20; geschl: Mo, Anfang Jan-Mitte Mär
* 5 Zi, Ez: 60-85, Dz: 99-130, ⌐ WC ☎; 🅿
geschl: Mo, Anfang Jan-Mitte Mär

Machern 39

Sachsen — Kreis Wurzen — 170 m —
2 236 Ew — Leipzig 18 km
🛈 — Gemeindeverwaltung, 04827 Machern

* Gästehaus am Schloßpark
♂ An der Ritterburg 31, ✉ 04827,
☎ (03 42 92) 70 00, Fax 7 00 11, AX DC ED VA
8 Zi, Ez: 115-155, Dz: 135-165, 7 App, ⌐ WC
☎; 🅿; garni

Magdeburg 28

Sachsen-Anhalt — Stadtkreis — 55 m —
292 000 Ew — Haldensleben 25, Berlin 137 km
🛈 ☎ (03 91) 3 53 52, Fax 3 01 05 — Magdeburg-Information, Alter Markt 9 (B 2), 39104 Magdeburg; Landeshauptstadt.

Sehenswert: Dom, Domplatz; Johanniskirche; Magdalenenkapelle; Kloster Unser Lieben Frauen; Magdeburger Reiter; Alter Markt; Lukasturm; Elbuferpromenade; Doktor-Eisenbart-Denkmal; Otto-von-Guericke-Denkmal; Herrenkrugpark

**** Maritim
Otto-von-Guericke-Str 87 (A 2), ✉ 39104,
☎ (03 91) 5 94 90, Fax 5 94 99 90,
AX DC ED VA
515 Zi, Ez: 249-349, Dz: 298-408, S;
13 Suiten, ⌐ WC ☎; Lift 🍴 ♨ Fitneßraum Sauna Solarium 🍽
** Bistro Da Capo
Hauptgericht 35

*** Upstalsboom Hotel Ratswaage
Ratswaageplatz 1 (B 2), ✉ 39104, ☎ (03 91) 5 92 60, Fax 5 61 96 15, AX DC ED VA
167 Zi, Ez: 216-268, Dz: 268-346, S;
7 Suiten, ⌐ WC ☎, 36🍴; Lift 🍴 10⇔400 🅿
Fitneßraum Sauna Solarium 🍽

** Geheimer Rat von G.
Goethestr 38 (außerhalb A 2), ✉ 39108,
☎ (03 91) 7 38 03, Fax 7 38 05 99,
AX DC ED VA
63 Zi, Ez: 155, Dz: 190, S; 2 Suiten, ⌐ WC
☎, 19🍴; Lift 🅿 🍴 2⇔20 Sauna
Restaurant für Hausgäste; Auch Zimmer der Kategorie * vorhanden

** Residenz Joop 👑
♂ Jean-Burger-Str 16 (außerhalb A 4),
✉ 39112, ☎ (03 91) 6 26 20, Fax 6 26 21 00, AX ED VA
25 Zi, Ez: 165-230, Dz: 230-270, ⌐ WC ☎,
20🍴; Lift 🅿 🍴; garni

34 ↗ Der Ort befindet sich im Reisekartenteil auf Seite 34 im nordöstlichen Planfeld.

Magdeburg

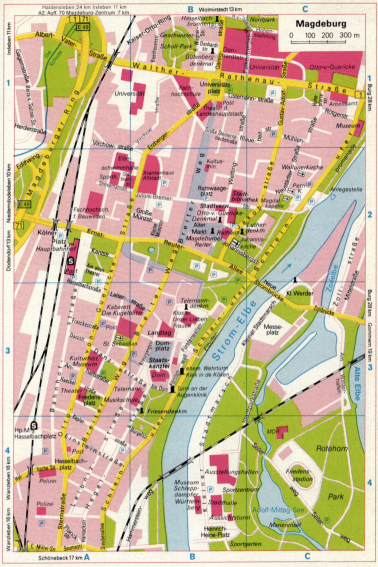

* **Intercity Hotel**
Bahnhofstr 69 (A 2), ✉ 39104, ☎ (03 91)
5 96 20, Fax 5 96 24 99, AX DC ED VA
170 Zi, Ez: 190-210, Dz: 230-250, S;
5 Suiten, ⌐ WC ☎, 38 ▨; Lift P 5⇌90 ▧

Ein im Betriebseintrag dargestelltes S zeigt an, daß Sie hier bei einer Buchung über den Varta Hotel-Service zu Sonderkonditionen übernachten können.

** **Savarin**
Breiter Weg 226 (A 4), ✉ 39104, ☎ (03 91)
5 41 44 25, Fax 3 01 87, AX ED VA
Hauptgericht 30; geschl: So
Nichtraucher-Restaurant →

Teilen Sie bitte der Redaktion des Varta mit, wenn Sie sich in einem Haus besonders wohlgefühlt haben oder wenn Sie unzufrieden waren.

Magdeburg

Magdeburg-Außerhalb (3,5 km ↗)
★★★ Best Western Herrenkrug
einzeln ♂ Herrenkrug 3, ⌧ 39114, ☏ (03 91) 8 50 80, Fax 8 50 85 01, AX DC ED VA
135 Zi, Ez: 225-285, Dz: 265-325, S ;
22 Suiten, ⊿ WC ☏, 49✉; Lift P 7↻340 Fitneßraum Sauna Solarium
Auch Zimmer der Kategorie ★★★★ vorhanden. Hotel in einem weitläufigen Park, gestaltet von P.J. Lenné, gelegen.
★★ Die Saison
♡ Hauptgericht 30; Terrasse

Ottersleben (7 km ↙)
★ Löwenhof
Halberstädter Chaussee 19, ⌧ 39116, ☏ (03 91) 6 31 35 76, Fax 6 31 35 83, AX DC ED VA
22 Zi, Ez: 90-120, Dz: 120-160, ⊿ WC ☏; P 1↻30 ¶

Prester (6 km ↘)
★ Alt Prester
♂ Alt Prester 102, ⌧ 39114, ☏ (03 91) 8 11 00 15, AX DC ED VA
35 Zi, Ez: 90-125, Dz: 120-170, ⊿ WC ☏, 8✉; Lift P ¶

Reform (4 km ↓)
★ Merkur
Kometenweg 69, ⌧ 39118, ☏ (03 91) 62 86 80, Fax 6 28 68 26, AX ED VA
14 Zi, Ez: 148-178, Dz: 178-198, ⊿ WC ☏; Lift P 1↻35 ¶

Sudenburg (4,5 km ↙)
★★★ Treff Hansa Hotel
Hansapark 2, ⌧ 39116, ☏ (03 91) 6 36 30, Fax 6 36 36 34
237 Zi, Ez: 199-249, Dz: 273-323, S ;
6 Suiten, ⊿ WC ☏, 20✉; 9↻500 ¶
Tennis 9

★★ Plaza
Halberstädter Str 146-150, ⌧ 39112, ☏ (03 91) 6 05 10, Fax 6 05 11 00, AX ED VA
99 Zi, Ez: 130-210, Dz: 235-255, S ; 5 Suiten, ⊿ WC ☏, 25✉; Lift P 🅿 4↻120 Fitneßraum Sauna Solarium
Tennis 6
★★ Orangerie
Hauptgericht 25; Terrasse
★ Scivias
Fermersleber Weg 71, ⌧ 39112, ☏ (03 91) 62 52 60, Fax 6 25 26 66, ED VA
14 Zi, Ez: 120-150, Dz: 140-170, ⊿ WC ☏; P 1↻16 ¶

siehe auch **Beyendorf**
siehe auch **Ebendorf**

Mahlberg 60 ↙

Baden-Württemberg — Ortenaukreis — 170 m — 4 000 Ew — Lahr 7 km
ℹ ☏ (0 78 25) 10 61, Fax 12 34 — Stadtverwaltung, Rathausplatz 7, 77972 Mahlberg; Ort am Westrand des Schwarzwaldes. Sehenswert: Tabakmuseum

★★ Löwen
Karl-Kromer-Str 8, ⌧ 77972, ☏ (0 78 25) 10 06, Fax 28 30, AX DC ED VA
26 Zi, Ez: 95-135, Dz: 150-220, ⊿ WC ☏, 4✉; P 🅿 2↻30 Kegeln
★★ Hauptgericht 40; Gartenlokal; geschl: Sa bis 16

Mahlow 30 □

Brandenburg — Kreis Teltow-Fläming — 50 m — 4 900 Ew — Berlin 16, Königs Wusterhausen 17 km
ℹ ☏ (0 33 79) 33 31 35, Fax 37 23 94 — Amt Blankenfelde-Mahlow, Karl-Marx-Str 4, 15827 Blankenfelde

★★ Mahlow
Bahnhofstr 3, ⌧ 15831, ☏ (0 33 79) 33 60, Fax 33 64 00, AX DC ED VA
105 Zi, Ez: 150-155, Dz: 180-190, 3 Suiten, ⊿ WC ☏, 22✉; Lift P 3↻40; garni

Maierhöfen 70 ↙

Bayern — Kreis Lindau (Bodensee) — 745 m — 1 531 Ew — Isny 5 km
ℹ ☏ (0 83 83) 2 73, Fax 77 19 — Verkehrsamt, Haus Nr 2 ½, 88167 Maierhöfen; Erholungsort

Maierhöfen-Außerhalb (3 km ↑)
★ Zur Grenze
⊰ Schanz 103, ⌧ 88167, ☏ (0 75 62) 36 45, Fax 5 54 01
16 Zi, Ez: 75-95, Dz: 130-150, 1 Suite, 1 App, ⊿ WC ☏; P 🅿 1↻30 ¶

Maikammer 54 ↙

Rheinland-Pfalz — Kreis Südliche Weinstraße — 300 m — 7 250 Ew — Neustadt an der Weinstraße 7 km
ℹ ☏ (0 63 21) 58 99 17, Fax 58 99 99 — Verkehrsamt, Marktstr 1, 67487 Maikammer; Weinbauort an der Haardt. Sehenswert: Kath. Kirche; Kropsburg, 364 m ⊰ (3 km + 20 Min ←); Kalmit, 673 m ⊰ (8 km ←); Alsterweiler Kapelle; Historienpfad „Maikammerer Traube"

★★ Immenhof
♂ Immengartenstr 26, ⌧ 67487, ☏ (0 63 21) 5 80 01, Fax 5 80 04, AX DC ED VA
32 Zi, Ez: 88-93, Dz: 130-135, 3 Suiten, 33 App, ⊿ WC ☏; P 4↻40 Fitneßraum Kegeln Sauna Solarium ¶
geschl: Mitte Dez-Mitte Jan

★ Motel Am Immengarten
♂ Marktstr 71, ⌧ 67487, ☏ (0 63 21) 55 18, Fax 55 10, DC VA
13 Zi, Ez: 73-78, Dz: 110-115, ⊿ WC ☏; P ; garni
geschl: Ende Dez-Anfang Jan

* **Zum Goldenen Ochsen**
Marktstr 4, ✉ 67487, ☎ (0 63 21) 5 81 01,
Fax 5 86 73, DC VA
24 Zi, Ez: 70-80, Dz: 118-130, ⌐ WC; Lift P
1🐕30 ⍾
geschl: Do, Fr mittags, Mitte Dez-Ende Jan
Auch einfachere Zimmer vorhanden

Maikammer-Außerhalb (2 km ←)
* **Waldhaus Wilhelm**
einzeln ☀ ⚡ Kalmithöhenstr 6, ✉ 67487,
☎ (0 63 21) 5 80 44, Fax 5 85 64, AX DC ED VA
25 Zi, Ez: 65-85, Dz: 120-150, ⌐ WC ☎; P;
** Hauptgericht 30; Terrasse;
geschl: Mo

Mainburg 64 ↘

Bayern — Kreis Kelheim — 456 m —
13 100 Ew — Freising 32, Regensburg
51 km
ℹ ☎ (0 87 51) 70 40 — Stadtverwaltung,
Marktplatz, 84048 Mainburg

* **Seidlbräu**
Liebfrauenstr 3, ✉ 84048, ☎ (0 87 51)
86 29-0, Fax 40 00, AX DC ED VA
37 Zi, Ez: 58, Dz: 93, ⌐ WC ☎; Lift P ⍾
geschl: Sa, 2 Wochen im Aug

Mainhardt 62 ↘

Baden-Württemberg — Kreis Schwäbisch
Hall — 500 m — 5 000 Ew — Schwäbisch
Hall 16, Backnang 19 km
ℹ ☎ (0 79 03) 9 15 00, Fax 91 50 50 — Bürgermeisteramt, Hauptstr 1, 74535 Mainhardt; Luftkurort mit Mineral-Freibad im
Schwäbischen Wald

Stock (1 km →)
** **Gasthof Löwen mit**
Gästehaus
an der B 14, ✉ 74535, ☎ (0 79 03) 93 10,
Fax 14 98, ED VA
35 Zi, Ez: 80, Dz: 130, ⌐ WC ☎; P 🏠 ⚓ Fitneßraum Kegeln Sauna Solarium ⍾
geschl: Anfang Jan

Maintal 54 ↗

Hessen — Main-Kinzig-Kreis — 100 m —
37 000 Ew — Frankfurt/Main 10,
Hanau 10 km
ℹ ☎ (0 61 81) 40 00, Fax 40 02 06 — Stadtverwaltung, Alt Bischofsheim 28,
63477 Maintal

Bischofsheim
** **Ratsstuben**
Dörnigheimer Weg 21, im Bürgerhaus,
✉ 63477, ☎ (0 61 09) 6 36 84, Fax 6 86 80,
AX ED
Hauptgericht 35; Terrasse; geschl: Mo,
2 Wochen in den Sommerferien

Dörnigheim
** **Doorm Apart Hotel**
Westendstr 77, ✉ 63477, ☎ (0 61 81) 94 80,
Fax 94 82 77, AX DC ED VA
140 Zi, Ez: 180-280, Dz: 200-360, 40 App, ⌐
WC ☎, 38🖂; Lift P 🏠 ⚓ Fitneßraum Sauna
Solarium
* **Gasthofgut**
Hauptstr 30

* **Pension Irmchen**
Berliner Str 4, ✉ 63477, ☎ (0 61 81) 4 30 00,
Fax 43 00 43, AX ED VA
20 Zi, Ez: 120, Dz: 150-160, 2 App, ⌐ WC ☎,
5🖂; Lift P 🏠; garni
Auch Zimmer der Kategorie ** vorhanden

**** **Hessler**
Am Bootshafen 4, ✉ 63477, ☎ (0 61 81)
4 30 30, Fax 43 03 33, AX ED VA
Hauptgericht 49; P Terrasse; nur abends;
geschl: So, Mo, 3 Wochen im Jul
*** **Junior**
Hauptgericht 35; Terrasse; nur mittags;
geschl: So, Mo, 3 Wochen im Jul
*** 7 Zi, Ez: 180-285,
Dz: 240-395, ⌐ WC ☎
geschl: 3 Wochen im Jul
Golf 18; Auch Zimmer der Kategorie ****
vorhanden

Mainz 54 ↘

Rheinland-Pfalz — Stadtkreis — 87 m —
190 000 Ew — Wiesbaden 11, Bingen 28,
Darmstadt 33 km
ℹ ☎ (0 61 31) 28 62 10, Fax 2 86 21 55 —
Verkehrsverein, Bahnhofstr 15 (A 3),
55116 Mainz; Landeshaupt- und Kreisstadt
des Kreises Mainz-Bingen am Rhein,
gegenüber der Mainmündung; Universität, Hochschulinstitute für Kunst-, Werk-,
und Leibeserziehung; Staatstheater.

Sehenswert: Dom: Erzbischofsdenkmäler,
Dom-Museum; Kath. Pfarrkirche St. Stephan: Glasgemälde von Chagall, Kreuzgang; kath. Pfarrkirche St. Peter; Kath.
Augustinerkirche; Ev. Christuskirche;
Kurfürstliches Schloß: Römisch-Germanisches Zentralmuseum; Gutenberg-
Museum: Welt-Druckmuseum; Landesmuseum; Naturhistor. Museum; Sektmuseum Kupferberg; Rathaus; Zitadelle:
Drusus-Denkmal; Alte Universität;
Deutschhaus; Landtag; Neues Zeughaus;
Staatskanzlei, Stresemanndenkmal;
Holzturm; Eisenturm; Gutenbergdenkmal;
Marktbrunnen; Fastnachtsbrunnen; Jupiter-Säule; Dativius-Victor-Bogen

Stadtplan siehe Seite 688 →

In der Vergangenheit hat sich oft gezeigt,
daß einige Hotels ihre Preise im Laufe des
Jahres anheben. Daher ist es ratsam, sich
bei der Buchung die Preise bestätigen zu
lassen.

Mainz

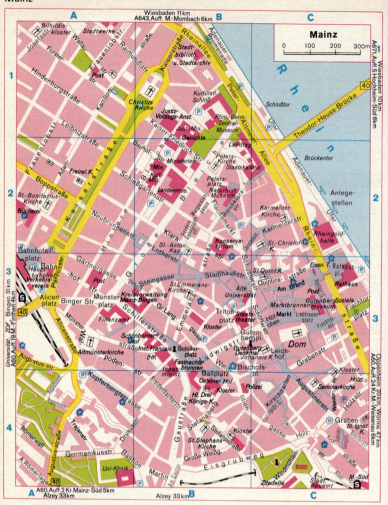

**** City Hilton
Münsterstr 3 (A 3), ✉ 55116, ☎ (0 61 31)
27 80, Fax 27 85 67, AX DC ED VA
124 Zi, Ez: 284-404, Dz: 308-478, S; 🚻 WC
☎, 30 🍽; Lift 🅿 5⇔180
** Hauptgericht 35; Terrasse

*** Dorint
Augustusstr 6 (A 4), ✉ 55131, ☎ (0 61 31)
95 40, Fax 95 41 00, AX DC ED VA
217 Zi, Ez: 252-312, Dz: 334-394, S;
5 Suiten, 🚻 WC ☎, 54🍽; Lift 🅿 12⇔150 📶
Fitneßraum Sauna Solarium
** Hauptgericht 35; Terrasse

**** Hotel mit anspruchsvoller
Ausstattung

** Favorite Parkhotel
⌖ Karl-Weiser-Str 1 (C 3), ✉ 55131,
☎ (0 61 31) 8 01 50, Fax 8 01 54 20,
AX DC ED VA
46 Zi, Ez: 158-198, Dz: 265-295, 2 Suiten, 🚻
WC ☎; Lift 🅿 🚗 4⇔150
** Stadtparkrestaurant
Hauptgericht 35; geschl. So abends, Mo
* Bierkutsche
Hauptgericht 25; nur abends; geschl. Sa

In der Zeit der Messen oder Festspiele
erhöhen viele Hotels und Restaurants ihre
Preise erheblich. Es ist daher immer
ratsam, sich bei der Buchung die Preise
bestätigen zu lassen.

688

Mainz

★★ Best Western Europahotel
Kaiserstr 7 (A 2), ⊠ 55116, ☎ (0 61 31)
97 50, Fax 97 55 55, AX DC ED VA
86 Zi, Ez: 159-207, Dz: 298, S; 3 Suiten,
22 App, ⊣ WC ☎, 12🖼; Lift 🖩 5↔100

★★ Walderdorff
Hauptgericht 35; Terrasse

★★ Mainzer Hof
Kaiserstr 98 (B 1), ⊠ 55116, ☎ (0 61 31)
28 89 90, Fax 22 82 55, AX DC ED VA
92 Zi, Ez: 170, Dz: 180-290, 1 Suite, ⊣
WC ☎, 3🖼; Lift 3↔60 Sauna Solarium 🍴

**★★ Hammer
(Top International Hotel)**
Bahnhofsplatz 6 (A 2), ⊠ 55116,
☎ (0 61 31) 61 10 61, Fax 61 10 65,
AX DC ED VA
40 Zi, Ez: 120-165, Dz: 165-220, S; ⊣ WC ☎,
15🖼; Lift 🅿 🖩 1↔40 Fitneßraum Sauna
Solarium; garni
geschl: 23.-31.12.97

★★ Central-Hotel Eden
Bahnhofsplatz 8 (A 2), ⊠ 55116,
☎ (0 61 31) 2 76-0, Fax 2 76-2 76,
AX DC ED VA
60 Zi, Ez: 110-235, Dz: 160-250, ⊣ WC ☎,
12🖼; Lift 2↔25 🍴

★ Stiftswingert
Am Stiftswingert (außerhalb C 4),
⊠ 55131, ☎ (0 61 31) 8 24 41 + 98 26 40,
Fax 83 24 78, AX DC ED VA
30 Zi, Ez: 128-240, Dz: 180-240, ⊣ WC ☎,
5🖼; 🅿 🖩 🍴
Auch Zimmer der Kategorie ★★ vorhanden

★ Am Römerwall
Römerwall 51 (A 4), ⊠ 55131, ☎ (0 61 31)
2 32 13 57, Fax 23 75 17, AX DC ED VA
42 Zi, Ez: 130-150, Dz: 180-200, ⊣ WC ☎;
Lift 🅿 1↔20 Fitneßraum Sauna Solarium;
garni

★ Ibis
Holzhofstr 2 (außerhalb C 4), ⊠ 55116,
☎ (0 61 31) 24 70, Fax 23 41 26, AX DC ED VA
144 Zi, Ez: 135-168, Dz: 165-150, ⊣ WC ☎,
20🖼; Lift 🅿 🖩 5↔120 🍴

★ Moguntia
Nackstr 48 (außerhalb A 2), ⊠ 55118,
☎ (0 61 31) 67 10 41, Fax 67 10 58, AX
18 Zi, Ez: 112-125, Dz: 128-155, ⊣ WC ☎;
Lift 🖩; garni

★★★ Drei Lilien
Ballplatz 2 (B 4), ⊠ 55116, ☎ (0 61 31)
22 50 68, Fax 23 77 23, AX DC ED VA
Hauptgericht 40; Terrasse; geschl: So, Mo

★ Gebert's Weinstuben
Frauenlobstr 94 (außerhalb C 1), ⊠ 55118,
☎ (0 61 31) 61 16 19, Fax 61 16 62,
AX DC ED VA
Hauptgericht 35; geschl: So Mittags, Sa,
3 Wochen im Aug

**★ Rats- und Zunftstuben
Heilig Geist**
🚫 Rentengasse 2 (C 3), ⊠ 55116,
☎ (0 61 31) 22 57 57, Fax 23 61 43,
AX DC ED VA
Hauptgericht 29; Terrasse; geschl: So
abends, Mo mittags

🍴 Dom-Café
Markt 12 (C 3), ⊠ 55116, ☎ (0 61 31)
22 23 65, Fax 22 23 65
Terrasse; 8.30-18; geschl: so + feiertags,
Mitte-Ende Jul

==Bretzenheim== (3 km ↙)

★★ Novotel
Haifa Allee 8, ⊠ 55128, ☎ (0 61 31)
93 42 40, Fax 36 67 55, AX DC ED VA
121 Zi, Ez: 150, Dz: 190, ⊣ WC ☎, 70🖼; Lift
🅿 7↔250 ≋

★ Le Grill
Hauptgericht 30; Terrasse

★ Römerstein
⚫ Draiser Str 136 f, ⊠ 55128, ☎ (0 61 31)
93 66 60, Fax 9 35 53 35, AX DC ED VA
25 Zi, Ez: 115-125, Dz: 165-185, ⊣ WC ☎; 🅿
Fitneßraum Sauna Solarium; garni

==Finthen== (6 km ←)

★★ Atrium Hotel Kurmainz
Flugplatzstr 44, ⊠ 55126, ☎ (0 61 31) 49 10,
Fax 49 11 28, AX DC ED VA
75 Zi, Ez: 165-228, Dz: 200-263, 35 App, ⊣
WC ☎, 12🖼; Lift 🅿 🖩 4↔90 ≋ Fitneßraum
Sauna Solarium 🍴
geschl: Ende Dez-Anfang Jan
Tennis 1
Auch Zimmer der Kategorie ★★★ vorhanden

★★ Heinrich's
Hauptgericht 30; Gartenlokal; nur abends;
geschl: So, Ende Dez-Anfang Jan

★★ Gänsthaler's Kuchlmasterei ✣
Kurmainzstr 35, ⊠ 55126, ☎ (0 61 31)
47 42 75, Fax 47 92 13, ED
Hauptgericht 35; Terrasse 🅿; geschl: So,
Mo, 3 Wochen in den Sommerferien

==Hechtsheim== (5 km ↓)

★★ Hechtsheimer Hof
Alte Mainzer Str 31, ⊠ 55129, ☎ (0 61 31)
9 16-0, Fax 91 61 00, AX DC ED VA
24 Zi, Ez: 105-120, Dz: 135-165, ⊣ WC ☎,
3🖼; 🅿; garni

★ Am Hechenberg
Am Schinnergraben 82, ⊠ 55129,
☎ (0 61 31) 50 70 01, Fax 50 70 03,
AX DC ED VA
68 Zi, Ez: 69-94, Dz: 130, ⊣ WC ☎; 🅿 Fitneßraum Sauna Solarium; garni

==Kastel== (3 km ↗)

★ Alina
Wiesbadener Str 124, ⊠ 55252, ☎ (0 61 34)
6 10 45, Fax 6 93 12, AX ED VA
35 Zi, Ez: 119, Dz: 159, ⊣ WC ☎; Lift 🅿;
garni →

Mainz

Lerchenberg (8 km ✓)
* **Am Lerchenberg**
Hindemithstr 5, ✉ 55127, ☏ (0 61 31)
93 43 00, Fax 9 34 30 99, AX DC ED VA
53 Zi, Ez: 110-130, Dz: 185-205, ⊿ WC ☏;
Lift 🅿 1🔑40 Sauna ⌑
geschl: Ende Dez-Anfang Jan

Weisenau (4 km ↘)
** **Günnewig Bristol**
Friedrich-Ebert-Str 20, ✉ 55130,
☏ (0 61 31) 80 60, Fax 80 61 00, AX DC ED VA
75 Zi, Ez: 159-239, Dz: 214-294, 3 Suiten, ⊿
WC ☏, 20🛏; Lift 🅿 7🔑100 ⌂ Sauna
Solarium
** Hauptgericht 30

Maisach 71 ↑

Bayern — Kreis Fürstenfeldbruck — 516 m
— 10 715 Ew — Fürstenfeldbruck 6 km
🛈 ☏ (0 81 41) 93 70, Fax 93 72 50 —
Gemeindeverwaltung, Schulstr 1,
82216 Maisach

Gernlinden (2 km →)
** **Parkhotel**
Hermann-Löns-Str 27, ✉ 82216,
☏ (0 81 42) 28 50, Fax 1 28 84, AX DC ED VA
68 Zi, Ez: 120-200, Dz: 160-225, ⊿ WC ☏;
Lift 🅿 🚗 8🔑80 Fitneßraum Sauna
Solarium ⌑

Malberg 52 ↑

Rheinland-Pfalz — Kreis Bitburg-Prüm —
320 m — 900 Ew — Kyllburg 2, Bitburg
11 km
🛈 ☏ (0 65 63) 21 45 — Gemeindeverwaltung, Alte Kirche 12, 54655 Malberg; Ort im Kylltal. Sehenswert: Schloß

Mohrweiler (3 km ↑)
* **Berghotel Rink**
♂ Höhenstr 14, ✉ 54655, ☏ (0 65 63) 24 44,
Fax 24 44, ED
10 Zi, Ez: 55, Dz: 90, 3 Suiten, ⊿ WC ☏; 🅿
🚗 ⌂ Fitneßraum Sauna Solarium; garni
** Hauptgericht 35; nur abends

* **Waldhotel**
♂ ⊹ Höhenstr 60, ✉ 54655, ☏ (0 65 63)
21 47
10 Zi, Ez: 64-78, Dz: 88-102, ⊿ WC, 5🛏; 🅿
⌑
geschl: Di, Anfang Nov-Mitte Dez

Malchow 20 →

Mecklenburg-Vorpommern — Kreis Müritz
— 80 m — 8 000 Ew — Waren 26, Teterow
31 km
🛈 ☏ (03 99 32) 8 31 86 — Tourist Information, An der Drehbrücke, 17213 Malchow.
Sehenswert: Fachwerkrathaus; Kloster mit
Klosterkirche; Drehbrücke; Stadtkirche;
Botanischer Garten

** **Insel-Hotel**
⊹ Lange Str 7, An der Drehbrücke,
✉ 17213, ☏ (03 99 32) 86 00, Fax 8 60 30,
ED VA
16 Zi, Ez: 90-100, Dz: 120-140, 2 Suiten,
1 App, ⊿ WC ☏; 🅿 ⌑
geschl: Feb

* **Am Fleesensee**
♂ Strandstr 4 a, ✉ 17213, ☏ (03 99 32)
16 30, Fax 1 63 10, ED VA
11 Zi, Ez: 80-110, Dz: 120-140, ⊿ WC ☏; 🅿
1🔑12 Seezugang ⌑

Malchow-Außerhalb (1 km ←)
** **Sporthotel**
Friedensstr 56 b, ✉ 17213, ☏ (03 99 32)
8 90, Fax 8 92 22
34 Zi, Ez: 105, Dz: 120, ⊿ WC ☏, 4🛏; ⌑

Malente, Bad 11 ✓

Schleswig-Holstein — Kreis Ostholstein —
36 m — 11 000 Ew — Eutin 6, Plön 13, Lütjenburg 17 km
🛈 ☏ (0 45 23) 30 96, Fax 30 99 — Fremdenverkehrs- und Kneippverein, Bahnhofstr 3,
23714 Malente, Bad; Kneippheilbad und
Luftkurort in der Holsteinischen Schweiz,
zwischen Kellersee und Dieksee. Sehenswert: Kirche; Museum Alte Räucherkate;
Holzberg, 88 m ⊹; Fünf-Seen-Fahrt

** **Diecksee**
♂ ⊹ Diekseepromenade 13, ✉ 23714,
☏ (0 45 23) 99 50, Fax 99 52 00
70 Zi, Ez: 120-150, Dz: 120-195, 1 Suite, ⊿
WC ☏; Lift 🅿 🚗 2🔑30 🚤
Rezeption: 8-21; geschl: Anfang Jan-
Anfang Mär
** Hauptgericht 32; Terrasse;
geschl: Anfang Jan-Anfang Mär

** **Weisser Hof**
Voßstr 45, ✉ 23714, ☏ (0 45 23) 9 92 50,
Fax 68 99
14 Zi, Ez: 150, Dz: 200-260, 5 Suiten, ⊿ WC
☏; Lift 🅿 1🔑30 ⌂ Sauna Solarium
geschl: Di, Nov
** Hauptgericht 35; Terrasse;
geschl: Di, Nov

** **See-Villa** ♛
Frahmsallee 11, ✉ 23714, ☏ (0 45 23)
18 71, Fax 99 78 14
9 Zi, Ez: 80-110, Dz: 120-190, 3 Suiten, ⊿
WC ☏; 🅿 Sauna; garni
geschl: Mitte Dez-Ende Jan

** **Intermar Hotel Malente**
⊹ Diekseepromenade 2, ✉ 23714,
☏ (0 45 23) 40 40, Fax 65 35, AX DC ED VA
42 Zi, Ez: 114-169, Dz: 193-248, 64 App, ⊿
WC ☏; Lift 🚗 8🔑400 ⌂ Seezugang Kegeln
Sauna Solarium ⌑

Diekseé-Hörn

** Dieksee-Hörn
Olandsweg 27, ⊠ 23714, ☎ (0 45 23)
9 92 00, Fax 99 23 24
Ez: 60-85, Dz: 110-280, 11 App., ᗡ WC ☎;
P; garni

** Seerose
◂ Diekseepromenade, ⊠ 23714,
☎ (0 45 23) 30 81, Fax 67 38
37 Zi, Ez: 77-97, Dz: 120-140, ᗡ WC ☎; **P**
🍽 ⚓

Krummsee (5 km ↗)
* Bruhnskoppel
♂ Bruhnskoppeler Weg, ⊠ 23714,
☎ (0 45 23) 20 80, Fax 20 82 02, VA
48 Zi, Ez: 92-109, Dz: 184-218, ᗡ WC ☎,
6🛏; **P** 8⟳70 ≙ Strandbad Fitneßraum
Sauna Solarium 🍽

Malsfeld 36 ↙

Hessen — Schwalm-Eder-Kreis — 500 m
— 4 200 Ew — Melsungen 5, Homberg
(Efze) 13, Kassel 35 km
🛈 ☎ (0 56 64) 87 26 — Heimat- und Verkehrsverein, Mühlenstr 2, 34323 Malsfeld;
Luftkurort im Fuldatal. Sehenswert: Mär-
chenmühle; Korbmachermuseum in Beiseförth (2 km ↓)

Beiseförth (3 km ↓)
* Park-Café
♂ ⊠ 34323, ☎ (0 56 64) 4 66, Fax 87 61,
AX DC ED VA
14 Zi, Ez: 82-95, Dz: 120-130, ᗡ WC ☎; **P**
2⟳100 Kegeln Sauna 🍽

Malterdingen 67 ↘

Baden-Württemberg — Kreis Emmendingen — 191 m — 2 400 Ew — Emmendingen 7, Lahr 20 km
🛈 ☎ (0 76 44) 5 37, Fax 81 89 — Gemeindeverwaltung, Hauptstr 18, 79364 Malterdin-
gen; Wein- und Ferienort am Rande des
Schwarzwaldes

*** De Charme
♂ Gartenstr 21, ⊠ 79364, ☎ (0 76 44) 41 30,
Fax 41 46, AX ED VA
14 Zi, Ez: 110-140, Dz: 165-230, ᗡ WC ☎,
4🛏; **P** 🍴 1⟳30
geschl: Ende Jul-Anfang Aug
** Landhaus Keller
Hauptgericht 36; Terrasse; geschl: So mittags, Sa mittags, Ende Jul-Anfang Aug

* Rebstock
Hauptstr 45, ⊠ 79364, ☎ (0 76 44) 61 66,
Fax 17 16, AX DC ED VA
25 Zi, Ez: 75, Dz: 105, ᗡ WC ☎; **P** 🍴
1⟳100 🍽
geschl: So, Ende Dez-Mitte Jan

Manderscheid 42 ↘

Rheinland-Pfalz — Kreis Bernkastel-Wittlich — 400 m — 1 280 Ew — Daun 16,
Wittlich 20 km
🛈 ☎ (0 65 72) 89 49, Fax 89 50 — Kurverwaltung, Grafenstr, 54531 Manderscheid;
heilklimatischer und Kneipp-Kurort in der
Vulkaneifel. Sehenswert: Oberburg, 355 m
◂; Niederburg, 325 m ◂; Mosenberg,
519m ◂ (3 km ←); Meerfelder Maar
(5 km ←)

* Zens
♂ Kurfürstenstr 35, ⊠ 54531, ☎ (0 65 72)
9 23 20, Fax 92 32 52, AX ED
31 Zi, Ez: 60-98, Dz: 122-196, ᗡ WC ☎; **P** 🍴
≙ Sauna Solarium
geschl: Di, Anfang Nov-Mitte Dez, Anfang
Jan-Mitte Feb
Auch Zimmer der Kategorie ****** vorhanden
* Hauptgericht 30; Terrasse;
geschl: Di, Anfang Nov-Mitte Dez, Anfang
Jan- Mitte Feb

* Haus Burgblick
♂ ◂ Klosterstr 18, ⊠ 54531, ☎ (0 65 72)
7 84, ED
22 Zi, Ez: 45-54, Dz: 85-87, ᗡ WC; **P** 1⟳50
geschl: Do, Mitte Nov-Mitte Mär

Mannheim 54 ↘

Baden-Württemberg — Stadtkreis — 97 m
— 326 085 Ew — Ludwigshafen 1, Heidelberg 20, Karlsruhe 70 km
🛈 ☎ (06 21) 10 10 11, Fax 2 41 41 — Tourist-
Information, Willy-Brandt-Platz 3,
68161 Mannheim; Stadt an der Mündung
des Neckars in den Rhein; bedeutender
Binnenhafen; Universität; Nationaltheater.

Sehenswert: Jesuitenkirche; ev. Konkor-
dienkirche; Schloßkirche; Kurfürstliches
Residenzschloß: Hist. Räume, u.a. Rittersaal; Altes Rathaus/Untere Pfarrkirche;
Dalbergerhaus; Palais Bretzenheim - Reiß-
Museum: Kunst- und Stadtgeschichte,
völkerkundliche und archäologische
Sammlungen; Städt. Kunsthalle: Gemälde
und Plastiken des 19. und 20. Jh.; Landesmuseum für Technik und Arbeit; Museumsschiff Mannheim; Planetarium; Friedrichsplatz mit Wasserturm: Wasserspiele-
Parkanlagen: Luisenpark mit Pflanzen-
schauhaus; Schloßgarten; Herzogenried-
park mit Multihalle

Achtung: quadratische Aufteilung der
Innenstadt und Bezeichnung der Straßen
nach Buchstaben und Ziffern: A 1 bis U 6

Stadtplan siehe Seite 692 →

Das S weist auf Hotels hin, die Sie unter
(05 11) 3 40 13 26 zu Sonderkonditionen
buchen können.

Mannheim

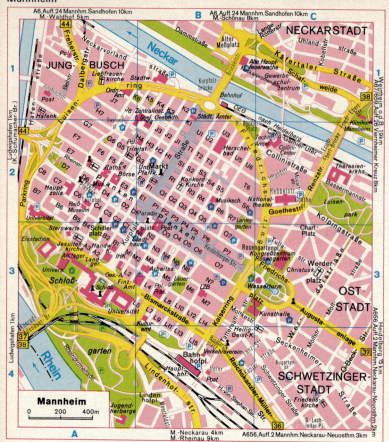

***	Holiday Inn
N 6,3 Kurfürstenarkade (B 3), ✉ 68161,
☎ (06 21) 1 07 10, Fax 1 07 11 67,
AX DC ED VA
146 Zi, Ez: 250-409, Dz: 320-434, 1 Suite, 🍴
WC ☎, 14📺; Lift 🅿 5⇔180 ≋ Fitneßraum
Sauna Solarium

**	Le Pavillon
Hauptgericht 26; Terrasse; geschl: Mo abends

***	Dorint Kongress Hotel
Friedrichsring 6 (C 3), ✉ 68161, ☎ (06 21)
1 25 10, Fax 1 25 11 00, AX DC ED VA
282 Zi, Ez: 272-332, Dz: 354-404, 5 Suiten,
🍴 WC ☎, 141📺; Lift 🚗 12⇔800 ≋ Fitneßraum Sauna Solarium

**	Rosengarten
Hauptgericht 30

⊗ Alte, beachtenswerte Architektur oder Einrichtung

***	Maritim Parkhotel
Friedrichsplatz 2 (B 3), ✉ 68165, ☎ (06 21)
1 58 80, Fax 1 58 88 00, AX DC ED VA
187 Zi, Ez: 219-369, Dz: 286-446, S;
3 Suiten, 🍴 WC ☎; Lift 🚗 6⇔200 ≋ Fitneßraum Sauna Solarium
Auch Zimmer der Kategorie ** vorhanden

***	Parkrestaurant
Hauptgericht 35

***	Steigenberger Avance Mannheimer Hof
Augustaanlage 4-8 (C 3), ✉ 68165,
☎ (06 21) 4 00 50, Fax 4 00 51 90,
AX DC ED VA
155 Zi, Ez: 145-380, Dz: 170-470, S;
6 Suiten, 🍴 WC ☎, 40📺; Lift 🚗 7⇔300
Kegeln Sauna ⚓
Auch Zimmer der Kategorie ** vorhanden

**	Avalon
Hauptgericht 35; Terrasse

Mannheim

** **Best Western Delta Parkhotel**
Keplerstr 24 (C 4), ✉ 68165, ☎ (06 21) 4 45 10, Fax 4 45 18 88, AX DC VA
130 Zi, Ez: 225-325, Dz: 280-365, S;
5 Suiten, ⌐WC, 25🍴; Lift 🅿 🚗 11⇔180 ⓨ
Auch Zimmer der Kategorie ******* vorhanden

** **Wartburg (Top International Hotel)**
F 4,4 (A 2), ✉ 68159, ☎ (06 21) 2 89 91, Fax 10 13 37, AX DC ED VA
150 Zi, Ez: 145-170, Dz: 190-230, S;
2 Suiten, ⌐WC, 20🍴; Lift 🅿 🚗 9⇔500 ⓨ
Auch Zimmer der Kategorie ***** vorhanden

** **Augusta Hotel**
Augustaanlage 43 (außerhalb C 4), ✉ 68165, ☎ (06 21) 4 20 70, Fax 4 20 71 99, AX DC ED VA
106 Zi, Ez: 165, Dz: 210, S; 1 Suite, ⌐WC ☎, 5🍴; Lift 🚗 6⇔150

** **Mannemer Stubb**
Hauptgericht 40; geschl: So, Sa, feiertags

** **Treff Page Hotel**
L 12,15 (B 3), ✉ 68161, ☎ (06 21) 1 00 37, Fax 1 00 38, AX DC ED VA
62 Zi, Ez: 150-175, Dz: 185-195, S; ⌐WC ☎, 6🍴; Lift 🚗 1⇔25; garni

** **Novotel**
Friedensplatz (außerhalb C 4), ✉ 68165, ☎ (06 21) 4 23 40, Fax 41 73 43, AX DC ED VA
180 Zi, Ez: 155, Dz: 175, ⌐WC ☎, 18🍴; Lift 🅿 10⇔300 ≋ ⓨ

* **Acora**
C 7,9-11 (A 2), ✉ 68159, ☎ (06 21) 1 59 20, Fax 2 22 48, AX DC ED VA
138 Zi, Ez: 105-170, Dz: 145-195, S;
10 Suiten, ⌐WC ☎, 15🍴; Lift 🅿 🚗 3⇔30 ⓨ

* **Wegener**
Tattersallstr 16 (B 4), ✉ 68165, ☎ (06 21) 44 09-0, Fax 40 69 48, VA
54 Zi, Ez: 72-125, Dz: 105-155, ⌐WC ☎; Lift 🚗; garni
geschl: Ende Dez-Anfang Jan
Auch einfachere Zimmer vorhanden

* **City Hotel (Minotel)**
Tattersallstr 20-24 (B 4), ✉ 68165, ☎ (06 21) 40 80 08, Fax 44 99 48, AX DC ED VA
40 Zi, Ez: 50-110, Dz: 95-130, ⌐WC ☎; Lift 🅿 🚗; garni

* **Am Bismarck**
Bismarckplatz 9 (B 4), ✉ 68165, ☎ (06 21) 40 30 96, Fax 44 46 05, AX DC VA
50 Zi, Ez: 115-130, Dz: 130-155, ⌐WC ☎; Lift 🚗; garni

*** **Da Gianni** 🐾 🍽
R 7,34 (B 2), ✉ 68161, ☎ (06 21) 2 03 26, AX ED
Hauptgericht 55; geschl: Mo, 3 Wochen im Jul

*** **Dobler's Restaurant L'Epi d'Or** 🍽
H 7,3 (A 1), ✉ 68159, ☎ (06 21) 1 43 97, Fax 2 05 13, AX DC ED VA
Hauptgericht 45; 🅿; geschl: So, Sa+Mo mittags

*** **Blass**
Friedrichsplatz 12 (C 3), ✉ 68165, ☎ (06 21) 44 80 04, Fax 40 49 99, AX DC ED VA
Hauptgericht 50; geschl: So, Sa mittags, Jul

** **Kopenhagen**
Friedrichsring 2 a (C 3), ✉ 68161, ☎ (06 21) 1 48 70, Fax 15 51 69, AX DC ED VA
Hauptgericht 45; Terrasse; geschl: so+feiertags

** **Alchimia**
G 7,7 (A 2), ✉ 68159, ☎ (06 21) 1 49 63, ED
Hauptgericht 44; nur abends; geschl: Mo, 2 Wochen zu Pfingsten, 2 Wochen im Sommer

** **Grissini**
M 3, 6 (B 3), ✉ 68161, ☎ (06 21) 1 56 57 24
Hauptgericht 40; geschl: So

🍺 **Kiemle**
P 6,25 (B 3), ✉ 68161, ☎ (06 21) 2 39 48
7.30-18.30, Sa bis 15; geschl: so+feiertags
Spezialität: Mannemer Dreck

🍺 **Walter**
O 4,11 (B 3), ✉ 68161, ☎ (06 21) 2 46 20
8-19, Do bis 21, so+feiertags ab 13

🍺 **Herrdegen**
E 2,8 (A 2), ✉ 68159, ☎ (06 21) 2 01 85, Fax 2 78 89
8-18.30, Sa bis 15; geschl: so+feiertags
Spezialität: Biertorte

==Feudenheim== (6 km →)
* **Gasthof Zum Ochsen**
Hauptstr 70, ✉ 68259, ☎ (06 21) 79 95 50, Fax 7 99 55 33, AX DC ED VA
Hauptgericht 35; 🅿 Terrasse
* 12 Zi, Ez: 115-125, Dz: 155-175, ⌐WC ☎

==Neckarau== (4 km ↘)
** **Capriccio**
Rathausstr 21, ✉ 68199, ☎ (06 21) 85 29 52, Fax 85 29 52, AX ED VA
🅿 Terrasse; geschl: Mo, Sa abends, 15.07.-15.08.

==Neckarstadt== (1 km ↑)
** **Martin**
Lange Rötterstr 53 (außerhalb C 1), ✉ 68167, ☎ (06 21) 33 38 14, Fax 33 52 42, AX DC ED VA
Hauptgericht 50; 🅿 Terrasse; geschl: Mi, Sa mittags, Anfang-Mitte Sep →

Mannheim

Sandhofen (8 km ↑)
** **Weber**
Frankenthaler Str 85, ✉ 68307, ☎ (06 21)
7 70 10, Fax 7 70 11 13, AX DC ED VA
100 Zi, Ez: 95-159, Dz: 169-189, 1 Suite,
14 App, ⇃ WC ☎; Lift 🅿 🚗 3✥50 Sauna
Solarium ⑆
Auch Zimmer der Kategorie ***** vorhanden

Seckenheim (7 km ↘)
** **Löwen**
Seckenheimer Hauptstr 159, ✉ 68239,
☎ (06 21) 4 80 80, Fax 4 81 41 54, AX ED VA
65 Zi, Ez: 99-155, Dz: 99-205, ⇃ WC ☎; Lift
🅿 🚗 1✥10
geschl: Ende Dez-Anfang Jan
Auch Zimmer der Kategorie ***** vorhanden
** Hauptgericht 30; Terrasse;
geschl: Sa mittags, So+feiertags, in den
Sommerferien, Ende Dez

siehe auch **Viernheim**

Marbach am Neckar 61 ↗

Baden-Württemberg — Kreis Ludwigsburg
— 229 m — 13 000 Ew — Ludwigsburg 8,
Stuttgart 25 km
🛈 ☎ (0 71 44) 10 20, Fax 10 23 00 — Bürgermeisteramt, Marktstr 23, 71672 Marbach.
Sehenswert: Schiller-Geburtshaus; Schil-
ler-Nationalmuseum; Altstadt: Stadtmauer, Fachwerkhäuser, Stadtburg, Wehranlagen; spätgotische Alexanderkirche

* **Parkhotel**
♂ Schillerhöhe 14, ✉ 71672, ☎ (0 71 44)
90 50, Fax 9 05 88, AX ED VA
57 Zi, Ez: 105-125, Dz: 164-200, 1 Suite, ⇃
WC ☎, 12✉; Lift 🅿 🚗 3✥80; **garni**
geschl: Weihnachten/Neujahr ca.
2 Wochen

Marburg 45 ↖

Hessen — Kreis Marburg-Biedenkopf —
213 m — 75 500 Ew — Kassel 90, Frankfurt/
Main 95 km
🛈 ☎ (0 64 21) 20 12 62, Fax 68 15 26 — Verkehrsamt, Neue Kasseler Str 1 (C 1),
35039 Marburg; Kreis- und Universitätsstadt an der Lahn; Nordhessisches
Landestheater.
Sehenswert: St.-Elisabeth-Kirche: Elisa-
bethschrein und -Standbild, Hochaltar,
Grabmäler, Kruzifix von E. Barlach, Glasmalereien, luth. Marienkirche; ref. Dominikanerkirche (Universitätskirche); Landgrafenschloß ◂; Alte Universität; Markt mit
Rathaus: Kunstuhr; Universitätsmuseum;
Emil-von-Behring-Ausstellung (Hess.
Gesundheitszentrum); Brüder-Grimm-
Stube; Botanischer Garten

✣ Besonders beachtenswertes
Restaurant

* **Europäischer Hof**
Elisabethstr 12 (B 2), ✉ 35037, ☎ (0 64 21)
69 60, Fax 6 64 04, AX DC ED VA
100 Zi, Ez: 85-214, Dz: 160-275, 5 Suiten, ⇃
WC ☎; Lift 🅿 🚗 3✥70
geschl: Ende Dez
Auch Zimmer der Kategorie ****** vorhanden
** **Atelier**
Hauptgericht 30; geschl: Ende Jul-Mitte
Aug
☎ (0 64 21) 6 22 55

* **Waldecker Hof**
Bahnhofstr 23 (C 1), ✉ 35037, ☎ (0 64 21)
6 00 90, Fax 60 09 59, AX DC ED VA
40 Zi, Ez: 110-165, Dz: 165-250, ⇃ WC ☎,
6✉; Lift 🅿 🚗 3✥60 ⚐ Fitneßraum Sauna
Solarium; **garni**

** **Das kleine Restaurant** ⚱
Barfüßertor 25, am Wilhelmsplatz (A 4),
✉ 35037, ☎ (0 64 21) 2 22 93, Fax 5 14 95,
AX DC ED VA
Hauptgericht 30; geschl: Ende Jul-Anfang
Aug

Gisselberg (5 km ↓)
* **Fasanerie**
◂ Zur Fasanerie 15, ✉ 35043, ☎ (0 64 21)
97 41-0, Fax 97 41- 77, ED VA
40 Zi, Ez: 80-180, Dz: 150-220, 1 Suite, ⇃
WC ☎, 8✉; 🅿 Sauna Solarium ⑆
geschl: Fr

Michelbach (7 km ↘)
* **Stümpelstal**
Stümpelstal 2, ✉ 35041, ☎ (0 64 20) 90 70,
Fax 5 14, ED VA
51 Zi, Ez: 85-120, Dz: 160-180, ⇃ WC ☎; 🅿
🚗 2✥80 ⑆

Wehrshausen-Außerhalb (2 km ↙)
** **Dammühle**
einzeln ♂ Dammühlenstr 1, ✉ 35041,
☎ (0 64 21) 9 35 60, Fax 3 61 18, DC ED VA
20 Zi, Ez: 85-110, Dz: 160-180, ⇃ WC ☎,
3✉; 🅿 🚗 1✥45 ⑆

March 67 ☐

Baden-Württemberg — Kreis Breisgau-
Hochschwarzwald — 200 m — 8 000 Ew —
Emmendingen 8, Freiburg 10 km
🛈 ☎ (0 76 65) 4 22 20, Fax 4 22 45 — Bürgermeisteramt, im Ortsteil Hugstetten,
Am Felsenkeller 2, 79232 March. Sehenswert: Kath. Kirche im Ortsteil Neuershausen

Hugstetten
* **Gästehaus Zum Roten Kreuz**
Landstr 3, ✉ 79232, ☎ (0 76 65) 12 42,
Fax 9 55 18
16 Zi, Ez: 55-75, Dz: 90-120, ⇃ WC ☎; Lift 🅿
⑆
Rezeption: 7.30-21; geschl: Di

Margetshöchheim

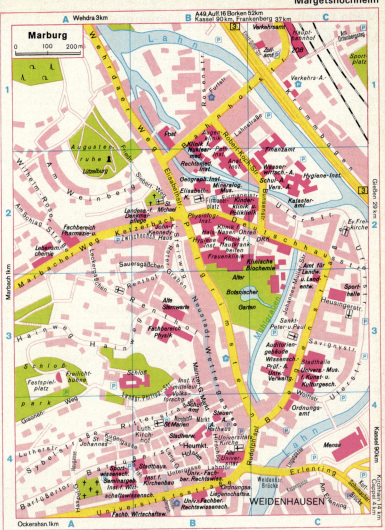

Neuershausen

*** Zum Löwen**
Eichstetter Str 4, ✉ 79232, ☏ (0 76 65)
9 20 90, Fax 9 20 99 99
Hauptgericht 30; Biergarten 🅿 ⇌; geschl:
Mo, Anfang-Mitte Jan

Margetshöchheim 56 ↑

Bayern — Kreis Würzburg — 178 m —
3 187 Ew — Würzburg 8, Karlstadt 15 km
ⓘ ☏ (09 31) 46 86 20 — Gemeindeverwaltung, Mainstr 15, 97276 Margetshöchheim

**** Eckert**
♘ ⇐ Friedenstr 41, ✉ 97276, ☏ (09 31)
4 68 50, Fax 4 68 51 00, AX ED VA
36 Zi, Ez: 109-119, Dz: 165, 1 Suite, ⇌ WC
☏, 6⛱; Lift 🅿 🖃 2⇄40 Sauna Solarium
geschl: Ende Dez-Anfang Jan
Restaurant für Hausgäste

Die Angabe hinter der Ortsbezeichnung
bezieht sich auf den Reisekartenteil. 10 ↑
bedeutet, daß sich der Ort im Reisekartenteil auf der Seite 10 im nördlichen Planfeld
befindet.

Maria Laach siehe Glees

Marienberg 50→

Sachsen — Kreis Marienberg — 600 m — 11 800 Ew — Chemnitz 30 km
🅘 ☎ (0 37 35) 60 20, Fax 2 23 07 — Stadtverwaltung, Markt 1, 09496 Marienberg.
Sehenswert: Zschopauer Torturm mit Heimatmuseum; hist. Altstadt

Wolfsberg (3 km ←)
∗ **Berghotel Drei Brüder Höhe**
einzeln ♂ ⌧ 09496, ☎ (0 37 35) 60 00, Fax 6 00 50, AX ED
30 Zi, Ez: 65-90, Dz: 100-120, 1 Suite, ⌐ WC ☎; Lift 🅿 1⇆50 Bowling Fitneßraum Sauna ⊠

Marienberg, Bad 44 ↘

Rheinland-Pfalz — Westerwaldkreis — 550 m — 6 000 Ew — Hachenburg 12, Herborn 25, Montabaur 27 km
🅘 ☎ (0 26 61) 70 31, Fax 6 15 65 — Kurverwaltung, Wilhelmstr 10, 56470 Bad Marienberg; Kneippheilbad und Schroth-Kurort im Hohen Westerwald

∗ **Westerwälder Hof**
Wilhelmstr 21, ⌧ 56470, ☎ (0 26 61) 12 23, Fax 6 38 33, AX DC ED VA
16 Zi, Ez: 78-95, Dz: 138-178, 1 Suite, ⌐ WC ☎; 🅿 2⇆30 ⊠

∗ **Kristall**
♂ ⋖ Goethestr 21, ⌧ 56470, ☎ (0 26 61) 9 57 60, Fax 95 76 50, ED
20 Zi, Ez: 65-80, Dz: 120-180, ⌐ WC ☎; Lift 🅿 2⇆30
∗ Hauptgericht 35; Terrasse

☕ **Wäller**
Bismarckstr 14, ⌧ 56470, ☎ (0 26 61) 54 91
6.30-18; geschl: Mo
Spezialität: Trüffel

Bad Marienberg-Außerhalb (1 km ←)
∗∗ **Kurhotel Wildpark**
einzeln ♂ ⋖ Kurallee, ⌧ 56470, ☎ (0 26 61) 62 20, Fax 62 24 04, AX DC ED VA
48 Zi, Ez: 82-132, Dz: 165-245, 2 Suiten, ⌐ WC ☎; Lift 🅿 🍴 ♨ Fitneßraum Sauna Solarium
∗∗ ⋖ Hauptgericht 35

Marienhagen 26 ↙

Niedersachsen — Kreis Hildesheim — 150 m — 940 Ew — Alfeld 17, Hildesheim 30 km
🅘 ☎ (0 51 85) 60 90 — Samtgemeindeverwaltung, 31089 Duingen

∗ **Rosengarten**
♂ ⋖ Berliner Str 18, ⌧ 31094, ☎ (0 51 85) 60 80, Fax 6 08 33, AX DC ED VA
59 Zi, Ez: 115-135, Dz: 155-180, ⌐ WC ☎; Lift 🅿 5⇆60 ♨ Kegeln Sauna Solarium ⊠
Auch Zimmer der Kategorie ∗∗ vorhanden

Marienheide 33 ↘

Nordrhein-Westfalen — Oberbergischer Kreis — 450 m — 13 326 Ew — Gummersbach 9, Meinerzhagen 11, Wipperfürth 13 km
🅘 ☎ (0 22 64) 22 40, Fax 22 61 — Verkehrsamt, Hauptstr 20, 51709 Marienheide.
Sehenswert: Schloß Gimborn; Kloster- und Wallfahrtskirche: Holzschnitzereien, frühgotisches Chorgestühl; Wehrkirche Müllenbach: Freskomalereien; Lingese Talsperre (1,5 km ↗); Brucher Talsperre (2 km ↘)

Rodt (3 km ↘)
∗∗ **Landhaus Wirth**
Friesenstr 8, ⌧ 51709, ☎ (0 22 64) 2 70, Fax 27 88, AX DC ED VA
50 Zi, Ez: 110-220, Dz: 140-280, 1 Suite, ⌐ WC ☎, 5⌧; 🅿 4⇆80 ♨ Kegeln Sauna Solarium
Auch Zimmer der Kategorie ∗ vorhanden
∗∗ **Im Krug**
Hauptgericht 30; Biergarten; geschl: Sa mittags

Marienmünster 35 ↗

Nordrhein-Westfalen — Kreis Höxter — 220 m — 5 180 Ew — Höxter 14, Bad Driburg 26, Detmold 29 km
🅘 ☎ (0 52 76) 9 89 80, Fax 98 98 90 — Stadtverwaltung, Schulstr 1, 37696 Marienmünster; Erholungsort

Vörden
∗ **Zum Krug**
Marktstr 2, ⌧ 37696, ☎ (0 52 76) 89 81, Fax 80 87, AX DC ED VA
12 Zi, Ez: 70, Dz: 105, ⌐ WC ☎; 🅿 🍴 Kegeln ⊠
geschl: 2 Wochen in den Sommerferien

Maring-Noviand 52 ↗

Rheinland-Pfalz — Kreis Bernkastel-Wittlich — 120 m — 1 430 Ew — Bernkastel-Kues 8, Piesport 10, Wittlich 12 km
🅘 ☎ (0 65 35) 6 89 — Verkehrsbüro, im Ortsteil Maring, Moselstr 24, 54484 Maring-Noviand

Maring
∗ **Weinhaus Liesertal**
Moselstr 39, ⌧ 54484, ☎ (0 65 35) 8 48, Fax 12 45, AX DC VA
26 Zi, Ez: 70-90, Dz: 110-150, ⌐ WC ☎; 🅿 1⇆60
geschl: im Winter Mo+Di, Jan
∗ Hauptgericht 25; Terrasse; geschl: im Winter Mo+Di, Jan

Markdorf 69 ↙

Baden-Württemberg — Bodenseekreis — 550 m — 11 000 Ew — Meersburg 9, Friedrichshafen 16, Ravensburg 20 km
ℹ️ ☎ (0 75 44) 50 02 90, Fax 50 02 89 — Fremdenverkehrsverein, Gehrenberg-Bodensee e. V., Marktstr 1, 88677 Markdorf. Sehenswert: Kath. ehem. Stiftskirche St. Nikolaus

***** Bischofschloß
(Gast im Schloß)**
Schloßweg 2, ✉ 88677, ☎ (0 75 44) 81 41, Fax 7 23 13, AX DC ED VA
43 Zi, Ez: 125-150, Dz: 190-240, 4 Suiten, ⌁ WC ☎; Lift 🚗 Sauna Solarium 🍽
geschl: Ende Dez-Anfang Jan

Markdorf-Außerhalb (2 km →)
* Landhaus Traube
Steibensteg 7, ✉ 88677, ☎ (0 75 44) 81 33, Fax 7 31 22, AX DC ED VA
19 Zi, Ez: 85-95, Dz: 135-160, ⌁ WC ☎; 🅿 🚗
Rezeption: 8-14, 17.30-23
Auch Zimmer der Kategorie ** vorhanden
** Hauptgericht 30; Terrasse; geschl: Fr

Markersdorf 41 ↘

Sachsen — Niederschlesischer Oberlausitzkreis — 220 m — 3 445 Ew — Görlitz 7, Löbau 14, Bautzen 33 km
ℹ️ ☎ (0 35 81) 74 09 66 — Gemeindeverwaltung, Dorfstr 4 a, 02829 Markersdorf. Sehenswert: Barbara-Kapelle

* Landhotel Markersdorf
♂ Dorfstr 147, ✉ 02829, ☎ (03 58 29) 3 14, Fax 3 19, ED
22 Zi, Ez: 95, Dz: 140, ⌁ WC ☎; 🅿 🚗 Fitneßraum Sauna Solarium 🍽

Holtendorf
** Zum Marschall Duroc
Am Hoterberg 27 a, ✉ 02829, ☎ (0 35 81) 73 44, Fax 73 42 22, AX DC ED VA
52 Zi, Ez: 115-125, Dz: 165-235, ⌁ WC ☎, 4🛏; Lift 🅿 🚗 1↔60 Sauna 🍽

Markgröningen 61 □

Baden-Württemberg — Kreis Ludwigsburg — 280 m — 13 600 Ew — Stuttgart 18, Heilbronn 39 km
ℹ️ ☎ (0 71 45) 1 30, Fax 1 31 31 — Stadtverwaltung, Marktplatz 1, 71706 Markgröningen. Sehenswert: Stadtbild; ev. Stadtkirche St. Bartholomäus; kath. ehem. Spitalkirche; Rathaus

* Zum treuen Bartel
Am Marktplatz 11, ✉ 71706, ☎ (0 71 45) 9 62 90, Fax 96 29 29, AX DC ED VA
24 Zi, Ez: 85-95, Dz: 110-132, ⌁ WC ☎; Lift 🅿 🚗 2↔100 ⌘
* Hauptgericht 30; geschl: Do

* Schwäbischer Hof
Bahnhofstr 39, ✉ 71706, ☎ (0 71 45) 53 83, Fax 32 80, AX DC ED VA
11 Zi, Ez: 85, Dz: 130, ⌁ WC ☎; 🅿 🍽
Rezeption: 7-15, 17-24; geschl: Mo

Markkleeberg 39 ↙

Sachsen — Kreis Leipziger Land — 120 m — 19 500 Ew — Leipzig 12 km
ℹ️ ☎ (03 41) 3 53 32 15, Fax 32 40 83 — Stadtverwaltung, Rathausplatz 1, 04416 Markkleeberg

Wachau (3 km →)
*** Atlanta
Südring 21, ✉ 04445, ☎ (03 42 97) 8 40, Fax 8 49 99, AX DC ED VA
191 Zi, Ez: 130-195, Dz: 170-245, S;
6 Suiten, ⌁ WC ☎, 58🛏; Lift 🅿 11↔250 Fitneßraum Sauna Solarium 🍽
** Pavillon
Hauptgericht 25

Markranstädt 39 ↙

Sachsen — Kreis Leipzig — 100 m — 1 620 Ew — Leipzig 11 km
ℹ️ ☎ (03 42 05) 8 84 01 — Stadtverwaltung, Markt 1, 04420 Markranstädt

** Consul Park Hotel
Krakauer Str 49, ✉ 04420, ☎ (03 42 05) 6 00, Fax 6 02 00, AX DC ED VA
58 Zi, Ez: 150-175, Dz: 185-215, S; ⌁ WC ☎, 30🛏; Lift 🅿 5↔120 Fitneßraum Sauna Solarium 🍽

* Rosenkranz
Markt 4, ✉ 04420, ☎ (03 42 05) 8 74 95, Fax 8 74 94, ED VA
24 Zi, Ez: 82-135, Dz: 170, 1 Suite, ⌁ WC ☎; 🅿 1↔20 Sauna Solarium 🍽

* Apart Hotel Am Grünen Zweig
Am Grünen Zweig 1, ✉ 04420, ☎ (03 42 05) 7 46 00, Fax 7 46 30, ED
Ez: 88-112, Dz: 155-188, 9 App, ⌁ WC ☎; Lift 🅿; garni 🍽

Quesitz (2 km ↙)
** Kastanienhof
Lütznerstr 116, ✉ 04420, ☎ (03 42 05) 79 50, ED VA
30 Zi, ⌁ WC ☎; 🅿 3↔50 🍽

Marktbreit 56 □

Bayern — Kreis Kitzingen — 208 m — 3 700 Ew — Ochsenfurt 6, Kitzingen 11 km
ℹ️ ☎ (0 93 32) 40 50, Fax 4 05 42 — Verwaltungsgemeinschaft, Marktstr 4, 97340 Marktbreit; historische Stadt am Main. Sehenswert: Rathaus, Innenausstattung; Maintor

→

Marktbreit

∗ **Zum Goldenen Stern**
Bahnhofstr 9, ✉ 97340, ☎ (0 93 32) 13 16, Fax 13 99, ED VA
23 Zi, Ez: 35-75, Dz: 70-130, ⊿ WC ☎; P 🖾
1⇔30 Kegeln ☯
geschl: Di
im Altbau auch einfache Zimmer vorhanden

Marktheidenfeld 55 ↗

Bayern — Kreis Main-Spessart — 153 m — 10 000 Ew — Wertheim 13, Lohr 18, Würzburg 32 km
ℹ ☎ (0 93 91) 50 04 41 — Fremdenverkehrsverein, Marktplatz 24, 97828 Marktheidenfeld; Stadt am Main. Sehenswert: Kirche St. Laurentius; alte Mainbrücke

∗∗ **Anker**
Obertorstr 6, ✉ 97828, ☎ (0 93 91) 6 00 40, Fax 60 04 77, AX ED VA
39 Zi, Ez: 108-128, Dz: 175-220, 4 Suiten, ⊿ WC ☎, 6🖾; Lift P 🖾 4⇔120; **garni**
Golf 18

∗ **Zum Löwen**
Marktplatz 3, ✉ 97828, ☎ (0 93 91) 15 71, Fax 17 21, ED VA
32 Zi, Ez: 65-80, Dz: 105-120, ⊿ WC ☎; P 🖾 ☯
Rezeption: 7-14.30, 17-24

∗ **Zur Schönen Aussicht**
Brückenstr 8, ✉ 97828, ☎ (0 93 91) 30 55, Fax 37 22
48 Zi, Ez: 85-100, Dz: 130-150, ⊿ WC ☎; Lift P 🖾 Kegeln ☯

∗ **Gasthof Mainblick**
Mainkai 11, ✉ 97828, ☎ (0 93 91) 30 21, Fax 8 13 11, AX ED
Hauptgericht 25; Terrasse; geschl: Mo
∗∗ ◂ 12 Zi, Ez: 75-85, Dz: 115-125, ⊿ WC ☎

∗∗ **Weinhaus Anker**
☉ Obertorstr 13, ✉ 97820, ☎ (0 93 91) 17 36, Fax 17 42, AX DC ED VA
Hauptgericht 50; geschl: Mo, Di mittags
Eigenbauweine

<mark>Altfeld</mark> (4 km ↙)
∗ **Spessarttor**
♂ Michelriether Str 38, ✉ 97828, ☎ (0 93 91) 6 00 30, Fax 60 03 99, AX DC ED VA
20 Zi, Ez: 90-140, Dz: 130-190, ⊿ WC ☎, 18🖾; Lift P 🖾 Sauna Solarium; **garni**
Golf 18

∗ **Löwensteiner Haus**
Wertheimer Str 2, ✉ 97828, ☎ (0 93 91) 9 80 20, Fax 98 02 22, AX DC ED VA
16 Zi, Ez: 75-85, Dz: 120-140, ⊿ WC ☎; P 🖾
Rezeption: 11.30-23.30

∗ **Pippo**
Hauptgericht 30; Terrasse

<mark>Marienbrunn</mark> (3 km ↖)
∗∗ **Villa Christalina**
♂ Am Lauterpfad 2, ✉ 97828, ☎ (0 93 91) 8 11 36, Fax 88 91
8 Zi, Ez: 85-100, Dz: 130-150, ⊿ WC, 8🖾; P; **garni**
geschl: Ende Dez-Anfang Jan

Marktleugast 48 ↘

Bayern — Kreis Kulmbach — 554 m — 4 190 Ew — Münchberg 13, Kulmbach 17 km
ℹ ☎ (0 92 55) 6 41, Fax 72 70 — Gemeindeverwaltung, Kulmbacher Str 2, 95352 Marktleugast; Ort im Frankenwald. Sehenswert: Wallfahrtsbasilika im Ortsteil Marienweiher (1 km ↓)

<mark>Hermes</mark> (4 km ↗)
∗ **Landgasthof Haueis**
♂ Haus Nr 1, ✉ 95352, ☎ (0 92 55) 2 45, Fax 72 63, AX DC ED VA
42 Zi, Ez: 46-55, Dz: 90-110, ⊿ WC ☎; P 🖾
1⇔25 ☯
geschl: Anfang Jan-Anfang Mär
∗ Hauptgericht 15; geschl: Anfang Jan-Anfang Mär

Marktleuthen 49 ↗

Bayern — Kreis Wunsiedel — 550 m — 4 100 Ew — Wunsiedel 12, Schwarzenbach 13 km
ℹ ☎ (0 92 85) 12 61, Fax 82 78 — Stadtverwaltung, Marktplatz 3, 95168 Marktleuthen. Sehenswert: Hist. Altstadtkern; St.-Nikolaus-Kirche; einzige und älteste Zinngießerei

∗ **Gasthof Aulinger**
Lindenweg 18, ✉ 95168, ☎ (0 92 85) 12 67, ED VA
13 Zi, Ez: 35-80, Dz: 70-130, ⊿ WC ☎; P ☯
geschl: Sa, Nov

Marktoberdorf 70 →

Bayern — Kreis Ostallgäu — 730 m — 17 600 Ew — Kaufbeuren 13, Schongau 25, Kempten 25 km
ℹ ☎ (0 83 42) 40 08 45, Fax 40 08 65 — Stadtverwaltung, Jahnstr 1, 87616 Marktoberdorf; Kreisstadt, Erholungsort. Sehenswert: kath. Kirche St. Martin

∗∗ **Sepp**
Bahnhofstr 13, ✉ 87616, ☎ (0 83 42) 70 90, Fax 70 91 00, ED
64 Zi, Ez: 82-95, Dz: 127-150, 1 Suite, ⊿ WC ☎, 5🖾; Lift P 🖾 5⇔80 Fitneßraum Kegeln Sauna Solarium ☯

∗ **St. Martin**
Wiesenstr 21, ✉ 87616, ☎ (0 83 42) 9 62 60, Fax 96 26 96, ED VA
25 Zi, Ez: 75-85, Dz: 100-120, ⊿ WC ☎; P 🖾 4⇔270 Fitneßraum; **garni**
Rezeption: 7-12, 15-22

Marktredwitz 58 ↗

Bayern — Kreis Wunsiedel — 539 m —
19 000 Ew — Hof 50, Weiden 52, Bayreuth
53 km
ℹ️ ☎ (0 92 31) 50 11 28, Fax 50 11 29 — Verkehrsbüro, Markt 29, 95615 Marktredwitz;
Stadt im Fichtelgebirge. Sehenswert: St.
Bartholomäuskirche; Theresienkirche;
hist. Rathaus; neues Rathaus: Goethezimmer; Egerland-Museum

* **Marktredwitzer Hof**
Scherdelstr 7, ✉ 95615, ☎ (0 92 31) 95 60,
Fax 95 61 50, AX DC ED VA
45 Zi, Ez: 79-128, Dz: 108-168, 2 Suiten,
2 App, ⊣ WC ☎, 2✉; Lift 🅿 Fitneßraum
Sauna Solarium 🍽

* **Bairischer Hof**
Markt 40-42, ✉ 95615, ☎ (0 92 31) 6 20 11,
Fax 6 35 50, AX DC ED VA
55 Zi, Ez: 85-135, Dz: 135-190, 1 Suite,
3 App, ⊣ WC ☎, 3✉; Lift 🅿 🖃 3↔80
Kegeln 🍽
Hotelanfahrt über Leopoldstr

Marktrodach 48 ↓

Bayern — Kreis Kronach — 340 m —
4 076 Ew — Kronach 8, Kulmbach 20 km
ℹ️ ☎ (0 92 61) 6 03 10 — Markt Marktrodach, Kirchplatz 3, 96364 ; Flößermuseum

Unterrodach
** **Sporthotel Flößerhof**
♂ ⋘ Kreuzbergstr 35, ✉ 96364, ☎ (0 92 61)
6 06 10, Fax 60 61 62, AX ED VA
28 Zi, Ez: 95-125, Dz: 140-160, 12 App, ⊣
WC ☎; 🅿 2↔425 ≈ ≘ Fitneßraum Sauna
Solarium
** Hauptgericht 30; Biergarten
Terrasse

Marktschellenberg 73 ↘

Bayern — Kreis Berchtesgadener Land —
500 m — 1 830 Ew — Berchtesgaden 10 km
ℹ️ ☎ (0 86 50) 3 52 — Verkehrsamt, Salzburger Str 2, 83487 Marktschellenberg; heilklimatischer Kurort. Sehenswert: Beim Gasthof Zur Kugelmühle(4 km ↓) die letzten
Marmorkugelmühlen Deutschlands;
Schellenberger Eishöhle, 1570 m, im
Untersberg (3,5 Std ↘)

Marktschellenberg-Außerhalb (4 km ↓)
* **Gasthof Zur Kugelmühle**
♂ Kugelmühlweg 18, ✉ 83487, ☎ (0 86 50)
4 61, Fax 4 16
8 Zi, Ez: 45-75, Dz: 80-130, ⊣ WC, 8✉; 🅿
🍽
Rezeption: 9-20; geschl: im Winter Sa,
Ende Okt-Ende Dez, Mitte Jan-Anfang Mär

Markt Schwaben 72 ↗

Bayern — Kreis Ebersberg — 509 m —
9 700 Ew — Erding 15, Ebersberg 15,
München 27 km
ℹ️ ☎ (0 81 21) 41 80, Fax 4 18 99 — Gemeindeverwaltung, Schloßplatz 2, 85570 Markt
Schwaben

** **Georgenhof**
Bahnhofstr 39, ✉ 85570, ☎ (0 81 21) 92 00,
Fax 9 20 60, AX DC ED VA
35 Zi, Ez: 100-150, Dz: 160-200, 2 App, ⊣
WC ☎, 10✉; Lift 🅿 2↔35 🍽
geschl: Dez

* **Markt-Hotel**
Marktplatz 22, ✉ 85570, ☎ (0 81 21)
4 00 21, Fax 63 05, AX DC ED VA
25 Zi, Ez: 80, Dz: 130, ⊣ WC ☎; Lift 🅿 🖃;
garni
Rezeption: 9-19

Marktzeuln 48 ↙

Bayern — Kreis Lichtenfels — 290 m —
1 660 Ew — Lichtenfels 12, Kronach 16 km
ℹ️ ☎ (0 95 74) 5 38, Fax 35 38 — Gemeindeverwaltung, Am Flecken 29, 96275 Marktzeuln

* **Mainblick**
♂ ⋘ Schwürbitzer Str 25, ✉ 96275,
☎ (0 95 74) 30 33, Fax 40 05, VA
18 Zi, Ez: 58-75, Dz: 94-110, 1 Suite, ⊣ WC
☎; 🅿 🖃 1↔Sauna
* Hauptgericht 25

Marl 33 □

Nordrhein-Westfalen — Kreis Recklinghausen — 60 m — 92 222 Ew — Recklinghausen 8, Dorsten 9 km
ℹ️ ☎ (0 23 65) 99 22 07, Fax 99 21 11 —
Stadtverwaltung, Strukturförderung/Fremdenverkehr, Creiler Platz 1, 45768 Marl.
Sehenswert: Rathaus; Skulpturenmuseum
Glaskasten; Hügelhäuser; alte Zechensiedlungen Hüls und Brassert; Philharmonia Hungarica; Adolf-Grimme-Institut

** **Novotel**
Eduard-Weitsch-Weg 2, ✉ 45768,
☎ (0 23 65) 10 20, Fax 1 44 54, AX DC ED VA
93 Zi, Ez: 114-145, Dz: 138-189, ⊣ WC ☎,
19✉; Lift 🅿 8↔300 ≈ Sauna Solarium 🍽

Hüls (4 km →)
** **Loemühle**
Loemühlenweg 221, ✉ 45770, ☎ (0 23 65)
41 45-0, Fax 41 45-1 99, AX DC ED VA
55 Zi, Ez: 105-180, Dz: 185-235, 1 Suite,
1 App, ⊣ WC ☎, 4✉; 🅿 🖃 4↔100 ≈ ≘
Sauna Solarium
** Hauptgericht 35; Biergarten Terrasse

Marloffstein

Marloffstein 57 □

Bayern — Kreis Erlangen-Höchstadt — 360 m — 1 541 Ew — Erlangen 6, Nürnberg 23 km
🛈 ☎ (0 91 31) 5 06 90, Fax 50 69 66 — Gemeindeverwaltung, Erlanger Str 40, 91080 Uttenreuth. Sehenswert: Schloß; Ziehbrunnen

* **Alter Brunnen**
Am Alten Brunnen 1, ✉ 91080, ☎ (0 91 31) 5 00 15, Fax 50 15 70
18 Zi, Ez: 60, Dz: 90, ⊣ WC ☎, 4🛌; 🅿 ⦿
geschl: Di

Marquartstein 73 ↙

Bayern — Kreis Traunstein — 545 m — 3 200 Ew — Reit im Winkl 15, Traunstein 26, Rosenheim 35 km
🛈 ☎ (0 86 41) 82 36, Fax 6 17 01 — Verkehrsamt, Bahnhofstr 3, 83250 Marquartstein; Luftkurort und Wintersportplatz am Alpenrand

Pettendorf (1 km ↑)
** **Weßnerhof**
Pettendorf 11, ✉ 83250, ☎ (0 86 41) 9 78 40, Fax 6 19 62, ED
35 Zi, Ez: 54-77, Dz: 100-130, 3 Suiten, ⊣ WC ☎, 7🛌; Lift 🅿 🚗 3⇔30
** **Weßnerhof**
Hauptgericht 25; Biergarten Terrasse; geschl: Mi, 10.11.-10.12.

Maschen siehe Seevetal

Maselheim 69 ↗

Baden-Württemberg — Kreis Biberach an der Riß — 600 m — 4 400 Ew — Biberach an der Riß 10, Laupheim 15 km
🛈 ☎ (0 73 51) 78 31, Fax 1 31 34 — Gemeindeverwaltung, Wennedacher Str 3, 88437 Maselheim. Sehenswert: St. Peter und Paul Kirche; Barockkirchen

* **Landhotel Maselheimer Hof**
Kronenstr 1, ✉ 88437, ☎ (0 73 51) 7 12 99, Fax 7 25 93, AX DC ED VA
23 Zi, Ez: 85-125, Dz: 135-165, ⊣ WC ☎, 2🛌; Lift 🅿 🚗 2⇔30 Fitneßraum Sauna Solarium ⦿
geschl: 02.01-07.01

Masserberg 47 □

Thüringen — Kreis Hildburghausen — 790 m — 890 Ew — Neuhaus am Rennweg 25, Suhl 37 km
🛈 ☎ (03 68 70) 4 53, Fax 4 53 — Tourist-Information, Hauptstr 64, 98666 Masserberg; Höhenluftkurort im Thüringer Wald am Rennsteig. Sehenswert: Eselsberg mit Rennsteigwarte ⦿

** **Rennsteig**
⦿ Rennsteigstr 5, ✉ 98666, ☎ (03 68 70) 5 04 31, Fax 5 03 88, AX ED VA
91 Zi, Ez: 110-130, Dz: 150-210, 2 Suiten, 5 App, ⊣ WC ☎; Lift 5⇔150 Fitneßraum Kegeln Sauna Solarium ⦿

* **Auerhahn**
Neustädter Str, ✉ 98666, ☎ (03 68 70) 5 60, Fax 56 56, AX ED VA
35 Zi, Ez: 70, Dz: 120-130, 3 App, ⊣ WC ☎; 🅿 Kegeln ⦿

Maßweiler 53 ↓

Rheinland-Pfalz — Kreis Pirmasens — 370 m — 1 176 Ew — Thaleischweiler-Fröschen 4, Zweibrücken 16, Kaiserslautern 34 km
🛈 ☎ (0 63 34) 44 10, Fax 44 11 11 — Verbandsgemeindeverwaltung, Hauptstr 52, 66987 Thaleischweiler-Fröschen

** **Borst** ✠
Luitpoldstr 4, ✉ 66506, ☎ (0 63 34) 14 31, Fax 14 31
Hauptgericht 35; Terrasse 🅿 ⌒; nur abends, so+feiertags auch mittags; geschl: Di

Maulbronn 61 ↘

Baden-Württemberg — Enzkreis — 253 m — 6 300 Ew — Bretten 9, Mühlacker 9, Pforzheim 17 km
🛈 ☎ (0 70 43) 10 30, Fax 1 03 45 — Stadtverwaltung, Klosterhof 31, 75433 Maulbronn; Erholungsort. Sehenswert: Ehem. Zisterzienserkloster: Kirche, Kreuzgang mit Brunnenhaus

* **Klosterpost**
Frankfurter Str 2, ✉ 75433, ☎ (0 70 43) 10 80, Fax 82 99, DC ED VA
44 Zi, Ez: 99-129, Dz: 139-179, ⊣ WC ☎; Lift 🅿 🚗 2⇔100
** Hauptgericht 35; Terrasse

* **Gasthof Birkenhof**
Bahnhofstr 5, ✉ 75433, ☎ (0 70 43) 67 63 +4 00 67, Fax 77 26, AX DC ED VA
19 Zi, Ez: 75-85, Dz: 130-140, ⊣ WC ☎; 🅿 🚗 2⇔60 Sauna Solarium
Rezeption: 7-14, 17-23; geschl: 2 Wochen im Feb
* Hauptgericht 25; Gartenlokal; geschl: Di, 2 Wochen im Feb

Maulburg 67 ↙

Baden-Württemberg — Kreis Lörrach — 353 m — 3 900 Ew — Schopfheim 4, Lörrach 8 km
🛈 ☎ (0 76 22) 3 99 10, Fax 39 91 27 — Bürgermeisteramt, Hermann-Burte-Str 55, 79689 Maulburg; Ort im Tal der Wiese, im südlichen Schwarzwald

* Murperch
Hotzenwaldstr 1, ✉ 79689, ☎ (0 76 22)
6 78 70, Fax 67 87 30, AX DC ED VA
14 Zi, Ez: 85-98, Dz: 98-145, ⌐ WC ☎; P
1⇔25; **garni**
Rezeption: 7-13, 15-22

* Wiesenthäler Hof
Hauptstr 49, ✉ 79689, ☎ (0 76 22) 20 44,
Fax 6 45 45, AX ED VA
Hauptgericht 36; Gartenlokal P; geschl:
Sa, So mittags, Anfang-Mitte Jan
*   6 Zi, Ez: 88, Dz: 145, ⌐ WC ☎
Rezeption: 11.30-14, 17-24; geschl: Sa, So
Mittag, Anfang-Mitte Jan.

Mauth   66 ↗

Bayern — Kreis Freyung-Grafenau —
1000 m — 2 800 Ew — Freyung 9,
Grafenau 23 km
ℹ ☎ (0 85 57) 96 00 85, Fax 96 00 15 — Verkehrsamt, Giesekestr 2, 94151 Mauth;
Erholungs- und Wintersportort am Nationalpark Bayerischer Wald. Sehenswert:
Freilichtmuseum im Ortsteil Finsterau
(6 km ↑)

* Fuchs
♂ ⋖ Mühlweg 8, ✉ 94151, ☎ (0 85 57) 2 30,
Fax 2 30
11 Zi, Ez: 39, Dz: 80, 2 App, ⌐ WC; P 🚗
Restaurant für Hausgäste

Finsterau (6 km ↑)
* Gasthof Bärnriegel
♂ ⋖ Haus Nr 32, ✉ 94151, ☎ (0 85 57)
9 60 20, Fax 96 02 49
23 Zi, Ez: 60-87, Dz: 80-107, ⌐ WC ☎; P
1⇔70 Fitneßraum Sauna Solarium
Rezeption: 8-21; geschl: Anfang Nov-Mitte
Dez
Im Gästehaus Zimmer der Kategorie **
vorhanden
*   Hauptgericht 20; Terrasse;
geschl: Anfang Nov-Mitte Dez

Mayen   43 ↙

Rheinland-Pfalz — Kreis Mayen-Koblenz —
240 m — 20 000 Ew — Laacher See 14, Nürburgring 26, Koblenz 28 km
ℹ ☎ (0 26 51) 8 82 60, Fax 8 83 66 — Verkehrsamt, im Alten Rathaus, Am Markt,
56727 Mayen; Stadt in der Eifel. Sehenswert: Kath. St.-Clemens-Kirche; kath. St.-
Veit-Kirche; Genovevaburg (Eifelmuseum);
Rathaus; Brückentor; Schloß Bürresheim
(5 km ↘)

* Maifelder Hof
Polcher Str 74, ✉ 56727, ☎ (0 26 51)
9 60 40, Fax 7 65 58, AX DC ED VA
13 Zi, Ez: 85-95, Dz: 140-165, ⌐ WC ☎; P
Kegeln ⑂
Rezeption: 7-14, 17-24; geschl: Ende Dez-
Anfang Jan

* Traube
Bäckerstr 6, ✉ 56727, ☎ (0 26 51) 9 60 10,
Fax 7 21 87, AX DC ED VA
21 Zi, Ez: 65-80, Dz: 95-120, ⌐ WC ☎; 🚗;
garni

* Im Römer
⌖ Marktstr 46, ✉ 56727, ☎ (0 26 51) 23 15,
Fax 90 02 94, ED
Hauptgericht 25; geschl: So, Mo

⌖ Alt Mayen
Brückenstr 6, ✉ 56727, ☎ (0 26 51) 24 35
7-19; geschl: So

Mayschoß   43 ←

Rheinland-Pfalz — Kreis Ahrweiler —
150 m — 1 050 Ew — Altenahr 3, Bad
Neuenahr 11, Adenau 23 km
ℹ ☎ (0 26 43) 83 08, Fax 93 60 93 — Verkehrsverein, Tourist-Service, Ahr-Rotweinstr. 42, 53508 Mayschoß. Sehenswert:
Weinkeller der ältesten Winzergenossenschaft Deutschlands; Ruine Saffenburg ⋖

Laach (1 km ↗)
** Lochmühle
⋖ an der B 267, ✉ 53508, ☎ (0 26 43) 80 80,
Fax 80 84 45, AX DC ED VA
103 Zi, Ez: 105-147, Dz: 192-234, 1 Suite, ⌐
WC ☎; Lift P 🚗 9⇔150 ⌒ Fitneßraum
Kegeln Sauna Solarium ⚕
Auch Zimmer der Kategorie * verfügbar
**   Hauptgericht 30; Terrasse

Mechernich   42 →

Nordrhein-Westfalen — Kreis Euskirchen
— 310 m — 22 000 Ew — Euskirchen 12,
Gemünd/Eifel 12 km
ℹ ☎ (0 24 43) 52 96 — Verkehrsverein, im
Stadtteil Kommern, Kölner Str 54,
53894 Mechernich. Sehenswert: Alte kath.
Kirche; Rheinisches Freilichtmuseum und
Hochwildpark im Stadtteil Kommern
(4 km ↑); Burg Satzvey (6 km ↗); Kakushöhlen beim Stadtteil Dreimühlen (8km ↓)

* Glehn
Bruchgasse 36, ✉ 53894, ☎ (0 24 43) 24 30,
Fax 13 46
10 Zi, Ez: 80-90, Dz: 120-130, ⌐ WC ☎; P
⑂

Kommern (4 km ↑)
** Sport-Hotel Kommern am See
Ernst-Becker-Weg, ✉ 53894, ☎ (0 24 43)
99 09 90, Fax 99 09 55, AX DC ED VA
30 Zi, Ez: 85-150, Dz: 145-210, ⌐ WC ☎; P
⌒ Fitneßraum Kegeln Sauna Solarium
Tennis 5
** Pfeffermühle
Hauptgericht 30

Meckenbeuren

Meckenbeuren 69 ↓

Baden-Württemberg — Bodenseekreis — 417 m — 12 272 Ew — Tettnang 5, Ravensburg 10, Friedrichshafen 13 km
🛈 ☎ (0 75 42) 40 30, Fax 40 31 00 — Gemeindeverwaltung, Theodor-Heuss-Platz 1, 88074 Meckenbeuren

Liebenau (4 km ↗)
** Sporthotel Amselhof
♂ Berger Halde 50, ✉ 88074, ☎ (0 75 42) 9 40 10, Fax 94 01 48, AX DC ED VA
20 Zi, Ez: 85-115, Dz: 140-160, ≐ WC ☎; P
2↔30 ≋ Fitneßraum Kegeln Sauna Solarium ⓘ
Tennis 7

Madenreute (4 km ↗)
** Jägerhaus
♂ Madenreute 13, ✉ 88074, ☎ (0 75 42) 9 45 50, Fax 94 55 56, DC ED VA
40 Zi, Ez: 90-130, Dz: 120-160, ≐ WC ☎; Lift P Sauna Solarium ⓘ

Meckenheim 43 ←

Nordrhein-Westfalen — Rhein-Sieg-Kreis — 200 m — 24 500 Ew — Rheinbach 5, Bonn 26 km
🛈 ☎ (0 22 25) 91 71 43, Fax 91 71 00 — Stadtverwaltung, Bahnhofstr 22, 53340 Meckenheim. Sehenswert: Wasserburg Lüftelberg; Stephanskapelle

** City-Hotel
Bonner Str 25, ✉ 53340, ☎ (0 22 25) 60 95, Fax 1 77 20, AX DC ED VA
89 Zi, Ez: 100-135, Dz: 140-200, 1 Suite, ≐ WC ☎; Lift P 12↔100 Kegeln Sauna Solarium
* Zum Brotbäcker
Hauptgericht 25; Terrasse

* Zwei Linden
Merler Str 1, ✉ 53340, ☎ (0 22 25) 60 22, Fax 1 28 92, AX DC ED VA
18 Zi, Ez: 100, Dz: 150, 1 Suite, ≐ WC ☎; P; garni

Meerane 49 ↑

Sachsen — Kreis Glauchau — 250 m — 22 000 Ew — Zwickau 13, Altenburg 20 km
🛈 ☎ (0 37 64) 5 40, Fax 42 74 — Stadtverwaltung, Leipziger Str 32, 08383 Meerane; Westsächsische Industriestadt. Sehenswert: hist. Stadtkern; Rathaus

*** Meerane (Top International Hotel)
An der Hohen Str 3, ✉ 08393, ☎ (0 37 64) 59 10, Fax 59 15 91, AX DC ED VA
117 Zi, Ez: 125-185, Dz: 155-235, S;
20 Suiten, ≐ WC ☎, 60⊠; Lift P 🚗
11↔200 Fitneßraum Sauna Solarium
Tennis 10
** Ambiente
Hauptgericht 25

** Schwanefeld
Schwanefelder Str 22, ✉ 08393, ☎ (0 37 64) 24 15, Fax 43 67, AX DC ED VA
63 Zi, Ez: 90-120, Dz: 155, ≐ WC ☎; Lift P 5↔200 Bowling Fitneßraum Kegeln Sauna Solarium
** Hauptgericht 25

** Parkhotel
♂ Martinstr 54, ✉ 08393, ☎ (0 37 64) 4 72 77, Fax 4 72 78, AX DC ED VA
40 Zi, Ez: 85-115, Dz: 135, ≐ WC ☎; P 🚗
3↔80 Bowling Fitneßraum Sauna Solarium
** Hauptgericht 25

* Zur Eiche
Karl-Schiefer-Str 32, ✉ 08393, ☎ (0 37 64) 41 80, Fax 46 69, AX DC ED VA
16 Zi, Ez: 65-90, Dz: 100, ≐ WC ☎; P ⓘ
Rezeption: 11-23

* Annet
Pestalozzistr 16, ✉ 08393, ☎ (0 37 64) 21 21, Fax 43 67, AX DC ED VA
15 Zi, Ez: 65-95, Dz: 110, ≐ WC ☎; garni

Götzenthal
* Hoti
Götzenthal 42, ✉ 08393, ☎ (0 37 64) 41 76, Fax 41 77
17 Zi, Ez: 67, Dz: 94, ≐ WC ☎; P; garni

Meerbusch 32 ↘

Nordrhein-Westfalen — Kreis Neuss — 33 m — 52 930 Ew — Neuss 8, Düsseldorf 9, Krefeld 16 km
🛈 ☎ (0 21 32) 91 60, Fax 91 63 20 — Stadtverwaltung, im Stadtteil Büderich, Moerser Str 28, 40641 Meerbusch; Stadt am Niederrhein. Sehenswert: Teloy-Mühle; Alter Kirchturm; Pfarrkirche St. Nikolaus

Achtung: Autofähre nach Düsseldorf-Kaiserswerth, Sommer: 7-20 Uhr, Wochenende ab 9 Uhr; Winter bis 19 Uhr, Wochenende ab 10 Uhr nach Bedarf,
☎ (0 21 32) 10 02

*** Best Western Hotel Vier Jahreszeiten
◂ Zur Rheinfähre 14, ✉ 40668, ☎ (0 21 50) 91 40, Fax 91 49 00, AX DC ED VA
66 Zi, Ez: 190-480, Dz: 240-530, 10 Suiten, ≐ WC ☎, 11⊠; Lift P 🚗 5↔250 Fitneßraum Sauna Solarium
*** Bellevue
◂ Hauptgericht 30; Biergarten Terrasse

Büderich
* Zum Deutschen Eck
Düsseldorfer Str 87, ✉ 40667, ☎ (0 21 32) 9 92 20, Fax 99 22 20, VA
24 Zi, Ez: 130-210, Dz: 170-260, 2 App, WC ☎; Lift P 🚗; garni
geschl: 23.12.96-2.1.97

Meersburg

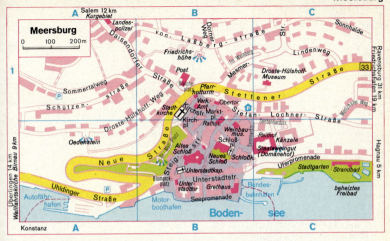

*** **Landhaus Mönchenwerth**
◁ Niederlöricker Str 56, an der Anlegestelle der Rheinboote, ✉ 40667, ☏ (0 21 32) 7 79 31, Fax 7 18 99, AX DC ED VA
Hauptgericht 35; P Terrasse; geschl: Mo, Di, Sa

* **Lindenhof**
Dorfstr 48, ✉ 40667, ☏ (0 21 32) 26 64, Fax 55 28 75, AX
Hauptgericht 30; Terrasse; geschl: Mo

Osterath
* **Osterather Hof**
Kirchplatz 30, ✉ 40670, ☏ (0 21 59) 24 90, Fax 5 12 49, AX DC ED VA
26 Zi, Ez: 128-150, Dz: 190, WC ☏; P 🅿 2⇆50
* Hauptgericht 35

** **Gschwind**
Hochstr 29, ✉ 40670, ☏ (0 21 59) 24 53, Fax 24 22, AX DC ED VA
Hauptgericht 30; P; geschl: Sa + So mittags Mo, Mitte Aug, Ende Feb-Anfang Mär

Meersburg 69

Baden-Württemberg — Bodenseekreis — 410 m — 5 000 Ew — Überlingen 14, Friedrichshafen 18 km
ℹ ☏ (0 75 32) 43 11 10, Fax 43 11 20 — Kur- und Verkehrsverwaltung, Kirchstr 4 (B 1), 88709 Meersburg; Stadt am Bodensee, Erholungsort. Sehenswert: Stadtbild; Altes Schloß; Neues Schloß: Treppenhaus, Dornier-Museum; Altes Kloster; Fürstenhäuschen; Droste-Museum; Schiffahrt zur Insel Mainau.

Achtung: Autofähre nach Konstanz-Staad alle 15 Min. von 6-22 Uhr ℹ ☏ (0 75 32) 80 33 36

** **3 Stuben**
Kirchstr 7 (B 1), ✉ 88709, ☏ (0 75 32) 8 00 90, Fax 13 67, AX ED VA
25 Zi, Ez: 135-195, Dz: 215-255, 🛁 WC ☏; Lift P 🅿 Sauna
geschl: Jan, Feb
*** Hauptgericht 45; nur abends;
geschl: Di, 1.1.-15.2.97

** **Romantik Hotel Residenz am See**
◁ Uferpromenade 11 (C 2), ✉ 88709, ☏ (0 75 32) 60 54, Fax 68 57, AX DC ED VA
26 Zi, Ez: 136-196, Dz: 192-312, 1 Suite, 🛁 WC ☏, 4🅿; Lift P 2⇆40
** ◁ Hauptgericht 40

** **Kurallee**
♣ Kurallee 2 (außerhalb A 1), ✉ 88709, ☏ (0 75 32) 10 05, Fax 3 61, AX ED
14 Zi, Ez: 130-150, Dz: 165-190, 🛁 WC ☏; P 🅿; garni

** **Villa Bellevue**
♣ Am Rosenhag 5, ✉ 88709, ☏ (0 75 32) 97 70, Fax 13 67, AX ED VA
11 Zi, Ez: 105-135, Dz: 205-235, 🛁 WC ☏; P 🅿; garni
Rezeption: 8-21

* **Wilder Mann**
◁ Bismarckplatz 2 (B 2), ✉ 88709, ☏ (0 75 32) 90 11, Fax 90 14, AX
33 Zi, Ez: 110-150, Dz: 140-250, 3 Suiten, 🛁 WC ☏; P 🅿 Solarium 🍽
Auch Zimmer der Kategorie ** vorhanden

* **Seehof**
◁ Unterstadtstr 36 (B 2), ✉ 88709, ☏ (0 75 32) 43 35-0, Fax 24 06, ED VA
21 Zi, Ez: 95-120, Dz: 160-190, 🛁 WC ☏, 1🅿; Lift P 🅿; garni →

Meersburg

✱ Off
♂ ⋖ Uferpromenade 51 (C 2), ✉ 88709,
☎ (0 75 32) 3 33, Fax 58 05, DC ED VA
20 Zi, Ez: 95-120, Dz: 150-210, WC ☎; Lift P
1⇄30 Seezugang
geschl: Jan, Mitte-Ende Nov
Auch Zimmer der Kategorie ✱✱ vorhanden
✱ Hauptgericht 30; Terrasse;
geschl: Jan, Mitte-Ende Nov

✱ Weinstube Löwen
Marktplatz 2 (B 1), ✉ 88709, ☎ (0 75 32)
4 30 40, Fax 43 04 10, AX DC ED VA
21 Zi, Ez: 85-140, Dz: 150-190, ⊣ WC ☎, 4
Rezeption: 7-21; geschl: im Winter Mi
✱✱ Weinstube
Ⓥ Hauptgericht 30; geschl: Im Winter Mi

✱ Seegarten
♂ ⋖ Uferpromenade 47 (C 2), ✉ 88709,
☎ (0 75 32) 64 00, Fax 69 53
15 Zi, Ez: 100, Dz: 140-220, 9 App, WC ☎;
Lift P 🚗 Sauna Solarium; **garni**
geschl: Mitte Nov-Anfang Mär

✱ Seehotel Zur Münz
⋖ Seestr 7 (B 2), ✉ 88709, ☎ (0 75 32)
90 90, Fax 77 85, AX ED VA
10 Zi, Ez: 90, Dz: 160-190, ⊣ WC ☎; Lift P
🚗 ⑲
geschl: Nov-Feb

✱✱ Winzerstube Zum Becher ✤
Ⓥ Höllgasse 4, beim Neuen Schloß (B 2),
✉ 88709, ☎ (0 75 32) 90 09, Fax 16 99,
AX DC VA
Hauptgericht 35; Terrasse; geschl: Mo, Di mittags, Mitte Dez-Mitte Jan

⑲ Ratskeller
Marktplatz (B 1), ✉ 88709, ☎ (0 75 32)
90 04
Hauptgericht 20; geschl: Mo

Mehlingen 53 ↘

Rheinland-Pfalz — Kreis Kaiserslautern — 300 m — 3 495 Ew — Kaiserslautern 8 km
ℹ ☎ (0 63 03) 80 20 — Verbandsgemeindeverwaltung, Hauptstr 18, 67677 Enkenbach-Alsenborn

✱ Landsknecht
♂ Lerchenstr 12, ✉ 67678, ☎ (0 63 03)
60 74, Fax 47 31, AX DC ED VA
7 Zi, Ez: 68, Dz: 105, ⊣ WC ☎; P 2⇄60 ≋
Kegeln Solarium ⑲

Mehring 52 ↗

Rheinland-Pfalz — Kreis Trier-Saarburg — 126 m — 2 000 Ew — Trier 20, Bernkastel-Kues 42 km
ℹ ☎ (0 65 02) 14 13, Fax 79 55 — Verkehrsverein, Bachstr 47, 54346 Mehring; Erholungsort an der Mosel

✱ Weinhaus Molitor
Maximinstr 7, ✉ 54346, ☎ (0 65 02) 27 88, ED
10 Zi, Ez: 65, Dz: 95-120, 1 Suite, ⊣ WC; P 🚗
geschl: 2.1.-31.-1.

Mehring 73 ↗

Bayern — Kreis Altötting — 430 m — 2 087 Ew — Burghausen 6 km
ℹ ☎ (0 86 79) 12 67, Fax 54 73 — Verwaltungsgemeinschaft, Untere Dorfstr 3, 84561 Emmerting

Hohenwart (1 km ↑)
✱ Schwarz
Haus Nr 10, ✉ 84561, ☎ (0 86 77) 98 40,
Fax 14 40, ED VA
22 Zi, Ez: 64-75, Dz: 106-128, ⊣ WC ☎; P
1⇄250
geschl: Di
✱ Hauptgericht 20; Biergarten Terrasse; geschl: Di, 3 Wochen im Aug

Meinberg, Bad
siehe **Horn-Bad Meinberg**

Meinersdorf 50 □

Sachsen — 1 725 Ew
ℹ ☎ (0 37 21) 20 60 — Gemeindeverwaltung, Tourist Information, Am Markt 3, 09390 Meinersdorf

✱ Waldperle
♂ Waldstr 31, ✉ 09390, ☎ (0 37 21) 2 25 10,
Fax 2 29 23, AX ED VA
12 Zi, Ez: 60-120, Dz: 120-150, 5 Suiten,
5 App, ⊣ WC ☎; P 2⇄30 ⑲
Rezeption: 6.30-21
Auch Zimmer der Kategorie ✱✱ vorhanden.
Hotelanlage mit 11 Bungalows

Meinerzhagen 33 ↘

Nordrhein-Westfalen — Märkischer Kreis — 405 m — 20 262 Ew — Gummersbach 15, Lüdenscheid 20, Attendorn 23 km
ℹ ☎ (0 23 54) 7 71 32, Fax 7 72 20 — Verkehrsamt, Bahnhofstr 11, 58540 Meinerzhagen; Wintersportplatz im Sauerland

✱ Wirth
Hauptstr 19, ✉ 58540, ☎ (0 23 54) 60 58,
Fax 60 50, AX DC ED VA
20 Zi, Ez: 48-120, Dz: 98-180, 1 Suite, ⊣ WC
☎; Lift P 🚗; **garni**
geschl: Sa

✱ La Provence
Kirchstr 11, ✉ 58540, ☎ (0 23 54) 1 21 06,
AX DC ED VA
Hauptgericht 30; P Terrasse; geschl: Mo, 2 Wochen in den Sommerferien

Meinhard 36 ↘

Hessen — Werra-Meißner-Kreis — 250 m
— 6 150 Ew — Eschwege 4 km
🛈 ☎ (0 56 51) 7 48 00, Fax 74 80 55 —
Gemeindeverwaltung, im Ortsteil Greben-
dorf, Sandstr 15, 37276 Meinhard

Schwebda-Außerhalb (1,5 km ↗)
*** **Schloß Wolfsbrunnen
(Gast im Schloß)**
einzeln ♂ ⬤ 🅥 ⌧ 37276, ☎ (0 56 51) 30 50,
Fax 30 53 33, AX DC ED VA
61 Zi, Ez: 120-205, Dz: 195-250, 1 Suite,
3 App, ⊟ WC ☎; Lift 🅿 6⟳130 ≘ Sauna
Solarium
geschl: Anfang-Mitte Jan
Tennis 1
Auch Zimmer der Kategorie ** vor-
handen. Herrensitz von 1904
*** **Spiegelsaal**
Hauptgericht 40; geschl: Anfang-Mitte Jan

Meiningen 47 ←

Thüringen — Kreis Meiningen — 286 m —
27 000 Ew — Eisenach 52, Bad Kissingen
58 km
🛈 ☎ (0 36 93) 27 70, Fax 27 70 — Tourist
Information, Bernhardstr 6, 98617 Meiningen. Sehenswert: Theater; Schloß Elisabe-
thenburg; Bürgerhäuser: Büchnersches
Hinterhaus, Alte Posthalterei, Steinernes
Haus, Rautenkranz; Otto-Ludwig-Denk-
mal; Brahms-Denkmal; Literaturmuseum
Baumbachhaus

** **Sächsischer Hof**
Georgstr 1, ⌧ 98617, ☎ (0 36 93) 45 70,
Fax 50 28 20, AX ED
38 Zi, Ez: 130-135, Dz: 175-205, 2 Suiten, ⊟
WC ☎; Lift 🅿 1⟳20
** Hauptgericht 30

** **Altstadthotel**
Nachtigallenstr/Baumbachstr, ⌧ 98617,
☎ (0 36 93) 8 76 90, Fax 87 69 40, AX ED VA
14 Zi, Ez: 95-100, Dz: 130-150, ⊟ WC ☎; Lift
🅿 1⟳14 Sauna Solarium; **garni**

** **Schlundhaus**
Schlundgasse 4, ⌧ 98617, ☎ (0 36 93)
4 27 76/4 27 77, Fax 4 10 53, AX DC VA
12 Zi, Ez: 85-115, Dz: 120-165, ⊟ WC ☎;
2⟳70 🍴

** **Im Kaiserpark**
Günther-Raphael-Str 9, ⌧ 98617, ☎
47 18 16, Fax 47 18 20, ED VA
37 Zi, Ez: 80-110, Dz: 130-150, ⊟ WC ☎,
7🛏; Lift 🅿 🖃 1⟳100; **garni**

* **An der Kapelle**
Anton-Ulrich-Str 19, ⌧ 98617, ☎ (0 36 93)
4 49 20, Fax 47 01 74, AX DC ED VA
17 Zi, Ez: 70-100, Dz: 105-120, ⊟ WC ☎; 🅿
35 🍴

* **Wolke 7**
Goethestr 18, ⌧ 98617, ☎ (0 36 93) 4 13 50,
Fax 38 20, AX ED VA
14 Zi, Ez: 70-95, Dz: 110, ⊟ WC ☎; 🅿; **garni**
Rezeption: 7-21

Meiningen-Außerhalb (5 km ↘)
*** **Schloß Landsberg
(Gast im Schloß)**
einzeln ♂ ⬤ 🅥 Landsberger Str 150,
⌧ 98617, ☎ (0 36 93) 50 23 52, Fax 50 23 53,
AX ED VA
15 Zi, Ez: 140-250, Dz: 190-300, 6 Suiten, ⊟
WC ☎; Lift 🅿 2⟳40 🍴
Historische Schloßanlage in neugoti-
schem Stil. Möblierung nach Vorbildern
des 19. Jh.
** 🅥 Hauptgericht 28; Terrasse;
geschl: So abends, Mo mittags

Neubrunn (10 km ↘)
* **Landhotel Zum Zapfer**
Augasse 4, ⌧ 98617, ☎ (03 69 47) 5 09 82,
Fax 5 00 37, AX ED VA
31 Zi, Ez: 60-80, Dz: 80-100, ⊟ WC ☎; 🅿
1⟳30 🍴
Rezeption: 7-21

Meisdorf 38 ↘

Sachsen-Anhalt — Kreis Aschersleben —
1 042 Ew — Aschersleben 12 km
🛈 — Gemeindeverwaltung, Allee 27,
06463 Meisdorf

** **Parkhotel Schloß Meisdorf**
♂ Allee 5, ⌧ 06463, ☎ (03 47 43) 9 80,
Fax 9 82 22, 9 83 33, AX DC ED VA
72 Zi, Ez: 85-178, Dz: 115-203, 2 Suiten,
1 App, ⊟ WC ☎, 23🛏; Lift 🅿 6⟳180 ≘
Bowling Kegeln Sauna Solarium 🍴 🖃
Golf 15; Tennis 2
Auch Zimmer der Kategorie *** vor-
handen

** **Forsthaus Meisdorf**
einzeln ♂ Allee 4, ⌧ 06463, ☎ (03 47 43)
81 38, Fax 82 31
10 Zi, Ez: 153-178, Dz: 208-256, 1 Suite, ⊟
WC ☎; 🅿 🖃 ≘ Sauna 🍴
Tennis 2

Meißen 40 ↓

Sachsen — Kreis Meißen — 109 m —
32 000 Ew — Dresden 25, Riesa 26 km
🛈 ☎ (0 35 21) 45 44 70, Fax 45 82 40 — Tourist-Information Meißen GmbH,
An der Frauenkirche 3 (A 2), 01662 Meißen; Porzellan- und Weinstadt. Sehenswert: Burgberg mit Dom und Albrechts-
burg; Großer Wendelstein; Frauenkirche;
Brauhaus; Tuchmachertor; Porzellan-
Manufaktur; Nikolaikirche; historische
Altstadt

Stadtplan siehe Seite 706 →

Meißen

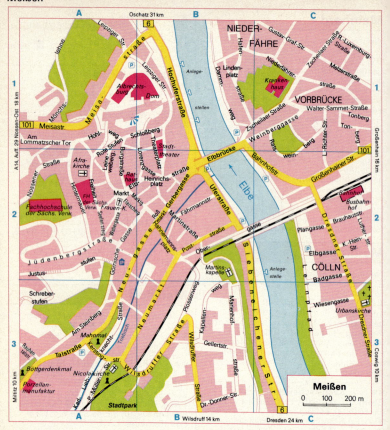

*** Parkhotel Pannonia
⚓ ⛴ Hafenstr 27-31 (B 1), ✉ 01662,
☎ (0 35 21) 7 22 50, Fax 72 29 04,
AX DC ED VA
93 Zi, Ez: 150-190, Dz: 255-285, 5 Suiten, ⌐
WC ☎, 5◨; Lift 🅿 🚗 5⇨45 Fitneßraum
Sauna Solarium 🍽
Auch Zimmer der Kategorie ** vorhanden
** ⛴ Hauptgericht 30; Terrasse

** Ross
Großenhainer Str 9 (C 2), ✉ 01662,
☎ (0 35 21) 75 10, Fax 75 19 99, AX ED VA
41 Zi, Ez: 110-150, Dz: 170-220, 1 Suite,
10 App, ⌐ WC ☎, 14◨; Lift 🅿 🚗 2⇨50 Fitneßraum Sauna Solarium 🍽

** Goldgrund
einzeln ⚓ Goldgrund 14 (außerhalb A 3),
✉ 01662, ☎ (0 35 21) 4 79 30, Fax 47 93 44,
AX DC ED VA
22 Zi, Ez: 80-100, Dz: 135-160, 1 Suite, ⌐
WC ☎, 4◨; 🅿 1⇨16; garni

* Andree
Ferdinandstr 2, ✉ 01662, ☎ (0 35 21) 75 50,
Fax 75 51 30, AX DC ED VA
86 Zi, Ez: 98-190, Dz: 150-210, ⌐ WC ☎,
33◨; Lift 🅿 3⇨50 Kegeln 🍽
Auch Zimmer der Kategorie ** vorhanden

* Feder
⛴ Siebeneichener Str 44 (außerhalb C 3),
✉ 01662, ☎ (0 35 21) 4 70 50, Fax 47 05 10,
AX ED VA
9 Zi, Ez: 110-140, Dz: 140-180, ⌐ WC ☎; 🅿
Restaurant für Hausgäste

Romantik Restaurant Vincenz Richter
⌖ An der Frauenkirche 12 (A 2), ✉ 01662,
☎ (0 35 21) 45 32 85, Fax 45 37 63,
AX DC ED VA
Hauptgericht 25; Terrasse; nur abends;
geschl: Mo, Jan.
Historisches Gebäude von 1523. Seit 1873
Weinstube. Eigenbauweine. Ausstattung
mit Antiquitäten

Oberspaar (2 km ↘)
Weinstube Bauernhäusl
⊗ Oberspaarer Str 20, ⊠ 01662, ☎ (0 35 21) 73 33 17, Fax 73 87 15, AX ED
Hauptgericht 20; 🅿; geschl: So, Mo mittags
Historische Weinstube seit 1850

Meldorf 9 ↙

Schleswig-Holstein — Kreis Dithmarschen — 6 m — 7 200 Ew — Heide 12, Itzehoe 39 km
ℹ ☎ (0 48 32) 70 45 — Verkehrsverein, Nordermarkt 10, 25704 Meldorf. Sehenswert: Dom; Dithmarsches Landesmuseum; Landwirtschaftsmuseum; historische Handweberei; Südermühle

∗ Stadt Hamburg
Nordermarkt 2, ⊠ 25704, ☎ (0 48 32) 95 88-30, Fax 95 88-88, AX DC ED VA
10 Zi, Ez: 90, Dz: 140, ⊣ WC ☎, 2⊠; 🅿 🚗 1↔100 Fitneßraum Sauna 🍽
Rezeption: 7-14.30, 17.30-23

∗ Zur Linde
(Flair Hotel)
Südermarkt 1, ⊠ 25704, ☎ (0 48 32) 9 59 50, Fax 43 12, AX DC ED VA
17 Zi, Ez: 85-100, Dz: 112-140, ⊣ WC ☎; 🅿 2↔240
∗ Hauptgericht 25

Mellingen 48 ↑

Thüringen — Kreis Weimarer Land — 200 m — 1 284 Ew — Weimar 5 km
ℹ ☎ (03 64 53) 8 03 50 — Verwaltungsgemeinschaft, Karl-Alexanderstr 134 a, 99441 Mellingen

∗∗ Ilmtal
Hirtentorstr, ⊠ 99441, ☎ (03 64 53) 86 00, Fax 8 60 86, AX DC ED VA
42 Zi, Ez: 127, Dz: 139, 1 Suite, 6 App, ⊣ WC ☎; 🅿 1↔50 Sauna 🍽

Mellinghausen 25 ↖

Niedersachsen — Kreis Diepholz — 50 m — 700 Ew — Sulingen 9, Nienburg 24 km
ℹ ☎ (0 42 72) 3 41 — Samtgemeindeverwaltung, Rathaus, 27254 Siedenburg

∗ Märtens
Haus Nr 63, ⊠ 27249, ☎ (0 42 72) 9 30 00, Fax 93 00 28, AX ED
24 Zi, Ez: 75-90, Dz: 110-125, ⊣ WC ☎; 🅿 2↔200 Kegeln 🍽
geschl: Mo, 3 Wochen in den Sommerferien

Mellrichstadt 46 →

Bayern — Kreis Rhön-Grabfeld — 272 m — 6 300 Ew — Ostheim vor der Rhön 8, Bad Neustadt a.d. Saale 13, Meiningen 20 km
ℹ ☎ (0 97 76) 92 41, Fax 73 42 — Fremdenverkehrsbüro, Marktplatz 2, 97638 Mellrichstadt. Sehenswert: Altes Schloß; Kirche St. Kilian; Kapellen; Museum „Salzhaus"; Stadtmauer; Wasserschloß in Roßrieth (5 km →)

∗ Sturm
mit Gästehäusern
Christa & Bettina
Ignaz-Reder-Str 3, ⊠ 97638, ☎ (0 97 76) 8 18 00, Fax 81 80 40, AX DC ED VA
36 Zi, Ez: 80-105, Dz: 102-130, 2 App, ⊣ WC ☎, 6⊠; Lift 🅿 5↔50 Fitneßraum Sauna Solarium
Rezeption: 8-20; geschl: So abends, Anfang Jan
Auch Zimmer der Kategorie ∗∗ vorhanden
∗∗ Hauptgericht 22; Biergarten Terrasse; geschl: So abends, Anfang Jan

Melsungen 36 ↙

Hessen — Schwalm-Eder-Kreis — 180 m — 14 100 Ew — Kassel 20, Fritzlar 24, Bebra 30 km
ℹ ☎ (0 56 61) 7 81 09, Fax 7 81 19 — Tourist Information, Markt 1, 34212 Melsungen; Luftkurort im Fuldatal. Sehenswert: Ev. Stadtkirche; Schloß; Rathaus mit „Bartenwetzer"-Figur (erscheint um 12 + 18 Uhr am Turm); „Bartenwetzer"-Brücke; Fachwerkhäuser und Mauerreste

∗ Sonnenhof
Franz-Gleim-Str 11, ⊠ 34212, ☎ (0 56 61) 73 89 99, Fax 73 89 98, AX DC ED VA
24 Zi, Ez: 68-125, Dz: 125-180, 1 Suite, 1 App, ⊣ WC ☎; Lift 🅿 🚗 2↔40
Rezeption: 7-15, 16.30-23; geschl: So
Restaurant für Hausgäste

∗ Hessischer Hof
Rotenburger Str 22, ⊠ 34212, ☎ (0 56 61) 60 94, Fax 60 93, AX DC ED VA
29 Zi, Ez: 95-125, Dz: 115-135, ⊣ WC ☎; 🅿 🚗 🍽
geschl: Mitte Dez-Mitte Jan

∗ Comfort Hotel Melsungen
Am Bürostoß 2a, ⊠ 34212, ☎ (0 56 61) 73 91 00, Fax 73 92 99, AX DC ED VA
99 Zi, Ez: 119, Dz: 139, ⊣ WC ☎, 52⊠; 🅿; garni

∗∗ Gasthaus Alte Apotheke
Brückenstr 5, ⊠ 34212, ☎ (0 56 61) 73 81 18, Fax 73 81 12, AX VA
Hauptgericht 40; geschl: Mo

Memmelsdorf

Memmelsdorf 57 ↘

Bayern — Kreis Bamberg — 250 m —
8 720 Ew — Bamberg 8, Scheßlitz 13 km
🅘 ☎ (09 51) 4 09 60, Fax 40 96 96 —
Gemeindeverwaltung, Pödeldorfer Str 11,
96117 Memmelsdorf

**✶ Drei Kronen
(Flair Hotel)**
Hauptstr 19, ⌧ 96117, ☎ (09 51) 94 43 30,
Fax 9 44 33 66, [AX][ED][VA]
30 Zi, Ez: 50-90, Dz: 90-140, ⊿ WC ☎, 3🖃;
🅿 2⇨40 🍽
Auch Zimmer der Kategorie ✶✶ vorhanden

Memmingen 70 ↘

Bayern — Stadtkreis — 595 m — 40 000 Ew
— Mindelheim 27, Kempten 34, Biberach
a. d. Riß 37 km
🅘 ☎ (0 83 31) 85 01 72, Fax 85 01 78 — Verkehrsamt, Ulmer Str 9, 87700 Memmingen;
Landestheater Schwaben. Sehenswert: Ev.
Martins-Kirche: Chorgestühl; ev. Frauenkirche: Wandmalereien; hist. Stadtmauer;
Rathaus; Steuerhaus; ehem. Kloster in
Buxheim (3 km ⟵)

✶✶ Parkhotel an der Stadthalle
Ulmer Str 7, ⌧ 87700, ☎ (0 83 31) 93 20,
Fax 4 84 39, [AX][ED][VA]
90 Zi, Ez: 117-147, Dz: 184-224, ⊿ WC ☎,
60🖃; Lift 🚗 12⇨1500 Sauna Solarium ≋

✶✶ Schwarzer Ochsen
Hauptgericht 28; Terrasse

✶✶ Falken
Roßmarkt 3, ⌧ 87700, ☎ (0 83 31) 4 70 81,
Fax 4 70 86, [AX][DC][ED][VA]
39 Zi, Ez: 98-160, Dz: 170-195, ⊿ WC ☎, Lift
🅿 🚗; garni
geschl: Aug, Ende Dez-Anfang Jan

✶✶ Weinhaus Knöringer
Weinmarkt 6, ⌧ 87700, ☎ (0 83 31) 27 15,
Fax 8 42 01, [ED]
Hauptgericht 25; geschl: Di, Sa mittags,
Jan, Aug

✶ Die Traube
♆ Kramerstr 8, ⌧ 87700, ☎ (0 83 31) 33 26
Hauptgericht 15

≋ Rau
Roßmarkt 3, ⌧ 87700, ☎ (0 83 31) 34 24,
Fax 8 42 86
9-18, So ab 13
Spezialität: Baumtorte

Menden 34 ↙

Nordrhein-Westfalen — Märkischer Kreis
— 139 m — 57 904 Ew — Hagen 31, Dortmund 31, Soest 32 km
🅘 ☎ (0 23 73) 90 30, Fax 90 33 86 — Stadtverwaltung, Neumarkt 5, 58706 Menden;
Stadt im nördlichen Sauerland. Sehenswert: Vincenz-Kirche; Bergkapelle;
Teufelsturm; Ritterhaus- Denkmal; Altstadt; Geschichtsbrunnen; Techn. Denkmal „Alter Hammer"

✶ Central ♛
Unnaer Str 33, ⌧ 58706, ☎ (0 23 73) 50 45,
Fax 55 31, [AX][DC][ED][VA]
16 Zi, Ez: 95, Dz: 140, ⊿ WC ☎; Lift; garni
Rezeption: 8-22, Sa + So 8-12, 18-22

Mengen 69 ⟵

Baden-Württemberg — Kreis Sigmaringen
— 560 m — 9 600 Ew — Saulgau 15,
Sigmaringen 16 km
🅘 ☎ (0 75 72) 60 70, Fax 6 07 46 — Stadtverwaltung, Hauptstr 90, 88512 Mengen.
Sehenswert: Kath. Liebfrauen-Kirche;
Fachwerkhäuser und zwei alte Wehrhäuser
(„Fuchs" und „Kazede"); Pfarrkirche im
Stadtteil Ennetach

✶✶ Rebstock
Hauptstr 93, ⌧ 88512, ☎ (0 75 72) 34 11,
Fax 7 81 10, [DC][ED][VA]
Hauptgericht 30; Gartenlokal 🅿 🛏;
geschl: Fr, Sa mittags

Mengeringhausen
siehe **Arolsen**

Mengerskirchen 44 □

Hessen — Kreis Limburg-Weilburg —
420 m — 5 700 Ew — Weilburg 12, Herborn 22 km
🅘 ☎ (0 64 76) 80 81, Fax 16 53 — Gemeindeverwaltung, Schloßstr 3, 35794 Mengerskirchen

Probbach (4,5 km ↘)
✶ Landhaus Höhler
einzeln ⚲ ⫷ Am Stausee 1, ⌧ 35794,
☎ (0 64 76) 80 31, Fax 88 86, [AX][DC][ED][VA]
22 Zi, Ez: 85-105, Dz: 140-160, ⊿ WC ☎; 🅿
2⇨40 ≋ Sauna Solarium
geschl: Aug
✶ Hauptgericht 29; Terrasse;
geschl: Mo, Aug

✶ Tannenhof
einzeln ⚲ ⫷ Am Waldsee 1, ⌧ 35794,
☎ (0 64 76) 9 10 60, Fax 9 10 62
12 Zi, Ez: 55-70, Dz: 110-120, ⊿ WC ☎; 🅿
1⇨30 🍽 ≋
geschl: Di, Januar

Mengkofen 65 □

Bayern — Kreis Dingolfing/Landau —
393 m — 5 180 Ew — Straubing 23,
Landshut 30 km
🅘 ☎ (0 87 33) 6 19, Fax 13 22 — Gemeindeverwaltung, Von-Haniel-Allee 12, 84152

✶✶ Zur Post
Hauptstr 20, ⌧ 84152, ☎ (0 87 33) 9 22 70,
Fax 9 22 71 70, [AX][DC][ED][VA]
20 Zi, Ez: 75-120, Dz: 120-160, 2 App, ⊿ WC
☎, 8🖃; Lift 🅿 🚗 2⇨120 Sauna Solarium ≋
geschl: Mitte Jan, Anfang Sep
✶✶ Hauptgericht 30; Biergarten;
geschl: Fr, Mitte Jan, Anfang Sep

Menzenschwand
siehe **Sankt Blasien**

Meppen 23 ↗

Niedersachsen — Kreis Emsland — 20 m — 31 000 Ew — Holländische Grenze 16, Lingen 20, Papenburg 47 km
🛈 ☏ (0 59 31) 15 31 06, Fax 15 33 30 — Verkehrsverein, Markt 43, 49716 Meppen; Kreisstadt an der Ems und am Dortmund-Ems-Kanal. Sehenswert: Kath. Propsteikirche; kath. Gymnasialkirche; Rathaus; Moormuseum in Groß-Hesepe (10 km ↙)

* **Altstadt-Hotel**
Nicolaus-Augustin-Str 3, ✉ 49716, ☏ (0 59 31) 1 71 68 + 1 80 48, Fax 8 72 14, ED VA
15 Zi, Ez: 75-70, Dz: 130-120, ⇩ WC ☏; Lift; garni 🛏

* **Hülsmann**
Hüttenstr 2, ✉ 49716, ☏ (0 59 31) 22 21, Fax 52 05, ED
26 Zi, Ez: 65-90, Dz: 145, 1 Suite, ⇩ WC ☏; Lift 🅿 🍴 1⇨50 Kegeln Solarium 🍽

* **Schmidt am Markt**
Am Markt 17, ✉ 49716, ☏ (0 59 31) 9 81 00, Fax 98 10 10, ED VA
19 Zi, Ez: 65-110, Dz: 130-150, 1 Suite, ⇩ WC ☏; Lift 🅿 🍴 🍽
Hotelanfahrt über Nikolaus-Augustin-Str

* **Park-Hotel**
♂ Lilienstr 21, ✉ 49716, ☏ (0 59 31) 1 80 11, Fax 8 94 94, AX DC ED VA
31 Zi; Ez: 85-95, Dz: 145-150, 1 Suite, 1 App, ⇩ WC ☏; Lift 🅿 🍴 1⇨150 Kegeln
Auch Zimmer der Kategorie ** vorhanden
** **Remise**
Hauptgericht 30; geschl: So

Nödike (2 km ↓)
** **Tiek**
Junkersstr 2, ✉ 49716, ☏ (0 59 31) 1 20 51, Fax 1 40 54, AX DC ED VA
15 Zi, Ez: 80, Dz: 130, ⇩ WC ☏; 🅿
Restaurant für Hausgäste

Merching 63 ↘

Bayern — Aichach-Friedberg — 529 m — 2 350 Ew — Aichach 30, Augsburg 18 km
🛈 ☏ (0 82 33) 40 11 — Gemeindeverwaltung, Hauptstr 26, 86504 Merching

Steinach
* **Dominikus Hof**
Kapellenweg 1, ✉ 86504, ☏ (0 82 02) 9 60 90, Fax 96 09 40
16 Zi, Ez: 65, Dz: 100-120, ⇩ WC ☏; 🅿 🍴, garni

Merdingen 67 ←

Baden-Württemberg — Kreis Breisgau-Hochschwarzwald — 200 m — 2 400 Ew — Breisach 9, Freiburg i.Br. 14 km
🛈 ☏ (0 76 68) 2 12, Fax 9 42 59 — Bürgermeisteramt, Kirchgasse 2, 79291 Merdingen; Ort am Tuniberg. Sehenswert: Pfarrkirche; Marktbrunnen; Fachwerkhäuser

* **Gasthof Keller**
♂ Kabisgarten 1, ✉ 79291, ☏ (0 76 68) 72 33, Fax 76 87
26 Zi, Ez: 45-50, Dz: 75-80, ⇩ WC ☏; 🅿 Sauna Solarium 🍽
geschl: Anfang-Mitte Aug

Mergentheim, Bad 55 ↘

Baden-Württemberg — Main-Tauber-Kreis — 210 m — 22 000 Ew — Tauberbischofsheim 16, Künzelsau 30, Würzburg 45 km
🛈 ☏ (0 79 31) 5 71 35, Fax 5 73 00 — Verkehrsamt, Marktplatz 3, 97980 Bad Mergentheim; Heilbad im Taubertal an der „Romantischen Straße". Sehenswert: Schloß mit Schloßkirche; Rathaus; Altstadt; Münster St. Johannes; Marienkirche; Kapuzinerkirche; Deutschordensmuseum; Ottmar-Mergenthaler-Museum im Ortsteil Hachtal (6 km ↓); Dorfkirche: Altarbild in Happach (6 km ↓)

*** **Victoria (Top International Hotel)**
Poststr 2, ✉ 97980, ☏ (0 79 31) 59 30, Fax 59 35 00, AX DC ED VA
76 Zi, Ez: 160-230, Dz: 218-314, S; 3 Suiten, ⇩ WC ☏, 4🛁; Lift 🅿 🍴 6⇨200 Sauna Solarium
Golf 9
*** **Zirbelstube**
Hauptgericht 40; nur abends; geschl: So, Mo, feiertags, Anfang Jan, Aug.
** **Vinothek**
Hauptgericht 30

*** **Maritim Parkhotel**
♂ Lothar-Daiker-Str 6, ✉ 97980, ☏ (0 79 31) 53 90, Fax 53 91 00, AX DC ED VA
116 Zi, Ez: 165-225, Dz: 228-288, S; 2 Suiten, ⇩ WC ☏, 5🛁; Lift 🅿 🍴 5⇨260 ≋ Fitneßraum Kegeln Sauna Solarium 🛏
Auch Zimmer der Kategorie ** vorhanden
** **Fränkische Hofstube**
Hauptgericht 30; Terrasse

** **Bundschu (Silencehotel)**
Cronbergstr 15, ✉ 97980, ☏ (0 79 31) 93 30, Fax 93 36 33, AX DC ED VA
50 Zi, Ez: 115-145, Dz: 150-190, ⇩ WC ☏; 🅿 3⇨20
geschl: Mitte Januar
Auch Zimmer der Kategorie * vorhanden
** Hauptgericht 28;
Gartenlokal; geschl: Mo, Mitte Jan →

Mergentheim, Bad

✱✱ Gästehaus Alte Münze
Münzgasse 12, ✉ 97980, ☎ (0 79 31) 56 60, Fax 56 62 62, AX ED VA
29 Zi, Ez: 85, Dz: 140-160, 2 Suiten, 2 App, ⊇ WC, 10🍴; Lift 🅿 🍴

Markelsheim (6 km →)
✱✱ Weinstube Lochner (Flair Hotel)
Hauptstr 39, ✉ 97980, ☎ (0 79 31) 20 81, Fax 20 80, ED VA
55 Zi, Ez: 70-100, Dz: 140-180, ⊇ WC; Lift 🅿 🍴 5⇔60 🛋 Kegeln Sauna
Auch Zimmer der Kategorie ✱ vorhanden
✱ Hauptgericht 25; Terrasse; geschl: Mo

Mering 71 ↘

Bayern — Kreis Aichach-Friedberg — 526 m — 8 900 Ew — Augsburg 15, München 51 km
ℹ ☎ (0 82 33) 38 01 — Gemeindeverwaltung, Kirchplatz 4, 86415 Mering

⌂ Schlosserwirt
Münchener Str 29, ✉ 86415, ☎ (0 82 33) 95 04
21 Zi, Ez: 65, Dz: 110, ⊇ WC; 🅿 🍴
Rezeption: 9-22

Merklingen 62 ↓

Baden-Württemberg — Alb-Donau-Kreis — 694 m — 1 700 Ew — Laichingen 7, Ulm 26 km
ℹ ☎ (0 73 37) 4 88, Fax 5 51 — Bürgermeisteramt, Hauptstr 31, 89188 Merklingen; Ort auf der Schwäbischen Alb. Sehenswert: Ev. Kirche: Hochaltar

✱ Ochsen
Hauptstr 12, ✉ 89188, ☎ (0 73 37) 2 83, Fax 2 00, AX ED VA
19 Zi, Ez: 95-105, Dz: 150, ⊇ WC; 🅿 🍴
Rezeption: 7.30-10, 16.30-23; geschl: So, Ende Mai, Ende Nov
✱ Hauptgericht 28; nur abends; geschl: So, Mitte-Ende Mai, Mitte-Ende Nov

Merseburg 38 ↘

Sachsen-Anhalt — Kreis Merseburg — 86 m — 44 570 Ew — Halle 17, Weißenfels 19, Leipzig 30 km
ℹ ☎ (0 34 61) 21 41 70, Fax 21 20 09 — Tourist Information, Burgstr 5, 06217 Merseburg. Sehenswert: Dom- und Schloßensemble; Kirchenruine St. Sixt; Stadtwehranlagen

✱✱✱ Radisson SAS
Oberaltenburg 4, ✉ 06217, ☎ (0 34 61) 4 52 00, Fax 45 21 00, AX DC ED VA
130 Zi, Ez: 140-250, Dz: 180-275, 5 Suiten, ⊇ WC, 49🍴; Lift 🅿 4⇔300 Fitneßraum Sauna Solarium 🍴

✱✱ C'est la vie
König-Heinrich-Str 47, ✉ 06217, ☎ (0 34 61) 20 44 20, Fax 20 44 44
13 Zi, Ez: 90-115, Dz: 130-150, ⊇ WC; 🅿; garni

✱ Zum Goldenen Löwen
v.-Harnack-Str 3, ✉ 06217, ☎ (0 34 61) 20 15 91, Fax 20 15 92, AX DC ED VA
16 Zi, Ez: 105-140, ⊇ WC; 🅿 🍴

Meuschau
✱ Check-Inn
Dorfstr 12, ✉ 06217, ☎ (0 34 61) 44 70, Fax 44 71 20, AX DC ED VA
54 Zi, Ez: 99-139, Dz: 119-169, 16 App, ⊇ WC, 18🍴; Lift 🅿 🍴 2⇔50 🍴

Mertesdorf 52 □

Rheinland-Pfalz — Kreis Trier-Saarburg — 150 m — 1 735 Ew — Trier 9 km
ℹ ☎ (06 51) 5 51 24, Fax 5 51 59 — Verbandsgemeindeverwaltung, Ruwer, Rheinstr 44, 54292 Trier; Erholungsort im Ruwertal

✱✱ Weis
Eitelsbacher Str 4, ✉ 54318, ☎ (06 51) 9 56 10, Fax 9 56 11 50, AX DC ED VA
57 Zi, Ez: 75-115, Dz: 100-155, ⊇ WC, 30🍴; Lift 🅿 🍴 4⇔100
geschl: 1.-15.1.97
Auch Zimmer der Kategorie ✱ vorhanden
✱✱ Hauptgericht 25; Terrasse; geschl: 1.-15.1.97

✱✱ Grünhäuser Mühle
⊗ Hauptstr 4, ✉ 54318, ☎ (06 51) 5 24 34, Fax 5 39 46, AX DC ED VA
Hauptgericht 46; 🅿 Terrasse; geschl: Di, Mi mittags, Sa mittags, Mo mittags

Merzenich 42 ↗

Nordrhein-Westfalen — Kreis Düren — 130 m — 8 535 Ew — Düren 4, Köln 30 km
ℹ ☎ (0 24 21) 39 90 — Gemeindeverwaltung, Valdersweg 1, 52399 Merzenich

✱✱ Schöne Aussicht
Kölner Landstr 16, an der B 264, ✉ 52399, ☎ (0 24 21) 7 36 35, Fax 7 56 89
Hauptgericht 39; 🅿 Terrasse; ⌂; nur abends, so+feiertags auch mittags; geschl: Di, 3 Wochen in den Sommerferien, 1 Woche im Jan

Meschede 34 ↘

Nordrhein-Westfalen — Hochsauerlandkreis — 262 m — 32 500 Ew — Brilon 23, Lippstadt 41 km
ℹ ☎ (02 91) 20 52 77, Fax 20 55 26 — Städt. Verkehrsamt, Ruhrstr 25, 59872 Meschede; Kreisstadt. Sehenswert: Kath. Kirche: Karolingische Krypta; kath. Friedenskirche der Benediktiner Abtei Königsmünster (modern); Wasserschloß Laer (1 km ←); Henne-Stausee (1 km ↙)

Mettingen

** Von Korff
Le-Puy-Str 19, Nähe Bahnhof, ⌧ 59872,
☎ (02 91) 9 91 40, Fax 99 14 24, AX DC ED VA
Hauptgericht 30; Terrasse
* 11 Zi, Ez: 90-165, Dz: 135-225, ⌂
WC ☏;

Freienohl (10 km ←)
* Haus Luckai
Christine-Koch-Str 11, ⌧ 59872,
☎ (0 29 03) 77 52, Fax 83 69, ED
12 Zi, Ez: 54-70, Dz: 101-140, 1 App, ⌂ WC
☏, 2⌂; P ⌧ 60 Kegeln ⌘
geschl: Mi, 1.-30.4.97

Grevenstein (14 km ←)
* Gasthof Becker
⌘ Burgstr 9, ⌧ 59872, ☎ (0 29 34) 9 60 10,
Fax 16 06, AX DC ED VA
11 Zi, Ez: 95-115, Dz: 140-160, ⌂ WC ☏; P
1⌬30
** Hauptgericht 28; Terrasse

** Gasthof Holländer Hof
Ohlstr 4, ⌧ 59872, ☎ (0 29 34) 2 60,
Fax 16 30
17 Zi, Ez: 57-61, Dz: 104-112, ⌂ WC ☏; P
Kegeln
Rezeption: 10-14, 16-22
* Hauptgericht 25; Terrasse;
geschl: Mo

Mesekenhagen 13 ↘

Mecklenburg-Vorpommern — Kreis Greifswald — 7 m — 363 Ew — Greifswald 7, Reinberg 9 km
🛈 ☎ (03 83 51) 2 18 — Gemeindeverwaltung, Greifswalder Str 25, 17498 Mesekenhagen

** Terner
einzeln, Greifswalder Str 40, ⌧ 17498,
☎ (03 83 51) 3 30, Fax 3 30, AX DC ED VA
14 Zi, Ez: 145-170, Dz: 175-210, ⌂ WC ☏;
P; **garni**
geschl: Ende Dez-Anfang Jan

Mespelbrunn 55 ↑

Bayern — Kreis Aschaffenburg — 300 m —
2 500 Ew — Aschaffenburg 20, Marktheidenfeld 24 km
🛈 ☎ (0 60 92) 3 19, Fax 55 37 — Verkehrsverein, Hauptstr 158, 63875 Mespelbrunn; Erholungsort im Spessart. Sehenswert: Wasserschloß; moderne Wallfahrtskirche: Kreuzigungsgruppe, Tilman Riemenschneider Altar im Ortsteil Hessenthal
(2 km ↑)

** Schloßhotel
✤ Schloßallee 25, ⌧ 63875, ☎ (0 60 92)
60 80, Fax 60 81 00, AX DC ED VA
40 Zi, Ez: 95-145, Dz: 155-265, 2 Suiten, ⌂
WC ☏, 10⌂; Lift P ⌧ 3⌬45 Fitneßraum
Sauna Solarium ⌘
* Hauptgericht 25; Terrasse

Meßkirch 68 →

Baden-Württemberg — Kreis Sigmaringen
— 600 m — 8 000 Ew — Sigmaringen 21,
Stockach 23 km
🛈 ☎ (0 75 75) 2 06 46, Fax 47 32 — Verkehrsamt, Schloßstr 1, 88605 Meßkirch

Menningen (5 km ↗)
* Adler-Leitishofen
Leitishofen 35, ⌧ 88605, ☎ (0 75 75) 31 57,
Fax 47 56, ED
15 Zi, Ez: 65-75, Dz: 104-120, ⌂ WC ☏; P ⌧
1⌬80
geschl: Di, Anfang-Mitte Jan
* Hauptgericht 25; ✤
geschl: Di, Anfang-Mitte Jan

Meßstetten 68 ↗

Baden-Württemberg — 10 322 Ew — Pfullingen 25 km
🛈 ☎ (0 74 31) 6 34 90, Fax 6 20 43 — Stadtverwaltung, Fremdenverkehr, Hauptstr. 9,
72469 Meßstetten

* Schwane
Hauptstr 11, ⌧ 72469, ☎ (0 74 31) 9 49 40,
Fax 94 94 94, ED VA
22 Zi, Ez: 90-95, Dz: 150-160, ⌂ WC ☏; Lift
P 1⌬140 ⌘
geschl: Sa mittags, 1 Woche im Jan
** Hauptgericht 20; Terrasse;
geschl: Sa mittags, 1 Woche im Jan

Metelen 23 ↓

Nordrhein-Westfalen — Kreis Steinfurt —
58 m — 5 981 Ew — Steinfurt 12, Gronau 16, Ahaus 18 km
🛈 ☎ (0 25 56) 77 88, Fax 5 33 — Verkehrsverein, Neutor 19, 48629 Metelen. Sehenswert: Kath. Pfarrkirche: Apostelplastik;
Stiftshaus, Vogelpark Metelener Heide
(3 km →)

* Haus Herdering Hülso
Neutor 13, ⌧ 48629, ☎ (0 25 56) 93-9 50,
Fax 10 11, AX ED
15 Zi, Ez: 65-72, Dz: 86-110, ⌂ WC ☏, 2⌂;
P ⌧ 1⌬40 Sauna Solarium; **garni**
Rezeption: 7-10, 16-21; geschl: Ende Dez-Anfang Jan

** Pfefferkörnchen
Viehtor 2, ⌧ 48629, ☎ (0 25 56) 13 99, ED
Hauptgericht 40; P Terrasse; geschl: Di,
Sa mittag, 3 Wochen im Jan
Mittags nur Menüs

Mettingen 24 ↙

Nordrhein-Westfalen — Kreis Steinfurt —
120 m — 11 500 Ew — Ibbenbüren 9, Osnabrück 24, Rheine 30 km
🛈 ☎ (0 54 52) 5 20, Fax 52 18 — Gemeindeverwaltung, Rathausplatz 1, 49497 Mettingen; Erholungsort. Sehenswert: Kirche:
Fresken; Tüötten-Museum →

Mettingen

★★ Romantik Hotel Telsemeyer
Markt 6, ✉ 49497, ☎ (0 54 52) 91 10,
Fax 91 11 21, AX DC ED VA
54 Zi, Ez: 100-175, Dz: 170-275, 1 Suite, ⌐
WC ☎, 10🛏; Lift 🅿 5↔100 ≋ Kegeln
Auch Zimmer der Kategorie ★ vorhanden
★★ Hauptgericht 30; Terrasse

Mettlach 52 □

Saarland — Kreis Merzig-Wadern — 300 m
— 12 000 Ew — Merzig 8 km
🛈 ☎ (0 68 64) 83 34, Fax 83 29 — Saarschleife Touristik, Freiherr-vom-Stein-Str 64, 66693 Mettlach; Ort an der großen Saarschleife. Sehenswert: Ehem. Benediktinerabtei: heute Keramik-Fabrik, Alter Turm, Park; Keramisches Museum Schloß Ziegelberg; Burgruine Montclair, 324 m ⛶ (2 km + ¾ Std ←); Aussichtspunkt Cloef bei Orscholz ⛶ auf die Saarschleife (6 km ↘)

★ Zum Schwan mit Gästehaus
Freiherr-vom-Stein-Str 34, ✉ 66693,
☎ (0 68 64) 72 79, Fax 72 77, DC ED VA
17 Zi, Ez: -110, Dz: 130-150, ⌐WC ☎; Lift 🅿
2↔50 🚗
Auch Zimmer der Kategorie ★★ vorhanden
★ Hauptgericht 25; Terrasse

Orscholz (6 km ↘)
**★ Zur Saarschleife mit
 Gästehaus
 (Landidyll Hotel)**
Cloefstr 44, ✉ 66693, ☎ (0 68 65) 17 90,
Fax 1 79 30, AX DC ED VA
49 Zi, Ez: 95-150, Dz: 130-200, 2 Suiten,
3 App, ⌐WC ☎, 2🛏; Lift 🅿 🚗 2↔30 ≋ Fitneßraum Kegeln Sauna Solarium
geschl: Anfang-Mitte Jan
Auch Zimmer der Kategorie ★★ vorhanden
★★ Hauptgericht 32; Terrasse;
geschl: Anfang-Mitte Jan

Mettmann 33 ↙

Nordrhein-Westfalen — Kreis Mettmann
— 127 m — 39 219 Ew — Düsseldorf 15,
Wuppertal 16 km
🛈 ☎ (0 21 04) 79 51, Fax 79 54 00 — Stadtverwaltung, Neanderstr 85, 40822 Mettmann. Sehenswert: Urgeschichtliches Museum mit Skelett des Neandertalmenschen

★★ Hansa Hotel Mettmann
Peckhauser Str 5, ✉ 40822, ☎ (0 21 04)
98 60, Fax 98 61 50, AX DC ED VA
178 Zi, Ez: 199-349, Dz: 259-369, S; 12 App,
⌐ WC ☎, 23🛏; Lift 🅿 🚗 6↔200 Fitneßraum Sauna Solarium 🍽
Auch Langzeitvermietung möglich

★ Cavallino
Nordstr 3, ✉ 40822, ☎ (0 21 04) 7 57 67,
AX DC ED VA
Hauptgericht 48; geschl: Mo

Mettmann-Außerhalb (2 km ←)
★★★ Gut Höhne
Düsseldorfer Str 253, ✉ 40822, ☎ (0 21 04)
77 80, Fax 7 56 25, AX ED VA
80 Zi, Ez: 130-210, Dz: 270-440, 5 Suiten, ⌐
WC ☎; Lift 🅿 16↔350 ≋ ≋ Fitneßraum Kegeln Sauna Solarium
Tennis 3
★ Hauptgericht 35

Metzkausen (2 km ↖)
★★ Luisenhof
Florastr 82, ✉ 40822, ☎ (0 21 04) 5 30 31,
Fax 5 40 50, AX ED VA
30 Zi, Ez: 110-220, Dz: 150-250, 1 App, ⌐
WC ☎; 🅿 1↔45 Kegeln Sauna Solarium
🍽

Metzingen 61 ↘

Baden-Württemberg — Kreis Reutlingen
— 350 m — 21 000 Ew — Reutlingen 8,
Stuttgart 36 km
🛈 ☎ (0 71 23) 92 50, Fax 92 52 10 — Stadtverwaltung, Stuttgarter Str 2-4, 72555 Metzingen. Sehenswert: Platz mit sieben hist. Keltern; alte ev. Stadtkirche; Rathaus

**★★ Schwanen
 (Landidyll Hotel)**
Bei der Martinskirche 10, ✉ 72555,
☎ (0 71 23) 9 46-0, Fax 94 61 00, AX DC ED VA
35 Zi, Ez: 70-180, Dz: 130-190, 1 App, ⌐ WC
☎; 🅿 🚗 2↔60 Sauna Solarium
★ Hauptgericht 28; Terrasse

Glems-Außerhalb (1,5 km ↗)
★ Stausee-Hotel
einzeln ☼ ⛶ Unterer Hof 3, ✉ 72555,
☎ (0 71 23) 9 23 60, Fax 92 36 63,
AX DC ED VA
20 Zi, Ez: 98, Dz: 140, ⌐ WC ☎; 🅿 2↔40
Kegeln
geschl: So abends, Mo, 1 Woche im Jan
★ ⛶ Hauptgericht 30; Gartenlokal;
geschl: So abends, Mo, 1 Woche im Jan

Meuselbach-Schwarzmühle
47→

Thüringen — Saale-Schwarza-Kreis —
550 m — 1 700 Ew — Neuhaus am Rennweg 15 km
🛈 ☎ (03 67 05) 6 00 07, Fax 6 00 63 — Fremdenverkehrsbüro, im Ortsteil Meuselbach, Hauptstr 82, 98748 Meuselbach-Schwarzmühle; Erholungsort. Sehenswert: Kuppenberg 789 m ⛶

Schwarzmühle
* **Waldfrieden** ♛
(Flair Hotel)
♂ Mellenbacher Str 2, ✉ 98746,
☎ (03 67 05) 6 10 00, Fax 6 10 13, ED VA
20 Zi, Ez: 80-106, Dz: 120-150, ⇩ WC ☎; P
🚗 1↻35 Fitneßraum Sauna Solarium 🚤
geschl: Nov 14 Tage
Auch Zimmer der Kategorie ** vorhanden
* Hauptgericht 17; Terrasse;
geschl: Nov

Meuselwitz 49 ↑

Thüringen — Kreis Altenburger Land —
170 m — 11 000 Ew — Zeitz 14, Altenburg
15 km
🅘 ☎ (0 34 48) 36 55, Fax 34 98 — Stadtverwaltung, Rathausstr 1, 04610 Meuselwitz.
Sehenswert: Barocke Martinskirche;
Kirche Zipsendorf; Schloßpark; Wirkerpark

* **Zur Börse**
Friedrich-Naumann-Str 1, ✉ 04610,
☎ (0 34 48) 80 31, Fax 80 32
10 Zi, Ez: 70-80, Dz: 100-120, ⇩ WC ☎; P ☯

Meuselwitz-Außerhalb (2 km ↗)
* **Hainberg - See**
einzeln ♂ ⛵ Am Hainbergsee 1, ✉ 04610,
☎ (0 34 48) 4 41 50, Fax 44 15 18,
AX DC ED VA
7 Zi, Ez: 65-95, Dz: 100-140, ⇩ WC ☎; P
1↻15 Seezugang ☯

Michelfeld siehe Angelbachtal

Michelsrombach siehe Hünfeld

Michelstadt 55 ←

Hessen — Odenwaldkreis — 208 m —
17 900 Ew — Eberbach 25, Miltenberg 31,
Bensheim 40 km
🅘 ☎ (0 60 61) 7 41 46, Fax 7 41 30 — Verkehrsamt, Marktplatz 1, 64720 Michelstadt;
Luftkurort im Odenwald. Sehenswert: Kellerei; hist. Altstadt; Stadtkirche; 500jähriges Fachwerkrathaus; Marktbrunnen;
Stadtmauer mit Diebsturm; Einhardsbasilika; Schloß Fürstenau; Englischer
Garten mit Steinzeugen aus der Römerzeit;
Wildpark; Jagdschloß Eulbach; Odenwald-Museum; Jüdisches Museum (ehem.
Synagoge); Elfenbeinkunstkabinett; Spielzeugmuseum; Motorrad-Museum

* **Drei Hasen**
Braunstr 5, ✉ 64720, ☎ (0 60 61) 7 10 17,
Fax 7 25 96, AX DC ED VA
21 Zi, Ez: 85, Dz: 150, ⇩ WC ☎; P 1↻
geschl: Mo, Anfang-Mitte Jan
* Hauptgericht 30; Biergarten;
geschl: Mo, Anfang-Mitte Jan

* **Akzent-Hotel Mark Michelstadt**
Friedrich-Ebert-Str 83, ✉ 64720,
☎ (0 60 61) 7 00 40, Fax 1 22 69, AX DC ED VA
49 Zi, Ez: 99, Dz: 150, S; ⇩ WC ☎, 7⃞; Lift
P ☯
Auch Zimmer der Kategorie ** vorhanden

Vielbrunn (13 km ↗)
* **Talblick**
Ohrnbachtalstr 61, ✉ 64720, ☎ (0 60 66)
2 15, Fax 16 73
7 Zi, Ez: 45-80, Dz: 90-120, 1 Suite, 3 App,
⇩ WC; P; garni 🚤
Rezeption: 8-20; geschl: Dez-März Do, Nov

Vielbrunn-Außerhalb (2 km ↘, Richtung Ohrnbach)
** **Geiersmühle**
einzeln, 5, ✉ 64720, ☎ (0 60 66) 7 21,
Fax 7 21
Hauptgericht 40; Terrasse P; geschl: Mo, Di
* einzeln ♂ 8 Zi, Ez: 80, Dz: 140, ⇩
WC; Sauna Solarium
geschl: Mo, Di

Weiten-Gesäß (6 km ↗)
* **Berghof**
♂ ⛵ Dorfstr 106, ✉ 64720, ☎ (0 60 61)
37 01, Fax 7 35 08, AX DC ED VA
16 Zi, Ez: 65-90, Dz: 110-125, ⇩ WC ☎; P 🚗
2↻30 Kegeln
geschl: Di, Feb
* **Hohenzollernstube**
Hauptgericht 30; Terrasse; geschl: Di,
Mitte Febr.-Mitte März

Middelhagen siehe Rügen

Miesbach 72 ↘

Bayern — Kreis Miesbach — 697 m —
10 300 Ew — Bad Tölz 22, Rosenheim
32 km
🅘 ☎ (0 80 25) 28 30, Fax 2 83 20 — Verkehrsamt, Rathausplatz 1, 83711 Miesbach; Stadt am Alpenrand. Sehenswert:
Kath. Kirche; Altstadt

*** **Bayerischer Hof**
Oskar-von-Miller-Str 2, ✉ 83714,
☎ (0 80 25) 28 80, Fax 28 82 88, AX DC ED VA
130 Zi, Ez: 120-210, Dz: 180-300, 5 Suiten,
⇩ WC ☎, 10⃞; Lift P 12↻500 Fitneßraum
Sauna Solarium
** Hauptgericht 30; Biergarten Terrasse

* **Gästehaus Wendelstein**
Bayrischzeller Str 19, ✉ 83714, ☎ (0 80 25)
78 02, Fax 86 68
11 Zi, Ez: 50-75, Dz: 85-110, ⇩ WC; P 🚗
garni
Rezeption: 7-13, 15-23; geschl: Mitte Okt-Anfang Nov

Miltenberg

Miltenberg 55 ▫

Bayern — Kreis Miltenberg — 128 m — 9 800 Ew — Michelstadt 29, Wertheim 30, Aschaffenburg 40 km
ℹ ☎ (0 93 71) 40 01 19, Fax 6 70 81 — Tourist Information, im Rathaus, Engelplatz 69, 63897 Miltenberg; Stadt im Maintal, zwischen Odenwald und Spessart. Sehenswert: Stadtbild; Marktplatz; Altes Rathaus; Mildenburg

✴ Brauerei Keller
Hauptstr 66, ✉ 63897, ☎ (0 93 71) 50 80, Fax 50 81 00, AX DC ED VA
32 Zi, Ez: 87-95, Dz: 145-162, ⌐ WC ☎; Lift 🅿 3⇔60
geschl: Mo, 3 Wochen im Jan
✴   Hauptgericht 25; geschl: Mo, 3 Wochen im Jan

✴ Jagdhotel Rose (Minotel)
◂ Hauptstr 280, ✉ 63897, ☎ (0 93 71) 4 00 60, Fax 40 06 17, AX DC ED VA
23 Zi, Ez: 125-155, Dz: 170-195, ⌐ WC ☎; 🅿 🅿 4⇔50
✴✴   Hauptgericht 40; Terrasse; geschl: So mittags

✴ Weinhaus Am Alten Markt
Marktplatz 185, ✉ 63897, ☎ (0 93 71) 55 00, Fax 6 55 11
9 Zi, Ez: 64-70, Dz: 100-158, WC ☎; **garni**
Rezeption: ab 16.30; geschl: Mo, Feb
Weinstube
⊗ Hauptgericht 15; Terrasse; nur abends; geschl: Mo

✴ Hopfengarten (Flair Hotel)
Ankergasse 16, ✉ 63897, ☎ (0 93 71) 9 73 70, Fax 6 97 58, ED VA
13 Zi, Ez: 62-85, Dz: 106-134, 1 Suite, ⌐ WC ☎; 🅿
Rezeption: 9-21; geschl: Di, Mi bis 17, 2 Wo im Nov, 2 Wo im Feb
✴   Hauptgericht 25; Terrasse; geschl: Di, Mi mittags, 2 Wochen im Nov, 2 Wochen im Feb

⊨ Riesen
Hauptstr 97, ✉ 63897, ☎ (0 93 71) 36 44, DC ED VA
14 Zi, Ez: 68-108, Dz: 108-178, ⌐ WC ☎; Lift 🅿 1⇔50; **garni**
geschl: Mitte Dez-Mitte Mär

✴✴ Altes Bannhaus
⊗ Hauptstr 211, ✉ 63897, ☎ (0 93 71) 30 61, Fax 6 87 54, AX DC ED VA
Hauptgericht 31; 🅿; geschl: Do, Jan
✴   10 Zi, Ez: 88-128, Dz: 184, ⌐ WC ☎; Lift 🅿 1⇔20
Rezeption: 10-24; geschl: Do, Jan

☕ Café Sell
Hauptstr 152, ✉ 63897, ☎ (0 93 71) 30 71, Fax 30 74
Mo 11.30-18.30, Di-Sa 8-18.30, So 9.30-18.30

Mindelheim 70 ↗

Bayern — Kreis Unterallgäu — 603 m — 13 400 Ew — Memmingen 28, Landsberg 28 km
ℹ ☎ (0 82 61) 99 15 69, Fax 99 15 70 — Verkehrsbüro, Beim Rathaus, 87719 Mindelheim; Kreisstadt. Sehenswert: Kath. Pfarrkirche; Jesuitenkirche; ehem. Jesuitencollege: Krippenmuseum, Textilmuseum; Liebfrauenkapelle: Mindelheimer Sippe; ehem. Silvesterkirche: Turmuhrenmuseum; Herrgottsruh-Kapelle, Katharinenkapelle ◂; Schloß Mindelburg ◂ (1,5 km ↗)

✴ Gasthof Stern
Frundsbergstr 17, ✉ 87719, ☎ (0 82 61) 50 55, Fax 18 03
55 Zi, Ez: 70-90, Dz: 125-150, ⌐ WC ☎; 🅿 ⓘ

✴ Weberhaus
Mühlgasse 1, ✉ 87719, ☎ (0 82 61) 36 35, Fax 2 15 34
Hauptgericht 35; geschl: Mi, 2 Wochen im Sep

Minden 25 ↗

Nordrhein-Westfalen — Kreis Minden-Lübbecke — 45 m — 82 767 Ew — Hameln 41, Bielefeld 46, Nienburg (Weser) 52 km
ℹ ☎ (05 71) 8 93 85, Fax 8 96 79 — Verkehrsamt, Großer Domhof 3 (B 3), 32387 Minden; Kreisstadt am Wasserstraßenkreuz Weser-Mittellandkanal. Sehenswert: Kath. Dom: Domschatz; ev. Marien-Kirche; ev. Martini-Kirche; Altes Rathaus: Laubengang; Museum; alte Bürgerhäuser; Altstadt mit Hanse-Haus; Schwedenschänke und Windloch; Alte Münze; Mittellandkanal: Kanalbrücke, Schachtschleuse; Mueums-Eisenbahn - Umgebung: Porta Westfalica (7 km ↓) mit Wittekindsberg, 270 m ◂, Kaiser-Wilhelm-I.-Denkmal (5 km, Auffahrt von Barkhausen), Besucherbergwerk Kleinenbremen (12 km →)

✴✴✴ Holiday Inn
Lindenstr 52 (B 3), ✉ 32423, ☎ (05 71) 8 70 60, Fax 8 70 61 60, AX DC ED VA
93 Zi, Ez: 189-239, Dz: 238-258, 4 Suiten, ⌐ WC ☎, 29 🅿; Lift 🅿 🅿 3⇔75 Sauna
✴✴   Hauptgericht 30

✴✴ Apartment-Hotel Marienhöhe
Marienglacis 45 (B 2), ✉ 32427, ☎ (05 71) 83 79 50, Fax 2 28 54, AX DC ED VA
16 Zi, Ez: 120-170, Dz: 160-195, 1 Suite, ⌐ WC ☎; 🅿 1⇔15 Sauna
Auch Zimmer der Kategorie ✴✴✴ vorhanden

Mittelbach

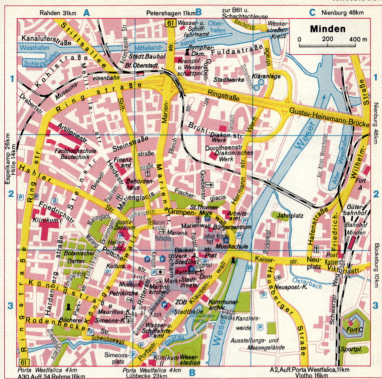

** **Bad Minden**
Portastr 36 (außerhalb), ✉ 32429, ☏ (05 71)
9 56 33 00, Fax 9 56 33 69, AX DC ED VA
27 Zi, Ez: 85-198, Dz: 125-228, 3 Suiten, ⌐
WC ☏, 20✉; P 3⇌150 Fitneßraum Sauna
Solarium
** Hauptgericht 26; Biergarten Terrasse; geschl: Sa mittags

** **Kronprinz**
Friedrich-Wilhelm-Str 1 (C 3), ✉ 32423,
☏ (05 71) 93 40 80, Fax 9 34 08 99,
AX DC ED VA
32 Zi, Ez: 115-125, Dz: 170, 1 Suite, 2 App,
⌐ WC ☏; Lift P ⫽

** **Parkhotel**
Marienstr 108 (außerhalb B 1), ✉ 32425,
☏ (05 71) 9 45 80, Fax 9 45 82 22,
AX DC ED VA
30 Zi, Ez: 105-125, Dz: 160-185, ⌐ WC ☏,
3✉; P ⫽ Kegeln
** Hauptgericht 30

* **Silke**
⚥ Fischerglacis 21 (B 2), ✉ 32423,
☏ (05 71) 82 80 70, Fax 8 28 07 12, ED VA
16 Zi, Ez: 116, Dz: 160-180, 4 Suiten, ⌐ WC
P ⫽ ≋ Sauna; garni

🍴 **Ratscafé**
Kleiner Domhof 15 (B 3), ✉ 32423,
☏ (05 71) 2 24 13, AX DC ED VA
8.30-18.30, so + feiertags ab 13.30

Minden-Außerhalb (2 km ←)
** **Altes Gasthaus Grotehof**
Wettinerallee 14, ✉ 32429, ☏ (05 71)
5 04 50, Fax 5 04 51 50, AX DC ED VA
34 Zi, Ez: 95-165, Dz: 145-235, ⌐ WC ☏,
12✉; Lift P ⫽ 3⇌40 Fitneßraum Sauna
Solarium 🍴
Auch Zimmer der Kategorie * vorhanden

Mingolsheim, Bad
siehe **Schönborn, Bad**

Mittegroßefehn
siehe **Großefehn**

Mittelbach 50

Sachsen — Kreis Chemnitz — 399 m —
1 543 Ew — Chemnitz 3 km
ℹ ☏ (03 71) 85 01 14 — Gemeindeverwaltung, Hofer Str 17, 09224 Mittelbach →

Mittelbach

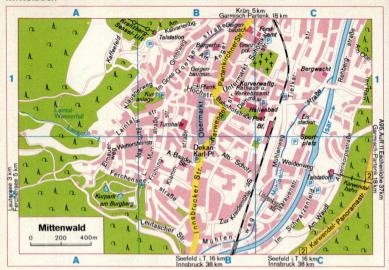

✱ Abendroth
♂ Hofer Str 11 a, ✉ 09224, ☎ (03 71) 85 52 13, Fax 85 52 95, AX ED VA
34 Zi, Ez: 99-120, Dz: 136-150, ⌐ WC ☎, 7✉; P 1↔18 Sauna
geschl: 23.12.96-2.1.97

Mittelberg siehe Kleinwalsertal

Mittelzell siehe Reichenau

Mittenaar 44 ☐

Hessen — Lahn-Dill-Kreis — 300 m — 5 000 Ew — Herborn 6 km
ℹ ☎ (0 27 72) 9 65 00, Fax 96 50 50 — Gemeindeverwaltung, im Ortsteil Bicken, Leipziger Str 1, 35756 Mittenaar

Ballersbach

✱ Berghof
♂ ◂ Bergstr 4, ✉ 35756, ☎ (0 27 72) 6 20 55, Fax 6 41 86, ED VA
17 Zi, Ez: 65-68, Dz: 110-120, 1 Suite, ⌐ WC ☎; P ⌂ Sauna Solarium ⦿
geschl: Sa, Anfang-Mitte Feb

Bicken

✱ Thielmann
♂ Wiesenstr 5, ✉ 35756, ☎ (0 27 72) 6 20 11, Fax 6 37 20, AX DC ED VA
18 Zi, Ez: 85-105, Dz: 140-180, ⌐ WC ☎, 3✉; P ⌂ ⦿
geschl: Freitag bis Samstag 18, 2 Wochen in den Sommerferien, Anfang-Mitte Jan

✱✱ Walliser Stuben
Hauptgericht 30; geschl: Fr, Sa mittags, 2 Wochen in den Sommerferien, Anfang-Mitte Jan

Mittenwald 71 ↓

Bayern — Kreis Garmisch-Partenkirchen — 920 m — 8 500 Ew — Garmisch-Partenkirchen 18, Innsbruck 38, München 110 km
ℹ ☎ (0 88 23) 3 39 81, Fax 27 01 — Kurverwaltung, Dammkarstr 3 (B 1), 82481 Mittenwald; Luftkurort und Wintersportplatz; Geigenbau. Sehenswert: Kath. Pfarrkirche; Ortsteil "Im Gries"; Lüftlmalereien; Geigenbaumuseum; Kurpark; Westliche Karwendelspitze, 2385 m ◂ (Seilbahn bis 2250 m); Lautersee (2 km ⟵)

✱ Der Bichlerhof
♂ ◂ Adolf-Baader-Str 5, ✉ 82481, ☎ (0 88 23) 91 50, Fax 45 84, AX DC ED VA
24 Zi, Ez: 70-150, Dz: 130-190, 2 Suiten, ⌐ WC ☎; ⌂ Fitneßraum Sauna Solarium; garni
Rezeption: 6.30-21.30

✱ Rieger
◂ Dekan-Karl-Platz 28 (B 2), ✉ 82481, ☎ (0 88 23) 9 25 00, Fax 9 25 02 50, AX DC ED VA
44 Zi, Ez: 104-141, Dz: 176-244, 7 Suiten, ⌐ WC ☎; P ⌂ 1↔30 ⌂ Sauna Solarium ⦿ ≋
geschl: Ende Okt-Mitte Dez

✱ Gästehaus Sonnenbichl
◂ Klausnerweg 32 (AB 1), ✉ 82481, ☎ (0 88 23) 9 22 30, Fax 58 14
19 Zi, Ez: 61-74, Dz: 112-143, 4 App, WC ☎; Lift P ⌂ Sauna Solarium; garni
geschl: Anfang Nov-Mitte Dez

In vielen im Varta aufgeführten Hotels sind neben den dargestellten Restaurants auch andere Restaurantkonzepte zu finden.

Gästehaus Franziska ✱
♂ ≼ Innsbrucker Str 24 (B 2), ⌧ 82481,
☏ (0 88 23) 9 20 30, Fax 38 93, AX VA
16 Zi, Ez: 60-120, Dz: 115-150, 2 Suiten,
2 App, ⊿ WC ☏, 4⌧; P ⊟ Fitneßraum
Sauna Solarium; **garni**
geschl: Anfang Nov-Mitte Dez

Alpenrose ✱
Obermarkt 1 (B 1), ⌧ 82481, ☏ (0 88 23)
50 55, Fax 37 20, AX DC ED VA
17 Zi, Ez: 70-140, Dz: 120-162, 2 Suiten, ⊿
WC ☏; P ⊟ 2↻20 ≋ Sauna
Gaststube/Josefikeller
🍴 Hauptgericht 20; Biergarten Terrasse;
Gastraum mit gotischen Gewölbe. Die Fassade wurde Mitte des 18. Jh. von Franz
Zwinck gemalt.

Arnspitze ✱✱ ✤
Innsbrucker Str 68, ⌧ 82478, ☏ (0 88 23)
24 25, AX
Hauptgericht 35; P Terrasse; geschl: Di,
Mi mittags, 3 Wochen nach Ostern, Ende
Okt-Mitte Dez

Mittenwald-Außerhalb (2 km ↘)
Berggasthof Gröbl-Alm ✱
einzeln ♂ ≼ ⌧ 82481, ☏ (0 88 23) 50 33,
Fax 29 21
26 Zi, Ez: 55-95, Dz: 100-150, 1 Suite,
2 App, ⊿ WC ☏; Lift P ⊟ Sauna Solarium
🍴

Mittenwald-Außerhalb (2 km ←)
Lautersee ✱
einzeln ♂ ≼ Am Lautersee 1, ⌧ 82481,
☏ (0 88 23) 10 17, Fax 52 46
6 Zi, Ez: 85-95, Dz: 160-180, 1 Suite, 1 App,
⊿ WC ☏; P Seezugang ⛵
geschl: Ostern, Anfang Mai, Anfang Nov-
Mitte Dez
Zufahrt über private Forststraße für Übernachtungsgäste möglich
Lautersee-Stub'n ✱
Hauptgericht 38; Terrasse; geschl: Ostern,
Anfang Mai, Anfang Nov-Mitte Dez

Achtung: Zufahrt über die private Forststraße ist nur Wohngästen erlaubt. Bei
Buchung wird Ihnen eine Reservierungsbestätigung vom Hotel zugesandt. Bei Vorlage beim Schrankenwärter erhalten Sie
die Durchfahrtsgenehmigung.

Mittweida   50 ↑

Sachsen — Kreis Mittweida — 270 m —
16 300 Ew — Chemnitz 21 km
ℹ ☏ (0 37 27) 22 41, Fax 22 41 — Fremdenverkehrsamt, Rochlitzer Str 58, 09648 Mittweida. Sehenswert: Stadtkirche; Bürger-
u. Handwerkshäuser im denkmalgeschützten Stadtkern

Deutsches Haus ✱✱
Rochlitzer Str 5, ⌧ 09648, ☏ (0 37 27) 20 36
/9 29 71 72 73, AX DC ED VA
23 Zi, Ez: 95-120, Dz: 120-160, ⊿ WC ☏; P
geschl: Ende Dez
Auch Zimmer der Kategorie ✱ vorhanden
✱ Hauptgericht 20; geschl: Ende
Dez

Europäischer Hof ✱✱
Technikumplatz 1, ⌧ 09648, ☏ (0 37 27)
9 42 10, Fax 9 42 12 09, AX DC ED VA
30 Zi, Ez: 85-120, Dz: 120, 3 Suiten, ⊿ WC ☏;
Lift P 1↻60 Fitneßraum Sauna; **garni**
Auch Zimmer der Kategorie ✱ vorhanden

Mitwitz   48 ↙

Bayern — Kreis Kronach — 313 m —
3 200 Ew — Kronach 9, Coburg 23 km
ℹ ☏ (0 92 66) 18 76, Fax 18 00 — Fremdenverkehrsverein, Coburger Str 14,
96266 Mitwitz. Sehenswert: Wasserschloß

Wasserschloß ✱
L.-Frhr.-v.-Würzburg-Str 14, ⌧ 96268,
☏ (0 92 66) 86 35, Fax 87 51, ED
40 Zi, Ez: 58-75, Dz: 96-105, ⊿ WC ☏, 5⌧;
P ⊟ ≋ 🍴
Rezeption: 8-21; geschl: Mo, Jan

Mitwitz-Außerhalb (4 km ↗)
Waldhotel Bächlein ✱✱
(Flair Hotel)
♂ ⌧ 96268, ☏ (0 92 66) 96 00, Fax 9 60 60,
AX ED VA
75 Zi, Ez: 50-110, Dz: 100-160, 2 Suiten,
5 App, ⊿ WC ☏, 6⌧; P 2↻120 ≋ Kegeln
Sauna Solarium
Auch Zimmer der Kategorie ✱ vorhanden
✱ Hauptgericht 30; Gartenlokal Terrasse

Modautal   54 →

Hessen — Kreis Darmstadt-Dieburg —
405 m — 4 700 Ew — Bensheim 11, Darmstadt 18 km
ℹ ☏ (0 62 54) 8 11, Fax 31 42 — Gemeindeverwaltung, im Ortsteil Brandau, Odenwaldstr 34, 64397 Modautal; Ort im nördlichen Odenwald. Sehenswert: Neunkircher
Höhe, 605 m, Kaiserturm ≼ (10 km ↘)

Lützelbach (Erholungsort)
Zur Neunkircher Höhe ✱
„Spitzewirt"
Brandauer Str 3, ⌧ 64397, ☏ (0 62 54) 8 51/
8 52
6 Zi, Ez: 48, Dz: 96, ⊿ WC ☏; P ⊟ 🍴

Möckmühl   55 ↓

Baden-Württemberg — Kreis Heilbronn —
180 m — 7 700 Ew — Heilbronn 32, Bad
Mergentheim 51 km
ℹ ☏ (0 62 98) 20 20, Fax 2 02 70 — Stadtverwaltung, Hauptstr 23, 74219 Möckmühl;
Städtchen im Jagsttal. Sehenswert: Stadtmauer; Burg; Rathaus; Altstadt ➔

Möckmühl

* **Württemberger Hof**
Bahnhofstr 11, ✉ 74219, ☎ (0 62 98) 50 02, Fax 77 79, AX DC ED VA
Hauptgericht 25; P Terrasse ⇔; geschl: So abends, Sa, Mitte Dez-Anfang Jan

Möglingen 61 □

Baden-Württemberg — Kreis Ludwigsburg — 300 m — 10 300 Ew — Ludwigsburg 6, Stuttgart 17 km
🅸 ☎ (0 71 41) 4 86 40, Fax 48 64 64 — Gemeindeverwaltung, Rathausplatz 3, 71696 Möglingen

** **Zur Traube**
Rathausplatz 5, ✉ 71696, ☎ (0 71 41) 2 44 70, Fax 24 47 40, AX DC ED VA
18 Zi, Ez: 120, Dz: 150, ⇱ WC ☎; Lift 🅿 1⇔20 ¶◉¦

Möhnesee 34 □

Nordrhein-Westfalen — Kreis Soest — 413 m — 9 000 Ew — Soest 12, Arnsberg 17 km
🅸 ☎ (0 29 24) 4 97, Fax 17 71 — Tourist-Information, im Ortsteil Körbecke, Kürbikker Str 1, 59519 Möhnesee. Sehenswert: Körbecker Kirche: Altar; Sperrmauer, Wameler Brücke; Drüggelter Kapelle

Delecke-Außerhalb (1,5 km ←)
*** **Haus Delecke**
einzeln ♂ ◄ Linkstr 10, ✉ 59519, ☎ (0 29 24) 80 90, Fax 8 09 67, AX ED VA
35 Zi, Ez: 110-190, Dz: 200-290, 4 Suiten, ⇱ WC ☎; Lift 🅿 🚗 5⇔100 Seezugang Fitneßraum Kegeln Solarium
geschl: Jan
Auch Zimmer der Kategorie ** vorhanden
*** ◄ Hauptgericht 40; Biergarten Gartenlokal Terrasse; geschl: Jan

Delecke-Außerhalb (2,5 km ↓)
** **Torhaus**
einzeln, Arnsberger Str 4, an der B 229, ✉ 59519, ☎ (0 29 24) 6 81, Fax 51 92, AX DC ED VA
Hauptgericht 35
* ♂ 9 Zi, Ez: 80-85, Dz: 130-140, ⇱ WC ☎; 🅿
geschl: im Winter Mo

Möhrendorf 57 □

Bayern — Kreis Erlangen-Höchstadt — 304 m — 3 950 Ew — Bubenreuth 2, Erlangen 6 km
🅸 ☎ (0 91 31) 7 55 10, Fax 75 51 30 — Gemeindeverwaltung, Kirchenweg 1 u. 3, 91096 Möhrendorf

* **Landhotel Hagen**
Hauptstr 26, ✉ 91096, ☎ (0 91 31) 7 54 00, Fax 75 40 75, AX DC ED VA
19 Zi, Ez: 102, Dz: 148, ⇱ WC ☎; P Sauna; garni
Rezeption: 8-21

Möllenbeck 21 →

Mecklenburg-Vorpommern — Kreis Neustrelitz — 114 m — 167 Ew — Feldberg 10, Neubrandenburg 23 km
🅸 ☎ (0 39 81) 46 21 — Gemeindeverwaltung, Neustrelitz-Land, Kirchenallee 27, 17237 Möllenbeck

Quadenschönfeld-Außerhalb (5 km ↑)
* **Farmland**
einzeln ♂ Haus Nr 1, ✉ 17237, ☎ (0 39 64) 2 55 00, Fax 25 50 30
11 Zi, Ez: 90-100, Dz: 140-180, 1 Suite, ⇱ WC ☎; P 2⇔20 🛖 Sauna Solarium ¶◉¦

Möllenhagen 21 ↑

Mecklenburg-Vorpommern — Landkreis Müritz — 94 m — 2 226 Ew — Waren 17, Neubrandenburg 26 km
🅸 ☎ (03 99 28) 80 10, Fax 8 01 30 — Amt Möllenhagen, Am Markt 2, 17219 Möllenhagen

Möllenhagen
* **Zum Eichenhof**
Chaussee 9, ✉ 17219, ☎ (03 99 28) 53 93, AX ED VA
8 Zi, Ez: 80, Dz: 135, ⇱ WC ☎; P ¶◉¦

Mölln 19 ↖

Schleswig-Holstein — Kreis Herzogtum Lauenburg — 18 m — 17 000 Ew — Ratzeburg 10, Lauenburg 38, Hamburg 55 km
🅸 ☎ (0 45 42) 70 90, Fax 8 86 56 — Kurverwaltung, Hindenburgstr, 23879 Mölln; Kneippkurort. Sehenswert: Nikolai-Kirche; Marktplatz mit Rathaus und Gerichtslaube; Eulenspiegelbrunnen; Fachwerkhäuser; Wildpark; Naturkundliches Museum

** **Schwanenhof (Silencehotel)**
einzeln ♂ ◄ Am Schulsee, ✉ 23879, ☎ (0 45 42) 84 83-0, Fax 84 83 83, AX DC ED VA
30 Zi, Ez: 105-130, Dz: 175-180, 1 Suite, ⇱ WC ☎; Lift P 2⇔30 Strandbad Sauna Solarium ⇌
Golf 18
** ◄ Hauptgericht 30; Terrasse

** **Quellenhof**
Hindenburgstr 16, ✉ 23879, ☎ (0 45 42) 30 28, Fax 72 26, AX DC ED VA
18 Zi, Ez: 90-110, Dz: 140-170, ⇱ WC ☎; P 5⇔450 Kegeln ¶◉¦

** **Beim Wasserkrüger**
Wasserkrüger Weg 115, ✉ 23879, ☎ (0 45 42) 70 91, Fax 18 11, AX ED VA
25 Zi, Ez: 95, Dz: 140-150, 2 Suiten, 3 App, ⇱ WC ☎, 3✉; P 🚗 1⇔16 Sauna Solarium; garni

Mönchengladbach

* Haus Hubertus
Villenstr 15, ✉ 23879, ☏ (0 45 42) 35 93,
Fax 27 32, ED
34 Zi, Ez: 85-100, Dz: 130-150, 3 Suiten,
4 App, ⇌ WC ☏, 6✉; P 🚗 Sauna
Solarium; garni

Mömbris 55 ↖

Bayern — Kreis Aschaffenburg — 160 m —
11 649 Ew — Alzenau 11, Aschaffenburg 13 km
ℹ ☏ (0 60 29) 70 50, Fax 7 05 59 — Gemeindeverwaltung, Schimborner Str 6,
63776 Mömbris; Ort im Spessart

** Ölmühle
Im Markthof 2, ✉ 63776, ☏ (0 60 29) 9 50-0,
Fax 95 05 09, AX DC ED VA
26 Zi, Ez: 85-95, Dz: 140-170, ⇌ WC ☏; Lift
P 🚗 3⇔
geschl: So + Mo Mittag, Mo
** Hauptgericht 40; geschl: Mo 🍴

Mönchberg 55 □

Bayern — Kreis Miltenberg — 252 m —
2 350 Ew — Obernburg 11, Miltenberg
13 km
ℹ ☏ (0 93 74) 70 00, Fax 76 40 — Tourist
Information, Hauptstr 42, 63933 Mönchberg; Luftkurort im Spessart. Sehenswert: Kirche, Rathaus, Bartholomäusmarkt

* Schmitt
♂ ⋖ Urbanusstr 12, ✉ 63933, ☏ (0 93 74)
20 90, Fax 20 92 50, ED VA
40 Zi, Ez: 68-74, Dz: 124-140, ⇌ WC ☏; Lift
P 🚗 4⇔30 ⇌ Fitneßraum Sauna Solarium
🍴
geschl: Jan

* Gästehaus Ulrike
Jahnstr 2, ✉ 63933, ☏ (0 93 74) 71 17,
Fax 71 19, ED
9 Zi, Ez: 42-50, Dz: 68-95, ⇌ WC ☏
geschl: Do

Mönchengladbach 32 ↓

Nordrhein-Westfalen — Stadtkreis — 50 m
— 280 000 Ew — Krefeld 22, Düsseldorf 30,
Köln 54 km
ℹ ☏ (0 21 61) 25 25 92, Fax 25 26 09 —
Presse- und Informationsamt, Rathaus
Abtei (C 2), 41050 Mönchengladbach;
Schauspielhaus; Opernhaus.

Sehenswert: Münster (12. Jh.): Glasmale-
reien, Schatzkammer; ehem. Klosterkirche
Neuwerk (12. Jh.); Rathaus; Wasserturm;
Botanischer Garten im Bunten Garten;
Tierpark Odenkirchen; Museum Abteiberg
(Kunst des 20. Jh.); Museum Schloß
Rheydt (Kultur-, Stadt- und Industriege-
schichte)

Stadtplan siehe Seite 720

*** Queens Hotel
Speicker Str 49 (A 2), ✉ 41061, ☏ (0 21 61)
93 80, Fax 93 88 07, AX DC ED VA
126 Zi, Ez: 121-337, Dz: 143-399, S; ⇌ WC
☏, 6✉; Lift P 14⇔200 ⇌ Sauna Solarium
** L'Image
Hauptgericht 30

*** Dorint
Hohenzollernstr 5 (B 1), ✉ 41061,
☏ (0 21 61) 89 30, Fax 8 72 31, AX DC ED VA
162 Zi, Ez: 195-335, Dz: 245-375, 7 Suiten,
⇌ WC ☏, 7✉; Lift P 🚗 ⇌ Sauna Solarium
** Wintergarten
Hauptgericht 30; geschl: So, Mo, in den
Sommerferien

** Am Park
Aachener Str 120 (A 2), ✉ 41061,
☏ (0 21 61) 30 60, Fax 30 61 40, AX DC ED VA
99 Zi, Ez: 150-270, Dz: 190-320, ⇌ WC ☏,
10✉; Lift P 🚗 5⇔150 🍴

** André
Waldhausener Str 122 (A 2), ✉ 41061,
☏ (0 21 61) 93 63, Fax 93 65 36, AX DC ED VA
60 Zi, Ez: 119-159, Dz: 139-189, 5 Suiten,
4 App, ⇌ WC ☏, 6✉; Lift 🚗 2⇔35 Sauna
🍴

* Burgund
Kaiserstr 85 (B 1), ✉ 41061, ☏ (0 21 61)
2 01 55, Fax 1 36 07, AX DC ED VA
14 Zi, Ez: 90-120, Dz: 130-150, 1 Suite, ⇌
WC ☏; Lift 🚗 🍴
geschl: So, Mitte Jul-Mitte Aug, Ende Dez-
Mitte Jan

Eicken (1 km ↗)
⚑ Heinemann
Bismarckstr 91 (B 1), ✉ 41061, ☏ (0 21 61)
1 70 31, Fax 20 51 63
9-18.30, So 10.30-18

Hardt (6 km ←)
** Lindenhof
Vorsterstr 535, ✉ 41169, ☏ (0 21 61)
55 93 40, Fax 55 11 22
Hauptgericht 40; P; nur abends, so + feier-
tags auch mittags; geschl: Do, Fr
* 10 Zi, Ez: 78-84, Dz: 110-139, ⇌
WC ☏; 🚗

Hockstein (5 km ↓)
** Elisenhof
Klusnerstr 97, ✉ 41239, ☏ (0 21 66) 93 30,
Fax 93 34 00, AX DC ED VA
68 Zi, Ez: 100-140, Dz: 140-180, 2 Suiten, ⇌
WC ☏; Lift P 🚗 4⇔80 ⇌ Kegeln 🍴
Auch Zimmer der Kategorie * vorhanden
→

Mönchengladbach

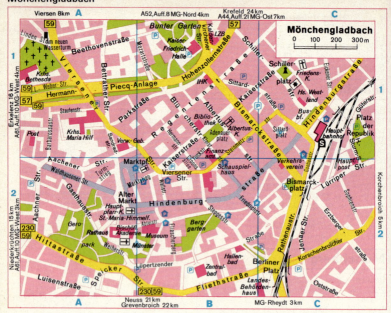

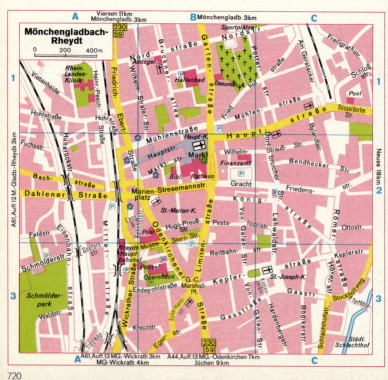

Moers

Mülfort (6 km ↘)
*** Coenen (Ringhotel)
Giesenkirchener Str 41, ✉ 41238,
☎ (0 21 66) 1 60 06, Fax 18 67 95,
AX DC ED VA
47 Zi, Ez: 165-193, Dz: 198-268, S; 3 Suiten,
⌠ WC ☎, 5⌡; Lift 🅿 🖻 2⇔100 ≋ Fitneßraum Kegeln Sauna Solarium
geschl: Ende Dez-Anfang Jan

** Jürgens
Hauptgericht 39; Terrasse; nur abends, So auch mittags; geschl: Mittwoch, 4 Wochen in den Ferien NRW

Rheindahlen-Genhülsen (5 km ↗)
* Haus Heinen
♂ Genhülsen 112, ✉ 41179, ☎ (0 21 61)
5 86 00, Fax 58 44 43, AX DC ED VA
28 Zi, Ez: 95-110, Dz: 130-180, ⌠ WC ☎; 🅿 ≋ Fitneßraum Kegeln Sauna
* Hauptgericht 25; geschl: Di

Rheydt (4 km ↓)
** Besch Parkhotel
Hugo-Junkers-Str 2 (B 3), ✉ 41236,
☎ (0 21 66) 62 10, Fax 4 08 57, AX DC ED VA
68 Zi, 5 Suiten, WC ☎; Lift 🅿 🖻 9⇔250 Fitneßraum Kegeln Sauna Solarium

** Alexander
Hauptgericht 35; geschl: Sa mittags; So

** Spickhofen
Dahlener Str 88 (A 2), ✉ 41239, ☎ (0 21 66)
4 30 71, Fax 4 22 34, AX DC ED VA
55 Zi, Ez: 90-129, Dz: 130-160, 3 Suiten, ⌠ WC ☎, 2⌡; Lift 🅿 🖻 4⇔80 Kegeln 🍴

** Rheydter Residenz
♂ Lehwaldstr 27 (C 2), ✉ 41236, ☎ (0 21 66)
4 70 47, Fax 4 70 25, AX DC ED VA
23 Zi, Ez: 85-199, Dz: 115-245, 1 Suite, WC ☎; Lift 🖻 1⇔30 Fitneßraum Sauna Solarium

** Weinkirch Gewölbekeller
Hauptgericht 30; nur abends; geschl: So + Mo, Jul, Aug

Windberg (1 km ↘)
** Haus Baues
Bleichgrabenstr 23, ✉ 41063, ☎ (0 21 61)
8 73 73, Fax 89 63 21, AX DC ED VA
Hauptgericht 30; 🅿 Terrasse; geschl: Di, Anfang-Mitte Aug

Mörfelden-Walldorf 54 ↗

Hessen — Kreis Groß-Gerau — 100 m —
31 000 Ew — Langen 8, Groß-Gerau 10,
Rüsselsheim 11 km
🛈 ☎ (0 61 05) 93 80, Fax 93 88 88 — Stadtverwaltung, im Stadtteil Mörfelden, Westendstr 8, 64546 Mörfelden-Walldorf

Walldorf
** Airport-Domizil Hotel
Nordendstr 4a, ✉ 64546, ☎ (0 61 05)
9 57-0, Fax 9 57-2 22, AX DC ED VA
65 Zi, Ez: 150-220, Dz: 200-220, 2 Suiten, 20 App, ⌠ WC ☎, 18⌡; Lift 🅿 🖻 6⇔10 🍴
Langzeittarife und Tagesnutzung möglich

** Zum Löwen
Langstr 68, ✉ 64546, ☎ (0 61 05) 94 90,
Fax 94 91 44, AX DC ED VA
50 Zi, Ez: 95-160, Dz: 140-200, 4 App, ⌠ WC ☎, 3⌡; Lift 🅿 🖻 4⇔120 ≋ Sauna; garni

* Brücke
An der Brücke 8, ✉ 64546, ☎ (0 61 05)
70 10, Fax 7 52 95, AX DC ED VA
90 Zi, Ez: 120-210, Dz: 150-210, 5 App, ⌠ WC ☎; Lift 🖻 1⇔40 🍴

* Walldorf
Nordendstr 42, ✉ 64546, ☎ (0 61 05)
9 60 10, Fax 50 33, AX DC ED VA
60 Zi, Ez: 105-130, Dz: 135-160, ⌠ WC ☎;
Lift 🅿; garni

* Feger Comfort Inn
Am Zollstock 10, ✉ 64546, ☎ (0 61 05)
70 50, Fax 7 05 80, AX DC ED VA
39 Zi, Ez: 140-180, Dz: 180-220, ⌠ WC ☎;
Lift 🅿 2⇔60 🍴

** La Fattoria
Jourdanallee 4, ✉ 64546, ☎ (0 61 05)
7 41 01, Fax 7 65 92, AX DC ED VA
Hauptgericht 40; 🅿 Terrasse; geschl: Mo

Mörnsheim 63 →

Bayern — Kreis Eichstätt — 450 m —
1 927 Ew — Treuchtlingen 16, Eichstätt 21 km
🛈 ☎ (0 91 45) 4 94, Fax 66 46 — Verkehrsamt, Kastnerplatz 1, 91804 Mörnsheim.
Sehenswert: ehem. Befestigungsmauer; Burgruine; Dorfkirche

** Gästehaus Lindenhof
Marktstr 12, ✉ 91804, ☎ (0 91 45) 8 38 00
15 Zi, Ez: 65, Dz: 98, ⌠ WC ☎; 🅿

* Zum Brunnen
Brunnenplatz 1, ✉ 91804, ☎ (0 91 45)
71 27, Fax 10 79, ED
9 Zi, Ez: 50, Dz: 80, ⌠ WC; 🅿 1⇔60 🍴
Rezeption: 10-22; geschl: Mi, Nov

** Lindenhof
Marktstr 25, ✉ 91804, ☎ (0 91 45) 8 38 00,
AX DC ED VA
Hauptgericht 25; geschl: Di, Jan

Moers 32 →

Nordrhein-Westfalen — Kreis Wesel —
26 m — 105 769 Ew — Duisburg 13, Krefeld 20, Wesel 29 km
🛈 ☎ (0 28 41) 20 17 77, Fax 20 17 79 —
Stadtinformation, Unterwallstr 9,
47441 Moers; Schloßtheater. Sehenswert:
Altstadt; Wallanlagen; Schloß mit Grafschafter Museum, Schloßpark; Motorrad-Museum

** Kurlbaum
Burgstr 7, ✉ 47441, ☎ (0 28 41) 2 72 00, AX
Hauptgericht 40; Terrasse; 12-14, 18-24;
geschl: Di, So mittags, Sa mittags, Anfang Jan →

Moers

Asberg
*   **Moerser Hof**
Römerstr 464, ✉ 47441, ☎ (0 28 41) 9 52 10, Fax 95 21 44, AX ED VA
15 Zi, Ez: 98-118, Dz: 128-134, ⌂ WC ☎; 🅿 1⇄30; garni
Rezeption: 6-20

Repelen (4 km ↑)
**   **Wellings Hotel Zur Linde**
An der Linde 2, ✉ 47445, ☎ (0 28 41) 97 60, Fax 9 76 66, AX DC ED VA
32 Zi, Ez: 120-195, Dz: 170-270, 1 Suite, 1 App, ⌂ WC ☎; Lift 🅿 🍴 Fitneßraum Sauna Solarium

***   **Wildente**
Hauptgericht 35; Terrasse; geschl: Sa mittags, So abends, 3 Wochen in den Sommerferien

Schwafheim (3 km ↘)
*   **Schwarzer Adler**
Düsseldorfer Str 309, ✉ 47447, ☎ (0 28 41) 38 21, Fax 3 46 30, AX DC ED VA
40 Zi, Ez: 96-105, Dz: 140-155, ⌂ WC ☎, 6✉; Lift 🅿 🍴 5⇄250 Kegeln 🍽

Mörschied   53 ↘

Rheinland-Pfalz — Kreis Birkenfeld — 400 m — 600 Ew — Kempfeld 5, Morbach 15, Birkenfeld 45 km
ℹ ☎ (0 67 85) 7 91 03, Fax 12 09 — Verbandsgemeindeverwaltung, Brühlstr 16, 55756 Herrstein

Asbacherhütte (4,5 km ↘)
**   **Zur Scheune**
Harfenmühle, ✉ 55758, ☎ (0 67 86) 13 04, Fax 13 23
Hauptgericht 35; 🅿 Terrasse; nur abends; geschl: Di

Mörstadt   54 □

Rheinland-Pfalz — Kreis Alzey-Worms — 110 m — 760 Ew — Worms 10, Alzey 15 km
ℹ ☎ (0 62 47) 75 84 — Gemeindeverwaltung, Wooggasse 10, 67591 Mörstadt

*   **Wonnegauer**
Kriegsheimer Str 17, ✉ 67591, ☎ (0 62 47) 10 51, Fax 69 14, ED VA
25 Zi, Ez: 80, Dz: 120, ⌂ WC ☎, 🅿 🍴 1⇄ Kegeln 🍽
geschl: Mo, Mitte Jan-Mitte Feb

Möser   28 □

Sachsen-Anhalt — Kreis Jerichower Land — 80 m — 1 651 Ew — Burg 6, Magdeburg 19 km
ℹ ☎ (03 92 22) 90 80 — Verwaltungsgemeinschaft, Thälmannstr 59, 39291 Möser

Möser
*   **Pension Neu Külzau**
Schermener Weg 21a, ✉ 39291, ☎ (03 92 22) 20 55, Fax 20 56
19 Zi, Ez: 75-85, Dz: 80-100, ⌂ WC ☎; 🅿 🍽

Mössingen   61 ↓

Baden-Württemberg — Kreis Tübingen — 475 m — 18 000 Ew — Hechingen 10, Tübingen 15 km
ℹ ☎ (0 74 73) 37 00, Fax 37 01 63 — Verkehrsbüro, Freiherr-vom-Stein-Str 20, 72116 Mössingen; Heilbad. Sehenswert: Peter- und Paul-Kirche, Barockorgel; Fachwerkhäuser; Kirche im Ortsteil Belsen (2 km ↗)

*   **Fischer's Brauhaus**
    Mössingen Hotel Garni
Auf der Lehr 25, ✉ 72116, ☎ (0 74 73) 60 23, Fax 2 66 73
30 Zi, Ez: 70-80, Dz: 110-140, ⌂ WC ☎; Lift 🅿 🍴; garni

Mohlsdorf   49 □

Thüringen — Kreis Greiz — 385 m — 2 990 Ew — Greiz 6, Werdau 9, Zwickau 16 km
ℹ ☎ (0 36 61) 43 00 63, Fax 4 20 18 — Gemeindeverwaltung, Straße der Einheit 6, 07987 Mohlsdorf. Sehenswert: Dorfkirchen Mohlsdorf und Gottesgrün

*   **Gudd**
Raasdorfer Str 2, ✉ 07987, ☎ (0 36 61) 43 00 25+43 00 26, Fax 43 00 27, AX ED VA
15 Zi, Ez: 65-88, Dz: 90-130, ⌂ WC ☎; 🅿 🍴 1⇄30 Kegeln 🍽

Molbergen   24 ↑

Niedersachsen — Kreis Cloppenburg — 38 m — 5 000 Ew — Cloppenburg 9, Lastrup 10 km
ℹ ☎ (0 44 75) 3 14, Fax 12 90 — Gemeindeverwaltung, Cloppenburger Str 22, 49696 Molbergen

Dwergte
**   **Zum Dorfkrug**
Molberger Str 1, ✉ 49696, ☎ (0 44 75) 18 07, Fax 53 94
Hauptgericht 25; geschl: Mo
🛏   6 Zi, Ez: 45-65, Dz: 65-85, ⌂ ☎
Rezeption: 11.30-13.30,18-22

Molfsee   10 ↘

Schleswig-Holstein — Kreis Rendsburg-Eckernförde — 40 m — 5 100 Ew — Kiel 7, Neumünster 23 km
ℹ ☎ (04 31) 65 00 90, Fax 65 09 14 — Gemeindeverwaltung, Mielkendorfer Weg 2, 24113 Molfsee. Sehenswert: Freilichtmuseum im Ortsteil Rammsee (2 km ↑)

**   **Bärenkrug**
Hamburger Chaussee 10, ✉ 24113, ☎ (0 43 47) 7 12 00, Fax 71 20 13, AX DC ED VA
Hauptgericht 30; 🛏; geschl: Ende Dez-Anfang Jan

Molmerswende 37→

Sachsen-Anhalt — Kreis Hettstedt — 330 m — 317 Ew — Harzgerode 8, Hettstedt 24 km
i ☎ (03 47 79) 2 02 12 — Gemeindeverwaltung, Bürgerstr, 06543 Molmerswende

Leinemühle (4 km ↗)
** ** Leinemühle
einzeln, am Leineberg, ⌧ 06543,
☎ (03 47 79) 2 03 48
10 Zi, Ez: 62, Dz: 100, 2 App, ⌐ WC ☎; **P**
1 ⇔ 60 ⓘ

Monheim am Rhein 33 ↙

Nordrhein-Westfalen — Kreis Mettmann — 40 m — 44 000 Ew — Düsseldorf 18, Remscheid 28 km
i ☎ (0 21 73) 59 73 73, Fax 59 72 09 — Stadtverwaltung, Rathausplatz 2, 40789 Monheim am Rhein. Sehenswert: Schelmenturm; Haus Bürgel; Deusser Haus; Pfarrkirche St. Gereon; Altstadt

*   Climat
An der alten Ziegelei 4, ⌧ 40789,
☎ (0 21 73) 5 80 11, Fax 3 00 76, AX DC ED VA
44 Zi, Ez: 119-195, Dz: 159-229, ⌐ WC ☎; **P**

Baumberg (3 km ↑)
*   Lehmann
Thomasstr 24, ⌧ 40789, ☎ (0 21 73) 9 66 10, Fax 96 61 11
24 Zi, Ez: 89, Dz: 120, ⌐ WC ☎; **P** Sauna Solarium; **garni**
Rezeption: 6-21

Monschau 42 ←

Nordrhein-Westfalen — Kreis Aachen — 450 m — 12 500 Ew — Schleiden 24, Aachen 34 km
i ☎ (0 24 72) 33 00, Fax 4 53 40 — Tourist-Information, Stadtstr 1, 52156 Monschau; Stadt an der Rur zwischen Eifel und Hohem Venn. Sehenswert: Stadtbild; historische Altstadt, „alte Pfarrkirche"; Burg; Bürgerhäuser; Rotes Haus; Senfmühle; Glasmuseum

** ** Carat
Laufenstr 82, ⌧ 52156, ☎ (0 24 72) 8 60, Fax 86 -1 99, AX DC ED VA
97 Zi, Ez: 155, Dz: 195, 2 Suiten, ⌐ WC ☎, 11 ⌧; Lift **P** 7 ⇔ 200 ⌂ Fitneßraum Kegeln Sauna Solarium
*   Wiesenthal
Hauptgericht 30; Terrasse

*   Graf Rolshausen
Kirchstr 33, ⌧ 52156, ☎ (0 24 72) 20 38, Fax 45 03, AX DC ED VA
13 Zi, Ez: 75-105, Dz: 120-145, ⌐ WC ☎; **P**
1 ⇔ 50 ⓘ
geschl: Di, Jan
Ältestes Bürgerhaus Monschaus

*   Lindenhof
Laufenstr 77, ⌧ 52156, ☎ (0 24 72) 41 86, Fax 31 34
12 Zi, Ez: 75, Dz: 100-120, ⌐ WC ☎; **P**
Rezeption: 7-21
Restaurant für Hausgäste

** ** Alte Herrlichkeit
⌧ Stadtstr 7, ⌧ 52156, ☎ (0 24 72) 22 84, Fax 94 04 78
Hauptgericht 30; Terrasse

Heidgen (1 km ↓)
*   Aquarium
↗ Heidgen 34, ⌧ 52156, ☎ (0 24 72) 16 93, Fax 41 93
13 Zi, Ez: 80-105, Dz: 90-150, 1 App, ⌐ WC ☎; **P** ⌧ ⌂ Sauna Solarium
Restaurant für Hausgäste

Montabaur 43→

Rheinland-Pfalz — Westerwaldkreis — 231 m — 12 025 Ew — Limburg 21, Koblenz 22 km
i ☎ (0 26 02) 30 01, Fax 52 45 — Verkehrsverein, Kirchstr 48 a, 56410 Montabaur. Sehenswert: Schloß ⋖ 321 m; Rathaus; Fachwerkbauten

** ** Am Peterstor
Peterstorstr 1, ⌧ 56410, ☎ (0 26 02) 16 07 20, Fax 16 07 30, ED VA
16 Zi, Ez: 110-125, Dz: 170, ⌐ WC ☎; Lift **P** ⌧ Sauna; **garni**

*   Schlemmer
Kirchstr 18, ⌧ 56410, ☎ (0 26 02) 50 22
28 Zi, Ez: 80-90, Dz: 140-160, ⌐ WC ☎, ⌧ ⓘ

Montabaur-Außerhalb (2,5 km ↘)
*   Stock
einzeln ↗ Im Gelbachtal, ⌧ 56410, ☎ (0 26 02) 40 13, ED
18 Zi, Ez: 59-73, Dz: 96-141, ⌐ WC ☎; **P**
*   Hauptgericht 35

Moos 68 ↘

Baden-Württemberg — Kreis Konstanz — 400 m — 2 700 Ew — Radolfzell 4, Singen 9 km
i ☎ (0 77 32) 99 96 17, Fax 99 96 20 — Verkehrsamt, Bohlinger Str 18, 78345 Moos; Erholungsort am Bodensee

*   Gottfried (Silencehotel)
↗ Böhringer Str 1, ⌧ 78345, ☎ (0 77 32) 41 61 + 92 42-0, Fax 5 25 02, AX DC ED VA
15 Zi, Ez: 98, Dz: 160, 2 Suiten, 2 App, ⌐ WC ☎, 8 ⌧; **P** ⌧ ⌂ Sauna
Rezeption: 8-22, Fr 8-17; geschl: Do, Jan
** ** Hauptgericht 32; Gartenlokal; ✤
geschl: Do, Fr mittags, Jan

Moraas 19→

Mecklenburg-Vorpommern — Kreis Hagenow — 25 m — Hagenow 10, Schwerin 51 km
ℹ ☏ (0 38 83) 2 41 29 — Gemeindeverwaltung, 19230 Moraas

* **Heidehof**
♂ Hauptstr 15, ✉ 19230, ☏ (0 38 83) 72 21 40, Fax 72 91 18, AX ED
11 Zi, Ez: 75-95, Dz: 125-145, ⊣ WC ☏; P
** Hauptgericht 25

Morbach 53 ↖

Rheinland-Pfalz — Kreis Bernkastel-Wittlich — 500 m — 11 000 Ew — Bernkastel-Kues 17, Idar-Oberstein 21 km
ℹ ☏ (0 65 33) 71 50, Fax 71 77 — Verkehrsamt, Unterer Markt 1, 54497 Morbach; Luftkurort im Hunsrück

* **Hochwald-Café**
Unterer Markt 4, ✉ 54497, ☏ (0 65 33) 33 78, DC ED VA
14 Zi, Ez: 60-70, Dz: 95-110, ⊣ WC ☏; P 🍴 70 Fitneßraum Sauna Solarium; **garni**
Rezeption: 6-19; geschl: Sa ab 14

Moringen 36 □

Niedersachsen — Kreis Northeim — 179 m — 7 200 Ew — Northeim 9 km
ℹ ☏ (0 55 54) 2 02 10, Fax 2 02 14 — Stadtverwaltung, Amtsfreiheit 8, 37186 Moringen. Sehenswert: Romanische Taufkirche St. Martini; Kunsthandwerkerdorf (Ortschaft Fredelsloh)

Fredelsloh (8 km ↖)
** **Pfeffermühle**
Schafanger 1, ✉ 37186, ☏ (0 55 55) 4 10, Fax 10 28, AX DC ED
Hauptgericht 25; Gartenlokal P; geschl: Mo, Feb
* **Jägerhof**
4 Zi, Ez: 75, Dz: 130, ⊣ WC ☏
Rezeption: 10-23; geschl: Mo, Feb

Moritzburg 40 ↖

Sachsen — Kreis Dresden — 200 m — 2 200 Ew — Dresden 18 km
ℹ ☏ (03 52 07) 3 56, Fax 3 56 — Fremdenverkehrsverein, Am Schloß, 01468 Moritzburg. Sehenswert: Schloß Moritzburg; Fasanerieschlößchen mit Museum für Vogelkunde und Vogelschutz; Käthe-Kollwitz-Gedenkstätte; Schmalspurbahn; Hengstleistungsparaden

** **Landhaus**
♂ Schloßalle 37, ✉ 01468, ☏ (03 52 07) 8 16 02/8 16 03, Fax 8 16 04, ED VA
16 Zi, Ez: 130-180, Dz: 190-230, 1 Suite, ⊣ WC ☏, 3⊠; P 1⟲15 Sauna
* Hauptgericht 18; Terrasse; nur abends

** **Eisenberger Hof**
♂ Kötzschenbrodaer Str 8, ✉ 01468, ☏ (03 52 07) 8 16 73/8 16 83, Fax 8 16 84, AX ED VA
20 Zi, Ez: 110, Dz: 160-180, ⊣ WC ☏; P Fitneßraum Sauna Solarium 🍴

* **Pension Schloßallee**
Schloßallee 35, ✉ 01468, ☏ (03 52 07) 8 16 90, Fax 7 14, AX DC ED VA
8 Zi, Ez: 80-90, Dz: 150, ⊣ WC ☏; P Sauna Solarium

Moritzburg-Außerhalb (1,5 km →)
** **Waldschänke**
einzeln ♂ Fasanenstr, ✉ 01468, ☏ (03 52 07) 8 14 89, Fax 8 13 88, AX ED VA
33 Zi, Ez: 165, Dz: 195-250, 2 Suiten, ⊣ WC ☏; P 2⟲35 🍴

Morsbach 43 ↗

Nordrhein-Westfalen — Oberbergischer Kreis — 250 m — 10 600 Ew — Waldbröl 16, Freudenberg 19 km
ℹ ☏ (0 22 94) 69 90, Fax 69 91 87 — Gemeindeverwaltung, Bahnhofstr 2, 51597 Morsbach; Erholungsort. Sehenswert: Kath. Pfarrkirche; Burg Volperhausen; Fachwerkhäuser

* **Goldener Acker**
Zum Goldenen Acker 44, ✉ 51597, ☏ (0 22 94) 80 24, Fax 73 75, DC VA
33 Zi, Ez: 84-95, Dz: 138-145, ⊣ WC ☏; P 5⟲50 Kegeln Sauna Solarium
geschl: So, Mo, Anfang-Mitte Jan, Mitte Jul-Anfang Aug
Auch Zimmer der Kategorie ** vorhanden
** Hauptgericht 30; Terrasse; ✢
geschl: So abends, Mo, Anfang-Mitte Jan, Jul

Morsum siehe Sylt

Mosbach 55 ↙

Baden-Württemberg — Neckar-Odenwald-Kreis — 250 m — 24 800 Ew — Eberbach 28, Heilbronn 32 km
ℹ ☏ (0 62 61) 8 22 36, Fax 8 22 49 — Verkehrsamt, Hauptstr 29, 74819 Mosbach; Kreisstadt. Sehenswert: Stiftskirche; Rathaus; hist. Altstadt

Neckarelz (4 km ↙)
* **Lindenhof**
Martin-Luther-Str 3, ✉ 74821, ☏ (0 62 61) 6 00 66, ED
30 Zi, Ez: 65, Dz: 105, ⊣ WC ☏; P 🍴 Kegeln
geschl: Mi, 2 Wochen in den Sommerferien

Nüstenbach (4 km ↖)
★★ Zum Ochsen ✣
Im Weiler 6, ✉ 74821, ☎ (0 62 61) 1 54 28
Hauptgericht 30; Gartenlokal ℗ Terrasse;
geschl: Di, Mitte Feb-Anfang Mär,
3 Wochen im Sommer

Moselkern 43 ↓

Rheinland-Pfalz — Kreis Cochem-Zell —
83 m — 700 Ew — Cochem 19,
Koblenz 33 km
🛈 ☎ (0 26 72) 14 85, Fax 88 34 — Verkehrs-
verein, Mühlweg 7, 56254 Moselkern;
Erholungsort. Sehenswert: Rathaus;
Merowingerkreuz; Druidenstein; Burg Eltz
⛰; Ruine Trutzeltz ⛰

★★ Anker Pitt
⛰ Moselstr 42, ✉ 56254, ☎ (0 26 72) 13 03,
Fax 89 44
25 Zi, 1 App, ⊟ WC; Lift ℗ 🍴 Kegeln Sauna
Solarium
geschl: Ende Dez-Ende Jan
★ Hauptgericht 25; 8-23; geschl:
Mo, Ende Dez-Ende Jan

Mossautal 55 ←

Hessen — Odenwaldkreis — 400 m —
2 247 Ew — Erbach 7, Beerfelden 12 km
🛈 ☎ (0 60 62) 30 47, Fax 72 53 — Gemeindeverwaltung, im Ortsteil Unter-Mossau,
Ortsstr 124, 64756 Mossautal; Erholungsort im Odenwald

Güttersbach
★ Zentlinde
Hüttenthaler Str 37, ✉ 64756, ☎ (0 60 62)
20 80, Fax 59 00, AX
35 Zi, Ez: 83-86, Dz: 146-152, 9 App, ⊟ WC
☎; Lift ℗ 7⇔40 🍴 Kegeln Sauna Solarium
🍴
geschl: Mo, Jan

Ober-Mossau
★ Brauerei Gasthof Schmucker
Hauptstr 91, ✉ 64756, ☎ (0 60 61) 94 11-0,
Fax 28 61, AX VA
25 Zi, Ez: 82, Dz: 140-150, 1 App, ⊟ WC ☎;
℗ ≋ Kegeln Solarium 🍴
geschl: Mitte-Ende Jan

Motzen 30 ↖

Brandenburg — Kreis Königs Wusterhausen — 70 m — 703 Ew — Bestensee 6,
Teupitz 11, Königs Wusterhausen 17 km
🛈 ☎ (03 37 69) 5 02 13 — Gemeindeverwaltung, Karl-Marx-Str 27, 15741

★★★ Residenz am Motzener See ♛
☼ ⛰ Töpchiner Str 4, ✉ 15741, ☎ (03 37 69)
8 50, Fax 8 51 00, AX ED VA
63 Zi, Ez: 175-215, Dz: 245-280, 12 App, ⊟
WC ☎; Lift ℗ 3⇔100 🍴 Strandbad Sauna
Solarium 🍴
★★★ ⛰ Hauptgericht 28; Terrasse

Mühbrook

Much 43 ↑

Nordrhein-Westfalen — Rhein-Sieg-Kreis
— 250 m — 13 000 Ew — Siegburg 22,
Gummersbach 24, Köln 38 km
🛈 ☎ (0 22 45) 6 80, Fax 68 50 — Verkehrsverein, Hauptstr 57, 53804 Much. Sehenswert: Kath. Pfarrkirche St. Martin

Bövingen (3 km ↖)
★★ Activotel
⛰ Bövingen 129, ✉ 53804, ☎ (0 22 45)
60 80, Fax 60 81 00, AX DC ED VA
112 Zi, Ez: 119-229, Dz: 180-313, 3 Suiten,
⊟ WC ☎; Lift ℗ 16⇔250 🍴 Fitneßraum
Sauna Solarium 🍴
Tennis 6
★★ Terracotta
Hauptgericht 45; Biergarten Terrasse

Sommerhausen (3 km ↗)
★★★ Landhaus Salzmann
Sommerhauser Weg 97, ✉ 53804,
☎ (0 22 45) 14 26, Fax 69 65, AX DC VA
Hauptgericht 35; ℗ Terrasse 🍴; geschl:
Mo

Müden (Mosel) 43 ↓

Rheinland-Pfalz — Kreis Cochem-Zell —
80 m — 800 Ew — Cochem 19,
Koblenz 36 km
🛈 ☎ (0 26 72) 76 88, Fax 89 67 — Verkehrsverein, Hauptstr 35, 56254 Müden (Mosel).
Sehenswert: Pfarrkirche St. Stephanus;
Fachwerkhäuser; Dreifaltigkeitskapelle;
Halfenhaus; Staustufe; Straßenweinfest
(letztes Wochenende Aug); Burg Eltz ⛰
(1½ Std ↗)

★ Sewenig
⛰ Moselweinstr 82, ✉ 56254, ☎ (0 26 72)
13 34, Fax 17 30, DC ED VA
30 Zi, Ez: 65-70, Dz: 120-130, ⊟ WC ☎; Lift
℗ 🍴 2⇔80 Fitneßraum Sauna Solarium 🍴
🍴
Rezeption: 8-20; geschl: im Winter Di, Jan

★ Sonnenhof
Silberstr 33, ✉ 56254, ☎ (0 26 72) 74 63,
Fax 74 63
16 Zi, Ez: 45-55, Dz: 80-100, ⊟ WC; ℗ 🍴
Rezeption: 12-22; geschl: Mitte Nov-Mitte
Mär
Restaurant für Hausgäste

Müden (Örtze) siehe Faßberg

Mühbrook 10 ↖

Schleswig-Holstein — Kreis Rendsburg-
Eckernförde — 40 m — 473 Ew — Bordesholm 3, Neumünster 9 km
🛈 ☎ (0 43 22) 50 10, Fax 5 01 64 — Amt Bordesholm-Land, Marktplatz, 24582 Bordesholm; an der Nordspitze des Einfelder Sees
gelegen →

* **Seeblick/Seeschlößchen**
♂ Dorfstr 18, ✉ 24582, ☎ (0 43 22) 59 43-4, Fax 30 40, AX DC ED VA
37 Zi, Ez: 68, Dz: 98, 2 Suiten, ⌐ WC ☎;
Strandbad Sauna Solarium
geschl: im Winter Di

Mühlacker 61 ↘

Baden-Württemberg — Enzkreis — 230 m — 25 000 Ew — Pforzheim 13, Stuttgart 34 km
ℹ ☎ (0 70 41) 1 81, Fax 1 83 21 — Stadtverwaltung, Kelterplatz 7, 75417 Mühlacker.
Sehenswert: Ruine Löffelstelz; Schloß Mühlhausen

* **Scharfes Eck**
Konrad-Adenauer-Platz 2, ✉ 75417, ☎ (0 70 41) 60 27, Fax 8 37 46, AX DC ED VA
28 Zi, Ez: 80-90, Dz: 120-140, ⌐ WC ☎; Lift
🅿 2⇔160 ⍾
geschl: Mi

Mühldorf a. Inn 73 ↘

Bayern — Kreis Mühldorf a. Inn — 411 m — 16 200 Ew — Altötting 12, Wasserburg am Inn 36 km
ℹ ☎ (0 86 31) 61 22 12, Fax 61 22 22 — Stadtverwaltung, Stadtplatz 21, 84453 Mühldorf. Sehenswert: St.-Nikolaus-Kirche mit Heigl-Fresken; St.-Laurentius-Kirche (Flügelaltar) im Stadtteil Altmühldorf; hist. Altstadt; Rathaus (Holzdecke, Hexenkammer)

** **Comfort-Hotel**
Rheinstr 44, ✉ 84453, ☎ (0 86 31) 38 10, Fax 38 14 81, AX DC ED VA
102 Zi, Ez: 95-125, Dz: 130-170, ⌐ WC ☎, 135⍽; 🅿 2⇔150; garni

** **Bastei**
Münchener Str 69, ✉ 84453, ☎ (0 86 31) 58 02, Fax 1 51 58, ED VA
26 Zi, Ez: 70-80, Dz: 98-110, ⌐ WC ☎, 4⍽; Lift 2⇔40 ⍾

* **Altöttinger Tor**
Stadtplatz 85, ✉ 84453, ☎ (0 86 31) 40 88, Fax 16 12 19, AX DC ED VA
11 Zi, Ez: 90, Dz: 135-120, ⌐ WC ☎; Lift 🅿 1⇔40 ⍾

Mühlhausen 37 ↙

Thüringen — Kreis Mühlhausen — 230 m — 41 000 Ew — Eschwege 33, Sondershausen 41 km
ℹ ☎ (0 36 01) 45 23 35, Fax 45 23 16 — Fremdenverkehrsamt, Ratsstr 20, 99974 Mühlhausen. Sehenswert: Altstadt mit Stadtmauer; Rathaus; Pfarrkirche St. Marien; Pfarrkirche Divi-Blasii mit Bachorgel; Kornmarktkirche; Annenkapelle; Museum am Lindenbühl; Brunnenhaus Popperode; Bürgerhäuser

** **Mirage**
Karl-Marx-Str 9, ✉ 99974, ☎ (0 36 01) 43 90, Fax 43 91 00, AX DC ED VA
70 Zi, Ez: 111, Dz: 152, 4 Suiten, ⌐ WC ☎, 30⍽; Lift 🅿 🚗 2⇔90
Restaurant für Hausgäste

** **Brauhaus Zum Löwen**
Kornmarkt 3, ✉ 99974, ☎ (0 36 01) 47 10, Fax 44 07 59, AX DC ED VA
22 Zi, Ez: 110, Dz: 140-160, ⌐ WC ☎; 🅿 🚗 2⇔50 ⍾

* **An der Stadtmauer**
Breitenstr 15, ✉ 99974, ☎ (0 36 01) 4 65 00, Fax 46 50 50, AX DC ED VA
19 Zi, Ez: 85-135, Dz: 120-150, ⌐ WC ☎, 5⍽; 🅿 1⇔20 Fitneßraum Solarium ⍾ ⚓

* **Stadt Mühlhausen**
Untermarkt 18, ✉ 99974, ☎ (0 36 01) 45 50, Fax 45 57 09, AX ED VA
66 Zi, Ez: 50-110, Dz: 78-155, ⌐ WC ☎; Lift 🅿 3⇔60 ⍾
Auch Zimmer der Kategorie ** vorhanden

* **Ammerscher Bahnhof**
Ammerstr 83, ✉ 99974, ☎ (0 36 01) 87 31 32, Fax 44 07 50, AX ED VA
14 Zi, Ez: 90, Dz: 130, ⌐ WC ☎; 🅿 ⍾ ⚓

* **Weinbergschlößchen**
Altenburgstr 22, ✉ 99974, ☎ (0 36 01) 87 42 64, Fax 44 21 09 + 44 45 69, AX DC ED VA
8 Zi, Ez: 60-90, Dz: 80-130, 1 Suite, ⌐ WC ☎; 🅿 1⇔25 ⍾
Rezeption: 11-14, 17-24

* **Bundschuh**
Jüdenstr 43, ✉ 99974, ☎ (0 36 01) 4 62 30, Fax 46 23 14, AX ED
8 Zi, Ez: 79, Dz: 99, ⌐ WC ☎; ⍾
Rezeption: 11-23, So 11-16

Felchta (3 km ↓)
* **Zum alten Bahndamm**
Siedlung Felchta 21, ✉ 99974, ☎ (0 36 01) 56 97-44 00 89, Fax 56 97, AX DC ED VA
11 Zi, Ez: 60-80, Dz: 90-130, ⌐ WC ☎; 3⇔400 Kegeln ⍾
Auch einfache Zimmer vorhanden

* **Wiesenhof**
♂ Henninggasse 152, ✉ 99974, ☎ (0 36 01) 56 90, Fax 44 22 89
11 Zi, Ez: 80, Dz: 130, ⌐ WC ☎; 🅿 ⍾

Mühlhausen im Täle 62 ↙

Baden-Württemberg — Kreis Göppingen — 545 m — 1 070 Ew — Wiesensteig 3, Geislingen a. d. Steige 21, Göppingen 24 km
ℹ ☎ (0 73 35) 9 60 10, Fax 96 01 25 — Bürgermeisteramt, Gosbacher Str 16, 73347 Mühlhausen im Täle

Mülheim a. d. Ruhr

** Bodoni
(Flair Hotel)
Bahnhofstr 4, ✉ 73347, ☎ (0 73 35) 50 73, Fax 50 76, AX DC ED VA
15 Zi, Ez: 100, Dz: 150, ⌁ WC ☎; **P** Sauna Solarium 🛥

* Höhenblick
♂ ◃ Obere Sommerbergstr 10, ✉ 73347, ☎ (0 73 35) 50 66, Fax 50 69, AX DC ED VA
80 Zi, Ez: 75-90, Dz: 130-150, ⌁ WC ☎; Lift **P** 🚗 5↻80 Kegeln Sauna Solarium 🍽
geschl: So, Mitte Jul-Anfang Aug

Mühlhausen 57 ←
Kr. Erlangen-Höchstadt

Bayern — Kreis Erlangen-Höchstadt — 356 m — 1 400 Ew — Höchstadt 6, Bamberg 20 km
i ☎ (0 95 48) 2 02 — Verwaltungsgemeinschaft, Schloßplatz 9, 91315 Höchstadt a. d. Aisch. Sehenswert: Altes Wasserschloß, Ev. Kirche

* Gästehaus Hiltel
Hauptstr 18, ✉ 96172, ☎ (0 95 48) 60 66, Fax 62 37, ED VA
8 Zi, Ez: 60-75 Dz: 95-98, ⌁ WC ☎

Mülheim am Main 45 ↙

Hessen — Kreis Offenbach — 103 m — 25 000 Ew — Offenbach 6, Hanau 7 km
i ☎ (0 61 08) 60 10, Fax 60 11 25 — Stadtverwaltung, Friedensstr 20, 63165 Mülheim

* Main-Park-Hotel
Dieselstr 16, ✉ 63165, ☎ (0 61 08) 90 50, Fax 7 55 97
28 Zi, Ez: 105-180, Dz: 175-240, S; WC ☎; Lift **P** Kegeln Sauna Solarium; **garni**
Rezeption: 7-9, 17-20

* Dreispitz
Offenbacher Str 86, ✉ 63165, ☎ (0 61 08) 7 50 22+90 98-0, Fax 13 75, AX DC ED VA
17 Zi, Ez: 90-180, Dz: 130-180, ⌁ WC ☎; **P** 2↻60
Rezeption: 7-13, 16-23; geschl: Do, Ende Dez-Mitte Jan

* Hauptgericht 30; nur abends, So auch mittags; geschl: Do, Ende Dez-Mitte Jan

* Adam
Albertstr, ✉ 63165, ☎ (0 61 08) 6 09 11, Fax 6 76 65, ED
21 Zi, Ez: 80-135, Dz: 120-180, ⌁ WC ☎; **P**; **garni**
Rezeption: 7-11.30, 17-20, So 17-20; geschl: Ende Dez-Anfang Jan

* Café Kinnel
Gerhart-Hauptmann-Str 54, ✉ 63165, ☎ (0 61 08) 7 60 52, Fax 6 76 84, AX ED VA
37 Zi, Ez: 65-210, Dz: 100-310, ⌁ WC ☎; **P** 🚗 Kegeln 🛥

** Abthof
Pfarrgasse 10, ✉ 63165, ☎ (0 61 08) 6 75 53, Fax 6 88 18, AX DC ED VA
Hauptgericht 35; **P** Terrasse; nur abends, so+feiertags auch mittags; geschl: Mo, Anfang Feb

Lämmerspiel (5 km ↘)

*** Landhaus-Hotel Waitz
Bischof-Ketteler-Str 26, ✉ 63165, ☎ (0 61 08) 60 60, Fax 60 64 88, AX DC ED VA
67 Zi, Ez: 165-195, Dz: 230, 7 Suiten, WC ☎; Lift **P** 6↻100
geschl: 27.12.96-8.1.97

** Hauptgericht 40; Gartenlokal Terrasse; geschl: Sa+So abends, 27.12.96-8.1.97

Mühltal 54 ↗

Hessen — Kreis Darmstadt-Dieburg — 250 m — 13 000 Ew — Darmstadt 6 km
i ☎ (0 61 51) 1 41 70, Fax 14 17 38 — Gemeindeverwaltung, im Ortsteil Nieder-Ramstadt, Ober-Ramstädter Str 2, 64367 Mühltal. Sehenswert: Burg Frankenstein, Ruine

Nieder-Beerbach

** Burg Frankenstein
◃ einzeln 5, ✉ 64367, ☎ (0 61 51) 5 46 18, Fax 5 49 85, ED VA
Hauptgericht 25; Terrasse; geschl: Mo

Trautheim

* Waldesruh
♂ Am Bessunger Forst 28, ✉ 64367, ☎ (0 61 51) 9 11 50, Fax 9 11 5- 63, ED
37 Zi, Ez: 79-85, Dz: 124-145, ⌁ WC ☎; Lift **P** 1↻10 🎱 Fitneßraum Solarium 🍽

Mühltroff 49 ←

Sachsen — Stadtkreis — 520 m — 1 750 Ew — Schleiz 8, Plauen 19, Zeulenroda 20 km
i ☎ (03 66 45) 2 24 87 — Stadtverwaltung, 07919 Mühltroff

* Villa am Gutsweg
Gutsweg 6, ✉ 07919, ☎ (03 66 45) 2 22 24, Fax 2 22 24, ED
7 Zi, Ez: 75-85, Dz: 98-120, ⌁ WC ☎; **P** 🍽

Mülheim a. d. Ruhr 33 ←

Nordrhein-Westfalen — Stadtkreis — 50 m — 177 642 Ew — Oberhausen 7, Duisburg 10, Essen 10 km
i ☎ (02 08) 4 55 99 02, Fax 4 55 90 00 — Stadtinformation, Viktoriastr 17 (B 2), 45468 Mülheim a. d. Ruhr; Industriestadt am Rande des Ruhrgebietes. Sehenswert: Ev. Petri-Kirche; Stadthalle; Rathaus; Wasserbahnhof; Kloster im Stadtteil Saarn; Schloß Broich; Schloß Styrum; Aquarius Wassermuseum

Stadtplan siehe Seite 728 →

Mülheim a. d. Ruhr

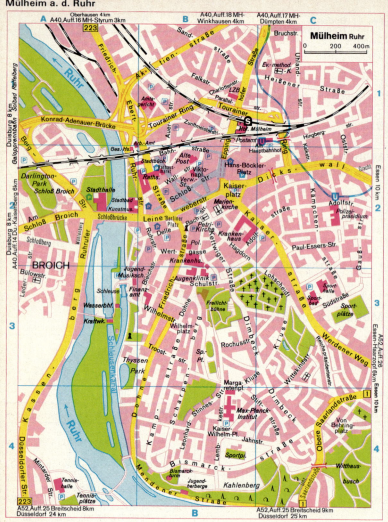

★★★	**Clipper Hotel**
	Hans-Böckler-Platz 19 (B 2), ✉ 45468, ☎ (02 08) 30 86 30, Fax 30 86 31 13, AX DC ED VA
	51 Zi, Ez: 150-190, Dz: 190-230, ⌐ WC ☎; Lift 🚗 1⇔15 Sauna; **garni**

★★	**Gartenhotel Luisental**
	Trooststr 2 (B 3), ✉ 45468, ☎ (02 08) 99 21 40, Fax 9 92 14 40, AX ED VA
	20 Zi, Ez: 118-228, Dz: 148-228, ⌐ WC ☎; Lift 🅿 🚗; **garni**

☊ Betrieb verfügt über eine Anzahl ruhiger Zimmer

★★	**Noy**
	Schloßstr 28 (B 2), ✉ 45486, ☎ (02 08) 4 50 50, Fax 4 50 53 00, AX DC ED VA
	50 Zi, Ez: 116-230, Dz: 256-340, ⌐ WC ☎; Lift 🚗 2⇔50 Fitneßraum Solarium
★★	Hauptgericht 30; geschl: So

★	**Friederike**
	Friedrichstr 32 (B 3), ✉ 45468, ☎ (02 08) 99 21 50, Fax 38 32 15, AX ED VA
	28 Zi, Ez: 98-178, Dz: 138-198, 8 Suiten, ⌐ WC ☎, 18🛏; 🅿 🚗 Sauna; **garni**

34 ↗ Der Ort befindet sich im Reisekartenteil auf Seite 34 im nordöstlichen Planfeld.

Müllheim

* Am Ruhrufer
Dohne 74, ⌧ 45468, ☎ (02 08) 99 18 50,
Fax 9 91 85 99, AX DC ED VA
33 Zi, Ez: 129, Dz: 172, 4 Suiten, ⌁ WC ☎;
Lift P

** Am Kamin
⌦ Striepensweg 62, ⌧ 45473, ☎ (02 08)
76 00 36, Fax 76 07 69, AX ED VA
Hauptgericht 40; P Terrasse

Dümpten (5 km ↑)
* Kuhn
Mellinghofer Str 277, ⌧ 45475, ☎ (02 08)
79 00 10, Fax 7 90 01 68, AX ED VA
61 Zi, Ez: 95-160, Dz: 120-180, ⌁ WC ☎; Lift
P ⌹ ≈ Fitneßraum Kegeln Sauna Solarium

** Distel
Hauptgericht 30; nur abends; geschl: So,
Aug, Ende Dez-Mitte Jan

Menden (4 km ↓)
* Müller-Menden
Mendener Str 109, ⌧ 45470, ☎ (02 08)
37 40 15, Fax 3 79 33, AX ED VA
Hauptgericht 25

Mintard (8 km ↓)
* Mintarder Wasserbahnhof
♂ ⌁ August-Thyssen-Str 129, ⌧ 45481,
☎ (02 054) 9 59 50, Fax 95 95 55,
AX DC ED VA
33 Zi, Ez: 84-90, Dz: 165-185, 1 App, WC ☎;
P ⌹ 2⇔
Restaurant für Hausgäste

Speldorf (4 km ←)
** Altes Zollhaus ✤
Duisburger Str 228, ⌧ 45478, ☎ (02 08)
5 03 49, Fax 5 03 49, ED
Hauptgericht 35; P; geschl: Mo, Sa mittag, Anfang-Mitte Juli

Mülheim-Kärlich 43 ↘

Rheinland-Pfalz — Kreis Mayen-Koblenz —
80 m — 10 000 Ew — Koblenz 10, Andernach 10 km
🅘 ☎ (0 26 30) 20 98, Fax 4 91 15 — Gemeindeverwaltung, Kapellenstr 16, 56208 Mülheim-Kärlich

Kärlich
* Zur Krone
Schweizerstr 2, ⌧ 56218, ☎ (0 26 30)
9 42 60, Fax 94 26 55, AX ED VA
21 Zi, Ez: 70-80, Dz: 140-180, 2 Suiten, ⌁
WC ☎; P 2⇔80 Kegeln Sauna Solarium
🍴

Mülheim
* Grüters
Ringstr 1, ⌧ 56218, ☎ (0 26 30) 38 76,
Fax 4 94 67, AX ED
39 Zi, Ez: 80, Dz: 130, ⌁ WC ☎; Lift P
2⇔100 🍴
Rezeption: 6-13, 17-24

** Zur Linde
Bachstr 12, ⌧ 56218, ☎ (0 26 30) 41 30, ED
Hauptgericht 25; Gartenlokal P; geschl:
Di + Sa mittags

Mülheim (Mosel) 52 ↗

Rheinland-Pfalz — Kreis Bernkastel-Wittlich — 117 m — 980 Ew — Bernkastel-Kues 5 km
🅘 ☎ (0 65 34) 3 69 — Verkehrsbüro,
Hauptstr 52, 54486 Mülheim (Mosel);
Weinbauort

** Romantik Hotel Richtershof
Hauptstr 81, ⌧ 54486, ☎ (0 65 34) 93 60,
Fax 93 63 60, AX DC ED VA
38 Zi, Ez: 98-145, Dz: 165-245, 5 Suiten, ⌁
WC ☎, 6⌧; Lift P 5⇔100 Fitneßraum
Sauna
Auch Zimmer der Kategorie ******* vorhanden

** Elisenberg
Hauptgericht 40; Terrasse; nur abends, So
auch mittags; geschl: Mo, Di

** Landhaus Schiffmann
Veldenzer Str 49 a, ⌧ 54486, ☎ (0 65 34)
9 39 40, Fax 1 82 01
14 Zi, Ez: 85, Dz: 130, ⌁ WC ☎, 14⌧; P Fitneßraum Sauna Solarium
Rezeption: 7-19; geschl: 10.12.-31.12.97

* Moselhaus Selzer
⌁ Moselstr 7, ⌧ 54486, ☎ (0 65 34) 7 07,
Fax 1 81 41
13 Zi, Ez: 45-60, Dz: 85-110, ⌁ WC ☎; P ⌹
1⇔25 Seezugang
Rezeption: 11-21; geschl: Mitte Dez-Anfang Mär
* Hauptgericht 20; Terrasse;
geschl: Mo, Mitte Dez-Anfang Mär
Eigenbauweine

* Zur Post
Hauptstr 65, ⌧ 54486, ☎ (0 65 34)
13 21 + 9 39 20, Fax 82 54 + 93 92 91
Hauptgericht 20; Gartenlokal P; nur
abends, So auch mittags; geschl: Di, 3.1.-28.2.97
* 10 Zi, Ez: 60-70, Dz: 94-104, ⌁ WC
☎; 1⇔30
Rezeption: 8-21; geschl: Di., 3.1.-28.2.97

Müllheim 67 ↗

Baden-Württemberg — Kreis Breisgau-Hochschwarzwald — 300 m — 15 000 Ew
— Badenweiler 7, Freiburg 28, Basel 34 km
🅘 ☎ (0 76 31) 40 70, Fax 1 66 54 — Verkehrsamt, Werderstr 48, 79379 Müllheim

* Bauer
Eisenbahnstr 2, ⌧ 79379, ☎ (0 76 31) 24 62,
Fax 40 73, ED VA
56 Zi, Ez: 65-95, Dz: 110-150, ⌁ WC ☎; Lift
P ⌹ 🍴
geschl: So, Mitte Dez-Mitte Jan →

Müllheim

Feldberg (6 km ↘)
* **Gasthof Ochsen**
Bürgelnstr 32, ✉ 79379, ☎ (0 76 31) 35 03, Fax 1 09 35, [ED]
Hauptgericht 30; Gartenlokal; geschl: Do, Anfang Jan-Anfang Feb
Eigenbauweine
* 7 Zi, Ez: 74, Dz: 135, 1 Suite, ⌁ WC ☎; Sauna Solarium
geschl: Do, Anfang Jan-Anfang Feb

Niederweiler (2 km →)
* **Pension Weilertal**
Weilertalstr 15, ✉ 79379, ☎ (0 76 31) 57 94, Fax 1 48 26, [ED] [VA]
10 Zi, Ez: 60-80, Dz: 120-150, 3 App, ⌁ WC ☎; [P]; garni
geschl: Mitte Jan-Mitte Feb, Mitte Nov-Mitte Dez

Münchberg 48 ↘

Bayern — Kreis Hof — 535 m — 12 500 Ew — Hof 20, Bayreuth 38 km
[i] ☎ (0 92 51) 8 74 12, Fax 8 74 24 — Verkehrsamt, Ludwigstr 15, 95213 Münchberg; Textilzentrum mit Textilfachschule.
Sehenswert: Großer Waldstein 880 m ◂ (10 km ↘); Aussichtsturm am Rohrbühl

* **Braunschweiger Hof**
Bahnhofstr 13, ✉ 95213, ☎ (0 92 51) 9 94 00, Fax 64 04, [DC][ED][VA]
21 Zi, Ez: 70-85, Dz: 100-150, WC ☎; [P] ⌁
geschl: Ende Jan-Anfang Feb
* Hauptgericht 25; Terrasse;
geschl: Ende Jan-Anfang Feb

Münchberg-Außerhalb (1 km ↓)
** **Seehotel Hintere Höhe (Ringhotel)**
♂ ◂ Hintere Höhe 7, ✉ 95213, ☎ (0 92 51) 9 46 10, Fax 39 76, [AX][DC][ED][VA]
33 Zi, Ez: 120-135, Dz: 170-195, 1 Suite, WC ☎; [P] ⌁ 4⇌120 Sauna Solarium ⚓
** ◂ Hauptgericht 25; Terrasse;
geschl: Fr, Sa mittags

Müncheberg 31 ↘

Brandenburg — Kreis Märkisch Oderland — 65 m — 4 960 Ew — Berlin 28, Frankfurt/Oder 36 km
[i] ☎ (03 34 32) 8 10, Fax 8 11 43 — Amt Müncheberg, Rathausstr 1, 15374 Müncheberg. Sehenswert: Stadtpfarrkirche St. Marien; Reste der Stadtmauer, Küstriner und Berliner Tor

* **Landhotel Sternthaler**
Poststr 6, ✉ 15374, ☎ (03 34 32) 8 94 40, Fax 8 94 43
13 Zi, Ez: 75-95, Dz: 135-155, ⌁ WC ☎, 13✉; [P] 1⇌30
Rezeption: 9-22
* **Nikita**
⊗ Hauptgericht 20

* **Pension Mönchsberg**
♂ Florastr 25 c, ✉ 15374, ☎ (03 34 32) 3 67, Fax 5 05, [ED][VA]
13 Zi, Ez: 50-99, Dz: 80-136, ⌁ WC ☎; [P] ⌁
geschl: Ende Dez-Anfang Jan

München 72 ↘

Bayern — Stadtkreis — 528 m — 1 300 000 Ew — Nürnberg 155, Karlsruhe 280 km
[i] ☎ (0 89) 2 39 11, Fax 2 39 13 13 — Verkehrsamt, Sendlinger Str 1, 80331 München 2; Landeshauptstadt, Regierungsbezirkshauptstadt von Oberbayern und Kreisstadt an der Isar, bedeutendste Kunststadt der Bundesrepublik; Universität; Technische Universität; Katholische Hochschule für Philosophie; Akademie der bildenden Künste; Hochschule für Fernsehen, Film und Musik; Gasteig Kulturzentrum (Philharmonie); Nationaltheater (Staatsoper); Staatstheater am Gärtnerplatz; Residenz-Theater; Deutsches Theater, Theater im Marstall, Kammerspiele, Kleine Komödie, Münchner Volkstheater.

Sehenswert: Im Stadtzentrum:
Kath. Kirche St. Peter: Turm ◂; kath. Kirche Hl. Geist; Jesuitenkirche St. Michael; Theatinerkirche; Dreifaltigkeitskirche; Franziskaner-Klosterkirche St. Anna im Lehel; Asamkirche; kath. Kirche St. Ludwig: Jüngstes Gericht
Residenz: Wittelsbacher Brunnen; Königsplatz; Odeonsplatz: Feldherrnhalle; Ludwigstraße; Alter Hof; Münze; Neues Rathaus: Glockenspiel, Turm ◂; Maximilianeum (Landtag); Hofgarten: Kriegerdenkmal; Englischer Garten: Japan. Teehaus, Chines. Turm; Hofbräuhaus; Karlsplatz mit Karlstor; Isartor; Sendlinger Tor; Theresien-Wiese mit Ruhmeshalle und Bavaria
Sammlungen:
Bayerische Staatsgemäldesammlungen in der Alten Pinakothek (1994-96 geschl.), in der Neuen Pinakothek, im Haus der Kunst und in der Schackgalerie; Antikensammlungen in der ehem. Neuen Staatsgalerie und der Glyptothek; Deutsches Museum: Entwicklung der Technik und Naturwissenschaft; Bayerisches Nationalmuseum; Residenz-Museum: Schatzkammer; Cuvilliés-Theater; Staatl. Sammlung Ägyptischer Kunst; Museum für Völkerkunde; Münchener Stadtmuseum; Theatermuseum; Prähistorische Staatssammlung/Museum für Vor- und Frühgeschichte; Staatl. Graphische Sammlung; Staatl. Münzsammlung; Städt. Galerie im Lenbach-Haus; Neue Sammlung/Staatl. Museum für angewandte Kunst; Museum Villa Stuck; Jagd- und Fischereimuseum in der ehem. Augustinerkirche; Bayer. Staatssammlung für allgem. und angewandte Geologie; Bayer. Staatssammlung für Paläontologie und hist. Geologie;

München

Mineralogische Staatssammlung; BMW-Bayerische Motoren Werke - Werksmuseum, geöffnet täglich 9-17 Uhr; Siemens-Museum; Karl-Valentin-Musäum; „Komödie" im Hotel Bayerischer Hof
Sehenswert in den Außenbezirken:
Im Nordwesten: Schloß Nymphenburg: Sammlungen; mit Amalienburg, Pagodenburg, Badenburg, Marstallmuseum, Park und Botanischer Garten; Schloß und Kirche in Blutenburg; kath. Kirche in Pipping - Im Norden: Olympiapark und Olympiaturm (290 m) ⬤; kath. St. Michaelskirche in Berg am Laim; Wallfahrtskirche in Ramersdorf; kath. St.-Georg-Kirche in Bogenhausen; kath. Mariahilfkirche in der Au - Im Süden: Tierpark Hellabrunn; Wallfahrtskirche in Thalkirchen; Wallfahrtskirche in Harlaching

Messen:
BAU 14.-19.1.97
ISPO Winter 4.-7.2.97
IHM 8.-16.3.97
ISPO Sommer 5.-8.8.97
DRINKTEC-INTERBAU 19.-26.9.97
SYSTEMS 27.-31.10.97
PRODUCTRONICA 11.-14.11.97

Stadtplan siehe Seiten 732-733

***** Rafael
(Relais & Châteaux)
Neuturmstr 1 (E 5), ✉ 80331, ☎ (0 89) 29 09 80, Fax 22 25 39, AX DC ED VA
53 Zi, Ez: 450-570, Dz: 570-730, 20 Suiten, WC ☎; Lift P 3⇔70 ≈ Fitneßraum
**** Mark's Restaurant
Hauptgericht 52; Terrasse

**** Park Hilton
Am Tucherpark 7, ✉ 80538, ☎ (0 89) 3 84 50, Fax 38 45 18 45, AX DC ED VA
477 Zi, Ez: 295-385, Dz: 360-450, S; 21 Suiten, WC ☎, 60; Lift P 14⇔2700 ≈ Fitneßraum Sauna Solarium
*** Hilton Grill
Hauptgericht 36; geschl: Mo, Sa mittags, Anfang-Mitte Jan
* Isar-Terrassen
Hauptgericht 35; Biergarten Terrasse

**** Kempinski
Vier Jahreszeiten München
Maximilianstr 17 (E 5), ✉ 80539, ☎ (0 89) 2 12 50, Fax 21 25 20 00, AX DC ED VA
268 Zi, Ez: 395-610, Dz: 465-680, S; 48 Suiten, WC ☎, 45; Lift 10⇔450 ≈ Fitneßraum Sauna Solarium
Zimmer der Kategorie *******-********* vorhanden
**** Vier Jahreszeiten
Hauptgericht 45; geschl: Aug
** Bistro-Eck
Hauptgericht 30

**** Bayerischer Hof
Promenadeplatz 2 (CD 4), ✉ 80333, ☎ (0 89) 2 12 00, Fax 2 12 09 06, AX DC ED VA
428 Zi, Ez: 280-355, Dz: 380-510, 45 Suiten, 1 App, WC ☎, 13; Lift P 33⇔1200 ≈ Fitneßraum Sauna Solarium
Zimmer unterschiedlicher Kategorien vorhanden
*** Garden Restaurant
Hauptgericht 45; 9-23.30
** Traders Vic's
Hauptgericht 45; nur abends
Club-Atmosphäre. Polynesische Küche
* Palais-Keller
Hauptgericht 20

**** Königshof
Karlsplatz 25 (B4), ✉ 80335, ☎ (0 89) 55 13 60, Fax 55 13 61 13, AX DC ED VA
81 Zi, Ez: 325-400, Dz: 430-510, 9 Suiten, WC ☎, 11; Lift 4⇔100 Fitneßraum
**** Hauptgericht 54; P

**** City Hilton
Rosenheimer Str 15 (F 6), ✉ 81667, ☎ (0 89) 4 80 40, Fax 48 04 48 04, AX DC ED VA
458 Zi, Ez: 383-493, Dz: 476-616, S; 20 Suiten, 1 App, WC ☎, 218; Lift P 8⇔350
Auch Zimmer der Kategorie ******* vorhanden. Direkter Zugang zur S-Bahn Richtung Flughafen)
** Zum Gasteig
Hauptgericht 45
* Löwenschänke
Hauptgericht 25; Biergarten

*** Palace
Trogerstr 21, ✉ 81675, ☎ (0 89) 41 97 10, Fax 41 97 18 19, AX DC ED VA
64 Zi, Ez: 240-485, Dz: 330-520, S; 7 Suiten, WC ☎, 18; Lift 3⇔40 Fitneßraum Sauna
Auch Zimmer der Kategorie ******** vorhanden. Idyllischer Innengarten
** Hauptgericht 36; P Terrasse

*** Excelsior
Schützenstr 11 (B 4), ✉ 80335, ☎ (0 89) 55 13 70, Fax 55 13 71 21, AX DC ED VA
113 Zi, Ez: 245-315, Dz: 345-420, 4 Suiten, WC ☎, 7; Lift 2⇔45

*** Sheraton
Arabellastr 6, ✉ 81925, ☎ (0 89) 9 26 40, Fax 91 68 77, AX DC ED VA
637 Zi, Ez: 250-490, Dz: 250-490, S; 17 Suiten, WC ☎; Lift P 14⇔1250 Fitneßraum Sauna Solarium
Auch Zimmer der Kategorie ******** vorhanden. Im „Gardenwings" auch Zimmer der Kategorie ****** vorhanden
** Alt-Bayern Stube
Hauptgericht 35; Biergarten; nur abends

→

München

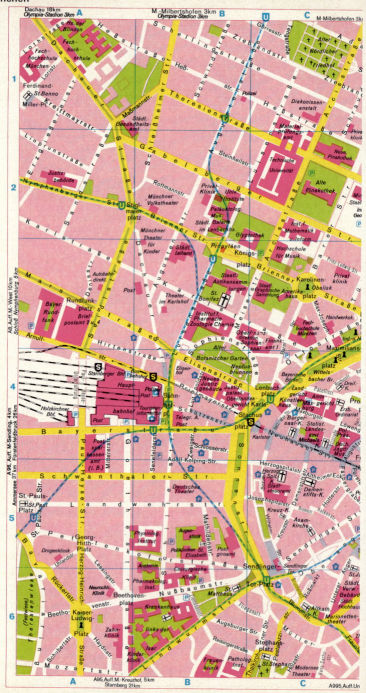

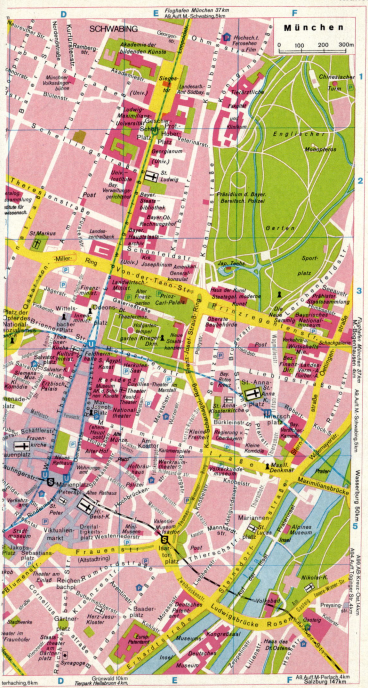

München

*** Marriott
Berliner Str 93, ✉ 80805, ☎ (0 89) 36 00 20, Fax 36 00 22 00, AX DC ED VA
348 Zi, Ez: 210-445, Dz: 210-445, 32 Suiten, ⌐ WC ☎, 138🖼; Lift 🅿 🚗 13⇔500 ≋ Fitneßraum Sauna Solarium ⚓
*** California Grill
Hauptgericht 25

*** Arabella Hotel Bogenhausen
◄ Arabellastr 5, ✉ 81925, ☎ (0 89) 9 23 20, Fax 92 32 44 49, AX DC ED VA
467 Zi, Ez: 200-360, Dz: 240-400, S; 44 Suiten, 37 App, ⌐ WC ☎, 25🖼; Lift 🅿 🚗 19⇔500 ≋ Fitneßraum Sauna Solarium ⚓
** Brasserie
Hauptgericht 27; Terrasse

*** SKH-Trustee Parkhotel
♛ Parkstr 31, ✉ 80339, ☎ (0 89) 51 99 50, Fax 51 99 54 20, AX DC ED VA
26 Zi, Ez: 160-373, Dz: 180-396, S; 9 Suiten, ⌐ WC ☎, 3🖼; Lift 🅿 🚗 3⇔50 🍴
geschl: 21.12.-28.12.97

*** Holiday Inn Crowne Plaza
Leopoldstr 194 (E 1), ✉ 80804, ☎ (0 89) 38 17 90, Fax 38 17 98 88, AX DC ED VA
365 Zi, Ez: 190-450, Dz: 190-450, S; 2 Suiten, ⌐ WC ☎, 53🖼; Lift 🚗 7⇔600 ≋ Sauna Solarium
** Oma's Küche
Hauptgericht 35; Terrasse

*** Ramada Parkhotel
♛ Theodor-Dombart-Str 4, ✉ 80805, ☎ (0 89) 36 09 90, Fax 36 09 96 84, AX DC ED VA
180 Zi, Ez: 165-368, Dz: 165-446, S; 80 Suiten, ⌐ WC ☎, 50🖼; Lift 🅿 🚗 7⇔80 Fitneßraum Sauna Solarium
** Parkrestaurant
Hauptgericht 30

*** Eden-Hotel-Wolff
Arnulfstr 4 (B 4), ✉ 80335, ☎ (0 89) 55 11 50, Fax 55 11 55 55, AX DC ED VA
212 Zi, Ez: 210-450, Dz: 290-450, S; 2 Suiten, ⌐ WC ☎, 50🖼; Lift 🅿 🚗 10⇔280 ⚓
Auch Zimmer der Kategorie ** vorhanden
** Zirbelstube
Hauptgericht 25

*** Rothof
♛ Denninger Str 114, ✉ 81925, ☎ (0 89) 91 50 61, Fax 91 50 66, AX DC ED VA
35 Zi, Ez: 198-298, Dz: 298-360, 2 Suiten, ⌐ WC ☎; Lift 🅿 🚗 Fitneßraum Sauna 🍴
geschl: Ende Dez-Anfang Jan
Fitneßbereich befindet sich ca. 100 m hinter dem Haus im „Rothof Sportanger"

*** Arabella Hotel München Westpark
Garmischer Str 2, ✉ 80339, ☎ (0 89) 5 19 60, Fax 5 19 66 49, AX DC ED VA
258 Zi, Ez: 160-355, Dz: 240-450, 15 Suiten, 4 App, ⌐ WC ☎, 71🖼; Lift 🅿 🚗 7⇔135 ≋ Sauna Solarium
geschl: Ende Dez-Anfang Jan
** Ambiente
Hauptgericht 30; Terrasse; 6.30-24; geschl: Ende Dez-Anfang Jan

*** Maritim
Goethestr 7 (B 4), ✉ 80336, ☎ (0 89) 55 23 70, Fax 55 23 59 00, AX DC ED VA
336 Zi, Ez: 265-435, Dz: 312-502, S; 11 Suiten, ⌐ WC ☎, 62🖼; Lift 🚗 9⇔ ≋ Fitneßraum Sauna
*** Hauptgericht 38; Terrasse

*** Vitalis
Kathi-Kobus-Str 24, ✉ 80797, ☎ (0 89) 12 00 80, Fax 1 29 83 82, AX DC ED VA
100 Zi, Ez: 210-280, Dz: 275-355, 1 Suite, ⌐ WC ☎; Lift 🅿 🚗 5⇔100 ⚓ 🍴

** Regent
Seidlstr 2 (A 3), ✉ 80335, ☎ (0 89) 55 15 90, Fax 55 15 91 54, AX ED
172 Zi, Ez: 205-240, Dz: 280-330, 11 Suiten, ⌐ WC ☎; Lift 🚗 2⇔140 Sauna Solarium
** Hauptgericht 30

** Platzl (Ringhotel)
Sparkassenstr 10 (E 5), ✉ 80331, ☎ (0 89) 23 70 30, Fax 23 70 38 00, AX DC ED VA
167 Zi, Ez: 220-305, Dz: 290-410, S; ⌐ WC ☎, 9🖼; Lift 🚗 7⇔120 Fitneßraum Sauna Solarium
Auch Zimmer der Kategorie *** vorhanden
** Pfistermühle
Hauptgericht 30; 🅿 Terrasse; geschl: Sa mittags, So

** Admiral ♛
Kohlstr 9 (E 6), ✉ 80469, ☎ (0 89) 22 66 41, Fax 29 36 74, AX DC ED VA
33 Zi, Ez: 180-280, Dz: 230-336, S; ⌐ WC ☎; 6🖼; Lift 🚗; garni

** Best Western Prinzregent
Ismaninger Str 42, ✉ 81675, ☎ (0 89) 41 60 50, Fax 41 60 54 66, AX DC ED VA
64 Zi, Ez: 270, Dz: 320-350, 2 Suiten, ⌐ WC ☎, 20🖼; Lift 🅿 🚗 1⇔40 Sauna; garni
geschl: Ende Dez-Anfang Jan
Auch Zimmer der Kategorie *** vorhanden

** Exquisit
Pettenkoferstr 3 (B 5), ✉ 80336, ☎ (0 89) 5 51 99 00, Fax 55 19 94 99, AX DC ED VA
39 Zi, Ez: 195-240, Dz: 280, 11 Suiten, ⌐ WC ☎, 2🖼; Lift 🚗 1⇔30 Sauna Solarium; garni

München

** Ambiente
Schillerstr 12 (B5), ✉ 80336, ☎ (0 89)
54 51 70, Fax 54 51 72 00, AX DC ED VA
46 Zi, Ez: 120-250, Dz: 150-250, ⌐ WC ☎,
18◨; Lift P; garni

** Erzgießerei Europe
(Top International Hotel)
Erzgießereistr 15 (A 2), ✉ 80335, ☎ (0 89)
12 68 20, Fax 1 23 61 98, AX DC ED VA
106 Zi, Ez: 170-260, Dz: 200-300, S; 1 Suite,
⌐ WC ☎, 20◨; Lift P 🅿 2↔70

** Concorde
Herrnstr 38 (E 5), ✉ 80539, ☎ (0 89)
22 45 15, Fax 2 28 32 82, AX DC ED VA
67 Zi, Ez: 180-250, Dz: 245-295, 4 Suiten, ⌐
WC ☎; Lift 🅿; garni
geschl: Ende Dez-Anfang Jan
** **Alt Württemberg**
Hauptgericht 30; P Terrasse; geschl: Sa

** King's Hotel
Dachauer Str 13 (B 4), ✉ 80335, ☎ (0 89)
55 18 70, Fax 55 18 73 00, AX DC ED VA
96 Zi, Ez: 205-240, Dz: 255-285, S; 2 Suiten,
3 App, ⌐ WC ☎, 20◨; Lift P 🅿 2↔; garni
geschl: 23.12.96-6.1.97

** Krone
Theresienhöhe 8, ✉ 80339, ☎ (0 89)
50 40 52, Fax 50 67 06, DC ED VA
27 Zi, Ez: 120-280, Dz: 150-320, 3 Suiten, ⌐
WC ☎; Lift P 1↔20; garni

** Forum Hotel
◀ Hochstr 3 (F 6), ✉ 81669, ☎ (0 89)
4 80 30, Fax 4 48 82 77, AX DC ED VA
570 Zi, Ez: 250-330, Dz: 300-380, 12 Suiten,
⌐ WC ☎; Lift 🅿 13↔600 ☼ Sauna
Solarium
** Hauptgericht 35

** Arabella Hotel
München Central
Schwanthaler Str 111 (A 5), ✉ 80339,
☎ (0 89) 51 08 30, Fax 51 08 32 49,
AX DC ED VA
91 Zi, Ez: 130-351, Dz: 170-412, 11 App, ⌐
WC ☎, 19◨; Lift 🅿 1↔40 Sauna
Solarium; garni
geschl: 20.12.96-2.1.97
Auch Zimmer der Kategorie *** vorhanden

** Arabella Hotel
München Olympiapark
◀ Helene-Mayer-Ring 12, ✉ 80809,
☎ (0 89) 3 51 60 71, Fax 3 54 37 30,
AX DC ED VA
105 Zi, Ez: 130-351, Dz: 170-412, S; ⌐ WC
☎, 25◨; Lift P 3↔40
geschl: Ende Dez-Anfang Jan
Auch Zimmer der Kategorie *** vorhanden

** Daniel
Sonnenstr 5 (B4), ✉ 80331, ☎ (0 89)
55 49 45, Fax 55 34 20, AX DC ED VA
72 Zi, Ez: 137-330, Dz: 186-330, ⌐ WC ☎,
20◨; 1↔40 Sauna; garni
** **Bayer'n Stub'n**
Hauptgericht 30; geschl: Ende Dez-Anfang
Jan

** Mercure City
Senefelderstr 9 (B 4), ✉ 80336, ☎ (0 89)
55 13 20, Fax 59 64 44, AX DC ED VA
149 Zi, Ez: 205-280, Dz: 255-340, S;
18 Suiten, ⌐ WC ☎, 43◨; Lift 5↔100 🍴

** Deutsches Theater 👑
Schwanthaler Str 15 (B 5), ✉ 80336,
☎ (0 89) 5 52 24 90, Fax 5 52 24 96 14,
AX DC ED VA
24 Zi, Ez: 170-210, Dz: 210-260, 1 Suite, ⌐
WC ☎, 5◨; Lift 🅿 1↔20; garni

** Deutsches Theater
Landwehrstr 18 (B 5), ✉ 80336, ☎ (0 89)
5 45 85 25, Fax 5 45 85 2 -61, AX DC ED VA
27 Zi, Ez: 150-240, Dz: 160-320, 1 Suite, ⌐
WC ☎, 12◨; Lift P 🅿; garni
geschl: 21.12.-26.12.

** Queens Hotel
Effnerstr 99, ✉ 81925, ☎ (0 89) 92 79 80,
Fax 98 38 13, AX DC ED VA
152 Zi, Ez: 140-337, Dz: 190-414, S;
2 Suiten, ⌐ WC ☎, 25◨; Lift P 🅿 4↔320
** **Tiffany**
Hauptgericht 40

** Best Western Hotel
König Ludwig
Hohenzollernstr 3, ✉ 80801, ☎ (0 89)
33 59 95, Fax 39 46 58, AX DC ED VA
48 Zi, Ez: 170-340, Dz: 250-380, 1 Suite, ⌐
WC ☎, 3◨; Lift 🅿; garni

** BCA Hansa Residenz
Frankfurter Ring 22, ✉ 80807, ☎ (0 89)
35 71 70, Fax 35 71 77 00, AX DC ED VA
Ez: 145-180, Dz: 215-260, 3 Suiten, 79 App,
⌐ WC ☎; Lift 🅿; garni
Rezeption: 7-20
Auch Langzeitvermietung möglich

** Astron Appartements
Ottobrunner Str 17, ✉ 81737, ☎ (0 89)
68 95 30, Fax 68 95 36 00, AX DC ED VA
161 Zi, Ez: 120-165, Dz: 120-225, 7 App, ⌐
WC ☎; Lift 🅿 Sauna Solarium; garni

** Europa
Dachauer Str 115, ✉ 80335, ☎ (0 89)
54 24 20, Fax 54 24 25 00, AX DC ED VA
165 Zi, Ez: 155-290, Dz 195-340, 9 Suiten, ⌐
WC ☎, 12◨; Lift 🅿 2↔60

** Domus
St.-Anna-Str 31 (F 4), ✉ 80538, ☎ (0 89)
22 17 04, Fax 2 28 53 59, AX DC ED VA
43 Zi, Ez: 190-220, Dz: 220-250, 2 Suiten, ⌐
WC ☎; Lift 🅿; garni
geschl: 21.12.-27.12.

→

München

★★ Preysing
Preysingstr 1 (F 6), ✉ 81667, ☎ (89)
4 58 45-0, Fax 4 58 45-4 44, AX DC ED VA
71 Zi, Ez: 160-260, Dz: 298, 5 Suiten,
14 App, ⊣ WC ☎; Lift 🅿 2✧50 ≋ Sauna
Solarium
geschl: Ende Dez-Anfang Jan

★★★ Preysing-Keller ⌇
Hauptgericht 45; 🅿; nur abends; geschl:
Sonn-u. Feiertage, so+feiertags, Ende
Dez-Anfang Jan

★★ Carathotel
Lindwurmstr 13 (B 6), ✉ 80337, ☎ (0 89)
23 03 80, Fax 23 03 81 99, AX DC ED VA
70 Zi, Ez: 205-265, Dz: 265-320, S; ⊣ WC ☎,
12🖂; Lift 🖶; garni

★★ Astron Hotel Deutscher Kaiser
◂ Arnulfstr 2 (B 4), ✉ 80335, ☎ (0 89)
5 45 30, Fax 54 53 22 55, AX DC ED VA
174 Zi, Ez: 190-220, Dz: 270-320, ⊣ WC ☎;
Lift 🖶 9✧100 Fitneßraum Sauna Solarium;
garni

★★ Best Western Cristal
Schwanthaler Str 36 (B 5), ✉ 80336,
☎ (0 89) 55 11 10, Fax 55 11 19 92,
AX DC ED VA
100 Zi, Ez: 199-260, Dz: 230-350, 4 Suiten,
2 App, ⊣ WC ☎; Lift 🖶 1✧100 ¶ⓄI

★★ Sol Inn
Paul-Heyse-Str 24 (A 5), ✉ 80336, ☎ (0 89)
51 49 00, Fax 51 49 07 01, AX ED VA
182 Zi, Ez: 141-327, Dz: 158-344, ⊣ WC ☎,
10🖂; Lift 🖶 2✧80 ¶ⓄI

★★ Apollo
Mittererstr 7 (A 4-5), ✉ 80336, ☎ (0 89)
53 95 31, Fax 53 40 33, AX DC ED VA
74 Zi, Ez: 120-175, Dz: 158-275, ⊣ WC ☎;
Lift 🅿 🖶; garni

★★ Torbräu
Tal 41 (E 5), ✉ 80331, ☎ (0 89) 22 50 16,
Fax 22 50 19, AX ED VA
83 Zi, Ez: 185-320, Dz: 265-370, S; 3 Suiten,
⊣ WC ☎, 55🖂; Lift 🅿 🖶 1✧14 Kegeln
geschl: Ende Dez-Anfang Jan

★★ Opera
St.-Anna-Str 10 (F 4), ✉ 80538, ☎ (0 89)
22 55 33, Fax 22 55 38, AX ED VA
23 Zi, Ez: 260-360, Dz: 280-400, 2 Suiten, ⊣
WC ☎; Lift 1✧12; garni

★★ Acanthus
An der Hauptfeuerwache 14 (C 6),
✉ 80331, ☎ (0 89) 23 18 80, Fax 2 60 73 64,
AX ED VA
36 Zi, Ez: 135-195, Dz: 165-230, ⊣ WC ☎;
Lift 🖶; garni

★ Astoria
Nikolaistr 9, ✉ 80802, ☎ (0 89) 39 50 91,
Fax 34 14 96, AX DC ED VA
26 Zi, Ez: 140-190, Dz: 170-190, ⊣ WC ☎;
Lift; garni
geschl: 22.12.96 - 6.1.97

★ Schlicker Zum goldenen Löwen
Tal 8 (E5), ✉ 80331, ☎ (0 89) 22 79 41,
Fax 29 60 59, DC VA
63 Zi, 3 Suiten, ⊣ WC ☎; 🅿; garni
Auch Zimmer der Kategorie ★★ vorhanden

★ Carmen ⌇
♂ Hansastr 146, ✉ 81373, ☎ (0 89)
7 60 10 99, Fax 7 60 58 43, AX DC ED VA
63 Zi, Ez: 150-299, Dz: 165-385, S; ⊣ WC ☎,
9🖂; Lift 🅿 2✧30 ¶ⓄI

★ Fidelio
Schwanthaler Str 82 (A 5), ✉ 80336,
☎ (0 89) 53 02 31, Fax 53 56 57, AX DC ED VA
36 Zi, Ez: 105-150, Dz: 140-180, S; ⊣ WC ☎,
2🖂; Lift 🖶; garni

★ Blattl's Comfort Aparthotel München
Dachauer Str 199, ✉ 80637, ☎ (0 89)
15 92 00, Fax 15 92 48 00, AX DC ED VA
Ez: 99-290, Dz: 138-270, S; 8 Suiten,
180 App, ⊣ WC ☎; Lift 🖶 Fitneßraum
Sauna Solarium ¶ⓄI

★ Maria
Schwanthalerstr 112-114, ✉ 80339,
☎ (0 89) 50 30 23, Fax 50 55 20, AX DC ED VA
80 Zi, Ez: 105-210, Dz: 135-250, 8 Suiten, ⊣
WC ☎; 🅿 Fitneßraum

★ Cosmopolitan
Hohenzollernstr 5, ✉ 80801, ☎ (0 89)
38 38 10, Fax 38 38 11 11, AX DC ED VA
71 Zi, Ez: 155, Dz: 195, 8 Suiten, ⊣ WC ☎,
15🖂; Lift 🅿 🖶; garni

★ Rema-Hotel Esplanade
Arnulfstr 12, ✉ 80335, ☎ (0 89) 55 13 90,
Fax 59 34 03
140 Zi, Ez: 170-250, Dz: 240-360, ⊣ WC ☎;
Lift; garni
Auch Zimmer der Kategorie ★★ vorhanden

★ Appartement
Brudermühlstr 33, ✉ 81371, ☎ (0 89)
72 49 40, Fax 72 49 47 00, AX ED VA
92 Zi, Ez: 196-306, Dz: 242-322, 6 Suiten, ⊣
WC ☎, 5🖂; Lift 🅿 🖶 Fitneßraum Sauna
Solarium ¶ⓄI

★ Rivoli
Albert-Roßhaupter-Str 18, ✉ 81369,
☎ (0 89) 77 00 41, Fax 7 69 71 38, AX ED VA
55 Zi, Ez: 150-245, Dz: 195-315, ⊣ WC ☎;
Lift 🅿 🖶 1✧40 ¶ⓄI

★ Einhorn
Paul-Heyse-Str 10 (A 5), ✉ 80336, ☎ (0 89)
53 98 20, Fax 53 98 26 63, AX DC ED VA
112 Zi, Ez: 125-250, Dz: 180-330, ⊣ WC ☎,
40🖂; Lift 🖶 1✧30 Solarium; garni

★ Leopold
Leopoldstr 119 (E 1), ✉ 80804, ☎ (0 89)
36 70 61, Fax 36 04 31 50, AX DC ED VA
75 Zi, Ez: 150-195, Dz: 170-260, 1 Suite, ⊣
WC ☎, 5🖂; Lift 🅿 🖶 Sauna ¶ⓄI
geschl: Ende Dez

München

✱ Olympic ♛
Hans-Sachs-Str 4 (C 6), ✉ 80469, ☏ (0 89) 23 18 90, Fax 23 18 91 99, AX DC ED VA
31 Zi, Ez: 155-260, Dz: 195-280, 1 Suite, ⌐ WC ☏; 🖳; garni

✱ Luitpold
Schützenstr 14, ✉ 80335, ☏ (0 89) 59 44 61, Fax 55 45 20, AX DC ED VA
48 Zi, Ez: 120-180, Dz: 170-280, 1 Suite, ⌐ WC ☏; Lift 🅿; garni

✱ Mercure
Leopoldstr 120, ✉ 80802, ☏ (0 89) 39 05 50, Fax 34 93 44, AX DC ED VA
65 Zi, Ez: 170-270, Dz: 230-305, S; ⌐ WC ☏; Lift 🖳; garni

✱ Splendid
Maximilianstr 54 (E 4/F 5), ✉ 80538, ☏ (0 89) 29 66 06, Fax 2 91 31 76, AX DC ED VA
32 Zi, Ez: 175-330, Dz: 230-340, 2 Suiten, 2 App, ⌐ WC ☏; Lift 🅿; garni

✱ An der Oper
Falkenturmstr 10 (E 4), ✉ 80331, ☏ (0 89) 2 90 02 70, Fax 29 00 27 29, AX ED VA
55 Zi, Ez: 150-200, Dz: 205-270, 6 Suiten, ⌐ WC ☏; Lift 1⇌16; **garni**

✱ Bavaria
Gollierstr 9, ✉ 80339, ☏ (0 89) 50 10 78, Fax 5 02 68 56, AX DC ED VA
50 Zi, Ez: 125-180, Dz: 180-260, 3 App, ⌐ WC ☏; Lift 🖳 2⇌50; garni
geschl: Ende Dez-Anfang Jan

✱ Herzog
Häberlstr 9, ✉ 80337, ☏ (0 89) 53 04 95, Fax 5 32 81 18, AX DC ED VA
80 Zi, Ez: 128-225, Dz: 158-298, ⌐ WC ☏; Lift 🅿 🖳; garni

✱ Stachus
Bayerstr 7 (B 4), ✉ 80335, ☏ (0 89) 59 28 81, Fax 5 50 38 33, AX DC ED VA
64 Zi, Ez: 85-168, Dz: 145-245, 1 Suite, ⌐ WC ☏; Lift 🖳 1⇌30; **garni**

✱ Brack
Lindwurmstr 153 (B 6), ✉ 80337, ☏ (0 89) 74 72 55-0, Fax 74 72 55-99, AX DC ED VA
50 Zi, Ez: 140-200, Dz: 195-270, ⌐ WC ☏; Lift 🅿 🖳; garni
geschl: 23.12.96-6.1.97

✱ Ibis City
Dachauer Str 21 (B 3), ✉ 80335, ☏ (0 89) 55 19 30, Fax 55 19 31 02, AX DC ED VA
202 Zi, Ez: 149-174, Dz: 164-174, ⌐ WC ☏, 56🖂; Lift 3⇌120 🍽

✱ Ibis
Ungerer Str 139, ✉ 80805, ☏ (0 89) 36 08 30, Fax 36 37 93, AX DC ED VA
138 Zi, Ez: 146-174, Dz: 161-174, S; ⌐ WC ☏, 42🖂; Lift 🅿 🖳 5⇌70 🍽

✱✱✱✱ Tantris ♐ 🍽🍽
Johann-Fichte-Str 7, ✉ 80805, ☏ (0 89) 36 20 61, Fax 3 61 84 69, AX DC ED VA
Hauptgericht 60; Gartenlokal 🅿; geschl: So, Mo, Anfang Jan

✱✱✱ Böswirth an der Oper
Falkenturmstr 10 (E 4), ✉ 80331, ☏ (0 89) 29 79 09, AX ED VA
Hauptgericht 38; geschl: so+feiertags, Mo mittags

✱✱✱ Bogenhauser Hof
Ismaninger Str 85, ✉ 81675, ☏ (0 89) 98 55 86, Fax 9 81 02 21, AX DC VA
Hauptgericht 45; Terrasse; geschl: so+feiertags, Ende Dez-Anfang Jan

✱✱ Weinhaus Neuner
⊗ Herzogspitalstr 8 (C 5), ✉ 80331, ☏ (0 89) 2 60 39 54, Fax 26 69 33, AX ED VA
Hauptgericht 35; geschl: so+feiertags, Aug

✱✱ Acquarello ✦
Mühlbaurstr 36, ✉ 81677, ☏ (0 89) 4 70 48 48, Fax 47 64 64, AX ED
Hauptgericht 35; Terrasse

✱✱ Locanda Picolit ✦
Siegfriedstr 11, ✉ 80803, ☏ (0 89) 39 64 47, Fax 34 66 53, AX DC ED VA
Hauptgericht 32; Terrasse; geschl: Sa

✱✱ Halali
Schönfeldstr 22 (E 3), ✉ 80539, ☏ (0 89) 28 59 09, Fax 28 27 86, AX ED VA
Hauptgericht 40; geschl: so+feiertags, Aug

✱✱ Gasthaus Glockenbach
Kapuzinerstr 29 (A 6), ✉ 80337, ☏ (0 89) 53 40 43, Fax 53 40 43, ED VA
Hauptgericht 45; geschl: So, Mo

✱✱ Toula
Sparkassenstr 5 (D 5), ✉ 80331, ☏ (0 89) 29 28 69, Fax 29 80 43, AX DC ED VA
Hauptgericht 40; geschl: So, Mo, 3 Wochen im Aug

✱✱ Käferschänke
Prinzregentenstr 73, ✉ 81675, ☏ (0 89) 4 16 82 47, Fax 4 16 86 23, AX DC ED VA
Hauptgericht 40; Terrasse; geschl: so+feiertags

✱✱ Katzlmacher
Kaulbachstr 48, ✉ 80539, ☏ (0 89) 33 33 60, Fax 33 11 04, AX ED
Hauptgericht 40; Biergarten; geschl: So, Mo, in den Pfingstferien

✱✱ Austernkeller
Stollbergstr 11 (E 5), ✉ 80539, ☏ (0 89) 29 87 87, Fax 22 31 66, AX DC ED VA
Hauptgericht 35; nur abends; geschl: Mo

✱✱ Dallmayr
Dienerstr 14 (D 4), ✉ 80331, ☏ (0 89) 2 13 51 00, Fax 2 13 51 67, AX DC ED VA
Hauptgericht 35; Mo-Fr 9-18.30, Do bis 21, Sa bis 15.30; geschl: so+feiertags →

München

⁕⁕ Prielhof
Oberföhringer Str 44, ✉ 81925, ☎ (0 89) 98 53 53, Fax 9 82 72 89, DC ED VA
Hauptgericht 35; 12-15, 18-24; geschl: so+feiertags, Sa mittags, Ende Dez-Anfang Jan

⁕⁕ Zum Alten Markt
Dreifaltigkeitsplatz 3 (D 5), ✉ 80331, ☎ (0 89) 29 99 95, Fax 2 28 50 78
Hauptgericht 40; Terrasse; 11-24; geschl: so+feiertags, Ende Dez-Anfang Jan

⁕⁕ Chesa
Wurzerstr 18 (E 4), ✉ 80539, ☎ (0 89) 29 71 14, Fax 2 28 56 98, AX DC VA
Hauptgericht 25; P Terrasse; geschl: So

⁕⁕ Seehaus
⊰ Kleinhesselohe 3, ✉ 80802, ☎ (0 89) 3 81 61 30, Fax 34 18 03, AX DC ED VA
Hauptgericht 27

⁕⁕ Casale
Ostpreußenstr 42, ✉ 81927, ☎ (0 89) 93 62 68, Fax 9 30 67 22, AX DC ED VA
Hauptgericht 40; Gartenlokal

⁕⁕ Galleria
Sparkassenstr 2 (D 5), ✉ 80331, ☎ (0 89) 29 79 95, Fax 2 91 36 53, AX DC ED VA
Hauptgericht 38; geschl: So, Anfang Aug

⁕⁕ Osteria Gallo Nero
Grillparzerstr 1, ✉ 81675, ☎ (0 89) 4 70 54 72, Fax 4 70 13 21, AX ED
Hauptgericht 35; Terrasse; geschl: so+feiertags, Sa abends

⁕⁕ Il Borgo
Georgenstr 144, ✉ 80797, ☎ (0 89) 1 29 21 19, Fax 12 39 15 75, AX
Hauptgericht 35; geschl: So

⁕⁕ Bistro Terrine
Amalienstr 89, ✉ 80799, ☎ (0 89) 28 17 80, Fax 2 80 93 16, AX ED VA
Hauptgericht 35; P Terrasse; geschl: so+feiertags

⁕⁕ Kleiner Löwenhof
Nymphenburger Str 53 (A 2), ✉ 80335, ☎ (0 89) 1 23 24 42, Fax 1 23 24 42, AX ED
Hauptgericht 30; Biergarten; geschl: So

⁕ Hundskugel
⌘ Hotterstr 18 (C 5), ✉ 80331, ☎ (0 89) 26 42 72
Hauptgericht 20
Älteste Gaststätte Münchens

Confiserie Rottenhöfer
Residenzstr 25 (D 4), ✉ 80333, ☎ (0 89) 22 29 15
8.45-19, Sa 8-18; geschl: so+feiertags

Luitpold
Brienner Str 11 (D 3), ✉ 80333, ☎ (0 89) 29 28 65, Fax 29 77 24, ED
9-20, Sa 8-19; geschl: So, Ende Dez

Arzmiller
Salvatorstr 2, im Theatinerhof (D 4), ✉ 80333, ☎ (0 89) 29 42 73, Fax 22 59 01
Gartenlokal; 8.30-18; geschl: so+feiertags

Schumann's
Maximilianstr 36 (E 4), ✉ 80539, ☎ (0 89) 22 90 60, Fax 2285688
Hauptgericht 25; 17-3, so+feiertags ab 18; geschl: Sa

Kay's Bistro
Utzschneiderstr 1, ✉ 80469, ☎ (0 89) 2 60 35 84, Fax 2 60 55 26, AX ED
Hauptgericht 40; 19-3 Uhr

Brauerei-Gaststätten

Andechser am Dom
Weinstr 7 (D 4), ✉ 80333, ☎ (0 89) 29 84 81, Fax 29 18 91, DC ED VA
Hauptgericht 25

Zum Dürnbräu
⌘ Dürnbräugasse 2, ✉ 80331, ☎ (0 89) 22 21 95, Fax 22 14 17, AX DC ED VA
Hauptgericht 25; Biergarten; 9-24

Augustiner Großgaststätten
Neuhauser Str 27 (C 4), ✉ 80331, ☎ (0 89) 23 18 32 57, Fax 2 60 53 79, AX DC ED VA
Hauptgericht 15; Biergarten;
In den traditionsreichen Räumen wurde schon im Jahr 1328 Augustiner-Bier ausgeschenkt

Spatenhaus
Residenzstr 12 (D 4), ✉ 80333, ☎ (0 89) 2 90 70 60, Fax 2 91 30 54, AX DC ED VA
Hauptgericht 30; Terrasse

Zum Franziskaner
Perusastr 5 (D 4), ✉ 80333, ☎ (0 89) 2 31 81 20, Fax 23 18 12 44, AX DC ED VA
Hauptgericht 25

Paulaner Bräuhaus
Kapuzinerplatz 5 (A 6), ✉ 80337, ☎ (0 89) 5 44 61 10, Fax 54 46 11 18, ED VA
Hauptgericht 20; Biergarten Gartenlokal

Allach (12 km ↖)

⁕ Lutter
Eversbuschstr 109, ✉ 80999, ☎ (0 89) 8 12 70 04, Fax 8 12 95 84, AX ED VA
26 Zi, Ez: 110-130, Dz: 140-180, 2 App, ⌇ WC ☎, P; garni
geschl: Ende Dez-Anfang Jan

Au (2 km ↓)

⁕⁕ Prinz (Top International Hotel)
Hochstr 45, ✉ 81541, ☎ (0 89) 4 80 29 81, Fax 48 41 37, AX DC ED VA
40 Zi, Ez: 135-305, Dz: 175-385, S; 1 Suite, ⌇ WC ☎, 10⚿; Lift ♿ 2⇆30 ⌘
Auch Zimmer der Kategorie ⁕⁕⁕ vorhanden

⁕⁕ Aurbacher
Aurbacher Str 5, ✉ 81541, ☎ (0 89) 48 09 10, Fax 48 09 10, AX ED VA
60 Zi, Ez: 125-230, Dz: 148-280, S; 2 Suiten, 15 App, ⌇ WC ☎; Lift ♿; garni
geschl: Ende Dez-Anfang Jan
Auch Zimmer der Kategorie ⁕ vorhanden

⁕⁕ Hotel Altmünchen
Mariahilf Platz 4, ✉ 81541, ☎ (0 89) 45 84 40, Fax 45 84 44 00, AX ED VA
31 Zi, Ez: 97-248, Dz: 134-266, S; ⌇ WC ☎; Lift ♿ 1⇆40; garni

München

Aubing (13 km ←)

* Pollinger
♂ Aubinger Str 162, ✉ 81243, ☎ (089) 8 71 40 44, Fax 8 71 22 03, AX DC ED VA
53 Zi, Ez: 110-130, Dz: 140-250, 2 Suiten, ⊿ WC ☎; Lift 🅿 🚗 Sauna Solarium ⓨ

* Grünwald
Altostr 38, ✉ 81245, ☎ (089) 86 30 10, Fax 8 63 23 29, ED VA
34 Zi, Ez: 98-110, Dz: 110-140, 3 App, ⊿ WC ☎; 🅿 🚗; garni
geschl: Ende Dez-Anfang Jan, 2 Wochen im Aug

* Zur Aubinger Einkehr
Gößweinsteinplatz, ✉ 81249, ☎ (089) 87 55 81, Fax 87 29 95
Hauptgericht 20; geschl: Mo

Englschalking (8 km ↗)

* Kent
Englschalkinger Str 245, ✉ 81927, ☎ (089) 93 50 73, Fax 93 50 72, AX DC ED VA
48 Zi, Ez: 130-195, Dz: 198-295, 1 Suite, 8 App, ⊿ WC ☎, 12🛏; Lift 🅿 🚗 1↔20 Sauna Solarium; **garni**

** La Vigna
Wilhelm-Dieß-Weg 2, ✉ 81927, ☎ (089) 93 14 16, AX ED VA
Hauptgericht 40; geschl: Sa

Giesing

* Appartement Hotel Heimgartenstr
Heimgartenstr 14, ✉ 81539, ☎ (089) 62 03 90, Fax 62 03 96 14, AX ED VA
266 Zi, Ez: 186-205, Dz: 232-275, 266 App, ⊿ WC ☎, 25🛏; Lift 🚗 1↔15 Fitneßraum Sauna Solarium; **garni**
Langzeitvermietung möglich

Großhadern (10 km ↙)

* Säntis
Waldfriedhofstr 90, ✉ 81377, ☎ (089) 7 14 27 57, Fax 7 19 21 34, AX ED VA
52 Zi, Ez: 120-160, Dz: 170-210, ⊿ WC ☎; Lift 🅿; **garni**

Harlaching (8 km ↓)

* Gutshof Menterschwaige
Menterschwaigstr 4, ✉ 81545, ☎ (089) 64 07 32, Fax 6 42 29 71, AX DC ED VA
Hauptgericht 25; Biergarten 🅿

Johanneskirchen (8 km →)

** BCA Hansa Residenz
Musenbergstr 25, ✉ 81929, ☎ (089) 95 72 90, Fax 95 72 94 00, AX DC ED VA
Ez: 133-202, Dz: 181-220, 5 Suiten, 163 Zi, ⊿ WC ☎, 30🛏; Lift 🚗 1↔15 Fitneßraum Sauna Solarium ⓨ
Apartmenthaus

Laim (5 km ←)

** Transmar Park Hotel
Zschokkestr 55, ✉ 80686, ☎ (089) 57 93 60, Fax 57 93 61 00, AX DC ED VA
68 Zi, Ez: 180-260, Dz: 230-260, 2 Suiten, 2 App, ⊿ WC ☎; Lift 🅿 🚗 30 Fitneßraum Sauna
Restaurant für Hausgäste

* Petri
♂ Aindorferstr 82, ✉ 80689, ☎ (089) 58 10 99, Fax 5 80 86 30, AX DC ED VA
42 Zi, Ez: 135-195, Dz: 175-210, 1 Suite, ⊿ WC ☎; Lift 🚗 ≋; **garni**
geschl: Ende Dez

** Il Sorriso
Gotthardstr 8, ✉ 80686, ☎ (089) 5 80 31 70, Fax 5 80 31 70, AX DC ED VA
Hauptgericht 30; 🅿 Terrasse; geschl: So

Milbertshofen (13 km ↑)

** Königstein
Frankfurter Ring 28, ✉ 80807, ☎ (089) 35 03 60, Fax 35 03 61 00, DC ED VA
42 Zi, Ez: 160-200, Dz: 195-280, ⊿ WC ☎, 3🛏; Lift 🅿 🚗; **garni**
geschl: Ende Dez-Anfang Jan

Moosach (7 km ↘)

** Mayerhof
Dachauer Str 421, ✉ 80992, ☎ (089) 14 36 60, Fax 1 40 24 17, AX DC ED VA
69 Zi, Ez: 125-248, Dz: 165-268, 2 Suiten, ⊿ WC ☎, 19🛏; Lift 🅿 🚗 1↔30 Sauna; **garni**

Neuhausen (3 km ↘)

** Pannonia Hotel Königin Elisabeth
Leonrodstr 79, ✉ 80636, ☎ (089) 12 68 60, Fax 12 68 64 59, AX DC ED VA
79 Zi, Ez: 190-230, Dz: 260-300, S; ⊿ WC ☎; Lift 🚗 1↔60 Fitneßraum Sauna Solarium

** Sissi
Hauptgericht 25; Gartenlokal; geschl: Sa

* Nymphenburg (Top International Hotel)
Nymphenburger Str 141 (A 2), ✉ 80636, ☎ (089) 18 10 86-89, Fax 18 25 40, ED
41 Zi, Ez: 145-155, Dz: 220-240, 3 Suiten, ⊿ WC ☎; Lift 🅿
geschl: Ende Dez-Anfang Jan

Bistro
Hauptgericht 25; nur abends; geschl: So, Sa, Ende Dez-Anfang Jan

* Rotkreuzplatz
Rotkreuzplatz 2, ✉ 80634, ☎ (089) 16 20 71, Fax 16 64 69, AX DC ED VA
56 Zi, Ez: 130-200, Dz: 200-280, ⊿ WC ☎, 9🛏; Lift 🅿 🚗; **garni**
geschl: Ende Dez-Anfang Jan

Neuperlach (8 km ↘)

** Mercure
Karl-Marx-Ring 87, ✉ 81735, ☎ (089) 6 32 70, Fax 6 32 74 07, AX DC ED VA
184 Zi, Ez: 205-235, Dz: 250-300, 3 Suiten, ⊿ WC ☎, 59🛏; Lift 🅿 🚗 7↔160 ≋ Fitneßraum Sauna Solarium

** Perlacher Bürgerstuben
Hauptgericht 32; Biergarten ➡

München

** **Ambient Hotel Colina**
Stemplinger Anger 20, ⌧ 81737, ☏ (0 89)
62 70 10, Fax 62 70 11 60, AX DC ED VA
73 Zi, Ez: 98-199, Dz: 150-250, 8 App, ⌐ WC
☏, 10⌧; Lift 🅿 🍴 Fitneßraum Sauna
Solarium
Restaurant für Hausgäste

Oberföhring (8 km ↗)

** **Wirtshaus im Grüntal**
Grüntal 15, ⌧ 81247, ☏ (0 89) 98 09 84,
Fax 98 18 67, AX DC VA
Hauptgericht 25

* **Freisinger Hof** ✢
Oberföhringer Str 189, ⌧ 81925, ☏ (0 89)
95 23 02, Fax 9 57 63 33, AX DC ED VA
Hauptgericht 30; Biergarten 🅿; geschl:
Anfang-Mitte Jan

Obermenzing (10 km ↖)

* **Villa am Schloßpark**
Hieberplatz 3, ⌧ 81247, ☏ (0 89) 8 11 90 73,
Fax 8 11 02 99, AX DC ED VA
10 Zi, Ez: 130-160, Dz: 160-180, 4 App, ⌐
WC ☏; 🍴; garni
Appartements für Langzeitvermietung vorhanden

* **Blutenburg**
Verdistr 130, ⌧ 81247, ☏ (0 89) 8 11 20 35,
Fax 8 11 19 25, AX DC ED VA
19 Zi, Ez: 100-130, Dz: 140-180, ⌐ WC ☏; 🅿
🍴; garni

* **Aida**
Verdistr 9, ⌧ 81247, ☏ (0 89) 8 11 00 58,
Fax 8 11 01 36, ED VA
16 Zi, Ez: 110-150, Dz: 150-180, ⌐ WC ☏; 🅿
🍴

* **Weichandhof**
Betzenweg 81, ⌧ 81247, ☏ (0 89)
8 91 16 00, Fax 89 11 60 12, AX ED VA
Hauptgericht 22; Gartenlokal 🅿; geschl:
Sa

* **Schloßschänke Blutenburg**
Im Schloß Blutenburg, ⌧ 81247, ☏ (0 89)
8 11 32 66, Fax 8 11 98 08, ED VA
Hauptgericht 30; geschl: Mo, 3 Wochen im
Feb

Obersendling (8 km ↙)

*** **Holiday Inn München-Süd**
Kistlerhofstr 142, ⌧ 81379, ☏ (0 89)
78 00 20, Fax 78 00 26 72, AX DC ED VA
320 Zi, Ez: 278-388, Dz: 338-448, 14 Suiten,
⌐ WC ☏, 70⌧; Lift 🅿 🍴 12⇔180 ≋ Sauna
Solarium
geschl: Ende Dez-Anfang Jan
Auch Zimmer der Kategorie ****** vorhanden

** **Kupferkessel**
Hauptgericht 35; Biergarten; geschl: Ende
Dez-Anfang Jan

** **Ambassador Parkhotel**
Plinganser Str 102, ⌧ 81369, ☏ (0 89)
72 48 90, Fax 72 48 91 00, AX DC ED VA
42 Zi, Ez: 145-265, Dz: 175-300, 1 Suite, ⌐
WC ☏, 12⌧; Lift 🅿 🍴 1⇔20 🍽
geschl: Ende Dez-Anfang Jan

* **Best Western**
K+K Hotel am Harras
Albert-Roßhaupter-Str 4, ⌧ 81369,
☏ (0 89) 77 00 51, Fax 7 21 28 20,
AX DC ED VA
120 Zi, Ez: 120-260, Dz: 160-335, S; ⌐ WC
☏, 25⌧; Lift 🅿 🍴 1⇔35; garni

* **Amenity**
Passauer Str 28, ⌧ 81369, ☏ (0 89)
7 69 10 67, Fax 7 69 48 43, AX DC ED VA
42 Zi, Ez: 139-238, Dz: 188-295, ⌐ WC ☏;
Lift 🍴; garni
geschl: 22.12.97-3.1.98

Pasing (8 km ←)

** **Econtel**
Bodenseestr 227, ⌧ 81243, ☏ (0 89)
87 18 90, Fax 87 18 94 00, AX DC ED VA
69 Zi, Ez: 116-216, Dz: 123-233, S; 2 Suiten,
⌐ WC ☏, 39⌧; Lift 🅿 🍴 4⇔100 Solarium;
garni

** **Zur Post**
Bodenseestr 4, ⌧ 81241, ☏ (0 89) 89 69 50,
Fax 83 73 19
96 Zi, Ez: 135-195, Dz: 160-270, ⌐ WC ☏;
Lift 🅿 🍴 🍽

* **Petra**
Marschnerstr 73, ⌧ 81245, ☏ (0 89)
83 20 41, Fax 83 87 73
18 Zi, Ez: 90-95, Dz: 125-140, ⌐ WC ☏; 🅿
🍴; garni
geschl: Ende Dez-Anfang Jan

** **Zur Goldenen Gans** ✢
⊗ Planegger Str 31, ⌧ 81241, ☏ (0 89)
83 70 33, Fax 8 20 46 80, DC ED VA
Hauptgericht 25; 🅿 Terrasse; geschl:
so+feiertags
Ehem. Bauernhaus aus dem 17. Jh.

Riem (10 km →)

** **Landhotel Martinshof**
♘ Martin-Empl-Ring 8, ⌧ 81829, ☏ (0 89)
92 20 80, Fax 92 20 84 00, AX DC ED VA
15 Zi, Ez: 135-190, Dz: 165-250, ⌐ WC ☏; 🅿
🍴 🍽

Solln (10 km ↙)

* **Pegasus**
Wolfratshauser Str 211, ⌧ 81479, ☏ (0 89)
7 49 15 30, Fax 7 91 29 70, AX ED VA
22 Zi, Ez: 115-150, Dz: 158-180, ⌐ WC ☏; 🅿
🍴 Fitneßraum Sauna Solarium; garni

* **Sollner Hof**
Herterichstr 63 - 65, ⌧ 81479, ☏ (0 89)
74 98 29-0, Fax 7 90 03 94, AX DC ED VA
29 Zi, Ez: 112-155, Dz: 148-198, ⌐ WC ☏; 🅿
🍴; garni

* **Heigl**
♘ Bleibtreustr 15, ⌧ 81479, ☏ (0 89)
7 49 83 70, Fax 7 90 09 71, AX DC ED VA
38 Zi, Ez: 98-140, Dz: 138-190, ⌐ WC ☏; Lift
🅿 🍴 1⇔20; garni

Münder am Deister, Bad

*   Villa Solln
♂ Wilhelm-Leibl-Str 16, ✉ 81479, ☎ (0 89)
74 68 28-0, Fax 7 90 04 28, AX ED VA
24 Zi, Ez: 112-145, Dz: 155-198, ⊣ WC ☎; P
🚗 Fitneßraum Sauna; **garni**
geschl: Ende Dez-Anfang Jan

**   Zum Hirschen
Sollner Str 43, ✉ 81479, ☎ (0 89)
7 49 83 50, Fax 7 49 83 14, ED VA
Hauptgericht 30; Biergarten P; geschl: Sa mittags

Bistro
nur abends; geschl: Mo

**   Al Pino
Franz-Hals-Str 3, ✉ 81479, ☎ (0 89)
79 98 85, Fax 79 98 72, AX ED
Hauptgericht 30; P Terrasse; geschl: Sa mittags

*   Gasthaus Sollner Hof
Herterichstr 65, ✉ 81479, ☎ (0 89) 79 40 45,
Fax 7 90 03 94
Hauptgericht 20; Gartenlokal P Terrasse;
geschl: Sa, Ende Dez-Anfang Jan,
3 Wochen im Aug

Trudering (8 km →)
**   Am Moosfeld
Am Moosfeld 35, ✉ 81829, ☎ (0 89)
42 91 90, Fax 42 46 62, AX DC ED VA
111 Zi, Ez: 169-258, Dz: 198-298, 4 App, ⊣
WC ☎, 49✉; Lift P 🚗 1↔40 ≋ Fitneßraum
Sauna Solarium
*   Kaminstube
Hauptgericht 25; nur abends

*   Am Schatzbogen
Truderinger Str 198, ✉ 81825, ☎ (0 89)
42 92 79, Fax 42 99 30, AX ED VA
20 Zi, Ez: 110-210, Dz: 140-280, ⊣ WC ☎,
4✉; P 🚗; **garni**
geschl: Ende Dez-Anfang Jan

*   Obermaier
Truderinger Str 304 b, ✉ 81825, ☎ (0 89)
42 90 21, Fax 42 64 00, AX DC ED VA
32 Zi, Ez: 115-135, Dz: 155-185, 3 App, ⊣
WC ☎; Lift P 2↔200 ⌘

*   Friedenspromenade
Friedenspromenade 13 a, ✉ 81827,
☎ (0 89) 4 30 90 44, Fax 4 30 90 47, AX ED VA
·25 Zi, Ez: 95-175, Dz: 140-245, ⊣ WC ☎; 🚗;
garni

Untermenzing (11 km ↘)
**   Romantik Hotel   ♛
       Insel-Mühle
Von-Kahr-Str 87, ✉ 80999, ☎ (0 89) 8 10 10,
Fax 8 12 05 71, DC ED VA
32 Zi, Ez: 150-250, Dz: 200-300, 7 Suiten, ⊣
WC ☎; P 🚗 3↔60
**   ⊗ Hauptgericht 30; Biergarten
Terrasse; geschl: so + feiertags
Ehem. Wassermühle

Waldperlach
**   Villa Waldperlach
Putzbrunner Str 250, ✉ 81739, ☎ (0 89)
6 60 03 00, Fax 66 00 30 66, AX DC ED VA
21 Zi, Ez: 144-180, Dz: 172-250, ⊣ WC ☎,
4✉; Lift P 🚗; **garni**

Waldtrudering (10 km →)
**   Passatore
Wasserburger Landstr 212, ✉ 81827,
☎ (0 89) 4 30 30 00, Fax 4 30 01 51,
AX DC ED VA
Hauptgericht 35; geschl: Mi

Zamdorf (8 km →)
**   Astron
Eggenfelder Str 100, ✉ 81929, ☎ (0 89)
99 34 50, Fax 99 34 54 00
261 Zi, Ez: 210-280, Dz: 210-280, ⊣ WC ☎;
Lift P 🚗 10↔300 Fitneßraum Sauna
Solarium ⍟ ⚓

siehe auch **Erding**

siehe auch **Freising**

siehe auch **Hallbergmoos**

siehe auch **Oberding**

Münchweiler a. d. Alsenz
53 →

Rheinland-Pfalz — Donnersbergkreis —
350 m — 1 074 Ew — Enkenbach-Alsenborn 11, Kaiserslautern 20 km
ℹ ☎ (0 63 02) 22 23 — Gemeindeverwaltung, Jahnstr 5, 67728 Münchweiler

*   Klostermühle
Mühlstr 19, ✉ 67728, ☎ (0 63 02) 22 62,
Fax 57 88, AX ED VA
10 Zi, Ez: 85, Dz: 120, 2 App, ⊣ WC ☎, 2✉;
P 🚗 1↔30 ⍟
Rezeption: 8.30-14, 17-24
Golf 18

Münder am Deister, Bad
25 ↘

Niedersachsen — Kreis Hameln-Pyrmont
— 140 m — 8 000 Ew — Hameln 16, Hannover 33 km
ℹ ☎ (0 50 42) 6 04 54, Fax 6 04 50 — Kurverwaltung, Osterstr 49, 31848 Bad Münder;
Bad mit Heilquellen-Kurbetrieb zwischen
Deister und Süntel. Sehenswert: Weser-
renaissance-Bauten; Süntelbuchen;
Süntelturm, 437 m ⚑ (7 km ↗)

**   Kastanienhof
Am Süntel, ✉ 31848, ☎ (0 50 42) 30 63,
Fax 38 85, ED VA
40 Zi, Ez: 125-225, 2 Suiten, ⊣ WC ☎; Lift
P 🚗 ≋ Kegeln Sauna Solarium
****   ** Hauptgericht 35; Terrasse   →

Münder am Deister, Bad

* **Wiesengrund**
Lange Str 70, ✉ 31848, ☎ (0 50 42) 94 40, Fax 38 23, AX DC ED VA
40 Zi, Ez: 100-200, Dz: 150-300, ⊿ WC ☎; Lift 🅿 1🗘 ¶⊚¶
geschl: Anfang Nov-Mitte Dez
Im Gästehaus Residenz Zimmer der Kategorie ** vorhanden

* **Goldenes M**
♂ Lange Str 70 a, ✉ 31848, ☎ (0 50 42) 27 17, Fax 61 66
22 Zi, Ez: 75-105, Dz: 110-160, ⊿ WC, 10✉; 🅿 🚗 2🗘36; **garni**
geschl: 23.12.96-2.1.97
Auch Zimmer der Kategorie ** vorhanden

Klein Süntel (8 km ✓)
* **Zur Schönen Aussicht**
♂ ≼ Klein Sünteler Str 6, ✉ 31848, ☎ (0 50 42) 95 59-0, Fax 95 59-66, ED VA
17 Zi, Ez: 88-130, Dz: 125-160, ⊿ WC ☎; 🅿 1🗘60 ⛃
geschl: Di, Mitte-Ende Nov
** Hauptgericht 32; Gartenlokal; geschl: Di, Mitte-Ende Nov

Münnerstadt 46 ↘

Bayern — Kreis Bad Kissingen — 234 m — 8 300 Ew — Bad Neustadt 11, Bad Kissingen 14 km
ℹ ☎ (0 97 33) 81 05 28, Fax 81 05 45 — Verkehrsamt, Marktplatz 1, 97702 Münnerstadt. Sehenswert: Kath. Stadtpfarrkirche; Augustiner-Klosterkirche; Marktplatz mit Rathaus, Stadtmauer und Tortürme

* **Tilman**
Riemenschneiderstr 42, ✉ 97702, ☎ (0 97 33) 8 13 30, Fax 8 13 36, ED VA
21 Zi, Ez: 55-75, Dz: 98-120, ⊿ WC ☎; 🚗 3🗘80 ¶⊚¶

* **Bayerischer Hof**
Marktplatz 9, ✉ 97702, ☎ (0 97 33) 2 25, Fax 2 27, AX DC ED VA
23 Zi, Ez: 84-88, Dz: 124-130, ⊿ WC ☎, 2✉; 🚗 2🗘40 Fitneßraum Sauna Solarium Golf 18
* Hauptgericht 30; 🅿

* **Pension Hubertushof**
Friedhofstr 5, ✉ 97702, ☎ (0 97 33) 81 15-0, Fax 81 15-25
12 Zi, Ez: 45-55, Dz: 86-106, ⊿ WC ☎; 🅿
geschl: Feb-Mitte Mär
Restaurant für Hausgäste

Münsing 71 ☐

Bayern — Kreis Bad Tölz-Wolfratshausen — 660 m — 3 750 Ew — Wolfratshausen 7, Starnberg 15 km
ℹ ☎ (0 81 77) 7 02, Fax 4 57 — Gemeindeverwaltung, Weipertshausener Str 5, 82541 Münsing

* **Limm**
Hauptstr 29, ✉ 82541, ☎ (0 81 77) 4 11, Fax 88 68, ED
Hauptgericht 30; Biergarten 🅿; geschl: Mi, So abends, Ende Aug-Anfang Sep, Ende Dez

St. Heinrich (10 km ↓)
* **Schöntag**
Beurerberger Str 7, ✉ 82541, ☎ (0 88 01) 9 06 10, Fax 90 61 33, AX ED VA
13 Zi, Ez: 85, Dz: 139, ⊿ WC ☎ 🅿; Fitneßraum Sauna Solarium ¶⊚¶

Münsingen 62 ↘

Baden-Württemberg — Kreis Reutlingen — 700 m — 12 000 Ew — Bad Urach 13, Ehingen 27 km
ℹ ☎ (0 73 81) 18 21 45, Fax 18 21 01 — Tourist-Information, Bachwiesenstr 7, 72525 Münsingen. Sehenswert: Ev. Stadtkirche (Martinskirche); Altes Schloß mit Schloßhof; hist. Innenstadt; Altes und Neues Rathaus (Fachwerkbauten); Naturreservat Beutenlay; Erholungsgebiet Lautertal

* **Gasthof Herrmann**
Ernst-Bezler-Str 1, ✉ 72525, ☎ (0 73 81) 22 02, Fax 62 82, DC ED VA
33 Zi, Ez: 75-88, Dz: 119-150, ⊿ WC ☎, 7✉; Lift 🅿 🚗 3🗘140 Sauna Solarium ⛃
* Hauptgericht 20; Terrasse; geschl: Fr, 2 Wochen im Jan

Münster 54 ↗

Hessen — Kreis Darmstadt-Dieburg — 135 m — 13 383 Ew — Darmstadt 16, Aschaffenburg 21, Frankfurt 27 km
ℹ ☎ (0 60 71) 3 00 20, Fax 30 02 40 — Gemeindeverwaltung, Mozartstr 8, 64839 Münster. Sehenswert: Kath. Kirche im Ortsteil Münster; ev. Kirche im Ortsteil Altheim

* **Am Rathaus**
Leibnizstr 6, ✉ 64839, ☎ (0 60 71) 30 40, Fax 30 44 30, AX ED VA
27 Zi, Ez: 105-120, Dz: 150-170, 4 Suiten, 3 App, ⊿ WC ☎; Lift 🅿
Auch Zimmer der Kategorie ** vorhanden
* **Ratsstube**
Hauptgericht 30; geschl: So mittags
☎ (0 60 71) 6 23 30

Münster 34 ↘

Nordrhein-Westfalen — Stadtkreis — 62 m — 280 000 Ew — Rheine 38, Osnabrück 58, Dortmund 65 km
ℹ ☎ (02 51) 4 92 27 10, Fax 4 92 77 43 — Stadtwerbung und Touristik, Berliner Platz 22, 48127 Münster; Regierungsbezirkshauptstadt am Dortmund-Ems-Kanal; Universität, Hochschule für Musik; Stadttheater, Wolfgang-Borchert-Theater.

Münster

Sehenswert: Altstadtkern; Dom: Paradies, Astronomische Uhr, Kreuzgang; kath. Clemenskirche; kath. Stadt- und Marktpfarrkirche St. Lamberti: Wiedertäuferkäfige; kath. Kirche Liebfrauen, sog. Überwasserkirche; kath. Kirche St. Ludgeri; kath. Kirche St. Mauritz; kath. Gymnasialkirche St. Petri; Altes Rathaus: Friedenssaal von 1648; Schloß: Universität; Prinzipalmarkt (Bogenhäuser); Erbdrostenhof; Krameramtshaus; Landesmuseum für Kunst und Kulturgeschichte; Museum für Archäologie; Museum für Naturkunde: größte Ammoniten der Welt; Geol.-Paläontologisches Museum; Freilichtmuseum Mühlenhof; Allwetterzoo mit überdachten Rundwegen, Wallpromenade mit Aa-(Stau)See; Wasserburgen des Münsterlandes u.a.: Rüschhaus: Annette-von-Droste-Hülshoff-Museum in Nienberge (7 km ↘); Haus Hülshoff in Roxel (10 km ←); Drostenhof, Westpreußen-Museum in Wolbeck (9 km ↘)

Stadtplan siehe Seite 744

*** Mövenpick
♣ Kardinal-von-Galen-Ring 65 (außerhalb A 3), ⌧ 48149, ☎ (02 51) 8 90 20, Fax 8 90 26 16, AX DC ED VA
218 Zi, Ez: 177-272, Dz: 239-334, S;
4 Suiten, ⌐ WC ☎, 88⌥; Lift P ⌥ 18⟷400
Fitneßraum Sauna Solarium ⚓

** Chesa Rössli
Hauptgericht 35; Terrasse

* Mövenpick
Hauptgericht 25; Terrasse

** Mauritzhof (Design Hotel)
Eisenbahnstr 15 (C 2), ⌧ 48143, ☎ (02 51) 4 17 20, Fax 4 66 86, AX DC ED VA
39 Zi, Ez: 185-240, Dz: 235-290, 1 Suite, ⌐ WC ☎; Lift 5⟷50 ⓘ
Designerausstattung mit Mobiliar von Philippe Starck

** Windsor
Warendorfer Str 177 (außerhalb C 2), ⌧ 48145, ☎ (02 51) 13 13 30, Fax 39 16 10, AX DC ED VA
29 Zi, Ez: 128-158, Dz: 168-188, 1 Suite, ⌐ WC ☎, 2⌥; Lift; garni

** Dorint
Engelstr 39 (C 3), ⌧ 48143, ☎ (02 51) 4 17 10, Fax 4 17 11 00, AX DC ED VA
156 Zi, Ez: 223-263, Dz: 280-320, 2 Suiten, ⌐ WC ☎, 51⌥; Lift P ⌥ 8⟷200 Fitneßraum Sauna Solarium ⓘ

** Windthorst
Windthorststr 19 (C 3), ⌧ 48143, ☎ (02 51) 48 45 90, Fax 4 08 37, AX DC ED VA
21 Zi, Ez: 150-160, Dz: 185-200, 1 Suite, ⌐ WC ☎; Lift 1⟷20; garni

** Am Schloßpark
Schmale Str 2 (A 1), ⌧ 48149, ☎ (02 51) 2 05 41, Fax 2 29 77, AX DC VA
28 Zi, Ez: 135-185, Dz: 165-235, 3 Suiten, ⌐ WC ☎; Lift P; garni

** Europa
Kaiser-Wilhelm-Ring 26 (außerhalb C 2), ⌧ 48145, ☎ (02 51) 3 70 62, Fax 39 43 39, AX DC ED VA
59 Zi, Ez: 98-159, Dz: 149-198, 2 Suiten, ⌐ WC ☎, 6⌥; Lift P ⌥ 3⟷80; garni
Auch Zimmer der Kategorie * vorhanden

* Überwasserhof
Überwasserstr 3 (B 1), ⌧ 48143, ☎ (02 51) 4 17 70, Fax 4 17 71 00, AX DC ED VA
62 Zi, Ez: 150-170, Dz: 190-220, ⌐ WC ☎; Lift P ⌥ 3⟷70 ⓘ
geschl: Ende Dez-Anfang Jan
Auch Zimmer der Kategorie ** vorhanden

* Frönd
Warendorfer Str 58 (außerhalb C 2), ⌧ 48145, ☎ (02 51) 3 02 41, Fax 3 63 00, AX DC ED VA
26 Zi, Ez: 105, Dz: 150, ⌐ WC ☎; P ⌥; garni
Rezeption: 7-21; geschl: So nachmittags, Ende Dez-Anfang Jan

* Kolping Tagungshotel
Aegidiistr 21 (B 3), ⌧ 48143, ☎ (02 51) 4 81 20, Fax 4 81 21 23, AX DC ED VA
107 Zi, Ez: 119-142, Dz: 156-178, ⌐ WC ☎, 32⌥; Lift ⌥ 8⟷180 ⓘ

* Coerdehof
Raesfelder Str 2 (außerhalb B 1), ⌧ 48149, ☎ (02 51) 92 20 20, Fax 92 20 22 00, AX ED VA
64 Zi, Ez: 114-118, Dz: 151-171, ⌐ WC ☎, 13⌥; Lift 2⟷30 ⓘ

* Central
Aegidiistr 1 (B 2), ⌧ 48143, ☎ (02 51) 51 01 50, Fax 5 10 15 50, AX DC ED VA
15 Zi, Ez: 150-195, Dz: 185-225, 5 Suiten, ⌐ WC ☎, 5⌥; Lift P ⌥; garni
geschl: 20.12.96-6.1.97
Garagenanfahrt über Lütke Gasse. Auch Zimmer der Kategorie ** vorhanden

* Münnich
Heeremannsweg 13 (außerhalb C 3), ⌧ 48167, ☎ (02 51) 6 18 70, Fax 6 18 71 99, AX ED VA
70 Zi, Ez: 95-109, Dz: 135-155, ⌐ WC ☎, 20⌥; Lift P 3⟷55 Kegeln ⓘ

* Feldmann
♣ An der Clemenskirche 14 (C 2), ⌧ 48143, ☎ (02 51) 4 14 49-0, Fax 4 14 49 10, AX ED VA
24 Zi, Ez: 110-170, Dz: 160-210, ⌐ WC ☎; Lift ⌥
** Hauptgericht 35; geschl: so + feiertags, Aug

* Conti
Berliner Platz 2 a (C 3), ⌧ 48143, ☎ (02 51) 4 04 44, Fax 5 17 11, AX DC ED VA
56 Zi, Ez: 98-149, Dz: 149-198, 2 Suiten, ⌐ WC ☎, 5⌥; Lift P 2⟷20 Kegeln; garni →

Münster

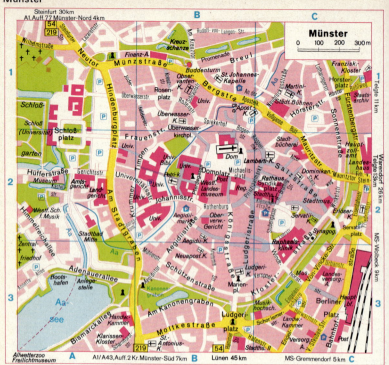

✱ Steinburg
◅ Mecklenbecker Str 80 (außerhalb A 3),
✉ 48151, ☎ (02 51) 7 71 79, Fax 7 22 67,
AX DC ED VA
17 Zi, Ez: 100-125, Dz: 155-165, ⊴ WC ☎; P
🍴
geschl: Ende Dez-Anfang Jan
Auch Zimmer der Kategorie ✱✱ vorhanden

✱ Hansa Haus
Albersloher Weg 1 (außerhalb C 3),
✉ 48155, ☎ (02 51) 6 09 25-0, Fax 6 76 65,
AX DC ED VA
13 Zi, Ez: 115-130, Dz: 150-180, ⊴ WC ☎; P
Sauna; **garni**
geschl: so+feiertags 12-19, Ende Dez-Anfang Jan

🛏 Martinihof
Hörstrstr 25 (C 1), ✉ 48143, ☎ (02 51)
41 86 20, Fax 5 47 43, DC ED VA
54 Zi, Ez: 65-100, Dz: 108-160, ⊴ WC ☎; Lift
P 🚗 Kegeln 🍴
geschl: Mitte Jul-Mitte Aug
Auch einfache Zimmer vorhanden

✱✱ Villa Medici
Ostmarkstr 15 (außerhalb C 1), ✉ 48154,
☎ (02 51) 3 42 18, Fax 39 30 94, AX
Hauptgericht 40; nur abends; geschl: So,
Mo, 2 Wochen im Sommer, 2 Wochen im Winter

✱✱ Kleines Restaurant im Oer'schen Hof
🍽 Königstr 42 (B 3), ✉ 48143, ☎ (02 51)
4 20 61, Fax 42 06
Hauptgericht 36; Terrasse; geschl: So, Mo

✱ Lortzingsaal
🍽 Arztkarrengasse 12 (C 2), ✉ 48143,
☎ (02 51) 4 55 66, Fax 4 59 67, AX DC ED VA
Hauptgericht 25; Terrasse; nur abends,
So+Sa auch mittags
Kreative Nudelküche im hist. Festsaal aus dem 18. Jh.

✱ Altes Gasthaus Leve
🍽 Alter Steinweg 37 (C 2), ✉ 48143,
☎ (02 51) 4 55 95, Fax 5 78 37
Hauptgericht 20; geschl: Mo

✱ Wielers/Kleiner Kiepenkerl
🍽 Spiekerhof 47 (B 1), ✉ 48143, ☎ (02 51)
4 34 16, Fax 4 34 17, AX DC ED VA
Hauptgericht 30; geschl: Mo

✱ Stuhlmacher
🍽 Prinzipalmarkt 6 (C 2), ✉ 48143,
☎ (02 51) 4 48 77, Fax 51 91 72, AX ED VA
Hauptgericht 25

Münster

Altbierhaus Pinkus Müller
⊠ Kreuzstr 4 (B 1), ✉ 48143, ☎ (02 51)
4 51 51, Fax 5 71 36
Hauptgericht 25; geschl: so + feiertags
Spezialbrauereiausschank, der auf das
Jahr 1860 zurückgeht

Drübbelken
⊠ Buddenstr 14 (B 1), ✉ 48143, ☎ (02 51)
4 21 15, Fax 4 21 95
Hauptgericht 45

Grotemeyer
Salzstr 24 (C 2), ✉ 48143, ☎ (02 51) 4 24 77,
Fax 51 92 80
Terrasse; 9-19, Sa 9-18, So 10-18

Kleimann
⊠ Prinzipalmarkt 48 (C 2), ✉ 48143,
☎ (02 51) 4 30 64, Fax 4 74 81
7-18.45, Sa 7-14.30; geschl: So

Feller/Café Schucan
Prinzipalmarkt 24 (BC 2), ✉ 48143,
☎ (02 51) 4 23 18
8-19, Do 8-21, Sa 7-19; so + feiertags 9-19

Krimphove
Ludgeristr 85 (B 2), ✉ 48163, ☎ (02 51)
4 32 82, Fax 4 32 73
Terrasse; 6.30-18.30, Do 6.30-19.30, Sa
6.30-15.30

Münster-Außerhalb (2 km ↑)
★★ Wienburg
einzeln, Kanalstr 237, ✉ 48147, ☎ (02 51)
29 33 54, Fax 29 40 01, AX DC ED VA
Hauptgericht 35; geschl: Mo
★ ♂ 7 Zi, Ez: 98, Dz: 160, ⌐ WC ☎;
🅿 🚗 2⇔150

Münster-Außerhalb (3 km ↖)
★★★ Schloß Wilkinghege
(Relais & Châteaux)
einzeln ◁ ⊠ Steinfurter Str 374, ✉ 48159,
☎ (02 51) 21 30 45, Fax 21 28 98, AX DC ED VA
22 Zi, Ez: 170-190, Dz: 250-285, 12 Suiten,
⌐ WC ☎; 🅿 4⇔50
Auch Zimmer anderer Kategorien vorhanden.
Wasserschloß der Spätrenaissance mit
zum Teil antikem Mobiliar. Dependance in
den ehemaligen Wirtschaftsgebäuden
★★★ ⊠ Hauptgericht 40; Terrasse

Amelsbüren (10 km ↓)
★★★ Davert Jagdhaus
Wiemannstr 4, ✉ 48163, ☎ (0 25 01)
5 80 58, AX DC ED VA
Hauptgericht 50; 🅿 Terrasse; geschl: Mo,
Di, 4 Wochen in den Sommerferien, Ende
Dez

Gievenbeck (3 km ←)
★★ Bakenhof
Roxeler Str 376, ✉ 48161, ☎ (02 51)
86 15 06, Fax 86 17 49, AX ED
Hauptgericht 40; Biergarten 🅿 Terrasse;
geschl: Mo + Di

Handorf (7 km ↗)
★★ Romantik Hotel Hof Zur Linde ♛
♂ ⊠ Handorfer Werseufer 1, ✉ 48157,
☎ (02 51) 3 27 50, Fax 32 82 09, AX DC ED VA
33 Zi, Ez: 150-210, Dz: 210-250, 8 Suiten, ⌐
WC ☎, 8⌐; Lift 🅿 🚗 5⇔40 Fitneßraum
Sauna Solarium
geschl: 23.12.-26.12.96
Auch Zimmer der Kategorie ★★★ vorhanden.
Im „Landhaus am Werseufer" nur Juniorsuiten und Suiten mit exclusiver Ausstattung
★★ ⊠ Hauptgericht 45; Terrasse;
geschl: 23.12.-26.12.96

★ Parkhotel Haus Vennemann
♂ Vennemannstr 6, ✉ 48157, ☎ (02 51)
32 90 71, Fax 32 73 39, AX DC ED VA
23 Zi, Ez: 95, Dz: 175, ⌐ WC ☎; Lift 🅿 🚗
3⇔180 🍴
★ Werseblick
Hauptgericht 25

★ Deutscher Vater
Handorfer Str 4, ✉ 48157, ☎ (02 51)
93 20 90, Fax 9 32 09 44, AX DC ED VA
27 Zi, Ez: 90-120, Dz: 130-180, ⌐ WC ☎,
1⌐; Lift 🅿 🚗 3⇔60 Sauna 🍴
Auch Zimmer der Kategorie ★★ vorhanden
★ Hauptgericht 30; Biergarten;
geschl: Fr

★ Handorfer Hof
Handorfer Str 22, ✉ 48157, ☎ (02 51)
93 20 50, Fax 9 32 05 55, ED VA
15 Zi, Ez: 85-90, Dz: 140-150, ⌐ WC ☎; 🅿
2⇔25 🍴
Rezeption: 11-14, ab 16.30

Handorf-Außerhalb (4 km ↑)
★★ Haus Eggert (Ringhotel)
einzeln ♂ ◁ Zur Haskenau 81, ✉ 48157,
☎ (02 51) 32 80 40, Fax 3 28 04 59,
AX DC ED VA
38 Zi, Ez: 125-135, Dz: 180-220, S; 3 Suiten,
⌐ WC ☎; 🅿 🚗 5⇔80 Fitneßraum Sauna
Solarium 🍴 🍴

Hiltrup (7 km ↓)
★★ Zur Prinzenbrücke
Osttor 16, ✉ 48165, ☎ (0 25 01) 4 49 70,
Fax 44 97 97, AX ED VA
35 Zi, Ez: 109-139, Dz: 160-179, 1 Suite, ⌐
WC ☎, 9⌐; Lift 🅿 2⇔30 Fitneßraum
Sauna Solarium 🍴

★ Hiltruper Gästehaus
Marktallee 44, ✉ 48165, ☎ (0 25 01) 40 16,
Fax 1 30 66, AX DC ED VA
21 Zi, Ez: 98-98, Dz: 99-135, ⌐ WC ☎; Lift
🅿; garni
Rezeption: 6-13, 14-22

→

Münster

** Gästehaus Landgraf
einzeln, Thierstr 26, ✉ 48165, ☎ (0 25 01) 12 36, Fax 34 73, AX DC ED VA
Hauptgericht 35; Terrasse; geschl: Mo, 2 Wochen im Feb, 2 Wochen im Jul
* ♂ 10 Zi, Ez: 100, Dz: 140, ⊿ WC ☎; 🅿 2⇔30
geschl: Mo, 2 Wochen im Feb, 2 Wochen im Jul

Hiltrup-Außerhalb (2 km ↓)
*** Waldhotel Krautkrämer (Relais & Châteaux)
einzeln ♂ ⊰ Zum Hiltruper See 173, ✉ 48165, ☎ (0 25 01) 80 50, Fax 80 51 04, AX DC ED VA
68 Zi, Ez: 170-250, Dz: 250-290, 4 Suiten, ⊿ WC ☎; Lift 🅿 🖂 6⇔200 ♨ Sauna Solarium
geschl: 22.-28.12.1996
*** ⊰ Hauptgericht 38; 👑
Terrasse
** Bistro
Hauptgericht 30; Terrasse; nur abends; geschl: So

Roxel-Hohenfeld (4 km ←)
** Parkhotel Schloß Hohenfeld
einzeln ♂ Dingbängerweg 400, ✉ 48161, ☎ (0 25 34) 80 80, Fax 71 14, AX DC ED VA
89 Zi, Ez: 175-185, Dz: 240-230, 1 Suite, 9 App, ⊿ WC ☎, 9✉; Lift 🅿 5⇔180 ♨ Kegeln Sauna Solarium 🍺
geschl: Ende Dez
Auch Zimmer der Kategorie * vorhanden
** Landhausrestaurant
Hauptgericht 35; Terrasse; geschl: Ende Dez
* Börneken
Hauptgericht 20; Terrasse; nur abends; geschl: Ende Dez

St. Mauritz (4 km →)
** Tannenhof
Prozessionsweg 402, ✉ 48155, ☎ (02 51) 3 13 73, Fax 3 11 14 06
Hauptgericht 35; geschl: Mo
* 8 Zi, Ez: 138, Dz: 186, 👑
⊿ WC ☎, 2✉; 🅿
Rezeption: 12-22

* Pleistermühle
einzeln, Pleistermühlenweg 196, ✉ 48157, ☎ (02 51) 31 10 72, Fax 31 14 76, ED VA
Hauptgericht 25; Gartenlokal 🅿 Terrasse; geschl: Mi
** 13 Zi, Ez: 89-190, Dz: 100-120, ⊿ WC ☎; 2⇔80
Rezeption: 12-23; geschl: Mi

* Thier-Hülsmann
Münsterstr 33, ✉ 48167, ☎ (0 25 06) 83 10-0, Fax 8 31 0- 35, AX DC ED VA
35 Zi, Ez: 98-215, Dz: 145-255, 2 Suiten, ⊿ WC ☎, 4✉; 🅿 🖂 3⇔60
Auch Zimmer der Kategorie ** vorhanden. Hist. Fachwerkhaus von 1676
** ♛ Hauptgericht 40; geschl: So, Sa, 2 Wochen in den Sommerferien

Münster a. Stein, Bad 53 ↗

Rheinland-Pfalz — Kreis Bad Kreuznach — 117 m — 4 200 Ew — Bad Kreuznach 4, Meisenheim/Glan 26 km
ℹ ☎ (0 67 08) 39 93, Fax 39 99 — Verkehrsverein, im Stadtteil Bad Münster am Stein, Berliner Str 56, 55579 Bad Münster; heilklimatischer Kurort an der Nahe. Sehenswert: Kurpark mit Salinen; Künstlerbahnhof Ebernburg; Ebernburg ⊰ (1,5 km); Ruine Rheingrafenstein ⊰ (25 Min); Rotenfels ⊰

** Kurhotel Krone
Berliner Str 73, ✉ 55583, ☎ (0 67 08) 8 40, Fax 8 41 89, AX DC ED VA
62 Zi, Ez: 120-155, Dz: 160-185, 4 Suiten, ⊿ WC ☎; Lift 🅿 🖂 6⇔100 ♨ Fitneßraum Sauna Solarium 🍽

** Am Kurpark
♂ Kurhausstr 10, ✉ 55583, ☎ (0 67 08) 12 92, Fax 46 48
31 Zi, Ez: 65-98, Dz: 130-194, ⊿ WC ☎; 🅿 Sauna Solarium
Rezeption: 8-21; geschl: Anfang Jan-Mitte Mär, Anfang Nov-Mitte Dez
Restaurant für Hausgäste

🍽 Stadtcafé
Berliner Str 56, ✉ 55583, ☎ (0 67 08) 30 10
8-18, so+feiertags ab 9

Ebernburg
* Weinhotel Schneider
♂ Gartenweg 2, ✉ 55583, ☎ (0 67 08) 20 43
9 Zi, Ez: 65-70, Dz: 95-105, ⊿ WC ☎; 🅿 🍽
Rezeption: 9-14, 17.30-22; geschl: Di, Jan

Münstereifel, Bad 42 →

Nordrhein-Westfalen — Kreis Euskirchen — 300 m — 17 000 Ew — Ahrweiler 32, Bonn 39 km
ℹ ☎ (0 22 53) 50 51 82, Fax 50 51 14 — Kurverwaltung, Langenhecke 2, 53902 Bad Münstereifel; Kneippheilbad. Sehenswert: Ehem. Stiftskirche; Rathaus; Burgruine; Stadtbefestigung; Haus Windeck; Römische Kalkbrennerei im Stadtteil Iversheim (4 km ↑)

** Kur- und Kongreßhotel
♂ ⊰ Nöthener Str 10, ✉ 53902, ☎ (0 22 53) 5 40 00, Fax 64 08, AX DC ED VA
41 Zi, Ez: 98-120, Dz: 188-198, ⊿ WC ☎, 5✉; Lift 🅿 🖂 8⇔300 ♨ Fitneßraum Sauna Solarium 🍽
** Eifelgarten
Hauptgericht 30; Biergarten Terrasse

** Park-Hotel
♂ im Kurpark Schleid, ✉ 53902, ☎ (0 22 53) 31 40, Fax 3 14 80, AX DC ED VA
40 Zi, Ez: 115-145, Dz: 157-210, 5 Suiten, ⊿ WC ☎; 🅿 4⇔120 ♨ Sauna Solarium 🍽
Golf 18

Langscheid (8 km ↓)
** **Megaplan Centrum**
♂ Irmgardweg 1, ⌧ 53902, ☎ (02 253) 50 80, Fax 58 10, AX DC ED VA
59 Zi, Ez: 115-150, Dz: 190-250, ⌐ WC ☎, 10 🛏; Lift P 7⌘180 Sauna Solarium Fitneßraum
Rezeption 7-12
Restaurant für Hausgäste

Münstertal 67 □

Baden-Württemberg — Kreis Breisgau-Hochschwarzwald — 400 m — 5 000 Ew — Staufen 6, Müllheim 21, Freiburg i. Br. 23 km
ℹ ☎ (0 76 36) 7 07 30, Fax 7 07 48 — Kurverwaltung, im Ortsteil Untermünstertal, Wasen 47, 79244 Münstertal; Luftkurort.
Sehenswert: Klosterkirche St. Trudpert, Schaubergwerk,Teufelsgrund; Bienenkunde-Museum; Kohlenmeiler; Schnitzerstube; Waldmuseum

Obermünstertal
*** **Romantik Hotel Spielweg** 👑
♂ Spielweg 61, ⌧ 79244, ☎ (0 76 36) 70 90, Fax 7 09 66, AX DC ED VA
36 Zi, Ez: 80-180, Dz: 190-460, 5 App., ⌐ WC ☎; Lift P 🛏 1⌘15 ≋ ≘ Sauna Solarium
Auch Zimmer der Kategorie ** vorhanden.
** ⊗ Hauptgericht 50; Terrasse; 🍵
Hauseigene Käserei; geschl: Mo, Di

* **Historisches Landgasthaus Zur Linde**
Krumlinden 13, ⌧ 79244, ☎ (0 76 36) 4 47, Fax 16 32
12 Zi, Ez: 59-110, Dz: 120-190, 2 Suiten, ⌐ WC ☎; P
* Hauptgericht 24; Terrasse; geschl: Mo

Untermünstertal
** **Gasthof Adler-Stube (Ringhotel)**
Münster 59, ⌧ 79244, ☎ (0 76 36) 2 34, Fax 73 90, AX ED VA
15 Zi, Ez: 90-113, Dz: 136-178, S; 4 Suiten, ⌐ WC ☎; P 1⌘20 Fitneßraum Sauna Solarium
geschl: Di, Mi, Anfang Nov-Mitte Dez
** Hauptgericht 30; Gartenlokal; geschl: Di, Mi, Mitte Nov-Mitte Dez

** **Schmidt's Gasthof zum Löwen**
Wasen 54, ⌧ 79244, ☎ (0 76 36) 5 42, Fax 7 79 19
Hauptgericht 40; Gartenlokal P; geschl: Di, Mi, Mitte Jan-Ende Feb

* **Gasthof Münsteräler Hof**
Hofstr 49, ⌧ 79244, ☎ (0 76 36) 2 28, Fax 7 70 13, ED VA
Hauptgericht 25; Gartenlokal P Terrasse; geschl: Mi, Do, Mär
* 8 Zi, Ez: 50-55, Dz: 90-100, ⌐ WC; 🛏
Rezeption: 9-12, 16-20; geschl: Mi, Do, Mär

Müssen 19 ←

Schleswig-Holstein — Kreis Herzogtum Lauenburg — 10 m — 890 Ew — Lauenburg 17, Mölln 22 km
ℹ ☎ (0 41 55) 79 11 — Gemeindeverwaltung, im Ortsteil Louisenhof, Louisenhof 2, 21493 Müssen

** **Landgasthof Lüchau**
Dorfstr 15, ⌧ 21516, ☎ (0 41 55) 8 13 00, Fax 81 30 40
Hauptgericht 25; Biergarten P; nur abends, Sa+So auch mittags; geschl: Di
** 16 Zi, Ez: 65-75, Dz: 95-105, ⌐ WC ☎; Kegeln

Muggendorf siehe Wiesenttal

Muggensturm 60 ↗

Baden-Württemberg — Kreis Rastatt — 123 m — 5 200 Ew — Rastatt 7, Ettlingen 14 km
ℹ ☎ (0 72 22) 50 09 24, Fax 50 09 90 — Gemeindeverwaltung, Hauptstr 23, 76461 Muggensturm

* **Bürgerstube**
♂ Friedrich-Ebert-Str 11, ⌧ 76461, ☎ (0 72 22) 9 55 80, Fax 95 58 48, AX DC ED VA
25 Zi, Ez: 70-75, Dz: 120-130, ⌐ WC ☎; P 🛏 1⌘35 Kegeln 🍵
Rezeption: 7-14, 17-23; geschl: So abends, Mo mittags

Mulfingen 56 ↙

Baden-Württemberg — Hohenlohekreis — 268 m — 3 700 Ew — Künzelsau 17, Bad Mergentheim 24 km
ℹ ☎ (0 79 38) 70 51 — Bürgermeisteramt, Rathaus, Kirchweg 1, 74673 ; Ort an der Jagst. Sehenswert: St.-Anna-Kapelle; 1000jährige Linde in Hollenbach (5 km ↑); Burg in Buchenbach (5 km ↓)

Heimhausen (2,5 km ↓)
* **Jagstmühle**
♂ Mühlenweg 10, ⌧ 74673, ☎ (0 79 38) 9 03 00, Fax 75 69, AX DC ED VA
21 Zi, Ez: 118-128, Dz: 138-148, 1 Suite, ⌐ WC ☎; P 🛏 2⌘30 Seezugang 🍵
Auch Zimmer der Kategorie ** vorhanden

Munkmarsch

Munkmarsch siehe Sylt

Munster 18 ↓

Niedersachsen — Kreis Soltau-Fallingbostel — 88 m — 16 000 Ew — Soltau 20, Uelzen 36 km
🛈 ☎ (0 51 92) 13 02 48, Fax 13 02 15 — Tourist-Information, Kirchgarten 2, 29633 Munster; Stadt in der Lüneburger Heide. Sehenswert: Museumsanlage „Ollershof" mit Wassermühle und Mühlenteich; St.-Urbani-Kirche und Schafstallkirche; Panzermuseum

Oerrel (7 km ↘)
*　　　**Kaminhof**
♂ Salzwedeler Str 5, ✉ 29633, ☎ (0 51 92) 28 42
18 Zi, Ez: 62-66, Dz: 102-106, ≘ WC ☎, 2✉; 🅿 🍴 1⟳10
geschl: Feb
*　　　Hauptgericht 30; geschl: Feb

Murnau a. Staffelsee 71 □

Bayern — Kreis Garmisch-Partenkirchen — 700 m — 12 000 Ew — Weilheim 19, Garmisch-Partenkirchen 25 km
🛈 ☎ (0 88 41) 6 14 10, Fax 34 91 — Verkehrsamt, im Kurgästehaus, Kohlgruber Str 1, 82418 Murnau; Erholungsort mit Moorkurbetrieb. Sehenswert: Kath. Kirche; Schloßmuseum; Münterhaus; Staffelsee (2 km ↘); Ramsachkirchl ◂ (2 km ↗); Oberbayerisches Freilichtmuseum Glentleiten bei Großweil (10 km →); Naturschutzgebiet Murnauer Moos

***　　　**Alpenhof Murnau
(Relais & Châteaux)**
♂ ◂ Ramsachstr 8, ✉ 82418, ☎ (0 88 41) 49 10, Fax 54 38, AX ED VA
30 Zi, Ez: 105-195, Dz: 160-390, 5 Suiten, ≘ WC ☎; 🅿 3⟳70 ≋
geschl: im Winter Mo, Mitte Jan-Mitte Feb
Auch Zimmer der Kategorie ** vorhanden
**　　　Hauptgericht 50; Terrasse;　🕭☎
geschl: im Winter Mo, Jan-Mitte Feb

*　　　**Klausenhof am Kurpark**
Burggraben 8, ✉ 82418, ☎ (0 88 41) 6 11 60, Fax 50 43, ED VA
23 Zi, Ez: 86-120, Dz: 135-180, ≘ WC ☎; Lift
🅿 🍴 2⟳18 Sauna Solarium 🍴
Auch Zimmer der Kategorie ** vorhanden

*　　　**Post**
Obermarkt 1, ✉ 82418, ☎ (0 88 41) 18 61, Fax 9 94 11, ED VA
20 Zi, Ez: 90, Dz: 150, ≘ WC ☎; 🅿 🍴; garni
geschl: Anfang Nov-Anfang Dez

Froschhausen (2 km ↗)
*　　　**Pension St. Leonhard**
Leonhardistr 2, ✉ 82418, ☎ (0 88 41) 12 53, Fax 6 22 37
19 Zi, Ez: 38-65, Dz: 70-112, ≘ WC; 🅿 Seezugang
geschl: Nov

Murr 61 ↗

Baden-Württemberg — Ludwigsburg — 200 m — 5 000 Ew — Ludwigsburg 8, Backnang 14 km
🛈 ☎ (0 71 44) 2 69 90, Fax 26 99 30 — Bürgermeisteramt, Hindenburgstr 60, 71711 Murr. Sehenswert: Ev. Peterskirche; Mineralfreibad „Wellarium"; Katz-und-Maus-Brunnen

**　　　**Trollinger**
Dorfplatz 2, ✉ 71711, ☎ (0 71 44) 20 84 76, Fax 28 18 36, AX DC ED VA
Hauptgericht 35; 🅿 Terrasse; geschl: Mi, Sa mittags, 3 Wochen im Aug

Murrhardt 62 ↘

Baden-Württemberg — Rems-Murr-Kreis — 289 m — 14 000 Ew — Backnang 15, Schwäbisch Hall 36 km
🛈 ☎ (0 71 92) 21 31 24, Fax 52 83 — Verkehrsamt, Marktplatz 10, 71540 Murrhardt; Erholungsort. Sehenswert: Ev. Kirche mit Walterichskapelle; Carl-Schweizer-Museum; Waldsee

Fornsbach (6 km →)
*　　　**Landgasthof Krone**
Rathausplatz 3, ✉ 71540, ☎ (0 71 92) 54 01, Fax 2 07 61, AX ED VA
Hauptgericht 25; Gartenlokal 🅿; geschl: Mo, Di, 1 Woche zu Fasching, 1 Woche Ende Okt, Pfingsten
*　　　7 Zi, Ez: 60-62, Dz: 110-114, ≘ WC ☎
geschl: 1 Woche zu Fasching, Ende Okt, Pfingsten

Muskau, Bad 41 □

Sachsen — Kreis Weißwasser — 110 m — 4 050 Ew — Weißwasser 8, Cottbus 40 km
🛈 ☎ (03 57 71) 4 51, Fax 3 31 — Stadtverwaltung, Berliner Str 47, 02951 Bad Muskau; Heilbad an der polnischen Grenze. Sehenswert: Schloßruine; Tropenhaus; Altes Schloß mit Stadt- und Parkmuseum; Pücklerscher Landschaftspark

*　　　**Am Schloßbrunnen**
Köbelner Str 68, ✉ 02953, ☎ (03 57 71) 52 30, Fax 5 23 50, AX DC ED VA
10 Zi, Ez: 85-95, Dz: 120-130, ≘ WC ☎; 🅿 🍴 1⟳35 🍴
Auch Zimmer der Kategorie ** vorhanden

Nagold

Berg

* **Gasthof Bergkristall**
Holteiweg 5, ✉ 02953, ☎ (03 57 71)
5 11 00, Fax 5 11 37, ED
7 Zi, Ez: 85, Dz: 120, ⌐ WC ☎; P ▭ 2⇔50
¶◉¦

Schau-Glasschleiferei im Restaurant

Köbeln (2 km ↑)
** **Parkstadt-Hotel**
Schulstr 45, ✉ 02953, ☎ (03 57 71)
5 11 51, Fax 5 11 08, AX ED
16 Zi, Ez: 90-105, Dz: 125-150, 2 Suiten, ⌐
WC ☎; P Sauna Solarium ¶◉¦

Mutterstadt 54 ↓

Rheinland-Pfalz — Kreis Ludwigshafen am Rhein — 95 m — 12 800 Ew — Ludwigshafen/Rhein 10, Speyer 15 km
🛈 ☎ (0 62 34) 8 30, Fax 8 32 48 — Gemeindeverwaltung, Oggersheimer Str 10, 67112 Mutterstadt

** **Roma**
Neustadter Str 11, ✉ 67112, ☎ (0 62 34) 36 50
Hauptgericht 30

Mylau 49 □

Sachsen — Kreis Reichenbach (Vogtl.) — 365 m — 3 837 Ew — Reichenbach (Vogtl.) 2, Zwickau 19, Plauen 27 km
🛈 ☎ (0 37 65) 3 40 76 — Stadtverwaltung, Braustr 2, 08499 Mylau

* **Meisinger**
Markt 5, ✉ 08499, ☎ (0 37 65) 3 42 62, Fax 3 10 18, ED VA
13 Zi, Ez: 95-105, Dz: 120-130, 1 Suite, ⌐ WC ☎; Lift P ≋; garni 🖘
Rezeption: 10-22

Nabburg 59 ✓

Bayern — Kreis Schwandorf — 407 m — 6 300 Ew — Oberviechtach 19, Schwandorf 19, Amberg 24 km
🛈 ☎ (0 94 33) 1 80, Fax 18 33 — Stadtverwaltung, Unterer Markt 6, 92507 Nabburg; Stadt an der Naab. Sehenswert: Stadtbild; kath. Kirche; Rathaus; Jagdmuseum; Oberpfälzer Freilandmuseum in Neusath-Perschen (3 km ↑); Wehranlagen

* **Pension Ruhland**
Am Kastanienbaum 1, ✉ 92507, ☎ (0 94 33) 5 34, Fax 5 35
15 Zi, Ez: 40-50, Dz: 70-80, ⌐ WC ☎; P ▭; garni

Nachrodt-Wiblingwerde 34 ✓

Nordrhein-Westfalen — Märkischer Kreis — 150 m — 6 800 Ew — Altena 6, Iserlohn 10, Hagen 19 km
🛈 ☎ (0 23 52) 34 75, Fax 3 14 69 — Gemeindeverwaltung, im Ortsteil Nachrodt, Hagener Str 76, 58769 Nachrodt-Wiblingwerde. Sehenswert: Kirche in Wiblingwerde, Fresken (6 km ✓); Kornspeicher

Veserde (8 km ←)
* **Holzrichter**
Hohenlimburger Str 15, ✉ 58769, ☎ (0 23 34) 25 71, Fax 15 15, AX ED VA
24 Zi, Ez: 98, Dz: 145, ⌐ WC ☎; P ▭ Kegeln ¶◉¦
geschl: Do

Nackenheim 54 ↑

Rheinland-Pfalz — Kreis Mainz-Bingen — 88 m — 5 000 Ew — Oppenheim 9, Mainz 12 km
🛈 ☎ (0 61 35) 56 25, Fax 8 02 57 — Gemeindeverwaltung, Am Dollesplatz 1, 55299 Nackenheim

** **Apart Hotel Actuell**
Im Brühl 1, ✉ 55299, ☎ (0 61 35) 9 28 80, Fax 92 88 11, ED
13 Zi, Ez: 110-150, Dz: 130-150, ⌐ WC ☎; Lift P 2⇔75 Sauna Solarium 🖘
geschl: 22.12.96-3.1.97

* **St. Gereon**
Carl-Zuckmayer-Platz 3, ✉ 55299, ☎ (0 61 35) 9 29 90, Fax 92 99 92, AX DC ED VA
12 Zi, Ez: 95, Dz: 145, ⌐ WC ☎, 6✉; P ▭ 2⇔100 ¶◉¦

Nagold 61 ✓

Baden-Württemberg — Kreis Calw — 400 m — 22 000 Ew — Herrenberg 13, Horb 16, Calw 26 km
🛈 ☎ (0 74 52) 68 10, Fax 68 11 22 — Verkehrsamt, im Rathaus, Marktstr 27, 72202 Nagold; Stadt im nördlichen Schwarzwald. Sehenswert: Remigiuskirche, Wandmalereien; Rathaus; Fachwerkbauten; Burgruine Hohennagold ◄●

** **Adler**
Badstr 1, ✉ 72202, ☎ (0 74 52) 6 75 34, Fax 6 70 80, AX ED
22 Zi, Ez: 90-100, Dz: 145-165, ⌐ WC ☎; P ▭ 1⇔120 ¶◉¦ 🖘
geschl: Mo

** **Alte Post**
Bahnhofstr 2, ✉ 72202, ☎ (0 74 52) 8 45 00, Fax 84 50 50
Hauptgericht 35; geschl: Mi abends, Do, Anfang Feb →

Nagold

** Burg
Burgstr 2, ✉ 72202, ☎ (0 74 52) 37 35, Fax 6 62 91
Hauptgericht 30; Gartenlokal 🅿; geschl: Mo abends, Ende Feb-Anfang Mär

Nagold-Außerhalb (2 km ↘)
** Eles 🍺
Neuwiesenweg 44, ✉ 72202, ☎ (0 74 52) 54 85
Hauptgericht 35; Terrasse; nur abends; geschl: So, Mo

Pfrondorf (6 km ↑)
** Pfrondorfer Mühle
an der B 463, ✉ 72202, ☎ (0 74 52) 8 40 00, Fax 84 00 48, AX DC ED VA
19 Zi, Ez: 94-125, Dz: 146-210, 2 Suiten, WC ☎; 🅿 Fitneßraum
Rezeption: 10-22
Tennis 1
* Hauptgericht 30; Biergarten

Naila 48 ↘

Bayern — Kreis Hof/Saale — 560 m — 8 850 Ew — Hof 19, Münchberg 23, Kronach 37 km
ℹ ☎ (0 92 82) 68 29, Fax 68 37 — Verkehrsamt, Peunthgasse 5, 95119 Naila; Luftkurort (Ortsteil Hölle) im Frankenwald

* Grüner Baum
Marktplatz 5, ✉ 95119, ☎ (0 92 82) 70 61, Fax 73 56, ED
29 Zi, Ez: 65-75, Dz: 108-120, WC ☎, 7; 🅿 Sauna Solarium 🍽
geschl: Do, Ende Aug-Anfang Sep

Naila-Außerhalb (3 km ↗)
** Gutshof Culmitzhammer
einzeln Culmitzhammer 23, ✉ 95119, ☎ (0 92 82) 9 81 10, Fax 9 81 12 00, AX DC ED VA
24 Zi, Ez: 70-80, Dz: 130-150, 1 Suite, 3 App, WC ☎; 🅿 2⇔70
Auch Zimmer der Kategorie * vorhanden
** Hauptgericht 30; Biergarten
* Zur Scheune
Hauptgericht 25; Biergarten

Narsdorf 50 ↘

Sachsen — Kreis Geithain — 260 m — 1 104 Ew — Geithain 6, Niederhain 8, Chemnitz 30 km
ℹ ☎ (03 43 46) 6 02 74 — Gemeindeverwaltung, Siedlung Nr 13, 04657 Narsdorf

* Zum Heiteren Blick
Hauptstr 21, ✉ 04657, ☎ (03 43 46) 6 17 10, Fax 6 17 11, AX DC ED VA
9 Zi, Ez: 80-90, Dz: 135-150, WC ☎; 🅿 🍽
Rezeption: ab 10

Nassau 51 ←

Sachsen — Kreis Brand-Erbisdorf — 600 m — 1 200 Ew — Freiberg 22, Dresden 35, Chemnitz 50 km
ℹ ☎ (03 73 27) 71 04 — Gemeindeverwaltung, Dorfstr 80, 09623 Nassau;

** Gasthof Conrad
Dorfstr 116, ✉ 09623, ☎ (03 73 27) 71 25, Fax 13 11, AX DC ED VA
24 Zi, Ez: 50-80, Dz: 80-120, 1 Suite, WC ☎, 15; 🅿 1⇔20 Fitneßraum
* Hauptgericht 15; Biergarten

* Pension Schmidt
Dorfstr 134, ✉ 09623, ☎ (03 73 27) 71 89, Fax 71 89
9 Zi, Ez: 40-70, Dz: 78-110, WC ☎; 🅿
Restaurant für Hausgäste

Nassau 43 ↘

Rheinland-Pfalz — Rhein-Lahn-Kreis — 90 m — 5 404 Ew — Koblenz 24, Limburg 32 km
ℹ ☎ (0 26 04) 7 02 30, Fax 7 02 58 — Verkehrsamt, Rathaus, 56377 Nassau; Luftkurort im Lahntal. Sehenswert: Rathaus; Stammburg Nassau-Oranien ⋖, Steinsches Schloß

* Rüttgers
Dr-Haupt-Weg 4, ✉ 56377, ☎ (0 26 04) 95 37-0, Fax 95 37-30, AX ED VA
15 Zi, Ez: 50-70, Dz: 90-130, WC ☎; 🅿 🍽
garni
Rezeption: 7-20

Nastätten 44 ↙

Rheinland-Pfalz — Kreis Rhein-Lahn — 3 800 Ew — St. Goarshausen 13, Wiesbaden 35, Koblenz 35 km
ℹ ☎ (0 67 72) 32 10, Fax 65 60 — Fremdenverkehrsverein, Im Museum, 56355 Nastätten

** Oranien
Oranienstr 10, ✉ 56355, ☎ (0 67 72) 10 35, Fax 29 62, AX ED
Hauptgericht 25; Gartenlokal 🅿; 🛏; geschl: Mo, 2 Wochen im Jul

Natternberg siehe Deggendorf

Nattheim 62 →

Baden-Württemberg — Kreis Heidenheim — 560 m — 6 070 Ew — Heidenheim 8, Nördlingen 31 km
ℹ ☎ (0 73 21) 75 10, Fax 7 51 35 — Gemeindeverwaltung, Fleinheimer Str 2, 89564 Nattheim. Sehenswert: Korallenmuseum; Martinskirche; St.-Georgs-Kirche im Ortsteil Auernheim; Petruskirche im Ortsteil Fleinheim

Nauheim, Bad

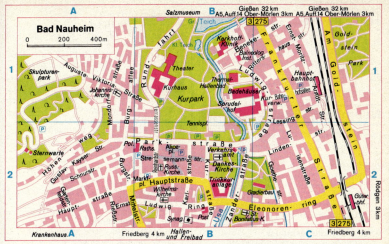

✱ Adlerstube
Neresheimer Str 8-16, ✉ 89564, ☏ (0 73 21) 97 90 11, Fax 97 90 16
10 Zi, Ez: 75, Dz: 130, ⌥ WC ☏; 🅿 🚗 🍽
Rezeption: 8-21; geschl: So

Nauheim, Bad 45 ↗

Hessen — Wetteraukreis — 144 m — 28 000 Ew — Friedberg 4, Gießen 29, Frankfurt/Main 40 km
ℹ ☏ (0 60 32) 34 42 97, Fax 34 42 39 — Verkehrsamt, Ludwigstr 20 (B 2), 61217 Bad Nauheim; Heilbad am Ostrand des Taunus. Sehenswert: Sprudelhof; Kurpark; Salzmuseum; Johannisberg, 268 m ≼, Sternwarte; Rosenanbaugebiet bei Steinfurth (3 km ↑)

✱✱✱ Best Western Parkhotel am Kurhaus
♣ Nördlicher Park 16 (B 1), ✉ 61231, ☏ (0 60 32) 30 30, Fax 30 34 19, AX DC ED VA
146 Zi, Ez: 185-215, Dz: 240-290, S; 13 Suiten, ⌥ WC ☏, 19🍽; Lift 🅿 🚗
22⇔750 ≘ Fitneßraum Sauna Solarium 🍺

✱✱ Theaterrestaurant
Hauptgericht 30; Terrasse

✱✱ Rosenau
Steinfurther Str 1, ✉ 61231, ☏ (0 60 32) 8 60 61, Fax 8 34 17, AX DC ED VA
54 Zi, Ez: 120-188, Dz: 180-248, ⌥ WC ☏; Lift 🅿 9⇔200 ≘ Sauna Solarium
geschl: Ende Dez-Anfang Jan

✱✱ La Rose
Hauptgericht 33; geschl: Mo, Ende Dez-Anfang Jan

Bistro
Hauptgericht 25; nur abends; geschl: So, Sa, Ende Dez-Anfang Jan

✱ Sportpark
In der Aue, ✉ 61231, ☏ (0 60 32) 40 04, Fax 7 12 01, AX DC ED VA
Ez: 154, Dz: 208, ⌥ WC ☏; Lift 🅿 3⇔60 Fitneßraum Sauna Solarium Tennis 12

Bistro
Hauptgericht 30

✱ Brunnenhof
♣ Ludwigstr 13 (C 2), ✉ 61231, ☏ (0 60 32) 20 17, Fax 54 08, AX DC ED VA
26 Zi, Ez: 98-130, Dz: 160-180, 1 Suite, 1 App, ⌥ WC ☏; Lift 🅿; garni
geschl: Ende Dez-Anfang Jan

✱ Rex
Reinhardstr 2 (B 2), ✉ 61231, ☏ (0 60 32) 20 47, Fax 20 55, AX DC ED VA
23 Zi, Ez: 113-109, Dz: 175, ⌥ WC ☏; Lift 🚗; garni
Rezeption: 6-13, 17-20

✱ Bayerischer Hof
Mittelstr 17, ✉ 61231, ☏ (0 60 32) 9 11 00, Fax 91 10 20, VA
6 Zi, Ez: 80, Dz: 130-150, ⌥ WC ☏; 🅿; garni

✱✱ Elsass
Mittelstr 17, ✉ 61231, AX DC ED VA
Hauptgericht 35; nur abends, so + feiertags auch mittags; geschl: Di, Anfang Jan

✱ La Toscana
Friedrichstr 8, ✉ 61231, ☏ (0 60 32) 51 21
Hauptgericht 30

🍺 Müller
Aliceplatz 6 (B 2), ✉ 61231, ☏ (0 60 32) 91 29 00, Fax 91 29 01
8.15-18; geschl: Mo, Anfang-Mitte Jan, Anfang-Mitte Jul

→

Nauheim, Bad

Steinfurth
***   **Herrenhaus von Löw**
♂ Steinfurther Hauptstr 36, ✉ 61231,
☎ (0 60 32) 9 69 50, Fax 96 95 50, ED
20 Zi, Ez: 190, Dz: 240, ⊒ WC ☎, 4⊠; **P**
1↔12 Fitneßraum Sauna Solarium
geschl: Mo, Di
**   **Herrenhaus von Löw**
Hauptgericht 40; geschl: Mo, Di

Naumburg (Saale)   38 ↓

Sachsen-Anhalt — Kreis Naumburg —
120 m — 31 000 Ew — Weißenfels 33,
Weimar 39 km
i ☎ (0 34 45) 20 16 14, Fax 20 16 14 —
Fremdenverkehrsamt, Markt 6,
06618 Naumburg. Sehenswert: Dom;
Stadtkirche „St. Wenzel", Moritzkirche;
Othmarskirche, Marientor; Rathaus;
Schlößchen; Rudelsburg (7 km ↓)

**   **Siedlungsklause**
Friedrich-Nietzsche-Str 21, ✉ 06618,
☎ (0 34 45) 7 17 90, Fax 70 23 56,
AX DC ED VA
14 Zi, Ez: 95, Dz: 140, ⊒ WC ☎, 7⊠; **P**
1↔50 ⊙

**   **Stadt Aachen**
Markt 11, ✉ 06618, ☎ (0 34 45) 24 70,
Fax 24 71 30, AX DC ED VA
39 Zi, Ez: 100-155, Dz: 150-205, 1 Suite, ⊒
WC ☎; Lift **P** 1↔60 ⊙

*   **Zur alten Schmiede**
Lindenring 36, ✉ 06618, ☎ (0 34 45)
24 36-0, Fax 2 43 6- 66, AX ED VA
36 Zi, Ez: 115, Dz: 160, ⊒ WC ☎; Lift 1↔20
Sauna ⊙

*   **Zum Alten Krug**
Lindenring 44, ✉ 06618, ☎ (0 34 45)
20 04 06, ED
9 Zi, Ez: 80, Dz: 110, ⊒ WC ☎; ⊙

Gieckau (8 km ↘)
*   **Falkenhof**
Am Trichterholz, ✉ 06618, ☎ (03 44 45)
2 02 76, Fax 2 02 76, ED
10 Zi, Ez: 98, Dz: 138, 1 Suite, ⊒ WC ☎; **P**;
garni

Kleinjena-Außerhalb (4,5 km ↘)
*   **Kuni's Wasserschlößchen**
♂ an der B 180, ✉ 06618, ☎ (0 34 45)
20 83 37, Fax 20 83 37
6 Zi, Ez: 85-95, Dz: 135, 1 Suite, ⊒ WC ☎; **P**
≋ Seezugang ⊙ ⬛
Rezeption: 11-24

Naundorf   39 ←

Sachsen — Kreis Eilenburg — 106 m —
1 293 Ew — Eilenburg 9, Bad Düben 14,
Leipzig 20 km
i ☎ (0 34 23) 60 08 86 — Gemeindeverwaltung, 04838 Naundorf

Krippehna (2,5 km ↘)
*   **Alpha Hotel**
Am Dorfplatz 4, ✉ 04838, ☎ (0 34 23)
60 26 13, Fax 60 26 14, ED VA
18 Zi, Ez: 90-109, Dz: 120-131, 2 App, ⊒ WC
☎; **P** 2↔25 Fitneßraum Sauna; garni

Naunhof   39 ↙

Sachsen — Kreis Grimma — Grimma 12,
Leipzig 18 km
i ☎ (03 42 93) 24 13 — Stadtverwaltung,
Kurze Str 4, 04683 Naunhof

**   **Estrela**
♂ Mühlgasse 2, ✉ 04683, ☎ (03 42 93)
3 20 45/48, Fax 3 20 49, AX ED VA
34 Zi, Ez: 115-145, Dz: 150-160, 2 Suiten, ⊒
WC ☎; **P** 2↔30 ⊙

**   **Carolinenhof**
Bahnhofstr 32, ✉ 04683, ☎ (03 42 93)
6 13 00, Fax 3 08 35, AX ED
34 Zi, Ez: 110-145, Dz: 175-195, 1 App, ⊒
WC ☎, 7⊠; Lift **P** ⬛ 2↔50 Sauna
Solarium ⊙
Auch Zimmer der Kategorie ***** vorhanden

*   **Rosengarten**
Nordstr 22, ✉ 04683, ☎ (03 42 93) 2 93 95,
Fax 2 91 79, ED
29 Zi, Ez: 120-145, Dz: 150-195, ⊒ WC ☎,
1⊠; **P** 1↔25 Sauna Solarium ⊙
Auch Zimmer der Kategorie ****** vorhanden

Naurath (Wald)   52 ↗

Rheinland-Pfalz — Kreis Trier-Saarburg —
300 m — 180 Ew — Trittenheim 8, Hermeskeil 15, Trier 23 km
i ☎ (0 65 03) 80 92 90, Fax 80 92 00 — Tourist-Information, Langer Markt 17,
54411 Hermeskeil; Ort im Hunsrück

Büdlicherbrück (1 km ↗)
**   **Landhaus St. Urban**
einzeln, Haus Nr 1, ✉ 54426, ☎ (0 65 03)
9 14 00, Fax 91 40 40, AX ED VA
Hauptgericht 40; Terrasse; geschl: Di, Mi
mittags, 2 Wochen im Jan
**   einzeln, Haus Nr 1, Ez: 90-100,
Dz: 150-180, ⊒ WC ☎; **P**
Rezeption: 10-23; geschl: 2 Wochen im Jan

Nebel siehe Amrum

Neckargemünd   54 ↘

Baden-Württemberg — Rhein-Neckar-Kreis — 127 m — 15 000 Ew — Heidelberg
10, Eberbach 17 km
i ☎ (0 62 23) 35 53, Fax 80 42 10 —
Fremdenverkehrsamt, Hauptstr 25, 69151
Neckargemünd. Sehenswert: Dilsberg,
über dem Neckartal ◂ (5 km →)

Dilsberg (4 km →)

* Zur Sonne
Obere Str 14, ✉ 69151, ☎ (0 62 23) 22 10,
Fax 64 52, AX DC ED VA
Hauptgericht 30; Terrasse; geschl: Do,
2 Wochen im Aug, 2 Wochen im Feb

Kleingemünd (1 km ↑)

** Zum Schwanen
◄ Uferstr 16, ✉ 69151, ☎ (0 62 23) 70 70,
Fax 24 13, AX DC ED VA
20 Zi, Ez: 140-195, Dz: 180-250, 1 Suite, ⌐
WC ☎; 🅿 2✥25 ≈

** La Cygne
◄ Hauptgericht 25

Neckarsulm 61 ↗

Baden-Württemberg — Kreis Heilbronn —
170 m — 23 000 Ew — Heilbronn 6 km
🛈 ☎ (0 71 32) 3 52 08, Fax 3 53 64 — Stadtverwaltung, Marktstr 18, 74172 Neckarsulm. Sehenswert: Kath. Kirche und Rathaus; Deutsches Zweiradmuseum in
ehem. Deutschordensschloß, geöffnet
täglich 9-12 und 13.30-17 (Sa + So durch-
gehend geöffnet)

** Astron
Sulmstr 2, ✉ 74172, ☎ (0 71 32) 38 80,
Fax 38 81 13, AX DC ED VA
84 Zi, Ez: 130-145, Dz: 149-185, S; ⌐ WC ☎,
46✉; Lift 🅿 🍴 Sauna Solarium

** Le Velo
Hauptgericht 30

* An der Linde
Stuttgarter Str 11, ✉ 74172, ☎ (0 71 32)
9 86 60, Fax 9 86 62 22, AX ED VA
28 Zi, Ez: 98-138, Dz: 150-178, ⌐ WC ☎; 🅿
1✥40

** Hauptgericht 30; Biergarten
Gartenlokal; geschl: Fr abends, Sa

* Post
Neckarstr 8, ✉ 74172, ☎ (0 71 32) 9 32 10,
Fax 1 75 14, DC VA
40 Zi, Ez: 90-130, Dz: 140-180, 1 Suite, ⌐
WC ☎; Lift 🅿 🍴 1✥30
geschl: Sa, Ende Jul-Mitte Aug, Ende Dez-
Anfang Jan

** Poststuben
Hauptgericht 25; geschl: Sa, Ende Jul-
Mitte Aug, Ende Dez-Anfang Jan

Neckartenzlingen 61 ↘

Baden-Württemberg — Kreis Esslingen —
292 m — 6 150 Ew — Nürtingen 10,
Tübingen 20 km
🛈 ☎ (0 71 27) 1 80 10, Fax 18 01 73 —
Gemeindeverwaltung, 72654 Neckartenz-
lingen

* Krone
Marktplatz 1, ✉ 72654, ☎ (0 71 27) 9 29 40,
Fax 92 94 99, AX ED VA
9 Zi, Ez: 110, Dz: 160, 1 App, ⌐ WC ☎; 🅿
Kegeln

* Hauptgericht 32; geschl: Di

* Zum Flößer
Stuttgarter Str 31, ✉ 72654, ☎ (0 71 27)
92 61 11, Fax 92 61 61, ED VA
8 Zi, Ez: 85-92, Dz: 110-140, ⌐ WC ☎; 🅿 🍽
☕

Neckarwestheim 61 ↗

Baden-Württemberg — Kreis Heilbronn —
266 m — 3 000 Ew — Heilbronn 10 km
🛈 ☎ (0 71 33) 18 40, Fax 1 84 30 — Bürgermeisteramt, Marktplatz 1, 74382 Neckar-
westheim. Sehenswert: Schloß Liebenstein: Kapelle (1 km ↓)

* Am Markt
✉ 74382, ☎ (0 71 33) 9 81 00, Fax 1 44 23,
AX ED VA
14 Zi, Ez: 85, Dz: 140, 2 App, ⌐ WC ☎; Lift
🍴; garni

Neckarwestheim-Außerhalb (2 km ↓)

** Schlosshotel Liebenstein
♛ ◄ Liebenstein 1, ✉ 74382, ☎ (0 71 33)
9 89 90, Fax 60 45, AX ED VA
24 Zi, Ez: 145-175, Dz: 195-250, ⌐ WC ☎,
11✉; Lift 🅿 3✥100 ☕
Golf 27

*** Lazuli
◄ Hauptgericht 40; geschl: Sa + So

** Kurfürst
◄ Hauptgericht 30; Biergarten Terrasse

Neckarzimmern 55 ↙

Baden-Württemberg — Neckar-Oden-
wald-Kreis — 220 m — 1 700 Ew —
Mosbach 8, Heilbronn 25 km
🛈 ☎ (0 62 61) 1 89 97, Fax 1 83 23 —
Gemeindeverwaltung, Hauptstr 4,
74865 Neckarzimmern. Sehenswert: Burg
Hornberg, 251 m ◄ (1 km ↘); Glaskunst;
Kaspar und Brost

Neckarzimmern-Außerhalb (1,5 km ↘)

** Burg Hornberg
(European Castle)
◄ ✉ 74865, ☎ (0 62 61) 9 24 60,
Fax 92 46 44, ED VA
22 Zi, Ez: 140-160, Dz: 190-260, 2 Suiten, ⌐
WC ☎; 🅿 2✥40 ☕
geschl: Mitte Dez-Ende Feb

** Im Alten Marstall
◄ ⊗ Hauptgericht 31; geschl: Mitte Dez-
Ende Feb

Neheim-Hüsten siehe Arnsberg

Nehren 43 ↙

Rheinland-Pfalz — Kreis Cochem-Zell —
60 m — 100 Ew — Cochem 9, Zell 17 km
🛈 ☎ (0 26 75) 13 44, Fax 16 43 — Verkehrsamt Moselkrampen, Pelzer Str 1,
56814 Ediger-Eller; Erholungsort an der
Mosel. Sehenswert: Römergräber →

Nehren

✱✱ Quartier Andre
◄ Moselstr 2, an der B 49, ✉ 56820,
☎ (0 26 73) 40 15, Fax 41 68, AX DC ED VA
9 Zi, Ez: 70, Dz: 120, 4 App, ⌂ WC ☎; P
geschl: Di, Mitte Nov-Mitte Dez, Anfang
Jan-Mitte Mär
✱ ◄ Hauptgericht 20; Terrasse;
geschl: Di, Mitte Nov-Mitte Dez, Anfang
Jan-Mitte Mär

Nellingen siehe Ostfildern

Nellingen 62 ↓

Baden-Württemberg — Alb-Donau-Kreis
— 692 m — 1 600 Ew — Laichingen 11,
Geislingen 14, Ulm 28 km
ℹ ☎ (0 73 37) 2 77, Fax 69 87 — Bürgermeisteramt, Schulplatz 17, 89191 Nellingen;
Ort auf der Schwäbischen Alb

✱ Landgasthof Krone
Aicher Str 7, ✉ 89191, ☎ (0 73 37) 9 69 60,
Fax 96 96 96, ED
40 Zi, Ez: 42-84, Dz: 78-114, 2 Suiten,
3 App, ⌂ WC ☎, 7⌘; Lift P ⌘ 3⇌60
geschl: Ende Dez-Anfang Jan
Im Gästehaus Zimmer der Kategorie ✱✱
vorhanden
✱ Hauptgericht 20; geschl: so +
feiertags, Ende Dez-Mitte Jan

Nenndorf siehe Rosengarten

Nenndorf, Bad 25 ↘

Niedersachsen — Kreis Schaumburg —
71 m — 10 000 Ew — Stadthagen 12, Hannover 28 km
ℹ ☎ (0 57 23) 34 49, Fax 14 35 — Kur- und
Verkehrsverein, Kurhausstr 4, 31542 Bad
Nenndorf; Heilbad am Deister

✱✱ Residenz
Kurhausstr 1, ✉ 31542, ☎ (0 57 23) 95 90,
Fax 95 91 99, AX DC ED VA
90 Zi, Ez: 165-290, Dz: 210-430, ⌂ WC ☎,
10⌘; Lift P ⌘ 9⇌130 Fitneßraum Sauna
Solarium
✱✱ Tiffany
Hauptgericht 26

✱✱ Akzent-Hotel Hannover
Buchenallee 1, ✉ 31542, ☎ (0 57 23) 79 20,
Fax 79 23 00, AX DC ED VA
72 Zi, Ez: 105-210, Dz: 170-330, ⌂ WC ☎,
33⌘; Lift P 8⇌150 Fitneßraum Sauna
Solarium 🍽

**✱✱ Schaumburg Diana
mit Gästehaus Gartenhaus**
Rodenberger Allee 28, ✉ 31542,
☎ (0 57 23) 50 94, Fax 35 85, AX DC ED VA
44 Zi, Ez: 105-175, Dz: 150-220, 3 Suiten, ⌂
WC ☎, 4⌘; P 2⇌25; garni
geschl: Ende Dez-Anfang Jan

✱✱ Harms
♂ Gartenstr 5, ✉ 31542, ☎ (0 57 23) 95 00,
Fax 95 02 80, ED VA
46 Zi, Ez: 78-95, Dz: 130-170, 2 App, ⌂ WC
☎; Lift P ⌘ ≋ Sauna Solarium; garni
Auch Zimmer der Kategorie ✱ vorhanden

✱✱ Tallymann
Hauptstr 59, ✉ 31542, ☎ (0 57 23) 61 67,
Fax 70 71 64, AX DC ED VA
Hauptgericht 30; P Terrasse

Riepen (3 km ←)
✱ Schmiedegasthaus Gehrke
♂ Riepener Str 21, ✉ 31542, ☎ (0 57 25)
50 55, Fax 72 82, AX DC VA
19 Zi, Ez: 68-220, Dz: 130-270, ⌂ WC ☎; P
⌘ 4⇌300 Kegeln
geschl: 2 Wochen in den Sommerferien
Im Gästehaus Gauther Rouhe Zimmer der
Kategorie ✱✱✱ vorhanden
✱✱✱ La forge 🔑 🍽🍽
Hauptstr 55; nur abends; geschl:
Mo + Di, 2 Wochen in den Sommerferien,
Jan
✱✱ Schmiede-Restaurant ✤
Hauptgericht 29; Gartenlokal; geschl: Mo,
2 Wochen in den Sommerferien

Waltringhausen (3 km ↗)
✱ Deisterblick
♂ Finkenweg 1, ✉ 31542, ☎ (0 57 23) 30 36,
Fax 46 86
20 Zi, Ez: 85, Dz: 126, ⌂ WC ☎; P ⌘ 1⇌20;
garni

Nentershausen 46 ↑

Hessen — Kreis Hersfeld-Rotenburg —
320 m — 3 500 Ew — Sontra 9, Bebra 15 km
ℹ ☎ (0 66 27) 9 20 20, Fax 92 02 20 —
Gemeindeverwaltung, Burgstr 2,
36214 Nentershausen; Luftkurort. Sehenswert: Ev. Kirche; Burg Tannenberg;
Heimat- und Bergbaumuseum

Weißenhasel (3 km ↑)
✱ Johanneshof
Kupferstr 24, ✉ 36214, ☎ (0 66 27) 9 20 00,
Fax 92 00 99, AX DC ED VA
23 Zi, Ez: 80-90, Dz: 105-165, ⌂ WC ☎; P
1⇌80 🍽
geschl: 26.12.96-5.1.97

Neresheim 63 ←

Baden-Württemberg — Ostalbkreis —
500 m — 8 000 Ew — Nördlingen 18,
Heidenheim 20, Aalen 24 km
ℹ ☎ (0 73 26) 81 49, Fax 81 46 — Fremdenverkehrsamt, Hauptstr 21, 73450 Neresheim; Erholungsort. Sehenswert: Benediktiner-Abteikirche, Kuppelfresken; Härtsfeld-Museum

Ohmenheim (3 km ↑)
* **Zur Kanne (Landidyll Hotel)**
Brühlstr 2, ✉ 73450, ☎ (0 73 26) 80 80, Fax 8 08 80, AX DC ED VA
56 Zi, Ez: 72-98, Dz: 96-150, ⌐ WC ☎; Lift P 🍴 4✪45 Kegeln Sauna Tennis 2
* Hauptgericht 27; Biergarten

Nesse 15 ↗

Niedersachsen — Kreis Aurich — 5 m —
1 440 Ew — Dornum 3, Norden 15 km
🛈 ☎ (0 49 33) 8 09 32, Fax 6 35 — Gemeindeverwaltung, Schatthäuser Str, 26553 Dornum

Neßmersiel (8 km ↘)
* **Fährhaus**
Dorfstr 35, ✉ 26553, ☎ (0 49 33) 3 03, Fax 23 90
19 Zi, Ez: 60-65, Dz: 110-150, ⌐ WC; P 🍴 1✪15
geschl: Mitte Nov-Ende Dez
* **Deichstuben**
Hauptgericht 25; Biergarten Terrasse; geschl: Anfang Nov-Ende Dez, Anfang Jan-Mitte Feb

Nesselwang 70 ↘

Bayern — Kreis Ostallgäu — 867 m —
3 500 Ew — Füssen 18, Kempten 24 km
🛈 ☎ (0 83 61) 92 30 40, Fax 92 30 44 — Gästeinformation, Hauptstr 18, 87484 Nesselwang; Luftkurort und Wintersportplatz am Alpenrand

** **Brauerei Post (Flair Hotel)**
Hauptstr 25, ✉ 87484, ☎ (0 83 61) 3 09 10, Fax 3 09 73, ED VA
22 Zi, Ez: 85-92, Dz: 140-150, 1 Suite, ⌐ WC ☎; P 🍴 1✪40 ⚑

* **Ferienhotel Alpspitz**
Badeseeweg 10, ✉ 87484, ☎ (0 83 61) 25 56, Fax 13 57, AX ED VA
36 Zi, Ez: 59-65, Dz: 108-120, 2 Suiten, ⌐ WC ☎; P
geschl: Anfang Nov-Mitte Dez

Netphen 44 ↑

Nordrhein-Westfalen — Kreis Siegen-Wittgenstein — 400 m — 24 900 Ew — Siegen 11, Hilchenbach 16 km
🛈 ☎ (0 27 38) 60 30, Fax 60 31 25 — Gemeindeverwaltung, Lahnstr. 47, 57250 Netphen; Erholungsort. Sehenswert: Obernau-Stausee (2 km →); Kohlenmeiler Walpersdorf (10 km →); Siegquelle (16 km →)

Lahnhof (16 km ↘)
* **Forsthaus Lahnquelle**
⁂ ✉ 57250, ☎ (0 27 37) 2 41, Fax 34 03
Hauptgericht 30
* einzeln ♂ 13 Zi, Ez: 75-85, Dz: 140-160, ⌐ WC ☎; P 🍴 3✪120 Fitneßraum Sauna Solarium

Nettetal 32 □

Nordrhein-Westfalen — Kreis Viersen —
81 m — 40 000 Ew — Holländische Grenze 3, Viersen 13, Krefeld 22 km
🛈 ☎ (0 21 53) 89 86 03, Fax 89 88 98 — Verkehrsamt, im Stadtteil Lobberich, Hochstr 2, 41334 Nettetal. Sehenswert: Weiher Kastell; Haus Baerlo; Schaager Windmühle; Stammenmühle; Haus Bey; Schloß Krickenbeck; Gut Altenhof; Rokokopavillon; Burg Ingenhoven; Burg Bocholtz; Kirchen

Breyell
** **Hermitage**
Lobbericher Str 51, ✉ 41334, ☎ (0 21 53) 97 80, Fax 97 81 78, AX DC VA
38 Zi, Ez: 120-160, Dz: 140-180, 4 Suiten, ⌐ WC ☎, 3✉; P 3✪100 Kegeln ⚑

Hinsbeck
** **Haus Josten**
Wankumer Str 3, ✉ 41334, ☎ (0 21 53) 20 36, Fax 13 88, AX DC ED VA
18 Zi, Ez: 95-105, Dz: 160, ⌐ WC ☎, 3✉; P 🍴 4✪180
geschl: Mi, 3 Wochen in den Sommerferien
** Hauptgericht 27; nur abends, So auch mittags; geschl: Mi, 3 Wochen in den Sommerferien

Leuth
** **Leuther Mühle**
Hinsbecker Str 34, ✉ 41334, ☎ (0 21 57) 13 20 61, Fax 13 25 27, AX DC VA
26 Zi, Ez: 105, Dz: 150, ⌐ WC ☎; P 2✪25 Kegeln
** Hauptgericht 39; Terrasse

Lobberich
* **Haus am Rieth**
Reinersstr 5, ✉ 41334, ☎ (0 21 53) 6 00 41, Fax 1 34 92, AX DC ED VA
21 Zi, Ez: 80-90, Dz: 130-140, 1 App, ⌐ WC ☎, 3✉; P 🍴 ≋ Sauna Solarium
Restaurant für Hausgäste

⌂ **Stadt Lobberich**
Hochstr 37, ✉ 41334, ☎ (0 21 53) 51 00, Fax 8 96 43, AX DC ED VA
15 Zi, Ez: 60, Dz: 100, ⌐ WC ☎; P Kegeln ⚑ →

Nettetal

Lobberich-Außerhalb (3 km ↓)
* **Zum Schänzchen**
Am Schänzchen 5, ✉ 41334, ☏ (0 21 53)
91 57 10, Fax 91 57 42, AX ED VA
20 Zi, Ez: 70-95, Dz: 120-150, ⌐ WC ☏; P ⌐
1⇆40
Auch Zimmer der Kategorie ** vorhanden
* Hauptgericht 28; Terrasse;
geschl: Mo, 3 Wochen in den Sommerferien

Netzeband 21 ↙

Brandenburg — 60 m — Neuruppin 14,
Wittstock 23 km
🛈 ☏ (03 39 24) 2 06 — Gemeindeverwaltung, Dorfstr 76, 16818 Netzeband

* **Landhotel Märkische Höfe**
Dorfstr 11, ✉ 16818, ☏ (03 39 24) 2 78,
Fax 2 78, ED
15 Zi, Ez: 90-120, Dz: 110-140, 10 App, ⌐
WC ☏; P 5⇆60 Sauna Solarium ⌐
Aktiv- und Kreativurlaubsangebote
* **Die Enklave**
Hauptgericht 20

Netzen 29 ↙

Brandenburg — Kreis Brandenburg —
700 Ew — Brandenburg 13, Potsdam 30 km
🛈 ☏ (0 33 82) 8 36 — Gemeindeverwaltung,
Lehniner Str 15, 14797 Netzen

Netzen-Außerhalb (1,5 km →)
** **Seehof**
einzeln ⌐ ⌐ ✉ 14797, ☏ (0 33 82) 7 67-0,
Fax 8 42, ED VA
32 Zi, Ez: 95-130, Dz: 140-170, ⌐ WC ☏,
3⌐; P Seezugang ⌐⌐ ⌐

Neualbenreuth 59 ↖

Bayern — Kreis Tirschenreuth — 557 m —
1 480 Ew — Waldsassen 11, Tirschenreuth 15 km
🛈 ☏ (0 96 38) 12 20, Fax 7 15 — Gästeinformation, Marktplatz 10, 95698 Neualbenreuth. Sehenswert: Pfarrkirche, Blendaltar;
Wallfahrtskirche „Kleine Kappl"; Grenzlandturm; Egerländer Fachwerk; Gedenkstein „Mittelpunkt Europas"; Naturfelsen;
Heimatmuseum

Ernestgrün (1 km ↓)
** **Schloßhotel Ernestgrün**
einzeln ⌐ Rothmühle 15, ✉ 95698,
☏ (0 96 38) 93 00, Fax 93 04 00, AX ED
70 Zi, Ez: 93-107, Dz: 146-178, 2 Suiten,
1 App, ⌐ WC ☏, 11⌐; Lift P 3⇆50 ⌐
Fitneßraum Sauna Solarium
Rezeption: 7-21
** Hauptgericht 18; Biergarten
Terrasse

Neuastenberg siehe Winterberg

Neuberg 45 ↙

Hessen — Main-Kinzig-Kreis — 145 m —
5 000 Ew — Langenselbold 6, Hanau 12,
Frankfurt 28 km
🛈 ☏ (0 61 83) 80 10, Fax 8 01 80 — Gemeindeverwaltung, im Ortsteil Ravolzhausen,
Bahnhofstr 21, 63543 Neuberg. Sehenswert: Ev. Kirche; Wehrkirchhof im Ortsteil
Ravolzhausen; ev. Kirche und Johanniterkommende im Ortsteil Rüdigheim

Ravolzhausen
** **Bei den Tongruben**
Im Unterfeld 19, ✉ 63543, ☏ (0 61 83)
20 40, Fax 7 41 31, AX ED VA
28 Zi, Ez: 98-110, Dz: 150-170, ⌐ WC ☏,
7⌐; P 1⇆20 Sauna; garni
geschl: Ende Dez-Anfang Jan

Neubeuern 72 ↘

Bayern — Kreis Rosenheim — 487 m —
4 000 Ew — Raubling 4, Rosenheim 11 km
🛈 ☏ (0 80 35) 21 65, Fax 21 65 — Verkehrsverein, Marktplatz 4, 83115 Neubeuern;
Erholungs- und Ferienort am Alpenrand

* **Burghotel**
⌐ Marktplatz 23, ✉ 83115, ☏ (0 80 35)
24 56, Fax 13 12, AX DC ED VA
16 Zi, Ez: 65-95, Dz: 105-140, ⌐ WC ☏; Lift
P ⌐ Sauna Solarium
geschl: Mitte Feb-Mitte Mär
* Hauptgericht 22; geschl: Mo,
Mitte Feb-Mitte Mär

Neubiberg 72 □

Bayern — Kreis München — 554 m —
10 021 Ew — München 12, Rosenheim
50 km
🛈 ☏ (0 89) 60 01 20, Fax 6 01 17 38 —
Gemeindeverwaltung, Rathausplatz 12,
85579 Neubiberg

* **Rheingoldhof**
⌐ Rheingoldstr 4, ✉ 85579, ☏ (0 89)
6 60 04 40, Fax 66 00 44 55, ED VA
18 Zi, Ez: 79-98, Dz: 125-180, ⌐ WC ☏; P;
garni
geschl: Ende Dez-Mitte Jan

Neubrandenburg 21 ↗

Mecklenburg-Vorpommern — Stadt Neubrandenburg — 40 m — 86 000 Ew —
Rostock 117, Berlin 138 km
🛈 ☏ (03 95) 5 82 22 67, Fax 5 82 22 67 —
Tourist-Information, Turmstr 11 (B 3),
17033 Neubrandenburg. Sehenswert:
Stadt der vier Tore, Stadtbefestigung mit
Neuem Tor, Friedländer Tor, Stargarder Tor
und Treptower Tor; Stadtkirche St. Marien;
Franziskaner-Klosterkirche St. Johannes;
Spitalkapelle St. Georg; Wiekhäuser

Neubrandenburg

** Radisson SAS
Treptower Str 1 (A 2), ✉ 17033, ☎ (03 95)
5 58 60, Fax 5 58 66 05, AX DC ED VA
180 Zi, Ez: 155-195, Dz: 185-225, S;
10 Suiten, ⊟ WC ☎, 46🍴; Lift 🅿 4⇨110 ☕

** Vier Tore
Hauptgericht 25

** Andersen Hotel
Große Krauthöfer Str 1 (C 2), ✉ 17033,
☎ (03 95) 55 60, Fax 5 56 26 82, AX DC ED VA
180 Zi, Ez: 125-115, Dz: 150-140, 5 Suiten,
⊟ WC ☎, 28🍴; Lift 🅿 5⇨170 Sauna 🍽

** St. Georg
Rostocker Str, ✉ 17033, ☎ (03 95)
5 44 37 88, AX DC ED VA
17 Zi, Ez: 100-110, Dz: 130-140, 2 Suiten, ⊟
WC ☎, 🅿 1⇨20 Sauna Solarium 🍽
Auch Zimmer der Kategorie * vorhanden

* Borchert
Friedrich-Engels-Ring 40 (A 3), ✉ 17033,
☎ (03 95) 5 44 20 03, Fax 5 44 20 04, ED
30 Zi, Ez: 99-119, Dz: 128-154, 1 Suite, ⊟
WC ☎; 🅿
Auch Zimmer der Kategorie ** vorhanden
** Hauptgericht 18; Terrasse;
geschl: 2 Wochen im Jul

* Weinert
Ziegelbergstr 23, ✉ 17033, ☎ (03 95)
58 12 30, Fax 5 81 23 11, AX DC ED VA
18 Zi, Ez: 80-115, Dz: 100-130, ⊟ WC ☎; 🅿
1⇨20; garni

* Sporthotel
☎ Schwedenstr 25, ✉ 17033, ☎ (03 95)
5 66 63 50, Fax 5 66 63 54, ED
23 Zi, Ez: 110, Dz: 135, 3 Suiten, ⊟ WC ☎;
🅿; garni

* Gasthaus Werderbruch
Lessingstr 14 (A 3), ✉ 17033, ☎ (03 95)
5 82 37 95, Fax 5 82 37 95, ED
Hauptgericht 25; 🅿 Terrasse

☕ Café im Reuterhaus
Stargarder Str 35 (B 2), ✉ 17033, ☎ (03 95)
5 82 32 45, Fax 5 82 32 45
11-18, Sa + So ab 13.30

Weitin (4 km ↘)
* Horizont
Otto-von-Guericke-Str 7, ✉ 17033,
☎ (03 95) 5 69 84 28, Fax 5 69 81 97,
AX DC ED VA
71 Zi, Ez: 70-109, Dz: 90-150, ⊟ WC ☎; 🅿 🍴
4⇨100 Fitneßraum Sauna Solarium 🍽
Auch Zimmer der Kategorie ** vorhanden

Neubrunn 55→

Bayern — Kreis Würzburg — 290 m —
2 460 Ew — Wertheim 14, Tauberbischofsheim 18, Würzburg 23 km
🛈 ☎ (0 93 07) 14 00, Fax 81 88 — Gemeindeverwaltung, Hauptstr 27, 97277 Neubrunn

Böttigheim (2 km ↓)
* **Berghof**
einzeln ♦ ⏣ Neubrunner Weg 15, ✉ 97277,
☎ (0 93 49) 12 48, Fax 14 69
13 Zi, Ez: 52-62, Dz: 95-105, ⬛ WC ☎; 🅿 ¶⚬|
geschl: Mo, Mitte Jan-Mitte Feb

Neubukow 12↙

Mecklenburg-Vorpommern — Kreis Bad
Doberan — 40 m — 5 150 Ew — Bad Doberan 13, Wismar 23 km
🛈 ☎ (03 82 94) 2 31 — Stadtverwaltung,
Am Markt 1, 18233 Neubukow. Sehenswert: Heinrich-Schliemann-Gedenkstätte,
Holländer-Windmühle

Jörnsdorf (3 km ↗)
* **Störtebeker**
an der B 105, ✉ 18233, ☎ (03 82 94) 71 09,
Fax 71 60, AX DC ED VA
30 Zi, Ez: 45-115, Dz: 120-145, 1 Suite, ⬛
WC ☎; 🅿 ¶⚬| ⛵

Neuburg a. d. Donau 64←

Bayern — Kreis Neuburg-Schrobenhausen
— 383 m — 27 700 Ew — Ingolstadt 23,
Donauwörth 34 km
🛈 ☎ (0 84 31) 5 52 40, Fax 5 53 29 — Verkehrsbüro, Amalienstr 51, 86633 Neuburg
a. d. Donau. Sehenswert: Ehem. Hofkirche;
Schloß; Rathaus; Mauergürtel; Wallfahrtskirche Heiligkreuz im Stadtteil
Bergen (8 km ↘)

* **Bergbauer**
Fünfzehnerstr 11, ✉ 86633, ☎ (0 84 31)
4 70 95, Fax 4 70 90, ED VA
22 Zi, Ez: 95-105, Dz: 145-155, ⬛ WC ☎;
Sauna Solarium
geschl: Ende Dez
* Hauptgericht 35; geschl: Fr, Sa mittags, Ende Dez

* **Kieferlbräu**
Eybstr 32, ✉ 86633, ☎ (0 84 31) 6 73 40,
Fax 67 34 44, AX ED VA
23 Zi, Ez: 55-78, Dz: 90-107, ⬛ WC ☎; 🅿 🛏
1⚬55 ¶⚬|

* **Die Spindel**
Mühlenweg 2 a, ✉ 86633, ☎ (0 84 31)
4 94 23, Fax 4 11 34
15 Zi, Ez: 62, Dz: 103, ⬛ WC ☎; 🅿; garni
geschl: 24.12.96-6.1.97

🛏 **Hotel Garni**
Schrannenplatz C 153 ½, ✉ 86633,
☎ (0 84 31) 67 21-0, Fax 4 17 99, ED
13 Zi, Ez: 51, Dz: 79, ⬛ WC ☎
Rezeption: 6-18; geschl: 24.12.96-1.1.97

Bergen (8 km ↘)
** **Flair Hotel**
Kirchplatz 1, ✉ 86633, ☎ (0 84 31) 67 75-0,
Fax 4 11 20, ED VA
27 Zi, Ez: 75-102, Dz: 102-150, ⬛ WC ☎; Lift
🅿 🛏 1⚬50 Fitneßraum Sauna ⛵
geschl: Ende Dez-Mitte Jan, Ende Aug
Auch Zimmer der Kategorie * vorhanden
* **Zum Klosterbräu**
Hauptgericht 20; geschl: So abends, Mo,
Ende Dez-Mitte Jan, Ende Aug

Bittenbrunn (1,5 km ↘)
🛏 **Kirchbaur Hof**
Monheimer Str 119, ✉ 86633, ☎ (0 84 31)
25 32, Fax 4 11 22
31 Zi, Ez: 60-110, Dz: 90-150, ⬛ WC ☎; 🅿 🛏
¶⚬|
geschl: Ende Dez-Anfang Jan

Neuburg a. Inn 66↘

Bayern — Kreis Passau — 430 m —
3 480 Ew — Passau 13 km
🛈 ☎ (0 85 02) 9 00 80, Fax 90 08 30 —
Gemeindeverwaltung, Raiffeisenstr 6,
94127 Neuburg a. Inn. Sehenswert: Schloß

Dommelstadl
* **Kreuzhuber**
Passauer Str 36, ✉ 94127, ☎ (0 85 07) 2 40,
Fax 4 15
29 Zi, Ez: 50-52, Dz: 90-110, ⬛ WC; 🛏
Sauna
geschl: 15.10.-30.10.97

Neukirchen (6 km ↘)
* **Gasthof Beim Bräu**
Kirchplatz 7, ✉ 94127, ☎ (0 85 02) 4 00,
Fax 2 48, ED
Hauptgericht 30; Biergarten 🅿; geschl: Di,
Ende Jan-Anfang Feb

Neudrossenfeld 57↗

Bayern — Kreis Kulmbach — 385 m —
3 200 Ew — Kulmbach 9, Bayreuth 11 km
🛈 ☎ (0 92 03) 99 30, Fax 9 93 19 — Gemeindeverwaltung, Adam-Seiler-Str 1,
95512 Neudrossenfeld. Sehenswert: Markgrafenkirche; ev. Kirche Langenstadt;
Schloß, Terrassengärten

Altdrossenfeld (0,5 km ↙)
* **Brauerei-Gasthof Schnupp**
Haus Nr 8, ✉ 95512, ☎ (0 92 03) 99 20,
Fax 9 92 50
26 Zi, Ez: 78-160, Dz: 105-230, 2 Suiten, ⬛
WC ☎; 2⚬80
geschl: Fr, Anfang Nov
Im Brauhaus auch Zimmer der Kategorie
** vorhanden
* Hauptgericht 15; 🅿 Terrasse;
geschl: Fr, Anfang Nov

Neuenahr-Ahrweiler, Bad 43 ←

Rheinland-Pfalz — Kreis Ahrweiler — 100 m — 28 000 Ew — Bonn 25, Euskirchen 32, Koblenz 42 km

🛈 ☎ (0 26 41) 22 78, Fax 2 97 58 — Kur- und Verkehrsverein, im Stadtteil Bad Neuenahr, Hauptstr 60, 53474 Bad Neuenahr-Ahrweiler; Mineralheilbad im Rotweintal der Ahr; Kreisstadt; Spielbank. Sehenswert: Stadtbefestigung, Tore, Türme; Museum Roemervilla

---

** Rodderhof
Oberhutstr 48, ⌧ 53474, ☎ (0 26 41) 39 90, Fax 39 93 33, AX DC ED VA
49 Zi, Ez: 125-145, Dz: 185-199, ⌂ WC ☎; Lift 🅿 🖼 4✪25 Fitneßraum Sauna
geschl: Anfang-Mitte Jan
Auch Zimmer der Kategorie ******* vorhanden

** Augustiner
Hauptgericht 30; nur abends; geschl: So

* Zum Stern
Marktplatz 9, ⌧ 53474, ☎ (0 26 41) 9 78 90, Fax 97 89 55, AX DC ED VA
19 Zi, Ez: 110-120, Dz: 160-180, ⌂ WC ☎; 🖼 🍴

* Zum Ännchen
♂ Niederhutstr 11, ⌧ 53474, ☎ (0 26 41) 9 77 70, Fax 97 77 99, AX DC ED VA
23 Zi, Ez: 75-80, Dz: 120-125, ⌂ WC ☎; Lift 🅿 Bowling; **garni** 🍴
geschl: Do, Jan

** Ahrweinstuben Alte Post
🍽 Am Markt 12, ⌧ 53474, ☎ (0 26 41) 47 57, Fax 55 04, AX DC ED VA
Hauptgericht 30; geschl: Mo

* Altes Zunfthaus
🍽 Oberhutstr 34, ⌧ 53474, ☎ (0 26 41) 47 51, Fax 3 76 42, AX DC ED VA
Hauptgericht 25; Biergarten 🅿; geschl: Mo, 2 Wochen im Sommer

Ahrweiler

* Historisches Gasthaus Eifelstube
🍽 Ahrhutstr 6, ⌧ 53474, ☎ (0 26 41) 3 48 50
Hauptgericht 25; geschl: Di, Mi

Ahrweiler-Außerhalb (1 km ←)

** Hohenzollern
einzeln ♂ ⌂ Silberberg 50, ⌧ 53474, ☎ (0 26 41) 42 68, Fax 59 97, AX DC ED VA
25 Zi, Ez: 90-125, Dz: 140-230, ⌂ WC ☎; Lift 🅿 1✪30 ⚓
Auch Zimmer der Kategorie ***** vorhanden

*** ⌂ Hauptgericht 35; Terrasse; geschl: Anfang Jan-Mitte Feb

Heppingen (2 km →)

Steinheuers
Landskroner Str 110, ⌧ 53474, ☎ (0 26 41) 70 11, Fax 70 13, AX DC ED VA
Rezeption: 10-15, 17-23

*** Steinheuers Restaurant Zur Alten Post
Hauptgericht 50; geschl: Di, Ende Jul-Anfang Aug

** 6 Zi, Ez: 150-160,
Dz: 230-250, ⌂ WC ☎; 🅿 🖼 Kegeln

** Landgasthof Poststuben
Hauptgericht 30; Terrasse; geschl: Di

Neuenahr, Bad

*** Steigenberger
⌂ Kurgartenstr 1, ⌧ 53474, ☎ (0 26 41) 94 10, Fax 70 01, AX DC ED VA
211 Zi, Ez: 189-225, Dz: 306-338, S;
13 Suiten, ⌂ WC ☎, 80🖼; Lift 🅿 13✪800 ⚓ Fitneßraum Sauna
Auch Zimmer der Kategorie ******** vorhanden

** Parkrestaurant
Hauptgericht 30; Terrasse

** Kurhaus-Restaurant
Hauptgericht 30; Biergarten Terrasse; geschl: Mo, Di

** Villa Aurora
Georg-Kreuzberg-Str 8, ⌧ 53474, ☎ (0 26 41) 94 30, Fax 94 32 00, AX DC ED VA
52 Zi, Ez: 150-180, Dz: 210-280, 4 Suiten, ⌂ WC ☎; Lift 🅿 🖼 1✪20 ⚓ Sauna Solarium
geschl: Mitte Nov-Mitte Dez
Restaurant für Hausgäste

** Giffels Hotel Goldener Anker (Ringhotel)
Mittelstr 12, ⌧ 53474, ☎ (0 26 41) 80 40, Fax 80 41 92, AX DC ED VA
80 Zi, Ez: 119-210, Dz: 190-295, S; 4 Suiten, ⌂ WC ☎, 5🖼; Lift 🅿 🖼 6✪250 ⚓ Fitneßraum Kegeln Sauna Solarium

** Hauptgericht 35; Terrasse

* Ahrbella
Hauptstr 45, ⌧ 53474, ☎ (0 26 41) 7 50 30, Fax 75 03 50, ED
13 Zi, Ez: 75-85, Dz: 130-140, ⌂ WC ☎; 🅿 🖼; **garni**
Rezeption: 7.30-19

** Idille
⌂ Am Johannisberg 101, ⌧ 53474, ☎ (0 26 41) 2 84 29, Fax 2 50 09
Hauptgericht 35; 🅿 Terrasse; nur abends, so + feiertags auch mittags; geschl: Mo, Di, 2 Wochen im Jan

* Milano da Gianni
Kreuzstr 8 c, ⌧ 53474, ☎ (0 26 41) 2 43 75, AX DC ED VA
Hauptgericht 30; geschl: 4 Wochen in den Sommerferien →

Neuenahr-Ahrweiler, Bad

Im Hofgarten
Café-Konditorei
Poststr 2, ✉ 53474, ☎ (0 26 41) 66 68,
Fax 94 05 50
Terrasse; 9-18.30, so+feiertags ab 10;
geschl: 8.-22.1.97

Walporzheim (2 km ←)
Romantik Restaurant
Sanct Peter
Walporzheimer Str 134, ✉ 53474,
☎ (0 26 41) 9 77 50, Fax 97 75 25, AX DC ED VA
Hauptgericht 42; Gartenlokal P Terrasse
✱✱✱ **Brogsitter/Weinkirche**
Hauptgericht 42; Gartenlokal Terrasse

Neuenbürg 61 ←

Baden-Württemberg — Kreis Calw —
360 m — Pforzheim 10, Wildbad 16 km
ℹ ☎ (0 72 31) 79 70 — Stadtverwaltung,
75305 Neuenbürg

Neuenbürg-Außerhalb 5 km ↗
✱✱ **Zur alten Mühle**
einzeln ♂ Im Gänsebrunnen, ✉ 75305,
☎ (0 70 82) 9 24 00, Fax 92 40 99,
AX DC ED VA
26 Zi, Ez: 93, Dz: 148, ⊿ WC ☎; Lift P 🅿
2⟷25 Kegeln
✱✱ einzeln, Hauptgericht 35; Gartenlokal Terrasse; geschl: Mo
Eigene Fischzucht

Neuenburg am Rhein 67 ↗

Baden-Württemberg — Kreis Breisgau-
Hochschwarzwald — 229 m — 9 538 Ew —
Müllheim 6, Basel 32, Freiburg 33 km
ℹ ☎ (0 76 31) 7 91 -0, Fax 7 22 13 — Stadtverwaltung, Rathausplatz 5, 79395 Neuenburg am Rhein; Stadt am Oberrhein,
Straßenbrücke nach Frankreich

✱ **Am Stadthaus**
Marktplatz 1, ✉ 79395, ☎ (0 76 31) 7 90 00,
Fax 78 37, AX ED VA
24 Zi, Ez: 89-94, Dz: 138-148, ⊿ WC ☎, 4⊠;
Lift P; **garni**
geschl: Ende Dez-Mitte Jan

✱ **Krone**
◁ Breisacher Str 1, ✉ 79395, ☎ (0 76 31)
78 04, Fax 78 03, DC ED VA
28 Zi, Ez: 85-95, Dz: 120-130, 1 App, ⊿ WC
☎, 4⊠; Lift P 🅿 🍴
Rezeption: 7-21; geschl: Mi, Anfang-Ende
Nov

Neuendettelsau 57 ↗

Bayern — Kreis Ansbach — 437 m —
7 200 Ew — Heilsbronn 6, Windsbach 7,
Ansbach 17 km
ℹ ☎ (0 98 74) 50 20, Fax 5 02 47 — Gemeindeverwaltung, Johann-Flierl-Str 19,
91564 Neuendettelsau. Sehenswert: Ev.
theol. Hochschule; Missionsmuseum;
Zollhundeschule; Hostienbäckerei

✱ **Gasthof Sonne**
Hauptstr 43, ✉ 91564, ☎ (0 98 74) 50 80,
Fax 5 08 18, ED VA
38 Zi, Ez: 55-85, Dz: 90-150, ⊿ WC ☎; Lift P
🅿 3⟷150 Kegeln
geschl: Mo-Mitte Aug, Anfang Jan
✱ Hauptgericht 20; Terrasse;
geschl: Mo mittags, Anfang-Mitte Aug,
Anfang Jan

Neuenhaus 23 □

Niedersachsen — Kreis Grafschaft Bentheim — 17 m — 8 215 Ew — Nordhorn 10,
Lingen 25 km
ℹ ☎ (0 59 41) 60 10, Fax 6 01 48 — Stadtverwaltung, Veldhausener Str 26, 49828 Neuenhaus. Sehenswert: Ref. Kirche; Rathaus

✱✱ **Haus Brünemann**
Kirchstr 11, ✉ 49828, ☎ (0 59 41) 50 25,
Fax 45 95, AX DC ED VA
Hauptgericht 35; geschl: Mo
✱✱ 5 Zi, Ez: 85, Dz: 150, ⊿ WC ☎; P
1⟷40

Neuenkirchen 13 ↘
Kr. Ostvorpommern

Mecklenburg-Vorpommern — Kreis Ostvorpommern — 7 m — 1 306 Ew — Greifswald 4 km
ℹ ☎ (0 38 34) 34 60 — Greifswald-Information, Schuhhagen 126, 17498 Greifswald

✱✱ **Stettiner Hof**
Theodor-Körner-Str 20, ✉ 17498,
☎ (0 38 34) 89 96 24, Fax 89 96 27,
AX DC ED VA
23 Zi, Ez: 90-130, Dz: 120-160, 1 Suite, ⊿
WC ☎; P 1⟷25
✱✱ Hauptgericht 20; Biergarten Terrasse; nur abends, Sa+So auch mittags

Neuenkirchen 18 ↗
Kr. Soltau-Fallingbostel

Niedersachsen — Kreis Soltau-Fallingbostel — 70 m — 5 576 Ew — Soltau 11, Visselhövede 10, Schneverdingen 11 km
ℹ ☎ (0 51 95) 17 18, Fax 26 41 — Verkehrsverein, Kirchstr 9, 29641 Neuenkirchen;
Luftkurort. Sehenswert: Stallanlage,
Heidschnuckenherde; Schroers-Hof

Tewel (4 km ↘)
✱✱ **Landhaus Tewel**
Dorfstr 17, an der B 71, ✉ 29643,
☎ (0 51 95) 18 57, Fax 27 46, AX DC ED VA
Hauptgericht 25; Biergarten P; geschl:
Nov-Mär Mo+Di
✱ 7 Zi, Ez: 65-75, Dz: 100-120, ⊿ WC
☎
Rezeption: 7.30-14, 17-23; geschl: Nov-Mär
Mo+Di, Feb

Neuenkirchen Kr. Steinfurt 23

Nordrhein-Westfalen — Kreis Steinfurt — 84 m — 12 500 Ew — Rheine 7, Steinfurt 14, Emsdetten 15 km
🛈 ☎ (0 59 73) 54 54, Fax 57 92 — Verkehrsverein, Alphons-Hecking-Platz 1, 48485 Neuenkirchen

** **Wilminks Parkhotel**
Wettringer Str 46, ✉ 48485, ☎ (0 59 73) 94 96-0, Fax 18 17, AX DC ED VA
30 Zi, Ez: 110, Dz: 155-170, ⌐ WC ☎, 5✉; 🅿 🍴 4⟷60 Sauna Solarium Tennis 2
Auch Zimmer der Kategorie ***** vorhanden
** Hauptgericht 30; Gartenlokal Terrasse; geschl: So abends

Neuenrade 34

Nordrhein-Westfalen — Märkischer Kreis — 320 m — 12 000 Ew — Werdohl 4, Altena 11 km
🛈 ☎ (0 23 92) 69 30, Fax 6 93 48 — Verkehrsverein Neuenrade e.V., Alte Burg 1, 58809 Neuenrade. Sehenswert: Stadtbrunnen; Rennofen; Pfarrkirche in Affeln; Kohlberg 514 m Aussichtsturm (3,5 km)

* **Kaisergarten**
♂ Hinterm Wall 15, ✉ 58809, ☎ (0 23 92) 6 10 15, Fax 6 10 52, AX DC ED VA
10 Zi, Ez: 90-125, Dz: 120-135, ⌐ WC ☎, 2✉; 🅿 🍴 3⟷400 Kegeln
geschl: Di mittags
* Hauptgericht 30; Biergarten Gartenlokal; geschl: Di mittags

* **Eulenpick**
Eulengasse 9, ✉ 58809, ☎ (0 23 92) 6 12 24, Fax 6 47 41, AX DC ED VA
Hauptgericht 25; geschl: Sa mittags
* ♂ 7 Zi, Ez: 90, Dz: 130, ⌐ WC ☎; 🅿
Rezeption: 10.30-14.30, 17-22; geschl: Sa mittags

Altenaffeln
* **Akzent-Hotel Landgasthof Zwerger**
Hofstr 4, ✉ 58809, ☎ (0 23 94) 3 18, Fax 17 18, AX DC ED VA
14 Zi, Ez: 95-130, Dz: 140-180, ⌐ WC ☎, 2✉; 🅿 🍴 1⟷26 Sauna Solarium

Neuenstein Hohenlohekreis 62

Baden-Württemberg — Hohenlohekreis — 284 m — 6 000 Ew — Öhringen 4, Heilbronn 28 km
🛈 ☎ (0 79 42) 10 50, Fax 1 05 66 — Stadtverwaltung, Schloßstr 20, 74632 Neuenstein. Sehenswert: Renaissance-Schloß, Möbel-, Bilder-, Waffensammlung, Kunstkammer; Hohenlohe Zentralarchiv; historischer Stadtkern; Burgruine Neufels; Kirche zur Heiligen Maria in Kesselfeld

* **Café am Schloß**
Hintere Str 18, ✉ 74632, ☎ (0 79 42) 20 95, Fax 40 84, AX DC ED VA
11 Zi, Ez: 82, Dz: 125, ⌐ WC ☎; 🅿 🍴 Kegeln
Auch Zimmer der Kategorie ****** vorhanden

** **Goldene Sonne**
Vorstadt 2, ✉ 74632, ☎ (0 79 42) 30 55, AX DC ED VA
Hauptgericht 30; geschl: So+Mo abends

Neuenstein Kr. Hersfeld-Rotenburg 46

Hessen — Kreis Hersfeld-Rotenburg — 350 m — 3 467 Ew — Hersfeld 12, Homberg 20 km
🛈 ☎ (0 66 77) 12 44, Fax 14 40 — Verkehrsamt, im Ortsteil Aua, Freiherr-vom-Stein-Str 5, 36286 Neuenstein; Ort im Knüllgebirge

Aua
* **Landgasthof Hess**
Geistalstr 8, ✉ 36286, ☎ (0 66 77) 4 43, Fax 13 22, AX DC ED VA
47 Zi, Ez: 75-200, Dz: 110-180, ⌐ WC ☎, 5✉; Lift 🅿 🍴 4⟷60 Sauna Solarium

Neue Tiefe siehe Fehmarn

Neufahrn b. Freising 72

Bayern — Kreis Freising — 463 m — 16 100 Ew — Freising 13, München 22 km
🛈 ☎ (0 81 65) 60 70, Fax 6 22 88 — Gemeindeverwaltung, Bahnhofstr 32, 85375 Neufahrn. Sehenswert: Kath. Kirche

** **Landhotel Amadeus**
Dietersheimer Str 58, ✉ 85375, ☎ (0 81 65) 63 00, Fax 63 01 00, AX DC ED VA
154 Zi, Ez: 128-178, Dz: 158-248, ⌐ WC ☎, 19✉; Lift 🅿 🍴 4⟷60 Fitneßraum Sauna Solarium

** **Maisberger**
Bahnhofstr 54, ✉ 85375, ☎ (0 81 65) 6 20 03, Fax 6 11 90, AX DC ED VA
39 Zi, Ez: 120-140, Dz: 140-180, ⌐ WC ☎; Lift 🅿 1⟷150 Sauna

** **Gumberger**
Echinger Str 1, ✉ 85375, ☎ (0 81 65) 30 42, Fax 6 28 48, AX DC ED VA
55 Zi, Ez: 100-140, Dz: 120-170, ⌐ WC ☎; Lift 🅿 🍴 3⟷150 Bowling Kegeln
geschl: 10.-20.8.97

Neufahrn i. NB. 65

Bayern — Kreis Landshut (Land) — 400 m — 3 859 Ew — Landshut 25, Regensburg 35 km
🛈 ☎ (0 87 73) 2 18, Fax 15 65 — Gemeindeverwaltung, Hauptstr 40, 84088 Neufahrn →

Neufahrn i. NB.

** Schloßhotel (European Castle)
Schloßweg 2, ✉ 84088, ☎ (0 87 73) 70 90, Fax 15 59, AX DC ED VA
60 Zi, Ez: 110-140, Dz: 180-220, ⌂ WC ☎; P
4⇔150 Fitneßraum Sauna Solarium
geschl: So abends, Anfang Jan
Auch Zimmer der Kategorie * vorhanden

** Montgelas
Hauptgericht 30; geschl: So abends, Anfang Jan

Neuffen 61 ↘

Baden-Württemberg — Kreis Esslingen — 408 m — 6 000 Ew — Metzingen 9, Nürtingen 10, Bad Urach 13 km
ℹ ☎ (0 70 25) 10 60, Fax 50 07 — Stadtverwaltung, Hauptstr 19, 72639 Neuffen.
Sehenswert: Ev. Kirche; Rathaus; Burgruine Hohenneuffen, 743 m ◂ (12 km →)

** Traube
Hauptstr 29, ✉ 72639, ☎ (0 70 25) 9 20 90, Fax 92 09 29, AX DC ED VA
Hauptgericht 25; Gartenlokal Terrasse; geschl: So abends, Fr abends, Sa
** 16 Zi, Ez: 90-120, Dz: 150, 2 Suiten, ⌂ WC ☎; P 🚘 Sauna

Neu Golm 31 ↙

Brandenburg — Kreis Fürstenwalde — 30 m — 285 Ew — Bad Saarow-Pieskow 2, Fürstenwalde 6 km
ℹ ☎ (03 36 31) 21 23 — Gemeindeverwaltung, Dorfstr, 15526 Neu Golm

** Landhaus Neu Golm
♂ Dorfstr 4, ✉ 15526, ☎ (03 36 31) 20 77, Fax 20 69, AX ED VA
22 Zi, Ez: 75-80, Dz: 100-110, ⌂ WC ☎; P 🚘 2⇔50 ¶

Neuhardenberg 31 ↘

Brandenburg — Seelow 13, Strausberg 28 km
ℹ ☎ (03 34 76) 5 09 39 — Amtsverwaltung, Karl-Marx-Allee 119, 15320 Neuhardenberg

Wulkow (2,5 km ↓)
*** Parkhotel Schloß Wulkow
♂ ✉ 15320, ☎ (03 34 76) 5 80, Fax 5 84 44, AX DC ED VA
50 Zi, Ez: 78-138, Dz: 128-198, ⌂ WC ☎; Lift P 4⇔150 Fitneßraum Sauna Solarium ¶
🍴
Im Schloß auch Zimmer der Kategorie **, in der Remise Zimmer der Kategorie * vorhanden

Neuharlingersiel 16 ↘

Niedersachsen — Kreis Wittmund — 5 m — 1 200 Ew — Esens 9 km
ℹ ☎ (0 49 74) 1 88 12, Fax 7 88 — Kurverein, Hafenzufahrt West 1, 26427 Neuharlingersiel; Kleines Nordseebad und Fischerdorf. Sehenswert: Buddelschiffmuseum

Achtung: Überfahrt nach Spiekeroog, ℹ Fährbüro, ☎ (0 49 74) 2 14

* Mingers Hotel
◂ Am Hafen West 1, ✉ 26427, ☎ (0 49 74) 14 80, Fax 14 80, DC
26 Zi, Ez: 88-105, Dz: 165-200, 8 App, ⌂ WC ☎; 🚘
Rezeption: 8-12, 14-21; geschl: Mi, Mitte Nov-Mitte Mär
Auch Zimmer der Kategorie * vorhanden

* Janssens Hotel
◂ Am Hafen West 7, ✉ 26427, ☎ (0 49 74) 9 19 50, Fax 7 02, AX DC ED
22 Zi, Ez: 85-105, Dz: 144-152, ⌂ WC ☎; P Solarium
geschl: 10.1-10.2.97, 15.11.-25.12.97
Restaurant für Hausgäste

* Rodenbäck
◂ Am Hafen Ost 2, ✉ 26427, ☎ (0 49 74) 2 25, Fax 8 33
13 Zi, Ez: 65-75, Dz: 110-155, 13 App, ⌂ WC ☎; P ¶ 🍴
Rezeption: 8-21; geschl: Mo, Nov, Dez
* ◂ Hauptgericht 25; geschl: Mo, Nov, Dez

** Poggenstool
Addenhausen 1, ✉ 26427, ☎ (0 49 74) 9 19 10, Fax 91 91 20
Hauptgericht 40; P Terrasse; geschl: Mo abends, Di
* 5 Zi, Ez: 85-90, Dz: 158-206, ⌂ WC ☎; 🚘 1⇔14

🍴 Störmhuus
◂ Am Hafen Ost 14, ✉ 26427, ☎ (0 49 74) 7 07, Fax 8 33
11-18.30; geschl: Do, Nov-Mitte März

Neuhaus a. Inn 66 ↘

Bayern — Kreis Passau — 310 m — 3 300 Ew — Pocking 10, Passau 20 km
ℹ ☎ (0 85 03) 9 11 10, Fax 91 11 91 — Gemeindeverwaltung, Klosterstr 1, 94152 Neuhaus a. Inn; Brücke nach Österreich; Erholungsort. Sehenswert: Schloß; altes Zollamt; Benediktinerabtei mit Klosterkirche im Ortsteil Vornbach (3 km↑); Rottbrücke bei Mittich (3 km ↙)

Neu-Isenburg

∗ Gästehaus Alte Innbrücke
Finkenweg 7, ✉ 94152, ☏ (0 85 03) 80 01, Fax 83 23, [ED] [VA]
46 Zi, Ez: 45-48, Dz: 74-84, 6 App, ⌐ WC ☏; Lift [P] 2⇔30 Fitneßraum Kegeln Sauna Solarium ⑨ ☕

Neuhaus am Rennweg 48 ←

Thüringen — Kreis Sonneberg — 820 m — 7 540 Ew — Eisfeld 22, Saalfeld 25, Coburg 43 km
[i] ☏ (0 36 79) 20 61, Fax 24 07 — Fremdenverkehrsbüro, Kirchweg 2, 98724 Neuhaus am Rennweg; Erholungs- u. Wintersportort auf dem Kamm des Thüringer Waldes.
Sehenswert: Schieferhäuser; Glaskunst

∗∗ Schieferhof
♂ Eisfelder Str 26, ✉ 98724, ☏ (0 36 79) 77 40, Fax 77 41 00, [AX] [ED] [VA]
39 Zi, Ez: 100-120, Dz: 140-180, ⌐ WC ☏, 20⊠; Lift [P] 4⇔100 Fitneßraum Sauna Solarium
∗∗ Kolorit
Hauptgericht 25

∗∗ An der alten Porzelline
◄ Eisfelder Str 16, ✉ 98724, ☏ (0 36 79) 72 40 41, Fax 72 40 44, [AX] [ED] [VA]
19 Zi, Ez: 65-72, Dz: 120-150, ⌐ WC ☏; [P] Sauna Solarium ⑨

∗ Oberland
Schwarzburger Str 11, ✉ 98724, ☏ (0 36 79) 72 22 28, Fax 72 21 61, [AX] [ED] [VA]
11 Zi, Ez: 59-69, Dz: 90-100, ⌐ WC ☏; [P] ⑨
Rezeption: 9-23

Neuhaus/Elbe 19 □

Niedersachsen — 10 m — 2 200 Ew — Dömitz 28, Lauenburg 36 km
[i] ☏ (03 88 41) 70 47 — Gemeindeverwaltung, Am Markt 4, 19273 Neuhaus/Elbe

∗ Hannover
Parkstr 1, ✉ 19273, ☏ (03 88 41) 70 78, Fax 70 78, [AX] [ED]
15 Zi, Ez: 50-80, Dz: 100-140, 1 App, ⌐ WC ☏; [P] ⑨

Neuhausen auf den Fildern 61 ↘

Baden-Württemberg — Esslingen — 320 m — 10 700 Ew — Esslingen 10, Nürtingen 10 km
[i] ☏ (0 71 85) 1 70 00, Fax 17 00 77 — Bürgermeisteramt, Schloßplatz 1, 73765 Neuhausen auf den Fildern

∗∗ Ochsen
Kirchstr 12, ✉ 73765, ☏ (0 71 58) 6 70 16
Hauptgericht 35; geschl: Mo, Di, Jan

Neuhaus im Solling
siehe **Holzminden**

Neuhof a. d. Zenn 56 ↘

Bayern — Kreis Neustadt Aisch-Bad Windsheim — 342 m — 2 000 Ew — Markt Erlbach 4, Langenzenn 12, Neustadt a. d. Aisch 15 km
[i] ☏ (0 91 07) 13 91, Fax 14 71 — Gemeindeverwaltung, Marktplatz 10, 90616 Neuhof.
Sehenswert: Wasserschloß

∗∗ Riesengebirge
Marktplatz 14, ✉ 90616, ☏ (0 91 07) 92 00, Fax 92 03 00, [AX] [DC] [ED] [VA]
56 Zi, Ez: 110-125, Dz: 140-165, 2 Suiten, ⌐ WC ☏, 4⊠; Lift [P] 🅿 Kegeln Sauna Solarium ☕
geschl: So, 3 Wochen im Aug, Anfang Jan
∗∗∗ „Rübezahl"
Hauptgericht 40; geschl: So, 3 Wochen im Aug, Anfang Jan
∗∗ Riesengebirgsstube
Hauptgericht 30; geschl: So, 3 Wochen im Aug, Anfang Jan
∗ Fränkische Bierstube
Hauptgericht 30; geschl: So, 3 Wochen im Aug, Anfang Jan

Neuhütten 52 →

Rheinland-Pfalz — Kreis Trier-Saarburg — 580 m — 841 Ew — Hermeskeil 8 km
[i] ☏ (0 65 03) 80 92 90, Fax 80 92 00 — Tourist Information, Langer Markt 17, 54411 Hermeskeil

∗∗ Le temple du gourmet 🍽
Saarstr 2, ✉ 54422, ☏ (0 65 03) 76 69, Fax 76 69, [ED]
Hauptgericht 38; [P]; nur abends, So auch mittags; geschl: Mi, 3 Wochen im Jul

Neu-Isenburg 54 ↗

Hessen — Kreis Offenbach — 123 m — 38 400 Ew — Frankfurt/Main 10, Offenbach 12, Darmstadt 17 km
[i] ☏ (0 61 02) 24 11, Fax 24 12 41 — Stadtverwaltung, Hugenottenallee 53, 63263 Neu-Isenburg; Schachbrettförmig angelegte ehem. Hugenotten-Siedlung.
Sehenswert: Zeppelin-Museum im Stadtteil Zeppelinheim

∗∗∗ Balance-Hotel
Wernher-von-Braun-Str 12, ✉ 63263, ☏ (0 61 02) 74 60, Fax 74 67 46, [AX] [DC] [ED] [VA]
147 Zi, Ez: 190-280, Dz: 190-280, 10 Suiten, 14 App, ⌐ WC ☏, 50⊠; Lift [P] 🅿 8⇔200 Sauna Solarium
geschl: 23.12.96-3.1.97
∗∗ Orangerie
Hauptgericht 25; geschl: 23.12.96-3.1.97

→

Neu-Isenburg

** Hugenottenhof
Carl-Ulrich-Str 161, ✉ 63263, ☎ (0 61 02)
1 70 53, Fax 2 52 12, AX DC ED VA
86 Zi, Ez: 120-190, Dz: 150-230, 3 Suiten, ⌐⌐
WC ☎, 23✉; Lift ⎌ 1↔25; **garni**
geschl: Ende Dez-Anfang Jan

* Wessinger
Alicestr 2, ✉ 63263, ☎ (0 61 02) 80 80,
Fax 80 82 80, AX DC ED VA
37 Zi, Ez: 159-182, Dz: 224-250, ⌐⌐ WC ☎;
Lift ⎌ ⎌ 1↔30 ⎌
geschl: Mo
Auch Zimmer der Kategorie ** vorhanden
** Hauptgericht 35; geschl: Mo

** Neuer Haferkasten
Frankfurter Str 18, ✉ 63263, ☎ (0 61 02)
3 53 29, Fax 3 45 42, AX DC ED VA
Hauptgericht 40; ⎌ Terrasse

* Frankfurter Haus
⊗ Darmstädter Landstr 741, ✉ 63263,
☎ (0 61 02) 3 14 66, Fax 32 68 99, AX
Hauptgericht 23; Biergarten ⎌

Gravenbruch (2 km →)
****** Kempinski Hotel
Gravenbruch Frankfurt**
♂ ✉ 63263, ☎ (0 61 02) 50 50, Fax 5 05 -
9 00, AX DC ED VA
285 Zi, Ez: 258-488, Dz: 298-538, S;
29 Suiten, ⌐⌐ WC ☎, 35✉; Lift ⎌ ⎌
19↔600 ≈ ⌂ Fitneßraum Sauna Solarium
¥⊙¦ ⎌

siehe auch **Frankfurt am Main**

Neujellingsdorf siehe Fehmarn

Neukalen 13 ↓

Mecklenburg-Vorpommern — 20 m —
Malchin 13, Teterow 20, Demmin 22 km
ℹ ☎ (03 99 56) 2 51 01 — Stadtverwaltung,
Am Markt, 17154 Neukalen

Warsow (3,5 km ↗)
* Moll
Dorfstr 44, ✉ 17154, ☎ (03 99 56) 2 08 27,
Fax 2 01 54, ED
18 Zi, Ez: 60-70, Dz: 80-90, ⌐⌐ WC ☎, ⎌
2↔20; **garni**
geschl: 22.12.96-6.1.97

Neu Kaliß 19 ↘

Mecklenburg-Vorpommern — Ludwigslust — 2 150 Ew
ℹ ☎ (03 87 58) 2 21 12 — Gemeindeverwaltung, 19294 Neu Kaliß

Heiddorf
** Eichenhof
Wilhelm Pieck Str 14, ✉ 19294,
☎ (03 87 58) 31 50, Fax 3 15 92, AX DC ED VA
39 Zi, Ez: 75-95, Dz: 120-150, 1 Suite, ⌐⌐ WC
☎, 20✉; Lift ⎌ 4↔300 ⎌
Tennis 2
* Hauptgericht 25; Biergarten

Neukirch 41 ↗

Sachsen — Kreis Bischofswerda — 325 m
— 6 200 Ew — Bischofswerda 10, Bautzen 15, Dresden 35 km
ℹ ☎ (03 59 51) 3 15 51, Fax 3 25 55 —
Fremdenverkehrsverein, Hauptstr 20,
01904 Neukirch. Sehenswert: Valtenbert
◄; Umgebindehäuser; Töpferei; Weberei

* Hofgericht
Hauptstr 64, ✉ 01904, ☎ (03 59 51) 38 80,
Fax 3 88 88, AX DC ED VA
41 Zi, Ez: 80-90, Dz: 110-140, ⌐⌐ WC ☎; Lift
⎌ 3↔250 ¥⊙¦

Neukirchen 50 □

Sachsen — Kreis Stolberg — 357 m —
5 100 Ew — Chemnitz 6, Stolberg 9 km
ℹ ☎ (03 71) 27 10 20, Fax 21 70 93 —
Gemeindeverwaltung, Hauptstr 77,
09221 Neukirchen

** Almenrausch
Bahnhofstr 5, ✉ 09221, ☎ (03 71) 26 66 60,
Fax 2 66 66 40, AX ED VA
16 Zi, Ez: 95, Dz: 150, ⌐⌐ WC ☎; ⎌ ¥⊙¦

Neukirchen b. Hl. Blut 66 ↘

Bayern — Kreis Cham — 490 m — 4 300 Ew
— Lam 11, Furth i. Wald 13, Kötzing 17 km
ℹ ☎ (0 99 47) 24 21, Fax 24 44 — Gemeindeverwaltung, Marktplatz 10, 93453 Neukirchen b. Hl. Blut. Sehenswert: Wallfahrtskirche; Wallfahrtsmuseum, Ausgrabungen
der ehem. Kirchenburganlage

Kolmstein (5 km ↘)
* Kolmsteiner Hof
♂ ◄ Kreuzwegstr 9, ✉ 93453, ☎ (0 99 47)
4 44, Fax 25 95
13 Zi, Ez: 35-40, Dz: 70-80, ⌐⌐ WC; ⎌
Fitneßraum Sauna ¥⊙¦ ⎌
geschl: Mo, Mitte Nov-Mitte Dez

Mais (3 km ↘)
***** Burghotel Am Hohen Bogen
(Silencehotel)**
♂ ◄ Haus Nr 20, ✉ 93453, ☎ (0 99 47)
20 10, Fax 20 12 93, AX DC ED VA
123 Zi, Ez: 138-182, Dz: 216-370, 2 Suiten,
32 App, ⌐⌐ WC ☎, 5✉; Lift ⎌ ⎌ 5↔110 ≈
⌂ Fitneßraum Sauna Solarium ⎌
Tennis 2
*** Hauptgericht 30

Neukirchen
Kr. Nordfriesland 9 ↗

Schleswig-Holstein — Kreis Nordfriesland
— 1 m — 1 200 Ew — Niebüll 14, Flensburg
58 km
ℹ ☎ (0 46 64) 6 32, Fax 13 18 — Amt Wie-
dingharde, Osterdeich, 25927 Neukirchen.
Sehenswert: Nolde-Museum im Ortsteil
Seebüll: Mär-Nov täglich von 10-18 geöffnet (5 km ↗)

* **Fegetasch**
Osterdeich 65, ✉ 25927, ☎ (0 46 64) 2 02 22 Zi, Ez: 38-58, Dz: 68-95, ⊿ WC; 🅿 🍽
Rezeption: 8-21; geschl: im Winter So

Neukirchen/Pleiße 49 ↑

Sachsen — Kreis Zwickauer Land — 300 m — 3 500 Ew — Crimmitschau 4, Zwickau 12 km
ℹ ☎ (0 37 62) 24 61, Fax 24 63 — Gemeindeverwaltung, Pestalozzistr 40, 08459 Neukirchen/Pleiße. Sehenswert: Koberbachtalsperre in Langenhessen

* **Zum Anger**
Am Pleißenanger 2, ✉ 08459, ☎ (0 37 62) 9 50 40, Fax 95 04 53, ED
21 Zi, Ez: 80-90, Dz: 120-140, ⊿ WC ☎; 🅿 2⟳50 Kegeln 🍽
Auch Zimmer der Kategorie ** vorhanden

Neukirchen Schwalm-Eder-Kreis 45 ↗

Hessen — Schwalm-Eder-Kreis — 250 m — 7 900 Ew — Schwalmstadt 9, Alsfeld 18, Bad Hersfeld 31 km
ℹ ☎ (0 66 94) 8 08 12, Fax 8 08 40 — Kurverwaltung, Am Rathaus 10, 34626 Neukirchen; Kneipp- und Luftkurort im Knüllgebirge

* **Combecher (Landidyll Hotel)**
Kurhessenstr 32, ✉ 34626, ☎ (0 66 94) 9 78-0, Fax 97 82 00, AX DC ED VA
40 Zi, Ez: 70-100, Dz: 116-160, ⊿ WC ☎, 4✉; 🅿 🚗 4⟳100 Fitneßraum Kegeln Sauna Solarium 🍽
geschl: Anfang-Mitte Jan

Neukirchen vorm Wald 66 □

Bayern — Kreis Passau — 464 m — 2 566 Ew — Tittling 6, Passau 15 km
ℹ ☎ (0 85 04) 17 63, Fax 44 07 — Verkehrsamt, Kirchenweg 2, 94154 Neukirchen vorm Wald; Ort im Bayerischen Wald

Feuerschwendt (6 km →)
** **Gut Giesel**
einzeln ♂ ◁ Feuerschwendt 1, ✉ 94154, ☎ (0 85 05) 7 87, Fax 41 49
5 Zi, Ez: 80-136, Dz: 80-150, 30 Suiten, 3 App, ⊿ WC ☎; 🅿 🚗 ≋ Fitneßraum Sauna Solarium
geschl: Anfang Nov-Mitte Dez
Restaurant für Hausgäste. Preise inkl. Halbpension. Auch einfachere Zimmer vorhanden

Abweichungen zwischen Datenteil und Reisekartenteil ergeben sich durch verschiedene Redaktionsschlußzeiten.

Neukloster siehe Buxtehude

Neuleiningen 54 ↙

Rheinland-Pfalz — Kreis Bad Dürkheim — 262 m — 886 Ew — Grünstadt 3, Mannheim 25 km
ℹ ☎ (0 63 59) 8 00 10, Fax 8 58 06 — Verbandsgemeindeverwaltung, Industriestr 11, 67269 Grünstadt. Sehenswert: Ortsbild: kath. Kirche, Mauergürtel, Burgruine

*** **Alte Pfarrey**
Untergasse 54, ✉ 67271, ☎ (0 63 59) 8 60 66, Fax 8 60 60, DC ED VA
Hauptgericht 40; geschl: So abends, Mo, Di mittags
* ♂ 9 Zi, Ez: 120-180, Dz: 160-280, ⊿ WC ☎; 🅿
Rezeption: 11.30-13.30, 18-24; geschl: 2 Wochen im Aug

* **Burgschänke**
▽ im Keller der Burgruine, ✉ 67271, ☎ (0 63 59) 29 34, Fax 8 20 59, AX DC
Hauptgericht 30

Neuleiningen-Außerhalb (1 km ↑)
* **Haus Sonnenberg**
◁ Am Sonnenberg 1, ✉ 67271, ☎ (0 63 59) 8 26 60, Fax 8 30 02
7 Zi, Ez: 75, Dz: 100-115, ⊿ WC; 🅿 ≋ Sauna Solarium 🍽
geschl: So, Ende Dez-Mitte Jan
Eigenbauweine
* ◁ Hauptgericht 25

Neumagen-Dhron 52 ↗

Rheinland-Pfalz — Kreis Bernkastel-Wittlich — 112 m — 2 700 Ew — Bernkastel-Kues 22, Trier 40 km
ℹ ☎ (0 65 07) 65 55, Fax 65 50 — Verkehrsbüro, im Ortsteil Neumagen, Hinterburg 8, 54347 Neumagen-Dhron; Dorf an der Mosel, ältester Weinbauort Deutschlands. Sehenswert: Nachbildung des Neumagener Weinschiffs

** **Gutshotel Reichsgraf von Kesselstatt**
◁ Balduinstr 1, ✉ 54347, ☎ (0 65 07) 20 35, Fax 56 44, AX DC ED VA
17 Zi, Ez: 115-160, Dz: 160-240, 2 Suiten, 4 App, ⊿ WC ☎; 🅿 1⟳18 ≋ Sauna Solarium 🍽
geschl: Mo, Anfang Jan-Anfang Feb
** ◁ Hauptgericht 35; Gartenlokal; geschl: Mo, Anfang Jan-Anfang Feb

* **Zum Anker**
◁ Moselstr 14, ✉ 54347, ☎ (0 65 07) 63 97, Fax 63 99, AX DC ED VA
15 Zi, Ez: 51-57, Dz: 90-100, 1 Suite, ⊿ WC ☎; 🅿 1⟳40 🚬
Rezeption: 11-24; geschl: im Winter Mi
* Hauptgericht 25; geschl: im Winter Mi

→

Neumagen-Dhron

✱ Haus Berghof
♂ ⋖ Bergstr 10, ✉ 54347, ☎ (0 65 07) 21 08, Fax 21 04
9 Zi, Ez: 45-50, Dz: 70-90, 2 Suiten, 4 App, ⌐ WC; 🅿; garni
geschl: Anfang Nov-Anfang Apr

✱ Zur Post
Römerstr 79, ✉ 54347, ☎ (0 65 07) 21 14, Fax 65 35, [ED]
16 Zi, Ez: 45-60, Dz: 90-120, ⌐ WC ☎; 🅿
1↔40 ⦿
Rezeption: 9-22; geschl: Mo, 3.-28.2.97

Neumarkt i. d. OPf. 58

Bayern — Kreis Neumarkt (Oberpfalz) — 425 m — 37 000 Ew — Nürnberg 38, Amberg 41, Regensburg 68 km
ℹ ☎ (0 91 81) 9 04 81, Fax 9 04 75 — Stadtverwaltung, Kastengasse 14, 92305 Neumarkt; Kreisstadt. Sehenswert: Kath. Kirche St. Johannes; Residenzplatz, Pfalzgrafenschloß, Hofkirche, Reitstadl; Burgruine Wolfstein; Wallfahrtskirche auf dem Mariahilfberg

✱✱ Gasthof Lehmeier (Landidyll Hotel)
Oberer Markt 12, ✉ 92318, ☎ (0 91 81) 2 57 30, Fax 2 57 3- 37, [AX][DC][ED][VA]
15 Zi, Ez: 98-110, Dz: 130-140, 1 Suite, ⌐ WC ☎, 2⦿; 🍴
Rezeption: 7-21; geschl: Di mittags, Anfang-Mitte Mär
✱ Hauptgericht 20; 🅿; geschl: Di mittags, Anfang-Mitte Mär

✱ Mehl
Kirchengasse 3, ✉ 92318, ☎ (0 91 81) 57 16, Fax 62 96, [AX][DC][ED][VA]
23 Zi, Ez: 90-95, Dz: 115-140, ⌐ WC ☎, 4⦿; 🅿 🍴 ⦿
geschl: 23.12.96-12.1.97

✱ Ostbahn
Bahnhofstr 4, ✉ 92318, ☎ (0 91 81) 2 58 70, Fax 25 87 49, [AX][DC][ED][VA]
19 Zi, Ez: 90-110, Dz: 125-160, 1 Suite, ⌐ WC ☎; Lift 🅿 🍴
geschl: Anfang Jan
✱ Hauptgericht 25; Gartenlokal; geschl: Di, Anfang-Mitte Jan

✱ Stern
Oberer Markt 32, ✉ 92318, ☎ (0 91 81) 25 30, Fax 25 32 00, [AX][DC][ED][VA]
28 Zi, Ez: 80-95, Dz: 95-130, 1 Suite, 6 App, ⌐ WC ☎, 10⦿; Lift 🅿 🍴 ⦿

✱ Nürnberger Hof
Nürnberger Str 28 a, ✉ 92318, ☎ (0 91 81) 3 24 28, Fax 4 44 67
59 Zi, Ez: 90-100, Dz: 130-150, ⌐ WC ☎; 🅿 🍴
Rezeption: 9-24; geschl: So, Anfang-Mitte Nov, Ende Dez-Anfang Jan

✱ Oberer Ganskeller
Ringstr 2, ✉ 92318, ☎ (0 91 81) 74 86, Fax 2 09 38, [AX][DC][ED][VA]
Hauptgericht 15; geschl: Mi mittags

Neumünster 10

Schleswig-Holstein — Stadtkreis — 22 m — 80 834 Ew — Bad Segeberg 27, Kiel 31, Plön 35 km
ℹ ☎ (0 43 21) 4 32 80, Fax 20 23 99 — Tourist-Information, Verkehrspavillon, Großflecken (B 2), 24534 Neumünster. Sehenswert: Vicelin-Kirche; Anschar-Kirche, Offenbarungsaltar; Textilmuseum

✱✱ Prisma
Max-Johannsen-Brücke 1, ✉ 24537, ☎ (0 43 21) 90 40, Fax 90 44 44, [AX][DC][ED][VA]
93 Zi, Ez: 135-250, Dz: 160-260, S; ⌐ WC ☎, 22⦿; Lift 🅿 🍴 6↔160 Fitneßraum Sauna Solarium ⦿

✱✱ Parkhotel
Parkstr 29 (B 1), ✉ 24534, ☎ (0 43 21) 94 06, Fax 4 30 20, [AX][DC][ED][VA]
53 Zi, Ez: 125-145, Dz: 165-185, ⌐ WC ☎; Lift 🅿 🍴; garni

✱ Firzlaff's Hotel
Rendsburger Str 183, ✉ 24537, ☎ (0 43 21) 9 07 80, Fax 5 42 48, [ED]
18 Zi, Ez: 70-90, Dz: 120-135, ⌐ WC ☎; 🅿 🍴; garni

✱ Pries
Luisenstr 3 (B 1), ✉ 24534, ☎ (0 43 21) 9 17 00, Fax 1 63 55, [AX][DC][ED][VA]
17 Zi, Ez: 95, Dz: 135, ⌐ WC ☎; 🅿; garni

✱✱ Am Kamin
Propstenstr 13 (B 3), ✉ 24534, ☎ (0 43 21) 4 28 53, Fax 4 29 19, [AX][ED]
Hauptgericht 35; 🅿; geschl: So

✱✱ Presse-Keller
Gänsemarkt 1 (B 2), ✉ 24534, ☎ (0 43 21) 4 23 93, Fax 4 81 41, [AX][DC][ED][VA]
Hauptgericht 30; Biergarten 🅿; geschl: So

Einfeld (4 km ↑)
✱ Tannhof
Kieler Str 452, ✉ 24536, ☎ (0 43 21) 52 91 97, Fax 52 91 90, [AX][ED][VA]
33 Zi, Ez: 95, Dz: 145, 3 Suiten, ⌐ WC ☎; 🅿 ⦿
✱✱ Hauptgericht 25

✱ Einfelder Hof
Einfelder Schanze 2, ✉ 24536, ☎ (0 43 21) 52 92 17, Fax 52 81 68, [AX][DC][ED][VA]
33 Zi, Ez: 58, Dz: 92, ⌐ WC ☎; 🅿 Fitneßraum Kegeln Sauna Solarium ⦿
Rezeption: 10-24

✱✱ Zur Alten Schanze
☗ Einfelder Schanze 96, ✉ 24536, ☎ (0 43 21) 95 95 80, Fax 95 95 82, [AX][DC][ED][VA]
Hauptgericht 40; Biergarten Gartenlokal 🅿 Terrasse

Neunkirchen Kr. Siegen-Wittgenstein

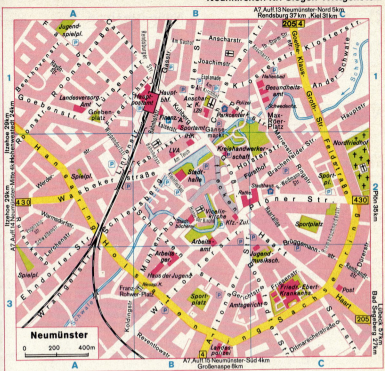

Neumünster

Gadeland (3 km ↓)
* **Kühl**
Segeberger Str 74, ⌧ 24534, ☎ (0 43 21)
70 80, Fax 7 08 80
34 Zi, Ez: 75-85, Dz: 110-120, ⌂ WC ☎; P 🚗
3⟷120 Kegeln ¶

Neunkirchen a. Brand   57 □

Bayern — Kreis Forchheim — 315 m —
7 000 Ew — Erlangen 11 km
ℹ ☎ (0 91 34) 70 50, Fax 7 05 80 — Gemeindeverwaltung, Innerer Markt 1,
91077 Neunkirchen a. Brand

** **Selau**
♂ In der Selau 5, ⌧ 91077, ☎ (0 91 34)
70 10, Fax 7 01 87, AX DC ED VA
62 Zi, Ez: 110, Dz: 140, 1 Suite, ⌂ WC ☎;
Lift P 🚗 6⟷250 ⚑ Kegeln Sauna Solarium
¶ ⚓

** **Historisches Gasthaus**
    Klosterhof
⌘ Innerer Markt 7, ⌧ 91077, ☎ (0 91 34)
15 85, AX DC ED VA
Hauptgericht 38; Gartenlokal Terrasse; nur
abends, So nur mittags; geschl: Mo, Mitte
Aug-Anfang Sep

Neunkirchen   44 ↖
Kr. Siegen-Wittgenstein

Nordrhein-Westfalen — Kreis Siegen-Wittgenstein — 260 m — 15 142 Ew — Betzdorf 13, Siegen 14, Haiger 19 km
ℹ ☎ (0 27 35) 76 70, Fax 53 42 — Gemeindeverwaltung, Bahnhofstr 3, 57290 Neunkirchen

* **Sporthotel Hellertal**
Emilienstr 20, ⌧ 57290, ☎ (0 27 35) 7 84 20,
Fax 78 42 40, AX ED VA
16 Zi, Ez: 78-110, Dz: 120-140, ⌂ WC ☎; P
1⟷25 ¶
Tennis 5
Rezeption: 7-11 +16-22

Neunkirchen   55 ↗
Neckar-Odenwald-Kreis

Baden-Württemberg — Neckar-Odenwald-Kreis — 300 m — 1 600 Ew —
Eberbach 13, Mosbach 17 km
ℹ ☎ (0 62 62) 38 33, Fax 40 11 — Bürgermeisteramt, Marktplatz 1, 74867 Neunkirchen; Erholungsort   →

⌂ Zimmer mit Bad oder Dusche

Neunkirchen Neckar-Odenwald-Kreis

** **Stumpf**
♂ ⬧ Zeilweg 16, ✉ 74867, ☎ (0 62 62) 8 98,
Fax 44 98, AX DC ED VA
44 Zi, Ez: 98-142, Dz: 198-244, 4 Suiten, ⬧
WC ☎; Lift P 3↔50 ≋ Sauna Solarium
Golf 18; Tennis
Auch Zimmer der Kategorie *** vorhanden

** Hauptgericht 29; Biergarten

Neunkirchen (Saar) 53 ↙

Saarland — Kreis Neunkirchen — 252 m —
52 000 Ew — Homburg 15, St. Wendel 16,
Saarbrücken 20 km
ℹ ☎ (0 68 21) 20 20, Fax 2 15 30 — Stadtverwaltung, Oberer Markt 16, 66538 Neunkirchen. Sehenswert: Zoo; Neunkircher
Hüttenweg, Hüttenpark

* **Am Zoo**
♂ Zoostr 29, ✉ 66538, ☎ (0 68 21) 2 70 74,
Fax 2 52 72, AX ED VA
36 Zi, Ez: 90-95, Dz: 140, ⬧ WC ☎, 12⬧;
Lift P 2↔60 ⴵ⃝
geschl: Ende Dez - Anfang Jan

** **Villa Medici**
Zweibrücker Str 86, ✉ 66538, ☎ (0 68 21)
8 63 16
Hauptgericht 30; geschl: So

Kohlhof (4 km ↘)
*** **Hostellerie Bacher** 🍽 ☎
Limbacher Str 2, ✉ 66539, ☎ (0 68 21)
3 13 14, Fax 3 34 65, AX DC ED VA
Hauptgericht 40; Terrasse; geschl: So,
Mo, 3 Wochen in den Sommerferien
** 4 Zi, Ez: 85, Dz: 160, ⬧ WC ☎

Neunkirchen-Seelscheid 43 ↑

Nordrhein-Westfalen — Rhein-Sieg-Kreis
— 220 m — 18 000 Ew — Siegburg 12,
Bonn 23 km
ℹ ☎ (0 22 47) 30 30, Fax 3 03 70 — Gemeindeverwaltung, im Ortsteil Neunkirchen,
Hauptstr 78, 53819 Neunkirchen-Seelscheid. Sehenswert: Katholische Pfarrkirche; Wahnbach-Stausee (2 km ←);
Burg Herrenstein (7 km →)

Neunkirchen
* **Kurfürst**
Hauptstr 13, ✉ 53819, ☎ (0 22 47) 30 80,
Fax 88 84, AX DC ED VA
22 Zi, Ez: 85-95, Dz: 150, ⬧ WC ☎; P
Kegeln
* Hauptgericht 30; Terrasse

Seelscheid
* **Gasthof Röttgen**
Kirchweg 6, ✉ 53819, ☎ (0 22 47) 61 53,
Fax 61 53, ED
Hauptgericht 30; Kegeln P Terrasse;
geschl: Do, Jul, Aug
⬧ 5 Zi, Ez: 48-55, Dz: 96-110, ⬧ WC
☎
geschl: Do, Jul, Aug

Neupetershain 41 ←

Brandenburg — 130 m — 2 176 Ew — Senftenberg 16, Cottbus 22 km
ℹ ☎ (03 57 51) 4 36 — Gemeindeverwaltung

Neupetershain Nord
** **Zum Gutshof**
Karl-Marx-Str 6, ✉ 03103, ☎ (03 57 51)
25 60, Fax 2 56 80, AX DC ED VA
34 Zi, Ez: 100, Dz: 140-180, ⬧ WC ☎, 5⬧; P
2↔60 ⴵ⃝ ⴵ
Im 20 m entfernten Gästehaus auch Zimmer der Kategorie * vorhanden

Neureichenau 66 →

Bayern — Kreis Freyung-Grafenau —
980 m — 4 700 Ew — Waldkirchen 16,
Freyung 20 km
ℹ ☎ (0 85 83) 9 60 10, Fax 96 01 10 —
Gemeindeverwaltung, Dreisesselstr 8,
94089 Neureichenau; Erholungsort und
Wintersportgebiet im Bayerischen Wald.
Sehenswert: Dreisesselberg, 1312 m ⬧
(18 km ↗)

Lackenhäuser (7 km →)
** **Bergland-Hof**
(Landidyll Hotel)
einzeln ♂ ⬧ ✉ 94089, ☎ (0 85 83) 17 16,
Fax 25 86, ED VA
45 Zi, Ez: 59-87, Dz: 98-154, 5 App, ⬧ WC
☎; Lift P 1↔25 ≋ ⴵ⃝ Sauna Solarium ⴵ ⴵ
geschl: Di, Nov
Tennis 2

Neuried 60 ↙

Baden-Württemberg — Ortenaukreis —
146 m — 7 926 Ew — Offenburg 12, Kehl
14, Lahr 17 km
ℹ ☎ (0 78 07) 9 70, Fax 97 77 — Bürgermeisteramt, im Ortsteil Altenheim, Kirchstr 21,
77743 Neuried; Ort in der Oberrheinebene

Altenheim
* **Gasthof Zum Ratsstüble**
♂ Kirchstr 38, ✉ 77743, ☎ (0 78 07) 9 28 60,
Fax 92 86 50
31 Zi, Ez: 55-60, Dz: 90-95, ⬧ WC ☎; ⴵ
1↔80 Kegeln ⴵ
Rezeption: 7-14, 17-24

Neuried 71 ↗

Bayern — Kreis München — 559 m —
6 000 Ew — München 10, Starnberg 17 km
ℹ ☎ (0 89) 75 90 10, Fax 7 59 01 47 —
Gemeindeverwaltung, Planegger Str 2,
82061 Neuried

** **Neurieder Hof**
Münchner Str 2, ✉ 82061, ☎ (0 89)
7 55 82 72, Fax 7 55 18 33
Hauptgericht 25; P; geschl: Mo

Neuruppin 29 ↑

Brandenburg — Kreis Ostprignitz-Ruppin — 40 m — 34 000 Ew — Potsdam 60, Berlin 65, Rostock 150 km
i ☎ (0 33 91) 23 45, Fax 26 86 — Stadtverwaltung, Wichmannstr 8, 16816 Neuruppin. Sehenswert: Stadt am Ruppiner See; Klosterkirche; 650 Jahre alte Wichmannlinde; Hospitalkapelle St. Lazarus; Pfarrkirche St. Marien; Hospitalkapelle St. Georg; Tempelgarten; Karl-Friedrich-Schinkel-Denkmal; Theodor-Fontane-Denkmal

---

** Altes Kasino am See
♣ ◁ Seeufer 11, ✉ 16816, ☎ (0 33 91) 30 59, Fax 35 86 84, AX ED VA
16 Zi, Ez: 75-135, Dz: 100-195, ⊿ WC ☎; 🅿 🖃 1⇔30 Seezugang
* Hauptgericht 20; Terrasse

* Märkischer Hof
Karl-Marx-Str 51, ✉ 16816, ☎ (0 33 91) 28 01, Fax 25 66, AX DC ED VA
18 Zi, Ez: 60-135, Dz: 70-160, 1 Suite, ⊿ WC ☎; 🅿 1⇔40 Sauna
* Hauptgericht 15

* Zum alten Siechenhospital
Siechenstr 4, ✉ 16816, ☎ (0 33 91) 65 08 00, Fax 39 88 44
13 Zi, Ez: 60-90, Dz: 80-140, ⊿ WC ☎; 🅿; garni
Zufahrt über Fischbänkenstr

Alt Ruppin (4 km ↗)
** Zum weißen Rössel
Schloßstr 1, ✉ 16827, ☎ (0 33 91) 7 81 70, Fax 78 17 22, ED VA
16 Zi, Ez: 90, Dz: 130, ⊿ WC ☎; 🅿 ⱺ

* Am alten Rhin
Friedrich-Engels-Str 12, ✉ 16827, ☎ (0 33 91) 7 55 55, Fax 7 55 56, AX DC ED VA
35 Zi, Ez: 90-120, Dz: 125-140, 14 Suiten, ⊿ WC ☎, 15✉; 🅿 4⇔120 Fitneßraum Sauna Solarium ⱺ ▬

* Grüner Baum
Breite Str 24, ✉ 16827, ☎ (0 33 91) 71 96
26 Zi, Ez: 65, Dz: 80, ⊿ WC; 🅿 3⇔120 ⱺ

Fehrbellin
* Am Rhin
Johann-Sebastian-Bach-Str 9, ✉ 16833, ☎ (03 39 32) 99 30, Fax 9 93 50, ED VA
24 Zi, Ez: 70-90, Dz: 110-130, ⊿ WC ☎, 2✉; 🅿 1⇔35 ⱺ

Stöffin (8 km ↙)
* Landhaus Wittemans (Kiek Inn)
♣ Dorfstr 23 a, ✉ 16833, ☎ (03 39 32) 7 11 68, Fax 7 22 27, AX ED VA
16 Zi, Ez: 68-90, Dz: 95-120, ⊿ WC; 🅿 ⱺ

Neusäß 63 ↘

Bayern — Kreis Augsburg — 485 m — 21 330 Ew — Augsburg 6 km
i ☎ (08 21) 4 60 60, Fax 4 60 62 88 — Stadtverwaltung, Hauptstr 28, 86356 Neusäß. Sehenswert: Kirche Mariä Himmelfahrt; Hammeler Schloß; St. Stephans-Kirche und Schloß im Stadtteil Hainhofen; Bismarckturm in Steppach

---

🛏 **Zum Lamm**
Schlipsheimer Str 121, ✉ 86356, ☎ (08 21) 48 29 71, Fax 4 86 22 43, ED VA
10 Zi, Ez: 45, Dz: 80, ⊿ WC ☎; 🅿 80 Sauna ⱺ ▬

Steppach (5 km ↙)
* Brauerei-Gasthof Fuchs
Alte Reichsstr 10, ✉ 86356, ☎ (08 21) 48 10 57, Fax 48 58 45
34 Zi, Ez: 85-110, Dz: 125-170, ⊿ WC ☎; 🅿 🖃 1⇔70
geschl: Mo, Ende Dez-Mitte Jan
ⱺ 🛇 Hauptgericht 20

Neuss 32 ↘

Nordrhein-Westfalen — Kreis Neuss — 40 m — 148 500 Ew — Düsseldorf 10, Krefeld 20, Köln 38 km
i ☎ (0 21 31) 90 83 00 — Verkehrsverein, Oberstr 7 (B 3), 41460 Neuss; Industrie- und Hafenstadt am Niederrhein; Rheinisches Landestheater. Sehenswert: Kath. ehem. Stiftskirche St. Quirin; kath. Dreikönigskirche, Fenster von Thorn Prikker; kath. St.-Konrads- und kath. Christ-Königs-Kirche; Obertor (Clemens-Sels-Museum: Römische Funde); Stadtarchiv; Vogt- und Dinghaus; Zeughaus: Konzertsaal; Stadthalle; Gasthaus „Em Schwatte Päd"; alte Bürgerhäuser; Erftschlösser

Stadtplan siehe Seite 770

**** Swissôtel Düsseldorf/Neuss
◁ Rheinallee 1 (außerhalb), ✉ 41460, ☎ (0 21 31) 15 30, Fax 15 36 66, AX DC ED VA
246 Zi, Ez: 293-543, Dz: 371-565, 6 Suiten, ⊿ WC ☎, 80✉; Lift 🅿 🖃 15⇔2000 ☂ Fitneßraum Sauna Solarium
** Petit Paris
Hauptgericht 35

** Rema-Hotel Mirage
Krefelder Str 1 (A 1), ✉ 41460, ☎ (0 21 31) 27 80 01, Fax 27 82 43, AX DC ED VA
73 Zi, Ez: 160-240, Dz: 230-340, 2 Suiten, ⊿ WC ☎, 15✉; Lift 🖃 2⇔30 ☂ Sauna Solarium; garni
geschl: 23.12.97-05.01.98 →

Neuss

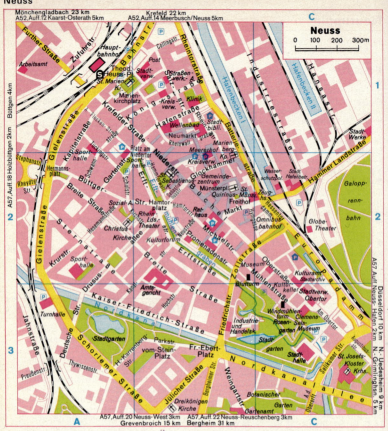

** Viktoria
(Team Hotel)
Kaiser-Friedrich-Str 2 (A 2), ✉ 41460,
☎ (0 21 31) 2 39 90, Fax 2 39 91 00,
AX DC ED VA
74 Zi, Ez: 100-238, Dz: 119-284, ; 4 Suiten,
⌂ WC ☏, 25🕮; Lift 🅿 🚗; garni

* Best Western
Page City Hotel
Adolf-Flecken-Str 18 (A 1), ✉ 41460,
☎ (0 21 31) 22 70, Fax 22 71 11, AX DC ED VA
50 Zi, Ez: 170-260, Dz: 210-360, ⌂ WC ☏,
5🕮; Lift 🚗; garni

* Haus Hahn
Bergheimer Str 125 (B 3), ✉ 41464,
☎ (0 21 31) 9 41 80, Fax 4 39 08, DC ED VA
15 Zi, Ez: 105-165, Dz: 170-230, ⌂ WC ☏; 🅿
🍽
geschl: Mi, Jul, Ende Dez-Anfang Jan

🚗 Unterstellmöglichkeiten für Fahrzeuge oder Einzelgaragen

** Herzog von Burgund
Erftstr 88 (B 2), ✉ 41460, ☎ (0 21 31)
2 35 52, AX ED
Hauptgericht 40; Terrasse; geschl: Do,
2 Wochen im Feb, 2 Wochen im Sep

** Mayer's Bistrorant
Zum Stübchen
Preußenstr 73 (A 3), ✉ 41464, ☎ (0 21 31)
8 22 16, Fax 8 23 25
Hauptgericht 45; geschl: Mo + Sa mittags,
Mitte-Ende Aug

🍴 Calvis
Krefelder Str 29 (A 1), ✉ 41460, ☎ (0 21 31)
22 25 73
Gartenlokal Terrasse; 9-18.30

Erfttal (4 km ↘)
** Novotel
Am Derikumer Hof 1, ✉ 41469, ☎ (0 21 31)
13 80, Fax 12 06 87, AX DC ED VA
110 Zi, Ez: 165-270, Dz: 205-320, 6 App, ⌂
WC ☏, 20🕮; Lift 🅿 🚗 6🏊130 ≈ Fitneßraum Sauna Solarium 🍽

Neustadt a. d. Waldnaab

Gnadental (2 km ↘)
*   **Marienhof**
Kölner Str 187 a, ✉ 41468, ☏ (0 21 31)
15 05 41, Fax 12 08 50, DC ED VA
23 Zi, Ez: 100-145, Dz: 165-180, ⊴ WC ☏;
P; garni
geschl: Ende Dez-Anfang Jan

Grimlinghausen (5 km ↘)
**   **Landhaus Hotel**
         (Top International Hotel)
Hüsenstr 17, ✉ 41468, ☏ (0 21 31) 3 10 10,
Fax 31 01 51, AX ED VA
28 Zi, Ez: 149-290, Dz: 173-330, S; 1 Suite,
1 App, ⊴ WC ☏, 6✉; Lift P 🍴 2⇔80 ¶⊚¶ 🌊

Hammfeld (2 km →)
***   **Balance**
Anton-Kux-Str 1, ✉ 41460, ☏ (0 21 31)
18 40, Fax 18 41 84, AX DC ED VA
162 Zi, Ez: 130-240, Dz: 130-240, 47 Suiten,
11 App, ⊴ WC ☏, 92✉; Lift 🍴 6⇔200
Sauna
**   **Amadeo**
Hauptgericht 30; Biergarten Terrasse

*   **Climat de France**
Hellersbergstr 16, ✉ 41468, ☏ (0 21 31)
10 40, Fax 13 02 01, AX DC ED VA
47 Zi, Ez: 134-179, Dz: 174-239, ⊴ WC ☏;
Lift P 1⇔60; garni

siehe auch **Gremsdorf**

Neustadt a. d. Donau   64 →

Bayern — Kreis Kelheim — 355 m —
11 000 Ew — Ingolstadt 33 km
ⓘ ☏ (0 94 45) 80 66, Fax 86 09 — Kurverwaltung, 93333 Bad Gögging. Sehenswert:
Kath. Kirche St. Lorenz; Rathaus; kath.
Kirche im Stadtteil Bad Gögging (3 km ↗);
Römerkastell Abusina (6 km ↑);
Limes-Therme im Stadtteil Bad Gögging

Gögging, Bad (Heilbad 3 km ↗)
***   **Kurhotel Eisvogel**
♣ An der Abens 20, ✉ 93333, ☏ (0 94 45)
96 90, Fax 84 75, AX DC ED VA
34 Zi, Ez: 79-140, Dz: 120-210, ⊴ WC ☏; Lift
P 🍴 3⇔25 ≋ ≘ Sauna Solarium 🌊
geschl: Weihnachten
Auch Zimmer der Kategorie ****** vorhanden
**   Hauptgericht 30; Biergarten
Terrasse; geschl: Mo mittags

**   **Kurhotel Centurio**
♣ Am Brunnenforum 6, ✉ 93333,
☏ (0 94 45) 20 50, Fax 20 54 20, AX DC ED VA
65 Zi, Ez: 80-120, Dz: 120-200, 3 Suiten, ⊴
WC ☏, 5✉; Lift P 🍴 1⇔40 ≋ ≘ Fitneßraum Sauna Solarium
*   Hauptgericht 17

Neustadt a. d. Saale, Bad   46 ↘

Bayern — Kreis Rhön-Grabfeld — 234 m —
15 000 Ew — Schweinfurt 40, Fulda 57 km
ⓘ ☏ (0 97 71) 13 84, Fax 99 11 58 — Kurverwaltung, Löhriether Str 2, 97616 Bad Neustadt; Kreisstadt, Heilbad. Sehenswert:
Kath. Kirche, Salzburg ◂ (4 km →)

**   **Kur- und Schloßhotel**
         Neuhaus
♣ ◂ Kurhausstr 37, ✉ 97616, ☏ (0 97 71)
6 16 10, Fax 25 33, AX DC ED VA
14 Zi, Ez: 100-160, Dz: 160-220, 4 Suiten, ⊴
WC ☏; Lift P 🍴 2⇔60 Sauna Solarium 🌊
**   Hauptgericht 35; Terrasse

**   **Residenz**
An der Stadthalle 5, ✉ 97616, ☏ (0 97 71)
90 10, Fax 90 11 20, AX ED VA
30 Zi, Ez: 115-260, Dz: 190-260, 2 Suiten, ⊴
WC ☏, 8✉; P 🍴 2⇔60 ¶⊚¶

**   **Schwan & Post**
Hohnstr 35, ✉ 97616, ☏ (0 97 71) 9 10 70,
Fax 91 07 20, AX DC ED VA
32 Zi, Ez: 95-150, Dz: 150-260, 3 Suiten, ⊴
WC ☏; P 🍴 Sauna Solarium
**   **Postilionstube**
Hauptgericht 30; geschl: So

**   **Da Rosario**
Schweinfurter Str 4, ✉ 97616, ☏ (0 97 71)
22 31, Fax 99 11 80, AX ED VA
22 Zi, Ez: 90-99, Dz: 148, 3 Suiten, ⊴ WC ☏;
2⇔

*   **Fränkischer Hof**
Spörleinstr 3, ✉ 97616, ☏ (0 97 71) 6 10 70,
Fax 99 44 52, AX ED VA
11 Zi, Ez: 84, Dz: 138-158, ⊴ WC ☏, 2✉; P
¶⊚¶

*   **Stadthotel Geis**
An der Stadthalle 6, ✉ 97616, ☏ (0 97 71)
9 19 80, Fax 91 98 50, AX ED VA
34 Zi, Ez: 75, Dz: 130, 1 App, ⊴ WC ☏,
14✉; P 🍴; garni

*   **Zum goldenen Löwen**
Hohnstr 26, ✉ 97616, ☏ (0 97 71) 80 22, ED
29 Zi, Ez: 60-90, Dz: 110-130, ⊴ WC ☏; P 🍴
*   Hauptgericht 25; geschl: Mo

*   **Rhönperle**
Spörleinstr 18, ✉ 97616, ☏ (0 97 71) 25 50,
Fax 99 45 11, AX DC ED VA
8 Zi, Ez: 69-79, Dz: 119-129, ⊴ WC ☏; P ¶⊚¶
Rezeption: 10-23

Neustadt a. d. Waldnaab   59 ←

Bayern — Kreis Neustadt a. d. Waldnaab
— 450 m — 5 684 Ew — Weiden 5, Amberg
36 km
ⓘ ☏ (0 96 02) 70 21, Fax 70 50 — Stadtverwaltung, Stadtplatz 2, 92660 Neustadt →

Neustadt a. d. Waldnaab

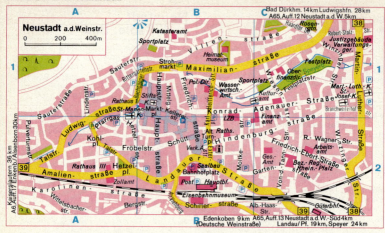

** Am Hofgarten
Knorrstr 18, ✉ 92660, ☎ (0 96 02) 9 21-0,
Fax 85 48, AX DC ED VA
27 Zi, Ez: 80-90, Dz: 115-130, ⌁ WC ☎, 2🛏;
Lift P 🍴 1⇔30 Sauna Solarium
Rezeption: 6.30-21
** Hauptgericht 20; nur abends;
geschl: So, Fr, Sa

** Grader
Freyung 39, ✉ 92660, ☎ (0 96 02) 70 85,
Fax 28 42, AX ED
44 Zi, Ez: 60-65, Dz: 95-100, ⌁ WC ☎; Lift P
🍴 1⇔25
Rezeption: Sa+So 7-11, 16-21
Auch Zimmer der Kategorie * vorhanden
** Hauptgericht 16; Terrasse;
geschl: Fr

Neustadt a. d. Weinstraße
54 ✎

Rheinland-Pfalz — Stadtkreis — 200 m —
55 000 Ew — Bad Dürkheim 14, Landau 19,
Speyer 24 km
ℹ ☎ (0 63 21) 92 68 92, Fax 92 68 91 — Tourist GmbH, Bahnhofstr 1 (B 2), 67434 Neustadt an der Weinstraße; Regierungsbezirkshauptstadt von Rheinhessen-Pfalz, größte deutsche Weinbaugemeinde, Erholungsort. Sehenswert: Altstadt; Stiftskirche; Rathaus; Eisenbahnmuseum; Elwedritschebrunnen; Herrenhof, Weinbaumuseum; Kuckucksbähnel; Hambacher Schloß (Maxburg), 381 m

** Treff Page Kongreßhotel
Exterstr 2 (B 2), ✉ 67433, ☎ (0 63 21) 89 80,
Fax 89 81 50, AX DC ED VA
116 Zi, Ez: 120-179, Dz: 140-219, S;
7 Suiten, ⌁ WC ☎, 36🛏; Lift 🍴 6⇔170
Fitneßraum Sauna Solarium 🍽

* Zur Festwiese
Festplatzstr 6 (C 1), ✉ 67433, ☎ (0 63 21)
8 20 81, Fax 3 10 06, AX ED VA
32 Zi, Ez: 115, Dz: 180, ⌁ WC ☎, 6🛏; Lift P
🍴 2⇔50; garni

Diedesfeld
*** Beckers Gut
Weinstr, ✉ 67434, ☎ (0 63 21) 21 95,
Fax 21 01, AX DC ED VA
Hauptgericht 35; P Terrasse; nur abends,
So auch mittags; geschl: Di, 2 Wochen in
den Herbstferien

Haardt (2 km ↑)
** Tenner
(Minotel)
♂ ⛄ Mandelring 216, ✉ 67433, ☎ (0 63 21)
96 60, Fax 96 61 00, AX DC ED VA
38 Zi, Ez: 100-130, Dz: 150-180, 2 App., ⌁
WC ☎; P 🍴 1⇔25 ⛲ Sauna Solarium;
garni
geschl: Ende Dez
Auch Zimmer der Kategorie * vorhanden

Neustadt am Rübenberge
25 →

Niedersachsen — Kreis Hannover — 37 m
— 43 000 Ew — Hannover 24, Nienburg
24 km
ℹ ☎ (0 50 32) 8 41 76, Fax 6 72 01 — Amt für Wirschaftsförderung, Marktstr 23,
31535 Neustadt am Rübenberge. Sehenswert: Ev. Liebfrauen Kirche; Bastion Erichsberg; Schloß Ladestrost, Torfmuseum; Zisterzienser-Kloster Mariensee

* Neustädter Hof
Königsberger Str 43, ✉ 31535, ☎ (0 50 32)
20 44, Fax 6 30 00, AX DC ED VA
23 Zi, Ez: 94-160, Dz: 144-185, 1 Suite, ⌁
WC ☎, 11🛏; Lift P 🍴 1⇔50; garni
geschl: Ende Dez

* Scheve
Marktstr 21, ⌧ 31535, ☎ (0 50 32) 20 85, Fax 20 87, AX ED
20 Zi, Ez: 90, Dz: 150, ⊣ WC ☎; P 1↔110 Kegeln
geschl: So abends, 15.7.-5.8.
* Hauptgericht 25; Biergarten; geschl: So abends, Mo mittags

Neustadt b. Coburg 48 ↙

Bayern — Kreis Coburg — 344 m — 17 200 Ew — Coburg 13, Kronach 21 km
ℹ ☎ (0 95 68) 8 11 33, Fax 8 12 22 — Verkehrsamt, Georg-Langbein-Str 1, 96465 Neustadt; Bayerische Puppenstadt.
Sehenswert: Museum der Deutschen Spielzeugindustrie; Märchen-Park; Muppberg 516 m Aussichtsturm

Fürth am Berg
** Grenzgasthof
♂ Allee 37, ⌧ 96465, ☎ (0 95 68) 30 96, Fax 75 95, ED VA
70 Zi, Ez: 35-90, Dz: 70-130, 1 App, ⊣ WC ☎; Lift P 🍴 Sauna Solarium 🍽 🛌
Auch einfachere Zimmer vorhanden

Wellmersdorf (5 km ↓)
* Heidehof
♂ ⚡ Wellmersdorfer Str 50, ⌧ 96465, ☎ (0 95 68) 21 55, Fax 40 42, AX ED VA
40 Zi, Ez: 62-75, Dz: 92-120, ⊣ WC ☎; P 🍴 3↔50 🍽

Neustadt (Dosse) 28 ↗

Brandenburg — Kreis Ostprignitz-Ruppin — 41 m — 3 464 Ew — Kyritz 15, Rhinow 15, Berlin 71 km
ℹ ☎ (03 39 70) 9 50, Fax 1 34 45 — Gemeindeverwaltung, Bahnhofstr 6, 16845 Neustadt. Sehenswert: Barockkirche; Brandenburgisches Haupt- und Landesgestüt

Neustadt (Dosse)
** Parkhotel St. Georg
Prinz-v-Homburg-Str 35, ⌧ 16845, ☎ (03 39 70) 1 38 15, Fax 1 38 15, AX DC VA
16 Zi, Ez: 89-109, Dz: 119-129, ⊣ WC ☎; P Sauna Solarium 🍽

Neustadt (Harz) 37 □

Thüringen — Kreis Nordhausen — 260 m — 1 200 Ew — Nordhausen 11 km
ℹ ☎ (03 63 31) 62 77, Fax 62 77 — Gemeindeverwaltung, Burgstr. 48, 99762 Neustadt; Erholungsort. Sehenswert: Rolandfigur; Altes Stadttor; St. Georgskirche; Burgruine Hohenstein; Pfarrhaus; Lönspark; Poppenberg 600 m. ü. NN

Neustadt (Orla)

** Landhotel Neustädter Hof
♂ Burgstr 17, ⌧ 99762, ☎ (03 63 31) 3 09 12, Fax 3 09 16, AX DC VA
26 Zi, Ez: 75-145, Dz: 115-165, 1 Suite, 20 App, ⊣ WC ☎; Lift P 🍴 3↔40 Fitneßraum Sauna Solarium 🛌
** Hauptgericht 25; Terrasse

Neustadt i. Sachsen 51 ↗

Sachsen — Kreis Pirna-Sebnitz — 400 m — 11 000 Ew
ℹ ☎ (0 35 96) 22 40, Fax 22 40 — Touristinformation, Markt 24, 01844 Neustadt i. Sachsen

** Parkhotel Neustadt
Johann-Sebastian-Bach-Str 20, ⌧ 01844, ☎ (0 35 96) 56 20, Fax 56 25 00, AX ED VA
52 Zi, Ez: 78-128, Dz: 120-148, ⊣ WC ☎, 20 🍽; Lift P 4↔400; garni

Neustadt in Holstein 11 ↙

Schleswig-Holstein — Kreis Ostholstein — 15 000 Ew — Eutin 17, Oldenburg i. H. 23, Lübeck 33 km
ℹ ☎ (0 45 61) 70 11, Fax 70 13 — Kurverwaltung, im Stadtteil Pelzerhaken, Strandpromenade, 23730 Neustadt; Ostseebad und Hafenstadt an der Lübecker Bucht.
Sehenswert: Stadtkirche; Kirche in Altenkrempe (4 km ↑); Kremper Tor; klassizistisches Rathaus; Pagodenspeicher

Pelzerhaken (5 km ↘)
** Eichenhain (Silencehotel)
♂ ⚡ ⌧ 23730, ☎ (0 45 61) 5 37 30, Fax 78 33, ED VA
19 Zi, Ez: 130-150, Dz: 170-200, 8 Suiten, ⊣ WC ☎; P 1↔20 ≋ ☂ Seezugang
Rezeption: 8-21.30; geschl: 15.11.-5.12.96
** Hauptgericht 30; geschl: Anfang -Ende Nov

* Eos
Pelzerhakener Str 43, ⌧ 23730, ☎ (0 45 61) 72 16, Fax 79 71, AX ED VA
18 Zi, Ez: 70-90, Dz: 120-160, 7 App, ⊣ WC ☎; P 🍽
geschl: Nov

Neustadt (Orla) 48 ↗

Thüringen — Kreis Pößneck — 313 m — 10 200 Ew — Pößneck 10, Großebersdorf 17 km
ℹ ☎ (03 64 81) 8 50, Fax 8 51 04 — Fremdenverkehrsamt, Markt 1, 07806 Neustadt

** Schlossberg (Ringhotel)
Ernst-Thälmann-Str 62, ⌧ 07806, ☎ (03 64 81) 6 60, Fax 6 61 00, AX DC ED VA
31 Zi, Ez: 95-115, Dz: 140-175, 2 Suiten, ⊣ WC ☎, 4🍽; Lift P 3↔60 Sauna Solarium
Auch Zimmer der Kategorie * vorhanden
** Hauptgericht 24
→

Neustadt (Orla)

★★ Stadt Neustadt
Ernst-Thälmann-Str 1, ✉ 07806,
☎ (03 64 81) 2 27 49 + 2 21 98, Fax 2 39 29,
AX ED
24 Zi, Ez: 60-90, Dz: 110-140, ⌐ WC ☎; P
2⇌60 Sauna ¶◎l
Rezeption: 10-24

Neustrelitz 21 □

Mecklenburg-Vorpommern — Kreis Mecklenburg-Strelitz — 73 m — 26 500 Ew —
Neubrandenburg 28, Berlin 109 km
ℹ ☎ (0 39 81) 25 31 19, Fax 34 43 — Stadtinformation, Markt 1, 17235 Neustrelitz.
Sehenswert: Marktplatz; klassizist. Rathaus; Stadtkirche; Schloßgartenensemble
mit Orangerie, Schloßkirche; Hebetempel;
Theater

★★ Kiefernheide
Lessingstr 70, ✉ 17235, ☎ (0 39 81) 4 77-0,
Fax 4 77-2 99, AX DC ED VA
52 Zi, Ez: 85-125, Dz: 120-160, ⌐ WC ☎,
26⌂; Lift P 2⇌100 Bowling Fitneßraum
Kegeln Sauna Solarium ¶◎l
Tennis 3

★★ Schloßgarten
♂ Tiergartenstr 15, ✉ 17235, ☎ (0 39 81)
24 50-0, Fax 20 32 39, AX ED VA
24 Zi, Ez: 85-94, Dz: 120-136, ⌐ WC ☎, 1⌂;
P ⊟ ¶◎l

★★ Parkhotel
♂ ◄ Karbe-Wagner-Str 9, ✉ 17235,
☎ (0 39 81) 44 36 00, Fax 44 35 53,
AX DC ED VA
70 Zi, Ez: 125-146, Dz: 155-187, 1 App, ⌐
WC ☎; Lift P 5⇌180 ¶◎l ⇌

★ Pinus
Ernst-Moritz-Arndt-Str 55, ✉ 17235,
☎ (0 39 81) 44 53 50, Fax 44 53 52,
AX DC ED VA
23 Zi, Ez: 50-80, Dz: 90-120, ⌐ WC ☎; Lift
P; garni
Auch Zimmer der Kategorie ★★ vorhanden

★ Haegert
Zierkerstr 44, ✉ 17235, ☎ (0 39 81)
20 03 05, Fax 20 31 57, AX ED VA
24 Zi, Ez: 52-90, Dz: 79-120, 2 App, ⌐ WC
☎; P ⊟ 2⇌25 ¶◎l
geschl: So

★★★ Orangerie
♀ An der Promenade 22, ✉ 17235,
☎ (0 39 81) 2 46 90, AX ED VA
Hauptgericht 20

Das **S** weist auf Hotels hin, die Sie unter
(05 11) 3 40 13 26 zu Sonderkonditionen
buchen können.

Neu-Ulm 62 ↘

Bayern — Kreis Neu-Ulm — 471 m —
50 000 Ew — Ulm 1 km
ℹ ☎ (07 31) 1 61 28 30, Fax 1 61 16 41 —
Touristinformation Ulm/Neu-Ulm, Münsterplatz 50 (B 1), 89073 Ulm. Stadt an der
Donau gegenüber von Ulm. Sehenswert:
Kath. Kirche St. Johann; Edwin-Scharff-
Museum; Glacis-Stadtpark.

Stadtplan siehe Ulm

★★★ Mövenpick
♂ ◄ Silcherstr 40 (B 3), ✉ 89231, ☎ (07 31)
8 01 10, Fax 8 59 67, AX DC ED VA
135 Zi, Ez: 161-261, Dz: 161-301, **S**;
5 Suiten, ⌐ WC ☎, 36⌂; Lift P 12⇌845 ⇌
Solarium ⇌
★ ◄ Hauptgericht 25; Terrasse

★★ Römer Villa
◄ ♀ Parkstr 1 (B 3), ✉ 89231, ☎ (07 31)
80 00 40, Fax 8 00 04 50, AX ED VA
23 Zi, Ez: 118-154, Dz: 169-204, ⌐ WC ☎; P
⊟ 2⇌40 Fitneßraum Sauna Solarium
★★ Hauptgericht 35; geschl: So

★ City Hotel
Ludwigstr 27 (C 3), ✉ 89231, ☎ (07 31)
97 45 20, Fax 9 74 52 99, AX DC ED VA
20 Zi, Ez: 120-135, Dz: 150-165, 1 Suite, ⌐
WC ☎; Lift; garni
Rezeption: 6-19.30; geschl: 2 Wochen im
Aug, Ende Dez-Anfang Jan

Finningen (7 km →)
★★ Landgasthof Hirsch
Dorfstr 4, ✉ 89233, ☎ (07 31) 7 01 71,
Fax 72 41 31, AX DC ED VA
22 Zi, Ez: 115-138, Dz: 150-180, ⌐ WC ☎,
6⌂; Lift P ⊟ Kegeln
★ Hauptgericht 26

Pfuhl
★ Sonnenkeller
Leipheimer Str 97, ✉ 89233, ☎ (07 31)
7 17 70, Fax 71 77 60, AX ED VA
42 Zi, Ez: 85-125, Dz: 110-150, ⌐ WC ☎; Lift
P ⊟ 1⇌25 ¶◎l
geschl: Ende Dez-Anfang Jan
Auch Zimmer der Kategorie ★★ vorhanden

Reutti (7 km ↘)
**★★ Landhof Meinl
(Silencehotel)**
♂ Marbacher Str 4, ✉ 89233, ☎ (07 31)
7 05 20, Fax 7 05 22 22, AX DC ED VA
30 Zi, Ez: 98-132, Dz: 130-165, ⌐ WC ☎,
6⌂; Lift P ⊟ 1⇌16 Fitneßraum Sauna
Solarium
Restaurant für Hausgäste

Schwaighofen (3 km ↘)
★★ Zur Post
Reuttier Str 172, ✉ 89233, ☎ (07 31)
9 76 70, Fax 9 76 71 00, AX ED VA
28 Zi, Ez: 110-200, Dz: 140-200, ⌐ WC ☎,
6⌂; Lift P ⊟ 2⇌35
geschl: Anfang-Mitte Aug
★★ Hauptgericht 30; Biergarten;
geschl: Mo, Sa mittags, Anfang-Mitte Aug

Neuweier siehe Baden-Baden
Neuweilnau siehe Weilrod

Neuwied 43 □

Rheinland-Pfalz — Kreis Neuwied — 62 m — 65 000 Ew — Koblenz 20, Bonn 50 km
🛈 ☎ (0 26 31) 80 22 60, Fax 80 23 23 — Verkehrsamt, Kirchstr 52, 56564 Neuwied. Sehenswert: Burg Altwied; Schloß Neuwied; Schloß Engers; Eiszeitmuseum; Abtei Rommersdorf

*   **Stadtpark-Hotel**
Heddesdorfer Str 84, ✉ 56564, ☎ (0 26 31) 3 23 33, Fax 3 23 32, AX DC ED VA
10 Zi, Ez: 100, Dz: 140-150, ⊿ WC ☎; **garni**

*   **Stadthotel**
Pfarrstr 1 a, ✉ 56564, ☎ (0 26 31) 2 21 96 + 2 21 95, Fax 2 13 35, AX DC ED VA
16 Zi, Ez: 125, Dz: 175, ⊿ WC ☎; Lift 🅿 🚘 1⇄30; **garni**
geschl: Ende Dez

**   **Deichkrone**
◅ Deichstr 14, ✉ 56564, ☎ (0 26 31) 2 38 93, AX DC ED VA
Hauptgericht 35; geschl: Mo

**   **Heimathaus**
Schloßstr 79, ✉ 56564, ☎ (0 26 31) 2 21 27, Fax 2 95 13
Hauptgericht 25; 🅿; geschl: Mo

Engers (6 km →)
*   **Euro Hotel Fink**
Werner-Egk-Str 2, ✉ 56566, ☎ (0 26 22) 92 80, Fax 8 36 78
65 Zi, Ez: 45-75, Dz: 90-140, ⊿ WC ☎; 🅿 ⑽
Rezeption: 17-24; geschl: Fr, Mitte Jul-Mitte Aug

Oberbieber (7 km ↗)
*   **Waldhaus Wingertsberg**
♂ ◅ Wingertsbergstr 48, ✉ 56566,
☎ (0 26 31) 92 20, Fax 92 22 55, AX DC ED VA
28 Zi, Ez: 109, Dz: 144, 1 Suite, ⊿ WC ☎; 🅿 🚘
*   Hauptgericht 27; Biergarten

Segendorf (5 km ↑)
*   **Fischer-Hellmeier**
♂ ✉ 56567, ☎ (0 26 31) 5 35 24, AX ED
9 Zi, Ez: 60, Dz: 120, ⊿ WC ☎; 🅿 Kegeln ⑽
geschl: Fr

Neu Wulmstorf 18 ↖

Niedersachsen — Kreis Harburg — 20 m — 16 800 Ew — Buxtehude 9, Hamburg 23 km
🛈 ☎ (0 40) 7 00 40 80, Fax 70 04 08 89 — Gemeindeverwaltung, Bahnhofstr 39, 21629 Neu Wulmstorf

Nidderau

**   **Residenz Hotel**
Bahnhofstr 18, ✉ 21629, ☎ (0 40) 7 00 40 40, Fax 70 04 04 70, ED VA
24 Zi, Ez: 105, Dz: 150, 10 App, ⊿ WC ☎; Lift 🅿; **garni** 🚘
geschl: So abends, Mitte Dez-Anfang Jan

Nidda 45 ↙

Hessen — Wetteraukreis — 160 m — 19 200 Ew — Schotten 15, Büdingen 17, Friedberg 25 km
🛈 ☎ (0 60 43) 80 06 52, Fax 80 06 68 — Verkehrsamt, im Stadtteil Bad Salzhausen, Kurstr, 63667 Nidda; Stadt am Vogelsberg. Sehenswert: Ev. Kirche; Markt mit Brunnen; Johanniterturm

Geiß-Nidda 2 km ↙
*   **Gottmann**
Bergwerksring 9, ✉ 63667, ☎ (0 60 43) 4 08 04, Fax 4 08 24, ED
8 Zi, Ez: 65-70, Dz: 120-130, ⊿ WC ☎; 🅿 ⑽
geschl: Di abends

Salzhausen, Bad (Heilbad, 2 km ←)
***   **Jäger** 👑
♂ Kurstr 9-13, ✉ 63667, ☎ (0 60 43) 40 20, Fax 40 21 00, AX DC ED VA
29 Zi, Ez: 150-200, Dz: 240-280, ⊿ WC ☎; Lift 🅿 🚘 4⇄40 Fitneßraum Sauna Solarium
***   Hauptgericht 45

**   **Kurhaus-Hotel**
♂ Kurstr 2, ✉ 63667, ☎ (0 60 43) 4 09 17, Fax 60 10, AX DC ED VA
58 Zi, Ez: 105-115, Dz: 180-190, 3 Suiten, ⊿ WC ☎; Lift 🅿 🚘 8⇄300 Solarium
Auch Zimmer der Kategorie * vorhanden
*   Hauptgericht 30

Nidderau 45 ↙

Hessen — Main-Kinzig-Kreis — 125 m — 16 480 Ew — Hanau 12, Friedberg 19, Frankfurt/Main 23 km
🛈 ☎ (0 61 87) 2 01 10, Fax 20 11 32 — Stadtverwaltung, Am Steinweg 1, 61130 Nidderau. Sehenswert: gotische Pfarrkirche; Rathaus; Schloß (Stadtteil Heldenbergen); Schloß Naumburg

Heldenbergen
*   **Adler**
Windecker Str 2, ✉ 61130, ☎ (0 61 87) 92 70, Fax 92 72 23, ED
33 Zi, Ez: 70-90, Dz: 110-140, ⊿ WC ☎; 🅿 🚘 ⑽
geschl: Ende Dez-Anfang Jan
Im Gästehaus (ca 150 m entfernt) auch Zimmer der Kategorie ** vorhanden

Nideggen 42 □

Nordrhein-Westfalen — Kreis Düren — 335 m — 9 354 Ew — Düren 14, Euskirchen 26 km
ℹ ☎ (0 24 27) 80 90, Fax 8 09 47 — Verkehrsamt, Zülpicher Str 1, 52385 Nideggen; Stadt an der Rur, Luftkurort in der nördlichen Eifel. Sehenswert: Kath. Kirche; Burgruine: Burgmuseum ⌕, Stadtbefestigung: Dürener Tor, Zülpicher Tor

Rath (2 km ↑)
✱ **Gästehaus Thomé**
♂ Im Waldwinkel 25, ✉ 52385, ☎ (0 24 27) 61 73, Fax 88 17
10 Zi, Ez: 50-55, Dz: 100-110, ⌐ WC ☎; 🅿
Solarium; **garni**

✱ **Forsthaus Rath**
Rather Str 126, ✉ 52385, ☎ (0 24 27) 9 40 20, Fax 94 02 80, AX ED
20 Zi, Ez: 75, Dz: 120, ⌐ WC ☎; 🅿 ⌘

Schmidt (8 km ↙)
✱ **Schmidter Bauernstube**
Heimbacher Str 53, ✉ 52385, ☎ (0 24 74) 4 49, Fax 17 11
9 Zi, Ez: 46-51, Dz: 80-90, ⌐ WC ☎; 🅿 ⌘
geschl: Mo, Ende Nov-Ende Dez

Niebüll 9 ↘

Schleswig-Holstein — Kreis Nordfriesland — 2 m — 7 000 Ew — Dänische Grenze 13, Husum 40, Flensburg 45 km
ℹ ☎ (0 46 61) 6 01 90, Fax 85 95 — Fremdenverkehrsverein, im Rathaus, Hauptstr 44, 25899 Niebüll; Luftkurort. Sehenswert: Kirche; Nordfriesisches Heimatmuseum; Richard-Haizmann-Museum; Nolde-Museum in Seebüll: März-Nov täglich von 10-18 Uhr geöffnet (19 km ↑)

Achtung: Autoverladung mit der Eisenbahn über den Hindenburgdamm nach Westerland auf Sylt (40 km ↘)

✱ **Bossen**
Hauptstr 15, ✉ 25899, ☎ (0 46 61) 60 80 01, Fax 12 67, AX DC ED VA
150 Zi, Ez: 105-125, Dz: 145-175, 4 Suiten, ⌐ WC ☎; Lift 🅿 4⌗100 ⌘
geschl: Jan

Niederaichbach 65 ↙

Bayern — Kreis Landshut — 370 m — 3 000 Ew — Dingolfing 16, Landshut 17 km
ℹ ☎ (0 87 02) 7 88, Fax 82 53 — Gemeindeverwaltung, Rathausstr. 2, 84100 Niederaichbach; Ort an der Isar

✱✱✱ **Krausler** ♟
Georg-Baumeister-Str 25, ✉ 84100, ☎ (0 87 02) 9 14 11, Fax 35 30, AX DC ED VA
Hauptgericht 40; geschl: Mo, Di

Niederaula 46 ↘

Hessen — Kreis Hersfeld-Rotenburg — 200 m — 5 744 Ew — Bad Hersfeld 11, Schlitz 17, Alsfeld 26 km
ℹ ☎ (0 66 25) 70 11, Fax 12 04 — Gemeindeverwaltung, Bahnhofstr 34, 36272 Niederaula; Ort an der Fulda

✱✱ **Schlitzer Hof**
♟ Hauptstr 1, ✉ 36272, ☎ (0 66 25) 33 41, Fax 33 55, ED
Hauptgericht 30; geschl: Mo, Jan
✱ 9 Zi, Ez: 68, Dz: 120, ⌐ WC ☎; 🅿 ⌘
Rezeption: 8-14, 17-23; geschl: Mo, Jan

Niederdorfelden 45 ↙

Hessen — Main-Kinzig-Kreis — 110 m — 2 950 Ew — Schöneck 5, Bad Vilbel 5, Frankfurt 10 km
ℹ ☎ (0 61 01) 5 35 30 — Gemeindeverwaltung, Burgstr 5, 61138 Niederdorfelden

✱ **Schott**
♂ Hainstr 19, ✉ 61138, ☎ (0 61 01) 3 36 66, Fax 3 36 60, ED
10 Zi, Ez: 90-95, Dz: 140-150, ⌐ WC ☎, 4✉
🅿; **garni**
geschl: Ende Dez-Anfang Jan

Niederelfringhausen
siehe **Hattingen**

Niederfinow 31 ↘

Brandenburg — Kreis Eberswalde — 32 m — 704 Ew — Eberswalde-Finow 10, Bad Freienwalde 12 km
ℹ ☎ (03 33 62) 2 53, Fax 2 53 — Gemeindeverwaltung, F.-Böhme-Str 43, 16248 Niederfinow

✱ **Am Schiffshebewerk**
Hebewerkstr 43, ✉ 16248, ☎ (03 33 62) 2 09/7 00 99, Fax 2 09
20 Zi, Ez: 80-105, Dz: 125-145, ⌐ WC ☎; 🅿 ⌘ 1⌗26 Kegeln ⌘

Niederfischbach 44 ↘

Rheinland-Pfalz — Kreis Altenkirchen — 250 m — 4 900 Ew — Freudenberg 5, Betzdorf 11, Siegen 17 km
ℹ ☎ (0 27 34) 54 83, Fax 5 57 34 — Gemeindeverwaltung, Hahnseifenstr 6, 57572 Niederfischbach; Erholungsort

✱ **Fuchshof**
Siegener Str 22, ✉ 57572, ☎ (0 27 34) 54 77, Fax 6 09 48, ED
17 Zi, Ez: 75, Dz: 150, 1 App, ⌐ WC ☎, 1✉
🅿 ⌘ ≋ Kegeln Sauna Solarium ⌘
geschl: So abends, Ende Dez

Fischbacherhütte (1 km ✓)
** Landhotel Bähner
    (Landidyll Hotel)
♂ ⋖ Konrad-Adenauer-Str 26, ✉ 57572,
☎ (0 27 34) 65 46, Fax 5 52 71, AX DC ED VA
38 Zi, Ez: 129-145, Dz: 168-245, 2 Suiten, ⊟
WC ☎; P ⛽ 3✧80 ≋ Kegeln Sauna
Solarium
**   Giebelwald
Hauptgericht 35

Niederfrohna 50 ↖

Sachsen — Kreis Glauchau-Chemnitzer
Land — 260 m — 2 400 Ew — Ober-
frohna 2, Chemnitz 15 km
ℹ ☎ (0 37 22) 9 22 45, Fax 9 22 45 —
Gemeindeverwaltung, Obere Hauptstr 20,
09243 Niederfrohna. Sehenswert: Christuskirche; Johanniskirche; Rittergut, Portal;
Wetzelmühle; Galgenlinde

*   Fichtigsthal
Limbacher Str 40, ✉ 09243, ☎ (0 37 22)
61 16, Fax 61 18, ED VA
16 Zi, Ez: 70-90, Dz: 110, ⊟ WC ☎; P; garni

Niedergurig 41 ↓

Sachsen — Kreis Bautzen — 180 m —
756 Ew — Bautzen 6 km
ℹ ☎ (0 35 91) 2 37 24 — Gemeindeverwaltung, 02694 Niedergurig

*   Park Hotel
Am Gewerbepark Niedergurig, ✉ 02694,
☎ (0 35 91) 21 78 00, Fax 21 78 75,
AX DC ED VA
65 Zi, Ez: 90-130, Dz: 160, ⊟ WC ☎, 20🅴;
P 2✧120 ≋ Fitneßraum Sauna
Restaurant für Hausgäste

Niederkassel 43 ↖

Nordrhein-Westfalen — Rhein-Sieg-Kreis
— 50 m — 29 000 Ew — Bonn 12, Siegburg 15, Köln 24 km
ℹ ☎ (0 22 08) 50 20, Fax 50 21 08 — Stadtverwaltung, Rathausstr 19, 53859 Nieder-
kassel

Uckendorf (2 km →)
*** Clostermanns Hof
♂ Heerstr, ✉ 53859, ☎ (0 22 08) 9 48 00,
Fax 9 48 01 00, AX DC ED VA
62 Zi, Ez: 190-250, Dz: 220-300, 2 App, ⊟
WC ☎, 15🅴; Lift P 6✧180 Fitneßraum
Sauna Solarium ⍟

Niederkrüchten 32 ✓

Nordrhein-Westfalen — Kreis Viersen —
65 m — 12 000 Ew — Holländische
Grenze 13, Mönchengladbach 24 km
ℹ ☎ (0 21 63) 8 98 90, Fax 89 89 69 —
Gemeindeverwaltung, Laurentiusstr 19,
41372 Niederkrüchten. Sehenswert: Spätgotische Hallenkirche; Kapellen in Overhetfeld und Brempt; Naturschutzgebiet
Elmpter Bruch

Niedernhausen

Brempt (1 km ↑)
⌂   Pension Haus Andrea
Kahrstr 24, ✉ 41372, ☎ (0 21 63) 8 20 87,
Fax 8 31 25
10 Zi, Ez: 60, Dz: 110, 5 App, ⊟ WC ☎; P;
garni

Overhetfeld (3 km ↖)
⍟   Zur Kapelle an der Heide
An der Heiden 1-3, ✉ 41372, ☎ (0 21 63)
8 30 92, Fax 8 25 20
Hauptgericht 20; geschl: Do, 1 Woche vor
Ostern

⌂   Haus Hildegard
10 Zi, Ez: 50, Dz: 80, ⊟ WC ☎; P

Venekoten (3 km ↖)
**   Venekotensee
♂ Venekotenweg 6, ✉ 41372, ☎ (0 21 63)
98 33 00, Fax 9 83 30 77, ED VA
29 Zi, Ez: 95-115, Dz: 125-155, 17 App, ⊟
WC ☎; P ⛽ 2✧30 ⍟
Tennis 6

Niedermülsen 49 ↗

Sachsen — Kreis Zwickau — 265 m —
450 Ew — Mosel 4, Zwickau 6, Glauchau
7 km
ℹ ☎ (03 76 04) 22 83 — Gemeindeverwaltung, Hauptstr 36, 08138 Niedermülsen

*   Nordsee
Hauptstr 45, ✉ 08138, ☎ (03 76 04) 26 60,
Fax 26 67, AX ED VA
52 Zi, Ez: 85-106, Dz: 115-140, ⊟ WC ☎; P
2✧45 Sauna Solarium
Tennis 2
*   Hauptgericht 17; Gartenlokal
siehe auch **Glauchau**

Niedernhausen 44 ↓

Hessen — Rheingau-Taunus-Kreis —
300 m — 15 350 Ew — Idstein 9, Wiesbaden 13 km
ℹ ☎ (0 61 27) 90 31 24, Fax 9 03 -1 82 —
Gemeindeverwaltung, Wilrijkplatz,
65527 Niedernhausen

Engenhahn (8 km ↖)
**   Wildpark-Hotel
♂ Trompeterstr 21, ✉ 65527, ☎ (0 61 28)
97 40, Fax 7 38 74, AX DC ED VA
39 Zi, Ez: 90-145, Dz: 140-250, 3 Suiten, ⊟
WC ☎; P ⛽ Fitneßraum Sauna Solarium
geschl: 4 Wochen in den Sommerferien
**   Hauptgericht 40; Terrasse;
geschl: So abends, 4 Wochen in den Sommerferien

Niedernhausen-Außerhalb (2 km ↓)
**   Micador Taunushotel
einzeln ♂ Zum grauen Stein 1, ✉ 65527,
☎ (0 61 27) 90 10, Fax 90 16 41, AX DC ED VA
261 Zi, Ez: 170-255, Dz: 220-340, 14 Suiten,
64 App, ⊟ WC ☎, 40🅴; Lift P ⛽ 12✧500
Sauna Solarium
**   Stradivari
Hauptgericht 35; Terrasse

Niedernwöhren

Niedernwöhren 25 □

Niedersachsen — Kreis Schaumburg — 58 m — 1 755 Ew — Stadthagen 5, Bad Nenndorf 15 km
ℹ ☎ (0 57 21) 9 70 60, Fax 97 06 18 — Gemeindeverwaltung, Hauptstr 46, 31712 Niedernwöhren

** **Landhaus Heine**
Brunnenstr 17, ✉ 31712, ☎ (0 57 21) 21 21, Fax 7 13 19, AX DC ED VA
Hauptgericht 25; 🅿; geschl: Di, 2 Wochen im Feb, 2 Wochen in den Sommerferien

Niederöfflingen 42 ↘

Rheinland-Pfalz — Kreis Bernkastel-Wittlich — 200 m — 400 Ew — Wittlich 9, Daun 19 km
ℹ ☎ (0 65 74) 2 88 — Gemeindeverwaltung, 54533 Niederöfflingen; Ort in der Eifel

* **Haus Finé**
♂ ⋖ Auf dem Bungert 26, ✉ 54533, ☎ (0 65 74) 6 43
6 Zi, Ez: 48-56, Dz: 94-100, ⊣ WC; 🅿
Restaurant für Hausgäste

Nieder-Olm 54 ↖

Rheinland-Pfalz — Kreis Mainz-Bingen — 123 m — 6 700 Ew — Mainz 13, Alzey 21 km
ℹ ☎ (0 61 36) 6 90, Fax 6 92 10 — Verbandsgemeindeverwaltung, Pariser Str 110, 55268 Nieder-Olm

** **CB Garni**
Backhausstr 12, ✉ 55268, ☎ (0 61 36) 75 55, Fax 75 00, AX ED VA
12 Zi, Ez: 110-140, Dz: 125-180, ⊣ WC ☎; 🅿; garni

** **Dietrich**
♂ Maler-Metten-Weg 20, ✉ 55268, ☎ (0 61 36) 50 85, Fax 38 87, AX DC ED VA
29 Zi, Ez: 160-180, Dz: 190-220, 1 App, ⊣ WC ☎; Lift 🅿 🚗 2↔25 ≋ Sauna Solarium; garni
Auch Zimmer der Kategorie * vorhanden

Niedersfeld siehe Winterberg

Niederstetten 56 ↙

Baden-Württemberg — Main-Tauber-Kreis — 300 m — 5 500 Ew — Bad Mergentheim 20, Rothenburg o. d. Tauber 25 km
ℹ ☎ (0 79 32) 13 05, Fax 5 78 — Informations- und Kulturamt, Bahnhofstr 15, 97996 Niederstetten. Sehenswert: Ev. Kirche, Schloß Haltenbergstetten mit Jagd- und Naturkunde-Museum, Albert-Sammt-Zeppelin-Museum; Weinbaumuseum und Mörike-Stube im Ortsteil Wermutshausen

** **Krone (Minotel)**
Marktplatz 3, ✉ 97996, ☎ (0 79 32) 89 90, Fax 8 99 60, AX DC ED VA
32 Zi, Ez: 90, Dz: 140, ⊣ WC ☎, 6🚗; 🅿 🚗 2↔100 Kegeln
* **Gute Stube**
Hauptgericht 30; Biergarten

Niederstotzingen 62 ↘

Baden-Württemberg — Kreis Heidenheim — 470 m — 4 605 Ew — Günzburg 10, Heidenheim 25, Ulm 25 km
ℹ ☎ (0 73 25) 10 20, Fax 1 02 36 — Stadtverwaltung, Im Städtle 26, 89168 Niederstotzingen. Sehenswert: Schloß und Martinskirche im Ortsteil Oberstotzingen; Kirche und Vogelherdhöhle im Lonetal

* **Zur Krone**
Im Städtle 9, ✉ 89168, ☎ (0 73 25) 50 61, Fax 50 65
26 Zi, Ez: 65-75, Dz: 105-125, ⊣ WC ☎; 🅿 🚗 3↔200 🍽

Oberstotzingen (2 km ←)
** **Schloßhotel Oberstotzingen (Gast im Schloß)** ♛
♂ ⋖ ⊗ Stettener Str 37, ✉ 89166, ☎ (0 73 25) 10 30, Fax 1 03 70, AX DC ED VA
15 Zi, Ez: 215-235, Dz: 285-320, 2 Suiten, ⊣ WC ☎; 🅿 5↔100 Sauna
geschl: Jan
*** **Vogelherd** 🍷
Hauptgericht 45; Terrasse; nur abends, so + feiertags auch mittags; geschl: Mo, Jan
* **Schloßschenke**
Hauptgericht 25; Gartenlokal; geschl: Mi, Jan

Niederwinkling 65 ↗

Bayern — Kreis Straubing-Bogen — 322 m — 1 880 Ew — Deggendorf 14, Straubing 18 km
ℹ ☎ (0 99 62) 18 58 — Gemeindeverwaltung, Hauptstr 20, 94559 Niederwinkling

Welchenberg (2 km ↙)
** **Landgasthof Buchner** 🍷
Freymannstr 15, ✉ 94559, ☎ (0 99 62) 7 30, Fax 24 30, AX DC ED VA
Hauptgericht 30; geschl: Mo, Di

Niederwürschnitz 50 ←

Sachsen — Kreis Stollberg — 427 m — 3 500 Ew — Stollberg 2, Chemnitz 15 km
ℹ ☎ (03 72 96) 52 30 — Gemeindeverwaltung, Stollberger Str 2, 09399 Niederwürschnitz

✱ Weinhotel Vinum
Chemnitzer Str 29, ✉ 09399, ☎ (03 72 96)
1 51 26, Fax 1 51 29, ⓋⒶ
13 Zi, Ez: 92-115, Dz: 124-195, ⌐ WC ☎; 🅿
🚗 ⓄⒾ

Niederwürzbach
siehe **Blieskastel**

Niefern-Öschelbronn 61 ↘

Baden-Württemberg — Enzkreis — 242 m
— 11 000 Ew — Pforzheim 7 km
🛈 ☎ (0 72 33) 9 62 20, Fax 15 02 — Gemeindeverwaltung, im Ortsteil Niefern, Friedenstr 11, 75223 Niefern-Öschelbronn.
Sehenswert: Ev. Kirche in Niefern; ev. Kirche in Öschelbronn

Niefern
✱✱ Krone
Schloßstr 1, ✉ 75223, ☎ (0 72 33) 70 70,
Fax 7 07 99, ⒶⓍ ⒹⒸ ⒺⒹ ⓋⒶ
58 Zi, Ez: 98-138, Dz: 148-188, 2 App, ⌐ WC
☎, 10🍴; Lift 🅿 🚗 2⌂50
geschl: Ende Dez-Anfang Jan
Auch Zimmer der Kategorie ✱ vorhanden
✱ Hauptgericht 30; Terrasse;
geschl: Sa, Ende Dez-Anfang Jan

Niefern-Außerhalb (1 km ←)
✱✱ Queens Hotel Niefern
Pforzheimer Str 52, ✉ 75223, ☎ (0 72 33)
7 09 90, Fax 53 65, ⒶⓍ ⒹⒸ ⒺⒹ ⓋⒶ
67 Zi, Ez: 119-180, Dz: 139-235, S; 4 Suiten,
⌐ WC ☎, 8🍴; Lift 🅿 🚗 7⌂90
✱✱ Hauptgericht 30

Nienburg (Weser) 25 ↗

Niedersachsen — Kreis Nienburg — 25 m
— 32 000 Ew — Verden 36, Hannover
47 km
🛈 ☎ (0 50 21) 8 73 55, Fax 8 73 01 — Touristbüro, Lange Str 18, 31582 Nienburg.
Sehenswert: Martins-Kirche; Rathaus;
Posthof; Stockturm; Wall ⚓; Giebichenstein (Riesenfindling) im Kräher Forst
(8 km →)

✱✱ Weserschlößchen
♂ ⚓ Mühlenstr 20, ✉ 31582, ☎ (0 50 21)
6 20 81, Fax 6 32 57, ⒶⓍ ⒹⒸ ⒺⒹ ⓋⒶ
36 Zi, Ez: 130-165, Dz: 155-200, 3 Suiten, ⌐
WC ☎, 16🍴; Lift 🅿 🚗 4⌂600 ≈ 🛁 Fitneßraum Kegeln Sauna Solarium
✱✱ ⚓ Hauptgericht 20; Terrasse;
geschl: So

✱ Nienburger Hof
Hafenstr 3, ✉ 31582, ☎ (0 50 21) 1 30 48,
Fax 1 35 08, ⒶⓍ ⒹⒸ ⒺⒹ ⓋⒶ
20 Zi, Ez: 105-135, Dz: 160-180, 1 Suite, ⌐
WC ☎; Lift 🅿 ⓄⒾ

✱ Am Posthof
Poststr 2, ✉ 31582, ☎ (0 50 21) 9 70 70,
Fax 97 07 16, ⒶⓍ ⒹⒸ ⒺⒹ ⓋⒶ
14 Zi, Ez: 88-98, Dz: 130-150, ⌐ WC ☎;
1⌂50; **garni**

⚓ Meinecke
Friedrich-Ludwig-Jahn-Str 12, ✉ 31582,
☎ (0 50 21) 33 29, Fax 91 29 95
6-18; geschl: So
Spezialität: Nienburger Bärentatzen

Nienhagen 12 ↗

Mecklenburg-Vorpommern — Kreis Bad
Doberan — 15 m — Bad Doberan 6, Warnemünde 10, Rostock 15 km
🛈 — Kurverwaltung, Strandstr 16,
18211 Nienhagen; Ostseebad

✱ Villa Aranka
♂ Strandstr 7, ✉ 18211, ☎ (03 82 03)
8 11 25, ⒺⒹ ⓋⒶ
9 Zi, Ez: 100, Dz: 150, ⌐ WC ☎; 🅿 🚗 1⌂50
Sauna Solarium ⓄⒾ

✱ Landhaus Brückner
Doberaner Landstr 15 a, ✉ 18211,
☎ (03 81) 5 25 38
8 Zi, Ez: 85-90, Dz: 100-120, ⌐ WC ☎; 🅿 ⓄⒾ

✱ Pension am Teich
Strandstr 14, ✉ 18211, ☎ (03 82 03)
8 11 82, Fax 8 11 83, ⒺⒹ ⓋⒶ
8 Zi, Ez: 70-85, Dz: 90-130, 1 Suite, 2 App,
⌐ WC ☎, 5🍴; 🅿 🚗 Fitneßraum; **garni**

Nienstädt 25 □

Niedersachsen — Kreis Schaumburg —
120 m — 4 500 Ew — Stadthagen 3, Obernkirchen 4 km
🛈 ☎ (0 57 24) 22 26 — Gemeindeverwaltung, Sülbecker Str 8, 31688 Nienstädt

Sülbeck (2 km ←)
✱ Sülbecker Krug
⚓ Mindener Str 6, ✉ 31688, ☎ (0 57 24)
60 31, Fax 37 80, ⒶⓍ ⒹⒸ ⒺⒹ ⓋⒶ
12 Zi, Ez: 80-110, Dz: 130-150, ⌐ WC ☎; 🅿
🚗
Rezeption: 7-15, 17-23; geschl: Fr+Sa mittags
✱✱ Hauptgericht 39; Terrasse; 🍺
geschl: Fr+Sa Mittags

Nierstein 54 ↑

Rheinland-Pfalz — Kreis Mainz-Bingen —
89 m — 6 647 Ew — Mainz 17, Darmstadt 23, Worms 28 km
🛈 ☎ (0 61 33) 51 11, Fax 51 81 — Verkehrsamt, Bildstockstr 10, 55283 Nierstein;
Weinbauort am Rhein. Sehenswert: Ev.
Kirche; Marktplatz; Römisches Sironabad

Achtung: Autofähre nach Kornsand (Richtung Groß-Gerau und Darmstadt) von 6-22
alle 20 Min
→

Nierstein

** Villa Spiegelberg
♂ ◂ Hinter Saal 21, ✉ 55283, ☎ (0 61 33) 51 45, Fax 5 74 32
12 Zi, Ez: 137, Dz: 190, 1 Suite, ⌂ WC ☎; 🅿 1⇌30
Rezeption: 8-21
Restaurant für Hausgäste. Vorzugsweise Reservierungen für Klausurtagungen

Niesky 41 ↘

Sachsen — Niederschlesischer-Oberlausitzkreis — 160 m — 12 000 Ew — Görlitz 20, Cottbus 76 km
ℹ ☎ (0 35 88) 82 60, Fax 56 22 — Stadtverwaltung Niesky, Muskauer Str. 20/22, 02906 Niesky. Sehenswert: Holzhaussiedlungen; Wartturm; Denkmalgeschützte Zinzendorfplatz

* Bürgerhaus
Muskauer Str 31, ✉ 02906, ☎ (0 35 88) 20 09 10, Fax 20 09 09, AX ED
24 Zi, Ez: 80-112, Dz: 90-120, ⌂ WC ☎; 🅿 3⇌500 🍽
Rezeption: 6-18

Niestetal 36 ↙

Hessen — Kreis Kassel — 240 m — 10 200 Ew — Kassel 4 km
ℹ ☎ (05 61) 5 20 20, Fax 52 02 60 — Gemeindeverwaltung, Heiligenröder Str 70, 34266

Heiligenrode
* Althans
Friedrich-Ebert-Str 65, ✉ 34266, ☎ (05 61) 52 50 61, Fax 52 69 81, ED
22 Zi, Ez: 65-85, Dz: 110-150, ⌂ WC ☎, 3🛏;
🅿 🍳; garni 🚭
geschl: Fr, Ende Dez-Anfang Jan

Niewitz 31 ↙

Brandenburg — Kreis Lübben — 53 m — Lübben 9 km
ℹ ☎ (03 54 74) 7 51 — Gemeindeverwaltung, 15910 Niewitz

Rickshausen (6 km →)
*** Spreewaldhotel Jorbandt
einzeln ♂ ✉ 15910, ☎ (03 54 74) 2 70, Fax 2 74 44, AX DC ED VA
93 Zi, Ez: 140-170, Dz: 180-210, 2 Suiten, ⌂ WC ☎, 8🛏; Lift 🅿 10⇌320 Sauna Solarium 🍽

Nischwitz 39 ☐

Sachsen — Muldentalkreis — 110 m — 900 Ew — Wurzen 3, Eilenburg 10, Leipzig 25 km
ℹ ☎ (0 34 25) 44 71 — Gemeindeverwaltung, Dorfstr 37, 04808 Nischwitz

** Zur Mühle (Ringhotel)
Eilenburger Str 22 b, ✉ 04808, ☎ (0 34 25) 98 90, Fax 98 91 00, AX DC ED VA
51 Zi, Ez: 152, Dz: 198, S; 1 Suite, ⌂ WC ☎; Lift 🅿 4⇌45 Fitneßraum Sauna Solarium
** Hauptgericht 25

Nittel 52 ☐

Rheinland-Pfalz — Kreis Trier-Saarburg — 160 m — 1 800 Ew — Saarburg 14, Konz 17 km
ℹ ☎ (0 65 84) 3 45 — Verkehrsverein, Moselstr 29, 54453 Nittel; Erholungsort an der Mosel

* Zum Mühlengarten
◂ Uferstr 5, ✉ 54453, ☎ (0 65 84) 3 87, Fax 8 37, AX ED VA
24 Zi, Ez: 60-75, Dz: 90-100, ⌂ WC ☎; 🅿 🍳 2⇌80 Fitneßraum Sauna Solarium 🍽
geschl: Mo, Mitte Jan-Anfang Feb

Nittenau 65 ↘

Bayern — Kreis Schwandorf — 352 m — 7 800 Ew — Roding 21, Regensburg 34 km
ℹ ☎ (0 94 36) 3 09 24, Fax 26 80 — Touristikbüro, Hauptstr 14, 93149 Nittenau; Ort am Regen, im Bayerischen Wald

** Aumüller
Brucker Str 7, ✉ 93149, ☎ (0 94 36) 5 34, Fax 24 33, AX DC ED VA
40 Zi, Ez: 70-105, Dz: 110-160, ⌂ WC ☎, 6🛏; 🅿 🍳 3⇌100 🚭
*** Hauptgericht 39; Biergarten Terrasse

Nördlingen 63 ←

Bayern — Kreis Donau-Ries — 431 m — 20 800 Ew — Donauwörth 28, Dinkelsbühl 31, Aalen 36 km
ℹ ☎ (0 90 81) 8 41 16, Fax 8 41 13 — Verkehrsamt, Marktplatz 2 (B 1), 86720 Nördlingen; Stadt im Ries (fruchtbare Beckenlandschaft, durch Einschlag eines Meteoriten). Sehenswert: Hallenkirche St. Georg, Kirchturm Daniel ◂; kath. Pfarrkirche St. Salvator; Rathaus; Tanzhaus; Gerberviertel; historische Altstadt; Stadtmauer, Wehrtürme, Tore, Bastionen

** Flamberg Hotel Klösterle
Beim Klösterle 1 (B 1), ✉ 86720,
☎ (0 90 81) 8 80 54, Fax 2 27 40, AX DC ED VA
98 Zi, Ez: 168-208, Dz: 216-266, ⌂ WC ☎, 10🛏; Lift 🍳 8⇌500 Fitneßraum Sauna Solarium
geschl: 3 Wochen im Aug
Auch Zimmer der Kategorie ******* vorhanden
** Klösterle
Hauptgericht 28; Terrasse; geschl: 3 Wochen im Aug

Nohfelden

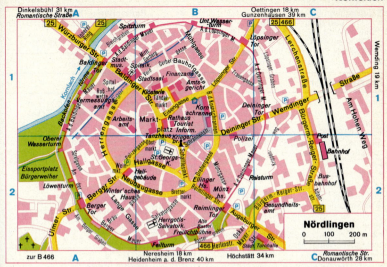

⋆⋆ Kaiserhof Hotel Sonne
Marktplatz 3 (B 1), ✉ 86720, ☎ (0 90 81) 50 67, Fax 2 39 99, AX ED VA
40 Zi, Ez: 65-95, Dz: 125-230, ⌐ WC ☎; P
2↔35
Auch Zimmer der Kategorie ⋆ vorhanden
Weinstäpfele
🍽 Hauptgericht 25

⋆ Am Ring
Bürgermeister-Reiger-Str 14 (C 2), ✉ 86720, ☎ (0 90 81) 40 28, Fax 2 31 70, AX DC VA
39 Zi, Ez: 80-95, Dz: 120-160, ⌐ WC ☎, 5 ✉; Lift P 🛏 2↔30
geschl: So abends, Anfang Jan
⋆ Hauptgericht 25; Gartenlokal

⋆ Goldene Rose
Baldinger Str 42 (A 1), ✉ 86720, ☎ (0 90 81) 8 60 19, Fax 2 45 91, AX ED VA
16 Zi, Ez: 65-75, Dz: 100-120, ⌐ WC ☎; P 🛏; garni

⋆⋆ Meyer's Keller
Marienhöhe 8, ✉ 86720, ☎ (0 90 81) 44 93, Fax 2 49 31, AX ED VA
Hauptgericht 30; Biergarten P; geschl: Mo, Di mittags

Café Altreuter
Marktplatz 11, ✉ 86720, ☎ (0 90 81) 43 19
Terrasse; 7-23

Nörten-Hardenberg 36 □

Niedersachsen — Kreis Northeim — 165 m — 8 900 Ew — Northeim 10, Göttingen 11 km
ℹ ☎ (0 55 03) 80 80, Fax 8 08 25 — Gemeindeverwaltung, Burgstr 2, 37176 Nörten-Hardenberg. Sehenswert: Martini-Kirche; Krypta der ehem. Klosterkirche im Ortsteil Marienstein; Burgruine Hardenberg ⋅⋖

⋆⋆⋆ Burghotel Hardenberg (European Castle)
einzeln ⛳ ✉ 37176, ☎ (0 55 03) 9 81-0, Fax 9 81-6 66, AX DC ED VA
44 Zi, Ez: 120-185, Dz: 190-270, ⌐ WC ☎; Lift P 🛏 7↔120 Sauna Solarium
Golf 18

⋆⋆⋆ Novalis
Hauptgericht 45; Terrasse; geschl: So

⋆⋆ Hardenberger Mühle
Hauptgericht 25; Terrasse; nur abends, So auch mittags; geschl: Mo

Nohfelden 53 ←

Saarland — Kreis St. Wendel — 500 m — 11 500 Ew — St.Wendel 16, Hermeskeil 21, Idar-Oberstein 25 km
ℹ ☎ (0 68 52) 88 50, Fax 88 51 25 — Verkehrsamt, An der Burg, 66625 Nohfelden. Sehenswert: Stausee beim Ortsteil Bosen

Bosen (7 km ⤢)
⋆⋆ Seehotel Weingärtner (Ringhotel)
⋖ Bostalstr 12, ✉ 66625, ☎ (0 68 52) 88 90, Fax 8 16 51, AX DC ED VA
99 Zi, Ez: 98-165, Dz: 168-260, 25 Suiten, ⌐ WC ☎; Lift P 🛏 8↔120 🏊 Strandbad Fitneßraum Kegeln Sauna Solarium
Auch Zimmer der Kategorie ⋆⋆⋆ vorhanden
⋆⋆ Hauptgericht 30; Terrasse

⋆ Merker's Bostal-Hotel
Bostalstr 46, ✉ 66625, ☎ (0 68 52) 67 70, Fax 5 48, AX DC ED VA
20 Zi, Ez: 70, Dz: 105, ⌐ WC ☎; P
⋆ Hauptgericht 30; geschl: Di →

Nohfelden

Neunkirchen (7,5 km ↗)
* **Landhaus Mörsdorf**
Nahestr 27, ✉ 66625, ☎ (0 68 52) 9 01 20, Fax 90 12 90, AX DC ED VA
17 Zi, Ez: 85, Dz: 110, ⊣ WC ☎; P 🅿 2⇔40
* Hauptgericht 25; Terrasse

Nonnenhorn 69 ↓

Bayern — Kreis Lindau — 400 m —
1 500 Ew — Lindau 8, Friedrichshafen 14 km
ℹ ☎ (0 83 82) 82 50, Fax 8 90 76 — Verkehrsamt, Seehalde 2, 88149 Nonnenhorn; Luftkurort am Bodensee

** **Seewirt**
♂ ⋖ Seestr 15, ✉ 88149, ☎ (0 83 82) 8 91 42, Fax 8 93 33
30 Zi, Ez: 85-110, Dz: 160-240, ⊣ WC ☎; Lift P 🅿 Seezugang Sauna Solarium
geschl: im Winter Mo + Di, Anfang Dez-Mitte Feb
** Hauptgericht 30; Biergarten; geschl: im Winter Mo + Di, Anfang Dez - Mitte Feb

* **Haus am See**
♂ ⋖ Uferstr 23, ✉ 88149, ☎ (0 83 82) 82 69, Fax 88 76 07
26 Zi, Ez: 80-95, Dz: 115-195, ⊣ WC ☎; P 🅿 Seezugang 🛥
Auch Zimmer der Kategorie ** vorhanden.

* **Zum Torkel**
Seehalde 14, ✉ 88149, ☎ (0 83 82) 98 62-0, Fax 98 62 62
23 Zi, Ez: 65-75, Dz: 100-150, ⊣ WC ☎
geschl: Ende Dez-Ende Jan
* Hauptgericht 25; Gartenlokal; geschl: Ende Dez-Ende Jan

* **Gasthof zur Kapelle**
Kapellenplatz 3, ✉ 88149, ☎ (0 83 82) 82 74, Fax 8 91 81
Hauptgericht 25; Gartenlokal P; geschl: Do, Anfang Nov-Mitte Dez, Mitte Jan-Anfang Mär
** 17 Zi, Ez: 74-89, Dz: 112-170, ⊣ WC ☎
geschl: Anfang Nov-Mitte Dez, Mitte Jan-Anfang Mär

* **Weinstube Fürst**
Kapellenplatz 2, ✉ 88149, ☎ (0 83 82) 82 03, Fax 88 82 66
Hauptgericht 25; geschl: Di mittags, Mitte Mär-Anfang Apr, Mitte Okt-Anfang Nov

Nonnweiler 52 →

Saarland — Kreis Sankt Wendel — 400 m — 9 000 Ew — Hermeskeil 6, Idar-Oberstein 40 km
ℹ ☎ (0 68 73) 6 60 35, Fax 6 41 71 — Kur- und Verkehrsamt, Trierer Str 5, 66620 Nonnweiler; heilklimatischer Kurort im Schwarzwälder Hochwald (Hunsrück). Sehenswert: Hunnenring, größter keltischer Ringwall, 612 m (45 Min ↗)

* **Parkschenke Simon**
Auensbach 68, ✉ 66620, ☎ (0 68 73) 60 44, Fax 60 55, DC ED VA
17 Zi, Ez: 50, Dz: 90, ⊣ WC ☎; P 🍴

Norddorf siehe Amrum

Norden 15 ↗

Niedersachsen — Kreis Aurich — 1 m — 25 000 Ew — Aurich 27, Emden 32 km
ℹ ☎ (0 49 31) 17 22 00, Fax 17 22 90 — Verkehrsbüro, im Stadtteil Norddeich, Dörper Weg, 26506 Norden; See-Badeort. Sehenswert: Ev. Ludgeri Kirche: Orgel; Altes Rathaus; Seehund- Aufzuchtstation in Norddeich; Erstes Teemuseum der Bundesrepublik

Achtung: Schiffe nach Juist. Auf der Insel Pkw nicht zugelassen. Großgaragen im Stadtteil Norddeich. Fährschiffe nach Norddeich, Flüge zu den Inseln Norderney und Juist. ℹ ☎ (0 49 31) 43 77

Norddeich (4 km ↘)
** **Regina Maris**
♂ Badestr 7 c, ✉ 26506, ☎ (0 49 31) 1 89 30, Fax 18 93 75
60 Zi, Ez: 110-140, Dz: 160-230, 6 Suiten, ⊣ WC ☎, 6🛁; Lift P 🅿 3⇔50 ≋ Seezugang Fitneßraum Sauna Solarium 🍴 🛥
geschl: Anfang Jan-Anfang Feb
Auch Zimmer der Kategorie * vorhanden

** **Fährhaus (Ringhotel)**
⋖ Hafenstr 1, ✉ 26506, ☎ (0 49 31) 9 88 77, Fax 98 87 88, AX DC ED VA
35 Zi, Ez: 99, Dz: 170-210, ⊣ WC ☎; Lift P 🅿 1⇔45 🛥
* ⋖ Hauptgericht 27

** **Deichkrone**
♂ Muschelweg 21, ✉ 26506, ☎ (0 49 31) 80 31, Fax 18 93 79
30 Zi, Ez: 90-110, Dz: 130-220, 8 App, ⊣ WC ☎; ≋ Strandbad Seezugang Fitneßraum Sauna Solarium 🍴
geschl: Mitte Nov-Mitte Dez

Nordenau siehe Schmallenberg

Nordenham 16 →

Niedersachsen — Kreis Wesermarsch — 2 m — 29 100 Ew — Brake 25, Oldenburg i. O. 52, Bremen 70 km
ℹ ☎ (0 47 31) 8 42 16, Fax 8 43 49 — Verkehrsverein Nordenham e.V., Walther-Rathenau-Str 25, 26954 Nordenham; Hafenstadt an der Unterweser

Achtung: Autofähre von Nordenham-Blexen nach Bremerhaven Mo-Fr von 19.30-23.30 stündlich, von 4.30-19.30 halbstündlich, Sa 4.30-8.30 stündlich, danach wie werktags, So von 4.30-12.30 stündlich (im Sommer halbstündlich), danach wie werktags; ℹ ☎ (0 47 31) 2 16 93

** Am Markt
Marktplatz, ⊠ 26954, ☎ (0 47 31) 9 37 20, Fax 93 72 55, AX DC ED VA
33 Zi, Ez: 120, Dz: 160, 3 Suiten, 1 App., ⌐ WC ☎, 3🛏; Lift 🅿 🖾 3↔80 Fitneßraum Sauna Solarium
** Marktrestaurant
Hauptgericht 38; geschl: So abends
Le Bistro
Hauptgericht 15

* Aits
Bahnhofstr 120, ⊠ 26954, ☎ (0 47 31) 8 00 44, Fax 93 72 55, AX DC ED VA
21 Zi, Ez: 75, Dz: 115, ⌐ WC ☎; 🅿 🖾
Solarium; **garni**

Abbehausen (8 km ↙)
* Butjadinger Tor
Butjadinger Str 67, ⊠ 26954, ☎ (0 47 31) 9 38 80, Fax 93 88 88, AX DC ED VA
17 Zi, Ez: 78, Dz: 110, ⌐ WC ☎; 🅿 🖾 1↔80 Kegeln
** Hauptgericht 30; Biergarten

Tettens (5 km ↑)
** Landhaus Tettens
Am Dorfbrunnen 17, ⊠ 26954, ☎ (0 47 31) 3 94 24, Fax 3 17 40
Hauptgericht 30; 12-15 und 18-Ende; geschl: Mo, Ende Jun-Anfang Jul, Anfang-Mitte Jan

Norderney 5 ↑

Niedersachsen — Kreis Aurich — 2 m — 6 500 Ew — von Norddeich nach Aurich 27, von Norddeich nach Emden 32 km
🛈 ☎ (0 49 32) 9 18 50, Fax 8 24 94 — Verkehrsbüro, Bülowallee 5, 26548 Norderney; Ostfriesische Insel, Nordsee-Heilbad; Spielbank

Achtung: Schiffs- und Flugverbindungen siehe Ortstext Norden

*** Kurhotel
Weststrandstr 4, ⊠ 26548, ☎ (0 49 32) 88 30 00, Fax 88 33 33, AX DC ED VA
14 Zi, Ez: 150-160, Dz: 300-320, 5 Suiten, ⌐ WC ☎; Lift 🅿
geschl: Nov-Mär
** Hauptgericht 30; Terrasse; geschl: Nov-Mär

*** Villa Ney
♂ Gartenstr 59, ⊠ 26548, ☎ (0 49 32) 91 70, Fax 10 43, AX DC ED VA
Ez: 140-200, Dz: 260-380, 14 Suiten, ⌐ WC ☎; Lift Sauna Solarium
Rezeption: 8-20
Golf 9

** Inselhotel König
Bülowallee 8, ⊠ 26548, ☎ (0 49 32) 80 10, Fax 80 11 25, AX DC ED VA
50 Zi, Ez: 105-148, Dz: 170-256, ⌐ WC ☎; Lift 7↔600 Sauna Solarium 🍽

** Vier Jahreszeiten
Herrenpfad 25, ⊠ 26548, ☎ (0 49 32) 89 40, Fax 14 60, AX DC ED VA
59 Zi, Ez: 117-150, Dz: 184-260, 3 Suiten, 20 App, ⌐ WC ☎; Lift 7↔800 ≘ Kegeln Sauna Solarium 🍽
** Möwennest
Hauptgericht 28; Terrasse

** Haus am Meer "Wittehuus und Rodehuus"
♂ ❄ Kaiserstr 3, ⊠ 26548, ☎ (0 49 32) 89 30, Fax 36 73
Ez: 90-214, Dz: 183-298, 10 Suiten, 15 App, ⌐ WC ☎; Lift 🅿 🖾 ≘ Seezugang Sauna; **garni** 🍽
Rezeption: 8-21

** Hanseatic-Hotel
♂ Gartenstr 47, ⊠ 26548, ☎ (0 49 32) 30 32, Fax 92 70 33
36 Zi, Ez: 135-190, Dz: 185-250, 6 Suiten, ⌐ WC ☎; Lift ≘ Sauna Solarium; **garni**
geschl: Nov-Ende Dez, Mitte-Ende Jan

** Strandhotel an der Georgshöhe
♂ ❄ Kaiserstr 24, ⊠ 26548, ☎ (0 49 32) 89 80, Fax 89 82 00
80 Zi, Ez: 50-145, Dz: 121-290, 14 Suiten, ⌐ WC ☎; Lift 🅿 ≘ Seezugang Fitneßraum Sauna Solarium
Rezeption: 8-21; geschl: Mitte Nov-Mitte Dez, Mitte Jan-Mitte Feb
Tennis 7
Auch Zimmer der Kategorie * vorhanden
** Das kleine Restaurant
❄ Hauptgericht 35; Terrasse; geschl: im Winter Mo, Mitte Nov-Mitte Dez, Mitte Jan-Mitte Feb

** Ennen
Luisenstr 16, ⊠ 26548, ☎ (0 49 32) 91 50, Fax 8 21 10
43 Zi, Ez: 100-120, Dz: 150-250, ⌐ WC ☎; Lift 1↔30 Fitneßraum Sauna Solarium
** Hauptgericht 30

** Strandhotel Pique
♂ ❄ Am Weststrand 3-4, ⊠ 26548, ☎ (0 49 32) 9 39 30, Fax 93 93 93
18 Zi, Ez: 80-160, Dz: 150-350, 3 Suiten, ⌐ WC ☎; Lift 🅿 1↔14 ≘ Seezugang Fitneßraum Sauna Solarium 🍽
Rezeption: 8-21
* Hauptgericht 30; Terrasse; geschl: Di

** Seeschlößchen
Damenpfad 13, ⊠ 26548, ☎ (0 49 32) 9 38 50, Fax 8 10 46
14 Zi, Ez: 79-89, Dz: 90-102, 1 App, ⌐ WC ☎; Lift Sauna Solarium; **garni**

** Inselhotel Bruns
Lange Str 7, ⊠ 26548, ☎ (0 49 32) 87 50, Fax 87 56 00, AX DC ED VA
50 Zi, Ez: 55-85, Dz: 130-210, 2 Suiten, 20 App, ⌐ WC ☎; Lift 7↔800 Kegeln Sauna Solarium; **garni**
Auch Zimmer der Kategorie * vorhanden

→

Norderney

* Nordstern
Luisenstr 14, ✉ 26548, ☏ (0 49 32) 80 40,
Fax 80 46 66
49 Zi, Ez: 90-169, Dz: 146-238, 1 Suite,
12 App, ⊣ WC ☏; Lift 🅿 ≘ Sauna Solarium
**   Luisengarten und Luisenstube
Hauptgericht 35

* Am Rathaus
Friedrichstr 10, ✉ 26548, ☏ (0 49 32)
9 38 40, Fax 6 85
15 Zi, Ez: 81-91, Dz: 174-184, ⊣ WC ☏;
Sauna Solarium; garni
Rezeption: 8-20

* Friese
Friedrichstr 34, ✉ 26548, ☏ (0 49 32) 80 20,
Fax 8 02 34
48 Zi, Ez: 96-106, Dz: 173, ⊣ WC ☏; Lift
Sauna
geschl: Mi, Mitte Jan-Anfang Mär
Im gegenüberliegenden Gästehaus Zimmer der Kategorie ** vorhanden
*   Hauptgericht 25; geschl: Mi,
Mitte Jan-Anfang Mär

* Austernfischer
Friedrichstr 11, ✉ 26548, ☏ (0 49 32)
9 38 60, Fax 8 10 46
16 Zi, Ez: 63-102, Dz: 160-192, 2 App, ⊣ WC
☏; Sauna Solarium; garni

** Die Ente
Luisenstr 17, ✉ 26548, ☏ (0 49 32) 8 22 26,
Fax 26 08, AX DC ED VA
Hauptgericht 35; nur abends; geschl: Di,
Mitte Nov-Mitte Dez

** Lenz
Benekestr 2, ✉ 26548, ☏ (0 49 32) 22 03,
Fax 22 03, ED
Hauptgericht 45; 12-14, 17.30-23; geschl:
Im Winter Mo + Di mittags, Jan, Feb

** Veltins-Stübchen
Jann-Berghaus-Str 78, ✉ 26548,
☏ (0 49 32) 34 99, Fax 8 42 29, AX DC ED VA
Hauptgericht 40; nur abends; geschl: Mi,
Nov-Dez

* Pidder Lüng
Jann-Berghaus-Str 55, ✉ 26548,
☏ (0 49 32) 36 14, Fax 36 14, AX DC ED VA
Hauptgericht 35; geschl: Di, Mi mittags,
Anfang Nov-Weihnachten

** Central-Café**
Wilhelmstr 1, ✉ 26548, ☏ (0 49 32) 9 11 10,
Fax 91 11 26, DC ED
10-24, im Winter 11-19

Norderney-Außerhalb (5 km →)
** Golf-Hotel
einzeln ☞ ⊰ Am Golfplatz 1, ✉ 26548,
☏ (0 49 32) 89 60, Fax 8 96 66, DC ED VA
25 Zi, Ez: 126-188, Dz: 224-420, 3 Suiten,
2 App, ⊣ WC ☏; 🅿 🖃 2⇔60 ≘ Fitneßraum
Sauna Solarium
geschl: Mitte Nov-Mitte Dez
Golf 9
**   Hauptgericht 35; geschl: Mitte
Nov-Mitte Dez

Norderstedt 18 ↑

Schleswig-Holstein — Kreis Segeberg —
26 m — 70 000 Ew — Hamburg 22 km
ℹ ☏ (0 40) 52 20 80, Fax 5 26 44 32 — Stadtverwaltung, Rathausallee 50, 22846
Norderstedt

*** Park-Hotel
Buckhörner Moor 160, ✉ 22846, ☏ (0 40)
52 65 60, Fax 52 65 64 00, AX DC ED VA
71 Zi, Ez: 155-190, Dz: 175-220, 7 Suiten, ⊣
WC ☏, 8🖃; Lift 🅿 🖃 3⇔130 Fitneßraum
Sauna Solarium; garni

** Wilhelm Busch
Wilhelm-Busch-Platz, ✉ 22850, ☏ (0 40)
5 29 90 00, Fax 52 99 00 19, DC ED VA
65 Zi, Ez: 160, Dz: 200, 1 Suite, ⊣ WC ☏;
Lift 🅿 🖃 Sauna Solarium
**   Entengarten
Hauptgericht 31
*   Wilhelm-Busch-Stube
Hauptgericht 20; Biergarten Terrasse

** Friesenhof
Segeberger Chaussee 86, ✉ 22851,
☏ (0 40) 52 99 20, Fax 52 99 21 00, AX ED VA
40 Zi, Ez: 160-190, Dz: 190-230, 7 App, ⊣
WC ☏, 8🖃; Lift 🅿 🖃; garni

** Lindenhof
Ulzburger Str 94, ✉ 22850, ☏ (0 40)
5 25 24 37, AX ED
Hauptgericht 28; geschl: Mo

Garstedt (2 km ✓)
** Heuberg
Kahlenkamp 2, ✉ 22848, ☏ (0 40) 52 80 70,
Fax 5 23 80 67, AX DC ED VA
43 Zi, Ez: 105-140, Dz: 150-175, 4 Suiten, ⊣
WC ☏, 3🖃; Lift 🅿 🖃; garni

** Maromme
Marommer Str 58, ✉ 22850, ☏ (0 40)
52 10 90, Fax 5 21 09 30, AX DC ED VA
18 Zi, Ez: 125, Dz: 160, ⊣ WC ☏; 🅿 1⇔12;
garni

Glashütte (2 km →)
** Norderstedter Hof
Mittelstr 54, ✉ 22851, ☏ (0 40) 5 24 00 46,
Fax 5 24 83 66, AX DC ED VA
85 Zi, Ez: 120-170, Dz: 145-200, ⊣ WC ☏,
5🖃; Lift 🅿 1⇔18 Sauna Solarium
**   Eichenstuben
Hauptgericht 25; Gartenlokal

** Am Stadtrand
Tangstedter Landstr 508, ✉ 22851,
☏ (0 40) 52 99 90, Fax 52 99 92 99,
AX DC ED VA
27 Zi, Ez: 105-135, Dz: 155-195, ⊣ WC ☏,
5🖃; Lift 🅿 🖃 1⇔25 Sauna Solarium; garni

Nordhorn

** **Zur Glashütte**
Segeberger Chaussee 309, ✉ 22851,
☎ (0 40) 5 29 86 60, Fax 52 98 66 35, ED
16 Zi, Ez: 75-85, Dz: 120-130, ⊿ WC ☏; P
200 ⇔ Kegeln
Rezeption: 6-16
** Hauptgericht 25; nur abends,
Sa+So auch mittags; geschl: Mi, Anfang-
Ende Jul

Harksheide (1 km ↑)
*** **Best Western
Schmöker Hof**
Oststr 18, ✉ 22844, ☎ (0 40) 52 60 70,
Fax 5 26 22 31, AX DC ED VA
122 Zi, Ez: 165-175, Dz: 195-225, 2 Suiten,
⊿ WC ☏, 21 ✉; Lift P 🖃 Fitneßraum Sauna
Solarium
Auch Zimmer der Kategorie ** vorhanden
** Hauptgericht 35

** **Nordic**
Ulzburger Str 387, ✉ 22846, ☎ (0 40)
5 26 85 80, Fax 5 26 67 08, AX DC ED VA
27 Zi, Ez: 108-115, Dz: 138-160, ⊿ WC ☏;
P; garni

Nordhausen 37 □

Thüringen — Kreis Nordhausen — 180 m —
47 000 Ew — Göttingen 82, Halle 90 km
🛈 ☎ (0 36 31) 69 65 40, Fax 69 65 25 —
Nordhausen-Information, Markt 15,
99734 Nordhausen; „Tor zum Südharz".
Sehenswert: Stadtmauer; Dom zum Heiligen Kreuz; Pfarrkirche St. Blasii; Markt,
Altes Rathaus; Finkenburg; Umgebung:
Salza-Quellbad, Salza-Spring

** **Handelshof**
Bahnhofstr 12-13, ✉ 99734, ☎ (0 36 31)
62 50, Fax 62 50 10, AX DC ED VA
38 Zi, Ez: 95-130, Dz: 155-170, 2 Suiten, ⊿
WC ☏, 18 ✉; Lift P 2⇔55; garni

* **City-Hotel**
Wolfstr 11, ✉ 99734, ☎ (0 36 31) 8 02 88,
Fax 8 04 81, AX DC ED VA
42 Zi, Ez: 80-98, Dz: 130-155, 3 Suiten, ⊿
WC ☏; Lift P 1⇔40; garni
* Hauptgericht 20; geschl: So
abends

* **Avena**
Hallesche Str 13, ✉ 99734, ☎ (0 36 31)
60 20 60, Fax 60 20 06, AX ED VA
46 Zi, Ez: 90, Dz: 135-150, ⊿ WC ☏; P;
garni

* **Zur Sonne**
Hallesche Str 8, ✉ 99734, ☎ (0 36 31)
4 89 38, Fax 4 89 37, ED ED
38 Zi, Ez: 85-95, Dz: 100-140, 1 App, ⊿ WC
☏; Lift P 2⇔120 ⍟

Bielen (2 km ↘)
* **Zur Goldenen Aue**
Nordhäuser Str 135, ✉ 99735, ☎ (0 36 31)
60 30 21, Fax 60 30 23, AX ED VA
37 Zi, Ez: 65-93, Dz: 100-140, 2 Suiten,
1 App, ⊿ WC ☏, 7 ✉; P 🖃 2⇔40
* Hauptgericht 15; Gartenlokal

Werther
* **Zur Hoffnung**
an der B 80, ✉ 99734, ☎ (0 36 31) 60 12 16,
Fax 60 08 26
51 Zi, Ez: 80, Dz: 135, ⊿ WC ☏; Lift P 🖃 ⍟

Nordheim a. Main 56 ↑

Bayern — Kreis Kitzingen — 200 m —
1 000 Ew — Volkach 2, Kitzingen 15,
Würzburg 25 km
🛈 ☎ (0 93 81) 4 01 12, Fax 4 01 16 — Verkehrsamt, Rathaus, 97332 Volkach

* **Gasthof Markert**
Am Rain 22, ✉ 97334, ☎ (0 93 81) 47 00,
Fax 33 08, ED
24 Zi, Ez: 65-70, Dz: 95-105, ⊿ WC ☏; P 🖃
1⇔50
* Hauptgericht 20; Terrasse

* **Gästehaus Weininsel**
♂ Mainstr 17, ✉ 97334, ☎ (0 93 81) 28 75,
Fax 64 68
12 Zi, Ez: 50-65, Dz: 75-110, ⊿ WC ☏, 3 ✉
geschl: Mi, Ende Dez-Mitte Jan

Zehnthof-Weinstuben
▽ Hauptstr 2, ✉ 97334, ☎ (0 93 81) 17 02,
Fax 43 79
Hauptgericht 20; Gartenlokal P; geschl:
Mo

Nordhorn 23 □

Niedersachsen — Kreis Grafschaft Bentheim — 22 m — 50 000 Ew — holländische
Grenze 4, Bad Bentheim 16, Lingen 20 km
🛈 ☎ (0 59 21) 3 40 30, Fax 3 22 83 — Verkehrsverein, Firnhaberstr 18, 48529 Nordhorn; Kreisstadt. Sehenswert: Ref. Kirche;
Kornmühle; Alte Schleuse; Kloster Frens-
wegen (3 km ↘)

* **Eichentor**
Bernhard-Niehues-Str 12, ✉ 48529,
☎ (0 59 21) 8986 0, Fax 7 79 48, AX DC ED VA
47 Zi, Ez: 79-100, Dz: 119-150, ⊿ WC ☏; Lift
P 🖃 2⇔100 ⇔ Sauna 〰
Auch Zimmer der Kategorie ** vorhanden

* **Am Stadtring**
Stadtring 31, ✉ 48527, ☎ (0 59 21) 8 83 30,
Fax 7 53 91, AX DC ED VA
41 Zi, Ez: 75-110, Dz: 100-160, ⊿ WC ☏,
5 ✉; Lift P 🖃 4⇔60 Kegeln
** Hauptgericht 30

Nordrach

Nordrach 60 ↓

Baden-Württemberg — Ortenaukreis — 300 m — 1 993 Ew — Wolfach 29, Offenburg 29 km
🛈 ☎ (0 78 38) 92 99 21, Fax 92 99 24 — Verkehrsamt, Im Dorf 29, 77787 Nordrach; Luftkurort im Schwarzwald. Sehenswert: Pfarrkirche St Ulrich; Mooskopf 875 m ≼; Getreidemühle; Schmiede; „Das Nordracher Puppenmuseum"

* **Gasthof Stube**
Im Dorf 28, ✉ 77787, ☎ (0 78 38) 2 02
Hauptgericht 25; 🅿 Terrasse; 🛏; geschl: Di. ab 15, Mi

Nordstrand 9 ←

Schleswig-Holstein — Kreis Nordfriesland — 2 400 Ew — Husum 10, Bredstedt 18 km
🛈 ☎ (0 48 42) 4 54, Fax 81 02 — Kurverwaltung, Schulweg 4, 25845 Nordstrand; Durch einen Damm mit dem Festland verbundene Marschen-Insel, See-Heilbad. Sehenswert: Naturkundliches Informationszentrum Schutzstation Wattenmeer, Naturschutzgebiet Beltringharder Koog, Vogelschutzgebiet Hallig Südfall

Herrendeich
* **Landgasthof Kelting**
Herrendeich 6, ✉ 25845, ☎ (0 48 42) 3 35, Fax 83 55, AX DC ED VA
19 Zi, Ez: 50-90, Dz: 100-130, ⇱ WC; 🅿 Kegeln
geschl: Mo, Ende Jan
* Hauptgericht 28; Biergarten Terrasse; geschl: Mo, Ende Jan

Northeim 36 ↗

Niedersachsen — Kreis Northeim — 110 m — 33 000 Ew — Osterode 20, Göttingen 21, Hildesheim 66 km
🛈 ☎ (0 55 51) 6 36 50, Fax 36 96 — Fremdenverkehrsverein, Am Münster 30, 37154 Northeim; Stadt im westlichen Harzvorland. Sehenswert: Spätgotische Hallenkirche St. Sixti (1519); ehem. Hl.-Geist-Hospital; Fachwerkbauten; Teile der Stadtbefestigung (Brauereiturm)

** **Schere**
Breite Str 25, ✉ 37154, ☎ (0 55 51) 96 90, Fax 96 91 96, AX DC ED VA
38 Zi, Ez: 110-200, Dz: 160-220, 1 Suite, ⇱ WC; Lift 🅿 🖬 3⇌40
Golf 18
* Hauptgericht 25; Terrasse

Northeim-Außerhalb (2 km ←)
* **Leineturm**
Leineturm 1, ✉ 37154, ☎ (0 55 51) 9 78 50, Fax 97 85 22, AX DC ED VA
Hauptgericht 30; geschl: Mo
* 8 Zi, Ez: 85-95, Dz: 150-160, ⇱ WC ☎; 🅿 🖬
geschl: Anfang Jan

Northeim-Außerhalb (2 km →)
* **Waldhotel Gesundbrunnen**
einzeln ♂ ✉ 37154, ☎ (0 55 51) 60 70, Fax 60 72 00, DC ED VA
72 Zi; Ez: 110-135, Dz: 150-195, S; ⇱ WC ☎; Lift 🅿 🖬 9⇌120 Kegeln Sauna 🍽

Nortorf 10 ↓

Schleswig-Holstein — Kreis Rendsburg-Eckernförde — 32 m — 6 900 Ew — Neumünster 16, Rendsburg 24 km
🛈 ☎ (0 43 92) 48 66, Fax 40 12 17 — Fremdenverkehrsverein, Niedernstr 6, 24589 Nortorf

** **Kirchspiels Gasthaus**
Große Mühlenstr 9, ✉ 24589, ☎ (0 43 92) 49 22, Fax 34 54, AX DC ED VA
20 Zi, Ez: 70-130, Dz: 100-170, 1 Suite, ⇱ WC ☎; 🅿 🖬 2⇌50 Kegeln
** Hauptgericht 30; Terrasse

Nothweiler 60 ↘

Rheinland-Pfalz — Kreis Primasens — 272 m — 219 Ew — Bad Bergzabern 20, Pirmasens 30 km
🛈 ☎ (0 63 91) 58 11, Fax 13 62 — Verbandsgemeindeverwaltung, Schulstr 29, 66894 Dahn; Erholungsort im Naturpark Pfälzer Wald. Sehenswert: Eisenerzbergwerk; Burgruine Wegelnburg

* **Wegelnburg**
Hauptstr 15, ✉ 76891, ☎ (0 63 94) 2 84, Fax 50 49
8 Zi; Ez: 60-75, Dz: 100-120, ⇱ WC ☎, 8🖃; 🅿 🍽
Rezeption: 10-24; geschl: Mo, Di, Mitte Nov-Mitte Dez

Nottuln 33 ↑

Nordrhein-Westfalen — Kreis Coesfeld — 100 m — 16 300 Ew — Coesfeld 11, Dülmen 16, Münster 26 km
🛈 ☎ (0 25 02) 80 22 24, Fax 80 21 18 — Gemeindeverwaltung, Stiftsplatz 7, 48301 Nottuln; Ort im Münsterland. Sehenswert: Kath. Kirche St. Martin; Ortskern

Nottuln-Außerhalb (2 km ↗)
** **Steverburg**
≼ einzeln ⚐ Baumberg 6, ✉ 48301, ☎ (0 25 02) 94 30, Fax 98 76, DC ED VA
Hauptgericht 35; 🅿 Terrasse; geschl: Do
** einzeln ♂ ≼ 19 Zi, Ez: 80-100, Dz: 150-160, ⇱ WC ☎, 4🖃; 2⇌30

Stevern (3 km →)
* **Gasthaus Stevertal**
Stevern 36, ✉ 48301, ☎ (0 25 02) 9 40 10, Fax 94 01 49
Hauptgericht 25; 🅿 Terrasse
* 7 Zi, Ez: 75, Dz: 130, ⇱ WC ☎

Nümbrecht 43 ↗

Nordrhein-Westfalen — Oberbergischer Kreis — 360 m — 15 783 Ew — Waldbröl 8, Gummersbach 22, Siegburg 37 km
🅸 ☎ (0 22 93) 30 20, Fax 29 01 — Gemeindeverwaltung, Hauptstr 16, 51588 Nümbrecht; heilklimatischer Kurort im Oberbergischen Land; Sportpark inkl. öffentl. Golf-Center. Sehenswert: Schloßkirche; Schloß Homburg; hist. Postkutschlinie

*** Park-Hotel
♣ Parkstr, ✉ 51588, ☎ (0 22 93) 30 30, Fax 30 33 65, AX DC ED VA
89 Zi, Ez: 143-188, Dz: 194-252, ⌁ WC ☎, 10⌁; Lift 🅿 12⇔390 ⌇ Fitneßraum Kegeln Sauna Solarium ⌁
geschl: Anfang Jan
Golf 6; Tennis 6

** Park-Stuben
Hauptgericht 38; Terrasse; geschl: Anfang Jan

** Derichsweiler Hof
♣ ⌁ Jacob-Engel-Str 22, ✉ 51588, ☎ (0 22 93) 60 61, Fax 42 22, AX ED
55 Zi, Ez: 120-140, Dz: 160, ⌁ WC ☎; Lift 🅿 6⇔80 Fitneßraum Kegeln Sauna Solarium
geschl: Mo
** Hauptgericht 30; geschl: Mo, Aug

** Olivers Gasthaus
Hauptstr 52, ✉ 51588, ☎ (0 22 93) 9 11 10, ED VA
Hauptgericht 37, 🅿; geschl: Mo, Feb
** 4 Zi, Ez: 150-190, Dz: 175-240, ⌁ WC ☎; geschl: Mo, Feb

Nürburg 43 ↙

Rheinland-Pfalz — Kreis Ahrweiler — 620 m — 200 Ew — Daun 22, Blankenheim 31, Cochem 40 km
🅸 ☎ (0 26 91) 23 04, Fax 86 84 — Verkehrsverein, Neuhausstr 4, 53520 Nürburg; Luftkurort in der Eifel. Sehenswert: Nürburg ⌁; Nürburgring mit Grand-Prix-Strecke und der historischen Rennstrecke „Nordschleife". Rundfahrten mit eigenem Pkw sind möglich. Informationen ☎ (0 26 91) 30 20; Rennsportmuseum, geöffnet täglich 10-18

*** Dorint Hotel Nürburgring
⌁ Grand-Prix-Strecke, ✉ 53520, ☎ (0 26 91) 30 90, Fax 30 94 60, AX DC ED VA
138 Zi, Ez: 220-450, Dz: 260-550, 3 Suiten, ⌁ WC ☎; Lift 🅿 🅿 6⇔280 ⌇ Kegeln Sauna Solarium

** Fascination
⌁ Hauptgericht 35; Terrasse

* Am Tiergarten
Kirchweg 4, ✉ 53520, ☎ (0 26 91) 9 22 00, Fax 79 11, AX DC ED VA
34 Zi, Ez: 50-145, Dz: 100-160, ⌁ WC ☎; 🅿 🅿 1⇔25 ⍦ ⌁

* Zur Burg
♣ ⌁ Burgstr 4, ✉ 53520, ☎ (0 26 91) 75 75, Fax 77 11, AX DC ED VA
34 Zi, Ez: 75-100, Dz: 120-180, 1 Suite, ⌁ WC ☎; 🅿 2⇔50 Sauna Solarium ⍦
geschl: Mitte Nov.-Ende Dez.
Auch einfachere Zimmer vorhanden

Nürnberg 57 ↓

Bayern — Stadtkreis — 340 m — 496 000 Ew — Würzburg 105, München 165, Stuttgart 190 km
🅸 ☎ (09 11) 2 33 60, Fax 2 33 61 66 — Tourismus-Zentrale, Frauentorgraben 3, 90443 Nürnberg; Stadt an der Pegnitz mit wertvollen Kunstschätzen; Universität; Fachhochschule; Akademie der bildenden Künste; Opernhaus; Schauspielhaus, Kammerspiele; Flughafen (6 km ↑), Hafen am Main-Donau-Kanal (3 km ↓)

Sehenswert: Ev. Sebalduskirche mit Sebaldusgrab; ev. Lorenzkirche: Engelsgruß und Sakramentshäuschen; kath. Frauenkirche: Tucheraltar und Vorhalle, täglich 12 Uhr „Männleinlaufen" des Kunstuhrwerks; ev. Kirche St. Egidien; kath. Kirche St. Elisabeth; Hl.-Geist-Spital mit Innenhöfen; Johannisfriedhof (Grabdenkmäler: Dürer u.a.); Kaiserburg ⌁; Stadtmauer (5 km) mit Toren und Türmen; Rathaus; Weinstadel mit Henkersteg; Mauthalle; Unschlitthaus; Nassauer Haus; Handwerkerhof „Nürnberg" (am Königstor); Planetarium; Brunnen: Schöner Brunnen, Tugendbrunnen; Gänsemännchenbrunnen; Hanselbrunnen; Apollobrunnen; Neptunbrunnen; Hans-Sachs-Brunnen („Ehekarussell"); Puttenbrunnen; Museen: Germanisches Nationalmuseum; Albrecht-Dürer-Haus; Stadtmuseum im Fembohaus; Museum Natur und Mensch; Gewerbemuseum (Kunstgewerbe); Museum Industriekultur; Verkehrsmuseum; Spielzeugmuseum; Uhrenmuseum; Schulmuseum; Kunsthalle; Tucherschlößchen; Altstadthof mit Museumsbrauerei und Felsengängen

Außenbezirke: Tiergarten und Delphinarium (5 km →); ev. Kirche in Katzwang: Hochaltar (10 km ↓); Wehrkirche in Kraftshof (8 km ↑); Patrizierschlößchen (Jagdsammlung) in Neunhof (9 km ↑)

Messen:
Int. Spielwarenmesse 30.1.-5.2.97

Stadtplan siehe Seiten 788-789

**** Grand Hotel
Bahnhofstr 1 (D 3), ✉ 90402, ☎ (09 11) 2 32 20, Fax 2 32 24 44, AX DC ED VA
182 Zi, Ez: 199-385, Dz: 320-410, 4 Suiten, ⌁ WC ☎, 41⌁; Lift 🅿 🅿 5⇔250 Fitneßraum Sauna Solarium
Auch Zimmer der Kategorie *** vorhanden
*** Hauptgericht 23 →

Nürnberg

*** **Maritim**
Frauentorgraben 11 (D 4), ✉ 90443,
☎ (09 11) 2 36 30, Fax 2 36 38 36,
AX DC ED VA
307 Zi, Ez: 235-395, Dz: 288-478, S;
9 Suiten, 🛏 WC ☎, 94 📺; Lift 🅿 9 ⇨ 800 ⛱
Fitneßraum Sauna Solarium

*** **Die Auster** 👨‍🍳
Hauptgericht 45; nur abends; geschl:
so + feiertags, Aug

** **Nürnberger Stuben**
Hauptgericht 40

Die von uns genannten Ruhetage und
Ruhezeiten werden von den Betrieben gelegentlich kurzfristig geändert.

*** **Holiday Inn Crowne Plaza**
⚑ Valznerweiherstr 200, ✉ 90480,
☎ (09 11) 4 02 90, Fax 40 40 67, AX DC ED VA
149 Zi, Dz: 275-375, S; 3 Suiten, 🛏 WC ☎,
52 📺; Lift 🅿 20 ⇨ 350 ≋ ⛱ Fitneßraum
Sauna Solarium

*** **Rhapsody**
Hauptgericht 30; Terrasse

✉ Der Hinweis auf Nichtraucherzimmer
zeigt Ihnen an, daß sich in diesem Hotel
Zimmer befinden, in denen nicht geraucht
werden darf. Die vorangestellte Ziffer bezieht sich auf die Anzahl der vorhandenen
Nichtraucherzimmer wie sie der Redaktion
vom Hotelbetrieb genannt wurden.

Nürnberg

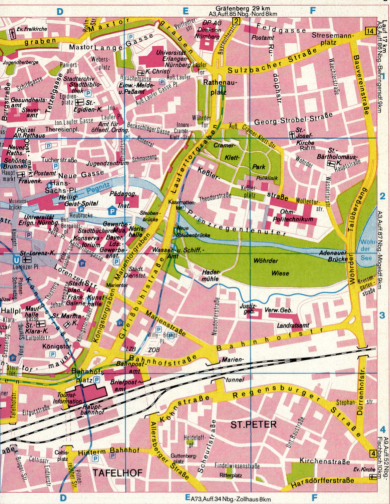

★★★ Atrium Hotel
♘ Münchener Str 25, ✉ 90478, ☎ (09 11)
4 74 80, Fax 4 74 84 20, AX DC ED VA
200 Zi, Ez: 159-299, Dz: 180-348, S;
5 Suiten, ⌁ WC ☎, 50🛏; Lift 🅿 🚗 5⇔200
🍴 Fitneßraum Kegeln Sauna Solarium

★★ Rôtisserie Médoc
Hauptgericht 35; Terrasse; geschl:
26.12.-7.1.

★★ Appart Hotel Tassilo
Tassilostr 21, ✉ 90429, ☎ (09 11) 3 26 66,
Fax 3 26 67 99, AX DC ED VA
78 Zi, Ez: 155-210, Dz: 210-285, 1 Suite, ⌁
WC ☎, 7🛏; Lift 🅿 🚗 2⇔56 Sauna 🍴
geschl: Ende Dez

★★ Nestor
Bucherstr 125, ✉ 90419, ☎ (09 11) 3 47 60,
Fax 3 47 61 13, AX DC ED VA
74 Zi, Ez: 137-290, Dz: 159-340, S; 1 Suite,
⌁ WC ☎, 15🛏; Lift 🅿 🚗 Sauna Solarium

★★ Hauptgericht 30; Terrasse

★★ Austrotel
Kaulbachstr 1 (C 1), ✉ 90408, ☎ (09 11)
3 65 70, Fax 3 65 74 88, AX DC ED VA
121 Zi, Ez: 118-320, Dz: 137-390, S;
15 Suiten, 30 App, ⌁ WC ☎, 10🛏; Lift 🚗
Fitneßraum Sauna →

🚗 Unterstellmöglichkeiten für Fahrzeuge
oder Einzelgaragen

Nürnberg

★★ Intercity Hotel
Eilgutstr 8 (D 4), ✉ 90443, ☎ (09 11) 2 47 80, Fax 2 47 89 99, AX DC ED VA
158 Zi, Ez: 185-275, Dz: 235-340, S; ⇄ WC ☎, 47◨; Lift 5⇄90 ⦿
Im Zimmerpreis ist die Nutzung des öffentlichen Nahverkehrs enthalten

★★ Wöhrdersee Hotel Mercure
Dürrenhofstr 8 (F3), ✉ 90402, ☎ (09 11) 9 94 90, Fax 9 94 94 44, AX DC ED VA
145 Zi, Ez: 130-265, Dz: 150-315, 3 Suiten, ⇄ WC ☎, 31◨; Lift P ⎕ 6⇄180 Fitneßraum Sauna Solarium
★★ Hauptgericht 26; P Terrasse

★★ Loew's Hotel Merkur (Ringhotel)
Pillenreuther Str 1 (D 4), ✉ 90459, ☎ (09 11) 44 02 91, Fax 45 90 37, AX DC ED VA
190 Zi, Ez: 150-240, Dz: 180-320, S;
2 Suiten, ⇄ WC ☎, 5◨; Lift P ⎕ 12⇄170 ⦿ Sauna Solarium ⦿

★★ Dürer Hotel (Top International Hotel)
Neutormauer 32 (C 1), ✉ 90403, ☎ (09 11) 20 80 91, Fax 22 34 58, AX DC ED VA
100 Zi, Ez: 180-210, Dz: 215-275, S;
5 Suiten, ⇄ WC ☎; Lift ⎕ Fitneßraum Sauna Solarium; garni

★★ Advantage
Dallinger Str 5, ✉ 90459, ☎ (09 11) 9 45 50, Fax 9 45 52 00, AX DC ED VA
50 Zi, Ez: 109-169, Dz: 149-219, S; 2 Suiten, 3 App, ⇄ WC ☎; Lift P Fitneßraum Sauna Solarium ⦿

★★ Am Jakobsmarkt
Schottengasse 5 (C 3), ✉ 90402, ☎ (09 11) 2 00 70, Fax 2 00 72 00, AX DC ED VA
70 Zi, Ez: 146-162, Dz: 204-224, 3 Suiten, 4 App, ⇄ WC ☎; Lift P ⎕ Fitneßraum Sauna Solarium; garni
geschl: Ende Dez-Anfang Jan
Golf 18

★★ Avenue
Josephplatz 10 (C 2), ✉ 90403, ☎ (09 11) 24 40 00, Fax 24 36 00, AX DC ED VA
40 Zi, Ez: 135-195, Dz: 195-235, 1 Suite, ⇄ WC ☎; Lift P ⎕ 1⇄25; garni
geschl: Ende Dez-Mitte Jan

★★ Garden-Hotel
Vordere Ledergasse 12 (C 2), ✉ 90403, ☎ (09 11) 20 50 60, Fax 2 05 06 60, AX DC ED VA
33 Zi, Ez: 128-179, Dz: 180-235, ⇄ WC ☎; Lift; garni

★★ Senator
Landgrabenstr 25, ✉ 90443, ☎ (09 11) 4 18 09 71, Fax 4 18 09 78, AX DC ED VA
72 Zi, Ez: 100-185, Dz: 120-235, 5 Suiten, ⇄ WC ☎; Lift P ⎕ Sauna Solarium; garni

★★ Prinzregent
Prinzregentenufer 11 (E 2), ✉ 90489, ☎ (09 11) 53 31 07, Fax 55 62 36, AX DC ED VA
34 Zi, Ez: 99-195, Dz: 140-240, ⇄ WC ☎, 8◨; Lift P ⎕; garni
geschl: Ende Dez-Anfang Jan
Golf 18

★★ Amas
Allersberger Str 34, ✉ 90461, ☎ (09 11) 9 44 40, Fax 9 44 44 44, AX DC ED VA
59 Zi, Ez: 98-218, Dz: 139-238, ⇄ WC ☎, 10◨; Lift P 2⇄40 ⦿
Auch Zimmer der Kategorie ★ vorhanden

★★ Romantik Hotel Am Josephsplatz
Josephplatz 30 (C 2), ✉ 90403, ☎ (09 11) 24 11 56, Fax 24 31 65, AX ED VA
30 Zi, Ez: 130-200, Dz: 180-250, 6 Suiten, ⇄ WC ☎, 6◨; Lift 1⇄12 Fitneßraum Sauna Solarium; garni
geschl: Ende Dez-Anfang Jan

★ Amare
Zufuhrstr 10 (C 4), ✉ 90443, ☎ (09 11) 9 29 40, Fax 9 29 41 00, AX DC ED VA
35 Zi, Ez: 89-198, Dz: 129-258, ⇄ WC ☎; Lift ⎕ Sauna Solarium; garni
geschl: Ende Dez-Anfang Jan

★ Burghotel
Lammsgasse 3 (C 1), ✉ 90403, ☎ (09 11) 20 44 14, Fax 22 38 82, AX DC ED VA
41 Zi, Ez: 118-135, Dz: 170-190, 5 Suiten, ⇄ WC ☎, 9◨; Lift ⎕ ⦿ Sauna Solarium; garni
Auch Zimmer der Kategorie ★★ vorhanden

★ Astoria
Weidenkellerstr 4 (C 4), ✉ 90443, ☎ (09 11) 20 85 05, Fax 24 36 70, AX DC ED VA
30 Zi, Ez: 110-180, Dz: 140-220, ⇄ WC ☎; Lift P 1⇄80

★ Merian
Unschlittplatz 7 (C 2), ✉ 90403, ☎ (09 11) 20 41 94, Fax 22 12 74, AX DC ED VA
21 Zi, Ez: 130-125, Dz: 180-160, ⇄ WC ☎; ⦿

★ Lux Inn
Zufuhrstr 22 (B 4), ✉ 90443, ☎ (09 11) 2 77 60, Fax 2 77 61 00, AX DC ED VA
102 Zi, Ez: 99-359, Dz: 139-399, 1 App, ⇄ WC ☎, 37◨; Lift P 3⇄60 Sauna Solarium

★ Viva
Sandstr 4 (C 4), ✉ 90443, ☎ (09 11) 24 00-0, Fax 2 40 04 99, AX ED VA
153 Zi, Ez: 135-325, Dz: 170-350, ⇄ WC ☎, 32◨; Lift 5⇄120 Sauna Solarium ⦿

★ Fackelmann
Essenweinstr 10 (C 4), ✉ 90443, ☎ (09 11) 20 68 40, Fax 2 06 84 60, AX ED VA
34 Zi, Ez: 60-130, Dz: 110-190, ⇄ WC ☎; Lift P Fitneßraum Sauna Solarium; garni
geschl: 23.12.96-6.1.97

→

Deutschlands bekannteste Burg.

Symbol für millionenfache Sicherheit.

In ganz Deutschland zuhause.

Wir nehmen uns gern Zeit für Sie.

NÜRNBERGER
VERSICHERUNGSGRUPPE
Rathenauplatz 12-18
90489 Nürnberg
Telefon (09 11) 5 31-5

Schutz und Sicherheit im Zeichen der Burg

NÜRNBERGER

Nürnberg

* Ibis Marientor
Königstorgraben 9 (D 3), ✉ 90402,
☎ (09 11) 2 40 90, Fax 2 40 94 13,
AX DC ED VA
152 Zi, Ez: 135-185, Dz: 150-250, S; ⊣ WC
☎, 20✉; Lift 🅿 2⟲50; garni

* Drei Raben
Königstr 63 (D 3), ✉ 90402, ☎ (09 11)
20 45 83, Fax 23 26 11, AX DC ED VA
32 Zi, Ez: 80-160, Dz: 100-200, ⊣ WC ☎,
16✉; Lift; garni

* Ibis Plärrer
Steinbühler Str 2 (B 4), ✉ 90443, ☎ (09 11)
2 37 10, Fax 22 33 19, AX DC ED VA
155 Zi, Ez: 124-185, Dz: 139-200, ⊣ WC ☎,
15✉; Lift 🅿 5⟲100 ⌘

* Weinhaus Steichele
(Flair Hotel)
Knorrstr 2 (C 3), ✉ 90402, ☎ (09 11)
20 43 77, Fax 22 19 14, AX DC ED VA
52 Zi, Ez: 90-130, Dz: 140-190, ⊣ WC ☎; Lift
🅿

* Weinhaus
⊗ Hauptgericht 18; geschl: so + feiertags

* Petzengarten
Wilhelm-Spaeth-Str 47, ✉ 90461,
☎ (09 11) 94 95 60, Fax 9 49 56 99,
AX DC ED VA
32 Zi, Ez: 100-135, Dz: 145-190, ⊣ WC ☎;
Lift 🅿 2⟲120 ⌘
geschl: So ab 14, 25.12-30.12

** Essigbrätlein
⊗ Weinmarkt 3 (C 1), ✉ 90403, ☎ (09 11)
22 51 31, AX DC ED VA
Hauptgericht 40; geschl: So + Mo + Sa
mittags, 2 Wochen im Jan, 2 Wochen im
Jul

** Hirschmann's
An der Fleischbrücke 1 (C 2), ✉ 90403,
☎ (09 11) 22 26 33, Fax 20 91 08, AX ED VA
Hauptgericht 30

** Goldenes Posthorn
⊗ Glöckleinsgasse 2 (C1), ✉ 90403,
☎ (09 11) 22 51 53, Fax 2 41 82 83,
AX DC ED VA
Hauptgericht 24; 🅿 Terrasse; geschl: So
außer im Dez

* Herrenbräu
Am schönen Brunnen
◁ Hauptmarkt 17 (D 2), ✉ 90403, ☎ (09 11)
22 42 52, Fax 24 10 68, AX DC ED VA
Hauptgericht 25

Bratwurstküche im Herrenbräu
Hauptgericht 15

Historische Bratwurstküche
St. Lorenz
⊗ Zirkelschmiedsgasse 26 (C 3), ✉ 90402,
☎ (09 11) 22 22 97, Fax 22 76 95
Hauptgericht 15; 11-22; geschl: so + feiertags

Kröll
◁ Hauptmarkt 6 (D 2), ✉ 90403, ☎ (09 11)
22 75 11
9-19
Spezialität: Elisenlebkuchen

Altenfurt (8 km ↘)

** Treff Landhotel
Oelser Str 2, ✉ 90475, ☎ (09 11) 83 60 88,
Fax 83 75 25, AX DC ED VA
70 Zi, Ez: 180-360, Dz: 220-360, S; ⊣ WC ☎,
5✉; Lift 🅿 4⟲150 Fitneßraum Sauna
Solarium ⌘

* Daucher
Habsburgerstr 9, ✉ 90475, ☎ (09 11)
83 56 99, Fax 83 60 53, AX DC ED VA
50 Zi, Ez: 85, Dz: 130, ⊣ WC ☎; 🅿 Fitneßraum Sauna Solarium ⌘
geschl: So, Ende Dez-Anfang Jan

Boxdorf (8 km ↑)

** Landhotel Schindlerhof ♛
(Landidyll Hotel)
♂ Steinacher Str 8, ✉ 90427, ☎ (09 11)
9 30 20, Fax 9 30 26 20, AX DC ED VA
71 Zi, Ez: 170-210, Dz: 230-270, ⊣ WC ☎,
10✉; 🅿 3⟲38 Fitneßraum Sauna
Golf 9
** Hauptgericht 35; Biergarten

Buch (6 km ↘)

** Bammes
Bucher Hauptstr 63, ✉ 90427, ☎ (09 11)
38 13 03, Fax 34 63 13, AX DC ED VA
Hauptgericht 40; 🅿 Terrasse; geschl:
So + Mo abends

Eibach (7 km ↓)

** Arotel
(Top International Hotel)
Eibacher Hauptstr 135, ✉ 90451, ☎ (09 11)
9 62 90, Fax 6 49 30 52, AX DC ED VA
50 Zi, Ez: 170-210, Dz: 215-280, S; 21 App,
⊣ WC ☎; Lift 🅿 5⟲100 Sauna Solarium

** Frankenland
Hauptgericht 39; Biergarten

* Am Hafen
Isarstr 37, ✉ 90451, ☎ (09 11)
6 49 30 78 + 79, Fax 64 47 78, AX DC ED VA
29 Zi, Ez: 105-115, Dz: 145-160, ⊣ WC ☎,
19✉; 🅿 Sauna; garni
Rezeption: 6-21, Sa + So 7-13; geschl:
Ende Dez-Anfang Jan

Erlenstegen (5 km ↗)

*** Entenstub'n
einzeln, Günthersbühler Str 145, ✉ 90491,
☎ (09 11) 5 98 04 13, Fax 5 98 05 59, AX ED
Hauptgericht 45; geschl: So, Mo, Sa mittags, 1.-10.1.97

** Goldener Stern
Erlenstegenstr 95, ✉ 90491, ☎ (09 11)
59 94 88, Fax 59 97 00, ED
Hauptgericht 26; Biergarten 🅿; geschl: Mo

Nürnberg

Fischbach (9 km ↘)
✱ Fischbacher Stuben
Hutbergstr 2, ✉ 90475, ☎ (09 11) 83 10 11, Fax 83 24 73, AX DC ED VA
7 Zi, Ez: 90-125, Dz: 120-170, 5 App, ⌂ WC ☎; 🅿 🏠; garni

✱✱✱ Schelhorn
Am Schloßpark 2, ✉ 90475, ☎ (09 11) 83 24 24, AX DC ED VA
Hauptgericht 30; geschl: Mo

Gebersdorf (8 km ↙)
✱✱✱ Süd-West-Park Hotel
◂ Südwestpark 5, ✉ 90449, ☎ (09 11) 6 70 60, Fax 67 20 71, AX ED VA
252 Zi, Ez: 140-160, Dz: 188-200, ⌂ WC ☎, 10⍟; Lift 🏠 8⟳250 Sauna ᴛᴏɪ
geschl: 23.12.96-10.1.97

Gleißhammer (4 km ↘)
✱✱✱ Queens Hotel
Münchener Str 283, ✉ 90471, ☎ (09 11) 9 46 50, Fax 46 88 65, AX DC ED VA
141 Zi, Ez: 199-428, Dz: 271-473, S; 1 Suite, ⌂ WC ☎, 26⍟; Lift 🅿 7⟳195 Fitneßraum Sauna Solarium

✱✱ Puppenstube
Hauptgericht 33; Terrasse; geschl: Ende Dez-Anfang Jan

Gostenhof (1 km ←)
✱✱ Maximilian
Obere Kanalstr 11 (A 3), ✉ 90429, ☎ (09 11) 9 29 50, Fax 9 29 56 10, AX DC ED VA
56 Zi, Ez: 84-235, Dz: 113-250, 38 Suiten, 231 App, ⌂ WC ☎, 3⍟; Lift 🏠 Fitneßraum Sauna Solarium ᴛᴏɪ
Auch Zimmer der Kategorie ✱ vorhanden. Appartements nur für Langzeitvermietung

Großgründlach/Reutles (10 km ↑)
✱ Höfler
♂ Reutleser Str 61, ✉ 90427, ☎ (09 11) 30 50 73, Fax 30 66 21, AX DC ED VA
35 Zi, Ez: 135-180, Dz: 150-200, ⌂ WC ☎; 🅿 🏠 ≈ Fitneßraum Sauna Solarium ᴛᴏɪ
geschl: Ende Dez-Anfang Jan
Auch Zimmer der Kategorie ✱✱ vorhanden

✱ Käferstein
♂ Reutleser Str 67, ✉ 90427, ☎ (09 11) 9 36 93-0, Fax 93 63 3-33, AX DC ED VA
42 Zi, Ez: 100-190, Dz: 140-230, ⌂ WC ☎, 10⍟; 🅿 🏠 1⟳20 ≈ Fitneßraum Sauna Solarium; garni
Auch Zimmer der Kategorie ✱✱ vorhanden

Großreuth
✱✱ Rottner
✧ Winterstr 15, ✉ 90431, ☎ (09 11) 61 20 32, Fax 61 37 59, AX DC ED VA
Hauptgericht 40; Biergarten Gartenlokal
🅿; geschl: So, Sa mittags, Anfang Jan

Kraftshof (8 km ↑)
✱✱✱ Schwarzer Adler
✧ Kraftshofer Hauptstr 166, ✉ 90427, ☎ (09 11) 30 58 58, Fax 30 58 67, AX DC ED VA
Hauptgericht 50; Gartenlokal

✱✱ Gasthof Alte Post
✧ Kraftshofer Hauptstr 164, ✉ 90427, ☎ (09 11) 30 58 63, Fax 30 56 54, AX DC ED VA
Hauptgericht 30

Langwasser (7 km ↘)
✱✱ Best Western Arvena Park
Görlitzer Str 51, ✉ 90473, ☎ (09 11) 8 92 20, Fax 8 92 21 15, AX DC ED VA
244 Zi, Ez: 110-349, Dz: 160-429, S; 6 Suiten, ⌂ WC ☎, 53⍟; Lift 🅿 🏠 15⟳580 Fitneßraum Sauna Solarium
geschl: Ende Dez-Anfang Jan

✱✱ Arve
Hauptgericht 38; Biergarten Terrasse; geschl: Aug

✱✱ Novotel
Münchener Str 340, ✉ 90471, ☎ (09 11) 8 12 60, Fax 8 12 61 37, AX DC ED VA
117 Zi, Ez: 189, Dz: 232, ⌂ WC ☎, 32⍟; Lift 🅿 8⟳200 ≈ Sauna Solarium ᴛᴏɪ

✱✱ Best Western Hotel Arvena Messe
Bertolt-Brecht-Str 2, ✉ 90471, ☎ (09 11) 8 12 30, Fax 8 12 31 15, AX DC ED VA
101 Zi, Ez: 110-295, Dz: 160-345, S; ⌂ WC ☎, 9⍟; Lift 🅿 🏠 3⟳80 Fitneßraum Sauna Solarium; garni
geschl: Ende Dez-Anfang Jan, Anfang Aug-Ende Aug
Auch Zimmer der Kategorie ✱ vorhanden

✱ Langwasser
Thomas-Mann-Str 71, ✉ 90471, ☎ (09 11) 09 11, Fax 86 99 87, ED
30 Zi, Ez: 118, Dz: 168, ⌂ WC ☎; Lift 🅿; garni
geschl: Ende Dez-Anfang Jan

✱✱✱ Funk
Breslauer Str 350, ✉ 90471, ☎ (09 11) 80 48 08, Fax 89 86 59, AX DC ED VA
Hauptgericht 65; 🅿; nur abends; geschl: Mo

Laufamholz (7 km ↗)
✱ Parkhotel
Brandstr 64, ✉ 90482, ☎ (09 11) 95 07 00, Fax 9 50 70 70, AX ED VA
21 Zi, Ez: 108-128, Dz: 138-168, ⌂ WC ☎; 🅿 🏠; garni
geschl: Ende Dez-Anfang Jan

Lohe (5 km ↑)
✱✱✱ Mövenpick Hotel Cadettt
Flughafenstr 100, ✉ 90411, ☎ (09 11) 3 50 10, Fax 3 50 13 50, AX DC ED VA
150 Zi, Ez: 120-237, Dz: 162-195, S; ⌂ WC ☎, 75⍟; Lift 🏠 23⟳200 Fitneßraum Sauna Solarium; **garni** →

Nürnberg

<mark>Sankt Jobst</mark> (4 km ↗)
* **Erlenstegen**
Äußere Sulzbacher Str 157, ✉ 90491,
☎ (09 11) 59 10 33, Fax 59 10 36, AX ED VA
40 Zi, Ez: 115-155, Dz: 165-215, ⌐ WC ☏;
Lift P garni
geschl: Ende Dez-Anfang Jan

<mark>Schoppershof</mark> (3 km ↗)
* **Cristal**
Willibaldstr 7, ✉ 90491, ☎ (09 11) 56 40 04,
Fax 56 40 06, AX DC ED VA
42 Zi, Ez: 105-120, Dz: 115-160, ⌐ WC ☏;
Lift P 🍴 Sauna Solarium; garni
Auch Zimmer der Kategorie ** vorhanden

* **Drei Linden
   (Minotel)**
Äußere Sulzbacher Str 1, ✉ 90489,
☎ (09 11) 53 32 33, Fax 55 40 47,
28 Zi, Ez: 110-140, Dz: 160-190, ⌐ WC ☏; P
🍴 1⇔40
Auch Zimmer der Kategorie ** vorhanden
** Hauptgericht 30; Biergarten

* **Klughardt**
Tauroggenstr 40, ✉ 90491, ☎ (09 11)
91 98 80, Fax 59 59 89, AX DC ED VA
31 Zi, Ez: 99-125, Dz: 150-175, ⌐ WC ☏; P
🍴; garni
geschl: 24.12.96-6.1.97
Auch Zimmer der Kategorie ** vorhanden

** **Quo Vadis „Bei Pino"**
Elbinger Str 28, ✉ 90491, ☎ (09 11)
51 55 53, Fax 5 10 90 33, AX VA
Hauptgericht 35; P Terrasse; geschl: Mi,
Aug

<mark>Thon</mark> (3 km ↑)
* **Kreuzeck**
Schnepfenreutherweg 1/Erlanger Str,
an der B 4, ✉ 90425, ☎ (09 11) 3 49 61,
Fax 38 33 04, AX DC ED VA
32 Zi, Ez: 85-140, Dz: 95-180, 1 App, ⌐ WC
☏; P 🍴 ⓎⓄⓁ
Auch Zimmer der Kategorie ** vorhanden

<mark>Worzeldorf</mark> (15 km ↓)
*** **Zirbelstube**
Friedrich-Overbeck-Str 1, ✉ 90455,
☎ (09 11) 99 88 20, Fax 9 98 82 20
Hauptgericht 45; Gartenlokal P; nur
abends; geschl: So + Mo, 1 Woche im Feb,
3 Wochen im Sommer
* 8 Zi, Ez: 130-150, Dz: 180-200, ⌐
WC ☏
Rezeption: 18-23; geschl: So, Mo, 1 Woche
im Feb, 3 Wochen im Sommer

<mark>Ziegelstein</mark> (4 km ↗)
* **Alpha**
Ziegelsteinstr 197, ✉ 90411, ☎ (09 11)
95 24 50, Fax 9 52 45 45, AX DC ED VA
24 Zi, Ez: 99-109, Dz: 130, ⌐ WC ☏; Lift P
🍴; garni

Nürtingen 61 ↘

Baden-Württemberg — Kreis Esslingen —
291 m — 39 000 Ew — Reutlingen 25,
Stuttgart 28 km
ℹ ☎ (0 70 22) 7 50, Fax 7 53 80 — Stadtverwaltung, Marktstr 7, 72662 Nürtingen;
Stadt am Neckar. Sehenswert: Ev. Kirche
St. Laurentius; Rathaus; hist. Stadtkern;
Hölderlin-Ausstellung

*** **Best Western Hotel
      am Schloßberg**
Europastr, ✉ 72622, ☎ (0 70 22) 70 40,
Fax 70 43 43, AX DC ED VA
171 Zi, Ez: 185-200, Dz: 235-265, ⌐ WC ☏,
53 ✉; Lift 🍴 16⇔450 ⓢ Fitneßraum Kegeln
Sauna Solarium ⓎⓄⓁ

* **Vetter**
♂ Marienstr 59, ✉ 72622, ☎ (0 70 22)
9 21 60, Fax 3 26 17, AX DC ED VA
40 Zi, Ez: 95-105, Dz: 140-150, ⌐ WC ☏; Lift
P 🍴 1⇔20
geschl: Ende Dez-Anfang Jan
Restaurant für Hausgäste. Auch Zimmer
der Kategorie ** vorhanden

* **Gästehaus Pflum**
Steinengrabenstr 6, ✉ 72622, ☎ (0 70 22)
92 80, Fax 92 81 50, ED
45 Zi, Ez: 95-130, Dz: 140-160, ⌐ WC ☏;
Fitneßraum Sauna Solarium
Rezeption: 10-24; geschl: Sa, Ende Jul-
Mitte Aug
* Hauptgericht 26; geschl: Sa,
Ende Jul-Mitte Aug

<mark>Hardt</mark> (4 km ↘)
*** **Die Ulrichshöhe**
◄ Herzog-Ulrich-Str 14, ✉ 72622,
☎ (0 70 22) 5 23 36, Fax 5 49 40, DC VA
Hauptgericht 52; P Terrasse; geschl: So,
Mo, 2 Wochen in den Sommerferien,
2 Wochen im Jan

<mark>Neckarhausen</mark>
** **Falter**
Neckartailfinger Str 26/1, ✉ 72622,
☎ (0 70 22) 95 35 30, Fax 9 53 53 32
12 Zi, Ez: 80, Dz: 120-130, ⌐ WC ☏; P; garni

Nußdorf a. Inn 72 ↘

Bayern — Kreis Rosenheim — 486 m —
2 200 Ew — Brannenburg 4, Rosenheim 17 km
ℹ ☎ (0 80 34) 23 87, Fax 12 72 — Verkehrsamt, Brannenburger Str 10, 83131 Nußdorf

** **Residenz Nußdorfer Hof**
Hauptstr 4, ✉ 83131, ☎ (0 80 34) 75 66,
Fax 15 32, AX DC ED VA
5 Zi, Ez: 80-120, Dz: 160-190, 8 Suiten,
7 App, ⌐ WC ☏; Lift P 5⇔250
** Hauptgericht 25; geschl: Di

Oberammergau 71 ✓

Bayern — Kreis Garmisch-Partenkirchen — 850 m — 5 300 Ew — Garmisch-Partenkirchen 20, Schongau 33, München 90 km
🛈 ☎ (0 88 22) 3 20, Fax 3 22 33 — Gemeindeverwaltung, Schnitzlergasse 5, 82487 Oberammergau; Erholungsort, Luftkurort und Wintersportplatz, weltberühmtes Passionsspieldorf; Holzschnitzereien. Sehenswert: Kath. Kirche; Passionsspielhaus; buntbemalte Hausfassaden; Heimatmuseum, Krippenschau; kath. Kirche in Unterammergau; Benediktiner-Abtei Ettal (5 km ↘); Schloß Linderhof (11 km ↙)

✸✸ Landhaus Feldmeier
Ettaler Str 29, ✉ 82487, ☎ (0 88 22) 30 11, Fax 66 31, ED VA
21 Zi, Ez: 85-98, Dz: 150-180, ⊒ WC ☎; Lift 🅿 🚗 Fitneßraum Sauna
geschl: Di
Restaurant für Hausgäste

✸✸ Parkhotel Sonnenhof
♂ ◆ König-Ludwig-Str 12, ✉ 82487, ☎ (0 88 22) 91 30, Fax 30 47, AX DC ED VA
70 Zi, Ez: 110-150, Dz: 220-300, 2 Suiten, ⊒ WC ☎; Lift 🅿 🚗 2⇔100 🏊 Kegeln Sauna 🍴
geschl: 27.10-18.12.96

✸✸ Böld
König-Ludwig-Str 10, ✉ 82487, ☎ (0 88 22) 91 20, Fax 71 02, AX DC ED VA
57 Zi, Ez: 148-166, Dz: 198-238, S; ⊒ WC ☎, 4✉; 🅿 🚗 3⇔100 Kegeln Sauna Solarium 💧

✸ Turmwirt (Minotel)
Ettaler Str 2, ✉ 82487, ☎ (0 88 22) 9 26 00, Fax 14 37, AX DC ED VA
22 Zi, Ez: 110, Dz: 180, ⊒ WC ☎, 2✉; 🅿 2⇔25 🍴
geschl: Ende Okt-Ende Nov

✸ Wolf
Dorfstr 1, ✉ 82487, ☎ (0 88 22) 30 71, Fax 10 96, AX DC ED VA
32 Zi, Ez: 80-98, Dz: 110-180, ⊒ WC ☎; Lift 🅿 ≋ Sauna Solarium 🍴

✸ Wittelsbach
Dorfstr 21, ✉ 82487, ☎ (0 88 22) 10 11, Fax 66 88, AX DC ED VA
46 Zi, Ez: 85-100, Dz: 120-180, ⊒ WC ☎; Lift 🅿 🍴
geschl: Anfang Nov-Mitte Dez

✸ Friedenshöhe
♂ ◆ König-Ludwig-Str 31, ✉ 82487, ☎ (0 88 22) 35 98, Fax 43 45, AX DC ED VA
14 Zi, Ez: 60-90, Dz: 120-160, ⊒ WC ☎; 🅿 🍴
geschl: Do, Ende Okt-Mitte Dez

Oberasbach 57 ✓

Bayern — Kreis Fürth — 320 m — 17 474 Ew — Nürnberg 10 km
🛈 ☎ (09 11) 9 69 10, Fax 69 31 74 — Gemeindeverwaltung, Rathausplatz 1, 90522 Oberasbach

✸ Jesch
Am Rathaus 5, ✉ 90522, ☎ (09 11) 96 98 60, Fax 9 69 86 99, AX DC ED VA
35 Zi, Ez: 89-129, Dz: 119-159, ⊒ WC ☎, 2✉; Lift 🅿 🚗 2⇔30 Fitneßraum 🍴

Oberaudorf 72 ↘

Bayern — Kreis Rosenheim — 500 m — 4 672 Ew — Kufstein 9, Rosenheim 27 km
🛈 ☎ (0 80 33) 3 01 20, Fax 3 01 29 — Verkehrsamt, Kufsteiner Str 6, 83080 Oberaudorf; Luftkurort und Wintersportplatz.
Sehenswert: Luegsteinsee (1 km ↓); Klosterkirche St. Theresa und Schloß Urfarn im Ortsteil Reisach (3 km ↑)

✸ Lambacher
Rosenheimer Str 4, ✉ 83080, ☎ (0 80 33) 10 46, Fax 39 48, AX ED VA
22 Zi, Ez: 61-68, Dz: 102-116, 1 App, ⊒ WC ☎; Lift 🅿 🚗 Solarium; garni

✸ Am Rathaus
Kufsteiner Str 4, ✉ 83080, ☎ (0 80 33) 14 70, Fax 44 56
20 Zi, Ez: 70, Dz: 110, ⊒ WC ☎; 🅿 🚗 🍴
geschl: Mi, Nov

✸ Gasthof Alpenrose
Rosenheimer Str 3, ✉ 83080, ☎ (0 80 33) 32 41, Fax 46 23, ED VA
Hauptgericht 28; Biergarten 🅿; geschl: Do

Oberaudorf-Außerhalb (10 km ↘)
✸ Feuriger Tatzlwurm
einzeln ♂ ◆ ✉ 83080, ☎ (0 80 34) 3 00 80, Fax 71 70, DC ED VA
30 Zi, Ez: 68-105, Dz: 130-195, 5 Suiten, 4 App, ⊒ WC ☎; 🅿 🚗 4⇔40 Seezugang Fitneßraum Sauna Solarium 🍴
Rezeption: 7.30-21.30
Auch Zimmer der Kategorie ✸✸ vorhanden

Oberaula 46 ↘

Hessen — Schwalm-Eder-Kreis — 350 m — 3 700 Ew — Schwalmstadt 20, Bad Hersfeld 23 km
🛈 ☎ (0 66 28) 80 81, Fax 18 49 — Kurverwaltung, Hersfelder Str 4, 36280 Oberaula; Luftkurort im Knüllgebirge →

✸✸✸✸ Restaurant mit anspruchsvoller Ausstattung

Oberaula

** Zum Stern mit Gästehaus
Hersfelder Str 1, ✉ 36280, ☏ (0 66 28) 9 20 20, Fax 92 02 35, AX ED VA
64 Zi, Ez: 65-95, Dz: 115-165, ⌐⌐ WC ☏, 11✉; Lift P ⌐⌐ 6✪80 ⌂ Fitneßraum Kegeln Sauna Solarium
Golf 18; Tennis 4
** Hauptgericht 20; Gartenlokal

* Haus Berlin
Borgmannstr 2, ✉ 36280, ☏ (0 66 28) 12 41, Fax 89 44
33 Zi, Ez: 63-73, Dz: 107-123, ⌐⌐ WC ☏; P 2✪50 Kegeln ⌂
Rezeption: 8-20; geschl: Mo

Oberaurach 56 ↗

Bayern — Kreis Haßberge — 360 m — 4 200 Ew — Eltmann 6, Bamberg 25 km
ℹ ☏ (0 95 22) 72 10, Fax 7 21 30 — Fremdenverkehrsamt, im Ortsteil Tretzendorf, Rathausstr 25, 97514 Oberaurach

Oberschleichach
* Landhaus Oberaurach
♂ ◁ Steigerwaldstr 23, ✉ 97514, ☏ (0 95 29) 9 22 00, Fax 92 20 60, DC ED VA
16 Zi, Ez: 75, Dz: 150, 1 App, ⌐⌐ WC ☏; P ⌂
Sauna Solarium ⍟ ⌂

Oberbergen
siehe **Vogtsburg im Kaiserstuhl**

Oberboihingen 62 ←

Baden-Württemberg — Kreis Esslingen — 300 m — 5 108 Ew — Nürtingen 4, Kirchheim unter Teck 9 km
ℹ ☏ (0 70 22) 6 00 00, Fax 60 00 70 — Gemeindeverwaltung, Rathausgasse 3, 72644 Oberboihingen; Ort am Neckar

** Traube
Steigstr 45, ✉ 72644, ☏ (0 70 22) 6 68 46, Fax 6 74 02
Hauptgericht 32; P Terrasse; geschl: Mi
* 6 Zi, Ez: 85-95, Dz: 105-125, ⌐⌐ WC ☏; 1✪25 Kegeln

Oberderdingen 61 ↘

Baden-Württemberg — Kreis Karlsruhe — 194 m — 9 300 Ew — Bretten 8, Eppingen 15 km
ℹ ☏ (0 70 45) 4 30, Fax 4 32 50 — Bürgermeisteramt, Amthof 13, 75038 Oberderdingen. Sehenswert: Gotische Grabkirche; Amthof; Metternich'sches Wasserschloß

* Landhotel Gillardon
◁ Im Hemrich 7, ✉ 75038, ☏ (0 70 45) 5 73, Fax 89 07, AX DC ED VA
28 Zi, Ez: 60-115, Dz: 100-160, ⌐⌐ WC ☏, 8✉; Lift P
** Alte Weinstube
◁ Hauptgericht 25; geschl: Di, Sa mittags

Oberding , 72 ↗

Bayern — Kreis Erding — 468 m — 3 500 Ew — Erding 7, Freising 14, München 20 km
ℹ ☏ (0 81 22) 9 70 10, Fax 97 01 40 — Verwaltungsgemeinschaft, Tassilostr 17, 85445 Oberding

Aufkirchen (3 km ↗)
** Comfort-Hotel Airport München
Dorfstr 15, ✉ 85445, ☏ (0 81 22) 86 70, Fax 86 78 67, AX ED VA
75 Zi, Ez: 123-135, Dz: 165-135, S; 4 Suiten, 49 App, ⌐⌐ WC ☏, 21✉; Lift P 3✪70 Sauna Solarium ⍟
Langzeitvermietung

Schwaig (2 km ↑)
*** Arabella Airport Hotel
♂ Freisinger Str 80, ✉ 85445, ☏ (0 81 22) 84 80, Fax 84 88 00, AX DC ED VA
162 Zi, Ez: 130-300, Dz: 180-335, 7 Suiten, 1 App, ⌐⌐ WC ☏, 66✉; Lift P ⌐⌐ 9✪200 ⌂ Sauna Solarium
*** Hauptgericht 30

** Astron München-Airport
Lohstr 21, ✉ 85445, ☏ (0 81 22) 96 70, Fax 96 71 00, AX DC ED VA
236 Zi, Ez: 135-230, Dz: 175-280, ⌐⌐ WC ☏, 100✉; Lift P 12✪400 Fitneßraum Sauna Solarium ⍟

Oberdorf, Bad siehe Hindelang

Oberelbert 43 ↘

Rheinland-Pfalz — Westerwaldkreis — 200 m — 900 Ew — Montabaur 8, Bad Ems 11 km
ℹ ☏ (0 26 02) 30 01, Fax 52 45 — Fremdenverkehrsverein Westerwald, Kirchstr 48 a, 56412 Montabaur

Oberelbert-Außerhalb (2 km ↓)
* Forellenhof
einzeln ♂ ✉ 56412, ☏ (0 26 08) 5 59, Fax 8 03
Ez: 58, Dz: 116, 1 App, ⌐⌐ WC ☏; P ⌐⌐ Fitneßraum Kegeln Sauna Solarium
* Hauptgericht 25

Oberelfringhausen
siehe **Hattingen**

Oberelsbach 46 ↘

Bayern — Kreis Rhön-Grabfeld — 450 m — 2 921 Ew — Bischofsheim 10, Mellrichstadt 20 km
ℹ ☏ (0 97 74) 14 46, Fax 14 46 — Verkehrsamt, Am Marktplatz, 97656 Oberelsbach

Oberhausen

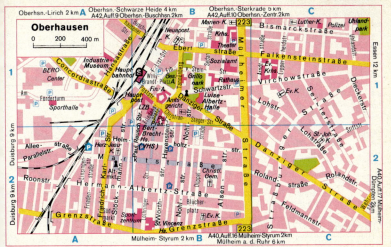

Unterelsbach (3 km ↘)
★★ Hubertus
♂ ⊲ Röderweg 9, ✉ 97656, ☎ (0 97 74)
4 32, Fax 17 93
17 Zi, Ez: 90, Dz: 150, 4 Suiten, ⊿ WC ☎; **P**
🚗 🚞 Fitneßraum Sauna Solarium ⓘ◯⌷

Oberhaching 71 ↗

Bayern — Kreis München — 567 m —
10 825 Ew — München 9 km
ⓘ ☎ (0 89) 61 37 70, Fax 6 13 11 28 —
Gemeindeverwaltung, Alpenstr 11,
82041 Oberhaching

★★ Hachinger Hof
♂ Pfarrer-Socher-Str 39, ✉ 82041, ☎ (0 89)
6 13 50 91, Fax 6 13 14 92, AX DC ED VA
48 Zi, Ez: 120-170, Dz: 150-220, ⊿ WC ☎;
Lift **P** 🚞 Sauna Solarium ⓘ◯⌷
Auch Zimmer der Kategorie ★ vorhanden

Oberharmersbach 67 ↗

Baden-Württemberg — Ortenaukreis —
350 m — 2 400 Ew — Offenburg 30, Freudenstadt 36 km
ⓘ ☎ (0 78 37) 2 77, Fax 6 78 — Verkehrsverein, Reichstalhalle, 77784 Oberharmersbach; Luftkurort im Schwarzwald. Sehenswert: Brandenkopf, hist. Speicher - Alte Mühle, 931 m ⊲ (6 km ↓)

Riersbach-Außerhalb (3 km ↗)
★ Schwarzwald-Idyll
♂ Obertal 50, ✉ 77784, ☎ (0 78 37) 9 29 90,
Fax 92 99 15, AX DC ED VA
23 Zi, Ez: 42-78, Dz: 70-134, ⊿ WC ☎; Lift **P**
1 ⇌ 25 Solarium ⓘ◯⌷
geschl: Di, Mitte Nov-Anfang Dez

Oberhausen 33 ←

Nordrhein-Westfalen — Stadtkreis — 40 m
— 225 658 Ew — Essen 12, Duisburg 12 km
ⓘ ☎ (02 08) 80 50 51, Fax 2 17 48 — Verkehrsverein, Berliner Platz 2, 46045 Oberhausen. Sehenswert: Schloß Oberhausen: Städt. Galerie; Wasserburg Vondern (16. Jh.), Kastell Holten (12. Jh.)

★★ Residenz Oberhausen
Hermann-Albertz-Str 69 (A 2), ✉ 46045,
☎ (02 08) 8 20 80, Fax 8 20 81 50,
AX DC ED VA
Ez: 145-130, Dz: 190-280, 8 Suiten, 97 App,
⊿ WC ☎; Lift **P** 🚞 3 ⇌ 70 Fitneßraum ⓘ◯⌷

★ Haus Hagemann
Buschhausener Str 84 (außerhalb),
✉ 46049, ☎ (02 08) 8 57 50, Fax 8 57 51 99,
AX DC ED VA
20 Zi, Ez: 95, Dz: 150-200, 1 Suite, 6 App, ⊿
WC ☎; **P** Kegeln
geschl: So, Ende Dez-Anfang Jan
Auch Zimmer der Kategorie ★★ vorhanden
★ Hauptgericht 25; nur abends;
geschl: So, Ende Dez-Anfang Jan

Dümpten (4 km ↘)
★★ Frintrop
Mühlenstr 116, ✉ 46047, ☎ (02 08)
87 09 75, Fax 86 30 78
Hauptgericht 40; Gartenlokal **P** ⚞;
geschl: Sa mittags, So+feiertags, Ende
Dez-Anfang Jan →

Wird in dem Hoteleintrag auf Golf hingewiesen, befindet sich in der Nähe des Betriebes ein Golfplatz. In der Regel können Sie dort als Gast Golf spielen und über das Hotel reservieren. Die Ziffer bezieht sich auf die Anzahl der Löcher.

Oberhausen

<mark>Osterfeld</mark> (5 km ↗)
** **Best Western Parkhotel**
Teutoburger Str 156, ✉ 46119, ☎ (02 08)
6 90 20, Fax 6 90 21 58, AX DC ED VA
84 Zi, Ez: 116-176, Dz: 172-212, S; 2 Suiten,
1 App, ⊣ WC ☎, 18🛏; Lift P 🍴 6⇔120 Fitneßraum Kegeln Sauna Solarium
geschl: Ende Dez-Anfang Jan
** **Zur Bockmühle**
Hauptgericht 30; geschl: Sonn- und Feiertags, Ende Dez-Anfang Jan

<mark>Sterkrade</mark> (6 km ↑)
** **Gerlach-Thiemann**
Buchenweg 14, ✉ 46147, ☎ (02 08)
68 00 81, Fax 68 00 84, AX DC ED VA
21 Zi, Ez: 95-140, Dz: 160-180, ⊣ WC ☎; Lift
P 🍴 2⇔60 Sauna Solarium
** Hauptgericht 30; Biergarten Ter-
rasse; geschl: Mo mittags

Oberhof 47 □

Thüringen — Kreis Suhl — 800 m —
3 000 Ew — Arnstadt 25, Meiningen 33 km
ℹ ☎ (03 68 42) 51 43, Fax 3 32 — Kurverwal-
tung/Fremdenverkehrsamt, Oberhof, Zel-
laer Str 10, 98559 Oberhof; Kurort und
Wintersportort. Sehenswert: Schanzen-
komplex im Kanzlersgrund; Schanzenkom-
plex am Wadeberg; Biathlonstadion;
Langlaufareal am Grenzadler; Rennschlit-
tenbahn; Rennsteiggarten (Gebirgspark)

** **Treff Hotel Panorama**
♂ ◂ Theodor-Neubauer-Str 29, ✉ 98559,
☎ (03 68 42) 5 00, Fax 2 25 51 + 2 25 54,
AX DC ED VA
405 Zi, Ez: 125-145, Dz: 170-195, S;
3 Suiten, 80 App, ⊣ WC ☎; Lift P 21⇔300
≋ Fitneßraum Kegeln Sauna Solarium 🍽

* **Japanhotel Sakura**
♂ Am Schloßberg 2, ✉ 98559, ☎ (03 68 42)
2 03 68, Fax 2 03 79
25 Zi, Ez: 125, Dz: 180-230, ⊣ WC ☎; P
Sauna Solarium
Traditionelles japanisches Furo Bad
* Original japanisches Ambiente-
Restaurant

* **Sporthotel**
Am Harzwald 1, ✉ 98559, ☎ (03 68 42)
2 10 33, Fax 2 25 95, AX ED VA
58 Zi, Ez: 53-83, Dz: 60-130, 2 App, ⊣ WC
☎; P 5⇔30 Fitneßraum Sauna Solarium
🍽
Auch einfache Zimmer vorhanden

* **Berghotel**
Theodor-Neubauer-Str 14, ✉ 98559,
☎ (03 68 42) 2 22 16, Fax 2 25 58, AX ED VA
76 Zi, Ez: 85-105, Dz: 110-140, 7 Suiten, ⊣
WC ☎; Lift P 1⇔80 Fitneßraum Sauna
Solarium 🍽 ≋
In der Gästevilla Zimmer der Kategorie ******
vorhanden

* **Oberland**
Crawinkler Str 3, ✉ 98559, ☎ (03 68 42)
2 22 01, Fax 2 22 02, AX DC VA
60 Zi, Ez: 75-90, Dz: 100-145, 3 App, ⊣ WC
☎; P 🍴 1⇔60 Sauna Solarium 🍽

Oberkirch 60 ↓

Baden-Württemberg — Ortenaukreis —
194 m — 19 000 Ew — Achern 17, Offenburg 17, Kehl 23 km
ℹ ☎ (0 78 02) 8 22 41, Fax 8 21 79 — Verkehrsamt, Eisenbahnstr 1, 77704 Oberkirch; Erholungsort und Weinstädtchen
am Westrand des mittleren Schwarzwaldes an der badischen Weinstraße. Sehenswert: Ruine Schauenburg, 377 m ◂
(30 Min ↗); Altstadt

** **Romantik Hotel**
Zur Oberen Linde
Hauptstr 25, ✉ 77704, ☎ (0 78 02) 80 20,
Fax 30 30, AX DC ED VA
37 Zi, Ez: 130-195, Dz: 195-260, 1 Suite, ⊣
WC ☎, 3🛏; Lift P 🍴 5⇔200 Kegeln ≋
** Hauptgericht 40; Gartenlokal Ter-
rasse

** **Gasthof Pflug**
Fernacher Platz 1, ✉ 77704, ☎ (0 78 02)
92 90, Fax 9 29 -3 00, AX ED VA
36 Zi, Ez: 82-105, Dz: 122-150, ⊣ WC ☎; Lift
P 🍴 1⇔40
geschl: Mi, Jan
Auch Zimmer der Kategorie ***** vorhanden
** Hauptgericht 25; Terrasse;
geschl: Mi, 3 Wochen im Jan

** **Gasthof Pfauen**
Josef-Geldreich-Str 18, ✉ 77704,
☎ (0 78 02) 30 77, Fax 45 29, AX DC ED VA
Hauptgericht 25; Terrasse; geschl: Mi,
3 Wochen zu Fasching
* 11 Zi, Ez: 60-70, Dz: 105-125, ⊣
WC ☎; P 🍴 2⇔40 Kegeln
geschl: Mi, 3 Wochen zu Fasching

* **Löwen**
Hauptstr 44, ✉ 77704, ☎ (0 78 02) 45 51, ED
Hauptgericht 30; geschl: Mi

<mark>Gaisbach</mark> (2,5 km ↘)
* **Gasthof Lamm**
♂ Haus Nr 1, ✉ 77704, ☎ (0 78 02) 9 27 80,
Fax 59 66, AX DC ED VA
17 Zi, Ez: 85-120, Dz: 125-150, ⊣ WC ☎, 3🛏;
Lift P 🍴 1⇔80 ≋
** Hauptgericht 30; Gartenlokal Ter-
rasse; nur abends; geschl: Di
Eigene Weinkellerei

<mark>Oberkirch-Außerhalb</mark>
** **Haus am Berg**
◂ einzeln Am Rebhof 5, ✉ 77704,
☎ (0 78 02) 47 01, Fax 29 53
Hauptgericht 28; P Terrasse; geschl: Di,
im Winter auch Mo, Nov-Mär
* einzeln ♂ ◂ 9 Zi, Ez: 65-95,
Dz: 106-160, ⊣ WC ☎
Rezeption: 10-22; geschl: Di, Nov-Mär

Obernburg a. Main

Oedsbach (5 km ↓)
**** Waldhotel Grüner Baum
(Ringhotel)**
♂ Alm 33, ✉ 77704, ☎ (0 78 02) 80 90,
Fax 8 09 88, AX DC ED VA
53 Zi, Ez: 98-160, Dz: 150-300, S; 2 Suiten,
⊟ WC ☎; Lift 🅿 🚗 4⇔50 ⇑ Fitneßraum
Kegeln Sauna Solarium ⛱
Tennis 2
Auch Zimmer der Kategorie * vorhanden
** Hauptgericht 40; Terrasse

Oberkirchen siehe Schmallenberg

Oberkochen 62 →

Baden-Württemberg — Ostalbkreis —
494 m — 8 600 Ew — Aalen 8 km
ℹ️ ☎ (0 73 64) 2 70, Fax 59 55 — Stadtverwaltung, Eugen-Bolz-Platz 1, 73447 Oberkochen; Stadt am Kocher. Sehenswert:
Optisches Museum, Römerkeller, Karstquellen-Rundwanderweg, Naturschutzgebiet Volkmarsberg

** Am Rathaus
♂ Eugen-Bolz-Platz 2, ✉ 73447, ☎ (0 73 64)
3 95, Fax 59 55, AX DC ED VA
45 Zi, Ez: 84-143, Dz: 117-180, ⊟ WC ☎; Lift
🅿 🚗 2⇔20 🍽
geschl: Fr
Auch Zimmer der Kategorie * vorhanden

* Gästehaus Winter
Heidenheimer Str 12 a, ✉ 73447,
☎ (0 73 64) 79 54
16 Zi, Ez: 68, Dz: 90, ⊟ WC ☎; 🅿

Oberkreuzberg siehe Spiegelau

Oberleichtersbach 46 ↓

Bayern — Bad Kissingen — 1 985 Ew —
Bad Brückenau 5, Fulda 40, Schweinfurt 55 km
ℹ️ ☎ (0 97 41) 27 03 — Gemeindeverwaltung, 97789 Oberleichtersbach

* Rhön-Hof
Hammelburgerstr 35, ✉ 97789, ☎ (0 97 41)
50 91, Fax 50 92
34 Zi, Ez: 70-90, Dz: 130-180, ⊟ WC ☎; Lift
🚗 2⇔30 ⇑ Sauna Solarium 🍽

Obermaisestein 70 ↓

Bayern — Kreis Oberallgäu — 860 m —
870 Ew — Fischen 3, Oberstdorf 9 km
ℹ️ ☎ (0 83 26) 2 77, Fax 94 08 — Verkehrsamt, Am Scheid 18, 87538 Obermaiselstein; Erholungsort. Sehenswert: Sturmannshöhle; Hirschsprung; Riedbergpaß

**** Berwanger
(Flair Hotel)**
◂ Niederdorf 11, ✉ 87538, ☎ (0 83 26)
3 63 30, Fax 36 33 36
28 Zi, Ez: 80-90, Dz: 140-170, 6 App, ⊟ WC
☎; Lift 🅿 🚗 Fitneßraum Sauna Solarium ⛱
Rezeption: 8-21; geschl: Do, Anfang Nov-
Mitte Dez, Ende Apr-Anfang Mai
** Hauptgericht 30; Terrasse;
geschl: Do, Anfang Nov-Mitte Dez, Ende
Apr-Anfang Mai

* Nebelhornblick
♂ ◂ Am Herrenberg 10, ✉ 87538,
☎ (0 83 26) 77 00
10 Zi, Ez: 77, Dz: 144, ⊟ WC; 🅿 ⇑ Sauna;
garni

** Langer's Schlemmerstuben 🎩
Paßstr 2, ✉ 87538, ☎ (0 83 26) 95 00,
Fax 94 96
Hauptgericht 30; Gartenlokal 🅿; geschl:
Di, Mi mittags, 1 Woche nach hl. 3 König,
2 Wochen nach Ostern

Ober-Mörlen 44 ↘

Hessen — Wetteraukreis — 250 m —
1 000 Ew — Butzbach 10, Bad Nauheim
10 km
ℹ️ ☎ (0 60 02) 5 02 34, Fax 5 02 32 —
Gemeindeverwaltung, Frankfurter Str 31,
61239 Ober-Mörlen

Ziegenberg (6 km ←)
** Landhaus Lindenhof Möckel
Usinger Str 146, ✉ 61239, ☎ (0 60 02)
99 00, Fax 9 90-1 52, AX ED VA
21 Zi, Ez: 100-110, Dz: 160-180, ⊟ WC ☎;
Lift 🅿 4⇔90 🍽

Ober-Mossau siehe Mossautal

Obernburg a. Main 55 ↘

Bayern — Kreis Miltenberg — 125 m —
8 500 Ew — Höchst i.O. 15, Miltenberg 18,
Aschaffenburg 20 km
ℹ️ ☎ (0 60 22) 5 00 20, Fax 50 02 39 — Stadtverwaltung, Römerstr 62, 63785 Obernburg. Sehenswert: Kath. Kirche; Runder
Turm ◂; Römerhaus

* Zum Karpfen
Mainstr 8, ✉ 63785, ☎ (0 60 22) 86 45,
Fax 52 76, AX ED
27 Zi, Ez: 85-95, Dz: 125-135, ⊟ WC ☎; Lift
🅿 🍽
geschl: Anfang-Mitte Aug
Auch Zimmer der Kategorie ** vorhanden

* Zum Anker
Mainstr 3, ✉ 63785, ☎ (0 60 22) 6 16 70,
Fax 61 67 60, AX DC ED VA
35 Zi, Ez: 110, Dz: 155, ⊟ WC ☎, 8🞖; 🅿
* Hauptgericht 30; Terrasse
geschl: So abends →

Obernburg a. Main

🍴 **Römerhof**
Römerstr 83, ✉ 63785, ☎ (0 60 22) 6 15 50,
Fax 61 55 21, ED VA
Hauptgericht 20; Biergarten P; geschl: Mi
✱ 8 Zi, Ez: 90, Dz: 135, ⌐ WC ☎; 🚗
Rezeption: 10.30-14, 16-24

Oberndorf am Neckar 68 ↑

Baden-Württemberg — Kreis Rottweil —
500 m — 14 500 Ew — Schramberg 20,
Rottweil 20, Horb 27 km
ℹ ☎ (0 74 23) 7 70, Fax 7 71 11 — Stadtverwaltung, Klosterstr 3, 78727 Oberndorf am Neckar. Sehenswert: Restaurierte ehem. Augustiner-Klosterkirche; Burgruine Waseneck beim Stadtteil Altoberndorf (3 km ↓); Heimat- und Waffenmuseum

✱ **Gasthof Zum Wasserfall**
Lindenstr 60, ✉ 78727, ☎ (0 74 23) 92 80,
Fax 92 81 13, DC ED VA
32 Zi, Ez: 70-90, Dz: 100-130, ⌐ WC ☎; Lift
Sauna
Rezeption: 8-14.30, 17-23; geschl: Fr, Sa mittags, Anfang Mai, Anfang Aug
✱ Hauptgericht 30; Terrasse;
geschl: Fr, Sa mittags, Anfang Mai, Anfang Aug

Lindenhof (2 km ←)
✱ **Bergcafé Link**
Mörikeweg 1, ✉ 78727, ☎ (0 74 23) 34 91,
Fax 66 91, ED VA
15 Zi, Ez: 60-70, Dz: 80-110, ⌐ WC ☎; P 🚗;
🍴
geschl: Sa, Ende Jul-Anfang Aug

Obernkirchen 25 ↓

Niedersachsen — Kreis Schaumburg —
121 m — 10 500 Ew — Bückeburg 6, Stadthagen 8, Rinteln 12 km
ℹ ☎ (0 57 24) 39 50, Fax 3 95 49 — Stadtverwaltung, Marktplatz 4, 31683 Obernkirchen; Stadt am Nordwesthang der Bückeberge. Sehenswert: Altstadt, Fachwerkbauten, Stiftskirche, Klostergebäude, Berg- und Stadtmuseum

✱✱ **Zum Stadttor**
Lange Str 53, ✉ 31683, ☎ (0 57 24) 40 16,
Fax 40 17, ED VA
13 Zi, Ez: 85-95, Dz: 170-180, 1 App, ⌐ WC ☎; Lift P; garni
Rezeption: 6-14, 17-23

Obernzell 66 ↘

Bayern — Kreis Passau — 460 m —
3 500 Ew — Wegscheid 15, Passau 17 km
ℹ ☎ (0 85 91) 18 77 — Verkehrsamt, Marktplatz 42, 94130 Obernzell; Erholungsort im Donautal. Sehenswert: Kath. Pfarrkirche; Schloß: Keramikmuseum

✱✱ **Sporthotel Fohlenhof**
♂ ⚔ Matzenberger Str 36, ✉ 94130,
☎ (0 85 91) 91 65, Fax 91 66
32 Zi, Ez: 63-77, Dz: 126-154, 66 App, ⌐ WC ☎; P ≋ Sauna Solarium 🍴
Rezeption: 8-20

✱ **Gasthof Zur Post/Alte Schiffspost**
♂ ⚔ Marktplatz 1, ✉ 94130, ☎ (0 85 91) 10 30, Fax 25 76, ED
17 Zi, Ez: 65-100, Dz: 85-140, ⌐ WC ☎; P 🚗
1↔120 🍴 🚤
geschl: Mo
Denkmalgeschütztes Gebäude von 1808 an der Donau

Erlau (6 km ←)
✱ **Zum Edlhof**
Edlhofstr 10, ✉ 94130, ☎ (0 85 91) 4 66,
Fax 5 22
29 Zi, Ez: 55-60, Dz: 80-100, ⌐ WC ☎; P 🍴
geschl: Di, Feb

Ober-Olm 54 ↖

Rheinland-Pfalz — Kreis Mainz-Bingen —
200 m — 3 568 Ew — Mainz 13 km
ℹ ☎ (0 61 36) 80 40 — Gemeindeverwaltung, 55270 Ober-Olm

Ober-Olm-Außerhalb (1 km ↖)
✱✱ **Comfort-Hotel**
Am Wald 1, ✉ 55270, ☎ (0 61 31) 90 40,
Fax 90 42 22, AX DC ED VA
110 Zi, Ez: 89-130, Dz: 130-160, ⌐ WC ☎,
50✉; Lift P 2↔60 Fitneßraum Solarium
🍴

Oberorke siehe Vöhl

Oberpframmern 72 □

Bayern — Kreis Ebersberg — 613 m —
1 800 Ew — Grafing 18, München 21 km
ℹ ☎ (0 80 93) 90 97 — Verwaltungsgemeinschaft Glonn, Marktplatz 1, 85625 Glonn

✱ **Bockmaier**
Münchner Str 3, ✉ 85667, ☎ (0 80 93)
57 80, Fax 5 78 50, AX ED VA
30 Zi, Ez: 70-100, Dz: 100-120, 2 Suiten, ⌐ WC ☎, 2✉; P 🚗 Solarium; garni
Rezeption: 6-20

Ober-Ramstadt 54 ↗

Hessen — Kreis Darmstadt-Dieburg —
250 m — 14 691 Ew — Darmstadt 10, Dieburg 13 km
ℹ ☎ (0 61 54) 70 20, Fax 7 02 55 — Stadtverwaltung, Darmstädter Str 29, 64372 Ober-Ramstadt

Oberschönau

* Hessischer Hof
Schulstr 14, ✉ 64372, ☎ (0 61 54) 6 34 70, Fax 63 47 50, AX DC ED VA
19 Zi, Ez: 65-90, Dz: 130-150, ⌁ WC ☎; P 🍽
2⇌80
geschl: Fr, Sa bis 17, Ende Jul-Anfang Aug, Ende Dez

* Galerie
Hauptgericht 28; Terrasse; geschl: Fr, Sa mittags, Mitte Jul-Anfang Aug, Ende Dez-Anfang Jan

Modau (3 km ↓)
** Zur Krone
Kirchstr 39, ✉ 64372, ☎ (0 61 54) 6 33 20, Fax 5 28 59, AX DC ED VA
35 Zi, Ez: 80-100, Dz: 140-160, ⌁ WC ☎; Lift
P 5⇌60 Fitneßraum Sauna Solarium
Auch Zimmer der Kategorie * vorhanden
** Hauptgericht 35; Gartenlokal; geschl: So + feiertags, Sa

Oberreute 69 ↘

Bayern — Kreis Lindau (Bodensee) — 800 m — 1 511 Ew — Oberstaufen 10, Lindau 30 km
🛈 ☎ (0 83 87) 12 33 — Gästeamt, 88179 Oberreute

* Martinshöhe
♂ Freibadweg 4, ✉ 88179, ☎ (0 83 87) 13 13, Fax 28 83, ED
13 Zi, Ez: 45-50, Dz: 85-98, ⌁ WC, 2🛁; P 🍽
Tennis 9

Oberried 67 □

Baden-Württemberg — Kreis Breisgau-Hochschwarzwald — 500 m — 2 550 Ew — Kirchzarten 5, Freiburg 14, Todtnau 18 km
🛈 ☎ (0 76 61) 93 05 66, Fax 93 05 88 — Verkehrsbüro, Klosterplatz 4, 79254 Oberried; Erholungsort. Sehenswert: Kath. Pfarr- und Wallfahrtskirche; Schniederlihof; Bergwildpark Steinwasen mit Sommersportrodelbahn; Schauinsland, 1284 m ⚐ (15 km ✓)

* Gasthof Zum Hirschen
Hauptstr 5, ✉ 79254, ☎ (0 76 61) 70 14, Fax 70 16, DC ED VA
14 Zi, Ez: 65-78, Dz: 95-110, ⌁ WC ☎; P 🍽
geschl: Do, Ende Okt-Mitte Nov

Weilersbach (1 km ←)
* Zum Schützen
♂ Weilersbacher Str 7, ✉ 79254, ☎ (0 76 61) 98 43-0, Fax 98 43 18, AX ED VA
13 Zi, Ez: 75, Dz: 110-140, 2 App, ⌁ WC ☎; P 🍽
geschl: Di, Mi mittags, Jan

Ober-Roden siehe Rödermark

Oberröblingen 38 ←

Sachsen-Anhalt — Kreis Sangerhausen — 158 m — Sangerhausen 3, Artern 9 km
🛈 ☎ (0 34 64) 52 18 44 — Gemeindeverwaltung, Hauptstr, 06528 Oberröblingen

** Zum Löwen
Sangerhäuser Str 24, ✉ 06528, ☎ (0 34 64) 67 42 62, Fax 67 42 30, AX ED VA
28 Zi, Ez: 65-95, Dz: 100-140, ⌁ WC ☎, 4🛁;
P 2⇌50 Kegeln 🍽 🍸

Oberschleißheim 72 ↖

Bayern — Kreis München — 480 m — 11 200 Ew — Dachau 9, München 15, Freising 25 km
🛈 ☎ (0 89) 3 15 61 30, Fax 31 56 13 21 — Gemeindeverwaltung, Freisinger Str 15, 85764 Oberschleißheim. Sehenswert: Altes Schloß; Neues Schloß: Staatsgalerie; Schloß Lustheim mit Meißener Porzellan-Sammlung; Flugwerft (Zweigmuseum des Deutschen Museums München)

** Blauer Karpfen
Dachauer Str 1, ✉ 85764, ☎ (0 89) 3 15 71 50, Fax 31 57 15 50, AX ED VA
37 Zi, Ez: 120-140, Dz: 170, ⌁ WC ☎; Lift P 🍽 🍸

Lustheim (2 km →)
** Kurfürst
♂ Kapellenweg 5, ✉ 85764, ☎ (0 89) 31 57 90, Fax 31 57 94 00, AX DC ED VA
90 Zi, Ez: 105-150, Dz: 140-190, 2 Suiten, ⌁ WC ☎; Lift P 🍽 4⇌45 ≋ Kegeln Sauna Solarium
Auch Zimmer der Kategorie * vorhanden
** Hauptgericht 25; Terrasse; geschl: Ende Jul-Mitte Aug

Oberschönau 47 ↖

Thüringen — Kreis Schmalkalden — 550 m — 1 031 Ew — Oberhof 12, Schmalkalden 15 km
🛈 ☎ (03 68 47) 3 04 25, Fax 3 03 20 — Fremdenverkehrsbüro, Hauptstr 59, 98587 Oberschönau; Erholungsort

** Berghotel Simon
♂ Am Hermannsberg 13, ✉ 98587, ☎ (03 68 47) 3 03 28, Fax 3 36 25, AX ED
34 Zi, Ez: 68-75, Dz: 95-120, ⌁ WC ☎; P 1⇌15 Sauna Solarium 🍸
Auch Zimmer der Kategorie * vorhanden

Die Redaktion ist auch auf die Mitarbeit unserer Leser angewiesen. Wenn Sie einen empfehlenswert erscheinenden Betrieb entdecken, welcher im Varta-Führer nicht genannt wird, können Sie uns gerne schreiben.

Oberstaufen

Oberstaufen 70

Bayern — Kreis Oberallgäu — 800 m — 7 200 Ew — Sonthofen 24, Lindau 41 km
🅘 ☎ (0 83 86) 9 30 00, Fax 93 00 20 — Kurverwaltung, Schloßstr 8, 87534 Oberstaufen; Schrothheilbad und Heilklimatischer-Kurort; Wintersportplatz. Sehenswert: Bauernhausmuseum im Ortsteil Knechtenhofen (3 km ↗); Kapelle St. Bartholomäus im Ortsteil Zell (2 km ↑); Hochgrat (Seilbahn) 833 m ◄; Hündlealp (Sesselbahn 2 km ↗), 1112 m ◄; Imberg (Sesselbahn vom Ortsteil Steibis aus 5 km ↓), 1225 m ◄

*** Lindner Parkhotel
Argenstr 1, ⌧ 87534, ☎ (0 83 86) 70 30, Fax 70 37 04, DC
81 Zi, Ez: 163-220, Dz: 320-360, 10 Suiten, ⊟ WC ☎, 8🛏; Lift 🅿 🍴 1⇨15 ≙ Fitneßraum Sauna Solarium
*** Hauptgericht 35

*** Allgäu Sonne
♂ ◄ Am Stießberg 1, ⌧ 87534, ☎ (0 83 86) 70 20, Fax 78 26, AX DC ED VA
113 Zi, Ez: 160-290, Dz: 380-460, 6 Suiten, 48 App, ⊟ WC ☎; Lift 🅿 🍴 2⇨25 ≈ ≙ Fitneßraum Sauna Solarium 🍺
Auch Zimmer der Kategorie **** vorhanden
** Hauptgericht 30; Terrasse

*** Löwen
♂ Kirchplatz 8, ⌧ 87534, ☎ (0 83 86) 49 40, Fax 49 42 22, AX DC ED VA
27 Zi, Ez: 155-180, Dz: 260-310, 3 App, ⊟ WC ☎; Lift 🅿 🍴 ≙ Bowling Fitneßraum Sauna Solarium
Auch Zimmer der Kategorie ** vorhanden
*** Hauptgericht 50; Terrasse;
geschl: Mi
** Café am Markt
Hauptgericht 25; geschl: Mi

*** Concordia
◄ Im Pfalzen 8, ⌧ 87534, ☎ (0 83 86) 48 40, Fax 48 41 30
56 Zi, Ez: 145-190, Dz: 260-340, 3 Suiten, ⊟ WC ☎, 4🛏; Lift 🅿 🍴 1⇨20 ≙ Fitneßraum Sauna Solarium
Golf 9; Tennis 4

*** Allgäuer Rosen Alp
♂ ◄ Am Lohacker 5, ⌧ 87534, ☎ (0 83 86) 70 60, Fax 70 64 35
77 Zi, Ez: 150-250, Dz: 300-375, 5 Suiten, ⊟ WC ☎, 19🛏; Lift 🅿 🍴 1⇨20 ≈ ≙ Bowling Fitneßraum Sauna Solarium 🍺
Rezeption: 7.30-21.30; geschl: 20.11.-26.12.96
Golf 9; Tennis 12
Auch Zimmer der Kategorie **** vorhanden. Restaurant für Hausgäste

*** Alpenkönig
♂ Kalzhofer Str 25, ⌧ 87534, ☎ (0 83 86) 9 34 50, Fax 43 44
20 Zi, Ez: 100-160, Dz: 210-280, ⊟ WC ☎; Lift 🅿 🍴 ≈ ≙ Sauna Solarium
geschl: 01.12.-20.12.
Restaurant für Hausgäste

** Bayerischer Hof
♂ ◄ Hochgratstr 2, ⌧ 87534, ☎ (0 83 86) 49 50, Fax 49 54 14
61 Zi, Ez: 120-180, Dz: 260-400, 6 Suiten, 6 App, ⊟ WC ☎; Lift 🅿 🍴 20 ≙ Fitneßraum Sauna Solarium 🍽

** Kurhotel Hirsch
Kalzhofer Str 4, ⌧ 87534, ☎ (0 83 86) 49 10, Fax 4 91 44
36 Zi, Ez: 100-140, Dz: 190-290, 4 Suiten, ⊟ WC ☎; Lift 🅿 🍴 ≙ Fitneßraum Sauna Solarium
geschl: Ende Nov-Mitte Dez
Restaurant für Hausgäste

** Kurhotel Alpina
◄ Am Kurpark 7, ⌧ 87534, ☎ (0 83 86) 9 32 00, Fax 29 91, VA
14 Zi, Ez: 80-140, Dz: 140-240, 1 Suite, ⊟ WC ☎; 🅿 🍴 ≙ Sauna Solarium; **garni**
geschl: Ende Nov-Ende Dez

* Adula
Argenstr 7, ⌧ 87534, ☎ (0 83 86) 9 30 10
26 Zi, Ez: 73-82, Dz: 146-164, ⊟ WC ☎; 🅿 ≈ ≙ Sauna; **garni**

* Kurhotel Hochbühl
♂ ◄ Auf der Höh 12, ⌧ 87534, ☎ (0 83 86) 6 44, Fax 76 19
21 Zi, Ez: 85-100, Dz: 170-190, ⊟ WC ☎; 🅿 ≙ Fitneßraum Sauna Solarium; **garni**

* Zum Adler
Kirchplatz 6, ⌧ 87534, ☎ (0 83 86) 9 32 10, Fax 47 63, AX ED
Hauptgericht 25; 🅿 Terrasse; geschl: Di, Ende Nov-Mitte Dez

🍺 Princess
Lindauer str 6, ⌧ 87534, ☎ (0 83 86) 22 13, Fax 73 85
9-18
Spezialität: Nußkranz

Buflings (2 km ↑)
** Kurhotel Engel
◄ Buflings 3, ⌧ 87534, ☎ (0 83 86) 70 90, Fax 7 09 82
56 Zi, Ez: 91-220, Dz: 200-260, 3 Suiten, ⊟ WC ☎; Lift 🅿 🍴 1⇨40 ≈ ≙ Fitneßraum Kegeln Sauna Solarium 🍺
Rezeption: 7.30-21; geschl: Mitte Nov-Weihnachten
Golf 9
Auch Zimmer der Kategorie * vorhanden
** Hauptgericht 20; Terrasse;
geschl: Mo+Di, Mitte Nov-Mitte Dez

Oberstdorf

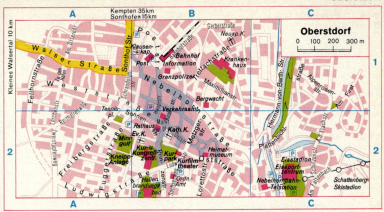

Hinterreute
* Am Kamin
◁ einzeln ⊗ Haus Nr 12 ½, ✉ 87534,
☎ (0 83 86) 76 86, Fax 76 86
Hauptgericht 30; 🅿 Terrasse; geschl: So
abends, Mo, 2 Wochen im Dez, 1 Woche
im Jun

Rain, Bad (1,5 km ↘)
* Alpengasthof Bad Rain
einzeln ♦, ✉ 87534, ☎ (0 83 86) 9 32 40, Fax
71 10
21 Zi, Ez: 85-95, Dz: 170-190, ⊿ WC ☎, 5⊠;
🅿 ≋ Sauna Solarium
geschl: Mo; Ende Nov-Mitte Dez
Golf 9
* einzeln, Hauptgericht 25; Biergarten Terrasse; geschl: Mo, Ende Nov-
Mitte Dez

Steibis (6 km ↓)
**** Kur- und Sporthotel
Burtscher**
♦ Im Dorf 29, ✉ 87534, ☎ (0 83 86) 89 10,
Fax 89 13 17
71 Zi, Ez: 125-250, Dz: 220-400, 7 Suiten, ⊿
WC ☎; Lift 🅿 ≋ ≘ Fitneßraum Sauna
Solarium
Rezeption: 8-21; geschl: Mitte Nov-Mitte
Dez
Restaurant für Hausgäste

Thalkirchdorf (6 km →)
**** Kur- und Ferienhotel Traube
(Ringhotel)**
♦ ⊗ ✉ 87534, ☎ (0 83 25) 92 00,
Fax 9 20 39, AX DC ED VA
29 Zi, Ez: 93-129, Dz: 138-190, S; ⊿ WC ☎;
🅿 ≘ Fitneßraum Sauna Solarium
geschl: Anfang Nov-Mitte Dez
* Hauptgericht 30; Biergarten;
geschl: Mo + Di, Anfang Nov-Mitte Dez

Weißach (1 km ↓)
*** Kur- u. Sporthotel Königshof
♦ ◁ Mühlenstr 16, ✉ 87534, ☎ (0 83 86)
49 30, Fax 49 31 25, AX DC ED VA
60 Zi, Ez: 140-195, Dz: 270-320, 2 Suiten, ⊿
WC ☎, 28⊠; Lift 🅿 ≘ Fitneßraum Sauna
Solarium
Golf 18
Restaurant für Hausgäste

** Weissacher Hof
♦ ◁ Mühlenstr 15, ✉ 87534, ☎ (0 83 86)
70 80, Fax 13 17
35 Zi, Ez: 150-170, Dz: 280-344, 1 App., ⊿
WC ☎; Lift 🅿 ≘ Fitneßraum Sauna
Solarium
Rezeption: 8-20
Restaurant für Hausgäste

Oberstdorf 70 ↓

Bayern — Kreis Oberallgäu — 843 m —
11 000 Ew — Sonthofen 14, Kempten
39 km
ℹ ☎ (0 83 22) 70 00, Fax 70 02 36 — Kurverwaltung, Marktplatz 7 (B 2), 87561 Oberstdorf; Luftkurort, Heilklimatischer und
Kneipp-Kurort; Wintersportzentrum (Ski-
flugschanze und Eisstadion).
Sehenswert: Nebelhorn (Seilbahn) 2224 m
◁; Fellhorn (Seilbahn von Faistenoy,
9 km ↓), 2039 m ◁; Schönblick (Sesselbahn, 4 km ↙), 1350 m ◁; Breitachklamm
(7 km ↙); Freibergsee, 928 m (3 km ↓); (Die
Bergbahnen Nebelhorn, Fellhorn und
Schönblick haben Sommer- und Winter-
betrieb) →

Bei den Ferienzeit-Angaben für Hotels und
Restaurants bedeuten „Anfang" 1. bis 10.,
„Mitte" 11. bis 20. und „Ende" 21. bis 31.
des jeweiligen Monats. Innerhalb dieser
Zeiträume liegen Beginn und Ende der
Ferienzeit.

Oberstdorf

*** Parkhotel Frank
Sachsenweg 11 (B 2), ✉ 87561,
☎ (0 83 22) 70 60, Fax 70 62 86
63 Zi, Ez: 146-208, Dz: 298-418, 5 Suiten, WC, 2◫; Lift 🅿 1↔80 ≘ Fitneßraum Sauna Solarium
geschl: Anfang Nov-Mitte Dez
Golf 18
*** Hauptgericht 42; Terrasse; nur abends; geschl: Mitte Apr-Mitte Mai, Anfang Nov-Mitte Dez

*** Kur- und Ferienhotel Filser
Freibergstr 15 (A 2), ✉ 87561, ☎ (0 83 22) 70 80, Fax 70 85 30
88 Zi, Ez: 109-145, Dz: 206-266, 3 Suiten, WC; Lift 🅿 ≘ Fitneßraum Sauna
geschl: Mitte Nov-Mitte Dez
Auch Zimmer der Kategorie ** vorhanden
** Hauptgericht 30; Terrasse; geschl: Anfang Nov-Mitte Dez

** Kur- und Sporthotel Exquisit
Prinzenstr 17 (B 2), ✉ 87561,
☎ (0 83 22) 9 63 30, Fax 96 33 60,
43 Zi, Ez: 90-200, Dz: 138-390, 2 Suiten, WC; Lift 🅿 1↔30 ≘ Sauna Solarium
Rezeption: 7.30-21; geschl: Di, Anfang Nov-Mitte Dez
Golf 18

** Mohren
Marktplatz 6, ✉ 87561, ☎ (0 83 22) 91 20, Fax 91 24 44, AX ED VA
50 Zi, Ez: 90-160, Dz: 180-280, 5 Suiten, WC; 10◫; Lift 2↔50 Sauna Solarium
** Hauptgericht 30

** Wittelsbacher Hof
Prinzenstr 24, ✉ 87551, ☎ (0 83 22) 60 50, Fax 60 53 00, AX DC ED VA
76 Zi, Ez: 88-180, Dz: 156-240, 10 Suiten, WC; Lift 🅿 4↔70 ≈ ≘
geschl: Anfang Apr-Anfang Mai, Ende Okt-Mitte Dez
Golf 18; Auch Zimmer der Kategorie *** vorhanden

** Sporthotel Menning
Oeschlesweg 18, ✉ 87561, ☎ (0 83 22) 25 36, Fax 85 32, AX
22 Zi, Ez: 80, Dz: 145-185, 1 Suite, WC; Lift 🅿 ≘ Fitneßraum Sauna Solarium; garni

** Gerberhof
Zweistapfenweg 7 (A 2), ✉ 87561, ☎ (0 83 22) 70 70, Fax 70 71 00, AX DC ED VA
45 Zi, Ez: 83-150, Dz: 138-184, 3 Suiten, 2 App, WC; Lift 🅿 ≘ Sauna Solarium; garni
Rezeption: 7-21; geschl: Anfang Nov-Mitte Dez

** Kurparkhotel
Prinzenstr 1 (B 2), ✉ 87561, ☎ (0 83 22) 30 34, Fax 85 44
22 Zi, Ez: 69-95, Dz: 118-170, WC; 🅿 Sauna Solarium; garni
geschl: Ende Apr-Anfang Mai, Anfang Nov-Mitte Dez

** Adler
Fuggerstr 1 (A 2), ✉ 87561, ☎ (0 83 22) 9 61 00, Fax 81 87
33 Zi, Ez: 90-140, Dz: 160-230, WC; 🅿
geschl: Di, Anfang Nov-Mitte Dez
* Hauptgericht 25; Terrasse; geschl: Di, Anfang Nov-Mitte Dez

* Fuggerhof
Speichackerstr 2, ✉ 87561, ☎ (0 83 22) 9 64 30, Fax 96 43 30, AX DC ED VA
18 Zi, Ez: 65-150, Dz: 130-210, WC; 🅿 Fitneßraum Sauna Solarium
Rezeption: 7.30-21; geschl: Nov-Mitte Dez

* Kappeler-Haus
Am Seeler 2 (B 2), ✉ 87561, ☎ (0 83 22) 9 68 60, Fax 96 86 13, AX DC ED VA
59 Zi, Ez: 60-125, Dz: 95-170, WC; Lift 🅿 ≈; garni
Rezeption: 7.30-12, 16-20

** Grün's Restaurant
Nebelhornstr 49 (B 2), ✉ 87561, ☎ (0 83 22) 24 24, Fax 24 24
Hauptgericht 30; 🅿 Terrasse; geschl: Mo, Di mittags, 3 Wochen nach Pfingsten

** Maximilians
Freibergstr 21 (A 2), ✉ 87561, ☎ (0 83 22) 9 67 80, Fax 96 78-43
Hauptgericht 40; 🅿 Terrasse; nur abends, so+feiertags auch mittags; geschl: 3 Wochen im Mai, 3 Wochen im Nov

** 7 Schwaben
Pfarrstr 9 (B 2), ✉ 87561, ☎ (0 83 22) 38 70, AX DC ED VA
Hauptgericht 35; Gartenlokal

* Bacchus-Stuben
Freibergstr 4 (A 2), ✉ 87561, ☎ (0 83 22) 47 87, Fax 47 60
Hauptgericht 20; 🅿 Terrasse; geschl: Mo, im Sommer auch So abends, Mitte Apr-Anfang Mai, Ende Okt-Mitte Dez

Franziskus
Oststr 1 (B 2), ✉ 87561, ☎ (0 83 22) 48 55 10-18.30

Oberstdorf-Außerhalb (Zufahrt nur über Walser Str (A 1) möglich)

* Haus Wiese
Stillachstr 4 a, ✉ 87561, ☎ (0 83 22) 30 30, Fax 31 35
10 Zi, Ez: 100-130, Dz: 170-190, 3 App, WC; 🅿 ≈ ≘; garni

Oberthulba

✱   Waldesruhe
einzeln ♂ ◄ Alte Walserstr 20, ✉ 87561,
☎ (0 83 22) 60 10, Fax 60 11 00
38 Zi, Ez: 80-123, Dz: 160-246, 2 Suiten, ⌐
WC ☎; Lift 🅿 1✪ ≋ ⌂ Fitneßraum Sauna
Solarium ❦
Rezeption: 8.30-21; geschl: Ende Okt-Mitte
Dez

Jauchen (2 km ←)
✱✱   Kurhotel Adula
◄ In der Leite 6, ✉ 87561, ☎ (0 83 22)
70 90, Fax 70 94 03, AX DC ED VA
75 Zi, Ez: 178-219, Dz: 326, 5 Suiten, ⌐ WC
☎; Lift 🅿 🖃 2✪100 ≋ ⌂ Fitneßraum
Sauna Solarium
✱✱   ◄ Hauptgericht 44

Kornau (6 km ↗)
**✱✱   Nebelhorn Blick
(Silencehotel)**
Haus Nr 49, ✉ 87561, ☎ (0 83 22) 9 64 20,
Fax 96 42 50
27 Zi, Ez: 70-95, Dz: 130-300, 2 Suiten,
3 App, ⌐ WC ☎; Lift 🅿 🖃 ⌂ Fitneßraum
Sauna Solarium
geschl: So
Restaurant für Hausgäste

Tiefenbach (6 km ←)
**✱✱✱   Sporthotel Alpenkurhof
Vollmann**
♂ ◄ Falkenstr 15, ✉ 87561, ☎ (0 83 22)
70 20, Fax 70 22 22, AX ED VA
30 Zi, Ez: 83-165, Dz: 112-165, 18 Suiten,
16 App, ⌐ WC ☎, 3🖃; Lift 🅿 🖃 1✪50 ≋ ⌂
Fitneßraum Sauna Solarium
Rezeption: 7.30-21
Auch Zimmer der Kategorie **✱✱** vorhanden
✱✱   Gaisberg Stuben
◄ Hauptgericht 30; Terrasse; nur abends;
geschl: Mo

✱✱   Bergruh
♂ ◄ Im Ebnat 2, ✉ 87561, ☎ (0 83 22)
91 90, Fax 91 92 00, AX DC ED VA
33 Zi, Ez: 98-140, Dz: 196, 8 Suiten, 6 App,
⌐ WC ☎; 🅿 🖃 Fitneßraum Sauna Solarium
geschl: Anfang Nov-Mitte Dez
✱   Hauptgericht 25; Terrasse;
geschl: Anfang Nov-Mitte Dez

Oberstenfeld 61 ↗

Baden-Württemberg — Kreis Ludwigsburg
— 250 m — 7 800 Ew — Heilbronn 19, Ludwigsburg 20 km
🛈 ☎ (0 70 62) 26 10, Fax 2 61 13 — Bürgermeisteramt, Großbottwarer Str 20,
71720 Oberstenfeld; Weinbauort. Sehenswert: Ev. ehem. Stiftskirche; Burg Lichtenberg, 371 m ◄ (2 km ↘)

✱✱   Gasthof Zum Ochsen
Großbottwarer Str 31, ✉ 71720, ☎ (0 70 62)
93 90, Fax 93 94 44, AX DC ED VA
35 Zi, Ez: 75-109, Dz: 145-165, ⌐ WC ☎; Lift
🅿 🖃 3✪30 Sauna Solarium
Auch Zimmer der Kategorie **✱** vorhanden
✱✱   Hauptgericht 30; Terrasse;
geschl: Di, 3 Wochen im Jan

Oberstreu 46 ↘

Bayern — Kreis Rhön-Grabfeld — 249 m —
1 500 Ew — Mellrichstadt 3 km
🛈 ☎ (0 97 73) 2 32 — Gemeindeverwaltung,
im Ortsteil Mittelstreu, 97640 Oberstreu.
Sehenswert: Gardenkirchenburg; Schulhaus (17. Jh.); zentraler Ausgangspunkt für
Ausflüge in die bayerische, hessische und
thüringische Rhön und in das Grabfeld

Mittelstreu (1 km ↗)
✱✱   Gästehaus zum Wilden Mann
Hauptstr 18, ✉ 97640, ☎ (0 97 73) 50 17
12 Zi, Ez: 45-60, Dz: 90-120, 1 Suite, ⌐ WC
☎; 🅿 ❦

Obersulm 61 ↗

Baden-Württemberg — Kreis Heilbronn —
203 m — 12 667 Ew — Öhringen 10, Heilbronn 12 km
🛈 ☎ (0 71 30) 2 80, Fax 2 81 99 — Gemeindeverwaltung, Bernhardstr 1, 74182 Ober-
sulm

Sülzbach
✱✱   Alter Klosterhof Herrmann
Eberstädter Str 7, ✉ 74182, ☎ (0 71 34)
1 88 55, Fax 75 35, AX ED
Hauptgericht 40; 🅿 Terrasse; nur abends;
geschl: So, Mo, 1 Woche im Frühjahr,
3 Wochen in den Sommerferien

Oberthal 52 →

Saarland — Kreis St. Wendel — 400 m —
6 600 Ew — St. Wendel 8, Saarlouis 34 km
🛈 ☎ (0 68 54) 9 01 70, Fax 90 17 17 —
Gemeindeverwaltung, Brühlstr 4,
66649 Oberthal. Sehenswert: Oberthaler
Bruch (Naturschutz-Hochmoorgebiet)

Steinberg-Deckenhard (5 km ↗)
✱✱   Zum Blauen Fuchs
Walhausener Str 1, ✉ 66649, ☎ (0 68 52)
67 40, Fax 8 13 03, ED VA
Hauptgericht 40; Gartenlokal 🅿 Terrasse;
nur abends, so + feiertags auch mittags;
geschl: Di, 1 Woche im Feb, 1 Woche im
Herbst

Oberthulba 46 ↓

Bayern — Kreis Bad Kissingen — 256 m —
4 950 Ew — Bad Kissingen 9, Hammelburg 14, Bad Brückenau 22 km
🛈 ☎ (0 97 36) 8 12 20, Fax 81 22 55 — Verkehrsverein Thulbatal, Kirchgasse 16,
97723 Oberthulba; Ort in der südlichen
Rhön

✱✱   Rhöner Land
Zum Weißen Kreuz 20, ✉ 97723,
☎ (0 97 36) 7 07 -0, Fax 7 07-4 44, AX ED VA
27 Zi, Ez: 89-119, Dz: 119-169, 1 Suite,
4 App, ⌐ WC ☎; 🅿 🖃 2✪40 Fitneßraum
Sauna
✱   Hauptgericht 25

Obertraubling 65 ↘

Bayern — Kreis Regensburg (Land) — 336 m — 5 900 Ew — Regensburg 8, Straubing 44 km
ℹ ☎ (0 94 01) 9 60 10, Fax 96 01 19 — Gemeindeverwaltung, Landshuter Str 1, 93083 Obertraubling

*   Stocker
St.-Georg-Str 2, ✉ 93083, ☎ (0 94 01) 5 00 45, Fax 62 73
32 Zi, Ez: 36-55, Dz: 72-90, ⊿ WC ☎; 🅿 🍽

Obertshausen 54 ↗

Hessen — Kreis Offenbach am Main — 110 m — 25 150 Ew — Hanau 8, Offenbach 9, Seligenstadt 10 km
ℹ ☎ (0 61 04) 70 30, Fax 70 31 88 — Stadtverwaltung, Schubertstr 11, 63179 Obertshausen

**   Parkhotel
Münchener Str 12, ✉ 63179, ☎ (0 61 04) 9 50 20, Fax 41 41 63, AX DC ED VA
40 Zi, Ez: 97-158, Dz: 148-220, ⊿ WC ☎; 🅿 🚗 2⟷60
**   Lederstubb
Hauptgericht 26; geschl: So

*   Haus Dornheim
Bieberer Str 141, ✉ 63179, ☎ (0 61 04) 9 50 50, Fax 4 50 22, AX DC ED VA
16 Zi, Ez: 105-125, Dz: 150-170, 2 App, ⊿ WC ☎; 🅿; garni

Oberursel (Taunus) 44 ↘

Hessen — Hochtaunuskreis — 400 m — 45 000 Ew — Bad Homburg 5, Frankfurt am Main 17 km
ℹ ☎ (0 61 71) 50 23 07, Fax 50 24 30 — Stadtverwaltung, Rathausplatz 1, 61440 Oberursel; Stadt am Osthang des Taunus, Lutherische Theol. Hochschule. Sehenswert: Mittelalterlicher Stadtkern; Kath. Kirche St. Ursula; hist. Rathaus; Hans-Thoma-Gedächtnisstätte im Vortaunus-Museum; Großer Feldberg, 882 m ⋖ (17 km ↘)

**   Parkhotel Waldlust
Hohemarkstr 168, ✉ 61440, ☎ (0 61 71) 92 00, Fax 2 66 27, AX ED VA
105 Zi, Ez: 138-178, Dz: 192-260, 28 App, ⊿ WC ☎; Lift 🅿 7⟷100 🍽
geschl: Ende Dez
Auch Zimmer der Kategorie * vorhanden

*   Ratskeller Weinstuben
🍷 Marktplatz 1, ✉ 61440, ☎ (0 61 71) 33 11, ED
Hauptgericht 35; Gartenlokal; nur abends; geschl: So

Oberstedten
*   Sonnenhof
♂ Weinbergstr 94, ✉ 61440, ☎ (0 61 72) 3 10 72, Fax 30 12 72
Ez: 100-120, Dz: 130-150, ⊿ WC ☎; 🅿; garni

Oberweißenbrunn
siehe **Bischofsheim a. d. Rhön**

Oberwesel 43 ↘

Rheinland-Pfalz — Rhein-Hunsrück-Kreis — 70 m — 5 000 Ew — Bingen 21, Koblenz 42 km
ℹ ☎ (0 67 44) 15 21, Fax 15 40 — Verkehrsamt, Rathausstr 3, 55430 Oberwesel; Weinstädtchen im Rheindurchbruchstal, Erholungsort. Sehenswert: Kath. Liebfrauenkirche: Hochaltar, Lettner, Marienbild, Orgel; kath. St-Martins-Kirche: Reliquienbüsten; Wernerkapelle; guterhaltene Ringmauer: 18 Türme; Schönburg ⋖ (2 km ↓)

**   Römerkrug
(Gast im Schloß)
🍷 Marktplatz 1, ✉ 55430, ☎ (0 67 44) 70 91, Fax 16 77, AX ED VA
Hauptgericht 28; Terrasse; geschl: Mi, Anfang-Mitte Jan
**   6 Zi, Ez: 80-100, Dz: 140-170, 1 Suite, ⊿ WC ☎
geschl: Mi, Anfang-Mitte Jan
Auch Zimmer der Kategorie * vorhanden

*   Weinhaus Weiler
Marktplatz 4, ✉ 55430, ☎ (0 67 44) 70 03, Fax 73 03, AX ED VA
Hauptgericht 25; 🅿 Terrasse; geschl: Do, Mitte Dez-Mitte Feb
*   ⋖ 10 Zi, Ez: 75-100, Dz: 110-150, ⊿ WC ☎
geschl: Do, Mitte Dez-Mitte Feb

Oberwesel-Außerhalb (1 km ↘)
**   Burghotel Auf Schönburg 👑
(European Castle)
einzeln ⋖ 🍷 ✉ 55430, ☎ (0 67 44) 9 39 30, Fax 16 13, AX DC ED VA
20 Zi, Ez: 115-130, Dz: 235-320, 2 Suiten, ⊿ WC ☎; Lift 🅿 2⟷24
geschl: Jan, Feb, Mär
**   einzeln, Hauptgericht 40; Gartenlokal Terrasse; geschl: Mo, Jan, Feb, Mär

Oberwiesenthal 50 ↓

Sachsen — Kreis Annaberg-Buchholz — 914 m — 3 600 Ew — Chemnitz 51, Hof 105 km
ℹ ☎ (03 73 48) 6 14, Fax 77 98 — Fremdenverkehrsamt, Markt 8, 09482 Oberwiesenthal; Erholungsort. Sehenswert: Fichtelberg (1214 m) mit Fichtelberghaus, Fichtelberg-Schwebebahn; Martin-Luther-Kirche; Postdistanzsäule; Fichtelbergschanze; Rennrodelbahn; Sommerrodelbahn; dampfbetriebene Schmalspurbahn

Obrigheim

✶✶ Birkenhof
♂ ◁ Vierenstr 18, ✉ 09484, ☎ (03 73 48)
84 81, Fax 84 85, AX DC ED VA
185 Zi, Ez: 120-145, Dz: 160-195, 30 Suiten,
7 App, ⌐ WC ☎, 30🖼; Lift 🅿 11⇆300 Fitneßraum Sauna Solarium
✶　　　◁ Hauptgericht 25; Terrasse

✶✶ Panorama (Ringhotel)
♂ ◁ Vierenstr 11, ✉ 09484, ☎ (03 73 48)
71 90, Fax 71 98, AX DC ED VA
101 Zi, Ez: 140-150, Dz: 170-200, S;
23 Suiten, ⌐ WC ☎, 13🖼; Lift 🅿 6⇆150
🛁 Sauna Solarium
✶✶　　◁ Hauptgericht 35; Biergarten Terrasse

✶✶ Zum Alten Brauhaus
Brauhausstr 2, ✉ 09484, ☎ (03 73 48) 86 88
17 Zi, Ez: 60, Dz: 100, 9 Suiten, ⌐ WC ☎; 🅿
🍽

✶ Am Kirchberg
Annaberger Str 9, ✉ 09484, ☎ (03 73 48)
71 32, Fax 4 86, AX ED VA
25 Zi, Ez: 95-115, Dz: 145, 2 Suiten, ⌐ WC
☎, 6🖼; 🅿 2⇆22 🍽

✶ Pension Riedel
Annaberger Str 81, ✉ 09484, ☎ (03 73 48)
72 25, Fax 72 85
8 Zi, Ez: 55, Dz: 80, ⌐ WC ☎; 🅿 Sauna Solarium 🍽

Oberwiesenthal-Außerhalb (3 km ↖)
✶ Hotelbaude Berg-Kristall
Philosophenweg 1, ✉ 09484, ☎ (03 73 48)
82 08, Fax 73 01
9 Zi, Ez: 55-75, Dz: 100-130, 2 Suiten,
1 App, ⌐ WC ☎; 🅿 Sauna
geschl: Nov

Oberwolfach 67 ↗

Baden-Württemberg — Ortenaukreis —
300 m — 2 700 Ew — Wolfach 2, Freudenstadt 33 km
ℹ ☎ (0 78 34) 8 38 30, Fax 44 37 — Bürgermeisteramt, Rathausstr 1, 77709 Oberwolfach; Luftkurort im Tal der Wolf, im mittleren Schwarzwald. Sehenswert: Mineralien-Museum; Burgruine Wolfach
◁ (1 km + 15 Min ↓)

✶✶ Schacher
Alte Str 2 a, ✉ 77709, ☎ (0 78 34) 60 13,
Fax 93 50
13 Zi, Ez: 80, Dz: 116-126, 4 App, ⌐ WC ☎,
13🖼; Lift 🅿 🛁

✶✶ Pension Grünach
Mühlengrün 5, ✉ 77709, ☎ (0 78 34) 49 21
15 Zi, Ez: 54, Dz: 88, ⌐ WC ☎; 🅿

✶ Drei Könige
Wolftalstr 28, ✉ 77709, ☎ (0 78 34) 83 80-0,
Fax 2 85, AX DC ED VA
42 Zi, Ez: 80-95, Dz: 122-136, ⌐ WC ☎,
42🖼; Lift 🅿 🏊 2⇆60 Fitneßraum 🛁
✶✶　　Hauptgericht 25; Terrasse

Walke (3 km ↑)
✶✶ Hirschen (Landidyll Hotel)
Schwarzwaldstr 2, ✉ 77709, ☎ (0 78 34)
3 66, Fax 67 75, AX DC ED VA
41 Zi, Ez: 70-95, Dz: 112-160, ⌐ WC ☎, 5🖼;
Lift 🅿 🏊 4⇆50 Bowling Fitneßraum
Kegeln Sauna Solarium
geschl: Mitte-Ende Jan
Tennis 3; Auch Zimmer der Kategorie ✶✶✶ vorhanden
✶✶　　Hauptgericht 24; Biergarten Terrasse; geschl: Mo, Mitte-Ende Jan

✶ Zum Walkenstein
Burgfelsen 1, ✉ 77709, ☎ (0 78 34) 3 95,
Fax 46 70
30 Zi, Ez: 55-60, Dz: 90-100, ⌐ WC, 6🖼; Lift
🅿 1⇆160 🛁
geschl: Di
✶　　　Hauptgericht 25; Gartenlokal;
geschl: Di

Obing 73 ←

Bayern — Kreis Traunstein — 560 m —
3 715 Ew — Trostberg 14, Wasserburg am Inn 18 km
ℹ ☎ (0 86 24) 22 34, Fax 16 80 — Verwaltungsgemeinschaft, Kienberger Str 5,
83119 Obing. Sehenswert: Pfarrkirche;
Kirchen im Albertaich und Diepoldsberg;
Hochaltar der Kirche in Rabenden (5 km →)

✶ Oberwirt
Kienberger Str 14, ✉ 83119, ☎ (0 86 24)
42 96, Fax 29 79, ED VA
37 Zi, Ez: 72-77, Dz: 102-120, 5 App, ⌐ WC
☎; Lift 🅿 🏊 4⇆80 Seezugang Fitneßraum
Sauna Solarium
geschl: Mi, 10.-31.10.
Auch Zimmer der Kategorie ✶✶ vorhanden
✶　　　Hauptgericht 25; Biergarten Gartenlokal; geschl: Mi, 10.-31.10.

Obrigheim 55 ↙

Baden-Württemberg — Neckar-Odenwald-Kreis — 220 m — 5 277 Ew — Mosbach 6, Bad Wimpfen 19, Eberbach 24 km
ℹ ☎ (0 62 61) 64 60, Fax 6 46 40 — Bürgermeisteramt, Hauptstr 7, 74847 Obrigheim;
Ort am Neckar

Obrigheim-Außerhalb (1 km ↓)
✶✶ Schloß Neuburg
einzeln ♂ ◁ ⊗ Schloßstr 19, ✉ 74847,
☎ (0 62 61) 9 73 30, Fax 97 33 99, DC ED VA
14 Zi, Ez: 105-145, Dz: 195-245, ⌐ WC ☎,
3🖼; 🅿 1⇆20
geschl: So abends, Anfang Jan, Anfang-Mitte Aug
Auch Zimmer der Kategorie ✶✶✶ vorhanden
✶✶　　Hauptgericht 35; Gartenlokal;
geschl: So abends, Mo mittags, Anfang Jan, Anfang-Mitte Aug

Ochsenfurt

Ochsenfurt 56 □

Bayern — Kreis Würzburg — 185 m —
11 500 Ew — Würzburg 19, Rothenburg ob
der Tauber 41 km
🄸 ☎ (0 93 31) 58 55, Fax 43 64 — Verkehrsbüro, Hauptstr 39, 97199 Ochsenfurt.
Sehenswert: Rathaus; Stadtpfarrkirche
St. Andreas; Michaelskapelle; Trachtenmuseum; Mauergürtel

🛏 **Zum Schmied**
Hauptstr 26, ⌧ 97199, ☎ (0 93 31) 24 38,
Fax 2 02 03, AX DC ED VA
20 Zi, Ez: 50-80, Dz: 100-130, ⌐ WC; 🍽
geschl: im Winter Mi, Mitte Feb-Mitte Mär

🍽 **Kauzen**
Hauptstr 37, ⌧ 97199, ☎ (0 93 31) 22 37
Hauptgericht 25; geschl: Di
** 6 Zi, Ez: 95, Dz: 115, ⌐ WC ☎; P

Ochsenfurt-Außerhalb (2 km →)
** **Wald- und Sporthotel Polisina**
(Landidyll Hotel)
einzeln ◄ Marktbreiter Str 265, ⌧ 97199,
☎ (0 93 31) 84 40, Fax 76 03, AX DC ED VA
93 Zi, Ez: 135-180, Dz: 180-240, 6 Suiten, ⌐
WC ☎; Lift P 8⇔200 ≋ Sauna Solarium 🍽
Tennis 4
Auch Zimmer der Kategorie * vorhanden

Ochsenhausen 69 →

Baden-Württemberg — Kreis Biberach —
585 m — 7 700 Ew — Biberach a.d. Riß 16,
Memmingen 23 km
🄸 ☎ (0 73 52) 20 10, Fax 2 01 40 — Stadtverwaltung, Marktplatz 1, 88416 Ochsenhausen; Erholungsort. Sehenswert: Klosterkonzerte in der ehem. Reichsabtei; Kunstausstellungen im hist. „Fruchtkasten"

** **Mohren**
(Ringhotel)
Grenzenstr 2, ⌧ 88416, ☎ (0 73 52) 92 60,
Fax 92 61 00, AX DC ED VA
26 Zi, Ez: 88-128, Dz: 148-205, 2 Suiten, ⌐
WC ☎; Lift P 6⇔100 Kegeln Sauna
Solarium
Auch Zimmer der Kategorie * vorhanden
** Hauptgericht 30

* **Gasthof zum Adler**
Schloßstr 7, ⌧ 88416, ☎ (0 73 52) 9 21 40,
Fax 92 14 60, ED VA
9 Zi, Ez: 75, Dz: 125, ⌐ WC ☎; P
geschl: Anfang-Mitte Jul
* Hauptgericht 25; Gartenlokal;
geschl: So abends, Mo, Anfang-Mitte Jul

Ochtendung 43 ↓

Rheinland-Pfalz — Kreis Mayen-Koblenz —
190 m — 4 100 Ew — Mayen 13,
Koblenz 15 km
🄸 ☎ (0 26 25) 45 77 — Gemeindeverwaltung, Raiffeisenplatz 1, 5405 Ochtendung.
Sehenswert: Kath. Kirche: Glasmalereien

** **Gutshof Arosa**
Koblenzer Str 2, ⌧ 56299, ☎ (0 26 25)
44 71, Fax 52 61, AX ED
Hauptgericht 50; Biergarten Gartenlokal
P; geschl: Mo, 2 Wochen im Jan,
2 Wochen in den Sommerferien
* 13 Zi, Ez: 65-85, Dz: 120-150, ⌐
WC ☎; P 60
Rezeption: 7-14.30, 17.30-23; geschl: Mo,
2 Wochen im Jan, 2 Wochen in den
Sommerferien

Ochtrup 23 ↓

Nordrhein-Westfalen — Kreis Steinfurt —
63 m — 18 000 Ew — Gronau 11, Bad Bentheim 13, Steinfurt 13 km
🄸 ☎ (0 25 53) 10 33, Fax 8 06 27 — Verkehrs- u. Werbegemeinschaft, Ochtrup
e. V., Töpferstr 10, 48607 Ochtrup; Stadt im
Münsterland. Sehenswert: Töpferei, Töpfereimuseum; Villa im Winkel; Windmühle;
ehem. Stiftskirche im Stadtteil Langenhorst (2 km →); Wasserburg Haus Welbergen; Alte Dorfkirche (11. Jh.) (4 km ↘)

* **Akzent-Hotel**
Münsterländer-Hof
Bahnhofstr 7, ⌧ 48607, ☎ (0 25 53) 92 10,
Fax 92 11 00, AX DC ED VA
24 Zi, Ez: 100-110, Dz: 160-180, 1 Suite, WC
☎, 4⌀; Lift P 📺 3⇔30 Kegeln
geschl: so+feiertags, Fr+Sa mittags
* Hauptgericht 30; geschl: so+feiertags, Fr+Sa mittags

Ochtrup-Außerhalb (4 km ↘)
* **Alter Posthof**
Haus Welbergen
⚑ Bökerhook 4, an der B 54, ⌧ 48607,
☎ (0 25 53) 34 87, Fax 8 07 87, DC ED VA
P Terrasse 🍺; geschl: Mo, Di, Ende Dez-
Mitte Jan

Ockfen 52 □

Rheinland-Pfalz — Kreis Trier-Saarburg —
155 m — 628 Ew — Saarburg 5, Trier 16 km
🄸 ☎ (0 65 81) 37 59 — Fremdenverkehrsgemeinde, 54441 Ockfen

* **Abtei St. Martin**
Klosterstr 1, ⌧ 54441, ☎ (0 65 81) 10 52,
Fax 50 29
20 Zi, Ez: 70, Dz: 112, ⌐ WC ☎; P 1⇔40
* **Kloster Keller**
Hauptgericht 20

Übernachtungspreise sind auch Marktpreise. Aus diesem Grund werden zum
Beispiel zu Messezeiten an Messeplätzen
oder zu Festspielzeiten an Festspielorten
häufig höhere als die angegebenen Preise
berechnet und in verkehrsarmen Zeiten
niedrigere Preise. Die Preise sollten jeweils
vor der Buchung erfragt werden.

Ockholm 9 ↖

Schleswig-Holstein — Kreis Nordfriesland
— 4 m — 408 Ew — Bredstedt 12, Dagebüll 14, Niebüll 17 km
🛈 ☎ (0 46 71) 58 57 — Verkehrsverein, Süderstr 36, 25842 Bredstedt

Achtung: Hafenort für die Schiffsverbindung mit den Halligen und Amrum (Anmeldung zur Autoverladung bei der Wyker Dampfschiffs-Reederei Föhr/Amrum GmbH), 🛈 ☎ (0 46 81) 80 40

Bongsiel (2 km ↖)
* **Gasthaus Bongsiel**
♣ Am Kanal 2, ✉ 25842, ☎ (0 46 74) 14 45, Fax 14 58
🛈 Zi, Ez: 50-55, Dz: 75-90, 6 App, ⌐⅃ WC; 🅿
Rezeption: 7-14, 17-22; geschl: Mitte Jan-Ende Feb

* Hauptgericht 35; Terrasse;
geschl: Di, Mitte Jan-Ende Feb
Kleine private Kunstgalerie mit Bildern von Nolde, Eckner, Paulsen, Modersohn u. a.

Odelzhausen 71 ↑

Bayern — Kreis Dachau — 500 m —
3 642 Ew — München 25, Augsburg 29 km
🛈 ☎ (0 81 34) 60 61, Fax 73 76 — Verwaltungsgemeinschaft, Schulstr 14, 85235 Odelzhausen

** **Staffler**
Hauptstr 3, ✉ 85235, ☎ (0 81 34) 60 06, Fax 77 37
🛈 28 Zi, Ez: 80-85, Dz: 115, ⌐⅃ WC ☎; 🅿; garni
geschl: 22.12.-10.01.

** **Schloßhotel**
Am Schloßberg 3, ✉ 85235, ☎ (0 81 34) 65 98, Fax 51 93, AX ED
7 Zi, Ez: 125-150, Dz: 170-200, ⌐⅃ WC ☎, 4✉; 🅿 🎝 ≋ Sauna Solarium; garni 🍴
Rezeption: 7-21

* **Schloßbrauerei mit Gutshaus**
Am Schloßberg 1, ✉ 85235, ☎ (0 81 34) 60 21, Fax 72 60
9 Zi, Ez: 95-110, Dz: 140-160, ⌐⅃ WC ☎; 🅿 🎝 ≋ Sauna Solarium; garni
Rezeption: 7-21

* **Bräustüberl**
Hauptgericht 26; Terrasse; geschl: Sa

Odenthal 43 ↖

Nordrhein-Westfalen — Rheinisch-Bergischer Kreis — 155 m — 13 500 Ew — Bergisch Gladbach 5, Leverkusen 11, Wermelskirchen 18 km
🛈 ☎ (0 22 02) 71 00, Fax 7 87 77 — Gemeindeverwaltung, Altenberger-Dom-Str 31, 51519 Odenthal. Sehenswert: im Ortsteil Altenberg: „Bergischer Dom"; St. Pankratius; hist. Ortskern; Märchenwald; Wildpark

** **Alte Post**
Altenberger Domstr 32, ✉ 51519, ☎ (0 22 02) 7 81 24, Fax 7 17 32, AX DC ED VA
Hauptgericht 38; Biergarten 🅿; geschl: Do

Altenberg (3 km ↗)
** **Altenberger Hof**
Eugen-Heinen-Platz 7, ✉ 51519, ☎ (0 21 74) 49 70, Fax 49 71 23, AX DC ED VA
7 Zi, Ez: 160-250, Dz: 220-350, 1 Suite, ⌐⅃ WC ☎; Lift 🅿 2⇔80
** Hauptgericht 45; Biergarten 🅿 Terrasse

Eikamp (7 km →)
* **Eikamper Höhe**
◂≺ Schallemicher Str 11, ✉ 51519, ☎ (0 22 07) 23 21 + 76 00, Fax 47 40, AX ED VA
21 Zi, Ez: 55-130, Dz: 100-165, 1 App, ⌐⅃ WC ☎; 🅿 🎝 Sauna Solarium; garni

Oederan 50 ↗

Sachsen — Kreis Freiberg — 430 m —
7 000 Ew — Freiberg 13, Chemnitz 18 km
🛈 ☎ (03 72 92) 6 02 81, Fax 6 02 28 — Stadtinformation, Markt 6, 09569 Oederan.
Sehenswert: Kirche, Silbermannorgel; Altstadt; Freiluft-Miniaturausstellung „Klein Erzgebirge"; hist. Handweberei

** **Andersen**
Durchfahrt 1 a, ✉ 09569, ☎ (03 72 92) 6 03 30 + 6 06 05, Fax 6 06 07, AX DC ED VA
22 Zi, Ez: 100-110, Dz: 135-145, 2 App, ⌐⅃ WC ☎; Lift 🅿 1⇔30; garni

Öhningen 68 ↖

Baden-Württemberg — Kreis Konstanz —
450 m — 3 660 Ew — Radolfzell 14, Schaffhausen 23 km
🛈 ☎ (0 77 35) 8 19 20, Fax 8 19 30 — Verkehrsbüro, Klosterplatz 1, 78337 Öhningen; Erholungsort am Untersee (Bodensee). Sehenswert: ehem. Augustiner-Chorherrenstift; romanische Wallfahrtskirche; Schiffsahrt zur Insel Reichenau, Konstanz, Schaffhausen

Wangen (3 km →)
** **Residence am See** 👑
♣ ◂≺ Seeweg 2, ✉ 78337, ☎ (0 77 35) 9 30 00, Fax 93 00 20, AX ED VA
9 Zi, Ez: 95-180, Dz: 140-200, 2 Suiten, ⌐⅃ WC ☎; 🅿 1⇔20 Seezugang
geschl: Mo, nach Feiertagen Di, 1.11.96-1.3.97
** **Seeterrasse**
◂≺ Hauptgericht 38; Terrasse; geschl: Mo, nach Feiertagen Di, 1.11.96-1.3.97

Oelde

Oelde 34 ↗

Nordrhein-Westfalen — Kreis Warendorf — 80 m — 28 500 Ew — Beckum 10, Rheda-Wiedenbrück 14, Warendorf 22 km
🛈 ☎ (0 25 22) 7 20, Fax 7 24 60 — Stadtverwaltung, Ratsstiege 1, 59302 Oelde. Sehenswert: St.-Johannes-Pfarrkirche; Wallfahrtskirche im Stadtteil Stromberg (5 km ↘); Höhenburganlage

** Engbert
Lange Str 26, über Paulsburg, ✉ 59302, ☎ (0 25 22) 1 09 4/ 93 39-0, Fax 33 78, AX DC ED VA
35 Zi, Ez: 90-100, Dz: 130-150, ⌓ WC ☎, 6🛏; Lift 🅿 🍴
geschl: Ende Dez
Restaurant für Hausgäste

** Mühlenkamp
Geiststr 36, ✉ 59302, ☎ (0 25 22) 21 71, Fax 21 71, AX DC ED VA
30 Zi, Ez: 104-120, Dz: 132-160, ⌓ WC ☎; Lift 🅿 🍴 1⇌45 Kegeln
geschl: Ende Dez-Anfang Jan
** Hauptgericht 30; geschl: Sa mittags, Ende Dez-Anfang Jan

** Altes Gasthaus Kreft
⍟ Eickhoff 25, ✉ 59302, ☎ (0 25 22) 44 22, Fax 8 16 34, AX ED VA
Hauptgericht 35; Terrasse; geschl: So

Oelixdorf 10 ↙

Schleswig-Holstein — Kreis Steinburg — 30 m — 2 200 Ew — Itzehoe 4 km
🛈 ☎ (0 48 21) 9 11 51 — Gemeindeverwaltung, Horststr 32, 25524 Oelixdorf

* Auerhahn
♂ ◄ Horststr 31 a, ✉ 25524, ☎ (0 48 21) 9 10 61, Fax 9 10 62, ED
19 Zi, Ez: 90-110, Dz: 130, ⌓ WC ☎; 🅿;
garni
Rezeption: 17-21

Oer-Erkenschwick 33 □

Nordrhein-Westfalen — Kreis Recklinghausen — 85 m — 28 500 Ew — Recklinghausen 2, Datteln 8 km
🛈 ☎ (0 23 68) 69 11, Fax 69 12 98 — Stadtverwaltung, Agnesstr 1, 45739 Oer-Erkenschwick

** Stimbergpark
♂ ◄ Am Stimbergpark 78, ✉ 45739, ☎ (0 23 68) 10 67, Fax 5 82 06, AX DC ED VA
91 Zi, Ez: 98-130, Dz: 140-160, ⌓ WC ☎, 54🛏; 🅿 🍴 11⇌400 ≋ Fitneßraum Kegeln Sauna Solarium 🍽 🍸

Oer
** Giebelhof
Friedrichstr 5, ✉ 45739, ☎ (0 23 68) 9 10-0, Fax 9 10-2 22, ED VA
32 Zi, Ez: 105, Dz: 160, ⌓ WC ☎, 4🛏; Lift 🅿 3⇌50 Kegeln Sauna Solarium 🍽

Oerlinghausen 35 ↖

Nordrhein-Westfalen — Kreis Lippe — 300 m — 17 161 Ew — Lage 9, Bielefeld 14 km
🛈 ☎ (0 52 02) 4 93 78, Fax 4 93 93 — Bürgerhaus, Tönsbergstr 3, 33813 Oerlinghausen; Erholungs- und Luftkurort am Teutoburger Wald; Stadt der Segelflieger. Sehenswert: Archäologisches Freilichtmuseum am Barkhauser Berg; Hünenkapelle; Tönsberg, 334 m ◄ (1 km →)

* Am Tönsberg
♂ ◄ Piperweg 17, ✉ 33813, ☎ (0 52 02) 65 01, Fax 42 35
15 Zi, Ez: 85, Dz: 150, 1 App, ⌓ WC ☎; 🅿 🍴 1⇌25 🛋 Fitneßraum Sauna Solarium 🍽

Oestrich-Winkel 54 ↖

Hessen — Rheingau-Taunus-Kreis — 150 m — 12 000 Ew — Rüdesheim 9, Wiesbaden 18 km
🛈 ☎ (0 67 23) 80 98 17, Fax 78 20 — Verkehrsamt, im Stadtteil Oestrich, Rheinallee 5, 65375 Oestrich-Winkel; Erholungsort am Rhein, Weinbau. Sehenswert: Kath. St.-Martins-Kirche, Rathaus; Alter Kran, in Oestrich; Graues Haus (ältestes erhaltenes steinernes Wohngebäude Deutschlands, aus dem 11. Jh.) und Brentanohaus: Goethezimmer, in Winkel; kath. Kirche: Madonna mit der Scherbe, im Stadtteil Hallgarten; ehem. Klosterkirche St. Ägidius im Stadtteil Mittelheim; Hallgarter Zange, 580 m ◄ (8 km ↑)

Achtung: Autofähre nach Ingelheim-Nord 6-21 Uhr halbstündlich, Sa ab 7 Uhr, So ab 8 Uhr, im Winter bis 20 Uhr

Hallgarten-Außerhalb (1,5 km ↑)
** Zum Rebhang
♂ ◄ Rebhangstr 53, ✉ 65375, ☎ (0 67 23) 21 66, Fax 18 13
14 Zi, Ez: 85-110, Dz: 140-160, ⌓ WC ☎; 🅿 2⇌40 🍴
Rezeption: 10-23; geschl: Do, Anfang Jan-Mitte Feb
* ◄ Hauptgericht 30; Terrasse; geschl: Do, Anfang Jan-Mitte Feb

Oestrich
** Schwan
◄ ⍟ Rheinallee 5, ✉ 65375, ☎ (0 67 23) 80 90, Fax 78 20, AX DC ED VA
38 Zi, Ez: 150-176, Dz: 195-274, 4 Suiten, ⌓ WC ☎, 8🛏; Lift 🅿 🍴 4⇌80
geschl: 24.12.96-10.1.97
** Hauptgericht 30; Terrasse; geschl: 24.12.96-10.1.97
Eigenbauweine

Ein im Betriebseintrag dargestelltes **S** zeigt an, daß Sie hier bei einer Buchung über den Varta Hotel-Service zu Sonderkonditionen übernachten können.

Grüner Baum

* **Grüner Baum**
Rheinstr 45, ⊠ 65375, ☎ (0 67 23) 16 20, Fax 8 83 43, AX DC ED VA
Hauptgericht 25; Gartenlokal; geschl: Do, 2 Wochen Fasching

Winkel

** **Nägler am Rhein**
◄ Hauptstr 1, ⊠ 65375, ☎ (0 67 23) 50 51, Fax 50 54, AX DC ED VA
45 Zi, Ez: 135-165, Dz: 180-250, 2 Suiten, ⊣ WC ☎; Lift P 4⇔100 Fitneßraum Sauna Solarium
Auch Zimmer der Kategorie * vorhanden

** **Bellevue**
◄ Hauptgericht 35; Terrasse

* **Gästehaus Strieth**
Hauptstr 128, ⊠ 65375, ☎ (0 67 23) 9 95 80, Fax 99 58 99, AX ED VA
18 Zi, Ez: 80-105, Dz: 110-160, ⊣ WC ☎; P 1⇔; garni

*** **Graues Haus** 🍳
⊗ Graugasse 19, ⊠ 65375, ☎ (0 67 23) 26 19, Fax 47 39, AX DC ED VA
Hauptgericht 50; Gartenlokal P; geschl: Di, im Winter auch Mo, Feb

Winkel-Außerhalb (2 km ↑)

** **Gutsrestaurant Schloß Vollrads**
einzeln, ⊠ 65375, ☎ (0 67 23) 52 70, Fax 18 48
Hauptgericht 25; P Terrasse; geschl: im Winter Mi + Do, Jan

Östringen 61 ↘

Baden-Württemberg — Kreis Karlsruhe — 200 m — 12 200 Ew — Heidelberg 30, Karlsruhe 38, Bad Schönborn 5 km
ℹ ☎ (0 72 53) 20 70, Fax 2 15 58 — Stadtverwaltung, Rathaus, Am Kirchberg 19, 76684 Östringen; Erholungsort

** **Östringer Hof**
Hauptstr 113, ⊠ 76684, ☎ (0 72 53) 2 10 87, Fax 2 10 80, AX DC ED VA
19 Zi, Ez: 95, Dz: 150, ⊣ WC ☎; P
* Hauptgericht 35; nur abends; geschl: So, feiertags

* **Kreuzberghof**
einzeln ♣ Am Kreuzbergsee, ⊠ 76684, ☎ (0 72 59) 91 10-0, Fax 91 10-13, AX DC ED VA
14 Zi, Ez: 85-120, Dz: 110-145, ⊣ WC ☎; P 2⇔200 ☕
Rezeption: 11-22; geschl: Jan
Auch Zimmer der Kategorie ** vorhanden
* Hauptgericht 25

Oeynhausen, Bad

Oevenum siehe Föhr

Oeversee 9 ↗

Schleswig-Holstein — Kreis Schleswig-Flensburg — 38 m — 1 700 Ew — Flensburg 10, Schleswig 24 km
ℹ ☎ (0 46 38) 18 38, Fax 83 80 — Gebietsgemeinschaft, Grünes Binnenland e.V., Stapelholmer Weg 13, 24963 Tarp

** **Romantik Hotel Historischer Krug**
an der B 76, ⊠ 24988, ☎ (0 46 30) 94 00, Fax 7 80, AX DC ED VA
40 Zi, Ez: 99-139, Dz: 149-199, 10 Suiten, ⊣ WC ☎; P 3⇔30 ≋ ☁ Sauna Solarium ☕
** ⊗ Hauptgericht 40; Terrasse

Frörup (1 km ↓)

** **Frörup**
Stapelholmer Weg 43, ⊠ 24988, ☎ (0 46 38) 8 94 50, Fax 89 45 50, ED VA
32 Zi, Ez: 70-85 Dz: 120-140, ⊣ WC ☎; 🚗 1⇔25
Rezeption: 7-12, 17-23; geschl: Ende Dez-Anfang Jan
* Hauptgericht 30; Terrasse; geschl: im Winter So, Ende Dez-Anfang Jan

Oeynhausen, Bad 25 ↙

Nordrhein-Westfalen — Kreis Minden-Lübbecke — 89 m — 51 000 Ew — Minden 16, Herford 17 km
ℹ ☎ (0 57 31) 2 41 83, Fax 24 52 12 — Stadtverwaltung, Ostkorso 8, 32545 Bad Oeynhausen; Heilbad am Wiehengebirge; Spielcasino. Sehenswert: Kurpark; Deutsches Märchen- und Wesersagen-Museum; Motortechnica: Auto-Motor-Freizeit-Museum; Heimatmuseumshofanlage; Gradierwerk

** **Stickdorn**
Kaiser-Wilhelm-Platz, ⊠ 32545, ☎ (0 57 31) 2 11 41, Fax 2 11 42, AX ED VA
28 Zi, Ez: 95-145, Dz: 138-188, ⊣ WC ☎; P 🚗
* Hauptgericht 30; Biergarten

** **Wittekind**
♣ Am Kurpark 10, ⊠ 32545, ☎ (0 57 31) 3 06 00, Fax 31 82, DC ED VA
23 Zi, Ez: 80-125, Dz: 130-195, ⊣ WC ☎; Lift P 🚗
Restaurant für Hausgäste

* **Bosse**
Herforder Str 40, ⊠ 32545, ☎ (0 57 31) 2 80 61, Fax 2 80 63, ED VA
32 Zi, Ez: 85-120, Dz: 140-180, ⊣ WC ☎; P; garni
Auch Zimmer der Kategorie ** vorhanden

→

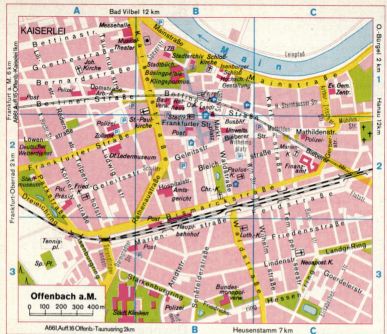

Offenbach am Main 54 ↗

Hessen — Stadtkreis — 100 m —
116 500 Ew — Frankfurt/Main 8, Darmstadt 27 km
ℹ ☎ (0 69) 80 65 29 46, Fax 80 65 31 99 — Offenbach-Information, Am Stadthof 17 (B 1), 63065 Offenbach; Hochschule für Gestaltung. Sehenswert: Isenburger Schloß; Deutsches Ledermuseum mit Deutschem Schuhmuseum; Klingsporn-Museum: neue Buch- und Schriftkunst; Stadtmuseum; Rumpenheimer Schloß.

Messen:
Lederwaren Frühjahr 15.-18.2-97
30. Modeforum 19.-21.4.97
Lederwaren Herbst 23.-26-8.97

✱✱✱ Arabella Hotel am Büsing Palais
Berliner Str 1 (B 1), ✉ 63065, ☎ (0 69) 82 99 90, Fax 82 99 98 00, AX DC ED VA, 220 Zi, Ez: 155-404, Dz: 179-468, 1 Suite, ⊟ WC ☎, 88⊠; Lift 🅿 13⇌450 Fitneßraum Sauna Solarium
✱✱ Juilliard's
Hauptgericht 35; 🅿 Terrasse

Teilen Sie bitte der Redaktion des Varta mit, wenn Sie sich in einem Haus besonders wohlgefühlt haben oder wenn Sie unzufrieden waren.

✱ Trollinger Hof
◁ Detmolder Str 89, ✉ 32545, ☎ (0 57 31) 7 95 70, Fax 79 57 10, AX DC ED VA, 19 Zi, Ez: 98-115, Dz: 140-165, ⊟ WC ☎, 5⊠; 🅿 1⇌20
✱✱ Hauptgericht 30; Terrasse; geschl: So abend, Mo

✱ Brunnenhof
Brunnenstr 8, ✉ 32545, ☎ (0 57 31) 2 11 11, Fax 2 11 48, AX DC ED VA, 19 Zi, Ez: 90-100, Dz: 120-130, ⊟ WC ☎; Lift 🅿 ; garni

Bergkirchen (6 km ↑)
✱✱ Wittekindsquelle
Bergkirchener Str 476, ✉ 32549, ☎ (0 57 34) 9 10 00, Fax 91 00 91, AX DC ED VA, 21 Zi, Ez: 95-125, Dz: 160-220, ⊟ WC ☎, 1⊠; 🅿 2⇌30
Auch Zimmer der Kategorie ✱✱✱ vorhanden
✱✱ Hauptgericht 34; Biergarten Gartenlokal

Dehme (4 km ↗)
✱ Akzent-Hotel Hahnenkamp
Alte Reichsstr 4, ✉ 32549, ☎ (0 57 31) 7 57 40, Fax 75 74 75, AX DC ED VA, 27 Zi, Ez: 95-155, Dz: 140-195, ⊟ WC ☎, 2⊠; 🅿 4⇌70
Auch Zimmer der Kategorie ✱✱ vorhanden
✱✱ Hauptgericht 25; Gartenlokal

Offenburg

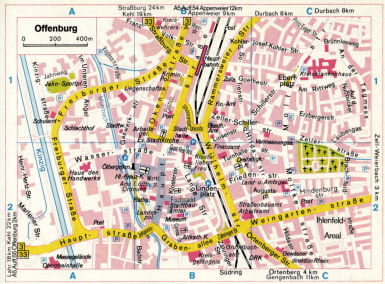

*** Holiday Inn
⌁ Kaiserleistr 45 (A 1), ✉ 63067, ☎ (0 69) 8 06 10, Fax 80 04 97, AX DC ED VA
245 Zi, Ez: 250-154, Dz: 184-395, 1 Suite, ᶑ WC ☎, 80⌂; Lift 🅿 7✚200 ⤠ Sauna Solarium ¶⊘¶
geschl: Ende Dez-Anfang Jan

** Offenbacher Hof
Ludwigstr 37 (A 2), ✉ 63067, ☎ (0 69) 82 98 20, Fax 82 98 23 33, AX DC ED VA
65 Zi, Ez: 118-288, Dz: 165-355, S; 7 App, ᶑ WC ☎, 10⌂; Lift 🅿 3✚100 Fitneßraum Sauna Solarium
Restaurant für Hausgäste. Auch Zimmer der Kategorie *** vorhanden

** Novotel
Strahlenberger Str 12, ✉ 63067, ☎ (0 69) 82 00 40, Fax 82 00 41 26, AX DC ED VA
119 Zi, Ez: 195-215, Dz: 237-257, ᶑ WC ☎, 37⌂; Lift 🅿 7✚240 ≋ ¶⊘¶

** Quality Hotel Bismarckhof
Bismarckstr 99 (B 2), ✉ 63065, ☎ (0 69) 82 98 00, Fax 82 98 03 33, AX DC ED VA
51 Zi, Ez: 118-263, Dz: 165-330, S; 1 Suite, ᶑ WC ☎; Lift 🅿 🏠 1✚20

** Fürst Bismarck
Hauptgericht 30; nur abends; geschl: So

* Ravel International
Ludwigstr 91 (A 2), ✉ 63067, ☎ (0 69) 8 00 45 24, Fax 81 59 88, AX DC ED VA
45 Zi, Ez: 118-198, Dz: 168-248, 2 Suiten, ᶑ WC ☎; Lift; garni

* Graf
Ziegelstr 4, ✉ 63065, ☎ (0 69) 81 17 02, Fax 88 79 37, AX DC ED VA
32 Zi, Ez: 95-160, Dz: 140-200, ᶑ WC ☎; Lift 🏠 1✚40; garni

* Ibis
Kaiserleistr 4, ✉ 63067, ☎ (0 69) 82 90 40, Fax 82 90 43 33, AX DC ED VA
131 Zi, Ez: 123-163, Dz: 138-178, ᶑ WC ☎, 26⌂; Lift 🅿 3✚90 ¶⊘¶

* Dino
Luisenstr 63 (B 2), ✉ 63067, ☎ (0 69) 88 46 45, Fax 88 33 95, AX DC ED VA
Hauptgericht 40; geschl: So, 3 Wochen in den Sommerferien

Bürgel (2 km ↗)

* Lindenhof
⚹ Mecklenburger Str 10, ✉ 63075, ☎ (0 69) 86 14 58, Fax 86 61 96, AX DC ED VA
36 Zi, Ez: 98-180, Dz: 140-225, ᶑ WC ☎; Lift 🅿 🏠 1✚60

*
Hauptgericht 35; Gartenlokal Terrasse; nur abends, so+feiertags auch mittags

* Mainbogen
Altkönigstr 4, ✉ 63075, ☎ (0 69) 8 60 80, Fax 8 60 86 86, AX DC ED VA
80 Zi, Ez: 119-139, Dz: 159-179, ᶑ WC ☎; Lift 🅿 2✚40 ¶⊘¶

Offenburg 60 ↗

Baden-Württemberg — Ortenaukreis — 142 m — 54 600 Ew — Freudenstadt 59, Freiburg 67, Karlsruhe 78 km
ℹ ☎ (07 81) 8 22 53, Fax 8 25 82 — Verkehrsamt, Gärtnerstr 6 (B 2), 77652 Offenburg; Kreisstadt am Rande des Schwarzwaldes zur Oberrheinebene. Sehenswert: Kath. Kirche Heilig Kreuz; Rathaus; Judenbad; ehem. Amtshof der Landvogtei Ortenau; ehem. Ritterhaus mit Museum →

Offenburg

★★★ Dorint
Am Messeplatz, ✉ 77656, ☎ (07 81) 50 50,
Fax 50 55 13, AX DC ED VA
126 Zi, Ez: 190-215, Dz: 225-260, S;
4 Suiten, ⊿ WC ☎, 6✉; Lift P 7↔400 ≘
Kegeln Sauna Solarium ✝

★★ Senator Hotel Palmengarten
Okenstr 17 (B 1), ✉ 77652, ☎ (07 81) 20 80,
Fax 20 81 00, AX DC ED VA
79 Zi, Ez: 154, Dz: 186, ⊿ WC ☎, 3✉; Lift P
Fitneßraum Sauna

★★ Imperial
Hauptgericht 35; nur abends

★★ Centralhotel
Poststr 5 (B 1), ✉ 77652, ☎ (07 81) 7 20 04,
Fax 2 55 98, AX DC ED VA
20 Zi, Ez: 98-125, Dz: 130-160, ⊿ WC ☎; P;
garni
geschl: Ende Dez-Anfang Jan

★ Union
Hauptstr 19 (B 2), ✉ 77652, ☎ (07 81)
7 40 91, Fax 7 40 93, ED VA
35 Zi, Ez: 98-125, Dz: 130-160, ⊿ WC ☎; Lift
🖿; garni

Albersbösch (2 km ←, über B 33 in A 2)

★ Hubertus
Kolpingstr 4, ✉ 77656, ☎ (07 81) 6 55 15,
Fax 5 94 90, AX DC ED VA
24 Zi, Ez: 96-120, Dz: 144-180, 2 App, ⊿ WC
☎, 1✉; Lift P 🖿 2↔30 ✝
Auch Zimmer der Kategorie ★★ vorhanden

Rammersweier (3 km ↗)

★★ Gasthof Blume
Weinstr 160, ✉ 77654, ☎ (07 81) 3 36 66,
Fax 44 06 03, ED VA
Hauptgericht 35; P Terrasse ⤴; geschl:
So abends, Mo

Zell-Weierbach (3 km →)

★ Gasthaus zur Sonne
Obertal 1, ✉ 77654, ☎ (07 81) 9 38 80,
Fax 93 88 99, VA
Hauptgericht 25; Gartenlokal P; geschl:
Mi, 1 Woche zu Fasching

★ 6 Zi, Ez: 80, Dz: 120, ⊿ WC ☎;
3↔100
geschl: Mi, 1 Woche zu Fasching

★ Gasthof Riedle
Talweg 43, ✉ 77654, ☎ (07 81) 4 68-0,
Fax 4 11 54, ED VA
Hauptgericht 30; Biergarten P; geschl: Mo

★ Rebenhof
35 Zi, Ez: 85-95, Dz: 130-140, ⊿ WC ☎;
Lift 🖿 2↔200 ≘ Sauna Solarium

Ofterschwang 70

Bayern — Kreis Oberallgäu — 864 m —
1 750 Ew — Sonthofen 5, Oberstdorf 12 km
ℹ ☎ (0 83 21) 8 90 19, Fax 8 97 77 — Verkehrsamt, im Ortsteil Sigishofen, Rathaus,
87527 Ofterschwang; Erholungsort und
Wintersportplatz

★ Landhaus Montana
Haus Nr 33, ✉ 87527, ☎ (0 83 21)
35 46, Fax 8 87 51, AX VA
19 Zi, Ez: 45-99, Dz: 75-135, ⊿ WC ☎; P 🖿
≘ Sauna Solarium ✝
geschl: Mi, Anfang Nov-Mitte Dez

Ofterschwang-Außerhalb (4 km ↘)

★★★★ Sonnenalp
einzeln ✉ 87527, ☎ (0 83 21) 27 20,
Fax 27 22 42
225 Zi, Ez: 323-397, Dz: 572-777, 22 Suiten,
28 App, ⊿ WC ☎; Lift P 🖿 6↔100 ≋ ≘ Fitneßraum Kegeln Sauna Solarium
Golf 18; Tennis 9; Preise inkl. Halbpension.
Auch Zimmer der Kategorie ★★★ vorhanden

Schweineberg (5 km →)

★★ Dora garni
Schweineberg 20, ✉ 87527, ☎ (0 83 21)
35 09, Fax 8 42 44
17 Zi, Ez: 80-132, Dz: 140-184, 1 Suite,
2 App, ⊿ WC ☎; P 🖿 ≘ Fitneßraum Sauna
Solarium; garni
Golf 18

Tiefenberg (5 km ↘)

★ Gästehaus Gisela
Tiefenberg 43, ✉ 87527, ☎ (0 83 21)
8 90, Fax 8 26 95
14 Zi, Ez: 35-60, Dz: 85-100, ⊿ WC ☎; ≘
Sauna Solarium
geschl: Do, Ende Okt-Mitte Dez
Restaurant für Hausgäste

Oggenhausen
siehe **Heidenheim a. d. Brenz**

Ohlsbach 67 ↑

Baden-Württemberg — Ortenaukreis —
200 m — 2 400 Ew — Gengenbach 4,
Offenburg 6 km
ℹ ☎ (0 78 03) 32 50, Fax 51 05 — Verkehrsverein, Dorfstr 1 b, 77797 Ohlsbach

★ Kranz
Hauptstr 28, ✉ 77797, ☎ (0 78 03) 33 12,
Fax 20 47, AX ED VA
14 Zi, Ez: 79-90, Dz: 120-135, ⊿ WC ☎; P 🖿
★ Hauptgericht 30

Ohmden 62 ↙

Baden-Württemberg — Kreis Esslingen —
347 m — 1 750 Ew — Kirchheim/Teck 7,
Göppingen 15 km
ℹ ☎ (0 70 23) 9 51 00, Fax 95 10 16 —
Gemeindeverwaltung, Hauptstr 18,
73275 Ohmden. Sehenswert: hist. Fachwerkhäuser; Schiefer-Steinbrücke

Die von uns genannten Ruhetage und
Ruhezeiten werden von den Betrieben gelegentlich kurzfristig geändert.

*** Landgasthof am Königsweg
Hauptstr 58, ✉ 73275, ☎ (0 70 23) 20 41,
Fax 82 66, AX ED
Hauptgericht 40; Gartenlokal; geschl: Mo,
Di mittags, Sa mittags
**   7 Zi, Ez: 110-140, Dz: 160-220, ⊿
WC ☎; P
Rezeption: 9-14, 18-23

Olbernhau   50→

Sachsen — 445 m — Seiffen 10, Annaberg-
Buchholz 29, Chemnitz 39 km
ℹ ☎ (03 73 60) 41 21 — Stadtverwaltung,
Grünthaler Str 28, 09526 Olbernhau

* **Lösers Gasthof**
Grünthaler Str 85, ✉ 09526, ☎ (0 36 30)
7 42 67, Fax 7 53 54, AX ED VA
10 Zi, Ez: 85, Dz: 120, ⊿ WC ☎; P
*   Hauptgericht 20; Biergarten

* **Zum Poppschen Gut**
♂ ⊰ Zum Poppschen Gut 5, ✉ 09226,
☎ (03 73 60) 2 00 56, Fax 2 00 58, DC ED VA
18 Zi, Ez: 73-85, Dz: 110-125, ⊿ WC ☎, 4⊠;
P ⍞

* **Pulvermühle**
einzeln ♂ Rungstockstr 85, ✉ 09526,
☎ (03 73 60) 7 26 02, Fax 7 26 02
6 Zi, Ez: 55-65, Dz: 75, ⊿ WC ☎; P ⍞

⌂ **Carola**
Zollstr 37, ✉ 09526, ☎ (03 73 60) 7 26 62
12 Zi, Ez: 50-65, Dz: 90, ⊿ WC ☎; P ⍞

Olching   71 ↑

Bayern — Kreis Fürstenfeldbruck — 503 m
— 20 304 Ew — Fürstenfeldbruck 7,
Dachau 16, München 20 km
ℹ ☎ (0 81 42) 20 00, Fax 20 01 76 —
Gemeindeverwaltung, Rebhuhnstr 18,
82140 Olching

** **Schiller**
Nöscherstr 20, ✉ 82140, ☎ (0 81 42) 4 73-0,
Fax 4 73-3 99, AX DC ED VA
60 Zi, Ez: 80-140, Dz: 125-180, ⊿ WC ☎,
15⊠; Lift P 🅟 2⇔50 ⌂ Fitneßraum Sauna
Solarium ⍞
geschl: So abends, Mo mittags, Ende Dez
**   Hauptgericht 25; Terrasse;
geschl: So abends, Mo mittags, Ende Dez
☎ (0 81 42) 4 98 47, Fax 4 99 41

Neu-Esting (1 km ↑)
** **Am Krone Park**
Kemeter Str 55, ✉ 82140, ☎ (0 81 42) 29 20,
Fax 1 87 06, AX DC ED VA
37 Zi, Ez: 79-109, Dz: 99-135, ⊿ WC ☎; P
1⇔18; garni
geschl: Ende Dez-Anfang Jan

Oldenburg in Holstein   11 ▫

Schleswig-Holstein — Kreis Ostholstein —
10 m — 9 900 Ew — Puttgarden (Däne-
mark-Fähre) 37, Kiel 55, Lübeck 56 km
ℹ ☎ (0 43 61) 49 80, Fax 4 98 48 — Stadtverwaltung, Rathaus, Markt 1, 23758 Oldenburg in Holstein; Stadt auf der Halbinsel
Wagrien, Erholungsort. Sehenswert: St.-
Johannis-Kirche; Wall-Museum; Ringwall

* **Zur Eule**
Hopfenmarkt 1, ✉ 23758, ☎ (0 43 61) 24 85,
Fax 20 08, AX DC ED VA
22 Zi, Ez: 90-110, Dz: 120-150, 1 App, ⊿ WC
☎; P; garni
Rezeption: 7-12; 15-22; geschl: im Winter
So, Ende Dez-Anfang Jan

Dannau (3 km ↘)
** **Dannauer Kate**   ✽
an der Str Richtung Weißenhäuser Strand,
✉ 23758, ☎ (0 43 61) 36 05, AX ED VA
Hauptgericht 25; P Terrasse; geschl: im
Winter Mi, Jan

Oldenburg (Oldb)   16 ↘

Niedersachsen — Stadtkreis — 5 m —
150 000 Ew — Cloppenburg 42, Bremen 48,
Wilhelmshaven 56 km
ℹ ☎ (04 41) 1 57 44, Fax 2 48 92 02 — Verkehrsverein, Wallstr 14 (B 2), 26122 Oldenburg; Hauptstadt des Regierungsbezirks
Weser-Ems; Universitätsstadt. Sehenswert: Schloß mit Landesmuseum für
Kunst- und Kulturgeschichte; Staatl.
Museum für Naturkunde und Vorgeschichte; Stadtmuseum; Staatstheater;
St.-Lamberti-Kirche; Altes Rathaus;
Degode Haus; Lappan-Turm: Schloßgarten; Hafen

Stadtplan siehe Seite 816

** **Alexander**
Alexanderstr 107 (B 1), ✉ 26121, ☎ (04 41)
9 80 20, Fax 8 20 00, AX DC ED VA
47 Zi, Ez: 110-140, Dz: 150-190, ⊿ WC ☎,
5⊠; Lift P 🅟 3⇔45 Fitneßraum Sauna
Solarium
** **Akzente**
Hauptgericht 30

** **City-Club-Hotel**
Europaplatz 4 (C 1), ✉ 26123, ☎ (04 41)
80 80, Fax 80 81 00, AX DC ED VA
86 Zi, Ez: 110-150, Dz: 175-210, 2 Suiten, ⊿
WC ☎, 12⊠; Lift P 12⇔400 ⌂ Fitneßraum
Sauna Solarium
Konferenzbereich in der Weser-Ems-Halle
** **Kiebitz-Stube**
Hauptgericht 30; Terrasse   →

Oldenburg (Oldb)

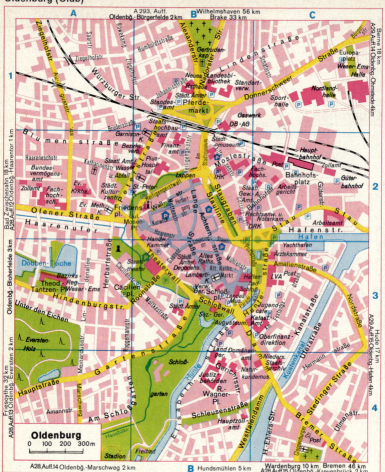

** Heide
Melkbrink 47 (B 1), ✉ 26121, ☎ (04 41)
80 40, Fax 88 40 60, AX DC ED VA
92 Zi, Ez: 98-130, Dz: 160-190, 3 Suiten,
5 App, ⊿ WC ☎, 2❀; Lift P 🚗 7 ⇨ 120 🌿
Sauna Solarium
Auch Zimmer der Kategorie * vorhanden

** Heidekate
Hauptgericht 25; Terrasse

* Antares-Hotel
Staugraben 8 (B 2), ✉ 26122, ☎ (04 41)
9 22 50, Fax 9 22 51 00, AX DC ED VA
45 Zi, Ez: 110-140, Dz: 175-190, 6 Suiten, ⊿
WC ☎, 10❀; Lift P 2 ⇨ 100 Fitneßraum
Sauna Solarium; garni

Wer nicht zu zweit im Doppelbett schlafen
möchte, sollte ausdrücklich ein Zimmer
mit zwei getrennten Betten verlangen.

* Wieting
Damm 29 (C 4), ✉ 26135, ☎ (04 41)
92 40 05, Fax 9 24 02 22, AX DC ED VA
69 Zi, Ez: 130-145, Dz: 180-210, ⊿ WC ☎,
2❀; Lift P 🚗 ❋
Auch Zimmer der Kategorie ** vorhanden

* Posthalter
Mottenstr 13 (B 2), ✉ 26122, ☎ (04 41)
2 51 94, Fax 2 48 92 87, AX DC ED VA
34 Zi, Ez: 98-160, Dz: 135-190, 6 App, ⊿ WC
☎; Lift 🚗 1 ⇨ 16
Auch Zimmer der Kategorie ** vorhanden

*
Hauptgericht 25; geschl: So

** Le Journal
Wallstr 13 (B 2), ✉ 26122, ☎ (04 41)
1 31 28, Fax 88 56 54, AX DC ED VA
Hauptgericht 35; geschl: So

Olpe

** Tafelfreuden
Alexanderstr 23 (B 1), ✉ 26121, ☎ (04 41)
8 23 68, Fax 8 32 28
Hauptgericht 24; Gartenlokal **P**; nur abends
* 7 Zi, Ez: 100-120, Dz: 140-280,
1 Suite, ⌐ WC ☎, 2📺
Rezeption: ab 15

** Klöter
Herbartgang 6 (B 2), ✉ 26122, ☎ (04 41)
1 29 86, Fax 2 48 81 29, AX DC ED VA
Hauptgericht 25; Biergarten **P**; geschl: So

** La Cucina
Alexanderstr 39 (B 1), ✉ 26121, ☎ (04 41)
8 85 08 85
Hauptgericht 30; geschl: Mo, Di mittags

▼ Klinge
Theaterwall 47 (B 3), ✉ 26122, ☎ (04 41)
2 50 12, Fax 2 61 48
Terrasse; 8-18.30, So 10-18, Sa 8-18

Etzhorn (6 km ↑)
** Der Patentkrug
Wilhelmshavener Heerstr 359, ✉ 26125,
☎ (04 41) 3 94 71, Fax 39 10 38, AX DC ED VA
Hauptgericht 35; Biergarten **P** Terrasse;
geschl: Mo

** Landhaus Etzhorn
Butjadinger Str 398, ✉ 26125, ☎ (04 41)
3 94 92, DC
Hauptgericht 25; **P** Terrasse; nur abends,
so + feiertags auch mittags; geschl: Mo, Di

Eversten 3 km ↙
** Elsässer Restaurant
Edewechter Landstr 90, ✉ 26131,
☎ (04 41) 50 24 17, ED
Hauptgericht 35; **P** Terrasse; nur abends,
so + feiertags auch mittags; geschl: Mo,
2 Wochen in den Sommerferien

Hundsmühlen (4 km ↙)
* Wöbken
Hundsmühler Krug
Hundsmühler Str 255, ✉ 26131, ☎ (04 41)
9 55 77-0, Fax 50 23 24, ED
Hauptgericht 25; Biergarten **P** geschl: Di
* 12 Zi, Ez: 70-80, Dz: 130-180, ⌐
WC ☎; 🚗 4✪400 Kegeln

Metjendorf 4 km ↘
* Trend-Hotel
Jürnweg 5, ✉ 26215, ☎ (04 41) 9 61 10,
Fax 9 61 12 00
34 Zi, Ez: 81, Dz: 128, ⌐ WC ☎, 4📺; **P** 🍽

siehe auch **Wiefelstede**

Oldentrup siehe Bielefeld

Oldesloe, Bad 18 ↗

Schleswig-Holstein — Kreis Stormarn —
17 m — 20 800 Ew — Lübeck 23, Bad Segeberg 24, Ratzeburg 35 km
i ☎ (0 45 31) 50 40, Fax 50 41 21 — Stadtverwaltung, Markt 5, 23843 Bad Oldesloe;
Keisstadt an der Trave. Sehenswert:
Kirche; Menno-Kate; Parkanlagen; Schloß
Nütschau (5 km ↘)

** Intermar
Sandkamp 12, ✉ 23843, ☎ (0 45 31) 50 60,
Fax 50 61 00, AX DC ED VA
142 Zi, Ez: 135-150, Dz: 185-200, **S**;
2 Suiten, 6 App, ⌐ WC ☎, 28📺; Lift **P** 🚗
11✪100 Fitneßraum Sauna Solarium
Golf 18; Tennis 14
* Bistro
Hauptgericht 30; Terrasse

* Wiggers Gasthof
Bahnhofstr 33, ✉ 23843, ☎ (0 45 31)
8 81 41, Fax 8 79 18, AX DC ED VA
26 Zi, Ez: 85, Dz: 115, ⌐ WC ☎; **P** 1✪25
Rezeption: 6.30-15, 17-24; geschl: So ab 15,
15 Tage im Okt
* Hauptgericht 24; Biergarten;
geschl: So abends, 15 Tage im Okt

Olfen 33 ↗

Nordrhein-Westfalen — Kreis Coesfeld —
50 m — 9 970 Ew — Datteln 8, Lüdinghausen 10 km
i ☎ (0 25 95) 38 90, Fax 3 89 64 — Stadtverwaltung, Kirchstr 5, 59399 Olfen. Sehenswert: Schloß Sandfort (3 km ↘); Ternscher
See (3 km ↗)

Kökelsum-Außerhalb (1 km ↘)
** Füchtelner Mühle
Kökelsum, ✉ 59399, ☎ (0 25 95) 4 30,
Fax 4 30
Hauptgericht 33; **P** Terrasse; geschl:
Mo + Di

Olpe 44 ↘

Nordrhein-Westfalen — Kreis Olpe —
600 m — 25 000 Ew — Attendorn 15, Gummersbach 29, Siegen 30 km
i ☎ (0 27 61) 8 32 29, Fax 8 33 30 — Verkehrsabteilung, Rathaus, Franziskanerstr 6, 57462 Olpe; Stadt im Sauerland,
Erholungsort (Ortsteil Rhode). Sehenswert: Biggesee (2 km ↘)

** Koch's Hotel
Bruchstr 16, ✉ 57462, ☎ (0 27 61) 51 71,
Fax 4 04 60, AX DC ED VA
26 Zi, Ez: 88-148, Dz: 138-228, ⌐ WC ☎; **P**
🚗 5✪130 🍽
Auch Zimmer der Kategorie * vorhanden
** Altes Olpe
Hauptgericht 30; geschl: So, Ende Jul-
Anfang Aug →

817

Olpe

✱ Zum Schwanen
Westfälische Str 26, ✉ 57462, ☎ (0 27 61) 20 11, Fax 20 13, AX DC ED VA
24 Zi, Ez: 90-120, Dz: 140-180, ⊿ WC ☎; P
1⇔100 Kegeln
geschl: So
Auch Zimmer der Kategorie ✱✱ vorhanden
✱ Hauptgericht 25; geschl: So

✱✱ Biggeschlößchen
◄ ⊗ In der Wüste 72, ✉ 57462, ☎ (0 27 61) 9 65 60, Fax 6 20 61, AX DC ED VA
Hauptgericht 35; P Terrasse; geschl: Mo
✱ ◄ ⊗ 10 Zi, Ez: 85-95, Dz: 175-195, ⊿ WC ☎, 2🅿; 3⇔90

Griesemert (3 km ↗)

✱ Haus Albus
◄ Auf der Griesemert 17, ✉ 57462, ☎ (0 27 61) 68 85, Fax 6 20 74
24 Zi, Ez: 80-105, Dz: 130-160, ⊿ WC ☎; P
🅿 ≋ Fitneßraum Sauna Solarium ⓘ⊙ⓘ
geschl: 3 Wochen in den Sommerferien
Auch Zimmer der Kategorie ✱✱ vorhanden

Oberveischede (10 km ↗)

✱✱ Haus Sangermann
Veischeder Str 13, ✉ 57462, ☎ (0 27 22) 81 66, Fax 8 91 00, ED VA
16 Zi, Ez: 79-85, Dz: 138-195, ⊿ WC ☎; P
3⇔100 Kegeln Solarium
Rezeption: 7-15, 17.30-23
✱✱ Hauptgericht 30; Biergarten

Olsberg 34 ↘

Nordrhein-Westfalen — Hochsauerlandkreis — 331 m — 15 000 Ew — Brilon 10, Meschede 14, Winterberg 21 km
ℹ ☎ (0 29 62) 98 22 00, Fax 98 22 26 — Kurverwaltung, Bigger Platz 6, 59939 Olsberg; Kneippkurort im Sauerland. Sehenswert: Borberg, 669 m ◄ (1 Std →); Bruchhauser Steine (7 km ↘)

✱ Am See
◄ Carls-Aue-Str 36, ✉ 59939, ☎ (0 29 62) 27 76, Fax 68 36
35 Zi, Ez: 75-110, Dz: 130-300, ⊿ WC ☎; Lift P 2⇔100 ≋ Seezugang Fitneßraum Sauna Solarium ⓘ⊙ⓘ ⏎
geschl: Mitte Nov-Mitte Dez

✱✱ Zur Post
Markt 1, ✉ 59939, ☎ (0 29 62) 21 45
Hauptgericht 25; geschl: Mo

Bigge (2 km ←)

✱ Schettel
Hauptstr 52, ✉ 59939, ☎ (0 29 62) 18 32, Fax 67 21, AX DC ED
11 Zi, Ez: 65-75, Dz: 120, ⊿ WC ☎; P 2⇔70 Kegeln ⓘ⊙ⓘ
Rezeption: 7-14, 17-22; geschl: Di, Sa mittags

Elleringhausen (4 km ↘)

✱ Haus Keuthen
Elleringhauser Str 57, ✉ 59939, ☎ (0 29 62) 24 51, Fax 8 42 83
18 Zi, Ez: 70-90, Dz: 120-150, ⊿ WC; P 🅿 Solarium ⓘ⊙ⓘ

Olzheim 42 ↓

Rheinland-Pfalz — Kreis Bitburg-Prüm — 550 m — 388 Ew — Prüm 8 km
ℹ ☎ (0 65 52) 78 43 — Gemeindeverwaltung, 54597 Olzheim

✱ Haus Feldmaus
♂ ◄ Knaufspescher Str 14, ✉ 54597, ☎ (0 65 52) 78 14, Fax 71 25, VA
9 Zi, Ez: 78-130, Dz: 100-210, 1 App, ⊿ WC ☎, 4🅿; P 1⇔12 Sauna
Rezeption: 8.30-13.30, 16-23
Künstlerische Gestaltung der Zimmer
✱ Hauptgericht 20; Terrasse; nur abends, So nur mittags; geschl: Mo

Oppenau 60 ↓

Baden-Württemberg — Ortenaukreis — 268 m — 5 100 Ew — Freudenstadt 24, Kehl 32 km
ℹ ☎ (0 78 04) 48 37, Fax 24 28 — Verkehrsamt, Allmendplatz 3, 77728 Oppenau; Luftkurort im Renchtal, Schwarzwald. Sehenswert: Klosterruine und Wasserfälle in Allerheiligen (12 km ↑)

✱✱ Badischer Hof ✠
Hauptstr 61, ✉ 77728, ☎ (0 78 04) 6 81, Fax 97 89 89, AX DC ED VA
Hauptgericht 30; geschl: Di abends, Mi, 2 Wochen im Feb, 2 Wochen im Nov

Lierbach (5 km ↑)

✱ Gasthof Blume
♂ Rotenbachstr 1, ✉ 77728, ☎ (0 78 04) 30 04, Fax 30 17, AX DC ED VA
10 Zi, Ez: 70-80, Dz: 100-150, 1 App, ⊿ WC ☎; P 🅿 Sauna Solarium
✱ Hauptgericht 25; Terrasse; geschl: Do, Mitte Feb-Mitte Mär

Löcherberg (5 km ↓)

✱ Schwarzwaldhotel Erdrichshof (Land Flair)
Schwarzwaldstr 57, ✉ 77728, ☎ (0 78 04) 9 79 80, Fax 97 98 98, AX DC ED VA
15 Zi, Ez: 75-85, Dz: 148-170, ⊿ WC ☎; P 🅿 1⇔25 ≋ Fitneßraum Sauna Solarium ⓘ⊙ⓘ
geschl: Mo, Anfang Nov-Ende Apr
✱✱ Hauptgericht 30; geschl: Mo, Anfang Nov-Ende Apr

Ramsbach (3 km ↘)

✱✱ Höhenhotel Kalikutt
♂ ◄ Kalikutt 10, ✉ 77728, ☎ (0 78 04) 4 50, Fax 4 52 22, ED
31 Zi, Ez: 54-90, Dz: 100-180, ⊿ WC ☎; Lift P 🅿 Sauna Solarium ⏎
geschl: 20.-24.12.97
✱✱ Hauptgericht 30; Terrasse;
geschl: 20.-24.12.97

Oppenheim 54 ↑

Rheinland-Pfalz — Kreis Mainz-Bingen — 90 m — 6 800 Ew — Mainz 19, Worms 26 km
🅘 ☏ (0 61 33) 7 06 99, Fax 24 50 — Verkehrsamt, Merianstr 2, 55276 Oppenheim; Stadt am Rhein. Sehenswert: Ev. Katharinenkirche: Oppenheimer Rose; Markt; Rathaus; Deutsches Weinbaumuseum; Stadtmauer; Burgruine Landskrone; Uhrturm; Bartholomäuskirche

** Rondo
San-Ambrogio-Ring, ✉ 55276, ☏ (0 61 33) 7 00 01, Fax 20 34, AX DC ED VA
38 Zi, Ez: 116, Dz: 150, 1 Suite, ⊿ WC ☏, 24◳; Lift 4⇔65 Sauna Solarium; **garni**
🍽
geschl: Mitte Dez-Mitte Jan
Golf 18

* Oppenheimer Hof
Friedrich-Ebert-Str 84, ✉ 55276, ☏ (0 61 33) 24 95, Fax 42 70, AX DC ED VA
22 Zi, Ez: 89-115, Dz: 149-165, ⊿ WC ☏; P
🚗 2⇔40 🍽

Oppurg 48 □

Thüringen — Kreis Pößneck — 313 m — 1 542 Ew — Pößneck 5, Triptis 11 km
🅘 ☏ (0 36 47) 42 37 83 — Gemeindeverwaltung, Hauptstr 12, 07381 Oppurg

** Landhotel
Hauptstr 2, ✉ 07381, ☏ (0 36 47) 4 37, Fax 28 77, ED
31 Zi, Ez: 85-130, Dz: 140-190, 3 Suiten, ⊿ WC ☏, 5◳; P 2⇔80 ≋ Fitneßraum Kegeln Sauna Solarium 🍽
Auch Zimmer der Kategorie * vorhanden

Oranienburg 29 ↗

Brandenburg — Kreis Oranienburg — 36 m — 29 000 Ew — Berlin 22 km
🅘 ☏ (0 33 01) 8 18 35, Fax 8 18 35 — Stadtverwaltung, Schloßplatz, 16515 Oranienburg

* Oranienburger Hof
Bernauer Str 48, ✉ 16515, ☏ (0 33 01) 70 20 72, Fax 70 20 76, AX ED VA
40 Zi, Ez: 95-130, Dz: 140-160, 3 Suiten, ⊿ WC ☏; Lift P 2⇔ 🍽
Auch Zimmer der Kategorie ** vorhanden

Sachsenhausen (4 km ↑)
* Pension Gasthof Oranjehus
Clara-Zetkin-Str 31, ✉ 16515, ☏ (0 33 01) 70 12 44 + 70 12 45, Fax 70 12 46, AX DC ED VA
8 Zi, Ez: 90-110, Dz: 130-150, ⊿ WC ☏, 1⇔28 🍽

Orb, Bad 45 ↘

Hessen — Main-Kinzig-Kreis — 170 m — 9 700 Ew — Schlüchtern 24, Hanau 36, Lohr 41 km
🅘 ☏ (0 60 52) 8 60, Fax 86 68 — Stadtverwaltung, Kurparkstr 2, 63619 Bad Orb; Heilbad im Spessart. Sehenswert: Kath. Martinskirche; Altstadt, Obertor; Konzerthalle; historische Altstadt; Stadtmuseum in der alten Burg

*** Steigenberger
♂ Horststr 1, ✉ 63619, ☏ (0 60 52) 8 80, Fax 8 81 35, AX DC ED VA
104 Zi, Ez: 156-244, Dz: 243-369, S;
8 Suiten, ⊿ WC ☏, 52◳; Lift P 🚗 ≋ 🏊 Fitneßraum Kegeln Sauna Solarium 🍽
Golf 9

** Park-Restaurant
Hauptgericht 40

*** Lorösch
Sauerbornstr 14, ✉ 63619, ☏ (0 60 52) 9 15 50, Fax 65 49, AX DC ED VA
20 Zi, Ez: 120-170, Dz: 210-260, 7 Suiten, ⊿ WC ☏; Lift P 🚗 🏊 Sauna Solarium 🍽
Rezeption: 7.30-21; geschl: Anfang-Mitte Dez

** Parkhotel
Kurparkstr 23, ✉ 63619, ☏ (0 60 52) 80 60, Fax 80 63 90, AX DC ED VA
60 Zi, Ez: 93-153, Dz: 177-240, 4 Suiten, ⊿ WC ☏, 60◳; Lift 4⇔28 ≋ Fitneßraum Sauna Solarium
geschl: Mitte Dez-Anfang Feb
Restaurant für Hausgäste. Auch Zimmer der Kategorie * vorhanden

* Rheinland
Lindenallee 36, ✉ 63619, ☏ (0 60 52) 9 14 90, Fax 91 49 88, AX ED VA
39 Zi, Ez: 80-95, Dz: 150-180, ⊿ WC ☏; Lift P 🚗 2⇔ Sauna Solarium
geschl: Mitte Jan-Mitte Feb
Restaurant für Hausgäste

* Elisabethpark
Rotahornallee 5, ✉ 63619, ☏ (0 60 52) 30 51, Fax 62 13, AX ED VA
28 Zi, Ez: 105-135, Dz: 165-200, 2 Suiten, ⊿ WC ☏, 10◳; Lift P 🚗 3⇔35 🏊 Kegeln Sauna Solarium 🍽

Orsingen-Nenzingen 68 ↘

Baden-Württemberg — Kreis Konstanz — 450 m — 2 401 Ew — Stockach 6, Singen 13, Radolfzell 14 km
🅘 ☏ (0 77 71) 20 16, Fax 59 40 — Bürgermeisteramt, im Ortsteil Nenzingen, Stockacher Str 2, 78359 Orsingen-Nenzingen. Sehenswert: Schloß Langenstein; Nellenburg, Ruine; Ortskirche im Ortsteil Orsingen; Pfarrkirche im Ortsteil Nenzingen

➡

Orsingen-Nenzingen

Nenzingen
* **Landgasthof Ritter**
Stockacher Str 69, ✉ 78359, ☎ (0 77 71) 21 14, Fax 57 69
23 Zi, Ez: 55-80, Dz: 110-120, ⊿ WC ☎; 🅿
Kegeln Sauna Solarium ▮❶
Rezeption: 10-24; geschl: Di+Mi mittags

Ortenberg 67 ↑

Baden-Württemberg — Ortenaukreis — 163 m — 2 951 Ew — Offenburg 4 km
🅸 ☎ (07 81) 9 33 50, Fax 93 35 40 — Gemeindeverwaltung, Dorfplatz 1, 77799 Ortenberg; Ort im Kinzigtal, am Rande des Schwarzwaldes. Sehenswert: Schloß

** **Edys Restaurant im Glattfelder**
Kinzigtalstr 20, ✉ 77799, ☎ (07 81) 9 34 90, Fax 93 49 29, ⓋⒶ
Hauptgericht 35; geschl: Mo

Ortenburg 66 ↗

Bayern — Kreis Passau — 340 m — 7 000 Ew — Vilshofen 11, Griesbach i. R. 12, Passau 25 km
🅸 ☎ (0 85 42) 1 64 21, Fax 32 77 — Verkehrsamt, Marktplatz 11, 94496 Ortenburg; Erholungsort. Sehenswert: Ev. Kirche; Schloß (Holzdecken); Wildpark; Wallfahrtskirche im Ortsteil Sammarei (5 km ↗); Vogelpark im Ortsteil Irgenöd (3 km); Aquarium im Ortsteil Jaging (8 km ↘)

** **Schloß-Pension**
☏ ·✦ Vorderschloß 1, ✉ 94496, ☎ (0 85 42) 5 96
Ez: 48, Dz: 85, 6 App, ⊿ WC; 🅿; garni

Vorderhainberg (1,5 km ↗)
* **Zum Koch**
Vorderhainberg 8, ✉ 94496, ☎ (0 85 42) 16 70, Fax 16 74 40, ⒶⓍ
98 Zi, Ez: 43, Dz: 75, ⊿ WC ☎; Lift 🅿 🅖
4⇌35 ⛱ Kegeln Sauna Solarium ▮❶
Rezeption: 7-21; geschl: Mitte Dez-Mitte Jan

Osann-Monzel 52 ↗

Rheinland-Pfalz — Kreis Bernkastel-Wittlich — 198 m — 1 500 Ew — Wittlich 10, Bernkastel-Kues 11 km
🅸 ☎ (0 65 35) 5 58 — Gemeindeverwaltung, im Ortsteil Monzel, Hüttenkopfstr 1, 54518 Osann-Monzel; Erholungsort

Osann
* **Landhotel Rosenberg**
Steinrausch 1, ✉ 54518, ☎ (0 65 35) 9 38 30, Fax 8 44
35 Zi, Ez: 55-110, Dz: 110-150, ⊿ WC ☎; 🅿
1⇌30 ⛱ Fitneßraum Sauna Solarium ▮❶
Rezeption: 10-1

Oschersleben 37 ↗

Sachsen-Anhalt — Kreis Oschersleben — 85 m — 16 560 Ew — Halberstadt 21 km
🅸 ☎ (0 39 49) 91 20, Fax 91 21 59 — Verwaltungsgemeinschaft, Markt 1, 39387 Oschersleben. Sehenswert: Markt mit Rathaus; Burghof mit Renaissanceschloß; Kirche St. Marien

* **Pension Schondelmaier**
Schermcker Str 20, ✉ 39387, ☎ (0 39 49) 8 00 00, Fax 8 00 00
9 Zi, Ez: 60-90, Dz: 90-108, ⊿ WC ☎; 🅿 ▮❶

Jakobsberg (3 km ↘)
* **Jakobsberger Hof**
Jakobsberg 6, ✉ 39387, ☎ (0 39 49) 22 44, Fax 9 65 33, ⒺⒹ
29 Zi, Ez: 95, Dz: 140, ⊿ WC ☎, 6✉; 🅿
2⇌25 ▮❶

Osnabrück 24 ↓

Niedersachsen — Stadtkreis — 64 m — 167 000 Ew — Rheine 46, Bielefeld 53, Münster 55 km
🅸 ☎ (05 41) 3 23 22 02, Fax 3 23 42 13 — Verkehrsamt, Markt 22, 49074 Osnabrück; Kreisstadt zwischen Teutoburger Wald und Wiehengebirge; Universität; Sädtische Bühnen. Sehenswert: Dom: Domschatz; ev. Marienkirche: Altar, Brautportal; kath. Johanniskirche; ev. Katharinenkirche; ehem. Schloß (Universität); Markt: Rathaus: Friedenssaal von 1648, Ratsschatz; Stadtwaage; Bischöfliche Kanzlei; Fachwerkhäuser in der Bier-, Krahn- und Marienstraße; Kulturgeschichtl. Museum; Museum am Schölerberg (Natur- u. Umwelt); Planetarium; Stadtbefestigung: Vitischanze, Bocksturm, Waterlootor; Bürgerpark; Schölerberg mit Waldzoo; Karlsteine (Steinkammergrab 5 km ↑)

** **Hohenzollern**
Heinrich-Heine-Str 17 (B 2), ✉ 49074, ☎ (05 41) 3 31 70, Fax 3 31 73 51, ⒶⓍⒹⒸⒺⒹⓋⒶ
90 Zi, Ez: 125-175, Dz: 185-200, 1 Suite, ⊿ WC ☎; Lift 🅿 4⇌340 ⛱ Sauna Solarium
Auch Zimmer der Kategorie * vorhanden

*** **Ambiente**
Hauptgericht 46

** **Westerkamp (Ringhotel)**
Bremer Str 120 (außerhalb C 1), ✉ 49084, ☎ (05 41) 9 77 70, Fax 70 76 21, ⒶⓍⒹⒸⒺⒹⓋⒶ
39 Zi, Ez: 98-165, Dz: 185-204, Ⓢ; ⊿ WC ☎; Lift 🅿 🅖 5⇌90 Fitneßraum Kegeln Sauna Solarium ▮❶
Auch Zimmer der Kategorie * vorhanden

** **Residenz**
Johannisstr 138 (B 2), ✉ 49074, ☎ (05 41) 58 63 58, Fax 57 18 47, ⒶⓍⒺⒹⓋⒶ
22 Zi, Ez: 95-125, Dz: 140-180, ⊿ WC ☎; Lift 🅿 1⇌12; garni ⚏

Osnabrück

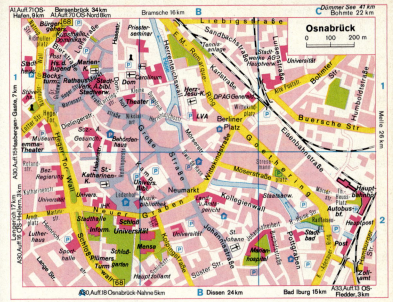

★★ Walhalla
Bierstr 24 (A 1), ✉ 49074, ☎ (05 41) 3 49 10, Fax 3 49 11 44, AX DC ED VA
64 Zi, Ez: 135-180, Dz: 195-230, S; 1 Suite, ⇱ WC ☎, 6✉; Lift 🅿 1⇆30 Sauna Solarium
★ ⊗ Hauptgericht 30; Biergarten

★★ Nikolai
Kamp 1 (B 2), ✉ 49074, ☎ (05 41) 33 13 00, Fax 3 31 30 88, AX DC ED VA
29 Zi, Ez: 120-150, Dz: 180-200, 2 App, ⇱ WC ☎, 10✉; Lift 2⇆18; **garni**

★★ Kulmbacher Hof
Schloßwall 67, ✉ 49074, ☎ (05 41) 3 57 00, Fax 35 70 20, AX DC ED VA
39 Zi, Ez: 95-130, Dz: 140-180, ⇱ WC ☎, 1✉; Lift 🅿 2⇆50 Kegeln

★ Welp
Natruper Str 227 (A 1), ✉ 49090, ☎ (05 41) 91 30 70, Fax 9 13 07 34, AX DC ED VA
24 Zi, Ez: 85-100, Dz: 120-160, ⇱ WC ☎; Lift 🅿 ⇱; **garni**
Auch Zimmer der Kategorie ★★ vorhanden

★ Bürgerbräu
Blumenhaller Weg 41 (außerhalb A 2), ✉ 49080, ☎ (05 41) 40 43 50, Fax 4 04 35 30, ED
39 Zi, Ez: 80-100, Dz: 110-135, 5 Suiten, ⇱ WC ☎; Lift 🅿 ⇱ 1⇆100 Kegeln
Auch Zimmer der Kategorie ★★ vorhanden

★ Akzent-Hotel Klute
Lotter Str 30 (A 1), ✉ 49078, ☎ (05 41) 4 50 01, Fax 4 53 02, AX DC ED VA
20 Zi, Ez: 95-135, Dz: 130-180, 1 App, ⇱ WC ☎, 3✉; 🅿 🅿 1⇆16
★★ Hauptgericht 25; geschl: so+feiertags, 2 Wochen im Jul

★ Ibis
Blumenhaller Weg 152 (außerhalb A 2), ✉ 49078, ☎ (05 41) 4 04 90, Fax 4 19 45, AX DC ED VA
96 Zi, Ez: 123, Dz: 138, ⇱ WC ☎, 25✉; Lift 🅿 6⇆150 Kegeln Solarium

★★★ La Vie
Rheiner Landstr 163 (außerhalb A 2), ✉ 49078, ☎ (05 41) 43 02 20, Fax 43 26 15, AX DC ED VA
Hauptgericht 50; Terrasse; geschl: Mo, Di, 2 Wochen in den Osterferien, 3 Wochen in den Sommerferien

★★ La Grappa
Bierstr 32 (A 1), ☎ (05 41) 6 23 38
Hauptgericht 30; geschl: Mi

★★ Aldermann
Johannisstr 92 (B 2), ✉ 49074, ☎ (05 41) 2 61 33, Fax 2 61 33, AX DC ED VA
Hauptgericht 30; geschl: Mo

★ Bauernkate
Meller Str 197, ✉ 49084, ☎ (05 41) 58 86 37, Fax 5 44 36, DC ED VA
Hauptgericht 25

→

Osnabrück

Jilg am Markt
Am Markt 26 (A 1), ✉ 49074, ☎ (05 41) 5 69 35
8.30-18.30, So 10-18

Leysieffer
Krahnstr 41 (A 1), ✉ 49074, ☎ (05 41) 2 84 09, Fax 2 10 99, AX DC ED VA
8-19, Sa 8-18, So 10-18

Atter (5 km ←)
** **Gensch**
Zum Flugplatz 85, ✉ 49076, ☎ (05 41) 12 68 81, AX DC ED VA
Hauptgericht 35; P Terrasse; geschl: Mo, 2 Wochen im Jan., 3 Wochen im Sommer

Edinghausen (3 km ←)
** **Parkhotel**
Edinghausen 1, ✉ 49076, ☎ (05 41) 9 41 40, Fax 9 41 42 00, AX DC ED VA
90 Zi, Ez: 100-170, Dz: 150-190, ⊿ WC; Lift P 🖶 7↔150 ≘ Kegeln Sauna Solarium
Auch Zimmer der Kategorie * vorhanden
** **Altes Gasthaus Kampmeier**
Hauptgericht 30; Biergarten Terrasse

Nahne (3 km ↓)
🛏 **Himmelreich**
Zum Himmelreich 11, ✉ 49082, ☎ (05 41) 5 17 00, Fax 5 30 10, AX DC ED VA
40 Zi, Ez: 65-84, Dz: 114-126, ⊿ WC ☎, 5🖂; P 🖶 ≘ Solarium; **garni**

Ostbevern 24 ✓

Nordrhein-Westfalen — Kreis Warendorf — 50 m — 7 102 Ew — Telgte 8, Münster 19, Warendorf 23 km
i ☎ (0 25 32) 8 20, Fax 82 46 — Gemeindeverwaltung, Hauptstr 24, 48346 Ostbevern

* **Alte Post**
Hauptstr 32, ✉ 48346, ☎ (0 25 32) 2 11
7 Zi, Ez: 55-60, Dz: 95-100, ⊿ WC ☎; P ✵
geschl: So + Mi mittags

Osten 17 ↑

Niedersachsen — Kreis Cuxhaven — 1 930 Ew — Stade 29, Bremervörde 33, Cuxhaven 46 km
i ☎ (0 47 71) 24 51 — Gemeindeverwaltung, Hinter den Höfen 1, 21756 Osten; Ort an der Oste

* **Fährkrug**
♂ ◄ Deichstr 1, ✉ 21756, ☎ (0 47 71) 39 22, Fax 23 38, AX ED VA
14 Zi, Ez: 70-95, Dz: 95-130, ⊿ WC ☎; P 🖶 2↔80 Fitneßraum Kegeln ✵
geschl: Anfang-Mitte Jan

Osterburg (Altmark) 28 ↘

Sachsen-Anhalt — Kreis Osterburg — 36 m — 9 029 Ew — Wittenberge 23, Stendal 24 km
i ☎ (0 39 37) 4 70, Fax 4 75 00 — Stadtverwaltung, Kirchstr 22, 39606 Osterburg

* **Gasthof Haucke**
Mühlenberg 14, ✉ 39606, ☎ (0 39 37) 21 71, AX ED
4 Zi, Ez: 70, Dz: 90, ⊿ WC; P ✵
Rezeption: 12-23

Behrends
Straße des Friedens 52, ✉ 39606, ☎ (0 39 37) 8 26 01
7-18, So 12-18, Sa 14-17

Osterburken 55 ↘

Baden-Württemberg — Neckar-Odenwald-Kreis — 314 m — 5 400 Ew — Mosbach 28, Bad Mergentheim 29, Heilbronn 50 km
i ☎ (0 62 91) 40 10, Fax 4 01 30 — Stadtverwaltung, Marktplatz 3, 74706 Osterburken. Sehenswert: kath. Kirche; Römerkastell; Römermuseum; Mauritiuskirche

** **Märchenwald**
♂ Boschstr 14, ✉ 74706, ☎ (0 62 91) 6 42 00, Fax 64 20 40, ED VA
15 Zi, Ez: 75-95, Dz: 110-145, ⊿ WC ☎, 4🖂; P 1↔30 ✵

* **Römer-Hof**
Wannestr 1, ✉ 74706, ☎ (0 62 91) 99 19, Fax 4 12 21, AX DC ED VA
15 Zi, Ez: 65-85, Dz: 110-150, ⊿ WC ☎, 5🖂; P 🖶 2↔160 Fitneßraum Kegeln Sauna Solarium ✵

Osterfeld 38 ↘

Sachsen-Anhalt — Kreis Zeitz — 290 m — 1 700 Ew — Eisenberg 13, Naumburg 17, Leipzig 45 km
i ☎ (03 44 22) 3 35, Fax 5 13 — Stadtverwaltung, Markt 24, 06721 Osterfeld

Osterfeld-Außerhalb
** **Amadeus**
einzeln ♂ Pretzscher Str 20, ✉ 06721, ☎ (03 44 22) 2 12 72, Fax 2 12 84, AX DC ED VA
147 Zi, Ez: 118-178, Dz: 148-208, 23 Suiten, ⊿ WC ☎; Lift P 🖶 8↔150 Fitneßraum Sauna Solarium
** Hauptgericht 20; Terrasse

Osterholz-Scharmbeck 17 ✓

Niedersachsen — Kreis Osterholz — 20 m — 29 600 Ew — Bremen 24, Bremerhaven 43 km
i ☎ (0 47 91) 1 70, Fax 1 73 04 — Stadtverwaltung, Rathausstr 1, 27711 Osterholz-Scharmbeck; Kreisstadt. Sehenswert: Klosterkirche; Wasserturm ◄; Hünengrab; Gut Sandbeck; Teufelsmoor; St.-Willehadi-Kirche; Wassermühle Ruschkamp

---

** Hotel oder Gasthaus mit sehr guter Ausstattung

** Zum alten Torfkahn
Am Deich 9, ✉ 27711, ☏ (0 47 91) 76 08, Fax 5 96 06, AX DC ED VA
Hauptgericht 40; P Terrasse
** 11 Zi, Ez: 95-120, Dz: 140-180, 2 Suiten, ⌐ WC ☏
geschl: 2 Wochen in den Sommerferien

Osterholz-Scharmbeck-Außerhalb (5 km ↘)
* Tietjens Hütte/Moordiele
⚓ einzeln An der Hamme 1, ✉ 27711, ☏ (0 47 91) 9 22 00, Fax 92 20 36, AX DC ED VA
Hauptgericht 25; Biergarten P Terrasse; geschl: Mo
** ♂ 8 Zi, Ez: 95-120, Dz: 180, ⌐ WC ☏; 🚗 1⇔30

Osterode am Harz 36 ↗

Niedersachsen — Kreis Osterode — 218 m — 27 361 Ew — Goslar 30, Göttingen 48 km
🅘 ☏ (0 55 22) 68 55, Fax 7 54 91 — Verkehrsbüro, Dörgestr 40, 37520 Osterode; Stadt am Südwesthang des Harzes. Sehenswert: Ev. Marktkirche St. Aegidien, ev. Schloßkirche; hist. Rathaus und neues Rathaus (Harz-Kornmagazin)

* Harzer Hof
Bahnhofstr 26, ✉ 37520, ☏ (0 55 22) 7 40 74, Fax 7 40 73, AX DC ED VA
29 Zi, Ez: 70-90, Dz: 160-170, 2 Suiten, ⌐ WC ☏; P 🚗 4⇔50 Fitneßraum, Kegeln 🍽

* Tiroler Stuben
Scheerenberger Str 45, ✉ 37520, ☏ (0 55 22) 20 22, Fax 92 01 84, AX DC ED VA
12 Zi, Ez: 70-75, Dz: 95-110, ⌐ WC ☏; P 1⇔50 🍽
geschl: Mi

* Pension Börgener
♂ Hoelemannpromenade 10 a, ✉ 37520, ☏ (0 55 22) 20 08, Fax 33 45, ED VA
17 Zi, Ez: 60-85, Dz: 100-130, ⌐ WC ☏; P; garni

Lerbach (4 km ↗)
** Akzent-Hotel Sauerbrey ♛
♂ Friedrich-Ebert-Str 129, ✉ 37520, ☏ (0 55 22) 5 09 30, Fax 50 93 50, AX DC ED VA
29 Zi, Ez: 98-170, Dz: 150-220, 2 Suiten, ⌐ WC ☏; Lift P 🚗 2⇔40 ♨ Fitneßraum Sauna Solarium
Auch Zimmer der Kategorie ***** vorhanden
** Zum Trost
Hauptgericht 25; Biergarten

Osterwick siehe Rosendahl

Osterwieck 27 ↑

Sachsen-Anhalt — Kreis Halberstadt — 160 m — 4 500 Ew — Bad Harzburg 15, Wolfenbüttel 30 km
🅘 ☏ (03 94 21) 94 41 — Heimatmuseum, Am Markt 1, 38835 Osterwieck

Osterwieck-Außerhalb (1,5 km ↑)
* Waldhaus
Im Fallstein 1, ✉ 38835, ☏ (03 94 21) 7 22 32, Fax 5 51, ED
7 Zi, Ez: 98, Dz: 148, ⌐ WC ☏; P 🍽 ⚓

Ostfildern 61 →

Baden-Württemberg — Kreis Esslingen — 420 m — 29 000 Ew — Esslingen 6, Stuttgart 18 km
🅘 ☏ (07 11) 3 40 42 26, Fax 3 40 42 88 — Stadtverwaltung, im Stadtteil Nellingen, Klosterhof 10, 73760 Ostfildern

Kemnat
** Am Brunnen
Heumadener Str 19, ✉ 73760, ☏ (07 11) 16 77 70, Fax 1 67 77 99, AX DC ED VA
22 Zi, Ez: 120-140, Dz: 150-180, ⌐ WC ☏; Lift P 🚗; garni

** Kemnater Hof
Sillenbucher Str 1, ✉ 73760, ☏ (07 11) 45 50 40, Fax 4 56 95 16, AX ED VA
27 Zi, Ez: 95-150, Dz: 130-180, ⌐ WC ☏; Lift P 1⇔25
geschl: Ende Dez-Anfang Jan
* Hauptgericht 30; Terrasse;
geschl: So abends, Mo mittags, Ende Dez-Anfang Jan

Nellingen
** Filderhotel
In den Anlagen 1, ✉ 73760, ☏ (07 11) 3 41 20 91, Fax 3 41 20 01, AX DC ED VA
45 Zi, Ez: 110-180, Dz: 149-225, ⌐ WC ☏, 7🛁; Lift P 🚗 7⇔500 Kegeln
* Hauptgericht 25; Terrasse;
geschl: Fr + Sa, 4 Wochen in den Sommerferien

* Adler
Wilhelmstr 98, ✉ 73760, ☏ (07 11) 3 41 14 24, Fax 3 41 27 67, AX DC ED VA
25 Zi, Ez: 105, Dz: 150, ⌐ WC ☏; P 🚗; garni
Rezeption: 6-13, 15-22, So ab 17; geschl: Jul-Mitte Aug

Ruit
** Hirsch Hotel Gehrung
Stuttgarter Str 7, ✉ 73760, ☏ (07 11) 44 20 88, Fax 4 41 18 24, AX DC ED VA
53 Zi, Ez: 118-148, Dz: 178-198, ⌐ WC ☏; Lift P 🚗 1⇔50 Kegeln
** Hirschstuben
Hauptgericht 30; geschl: So

Scharnhausen
** Zum Lamm
Plieninger Str 3, ✉ 73760, ☏ (0 71 58) 1 70 60, Fax 17 06 44, AX DC ED VA
30 Zi, Ez: 88-145, Dz: 100-190, ⌐ WC ☏, 10🛁; Lift P 🚗 1⇔25 Sauna Solarium
Rezeption: 8-21
Im Gasthof auch einfache Zimmer
* Hauptgericht 30; Gartenlokal;
geschl: Sa + So, 23.12.96-6.1.97

Ostheim v. d. Rhön 46 →

Bayern — Kreis Rhön-Grabfeld — 420 m —
3 800 Ew — Mellrichstadt 7, Fladungen
10 km
🛈 ☎ (0 97 77) 18 50, Fax 16 43 — Verkehrsverein, Kirchstr 3, 97645 Ostheim v. d. Rhön; Erholungsort. Sehenswert: Kirchenburg: ev. Kirche, Rathaus; Lichtenburg-Ruine, 505 m ⋖ (3 km ↑); Hansteinsches Schloß mit Orgelbaumuseum

✶✶ Landhotel Thüringer Hof
☾ ⋖ Kleiner Burgweg 3, ✉ 97645,
☎ (0 97 77) 20 31, Fax 17 00, ED VA
58 Zi, Ez: 70-75, Dz: 94-130, ⊿ WC ☎, 10🛌;
🅿 3⇔60 Fitneßraum Kegeln Sauna Solarium ⏀

✶ Henneberg-Stuben
Ostlandstr 11, ✉ 97645, ☎ (0 97 77) 7 44,
Fax 17 06, AX ED
Hauptgericht 25; nur abends, so + feiertags auch mittags; geschl: Mo

Ostseebad ...

Alle Orte mit dem Zusatz OSTSEEBAD, wie OSTSEEBAD KÜHLUNGSBORN, sind unter dem Ortsnamen, also Kühlungsborn, zu finden.

Ostrach 69 ←

Baden-Württemberg — Kreis Sigmaringen — 620 m — 5 700 Ew — Stuttgart 128, Ravensburg 33, Ulm 83 km
🛈 ☎ (0 75 85) 3 00 18, Fax 3 00 55 — Gemeindeverwaltung, Rathaus, 88356 Ostrach

✶ Gasthof zum Hirsch
Hauptstr 27, ✉ 88356, ☎ (0 75 85) 6 01,
Fax 31 59, AX DC ED VA
16 Zi, Ez: 65-82, Dz: 120-135, ⊿ WC ☎; Lift
🅿 2⇔50 ⏀
✶ Hauptgericht 28; Gartenlokal; ✿
geschl: Fr, 2 Wochen Ende Okt, 1 Woche im Jan

Ottenhöfen im Schwarzwald 60 ↘

Baden-Württemberg — Ortenaukreis — 311 m — 3 500 Ew — Achern 10, Freudenstadt 33 km
🛈 ☎ (0 78 42) 8 04 44, Fax 8 04 45 — Kurverwaltung, Allerheiligenstr 2, 77883 Ottenhöfen; Luftkurort. Sehenswert: Schwarzwaldmühlen; Wasserfälle am Edelfrauengrab (45 Min ↘); hist. Dampfzug

In der Zeit der Messen oder Festspiele erhöhen viele Hotels und Restaurants ihre Preise erheblich. Es ist daher immer ratsam, sich bei der Buchung die Preise bestätigen zu lassen.

✶ Pflug
Allerheiligenstr 1, ✉ 77883, ☎ (0 78 42)
20 58, Fax 28 46
46 Zi, Ez: 63-90, Dz: 100-160, 12 App, ⊿ WC
☎, 30🛌; Lift 🅿 🖃 3⇔70 ⏀ Fitneßraum Sauna Solarium
geschl: Jan

✶ Mark Twain Stube
Hauptgericht 18; Terrasse; geschl: Jan

Otterndorf 17 ↖

Niedersachsen — Kreis Cuxhaven — 5 m — 6 200 Ew — Cuxhaven 19, Bremerhaven 41, Stade 58 km
🛈 ☎ (0 47 51) 91 91 31, Fax 91 91 03 — Verkehrsamt, Marktstr 21, 21758 Otterndorf; Erholungsort nahe der Elbmündung. Sehenswert: Ev. Kirche; Rathaus; Bürgerhäuser; Stadtwall; Schöpfwerk am Elbdeich

✶ Eibsen's Hotel
Marktstr 33, ✉ 21762, ☎ (0 47 51) 27 73,
Fax 41 79
7 Zi, Ez: 75-100, Dz: 120-160, 2 Suiten,
3 App, ⊿ WC; 🅿 🖃 Kegeln; **garni**
geschl: So, Ende Dez-Anfang Jan

✶✶ Ratskeller
Rathausplatz 1, ✉ 21762, ☎ (0 47 51) 38 11,
Fax 38 11, DC ED VA
Hauptgericht 30; geschl: Di, Feb

✶ Elb-Terrassen
⋖ An der Schleuse 18, ✉ 21762,
☎ (0 47 51) 22 13, Fax 62 05, AX DC ED VA
Hauptgericht 25; 🅿 Terrasse; geschl: Mo

Ottobeuren 70 □

Bayern — Kreis Unterallgäu — 660 m — 8 000 Ew — Memmingen 11, Kempten 28 km
🛈 ☎ (0 83 32) 68 17, Fax 68 38 — Kurverwaltung, Marktplatz 14, 87720 Ottobeuren; Kneipp-Kurort im Alpenvorland. Sehenswert: Benediktinerabtei: Klosterkirche

✶✶ Gästehaus Am Mühlbach
☾ Luitpoldstr 57, ✉ 87724, ☎ (0 83 32)
9 20 50, Fax 85 95, ED VA
20 Zi, Ez: 82-97, Dz: 136-148, ⊿ WC ☎, 3🛌;
Lift 🅿 🖃; **garni**
Rezeption: 7-20; geschl: Mitte Dez-Mitte Jan

Ottobrunn 72 □

Bayern — Kreis München — 556 m — 18 814 Ew — München 12 km
🛈 ☎ (0 89) 60 80 80, Fax 60 80 81 03 — Gemeindeverwaltung, Rathausplatz 1, 85521 Ottobrunn

Oy-Mittelberg

** Pazific
Rosenheimer Landstr 91, ⌧ 85521,
☎ (0 89) 6 09 10 51, Fax 6 08 32 43,
AX DC ED VA
54 Zi, Ez: 128-198, Dz: 168-298, 8 Suiten,
8 App., ⌐ WC ☎, 4⌐; Lift ▣ ⌐ 1⇔40
Solarium; **garni**

** Aigner
Rosenheimer Landstr 118, ⌧ 85521,
☎ (0 89) 60 81 70, Fax 6 08 32 13,
AX DC ED VA
70 Zi, Ez: 155-230, Dz: 165-250, 3 App., ⌐
WC ☎, 10⌐; Lift ▣ ⌐; **garni**

* Atlantic
Rosenheimer Landstr 90, ⌧ 85521,
☎ (0 89) 6 09 50 61, Fax 6 09 34 43,
AX DC ED VA
62 Zi, Ez: 105-190, Dz: 140-230, ⌐ WC ☎;
Lift ▣ ⌐ 2⇔60 Fitneßraum Sauna
Solarium ⌐
geschl: Ende Dez-Anfang Jan

* Prinz Eugen
Rosenheimer Landstr 26 b, ⌧ 85521,
☎ (0 89) 6 09 50 44, Fax 6 08 41 83, ED VA
24 Zi, Ez: 140-170, Dz: 170-200, ⌐ WC ☎; ▣
⌐; **garni**

Ottweiler 53 ↙

Saarland — Kreis Neunkirchen/Saar —
260 m — 16 000 Ew — Neunkirchen 8, St.
Wendel 9 km
ℹ ☎ (0 68 24) 3 00 80, Fax 30 08 66 — Stadtverwaltung, Illinger Str 7, 66564 Ottweiler.
Sehenswert: Stadtbild: Ev. Kirche; Rathaus; Schloßplatz, ehem. Witwenpalais;
historische Altstadt

** Eisel in der Ziegelhütte
Mühlstr 15a, ⌧ 66564, ☎ (0 68 24) 75 77,
Fax 82 14, AX ED VA
Hauptgericht 45; Gartenlokal ▣ Terrasse;
geschl: Sa + Di mittags, So abends, Mo

Overath 43 ↑

Nordrhein-Westfalen — Rheinisch-Bergischer Kreis — 150 m — 25 000 Ew — Bergisch Gladbach 15, Siegburg 16 km
ℹ ☎ (0 22 06) 60 20, Fax 60 21 93 — Verkehrsamt, Hauptstr 25, 51491 Overath;
Luftkurort im Aggertal. Sehenswert: Kath.
Kirche; Burgruine Bernsau (2 km ↗)

Immekeppel (9 km ↖)
*** Sülztaler Hof
Lindlarer Str 83, ⌧ 51491, ☎ (0 22 04)
9 75 00, Fax 97 50 50
Hauptgericht 45; geschl: Di + Mi
* 4 Zi, Ez: 110-150, Dz: 210-250, ⌐
WC ☎; ▣
Rezeption: 10-14. 17-22; geschl: Di

Klef (2 km ↑)
* Lüdenbach
Klef 99, ⌧ 51491, ☎ (0 22 06) 21 53,
Fax 8 16 02, ED
27 Zi, Ez: 95-110, Dz: 145-150, ⌐ WC ☎; ▣
⌐ 1⇔20 Sauna ⌐
geschl: Mo, Mitte Jul-Mitte Aug

Owschlag 10 ←

Schleswig-Holstein — Kreis Rendsburg-
Eckernförde — 15 m — 3 009 Ew — Schleswig 17, Rendsburg 18 km
ℹ ☎ (0 43 53) 8 13, Fax 8 16 — Verkehrsverein Hüttener Berge, Schulberg 6,
24358 Ascheffel

* Förster-Haus am See
◁ Beekstr 41, ⌧ 24811, ☎ (0 43 36) 9 97 70,
Fax 99 77 99, AX DC ED VA
62 Zi, Ez: 90-100, Dz: 150-170, 6 App., ⌐ WC
☎; ▣ ⌐ 4⇔200 Strandbad Seezugang
Kegeln Sauna Solarium
* Hauptgericht 25

Oybin 41 ↗

Sachsen — Kreis Zittau — 400 m —
1 800 Ew — Zittau 9 km
ℹ ☎ (03 58 44) 3 36, Fax 2 78 — Fremdenverkehrsamt, Freiligrathstr 8, 02797 Oybin;
Erholungsort. Sehenswert: Berg Oybin
(514 m): Burg- und Klosteranlage, Berg-
friedhof, Camera obscura; barocke Bergkirche; Umgebindehäuser

** Felsenkeller
Hauptstr 6, ⌧ 02797, ☎ (03 58 44) 7 02 35,
Fax 7 00 58, AX ED VA
12 Zi, Ez: 90, Dz: 140, ⌐ WC ☎; ▣ ⌐
geschl: 1.12.-15.12.97

** Zur alten Rodelbahn
Straße der Jugend 4, ⌧ 02797,
☎ (03 58 44) 71 20, Fax 7 12 19, AX ED VA
12 Zi, Ez: 80-100, Dz: 110-130, 2 App., ⌐ WC
☎; ▣ ⌐

Oybin-Außerhalb (1 km ↓)
* Teufelsmühle
einzeln ♂ Friedrich-Engels-Str 17,
⌧ 02797, ☎ (03 58 44) 7 02 26, Fax 7 17 12,
AX ED
19 Zi, Ez: 70, Dz: 100, ⌐ WC ☎, 3⌐; ▣ ⌐
2⇔70 ⌐ ⌐

Oy-Mittelberg 70 ↘

Bayern — Kreis Oberallgäu — 1000 m —
4 600 Ew — Kempten 19, Füssen 24 km
ℹ ☎ (0 83 66) 2 07, Fax 14 27 — Verkehrsamt, im Ortsteil Oy, Wertacher Str 11,
87466 Oy-Mittelberg; Luft- und Kneipp-
Kurort am Alpenrand, Erholungsort.
Sehenswert: Kath. Kirche im Ortsteil Maria
Rain (4 km →); Grüntensee (2 km ↓); Rottachsee (4 km ←) →

Oy-Mittelberg

Mittelberg
★★ Kur- und Sporthotel Mittelburg ♛
♂ ⋖ Mittelburgweg 1, ✉ 87466, ☎ (0 83 66) 1 80, Fax 18 35
30 Zi, Ez: 100-125, Dz: 190-280, ⌐ WC ☎; 🅿
≋ Sauna Solarium ⬛
geschl: Mitte Okt-Mitte Dez
Restaurant für Hausgäste

Oy
★★ Kurhotel Tannenhof (Land Flair)
♂ ⋖ Tannenhofstr 19, ✉ 87466, ☎ (0 83 66) 5 52, Fax 8 94, DC ED VA
19 Zi, Ez: 139-220, Dz: 220-300, 11 Suiten, 3 App, ⌐ WC ☎; Lift 🅿 🚗 ≋ Fitneßraum Sauna Solarium
geschl: Mitte Nov-Mitte Dez
★★ ⋖ Hauptgericht 25

Oyten 17↓

Niedersachsen — Kreis Verden (Aller) — 16 m — 13 600 Ew — Bremen 13, Verden (Aller) 27 km
ℹ ☎ (0 42 07) 60 20, Fax 6 02 36 — Gemeindeverwaltung, Hauptstr 55, 28876 Oyten

★ Oyten am Markt
Hauptstr 85, ✉ 28876, ☎ (0 42 07) 45 54, Fax 41 49, AX DC ED VA
24 Zi, Ez: 85-88, Dz: 120-125, ⌐ WC ☎; Lift 🅿 🚗 ⬛
geschl: Ende Dez

★ Am Steendamm
Oyterdamm 29, ✉ 28876, ☎ (0 42 07) 9 17 00, Fax 91 70 50, DC ED VA
19 Zi, Ez: 81-89, Dz: 138, ⌐ WC ☎; 🅿 🚗 ¶⊙¶
geschl: Ende Dez-Anfang Jan

★ Im Forth
♂ Thünen 32, ✉ 28876, ☎ (0 42 07) 50 27, Fax 50 20
13 Zi, Ez: 58-65, Dz: 94-105, ⌐ WC ☎; 🅿;
garni

★ Fehsenfeld
Hauptstr 50, ✉ 28876, ☎ (0 42 07) 70 48, AX DC ED VA
10 Zi, Ez: 70-80, Dz: 106-110, ⌐ WC ☎; 🅿 🚗; garni
Rezeption: 6-11.30 15.30-22; geschl: Ende Dez-Anfang Jan

★ Motel Höper
Hauptstr 58, ✉ 28876, ☎ (0 42 07) 59 66, Fax 58 38, AX DC ED VA
26 Zi, Ez: 73-78, Dz: 105-120, 1 Suite, 10 App, ⌐ WC ☎; 🅿 2⇔60
★ Hauptgericht 25; geschl: So

Paderborn 35 ↘

Nordrhein-Westfalen — Kreis Paderborn — 347 m — 130 000 Ew — Lippstadt 32, Detmold 36 km
ℹ ☎ (0 52 51) 2 64 61, Fax 2 28 84 — Verkehrsverein, Marienplatz 2 a (B 2), 33098 Paderborn; Stadt zwischen Teutoburger Wald, Sauerland und Eggegebirge; Universität; Westfälische Kammerspiele. Sehenswert: Dom; ev. Abdinghofkirche; kath. Busdorfkirche: Kreuzgang; Franziskanerkirche; kath. Gaukirche; Bartholomäuskapelle; Kaiserpfalzen, Paradiespforte; Rathaus; Altes Bürgerhaus; Diözesan-Museum: Imad-Madonna; 200 Quellen der Pader; Schloß Neuhaus

★★★ Best Western Hotel Arosa
Westernmauer 38 (A 2), ✉ 33098, ☎ (0 52 51) 12 80, Fax 12 88 06, AX DC ED VA
112 Zi, Ez: 150-260, Dz: 260-320, 3 Suiten, ⌐ WC ☎, 32⊞; Lift 🚗 4⇔140 ≋ Sauna Solarium
Auch Zimmer der Kategorie ★★ vorhanden
★★ Chalet
Hauptgericht 35; 🅿

★ Ibis
Paderwall 1 (A 1), ✉ 33102, ☎ (0 52 51) 12 45, Fax 12 48 88, AX DC ED VA
90 Zi, Ez: 132-134, Dz: 147-149, ⌐ WC ☎, 9⊞; Lift 🅿 🚗 ¶⊙¶

Päwesin 29 ←

Brandenburg — Kreis Potsdam-Mittelmark — 30 m — 643 Ew — Nauen 19, Brandenburg 20, Potsdam 34 km
ℹ ☎ (03 38 38) 4 02 12 — Gemeindeverwaltung, Brandenburger Str 6, 14778 Päwesin

Bollmannsruh
★★ Bollmannsruh
♂ ⋖ Bollmannsruh 10, am Beetzsee, ✉ 14778, ☎ (03 38 38) 47 90, Fax 47 91 00, AX DC ED VA
73 Zi, Ez: 118-185, Dz: 158-295, 5 App, ⌐ WC ☎, 30⊞; Lift 🅿 4⇔220 Seezugang Fitneßraum Sauna Solarium ¶⊙¶

Pampow 19 ↗

Mecklenburg-Vorpommern — Kreis Schwerin — 46 m — 1 000 Ew — Schwerin 8, Hagenow 18 km
ℹ ☎ (0 38 69) 7 60 00 — Amt Stralendorf, Dorfstr 30, 19073 Stralendorf

★ Pampower Hof
Schweriner Str 39, ✉ 19075, ☎ (0 38 65) 7 50, Fax 7 57 50, AX DC ED VA
26 Zi, Ez: 145-155, Dz: 160-180, 5 Suiten, ⌐ WC ☎; Lift 🅿 6⇔150 Kegeln ¶⊙¶
Auch Zimmer der Kategorie ★★ vorhanden

Papenburg

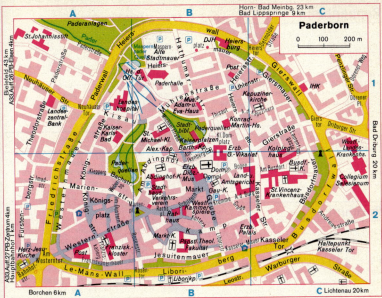

Panker 11 ←

Schleswig-Holstein — Kreis Plön — 40 m — 1 500 Ew — Lütjenburg 5 km
ℹ ☏ (0 43 81) 40 20 49, Fax 40 20 24 — Amt Lütjenburg-Land, Markt 12, 24321 Lütjenburg. Sehenswert: Schloß und Schloßpark

Panker-Außerhalb (3 km ←)

** **Forsthaus Hessenstein**
einzeln, ✉ 24321, ☏ (0 43 81) 94 16, Fax 31 41
Hauptgericht 35; nur abends, So auch mittags; geschl: Mo, im Winter auch Di, 3 Wochen im Nov
nur Menüs

Papenburg 15 ↘

Niedersachsen — Kreis Emsland — 7 m — 31 000 Ew — Leer 24, Meppen 47, Oldenburg 67 km
ℹ ☏ (0 49 61) 8 22 21, Fax 8 23 15 — Verkehrsverein, Hauptkanal rechts 68, 26871 Papenburg; älteste Fehnkolonie, Seehafenstadt an der Ems, Erholungsort. Sehenswert: Antoniuskirche, Alter Turm Obenende, Schiffahrtsfreilichtmuseum, Meyerwerft mit größtem Trockendock der Welt

In der Vergangenheit hat sich oft gezeigt, daß einige Hotels ihre Preise im Laufe des Jahres anheben. Daher ist es ratsam, sich bei der Buchung die Preise bestätigen zu lassen.

*** **Alte Werft**
Ölmühlenweg 1, ✉ 26871, ☏ (0 49 61) 92 00, Fax 92 01 00, AX DC ED VA
42 Zi, Ez: 133-178, Dz: 184-246, 6 Suiten, ⌐ WC ☏; Lift P 5⇄900 Fitneßraum Sauna Solarium
Golf 18
Auch Zimmer der Kategorie **** vorhanden

*** **Graf Götzen**
Hauptgericht 35; nur abends

** **Schnürboden**
Hauptgericht 25; Biergarten

** **Comfort-Hotel Stadt Papenburg**
Am Stadtpark 25, ✉ 26871, ☏ (0 49 61) 9 18 20, Fax 34 71, AX DC ED VA
50 Zi, Ez: 92-98, Dz: 145-155, 5 Suiten, ⌐ WC ☏; Lift P 🚗 3⇄50 Fitneßraum Sauna Solarium

** **von Velen**
Hauptgericht 34; Terrasse

* **Am Stadtpark**
Deverweg 27, ✉ 26871, ☏ (0 49 61) 41 45, Fax 68 81, AX DC ED VA
32 Zi, Ez: 80, Dz: 120, 1 Suite, ⌐ WC ☏; Lift P

** **Maritim**
Hauptgericht 30

* **Graf Luckner**
Hümmlinger Weg 2, ✉ 26871, ☏ (0 49 61) 7 60 57, Fax 7 60 59, AX DC ED
28 Zi, Ez: 69-78, Dz: 98-128, ⌐ WC ☏; P 🚗 1⇄50 Fitneßraum Kegeln Sauna Solarium

Pappenheim

Pappenheim 63 ↗

Bayern — Kreis Weißenburg-Gunzenhausen — 412 m — 4 200 Ew — Weißenburg 15, Eichstädt 20 km
ℹ ☎ (0 91 43) 62 66, Fax 5 16 — Haus des Gastes, Kirchengasse 1, 91788 Pappenheim; Luftkurort im Altmühltal. Sehenswert: Stadtkirche, Galluskirche, Altes Schloß und Burgruine ⋖; Neues Schloß; ehem. Augustinerkloster

* Gasthof Zur Sonne
W.-Deisinger-Str 20, ✉ 91788, ☎ (0 91 43) 8 31 40, Fax 66 48
12 Zi, Ez: 50-56, Dz: 90-98, ⌐ WC ☏, 2⌂; ▭
🍴
geschl: So ab 14, Mo, Jan

Parchim 20 □

Mecklenburg-Vorpommern — Kreis Parchim — 23 100 Ew — Schwerin 40, Pritzwalk 42 km
ℹ ☎ (0 38 71) 7 10, Fax 71 18 — Stadtverwaltung, Am Schuhmarkt 1, 19370 Parchim. Sehenswert: Pfarrkirche St. Georg; Pfarrkirche St. Marien; Fachwerkhäuser; Wockersee

** Wartenbergs Hotel
Bahnhofstr 1, ✉ 19370, ☎ (0 38 71) 72 80, Fax 72 84 28, ED VA
53 Zi, Ez: 88-98, Dz: 110-130, 2 Suiten, ⌐ WC ☏; Lift P ▭ 1↔20 ≘ Fitneßraum Sauna Solarium 🍴

* Stadt Hamburg
Lange Str 87, ✉ 19370, ☎ (0 38 71) 6 20 40, Fax 62 04 13, AX ED VA
16 Zi, Ez: 80-120, Dz: 105-135, ⌐ WC ☏; P 🍴

* Stadtkrug
Apothekenstr 12, ✉ 19370, ☎ (0 38 71) 62 30-0, Fax 26 44 46, ED VA
24 Zi, Ez: 75-88, Dz: 110-120, 1 Suite, ⌐ WC ☏, 2⌂; 🍴

Slate (4 km ↙)
* Zum Fährhaus
⚓ Fähre 2, ✉ 19370, ☎ (0 38 71) 6 26 10, Fax 4 41 44, AX ED VA
13 Zi, Ez: 90, Dz: 120, 2 App, ⌐ WC ☏; P 3↔80 🍴

Parsberg 64 ↗

Bayern — Kreis Neumarkt (Oberpfalz) — 550 m — 5 900 Ew — Neumarkt (Oberpfalz) 27, Regensburg 45 km
ℹ ☎ (0 94 92) 60 70, Fax 6 07 30 — Verkehrsamt, Alte-Seer-Str 2, 92331 Parsberg. Sehenswert: Burg; Museum; Kirche

** Zum Hirschen (Flair Hotel)
Dr.-Schrettenbrunner-Str 1, ✉ 92331, ☎ (0 94 92) 60 60, Fax 60 62 22, ED VA
77 Zi, Ez: 90-115, Dz: 120-148, ⌐ WC ☏; Lift ▭ 5↔100 Fitneßraum Sauna Solarium
geschl: Anfang Jan
Im Gästehaus Zimmer der Kategorie * vorhanden
** Hauptgericht 25; Terrasse;
geschl: So abends, Anfang Jan

Passau 66 ↘

Bayern — Stadtkreis — 302 m — 50 000 Ew — München 180, Nürnberg 225 km
ℹ ☎ (08 51) 3 34 21, Fax 3 51 07 — Fremdenverkehrsverein, Rathausplatz 3 (C 1), 94032 Passau; Dreiflüssestadt an der Mündung von Inn und Ilz in die Donau; Universität. Sehenswert: Dom, größte Kirchenorgel der Welt; Klosterkirche Niedernburg; Kirche St. Michael; Neue bischöfliche Residenz; Rathaus; Veste Oberhaus ⋖, hist. Stadt-Museum; ehem. Stift St. Nikola (jetzt Universität), Museum Moderner Kunst, Glasmuseum; Römermuseum Kastell Boiotro; Domschatz-Diözesanmuseum; kath. Wallfahrtskirche Mariahilf ⋖

*** Holiday Inn
Bahnhofstr 24 (A 1), ✉ 94032, ☎ (08 51) 5 90 00, Fax 5 90 05 29, AX DC ED VA
127 Zi, Ez: 160-190, Dz: 190-220, S;
2 Suiten, ⌐ WC ☏, 35⌂; Lift ≘ Sauna Solarium
** Batavia
Hauptgericht 25; Terrasse

** König
⋖ Untere Donaulände 1 (B 1), ✉ 94032, ☎ (08 51) 38 50, Fax 38 54 60, AX DC ED VA
41 Zi, Ez: 115, Dz: 170, ⌐ WC ☏; Lift ▭ 1↔40 Sauna Solarium; garni
Auch Zimmer der Kategorie * vorhanden

** Weisser Hase
Ludwigstr 23 (B 1), ✉ 94032, ☎ (08 51) 9 21 10, Fax 9 21 11 00, AX DC ED VA
107 Zi, Ez: 140-180, Dz: 220-260, S; 1 Suite, ⌐ WC ☏, 20⌂; Lift ▭ 4↔200 Sauna Solarium
geschl: Jan
Auch Zimmer der Kategorie * vorhanden
* Hauptgericht 25; nur abends;
geschl: Jan

** Residenz
⋖ Fritz-Schäffer-Promenade (B 1), ✉ 94032, ☎ (08 51) 3 50 05, Fax 3 50 08, AX DC ED VA
52 Zi, Ez: 105-145, Dz: 185-230, ⌐ WC ☏; Lift P ▭; garni
geschl: Anfang Dez-Ende Feb

Passau

★★ Passauer Wolf
⫞ Rindermarkt 6, über Untere Donaulände (B 1), ✉ 94032, ☎ (08 51) 3 40 46, Fax 3 67 57, AX DC ED VA
40 Zi, Ez: 130-170, Dz: 180-260, ⇨ WC ☎; Lift 🅿 2⇔50
Auch Zimmer der Kategorie ★ vorhanden
★ ⫞ Hauptgericht 35; geschl: So abends

★★ Best Western Am Fernsehturm
Neuburger Str 79 (A 2), ✉ 94036, ☎ (08 51) 9 51 80, Fax 9 51 81 00, AX DC ED VA
62 Zi, Ez: 105-130, Dz: 140-170, 2 Suiten, ⇨ WC ☎, 5⇨; Lift 🅿 🚗 4⇔100 Fitneßraum Sauna Solarium
Kostenloser Shuttleservice bei An- und Abreise

★★ Haferlgucker
Hauptgericht 19; Biergarten Terrasse; nur abends

★ Wilder Mann
⫞ Am Rathausplatz (C 1), ✉ 94032, ☎ (08 51) 3 50 71, Fax 3 17 12, AX DC ED VA
48 Zi, Ez: 77-137, Dz: 134-234, 5 Suiten, ⇨ WC ☎; Lift 🅿 2⇔100
★★ Hauptgericht 30; Terrasse ⚜

★ Altstadt-Hotel
⫞ Bräugasse 23 (C 1), ✉ 94032, ☎ (08 51) 33 70, Fax 33 71 00, AX DC ED VA
56 Zi, Ez: 80-140, Dz: 130-220, ⇨ WC ☎; Lift 🚗 3⇔80
Auch Zimmer der Kategorie ★★ vorhanden
★ Donaustuben
⫞ Hauptgericht 26; 🅿 Terrasse

Die Angabe hinter der Ortsbezeichnung bezieht sich auf den Reisekarteteil. 10 ↑ bedeutet, daß sich der Ort im Reisekarteteil auf der Seite 10 im nördlichen Planfeld befindet.

★ Dreiflüssehof
Danziger Str 42 (A 2), ✉ 94036, ☎ (08 51) 7 20 40, Fax 7 24 78, AX DC VA
67 Zi, Ez: 85-95, Dz: 130-150, ⇨ WC ☎; Lift 🅿 1⇔30
★★ Hauptgericht 25; Terrasse; geschl: So, Mo mittags

★ Donaulände
⫞ Badhausgasse 1 (A 1), ✉ 94032, ☎ (08 51) 9 56 24-0, Fax 95 62 4- 50, AX ED VA
24 Zi, Ez: 95-100, Dz: 140-150, ⇨ WC ☎; Lift 🚗; garni

★ Passau Tourist Hotel
Kapuzinerstr 32 (C 2), ✉ 94032, ☎ (08 51) 38 64 01, Fax 38 64 04, AX DC ED VA
160 Zi, Ez: 94-98, Dz: 140-160, 2 Suiten, 30 App, ⇨ WC ☎, 35⇨; Lift 🅿 🚗 4⇔100 Fitneßraum Sauna Solarium 🍴☕

★ Spitzberg
Neuburger Str 29 (A 2), ✉ 94032, ☎ (08 51) 95 54 80, Fax 9 55 48 48, AX DC ED VA
29 Zi, Ez: 85-105, Dz: 110-160, ⇨ WC ☎; Lift 🚗 Fitneßraum Sauna Solarium; **garni**

★ Herdegen
Bahnhofstr 5 (A 1), ✉ 94032, ☎ (08 51) 95 51 60, Fax 5 41 78, AX ED VA
35 Zi, Ez: 65-70, Dz: 120-150, ⇨ WC ☎; Lift 🅿 🚗; garni
geschl: Ende Dez-Anfang Jan

Heilig-Geist-Stift-Schenke
🍷 Heiliggeistgasse 4 (B 2), ✉ 94032, ☎ (08 51) 26 07, Fax 3 53 87, AX DC ED VA
Hauptgericht 22; Gartenlokal; geschl: Mi, 3 Wochen im Jan

☕ Simon
Rindermarkt 10 (B 1), ✉ 94032, ☎ (08 51) 21 01, Fax 3 56 16
7-19, so + feiertags ab 10 →

Passau

<u>Grubweg</u> (2 km ↗)
* **Firmiangut**
Firmiangut 12 a, ✉ 94034, ☎ (08 51)
4 19 55, Fax 4 98 60, AX ED VA
26 Zi, Ez: 65-78, Dz: 112-135, ⌐ WC ☎; P
3↻60; garni

<u>Kohlbruck</u> (5 km ↙)
* **Albrecht**
Haus Nr 18, ✉ 94036, ☎ (08 51) 95 99 60,
Fax 9 59 96 40, AX DC ED VA
40 Zi, Ez: 80, Dz: 130, ⌐ WC ☎; P 🖃 ⓨ
geschl: Ende Dez-Anfang Jan

Pattensen 26 ↙

Niedersachsen — Kreis Hannover — 75 m
— 13 576 Ew — Hannover 14, Hildesheim 25 km
ℹ ☎ (0 51 01) 1 00 10, Fax 10 01 81 — Stadtverwaltung, Auf der Burg 1, 30982 Pattensen

** **Leine-Hotel**
♂ Schöneberger Str 43, ✉ 30982,
☎ (0 51 01) 91 80, Fax 1 33 67, AX DC ED VA
80 Zi, Ez: 131-295, Dz: 220-402, ⌐ WC ☎,
18🖃; Lift P 🖃 2↻80 Fitneßraum Sauna
Solarium; garni
** Zur Lüchte
Hauptgericht 25

** **Zur Linde**
Göttinger Str 14, ✉ 30975, ☎ (0 51 01)
1 23 22, Fax 1 23 32, AX DC ED VA
40 Zi, Ez: 65-200, Dz: 150-270, 1 Suite, ⌐
WC ☎; P 🖃 3↻150
** Hauptgericht 40; Terrasse

Paulsdorf 51 ↖

Sachsen — Kreis Dippoldiswalde — 250 m
— 305 Ew — Dippoldiswalde 3, Freital 15,
Dresden 24 km
ℹ ☎ (0 35 04) 61 21 24 — Gemeindeverwaltung, Am Bad 1 a, 01744 Lanke

* **Paulsdorf**
♂ Talsperrenstr 10, ✉ 01744, ☎ (0 35 04)
61 21 70, Fax 61 21 70, AX ED VA
11 Zi, Ez: 55-85, Dz: 110-130, 3 App, ⌐ WC
☎; P ⓨ
Rezeption: 16-22

Pegnitz 58 □

Bayern — Kreis Bayreuth — 486 m —
14 000 Ew — Bayreuth 26, Nürnberg 53 km
ℹ ☎ (0 92 41) 7 23 11, Fax 7 23 55 — Verkehrsamt, Hauptstr 37, 91257 Pegnitz;
Erholungsort in der Fränkischen Schweiz.
Sehenswert: Schloßberg mit Aussichtsturm; Zaußenmühle, Pegnitzquelle; Wasserberg

*** **Pflaums Posthotel Pegnitz**
(Relais & Châteaux)
Nürnberger Str 14, ✉ 91257, ☎ (0 92 41)
72 50, Fax 8 04 04, AX DC ED VA
25 Zi, Ez: 145-265, Dz: 165-395, 25 Suiten,
⌐ WC ☎, 20🖃; Lift P 🖃 4↻100 ≋ Fitneßraum Kegeln Sauna Solarium ▬
Golf 27; Tennis 4; Auch Zimmer anderer
Kategorien vorhanden. Zimmer und Suiten
teilweise von namhaften Designern gestaltet.
*** **Pflaumen-Garten**
Hauptgericht 50; Terrasse
** **Posthalter Stube**
Hauptgericht 35;
In den Restaurants vorzugsweise Menüs

<u>Hollenberg</u> (5 km ↖)
* **Landgasthof Schatz**
♂ Hollenberg 1, ✉ 91257, ☎ (0 92 41)
21 49, Fax 50 74, ED
16 Zi, Ez: 65, Dz: 120, ⌐ WC ☎; P 🖃 Sauna
ⓨ
geschl: Mo, Nov

Peine 26 ↘

Niedersachsen — Kreis Peine — 75 m —
48 250 Ew — Braunschweig 24, Hannover
39 km
ℹ ☎ (0 51 71) 4 82 00, Fax 4 82 01 — Verkehrsverein, Glockenstr 6, 31224 Peine;
Stadt am Mittellandkanal. Sehenswert:
hist. Stadtbild

* **Madz**
Schwarzer Weg 70-74, ✉ 31224,
☎ (0 51 71) 99 60, Fax 9 96 66, AX DC ED VA
63 Zi, Ez: 85-180, Dz: 100-240, ⌐ WC ☎; Lift
P 🖃 ⓨ
Rezeption: 6.30-24, Sa+So 6.30-18

* **Peiner Hof**
Am Silberkamp 23, ✉ 31224, ☎ (0 51 71)
1 50 92, Fax 1 50 94, ED
16 Zi, Ez: 85-100, Dz: 140-200, ⌐ WC ☎; P
🖃; garni
geschl: So ab 13

* **Stadthotel**
Duttenstedter Str 13, ✉ 31224, ☎ (0 51 71)
4 89 61, Fax 4 89 63, AX ED VA
17 Zi, Ez: 85, Dz: 120, ⌐ WC ☎; P; garni
geschl: So

* **Stadtklause**
Schwarzer Weg 98, ✉ 31224, ☎ (0 51 71)
1 38 55, Fax 99 00 20
10 Zi, Ez: 90, Dz: 130, ⌐ WC ☎; P ⓨ
Rezeption: 7-14, 17.30-24

* **Gasthof Löns-Krug**
Braunschweiger Str 72, ✉ 31226,
☎ (0 51 71) 5 20 31, Fax 5 59 05, ED
Hauptgericht 35; geschl: So, So, Mitte Jul-Mitte Aug
* 7 Zi, Ez: 75, Dz: 140, ⌐ WC ☎
Rezeption: 9-14, 17-23; geschl: So, Mitte
Jul-Mitte Aug

Stederdorf (2 km ↑)
* **Quality Hotel**
Ammerweg 1, ✉ 31228, ☎ (0 51 71) 99 59, Fax 99 52 88, AX DC ED VA
98 Zi, Ez: 95-195, Dz: 145-255, ⌐ WC ☎, 41✉; Lift 🅿 2⇄40
* Hauptgericht 30; Terrasse

* **Schönau**
Peiner Str 17, ✉ 31228, ☎ (0 51 71) 99 80, Fax 99 81 66, AX DC ED VA
37 Zi, Ez: 85-120, Dz: 130-200, 2 Suiten, ⌐ WC ☎; 🅿 🖃 5⇄300
Auch Zimmer der Kategorie ** vorhanden
** Hauptgericht 24; geschl: Sa, 3 Wochen im Jul

Peiting 71 ←

Bayern — Weilheim-Schongau — 728 m — 11 100 Ew — München 87, Füssen 33, Landsberg am Lech 30 km
ℹ ☎ (0 88 61) 65 35, Fax 5 91 40 — Verkehrsverein, Hauptplatz 1, 86971 Peiting

* **Alpenhotel Pfaffenwinkel**
Am Hauptplatz, ✉ 86971, ☎ (0 88 61) 2 52 60, Fax 25 26 27, ED VA
12 Zi, Ez: 70-75, Dz: 120-140, ⌐ WC ☎, 6✉; 🅿 🖃 ¥◯¹

Pellworm 8 →

Schleswig-Holstein — Kreis Nordfriesland — 1 m — 1 150 Ew
ℹ ☎ (0 48 44) 1 89 40, Fax 1 89 44 — Kurverwaltung, Uthlandestr 2, 25849 Pellworm; Marscheninsel im Wattenmeer, See-Badeort. Sehenswert: Alte Kirche: Arp-Schnitger-Orgel; Neue Kirche; Naturkundliches Informationszentrum Schutzstation Wattenmeer; Nordermühle

Achtung: Hafenort ist Tammensiel; Fährschiffe nach Nordstrand mit Pkw-Verladung. ℹ und Buchung ☎ (0 48 44) 2 22 täglich von 9-12 und 13.30-17

* **Kiek ut na't Schlut**
♂ Hooger Fähre 6, ✉ 25849, ☎ (0 48 44) 90 90, Fax 9 09 40
19 Zi, Ez: 58-70, Dz: 86-110, 4 App, ⌐ WC ☎; Lift 🅿 Sauna Solarium; **garni**
Rezeption: 7-12, 17-18

Penig 50 ↘

Sachsen — Mittweida — 250 m — 6 700 Ew — Altenburg 16, Chemnitz 22 km
ℹ ☎ (03 73 81) 95 90 — Stadtverwaltung, Markt 6, 09322 Penig. Sehenswert: Stadtkirche; Kellerberggänge

Perl

Tauscha (2 km ↘)
* **Zur Lochmühle**
einzeln ♂ Lochmühle 1, ✉ 09322, ☎ (03 73 81) 8 02 46, Fax 8 20 23, AX DC ED VA
22 Zi, Ez: 95-120, Dz: 145-165, ⌐ WC ☎, 1✉; 🅿 ≋ Sauna ¥◯¹
Auch einfachere Zimmer vorhanden

Pentling 65 ↘

Bayern — Kreis Regensburg — 350 m — 5 560 Ew — Regensburg 5 km
ℹ ☎ (09 41) 9 70 82, Fax 99 09 70 — Gemeindeverwaltung, Schulstr 7, 93080 Pentling

Großberg (1,5 km ↓)
** **Vier Jahreszeiten**
An der Steinernen Bank 10, ✉ 93080, ☎ (0 94 05) 3 30, Fax 3 34 10, AX DC ED VA
226 Zi, Ez: 135-145, Dz: 190-230, 3 Suiten, ⌐ WC ☎, 33✉; Lift 🅿 🖃 15⇄560 Kegeln Sauna Solarium ✈
** Hauptgericht 30

Penzberg 72 ↙

Bayern — Kreis Weilheim-Schongau — 600 m — 14 000 Ew — Weilheim 25, Wolfratshausen 30 km
ℹ ☎ (0 88 56) 81 30, Fax 8 13 36 — Stadtverwaltung, Karlstr 25, 82377 Penzberg

** **Stadthotel Berggeist**
Bahnhofstr 47, ✉ 82377, ☎ (0 88 56) 80 10, Fax 8 19 13, AX ED VA
45 Zi, Ez: 105-125, Dz: 145-160, 14 App, ⌐ WC ☎; Lift 🅿 🖃 3⇄70 Fitneßraum Sauna Solarium ¥◯¹ Golf 18

** **Bayrischer Hof**
Am Hauptplatz, ✉ 82377, ☎ (0 88 56) 50 65, Fax 44 35, AX DC ED VA
Hauptgericht 30; Biergarten; geschl: Di, Mi, Mitte Jun-Mitte Sep nur Mi

Perl 52 ↙

Saarland — Kreis Merzig-Wadern — 429 m — 6 200 Ew — Saarburg 19, Merzig 26 km
ℹ ☎ (0 68 67) 6 60, Fax 66 43 — Gemeindeverwaltung, Trierer Str 28, 66706 Perl; Ort im Moseltal im Dreiländereck Deutschland - Frankreich - Luxemburg. Sehenswert: Römische Villa: Mosaikfußboden in Nennig (9 km ↑), Römisch. Ausgrabungen in Borg

Nennig (9 km ↑)
*** **Schloß Berg**
♂ ◁ Schloßhof 7, ✉ 66706, ☎ (0 68 66) 7 90, Fax 7 91 00, AX ED VA
14 Zi, Ez: 220-320, Dz: 330-430, 3 Suiten, ⌐ WC ☎; Lift 🅿 3⇄80 ✈
Auch Zimmer anderer Kategorien vorhanden
*** Hauptgericht 45; Terrasse; nur abends; geschl: Di

Perleberg

Perleberg 20 ↓

Brandenburg — Kreis Perleberg — 60 m — 14 500 Ew — Ludwigslust 38, Berlin 135 km
🄸 ☎ (0 38 76) 22 59, Fax 24 17 — Informationsbüro, Großer Markt 1, 19348 Perleberg.
Sehenswert: Pfarrkirche St. Jakob; Rathaus; Roland-Standbild

✻ Deutscher Kaiser
Bäckerstr 18, ✉ 19348, ☎ (0 38 76) 24 10, Fax 46 41, AX DC ED VA
25 Zi, Ez: 95-130, Dz: 130-170, 1 Suite, ⌐ WC ☎; 🅿 🍴 2⇆50 ⓘ
Auch Zimmer der Kategorie ✻✻ vorhanden

✻ Hennings Hof
einzeln, Quitzower Str, ✉ 19348, ☎ (0 38 76) 50 31, Fax 50 35, AX DC ED VA
21 Zi, Ez: 75-135, Dz: 110-160, 2 Suiten, ⌐ WC ☎; 🅿 3⇆200 ⌂ Fitneßraum Sauna Solarium ⓘ
Tennis 5

Pesterwitz 51 ↘

Sachsen — Kreis Freital — 120 m — 1 256 Ew — Freital 7, Dresden 8 km
🄸 ☎ (03 51) 6 50 29 07 — Gemeindeverwaltung, Dorfplatz 2, 01735 Pesterwitz

---

✻✻ Pesterwitzer Siegel
Dresdner Str 23, ✉ 01705, ☎ (03 51) 6 50 63 67, Fax 6 50 63 69, AX DC ED VA
26 Zi, Ez: 135-160, Dz: 150-180, ⌐ WC ☎; Lift 🅿 1⇆30 Sauna
✻ Albertheim
Hauptgericht 20; Biergarten
☎ (03 51) 64 30 77

Petersberg 46 □

Hessen — Kreis Fulda — 350 m — 14 800 Ew — Fulda 3 km
🄸 ☎ (06 61) 6 20 60, Fax 62 06 50 — Gemeindeverwaltung, Rathausplatz 1, 36100 Petersberg. Sehenswert: Kirche auf dem Petersberg ◁

✻ Am Rathaus
Am Neuen Garten 1, ✉ 36100, ☎ (06 61) 6 90 03, Fax 6 32 57
20 Zi, Ez: 78, Dz: 110, ⌐ WC ☎; 🍴 Sauna Solarium; **garni**
Anmeldung im Hotel Berghof

Almendorf (2 km ↗)
✻ Berghof
Hubertusstr 2, ✉ 36100, ☎ (06 61) 6 60 03, Fax 6 32 57, VA
54 Zi, Ez: 88, Dz: 126, ⌐ WC ☎, 6✉; Lift 🅿 5⇆120 ⌂ Kegeln Sauna Solarium ⓘ

Petersdorf siehe Fehmarn

Petershagen 30 →

Brandenburg — Kreis Märkisch-Oderland — 8 285 Ew — Strausberg 8, Berlin 20, Fürstenwalde 32 km
🄸 ☎ (03 34 39) 4 68 — Gemeindeverwaltung, Rathaus, 15370 Petershagen

Eggersdorf (3 km ↗)
✻✻ Landhaus Villago
◁ Altlandsberger Chaussee 88, ✉ 15345, ☎ (0 33 41) 46 90, Fax 46 94 69, AX DC ED VA
60 Zi, Ez: 145-160, Dz: 180-200, 1 Suite, ⌐ WC ☎; Lift 🅿 5⇆100 ≋ ⌂ Strandbad Seezugang Fitneßraum Sauna Solarium ⓘ
✻ Bötz
Hauptgericht 30; Terrasse

Petershagen 25 □

Nordrhein-Westfalen — Kreis Minden-Lübbecke — 70 m — 24 543 Ew — Minden 12 km
🄸 ☎ (0 57 02) 2 00, Fax 2 02 98 — Stadtverwaltung, im Stadtteil Lahde, Bahnhofstr 63, 32469 Petershagen; Luftkurort an der Weser

---

✻✻ Schloß Petershagen (Gast im Schloß)
♣ ◁ Schloßstr 5, ✉ 32469, ☎ (0 57 07) 3 46, Fax 23 73, AX DC ED VA
11 Zi, Ez: 120-150, Dz: 250, 1 Suite, ⌐ WC ☎; 🅿 🍴 2⇆80 ≋
Tennis 1
✻✻✻ Orangerie 🍷
◁ Hauptgericht 35; Terrasse

Heisterholz (2 km ↓)
✻ Waldhotel Morhoff
Forststr 1, ✉ 32469, ☎ (0 57 07) 9 30 30, Fax 22 07
23 Zi, Ez: 75-100, Dz: 120-160, ⌐ WC ☎; 🅿 🍴 200 Kegeln
Rezeption ab 17; geschl: Mo
✻ Hauptgericht 20; geschl: Mo

Peterstal-Griesbach, Bad 60 ↘

Baden-Württemberg — Ortenaukreis — 400 m — 3 186 Ew — Freudenstadt 24, Offenburg 36 km
🄸 ☎ (0 78 06) 79 33, Fax 10 40 — Kurverwaltung, im Ortsteil Bad Peterstal, Schwarzwaldstr 11, 77740 Bad Peterstal-Griesbach; Erholungsort, Heilbad, Kneipp-Kurort im Renchtal, Schwarzwald

Griesbach, Bad
✻ Kurhotel Adlerbad (Landidyll Hotel)
Kniebisstr 55, ✉ 77740, ☎ (0 78 06) 10 71, Fax 84 21, ED
30 Zi, Ez: 65-95 Dz: 126-160, ⌐ WC ☎; Lift Fitneßraum Sauna Solarium
Auch Zimmer der Kategorie ✻✻ vorhanden
✻✻ Hauptgericht 28; Terrasse; geschl: Mi

*   Döttelbacher Mühle
Kniebisstr 8, ✉ 77740, ☏ (0 78 06) 10 37,
Fax 13 19, AX VA
12 Zi, Ez: 62, Dz: 104-124, ⊿ WC ☏; P
Rezeption: 9-21; geschl: Di, Mitte Nov-
Mitte Dez
**   Hauptgericht 25; geschl: Di,
Mitte Nov-Mitte Dez

Griesbach, Bad-Außerhalb (2 km ↗)
***   Kur- und Sporthotel
**   Dollenberg**
**   (Relais & Châteaux)**
♂ ◁ Dollenberg 3, ✉ 77740, ☏ (0 78 06)
7 80, Fax 12 72
31 Zi, Ez: 115-137, Dz: 196-266, 3 Suiten,
28 App, ⊿ WC ☏; Lift P 🅿 ≋ Fitneßraum
Sauna Solarium ☞
Tennis 1
Auch Zimmer der Kategorie ✶✶ vorhanden
***   ◁ Hauptgericht 40

Peterstal, Bad
*   Schauinsland
♂ ◁ Forsthausstr 21, ✉ 77740, ☏ (0 78 06)
9 87 80, Fax 15 32
27 Zi, Ez: 68-99, Dz: 132-175, ⊿ WC ☏; Lift
P ≋ Sauna Solarium
geschl: 20.11.-15.12.
Tennis 2
Auch Zimmer der Kategorie ✶✶ vorhanden
**   Hauptgericht 25; Biergarten Ter-
rasse

*   Bärenwirtshof
Schwimmbadstr 4, ✉ 77740, ☏ (0 78 06)
10 74, AX VA
24 Zi, Ez: 65-75, Dz: 124-130, ⊿ WC ☏; Lift
P ✻
geschl: Di, Ende Nov-Anfang Dez
Tennis 2

Pettendorf   64 ↗

Bayern — Kreis Regensburg — 370 m —
2 630 Ew — Regensburg 13 km
ℹ ☏ (0 94 09) 3 02, Fax 23 13 — Verwaltungsgemeinschaft, Margarethenstr 4,
93186 Pettendorf

Mariaort (6 km ↘)
*   Krieger
Herbergstr 3, ✉ 93186, ☏ (09 41) 8 10 80,
Fax 8 10 81 80, ED
27 Zi, Ez: 60-86, Dz: 100-140, ⊿ WC ☏; Lift
P 🅿 2⇌80; garni
geschl: Ende Dez-Anfang Jan
*   Hauptgericht 20; Biergarten;
geschl: Mi, 20.8.-10.9.97
☏ (09 41) 8 42 78, Fax 89 21 24

✉ Der Hinweis auf Nichtraucherzimmer
zeigt Ihnen an, daß sich in diesem Hotel
Zimmer befinden, in denen nicht geraucht
werden darf. Die vorangestellte Ziffer bezieht sich auf die Anzahl der vorhandenen
Nichtraucherzimmer wie sie der Redaktion
vom Hotelbetrieb genannt wurden.

Pfalzgrafenweiler

Pfäffingen siehe **Ammerbuch**

Pfaffenweiler   67 ▫

Baden-Württemberg — Kreis Breisgau-
Hochschwarzwald — 250 m — 2 800 Ew —
Schallstadt 2, Freiburg 10 km
ℹ ☏ (0 76 64) 52 15, Fax 5 97 01 — Verkehrsverein, Alemannenstr 22,
79227 Schallstadt-Mengen. Sehenswert:
Freilichtmuseum; Hist. Steinbrücke

***   Zehners Stube
Weinstr 39, ✉ 79292, ☏ (0 76 64) 62 25,
Fax 6 16 24, AX ED
Hauptgericht 45; geschl: So, Mo,
3 Wochen im Jul

Pfalzgrafenweiler   61 ↗

Baden-Württemberg — Kreis Freudenstadt — 635 m — 6 300 Ew — Freudenstadt 15, Nagold 17, Horb 20 km
ℹ ☏ (0 74 45) 1 82 40, Fax 1 82 53 — Kurverwaltung, Am Marktplatz, 72285 Pfalzgrafenweiler; Luftkurort im Schwarzwald

*   Schwanen
Marktplatz 1, ✉ 72285, ☏ (0 74 45) 20 44,
Fax 68 21, ED
37 Zi, Ez: 65-88, Dz: 120-150, ⊿ WC ☏; Lift
P 🅿 2⇌30 Sauna ☞
geschl: Sa, 2 Wochen Anfang Aug
*   Hauptgericht 31; geschl: Sa,
2 Wochen Anfang Aug

Herzogsweiler (3 km ↗) - Luftkurort
*   Sonnenschein
♂ Birkenbuschweg 11, ✉ 72285,
☏ (0 74 45) 22 10, Fax 17 80
31 Zi, Ez: 54, Dz: 108, ⊿ WC ☏; P 🅿 ✻
geschl: Mi, Anfang Nov-Mitte Dez

Kälberbronn (7 km ←) - Luftkurort
**   Schwanen
♂ ◁ Große Tannenstr 10, ✉ 72285,
☏ (0 74 45) 18 80, Fax 1 88 99, ED
60 Zi, Ez: 120-250, Dz: 220-240, 4 Suiten, ⊿
WC ☏, 5✉; Lift P 🅿 3⇌60 ≋ Fitneßraum
Kegeln Sauna Solarium ☞
geschl: Mitte Nov-Mitte Dez
**   Hauptgericht 30; Terrasse;
geschl: Mitte Nov-Mitte Dez

Pfalzgrafenweiler-Außerhalb (3 km ←)
**   Waldsägmühle
**   (Silencehotel)**
einzeln ♂ ✉ 72285, ☏ (0 74 45) 8 51 50,
Fax 67 50, DC ED VA
38 Zi, Ez: 85-105, Dz: 140-190, ⊿ WC ☏; Lift
P ≋ Sauna Solarium
geschl: So abends, Mo, Jan, 2 Wochen im
Aug
**   einzeln, Hauptgericht 30;   ✤
Terrasse; geschl: Mo + So abends, Jan,
2 Wochen im Jul, Aug

Pfarrkirchen 73 ↗

Bayern — Kreis Rottal-Inn — 377 m —
12 000 Ew — Eggenfelden 15, Simbach 23,
Pocking 30 km
🛈 ☎ (0 85 61) 30 60, Fax 3 06 32 — Verkehrsamt, Rathaus, Stadtplatz 2,
84347 Pfarrkirchen; Kreisstadt im Rottal.
Sehenswert: Kath. Kirche; Altes Rathaus;
Stadtmauer; Wallfahrtskirche auf dem
Gartlberg ◄; Kastanien-Ringallee, Stadtmauer, roter Turm

* Ederhof
Ziegelstadl 1 a, ✉ 84347, ☎ (0 85 61) 17 50,
Fax 64 02, AX DC ED VA
20 Zi, Ez: 70, Dz: 115, ⊒ WC ☎; Lift P
2⇌50 ⊙

Pfatter 65 ↘

Bayern — Kreis Regensburg — 325 m —
2 712 Ew — Karlsruhe 21 km
🛈 ☎ (0 94 81) 9 40 40 — Gemeindeverwaltung, Haidauer Str 40, 93102

* Landgasthof Fischer
Haidauer Str 22, ✉ 93102, ☎ (0 94 81) 3 26,
Fax 17 79, AX DC ED VA
33 Zi, Ez: 40-50, Dz: 78-98, 3 App, ⊒ WC,
8✉; P 🖳 Kegeln Solarium ⊙
Rezeption: 9-22; geschl: So ab 15

Pfinztal 61 ↘

Baden-Württemberg — Kreis Karlsruhe —
130 m — 16 200 Ew — Karlsruhe 13, Pforzheim 21 km
🛈 ☎ (0 72 40) 6 20 — Gemeindeverwaltung,
Hauptstr 70, 76327 Pfinztal

Söllingen
**** Villa Hammerschmiede 👑
(Relais & Châteaux)
♦ Hauptstr 162, ✉ 76327, ☎ (0 72 40)
60 10, Fax 6 01 60, AX DC ED VA
25 Zi, Ez: 191-291, Dz: 284-384, 1 Suite, ⊒
WC ☎; Lift P 🖳 5⇌40 ⇌ Fitneßraum
Sauna Solarium ⊙
*** Hauptgericht 45; Terrasse 🍷

Pforzheim 61 ↘

Baden-Württemberg — Stadtkreis —
420 m — 120 000 Ew — Karlsruhe 30, Stuttgart 45 km
🛈 ☎ (0 72 31) 30 23 14, Fax 3 31 72 — Stadtinformation, im Neuen Rathaus, Marktplatz 1 (B 2), 75175 Pforzheim; Stadt im
nördlichen Schwarzwald, an der Mündung
der Nagold in die Enz; Stadttheater.
Sehenswert: Ev. Schloß- und Stiftskirche;
ev. Stadtkirche; kath. Herz-Jesu-Kirche;
Reuchlinhaus: Schmuckmuseum; Rathaus
mit Glockenspiel; im Stadtteil Arlinger: ev.
Matthäuskirche; Altstadtkirche St. Martin;
Wildpark; Alpengarten

*** Parkhotel
Deimlingstr 36 (B 2), ✉ 75175, ☎ (0 72 31)
16 10, Fax 16 16 90, AX DC ED VA
134 Zi, Ez: 160-215, Dz: 270, S; 10 Suiten, ⊒
WC ☎, 43✉; Lift 🖳 7⇌150 Fitneßraum
Sauna Solarium ⊙
*** Gala
Hauptgericht 45; P Terrasse; geschl: So,
mo + feiertags
** Park-Restaurant
Hauptgericht 30; P

*** Maritim Hotel Goldene Pforte
Hohenstaufenstr 6 (C 1), ✉ 75177,
☎ (0 72 31) 3 79 20, Fax 3 79 21 44,
AX DC ED VA
144 Zi, Ez: 179-239, Dz: 238-318, S;
4 Suiten, ⊒ WC ☎, 18✉; Lift 🖳 7⇌300 ⇌
Fitneßraum Sauna Solarium ⊙
** Hauptgericht 35; Terrasse

** Royal
Wilferdinger Str 64 (außerhalb A 1),
✉ 75179, ☎ (0 72 31) 1 42 50, Fax 14 25 99,
AX DC ED VA
41 Zi, Ez: 135-145, Dz: 175-195, ⊒ WC ☎,
10✉; Lift P 🖳 3⇌50 ⊙ ⊙

** Ruf
Bahnhofplatz 5 (B 2), ✉ 75175, ☎ (0 72 31)
18 90, Fax 3 31 39, AX DC ED VA
55 Zi, Ez: 110-135, Dz: 150-175, ⊒ WC ☎;
Lift ⊙

* Hasenmayer
Heinrich-Wieland-Allee 105, ✉ 75177,
☎ (0 72 31) 31 10, Fax 31 13 45, ED VA
44 Zi, Ez: 75-85, Dz: 135-150, ⊒ WC ☎,
2✉; Lift P Kegeln ⊙

* Gute Hoffnung
Dillsteiner Str 9 (A 3), ✉ 75173, ☎ (0 72 31)
2 20 11, Fax 2 50 24, DC ED VA
22 Zi, Ez: 98, Dz: 138, ⊒ WC ☎; P 🖳; garni
Rezeption: 6.30-22, so + feiertags 6.30-12

⇌ Europa
Kronprinzenstr 1 (B 1), ✉ 75177,
☎ (0 72 31) 35 70 33, Fax 35 71 06,
AX DC ED VA
24 Zi, Ez: 75-105, Dz: 125-145, ⊒ WC ☎; P
🖳; garni

** Goldener Bock
Ebersteinstr 1 (B 1), ✉ 75177, ☎ (0 72 31)
10 51 23, AX DC ED VA
Hauptgericht 29; geschl: Do, Fr mittags,
Mitte Jul-Anfang Aug, Ende Dez-Anfang
Jan

Brötzingen (3 km ←)
** Silberburg 🍷
Dietlinger Str 27, ✉ 75179, ☎ (0 72 31)
4 11 59, Fax 46 54 04, AX DC ED VA
Hauptgericht 40; geschl: Mo + Di, Mitte
Jul-Mitte Aug

** Pyramide
Dietlinger Str 25, ✉ 75179, ☎ (0 72 31)
4 17 54, Fax 46 72 61, DC ED VA
Hauptgericht 37; Gartenlokal; geschl: Mo,
Sa mittags, 3 Wochen im Sommer

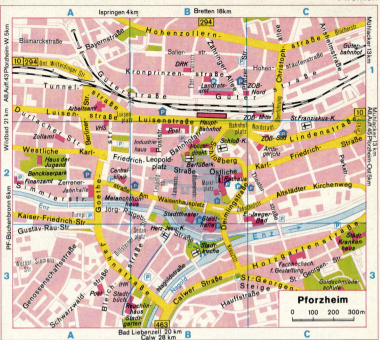

Pforzheim-Außerhalb (1,5 km ↓)
*** Hoheneck
Huchenfelder Str 70, ✉ 75180, ☎ (0 72 31)
7 16 33, Fax 76 79 41, AX DC ED VA
Hauptgericht 35; P Terrasse

Pfrondorf siehe Nagold

Pfronten 70 ♦

Bayern — Kreis Ostallgäu — 900 m —
7 650 Ew — Füssen 12, Kempten 29 km
ℹ ☎ (0 83 63) 6 98 88, Fax 6 98 66 — Verkehrsamt im Ortsteil Ried, Vilstalstr 2,
87459 Pfronten; Luftkurort und Wintersportplatz am Alpenrand. Sehenswert:
Breitenberg, 1838 m ◂◦ (Breitenbergbahn + Hochalpbahn); ▸ Burgruine Falkenstein, 1268 m ◂◦ (5 km ↘)

Dorf
*** Bavaria
        (Silencehotel)
einzeln ♂ ◂◦ Kienbergstr 62, ✉ 87459,
☎ (0 83 63) 90 20, Fax 68 15, AX ED
48 Zi, Ez: 113-159, Dz: 226-326, 3 Suiten, ☐
WC ☎; Lift P ⛟ 1 ◇ 30 ≈ ⌂ Sauna
Solarium ¶
geschl: Nov
** Hauptgericht 30; Terrasse

≈ Hoteleigenes Freibad

*** Alpenhotel Krone ♛
        (Ringhotel)
Tiroler Str 29, ✉ 87459, ☎ (0 83 63) 60 76,
Fax 61 64, AX DC ED VA
30 Zi, Ez: 120, Dz: 180-220, 2 Suiten, ☐ WC
☎, 15 ⊠; Lift P ⛟ 2 ◇ 40 ⚫
*** Sankt Magnus ♟
Hauptgericht 40; Terrasse; nur abends;
geschl: So + Mo, 3.8.-25.8.97
** Gaststube ❀
Hauptgericht 26; Terrasse; geschl: So
abends, Mo
* Christina
♂ ◂◦ Kienbergstr 56, ✉ 87459, ☎ (0 83 63)
60 01, Fax 60 03
19 Zi, Ez: 73-80, Dz: 128-144, ☐ WC ☎; P ⛟
⌂ Sauna Solarium ¶
geschl: Mi

Meilingen
** Berghof
♂ ◂◦ Falkensteinweg 13, ✉ 87459,
☎ (0 83 63) 9 11 30, Fax 91 13 25, ED
31 Zi, Ez: 70-130, Dz: 140-216, 1 Suite,
12 App, ☐ WC ☎; Lift P ⛟ ⌂ Sauna
Solarium ¶
geschl: Mo, Mitte Nov-Mitte Dez
Auch Zimmer der Kategorie ***** vorhanden
                                                               →

***** Restaurant mit außergewöhnlich
anspruchsvoller Ausstattung

Pfronten

Obermeilingen

** Burghotel auf dem Falkenstein
einzeln ♂ ⋅◄ Auf dem Falkenstein 1,
✉ 87459, ☎ (0 83 63) 3 09, Fax 7 33 90,
DC ED VA
5 Zi, Ez: 125, Dz: 202, 4 Suiten, ᗡ WC ☎; 🅿
1⟷15 Fitneßraum Sauna Solarium ⚌
geschl: Do, 4.11.-8.12.97
* ⋅◄ Hauptgericht 25; Biergarten
Terrasse; geschl: im Winter Do, Nov

* Schloßanger-Alp
einzeln ♂ ⋅◄ Am Schloßanger 1, ✉ 87459,
☎ (0 83 63) 60 86, Fax 66 67, AX DC ED VA
10 Zi, Ez: 98-180, Dz: 184-240, 6 Suiten,
14 App, ᗡ WC ☎; 🅿 🖳 2⟷30 ≋ Fitneßraum Sauna Solarium 🍴
geschl: Mitte Jan-Mitte Feb

Steinach

** Chesa Bader
♂ ⋅◄ Enzianstr 12, ✉ 87459, ☎ (0 83 63)
83 96, Fax 86 96
8 Zi, Ez: 75-85, Dz: 130-140, 5 Suiten, ᗡ WC
☎; 🅿 🖳 ≋ Sauna Solarium; **garni**

** Freu Dich auf
♂ Scheiberweg 15, ✉ 87459, ☎ (0 83 63)
12 13, Fax 71 85, AX
2 Zi, Ez: 90-100, Dz: 146, 10 App, ᗡ WC ☎;
🅿 🖳 Fitneßraum Sauna Solarium; **garni**
Rezeption: 7-10, 16-20

Weißbach

** Parkhotel Flora-Concordia
♂ ⋅◄ Auf der Geigerhalde 43, ✉ 87459,
☎ (0 83 63) 90 30, Fax 10 02, AX DC ED VA
58 Zi, Ez: 85-135, Dz: 150-184, 1 Suite, ᗡ
WC ☎, 10🖼; Lift 🅿 🖳 🍴
Rezeption: 8-11, 16-20; geschl: Mitte Nov-
Anfang Dez

** Post
Kemptener Str 14, ✉ 87459, ☎ (0 83 63)
50 32, Fax 50 35, AX DC ED VA
21 Zi, Ez: 75-85, Dz: 120-140, 17 App, ᗡ WC
☎; 🅿 🖳 Fitneßraum Sauna Solarium
Rezeption: 7-21; geschl: Mo, Mitte Nov-
Mitte Dez

Pfullendorf 69 ←

Baden-Württemberg — Kreis Sigmaringen
— 671 m — 11 600 Ew — Sigmaringen 22,
Überlingen 25 km
🛈 ☎ (0 75 52) 2 51 60, Fax 41 56 — Verkehrsamt, Kirchplatz 1, 88630 Pfullendorf.
Sehenswert: Kath. Kirche St. Jakob; Spitalkapelle; Rathaus, Schoberhaus, „Oberes
Tor" (Wahrzeichen der Stadt); Altes Haus;
Fachwerkhäuser

**** Adler
(Flair Hotel)**
Heiligenberger Str 20, ✉ 88630,
☎ (0 75 52) 9 20 90, Fax 50 05, DC ED VA
46 Zi, Ez: 84-120, Dz: 130-180, 2 Suiten, ᗡ
WC ☎; Lift 🅿 2⟷60
** Hauptgericht 30; nur abends,
so + feiertags auch mittags

* Krone
Hauptstr 18, ✉ 88630, ☎ (0 75 52) 9 21 70,
Fax 92 17 34, AX ED VA
35 Zi, Ez: 95, Dz: 150, ᗡ WC ☎; 🅿 🖳 2⟷30
geschl: Ende Dez-Mitte Jan
* Hauptgericht 30; geschl: Ende
Dez-Mitte Jan

Pfullingen 69 ↖

Baden-Württemberg — Kreis Reutlingen
— 426 m — 17 000 Ew — Reutlingen 4 km
🛈 ☎ (0 71 21) 70 32 08, Fax 70 32 13 —
Stadtverwaltung, Marktplatz 5, 72793 Pfullingen. Sehenswert: Ehem. Klosterkirche;
Pfullinger Hallen

** Engelhardt
Hauffstr 111, ✉ 72793, ☎ (0 71 21) 9 92 00,
Fax 9 92 02 22, AX ED VA
58 Zi, Ez: 98-125, Dz: 135-155, ᗡ WC ☎; Lift
🅿 1⟷30 Sauna; **garni**

Pfungstadt 54 ↗

Hessen — Kreis Darmstadt-Dieburg —
103 m — 24 397 Ew — Darmstadt 11, Bensheim 21 km
🛈 ☎ (0 61 57) 80 10, Fax 80 12 40 — Stadtverwaltung, Kirchstr 12, 64319 Pfungstadt.
Sehenswert: Altes Rathaus; Pfungstädter
Galgen; Synagoge

** Kirchmühle ✣
⊗ Kirchstr 31, ✉ 64319, ☎ (0 61 57) 68 20,
Fax 8 64 44, AX ED
Hauptgericht 40; Terrasse; geschl: So, Sa
mittags, Anfang Jan

VM
Borngasse 16, ✉ 64319, ☎ (0 61 57) 8 54 40
Hauptgericht 35; geschl: So, Ende Apr-
Anfang Mai, Mitte-Ende Sep

Philippsreut 66 ↗

Bayern — Kreis Freyung-Grafenau —
980 m — 734 Ew — Freyung 14 km
🛈 ☎ (0 85 50) 2 65, Fax 16 22 — Gemeindeverwaltung, Hauptstr 17, 94158 Phillipps-
reut; Erholungsort im Bayerischen Wald

Mitterfirmiansreut (4 km ↖)

* Almberg
⋅◄ Schmelzler Str 27, ✉ 94158, ☎ (0 85 57)
3 61, Fax 10 13
40 Zi, Ez: 70-85, Dz: 114-150, ᗡ WC ☎; 🅿 ≋
Sauna Solarium 🍴
Rezeption: 9-12, 14-18; geschl: Anfang
Nov-Mitte Dez

* Zur Alm
einzeln ♂ ⋅◄ Alpe 8, ✉ 94158, ☎ (0 85 57)
6 37, Fax 3 77
19 Zi, Ez: 35-45, Dz: 70-90, 17 App, ᗡ WC;
🅿 Sauna Solarium 🍴
Rezeption: 10-20

Piding 73

Bayern — Kreis Berchtesgadener Land — 470 m — 4 300 Ew — Bad Reichenhall 6, Freilassing 11 km
🛈 ☏ (0 86 51) 38 60, Fax 6 34 47 — Verkehrsamt, Petersplatz 2, 83451 Piding; Luftkurort

Mauthausen (2 km ↗)
* **Pension Alpenblick**
Gaisbergstr 9, ✉ 83451, ☏ (0 86 51) 9 88 70, Fax 98 87 35
16 Zi, Ez: 72, Dz: 112-130, ⊣ WC ☏; 🅿 🖃
Sauna Solarium
geschl: Anfang Nov-Mitte Dez
Restaurant für Hausgäste

Piding-Außerhalb (4 km ↘)
** **Berg- und Sporthotel Neubichler Alm**
einzeln ♂ ◂ Neubichel 5, ✉ 83451, ☏ (0 86 56) 7 00 90, Trier 45 km
42 Zi, Ez: 83-149, Dz: 116-226, 8 Suiten, 13 App, ⊣ WC ☏, 3🖃; Lift 🅿 🖃 2↔120 ≙
Fitneßraum Kegeln Sauna Solarium
Golf 18; Tennis 2
** ◂ Hauptgericht 25

Piesport 52 ↗

Rheinland-Pfalz — Kreis Bernkastel-Wittlich — 120 m — Bernkastel-Kues 18, Wittlich 18 km
🛈 ☏ (0 65 07) 20 28, Fax 20 26 — Gemeindeverwaltung, St-Martin-Str 27, 54498 Piesport; Weindorf

** **Winzerhof**
Bahnhofstr 8 a, ✉ 54498, ☏ (0 65 07) 9 25 20, Fax 92 52 52, AX DC ED VA
15 Zi, Ez: 90-97, Dz: 136-162, ⊣ WC ☏; 🅿; garni
geschl: 8.3.-24.3.97

Pilsach 58 ↙

Bayern — Kreis Neumarkt (Oberpfalz) — 560 m — 2 343 Ew — Neumarkt (Oberpfalz) 7, Nürnberg 40 km
🛈 ☏ (0 91 81) 3 06 61 — Gemeindeverwaltung, Raiffeisenstr 10, 92367 Pilsach

* **Gasthof Am Schloß**
Litzloher Str 8, ✉ 92367, ☏ (0 91 81) 3 00 21, Fax 34 03, AX ED VA
16 Zi, Ez: 60, Dz: 90, ⊣ WC ☏; 🅿 🖃 1↔20
geschl: Di, Anfang-Mitte Aug
* Hauptgericht 20; Biergarten;
geschl: Di, Anfang-Mitte Aug

Pinneberg 18 ↘

Schleswig-Holstein — Kreis Pinneberg — 16 m — 40 200 Ew — Elmshorn 17, Hamburg 19 km
🛈 ☏ (0 41 01) 21 10, Fax 21 14 44 — Stadtverwaltung, Rathaus, Bismarckstr 8, 25421 Pinneberg. Sehenswert: Rosengarten; Drostei; neugotische Backsteinkirche

** **Thesdorfer Hof**
Rellinger Str 35, ✉ 25421, ☏ (0 41 01) 5 45 40, Fax 54 54 54, AX DC ED VA
22 Zi, Ez: 130-160, Dz: 150-200, ⊣ WC ☏; 🅿 1↔30 Sauna; **garni**

** **Cap Polonio**
♂ Fahltskamp 48, ✉ 25421, ☏ (0 41 01) 53 30, Fax 53 31 90, AX ED
64 Zi, Ez: 116-156, Dz: 162-202, 2 App, ⊣ WC ☏; Lift 🅿 🖃 6↔300
** Hauptgericht 25; Terrasse

* **Quellental**
Rethwiese 2, ✉ 25421, ☏ (0 41 01) 6 20 43, Fax 6 27 47, ED
20 Zi, Ez: 80-90, Dz: 130, ⊣ WC ☏; 🅿; **garni**

** **Zur Landdrostei**
Dingstätte 23, ✉ 25421, ☏ (0 41 01) 20 77 72, AX DC ED VA
Hauptgericht 30; Terrasse; geschl: Mo

Pirmasens 53 ↓

Rheinland-Pfalz — Stadtkreis — 368 m — 51 000 Ew — Zweibrücken 23, Kaiserslautern 35, Landau 46 km
🛈 ☏ (0 63 31) 84 23 55, Fax 9 94 09 — Kultur- und Fremdenverkehrsamt, Dankelsbachstr 19, 66953 Pirmasens; Stadt im Pfälzer Wald. Sehenswert: Schloßtreppenanlage; Wasserkaskaden

** **Landauer Tor**
Landauer Str 7, ✉ 66953, ☏ (0 63 31) 2 46 40, Fax 24 64 44, AX DC ED VA
27 Zi, Ez: 75-150, Dz: 120-150, ⊣ WC ☏; Lift 🅿 2↔50 🍴
geschl: Ende Dez, Mitte-Ende Jul
Auch Zimmer der Kategorie * vorhanden

* **Wasgauland**
Bahnhofstr 35, ✉ 66953, ☏ (0 63 31) 53 10, Fax 53 11 44, ED
43 Zi, Ez: 65-95, Dz: 108-125, ⊣ WC ☏; Lift 🅿 🖃 1↔; **garni**
Rezeption: 7-23, So+Sa 8-12, feiertags 8-12, 17-23

Winzeln (3 km ←)
** **Kunz (Landidyll Hotel)**
Bottenbacher Str 74, ✉ 66954, ☏ (0 63 31) 87 50, Fax 87 51 25, AX DC ED VA
45 Zi, Ez: 60-85, Dz: 110-140, ⊣ WC ☏; 🅿 🖃 3↔100 ≙ Sauna
geschl: Ende Dez-Anfang Jan
Auch Zimmer der Kategorie *** vorhanden
** Hauptgericht 28; Gartenlokal; geschl: Jul, Ende Dez-Anfang Jan

**** Hotel mit anspruchsvoller Ausstattung

Pirna 51 ↑

Sachsen — Kreis Pirna — 110 m — 40 000 Ew — Dresden 20 km
🄸 ☎ (0 35 01) 28 97, Fax 8 43 31 — Fremdenverkehrsbüro, Dohnaische Str 31, 01796 Pirna; „Tor zur Sächsischen Schweiz". Sehenswert: Mittelalterliches Marktensemble, Rathaus; Stadtkirche St. Marien; Bürgerhäuser; Festung Sonnenschein; Kirche des ehem. Dominikanerklosters; Postdistanzsäule

✱✱ Romantik Hotel Deutsches Haus
♂ ⊗ Niedere Burgstr 1, ✉ 01796, ☎ (0 35 01) 44 34 40, Fax 52 81 04, AX ED VA
40 Zi, Ez: 110-149, Dz: 160-183, ᵈ WC ☎, 4🛏; Lift 🅿 🍴

✱ Sächsischer Hof
Gartenstr 21, ✉ 01796, ☎ (0 35 01) 44 75 51, Fax 44 75 54, AX ED VA
28 Zi, Ez: 95, Dz: 122-142, ᵈ WC ☎; 🅿 1⇔55 Sauna 🍴

✱ Pirna'scher Hof
Am Markt 4, ✉ 01796, ☎ (0 35 01) 4 43 80, Fax 4 43 80, AX ED VA
22 Zi, Ez: 120-130, Dz: 140-160, ᵈ WC ☎; 🅿 1⇔30 Solarium
Ständig wechselnde Kunstausstellungen
✱ Galerierestaurant
Hauptgericht 25; Gartenlokal

Zehista (2 km ↓)
✱✱ Gasthof Zur Post
Liebstädter Str 30, ✉ 01796, ☎ (0 35 01) 55 00, Fax 52 77 12, AX DC ED VA
61 Zi, Ez: 50-130, Dz: 100-180, ᵈ WC ☎; Lift 🅿 2⇔100 ≘ Fitneßraum Kegeln Sauna Solarium 🍴
Auch einfachere Zimmer vorhanden

siehe auch **Wehlen**

Pittenhart 73 ←

Bayern — Kreis Obing — 500 m — 1 448 Ew — Obing 3, Seeon-Seebruck 12, Rosenheim 25 km
🄸 ☎ (0 86 24) 22 34 — Gemeindeverwaltung, 83119 Obing

✱ Augustiner
Trostberger Str 1, ✉ 83132, ☎ (0 86 24) 43 17, Fax 12 06
15 Zi, Ez: 65-85, Dz: 60-80, ᵈ WC; 🅿 🖨
geschl: Di, Jan
✱ Hauptgericht 20; geschl: Di, Jan

Pivitsheide siehe Detmold

Planegg 71 ↗

Bayern — Kreis München — 546 m — 10 190 Ew — München 15, Starnberg 15 km
🄸 ☎ (0 89) 8 57 00 30, Fax 85 70 03 49 — Gemeindeverwaltung, Pasinger Str 8, 82152 Planegg

✱✱ Planegg
♂ Gumstr 13, ✉ 82152, ☎ (0 89) 8 57 10 79, Fax 8 59 60 16, ED VA
41 Zi, Ez: 80-125, Dz: 135-165, ᵈ WC ☎, 5🛏; Lift 🅿; garni
geschl: Ende Dez-Anfang Jan
Auch Zimmer der Kategorie ✱ vorhanden

☕ Confiserie Macher
Bahnhofstr 22, ✉ 82152, ☎ (0 89) 8 99 22 00, Fax 89 92 20 19, AX DC ED VA
Terrasse; 9-18; geschl: Di

Plattling 65 →

Bayern — Kreis Deggendorf — 324 m — 11 575 Ew — Deggendorf 13, Landau a.d. Isar 23, Straubing 26 km
🄸 ☎ (0 99 31) 70 80, Fax 7 08 99 — Fremdenverkehrsamt, Preysingplatz 1, 94447 Plattling; Stadt an der Isar

✱ Zur Grünen Isar
Passauer Str 2, ✉ 94447, ☎ (0 99 31) 95 20, Fax 95 22 22, AX DC ED VA
66 Zi, Ez: 75-109, Dz: 130-160, ᵈ WC ☎; Lift 🅿 🖨 3⇔80
Rezeption: 6.30-21
Auch Zimmer der Kategorie ✱✱ vorhanden
✱ Hauptgericht 20; Gartenlokal

Pankhofen
✱✱ Reiterstuben Hutter
Altholz 6, ✉ 94447, ☎ (09 91) 73 20, Fax 38 28 87, AX ED
Hauptgericht 30; geschl: so + feiertags, Aug

Plau 20 →

Mecklenburg-Vorpommern — Kreis Lübz — 62 m — 6 700 Ew — Pritzwalk 37, Rostock 87 km
🄸 ☎ (03 87 35) 23 45, Fax 3 36 — Tourist-Information, Marktstr 22, 19395 Plau; Erholungsort. Sehenswert: Bergfried; Burgverließ; Plauer See; Fachwerkhäuser; Bürgerhäuser; Hallenkirche; Eldeschleuse

✱✱ Parkhotel Klüschenberg
♂ Am Klüschenberg 14, ✉ 19395, ☎ (03 87 35) 3 79, Fax 3 71, AX ED VA
60 Zi, Ez: 89-125, Dz: 125-175, 3 Suiten, ᵈ WC ☎; Lift 🅿 6⇔170 Strandbad Fitneßraum Solarium ☕
✱✱ Hauptgericht 28; Gartenlokal Terrasse

✱✱ Reke
Dammstr 2, ✉ 19395, ☎ (03 87 35) 22 31, Fax 22 31, AX ED VA
26 Zi, Ez: 69-99, Dz: 129-150, 3 App, ᵈ WC ☎; Lift 🅿 🍴

Appelburg
✱ Appelburg
Meyenburger Chaussee 12, ✉ 19395, ☎ (03 87 35) 27 35, Fax 25 35
15 Zi, Ez: 65-80, Dz: 95-120, ᵈ WC ☎; 🅿 1⇔20 🍴

Heidenholz
** Marianne
♂ Quetziner Str 77, ✉ 19395, ☎ (03 87 35)
7 31 42, Fax 7 31 41, AX ED VA
18 Zi, Ez: 80-100, Dz: 120-160, ⇩ WC ☎; 🅿
1↔25 Strandbad Seezugang 🍴

Quetzin (5 km ↑)
** Landhotel Rosenhof
♂ ◂ August-Bebel-Str 10, ✉ 19395,
☎ (03 87 35) 7 31 23, Fax 7 31 26,
AX DC ED VA
31 Zi, Ez: 109-119, Dz: 139-169, ⇩ WC ☎; 🅿
1↔25 Seezugang Sauna 🍴

Seelust
**** Seehotel mit Seeschlößchen
(Silencehotel)**
♂ ◂ Hermann-Niemann-Str 6, ✉ 19395,
☎ (03 87 35) 7 34 20, Fax 22 79, AX DC ED VA
68 Zi, Ez: 98-129, Dz: 158-178, 1 Suite,
5 App, ⇩ WC ☎; 🅿 🚗 12↔100 ☂ Strandbad Seezugang Fitneßraum Kegeln Sauna 🍺
** Hauptgericht 25; Terrasse

** Gesundbrunn
♂ ◂ Hermann-Niemann-Str 11, ✉ 19395,
☎ (03 87 35) 7 38 38, Fax 7 38 38, ED
15 Zi, Ez: 80-105, Dz: 120-170, ⇩ WC ☎; 🅿
Seezugang 🍴
geschl: Jan, Feb
Auch Zimmer der Kategorie ***** vorhanden

* Hotel- und Waldrestaurant
einzeln ♂ Philosophenweg 2, ✉ 19395,
☎ (03 87 35) 27 37, Fax 27 36, ED
9 Zi, Ez: 66-150, Dz: 86-150, ⇩ WC ☎, 1✉;
🅿 🚗 Solarium 🍴 🍺

Plaue 47 ↗

Thüringen — Ilmkreis — 330 m — 1 850 Ew
— Arnstadt 9, Ilmenau 13 km
ℹ ☎ (03 62 07) 5 59 54, Fax 5 62 13 — Fremdenverkehrsamt, Hauptstr 38, 99338 Plaue.
Sehenswert: Burgruine; Reste der Stadtmauer; Kirche; Porzellanmanufaktur v.
Schierholz; Reinsberg-Kalksteinfelsen

* Plauescher Grund
Bahnhofstr 18, ✉ 99338, ☎ (03 62 07)
5 50 91, Fax 5 50 95, AX DC ED VA
24 Zi, Ez: 56-95, Dz: 98-130, 1 App, 1 Suite,
⇩ WC ☎; Kegeln 3↔250 🍴
Auch Zimmer der Kategorie ****** vorhanden

Plauen 49 ←

Sachsen — Stadt Plauen — 412 m —
70 500 Ew — Hof 27, Zwickau 46 km
ℹ ☎ (0 37 41) 22 49 45, Fax 2 91 11 84 —
Tourist-Information, Rädelstr 2,
08523 Plauen; „Stadt der Plauener Spitze".
Sehenswert: Hauptkirche St. Johannis;
Lutherkirche; Malzhaus; Altes Rathaus;
Nonnenturm als Rest der Stadtbefestigung; Vogtlandmuseum; Alte Elsterbrücke; Friedensbrücke

** Alexandra
Bahnhofstr 17, ✉ 08523, ☎ (0 37 41)
22 67 47, Fax 22 67 47, AX DC ED VA
70 Zi, Ez: 125-140, Dz: 150-200, 2 Suiten, ⇩
WC ☎; Lift 🅿 🚗 2↔90 Sauna Solarium 🍺
Auch Zimmer der Kategorie ******* vorhanden
** Hauptgericht 25; Gartenlokal

** Am Theater
Theaterstr 7, ✉ 08523, ☎ (0 37 41) 12 10,
Fax 12 14 44, AX DC ED VA
118 Zi, Ez: 130-160, Dz: 160-195, 4 Suiten,
⇩ WC ☎, 50✉; Lift 🚗 3↔80 Sauna
Solarium 🍴

** Parkhotel
Rädelstr 18, ✉ 08523, ☎ (0 37 41) 2 00 60,
Fax 20 06 60, ED VA
16 Zi, Ez: 98-128, Dz: 166-186, 1 Suite, ⇩
WC ☎; 🅿 2↔20
** Hauptgericht 21; nur abends;
geschl: So

* Heinz
Jößnitzer Str 112, ✉ 08525, ☎ (0 37 41)
52 58 23, Fax 52 58 22
11 Zi, Ez: 98-138, Dz: 138, 1 App, ⇩ WC ☎;
🅿 🍴

* Cityhotel
Neundorferstr 23, ✉ 08523, ☎ (0 37 41)
15 23-0, Fax 15 23-99, AX ED VA
12 Zi, Ez: 88-108, Dz: 128-138, 1 Suite, ⇩
WC ☎, 2✉; Lift 🅿 1↔20 🍴

Altchrieschwitz
* Lindengarten
♂ Mäschwitzer Str 88, ✉ 08529,
☎ (0 37 41) 47 16 31
5 Zi, Ez: 65, Dz: 100, ⇩ WC ☎; 🅿 🍴

Neundorf (3 km ←)
* Ambiente
Schulstr 23 b, ✉ 08527, ☎ (0 37 41) 3 41 02,
Fax 3 41 68
20 Zi, Ez: 80-90, Dz: 125-135, ⇩ WC ☎, 5✉;
🅿 2↔30 🍴

Reusa
* Reusaer Eck
Reusaer Str 84, ✉ 08529, ☎ (0 37 41)
44 56 80, Fax 44 56 81
Hauptgericht 20; 🅿
** 9 Zi, Ez: 95-120, Dz: 180, ⇩ WC ☎

Plech 58 □

Bayern — Kreis Bayreuth — 461 m —
1 200 Ew — Pegnitz 15, Lauf 26 km
ℹ ☎ (0 92 44) 4 77, Fax 13 92 — Verwaltungsgemeinschaft Betzenstein,
91282 Betzenstein; Ort in der Fränkischen
Alb

Bernheck (2 km ↑)
** Veldensteiner Forst
♂ Haus Nr 38, ✉ 91287, ☎ (0 92 44)
98 11 11, Fax 98 11 89, AX ED VA
35 Zi, Ez: 70-90, Dz: 120-140, 4 Suiten, ⇩
WC ☎; Lift 🅿 🚗 4↔50 ☂ Fitneßraum
Sauna Solarium 🍴
geschl: Mo, Mitte Feb-Mitte Mär

Pleinfeld 63 ↗

Bayern — Kreis Weißenburg-Gunzenhausen — 380 m — 7 063 Ew — Weißenburg 9, Gunzenhausen 18, Roth 19 km
ℹ️ ☎ (0 91 44) 67 77, Fax 64 96 — Verkehrsbüro, Marktplatz 11, 91785 Pleinfeld; Erholungsort

* **Landhotel Der Sonnenhof**
Sportpark 11, ✉ 91785, ☎ (0 91 44) 96 00, Fax 96 01 90, AX DC ED VA
55 Zi, Ez: 96-176, Dz: 120-188, ⇩ WC ☎; Lift 🅿 8⇆120 Sauna Solarium 🍴
geschl: Anfang Jan

** **Landgasthof Siebenkäs** ✤
Kirchenstr 1, ✉ 91785, ☎ (0 91 44) 82 82, Fax 83 07, ED
Hauptgericht 35; Gartenlokal; geschl: im Winter So abends + Mo, 2 Wochen im Aug, Anfang Jan

Pleißa 50 ↖

Sachsen — Kreis Chemnitz — 400 m — Chemnitz 15 km
ℹ️ ☎ (0 37 22) 9 40 75 — Gemeindeverwaltung, Hauptstr 69 a, 09246 Pleißen

** **Forellenhof**
♂ Grünaer Str 7, ✉ 09246, ☎ (0 37 22) 9 57 65, Fax 9 69 18
18 Zi, Ez: 98-118, Dz: 148, ⇩ WC ☎; 🅿 1⇆20 🍴

Plettenberg 34 ↗

Nordrhein-Westfalen — Märkischer Kreis — 221 m — 30 300 Ew — Attendorn 18, Lüdenscheid 21 km
ℹ️ ☎ (0 23 91) 6 40, Fax 6 41 28 — Stadtverwaltung, Grüne Str 12, 58840 Plettenberg. Sehenswert: Ev. Christuskirche; Burgruine Schwarzenberg ◄ (4 km →); Heiligenstuhl, 584 m ◄ (4 km + 30 Min ↘); Heimatmuseum; Märkische Museumseisenbahn

* **Battenfeld**
Landemerter Weg 1, ✉ 58840, ☎ (0 23 91) 9 28 70, Fax 27 47, ED VA
20 Zi, Ez: 75, Dz: 130, ⇩ WC ☎; 🅿 🚗 2⇆24 Kegeln

* Hauptgericht 25; Terrasse

Pleystein 59 □

Bayern — Kreis Neustadt a. d. Waldnaab — 576 m — 1 800 Ew — Vohenstrauß 6, Waidhaus 10 km
ℹ️ ☎ (0 96 54) 15 15, Fax 7ʹ45 — Verkehrsamt, Neuenhammer Str 1, 92714 Pleystein; Erholungsort im Oberpfälzer Wald

🛏 **Gasthof Zum Weißen Lamm**
Neuenhammer Str 11, ✉ 92714, ☎ (0 96 54) 2 73
24 Zi, Ez: 46, Dz: 80, ⇩ WC; 🅿 🚗 2⇆120 🍴
geschl: im Winter Fr, Nov

Pliezhausen 61 ↘

Baden-Württemberg — Kreis Reutlingen — 330 m — 8 400 Ew — Metzingen 7, Tübingen 12, Nürtingen 16 km
ℹ️ ☎ (0 71 27) 97 70, Fax 97 71 60 — Gemeindeverwaltung, Marktplatz 1, 72124 Pliezhausen

** **Schönbuch**
♂ ◄ Lichtensteinstr 45, ✉ 72124, ☎ (0 71 27) 97 50, Fax 97 51 00, AX DC ED VA
29 Zi, Ez: 140, Dz: 220, 2 Suiten, ⇩ WC ☎; Lift 🅿 3⇆110 ☂ Fitneßraum Sauna Solarium
geschl: 2 Wochen in den Sommerferien

** ◄ Hauptgericht 40; Gartenlokal;
geschl: 2 Wochen in den Sommerferien

Plochingen 62 ←

Baden-Württemberg — Kreis Esslingen — 300 m — 12 500 Ew — Kirchheim u. T. 9, Göppingen 18, Stuttgart 24 km
ℹ️ ☎ (0 71 53) 70 05 21, Fax 70 05 61 — Stadtverwaltung, Schulstr 7, 73207 Plochingen; Stadt am Neckar. Sehenswert: Ev. Kirche; Marktplatz mit hist. Fachwerkgebäuden, Glockenspiel; St. Blasiuskirche; Aussichtsturm

** **Princess**
Widdumstr 3, ✉ 73207, ☎ (0 71 53) 2 10 67, Fax 7 20 44, AX DC ED VA
45 Zi, Ez: 105-165, Dz: 165-205, 4 Suiten, 3 App, ⇩ WC ☎; Lift 🅿 🚗 1⇆40
Rezeption: Mo-Fr 6.30-24, Sa 7.30-14, So 18-24; geschl: 24.12-31.12.97

Bistro Nessi
Hauptgericht 25; nur abends; geschl: Fr, Sa

* **Prisma**
Geschwister-Scholl-Str 6, ✉ 73207, ☎ (0 71 53) 83 08 05, Fax 83 08 99, AX DC ED VA
Ez: 79-110, Dz: 119-149, 24 App, ⇩ WC ☎, 7⎕; Lift 🅿 🚗; garni
Rezeption: 7-21.30
Langzeitvermietung möglich

* **Schurwald**
Marktstr 13, ✉ 73207, ☎ (0 71 53) 20 64, Fax 7 26 75, AX DC ED VA
27 Zi, Ez: 99-104, Dz: 156-160, ⇩ WC ☎; Lift; garni

☕ **Café unterm Regenturm**
Neckarstr, ✉ 73207, ☎ (0 71 53) 7 62 26; geschl: Mo

Stumpenhof (2 km →)
** **Stumpenhof**
Stumpenhof 1, ✉ 73202, ☎ (0 71 53) 2 24 25, Fax 7 63 75
Hauptgericht 38; 🅿; geschl: Mo + Di, 3 Wochen in den Sommerferien

Plön
11 ↙

Schleswig-Holstein — Kreis Plön — 22 m
— 11 000 Ew — Eutin 15, Kiel 29, Neumünster 35 km
🛈 ☎ (0 45 22) 2 71 79, Fax 5 05 69 — Kurverwaltung, Am Lübschen Tor 1, 24306 Plön;
Luftkurort in der Holsteinischen Schweiz.
Sehenswert: Schloß ◂; Prinzenhaus im Schloßpark; Museum des Kreises Plön;
Parnaß-Aussichtsturm.

* **Touristic**
August-Thienemann-Str 1, ✉ 24306,
☎ (0 45 22) 81 32, Fax 89 32
12 Zi, Ez: 80-100, Dz: 100-140, 1 Suite, ⌂ WC ☎; **P**; garni

* **Seeblick**
♂ Rodomstorstr 70, ✉ 24306, ☎ (0 45 22) 39 93, Fax 27 49
11 Zi, Ez: 50-60, Dz: 90-120, ⌂ WC ☎; **P**; garni

** **Altes Fährhaus**
◂ Eutiner Str 4, ✉ 24306, ☎ (0 45 22) 7 67 90, Fax 6 02 14, ED
Hauptgericht 25; **P** Terrasse ⇌; geschl: Mo, Feb

Pobershau
50 →

Sachsen — Mittlerer Erzgebirgskreis —
600 m — 2 015 Ew — Olbernhau 6, Marienberg 6, Chemnitz 29 km
🛈 ☎ (0 37 35) 2 25 05, Fax 6 57 60 — Fremdenverkehrsbüro, Rathausstr 6,
09496 Pobershau. Sehenswert: Schaubergwerk „Zum Tiefen Molchner Stollen";
Göpelpyramide; Aussichtsfelsen „Katzenstein"; Grüner Graben: Bergbaulehrpfad

Hinterer Grund
** **Schwarzbeerschänke (Flair Hotel)**
♂ Haus Nr 2, ✉ 09496, ☎ (0 37 35) 2 40 80, Fax 2 23 95, ED VA
32 Zi, Ez: 50-85, Dz: 100-130, 2 Suiten, ⌂ WC ☎, 8%; **P** 🚗 1↔50 Fitneßraum Sauna Solarium 🍽 🏊

Pocking
66 ↓

Bayern — Kreis Passau — 323 m —
14 348 Ew — Griesbach i.R. 15, Simbach am Inn 28, Passau 30 km
🛈 ☎ (0 85 31) 70 90, Fax 7 09 24 — Stadtverwaltung, Simbacher Str 16, 94060 Pocking

* **Gasthof Pockinger Hof**
Klosterstr 13, ✉ 94060, ☎ (0 85 31) 90 70, Fax 88 81
48 Zi, Ez: 58-65, Dz: 88-95, ⌂ WC ☎; Lift **P** 🍽

🚗 Unterstellmöglichkeiten für Fahrzeuge oder Einzelgaragen

Pöcking
71 ↑

Bayern — Kreis Starnberg — 692 m —
5 559 Ew — Starnberg 5, Weilheim 20 km
🛈 ☎ (0 81 57) 9 30 60, Fax 73 47 — Gemeindeverwaltung, Feldafinger Str 4,
82343 Pöcking; Ort am Starnberger See.
Sehenswert: Kirche St. Ulrich, Barockzwiebelturm; Basilika St. Pius; Possenhofener Schloß

Niederpöcking (3 km ↗)
** **La Villa**
einzeln ♂ ◂ ⓥ Ferdinand-v.-Miller-Str 39,
✉ 82343, ☎ (0 81 51) 7 70 60, Fax 77 06 99, AX ED VA
28 Zi, Ez: 230, Dz: 330, 1 Suite, ⌂ WC ☎;
Lift **P** 3↔100 🛟 Seezugang Sauna Golf 18
Restaurant für Hausgäste. Übernachtung nur nach Reservierung möglich. Historische Villa von 1854.

Possenhofen (1 km ↘)
** **Forsthaus am See**
einzeln ♂ ◂ Am See 1, ✉ 82343,
☎ (0 81 57) 9 30 10, Fax 42 92, AX ED
19 Zi, Ez: 120-200, Dz: 170-250, 1 Suite, ⌂ WC ☎; Lift **P** 🚗 3↔20 Strandbad Seezugang
** ◂ Hauptgericht 30; Biergarten Gartenlokal

Pößneck
48 ▫

Thüringen — Kreis Pößneck — 220 m —
16 000 Ew — Saalfeld 19, Gera 47 km
🛈 ☎ (0 36 47) 47 10, Fax 47 12 00 — Stadtverwaltung, Gerberstr 6, 07381 Pößneck.
Sehenswert: Markt mit Marktbrunnen; ehem. Stadtbefestigung, Weißer Turm, Pulverturm; Bürgerhäuser; Gänsediebbrunnen; Stadtkirche

* **Garni Kurzacker Center**
Naßäckerstr 1, ✉ 07381, ☎ (0 36 47) 42 82 00, AX ED VA
14 Zi, Ez: 80, Dz: 120, ⌂ WC ☎; Lift **P** 🚗

* **Chausseehaus**
Neustädter Str 147, ✉ 07381, ☎ (0 36 47) 26 22
6 Zi, Ez: 78, Dz: 100, ⌂ WC ☎; **P** 🍽

Pohlheim
44 →

Hessen — Kreis Gießen — 220 m —
16 500 Ew — Gießen 8, Butzbach 15 km
🛈 ☎ (0 64 03) 60 60, Fax 6 06 66 — Stadtverwaltung, im Stadtteil Watzenborn-Steinberg, Ludwigstr 31, 35415 Pohlheim

Watzenborn-Steinberg
* **Goldener Stern**
Kreuzplatz 6, ✉ 35415, ☎ (0 64 03) 6 16 24, Fax 6 84 26, ED
18 Zi, Ez: 80, Dz: 116, ⌂ WC ☎; **P**
Rezeption: 7-14, 16-22; geschl: Fr, Sa bis 16.30, Mitte Jul-Anfang Aug
* Hauptgericht 20; geschl: Fr + Sa, Mitte Jul-Anfang Aug

Poing 72 ↗

Bayern — Kreis Ebersberg — 516 m —
8 940 Ew — Markt Schwaben 9, München
20 km
🛈 ☏ (0 81 21) 70 50, Fax 7 05 49 — Gemeindeverwaltung, Rathausstr 3, 85586 Poing

∗ Strasser
Rathausstr 5, ✉ 85586, ☏ (0 81 21) 8 10 31,
Fax 7 61 66, AX ED
36 Zi, Ez: 85, Dz: 130, ⌠ WC ☏; Lift P 🅿
Kegeln ▯◉▮

Pommelsbrunn 58 □

Bayern — Kreis Nürnberger Land — 450 m
— 4 800 Ew — Hersbruck 7, Sulzbach-
Rosenberg 18 km
🛈 ☏ (0 91 54) 91 98 13, Fax 91 98 22 —
Fremdenverkehrsverein, Rathaus,
91224 Pommelsbrunn; Luftkurort in der
Fränkischen Alb

Hubmersberg (4 km ↘)
**∗∗ Lindenhof
(Ringhotel)**
♂ Hubmersberg 2, ✉ 91224, ☏ (0 91 54)
2 70, Fax 2 73 70, AX DC ED VA
39 Zi, Ez: 85-131, Dz: 160-240, S; 5 Suiten,
⌠ WC ☏; Lift P 🅿 6⇆150 ≘ Fitneßraum
Sauna Solarium ▯◉▮ 🍷
geschl: Mo

Pommersfelden 57 ←

Bayern — Kreis Bamberg — 269 m —
2 250 Ew — Höchstadt an der Aisch 8,
Bamberg 21 km
🛈 ☏ (0 95 48) 9 22 00, Fax 80 77 — Gemeindeverwaltung, Hauptstr 11, 96178 Pommersfelden. Sehenswert: Schloß Weißenstein: Treppenhaus, Gemäldegalerie, Marmorsaal, Marstall, Park

∗∗ Schloßhotel
♂ ◀ Im Schloß Weißenstein, ✉ 96178,
☏ (0 95 48) 6 80, Fax 6 81 00, AX ED VA
76 Zi, Ez: 80-120, Dz: 110-170, 3 Suiten,
1 App, ⌠ WC ☏, 35✉; Lift P 🅿 10⇆100 ≘
Kegeln Sauna Solarium ▯◉▮
Auch Zimmer der Kategorie ∗ vorhanden

Poppenhausen 46 □
(Wasserkuppe)

Hessen — Kreis Fulda — 450 m — 2 600 Ew
— Gersfeld 8, Fulda 17 km
🛈 ☏ (0 66 58) 96 00 22 — Verkehrsamt, Von-Steinrück-Platz 1,
36163 Poppenhausen; Luftkurort in der
Rhön. Sehenswert: Wachtküppel, 706 m ◀
(5 km ↘), Wasserkuppe, 950 m ◀ (8 km ↗)

∗∗ Hof Wasserkuppe
♂ Pferdskopfstr 3, ✉ 36163, ☏ (0 66 58)
98 10, Fax 16 35
16 Zi, Ez: 56-76, Dz: 89-116, 1 Suite, 9 App,
⌠ WC ☏; P ≘ Fitneßraum Sauna
Solarium; garni

Rodholz (2 km →)
∗ Berghotel Rhöndistel
einzeln ♂ ◀ ✉ 36163, ☏ (0 66 58) 5 81,
Fax 5 65, ED
9 Zi, Ez: 75-85, Dz: 105-140, 3 App, ⌠ WC
☏; P 3⇆60 ▯◉▮
geschl: Mo

Schwarzerden (5 km →)
∗∗∗ Rhön-Hotel Sonnenwinkel
◀ ✉ 36163, ☏ (0 66 58) 8 80, Fax 7 96,
AX DC ED VA
47 Zi, Ez: 100-165, Dz: 158-218, 1 Suite, ⌠
WC ☏; Lift P 🅿 3⇆70 ≘ Fitneßraum
Kegeln Sauna Solarium ▯◉▮ 🍷
Auch einfachere Zimmer vorhanden

Porschdorf 51 ↗

Sachsen — 300 m — Bad Schandau 5,
Pirna 15 km
🛈 ☏ (03 50 22) 24 67 — Gemeindeverwaltung, Hauptstr 29 b, 01814 Porschdorf

🏠 **Erbgericht**
Hauptstr 31, ✉ 01814, ☏ (03 50 22) 4 20 57,
Fax 4 20 57
7 Zi, Ez: 75-85, Dz: 100-120, ⌠ WC; P ▯◉▮
geschl: im Winter Mi

Porta Westfalica 25 ↙

Nordrhein-Westfalen — Kreis Minden-
Lübbecke — 48 m — 38 000 Ew — Minden 5, Herford 25 km
🛈 ☏ (05 71) 7 79 12 80, Fax 79 12 79 — Fremdenverkehrsamt, Haus des Gastes,
Kempstr 4 a, 32457 Porta Westfalica;
Kneipp- und Luftkurort an der Weser.
Sehenswert: Porta Westfalica: Wittekindsberg, 270 m ◀ (2 km ←) mit Kaiser-Wilhelm-I.-Denkmal; Jacobsberg, 238 m ◀ mit
Bismarck-Gedenkstätte; Ortskern, Fachwerkhäuser

∗ Landhaus Waldeslust
Heerweg 16, ✉ 32457, ☏ (05 71) 9 75 22 00,
Fax 79 59 80, AX DC ED VA
31 Zi, Ez: 60-70, Dz: 120-140, ⌠ WC ☏; P 🅿
Kegeln
∗ Ambiente
Hauptgericht 25

Barkhausen
∗ Der Kaiserhof
Freiherr-vom-Stein-Str 1, ✉ 32457,
☏ (05 71) 97 53 30, Fax 9 75 33 88,
AX DC ED VA
41 Zi, Ez: 125-150, Dz: 180-240, ⌠ WC ☏,
4✉; P 🅿 4⇆200
∗∗ Hauptgericht 30; Biergarten Terrasse

∗ Friedenstal
Alte Poststr 4, an der B 61, ✉ 32457,
☏ (05 71) 7 01 47, Fax 71 09 23, DC ED VA
Hauptgericht 20; Biergarten Gartenlokal;
∗ 21 Zi, Ez: 60-100, Dz: 100-160, ⌠
WC ☏; P 🅿 3⇆200
geschl: Fr, Anfang Jan.-Anfang Feb

Hausberge
✱✱ Porta Berghotel
⊰ Hauptstr 1, ✉ 32457, ☎ (05 71) 7 90 90, Fax 7 90 97 89, AX DC ED VA
121 Zi, Ez: 130-195, Dz: 213-292, 3 Suiten, ⊟ WC ☎, 6⌸; Lift P 🚗 13⇔200 ≋ Fitneßraum Kegeln Sauna Solarium
✱✱ ⊰ Hauptgericht 35; Biergarten Terrasse

Possendorf 51 ↘

Sachsen — Weißeritzkreis — 330 m — 3 000 Ew — Freital 7, Dresden 10 km
ℹ ☎ (03 52 06) 33 20, Fax 33 20 — Gemeindeverwaltung, Poisenstr 3, 01728 Possendorf. Sehenswert: Hollanderwindmühle; Kirche

✱ Hähnel
Hauptstr 30, ✉ 01728, ☎ (03 52 06) 2 11 39, Fax 2 18 61, AX ED VA
10 Zi, Ez: 100, Dz: 120-130, ⊟ WC ☎; P ⊧◎⊦
geschl: 23.12.-30.12.96

Postmünster 66 ↗

Bayern — Rottal-Inn — 381 m — 2 313 Ew — München 115 km
ℹ ☎ (0 85 61) 17 13 — Gemeindeverwaltung, Hauptstr 23, 84389 Postmünster

✱✱✱ Landhotel am See
einzeln ♂ ⊰ Seerstr 10, ✉ 84389, ☎ (0 85 61) 4 70, Fax 59 04, AX DC ED VA
71 Zi, Ez: 90-109, Dz: 140-208, 3 Suiten, ⊟ WC ☎; Lift P 7⇔120 ≋ Seezugang Fitneßraum Kegeln Sauna Solarium 🚣
Golf 18
✱✱ Hauptgericht 25; Terrasse

Potsdam 30 ←

Brandenburg — Kreis Potsdam — 37 m — 140 000 Ew — Berlin 40, Magdeburg 150 km
ℹ ☎ (03 31) 2 33 85, Fax 2 30 12 — Potsdam-Information, Friedrich-Ebert-Str 5 (B 3), 14467 Potsdam; Landeshauptstadt; Ehem. Residenz der preußischen Herrscher. Sehenswert: Schloß und Park Sanssouci; Neue Kammern; Chinesisches Haus; Orangerie; Sizilianischer Garten; Paradiesgärtchen; Belvedere; Neues Palais; Schloß Charlottenhof; Römische Bäder; Neptungrotte; Große Fontäne; Schloß Cecilienhof (hist. Gedenkstätte des Potsdamer Abkommens im Neuen Garten); Marmorpalais; ehem. Rathaus am Alten Markt; Nikolaikirche, Pfarrkirche St. Peter und Paul, Französische Kirche, Friedenskirche; Holländisches Viertel; Nauener Tor; Brandenburger Tor; Filmmuseum im barocken Marstall; Schloß Babelsberg; Jagdschloß Stern, Russische Kolonie „Alexandrowka"

Stadtplan siehe Seite 844

Potsdam

✱✱ Voltaire
Friedrich-Ebert-Str 88, ✉ 14467, ☎ (03 31) 23 17-0, Fax 23 17-1 00
143 Zi, Ez: 189-229, Dz: 228-288, 5 Suiten, ⊟ WC ☎, 48⌸; Lift 🚗 5⇔250 Sauna Solarium
Golf 18; Auch Zimmer der Kategorie **✱✱✱** vorhanden
✱✱ Hofgarten
Hauptgericht 30; P Terrasse

✱✱ Schloß Cecilienhof (European Castle)
einzeln ♂ ⊠ Neuer Garten (C 1), ✉ 14469, ☎ (03 31) 3 70 50, Fax 29 24 98, AX DC ED VA
40 Zi, Ez: 165-530, Dz: 280-550; 3 Suiten, ⊟ WC ☎; P 10⇔150 Seezugang Sauna
Golf 18
✱✱ ⊠ Hauptgericht 35

✱✱ Parkhotel Potsdam
Forststr 80, ✉ 14471, ☎ (03 31) 9 81 20, Fax 9 81 21 00
91 Zi, Ez: 165-205, Dz: 185-225, S; ⊟ WC ☎; Lift P 🚗 3⇔80 Fitneßraum Sauna Solarium ⊧◎⊦
Golf 18

✱✱ Inselhotel Hermannswerder
⊰ Halbinsel Hermannswerder, ✉ 14478, ☎ (03 31) 2 32 00, Fax 2 32 01 00
84 Zi, Ez: 159-189, Dz: 189-214, 4 Suiten, ⊟ WC ☎, 20⌸; Lift P 4⇔200 ≋ Fitneßraum Sauna Solarium ⊧◎⊦
Golf 18

✱✱ Seidler Art'otel
♂ ⊰ Zeppelinstr 136, ✉ 14471, ☎ (03 31) 9 81 50, Fax 9 81 55 55, AX DC VA
116 Zi, Ez: 195-215, Dz: 235-260, 7 Suiten, ⊟ WC ☎, 35⌸; Lift P 3⇔100 Fitneßraum Sauna Solarium
Golf 18; 150 jähriger, hist. Kornspeicher. Ausstattung vom Designer Jasper Morrison
✱ Factory
⊰ Hauptgericht 25; Terrasse

✱✱ Mercure Potsdam
⊰ Lange Brücke (C 3), ✉ 14467, ☎ (03 31) 27 22, Fax 29 34 96, AX DC ED VA
211 Zi, Ez: 165-215, Dz: 185-235, S;
5 Suiten, ⊟ WC ☎, 16⌸; Lift P 🚗 11⇔150
✱✱ Le Sanssouci
Hauptgericht 25; Terrasse

✱ Mark Brandenburg
Heinrich-Mann-Allee 71, ✉ 14478, ☎ (03 31) 88 82 30, Fax 8 88 23 44, ED VA
17 Zi, Ez: 85-130, Dz: 140-170, ⊟ WC ☎; P; garni ⊧◎⊦

✱ Reinhold
Dortustr 10 (B 2), ✉ 14467, ☎ (03 31) 28 49 90, Fax 2 84 99 30
10 Zi, Ez: 150, Dz: 190, 1 Suite, ⊟ WC ☎; 1⇔25 ⊧◎⊦ 🚣

✱ Juliette
Jägerstr 39, ✉ 14467, ☎ (03 31) 2 70 17 91, VA
Hauptgericht 25 →

Potsdam

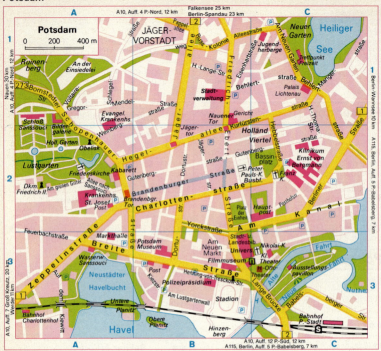

Babelsberg
** Griebnitzsee
Rudolph Breitscheid-Str 190, ⊠ 14482,
☎ (03 31) 7 09 10, Fax 70 91 11
39 Zi, Ez: 160-220, Dz: 200-280, 1 Suite, ⊿
WC ☎; Lift ℗ 🍴 3⇔80 Seezugang
*   Hauptgericht 25; Terrasse

** Zur alten Rennbahn
Lessingstr 35, ⊠ 14482, ☎ (03 31) 74 79 80,
Fax 7 47 98 18, AX ED VA
14 Zi, Ez: 115, Dz: 190-220, ⊿ WC ☎; Lift ℗
🍴 1⇔30 Sauna Solarium 🍽

Nedlitz
* Kranich
Kirschallee 57, ⊠ 14469, ☎ (03 31)
2 80 50 78, Fax 2 80 50 80, ED
11 Zi, Ez: 105-145, Dz: 145-155, 4 App, ⊿
WC ☎; ℗ 1⇔70 🍽

Potsdam-Außerhalb (4 km ↙)
** Bayrisches Haus
einzeln ♂ Im Wildpark 1, ⊠ 14471,
☎ (03 31) 97 31 92, Fax 97 3 9, ED VA
20 Zi, Ez: 125, Dz: 160-180, 4 Suiten, ⊿ WC
☎; ℗ 🍴 3⇔50 Sauna 🍽
In den Gästehäusern einfachere Zimmer
vorhanden

Waldstadt
**** Best Western
            Residence Hotel**
Saarmunder Str 60, ⊠ 14478, ☎ (03 31)
8 83 00, Fax 8 83 05 11, AX DC ED VA
256 Zi, Ez: 165, Dz: 260, 9 Suiten, ⊿ WC ☎,
34 🛁; Lift ℗ 16⇔588 Fitneßraum Sauna
Solarium 🍽
Renovierungsarbeiten voraussichtlich bis
zur Jahreswende abgeschlossen

Pottenstein   58 ↖

Bayern — Kreis Bayreuth — 400 m —
5 100 Ew — Pegnitz 15, Bayreuth 30, Forchheim 37 km
ℹ ☎ (0 92 43) 7 08 41, Fax 7 08 40 — Verkehrsbüro, Forchheimer Str 1, 91278 Pot-
tenstein; Luftkurort in der Fränkischen
Schweiz. Sehenswert: hist. Altstadt; kath.
Kirche (Hochaltar); Burg; Teufelshöhle
(2 km ↘); Fränk.-Schweiz-Museum in
Tüchersfeld

** Ferienhotel Schwan
♂ Am Kurzentrum 6, ⊠ 91278, ☎ (0 92 43)
98 10, Fax 73 51, AX ED
27 Zi, Ez: 61-85, Dz: 122-140, ⊿ WC ☎; Lift
℗ 1⇔20 🛌 Fitneßraum Sauna Solarium;
garni 🍽
geschl: Di, Mitte Jan, Mitte Feb

Preetz 10→

Schleswig-Holstein — Kreis Plön — 34 m — 15 000 Ew — Kiel 16, Lübeck 64 km
ℹ ☎ (0 43 42) 22 07, Fax 56 98 — Fremdenverkehrsverein, Wilhelminenstr 6, 24211 Preetz; Luftkurort. Sehenswert: Stadtkirche; Klosterkirche; Circusmuseum

Dammdorf (3 km ↗)
∗ Neeth
(Flair Hotel)
Preetzer Str 1, ⌧ 24211, ☎ (0 43 42) 8 23 74, Fax 8 47 49, DC ED VA
10 Zi, Ez: 89-109, Dz: 119-135, ⊒ WC ☎, 1⌧; 🅿 🍴 ⦿

Schellhorn (1 km ↘)
∗ Landhaus Hahn
♂ Am Berg 12, ⌧ 24211, ☎ (0 43 42) 8 60 01, Fax 8 27 91, AX DC ED VA
29 Zi, Ez: 89-93, Dz: 129-134, 1 Suite, ⊒ WC ☎; 🅿 3⇔120 ⚓ Strandbad
Im Gästehaus Zimmer der Kategorie ∗∗ vorhanden

∗∗ Harmonie
Hauptgericht 27; Terrasse; nur abends; Mitte Jan-Ende Feb
☎ (0 43 42) 8 73 34

Prenzlau 22 □

Brandenburg — Kreis Prenzlau — 20 m — 27 000 Ew — Pasewalk 25, Eberswalde 64 km
ℹ ☎ (0 39 84) 30 26, Fax 21 15 — Stadtverwaltung, Am Steintor 4, 17291 Prenzlau. Sehenswert: Stadtbefestigung, Blindower Torturm, Steintorturm, Mitteltorturm; Wiekhäuser; Marienkirche; Nikolaikirche; Jakobikirche; Dominikaner-Klosterkirche; Franziskaner-Klosterkirche; Sabinenkirche; ehem. Richtstein

∗∗ Parkhotel
Grabowstr 14, ⌧ 17291, ☎ (0 39 84) 85 40, Fax 85 41 31, AX DC ED VA
33 Zi, Ez: 90-120, Dz: 140-160, ⊒ WC ☎; 2⇔70 Sauna ⦿

∗ Wendenkönig
Neubrandenburger Str 66, ⌧ 17291, ☎ (0 39 84) 86 00, Fax 86 01 51, AX ED VA
42 Zi, Ez: 75-85, Dz: 125, ⊒ WC ☎; 🅿 1⇔25 ⦿

∗ Overdiek
Baustr 33, ⌧ 17291, ☎ (0 39 84) 85 66 00, Fax 85 66 66, AX ED VA
27 Zi, Ez: 65-95, Dz: 110-130, ⊒ WC ☎; Lift 🅿 1⇔20 Solarium ⦿

∗ Pension Sonnenschein
♂ Friedhofstr 21, ⌧ 17291, ☎ (0 39 84) 26 56, ED VA
8 Zi, Ez: 50-70, Dz: 100, ⊒ WC ☎; 🅿 Sauna Solarium ⦿

Röpersdorf (2 km ↓)
∗ Schilfland
Dorfstr 9, ⌧ 17291, ☎ (0 39 84) 67 48, Fax 67 48, AX ED VA
20 Zi, Ez: 78-115, Dz: 105-150, ⊒ WC ☎, 6⌧; 🅿 1⇔16 Seezugang ⦿

Seehausen (12 km ↓)
∗ Seehotel Huberhof
♂ ⚓ Dorfstr 49, ⌧ 17291, ☎ (03 98 63) 6 02-0, Fax 6 02 10, AX ED VA
25 Zi, Ez: 75-120, Dz: 125-175, 2 Suiten, 2 App, ⊒ WC ☎; 🅿 1⇔40 Seezugang Fitneßraum Sauna ⦿

Prerow 13←

Mecklenburg-Vorpommern — Kreis Ribnitz-Damgarten — 1 800 Ew — Barth 20, Ribnitz-Damgarten 40 km
ℹ ☎ (03 82 33) 5 51 — Kurverwaltung, Gemeindeplatz 1, 18375 Prerow; Ostseebad. Sehenswert: Darß-Museum; slawischer Burgwall - Hertesburg; Seemannskirche

∗ Haus Linden
Gemeindeplatz, ⌧ 18375, ☎ (03 82 33) 6 36, Fax 6 37 36, ED
32 Zi, Ez: 125, Dz: 170, 3 Suiten, ⊒ WC ☎; 32⌧; 🅿 1⇔60 Sauna ⦿
Nichtraucherhaus. Vollwertig vegetarische Küche

⦿ **Landhaus Lange**
Lange Str 9, ⌧ 18375, ☎ (03 82 33) 2 23, Fax 2 23
Hauptgericht 20; 🅿 Terrasse
⌂ 4 Zi, Ez: 95, Dz: 120-150, 1 Suite, ⊒ WC ☎; 🅿

Pretzsch (Elbe) 39 ↗

Sachsen-Anhalt — Kreis Wittenberg — 92 m — 2 400 Ew — Bad Schmiedeberg 5, Dommitzsch 10, Lutherstadt Wittenberg 21 km
ℹ ☎ (03 49 26) 4 14 — Stadtverwaltung, 06909 Pretzsch

∗ Parkhotel
Goetheallee 3, ⌧ 06909, ☎ (03 49 26) 5 73 08, Fax 5 73 32, AX ED VA
42 Zi, Ez: 50-90, Dz: 100-120, 4 App, ⊒ WC ☎; 🅿 🍴 2⇔60 Kegeln ⦿

Merschwitz (2 km ←)
∗ Golmer Weinberg
einzeln ♂ Merschwitz Nr 44, ⌧ 06909, ☎ (03 49 26) 5 76 40, Fax 5 76 40, AX ED VA
19 Zi, Ez: 52-90, Dz: 104-123, 5 App, ⊒ WC ☎, 19⌧; 🅿 2⇔40 ≋ Kegeln ⦿
Rezeption: 6-21

Preußisch Oldendorf 24 ↘

Nordrhein-Westfalen — Kreis Minden-Lübbecke — 60 m — 11 000 Ew — Lübbecke 10, Osnabrück 35 km
ⓘ ☎ (0 57 42) 8 07 30, Fax 56 80 — Verkehrsamt, Rathausstr 3, 32361 Preußisch Oldendorf; Luftkurort im Wiehengebirge.
Sehenswert: Kirche mit Barockorgel und Schnitzaltar, Barockschloß; Burgen; Wehrkirche; Gut Hudenbeck; Wassermühle

Börninghauser-Masch (5 km ↘)
∗ **Waidmann's Ruh**
Bünder Str 15, ✉ 32361, ☎ (0 57 42) 96 95-0, Fax 96 95 21
9 Zi, Ez: 65, Dz: 120, ⌐ WC ☎; 🅿 🖃 2↔100 Kegeln 🍴
geschl: Do

Prichsenstadt 56 □

Bayern — Kreis Kitzingen — 254 m — 3 000 Ew — Gerolzhofen 12, Kitzingen 14 km
ⓘ ☎ (0 93 83) 4 53, Fax 25 54 — Stadtverwaltung, Karlsplatz 5, 97357 Prichsenstadt.
Sehenswert: Rathaus; Eulenturm; Westtor; Stadtturm; Fachwerkhäuser; Freihof; Altstadt

∗∗ **Landgasthof** ⚜
   Zum Goldenen Adler
Karlsplatz 10, ✉ 97357, ☎ (0 93 83) 60 31, Fax 60 32
Hauptgericht 25; Gartenlokal; geschl: Mo, im Winter auch Di, Mitte Jan-Mitte Feb
∗ 6 Zi, Ez: 72, Dz: 98, ⌐ WC ☎; 1↔80
geschl: Mitte Jan-Mitte Feb

∗ **Alte Schmiede**
Karlsplatz 7, ✉ 97357, ☎ (0 93 83) 9 72 20, Fax 70 38
Hauptgericht 20; Gartenlokal 🅿
∗ 8 Zi, Ez: 70, Dz: 120-150, ⌐ WC ☎; 🖃 1↔25

∗ **Zum Storch**
Luitpoldstr 7, ✉ 97357, ☎ (0 93 83) 65 87, Fax 67 17, ED
Hauptgericht 20; geschl: Di, im Winter auch Mo, Jan
∗ 9 Zi, Ez: 60-65, Dz: 85-95, ⌐ WC ☎
Rezeption: 10-21; geschl: im Winter Di, Jan Eigenbauweine

Neuses am Sand (3 km ↑)
∗ **Steiner's Gästehaus**
   Neuses Gourmetstube
Haus Nr 19, an der B 22, ✉ 97357, ☎ (0 93 83) 71 55, Fax 65 56, AX ED
Hauptgericht 25; geschl: Di
∗ 8 Zi, Ez: 50-100, Dz: 80-160, 2 Suiten, ⌐ WC ☎; 🅿
geschl: Di, Ende Dez-Anfang Jan
Auch Zimmer der Kategorie ∗∗ vorhanden

Prien a. Chiemsee 73 ↗

Bayern — Kreis Rosenheim — 550 m — 9 100 Ew — Rosenheim 24, Wasserburg 28 km
ⓘ ☎ (0 80 51) 6 90 50, Fax 69 05 40 — Kurverwaltung, Alte Rathausstr 11, 83209 Prien; Luft- und Kneippkurort.
Sehenswert: Kath. Kirche; Insel Herrenchiemsee mit Schloß; Insel Frauenchiemsee; kath. Kirche mit Wandmalereien in Urschalling (2 km ↓); Chiemseebahn, Dampfeisenbahn; Galerie im Alten Rathaus

∗∗ **Sport- und Golfhotel**
   Reinhart
♂ ≼ Seestr 117, ✉ 83209, ☎ (0 80 51) 69 40, Fax 69 41 00, AX DC ED VA
35 Zi, Ez: 110-120, Dz: 150-220, 4 Suiten, ⌐ WC ☎, 14 🖃; Lift 🅿 🖃 1↔60 ≋ Seezugang Fitneßraum Sauna Solarium 🍸
geschl: Nov, Mitte Jan-Ostern
∗ **Reinhart**
≼ Hauptgericht 35; Terrasse; geschl: Nov-Ostern

∗∗ **Bayerischer Hof**
Bernauer Str 3, ✉ 83209, ☎ (0 80 51) 60 30, Fax 6 29 17, AX ED VA
48 Zi, Ez: 95, Dz: 160-165, ⌐ WC ☎, 9 🖃; Lift 🅿 🖃
geschl: Nov
∗ Hauptgericht 25; Gartenlokal; geschl: Mo, Nov

∗∗ **Villa am See**
≼ Harrasser Str, ✉ 83209, ☎ (0 80 51) 10 13, Fax 6 43 46, AX ED VA
15 Zi, Ez: 85-95, Dz: 150-170, ⌐ WC ☎; 🅿 🖃
∗∗ ≼ Hauptgericht 25

∗ **Luitpold am See**
≼ Seestr 110, ✉ 83209, ☎ (0 80 51) 60 91 00, Fax 60 91 75, ED VA
52 Zi, Ez: 78-120, Dz: 140-195, 3 Suiten, ⌐ WC ☎; Lift 🅿 🖃 4↔60
Rezeption: 7-23, im Winter 7-21
Auch Zimmer der Kategorie ∗∗ vorhanden
∗ Hauptgericht 20; Terrasse; geschl: So abends, im Winter Mo, Anfang Jan-Anfang Feb

🍸 **Kur-Café Heider**
Marktplatz 6, ✉ 83209, ☎ (0 80 51) 15 34, Fax 6 50 24
Terrasse; 8-18; geschl: Mo, Mitte Sep-Anfang Okt, Anfang Apr

Harras (3 km ↘)
∗∗∗ **Yachthotel Chiemsee**
♂ ≼ Harrasser Str 49, ✉ 83209, ☎ (0 80 51) 69 60, Fax 51 71, AX DC ED VA
97 Zi, Ez: 175-245, Dz: 230-300, 5 Suiten, ⌐ WC ☎; Lift 🅿 🖃 9↔200 ≋ Strandbad Seezugang Fitneßraum Kegeln Sauna Solarium 🍸
Eigene Yacht für 24 Personen, eigener Yachthafen
∗∗ ≼ Hauptgericht 40; Terrasse

Prieros 30 ↘

Brandenburg — Kreis Dahme Spreewald — 75 m — 1 206 Ew — Königs Wusterhausen 14, Storkow 15 km
ℹ ☎ (03 37 67) 8 02 20, Fax 8 04 95 — Amt Friedersdorf, Am Bahnhof, 15752

Prieros-Außerhalb (2 km ↓)
✱✱ Waldhaus Prieros
einzeln ♂ Waldstr 1, am Streganzer See, ✉ 15752, ☎ (03 37 68) 99 90, Fax 5 02 52
21 Zi, Ez: 90-105, Dz: 125-190, 3 Suiten, 1 App, ⇨ WC ☎; 🅿 3⇔25 ≋ Seezugang Sauna ⛴
✱✱ ⋖ Hauptgericht 20; Gartenlokal Terrasse

Pritzwalk 20 ↘

Brandenburg — Landkreis Prignitz — 60 m — 12 000 Ew — Wittstock 22, Perleberg 22 km
ℹ ☎ (03 33 95) 60 21, Fax 29 30 — Stadtverwaltung, Marktstr 39, 16928 Pritzwalk.
Sehenswert: St. Nikolai-Kirche (13. Jh.); Stadtmauer; Trappenberg mit Bismarckturm

✱✱ Pritzwalker Hof
Havelberger Str 59, ✉ 16928, ☎ (03 395) 30 20 04, Fax 30 20 03, AX ED VA
9 Zi, Ez: 95-100, Dz: 125, ⇨ WC ☎; 🅿
3⇔200 Kegeln ⌶
geschl: 1.1.-15.1.97

Pritzwalk-Außerhalb (1,5 km ↑)
✱ Forsthaus Hainholz
einzeln ♂ Hainholz 2, ✉ 16928, ☎ (03 395) 30 27 95, Fax 30 47 47, ED VA
10 Zi, Ez: 80-90, Dz: 120-130, ⇨ WC ☎; 🅿
2⇔80 ⌶
geschl: Jan

Pronstorf 11 ↙

Schleswig-Holstein — Kreis Segeberg — 35 m — 1 270 Ew — Bad Segeberg 18, Bad Schwartau 22 km
ℹ ☎ (0 45 53) 7 03 — Gemeindeverwaltung, Gemeinde Pronstorf, 23820 Neukoppel/Pronstorf. Sehenswert: Vicilin-Kirche; Hünengräber; Herrenhaus

✱ Pronstorfer Krug
♂ Lindenstr 2, ✉ 23820, ☎ (0 45 53) 9 97 90, Fax 3 36, AX DC ED VA
27 Zi, Ez: 75-120, Dz: 100-160, ⇨ WC ☎, 6🛏; 3⇔30 ≋ Seezugang
geschl: Do
Auch Zimmer der Kategorie ✱✱ vorhanden
✱ Hauptgericht 28; Biergarten Gartenlokal

Strenglin (3 km ↑)
✱ Strengliner Mühle
♂ Mühlenstr 2, ✉ 23820, ☎ (0 45 56) 99 70 99, Fax 99 70 16, AX DC ED VA
35 Zi, Ez: 75-110, Dz: 124-190, 1 App, ⇨ WC ☎, 2🛏; Lift 🅿 🖂 5⇔100 Seezugang Fitneßraum Sauna Solarium
Auch Zimmer der Kategorie ✱✱ vorhanden
✱ Hauptgericht 25; Terrasse; nur abends, So auch mittags

Prüm 42 ↓

Rheinland-Pfalz — Kreis Bitburg-Prüm — 490 m — 6 000 Ew — Bitburg 33, Daun 37, Schleiden 49 km
ℹ ☎ (0 65 51) 5 05 — Verkehrsamt, Am Hahnplatz 1, 54591 Prüm; Luftkurort in der Eifel. Sehenswert: Ehem. Benediktiner-Abtei; St. Salvator Basilika; Kalvarienberg, 569 m ⋖ (2 km ←)

✱ Tannenhof
♂ Am Kurpark 2, ✉ 54595, ☎ (0 65 51) 24 06, Fax 8 54, ED VA
27 Zi, Ez: 60-70, Dz: 100-110, 5 App, ⇨ WC ☎; 🅿 🖂 ≋ Fitneßraum Kegeln Sauna Solarium ⌶

✱ Haus am Kurpark
Teichstr 27, ✉ 54595, ☎ (0 65 51) 9 50 20, Fax 60 97
8 Zi, Ez: 62-80, Dz: 90-115, 4 App, ⇨ WC ☎; 🅿 🖂 ≋ Fitneßraum Sauna; garni

Puchheim 71 ↑

Bayern — Kreis Fürstenfeldbruck — 518 m — 20 000 Ew — Fürstenfeldbruck 8, München 18 km
ℹ ☎ (0 89) 8 09 80, Fax 9 82 22 — Gemeindeverwaltung, Poststr 2, 82178 Puchheim

✱ Domicil
♂ Lochhauser Str 61, ✉ 82178, ☎ (0 89) 80 00 70, Fax 80 00 74 00, AX ED VA
99 Zi, Ez: 95-230, Dz: 125-230, 1 App, ⇨ WC ☎, 44🛏; Lift 🅿 🖂 4⇔90 ⌶

✱ Parsberg
Augsburger Str 1, ✉ 82178, ☎ (0 89) 80 20 71, Fax 80 20 60, AX ED VA
48 Zi, Ez: 86-100, Dz: 130-140, ⇨ WC ☎, 5🛏; Lift 🅿 🖂 ⌶
Auch einfachere Zimmer vorhanden

Püchersreuth 59 ←

Bayern — Kreis Neustadt a. d. Waldnaab — 500 m — 1 487 Ew — Neustadt a. d. Waldnaab 7, Windischeschenbach 10 km
ℹ ☎ (0 96 02) 75 30 — Gemeindeverwaltung, Tannenweg 8, 92715 Püchersreuth

Baumgarten (9 km ↑)
✱ Igel
Baumgarten 8, ✉ 92715, ☎ (0 96 81) 14 22, Fax 27 98, DC ED VA
35 Zi, Ez: 55-65, Dz: 80-95, ⇨ WC ☎; 🅿 🖂 4⇔200 ⌶
geschl: Jan

Pulheim 42 ↗

Nordrhein-Westfalen — Erftkreis — 46 m — 49 382 Ew — Frechen 11, Grevenbroich 14, Köln 17 km
🛈 ☎ (0 22 38) 80 80, Fax 80 83 45 — Stadtverwaltung, Alte Kölner Str 26, 50259 Pulheim. Sehenswert: Kirche der ehem. Benediktiner-Abtei in Brauweiler (5 km ↓); Museum für Holographie und neue visuelle Medien

Brauweiler (5 km ↓)
✱ Abtei-Park Hotel
Bernhardstr 50, ✉ 50259, ☎ (0 22 34) 8 10 58, Fax 8 92 32, AX DC ED VA
41 Zi, Ez: 120-160, Dz: 165-210, ⊿ WC ☎; Lift 🅿; garni

Dansweiler (6 km ↗)
✱✱✱ Landhaus Ville
Friedenstr 10, ✉ 50259, ☎ (0 22 34) 8 33 45, Fax 8 3348; geschl: So, Mo
Hauptgericht 43; Terrasse; nur abends

✱✱ Il Paradiso
Zehnthofstr 26, ✉ 50259, ☎ (0 22 34) 8 46 13, Fax 8 46 13
Hauptgericht 38; Terrasse; nur abends, so+feiertags auch mittags; geschl: Do

Pullach i. Isartal 71 ↗

Bayern — Kreis München — 580 m — 8 100 Ew — München 10, Starnberg 15 km
🛈 ☎ (0 89) 7 44 74 40, Fax 74 47 44 59 — Gemeindeverwaltung, Johann-Bader-Str 21, 82049 Pullach

✱✱ Villa Antica
Habenschadenstr 1, ✉ 82049, ☎ (0 89) 7 93 88 61
Hauptgericht 30; Terrasse

Großhesselohe (2 km ↑)
✱ Bittmann
Pullacher Str 24, ✉ 82049, ☎ (0 89) 79 70 83, Fax 79 70 86, AX DC ED VA
17 Zi, Ez: 95-160, Dz: 145-215, 1 Suite, ⊿ WC ☎; 🅿

Pulsnitz 40 ↘

Sachsen — Kreis Bischofswerda — 260 m — 6 200 Ew — Dresden 24, Bautzen 34 km
🛈 ☎ (03 59 55) 25 27 — Touristen-Information, Robert-Koch-Str 21, 01896 Pulsnitz

✱ Schützenhaus
Wettinplatz 1, ✉ 01896, ☎ (03 59 55) 4 58 26, Fax 4 52 42, AX DC ED VA
14 Zi, Ez: 97-112, Dz: 159, 1 Suite, WC ☎; 🅿

Putbus siehe Rügen

Pyrbaum 57 ↘

Bayern — Kreis Neumarkt (Oberpfalz) — 436 m — 4 576 Ew — Allersberg 10, Neumarkt i.d. Opf. 15, Nürnberg 25 km
🛈 ☎ (0 91 80) 7 77 — Gemeindeverwaltung, Am Marktplatz 1, 90602 Pyrbaum. Sehenswert: Kath. ehem. Klosterkirche in Seligenporten (4 km ↘)

Pyrbaum-Außerhalb (7 km ←)
✱✱✱ Faberhof
einzeln, ✉ 90602, ☎ (0 91 80) 6 13, Fax 29 77, AX ED VA
Hauptgericht 40; 🅿 Terrasse; geschl: Di

Pyrmont, Bad 25 ↓

Niedersachsen — Kreis Hameln-Pyrmont — 110 m — 23 006 Ew — Hameln 20, Detmold 36, Paderborn 56 km
🛈 ☎ (0 52 81) 46 27, Fax 60 99 47 — Kur- und Verkehrsverein, Arkaden 18 (B 2), 31812 Bad Pyrmont; Erholungsort, Heilbad und Schroth-Kurort im Weserbergland; Spielbank. Sehenswert: Kurpark mit Palmengarten; Brunnenplatz mit Hylligem Born und Wandelhalle; Dunsthöhle; Schloß mit Museum; Tierpark

✱✱✱✱ Steigenberger
♦ Heiligenangerstr 2 (B 2), ✉ 31812, ☎ (0 52 81) 15 02, Fax 15 20 20, AX DC ED VA
145 Zi, Ez: 160-230, Dz: 230-330, S; 6 Suiten, ⊿ WC ☎, 70; Lift 🅿 6↔100 Fitneßraum Sauna Solarium
✱✱✱ Palmengarten
Hauptgericht 35; Terrasse

✱✱ Bergkurpark
♦ Ockelstr 11 (B 1), ✉ 31812, ☎ (0 52 81) 40 01, Fax 40 04, AX ED VA
52 Zi, Ez: 75-195, Dz: 190-350, 8 Suiten, ⊿ WC ☎; Lift 🅿 Sauna Solarium
✱✱ Hauptgericht 30; Terrasse

✱✱ Westfalen
Altenauplatz 1 (B 2), ✉ 31812, ☎ (0 52 81) 9 32 90, Fax 84 39, ED
29 Zi, Ez: 95-125, Dz: 150-250, 1 Suite, 9 App, ⊿ WC ☎, 8; Lift 🅿 1↔60; garni

✱ Alt Holzhausen
Hagener Str 15, ✉ 31812, ☎ (0 52 81) 9 30 00, Fax 93 00 93
Ez: 65-85, Dz: 120-140, ⊿ WC ☎; 🅿

✱ Rasmussen
Kirchstr 8 (B 2), ✉ 31812, ☎ (0 52 81) 9 30 64, Fax 60 68 72, AX
18 Zi, Ez: 98-135, Dz: 180-220, ⊿ WC ☎; Lift 🅿
geschl: Mo, Ende Nov-Anfang Mär
Restaurant für Hausgäste

Quedlinburg

✱ **Schaumburg**
Annenstr 1 (C 2), ✉ 31812, ☎ (0 52 81)
25 54, Fax 25 95
18 Zi, Ez: 65-85, Dz: 135-145, ⌐ WC ☎; Lift
🅿 🍴 ⫼
Rezeption: 7-10.30; geschl. Jan, Feb

Bad Pyrmont-Außerhalb (1 km ↑)
✱ **Landhaus zu den Erdfällen**
einzeln ⚘ ⫷ Terhardtshöhe 1, ✉ 31812,
☎ (0 52 81) 1 85 24, Fax 60 63 69, ED VA
9 Zi, Ez: 65-130, Dz: 130-260, ⌐ WC ☎, 2⫼;
🅿 1 ⊂⊃ 20
✱ ⫷ Hauptgericht 22; geschl. Di

Quedlinburg 37 ↗

Sachsen-Anhalt — Kreis Quedlinburg —
124 m — 28 000 Ew — Magdeburg 56,
Halle 80 km
ℹ ☎ (0 39 46) 28 66, Fax 28 66 — Quedlin-
burg-Information, Markt 2, 06484 Quedlinburg. Sehenswert: Mit reicher Ornamentik
versehene Fachwerkhäuser, z. B. Fachwerkmuseum und Stieg 28; Renaissance-
schloß mit Museum; Stiftskirche; Wiperti-
kirche; Pfarrkirche St. Blasius; Marktkirche
St. Benedikti; Rathaus; Klopstockhaus

✱✱ **Am Brühl** 👑
Billungstr 11, ✉ 06484, ☎ (0 39 46) 9 61 80,
Fax 9 61 82 46
27 Zi, Ez: 120-140, Dz: 170-190, 1 App, ⌐
WC ☎, 2⫼; Lift 🅿 🍴 1 ⊂⊃ 50 Sauna
Solarium ⫼
Rezeption: 6.30-21

✱✱ **Theophano**
Markt 13, ✉ 06484, ☎ (0 39 46) 9 63 00,
Fax 96 30 36, AX ED VA
32 Zi, Ez: 130-170, Dz: 150-200, 2 Suiten, ⌐
WC ☎, 5⫼; 🅿 🍴 2 ⊂⊃ 40 ⫼
geschl. Ende Dez

✱ **Domschatz**
Mühlenstr 20, ✉ 06484, ☎ (0 39 46)
70 52 70, Fax 70 52 71, AX ED VA
15 Zi, Ez: 90-130, Dz: 140-180, ⌐ WC ☎,
1⫼; 🅿; garni
Rezeption: 9-20

✱ **Zur goldenen Sonne**
Steinweg 11, ✉ 06484, ☎ (0 39 46) 9 62 50,
Fax 96 25 30, AX ED VA
18 Zi, Ez: 90-125, Dz: 140-160, 1 Suite, ⌐
WC ☎; 🅿 1 ⊂⊃ 30 ⫼

✱ **Quedlinburger Hof**
Harzweg 1, ✉ 06484, ☎ (0 39 46) 22 76,
Fax 22 76
32 Zi, Ez: 90, Dz: 140, ⌐ WC ☎; 🅿 ⫼

✱ **Zum Schloß**
Mühlenstr 22, ✉ 06484, ☎ (0 39 46)
70 74 83, Fax 70 74 84, AX ED VA
6 Zi, Ez: 110-120, Dz: 140-160, ⌐ WC ☎; 🅿
2 ⊂⊃ 80 ⫼

✱ **Zum Alten Fritz**
⫷ Pölkenstr 18, ✉ 06484, ☎ (0 39 46)
70 48 80, Fax 70 48 81, ED
13 Zi, Ez: 95, Dz: 125-140, ⌐ WC ☎; 🅿;
garni
Rezeption: 6-21

Prinz Heinrich
Pölle 29, ✉ 06484, ☎ (0 39 46) 37 07,
AX DC ED VA
Hauptgericht 25

Brauhaus Lüdde
Blasiistr 14, ✉ 06484, ☎ (0 39 46) 32 51,
Fax 32 51, AX ED VA
Hauptgericht 16; Biergarten

siehe auch **Warnstedt**

Querfurt

Querfurt 38 ↗

Sachsen-Anhalt — Kreis Merseburg-Querfurt — 180 m — 11 034 Ew — Lutherstadt Eisleben 22, Halle 36 km
🅘 ☎ (03 47 71) 2 51 71, Fax 2 20 91 — Stadtinformation, Markt 14, 06268 Querfurt.
Sehenswert: Burg Querfurt

Vitzenburg (12 km ↓)
** **Zum Schweizerhaus**
Am Weinberg 4, ✉ 06268, ☎ (03 44 61) 2 25 62, Fax 2 42 55, AX ED VA
9 Zi, Ez: 70, Dz: 104-124, ⊿ WC ☎; 🅿 1⇌14 Sauna ⌘
geschl: Anfang-Mitte Jan

Quern 10 ↑

Schleswig-Holstein — Kreis Schleswig-Flensburg — 35 m — 1 350 Ew — Flensburg 25 km
🅘 ☎ (0 46 32) 74 14, Fax 17 76 — Touristikverein, Holmlück 2, 24972 Steinbergkirche.
Sehenswert: St. Nikolai-Kirche (12. Jh.); Bismarckturm-Scheersberg

Nübelfeld (4 km ↗)
** **Landhaus Schütt**
Nübelfeld 34, ✉ 24972, ☎ (0 46 32) 8 43 18, Fax 84 31 31, AX DC ED VA
Hauptgericht 36; 🅿; geschl: Mo, Di mittags, Anfang-Mitte Juli, Jan
*   8 Zi, Ez: 45-55, Dz: 100-110, ⊿ WC; 🛏 2⇌75
Rezeption: 8-14; 18-23; geschl: Mo, Di mittags, Anfang-Mitte Jul, Jan

Quickborn 18 ↘

Schleswig-Holstein — Kreis Pinneberg — 12 m — 18 967 Ew — Bad Bramstedt 21, Elmshorn 21, Hamburg 24 km
🅘 ☎ (0 41 06) 61 10, Fax 8 15 06 — Stadtverwaltung, Rathausplatz 1, 25451 Quickborn

** **Sporthotel Quickborn**
♂ ⚐ Harksheider Weg 258, ✉ 25451, ☎ (0 41 06) 40 91, Fax 6 71 95, AX DC ED VA
27 Zi, Ez: 125-140, Dz: 165-175, ⊿ WC ☎; 🅿 🛏 3⇌30 Sauna
** **Seegarten**
⚐ Hauptgericht 40; Terrasse; geschl: Ende Dez

Heide (4 km ↗)
** **Landhaus Quickborner Heide**
Ulzburger Landstr 447, ✉ 25451, ☎ (0 41 06) 7 76 60, Fax 7 49 69, AX DC ED VA
Hauptgericht 35; 🅿 Terrasse; geschl: Di
** **Gästehaus**
16 Zi, Ez: 125, Dz: 175, ⊿ WC ☎

Quickborn-Außerhalb (3 km ↑)
** **Romantik Hotel Jagdhaus Waldfrieden** ♛
einzeln ♂ Kieler Str, ✉ 25451, ☎ (0 41 06) 37 71, Fax 6 91 96, AX DC ED VA
24 Zi, Ez: 135-185, Dz: 215-250, ⊿ WC ☎; 🅿 🛏 2⇌30 ⌘
***   einzeln, Hauptgericht 40; ⚑
Terrasse Gartenlokal; geschl: Mo mittags

Rabenau 51 ↘

Sachsen — Kreis Feital — 350 m — 3 132 Ew — Freital 2 km
🅘 ☎ (03 51) 64 18 41 — Stadtverwaltung, 01734 Rabenau

** **König Albert Höhe**
♂ ⚐ Höhenstr 26, ✉ 01734, ☎ (03 51) 4 42 93 30, Fax 4 42 93 39, AX DC ED VA
42 Zi, Ez: 68-100, Dz: 110-180, 1 Suite, ⊿ WC ☎, 20🖂; 🅿 5⇌170 ⌘
Auch Zimmer der Kategorie * vorhanden

* **Rabennest**
♂ ⚐ Nordstr 8, ✉ 01734, ☎ (03 51) 4 76 03 22, Fax 4 76 03 25, AX ED VA
12 Zi, Ez: 85-100, Dz: 130-150, ⊿ WC ☎; 🅿 2⇌60 ⌘

* **Rabenauer Mühle**
♂ ⚘ Bahnhofstr 23, ✉ 01734, ☎ (03 51) 4 60 20 61, Fax 4 60 20 62, AX ED VA
19 Zi, Ez: 65-85, Dz: 120-130, 2 Suiten, 1 App, ⊿ WC ☎, 6🖂; 🅿 1⇌50 ⌘

Karsdorf (5 km ↘)
** **Heidemühle**
♂ Dippoldiswalder Str, ✉ 01734, ☎ (0 35 04) 6 48 40, Fax 64 84 33, AX DC ED VA
10 Zi, Ez: 45-118, Dz: 98-158, 2 Suiten, ⊿ WC ☎, 4🖂; 🅿 1⇌70 ⌘

Rackwitz 39 ↗

Sachsen — Kreis Delitzsch — 138 m — 3 000 Ew — Delitzsch 11, Leipzig 12, Halle 40 km
🅘 ☎ (03 42 94) 66 93, Fax 66 94 — Gemeindeverwaltung, Schulweg 3, 04519 Rackwitz

Rackwitz
** **Schladitzer Hof**
Hauptstr 2 a, ✉ 04519, ☎ (03 42 94) 66 51, Fax 66 57, AX ED VA
40 Zi, Ez: 145, Dz: 195, WC ☎, 2🖂; Lift 🅿 🛏 Sauna Solarium ⌘

Raddusch 40 ↗

Brandenburg — 50 m — 659 Ew — Lübbenau 8, Cottbus 25 km
🅘 ☎ (03 54 33) 30 27 — Gemeindeverwaltung, Dorfplatz 12, 03226 Raddusch

Radolfzell am Bodensee

✷ Spreewaldhotel Raddusch
♂ Dorfstr 24, ✉ 03226, ☎ (03 54 33) 78 17, Fax 7 81 88, AX DC ED VA
62 Zi, Ez: 98-100, Dz: 130-140, ⌐ WC ☎; **P**
1○40 ¶⊙¶ ⚫
geschl: Jan + Feb

Radeberg 40 ↘

Sachsen — Kreis Dresden-Land — 240 m — 14 280 Ew — Dresden 13, Bischofswerda 22 km
🅘 ☎ (0 35 28) 45 00 — Stadtverwaltung, Markt 19, 01454 Radeberg. Sehenswert: Schloß Klippenstein; Rathaus; Stadtkirche „Zum Heiligen Namen Gottes"; Volkssternwarte „Erich Bär"; Hüttertal

✷ Görner
♂ Lotzdorfer Str 64, ✉ 01454, ☎ (0 35 28) 44 20 72, Fax 44 20 72
9 Zi, Ez: 70-85, Dz: 100-130, ⌐ WC ☎, 1✉;
P ¶⊙¶

✷ Aara Hotel
Robert-Blum-Weg 8a, ✉ 01454, ☎ (0 35 28) 46 28 43, Fax 46 21 40, AX DC ED VA
46 Zi, Ez: 88-98, Dz: 140-150, ⌐ WC ☎; **P**
🖃; garni

Liegau-Augustusbad
✷ Forellenschänke
Langebrücker str 88, ✉ 01465, ☎ (0 35 28) 44 22 73
Hauptgericht 20; **P** Terrasse

Radebeul 40 ↓

Sachsen — Kreis Dresden — 115 m — 31 650 Ew — Moritzburg 8, Dresden 12 km
🅘 ☎ (03 51) 76 27 73, Fax 76 29 02 — Fremdenverkehrsamt, Pestalozzistr 6 a, 01445 Radebeul. Sehenswert: Schloß Wackerbarth; Sternwarte u. Planetarium; 100jährige Schmalspurbahn; Puppentheatersammlung; Karl-May-Museum

✷✷✷ Flamberg Parkhotel Hoflößnitz
♂ Nizzastr 55, ✉ 01445, ☎ (03 51) 8 32 10, Fax 8 32 14 45, AX DC ED VA
189 Zi, Ez: 245-305, Dz: 315-400, S;
13 Suiten, ⌐ WC ☎, 45✉; Lift **P** 🖃
14○480 ≘ Fitneßraum Sauna Solarium ⚫
Weitläufiger Komplex mit 9 Villen für Langzeitvermietung.

✷✷✷ La Vigna
Hauptgericht 35; Terrasse

✷✷ Rienzi
Hauptgericht 25; Terrasse

✷ Alexander
Meißner Str 509, ✉ 01445, ☎ (03 51) 83 71 20, Fax 8 37 12 22, AX ED VA
40 Zi, Ez: 80, Dz: 130, ⌐ WC ☎, 15✉; **P**
1○100 Fitneßraum Solarium ¶⊙¶

✷ Goldene Weintraube
Meißner Str 152, ✉ 01445, ☎ (03 51) 7 47 51, Fax 7 58 41, AX ED VA
Hauptgericht 25; Terrasse; geschl: Mo

Radeburg 40 ↘

Sachsen — Kreis Dresden — 150 m — 4 959 Ew — Dresden 18 km
🅘 ☎ (03 52 08) 22 41, Fax 24 08 — Stadtverwaltung, Heinrich Zille Str 11, 01471 Radeburg. Sehenswert: Ev.-Luth. Kirche; Heinrich-Zille Museum und Denkmal

✷ Radeburger Hof
Großenhainer Str 39, ✉ 01471, ☎ (03 52 08) 8 80, Fax 8 84 50, AX DC ED VA
62 Zi, Ez: 90-110, Dz: 130-160, ⌐ WC ☎; **P**
1○45 Sauna Solarium ¶⊙¶

Radevormwald 33 ↓

Nordrhein-Westfalen — Oberbergischer Kreis — 400 m — 25 420 Ew — Remscheid 15, Wuppertal 24, Hagen 26 km
🅘 ☎ (0 21 95) 60 60, Fax 60 61 16 — Stadtverwaltung, Hohenfuhrstr 13, 42477 Radevormwald

Neuenhof (4 km →)
✷ Zur Hufschmiede
Neuenhof 1, ✉ 42477, ☎ (0 21 95) 82 38, Fax 87 42, AX DC ED VA
Hauptgericht 30; **P** Terrasse; geschl: Sa mittags, Do, Fr, 4 Wochen in den Sommerferien

✷✷ Gästehaus
♂ 20 Zi, Ez: 110-130, Dz: 175, ⌐ WC ☎, 10✉; 🖃 Fitneßraum Sauna
geschl: 4 Wochen in den Sommerferien

Radolfzell am Bodensee 68 ↘

Baden-Württemberg — Kreis Konstanz — 400 m — 27 792 Ew — Singen 11, Stockach 14, Konstanz 20 km
🅘 ☎ (0 77 32) 38 00, Fax 5 70 87 — Verkehrsamt Radolfzell, Marktplatz 2, 78315 Radolfzell; Kneipp-Kurort. Sehenswert: Münsterkirche und Reste der Stadtbefestigung; ehem. Ritterschaftshaus, heute Amtsgericht; Österreichisches Schlößchen; Schiffsfahrt zur Insel Reichenau und nach Konstanz, Stadtmuseum; Städt. Galerie „Villa Bosch"

✷ Zur Schmiede
⊰ Friedrich-Werber-Str 22, ✉ 78315, ☎ (0 77 32) 9 91 40, Fax 99 14 50, AX DC VA
32 Zi, Ez: 98-120, Dz: 150-170, ⌐ WC ☎; Lift **P** 🖃; garni
geschl: Mitte Dez-Anfang Jan

✷✷ Basilikum
Löwengasse 30, ✉ 78315, ☎ (0 77 32) 5 67 76, Fax 5 26 86, ED
Hauptgericht 30; Gartenlokal; geschl: So, Sa mittags, Anfang-Mitte Jan →

Radolfzell am Bodensee

<u>Güttingen</u> (5 km ↑)
* **Gasthof Adler**
Schloßbergstr 1, ✉ 78315, ☎ (0 77 32) 1 50 20, Fax 15 02 50
Hauptgericht 20; Gartenlokal; geschl: Di, Jan
** **Gästehaus Sonnhalde**
28 Zi, Ez: 60-75, Dz: 110-160, 1 Suite, ⌐ WC ☎; Lift ▥ 1⇌ Kegeln Sauna Solarium
geschl: Di, Jan
Tennis 2

<u>Mettnau</u> (1 km ↘)
** **Haus Schmid**
♂ St.-Wolfgang-Str 2, ✉ 78315, ☎ (0 77 32) 9 49 80, Fax 1 01 62, AX ED VA
20 Zi, Ez: 98-105, Dz: 150-200, ⌐ WC ☎; **P** ▥; garni ⚫
geschl: Mo, Mitte Dez-Mitte Jan

* **Iris am See**
♂ ◁ Rebsteig 2, ✉ 78315, ☎ (0 77 32) 9 47 00, Fax 94 70 30
17 Zi, Ez: 80-98, Dz: 165-185, ⌐ WC ☎; **P**; garni

Raesfeld 33 ↘

Nordrhein-Westfalen — Kreis Borken — 47 m — 9 900 Ew — Dorsten 16, Borken 10, Wesel 23 km
ℹ ☎ (0 28 65) 6 01 51, Fax 6 01 52 — Verkehrsverein, Weseler Str 19, 46348 Raesfeld. Sehenswert: Schloß; Pfarrkirche; Teufelsstein; Femeiche und Windmühle in Erle

** **Landhaus Krebber**
Weseler Str 71, ✉ 46348, ☎ (0 28 65) 6 00 00, Fax 60 00 50, AX DC ED VA
21 Zi, Ez: 120, Dz: 180, ⌐ WC ☎; **P** ▥ 1⇌100 Fitneßraum Kegeln Sauna Solarium
*** Hauptgericht 35; Terrasse

Raguhn 39 ↘

Sachsen-Anhalt — 90 m — Bitterfeld 13, Dessau 15 km
ℹ ☎ (03 49 06) 2 02 14 — Verwaltungsgemeinschaft Raguhn, Rathausstr 16, 06779 Raguhn. Sehenswert: Irrgarten in Altjeßnitz

* **Muldaue**
Gartenstr 13 b, ✉ 06779, ☎ (03 49 06) 2 05 55, Fax 2 05 55
8 Zi, Ez: 100, Dz: 120, ⌐ WC ☎; **P** Sauna Solarium ⓘ◯

<u>Lingenau</u>
* **Landgasthof Lingenau**
Haus Nr 15, ✉ 06779, ☎ (03 49 06) 2 06 34, Fax 2 11 06
20 Zi, Ez: 75-90, Dz: 90-100, ⌐ WC ☎, 2✉; **P** ⓘ◯

Rahden 25 ←

Nordrhein-Westfalen — Kreis Minden-Lübbecke — 43 m — 15 000 Ew — Lübbecke 15, Minden 28, Diepholz 34 km
ℹ ☎ (0 57 71) 7 30, Fax 73 50 — Stadtverwaltung, Lange Str 9, 32369 Rahden. Sehenswert: Museumshof; Wasserburg-Ruine; Der Große Stein von Tonnenheide (größter Eiszeit-Findling in Norddeutschland); Bockwindmühle im Stadtteil Wehe (4 km ↗)

** **Westfalen Hof**
Rudolf-Diesel-Str 13, ✉ 32369, ☎ (0 57 71) 97 00-0, Fax 55 39, AX DC ED VA
29 Zi, Ez: 105-125, Dz: 165-150, 1 Suite, ⌐ WC ☎, 7✉; **P** ▥ 3⇌120 ≋ Fitneßraum Kegeln Sauna Solarium
** **Mühlen-Restaurant**
Hauptgericht 30; Terrasse

* **Stadt Rahden**
Weher Str 16, ✉ 32369, ☎ (0 57 71) 57 74, Fax 57 75, AX ED VA
16 Zi, Ez: 65-80, Dz: 115, 1 Suite, ⌐ WC ☎; **P** ⓘ◯

* **Bohne**
Lübbecker Str 38, ✉ 32369, ☎ (0 57 71) 8 58, Fax 8 59, AX DC ED VA
Hauptgericht 23; Terrasse
* 18 Zi, Ez: 50-70, Dz: 90-120, ⌐ WC ☎; **P** ▥ 5⇌700 Kegeln

Rammingen 62 ↘

Baden-Württemberg — Alb-Donau-Kreis — 512 m — 1 077 Ew — Langenau 4, Niederstotzingen 6 km
ℹ ☎ (0 73 45) 75 44, Fax 2 16 56 — Gemeindeverwaltung, Rathausgasse 7, 89192 Rammingen

* **Romantik Hotel Landgasthof Adler**
♂ Riegestr 15, ✉ 89192, ☎ (0 73 45) 9 64 10, Fax 96 41 10, AX DC ED VA
16 Zi, Ez: 80-130, Dz: 120-198, ⌐ WC ☎; **P** ▥
geschl: Anfang-Mitte Aug, Mitte Jan
Tennis 10
** Hauptgericht 30; Terrasse ✿
geschl: Mo, Di mittags, Anfang-Mitte Aug, Mitte Jan

Ramsau 73 ↘

Bayern — Kreis Berchtesgadener Land — 668 m — 1 800 Ew — Berchtesgaden 10, Bad Reichenhall 20, Salzburg 35 km
ℹ ☎ (0 86 57) 98 89 20, Fax 7 72 — Kurverwaltung, Im Tal 2, 83486 Ramsau; Heilklimatischer Kurort und Wintersportplatz. Sehenswert: Kirche; Wimbachklamm; Hintersee, 790 m (4 km ←)

** **Rehlegg**
(Landidyll Hotel)
♂ ⌀ Holzengasse 16, ✉ 83486, ☎ (0 86 57)
12 14, Fax 5 01, AX DC ED VA
60 Zi, Ez: 124-293, Dz: 201-315, 1 Suite, ⌀
WC ☎; Lift P 1⇔50 ≈ ≋ Fitneßraum
Sauna Solarium ☞
Rezeption: 8-21.30
Tennis 1
** Hauptgericht 30; Gartenlokal ✿
Terrasse

* **Alpenhotel Hochkalter**
Im Tal 4, ✉ 83486, ☎ (86 57) 98 70,
Fax 12 05
66 Zi, Ez: 70-110, Dz: 120-260, 13 Suiten, ⌀
WC ☎; Lift P ⌘ ≈ ≋ Sauna Solarium ⍟
Rezeption: 7-14, 17-21; geschl: Anfang
Nov-Mitte Dez

Au (2 km ↘)
** **Wimbachklamm**
♂ Rotheben 1, ✉ 83486, ☎ (0 86 57)
9 88 80, Fax 98 88 70
28 Zi, Ez: 37-75, Dz: 100-135, ⌀ WC ☎; Lift
P ≈ ≋ Sauna Solarium ⍟ ☞
Rezeption: 7-21.30; geschl: im Sommer Di,
Anfang Jan-Anfang Feb, Anfang Nov-
Mitte Dez

Schwarzeck (8 km ↑)
* **Gasthof Nutzkaser**
♂ ⌀ Am Gseng 10, ✉ 83486, ☎ (0 86 57)
3 88, Fax 6 59, AX ED VA
23 Zi, Ez: 110, Dz: 140-220, ⌀ WC ☎; Lift P
⌘ 1⇔20 Sauna Solarium ⍟
geschl: Mitte Nov-Mitte Dez
Auch Zimmer der Kategorie ** vorhanden

Ramstein-Miesenbach 53 ↓

Rheinland-Pfalz — Kreis Kaiserslautern —
250 m — 8 692 Ew — Landstuhl 4, Kaiserslautern 19 km
ℹ ☎ (0 63 71) 59 20, Fax 59 22 08 — Verbandsgemeindeverwaltung, im Ortsteil
Ramstein, Am Neuen Markt 6, 66877
Ramstein-Miesenbach

Ramstein
** **Landgasthof Pirsch**
Auf der Pirsch 12, ✉ 66877, ☎ (0 63 71)
59 30, Fax 59 31 99, AX DC ED VA
33 Zi, Ez: 90-95, Dz: 140-170, 3 App, ⌀ WC
☎; Lift P ⌘ ⍟
geschl: 3 Wochen im Sommer

* **Ramsteiner Hof**
Miesenbacher Str 26, ✉ 66877, ☎ (0 63 71)
54 27, Fax 5 76 00, AX DC ED VA
22 Zi, Ez: 90, Dz: 140, ⌀ WC ☎; P ⌘
Solarium
* Hauptgericht 25; geschl: Sa

Ramsthal 46 ↘

Bayern — Kreis Bad Kissingen — 252 m —
1 132 Ew — Bad Kissingen 9, Hammelburg
15, Schweinfurt 19 km
ℹ ☎ (0 97 04) 2 31, Fax 18 56 — Verwaltungsgemeinschaft, Zeilweg 2,
97717 Euerdorf

* **Gasthof Wahler**
Hauptstr 28, ✉ 97729, ☎ (0 97 04) 15 50
12 Zi, Ez: 35, Dz: 65, ⌀ WC; ⍟
geschl: Mo, Aug, Ende Dez

Randersacker 56 ↘

Bayern — Kreis Würzburg — 180 m —
3 600 Ew — Würzburg 7, Ochsenfurt 12 km
ℹ ☎ (09 31) 7 05 30, Fax 70 53 20 —
Marktgemeindeverwaltung, Maingasse 9,
97236 Randersacker; Weinbauort am Main

** **Zum Löwen**
Ochsenfurter Str 4, ✉ 97236, ☎ (09 31)
7 05 50, Fax 7 05 52 22, ED
30 Zi, Ez: 68-90, Dz: 110-145, 1 Suite, ⌀ WC
☎; Lift P 40 ⍟
geschl: Mitte Dez-Anfang Jan
Auch Zimmer der Kategorie * vorhanden

** **Gasthof Bären**
Würzburger Str 6, ✉ 97236, ☎ (09 31)
70 51-0, Fax 70 64 15, ED VA
33 Zi, Ez: 92-99, Dz: 130-158, ⌀ WC ☎; P
1⇔30
Auch Zimmer der Kategorie * vorhanden
* Hauptgericht 25; Gartenlokal;
geschl: 3 Wochen zu Fasching, Anfang-
Mitte Aug

Ransbach-Baumbach 43 →

Rheinland-Pfalz — Westerwaldkreis —
357 m — 6 774 Ew — Montabaur 10,
Koblenz 25 km
ℹ ☎ (0 26 23) 8 60, Fax 86 14 — Verbandsgemeindeverwaltung, Rheinstr 50,
56235 Ransbach-Baumbach

Ransbach-Baumbach
** **Protennis Sporthotel im**
Kannenbäckerland
Zur Fuchshohl, ✉ 56235, ☎ (0 26 23) 30 51,
Fax 8 03 39, AX DC ED VA
24 Zi, Ez: 89-120, Dz: 150-200, ⌀ WC ☎,
3⌂; P 2⇔30 Kegeln Sauna Solarium ⍟
Rezeption: 7-21
Tennis 5
Auch Zimmer der Kategorie * vorhanden

** **Gala**
Rheinstr 103, in der Stadthalle, ✉ 56235,
☎ (0 26 23) 45 41, Fax 44 81, AX DC ED VA
Hauptgericht 35; P; geschl: Mo,
4 Wochen Ende Jul-Anfang Aug

Rantum siehe Sylt

Rappenau, Bad

Rappenau, Bad 61 ↑

Baden-Württemberg — Kreis Heilbronn — 250 m — 17 000 Ew — Heilbronn 19, Sinsheim 20 km

🛈 ☎ (0 72 64) 8 61 26, Fax 8 61 82 — Verkehrsamt, Salinenstr 20, 74906 Bad Rappenau; Heilbad. Sehenswert: Wasserschloß; jüdischer Friedhof; Schloß Heinsheim (5 km ↗), Burgruine Ehrenberg (6 km ↗); Salinenmuseum; Burg Guttenberg mit Greifvogelwarte

** **Salinenhotel**
Salinenstr 7, ✉ 74906, ☎ (0 72 64) 9 16 60, Fax 91 66 39, ED
31 Zi, Ez: 94-150, Dz: 195-230, 3 Suiten, ⌐ WC ☎; Lift P 🍴 4⇨40
Auch Zimmer der Kategorie * vorhanden
** **Hauptgericht** 31; Terrasse

** **Häffner Bräu**
♂ Salinenstr 24, ✉ 74906, ☎ (0 72 64) 80 50, Fax 80 51 19, AX DC ED VA
62 Zi, Ez: 65-130, Dz: 204, ⌐ WC ☎; Lift P 🍴 3⇨50 Sauna Solarium
geschl: Ende Dez-Ende Jan
Auch Zimmer der Kategorie * vorhanden
* **Hauptgericht** 28; Terrasse
geschl: Fr, Ende Dez-Mitte Jan

Heinsheim (5 km ↗)
** **Schloßhotel Heinsheim (European Castle)**
♂ Gundelsheimer Str 36, ✉ 74906, ☎ (0 72 64) 10 45, Fax 42 08, AX DC ED VA
41 Zi, Ez: 120-170, Dz: 140-300, 1 Suite, ⌐ WC ☎; Lift P 🍴 6⇨150
geschl: Ende Dez-Ende Feb
Golf 18; Tennis 2
Hochzeitskapelle; Park; Auch Zimmer der Kategorie * vorhanden
*** **Schloßrestaurant**
Hauptgericht 40; Terrasse; geschl: Mo + Di, Ende Dez-Ende Feb
Eigenbauweine

Rastatt 60 □

Baden-Württemberg — Kreis Rastatt — 122 m — 45 000 Ew — Baden-Baden 13, Karlsruhe 22 km

🛈 ☎ (0 72 22) 97 24 62, Fax 3 42 71 — Stadtinformation, Kapellenstr 20 (A 1), 76437 Rastatt; Stadt an der Murg, in der Oberrheinebene. Sehenswert: Schloßkirche; kath. Kirche St. Alexander; Schloß mit Wehrgeschichtlichem Museum und Freiheitsmuseum; Stadtmuseum; Marktplatz mit Rathaus; Pagodenburg, Schloß Favorite (5 km ↘)

** **Holiday Inn Garden Court**
Karlsruher Str 29, ✉ 76437, ☎ (0 72 22) 92 40, Fax 92 41 15, AX DC ED VA
118 Zi, Ez: 125-202, Dz: 155-224, S;
7 Suiten, ⌐ WC ☎, 42 🖂; Lift P 5⇨300
Fitneßraum Sauna 🍽
Golf 18

** **Schwert (Ringhotel)**
Herrenstr 3 a (B 2), ✉ 76437, ☎ (0 72 22) 76 80, Fax 76 81 20, AX DC ED VA
50 Zi, Ez: 150-175, Dz: 210-240, S; ⌐ WC ☎;
Lift P 🍴 2⇨50
Golf 18
Auch Zimmer der Kategorie * vorhanden
** **Sigi's**
Hauptgericht 35; Terrasse; geschl: So

** **Am Schloß**
Schloßstr 15 (B 1), ✉ 76437, ☎ (0 72 22) 9 71 70, Fax 97 17 71, ED VA
16 Zi, Ez: 85-95, Dz: 120-140, ⌐ WC ☎; P 🍴 1⇨30 🍽

* **Zum Schiff**
Poststr 2 (B 2), ✉ 76437, ☎ (0 72 22) 77 20, Fax 77 21 27, DC ED VA
22 Zi, Ez: 90-95, Dz: 120-130, ⌐ WC ☎; Lift P 🍴 Sauna Solarium; **garni**

* **Astra**
Dr.-Schleyer-Str 16, ✉ 76437, ☎ (0 72 22)
9 27 70, Fax 6 94 40, AX ED VA
21 Zi, Ez: 89, Dz: 129, 1 Suite, 4 App., ⌐ WC
☎, 4✉; **P** ⍾ 1⇔40 Fitneßraum Kegeln
Sauna Solarium; **garni**

* **Phönix**
Dr.-Schleyer-Str 12, ✉ 76437, ☎ (0 72 22)
9 24 90, Fax 6 99 80, ED VA
15 Zi, Ez: 80, Dz: 120, ⌐ WC ☎; **P** ⍾
Solarium; **garni**

** **Zum Storchennest**
Karlstr 24 (C 2), ✉ 76437, ☎ (0 72 22)
3 22 60, ED
Hauptgericht 30; Biergarten; geschl: Do

Rastede 16 □

Niedersachsen — Kreis Ammerland —
18 m — 19 663 Ew — Oldenburg 16,
Varel 22, Brake 29 km
🛈 ☎ (0 44 02) 88 33, Fax 25 91 — Fremdenverkehrsbüro, Oldenburger Str 246,
26180 Rastede; Luftkurort. Sehenswert:
Ev. St.-Ulrichs-Kirche; Bauernmuseum;
Schloß mit Schloßpark

** **Petershof**
Peterstr 14, ✉ 26180, ☎ (0 44 02) 8 10 64,
Fax 8 11 26, AX DC VA
28 Zi, Ez: 75-80, Dz: 140-145, ⌐ WC ☎; **P**
3⇔100
Rezeption: So bis 14; geschl: So
* Hauptgericht 25;
geschl: So abends

* **Hof von Oldenburg**
Oldenburger Str 199, ✉ 26180, ☎ (0 44 02)
10 31, Fax 8 35 45
22 Zi, Ez: 65, Dz: 110, ⌐ WC ☎; **P** 4⇔400
Kegeln ⍾

** **Das weiße Haus** ✤
Südender Str 1, ✉ 26180, ☎ (0 44 02)
32 43, Fax 8 47 26
Hauptgericht 30; **P** Terrasse, ⌐; geschl:
Do, 2 Wochen im Feb, 2 Wochen im Sep

** **Abtei** ✤
Im Kühlen Grunde/Ecke Mühlenstr,
✉ 26180, ☎ (0 44 02) 8 10 14, Fax 8 32 64
Hauptgericht 35; Gartenlokal **P**; nur
abends, So auch mittags; geschl: Mo, Di,
Anfang-Mitte Jan, 2 Wochen im Sommer
* **Klostermühle**
Hauptgericht 35; Gartenlokal; geschl: Mo,
Di, Anfang-Mitte Jan, 2 Wochen im
Sommer

Kleibrok (2 km ↑)
** **Zum Zollhaus**
Kleibroker Str 139, ✉ 26180, ☎ (0 44 02)
8 48 44, Fax 8 48 47, AX DC ED VA
30 Zi, Ez: 80, Dz: 140, ⌐ WC ☎, 4✉; **P** ⍾ 50
Kegeln
geschl: Jan
** Hauptgericht 23; Terrasse

Ratekau 11 ↓

Schleswig-Holstein — Kreis Ostholstein —
18 m — 14 800 Ew — Bad Schwartau 5,
Timmendorfer Strand 7 km
🛈 ☎ (0 45 04) 80 30, Fax 8 03 33 — Gemeindeverwaltung, Bäderstr 19, 23626 Ratekau.
Sehenswert: Kirche; 800jährige Feldsteinkirche

Kreuzkamp (4 km ↘)
* **Motel Kreuzkamp**
⚤ Offendorfer Str 5, ✉ 23626, ☎ (04 51)
39 30 61, Fax 39 66 19, AX DC ED VA
40 Zi, Ez: 75, Dz: 130, ⌐ WC ☎; **P** ⍾
1⇔250
* Hauptgericht 30; Terrasse

Rathen 51 ↗

Sachsen — Kreis Pirna — 113 m — 600 Ew
— Pirna 12, Dresden 35 km
🛈 ☎ (03 50 24) 4 22, Fax 2 55 — Fremdenverkehrsbüro, Niederrathen, Abt. B, Nr. 17,
01824 Rathen. Sehenswert: Naturtheater
Felsenbühne; Basteibrücke und Basteiaus-
sicht; Burg Neurathen

* **Erbgericht**
⚤ ⛴ ✉ 01824, ☎ (03 50 24) 7 04 54,
Fax 7 04 27, ED VA
42 Zi, Ez: 82, Dz: 140, ⌐ WC ☎; Lift **P**
2⇔80 ⛱ Sauna Solarium ⍾ ⚲
Rezeption: 7-20; geschl: Jan
Zufahrt nur mit Sondergenehmigung,
diese ist bei Reservierung oder Ankunft
erhältlich

Rathenow 28 ↗

Brandenburg — Kreis Rathenow — 32 m —
59 000 Ew — Brandenburg 35 km
🛈 ☎ (0 33 85) 23 36, Fax 55 15 55 — Fremdenverkehrsverein, West-Havelland e.V.,
Schleusenplatz 4, 14712 Rathenow.
Sehenswert: St. Marien-Andreas; St.
Georgs; Kurfürstendenkmal; Bismarckturm; Heidegrab von J.H.A. Duncker,
Geburtshaus von Duncker

** **Fürstenhof**
Bahnhofstr 13, ✉ 14712, ☎ (0 33 85)
55 80 00, Fax 55 80 80, AX ED VA
47 Zi, Ez: 95-180, Dz: 150-210, ⌐ WC ☎,
2✉; Lift **P** ⍾ 2⇔70 ⍾
Stilvolle Einrichtung mit Antiquitäten

** **Probst**
Rhinower Str 26, ✉ 14712, ☎ (0 33 85)
54 53 00, Fax 54 53 32, AX DC ED VA
24 Zi, Ez: 95, Dz: 150, ⌐ WC ☎; **P** 1⇔50;
garni

* **Zieten-Hof**
⚤ Berliner Str 32, ✉ 14712, ☎ (0 33 85)
51 12 23, Fax 51 12 22, ED VA
20 Zi, Ez: 90, Dz: 130, 1 Suite, ⌐ WC ☎; **P**
Bowling ⚃ ⛱ Sauna; **garni**
Tennis 4
Restaurant für Hausgäste

Ratingen

Ratingen 33 ↗

Nordrhein-Westfalen — Kreis Mettmann — 70 m — 91 000 Ew — Düsseldorf 9, Essen 25, Wuppertal 25 km
i ☎ (0 21 02) 98 25 35, Fax 98 39 85 — Verkehrsverein, Minoritenstr 3 a, 40878 Ratingen; Stadt im Niederbergischen Land.
Sehenswert: Kath. Kirche St. Peter und Paul; Reste der Stadtbefestigung; hist. Innenstadt; Wasserburg „Haus zum Haus"

** **Trend Hotel Quality Inn**
Stadionring 1, ✉ 40878, ☎ (0 21 02) 1 00 20, Fax 10 02 88, AX DC ED VA
68 Zi, Ez: 194-239, Dz: 239-289, ⇨ WC ☎, 7📧; Lift 🅿 🚗 2⇔30; **garni**
geschl: Ende Dez-Anfang Jan

* **Kronenthal**
Brachter Str 85, ✉ 40882, ☎ (0 21 02) 8 50 80, Fax 85 08 50, AX DC ED VA
28 Zi, Ez: 95-195, Dz: 150-290, 2 Suiten, ⇨ WC ☎; Lift 🅿 🚗 2⇔60
* Hauptgericht 30; Biergarten
Gartenlokal; geschl: Mo

* **Astoria**
Mülheimer Str 72, ✉ 40878, ☎ (0 21 02) 8 20 05, Fax 84 58 68, AX DC ED VA
27 Zi, Ez: 129-190, Dz: 174-270, ⇨ WC ☎, 10📧; Lift 🅿; **garni**
geschl: Ende Dez-Anfang Jan

* **Altenkamp**
Marktplatz 17, ✉ 40878, ☎ (0 21 02) 9 90 20, Fax 2 12 17, AX DC ED VA
25 Zi, Ez: 160-190, Dz: 220-290, S; ⇨ WC ☎, 2📧; Lift 🅿 🚗 1⇔30 Fitneßraum
Golf 9; Restaurantbesuch nur nach Terminvereinbarung möglich

* **Am Düsseldorfer Platz**
Düsseldorfer Platz 1-3, ✉ 40878, ☎ (0 21 02) 2 01 80, Fax 20 18 50, AX DC ED VA
42 Zi, Ez: 140-170, Dz: 180-220, 7 App, ⇨ WC ☎; Lift 🅿; **garni**
Golf 9; Auch Zimmer der Kategorie ** vorhanden

* **Allgäuer Hof**
Beethovenstr 24, ✉ 40878, ☎ (0 21 02) 9 54 10, Fax 95 41 23, AX DC ED VA
16 Zi, Ez: 112-175, Dz: 165-225, ⇨ WC ☎; Lift 🅿 🚗 1⇔15
** Hauptgericht 30; geschl: Sa, Jul, Ende Dez-Anfang Jan

** **L'Auberge Fleurie/Chez René**
Mülheimer Str 61, ✉ 40878, ☎ (0 21 02) 87 06 26, AX DC ED VA
Hauptgericht 30; 🅿 Terrasse; geschl: Sa, Jul-Aug

Breitscheid (7 km ↗)
** **Dorint Budget Hotel**
An der Pönt 50, ✉ 40885, ☎ (0 21 02) 91 85, Fax 91 89 00, AX DC ED VA
118 Zi, Ez: 128-208, Dz: 166-226, S; ⇨ WC ☎, 30📧; Lift 🅿 🚗 7⇔80 ⓘ

** **Novotel**
Lintorfer Weg 75, ✉ 40885, ☎ (0 21 02) 18 70, Fax 1 84 18, AX DC ED VA
116 Zi, Ez: 124-195, Dz: 158-280, ⇨ WC ☎, 33📧; Lift 🅿 7⇔150 ≋ Sauna ⓘ

Lintorf (4 km ↑)
* **Angerland**
Lintorfer Markt 10, ✉ 40885, ☎ (0 21 02) 3 50 33, Fax 3 64 15, ED
13 Zi, Ez: 100-130, Dz: 165-190, ⇨ WC ☎; 🅿; **garni**

Ratingen-Außerhalb (2 km →)
* **Landgasthof Auermühle**
Auermühle 1, ✉ 40882, ☎ (0 21 02) 8 10 64, Fax 87 13 35, AX DC ED VA
Hauptgericht 30; Biergarten 🅿 Terrasse; geschl: Mo

Ratingen West (3 km ←)
*** **Holiday Inn**
Broichhofstr 3, ✉ 40882, ☎ (0 21 02) 45 60, Fax 45 64 44, AX DC ED VA
199 Zi, Ez: 178-435, Dz: 208-520, ⇨ WC ☎, 40📧; 🅿 6⇔250 ≋ 🈂 Fitneßraum Sauna Solarium
** **Le Cygne**
Hauptgericht 35

*** **Relexa Hotel Airport Düsseldorf/Ratingen**
Berliner Str 95, ✉ 40880, ☎ (0 21 02) 45 80, Fax 45 85 99, AX DC ED VA
158 Zi, Ez: 190-340, Dz: 240-390, 8 Suiten, ⇨ WC ☎, 39📧; Lift 🅿 🚗 10⇔160 Fitneßraum Sauna Solarium ⓘ

Tiefenbroich (2 km ↘)
** **Inn-Side Residence**
Am Schimmersfeld 9, ✉ 40880, ☎ (0 21 02) 42 70, Fax 42 74 27, AX DC ED VA
112 Zi, Ez: 150-277, Dz: 150-295, 9 Suiten, 25 App, ⇨ WC ☎, 20📧; Lift 🅿 3⇔120 Fitneßraum Sauna Solarium ⓘ

** **Villa Ratingen**
Sohlstättenstr 65, ✉ 40880, ☎ (0 21 02) 44 40 74, Fax 47 55 02, AX DC ED VA
26 Zi, Ez: 95-295, Dz: 125-345, ⇨ WC ☎, 8📧; 🅿
** **La Villa**
Hauptgericht 35; Terrasse; geschl: Sa, So mittags

Rattenberg 65 ↗

Bayern — Kreis Straubing-Bogen — 600 m — 1 850 Ew — St. Englmar 13, Kötzting 19, Cham 24 km
i ☎ (0 99 63) 7 03, Fax 23 85 — Gemeindeverwaltung, Dorfplatz 9, 94371 Rattenberg; Erholungsort im Bayerischen Wald.
Sehenswert: Burgruine; Wallfahrtskirche

** **Posthotel Bayerwald**
Dorfplatz 2, ✉ 94371, ☎ (0 99 63) 10 00/9 50-0, Fax 9 50-2 22, ED VA
52 Zi, Ez: 60, Dz: 100-120, 3 Suiten, ⇨ WC ☎; Lift 🅿 🚗 3⇔60 🈂 Sauna Solarium Tennis 2
* Hauptgericht 15; Biergarten; geschl: Anfang-Mitte Dez

Engelsdorf (2 km ↗)
* **Gasthof Dilger**
⊰ Haus Nr 2, ✉ 94371, ☎ (0 99 63) 17 32
33 Zi, Ez: 45, Dz: 75, ⊣ WC ☎; Sauna
Solarium ⌖

Ratzeburg 19 ↖

Schleswig-Holstein — Kreis Herzogtum
Lauenburg — 32 m — 12 700 Ew —
Lübeck 24, Lauenburg 50, Hamburg 67 km
🅘 ☎ (0 45 41) 80 00 80, Fax 53 27 — Ratze-
burg-Information u. Marketing, Schloß-
wiese 7, 23909 Ratzeburg; Kreisstadt und
Luftkurort, Altstadt auf einer Insel im Rat-
zeburger See. Sehenswert: Dom; Stadtkirche; Barlach-Haus; A. Paul Weber-
Museum

** **Seehof**
♂ ⊰ Lüneburger Damm 1, ✉ 23909,
☎ (0 45 41) 20 55, Fax 78 61, [AX][DC][VA]
65 Zi, Ez: 105-180, Dz: 122-257, ⊣ WC ☎,
10⌸; Lift 🅿 3↻160 Seezugang Fitneßraum Sauna Solarium
Auch Zimmer der Kategorie *** vorhanden
** ⊰ Hauptgericht 35; Terrasse

** **Hansa-Hotel**
Schrangenstr 25, ✉ 23909, ☎ (0 45 41)
20 94, Fax 64 37, [ED]
27 Zi, Ez: 100-130, Dz: 160-180, ⊣ WC ☎;
Lift 🅿 🚗
** Hauptgericht 30; geschl: Mo ❀

* **Wittlers Hotel**
Große Kreuzstr 11, ✉ 23909, ☎ (0 45 41)
32 04, Fax 38 15
20 Zi, Ez: 60-140, Dz: 100-210, ⊣ WC ☎; Lift
🅿 🚗 4↻140
* Hauptgericht 22
** **Gästehaus Cäcilie**
21 Zi, Ez: 60-120, Dz: 100-160, ⊣ WC ☎

* **Heckendorf**
Gustav-Peters-Platz 1, ✉ 23909,
☎ (0 45 41) 8 89 80, Fax 88 98 99
11 Zi, Ez: 65-100, Dz: 100-150, ⊣ WC ☎; 🅿
Restaurant für Hausgäste

* **Seegarten**
⊰ Theaterplatz 5, ✉ 23909, ☎ (0 45 41)
73 77, Fax 8 45 97
Hauptgericht 25; geschl: im Winter Di
** 8 Zi, Ez: 85, Dz: 135-150, ⊣ WC ☎

Farchau (5 km ↓)
** **Farchauer Mühle**
einzeln ♂ ⊰ ✉ 23909, ☎ (0 45 41) 8 60 00,
Fax 86 00 86, [AX][DC][ED][VA]
19 Zi, Ez: 100-115, Dz: 140-220, ⊣ WC ☎; 🅿
4↻50 Seezugang Sauna
Am Südende des Küchensees gelegen
* Hauptgericht 25; Terrasse

Rauenberg 54 ↘

Baden-Württemberg — Rhein-Neckar-
Kreis — 132 m — 6 670 Ew — Wiesloch 4,
Sinsheim 14 km
🅘 ☎ (0 62 22) 61 90, Fax 6 19 24 — Stadt-
verwaltung, Wieslocher Str 21, 69231
Rauenberg

** **Gutshof**
Suttenweg 1, ✉ 69231, ☎ (0 62 22) 95 10,
Fax 95 11 00, [ED][VA]
30 Zi, Ez: 120-140, Dz: 165-185, ⊣ WC ☎;
Lift 🅿 ⌖
Rezeption: 7-11,16-22; geschl: so+feier-
tags, Anfang-Mitte Aug, Anfang-Mitte Jan
Auch Zimmer der Kategorie *** vor-
handen

** **Winzerhof
(Ringhotel)**
Bahnhofstr 6, ✉ 69231, ☎ (0 62 22) 95 20,
Fax 95 23 50, [AX][DC][ED][VA]
65 Zi, Ez: 115-143, Dz: 198-220, 5 Suiten, ⊣
WC ☎, 8⌸; Lift 🅿 🚗 5↻120 🛎 Fitneßraum
Kegeln Sauna Solarium
*** **Martins Gute Stube** 🍽
Hauptgericht 45; nur abends; geschl:
So+Mo, Jan, in den Sommerferien
** Hauptgericht 30; Biergarten
Gartenlokal

** **Kraski**
Hohenaspen 58, ✉ 69231, ☎ (0 62 22)
6 15 70, Fax 61 57 55, [ED]
27 Zi, Ez: 128-135, Dz: 165-175, ⊣ WC ☎; 🅿
1↻18 Sauna
geschl: So, Ende Dez-Anfang Jan
** Hauptgericht 30; Terrasse; nur
abends; geschl: So, Ende Dez-Anfang Jan

Raunheim 54 ↑

Hessen — Kreis Groß-Gerau — 90 m —
11 800 Ew — Rüsselsheim 4 km
🅘 ☎ (0 61 42) 40 21, Fax 40 22 28 — Stadtverwaltung, Schulstr 2, 65479 Raunheim

** **Astron Hotel Rhein-Main**
Kelsterbacher Str 19, ✉ 65479, ☎ (0 61 42)
99 00, Fax 99 01 00, [AX][DC][VA]
309 Zi, Ez: 130-270, Dz: 170-290, 2 Suiten,
⊣ WC ☎, 140⌸; Lift 🅿 15↻320 🛎 Fitneßraum Sauna Solarium ⌖

** **Best Western Wings Hotel**
Anton-Flettner-Str 8, ✉ 65479, ☎ (0 61 42)
7 90, Fax 79 17 91, [AX][DC][ED][VA]
167 Zi, Ez: 165-275, Dz: 215-275, 20 App, ⊣
WC ☎, 63⌸; Lift 🅿 🚗 11↻100 Fitneßraum
Sauna Solarium ⌖
Langzeitvermietung möglich

* **City-Hotel**
Ringstr 107, ✉ 65479, ☎ (0 61 42) 4 40 66,
Fax 2 11 38, [AX][DC][ED][VA]
27 Zi, Ez: 110-145, Dz: 125-165, ⊣ WC ☎,
5⌸; 2↻40 ⌖   ➔

Raunheim

* **Attaché**
Frankfurter Str 34, ✉ 65479, ☎ (0 61 42)
20 40, Fax 20 45 00, AX DC ED VA
27 Zi, Ez: 110-145, Dz: 125-165, ⌐ WC ☎; P
≈; garni

Ravensburg 69 ↓

Baden-Württemberg — Kreis Ravensburg
— 477 m — 47 000 Ew — Friedrichshafen/
Bodensee 19, Bad Waldsee 21, Wangen
25 km
🄸 ☎ (07 51) 8 23 24, Fax 8 24 66 — Verkehrsamt, Kirchstr 16, 88212 Ravensburg.
Sehenswert: mittelalterlicher Stadtkern;
Kirchen; Heimatmuseum; Marienplatz:
Rathaus, Waaghaus, Kornhaus; Blaserturm; zahlreiche Tor- und Mauertürme;
Veitsburg, 524 m ◂ (½ St ↘); im Stadtteil
Weißenau: ehem. Klosterkirche; Benediktinerkloster in Weingarten (4 km ↗)

** **Rebgarten**
Zwergerstr 7, ✉ 88214, ☎ (07 51) 36 23 30,
Fax 36 23 31 10, AX ED VA
29 Zi, Ez: 140, Dz: 180, ⌐ WC ☎; Lift P 🖃
1✿40 Fitneßraum Sauna Solarium; **garni**
geschl: 23.12.97-6.1.98

** **Goldene Uhr**
Saarlandstr 44, ✉ 88212, ☎ (07 51) 3 62 90,
Fax 3 62 92 56, AX DC ED VA
60 Zi, Ez: 55-100, Dz: 120-145, ⌐ WC ☎; Lift
P 🖃 3✿80 🍴
Auch einfache Zimmer vorhanden

* **Residenz**
Herrenstr 16, ✉ 88212, ☎ (07 51) 3 69 80,
Fax 36 98 50, ED VA
40 Zi, Ez: 46-108, Dz: 74-158, 3 App, ⌐ WC
☎; Lift 🖃 2✿50
Im Altbau auch einfache Zimmer vorhanden
* **Zum Muke**
♥ Hauptgericht 20

* **Obertor**
Marktstr 67, ✉ 88212, ☎ (07 51) 36 67-0,
Fax 3 66 72 00, AX DC ED VA
30 Zi, Ez: 90-120, Dz: 160-200, 2 App, ⌐ WC
☎; P 🖃 Sauna Solarium
geschl: Ende Dez-Anfang Jan
* Hauptgericht 20; Terrasse; nur
abends; geschl: So, Ende Dez-Anfang Jan

* **Storchen**
Wilhelmstr 1, ✉ 88212, ☎ (07 51) 36 25 10,
Fax 3 62 51 20, AX DC ED VA
19 Zi, Ez: 89, Dz: 150, 1 Suite, ⌐ WC ☎; P
2✿50
🍴 Hauptgericht 20; Biergarten

*** **Waldhorn** 🖉 🍽
Altdeutsche Stuben
♥ Marienplatz 15, ✉ 88212, ☎ (07 51)
3 61 20, Fax 3 61 21 00, AX DC ED VA
Hauptgericht 55; P ⌂; geschl: So, Mo
*** **Gästehaus Schulgasse**
🌣 27 Zi, Ez: 115-195, Dz: 210-280, 3 Suiten,
⌐ WC ☎; Lift 🖃 4✿100

** **Rebleutehaus**
♥ Schulgasse 15, ✉ 88214, ☎ (07 51)
1 53 00, Fax 3 61 21 00, AX DC ED VA
Hauptgericht 35; nur abends

🍴 **Gasthof zum Engel**
Marienplatz 71, ✉ 88212, ☎ (07 51) 2 34 84,
Fax 1 75 00, DC ED VA
Hauptgericht 25; Terrasse
* 9 Zi, Ez: 90, Dz: 150, ⌐ WC ☎

Ravensburg-Außerhalb (5 km ↘)
** **Waldgasthof am Flappachweiher**
◂ Stietach 4, ✉ 88212, ☎ (07 51) 6 14 40
Hauptgericht 30; P Terrasse; geschl: Di

Rebling
siehe **Bernried im Bayerischen Wald**

Rechlin 21 ←

Mecklenburg-Vorpommern — Kreis Neustrelitz — 10 m — 2 300 Ew — Mirow 14,
Neustrelitz 36 km
🄸 ☎ (03 98 23) 12 13, Fax 13 42 — Amtsverwaltung, Müritzstr 14, 17248 Rechlin

Boek (10 km ↗)
* **Müritz-Park**
Boeker Str 3, ✉ 17248, ☎ (03 98 23) 2 15 59,
Fax 2 15 60
7 Zi, Ez: 80, Dz: 100-140, 3 Suiten, 3 App, ⌐
WC ☎; P 1✿25 Strandbad Sauna
Solarium 🍴

Recke 24 ←

Nordrhein-Westfalen — Kreis Steinfurt —
125 m — 11 120 Ew — Mettingen 7, Ibbenbüren 14, Hörstel 15 km
🄸 ☎ (0 54 53) 2 10, Fax 21 34 — Gemeindeverwaltung, Hauptstr 28, 49509 Recke.
Sehenswert: Kirchen; Fachwerkhäuser;
Naturschutzgebiet Heiliges Meer und
Recker Moor; Heimat- und Korbmuseum
Alte Ruthemühle

🍴 **Altes Gasthaus Greve**
Markt 1, ✉ 49509, ☎ (0 54 53) 30 99,
Fax 36 89
Hauptgericht 20
* 20 Zi, Ez: 60-80, Dz: 110-130, WC
☎; P 🖃 1✿120 Kegeln
Rezeption: 7-11, 16-22

Recklinghausen 33 □

Nordrhein-Westfalen — Kreis Recklinghausen — 75 m — 127 000 Ew —
Bochum 16, Essen 30, Dortmund 35 km
🄸 ☎ (0 23 61) 5 00, Fax 50 12 34 — Stadtverwaltung, im Rathaus, Rathausplatz 3 (C 3),
45655 Recklinghausen; Stadt im Norden
des Ruhrgebietes zwischen Emscher und
Lippe. Sehenswert: Kath. Propsteikirche;
Engelsburg; Rathaus; Ruhrfestspielhaus;
Kunsthalle; Ikonen-Museum; Volkssternwarte im Stadtgarten; Vestisches Museum

Achtung: Europäisches Festival Ruhrfestspiele im Mai/Juni

***   **Best Western**
        Parkhotel Engelsburg
Augustinessenstr 10 (B 3), ✉ 45613,
☎ (0 23 61) 20 10, Fax 20 11 20, AX DC ED VA
63 Zi, Ez: 179-190, Dz: 220-230, 4 Suiten,
14 App, ⌐ WC ☎, 8🍽; Lift 🅿 4⇄110
Sauna Solarium
***   Hauptgericht 38; Terrasse

**   **Barbarossa Hotel**
Löhrhof 8 (C 3), ✉ 45657, ☎ (0 23 61)
2 50 71, Fax 5 70 51, AX DC ED VA
64 Zi, Ez: 100-150, Dz: 160-190, 2 Suiten, ⌐
WC ☎, 11🍽; Lift 🅿 2⇄60; **garni** 🍽
geschl: Ende Dez-Anfang Jan

**   **Die weiße Brust**
Münsterstr 4 (C 2), ✉ 45657, ☎ (0 23 61)
2 99 04
Hauptgericht 30; geschl: Di

Bockolt (3 km ↘)
**   **Landhaus Scherrer**
einzeln, Bockholter Str 385, ✉ 45659,
☎ (0 23 61) 2 27 20, Fax 2 19 04 + 10 33 17,
AX DC ED VA
Hauptgericht 40; geschl: Mo
**   12 Zi, Ez: 125-150, Dz: 190-210,
Dz: 185, ⌐ WC ☎, 10🍽; 🅿 2⇄50

Hillen (2 km ↘)
*   **Sporthotel Quellbergpark**
Holunderweg 9, ✉ 45665, ☎ (0 23 61)
4 80 50, Fax 48 05 50, AX DC ED VA
80 Zi, Ez: 105, Dz: 150, ⌐ WC ☎, 5🍽; Lift 🅿
🍽 Fitneßraum Sauna Solarium 🍽
Tennis 9

Redefin   19 □

Mecklenburg-Vorpommern — 18 m —
Hagenow 14, Ludwigslust 21 km
ℹ ☎ (03 88 54) 2 92 — Gemeindeverwaltung, 19230 Redefin

*   **Landhaus Redefin**
Nr 2, an der B 5, ✉ 19230, ☎ (03 88 54)
54 02, Fax 54 04, AX ED
8 Zi, Ez: 65-100, Dz: 95-130, 1 Suite, ⌐ WC
☎; 🅿; **garni**
Rezeption: 6-11, 16-21

Rednitzhembach   57 ↓

Bayern — Kreis Roth — 335 m — 6 380 Ew
— Schwabach 4 km
ℹ ☎ (0 91 22) 6 92 23, Fax 6 92 43 —
Gemeindeverwaltung, Rother Str 16,
91126 Rednitzhembach

Rednitzhembach

* Hembacher Hof
Untermainbacher Weg 21, ✉ 91126,
☎ (0 91 22) 70 91, Fax 6 16 30, AX ED
22 Zi, Ez: 80, Dz: 125, ⊣ WC ☏; P 1⇌350
Fitneßraum Kegeln Solarium 🍴

Redwitz a. d. Rodach 48 ↗

Bayern — Kreis Lichtenfels — 282 m —
3 600 Ew — Lichtenfels 12, Kronach 13 km
ℹ ☎ (0 95 74) 6 22 40, Fax 62 24 44 —
Gemeindeverwaltung, 96257 Redwitz;
Günstiger Ausgangspunkt für Ausflüge in
Frankenwald, Thüringer Wald, Fichtel-
gebirge und umliegende Städte wie
Lichtenfels, Kronach, Coburg, Kulmbach

* Rösch
♂ Gries 19, ✉ 96257, ☎ (0 95 74) 30 44,
Fax 30 46, AX DC ED VA
10 Zi, Ez: 74-89, Dz: 120-150, 1 Suite,
5 App, ⊣ WC ☏, 4⌂; P 1⇌6 🍴
geschl: Ende Dez-Anfang Jan

Rees 32 ↗

Nordrhein-Westfalen — Kreis Kleve —
15 m — 19 600 Ew — Emmerich 15,
Bocholt 20, Wesel 24 km
ℹ ☎ (0 28 51) 51-74, Fax 51 25 — Stadtverwaltung, Markt 1, 46459 Rees; Stadt am
Niederrhein. Sehenswert: Stadtbefestigung mit Zoll- und Mühlenturm; Wächter-
türmchen; Bärenwall; Pfarrkirche Maria
Himmelfahrt; ev. Kirche; Rheinbrücke

* Rheinhotel Dresen
◃ Markt 6, ✉ 46459, ☎ (0 28 51) 12 55,
Fax 28 38
15 Zi, Ez: 80, Dz: 140, ⊣ WC ☏; 🍽; garni

** Op de Poort ✿
◃ Vor dem Rheintor 5, ✉ 46459,
☎ (0 28 51) 74 22
Hauptgericht 30; P Terrasse; geschl: Mo,
Di, Ende Dez-Mitte Feb

Grietherort (9 km ↘)
** Insel-Gasthof
◃ Haus Nr 1, ✉ 46459, ☎ (0 28 51) 63 24,
Fax 60 15
Hauptgericht 30; P Terrasse; geschl: Mo
Fischrestaurant. Gemälde von namhaften
niederrheinischen Malern
** ♂ ◃ 7 Zi, Ez: 70, Dz: 140, ⊣ WC ☏
geschl: Mo

Halden (3 km →)
* Lindenhof
Isselburgerstr 3, ✉ 46459, ☎ (0 28 50)
9 13 20, Fax 91 32 50
Ez: 75, Dz: 120, ⊣ WC ☏; P 🍴

Regen 66 ↖

Bayern — Kreis Regen — 600 m —
11 236 Ew — Zwiesel 12, Deggendorf 23,
Viechtach 23 km
ℹ ☎ (0 99 21) 29 29, Fax 6 04 32 — Ver-
kehrsamt, Stadtplatz 2, 94209 Regen;
Erholungsort im Bayerischen Wald.
Sehenswert: Kath. Kirche St. Michael;
Naturschutzgebiet Pfahl mit Burgruine
Weißenstein (3 km ↓); Niederbayerisches
Landwirtschaftsmuseum; Museum im
„Fressenden Haus"

* Brauereigasthof Falter
Am Sand 15, ✉ 94209, ☎ (0 99 21) 43 13,
Fax 86 55, AX DC ED VA
17 Zi, Ez: 56-65, Dz: 112-130, ⊣ WC ☏; P 🍽
* Hauptgericht 20; geschl: Do,
Ende Okt-Anfang Nov

* Regener Platzl
Am Platzl 5, ✉ 94209, ☎ (0 99 21) 22 84,
AX DC ED VA
Hauptgericht 20; geschl: Di

Schweinhütt (6 km ↗)
** Landhotel Mühl
Köpplgasse 1, ✉ 94209, ☎ (0 99 21) 24 57,
Fax 64 52, AX DC ED VA
28 Zi, Ez: 57-74, Dz: 88-118, 7 Suiten, ⊣ WC
☏; Lift P 5⇌200 Fitneßraum Sauna
Solarium 🍴
Rezeption: 8-21.30; geschl: Anfang Nov-
Mitte Dez

Regensburg 65 ↖

Bayern — kreisfreie Stadt — 333 m —
134 997 Ew — Nürnberg 105, München
130 km
ℹ ☎ (09 41) 5 07 44 10, Fax 5 07 44 19 —
Tourist-Information, im Alten Rathaus,
93047 Regensburg; Regierungsbezirks-
hauptstadt der Oberpfalz, Universität;
Stadttheater. Sehenswert: Altstadt; Dom:
Westfassade, Glasgemälde, Kreuzgang;
ehem. St.-Ulrichs-Kirche; Klosterkirche St.
Emmeram; Alte Kapelle/Stiftskirche;
Niedermünster: Kreuzaltar; ehem. Schot-
tenkirche/St. Jakob; ehem. Dominikaner-
kirche; ehem. Minoritenkirche; St.
Kassian; ev. Neupfarrkirche; ev. Dreieinig-
keitskirche; Schloß Thurn & Taxis (ehem.
Benediktinerkloster St. Emmeram:
Schloßmuseum, Marstallmuseum; Altes
Rathaus: Reichssaal; Herzogshof;
Geschlechtertürme; Steinerne Brücke ◃;
Porta Praetoria; Römerturm; Diözesan-
museum; Stadtmuseum im ehem. Minori-
tenkloster; Städt. Galerie; Ostdeutsche
Galerie; Kepler-Gedächtnishaus; Umge-
bung: Klosterkirche (Wandmalereien) in
Prüfening (4 km ←); ehem. Klosterkirche in
Kumpfmühl-Karthaus (1 km ↓); Walhalla ◃
(11 km →)

Regensburg

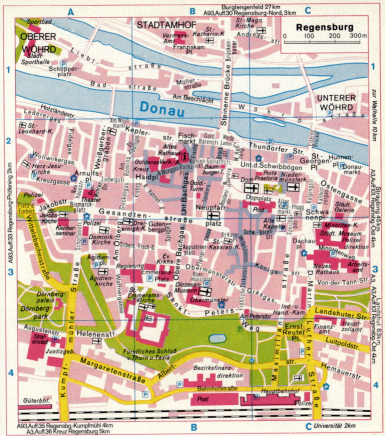

★★★ Sorat Insel-Hotel
⌁ Müllerstr (B 1), ✉ 93059, ☎ (09 41)
8 10 40, Fax 8 10 44 44, AX DC ED VA
75 Zi, Ez: 200-260, Dz: 240-300, S;
12 Suiten, ⌁ WC ☎, 22 ⌁; Lift 4⌁130
Fitneßraum Sauna Solarium ▮◐

★★ Altstadthotel Arch (Ringhotel)
Haidplatz 4 (B 2), ✉ 93047, ☎ (09 41)
50 20 60, Fax 50 20 61 68, AX DC ED VA
67 Zi, Ez: 125-185, Dz: 170-220, S; 2 Suiten,
⌁ WC ☎, 4⌁; Lift 4⌁50 ▮◐
Auch Zimmer der Kategorie ★ vorhanden.
Keilförmiges Patrizierhaus

★★ Bischofshof
Krauterer Markt 3 (B 2), ✉ 93047, ☎ (09 41)
5 90 86, Fax 5 35 08, AX DC ED VA
54 Zi, Ez: 110-170, Dz: 195-230, ⌁ WC ☎;
Lift ⌁ 3⌁45 ▮◐
geschl: Ende Dez
Auch Zimmer der Kategorie ★ vorhanden

★★ City Hotel
Grunewaldstr 16, ✉ 93053, ☎ (09 41)
7 88 20, Fax 7 88 22 30, AX ED VA
139 Zi, Ez: 94-164, Dz: 128-120, 14 Suiten,
6 App, ⌁ WC ☎, 40⌁; Lift ⌁ 7⌁160
Fitneßraum Sauna Solarium ▮◐
auch Langzeitvermietung möglich

★ Münchner Hof
⌁ Tändlergasse 9 (B 2), ✉ 93047, ☎ (09 41)
5 84 40, Fax 56 17 09, AX DC ED VA
52 Zi, Ez: 105-125, Dz: 140-170, 1 Suite, ⌁
WC ☎, 5⌁; Lift 1⌁35 ▮◐
Auch Zimmer der Kategorie ★★ vorhanden

★ Weidenhof
Maximilianstr 23 (C 3), ✉ 93047, ☎ (09 41)
5 30 31, Fax 56 51 66, AX ED VA
49 Zi, Ez: 90-99, Dz: 135-150, ⌁ WC ☎; Lift
⌁ 2⌁40; **garni**
geschl: Ende Dez-Anfang Jan →

Regensburg

* Ibis
Furtmayrstr 1 (C 4), ✉ 93053, ☎ (09 41)
7 80 40, Fax 7 80 45 09, AX DC ED VA
114 Zi, Ez: 121, Dz: 136, ⊣ WC ☎, 40✉; Lift
🅿 🚗 4⇌80 ⁌

* Ibis Castra Regina
Bahnhofstr 22 (C 4), ✉ 93047, ☎ (09 41)
5 69 30, Fax 5 69 35 05, AX DC ED VA
119 Zi, Ez: 99, Dz: 99, ⊣ WC ☎, 12✉; Lift 🚗
3⇌50; garni

*** Historisches Eck 🍲
Watmarkt 6 (B 2), ✉ 93047, ☎ (09 41)
5 89 20, Fax 56 29 69, AX DC ED VA
Hauptgericht 45; geschl: So, Mo, 1 Woche
im Jan, Mitte-Ende Aug

** Hagens Auberge
◁ Badstr 54 (A 1), ✉ 93059, ☎ (09 41)
8 44 13, Fax 8 44 14, AX DC ED VA
Hauptgericht 36; Gartenlokal 🅿 Terrasse;
nur abends; geschl: So

** David
Watmarkt 5 (B 2), ✉ 93047, ☎ (09 41)
56 18 58, Fax 99 04 42
Hauptgericht 35; Terrasse; nur abends;
geschl: So, Mo
Dachgartenrestaurant

Alte Münz
🍽 Fischmarkt 3 (B 2), ✉ 93047, ☎ (09 41)
5 48 86, Fax 56 03 97, DC ED VA
Hauptgericht 25; Terrasse

Beim Dampfnudel-Uli
🍽 Am Watmarkt 4 (B 2), ✉ 93047, ☎ (09 41)
5 32 97, Fax 9 69 10
Hauptgericht 15; Terrasse; geschl: So, Mo,
3 Wochen im Aug
Historische Dampfnudelbäckerei

Prock
Am Kohlenmarkt (B 2), ✉ 93047, ☎ (09 41)
5 44 90
Terrasse; 8.30-18.30, So 12.30-18; geschl:
im Sommer So

Irl (5 km ↘)
* Richard Held
Irl 11, ✉ 93055, ☎ (0 94 01) 10 41,
Fax 76 82, AX DC ED VA
80 Zi, Ez: 105-110, Dz: 165, 2 Suiten, ⊣ WC
☎; Lift 🅿 🚗 3⇌250 ⌂ Fitneßraum Kegeln
Sauna Solarium ⁌
geschl: Ende Dez

Pfaffenstein (2 km ↗)
*** Ramada
Bamberger Str 28, ✉ 93059, ☎ (09 41)
8 10 10, Fax 8 40 47, AX DC ED VA
125 Zi, Ez: 196-216, Dz: 247-267, S;
7 Suiten, ⊣ WC ☎, 17✉; Lift 🅿 4⇌180
Fitneßraum Sauna Solarium
** Classic
Hauptgericht 30; Biergarten

Reinhausen (2 km ↗)
** Avia-Hotel
Frankenstr 1, ✉ 93059, ☎ (09 41) 4 09 80,
Fax 4 20 93, AX DC ED VA
81 Zi, Ez: 135-167, Dz: 170-217, 1 Suite, ⊣
WC ☎, 10✉; Lift 🅿 2⇌70
Auch Zimmer der Kategorie *** vorhanden
** Hauptgericht 30; Terrasse;
geschl: Ende Dez-Anfang Jan

** Am Sportpark
Im Gewerbepark D 90, ✉ 93059, ☎ (09 41)
4 02 80, Fax 4 91 72, AX DC ED VA
96 Zi, Ez: 100-165, Dz: 140-220, 2 Suiten, ⊣
WC ☎, 10✉; Lift 🅿 🚗 8⇌400 Bowling Fitneßraum Kegeln Sauna Solarium ⁌

* Pension Bloss
Donaustaufer Str 70, ✉ 93059, ☎ (09 41)
4 33 79, Fax 4 32 37, AX DC ED VA
16 Zi, Ez: 90, Dz: 124, ⊣ WC ☎; Lift 🅿 🚗;
garni
Rezeption: 8-20

Ziegetsdorf (2 km ↙)
** St. Georg (Ringhotel)
Karl-Stieler-Str 8, ✉ 93051, ☎ (09 41)
9 10 90, Fax 94 81 74, AX DC ED VA
62 Zi, Ez: 115-159, Dz: 154-200, S; 1 Suite,
⊣ WC ☎, 6✉; Lift 🅿 🚗 3⇌132 Fitneßraum
Sauna Solarium
Auch Zimmer der Kategorie * vorhanden
* Hauptgericht 15; Terrasse;
geschl: So

Regenstauf 65 ↖

Bayern — Kreis Regensburg — 400 m —
14 300 Ew — Regensburg 13 km
ℹ ☎ (0 94 02) 50 90, Fax 5 09 50 — Gemeindeverwaltung, Bahnhofstr 15,
93128 Regenstauf. Sehenswert: Sagen-
brunnen; Burgruine Forstenberg; alter
Bergfried; Geisterburg Stockenfels;
Schloßberg, Reste der Burg „Stouff am
Reng" ◁; St. Michael Kirche; Schloßkapelle

Heilinghausen (8 km ↑)
** Landgasthof Heilinghausen
Alte Regenstr 5, ✉ 93128, ☎ (0 94 02)
42 38, Fax 42 38, AX ED
Hauptgericht 25; Biergarten 🅿; geschl: Di,
Feb

Rehau 49 ↗

Bayern — Kreis Hof — 527 m — 10 670 Ew
— Selb 14, Hof 14 km
ℹ ☎ (0 92 83) 2 00, Fax 20 60 — Stadtverwaltung, Martin-Luther-Str 1, 95111 Rehau

** Fränkischer Hof
Sofienstr 19, ✉ 95111, ☎ (0 92 83) 85 30,
Fax 85 31 00, AX DC ED VA
34 Zi, Ez: 95-105, Dz: 135-165, 2 Suiten, ⊣
WC ☎, 6✉; 🅿 🚗 2⇌120
Auch Zimmer der Kategorie * vorhanden
** Hauptgericht 22; Biergarten

** **Krone**
Friedrich-Ebert-Str 13, ✉ 95111,
☎ (0 92 83) 10 01, Fax 53 00, AX ED VA
Hauptgericht 25; geschl: Sa mittags
* 14 Zi, Ez: 75, Dz: 105, ⇩ WC ☎

Rehburg-Loccum 25 □

Niedersachsen — Kreis Nienburg (Weser) — 60 m — 10 369 Ew — Stadthagen 17, Wunstorf 18 km
🛈 ☎ (0 50 37) 30 20, Fax 54 34 — Stadtverwaltung, im Stadtteil Rehburg, Heidtorstr 2, 31547 Rehburg-Loccum. Sehenswert: Ehem. Zisterzienserkloster im Stadtteil Loccum; Dinosaurierpark in Münchehagen (3 km ↘); Naturpark „Schwimmende Wiesen" in Winzlar (7 km →)

Loccum
* **Rodes Hotel**
Marktstr 22, ✉ 31547, ☎ (0 57 66) 2 38, Fax 71 32
20 Zi, Ez: 74-82, Dz: 126-142, 4 App, ⇩ WC ☎; P 🅿 Kegeln ⌘
geschl: Fr, Ende Dez-Anfang Jan

Rehden 24 ↗

Niedersachsen — Kreis Diepholz — 100 m — 1 538 Ew — Diepholz 8, Osnabrück 46, Bremen 77 km
🛈 ☎ (0 54 46) 20 90 — Samtgemeindeverwaltung, Schulstr 18, 49453 Rehden
* **Rats-Stuben**
Düversbrucher Str 16, ✉ 49453,
☎ (0 54 46) 7 43, Fax 21 75, AX ED
10 Zi, Ez: 60, Dz: 90, ⇩ WC ☎; P 1⇌300 ⌘

Rehlingen-Siersburg 52 ↓

Saarland — Kreis Saarlouis — 170 m — 15 550 Ew — französische Grenze 7, Saarlouis 10 km
🛈 ☎ (0 68 35) 50 80, Fax 50 81 19 — Gemeindeverwaltung, im Ortsteil Siersburg, Bahnhofstr 23, 66780 Rehlingen-Siersburg

Niedaltdorf (7 km ↙)
* **Naturtropfsteinhöhle**
Neunkircher Str 10, ✉ 66780, ☎ (0 68 33) 3 77, Fax 3 77, AX ED VA
Hauptgericht 30; P Terrasse; geschl: Mo, Mi abends

Rehren siehe Auetal

Reichelsheim 54 →

Hessen — Odenwaldkreis — 538 m — 8 700 Ew — Erbach i.O. 22, Bensheim 25, Darmstadt 36 km
🛈 ☎ (0 61 64) 50 80, Fax 5 08 33 — Gemeindeverwaltung, Bismarckstr 43, 64385 Reichelsheim; Luftkurort. Sehenswert: Altes Rathaus; Michaelskirche; Schloß Reichenberg ⌘ (1 km →); Burgruine Rodenstein (3 km ↘)

** **Treusch**
Rathausplatz 2, ✉ 64385, ☎ (0 61 64) 22 26, Fax 8 09, AX DC ED VA
Hauptgericht 35; P Terrasse; geschl: Do, Fr, 2 Wochen im Sep, 3 Wochen im Feb

Eberbach (3 km ↘)
* **Landhaus Lortz**
🛌 ⌘ Ortsstr 3, ✉ 64385, ☎ (0 61 64) 49 69, Fax 5 55 28
18 Zi, Ez: 65-73, Dz: 124-140, 4 App, ⇩ WC ☎; P 🅿 Sauna Solarium ⌘
Rezeption: 8-20; geschl: Mo, Di

Rohrbach
* **Lärmfeuer**
einzeln 🛌 ⌘ Im Oberdorf 40, ✉ 64385,
☎ (0 61 64) 12 54, Fax 58 46
21 Zi, Ez: 37-49, Dz: 74-98, ⇩ WC ☎; Lift P 🅿 Kegeln ⌘ 🍷
Auch Zimmer der Kategorie ** vorhanden

Reichelshofen siehe Steinsfeld

Reichenau 68 ↘

Baden-Württemberg — Kreis Konstanz — 398 m — 4 800 Ew — Konstanz 10 km
🛈 ☎ (0 75 34) 2 76, Fax 16 20 — Verkehrsbüro, im Ortsteil Mittelzell, Ergat 5, 78479 Reichenau; Insel im Untersee (Bodensee), durch einen Straßendamm mit dem Festland verbunden, Erholungsort. Sehenswert: Ehem. Stiftskirche St. Georg mit Wandmalereien in Oberzell; Münster in Mittelzell; ehem. Stiftskirche St. Peter und Paul in Niederzell; Heimatmuseum

Mittelzell
*** **Seehotel Seeschau** ♛
🛌 ⌘ An der Schiffslände 8, ✉ 78479,
☎ (0 75 34) 2 57, Fax 72 64, AX DC ED VA
23 Zi, Ez: 120-190, Dz: 220-320, ⇩ WC ☎, 2✉; Lift P 🅿 1⇌60 Seezugang 🍷
geschl: Jan, Feb
*** **Le Gourmet**
Hauptgericht 25; Terrasse; geschl: Jan, Feb

** **Mohren**
Pirminstr 141, ✉ 78479, ☎ (0 75 34) 4 85, Fax 13 26, AX DC ED VA
36 Zi, Ez: 95-145, Dz: 160-230, ⇩ WC ☎; Lift P 2⇌40
geschl: Ende Dez-Mitte Jan
** Hauptgericht 30; geschl: So mittags, Ende Dez-Mitte Jan

** **Strandhotel Löchnerhaus**
🛌 ⌘ An der Schiffslände 12, ✉ 78479,
☎ (0 75 34) 80 30, Fax 5 82, AX DC VA
44 Zi, Ez: 95-120, Dz: 190-220, ⇩ WC ☎, 5✉; Lift P 🅿 2⇌65 Strandbad Solarium
Rezeption: 9-22; geschl: Anfang Dez-Mitte Jan
** **Seeterrassen-Restaurant**
Hauptgericht 30; Terrasse; geschl: Anfang Dez.-Mitte Jan

→

Reichenau

Oberzell
* Kreuz
Zelleweg 4, ✉ 78479, ☎ (0 75 34) 3 32, Fax 14 60
11 Zi, Ez: 65-80, Dz: 130-136, ⌐ WC; P
geschl: Mo, Do, Mitte Okt-Anfang Nov, Mitte Feb
* Hauptgericht 22; geschl: Mo, Do, Mitte Okt-Anfang Nov, im Feb

Reichenbach siehe Waldbronn

Reichenbach 41 ↘

Sachsen — Niederschlesischer Oberlausitzkreis — 240 m — 4 796 Ew — Görlitz 12, Bautzen 32 km
ℹ ☎ (03 58 28) 2 77, Fax 2 19 — Gemeindeverwaltung, Oberlausitzer Str 19, 02894 Reichenbach. Sehenswert: Hallenkirche; Töpferberg; Napoleonbrücke; Schloß

** Reichenbacher Hof (Ringhotel)
Ober Reichenbach 8 a, ✉ 02892, ☎ (03 58 28) 7 50, Fax 7 52 35, AX DC ED VA
54 Zi, Ez: 90-125, Dz: 125-165, S; ⌐ WC ☎; Lift P 5↔240 Fitneßraum Kegeln Sauna ⓘ
Tennis 1

Reichenbach a. d. Fils 62 ←

Baden-Württemberg — Kreis Esslingen — 446 m — 7 405 Ew — Göppingen 16, Stuttgart 24 km
ℹ ☎ (0 71 53) 5 00 50 — Gemeindeverwaltung, Hauptstr 7, 73262 Reichenbach an der Fils

Reichenbach a. d. Fils
** Apart
Wilhelmstr 47, ✉ 73262, ☎ (0 71 53) 9 55 00, Fax 95 50 33, AX DC ED VA
12 Zi, Ez: 90-110, Dz: 140-160, ⌐ WC ☎; P
🚗 Kegeln; **garni**

Reichenbach (Vogtl.) 49 □

Sachsen — Kreis Reichenbach — 377 m — 25 000 Ew — Zwickau 18, Gera 30 km
ℹ ☎ (0 37 65) 52 10, Fax 6 39 31 — Stadtverwaltung, Markt 6, 08468 Reichenbach (Vogtl.). Sehenswert: Neuberin-Museum; Neuberin-Haus

** Burgberg
♂ Am Burgberg 2, ✉ 08468, ☎ (0 37 65) 78 00, Fax 78 01 11, AX DC ED VA
29 Zi, Ez: 110-120, Dz: 130-190, ⌐ WC ☎, 13✉; Lift P 1↔35 Fitneßraum Sauna Solarium ⓘ
Auch Zimmer der Kategorie ******* vorhanden

** Civitas
Lengenfelder Str 1, ✉ 08468, ☎ (0 37 65) 7 83 90, Fax 78 39 45, AX DC ED VA
23 Zi, ⌐ WC ☎; Lift P 2↔55 ⓘ

* Landhaus Reichenbach
Greizer Str 36, ✉ 08468, ☎ (0 37 65) 1 23 27, Fax 1 23 28
13 Zi, Ez: 85, Dz: 110, 1 Suite, ⌐ WC ☎; P
🚗 3↔60 ⓘ

Reichenberg 51 ↖

Sachsen — Kreis Dresden Land — 3 578 Ew — Dresden 8, Meissen 15 km
ℹ ☎ (03 51) 4 60 94 75, Fax 4 60 94 75 — Gemeindeverwaltung, August-Bebel-Str 43, 01468 Reichenberg

Reichenberg
* Sonnenhof
♂ August-Bebel-Str 69, ✉ 01468, ☎ (03 51) 4 60 94 82, Fax 4 60 94 82, AX DC ED VA
17 Zi, Ez: 90-145, Dz: 140-180, ⌐ WC ☎; P
Sauna; **garni**

Boxdorf (4 km ↘)
** Baumwiese (Landidyll Hotel)
Dresdner Str 2, ✉ 01468, ☎ (03 51) 8 32 50, Fax 8 32 52 52, AX DC ED VA
36 Zi, Ez: 155-180, Dz: 205-240, 3 App, ⌐ WC ☎, 3✉; Lift P 3↔80 ⓘ

Reichenhall, Bad 73 ↘

Bayern — Kreis Berchtesgadener Land — 470 m — 17 500 Ew — Berchtesgaden 19, Salzburg 19 km
ℹ ☎ (0 86 51) 30 03, Fax 24 27 — Kur- und Verkehrsverein, Wittelsbacherstr 15 (B 1), 83435 Bad Reichenhall; Kreisstadt, Heilbad; Erholungsort; Luftkurort; Spielbank. Sehenswert: St.-Zeno-Kirche; Alte Saline und Kuranlagen; Predigtstuhl (Seilbahn), 1614 m ⚐

**** Steigenberger Axelmannstein
♂ Salzburger Str 2 (B 1), ✉ 83435, ☎ (0 86 51) 77 70, Fax 59 32, AX DC ED VA
151 Zi, Ez: 179-285, Dz: 259-490, S; 8 Suiten, ⌐ WC ☎, 45✉; Lift P 🚗 6↔180 ☕ Fitneßraum Kegeln Sauna Solarium 🍽
*** Parkrestaurant
Hauptgericht 38; Terrasse
* Axel-Stüberl
Hauptgericht 18; Terrasse; geschl: Do

*** Parkhotel Luisenbad ♛
Ludwigstr 33 (B 2), ✉ 83435, ☎ (0 86 51) 60 40, Fax 6 29 28, DC ED VA
75 Zi, Ez: 129-194, Dz: 204-340, 8 Suiten, ⌐ WC ☎; Lift P 🚗 3↔120 ☕ Sauna Solarium 🍽
Auch Zimmer der Kategorie ****** vorhanden
** Luisenbad-Restaurant
Hauptgericht 35; Terrasse

Reichenhall, Bad

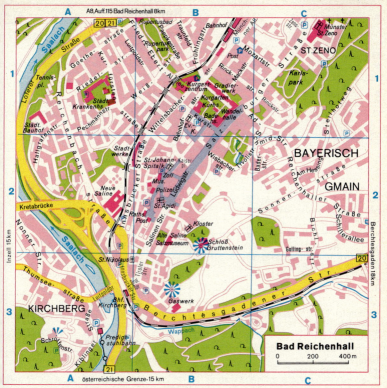

** Bayerischer Hof
Bahnhofsplatz 14 (B 1), ✉ 83435,
☎ (0 86 51) 60 90, Fax 60 91 11, AX DC ED VA
52 Zi, Ez: 80-160, Dz: 120-240, 10 Suiten, ⌐
WC ☎; Lift P 🚗 2⇌100 🛏 Kegeln Sauna
Solarium 🏊
Auch Zimmer der Kategorie *** vorhanden
** Hauptgericht 30; Terrasse

** Residenz Bavaria
♂ Am Münster 3 (C 1), ✉ 83435,
☎ (0 86 51) 77 60, Fax 6 57 86, AX ED VA
113 Zi, Ez: 125-170, Dz: 210-270, 30 Suiten,
30 App, ⌐ WC ☎; Lift P 🚗 2⇌80 🛏 Sauna
Solarium ⌐
Auch Zimmer der Kategorie *** vorhanden
* St.-Zeno-Stuben
Hauptgericht 23; Terrasse

** Kurhotel Alpina
mit Landhaus Friedrichshöhe
♂ ◁ Adolf-Schmid-Str 5 (C 2), ✉ 83435,
☎ (0 86 51) 97 50, Fax 6 53 93
65 Zi, Ez: 80-95, Dz: 150-180, 10 App, ⌐ WC
☎; Lift P 🚗 Sauna Solarium
Rezeption: 8-20; geschl: Anf. Nov-Ende Jan
Restaurant für Hausgäste

** Sonnenbichl
♂ Adolf-Schmid-Str 2 (C 1), ✉ 83435,
☎ (0 86 51) 7 80 80, Fax 78 08 59,
AX DC ED VA
35 Zi, Ez: 85-100, Dz: 140-160, 5 App, ⌐ WC
☎; Lift P 🚗 Fitneßraum Sauna Solarium
geschl: Mitte Nov-Ende Jan
Restaurant für Hausgäste

** Tivoli
♂ ◁ Tivolistr 2 (B 2), ✉ 83435, ☎ (0 86 51)
50 03, Fax 78 08 59, AX DC ED VA
20 Zi, Ez: 75-100, Dz: 140, ⌐ WC ☎; Lift P
🚗; garni
geschl: Anfang Nov-Mitte Mär

* Hofwirt
Salzburger Str 21 (C 1), ✉ 83435,
☎ (0 86 51) 9 83 80, Fax 98 38 36
19 Zi, Ez: 70-105, Dz: 120-140, ⌐ WC ☎; Lift
P
geschl: Mitte Jan-Mitte Feb
** Hauptgericht 25; geschl: Mo,
Mitte Jan-Mitte Feb →

Teilen Sie bitte der Redaktion des Varta
mit, wenn Sie sich in einem Haus besonders wohlgefühlt haben oder wenn Sie
unzufrieden waren.

Reichenhall, Bad

✷ Tiroler Hof
Tiroler Str 12 (B 3), ✉ 83435, ☎ (0 86 51)
20 55, Fax 20 57, AX DC ED VA
33 Zi, Ez: 70-130, Dz: 135-180, ⊿ WC ☎; Lift
P Sauna
✷ Hauptgericht 25; geschl: Mi

✷ Kurfürst
♂ Kurfürstenstr 11 (A 1), ✉ 83435,
☎ (0 86 51) 27 10, Fax 24 11, AX DC ED VA
13 Zi, Ez: 52-80, Dz: 100-140, ⊿ WC ☎; P
geschl: So, Mitte Dez-Ende Jan
Restaurant für Hausgäste

✷✷✷ Kirchberg-Schlößl
Thumseestr 11 (A 3), ✉ 83435, ☎ (0 86 51)
27 60, Fax 25 24, AX DC ED VA
Hauptgericht 35; Gartenlokal P; geschl:
Mi, 1 Woche im Jan, 3 Wochen nach
Ostern

☕ Reber
Ludwigstr 10 (B 2), ✉ 83435, ☎ (0 86 51)
60 03 23, Fax 60 03 45
9-18; Terrasse

☕ Dreher
Bahnhofstr 21 (B 1), ✉ 83435, ☎ (0 86 51)
40 54, Fax 7 87 60
9-18; Terrasse

Nonn (2 km ↘)

✷✷ Neu Meran
♂ ⊰ Nonn 94, ✉ 83435, ☎ (0 86 51) 40 78,
Fax 7 85 20
17 Zi, Ez: 90-130, Dz: 170, 8 Suiten, ⊿ WC
☎; P ≘ Fitneßraum Sauna Solarium ☕
geschl: Di, Mitte Jan-Mitte Feb, Mitte Nov-
Mitte Dez
Auch Zimmer der Kategorie ✷✷✷ vor-
handen
✷✷ ⊰ Hauptgericht 30; geschl: Di,
Mi, Mitte Nov-Mitte Dez, Mitte Jan-Mitte
Feb

✷ Landhotel Sonnleiten
♂ ⊰ Haus Nr 27, ✉ 83435, ☎ (0 86 51)
6 10 09, Fax 6 85 85
9 Zi, Ez: 80-115, Dz: 136-170, 1 Suite,
1 App, ⊿ WC ☎; P 🚗
Restaurant für Hausgäste

Reichenhall, Bad-Außerhalb (4 km ←)

✷✷ Haus Seeblick
♂ ⊰ Thumsee 10, ✉ 83435, ☎ (0 86 51)
9 86 30, Fax 98 63 88, ED
54 Zi, Ez: 62-98, Dz: 124-190, 7 Suiten, ⊿
WC ☎, 1🏊; Lift P 🚗 ≘ Fitneßraum Kegeln
Sauna Solarium
geschl: Anfang Nov-Mitte Dez
Restaurant für Hausgäste. Auch Zimmer
der Kategorie ✷ vorhanden

Reichshof 43 ↗

Nordrhein-Westfalen — Oberbergischer
Kreis — 250 m — 18 328 Ew — Gummersbach 16, Waldbröl 18, Olpe 24 km
ℹ ☎ (0 22 65) 3 56 — Verkehrsamt,
im Ortsteil Eckenhagen, Barbarossastr 5,
51580 Reichshof; heilklim. Kurort. Sehenswert: Rentei mit Kapelle im Erholungsort
Denklingen; Vogelpark: Affental; Barockkirche, Puppenausstellung in Eckenhagen;
Modelleisenbahn in Heischeid; Kunst
Kabinett Hespert; Mineraliengrotte in
Eckenhagen

Eckenhagen (Luftkurort)

✷ Haus Leyer
♂ ⊰ Am Aggerberg 33, ✉ 51580,
☎ (0 22 65) 90 21, Fax 84 06, AX DC ED VA
16 Zi, Ez: 90-105, Dz: 170, ⊿ WC ☎; P
1🏊15 ≘ Sauna Solarium 🍽

✷ Aggerberg
♂ ⊰ Am Aggerberg 20, ✉ 51580,
☎ (0 22 65) 9 92 50, Fax 87 56
13 Zi, Ez: 80-125, Dz: 130-180, 17 App, ⊿
WC ☎; P 🍽
geschl: So abends, Anfang der Sommerferien

✷ Barbarossa
Hauptstr 26, ✉ 51580, ☎ (0 22 65) 99 22 10,
Fax 9 92 23
8 Zi, Ez: 70, Dz: 120-118, ⊿ WC ☎; P 🍽
Rezeption: 10.30-14, 16-23; geschl: Mi

Wildbergerhütte-Bergerhof

Landhaus Wuttke
21 Zi, Ez: 70-85, Dz: 140-170, ⊿ WC ☎, 3🏊;
2🏊
geschl: 3 Wochen in den Sommerferien

Reil 53 ↖

Rheinland-Pfalz — Kreis Bernkastel-Wittlich — 110 m — 1 400 Ew — Wittlich 21,
Cochem 40 km
ℹ ☎ (0 65 42) 2 10 36, Fax 24 44 — Verkehrsbüro, Moselstr 33, 56861 Reil;
Weinbauort an der Mosel

✷ Reiler Hof
⊰ Moselweinstr 27, ✉ 56861, ☎ (0 65 42)
26 29, Fax 14 90, AX ED
29 Zi, Ez: 50-70, Dz: 110-130, ⊿ WC ☎; P 🚗
2🏊60
geschl: Ende Nov-Ende Jan
✷ Hauptgericht 18; Terrasse;
geschl: Ende Nov-Ende Jan

Reilingen 54 ↗

Baden-Württemberg — Rhein-Neckar-
Kreis — 103 m — 7 000 Ew — Hockenheim 5 km
ℹ ☎ (0 62 05) 80 90, Fax 1 42 95 — Gemei-
deverwaltung, Hockenheimer Str. 1,
68799 Reilingen

866

★★★ Walkershof
♂ Hockenheimer Str 86, ✉ 68799,
☎ (0 62 05) 95 90, Fax 95 95 50, AX DC ED VA
100 Zi, Ez: 169-295, Dz: 198-360, 18 Suiten,
⊿ WC ☎, 59🛏; Lift 🅿 1⇔ Fitneßraum
Sauna Solarium
geschl: Anfang-Mitte Aug, Ende Dez-
Anfang Jan
★★★ Hauptgericht 35; Terrasse; nur
abends; geschl: Anfang-Mitte Aug, Ende
Dez-Anfang Jan

Reinbek 18 ↗

Schleswig-Holstein — Kreis Stormarn —
22 m — 25 000 Ew — Hamburg 18, Lauenburg 32 km
ℹ️ ☎ (0 40) 72 70 00, Fax 7 22 94 07 — Stadtverwaltung, Hamburger Str 5, 21465 Reinbek; Ausflugsort in Sachsenwald; Erholungsort. Sehenswert: Spätrenaissance
Schloß Reinbek

★★★ Waldhaus Reinbek
♂ Loddenallee 2, ✉ 21465, ☎ (0 40)
7 27 52-0, Fax 7 27 52-1 00, AX DC ED VA
50 Zi, Ez: 205-570, Dz: 265-280, 8 Suiten,
WC ☎, 4🛏; Lift 🅿 🚗 Fitneßraum Kegeln
Sauna Solarium 🍽️
Golf 18

★★ Sachsenwald Congress-Hotel
Hamburger Str 4, ✉ 21465, ☎ (0 40)
72 76 10, Fax 72 76 12 15, AX DC ED VA
58 Zi, Ez: 135-235, Dz: 170-250, 2 Suiten,
2 App, ⊿ WC ☎, 3🛏; Lift 🅿 🚗 7⇔670
Sauna Solarium
Golf 18
Auch Zimmer der Kategorie ✱ vorhanden
★★ Maître
Hauptgericht 35; Terrasse

★★ Schloß Reinbek
🍴 Schloßstr, ✉ 21465, ☎ (0 40) 7 27 93 15,
AX ED
Hauptgericht 35; Terrasse; geschl: Mo

Reinfeld 18 ↗

Schleswig-Holstein — Kreis Stormarn —
20 m — 7 519 Ew — Lübeck 14, Hamburg
49 km
ℹ️ ☎ (0 45 33) 2 00 10, Fax 20 01 69 — Stadtverwaltung, Paul-von-Schönaich-Str 14,
23858 Reinfeld; Erholungsort

★★ Holsteinischer Hof
Paul-von-Schönaich-Str 50, ✉ 23858,
☎ (0 45 33) 23 41, Fax 23 41, ED
9 Zi, Ez: 55, Dz: 100, ⊿ WC; 🅿 🚗
Rezeption: 8-11, 17-22; geschl: Mo, Aug
★★ Hauptgericht 30; geschl: Mo,
Aug

★★ Gästehaus Freyer
♂ 🍴 Bolande 41 a, ✉ 23858, ☎ (0 45 33)
7 00 10, Fax 70 01 22, ED VA
9 Zi, Ez: 65, Dz: 95, ⊿ WC ☎; 🅿; garni
geschl: Jan

✱ Seeblick
Ahrensböker Str 4, ✉ 23858, ☎ (0 45 33)
14 23, Fax 56 10
19 Zi, Ez: 58-65, Dz: 84-100, ⊿ WC ☎; 🅿 🚗;
garni

Reinhardshagen 36 ←

Hessen — Kreis Kassel — 150 m —
5 200 Ew — Hann. Münden 11 km
ℹ️ ☎ (0 55 44) 7 92 33 — Verkehrsamt, im
Ortsteil Vaake, Mündener Str 44,
34359 Reinhardshagen; Luftkurort an der
Weser. Sehenswert: Ehem. Eisenhütte im
Ortsteil Veckerhagen; alte Wehrkirche
(13. Jhd.) im Ortsteil Vaake; Ruine Bram-
burg 🔭 (4 km ↑); Ruine Sababurg, 335 m 🔭
(16 km ↘); Gierseil-Fähre im Ortsteil
Veckerhagen

Veckerhagen
✱ Peter
🔭 Weserstr 2, ✉ 34359, ☎ (0 55 44) 10 38,
DC ED VA
14 Zi, Ez: 65-114, Dz: 100-157, ⊿ WC ☎; 🅿
🍽️
geschl: 2.-23.1.97

Reinhardtsdorf 51 ↗

Sachsen — Kreis Pirna — 250 m —
1 916 Ew — Bad Schandau 9, Dresden
46 km
ℹ️ ☎ (03 50 28) 4 33 — Gemeindeverwaltung, Nr. 52 d/e, 01814 Reinhardtsdorf.
Sehenswert: Kirche; höchste Erhebung der
Sächsischen Schweiz „Große Zschirnstein"

Schöna (1,5 km →)
✱ Panoramahotel Wolfsberg
einzeln ♂ 🔭 Wolfsberg 102, ✉ 01814,
☎ (0 35 02) 8 04 44/8 08 13, Fax 8 04 44/
8 08 13, ED VA
30 Zi, Ez: 60-80, Dz: 100-140, ⊿ WC ☎; 🅿
1⇔30 🍽️
geschl: 20.12.-26.12.

Reinstorf 19 ←

Niedersachsen — Kreis Lüneburg — 63 m
— 1 101 Ew — Lüneburg 10 km
ℹ️ ☎ (0 41 36) 90 70 — Samtgemeinde
Scharnebeck, Marktplatz 1, 21379
Reinstorf

★★★ Hof Reinstorf
Alte Schule 6, ✉ 21400, ☎ (0 41 37) 80 90,
Fax 80 91 00, DC ED VA
81 Zi, Dz: 180, 8 Suiten, 5 App, ⊿ WC ☎,
21🛏; Lift 🅿 🚗 13⇔300 ≋ Bowling Kegeln
Sauna Solarium 🐎
★★★ Vitus
Hauptgericht 35; Terrasse; nur abends;
geschl: Mo + Di, 2.-17.1.97

Reisbach

Reisbach 65 ↘

Bayern — Kreis Dingolfing-Landau — 406 m — 6 891 Ew — Dingolfing 13, Landau a. d. Isar 16, Eggenfelden 29 km
ℹ️ ☎ (0 87 34) 4 90, Fax 40 17 — Gemeindeverwaltung, Landauer Str 18, 94419 Reisbach. Sehenswert: Kath. Kirche St. Michael; ehem. Wallfahrtskirche St. Salvator

* **Schlappinger Hof**
Marktplatz 40, ✉ 94419, ☎ (0 87 34) 9 21 10, Fax 92 11 92, AX ED VA
26 Zi, Ez: 55-70, Dz: 95-120, ⌐ WC ☎; 🅿 3⇔80 🍴
geschl: 1.-20.1.97

Reit im Winkl 73 ↗

Bayern — Kreis Traunstein — 700 m — 3 600 Ew — Ruhpolding 24, Prien 33, Traunstein 41 km
ℹ️ ☎ (0 86 40) 8 00 20, Fax 8 00 29 — Verkehrsamt, Rathausplatz 1, 83242 Reit im Winkl; Luftkurort und Wintersportplatz. Sehenswert: Kirche; Eckkapelle mit Fresken; Walmberg (Sesselbahn), 1060 m ⚞

*** **Unterwirt**
Kirchplatz 2, ✉ 83242, ☎ (0 86 40) 80 10, Fax 80 11 50
66 Zi, Ez: 85-200, Dz: 150-380, 2 Suiten, 3 App, ⌐ WC ☎; Lift 🅿 🍽 ≋ Sauna Solarium 🍺
Auch Zimmer der Kategorie ** vorhanden
** Hauptgericht 30

* **Gästehaus am Hauchen**
♂ Am Hauchen 5, ✉ 83242, ☎ (0 86 40) 87 74, Fax 4 10
26 Zi, Ez: 62-154, Dz: 124-164, ⌐ WC ☎; 🅿 1⇔20 ≋ Fitneßraum Sauna Solarium; **garni**
geschl: Anfang Nov-Mitte Dez

* **Pension Peckelsen**
♂ Ahornstr 18, ✉ 83242, ☎ (0 86 40) 10 61, Fax 52 68
8 Zi, Ez: 70-75, Dz: 126-160, ⌐ WC ☎; 🅿 Fitneßraum Solarium; **garni**
geschl: Ostern-Pfingsten, Mitte Okt-Mitte Dez

* **Altenburger Hof**
♂ Frühlingstr 3, ✉ 83242, ☎ (0 86 40) 9 88 20, Fax 98 82 27
15 Zi, Ez: 62-90, Dz: 106-180, ⌐ WC ☎, 8✉; 🅿 ≋ Fitneßraum Sauna Solarium
geschl: Anfang Nov-Mitte Dez
Restaurant für Hausgäste

* **Sonnwinkl**
♂ ⚞ Kaiserweg 12, ✉ 83242, ☎ (0 86 40) 9 84 70, Fax 98 47 50, ED
22 Zi, Ez: 49-88, Dz: 92-170, ⌐ WC ☎; 🅿 ≋ Sauna Solarium; **garni**
Rezeption: 7-20

** **Landgasthof Rosi Mittermaier**
Chiemseestr 2 a, ✉ 83242, ☎ (0 86 40) 10 11, Fax 10 13, AX ED
Hauptgericht 30
*** ⚞ Ez: 120-145, Dz: 105-145, 1 Suite, 7 App, ⌐ WC ☎; 🅿 Sauna
Rezeption: 7-21

** **Klausers Weinstube** ✿
Birnbacher Str 8, ✉ 83242, ☎ (0 86 40) 84 24
Hauptgericht 30; 🅿 Terrasse; nur abends; geschl: Mo, Ende Apr-Pfingsten, Anf. Nov-Mitte Dez

* **Zirbelstube**
Am Hauchen 10, ✉ 83242, ☎ (0 86 40) 82 85, Fax 53 71
Hauptgericht 25; Biergarten 🅿 Terrasse 🍺
geschl: Mitte Apr-Mitte Mai, Ende Okt-Anfang Dez

Blindau (1 km ↓)
** **Steinbacher Hof** ♛
(Silencehotel)
einzeln ♂ ⚞ Steinbachweg 10, ✉ 83242, ☎ (0 86 40) 80 70, Fax 80 71 00
57 Zi, Ez: 112-169, Dz: 146-330, 1 Suite, ⌐ WC ☎; Lift 🅿 🍽 2⇔100 ≋ Sauna Solarium 🍺
Auch Zimmer der Kategorie * vorhanden
** Hauptgericht 25; Terrasse

Reit im Winkl-Außerhalb (9 km →)
* **Alpengasthof Winklmoosalm**
einzeln ♂ ⚞ Dürrnbachhornweg 6, ✉ 83242, ☎ (0 86 40) 10 97, Fax 2 67
16 Zi, Ez: 51-114, Dz: 86-208, 2 App, ⌐ WC ☎; 🅿 Sauna Solarium 🍴
Rezeption: 7.30-20; geschl: Mitte Apr-Anfang Mai, Ende Okt-Mitte Dez
Mautgebühr

Rellingen 18 ↘

Schleswig-Holstein — Kreis Pinneberg — 12 m — 13 700 Ew — Pinneberg 2 km
ℹ️ ☎ (0 41 01) 5 64 05, Fax 56 41 65 — Gemeindeverwaltung, Hauptstr 60, 25462 Rellingen; Baumschulen; Rosenzucht. Sehenswert: Kirche

* **Rellinger Hof mit Gästehaus**
Hauptstr 31, ✉ 25462, ☎ (0 41 01) 2 80 71, Fax 51 21 21
44 Zi, Ez: 95-130, Dz: 140-230, ⌐ WC ☎
Rezeption: 7-20
* Hauptgericht 21

Krupunder (5 km ↘)
** **Fuchsbau**
♂ Altonaer Str 357, ✉ 25462, ☎ (0 41 01) 3 10 31, Fax 3 39 52, AX DC ED VA
40 Zi, Ez: 130-140, Dz: 175, ⌐ WC ☎; 🅿 🍽 2⇔25 🍴
Auch Zimmer der Kategorie * vorhanden

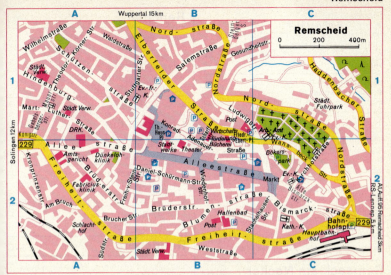

Remagen 43 ←

Rheinland-Pfalz — Kreis Ahrweiler — 65 m — 16 434 Ew — Bonn 21, Koblenz 38 km
ℹ️ ☎ (0 26 42) 2 25 72, Fax 2 01 27 — Touristinformation, Kirchstr 6, 53424 Remagen; Stadt am Rhein unterhalb der Mündung der Ahr. Sehenswert: Apollinariskirche und Pfarrhoftor; Friedensmuseum: Brücke von Remagen, Künstlerbahnhof Rolandseck; Rolandsbogen.

Achtung: Autofähre von Remagen-Kripp nach Linz 6-24 Uhr ℹ️ ☎ (0 26 44) 5 60 07 50 und von Remagen-Rolandseck nach Honnef 6.30-21 Uhr ℹ️ ☎ (0 22 24) 25 60

Rolandseck (6 km ↑)
✱ **Bellevuechen**
◄ ☑ Bonner Str 68, ✉ 53424, ☎ (0 22 28) 79 09, Fax 79 09, AX DC ED VA
Hauptgericht 35; Terrasse 🅿; geschl: Mo, Di, 2 Wochen im Herbst, 1 Woche im Jan

Remchingen 61 ↘

Baden-Württemberg — Enzkreis — 160 m — 10 580 Ew — Pfinztal 6, Pforzheim 13 km
ℹ️ ☎ (0 72 32) 7 97 90 — Gemeindeverwaltung, 75196 Remchingen

Wilferdingen (1 km ↘)
✱ **Zum Hirsch**
Hauptstr 45, ✉ 75196, ☎ (0 72 32) 7 96 36, Fax 7 96 38, AX ED VA
21 Zi, Ez: 85-90, Dz: 120-130, ⌂ WC, 6🖼;
🅿 ⛽

Remscheid 33 ↙

Nordrhein-Westfalen — Stadtkreis — 300 m — 126 000 Ew — Solingen 12, Wuppertal 15, Köln 41 km
ℹ️ ☎ (0 21 91) 9 23 20, Fax 92 32 50 — Wirtschaftsförderung Remscheid, Elberfelder Str 41 (B 1), 42853 Remscheid. Sehenswert: Deutsches Werkzeugmuseum; Deutsches Röntgen-Museum; Müngstener Brücke (5 km ←), höchste Eisenbahnbrücke Deutschlands; Remscheider Talsperre: erste Trinkwassertalsperre Deutschlands (5 km ↘); historische Altstadt Lennep

✱✱✱ **Remscheider Hof**
Bismarckstr 39 (C 2), ✉ 42853, ☎ (0 21 91) 43 20, Fax 43 21 58, AX DC ED VA
106 Zi, Ez: 183-204, Dz: 267-308, S;
2 Suiten, ⌂ WC ☎, 11🖼; Lift 🅿 🚗 11⇌300 Kegeln

✱✱ **Bergischer Löwe**
Hauptgericht 30; geschl: Sa mittags, So abends, 3 Wochen im Sommer

✱ **Café Noll**
Alleestr 85 (B 2), ✉ 42853, ☎ (0.21 91) 4 70 00, Fax 47 00 13, AX DC ED VA
24 Zi, Ez: 90-120, Dz: 160-180, ⌂ WC ☎; Lift 🚗 🍽 ⛽
Rezeption: 7-21

Hasten (3 km ↘)
✱✱ **Ascot**
Hastener Str 100, ✉ 42855, ☎ (0 21 91) 88 80, Fax 8 22 09, AX DC ED VA
39 Zi, Ez: 110-155, Dz: 150-210, ⌂ WC ☎, 4🖼; 🅿; garni   →

Remscheid

Lennep (6 km →)
* **Berliner Hof**
Mollplatz 1, ✉ 42897, ☎ (0 21 91) 6 01 51, Fax 6 04 51, DC ED VA
31 Zi, Ez: 80-120, Dz: 165-190, ⊿ WC ☎; P 🅿; garni

Lüttringhausen (8 km ↗)
* **Fischer**
Lüttringhauser Str 131, ✉ 42899, ☎ (0 21 91) 9 56 30, Fax 95 63 99, AX DC ED VA
47 Zi, Ez: 95-140, Dz: 145-210, ⊿ WC ☎, 5🅿; Lift P 1⇔20 Fitneßraum Kegeln Sauna
* Hauptgericht 30; Terrasse; geschl: Di

* **Kromberg**
Kreuzbergstr 24, ✉ 42899, ☎ (0 21 91) 59 00 31, Fax 5 18 69, AX DC ED VA
Hauptgericht 25; P; geschl: 2 Wochen zu Weihnachten
** 18 Zi, Ez: 95, Dz: 150, ⊿ WC ☎; 🅿
geschl: 2 Wochen zu Weihnachten

Remseck am Neckar 61 →

Baden-Württemberg — Kreis Ludwigsburg — 212 m — 17 500 Ew — Waiblingen 7, Ludwigsburg 8 km
ℹ ☎ (0 71 46) 28 90, Fax 28 91 14 — Gemeindeverwaltung, im Ortsteil Neckarrems, Fellbacher Str 2, 71686 Remseck

Aldingen (2 km ↙)
** **Schiff**
Neckarstr 1, ✉ 71680, ☎ (0 71 46) 9 05 40, Fax 9 16 16, ED VA
Hauptgericht 30; geschl: Mi, Do

Hochberg (3 km ↑)
* **Gengenbach's Adler**
Am Schloß 2, ✉ 71686, ☎ (0 71 46) 57 49, ED VA
Hauptgericht 36; P; geschl: Mo, Aug
Haus aus dem 15. Jh. Kaminzimmer mit wertvollem Kachelofen

Remshalden 62 ←

Baden-Württemberg — Rems-Murr-Kreis — 240 m — 13 200 Ew — Waiblingen 7, Schorndorf 9, Stuttgart 17 km
ℹ ☎ (0 71 51) 7 33 10, Fax 97 31 24 — Gemeindeverwaltung, im Ortsteil Geradstetten, Rathausstr 24, 73630 Remshalden

Hebsack
** **Gasthof zum Lamm (Flair Hotel)**
Winterbacher Str 1, ✉ 73630, ☎ (0 71 81) 4 50 61, Fax 4 54 10, AX DC ED VA
Hauptgericht 30; P Terrasse Kegeln; geschl: So abends, Mo
** **Gästehaus**
23 Zi, Ez: 98-125, Dz: 140-200, ⊿ WC ☎; Lift 2⇔30

Renchen 60 ↓

Baden-Württemberg — Ortenaukreis — 170 m — 6 600 Ew — Offenburg 15, Kehl 21, Baden-Baden 26 km
ℹ ☎ (07 83) 7 07 18, Fax 7 07 23 — Stadtverwaltung, Hauptstr 57, 77871 Renchen; Grimmelshausen-Stadt

* **Hanauer Hof**
Poststr 30, ✉ 77871, ☎ (0 78 43) 3 27, Fax 8 43 04, DC ED VA
16 Zi, Ez: 69-95, Dz: 125-140, 4 Suiten, ⊿ WC ☎; P 🅿 1⇔25
* Hauptgericht 25; geschl: Mo

* **Ratsstube**
Hauptstr 69, ✉ 77871, ☎ (0 78 43) 26 60, Fax 83 18, AX DC ED VA
11 Zi, Ez: 85-95, Dz: 110-145, ⊿ WC ☎; P 🅿 Kegeln ↑◎↑
Rezeption: 9.30-24

Rendsburg 10 □

Schleswig-Holstein — Kreis Rendsburg-Eckernförde — 7 m — 31 000 Ew — Schleswig 28, Neumünster 32, Kiel 39 km
ℹ ☎ (0 43 31) 2 11 20, Fax 2 33 69 — Verkehrsverein, Altes Rathaus (B 2), 24768 Rendsburg; Kreisstadt, Binnenhafen - zwischen Nord-Ostsee-Kanal und der Eider. Sehenswert: Marienkirche; Christkirche; Altes Rathaus; Eisenbahnhochbrücke (42 m hoch) mit Schwebefähre; Kanaltunnel; Autobahnhochbrücke; Eisen-Kunstgußmuseum Büdelsdorf; Elektromuseum der Schleswag; Norddeutsches Druckmuseum; hist. Museum; jüd. Museum/Dr.-Bamberger-Haus

* **Pelli-Hof**
Materialhofstr 1 (C 2-3), ✉ 24768, ☎ (0 43 31) 2 22 16, Fax 2 38 37, AX DC ED VA
28 Zi, Ez: 99, Dz: 165, 1 Suite, 1 App, ⊿ WC ☎; P 🅿 1⇔100
Rezeption: 7-22, So ab 17
Auch Zimmer der Kategorie ** vorhanden
** **Klöndeel**
Hauptstr 27; Biergarten; geschl: So abends, Mo

* **Conventgarten**
♂ 🛋 Hindenburgstr 38 (B 3), ✉ 24768, ☎ (0 43 31) 5 90 50, Fax 59 05 65, AX DC ED VA
56 Zi, Ez: 105, Dz: 165, 4 Suiten, ⊿ WC ☎, 6🅿; Lift P 🅿 8⇔300
Auch Zimmer der Kategorie ** vorhanden
** Hauptstr 27; Terrasse

* **Tüxen**
Lancasterstr 44, ✉ 24768, ☎ (0 43 31) 2 70 99, Fax 2 70 90, AX DC ED VA
20 Zi, Ez: 95, Dz: 150, ⊿ WC ☎; P
* Hauptgericht 25; Biergarten; nur abends; geschl: Sa
☎ (0 43 31) 2 68 37

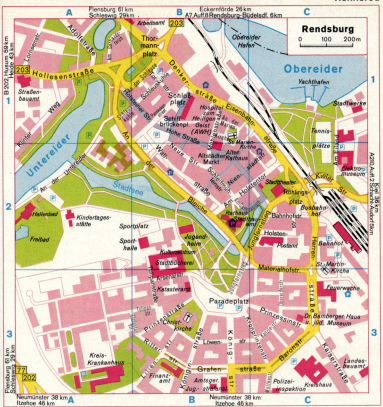

Rendsburg

✳ **Neuwerk**
Königstr 4 (B 3), ✉ 24768, ☎ (0 43 31)
5 89 10, Fax 5 89 12 09, AX DC ED VA
16 Zi, Ez: 100, Dz: 140-150, 4 App, ⌐ WC ☎; P
geschl: Ende Dez-Anfang Jan
✳ Hauptgericht 25; Gartenlokal
geschl: Sa, So mittags, Ende Dez-Anfang Jan

✳ **Hansen**
Bismarckstr 29, ✉ 24768, ☎ (0 43 31)
2 29 10, Fax 2 16 47, AX DC ED VA
26 Zi, ⌐ WC ☎; P 🚗 3 ✲ 100
geschl: So
✳ **Bismarckstube**
Hauptgericht 30; geschl: So

Rengsdorf 43 □

Rheinland-Pfalz — Kreis Neuwied — 350 m
— 2 500 Ew — Neuwied 12, Altenkirchen
32 km

ℹ ☎ (0 26 34) 23 41, Fax 77 06 — Kurverwaltung, Westerwaldstr 32 a, 56579 Rengsdorf; Heilklimatischer Kurort im Westerwald

Rengsdorf-Außerhalb (2 km ↗, Richtung Hardert)

✳ **Obere Mühle**
einzeln ☎ ✉ 56577, ☎ (0 26 34) 22 29,
Fax 75 77
12 Zi, Ez: 60-80, Dz: 140-160, 3 Suiten, ⌐
WC ☎; P 1 ✲ 20 ≋ Sauna Solarium
Rezeption: 8-21; geschl: Do
✳ ⌐ Hauptgericht 25; Terrasse;
geschl: Do, Mitte Nov-26.12.

Rennerod 44 □

Rheinland-Pfalz — Westerwaldkreis —
520 m — 4 000 Ew — Westerburg 11,
Herborn 22 km

ℹ ☎ (0 26 64) 5 06 70, Fax 59 57 — Verbandsgemeindeverwaltung, Hauptstr 55,
56477 Rennerod; Ort nahe der Fuchskaute,
657 m (9 km ↑). Sehenswert: Krombach-Talsperre (9 km →) →

Abweichungen zwischen Datenteil und Reisekartenteil ergeben sich durch verschiedene Redaktionsschlußzeiten.

Rennerod

✱ Pitton
Hauptstr 54, ✉ 56477, ☎ (0 26 64) 66 35, Fax 9 01 56
5 Zi, Ez: 80-90, Dz: 130-150, ⊣ WC ☎; Lift
Rezeption: 9-22.30; geschl: 3 Wochen in den Sommerferien

✱ Röttger
Hauptstr 50, ✉ 56477, ☎ (0 26 64) 10 75, Fax 9 04 53, AX ED VA
17 Zi, Ez: 78-98, Dz: 130-160, ⊣ WC ☎; P 🍽
geschl: So abends, Mo, 2 Wochen in den Sommerferien

Renningen 61 □

Baden-Württemberg — Kreis Böblingen — 410 m — 15 400 Ew — Leonberg 7, Sindelfingen 10, Pforzheim 36 km
🛈 ☎ (0 71 59) 92 40, Fax 92 41 03 — Stadtverwaltung, Hauptstr 1, 71272 Renningen

✱✱ Walker
Rutesheimer Str 62, ✉ 71272, ☎ (0 71 59) 60 45, Fax 74 55, AX DC ED VA
21 Zi, Ez: 145, Dz: 185, 2 Suiten, ⊣ WC ☎; Lift P 🚗 2⇔50 Kegeln
✱✱ Hauptgericht 30

✱ Gästehaus am Kirchplatz
Kleine Gasse 6, ✉ 71272, ☎ (0 71 59) 60 78, AX ED VA
8 Zi, Ez: 85, Dz: 130, 8 App, ⊣ WC ☎; P; garni

Reppelin 13 ↙

Mecklenburg-Vorpommern — Kreis Rostock — 50 m — Sanitz 5, Rostock 20 km
🛈 ☎ (03 82 09) 3 28 — Gemeindeverwaltung, 18190 Reppelin

Neu Wendorf (2 km ↘)
✱✱ Gutshaus Neu Wendorf
♂ ✉ 18190, ☎ (03 82 09) 8 02 70, Fax 8 02 71
9 Zi, Ez: 70-130, Dz: 120-150, 3 App, ⊣ WC ☎; P
geschl: 22.-28.12.
Restaurant für Hausgäste

Rettenberg 70 ↓

Bayern — Kreis Oberallgäu — 820 m — 3 400 Ew — Immenstadt 7, Sonthofen 9, Oy-Mittelberg 18 km
🛈 ☎ (0 83 27) 12 09, Fax 71 59 — Verkehrsamt, Kranzegger Str 4, 87549 Rettenberg; Erholungsort und Wintersportplatz.
Sehenswert: Grünten, 1738 m ⛷

✱ Gasthof Adler-Post
Burgberger Str 8, ✉ 87549, ☎ (0 83 27) 2 26, Fax 12 35, ED VA
17 Zi, Ez: 60, Dz: 110, 2 App, ⊣ WC ☎; P 1⇔200
geschl: Mi
Auch Zimmer der Kategorie ✱✱ vorhanden
✱ Hauptgericht 20; Terrasse;
geschl: Mi

Reudnitz 39 →

Sachsen — 190 m — Riesa 24, Torgau 24, Wurzen 27 km
🛈 ☎ (03 43 61) 5 13 90 — Gemeindeverwaltung, Kirchstr 7, 04758 Cavertitz

✱✱ Pelzer
einzeln ♂ ◂ Waldstr 41, ✉ 04774, ☎ (03 43 61) 6 60, Fax 6 61 49, ED
38 Zi, Ez: 90-100, Dz: 130-140, 2 Suiten, ⊣ WC ☎, 10🍽; P 🚗 3⇔80 Fitneßraum Kegeln Sauna Solarium 🍽

Reutlingen 61 ↘

Baden-Württemberg — Kreis Reutlingen — 376 m — 107 000 Ew — Tübingen 13, Stuttgart 44, Ulm 74 km
🛈 ☎ (0 71 21) 3 03 25 26, Fax 1 70 13 — Fremdenverkehrsamt, Kaiserstr. 7 (A 1), 72764 Reutlingen; Stadt am Rande der Schwäbischen Alb. Sehenswert: Ev. Marienkirche; Tübinger Tor und Gartentor - Achalm, 707 m ◂ (4 km + ¼ Std →); Städtisches Kunstmuseum Spendhaus Reutlingen

✱✱ Fora
Am Echazufer (B 3), ✉ 72764, ☎ (0 71 21) 92 40, Fax 92 44 44, AX ED VA
106 Zi, Ez: 110, Dz: 140, 50 App, ⊣ WC ☎, 25🍽; Lift P 🚗 10⇔350 Sauna Solarium
✱✱ Hauptgericht 25; Terrasse

✱✱ Fürstenhof
♂ Kaiserpassage 5 (B 2), ✉ 72764, ☎ (0 71 21) 31 80, Fax 31 83 18, AX DC ED VA
96 Zi, Ez: 95-185, Dz: 160-220, 2 Suiten, ⊣ WC ☎, 50🍽; Lift 🚗 3⇔100 ≘ Kegeln Sauna Solarium; garni
geschl: Ende Dez-Anfang Jan

✱✱ Württemberger Hof
Kaiserstr 3 (B 1), ✉ 72764, ☎ (0 71 21) 1 70 56, Fax 4 43 85, AX DC ED VA
50 Zi, Ez: 83-120, Dz: 135-160, ⊣ WC ☎, 10🍽; Lift P 1⇔20 🍽

✱ Germania
Unter den Linden 18 (A 1), ✉ 72762, ☎ (0 71 21) 3 19 00, Fax 31 90 77, AX DC ED VA
42 Zi, Ez: 80-95, Dz: 120-160, ⊣ WC ☎; Lift P 🚗 🍽

✱✱ Stadt Reutlingen
Karlstr 55, ✉ 72764, ☎ (0 71 21) 49 23 91, AX DC ED VA
Hauptgericht 35; P; geschl: Sa

☕ Finckh
Wilhelmstr 122 (B 3), ✉ 72764, ☎ (0 71 21) 34 65 08
Terrasse; 8-18.30, Sa bis 18, So 11-18; geschl: Mo

Rheda-Wiedenbrück

Sommer
Wilhelmstr 100 (B 3), ✉ 72764, ☎ (0 71 21) 30 03 80, Fax 33 00 15
Terrasse; 8-18.30, So 13-18

Betzingen (3 km ←)
** Fortuna
Carl-Zeiß-Str 75, ✉ 72770, ☎ (0 71 21) 58 40, Fax 58 41 13, AX DC ED VA
100 Zi, Ez: 106-140, Dz: 166-180, WC ☎, 8✉; Lift P Fitneßraum Sauna Solarium ☯

Rhauderfehn 15 ↘

Niedersachsen — Kreis Leer — 4 m — 14 548 Ew — Papenburg 16, Leer 19 km
ℹ ☎ (0 49 52) 87 00, Fax 8 03 79 — Rhauderfehn-Information, im Ortsteil Westrhauderfehn, Rajen 3, 26817 Rhauderfehn. Sehenswert: Fehn-Schiffahrtsmuseum; Windmühlen

Westrhauderfehn
* Nanninga
Untenende 44, ✉ 26817, ☎ (0 49 52) 28 06, Fax 18 03, AX ED VA
19 Zi, Ez: 78-88, Dz: 138-148, WC ☎; P Kegeln ☯
geschl: Im Winter So, Ende Dez-Anfang Jan

Rheda-Wiedenbrück 34 ↗

Nordrhein-Westfalen — Kreis Gütersloh — 100 m — 38 000 Ew — Gütersloh 9, Lippstadt 22 km
ℹ ☎ (0 52 42) 41 48 00, Fax 41 48 10 — Fördergesellschaft, Wirtschaft und Kultur, Mittelhegge 11, 33378 Rheda-Wiedenbrück; Stadt an der Ems. Sehenswert: Im Stadtteil Rheda: ev. Stiftskirche; Schloß; im Stadtteil Wiedenbrück: kath. Stiftskirche St. Aegidii: Kanzel; Fachwerkbauten; Leineweber- und Automuseum

Lintel (4 km →)
* Landhotel Pöppelbaum
Postdamm 86, ✉ 33378, ☎ (0 52 42) 76 92, Fax 92 85 10, AX DC ED VA
18 Zi, Ez: 65-70, Dz: 100-110, 2 App, WC ☎; P 60 Kegeln ☯

Rheda
* Reuter
Bleichstr 3, ✉ 33378, ☎ (0 52 42) 9 45 20, Fax 4 27 88, AX DC ED VA
31 Zi, Ez: 85-130, Dz: 120-180, 4 App, WC ☎; Lift P 1 20 Kegeln
** Hauptgericht 35; Terrasse; geschl: Fr, Sa mittags →

---

34 ↗ Der Ort befindet sich im Reisekartenteil auf Seite 34 im nordöstlichen Planfeld.

Rheda-Wiedenbrück

Wiedenbrück

** Sport Hotel Wiedenbrück
Wasserstr 40, ✉ 33378, ☎ (0 52 42) 95 33,
Fax 95 34, AX ED VA
61 Zi, Ez: 140-150, Dz: 190-205, 3 App, ⇨
WC ☎, 22🛏; Lift 🅿 🚗 2⇌100 Fitneßraum
Kegeln Sauna Solarium; **garni**

** Romantik Hotel Ratskeller
Lange Str, ✉ 33378, ☎ (0 52 42) 92 10,
Fax 92 11 00, AX DC ED VA
32 Zi, Ez: 122-175, Dz: 188-260, 1 Suite,
1 App, ⇨ WC ☎, 6🛏; Lift 🅿 🚗 3⇌30
Sauna Solarium 🍽

** Zur Wartburg
Mönchstr 4, ✉ 33378, ☎ (0 52 42) 9 25 20,
Fax 92 52 52, AX ED VA
19 Zi, Ez: 75-95, Dz: 120-150, ⇨ WC ☎; 🅿;
garni

* Motor-Hotel Wiedenbrück
Bielefelder Str 145, ✉ 33378, ☎ (0 52 42)
87 82, Fax 5 52 18, AX DC ED VA
27 Zi, Ez: 57-79, Dz: 97-119, ⇨ WC ☎; 🅿 🚗
Fitneßraum; **garni**
geschl: Ende Dez-Anfang Jan

* Hohenfelder Brauhaus
Lange Str 10, ✉ 33378, ☎ (0 52 42) 84 06,
Fax 85 07
10 Zi, Ez: 80-85, Dz: 150, ⇨ WC ☎; 🅿 🚗
Kegeln 🍽
geschl: 22.12.-4.1.

Rhede 32 ↗

Nordrhein-Westfalen — Kreis Borken —
32 m — 17 000 Ew — Bocholt 6, Borken
12 km
ℹ ☎ (0 28 72) 80 05 50, Fax 80 05 91 — Verkehrsamt, Postfach 64, 46414 Rhede.
Sehenswert: Pfarrkirche: Holzschnitz-
werke; Schloß, holl. Windmühle; alte
Herrensitze

* Deitmer
Hohe Str 8, ✉ 46414, ☎ (0 28 72) 24 08,
Fax 72 31,
13 Zi, Ez: 75, Dz: 130, ⇨ WC ☎; 🅿 🚗 1⇌50
geschl: Di, Ende Dez-Anfang Jan, Ostern
* Hauptgericht 25; Biergarten; nur
abends; geschl: Di, Ende Dez-Anfang Jan

Rheinau 60 □

Baden-Württemberg — Ortenaukreis —
132 m — 9 500 Ew — Achern 11,
Kehl 16 km
ℹ ☎ (0 78 44) 40 00 — Stadtverwaltung, im
Stadtteil Freistett, Rheinstr 52, 77866 Rhei-
nau

Diersheim

* La Provence 👑
Hanauer Str 1, ✉ 77866, ☎ (0 78 44)
4 70 15, Fax 4 76 63, AX ED VA
12 Zi, Ez: 68-88, Dz: 108-119, ⇨ WC ☎; 🅿 🚗
Seezugang; **garni**
geschl: 18.12.-10.1.

Linx

** Grüner Baum
◊ Tullastr 30, ✉ 77866, ☎ (0 78 53) 3 58,
Fax 1 74 58, AX DC ED VA
Hauptgericht 30; Gartenlokal 🅿; geschl:
So, Mo abends, 2 Wochen im Winter,
2 Wochen im Sommer

Rheinbischofsheim

* Napoleon
Hauptstr 210, ✉ 77866, ☎ (0 78 44) 4 70 08,
Fax 4 70 09, AX ED VA
13 Zi, Ez: 55-85, Dz: 95-180, 1 App, WC ☎;
🅿
* Hauptgericht 18; Terrasse;
geschl: 1 Woche zu Fasching

Rheinbach 43 ←

Nordrhein-Westfalen — Rhein-Sieg-Kreis
— 164 m — 23 900 Ew — Euskirchen 14,
Bonn 19 km
ℹ ☎ (0 22 26) 91 70, Fax 91 71 17 — Stadtverwaltung, Schweigelstr 23, 53359 Rheinbach. Sehenswert: Reste der Stadtbefestigung; Glasmuseum

* Haus Streng
Martinstr 14, ✉ 53359, ☎ (0 22 26) 23 61,
Fax 69 17, AX DC ED VA
19 Zi, Ez: 70, Dz: 100, ⇨ WC ☎; 🅿 🚗 Kegeln
🍽
Rezeption: 11.30-15, 17-24

Rheinbreitbach 43 □

Rheinland-Pfalz — Kreis Neuwied — 80 m
— 4 000 Ew — Bad Honnef 3, Linz 9 km
ℹ ☎ (0 22 24) 7 20 20, Fax 7 60 80 —
Gemeindeverwaltung, Obere Burg,
53619 Rheinbreitbach

* Haus Bergblick
◊ Gebrüder-Grimm-Str 11, ✉ 53619,
☎ (0 22 24) 7 10 50, Fax 7 10 60
15 Zi, Ez: 80, Dz: 120, 2 Suiten, ⇨ WC ☎; 🅿
🚗 1⇌30 🍽
geschl: Mi

Rheinbrohl 43 □

Rheinland-Pfalz — Kreis Neuwied — 100 m
— 4 123 Ew — Linz 10, Neuwied 11,
Bonn 37 km
ℹ ☎ (0 26 35) 26 26, Fax 49 11 — Ortsge-
meindeverwaltung, Rathaus, Gertrudenhof, 56598 Rheinbrohl; Weinbau- und
Fremdenverkehrsort am Rhein, Ausgangspunkt des Limes

** Klauke's Krug
Kirchstr 11, ✉ 56598, ☎ (0 26 35) 24 14,
Fax 52 95, AX DC ED VA
Hauptgericht 30; Gartenlokal; 🛏; geschl:
Di, 3 Wochen im Mär

Rheine 23 ↘

Nordrhein-Westfalen — Kreis Steinfurt —
41 m — 70 000 Ew — Lingen/Ems 31,
Osnabrück 46, Münster 42 km
ℹ️ ☎ (0 59 71) 5 40 55, Fax 5 29 88 — Verkehrsverein, Bahnhofstr 14, 48431 Rheine;
Stadt an der Ems. Sehenswert: Kath.
Kirche St. Dionysius; kath. Kirche St. Antonius; Falkenhof-Museum; Tierpark in
Bentlage (3 km ↑); historische Salinenanlage

** City-Club-Hotel
◅ Humboldtplatz 8, ✉ 48429, ☎ (0 59 71)
8 80 04, Fax 8 75 00, AX DC ED VA
56 Zi, Ez: 136-180, Dz: 190-250, 2 Suiten, ⊿
WC ☎, 3🛏; Lift 🅿 🚗 1⇆1050

** Stadthalle
◅ Hauptgericht 25; Terrasse; geschl: So
abends, 3 Wochen in den Sommerferien

* Lücke
◅ Heilig-Geist-Platz 1, ✉ 48431,
☎ (0 59 71) 5 40 64, Fax 20 08, AX DC ED VA
39 Zi, Ez: 125-165, Dz: 150-185, 1 Suite, ⊿
WC ☎, 11🛏; Lift 🅿 🚗 3⇆100 Kegeln
Sauna Solarium
geschl: Sa mittags, So, 22.12.-5.1.
* Hauptgericht 25

* Zum alten Brunnen ♛
Dreierwalder Str 25, ✉ 48429, ☎ (0 59 71)
8 80 61, Fax 8 78 02, ED
14 Zi, Ez: 95-125, Dz: 145-185, 2 Suiten, ⊿
WC ☎, 1🛏; Kegeln
geschl: Ende Dez-Anfang Jan
Auch Zimmer der Kategorie ****** vorhanden
* Hauptgericht 25

* Freye
Emsstr 1, ✉ 48431, ☎ (0 59 71) 20 69,
Fax 5 35 68, AX ED VA
18 Zi, Ez: 85-105, Dz: 120-150, ⊿ WC ☎;
garni
geschl: 23.12.-2.1.

** Petito's Bistro
Bonifatiusstr 305, ✉ 48432, ☎ (0 59 71)
6 52 34, Fax 79 93 50, ED VA
Hauptgericht 40; nur mittags; geschl: so+
feiertags, Sa, 3 Wochen in den Sommerferien, Ende Dez-Jan

<mark>Mesum</mark> (7 km ↘)
** Altes Gasthaus Borcharding
Alte Bahnhofstr 13, ✉ 48432, ☎ (0 59 75)
12 70, Fax 35 07, AX DC ED VA
Hauptgericht 35; Biergarten Gartenlokal;
geschl: Do, in den Osterferien
Seit 275 Jahren in Familienbetrieb. Weinkeller um 1700 angelegt
** 9 Zi, Ez: 75-115, Dz: 115-170, ♛
⊿ WC ☎; 🅿 🚗 4⇆90
geschl: Do, in den Osterferien
Im Stammhaus auch einfachere Zimmer
vorhanden.

Rheinfelden (Baden) 67 ↓

Baden-Württemberg — Kreis Lörrach —
283 m — 29 800 Ew — Basel 17, Bad
Säckingen 18 km
ℹ️ ☎ (0 76 23) 9 51, Fax 9 52 20 — Bürgermeisteramt, Kirchplatz 2, 79618 Rheinfelden; Stadt am Hochrhein. Sehenswert:
Deutschordensschloß Beuggen (3 km ↗);
Tschamberhöhle (4 km ↗)

* Danner
Alte Landstr 1, ✉ 79618, ☎ (0 76 23) 85 34,
Fax 6 39 73, AX ED VA
33 Zi, Ez: 85-110, Dz: 146-180, 1 Suite, ⊿
WC ☎; Lift 🅿 🚗 1⇆100 Kegeln 🍽

* Oberrhein
Werderstr 13, ✉ 79618, ☎ (0 76 23) 7 21 10,
ED
21 Zi, Ez: 95, Dz: 135, ⊿ WC ☎; Lift 🅿 🚗;
garni
Rezeption: 7-12.30, 15-20; geschl: Ende
Dez-Anfang Jan

<mark>Eichsel</mark> (7 km ↑)
** Restaurant-Café Elke
Saaleweg 8, ✉ 79618, ☎ (0 76 23) 44 37,
Fax 4 05 50
Hauptgericht 30; 🅿 Terrasse 🐾; geschl:
Mo, Di

<mark>Karsau</mark> (2 km ↑)
*** Landgasthaus Kupferdächli
mit Gästehaus Jennifer**
Rütte 16, im Gästehaus Jennifer, ✉ 79618,
☎ (0 76 23) 5 99 90, Fax 59 99 32, AX ED VA
10 Zi, Ez: 85, Dz: 140, ⊿ WC ☎; 🅿
* Hauptgericht 30; geschl: So
abends

<mark>Riedmatt</mark> (4 km ↗)
** Storchen
Brombachstr 3, ✉ 79618, ☎ (0 76 23) 51 94,
Fax 51 98, AX DC ED VA
31 Zi, Ez: 87-98, Dz: 130-150, ⊿ WC ☎, 5🛏;
Lift 🅿 🚗 1⇆12
geschl: Fr, Sa mittags, Anfang-Mitte Jan
* Hauptgericht 35; Terrasse;
geschl: Fr, Sa mittags, Jan

Rheinhausen siehe Duisburg

Rheinsberg 21 ↗

Brandenburg — Kreis Ostprignitz-Ruppin
— 70 m — 5 400 Ew — Neuruppin 25, Neustrelitz 38 km
ℹ️ ☎ (03 39 31) 20 59, Fax 20 59 — Fremdenverkehrsverein, Rheinsberger Seenkette,
Markt-Kavalierhaus, 16831 Rheinsberg.
Sehenswert: Postmeilensäule; Kirche;
Schloß; Schloßpark

** Deutsches Haus
Seestr 13, ✉ 16831, ☎ (03 39 31) 3 90 59,
Fax 3 90 63, AX ED VA
28 Zi, Ez: 120, Dz: 200, 4 App, ⊿ WC ☎,
8🛏; Lift Fitneßraum Sauna Solarium
** Hauptgericht 35; Biergarten;
Terrasse

Rhens

Rhens 43 ↘

Rheinland-Pfalz — Kreis Mayen-Koblenz — 70 m — 3 000 Ew — Koblenz 10, Bingen 53 km
i ☎ (0 26 28) 63 42, Fax 63 24 — Verkehrsamt, Neues Rathaus, Am Viehtor 1, 56321 Rhens; Erholungsort am Rhein. Sehenswert: Rathaus; Stadtbefestigung; Königsstuhl

** Königstuhl
⊠ ⊰ Am Rhein 1, ⊠ 56321, ☎ (0 26 28) 22 44, AX DC ED VA
Hauptgericht 25; Terrasse ℙ; geschl: Mo, Jan
⊷ ⊰ ⊠ 12 Zi, Ez: 65-95, Dz: 145-140, ⊿ WC ☎; 🚗 4⇔70
Rezeption: 8-14,17-21.30; geschl: Jan

Rheydt siehe Mönchengladbach

Ribnitz-Damgarten 13 ←

Mecklenburg-Vorpommern — Kreis Ribnitz-Damgarten — 5 m — 17 851 Ew — Rostock 27, Stralsund 47 km
i ☎ (0 38 21) 22 01, Fax 22 01 — Stadtinformation, Markt 1, 18311 Ribnitz-Damgarten. Sehenswert: Spätgotische Stadtkirche St. Marien; Klosterensemble mit Bernsteinmuseum; Rostocker Tor; Ribnitzer Madonnen; Freilichtmuseum Klockenhagen

* Zum Bodden
Lange Str 54, ⊠ 18311, ☎ (0 38 21) 56 21, Fax 81 35 76
40 Zi, Ez: 80, Dz: 125, ⊿ WC ☎; ⌶⊚⌶

* Perle am Bodden
⊰ Fritz-Reuter-Str 14, ⊠ 18311, ☎ (0 38 21) 21 48, Fax 81 18 46, AX DC ED VA
14 Zi, Ez: 125, Dz: 150-195, 1 Suite, 2 App, ⊿ WC ☎; Lift ℙ Fitneßraum Sauna Solarium ⌶⊚⌶

Rickenbach 67 ↘

Baden-Württemberg — Kreis Waldshut — 750 m — 3 850 Ew — Bad Säckingen 14 km
i ☎ (0 77 65) 92 00 17 — Verkehrsamt, Hauptstr 1, 79736 Rickenbach; Erholungsort im Hotzenwald (südlicher Schwarzwald)

** Landhotel Hotzenwald
⊰ Hennematt 7, ⊠ 79736, ☎ (0 77 65) 18 80, Fax 18 83 00, AX DC ED VA
87 Zi, Ez: 110-140, Dz: 170-210, ⊿ WC ☎; Lift ℙ 1⇔18 ≋ Fitneßraum Sauna Solarium ⌶⊚⌶

* Alemannenhof Hotel Engel
Hauptstr 6, ⊠ 79736, ☎ (0 77 65) 9 20 10, Fax 92 01 88, AX DC ED VA
65 Zi, Ez: 90-105, Dz: 150-180, ⊿ WC ☎; Lift ℙ Kegeln Sauna Solarium ⌶⊚⌶

Riddagshausen siehe Braunschweig

Rieden 43 ✓

Rheinland-Pfalz — Kreis Mayen-Koblenz — 346 m — 1 312 Ew — Mayen 13 km
i ☎ (0 26 52) 58 20, Fax 5 82 31 — Verbandsgemeindeverwaltung, Heidenstockstr 12, 56743 Mendig; Erholungsort im Nettetal

Riedener Mühle (2 km ↗)
* Forsthaus
⊙ ⊠ 56745, ☎ (0 26 55) 95 99-0, Fax 41 36, AX DC ED VA
13 Zi, Ez: 52-72, Dz: 90-120, ⊿ WC ☎; ℙ 🚗 1⇔20 Fitneßraum Sauna Solarium
Rezeption: 9-23; geschl: Mo abends, Di, Jan
* Hauptgericht 30; geschl: Mo abends, Di, Jan

Rieden am Forggensee 70 ↘

Bayern — Kreis Ostallgäu — 840 m — 1 100 Ew — Füssen 7 km
i ☎ (0 83 62) 3 70 25, Fax 3 96 25 — Verkehrsamt, Lindenweg 2, 87669 Rieden am Forggensee; Erholungsort

Dietringen (2 km ↑)
* Schwarzenbach
⊰ ⊠ 87669, ☎ (0 83 67) 3 43, Fax 10 61
35 Zi, Ez: 70-80, Dz: 140, 1 App, ⊿ WC ☎; ℙ Seezugang Fitneßraum Sauna Solarium ⌶⊚⌶
Rezeption: 7-12, 14-23; geschl: Di, Jan
Auch einfache Zimmer vorhanden

Riederich 61 ↘

Baden-Württemberg — Kreis Reutlingen — 350 m — 4 300 Ew — Metzingen 3, Filderstadt 15 km
i ☎ (0 71 23) 3 80 50, Fax 3 80 11 — Bürgermeisteramt, Mittelstädter Str 16, 72585 Riederich

*** Albhotel
⊙ Hegwiesenstr 20, ⊠ 72585, ☎ (0 71 23) 3 80 30, Fax 3 55 44, AX DC ED VA
51 Zi, Ez: 125-160, Dz: 175-195, 1 Suite, ⊿ WC ☎, 20 🖴; Lift ℙ 4⇔30 Sauna Solarium
** Hauptgericht 25; Terrasse

Riedlingen 69 □

Baden-Württemberg — Kreis Biberach — 560 m — 9 000 Ew — Saulgau 18, Munderkingen 18 km
i ☎ (0 73 71) 18 30, Fax 1 83 55 — Bürgermeisteramt, Marktplatz 1, 88499 Riedlingen; Stadt an der oberschwäb. Barockstraße und Donau. Sehenswert: kath. Kirche St. Georg

Rietberg

✱ **Brücke**
Hindenburgstr 4, ⌧ 88499, ☎ (0 73 71)
1 22 66, Fax 1 30 15, AX DC ED VA
40 Zi, Ez: 79, Dz: 128, 3 Suiten, 1 App, ⊿
WC ☎; **P** 🅿 Fitneßraum Solarium 🍴

Altheim
✱ **Landgasthof Donautal**
♂ Donaustr 75, ⌧ 88499, ☎ (0 73 71) 85 11,
Fax 1 37 76, AX DC ED VA
14 Zi, Ez: 65-95, Dz: 105-145, 4 Suiten, ⊿
WC ☎, 2✉; **P** 🅿 🍴
geschl: 2 Wochen im Nov

Riegel 67↘

Baden-Württemberg — Kreis Emmendingen — 182 m — 3 250 Ew — Endingen 4,
Emmendingen 10 km
i ☎ (0 76 42) 10 06 — Bürgermeisteramt,
Hauptstr 31, 79359 Riegel. Sehenswert:
Michaelskapelle ◄; Grundmauern eines
röm. Mithrastempels

✱ **Riegeler Hof**
Haupstr 69, ⌧ 79359, ☎ (0 76 42) 14 68, Fax
36 53, 55 Zi, Ez: 78-85, Dz: 125-145, ⊿ WC ☎,
30✉; 2✪
Rezeption: 7-12, 16-22
✱ **Winzerstube**
Hauptgericht 25; Terrasse; geschl: im Winter So abends, Mo
Eigenbauweine

Rielasingen-Worblingen 68↘

Baden-Württemberg — Kreis Konstanz —
425 m — 11 500 Ew — Singen 4, Radolfzell 13 km
i ☎ (0 77 31) 59 02 56, Fax 59 02 55 —
Gemeindeverwaltung, Lessingstr 2,
78239 Rielasingen-Worblingen

Rielasingen
✱✱ **Krone**
Hauptstr 3, ⌧ 78239, ☎ (0 77 31) 20 46,
Fax 20 50, DC ED VA
25 Zi, Ez: 80-98, Dz: 130-155, ⊿ WC ☎; **P** 🅿
4✪100 Sauna Solarium
geschl: So abends, Mo, 2 Wochen Jul,
Ende Dez-Anfang Jan
Auch Zimmer der Kategorie ✱ vorhanden
✱ Hauptgericht 26; geschl:
2 Wochen im Jul, Ende-Anfang Jan

✱✱ **Alte Mühle**
Singener Str 3, ⌧ 78239, ☎ (0 77 31)
5 20 55, Fax 5 20 57, AX ED VA
Hauptgericht 40; geschl: Di
✱✱ ♂ ◄ 6 Zi, Ez: 80-110, Dz: 130-160,
⊿ WC ☎; **P** 1✪
Rezeption: 10-15, 17.30-24; geschl: Di,
2 Wochen über Fasching

Worblingen
✱✱ **Salzburger Stub'n** ✤
Hardstr 29, ⌧ 78239, ☎ (0 77 31) 2 73 49,
Fax 2 73 49, ED
Hauptgericht 35; **P** Terrasse; geschl: Do,
1 Woche im Feb

Rieneck 55↗

Bayern — Kreis Main-Spessart — 180 m —
2 338 Ew — Gemünden 5 km
i ☎ (0 93 54) 6 42, Fax 14 29 — Stadtverwaltung, Schulgasse 4, 97794 Rieneck.
Sehenswert: Stadtkirche; Rathaus; Kreuzkapelle mit Kreuzweg; Burg mit romanischer Kapelle

Rieneck-Außerhalb (1 km ↑)
✱✱ **Spessarthotel Gut Dürnhof
(Landidyll Hotel)**
einzeln ◄ Burgsinner Str 3, ⌧ 97794,
☎ (0 93 54) 10 01, Fax 15 12, AX ED VA
23 Zi, Ez: 110-130, Dz: 148-190, 7 Suiten, ⊿
WC ☎, 7✉; **P** 🅿 3✪80 ≋ Fitneßraum
Solarium
Historischer Gasthof, erstmals 1356
erwähnt.
✱ Hauptgericht 30; Terrasse

Riesa 40↙

Sachsen — Kreis Riesa — 128 m —
Oschatz 20, Elsterwerda 26 km
i ☎ (0 35 25) 6 90 — Stadtverwaltung, Rathausplatz 1, 01587 Riesa

✱✱ **Wettiner Hof**
Hohe Str 4, ⌧ 01587, ☎ (0 35 25) 71 80,
Fax 71 82 22, AX ED VA
44 Zi, Ez: 95-140, Dz: 145-170, ⊿ WC ☎; Lift
P 2✪50 🍴

✱✱ **Saxonia**
Bahnhofstr 41, ⌧ 01587, ☎ (0 35 25)
71 83 00, Fax 71 83 34, AX DC ED VA
43 Zi, Ez: 95, Dz: 150, ⊿ WC ☎; **P** 🅿 1✪30
Sauna Solarium 🍴

✱ **Sachsenhof**
Hauptstr 65, ⌧ 01587, ☎ (0 35 25) 73 36 29,
Fax 73 01 67, ED VA
14 Zi, Ez: 90, Dz: 120, ⊿ WC ☎; 🍴

✱ **Zur Mühle
(Akzent-Hotel)**
Alexander-Puschkin-Platz 4, ⌧ 01587,
☎ (0 35 25) 70 51 13, Fax 70 51 13, AX ED VA
33 Zi, Ez: 79-118, Dz: 139-158, 1 Suite, ⊿
WC ☎; **P** 2✪100
Restaurant für Hausgäste

✱ **Am Sächsischen Zollhaus**
Leipziger Str 20, ⌧ 01589, ☎ (0 35 25)
7 26 30, Fax 72 63 15, AX ED VA
17 Zi, Ez: 65-95, Dz: 120, ⊿ WC ☎; **P** ≋
Kegeln 🍴

Rietberg 34↗

Nordrhein-Westfalen — Kreis Gütersloh —
85 m — 26 000 Ew — Rheda-Wiedenbrück 9, Delbrück 12 km
i ☎ (0 52 44) 70 40, Fax 7 04 79 — Stadtverwaltung, Rügenring 1, 33397 Rietberg.
Sehenswert: Stadtkern; Fachwerkhäuser;
Kloster, Klosterkirche; Johanneskapelle;
Schloßwälle →

Rietberg

Mastholte (7 km ✓)
** Domschenke
Lippstädter Str 1, ✉ 33397, ☎ (0 29 44) 3 18, Fax 69 31
Hauptgericht 45; 🅿; geschl: Di, Sa mittags, in den Osterferien, Aug, 1 Woche im Jan

Riethnordhausen 47 ↑

Thüringen — Kreis Sömmerda — 190 m — 919 Ew — Erfurt 11, Sömmerda 20 km
🅘 ☎ (0 36 29) 5 09 40 — Gemeindeverwaltung, 99195 Riethnordhausen

** Landvogt
♂ ✉ 99195, ☎ (03 62 04) 5 25 11, Fax 5 25 13, AX ED VA
16 Zi, Ez: 85-95, Dz: 110-130, ⊿ WC, 4⃞; 🅿 1↻30 Sauna Solarium
* Hauptgericht 20; Biergarten; nur abends, Sa + So auch mittags

Riezlern siehe Kleinwalsertal

Rimbach 54 →

Hessen — Kreis Bergstraße — 250 m — 8 100 Ew — Weinheim 10, Heppenheim 13 km
🅘 ☎ (0 62 53) 80 90, Fax 8 09 54 — Gemeindeverwaltung, Rathausstr 1, 64668 Rimbach. Sehenswert: Kirche; Tromm, 580 m ⇐ (75 Min ↘)

* Berghof
♂ ✉ Holzbergstr 27, ✉ 64668, ☎ (0 62 53) 9 81 80, Fax 98 18 49, AX DC ED VA
13 Zi, Ez: 68-76, Dz: 108-126, ⊿ WC, 4⃞; 🅿
geschl: Do
* Hauptgericht 25; Terrasse; geschl: Do, Fr mittags

Rimbach 59 ↘

Bayern — Kreis Cham — 535 m — 1 920 Ew — Kötzting 9, Furth i. W. 9 km
🅘 ☎ (0 99 41) 89 31, Fax 72 92 — Verkehrsamt, Hohenbogen 10, 93485 Rimbach

** Bayerischer Hof
Dorfstr 32, ✉ 93485, ☎ (0 99 41) 23 14, Fax 23 15, AX ED
100 Zi, Ez: 50-80, Dz: 90-120, ⊿ WC; Lift 🅿 🛏 ≋ 🏊 Fitneßraum Kegeln Sauna Solarium 🍽
Auch Zimmer der Kategorie ******* vorhanden

Rimsting 73 ←

Bayern — Kreis Rosenheim — 580 m — 3 200 Ew — Chiemsee 4, Rosenheim 20 km
🅘 ☎ (0 80 51) 44 61, Fax 6 16 94 — Verkehrsamt, Schulstr 4, 83235 Rimsting

Rimsting
** Ludwigshöhe
Bahnhofstr 1, ✉ 83235, ☎ (0 80 51) 37 96, Fax 6 20 29
Hauptgericht 25; Terrasse 🅿; geschl: Di

Rinchnach 66 ↘

Bayern — Kreis Regen — 727 m — 3 200 Ew — Regen 7, Zwiesel 9 km
🅘 ☎ (0 99 21) 58 78, Fax 68 63 — Verkehrsamt, Gehmannsberger Str 12, 94269 Rinchnach; Kulturstätte im mittleren Bayerischen Wald

** Gästehaus St. Gunther
⇐ Hofmark 7, ✉ 94269, ☎ (0 99 21) 21 42, Fax 80 92 00
33 Zi, Ez: 56, Dz: 96, ⊿ WC ☎; 🅿 🏊 Fitneßraum Sauna Solarium 🍽

Oberasberg (4 km ↑)
* Haus am Berg
einzeln ♂ ⇐ Haus Nr 2, ✉ 94269, ☎ (0 99 22) 30 63, Fax 14 38
15 Zi, Ez: 55-60, Dz: 92-100, 2 App, ⊿ WC ☎; 🅿 1↻15 ≋ 🏊 Sauna Solarium 🍽
geschl: Di, Nov

Ringelai 66 □

Bayern — Kreis Freyung-Grafenau — 410 m — 1 900 Ew — Freyung 9, Grafenau 16 km
🅘 ☎ (0 85 55) 3 34, Fax 87 16 — Verwaltungsgemeinschaft, Unterer Markt 3, 94160 Perlesreut

* Wolfsteiner Ohe
♂ Perlesreuter Str 5, ✉ 94160, ☎ (0 85 55) 9 70 00, Fax 82 42
30 Zi, Ez: 52-61, Dz: 80-118, ⊿ WC ☎; 🅿 2↻300 🏊 Fitneßraum Sauna Solarium 🍽
geschl: im Winter Mo, Nov
Auch Zimmer der Kategorie ****** vorhanden

Ringgau 36 ↘

Hessen — Werra-Meißner-Kreis — 380 m — 1 200 Ew — Eschwege 13 km
🅘 ☎ (0 56 58) 2 01, Fax 2 01 — Verkehrsamt, im Ortsteil Datterode, Finkenweg 9, 37296 Ringgau; Luftkurort

Datterode (6 km ↘)
* Fasanenhof
♂ Hasselbachstr 28, ✉ 37296, ☎ (0 56 58) 13 14, Fax 84 40, AX DC ED VA
9 Zi, Ez: 65-70, Dz: 100-120, 1 Suite, ⊿ WC ☎; 🅿 🍽

Ringsheim 67 ↘

Baden-Württemberg — Ortenaukreis — 170 m — 2 000 Ew — Herbolzheim 3, Lahr 13 km
🅘 ☎ (0 78 22) 8 93 90, Fax 89 39 12 — Bürgermeisteramt, Kirchstr 5, 77975 Ringsheim

* **Gasthof Heckenrose**
Bundesstr 22, ✉ 77975, ☎ (0 78 22) 14 84, Fax 37 64, AX DC ED VA
27 Zi, Ez: 80, Dz: 130, 5 Suiten, 1 App, ⌐ WC ☎; Lift 🅿 Kegeln
* Hauptgericht 26; Biergarten; geschl: Mo mittags, Sa mittags

Rinnthal 53 ↘

Rheinland-Pfalz — Kreis Südliche Weinstraße — 190 m — 590 Ew — Annweiler 3, Landau 17 km
🛈 ☎ (0 63 46) 22 00, Fax 79 17 — Büro für Tourismus, Rathaus, 76855 Annweiler am Trifels. Sehenswert: Ev. Kirche

* **Pension Waldesruh**
♂ Schulstr 7 a, ✉ 76857, ☎ (0 63 46) 71 84, Fax 10 53
24 Zi, Ez: 50-60, Dz: 70-90, ⌐ WC ☎, 🅿; garni
Auch Zimmer der Kategorie ** vorhanden

Rinteln 25 ↓

Niedersachsen — Kreis Schaumburg — 50 m — 28 871 Ew — Bückeburg 15, Hameln 29 km
🛈 ☎ (0 57 51) 40 31 62, Fax 40 32 30 — Verkehrsbüro, Klosterstr 20, 31737 Rinteln; Stadt an der Weser. Sehenswert: Stadtbild: hist. Marktplatz, ev. Marktkirche; ref. Kirche; Renaissance-Rathaus; Adelshöfe; Stift Möllenbeck (5 km ✓); Schloß Varenholz (10 km ←)

* **Zum Brückentor**
◂ Weserstr 1, ✉ 31737, ☎ (0 57 51) 4 20 95, Fax 4 47 62, AX DC ED VA
22 Zi, Ez: 95-110, Dz: 135-150, ⌐ WC ☎; Lift 🅿; garni

● **Sinke**
Marktplatz 13, ✉ 31737, ☎ (0 57 51) 29 01
9-18, So ab 11; geschl: Mo
Spezialität: Weserkies

Rinteln-Außerhalb (3 km ↑)
** **Waldkater**
einzeln ♂ Waldkaterallee 27, ✉ 31737, ☎ (0 57 51) 1 79 80, Fax 17 98 83, AX DC ED VA
29 Zi, Ez: 145, Dz: 198, ⌐ WC ☎, 3✉; Lift 🅿 🍴 4⟷100 Sauna Solarium 🍽

Todenmann (3 km ↘)
◂ **Altes Zollhaus**
Hauptstr 5, ✉ 31737, ☎ (0 57 51) 7 40 57, Fax 77 61, AX DC ED VA
19 Zi, Ez: 80-130, Dz: 120-190, 2 Suiten, ⌐ WC ☎; 🅿 Fitneßraum Sauna Solarium
** Hauptgericht 30; Terrasse

Rochlitz

Rippoldsau-Schapbach, Bad 60 ↘

Baden-Württemberg — Kreis Freudenstadt — 500 m — 2 539 Ew — Freudenstadt 16, Wolfach 23 km
🛈 ☎ (0 74 40) 7 22, Fax 5 29 — Kurverwaltung, im Ortsteil Bad Rippoldsau, Kurhausstr 2, 77776 Bad Rippoldsau-Schapbach; Luftkurort und Heilbad im Schwarzwald. Sehenswert: Klösterle-Kirche

Bad Rippoldsau
** **Kranz**
♂ Reichenbachstr 2, ✉ 77776, ☎ (0 74 40) 7 25, Fax 5 11
30 Zi, Ez: 95-130, Dz: 160-190, ⌐ WC ☎; Lift 🅿 🍴 2⟷40 🏊 Fitneßraum Sauna Solarium 🍽
Tennis 1

Schapbach-Außerhalb
* **Zum Letzten G'stehr**
Wolftalstr 17, ✉ 77776, ☎ (0 74 40) 7 14, Fax 5 14
15 Zi, Ez: 62-68, Dz: 112-130, 2 Suiten, ⌐ WC ☎; Lift 🅿 🍴 Solarium
geschl: Di, Mitte Nov-Mitte Dez, Mitte-Ende Jan
* Hauptgericht 25; Terrasse; geschl: Di, Mitte Nov-Mitte Dez, Mitte-Ende Jan

Rittersdorf 52 ↑

Rheinland-Pfalz — Kreis Bitburg-Prüm — 290 m — 1 128 Ew — Bitburg 3 km
🛈 ☎ (0 65 61) 89 35, Fax 46 46 — Tourist-Information Bitburger Land, Bedaplatz 11, 54634 Bitburg. Sehenswert: Burg aus dem Jahre 1263

* **Am Wisselbach**
Bitburger Str 2, ✉ 54636, ☎ (0 65 61) 70 57, Fax 1 22 93, AX DC ED VA
23 Zi, Ez: 60-88, Dz: 110-150, ⌐ WC ☎; 🅿 🍴 3⟷80 Fitneßraum Kegeln Sauna Solarium 🍽
geschl: Mo
* Hauptgericht 25; Terrasse; geschl: Mitte-Ende Jan

** **Dorint Restaurant Burg Rittersdorf**
Bitburger Str, ✉ 54636, ☎ (0 65 61) 9 65 70, Fax (0 65 69) 79 09, AX DC ED VA
Hauptgericht 30; Terrasse; geschl: Mo
Wasserschloß von 1263

Rochlitz 50 ↘

Sachsen — Kreis Mittweida — 170 m — 7 900 Ew — Chemnitz 30, Grimma 30 km
🛈 ☎ (0 37 37) 4 23 58, Fax 4 23 58 — Heimat- und Verkehrsverein, Leipziger Str 20, 09306 Rochlitz. Sehenswert: Schloß Rochlitz; Rochlitzer Berg ◂; Kunigundenkirche; Petrikirche; Schaukelbrücke →

Rochlitz

* **Schützes Bayerische Bierstube**
Markt 23, ✉ 09306, ☎ (0 37 37) 4 22 20, Fax 4 22 20
5 Zi, Ez: 85, Dz: 120, ⊿ WC ☎; ▯⃝|

Rockhausen 47 ↗

Thüringen — 300 m — Erfurt 11, Arnstadt 15 km
🅘 ☎ (03 61) 3 46 02 88 — Gemeindeverwaltung, 99102 Rockhausen

* **Landgasthof Rockhausen**
Hauptstr 42, ✉ 99102, ☎ (03 61) 66 95 57, Fax 66 91 50, ED
19 Zi, Ez: 75-112, Dz: 124-144, 1 Suite, ⊿ WC ☎; 1⇔20 ▯⃝|
Rezeption: 17-22, Sa 12-22, So 10-15

Rodach b. Coburg 47 ↓

Bayern — Kreis Coburg — 300 m — 6 700 Ew — Coburg 18 km
🅘 ☎ (0 95 64) 15 50, Fax 2 00 — Kurverwaltung, Rathaus, Markt 1, 96476 Rodach; Erholungsort mit Heilquellen-Kurbetrieb

** **Kurhotel am Thermalbad**
♂ ◂€ Kurring 2, ✉ 96476, ☎ (0 95 64) 2 07, Fax 2 06, ED VA
48 Zi, Ez: 65-90, Dz: 100-140, 2 Suiten, ⊿ WC ☎; Lift ▯ ▭ 2⇔80 ▯⃝|

** **Zur Alten Molkerei**
♂ Ernststr 6, ✉ 96476, ☎ (0 95 64) 83 80, Fax 83 81 55, AX ED VA
46 Zi, Ez: 45-90, Dz: 88-140, 2 App, ⊿ WC ☎; Lift ▯ ▭ ≋ Fitneßraum Sauna Solarium ▯⃝|
geschl: Anf. Jan

Heldritt (3 km ↗)
* **Pension Tannleite**
♂ Obere Tannleite 4, ✉ 96476, ☎ (0 95 64) 7 44, Fax 9 94 43
13 Zi, Ez: 37-45, Dz: 65-78, 2 App, ⊿ WC ☎; ▯ Fitneßraum ▯⃝|
geschl: Mi, Mitte Nov-Mitte Dez

Rodalben 53 ↓

Rheinland-Pfalz — Kreis Pirmasens — 250 m — 7 850 Ew — Pirmasens 6, Zweibrücken 28, Kaiserslautern 32 km
🅘 ☎ (0 63 31) 1 54 10, Fax 15 41 53 — Verbandsgemeindeverwaltung, Am Rathaus 9, 66976 Rodalben; Ort im Naturpark Pfälzerwald

* **Zum Grünen Kranz**
Hauptstr 210, ✉ 66976, ☎ (0 63 31) 2 31 70, Fax 23 17 30, AX DC ED VA
28 Zi, Ez: 60-75, Dz: 100-120, ⊿ WC ☎; ▯ 2⇔40
geschl: Do, Sa mittags
Auch Zimmer der Kategorie ** vorhanden
** Hauptgericht 30; Gartenlokal ✤

* **Pfälzer Hof**
Hauptstr 108, ✉ 67354, ☎ (0 63 31) 1 71 23, Fax 1 63 89, AX DC ED VA
8 Zi, Ez: 65, Dz: 100, ⊿ WC ☎; ▯ ▭ ▯⃝|
geschl: Mo, 25.7.-10.8

Rodenbach 55 ↘

Hessen — Main-Kinzig-Kreis — 170 m — 11 500 Ew — Hanau 5, Frankfurt/Main 28 km
🅘 ☎ (0 61 84) 59 90, Fax 5 04 72 — Gemeindeverwaltung, im Ortsteil Niederrodenbach, Buchbergstr 2, 63517 Rodenbach

Oberrodenbach
** **Barbarossa**
Somborner Str 24, ✉ 63517, ☎ (0 61 84) 9 58 50, Fax 95 85 42, AX ED VA
25 Zi, Ez: 75-120, Dz: 130-150, 1 Suite, 1 App, ⊿ WC ☎, 4▭; ▯ ▭ 2⇔45 Solarium
Golf 18
* Hauptgericht 30; Terrasse; nur abends; geschl: So, Ende Dez-Anfang Jan

Rodenberg 25 ↘

Niedersachsen — Kreis Schaumburg — 80 m — 4 500 Ew — Bad Nenndorf 2 km
🅘 ☎ (0 57 23) 70 50 — Samtgemeinde Rodenberg, Amtsstr 5, 31552 Rodenberg

Apelern (4 km ↓)
* **Salzbach**
♂ Reinsdorfer Str 16, ✉ 31552, ☎ (0 50 43) 10 80, Fax 10 89, AX DC ED VA
42 Zi, Ez: 70-165, Dz: 130-215, ⊿ WC ☎; ▭ 2⇔30 ≋ Kegeln ▯⃝|

Rodenkirchen siehe Stadland

Rodewisch 49 □

Sachsen — Kreis Auerbach — 650 m — 8 670 Ew — Reichenbach 15, Plauen 28, Schneebergen 28 km
🅘 ☎ (0 37 44) 3 68 10, Fax 3 42 45 — Tourist-Information, Wernesgrüner Str 32, 08228 Rodewisch; Schloßinsel mit Gondelteich, Museum Göltzsch, Ausgrabung „Wasserburg"

Rodewisch
** **Vogtland**
Dr-Goerdeler-Str 4, ✉ 08228, ☎ (0 37 44) 3 48 84, Fax 3 48 87
12 Zi, Ez: 90-110, Dz: 120, ⊿ WC ☎; ▯; garni

Rodgau 55 ↘

Hessen — Kreis Offenbach — 127 m — 42 453 Ew — Hanau 11, Dieburg 16, Offenbach 19 km
🅘 ☎ (0 61 06) 69 30, Fax 69 34 95 — Stadtverwaltung, im Stadtteil Jügesheim, Hintergasse 15, 63110 Rodgau

Jügesheim

** Haingraben
Haingrabenstr, ✉ 63110, ☎ (0 61 06)
6 99 90, Fax 6 19 60
Ez: 150-180, 22 App, ⌐ WC ☎; 🅿; garni

Nieder-Roden

** Holiday Inn Garden Court
Kopernikusstr 1, ✉ 63110, ☎ (0 61 06)
82 40, Fax 82 45 55, AX DC ED VA
115 Zi, Ez: 155-280, Dz: 155-320, 1 Suite, ⌐
WC ☎, 42✉; Lift 🅿 🅿 10↔350 Fitneßraum
Sauna ⑂

** Weiland
Borsigstr 15, ✉ 63110, ☎ (0 61 06) 8 71 70,
Fax 87 17 50, ED VA
27 Zi, Ez: 95-130, Dz: 140-180, ⌐ WC ☎; Lift
🅿 🅿 2↔50 ⑂

* Gästehaus Weber
Borsigstr 43, ✉ 63110, ☎ (0 61 06) 7 12 83,
Fax 7 56 69
8 Zi, Ez: 85, Dz: 120, ⌐ WC ☎; 🅿; garni

Roding 59 ↓

Bayern — Kreis Cham — 500 m —
10 900 Ew — Cham 14, Regensburg 40 km
ℹ ☎ (0 94 61) 10 66, Fax 6 69 — Verkehrsamt, Schulstr 12, 93426 Roding; Ort im
Bayerischen Wald. Sehenswert: Rathaus;
Taufkapelle; Wallfahrtskirche; Burg
Regenpeilstein; Burgruine Schwärzenberg; Wasserburg Wetterfeld

Neubäu (10 km ↘)

* Am See
Seestr 1, ✉ 93426, ☎ (0 94 69) 3 41,
Fax 4 03, ED
55 Zi, Ez: 50-60, Dz: 75, 7 Suiten, ⌐ WC ☎;
🅿 🅿 5↔80 ≋ Sauna Solarium ⑂
geschl: 2 Wochen im Nov

Röbel 21 ←

Mecklenburg-Vorpommern — Landkreis
Müritz — 63 m — 6 800 Ew — Waren 24,
Wittstock 29 km
ℹ ☎ (03 99 31) 5 06 51, Fax 5 06 51 — Tourist Information, Marktplatz 10,
17207 Röbel; Erholungsort. Sehenswert:
Pfarrkirche St. Marien; Pfarrkirche St. Nikolai

** Seelust
♂ ⌐≋ Seebadstr 33 a, ✉ 17202, ☎ (03 99 31)
58 30, Fax 5 83 43, AX ED VA
27 Zi, Ez: 90-160, Dz: 130-180, ⌐ WC ☎; 🅿
1↔50 Sauna Solarium ⑂

** Am Markt
Marktplatz 6, ✉ 17207, ☎ (03 99 31) 86 30,
Fax 8 63-18
5 Zi, Ez: 80-100, Dz: 120-140, 1 App, ⌐ WC
☎; ⑂ ⚓
geschl: im Winter Mo, Feb

* Müritzterrasse
⌐≋ Straße der Deutschen Einheit 27,
✉ 17207, ☎ (03 99 31) 5 01 64, Fax 5 01 64,
AX ED VA
12 Zi, Ez: 90-120, Dz: 120-150, 1 Suite, ⌐
WC ☎; 🅿 ⑂

* Seestern
♂ ⌐≋ Müritzpromenade 12, ✉ 17207,
☎ (03 99 31) 5 92 94, Fax 5 92 95, AX ED VA
19 Zi, Ez: 85-100, Dz: 120-160, ⌐ WC ☎; 🅿
Rezeption: 9-22
* ⌐≋ Hauptgericht 20; Terrasse

Gotthun (7 km ↑)

* Pension Müritzblick
♂ Reitweg 4, ✉ 17207, ☎ (03 99 31) 5 25 68,
Fax 5 25 68, ED VA
17 Zi, Ez: 67-90, Dz: 104-120, ⌐ WC ☎; 🅿
Seezugang ⑂

Rödelsee 56 □

Bayern — Kreis Kitzingen — 243 m —
1 400 Ew — Kitzingen 6 km
ℹ ☎ (0 93 23) 87 15 44, Fax 87 15 55 —
Fremdenverkehrsverein Iphofen, Geräthengasse 13, 97346 Iphofen; Weinbauort am
Steigerwald. Sehenswert: Schwanberg,
472 m ⌐≋(4 km →)

* Zum Rödelseer Schwan
Am Buck 1, ✉ 97348, ☎ (0 93 23) 8 71 40,
Fax 87 14 40, ED
42 Zi, Ez: 65, Dz: 110-140, 1 App, ⌐ WC ☎;
🅿 2↔35; garni
Rezeption: 7-20; geschl: Mo, Ende Dez-
Anfang Jan
Tennis 2
* Hauptgericht 25; Terrasse;
geschl: Mo, Mitte Jan-Mitte Feb

* Sulzbacher
Dorfgraben 9, ✉ 97348, ☎ (0 93 23) 55 10
♂ 7 Zi, Ez: 40-50, Dz: 80, ⌐ WC ☎; garni

⌂ Gasthof Stegner
♂ Mainbernheimer Str 26, ✉ 97348,
☎ (0 93 23) 34 15, Fax 63 35
17 Zi, Ez: 50-55, Dz: 85-90, ⌐ WC ☎; 🅿 🅿
⑂
geschl: Di, Ende Dez-Mitte Jan

Rödental 47 ↘

Bayern — Coburg — 306 m — 13 199 Ew —
Coburg 8 km
ℹ ☎ (0 95 63) 9 60 — Stadtverwaltung,
Bürgerplatz 1, 96472 Rödental; Schloß
Rosenau

Oberwohlsbach

* Alte Mühle
♂ Mühlgarten 5, ✉ 96472, ☎ (0 95 63)
7 23 80, Fax 72 38 66, AX ED VA
24 Zi, Ez: 89-105, Dz: 160, ⌐ WC ☎, 4✉;
Lift 🅿 1↔20 Sauna Solarium ⑂

Oeslau

* Brauereigasthof Grosch
Oeslauer Str 15, ✉ 96472, ☎ (0 95 63)
7 50-0, Fax 47 00, ED VA
15 Zi, Ez: 75-85, Dz: 120-130, ⌐ WC ☎; 🅿
Kegeln
* Hauptgericht 20; Biergarten

Röderau-Bobersen 40

Sachsen — Kreis Riesa-Grossenhain — 90 m — 2 600 Ew — Riesa 3, Grossenhain 15, Elsterwerda 23 km
ℹ️ ☎ (0 35 25) 76 22 87, Fax 76 23 48 — Gemeindeverwaltung, Moritzer Str 2, 01619 Röderau-Bobersen

Moritz (1,5 km ↘)
** Landhotel Moritz an der Elbe
♂ Dorfstr 1, ✉ 01619, ☎ (0 35 25) 76 11 11, Fax 76 11 14, AX ED VA
40 Zi, Ez: 95-115, Dz: 145-155, 1 Suite, 3 App, ⌁ WC ☎, 2📺; Lift 🅿 🍴 1⟲20 🍽
Tennis 8

Rödermark 54 ↗

Hessen — Kreis Offenbach — 145 m — 26 684 Ew — Dieburg 10, Offenbach 19, Frankfurt/Main 21 km
ℹ️ ☎ (0 60 74) 91 10, Fax 91 13 33 — Stadtverwaltung, im Rathaus Ober-Roden, Dieburger Str 13, 63322 Rödermark

Ober-Roden
* Eichenhof
Carl-Zeiss-Str 30, ✉ 63322, ☎ (0 60 74) 9 40 41, Fax 9 40 44, AX DC ED VA
36 Zi, Ez: 130-150, Dz: 178-218, 1 Suite, ⌁ WC ☎; Lift 🅿 Fitneßraum Sauna Solarium
geschl: Ende Dez-Anfang Jan
Auch Zimmer der Kategorie ** vorhanden
** Hauptgericht 28; Biergarten;
geschl: Fr, Ende Dez-Anfang Jan

* Rein
Nieder-Röder-Str 22, ✉ 63322, ☎ (0 60 74) 89 90, Fax 89 91 00, AX ED VA
20 Zi, Ez: 85-110, Dz: 125-155, ⌁ WC ☎; 🅿; 🍽
Rezeption: 17-21

Rollwald
** Best Western
Niederröder Str 24, ✉ 63322, ☎ (0 61 06) 7 09 20, Fax 7 09 22 82, AX DC ED VA
130 Zi, Ez: 194, Dz: 269, S; ⌁ WC ☎, 14📺; Lift 🅿 🍴 11⟲200 Fitneßraum Kegeln Sauna Solarium
** Atlantis
Hauptgericht 30; Biergarten Terrasse

Urberach
* Jägerhof
Im Mühlengrund 18, ✉ 63322, ☎ (0 60 74) 8 74 80, Fax 6 79 48, ED VA
24 Zi, Ez: 80, Dz: 140, ⌁ WC ☎; 🅿 🍴 Sauna Solarium 🍽

Urberach-Außerhalb (2 km ↘)
* Odenwaldblick
Bulauweg 27, ✉ 63322, ☎ (0 60 74) 8 74 40, Fax 6 89 99, AX DC ED VA
29 Zi, Ez: 95-120, Dz: 130-160, ⌁ WC ☎; 🅿 2⟲100 🍽
Rezeption: 6.30-13, 17-24
Auch Zimmer der Kategorie ** vorhanden

Röhrnbach 66 →

Bayern — Kreis Freyung-Grafenau — 436 m — 4 500 Ew — Waldkirchen 10, Freyung 10, Passau 22 km
ℹ️ ☎ (0 85 82) 14 71, Fax 82 78 — Fremdenverkehrsamt, Rathausplatz 1, 94133 Röhrnbach; Erholungsort im Bayerischen Wald

** Jagdhof
Marktplatz 11, ✉ 94133, ☎ (0 85 82) 97 00, Fax 86 34
70 Zi, Ez: 50-66, Dz: 100-134, ⌁ WC ☎; Lift 🅿 🍴 ≋ 🏊 Kegeln Sauna Solarium 🍽 🍺
geschl: Mitte Nov-Mitte Dez

* Alte Post/Vier Jahreszeiten
♂ Marktplatz 1, ✉ 94133, ☎ (0 85 82) 8 08 08, Fax 80 86 00
65 Zi, Ez: 60-85, Dz: 110-140, ⌁ WC ☎; 🏊 Fitneßraum Kegeln Sauna Solarium 🍽
geschl: Mitte Nov-Mitte Dez
Auch Zimmer der Kategorie ** vorhanden

Röhrsdorf 51 ↖

Sachsen — Kreis Pirna — 1 300 Ew — Dresden 15, Altenberg 27 km
ℹ️ ☎ (03 51) 2 81 65 56 — Gemeindeverwaltung, Hauptstr 24, 01809 Röhrsdorf

** Schloß Röhrsdorf
♂ Hauptstr 3, ✉ 01809, ☎ (03 51) 28 57 70, Fax 28 57 72 63, AX DC ED VA
22 Zi, Ez: 60-100, Dz: 150, 2 Suiten, ⌁ WC ☎, 12📺; 🅿 5⟲70
** Hauptgericht 32; Terrasse; nur abends, so+feiertags auch mittags

Röhrsdorf 49 ↗

Sachsen — Chemnitzer Land — 2 400 Ew — Chemnitz 5, Zwickau 25, Dresden 80 km
ℹ️ ☎ (0 37 22) 50 01 25 — Gemeindeverwaltung, Rathausplatz 4, 09247 Röhrsdorf

Röhrsdorf
** Plaza
(Team Hotel)
Wildparkstr 6, ✉ 09247, ☎ (0 37 22) 51 30, Fax 51 31 00, AX DC ED VA
Ez: 168-198, Dz: 199-228, S; ⌁ WC ☎; Lift 🅿 Sauna Solarium
** Harlekin
Hauptgericht 25; Biergarten Terrasse

Römerberg 54 ↓

Rheinland-Pfalz — Kreis Ludwigshafen (Land) — 95 m — 7 915 Ew — Speyer 6, Landau 24, Ludwigshafen 24 km
ℹ️ ☎ (0 62 32) 81 90, Fax 8 19 37 — Gemeindeverwaltung, Am Rathaus 4, 67354 Römerberg

Berghausen
** ⋆⋆ Morgenstern**
Germesheimer Str 2 b, ✉ 67354,
☎ (0 62 32) 80 01, Fax 80 28, AX ED
21 Zi, Ez: 70-95, Dz: 135-180, ⌐ WC ☎; P
1↔18
⋆⋆ Hauptgericht 30; Terrasse;
geschl: Di, 2 Wochen zu Fasching,
2 Wochen im Aug

Mechtersheim
⋆⋆ Pfälzer Hof
Schwegelheimer Str 1, ✉ 67354,
☎ (0 62 32) 81 70, Fax 81 71 60, AX ED VA
48 Zi, Ez: 75-90, Dz: 125-145, ⌐ WC ☎; Lift
P ⌕ 7↔240 Sauna Solarium ¶⊙
Auch Zimmer der Kategorie ⋆ vorhanden

Römnitz 19 ↘

Schleswig-Holstein — Herzogtum Lauenburg — 16 m — 66 Ew — Ratzeburg 4,
Lübeck 25 km
🛈 ☎ (0 45 41) 8 00 20 — Amtsverwaltung
Ratzeburg, Fünfhausen 1, 23909 Römnitz

Römnitz
⋆ Römnitzer Mühle
◂ Dorfstr 32, ✉ 23909, ☎ (0 45 41) 70 32,
Fax 70 26
13 Zi, Ez: 90, Dz: 130, ⌐ WC ☎; P 1↔35
Seezugang ¶⊙ ⛵
geschl: Mo, Feb

Rösrath 43 ↘

Nordrhein-Westfalen — Rheinisch-Bergischer Kreis — 90 m — 24 400 Ew — Siegburg 11, Köln 18 km
🛈 ☎ (0 22 05) 80 20, Fax 80 21 31 —
Gemeindeverwaltung, Hauptstr 229,
51503 Rösrath. Sehenswert: Haus Eulenbroich

⋆⋆⋆ Klostermühle
⚘ Zum Eulenbroicher Auel 15, ✉ 51503,
☎ (0 22 05) 47 58, Fax 8 78 68, AX DC ED VA
Hauptgericht 40; Terrasse; geschl: Mo, Di,
Anfang-Mitte Jan

Forsbach (4 km ↑)
⋆ Forsbacher Mühle
einzeln ♂ Mühlenweg 43, ✉ 51503,
☎ (0 22 05) 42 41, Fax 49 43
24 Zi, Ez: 65-75, Dz: 100-120, ⌐ WC ☎; P
¶⊙
geschl: Mo bis 15

Röt siehe Baiersbronn

Roetgen 42 ↘

Nordrhein-Westfalen — Kreis Aachen —
450 m — 7 000 Ew — Stolberg 19,
Düren 40 km
🛈 ☎ (0 24 71) 1 80, Fax 18 89 — Gemeindeverwaltung, Hauptstr 55, 52159 Roetgen;
Ort im Naturpark Nordeifel

⋆⋆ Zum genagelten Stein
Bundesstr 2, an der B 258, ✉ 52159,
☎ (0 24 71) 22 78, Fax 45 35, AX ED VA
Hauptgericht 40; P; geschl: Do, 3 Wochen
in den Sommerferien
⋆ 5 Zi, Ez: 100-110, Dz: 150-170, ⌐
WC ☎; ⌕ 1↔20
geschl: 3 Wochen in den Sommerferien

Roetgen-Außerhalb (2 km ↑)
⋆ Gut Marienbildchen
Münsterbildchen 3, an der B 258, ✉ 52159,
☎ (0 24 71) 25 23, AX ED
Hauptgericht 32; P Terrasse; geschl: So,
Mitte Jul-Mitte Aug
⋆ 8 Zi, Ez: 75-100, Dz: 110-160, ⌐
WC ☎
geschl: Mitte Jul-Mitte Aug

Rötz 59 ↓

Bayern — Kreis Cham — 453 m — 3 600 Ew
— Cham 23, Weiden 54 km
🛈 ☎ (0 99 76) 15 11, Fax 10 39 — Stadtverwaltung, Rathausstr 1, 92444 Rötz; Ort im
Bayerischen Wald. Sehenswert: Oberpfälzer Handwerksmuseum in Hillstett
(4 km ←); Schwarzwihrberg mit
Schwarzenburgruine, 706 m ◂ (3 km ↘)

Hillstett (4 km ←)
⋆⋆⋆ Wutzschleife
♂ ◂ Haus Nr 40, ✉ 92444, ☎ (0 99 76) 1 80,
Fax 1 81 80, AX DC ED VA
120 Zi, Ez: 130-175, Dz: 195-295, 14 Suiten,
38 App, ⌐ WC ☎; Lift P ⌕ 6↔140 ⚘
Sauna Solarium
Tennis 5
Auch Zimmer der Kategorie ⋆⋆ vorhanden
⋆⋆ Spiegelstube
Hauptgericht 30; Terrasse

Roggosen 41 □

Brandenburg — Landkreis Spree-Neiße —
630 Ew — Spremberg 18, Cottbus 12,
Forst 13 km
🛈 ☎ (03 56 05) 2 17 — Gemeindeverwaltung, Bräsinchener Str 6, 03058 Neuhausen

Roggosen
⋆⋆ Waldhotel
♂ Dorfstr 61, ✉ 03058, ☎ (03 56 05) 4 05 60,
Fax 4 05 02, AX ED VA
34 Zi, Ez: 80-95, Dz: 100-140, ⌐ WC ☎, 8✉;
P ¶⊙

Rohlstorf 11 ↗

Schleswig-Holstein — Kreis Segeberg —
40 m — 950 Ew — Bad Segeberg 10 km
🛈 ☎ (0 45 59) 4 85 — Gemeindeverwaltung,
23821 Rohlstorf →

Rohlstorf

Warder (2 km ←)
* **Gasthof am See**
♂ ⌀ Seestr 25, ✉ 23821, ☎ (0 45 59) 18 90, Fax 7 20, AX DC ED VA
41 Zi, Ez: 95-150, Dz: 165-185, 2 App, ⌐ WC ☎, 4⌐; Lift ℙ Seezugang Sauna
Im Gästehaus Zimmer der Kategorie ** vorhanden
** Hauptgericht 18; Terrasse

Rohrdorf 72 ↘

Bayern — Kreis Rosenheim — 450 m — 4 850 Ew — Rosenheim 9 km
ℹ ☎ (0 80 32) 50 04, Fax 10 89 — Gemeindeverwaltung, Untere Dorfstr 18, 83101 Rohrdorf

* **Christl**
Anzengruberstr 10, ✉ 83101, ☎ (0 80 32) 9 56 50, Fax 95 65 66, AX ED VA
26 Zi, Ez: 73-85, Dz: 104-130, ⌐ WC ☎; ℙ 1⟷20; garni

* **Zur Post**
Dorfplatz 14, ✉ 83101, ☎ (0 80 32) 18 30, Fax 58 44, AX DC ED VA
110 Zi, Ez: 40-85, Dz: 68-110, ⌐ WC ☎; Lift ℙ 🅿 3⟷200 🍴
Auch Zimmer der Kategorie ** vorhanden

Apfelkam (1,6 km ↓)
* **Gut Apfelkam**
Haus Nr 3, ✉ 83101, ☎ (0 80 32) 53 21, Fax 17 26, AX ED VA
Hauptgericht 27; Gartenlokal ℙ; nur abends; geschl: So, Mo, Mitte Feb-Mitte Mär

Roigheim 55 ↓

Baden-Württemberg — Landkreis Heilbron — 250 m — 1 510 Ew — Möckmühl 6, Adersheim 7, Mosbach 18 km
ℹ ☎ (0 62 98) 9 20 50, Fax 49 06 — Bürgermeisteramt, Hauptstr 20, 74255

Roigheim
* **Hägele**
Gartenstr 6, ✉ 74255, ☎ (0 62 98) 52 05, Fax 55 35, ED
Hauptgericht 25; ℙ Terrasse Kegeln; geschl: Mo, Sa abends

Rollwald siehe **Rödermark**

Ronneburg 49 ↖

Thüringen — Kreis Greiz — 285 m — 6 600 Ew — Gera 6, Schmölln 10, Zwickau 30 km
ℹ ☎ (03 66 02) 2 23 15, Fax 2 25 59 — Schloß Ronneburg, Markt 1, 07580

Ronneburg
* **Gambrinus**
Markt 40, ✉ 07580, ☎ (03 66 02) 34 20 45, Fax 34 20 46
25 Zi, Ez: 60-80, Dz: 80-100, ⌐ WC ☎; ℙ 🅿 2⟷40 🍴 🍺

Ronnenberg 26 ↗

Niedersachsen — Kreis Hannover — 65 m — 22 000 Ew — Hannover 8, Springe 17 km
ℹ ☎ (05 11) 4 60 00, Fax 4 60 02 98 — Stadtverwaltung, im Stadtteil Empelde, Hansastr 38, 30952 Ronnenberg. Sehenswert: Michaeliskirche (12. Jh.)

Benthe (4 km ↘)
** **Benther Berg**
♂ ⌀ Vogelsangstr 18, ✉ 30952, ☎ (0 51 08) 6 40 60, Fax 64 06 50, AX DC ED VA
70 Zi, Ez: 145-185, Dz: 180-250, ⌐ WC ☎; Lift 🅿 4⟷80 ⌀ Sauna
*** Hauptgericht 37; Terrasse

Rosbach v. d. Höhe 44 ↘

Hessen — Wetteraukreis — 167 m — 10 610 Ew — Friedberg 7, Bad Homburg 10 km
ℹ ☎ (0 60 03) 82 20 — Stadtverwaltung, Homburger Str 15, 61191 Rosbach

* **Hotel Garni**
Homburger Str 84, ✉ 61191, ☎ (0 60 03) 2 35-7, Fax 2 38, AX ED VA
22 Zi, Ez: 90-115, Dz: 149-168, ⌐ WC ☎; ℙ; garni

* **Post**
Nieder-Rosbacher-Str 11, ✉ 61191, ☎ (0 60 03) 80 36, Fax 76 55, AX DC ED VA
12 Zi, Ez: 110-135, Dz: 140-220, 1 Suite, 1 App, ⌐ WC ☎, 4⌐; ℙ 2⟷200; garni
Tennis 12

Rosenberg 62 ↗

Baden-Württemberg — Ostalbkreis — 503 m — 2 593 Ew — Ellwangen 10, Crailsheim 20 km
ℹ ☎ (0 79 67) 9 00 00, Fax 90 00 50 — Gemeindeverwaltung, Haller Straße 15, 73494 Rosenberg; Erholungsort. Sehenswert: Kath. Kirche Rosenberg und Kirche Hohenberg (3 km ↘)

* **Landgasthof Adler** ♔
Ellwanger Str 15, ✉ 73494, ☎ (0 79 67) 5 13 13 Zi, Ez: 75, Dz: 120-140, 2 Suiten, ⌐ WC ☎; ℙ 🅿
Rezeption: 10-14.30, 17.30-22; geschl: Do, Fr, 2 Wochen in den Sommerferien + 3 Wochen Jan 97
** 🍴 Hauptgericht 48; 🍺
geschl: Do+Fr, 2 Wo. i. d. Sommerferien, 3 Wo. im Jan

Rosengarten 62 ↑

Baden-Württemberg — Kreis Schwäbisch Hall — 350 m — 4 600 Ew — Schwäbisch Hall 8, Schwäbisch Gmünd 37 km
ℹ ☎ (07 91) 95 01 70, Fax 9 50 17 27 — Bürgermeisteramt, Hauptstr 39, 74538 Rosengarten. Sehenswert: Spätgotische Pfarrkirche in Rieden; Schloß in Tullau; Kirchhofkapelle in Westheim

Westheim
✶ Landgasthof Rössle
Marktplatz 1, ✉ 74538, ☎ (07 91) 5 16 07,
Fax 5 61 96
14 Zi, Ez: 60-70, Dz: 100-120, 4 App, ⌂ WC
☎; 🅿 2⇔60
✶ Hauptgericht 20; Terrasse;
geschl: Sa

Rosengarten 18 ☐

Niedersachsen — Kreis Harburg — 85 m —
11 000 Ew — Harburg 12, Hamburg 26 km
ℹ ☎ (0 41 08) 1 30, Fax 13 39 — Gemeindeverwaltung, im Ortsteil Nenndorf, Bremer
Str 42, 21224 Rosengarten

Nenndorf
✶ Rosenhof
Rußweg 6, ✉ 21224, ☎ (0 41 08) 71 81,
Fax 75 12, AX DC
Hauptgericht 30; nur abends; geschl: Mo
✶ ♂ ⌂ 10 Zi, Ez: 85, Dz: 140, ⌂ WC
☎; 🅿

Sieversen
**✶✶ Holst
(Ringhotel)**
Hauptstr 29, ✉ 21224, ☎ (0 41 08) 59 10,
Fax 59 12 98, DC ED VA
66 Zi, Ez: 115-178, Dz: 187-215, 3 Suiten,
1 App, ⌂ WC ☎, 3🅿; Lift 🅿 🚗 10⇔120 ≋
Fitneßraum Kegeln Sauna Solarium
Auch Zimmer der Kategorie ✶ vorhanden
✶✶ Hauptgericht 40; Terrasse

Sottorf
✶✶ Cordes am Rosengarten
Sottorfer Dorfstr 2, ✉ 21224, ☎ (0 41 08)
4 34 40, Fax 43 44 22, AX DC ED VA
43 Zi, Ez: 75-98, Dz: 110-170, 1 Suite, ⌂ WC
☎, 8🅿; Lift 🅿 5⇔110 Kegeln 🍽
Rezeption: 9.30-19
Auch Zimmer der Kategorie ✶ vorhanden

Tötensen
✶✶ Rosengarten
Woxdorfer Weg 2, ✉ 21224, ☎ (0 41 08)
59 50, Fax 18 77, AX DC ED VA
32 Zi, Ez: 130, Dz: 170, 1 Suite, ⌂ WC ☎; 🅿
🚗 3⇔30 Sauna
mit Appartement-Haus; Langzeitvermietung möglich
✶✶ Hauptgericht 30; Terrasse

Rosenheim 72 →

Bayern — Kreisfreie Stadt — 451 m —
58 000 Ew — München 68, Salzburg 75 km
ℹ ☎ (0 80 31) 30 01 10, Fax 30 01 65 — Verkehrsbüro, Kufsteiner Str 4, 83022 Rosenheim; Stadt am Inn. Sehenswert: Altstadt;
kath. Kirche St. Nikolaus; Josephs-Kirche;
barocke Wallfahrtskirche Hl. Blut; kath.
Kirche Westerndorf (6 km ✓); Mittertor;
Inn-Museum; Holztechn. Museum

Roßbach

✶✶ Pannonia
Brixstr 3, ✉ 83022, ☎ (0 80 31) 30 60,
Fax 30 64 15, AX DC
89 Zi, Ez: 118-148, Dz: 148-188, ⌂ WC ☎,
32🅿; Lift 6⇔100 Fitneßraum; **garni**

✶ Parkhotel Crombach
Kufsteiner Str 2, ✉ 83022, ☎ (0 80 31)
35 80, Fax 3 37 27, AX DC ED VA
62 Zi, Ez: 158, Dz: 198, 5 Suiten, ⌂ WC ☎,
20🅿; Lift 🅿 🚗 4⇔140 🍽

✶ Wendelstein
Bahnhofstr 4, ✉ 83022, ☎ (0 80 31) 3 30 23,
Fax 3 30 24, AX DC ED VA
34 Zi, Ez: 95-110, Dz: 150-170, ⌂ WC ☎; Lift
🅿 🚗 1⇔20 Sauna Solarium 🍽
Auch Zimmer der Kategorie ✶✶ vorhanden

✶ Goldener Hirsch
Münchner Str 40, ✉ 83022, ☎ (0 80 31)
2 12 90, Fax 21 29 49
33 Zi, Ez: 110-130, Dz: 170, WC ☎; 1⇔30
🍽

Zum Santa
☗ Max-Josefs-Platz 20, ✉ 83022,
☎ (0 80 31) 3 41 21, Fax 38 08 87, AX DC ED
Hauptgericht 25; geschl: so+feiertags, Sa
abends

Heilig Blut (2 km ↓)
✶ Fortuna
Hochplattenstr 42, ✉ 83026, ☎ (0 80 31)
6 20 85, Fax 6 88 21, AX DC ED VA
17 Zi, Ez: 75-105, Dz: 125-135, ⌂ WC ☎; 🅿
🚗
✶ Hauptgericht 30; Terrasse;
geschl: Di

Rossau 50 ↑

Sachsen — Kreis Mittweida — 300 m —
1 900 Ew — Mittweida 7, Chemnitz 22 km
ℹ ☎ (0 37 27) 22 41, Fax 28 62 — Fremdenverkehrsamt Mittweida, Rochlitzer Str 58,
09648 Mittweida. Sehenswert: Dorfkirche;
Steinkreuze

✶✶ Rossau
♂ Hauptstr 131, ✉ 09661, ☎ (0 37 27) 21 08,
Fax 20 50, AX DC ED VA
36 Zi, Ez: 60-115, Dz: 110-178, ⌂ WC ☎; 🅿
3⇔50 Fitneßraum Sauna Solarium
✶✶ Hauptgericht 20; Terrasse

Roßbach 43 ☐

Rheinland-Pfalz — Kreis Neuwied — 113 m
— 1 331 Ew — Neuwied 22, Bad Honnef
23 km
ℹ ☎ (0 26 38) 40 17, Fax 66 88 — Touristik-
Verband Wiedtal, Neuwieder Str 61,
56588 Waldbreitbach; Luftkurort im Wiedtal →

Die von uns genannten Ruhetage und
Ruhezeiten werden von den Betrieben gelegentlich kurzfristig geändert.

Roßbach

* Strand-Café
♠ ⬧ Neustadter Str 9, ✉ 53547, ☎ (0 26 38) 9 33 90, Fax 93 39 39, ED
22 Zi, Ez: 65-70, Dz: 120-130, ⌐⌐ WC ☎; P 1↺50 ◉
geschl: Mitte Jan-Anfang Feb, im Winter Mo

* Zur Mühle
♠ Mühlenstr 1, ✉ 53547, ☎ (0 26 38) 3 07
18 Zi, Ez: 45-58, Dz: 80-130, ⌐⌐ WC ☎; P ◉
geschl: Mitte Jan-Mitte Mär, Nov-Mitte Dez

Roßdorf 54 ↗

Hessen — Kreis Darmstadt-Dieburg — 200 m — 11 117 Ew — Darmstadt 8, Dieburg 11 km
ℹ ☎ (0 61 54) 80 80 — Gemeindeverwaltung, Erbacher Str 1, 64380 Roßdorf

Bessunger Forst
** Bessunger Forst
Darmstädterstr 90, ✉ 64380, ☎ (0 61 54) 6 08-0, Fax 6 08-1 11, AX DC ED VA
52 Zi, Ez: 100-130, Dz: 150-180, 5 Suiten, ⌐⌐ WC ☎, 18◫, P 3↺100 Sauna Solarium

* Landgasthof Spitzenwirt
Hauptgericht 25; Terrasse

Roßhaupten 70 ↘

Bayern — Kreis Ostallgäu — 816 m — 1 892 Ew — Füssen 12, Marktoberdorf 18 km
ℹ ☎ (0 83 67) 3 64, Fax 12 67 — Verkehrsamt, Hauptstr 10, 87672 Roßhaupten; Erholungsort am Forggensee

* Kaufmann
♠ ⬧ Füssener Str 44, ✉ 87672, ☎ (0 83 67) 8 23, Fax 12 23, AX ED
16 Zi, Ez: 50-75, Dz: 110-170, 4 Suiten, 1 App, ⌐⌐ WC ☎, P 1↺20 Fitneßraum Sauna Solarium ◉ ⬛
geschl: Mo, Mitte Jan-Mitte Feb

Roßla 37 →

Sachsen-Anhalt — Sangerhausen — 100 m — 2 687 Ew — Sangerhausen 16, Nordhausen 21 km
ℹ ☎ (03 46 51) 23 47, Fax 23 48 — Verwaltungsgemeinschaft, Helmestr 3, 06536 Roßla

Hayn (17 km †)
* Zum Auerhahn
Roßlaer Str, ✉ 06536, ☎ (03 46 58) 5 50
5 Zi, Ez: 50-60, Dz: 80-100, ⌐⌐ WC ☎; P ◉

Roßlau 39 ↘

Sachsen-Anhalt — Kreis Roßlau — 62 m — 14 462 Ew — Dessau 6 km
ℹ ☎ (03 49 01) 24 67 — Stadtinformation, Südstr 9, 06862 Roßlau. Sehenswert: Tausendjährige Wasserburg; Jagdschloß; kath. Kirche; neogotische ev. Kirche

** Astra
Hauptstr 128, ✉ 06862, ☎ (03 49 01) 6 20, Fax 6 21 00, AX DC ED VA
50 Zi, Ez: 95-125, Dz: 160-185, 1 Suite, 1 App, ⌐⌐ WC ☎, 12◫; Lift 3↺70 Sauna Solarium ◉

Rostock 12 ↘

Mecklenburg-Vorpommern — Kreisfreie Stadt — 14 m — 240 000 Ew — Lübeck 115, Berlin 227 km
ℹ ☎ (03 81) 4 92 52 60, Fax 4 93 46 02 — Rostock-Information, Schnickmannstr 13 (B 1), 18055 Rostock; Universitäts- und Hafenstadt. Sehenswert: Altstadt mit Rathaus; Universitätsplatz; Ständehaus; Alter Markt; Marienkirche, Petrikirche, Nikolaikirche; Kloster zum Heiligen Kreuz; Kröpeliner Tor; Steintor; Warnemünde: Leuchtturm; Westmole; Alter Strom

*** Ramada
Kröpeliner/Schwaansche Str 6, ✉ 18055, ☎ (03 81) 49 70-0, Fax 4 97 07 00
150 Zi, Ez: 165-267, Dz: 165-284, S; ⌐⌐ WC ☎, 49◫; Lift 8↺ Fitneßraum Sauna Solarium

** Fischer's Fritze
Hauptgericht 30

** Radisson SAS
⬧ Lange Str 40 (A 1), ✉ 18055, ☎ (03 81) 4 59 70, Fax 4 59 78 00, AX DC ED VA
338 Zi, Ez: 165-185, Dz: 195-230, S;
7 Suiten, ⌐⌐ WC ☎, 44◫; Lift P ⬛ 10↺320

** Malmö
Hauptgericht 25

** Nordland
Steinstr 7 (B 2), ✉ 18055, ☎ (03 81) 4 92 37 06, Fax 4 92 37 06, AX DC ED VA
38 Zi, Ez: 155, Dz: 195, ⌐⌐ WC ☎; Lift 2↺50 Sauna Solarium

* Hauptgericht 20

** Intercity Hotel
Herweghstr 51 (A 3), ✉ 18055, ☎ (03 81) 4 95 00, Fax 4 95 09 99, AX DC ED VA
177 Zi, Ez: 147-201, Dz: 165-206, ⌐⌐ WC ☎, 80◫; Lift P 6↺80 ◉

◉ Ratskeller
⚑ Neuer Markt 22 (B 1), ✉ 18055, ☎ (03 81) 45 48 50, Fax 4 54 85 99, AX DC ED VA
Hauptgericht 20

Zur Kogge
⚑ Wokrenterstr 27 (B 1), ✉ 18055, ☎ (03 81) 4 93 44 93, Fax 4 93 44 93, AX DC ED VA
Hauptgericht 18

Brinckmansdorf (3 km →)
** Tri Hotel
Tessiner Str 103, ✉ 18055, ☎ (03 81) 6 59 70, Fax 6 59 76 00, AX ED VA
121 Zi, Ez: 169-184, Dz: 228-288, ⌐⌐ WC ☎, 17◫; Lift P ⬛ 7↺180 ≋ Sauna Solarium ◉

Rostock

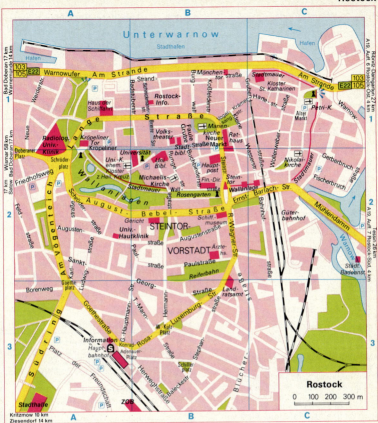

Dierkow
* **Landhaus Dierkow**
Gutenbergstr 5, ✉ 18146, ☎ (03 81)
6 58 00, Fax 6 58 01 00
43 Zi, Ez: 99-109, Dz: 139, ⊿ WC ☎, 10 ⌶; P
1 ⇌ 26 ¶ ⊙
Auch Zimmer der Kategorie ****** vorhanden

Reutershagen (2 km ←)
* **Elbotel**
Fritz-Triddelfitz-Weg 2, ✉ 18069, ☎ (03 81)
8 08 80, Fax 8 08 87 08, AX DC ED VA
89 Zi, Ez: 120-165, Dz: 145-190, 9 Suiten, ⊿
WC ☎, 20 ⌶; Lift P 1 ⇌ 24 Fitneßraum
Sauna Solarium; garni

Warnemünde (12 km ↑, Seebad)
*** **Strandhotel Hübner**
⦿ Seestr/Heinrich Heine-Str, ✉ 18119,
☎ (03 81) 5 43 40, Fax 5 43 44 44
87 Zi, Ez: 195-430, Dz: 235-470, 8 Suiten, ⊿
WC ☎, 28 ⌶; Lift ⌶ 5 ⇌ 100 Strandbad Fitneßraum Sauna Solarium; P Terrasse
** Hauptgericht 30; P Terrasse

*** **Neptun**
⦿ Seestr 19, ✉ 18119, ☎ (03 81) 77 70,
Fax 5 40 23, AX DC ED VA
325 Zi, Ez: 198-338, Dz: 298-418, S; 1 Suite,
13 App, ⊿ WC ☎, 50 ⌶; Lift P ⌶ 10 ⇌ 600
⌂ Strandbad Fitneßraum Kegeln Sauna
Solarium ⚓
Auch Zimmer der Kategorie ****** sowie einfachere Zimmer vorhanden

** **Koralle**
Hauptgericht 30; nur abends

* **Seemannskrug**
Hauptgericht 27

* **Parkhotel Seeblick**
⦿ Strandweg 12a, ✉ 18119, ☎ (03 81)
54 33-0, Fax 5 43 31 13, AX DC ED VA
31 Zi, Ez: 140-150, Dz: 160-180, ⊿ WC ☎; P
Strandbad Fitneßraum Sauna Solarium;
garni

* **Germania**
⦿ Am Strom 110, ✉ 18119, ☎ (03 81)
51 98 50, Fax 5 19 85 10
18 Zi, Ez: 135-145, Dz: 165-185, ⊿ WC ☎;
garni →

Rostock

✶ Warnemünde
Kirchenplatz, ✉ 18119, ☎ (03 81) 5 12 16, Fax 5 20 54, AX DC ED VA
20 Zi, Ez: 130-145, Dz: 160-190, ⌐ WC ☎; 1🛏30 ¶

✶ Versteck am Strom
🍴 Am Strom 32, ✉ 18119, ☎ (03 81) 5 26 20, Fax 5 26 20, AX DC ED VA
10 Zi, Ez: 95-130, Dz: 125-195, ⌐ WC ☎; ¶
Rezeption: 8-12.30, 18-21

✶✶ Atlantic
Am Strom 107, ✉ 18119, ☎ (03 81) 5 26 55, Fax 5 26 05, AX DC ED VA
Hauptgericht 25; Terrasse
✶✶ Il Ristorante Atlantic
◁ Hauptgericht 33; nur abends

✶ De Achterreeg
🍴 Alexandrinenstr 54, ✉ 18119, ☎ (03 81) 5 12 32, Fax 5 19 53 14, AX ED VA
Hauptgericht 25; nur abends; geschl: So

¶ Pier 46
Alexandrinenstr 46, ✉ 18119, ☎ (03 81) 51 95 30, Fax 5 19 53 14, AX DC ED VA
Hauptgericht 25; Terrasse; nur abends, Sa + So auch mittags

Zum Stromer
🍴 Am Strom 32, ✉ 18119, ☎ (03 81) 5 42 92, Fax 5 19 27 64, ED
Hauptgericht 20; Biergarten; nur abends

Warnemünde-Diedrichshagen (2 km ←)
✶✶ Warnemünder Hof
🍴 Stolteraaweg 8, ✉ 18119, ☎ (03 81) 5 43 00, Fax 54 30 -4 44, AX DC ED VA
95 Zi, Ez: 165-195, Dz: 190-220, ⌐ WC ☎, 7🛏; Lift P 5🛏120 Sauna Solarium ¶
Auch Zimmer der Kategorie ✶✶✶ vorhanden

✶✶ Uns Hüsung
Hauptgericht 27; Terrasse

✶ Landhaus Frommke
🍴 Stolteraaer Weg 3, ✉ 18119, ☎ (03 81) 5 19 19 04, Fax 5 19 19 05, AX ED VA
9 Zi, Ez: 100-140, Dz: 155-180, ⌐ WC ☎; P 🚗 ≈ Fitneßraum Kegeln Sauna Solarium; garni

Warnemünde-Markgrafenheide (3 km →)
✶✶ Godewind
Warnemünder Str 5, ✉ 18146, ☎ (03 81) 60 95 70
48 Zi, Ez: 100-165, Dz: 130-185, ⌐ WC ☎, 15🛏; 2🛏26 ¶

Rot an der Rot 70 ↘

Baden-Württemberg — Kreis Biberach — 604 m — 4 250 Ew — Ochsenhausen 11, Memmingen 16 km
ℹ ☎ (0 83 95) 70 95, Fax 76 48 — Gemeindeverwaltung, Klosterhof 14, 88430 Rot. Sehenswert: Ehem. Klosterkirche

✶✶ Landhotel Seefelder
Theodor-Her-Str 11, ✉ 88430, ☎ (0 83 95) 9 40 00, Fax 94 00 50, AX DC ED VA
21 Zi, Ez: 84-95, Dz: 132-160, ⌐ WC ☎; P 🚗 Kegeln Sauna Solarium
geschl: Di, Mitte-Ende Jul
✶ Klosterkeller
Hauptgericht 20; Biergarten; geschl: Di

Rotenburg a. d. Fulda 46 ↘

Hessen — Kreis Hersfeld-Rotenburg — 250 m — 14 500 Ew — Bad Hersfeld 22, Melsungen 23 km
ℹ ☎ (0 66 23) 55 55, Fax 81 82 63 — Verkehrsamt, im Rathaus, Marktplatz 15, 36199 Rotenburg a. d. Fulda; Luftkurort. Sehenswert: Jakobi-Kirche; Stiftskirche; Schloß mit Park; Rathaus; Fachwerkhäuser; Museum; hist. Stadtkern

✶✶✶ Rodenberg Haus Pergola
◁ Panoramastr 98, ✉ 36199, ☎ (0 66 23) 88 11 00, Fax 88 84 10, AX DC ED VA
98 Zi, Ez: 145-165, Dz: 235-255, 10 Suiten, ⌐ WC ☎, 9🛏; Lift P 🚗 6🛏200 ≈ 🚗 Fitneßraum Kegeln Sauna Solarium ¶
Auch Zimmer der Kategorie ✶✶ vorhanden. Direkter Zugang zum Erlebnisbad „Felsenbad"
✶✶✶ Zinne
◁ Hauptgericht 30; Terrasse

✶ Landhaus Silbertanne
🍴◁ Am Wäldchen 2, ✉ 36199, ☎ (0 66 23) 9 22 00, Fax 92 20 70, AX DC ED VA
26 Zi, Ez: 75-98, Dz: 122-172, ⌐ WC ☎, 8🛏; P 2🛏45
✶✶ Leineweberstube
Hauptgericht 32; Gartenlokal; geschl: 6.-24.1.97

🍽 Café Iris im Hotel Rodenberg
Panoramastr 98, ✉ 36199, ☎ (0 66 23) 88 11 00, Fax 88 84 10, AX DC ED VA
Biergarten P Terrasse

Rotenburg (Wümme) 17 ↘

Niedersachsen — Kreis Rotenburg — 22 m — 20 700 Ew — Verden 25, Soltau 35, Bremen 49 km
ℹ ☎ (0 42 61) 7 11 00, Fax 7 11 45 — Informationsbüro, Rathaus, Große Str 1, 27356 Rotenburg (Wümme). Sehenswert: Ehlermannsche Speicher; Innenstadt; Goertz-Brunnen; Bullensee (4 km ↓)

✶✶✶✶ Landhaus Wachtelhof
🍴 Gerberstr 6, ✉ 27356, ☎ (0 42 61) 85 30, Fax 85 32 00, AX DC ED VA
36 Zi, Ez: 250-270, Dz: 350-370, 2 Suiten, ⌐ WC ☎; Lift P 🚗 5🛏160 🚗 Fitneßraum Sauna Solarium
Golf 18
✶✶✶ L'Auberge
Hauptgericht 50; Gartenlokal

Am Pferdemarkt ★★
Am Pferdemarkt 3, ✉ 27356, ☎ (0 42 61) 30 55, Fax 39 02, AX DC ED VA
28 Zi, Ez: 92-109, Dz: 121-175, 6 App, ⎯⎯ WC ☎; Lift 🅿 🖻 5✿400 Kegeln; **garni**

Bürgerhof ★
Am Galgenberg 2, ✉ 27356, ☎ (0 42 61) 94 60, Fax 9 46 30, ED VA
20 Zi, Ez: 75-90, Dz: 115-140, ⎯⎯ WC ☎, 5🖼;
🅿 1✿ ⓨ

Mühlenstraße ★
Mühlenstr 29, ✉ 27356, ☎ (0 42 61) 8 44 38
5 Zi, Ez: 97, Dz: 130, ⎯⎯ WC ☎; 🅿; **garni**

Waffensen-Außerhalb (6 km ←)
Lerchenkrug ★★
an der B 75, ✉ 27356, ☎ (0 42 68) 3 43, Fax 15 46, AX DC ED VA
Hauptgericht 30; 🅿 Terrasse; geschl: Mo, Di, 1.-14.1. + 14.7.-5.8.97

Roth 57 ↓

Bayern — Kreis Roth — 340 m — 24 000 Ew — Nürnberg 21, Weißenburg 27 km
ℹ ☎ (0 91 71) 8 48 33, Fax 8 48 68 — Stadtverwaltung, Kirchplatz 2, 91154 Roth; Stadt an der Rednitz

Ratsstuben Schloß Ratibor ★★
Hauptstr 1, ✉ 91154, ☎ (0 91 71) 68 87, Fax 68 54, AX ED VA
Hauptgericht 30; Gartenlokal Terrasse; geschl: So abends, Mo, Ende Dez-Mitte Jan

Schwarzer Adler 🛏
Allersberger Str 1, ✉ 91154, ☎ (0 91 71) 8 70 00, Fax 7 06 11, ED
10 Zi, Ez: 85-90, Dz: 130, ⎯⎯ WC ☎; 🅿 2✿35 ⓨ
Rezeption: 9-14.30, 17.30-23.30; geschl: So abends

Pfaffenhofen (2 km ↑)
Jägerhof ★
Äußere Nürnberger Str 40, ✉ 91154, ☎ (0 91 71) 20 38, Fax 24 02, AX ED VA
23 Zi, Ez: 80-85, Dz: 130, 1 Suite, ⎯⎯ WC ☎;
Lift 🅿 4✿160
★ Hauptgericht 25

Rothenberg 55 ↗

Hessen — Odenwaldkreis — 400 m — 2 600 Ew — Eberbach 16, Michelstadt 24, Heidelberg 31 km
ℹ ☎ (0 62 75) 2 60, Fax 10 60 — Gemeindeverwaltung, Hauptstr 23, 64757 Rothenberg; Erholungsort im Odenwald

Gasthof Hirsch ★
♦ Schulstr 1, ✉ 64757, ☎ (0 62 75) 9 13 00, Fax 91 30 16
31 Zi, Ez: 60-70, Dz: 100-120, ⎯⎯ WC ☎, 8🖼;
Lift 🅿 1✿40 Fitneßraum Kegeln Sauna Solarium ⓨ
Rezeption: 8-20; geschl: Jan

Rothenbuch 55 ↗

Bayern — Aschaffenburg — 365 m — 1 850 Ew — Aschaffenburg 25, Würzburg 70, Lohr 17 km
ℹ ☎ (0 60 94) 12 22 — Gemeindeverwaltung, Schulstrasse 3, 63860 Rothenbuch

Schloßhotel Rothenbuch ★★
Schulstr 1, ✉ 63860, ☎ (0 60 94) 94 40, Fax 94 44 44
35 Zi, Ez: 99-200, Dz: 158-240, ⎯⎯ WC ☎; 🅿 3✿50 Sauna Solarium Fitneßraum
★★ Hauptgericht 25; Terrasse

Rothenburg ob der Tauber 56 ↓

Bayern — Kreis Ansbach — 426 m — 11 500 Ew — Ansbach 35, Bad Mergentheim 45, Würzburg 60 km
ℹ ☎ (0 98 61) 4 04 92, Fax 8 68 07 — Verkehrsamt, Marktplatz, 91541 Rothenburg ob der Tauber; Stadt mit dem schönsten mittelalterlichen Stadtbild Deutschlands.

Sehenswert: Ev. Jakobskirche: Heiligblut-Altar von Riemenschneider und Hochaltar; ehem. Franziskanerkirche; Rathaus: Turm ◀; Spitalhof mit Hegereiterhaus; vollständig erhaltene Stadtmauer mit zahlreichen Toren und Türmen; Plönlein (malerisches Straßenbild); Baumeisterhaus; Handwerkerhaus; Topplerschlößchen; Ratstrinkstube (Meistertrunk-Kunstuhr: 11, 12, 13, 14, 15, 21 und 22 Uhr); Reichsstadtmuseum; Puppen- und Spielzeugmuseum; Kriminalmuseum; St.-Georgs-Brunnen, Burggarten ◀; Riemenschneider-Altar in der Kirche im Stadtteil Detwang

Achtung: Wir empfehlen Ihnen, sich die Ausnahmegenehmigung von der Anordnung der zeitlich begrenzten Verkehrsverbotszone für Hotelübernachtungsgäste mit der Reservierungsbestätigung vom Hotel zusenden zu lassen.

Stadtplan siehe Seite 890

Eisenhut ★★★ 👑
🍽 Herrngasse 3 (A 2), ✉ 91541, ☎ (0 98 61) 70 50, Fax 7 05 45, AX DC ED VA
75 Zi, Ez: 155-225, Dz: 195-380, 4 Suiten, ⎯⎯ WC ☎, 15🖼; Lift 🖻 4✿80
geschl: Jan, Feb
Auch Zimmer der Kategorie ★★ vorhanden
★★★ Hauptgericht 40; Terrasse;
geschl: Jan, Feb
Das Hotel besteht aus vier Patrizierhäusern aus dem 15. und 16. Jh.

Burg Hotel (Silencehotel) ★★
♦ ◀ Klostergasse (A 1), ✉ 91541, ☎ (0 98 61) 9 48 90, Fax 94 89 40, AX DC ED VA
15 Zi, Ez: 160-180, Dz: 210-300, 3 Suiten, ⎯⎯ WC ☎; 🅿 🖻; **garni**
Im Klostergarten gelegen →

Rothenburg ob der Tauber

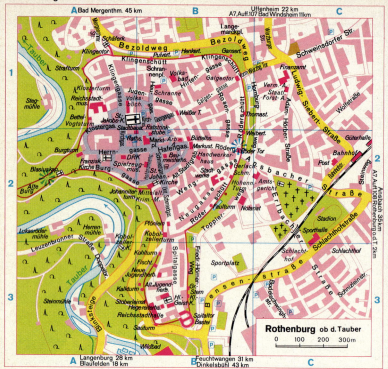

** Zum Rappen
Vorm Würzburger Tor 10 (C 1), ✉ 91541,
☎ (0 98 61) 60 71, Fax 60 76, AX DC ED VA
35 Zi, Ez: 115-195, Dz: 170-250, ⊣ WC ☎;
Lift P 3⇌300 ⓘ☼
geschl: Jan
Im Gästehaus Gasthof zum Rappen Zimmer der Kategorie * vorhanden

** Meistertrunk
Herrngasse 26 (A 2), ✉ 91541, ☎ (0 98 61)
60 77, Fax 12 53, AX DC ED VA
15 Zi, Ez: 80-120, Dz: 140-200, 2 Suiten, ⊣
WC ☎; Lift P 🚗
**   Hauptgericht 20; Terrasse

** Tilman Riemenschneider
Georgengasse 11 (B 1), ✉ 91541,
☎ (0 98 61) 20 86, Fax 29 79, AX DC ED VA
60 Zi, Ez: 140-220, Dz: 180-330, 1 Suite, ⊣
WC ☎; Lift P 🚗 2⇌20 Fitneßraum Sauna Solarium
Auch Zimmer der Kategorie * vorhanden
*   Hauptgericht 30; Gartenlokal

Wird in dem Hoteleintrag auf Tennis hingewiesen, sind dem Hotel ein oder mehrere Tennisplätze angeschlossen. Die Ziffer bezieht sich auf die Anzahl der Tennisplätze.

** Romantik Hotel Markusturm
Rödergasse 1 (B 2), ✉ 91541, ☎ (0 98 61)
9 42 80, Fax 26 92, DC ED VA
22 Zi, Ez: 130-200, Dz: 200-320, 3 Suiten,
2 App, ⊣ WC ☎, 6🛏; Lift P 🚗 1⇌50
Sauna
Im Gästehaus Spitzweg Zimmer der Kategorie * vorhanden
**   Hauptgericht 30; geschl: Mitte Jan-Mitte Feb

** Best Western Hotel Merian
Ansbacher Str 42 (C 2), ✉ 91541,
☎ (0 98 61) 30 96, Fax 8 67 87, AX DC ED VA
40 Zi, Ez: 95-160, Dz: 125-220, ⊣ WC ☎; Lift
P; garni

* Reichs-Küchenmeister (Flair Hotel)
Kirchplatz 8 (B 1), ✉ 91541, ☎ (0 98 61)
97 00, Fax 8 69 65, AX DC ED VA
41 Zi, Ez: 95-150, Dz: 130-250, 2 Suiten,
2 App, ⊣ WC ☎; Lift P 🚗 2⇌20 Sauna Solarium
Im Gästehaus Zimmer der Kategorie ** vorhanden
*   Weinstube Löchele
⊠ Hauptgericht 30

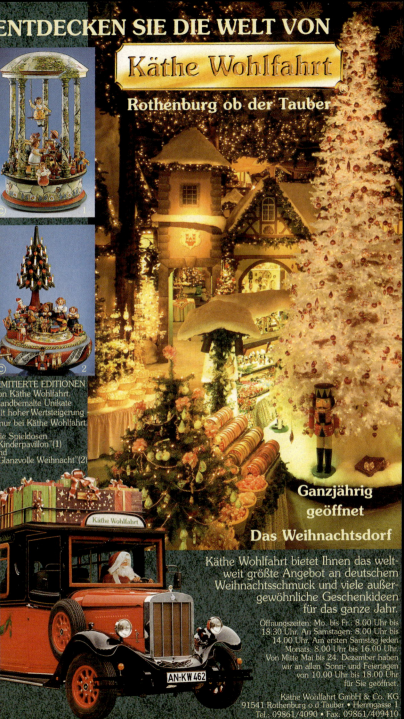

Rothenburg ob der Tauber

✱ Mittermeier
Vorm Würzburger Tor 9 (C 1), ✉ 91541,
☎ (0 98 61) 9 45 40, Fax 94 54 94,
AX DC ED VA
20 Zi, Ez: 110, Dz: 120-290, 2 Suiten, ⌐ WC
☎; Lift P 🖨 ≘ Sauna Solarium ⦿
✱✱ Hauptgericht 30; geschl: So

✱ Klosterstüble
Heringsbronnengasse 5 (A 2), ✉ 91541,
☎ (0 98 61) 63 74, Fax 64 74, VA
12 Zi, Ez: 90, Dz: 120-160, 1 Suite, ⌐ WC
✱ Hauptgericht 25; Terrasse;
geschl: Mo abends, Jan, Feb

**✱ Glocke
(Ringhotel)**
Plönlein 1 (B 2), ✉ 91541, ☎ (0 98 61) 30 25,
Fax 8 67 11, AX DC ED VA
22 Zi, Ez: 95-135, Dz: 148-188, ⌐ WC ☎; 🖨
1 ⟲ 30 ⦿
geschl: 23.12.-6.1.

✱ Gasthaus Schranne
Schrannenplatz 6/7 (B 1), ✉ 91541,
☎ (0 98 61) 20 15, Fax 25 00, AX DC ED VA
46 Zi, Ez: 70-95, Dz: 115-170, ⌐ WC ☎; Lift
P 2 ⟲ 60 ⦿

**Mittelalterliche Trinkstube
„Zur Höll"**
Burggasse 8 (A 2), ✉ 91541, ☎ (0 98 61)
42 29, Fax 8 78 11
Hauptgericht 20; nur abends; geschl: Mi

Rothenfelde, Bad 24 ↓

Niedersachsen — Kreis Osnabrück —
100 m — 6 500 Ew — Osnabrück 24, Bielefeld 29 km
🛈 ☎ (0 54 24) 18 75, Fax 6 93 51 — Kur- und Verkehrsverein, Salinenstr 2, 49214 Bad Rothenfelde; Heilbad im Osnabrücker Land. Sehenswert: Vogelparadies; Salinen

✱✱ Drei Birken
Birkenstr 3, ✉ 49214, ☎ (0 54 24) 64 20,
Fax 6 42 89, AX DC ED VA
27 Zi, Ez: 85-95, Dz: 140, 5 Suiten, 10 App,
⌐ WC ☎; Lift P 🖨 ≘ Fitneßraum Sauna Solarium ⦿
Rezeption: 8-20

✱ Pension Feldhaus
Wellengartenstr 4, ✉ 49214, ☎ (0 54 24)
22 90, Fax 22 91 62
47 Zi, Ez: 90-98, Dz: 140-165, 5 Suiten,
4 App, ⌐ WC ☎; Lift P ≘ Sauna
geschl: Anfang Nov-Mitte Dez, Anfang Jan-Ende Mär
Restaurant für Hausgäste

✱ Dreyer
Salinenstr 7, ✉ 49214, ☎ (0 54 24) 2 19 00,
Fax 21 90 32
16 Zi, Ez: 66-76, Dz: 106-116, 3 App, ⌐ WC
☎; P; garni
Rezeption: 7-21

Rottach-Egern 72 ↓

Bayern — Kreis Miesbach — 740 m —
6 900 Ew — Miesbach 21, Bad Tölz 24 km
🛈 ☎ (0 80 22) 67 13 41, Fax 67 13 47 — Kuramt, Nördliche Hauptstr 9, 83700 Rottach-Egern; heilklimatischer Kurort am Tegernsee. Sehenswert: Kath. Kirche; Wallberg (Seilbahn), 1722 m ⋖ (7 km + 30 Min ↓)

✱✱✱✱ Bachmair am See ♛
♂ ⋖ Seestr 47, ✉ 83700, ☎ (0 80 22) 27 20,
Fax 27 27 90, AX DC ED
218 Zi, Ez: 235-465, Dz: 370-510, 71 Suiten,
⌐ WC ☎; Lift P 🖨 5 ⟲ 220 ≋ ≘ Seezugang Fitneßraum Kegeln Sauna Solarium ⦿
Golf 18
Kinderbetreuung; Preise inkl. Halbpension. Hoteldorf mit alten und neuen Gebäuden. Eigenes Haus für Gäste mit Hunden.
✱✱✱ Terrassen-Restaurant
Hauptgericht 40; Terrasse
✱✱ Bayerische Stuben
Hauptgericht 30

✱✱✱ Egerner Hof ♛
♂ ⋖ Aribostr 19, ✉ 83700, ☎ (0 80 22)
66 60, Fax 66 62 00, AX DC ED VA
69 Zi, Ez: 178-253, Dz: 278-420, 18 Suiten,
⌐ WC ☎; Lift P 🖨 3 ⟲ 100 ≘ Seezugang Fitneßraum Sauna Solarium ⦿
✱✱✱ Dichterstub'n
Hauptgericht 44; nur abends
✱✱ Hubertusstüberl
Hauptgericht 28; Terrasse

✱✱ Bachmair-Alpina
♂ ⋖ Valepper Str 24, ✉ 83700, ☎ (0 80 22)
20 41, Fax 27 27 90, AX DC ED
15 Zi, Ez: 115-155, Dz: 160-250, 8 Suiten, ⌐
WC ☎; P 🖨 ≘ Seezugang Fitneßraum Sauna; garni
Rezeption: 7-21
Golf 18
Auch Zimmer der Kategorie ✱✱✱ vorhanden. Reservierungen über Hotel Bachmair am See

**✱✱ Gästehaus Maier
Zum Kirschner**
⋖ Seestr 23, ✉ 83700, ☎ (0 80 22) 6 71 10,
Fax 67 11 37
31 Zi, Ez: 100-120, Dz: 160, 12 App, ⌐ WC
☎; Lift P Fitneßraum Sauna Solarium;
garni
geschl: 23.11.-14.12.
Golf 18

✱✱ Haltmair am See
⋖ Seestr 33, ✉ 83700, ☎ (0 80 22) 27 50,
Fax 2 75 64
35 Zi, Ez: 70-105, Dz: 170-195, 10 App, ⌐
WC ☎; Lift P 🖨 Seezugang Fitneßraum;
garni ⦿
Rezeption: 7-20

Rottweil

✱ **Villa Svendsen**
♂ Fürstenstr 30, ✉ 83700, ☎ (0 80 22) 2 69 41, Fax 2 69 42, ED
10 Zi, Ez: 85, Dz: 145-155, ⌐ WC ☎; P; garni

✱ **Franzen**
Karl-Theodor-Str 2 a, ✉ 83700, ☎ (0 80 22) 60 87, Fax 56 19, ED
11 Zi, Ez: 125-155, Dz: 170-240, 3 Suiten, ⌐ WC ☎; P 🚗
geschl: 2 Wochen nach Ostern+18.11.-10.12.97
✱✱ **Pfeffermühle**
Hauptgericht 35; Terrasse; geschl: Anfang-Mitte Dez+2 Wochen nach Ostern

✱ **Reuter**
♂ Salitererweg 6, ✉ 83700, ☎ (0 80 22) 2 40 24, Fax 2 40 26, AX DC ED VA
27 Zi, Ez: 80, Dz: 150, 1 Suite, ⌐ WC ☎; P; garni
Rezeption: 7-21

✱ **Zur Post**
Nördliche Hauptstr 17, ✉ 83700, ☎ (0 80 22) 6 67 80, Fax 6 67 81 62, ED VA
44 Zi, Ez: 105-115, Dz: 150-170, ⌐ WC ☎; P 🚗
✱ Hauptgericht 25; Biergarten

■ **Unger**
Leo-Slezak-Str 8, ✉ 83700, ☎ (0 80 22) 6 59 76, Fax 2 61 63
9-18 P Terrasse

Berg (2 km →)
✱ **Angermaier**
◄ Haus Nr 1, ✉ 83700, ☎ (0 80 22) 2 60 19, Fax 20 04
Hauptgericht 20; P Terrasse 🍺; geschl: Mo, Anfang Nov-Mitte Dez
✱ ♂ ◄ 18 Zi, Ez: 65-70, Dz: 140, 1 App, ⌐ WC ☎
Rezeption: 8-21; geschl: Mo, Anfang Nov-Mitte Dez

Rottenburg am Neckar 61 ↓

Baden-Württemberg — Kreis Tübingen — 351 m — 38 000 Ew — Tübingen 12 km
🛈 ☎ (0 74 72) 16 52 74, Fax 16 53 69 — Verkehrsamt, Marktplatz 18, 72108 Rottenburg; heilklimatischer Kurort. Sehenswert: Dom; St.-Martin-Kirche; St.-Moriz-Kirche; Wallfahrtskirche Weggental; Marktbrunnen

✱✱ **Martinshof**
Eugen-Bolz-Platz 5, ✉ 72108, ☎ (0 74 72) 2 10 21, Fax 2 46 91, AX DC ED VA
34 Zi, Ez: 85, Dz: 140, ⌐ WC ☎; Lift 🚗 5⇔120
geschl: Restaurant Mo, 4 Wo. Aug 96
✱✱ Hauptgericht 25; P Terrasse; geschl: Mo, Aug

✱ **Württemberger Hof**
Tübinger Str 14, ✉ 72108, ☎ (0 74 72) 66 60, Fax 4 33 40
16 Zi, Ez: 78, Dz: 120-130, ⌐ WC ☎, 2✉; P Kegeln
✱ Hauptgericht 25; geschl: So abends

Rottendorf 56 □

Bayern — Kreis Würzburg — 260 m — 6 000 Ew — Würzburg 4, Kitzingen 13 km
🛈 ☎ (09 83 02) 9 09 00 — Gemeindeverwaltung, Am Rathaus 4, 97228

Rottendorf
✱ **Zum Kirschbaum**
Würzburger Str 18, ✉ 97228, ☎ (0 93 02) 8 12, Fax 35 48, ED VA
40 Zi, Ez: 69-95, Dz: 100-140, ⌐ WC ☎; Lift P 🚗 2⇔30
Auch Zimmer der Kategorie ✱✱ vorhanden
✱ Hauptgericht 25; geschl: im Winter Sa

Rotthalmünster 66 ↓

Bayern — Kreis Passau — 360 m — 4 814 Ew — Griesbach 13, Passau 41 km
🛈 ☎ (0 85 33) 20 30, Fax 2 03 55 — Gemeindeverwaltung, Marktplatz 10, 94094 Rotthalmünster; Erholungsort

Asbach (4 km ↑)
✱ **Klosterhof St. Benedikt**
Hauptstr 52, ✉ 94094, ☎ (0 85 33) 20 40, Fax 2 04 44
25 Zi, Ez: 62, Dz: 109, ⌐ WC ☎; P 3⇔70; garni 🍽
Rezeption: 6.30-18; geschl: Jan
Golf 18

Rottweil 68 ↑

Baden-Württemberg — Kreis Rottweil — 600 m — 24 000 Ew — Schrammberg 23, Villingen-Schwenningen 24, Tuttlingen 29 km
🛈 ☎ (07 41) 49 42 80, Fax 49 43 55 — Verkehrsbüro, Altes Rathaus, Hauptstr 21, 78628 Rottweil; Stadt am Neckar. Sehenswert: Heiligkreuz-Münster; Kapellenkirche; Rathaus; Marktbrunnen; Stadtmuseum; Dominikanermuseum; Salinenmuseum; Museum für Steinmetzkunst

✱✱ **Johanniterbad (Ringhotel)**
Johannsergasse 12, ✉ 78628, ☎ (07 41) 53 07 00, Fax 4 12 73, AX DC ED VA
25 Zi, Ez: 75-145, Dz: 148-192, S; 1 Suite, ⌐ WC ☎; Lift P 2⇔60
geschl: Anfang-Mitte Jan
Auch Zimmer der Kategorie ✱ vorhanden
✱✱ Hauptgericht 30; geschl: So abends, Anfang-Mitte Jan →

Rottweil

** **Romantik Hotel**
Haus zum Sternen ♛
Hauptstr 60, ✉ 78628, ☏ (07 41) 5 33 00,
Fax 53 30 30, AX ED VA
11 Zi, Ez: 89-160, Dz: 185-250, 1 Suite, ⌂
WC ☏, 1🛏; 🅿 2⟷20
Rezeption: 8-18
Auch Zimmer der Kategorie * vorhanden.
Eines der ältesten Gasthäuser, mit gut
erhaltenen gotischen Elementen im Innen-
ausbau
** 🍽 Hauptgericht 36; 🅿 Terrasse;
geschl: 2.-5.1.97, 13.-20.2.97

* **Park-Hotel**
Königstr 21, ✉ 78628, ☏ (07 41) 53 43 -0,
Fax 5 34 3- 30, ED VA
15 Zi, Ez: 95-130, Dz: 160-190, ⌂ WC ☏,
6🛏; 🅿 🚗
Rezeption: 9-14, 16-23; geschl: Sa, So
abends, Ende Dez-Anfang Jan
** **Bacchusstube**
Hauptgericht 30; Gartenlokal; geschl: Sa,
So abends, Ende Dez-Anfang Jan

* **Bären**
Hochmaurenstr 1, ✉ 78628, ☏ (07 41)
2 20 46, Fax 1 30 16, ED
31 Zi, Ez: 70-100, Dz: 100-170, ⌂ WC ☏; Lift
🅿 🚗 1⟷40 Sauna
geschl: Sa, Ende Dez-Anfang Jan
* Hauptgericht 30; Terrasse;
geschl: Sa ganztägig, So abends, Ende
Dez-Anfang Jan

* **Lamm**
Hauptstr 45, ✉ 78628, ☏ (07 41) 4 50 15,
Fax 4 42 73, AX ED VA
11 Zi, Ez: 65-85, Dz: 78-130, ⌂ WC ☏; Lift 🅿
🚗 2⟷45 🍴
geschl: Mo

*** **Villa Duttenhofer**
L'Etoile mit Bistro
Königstr 1, ✉ 78628, ☏ (07 41) 4 31 05,
Fax 4 15 95, DC ED VA
Hauptgericht 40; 🅿; nur abends; geschl:
So, Mo, 2 Wochen nach Fasching

* **Weinstube Grimm**
Oberamteigasse 5, ✉ 78628, ☏ (07 41)
68 30, Fax 64 54, AX ED
Hauptgericht 15; 🅿; geschl: so+feiertags,
Sa abends

☕ **Café Armleder**
Hauptstr 13, ✉ 78628, ☏ (07 41) 77 48,
Fax 4 28 10
Terrasse; 8-24, So ab 9

Rudersberg 62 ←

Baden-Württemberg — Rems-Murr-Kreis
— 270 m — 11 200 Ew — Schorndorf 10,
Backnang 12, Stuttgart 34 km
ℹ ☏ (0 71 83) 3 00 50 — Bürgermeisteramt,
Rathausstr 5, 73635 Rudersberg

Schlechtbach (2 km ↓)
** **Sonne**
Heilbronner Str 70, ✉ 73635, ☏ (0 71 83)
61 88, Fax 15 00, ED VA
43 Zi, Ez: 105-140, Dz: 158, 2 Suiten, ⌂ WC
☏, 8🛏; Lift 🅿 2⟷60 Fitneßraum Kegeln
Sauna Solarium 🍴
geschl: Fr, Faschingsferien

* **Zum Stern** ✿
Heilbronner Str 16, ✉ 73635, ☏ (0 71 83)
83 77, Fax 36 77, AX
Hauptgericht 30; 🅿 Terrasse; geschl: Mo,
Di, 3 Wochen im Aug, 2 Wochen im Jan

Rudolstadt 48 ☐

Thüringen — Kreis Rudolstadt — 196 m —
30 000 Ew — Erfurt 60 km
ℹ ☏ (0 36 72) 2 45 43, Fax 2 45 43 — Tourist-Information, Marktstr 57, 07407 Rudolstadt. Sehenswert: Heidecksburg mit
Museum; Freilicht-Volkskundemuseum
Thüringer Bauernhäuser; Schloß Ludwigsburg; Altes Rathaus; Stadtkirche

* **Thüringer Hof**
Bahnhofsgasse 3, ✉ 07407, ☏ (0 36 72)
2 24 38, Fax 41 24 23, AX DC ED VA
16 Zi, Ez: 60-115, Dz: 70-140, 1 App, ⌂ WC
☏; 🅿 1⟷36
* Hauptgericht 20

* **Zur Pilsener Schenke**
Mörlaer Str 8, ✉ 07407, ☏ (0 36 72)
42 23 43, Fax 42 32 49, AX ED
12 Zi, Ez: 60-90, Dz: 110-140, ⌂ WC ☏; 🅿
1⟷Sauna 🍴

Cumbach
** **Am Marienturm**
einzeln ♿ ⛳ Marienturm 1, ✉ 07407,
☏ (0 36 72) 4 32 70, Fax 43 27 85,
AX DC ED VA
29 Zi, Ez: 80-120, Dz: 120-165, ⌂ WC ☏,
4🛏; 🅿 1⟷45 Sauna Solarium
Auch Zimmer der Kategorie *** vorhanden
** ⛳ einzeln Hauptgericht 20; Terrasse

Schwarza (6 km ↗)
* **Bauer**
Schwarzburger Str 31, ✉ 07407,
☏ (0 36 72) 35 31 20, Fax 34 18 58
5 Zi, Ez: 90, Dz: 100-120, ⌂ WC ☏, 1🛏; 🅿
🚗

siehe auch **Kolkwitz**

Rückersdorf 57 ☐

Bayern — Kreis Nürnberger Land — 340 m
— 4 100 Ew — Lauf 3, Nürnberg 13 km
ℹ ☏ (09 11) 57 05 40, Fax 5 70 54 40 —
Gemeindeverwaltung, Hauptstr 20,
90607 Rückersdorf

Rüdesheim am Rhein

* **Wilder Mann**
Hauptstr 37, ✉ 90607, ☎ (09 11) 95 01-0, Fax 95 01-1 00, AX DC ED VA
51 Zi, Ez: 99-118, Dz: 160-195, ⊿ WC ☎, 4✉; Lift P ➡ 2⇔45 †⊙†
geschl: 24.12.-6.1.

Rückholz 70 ↘

Bayern — Ostallgäu — 900 m — 790 Ew — Nessekwang 5, Marktoberdorf 17 km
ℹ ☎ (0 83 69) 2 27 — Gemeindeverwaltung, Ortsstr 10, 87494 Rückholz

Rückholz
* **Café-Pension Panorama**
♠ ◂ Haus Nr 62, ✉ 87494, ☎ (0 83 64) 2 48, Fax 84 69
15 Zi, Ez: 45-60, Dz: 90-130, 1 App, ⊿ WC, 15✉; P ➡ ⛱
geschl: Anfang Nov-Mitte Dez

Rüdesheim am Rhein 53 ↗

Hessen — Rheingau-Taunus-Kreis — 90 m — 9 941 Ew — Wiesbaden 27, Koblenz 60 km
ℹ ☎ (0 67 22) 29 62, Fax 34 85 — Verkehrsamt, Rheinstr 16, 65385 Rüdesheim; Weinbauort. Sehenswert: Kirche St. Jakob; Brömserburg: Rheingau- und Weinmuseum; Brömserhof mit Musikmuseum; Adlerturm; alte Gassen (Drosselgasse); Burgruine: Ehrenfels ◂ (45 Min ←); Niederwalddenkmal(Seilbahn), 308 m ◂

Achtung: Autofähre nach Bingen ab 1. Mai bis 31. Okt von 6-9 Uhr alle 20 Min, von 9-21 Uhr nach Bedarf, von 21-24 Uhr alle 30 Min; ab 1. Nov bis 30. Apr werktags von 6-18 Uhr alle 20 Min, von 18-21.30 Uhr alle 30 Min, sonntags ab 7.20 Uhr

** **Rüdesheimer Schloss**
Steingasse 10, ✉ 65385, ☎ (0 67 22) 9 05 00, Fax 4 79 60, AX DC ED VA
20 Zi, Ez: 140-180, Dz: 180-260, 1 Suite, ⊿ WC ☎; Lift P ➡ 3⇔60 †⊙†
geschl: Ende Dez-Anfang Jan
Ehem. Zehnthof der Kurfürsten von Mainz

** **Trapp**
Kirchstr 7, ✉ 65385, ☎ (0 67 22) 10 41, Fax 4 77 45, AX DC ED VA
38 Zi, Ez: 98-138, Dz: 136-240, ⊿ WC ☎; Lift P Solarium
geschl: Mitte Nov-Anfang Mär
** **Zur Entenstube**
Hauptgericht 30; Gartenlokal; nur abends;
geschl: Mitte Nov-Mitte Mär

Die im Varta angegebene Kategorie eines Beherbergungsbetriebes bezieht sich jeweils auf den größeren Teil der Zimmer. Verfügt ein Betrieb auch über eine nennenswerte Zahl von Zimmern höherer oder niedrigerer Kategorie, weist ein entsprechender Vermerk darauf hin.

** **Central-Hotel (Ringhotel)**
Kirchstr 6, ✉ 65385, ☎ (0 67 22) 91 20, Fax 28 07, AX DC ED VA
53 Zi, Ez: 99-117, Dz: 156-212, S; ⊿ WC ☎, 10✉; Lift P ➡ 1⇔30
geschl: Mitte Dez-Ende Feb
** **Rauchfang**
Hauptgericht 24; geschl: Mitte Dez-Ende Feb

* **Zum Felsenkeller**
Oberstr 41, ✉ 65385, ☎ (0 67 22) 20 94, Fax 4 72 02, AX DC ED VA
60 Zi, Ez: 95-140, Dz: 140-220, ⊿ WC ☎; Lift P ➡ ⛱
geschl: Mitte Nov-Ende Mär
** Hauptgericht 30; Terrasse;
geschl: Mitte Nov-Ende Mär

* **Zum Bären**
Schmidtstr 24, ✉ 65385, ☎ (0 67 22) 10 91, Fax 10 94, AX DC ED VA
24 Zi, Ez: 95-135, Dz: 110-180, ⊿ WC ☎; Lift ➡ 1⇔40 Sauna Solarium †⊙†

Assmannshausen (5 km ←)
*** **Krone**
◂ ⓥ Rheinuferstr 10, ✉ 65385, ☎ (0 67 22) 40 30, Fax 30 49, AX DC ED VA
65 Zi, Ez: 160-290, Dz: 250-320, 14 Suiten, ⊿ WC ☎, 5✉; Lift P ➡ 6⇔100 ≋ Sauna
Auch Zimmer der Kategorie ******** vorhanden
** ◂ Hauptgericht 50;
Terrasse; geschl: Jan, Feb

* **Alte Bauernschänke Nassauer Hof (Minotel)**
Niederwaldstr 23, ✉ 65380, ☎ (0 67 22) 30 88, Fax 4 79 12, AX DC ED VA
50 Zi, Ez: 100-120, Dz: 150-200, 3 Suiten, ⊿ WC ☎; Lift P ➡ 3⇔35 Kegeln
geschl: Anfang Dez-Ende Feb
Auch Zimmer der Kategorie ****** vorhanden
** Hauptgericht 30; Terrasse;
geschl: Anfang Dez-Ende Feb

* **Schön**
◂ Rheinuferstr 6, ✉ 65385, ☎ (0 67 22) 22 25, Fax 21 90, ED VA
25 Zi, Ez: 90-125, Dz: 145-185, 2 Suiten, ⊿ WC ☎; Lift P ➡ 1⇔20
geschl: Anfang Nov-Mitte Dez
** Hauptgericht 30; Terrasse;
geschl: Nov-April
Seit 1752 in Familienbesitz. Eigenbauweine

* **Altes Haus**
ⓥ Lorcher Str 8, ✉ 65385, ☎ (0 67 22) 20 51, Fax 20 53, ED
Hauptgericht 25; P; geschl: Mi, im Winter auch Di, Anfang Jan-Ende Mär
* 36 Zi, Ez: 70-130, Dz: 110-160, 5 App, ⊿ WC ☎; ➡
geschl: Mi, im Winter auch Di, Anfang Jan-Ende Mär
Gästehaus ca. 50 m entfernt →

Rüdesheim am Rhein

Rüdesheim am Rhein-Außerhalb (7 km ↘)

** **Jagdschloß Niederwald (European Castle)**
einzeln ♂ ◄ Auf dem Niederwald 1, ✉ 65383, ☎ (0 67 22) 10 04, Fax 4 79 70, AX DC ED VA
49 Zi, Ez: 145-185, Dz: 240-280, S; 3 Suiten, ⊿ WC ☎; Lift P 🚗 3⇄ 🐎 Sauna Solarium
geschl: Anfang Jan-Mitte März
Ehem. Jagdschloß der Herzöge von Nassau und Fürstbischöfe von Mainz. Im Naturpark Rheingau/Untertaunus

** **Panorama** 🍴
◄ Hauptgericht 40; Terrasse; geschl: Anfang Jan-Mitte Feb

Rügen

Mecklenburg-Vorpommern — Rügen
ℹ 18000 Rügen; Größte und landschaftlich schönste Insel an der Ostseeküste.
Sehenswert: Kap Arkona (46 m), Leuchtturm; Reste der Jaromarsburg; Fischerdorf Vitt; Mönchgut; Großsteingräber und bronzezeitliche Hügelgräber

Altefähr 1109 Ew ℹ Gemeindeverwaltung Altefähr, Gemeindeweg 2, 18573 Altefähr, ☎ (03 83 06) 15 90, Fax 1 59 38. Sehenswert: Nikolai Kirche

* **Sundblick**
Fährberg 8 b, ✉ 18573, ☎ (03 83 06) 71 30, Fax 71 31, ED VA
10 Zi, Ez: 76-145, Dz: 114-175, ⊿ WC ☎; P 🐎 Sauna; garni
Rezeption: 7-20

Baabe 772 Ew — ℹ Kurverwaltung, Fritz-Worm-Str. 1, 18586 Baabe, ☎ (03 83 03) 4 53

** **Villa Granitz**
Birkenallee 17, ✉ 18586, ☎ (03 83 03) 14 10, Fax 1 41 44
44 Zi, Ez: 80-135, Dz: 110-160, 8 App, ⊿ WC ☎, 4🛏; P; garni
Rezeption: 8-20.30; geschl: Mitte Nov-Mitte Dez

** **Strandhotel**
♂ Strandstr 4-28, ✉ 18586, ☎ (03 83 03) 1 50, Fax 1 51 50
43 Zi, Ez: 100-120, Dz: 130-180, 13 Suiten, ⊿ WC ☎; P Kegeln Sauna Solarium 🍽

* **Strandpavillon**
♂ Strandstr 37, ✉ 18586, ☎ (03 83 03) 8 60 00, Fax 8 60 01
35 Zi, Ez: 60-120, Dz: 140-190, 3 Suiten, ⊿ WC ☎; Lift P 3⇄60 Fitneßraum Sauna Solarium 🍽
Auch Zimmer der Kategorie ** vorhanden

* **Villa Fröhlich**
Göhrener Weg 2, ✉ 18586, ☎ (03 83 03) 8 61 91, Fax 8 61 90
15 Zi, Ez: 60-80, Dz: 120-140, ⊿ WC ☎; P 🍽

* **Birkenhof**
Birkenallee 7, ✉ 18586, ☎ (03 83 08) 2 52 37, Fax 8 63 20
22 Zi, Ez: 70-80, Dz: 110-130, 3 App, ⊿ WC ☎; P 33 🍽
geschl: Nov

* **Ostseehotel Baabe**
Dorfstr 2, ✉ 18586, ☎ (03 83 03) 3 18, Fax 9 96, ED
23 Zi, Ez: 60-70, Dz: 100-130, 2 Suiten, ⊿ WC ☎; P Fitneßraum Sauna Solarium 🍽

Bergen ℹ Stadtinformation, Markt 12, 18528 Bergen, ☎ (0 38 38) 81 10

** **Treff Hotel Rügen**
Stralsunder Chaussee 1, ✉ 18528, ☎ (0 38 38) 81 50, Fax 81 55 00, AX DC ED VA
154 Zi, Ez: 155-180, Dz: 206-256, S; ⊿ WC ☎, 49🛏; Lift P 🚗 7⇄250 Fitneßraum Sauna Solarium 🍽

** **Kaufmannshof Hermerschmidt**
Bahnhofstr 6-7, ✉ 18528, ☎ (0 38 38) 8 04 50, Fax 80 45 45, ED
15 Zi, Ez: 110-150, Dz: 160-200, 2 Suiten, ⊿ WC ☎; P 1⇄20 Sauna

* **Das Kontor**
Hauptgericht 25

Binz 7000 Ew - Ostseebad; ℹ Kurverwaltung, Heinrich-Heine-Str 7, 18609 Binz, ☎ (03 83 93) 20 83, Fax 20 83. Sehenswert: Jagdschloß Granitz (4 km ↓); Großsteingräber Lancken-Granitz; Hochufer nach Sellin

** **Vier Jahreszeiten**
Zeppelinstr 8, ✉ 18609, ☎ (03 83 93) 5 00, Fax 5 04 30, AX ED
46 Zi, Ez: 100-120, Dz: 150-210, 10 Suiten, ⊿ WC ☎; Lift P 2⇄100 🐎 Fitneßraum Sauna Solarium

** **Le Gourmet**
Hauptgericht 27

** **Strandhotel Lissek**
◄ Strandpromenade 33, ✉ 18609, ☎ (03 83 93) 38 10, Fax 38 14 30, AX DC ED VA
39 Zi, Ez: 110-190, Dz: 160-250, 1 Suite, ⊿ WC ☎, 3🛏; Lift P Sauna

** **Fischmarkt**
Hauptgericht 25; Terrasse

** **Am Meer**
◄ Strandpromenade 34, ✉ 18609, ☎ (03 83 93) 4 40, Fax 4 44 44, AX DC VA
49 Zi, Ez: 145-305, Dz: 195-285, 11 Suiten, ⊿ WC ☎, 15🛏; Lift P 2⇄20 Sauna Solarium

Die Düne
Hauptgericht 20; Terrasse

** **Vineta**
◄ Hauptstr 20, ✉ 18609, ☎ (03 83 93) 3 90, Fax 3 94 44, AX ED VA
31 Zi, Ez: 115-225, Dz: 130-290, 7 Suiten, ⊿ WC ☎; Lift P Sauna Solarium 🍽

Rügen

** Central-Hotel
Hauptstr 13, ✉ 18609, ☎ (03 83 93) 3 47,
Fax 34 64 01, AX DC ED VA
50 Zi, Ez: 110-132, Dz: 150-180, 3 Suiten, 🛁
WC ☎; Lift 🅿 Fitneßraum Sauna Solarium
🍽

** Binzer Hof
Lottumstr 15, ✉ 18609, ☎ (03 83 93) 23 26,
Fax 23 82, AX ED VA
50 Zi, Ez: 80-130, Dz: 140-195, 🛁 WC ☎; 🅿
1↔40 🍽

* Am Strand
♂ ≼ Strandpromenade 17, ✉ 18609,
☎ (03 83 93) 3 50, Fax 23 87
45 Zi, Ez: 45-90, Dz: 90-240, 🛁 WC ☎; 🅿
2↔25 Fitneßraum Sauna Solarium 🍽

* Schwanebeck
Margarethenstr 18, ✉ 18609, ☎ (03 83 93)
20 13, Fax 3 17 34
18 Zi, Ez: 70-120, Dz: 100-180, 5 Suiten, 🛁
WC ☎; 🅿 1↔40 🍽
Rezeption: 8-11, 16.30-21; geschl: Mitte
Nov, Anfang Dez

* Villa Meeresgruß
Margarethenstr 19, ✉ 18609, ☎ (03 83 93)
38 20, Fax 3 82 40, AX ED VA
14 Zi, Ez: 100-180, 4 Suiten, 🛁 WC ☎; 🅿;
garni

* Pension Granitz
Bahnhofstr 2, ✉ 18609, ☎ (03 83 93) 26 78,
Fax 3 24 03
14 Zi, Ez: 60-90, Dz: 100-160, 🛁 WC ☎; 🅿
🍽

* Schwedischer Hof
♂ Sonnenstr 1, ✉ 18609, ☎ (03 83 93)
25 49, Fax 3 23 15, AX ED VA
14 Zi, Ez: 110-140, Dz: 130-240, 4 Suiten, 🛁
WC ☎; 🅿 Fitneßraum Sauna Solarium 🍽

* Deutsche Flagge
Schillerstr 9, ✉ 18609, ☎ (03 83 93) 4 60,
Fax 4 62 99
13 Zi, Ez: 80-110, Dz: 100-190, 6 Suiten, 🛁
WC ☎; 🅿 1↔25 🍽
Rezeption: 7-11, 15-23

* Poseidon ✤
Lottumstr 1, ✉ 18609, ☎ (03 83 93) 26 69,
Fax 26 69, AX ED
Hauptgericht 25; Terrasse; geschl: Nov

Bistro
Strandpromenade 41, ✉ 18609,
☎ (03 83 93) 22 23, Fax 3 26 53, AX ED VA
Hauptgericht 25

*** Villa Salve
≼ 12 Zi, Ez: 95-180, Dz: 120-295, 1 Suite, 🛁
WC ☎; 🅿 1↔35 →

... das ganze Jahr

Übernachten auf Rügen

Ob Sie in Ruhe planen
oder kurzfristig vorbeikommen,
bei uns erhalten Sie alles aus einer
Hand:

geprüfte Unterkünfte vom
Spitzenhotel bis zur Pension,
Ticketservice,
Insiderinformationen.

Telefon 03 83 06 · 6 16- 0
Telefax 03 83 06 · 6 16- 66
T-Online *22 58 82 25#
http://mvnet.de/inmv/ruegen/

Touristik Service Rügen GmbH
Bahnhofstraße 28a
18 573 Altefähr

Die Bettenbörse Rügen gibt auch
dem Kurzentschlossenen eine Chance:
Telefon 01 30 · 21 30

Rügen

Breege-Juliusruh

★★ Aquamaris Strandresidenz Rügen
⊰ Wittower Str 4, ✉ 18556, ☎ (03 83 91) 4 40, Fax 4 41 40, AX DC ED VA
140 Zi, Ez: 140-170, Dz: 220-280, 68 Suiten, 52 App, ⌂ WC ☎, 35⌂; 9⇔420 ⌂ Strandbad Fitneßraum Kegeln Sauna Solarium ⓎⒸⒶ
geschl. 3.1.97-15.2.97
Zimmer unterschiedlicher Kategorien vorhanden. Ferienanlage mit Hotel und Ferienwohnungen. Preise inkl. Halbpension.

Buschvitz

★★ Sonnenhaken
♂ ⊰ Grüner Weg 9, ✉ 18528, ☎ (0 38 38) 82 10, Fax 82 11 99, AX DC ED VA
22 Zi, Ez: 125-160, Dz: 175-210, 7 Suiten, ⌂ WC ☎; 𝐏 1⇔30
★★ Hauptgericht 30; Terrasse ✤

Garz 1839 Ew - Älteste Stadt Rügens. Sehenswert: Frühmittelalterlicher Burgwall

★ Am Wiesengrund
Am Wiesengrund 23, ✉ 18574, ☎ (03 83 04) 3 47, Fax 3 47, ED VA
10 Zi, Ez: 80-110, Dz: 110-140, ⌂ WC ☎; 𝐏 ⓎⒸⒶ
geschl. Dez

Gingst 1629 Ew - 🛈 Amt Gingst, Mühlenstr 33a, 18569 Gingst, ☎ (03 83 05) 4 41

★ Gingster Hof
Mühlenstr 33, ✉ 18569, ☎ (03 83 05) 5 00, Fax 4 32, DC ED VA
80 Zi, Ez: 84-89, Dz: 125-140, ⌂ WC ☎, 5⌂; 𝐏 ⓎⒸⒶ

Glowe

★★ Schloßhotel Spyker
einzeln ♂ Schloßallee, ✉ 18551, ☎ (03 83 02) 77-0, Fax 21 86, AX ED VA
35 Zi, Ez: 140-205, Dz: 160-290, ⌂ WC ☎; 𝐏 2⇔30 ⓎⒸⒶ

★★ Meeresblick
⊰ Hauptstr 128, ✉ 18551, ☎ (03 83 02) 5 30 50, Fax 5 30 57, AX DC ED VA
31 Zi, Ez: 90-110, Dz: 100-190, ⌂ WC ☎, 10⌂; 𝐏 Solarium ⓎⒸⒶ
Rezeption: 6.30-18; geschl. Jan

★ Alt Glowe
Hauptstr 37a, ✉ 18551, ☎ (03 83 02) 5 30 59, Fax 5 30 67
17 Zi, Ez: 60-80, Dz: 95-150, ⌂ WC ☎; 𝐏 ⓎⒸⒶ
Auch Zimmer der Kategorie ★★ vorhanden

ⓎⒸⒶ Fischerhus
Hauptstr 53, ✉ 18551, ☎ (03 83 02) 52 35
Hauptgericht 20; Terrasse

Göhren

40 m - 1526 Ew - Ostseebad; 🛈 Kurverwaltung, Schulstr 8, 18586 Göhren, ☎ (03 83 08) 21 50. Sehenswert: Mönchguter Heimatmuseum; Buskam (eiszeitliches Granitgeschiebe)

★★ Stranddistel
Katharinenstr 9, ✉ 18586, ☎ (03 83 08) 5 45-0, Fax 5 45 55, AX ED VA
19 Zi, Ez: 90-180, Dz: 140-195, 16 App, ⌂ WC ☎; Lift 🖪 Fitneßraum Sauna Solarium; garni

★★ Nordperd (Travel Charme Hotel)
♂ ⊰ Nordperdstr 11, ✉ 18582, ☎ (03 83 08) 70, Fax 71 60, AX DC ED VA
61 Zi, Ez: 130-185, Dz: 200-310, S; 4 Suiten, 1 App, ⌂ WC ☎, 16⌂; Lift 𝐏 2⇔50 Fitneßraum Sauna Solarium
★★ Hauptgericht 27 ✤

★★ Waldhotel
Waldstr 7, ✉ 18586, ☎ (03 83 08) 2 53 87, Fax 2 53 80, AX ED VA
20 Zi, Ez: 80-160, Dz: 90-170, 4 Suiten, 25 App, ⌂ WC ☎; 𝐏 1⇔200 ⌂ Fitneßraum Sauna Solarium
Rezeption: 7-19

★ Friesenstube
Hauptgericht 20; Biergarten Gartenlokal Terrasse; nur abends

★ Albatros
⊰ Ulmenallee 5, ✉ 18586, ☎ (03 83 08) 54 30, Fax 5 43 70, ED VA
14 Zi, Ez: 95-130, Dz: 130-180, 3 Suiten, ⌂ WC ☎; 𝐏 Sauna Solarium ⓎⒸⒶ
Auch Zimmer der Kategorie ★★ vorhanden

Gustow

Prosnitz (2 km ↓)
★ Gutshaus Kajahn
einzeln ♂ Prosnitz 1, ✉ 18574, ☎ (03 83 07) 4 01 50, Fax 4 01 69
23 Zi, Ez: 85-105, Dz: 110-150, ⌂ WC ☎, 5⌂; 𝐏; garni
Auch Zimmer der Kategorie ★★ vorhanden

Insel Hiddensee - Vitte

1291 Ew - 🛈 Tourist Information, Norderende 162, 18565 Vitte, ☎ (03 83 00) 6 42-26, Fax 6 42-25. Nationalpark; Autofreie Insel

★★ Post
♂ ⊰ Wiesenweg 26, ✉ 18565, ☎ (03 83 00) 64 30, Fax 64 3- 33
Ez: 97-145, Dz: 142-160, 6 Suiten, 4 App, ⌂ WC ☎; garni

★★ Heiderose
einzeln ♂ ⊰ In den Dünen 127, 2,5 km in Richtung Neuendorf, ✉ 18565, ☎ (03 83 00) 6 30, Fax 6 31 24
31 Zi, Ez: 92-184, Dz: 112-199, 1 Suite, 39 App, ⌂ WC ☎; 1⇔120 Fitneßraum Sauna Solarium
Hotelanlage mit FeWo
ⓎⒸⒶ Hauptgericht 20

Rügen

Lauterbach

★★ Clemens
⊰ Dorfstr 14, ⌧ 18581, ☎ (03 83 01) 6 13 80, Fax 6 13 81, AX DC ED VA
17 Zi, Ez: 100-120, Dz: 140-170, 1 App, ⌐ WC ☎; P ¶◯|

Lietzow

★ Pension Jasmund
Waldstr, ⌧ 18528, ☎ (03 83 02) 30 33, Fax 30 33
19 Zi, Ez: 80-100, Dz: 110-155, ⌐ WC ☎; P Sauna Solarium; garni

Lobbe

★★ Aparthotel Eldena
♂ Göhrener Weg 40, ⌧ 18586, ☎ (03 83 08) 5 00, Fax 22 32, AX ED VA
28 Zi, Ez: 80-130, Dz: 110-160, 25 App, ⌐ WC ☎; P ⌂ 1↔25 Strandbad Fitneßraum Sauna Solarium ⚓
★ Hauptgericht 25

★ Gasthof zum Walfisch
Dorfstr 32, ⌧ 18586, ☎ (03 83 08) 2 54 67, Fax 2 54 67
19 Zi, Ez: 55-75, Dz: 80-130, ⌐ WC ☎; P geschl: Nov
¶◯| Hauptgericht 20; Terrasse; geschl: im Winter Di, Mi, Nov

★ Pension Lobber Hof
Nr 27, ⌧ 18586, ☎ (03 83 08) 22 70, Fax 2 50 22
20 Zi, Ez: 90-100, Dz: 140-150, ⌐ WC ☎; P 1↔20 Fitneßraum Sauna ¶◯|
geschl: Nov

★ Mönchgut
Dorfstr 25, ⌧ 18586, ☎ (03 83 08) 2 50 51, Fax 2 54 53
19 Zi, Ez: 65-110, Dz: 100-150, ⌐ WC ☎; P ¶◯|

Lohme

★ Lohme
♂ ⊰ Dorfstr 35, ⌧ 18551, ☎ (03 83 02) 92 21, Fax 92 34
25 Zi, Ez: 110-130, Dz: 150-220, ⌐ WC ☎, 2✉; P ¶◯|
Auch einfachere Zimmer vorhanden

⌂ Pension Nordwind
Dorfstr 51 a, ⌧ 18551, ☎ (03 83 02) 92 46, Fax 92 44
17 Zi, Ez: 80-110, Dz: 120-130, ⌐ WC; P ≘ ¶◯|

Middelhagen

★ Zur Linde
Dorfstr 20, ⌧ 18586, ☎ (03 83 08) 55 40, Fax 9 10 36, ED VA
20 Zi, Ez: 90-120, Dz: 100-150, ⌐ WC ☎; P ¶◯|

Alt Reddevitz
★ Kliesow's Reuse
♀ Dorfstr 23 a, ⌧ 18586, ☎ (03 83 08) 21 71, Fax 21 71, AX ED
Hauptgericht 25; P; geschl: Di mittags

Putbus

Wreechen (4 km ↙)
★★★ Wreecher Hof
einzeln ♂ ⊰ Kastanienallee 1, ⌧ 18581, ☎ (03 83 01) 8 50, Fax 8 51 00, AX ED VA
13 Zi, Ez: 125-205, Dz: 175-240, 26 Suiten, 3 App, ⌐ WC ☎; P 2↔25 ≘ Fitneßraum Sauna Solarium ¶◯|

Sassnitz 13 253 Ew - 🛈 Stadtverwaltung, 18546 Sassnitz, ☎ (03 83 02) 20 02; Nationalpark Jasmund

★★ Kurhotel Sassnitz
⊰ Hauptstr 1, ⌧ 18546, ☎ (03 83 92) 5 30, Fax 5 33 00, AX ED VA
81 Zi, Ez: 80-150, Dz: 140-220, 2 Suiten, ⌐ WC ☎, 2✉; Lift P 1↔30 ≘ Sauna Solarium ¶◯|

★★ Villa Aegir (Ringhotel)
♂ ⊰ Mittelstr 5, ⌧ 18546, ☎ (03 83 92) 3 30 02, Fax 3 30 46, AX DC ED VA
34 Zi, Ez: 82-145, Dz: 135-185, S; 2 Suiten, ⌐ WC ☎; P 1↔25 Sauna

★ Rügen-Hotel
⊰ Seestr 1, ⌧ 18546, ☎ (03 83 92) 5 31 00, Fax 5 35 50, AX ED VA
119 Zi, Ez: 80-120, Dz: 110-160, ⌐ WC ☎; Lift P ¶◯|

★ Waterkant
♂ ⊰ Walterstr 3, ⌧ 18546, ☎ (03 83 92) 5 08 44, Fax 5 08 44, DC ED VA
16 Zi, Ez: 85-110, Dz: 100-170, ⌐ WC ☎; P; garni

★ Köpi-Eck
Hauptstr 26, ⌧ 18546, ☎ (03 83 92) 3 30 80, Fax 3 30 35, AX ED VA
Hauptgericht 25; P Terrasse

Schaprode

Poggenhof
★★ Zur alten Schmiede
♂ ⊰ Poggenhof 25, ⌧ 18569, ☎ (03 83 09) 21 00, Fax 2 10 43, ED
24 Zi, Ez: 160, Dz: 180-225, 1 App, ⌐ WC ☎; P 1↔17 Sauna
★★ Hauptgericht 30

Sellin 2 860 Ew - Ostseebad 🛈 Tourist-Information, Wilhelmstr 40, 18586 Sellin, ☎ (03 83 03) 3 05, Fax 3 05

★★ Cliff-Hotel
einzeln ♂ ⊰ Siedlung am Wald 22, ⌧ 18586, ☎ (03 83 03) 84 84, Fax 84 90, AX DC ED VA
247 Zi, Ez: 95-273, Dz: 155-295, 118 Suiten, 2 App, ⌐ WC ☎, 12✉; Lift P ⌂ 8↔250 ≘ Strandbad Bowling Fitneßraum Kegeln Sauna Solarium ¶◯|

★★ Bernstein
♂ ⊰ Hochuferpromenade 8, ⌧ 18586, ☎ (03 83 03) 17 17, Fax 17 18, AX DC ED VA
55 Zi, Ez: 100-180, Dz: 160-260, 13 Suiten, ⌐ WC ☎, 20✉; Lift P Sauna Solarium
geschl: 1.1.-1.3.97
★★ ⊰ Hauptgericht 25; Terrasse →

Rügen

✱ Sarcon Apparthotel
Ostbahnstr 20, ✉ 18586, ☎ (03 83 03) 8 60 03, Fax 9 18, AX ED VA
50 Zi, Ez: 120-140, Dz: 150-175, 48 App, ⌐ WC ☎; Lift P; garni

Trent

Vaschvitz (3 km ↗)
✱✱✱ Seepark Residenz ♛
einzeln ♂ ⇐ Im Seepark Rügen, ✉ 18569, ☎ (03 83 09) 2 20, Fax 2 29 00, AX DC ED VA
153 Zi, Ez: 149-199, Dz: 220-330, 7 Suiten, ⌐ WC ☎, 30 ✉; Lift P ⌐ 3 ♋ 120 ⇧ Fitneßraum Sauna Solarium ⚘
✱✱ Cokij
Hauptgericht 35

Wiek

Bohlendorf
✱✱ Herrenhaus Bohlendorf
einzeln ♂ Dorfstr 6, ✉ 18556, ☎ (03 83 91) 7 70, Fax 7 02 80, AX ED
18 Zi, Ez: 65-115, Dz: 140-155, 2 App, ⌐ WC ☎; P 1 ♋ 14 🍴
geschl: Nov, Feb

Rülzheim   60 ↗

Rheinland-Pfalz — Kreis Germersheim — 112 m — 7 089 Ew — Germersheim 9, Wörth 20 km
ℹ ☎ (0 72 72) 70 02 24, Fax 70 02 66 — Verbandsgemeindeverwaltung, Am Deutschordensplatz 1, 76761 Rülzheim

✱ Südpfalz
Schubertring 48, ✉ 76761, ☎ (0 72 72) 80 61, Fax 7 57 96, AX DC ED VA
25 Zi, Ez: 73, Dz: 108, 4 App, ⌐ WC ☎; P ⌐; garni
Rezeption: 6-21

Rüningen siehe **Braunschweig**

Rüsselsheim   54 ↑

Hessen — Kreis Groß-Gerau — 88 m — 60 000 Ew — Mainz 9, Groß-Gerau 10, Frankfurt/Main 24 km
ℹ ☎ (0 61 42) 8 30, Fax 83 25 49 — Stadtverwaltung, Marktplatz 4, 65428 Rüsselsheim; Stadt am unteren Main. Sehenswert: Festung mit Stadtmuseum

✱✱✱ Columbia Hotel
Stahlstr 2/Adam-Opel-Str, ✉ 65428, ☎ (0 61 42) 87 60, Fax 87 68 05, AX DC ED VA
150 Zi, Ez: 250-290, Dz: 290-360, S;
10 Suiten, ⌐ WC ☎, 69 ✉; Lift P ⌐ 5 ♋ 200 ⇧ Fitneßraum Sauna Solarium
✱✱ Hauptgericht 35; Terrasse

✱ Travellers Inn
Eisenstr 28, ✉ 65428, ☎ (0 61 42) 85 80, Fax 85 84 44, AX DC ED VA
107 Zi, Ez: 145-235, Dz: 215-285, S; 1 Suite, ⌐ WC ☎, 38 ✉; Lift P ⌐ 3 ♋ 25 🍴
geschl: 24.12.96-2.1.97

✱✱ Dorint
Eisenstr 54, ✉ 65428, ☎ (0 61 42) 60 70, Fax 60 75 10, AX DC ED VA
120 Zi, Ez: 207-287, Dz: 229-309, 6 Suiten, ⌐ WC ☎, 21 ✉; Lift P 8 ♋ 200 Fitneßraum Sauna Solarium 🍴
Auch Zimmer der Kategorie ✱ vorhanden

✱✱ Best Western
Bauer Hotel Atrium
Marktstr 2 (A 1), ✉ 65428, ☎ (0 61 42) 91 50, Fax 91 51 11, AX DC ED VA
82 Zi, Ez: 169-209, Dz: 139-249, S; 2 Suiten, 1 App, ⌐ WC ☎, 42 ✉; Lift P 2 ♋ 50 Fitneßraum Sauna Solarium; **garni**
geschl: Ende Dez

★★ Roter Hahn
Hessenring 61, ✉ 65428, ☎ (0 61 42)
9 55 40, Fax 95 54 66, AX DC ED VA
Hauptgericht 30; Gartenlokal **P**; geschl:
27.12.96-15.1.97
★★ 11 Zi, Ez: 140-190, Dz: 215-320, ⊐
WC ☎, 3✉;
geschl: 27.12.96-15.1.97

★ Marina
Berliner Str 52 (B 1), ✉ 65428, ☎ (0 61 42)
4 14 11, Fax 99 80 36
Hauptgericht 30; **P** Terrasse; geschl: Sa

⌾ Hummel
Am Löwenplatz, ✉ 65428, ☎ (0 61 42)
6 12 11, Fax 6 24 14
Terrasse; 8.30-19; geschl: So

Bauschheim (5 km ↙)
★★ Rüsselsheimer Residenz
Am Weinfaß 133, ✉ 65428, ☎ (0 61 42)
9 74 10, Fax 7 27 70, AX ED VA
26 Zi, Ez: 160-200, Dz: 190-250, 4 App, ⊐
WC ☎, 5✉; Lift **P** 🔒 2⇔24 Sauna
Solarium
geschl: so + feiertags
★★ Hauptgericht 35; geschl: so + feiertags

Rüthen   34→

Nordrhein-Westfalen — Kreis Soest —
380 m — 12 200 Ew — Warstein 10, Brilon 19, Büren 19 km
i ☎ (0 29 52) 81 80, Fax 81 81 70 — Stadtverwaltung, Hochstr 14, 59602 Rüthen.
Sehenswert: Altes Rathaus; Fachwerkhäuser; Stadtmauer (Rundgang ⦿)

Kallenhardt (6 km ↙)
★ Knippschild
Theodor-Ernst-Str 1, ✉ 59602, ☎ (0 29 02)
24 77, Fax 5 94 22, AX DC ED VA
22 Zi, Ez: 78-85, Dz: 128-138, ⊐ WC ☎, 4✉;
P 🔒 3⇔40 Fitneßraum Sauna Solarium
Rezeption: 7-14, 16-23; geschl: Do,
2 Wochen vor Ostern
★★ Hauptgericht 27;
geschl: Do + Fr mittags, 2 Wochen vor Ostern

Ruhpolding   73↓

Bayern — Kreis Traunstein — 655 m —
6 400 Ew — Traunstein 14, Bad Reichenhall 26 km
i ☎ (0 86 63) 12 68, Fax 96 87 — Kurverwaltung, Hauptstr 60, 83324 Ruhpolding; Luftkurort und Wintersportplatz. Sehenswert:
Kath. Kirche; Holzknechtmuseum;
Rauschberg (Seilbahn), Märchenpark,
1670 m ⦿

⌂ Kostengünstige Unterkunft mit
Standard-Ausstattung

Ruhpolding

★★ Aparthotel Sonnenhof
Hauptstr 70, ✉ 83324, ☎ (0 86 63) 54 10,
Fax 5 41 60, AX ED VA
40 Zi, Ez: 85-110, Dz: 140-190, 32 Suiten, ⊐
WC ☎; Lift 🔒 1⇔40 Fitneßraum Sauna
Solarium
Rezeption: 7-21.30; geschl: Mo, Mitte Nov-Mitte Dez
★★ Hauptgericht 25; Biergarten Gartenlokal **P** Terrasse; geschl: Mo, Mitte
Nov-Mitte Dez

★★ Steinbach-Hotel
⦿ Maiergschwendter Str 8, ✉ 83324,
☎ (0 86 63) 54 40, Fax 3 70, AX ED
70 Zi, Ez: 85-115, Dz: 150-220, 8 Suiten, ⊐
WC ☎; **P** 🔒 1⇔30 🔒 Fitneßraum Sauna
Solarium
Rezeption: 7-21; geschl: Ende Okt- Mitte
Dez
Golf 9
★★ Hauptgericht 30; Terrasse; nur
abends; geschl: Ende Okt-Ende Dez

★★ Zur Post
Hauptstr 35, ✉ 83324, ☎ (0 86 63) 54 30,
Fax 14 83, ED
56 Zi, Ez: 85-105, Dz: 130-170, 20 App, ⊐
WC ☎; Lift **P** 🔒 2⇔300 🔒 Sauna Solarium
geschl: Mi
Auch Zimmer der Kategorie ★★★ vorhanden
★★ Hauptgericht 25; geschl: Mi

★★ Europa
♂ ⦿ Obergschwendter Str 17, ✉ 83324,
☎ (0 86 63) 93 68, Fax 98 92
25 Zi, Ez: 95-130, Dz: 120-190, 2 Suiten, ⊐
WC ☎; **P** 🔒 Fitneßraum Sauna Solarium
Rezeption: 8-18; geschl: Mo, Di, Anfang
Nov-Mitte Dez
9 Golf
★★ Hauptgericht 22; Terrasse;
geschl: Mo, Di, Anfang Nov-Mitte Dez

★ Alpina
♂ Niederfeldstr 11, ✉ 83324, ☎ (0 86 63)
99 05, Fax 50 85
16 Zi, Ez: 65, Dz: 120, ⊐ WC ☎; **P** Sauna
Solarium
geschl: Mitte Nov-Mitte Dez
Restaurant für Hausgäste

★ Haus Flora
♂ Zeller Str 13, ✉ 83324, ☎ (0 86 63) 3 21,
Fax 3 12
26 Zi, Ez: 77, Dz: 134-145, 2 Suiten, ⊐ WC
☎; **P** 🔒 🔒 Fitneßraum Sauna Solarium;
garni
Rezeption: 7-21; geschl: Mitte Nov-Mitte
Dez

★ Vitalhotel Sonnenbichl
♂ Brandstätter Str 48, ✉ 83324, ☎ (0 86 63)
12 33, Fax 58 40
15 Zi, Ez: 51-90, Dz: 100-130, ⊐ WC ☎; **P**
Sauna Solarium
Rezeption: 8-17.30; geschl: Mo, Anfang
Nov-Mitte Dez

★ Max-Inzinger-Wirtshaus
Hauptgericht 20; geschl: Mo, Anfang Nov-Mitte Dez
→

Ruhpolding

＊ Gasthof Zum Fuchs
♂ Brandstätter Str 38 a, ✉ 83324,
☎ (0 86 63) 88 00-0, Fax 88 00-40, ED
15 Zi, Ez: 55-75, Dz: 85-100, 5 Suiten, ⊿ WC
☎; **P** 🚗
geschl: Mi, Anfang Nov-Mitte Dez
Restaurant für Hausgäste

＊ Ruhpoldinger Hof
Hauptstr 30, ✉ 83324, ☎ (0 86 63) 12 12,
Fax 57 77, AX DC ED VA
35 Zi, Ez: 75-90, Dz: 130-160, 5 Suiten,
4 App, ⊿ WC ☎, 6⊠; Lift **P** 🚗 1⇆45 ⇌
Sauna Solarium
geschl: Di, Anfang Nov-Anfang Dez

☕ Windbeutelgräfin
🍴 Branderstr 37, im Mühlbauernhof,
✉ 83324, ☎ (0 86 63) 16 85, Fax 13 32
P Terrasse; geschl: Fr, Sa, Mitte Nov-Mitte Dez
Spezialität: Lohengrin-Windbeutel

<mark>Maiergschwendt</mark> (2 km ↙)
＊ Bio-Hotel Maiergschwendt
♂ ⟜ Maiergschwendt 1, ✉ 83324,
☎ (0 86 63) 90 33, Fax 94 98
27 Zi, Ez: 65-130, Dz: 140-170, ⊿ WC ☎,
15⊠; **P** 🚗 Sauna Solarium
Rezeption: 7-21; geschl: Anfang Nov-Mitte Dez
Auch Zimmer der Kategorie ＊＊ vorhanden
＊ Hauptgericht 20; Terrasse;
geschl: Mitte Nov-Mitte Dez

<mark>Ruhpolding-Außerhalb</mark> (3 km ↓)
＊ Gasthof Ortnerhof
♂ ⟜ Ort 6, ✉ 83324, ☎ (0 86 63) 8 82 30,
Fax 96 99, ED VA
20 Zi, Ez: 76-83, Dz: 150-172, ⊿WC☎; **P** 50
Fitneßraum Kegeln Sauna Solarium
geschl: Di, Anfang Nov-Anfang Dez
Auch Zimmer der Kategorie ＊＊ vorhanden
＊ Hauptgericht 28; Biergarten Terrasse; geschl: Di, Anfang Nov-Anfang Dez

<mark>Wasen</mark>
＊ Haus Jäger
♂ ⟜ Haus Nr 45, ✉ 83324, ☎ (0 86 63)
12 09, Fax 57 56
8 Zi, Ez: 80, Dz: 124, 1 App, ⊿ WC ☎; **P** ⇌
Sauna Solarium; **garni**
geschl: Anfang Nov-Mitte Dez

Ruhstorf a. d. Rott 66 ↓

Bayern — Kreis Passau — 318 m —
6 005 Ew — Pocking 6, Griesbach im Rottal 15, Passau 26 km
ℹ ☎ (0 85 31) 9 31 20, Fax 93 12 30 — Gemeindeverwaltung, Am Schulplatz 10, 94099 Ruhstorf

＊＊ Antoniushof
(Ringhotel)
Ernst-Hatz-Str 2, ✉ 94099, ☎ (0 85 31)
30 44, Fax 3 13 18, AX DC VA
31 Zi, Ez: 83-159, Dz: 170-236, S; 1 Suite, ⊿
WC ☎; Lift **P** 🚗 1⇆35 ⇌ Fitneßraum
Sauna Solarium 🍴 ⇌
Zimmer der Kategorien ＊ und ＊＊＊ vorhanden

Ruhwinkel 10 ↘

Schleswig-Holstein — Kreis Plön — 40 m
— 888 Ew — Bornhöved 3 km
ℹ ☎ (0 43 26) 40 90, Fax 4 09 99 — Amtsverwaltung, Kampstr 1, 24601 Wankendorf

＊ Zum Landhaus
♂ Dorfstr 18, ✉ 24601, ☎ (0 43 23) 63 82
14 Zi, Ez: 60, Dz: 105, ⊿ WC ☎; **P** 🍴
geschl: Fr, Okt

Ruit siehe Ostfildern

Ruppichteroth 43 ↑

Nordrhein-Westfalen — Rhein-Sieg-Kreis
— 220 m — 9 624 Ew — Waldbröl 12,
Hennef 20 km
ℹ ☎ (0 22 95) 4 90, Fax 49 39 — Gemeindeverwaltung, im Ortsteil Schönenberg, Rathausstr 18, 53809 Ruppichteroth. Sehenswert: Burg Herrnstein (8 km ←); Märchenwald; Gehege für Dam-, Schwarz- und Muffelwild (Winterscheidermühle)

<mark>Ruppichteroth-Außerhalb</mark> (14 km ↙)
＊＊ Winterscheider Mühle
einzeln, ✉ 53809, ☎ (0 22 47) 30 40,
Fax 30 41 00, AX DC ED VA
91 Zi, Ez: 100-140, Dz: 195-225, 2 Suiten, ⊿
WC ☎; Lift **P** 🚗 6⇆150 ⇌ Fitneßraum
Kegeln Sauna Solarium 🍴
geschl: Ende Dez
Auch Zimmer der Kategorie ＊ vorhanden

<mark>Winterscheid</mark>
＊ Zur Post
Hauptstr 29, ✉ 53809, ☎ (0 22 47) 20 68,
Fax 20 60, VA
14 Zi, Ez: 80, Dz: 140, ⊿ WC ☎; **P** Kegeln
🍴

Rust 67 ↘

Baden-Württemberg — Ortenaukreis —
164 m — 3 100 Ew — Herbolzheim 8,
Lahr 17 km
ℹ ☎ (0 78 22) 60 22, Fax 73 53 — Gemeindeverwaltung, Fischerstr 51, 77977 Rust; Ort in der Oberrheinebene. Sehenswert:
Schloß Balthasarburg; Balzareschlößchen; Europa-Park

＊＊＊ Erlebnishotel El Andaluz
Storettenstr 1, ✉ 77977, ☎ (0 78 22) 86 00,
Fax 86 05 45, AX DC ED VA
635 Zi, Ez: 173-447, Dz: 220-606, 15 Suiten,
⊿ WC ☎; Lift **P** 1⇆60 ⇌ 🍴
geschl: Nov-Mär
Im Europa-Park gelegen

＊＊ Rebstock
Klarastr 4, ✉ 77977, ☎ (0 78 22) 76 80,
Fax 7 61 06, AX DC ED VA
42 Zi, Ez: 90-110, Dz: 130-150, ⊿ WC ☎; Lift
P 2⇆100 🍴
Auch Zimmer der Kategorie ＊ vorhanden

Saalfeld 48 □

Thüringen — Kreis Saalfeld — 240 m — 34 000 Ew — Jena 50, Coburg 72 km
🛈 ☎ (0 36 71) 3 39 50, Fax 3 39 50 — Saalfeld-Information, Blankenburger Str 4, 07318 Saalfeld; Stadt der Feengrotten. Sehenswert: Markt, Marktapotheke; Rathaus; Stiftskirche St. Johannis; Stadttore und Reste der Stadtmauer; Schloß auf dem Petersberg; Schloßkapelle; Burgruine Hoher Schwarm; Bürgerhäuser; Kirche St. Nikolai

** Tanne
Saalstr 35, ✉ 07318, ☎ (0 36 71) 51 32 16, Fax 26 70, AX DC ED VA
64 Zi, Ez: 79-110, Dz: 110-140, ⌐ WC ☎, 10⌧; Lift 🅿 1↔45 Fitneßraum Sauna Solarium; **garni**
Auch Zimmer der Kategorie * vorhanden

** Anker
Am Markt 25, ✉ 07318, ☎ (0 36 71) 59 90, Fax 51 29 24, AX ED VA
70 Zi, Ez: 75-115, Dz: 140-195, 2 Suiten, 1 App, ⌐ WC ☎; 🅿 🖳 1↔40 Fitneßraum Sauna Solarium ⊠

* Müller
Lachenstr 52, ✉ 07318, ☎ (0 36 71) 51 26 32, Fax 51 26 41, ED VA
34 Zi, Ez: 45-90, Dz: 80-120, ⌐ WC ☎; Lift 🅿
Restaurant für Hausgäste

Obernitz (3 km ↓)
* Grüner Baum
Geschwister-Scholl-Str 7, ✉ 07318, ☎ (0 36 71) 51 29 30, Fax 51 29 40
13 Zi, Ez: 70, Dz: 95, ⌐ WC ☎; 🅿 Kegeln ⊠
Rezeption: 6-9, 11-1

Remschütz (3 km ↘)
** Am Saaleufer
◁ Dorfanger 1, ✉ 07318, ☎ (0 36 71) 5 72 60, Fax 57 26 50, ED VA
27 Zi, Ez: 65-90, Dz: 100-150, ⌐ WC ☎; 🅿 1↔20; **garni**

Saalfeld-Außerhalb (2 km ←)
* Obstgut Gehlen
♂ ◁ Hohe Str 1, ✉ 07318, ☎ (0 36 71) 20 27, Fax 51 60 16, AX DC ED VA
13 Zi, Ez: 95, Dz: 125, 1 Suite, ⌐ WC ☎; 🅿 1↔20 ⊠

Wittmannsgereuth (5 km ↙)
* Waldhotel Mellestollen
einzeln ♂ Wittmannsgereuther Str, ✉ 07318, ☎ (0 36 71) 82 00, Fax 82 02 22, AX DC ED
30 Zi, Ez: 65-110, Dz: 100-120, 1 Suite, ⌐ WC ☎; 🅿 1↔25 Sauna Solarium ⊠
Tennis 1; Anfahrt über B 85 und Beulwitzer Str

* Waldhaus
einzeln ♂ Wittmannsgereuther Str 27, ✉ 07318, ☎ (0 36 71) 51 38 59, Fax 51 38 59, AX DC ED
18 Zi, Ez: 50-95, Dz: 134, 1 Suite, 1 App, ⌐ WC ☎; 🅿 ≋ Fitneßraum Sauna ⊠

Saalhausen siehe Lennestadt

Saarbrücken 52 ↘

Saarland — Stadtverband Saarbrücken — 230 m — 204 000 Ew — Karlsruhe 145, Mainz 152, Koblenz 165 km
🛈 ☎ (06 81) 3 69 01, Fax 39 03 53 — Verkehrsverein, Großherzog-Friedrich-Str 1 (C 2), 66111 Saarbrücken; Landeshauptstadt; Saarmesse; Universität, Musikhochschule; Staatstheater; Flughafen; Spielbank in der Saarlandhalle. Sehenswert: Ev. Schloßkirche; ev. Ludwigskirche; ev. Stiftskirche St. Arnual; kath. Kirche St. Johann; Schloß mit Schloßgarten; Saarlandmuseum; Abenteuer-Museum; Landesmuseum für Vor- und Frühgeschichte; Zoologischer Garten; Deutsch-Französischer Garten

Stadtplan siehe Seite 904

*** Best Western
Bauer Hotel Rodenhof
♂ Kalmanstr 47 (außerhalb B 1), ✉ 66113, ☎ (06 81) 4 10 20, Fax 4 37 85, AX DC ED VA
88 Zi, Ez: 209-229, Dz: 249-269, S;
12 Suiten, 17 App, ⌐ WC ☎, 10⌧; Lift 🅿 🖳 6↔200 ≋ Fitneßraum Sauna Solarium
** Provence
Hauptgericht 35; Terrasse

** La Résidence
(Top International Hotel)
Faktoreistr 2 (B 1), ✉ 66111, ☎ (06 81) 3 88 20, Fax 3 55 70, AX DC ED VA
115 Zi, Ez: 120-170, Dz: 160-250, 14 Suiten, 1 App, ⌐ WC ☎, 70⌧; Lift 🅿 4↔140 Fitneßraum Sauna Solarium ⊠

** Mercure Kongress
Hafenstr 8 (B 1), ✉ 66111, ☎ (06 81) 3 89 00, Fax 37 22 66, AX DC ED VA
145 Zi, Ez: 175-210, Dz: 220-270, 5 Suiten, ⌐ WC ☎, 45⌧; Lift 🅿 🖳 5↔150 Sauna Solarium
** Pullman
Hauptgericht 28; Terrasse

** Am Triller
◁ Trillerweg 57 (B 3), ✉ 66117, ☎ (06 81) 58 00 00, Fax 58 00 03 03, AX DC ED VA;
112 Zi, Ez: 175-195, Dz: 210-240, S;
2 Suiten, 10 App, ⌐ WC ☎, 30⌧; Lift 🅿 🖳 7↔180 ≋ Fitneßraum Sauna Solarium
geschl: Ende Dez-Anfang Jan
** Galerie Marianne
◁ Hauptgericht 30; Biergarten Gartenlokal; geschl: Ende Dez-Anfang Jan

** Domicil Leidinger
Mainzer Str 10 (C 2), ✉ 66111, ☎ (06 81) 3 80 11, Fax 3 80 13, AX DC ED VA
60 Zi, Ez: 145-155, Dz: 180, 9 Suiten, ⌐ WC ☎, 5⌧; Lift 🅿 🖳 4↔60 Solarium
geschl: Ende Dez-Anfang Jan
Bistro M 12
Hauptgericht 20; Biergarten →

Saarbrücken

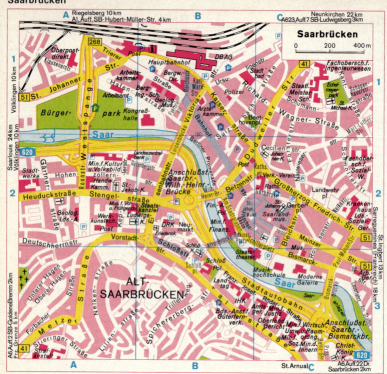

** Novotel
Zinzinger Str 9 (außerhalb A 3), ✉ 66117,
☎ (06 81) 5 86 30, Fax 58 22 42, AX DC ED VA
99 Zi, Ez: 114-165, Dz: 138-200, ⌂ WC ☎,
20 ⌂; Lift P 8⌂250 ≋ ¶

* Bauer Hotel Windsor
Hohenzollernstr 41 (A 2), ✉ 66117,
☎ (06 81) 9 95 70, Fax 5 71 05, DC
38 Zi, Ez: 119-139, Dz: 149-169, 2 Suiten, ⌂
WC ☎; P ¶

* Kirchberghotel
St.-Josef-Str 18 (außerhalb A 1), ✉ 66115,
☎ (06 81) 4 77 83, Fax 49 91 06, AX DC ED VA
38 Zi, Ez: 75-130, Dz: 135-170, ⌂ WC ☎; Lift
P ⌂ ≋ Sauna; **garni**
geschl: Ende Dez

* Bruchwiese
Preußenstr 68, ✉ 66111, ☎ (06 81)
96 71 00, Fax 9 67 10 33, AX DC ED VA
13 Zi, Ez: 98, Dz: 156, ⌂ WC ☎; P ⌂ ¶

* Kaiserhof
Mainzer Str 78 (außerhalb C 3), ✉ 66121,
☎ (06 81) 62 78 1- 82, Fax 6 41 20,
AX DC ED VA
26 Zi, Ez: 89-95, Dz: 129-139, ⌂ WC ☎; P
4⌂100 Sauna; **garni**
Tagungsräume und Restaurant im 100 m
entfernten Casino Restaurant am Staden

* Europa (Ara Noltels)
Gutenbergstr 29 (A 2), ✉ 66117, ☎ (06 81)
5 50 88, Fax 5 84 89 60, AX DC ED VA
26 Zi, Ez: 85-95, Dz: 100-130, ⌂ WC ☎; Lift
P; **garni**

*** Handelshof
Wilhelm-Heinrich-Str 17 (B 2), ✉ 66117,
☎ (06 81) 5 69 20, Fax 5 84 77 07, AX DC ED VA
Hauptgericht 45; geschl: Sa mittags, So
abends, Mo, 2 Wochen in den Sommerferien

*** La Touraine
Hafenstr 2, in der Kongreßhalle (B 1),
✉ 66111, ☎ (06 81) 4 93 33, Fax 4 90 03,
AX DC ED VA
Hauptgericht 40; Terrasse; geschl: Sa mit-
tags, So abends

** Casino Restaurant am Staden
Bismarckstr 47 (außerhalb C 3), ✉ 66121,
☎ (06 81) 6 23 64, Fax 6 30 27, AX DC ED VA
Hauptgericht 35; geschl: So

** Roma
Klausenstr 25 (A 1), ✉ 66115, ☎ (06 81)
4 54 70, Fax 4 17 01 05, AX DC ED VA
Hauptgericht 40; P Terrasse; geschl: Mo

** Fröschengasse
Fröschengasse 18 (B 2), ✉ 66111,
☎ (06 81) 37 17 15, Fax 37 34 23, AX DC ED VA
Hauptgericht 35; Terrasse; geschl: Sa mittags

** Hashimoto
Cecilienstr 7 (C 2), ✉ 66111, ☎ (06 81)
39 80 34, Fax 37 68 41, AX ED VA
Hauptgericht 30; geschl: Mo, feiertags mittags
Japanische Küche

** Shanghai
Saaruferstr 12 (B 2), ✉ 66117, ☎ (06 81)
5 42 54, AX ED VA
Hauptgericht 25; geschl: im Sommer Mo
Chinesische Küche

** Il Gabbiano
Gersweiler Str 39 (außerhalb A 2),
✉ 66117, ☎ (06 81) 5 88 93 33, ED VA
Hauptgericht 35; P; geschl: Jul

Zum Stiefel
Am Stiefel (B 2), ✉ 66111, ☎ (06 81)
93 64 50, Fax 3 70 18, AX DC ED VA
Hauptgericht 28; Biergarten; geschl: So
Älteste Brauerei im Saarland (1702).
Spezialität: naturtrübes Zwickelbier

Schubert
Sulzbachstr 2 (B 2), ✉ 66111, ☎ (06 81)
3 55 99, Fax 3 23 99
8-19, So 11-19

Saarbrücken-Außerhalb (3 km ↘)
** Schloß Halberg
✉ 66024, ☎ (06 81) 6 31 81, Fax 63 86 55,
AX DC ED VA
Hauptgericht 42; P Terrasse

Altenkessel (10 km ←)
* Wahlster
Gerhardstr 12, ✉ 66126, ☎ (0 68 98)
9 82 20, Fax 98 22 50
26 Zi, Ez: 75-85, Dz: 120-140, ⊿ WC ☎; ⑂

St. Arnual (4 km ↘)
** Bayard
Saargemünder Str 11, ✉ 66119, ☎ (06 81)
5 84 99 49, Fax 5 84 70 11, AX ED VA
Hauptgericht 40; P Terrasse; geschl: So,
Sa mittags, 2 Wochen in den Sommerferien

Saarburg 52 ◻

Rheinland-Pfalz — Kreis Trier-Saarburg —
142 m — 6 500 Ew — Trier 22, Hermeskeil 38 km
ℹ ☎ (0 65 81) 8 12 15, Fax 8 12 90 — Verkehrsamt, Graf-Siegfried-Str 32,
54439 Saarburg; Erholungsort. Sehenswert: Wasserfall (20 m); Glockengießerei;
Burg; barocke Wohnhäuser; kath. Kirche;
Hackenberger Mühle; hist. Altstadt

** Saarburger Hof/Diewald ✤
Graf-Siegfried-Str 37, ✉ 54439, ☎ (0 65 81)
23 58, Fax 20 30, AX ED VA
Hauptgericht 35; P Terrasse; geschl: Mo,
Di mittags, Ende Dez-Ende Jan
** 14 Zi, Ez: 85-95, Dz: 120-140,
1 App, ⊿ WC ☎, 2⑂; ⑂ 2↔30
geschl: Mo, Di mittags, Ende Dez-Ende Jan

** Burg-Restaurant
◂ Auf dem Burgberg 1, ✉ 54439,
☎ (0 65 81) 26 22, Fax 66 95, AX DC ED VA
Hauptgericht 30; P Terrasse; geschl: Mo,
Di, Jan

Krutweiler (3 km ↙)
** Chez Claude
einzeln, Am Kruterberg 14, ✉ 54439,
☎ (0 65 81) 21 33, AX DC ED VA
Hauptgericht 35; P Terrasse ⌐; geschl:
Di, 3 Wochen nach Fasching

Saarlouis 52 ↘

Saarland — Kreis Saarlouis — 180 m —
38 000 Ew — Saarbrücken 24, Trier 65 km
ℹ ☎ (0 68 31) 44 32 63, Fax 44 34 95 — Verkehrsamt, im Rathaus, Großer Markt,
66740 Saarlouis. Sehenswert: Rathaus:
Gobelinsaal, Turm ◂; alte Festungsanlagen

* Akzent-Hotel Posthof
Postgäßchen 5, ✉ 66740, ☎ (0 68 31)
4 90 14, Fax 4 67 58, AX DC ED VA
43 Zi, Ez: 100-190, Dz: 160-240, ⊿ WC ☎,
20⑂; Lift
* Hauptgericht 30; geschl: So abends

* Akzent-Hotel Park
Ludwigstr 23, ✉ 66740, ☎ (0 68 31) 20 40,
Fax 29 83, AX DC ED VA
35 Zi, Ez: 100-150, Dz: 140-200, ⊿ WC ☎; P
⑂ 1↔60; garni

* Müller/Via Veneto
In den Kasematten, ✉ 66740, ☎ (0 68 31)
4 25 74, Fax (0 68 87) 8 75 18, AX DC ED VA
Hauptgericht 25; Terrasse; geschl: Mo

Beaumarais (3 km ↙)
** Altes Pfarrhaus Beaumarais
(European Castle)
Hauptstr 2, ✉ 66740, ☎ (0 68 31) 63 83,
Fax 6 28 98, AX DC ED VA
34 Zi, Ez: 145-180, Dz: 195-260, 1 Suite, ⊿
WC ☎; P 2↔70
Ehemalige Sommervilla der Baronin von
Salis. Spätbarockes Gebäude von 1762
** Hauptgericht 40; Biergarten;
geschl: Sa mittags, So

Fraulautern (1 km →)
* Hennrich
Rodener Str 56, ✉ 66740, ☎ (0 68 31)
9 81 30, Fax 8 00 91, ED VA
20 Zi, Ez: 75, Dz: 120, ⊿ WC ☎; P ⑂ Kegeln
⑂   →

Saarlouis

Roden (2 km ↑)
** Pannonia im Alleehaus
Bahnhofsallee 4, ✉ 66740, ☎ (0 68 31)
98 00, Fax 98 06 03, AX DC ED VA
116 Zi, Ez: 165, Dz: 230, S; ⇋ WC ☎, 42🛌;
Lift P 🚗 6⇔130 Bowling Fitneßraum
Sauna Solarium
**   Hauptgericht 25

*   Reiter Zur Saarmühle
Zur Saarmühle 1, ✉ 66740, ☎ (0 68 31)
9 89 40, Fax 8 59 87, DC ED VA
23 Zi, Ez: 70-105, Dz: 95-140, ⇋ WC ☎; P 🚗
🍽

Saarmund   30 □

Brandenburg — Kreis Potsdam — 96 m —
980 Ew — Potsdam 9, Ludwigsfelde 13 km
ℹ ☎ (03 32 00) 8 58 00 — Gemeindeverwaltung, Arthur-Scheunert-Allee 103,
14558 Bergholz-Rehbrücke

** Saarmund
Alleestr 14, ✉ 14552, ☎ (03 32 00) 81 80,
Fax 8 18 77, AX DC VA
60 Zi, Ez: 95-140, Dz: 150-210, ⇋ WC ☎,
2🛌; P 2⇔50 Sauna Solarium; garni
geschl: 23.12.96-4.1.97

Saarow-Pieskow, Bad   31 ↙

Brandenburg — Landkreis Oder-Spree —
40 m — 4 000 Ew — Frankfurt/Oder 37,
Königs Wusterhausen 40 km
ℹ ☎ (03 36 31) 4 50 — Amt Scharmützelsee, Forsthausstr 4, 15526 Bad Saarow-
Pieskow; Bade- und Kurort. Sehenswert:
Scharmützelsee; Umgebung: Markgrafen-
steine (5 km ↘) - Riesenfindling

Pieskow-Süd
* Pieskow
⚓ Schwarzer Weg 6, ✉ 15526, ☎ (03 36 31)
24 28, Fax 24 28, ED VA
11 Zi, Ez: 80, Dz: 120, ⇋ WC ☎, 3🛌; P
1⇔25 🍽
Rezeption: 7-21

Saarow-Dorf
** Am Werl
⚓ Silberbergstr 51, ✉ 15526, ☎ (03 36 31)
52 31, Fax 52 33, AX ED VA
13 Zi, Ez: 80, Dz: 140-160, ⇋ WC ☎; P
1⇔25 Sauna 🍽

** Azur
⚓ Ahornallee 5, ✉ 15526, ☎ (03 36 31)
52 14, Fax 52 16, AX VA
14 Zi, Ez: 115-130, Dz: 150-170, ⇋ WC ☎; P
🍽

Strand
* Dorsch
⚓ Humboldtstr 14, ✉ 15526, ☎ (03 36 31)
24 04, Fax 24 04, AX ED VA
Hauptgericht 22; geschl: im Winter
Mo+Di, Mitte-Ende Feb

Sachsa, Bad   37 ←

Niedersachsen — Kreis Osterode — 400 m
— 10 000 Ew — Herzberg 24, Braunlage 25 km
ℹ ☎ (0 55 23) 3 00 90, Fax 30 09 49 — Kurverwaltung, Am Kurpark 6, 37441 Bad
Sachsa; heilklimatischer Kurort im Südharz. Sehenswert: Ravensberg, 660 m ⛰
(4 km ↗); ehem. Kloster und Klosterruine
Walkenried (5 km →)

*** Romantischer Winkel
⚓ ⛰ Bismarckstr 23, ✉ 37441, ☎ (0 55 23)
30 40, Fax 30 41 22, AX ED VA
80 Zi, Ez: 115-180, Dz: 205-318, 3 Suiten, ⇋
WC ☎, 15🛌; Lift P 🚗 2⇔30 ⛱ Fitneßraum
Sauna Solarium 🏊
geschl: Mitte Nov-Mitte Dez
Golf 18; Tennis 10; Kinderbetreuung
Auch Zimmer der Kategorie ** vorhanden
**   ⛰ Hauptgericht 32; Terrasse;
geschl: Mitte Nov-Mitte Dez

** Sonnenhof
⚓ Glasberg 20 a, ✉ 37441, ☎ (0 55 23)
9 43 70, Fax 94 37 50, ED
17 Zi, Ez: 75-120, Dz: 130-200, ⇋ WC ☎; Lift
P 🚗 Fitneßraum Solarium; garni
geschl: Nov

* Frohnau
⚓ Waldsaumweg 19, ✉ 37441, ☎ (0 55 23)
5 35, Fax 5 36, ED
23 Zi, Ez: 55, Dz: 95, ⇋ WC ☎; Lift P; garni
Rezeption: 8-20; geschl: Nov

🏠 Haus Annemarie
Marktstr 5, ✉ 37441, ☎ (0 55 23) 9 31 55,
Fax 9 31 56, AX ED
9 Zi, Ez: 45-80, Dz: 90-110, ⇋ WC ☎; P 🚗;
garni

Steina (2 km ←)
** Landhaus Helmboldt
⚓ Waldpromenade 15, ✉ 37441,
☎ (0 55 23) 18 55, Fax 25 05, ED
18 Zi, Ez: 65-75, Dz: 120-140, ⇋ WC; P Fit-
neßraum Sauna Solarium
Rezeption: 8-21; geschl: Do, Ende Okt-
Mitte Dez

Sachsenheim   61 □

Baden-Württemberg — Kreis Ludwigsburg
— 245 m — 16 500 Ew — Ludwigsburg 15,
Pforzheim 24 km
ℹ ☎ (0 71 47) 2 80, Fax 2 82 00 — Stadtver-
waltung, im Stadtteil Großsachsenheim,
Äußerer Schloßhof 5, 74343 Sachsenheim;
Stadt im Naturpark Stromberg-Heuchel-
berg, an der Schwäbischen Weinstraße.
Sehenswert: Renaissance-Schloß; ev.
St.-Georgs-Kirche

Ochsenbach (10 km ↘)
** Zum Schwanen   ✿
Dorfstr 47, ✉ 74343, ☎ (0 70 46) 21 35,
Fax 27 29
Hauptgericht 30; Gartenlokal P Terrasse;
geschl: Mo, Jan

906

Säckingen, Bad 67 ↓

Baden-Württemberg — Kreis Waldshut — 300 m — 16 000 Ew — Waldshut 24, Basel 30 km
🛈 ☎ (0 77 61) 5 13 16, Fax 5 13 30 — Kurverwaltung, Waldshuter Str 20, 79713 Bad Säckingen; Heilbad am Hochrhein. Sehenswert: Altstadt; Barockmünster, Münsterschatz; Holzbrücke; Trompeterschloß

** Goldener Knopf
⋖ Rathausplatz 9, ✉ 79713, ☎ (0 77 61) 56 50, Fax 56 54 44, AX DC ED VA
47 Zi, Ez: 100-140, Dz: 150-220, 1 Suite, ⊟ WC ☎, 27⬚; Lift 🅿 2⇨80
Auch Zimmer der Kategorie * vorhanden
** Hauptgericht 30; Terrasse; geschl: Sa

* Zur Flüh
♂ Weihermatten 38, ✉ 79713, ☎ (0 77 61) 30 96, Fax 5 86 77, AX DC ED VA
40 Zi, Ez: 98-110, Dz: 160-170, 2 Suiten, ⊟ WC ☎; 🅿 🍽 2⇨60 ⚨ Sauna
geschl: So abends
* Hauptgericht 30; geschl: So abends

** Fuchshöhle 🍷
☒ Münsterplatz 24, ✉ 79713, ☎ (0 77 61) 73 13, DC ED VA
Hauptgericht 35; Terrasse; geschl: So, Mo
400jähriges Gebäude mit Fassadenmalereien. Gasthaus seit 1863

Saerbeck 24 ↙

Nordrhein-Westfalen — Kreis Steinfurt — 45 m — 5 313 Ew — Emsdetten 8, Greven 10, Osnabrück 20 km
🛈 ☎ (0 25 74) 8 90 — Gemeindeverwaltung, Emsdettener Str 1, 48369 Saerbeck

Westladbergen (4 km ↘)
** Stegemann
Haus Nr 71, ✉ 48369, ☎ (0 25 74) 9 29 -0, Fax 92 9- 29, AX DC ED VA
38 Zi, Ez: 70-90, Dz: 130-160, ⊟ WC ☎; 🅿 3⇨300 ⚨ Kegeln 🍽
geschl: Mo mittags
Auch einfachere Zimmer vorhanden

Sailauf 55 ↖

Bayern — Kreis Aschaffenburg — 362 m — 3 600 Ew — Goldbach 5, Lohr 30, Frankfurt 35 km
🛈 ☎ (0 60 93) 9 73 30, Fax 97 33 33 — Gemeindeverwaltung, Rathausstr 9, 63877 Sailauf

♂ Betrieb verfügt über eine Anzahl ruhiger Zimmer

Sailauf-Außerhalb
*** Schloßhotel Die Weyberhöfe (Gast im Schloß)
♂ ⋖ ☒ ✉ 63877, ☎ (0 60 93) 94 00, Fax 94 01 00, AX DC ED VA
20 Zi, Ez: 195-240, Dz: 240-280, 6 Suiten, ⊟ WC ☎, 2⬚; 🅿 5⇨250
Stilvoll rekonstruiertes Landschloß dessen Geschichte und Gründung durch den Mainzer Erzbischof von Eppstein bis ins 13. Jh. zurückgeht
** Hauptgericht 35; geschl: Mo

Salach 62 □

Baden-Württemberg — Kreis Göppingen — 350 m — 7 600 Ew — Göppingen 8 km
🛈 ☎ (0 71 62) 4 00 80, Fax 40 08 70 — Bürgermeisteramt, Rathausplatz 1, 73084 Salach. Sehenswert: Ruine Staufeneck, 525 m ⋖ (4 km →)

** Klaus
Hauptstr 87 b, ✉ 73084, ☎ (0 71 62) 9 63 00, Fax 96 30 51, AX ED VA
18 Zi, Ez: 119-129, Dz: 180-200, ⊟ WC ☎; Lift 🅿 2⇨30 ⚨
** Hauptgericht 30; Terrasse

** Bernhardus
Am Marktplatz, ✉ 73084, ☎ (0 71 62) 80 61, Fax 80 66, AX DC ED VA
25 Zi, Ez: 75-95, Dz: 105-140, ⊟ WC ☎, 5⬚; Lift 🍽 2⇨50
Restaurant für Hausgäste

Salach-Außerhalb (2 km →)
** Burgrestaurant Staufeneck 🍷
⋖ ✉ 73084, ☎ (0 71 62) 50 28, Fax 4 43 00, AX DC ED VA
Hauptgericht 45; 🅿 Terrasse; geschl: Mo

Salem 19 ↖

Schleswig-Holstein — Kreis Herzogtum Lauenburg — 48 m — 450 Ew — Ratzeburg 6, Mölln 11 km
🛈 ☎ (0 45 41) 8 21 67 — Gemeindeverwaltung, Seestr 10, 23911 Salem

* Seehof
Seestr 50, ✉ 23911, ☎ (0 45 41) 8 21 82, Fax 8 38 40
Hauptgericht 22; 🅿 Terrasse; geschl: Mi, Jan
* 10 Zi, Ez: 55-60, Dz: 90-112, ⊟ WC
geschl: Mi, Jan

Salem 69 ↙

Baden-Württemberg — Bodenseekreis — 440 m — 9 650 Ew — Überlingen 15 km
🛈 ☎ (0 75 53) 8 23 12, Fax 78 35 — Gemeindeverwaltung, im Ortsteil Neufrach, Leutkircher Str 1, 88682 Salem. Sehenswert: Schloß (ehem. Zisterzienserabtei); Münster, Affenberg →

Salem

* Salmannsweiler Hof ⚜
Salmannsweiler Weg 5, ✉ 88682,
☎ (0 75 53) 9 21 20, Fax 92 12 25
Hauptgericht 25; **P** Gartenlokal; geschl:
Do abends, Fr, Anfang Nov, 2 Wochen im
Mär
* 10 Zi, Ez: 71-82, Dz: 97-130, ⊿ WC
☎; **P** 🍴

Neufrach (3 km ↘)
** Gasthof Reck
Bahnhofstr 111, ✉ 88682, ☎ (0 75 53) 2 01,
Fax 2 02
14 Zi, Ez: 50-90, Dz: 90-160, 2 App, ⊿ WC
☎; Lift **P** 🍴 Kegeln
geschl: Mitte Nov
Auch Zimmer der Kategorie ***** und *******
vorhanden
* Hauptgericht 26; Terrasse;
geschl: Mi abends, Do

Salzdetfurth, Bad   26 ↓

Niedersachsen — Kreis Hildesheim —
156 m — 7 000 Ew — Hildesheim 14 km
i ☎ (0 50 63) 22 77 — Fremdenverkehrsverein, Salzpfännerstr 2, 31162 Bad Salzdetfurth; Moor- und Soleheilbad. Sehenswert:
St.-Georgs-Kirche; Kurpark

Detfurth (2 km ↑)
** ◁ Relexa
♂ An der Peesel 1, ✉ 31162, ☎ (0 50 63)
2 90, Fax 2 91 13, AX DC ED VA
132 Zi, Ez: 110-280, Dz: 150-380, 4 Suiten,
14 App, ⊿ WC ☎, 14🍴; Lift **P** 🍴 14↔400
☂ Fitneßraum Kegeln Sauna Solarium 🍴
Auch Zimmer der Kategorie ***** vorhanden
** Kaminrestaurant
Hauptgericht 24; Biergarten Terrasse

Salzgitter   26 ↘

Niedersachsen — Stadtkreis — 80 m —
115 000 Ew — Braunschweig 27, Hildesheim 35 km
i ☎ (0 53 41) 39 37 38, Fax 39 18 16 — Tourist-Information, im Stadtteil Bad, Vorsalzer Str 11, 38259 Salzgitter; Thermalsolebad in Salzgitter-Bad. Sehenswert: Ehem. Klosterkirche in Salzgitter-Ringelheim; Schloß in Salzgitter-Salder; ehem. Stiftskirche in Salzgitter-Steterburg; Burgruine in Salzgitter-Lichtenberg; Burg in Salzgitter-Gebhardshagen; Salzgitter-See in Salzgitter-Lebenstedt

Bad
** Golfhotel am Gittertor
Gittertor 5, ✉ 38259, ☎ (0 53 41) 30 10,
Fax 39 43 41, AX ED VA
24 Zi, Ez: 90-120, Dz: 128-190, ⊿ WC ☎,
12🍴; Lift **P** 🍴; garni
Rezeption: 6-21

** Quellenhof
Hinter dem Salze, ✉ 38259, ☎ (0 53 41)
80 70, Fax 39 48 28, AX ED VA
36 Zi, Ez: 95-150, Dz: 135-190, ⊿ WC ☎; Lift
P Fitneßraum Sauna
* La Fontana
Hauptgericht 25; geschl: Do
** Ratskeller (Ringhotel)
Marktplatz 10, ✉ 38259, ☎ (0 53 41)
3 70 25, Fax 3 50 20, AX DC ED VA
44 Zi, Ez: 85-105, Dz: 128-148, S; ⊿ WC ☎;
Lift **P** 🍴 6↔300 Kegeln
Auch Zimmer der Kategorie ***** vorhanden
** Hauptgericht 25; Terrasse
* Kniestedter Hof
Breslauer Str 20, ✉ 38259, ☎ (0 53 41)
80 08 00, Fax 80 08 88, AX ED VA
23 Zi, Ez: 89, Dz: 138, ⊿ WC ☎; Lift **P** 🍴
Sauna; **garni**
* Pension Liebenhall
Bismarckstr 9, ✉ 38259, ☎ (0 53 41)
3 40 91, Fax 3 10 92
13 Zi, Ez: 79-95, Dz: 100-124, ⊿ WC ☎; **P**
🍴
Rezeption: 7-11, 15-22, So + feiertags 8-12,
18-22

Bleckenstedt
* Koch's Hotel
Bleckenstedter Str 36, ✉ 38239,
☎ (0 53 41) 6 50 91, Fax 6 50 93, AX ED
40 Zi, Ez: 65-100, Dz: 90-140, ⊿ WC ☎; **P**
* Haxen-Koch
Hauptgericht 20

Gebhardshagen
** Gasthaus Keune
Weddemweg 4, ✉ 38229, ☎ (0 53 41)
8 72 70, Fax 87 27 37, ED VA
21 Zi, Ez: 70-90, Dz: 105-145, ⊿ WC ☎; **P**
Kegeln 🍴

Lichtenberg
** Waldhotel Burgberg
einzeln ♂ Burgbergstr 147, ✉ 38228,
☎ (0 53 41) 5 30 22, Fax 5 35 46, ED VA
15 Zi, Ez: 128, Dz: 206, ⊿ WC ☎; **P** 3↔100
Fitneßraum Sauna Solarium 🍴
Rezeption: 7-11, 16-20; geschl: Di
Auch Zimmer der Kategorie ******* vorhanden

Salzhausen   18 ↘

Niedersachsen — Kreis Harburg — 40 m —
3 400 Ew — Lüneburg 19 km
i ☎ (0 41 72) 9 09 90, Fax 90 99 36 —
Gemeindeverwaltung, Rathaus,
Schulstr 26, 21376 Salzhausen; Erholungsort. Sehenswert: Ev. Kirche

** Romantik Hotel Josthof
Am Lindenberg 1, ✉ 21376, ☎ (0 41 72)
9 09 80, Fax 62 25, AX DC ED VA
11 Zi, Ez: 110-140, Dz: 175-190, 5 Suiten, ⊿
WC ☎; **P** 1↔10
Rezeption: 7-20
350 Jahre altes niedersächsisches Gehöft
** ☗ Hauptgericht 30

Salzhemmendorf 26 ✓

Niedersachsen — Kreis Hameln-Pyrmont — 148 m — 11 000 Ew — Hameln 24, Hildesheim 31 km
🛈 ☎ (0 51 53) 8 08 80, Fax 8 08 45 — Fremdenverkehrsbüro, Hauptstr 33, 31020 Salzhemmendorf; Heilklimatischer Kurort

<u>Oldendorf</u> (3 km ↗)
✱ **Catharinenhof**
Im Hohen Feld 48, ✉ 31020, ☎ (0 51 53) 93 80, Fax 58 39, AX DC ED VA
17 Zi, Ez: 90-135, Dz: 130-200, ⌐ WC ☎; **P**
Rezeption: 9-12, 16-19; geschl: So abends
Restaurant für Hausgäste

Salzkotten 35 ←

Nordrhein-Westfalen — Kreis Paderborn — 100 m — 21 000 Ew — Paderborn 12, Büren 12, Wiedenbrück 32 km
🛈 ☎ (0 52 58) 50 70, Fax 5 07 27 — Stadtverwaltung, Marktstr 8, 33154 Salzkotten. Sehenswert: Wewelsburg (9 km ↘), Reste der Stadtbefestigung; Pfarrkirche St. Johannes; Kutfelsen

✱ **Walz**
Paderborner Str 21, ✉ 33154, ☎ (0 52 58) 98 80, Fax 48 49, AX DC ED VA
35 Zi, Ez: 90-95, Dz: 140-160, 1 App, ⌐ WC ☎; **P** Kegeln Sauna Solarium 🍴

✱ **Westfälischer Hof**
Lange Str 4, ✉ 33154, ☎ (0 52 58) 9 86 10, Fax 98 61 40, AX ED VA
13 Zi, Ez: 85-90, Dz: 140, ⌐ WC ☎; **P** 🚍
Kegeln 🍴

Salzschlirf, Bad 46 ←

Hessen — Kreis Fulda — 250 m — 3 000 Ew — Schlitz 8, Lauterbach 10, Fulda 18 km
🛈 ☎ (0 66 48) 22 66, Fax 23 68 — Kur- und Verkehrsamt, Bahnhofstr 22, 36364 Bad Salzschlirf; Mineral- und Moorheilbad. Sehenswert: Kurpark; Mariengrotte

✱✱ **Parkhotel**
♣ Bahnhofstr 12, ✉ 36364, ☎ (0 66 48) 30 81, Fax 32 62, AX DC ED VA
22 Zi, Ez: 75, Dz: 130-170, ⌐ WC ☎; Lift **P** 1↔25 Sauna Solarium 🍴 🚍

✱✱ **Kurhotel Badehof**
Lindenstr 2, ✉ 36364, ☎ (0 66 48) 1 81 83, Fax 1 81 79, AX DC ED VA
170 Zi, Ez: 108-125, Dz: 200-226, ⌐ WC ☎; Lift **P** 🚍 ≈ Fitneßraum Solarium 🍴

✱ **Pension Schober**
Bahnhofstr 16, ✉ 36364, ☎ (0 66 48) 93 39 00, Fax 93 39 90
48 Zi, Ez: 65-70, Dz: 110-140, ⌐ WC ☎; Lift **P** 🚍 Sauna Solarium
Rezeption: 8-13, 16-20; geschl: Anfang Nov-Mitte Dez, Mitte Jan-Ende Mär

Salzuflen, Bad 25 ✓

Nordrhein-Westfalen — Kreis Lippe — 75 m — 55 000 Ew — Herford 7, Lemgo 14 km
🛈 ☎ (0 52 22) 18 32 05, Fax 1 71 54 — Kur- und Verkehrsverein, Parkstr 20 (B 2), 32105 Bad Salzuflen; Thermalbad. Sehenswert: Fachwerkhäuser, Bürgermeisterhaus, Rathaus, Kurpark; Rokoko-Schloß in Schötmar

Stadtplan siehe Seite 910

✱✱✱ **Arminius**
Ritterstr 2 (B 3), ✉ 32105, ☎ (0 52 22) 5 30 70, Fax 53 07 99, AX DC ED VA
51 Zi, Ez: 120-160, Dz: 200, 9 Suiten, 2 App, ⌐ WC ☎, 7🛏; Lift **P** 🚍 3↔100 Sauna Solarium
Auch Zimmer der Kategorie ✱✱ vorhanden
✱✱ **Varus**
🍽 Hauptgericht 21; Terrasse

✱✱ **Lippischer Hof
(Ringhotel)**
Mauerstr 1 (A 3), ✉ 32107, ☎ (0 52 22) 53 40, Fax 5 05 71, AX DC ED VA
49 Zi, Ez: 130-155, Dz: 160-275, S; 2 Suiten, 1 App, ⌐ WC ☎, 12🛏; Lift **P** 🚍 5↔80 ≈ Sauna Solarium
Golf 18; Auch Zimmer der Kategorie ✱ vorhanden
✱✱ Hauptgericht 40; Biergarten

✱✱ **Kurparkhotel**
♣ Parkstr 1 (B 2), ✉ 32105, ☎ (0 52 22) 39 90, Fax 39 94 62, AX DC ED VA
73 Zi, Ez: 106-195, Dz: 148-292, 1 Suite, 1 App, ⌐ WC ☎; Lift 2↔60
geschl: Jan-Mitte Feb
✱✱ Hauptgericht 30; geschl: Jan-Feb

✱ **Haus Otto** ♛
♣ Friedenstr 2/Ecke Gröchtenweg (A 2), ✉ 32105, ☎ (0 52 22) 5 00 61, Fax 5 84 64, AX
22 Zi, Ez: 90-98, Dz: 150-170, ⌐ WC ☎, 10🛏; Lift **P** 🚍
geschl: Ende Nov-Mitte Feb

✱ **Stadt Hamburg**
Asenburgstr 1 (C 3), ✉ 32105, ☎ (0 52 22) 6 28 10, Fax 62 81 52, AX DC ED VA
35 Zi, Ez: 110-120, Dz: 180, ⌐ WC ☎; Lift **P**
✱ Hauptgericht 30; geschl: Do

✱ **Eichenhof**
Friedenstr 1, ✉ 32105, ☎ (0 52 22) 9 34 00, Fax 93 40 40, AX ED
21 Zi, Ez: 90-105, Dz: 130-160, 1 App, ⌐ WC ☎; **P** 🚍; garni

✱ **Römerbad**
♣ Wenkenstr 30, ✉ 32105, ☎ (0 52 22) 9 15 00, Fax 91 50 61, AX DC ED VA
45 Zi, Ez: 90-150, Dz: 170-198, 1 Suite, 1 App, ⌐ WC ☎, 4🛏; Lift **P** 🚍 2↔25 ⌐ Sauna Solarium 🍴 🚍 →

Salzuflen, Bad

Bad Salzuflen
0 200 400 m

* **Café Rosengarten**
Bismarckstr 8 (B 2), ✉ 32105, ☎ (0 52 22)
9 15 50, Fax 91 55 10, AX DC ED VA
13 Zi, Ez: 80-109, Dz: 150-170, ⊿ WC ☎; 🅿
Rezeption: 7-20

*** **Die Trüffel
(im Maritim Staatsbadhotel)**
Parkstr 53 (BC 1), ✉ 32105, ☎ (0 52 22)
18 10, Fax 1 59 53, AX DC ED VA
Hauptgericht 45; 🅿 nur abends; geschl:
So, Mo, in den Sommerferien

** **Kurhaus**
Parkstr 26 (B 2), ✉ 32105, ☎ (0 52 22)
9 13 90, Fax 91 39 12, AX DC ED VA
Hauptgericht 25; Biergarten; geschl: Im
Winter Mo, Di

Bad Salzuflen-Außerhalb (3 km ↑)
** **Schwaghof**
einzeln ⚤ ◂ Schwaghof 1, ✉ 32108,
☎ (0 52 22) 39 60, Fax 39 65 55, AX DC ED VA
80 Zi, Ez: 134-170, Dz: 180-265, 6 Suiten, ⊿
WC ☎, 6✉; Lift 🅿 🅿 9⇔210 ≋ Fitneßraum
Kegeln Sauna Solarium
Golf 18; Tennis 2
*** Hauptgericht 30; Biergarten Gartenlokal

Sylbach (7 km ↓)
** **Zum Löwen**
Sylbacher Str 223, ✉ 32107, ☎ (0 52 32)
9 56 50, Fax 95 65 65, ED
33 Zi, Ez: 90-110, Dz: 150-180, ⊿ WC ☎; 🅿
3⇔60 ≋ 🍴
geschl: 2 Wochen in den Sommerferien

Salzungen, Bad　　　46 ↗

Thüringen — Kreis Bad Salzungen —
240 m — 21 000 Ew — Eisenach 28,
Meiningen 37 km
ℹ ☎ (0 36 95) 67 10, Fax 21 08 — Stadtverwaltung, Ratstr 2, 36433 Bad Salzungen;
Erholungsort, Heilbad. Sehenswert: Burgsee; Kirchplatz mit historischer Bebauung,
Fachwerkhäuser im hennebergisch-fränkischen Stil

** **Salzunger Hof**
Bahnhofstr 41, ✉ 36433, ☎ (0 36 95) 67 20,
Fax 60 17 00, AX DC ED VA
72 Zi, Ez: 95-145, Dz: 130-185, 5 Suiten,
10 App, ⊿ WC ☎, 10✉; Lift 🅿 🚃 5⇔250
Fitneßraum Sauna Solarium 🍴
* Hauptgericht 25; Gartenlokal Terrasse

Salzwedel 27 ↑

Sachsen-Anhalt — Kreis Salzwedel — 51 m — 22 538 Ew — Lüchow 13, Uelzen 43 km
ℹ ☎ (0 39 01) 2 24 38, Fax 3 10 77 — Salzwedel-Information, Neuperverstr. 32, 29410 Salzwedel. Sehenswert: Stadtbefestigung, Stadtmauer; Bergfried; Reste der Burgkapelle St. Anna; Neuperver Tor; Karlsturm; Steintor; Kirchen; Bürgerhäuser; Fachwerkhäuser

** Union
Goethestr 11, ✉ 29410, ☎ (0 39 01) 42 20 97, Fax 42 21 36, AX DC ED VA
33 Zi, Ez: 75-90, Dz: 130-150, ⊿ WC ☎; P 🅿 Sauna
** Hauptgericht 25

* Bahnhofshotel
Bahnhofstr 10, ✉ 29410, ☎ (0 39 01) 2 20 17, Fax 2 73 86, AX ED
16 Zi, Ez: 45-80, Dz: 80-120, 1 Suite, ⊿ WC ☎; P 🅿 🍴
Auch einfachere Zimmer vorhanden

* Siebeneichen
Kastanienweg 3, ✉ 29410, ☎ (0 39 01) 3 50 30, Fax 3 50 32, AX ED VA
12 Zi, Ez: 85-95, Dz: 110-125, ⊿ WC ☎; P 🍴

Samerberg 73 ↗

Bayern — Kreis Rosenheim — 750 m — 2 000 Ew — Rosenheim 16 km
ℹ ☎ (0 80 32) 86 06, Fax 88 87 — Verkehrsamt, im Ortsteil Törwang, Dorfplatz 3, 83120 Samerberg; Erholungsort und Wintersportplatz im Chiemgau

Törwang
* Post
Dorfplatz 4, ✉ 83122, ☎ (0 80 32) 86 13, Fax 89 29, ED
29 Zi, Ez: 60-65, Dz: 80-85, 1 Suite, 1 App, ⊿ WC ☎; P 1↔20 ≋
Rezeption: 8-20; geschl: Di, 15.1.-15.2.97
* Hauptgericht 20; Gartenlokal, geschl: Di, 15.1.-15.2.97

Sand siehe Emstal

Sand am Main 56 ↗

Bayern — Kreis Haßberge — 200 m — 2 947 Ew — Haßfurt 9, Bamberg 25 km
ℹ ☎ (0 95 24) 8 22 20 — Gemeindeverwaltung, Kirchplatz 2, 97522 Sand am Main

🛏 Goger
Hauptstr. 28, ✉ 97522, ☎ (0 95 24) 2 27, Fax 2 07
19 Zi, Ez: 49, Dz: 84, ⊿ WC ☎; P 🍴
Eigenbauweine

Sandberg 46 ↘

Bayern — Kreis Rhön-Grabfeld — 550 m — 2 920 Ew — Bischofsheim 8, Bad Neustadt 16 km
ℹ ☎ (0 97 01) 3 50, Fax 82 36 — Gemeindeverwaltung, Schulstr 6, 97657 Sandberg

* Berghotel Silberdistel
◂ Blumenstr 22, ✉ 97657, ☎ (0 97 01) 7 13, Fax 85 40, ED
18 Zi, Ez: 55, Dz: 98, ⊿ WC ☎; P 🅿 1↔25 Fitneßraum Sauna Solarium 🍴
geschl: Di, Mitte-Ende Jan

Sande 16 □

Niedersachsen — Kreis Friesland — 2 m — 8 867 Ew — Wilhelmshaven 10, Aurich 45, Oldenburg 45 km
ℹ ☎ (0 44 22) 9 58 80, Fax 95 88 40 — Gemeindeverwaltung, Hauptstr 79, 26452 Sande

** Landhaus Tapken
Bahnhofstr 46, ✉ 26452, ☎ (0 44 22) 9 58 60, Fax 95 86 99, AX DC ED VA
18 Zi, Ez: 88-108, Dz: 128-146, 2 Suiten, ⊿ WC ☎; P 3↔200 Kegeln
geschl: 23.-26.12.97
* Hauptgericht 30; Terrasse; geschl: Sa mittags

* Auerhahn
Hauptstr 105, ✉ 26452, ☎ (0 44 22) 89 90, Fax 89 92 99, AX DC ED VA
49 Zi, Ez: 65-95, Dz: 125-145, 1 Suite, 3 App, ⊿ WC ☎; P 4↔40 ⊜ Sauna Solarium 🍴

Sandkrug 22 ↓

Brandenburg — 40 m — Eberswalde-Finow 8, Angermünde 16 km
ℹ ☎ (0 33 34) 2 31 68, Fax 6 41 90 — Fremdenverkehrs-Information, Pavillon am Markt, 16225 Eberswalde

** Mühlenhaus
Ragöser Mühle 1, ✉ 16230, ☎ (03 33 66) 2 41, Fax 2 02, DC ED VA
30 Zi, Ez: 90-110, Dz: 130-165, 3 Suiten, ⊿ WC ☎; Lift P 3↔120 Bowling Sauna Solarium 🍴

Sandweier siehe Baden-Baden

Sangerhausen 38 ←

Sachsen-Anhalt — Kreis Sangerhausen — 154 m — 31 200 Ew — Lutherstadt Eisleben 20, Nordhausen 37 km
ℹ ☎ (0 34 64) 61 33 30, Fax 61 33 29 — Fremdenverkehrsverein, Schützenplatz, 06512 Sangerhausen. Sehenswert: Rosarium; Spengler-Museum; Bergbaumuseum „Röhrigschacht"; Basilika St. Ulrici →

Sangerhausen

✱ **Katharina**
Riestedter Str 18, ✉ 06526, ☎ (0 34 64)
2 42 90, Fax 24 29-40, ED VA
14 Zi, Ez: 85-135, Dz: 125-150, ⊿ WC ☎, **P**
1⟳35; **garni** ☕

Sankelmark 9 ↗

Schleswig-Holstein — Kreis Schleswig-Flensburg — 33 m — 1 200 Ew — Flensburg 6 km
🅘 ☎ (0 46 38) 8 80, Fax 16 05 — Gemeindeverwaltung, Tornschauer Str 3, 24963 Tarp

Bilschau
✱ **Seeblick**
Am Sankelmarker See 8, ✉ 24988,
☎ (0 46 30) 13 56, Fax 13 57, DC ED VA
20 Zi, Ez: 65-85, Dz: 98-128, ⊿ WC ☎, **P**
Rezeption: 10-23
✱ Hauptgericht 25; Terrasse

Sankt Andreasberg 37 ↘

Niedersachsen — Kreis Goslar — 650 m — 2 700 Ew — Braunlage 12, Osterode 31, Goslar 40 km
🅘 ☎ (0 55 82) 8 03 36, Fax 8 03 39 — Kurverwaltung, Am Glockenberg 12, 37444 Sankt Andreasberg; heilklimatischer Kurort, Wintersportplatz im Oberharz. Sehenswert: Bergbaumuseum Grube Samson; Grube Catharina Neufang

✱ **Landhaus Fischer**
♂ ◅ Hangweg 1, ✉ 37444, ☎ (0 55 82)
13 11, Fax 13 75
7 Zi, Ez: 80, Dz: 98-124, ⊿ WC ☎; **P** ⌂
Sauna Solarium; **garni**

✱ **Tannhäuser mit Gästehaus
(Landidyll Hotel)**
Clausthaler Str 2a, ✉ 37444, ☎ (0 55 82)
9 18 80, Fax 91 88 50, AX DC ED VA
23 Zi, Ez: 65-125, Dz: 110-155, ⊿ WC ☎; **P**
🍽
geschl: 27.11.-18.12.96

🏠 **Vier Jahreszeiten**
Quellenweg 3, ✉ 37444, ☎ (0 55 82) 5 21, Fax 5 78
10 Zi, Ez: 50-66, Dz: 80-110, ⊿ WC ☎; **P** ⌂
Sauna Solarium; **garni**

Sankt Augustin 43 ↘

Nordrhein-Westfalen — Rhein-Sieg-Kreis — 80 m — 55 000 Ew — Siegburg 3, Bonn 10, Köln 25 km
🅘 ☎ (0 22 41) 24 30, Fax 24 34 30 — Stadtverwaltung, Markt 1, 53757 Sankt Augustin

✱✱ **Regina**
Markt 81, ✉ 53757, ☎ (0 22 41) 2 80 51, Fax 2 83 85, AX DC ED VA
56 Zi, Ez: 99-265, Dz: 149-349, 3 Suiten,
1 App, ⊿ WC ☎, 5🍽; Lift **P** 🅿 6⟳450 Fitneßraum Kegeln Sauna Solarium
✱✱ **Regina-Stube**
Hauptgericht 35; Terrasse

✱ **Augustinerhof**
Uhlandstr 8, ✉ 53757, ☎ (0 22 41) 92 88-0, Fax 2 13 04, AX ED
34 Zi, Ez: 95-145, Dz: 145-185, ⊿ WC ☎, 13🍽; **P** Kegeln
✱ Hauptgericht 25

Hangelar (2 km ✈)
✱ **Hangelar**
Lindenstr 21, ✉ 53757, ☎ (0 22 41) 9 28 60, Fax 92 86 13, ED VA
45 Zi, Ez: 100-110, Dz: 150, ⊿ WC ☎, 8🍽; **P**
🅿 2⟳40 ⌂ Sauna Solarium 🍽

Sankt Blasien 67 ↖

Baden-Württemberg — Kreis Waldshut — 760 m — 4 300 Ew — Freiburg 57, Lörrach 58 km
🅘 ☎ (0 76 72) 4 14 30, Fax 4 14 38 — Kurverwaltung, Am Kurgarten 1-3, 79837 Sankt Blasien; heilklimatischer und Kneipp-Kurort. Sehenswert: Kuppelkirche; Benediktinerabtei; Kreismuseum

☕ **Café Aich**
Hauptstr 31, ✉ 79837, ☎ (0 76 72) 14 29, Fax 20 62
✱✱ 5 Zi, Ez: 85, Dz: 170, ⊿ WC ☎, 5🍽; **P**; **garni**

Menzenschwand (9 km ↖)
✱ **Sonnenhof**
♂ ◅ Vorderdorfstr 58, ✉ 79837, ☎ (0 76 75)
5 01, Fax 5 04
26 Zi, Ez: 65-75, Dz: 140-190, 1 App, ⊿ WC
☎; **P** ⌂ Sauna Solarium
geschl: Anfang Nov-Mitte Dez
Auch Zimmer der Kategorie ✱✱ vorhanden
✱ Hauptgericht 25; geschl: Di, Anfang Nov-Mitte Dez

✱ **Gasthof Waldeck**
Vorderdorfstr 74, ✉ 79837, ☎ (0 76 75)
2 72, Fax 14 76, ED
19 Zi, Ez: 36-65, Dz: 92-120, ⊿ WC ☎; **P** 🅿
2⟳50 Sauna Solarium
Rezeption: 10-24; geschl: Mo, Mitte Nov-Mitte Dez
✱ Hauptgericht 25; geschl: Mo, Mitte Nov-Mitte Dez

Sankt Englmar 65 ↗

Bayern — Kreis Straubing-Bogen — 850 m — 1 440 Ew — Straubing 34, Deggendorf 36 km
🅘 ☎ (0 99 65) 2 21, Fax 14 63 — Verkehrsamt, Rathausstr 6, 94379 Sankt Englmar; Luftkurort im Bayerischen Wald

✱✱✱ **Angerhof**
♂ ◅ Am Anger 38, ✉ 94379, ☎ (0 99 65)
18 60, Fax 1 86 19
60 Zi, Ez: 89-147, Dz: 132-294, 8 Suiten, ⊿
WC ☎, 4🍽; Lift **P** 🅿 3⟳100 ⌂ Strandbad
Fitneßraum Sauna Solarium
geschl: Anfang Nov-Mitte Dez
Auch Zimmer der Kategorie ✱✱ vorhanden
✱✱ ◅ Hauptgericht 30; geschl: Mitte Nov-Mitte Dez

Grün (3 km ↘)

✱ Reiner Hof
◁ Haus Nr 9, ✉ 94379, ☎ (0 99 65) 85 10,
Fax 13 15
38 Zi, Ez: 49-67, Dz: 88-130, 2 App, ⇩ WC
☎; Lift 🅿 🖳 ≋ Fitneßraum Sauna Solarium
geschl: Anfang Nov-Mitte Dez
Restaurant für Hausgäste

✱ Gasthof Reiner
◁ Haus Nr. 8, ✉ 94379, ☎ (0 99 65) 5 96,
Fax 15 40
27 Zi, Ez: 38-48, Dz: 66-90, ⇩ WC; Lift 🅿 ⚑
geschl: Nov-Mitte Dez

Maibrunn (4 km ↘)

✱✱✱ Kur- und Berghotel Maibrunn
einzeln ♂ ◁ Maibrunn 1, ✉ 94379,
☎ (0 99 65) 85 00, Fax 85 01 00, AX ED VA
50 Zi, Ez: 68-144, Dz: 120-254, 2 Suiten, ⇩
WC ☎, 6⧫; Lift 🅿 🖳 1⇔26 ≋ ≊ Fitneßraum Sauna Solarium
geschl: Ende Nov-Anfang Dez
Im Stammhaus auch einfachere Zimmer
vorhanden
✱✱ Hauptgericht 25; geschl: Ende
Nov-Anfang Dez

Rettenbach (4 km ↘)

✱✱✱ Gut Schmelmerhof
einzeln ♂ Haus Nr 24, ✉ 94379, ☎ (0 99 65)
18 90, Fax 18 91 40, AX
38 Zi, Ez: 80-160, Dz: 135-270, 12 Suiten,
4 App, ⇩ WC ☎; Lift 🅿 🖳 2⇔35 ≋ ≊
Sauna Solarium
Rezeption: 8-21; geschl: Anfang-Mitte Dez
Golf 18
Auch Zimmer der Kategorie **✱✱** vorhanden
✱✱ Hauptgericht 30; Terrasse;
geschl: Anfang-Mitte Dez

Sankt Georgen 68 ↘

Baden-Württemberg — Schwarzwald-
Baar-Kreis — 900 m — 14 000 Ew — Tri-
berg 12, Villingen-Schwenningen 15 km
ℹ ☎ (0 77 24) 87 94, Fax 87 39 — Verkehrs-
amt, Hauptstr 9, 78112 Sankt Georgen;
Erholungsort und Wintersportplatz.
Sehenswert: Grammophon-Museum und
Mineraliensammlung im Rathaus

✱ Kammerer
◁ Hauptstr 23, ✉ 78112, ☎ (0 77 24)
9 39 20, Fax 31 80, AX DC ED VA
19 Zi, Ez: 70-93, Dz: 112-120, ⇩ WC; Lift
🅿 🖳; garni ⚑
Rezeption: 7-20
Auch Zimmer der Kategorie **✱✱** vorhanden

Sankt Goar 43 ↘

Rheinland-Pfalz — Rhein-Hunsrück-Kreis
— 68 m — 3 500 Ew — Bingen 28,
Koblenz 34 km
ℹ ☎ (0 67 41) 3 83, Fax 72 09 — Verkehrsamt, Heerstr 86, 56326 Sankt Goar; Städtchen im Rheindurchbruchstal. Sehenswert:
Ev. ehem. Stiftskirche; Puppen- und Bären-
museum; Burgruine Rheinfels ◁

Achtung: Autofähre nach Sankt Goarshausen werktags ab 6 Uhr, So ab 7 Uhr alle
20 Min; vom 1. Dez-28. Feb bis 22 Uhr, vom
1. Mär-30. Apr und vom 1. Okt-30. Nov bis 23
Uhr, vom 1. Mai-30. Sep bis 24 Uhr

✱ Zum goldenen Löwen
◁ Heerstr 82, ✉ 56329, ☎ (0 67 41) 16 74,
Fax 28 52, VA
Hauptgericht 30
✱ 12 Zi, Ez: 85-130, Dz: 110-180, ⇩
WC ☎; 🅿 1⇔40

Sankt Goar-Außerhalb (1 km ←)

**✱✱ Schloßhotel Burg Rheinfels
(European Castle)**
◁ Schloßberg 47, ✉ 56329, ☎ (0 67 41)
80 20, Fax 76 52, AX DC ED VA
54 Zi, Ez: 130-195, Dz: 195-255, 2 Suiten, ⇩
WC ☎; Lift 🅿 🖳 4⇔100 ≊ Sauna Solarium
⚑
Im Gästehaus Villa Rheinfels Zimmer der
Kategorie **✱✱✱** vorhanden
✱✱ Hauptgericht 35; Terrasse

Zu Fellen (3 km ↘)
✱ Landsknecht
◁ an der Rheinuferstr, ✉ 56329,
☎ (0 67 41) 20 11, Fax 74 99, AX DC ED VA
Hauptgericht 25; 🅿 Terrasse; geschl: Dez-
Feb
✱✱ ◁ 14 Zi, Ez: 105-130, Dz: 120-200,
2 Suiten, ⇩ WC ☎; 🖳 2⇔30
geschl: Dez-Feb

Sankt Goarshausen 43 ↘

Rheinland-Pfalz — Rhein-Lahn-Kreis —
70 m — 1 800 Ew — Koblenz 34, Wiesbaden 58 km
ℹ ☎ (0 67 71) 4 27, Fax 18 47 — Verkehrsamt, Bahnhofstr 8, 56346 Sankt Goarshausen; Städtchen im Tal der Loreley. Sehenswert: Loreley ◁ (4 km ↓); Burg Katz; Burg
Maus mit hist. Adler- und Falkenhof; kath.
Kirche in Wellmich

Achtung: Autofähre nach Sankt Goar werktags ab 6 Uhr, So ab 7 Uhr alle 20 Min;
vom 1. Nov-31. Mär bis 21 Uhr,
vom 1. Apr-31. Okt bis 23 Uhr

Loreley (4 km ↓)
✱ Berghotel Auf Der Loreley
einzeln ◁ ✉ 56342, ☎ (0 67 71) 22 82,
Fax 15 51, AX ED VA
13 Zi, Ez: 50-70, Dz: 100-120, ⇩ WC ☎; 🅿 🖳
⚑
Rezeption: 10-19; geschl: Jan-Feb,
Nov + Dez + Mär an Mo + Di

Sankt Ingbert 52 ↘

Saarland — Saar-Pfalz-Kreis — 222 m —
41 493 Ew — Saarbrücken 13, Neun-
kirchen/Saar 13, Homburg 18 km
ℹ ☎ (0 68 94) 1 35 18, Fax 1 35 30 — Kulturamt, Am Markt 12, 66386 Sankt Ingbert.
Sehenswert: St.-Engelbert-Kirche; kath.
St.-Hildegard-Kirche; Hänsel und Gretel
(Kultur- und Naturdenkmäler); Museum
St. Ingbert →

Sankt Ingbert

* Goldener Stern
Ludwigstr 37, ✉ 66386, ☏ (0 68 94) 9 26 20, Fax 92 62 25, AX ED VA
33 Zi, Ez: 110-120, Dz: 180, 1 Suite, ⊿ WC ☎; P
Zufahrt und Hoteleingang über Kohlenstr
* Hauptgericht 25

* Absatz-Schmitt
Ensheimer Str 134, ✉ 66386, ☏ (0 68 94) 9 63 10, Fax 96 31 24, AX ED VA
12 Zi, Ez: 85-95, Dz: 130-145, ⊿ WC ☎; P ⌂
†○‡
geschl: So

Sengscheid (2 km ↗)
* Alfa-Hotel
Ensheimer Gelösch 2, ✉ 66386, ☏ (0 68 94) 98 50, Fax 98 52 99, AX DC ED VA
47 Zi, Ez: 99-209, Dz: 145-315, ⊿ WC ☎, 5✉; P ⌂ 2⇔50 Sauna Solarium
geschl: Ende Dez

** Le Jardin
Hauptgericht 42; Terrasse; geschl: So abends, Mo

** Sengscheider Hof
Zum Ensheimer Gelösch 30, ✉ 66386, ☏ (0 68 94) 98 20, Fax 98 22 00, AX DC ED VA
Hauptgericht 40; Terrasse; geschl: Sa, Mi mittags
** ♂ 21 Zi, Ez: 75-130, Dz: 130-205, 2 Suiten, ⊿ WC ☎; P 1⇔16 ≋ Sauna
geschl: Sa, Ende Dez-Anfang Jan
Auch Zimmer der Kategorie * vorhanden

Sankt Johann 61 ↘

Baden-Württemberg — Kreis Reutlingen — 750 m — 4 800 Ew — Bad Urach 10, Reutlingen 17 km
ℹ ☏ (0 71 22) 8 29 90, Fax 82 99 33 — Gemeindeverwaltung, im Ortsteil Würtingen, Schulstr 1, 72813 Sankt Johann; Erholungsort

Lonsingen
* Gasthof Grüner Baum
♂ Albstr 4, ✉ 72813, ☏ (0 71 22) 1 70, Fax 1 72 17
81 Zi, Ez: 60-80, Dz: 100-140, ⊿ WC ☎; Lift P ⌂ 2⇔50 Fitneßraum Sauna Solarium †○‡
Rezeption: 10-22
Im Albhotel Bauder auch Zimmer der Kategorie *** vorhanden

Würtingen
* Hirsch
Hirschstr 4, ✉ 72813, ☏ (0 71 22) 8 29 80, Fax 82 98 45
29 Zi, Ez: 50-80, Dz: 90-150, ⊿ WC ☎; Lift P ⌂ 3⇔100 Fitneßraum Sauna Solarium
geschl: Mo
Auch Zimmer der Kategorie ** vorhanden
* Hauptgericht 20; Gartenlokal Terrasse; geschl: Mo

Sankt Kilian 47 □

Thüringen — Kreis Hildburghausen — 450 m — 3 000 Ew — Hildburghausen 13, Suhl 22 km
ℹ ☏ (03 68 41) 82 81 — Samtgemeindeverwaltung, Alte Poststr 4, 98553 Erlau.
Sehenswert: Schloß Bertholdsburg

Hirschbach (7 km ↑)
* Gasthof Zum Goldenen Hirsch
Hauptstr 33, ✉ 98553, ☏ (0 36 81) 2 00 37, Fax 30 35 09, AX ED VA
30 Zi, Ez: 91-81, Dz: 130, ⊿ WC ☎, 6✉; P 2⇔80 Fitneßraum Sauna Solarium †○‡

Sankt Märgen 67 →

Baden-Württemberg — Kreis Breisgau-Hochschwarzwald — 1000 m — 1 900 Ew — Neustadt im Schwarzwald 21, Freiburg 26 km
ℹ ☏ (0 76 69) 91 18 17, Fax 91 18 40 — Kurverwaltung, Rathausplatz 1, 79274 Sankt Märger; Luftkurort und Wintersportplatz.
Sehenswert: Ehem. Klosterkirche; Uhrenmuseum

** Hirschen
♂ Feldbergstr 9, ✉ 79274, ☏ (0 76 69) 7 87, Fax 13 03, AX DC ED VA
44 Zi, Ez: 71-86, Dz: 130-174, ⊿ WC ☎; Lift P ⌂ 2⇔60 Fitneßraum Sauna Solarium
Rezeption: 7.30-21; geschl: Ende Nov-Mitte Dez
Auch Zimmer der Kategorie * vorhanden
** Hauptgericht 36; geschl: Mitte Jan-Mitte Jul Mi, Ende Nov-Mitte Dez

* Löwen
◀ Glottertalstr 15, ✉ 79274, ☏ (0 76 69) 3 76, Fax 12 71, AX DC ED VA
33 Zi, Ez: 60-80, Dz: 100-140, ⊿ WC ☎; P ⌂ 2⇔30 ≋ Fitneßraum Sauna Solarium †○‡
geschl: Mo, Mitte-Ende Jan

Sankt Martin 54 ↙

Rheinland-Pfalz — Kreis Südliche Weinstraße — 240 m — 1 900 Ew — Landau 10, Neustadt a.d. Weinstraße 10 km
ℹ ☏ (0 63 23) 53 00 — Verkehrsamt, Tanzstr 6, 67487 Sankt Martin; Luftkurort

** Das Landhotel
◀ Maikammererstr 39, ✉ 67487, ☏ (0 63 23) 9 41 80, Fax 94 18 40
16 Zi, Ez: 95-125, Dz: 150-160, 1 App, ⊿ WC ☎, 8✉; P garni
Rezeption: 7-19
Eigenes Weingut

** Albert Val. Schneider
Maikammerer Str 44, ✉ 67487, ☏ (0 63 23) 80 40, Fax 80 44 26
39 Zi, Ez: 103-135, Dz: 160-170, ⊿ WC ☎; Lift P Sauna Solarium
Rezeption: 7-18; geschl: So abends, Mo, Jan
Eigenes Weingut
** Hauptgericht 30; Terrasse; geschl: So abends, Mo, Jan

** St. Martiner Castell
Maikammerer Str 2, ✉ 67487, ☎ (0 63 23)
95 10, Fax 20 98
26 Zi, Ez: 90, Dz: 156, ⊿ WC ☎; Lift 1⇔30
Sauna Solarium
geschl: Feb
** Hauptgericht 30; Terrasse;
geschl: Di, Feb

---

* Winzerhof
Maikammerer Str 22, ✉ 67487, ☎ (0 63 23)
9 44 40, Fax 94 44 55
17 Zi, Ez: 75-100, Dz: 150-160, 1 Suite, ⊿
WC ☎, 1✉; 🅿
geschl: Mitte Dez-Mitte Jan
Eigenes Weingut
* Hauptgericht 25; Terrasse;
geschl: Mi, Mitte Dez-Mitte Jan

---

* Haus Am Rebenhang
♂ ⋖ Einlaubstr 64-66, ✉ 67487, ☎ (0 63 23)
44 19, Fax 70 17, ED
19 Zi, Ez: 70-90, Dz: 120-160, ⊿ WC ☎; 🅿
Fitneßraum Sauna Solarium
geschl: 2.1.-2.2.97
* Hauptgericht 25; Terrasse;
geschl: Mo + Di mittags, Jan

** Gasthaus Grafenstuben
Edenkobener Str 38, ✉ 67487, ☎ (0 63 23)
27 98, Fax 8 11 64, ED ED
Hauptgericht 30; 🅿 Terrasse; geschl: Mo,
6.-13.1.97

Außerhalb (1 km ↑)
* Haus am Weinberg
einzeln ⋖ Oberst-Barret-Str 1, ✉ 67487,
☎ (0 63 23) 94 50, Fax 8 11 11, ED VA
71 Zi, Ez: 75-115, Dz: 98-160, 3 App, ⊿ WC
☎; Lift 🅿 🍽 8⇔160 ⇌ Kegeln Sauna
Solarium 🍴
Auch einfachere Zimmer vorhanden

Sankt Michaelisdonn 9 ↓

Schleswig-Holstein — Kreis Dithmarschen
— 5 m — 3 595 Ew — Meldorf 12, Brunsbüttel 13 km
ℹ️ ☎ (0 48 53) 8 00 20, Fax 6 47 — Amtsverwaltung, Am Rathaus 8, 25693 Sankt
Michaelisdonn

*** Landhaus Gardels
(Ringhotel)**
Westerstr 15, ✉ 25693, ☎ (0 48 53) 5 66,
Fax 5 50, AX DC ED VA
64 Zi, Ez: 115-185, Dz: 158-280, S; ⊿ WC ☎;
🅿 🍽 3⇔60 ⇌ Fitneßraum Kegeln Sauna
Solarium
geschl: Sa mittags
Tennis 6; Auch Zimmer der Kategorie ******
vorhanden
** Hauptgericht 40; Biergarten;
geschl: Sa mittags

Sankt Oswald-Riedlhütte
66 □

Bayern — Kreis Freyung-Grafenau —
820 m — 3 256 Ew — Grafenau 7, Zwiesel
30 km
ℹ️ ☎ (0 85 52) 46 66, Fax 48 58 — Verkehrsamt, im Ortsteil Sankt Oswald, Klosterallee 4, 94568 Sankt Oswald-Riedlhütte;
Erholungsort im Bayerischen Wald.
Sehenswert: Waldgeschichtliches
Museum; Glashütte; Großer Rachel, 1433 m
⋖ (10 km ↑ bis zur Rachel-Diensthütte + 2
Std, am Rachelsee vorbei); Lusen, 1370 m ⋖
(9 km ↗, über Waldhäuser + 1 Std)

Riedlhütte
* Berghotel Wieshof
♂ ⋖ Anton-Hilz-Str 8, ✉ 94566, ☎ (0 85 53)
4 77, Fax 68 38
14 Zi, Ez: 45-58, Dz: 90-110, 1 App, ⊿ WC;
🅿 1⇔30 Sauna 🍴
geschl: Nov

Sankt Oswald
* Aparthotel Residence
Klosterberg 2, ✉ 94568, ☎ (0 85 52) 97 00,
Fax 97 01 50, AX ED
Ez: 62-80, Dz: 103-114, 40 App, ⊿ WC ☎; 🅿
⇌ Sauna Solarium 🍴

** Pausnhof
Goldener Steig 7, ✉ 94568, ☎ (0 85 52)
17 17, Fax 52 13
25 Zi, Ez: 46-63, Dz: 82-102, ⊿ WC ☎; 🅿
1⇔30 Sauna Solarium 🍴
geschl: Di, Nov, Dez

Sankt Peter
67 □

Baden-Württemberg — Kreis Breisgau-
Hochschwarzwald — 720 m — 2 300 Ew —
Sankt Märgen 7, Freiburg im Breisgau 18,
Waldkirch 22 km
ℹ️ ☎ (0 76 60) 91 02 24, Fax 91 02 44 — Kur-
verwaltung, Klosterhof 11, 79271 Sankt
Peter; Luftkurort im Schwarzwald. Sehens-
wert: Ehem. Kloster mit Barock-Kirche;
Kandel, 1241 m ⋖ (10 km ↑)

---

* Pension Erle
Glottertalstr 2, ✉ 79271, ☎ (0 76 60) 2 57,
AX
10 Zi, Ez: 45-60, Dz: 85-100, 1 App, ⊿ WC
☎; 🅿 🍽; garni
Rezeption: 14-22; geschl: Do, Ende Nov-
Ende Dez

---

* Zur Sonne
Zähringer Str 2, ✉ 79271, ☎ (0 76 60)
9 40 10, Fax 94 01 66, DC ED VA
14 Zi, Ez: 75-95, Dz: 100-170, 1 App, ⊿ WC
☎; 🅿 🍽
geschl: Mitte Jan-Mitte Feb
** Hauptgericht 45; Terrasse; 🍷
geschl: Mo + Di, Mitte Jan-Mitte Feb

---

* Zum Hirschen
Bertholdplatz 1, ✉ 79271, ☎ (0 76 60) 2 04,
Fax 15 57
Hauptgericht 25; 🅿 Terrasse; geschl: Do,
Fr mittags, Mitte Mär, Mitte Nov-Mitte Dez

Sankt Peter-Ording 8→

Schleswig-Holstein — Kreis Nordfriesland — 6 m — 3 698 Ew — Husum 46, Heide 65 km
🛈 ☎ (0 48 63) 99 90, Fax 99 91 80 — Kurverwaltung, im Ortsteil Bad Sankt Peter, Maleensknoll, 25826 Sankt Peter-Ording; Nordseeheilbad auf der Halbinsel Eiderstedt. Sehenswert: Eiderstedter Heimatmuseum; Pfahlbauten

Ording
* **Waldesruh**
♂ Waldstr 7, ✉ 25826, ☎ (0 48 63) 20 56, Fax 13 87
35 Zi, Ez: 95-125, Dz: 159-289, ⌁ WC ☎; 🅿 1⇔25
geschl: Anfang Nov-Ende Feb
Im Landhaus auch Zimmer der Kategorie ** vorhanden
* Hauptgericht 30

* **Ordinger Hof**
♂ Am Deich 31, ✉ 25826, ☎ (0 48 63) 90 80, Fax 9 08 49, ED
12 Zi, Ez: 72-86, Dz: 136-172, ⌁ WC ☎; 🅿
geschl: Mitte Dez-Anfang Feb
* Hauptgericht 20; geschl: Di, Mitte Dez-Anfang Feb

* **Kurpension Eickstädt**
♂ Waldstr 19, ✉ 25826, ☎ (0 48 63) 20 58, Fax 27 35
34 Zi, Ez: 70-120, Dz: 120-240, 2 Suiten, 2 App, ⌁ WC ☎; 🅿
geschl: Ende Nov-Mitte Dez
Golf 9; Restaurant für Hausgäste

** **Gambrinus**
Strandweg 4, ✉ 25826, ☎ (0 48 63) 29 77, Fax 10 53
Hauptgericht 30; Gartenlokal 🅿; im Winter nur abends; geschl: Mo, Jan

Sankt Peter-Bad
*** **Vier Jahreszeiten**
♂ ⋖ Friedrich-Hebbel-Str 2, ✉ 25826, ☎ (0 48 63) 70 10, Fax 26 89
39 Zi, Ez: 160-240, Dz: 210-300, 11 Suiten, 10 App, ⌁ WC ☎; Lift 🅿 🗐 2⇔35 ≙ Fitneßraum Sauna Solarium
geschl: Anfang-Mitte Dez, Jan
Golf 9; Tennis 9
** **Jahreszeiten**
Hauptgericht 32

** **Best Western Ambassador**
♂ ⋖ Im Bad 26, ✉ 25826, ☎ (0 48 63) 70 90, Fax 26 66, AX DC ED VA
90 Zi, Ez: 170-270, Dz: 230-330, S; ⌁ WC ☎, 17✉; Lift 🅿 🗐 6⇔250 ≙ Fitneßraum Sauna Solarium
** **La Mer**
Hauptgericht 32; Terrasse

** **Landhaus an de Dün**
Im Bad 63, ✉ 25826, ☎ (0 48 63) 9 60 60, Fax 96 06 60
15 Zi, Ez: 155-285, Dz: 220-370, ⌁ WC ☎; 🅿 ≙ Seezugang Sauna Solarium; **garni**
Golf 9

** **Bambus-Hütte**
Rungholtstieg 7, ✉ 25826, ☎ (0 48 63) 8 92 00, Fax 8 94 00
60 Zi, Ez: 75-300, Dz: 130-400, 13 Suiten, ⌁ WC ☎; Lift 🅿 🗐 1⇔30 Sauna Solarium
* **Schimmelreiter**
Hauptgericht 25; Terrasse
Strandläuferweg 4, ☎ (0 48 63) 98 90

** **Christiana**
♂ Im Bad 79, ✉ 25826, ☎ (0 48 63) 90 20, Fax 9 02 33
10 Zi, Ez: 65-95, Dz: 135-185, 3 App, ⌁ WC ☎; 🅿 Fitneßraum Sauna Solarium; **garni**
Rezeption: 9-12.30, 14.30-19; geschl: Anfang Nov-Mitte Dez, Anfang Feb

** **Eulenhof**
♂ Im Bad 93, ✉ 25826, ☎ (0 48 63) 10 92, Fax 72 17, ED VA
28 Zi, Ez: 80-150, Dz: 160-195, 8 App, ⌁ WC ☎; 🅿 ≙ Fitneßraum Sauna Solarium; **garni**

** **Casa Bianca**
Im Bad 61, ✉ 25826, ☎ (0 48 63) 15 55, Fax 15 77, VA
Hauptgericht 30; Terrasse 🅿; geschl: im Winter Mi
** **Rungholt-Stuben**
♂ 5 Zi, Ez: 100-150, Dz: 140-200, ⌁ WC ☎
Rezeption: 8.30-14, 17.30-23

Sankt Wendel 53↗

Saarland — Kreis Sankt Wendel — 300 m — 28 000 Ew — Saarbrücken 36, Idar-Oberstein 41, Kaiserslautern 57 km
🛈 ☎ (0 68 51) 80 91 32, Fax 80 91 02 — Kulturamt, Rathaus, Schloßstr 7, 66606 Sankt Wendel. Sehenswert: Wendalinus-Basilika: Sarkophag, Cusanuskanzel, Plastiken, Turm; Steinbildhauer-Symposium; Museum im Mia-Münster-Haus; Kugelbrunnen in der Mott; Museum für Mission und Völkerkunde im Missionshaus der Steyler Missionare

* **Stadt Sankt Wendel**
Tholeyer Str, ✉ 66606, ☎ (0 68 51) 8 00 60, Fax 80 06 80, AX DC ED VA
43 Zi, Ez: 110, Dz: 160, 1 Suite, 14 App, ⌁ WC ☎; Lift 🅿 🗐 3⇔80 ≙ Kegeln Sauna Solarium 🍽

Bliesen (5 km ↘)
** **Kunz**
Kirchstr 22, ✉ 66606, ☎ (0 68 54) 81 45, Fax 72 54, AX DC ED VA
Hauptgericht 42; Kegeln 🅿 Terrasse; geschl: Mo, Di, Sa mittags, 2 Wochen in den Sommerferien

Sarstedt 26↗

Niedersachsen — Kreis Hildesheim — 64 m — 17 500 Ew — Hildesheim 12, Hannover 19 km
🛈 ☎ (0 50 66) 80 50, Fax 8 05 70 — Stadtverwaltung, Steinstr 22, 31157 Sarstedt

*** **Residencia Boarding House**
Ziegelbrennerstr 8, ✉ 31157, ☎ (0 50 66)
7 00 00, Fax 70 00 84, DC ED VA
Ez: 165-420, Dz: 205-460, 4 Suiten, 25 App.,
⌐ WC ☎, 9✉; Lift 🅿 2⇄100
Rezeption: 8-21

** **Schäfer's**
Hauptgericht 14; Terrasse

* **Kipphut**
Messeschnellweg/B 6, ✉ 31157, ☎ (0 50 66)
9 83-0, Fax 9 83-22, AX DC ED VA
15 Zi, Ez: 85-185, Dz: 130-255, ⌐ WC ☎; 🅿 ⚭

Rezeption: 9-23

Heisede (4 km ↑)
* **Hof Picker**
Dorfstr 16, ✉ 31157, ☎ (0 50 66) 38 04,
Fax 6 55 86
17 Zi, Ez: 100-210, Dz: 160-260, ⌐ WC ☎,
10✉; 🅿; garni

Sasbach 60 □

Baden-Württemberg — Ortenaukreis —
500 m — 5 300 Ew — Achern 3, Oberkirch 18, Baden-Baden 25 km
🅸 ☎ (0 78 41) 6 86 20, Fax 6 86 50 — Gemeindeverwaltung, Kirchplatz 4, 77880 Sasbach;
Erholungsort zwischen Badischer Wein-
und Schwarzwaldhochstraße. Sehenswert:
Turenne-Denkmal mit Museum; Toni-Merz-
Museum (Gemäldegalerie)

Obersasbach 1 km ↘
** **Engel**
Schulstr 23, ✉ 77880, ☎ (0 78 41) 2 30 38,
Fax 27 71, ED VA
Hauptgericht 25; 🅿; geschl: So abends,
Mo mittags
* 9 Zi, Ez: 68, Dz: 118, ⌐ WC ☎;
2⇄25

Sasbach 67 ↘

Baden-Württemberg — Kreis Emmendingen — 180 m — 3 000 Ew — Endingen 4,
Breisach 15 km
🅸 ☎ (0 76 42) 9 10 10, Fax 91 01 30 —
Gemeindeverwaltung, Hauptstr 15,
79361 Sasbach. Sehenswert: Schloßruine
Limburg und Alte Limburg (Rundturm-
reste); Burg Sponeck; Lützelbergkapelle

Leiselheim (2,5 km ↘)
* **Leiselheimer Hof**
Meerweinstr 3, ✉ 79361, ☎ (0 76 42) 72 70,
Fax 20 12, ED VA
12 Zi, Ez: 65-70, Dz: 100-120, ⌐ WC ☎; Lift
🅿 Kegeln
geschl: Do, im Feb
* Hauptgericht 25; Terrasse; nur
abends; geschl: Do, Feb

Sasbachwalden 60 □

Baden-Württemberg — Ortenaukreis —
350 m — 2 300 Ew — Offenburg 27, Baden-
Baden 30 km
🅸 ☎ (0 78 41) 10 35, Fax 2 36 82 — Tourist
Information, Talstr 51, 77887 Sasbachwal-
den; Kneipp- und Luftkurort am Rande des
Schwarzwaldes. Sehenswert: Denkmalgeschütztes Ortsbild; Kurhaus Zum Alde
Gott; Ruine Brigittenschloß, 763 m ◂
(4 km + ¼ Std ↘)

** **Talmühle**
Talstr 36, ✉ 77887, ☎ (0 78 41) 10 01,
Fax 54 04, AX DC ED VA
29 Zi, Ez: 72-126, Dz: 164-240, 1 Suite, ⌐
WC ☎, 3✉; Lift 🅿 🍴 1⇄20
geschl: Mitte Jan-Anfang Feb
*** **Fallert** ⚭
Hauptgericht 45; Gartenlokal Terrasse;
geschl: Mitte Jan-Anfang Feb

** **Tannenhof**
♂ ◂ Murbergstr 6, ✉ 77887, ☎ (0 78 41)
6 80 10, Fax 68 01 80, ED VA
18 Zi, Ez: 99-129, Dz: 168-198, ⌐ WC ☎; 🅿
≋ Fitneßraum Sauna
Rezeption: 8-16; geschl: Mitte Nov-Mitte
Dez
** Hauptgericht 30; Terrasse;
geschl: Mo + Di im Jan-Mär, Mitte Nov-
Mitte Dez

* **Engel**
Talstr 14, ✉ 77887, ☎ (0 78 41) 30 00,
Fax 2 63 94
14 Zi, Ez: 45-80, Dz: 134-158, ⌐ WC ☎; 🅿
geschl: Mo, 2.-15.1.97
Auch Zimmer der Kategorie ** vorhanden
** Hauptgericht 30; Gartenlokal;
geschl: Mo, 2.-15.1.97

** **Zum Alde Gott**
Talstr 51, ✉ 77887, ☎ (0 78 41) 2 05 60,
Fax 20 56 20
Hauptgericht 30; 🅿, Terrasse; geschl: Mo,
Mitte Jan

* **Sonne**
Talstr 32, ✉ 77887, ☎ (0 78 41) 2 52 58,
Fax 2 91 21
Hauptgericht 30; Terrasse; geschl: Mi, Do

Brandmatt (5 km →)
** **Forsthof**
♂ ◂ Brandrüttel 26, ✉ 77887, ☎ (0 78 41)
64 40, Fax 64 42 69, AX DC ED VA
120 Zi, Ez: 95-125, Dz: 190-266, 8 Suiten, ⌐
WC ☎, 8✉; Lift 🅿 🍴 5⇄450 ≋ Fitneßraum
Sauna Solarium
geschl: Jul/Aug
** **Bel Air**
Hauptgericht 25

Sassendorf, Bad 34 □

Nordrhein-Westfalen — Kreis Soest — 100 m — 10 100 Ew — Soest 5, Lippstadt 20 km
🅘 ☎ (02 921) 50 15 16, Fax 50 15 99 — Kurverwaltung, Kaiserstr 14, 59505 Bad Sassendorf; Heilbad

★★★ Maritim Hotel Schnitterhof
♠ Salzstr 5, ✉ 59505, ☎ (02 921) 95 20, Fax 95 24 99, AX DC ED VA
139 Zi, Ez: 197-267, Dz: 298-348, S;
3 Suiten, ⌐ WC ☎, 13🖂; Lift P 9↻150 ≋
Fitneßraum Kegeln Sauna Solarium
★★ 🍴 Hauptgericht 35; Terrasse

★★ Hof Hueck mit Gästehäusern
♠ im Kurpark, ✉ 59505, ☎ (02 921) 9 61 30, Fax 66 13 50, AX DC ED VA
55 Zi, Ez: 90-120, Dz: 140-220, 2 Suiten, ⌐ WC ☎, 14🖂; P 🖴
★★ 🍴 Hauptgericht 32; ✿
Gartenlokal Terrasse; geschl: Mo

★ Wulff
♠ Berliner Str 31, ✉ 59505, ☎ (02 921) 9 60 30, Fax 5 52 35, ED
23 Zi, Ez: 75-100, Dz: 130-150, 6 App, ⌐ WC ☎; P 🖴 ≋ Sauna Solarium; garni
Rezeption: 8-21; geschl: So abends

Heppen
★ Zur Kummerwie
einzeln, Heppen 22, ✉ 59505, ☎ (02 921) 8 02 40, Fax 8 42 42
6 Zi, Ez: 60-70, Dz: 120-138, 2 Suiten, ⌐ WC ☎; P; garni 🍴 ☕

Sassnitz siehe Rügen

Satow 12 ↓

Mecklenburg-Vorpommern — Kreis Bad Doberan — 62 m — 2 074 Ew — Kröpelin 12, Bad Doberan 19 km
🅘 ☎ (03 82 95) 3 25 — Gemeindeverwaltung, Straße der DSF, 18239 Satow

★★ Weide (Landidyll Hotel)
Hauptstr 52, ✉ 18239, ☎ (03 82 95) 5 33, Fax 5 18, AX DC ED VA
50 Zi, Ez: 100-115, Dz: 125-140, 1 App, ⌐ WC ☎; P 3↻50
★ 🍴 Hauptgericht 20; Terrasse

Sauensiek 18 ←

Niedersachsen — Kreis Stade — 20 m — 1 881 Ew — Sittensen 12, Buxtehude 13 km
🅘 ☎ (0 41 69) 6 26 — Gemeindeverwaltung, Sittenser Str 2, 21644 Sauensiek

🛏 Klindworths Gasthof
Hauptstr 1, ✉ 21644, ☎ (0 41 69) 3 16, Fax 14 50, AX ED VA
17 Zi, Ez: 50-55, Dz: 89-95, ⌐ WC ☎; P ≋ Kegeln 🍴
Rezeption: 10-14, 17-22; geschl: Mo

★★ Hüsselhus
🍴 Hauptstr 12, ✉ 21644, ☎ (0 41 69) 15 15, Fax (0 41 61) 8 04 16, DC ED VA
Hauptgericht 35; Gartenlokal; nur abends, so + feiertags auch mittags; geschl: Mo

Sauerlach 72 □

Bayern — Kreis München — 635 m — 5 799 Ew — München 22 km
🅘 ☎ (0 81 04) 8 20, Fax 79 26 — Gemeindeverwaltung, Bahnhofstr 1, 82054 Sauerlach

★★ Sauerlacher Post
Tegernseer Landstr 2, ✉ 82054, ☎ (0 81 04) 8 30, Fax 83 83, AX DC ED VA
51 Zi, Ez: 145-215, Dz: 170-250, ⌐ WC ☎, 13🖂; Lift P 🖴 4↻70 ≋
Übernachtungspreis schließt die freie Benutzung der Fitneß- und Saunaeinrichtung des gegenüberliegenden Fitneßcenters mit ein.
★★ Hauptgericht 30; Biergarten Terrasse

Saulgau 69 □

Baden-Württemberg — Kreis Sigmaringen — 558 m — 16 000 Ew — Sigmaringen 29, Friedrichshafen 51, Ulm 75 km
🅘 ☎ (0 75 81) 42 68, Fax 49 65 — Verkehrsamt, im Rathaus, Oberamteistr 11, 88348 Saulgau; Thermalbad in Oberschwaben. Sehenswert: Kath. Pfarrkirche und Kreuzkapelle; Kloster Sießen (3 km ✓)

★★★ Kleber Post (Ringhotel)
Hauptstr 100, ✉ 88348, ☎ (0 75 81) 5 01 -0, Fax 50 14 61, AX DC ED VA
65 Zi, Ez: 98-170, Dz: 160-280, S; 1 Suite, ⌐ WC ☎, 35🖂; Lift P 🖴 4↻120 ☕
Im Stammhaus auch einfachere Zimmer vorhanden
★★★ Hauptgericht 40; Gartenlokal

★ Ochsen
Paradiesstr 6, ✉ 88348, ☎ (0 75 81) 76 96, Fax 49 68, AX DC ED VA
18 Zi, Ez: 75-95, Dz: 125-145, ⌐ WC ☎; Lift P 🍴

★ Württemberger Hof
Karlstr 13, ✉ 88348, ☎ (0 75 81) 5 11 41, Fax 5 14 42, AX DC ED VA
16 Zi, Ez: 54-100, Dz: 108-130, ⌐ WC ☎, 3🖂; 1↻30 🍴

★ Gasthof Schwarzer Adler
Hauptstr 41, ✉ 88348, ☎ (0 75 81) 73 30, Fax 70 30
17 Zi, Ez: 52-66, Dz: 85-110, ⌐ WC ☎; P 🖴
Rezeption: 11-14, 17-23; geschl: Mo

Café am Markt
🍴 Marktplatz, ✉ 88348, ☎ (0 75 81) 76 38
8.30-19; geschl: Mo

Saulheim 54 ↖

Rheinland-Pfalz — Kreis Alzey-Worms — 90 m — 6 520 Ew — Mainz 20 km
🛈 ☎ (0 67 32) 50 75, Fax 6 40 69 — Gemeindeverwaltung, Auf dem Römer 8, 55291 Saulheim

✻ Weinstube Lehn
Neupforte 19, ✉ 55291, ☎ (0 67 32) 9 41 00, Fax 94 10 33, AX DC ED VA
15 Zi, Ez: 85-105, Dz: 120-140, 2 App, ⊿ WC ☎, 9⊠; P 1⇌35 Fitneßraum Sauna Solarium 🍴
Rezeption: 7-21

Nieder-Saulheim
✻✻ La Maison de Marie
Weedengasse 8, ✉ 55291, ☎ (0 67 32) 33 31, Fax 80 76, AX ED VA
Hauptgericht 36; geschl: Do, Anfang-Mitte Jan

Sayda 50 →

Sachsen — Kreis Freiberg — 680 m — 2 450 Ew — Olbernhau 8, Freiberg 21 km
🛈 ☎ (03 73 65) 4 70, Fax 4 70 — Fremdenverkehrsamt, Dresdner Str 53, 09619 Sayda. Sehenswert: Spätgotische Kirche

Friedebach-Außerhalb (2 km ↘)
✻✻ Waldhotel Kreuztanne
einzeln ☼ ⚞ Kreuztannenstr 1, ✉ 09619, ☎ (03 73 65) 72 13, Fax 72 15, AX ED
56 Zi, Ez: 105-126, Dz: 140-180, 2 Suiten, ⊿ WC ☎; Lift P 🛏 3⇌70
Auch Zimmer der Kategorie ✻✻✻ vorhanden
✻ Hauptgericht 20; Biergarten Gartenlokal

Schäftlarn 72 ←

Bayern — Kreis München — 650 m — 5 000 Ew — Wolfratshausen 9, Starnberg 11, München 21 km
🛈 ☎ (0 81 78) 40 71, Fax 42 71 — Gemeindeverwaltung, Starnberger Str 50, 82069 Schäftlarn. Sehenswert: Klosterkirche

Ebenhausen (Erholungsort)
✻✻ Gut Schwaige
Rodelweg 7, ✉ 82067, ☎ (0 81 78) 9 30 00, Fax 40 54, AX DC ED VA
17 Zi, Ez: 95-125, Dz: 145-175, 1 Suite, ⊿ WC ☎; P; garni

✻✻ Hubertus 🍲
Wolfratshauser Str 53, ✉ 82067, ☎ (0 81 78) 48 51, Fax 33 18, AX
Hauptgericht 30; Gartenlokal P; geschl: Mo + Di mittags

Hohenschäftlarn
✻ Atlas
Münchner Str 56, ✉ 82069, ☎ (0 81 78) 93 20-0, Fax 93 20-66, AX DC ED VA
24 Zi, Ez: 99-110, Dz: 110-149, ⊿ WC ☎, 8⊠; P 1⇌30 Sauna 🍴

Schafflund 9 ↑

Schleswig-Holstein — Kreis Schleswig-Flensburg — 10 m — 1 600 Ew — Flensburg 17 km
🛈 ☎ (0 46 39) 6 16 — Verein für Tourismus, An der Wallsbek 23, 24980 Wallsbüll

✻✻ Utspann
Hauptstr 47, ✉ 24980, ☎ (0 46 39) 9 50 50, Fax 95 05 21, AX ED VA
11 Zi, Ez: 65, Dz: 120, ⊿ WC ☎, 1⊠; P 3⇌150 ≋ 🍴

Schalkenmehren 42 ↘

Rheinland-Pfalz — Kreis Daun — 420 m — 500 Ew — Daun 8, Cochem 34 km
🛈 ☎ (0 65 92) 40 85 — Gemeindeverwaltung, Auf dem Flur 2, 54552 Schalkenmehren; Erholungsort am Schalkenmehrer Maar

✻✻ Landgasthof Michels (Landidyll Hotel)
St.-Martin-Str 9, ✉ 54552, ☎ (0 65 92) 92 80, Fax 9 28 -1 60, AX DC ED VA
38 Zi, Ez: 78-95, Dz: 120-180, 1 Suite, ⊿ WC ☎; Lift P 🛏 1⇌25 ⇌ Fitneßraum Sauna Solarium
Tennis 2; Auch Zimmer der Kategorie ✻✻✻ vorhanden
✻ Hauptgericht 27; Gartenlokal

✻ Haus am Maar
Maarstr 22, ✉ 54552, ☎ (0 65 92) 5 51, Fax 5 54, DC ED VA
19 Zi, Ez: 50-100, Dz: 100-130, 5 App, ⊿ WC ☎, 4⊠; P 🛏 ≋ Strandbad Seezugang Kegeln 🍴
Rezeption: 8-21; geschl: Anfang Jan-Anfang Feb

Schallbach 67 ↙

Baden-Württemberg — Kreis Lörrach — 266 m — 644 Ew — Lörrach 8, Kandern 15 km
🛈 ☎ (0 76 21) 8 46 05, Fax 1 80 49 — Gemeindeverwaltung, Dorfstr 6, 79597 Schallbach

✻ Gästehaus zur alten Post
☼ Alte Poststr 19, ✉ 79597, ☎ (0 76 21) 8 80 12, Fax 8 80 15, AX DC ED VA
19 Zi, Ez: 80-95, Dz: 130-150, 1 App, ⊿ WC ☎; P 1⇌25
geschl: 1.1.-7.1.97
✻ Zur alten Post
Hauptgericht 25; Gartenlokal; geschl: Do + Fr mittags, Anfang Jan

Schallstadt 67 □

Baden-Württemberg — Kreis Breisgau-Hochschwarzwald — 280 m — 5 600 Ew — Freiburg 9 km
🛈 ☎ (0 76 64) 6 10 90, Fax 61 09 91 — Bürgermeisteramt, Kirchstr 16, 79227 Schallstadt. Sehenswert: Zapfenhof →

919

Schallstadt

Mengen
* Alemannenhof
Weberstr 10, ✉ 79227, ☎ (0 76 64) 10 71, Fax 5 94 27
52 Zi, Ez: 80, Dz: 120-140, ⌂ WC ☎; Lift 🅿
🚗 🍴

Wolfenweiler (1 km ↗)
* Ochsen
Baseler Str 50, ✉ 79227, ☎ (0 76 64) 65 11, Fax 67 27
52 Zi, Ez: 82-98, Dz: 110-147, ⌂ WC ☎; Lift 🅿
🍴
Rezeption: 6-15, 17-24
Im Stammhaus auch einfache Zimmer vorhanden

** Zum Schwarzen Ritter
Ⓥ Basler Str 54, an der B 3, ✉ 79227, ☎ (0 76 64) 6 01 36, Fax 68 33, AX DC ED VA
Hauptgericht 25; 🅿 Terrasse; geschl: So, Mo
Kreuzgewölbe

Schandau, Bad 51 ↗

Sachsen — Kreis Pirna — 125 m — 3 400 Ew — Dresden 35 km
ℹ ☎ (03 50 22) 24 12, Fax 31 84 — Kurverwaltung, Markt 1, 01812 Bad Schandau; Kurort. Sehenswert: Brauhof (Renaissancebau); Kirche St. Johannis; Umgebinde- und Fachwerkhäuser; Elbsandsteingebirge

** Parkhotel
♂ Rudolf-Sendig-Str 12, ✉ 01814, ☎ (03 50 22) 4 25 05, Fax 4 24 66, AX ED VA
31 Zi, Ez: 95-145, Dz: 130-190, 3 Suiten, ⌂ WC ☎; Lift 🅿 1↔40 Fitneßraum Sauna Solarium 🍴
Auch einfachere Zimmer vorhanden

** Lindenhof
Rudolf-Sendig-Str 11, ✉ 01814, ☎ (03 50 22) 4 89-0, Fax 4 89-12, AX ED VA
41 Zi, Ez: 90-115, Dz: 145-160, ⌂ WC ☎; Lift 🅿 3↔60 🍴
Auch Zimmer der Kategorie * vorhanden

** Elbhotel
◂ an der Elbe 2, ✉ 01814, ☎ (03 50 22) 4 25 06, Fax 4 30 00, AX DC VA
57 Zi, Ez: 105-163, Dz: 150-188, ⌂ WC ☎; Lift 🅿 2↔30 Sauna Solarium 🍴
Auch Zimmer der Kategorie * vorhanden

* Zum Roten Haus
Marktstr 10, ✉ 01814, ☎ (03 50 22) 4 23 43, Fax 4 06 66
12 Zi, Ez: 60, Dz: 75-120, ⌂ WC; 🅿 🍴

Ostrau
** Ostrauer Scheibe
Alter Schulweg 12, ✉ 01812, ☎ (03 50 22) 48 80, Fax 4 88 88
28 Zi, Ez: 110-150, Dz: 180-240, ⌂ WC ☎, 8🛁; Lift 🅿 2↔34 🍴

Schaprode siehe Rügen

Scharbeutz 11 ↓

Schleswig-Holstein — Kreis Ostholstein — 10 000 Ew — Neustadt i. Holstein 8, Eutin 18, Lübeck 22 km
ℹ ☎ (0 45 03) 7 42 55, Fax 7 21 22 — Kurbetriebe, Strandallee 134, 23683 Scharbeutz; Ostsee-Heilbad

** Kurhotel Martensen
◂ Strandallee 123, ✉ 23677, ☎ (0 45 03) 71 17, Fax 7 35 40, AX DC ED VA
20 Zi, Ez: 80-120, Dz: 150-240, 14 App, ⌂ WC ☎; 🅿 ≋ Sauna; garni
Rezeption: 8-21; geschl: 15.10.96-19.3.97
Im Gästehaus „Die Barke" Zimmer der Kategorie * vorhanden

** Göttsche
◂ Am Hang 8, ✉ 23684, ☎ (0 45 03) 7 20 76, Fax 7 42 34
12 Zi, Ez: 75-190, Dz: 130-230, ⌂ WC ☎;
Rezeption: 8-13, 17-24; geschl: Nov
* Brasserie am Meer
Hauptgericht 28; Terrasse; nur abends, Sa+So+feiertags auch mittags; geschl: Mo, Nov

* Villa Scharbeutz
Seestr 26, ✉ 23683, ☎ (0 45 03) 8 70 90, Fax (04 51) 35 12 40
22 Zi, Ez: 75-100, Dz: 155-180, ⌂ WC ☎; 🅿; garni
Rezeption: 7-18

* Petersen's Landhaus
Seestr 56 a, ✉ 23683, ☎ (0 45 03) 7 30 01, Fax 7 33 32, ED
13 Zi, Ez: 108-128, Dz: 148-165, 4 Suiten, 4 App, ⌂ WC ☎, 4🛁; 🅿 ≋ Solarium; garni
Rezeption: 8-13, 14-21; geschl: Mitte Nov-Mitte Dez, Anfang Jan-Anfang Feb

* Wennhof
Seestr 62, ✉ 23683, ☎ (0 45 03) 7 23 54, Fax 35 28 48
29 Zi, Ez: 50-75, Dz: 120-170, ⌂ WC ☎, 5🛁; 🅿 🚗 2↔45 Solarium
* Hauptgericht 25; Terrasse

Haffkrug (3 km ↑)
* Maris
◂ Strandallee 10, ✉ 23683, ☎ (0 45 63) 4 27 20, Fax 42 72 72, AX DC ED VA
14 Zi, Ez: 75-150, Dz: 140-190, 4 App, ⌂ WC ☎; Lift 🅿 🚗 Sauna Solarium 🍴

Schürsdorf (4 km ↘)
** Brechtmann ✢
Hackendohrredder 9, ✉ 23684, ☎ (0 45 24) 99 52, Fax 16 96
Hauptgericht 25; geschl: Di

Scharnhausen siehe Ostfildern

Scheer 69 ←

Baden-Württemberg — Kreis Sigmaringen — 600 m — 2 600 Ew — Mengen 5, Sigmaringen 8 km
ℹ️ ☎ (0 75 72) 29 01, Fax 38 52 — Bürgermeisteramt, Hauptstr 1, 72516 Scheer

✱✱ Brunnenstube ✿
Mengener Str 4, ✉ 72516, ☎ (0 75 72) 36 92
Hauptgericht 40; 🅿; geschl: Mo, Di, Sa mittags

✱✱ Donaublick
Bahnhofstr 21-28, ✉ 72516, ☎ (0 75 72) 76 38 50, Fax 76 38 66, AX DC ED VA
Hauptgericht 25; 🅿 Terrasse; geschl: Do + Sa mittags
✱ 12 Zi, Ez: 69-75, Dz: 110-130, 🛁 WC ☎; 🛏 3 ⇆ 60

Scheibe-Alsbach 48 ←

Thüringen — Kreis Neuhaus am Rennweg — 617 m — 749 Ew — Neuhaus am Rennweg 11, Eisfeld 11, Lichte 12 km
ℹ️ ☎ (03 67 04) 8 02 51, Fax 8 02 51 — Gemeindeverwaltung, Hauptstr 62 a, 98749 Scheibe-Alsbach

✱ Zum Mohren
Hauptstr 100, ✉ 98749, ☎ (03 67 04) 8 29 21, Fax 8 07 16, AX DC ED VA
19 Zi, Ez: 80, Dz: 130-150, 🛁 WC ☎, 1 🛌; 🅿 Fitneßraum Sauna Solarium
✱✱ Hauptgericht 20

✱ Schwarzaquelle
Hauptstr 98, ✉ 98749, ☎ (03 67 04) 8 29 14, Fax 8 07 32, ED
23 Zi, Ez: 80-110, Dz: 120-150, 1 Suite, 🛁 WC ☎; 🅿 🛏 2 ⇆ 100 Fitneßraum Sauna Solarium ⒴

Scheibenberg 50 ↙

Sachsen — Kreis Annaberg — 650 m — 2 370 Ew — Annaberg-Buchholz 9, Schwarzenberg 12 km
ℹ️ ☎ (03 73 49) 82 51 — Stadtverwaltung, Rudolf-Breitscheid-Str 35, 09481 Scheibenberg

Scheibenberg-Außerhalb (2 km ↘)
✱ Berghotel
einzeln, Auf dem Berg 1, ✉ 09481, ☎ (03 73 49) 82 71, Fax 89 12
Hauptgericht 20; Biergarten 🅿
✱✱ Berghotel
⚘ 6 Zi, Ez: 70, Dz: 120, 🛁 WC ☎; 1 ⇆ 60

Scheidegg 69 ↘

Bayern — Kreis Lindau — 800 m — 4 000 Ew — Lindau 20, Wangen 25 km
ℹ️ ☎ (0 83 81) 8 95 55, Fax 8 95 50 — Kurverwaltung, Rathausplatz 4, 88175 Scheidegg; heilklimatischer und Kneippkurort, Wintersportplatz im Allgäu

Schenefeld

✱ Haus Birkenmoor
⚘ ⛳ Am Brunnenbühl 10, ✉ 88175, ☎ (0 83 81) 9 20 00, Fax 92 00 30
16 Zi, Ez: 69-120, Dz: 138-146, 🛁 WC ☎; 🅿
🛏 ≋ ⚓ Fitneßraum Sauna Solarium; **garni**
Rezeption: 7-12, 14-21; geschl: Nov, Dez

🛏 **Pension Montfort**
⛳ Höhenweg 4, ✉ 88175, ☎ (0 83 81) 14 50, Fax 8 28 41
11 Zi, Ez: 60-106, Dz: 98-112, 🛁 WC; 🅿 ⚓; **garni**

Scheinfeld 56 →

Bayern — Kreis Neustadt a. d. Aisch-Bad Wind — 306 m — 4 700 Ew — Neustadt a. d. Aisch 16, Kitzingen 33 km
ℹ️ ☎ (0 91 62) 4 98, Fax 4 90 — Stadtverwaltung, Hauptstr. 1, 91443 Scheinfeld

✱ Post Horn
♘ Adi-Dassler-Str 4, ✉ 91443, ☎ (0 91 62) 9 29 40, Fax 92 94 30
Hauptgericht 30; nur abends, So auch mittags; geschl: Di, Jan
✱✱ 12 Zi, Ez: 70-75, Dz: 110-120, 🛁 WC ☎; 🅿
geschl: Di, Jan

Schellerten 26 ↘

Niedersachsen — Kreis Hildesheim — 90 m — 8 636 Ew — Hildesheim 11, Peine 22 km
ℹ️ ☎ (0 51 23) 40 10, Fax 4 01 40 — Gemeindeverwaltung, Rathausstr 8, 31174 Schellerten. Sehensw: Ev. Kirche: Fresken; Franziskanerkloster und Wallfahrtskapelle in Ottbergen

Wendhausen (6 km ↙)
✱✱ Zum Rotdorn ✿
Goslarsche Landstr 4, an der B 6, ✉ 31174, ☎ (0 51 21) 3 83 36, AX ED VA
Hauptgericht 30; geschl: Mo

Schellhorn siehe Preetz

Schenefeld 18 ↘

Schleswig-Holstein — Kreis Pinneberg — 2 m — 15 600 Ew — Pinneberg 10, Hamburg 10, Wedel 20 km
ℹ️ ☎ (0 40) 83 03 70, Fax 83 03 71 77 — Stadtverwaltung, Holstenplatz 3, 22869

✱✱ Klövensteen
Hauptstr 83, ✉ 22869, ☎ (0 40) 8 39 36 30, Fax 83 93 63 43, AX DC ED VA
28 Zi, Ez: 140, Dz: 180, 1 App, 🛁 WC ☎, 3 🛌; 🅿 🛏 1 ⇆ 35
✱✱ Peter's Bistro
Hauptgericht 30; Terrasse

Schenkenzell 60 ↘

Baden-Württemberg — Kreis Rottweil — 400 m — 2 020 Ew — Wolfach 14 km
ℹ ☎ (0 78 36) 93 97 51, Fax 93 97 50 — Kurverwaltung, Landstr 2, 77773 Schenkenzell; Luftkurort im Schwarzwald. Sehenswert: Ruine Schenkenburg (1 km ↙); Klosterkirche in Alpirsbach (7 km ↗)

✳ **Sonne**
Reinerzaustr 13, ✉ 77773, ☎ (0 78 36) 10 41, Fax 10 49, AX DC ED VA
36 Zi, Ez: 81-111, Dz: 142-162, 2 Suiten, ⊿ WC ☎; 3⇔50 Kegeln Sauna Solarium
geschl: Anfang Jan
Auch Zimmer der Kategorie ✳✳ vorhanden
✳ Hauptgericht 42; Gartenlokal
geschl: Anfang Jan

✳ **Winterhaldenhof**
♂ •⋖ Winterhalde 8, ✉ 77773, ☎ (0 78 36) 72 48, Fax 76 49
19 Zi, Ez: 60-105, Dz: 130-170, 3 App, ⊿ WC ☎; Lift 🅿 🍴 Sauna ⓘ
geschl: Do, Anfang Nov-Mitte Dez
Auch Zimmer der Kategorie ✳✳ vorhanden

✳ **Waldblick**
Schulstr 12, ✉ 77773, ☎ (0 78 36) 9 39 60, Fax 93 96 99, AX DC ED VA
Hauptgericht 24; 🅿 Terrasse; geschl: im Winter Fr, Mitte Feb-Mitte Mär
✳ 8 Zi, Ez: 77-87, Dz: 114-164, 1 Suite, ⊿ WC ☎; 1⇔20
geschl: im Winter Fr, Mitte Feb-Mitte Mär

Scherenbostel siehe Wedemark

Schermbeck 33 ↘

Nordrhein-Westfalen — Kreis Wesel — 35 m — 13 500 Ew — Dorsten 7, Borken 16, Wesel 19 km
ℹ ☎ (0 28 53) 91 00, Fax 9 10 11 — Gemeinde Schermbeck, Rathaus, Weseler Str 2, 46514 Schermbeck. Sehenswert: Klevische Burganlange; Teufelsstein

✳ **Zur Linde**
Mittelstr 96, ✉ 46514, ☎ (0 28 53) 9 13 60, Fax 91 36 30, AX ED VA
20 Zi, Ez: 75, Dz: 130, ⊿ WC ☎; 🅿 Kegeln ⓘ

Besten (7 km ↓)
✳✳ **Landhaus Spickermann**
Kirchhellener Str 1, ✉ 46514, ☎ (0 23 62) 4 11 32, Fax 4 14 57, AX ED
Hauptgericht 36; Gartenlokal 🅿; nur abends, So auch mittags; geschl: Mo

Gahlen (4 km ↓)
✳ **Op den Hövel**
Kirchstr 71, ✉ 46514, ☎ (0 28 53) 9 14 00, Fax 91 40 50
35 Zi, Ez: 60-70, Dz: 100, ⊿ WC ☎; 🅿 🍴 1⇔60 ≋ Sauna Solarium ⓘ
Rezeption: 6-21.30; geschl: Ende Dez-Anfang Jan

Voshövel (14 km ↘)
✳✳ **Landhotel Voshövel**
Am Voshövel 1, ✉ 46514, ☎ (0 28 56) 9 14 00, Fax 7 44, AX DC ED VA
32 Zi, Ez: 99-185, Dz: 180-265, 1 App, ⊿ WC ☎, 20⊠; 🅿 🍴 8⇔200 Fitneßraum Sauna Solarium
Im Haupthaus auch Zimmer der Kategorie ✳ vorhanden
✳✳ Hauptgericht 35; Biergarten Terrasse

Scherstetten 70 ↗

Bayern — Kreis Augsburg — 950 Ew — 614 m — Augsburg 26, Mindelheim 28 km
ℹ ☎ (0 82 62) 16 00 — Gemeindeverwaltung, 86872 Scherstetten

Scherstetten
≋ **Hubertus**
Hauptstr 47, ✉ 86872, ☎ (0 82 04) 3 03, Fax 3 03, VA
9 Zi, Ez: 30-35, Dz: 60-70, ⊿ WC; 🅿 Sauna ⓘ

Scheßlitz 57 ↘

Bayern — Kreis Bamberg — 350 m — 7 000 Ew — Bamberg 20, Bayreuth 45 km
ℹ ☎ (0 95 42) 2 66, Fax 75 83 — Stadtverwaltung, Hauptstr 34, 96110 Scheßlitz. Sehenswert: Kath. Kirche; Fachwerkhäuser; Burg Giech; Felsenkapelle Gügel

✳ **Krapp**
Oberend 3, ✉ 96110, ☎ (0 95 42) 80 66, Fax 7 00 41
31 Zi, Ez: 45-70, Dz: 75-110, ⊿ WC ☎; 🅿 1⇔40 Kegeln Sauna Solarium
Rezeption: 9-23; geschl: Mi
Im Gästehaus Zimmer der Kategorie ✳✳ vorhanden
✳ Hauptgericht 20; Terrasse; geschl: Mi, Jan

Würgau (5 km →)
≋ **Hartmann**
Hauptstr 31, ✉ 96110, ☎ (0 95 42) 5 37, Fax 71 32
9 Zi, Ez: 55, Dz: 95, ⊿ WC; 2⇔100
geschl: Di, Ende Dez
✳ Hauptgericht 17; Biergarten; geschl: Di, Ende Dez

Schieder-Schwalenberg 35 ↗

Nordrhein-Westfalen — Kreis Lippe — 200 m — 9 000 Ew — Bad Pyrmont 13, Detmold 22, Höxter 23 km
ℹ ☎ (0 52 82) 6 01 71, Fax 6 01 73 — Kurverwaltung, Schloß Schieder, Im Kurpark 1, 32807 Schieder-Schwalenberg; Kneipp-Kurort; Maler- und Trachtenstadt. Sehenswert: Hist. Stadtkern

Schieder - 123 m - Kneipp-Kurort. Sehenswert: Schloß mit Park

* **Landhaus Schieder**
♂ Domäne 1, ✉ 32816, ☎ (0 52 82) 7 94, Fax 16 46, AX ED VA
18 Zi, Ez: 98-108, Dz: 180, ⌐ WC ☎, 4🛏;
Lift P 2⇔50 ≋ Sauna Solarium
geschl: Mitte Feb-Mitte Mär
* Hauptgericht 25; Terrasse;
geschl: Mitte Feb-Mitte Mär

Schwalenberg - 330 m - Malerkolonie. Sehenswert: Rathaus; Fachwerkhäuser; Ruine

* **Burghotel (Gast im Schloß)**
einzeln ♂ ◁ ⛨ Auf der Schwalenburg,
✉ 32816, ☎ (0 52 84) 51 67, Fax 55 67, AX DC ED VA
15 Zi, Ez: 100, Dz: 175-240, ⌐ WC ☎, 2🛏;
P 🍽 2⇔100
** ◁ Hauptgericht 35; Terrasse;
geschl: Jan, Feb
☎ (0 52 84) 53 67

Schierke 37 ↘

Sachsen-Anhalt — Kreis Wernigerode — 600 m — 1 200 Ew — Braunlage 8, Wernigerode 16 km
ℹ ☎ (03 94 55) 3 10, Fax 4 03 — Kurverwaltung, Brockenstr 10, 38879 Schierke. Sehenswert: Rathaus; Brocken 1142 m ◁; Scharcherklippen

* **Andrä**
♂ Brockenstr 12, ✉ 38879, ☎ (03 94 55) 5 12 57, Fax 4 54
8 Zi, Ez: 75-85, Dz: 100-130, 1 Suite, 1 App, ⌐ WC ☎, 6🛏; P 🍽

Schifferstadt 54 ↓

Rheinland-Pfalz — Kreis Ludwigshafen — 103 m — 18 904 Ew — Speyer 10, Ludwigshafen 14 km
ℹ ☎ (0 62 35) 4 40, Fax 4 41 95 — Stadtverwaltung, Marktplatz 2, 67105 Schifferstadt. Sehenswert: Altes Rathaus

** **Salischer Hof**
Burgstr 12-14, ✉ 67105, ☎ (0 62 35) 93 10, Fax 93 12 00, AX ED VA
24 Zi, Ez: 90-130, Dz: 130-170, 1 Suite, ⌐ WC ☎; P 2⇔25
** Hauptgericht 30; Gartenlokal;
geschl: Sa mittags

** **Kaufmann**
Bahnhofstr 81, ✉ 67105, ☎ (0 62 35) 49 60, Fax 49 62 99, AX DC ED VA
34 Zi, Ez: 90-125, Dz: 115-140, 1 Suite, ⌐ WC ☎, 9🛏; P 2⇔25
** Hauptgericht 30; Gartenlokal; ⚜
geschl: Sa + So, Ende Dez-Anfang Jan

* **Zur Kanne**
Kirchenstr 7, ✉ 67105, ☎ (0 62 35) 4 90 00, Fax 49 00 66, AX ED VA
38 Zi, Ez: 85-105, Dz: 130-150, 1 Suite, 1 App, ⌐ WC ☎; P
* Hauptgericht 25; Gartenlokal;
geschl: Di, Mi mittags

Schildow 30 ↑

Brandenburg — Kreis Oranienburg — 66 m — 2 800 Ew — Berlin 10 km
ℹ ☎ (03 30 56) 84 10, Fax 8 18 84 — Gemeindeverwaltung, Libenwalder Str 1, 16552 Mühlenbeck

Schildow
** **Schildow**
Mühlenbecker Str 2, ✉ 16552, ☎ (03 30 56) 8 57 00, Fax 8 57 50, AX ED VA
34 Zi, Ez: 80-120, Dz: 100-150, ⌐ WC ☎; P 2⇔60; garni

Schillig siehe Wangerland

Schillingsfürst 63 ↘

Bayern — Kreis Ansbach — 543 m — 2 481 Ew — Rothenburg ob der Tauber 16, Feuchtwangen 16 km
ℹ ☎ (0 98 68) 8 00, Fax 55 93 — Verkehrsamt, Anton-Roth-Weg 9, 91583 Schillingsfürst; Erholungsort. Sehenswert: Schloß ◁ (2 km →); Museum

* **Die Post (Flair Hotel)**
◁ Rothenburger Str 1, ✉ 91583,
☎ (0 98 68) 4 73, Fax 58 76, DC ED VA
13 Zi, Ez: 80-90, Dz: 96-150, ⌐ WC ☎; P 🍽 1⇔12 🍴
geschl: Mo bis 15
Auch Zimmer der Kategorie ** vorhanden

Schiltach 60 ↘

Baden-Württemberg — Kreis Rottweil — 325 m — 4 100 Ew — Freudenstadt 27, Offenburg 49 km
ℹ ☎ (0 78 36) 58 50, Fax 58 58 — Verkehrsamt, Hauptstr 5, 77757 Schiltach; Luftkurort im Schwarzwald. Sehenswert: Marktplatz mit Rathaus; Fachwerkhäuser; Apothekenmuseum

* **Gasthof zum weyßen Rößle zu Schiltach**
Schenkenzeller Str 42, ✉ 77761,
☎ (0 78 36) 3 87, Fax 79 52, AX ED VA
Hauptgericht 25; P; geschl: So abends, Mo
** 8 Zi, Ez: 75, Dz: 130-140, 👑
⌐ WC ☎; 🍽

* **Gasthof Sonne**
Marktplatz 3, ✉ 77761, ☎ (0 78 36) 20 02, Fax 79 05, AX ED VA
Hauptgericht 20; P Terrasse; geschl: Do
* 8 Zi, Ez: 45-60, Dz: 82-120, ⌐ WC ☎

Schirgiswalde

Schirgiswalde 41 ↓

Sachsen — Kreis Bautzen — 350 m —
3 200 Ew — Bautzen 12 km
ℹ ☎ (0 35 92) 22 54, Fax 25 97 — Fremdenverkehrsamt, Sohlander Str 3 a,
02681 Schirgiswalde. Sehenswert: Laubenhaus; Pfarrkirche; Umgebindehäuser

✱ Am Lärchenberg
♂ Lärchenbergweg 2, ✉ 02681, ☎ (0 35 92) 36 60, Fax 3 68 55, DC ED VA
32 Zi, Ez: 70-85, Dz: 110-130, ⊣ WC ☎; P
2⇔25 ♨

Schlamau 29 ✓

Brandenburg — Kreis Potsdam Mittelmark
— 200 m — 610 Ew — Wiesenburg 6,
Belzig 18 km
ℹ ☎ (03 38 49) 79 80, Fax 5 02 71 — Amt
Wieserburg, Schloßstr 1, 14827 Wieserburg

Schmerwitz (2 km ↗)
🏠 **Seminar- und Tagungszentrum**
♂ Dorfstr 42, ✉ 14827, ☎ (03 38 49) 7 80,
Fax 7 81 00, ED VA
155 Zi, Ez: 35-110, Dz: 60-160, ☎; P
10⇔275 Sauna Solarium Fitneßraum ♨
geschl: Ende Dez
Die Hotelanlage besteht aus mehreren
Gasthäusern. Auch Kategorie
✱ vorhanden

Schlangenbad 44 ✓

Hessen — Rheingau-Taunus-Kreis —
300 m — 6 000 Ew — Wiesbaden 12 km
ℹ ☎ (0 61 29) 88 21 — Kur- und Verkehrsverein, Landgrafenplatz, 65388 Schlangenbad; Erholungsort und Heilbad im westlichen Taunus

✱✱✱ Parkhotel
♂ Rheingauer Str 7, ✉ 65388, ☎ (0 61 29)
4 20, Fax 14 20, AX DC ED VA
88 Zi, Ez: 175-240, Dz: 255-320, 7 Suiten, ⊣
WC ☎; Lift P 📞 8⇔150 Fitneßraum Sauna
Solarium ♨
Direkter Zugang zum öffentlichen Thermalbad.
✱✱✱ Les Thermes
Hauptgericht 35; Terrasse

✱ Rheingauer Hof
♂ Mühlenstr 8, ✉ 65388, ☎ (0 61 29)
5 06 10, Fax 50 61 60
24 Zi, Ez: 80, Dz: 100, ⊣ WC ☎; garni

Schleching 73 ✓

Bayern — Kreis Traunstein — 570 m —
1 750 Ew — Reit im Winkl 15, Prien 24,
Kufstein 34 km
ℹ ☎ (0 86 49) 2 20, Fax 13 30 — Verkehrsamt, Schulstr 4, 83259 Schleching; Luftkurort und Wintersportplatz. Sehenswert:
Streichenkapelle, 810 m ◄ (3 km ↘), Paß
Klobenstein ◄ (4 km ↓); hist. Hammerschmiede

✱ Zur Post
Kirchplatz 7, ✉ 83259, ☎ (0 86 49) 12 14,
Fax 13 32
28 Zi, Ez: 70-80, Dz: 98-140, ⊣ WC ☎; P
2⇔150 Fitneßraum Sauna Solarium ♨
geschl: Mo, Mitte-Ende Jan
Auch Zimmer der Kategorie ✱✱ vorhanden

Ettenhausen (2 km ✓)
✱✱ Steinweidenhof
♂ Steinweiden 8, ✉ 83259, ☎ (0 86 49)
5 11, Fax 14 22
7 Zi, Ez: 100-180, Dz: 140-170, 4 Suiten, ⊣
WC ☎; P Sauna
geschl: Di, 1.11.-15.12.97
Restaurant für Hausgäste

Schleiden 42 □

Nordrhein-Westfalen — Kreis Euskirchen
— 330 m — 12 000 Ew — Monschau 24,
Euskirchen 33 km
ℹ ☎ (0 24 44) 20 11, Fax 16 41 — Verkehrsamt, im Stadtteil Gemünd, Kurhausstr 6,
5372 Schleiden. Sehenswert: Kath. Kirche:
Glasgemälde, Orgel; kath. Kirche in Olef
(2 km ↑)

Gemünd (Kneipp-Kurort, 6 km ↑)
✱✱ Katharinenhof
♂ am Kurpark 5, ✉ 53937, ☎ (0 24 44)
86 90, Fax 16 15, AX DC ED VA
45 Zi, Ez: 75, Dz: 130, ⊣ WC ☎; P Sauna
Solarium
Rezeption: 8-20

✱✱ Akzent-Hotel Friedrichs
Alte Bahnhofstr 16, ✉ 53937, ☎ (0 24 44)
95 09 50, Fax 95 09 40, AX DC ED VA
19 Zi, Ez: 90-110, Dz: 130-150, 3 Suiten,
1 App, ⊣ WC ☎; Lift P 📞 2⇔40 Fitneßraum Sauna Solarium
Auch Zimmer der Kategorie ✱ vorhanden
✱ Hauptgericht 30; Terrasse;
geschl: Di

✱ Kurpark-Hotel
♂ Parkallee 1, ✉ 53937, ☎ (0 24 44) 17 29,
Fax 87 71
20 Zi, Ez: 65, Dz: 110, ⊣ WC ☎; P Sauna
Solarium; garni
Rezeption: 7-20; geschl: Mitte Nov-Mitte
Dez

✱ Haus Salzberg
♂ Am Lieberg 31, ✉ 53937, ☎ (0 24 44)
4 94, Fax 34 55, AX ED VA
10 Zi, Ez: 68-73, Dz: 116-150, 2 Suiten, ⊣
WC ☎; P Fitneßraum Sauna Solarium ♨
Rezeption: 10-15, 17-24; geschl: Mo

✱ Zum Urfttal
Alte Bahnhofstr 12, ✉ 53937, ☎ (0 24 44)
30 41, Fax 30 42, ED
18 Zi, Ez: 70-85, Dz: 106-130, ⊣ WC ☎; Lift
P
geschl: Anfang Jan-Ende Feb
Restaurant für Hausgäste

✱✱ Ketterer's Parkrestaurant
Kurhausstr 5, ✉ 53937, ☎ (0 24 44) 27 76,
Fax 89 01
Hauptgericht 30; Terrasse; geschl: Mo

Schleiz 48→

Thüringen — Kreis Schleiz — 440 m — 7 668 Ew — Hof 47 km
i — Reisebüro, Neumarkt 15-17, 07907 Schleiz. Sehenswert: Pfarrkirche St. Georg; Bergkirche; Schloßruine; „Alte Münze"; Schleizer-Dreieck-Rennen

Heinrichsruh
** Luginsland
Am Schleizer Dreieck 8, ✉ 07907,
☎ (0 36 63) 4 80 50, Fax 48 05 40, AX ED VA
18 Zi, Ez: 85-110, Dz: 110-160, ⌐ WC ☎,
1 ✉; P 🖾 1↔20 Fitneßraum Sauna
Solarium ¶○¹
Rezeption: 11-24
Auch Zimmer der Kategorie * vorhanden

Schlema 49→

Sachsen — Kreis Aue — 450 m — 5 595 Ew — Aue 4 km
i ☎ (0 37 72) 2 22 37 — Fremdenverkehrsamt, Markus-Semmler-Str 73, 08301 Schlema. Sehenswert: Markus-Semmler-Stollen; Heil- u. Besucherbergwerk Schacht 371; Lichtloch 15; Auferstehungskirche Oberschlema; Martin-Luther-Kirche

** Parkhotel
Markus-Semmler-Str 73, ✉ 08301,
☎ (0 37 72) 35 40, Fax 35 42 69, AX ED VA
34 Zi, Ez: 75-95, Dz: 110-130, 4 Suiten, ⌐ WC ☎, P 1↔25
Auch Zimmer der Kategorie * vorhanden
* Hauptgericht 20; Terrasse

* Sachsenhof
Schneeberger Weg 25, ✉ 08301,
☎ (0 37 72) 2 06 14, Fax 2 22 98
14 Zi, Ez: 85, Dz: 120, ⌐ WC ☎, 1 ✉; P
1↔30 ¶○¹
geschl: Jul

* Adlatus Hotel Stern
◂ Anton-Günther-Str 19, ✉ 08301,
☎ (0 37 72) 2 23 51, Fax 21 25 26
22 Zi, Ez: 55-65, Dz: 63-72, ⌐ WC ☎, 11 ✉;
P; garni

Schlepzig 31↙

Brandenburg — Lübben — 46 m — 640 Ew — Lübben 9 km
i ☎ (0 35 47) 2 65 — Gemeindeverwaltung, Bergstr Nr 7, 15910 Schlepzig

** Landgasthof Zum grünen Strand der Spree
◊ Dorfstr 53, ✉ 15910, ☎ (03 54 72) 2 02,
Fax 4 73, AX ED VA
18 Zi, Ez: 105-160, Dz: 145-175, 2 Suiten, ⌐ WC ☎, P 2↔15 Seezugang
* Hauptgericht 25; Biergarten

Schleswig 10↖

Schleswig-Holstein — Kreis Schleswig-Flensburg — 56 m — 27 000 Ew — Kiel 50 km
i ☎ (0 46 21) 24 87 86, Fax 2 07 03 — Touristinformation, Plessenstr 7 (C 3), 24837 Schleswig; Kreisstadt an der Schlei; Schleswig-Holsteinisches Landestheater. Sehenswert: Dom mit Bordesholmer Altar von Brüggemann; St.-Johannis-Kloster; Schloß Gottorf: Schleswig-Holsteinische Landesmuseen und Archäologisches Landesmuseum: Nydam-Boot; Städt. Museum; Fischerhäuser auf dem „Holm"; Haddeby ◂ (2 km ↓); Wikinger Museum Haithabu und Ringwall; Danewerk

Stadtplan siehe Seite 926

*** Waldschlößchen
einzeln ♂ Kolonnenweg 152, ✉ 24837,
☎ (0 46 21) 38 32 83, Fax 38 31 05,
AX DC ED VA
130 Zi, Ez: 95-155, Dz: 135-195, 1 Suite, ⌐ WC ☎, 5 ✉; Lift P 🖾 5↔120 ≋ Seezugang
Kegeln Sauna Solarium
Auch einfachere Zimmer vorhanden
*** Hauptgericht 27; Terrasse

* Strandhalle (Ringhotel)
◂ Strandweg 2 (B 3), ✉ 24837, ☎ (0 46 21)
90 90, Fax 90 91 00, AX DC ED VA
25 Zi, Ez: 110-150, Dz: 160-190, S; ⌐ WC ☎;
P 🖾 ≋ Seezugang Solarium
** ◂ Hauptgericht 25; Terrasse

* Waldhotel am Schloß Gottorf
♂ ◂ Stampfmühle 1, ✉ 24837, ☎ (0 46 21)
2 32 88, Fax 2 32 89, AX ED
9 Zi, Ez: 90, Dz: 140-160, ⌐ WC ☎; P 🖾
1↔100
geschl: im Winter Do, 11.2.-25.2.97
* Hauptgericht 25; Terrasse;
geschl: im Winter Do, Mitte Okt-Mitte Mär

** Olschewski's ✚
Hafenstr 40 (C 3), ✉ 24837, ☎ (0 46 21)
2 55 77, Fax 2 21 41, AX ED VA
Hauptgericht 30; P Terrasse ⊨; geschl: Mo abends, Di, Mitte Jan-Ende Feb

* Senator-Kroog
⚐ Rathausmarkt 10 (C 3), ✉ 24837,
☎ (0 46 21) 2 22 90, Fax 2 58 05, ED
Hauptgericht 22; Terrasse

Schleusingen 47☐

Thüringen — Kreis Hildburghausen — 400 m — 5 700 Ew — Hildburghausen 10, Suhl 14 km
i ☎ (0 36 84 1) 3 30 20, Fax 4 17 11 — Fremdenverkehrsbüro, Markt 9, 98553 Schleusingen →

Schleusingen

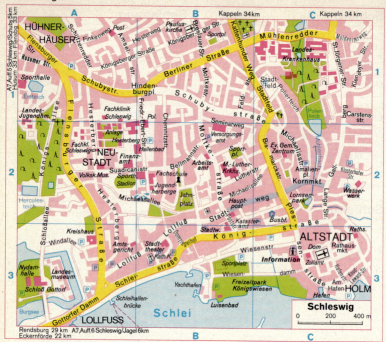

* **Zum Goldenen Löwen**
Markt 22, ✉ 98553, ☎ (03 68 41) 4 23 53,
Fax 4 13 20, ED
9 Zi, Ez: 55-65, Dz: 90-95, ⌐ WC ☎; P ¶¹
Rezeption: 10-24; geschl: Mo

Schleusingerneundorf 47

Thüringen — 768 Ew — Schmiedefeld 8,
Suhl 11 km

ℹ ☎ (03 68 41) 4 77 21 — Gemeinde Nahe-
tal/Verwaltungsstelle Schleusingerneun-
dorf, Hauptstr 21, 98553 Schleusinger-
neundorf

* **Engertal**
Hauptstr 131, ✉ 98553, ☎ (03 68 41)
4 14 97, Fax 4 74 03, AX ED VA
7 Zi, Ez: 55-70, Dz: 90-110, 1 App, ⌐ WC ☎;
P 2⇔25 ¶¹

Schliengen 67

Baden-Württemberg — Kreis Lörrach —
265 m — 4 100 Ew — Müllheim 7,
Basel 28 km

ℹ ☎ (0 76 35) 31 09 11, Fax 31 09 27 — Bürgermeisteramt, Wasserschloß Entenstein,
79418 Schliengen. Sehenswert: Kath.
Kirche; Wasserschloß Entenstein; Barockschloß Bürgeln

Obereggenen (6 km →)
* **Landhotel Winzerhof
Rebstock**
Kanderner Str 4, ✉ 79418, ☎ (0 76 35)
12 89, Fax 88 44
8 Zi, Ez: 56-62, Dz: 88-98, 3 Suiten, ⌐ WC;
P ¶¹
geschl: Di, Ende Jun-Anfang Jul, Mitte
Nov, Mitte Dez
Eigene Weine und Schnäpse

Schlier 69

Baden-Württemberg — Kreis Ravensburg
— 616 m — 3 142 Ew — Ravensburg 5 km
ℹ ☎ (0 75 29) 8 21 — Gemeindeverwaltung,
88281 Schlier

*** **Krone**
Eibeschstr 2, ✉ 88281, ☎ (0 75 29) 12 92,
Fax 31 13, AX DC ED VA
Hauptgericht 45; P Terrasse; geschl: Di,
Mi

Schliersee 72

Bayern — Kreis Miesbach — 800 m —
7 000 Ew — Miesbach 8, Rosenheim 36 km
ℹ ☎ (0 80 26) 40 69, Fax 23 25 — Kurverwaltung, Bahnhofstr 11 a, 83727 Schliersee;
Luftkurort und Wintersportplatz. Sehenswert: Kath. Pfarrkirche; Rathaus

Schluchsee

*** Arabella Schliersee-Hotel
♂ ◄ Kirchbichlweg 18, ✉ 83727, ☎ (0 80 26) 60 80, Fax 60 88 11, AX DC ED VA
58 Zi, Ez: 145-190, Dz: 205-255, 33 App, ◁ WC ☎, 5✉; Lift P 🖻 7⟷120 ≋ Kegeln Sauna Solarium
geschl: Nov
** Hauptgericht 30; Terrasse; geschl: Nov

** Gästehaus Am Kurpark
Gartenstr 7, ✉ 83727, ☎ (0 80 26) 40 41, Fax 27 43
29 Zi, Ez: 80-95, Dz: 120-150, ◁ WC ☎; Solarium
Rezeption: 7-12, 14-20
Restaurant für Hausgäste

* Reiter
♂ ◄ Rißeckstr 8, ✉ 83727, ☎ (0 80 26) 40 57, Fax 40 59
29 Zi, Ez: 100-130, Dz: 180-210, 1 Suite, 3 App, ◁ WC ☎; P 🖻 1⟷30 ≋ Fitneßraum Sauna Solarium
geschl: Mitte Nov-Mitte Dez
Restaurant für Hausgäste

* Gästehaus Lechner am See
♂ ◄ Seestr 33, ✉ 83727, ☎ (0 80 26) 40 91
12 Zi, Ez: 70-80, Dz: 100-160, ◁ WC ☎; Lift P Sauna; **garni**

* Seeblick
◄ Carl-Schwarz-Str 1, ✉ 83727, ☎ (0 80 26) 40 31, Fax 40 33
18 Zi, Ez: 80-100, Dz: 120-180, 2 App, ◁ WC ☎; P Fitneßraum Sauna Solarium
geschl: Nov
Restaurant für Hausgäste

* Terofal
Xaver-Terofal-Platz 2, ✉ 83727, ☎ (0 80 26) 40 45, Fax 26 76
23 Zi, Ez: 125-, Dz: 125-165, 4 Suiten, ◁ WC ☎; P 🖻 1⟷25 Strandbad
geschl: Mo, 6.1.-31.1.97
* ⊗ Hauptgericht 15; Biergarten Terrasse; geschl: Mo, 8.-31.1.97

* Gästehaus Rißeck
♂ Rißeckstr 4, ✉ 83727, ☎ (0 80 26) 61 40, Fax 27 54
9 Zi, Ez: 54-85, Dz: 100-130, 2 Suiten, 2 App, ◁ WC ☎; P
Restaurant für Hausgäste

Neuhaus (4 km ↓)
* Gästehaus Hubertus
◄ Bayrischzeller Str 8, ✉ 83727, ☎ (0 80 26) 7 10 35, Fax 7 19 58
19 Zi, Ez: 85, Dz: 110-150, ◁ WC ☎; P 🖻 Sauna Solarium; **garni**

** Sachs
Neuhauser Str 12, ✉ 83727, ☎ (0 80 26) 72 38, Fax 7 19 58, AX ED
Hauptgericht 25; P Terrasse; geschl: Mo

Spitzingsee (10 km ↓)
**** Arabella Alpenhotel am Spitzingsee
einzeln ♂ ◄ Spitzingstr 5, ✉ 83727, ☎ (0 80 26) 79 80, Fax 79 88 79, AX DC ED VA
109 Zi, Ez: 180-260, Dz: 225-345, 13 Suiten, ◁ WC ☎, 27✉; Lift P 🖻 9⟷160 ≋ Strandbad Seezugang Fitneßraum Kegeln Sauna Solarium ⚓
Preise inkl. Halbpension
** Hauptgericht 35; Terrasse

Schlitz 46 ←

Hessen — Vogelsbergkreis — 240 m — 10 300 Ew — Fulda 20, Bad Hersfeld 28 km
ⓘ ☎ (0 66 42) 8 05 60, Fax 8 05 25 — Verkehrsamt, An der Kirche 4, 36110 Schlitz; Erholungsort. Sehenswert: ev. Kirche; Marktplatz; Fachwerkhäuser; Vorderburg: Glockenspiel 15 + 17 Uhr; Hinterburg: Turm ◄ Aufzug; Schachtenburg: Portal; Ottoburg; Schloß Hallenburg; ev. Kirche: Wandgemälde, im Stadtteil Fraurombach (5 km →)

* Vorderburg
♂ ◄ An der Vorderburg 1, ✉ 36110, ☎ (0 66 42) 9 63 00, Fax 96 30 80, AX DC ED VA
28 Zi, Ez: 73-95, Dz: 115-125, ◁ WC ☎; Lift P 🖻 2⟷35
geschl: Jan
* Hauptgericht 25; Terrasse; geschl: Mi, Jan

Schloß Holte-Stukenbrock 35 ↘

Nordrhein-Westfalen — Kreis Gütersloh — 146 m — 21 700 Ew — Gütersloh 15, Bielefeld 18, Paderborn 29 km
ⓘ ☎ (0 52 07) 8 90 50, Fax 89 05 41 — Gemeindeverwaltung, Rathausstr 2, 33758 Schloß Holte-Stukenbrock. Sehenswert: Schloß; Barockkirche; Großwild-Safari-Land; Tausendjährige Eiche

Stukenbrock
* Westhoff
Hauptstr 24, ✉ 33758, ☎ (0 52 07) 9 11 00, Fax 91 10 51, AX ED VA
26 Zi, Ez: 60-65, Dz: 95, ◁ WC ☎; Lift P 🖻 Kegeln ⓘ
Rezeption: 7-14, 17-24

Schluchsee 67 ↘

Baden-Württemberg — Kreis Breisgau-Hochschwarzwald — 930 m — 2 700 Ew — Neustadt im Schwarzwald 21, Freiburg 47 km
ⓘ ☎ (0 76 56) 77 32, Fax 77 59 — Kurverwaltung, Fischbacher Str 7, 79859 Schluchsee; Heilklimatischer Kurort. Sehenswert: Riesenbühl, 1097 m ◄ (2 km ↑) →

Schluchsee

**** Hetzel-Hotel Hochschwarzwald
♂ ◄ Am Riesenbühl 13, ✉ 79857,
☎ (0 76 56) 7 00, Fax 7 03 23, AX DC ED VA
217 Zi, Ez: 190-240, Dz: 352-476, 2 Suiten,
122 App, ⌐ WC ☎; Lift P 🍴 9↔180 ≈ 🏊
Fitneßraum Kegeln Sauna Solarium 🍷
Tennis 9; Zimmerpreise inkl. Halbpension
** Panoramarestaurant
◄ Hauptgericht 35; Terrasse
* Kachelofen
Hauptgericht 20; Terrasse

** Heger's Parkhotel Flora
♂ Sonnhalde 22, ✉ 79857, ☎ (0 76 56)
9 74 20, Fax 14 33, AX DC ED VA
35 Zi, Ez: 105-125, Dz: 150-210, 3 App, ⌐
WC ☎; P 🍴 1↔20 ≈ 🏊 Strandbad Seezugang Fitneßraum Sauna Solarium
geschl: Mitte Nov-Mitte Dez
Tennis 9; Restaurant für Hausgäste

** Mutzel
im Wiesengrund 3, ✉ 79859, ☎ (0 76 56)
5 56, Fax 91 75, AX ED VA
26 Zi, Ez: 75-90, Dz: 130-170, 2 App, ⌐ WC
☎; Lift P 🍴 Sauna Solarium
Rezeption: 8-20.30; geschl: Mo
* Schmalztöpfle
Hauptgericht 25; geschl: Mi
☎ (0 76 56) 91 28

Aha (4 km ↘)
** Auerhahn
◄ Vorderaha 4, ✉ 79859, ☎ (0 76 56) 5 42,
Fax 92 70
25 Zi, Ez: 75-95, Dz: 130-190, ⌐ WC ☎,
15🛁; Lift P 1↔25 Seezugang Sauna
Solarium
** Hauptgericht 35; Terrasse

Seebrugg (2 km ↘)
** Seehotel Hubertus
einzeln ◄ Haus Nr 16, ✉ 79859, ☎ (0 76 56)
5 24, Fax 2 61, ED VA
17 Zi, Ez: 69-89, Dz: 138-178, 2 Suiten,
1 App, ⌐ WC ☎; P 🍴 ≈ 🏊 Strandbad Seezugang Solarium
1897 gebautes Jagdschloß. Denkmalgeschützt. Auf einem Felsvorsprung in den
Schluchsee hineinragend
** ◄ Hauptgericht 30; Terrasse;
geschl: Di

Schlüchtern 46 ↙

Hessen — Main-Kinzig-Kreis — 300 m —
15 900 Ew — Fulda 28, Gelnhausen 32 km
ℹ ☎ (0 66 61) 85 17, Fax 85 47 — Verkehrsbüro, Unter den Linden 1, 36381 Schlüchtern; Luftkurort im Kinzigtal. Sehenswert:
Benediktinerkloster; Schloß Romholz;
Bergwinkelmuseum; Burg Brandenstein
mit Holzgerätemuseum

* Pension Elisa
♂ ◄ Zur Lieserhöhe 14, ✉ 36381,
☎ (0 66 61) 80 94, Fax 80 96, ED
9 Zi, Ez: 60-89, Dz: 112-138, 1 Suite, 1 App,
⌐ WC ☎; P 🍴 Solarium; garni
Rezeption: 7-13, 15-22; geschl: Ende Dez-
Anfang Jan

Schlüsselfeld 56 →

Bayern — Kreis Bamberg — 310 m —
5 500 Ew — Höchstadt a. d. Aisch 18, Bamberg 29 km
ℹ ☎ (0 95 52) 60 30, Fax 70 90 — Stadtverwaltung, Marktplatz 5, 96132 Schlüsselfeld; Stadt im Steigerwald. Sehenswert:
Marienkapelle, Altar

* Gasthof zum Storch
Marktplatz 20, ✉ 96130, ☎ (0 95 52) 92 40,
Fax 92 41 00, VA
61 Zi, Ez: 61-75, Dz: 99-130, ⌐ WC ☎, 8🛁;
Lift P 🍴 1↔45 Solarium 🍴
geschl: Anfang Nov
Im Gästehaus Hotel Storch Zimmer der
Kategorie ****** vorhanden

Schmalkalden 47 ↖

Thüringen — Kreis Schmalkalden — 296 m
— 18 000 Ew — Meiningen 24, Eisenach
39 km
ℹ ☎ (0 36 83) 31 82, Fax 31 82 — Schmalkalden-Information, Mohrengasse 2,
98574 Schmalkalden; Fachwerkstadt im
Thüringer Wald. Sehenswert: Renaissanceschloß Wilhelmsburg mit Schloßkapelle
und Museum; Stadtkirche St. Georg;
steinerne Kemenaten; Lutherhaus;
Schaubergwerk Asbach, Techn. Museum
„Neue Hütte"

** Stadthotel Patrizier 👑
♂ Weidebrunner Gasse 9, ✉ 98574,
☎ (0 36 83) 60 45 14, Fax 60 45 18,
AX DC ED VA
15 Zi, Ez: 95, Dz: 160, 1 Suite, ⌐ WC ☎; P
1↔35
geschl: Do, Jan
Auch Zimmer der Kategorie ******* vorhanden
** Hauptgericht 30; Gartenlokal; ✤
geschl: Do, Jan

* Jägerklause
♂ Pfaffenbach 45, ✉ 98574, ☎ (0 36 83)
60 01 04, Fax 60 45 13, ED VA
32 Zi, Ez: 75-80, Dz: 120-150, ⌐ WC ☎, 4🛁;
Lift P 2↔40 🍴
* Hauptgericht 22

* Pension Noblesse
Rötweg 8, ✉ 98574, ☎ (0 36 83) 8 83 01,
Fax 8 83 02, ED
10 Zi, Ez: 80-90, Dz: 135-140, 1 App, ⌐ WC
☎; P ≈; garni

Schmalkalden-Außerhalb (4 km ↑)
* Waldhotel Ehrental
einzeln ♂ Im Ehrental, ✉ 98574,
☎ (0 36 83) 8 82 94, Fax 8 82 96, ED
42 Zi, Ez: 95-130, Dz: 125-180, 2 App, ⌐ WC
☎, 10🛁; Lift P 🍴 3↔60 Fitneßraum
Sauna Solarium 🍴

Schmalkalden-Außerhalb (4 km ↓)
** **Best Western
Henneberger Haus**
einzeln ♂ ⋅◊ Notstr, ✉ 98574, ☎ (0 36 83)
60 40 41, Fax 60 40 46, AX DC ED VA
48 Zi, Ez: 120-160, Dz: 160-220, 1 Suite, ⊟
WC ☏, 2⊠; Lift ℗ Fitneßraum Sauna
Solarium ⫿

Schmallenberg 34 ↘

Nordrhein-Westfalen — Hochsauerlandkreis — 350 m — 28 000 Ew — Winterberg 27, Meschede 33 km
ℹ ☏ (0 29 72) 40 44, Fax 26 99 — Verkehrsamt, Poststr. 7, 57392 Schmallenberg;
Luftkurort und Wintersportplatz im Rothaargebirge. Sehenswert: Kath. Kirche:
Wandmalereien, im Stadtteil Berghausen
(8 km ↖); kath. Kirche in Wormbach
(4 km ←); ehem. Abtei im Stadtteil Grafschaft (3 km →); Wilzenberg, 659 m ⋅◊
(4 km →)

** **Störmann
(Ringhotel)**
⋅◊ Weststr 58, ✉ 57392, ☎ (0 29 72) 40 55,
Fax 29 45, AX DC ED VA
37 Zi, Ez: 78-240, Dz: 150-240, ⊟ WC ☏; Lift
℗ ⛶ 1⟳30 ⩙ Fitneßraum Sauna Solarium
⛴
Rezeption: 8-21, So 8-14.30; geschl:
3 Wochen im Mär, Ende Dez
** Alte Posthalterei
Hauptgericht 28; geschl: So abends,
3 Wochen im Mär, Ende Dez

Fleckenberg (2 km ↙)
** **Landgasthof Hubertus**
♂ ⋅◊ Latroper Str 24, ✉ 57392, ☎ (0 29 72)
50 77, Fax 17 31
26 Zi, Ez: 75-115, Dz: 145-220, 2 App, ⊟ WC
☏, 2⊠; Lift ℗ ⛶ Sauna Solarium
geschl: Dez
* ⋅◊ Hauptgericht 29; Biergarten
Terrasse; geschl: Dez

Fredeburg (Kneippkurort, 8 km ↗)
** **Klein's Wiese**
einzeln ♂ ✉ 57392, ☎ (0 29 74) 3 76,
Fax 51 15
19 Zi, Ez: 70-105, Dz: 160-240, 1 App, ⊟ WC
☏, 2⊠; ℗ ⛶ 2⟳25 Fitneßraum Sauna
Solarium
geschl: Ende Nov-Ende Dez
* Hauptgericht 30; Terrasse;
geschl: Ende Nov-Ende Dez

Grafschaft (Luftkurort, 3 km →)
** **Maritim Hotel Grafschaft**
♂ ⋅◊ An der Almert 11, ✉ 57392,
☎ (0 29 72) 30 30, Fax 30 31 68, AX DC ED VA
102 Zi, Ez: 147-318, Dz: 240-330, S;
9 Suiten, 5 App, ⊟ WC ☏; Lift ℗ ⛶ 9⟳250
⩙ Kegeln Sauna Solarium
** Jagdstübchen
Hauptgericht 40; nur abends
** Hochsauerland
⋅◊ Hauptgericht 25; Terrasse

Schmallenberg

* **Gasthof Heimes**
⋅◊ Hauptstr 1, ✉ 57392, ☎ (0 29 72) 9 78 00,
Fax 97 80 97
17 Zi, Ez: 41-77, Dz: 82-128, ⊟ WC ☏; Lift ℗
⛶ Sauna Solarium ⫿
Rezeption: 10-21; geschl: Di, Mitte Nov-
Anfang Dez

Jagdhaus (7 km ↓)
** **Jagdhaus Wiese** ♛
♂ ⋅◊ ✉ 57392, ☎ (0 29 72) 30 60,
Fax 30 62 88
53 Zi, Ez: 101-191, Dz: 183-310, 13 Suiten,
⊟ WC ☏; Lift ℗ ⛶ ⩙ Fitneßraum Sauna
Solarium
Rezeption: 8-20; geschl: Ende Nov-Ende
Dez
** ⋅◊ Hauptgericht 30; Terrasse;
geschl: Ende Nov-Ende Dez
Überwiegend Mittagstisch. Ab 18.30 Uhr
nur auf Voranmeldung

* **Tröster**
♂ Haus Nr 7, ✉ 57392, ☎ (0 29 72) 63 00,
Fax 46 58
20 Zi, Ez: 63-95, Dz: 130-180, ⊟ WC ☏; Lift
℗ ⛶ Solarium ⫿
Rezeption: 10-20; geschl: Ende Nov-Ende
Dez

Latrop (8 km ↘)
* **Hanses-Bräutigam**
♂ Haus Nr 27, ✉ 57392, ☎ (0 29 72) 99 00,
Fax 99 02 22, AX DC ED VA
20 Zi, Ez: 91-101, Dz: 182-190, 2 Suiten, ⊟
WC ☏; Lift ℗ ⛶ ⩙ Sauna Solarium ⛴
geschl: Mitte Nov-Ende Dez
Auch Zimmer der Kategorie ** vorhanden
** Hauptgericht 30; geschl: Mitte
Nov-Ende Dez

* **Gasthof Zum Grubental**
♂ Haus Nr 5, ✉ 57392, ☎ (0 29 72) 63 27
16 Zi, Ez: 65-71, Dz: 118-138, ⊟ WC ☏; ℗ ⛶
Sauna ⫿
geschl: Mo, Mitte Nov-Ende Dez

Nordenau (Luftkurort, 11 km →)
** **Kur- und Sporthotel Gnacke** ♛
♂ ⋅◊ Astenstr 6, ✉ 57392, ☎ (0 29 75) 8 30,
Fax 83 70
58 Zi, Ez: 74-148, Dz: 148-288, 12 App, ⊟
WC ☏; Lift ℗ ⛶ 2⟳30 ⩙ Fitneßraum
Sauna Solarium
geschl: Ende Nov-Ende Dez
Golf 9
** Kutscherstuben
Hauptgericht 30; Terrasse; geschl: Ende
Nov-Ende Dez

* **Nordenauer Landhaus**
♂ ⋅◊ Sonnenpfad 1 a, ✉ 57392, ☎ (0 29 75)
88 32, Fax 88 32
14 Zi, Ez: 52-68, Dz: 106, 2 App, ⊟ WC ☏;
℗ ⩙ Sauna Solarium ⫿ →

Schmallenberg

Oberkirchen (7 km →)

★★★ Landhotel Gasthof Schütte (Ringhotel)
♂ Eggeweg 2, ✉ 57392, ☏ (0 29 75) 8 20, Fax 8 25 22, AX DC ED VA
55 Zi, Ez: 108-160, Dz: 184-350, S; 4 Suiten, ⊣ WC ☏; Lift P 🍴 1⇔40 ≈ ⇖ Sauna Solarium
geschl: 23.11-27.12.97
Golf 18; Auch Zimmer der Kategorie ★★ vorhanden
★★ Hauptgericht 35;
geschl: Ende Nov-Ende Dez

★ Gasthof Schauerte
Alte Poststr 13, ✉ 57392, ☏ (0 29 75) 3 75, Fax 3 37, ED VA
Hauptgericht 25; Biergarten P Terrasse; geschl: Mo, Mitte Nov-Ende Dez
★ 13 Zi, Ez: 56-70, Dz: 112-170, ⊣ WC ☏; Sauna
geschl: Mo, Mitte Nov-Ende Dez

Ohlenbach (14 km →)

★★ Waldhaus Ohlenbach (Silencehotel)
einzeln ♂ ⚔ ✉ 57392, ☏ (0 29 75) 8 40, Fax 84 48, AX DC ED VA
60 Zi, Ez: 100-150, Dz: 220-300, 2 Suiten, ⊣ WC ☏; Lift P 🍴 2⇔20 ⇖ Sauna Solarium
geschl: Mitte Nov-Mitte Dez
Golf 18; Tennis 1; Auch Zimmer der Kategorie ★★★ vorhanden
★★★ Schneiderstube
⚔ einzeln Hauptgericht 45; Terrasse; geschl: Mitte Nov-Mitte Dez

Rimberg (12 km ↗)

★★ Knoche
einzeln ♂ ⚔ Haus Nr 1, ✉ 57392, ☏ (0 29 74) 77 70, Fax 7 77 90, ED
51 Zi, Ez: 80-120, Dz: 160-240, 4 Suiten, ⊣ WC ☏; Lift P 🍴 3⇔40 ⇖ Fitneßraum Sauna Solarium
Rezeption: 8-21; geschl: Mitte-Ende Dez
★★ Hauptgericht 40; Biergarten Gartenlokal Terrasse; geschl: Mitte-Ende Dez

Sellinghausen (12 km ↑)

★★ Stockhausen
♂ ⚔ ✉ 57392, ☏ (0 29 71) 31 20, Fax 31 21 02
63 Zi, Ez: 100-163, Dz: 192-290, 10 Suiten, ⊣ WC ☏; Lift P 🍴 ≈ ⇖ Fitneßraum Kegeln Sauna Solarium
Rezeption: 7.30-20; geschl: Mitte Dez-Ende Dez
Golf 9; Tennis 1; Auch Zimmer der Kategorie ★★★ vorhanden
★★ Hauptgericht 35; geschl: Mitte Dez-Ende Dez

Westernbödefeld (18 km ↗)

★ Zur Schmitte
Am Roh 2, ✉ 57392, ☏ (0 29 72) 2 68
15 Zi, Ez: 45-65, Dz: 80-120, ⊣ WC ☏; Lift P 🍴 Sauna Solarium ⌑
geschl: Mo, Mitte Nov-Mitte Dez

Westfeld (11 km →)

★ Bischof
♂ Am Birkenstück 3, ✉ 57392, ☏ (0 29 72) 9 66 00, Fax 96 60 70
17 Zi, Ez: 56, Dz: 102-112, ⊣ WC ☏; P 🍴 Sauna Solarium ⌑
Rezeption: 8-20; geschl: Mi

Westfeld-Außerhalb (3 km →)

★★ Berghotel Hoher Knochen (Ringhotel)
einzeln ♂ ⚔ ✉ 57392, ☏ (0 29 75) 8 50, Fax 4 21, AX DC ED VA
60 Zi, Ez: 93-225, Dz: 160-320, S; 5 Suiten, ⊣ WC ☏; Lift P 🍴 3⇔120 ⇖ Fitneßraum Sauna Solarium ⌑
geschl: Ende Nov-Mitte Dez
Golf 18; Im Haus Rothaarblick Zimmer der Kategorie ★★★★ vorhanden

Winkhausen (5 km →)

★★★ Deimann Zum Wilzenberg
Haus Nr 5, ✉ 57392, ☏ (0 29 75) 8 10, Fax 8 12 89, AX
33 Zi, Ez: 110-200, Dz: 190-320, 17 App, ⊣ WC ☏, 3🛏; Lift P 🍴 1⇔30 ⇖ Fitneßraum Kegeln Sauna Solarium
Golf 18; Auch Zimmer der Kategorie ★★★ vorhanden
★★ Hauptgericht 35; Gartenlokal Terrasse

Schmelz 52 ↘

Saarland — Kreis Saarlouis — 310 m — 17 900 Ew — Lebach 7, Saarlouis 19, Merzig 24 km
ℹ ☏ (0 68 87) 30 10, Fax 78 34 — Gemeindeverwaltung, Rathausplatz 1, 66839 Schmelz

Hüttersdorf (2 km ↓)

★★ Wilhelm
Kanalstr 3 a, ✉ 66839, ☏ (0 68 87) 25 84, Fax 1 22 41, AX DC ED VA
Hauptgericht 40; P; geschl: 3 Wochen in den Sommerferien

Schmiedeberg, Bad 39 ↑

Sachsen-Anhalt — Kreis Wittenberg — 90 m — 4 300 Ew — Bad Düben 15, Wittenberg 23 km
ℹ ☏ (03 49 25) 7 02 95, Fax 7 03 01 — Stadtverwaltung, 06905 Bad Schmiedeberg; Kur- und Erholungsort im Naturpark Dübener Heide

★★ Griedel
Dommitzscher Str 36 d, ✉ 06905, ☏ (03 49 25) 7 11 67, Fax 7 11 70, AX DC ED VA
36 Zi, Ez: 88-98, Dz: 110-138, ⊣ WC ☏, 4🛏; Lift P 1⇔60; garni

★★ Bad Schmiedeberger Hof
Leipziger Str 30, ✉ 06905, ☏ (03 49 25) 7 05 39, Fax 7 00 17, AX DC ED VA
34 Zi, Ez: 95-110, Dz: 120-140, ⊣ WC ☏, 20🛏; P 🍴 2⇔140 Bowling ⌑

Schnaittach

* **Zur Post**
Altenberger Str 10, ✉ 01762, ☎ (03 50 52) 2 02 07
12 Zi, Ez: 75, Dz: 95, ⌐ WC ☎; 🅿 Kegeln; ⓘ◎ⅼ

Schmiedefeld a. Rennsteig
47 □

Thüringen — Kreis Ilmenau — 830 m — 2 430 Ew — Suhl 10, Ilmenau 15, Schleusingen 15 km
ⓘ ☎ (0 36 78) 2 84, Fax 7 05 — Fremdenverkehrsamt, Suhler Str 4, 98711 Schmiedefeld; Erholungsort

* **Rennsteighotel Grüner Baum**
Suhler Str 3, ✉ 98711, ☎ (03 67 82) 6 12 77, Fax 6 17 49, AX DC EC VA
10 Zi, Ez: 75, Dz: 120, 1 App, ⌐ WC ☎; 🅿 Solarium
* Hauptgericht 18; Biergarten

* **Pension im Kurpark**
einzeln ♂ Friedrichsweg 21, ✉ 98711, ☎ (03 67 82) 63 60, Fax 6 36 45
15 Zi, Ez: 65-85, Dz: 95-120, ⌐ WC ☎, 5⊠; 🅿 🚗 2⇄25 Sauna ⓘ◎ⅼ

* **Gastinger**
Ilmenauer Str 21, ✉ 98711, ☎ (03 67 82) 6 13 63, Fax 6 17 02, ED VA
9 Zi, Ez: 80, Dz: 95-105, 1 Suite, ⌐ WC ☎; 🅿 Sauna Solarium ⓘ◎ⅼ

Vesser (4 km ✓)
* **Vessertal**
♂ Suhler Str 1, ✉ 98711, ☎ (03 67 82) 6 14 68, Fax 6 14 68, AX
10 Zi, Ez: 50-100, Dz: 80-120, 1 Suite, ⌐ WC ☎; 🅿 🚗 ⓘ◎ⅼ
geschl: 15.-30.11.96

Schmitten
44 ↘

Hessen — Hochtaunuskreis — 500 m — 8 000 Ew — Königstein 13, Oberursel 18, Idstein 19 km
ⓘ ☎ (0 60 84) 4 60, Fax 46 46 — Verkehrsamt, Parkstr 2, 61389 Schmitten; Luftkurort im Hochtaunus. Sehenswert: Großer Feldberg 880 m ⊰ (9 km ↓)

** **Kurhaus Ochs**
Kanonenstr 6, ✉ 61382, ☎ (0 60 84) 4 80, Fax 48 80, AX ED VA
40 Zi, Ez: 95-155, Dz: 140-220, 5 App, ⌐ WC ☎, 2⊠; 🅿 🚗 4⇄60 ≋ Fitneßraum Kegeln Sauna Solarium 🚬
** Hauptgericht 25; Biergarten

Oberreifenberg-Außerhalb (6 km ✓)
* **Waldhotel**
einzeln ♂ Tannenwaldstr 12, ✉ 61389, ☎ (0 60 82) 6 42, Fax 34 69, AX ED VA
15 Zi, Ez: 85-115, Dz: 128-178, ⌐ WC ☎; 🚗 2⇄25 ⓘ◎ⅼ

Schmölln
59 ↑

Thüringen — Kreis Altenburger Land — 211 m — 12 700 Ew — Altenburg 12, Gera 19 km
ⓘ ☎ (03 44 91) 7 60, Fax 8 21 74 — Fremdenverkehrsamt, Markt 1, 04626 Schmölln. Sehenswert: Stadtkirche „St. Nicolai"; Marktplatz; Stadtmauer; Aussichtsturm auf dem Pfefferberg ⊰

** **Bellevue** ♛
Am Pfefferberg 7, ✉ 04626, ☎ (03 44 91) 7 00-0, Fax 7 00-77, AX DC ED VA
15 Zi, Ez: 95-135, Dz: 135-195, ⌐ WC ☎, 2⊠; 2⇄30
** Hauptgericht 30; geschl: Mo

** **Reussischer Hof**
Gößnitzer Str 14, ✉ 04626, ☎ (03 44 91) 2 31 08, Fax 2 77 58
35 Zi, Ez: 90, Dz: 120-150, ⌐ WC ☎, 12⊠; Lift 🅿 🚗 2⇄40 ⓘ◎ⅼ

* **Café Baum**
Brückenplatz 18, ✉ 04626, ☎ (03 44 91) 8 06 06, Fax 8 06 06, AX ED VA
9 Zi, Ez: 95, Dz: 150, ⌐ WC ☎; 🅿 🚗 ⓘ◎ⅼ 🚬

Selka (4 km ✓)
* **Landhotel Leedenmühle**
einzeln ♂, ✉ 04626, ☎ (03 44 91) 8 11 70, Fax , ED VA
6 Zi, Ez: 70-85, Dz: 110-125, ⌐ WC ☎; 🅿 Anfahrt über B7 - Richtung Selka.
Restaurant für Hausgäste

Untschen (6 km ✓)
* **Landhotel Riedel**
Haus Nr 48 d, ✉ 04626, ☎ (03 44 91) 54 20, Fax 8 02 66
10 Zi, Ez: 70-90, Dz: 100-120, ⌐ WC ☎; 🅿 1⇄30
Restaurant für Hausgäste

Schnait siehe Weinstadt

Schnaittach
57 ↘

Bayern — Kreis Nürnberger Land — 350 m — 7 500 Ew — Lauf a. d. Pegnitz 8, Pegnitz 15, Nürnberg 35 km
ⓘ ☎ (0 91 53) 40 91 21, Fax 40 91 70 — Fremdenverkehrsamt, Marktplatz 1, 92220 Schnaittach; Erholungsort in der Franken-Alb. Sehenswert: Festungsruine Rothenberg, 557 m ⊰ (3 km →); Kirche: Flügelaltar, im Ortsteil Osternohe (4 km ↗)

Osternohe (4 km ↗)
* **Berggasthof Igelwirt**
♂ ⊰ Igelweg 6, ✉ 91220, ☎ (0 91 53) 2 97, Fax 46 20
27 Zi, Ez: 60-70, Dz: 100-126, ⌐ WC ☎; 🅿 3⇄35 ⓘ◎ⅼ
geschl: Mo, Anfang-Mitte Aug

Schneeberg

Schneeberg 49 →

Sachsen — Kreis Aue — 475 m —
22 000 Ew — Aue 5, Zwickau 19 km
🛈 — Stadtverwaltung, Markt 1,
08289 Schneeberg. Sehenswert: St. Wolfgangskirche; Liebfrauenkirche; „Fürstenhaus"

**✱✱ Berghotel Steiger
(Minotel)**
◁ Oberer Krankenhausweg 2 a, ✉ 08289,
☎ (0 37 72) 2 26 74, Fax 2 24 62, AX DC ED VA
29 Zi, Ez: 98-150, Dz: 130-175, 2 Suiten, ⊿
WC ☏, 9▣; P 🚗 2🍴80 Fitneßraum Kegeln
Sauna Solarium
Auch Zimmer der Kategorie ✱ vorhanden
✱ Hauptgericht 15

Schnelldorf 56 ↓

Bayern — Kreis Ansbach — 542 m —
3 352 Ew — Feuchtwangen 13, Crailsheim 13, Rothenburg 25 km
🛈 ☎ (0 79 50) 9 80 10, Fax 7 12 — Verkehrsamt, Rothenburger Str 13, 91625 Schnelldorf

✱✱ Kellermann's
Am Birkenberg 1, ✉ 91625, ☎ (0 79 50)
20 55, Fax 24 80, AX DC ED VA
32 Zi, Ez: 77-89, Dz: 148, ⊿ WC ☏; Lift P 🚗
3🍴55
✱ Hauptgericht 25; Terrasse

Hilpertsweiler (5 km ↘)
✱ Residenz
Rudolf-Diesel-Str 3, ✉ 91625, ☎ (0 79 50)
97 00, Fax 97 01 00, AX DC ED VA
93 Zi, Ez: 69-89, Dz: 89-109, ⊿ WC ☏, 13▣;
Lift P 4🍴60 Fitneßraum Sauna Solarium;
garni

Schnett 47 □

Thüringen — Kreis Hildburghausen —
510 m — Hildburghausen 16, Neuhaus am
Rennweg 25 km
🛈 ☎ (0 36 87 82) 4 22 — Tourist-Information,
Neue Str 2, 98666 Schnett

✱✱ Werrapark Hotel Frankenblick
◌ ◁ Am Kirchberg 15, ✉ 98666,
☎ (03 68 74) 9 50 00, Fax 9 57 77
61 Zi, Ez: 86-91, Dz: 140-154, 4 Suiten,
16 App, ⊿ WC ☏; Lift P 3🍴250 🚗 Fitneßraum Kegeln Sauna Solarium ⊠
Auch Zimmer der Kategorie ✱ vorhanden

Schneverdingen 18 ↗

Niedersachsen — Kreis Soltau-Fallingbostel — 90 m — 16 800 Ew — Soltau 21,
Hamburg 60 km
🛈 ☎ (0 51 93) 8 31 80, Fax 8 31 84 — Tourist
Information, Schulstr 6 a, 29640 Schneverdingen; Luftkurort am Naturschutzpark
Lüneburger Heide. Sehenswert: Kirche;
Taufbecken; Wilseder Berg, 169 m ◁
(4 km + 2 ¼ St ↗); Pietzmoor; Landschaftsschutzgebiet Höpen

✱✱ Der Heide Treff
Osterwaldweg 55, ✉ 29640, ☎ (0 51 93)
80 80, Fax 80 84 04, AX DC ED VA
135 Zi, Ez: 143, Dz: 206, S; ⊿ WC ☏, 30▣;
Lift P 5🍴200 🚗 Fitneßraum Kegeln Sauna
Solarium
Tennis 12
✱ Hauptgericht 30; Biergarten Terrasse

✱ Gästehaus Zum Alten Krug
◌ Bruchstr 2, ✉ 29640, ☎ (0 51 93) 34 50,
Fax 66 23
9 Zi, Ez: 60-70, Dz: 100-130, ⊿ WC ☏; Fitneßraum Sauna Solarium
geschl: Do

Barrl (10 km ↗)
✱ Hof Barrl
an der B 3, ✉ 29640, ☎ (0 51 98) 3 51,
Fax 6 05
Hauptgericht 30; Biergarten P Terrasse
⊨; geschl: Mo ab 15, Di, Mitte Jan-Mitte
Feb

Höpen (2 km ↑)
✱✱✱ Landhaus Höpen
◌ ◁ Höpener Weg 13, ✉ 29640,
☎ (0 51 93) 8 20, Fax 82 13, ED
38 Zi, Ez: 160-280, Dz: 214-329, 1 Suite,
3 App, ⊿ WC ☏; P 🚗 5🍴80 🚗 Kegeln
Sauna Solarium
Golf 18
✱✱✱ Panorama
Hauptgericht 35; Terrasse

Schobüll 9 □

Schleswig-Holstein — Kreis Nordfriesland
— 20 m — 1 660 Ew — Husum 4 km
🛈 ☎ (0 48 41) 49 20, Fax 8 15 23 — Fremdenverkehrsbüro, Nordseestr, 25875 Schobüll

Hockensbüll (1,5 km ↓)
✱✱ Zum Krug   ✢
◍ Alte Landstr 2 a, ✉ 25875, ☎ (0 48 41)
6 15 80, Fax 6 15 40, AX DC ED VA
Hauptgericht 32; P; nur abends, So auch
mittags; geschl: Mo, Mitte Jan-Mitte Feb
Denkmalgeschütztes Reetdachhaus seit
1707

Schöfweg 66 □

Bayern — Kreis Freyung-Grafenau —
800 m — 1 634 Ew — Grafenau 17,
Deggendorf 30 km
🛈 ☎ (0 99 08) 2 79, Fax 14 17 — Gemeindeverwaltung, Rachelstr 1, 94572 Schöfweg.
Sehenswert: Brotjacklriegel, 1016 m ◁
(5 km ↓)

Sonnenwald (7 km ↗)
✱✱ Sporthotel Sonnenwald
einzeln ◌ ◁ Haus Nr 1, ✉ 94572,
☎ (0 99 08) 8 00, Fax 10 19, AX ED
31 Zi, Ez: 80-85, Dz: 154, ⊿ WC ☏; Lift P 🚗
2🍴40 🚗 Bowling Fitneßraum Sauna
Solarium ⊠
geschl: Mi, 27.10.97-20.12.97

Schöllnach 66 □

Bayern — Kreis Deggendorf — 371 m —
4 617 Ew — Deggendorf 23, Passau 34 km
🛈 ☎ (0 99 03) 14 12, Fax 21 93 — Verkehrsamt, Bergstr 1, 94508 Schöllnach;
Erholungsort im Bayerischen Wald

Riggerding (5 km ↗)
* **Gasthof zur Post**
⊠ 94508, ☎ (0 99 03) 18 35, Fax 28 17
30 Zi, Ez: 40-50, Dz: 90-100, ⊿ WC; **P** 🖨
Sauna Solarium ¶⊙¶
geschl: Mi, Nov

Schömberg 61 ←

Baden-Württemberg — Kreis Calw —
650 m — 8 400 Ew — Calw 15, Pforzheim
16 km
🛈 ☎ (0 70 84) 1 44 44, Fax 1 41 00 — Kurverwaltung, Lindenstr 7, 75328 Schömberg;
heilklimatischer und Kneipp-Kurort im
nördlichen Schwarzwald

** **Krone**
Liebenzeller Str 15, ⊠ 75328, ☎ (0 70 84)
70 77, Fax 66 41, AX DC ED VA
40 Zi, Ez: 58-95, Dz: 110-140, 2 Suiten,
3 App, ⊿ WC ☎, 10🖂; Lift **P** 🖨 3⇔80 ¶⊙¶
Auch Zimmer der Kategorie *** verfügbar

** **Mönch's Lamm
(Minotel)**
Hugo-Römpler-Str 21, ⊠ 75328,
☎ (0 70 84) 64 12, Fax 52 72, AX DC ED VA
40 Zi, Ez: 81-96, Dz: 146, ⊿ WC ☎; Lift **P** 🖨
3⇔40 Fitneßraum
geschl: Mitte Nov
* Hauptgericht 25; Gartenlokal;
geschl: Fr, Mitte Nov

Brieselsberg-Außerhalb (2 km ↗)
* **Untere Kapfenharder Mühle
(Landidyll Hotel)**
einzeln ♂ ⊠ 75399, ☎ (0 72 35) 12 41,
Fax 71 80, AX DC ED VA
40 Zi, Ez: 75-95, Dz: 130-180, ⊿ WC ☎, 3🖂;
Lift **P** 🖨 2⇔80 Fitneßraum Kegeln Sauna
Solarium ¶⊙¶
geschl: im Winter Di, Ende Nov-Anfang
Dez
Originale Schwarzwaldmühle. Terrasse am
laufenden Wasserrad (7 m Durchmesser).
Eigene Forellenteiche

Langenbrand (2 km ↑)
** **Schwarzwald-Sonnenhof**
♂ ⊰ Salmbacher Str 35, ⊠ 75328,
☎ (0 70 84) 75 88, Fax 54 43
18 Zi, Ez: 50-80, Dz: 86-140, ⊿ WC ☎; **P** 🖨
2⇔40 Fitneßraum Sauna Solarium 🛏
Rezeption: 8-20
** **Ambiente**
Hauptgericht 25; Terrasse

Schönau a. Königssee

* **Ehrich**
♂ ⊰ Schömberger Str 26, ⊠ 75328,
☎ (0 70 84) 70 74, Fax 53 76, ED
34 Zi, Ez: 65-90, Dz: 110-160, 1 Suite, ⊿ WC
☎; **P** 🖨 1⇔ Sauna Solarium
geschl: Mo, Anfang Nov-Anfang Dez
* ⊰ Hauptgericht 25; geschl: Mo,
Anfang Nov-Anfang Dez

Oberlengenhardt (3 km ↘)
* **Ochsen**
♂ Burgweg 3, ⊠ 75328, ☎ (0 70 84) 70 65,
Fax 17 13, DC ED VA
10 Zi, Ez: 50-75, Dz: 80-130, ⊿ WC ☎; **P**
1⇔20
* Hauptgericht 27; Gartenlokal;
geschl: Di

Schwarzenberg-Außerhalb (Erholungsort,
1 km →)
* **Jägerhof**
einzeln ♂ Kapfenharder Tal, ⊠ 75399,
☎ (0 72 35) 81 20, Fax 74 95
14 Zi, Ez: 70-75, Dz: 130-140, ⊿ WC ☎; **P** 🖨
1⇔25 ¶⊙¶ 🛏

Schönaich 61 □

Baden-Württemberg — Kreis Böblingen —
433 m — 9 800 Ew — Böblingen 6, Sindelfingen 9, Stuttgart 25 km
🛈 ☎ (0 70 31) 63 90, Fax 6 39 99 — Bürgermeisteramt, Bühlstr 10, 71094 Schönaich

Schönaich-Außerhalb (3,5 km →)
* **Waldhotel Sulzbachtal**
einzeln ♂ ⊠ 71101, ☎ (0 70 31) 7 57 80,
Fax 75 78 10, AX ED VA
21 Zi, Ez: 87-95, Dz: 130-140, ⊿ WC ☎; **P**;
garni
geschl: Mitte Dez-Anfang Jan

Schönau a. Königssee 73 ↘

Bayern — Kreis Berchtesgadener Land —
650 m — 5 600 Ew — Berchtesgaden 3 km
🛈 ☎ (0 86 52) 17 60, Fax 6 45 26 — Verkehrsamt, Rathausplatz 1, 83471 Schönau
a. Königssee; heilklimatischer Kurort, Wintersportort unterhalb vom Watzmann (2713
m). Sehenswert: Königssee mit
Kirche St. Bartholomä

** **Zechmeisterlehen**
♂ ⊰ Wahlstr 35, ⊠ 83471, ☎ (0 86 52)
94 50, Fax 94 52 99, ED VA
39 Zi, Ez: 76-150, Dz: 152-316, 4 Suiten, ⊿
WC ☎; Lift **P** 🖨 1⇔20 ☂ Fitneßraum
Sauna Solarium 🛏
geschl: Anfang Nov-Weihnachten
Golf 9; Restaurant für Hausgäste

** **Stolls Hotel Alpina**
♂ Ulmenweg 14, ⊠ 83471, ☎ (0 86 52)
6 50 90, Fax 6 16 08, AX DC ED VA
52 Zi, Ez: 85-150, Dz: 130-220, 8 Suiten, ⊿
WC ☎; **P** 🖨 ≈ ☂ Sauna Solarium ¶⊙¶
geschl: Anfang Nov-Mitte Dez
Golf 9 →

Schönau a. Königssee

* Georgenhof
♂ Modereggweg 21, ✉ 83471, ☎ (0 86 52) 9 50-0, Fax 9 50-2 00
15 Zi, Ez: 79-97, Dz: 124-156, 8 Suiten, ⊿ WC ☎; **P** 🖶 Fitneßraum Sauna Solarium
geschl: Anfang Nov-Mitte Dez
Restaurant für Hausgäste

* Gasthof Brunneck
Im Weiherermoos 1, ✉ 83471, ☎ (0 86 52) 9 63 10, Fax 6 63 63, AX ED VA
13 Zi, Ez: 100, Dz: 140, ⊿ WC ☎; **P** Fitneßraum Sauna Solarium 🍽
Rezeption: 8-12, 14-22; geschl: Di, Anfang Nov-Mitte Dez

==Faselsberg== (5 km ↘)
*** Alpenhof
♂ ☘ Richard-Voß-Str 30, ✉ 83471, ☎ (0 86 52) 60 20, Fax 6 43 99, ED VA
55 Zi, Ez: 115-220, Dz: 230-350, 1 Suite, ⊿ WC ☎; Lift **P** 🖶 🛉 Sauna Solarium 🍽
Rezeption: 8-20; geschl: Mitte Jan-Mitte Feb, Anfang Nov-Mitte Dez
Golf 9; Tennis 1

==Königssee== (3 km ↘)
** Bergheimat
♂ Brandnerstr 16, ✉ 83471, ☎ (0 86 52) 60 80, Fax 60 83 00, ED
42 Zi, Ez: 60-75, Dz: 90-160, 28 Suiten, ⊿ WC ☎; Lift **P** Sauna Solarium 🍽
geschl: Mi (Dez.-Mai), 1.11.-20.12.

* Seeklause
Seestr 6, ✉ 83471, ☎ (0 86 52) 25 10, Fax 56 67, AX DC ED VA
14 Zi, Ez: 80-120, Dz: 120-190, ⊿ WC ☎; **P** 1✪25 Fitneßraum Sauna Solarium 🍽
geschl: Anfang Nov-Mitte Dez

Schönau (Pfalz) 60 ↘

Rheinland-Pfalz — Kreis Pirmasens — 214 m — 630 Ew — Dahn 20, Pirmasens 33 km
ℹ ☎ (0 63 91) 58 11, Fax 13 62 — Verbandsgemeindeverwaltung, Schulstr 29, 66996 Dahn; Erholungsort. Sehenswert: Burgruine Wegelnburg

* Zur Wegelnburg
Hauptstr 8, ✉ 66996, ☎ (0 63 93) 9 21 20, Fax 92 12 11, ED VA
15 Zi, Ez: 85-90, Dz: 140-150, ⊿ WC ☎; **P** 2✪80 🍽
geschl: Mi ab 14, Do, Jan, Feb

* Landgasthof Mischler
Gebüger Str 2, ✉ 66996, ☎ (0 63 93) 14 25, Fax 56 18, AX ED VA
Hauptgericht 20; Terrasse; geschl: Mo, Di

Schönau Rhein-Neckar-Kreis 54 ↘

Baden-Württemberg — Rhein-Neckar-Kreis — 250 m — 4 600 Ew — Heidelberg 19, Eberbach 24 km
ℹ ☎ (0 62 28) 10 15, Fax 20 70 — Verkehrsamt, im Rathaus, 69250 Schönau. Sehenswert: Ev. Kirche

** Pfälzer Hof
Ringmauerweg 1, ✉ 69250, ☎ (0 62 28) 82 88, Fax 22 71, AX ED VA
Hauptgericht 40; **P** Terrasse; geschl: Mo, Di, 3 Wochen in den Sommerferien

Schönberg (Holstein) 10 →

Schleswig-Holstein — Kreis Plön — 10 m — 5 500 Ew — Lütjenburg 21 km
ℹ ☎ (0 43 44) 4 40 89, Fax 46 05 — Kurverwaltung, An der Kuhbrücksau, 24217 Kalifornien; Erholungsort, Seeheilbad

** Stadt Kiel
Markt 8, ✉ 24217, ☎ (0 43 44) 13 54, Fax 18 73, AX ED VA
16 Zi, Ez: 80-120, Dz: 140-160, 1 Suite, ⊿ WC ☎; **P** 1✪150 Fitneßraum Sauna Solarium
geschl: Di
** Hauptgericht 30; Biergarten Terrasse; geschl: Di

* Ruser's Hotel mit Gästehaus Eichenhof
Albert-Koch-Str 4, ✉ 24217, ☎ (0 43 44) 20 13, Fax 17 75
44 Zi, Ez: 60-65, Dz: 112-120, ⊿ WC ☎; Lift 🖶 Fitneßraum Sauna Solarium
geschl: Fr
* Hauptgericht 15; Terrasse; geschl: Fr

==Kalifornien== (5 km ↑)
* Gasthaus Kalifornien
Deichweg 3, ✉ 24217, ☎ (0 43 44) 13 88, Fax 44 21, AX DC ED VA
29 Zi, Ez: 60-75, Dz: 100-180, 1 App, ⊿ WC ☎; **P** 🖶 Seezugang 🍽
geschl: von Okt-Mär Mo

Schönberg Kr. Freyung-Grafenau 66 □

Bayern — Kreis Freyung-Grafenau — 564 m — 3 500 Ew — Grafenau 7, Regen 24, Passau 34 km
ℹ ☎ (0 85 54) 8 21, Fax 26 10 — Verkehrsamt, Marktplatz 16, 94513 Schönberg Kr. Freyung-Grafenau; Luftkurort und Wintersportplatz im Bayerischen Wald

** Antoniushof
Unterer Markt 12, ✉ 94513, ☎ (0 85 54) 97 00, Fax 97 01 00, AX DC ED VA
52 Zi, Ez: 70-90, Dz: 170, 2 Suiten, ⊿ WC ☎, 3⊠; Lift **P** 🛉 Fitneßraum Kegeln Sauna Solarium
Rezeption: 7.30-19
** Hauptgericht 25

* Gasthof zur Post
Marktplatz 19, ✉ 94513, ☎ (0 85 54) 9 61 60, Fax 96 16 50, AX ED
28 Zi, Ez: 51-53, Dz: 92-96, ⊿ WC ☎; **P** 🖶 1✪80 🍽
geschl: Mo, Mitte-Ende Nov

Schönberg (Meckl) 19 ↑

Mecklenburg-Vorpommern — Kreis Grevesmühlen — 10 m — 4 000 Ew — Lübeck 20, Ratzeburg 22, Greversmühlen 24 km
🛈 ☎ (03 88 28) 2 13 42, Fax 2 12 12 — Stadtverwaltung, 23923 Schönberg (Meckl)

✱ **Stadt Lübeck**
Lübecker Str 10, ✉ 23923, ☎ (03 88 28) 2 41 25, Fax 2 41 26
9 Zi, Ez: 75-95, Dz: 110-130, ⌁ WC ☎; 🅿 ⚑

✱ **Paetau**
Am Markt 14, ✉ 23923, ☎ (03 88 28) 2 13 10, Fax 2 13 10
23 Zi, Ez: 80, Dz: 100-200, ⌁ WC ☎; 🅿
2⟳80 Kegeln ⚑

Schönborn, Bad 54 ↘

Baden-Württemberg — Kreis Karlsruhe — 120 m — 9 100 Ew — Bruchsal 12, Heidelberg 23 km
🛈 ☎ (0 72 53) 40 46, Fax 3 25 71 — Kurverwaltung, im Ortsteil Bad Mingolsheim, Kraichgaustr 10, 76669 Bad Schönborn; Kurort in einer Golfregion am Rande des Kraichgaus zur Rheinebene

Langenbrücken, Bad
✱ **Monica**
♂ Kirchbrändelring 42, ✉ 76669, ☎ (0 72 53) 40 16, Fax 40 17
13 Zi, Ez: 90, Dz: 110, ⌁ WC ☎; 🅿 ⚑; garni

Mingolsheim, Bad
✱ **Waldparkstube**
Waldparkstr 3, ✉ 76669, ☎ (0 72 53) 97 10, Fax 9 71 50, ED
30 Zi, Ez: 115-145, Dz: 160-195, 1 Suite, 1 App, ⌁ WC ☎; 🅿 2⟳30 Sauna Solarium ⚑
Rezeption: 7-14, 17-22; geschl: Ende Dez-Anfang Jan
Auch Zimmer der Kategorie ✱✱ vorhanden

✱ **Am Kurpark**
♂ Waldparkstr 33, ✉ 76669, ☎ (0 72 53) 47 02
20 Zi, Ez: 70-95, Dz: 98-130, ⌁ WC ☎; 🅿; garni

✱ **Gästehaus Prestel**
Beethovenstr 20, ✉ 76669, ☎ (0 72 53) 41 07, Fax 53 22, ED
27 Zi, Ez: 80, Dz: 120, 6 App, ⌁ WC ☎; Lift 🅿; garni
Rezeption: 8-20; geschl: Ende Dez-Anfang Jan

Schönbrunn 47 □

Thüringen — Kreis Hildburghausen — 540 m — 1 870 Ew — Suhl 15, Hidburghausen 15 km
🛈 ☎ (03 68 74) 7 03 43, Fax 7 03 44 — Gemeindeverwaltung, Eisfelder Str 11, 98667 Schönbrunn. Sehenswert: Talsperre; St.-Jacobus-Kirche; Forsthaus; Naturschutzgebiet „Obere Gabeltäler"

✱ **Zur Hütte**
Eisfelder Str 22, ✉ 98667, ☎ (03 68 74) 7 01 37, Fax 7 01 39
16 Zi, Ez: 60, Dz: 100, ⌁ WC ☎; 🅿 ⚑

Schönebeck/Elbe 28 ↙

Sachsen-Anhalt — Kreis Schönebeck — 50 m — 42 000 Ew — Magdeburg 12, Zerbst 26, Bernburg 27 km
🛈 ☎ (0 39 28) 78 08 81, Fax 78 07 49 — Fremdenverkehrsverein, Cokturhof, 39218 Schönebeck/Elbe

⚑ **Arkade**
Salztor 3, ✉ 39218, ☎ (0 39 28) 25 19
Hauptgericht 20; geschl: Sa mittags

Eggersdorf (5 km ↓)
⌂ **Zu den zwei Linden**
Am Bahnhof 3, ✉ 39221, ☎ (0 39 28) 6 56 87, Fax 6 56 89
12 Zi, Ez: 40-65, Dz: 80-90, ⌁ WC ☎; 🅿 ⚑

Salzelmen (1 km ←)
✱ **Tannenhof**
Luisenstr 8, ✉ 39218, ☎ (0 39 28) 6 55 65, Fax 6 55 63, ED VA
11 Zi, Ez: 70-110, Dz: 100-160, 2 App, ⌁ WC ☎; 🅿 Sauna Solarium; garni

Schöneck 45 ↙

Hessen — Kreis Main-Kinzig — 120 m — 10 638 Ew — Hanau 10, Frankfurt/Main 20 km
🛈 ☎ (0 61 87) 4 80 20, Fax 73 16 — Gemeindeverwaltung, Herrnhofstr 8, 61137 Schöneck. Sehenswert: Schloß Büdesheim; Mausoleum

Kiliänstädten
✱✱ **Lauer**
Frankfurter Str 17, ✉ 61137, ☎ (0 61 87) 9 50 10, Fax 95 01 20, AX ED VA
17 Zi, Ez: 60-90, Dz: 120-140, ⌁ WC ☎; 🅿 1⟳40; garni

Schönecken 42 ↓

Rheinland-Pfalz — Kreis Bitburg-Prüm — 400 m — 1 900 Ew — Prüm 8, Bitburg 26 km
🛈 ☎ (0 65 53) 15 50 — Verkehrsverein, Alte Bitzburger Str 20, 54614 Schönecken; Erholungsort in der Eifel. Sehenswert: Ruine Schönecken ⚐

✱ **Burgfrieden**
einzeln ♂ ⚐ Rammenfeld 6, ✉ 54614, ☎ (0 65 53) 22 09, AX DC ED VA
14 Zi, Ez: 60-70, Dz: 90-120, ⌁ WC; 🅿 ⚑
geschl: Mo bis 17, Nov
✱✱ ⚐ Hauptgericht 30; Terrasse; geschl: Mo mittags

Schöneck/Vogtl.

Schöneck/Vogtl. 49 ☐

Sachsen — Klingenthal — 800 m —
4 000 Ew — Klingenthal 14, Plauen 21 km
🛈 ☎ (03 74 64) 4 23 — Stadtverwaltung,
Am Sonnenwirbel 3, 08261 Schöneck/
Vogtl.

Schöneck-Außerhalb
** Ifa Ferienpark Hohe Reuth
◂◃ Hohe Reuth 5, ✉ 08261, ☎ (03 74 64)
8 83 13, Fax 8 84 02, AX ED VA
54 Zi, Ez: 80-90, Dz: 110-210, 223 App, ⏘
WC ☏; Lift 🅿 7↻150 ≙ Bowling Fitneßraum Kegeln Sauna Solarium ⍾ 🛳

Schöneiche 30 →

Brandenburg — Landkreis Oder-Spree —
50 m — 8 200 Ew — Fürstenwalde 30,
Königs-Wusterhausen 34, Berlin 46 km
🛈 ☎ (0 30) 6 49 59 01, Fax 6 49 52 68 —
Gemeindeverwaltung, Brandenburgische
Str 40, 15566 Schöneiche

* Alte Mühle
◐ Brandenburgische Str 122, ✉ 15566,
☎ (0 30) 6 49 59 16, Fax 6 49 85 33, AX ED VA
48 Zi, Ez: 95-150, Dz: 150-175, 1 App, ⏘ WC
☏; 🅿 4↻50 Fitneßraum Sauna Solarium;
garni

Schönfeld Kr. Annaberg 50 ☐

Sachsen — Kreis Annaberg — 577 m —
818 Ew — Annaber-Buchholz 4 km
🛈 ☎ (0 37 33) 26 60 — Gemeindeverwaltung, 09488 Schönfeld Kr. Annaberg

* Sonnenhof
Am Sonnenhang 1, ✉ 09488, ☎ (0 37 33)
50 90, Fax 50 91 00, AX ED VA
37 Zi, Ez: 85-125, Dz: 139-160, 1 Suite,
2 App, ⏘ WC ☏; Lift 🅿 1↻40 Fitneßraum
Sauna ⍾ 🛳

* Schönfelder Hof
Annaberger Str 34, ✉ 09488, ☎ (0 37 33)
5 60 00, Fax 56 00 30, AX ED VA
17 Zi, Ez: 95-110, Dz: 140-160, ⏘ WC ☏; 🅿
Sauna; garni

Schönfels 49 ☐

Sachsen — Kreis Neumark — 1 218 Ew —
Werdau 7 km
🛈 ☎ (03 76 00) 23 25 — Gemeindeverwaltung, Siedler Str 5, 08115 Schönfels

* Zum Löwen
Zwickauer Str 25, ✉ 08115, ☎ (03 76 00)
7 01 45, Fax 7 01 52
13 Zi, Ez: 80-90, Dz: 120-130, ⏘ WC ☏; 🅿 🛏
1↻120
* Hauptgericht 15; Biergarten

Schönheide 50 ✓

Sachsen — Kreis Aue — 700 m — 6 060 Ew
— Blauenthal 9, Auerbach (Vogtl) 14 km
🛈 ☎ (03 77 55) 20 02, Fax 23 42 — Fremdenverkehrsamt, Hauptstr 43, 08304 Schönheide

* Zur Post
Hauptstr 101, ✉ 08304, ☎ (03 77 55) 30 12,
Fax 31 13, AX DC ED VA
13 Zi, Ez: 75, Dz: 100-120, ⏘ WC ☏; ⍾
geschl: Fr

* Zum Forstmeister
◐ ◂◃ Auerbacher Str 15, ✉ 08304,
☎ (03 77 55) 22 81, Fax 20 65, DC ED VA
51 Zi, Ez: 70-90, Dz: 90-140, ⏘ WC ☏; 🅿
Sauna Solarium ⍾

* Carola
Hauptstr 183, ✉ 08304, ☎ (03 77 55) 43 30,
Fax 43 40, AX DC ED VA
16 Zi, Ez: 60-75, Dz: 80-120, ⏘ WC ☏; 🅿
3↻200 ⍾

Schönmünzach siehe Baiersbronn

Schönsee 59 ☐

Bayern — Kreis Schwandorf — 650 m —
2 900 Ew — Oberviechtach 12, Vohenstrauß 30 km
🛈 ☎ (0 96 74) 4 18, Fax 3 17 — Verkehrsamt
Schönseer Land, Rathaus, Hauptstr 25,
92539 Schönsee; Erholungsort im Oberpfälzer Wald

** St. Hubertus
◐ ◂◃ St. Hubertus 1, ✉ 92539, ☎ (0 96 74)
4 14, Fax 2 52, AX DC ED VA
75 Zi, Ez: 95-120, Dz: 120-180, 4 Suiten,
15 App, ⏘ WC ☏; Lift 🅿 🛏 6↻150 ≙ Fitneßraum Kegeln Sauna Solarium
geschl: Ende Nov-Mitte Dez, Mitte Feb-
Mitte Mär
Dem Haus angeschlossen ist ein Jagdmuseum, geöffnet 13-17 Uhr
** Hauptgericht 19; Terrasse;
geschl: Ende Nov-Mitte Dez, Mitte Feb-
Mitte Mär

Gaisthal (6 km ✓)
* Gaisthaler Hof
Schönseer Str 16, ✉ 92539, ☎ (0 96 74)
2 38, Fax 86 11, AX DC ED VA
32 Zi, Ez: 58, Dz: 100, ⏘ WC ☏; 🅿 1↻15 ≙
Fitneßraum Sauna Solarium ⍾
geschl: Mo, Nov

Schönwald 49 ✓

Bayern — Kreis Wunsiedel i. Fichtelgebirge — 650 m — 4 200 Ew — Selb 5,
Hof 22, Marktredwitz 25 km
🛈 ☎ (0 92 87) 51 41, Fax 53 77 — Verkehrsamt, Schulstr 6, 95173 Schönwald; Ferienort im Naturpark Fichtelgebirge am Fuße
des Großen Kornberges (826 m ü. NN)

Grünhaid (1 km ↑)
** **Landgasthof Ploss**
Haus Nr 1, ✉ 95173, ☎ (0 92 87) 51 61,
Fax 5 91 87
36 Zi, Ez: 75, Dz: 130, ⊴ WC ☎; Lift **P**
2↩45 Kegeln Sauna Solarium ⛊

Schönwald 67→

Baden-Württemberg — Schwarzwald-
Baar-Kreis — 1000 m — 2 700 Ew —
Triberg 5, Furtwangen 9 km
i ☎ (0 77 22) 86 08 31, Fax 86 08 34 —
Kurverwaltung, Franz-Schubert-Str 3,
78141 Schönwald; heilklimatischer Kurort
und Wintersportplatz. Sehenswert:
Wasserfall in Triberg (6 km ↗); Museums-
bauernhof „Reinertoni"

** **Zum Ochsen**
(Ringhotel)
♂ Ludwig-Uhland-Str 18, ✉ 78141,
☎ (0 77 22) 10 45, Fax 30 18, AX DC ED VA
38 Zi, Ez: 104-134, Dz: 182-222, S; 3 Suiten,
⊴ WC ☎, 10⇌; **P** ⛴ 1↩50 ≋ Fitneßraum
Sauna Solarium
geschl: Di, Mi
Golf 18, Tennis 1
** Hauptgericht 40; Gartenlokal
geschl: Di, Mi, 10.-20.1.

** **Dorer** ♛
♂ Schubertstr 20, ✉ 78141, ☎ (0 77 22)
9 50 50, Fax 95 05 30, AX DC ED VA
19 Zi, Ez: 88, Dz: 148, 6 Suiten, ⊴ WC ☎; **P**
⛴ ≋ Solarium
Tennis 1
Restaurant für Hausgäste. Auch Zimmer
der Kategorie * vorhanden

* **Adlerschanze** ♛
♂ -≼ Goethestr 8, ✉ 78141, ☎ (0 77 22)
9 50 10, Fax 95 01 30
11 Zi, Ez: 68-98, Dz: 104-136, 1 Suite, ⊴ WC
☎; **P** Sauna Solarium ⛴
Restaurant für Hausgäste.
Auch Zimmer der Kategorie ** vorhanden

* **Silke**
♂ -≼ Feldbergstr 8, ✉ 78141, ☎ (0 77 22)
95 40, Fax 78 40, AX ED VA
38 Zi, Ez: 54-63, Dz: 94-126, ⊴ WC ☎; **P** ≋
Fitneßraum
Rezeption: 8-20; geschl: Anfang Nov-Ende
Dez
Restaurant für Hausgäste

* **Falken**
Hauptstr 5, ✉ 78141, ☎ (0 77 22) 43 12,
Fax 32 33, AX DC ED VA
14 Zi, Ez: 65-90, Dz: 130-180, ⊴ WC ☎; **P** ⛴
1↩80 Sauna
Rezeption: 8-14, 17.30-24; geschl: Do, Fr
bis 17, Ende Nov-Mitte Dez
** Hauptgericht 30; geschl: Do, Fr
mittags, Ende Nov-Mitte Dez

* **Pension Haus Julia**
♂ -≼ Richard-Wagner-Str 11, ✉ 78141,
☎ (0 77 22) 9 60 70
38 Zi, Ez: 48-60, Dz: 92-116, 4 App, ⊴ WC
☎; **P** ⛴ ≋ Sauna Solarium
geschl: Nov
Restaurant für Hausgäste

Schönwalde am Bungsberg 11 ↙

Schleswig-Holstein — Kreis Ostholstein —
100 m — 2 200 Ew — Eutin 12, Oldenburg i. H. 18 km
i ☎ (0 45 28) 3 64 — Verkehrsverein,
Am Lachsbach 5, 23744 Schönwalde am
Bungsberg; Erholungsort. Sehenswert:
Bungsberg 164 m -≼ (3 km ←)

* **Landhaus Feldt**
Eutiner Str 6, ✉ 23744, ☎ (0 45 28) 2 31,
Fax 10 31, DC ED VA
29 Zi, Ez: 55-70, Dz: 100-120, 3 App, ⊴ WC
☎; **P** ⛴ ⛴

** **Altes Amt** ⚜
Eutiner Str 39, ✉ 23744, ☎ (0 45 28) 7 75
Hauptgericht 35; **P**; geschl: Di, Feb

Schönwölkau 39 ←

Sachsen — Kreis Delitzsch — 2 295 Ew
i 04509 Schönwölkau

Hohenroda
* **Landhaus Hohenroda**
♂ Dorfstr 13, ✉ 04509, ☎ (03 42 95) 5 63,
Fax 5 66
20 Zi, Ez: 75-98, Dz: 120-145, ⊴ WC ☎; **P**;
garni

Schöppingen 23 ↓

Nordrhein-Westfalen — Kreis Borken —
158 m — 6 000 Ew — Steinfurt 12,
Ahaus 17 km
i ☎ (0 25 55) 8 80, Fax 88 11 — Gemeindeverwaltung, Amtsstr 17, 48624 Schöppin-
gen; Erholungsort. Sehenswert: Kath.
St.-Brictius-Kirche: Flügelaltar; Rathaus;
Künstlerdorf

** **Zum Rathaus**
Hauptstr 52, ✉ 48624, ☎ (0 25 55) 93 87 50,
Fax 93 87 51, AX DC ED VA
27 Zi, Ez: 80-110, Dz: 150-130, ⊴ WC ☎; Lift
P ⛴ 3↩100 Kegeln
geschl: Di
** Hauptgericht 25; Biergarten;
geschl: Di

Eggerode (4 km ↓)
* **Winter**
Gildestr 3, ✉ 48624, ☎ (0 25 45) 9 30 90,
Fax 93 09 15
15 Zi, Ez: 80-90, Dz: 120-130, ⊴ WC ☎; **P** ⛴
Kegeln
Rezeption: 10-1; geschl: Mo
* Hauptgericht 20; Gartenlokal;
geschl: Mo

Schollbrunn

Schollbrunn 55 ↗

Bayern — Kreis Main-Spessart — 412 m —
932 Ew — Wertheim 11, Aschaffenburg
33 km
ℹ ☎ (0 93 94) 22 45 — Gemeindeverwaltung, Zur Kartause 1, 97852 Schollbrunn; Erholungsort im Spessart

*   **Zur Sonne**
Brunnenstr 1, ✉ 97852, ☎ (0 93 94) 3 44, Fax 83 40
43 Zi, Ez: 65-75, Dz: 100-110, ⌐ WC ☎; 🍴

Schonach im Schwarzwald
67 ↗

Baden-Württemberg — Schwarzwald-Baar-Kreis — 900 m — 4 500 Ew — Wolfach 28, Villingen 29 km
ℹ ☎ (0 77 22) 60 33, Fax 25 48 — Kurverwaltung, Hauptstr 6, 78136 Schonach; Luftkurort und Wintersportplatz. Sehenswert: Weltgrößte Kuckucksuhr, Barockkirche; Wasserfall in Triberg (4 km ↘); Rohrhardsberg 1152 m ⛷ (12 km ←); Langenwald-Skisprungschanze

*   **Rebstock**
Sommerbergstr 10, ✉ 78136, ☎ (0 77 22) 9 61 60, Fax 96 16 56, AX DC ED VA
26 Zi, Ez: 85, Dz: 150, ⌐ WC ☎; Lift 🅿 🍴 1↔50 ≋ Sauna Solarium 🍴 ⚓
geschl: Mo abends, Di, Nov

**   **Michels Restaurant**
Triberger Str 42, ✉ 78136, ☎ (0 77 22) 55 16
Hauptgericht 35; 🅿; geschl: Mo,Di

Schongau 71 ←

Bayern — Kreis Weilheim-Schongau — 710 m — 12 000 Ew — Landsberg 27, Garmisch-Partenkirchen 53 km
ℹ ☎ (0 88 61) 72 16, Fax 26 26 — Verkehrsamt, Münzstr 5, 86956 Schongau; Stadt am Lech, Erholungsort. Sehenswert: Altstadt; kath. Pfarrkirche; Ballenhaus; Stadtmauer; Michaelskirche in Altenstadt (3 km ↘)

**   **Rössle**
Christophstr 49, ✉ 86956, ☎ (0 88 61) 2 30 50, Fax 26 48, AX DC ED VA
17 Zi, Ez: 85-90, Dz: 140, ⌐ WC ☎; Lift 🅿 🍴; garni

*   **Holl**
Altenstädter Str 39, ✉ 86956, ☎ (0 88 61) 40 51, Fax 89 43, AX DC ED VA
22 Zi, Ez: 85-120, Dz: 140-170, ⌐ WC ☎; 🅿 🍴 1↔30 🍴

*   **Blaue Traube**
Münzstr 10, ✉ 86956, ☎ (0 88 61) 9 03 29, Fax 30 71, ED
13 Zi, Ez: 85, Dz: 140, ⌐ WC ☎
*   Hauptgericht 28; geschl: Nov

*   **Alte Post**
Marienplatz 19, ✉ 86956, ☎ (0 88 61) 2 32 00, Fax 23 20 80, ED VA
34 Zi, Ez: 60-100, Dz: 100-170, ⌐ WC ☎; 🍴 1↔40 🍴
geschl: Ende Dez-Mitte Jan

Schopfheim 67 ↓

Baden-Württemberg — Kreis Lörrach — 400 m — 16 000 Ew — Lörrach 15, Säckingen 19, Freiburg 60 km
ℹ ☎ (0 76 22) 39 61 16, Fax 39 61 78 — Verkehrsbüro, Am Marktplatz 1, 79641 Schopfheim. Sehenswert: Museum; Hohe Flum, 535 m ⛷; Hohe Möhr, 985 m ⛷

*   **Im Lus**
Hohe Flum Str 55, ✉ 79650, ☎ (0 76 22) 6 75 00, Fax 67 50 50, ED VA
18 Zi, Ez: 85, Dz: 140, 2 App, ⌐ WC ☎, 5🛏; 🅿 🍴 1↔40 🍴

Gersbach (16 km ↗) Erholungsort - 850 m
**   **Mühle zu Gersbach**
♂ Zum Bühl 4, ✉ 79650, ☎ (0 76 20) 2 25, Fax 3 71, ED VA
14 Zi, Ez: 84-125, Dz: 122-210, ⌐ WC ☎; 🅿
geschl: Di, Mi mittags, Anfang Jan
**   Hauptgericht 30; Gartenlokal; geschl: Di, Mi mittags, Anfang Jan

Wiechs (3 km ↓)
*   **Krone**
♂ ⛷ Am Rain 6, ✉ 79650, ☎ (0 76 22) 3 99 40, Fax 39 94 20, ED VA
45 Zi, Ez: 80-86, Dz: 130-150, 1 App, ⌐ WC ☎; 🍴 1↔25 ≋
geschl: 2 Wochen im Jan, Mitte-Ende Jul
*   Hauptgericht 25; geschl: Mo mittags, Fr, 2 Wochen im Jan

Schorndorf 62 ←

Baden-Württemberg — Rems-Murr-Kreis — 260 m — 38 000 Ew — Stuttgart 27 km
ℹ ☎ (0 71 81) 60 20 — Stadtverwaltung, Marktplatz 1, 73614 Schorndorf

*   **Pfauen**
Höllgasse 9, ✉ 73614, ☎ (0 71 81) 6 25 83, Fax 6 15 80
Hauptgericht 25; geschl: So abends, Mo

⚓   **Weiler**
Am Marktplatz 4, ✉ 73614, ☎ (0 71 81) 6 20 89, Fax 6 60 85
Gartenlokal; 8-19, Sa 7.30-18, So 11-18

Schotten 45 □

Hessen — Vogelsbergkreis — 168 m — 12 500 Ew — Laubach 15, Nidda 15, Gießen 45 km
ℹ ☎ (0 60 44) 66 51, Fax 66 69 — Verkehrsamt, Vogelsbergstr 184, 63679 Schotten; Luftkurort im Vogelsberg; Schottenring (älteste Motorradrennstrecke Deutschlands). Sehenswert: Ev. Liebfrauenkirche: Tafelaltar; Rathaus; Niddastausee (1 km ↓); Hoherodskopf, 764 m ⛷ (10 km →); Taufstein, 773 m ⛷ (9 km →)

Schüttorf

** Parkhotel
Parkstr 9, ✉ 63679, ☎ (0 60 44) 97 00,
Fax 97 01 00, AX DC ED VA
40 Zi, Ez: 95, Dz: 135-155, ⌐ᴵ WC ☎, 20✉;
Lift 🅿 3⇌80 ≈ Fitneßraum Kegeln Sauna
Solarium
** Sonnentau
Hauptgericht 30; nur abends; geschl: So

* Haus Sonnenberg
Laubacher Str 25, ✉ 63679, ☎ (0 60 44)
7 71, Fax 86 24, AX ED VA
50 Zi, Ez: 60-80, Dz: 120-140, ⌐ᴵ WC ☎; Lift
🅿 🖂 5⇌80 ⌂ Kegeln Sauna Solarium ⸙

** Zur Linde
Schloßgasse 3, ✉ 63679, ☎ (0 60 44) 15 36,
AX DC ED VA
Hauptgericht 35; 🅿; nur abends, so + feiertags auch mittags; geschl: Mo, Di

Schramberg 68 ↘

Baden-Württemberg — Kreis Rottweil —
650 m — 19 500 Ew — Rottweil 24,
Freudenstadt 37 km
ℹ️ ☎ (0 74 22) 2 92 15, Fax 2 92 09 — Stadt
u. Bürgerinformation, Hauptstr 25,
78713 Schramberg; Erholungsort im mittleren Schwarzwald. Sehenswert: Rathaus;
Stadtpark ⸙; Ruine Hohenschramberg,
636 m⸙; Alte St.-Laurentius-Kirche im
Stadtteil Sulgen: Ausstellung Europ. Glasmalerei (5 km →)

** Park-Hotel
♣ Bauernhofweg 24, ✉ 78713, ☎ (0 74 22)
2 08 18, Fax 2 11 91, AX DC ED VA
12 Zi, Ez: 69-89, Dz: 135-158, ⌐ᴵ WC ☎, 2✉;
🅿 🖂
geschl: So abends, Mo, Jul
** Hauptgericht 27; geschl: So
abends, Mo, Jul

*** Gasthof Hirsch
Hauptstr 11, ✉ 78713, ☎ (0 74 22) 2 05 30,
Fax 2 54 46, AX ED VA
Hauptgericht 40; geschl: Mo, Di mittags
*** 5 Zi, Ez: 130-160, Dz: 260-280, ♛
1 Suite, ⌐ᴵ WC ☎, 5✉
geschl: Mo, Di mittags

Sulgen (5 km →)
** Drei Könige
♣ ⸙ Birkenhofweg 10, ✉ 78713, ☎ (0 74 22)
5 40 91, Fax 5 36 12, ED VA
17 Zi, Ez: 89, Dz: 154, ⌐ᴵ WC ☎; Lift 🅿 🖂 ⸚
Rezeption: 7-10, 14-23; geschl: 3 Wochen
im Sommer
* Hauptgericht 30; Terrasse;
geschl: Fr, Mitte Dez-Anfang Jan,
3 Wochen im Sommer

Sulgen-Außerhalb (3 km ↑)
** Waldeslust
Lienberg 59, ✉ 78713, ☎ (0 74 22) 84 44,
Fax 5 35 19, ED
Hauptgericht 30; Terrasse; geschl:
Mo + Di, 2 Wochen zu Fasching
* einzeln ⸙ 5 Zi, Ez: 90, Dz: 140, ⌐ᴵ
WC ☎; 🅿
geschl: Mo abends, Di, 2 Wochen zu
Fasching

Schriesheim 54 ↘

Baden-Württemberg — Rhein-Neckar-
Kreis — 120 m — 14 100 Ew — Heidelberg 8, Mannheim 13 km
ℹ️ ☎ (0 62 03) 02 43, Fax 6 02 20 — Stadtverwaltung, Friedrichstr 28, 69198 Schriesheim; Stadt an der Bergstraße. Sehenswert: Ruine Strahlenburg ⸙

*** Strahlenberger Hof
♚ Kirchstr 2, ✉ 69198, ☎ (0 62 03) 6 30 76,
Fax 6 85 90, AX DC ED VA
Hauptgericht 45; Gartenlokal; geschl:
so + feiertags

Schrobenhausen 64 ↙

Bayern — Kreis Neuburg-Schrobenhausen
— 410 m — 15 364 Ew — Ingolstadt 38,
Augsburg 42 km
ℹ️ ☎ (0 82 52) 9 00, Fax 9 02 25 — Stadtverwaltung, Lenbachplatz 18, 86529 Schrobenhausen. Sehenswert: Hist. Altstadt mit
Stadtmauer, Türmen und Stadtwall; Lenbach-Galerie im Lenbach-Museum; Europäisches Spargelmuseum; Zeiselmair-Haus (Handwerkerhaus); kath. Pfarrkirche
St. Peter im Stadtteil Sandizell (5 km ←)

* Zur Post
Lenbachplatz 9, ✉ 86529, ☎ (0 82 52)
8 94 80, Fax 67 51, AX ED VA
24 Zi, Ez: 69-82, Dz: 116, ⌐ᴵ WC ☎; Lift 🖂;
garni
Rezeption: 7-13.30, 16-21; geschl: Ende
Dez

** Grieser
Bahnhofstr 36, ✉ 86529, ☎ (0 82 52)
8 94 90, Fax 89 49 49, AX DC ED VA
Hauptgericht 30; Biergarten 🅿; nur
abends; geschl: so + feiertags, Sa
* 10 Zi, Ez: 58-75, Dz: 88-98, ⌐ᴵ WC
☎, 5✉; 🖂
geschl: 3 Wochen im Aug

Hörzhausen (5 km ←)
* Gästehaus Eder
Bernbacher Str 3, ✉ 86529, ☎ (0 82 52)
24 15, Fax 50 05, AX DC ED VA
14 Zi, Ez: 70, Dz: 120, ⌐ᴵ WC ☎; 🅿 🖂 ⌂
Sauna Solarium ⸙
Golf 18

Schüttorf 23 □

Niedersachsen — Kreis Grafschaft Bentheim — 35 m — 11 469 Ew — Bad Bentheim 6, Nordhorn 18, Gronau 18 km
ℹ️ ☎ (0 59 23) 8 01 25, Fax 8 01 60 — Samtgemeinde, Markt 1, 48465 Schüttorf

** Nickisch
Nordhorner Str 71, ✉ 48465, ☎ (0 59 23)
9 66 00, Fax 96 60 66, AX DC ED VA
22 Zi, Ez: 95-105, Dz: 140-160, ⌐ᴵ WC ☎,
2✉; Lift 🅿 3⇌100 Fitneßraum Sauna ⸙
Rezeption: 7-21.30   →

Schüttorf

**   Am See
♂ Drievordenerstr 25, ⌧ 48465, ☎ (0 59 23) 53 94, Fax 52 90, ED VA
15 Zi, Ez: 60-80, Dz: 120-140, ⊿WC ☎, 1◧;
P 1⇔90 Sauna Solarium ⁞○⁞

Schussenried, Bad   69 ☐

Baden-Württemberg — Kreis Biberach an der Riß — 570 m — 8 000 Ew — Saulgau 15, Biberach 16 km
ⓘ ☎ (0 75 83) 4 01 34, Fax 47 47 — Kurverwaltung, Georg-Kaess-Str 10, 88427 Bad Schussenried; Moorheilbad. Sehenswert: Ehem. Kloster: Bibliothekssaal, ehem. Klosterkirche: Fresken, Chorgestühl; Bierkrugmuseum; Freilichtmuseum in Kürnbach (2 km ↘); Wallfahrtskirche in Steinhausen (5 km ↗)

*   Barbara
Georg-Kaess-Str 2, ⌧ 88423, ☎ (0 75 83) 26 50, Fax 41 33, DC ED VA
21 Zi, Ez: 40-88, Dz: 80-130, ⊿WC ☎; P
1⇔30 Solarium; **garni**

Steinhausen (5 km →)
   Zur Barockkirche
◁ einzeln ♀ Dorfstr 6, ⌧ 88427, ☎ (0 75 83) 39 30, ED

**   Zwerger's Gourmet-Stüble
Hauptgericht 20; P Terrasse; geschl: im Winter Do, Feb

Schwabach   57 ↗

Bayern — Stadtkreis — 396 m — 36 500 Ew — Nürnberg 15 km
ⓘ ☎ (0 91 22) 86 03 05, Fax 86 03 23 — Kulturamt, Albert-Achilles-Straße 8, 91126 Schwabach. Sehenswert: Ev. Stadtkirche: Hochaltar; Rathaus: Königsplatz

*   Löwenhof
Rosenberger Str 11, ⌧ 91126, ☎ (0 91 22) 20 47, Fax 1 26 25, AX DC ED VA
21 Zi, Ez: 100-110, Dz: 160, 1 App, ⊿WC ☎;
P ⊟; **garni**
geschl: Ende Dez-Anfang Jan

Forsthof (2 km ↓)
*   Gasthof Raab
Äußere Rittersbacher Str 14, ⌧ 91126, ☎ (0 91 22) 9 38 80, Fax 93 88 60, AX ED VA
31 Zi, Ez: 90-115, Dz: 130-150, 1 Suite, ⊿ WC ☎; P ⊟ 2⇔120 ⁞○⁞
Auch Zimmer der Kategorie ** vorhanden
geschl: Di

Wolkersdorf (2 km ↑)
*   Drexler
Wolkersdorfer Hauptstr 42, ⌧ 91126, ☎ (09 11) 63 00 98, Fax 63 50 30, AX ED
37 Zi, Ez: 40-70, Dz: 95-110, ⊿WC ☎; P ⊟ ⁞○⁞
geschl: Fr 14-So, Aug

Schwabenheim   54 ↖

Rheinland-Pfalz — Kreis Mainz-Bingen — 150 m — 2 415 Ew — Schwabenheim 10, Bingen 20, Mainz 20 km
ⓘ ☎ (0 61 30) 2 06 — Gemeindeverwaltung, Mainzer Str 1, 55270 Schwabenheim

*   Pfaffenhofen
Bubenheimer Str 10, ⌧ 55270, ☎ (0 61 30) 2 96, Fax 14 68, ED VA
30 Zi, Ez: 85-95, Dz: 125-135, ⊿WC ☎, 7◧;
P ⊟; **garni**

*   Stadt Mainz
Marktplatz 4, ⌧ 55270, ☎ (0 61 30) 14 25, Fax 74 96, ED VA
12 Zi, Ez: 80, Dz: 125, ⊿WC ☎; P ⁞○⁞

**   Zum alten Weinkeller
Schulstr 6, ⌧ 55270, ☎ (0 61 30) 2 43, Fax 79 03, ED VA
Hauptgericht 25; Gartenlokal P; nur abends, So auch mittags; geschl: Mo, Di, 3 Wochen im Jul
*   7 Zi, Ez: 85, Dz: 125, ⊿WC ☎
Rezeption: 8-20

Schwabmünchen   70 ↗

Bayern — Kreis Augsburg — 561 m — 12 000 Ew — Augsburg 26, Mindelheim 29 km
ⓘ ☎ (0 82 32) 5 00 50, Fax 50 05 23 — Stadtverwaltung, Fuggerstr 50, 86830 Schwabmünchen; Stadt auf dem Lechfeld

*   Deutschenbaur
Fuggerstr 11, ⌧ 86830, ☎ (0 82 32) 40 31, Fax 40 34, ED VA
29 Zi, Ez: 75, Dz: 120, ⊿WC ☎; P ⊟ 1⇔35
geschl: 2 Wochen im Aug, Ende Dez-Anfang Jan
**   Hauptgericht 20; geschl: Fr + Sa, Pfingstferien, Ende Dez

Schwäbisch Gmünd   62 ☐

Baden-Württemberg — Ostalbkreis — 324 m — 63 000 Ew — Aalen 23, Stuttgart 49 km
ⓘ ☎ (0 71 71) 6 62 44, Fax 60 34 59 — Verkehrsamt u. Verkehrsverein, Kornhausstr 13 (C 2), 73525 Schwäbisch Gmünd; Stadt an der Rems; Pädagogische Hochschule, Fachhochschule für Gestaltung. Sehenswert: Heilig-Kreuz-Münster; Parler-Bau; St.-Johannis-Kirche; Marktplatz; Museum: Gold- und Silberschmuck; Hohenrechberg, 707 m ◁ (7 km ↓)

**   Rühle City Hotel Pelikan
Türlensteg 9 (B 1), ⌧ 73525, ☎ (0 71 71) 35 90, Fax 35 93 59, AX DC ED VA
62 Zi, Ez: 95-150, Dz: 165-185, 2 Suiten, ⊿ WC ☎, 10◧; Lift P ⊟ 3⇔180 ⁞○⁞
geschl: so + feiertags

∗∗ Fortuna
Hauberweg 4 (A 2), ✉ 73525, ☏ (0 71 71)
10 90, Fax 10 91 13, AX DC ED VA
75 Zi, Ez: 122, Dz: 165-169, 2 App, ⇱ WC ☏;
Lift P 1⇌25 Sauna Solarium; **garni**

∗ Einhorn
Rinderbachergasse 10 (C 2), ✉ 73525,
☏ (0 71 71) 6 30 23, Fax 6 16 80, AX DC ED VA
18 Zi, Ez: 105-115, Dz: 150-160, ⇱ WC ☏;
Lift P 1⇌30 ❧
geschl. So

∗ Staufen
Pfeifergäßle 16 (B 2), ✉ 73525, ☏ (0 71 71)
6 20 85, Fax 6 45 17, AX DC ED VA
14 Zi, Ez: 90-110, Dz: 120-160, ⇱ WC ☏; Lift
P ⛁; **garni**
geschl. Anfang Jan

∗∗ Fuggerei
Münstergasse 2 (B 2), ✉ 73525, ☏ (0 71 71)
3 00 03, Fax 3 83 82, AX DC ED VA
Hauptgericht 30; geschl. Di, Sa mittags,
2 Wochen im Sommer

Hussenhofen (5 km →)
∗∗ Gelbes Haus
Hauptstr 83, ✉ 73527, ☏ (0 71 71) 8 23 97
+8 30 50, Fax 8 83 68, AX DC ED VA
33 Zi, Ez: 85-100, Dz: 135-160, ⇱ WC ☏; Lift
P ⛁ 1⇌40
∗   Hauptgericht 25; Terrasse;
geschl. Sa, Mitte Aug-Mitte Sep

Bei den Ferienzeit-Angaben für Hotels und
Restaurants bedeuten „Anfang" 1. bis 10.,
„Mitte" 11. bis 20. und „Ende" 21. bis 31..
des jeweiligen Monats. Innerhalb dieser
Zeiträume liegen Beginn und Ende der
Ferienzeit.

Schwäbisch Hall   62 ↑

Baden-Württemberg — Kreis Schwäbisch
Hall — 350 m — 34 000 Ew — Stuttgart 64 km
ⓘ ☏ (07 91) 75 12 46, Fax 75 13 75 — Touristik-Information, Am Markt 9 (B 1),
74501 Schwäbisch Hall; Stadt am Kocher.
Sehenswert: Marktplatz: Ev. Michaelskirche mit Freitreppe; Katharinen- und St.-
Urbans-Kirche; Rathaus; Großes Büchsen-
haus; Ruine Limpurg; Hällisch-Fränki-
sches Museum; Hohenloher Freilandmuseum im Stadtteil Wackershofen (4 km ↘);
ehem. Benediktinerkloster Groß-Comburg
(3 km ↘)

Achtung: Freilichtspiele
ⓘ ☏ (07 91) 75 13 21

Stadtplan siehe Seite 942

∗∗∗ Hohenlohe (Ringhotel)
← Weilertor 14 (A 1), ✉ 74523, ☏ (07 91)
7 58 70, Fax 75 87 84, AX DC ED VA
95 Zi, Ez: 157-197, Dz: 228-298, S; 2 Suiten,
6 App, ⇱ WC ☏, 50⛁; Lift P ⛁ 6⇌140 ≋
⛱ Kegeln Sauna Solarium ☕
Golf 18; Auch Zimmer der Kategorie ∗∗
vorhanden
∗∗   Hauptgericht 30; Terrasse

∗∗∗ Der Adelshof
Am Markt 12 (B 1), ✉ 74523, ☏ (07 91)
7 58 90, Fax 75 87 84, AX DC ED VA
46 Zi, Ez: 130-150, Dz: 190-220, 1 Suite, ⇱
WC ☏; Lift P ⛁ 5⇌180 Fitneßraum Sauna
Solarium
Golf 18
∗∗   Hauptgericht 35; geschl: Mo →

Schwäbisch Hall

★★ Goldener Adler
Am Markt 11 (B 1), ✉ 74523, ☎ (07 91)
61 68, Fax 73 15, AX DC ED VA
20 Zi, Ez: 98-125, Dz: 155-220, 1 Suite, ⌂
WC ☏; P 🚗 2⇄20
★★ Hauptgericht 30; Terrasse; nur
abends, Fr + Sa + So auch mittags

★★ Kronprinz
Bahnhofstr 17, ✉ 74523, ☎ (07 91) 9 77 00,
Fax 9 77 00 00, DC ED VA
44 Zi, Ez: 98-120, Dz: 140-170, ⌂ WC ☏,
37📺; Lift P 3⇄30 Fitneßraum Sauna
Solarium 🍴
Golf 18

★ Scholl
Klosterstr 2 (B 2), ✉ 74523, ☎ (07 91)
9 75 50, Fax 97 55 80, AX ED VA
32 Zi, Ez: 95-98, Dz: 150-160, ⌂ WC ☏; Lift
🚗; garni

★★ Blauer Bock
Lange Str 51, ✉ 74523, ☎ (07 91) 8 94 62,
Fax 85 61 15
Hauptgericht 25; Biergarten; geschl: Mo,
Sa mittags, letzter So im Monat
★   4 Zi, Ez: 80, Dz: 130, ⌂ WC ☏
geschl: Mo (Anreise nach Absprache möglich), 2 Wochen in den Sommerferien

★ Sonne
Gelbinger Gasse, ✉ 74523, ☎ (07 91)
97 08 40, Fax 9 70 84 20, ED
Hauptgericht 22; Terrasse; geschl: Mo und
jeden 1. So im Monat, 3 Wochen in den
Sommerferien, Anfang Jan

☕ Café Hammel
Am Milchmarkt (B 1), ✉ 74523, ☎ (07 91)
63 27
Mo-Fr 8.30-18 Sa 8.15-17 So 13-18; geschl:
feiertags, in den Sommerferien

☕ Café am Markt
Am Markt 10, ✉ 74523, ☎ (07 91) 66 12

Hessental (3 km →)
★★ Die Krone
(Ringhotel)
Schmiedsgasse 1, ✉ 74523, ☎ (07 91)
94 03-0, Fax 94 03-84, AX DC ED VA
80 Zi, Ez: 137-157, Dz: 158-198, S; 5 Suiten,
1 App, ⌂ WC ☏, 40📺; Lift P 🚗 14⇄240
Sauna Solarium 🍴
Golf 18
★★ Hauptgericht 28; Gartenlokal

★★ Wolf
(Flair Hotel)
Karl-Kurz-Str 2, ✉ 74523, ☎ (07 91)
93 06 60, Fax 93 06 61 10, AX DC ED VA
27 Zi, Ez: 88-105, Dz: 138-158, ⌂ WC ☏; Lift
P
Rezeption: 8-14, 17-22
★★ Eisenbahn
Hauptgericht 35; geschl: Mo

★ Haller Hof
Schmiedsgasse 9, ✉ 74523, ☎ (07 91)
4 07 20, Fax 4 07 22 00, AX ED VA
43 Zi, Ez: 88-89, Dz: 132-139, 1 Suite,
6 App, ⌂ WC ☏; P 🚗 3⇄50 Kegeln 🍴
Auch Zimmer der Kategorie ★★ vorhanden

★ Berger
Sulzdorfer Str 6, ✉ 74523, ☎ (07 91) 20 18,
Fax 49 25 67
Hauptgericht 25; Gartenlokal P; geschl:
Mo/1 So. im Monat, 3 Wochen im Okt

Schwaig 57

Bayern — Kreis Nürnberger Land — 320 m
— 8 200 Ew — Lauf 8, Nürnberg 10 km
ℹ ☎ (09 11) 50 09 90, Fax 5 00 99 55 —
Gemeindeverwaltung, Gartenstr 1,
90571 Schwaig

★ Schwaiger Hof
Röthenbacher Str 1 b, ✉ 90571, ☎ (09 11)
50 00 47, Fax 5 00 96 19, AX ED VA
27 Zi, Ez: 99-120, Dz: 128-168, ⌂ WC ☏; Lift
P 🚗 1⇄12; garni

Schwaigern 61 ↑

Baden-Württemberg — Kreis Heilbronn — 190 m — 10 100 Ew — Heilbronn 11, Eppingen 12 km
🄸 ☎ (0 71 38) 21 52, Fax 21 14 — Stadtverwaltung, Marktstr 2, 74193 Schwaigern.
Sehenswert: Ev. Stadtkirche; Neipper'sches Schloß, Reste der Stadtmauer mit Hexenturm; Leintalzoo

** **Zum Alten Rentamt**
Schloßstr 6, ✉ 74193, ☎ (0 71 38) 52 58, Fax 13 25
14 Zi, Ez: 95-120, Dz: 150-200, ⌐ WC ☎; 🅿
Rezeption: 10-14, 17-22
** Hauptgericht 35; Gartenlokal

Schwalbach (Saar) 52 ↘

Saarland — Kreis Saarlouis — 220 m — 19 196 Ew — Saarlouis 2, Saarbrücken 15 km
🄸 ☎ (0 68 34) 57 10, Fax 57 11 11 — Gemeindeverwaltung, Ensdorfer Str 2 a, 66773 Schwalbach (Saar)

Elm (2 km ↓)
*   **Mühlenthal**
♂ Bachtalstr 214, ✉ 66773, ☎ (0 68 34) 50 17, Fax 56 85 11
23 Zi, Ez: 78-95, Dz: 110-140, 2 Suiten, ⌐ WC ☎; 🅿 🖃; garni

Hülzweiler (1,5 km ↑)
*   **Strauß**
Fraulauterner Str 50, ✉ 66773, ☎ (0 68 31) 5 26 31, Fax 5 29 11
12 Zi, Ez: 79, Dz: 140, ⌐ WC ☎; 🅿 🖃 3↻80 Kegeln 🍽

Schwalmstadt 45 ↑

Hessen — Schwalm-Eder-Kreis — 240 m — 17 966 Ew — Alsfeld 22, Kirchheim 29 km
🄸 ☎ (0 66 91) 20 70, Fax 20 71 70 — Stadtverwaltung, im Stadtteil Treysa, Marktplatz 1, 34613 Schwalmstadt; Stadt in und an der Schwalm. Sehenswert: Im Stadtteil Treysa: ev. Pfarrkirche; Ruine der Totenkirche (Buttermilchturm); Rathaus; Fachwerkbauten. Im Stadtteil Ziegenhain: ev. Kirche; Steinernes Haus: Museum der Schwalm; Fachwerkbauten

Ziegenhain
*   **Hof Weidelbach**
einzeln ♂ Nordbahnhof 3, ✉ 34613, ☎ (0 66 91) 47 26, Fax 7 22 40, AX DC ED VA
17 Zi, Ez: 55-75, Dz: 105-125, 2 App, ⌐ WC ☎; Lift 🅿 2↻70 Kegeln Sauna Solarium 🍽
geschl: So abends, Mo mittags

Schwanau 60 ↙

Baden-Württemberg — Ortenaukreis — 150 m — 5 300 Ew — Lahr 9, Offenburg 22 km
🄸 ☎ (0 78 24) 20 85 — Gemeindeverwaltung, im Ortsteil Ottenheim, Kirchstr 16, 77963 Schwanau

Ottenheim
** **Erbprinzen**
⌘ Schwarzwaldstr 5, ✉ 77963, ☎ (0 78 24) 24 42, Fax 45 29, AX DC ED VA
Hauptgericht 19; 🅿 Terrasse; geschl: Mo, jeden letzten So im Monat, Ende Feb

Schwandorf 59 ↙

Bayern — Kreis Schwandorf — 365 m — 28 258 Ew — Regensburg 43, Weiden 48 km
🄸 ☎ (0 94 31) 4 50, Fax 35 97 — Verkehrsamt, Kirchengasse 1, 92421 Schwandorf. Sehenswert: Blasturm ⌘; Kreuzberg ⌘ (2 km ↘)

*   **Zur Schwefel-Quelle**
♂ An der Schwefelquelle 12, ✉ 92421, ☎ (0 94 31) 2 05 69, Fax 4 22 60, AX DC ED VA
23 Zi, Ez: 65, Dz: 110, ⌐ WC ☎; 🅿 🖃
*   Hauptgericht 20; Terrasse; geschl: Di

Haselbach (6 km ↗)
*   **Landgasthof Fischer**
Kreuzstr 16, ✉ 92421, ☎ (0 94 31) 2 11 52, Fax 2 09 09
12 Zi, Ez: 50-55, Dz: 80-85, ⌐ WC ☎; 🅿 🍽
Rezeption: ab 11; geschl: Sa

Schwanewede 17 ↙

Niedersachsen — Kreis Osterholz — 10 m — 17 376 Ew — Osterholz 13, Bremen 25 km
🄸 ☎ (0 42 09) 7 40, Fax 74 11 — Gemeinde Schwanewede, Postfach 1611, Damm 4, 28844 Schwanewede. Sehenswert: Bronzezeitliche Hügelgräber

Löhnhorst (5 km ↘)
** **Waldhotel Köster**
Hauptstr 9, ✉ 28790, ☎ (0 4 21) 62 10 71, Fax 62 10 73, AX DC ED VA
12 Zi, Ez: 99-106, Dz: 130-150, ⌐ WC ☎; 🅿 🖃 1↻60
*   **Christians**
Hauptgericht 25; Terrasse; nur abends, So auch mittags

Schwangau 70 ↘

Bayern — Kreis Ostallgäu — 800 m — 3 300 Ew — Füssen 3, Schongau 35 km
🄸 ☎ (0 83 62) 8 19 80, Fax 81 98 25 — Kurverwaltung, Münchener Str 2, 87645 Schwangau; heilklimatischer Kurort, Dorf der Königsschlösser. Sehenswert: Schloß Hohenschwangau ⌘ (2 km ↓), am Alpsee; Schloß Neuschwanstein ⌘ (4 km + 30 Min ↘); Forggensee (2 km ↑); Tegelberg (Seilbahn), 1720 m ⌘   →

Schwangau

** König Ludwig
♂ ◄ Kreuzweg 11, ✉ 87645, ☎ (0 83 62) 88 90, Fax 8 17 79
98 Zi, Ez: 118-185, Dz: 176-290, 40 Suiten, ⌐ WC ☎; Lift 🅿 🖂 ≋ Fitneßraum Kegeln Sauna Solarium ¶⊙¶

** Schwanstein
Kröb 2, ✉ 87645, ☎ (0 83 62) 8 10 99, Fax 8 17 36, AX DC ED VA
31 Zi, Ez: 85-95, Dz: 130-190, ⌐ WC ☎; 🅿 Sauna Solarium ¶⊙¶

* Weinbauer
Füssener Str 3, ✉ 87645, ☎ (0 83 62) 9 86-0, Fax 98 61 13, AX ED VA
40 Zi, Ez: 54-67, Dz: 104-134, 1 App, ⌐ WC ☎; Lift 🅿 🖂 ¶⊙¶
geschl: Mi, Mitte Jan-Anfang Feb

Brunnen (3 km ↑)
* See-Klause
♂ ◄ Seestr 75, ✉ 87645, ☎ (0 83 62) 8 10 91, Fax 8 10 92
8 Zi, Ez: 50-60, Dz: 80-100, 1 App, ⌐ WC ☎; 🅿 ¶⊙¶
geschl: Mitte Apr, Ende Nov-Mitte Dez

* Ferienhof Huber
♂ ◄ ⊗ Seestr 67, ✉ 87645, ☎ (0 83 62) 8 13 62, Fax 8 18 11
16 Zi, Ez: 55-75, Dz: 110-130, 3 App, ⌐ WC; 🅿 Sauna Solarium ¶⊙¶
geschl: Mo, Mitte Jan-Anfang Feb

Hohenschwangau (3 km ↓)
*** Müller 👑
◄ Alpseestr 16, ✉ 87643, ☎ (0 83 62) 8 19 90, Fax 81 99 13, AX DC ED VA
42 Zi, Ez: 140-220, Dz: 180-260, 3 Suiten, ⌐ WC ☎; Lift 🅿 1↔40
geschl: Anfang Nov-Mitte Dez
** ◄ Hauptgericht 30; ⚑
geschl: Anfang Nov-Mitte Dez

** Lisl - Jägerhaus
◄ Neuschwansteinstr 1, ✉ 87643, ☎ (0 83 62) 88 70, Fax 8 11 07, AX DC ED VA
42 Zi, Ez: 128-188, Dz: 216-316, 3 Suiten, ⌐ WC ☎, 8✉; Lift 🅿 🖂 3↔160 Strandbad ≋
geschl: Anfang Jan-Mitte Mär

** Meier
Schwangauer Str 37, ✉ 87645, ☎ (0 83 62) 8 11 52, Fax 8 18 89, AX
Hauptgericht 25; 🅿 Terrasse; geschl: Di, Mitte Jan-Anfang Feb

Horn (2 km ←)
** Rübezahl
♂ ◄ Am Ehberg 31, ✉ 87645, ☎ (0 83 62) 83 27, Fax 8 17 01, VA
27 Zi, Ez: 75-105, Dz: 105-178, 4 Suiten, 1 App, ⌐ WC ☎; Lift 🅿 🖂 Fitneßraum Sauna Solarium
Rezeption: 8-14, 17-22; geschl: Mi, Mitte Nov-Mitte Dez
* Hauptgericht 30; Terrasse;
geschl: Mitte Nov-Mitte Dez

* Helmerhof
♂ Frauenbergstr 19, ✉ 87645, ☎ (0 83 62) 80 69, Fax 84 37, AX ED VA
22 Zi, Ez: 55-70, Dz: 104-150, 3 Suiten, 7 App, ⌐ WC ☎; 🅿 🖂 Sauna Solarium ≋
geschl: Do, Anfang Jan-Anfang Feb

Waltenhofen (2 km ↘)
** Kur- und Ferienhotel Waltenhofen
♂ ◄ Marienstr 16, ✉ 87645, ☎ (0 83 62) 98 80, Fax 98 84 10, AX DC ED VA
28 Zi, Ez: 110, Dz: 150, 3 Suiten, ⌐ WC ☎; Lift 🅿 🖂 Sauna Solarium
geschl: Anfang Jan-Ende Dez
Restaurant für Hausgäste

* Gasthof Am See
♂ ◄ Forggenseestr 81, ✉ 87645, ☎ (0 83 62) 83 93, Fax 8 81 40, ED VA
22 Zi, Ez: 65, Dz: 96-130, ⌐ WC ☎; Lift 🅿 Seezugang Fitneßraum Sauna Solarium ¶⊙¶
geschl: Di, Mitte Nov-Mitte Dez

Schwanstetten 57 ↓

Bayern — Kreis Roth — 6 795 Ew — Schwabach 7, Nürnberg 17 km
🛈 ☎ (0 91 70) 28 90 — Gemeindeverwaltung, Rathausplatz 1, 90596 Schwanstetten

Schwand (2 km ↓)
* Erbschänke Zum Schwan
Marktplatz 7, ✉ 90596, ☎ (0 91 70) 10 52, Fax 23 77, ED VA
20 Zi, Ez: 70, Dz: 105, ⌐ WC ☎; 🅿 1↔40
Rezeption: 12-22
* Hauptgericht 20

Schwante 30 ↘

Brandenburg — 1 028 Ew — Oranienburg 7 km
🛈 ☎ (0 33 04) 3 18 58 — Amt Oberkrämer, Breitestr 1, 16727 Eichstädt

Schwante-Außerhalb
* Villa Artur
♂ Gemeinschaftsweg 16, ✉ 16727, ☎ (0 33 05) 9 83-0, Fax 9 83-30, AX ED VA
12 Zi, Ez: 130-150, Dz: 170-195, 1 App, ⌐ WC ☎, 8✉; 🅿 1↔20 ≋ Sauna Solarium ¶⊙¶

Schwarmstedt 26 ↘

Niedersachsen — Kreis Soltau-Fallingbostel — 41 m — 4 313 Ew — Celle 32, Nienburg 35 km
🛈 ☎ (0 50 71) 86 88, Fax 86 89 — Fremdenverkehrsamt, Bahnhofstr 15, 29690 Schwarmstedt. Sehenswert: Ev. Kirche; Sieben Steinhäuser (Hünengräber, 19 km ↗, über Ostenholz); Besuch nur am 1. und 3. Wochenende im Monat von 8-18 Uhr möglich; Safaripark Hodenhagen (12 km); Vogelpark Walsrode (25 km)

Schwarzenbach am Wald

** **Bertram
(Ringhotel)**
Moorstr 1, ✉ 29690, ☏ (0 50 71) 80 80,
Fax 8 08 45, AX DC ED VA
42 Zi, Ez: 96-136, Dz: 140-200, S; ⌐ WC ☏;
Lift P 🛏 6↔100 Kegeln
** Hauptgericht 25

Bothmer (2,5 km ↘)
** **Gästehaus Schloß Bothmer**
♂ Alte Dorfstr 15, ✉ 29690, ☏ (0 50 71)
30 37, Fax 30 38, AX DC ED VA
10 Zi, Ez: 125-200, Dz: 175-250, ⌐ WC ☏;
Sauna ▪◎▫
geschl: Mo

siehe auch **Essel**

Schwartau, Bad   11 ✓

Schleswig-Holstein — Kreis Ostholstein —
20 m — 20 000 Ew — Lübeck 9, Travemünde 8, Eutin 26 km
ℹ ☏ (04 51) 2 00 02 42, Fax 2 00 02 81 —
Tourist-Information, Eutiner Ring,
23611 Bad Schwartau; Jodsole- u. Moorheilbad. Sehenswert: Pariner Berg, 72 m,
Bismarckturm ◂ (3 km ↘); Holstein-
Therme

* **Waldhotel Riesebusch**
♂ Sonnenweg 1, ✉ 23611, ☏ (04 51)
2 93 05-0, Fax 28 36 46, AX ED VA
25 Zi, Ez: 100-110, Dz: 140-170, 4 Suiten, ⌐
WC ☏; P 🛏
geschl: Ende Dez
Auch Zimmer der Kategorie ****** vorhanden
** Hauptgericht 32; Gartenlokal;
geschl: Do

* **Akzent-Hotel Elisabeth**
Elisabethstr 4, ✉ 23611, ☏ (04 51) 2 17 81,
Fax 28 38 50, AX DC ED VA
23 Zi, Ez: 105-135, Dz: 145-165, ⌐
3↔50 ▪◎▫

* **Olive**
Am Kurpark 3, in der Holstein-Therme,
✉ 23611, ☏ (04 51) 28 36 82, Fax 28 44 97
Hauptgericht 28; Gartenlokal

Schwarzach   55 ✓

Baden-Württemberg — Neckar-Odenwald-Kreis — 300 m — 3 100 Ew — Mosbach 18, Neckargemünd 21 km
ℹ ☏ (0 62 62) 9 20 90, Fax 92 09 33 —
Gemeindeverwaltung, Hauptstr 14,
74869 Schwarzach; Erholungsort

Unterschwarzach
* **Landgasthof Kranz**
Wildparkstr 8, ✉ 74869, ☏ (0 62 62)
9 22 00, Fax 92 20 46, ED VA
24 Zi, Ez: 90-97, Dz: 125-139, ⌐ WC ☏; P 🛏
3↔35 🛌 Kegeln Sauna Solarium ▪◎▫
geschl: 2 Wochen im Jan

Schwarzach a. Main   56 □

Bayern — Kreis Kitzingen — 200 m —
3 500 Ew — Volkach 8, Kitzingen 10,
Wiesentheid 11 km
ℹ ☏ (0 93 24) 8 32, Fax 29 83 — Gemeindeverwaltung, Marktplatz 1, 97359 Schwarzach a. Main. Sehenswert: Benediktiner-
Abtei (modern) im Ortsteil Münsterschwarzach

Münsterschwarzach
** **Zum Benediktiner
(Flair Hotel)**
♂ ◂ Weideweg 7, ✉ 97359, ☏ (0 93 24)
8 51, Fax 33 15, ED VA
33 Zi, Ez: 98, Dz: 136-156, ⌐ WC ☏; P 🛏
2↔35
geschl: Ende Dez-Anfang Jan
** ⊗ Hauptgericht 25; Biergarten;
☏ (0 93 24) 37 05, Fax 7 52

Schwarzburg   48 □

Thüringen — Kreis Saalfeld-Rudolstadt —
350 m — 890 Ew — Königsee 9, Bad Blankenburg 10 km
ℹ ☏ (03 67 30) 2 23 05, Fax 2 23 05 — Fremdenverkehrsamt, Burkersdorfer Str 2,
07427 Schwarzburg. Sehenswert: Schloßruine mit Museum Kaisersaal; Trippstein-
blick; Schwarzburgblick

Schwarzburg
* **Zum Wildpark**
♂ Straße der Jugend 22, ✉ 07427,
☏ (03 67 30) 2 22 34, Fax 3 05 16, ⌐ WC; P 🛏 1↔50
Bowling ▪◎▫

Schwarzenbach a. d. Saale
                                 49 ✓

Bayern — Kreis Hof — 504 m — 8 600 Ew —
Hof 18 km
ℹ ☏ (0 92 84) 99 30, Fax 66 04 — Stadtverwaltung, 95216 Schwarzenbach a. d. Saale.
Sehenswert: Rathaus; Saaleufer mit Alt-
stadtpartie

** **Jean-Paul Hotel**
Ludwigstr 13, ✉ 95126, ☏ (0 92 84) 80 70,
Fax 8 07 77, AX ED VA
62 Zi, Ez: 109-130, Dz: 148-160, ⌐ WC ☏,
20🛌; Lift P 3↔150 Fitneßraum Sauna
Solarium
** Hauptgericht 30; Terrasse

Schwarzenbach am Wald
                                 48 ↘

Bayern — Kreis Hof — 690 m — 5 978 Ew —
Hof 27 km
ℹ ☏ (0 92 89) 50 32, Fax 50 50 — Verkehrsamt, Frankenwaldstr 16, 95131 Schwarzenbach am Wald; Ort im Frankenwald.
Sehenswert: Döbraberg 795 m ◂
(30 Min →)   →

Schwarzenbach am Wald

Gottsmannsgrün (2 km ↗)
⚑ **Gasthof Zegasttal**
♂ Gottsmannsgrün 8, ✉ 95131, ☏ (0 92 89) 14 06, Fax 68 07, [ED]
13 Zi, Ez: 50-75, Dz: 80-110, ⊣ WC ☏; **P** ⑴
Rezeption: 10-21

Schübelhammer (8 km ↗)
∗ **Zur Mühle**
Haus Nr 3, ✉ 95131, ☏ (0 92 89) 4 24, Fax 67 17, [ED]
19 Zi, Ez: 65, Dz: 110, ⊣ WC ☏; **P** 🚗 ≋
Sauna Solarium
geschl: Di
∗ Hauptgericht 20; geschl: Di

Schwarzenberg 50 ↗

Sachsen — Kreis Schwarzenberg — 450 m — 20 000 Ew — Chemnitz 40 km
[i] ☏ (0 37 74) 2 25 40, Fax 2 25 40 — Stadtverwaltung, Fremdenverkehrsamt, Oberes Tor 5, 08340 Schwarzenberg. Sehenswert: Schloß mit Museum; St.-Georgen-Kirche, Glockenspiel aus Meißner Porzellan

∗∗∗ **Neustädter Hof**
Grünhainer Str 24, ✉ 08340, ☏ (0 37 74) 12 50, Fax 12 55 00, [AX][ED][VA]
72 Zi, Ez: 95-115, Dz: 149-199, **S**; 3 Suiten, ⊣ WC ☏, 21✉; Lift **P** 🚗 3⇌110 Fitneßraum Sauna Solarium ⑴

∗ **Erzgebirge**
Straße der Einheit 130, ✉ 08340, ☏ (0 37 74) 2 50 02, Fax 2 50 16, [AX][ED][VA]
21 Zi, Ez: 85, Dz: 125, ⊣ WC ☏; **P** 1⇌30 ⑴

∗∗ **Ratskeller**
Markt 1, ✉ 08340, ☏ (0 37 74) 2 32 48, [AX][DC][ED][VA]
Hauptgericht 25; geschl: So abends, Mo
∗∗ 13 Zi, Ez: 95-115, Dz 160-180, ⊣ WC ☏

Bermsgrün (3 km ↓)
∗∗ **Am Hohen Hahn**
einzeln ♂ ◄ Gemeindestr 92, ✉ 08340, ☏ (0 37 74) 1 31-0, Fax 1 31-1 50, [AX][DC][ED][VA]
41 Zi, Ez: 115-135, Dz: 160-180, 4 Suiten, ⊣ WC ☏, **P** 2⇌26 Sauna Solarium ⑴
Auch Zimmer der Kategorie ∗∗∗ vorhanden
∗∗ Hauptgericht 30; Biergarten Terrasse

Wildenau (2 km ↗)
∗ **Parkhotel Schwarzenberg**
♂ ◄ Klempnerweg 13, ✉ 08340, ☏ (0 37 74) 2 54 89, Fax 2 56 18, [AX][ED][VA]
25 Zi, Ez: 72-110, Dz: 117-140, 2 Suiten, 6 App, ⊣ WC ☏, 5✉; **P** 🚗 1⇌35 ≋ Kegeln Sauna Solarium ⑴
Auch Zimmer der Kategorie ∗∗ vorhanden

Schwarzenberg
siehe **Baiersbronn**

Schwarzengrund
siehe **Hohenroda**

Schwarzheide 40 →

Brandenburg — Senftenberg — 131 m — 9 198 Ew — Dresden 45, Cottbus 45, Berlin 120 km
[i] ☏ (03 57 52) 8 50, Fax 8 06 61 — Stadtverwaltung, Frau Kretschmann = Gewerbeamt, Ruhlander Str 1, 01987

Schwarzheide
∗∗ **Treff Page Hotel**
Ruhlander Str 75, ✉ 01987, ☏ (03 57 52) 8 40, Fax 8 41 00, [AX][DC][ED][VA]
135 Zi, Ez: 105-190, Dz: 140-210, **S**; ⊣ WC ☏, 42✉; Lift **P** 4⇌70 Fitneßraum Kegeln Sauna Solarium ⑴
Langzeitvermietung möglich

Schwarzwaldhochstraße
(B 500) siehe **Bühl** und **Bühlertal**

Schwedeneck 10 ↗

Schleswig-Holstein — Kreis Rendsburg-Eckernförde — 20 m — 2 700 Ew — Kiel 18, Eckernförde 23 km
[i] ☏ (0 43 08) 3 31, Fax 12 60 — Kurverwaltung, im Ortsteil Surendorf, An der Schule 9, 24229 Schwedeneck; Ostseebad an der Eckernförder Bucht (Steilküste). Sehenswert: Kirche in Krusendorf

Surendorf
∗ **Tannenhof**
Sprenger Weg 2, ✉ 24229, ☏ (0 43 08) 6 66
14 Zi, Ez: 68-86, Dz: 98-136, 2 App, ⊣ WC; **P**
∗ Hauptgericht 20; Terrasse; nur abends

Schwedt/Oder 22 ↘

Brandenburg — Kreis Schwedt/Oder — 5 m — 52 500 Ew — Angermünde 22 km
[i] ☏ (0 33 32) 2 34 56, Fax 2 21 16 — Stadtverwaltung, Platz der Befreiung 6, 16303 Schwedt/Oder

∗∗ **Turm-Hotel**
Heinersdorfer Damm 1, ✉ 16303, ☏ (0 33 32) 44 30, Fax 44 32 99, [AX][ED][VA]
31 Zi, Ez: 100-160, Dz: 185-215, 3 App, ⊣ WC ☏, 8✉; Lift **P** 2⇌100; **garni** ⑴

∗∗ **Andersen**
Gartenstr 9, ✉ 16303, ☏ (0 33 32) 4 74 8-49, Fax 52 47 50, [AX][DC][ED][VA]
32 Zi, Ez: 80-130, Dz: 104-170, ⊣ WC ☏, 16✉; Lift **P** 2⇌40; **garni**

∗∗ **Stadtparkhotel**
Bahnhofstr 3, ✉ 16303, ☏ (0 33 32) 5 37 60, Fax 53 76 31, [AX][ED][VA]
18 Zi, Ez: 75-120, Dz: 110-150, ⊣ WC ☏; **P** 1⇌45; **garni**

Schweinfurt

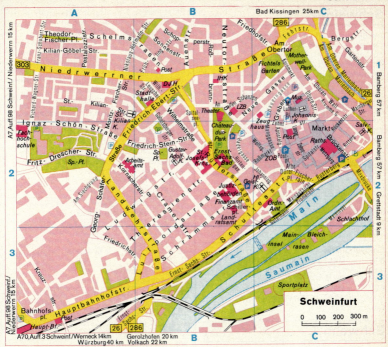

Schweicheln-Bermbeck
siehe **Hiddenhausen**

Schweinfurt 56 ↑

Bayern — Stadtkreis — 300 m — 54 357 Ew
Würzburg 38, Bamberg 57, Fulda 88 km
🛈 ☎ (0 97 21) 5 14 98, Fax 5 16 05 — Verkehrsverein, Brückenstr 14 (C 2),
97421 Schweinfurt; Kreisfreie Stadt am Main. Sehenswert: Ev. St.-Johannis-Kirche; kath. St.-Kilians-Kirche: modern, Chorfenster; Rathaus; Schrottturm; Reichsvogtei; altes Gymnasium

** ** **Primula**
Friedrich-Rätzer-Str 11, ✉ 97424,
☎ (0 97 21) 77 90, Fax 77 92 00, AX DC ED VA
62 Zi, Ez: 132, Dz: 145, ⊴ WC ☎; Lift P
3✱70
* Hauptgericht 26; Terrasse

** ** **Luitpold**
Luitpoldstr 45 (B 3), ✉ 97421, ☎ (0 97 21)
8 80 25, Fax 80 36 07, AX DC ED VA
40 Zi, Ez: 70-130, Dz: 140-170, 2 Suiten,
5 App, ⊴ WC ☎, 2🛌, P 🚗; **garni**
Rezeption: Sa + So 12-17

Ein im Betriebseintrag dargestelltes S zeigt an, daß Sie hier bei einer Buchung über den Varta Hotel-Service zu Sonderkonditionen übernachten können.

** ** **Panorama Hotel**
◀ Am Oberen Marienbach 1 (C 1),
✉ 97421, ☎ (0 97 21) 20 40, Fax 18 63 91,
AX DC ED VA
84 Zi, Ez: 109-150, Dz: 136-250, 2 Suiten,
2 App, ⊴ WC ☎, 6🛌; Lift 2✱40 Fitneßraum Sauna Solarium; **garni**
geschl: 23.-28.12.96

* **Ross**
Postplatz 9 (C 2), ✉ 97421, ☎ (0 97 21)
2 00 10, Fax 20 01 13, 50 Zi, Ez: 100-180, Dz: 150-250, ⊴ WC ☎,
10🛌; Lift P 🚗 1✱35 ≋ Sauna Solarium
geschl: So, Ende Dez-Anfang Jan
Auch Zimmer der Kategorie ** vorhanden
* **Ross-Stuben**
Hauptgericht 27; geschl: so + feiertags,
Mo mittags, Ende Dez-Anfang Jan

* **Zum Grafen Zeppelin**
  (Flair Hotel)
Cramerstr 7 (B 2), ✉ 97421, ☎ (0 97 21)
2 21 73, Fax 2 54 72, AX DC ED VA
24 Zi, Ez: 65-95, Dz: 100-155, 2 Suiten, ⊴
WC ☎; P 1✱30 🍴

Bergl (2 km ←)
* **Am Bergl**
Berliner Platz 1, ✉ 97424, ☎ (0 97 21) 93 60,
Fax 9 36 99, AX ED VA
42 Zi, Ez: 60-100, Dz: 90-150, 3 App, ⊴ WC
☎; Lift P 🚗 2✱80 🍴

Schweinitz 39 ↗

Sachsen-Anhalt — Kreis Lutherstadt Wittenberg — 77 m — 1 555 Ew — Jessen 6, Lutherstadt Wittenberg 31 km
🅸 ☎ (0 35 37) 21 28 91, Fax 21 24 74 — Stadtverwaltung, Markt 12, 06928 Schweinitz. Sehenswert: Telefonmuseum

Schweinitz-Außerhalb (4 km ↘)
* **Haus am Wald**
einzeln ☼ Obere Weinberge 14, ✉ 06928, ☎ (0 35 37) 21 32 05, Fax 21 52 77
13 Zi, Ez: 70-100, Dz: 125-140; 🅿 ▯◉

Schweitenkirchen 72 ↑

Bayern — Kreis Pfaffenhofen a.d. Ilm — 520 m — 4 500 Ew — Pfaffenhofen 8, Freising 18 km
🅸 ☎ (0 84 44) 10 11, Fax 70 10 — Gemeindeverwaltung, Hauptstr 29, 85301 Schweitenkirchen

Geisenhausen
** **Best Western Holledau**
an der A 9, ✉ 85301, ☎ (0 84 41) 80 10, Fax 80 14 98, AX DC ED VA
92 Zi, Ez: 125-145, Dz: 180-200, ⫞ WC ☎, 20▯; Lift 🅿 🚗 4⇌50 Fitneßraum Sauna Solarium ▯◉

Schwelm 33 ↓

Nordrhein-Westfalen — Ennepe-Ruhr-Kreis — 224 m — 31 000 Ew — Wuppertal 7, Hagen 17, Bochum 27 km
🅸 ☎ (0 23 36) 80 14 44, Fax 80 13 70 — Stadtverwaltung, Hauptstr 14, 58332 Schwelm; Kreisstadt

** **Wilzbach**
Obermauer Str 11, ✉ 58332, ☎ (0 23 36) 9 19 00, Fax 91 90 99, AX DC ED VA
31 Zi, Ez: 145-250, Dz: 190-270, 8 Suiten, ⫞ WC ☎, 11▯; Lift 🅿 🚗 1⇌25
** **Carstens Bistro** ✽
Hauptgericht 32; Terrasse; geschl: So, Sa abends

* **Haus Wünsche**
☼ Göckinghofstr 47, ✉ 58332, ☎ (0 23 36) 8 20 30, Fax 8 21 26, DC ED VA
19 Zi, Ez: 110, Dz: 160-170, ⫞ WC ☎; 🅿 🚗 1⇌30 Sauna Solarium; garni
geschl: Mitte Dez-Anfang Jan

Schwend siehe Birgland

Schwerin 19 ↗

Mecklenburg-Vorpommern — Kreis Schwerin — 40 m — 126 000 Ew — Rostock 91, Hamburg 125 km
🅸 ☎ (03 85) 8 30 81, Fax 86 45 09 — Schwerin-Information, Markt 11 (B 2), 19010 Schwerin; Landeshauptstadt des Landes Mecklenburg-Vorpommern.
Sehenswert: Schloß mit Schloßpark und Schleifmühle; Altstadt mit altstädtischem Rathaus, neuem Gebäude, Schlachtermarkt; Mecklenburgisches Staatstheater (Neurenaissancebau); Altes Palais, Neustädtisches Palais; Dom (norddeutsche Backsteingotik), Kirche St. Nikolai; staatliches Museum; Fernsehturm; Umgebung: Ortsteil Zippendorf: Schweriner See; Schwerin-Mueß-Freilichtmuseum

**** **Holiday Inn Crown Plaza**
Bleicher Ufer 23 (außerhalb A 3), ✉ 19053, ☎ (03 85) 5 75 50, Fax 5 75 57 77, AX DC ED VA
88 Zi, Ez: 209-254, Dz: 258-273, 4 Suiten, 8 App, ⫞ WC ☎, 40▯; Lift 🚗 9⇌250 Fitneßraum Sauna Solarium
*** **Marco Polo**
Hauptgericht 30; 🅿 Terrasse

*** **Best Western Hotel Plaza Schwerin Plaza**
Am Grünen Tal, ✉ 19063, ☎ (03 85) 39 92-0, Fax 39 92-1 88, AX DC ED VA
78 Zi, Ez: 132-193, Dz: 184-231, S; 1 Suite, ⫞ WC ☎, 20▯; Lift 🅿 4⇌150 Sauna Solarium
** **Primavera**
Hauptgericht 25

** **An den Linden**
Franz-Mehring-Str 26 (B 2), ✉ 19053, ☎ (03 85) 51 20 84, Fax 51 22 81, AX DC ED VA
12 Zi, Ez: 145-195, Dz: 175-210, ⫞ WC ☎; Lift 🅿 Sauna; garni

** **Intercity Hotel**
Grunthalplatz 5-7 (A 1), ✉ 19053, ☎ (03 85) 5 95 00, Fax 5 95 09 99, AX DC ED VA
180 Zi, Ez: 117-180, Dz: 135-220, ⫞ WC ☎, 60▯; Lift 🅿 7⇌120 ▯◉
Auch Zimmer der Kategorie * vorhanden.

* **Hospiz am Pfaffenteich**
Gaußstr 19, ✉ 19055, ☎ (03 85) 56 56 06, Fax 56 96 13
14 Zi, Ez: 110, Dz: 130, ⫞ WC ☎; garni
Rezeption: 6-21

** **Weinhaus Uhle**
🌱 Schusterstr 15 (B 2), ✉ 19055, ☎ (03 85) (03 85) 56 29 56, Fax 5 57 40 93, AX ED
Hauptgericht 28

* **Zum Goldenen Reiter**
Puschkinstr 44 (B 2), ✉ 19055, ☎ (03 85) 56 50 36, Fax 56 50 36, AX ED
Hauptgericht 20

* **Friedrich's**
Friedrichstr 2, ✉ 19055, ☎ (03 85) 55 54 73, Fax 55 54 69, AX ED VA
Hauptgericht 25

▯ **Café Prag**
Puschkinstr 64 (B 2), ✉ 19055, ☎ (03 85) 56 59 09
8-18, Sa+So ab 10

Groß Medewege (3,5 km ↑)
* **Landhaus Schwerin**
An de Chaussee 28, ✉ 19055, ☎ (03 85) 56 85 10, Fax 51 29 24
9 Zi, Ez: 85-125, Dz: 145-165, ⫞ WC ☎; 🅿 ▯◉

Schwerin

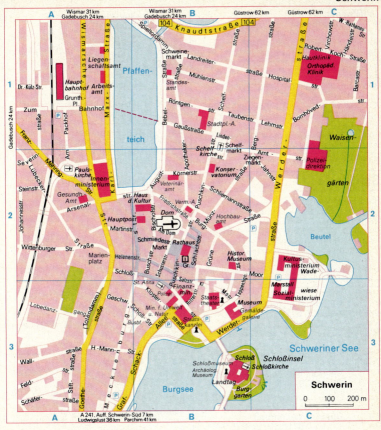

Krebsförden (5 km ↓)

** Astron Hotel
Im Schulacker 1, ✉ 19061, ☎ (03 85) 6 37 00, Fax 6 37 05 00, AX DC ED VA
146 Zi, Ez: 150, Dz: 170, 9 Suiten, 2 App., ⌂ WC ☎, 57✉; Lift P 8↔210 Fitneßraum Sauna ‖

** Arte Schwerin
❀ Dorfstr 6, ✉ 19061, ☎ (03 85) 6 34 50, Fax 6 34 51 00, AX ED VA
40 Zi, Ez: 187-232, Dz: 234-264, S; ⌂ WC ☎; Lift P 3↔30 Sauna Solarium

** Fontane
Hauptgericht 30; Gartenlokal

Mueß (3,5 km →)

* Zum Reppin
Zum Reppin 4, ✉ 19063, ☎ (03 85) 21 21 44, Fax 21 51 68
15 Zi, Ez: 75-140, Dz: 160-180, ⌂ WC ☎; P 3↔50 ‖

** Hotel oder Gasthaus mit sehr guter Ausstattung

* Zur Mueßer Bucht
Mueßer Bucht 1, ✉ 19063, ☎ (03 85) 64 45 00, Fax 6 44 50 44, ED
20 Zi, Ez: 85-110, Dz: 120-160, ⌂ WC ☎; P 2↔80 Seezugang Fitneßraum Sauna Solarium ‖
geschl: Anf.-Mitte Jan
Auch Zimmer der Kategorie ** vorhanden

Neumühle (2,5 km ↘)

* Neumühler Hof
Neumühler Str 45, ✉ 19057, ☎ (03 85) 71 93 61, Fax 71 93 61
14 Zi, Ez: 120-130, Dz: 140, ⌂ WC ☎, 11✉; P; garni

Raben-Steinfeld (11 km ↘)

*** Dobler
❀ Peckateler Str 5, ✉ 19065, ☎ (0 38 60) 80 11, Fax 80 06, AX ED VA
30 Zi, Ez: 120-150, Dz: 140-190, 1 Suite, ⌂ WC ☎, 10✉; Lift P 🚗 2↔25; garni →

Schwerin

Schelfwerder (4 km ↗)
* **Jagdhaus**
Güstrower Str 109, ✉ 19055, ☏ (03 85)
56 12 16, Fax 56 12 16, AX DC ED VA
Hauptgericht 25; P Terrasse

Schwerin-Süd (5 km ↙)
** **Europa**
◂ Werkstr 209, ✉ 19061, ☏ (03 85) 6 34 00,
Fax 6 34 06 66, AX DC ED VA
70 Zi, Ez: 153-183, Dz: 201-226, S; ⌐ WC ☏,
16✉; Lift P 2✪30 Fitneßraum Sauna
Solarium
Auch Zimmer der Kategorie *** vorhanden
** Hauptgericht 25

siehe auch **Pampow**

Schwerte 33→

Nordrhein-Westfalen — Kreis Unna —
179 m — 52 441 Ew — Letmathe 13,
Hagen 14 km
ℹ ☏ (0 23 04) 10 40, Fax 10 43 03 — Stadtverwaltung, Rathausstr 31,
58239 Schwerte; Stadt an der Ruhr.
Sehenswert: St.-Viktor-Kirche; niederlän-
discher Schnitzaltar; Altes Rathaus; Ruhr-
tal-Museum

Ergste (4 km ↓)
* **Hiddemann "Im Spiek"**
Letmather Str 216, ✉ 58239, ☏ (0 23 04)
71 05, Fax 71 06
14 Zi, Ez: 80, Dz: 140, ⌐ WC ☏; P 🍴
Rezeption: 11.30-15, 17-23, Di 17-23,
Sa + So 11.30-23; geschl: Mo, Sep, Ende
Dez-Mitte Jan
* Hauptgericht 35; Biergarten Gar-
tenlokal Terrasse; geschl: Mo, Sep, Ende
Dez-Mitte Jan

Geisecke (4 km →)
** **Gutshof Wellenbad**
Zum Wellenbad 7, ✉ 58239, ☏ (0 23 04)
48 79, Fax 4 59 79, AX DC ED VA
Hauptgericht 40; P Terrasse; geschl: Do,
Anfang Jan
** 12 Zi, Ez: 125-135, Dz: 180-200, ⌐
WC ☏
geschl: Do, Anfang Jan

Schwetzingen 54 ↘

Baden-Württemberg — Rhein-Neckar-
Kreis — 100 m — 21 500 Ew — Heidelberg 11, Mannheim 15 km
ℹ ☏ (0 62 02) 49 33, Fax 27 08 27 — Verkehrsverein, Schloßplatz 2, 68723 Schwetzingen. Sehenswert: Schloß; Orangerie;
Moschee; Schloßgarten; Rokoko-Theater

Achtung: Schwetzinger Festspiele
Anfang Mai-Mitte Jun 1994
ℹ ☏ (0 62 02) 49 33

** **Ramada**
Carl-Benz-Str 1, ✉ 68723, ☏ (0 62 02)
28 10, Fax 28 12 22, AX DC ED VA
110 Zi, Ez: 139-158, Dz: 139-201, 6 Suiten,
⌐ WC ☏, 30✉; Lift P 🍴 4✪50; garni

** **Adler-Post
(Ringhotel)**
Schloßstr 3, ✉ 68723, ☏ (0 62 02) 27 77-0,
Fax 2 14 42, AX DC ED VA
29 Zi, Ez: 127-175, Dz: 234-274, S; ⌐ WC ☏,
3✉; P 🍴 Sauna
geschl: 27.12.96-6.1.97
Auch Zimmer der Kategorie * vorhanden
** Hauptgericht 35; Terrasse;
geschl: So abend, Mo außer im Mai,
27.12.96-8.1.97, 30.7.-21.8.97

** **Zum Erbprinzen**
Karlsruher Str 1, ✉ 68723, ☏ (0 62 02)
9 32 70, Fax 93 27 93, AX ED VA
25 Zi, Ez: 120-190, Dz: 170-260, ⌐ WC ☏;
1✪15

Bistro/Café Journal
Hauptgericht 25

** **Villa Guggolz**
Zähringer Str 51, ✉ 68723, ☏ (0 62 02)
2 50 47, Fax 2 50 49, AX ED VA
10 Zi, Ez: 98-119, Dz: 148-165, ⌐ WC ☏,
2✉; P; garni
Rezeption: 6-19

** **Achat Hotel
Am Schloßgarten**
Schälzigweg 1-3, ✉ 68723, ☏ (0 62 02)
20 60, Fax 20 63 33, AX ED VA
67 Zi, Ez: 120-160, Dz: 140-180, 1 Suite,
1 App, ⌐ WC ☏, 28✉; Lift P 2✪35 Sauna
Solarium; garni 🍴
geschl: Ende Dez-Anfang Jan

** **Am Theater**
Hebelstr 15, ✉ 68723, ☏ (0 62 02) 1 00 28,
Fax 1 36 99, AX DC ED VA
19 Zi, Ez: 125-155, Dz: 210, 3 App, ⌐ WC ☏;
P 🍴
geschl: Ende Dez-Anfang Jan
Auch Zimmer der Kategorie * vorhanden
* **Lügenbrückl**
Hauptgericht 25; geschl: So, Ende Jul-
Anfang Aug, Ende Dez-Anfang Jan

** **Zagreb**
Robert-Bosch-Str 9, ✉ 68723, ☏ (0 62 02)
28 40, Fax 28 42 00
38 Zi, Ez: 120, Dz: 175, ⌐ WC ☏; P 🍴
Kegeln Sauna Solarium 🍴
Auch Zimmer der Kategorie * vorhanden

Schwieberdingen 61 □

Baden-Württemberg — Kreis Ludwigsburg
— 250 m — 9 400 Ew — Markgröningen 4,
Stuttgart 11 km
ℹ ☏ (0 71 50) 30 50, Fax 30 51 05 —
Gemeindeverwaltung, Schloßhof 1,
71701 Schwieberdingen

** **Ambrosino**
Markgröninger Str 57, ✉ 71701,
☏ (0 71 50) 3 00 40, Fax 30 04 99,
AX DC ED VA
54 Zi, Ez: 70-125, Dz: 110-175, ⌐ WC ☏; Lift
P 🍴

Schwörstadt 67 ↓

Baden-Württemberg — Lörrach — 450 m — 2 457 Ew — Lörrach 25 km
🛈 ☎ (0 77 62) 5 22 00, Fax 52 20 30 — Gemeindeverwaltung, ab Herbst 96 neue Anschrift: Hauptstr. 105-107, Hauptst 192, 79739 Schwörstadt

Schwörstadt
* **Schloßmatt**
Lettenbünde 5, ✉ 79739, ☎ (0 77 62) 5 20 70, Fax 52 07 50, AX ED VA
26 Zi, Ez: 100-130, Dz: 150-180, 2 App, ⊣ WC ☎, 10✉; P 🚗 Sauna Solarium
** Hauptgericht 35; Gartenlokal; nur abends; geschl: So, Mo

Sebnitz 51 ↗

Sachsen — Sächsische Schweiz — 10 290 Ew — Dresden 45, Bautzen 40, Hoyerswerda 70 km
🛈 ☎ (03 59 71) 5 30 79 — Fremdenverkehrsamt, Schillerstr 3, 01855 Sebnitz

** **Brückenschänke**
Schandauer Str 62, ✉ 01855, ☎ (03 59 71) 5 75 92, Fax 5 75 93, AX ED VA
13 Zi, Ez: 85-99, Dz: 100-150, ⊣ WC ☎; P 1♺25 Sauna Solarium 🍴

* **Gasthof Sebnitztal**
Hohnsteiner Str 11, ✉ 01855, ☎ (03 59 71) 5 74 74, Fax 5 45 02, AX ED VA
6 Zi, Ez: 75-90, Dz: 100-120, ⊣ WC ☎, 4✉; P Sauna 🍴

Seebach 60 ↘

Baden-Württemberg — Ortenaukreis — 500 m — 1 500 Ew — Achern 11, Bühl 21 km
🛈 ☎ (0 78 42) 3 08 96, Fax 32 70 — Verkehrsamt, Ruhesteinstr 21, 77889 Seebach; Luftkurort im nördlichen Schwarzwald. Sehenswert: Mummelsee, 1032 m (10 km ↗); Hornisgrinde, 1164 m ◄ (10 km + 15 Min ↗)

* **Seebach-Hotel**
◄ Ruhesteinstr 67, ✉ 77889, ☎ (0 78 42) 37 34, Fax 3 03 45
16 Zi, Ez: 70, Dz: 60, ⊣ WC ☎; P 1♺30 ≘ Sauna Solarium
geschl: Nov 97
* **Löwenbräustuben**
Hauptgericht 25; geschl: Mo

Seebad ..

Alle Orte mit dem Zusatz SEEBAD, wie SEEBAD AHLBECK, sind unter dem Ortsnamen, also Ahlbeck zu finden.

Seefeld 71 ↑

Bayern — Starnberg — 6 430 Ew — München 35, Starnberg 14, Weilheim 25 km
🛈 ☎ (0 81 52) 7 91 40, Fax 7 90 49 — Gemeindeverwaltung, Hauptstr 42, 82229 Seefeld

Hechendorf
** **Landgasthof Alter Wirt**
Hauptstr 49, ✉ 82229, ☎ (0 81 52) 77 35-36, Fax 7 90 31, ED
Hauptgericht 25
** 11 Zi, Ez: 105, Dz: 160, 1 Suite, 1 App, ⊣ WC ☎; P 1♺30

Seeg 70 ↘

Bayern — Kreis Ostallgäu — 854 m — 2 300 Ew — Füssen 16, Marktoberdorf 16 km
🛈 ☎ (0 83 64) 6 42, Fax 84 84 — Verkehrsamt, Hauptstr 39, 87637 Seeg; Luftkurort. Sehenswert: Rokoko-Kirche St. Ulrich

* **Pension Heim**
☼ ◄ Aufberg 8, ✉ 87637, ☎ (0 83 64) 2 58, Fax 10 51
18 Zi, Ez: 70, Dz: 125-135, ⊣ WC ☎; P Sauna; garni
geschl: Anfang Nov-Weihnachten

Seehausen 39 ↗

Sachsen — Kreis Leipziger Land — 130 m — 694 Ew — Leipzig 8 km
🛈 ☎ (03 41) 5 19 20 — Gemeindeverwaltung, Straße der Völkerfreundschaft 5, 04448 Seehausen

** **Im Sachsenpark**
Im Sachsenpark 1, ✉ 04448, ☎ (03 41) 5 25 20, Fax 5 25 25 28, AX DC ED VA
112 Zi, Ez: 169-199, Dz: 218-258, ⊣ WC ☎, 20✉; Lift P 4♺60 Sauna Solarium 🍴

Hohenheida (3 km ↗)
** **Residenz**
Residenzstr 43, ✉ 04448, ☎ (03 42 98) 4 50, AX ED VA
50 Zi, Ez: 110-180, Dz: 180-250, ⊣ WC ☎, 10✉; Lift P 🚗 3♺60 Fitneßraum Sauna Solarium 🍴

Seehausen 27 ↘

Sachsen-Anhalt — Kreis Wanzleben — 188 m — 2 282 Ew — Oschersleben 9, Magdeburg 18 km
🛈 ☎ (03 94 07) 2 03 — Stadtverwaltung, Friedensplatz 11, 39365 Seehausen

* **Seehausen**
Friedrich-Engels-Str 16, ✉ 39365, ☎ (03 94 07) 50 00, Fax 50 04, AX ED VA
24 Zi, Ez: 90, Dz: 130, ⊣ WC ☎; P 🍴

Seehausen (Altmark) 28

Sachsen-Anhalt — Kreis Stendal — 20 m — 5 000 Ew — Wittenberge 12, Stendal 36 km
ℹ ☎ (03 93 86) 47 83, Fax 47 83 — Stadtinformation, Schulstr 6, 39615 Seehausen (Altmark). Sehenswert: St.-Petri-Kirche; Beustertor; Salzkirche; Klosterschulgebäude; Rathaus

⌂ **Stadtmitte**
Große Brüderstr 7, ✉ 39615, ☎ (03 93 86) 45 61
7 Zi, Ez: 80, Dz: 120, ⇨ WC ☎; 🅿 Solarium ⑴
geschl: Mo

Seeheim-Jugenheim 54 →

Hessen — Kreis Darmstadt-Dieburg — 140 m — 17 000 Ew — Bensheim 12 km
ℹ ☎ (0 62 57) 20 60, Fax 86 09 10 — Verkehrsverein, im Ortsteil Jugenheim, Hauptstr 14, 64342 Seeheim-Jugenheim; Erholungsort an der Bergstraße. Sehenswert: Rathaus; Schloß Heiligenberg mit Klosterruine; Zentlinde; Mausoleum der Battenberger/Mountbatten; Ruine Tannenberg

Jugenheim
✱✱ **Jugenheim**
Hauptstr 54, ✉ 64342, ☎ (0 62 57) 20 05, AX DC ED VA
18 Zi, Ez: 80-95, Dz: 120-150, ⇨ WC ☎; 🅿; garni
geschl: Ende Dez-Anfang Jan

Jugenheim-Außerhalb (2 km →)
✱ **Brandhof**
einzeln ♂ Im Stettbacher Tal 61, ✉ 64342, ☎ (0 62 57) 2 68 9/ 36 13, Fax 35 23, AX DC ED VA
44 Zi, Ez: 85-90, Dz: 145-155, ⇨ WC ☎; 🅿 3⇔50 Fitneßraum Sauna Solarium ⑴
Auch Zimmer der Kategorie ✱✱ vorhanden

Malchen (2 km ↑ von Seeheim)
✱ **Malchen**
♂ Im Grund 21, ✉ 64342, ☎ (0 61 51) 9 46 70, Fax 94 67 20, AX DC ED VA
20 Zi, Ez: 110-120, Dz: 160-175, 3 Suiten, ⇨ WC ☎; 🅿 🖼 Sauna; garni

Seelbach 67 ↑

Baden-Württemberg — Ortenaukreis — 250 m — 4 900 Ew — Lahr 8, Offenburg 28 km
ℹ ☎ (0 78 23) 52 52, Fax 52 51 — Verkehrsbüro, im Rathaus, Marktstr 8, 77960 Seelbach; Luftkurort im Schwarzwald. Sehenswert: Schloß Dautenstein und Hammerschmiede im Litschental; Ruine Hohengeroldseck, 524 m ⦁⦊ (6 km + 14 Min ↗); Burgruine Lützelhardt, 460 m ⦁⦊ (1 km + 30 Min ↗)

✱ **Gasthof Zum Ochsen**
Hauptstr 100, ✉ 77960, ☎ (0 78 23) 9 49 50, Fax 20 36, DC VA
34 Zi, Ez: 65-75, Dz: 106-120, ⇨ WC ☎; 🅿 🖼 2⇔70 Kegeln ⑴
Rezeption: 7-14, 16-23; geschl: Feb

Schönberg (6 km ↗)
✱ **Paß-Höhen-Hotel Geroldseck**
♂ ⦁⦊ Kinzigtalblick 1, ✉ 77960, ☎ (0 78 23) 20 44, Fax 55 00, AX VA
28 Zi, Ez: 70-125, Dz: 140-195, 8 App, ⇨ WC ☎; 🅿 🖼 2⇔20 ≘ Sauna Solarium
Auch Zimmer der Kategorie ✱✱ vorhanden
✱✱ **Herberge Zum Löwen**
⦾ Hauptgericht 25; Biergarten Gartenlokal; geschl: Mo, 2 Wochen im Feb
Das älteste Gasthaus in Deutschland, 1231 erbaut und 1370 erstmals urkundlich erwähnt

Seelow 31 □

Brandenburg — Kreis Seelow — 20 m — 5 583 Ew — Frankfurt/Oder 30, Wriezen 41, Berlin 70 km
ℹ ☎ (0 33 46) 4 95 — Stadtverwaltung, Clara-Zetkin-Str 61, 15306 Seelow

✱✱ **Brandenburger Hof**
Apfelstr 1, ✉ 15306, ☎ (0 33 46) 8 89 40, Fax 8 89 42, AX ED VA
38 Zi, Ez: 80-120, Dz: 140-160, ⇨ WC ☎, 9🖂; 🅿 Fitneßraum Sauna Solarium ⑴
geschl: Ende Dez-Mitte Jan

Waldsiedlung Diedersdorf
✱ **Waldhotel Diedersdorf**
♂ ✉ 15306, ☎ (0 33 46) 8 88 83, Fax 8 88 85, ED VA
47 Zi, Ez: 80-110, Dz: 110-150, 6 Suiten, ⇨ WC ☎, 6🖂; 🅿 3⇔25 Sauna Solarium ⑴

Seelze 26 ←

Niedersachsen — Kreis Hannover — 50 m — 33 200 Ew — Hannover 8 km
ℹ ☎ (05 11) 4 00 60, Fax 4 00 61 31 — Stadtverwaltung, im Stadtteil Letter, Bürgermeister-Röber-Platz 1, 30926 Seelze

✱ **Galerie**
Bonhoefferstr 3, ✉ 30926, ☎ (0 51 37) 9 32 03, Fax 9 42 03, VA
12 Zi, Ez: 105-180, Dz: 150-260, ⇨ WC ☎; 🅿; garni

Lohnde (2 km ←)
✱ **Krumme Masch**
Krumme Masch 16, ✉ 30926, ☎ (0 51 37) 9 26 57, Fax 9 11 20, ED
12 Zi, Ez: 105-115, Dz: 170, ⇨ WC ☎; 🅿 🖼 1⇔20; garni

Seeon-Seebruck 73 ←

Bayern — Kreis Traunstein — 540 m —
4 690 Ew — Obing 5, Traunstein 23 km
🛈 ☎ (0 86 67) 71 33, Fax 74 15 — Verkehrsamt, im Ortsteil Seebruck, Am Anger 1,
83358 Seeon-Seebruck; Luftkurort.
Sehenswert: Ehem. Klosterkirche im Ortsteil Seeon; Römermuseum Bedaium im Ortsteil Seebruck; Chiemsee (6 km ↓)

Lambach
* Lambach
⊲ Lambach 8, ✉ 83358, ☎ (0 86 67) 4 27,
Fax 15 04
26 Zi, Ez: 95-150, Dz: 150-220, 2 Suiten,
3 App, ⊣ WC ☎, 10✉; 🅿 1⇔80 Strandbad Seezugang
Auch Zimmer der Kategorie ****** vorhanden
* Ⓥ Hauptgericht 20; geschl: Di

Lambach-Außerhalb (3 km ↗)
* Malerwinkel
☼ ⊲ Lambach 23, ✉ 83358, ☎ (0 86 67) 4 88, Fax 14 08
20 Zi, Ez: 105, Dz: 160-230, ⊣ WC ☎; 🅿
2⇔20 Seezugang Sauna ⚑
Auch Zimmer der Kategorie ****** vorhanden
** ⊲ Hauptgericht 30; Gartenlokal Terrasse

Seebruck Luftkurort am Chiemsee. Sehenswert: Insel Herrenchiemsee, Schloß; Insel Frauenchiemsee
** Wassermann
⊲ Ludwig-Thoma-Str 1, ✉ 83358,
☎ (0 86 67) 87 10, Fax 87 14 98, AX ED VA
42 Zi, Ez: 105-160, Dz: 154-298, ⊣ WC ☎;
Lift 🅿 🖬 2⇔40 ≋ Seezugang Sauna Solarium ⚑
geschl: 7.1.97-21.2.97
** Hauptgericht 30; Terrasse;
geschl: 7.1.97-21.2.97

** Segelhafen
⊲ Im Jachthafen 7, ✉ 83358, ☎ (0 86 67) 6 11, Fax 70 94, DC ED VA
Hauptgericht 30; Biergarten Gartenlokal 🅿 Terrasse; geschl: Mo, Nov

Seesen 36 ↗

Niedersachsen — Kreis Goslar — 209 m —
22 300 Ew — Goslar 23 km
🛈 ☎ (0 53 81) 7 52 43, Fax 7 52 61 — Tourist-Information, Marktstr 1, 38723 Seesen;
Erholungsort im Harz. Sehenswert: Ev. St.-Andreas-Kirche; Burg Sehusa, Jagdschloß; Wilhelm-Busch-Museum im Stadtteil Mechtshausen (8 km ↖)

*** Goldener Löwe (Ringhotel)
Jacobsonstr 20, ✉ 38723, ☎ (0 53 81)
93 30, Fax 93 34 44, AX DC ED VA
40 Zi, Ez: 125-185, Dz: 149-205, 1 Suite, ⊣ WC ☎, 3✉; Lift 🅿 🖬 6⇔120 ⚑
Auch einfachere Zimmer vorhanden
** Hauptgericht 30

* Landhaus Zum alten Fritz
Frankfurter Str 2, ✉ 38723, ☎ (0 53 81)
18 11/94 93-0, Fax 33 38/94 93 40,
AX DC ED VA
24 Zi, Ez: 75-100, Dz: 115-150, 1 Suite, ⊣ WC ☎; Lift 🅿 2⇔30 Sauna Solarium ⚑

* Seesen
Lautenthaler Str 70, ✉ 38723, ☎ (0 53 81) 53 81, Fax 20 90, AX DC ED VA
12 Zi, Ez: 80-110, Dz: 110-140, 3 App, ⊣ WC ☎, 6✉; 🅿 Fitneßraum Sauna Solarium; garni

* Wilhelmsbad
Frankfurter Str 10, ✉ 38723, ☎ (0 53 81) 10 35, Fax 4 75 90, AX DC ED VA
19 Zi, Ez: 80-130, Dz: 105-140, ⊣ WC ☎; 🅿 🖬 3⇔380 Kegeln ⚑

Seeshaupt 71 □

Bayern — Kreis Weilheim-Schongau —
600 m — 2 719 Ew — Starnberg 25 km
🛈 ☎ (0 88 01) 90 71, Fax 24 27 — Gemeindeverwaltung, Weilheimer Str 1, 82402 Seeshaupt; Erholungsort am Südende des Starnberger Sees; Bayerischer Nationalpark zwischen Seeshaupt u. Bernried; Ostersee (4 km ↓)

* Sterff
Penzberger Str 6, ✉ 82402, ☎ (0 88 01) 5 51, Fax 25 98, ED VA
19 Zi, Ez: 85, Dz: 135, 2 Suiten, 1 App, ⊣ WC ☎; 🅿; garni
geschl: Ende Dez-Anfang Jan

Seestermühe 17 ↗

Schleswig-Holstein — Kreis Pinneberg —
3 m — 790 Ew — Elmshorn 8, Glückstadt 17 km
🛈 ☎ (0 41 25) 3 73 — Gemeindeverwaltung, Schulstr 20, 25371 Seestermühe

** Ton Vossbau
✉ 25371, ☎ (0 41 25) 3 13, Fax 2 62
Hauptgericht 30; Gartenlokal 🅿; nur abends, So auch mittags; geschl: Di, 17.-28.9.97

Seevetal 18 □

Niedersachsen — Kreis Harburg — 30 m —
38 993 Ew — Hamburg 18 km
🛈 ☎ (0 41 05) 5 50, Fax 5 52 90 — Gemeindeverwaltung, im Ortsteil Hittfeld, Kirchstr 11, 21218 Seevetal. Sehenswert: Kirche im Ortsteil Hittfeld; Kleckerwald; Hünengrab; Stiftskirche in Ramelsloh

Hittfeld
* Zur Linde
Lindhorster Str 3, ✉ 21218, ☎ (0 41 05)
20 23, Fax 5 30 31
36 Zi, Ez: 84-95, Dz: 136-152, ⊣ ☎; 🅿 Kegeln ⚑
geschl: 2 Wochen im Jul   →

Seevetal

* **Meyers Hotel Garni**
Hittfelder Twiete 1, ✉ 21218, ☎ (0 41 05) 28 27, Fax 5 26 55, AX ED
16 Zi, Ez: 110-120, Dz: 170-180, ⇘ WC ☎; P; garni
Rezeption: 7-21

* **Akzent-Hotel Krohwinkel**
Kirchstr 15, ✉ 21218, ☎ (0 41 05) 24 09, Fax 5 37 99, AX DC ED VA
16 Zi, Ez: 98-108, Dz: 150-165, ⇘ WC ☎; P 1↔40
* Hauptgericht 30; Terrasse

Zum 100jährigen
⊗ Harburger Str, ✉ 21218, ☎ (0 41 05) 23 00, Fax 5 16 73
Hauptgericht 15; P Terrasse; nur abends, Sa+So auch mittags; geschl: Mo+Di, Jul
Reetgedeckter Gasthof von 1707.

Karoxbostel
* **Derboven**
Karoxbosteler Chaussee 68, ✉ 21218, ☎ (0 41 05) 24 87, Fax 5 42 33, AX ED
22 Zi, Ez: 70-80, Dz: 100-120, ⇘ WC ☎; P
Kegeln ⓈⓁ
geschl: Fr

Maschen
** **Maack**
Hamburger Str 6, ✉ 21220, ☎ (0 41 05) 81 70, Fax 81 77 77, AX DC ED VA
90 Zi, Ez: 79-148, Dz: 128-198, ⇘ WC ☎; Lift P Sauna
Auch Zimmer der Kategorie * vorhanden
** Hauptgericht 25

Seewald 60 ↘

Baden-Württemberg — Kreis Freudenstadt — 750 m — 2 300 Ew — Freudenstadt 16 km
ℹ️ ☎ (0 74 47) 9 46 00, Fax 94 60 15 — Gemeindeverwaltung, im Ortsteil Besenfeld, Freudenstädter Str 12, 72297 Seewald; Luftkurort im nördlichen Schwarzwald. Sehenswert: Nagold-Stausee (5 km ↘)

Besenfeld
** **Oberwiesenhof**
♂ Freudenstädter Str 60, ✉ 72297, ☎ (0 74 47) 28 00, Fax 28 03 33, AX DC ED VA
48 Zi, Ez: 84-106, Dz: 160-190, 7 Suiten, 2 App, ⇘ WC ☎; Lift P 🅿 4↔60 ≘ Fitneßraum Sauna Solarium
geschl: 3 Wochen im Jan
Auch Zimmer der Kategorie * vorhanden
** **Hubertusstube**
Hauptgericht 35; Terrasse; geschl: 3 Wochen im Jan

* **Sonnenblick**
Freudenstädter Str 40, ✉ 72297, ☎ (0 74 47) 3 19, Fax 7 38, ED
26 Zi, Ez: 48-63, Dz: 102-122, 10 Suiten, ⇘ WC; Lift P 🅿 1↔25 ≘ Fitneßraum Solarium ⓈⓁ
Rezeption: 8-21; geschl: Di, Mitte Nov-Mitte Dez

* **Konradshof**
♂ ⋖ Freudenstädter Str 65, ✉ 72297, ☎ (0 74 47) 94 64-0, Fax 94 64 13, AX ED VA
15 Zi, Ez: 60-80, Dz: 84-118, 1 App, ⇘ WC ☎; Lift P 1↔60 Fitneßraum; garni
geschl: Mi, 25.10.-25.11.96

Segeberg, Bad 10 ↘

Schleswig-Holstein — Kreis Segeberg — 52 m — 14 850 Ew — Kiel 47, Hamburg 55 km
ℹ️ ☎ (0 45 51) 5 72 33, Fax 5 72 31 — Tourist-Information, Oldesloer Str 20, 23795 Bad Segeberg; Mineral-Heilbad und Luftkurort; Evangelische Akademie.
Sehenswert: Marienkirche: Schnitzaltar; Kalkberg, 91 m ⋖, Kalkberghöhlen

Achtung: Karl-May-Spiele von Jun-Aug (nur Donnerstag, Freitag, Samstag, Sonntag), ℹ️ ☎ (0 45 51) 75 45

** **Intermar Kurhotel**
⋖ Kurhausstr 87, ✉ 23795, ☎ (0 45 51) 80 40, Fax 80 46 02, AX DC ED VA
88 Zi, Ez: 120-150, Dz: 170-200, S;
35 Suiten, 35 App, ⇘ WC ☎, 6✉; Lift P ≘ Strandbad Fitneßraum Kegeln Sauna Solarium
** **Seeblick**
⋖ Hauptgericht 33; Terrasse

** **Residence**
Kurhausstr 54, ✉ 23795, ☎ (0 45 51) 85 25, Fax 80 46 02, AX DC ED VA
30 Zi, Ez: 115, Dz: 169, ⇘ WC ☎; Lift P 🅿 Sauna; garni
Rezeption im Intermar Kurhotel

* **Central Gasthof**
Kirchstr 32, ✉ 23795, ☎ (0 45 51) 9 57 00, Fax 9 22 45, DC ED VA
10 Zi, Ez: 52-95, Dz: 92-130, ⇘ WC ☎; P 1↔30 ⓈⓁ
Rezeption: 10-23; geschl: Okt

** **Ihlsee** ✠
⋖ Am Ihlsee 2, ✉ 23795, ☎ (0 45 51) 8 89 60, Fax 88 96 36, ED
P Terrasse; geschl: Mo

Högersdorf (2 km ↓)
** **Holsteiner Stuben**
Dorfstr 19, ✉ 23795, ☎ (0 45 51) 40 41, Fax 15 76, AX DC ED VA
Hauptgericht 30; Biergarten Terrasse; geschl: Mi, Ende Jan-Anfang Feb
* 7 Zi, Ez: 85, Dz: 130, ⇘ WC ☎; P 🅿
Rezeption: 11.30-14, 17.30-23; geschl: Mi, Ende Jan-Anfang Feb

Sehnde 26 □

Niedersachsen — Kreis Hannover — 65 m — 6 766 Ew — Hannover 16, Hildesheim 23 km
ℹ️ ☎ (0 51 38) 70 70, Fax 70 72 62 — Gemeindeverwaltung, Nordstr 21, 31319 Sehnde

Seligenstadt

* **Apart - Hotel**
Bahnhofstr 1, ⌨ 31319, ☎ (0 51 38) 61 80,
Fax 61 81 86
191 Zi, Ez: 80-180, Dz: 100-200, 8 Suiten,
161 App, ⌐ WC ☏, 60⌘, Lift 🅿 3⟳80
Langzeitvermietung möglich

Bilm (5 km ↘)

** **Parkhotel Bilm**
♦ Bemerothsfeld 6, ⌨ 31319, ☎ (0 51 38)
60 90, Fax 60 91 00, AX DC ED VA
50 Zi, Ez: 110-415, Dz: 149-450, ⌐ WC
☏, 6⌘; Lift 🅿 🚗 3⟳50 ⌘ Sauna Solarium
geschl: Ende Dez-Anfang Jan
Auch Zimmer der Kategorie ***** vorhanden

* **Fachwerkhof Rahlfes**
Freienstr 11, ⌨ 31319, ☎ (0 51 38) 6 19 30,
Fax 61 93 81, AX ED VA
39 Zi, Ez: 50-320, Dz: 80-360, 1 Suite, ⌐ WC
☏; 🅿 3⟳75 ⌂

Ilten (5 km ↘)

** **Steiner**
Sehnder Str 21, ⌨ 31319, ☎ (0 51 32) 65 90,
Fax 86 59 19, ED VA
14 Zi, Ez: 60-180, Dz: 120-220, ⌐ WC ☏; 🅿
⌂

Seiffen 50→

Sachsen — Kreis Marienberg — 620 m —
3 323 Ew — Olbernhau 8 km
ℹ ☎ (03 73 62) 2 18 — Gemeindeverwaltung, Am Rathaus 4, 09548 Seiffen

Seiffen

Best Western Wettiner Höhe
Jahnstr 23, ⌨ 09548, ☎ (03 73 62) 14 00,
Fax 1 41 40, AX DC VA
66 Zi, Ez: 130, Dz: 180, ⌐ WC ☏, 33⌘; Lift
🅿 4⟳200 Fitneßraum Kegeln Sauna
Solarium ⌂ ♨
Eröffnung nach Redaktionsschluß

* **Seiffner Hof**
♦ Hauptstr 31, ⌨ 09548, ☎ (03 73 62) 1 30,
Fax 13 13, AX ED VA
22 Zi, Ez: 65-115, Dz: 105-135, ⌐ WC ☏,
10⌘; Lift 🅿

* **Nußknackerbaude**
Nußknackerstr 20, ⌨ 09548, ☎ (03 73 62)
82 73, Fax 84 77, AX ED VA
33 Zi, Ez: 70-110, Dz: 105-125, 1 Suite, ⌐
WC ☏; Lift 🅿 Kegeln Sauna ⌂

* **Landgasthof zu Heidelberg**
♦ Hauptstr 196, ⌨ 09548, ☎ (03 73 62)
83 22, Fax 72 01
28 Zi, Ez: 75, Dz: 110-125, ⌐ WC ☏; 🅿
Sauna Solarium ⌂

Seiffen-Außerhalb (3 km →)

* **Berghof**
einzeln ♦ -◁ Kurhausstr 36, ⌨ 09548,
☎ (03 73 62) 77 20, Fax 77 22 20, AX ED VA
20 Zi, Ez: 90-110, Dz: 120-210, 1 Suite, ⌐
WC ☏; Lift 🅿 1⟳25 ⌂
Auch Zimmer der Kategorie ****** vorhanden

Seilershof 21 ↘

Brandenburg — Kreis Gransee — 57 m —
220 Ew — Gransee 10, Fürstenberg 12 km
ℹ ☎ (0 33 06) 2 16 56 — Amt Gransee,
Baustr 56, 16775 Gransee

** **Am Wentowsee**
♦ Hauptstr 40, ⌨ 16775, ☎ (03 30 85)
7 01 08, Fax 7 02 16, AX DC ED VA
30 Zi, Ez: 85-115, Dz: 135-165, ⌐ WC ☏; 🅿
2⟳30 Seezugang ⌂

Selb 49 ↗

Bayern — Kreis Wunsiedel — 550 m —
20 000 Ew — Marktredwitz 23, Hof 27,
Bayreuth 59 km
ℹ ☎ (0 92 87) 88 30, Fax 88 31 90 — Stadtverwaltung, Ludwigstr 6, 95100 Selb.
Sehenswert: Porzellanbrunnen; Porzellangäßchen; Fabrikfassaden; Stadtkirche St.
Andreas; Rosenthal-Theater

** **Rosenthal-Casino**
♦ Casinostr 3, ⌨ 95100, ☎ (0 92 87) 80 50,
Fax 8 05 48, AX DC ED VA
20 Zi, Ez: 105, Dz: 150, ⌐ WC ☏; 🅿
geschl: So, Sa bis 17
Die Zimmer sind von Künstlern der Porzellanmanufaktur Rosenthal gestaltet und
eingerichtet worden
** Hauptgericht 25; geschl: So, Sa
mittags, Anfang-Ende Aug

** **Parkhotel**
Franz-Heinrich-Str 29, ⌨ 95100,
☎ (0 92 87) 7 89 91, Fax 32 22, AX ED
39 Zi, Ez: 92-98, Dz: 120-150, 1 Suite, ⌐ WC
☏; Lift 🅿 🚗 Sauna Solarium
* Hauptgericht 25; nur abends;
geschl: Sa, Aug

* **Schmidt**
Bahnhofstr 19, ⌨ 95100, ☎ (0 92 87)
9 91 60, Fax 99 16 16, AX ED VA
17 Zi, Ez: 75-95, Dz: 110-130, ⌐ WC ☏, 5⌘;
🚗 ⌂

Seligenstadt 55 ↘

Hessen — Kreis Offenbach — 108 m —
20 000 Ew — Hanau 12, Aschaffenburg 18,
Frankfurt/Main 26 km
ℹ ☎ (0 61 82) 8 71 77, Fax 2 94 77 — Verkehrsbüro, Einhardstr am Marktplatz,
63500 Seligenstadt; Stadt am Main.
Sehenswert: Einhards-Basilika; ehem.
Benediktiner-Abteikirche: Altar; Prälatur;
Ruine der Kaiserpfalz; Stadtbefestigung;
Torturm

* **Mainterrasse**
-◁ Kleine Maingasse 18, ⌨ 63500,
☎ (0 61 82) 9 27 60, Fax 92 76 77,
AX DC ED VA
26 Zi, Ez: 105-115, Dz: 165-185, ⌐ WC ☏;
3⟳45
** **La Gondola**
-◁ Hauptgericht 35 →

Seligenstadt

✱ Zum Ritter
Würzburger Str 31, ✉ 63500, ☎ (0 61 82) 2 60 34, Fax 39 33, AX DC ED VA
20 Zi, Ez: 90, Dz: 140, ⌂ WC ☎; 🖻 ⌘
Rezeption: 7-12, 17-23; geschl: So, Ende Dez-Anfang Jan

✱✱ Klosterstuben
Freihofplatz 7, ✉ 63500, ☎ (0 61 82) 35 71, AX ED
Hauptgericht 40; geschl: So abends, Mo

✱ Römischer Kaiser
Frankfurter Str 9, ✉ 63500, ☎ (0 61 82) 2 22 96, Fax 2 92 27
Hauptgericht 25; Biergarten **P**; geschl: Do

Sellin siehe Rügen

Selm 33 ↗

Nordrhein-Westfalen — Kreis Unna — 112 m — 25 379 Ew — Lüdinghausen 10, Lünen 12 km
ℹ ☎ (0 25 92) 6 90, Fax 6 91 00 — Stadtverwaltung, im Stadtteil Bork, Adenauerplatz 2, 59379 Selm. Sehenswert: Ehem. Klosterkirche in Cappenberg: Kopfreliquiar Barbarossas, Kruzifix, Doppelgrabmal, Chorgestühl; Schloß

Cappenberg (10 km ↘)
✱✱ Kreutzkamp
Cappenberger Damm 3, ✉ 59379, ☎ (0 23 06) 7 50 41-0, Fax 7 50 41-10, AX DC ED VA
Hauptgericht 30; Biergarten **P** Terrasse; geschl: Mo
✱✱ ⌘ 15 Zi, Ez: 100-120, Dz: 140-160, ⌂ WC ☎; 🖻 3⌘200

Selters (Taunus) 44 ↓

Hessen — Kreis Limburg-Weilburg — 250 m — 7 804 Ew — Bad Camberg 6, Limburg 14 km
ℹ ☎ (0 64 83) 9 12 20, Fax 91 22 20 — Gemeindeverwaltung, im Ortsteil Niederselters, Brunnenstr 46, 65618 Selters (Taunus); Erholungsort

Münster-Außerhalb (2 km →)
✱✱ Stahlmühle
einzeln, Bezirkstr 34, ✉ 65618, ☎ (0 64 83) 56 90, Fax 56 90, AX
Hauptgericht 20

Selters (Westerwald) 43 →

Rheinland-Pfalz — Westerwaldkreis — 238 m — 2 400 Ew — Montabaur 15, Neuwied 32 km
ℹ ☎ (0 26 26) 3 95 — Verbandsgemeindeverwaltung, Kirchstr 10 b, 56242 Selters (Westerwald)

✱ Adler
Rheinstr 24, ✉ 56242, ☎ (0 26 26) 7 00 44, Fax 7 88 88, AX DC ED VA
14 Zi, Ez: 80, Dz: 130, ⌂ WC ☎; **P** 🖻 1⌘30
✱✱ Hauptgericht 20

Semlin 28 ↗

Brandenburg — Kreis Rathenow — 28 m — 413 Ew — Rathenow 6, Brandenburg 38 km
ℹ ☎ (0 33 85) 24 36 — Gemeindeverwaltung, Dorfstr 35, 14715 Semlin

✱✱✱ Golf-und Landhotel Semlin
einzeln ⌘ ◀ Ferchesaer Str, ✉ 14715, ☎ (0 33 85) 5 54-0, Fax 5 54-4 00, AX ED VA
72 Zi, Ez: 135-165, Dz: 189-235, ⌂ WC ☎, 18⛳; Lift **P** 5⌘200 Seezugang Fitneßraum Sauna Solarium ⌘
Golf 18

🛏 **Semliner Hof**
⌘ Dorfstr 10, ✉ 14715, ☎ (0 33 85) 50 77 00, Fax 50 77 00, AX ED VA
20 Zi, Ez: 75, Dz: 120-130, ⌂ WC ☎; **P** 1⌘40 ⌘
✱ Hauptgericht 20; Terrasse; nur abends, so+feiertags auch mittags; geschl: Ende Dez

Senden 33 ↗

Nordrhein-Westfalen — Kreis Coesfeld — 58 m — 18 000 Ew — Lüdinghausen 10, Münster 18 km
ℹ ☎ (0 25 97) 69 90, Fax 69 92 22 — Gemeindeverwaltung, Münsterstr 30, 48308 Senden; Ort am Dortmund-Ems-Kanal. Sehenswert: Hist. Schiffs- und Marinemuseum; Wasserschloß; Lichterabend im Bürgerpark (letzter Sa im Aug)

Ottmarsbocholt (5 km ↘)
✱✱✱ Averbecks Giebelhof
Kirchstr 12, ✉ 48308, ☎ (0 25 98) 92 92 92, Fax 92 92 20
Hauptgericht 60; **P** Terrasse; nur abends, sa+so+feiertags auch mittags; geschl: Di
✱✱ Grüner Zeisig
Hauptgericht 25; Biergarten Gartenlokal; nur abends, sa+so+feiertags auch mittags; geschl: Di

Senden 62 ↘

Bayern — Kreis Neu-Ulm — 500 m — 21 000 Ew — Neu-Ulm 9 km
ℹ ☎ (0 73 07) 8 60, Fax 86 60 — Stadtverwaltung, Hauptstr 34, 89250 Senden. Sehenswert: Wallfahrtskirche im Stadtteil Witzighausen (5 km →)

✱✱ Feyrer
Bahnhofstr 18, ✉ 89250, ☎ (0 73 07) 40 87, Fax 3 42 53, AX ED VA
35 Zi, Ez: 110-125, Dz: 145-160, ⌂ WC ☎; Lift **P** 2⌘55
geschl: Anfang Jan
Auch Zimmer der Kategorie ✱ vorhanden
✱✱ Hauptgericht 30; Biergarten; geschl: So abends, Anfang Jan

Aufheim (2 km ↗)
* **Gasthof Rössle**
Unterdorf 12, ✉ 89250, ☎ (0 73 07) 9 86 00, Fax 2 12 88, AX DC ED VA
22 Zi, Ez: 89, Dz: 120, ⊿ WC ☎; Lift 🅿 🚗 Sauna Solarium 🍽

Senftenberg 40 →

Brandenburg — Kreis Senftenberg — 126 m — 161 124 Ew — Schwarzheide 13, Hoyerswerda 25 km
ℹ ☎ (0 35 73) 79 63 18, Fax 27 45 — Fremdenverkehrsamt, Kirchplatz 18 (03573), 01968 Senftenberg. Sehenswert: Marktplatz; Peter-Paul-Kirche; Schloß mit Museum

* **Kronprinz**
Ernst-Thälmann-Str 44, ✉ 01968, ☎ (0 35 73) 21 51, Fax 79 17 58, ED VA
16 Zi, Ez: 98-130, Dz: 148-165, ⊿ WC ☎; 🅿 2⟲25 🍽

* **Parkhotel**
Steindamm 20, ✉ 01968, ☎ (0 35 73) 7 38 61, Fax 20 74, AX DC ED VA
18 Zi, Ez: 95-125, Dz: 140-160, ⊿ WC ☎; 🅿 2⟲100 ≋ 🏊 🍽

* **Zur Alten Brennerei**
Markt 18, Zufahrt und Parkplatz über Kirchstr, ✉ 01968, ☎ (0 35 73) 7 08 30, Fax 70 83 12, ED VA
Hauptgericht 25
* ↻ 5 Zi, Ez: 130, Dz: 195, ⊿ WC ☎; 🅿 1⟲16

Brieske (2,5 km ↙)
* **Marga**
An der B 169, ✉ 01968, ☎ (0 35 73) 6 30 02, Fax 6 55 83, AX DC ED VA
95 Zi, Ez: 90-130, Dz: 130-180, 8 Suiten, 1 App, ⊿ WC ☎; Lift 🅿 5⟲50 Sauna Solarium 🍽

Senheim 53 ↘

Rheinland-Pfalz — Kreis Cochem-Zell — 90 m — 700 Ew — Cochem 16, Traben-Trarbach 38 km
ℹ ☎ (0 26 73) 45 83, Fax 41 08 — Gemeindeverwaltung, Am Drillesplatz 46, 56820 Senheim; Erholungs- und Weinbauort an der Mosel. Sehenswert: Pfarrkirche: Barockaltar und Magdalenakapelle; Weinmuseum

* **Zehnthof**
Altmai 23, ✉ 56820, ☎ (0 26 73) 40 88, Fax 42 92, AX ED VA
Hauptgericht 25; 🅿 🍴; geschl: Mi, Do, Anfang Nov-Ende Mär
Eigenbauweine

Senne I siehe Bielefeld

Sennestadt siehe Bielefeld

Sensbachtal 55 ↗

Hessen — Odenwaldkreis — 400 m — 1 200 Ew — Beerfelden 4, Eberbach 12 km
ℹ ☎ (0 60 68) 13 92, Fax 45 52 — Gemeindeverwaltung, Hauptstr 32, 64759 Sensbachtal

Sensbachtal-Außerhalb (1,5 km ↑) auf dem Krähberg
* **Reußenkreuz**
einzeln ↻ ⊰ Reußenkreuz, ✉ 64759, ☎ (0 60 68) 22 63, Fax 46 51, DC ED VA
14 Zi, Ez: 65, Dz: 130-150, 6 Suiten, ⊿ WC ☎; 🅿 🚗 1⟲15 Sauna Solarium 🍺
Auch Zimmer der Kategorie ** vorhanden
* ⊰ Hauptgericht 25; Terrasse

Seßlach 47 ↓

Bayern — Kreis Coburg — 271 m — 4 000 Ew — Coburg 16 km
ℹ ☎ (0 95 69) 7 17, Fax 7 19 — Stadtverwaltung, Marktplatz 98, 96145 Seßlach; Ort an der Rodach. Sehenswert: Ortsbild; Stadtbefestigung mit 3 Tortürmen; ehem. Salzfaktorei; Fachwerkhäuser

** **Mally** 🍷
Dr.-Josef-Kolb-Str 7, ✉ 96145, ☎ (0 95 69) 2 28, Fax 14 83
Hauptgericht 35; Gartenlokal; nur abends; geschl: Mo, Jan, Feb, Aug
Tischreservierung erforderlich
* 7 Zi, Ez: 80, Dz: 100, ⊿ WC ☎; 🅿 geschl: Mo, Jan, Feb, Aug

* **Neue Fränkische Landherberge**
Hans-Reiser-Str 33, ✉ 96145, ☎ (0 95 69) 92 27-0, Fax 92 27 50, AX ED VA
33 Zi, Ez: 60-75, Dz: 100-110, ⊿ WC ☎; 🅿 garni
Rezeption: 7-12, 14-21; geschl: Mitte Dez-Mitte Jan

Seulbitz siehe Bayreuth

Sewekow 21 ↗

Brandenburg — Kreis Wittstock — 90 m — 170 Ew — Wittstock 18, Neustrelitz 70 km
ℹ ☎ (0 33 94) 36 05 — Fremdenverkehrsbüro, Markt 1, 16909 Wittstock

* **Seehotel Ichlim**
einzeln, Am Nebelsee, ✉ 16909, ☎ (03 39 66) 6 02 53, Fax 6 02 53, ED VA
25 Zi, Ez: 78-120, Dz: 129-180, 1 Suite, 2 App, ⊿ WC ☎; 2🛏; 🅿 🚗 2⟲40 ≋ Strandbad Fitneßraum Sauna Solarium 🍽

Siebeldingen

Siebeldingen 60 ↑

Rheinland-Pfalz — Kreis Südliche Weinstraße — 160 m — 982 Ew — Landau i.d. Pfalz 6, Annweiler 7, Bad Bergzabern 17 km
🛈 ☎ (0 63 45) 34 31, Fax 72 20 — Gemeindeverwaltung, Weinstr, 76833 Siebeldingen

* **Sonnenhof**
Mühlweg 2, ✉ 76833, ☎ (0 63 45) 33 11, Fax 53 16, AX ED
13 Zi, Ez: 85, Dz: 120-135, ⌐ WC ☎, 6⌂; 🅿
** Hauptgericht 30; Terrasse;
geschl: Do, Jan

* **Villa Königsgarten**
Bismarckstr 1, ✉ 76833, ☎ (0 63 45) 51 29, Fax 77 90
9 Zi, Ez: 75, Dz: 120, ⌐ WC ☎; 🅿; garni
Rezeption: 9-22

Siebenlehn 50 ↗

Sachsen — Kreis Freiberg — 354 m — 2 500 Ew — Nossen 4, Freiberg (Sachs) 16, Dresden 20 km
🛈 ☎ (03 52 42) 6 82 24, Fax 6 42 46 — Gemeindeverwaltung, Markt 29, 09634 Siebenlehn

** **Schwarzes Roß**
Freiberger Str 9, ✉ 09634, ☎ (03 52 42) 6 77 76, Fax 6 77 77, AX ED VA
18 Zi, Ez: 99-120, Dz: 148-175, 1 Suite, ⌐ WC ☎; 🅿 3⌂250 ≈ Solarium 🍴 🍺

Siedenbrünzow 13 ↘

Mecklenburg-Vorpommern — Kreis Demmin — 10 m — 518 Ew — Demmin 8, Greifswald 36 km
🛈 ☎ (0 39 98) 50 31 — Stadtverwaltung, Amt Siedenbrünzow, Am Markt 23, 17109 Demmin

Vanselow (2,5 km ↓)
*** **Schloßhotel Vanselow**
einzeln ☼ ⊲ Dorfstr, ✉ 17111, ☎ (0 39 98) 22 20 96, Fax 22 26 47
10 Zi, Ez: 120-150, Dz: 170-200, 2 App, ⌐ WC ☎; 🅿 🍴 ⌂20
geschl: Mitte Dez-Mitte Jan
Restaurant für Hausgäste

Siegburg 43 ↖

Nordrhein-Westfalen — Rhein-Sieg-Kreis — 171 m — 35 000 Ew — Bonn 10, Köln 25 km
🛈 ☎ (0 22 41) 10 23 83, Fax 10 22 93 — Tourist-Information, Markt 46, 53721 Siegburg; Kreisstadt. Sehenswert: Benediktiner-Abtei St. Michael: Annoschrein, é; Kath. St.-Servatius-Kirche: Schatzkammer; Wahnbachtalsperre (8 km →)

*** **Kranz Parkhotel**
Mühlenstr 32, ✉ 53721, ☎ (0 22 41) 54 70, Fax 54 74 44, AX ED VA
70 Zi, Ez: 170-240, Dz: 285-298, 3 Suiten, ⌐ WC ☎, 16⌂; Lift 🅿 🍴 6⌂120 Fitneßraum Kegeln Sauna Solarium
** **Parkrestaurant**
Hauptgericht 30

* **Zum Stern**
Am Markt 14, ✉ 53721, ☎ (0 22 41) 1 75 10, Fax 5 32 30, AX DC ED VA
54 Zi, Ez: 100-180, Dz: 170-200, 1 Suite, ⌐ WC ☎; Lift 🅿 🍴 2⌂40; garni
geschl: Mitte Dez-Anfang Jan

* **Kaspar**
Elisabethstr 11, ✉ 53721, ☎ (0 22 41) 5 98 30, Fax 59 83 44, AX DC ED VA
25 Zi, Ez: 110-140, Dz: 140-200, 1 Suite, ⌐ WC ☎; Lift; garni
geschl: 22.12.96-5.1.97

* **Kaiserhof**
Kaiserstr 80, ✉ 53721, ☎ (0 22 41) 17 23 -0, Fax 1 72 3- 50, AX DC ED VA
32 Zi, Ez: 110-140, Dz: 140-180, 1 Suite, ⌐ WC ☎; Lift 🍴
* Hauptgericht 35

* **Siegblick**
⊲ Nachtigallenweg 1, ✉ 53721, ☎ (0 22 41) 6 00 77, Fax 6 00 79, ED VA
21 Zi, Ez: 90-110, Dz: 125-150, 2 Suiten, ⌐ WC ☎, 6⌂; 🅿 🍴 2⌂30
geschl: So ab 18, Mitte Juli-Mitte Aug
* **Siegblick**
Hauptgericht 25; Biergarten Terrasse;
geschl: So abends, Anfang Jan, Mitte Jul-Mitte Aug

🍴 **Bartmännchen**
⊽ Burggasse 5, ✉ 53721, ☎ (0 22 41) 6 82 63, AX DC ED VA
Hauptgericht 25

🍺 **Jakob Fassbender**
Am Markt 12, ✉ 53721, ☎ (0 22 41) 17 07-0, Fax 6 63 22
Terrasse; 7-18.30, So 10-18

Siegen 44 ↘

Nordrhein-Westfalen — Kreis Siegen-Wittgenstein — 300 m — 107 000 Ew — Olpe 30, Wetzlar 60 km
🛈 ☎ (02 71) 59 33 49, Fax 2 26 87 — Presse- und Informationsamt, Rathaus, Markt 2 (C 2), 57072 Siegen; Stadt im Siegerland, Universität. Sehenswert: Nikolaikirche, Martinikirche; Nikolaikirche; Unteres Schloß: mit Fürstengruft und Dicker Turm mit Glockenspiel; Oberes Schloß ⊲, Museum des Siegerlandes: Rubenssaal; Eremitage ⊲ (3 km ↘)

*** **Park Hotel**
Koblenzer Str 135 (A 3), ✉ 57072, ☎ (02 71) 3 38 10, Fax 3 38 14 50, AX DC ED VA
85 Zi, Ez: 103-198, Dz: 150-260, 3 Suiten, ⌐ WC ☎; Lift 🅿 ≈ Kegeln Sauna Solarium 14⌂200
** Hauptgericht 35

Siegsdorf

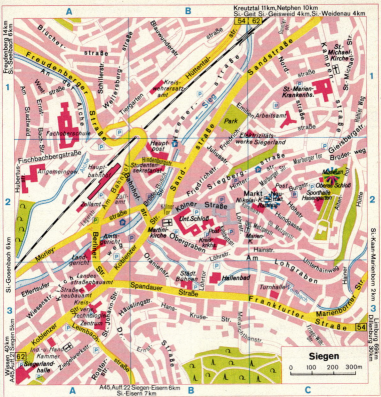

** Queens Hotel
Kampenstr 83 (C 1), ✉ 57072, ☎ (02 71) 5 01 10, Fax 5 01 11 50, AX DC ED VA
92 Zi, Ez: 120-209, Dz: 141-259, 2 Suiten, ⌐ WC ☎, 36⌐; Lift P 🚗 ≋ Kegeln Sauna Solarium 7⇌90
** Hauptgericht 35

* Am Häusling
♂ Melanchthonstr 10 (B3), ✉ 57074, ☎ (02 71) 33 71 20, Fax 3 30 78 78
10 Zi, Ez: 90-100, Dz: 120-140, 1 App, ⌐ WC ☎, 6⌐; P 3⇌20; garni

** Schwarzbrenner
▽ Untere Metzgerstr 29 (C 2), ✉ 57072, ☎ (02 71) 5 12 21, ED
Hauptgericht 40; nur abends; geschl: Mo

Geiswed (5 km ↑)
** Ratskeller
Lindenplatz 7, ✉ 57072, ☎ (02 71) 8 43 33, Fax 8 70 64 83, AX DC ED VA
Hauptgericht 35; Terrasse; geschl: Fr + Sa mittags, 2 Wochen in den Sommerferien

Siegsdorf 73 ☐

Bayern — Kreis Traunstein — 612 m — 7 000 Ew — Traunstein 8, Bad Reichenhall 27 km
ℹ ☎ (0 86 62) 79 93, Fax 91 26 — Verkehrsamt, Rathausplatz 2, 83313 Siegsdorf; Luftkurort am Alpenrand. Sehenswert: Pfarrkirche, Wallfahrtskirche Maria Eck, 882 m ◂ (4 km ✓)

* Gasthof Alte Post
Traunsteiner Str 7, ✉ 83313, ☎ (0 86 62) 71 39, Fax 1 25 26
21 Zi, Ez: 80-85, Dz: 120-130, 3 App, ⌐ WC ☎; P ▮◯▮
geschl: Do, Ende Okt-Mitte Nov

* Rehwinkel
Dr.-Liegl-Str 33, ✉ 83313, ☎ (0 86 62) 73 61, Fax 70 25, ED
11 Zi, Ez: 68, Dz: 122, ⌐ WC ☎; P Sauna Solarium
geschl: Mo, Mitte-Ende Mär, Ende Nov-Anfang Dez
* Hauptgericht 25; Terrasse; geschl: Mo, Mitte-Ende Mär, Ende Nov-Anfang Dez

→

Siegsdorf

Hammer (6 km ↘)
**   **Hörterer „Hammerwirt"**
Schmiedstr 1, ✉ 83313, ☎ (0 86 62) 93 21, Fax 71 46, AX DC ED VA
20 Zi, Ez: 60-75, Dz: 120-140, 4 App, ⊣ WC ☎; **P**
geschl: Mi, Anfang Nov-Mitte Dez
Auch Zimmer der Kategorie ***** vorhanden
*   Hauptgericht 20; Gartenlokal;
geschl: Mi, Anfang Nov-Mitte Dez

Sierksdorf 11 ↙

Schleswig-Holstein — Kreis Ostholstein — 15 m — 1 303 Ew — Neustadt/Holstein 6 km
🛈 ☎ (0 45 63) 70 23, Fax 76 99 — Kurverwaltung, Vogelsang 1 a, 23730 Sierksdorf; Ostseebad an der Lübecker Bucht

**   **Seehof (Ringhotel)**
☼ ⊰ Gartenweg 30, ✉ 23730, ☎ (0 45 63) 70 31, Fax 74 85, AX DC ED VA
12 Zi, Ez: 110-150, Dz: 180-195, S; 8 App, ⊣ WC ☎; **P** 🖃 1⇔85 Strandbad
geschl: 3 Wochen im Jan
**   ⊰ Hauptgericht 25; Terrasse;
geschl: im Winter Mo, 3 Wochen im Jan
*   **Lütt Hus**
Hauptgericht 25; nur abends; geschl: Mo, 3 Wochen im Jan

Sieversen siehe Rosengarten

Sigmaringen 69 ←

Baden-Württemberg — Kreis Sigmaringen — 580 m — 16 000 Ew — Saulgau 29, Tuttlingen 41 km
🛈 ☎ (0 75 71) 10 62 23, Fax 10 61 66 — Verkehrsamt, Schwabstr 1, 72488 Sigmaringen. Sehenswert: Kath. Stadtkirche St. Johann; Schloß: Kunstsammlung und Waffensammlung, Marstallmuseum; Runder Turm; Josefsberg, 600 m ⊰ (0,5 km ↓)

*   **Fürstenhof**
Zeppelinstr 14, ✉ 72488, ☎ (0 75 71) 7 20 60, Fax 72 06 44, AX DC ED VA
31 Zi, Ez: 90, Dz: 135, 1 App, ⊣ WC ☎, 3✉; **P** 🖃 Fitneßraum Sauna Solarium
**   Hauptgericht 25; Terrasse
*   **Jägerhof**
Wentelstr 4, ✉ 72488, ☎ (0 75 71) 20 21, Fax 5 04 76, AX DC ED VA
18 Zi, Ez: 75, Dz: 112, 4 App, ⊣ WC ☎, 11✉; **P**; garni
geschl: Jan

Silberborn siehe Holzminden

Silberstedt 9 □

Schleswig-Holstein — Kreis Schleswig-Flensburg — 11 m — 1 793 Ew — Schleswig 15, Husum 21 km
🛈 ☎ (0 46 26) 9 60, Fax 96 96 — Amtsverwaltung, Hauptstr 41, 24887 Silberstedt

*   **Schimmelreiter**
Hauptstr 58, ✉ 24887, ☎ (0 46 26) 18 00, Fax 18 01 00, AX ED VA
29 Zi, Ez: 90-100, Dz: 160-180, ⊣ WC ☎; **P** 3⇔180 🍽

Simmerath 42 □

Nordrhein-Westfalen — Kreis Aachen — 540 m — 14 000 Ew — Monschau 8, Schleiden 19 km
🛈 ☎ (0 24 73) 60 71 39, Fax 60 71 00 — Gemeindeverwaltung, Rathaus, 52152 Simmerath; Erholungsort in der Nordeifel. Sehenswert: Kall-Talsperre (5 km ↑), Rur- und Urft-Talsperre (8 km →)

*   **Zur Post**
Hauptstr 67, ✉ 52152, ☎ (0 24 73) 14 46
12 Zi, Ez: 53, Dz: 100, ⊣ WC; **P** 🍽
Rezeption: 10-20; geschl: Nov

Simmern 53 ↑

Rheinland-Pfalz — Rhein-Hunsrück-Kreis — 380 m — 7 500 Ew — Bingen 34, Boppard 34 km
🛈 ☎ (0 67 61) 83 71 06, Fax 83 71 00 — Verkehrsamt, Brühlstr 2, 55469 Simmern; Kreisstadt des Rhein-Hunsrück-Kreises. Sehenswert: Ev. Stephanskirche: Grabdenkmäler; kath. Josefskirche; Schinderhannesturm; in Ravengiersburg (7 km ↙) ehem. Klosterkirche „Hunsrücker Dom"

*   **Bergschlößchen**
Nannhauser Str, ✉ 55469, ☎ (0 67 61) 90 00, Fax 90 01 00, AX DC ED VA
22 Zi, Ez: 80-90, Dz: 130-150, ⊣ WC ☎; Lift **P** 🖃 2⇔25 Kegeln
geschl: Anfang Feb-Mitte Mär
Auch Zimmer der Kategorie ****** vorhanden
*   Hauptgericht 30; Terrasse;
geschl: Anfang Feb-Mitte Mär
***   **Schwarzer Adler**
Koblenzer Str 3, ✉ 55469, ☎ (0 67 61) 1 36 11, Fax 96 01 08, ED
Hauptgericht 35; Terrasse; nur abends, so + feiertags auch mittags; geschl: Mo

Simmern-Außerhalb (5 km ↗) Richtung Laubach
*   **Birkenhof (Silencehotel)**
einzeln ☼ ⊰ ✉ 55469, ☎ (0 67 61) 50 05, Fax 51 76, AX DC ED VA
22 Zi, Ez: 85-112, Dz: 125-175, ⊣ WC ☎; Lift **P** Sauna Solarium 1⇔20
geschl: Ende Dez-Ende Jan
**   Hauptgericht 30; Terrasse;
geschl: Di, Jan

Simmertal 53 ↘

Rheinland-Pfalz — Kreis Bad Kreuznach — 190 m — 1 800 Ew — Kirn 7, Sobernheim 12, Gemünden 18 km
🛈 ☎ (0 67 54) 13 60 — Verkehrsverein, Schulstr, 55618 Simmertal; Erholungsort im Hunsrück. Sehenswert: Schloß Dhaun ⊰

Sindelfingen

* Landhaus Felsengarten
Auf der Lay 2, ✉ 55618, ☏ (0 67 54) 91 90,
Fax 91 90 35, AX ED VA
21 Zi, Ez: 68-75, Dz: 115-125, 2 App., ⌂ WC
☏; P 1↔20 Fitneßraum Kegeln Sauna
Solarium ⌐◎¬
Rezeption: 7-10, 17-24; geschl: 15.11.-
1.12.97

Simonsberg 9 ←

Schleswig-Holstein — Kreis Nordfriesland
— 1 m — 782 Ew — Husum 8, Friedrichstadt 13 km
🛈 ☏ (0 48 41) 8 98 70, Fax 47 28 — Tourist
Information, Geschäftsstelle Husumer
Bucht, Großstr 27, 25813 Husum

Simonsberger Koog (7 km ↗)
** Lundenbergsand
einzeln ♂ Lundenbergweg 3, ✉ 25813,
☏ (0 48 41) 43 57, Fax 6 29 98, AX DC ED VA
16 Zi, Ez: 80-90, Dz: 140-170, 1 Suite, ⌂ WC
☏; P 1↔15 Seezugang Solarium
* Hauptgericht 25; Terrasse;
geschl: im Winter Di

Simonswald 67 ↗

Baden-Württemberg — Kreis Emmendingen — 400 m — 3 000 Ew — Waldkirch 10,
Furtwangen 19 km
🛈 ☏ (0 76 83) 2 55, Fax 14 32 — Verkehrsamt, Talstr 14 a, 79263 Simonswald; Ort an
der deutschen Uhrenstraße. Sehenswert:
Brend, 1148 m ⊲ (1 Std →); das oberste
Wildgutachtal

* Tannenhof
⊲ Talstr 13, ✉ 79263, ☏ (0 76 83) 3 25,
Fax 14 66
34 Zi, Ez: 85, Dz: 120, 5 App., ⌂ WC ☏; Lift
P 3↔40 ≋ Kegeln Sauna Solarium ⌐◎¬
geschl: Di, Jan, Feb

* Pension Krone-Post
Talstr 8, ✉ 79263, ☏ (0 76 83) 26 5/ 12 67,
Fax 6 88
33 Zi, Ez: 55-60, Dz: 98-108, ⌂ WC ☏; P ⋒
≋ ⌐◎¬
geschl: Mo, Anfang Nov-Anfang Dez

Obersimonswald
* Engel
Obertalstr 44, ✉ 79263, ☏ (0 76 83) 2 71,
Fax 13 36, DC ED VA
37 Zi, Ez: 70-80, Dz: 110-140, ⌂ WC; P ⋒
1↔30 Bowling Fitneßraum Kegeln Sauna
Solarium ⌐◎¬
geschl: Mo + Di, Ende Okt-Ende Nov,
15.-29.3.

Sindelfingen 61 □

Baden-Württemberg — Kreis Böblingen —
468 m — 60 000 Ew — Böblingen 4, Stuttgart 19 km
🛈 ☏ (0 70 31) 69 08 27, Fax 69 08 84 — Verkehrsamt, Schillerstr 23, 71065 Sindelfingen. Sehenswert: Martinskirche; Altstadt;
Rathaus; Haus der Handweberei

*** Ramada
Mahdentalstr 68, ✉ 71065, ☏ (0 70 31)
69 60, Fax 69 68 80, AX DC ED VA
256 Zi, Ez: 220-270, Dz: 245-295, S;
4 Suiten, 1 App., ⌂ WC ☏, 90✉; Lift ⋒
9↔400 ≋ Fitneßraum Sauna Solarium
** Hauptgericht 30

***** Erikson
(Top International Hotel)**
Hanns-Martin-Schleyer-Str 8, ✉ 71063,
☏ (0 70 31) 93 50, Fax 93 55 55, AX DC ED VA
60 Zi, Ez: 170-210, Dz: 260-280, 1 Suite, ⌂
WC ☏, 21✉; Lift P ⋒ 2↔30 Fitneßraum
Sauna Solarium ⌐◎¬
geschl: Ende Dez-Anfang Jan
Auch Zimmer der Kategorie ** vorhanden

*** Holiday Inn
Schwertstr 65, ✉ 71065, ☏ (0 70 31)
6 19 60, Fax 81 49 90, AX DC ED VA
186 Zi, Ez: 154-239, Dz: 184-275, 1 Suite,
1 App., ⌂ WC ☏, 62✉; Lift P ⋒ 9↔200 ≋
Sauna Solarium
** Esquire
Hauptgericht 30; Biergarten

*** Queens Hotel
Wilhelm-Haspel-Str 101, ✉ 71065,
☏ (0 70 31) 61 50, Fax 87 49 81, AX DC ED VA
144 Zi, Ez: 125-254, Dz: 185-314, S; 1 Suite,
⌂ WC ☏, 40✉; Lift P 7↔220 Fitneßraum
Sauna Solarium
** Bristol
Hauptgericht 25; Terrasse; geschl: So
abends

** Best Western Hotel Senator
Riedmühlestr 18, ✉ 71063, ☏ (0 70 31)
69 80, Fax 69 86 00, AX DC ED VA
103 Zi, Ez: 99-165, Dz: 110-199, S; 27 App.,
⌂ WC ☏, 16✉; Lift P ⋒ Fitneßraum Sauna
Solarium; garni

** Rega Hotel
Waldenbucher Str 84, ✉ 71065, ☏ (0 70 31)
86 50, Fax 86 54 00, AX DC ED VA
75 Zi, Ez: 145-175, Dz: 210-230, ⌂ WC ☏;
Lift P ⋒; garni

** Knote
Vaihinger Str 14, ✉ 71063, ☏ (0 70 31)
61 10, Fax 81 33 02, AX DC ED VA
40 Zi, Ez: 95-145, Dz: 165-195, 2 Suiten,
3 App., ⌂ WC ☏; P
Auch Zimmer der Kategorie * vorhanden
** Wolfis Rôtisserie
Hauptgericht 30; Terrasse

* Residence
Calwer Str 16, ✉ 71063, ☏ (0 70 31) 93 30,
Fax 93 31 00, AX DC ED VA
135 Zi, Ez: 180, Dz: 225, 88 App., ⌂ WC ☏,
10✉; Lift ⋒ 3↔120 Fitneßraum Sauna;
garni →

Sindelfingen

** Klostersee
Burghaldenstr 6, ✉ 71065, ☎ (0 70 31)
81 50 81, Fax 87 33 98, AX DC ED VA
70 Zi, Ez: 98-160, Dz: 195-215, 1 Suite, ⌐
WC ☎, 50⬜; Lift 🅿 🚗 1⇔20 🍽

** Berlin
Berliner Platz 1, ✉ 71065, ☎ (0 70 31) 86 55,
Fax 8 65 60 08, AX DC ED VA
96 Zi, Ez: 198, Dz: 264, 3 Suiten, ⌐ WC ☎;
Lift 🅿 🚗 ≋ Sauna Solarium

** Adlon
Hauptgericht 30; geschl: So, Sa mittags

** Omega-Hotel
Vaihinger Str 38, ✉ 71063, ☎ (0 70 31)
7 90 00, Fax 79 00 10, AX DC ED VA
30 Zi, Ez: 110-170, Dz: 145-210, 1 Suite, ⌐
WC ☎, 10⬜; Lift 🅿 🚗 2⇔12; garni

* Carle
Bahnhofstr 37, ✉ 71063, ☎ (0 70 31)
87 40 01, Fax 81 44 27, AX DC ED VA
14 Zi, Ez: 90-125, Dz: 140-160, ⌐ WC ☎; Lift
🅿; garni
Auch Zimmer der Kategorie ** vorhanden

* Akzent-Hotel Torgauer Hof
Hirsauer Str 10, ✉ 71065, ☎ (0 70 31)
9 30 00, Fax 93 00 93, AX DC ED VA
28 Zi, Ez: 99-170, Dz: 140-190, 4 Suiten,
39 App, ⌐ WC ☎, 5⬜; Lift 🅿 🚗 Sauna
Solarium; garni

⌂ Zum Ritter
Calwer Str 21, ✉ 71063, ☎ (0 70 31) 93 10,
Fax 93 14 44, AX DC ED VA
64 Zi, Ez: 90-135, Dz: 140-190, ⌐ WC ☎;
🅿; garni
Rezeption: 11.30-17.30
Im Anbau Zimmer der Kategorie ** vorhanden

** Zum Hirsch
Ziegelstr 32, ✉ 71063, ☎ (0 70 31) 80 90 06,
Fax 80 53 32, AX DC ED VA
Hauptgericht 30; Terrasse; geschl: Mo

* Pi di Prima
Gartenstr 24, ✉ 71063, ☎ (0 70 31)
87 88 90, Fax 87 88 90, AX DC ED VA
Hauptgericht 25; Terrasse; geschl: So, Jul

* Chiang Mai
Calwer Str 21, ✉ 71063, ☎ (0 70 31)
81 01 08
Hauptgericht 22; geschl: Sa mittags
Thailändische Küche

Maichingen (3 km ↘)
* Alte Pfarrei
Sindelfinger Str 49, ✉ 71069, ☎ (0 70 31)
38 13 40, Fax 38 57 23, AX ED VA
Hauptgericht 30; Gartenlokal; geschl: Sa,
Anfang-Mitte Jan

Sindringen siehe Forchtenberg

Singen (Hohentwiel) 68 ↘

Baden-Württemberg — Kreis Konstanz —
428 m — 43 000 Ew — Schaffhausen 21,
Konstanz 31, Donaueschingen 41 km
ℹ ☎ (0 77 31) 8 54 73, Fax 6 91 54 — Verkehrsamt, August-Ruf-Str 7, 78224 Singen;
Stadt im Hegau, an der Aach. Sehenswert:
Hegau-Museum; Hohentwiel-Ruine, 688 m
◂ (2 km + 15 Min ←)

* Jägerhaus
Ekkehardstr 86 (C 2), ✉ 78224, ☎ (0 77 31)
6 50 97, Fax 6 33 38, AX DC ED VA
28 Zi, Ez: 90-110, Dz: 125-160, ⌐ WC ☎; Lift
🅿 🚗 2⇔80
geschl: So ab 15, Di
Auch Zimmer der Kategorie ** vorhanden
** Hauptgericht 29; geschl: So
abends, Di, Jul

* Lamm
Alemannstr 42 (C 1), ✉ 78224,
☎ (0 77 31) 40 20, Fax 40 22 00, AX DC ED VA
79 Zi, Ez: 89-149, Dz: 139-239, 2 Suiten, ⌐
WC ☎, 13⬜; Lift 🅿 🚗 🍽
geschl: Ende Dez-Ende Jan
Auch Zimmer der Kategorie ** vorhanden

Überlingen a. Ried
★★ Flohr's Hotel
♦ Brunnenstr 11, ⌧ 78224, ☏ (0 77 31) 9 32 30, Fax 93 23 23, AX ED VA
8 Zi, Ez: 115-125, Dz: 195-215, ⊿ WC ☏; P
1↻50
Rezeption: 12-13, 18.30-21
★★★ Hauptgericht 45; Terrasse; 🍷
geschl: Mo, Sa mittags

Sinsheim 54 ↘

Baden-Württemberg — Rhein-Neckar-Kreis — 158 m — 32 000 Ew — Heidelberg 30, Heilbronn 31 km
ℹ ☏ (0 72 61) 40 41 10, Fax 40 41 65 — Verkehrsamt, Wilhelmstr 14, 74889 Sinsheim; Stadt im Kraichgau. Sehenswert: Altes Rathaus; Auto- und Technik-Museum; Burg Steinsberg; Lerchennest mit Museum im Ortsteil Steinsfurt (5 km ↘)

★ Bär
Hauptstr 131, ⌧ 74889, ☏ (0 72 61) 15 80, Fax 51 81 00, AX DC ED VA
50 Zi, Ez: 98-140, Dz: 140-190, ⊿ WC ☏; Lift
P 🍽 2↻20 Sauna; **garni**

★★ Poststuben
Friedrichstr 16, ⌧ 74889, ☏ (0 72 61) 20 21
Hauptgericht 30; P; geschl: Mo, 1 Woche zu Ostern, 4 Wochen in den Sommerferien

Sinzig 43 □

Rheinland-Pfalz — Kreis Ahrweiler — 600 m — 16 150 Ew — Bonn 25, Koblenz 33 km
ℹ ☏ (0 26 42) 4 26 01, Fax 77 15 — Verkehrsamt, im Stadtteil Bad Bodendorf, Bäderstr, 53489 Sinzig; Thermalheilbad. Sehenswert: Kath. Pfarrkirche St. Peter

Bodendorf, Bad (3 km ↘)
★ Spitznagel
♦ Hauptstr 158, ⌧ 53489, ☏ (0 26 42) 4 20 91, Fax 4 35 44, AX DC ED VA
32 Zi, Ez: 88-120, Dz: 170-180, 3 Suiten, ⊿ WC ☏; Lift P 3↻30 ♨ Sauna Solarium
★ Hauptgericht 25; Terrasse

Sipplingen 68 ↘

Baden-Württemberg — Bodenseekreis — 400 m — 2 209 Ew — Überlingen 6, Stockach 13 km
ℹ ☏ (0 75 51) 80 96 29, Fax 35 70 — Verkehrsamt, Seestr, 78354 Sipplingen; Erholungsort am Bodensee. Sehenswert: Ruine Hohenfels, 530 m (0,5 km ↑); Haldenhof, 670 m ◂ (45 Min ↑); Schiffsahrt zur Insel Mainau

Die Angabe hinter der Ortsbezeichnung bezieht sich auf den Reisekartenteil. 10 ↑ bedeutet, daß sich der Ort im Reisekartenteil auf der Seite 10 im nördlichen Planfeld befindet.

Sittensen

★★ Akzent-Hotel Seeblick
♦ ◂ Prielstr 4, ⌧ 78354, ☏ (0 75 51) 6 12 27, Fax 6 71 57, AX ED VA
11 Zi, Ez: 110-140, Dz: 180-230, ⊿ WC ☏; P
🍽 ♨ Sauna Solarium
geschl: Do, Mitte Dez-Ende Jan
Restaurant für Hausgäste

★ Gasthof Sternen (Landidyll Hotel)
♦ ◂ Burkhard-von-Hohenfels-Str 20, ⌧ 78354, ☏ (0 75 51) 6 36 09, Fax 31 69
13 Zi, Ez: 65-85, Dz: 113-165, 5 Suiten, ⊿ WC ☏; P 🍽 1↻60 ⓘ
geschl: Di, Mitte Jan-Mitte Mär

★ Klostergasthof Zum Adler
Schulstr 2, ⌧ 78354, ☏ (0 75 51) 6 32 14, Fax 6 98 11, AX DC ED
Hauptgericht 25
★★ ◂ 7 Zi, Ez: 70, Dz: 140, 1 Suite, 5 App, ⊿ WC ☏; P

Sittensen 17 →

Niedersachsen — Kreis Rotenburg (Wümme) — 20 m — 9 152 Ew — Rotenburg 22, Buxtehude 32 km
ℹ ☏ (0 42 82) 9 30 00, Fax 59 24 — Samtgemeindeverwaltung, Am Markt 11, 27419 Sittensen

★ Zur Mühle
Bahnhofstr 25, ⌧ 27419, ☏ (0 42 82) 9 31 40, Fax 93 14 22, AX DC ED VA
11 Zi, Ez: 90-100, Dz: 130-140, ⊿ WC ☏; P
Sauna Solarium
Rezeption: 6.30-12, 15-22.30; geschl: Ende Dez-Anfang Jan
Restaurant für Hausgäste

★ Niedersachsenhof
Scheeßeler Str 2, ⌧ 27419, ☏ (0 42 82) 9 30 90, Fax 93 09 40, AX DC ED VA
24 Zi, Ez: 75-90, Dz: 120, ⊿ WC ☏; P 2↻40
Fitneßraum Sauna Solarium ⓘ

★ Landhaus De Bur
Bahnhofstr 3, ⌧ 27419, ☏ (0 42 82) 20 82, Fax 41 42, AX DC ED VA
Hauptgericht 25; Biergarten P; geschl: Mi
★ 11 Zi, Ez: 70-75, Dz: 106-110, ⊿ WC ☏;1↻120
Rezeption: 10-15, 17-24; geschl: Mi

Groß Meckelsen (4 km ←)
★ Schröder
Am Kuhbach 1, ⌧ 27419, ☏ (0 42 82) 15 80, Fax 35 35, AX DC ED VA
41 Zi, Ez: 84-94, Dz: 125-140, ⊿ WC ☏; P 🍽 2↻120 Fitneßraum Kegeln Sauna Solarium ⓘ

★ Gasthaus Zur Klostermühle
Kuhmühlenweg 7, ⌧ 27419, ☏ (0 42 82) 7 84, Fax 47 25
Hauptgericht 29; nur abends, So auch mittags; geschl: Mo

Sobernheim

Sobernheim 53 □

Rheinland-Pfalz — Kreis Bad Kreuznach — 153 m — 7 000 Ew — Bad Kreuznach 18, Idar-Oberstein 30 km

ℹ️ ☎ (0 67 51) 8 12 41, Fax 8 12 66 — Verkehrsamt, Bahnhofstr 6, 55566 Sobernheim; Felke-Heilbad (nach Naturarzt Pastor Emanuel Felke) an der Nahe; einziger Barfußpfad Deutschlands. Sehenswert: Freilichtmuseum

Sobernheim-Außerhalb (3 km ↑)
* **Kurhaus am Maasberg**
einzeln ♂ ⚡ Eckweiler Landstr, ✉ 55566, ☎ (0 67 51) 87 60, Fax 87 62 01, AX
81 Zi, Ez: 123-145, Dz: 204-240, 3 Suiten, 2 App, ⬜ WC ☎, 50◨; Lift 🅿 3↔50 ≋ ≘ Fitneßraum Sauna Solarium
Rezeption: 7.30-21; geschl: Anfang-Mitte Dez, Jan
Tennis 2; Auch Zimmer der Kategorie ** vorhanden
* Hauptgericht 35; Terrasse; geschl: Anfang-Mitte Dez, Jan

Soden am Taunus, Bad 44 ↘

Hessen — Main-Taunus-Kreis — 200 m — 19 000 Ew — Königstein 6, Oberursel 10, Frankfurt/Main 15 km

ℹ️ ☎ (0 61 96) 20 82 81, Fax 20 82 99 — Kurverwaltung, Königsteiner Str 86, 65812 Bad Soden am Taunus; Heilbad am Südhang des Taunus (30 Quellen)

*** **Parkhotel Treff Hotel**
Königsteiner Str 88, ✉ 65812, ☎ (0 61 96) 20 00, Fax 20 01 53, AX DC ED VA
130 Zi, Ez: 215-315, Dz: 270-375, S; ⬜ WC ☎, 48◨; Lift 🅿 🅿 13↔1200 Sauna Solarium
** **Parkrestaurant**
Hauptgericht 35; Terrasse

** **Concorde**
Am Bahnhof 2, ✉ 65812, ☎ (0 61 96) 20 90, Fax 2 70 75, AX DC ED VA
118 Zi, Ez: 165-285, Dz: 210-320, 1 Suite, 1 App, ⬜ WC ☎; Lift 🅿 🅿 2↔25 Solarium 🍽
geschl: 24.12.96-1.1.97
Auch Zimmer der Kategorie *** vorhanden

** **Salina Hotel**
♂ Bismarckstr 20, ✉ 65812, ☎ (0 61 96) 6 20 88, Fax 2 89 27, AX ED VA
45 Zi, Ez: 105-240, Dz: 150-295, 2 Suiten, ⬜ WC ☎, 3◨; Lift 🅿 4↔60 ≘ Sauna Solarium
Restaurant für Hausgäste

* **Thermen-Hotel**
Kronberger Str 17, ✉ 65812, ☎ (0 61 96) 5 94 30, Fax 64 32 30, AX DC ED VA
15 Zi, Ez: 98-135, Dz: 165-175, ⬜ WC ☎; 🅿
Rezeption: 7-14.30, 17-23; geschl: 2 Wochen in den Sommerferien
* **Kartoffelhaus**
Hauptgericht 30; Terrasse; geschl: So, Mo mittags, 2 Wochen in den Sommerferien

* **Rheinischer Hof**
Am Bahnhof 3, ✉ 65812, ☎ (0 61 96) 56 20, Fax 56 22 22, AX ED VA
62 Zi, Ez: 130-230, Dz: 220-290, 3 Suiten, 2 App, ⬜ WC ☎, 30◨; Lift 🅿 🅿 1↔45; garni

* **Waldfrieden**
♂ Sebastian-Kneipp-Str 1, ✉ 65812, ☎ (0 61 96) 2 50 14, Fax 6 24 39, AX DC ED VA
35 Zi, Ez: 118-125, ⬜ WC ☎; 🅿 🅿 1↔20 Sauna Solarium; garni
Rezeption: 8-13, 16-23; geschl: Ende Dez-Anfang Jan

* **Rohrwiese**
♂ Rohrwiesenweg 11, ✉ 65812, ☎ (0 61 96) 5 02 90, Fax 6 38 87, AX ED
50 Zi, Ez: 90-130, Dz: 165-175, 5 Suiten, 16 App, ⬜ WC ☎, 35◨; 🅿 🅿; garni
Tennis 1

* **Weinstube am Quellenpark**
Zum Quellenpark 33, ✉ 65812, ☎ (0 61 96) 52 81 33, Fax 52 81 34, AX ED VA
Hauptgericht 30; Gartenlokal

Soden-Salmünster, Bad 45 ↘

Hessen — Main-Kinzig-Kreis — 250 m — 14 002 Ew — Frankfurt/M 60 km

ℹ️ ☎ (0 60 56) 74 41 44, Fax 74 41 47 — Tourist-Information, im Kurzentrum Therma-Sol, Frowin-von-Hutten-Str 5, 63628 Bad Soden-Salmünster; Heilbad. Sehenswert: Kath. Kirche im Stadtteil Salmünster

** **Kress**
Sprudelallee 16 c, ✉ 63628, ☎ (0 60 56) 7 30 60, Fax 73 06 66, AX ED VA
42 Zi, Ez: 88-108, Dz: 130-170, ⬜ WC ☎, 2◨; Lift 🅿 5↔200
geschl: Sa mittags, Mo, Ende Dez-Anfang Jan
** Hauptgericht 30; Terrasse; geschl: Sa mittags

** **Landhotel Betz**
♂ ⚡ Brüder-Grimm-Str 21, ✉ 63628, ☎ (0 60 56) 73 90, Fax 80 80, AX ED
68 Zi, Ez: 75-105, Dz: 110-160, ⬜ WC ☎; Lift 🅿 🅿 Sauna Solarium
Rezeption: 7-21
Restaurant für Hausgäste; Auch Zimmer der Kategorie * vorhanden

✶ Villa Huttenquelle
Badestr 3, ✉ 63628, ☎ (0 60 56) 15 60, Fax 57 58
16 Zi, Ez: 40, Dz: 78, ⌐ WC ☎, 16✉; 🅿 🍺

Sögel 23 ↗

Niedersachsen — Kreis Emsland — 54 m — 5 000 Ew — Meppen 26, Cloppenburg 39 km
ℹ ☎ (0 59 52) 2 06 17, Fax 2 06 66 — Fremdenverkehrsamt, Clemens-August-Str 39, 49751 Sögel; Erholungsort. Sehenswert: Jagdschloß Clemenswerth mit Park: Taxushecken; Doppelmühle bei Hüven (8 km ↓)

✶✶ Clemenswerther Hof
Clemens-August-Str 33, ✉ 49751, ☎ (0 59 52) 12 30, Fax 12 68, DC ED VA
36 Zi, Ez: 60-70, Dz: 100-120, 1 App, ⌐ WC ☎; Lift 2↔30 Kegeln 🍽
Rezeption: ab 10

siehe auch **Esterwegen**

Söhlde 26 ↘

Niedersachsen — Kreis Hildesheim — 80 m — 8 209 Ew — Braunschweig 8, Salzgitter 12, Hildesheim 21 km
ℹ ☎ (0 51 29) 70 52 — Gemeindeverwaltung, Bürgermeister-Burgdorf-Str 8, 31185 Söhlde

Nettlingen (9 km ←)
✶ Hamburger Hof
Landwehr 43, an der B 444, ✉ 31185, ☎ (0 51 23) 97 10, Fax 9 71 50, AX DC ED VA
Hauptgericht 25; Biergarten 🅿 Kegeln; geschl: Mi
✶
14 Zi, Ez: 80-150, Dz: 130-200, ⌐ WC ☎, 1✉; 3↔120
geschl: Mi

Söllingen siehe Pfinztal

Sömmerda 37 ↘

Thüringen — Kreis Sömmerda — 23 669 Ew — Weimar 35, Sondershausen 40 km
ℹ ☎ (0 36 34) 35 02 41, Fax 2 14 77 — Sömmerda-Information, Marktplatz 2, 99610 Sömmerda. Sehenswert: Stadtbefestigung mit sechs Wehrtürmen und dem Erfurter Tor; Pfarrkirche St. Bonifatius; Pfarrhaus; Rathaus

✶✶ Erfurter Tor
Kölledaer Str 33, ✉ 99610, ☎ (0 36 34) 33 20, Fax 33 22 99, AX DC ED VA
41 Zi, Ez: 70-120, Dz: 100-150, 1 Suite, ⌐ WC ☎, 21✉; Lift 🅿 2↔80 🍽

Soest

✶ Thüringer Hof
Weißenseestr 39, ✉ 99610, ☎ (0 36 34) 2 12 07, Fax 3 04 74, AX ED
7 Zi, Ez: 78, Dz: 98, ⌐ WC ☎; 🅿 🍽

Soest 34 □

Nordrhein-Westfalen — Kreis Soest — 95 m — 45 845 Ew — Hamm 30, Dortmund 50, Paderborn 50 km
ℹ ☎ (0 29 21) 10 33 23, Fax 3 30 39 — Verkehrsamt, Am Seel 5 (B 2), 59494 Soest; Stadt in der Soester Börde. Sehenswert: Mittelalterliches Stadtbild; kath. St.-Patrokli-Münster: Glasgemälde; ev. Kirche St. Maria zur Wiese (Wiesenkirche, Glasgemälde „Westfälisches Abendmahl"); ev. Kirche St. Maria zur Höhe (Hohnekirche): Ausmalung; kath. Nikolaikapelle: Altarbild; ev. Petrikirche: Wandmalereien; ev. Paulikirche; Rathaus; Stadtarchiv; W.-Morgner-Haus; Burghof: Museum; Fachwerkhäuser; Stadtwall; Osthofentor; Museum; ev. Kirche im Stadtteil Ostönnen (8 km ←)

Stadtplan siehe Seite 966

✶✶ Hanse Hotel
Siegmund-Schultze-Weg 100, ✉ 59494, ☎ (0 29 21) 70 22-24, Fax 7 62 70, AX DC ED VA
45 Zi, Ez: 85-100, Dz: 160-180, 1 Suite, ⌐ WC ☎; 🅿 🍴 4↔50 🍽

✶ Stadt Soest
Brüderstr 50 (A 1), ✉ 59494, ☎ (0 29 21) 3 62 20, Fax 36 22 27, AX DC ED VA
20 Zi, Ez: 85-110, Dz: 140-170, ⌐ WC ☎; 🅿 🍴; garni

✶✶ Biermann's Restaurant 👨‍🍳
Thomästr 47 (C 3), ✉ 59494, ☎ (0 29 21) 1 33 10, Fax 1 32 34, AX DC ED VA
Hauptgericht 45; 🅿; geschl: Mo
✶ Bistro
Hauptgericht 30; geschl: Mo

✶✶ Im Wilden Mann
🍴 Markt 11 (B 2), ✉ 59494, ☎ (0 29 21) 1 50 71, Fax 1 40 78, AX DC ED VA
Hauptgericht 30; 🅿 Terrasse
✶✶
12 Zi, Ez: 95, Dz: 140-160, ⌐ WC ☎; 2↔100

✶✶ Pilgrim Haus Anno 1304
🍴 Jakobistr 75 (A 4), ✉ 59494, ☎ (0 29 21) 18 28, Fax 1 21 31, AX ED VA
Hauptgericht 30; Gartenlokal 🅿; nur abends, so + feiertags + sa auch mittags; geschl: So abends, Mo
Ältester Gasthof Westfalens. Erstmals im Jahre 1304 als Pilgerherberge erwähnt
✶✶
10 Zi, Ez: 125, Dz: 155-175, 2 Suiten, 4 App, ⌐ WC ☎; 🍴

Solingen

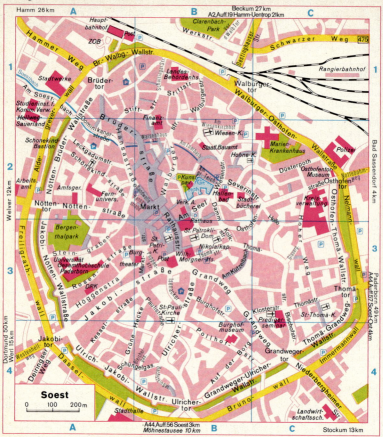

Solingen 33

Nordrhein-Westfalen — Stadtkreis — 164 m — 165 783 Ew — Wuppertal 20, Düsseldorf 27 km —
ℹ ☎ (02 12) 2 90 23 33, Fax 2 90 21 09 — Stadtinformation, Cronenberger Straße 59/61 (B 1), 42651 Solingen.
Sehenswert: Im Stadtteil Gräfrath (5 km ↑): Marktplatz mit kath. ehem. Klosterkirche und dem Deutschen Klingenmuseum; Müngstener Brücke (5 km →, höchste Eisenbahnbrücke Deutschlands, 107 m hoch); im Stadtteil Burg a.d. Wupper: Kath. Kirche; Bergisches Museum im Schloß Burg; Balkhauser Kotten (4 km ↘); im Stadtteil Merscheid: Industriemuseum

** City Club Hotel
Kronprinzenstr, ✉ 42655, ☎ (02 12) 2 20 60, Fax 2 20 61 00, AX DC ED VA
100 Zi, Ez: 135, Dz: 220, ⌑ WC ☎, 25 🍴; Lift
🅿 2⇔40 🍴🍷

* Turmhotel
Kölner Str 99 (B 3), ✉ 42651, ☎ (02 12) 1 30 50, Fax 1 32 44, AX DC ED VA
39 Zi, Ez: 138-195, Dz: 168-260, **S**; 1 App, ⌑ WC ☎; Lift 🚗 1⇔40; **garni**
geschl: Ende Dez-Anfang Jan

* Atlantic
Goerdelerstr 9 (B 4), ✉ 42651, ☎ (02 12) 1 60 01, Fax 1 60 04, AX DC ED VA
21 Zi, Ez: 90-130, Dz: 140-180, ⌑ WC ☎; Lift
🅿 1⇔60 Kegeln 🍷🍴
geschl: Ende Dez-Anfang Jan

* Goldener Löwe
Heinestr 2 (A 4), ✉ 42651, ☎ (02 12) 1 20 39, Fax 20 21 58, AX DC ED VA
15 Zi, Ez: 90-120, Dz: 140-185, ⌑ WC ☎; Lift
🅿 🚗 🍴🍷

In vielen im Varta aufgeführten Hotels sind neben den dargestellten Restaurants auch andere Restaurantkonzepte zu finden.

Solingen

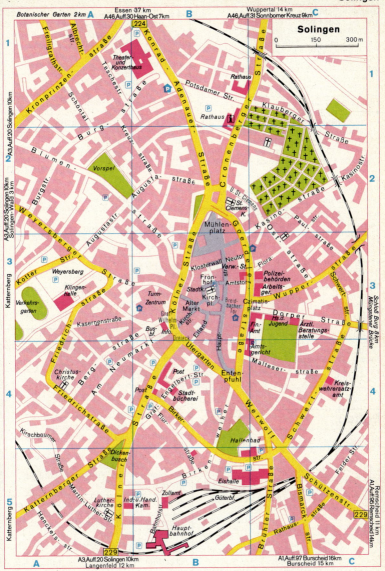

Burg an der Wupper (8 km ↘)
* Haus Niggemann
Wermelskirchener Str 22, ✉ 42659,
☎ (02 12) 4 10 21, Fax 4 91 75, AX DC ED VA
30 Zi, Ez: 110-150, Dz: 160-200, WC
Lift P Kegeln 4 150
* Hauptgericht 28; Terrasse

✣ Besonders beachtenswertes
Restaurant

** Schloß-Restaurant
✉ Schloßplatz 1, ✉ 42659, ☎ (02 12)
4 30 50, Fax 4 23 80, AX ED VA
Hauptgericht 25; Biergarten Terrasse;
geschl: Mo

Teilen Sie bitte der Redaktion des Varta
mit, wenn Sie sich in einem Haus besonders wohlgefühlt haben oder wenn Sie
unzufrieden waren.

967

Solingen

Gräfrath (5 km ↑)
** **Zur Post**
Gräfrather Markt 1, ✉ 42653, ☎ (02 12)
5 97 11, Fax 59 27 51, DC ED VA
Hauptgericht 25; Biergarten 🅿; geschl:
Do, in den Sommerferien
** 43 Zi, Ez: 148-168, Dz: 225-245,
2 Suiten, ⌐ WC ☎, 2🛁
geschl: in den Sommerferien

Ohligs (9 km ←)
*** **Seidler Parkhotel
(Ringhotel)**
Hackhauser Str 62, ✉ 42697, ☎ (02 12)
7 06 00, Fax 7 46 62, AX DC ED VA
63 Zi, Ez: 120-280, Dz: 150-380, S; 2 Suiten,
⌐ WC ☎, 11🛁; Lift 🅿 🚗 5⇨150 Fitneß-
raum Sauna
** **La Table**
Hauptgericht 38; Biergarten Terrasse;
geschl: Sa mittags

** **Appartement Hotel**
Caspersbroicher Weg 3, ✉ 42697,
☎ (02 12) 2 35 30, Fax 2 35 33 00,
AX DC ED VA
Ez: 115-200, Dz: 165-212, 7 Suiten, 89 App,
⌐ WC ☎; Lift 🅿 🚗 2⇨80 🍴
Rezeption: 9-18

** **Landhaus Kovelenberg**
einzeln, Hermann-Löns-Weg 121,
✉ 42697, ☎ (02 12) 7 40 78, Fax 7 12 38,
AX ED VA
Hauptgericht 40; Gartenlokal 🅿 Terrasse;
geschl: Mo, Sa mittags, Jan

Wald (2 km ↘)
*** **Parkrestaurant Ittertal**
Itteralstr 50, ✉ 42719, ☎ (02 12) 31 47 45,
Fax 31 94 40, AX ED
Hauptgericht 35; Kegeln; geschl: Mo + Di,
4 Wochen in den Sommerferien

Soltau 18 ↗

Niedersachsen — Kreis Soltau-Fallingbostel — 68 m — 20 000 Ew — Lüneburg 50,
Hamburg 70, Bremen 80 km
ℹ️ ☎ (0 51 91) 8 44 40, Fax 8 44 48 — Verkehrsbüro, Bornemannstr 7, 29614 Soltau;
Erholungsort in der Lüneburger Heide mit
Sole-Kurbetrieb. Sehenswert: Spielzeugmuseum, Museum, Therme Ahltener
Flatt, Wacholderpark; Umgebung: Heide-
park (5 km ↗)

** **Meyn**
Poststr 19, ✉ 29614, ☎ (0 51 91) 20 01,
Fax 1 75 75, AX DC ED VA
56 Zi, Ez: 90-100, Dz: 130-170, 2 App, ⌐ WC
☎, 4🛁; 🅿 🚗 3⇨150
geschl: Ende Dez
* **Heideblüte**
Hauptgericht 32; geschl: Ende Dez

** **Heidland**
Winsener Str 109, ✉ 29614, ☎ (0 51 91)
1 70 33, Fax 42 63, AX DC ED VA
47 Zi, Ez: 89-148, Dz: 160-263, ⌐ WC ☎,
4🛁; 🅿 7⇨200 Kegeln Sauna Solarium 🍴
Auch Zimmer der Kategorie * vorhanden

** **Heide-Paradies**
Lüneburger Str 6, ✉ 29614, ☎ (0 51 91)
30 86, Fax 1 83 32, AX DC ED VA
18 Zi, Ez: 80-120, Dz: 110-150, 14 App, ⌐
WC ☎; 🅿; garni
Rezeption: 10-20

* **Herz der Heide**
♂ Ernst-August-Str 7, ✉ 29614, ☎ (0 51 91)
22 48, Fax 1 77 65, AX DC ED VA
11 Zi, Ez: 55-79, Dz: 115-145, 7 Suiten, ⌐
WC ☎; Sauna Solarium; garni

* **Heidehotel Anna**
Saarlandstr 2, ✉ 29614, ☎ (0 51 91) 1 50 26,
Fax 1 54 01, AX ED VA
23 Zi, Ez: 70-110, Dz: 100-140, ⌐ WC ☎; 🅿
1⇨15 Sauna 🍴

* **An der Therme**
Stubbendorffweg 8, ✉ 29614, ☎ (0 51 91)
32 93, Fax 7 12 22
Hauptgericht 25; 🅿 Terrasse
* 10 Zi, Ez: 90, Dz: 140, ⌐ WC ☎;
1⇨60 Fitneßraum Sauna Solarium

Harber (7 km →)
** **Meierdinger Hotel Forellenhof**
an der B 209/71, ✉ 29614, ☎ (0 51 91)
60 60, Fax 6 06 60, AX DC ED VA
82 Zi, Ez: 85, Dz: 147, ⌐ WC ☎, 6⇨
** Hauptgericht 21; Biergarten

Sommerach 56 □

Bayern — Kreis Kitzingen — 260 m —
1 250 Ew — Volkach 5, Kitzingen 13, Würzburg 26 km
ℹ️ ☎ (0 93 81) 12 29, Fax 47 20 — Gemeindeverwaltung, Kirchplatz 3, 97334 Sommer-
ach

* **Bocksbeutelherberge**
♂ Weinstr 22, ✉ 97334, ☎ (0 93 81) 14 65,
Fax 37 64
8 Zi, Ez: 56-68, Dz: 92, 1 App, ⌐ WC ☎; 🅿
Weinstube
Hauptgericht 15; Terrasse; nur abends;
geschl: Dez 97

* **Gasthof Zum Weißen Lamm**
Hauptstr 2, ✉ 97334, ☎ (0 93 81) 93 77
Hauptgericht 20; geschl: Di, Mitte-Ende
Jan
🛏 11 Zi, Ez: 47-80, Dz: 88-170,
3 Suiten, ⌐ WC ☎
Rezeption: 11-24; geschl: Di, Mitte-Ende
Jan
Auch Zimmer der Kategorie ** vorhanden.
Eigenbauweine.

Sommerfeld 29 ↗

Brandenburg — Oranienburg — 1 060 Ew
— Oranienburg 17, Berlin 42, Rheinsberg 40 km
ℹ️ ☎ (03 30 55) — Gemeindeverwaltung,
16766 Sommerfeld

**** Am See
(Ringhotel)**
einzeln ⚜ Beetzer Str 1a, ✉ 16766,
☎ (03 30 55) 7 09 65, AX DC ED VA
100 Zi, Ez: 100-170, Dz: 150-190, S;
2 Suiten, 3 App, ⊿ WC ☎, 10🛏; Lift 🅿
9⇔150 🛥 Strandbad Fitneßraum Sauna
Solarium 🍽
Auch Zimmer der Kategorie ******* vorhanden

Sommerhausen 56 □

Bayern — Kreis Würzburg — 180 m —
1 500 Ew — Würzburg 13 km
🅘 ☎ (0 93 33) 2 16 — Verkehrsbüro,
Hauptstr 15, 97286 Sommerhausen; Weinort am Main. Sehenswert: Ev. Kirche;
Schloß; Rathaus; Mauerring

* Ritter Jörg
Maingasse 14, ✉ 97286, ☎ (0 93 33) 12 21,
Fax 18 83
22 Zi, Ez: 78-110, Dz: 120-145, ⊿ WC ☎; 🅿
geschl: Jan
* Hauptgericht 25; nur abends,
So + Sa auch mittags; geschl: Mo, Jan

* Gästehaus Mönchshof
♂ Mönchshof 7, ✉ 97286, ☎ (0 93 33) 7 58,
Fax 7 65
14 Zi, Ez: 55, Dz: 92, 1 App, ⊿ WC ☎; 🅿;
garni
geschl: Ende Dez-Anfang Jan

* Gästehaus am Schloß
♂ Hauptstr 1, ✉ 97286, ☎ (0 93 33) 13 04
6 Zi, Ez: 65-85 Dz: 100-120, ⊿ WC ☎; garni

* Anker
⚜ Maingasse 2, ✉ 97286, ☎ (0 93 33) 2 32,
Fax 2 71, AX ED VA
7 Zi, Ez: 55, Dz: 95, ⊿ WC ☎, 3🛏; 🅿 🚗
1⇔50 🍽
geschl: Ende Dez-Anfang Jan

* Zum Weinkrug
Steingraben 5, ✉ 97286, ☎ (0 93 33) 2 92,
Fax 2 81
13 Zi, Ez: 75-95, Dz: 115-145, ⊿ WC ☎, 5🛏;
🅿 🚗; garni

** Restaurant von Dungern 🍴
♀ Hauptstr 12, ✉ 97286, ☎ (0 93 33) 14 06
Hauptgericht 38; nur abends; geschl: So,
Mo, Di, Aug, Ende Dez-Mitte Jan
Reservierung erforderlich.

Sondershausen 37 ↓

Thüringen — Kreis Sondershausen —
200 m — 23 000 Ew — Nordhausen 17,
Erfurt 57 km
🅘 ☎ (0 36 32) 81 11, Fax 20 73 — Sondershausen-Information, Ferdinand-Schlufter-Str 20, 99706 Sondershausen. Sehenswert:
Schloß, Herkulesbrunnen, Schloßpark;
Markt mit Rathaus; Stadtkirche St. Trinitatis; Jagdschloß „Zum Possen", Aussichtsturm

* Thüringer Hof
Hauptstr 30, ✉ 99706, ☎ (0 36 32) 65 60,
Fax 6 56 11, AX DC ED VA
48 Zi, Ez: 85-120, Dz: 110-150, 1 Suite,
3 App, ⊿ WC ☎; Lift 🅿 2⇔50
* Hauptgericht 20; Terrasse

** Schloßrestaurant
Im Schloß, ✉ 99706, ☎ (0 36 32)
(03 63 2) 78 22 09, Fax 78 22 09, AX DC ED VA
Hauptgericht 25; Gartenlokal 🅿

Sonneberg 47 ↘

Thüringen — Kreis Sonneberg — 400 m —
27 500 Ew — Coburg 20 km
🅘 ☎ (0 36 75) 88 00 — Stadtverwaltung,
Fremdenverkehrsbüro, Bahnhofsplatz,
96554 Sonneberg

** Parkhotel Sonne
Dammstr 3, ✉ 96515, ☎ (0 36 75) 82 30,
Fax 82 33 33, AX ED VA
36 Zi, Ez: 95-105, Dz: 130-150, ⊿ WC ☎,
10🛏; Lift 🅿 4⇔90 🍽

* Schöne Aussicht
Schöne Aussicht 24, ✉ 96515, ☎ (0 36 75)
80 40 40, Fax 80 40 41, ED
11 Zi, Ez: 78-85, Dz: 120-140, 1 App, ⊿ WC
☎; 🅿 1⇔30 🍽

Steinbach (2 km →)
* Waldblick
einzeln ♂ ⚜ Mönchsberger Str 13 a,
✉ 96515, ☎ (0 36 75) 74 47 49, Fax 74 44 48,
AX ED VA
16 Zi, Ez: 78-88, Dz: 95-120, 2 App, ⊿ WC
☎; 🅿 🚗 1⇔40 Fitneßraum Sauna
Solarium 🍽

Sonnenbühl 61 ↘

Baden-Württemberg — Kreis Reutlingen
— 780 m — 6 336 Ew — Reutlingen 24,
Hechingen 28 km
🅘 ☎ (0 71 28) 9 25 -0, Fax 9 25 50 — Bürgermeisteramt Sonnenbühl, Hauptstr. 2,
72820 Sonnenbühl. Sehenswert: Karlshöhle mit Bärenhöhle (5 km ↑ vom Ortsteil
Erpfingen)

Erpfingen (Luftkurort)
** Hirsch ⚜
Im Dorf 12, ✉ 72820, ☎ (0 71 28) 9 29 10,
Fax 31 21
Hauptgericht 35; 🅿 Terrasse; geschl: Di,
2 Wochen Jan/Feb, 2 Wochen im Nov
* 10 Zi, Ez: 100-125, Dz: 130-180, ⊿
WC ☎; Lift 2⇔60
geschl: Di, 2 Wochen im Nov, 2 Wochen
Jan/Feb
Auch Zimmer der Kategorie ****** vorhanden

Sonthofen

Sonthofen 70 ↓

Bayern — Kreis Oberallgäu — 750 m — 21 000 Ew — Oberstdorf 14 km
🅘 ☎ (0 83 21) 61 52 91, Fax 61 53 27 — Gästeamt, Rathausplatz 1, 87527 Sonthofen; Kreisstadt, Luftkurort. Sehenswert: Kath. Kirche; Kapelle im Ortsteil Berghofen ⋖ (2 km →); Starzlachklamm (3 km ↗); Hinanger Wasserfall (5 km ↓)

*   **Haus Grünten**
Bahnhofsplatz 15, ✉ 87527, ☎ (0 83 21) 70 16, Fax 7 11 03
50 Zi, Ez: 65, Dz: 120, ⎓ WC ☎; Lift 🅿;
garni
geschl: So

Sooden-Allendorf, Bad 36 ↘

Hessen — Werra-Meißner-Kreis — 152 m — 10 000 Ew — Witzenhausen 14, Eschwege 15 km
🅘 ☎ (0 56 52) 5 01 66, Fax 5 01 71 — Kurverwaltung, im Stadtteil Bad Sooden, Landgraf-Philipp-Platz 1, 37242 Bad Sooden-Allendorf; Heilbad an der Werra. Sehenswert: In Bad Sooden: Ev. Kirche; Söder Tor, Kuranlagen; Fachwerkhäuser; in Allendorf: Stadtbild; ev. Kirche; Rathaus; Stadtmauer; der „Brunnen vor dem Tore"; Fachwerkhäuser: u. a. Bürgersches Haus

Sooden, Bad
**   **Akzent-Hotel**
             Waldhotel Soodener Hof
♂ Hardtstr 1, ✉ 37242, ☎ (0 56 52) 95 60, Fax 95 62 22, AX DC ED VA
47 Zi, Ez: 105-125, Dz: 158-190, ⎓ WC ☎; Lift 🅿 3⟳45 ≘ Sauna Solarium 🍽

Sottorf siehe Rosengarten

Spaichingen 68 □

Baden-Württemberg — Kreis Tuttlingen — 669 m — 11 377 Ew — Tuttlingen 14, Rottweil 15 km
🅘 ☎ (0 74 24) 70 90, Fax 7 09 19 — Stadtverwaltung, Marktplatz 19, 78549 Spaichingen. Sehenswert: Wallfahrtskirche auf dem Dreifaltigkeitsberg 985 m ⋖ (5 km ↗); Kirche in Balgheim (2 km ↘)

**   **Bonne Auberge**
Marktplatz 4, ✉ 78549, ☎ (0 74 24) 21 61, AX DC ED VA
Hauptgericht 35; Terrasse; geschl: So

Spalt 63 ↗

Bayern — Kreis Roth — 371 m — 5 000 Ew — Roth 15, Schwabach 20, Nürnberg 25 km
🅘 ☎ (0 91 75) 7 96 50, Fax 79 65 35 — Stadtverwaltung, Herrengasse 10, 91174 Spalt. Sehenswert: Stiftskirche St. Nikolaus; Kornhaus; Schlenzgerhaus; Pfarrkirche St. Emmeram; Hopfengut Mühlreisig

Spalt-Außerhalb (5 km ↘) Richtung Wernfels
*   **Blumental**
einzeln, Stiegelmühle 42, ✉ 91174, ☎ (0 98 73) 3 32, Fax 13 75
Hauptgericht 25; 🅿 Terrasse; geschl: Mo, Di, 3 Wochen im Jan

Spangenberg 36 ↗

Hessen — Schwalm-Eder-Kreis — 250 m — 7 000 Ew — Melsungen 12, Bebra 27 km
🅘 ☎ (0 56 63) 72 97, Fax 50 90 26 — Verkehrsamt, Kirchplatz 4, 34286 Spangenberg; Luftkurort im Hessischen Bergland. Sehenswert: Ev. Stadtkirche; Fachwerkbauten; Jagdmuseum; Stadtmauer mit Wehrtürmen; Schloß ⋖

**   **Schloß Spangenberg**
             (Gast im Schloß)
einzeln ♂ ⋖ ✉ 34286, ☎ (0 56 63) 8 66, Fax 75 67, AX DC ED VA
24 Zi, Ez: 130-180, Dz: 170-270, 1 Suite, ⎓ WC ☎, 5🖂; 🅿 3⟳60
geschl: So abends, Anfang Jan, 2 Wochen in den Sommerferien
**   **Burgrestaurant**
Hauptgericht 30; Terrasse; geschl: So abends, im Winter Do+Fr mittags, Anfang Jan, 2 Wochen in den Sommerferien

*   **Stöhr**
Marktplatz 9, ✉ 34286, ☎ (0 56 63) 8 41, Fax 8 42
22 Zi, Ez: 45-71, Dz: 85-98, 1 App, ☎, 5🖂; 1⟳40
geschl: Mitte Jan-Mitte Feb
*   Hauptgericht 20; Biergarten 🅿;
geschl: Di, Mitte Jan-Mitte Feb

*   **Ratskeller**
Markt 1, ✉ 34286, ☎ (0 56 63) 3 41
Hauptgericht 30; geschl: Mo, 3 Wochen in den Sommerferien

Sparneck 48 ↘

Bayern — Kreis Hof — 556 m — 2 089 Ew — Münchberg 7, Hof 20 km
🅘 ☎ (0 92 51) 99 03 22, Fax 74 44 — Gemeindeverwaltung, Marktplatz 4, 95234 Sparneck. Sehenswert: Großer Waldstein, 880 m ⋖ (5 km ↓)

Sparneck-Außerhalb (1 km ↓)
**   **Waldhotel Heimatliebe**
einzeln ♂ ⋖ Humbertstr, ✉ 95234, ☎ (0 92 51) 81 13, Fax 75 98, AX DC ED VA
25 Zi, Ez: 98-120, Dz: 150-180, 1 Suite, ⎓ WC ☎, 7🖂; 🅿 🛌 4⟳ Sauna Solarium 🍽
**   **Vier Jahreszeiten**
Hauptgericht 40; Terrasse; geschl: nur abends, So auch mittags

Speyer

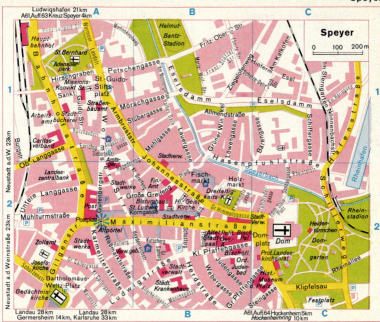

Speichersdorf 58 ↗

Bayern — Kreis Bayreuth — 470 m —
5 360 Ew — Kemnath 8, Bayreuth 20 km
ℹ ☏ (0 92 75) 4 22, Fax 10 62 — Gemeindeverwaltung, Kemnather Str 9, 95469 Speichersdorf

∗ Gasthof Imhof
Kemnather Str 18, ✉ 95469, ☏ (0 92 75)
4 71, Fax 72 87, DC ED VA
27 Zi, Ez: 55-65, Dz: 85-95, ⌂ WC ☏; P 🚗
1⇌50 Kegeln 🍴
Rezeption: 7-12; geschl: So abends, Mo mittags, Ende Feb

Spelle 23 →

Niedersachsen — Landkreis Emsland —
35 m — 6 890 Ew — Rheine 8, Lingen 20 km
ℹ ☏ (0 59 77) 7 20, Fax 72 44 — Gemeindeverwaltung, Hauptstr 43, 48480

∗∗ Krone
Bernard-Krone-Str 15, ✉ 48480,
☏ (0 59 77) 9 39 20, Fax 93 92 92, AX ED VA
28 Zi, Ez: 85, Dz: 110, ⌂ WC ☏, 6🛏; Lift P
🚗 2⇌140 🍴

Die Angabe hinter der Ortsbezeichnung bezieht sich auf den Reisekartenteil. 10 ↑ bedeutet, daß sich der Ort im Reisekartenteil auf der Seite 10 im nördlichen Planfeld befindet.

Speyer 54 ↓

Rheinland-Pfalz — Stadtkreis — 104 m —
50 000 Ew — Ludwigshafen 21, Heidelberg 25, Landau 21 km
ℹ ☏ (0 62 32) 1 43 95, Fax 1 42 39 — Verkehrsamt, Maximilianstr 11 (B 2),
67346 Speyer; Stadt am Rhein, Hochschule für Verwaltungswissenschaften. Sehenswert: Kaiserdom mit Krypta (Kaisergräber); Protestationskirche (Gedächtniskirche); ev. Dreifaltigkeitskirche; kath. Kirche St. Josef; Altpörtel (Torturm) ≼; hist. Museum der Pfalz (Weinmuseum); Judenbad; Technik-Museum; Rheinbrücke ≼

∗∗ Domhof
Bauhof 3 (B 2), ✉ 67346, ☏ (0 62 32)
1 32 90, Fax 13 29 90, AX DC ED VA
49 Zi, Ez: 160, Dz: 190-230, ⌂ WC ☏, 13🛏;
Lift P 🚗 4⇌150
Hauptgericht 20; Biergarten Brauereiausschank mit rustikalem Ambiente

∗∗ Goldener Engel
Mühlturmstr 1 a (A 2), ✉ 67346,
☏ (0 62 32) 1 32 60, Fax 13 26 95,
AX DC ED VA
44 Zi, Ez: 93-115, Dz: 140-180, 2 Suiten, ⌂
WC ☏; Lift P 2⇌25
geschl: Ende Dez-Anfang Jan
Zum alten Engel
Hauptgericht 20; geschl: So
Hist. Ziegelkeller →

Speyer

✱ Steigenberger Esprix (Top International Hotel)
Karl-Leiling-Allee 6, ✉ 67346, ☏ (0 62 32) 20 80, Fax 20 83 33, AX DC ED VA
86 Zi, Ez: 120, Dz: 150, S; ⊣ WC ☏, 24❒; Lift P 3↔50
Bistro-Bar
Hauptgericht 20; Terrasse

✱ Graf's Hotel Löwengarten
Schwerdstr 14 (A 2), ✉ 67346, ☏ (0 62 32) 62 70, Fax 2 64 52, AX DC ED VA
42 Zi, Ez: 78-149, Dz: 129-195, ⊣ WC ☏; Lift P 🕮 1↔
✱ Hauptgericht 25; Terrasse; nur abends; geschl: So, Sa, 2 Wochen im Sommer, 2 Wochen im Winter

✱ Am Wartturm
Landwehrstr 28, ✉ 67346, ☏ (0 62 32) 6 43 30, Fax 64 33 21
17 Zi, Ez: 85-110, Dz: 120-180, ⊣ WC ☏; P; garni

✱✱ Backmulde
Karmeliterstr 11 (A 2), ✉ 67346, ☏ (0 62 32) 7 15 77, Fax 62 94 74, AX DC ED VA
Hauptgericht 40; geschl: So, Mo, Ende Aug-Anfang Sep

✱ Zum Domnapf
Domplatz 1 (B 2), ✉ 67346, ☏ (0 62 32) 7 54 54, Fax 7 88 09, AX ED VA
Hauptgericht 25; Terrasse; geschl: So abends, Mo

✱ Kutscherhaus
Fischmarkt 5 a (B 2), ✉ 67346, ☏ (0 62 32) 7 05 92, Fax 62 09 22, AX ED VA
Hauptgericht 30; Biergarten P Terrasse ⇌; geschl: Mi

Binshof (2 km ↑)

✱✱✱ RR Binshof Resort ♛
♂ Binshof 1, ✉ 67346, ☏ (0 62 32) 64 70, Fax 64 71 99, AX DC ED VA
68 Zi, Ez: 220-420, Dz: 380-550, 10 Suiten, ⊣ WC ☏, 25❒; Lift P 🕮 4↔80 ≋ 🛁
Fitneßraum Sauna Solarium
Großzügiger Fitneß- und Wellneßbereich
✱✱✱ Fresco
Hauptgericht 45; Terrasse
✱✱ Salierhof
Hauptgericht 35; Terrasse

Spiegelau 66 ↑

Bayern — Kreis Freyung-Grafenau — 730 m — 4 150 Ew — Grafenau 8, Zwiesel 21 km

🛈 ☏ (0 85 53) 8 11, Fax 64 24 — Verkehrsamt, Hauptstr 30, 94518 Spiegelau; Erholungsort im Bayerischen Wald. Sehenswert: Kristallglashütte; Großer Rachel, 1453 m ◂ (4 km ↑ bis Parkplatz Gfäll, von hier bis zum Gipfel etwa 90 Min); Waldspielgelände mit Naturerlebnispfad

✱ Pension Hubertushof
Hauptstr 1, ✉ 94518, ☏ (0 85 53) 9 60 90, Fax 96 09 96
35 Zi, Ez: 60-67, Dz: 110-128, ⊣ WC ☏; P 🕮 Sauna Solarium; garni
geschl: Mitte Mär-Anfang Mai, Anfang Nov-Mitte Dez

✱ Genosko
Hauptstr 11, ✉ 94518, ☏ (0 85 53) 12 58, Fax 96 09 96
22 Zi, Dz: 100-130, 2 Suiten, ⊣ WC ☏; P 🕮 ⓘ
Rezeption: 7-20; geschl: Anfang Nov-Mitte Dez

✱ Pension Waldfrieden
♂ Waldschmidtstr 10, ✉ 94518, ☏ (0 85 53) 12 47, Fax 66 31
25 Zi, Ez: 54, Dz: 100, ⊣ WC; P 🛁 Fitneßraum Sauna Solarium
geschl: Di, Ende Mär-Anfang Mai, Anfang Nov-Ende Dez
Restaurant für Hausgäste

Klingenbrunn (5 km ←)
✱✱ Hochriegel
♂ ◂ Frauenauer Str 31, ✉ 94518, ☏ (0 85 53) 60 43
40 Zi, Ez: 67-85, Dz: 134-190, 21 App, ⊣ WC ☏; Lift P 🛁 Fitneßraum Sauna Solarium 〰
Rezeption: 8-21; geschl: Apr, Mitte Nov-Mitte Dez
Golf 18; Tennis 1
Restaurant für Hausgäste

Oberkreuzberg (7 km ↓)
✱ Berggasthof Grobauer
♂ ◂ Kreuzbergstr 8, ✉ 94518, ☏ (0 85 53) 9 11 09, Fax 9 11 10
37 Zi, Ez: 39-49, Dz: 78-100, ⊣ WC; Lift P 🛁 Fitneßraum Sauna Solarium ⓘ
Rezeption: 8-12, 16-22; geschl: Mi, Nov
Im Gästehaus Zimmer der Kategorie ✱✱ vorhanden

Palmberg (4 km ←)
✱ Palmberger Hof
◂ Sternweg 2, ✉ 94518, ☏ (0 85 53) 12 42, Fax 69 55, DC ED
32 Zi, Ez: 80, Dz: 120-140, ⊣ WC ☏, 5❒; 🛁 Fitneßraum Sauna Solarium
Restaurant für Hausgäste

Spiekeroog 16 ↖

Niedersachsen — Kreis Wittmund — 25 m — 672 Ew — 0 km

🛈 ☏ (0 49 76) 1 70, Fax 17 47 — Kurverwaltung, Noorderpad 25, 26474 Spiekeroog; Ostfriesische Insel, Nordsee-Heilbad. Sehenswert: Alte Inselkirche (Schiffspredigtstuhl)

Achtung: Pkw nicht zugelassen. Schiffe in 30 Min von Neuharlingersiel, 🛈 ☏ (0 49 76) 17 33. Garagen- und Parkplatzbuchung ☏ (0 49 74) 3 86 oder 2 84

Sprockhövel

** Akzent-Hotel Inselfriede
☏ Süderloog 12, ✉ 26474, ☎ (0 49 76) 9 19 20, Fax 91 92 66, [DC]
18 Zi, Ez: 98-106, Dz: 168-194, 17 App, ⌐ WC ☎; ≋ Sauna Solarium
geschl: Ende Nov-Ende Dez, Anfang Jan-Mitte Mär
** Friesenstube
Hauptgericht 25; Terrasse

* Upstalsboom
☏ Pollerdiek 4, ✉ 26474, ☎ (0 49 76) 3 64, Fax 15 67, [AX][DC][ED][VA]
35 Zi, Ez: 87-125, Dz: 138-188, ⌐ WC ☎, 2⌧; Sauna Solarium ¶

* Huus Süder Mens
☏ Richelweg 1 a, ✉ 26474, ☎ (0 49 76) 2 26, Fax 5 30
27 Zi, Ez: 78-85, Dz: 130-150, 1 App, ⌐ WC; 1⇔40; garni
geschl: Mitte Jan-Anfang Mär

* Kiek In Hotel-Pension Strandidyll
☏ Wittdünn 1, ✉ 26474, ☎ (0 49 76) 3 58, Fax 15 68, [AX]
10 Zi, Ez: 75-95, Dz: 140-165, 1 Suite, ⌐ WC, 4⌧; Sauna; garni
geschl: Anfang Nov-Ende Dez, Mitte Jan-Anfang Mär

≡ Inselcafé
Norderloog 13, ✉ 26474, ☎ (0 49 76) 91 20 10, Fax 91 20 11
Terrasse; 8-18; geschl: im Winter Mo

Spornitz 20 ←

Mecklenburg-Vorpommern — 1 621 Ew — Parchim 9, Schwerin 38 km
ℹ ☎ (03 87 26) 2 86 — Gemeindeverwaltung, Friedensstr 19, 19372 Spornitz

Spornitz
** Graf Moltke (Top Hotel International)
Am Alten Dütschower Weg 1, ✉ 19372, ☎ (03 87 26) 8 80, Fax 8 84 90, [AX][DC][ED][VA]
139 Zi, Ez: 133-155, Dz: 170-190, 2 Suiten, ⌐ WC ☎, 35⌧; Lift [P] 6⇔80 Fitneßraum Sauna Solarium ≡
Rezeption: 11-24
** Hauptgericht 30; Terrasse

Spreenhagen 31 ←

Brandenburg — Kreis Fürstenwalde — 1 640 Ew — Storkow (Mark) 12, Fürstenwalde (Spree) 15 km
ℹ ☎ (03 36 33) 87 10 — Gemeindeverwaltung, Hauptstr 13, 15528 Spreenhagen

* Gasthaus Paesch
Hauptstr 27, ✉ 15528, ☎ (03 36 33) 6 57 41, Fax 6 57 41
10 Zi, Ez: 70-110, Dz: 90-130, ⌐ WC ☎; [P] 1⇔60 ¶
geschl: Anfang Jan

Spremberg 41 ↘

Brandenburg — Spree-Neiße-Kreis — 125 m — 24 000 Ew — Hoyerswerda 21, Senftenberg 36 km
ℹ ☎ (0 35 63) 34 00, Fax 25 06 — Stadtverwaltung, Am Markt 1, 03130 Spremberg.
Sehenswert: Bismarckturm; Schloß; Rathaus; ev. Kreuzkirche; ev. Auferstehungskirche; kath. St.-Benno-Kirche

* Zur Börse
Karl-Marx-Str 4, ✉ 03130, ☎ (0 35 63) 3 95 00, Fax 39 50 40, [VA]
24 Zi, Ez: 90, Dz: 130, 3 Suiten, ⌐ WC ☎; [P] ¶

* Am Berg
☏ Bergstr 30, ✉ 03130, ☎ (0 35 63) 28 39, Fax 9 48 37, [AX][ED][VA]
16 Zi, Ez: 85-100, Dz: 130-150, ⌐ WC ☎; [P] 1⇔50, garni

Bühlow (5 km ↑)
* Seeblick
Hauptstr 9, ✉ 03130, ☎ (0 35 63) 9 11 88/87/86, Fax 9 11 85
16 Zi, Ez: 65-90, Dz: 120-140, ⌐ WC ☎; [P] 1⇔25 ¶

Sprendlingen siehe Dreieich

Springe 26 ↙

Niedersachsen — Kreis Hannover — 115 m — 30 200 Ew — Hannover 27, Hildesheim 31 km
ℹ ☎ (0 50 41) 7 32 73, Fax 7 32 81 — Tourist-Information, Auf dem Burghof 1, 31832 Springe; Erholungsort. Sehenswert: Haus Peters; Saupark mit Wisentgehege (4 km ↓); Jagdschloß

* Hotel Garni
Zum Oberntor 5, ✉ 31832, ☎ (0 50 41) 9 43 90, Fax 94 39 94, [ED][VA]
19 Zi, Ez: 70-100, Dz: 98-150, 1 App, ⌐ WC ☎; [P]; garni
geschl: Ende Dez-Anfang Jan

Gestorf (15 km →)
** Zum Weißen Roß
In der Welle 21, ✉ 31832, ☎ (0 50 45) 76 19, Fax 76 19
Hauptgericht 39; Biergarten; nur abends, So auch mittags; geschl: Di
* 5 Zi, Ez: 75-100, Dz: 120-160, ⌐ WC ☎; 2⇔100
geschl: Di

Sprockhövel 33 □

Nordrhein-Westfalen — Ennepe-Ruhr-Kreis — 200 m — 25 000 Ew — Wuppertal 8, Witten 13 km
ℹ ☎ (0 23 39) 91 70, Fax 91 73 00 — Stadtverwaltung, im Stadtteil Haßlinghausen, Rathausplatz 4, 45549 Sprockhövel →

Sprockhövel

Frielinghausen (6 km ↙)
* **Golf-Hotel Vesper**
einzeln ♂ ⊰ Haus Nr 1, ✉ 45549, ☎ (02 02) 64 82 20, Fax 64 98 91, AX DC ED VA
14 Zi, Ez: 110-125, Dz: 135-150, ⇓ WC ☎, ℗ 2⇔400
Golf 18
** Hauptgericht 35; Terrasse

Herzkamp (9 km ↙)
** **Zur Alten Post**
Elberfelder Str 139, ✉ 45549, ☎ (02 02) 52 26 07, Fax 5 28 88 36, AX DC ED VA
Hauptgericht 30; ℗ Terrasse; geschl: Do

Niedersprockhövel (1 km ↑)
* **Neuhaus**
Hauptstr 78, ✉ 45549, ☎ (0 23 24) 7 17 80, Fax 7 72 90
11 Zi, Ez: 70-90, Dz: 120-140, ⇓ WC ☎, ℗ ⛁
≋ Kegeln ℡

** **Landhaus Leick/Karltöffelken**
Bochumer Str 67, ✉ 45549, ☎ (0 23 24) 9 73 30, AX DC ED VA
Hauptgericht 20; geschl: Sa mittags
Kartoffelspezialitäten
*** ♂ 7 Zi, Ez: 140-170, Dz: 200-240, 9 Suiten, ⇓ WC ☎; ℗

** **Westfälischer Hof**
Bochumer Str 15, ✉ 45549, ☎ (0 23 24) 7 34 72, Fax 7 76 33
Hauptgericht 48; Gartenlokal ℗; geschl: Fr mittags, Sa mittags, 2 Wochen in den Sommerferien
* 8 Zi, Ez: 75-85, Dz: 120-140, 1 Suite, ⇓ WC ☎; ⛁ 2⇔30
Rezeption: 10-15, 18-23; geschl: Fr mittags, Sa mittags, 2 Wochen in den Sommerferien

Stade 17 ↗

Niedersachsen — Kreis Stade — 7 m — 47 000 Ew — Bremervörde 27, Hamburg 61, Cuxhaven 77 km
ℹ ☎ (0 41 41) 40 14 50, Fax 40 14 57 — Fremdenverkehrsamt, Bahnhofstr 3, 21682 Stade; Stadt nahe der Unterelbe.
Sehenswert: Ev. Kirchen St. Wilhadi und St. Cosmae; Rathaus; Bürgermeister-Hintze-Haus; Schwedenspeicher-Museum; schwedische Befestigungsanlagen; Fachwerkbauten; Freilichtmuseum

** **Herzog Widukind**
♂ Große Schmiedestr 14, ✉ 21682, ☎ (0 41 41) 4 60 96, Fax 36 03, AX DC ED VA
45 Zi, Ez: 140-150, Dz: 175-185, ⇓ WC ☎, 6✉; Lift ⛁; garni

** **Parkhotel Stader Hof**
Schiffertorsstr, ✉ 21682, ☎ (0 41 41) 49 90, Fax 49 91 00, AX DC ED VA
94 Zi, Ez: 120-145, Dz: 170-190, 6 Suiten, ⇓ WC ☎; Lift ℗ ⛁ 10⇔800 Sauna
** **Contrescarpe**
⊰ Hauptgericht 25; Terrasse

* **Akzent-Hotel Zur Einkehr**
Freiburger Str 82, ✉ 21682, ☎ (0 41 41) 23 25, Fax 24 55, AX DC ED VA
36 Zi, Ez: 95-110, Dz: 135-150, 1 App, ⇓ WC ☎, 6✉; ℗ ⛁ 1⇔50 Sauna Solarium ℡

** **Insel-Restaurant**
Auf der Insel, ✉ 21680, ☎ (0 41 41) 20 31, Fax 4 78 69, ED VA
Hauptgericht 30; ℗

* **Remter**
Salzstr 21, ✉ 21682, ☎ (0 41 41) 4 56 84, Fax 4 49 70, AX DC ED VA
Hauptgericht 30; geschl: Do

Schölisch (1,5 km ↘)
* **Vier Linden**
Schölischer Str 63, ✉ 21682, ☎ (0 41 41) 9 27 02, Fax 28 65, AX DC ED VA
45 Zi, Ez: 95-110, Dz: 140-150, 1 Suite, ⇓ WC ☎, 2✉; ℗ ⛁ 4⇔80 Kegeln Sauna Solarium ℡
Rezeption: 6-21

Stadecken-Elsheim 54 ↖

Rheinland-Pfalz — Kreis Mainz-Bingen — 95 m — 4 000 Ew — Ingelheim 10, Mainz 17 km
ℹ ☎ (0 61 36) 22 48, Fax 67 01 — Gemeindeverwaltung, im Ortsteil Stadecken, Rupt-sur-Moselle-Str 5, 55271 Stadecken-Elsheim

Stadecken
** **Christian**
Chr-Reichert-Str 3, ✉ 55271, ☎ (0 61 36) 36 11, Fax 64 19, ED VA
14 Zi, Ez: 109-169, Dz: 128-199, ⇓ WC ☎, 5✉; ℗ ⛁ 1⇔12 ≋ Sauna Solarium; garni

Stadland 16 →

Niedersachsen — Kreis Wesermarsch — 1 m — 8 000 Ew — Brake 9, Nordenham 19 km
ℹ ☎ (0 47 32) 26 02 — Verkehrsverein, im Ortsteil Rodenkirchen, Am Markt 4, 26935 Stadland

Rodenkirchen
* **Friesenhof**
Friesenstr 13, ✉ 26935, ☎ (0 47 32) 6 48, Fax 83 40, ED
15 Zi, Ez: 65-75, Dz: 110-120, ⇓ WC ☎; ℗ ⛁
Sauna; garni

Stadtallendorf 45 ↖

Hessen — Kreis Marburg-Biedenkopf — 250 m — 22 000 Ew — Kirchhain b. Marburg 7, Schwalmstadt 17 km
ℹ ☎ (0 64 28) 70 70, Fax 41 11 — Stadtverwaltung, Bahnhofstr 2, 35260 Stadtallendorf; Erholungsort. Sehenswert: Barockkirche St. Katharina, Altstadt, Schweinsberg mit Moorlandschaft

** Parkhotel (Ringhotel)
Schillerstr 1, ✉ 35260, ☎ (0 64 28) 70 80, Fax 70 82 59, AX DC ED VA
46 Zi, Ez: 105-199, Dz: 160-280, S; 4 Suiten, ⊿ WC ☎; P 🖨 5↻70 Kegeln
** Hauptgericht 28; Terrasse

Stadthagen 25 ☐

Niedersachsen — Kreis Schaumburg — 68 m — 22 300 Ew — Minden 24, Hannover 41 km
🅘 ☎ (0 57 21) 78 20 — Stadtverwaltung, Rathauspassage 1, 31655 Stadthagen; Kreisstadt. Sehenswert: Ev. Martinikirche mit fürstlichem Mausoleum; Markt mit Rathaus; Schloß; Stadtturm am Viehmarkt

* Zur Amtspforte
♂ Obernstr 31, ✉ 31655, ☎ (0 57 21) 9 84-0, Fax 9 84-4 44
25 Zi, Ez: 95-140, Dz: 165-225, ⊿ WC ☎, 5🛏; P ⍾

* Gerber Hotel La Tannerie
Echternstr 14, ✉ 31655, ☎ (0 57 21) 98 60, Fax 9 86 66, AX DC ED VA
15 Zi, Ez: 89-140, Dz: 139-170, ⊿ WC ☎, 3🛏; Lift P 🖨 2↻40 Kegeln; garni

* Parkhotel
Büschingstr 10, ✉ 31655, ☎ (0 57 21) 9 72 70, Fax 97 27 37, AX DC ED VA
16 Zi, Ez: 88-128, Dz: 148-168, ⊿ WC ☎, 4🛏; P 🖨 Sauna Solarium; garni

* Torschreiberhaus
Krumme Str 42, ✉ 31655, ☎ (0 57 21) 64 50
Hauptgericht 30; P Terrasse; geschl: Sa + So mittags, Mo, 3 Wochen im Jan

Obernwöhren (4 km ↘)
* Gasthaus Oelkrug
♂ Waldstr 2, ✉ 31655, ☎ (0 57 21) 7 60 51, Fax 7 60 52, ED
18 Zi, Ez: 80-120, Dz: 120-175, ⊿ WC ☎; Lift P 3↻100
Rezeption: 7-20; geschl: Mo
* Hauptgericht 22; Gartenlokal; nur abends, Fr + Sa + So auch mittags

Stadtkyll 42 ↘

Rheinland-Pfalz — Kreis Daun — 500 m — 1 400 Ew — Prüm 22, Schleiden 27 km
🅘 ☎ (0 65 97) 28 78, Fax 48 71 — Verkehrsverein Oberes Kylltal, Kyllplatz 1, 54589 Stadtkyll; Luftkurort in der Eifel

*** Am Park
♂ Kurallee 1, ✉ 54589, ☎ (0 65 97) 1 50, Fax 1 52 50, AX DC ED VA
67 Zi, Ez: 145-165, Dz: 220-280, 4 Suiten, 18 App, ⊿ WC ☎; Lift P 8↻160 ⍾ Kegeln Sauna Solarium
Freie Benutzung des Erlebnisbades „Vulkamar"
** Parkrestaurant
Hauptgericht 30; Biergarten

Staffelstein

* Haus am See
♂ ◄ Wirftstr, ✉ 54589, ☎ (0 65 97) 23 26, Fax 30 53
23 Zi, Ez: 70-80, Dz: 140-160, 2 Suiten, ⊿ WC ☎; P 🖨 Fitneßraum Sauna Solarium
Rezeption: 7-20
Tennis1; Auch Zimmer der Kategorie **vorhanden
* Hauptgericht 30; Terrasse; geschl: Di

Stadtoldendorf 36 ↘

Niedersachsen — Kreis Holzminden — 228 m — 5 956 Ew — Holzminden 15, Einbeck 21, Alfeld 23 km
🅘 ☎ (0 55 32) 5 00 50, Fax 50 05 10 — Verkehrsamt, Kirchstr 4, 37627 Stadtoldendorf; Städtchen im Weserbergland. Sehenswert: Teile der Stadtbefestigung; Ackerbürgerhäuser; Burgruine Homburg ◄; ehem. Kloster Amelungsborn (3 km ↘)

*** Villa Mosler
Hoopstr 2, ✉ 37627, ☎ (0 55 32) 50 60, Fax 50 64 00, AX DC ED VA
55 Zi, Ez: 100-248, Dz: 150-292, 6 Suiten, ⊿ WC ☎, 14🛏; Lift P 🖨 4↻80 Fitneßraum Sauna Solarium
*** Topas
Hauptgericht 33; Terrasse; nur abends; geschl: Di

Staffelstein 57 ↘

Bayern — Kreis Lichtenfels — 264 m — 10 456 Ew — Lichtenfels 7, Bamberg 26 km
🅘 ☎ (0 95 73) 41 92, Fax 41 46 — Verkehrsamt „Alte Darre", Bamberger Str 25, 96231 Staffelstein; Erholungsort. Sehenswert: Rathaus; ehem. Kloster Banz (5 km ↑); Wallfahrtskirche Vierzehnheiligen (5 km ↗); Staffelberg, 539 m ◄ (75 Min →); Obermain Therme

*** Kurhotel an der Obermain-Therme
♂ Am Kurpark 7, ✉ 96231, ☎ (0 95 73) 33 30, Fax 33 32 99, AX DC ED VA
113 Zi, Ez: 87-118, Dz: 134-165, 113 App, ⊿ WC ☎, 39🛏; Lift P 🖨 5↻200 ⍾ Fitneßraum Sauna Solarium ⚓
** Hauptgericht 25; Terrasse

** Rödiger
Zur Herrgottsmühle 2, ✉ 96231, ☎ (0 95 73) 8 95, Fax 13 39, AX DC ED VA
51 Zi, Ez: 80-85, Dz: 120-125, ⊿ WC ☎; Lift P 🖨 4↻80 ⍾ Sauna Solarium
Rezeption: 7-21
** Hauptgericht 25; Terrasse; geschl: Fr, Aug

** Vierjahreszeiten
♂ Annaberger Str 1, ✉ 96231, ☎ (0 95 73) 68 38
18 Zi, Ez: 70, Dz: 110, ⊿ WC ☎, 18🛏; P; garni
geschl: Ende Dez-Anfang Jan →

Staffelstein

End (7 km ↘)
* **Schwarzer Adler**
Haus Nr 24, ✉ 96231, ☎ (0 95 73) 8 45,
Fax 3 12 36
18 Zi, Ez: 40-60, Dz: 76-110, ⌂ WC ☎; **P**
Sauna Solarium ⍓
Rezeption: 7-21
Auch einfachere Zimmer vorhanden

Stapelfeld 18 ↗

Schleswig-Holstein — Kreis Stormarn —
48 m — 1 359 Ew — Hamburg 16 km
ℹ ☎ (0 41 07) 7 90, Fax 79 79 — Amtsverwaltung, Hauptstr 49, 22962 Siek

Stapelfeld-Außerhalb (1 km →)
** **Zur Windmühle**
Hauptstr 99, ✉ 22145, ☎ (0 40) 67 50 70,
Fax 67 50 72 99, AX DC ED VA
49 Zi, Ez: 115-150, Dz: 175, ⌂ WC ☎; **P**
4⌬40
** Hauptgericht 30; Terrasse

Starnberg 72 ←

Bayern — Kreis Starnberg — 586 m —
20 000 Ew — München 25, Weilheim 25 km
ℹ ☎ (0 81 51) 9 06 00, Fax 1 32 89 — Verkehrsverband Starnberger Fünfseenland,
Wittelsbacherstr 9, 82319 Starnberg; Ausflugsort an der Nordspitze des Starnberger
Sees. Sehenswert: Kath. Kirche St. Joseph

* **Seehof**
Bahnhofsplatz 4, ✉ 82319, ☎ (0 81 51)
60 01, Fax 2 81 36, AX DC ED VA
38 Zi, Ez: 80-150, Dz: 120-220, ⌂ WC ☎; Lift
P 🚗 ⍓
Auch Zimmer der Kategorie ** vorhanden
** **Al Gallo Nero**
Hauptgericht 30; Terrasse

** **Isola d'Elba**
Theresienstr 9, ✉ 82319, ☎ (0 81 51)
1 67 80, AX DC ED
Hauptgericht 35; **P** Terrasse

* **Illguths Gasthaus
Starnberger Alm** ✤
▽ Schloßbergstr 24, ✉ 82319, ☎ (0 81 51)
1 55 77, Fax 1 55 77, AX DC ED VA
Hauptgericht 20; **P** Terrasse; nur abends;
geschl: So, Mo, 3 Wochen in den Sommerferien, Ende Dez-Anfang Jan
Tischreservierung erforderlich

Starzach 68 ↗

Baden-Württemberg — Kreis Tübingen —
500 m — 3 650 Ew — Horb 10, Rottenburg
15 km
ℹ ☎ (0 74 83) 18 80, Fax 1 88 12 — Gemeindeverwaltung, im Ortsteil Bierlingen,
Hauptstr 15, 72181 Starzach. Sehenswert:
Kath. Kirche im Ortsteil Wachendorf
(3 km ↘)

Starzach-Außerhalb (2 km ↑, über Börstingen)
** **Schloß Weitenburg
(Gast im Schloß)**
einzeln ⌂ ⌇ ✉ 72181, ☎ (0 74 57) 93 30,
Fax 93 31 00, AX DC ED VA
34 Zi, Ez: 120-170, Dz: 190-230, 1 Suite, ⌂
WC ☎; Lift **P** 5⌬120 ≏ Sauna Solarium
geschl: Ende Dez
Hochzeitskapelle; Park
** Hauptgericht 35; Terrasse;
geschl: 18.-25.12.97

Staufenberg 44 →

Hessen — Kreis Gießen — 290 m —
7 500 Ew — Marburg 21, Wetzlar 25 km
ℹ ☎ (0 64 06) 80 90, Fax 8 09 55 — Stadtverwaltung, Rathaus, 35460 Staufenberg;
Städtchen im Lumdatal. Sehenswert:
Unterburg und Ruine Oberburg, 260 m ⌇

** **Burg Staufenberg**
⌂ ⌇ Burggasse 10, ✉ 35460, ☎ (0 64 06)
30 12, Fax 7 24 92, AX DC ED VA
28 Zi, Ez: 125-135, Dz: 198-220, ⌂ WC ☎; **P**
5⌬50 ⍓
geschl: 2 Wochen in den Sommerferien

Staufen im Breisgau 67 □

Baden-Württemberg — Kreis Breisgau-
Hochschwarzwald — 290 m — 6 900 Ew —
Freiburg 19, Müllheim 20 km
ℹ ☎ (0 76 33) 8 05 36, Fax 5 05 93 — Verkehrsamt, Hauptstr 53, 79219 Staufen im
Breisgau; Erholungsort am Rande des südlichen Schwarzwaldes. Sehenswert: Rathaus; Marktbrunnen; Ruine Staufenburg

* **Die Krone**
Hauptstr 30, ✉ 79219, ☎ (0 76 33) 58 40,
Fax 8 29 03, AX ED VA
9 Zi, Ez: 80-90, Dz: 120-140, ⌂ WC ☎; **P**
geschl: Fr, Sa, 2 Wochen in den Sommerferien
* Hauptgericht 25; geschl: Fr, Sa,
2 Wochen in den Sommerferien

* **Am Felsenkeller**
Albert Hugard Str 7, ✉ 79219, ☎ (0 76 33)
62 85, Fax 5 06 41, AX ED VA
9 Zi, Ez: 88-98, Dz: 135-145, ⌂ WC ☎; **P**
Rezeption: 7-15, 17-23
* Hauptgericht 38; Gartenlokal;
nur abends; geschl: Mo, Di mittags, Ende
Jan-Anfang Feb

* **Zum Hirschen**
Hauptstr 19, ✉ 79219, ☎ (0 76 33) 52 97,
Fax 52 95
15 Zi, Ez: 75-80, Dz: 110-120, 1 App, ⌂ WC;
Lift **P** ⍓

** **Zum Löwen - Fauststube**
▽ Hauptstr 47, ✉ 79219, ☎ (0 76 33) 70 78
Hauptgericht 40; **P**; geschl: So abends,
Anfang Mär

Stavenhagen 21 ↘

Mecklenburg-Vorpommern — Kreis Malchin — 30 m — 9 100 Ew — Neubrandenburg 30, Rostock 76 km
🛈 ☎ (03 99 54) 2 20 55, Fax 2 20 55 — Stadtverwaltung, 17153 Stavenhagen. Sehenswert: Reuterstadt; Geburtshaus Fritz Reuters mit Museum; Park des Ivenacker Tiergartens; Schloß

**   **Rainbow Hotel Reutereiche**
Werdohler Str 10, ✉ 17153, ☎ (03 99 54) 3 40, Fax 34 11 13, AX DC ED VA
67 Zi, Ez: 70-100, Dz: 90-130, 6 Suiten, ⌐ WC ☎; Lift P 1⇔35 ¶

*   **Lindenschlößchen**
Malchiner Str 80, ✉ 17153, ☎ (03 99 54) 2 23 55, Fax 3 06 72, AX ED VA
27 Zi, Ez: 80, Dz: 120, ⌐ WC ☎; P ¶

*   **Reuterhof**
Werdohler Str 7, ✉ 17153, ☎ (03 99 54) 3 20, Fax 3 23 51, AX ED VA
76 Zi, Ez: 80, Dz: 100, ⌐ WC ☎; Lift P 🚗 2⇔200 ¶

*   **Kutzbach**
Malchiner Str 2, ✉ 17153, ☎ (03 99 54) 2 10 96, Fax 3 08 38
17 Zi, Ez: 85-100, Dz: 120, ⌐ WC ☎; P 2⇔20 ¶
Rezeption: 9-23

siehe auch **Jürgenstorf**

Steben, Bad 48 ↘

Bayern — Kreis Hof — 580 m — 3 700 Ew — Hof 26, Kronach 35 km
🛈 ☎ (0 92 88) 96 00, Fax 9 60 10 — Kurverwaltung, Badstr 31, 95138 Bad Steben; Heilbad im Frankenwald. Sehenswert: Alte Wehrkirche St. Walburga, ev. Jugendstilkirche; Alexander-von-Humboldt-Haus; Höllental (5 km ↘)

***   **Relexa**
♂ Badstr 26, ✉ 95138, ☎ (0 92 88) 7 20, Fax 7 21 13, AX DC ED VA
115 Zi, Ez: 150-1800, Dz: 190-270, 7 Suiten, ⌐ WC ☎, 36🛏; Lift P 6⇔400 🛋 Fitneßraum Kegeln Sauna Solarium 🍷
**   **Humboldtstube**
Hauptgericht 30; Terrasse

**   **Klösterle**
♂ Reussische Str 7, ✉ 95138, ☎ (0 92 88) 10 26, Fax 3 15, ED
15 Zi, Ez: 95, Dz: 170, 1 Suite, ⌐ WC ☎, 15🛏; Lift
Rezeption: 8-21; geschl: Mitte Dez-Ende Jan
Restaurant für Hausgäste. Nichtraucher-Hotel. Vital-Vollwert-Kost.

**   **Promenade**
Badstr 16, ✉ 95138, ☎ (0 92 88) 10 21, Fax 51 65
52 Zi, Ez: 70-95, Dz: 140-160, ⌐ WC ☎; Lift P 2⇔80 Sauna Solarium

☕   **Reichl**
Peuntstr 5, ✉ 95138, ☎ (0 92 88) 4 20, Fax 4 20
Terrasse; geschl: Mi, Jan
Spezialität: Moorpralinen

Stedesand 9 ↘

Schleswig-Holstein — Kreis Nordfriesland — 2 m — 757 Ew — Niebüll 9, Bredstedt 16 km
🛈 ☎ (0 46 62) 6 40 — Gemeindeverwaltung, 25920 Stedesand

*   **Stedesander Hof**
Mühlenweg 1, ✉ 25920, ☎ (0 46 62) 30 91, Fax 53 10
32 Zi, Ez: 85-90, Dz: 120, ⌐ WC ☎; P Kegeln; **garni**
geschl: Dez-Feb

Stegaurach 57 ↘

Bayern — Kreis Bamberg — 255 m — 5 897 Ew — Bamberg 5 km
🛈 ☎ (09 51) 99 22 20, Fax 29 02 07 — Verwaltungsgemeinschaft, Schloßplatz 1, 96135 Stegaurach

**   **Gasthof Der Krug**
Mühlendorfer Str 4, ✉ 96135, ☎ (09 51) 99 49 90, Fax 9 94 99 10, AX DC ED VA
25 Zi, Ez: 95, Dz: 135-155, ⌐ WC ☎, 8🛏; P 🚗 1⇔70 🛋 Fitneßraum Sauna Solarium; geschl: Di
*   🍴 Hauptgericht 20; Biergarten
Erstmals im Jahre 1550 als Freihof derer von Lichtenstein erwähnt. Original fränkische Braustube mit alter Holzbalkendecke

*   **Winfelder**
Hartlandener Str 13, ✉ 96135, ☎ (09 51) 99 22 70, Fax 9 92 27 88
16 Zi, Ez: 70, Dz: 120-160, ⌐ WC ☎

Stegen 67 □

Baden-Württemberg — Kreis Breisgau-Hochschwarzwald — 400 m — 4 030 Ew — Kirchzarten 2, Freiburg im Breisgau 8 km
🛈 ☎ (0 76 61) 3 96 90, Fax 39 69 69 — Gemeindeverwaltung, Jägerstr 3, 79252 Stegen

Eschbach (2 km ↑)
**   **Landgasthof Reckenberg**
Reckenbergstr 2, ✉ 79252, ☎ (0 76 61) 6 11 12, Fax 6 12 21, ED VA
Hauptgericht 40; Gartenlokal P Terrasse; geschl: Di, Mi mittags, 2 Wochen im Jan, 2 Wochen im Jul
**   ♂ 8 Zi, Ez: 75-95, Dz: 110-200, 1 Suite, ⌐ WC ☎, 5🛏
geschl: Di, Mi mittags, 2 Wochen im Jan, 2 Wochen im Jul

Steinau an der Straße 45

Hessen — Main-Kinzig-Kreis — 300 m — 11 650 Ew — Schlüchtern 6, Gelnhausen 26 km
🛈 ☎ (0 66 63) 56 55, Fax 56 50 — Verkehrsamt, Brüder-Grimm-Str 47, 36396 Steinau an der Straße; Erholungsort. Sehenswert: Renaissance-Schloß; Amtshaus (ehem. Wohnhaus der Brüder Grimm); Tropfsteinhöhle; Marionettentheater; Puppentheater-Museum; Erlebnispark Steinau

∗ **Burgmannenhaus**
Brüder-Grimm-Str 49, ✉ 36396, ☎ (0 66 63) 50 84, AX ED VA
Hauptgericht 25; Terrasse; geschl: Mo, Anfang-Mitte Jan
∗ 5 Zi, Ez: 78, Dz: 124, ⚑ WC ☎; P
geschl: Anfang-Mitte Jan
400 Jahre altes Söldnerhaus

Bellings (3 km →)
∗ **Pension zum Rübezahl**
Sportplatzweg 2, ✉ 36396, ☎ (0 66 63) 60 96, Fax 81 48, ED
31 Zi, Ez: 70-75, Dz: 95-105, 1 App, ⚑ WC ☎; P 🅐 1↔35 🍽
Rezeption: 10-24; geschl: Di, Anfang Jan-Mitte Feb

Hintersteinau (13 km ↑)
∗∗ **Die Pfanne**
Röhnstr 7, ✉ 36396, ☎ (0 66 66) 2 35, AX
Hauptgericht 30; P Terrasse; geschl: Di, 2 Wochen im Feb

Steinbach a. Wald 48

Bayern — Kreis Kronach — 630 m — 3 850 Ew — Ludwigsstadt 10, Kronach 25 km
🛈 ☎ (0 92 63) 5 25, Fax 70 55 — Gemeindeverwaltung, Ludwigsstädter Str 2, 96361 Steinbach a. Wald; Erholungsort

∗ **Rennsteig**
Rennsteigstr 33, ✉ 96361, ☎ (0 92 63) 94 80, Fax 94 81 00, AX ED
16 Zi, Ez: 52, Dz: 95, ⚑ WC ☎; P 1↔60 Sauna Solarium 🍽
geschl: Do, Anfang-Mitte Nov

Steinbach-Hallenberg 47

Thüringen — Kreis Schmalkalden — 420 m — 6 500 Ew — Schmalkalden 10 km
🛈 ☎ (03 68 47) 4 24 37, Fax 4 22 35 — Stadtverwaltung, Rathausstr 2, 98587 Steinbach-Hallenberg; Ort am Südwesthang des mittleren Thüringer Waldes (4 km vom Rennsteig). Sehenswert: Burgruine „Hallenburg"

∗ **Pension Holland-Moritz**
♂ Hennebergstr 6, ✉ 98587, ☎ (03 68 47) 36 20, Fax 3 62 14, ED
8 Zi, Ez: 75-85, Dz: 105-130, ⚑ WC ☎, 1 🛁; P 1↔15 🍽
Rezeption: 11.30-14, 17-24

Steinbach (Taunus) 44

Hessen — Hochtaunuskreis — 140 m — 10 600 Ew — Bad Homburg 8, Frankfurt/Main 15 km
🛈 ☎ (0 61 71) 7 00 00, Fax 70 00 62 — Stadtverwaltung, Gartenstr 20, 61449 Steinbach (Taunus)

∗ **Zum Brunnen**
Bahnstr 7, ✉ 61449, ☎ (0 61 71) 7 50 91, Fax 7 16 21, ED VA
10 Zi, Ez: 110, Dz: 150, ⚑ WC ☎; P
Rezeption: 7-14, 17-1; geschl: Ende Dez-Anfang Jan

∗ **Alt Steinbach**
Bahnstr 8, ✉ 61449, ☎ (0 61 71) 7 80 51, Fax 7 20 63, AX DC ED VA
12 Zi, Ez: 110-140, Dz: 160-180, ⚑ WC ☎; Lift; garni
Rezeption: 7-20

Steinen 67

Baden-Württemberg — Kreis Lörrach — 335 m — 9 900 Ew — Schopfheim 7, Lörrach 8 km
🛈 ☎ (0 76 27) 9 10 00, Fax 75 35 — Gemeindeverwaltung, Hauptamt, Eisenbahnstr 31, 79585 Steinen; Ort im Tal der Wiese. Sehenswert: Vogelpark Wiesental; Schloßruine Rötteln ◄ (6 km ←)

∗ **Ochsen**
Kirchstr 1, ✉ 79585, ☎ (0 76 27) 6 41, Fax 6 42, AX DC ED VA
Hauptgericht 25; Gartenlokal P; geschl: Do + Fr
∗ 12 Zi, Ez: 70, Dz: 95-110, ⚑ WC ☎; 🅐

Höllstein (1 km ↓)
∗ **Tannenhof**
Friedrichstr 9/1, ✉ 79585, ☎ (0 76 27) 91 82 80, Fax 34 68, ED VA
18 Zi, Ez: 70-80, Dz: 120, 1 App, ⚑ WC ☎; P; garni

Steinenbronn 61

Baden-Württemberg — Kreis Böblingen — 400 m — 5 500 Ew — Waldenbuch 3, Böblingen 14, Stuttgart 19 km
🛈 ☎ (0 71 57) 1 29 10, Fax 12 91 14 — Gemeindeverwaltung, Stuttgarter Str 5, 71144 Steinenbronn. Sehenswert: keltische Grabhügel im Waldteil „Schleifenebene"; Naturpark Schönbuch

∗ **Residenz Steinenbronn**
Lerchenstr 14, ✉ 71144, ☎ (0 71 57) 73 60, Fax 30 74, AX DC ED VA
180 Zi, Ez: 79-115, Dz: 97-130, **S**; ⚑ WC ☎, 39 🛁; Lift P 🅐 2↔17 Sauna Solarium; garni

Steinheim am Albuch

∗ **Löwen**
Stuttgarter Str 3, ⌨ 71144, ☎ (0 71 57)
52 44-0, Fax 5244 24, AX DC ED VA
23 Zi, Ez: 75-110, Dz: 105-165, ⌐ WC ☎; Lift
🅿 2⇄50 Sauna Solarium
∗ Hauptgericht 30; Terrasse;
geschl: Mi

∗ **Krone**
Stuttgarter Str 47, ⌨ 71144, ☎ (0 71 57)
73 30, Fax 7 33 77, AX DC ED VA
45 Zi, Ez: 128, Dz: 180, ⌐ WC ☎; Lift 🅿 🖃
1⇄40 ≋ Sauna Solarium
geschl: Ende Dez-Anfang Jan
∗∗ Hauptgericht 32; Terrasse;
geschl: So + Mo, Ende Dez-Anfang Jan

Steinfeld (Oldenburg) 24 □

Niedersachsen — Kreis Vechta — 55 m —
8 000 Ew — Damme 8, Vechta 17 km
ℹ ☎ (0 54 92) 8 60, Fax 86 37 — Gemeindeverwaltung, Am Rathausplatz 13,
49435 Steinfeld

Steinfeld-Außerhalb (3 km ↘)
∗∗ **Schemder Bergmark**
einzeln ♂ ◂ Zur Schemder Bergmark 20,
⌨ 49439, ☎ (0 54 92) 8 90, Fax 89 59,
AX DC ED VA
40 Zi, Ez: 89-98, Dz: 120-180, ⌐ WC ☎; 🅿 🖃
5⇄80 ≋ Kegeln Sauna Solarium
∗∗ **Panorama**
◂ Hauptgericht 30; Terrasse

Steinfurt 23 ↘

Nordrhein-Westfalen — Kreis Steinfurt —
67 m — 31 286 Ew — Rheine 18, Münster 30, Enschede 34 km
ℹ ☎ (0 25 51) 13 83, Fax 73 26 — Verkehrsverein, Altes Rathaus, Markt 2,
48565 Steinfurt. Sehenswert: Im Stadtteil
Burgsteinfurt: ev. Große Kirche; Wasserschloß; Johanniter-Kommende, Altes Rathaus, Bürgerhäuser, Park Bagno; im Stadtteil Borghorst: St.-Nikomedes-Kirche mit
ottonischem Stiftskreuz, romanischem
Drachenleuchter

Borghorst
∗∗ **Schünemann**
Altenberger Str 109, ⌨ 48565, ☎ (0 25 52)
39 82, Fax 6 17 28, AX DC ED VA
33 Zi, Ez: 115, Dz: 113, ⌐ WC ☎; 🅿 2⇄30
Fitneßraum Sauna Solarium
∗∗ Hauptgericht 40; geschl: So
abends

∗ **Posthotel Riehemann**
Münsterstr 8, ⌨ 48565, ☎ (0 25 52) 40 59,
Fax 6 24 84, AX DC ED VA
18 Zi, Ez: 75-95, Dz: 140, ⌐ WC ☎, 6⌐; 🅿
🖃 3⇄50
Rezeption: 7.30-21
Restaurant für Hausgäste

∗ **Schützenhof**
Arnold-Kock-Str 4, ⌨ 48565, ☎ (0 25 52)
33 22/33 68, Fax 6 29 88, ED
7 Zi, Ez: 80, Dz: 140, ⌐ WC ☎; 🅿 Kegeln 🍽
geschl: Di, in den Sommerferien

Steinhagen 34 ↗

Nordrhein-Westfalen — Kreis Gütersloh —
101 m — 17 742 Ew — Bielefeld 9, Gütersloh 14 km
ℹ ☎ (0 52 04) 10 20, Fax 10 22 25 —
Gemeindeverwaltung, Am Pulverbach 25,
33803 Steinhagen

∗∗ **Alte Schmiede**
⌘ Kirchplatz 22, ⌨ 33803, ☎ (0 52 04) 70 01,
Fax 8 91 29, AX DC ED VA
Hauptgericht 40; nur abends

Steinheim 35 ↑

Nordrhein-Westfalen — Kreis Höxter —
200 m — 13 000 Ew — Detmold 22, Höxter 24, Bad Pyrmont 24 km
ℹ ☎ (0 52 33) 2 10, Fax 2 12 02 — Stadtverwaltung, Marktstr 2, 32839 Steinheim.
Sehenswert: Kath. Kirche; Wasserburg
Thienhausen (4 km ↘), Schloß Vinsebeck
(4 km ↙)

Sandebeck (10 km ↙)
∗∗ **Germanenhof**
♂ Teutoburger-Wald-Str 29, ⌨ 32839,
☎ (0 52 38) 98 90 -0, Fax 98 90 90,
AX DC ED VA
25 Zi, Ez: 70-90, Dz: 130-160, 1 Suite, ⌐ WC
☎; Lift 🅿 🖃 4⇄200
∗∗ Hauptgericht 28; Terrasse;
geschl: Di

Steinheim am Albuch 62 →

Baden-Württemberg — Kreis Heidenheim
— 550 m — 8 600 Ew — Göppingen 38 km
ℹ ☎ (0 73 29) 89 56, Fax 89 70 — Gemeindeverwaltung, Hauptstr 24, 89555 Steinheim
am Albuch. Sehenswert: Meteorkrater-
Museum; Wental mit Felsenmeer

∗∗ **Gasthof Zum Kreuz
(Ringhotel)**
♂ Hauptstr 26, ⌨ 89555, ☎ (0 73 29) 60 07,
Fax 12 53, AX DC ED VA
30 Zi, Ez: 95-131, Dz: 138-188, S; ⌐ WC ☎;
Lift 🅿 5⇄60 Fitneßraum Sauna; geschl: im
Sommer So
∗∗ Hauptgericht 25; Terrasse ✾

Sontheim im Stubental (2 km ↓)
∗ **Sontheimer Wirtshäusle**
22 Zi, Ez: 85, Dz: 150, 1 App, ⌐ WC ☎; 🖃
Rezeption: 7-14, 17-22; geschl: Sa; Mitte-
Ende Jul
Auch Zimmer der Kategorie ∗∗ vorhanden
∗∗ Hauptgericht 25; Terrasse;
geschl: Sa, Mitte-Ende Juli

Steinheim an der Murr

Steinheim an der Murr 61 ↗

Baden-Württemberg — Kreis Ludwigsburg — 200 m — 10 500 Ew — Backnang 12, Ludwigsburg 13 km
ℹ ☎ (0 71 44) 26 30, Fax 26 32 00 — Stadtverwaltung, Marktstr 29, 71711 Steinheim an der Murr. Sehenswert: Rathaus; Urmensch-Museum; Museum für Kloster- und Stadtgeschichte

✱✱   Mühlenscheuer
Mühlweg 5, ✉ 71711, ☎ (0 71 44) 8 27 70, Fax 82 77 60, AX ED VA
28 Zi, Ez: 89-125, Dz: 149-169, 1 App, ⌐ WC ☎; P 1↻30 Sauna; garni
Restaurant für Hausgäste

✱   Gasthof Zum Lamm
Marktstr 32, ✉ 71711, ☎ (0 71 44) 2 93 90, Fax 20 87 98, ED VA
24 Zi, Ez: 65-80, Dz: 95-118, 1 App, ⌐ WC ☎; P 🍴 1↻80 ❦

Steinhude siehe Wunstorf

Stein Kr. Plön 10 →

Schleswig-Holstein — Kreis Plön — 2 m — 700 Ew — Laboe 4, Schönberg 10 km
ℹ ☎ (0 43 43) 92 99 — Verkehrsverein, Dorfring 20 a, 24235 Stein; Badeort

**✱✱   Bruhn's Deichhotel
mit Steiner
Deichappartements**
◁ Dorfring 36, ✉ 24235, ☎ (0 43 43) 49 50, Fax 49 52 99
30 Zi, Ez: 150-160, Dz: 170-220, 5 Suiten, ⌐ WC ☎; P 🍴 1↻15 Seezugang Fitneßraum Sauna Solarium
geschl: 3 Wochen im Jan/Feb, 3 Wochen im Okt/Nov
Tennis 7
✱✱   ◁ Hauptgericht 30; Terrasse;
geschl: Mo, Di mittags, 3 Wochen im Jan/Feb, 3 Wochen im Okt/Nov

Steinpleis 49 ↑

Sachsen — Kreis Werdau — 300 m — 2 570 Ew — Zwickau 10 km
ℹ ☎ (0 37 61) 5 82 12 — Gemeindeverwaltung, Hauptstr 46 a, 08432 Steinpleis. Sehenswert: Römertalbrücke; Schloß; Schillerdenkmal

✱   In der Mühle
einzeln ♿ Mühlenweg 1, ✉ 08432, ☎ (0 37 61) 5 83 05, Fax 5 83 07, ED VA
21 Zi, Ez: 85-100, Dz: 100-125, ⌐ WC ☎, 6✉; P 🍴 1↻20 ❦

✱   Zum Goldenen Löwen
Hauptstr 65, ✉ 08432, ☎ (0 37 61) 5 84 75, Fax 5 84 75
9 Zi, Ez: 85, Dz: 140, ⌐ WC ☎; P ❦

Steinsfeld 56 ↓

Bayern — Kreis Ansbach — 430 m — 1 200 Ew — Rothenburg o.d.T. 6, Burgbernheim 12, Uffenheim 16 km
ℹ ☎ (0 98 61) 35 61 — Gemeindeverwaltung, Haus Nr 55, 91628 Steinsfeld

Hartershofen (1 km →)
❦   **Gasthof Zum Schwan**
Hartershofen 34, ✉ 91628, ☎ (0 98 61) 33 87, Fax 30 87
Hauptgericht 18; P Terrasse; geschl: Di, Mitte Nov, Ende Feb

Reichelshofen (2 km ↑)
**✱✱   Gasthof Landwehrbräu
(Flair Hotel)**
Haus Nr 8, ✉ 91628, ☎ (0 98 65) 98 90, Fax 98 96 86, DC ED VA
30 Zi, Ez: 90-100, Dz: 125-150, ⌐ WC ☎; Lift P 🍴
geschl: Jan
✱✱   Hauptgericht 30; Terrasse;
geschl: Jan

Steinwenden 53 ↓

Rheinland-Pfalz — Kreis Kaiserslautern — 250 m — 2 400 Ew — Ramstein 3 km
ℹ ☎ (0 63 71) 5 85 68 — Gemeindeverwaltung, 66879 Steinwenden

✱✱   Raisch
Moorstr 40, ✉ 66879, ☎ (0 63 71) 5 06 70, Fax 5 83 84, AX DC ED VA
Hauptgericht 35; Gartenlokal ⌂; nur abends, So nur mittags

Steißlingen 68 ↘

Baden-Württemberg — Kreis Konstanz — 465 m — 4 000 Ew — Bodensee 6 km
ℹ ☎ (0 77 38) 92 93 40, Fax 92 93 59 — Verkehrsverein, Schulstr 19, 78254 Steißlingen; Erholungsort im Hegau

✱✱   Café Sättele
♿ Schillerstr 9, ✉ 78256, ☎ (0 77 38) 9 29 00, Fax 92 90 59, ED VA
15 Zi, Ez: 70-85, Dz: 120-150, 1 App, ⌐ WC ☎; P 🍴 2↻80 Kegeln
geschl: Do, So ab 18, Aug + Nov
Auch Zimmer der Kategorie ✱ vorhanden
✱✱   Hauptgericht 30; Terrasse;
geschl: Do, So abends, Mitte Jul-Anfang Aug, Anfang Okt-Ende Nov

✱   Schinderhannes
Singener Str 45, ✉ 78256, ☎ (0 77 38) 92 63-0, Fax 92 63-77
13 Zi, Ez: 60-66, Dz: 90-96, ⌐ WC ☎; P 1↻70 ❦
Rezeption: 11-22; geschl: Di, Mär, Sep, Okt

Stemmen 17 ↘

Niedersachsen — Kreis Rotenburg (Wümme) — 26 m — 727 Ew — Lauenbrück 3, Torstedt 10, Rotenburg 18 km
🄸 ☎ (0 42 67) 7 88 — Gemeindeverwaltung, 27389 Lauenbrück

✱   **Stemmer Landkrug**
♂ Große Str 12, ✉ 27389, ☎ (0 42 67) 3 25, Fax 17 85, DC VA
12 Zi, Ez: 79, Dz: 120, 🚿 WC ☎; 🅿 🍴 Kegeln 🍽
Rezeption: 11-14, 17-24; geschl: Mo, Anfang-Mitte Jul

Stemshorn 24 →

Niedersachsen — Kreis Diepholz — 43 m — 639 Ew — Lemförde 3, Diepholz 18 km
🄸 ☎ (0 54 43) 20 90, Fax 2 09 50 — Samtgemeindeverwaltung, Altes Amt Lemförde, Bahnhofstr 10 a, 49448 Lemförde

✱✱   **Tiemann's Hotel**
An der Brücke 26, ✉ 49448, ☎ (0 54 43) 99 90, Fax 9 99 50, AX DC ED VA
27 Zi, Ez: 85-95, Dz: 140-160, 🚿 WC ☎; 🅿 🍴 2⇔60 Kegeln Sauna
Auch Zimmer der Kategorie ✱ vorhanden
✱✱   Hauptgericht 30; Terrasse; geschl: So abends

Stemwede 24 →

Nordrhein-Westfalen — Kreis Minden-Lübbecke — 60 m — 14 015 Ew — Lübbecke 18, Osnabrück 34 km
🄸 ☎ (0 57 45) 1 09 30, Fax 1 09 45 — Fremdenverkehrsamt, Buchhofstr 17, 32351 Stemwede-Levern; Erholungsort

Haldem (5 km ←)
✱✱   **Berggasthof Wilhelmshöhe**
einzeln ♂ Zur Wilhelmshöhe 14, ✉ 32351, ☎ (0 54 74) 10 10, Fax 13 71, AX DC ED VA
15 Zi, Ez: 70-100, Dz: 135-150, 🚿 WC ☎; 🅿 🍴 9⇔150
geschl: Di, Ende Dez
✱   Hauptgericht 26; Terrasse; geschl: Di, Ende Dez

Stendal 28 □

Sachsen-Anhalt — Kreis Stendal — 33 m — 48 360 Ew — Wittenberge 38, Magdeburg 52 km
🄸 ☎ (0 39 31) 21 61 86, Fax 26 10 — Stadtverwaltung, Am Markt 1, 39576 Stendal. Sehenswert: Gotisches Rathaus; Gerichtslaube; Roland; Uenglinger Torturm; Tangermünder Torturm; Pfarrkirche St. Marien, Pfarrkirche St.Petri; Dom St. Nikolai; Jakobikirche; Winckelmann-Museum

✱   **Altstadt-Hotel**
Breite Str 60, ✉ 39576, ☎ (0 39 31) 6 98 90, Fax 69 89 39, AX ED
18 Zi, Ez: 85-128, Dz: 140-176, 🚿 WC ☎; 4🛏; 🅿 🍽

✱   **Am Bahnhof**
Bahnhofstr 30, ✉ 39576, ☎ (0 39 31) 71 55 48, Fax 71 55 35, AX DC ED VA
29 Zi, Ez: 95-120, 2 Suiten, 🚿 WC ☎; Lift 🅿 Sauna 2⇔60 🍽

🍴   **Müller**
Breite Str 22, ✉ 39576, ☎ (0 39 31) 21 37 52, ED
8-18, So 14-18

Sternberg 20 ↘

Mecklenburg-Vorpommern — Kreis Parchim — 5 000 Ew — Schwerin 27 km
🄸 ☎ (0 38 47) 45 10 12, Fax 45 10 12 — Fremdenverkehrsamt, Mühlenstr 14, 19406 Sternberg; hist Altstadt mit Wallmauer, Mühlentor, Archäolo. Freilichtmuseum

Sternberg
✱✱✱   **Seehotel (Silencehotel)**
♂ ◄ J.-Dörwald-Allee 1, ✉ 19406, ☎ (0 38 47) 35 00, Fax 35 01 66, AX DC ED VA
45 Zi, Ez: 89-129, Dz: 120-178, 2 Suiten, 🚿 WC ☎, 3🛏; 🅿 3⇔350 ⛵ Strandbad Kegeln Sauna Solarium
✱   ◄ Hauptgericht 25; Terrasse

Stetten siehe Kernen im Remstal

Stimpfach 62 ↗

Baden-Württemberg — Kreis Schwäbisch Hall — 450 m — 3 100 Ew — Crailsheim 10, Ellwangen 12 km
🄸 ☎ (0 79 67) 9 00 10, Fax 89 27 — Gemeindeverwaltung, Kirchstr 22, 74597 Stimpfach. Sehenswert: St.-Georgs-Kirche; Schloß Rechenberg

Rechenberg (4 km →)
✱   **Landgasthof Rössle**
♂ Ortsstr 22, ✉ 74597, ☎ (0 79 67) 9 00 40, Fax 13 87
65 Zi, Ez: 72-78, Dz: 128-135, 2 Suiten, 1 App, 🚿 WC ☎; 🅿 5⇔100 Fitneßraum Kegeln Sauna Solarium
Auch Zimmer der Kategorie ✱ vorhanden
✱   Hauptgericht 20; Terrasse; geschl: Mo

Stockach 68 ↘

Baden-Württemberg — Kreis Konstanz — 475 m — 15 600 Ew — Tuttlingen 24, Friedrichshafen 48 km
🄸 ☎ (0 77 71) 80 21 37, Fax 57 88 — Verkehrsbüro, Adenauerstr 4, 78333 Stockach

✱✱   **Zum Goldenen Ochsen (Ringhotel)**
Zoznegger Str 2, ✉ 78333, ☎ (0 77 71) 20 31, Fax 20 34, AX DC ED VA
38 Zi, Ez: 95-125, Dz: 140-189, S; 🚿 WC ☎, 4🛏; Lift 🅿 🍴 1⇔45 Sauna Tennis 7; Auch Zimmer der Kategorie ✱ vorhanden
✱✱   Hauptgericht 28; Gartenlokal →

Stockach

* **Zur Linde**
Goethestr 23, ✉ 78333, ☏ (0 77 71) 6 10 66,
Fax 6 12 20, AX DC ED VA
30 Zi, Ez: 65-105, Dz: 120-160, ⌐ WC ☏,
10✉; Lift P 4↔380 Kegeln ¶
Auch Zimmer der Kategorie ** vorhanden

* **Fortuna**
Bahnhofstr 8, ✉ 78333, ☏ (0 77 71) 6 10 18,
Fax 23 16, ED
37 Zi, Ez: 60-78, Dz: 110-130, ⌐ WC ☏; Lift
P 🚗 Kegeln Sauna ¶

Stockelsdorf 11 ↙

Schleswig-Holstein — Lübeck — 40 m —
16 700 Ew — Lübeck 5 km
ℹ ☏ (04 51) 4 90 10 — Gemeindeverwaltung, Ahrensböker Str 7, 23617 Stockelsdorf

** **Lübecker Hof**
Ahrensböker-Str 4-8, ✉ 23617, ☏ (04 51)
49 07 07, Fax 4 94 61 12, AX DC ED VA
113 Zi, Ez: 125-160, Dz: 145-160, S; 18 App,
⌐ WC ☏, 33✉; Lift P 🚗 3↔200 Fitneßraum Sauna Solarium
* **Persipan**
Hauptgericht 25; Terrasse

Stockstadt a. Main 55 ↘

Bayern — Kreis Aschaffenburg — 118 m —
7 287 Ew — Aschaffenburg 5, Hanau 19,
Darmstadt 39 km
ℹ ☏ (0 60 27) 2 00 50, Fax 20 05 88 —
Gemeindeverwaltung, Hauptstr 19,
63811 Stockstadt a. Main. Sehenswert:
Leonharduskirche, Altes Zollhaus

* **Brößler**
Obernburger Str 2, ✉ 63811, ☏ (0 60 27)
42 20, Fax 42 21 00, AX DC ED VA
34 Zi, Ez: 95, Dz: 140, ⌐ WC ☏; P 🚗
Solarium ¶
geschl: Anfang Jan

Stolberg (Harz) 37 □

Sachsen-Anhalt — Kreis Sangerhausen —
350 m — 1 600 Ew — Hasselfelde 19, Bad
Frankenhausen 30 km
ℹ ☏ (03 46 54) 4 54, Fax 2 98 — Fremdenverkehrsamt, Am Markt 5, 06547 Stolberg
(Harz); Erholungsort. Sehenswert: Rathaus; Schloß; St.-Martini-Kirche; Museum
„Altes Bürgerhaus"; Ritterburg; Saigerturm;
Liebfrauenkapelle; Große Auerberg •⇖
(5 km ↗); Josephskreuz

** **Zum Kanzler**
Markt 8, ✉ 06547, ☏ (03 46 54) 2 05,
Fax 3 15, ED
22 Zi, Ez: 70, Dz: 110, ⌐ WC ☏; P 3↔40
Kegeln ¶
Auch Zimmer der Kategorie * vorhanden

** **Weißes Roß**
Rittergasse 5, ✉ 06547, ☏ (03 46 54) 4 03,
Fax 6 02, AX DC ED VA
10 Zi, Ez: 70-90, Dz: 110-135, 1 Suite, ⌐ WC
☏; P ¶ 🚗

* **Kupfer**
Am Markt 23, ✉ 06547, ☏ (03 46 54)
1 02 25, Fax 1 02 24, AX DC ED
23 Zi, Ez: 70-90, Dz: 110-120, 1 Suite, ⌐ WC
☏; P 1↔30 ¶ 🚗

* **Stolberger Hof**
Markt 6, ✉ 06547, ☏ (03 46 54) 3 20,
Fax 4 37, ED
15 Zi, Ez: 70, Dz: 110, ⌐ WC ☏, 5✉; P
2↔70 Kegeln ¶ 🚗

* **Pension Am Harzgarten**
⚘ Rittergasse 94, ✉ 06547, ☏ (03 46 54)
2 32, DC ED VA
14 Zi, Ez: 68, Dz: 106, 3 App, ⌐ WC ☏; P
Fitneßraum Sauna Solarium; garni

* **Beutel (Chalet Waldfrieden)**
Rittergasse 77, ✉ 06547, ☏ (03 46 54)
80 90, Fax 8 09 41
15 Zi, Ez: 55, Dz: 45-90, ⌐ WC ☏, 9✉; P
1↔25 ¶

* **Harzhof Nerlich**
Niedergasse 60, ✉ 06547, ☏ (03 46 54)
2 96, Fax 2 96, AX ED VA
Hauptgericht 30; Gartenlokal P; geschl:
Do, 2. Novemberwoche bis Ende

* **Zum Bürgergarten**
Thyratal 1, ✉ 06547, ☏ (03 46 54) 4 01,
Fax 5 75, AX DC ED VA
Hauptgericht 20
* 27 Zi, Ez: 70-90, Dz: 95-140, ⌐ WC
☏; P 2↔60 Fitneßraum Sauna Solarium

Stolberg (Harz)-Außerhalb (7 km ↗)
** **Harzhotel Schindelbruch**
einzeln ⚘ ⇖ Schindelbruch 1, ✉ 06547,
☏ (03 46 54) 80 80, Fax 80 84 58, AX DC ED VA
41 Zi, Ez: 110, Dz: 130-160, ⌐ WC ☏; Lift P
2↔40 Fitneßraum Sauna Solarium ¶

Stolberg (Rhld.) 42 ↘

Nordrhein-Westfalen — Kreis Aachen —
270 m — 59 233 Ew — Eschweiler 7,
Aachen 12 km
ℹ ☏ (0 24 02) 1 34 99, Fax 1 33 33 — Werbe-
und Verkehrsreferat, Rathausstr 44,
52222 Stolberg (Rhld.). Sehenswert: Burg;
alte Kupferhammerhöfe

** **Parkhotel am Hammerberg**
Hammerberg 11, ✉ 52222, ☏ (0 24 02)
1 23 40, Fax 12 34 80, AX DC ED VA
28 Zi, Ez: 98-140, Dz: 175-240, ⌐ WC ☏,
10✉; P 2↔25 ⇑ Sauna; garni
Tennis 8
Auch Zimmer der Kategorie * vorhanden

* **Stadthalle**
Rathausstr 71, ✉ 52222, ☏ (0 24 02)
2 30 56, Fax 8 42 11, AX DC ED VA
19 Zi, Ez: 86-90, Dz: 120, ⌐ WC ☏; Lift P
2↔90; garni

Storkau

** Romantik Hotel Altes Brauhaus Burgkeller
Klattestr 8, ✉ 52222, ☎ (0 24 02) 2 72 72, Fax 2 72 70, AX DC ED VA
Hauptgericht 40; Terrasse; geschl: 1 Woche zu Fasching
** 5 Zi, Ez: 140, Dz: 200-250, WC ☎; Sauna
geschl: 1 Woche zu Fasching

Stolberg-Außerhalb (4 km ↘)
** Gut Schwarzenbruch
Würselener Str, ✉ 52222, ☎ (0 24 02) 2 22 75, Fax 44 32, AX DC ED VA
Hauptgericht 40; Terrasse; Biergarten

Vicht (5 km ↘)
* Vichter Landhaus
Münsterau 140, ✉ 52224, ☎ (0 24 02) 9 89 10, Fax 98 91 92, AX ED VA
30 Zi, Ez: 86, Dz: 140, WC ☎; 1⇔25

Zweifall (7 km ↓)
** Sporthotel zum Walde
Klosterstr 4, ✉ 52224, ☎ (0 24 02) 76 90, Fax 7 69 10, AX DC ED VA
32 Zi, Ez: 125-148, Dz: 150-195, 6 Suiten, 23 App, WC ☎; Lift 2⇔30 Fitneßraum Kegeln Sauna Solarium
Auch Zimmer der Kategorie * vorhanden

Stollberg (Erzgeb.) 50 ←

Sachsen — Kreis Stollberg — 400 m — 14 000 Ew — Chemnitz 20 km
☎ (03 72 96) 20 66 — Stadtverwaltung, Rathausstr 1, 09366 Stollberg. Sehenswert: St.-Marien-Kirche; St.-Jacobi-Kirche

* Köhler
Albrecht-Dürer-Passage, ✉ 09366, ☎ (03 72 96) 1 41 00, Fax 1 41 10, AX DC ED VA
39 Zi, Ez: 70-110, Dz: 110-150, 1 Suite, WC ☎, 10; Lift 3⇔35 Sauna Solarium

* Goldener Adler
Postplatz 7, ✉ 09366, ☎ (03 72 96) 23 86, Fax 8 39 89, AX DC ED VA
15 Zi, Ez: 79, Dz: 117, WC ☎;

* Grüner Baum
Detlev-Lang-Platz 1, ✉ 09366, ☎ (03 72 96) 27 74, Fax 27 74,
15 Zi, Ez: 80, Dz: 110-140, WC ☎, 1; Solarium

* Zur guten Quelle
Postplatz 2, ✉ 09366, ☎ (03 72 96) 74 70, Fax 7 47 30, AX DC ED VA
11 Zi, Ez: 80, Dz: 110, WC ☎;

* Zur Sonne
Zwönitzer Str 18, ✉ 09366, ☎ (03 72 96) 1 51 12, Fax 1 51 14, AX DC ED VA
20 Zi, Ez: 60-90, Dz: 70-150, WC ☎;

Mitteldorf (2 km ↗)
* Zur grünen Laube
Hartensteiner Str 59, ✉ 09366, ☎ (03 72 96) 24 84, Fax 36 03, AX DC ED VA
15 Zi, Ez: 75-110, Dz: 95-130, WC ☎; 1⇔20 m
Dorfstr 37, ✉ 17391

Stolpen 51 ↑

Sachsen — Kreis Pirna — 310 m — 5 600 Ew — Neustadt 5, Radeberg 12, Dresden 18 km
☎ (03 59 73) 3 13, Fax 63 15 — Tourist Information, Markt 26, 01833 Stolpen. Sehenswert: Bischofsburg, kursächsische Festung

** Burghotel
Schloßstr 12, ✉ 01833, ☎ (03 59 73) 62 34, Fax 9 12
44 Zi, Ez: 85, Dz: 130-180, 1 Suite, WC ☎; Lift 3⇔55 Solarium
Auch Zimmer der Kategorie * vorhanden

* Burgstadt Stolpen
Neustädter Str 7, ✉ 01833, ☎ (03 59 73) 41 64, Fax 41 64, AX ED VA
14 Zi, Ez: 60-90, Dz: 98-120, WC ☎; garni

Stolpe (Oder) 22 ↘

Brandenburg — Landkreis Uckermark — 60 m — 415 Ew — Angermünde 10 km
☎ (03 33 38) 26 01 16 — Gemeindeverwaltung, 16278 Stolpe

** Stolper Turm
Dorfstr 40, ✉ 16278, ☎ (03 33 38) 5 40/3 33, Fax 3 34, ED
12 Zi, Ez: 90-100, Dz: 110-120, WC ☎; 1⇔50
Tennis 2; Auch Zimmer der Kategorie * vorhanden

Stolzenau 25 □

Niedersachsen — Kreis Nienburg — 28 m — 6 491 Ew — Nienburg 21 km
☎ (0 57 61) 70 50, Fax 7 05 19 — Gemeindeverwaltung, Am Markt 4, 31592 Stolzenau

* Zur Post
Am Markt 10, ✉ 31592, ☎ (0 57 61) 8 92, Fax 23 63
Hauptgericht 20; Kegeln; geschl: Sa
** 10 Zi, Ez: 55-70, Dz: 105, WC ☎;
geschl: Sa

Storkau 28 ↗

Sachsen-Anhalt — Kreis Stendal — 30 m — 197 Ew — Stendal 20, Arneburg 4 km
☎ (03 93 21) 21 90 — Gemeindeverwaltung, 39590 Storkau →

Storkau

*** Schloß Storkau
einzeln ♂ ◄ Im Park 1, ✉ 39590,
☎ (03 93 21) 26 40, Fax 26 45, AX DC ED VA
41 Zi, 1 Suite, ⌐ WC ☎; Lift 8⇔90 Fitneßraum Sauna
** ◄ Hauptgericht 35; Biergarten 🅿
Terrasse

Storkow (Mark) 31

Brandenburg — 6 380 Ew — Fürstenwalde
18 km
ℹ — Stadtverwaltung, Ernst-Thälmann-
Str 1, 15859 Storkow

Göhrsdorf (5 km Sw)
** Seehotel Görsdorf
einzeln ♂ ◄ Kolberger Str 11, ✉ 15859,
☎ (03 36 78) 31 12, Fax 38 82, AX DC ED VA
18 Zi, Ez: 95-130, Dz: 130-160, ⌐ WC ☎; 🅿
1⇔25 Seezugang Fitneßraum 🍴

Karlslust
* Karlslust
♂ Karlsluster Str 3, ✉ 15859, ☎ (03 36 78)
29 05, Fax 00
21 Zi, Ez: 100, Dz: 160, 1 Suite, ⌐ WC ☎;
2⇔80 Strandbad Kegeln 🍴
Auch Zimmer der Kategorie ****** vorhanden

Straelen 32

Nordrhein-Westfalen — Kreis Kleve —
45 m — 13 708 Ew — Geldern 10, Krefeld
27 km
ℹ ☎ (0 28 34) 70 20, Fax 70 21 01 — Stadtverwaltung, Rathausstr 1, 47638 Straelen;
Erholungsort. Sehenswert: Kath. Kirche

** Straelener Hof
Annastr 68, ✉ 47638, ☎ (0 28 34) 9 14 10,
Fax 91 41 47, AX DC ED VA
26 Zi, Ez: 98-108, Dz: 138-160, ⌐ WC ☎; 🅿
Kegeln 2⇔80
Auch Zimmer der Kategorie ***** vorhanden
** Hauptgericht 30; Terrasse

Stralsund 13

Mecklenburg-Vorpommern — Kreis Stral-
sund — 5 m — 70 000 Ew — Greifswald 31,
Rostock 83 km
ℹ ☎ (0 38 31) 25 21 95, Fax 25 44 27 — Tou-
rist Information, Ossenreyerstr 1/2 (B 1),
18408 Stralsund; Alte Hansestadt. Sehens-
wert: Altstadt, Stadtbefestigung, Kütertor,
Knieperbor; Alter Markt mit Rathaus,
Nikolaikirche, ehem. Franziskanerkloster
St. Johannis, Marienkirche, Heilgeist-
Kirche und Heilgeist-Hospital, Jakobi-
Kirche, Katharinenkloster; Wulflamhaus;
Commandanten-Hus; Scheelhaus;
Meeresmuseum; Marinemuseum

*** Baltic
Frankendamm 22 (C 3), ✉ 18439,
☎ (0 38 31) 20 40, Fax 20 49 99, AX DC ED VA
130 Zi, Ez: 150-165, Dz: 185-225, 5 Suiten,
⌐ WC ☎, 65⚏; Lift 🛗 4⇔160 Fitneßraum
Sauna Solarium 🍴

** Zur Post
Am Neuen Markt / Tribseerstr 22 (B 2),
✉ 18439, ☎ (0 38 31) 20 05 00, Fax 20 05 10,
AX ED VA
108 Zi, Ez: 145-130, Dz: 210-160, 2 Suiten,
8 App, ⌐ WC ☎, 33⚏; Lift 🛗 4⇔120
Sauna Solarium 💈
Auch Zimmer der Kategorie ******* vor-
handen
* Bistro
Hauptgericht 25; Terrasse 🅿

** Royal am Bahnhof
Tribseer Damm 4 (A 3), ✉ 18437,
☎ (0 38 31) 29 52 68, Fax 29 26 50, AX ED VA
59 Zi, Ez: 108-145, Dz: 122-175, S; 1 Suite,
⌐ WC ☎, 6⚏; Lift 🅿 🛗 2⇔40 Fitneßraum
Sauna Solarium 🍴

* Norddeutscher Hof
Neuer Markt 22 (B 3), ✉ 18439, ☎ (0 38 31)
29 31 61, Fax 29 48 63, AX ED VA
13 Zi, Ez: 110-135, Dz: 140-160, ⌐ WC ☎; 🅿
🛗
🍴 Hauptgericht 20

🍴 **Herwig's**
Heilgeiststr 50 (C 2), ✉ 18439, ☎ (0 38 31)
2 66 80, Fax 26 68 23, AX ED VA
Hauptgericht 18; 🅿 Terrasse
* 8 Zi, Ez: 100-120, Dz: 130-150, ⌐
WC ☎; 1⇔12

Franken (2 km ↓)
* Pension Quast
Greifswalder Chaussee 54 (außerhalb C 3),
✉ 18439, ☎ (0 38 31) 27 05 32, Fax 27 05 33
13 Zi, Ez: 98, Dz: 120, ⌐ WC ☎; 🅿; garni

Grünhufe (3 km ←)
** Parkhotel Stralsund
Lindenallee 61, ✉ 18437, ☎ (0 38 31) 47 40,
Fax 47 48 60, AX DC ED VA
120 Zi, Ez: 135-195, Dz: 155-215, S;
4 Suiten, ⌐ WC ☎, 68⚏; Lift 🅿 6⇔180
Fitneßraum Sauna Solarium

* Unter den Linden
Lindenallee 41, ✉ 18437, ☎ (0 38 31)
49 40 91, Fax 49 46 91
30 Zi, Ez: 95, Dz: 145, 8 Suiten, ⌐ WC ☎,
10⚏; 🅿 Fitneßraum Sauna

Knieper (3 km ↘)
** An den Bleichen
♂ An den Bleichen 45, ✉ 18435,
☎ (0 38 31) 39 06 75, Fax 39 21 53, AX ED VA
23 Zi, Ez: 115, Dz: 155, ⌐ WC ☎; 🅿 Sauna
Solarium; garni

* Stralsund
Heinrich-Heine-Ring 105 (A 3), ✉ 18435,
☎ (0 38 31) 36 70, Fax 36 71 11, AX DC ED VA
74 Zi, Ez: 100-115, Dz: 160, ⌐ WC ☎; Lift 🅿
2⇔25 Bowling Fitneßraum Sauna
Solarium 🍴

* Süß
Hainholzstr 42, ✉ 18435, ☎ (0 38 31)
39 01 24, Fax 39 01 25, AX ED VA
10 Zi, Ez: 95-115, Dz: 145, ⌐ WC ☎; 🅿 🛗;
garni 🍴
Rezeption: 7-21

Straßenhaus

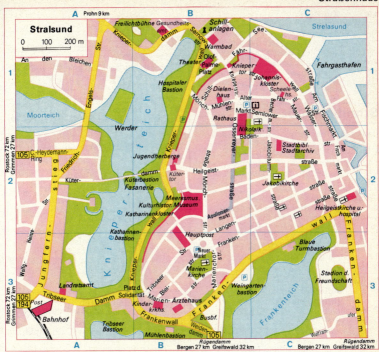

Strande 10 →

Schleswig-Holstein — Kreis Rendsburg-Eckernförde — 5 m — 1 600 Ew — Kiel 18, Eckernförde 29 km
ℹ ☎ (0 43 49) 80 90, Fax 8 09 60 — Amtsverwaltung, Sturenhagener Weg 14, 24229 Dänischenhagen; Ostseebad an der Kieler Außenförde

★★ Strandhotel
Strandstr 21, ✉ 24229, ☎ (0 43 49) 9 17 90, Fax 9 17 92 10, AX DC ED VA
16 Zi, Ez: 145-220, Dz: 185-280, ⌑ WC ☎; 🅿
Sauna
★★ Hauptgericht 30; Terrasse

★ Seglerhus
Rudolf-Kinau-Weg 2, ✉ 24229, ☎ (0 43 49) 8 08 10, Fax 8 08 11, AX DC ED VA
16 Zi, Ez: 105-155, Dz: 145-195, ⌑ WC ☎;
🅿; garni

Strasburg 22 ↖

Mecklenburg-Vorpommern — Kreis Uecker-Randow — 65 m — 7 500 Ew — Woldegk 10, Pasewalk 17, Prenzlau 25 km
ℹ ☎ (03 97 53) 2 39 31, Fax 2 18 37 — Stadtverwaltung, Pfarrstr 3, 17335 Strasburg

★★ Im Wasserturm
◅ Lindenstr 2 b, ✉ 17335, ☎ (03 97 53) 27 00, Fax 2 22 50, AX ED VA
14 Zi, Ez: 90-125, Dz: 120-160, ⌑ WC ☎; Lift
🅿 1⇔35 Solarium ⑲
Rezeption: 9-24

Strasen 21 □

Mecklenburg-Vorpommern — Kreis Neustrelitz — 80 m — 590 Ew — Wesenberg 7, Fürstenberg 17, Neustrelitz 20 km
ℹ — Gemeindeverwaltung, 17255 Strasen

★ Zum Löwen
Dorfstr 41, ✉ 17255, ☎ (03 98 28) 2 02 85, Fax 2 03 91, AX ED VA
23 Zi, Ez: 60-70, Dz: 100-120, ⌑ WC ☎; 🅿
1⇔20 Seezugang Sauna Solarium ⑲

Straßenhaus 43 □

Rheinland-Pfalz — Kreis Neuwied — 370 m — 1 500 Ew — Neuwied 17 km
ℹ ☎ (0 26 34) 44 81 — Gemeindeverwaltung, 56587 Straßenhaus; Luftkurort im Rheinischen Westerwald →

Wer nicht zu zweit im Doppelbett schlafen möchte, sollte ausdrücklich ein Zimmer mit zwei getrennten Betten verlangen.

Straßenhaus

** Zur Post
Raiffeisenstr 5, ✉ 56587, ☎ (0 26 34) 50 90, Fax 50 94 11, AX ED
100 Zi, Ez: 105-145, Dz: 140-180, 1 Suite, ⌐ WC ☎, 15🛏; Lift P 🖨 8⇔220 Fitneßraum Kegel Sauna Solarium 🍺
** Poststuben
Hauptgericht 35; Gartenlokal; geschl: Mo, Di

Straubenhardt 61 ←

Baden-Württemberg — Enzkreis — 450 m — 9 600 Ew — Pforzheim 22 km
ℹ ☎ (0 70 82) 79 12 23, Fax 79 12 40 — Fremdenverkehrsamt, im Ortsteil Conweiler, Herrenalber Str, 75334 Straubenhardt; Erholungsort

Langenalb-Außerhalb (2 km ←)
* Waldhotel Bergschmiede
einzeln ♂ Holzbachtal 80, ✉ 75334, ☎ (0 72 48) 10 51, Fax 10 08, ED VA
22 Zi, Ez: 68-82, Dz: 120-128, 2 Suiten, 1 App, ⌐ WC ☎; P 🖨 1⇔30 🛉 Sauna
** Hauptgericht 30; Terrasse; geschl: Di

Schwann
* Adlerhof (Silencehotel)
♂ ◂ Mönchstr 1, ✉ 75334, ☎ (0 70 82) 9 23 40, Fax 9 23 41 30, ED VA
24 Zi, Ez: 75, Dz: 138, 1 Suite, ⌐ WC ☎; P 2⇔25
geschl: Anfang Jan-Anfang Feb
* Hauptgericht 20; Terrasse; geschl: Mo, Jan

Straubing 65 □

Bayern — Stadtkreis — 332 m — 43 000 Ew — Deggendorf 36, Regensburg 42 km
ℹ ☎ (0 94 21) 94 43 07, Fax 94 41 03 — Verkehrsamt, Theresienplatz 20, 94315 Straubing; Kreisfreie Stadt an der Donau.
Sehenswert: Romanische Basilika St. Peter; gotische Hallenkirche St. Jakob und Karmelitenkirche; barocke Ursulinenkirche; Herzogschloß; Gäubodenmuseum; Stadtturm

** Theresientor
Theresienplatz 41, ✉ 94315, ☎ (0 94 21) 84 90, Fax 84 91 00, AX DC ED VA
33 Zi, Ez: 110-195, Dz: 150-240, ⌐ WC ☎; Lift 🖨 1⇔30
Ausstattung in modernem Design. Auch Zimmer der Kategorie *** vorhanden
* Robert's
Hauptgericht 20; Terrasse; geschl: Sa mittags, So, Aug

** Villa
Bahnhofsplatz 2, ✉ 94315, ☎ (0 94 21) 8 42 10, Fax 8 42 82, AX DC ED VA
15 Zi, Ez: 110-220, Dz: 180, 1 Suite, ⌐ WC ☎; P 🖨 1⇔70
Rezeption: 6.30-20
** Hauptgericht 35; Gartenlokal

* Seethaler
Theresienplatz 25, ✉ 94315, ☎ (0 94 21) 1 20 22, Fax 2 33 90, AX VA
20 Zi, Ez: 100-115, Dz: 160-175, 1 Suite, ⌐ WC ☎; P 2⇔70
Auch Zimmer der Kategorie ** vorhanden
** Hauptgericht 20; Terrasse; geschl: So, Mo

* Heimer
Schlesische Str 131, ✉ 94315, ☎ (0 94 21) 98 10, Fax 6 07 94, AX DC ED VA
36 Zi, Ez: 89-110, Dz: 135-149, 1 Suite, ⌐ WC ☎; Lift P 🖨 4⇔400 Kegel Sauna Solarium 🍴

* Römerhof
Ittlinger Str 186, ✉ 94315, ☎ (0 94 21) 9 98 20, Fax 99 82 29, AX DC ED VA
26 Zi, Ez: 85-95, Dz: 125-145, 1 Suite, ⌐ WC ☎, 10🛏; Lift P 🖨 1⇔25 🍴

* Gasthof Wenisch
Innere Passauer Str 59-61, ✉ 94315, ☎ (0 94 21) 2 20 66, Fax 8 52 73, AX DC ED VA
34 Zi, Ez: 50-80, Dz: 90-115, 2 App, ⌐ WC ☎, 7🛏; P 🖨 🍴

* Donau-Motel
Landshuter Str 55, ✉ 94315, ☎ (0 94 21) 9 97 80, Fax 99 78 45, ⌐ WC ☎; Lift P;
garni
20 Zi, Ez: 75, Dz: 130, ⌐ WC ☎; Lift P;
geschl: 23.12.96-2.1.97

🍺 **Krönner**
Theresienplatz 22, ✉ 94315, ☎ (0 94 21) 1 09 94, Fax 1 09 92
8-18; geschl: So
Spezialität: Agnes-Bernauer-Torte

Strausberg 31 ↖

Brandenburg — Kreis Strausberg — 50 m — 28 533 Ew — Eberswalde 42, Fürstenwalde 44 km
ℹ ☎ (0 33 41) 2 25 38, Fax 2 25 46 — Stadtverwaltung, Markt 10, 15344 Strausberg.
Sehenswert: Pfarrkirche St. Marien (dreischiffige Pfeilerbasilika); Bötzsee (5 km ←)

Vorstadt
* Annablick
Ernst-Thälmann-Str 82 a, ✉ 15344, ☎ (0 33 41) 42 39 17, Fax 47 18 29, ED
13 Zi, Ez: 70-100, Dz: 110-130, ⌐ WC; P
* Hauptgericht 16; Biergarten; nur abends; geschl: Sa + So, 20.12.96-3.1.97

Die im Varta angegebene Kategorie eines Beherbergungsbetriebes bezieht sich jeweils auf den größeren Teil der Zimmer. Verfügt ein Betrieb auch über eine nennenswerte Zahl von Zimmern höherer oder niedrigerer Kategorie, weist ein entsprechender Vermerk darauf hin.

Strehla 40 ↙

Sachsen — Kreis Riesa — 129 m —
4 032 Ew — Riesa 12, Torgau 26 km
🛈 ☎ (03 52 64) 2 21, Fax 2 53 — Stadtverwaltung, Markt 1, 01616 Strehla. Sehenswert: Kirche mit tönerner Kanzel; Postmeilensäule

** Ambiente
Torgauer Str 20, ✉ 01616, ☎ (03 52 64)
9 02 24, Fax 9 02 24, ED VA
16 Zi, Ez: 55-85, Dz: 100-120, ⌐ WC 🕿, 5⌂;
🅿 Sauna Solarium; garni
Auch Zimmer der Kategorie * vorhanden

* August der Starke
♂ ↶ Oppitzscher Weg 18, ✉ 01616,
☎ (03 52 64) 9 08 63, Fax 9 08 64,
AX DC ED VA
26 Zi, Ez: 80-115, Dz: 120-140, 2 Suiten, ⌐
WC 🕿; 🅿 2⇔70 ⌘

Stromberg 53 ↗

Rheinland-Pfalz — Kreis Bad Kreuznach —
360 m — 3 000 Ew — Bingen 11 km
🛈 ☎ (0 67 24) 2 27, Fax 2 27 — Tourist-Information, Marktplatz 2, 55442 Stromberg;
Erholungsort zwischen Rhein und Nahe.
Sehenswert: Ausgrabungsstätte „Pfarrköpfchen" (Stauferburg); Burganlage „Stromburg"

Johann Lafer's Stromburg
(Relais & Châteaux)
Michael-Obentraut-Str, ✉ 55442,
☎ (0 67 24) 9 31 00, Fax 93 10 90
**** Le Val d'Or 🍽🍽
Hauptgericht 59; 🅿 Terrasse; nur abends,
So + Sa auch mittags; geschl: Mo
* Deutscher Michel ⚜
Hauptgericht 30; Gartenlokal
*** Stromburg-Hotel
13 Zi, Ez: 195-225, Dz: 285-405, 3 Suiten, ⌐
WC 🕿; 3⇔150

Schindeldorf
*** Golfhotel Stromberg
♂ Buchenring 5, ✉ 55442, ☎ (0 67 24)
60 00, Fax 60 04 33, AX ED VA
119 Zi, Ez: 159-195, Dz: 170-235, 6 Suiten,
⌐ WC 🕿; Lift 🅿 15⇔35 Kegeln Sauna Solarium
Golf 18 ⛳
** Hauptgericht 30; Terrasse

Strümpfelbach siehe Weinstadt

Stubenberg 73 ↗

Bayern — Kreis Rottal-Inn — 300 m —
1 380 Ew — Simbach 7, Pocking 24 km
🛈 ☎ (0 85 71) 25 27, Fax 72 10 — Gemeindeverwaltung, Hofmark 14, 94116 Stubenberg

Prienbach (3 km ↓)
** Gasthof Zur Post
Poststr 1, ✉ 94166, ☎ (0 85 71) 60 00,
Fax 60 02 30, AX DC ED VA
32 Zi, Ez: 77-87, Dz: 135-148, ⌐ WC 🕿; 🅿 🚗
1⇔40 Fitneßraum Sauna Solarium
Auch Zimmer der Kategorie * vorhanden
** Hauptgericht 30; ⚜
Biergarten Gartenlokal; nur abends;
geschl: So

Stühlingen 68 ↙

Baden-Württemberg — Kreis Waldshut —
500 m — 5 000 Ew — Schaffhausen 23,
Waldshut 29 km
🛈 ☎ (0 77 44) 5 32 34, Fax 7 16 — Tourist-Service, Weilertalweg 1, 79780 Stühlingen;
Luftkurort im südlichen Schwarzwald.
Sehenswert: Kath. Pfarrkirche; Klosterkirche: Altarbilder; Schloß Hohenlupfen,
601 m ↶

* Landgasthof Rebstock
Schloßstr 10, ✉ 79780, ☎ (0 77 44) 9 21 20,
Fax 92 12 99, ED
28 Zi, Ez: 56, Dz: 100, ⌐ WC 🕿 ⌘
geschl: Do

* Krone
Stadtweg 2, ✉ 79780, ☎ (0 77 44) 9 21 00,
Fax 92 10 30, DC ED VA
19 Zi, Ez: 55, Dz: 100, ⌐ WC 🕿; 🅿 🚗 ⌘

Weizen (4 km ↗)
** Sonne
Ehrenbachstr 10, ✉ 79780, ☎ (0 77 44)
8 04, Fax 68 94, ED VA
20 Zi, Ez: 85-90, Dz: 130-140, ⌐ WC 🕿, 8⌂;
🅿
geschl: Di ab 14, Feb
** Hauptgericht 25; Gartenlokal;
geschl: Di, Feb

* Gasthof Zum Kreuz
Ehrenbachstr 70, ✉ 79780, ☎ (0 77 44)
3 35, Fax 13 47, ED
16 Zi, Ez: 50-58, Dz: 90-100, ⌐ WC; 🅿 🚗
2⇔80 Kegeln ⌘
geschl: Mo, Ende Okt-Mitte Nov

Stuer, Bad 20 →

Mecklenburg-Vorpommern — Landkreis
Müritz — 95 m — 434 Ew — Plau 11,
Wittstock 45, Gustrow 59 km
🛈 ☎ (03 99 24) 4 46 — Gemeindeverwaltung, Amt Röbel-Land, 17207 Röbel; Kurort

Bad Stuer-Außerhalb (3 km ↘)
* Stuersche Hintermühle
einzeln ♂ Seeufer 6, ✉ 17209, ☎ (03 99 24)
7 20, Fax 23 44, AX DC ED VA
48 Zi, Ez: 90-110, Dz: 140-160, 4 Suiten, ⌐
WC 🕿; 🅿 🚗 3⇔70 Strandbad Seezugang
Sauna ⌘

Stuhr

Stuhr 17 ↙

Niedersachsen — Kreis Diepholz — 12 m — 28 201 Ew — Delmenhorst 10, Bremen 12 km
🛈 ☎ (04 21) 5 69 50, Fax 5 69 53 00 — Gemeindeverwaltung, Blockener Str 6, 28816 Stuhr

Brinkum (4 km ↘)
** Bremer Tor (Ringhotel)
Syker Str 4, ✉ 28816, ☎ (04 21) 80 67 80, Fax 89 14 23, AX DC ED VA
38 Zi, Ez: 109-156, Dz: 151-173, S; ⌐⌐ WC ☎; Lift 🅿 8⇔110 Kegeln
** Gefken's
Hauptgericht 30

Moordeich (2 km ←)
** Nobel
Neuer Weg 13, ✉ 28816, ☎ (04 21) 5 68 00, Fax 56 36 48, AX DC ED VA
Hauptgericht 30; geschl: Di

Stuttgart 61 →

Baden-Württemberg — Stadtkreis — 260 m — 566 764 Ew — Karlsruhe 80, Heidelberg 125, München 215 km
🛈 ☎ (07 11) 2 22 82 40, Fax 2 22 82 70 — Stuttgart-Marketing GmbH, Lautenschlager Str 3, 70173 Stuttgart
Landes- und Regierungsbezirkshauptstadt, Universität, Universität Hohenheim (Landwirtschaftliche Hochschule), Akademie der Bildenden Künste, Hochschule für Musik und Darstellende Kunst; Staatstheater; Altes Schauspielhaus, Komödie im Marquardt; Theater im Westen.

Sehenswert: Stiftskirche; Altes Schloß; Neues Schloß; Rathaus; Liederhalle; Württembergisches Landesmuseum; Deutsches Landwirtschaftsmuseum; Hegel-Museum; Daimler-Benz-Museum, geöffnet 9-17, außer Mo; Porsche-Museum im Stadtteil Zuffenhausen, geöffnet Mo-Fr 9-16 und sa, so u. feiertags 9-17; Linden-Museum: für Völkerkunde; Staatl. Museum für Naturkunde; Staatsgalerie; Planetarium; Wilhelma: Zoologischer und Botanischer Garten; Schloß Solitude (10 km ←); Schloß Hohenheim (12 km ↓)

Messen:
R+T 19.-23.2.97
Fensterbau 19.-21.6.97

Achtung: : Flughafen siehe Leinfelden-Echterdingen (15 km ↓)

Stadtplan siehe Seiten 990-991

Der Hinweis auf andere Zimmerkategorien im Zusatztext informiert Sie über Zimmer, die in ihrer Größe und Ausstattung von der Gesamtdarstellung des Betriebes abweichen.

**** Inter-Continental
Willy-Brandt-Str 30 (E 2), ✉ 70173, ☎ (07 11) 2 02 00, Fax 20 20 12, AX DC ED VA
277 Zi, Ez: 240-390, Dz: 265-440, 30 Suiten, 8 App, ⌐⌐ WC ☎, 31⌧; Lift 🅿 22⇔600 ⌂ Fitneßraum Sauna Solarium
** Neckarstube
Hauptgericht 32

**** Maritim
Forststr 2 (B 2), ✉ 70174, ☎ (07 11) 94 20, Fax 9 42 10 00, AX DC ED VA
441 Zi, Ez: 265-395, Dz: 320-450, S; 83 Suiten, ⌐⌐ WC ☎, 104⌧; Lift 🅿 8⇔800 ⌂ Fitneßraum Sauna Solarium
Veranstaltungsräume in historischer Reithalle
** Hauptgericht 35

*** Am Schloßgarten ♛
♂ Schillerstr 23 (E 2), ✉ 70173, ☎ (07 11) 2 02 60, Fax 2 02 68 88, AX DC ED VA
118 Zi, Ez: 255-335, Dz: 385-470, 2 Suiten, ⌐⌐ WC ☎, 16⌧; Lift 🅿 5⇔200 ⌂
Auch Zimmer der Kategorie ******** vorhanden
*** Schloßgarten-Restaurant mit Zirbelstube
Hauptgericht 45; Terrasse

*** Kronen-Hotel
♂ Kronenstr 48 (C 1), ✉ 70174, ☎ (07 11) 2 25 10, Fax 2 25 14 04, AX DC ED VA
83 Zi, Ez: 160-220, Dz: 200-320, ⌐⌐ WC ☎, 27⌧; Lift 🅿 2⇔24 Sauna Solarium; **garni**
geschl: Ende Dez-Anfang Jan
Auch Zimmer der Kategorie ****** vorhanden

** Parkhotel
Villastr 21 (F 1), ✉ 70190, ☎ (07 11) 2 80 10, Fax 2 86 43 53, AX DC ED VA
72 Zi, Ez: 195-260, Dz: 240-260, 3 Suiten, ⌐⌐ WC ☎; Lift 🅿 5⇔100
Auch Zimmer der Kategorie ******* vorhanden
** Villa Berg
Hauptgericht 40; Terrasse
Radio Stüble
Hauptgericht 20; nur abends; geschl: Anfang-Mitte Aug
Hotelbar mit Speisenangebot. Sehenswert: 12 mundgeblasene Glasfenster

** Royal
Sophienstr 35 (C 4), ✉ 70178, ☎ (07 11) 62 50 50, Fax 62 88 09, AX DC ED VA
100 Zi, Ez: 180-490, Dz: 250-490, 3 Suiten, 3 App, ⌐⌐ WC ☎, 10⌧; Lift 🅿 🔒 4⇔100
** Hauptgericht 38; geschl: so + feiertags

** Bergmeister
Rotenbergstr 16, ✉ 70190, ☎ (07 11) 28 33 63, Fax 28 37 19, AX DC ED VA
47 Zi, Ez: 129-159, Dz: 169-240, 3 Suiten, 2 App, ⌐⌐ WC ☎, 10⌧; Lift 🅿 🔒 Fitneßraum Sauna Solarium; **garni**

Stuttgart

✱✱ Unger
Kronenstr 17 (D 2), ✉ 70173, ☎ (07 11)
2 09 90, Fax 2 09 91 00, AX DC ED VA
100 Zi, Ez: 209-349, Dz: 209-349, S; ⇘ WC
☎, 42🛏; Lift 🅿 🍴 1⇔20; **garni**
geschl: Ende Dez-Anfang Jan
Auch Zimmer der Kategorie ✱ vorhanden

✱✱ Rega Hotel
Ludwigstr 18 (B 4), ✉ 70176, ☎ (07 11)
61 93 40, Fax 6 19 34 77, AX DC ED VA
60 Zi, Ez: 175-195, Dz: 220-235, ⇘ WC ☎;
Lift 🍴 1⇔22
 Bistro Jackie Coogan's Garden
Hauptgericht 22

✱ Rema-Hotel Astoria
Hospitalstr 29 (C 3), ✉ 70174, ☎ (07 11)
29 93 01, Fax 29 93 07, AX DC ED VA
56 Zi, Ez: 170-240, Dz: 240-340, S; ⇘ WC ☎,
14🛏; Lift; **garni**

✱✱ Rieker am Hauptbahnhof
Friedrichstr 3 (D 2), ✉ 70174, ☎ (07 11)
22 13 11, Fax 29 38 94, AX ED VA
65 Zi, Ez: 138-178, Dz: 188-248, S; ⇘ WC ☎,
14🛏; Lift 🅿 🍴; **garni** 🍷
Auch Zimmer der Kategorie ✱ vorhanden

✱✱ Intercity Hotel
Arnulf-Klett-Platz 2 (D 2), ✉ 70173,
☎ (07 11) 2 25 00, Fax 2 25 04 99,
AX DC ED VA
112 Zi, Ez: 200-210, Dz: 230-250, S; ⇘ WC
☎, 11🛏; Lift 2⇔20; **garni**
Auch Zimmer der Kategorie ✱ vorhanden

✱ Azenberg
Seestr 114 (B 1), ✉ 70174, ☎ (07 11)
22 10 51, Fax 29 74 26, AX DC ED VA
56 Zi, Ez: 130-210, Dz: 180-250, 3 Suiten,
1 App, ⇘ WC ☎, 23🛏; Lift 🅿 🍴 1⇔ ♨
Sauna Solarium; **garni**
Auch Zimmer der Kategorie ✱✱ vorhanden

✱ Wörtz zur Weinsteige
Hohenheimer Str 30 (E 5), ✉ 70184,
☎ (07 11) 2 36 70 00, Fax 2 36 70 07,
AX DC ED VA
25 Zi, Ez: 90-220, Dz: 130-280, ⇘ WC ☎,
7🛏; 🅿 🍴
geschl: Ende Dez-Ende Jan
Auch Zimmer der Kategorie ✱✱ vorhanden

✱✱ Zur Weinsteige ✿
🍷 Hauptgericht 35; Gartenlokal Terrasse;
geschl: So+feiertags, Mo, Mitte Dez-
Anfang Jan

✱ Rema-Hotel Ruff
Friedhofstr 21, ✉ 70191, ☎ (07 11) 2 58 70,
Fax 2 58 74 04, AX DC ED VA
81 Zi, Ez: 145-169, Dz: 188-208, S; ⇘ WC ☎;
Lift 🅿 🍴 2⇔15 ♨ Sauna Solarium
geschl: Ende Dez-Anfang Jan
✱✱ Hauptgericht 30; geschl: Sa, So
mittags, Ende Dez-Anfang Jan

✱ Ketterer
Marienstr 3 (C 4), ✉ 70178, ☎ (07 11)
2 03 90, Fax 2 03 96 00, AX DC ED VA
104 Zi, Ez: 168-225, Dz: 230-320, ⇘ WC ☎;
Lift 🍴 2⇔28 🍽
geschl: Ende Dez-Anfang Jan
Auch Zimmer der Kategorie ✱✱ vorhanden

✱ City Hotel
Uhlandstr 18 (E 4), ✉ 70182, ☎ (07 11)
21 08 10, Fax 2 36 97 72, AX DC ED VA
32 Zi, Ez: 150-160, Dz: 180-210, ⇘ WC ☎;
🅿; **garni**

✱ Wartburg
Lange Str 49 (C 3-4), ✉ 70174, ☎ (07 11)
2 04 50, Fax 2 04 54 50, AX DC ED VA
81 Zi, Ez: 150-185, Dz: 240, S; ⇘ WC ☎,
1🛏; Lift 🍴 1⇔60 🍽
geschl: Ende Dez-Anfang Jan
Auch einfache Zimmer vorhanden

✱ Sautter
Johannesstr 28 (A 3), ✉ 70176, ☎ (07 11)
6 14 30, Fax 61 16 39, AX DC ED VA
59 Zi, Ez: 115-150, Dz: 140-180, ⇘ WC ☎;
Lift 🍴 2⇔80 🍽
geschl: Ende Dez-Anfang Jan

✱ Stadthotel Am Wasen
Schlachthofstr 19, ✉ 70188, ☎ (07 11)
16 85 70, Fax 1 68 57 57, AX DC ED VA
31 Zi, Ez: 95-130, Dz: 140-180, ⇘ WC ☎; Lift
🅿 🍴; **garni**

✱ Hansa-Hotel (Minotel)
Silberburgstr 114 (B 4), ✉ 70176, ☎ (07 11)
62 50 83, Fax 61 73 49, AX DC ED VA
80 Zi, Ez: 115-120, Dz: 165-180, ⇘ WC ☎;
Lift 🍽
geschl: 22.12.96-6.1.97

✱ Münchner Hof
Neckarstr 170, ✉ 70190, ☎ (07 11) 92 57 00,
Fax 2 62 61 70, AX DC ED VA
31 Zi, Ez: 110-130, Dz: 145-175, ⇘ WC ☎;
Lift 🅿
geschl: Ende Dez-Anfang Jan

✱✱ Goldener Adler ✿
Böheimstr 38, ✉ 70178, ☎ (07 11)
6 40 17 62, Fax 6 49 24 05, ED VA
Hauptgericht 30; 🅿; geschl: Mo, in den
Sommerferien

✱✱ Alter Fritz
Feuerbacher Weg 101, am Killesberg,
✉ 70192, ☎ (07 11) 13 56 50, Fax 1 35 65 65
Hauptgericht 38; Gartenlokal 🅿; nur
abends; geschl: Mo, feiertags, 2 Wochen
im Aug, Ende Dez
✱✱ 10 Zi, Ez: 130-160, Dz: 180-215, ⇘
WC ☎
geschl: 2 Wochen im Aug

✱✱ Délice
Hauptstätter Str 61 (D 5), ✉ 70178,
☎ (07 11) 6 40 32 22
Hauptgericht 50; nur abends; geschl:
So+feiertags, Sa

✱✱ Gaisburger Pastetchen
Hornbergstr 24, ✉ 70188, ☎ (07 11)
48 48 55, Fax 48 75 65
Hauptgericht 42; nur abends; geschl:
So+feiertags, 2 Wochen in den Sommer-
ferien

→

Stuttgart

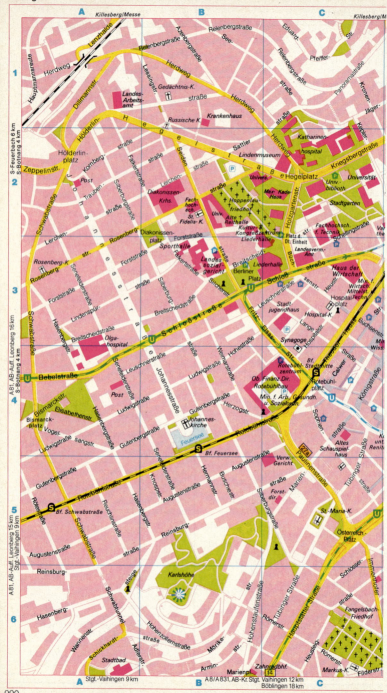

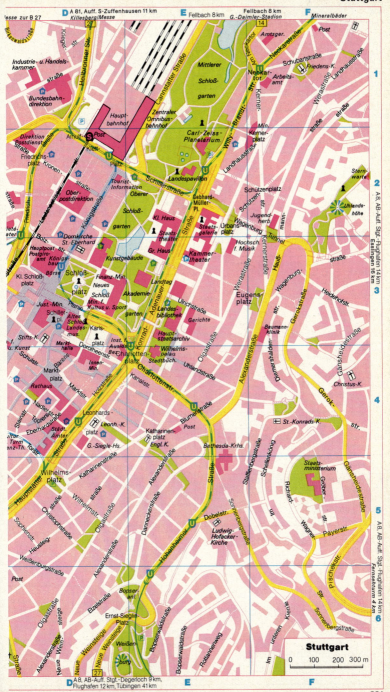

Stuttgart

** Krämer's Bürgerstuben
Gablenberger Hauptstr 4 (außerhalb E 2),
✉ 70186, ☎ (07 11) 46 54 81, Fax 48 65 08,
AX DC ED VA
Hauptgericht 35; geschl: So abends, Mo,
3 Wochen in den Sommerferien

** Come Prima
Steinstr 3 (D 4), ✉ 70173, ☎ (07 11)
24 34 22, Fax 24 34 22, AX DC ED VA
Hauptgericht 40; Terrasse; geschl: So

** La Scala
Friedrichstr 41 (1.Etage) (D 3), ✉ 70174,
☎ (07 11) 29 06 07, Fax 2 99 16 40
Hauptgericht 30; geschl: So

** Da Franco
Calwer Str 23 (C 4), ✉ 70173, ☎ (07 11)
29 15 81, Fax 29 45 49, AX DC ED VA
Hauptgericht 35; Terrasse; geschl: Mo

** Logo
Willi-Bleicher-Str 19 (C 3), ✉ 70174,
☎ (07 11) 2 26 50 02, Fax 2 26 15 45,
AX DC ED VA
Hauptgericht 25; geschl: Sa, so+feiertags, 3 Wochen im Aug

** Der Zauberlehrling
Rosenstr 38 (E 4), ✉ 70182, ☎ (07 11)
2 37 77 70, Fax 2 37 77 75
Hauptgericht 35; geschl: so+feiertags

* Kicho
Jakobstr 19 (E 4), ✉ 70182, ☎ (07 11)
24 76 87, Fax 2 36 10 20, AX DC ED VA
Hauptgericht 40; geschl: So mittags
japanische Küche

* Bäckerschmide
Schurwaldstr 44, ✉ 70186, ☎ (07 11)
16 86 80, Fax 1 68 68 99, AX DC ED VA
Hauptgericht 28; P
* 24 Zi, Ez: 100-140, Dz: 150-180, ⌐ WC ☎

* Bellevue
Schurwaldstr 45, ✉ 70186, ☎ (07 11)
48 10 10, Fax 48 75 06, AX DC ED VA
Hauptgericht 25; P; geschl: Di, Mi
* 12 Zi, Ez: 90-110, Dz: 120-150, ⌐ WC ☎;

* Weinstube Kachelofen
Eberhardstr 10 (E 4), ✉ 70173, ☎ (07 11)
24 23 78
Hauptgericht 25; Biergarten; nur abends;
geschl: so+feiertags

* Zur Kiste
Kanalstr 2 (E 4), ✉ 70182, ☎ (07 11)
24 40 02
Hauptgericht 25; Gartenlokal; nur abends,
Sa nur mittags; geschl: So
Eine der ältesten Weinstuben Stuttgarts.
Das Haus wurde Ende des18. Jh. gebaut

** Königsbau**
Königstr 28 (D 3), ✉ 70173, ☎ (07 11)
29 07 87, Fax 29 04 03
9-19 So ab 11

** Sommer**
Charlottenplatz 17 (D 3), ✉ 70173,
☎ (07 11) 29 25 53, Fax 2 26 12 49
Terrasse; 9.30-19; geschl: im Sommer So

==Büsnau== (9 km ↗)

*** Relexa Waldhotel Schatten
Magstadter Str, ✉ 70569, ☎ (07 11)
6 86 70, Fax 6 86 79 99, AX DC ED VA
124 Zi, Ez: 195-390, Dz: 240-690, S;
12 Suiten, ⌐ WC ☎, 25✉; Lift P 🚗
10⇔120 Fitneßraum Sauna Solarium
Auch Zimmer der Kategorie ****** vorhanden

*** La Fenêtre
Hauptgericht 35; Terrasse; geschl: so+feiertags, Mo

** Kaminrestaurant
Hauptgericht 30; Terrasse

==Cannstatt, Bad== (4 km ↗)

** Pannonia
Teinacher Str 20, ✉ 70372, ☎ (07 11)
9 54 00, Fax 9 54 06 30, AX DC ED VA;
127 Zi, Ez: 145-195, Dz: 195-255, S;
29 Suiten, ⌐ WC ☎, 37✉; Lift 🚗 4⇔120
Fitneßraum Sauna Solarium
** Hauptgericht 38; P Terrasse

** Spahr
Waiblinger Str 63, ✉ 70372, ☎ (07 11)
55 39 30, Fax 55 39 33 33, AX DC ED VA
60 Zi, Ez: 125-180, Dz: 175-230, ⌐ WC ☎;
Lift P 🚗 1⇔20; garni

** Krehl's Linde
Obere Waiblinger Str 113, ✉ 70374,
☎ (07 11) 52 75 67/5 28 13 85,
Fax 5 28 63 70, AX ED
21 Zi, Ez: 100-170, Dz: 165-230, 3 Suiten, ⌐
WC ☎; P 🚗 Kegeln
Auch Zimmer der Kategorie ***** vorhanden
** Hauptgericht 49; Terrasse;
geschl: So+Mo, 3 Wochen in den Sommerferien

** Pfund
Waiblinger Str 61 a, ✉ 70372, ☎ (07 11)
56 63 63, Fax 56 63 63, AX DC ED VA
Hauptgericht 35; Biergarten P; geschl:
So+feiertags, Sa mittags, Ende Dez-Anfang Jan

==Degerloch== (4 km ↓)

** Waldhotel Degerloch
(Top International Hotel)
einzeln ♂ Guts-Muths-Weg 18, ✉ 70597,
☎ (07 11) 76 50 17, Fax 7 65 37 62,
AX DC ED VA
50 Zi, Ez: 95-175, Dz: 160-260, S; ⌐ WC ☎;
Lift P 🚗 6⇔130 Fitneßraum Sauna
Solarium 🍴

* Waldhorn
Epplestr 41, ✉ 70597, ☎ (07 11) 76 49 17,
Fax 7 65 70 23, AX DC ED VA
34 Zi, Ez: 80-120, Dz: 110-150, ⌐ WC ☎; P
2⇔30

*** Wielandshöhe
◀ Alte Weinsteige 15, ✉ 70597, ☎ (07 11)
6 40 88 48, Fax 6 40 94 08, AX DC ED VA
Hauptgericht 55; Terrasse; geschl: so+feiertags, Mo

** Fäßle
Löwenstr 51, ✉ 70597, ☎ (07 11) 76 01 00,
Fax 76 44 32, AX DC ED VA
Hauptgericht 35; Gartenlokal; geschl: So

Stuttgart

** Fernsehturm-Restaurant Skyline
◁ einzeln Jahnstr 120, ✉ 70597, ☎ (07 11) 24 61 04, Fax 2 36 06 33, AX DC ED VA
Hauptgericht 35; P ; geschl: Mo, Do mittags
Im 144 m hohem Fernsehturm

Feuerbach (5 km ↑)

*** Messehotel Europe
Siemensstr 33, ✉ 70469, ☎ (07 11) 81 48 30, Fax 8 14 83 48, AX DC VA
114 Zi, Ez: 120-180, Dz: 170-205, 4 Suiten, ⊿ WC ☎, 13⌨; Lift 🅿 Sauna Solarium; garni
Freizeitangebote im gegenüberliegenden Kongresshotel Europe

** Weinsberg
Grazer Str 32, ✉ 70469, ☎ (07 11) 13 54 60, Fax 1 35 46 66, AX DC ED VA
37 Zi, Ez: 90-165, Dz: 140-215, ⊿ WC ☎, 4⌨; Lift 🅿 ⓘ

** Kongreßhotel Europe (Top International Hotel)
Siemensstr 26, ✉ 70469, ☎ (07 11) 81 00 40, Fax 85 40 82, AX DC ED VA
150 Zi, Ez: 97-225, Dz: 134-280, S; 3 Suiten, ⊿ WC ☎, 9⌨; Lift 🅿 🔁 7⇔250 Fitneßraum Sauna Solarium
** Granada Hauptgericht 30; geschl: Sa + So mittags

* Feuerbach im Biberturm
Feuerbacher-Tal-Str 4, ✉ 70469, ☎ (07 11) 98 17 90, Fax 9 81 79 59, DC ED VA
32 Zi, Ez: 95-160, Dz: 130-180, 3 App, ⊿ WC ☎; Lift 🅿; garni
geschl: Weihnachten-Neujahr
Langzeitvermietung möglich

Heumaden (9 km ↘)

* Seyboldt
Fenchelstr 11, ✉ 70619, ☎ (07 11) 44 80 60, Fax 44 78 63
17 Zi, Ez: 80-110, Dz: 110-140, ⊿ WC ☎; 🅿; garni
Rezeption: 8-14, 18-22

Hohenheim (12 km ↓)

**** Speisemeisterei 🍷 🍴
Am Schloß Hohenheim, ✉ 70599, ☎ (07 11) 4 56 00 37, Fax 4 56 00 38
Hauptgericht 50; 🅿; nur abends, So nur mittags; geschl: Mo, Anfang-Mitte Jan

Möhringen/Fasanenhof (7 km ↓)

**** Copthorne Hotel mit Stuttgart International
◁ Plieninger Str 100, ✉ 70567, ☎ (07 11) 7 21-0, Fax 7 21-29 98, AX DC VA
454 Zi, Ez: 249-289, Dz: 289-329, S; 30 Suiten, ⊿ WC ☎, 69⌨; Lift 13⇔1800 Fitneßraum Sauna Solarium
Im Freizeit- und Erlebniszentrum Stuttgart International mit einer Vielzahl unterschiedlicher Restaurants.
Im Stuttgart International Zimmer der Kategorie *** vorhanden

** Mercure
Eichwiesenring 1/1, ✉ 70567, ☎ (07 11) 7 26 60, Fax 7 26 64 44, AX DC ED VA
148 Zi, Ez: 187-232, Dz: 249-294, ⊿ WC ☎, 55⌨; Lift 🅿 5⇔170 Fitneßraum Sauna Solarium ⚤
** Le Faisan
Hauptgericht 31; Terrasse

** Fora
Vor dem Lauch 20, ✉ 70569, ☎ (07 11) 7 25 50, Fax 7 25 56 66, AX DC ED VA
101 Zi, Ez: 110, Dz: 140, ⊿ WC ☎, 35⌨; Lift 🅿 6⇔100 Fitneßraum Sauna Solarium
* Hauptgericht 22; 🅿 Terrasse

** Fora garni
Filderbahnstr 43, ✉ 70567, ☎ (07 11) 71 60 80, Fax 7 16 08 50, AX DC ED VA
41 Zi, Ez: 160, Dz: 180, ⊿ WC ☎; Lift 🅿; garni
geschl: Ende Dez-Anfang Jan

** Körschtal
Richterstr 23, ✉ 70567, ☎ (07 11) 71 60 90, Fax 7 16 09 29
30 Zi, Ez: 105-125, Dz: 150-165, ⊿ WC ☎, 5⌨ 🅿 🖂; garni

** Neotel
Vaihinger Str 151, ✉ 70567, ☎ (07 11) 7 81 40, Fax 7 80 43 14, AX DC ED VA
86 Zi, Ez: 170-180, Dz: 198, 2 Suiten, ⊿ WC ☎, 10⌨; Lift 🅿; garni

** Gloria
Sigmaringer Str 59, ✉ 70567, ☎ (07 11) 7 18 50, Fax 7 18 51 21, AX DC ED VA
91 Zi, Ez: 113-142, Dz: 157-175, ⊿ WC ☎; Lift 🅿 Sauna Solarium ⓘ

* Alpha Class Hotel
Plieninger Str 50, ✉ 70567, ☎ (07 11) 72 81 00, Fax 7 28 10 99, AX ED VA
16 Zi, Ez: 120-170, Dz: 150-210, ⊿ WC ☎; 🅿 🖂; garni

Obertürkheim (9 km ↘)

** Brita Hotel
Augsburger Str 671, ✉ 70329, ☎ (07 11) 32 02 30, Fax 32 44 40, AX DC ED VA
70 Zi, Ez: 125-163, Dz: 224, ⊿ WC ☎, 16⌨; Lift 🖂 3⇔120
geschl: 23.12.96-2.1.97
Auch Zimmer der Kategorie * vorhanden
** Hauptgericht 30; nur abends; geschl: so + feiertags, Sa

Plieningen (13 km ↓)

** Fissler - Post
Schoellstr 4, ✉ 70599, ☎ (07 11) 4 58 40, Fax 4 58 43 33, AX DC ED VA
60 Zi, Ez: 95-160, Dz: 130-210, 10 App, ⊿ WC ☎, 10⌨; Lift 🅿 5⇔120 Kegeln Solarium
Auch einfache Zimmer vorhanden
** Hauptgericht 30

** Apart-Hotel
Scharnhauser Str 4, ✉ 70599, ☎ (07 11) 4 50 10, Fax 4 50 11 00, AX DC ED VA
41 Zi, Ez: 115, Dz: 155, 3 Suiten, 12 App, ⊿ WC ☎; Lift 🖂; garni
Langzeitvermietung möglich →

Stuttgart

✱ Romantik Hotel Traube
Brabandtgasse 2, ✉ 70599, ☎ (07 11)
45 89 20, Fax 4 58 92 20, AX DC ED VA
20 Zi, Ez: 140-220, Dz: 195-280, ⌐ WC ☎,
4🛏; **P** ⑩
geschl: Ende Dez-Anfang Jan
Auch Zimmer der Kategorie ✱✱ vorhanden
✱✱ 🅥 Hauptgericht 40; geschl: Ende
Dez-Anfang Jan
✱ Nagelschmiede
🅥 Hauptgericht 30; nur abends, Sa auch
mittags; geschl: so + feiertags, Ende Dez-
Anfang Jan

Rot (5 km ↑)
✱ Cascade
Eschenauer Str 27, ✉ 70437, ☎ (07 11)
87 00 70, Fax 8 70 07 77, ED VA
17 Zi, Ez: 98-125, Dz: 110-165, ⌐ WC ☎,
5🛏; Lift **P** 🚗 1⟳30

Stammheim (9 km ↑)
✱✱ Novotel
Korntaler Str 207, ✉ 70439, ☎ (07 11)
98 06 20, Fax 80 36 73, AX DC ED VA
117 Zi, Ez: 114-175, Dz: 138-205, ⌐ WC ☎,
52🛏; Lift **P** 6⟳250 ≋ Sauna ⑩

✱ Domino
Freihofstr 2, ✉ 70439, ☎ (07 11) 80 90 30,
Fax 8 09 03 40, AX DC ED VA
Ez: 120-130, Dz: 160-180, S; 8 Suiten,
75 App, ⌐ WC ☎, 3🛏; Lift **P**; garni
Auch Langzeitvermietung

Uhlbach (12 km →)
✱ Gästehaus Münzmay
⚜ Rührbrunnenweg 19, ✉ 70329, ☎ (07 11)
9 18 92 70, Fax 9 18 92 71, ED VA
14 Zi, Ez: 120-130, Dz: 175, ⌐ WC ☎; Lift **P**
🚗 Sauna Solarium; garni
geschl: 20.12.96-12.1.97

Vaihingen (8 km ↙)
✱✱✱ Dorint Hotel Fontana
Vollmoellerstr 5, ✉ 70563, ☎ (07 11) 73 00,
Fax 7 30 25 25, AX DC ED VA
223 Zi, Ez: 255-365, Dz: 255-365, S;
5 Suiten, 22 App, ⌐ WC ☎, 115🛏; Lift **P** 🚗
9⟳500 ⚡ Fitneßraum Sauna Solarium
✱✱ Hauptgericht 45

✱ Fremd Gambrinus
Möhringer Landstr 26, ✉ 70563, ☎ (07 11)
90 15 80, Fax 9 01 58 60, AX ED VA
17 Zi, Ez: 125, Dz: 160, ⌐ WC ☎; **P** 🚗;
geschl: Di
✱ Hauptgericht 25; Biergarten

Wangen (5 km →)
✱✱ Hetzel Hotel Löwen
Ulmer Str 331, ✉ 70327, ☎ (07 11) 4 01 60,
Fax 4 01 63 33, AX DC ED VA
60 Zi, Ez: 115-135, Dz: 140-160, 2 App, ⌐
WC ☎; Lift **P** 🚗 1⟳20 ⑩

Weilimdorf (8 km ↖)
✱✱✱ Holiday Inn
Mittlerer Pfad 27, ✉ 70499, ☎ (07 11)
98 88 80, Fax 98 88 81 00, AX DC ED VA
317 Zi, Ez: 155-290, Dz: 185-330, 7 Suiten,
13 App, ⌐ WC ☎, 40🛏; Lift 🚗 9⟳400 Fitneßraum Sauna Solarium ⑩
Auch Zimmer der Kategorie ✱✱ vorhanden

✱✱ Gasthof Hasen
Solitudestr 261, ✉ 70499, ☎ (07 11)
9 89 89 80, Fax 98 98 98 13, AX VA
Hauptgericht 35; geschl: So, Mo,
3 Wochen in den Sommerferien

Zuffenhausen (7 km ↑)
✱✱ Fora Residence
Schützenbühlstr 16, ✉ 70435, ☎ (07 11)
8 20 01 00, Fax 8 20 01 01, AX DC ED VA
119 Zi, Ez: 110-195, Dz: 140-200, ⌐ WC ☎,
26🛏; Lift **P** 🚗 3⟳95 ⑩

✱ Neuwirtshaus
Schwieberdinger Str 198, ✉ 70435,
☎ (07 11) 98 06 30, Fax 9 80 63 19,
AX DC ED VA
31 Zi, Ez: 115-160, Dz: 165-195, 2 Suiten,
4 App, ⌐ WC ☎, 5🛏; Lift **P** 1⟳25; garni

siehe auch **Leinfelden-Echterdingen**

Suddendorf 23 □

Niedersachsen — Kreis Grafschaft Bentheim — 36 m — 760 Ew — Schüttorf 3,
Bentheim 5 km
ℹ ☎ (0 59 23) 44 82 — Gemeindeverwaltung, 48465 Suddendorf

✱✱ Stähle
⚜ Postweg 43, ✉ 48465, ☎ (0 59 23) 96 70,
Fax 50 78, AX DC ED VA
34 Zi, Ez: 80-90, Dz: 140-180, ⌐ WC ☎; **P** 🚗
≋ Sauna Solarium ⑩ ⚓

Suderode, Bad 37 ↗

Sachsen-Anhalt — Kreis Quedlinburg —
240 m — 1 940 Ew — Quedlinburg 8, Harzgerode 16, Aschersleben 21 km
ℹ ☎ (03 94 85) 3 20, Fax 4 85 — Kurverwaltung, Rathausplatz 2, 06507 Bad Suderode

✱ Reißaus
Gartenstr 44, ✉ 06507, ☎ (03 94 85) 3 10,
Fax 3 10
16 Zi, Ez: 70, Dz: 120, 1 App, ⌐ WC ☎; **P**
1⟳180 ≋ Bowling ⑩
geschl: 2.-15.1.97

Süderende siehe Föhr

Südgeorgsfehn siehe Uplengen

Südlohn 33 ↖

Nordrhein-Westfalen — Kreis Borken —
60 m — 7 787 Ew — Stadtlohn 7, Borken
15 km
ℹ ☎ (0 28 62) 62 43, Fax 62 53 — Gemeinde-
information, Jakobistr 8, 46354 Südlohn.
Sehenswert: St.-Vitus-Kirche

Oeding (4 km ←)
* **Burghotel Pass**
Burgplatz 1, ✉ 46354, ☎ (0 28 62) 58 30,
Fax 5 83 70, AX ED VA
44 Zi, Ez: 90-110, Dz: 135-180, ⌐ WC ☎; Lift
🅿 4⇆100 ≋ Kegeln Sauna
geschl: Anfang-Mitte Jan
* Hauptgericht 30; geschl: So
abends, Mo mittags

Sülzfeld 47 ←

Thüringen — Kreis Meiningen — 320 m —
700 Ew — Meiningen 6, Mellrichstadt 13 km
ℹ ☎ (03 69 45) 3 21, Fax 2 90 — Gemeindeverwaltung, Rainstr 60, 98617 Sülzfeld.
Sehenswert: Wehrkirchenanlage; „Pach-
tershaus"; Schloß Amalienruh

* **Lichterhof**
Amaleinruher Weg 1, ✉ 98617,
☎ (03 69 45) 58 30, Fax 5 83 28, AX ED
17 Zi, Ez: 60-80, Dz: 100-120, ⌐ WC ☎; 🅿 ≋
Sauna Solarium ▼◯| ⚓

Süßen 62 □

Baden-Württemberg — Kreis Göppingen
— 364 m — 9 995 Ew — Göppingen 9 km
ℹ ☎ (0 71 62) 4 00 30, Fax 44 03 77 —
Gemeindeverwaltung, Heidenheimer
Str 30, 73079 Süßen. Sehenswert: Ölberg
an der Ulrichskirche; Ruine Staufeneck,
525 m ⚓ (5 km ↑)

** **Gästehaus und Gasthof
Löwen**
Hauptstr 3, an der B 10, ✉ 73079,
☎ (0 71 62) 50 88, Fax 83 63
50 Zi, Ez: 45-92, Dz: 95-142, 1 Suite, ⌐ WC
☎; Lift 🅿 ✉ 1⇆50 Kegeln ▼◯|
geschl: Ende Dez-Anfang Jan
Auch Zimmer der Kategorie * vorhanden

Suhl 47 □

Thüringen — kreisfreie Stadt — 450 m —
56 000 Ew — Coburg 56, Eisenach 66 km
ℹ ☎ (0 36 81) 2 00 52, Fax 2 75 24 — Tourist-Information, Gothaer Str 1,
98527 Suhl; „Stadt der Büchsenmacher".
Sehenswert: Marktbrunnen mit Waffen-
schmied-Denkmal; historische Fachwerkhäuser (Malzhaus, heute Waffenmuseum;
Heinrichser Rathaus); Hauptkirche St.
Marien; Kreuzkirche; Rathaus; Steinweg
mit Bürgerhäusern, z. B. Rokokohaus
Nr 26; Tierpark

** **Thüringen**
Platz der Deutschen Einheit 2, ✉ 98527,
☎ (0 36 81) 30 38 90, Fax 2 43 79,
AX DC ED VA
116 Zi, Ez: 170-195, Dz: 240-260, 8 Suiten,
⌐ WC ☎, 30✉; Lift 🅿 ✉ 7⇆105 Sauna
Solarium ▼◯|

* **Goldener Hirsch**
♂ An der Hasel 91, ✉ 98527, ☎ (0 36 81)
7 95 90, Fax 79 59 20, ED
20 Zi, Ez: 70-100, Dz: 100-120, ⌐ WC ☎; 🅿
1⇆25 ▼◯|

Albrechts (6 km ↘)
** **Zur guten Quelle**
♂ Goldbachstr 5, ✉ 98529, ☎ (0 36 81)
78 30, Fax 78 31 13, AX ED
14 Zi, Ez: 80-90, Dz: 100-120, ⌐ WC ☎; 🅿
2⇆35 ▼◯|

Dietzhausen (10 km ←)
* **Milano**
Hauptstr 61, ✉ 98530, ☎ (03 68 46) 68 20,
Fax 3 97, AX DC ED VA
Hauptgericht 25; geschl: Do
* 9 Zi, Ez: 60-90, Dz: 100-120, ⌐ WC
☎; 🅿
Rezeption: 11-24

Heinrichs
* **Pension „Am Rathaus"**
Meininger Str 89, ✉ 98529, ☎ (0 36 81)
3 94 60, AX ED VA
10 Zi, Ez: 60-70, Dz: 85-99, ⌐ WC ☎; 🅿 ▼◯|

Ringberg 5 km
** **Holiday Inn Resort Ringberg**
einzeln ♂ ⚓ Ringberg 10, ✉ 98527,
☎ (0 36 81) 38 90, Fax 38 98 90, AX DC ED VA
313 Zi, Ez: 165-170, Dz: 195-320, ⌐ WC ☎,
56✉; Lift 🅿 10⇆550 ≋ Fitneßraum Kegeln
Sauna Solarium ▼◯| ⚓

Suhlendorf 27 ↘

Niedersachsen — Kreis Uelzen — 80 m —
2 800 Ew — Uelzen 15, Bodenteich 14 km
ℹ ☎ (0 58 20) 3 46 — Gemeindeverwaltung,
Güstauer Str 2, 29562 Suhlendorf;
Erholungsort

Kölau (2 km ↓)
** **Brunnenhof**
♂ Haus Nr 7, ✉ 29562, ☎ (0 58 20) 8 80,
Fax 17 77, AX DC ED VA
31 Zi, Ez: 80-140, Dz: 130-194, 4 Suiten,
10 App, ⌐ WC ☎; 🅿 4⇆100 ≋ Fitneßraum
Sauna Solarium
Tennis 1; Auch Zimmer der Kategorie *
vorhanden
* Hauptgericht 30; Biergarten

Sulingen 25 ↘

Niedersachsen — Kreis Diepholz — 45 m
— 12 200 Ew — Bremen 50, Minden 51 km
ℹ ☎ (0 42 71) 8 80, Fax 88 33 — Stadtverwaltung, Galtener Str 12, 27232 Sulingen.
Sehenswert: Kirche

* **Zur Börse**
Lange Str 50, ✉ 27232, ☎ (0 42 71) 9 30 00,
Fax 57 80, AX DC ED VA
28 Zi, Ez: 80-120, Dz: 135-170, ⌐ WC ☎,
6✉; 🅿 ✉ 3⇆50
geschl: 31.12.96-10.1.97
Im Gästehaus auch Zimmer der Kategorie
** vorhanden
* Hauptgericht 30; geschl: Fr
abends, Sa + So mittags, 31.12.96-10.1.97 →

Sulingen

★★ Meier-Riehl
Lange Str 79, ✉ 27232, ☎ (0 42 71) 22 48, Fax 30 42, AX DC ED VA
Hauptgericht 35; Kegeln P Terrasse; geschl: So abends
★★ 4 Zi, Ez: 90-100, Dz: 130-160, 1 App, ⊣ WC ☎; 🖼
Rezeption: 8-15, 17-23

Sulz am Neckar 61 ↙

Baden-Württemberg — Kreis Rottweil — 450 m — 11 700 Ew — Oberndorf am Neckar 12, Horb 16 km
ℹ ☎ (0 74 54) 7 60, Fax 76 12 — Verkehrsamt, Obere Hauptstr 2, 72172 Sulz am Neckar; Erholungsort

Glatt (4 km ↑)
★ Kaiser
Oberamtstr 23, ✉ 72172, ☎ (0 74 82) 92 20, Fax 92 22 22, ED VA
33 Zi, Ez: 85, Dz: 170, 2 Suiten, ⊣ WC ☎; P
🛁 Fitneßraum Sauna Solarium
geschl: Do, Jan
Auch Zimmer der Kategorie **★★** vorhanden
★★ Hauptgericht 25

★ Zur Freystadt
Schloßplatz 11, ✉ 72172, ☎ (0 74 82) 9 29 90, Fax 92 99 33, ED
28 Zi, Ez: 60-80, Dz: 120-140, ⊣ WC ☎; P
2⇔50 Kegeln Sauna Solarium 🍴
Rezeption: 10-14, 17.30-22; geschl: Feb

Sulzbach-Laufen 62 ↗

Baden-Württemberg — Kreis Schwäbisch Hall — 440 m — 2 500 Ew — Schwäbisch Hall 25, Aalen 30 km
ℹ ☎ (0 79 76) 2 83, Fax 5 22 — Bürgermeisteramt, Eisbachstr 24, 74429 Sulzbach-Laufen

★★ Gasthof Krone
Hauptstr 44, ✉ 74429, ☎ (0 79 76) 9 85 20, Fax 98 52 51, AX DC ED VA
Hauptgericht 25; Biergarten P; geschl: So abends, 2 Wochen in den Sommerferien
★ 16 Zi, Ez: 85-130, Dz: 125-180, 2 Suiten, ⊣ WC ☎; 🖼 2⇔30 Kegeln Sauna Solarium
Rezeption: 7-14, 17.30-24
Im Gästehaus auch Zimmer der Kategorie **★★** vorhanden

Sulzbach-Rosenberg 58 ▫

Bayern — Kreis Amberg-Sulzbach — 428 m — 20 000 Ew — Amberg 11, Hersbruck 21, Weiden 42 km
ℹ ☎ (0 96 61) 51 01 10, Fax 43 33 — Verkehrsamt, im Stadtteil Sulzbach, Bühlgasse 5, 92237 Sulzbach-Rosenberg; Erholungsort. Sehenswert: Kath. Kirche; Schloß; Rathaus; Bayerisches Schulmuseum; Literaturarchiv

★ Villa Max ✚
Theodor-Heuss-Str, ✉ 92237, ☎ (0 96 61) 10 51-0, Fax 10 51-94
Hauptgericht 20; Biergarten P Terrasse; nur abends, so + feiertags auch mittags
★★ 7 Zi, Ez: 108, Dz: 156-185, 2 Suiten, ⊣ WC ☎; 1⇔25
Rezeption: ab 17

Sulzbach (Saar) 52 ▫

Saarland — Stadtverband Saarbrücken — 300 m — 19 900 Ew — Saarbrücken 12 km
ℹ ☎ (0 68 97) 50 80 — Stadtverwaltung, Sulzbachtalstr 81, 66280 Sulzbach (Saar)

★★ L'auberge Stadt Sulzbach
Lazarettstr 3, ✉ 66280, ☎ (0 68 97) 57 20, Fax 57 22 00, AX ED VA
55 Zi, Ez: 98-130, Dz: 146-175, ⊣ WC ☎, 30🖼; Lift P; garni

Neuweiler
★ Paul
Am Sternplatz 1, ✉ 66280, ☎ (0 68 97) 20 01, Fax 22 93, AX DC ED VA
27 Zi, Ez: 85-95, Dz: 140-160, ⊣ WC ☎; P 🍴
geschl: 24.12.96-2.1.97

Sulzbach (Taunus) 44 ↘

Hessen — Main-Taunus-Kreis — 190 m — 8 600 Ew — Bad Soden am Taunus 2, Frankfurt/Main 15 km
ℹ ☎ (0 61 96) 7 02 10, Fax 7 38 27 — Gemeindeverwaltung, Hauptstr 11, 65843 Sulzbach

Sulzbach (Taunus)-Außerhalb (1 km ↙)
★★★ Holiday Inn
Am Main-Taunus-Zentrum 1, ✉ 65843, ☎ (0 61 96) 76 30, Fax 7 29 96, AX DC ED VA
289 Zi, Ez: 295-450, Dz: 335-475, 2 Suiten, ⊣ WC ☎, 30🖼; Lift P
★★★ Feldberg
Hauptgericht 40
★★ Wintergarten Provence
Hauptgericht 25

Sulzberg 70 ▫

Bayern — Kreis Oberallgäu — 800 m — 4 367 Ew — Kempten 9, Sonthofen 19, Pfronten 23 km
ℹ ☎ (0 83 76) 9 20 10, Fax 92 01 40 — Verkehrsamt, Rathausplatz 4, 87437 Sulzberg.
Sehenswert: Sulzbergsee (2 km ↘); Burgruine ◂⋅; Rottachsee, Talsperre; Pfarrkirche

★ Landhotel Sulzberger Hof
☀ ◂⋅ Sonthofener Str 17, ✉ 87477, ☎ (0 83 76) 3 01, Fax 86 60, AX DC ED
20 Zi, Ez: 88-113, Dz: 150-196, 3 App, ⊣ WC ☎; P 🖼 1⇔30 🛁 Sauna Solarium 🍴
geschl: Ende Nov-Mitte Dez
Im Gästehaus auch Zimmer der Kategorie **★★** vorhanden

Sulzburg 67

Baden-Württemberg — Kreis Breisgau-Hochschwarzwald — 375 m — 2 300 Ew — Müllheim 10, Freiburg 26 km
i ☎ (0 76 34) 56 00 40, Fax 56 00 50 — Verkehrsamt, Hauptstr 60, 79295 Sulzburg; Luftkurort am Westrand des Schwarzwaldes. Sehenswert: Ehem. Klosterkirche St. Cyriak; ehem. Synagoge; Bergbaumuseum und bergbaugeschichtlicher Wanderweg

*** Hirschen 🍺
Hauptstr 69, ✉ 79295, ☎ (0 76 34) 82 08, Fax 67 17
Hauptgericht 60; geschl: Mo, Di, Ende Jul-Anfang Aug, 2 Wochen im Jan
* 5 Zi, Ez: 170, Dz: 160-230, 2 Suiten, ⌐ WC
Rezeption: 9-24; geschl: Mo, Di, Ende Jul-Anfang Aug, Jan

Laufen (2 km ←)
** La Vigna 🍺
Weinstr 7, ✉ 79295, ☎ (0 76 34) 80 14, Fax 6 92 52
Hauptgericht 48; **P** Terrasse; geschl: So, Mo, 3 Wochen im Aug

Sulzburg-Außerhalb (4 km ↘)
** Waldhotel Bad Sulzburg (Silencehotel)
einzeln ☃ Badstr 67, ✉ 79295, ☎ (0 76 34) 82 70, Fax 82 12, AX DC ED VA
35 Zi, Ez: 90-115, Dz: 144-188, ⌐ WC ☎; Lift **P** 🍴 3⇌50 ☁ Sauna Solarium
geschl: 7.1.-15.2.
Auch Zimmer der Kategorie ***** vorhanden
** einzeln, Hauptgericht 35; Gartenlokal; geschl: 7.1.-15.2.97

Sulzheim 56 ↑

Bayern — Kreis Schweinfurt — 250 m — 800 Ew — Schweinfurt 15 km
i ☎ (0 93 82) 6 07 34, Fax 6 07 51 — Verkehrsamt, Marktplatz 20, 97447 Gerolzhofen. Sehenswert: Schloß

Alitzheim (1 km ↓)
* Gasthof Grob
Dorfplatz 1, ✉ 97529, ☎ (0 93 82) 2 85, Fax 2 87, ED VA
30 Zi, Ez: 60-80, Dz: 90-115, ⌐ WC ☎; **P** 🍴 2⇌120 ⓘ
Im Gästehaus Zimmer der Kategrie ****** vorhanden

Sundern siehe Hiddenhausen

Sundern 34 ↓

Nordrhein-Westfalen — Hochsauerlandkreis — 200 m — 30 000 Ew — Neheim-Hüsten 15, Meschede 23 km
i ☎ (0 29 33) 8 12 51, Fax 8 11 11 — Verkehrsamt, Mescheder Str 20, 59846 Sundern. Sehenswert: Sorpe-Stausee (5 km ←)

** Sunderland Hotel
Rathausplatz 2, ✉ 59846, ☎ (0 29 33) 98 70, Fax 98 71 11, AX DC ED VA
46 Zi, Ez: 135, Dz: 185, 4 Suiten, 5 App, ⌐ WC ☎, 22⌐; Lift **P** 4⇌180 Kegeln Sauna Solarium ⓘ

Allendorf (Erholungsort, 7 km ↙)
* Clute-Simon
Allendorfer Str 85, ✉ 59846, ☎ (0 23 93) 9 18 00, Fax 91 80 28, AX DC ED VA
14 Zi, Ez: 70, Dz: 124, 2 App, ⌐ WC ☎; **P** 🍴 3⇌100 Sauna Solarium ⓘ

Altenhellefeld (Erholungsort, 6 km ↘)
** Gut Funkenhof
☃ ◁ Altenhellefelder Str 10, ✉ 59846, ☎ (0 29 34) 7 90, Fax 14 74, AX DC ED VA
69 Zi, Ez: 135-145, Dz: 198-228, 2 Suiten, ⌐ WC ☎; **P** 5⇌80 ☁ Sauna Solarium
Auch Zimmer der Kategorie ***** vorhanden
** Zehnthof
Hauptgericht 30; Terrasse

Swisttal 42 ↗

Nordrhein-Westfalen — Rhein-Sieg-Kreis — 150 m — 18 500 Ew — Euskirchen 13, Bonn 19 km
i ☎ (0 22 55) 30 90, Fax 30 92 99 — Gemeindeverwaltung, Gemeinde Swisttal, Rathaus, 53913 Swisttal

Heimerzheim
* Weidenbrück
Nachtigallenweg 27, ✉ 53913, ☎ (0 22 54) 60 30, Fax 60 34 08
37 Zi, Ez: 75-105, Dz: 110-150, 3 Suiten, ⌐ WC ☎; Lift 🍴 1⇌60 Kegeln

Syke 17

Niedersachsen — Kreis Diepholz — 40 m — 22 836 Ew — Bassum 11, Bremen 24 km
i ☎ (0 42 42) 16 40, Fax 44 80 — Stadtverwaltung, Kirchstr 4, 28857 Syke; Erholungsort

* Vollmer's Gasthaus
Hauptstr 60, ✉ 28857, ☎ (0 42 42) 5 02 60, Fax 6 02 80, AX DC ED VA
10 Zi, Ez: 85, Dz: 120, ⌐ WC ☎; **P** 1⇌60 Sauna Solarium
Auch Zimmer der Kategorie ****** vorhanden
* Hauptgericht 20

Sylt 8 ↖

Schleswig-Holstein — Kreis Nordfriesland — 52 m — 18 885 Ew
Größte nordfriesische Insel mit 40 km langem Brandungsstrand und großartiger Dünenlandschaft

Achtung: Eisenbahnverbindung (Autotransport) mit dem Festland über den Hindenburgdamm zwischen Westerland und Niebüll, **i** Bahnhof Westerland ☎ (0 46 51) 2 40 57. Flugplatz bei Westerland →

Sylt

Kampen 10 m - Nordseebad mit reetgedeckten Häusern; 🛈 Zimmernachweis, Hauptstr 12, 25999 Kampen, ☎ (0 46 51) 46 98 33, Fax 46 98 40. Sehenswert: Rotes Kliff; Vogelkoje; Uwe-Düne (höchste Düne Sylts, 52 m ⋖)

✱✱✱ Rungholt
♂ ⋖ Kurhausstr, ✉ 25999, ☎ (0 46 51) 44 80, Fax 4 48 40
43 Zi, Ez: 175-240, Dz: 320-450, 17 Suiten, ⊴ WC ☎; 🅿 1⇌40 Sauna Solarium
geschl: Anfang Nov-Weihnachten, 15.1.-15.3.97
Golf 18; Restaurant für Hausgäste

✱✱✱ Walter's Hof
♂ ⋖ Kurhausstr, ✉ 25999, ☎ (0 46 51) 9 89 60, Fax 4 55 90
12 Zi, Ez: 190-390, Dz: 290-390, 8 Suiten, 11 App, ⊴ WC ☎; 🅿 1⇌30 ≋ Sauna Solarium
Auch Zimmer der Kategorie ✱✱ vorhanden

✱✱ Golf- und Landhaus
♂ Braderuper Weg 12, ✉ 25999, ☎ (0 46 51) 4 69 10, Fax 46 91 11, 𝔸𝕏
Ez: 290-370, Dz: 340-420, 4 Suiten, ⊴ WC ☎; 🅿 ≋ Sauna; **garni** ⚓
Golf 18; Auch Zimmer der Kategorie ✱✱✱ vorhanden

✱✱ Apartmenthotel Godewind
♂ Norderheide 16, ✉ 25999, ☎ (0 46 51) 4 11 10, Fax 4 53 03, 𝔸𝕏
3 Suiten, 3 App, ⊴ WC ☎; 🅿 Fitneßraum Sauna Solarium; **garni**
Rezeption: 9-14
Auch Zimmer der Kategorie ✱✱✱ vorhanden. Nur Suiten und Appartements (DM 350-750)

✱✱ Hamburger Hof
Kurhausstr 3, ✉ 25999, ☎ (0 46 51) 9 46 00, Fax 4 39 75
15 Zi, Ez: 180-275, Dz: 255-475, ⊴ WC ☎; 🅿 Sauna Solarium; **garni**
Auch Zimmer der Kategorie ✱ vorhanden

✱ Landhaus Südheide
♂ Sjip-Wai 4, ✉ 25999, ☎ (0 46 51) 9 45 90, Fax 94 59 11, 𝔸𝕏
12 Zi, Ez: 140-250, Dz: 360, 3 Suiten, ⊴ WC ☎; 🅿
geschl: Nov
Restaurant für Hausgäste. Auch Zimmer der Kategorie ✱✱ vorhanden

✱ Haus Kamphörn
Norderheide 2, ✉ 25999, ☎ (0 46 51) 9 84 50, Fax 98 45 19, 𝔸𝕏 𝔼𝔻
10 Zi, Ez: 120-175, Dz: 210-350, 2 Suiten, ⊴ WC ☎, 10✉; 🅿; **garni**
geschl: Anfang Nov-Mitte Dez

✱ Ahnenhof
♂ ⋖ Kurhausstr 8, ✉ 25999, ☎ (0 46 51) 4 26 45, Fax 4 40 16, 𝔸𝕏
13 Zi, Ez: 115-145, Dz: 220-290, ⊴ WC ☎; 🅿 Solarium; **garni**
geschl: Mitte Nov-Mitte Dez, Mitte Jan-Mitte Feb

✱ Wuldehof
♂ Wuldeschlucht, ✉ 25999, ☎ (0 46 51) 9 85 10, Fax 98 51 33
10 Zi, Ez: 110-220, Dz: 210-300, ⊴ WC ☎; 🅿
Rezeption: 9-22
Restaurant für Hausgäste

✱✱ Tappe's im Walter's Hof
Kurhausstr 3, ✉ 25999, ☎ (0 46 51) 4 42 22, Fax 4 55 90, 𝔸𝕏
Hauptgericht 45; 🅿 Terrasse; geschl: Anfang-Mitte Dez, Anfang Jan-Mitte Mär

✱ Dorfkrug
Braderuper Str, ✉ 25999, ☎ (0 46 51) 4 35 00, Fax 4 18 79, 𝔸𝕏 𝔼𝔻 𝕍𝔸
Hauptgericht 30; Biergarten 🅿 Terrasse; geschl: im Winter Mo

Keitum 5 m - Luftkurort am Wattenmeer mit Friesenhäusern unter alten Bäumen; Meerwasserfreibad; 🛈 Kurverwaltung, Am Tipkenhook 5, 25980 Keitum, ☎ (0 46 51) 3 37 33, Fax 3 37 37. Sehenswert: Kirche; Altfriesisches Haus, Heitmatmuseum (Uwe-Jens-Lornsen-Sammlung)

✱✱✱ Aarnhoog 👑
♂ Gaat 13, ✉ 25980, ☎ (0 46 51) 39 90, Fax 3 99 99, 𝔼𝔻
3 Zi, Ez: 290, Dz: 350-400, 11 App, ⊴ WC ☎; 🅿 ≋ Sauna; **garni** ⚓
Rezeption: 8-20

✱✱✱ Benen-Diken-Hof 👑
♂ Süderstr, ✉ 25980, ☎ (0 46 51) 9 38 30, Fax 93 83 83, 𝔸𝕏 𝔻ℂ 𝔼𝔻 𝕍𝔸
27 Zi, Ez: 145-260, Dz: 240-410, 7 Suiten, 8 App, ⊴ WC ☎; 🅿 ≋ Fitneßraum Sauna Solarium; **garni** ⚓
Rezeption: 8-20
Auch Zimmer der Kategorie ✱✱ vorhanden

✱✱ Groot's Hotel 👑
♂ Gaat 5, ✉ 25980, ☎ (0 46 51) 9 33 90, Fax 3 29 53
11 Zi, Ez: 170, Dz: 250-290, ⊴ WC ☎; 🅿 Sauna Solarium; **garni**

✱✱ Seiler Hof (Ringhotel)
♂ Gurtstig 7, ✉ 25980, ☎ (0 46 51) 9 33 40, Fax 3 53 70
8 Zi, Ez: 170-245, Dz: 270-320, S; 2 Suiten, 1 App, ⊴ WC ☎; 🅿 Fitneßraum Sauna Solarium
Restaurant für Hausgäste

✱ Wolfshof
♂ Osterweg 2, ✉ 25980, ☎ (0 46 51) 34 45, Fax 3 11 39, 𝔸𝕏 𝔻ℂ 𝔼𝔻 𝕍𝔸
13 Zi, Ez: 105-180, Dz: 220-310, ⊴ WC ☎; 🅿 🚗 ≋ Fitneßraum Sauna Solarium; **garni**
geschl: Mitte Nov-Mitte Dez, Mitte Jan-Anfang Mär

✱ Alte Friesenwirtschaft
Gurstig 32, ✉ 25980, ☎ (0 46 51) 37 04, Fax 33 68, 𝔸𝕏 𝔻ℂ 𝔼𝔻 𝕍𝔸
Hauptgericht 40; Gartenlokal 🅿; geschl: 1.-20.12.96

✱ Beef & Lobster
Gurtstig 5, ✉ 25980, ☎ (0 46 51) 3 22 05, Fax 3 58 52, 𝔸𝕏 𝔻ℂ 𝔼𝔻 𝕍𝔸
Hauptgericht 30; geschl: Mo

Sylt

✱ Fisch-Fiete
⊗ Weidemannweg 3, ✉ 25980, ☎ (0 46 51) 3 21 50, Fax 3 25 91
Hauptgericht 45; 🅿 Terrasse; geschl: Nov-Mär Mi

✱ Kliff Klause
Am Kliff 5, ✉ 25980, ☎ (0 46 51) 3 15 43, Fax 3 57 94
Hauptgericht 35; 🅿; nur abends; geschl: Di, Jan

Salon 1900
⊗ Süderstr 40, ✉ 25980, ☎ (0 46 51) 3 21 45 /93 60 00, Fax 3 56 81, AX ED
🅿 Terrasse; geschl: im Winter Di, Mitte Jan-Mitte Feb
Restaurant und Bar

List 6 m - Der nördlichste Ort der Bundesrepublik; Nordseebad; 🛈 Kurverwaltung, Listlandstr, 25992 List, ☎ (0 46 52) 10 14, Fax 13 98. Sehenswert: Wanderdünen im Naturschutzgebiet

Achtung: Fährverbindung mit der dänischen Insel Römö, 🛈 und Reservierung ☎ (0 46 52) 4 75

✱ Über 100 Jahre alter Gasthof
⊗ Alte Dorfstr 5, ✉ 25992, ☎ (0 46 51) 87 72 44, Fax 87 14 00, AX ED VA
Hauptgericht 30; Gartenlokal 🅿; geschl: Nebensaison Mo, Anfang Jan-Mitte Feb, Anfang Nov-Mitte Dez

✱ Alte Backstube
Süderhörn 2, ✉ 25992, ☎ (0 46 51) 87 05 12, Fax 87 05 12, AX DC ED VA
Hauptgericht 40; 🅿 Terrasse ☕, ab 14; geschl: Mi, Anfang-Mitte Dez, Anfang Jan-Mitte Feb

Morsum Luftkurort auf der Ostzunge der Insel, am Wattenmeer. Sehenswert: Kirche (Altar), Naturschutzgebiet Morsum-Kliff (2 km ↗)

✱✱✱ Landhaus Nösse
◅ Nösistig 13, ✉ 25980, ☎ (0 46 51) 97 22-0, Fax 89 16 58, AX ED
Hauptgericht 55; Gartenlokal 🅿; geschl: Sep-Apr Mo, Anfang Jan-Anfang Feb
✱✱✱ einzeln ♂ ◅ 7 Zi, Dz: 360-495, 2 Suiten, ⊣ WC ☎; 1⇔50
geschl: Mitte Jan-Mitte Feb

Munkmarsch Ort am Wattenmeer

✱✱ Moby Dick
◅ Munkhoog 14, ✉ 25980, ☎ (0 46 51) 3 21 20, Fax 3 03 10, AX ED VA
Hauptgericht 35; Biergarten 🅿; Mitte Jan-Ostern nur abends; geschl: Mi, Mitte Nov-Mitte Dez

🏠 Kostengünstige Unterkunft mit Standard-Ausstattung

Rantum 11 m - Nordseebad mit reetgedeckten Häusern; Insel hier nur 1 km breit; 🛈 Kurverwaltung, Strandstr 7, 25980 Rantum. Sehenswert: Eidum Vogelkoje
🛈 (0 46 51) 58 12; Rantumbecken (Vogelschutzgebiet); Quellenhaus der Sylt-Quelle am Hafen

✱ Alte Strandvogtei
♂ Merret-Lassen-Wai 6, ✉ 25980, ☎ (0 46 51) 9 22 50, Fax 2 91 57
14 Zi, Ez: 120-160, Dz: 190-290, 1 Suite, ⊣ WC ☎; 🅿; garni
Rezeption: 7.30-19; geschl: Anfang Nov-Weihnachten

Rantum-Außerhalb (5 km ↓)

Sansibar
◅ einzeln Hörnumer Str 417, ✉ 25980, ☎ (0 46 51) 96 46 46, Fax 96 46 47, AX
Hauptgericht 45; 🅿 Terrasse; ab 11.30

Tinnum 6 m; 🛈 Kurverwaltung, Dirksstr, 25980 Tinnum, ☎ (0 46 51) 2900

✱✱✱ Landhaus Stricker
⊗ Boy-Nielsen-Str 10, ✉ 25980, ☎ (0 46 51) 3 16 72, Fax 3 54 55, AX DC ED VA
Hauptgericht 48; 🅿 Terrasse; geschl: Nebensaison Mo + Di mittags

Wenningstedt 🛈 Verkehrsverein, Westerlandstr 1, 25993 Wenningstedt, ☎ (0 46 51) 4 32 10, Fax 4 57 72. Sehenswert: Rotes Kliff; Denghoog; Friesenkapelle

✱✱ Strandhörn 👑
♂ Dünenstr 1, ✉ 25996, ☎ (0 46 51) 9 45 00, Fax 4 57 77
11 Zi, Ez: 140-270, Dz: 240-340, 10 Suiten, 5 App, ⊣ WC ☎; 🅿 1⇔24 Fitneßraum Sauna Solarium
geschl: Ende Nov-Mitte Dez, Mitte Jan-Mitte Feb
Auch Zimmer der Kategorie ✱✱✱ vorhanden

✱✱ Lässig im Strandhörn
Hauptgericht 40; Terrasse; nur abends; geschl: Mi, Ende Nov-Mitte Dez, Mitte Jan-Mitte Feb

✱✱ Windrose
Strandstr 21-23, ✉ 25996, ☎ (0 46 51) 94 00, Fax 94 08 77, AX DC ED VA
83 Zi, Ez: 130-205, Dz: 190-350, 18 App, ⊣ WC ☎, 10🛏; Lift 🅿 2⇔40 ♨ Sauna Solarium

✱✱ Veneto
Hauptgericht 40; nur abends; geschl: Di

✱ Admirals Stuben
Hauptgericht 25

✱ Strand-Hotel
Strandstr 11, ✉ 25996, ☎ (0 46 51) 9 89 80, Fax 98 98 98
23 Zi, Ez: 100-150, Dz: 200-260, ⊣ WC ☎; 🅿 Sauna; garni

✱ Friesenhof
Hauptstr 16, ✉ 25993, ☎ (0 46 51) 94 10, Fax 94 12 22
14 Zi, Ez: 90-255, Dz: 176-280, 10 App, ⊣ WC ☎; 🅿 Fitneßraum Sauna Solarium; garni
geschl: Mi, Anfang Nov-Ende Mär →

Sylt

* Villa Klasen
Westerstr 7, ✉ 25996, ☎ (0 46 51) 4 21 35, Fax 85 52 22, AX
22 Zi, Ez: 60-130, Dz: 120-280, ⇨ WC ☎; **P**; garni
Rezeption: 7-21; geschl: Mitte Nov-Mitte Dez Anfang Jan-Mitte Feb

* Jowi
Berthin-Bleeg-Str 10, ✉ 25996, ☎ (0 46 51) 4 10 77, Fax 4 40 07
11 Zi, Ez: 90, Dz: 150, ⇨ WC ☎; **P**
Solarium; garni

* Heidehof
♁ Hochkamp 10, ✉ 25996, ☎ (0 46 51) 9 46 60, Fax 54 66 36
13 Zi, Ez: 80-125, Dz: 150-245, 7 App, ⇨ WC ☎; **P** Sauna; garni

** Hinkfuss am Dorfteich
Am Dorfteich 2, ✉ 25996, ☎ (0 46 51) 54 61, AX DC VA
Hauptgericht 40; geschl: Mo, Anfang Jan-Mitte Feb

**
3 Zi, Dz: 195-220, ⇨ WC ☎; **P**
Rezeption: 10-24; geschl: Anfang Jan-Mitte Feb

Westerland 4 m - Nordsee-Heilbad;
i Fremden-Verkehrs-Zentrale, Am Bundesbahnhof, 25980 Westerland, ☎ (0 46 51) 2 40 01, Fax 2 40 60. Sehenswert: Dorfkirche; Aquarium; Spielkasino;

Achtung: Flugplatz; an Flugtagen **i** und Buchung ☎ (0 46 51) 66 69, übrige Zeiten **i** ☎ (0 40) 3 59 51

*** Stadt Hamburg (Relais & Châteaux) ♛
Strandstr 2, ✉ 25980, ☎ (0 46 51) 85 80, Fax 85 82 20, AX ED VA
50 Zi, Ez: 186-299, Dz: 328-498, 22 Suiten, ⇨ WC ☎; Lift **P** 5↔50
Auch Zimmer der Kategorie **** vorhanden

*** Stadt Hamburg-Stuben
Hauptgericht 45

Bistro
Hauptgericht 29

*** Dorint
♁ Schützenstr 20, ✉ 25980, ☎ (0 46 51) 85 00, Fax 85 01 50, AX DC ED VA
0 Zi, Ez: 295-715, Dz: 320-740, 49 Suiten, 70 App, ⇨ WC ☎; Lift **P** 1↔50 Sauna Solarium

** Bistro Lakshüs
Hauptgericht 35

*** Miramar
◀ Friedrichstr 43, ✉ 25980, ☎ (0 46 51) 85 50, Fax 85 52 22, AX DC ED VA
82 Zi, Ez: 160-560, Dz: 260-620, 11 Suiten, ⇨ WC ☎; Lift **P** 2↔55 Sauna Solarium
geschl: Ende Nov-Mitte Dez
Golf 18

**
◀ Hauptgericht 29; geschl: Ende Nov-Mitte Dez

** Uthland
Elisabethstr 12, ✉ 25980, ☎ (0 46 51) 9 86 00, Fax 98 60 60, AX ED
16 Zi, Ez: 155-280, Dz: 250-350, ⇨ WC ☎; Lift **P** Sauna Solarium; garni ☕
geschl: 1.-20.12.96

** Wünschmann
◀ Andreas-Dirks-Str 4, ✉ 25980, ☎ (0 46 51) 50 25, Fax 50 28, AX
34 Zi, Ez: 128-258, Dz: 192-446, 1 Suite, 2 App, ⇨ WC ☎; Lift **P**
geschl: Mitte Nov-Mitte Dez
Restaurant für Hausgäste. Auch Zimmer der Kategorie * vorhanden

** Monbijou
◀ Andreas-Dirks-Str 6, ✉ 25980, ☎ (0 46 51) 99 10, Fax 2 78 70
28 Zi, Ez: 85-245, Dz: 170-440, 2 Suiten, ⇨ WC ☎; Lift **P** Strandbad Seezugang; garni

* Sylter Hof
Norderstr 9, ✉ 25980, ☎ (0 46 51) 85 70, Fax 8 57 55, AX ED VA
22 Zi, Ez: 145-197, Dz: 220-364, 2 Suiten, ⇨ WC ☎; Lift **P** Sauna

**
Hauptgericht 32; Terrasse; nur abends; geschl: Mo

* Marin Hotel
Elisabethstr 1, ✉ 25980, ☎ (0 46 51) 9 28 00, Fax 2 86 94
27 Zi, Ez: 88-190, Dz: 135-294, 2 Suiten, 16 App, ⇨ WC ☎; **P**; garni
Rezeption: 7.30-21

* Sylter Seewolf
Böttcherstr 13, ✉ 25980, ☎ (0 46 51) 80 10, Fax 8 01 99, ED
70 Zi, Ez: 150-250, Dz: 320-440, 6 Suiten, ⇨ WC ☎, 10✉; **P** 1↔15 Fitneßraum Sauna Solarium
Restaurant für Hausgäste

* Windhuk
Brandenburger Str 6, ✉ 25980, ☎ (0 46 51) 99 20, Fax 2 93 79, AX ED
34 Zi, Ez: 170, Dz: 280, ⇨ WC ☎, 3✉; **P**; garni

* Clausen
Friedrichstr 20, ✉ 25980, ☎ (0 46 51) 9 22 90, Fax 2 80 07, ED
16 Zi, Ez: 100-180, Dz: 180-290, 2 Suiten, 1 App, ⇨ WC ☎; ✉; garni
Rezeption: 7-19; geschl: Jan
Auch Zimmer der Kategorie ** vorhanden

* Westfalen-Hof
Steinmannstr 49, ✉ 25980, ☎ (0 46 51) 80 50, Fax 8 05 88, AX
16 Zi, Ez: 150-165, Dz: 300-330, 4 App, ⇨ WC ☎; **P** Sauna Solarium; garni
Rezeption: 8-20

* Atlantic
Johann-Möller-Str 30, ✉ 25980, ☎ (0 46 51) 9 88 00, Fax 98 80 80
24 Zi, Ez: 90-195, Dz: 195-380, 1 Suite, ⇨ WC ☎; **P** Seezugang Sauna Solarium

** Alexanders
Hauptgericht 25; Terrasse; nur abends; geschl: Di+Mi, Nov, Jan

Tangermünde

✱ Dünenburg
Elisabethstr 9, ✉ 25980, ☎ (0 46 51)
8 22 00, Fax 2 43 10, ED
34 Zi, Ez: 110-160, Dz: 175-280, ⌐ WC ☎;
Lift P Solarium; **garni**

✱✱✱✱ Jörg Müller
Süderstr 3, ✉ 25980, ☎ (0 46 51) 2 77 88,
Fax 20 14 71, AX DC ED VA
Hauptgericht 58; P Terrasse; geschl: Di,
Mi bis 18, Ende Nov-Mitte Dez, Mitte Jan-
Mitte Feb

✱✱ Pesel
Hauptgericht 38; Terrasse; geschl: Di, Mi
bis 18, Ende Nov-Mitte Dez/Mitte Jan-
Mitte Feb

✱✱ Webchristel
Süderstr 11, ✉ 25980, ☎ (0 46 51) 2 29 00
Hauptgericht 33; nur abends; geschl: Do

**✱✱ Franz Ganser
„Das kleine Restaurant"**
Böttcherstr 2, ✉ 25980, ☎ (0 46 51)
2 29 70, Fax 2 42 02, AX DC ED VA
Hauptgericht 45; Terrasse; nur abends, So
auch mittags; geschl: Mo, 24.11.-17.12.96

✱✱ Alte Friesenstube
Gaadt 4, ✉ 25980, ☎ (0 46 51) 12 28,
Fax 2 63 19, AX
Hauptgericht 30; Terrasse; nur abends;
geschl: Mo, 6.1.-15.2.
300jähriges Friesenhaus. Liebevoll restau-
riertes Interieur

✱ Kiek-in
Johann-Möller-Str 2a, ✉ 25980,
☎ (0 46 51) 52 32, Fax 2 20 15, AX
Hauptgericht 35; geschl: Di, Mitte Jan-
Mitte Feb

Bistro Leysieffer
Friedrichstr 38, ✉ 25980, ☎ (0 46 51) 17 73,
AX DC ED VA
geschl: im Winter Di, Mi

Wien
Strandstr 13, ✉ 25980, ☎ (0 46 51) 53 35,
Fax 2 95 10
9.30-19
Spezialität: Friesentorte

Tabarz 47

Thüringen — Kreis Gotha — 420 m —
4 500 Ew — Eisenach 25, Oberhof 34 km
ℹ ☎ (03 62 59) 22 18, Fax 20 50 — Kurge-
sellschaft, Zimmerbergstr 4, 99891 Tabarz;
Wintersport-, Kur- und Erholungsort am
Fuße des Inselberges (916,5 m)

✱✱ Germania
Friedrichrodaer Str 11, ✉ 99891,
☎ (03 62 59) 21 02, Fax 21 24, AX DC ED VA
45 Zi, Ez: 80-130, Dz: 110-180, 4 Suiten,
1 App, ⌐ WC ☎; P 🍴 ≋ Kegeln Sauna
Solarium
Auch Zimmer der Kategorie **✱✱✱** vorhanden
✱ Hauptgericht 25

✱✱ Zur Post
Lauchagrundstr 16, ✉ 99891, ☎ (03 62 59)
5 11 11, Fax 5 11 14, AX ED VA
38 Zi, Ez: 95-110, Dz: 150-180, 4 App, ⌐ WC
☎; Lift P 3⇔60 Fitneßraum Sauna
Solarium ✶

Tailfingen siehe Albstadt

Tamm 61

Baden-Württemberg — Kreis Ludwigsburg
— 250 m — 12 000 Ew — Bietigheim 3,
Markgröningen 4 km
ℹ ☎ (0 71 41) 60 60, Fax 60 61 85 —
Gemeindeverwaltung, Bahnhofstr 1,
71732 Tamm. Sehenswert: Kirche; Rathaus; Backhäuschen; Fachwerkhäuser

✱✱ Ochsen
Hauptstr 40, ✉ 71732, ☎ (0 71 41) 6 93 30,
Fax 69 33 30, AX DC ED VA
17 Zi, Ez: 130-160, Dz: 180-190, ⌐ WC ☎; P
🍴 2⇔40
✱✱ Hauptgericht 40; Terrasse

Tangermünde 28

Sachsen-Anhalt — Kreis Stendal — 45 m
— 10 900 Ew — Stendal 9, Genthin 24 km
ℹ ☎ (03 92 72) 37 10, Fax 25 73 — Tourist-
Information Tangermünde, Marktstr. 13,
39590 Tangermünde. Sehenswert: Stadtbefestigung mit Hühnerdorfer Torturm;
Pfarrkirche St. Stephan; Pfarrkirche St.
Nikolai

**✱✱ Schwarzer Adler
(Ringhotel)**
Lange Str 52, ✉ 39590, ☎ (03 93 22) 23 91,
Fax 36 42, AX DC ED VA
48 Zi, Ez: 95-110, Dz: 140-160, 1 Suite, ⌐
WC ☎; P 4⇔120 Fitneßraum Sauna
Solarium
✶ **Kutscherstübchen**
Hauptgericht 17; Biergarten

✱ Stars Inn
Lange Str 47, ✉ 39590, ☎ (03 93 22) 98 70,
Fax 9 87 70, ED
18 Zi, Ez: 92, Dz: 124, 1 Suite, ⌐ WC ☎,
5🛏; P 1⇔ Solarium; **garni**

Sturm
Arneburger Str 37, ✉ 39590, ☎ (03 93 22)
30 48, Fax 29 45
28 Zi, Ez: 75-85, Dz: 95, ⌐ WC ☎; P 🍴
Restaurant für Hausgäste

✶ Zur Post
Lange Str 4, ✉ 39590, ☎ (03 93 22) 25 34,
Fax 4 42 48
Hazptgericht 16; Terrasse; geschl: Mo,
Ende Dez

1001

Tannenberg

Tannenberg 50 □

Sachsen — Kreis Annaberg — 650 m —
1 225 Ew — Annaberg-Buchholz 6,
Zwönitz 11 km
🅘 ☎ (0 37 33) 5 28 20, Fax 5 32 05 —
Gemeindeverwaltung, Rittergut 1,
09468 Tannenberg

✱ **Am Sauwald**
einzeln ♂ Annaberger Str 52, ✉ 09468,
☎ (0 37 33) 5 76 99, Fax 5 71 24
17 Zi, Ez: 70, Dz: 98, 🚿 WC ☎; 🅿 ⛾

Tauberbischofsheim 55 →

Baden-Württemberg — Main-Tauber-Kreis
— 190 m — 12 900 Ew — Bad Mergentheim 18, Würzburg 32 km
🅘 ☎ (0 93 41) 8 03 13, Fax 8 03 89 — Tourist-Information, Marktplatz 8, 97941 Tauberbischofsheim; Kreisstadt. Sehenswert:
Neugotisches Rathaus mit Glockenspiel;
Kath. Kirche; Türmersturm; Landschafts-
museum im Kurmainzischen Schloß; Bun-
des- und Landesleistungszentrum Fechten

✱ **Am Brenner**
♂ ⋖ Goethestr 10, ✉ 97941, ☎ (0 93 41)
9 21 30, Fax 92 13 34, AX DC ED VA
30 Zi, Ez: 87-99, Dz: 115-140, 🚿 WC ☎, 1🛏;
🅿 🍴 1⇔35 Fitneßraum Sauna Solarium
Auch Zimmer der Kategorie ✱✱ vorhanden
✱✱ **Brenner Stuben**
⋖ Hauptgericht 30; Terrasse; geschl: Fr

✱ **Badischer Hof**
Am Sonnenplatz, ✉ 97941, ☎ (0 93 41)
98 80, Fax 98 82 00, ED VA
26 Zi, Ez: 75-90, Dz: 110-140, 🚿 WC ☎; 🅿 🍴
Solarium ⛾
Rezeption: 7-14, 16-23; geschl: Fr, Mitte
Dez-Mitte Jan
Auch Zimmer der Kategorie ✱✱ vorhanden

Tauberrettersheim 56 ↙

Bayern — Kreis Würzburg — 240 m —
753 Ew — Weikersheim 4, Creglingen 12 km
🅘 ☎ (0 93 38) 4 62 — Gemeindeverwaltung,
Bergstr 1, 97285 Tauberrettersheim.
Sehenswert: Steinbrücke; Pfarrkirche St.
Vitus; Bergkapelle.

✱ **Gasthof Zum Hirschen**
Mühlenstr 1, ✉ 97285, ☎ (0 93 38) 3 22,
Fax 82 17
12 Zi, Ez: 50, Dz: 90, 🚿 WC ☎; 🅿 🍴 Kegeln
Sauna Solarium ⛾
geschl: Mi, Feb

Taucha 39 ↙

Sachsen — Kreis Leipzig (Land) — 118 m
— 12 287 Ew — Leipzig 7, Eilenburg 8 km
🅘 ☎ (03 42 98) 6 86 65 — Stadtverwaltung,
Schloßstr 13, 04425 Taucha

✱ **Apart**
Weststr 1, ✉ 04425, ☎ (03 42 98) 3 08 18,
Fax 3 08 16, AX DC ED VA
32 Zi, Ez: 99-120, Dz: 120-150, 🚿 WC ☎,
5🛏; 🅿 ⛾

✱ **Good Night Inn**
Leipziger Str 125, ✉ 04425, ☎ (03 42 98)
39 71 00, Fax 39 72 99
103 Zi, Ez: 110-125, 🚿 WC ☎, 51🛏; Lift 🅿;
garni

Taufkirchen 72 □

Bayern — Kreis München — 560 m —
16 800 Ew — Unterhaching 2, Oberhaching 3 km
🅘 ☎ (0 89) 66 67 20, Fax 6 12 74 93 —
Gemeindeverwaltung, Köglweg 3,
82024 Taufkirchen. Sehenswert: Pfarrkirche

✱✱✱ **Limmerhof**
Münchner Str 43, ✉ 82024, ☎ (0 89)
61 43 20, Fax 61 43 23 33, AX DC ED VA
83 Zi, Ez: 165-210, Dz: 215-265, 🚿 WC ☎,
8🛏; Lift 🅿 🍴 4⇔80 Fitneßraum Sauna
Solarium
✱✱ Hauptgericht 35; Terrasse

Taufkirchen (Vils) 72 ↗

Bayern — Kreis Erding — 456 m —
8 200 Ew — Erding 18, Landshut 24 km
🅘 ☎ (0 80 84) 3 70, Fax 37 23 — Gemeindeverwaltung, Attinger Weg 9, 84416 Taufkirchen

✱ **Am Hof**
Hierlhof 2, ✉ 84416, ☎ (0 80 84) 9 30 00,
Fax 82 68, AX ED VA
16 Zi, Ez: 88-98, Dz: 138-148, 🚿 WC ☎; Lift
🅿 🍴 1⇔30; garni
Rezeption: 7-12, 17-22

Högersdorf (8 km ↙)
✱✱ **Landgasthof Forster** ⚜
Haus Nr 23, ✉ 84416, ☎ (0 80 84) 23 57, ED
Hauptgericht 30; Biergarten 🅿 Terrasse;
nur abends, So + Sa auch mittags; geschl:
Mo + Di, 1 Woche zu Fasching, 2 Wochen
im Sep

Taugwitz 38 ↓

Sachsen-Anhalt — Kreis Naumburg —
236 m — 606 Ew — Bad Kösen 8, Naumburg 22 km
🅘 ☎ (03 44 63) 82 89, Fax 82 80 — Kurverwaltung, Loreleypromenade, 06628 Bad
Kösen

✱ **Gutjahr**
an der B 87, ✉ 06628, ☎ (03 44 63) 2 76 40,
Fax 2 76 40
Hauptgericht 15; 🅿 Terrasse; geschl: Do
✱ 6 Zi, Ez: 70-80, Dz: 90, 🚿 WC ☎

Taunusstein 44 ↓

Hessen — Rheingau-Taunus-Kreis —
390 m — 29 000 Ew — Bad Schwalbach 7,
Wiesbaden 10 km
🛈 ☎ (0 61 28) 24 10, Fax 24 11 72 — Stadtverwaltung, im Stadtteil Bleidenstadt,
Adolfstr 1 a, 65232 Taunusstein

Wehen
** **Alt Straßburg**
Dresdener Str 4, ✉ 65232, ☎ (0 61 28)
66 67, Fax 64 29, AX ED VA
Hauptgericht 30; Biergarten; geschl: Mo,
Sa mittags
** 4 Zi, Ez: 135, Dz: 190-230, ⌐ WC
☎; P
Rezeption: ab 17

Tautenhain 48 ↗

Thüringen — Saale/Holzlandkreis —
1 809 Ew — Hermsdorf 2, Eisenberg 8,
Gera 15 km
🛈 ☎ (03 66 01) 5 71 31, Fax 5 71 22 — Kurbetriebsgesellschaft mbH, Umzug noch
1995: Anschrift liegt noch nicht vor.,
Markt 3, 07639 Klosterlausnitz Bad

* **Zur Kanone**
♂ Dorfstr 3, ✉ 07639, ☎ (03 66 01) 4 05 11,
Fax 4 05 15, ED VA
29 Zi, Ez: 80, Dz: 120, ⌐ WC ☎; P 1⇔40 🍴

Tecklenburg 24 ↙

Nordrhein-Westfalen — Kreis Steinfurt —
150 m — 9 000 Ew — Ibbenbüren 9, Osnabrück 23 km
🛈 ☎ (0 54 82) 4 94, Fax 73 57 — Verkehrsverein, Markt 7, 49537 Tecklenburg; Luftkurort am Westhang des Teutoburger Waldes. Sehenswert: Burgruine: Turm ⇐;
Wasserschloß Haus Marck (1 km ↓), Schiefes Haus

** **Parkhotel Burggraf**
  (Ringhotel)
♂ ⇐ Meesenhof 5, ✉ 49545, ☎ (0 54 82)
4 25, Fax 61 25, AX DC ED VA
43 Zi, Ez: 130-170, Dz: 170-198, S; 2 Suiten,
⌐ WC ☎; P 🚗 4⇔200 ⌂ Sauna
Solarium 🍴
Auch Zimmer der Kategorie * vorhanden
*** **Galerie** ✣
⇐ Hauptgericht 35; Terrasse; geschl: So,
Jul, Aug

🍴 **Rabbel**
Markt 6, ✉ 49545, ☎ (0 54 82) 2 19,
Fax 78 85
Terrasse; 9.30-18.30
Spezialität: Kapuziner-Torte, Tecklenburger-Grafentorte

Brochterbeck (7 km ←)
** **Teutoburger Wald**
Im Bocketal 2, ✉ 49545, ☎ (0 54 55)
9 30 00, Fax 93 00 70, AX DC VA
42 Zi, Ez: 90-120, Dz: 125-170, 1 Suite,
2 App, ⌐ WC ☎; Lift P 🚗 3⇔80 ⌂ Sauna
Solarium 🍴
Restaurant für Hausgäste

Leeden-Außerhalb (6 km ↑)
** **Jagdschloß Habichtswald**
einzeln ♂ 🍽 Am Habichtswald 12,
✉ 49545, ☎ (0 45 56) 9 30 20, Fax 93 02 12,
AX DC ED VA
19 Zi, Ez: 110, Dz: 180, 2 Suiten, ⌐ WC ☎;
P 2⇔40 🍴
Ehemaliges Jagdschloß (16. Jh.) der Grafen
von Bentheim-Tecklenburg
** 🍽 Hauptgericht 30; Terrasse

Leeden-Außerhalb (3 km ↘)
** **Altes Backhaus**
Am Ritterkamp 27, ✉ 49545, ☎ (0 54 81)
65 33, Fax 8 31 02, DC ED VA
Hauptgericht 35; P Terrasse; geschl: Di,
Mitte Jan-Anfang Feb, Aug-Sep

Tegernsee 72 ↓

Bayern — Kreis Miesbach — 731 m —
4 300 Ew — Miesbach 18, Bad Tölz 20 km
🛈 ☎ Im Haus des Gastes, Hauptstr 2,
83684 Tegernsee; heilklimatischer Kurort
am Tegernsee; Volkstheater. Sehenswert:
Kath. Kirche, Olaf-Gulbransson-Museum

** **Bayern**
♂ ⇐ Neureuthstr 23, ✉ 83681, ☎ (0 80 22)
18 20, Fax 37 75, ED VA
85 Zi, Ez: 148-224, Dz: 240-345, 4 Suiten, ⌐
WC ☎; Lift P 8⇔120 ⌂ Seezugang Fitneßraum Kegeln Sauna Solarium
Auch Zimmer der Kategorie * vorhanden
** ⇐ Hauptgericht 27; Terrasse

** **Gästehaus Fackler**
♂ ⇐ Karl-Stieler-Str 14, ✉ 83684,
☎ (0 80 22) 39 45, Fax 17 30
13 Zi, Ez: 100-125, Dz: 150-250, 10 App, ⌐
WC ☎; P ⌂ Sauna Solarium
Rezeption: 7-21; geschl: 10.11.97-7.12.97
Restaurant für Hausgäste

* **Basten Haus am See**
♂ ⇐ Hauptstr 71, ✉ 83684, ☎ (0 80 22)
9 14 70, Fax 91 47 47, ED
23 Zi, Ez: 85-95, Dz: 140-180, ⌐ WC ☎; P
1⇔25 ⌂ Strandbad Sauna Solarium; **garni**
🍴

** **Der Leeberghof** 🍷
⇐ Ellinger Str 10, ✉ 83684, ☎ (0 80 22)
39 66, Fax 17 20, AX ED VA
Hauptgericht 40; ⌐; nur abends, sa+so+
feiertags auch mittags; geschl: Mo, im
Winter auch Di, Mitte Jan-Mitte Feb

Teinach-Zavelstein, Bad 61

Baden-Württemberg — Kreis Calw — 340 m — 2 700 Ew — Calw 12, Wildbad 12, Pforzheim 40 km
ℹ️ ☎ (0 70 53) 88 44, Fax 21 54 — Kurverwaltung, im Stadtteil Bad Teinach, Otto-Neidhart-Allee 6, 75385 Bad Teinach-Zavelstein; Luftkurort und Heilbad im nördlichen Schwarzwald. Sehenswert: Ev. Kirche: Bildschrein; Burgruine; hist. Stadtkern

Teinach, Bad

*** Bad-Hotel
Otto-Neidhart-Allee 5, ⊠ 75385, ☎ (0 70 53) 2 90, Fax 2 91 77, AX DC ED VA
53 Zi, Ez: 120-170, Dz: 200-270, 4 Suiten, ⌐ WC ☎; Lift P 🚗 5⇔150 ≈ 🏊 Kegeln Sauna Solarium
Direkter Zugang zum Thermalbad
** Quellenrestaurant
Hauptgericht 35; Terrasse

* Mühle
Otto-Neidhart-Allee 2, ⊠ 75385, ☎ (0 70 53) 90, Fax 9 29 5- 99
17 Zi, Ez: 55, Dz: 110, 9 App, ⌐ WC ☎; Lift P 🚗 Solarium; garni
geschl: Fr, Anfang Nov-Mitte Dez

* Schloßberg
☞ ← Burgstr 2, ⊠ 75385, ☎ (0 70 53) 9 26 90, Fax 92 69 15
14 Zi, Ez: 52-62, Dz: 114-130, ⌐ WC ☎; P 🚗 📺
geschl: Ende Nov-Mitte Dez

Zavelstein

** Lamm
Marktplatz 3, ⊠ 75385, ☎ (0 70 53) 84 14, Fax 15 28
10 Zi, Ez: 60-70, Dz: 120-140, ⌐ WC ☎; P 📺
Rezeption: 8-21.30; geschl: Do, Mitte Dez-Mitte Jan, 2 Wochen im Feb

* Gasthaus Krone
Marktplatz 2, ⊠ 75385, ☎ (0 70 53) 9 29 40, Fax 92 94 30, ED
Hauptgericht 25; P
** 7 Zi, Ez: 75, Dz: 120-140, ⌐ WC ☎, 7📠; 1⇔100 Sauna

Teisendorf 73

Bayern — Kreis Berchtesgadener Land — 504 m — 8 300 Ew — Traunstein 16, Salzburg 21 km
ℹ️ ☎ (0 86 66) 2 95 — Verkehrsverein, Am Marktplatz, 83317 Teisendorf; Erholungsort

📭 Der Hinweis auf Nichtraucherzimmer zeigt Ihnen an, daß sich in diesem Hotel Zimmer befinden, in denen nicht geraucht werden darf. Die vorangestellte Ziffer bezieht sich auf die Anzahl der vorhandenen Nichtraucherzimmer wie sie der Redaktion vom Hotelbetrieb genannt wurden.

Holzhausen (3 km ↑)
** Kurhaus Seidl
☞ ← Holzhausen 2, ⊠ 83317, ☎ (0 86 66) 80 10, Fax 80 11 02
65 Zi, Ez: 98-107, Dz: 150-184, ⌐ WC ☎; Lift P 2⇔50 🏊 Fitneßraum Solarium
Rezeption: 7.30-21; geschl: Anfang-Ende Jan
Tennis 2
* Hauptgericht 24; Terrasse; geschl: Jan

Telgte 34

Nordrhein-Westfalen — Kreis Warendorf — 52 m — 18 435 Ew — Münster 11, Warendorf 15 km
ℹ️ ☎ (0 25 04) 1 33 27, Fax 1 32 28 — Verkehrsamt, Markt 1, 48291 Telgte; Wallfahrtsort an der Ems. Sehenswert: Propsteikirche; Wallfahrtskapelle: Gnadenbild; Museum Münsterland; Altstadt; Internationales Krippenmuseum

* Marienlinde
Münstertor 1, ⊠ 48291, ☎ (0 25 04) 93 130, Fax 93 13 50, AX DC ED VA
18 Zi, Ez: 88-95, Dz: 128-138, 2 App, ⌐ WC ☎, 10📠; P 1⇔25; garni

* Alter Gasthof Seiling
Markt 6, ⊠ 48291, ☎ (0 25 04) 7 22 68
Hauptgericht 25; Biergarten Boulevardterrasse; geschl: Mo, Sa mittags

Telgte-Außerhalb (2 km ↗) über die B 51
** Heidehotel Waldhütte (Silencehotel)
einzeln ☞ Im Klatenberg 19, ⊠ 48291, ☎ (0 25 04) 92 00, Fax 92 01 40, AX DC ED VA
31 Zi, Ez: 125-145, Dz: 185-225, ⌐ WC ☎; P 🚗 4⇔60 Sauna Solarium 🍷
** Hauptgericht 35; Terrasse

Teltow 29

Brandenburg — Kreis Potsdam-Mittelmark — 60 m — 15 000 Ew — Ludwigsfelde 10, Berlin 17, Potsdam 20 km
ℹ️ ☎ (0 33 28) 4 78 10, Fax 4 13 37 — Stadtverwaltung, Potsdamer Str 47, 14532 Teltow. Sehenswert: St. Andreaskirche; Stubenrauchdenkmal „Zickenplatz"; Pfarramt; Landratsamt

*** Ramada
Warthestr 20, ⊠ 14513, ☎ (0 33 28) 44 00, Fax 44 04 40, AX DC ED VA
196 Zi, Ez: 202-267, Dz: 254-319, S; ⌐ WC ☎, 67📠; Lift P 13⇔290 Fitneßraum Sauna Solarium
** Hauptgericht 30; Terrasse

* Hoteltow
Potsdamer Str 53, ⊠ 14513, ☎ (0 33 28) 30 36 83, AX ED VA
61 Zi, Ez: 105-145, Dz: 140-180, ⌐ WC ☎, 20📠; Lift P 2⇔70 📺

Templin 21 ↘

Brandenburg — Kreis Templin — 60 m — 14 000 Ew — Prenzlau 31, Oranienburg 66 km

ℹ️ ☎ (0 39 87) 26 31, Fax 25 49 — Templin-Information, Akzisehaus an der Stadtmauer, 17268 Templin; Erholungsort. Sehenswert: Stadtbefestigung mit Berliner Tor, Mühlentor, Prenzlauer Tor; Pfarrkirche St. Maria Magdalena; St.-Georg-Kapelle; Rathaus; Templiner Stadtsee; Lübbesee

✱✱ Fährkrug
einzeln ♂ ◂ Fährkrug 1, ⊠ 17268, ☎ (0 39 87) 4 80, Fax 4 81 11, AX ED VA
36 Zi, Ez: 135-150, Dz: 180-345, 1 Suite, 3 App, ⊒ WC ☎, 2⌀; Lift P 3⇔50 Seezugang ⓘ

✱ Zum Eichwerder
Werderstr 38, ⊠ 17268, ☎ (0 39 87) 52 70 0, 52 70 2- 04, Fax 5 27 01, AX ED VA
22 Zi, Ez: 95-115, Dz: 130-140, ⊒ WC ☎; P 🚗 1⇔34 Strandbad Sauna ⓘ

Tennenlohe siehe Erlangen

Teterow 21 ↘

Mecklenburg-Vorpommern — Kreis Güstrow — 30 m — 11 500 Ew — Malchin 13, Güstrow 18 km

ℹ️ ☎ (0 39 96) 17 20 28 — Fremdenverkehrsverein, Südliche Ringstr 1, 17166 Teterow. Sehenswert: St. Peter- u. Paulskirche; Stadttore; slawische Burganlage

✱ Blücher
Warener Str 50, ⊠ 17166, ☎ (0 39 96) 17 21 96, Fax 12 02 95, ED
11 Zi, Ez: 85, Dz: 125, 1 Suite, ⊒ WC ☎; P 🚗 1⇔40 Strandbad Kegeln Solarium ⓘ

✱ Zur Goldenen Krone
Constantin-Kirchhoff-Str 2, ⊠ 17166, ☎ (0 39 96) 18 72 15, Fax 18 71 36
14 Zi, Ez: 80-90, Dz: 110-130, ⊒ WC ☎; ⓘ
Rezeption: 7-21

Tettnang 69 ↓

Baden-Württemberg — Bodenseekreis — 466 m — 16 700 Ew — Friedrichshafen 10, Ravensburg 13 km

ℹ️ ☎ (0 75 42) 51 00, Fax 51 02 75 — Verkehrsamt, Montfortplatz 7, 88069 Tettnang. Sehenswert: Museum im Neuen Montfortschloß, Montfortmuseum im Torschloß

✱✱ Rad (Ringhotel)
Lindauer Str 2, ⊠ 88069, ☎ (0 75 42) 54 00, Fax 5 36 36, AX DC ED VA
72 Zi, Ez: 100-160, Dz: 160-200, S; ⊒ WC ☎; Lift P 🚗 3⇔130 Kegeln Sauna Solarium
geschl: 3 Wochen im Jan
✱ Hauptgericht 30; Terrasse;
geschl: 3 Wochen im Jan

Thalheim (Erzgeb.)

✱ Ritter
Karlstr 2, ⊠ 88069, ☎ (0 75 42) 5 20 51, Fax 57 97, AX DC ED VA
24 Zi, Ez: 75-120, Dz: 110-180, 2 Suiten, 2 App, ⊒ WC ☎, 10⌀; Lift P 🚗 Kegeln
geschl: im Winter Fr, Mitte Feb
✱ Hauptgericht 21; Gartenlokal;
geschl: Fr, Anfang-Mitte Nov, Mitte Feb

Thale (Harz) 37 ↗

Sachsen-Anhalt — Kreis Quedlinburg — 200 m — 16 500 Ew — Halberstadt 27, Nordhausen 51 km

ℹ️ ☎ (0 39 47) 25 97, Fax 22 77 — Thale-Information, Rathausstr 1, 06502 Thale. Sehenswert: Pfarrkirche St. Andreas; Hexentanzplatz (453 m) ◂; Roßtrappe (403 m) ◂; Teufelsbrücke im Bodetal; Tierpark Hexentanzplatz; Harzer Burgtheater; Naturschutzgebiet Bodetal

Thale-Außerhalb (5 km ↙)
✱ Berghotel Hexentanzplatz
einzeln ♂, Hexentanzplatz 1, ⊠ 06502, ☎ (0 39 47) 22 12, Fax 22 12, AX ED VA
16 Zi, Ez: 70-140, Dz: 130-180, ⊒ WC ☎; P 1⇔100 ⓘ

Thale-Außerhalb (4 km ↙)
✱ Gästehaus im Berghotel Roßtrappe
einzeln ♂ ⊠ 06502, ☎ (0 39 47) 30 11, Fax 30 13, AX ED VA
44 Zi, Ez: 50-110, Dz: 90-150, 3 Suiten, ⊒ WC ☎, 2⌀; P 3⇔30 Fitneßraum ⓘ ⚓
Im Haupthaus einfachere Zimmer vorhanden

Thalfang 52 →

Rheinland-Pfalz — Kreis Bernkastel-Wittlich — 450 m — 1 612 Ew — Morbach 14, Hermeskeil 16 km

ℹ️ ☎ (0 65 04) 9 14 00, Fax 87 73 — Verkehrsamt, Saarstr 9, 54524 Thalfang; Erholungsort im Hunsrück

✱ Haus Vogelsang
♂ Vogelsang 7, ⊠ 54424, ☎ (0 65 04) 10 88, Fax 23 32, ED
11 Zi, Ez: 48-58, Dz: 84-106, ⊒ WC ☎; P ⓘ
geschl: Mi

Thalheim (Erzgeb.) 50 □

Sachsen — Kreis Stollberg — 450 m — 8 900 Ew — Chemnitz 19, Aue 22 km

ℹ️ ☎ (0 37 21) 8 41 02, Fax 8 41 80 — Stadtverwaltung, Hauptstr 5, 09380 Thalheim. Sehenswert: Miniaturanlage „Rentnersruh"

✱✱ Aton
♂ Friedrichstr 10 a, ⊠ 09380, ☎ (0 37 21) 2 24 85, Fax 2 24 86, AX ED VA
25 Zi, Ez: 90-99, Dz: 130-149, ⊒ WC ☎, 10⌀; Lift P 🚗 Fitneßraum Sauna Solarium Kegeln →

Thalheim (Erzgeb.)

∗ **Pension Wiesenmühle**
♂ ◂ ☒ Chemnitzer Str 48, ✉ 09380,
☎ (0 37 21) 2 33 71
14 Zi, Ez: 71, Dz: 90, ◁ WC, 🅿; garni ☕
Rezeption: 7-21
Hist. Ölmühle von 1838

Tharandt 51 ↖

Sachsen — Kreis Weißeritzkreis — 350 m
— 2 632 Ew — Freital 3, Dresden 13 km
ℹ ☎ (0 35 2 03) 3 74 51 — Stadtverwaltung,
Schillerstr 5, 01737 Tharandt

∗ **Schützenhaus**
Wilsdruffer Str 20, ✉ 01737, ☎ (0 35 2 03)
3 04 11, Fax 3 04 22, AX ED VA .
12 Zi, Ez: 80-90, Dz: 110-130, ◁ WC ☎; 🅿
1↻35 Fitneßraum Sauna ▯

Pohrsdorf (6 km ↖)
∗ **Pension Zur Erholung**
Dorfstr 43, ✉ 01737, ☎ (0 35 2 03) 25 05,
Fax 25 06, ED
11 Zi, Ez: 80, Dz: 110, 1 App, ◁ WC ☎; 🅿
1↻25 Sauna ▯

Thierhaupten 63 ↘

Bayern — Augsburg — 4 100 Ew
ℹ ☎ (0 82 71) 20 71 — Gemeindeverwaltung, Marktplatz 1, 86672 Thierhaupten

∗∗ **Klostergasthof**
Augsburger Str 3, ✉ 86672, ☎ (0 82 71)
8 18 80, Fax 81 88 50
17 Zi, Ez: 145, Dz: 190, ◁ WC ☎; 🅿 🖼
∗ Hauptgericht 30   ✿

Tholey 52 →

Saarland — Kreis St. Wendel — 400 m —
13 300 Ew — Sankt Wendel 11, Saarlouis 30 km
ℹ ☎ (0 68 53) 5 08 45, Fax 3 01 78 — Verkehrsamt, Im Kloster 1, 66636 Tholey; Luftkurort. Sehenswert: Benediktiner-Klosterkirche: Barockorgel; Johann-Adams-Mühle (18. Jh.); Ökozentrum Hofgut Imsbach; Blasiuskapelle; Schaumberg (569 m) Turm ◂

∗∗∗ **Hubertus** ☎
Metzer Str 1, ✉ 66636, ☎ (0 68 53) 9 10 30,
Fax 3 06 01, AX DC VA
Hauptgericht 50; 🅿; geschl: So abends,
Mo, Do mittags, 2 Wochen im Sommer
∗∗ 10 Zi, Ez: 60-90, Dz: 110-160, ◁
WC ☎; 🖼
Rezeption: 8-15, 17-24

∗ **Schauenburg**
Am Schaumberg 19, ✉ 66636, ☎ (0 68 53)
25 88, Fax 3 01 46, AX DC ED VA
♂ 31 Zi, Ez: 60-110, Dz: 110-180, 2 Suiten, ◁
WC ☎, 10⌺; Lift 🖼 2↻150 ⛺ Fitneßraum
Sauna Solarium
geschl: 2.-18.1.97
∗∗ Hauptgericht 35; Biergarten Gartenlokal 🅿; geschl: Di, Mi, 2.-18.1.97

Threna 39 ↗

Sachsen — Muldentalkreis — 150 m —
750 Ew — Pomßem 6, Liebertwolkwitz 6,
Leipzig 15 km
ℹ ☎ (03 42 93) 2 98 38, Fax 2 98 38 —
Gemeindeverwaltung, Dorfstr 14,
04683 Threna

∗ **Threna**
Hauptstr 58, ✉ 04683, ☎ (03 42 93) 3 01 91,
Fax 2 92 39
28 Zi, Ez: 118, Dz: 172, ◁ WC ☎; 🅿 1↻40
Sauna Solarium ▯

Thum 50 □

Sachsen — Kreis Annaberg — 550 m —
3 570 Ew — Ehrenfriedersdorf 3, Burkhardtsdorf 7, Chemnitz 19 km
ℹ ☎ (03 72 97) 22 41 — Stadtverwaltung,
Rathausplatz 4, 09419 Thum

∗ **Erzgebirgischer Hof**
Annaberger Str 6, ✉ 09419, ☎ (03 72 97)
41 04, Fax 24 62, AX DC ED VA
16 Zi, Ez: 78-85, Dz: 90-120, 2 Suiten, ◁ WC
☎, 4⌺; 🅿 1↻80 ▯
Auch Zimmer der Kategorie ∗∗ vorhanden

∗ **Ratskeller**
Markt 3, ✉ 09419, ☎ (03 72 97) 23 75, VA
12 Zi, Ez: 69, Dz: 90-140, ◁ WC ☎; 🅿 ▯
Rezeption: 11-23

Thumby 10 ↑

Schleswig-Holstein — Kreis Rendsburg-Eckernförde — 2 m — 561 Ew — Eckernförde 19, Schleswig 31 km
ℹ ☎ (0 43 52) 30 90, Fax 3 09 45 — Amtsverwaltung Schwansen, Auf der Höhe 16,
24351 Damp

Sieseby (3 km ←)
∗∗ **Schlie-Krog** ✿
Dorfstr 19, ✉ 24351, ☎ (0 43 52) 25 31,
Fax 15 80
Hauptgericht 30; 🅿 Terrasse; geschl: Mo,
Di mittags, Mitte Jan-Ende Feb, 1 Woche
im Nov

Thurmansbang 66 □

Bayern — Kreis Freyung-Grafenau —
550 m — 2 800 Ew — Tittling 7 km
ℹ ☎ (0 85 04) 16 42, Fax 56 43 — Verkehrsamt, Schulstr 5, 94169 Thurmansbang;
Erholungsort im Bayerischen Wald

Traxenberg (2 km ←)
∗ **Traxenberg**
einzeln, Traxenberg 2, ✉ 94169, ☎ (0 99 07)
9 12, Fax 12 29
57 Zi, Ez: 65, Dz: 124-130, ◁ WC ☎; 🅿 🖼 ⛺
Fitneßraum Kegeln Sauna Solarium
Restaurant für Hausgäste

Thyrnau 66 ↘

Bayern — Kreis Passau — 450 m —
3 900 Ew — Passau 8, Hauzenberg 9 km
🅘 ☎ (0 85 01) 3 20, Fax 17 77 — Verkehrsamt, St.-Blasius-Str 10, 94163 Thyrnau;
Luftkurort

Kellberg (4 km ↘)
** Lindenhof
♠ Kurpromenade 12, ⌧ 94136, ☎ (0 85 01)
80 80, Fax 8 08 15, ED VA
39 Zi, Ez: 45-68, Dz: 80-108, ⊿ WC ☎, 3 ⌧;
Lift 🅿 1⇌30 Fitneßraum Kegeln Sauna
Solarium; garni
geschl: Mi, Anfang-Mitte Jan
Tennis 2
Auch Zimmer der Kategorie ✳ vorhanden
✳ **Kellberger Weinstube**
Hauptgericht 25; Biergarten; geschl: Mi,
Anfang-Mitte Jan
Kurpromenade 11, ☎ (0 85 01) 13 15

Raßbach (2 km ↘)
✳ **Golf-Hotel**
einzeln ♠ ⋖ Raßbach 8, ⌧ 94136,
☎ (0 85 01) 13 13, Fax 81 00
15 Zi, Ez: 76-82, Dz: 124, 15 App, ⊿ WC ☎;
🅿 1⇌40 Fitneßraum Sauna Solarium 🍴
geschl: Ende Nov-Ende Jan
Golf 18

Tiefenbronn 61 □

Baden-Württemberg — Enzkreis — 450 m
— 5 006 Ew — Pforzheim 12 km
🅘 ☎ (0 72 34) 9 50 00, Fax 95 00 50 —
Gemeindeverwaltung, Gemmingenstr 1,
75233 Tiefenbronn; Erholungsort. Sehenswert: Kath. Kirche: Magdalenenaltar,
Hochaltar

** **Ochsen-Post**
Franz-Josef-Gall-Str 13, ⌧ 75233,
☎ (0 72 34) 80 30, Fax 55 54, AX DC ED VA
19 Zi, Ez: 89-110, Dz: 135-160, ⊿ WC ☎, 🅿
1⇌30
Auch Zimmer der Kategorie ✳ vorhanden
*** Hauptgericht 40; geschl: So, Mo

Mühlhausen (4 km ↘)
** **Adler mit Gästehaus Anita**
Tiefenbronner Str 20, ⌧ 75233, ☎ (0 72 34)
80 08, Fax 42 56, AX DC ED VA
24 Zi, Ez: 70-95 Dz: 80-150, ⊿ WC ☎; Lift
3⇌ Fitneßraum Sauna Solarium
geschl: Jan
** Hauptgericht 30; Gartenlokal;
geschl: Jan

Tiefenbronn-Außerhalb (4 km ↘)
** **Häckermühle**
einzeln, Im Würmtal 5, ⌧ 75233,
☎ (0 72 34) 42 46, Fax 57 69, AX ED VA
15 Zi, Ez: 75-115, Dz: 140-180, ⊿ WC ☎; 🅿
2⇌20 Sauna
geschl: Anfang-Mitte Jan
** Hauptgericht 40; Terrasse;
geschl: Mo+Di mittags, Anfang-Mitte Jan
Spezialität: Süßwasserfische, in eigenen
Quellwasserteichen gehalten

Timmendorfer Strand

Tietzow 29 ↑

Brandenburg — Kreis Nauen — 36 m —
313 Ew — Oranienburg 22, Potsdam 43 km
🅘 ☎ (03 32 30) 3 85 — Gemeindeverwaltung,
Am Sportplatz 1, 14641 Tietzow

** **Helenenhof**
♠ Dorfstr 66, ⌧ 14641, ☎ (03 32 30) 5 13 17,
Fax 5 02 90, AX ED VA
21 Zi, Ez: 130, Dz: 180, ⊿ WC ☎; 🅿 1⇌60
✳ Hauptgericht 22; Terrasse

Timmel siehe Großefehn

Timmendorfer Strand 11 ↓

Schleswig-Holstein — Kreis Ostholstein —
26 m — 8 000 Ew — Lübeck 19 km
🅘 ☎ (0 45 03) 24 94, Fax 8 60 06 — Verkehrsverein, Kongreßhaus, Strandallee 73 a,
23669 Timmendorfer Strand; Ostsee-Heilbad an der Lübecker Bucht

*** **Seeschlößchen**
♠ ⋖ Strandallee 141, ⌧ 23669, ☎ (0 45 03)
60 11, Fax 60 13 33
140 Zi, Ez: 160-330, Dz: 235-370, 8 Suiten, ⊿
WC ☎; Lift 🅿 🖶 3⇌250 ⇌ ⌂ Seezugang
Fitneßraum Sauna Solarium
geschl: Mitte Jan-Mitte Feb
** **Panorama im Seeschlößchen**
⋖ Hauptgericht 36; Terrasse; geschl: Mitte
Jan-Mitte Feb
** **von Oven's Landhaus**
19 Zi, Ez: 120-180, Dz: 175-220, ⊿ WC ☎,
1⇌25 ⇌ ⌂ Sauna Solarium
geschl: Ende Okt-Ostern

*** **Maritim Golf- und Sporthotel**
♠ ⋖ An der Waldkapelle 26, ⌧ 23669,
☎ (0 45 03) 60 70, Fax 29 96, AX DC ED VA
196 Zi, Ez: 147-285, Dz: 198-408, S; 1 Suite,
⊿ WC ☎, 17⌧; Lift 🅿 🖶 12⇌300 ⇌ ⌂
Strandbad Bowling Fitneßraum Kegeln
Sauna Solarium
Golf 18; Tennis 5; Kinderbetreuung
** **Ostsee-Restaurant**
⋖ Hauptgericht 31

*** **Maritim Seehotel**
♠ ⋖ Strandallee 73 b, ⌧ 23669, ☎ (0 45 03)
60 50, Fax 29 32, AX DC ED VA
234 Zi, Ez: 173-303, Dz: 246-448, S; 7 Suiten,
⊿ WC ☎; Lift 🅿 🖶 7⇌1000 ⇌ ⌂ Strandbad
Seezugang Fitneßraum Sauna Solarium 🍴
*** **Orangerie** 🍷
Hauptgericht 50; nur abends, So auch mit-
tags; geschl: Okt-Mär Mo+Di, Apr-Sep
Mo, Feb
** **Seeterrassen-Restaurant**
⋖ Hauptgericht 35; Terrasse

** **Landhaus Carstens**
Strandallee 73, ⌧ 23669, ☎ (0 45 03) 60 80,
Fax 6 08 60, AX DC ED VA
23 Zi, Ez: 160-205, Dz: 215-358, 4 Suiten, ⊿
WC ☎; Lift 🅿 1⇌60 Sauna Solarium 🍴
** Hauptgericht 35; Terrasse
**** **Kleines Landhaus**
Hauptgericht 45; Terrasse; geschl: Mo, Jan →

Timmendorfer Strand

**** **Royal**
Kurpromenade 2, ✉ 23669, ☎ (0 45 03) 50 01, Fax 68 20
39 Zi, Ez: 150-240, Dz: 200-320, 1 Suite, 4 App, ⌐ WC ☎; Lift 🅿 2↔20 ≋ Sauna Solarium
Rezeption: 10-22; geschl: Jan
Auch Zimmer der Kategorie **** vorhanden

**** **Filou**
Hauptgericht 25; geschl: Jan
☎ (0 45 03) 12 15, Fax 8 72 42

**** **Bellevue**
◁ Strandallee 139 a, ✉ 23669, ☎ (0 45 03) 6 00 30, Fax 60 03 60
45 Zi, Ez: 105-185, Dz: 150-310, 5 Suiten, ⌐ WC ☎; Lift 🅿 ≋ Sauna; **garni**

**** **Holsteiner Hof**
Strandallee 92, ✉ 23669, ☎ (0 45 03) 20 22, Fax 69 14, [ED]
28 Zi, Ez: 65-180, Dz: 120-250, 4 Suiten, 8 App, ⌐ WC ☎, 2🛏; 🅿 🚗 1↔20 Kegeln Sauna Solarium ⚓
Auch Zimmer der Kategorie **** vorhanden

**** **Bierlachs**
Hauptgericht 25; Boulevardterrasse; geschl: Januar

**** **Park Hotel**
Am Kurpark 4, ✉ 23669, ☎ (0 45 03) 6 00 60, Fax 60 06 50, [ED]
25 Zi, Ez: 78-144, Dz: 114-210, ⌐ WC ☎; Lift 🅿 Fitneßraum Sauna Solarium; **garni**
Rezeption: 7-20; geschl: Nov

**** **Best Western Hotel Princess**
Strandallee 198, ✉ 23669, ☎ (0 45 03) 6 00 10, Fax 60 01 77, [AX] [DC] [ED] [VA]
52 Zi, Ez: 160-170, Dz: 230-250, 4 Suiten, ⌐ WC ☎, 26🛏; Lift 🅿 🚗 3↔160 ≋ Strandbad Fitneßraum Sauna Solarium

**** **Bel Rive**
Hauptgericht 30; Terrasse; nur abends

**** **Gorch Fock Hotel**
Strandallee 152, ✉ 23669, ☎ (0 45 03) 89 90, Fax 89 91 11, [AX] [ED] [VA]
37 Zi, Ez: 85-120, Dz: 130-200, 1 Suite, 1 App, ⌐ WC ☎; 🅿 🚗 2↔30 Seezugang Fitneßraum Kegeln Sauna Solarium
Auch Zimmer der Kategorie * vorhanden
* Hauptgericht 25; Terrasse; geschl: Mi, 1.11.96-28.2.97

**** **Dryade**
♂ Schmilinskystr 2, ✉ 23669, ☎ (0 45 03) 40 51, Fax 8 65 60, [AX] [DC] [ED] [VA]
53 Zi, Ez: 110-150, Dz: 170-240, 2 Suiten, ⌐ WC ☎; Lift 🅿 2↔60 ≋ Seezugang Sauna Solarium
Auch Zimmer der Kategorie * vorhanden
* Hauptgericht 25; Terrasse

* **Villa Gropius**
Villa Röhl
Strandallee 50, ✉ 23669, ☎ (0 45 03) 22 44, Fax 83 53
33 Zi, Ez: 90-120, Dz: 150-240, 2 Suiten, ⌐ WC ☎, 3🛏; 🅿 🚗 🍴 ⚓

* **Steinhoff am Strand**
Strandallee 45, ✉ 23669, ☎ (0 45 03) 8 70 30, Fax 87 03 40, [AX] [ED] [VA]
18 Zi, Ez: 55-90, Dz: 110-180, ⌐ WC ☎; 🅿 1↔Seezugang ⚓
Rezeption: 8-20; geschl: Mo, Mitte Nov-Ende Feb

* **Meridian**
Hauptgericht 30; geschl: Mo, Anfang Nov-Ende Mär

**** **Portobello**
Am Platz 4, ✉ 23669, ☎ (0 45 03) 12 21, Fax 12 21, [AX] [ED] [VA]
Hauptgericht 32; Terrasse

Groß Timmendorf (3 km ✓)

* **Fuchsbau**
Dorfstr 11, ✉ 23669, ☎ (0 45 03) 80 20, Fax 57 67, [ED] [VA]
35 Zi, Ez: 75-100, Dz: 130-170, ⌐ WC ☎; 🅿 5↔100
Golf 18
* Hauptgericht 28; Terrasse

Hemmelsdorf (4 km ↓)

**** **Zum Zander** ✤
Seestr 16, ✉ 23669, ☎ (0 45 03) 58 50, Fax 8 64 83, [ED] [VA]
Hauptgericht 25; Terrasse 🅿; geschl: im Winter Mi, Do mittags
* 5 Zi, Ez: 75-90, Dz: 140, ⌐ WC; 1↔80 Kegeln
Rezeption: 11-15, 17.30-23; geschl: Im Winter Mi, Do mittags

Niendorf (4 km →)

**** **Yachtclub Timmendorfer Strand**
Strandstr 94, ✉ 23669, ☎ (0 45 03) 80 60, Fax 80 61 10, [AX] [DC] [ED] [VA]
46 Zi, Ez: 170-200, Dz: 280-340, 9 Suiten, ⌐ WC ☎, 4🛏; Lift 🅿 🚗 6↔60 ≋ Kegeln Sauna Solarium
geschl: Anfang Jan
Tennis 2

**** **94 Restaurant**
Hauptgericht 40; Terrasse; geschl: Anfang-Mitte Jan

**** **Strandhotel Orbit**
(Golden Tulip Hotel)
♂ ◁ Strandstr 59, ✉ 23669, ☎ (0 45 03) 80 10, Fax 80 11 11, [AX] [DC] [ED] [VA]
34 Zi, Ez: 160-180, Dz: 220-360, 4 Suiten, ⌐ WC ☎; Lift 🅿 2↔30 ≋ Strandbad Kegeln Sauna
**** ◁ Hauptgericht 25; Terrasse

* **Friedrichsruh**
♂ ◁ Strandpromenade 65, ✉ 23669, ☎ (0 45 03) 89 50, Fax 89 51 10, [AX] [ED] [VA]
36 Zi, Ez: 100-160, Dz: 140-280, ⌐ WC ☎; Lift 🅿 🚗 2↔35 ≋ Sauna Solarium 🍴 ⚓
Rezeption: 9-22
Auch Zimmer der Kategorie **** vorhanden

* **Fischkiste**
Strandstr 56, ✉ 23669, ☎ (0 45 03) 3 15 43, Fax 45 68, [AX] [ED]
Hauptgericht 30; Terrasse; im Winter nur Fr, Sa, So

Tinnum siehe Sylt

Titisee-Neustadt 67 →

Baden-Württemberg — Kreis Breisgau-Hochschwarzwald — 860 m — 11 000 Ew — Lenzkirch 9, Freiburg 31 km
ℹ️ ☎ (0 76 51) 20 62 50, Fax 44 36 — Tourist-Information, im Ortsteil Titisee, Strandbadstr 4, 79822 Titisee-Neustadt; heilklimatischer Kurort. Sehenswert: Titisee; Wutachschlucht (von Neustadt 5 km ↘); Hochfirst, 1190 m ◁ (von Neustadt 4 km ↗)

Jostal (10 km ↘)
*   **Schwarzwald-Gasthof Josen**
◁ Jostalstr 90, ✉ 79822, ☎ (0 76 51) 56 50, Fax 55 04, AX ED VA
25 Zi, Ez: 95-113, Dz: 160-190, 2 Suiten, 4 App, ⌐ WC ☏; Lift P 2⇔20 ≋ Sauna Solarium
Rezeption: 8-21; geschl: Do + Fr mittags, Ende Nov-Mitte Dez
**   Hauptgericht 35; Terrasse; geschl: Do + Fr mittags, Ende Nov-Mitte Dez

*   **Jostalstüble**
Jostalstr 60, ✉ 79822, ☎ (0 76 51) 12 90, Fax 22 03, DC ED VA
Hauptgericht 34; P Terrasse; geschl: Mo, Di mittags, Ende Okt-Mitte Nov, Anfang Mär
**   11 Zi, Ez: 33-70, Dz: 66-140, 2 Suiten, ⌐ WC ☏, ⊞ 1⇔60 Fitneßraum Kegeln Sauna Solarium
Rezeption: 8-20; geschl: Mo, Di bis 17, Ende Okt-Mitte Nov, Anfang Mär
Auch einfachere Zimmer vorhanden

Neustadt
*   **Jägerhaus**
Postplatz 1, ✉ 79822, ☎ (0 76 51) 50 55, Fax 50 52
27 Zi, Ez: 60-80, Dz: 100-130, ⌐ WC ☏; Lift P ⊞ Solarium 🍽
Rezeption: 8-18; geschl: Mo, Nov

Titisee
***   **Treschers Schwarzwald Hotel**
☏ ◁ Seestr 10, ✉ 79822, ☎ (0 76 51) 80 50, Fax 81 16, AX DC ED VA
83 Zi, Ez: 150-210, Dz: 150-330, 2 Suiten, ⌐ WC ☏; Lift P ⊞ ≋ ⌂ Strandbad Seezugang Fitneßraum Kegeln Sauna Solarium
geschl: Mitte Nov-Ende Dez
Auch Zimmer der Kategorie ****** vorhanden
***   Hauptgericht 40; Terrasse; geschl: Ende Okt-Mitte Dez

***   **Maritim Titisee-Hotel**
☏ ◁ Seestr 16, ✉ 79822, ☎ (0 76 51) 80 80, Fax 80 86 03, AX DC ED VA
124 Zi, Ez: 155-195, Dz: 250-320, S; 2 Suiten, ⌐ WC ☏, 5⊞; Lift P ⊞ 6⇔300 ⌂ Strandbad Seezugang Bowling Fitneßraum Kegeln Sauna Solarium ☕
**   ◁ Hauptgericht 35

**   **Brugger am See**
☏ ◁ Strandbadstr 14, ✉ 79822, ☎ (0 76 51) 80 10, Fax 82 38, AX ED VA
64 Zi, Ez: 98-180, Dz: 166-320, ⌐ WC ☏; Lift P ⊞ 4⇔100 ⌂ Strandbad Seezugang Kegeln Sauna Solarium
**   Hauptgericht 35; Terrasse

**   **Seehotel Wiesler**
☏ ◁ Strandbadstr 5, ✉ 79822, ☎ (0 76 51) 9 80 90, Fax 98 09 80, ED
28 Zi, Ez: 98-140, Dz: 176-196, ⌐ WC ☏; Lift P ⊞ ⌂ Strandbad Seezugang Sauna Solarium ☕
geschl: Anfang Nov-Ende Dez
**   Hauptgericht 30; Terrasse; geschl: Anfang Nov-Ende Dez

**   **Parkhotel Waldeck (Ringhotel)**
Parkstr 6, ✉ 79822, ☎ (0 76 51) 80 90, Fax 8 09 99, AX DC ED VA
40 Zi, Ez: 85-130, Dz: 140-200, S; 9 Suiten, ⌐ WC ☏, 7⊞; Lift P ⊞ 3⇔60 ≋ ⌂ Fitneßraum Sauna Solarium ☕
Rezeption: 8-21
Auch Zimmer der Kategorie ***** vorhanden
**   Hauptgericht 26

*   **Bären**
Neustädter Str 35, ✉ 79822, ☎ (0 76 51) 80 60, Fax 80 66 04, AX ED VA
61 Zi, Ez: 80-135, Dz: 145-220, ⌐ WC ☏; Lift P 1⇔30 ⌂ Fitneßraum Sauna Solarium ☕
geschl: Mo, Anfang Nov-Mitte Dez
*   Hauptgericht 30; Terrasse; nur abends; geschl: Mo + Di, Anfang Nov-Mitte Dez

Titting 64 ↘

Bayern — Kreis Eichstätt — 466 m — 2 500 Ew — Eichstätt 15, Weißenburg 21 km
ℹ️ ☎ (0 84 23) 9 92 10, Fax 13 87 — Gemeindeverwaltung, Rathausplatz 1, 85135 Titting

Emsing (5 km →)
**   **Dirsch**
Hauptstr 13, ✉ 85135, ☎ (0 84 23) 18 90, Fax 13 70, ED
100 Zi, Ez: 85, Dz: 130, ⌐ WC ☏; Lift P ⊞ 8⇔100 Kegeln 🍽
geschl: Mitte Dez-Ende Dez
Auch Zimmer der Kategorie ***** vorhanden

Todtmoos 67 ↘

Baden-Württemberg — Kreis Waldshut — 1263 m — 2 300 Ew — Todtnau 17, Säckingen 28 km
ℹ️ ☎ (0 76 74) 5 34, Fax 10 54 — Kurverwaltung im Kurhaus, 79682 Todtmoos; heilklimatischer Kurort und Wintersportplatz im südlichen Schwarzwald. Sehenswert: Wallfahrtskirche; Hochkopf, 1263 m ◁ (4 km + 30 Min ↑) →

Todtmoos

** Todtmooser Hof
⌀ ◂ Auf dem Köpfle 1, ✉ 79682,
☎ (0 76 74) 84 20, Fax 84 24 30, AX DC ED VA
27 Zi, Ez: 99-119, Dz: 148-188, 30 App, ⊟
WC ☏; Lift 🅿 🚗 4⇔200 ⊆ Fitneßraum
Kegeln Sauna Solarium ⓘ

** Schwarzwälder Hof
Hauptstr 3, ✉ 79682, ☎ (0 76 74) 84 90,
Fax 84 92 02, AX DC ED VA
59 Zi, Ez: 85, Dz: 130-150, 2 Suiten, ⊟ WC
☏; Lift 🅿 🚗 1⇔30 Sauna Solarium ⓘ
geschl: Di, Nov

* Wehrhof
Hohwehraweg 1, ✉ 79682, ☎ (0 76 74)
3 57, Fax 88 23
18 Zi, Ez: 60-65, Dz: 100-130, ⊟ WC ☏; Lift
🅿; garni

* Löwen
Hauptstr 23, ✉ 79682, ☎ (0 76 74) 90 55 -0,
Fax 5 07, AX DC ED VA
40 Zi, Ez: 70-100, Dz: 110-145, 2 Suiten, ⊟
WC ☏; Lift 🅿 ⊆ Fitneßraum Sauna
Solarium ⓘ
geschl: Anfang Nov-Mitte Dez

Strick (2 km ↑)
* Gasthof Rössle
⌀ ◂ Kapellenweg 2, ✉ 79682, ☎ (0 76 74)
9 06 60, Fax 88 38, AX DC ED VA
27 Zi, Ez: 78-90, Dz: 145-190, 3 App, ⊟ WC
☏, 4🛏; Lift 🅿 1⇔60 Fitneßraum Sauna
Solarium ⓘ
geschl: Di, Anfang Nov-Mitte Dez
Im Jahre 1670 als Gasthof und Pferdewechselstation erbaut und seitdem in Familienbesitz. Denkmalgeschützt

Weg (3 km ↘)
** Schwarzwald Hotel
Alte Dorfstr 29, ✉ 79682, ☎ (0 76 74) 2 73,
Fax 83 95, DC ED VA
Hauptgericht 35; Terrasse; geschl: Mo,
Anfang Nov-Anfang Dez
** ⌀ 10 Zi, Ez: 60-80, Dz: 130-160,
4 App, ⊟ WC ☏; 🅿 Sauna
geschl: Mo, Anfang Nov-Anfang Dez

Todtnau 67 □

Baden-Württemberg — Kreis Lörrach —
600 m — 5 100 Ew — Schopfheim 29, Freiburg 31 km
ℹ ☎ (0 76 71) 3 75, Fax 92 20 — Kurdirektion, Kurhaus, 79674 Todtnau; Luftkurort
und Wintersportplatz im südlichen
Schwarzwald. Sehenswert: Glasbläserhof;
Hasenhorn (Sesselbahn), 1158 m ◂; Wasserfall (97 m)

Fahl (7 km ↗)
* Gasthof Lawine
Haus Nr 7, ✉ 79674, ☎ (0 76 76) 3 55,
Fax 3 66, AX DC ED VA
18 Zi, Ez: 60-72, Dz: 112-132, ⊟ WC ☏; 🅿 🚗
Sauna Solarium ⓘ
geschl: Do, Anfang Jun, Mitte Nov-Mitte
Dez

Präg (7 km ↘)
* Landhaus Sonnenhof
⌀ Hochkopfstr 1, ✉ 79674, ☎ (0 76 71)
5 38, Fax 17 65, AX DC ED
20 Zi, Ez: 70, Dz: 120, ⊟ WC; 🅿 1⇔30
geschl: Mo, Nov
* Hauptgericht 25; Terrasse;
geschl: Mo, Nov

Todtnauberg (6 km ↑)
** Kur- und Sporthotel Mangler
⌀ ◂ Ennerbachstr 28, ✉ 79674, ☎ (0 76 71)
6 39, Fax 86 93
25 Zi, Ez: 145-165, Dz: 180-230, 6 Suiten, ⊟
WC ☏; Lift 🅿 ⊆ Fitneßraum Sauna
Solarium
geschl: Anfang-Mitte Dez
** Sonnenwinkel
Hauptgericht 30; Terrasse; geschl:
Anfang-Mitte Dez

* Sonnenalm
⌀ ◂ Hornweg 21, ✉ 79674, ☎ (0 76 71)
18 00, Fax 92 12
15 Zi, Ez: 80-95, Dz: 126-164, ⊟ WC; 🅿 ⊆
Sauna Solarium
geschl: Anfang Nov-Mitte Dez
Restaurant für Hausgäste. Auch Zimmer
der Kategorie ****** vorhanden

* Engel
Kurhausstr 5, ✉ 79674, ☎ (0 76 71) 9 11 90,
Fax 9 11 92 00, AX ED VA
26 Zi, Ez: 70-95, Dz: 110-170, 6 Suiten,
18 App, ⊟ WC ☏, 9🛏; Lift 🅿 🚗 1⇔30 ⊆
Fitneßraum Sauna Solarium ⓘ
geschl: Nov
Auch Zimmer der Kategorie ****** vorhanden

Tölz, Bad 71 →

Bayern — Kreis Bad Tölz-Wolfratshausen
— 700 m — 15 000 Ew — Miesbach 22,
Weilheim 46, München 52 km
ℹ ☎ (0 80 41) 7 00 71, Fax 7 00 75 — Kurverwaltung, Ludwigstr 11 (A 1), 83646 Bad
Tölz; Kreisstadt, Kneippheilbad und heilklimatischer Kurort am Alpenrand, an der Isar.
Sehenswert: Kath. Pfarrkirche; Mühlfeldkirche; Marktstraße; Wallfahrtskirche auf
dem Kalvarienberg ◂

*** Jodquellenhof
⌀ Ludwigstr 13 (A), ✉ 83646, ☎ (0 80 41)
50 90, Fax 50 94 41, AX DC ED VA
81 Zi, Ez: 185-260, Dz: 290-420, ⊟ WC ☏;
Lift 🅿 3⇔100 Sauna Solarium
Golf 9; Auch Zimmer der Kategorie ****** vorhanden. Freier Eintritt in das Erlebnisbad
Alpamare und Tölzer Thermen
** Hauptgericht 34

** Eberl
⌀ Buchener Str 17 (A), ✉ 83646,
☎ (0 80 41) 78 72-0, Fax 78 72 78
28 Zi, Ez: 115-135, Dz: 205-225, ⊟ WC ☏;
Lift 🅿 ⊆ Sauna Solarium
Rezeption: 8-21.30; geschl: Mitte Dez-
Mitte Jan
Restaurant für Hausgäste

Töplitz

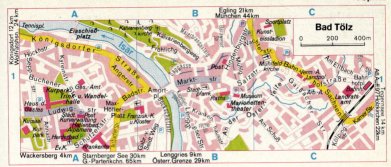

★★ Bellaria
Ludwigstr 22 (A), ✉ 83646, ☎ (0 80 41)
8 00 80, Fax 80 08 44, AX DC ED VA
24 Zi, Ez: 115-145, Dz: 160-180, 1 Suite,
1 App, ⌁ WC ☎; Lift P Sauna Solarium;
garni

★★ Kur- und Sporthotel Tölzer Hof
♣ Rieschstr 21, ✉ 83646, ☎ (0 80 41) 80 60,
Fax 80 63 33, AX DC ED VA
82 Zi, Ez: 120-150, Dz: 196-250, 4 Suiten, ⌁
WC ☎, 4⌁; Lift P 🚗 3⇔55 Fitneßraum
Sauna ⟨O⟩
Zugang zum Kurmittelhaus mit Thermal-
hallenbad und Sauna

★ Posthotel Kolberbräu
Marktstr 29 (B), ✉ 83646, ☎ (0 80 41)
7 68 80, Fax 90 69, AX DC ED VA
41 Zi, Ez: 80-90, Dz: 140, ⌁ WC ☎; Lift 🚗
3⇔60 ⟨O⟩

★ Marienhof
♣ Bergweg 3, ✉ 83646, ☎ (0 80 41) 76 30,
Fax 76 31 63, AX DC ED VA
24 Zi, Ez: 65-85, Dz: 130-160, ⌁ WC ☎; P
Solarium; garni
Rezeption: 7-14, 17-19

★ Alexandra
♣ Kyreinstr 13, ✉ 83646, ☎ (0 80 41) 91 12,
Fax 7 23 73, ED
23 Zi, Ez: 69-135, Dz: 100-149, ⌁ WC ☎,
2⌁; P Fitneßraum Sauna Solarium
Rezeption: 10-24
Restaurant für Hausgäste

★★ Schwaighofer
Marktstr 17 (B), ✉ 83646, ☎ (0 80 41) 27 62,
ED
Hauptgericht 30; geschl: Mi

Tölz, Bad-Außerhalb (3 km ↘)
★★ Zum alten Fährhaus
An der Isarlust 1, ✉ 83646, ☎ (0 80 41)
60 30
Hauptgericht 40; P Terrasse; geschl: Mo,
Di

★★
♣ ⌁ 5 Zi, Ez: 135, Dz: 180, ⌁ WC
☎
geschl: Mo, Di, im Nov

Tönning 9 ←

Schleswig-Holstein — Kreis Nordfriesland
— 4 m — 5 000 Ew — Heide 20,
Husum 23 km
ℹ ☎ (0 48 61) 2 64, Fax 6 14 40 — Kurverwaltung, Am Markt 1, 25832 Tönning; Heilbad, Erholungs- und Luftkurort an der
Eidermündung ins Wattenmeer; Fischereihafen. Sehenswert: St.-Laurentius-Kirche:
Turm, Lettner; Giebelhäuser; Packhaus;
Eider-Sperrwerk (9 km ↗); Roter Haubarg
(Eiderstedter Bauernhaus) bei Witzwort
(15 km ↑); Natur-Erlebnis-Landschaft
„Kantiger Watt" beim Eidersperrwerk

★ Nordfriesland
Westerstr 24, ✉ 25832, ☎ (0 48 61) 3 18,
Fax 53 13
30 Zi, Ez: 68, Dz: 116, ⌁ WC ☎; P 🚗 ⟨O⟩
geschl: Jan, Feb

★ Strandhotel Fernsicht
♣ ⌁ Auf dem Badestrand, ✉ 25832,
☎ (0 48 61) 4 75, Fax 17 87
53 Zi, Ez: 74, Dz: 118, 12 App, ⌁ WC ☎,
53⌁; P 4⇔150 Seezugang ⟨O⟩ ⚓

Töplitz 29 □

Brandenburg — Kreis Potsdam-Mittelmark
— 66 m — 1 500 Ew — Potsdam 11 km
ℹ ☎ (03 32 02) 4 35, Fax 4 35 — Büro für
Tourismus, Dorfstr 68, 14476 Töplitz.
Sehenswert: Insel Töplitz; Alter Weinberg
⌁

★ Gasthaus Mohr
Neu Töplitzer Str 1, ✉ 14476, ☎ (03 32 02)
2 39, Fax 2 39
22 Zi, Ez: 80-100, Dz: 120-140, ⌁ WC ☎; P
3⇔60 ⟨O⟩

Übernachtungspreise sind auch Marktpreise. Aus diesem Grund werden zum
Beispiel zu Messezeiten an Messeplätzen
oder zu Festspielzeiten an Festspielorten
häufig höhere als die angegebenen Preise
berechnet und in verkehrsarmen Zeiten
niedrigere Preise. Die Preise sollten jeweils
vor der Buchung erfragt werden.

Törwang

Törwang siehe Samerberg

Tötensen siehe Rosengarten

Torgau 39 →

Sachsen — Kreis Torgau — 85 m —
22 000 Ew — Riesa 37, Lutherstadt Wittenberg 48 km
🛈 ☎ (0 34 21) 71 25 71, Fax 35 41 — Torgau-Information, Schloßstr 11, 04860 Torgau.
Sehenswert: Schloß Hartenfels mit Großem Wendelstein; Bärenfreigehege; Wächterturm; Schloßkirche; Marienkirche; Renaissancerathaus; Bürgerhäuser; Marktplatz

★★ Central-Hotel
Friedrichplatz 8, ✉ 04860, ☎ (0 34 21) 71 00 26, Fax 71 00 27, AX ED VA
38 Zi, Ez: 90-160, Dz: 150-220, ⇔ WC ☎; Lift 🅿 2⇔25
★ Hauptgericht 15; nur abends; geschl: So

Tornesch 18 ↖

Schleswig-Holstein — Kreis Pinneberg — 11 m — 12 264 Ew — Pinneberg 7, Elmshorn 9 km
🛈 ☎ (0 41 22) 50 20, Fax 5 58 44 — Gemeindeverwaltung, Jürgen-Siemsen-Str 8, 25436 Tornesch

★ Esinger Hof
♂ Denkmalstr 7, ✉ 25436, ☎ (0 41 22) 95 27-0, Fax 95 27 69
23 Zi, Ez: 80, Dz: 120, ⇔ WC ☎; 🅿; garni

Tossens siehe Butjadingen

Traben-Trarbach 53 ↖

Rheinland-Pfalz — Kreis Bernkastel-Wittlich — 120 m — 6 722 Ew — Bernkastel-Kues 23, Zell 18 km
🛈 ☎ (0 65 41) 90 11, Fax 29 18 — Verkehrsamt, im Stadtteil Traben, Bahnstr 22, 56841 Traben-Trarbach; Luftkurort und Heilbad an der Mosel; Weinbauort; Jugendstilstadt. Sehenswert: In Trarbach: Mittelmosel-Museum, Festungsruine Mont Royal ⇖ (20 Min ↑); Ruine Grevenburg ⇖ (20 Min ↘)

Traben
★★★ Moselschlößchen
♂ ⇖ Neue Rathausstr 12, ✉ 56841,
☎ (0 65 41) 83 20, Fax 83 22 55, AX ED VA
Ez: 97-147, Dz: 145-225, 64 App, ⇔ WC ☎; Lift 🚗 9⇔120 Sauna Solarium
Ausschließlich Appartements
★★ Oase Moselschlößchen
Hauptgericht 28; 🅿 Terrasse; geschl: Mitte Dez-Mitte März

★★ Rema-Hotel Bellevue
⇖ ♨ Am Moselufer, ✉ 56841, ☎ (0 65 41) 70 30, Fax 70 34 00, AX ED VA
44 Zi, Ez: 105-185, Dz: 180-249, 1 Suite, 9 App, ⇔ WC ☎, 10🛁; Lift 🅿 🚗 3⇔30 ⇖
Sauna Solarium
Bootsanlegesteg
★★ Jugendstil Restaurant Clauss-Feist
Hauptgericht 30; Terrasse
Das älteste Jugendstildenkmal an der Mosel - moderner Komfort und Jugendstilelemente zu einer Einheit verbunden.

★ ⇖ **Krone**
♂ ⇖ An der Mosel 93, ✉ 56841, ☎ (0 65 41) 60 04, Fax 42 37, ED VA
19 Zi, Ez: 84-110, Dz: 115-145, 2 App, ⇔ WC ☎; 🅿 🚗 1⇔60
Auch Zimmer der Kategorie ★★ vorhanden
★★ Urbanus-Stube
⇖ Hauptgericht 30; Terrasse; geschl: Mo

Trarbach
★ Moseltor
Moselstr 1, ✉ 56841, ☎ (0 65 41) 65 51, Fax 49 22, AX DC VA
11 Zi, Ez: 85-115, Dz: 125-185, ⇔ WC ☎, 1🛁; 🚗
geschl: Di, Feb
★★ Bauer's Restaurant 👨‍🍳
Hauptgericht 28; Terrasse; nur abends, So auch mittags; geschl: Di, Feb

Traitsching 59 ↓

Bayern — Kreis Cham — 600 m — 3 900 Ew — Cham 8, Straubing 35 km
🛈 ☎ (0 99 74) 8 16, Fax 6 12 — Gemeindeverwaltung, Rathausstr 1, 93455 Traitsching; Ort im Bayerischen Wald

Sattelbogen (6 km ↓)
★★ Sattelbogener Hof
Im Wiesental 2, ✉ 93455, ☎ (0 99 74) 3 77 80 Zi, Ez: 55-70 Dz: 80-120, 6 Suiten, ⇔ WC ☎; Lift 🅿 2⇔40 ⇖ Kegeln Sauna 🍽
geschl: Mitte Jan-Anfang Feb
Auch Zimmer der Kategorie ★ vorhanden

Trassem 52 ▫

Rheinland-Pfalz — Kreis Trier-Saarburg — 190 m — 950 Ew — Saarburg 3, Trier 25 km
🛈 ☎ (0 65 81) 8 12 15, Fax 8 12 90 — Verkehrsamt, Graf-Siegfried-Str 32, 54441 Saarburg; Erholungsort im Naturpark Saar-Hunsrück

★★ St. Erasmus
Kirchstr 6 a, ✉ 54441, ☎ (0 65 81) 26 84, Fax 12 34, AX DC ED VA
25 Zi, Ez: 65-75, Dz: 94-110, ⇔ WC ☎; 🅿 2⇔50 Kegeln
★★ Hauptgericht 25; Terrasse; geschl: Mi, Ende Feb-Anfang März

Trauchgau siehe Halblech

Traunstein 73 □

Bayern — Kreis Traunstein — 600 m — 17 500 Ew — Salzburg 38, Rosenheim 55 km
🛈 ☎ (08 61) 6 52 73, Fax 6 52 94 — Verkehrsamt, Am Stadtpark, 83278 Traunstein; Erholungsort

** **Parkhotel Traunsteiner Hof**
Bahnhofstr 11, ✉ 83278, ☎ (08 61) 6 90 41, Fax 85 12, AX DC ED VA
60 Zi, Ez: 95, Dz: 160-180, 2 Suiten, ⊿ WC ☎; Lift P 🚗 1⇔30
** Hauptgericht 25; Biergarten; geschl: Sa, 3 Wochen im Okt/Nov

Travemünde siehe Lübeck

Trebbin 29 ↘

Brandenburg — Kreis Luckenwalde — 4 487 Ew — Luckenwalde 18, Berlin 25 km
🛈 ☎ (03 37 31) 3 85 — Stadtverwaltung, Markt 1, 14959 Trebbin

** **Akzent-Hotel Parkhotel**
♂ Parkstr 5, ✉ 14959, ☎ (03 37 31) 7 10, Fax 71 11, AX DC ED VA
37 Zi, Ez: 98-120, Dz: 150, 1 Suite, ⊿ WC ☎; Lift P 🚗 3⇔80 Solarium
* **Hans-Clauert-Stube**
Hauptgericht 20; Terrasse

Treben 49 ↑

Thüringen — Kreis Altenburg — 150 m — 1 220 Ew — Altenburg 6, Borna 8 km
🛈 ☎ (03 43 43) 99 17 — Gemeindeverwaltung, Markt 2, 04617 Treben

Serbitz (2 km ↑)
* **Serbitzer Hof**
Leipziger Str 18, ✉ 04617, ☎ (03 43 43) 5 14 82, Fax 5 23 39, AX DC ED VA
11 Zi, Ez: 85-100, Dz: 120-140, 1 App, ⊿ WC ☎; P 🍴 🚏
Rezeption: 11-24

Trebgast 57 ↗

Bayern — Kreis Kulmbach — 400 m — 1 678 Ew — Kulmbach 10, Bayreuth 21 km
🛈 ☎ (0 92 27) 8 55, Fax 7 33 58 — Verwaltungsgemeinde, Kulmbacher Str 36, 95367 Trebgast. Sehenswert: Ev. Kirche; Naturbühne

Trebgast-Außerhalb (3,5 km ←)
* **Röhrleinshof**
einzeln ♂ ◁ Eichholz 6, ✉ 95367, ☎ (0 92 27) 8 95, Fax 7 33 55
30 Zi, Ez: 80-95, Dz: 140-150, 2 App, ⊿ WC ☎; P 3⇔150 🏊 Sauna Solarium
* Hauptgericht 20; nur abends

Trebur 54 ↑

Hessen — Kreis Groß-Gerau — 86 m — 12 048 Ew — Groß-Gerau 5, Nauheim 5, Mainz 15 km
🛈 ☎ (0 61 47) 20 80, Fax 39 69 — Gemeindeverwaltung, Herrngasse 3, 65468 Trebur

Trebur
** **Zum Erker**
Hauptstr 1, ✉ 65468, ☎ (0 61 47) 9 14 80, Fax 91 48 40, AX ED VA
23 Zi, Ez: 100-130, Dz: 140-180, ⊿ WC ☎, 2🛏; P 🚗 2⇔100
geschl: So abends, Mo, 2 Wochen im Jun
Auch Zimmer der Kategorie ***** vorhanden
* Hauptgericht 36; Gartenlokal; geschl: Mo, So abends, 2 Wochen im Jun

Treffelstein 59 ↑

Bayern — Kreis Cham — 623 m — 1 097 Ew — Waldmünchen 9, Oberviechtach 13 km
🛈 ☎ (0 96 73) 3 37, Fax 18 40 — Verwaltung, Burgstr 3, 93492 Treffelstein; Dorf im Naturpark Oberer Bayer. Wald

Kritzenthal (3 km ↗)
* **Katharinenhof**
einzeln ♂ ✉ 93492, ☎ (0 96 73) 4 12, Fax 4 15
48 Zi, Ez: 55-65, Dz: 100-130, ⊿ WC ☎; P 🏊 1⇔60 Kegeln Sauna Solarium 🍴
geschl: Mitte Jan-Ende Feb

Treia 9 □

Schleswig-Holstein — Kreis Schleswig-Flensburg — 25 m — 1 400 Ew — Schleswig 14, Husum 17 km
🛈 ☎ (0 46 26) 2 66 — Gemeindeverwaltung, 24887 Silberstedt

** **Osterkrug**
Treenestr 30, ✉ 24896, ☎ (0 46 26) 5 50, Fax 15 02, AX DC ED VA
Hauptgericht 28; P Terrasse
* 8 Zi, Ez: 70-110, Dz: 120-160, ⊿ WC ☎; 4⇔250 Sauna Solarium

Treis-Karden 43 ↙

Rheinland-Pfalz — Kreis Cochem-Zell — 90 m — 2 600 Ew — Cochem 13, Kastellaun 18, Koblenz 39 km
🛈 ☎ (0 26 72) 61 37, Fax 27 80 — Verkehrsamt, im Ortsteil Treis, Hauptstr 27, 56253 Treis-Karden; Ort an der Mosel.
Sehenswert: Kath. St.-Castor-Kirche: Dreikönigsaltar; Ruine Treis; Wildburg; Stiftsmuseum; Burg Eltz ◁ (7 km +75 Min ↗)

Karden
* **Schloß-Hotel Petry**
St.-Castor-Str 80, ✉ 56253, ☎ (0 26 72) 93 40, Fax 84 23, AX DC ED VA
55 Zi, Ez: 60-75, Dz: 110-150, ⊿ WC ☎; Lift P 4⇔100 Kegeln Solarium
* Hauptgericht 25; Terrasse; Eigenbauweine

→

Treis-Karden

Brauer
⮜ Moselstr 25, ✉ 56253, ☎ (0 26 72) 12 11, Fax 89 10
33 Zi, Ez: 50, Dz: 100-110, ⬒ WC ☎; 🅿 🚗
geschl: Mi, Anfang Jan-Mitte Feb
✱ Hauptgericht 25; Terrasse;
geschl: Mi, Anfang Jan-Mitte Feb
Eigenbauweine

Treis-Außerhalb (4 km →)
✱ **Ostermann**
⮜ Lützbach 1, ✉ 56253, ☎ (0 26 72) 12 38, Fax 77 89,
18 Zi, Ez: 80, Dz: 140, ⬒ WC ☎; 🅿 🚗
2⬭120 ≙ Fitneßraum Sauna Solarium 🍴

Tremsbüttel 18 ↗

Schleswig-Holstein — Kreis Stormarn — 43 m — 1 500 Ew — Bad Oldesloe 17, Hamburg 31 km
ℹ ☎ (0 45 32) 4 04 52, Fax 40 45 99 — Amtsverwaltung Bargteheide-Land, Eckhorst 34, 22941 Bargteheide. Sehenswert: Automuseum Hillers, geöffnet Apr-Okt täglich 10-18, Nov-Mär nur so+feiertags 12-17

Tremsbüttel-Außerhalb (3 km ↗)
✱✱ **Rohlfshagener Kupfermühle**
Kupfermühle, ✉ 22967, ☎ (0 45 31) 8 12 06, Fax 8 65 08, AX DC ED VA
Hauptgericht 30; Gartenlokal; geschl: Di, Feb

Trent siehe Rügen

Treuchtlingen 63 ↗

Bayern — Kreis Weißenburg-Gunzenhausen — 412 m — 13 061 Ew — Weißenburg 11, Donauwörth 33 km
ℹ ☎ (0 91 42) 31 21, Fax 31 20 — Verkehrsamt, Heinrich-Aurnhammer-Str 3, 91757 Treuchtlingen; Erholungsort an der Altmühl

✱✱ **Schloßhotel Treuchtlingen**
Heinrich-Aurnhammer-Str 5, ✉ 91757, ☎ (0 91 42) 10 51, Fax 34 89, AX DC ED VA
22 Zi, Ez: 85-115, Dz: 180-250, 3 Suiten, ⬒ WC ☎; Lift 🅿 🚗 3⬭60 ≙ Sauna Solarium
geschl: So ab 18, Anfang-Mitte Jan
Direkter Zugang zum Thermalbad
✱✱ Hauptgericht 30; Terrasse;
geschl: So abends

✱✱ **Gästehaus Stuterei Stadthof**
🌳 ⮜ Luitpoldstr 27, ✉ 91757, ☎ (0 91 42) 9 69 60, Fax 96 96 96, AX DC ED VA
33 Zi, Ez: 87, Dz: 149, ⬒ WC ☎, 30🍴; 🅿
2⬭40; **garni**
Rezeption: 6.30-21; geschl: Ende Dez-Anfang Jan
Gutshof mit Araberzucht

Treuen 49 □

Sachsen — Kreis Auerbach — 450 m — 8 000 Ew — Lengenfeld 5, Auerbach 8, Plauen 16 km
ℹ ☎ (03 74 68) 63 80, Fax 40 45 — Stadtverwaltung, Markt 7, 08233 Treuen. Sehenswert: Schloß; Perloser Turm

✱ **Wettin**
Bahnhofstr 18 a, ✉ 08233, ☎ (03 74 68) 26 90, Fax 47 52, AX ED VA
16 Zi, Ez: 95-115, Dz: 130-150, ⬒ WC ☎
✱ Hauptgericht 15; Biergarten

Triberg im Schwarzwald 67 ↗

Baden-Württemberg — Schwarzwald-Baar-Kreis — 700 m — 6 000 Ew — Villingen 24, Offenburg 54 km
ℹ ☎ (0 77 22) 9 53, Fax 95 32 36 — Kurverwaltung, Luisenstr 10, 78098 Triberg; Heilklimatischer Kurort. Sehenswert: Wallfahrtskirche; Schwarzwaldmuseum; Rathaussaal: Schnitzereien; Bergsee; Wasserfälle

✱✱✱ **Romantik - Parkhotel Wehrle**
Gartenstr 24, ✉ 78098, ☎ (0 77 22) 8 60 20, Fax 86 02 90, AX DC ED VA
54 Zi, Ez: 109-159, Dz: 188-298, 2 Suiten, ⬒ WC ☎, 10🍴; Lift 🅿 🚗 3⬭50 ≋ ≙ Sauna Solarium
Im Gästehaus Zimmer der Kategorie ✱✱ vorhanden
✱✱ **Ochsenstube**
Hauptgericht 42
✱✱ **Zur alten Schmiede**
🍴 Hauptgericht 25

✱✱ **Best Western Schwarzwald Residenz**
Bürgermeister-De-Pellegrini-Str 20, ✉ 78098, ☎ (0 77 22) 9 62 30, Fax 96 23 65
40 Zi, Ez: 115-155, Dz: 170-210, ⬒ WC ☎; Lift 🅿 🚗 ≙ Sauna Solarium 🍴

✱✱ **Tannenhof Appartement-Hotel**
🌳 ⮜ Im Hoflehen 65, ✉ 78098, ☎ (0 77 22) 10 26, Fax 10 27, AX DC ED VA
Ez: 70-90, Dz: 99-140, 32 App, ⬒ WC ☎; Lift 🅿 🚗 Fitneßraum Sauna Solarium

Adler
Hauptstr 52, ✉ 78098, ☎ (0 77 22) 45 74, Fax 45 56, AX DC ED VA
🅿 Terrasse; 8.30-18.30
✱✱ 10 Zi, Ez: 65-85, Dz: 100-140, ⬒ WC ☎; garni
Rezeption: 7-21

Triebes 49 ←

Thüringen — Kreis Greiz — 401 m — 4 000 Ew — Schleiz 22, Gera 35 km
ℹ ☎ (03 66 22) 76 10, Fax 7 61 60 — Stadtverwaltung, Schäferstr 2, 07950 Triebes

* Goldener Löwe
Hauptstr 18, ✉ 07950, ☎ (03 66 22) 7 29 55, Fax 7 29 54, ED VA
8 Zi, Ez: 98, Dz: 150, 1 Suite, ⇨ WC ☎; P
1⇔25 ⓘ

Trier 52 □

Rheinland-Pfalz — Stadtkreis — 130 m — 104 000 Ew — Saarbrücken 85, Koblenz 140, Mainz 150 km
ℹ ☎ (06 51) 97 80 80, Fax 4 47 59 — Tourist-Information, an der Porta Nigra, Simeonstift, 54290 Trier; Regierungsbezirkshaupt- und Kreisstadt des Kreises Trier-Saarburg, älteste Stadt Deutschlands, Universität, Fachhochschule, Katholische Theologische Fakultät; Stadttheater, Europ. Akademie f. bildende Kunst, Erholungsort.

Sehenswert: Römische Bauten: Porta Nigra; Römische Palastaula (jetzt ev. Erlöserkirche); Kaiserthermen; Barbaratherren; Amphitheater; Römerbrücke - Mittelalterliche und spätere Bauten: Dom: Domschatz; kath. Kirchen St. Matthias, Liebfrauen, St. Paulin, St. Antonius und St. Gangolf; Kurfürstl. Palais (Palastgarten); Hauptmarkt; Steipe; Rotes Haus; Dreikönigenhaus; Rheinisches Landesmuseum; Diözesan-Museum; Stadtbibliothek: Handschriften, Karl-Marx-Haus; Spielzeugmuseum; Mariensäule, 300 m ⇐ (30 Min ←); Petrisberg ⇐ (20 Min →); kath. Kirche im Stadtteil Pfalzel (6 km ↗)

Stadtplan siehe Seite 1016

*** Dorint
Porta-Nigra-Platz 1 (BC 2), ✉ 54292, ☎ (06 51) 2 70 10, Fax 2 70 11 70, AX DC ED VA
106 Zi, Ez: 212, Dz: 315, S; 2 Suiten, ⇨ WC ☎, 25⛁; Lift P 🚃 5⇔180
Auch Zimmer der Kategorie ** vorhanden
** Porta
Hauptgericht 35; Terrasse

** Trier (Team Hotel)
⇐ Zurmaiener Str 164 (BC 1), ✉ 54292, ☎ (06 51) 92 80, Fax 9 28 22 22, AX DC ED VA
203 Zi, Ez: 139-220, Dz: 179-260, S; 13 Suiten, ⇨ WC ☎, 54⛁; Lift P 9⇔350 ≋ Sauna Solarium
** Hauptgericht 30; Terrasse

** Ramada Hotel Trier an der Europahalle
Kaiserstr 29 (B 4), ✉ 54290, ☎ (06 51) 9 49 50, Fax 9 49 56 66, AX DC ED VA
122 Zi, Ez: 168-217, Dz: 227-238, S; 5 Suiten, 3 App., ⇨ WC ☎, 20⛁; Lift 🚃 12⇔1200 Kegeln
Tagungsräume in der Europahalle
** Park-Restaurant
Hauptgericht 20; Terrasse

34 ↗ Der Ort befindet sich im Reisekartenteil auf Seite 34 im nordöstlichen Planfeld.

** Römischer Kaiser
Am Porta-Nigra-Platz 6 (BC 2), ✉ 54292, ☎ (06 51) 9 77 00, Fax 97 70 99, AX DC ED VA
43 Zi, Ez: 95-150, Dz: 170-210, ⇨ WC ☎; Lift P 1⇔25
** Hauptgericht 25; Terrasse; geschl: So

** Villa Hügel ♛
♂ ⇐ Bernhardstr 14, ✉ 54295, ☎ (06 51) 3 30 66, Fax 3 79 58, AX DC ED VA
34 Zi, Ez: 110-150, Dz: 160-225, ⇨ WC ☎; P ≋ Sauna Solarium; garni

** Paulin
Paulinstr 13, ✉ 54292, ☎ (06 51) 14 74 00, Fax 1 47 40-10, AX DC ED VA
24 Zi, Ez: 90-130, Dz: 140-190, 2⛁; Lift P 🚃; garni

** Altstadt Hotel
Am Porta-Nigra-Platz (C 2), ✉ 54290, ☎ (06 51) 4 80 41, Fax 4 12 93, AX DC ED VA
56 Zi, Ez: 110-150, Dz: 170-210, ⇨ WC ☎; Lift P; garni

** Alte Villa
Saarstr 133, ✉ 54290, ☎ (06 51) 93 81 20, Fax 9 38 12 12, AX DC ED VA
18 Zi, Ez: 90-150, Dz: 140-220, 2 Suiten, ⇨ WC ☎, 4⛁; P 🚃 Sauna ⓘ ≋

** Nell's Parkhotel
Dasbachstr 12, ✉ 54292, ☎ (06 51) 1 44 40, Fax 1 44 42 22, AX DC ED VA
56 Zi, Ez: 95-130, Dz: 168-198, ⇨ WC ☎; Lift 🚃 P 4⇔100
** Hauptgericht 25; Terrasse

** Deutscher Hof
Südallee 25 (B 4), ✉ 54290, ☎ (06 51) 4 60 20, Fax 4 60 24 12, AX ED VA
98 Zi, Ez: 105-125, Dz: 165, ⇨ WC ☎; Lift P 🚃 5⇔150 Kegeln
geschl: Ende Dez-Anfang Jan

** Zur Römerbrücke
⇐ Aachener Str 5, ✉ 54290, ☎ (06 51) 8 26 60, Fax 8 26 65 00, AX DC ED VA
45 Zi, Ez: 90-110, Dz: 140-160, ⇨ WC ☎; 5⛁; Lift P 1⇔80 ⓘ

* Casa Calchera
Engelstr 8 (B 2), ✉ 54292, ☎ (06 51) 2 10 44, Fax 2 78 81, AX DC ED VA
18 Zi, Ez: 95-118, Dz: 165-180, 1 Suite, ⇨ WC ☎; Lift P; garni

* Kessler
Brückenstr 23 (AB 3), ✉ 54290, ☎ (06 51) 97 81 70, Fax 9 78 17 97, AX ED VA
21 Zi, Ez: 100-150, Dz: 140-220, ⇨ WC ☎; Lift P 🚃; garni

* Deutschherrenhof
Deutschherrenstr 32, ✉ 54290, ☎ (06 51) 4 83 08, Fax 4 23 95, AX ED VA
15 Zi, Ez: 90-130, Dz: 140-170, ⇨ WC ☎; P 🚃; garni

* Astoria
Bruchhausenstr 4 (B 2), ✉ 54290, ☎ (06 51) 97 83 50, Fax 4 11 21, AX ED VA
14 Zi, Ez: 100-110, Dz: 150-160, ⇨ WC ☎; Rezeption: 7-20; geschl: So ab 14 →

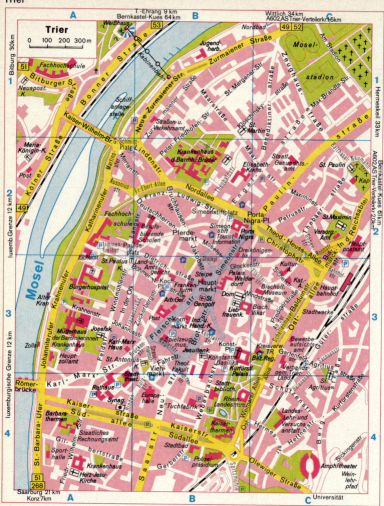

★★★ Palais Kesselstatt
Liebfrauenstr 10 (B 3), ✉ 54290, ☎ (06 51) 4 02 04, Fax 4 23 08, AX DC ED VA
Hauptgericht 32; P Terrasse; geschl: So Mo, Feb

★★★ Pfeffermühle
Zurlaubener Ufer 76, ✉ 54292, ☎ (06 51) 2 61 33, VA
Hauptgericht 45; P; geschl: So, Mo mittag, im Jul

★★ Schlemmer Eule
Antoniusstr 7 (B 3), ✉ 54290, ☎ (06 51) 7 36 16, Fax 7 36 16, AX DC ED VA
Hauptgericht 30; geschl: Mo, 1 Woche zu Fasching

★ Kraft
Arnulfstr 42, ✉ 54295, ☎ (06 51) 3 90 54, Fax 3 64 78, AX ED VA
Hauptgericht 30; P; geschl: Mi

Trier-Außerhalb (5 km ↓)

★ Estricher Hof
Estricher Hof 85, ✉ 54296, ☎ (06 51) 93 80 40, Fax 30 90 81, AX ED VA
16 Zi, Ez: 80-95, Dz: 128-150, ⊟ WC ☎; Lift P 🚗 1◯50

Ehrang (7 km ↗)

★★ Kupfer-Pfanne
Ehranger Str 200, ✉ 54293, ☎ (06 51) 6 65 89, Fax 6 65 89, ED VA
Hauptgericht 35; P Terrasse; geschl: Do, Sa abends

Trockenborn-Wolfersdorf

Euren (3 km ↙)
*** Eurener Hof
Eurener Str 171, ✉ 54294, ☎ (06 51) 8 80 77, Fax 80 09 00, AX ED VA
63 Zi, Ez: 110-135, Dz: 164-210, 6 Suiten, 6 App., ⊣ WC ☎; Lift 🅿 🚗 1⇔50 ⊜ Sauna Solarium
** Hauptgericht 25; Terrasse

Olewig (3 km ↘)
* Blesius-Garten
Olewiger Str 135, ✉ 54295, ☎ (06 51) 3 60 60, Fax 36 06 33, Dz: 164-210 —
60 Zi, Ez: 95-140, Dz: 190-215, ⊣ WC ☎; Lift 🅿 4⇔120 ⊜ Fitneßraum Sauna Solarium
** Hauptgericht 30; Biergarten

Pfalzel (6 km ↗)
** Klosterschenke
👁 Klosterstr 10, ✉ 54293, ☎ (06 51) 60 89, Fax 6 43 13
Hauptgericht 27; Gartenlokal 🅿; geschl: Mo, Di mittags, Mitte Dez-Ende Feb
** ◐ ⋞ 11 Zi, Ez: 80-100, Dz: 145-170, Dz: 130, ⊣ WC ☎
Rezeption: 14-22; geschl: Mitte Dez-Ende Feb

Zewen (6 km ↙)
** Jardin
Kettenstr 4, ✉ 54294, ☎ (06 51) 82 72 80, Fax 8 27 28 44, AX DC ED VA
Hauptgericht 35; Biergarten 🅿; geschl: Mo
** Ambiente
12 Zi, Ez: 84-154, Dz: 124-154, ⊣ WC ☎; 1⇔20

Trippstadt 53 ↘

Rheinland-Pfalz — Kreis Kaiserslautern — 400 m — 3 000 Ew — Kaiserslautern 13, Neustadt a. d. Weinstraße 41 km
ℹ ☎ (0 63 06) 3 41, Fax 15 29 — Verkehrsamt, Hauptstr 32, 67705 Trippstadt; Luftkurort im Pfälzer Wald. Sehenswert: Ehem. Schloß; Burg Wilenstein, Brunnenstollen (18. Jh.)

🛏 **Gunst**
◐ ⋞ Hauptstr 99 a, ✉ 67705, ☎ (0 63 06) 17 85
11 Zi, Ez: 40-55, Dz: 85-95, 2 App., ⊣ WC; **garni**

Triptis 48 ↗

Thüringen — Saale-Orla-Kreis — 360 m — 4 700 Ew — Pößneck 16, Weida 19, Gera 24 km
ℹ ☎ (03 64 82) 24 31, Fax 22 68 — Stadtverwaltung, Bahnhofstr 15, 07819 Triptis. Sehenswert: Rundschloß Oberpöllnitz; Kirche St. Marien; Wehrkirche Döblitz; Orlastau

Miesitz (1,5 km ←)
** Wutzler
Hauptstr 18, ✉ 07819, ☎ (03 64 82) 3 08 47, Fax 3 08 48, AX DC ED VA
41 Zi, Ez: 90, Dz: 130, 1 Suite, ⊣ WC ☎; Lift 🅿 4⇔35 🍽

Oberpöllnitz (3 km ↗)
** Zur Goldenen Aue
◐ Mittelpöllnitzer Str 1, ✉ 07819, ☎ (03 64 82) 37 00, Fax 3 70 53, AX DC ED VA
32 Zi, Ez: 80-105, Dz: 120-140, 3 Suiten, ⊣ WC ☎, 3✉; Lift 🅿 🚗 3⇔200 Fitneßraum Sauna Solarium 🍽

Trittau 18 ↗

Schleswig-Holstein — Kreis Stormarn — 37 m — 6 542 Ew — Hamburg 30, Mölln 30 km
ℹ ☎ (0 41 54) 8 07 90 — Gemeindeverwaltung, Europaplatz 5, 22946 Trittau

** Zur Vorburg
Vorburgstr 3, ✉ 22946, ☎ (0 41 54) 8 44 10
17 Zi, Ez: 90-110, Dz: 140-160, ⊣ WC ☎; 🅿 🍽

Trittenheim 52 ↗

Rheinland-Pfalz — Kreis Bernkastel-Wittlich — 121 m — 1 300 Ew — Bernkastel-Kues 27, Trier 35 km
ℹ ☎ (0 65 07) 22 27, Fax 20 40 — Tourist-Information, Moselweinstr 55, 54349 Trittenheim; Weinbauort an der Mosel. Sehenswert: Dhrontalsperre (6 km ↓)

* Moselperle
Moselweinstr 42, ✉ 54349, ☎ (0 65 07) 22 21, Fax 67 37, AX DC ED VA
14 Zi, Ez: 60-80, Dz: 90-130, 7 App., ⊣ WC ☎; 🅿 🚗 ⊜ 🍽
Rezeption: 8-21; geschl: Dez, Jan

Trochtelfingen 69 ↘

Baden-Württemberg — Kreis Reutlingen — 720 m — 6 200 Ew — Reutlingen 27, Sigmaringen 33 km
ℹ ☎ (0 71 24) 48 21, Fax 48 48 — Verkehrsamt, Rathausplatz 9, 72818 Trochtelfingen; Erholungsort. Sehenswert: Kath. Stadtkirche, Stadtbrunnen, hist. Stadtkern mit Stadtmauer; spätgotisches Schloß

* Rössle (Flair Hotel)
Marktstr 48, ✉ 72818, ☎ (0 71 24) 92 50, Fax 92 52 00, ED
30 Zi, Ez: 59-80, Dz: 92-125, ⊣ WC ☎; 🅿 🚗 ⊜ Sauna Solarium 🍽

** Zum Ochsen
Marktstr 21, ✉ 72818, ☎ (0 71 24) 22 00, ED
Hauptgericht 24; nur abends, So auch mittags; geschl: Mi, 3 Wochen im Aug

Trockenborn-Wolfersdorf 48 ↗

Thüringen — Kreis Stadtroda — 366 m — 601 Ew — Neustadt (Orla) 9, Stadtroda 11 km
ℹ ☎ (03 64 28) 4 09 30 — Gemeindeverwaltung, Dorfstr 24, 07646 →

Trockenborn-Wolfersdorf

Wolfersdorf
** Am Kellerberg
Dorfstr 18, ✉ 07646, ☎ (03 64 28) 4 70,
Fax 4 71 08, AX ED
40 Zi, Ez: 89-119, Dz: 109-149, 1 App, ⌂ WC
☎; P 2⇆120 ⓘ
Auch Zimmer der Kategorie * vorhanden

* Rothehofsmühle
♂ ✉ 07646, ☎ (03 64 28) 2 11 10,
Fax 2 11 10
12 Zi, Ez: 65-80, Dz: 100-120, ⌂ WC ☎; P
1⇆35 ⓘ
Rezeption: 11-21

Tröstau 58 ↗

Bayern — Kreis Wunsiedel — 550 m —
2 500 Ew — Marktredwitz 10, Bad Berneck
26 km
ℹ ☎ (0 92 32) 99 21 61, Fax 99 21 15 —
Gemeindeverwaltung, Hauptstr 6,
95709 Tröstau; Erholungsort. Sehenswert:
Luisenburg; Felsenlabyrinth, 871 m ◂⦁
(4 km →); Kösseine, 938 m ◂⦁ (2 km ↘)

* Bergcafé Bauer
♂ ◂⦁ Kemnather Str 20, ✉ 95709,
☎ (0 92 32) 28 42, Fax 16 97, ED
21 Zi, Ez: 50-75, Dz: 90-110, ⌂ WC; P
1⇆30 Kegeln 🎳
geschl: Mi
* Hauptgericht 20; Terrasse

Fahrenbach (1 km ↘)
** Golfhotel
einzeln ♂ ◂⦁ Fahrenbach 1, ✉ 95709,
☎ (0 92 32) 88 20, Fax 88 23 45, AX DC ED VA
72 Zi, Ez: 130, Dz: 195, 1 Suite, 5 App, ⌂
WC ☎, 7✉; Lift P 5⇆150 Fitneßraum
Sauna Solarium 🏊
Golf 18
** Hauptgericht 30; Biergarten Terrasse

Troisdorf 43 ↘

Nordrhein-Westfalen — Rhein-Sieg-Kreis
— 60 m — 70 000 Ew — Bonn 17,
Köln 22 km
ℹ ☎ (0 22 41) 80 05 22, Fax 80 05 50 —
Stadtverwaltung, im Stadtteil Sieglar,
Am Schirmhof, 53840 Troisdorf. Sehenswert: Burg Wissem, Museum für Bilderbuchkunst und Jugendbuchillustration;
Treidelfähre (Troisdorf-Bergheim); Fischereimuseum in Bergheim/Sieg

** Quality Hotel
Larstr 5, ✉ 53844, ☎ (0 22 41) 99 79,
Fax 99 72 88, AX DC ED VA
88 Zi, Ez: 105-300, Dz: 105-350, S; ⌂ WC ☎,
15✉; Lift P 4⇆80
Auch Zimmer der Kategorie *** vorhanden.
** Hauptgericht 25

** Primula
Am Bürgerhaus 16, ✉ 53800, ☎ (0 22 41)
87 50, Fax 87 51 00, AX DC ED VA
73 Zi, Ez: 98-255, Dz: 110-255, 1 Suite, ⌂
WC ☎, 19✉; Lift 1⇆30 ⓘ
Auch Zimmer der Kategorie * vorhanden.

* Regina
Hippolytusstr 23, ✉ 53840, ☎ (0 22 41)
8 70 50, Fax 7 07 35, AX DC ED VA
36 Zi, Ez: 99-199, Dz: 159-265, ⌂ WC ☎; Lift
P 🚗 Solarium; garni ⓘ

* Canisiushaus
Hippolytusstr 41, ✉ 53840, ☎ (0 22 41)
7 67 76, Fax 80 53 62
14 Zi, Ez: 95, Dz: 140, ⌂ WC ☎; P ⓘ
Auch Zimmer der Kategorie ** vorhanden.

🛏 Kronprinz
Kronprinzenstr 1, ✉ 53840, ☎ (0 22 41)
9 84 90, Fax 98 49 99, AX ED VA
45 Zi, Ez: 85-105, Dz: 120-145, 1 App, ⌂ WC
☎; Lift P 🚗 1⇆25 Fitneßraum Sauna
Solarium; garni

Trollenhagen 21 ↗

Mecklenburg-Vorpommern — Kreis Mecklenburg-Strelitz — 20 m — 561 Ew — Neubrandenburg 3, Altentreptow 13 km
ℹ ☎ (03 95) 4 22 57 79, Fax 4 22 57 79 —
Amt Neverin Ordnungsamt, Tel Neverin
03 96 08/2 05 72, Neubrandenburger Str 48,
17039 Neverin

Hellfeld (4 km ↓)
** Hellfeld
Hellfelder Str 15, ✉ 17039, ☎ (03 95)
42 98 10, Fax 42 98 11 39, AX DC ED VA
30 Zi, Ez: 95-115, Dz: 150-165, ⌂ WC ☎,
2✉; P 2⇆60 ⓘ

Podewall (6 km ↑)
* Landgasthof Podewall
♂ Fuchsberg 1, ✉ 17039, ☎ (03 95)
42 96 40, Fax 4 29 64 54, AX ED VA
12 Zi, Ez: 90-110, Dz: 150, 1 Suite, ⌂ WC ☎;
P 2⇆60 ⓘ

Trossingen 68 □

Baden-Württemberg — Kreis Tuttlingen —
700 m — 15 000 Ew — Schwenningen 11,
Rottweil 16 km
ℹ ☎ (0 74 25) 2 51 12, Fax 2 51 50 — Verkehrsamt, Schultheiß-Koch-Platz 1,
78647 Trossingen; Hochschulen für Musik;
Bundesakademie für musikalische
Jugendbildung

* Bären
Hohnerstr 25, ✉ 78647, ☎ (0 74 25) 60 07,
Fax 2 13 95, AX ED VA
21 Zi, Ez: 95-115, Dz: 135-165, 1 Suite, ⌂
WC ☎; P 🚗 1⇆20
** Hauptgericht 24; Gartenlokal;
geschl: Fr abends, Sa

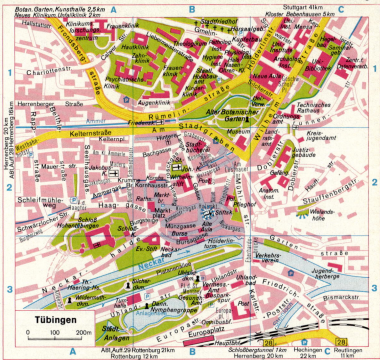

Tübingen 61

Baden-Württemberg — Kreis Tübingen — 350 m — 83 000 Ew — Reutlingen 12, Stuttgart 41 km

ℹ ☏ (0 70 71) 9 13 60, Fax 3 50 70 — Verkehrsverein, Eberhardsbrücke, An der Neckarbrücke 1 (C 3), 72072 Tübingen; Regierungsbezirkshaupt- und Kreisstadt am Neckar - Universität. Sitz der Akademie für Umweltfragen; Landestheater. Sehenswert: Altstadt, ev. Stiftskirche; Schloß Hohentübingen ≼; Rathaus: Fresken; Hölderlin-Turm; Marktbrunnen; Botanischer Garten; ehem. Zisterzienser-Kloster Bebenhausen (5 km ↑)

✸✸ Domizil
Wöhrdstr 5 (C 3), ✉ 72072, ☏ (0 70 71) 13 90, Fax 13 92 50, AX DC ED VA
61 Zi, Ez: 155-165, Dz: 195-215, 6 Suiten, 18 App, ⌧ WC ☏, 8⌸; Lift 🅿 🚗 1⇌45 Fitneßraum Sauna Solarium
✸✸ Carat
Hauptgericht 25; Terrasse; geschl: Di

✸✸ Krone
Uhlandstr 1 (B 3), ✉ 72072, ☏ (0 70 71) 1 33 10, Fax 13 31 32, AX DC ED VA
46 Zi, Ez: 145-195, Dz: 190-290, 2 Suiten, ⌧ WC ☏, 10⌸; Lift 🅿 🚗 2⇌60 🍴

✸✸ Stadt Tübingen
Stuttgarter Str 97, ✉ 72072, ☏ (0 70 71) 3 10 71, Fax 3 82 45, AX ED VA
73 Zi, Ez: 98-150, Dz: 148-215, ⌧ WC ☏, 1⌸; Lift 🅿 5⇌450
geschl: Ende Dez-Anfang Jan
Auch Zimmer der Kategorie ✸ vorhanden
✸✸ Hauptgericht 30; geschl: So abends, Ende Dez-Anfang Jan

✸ Hospiz
Neckarhalde 2 (B2), ✉ 72070, ☏ (0 70 71) 92 40, Fax 92 42 00, AX ED VA
50 Zi, Ez: 115-140, Dz: 200, ⌧ WC ☏; Lift 🅿 🚗 2⇌40 🍴

✸ Kupferhammer
Westbahnhofstr 57, ✉ 72072, ☏ (0 70 71) 41 80, Fax 41 82 99, AX DC ED VA
20 Zi, Ez: 95-102, Dz: 135-152, ⌧ WC ☏; 🅿 🚗; garni
Rezeption: 7-20; geschl: Ende Dez-Anfang Jan

✸ Katharina
Lessingweg 2, ✉ 72076, ☏ (0 70 71) 6 70 21, Fax 61 08 82
14 Zi, Ez: 85-145, Dz: 170-190, ⌧ WC ☏; 🅿; garni
Rezeption: 7-21.30

Tübingen

✱ Barbarina
Wilhelmstr 92, ✉ 72074, ☎ (0 70 71)
2 60 48, Fax 55 08 39, AX ED VA
23 Zi, Ez: 79-95, Dz: 105-150, ⌐ WC; Lift
P ✱

✱ Am Bad
♂ Europastr 2, ✉ 72072, ☎ (0 70 71)
7 30 71, Fax 7 53 36, AX ED VA
35 Zi, Ez: 78-102, Dz: 138-172, ⌐ WC ☎,
10✉; P ≈
geschl: Ende Dez-Anfang Jan
Restaurant für Hausgäste

✱✱✱ Rosenau
Rosenau 15 b. Botan. Garten, ✉ 72076,
☎ (0 70 71) 6 64 66, Fax 60 05 18, AX DC ED VA
Hauptgericht 28; P Terrasse; geschl: Mo

Forelle
Kronenstr 8 (B2), ✉ 72070, ☎ (0 70 71)
2 40 94; geschl: Mo, im Sommer ab 14

Bebenhausen (4 km ↑)
✱✱ Landhotel Hirsch
♂ Schönbuchstr 28, ✉ 72074, ☎ (0 70 71)
6 80 27, Fax 60 08 03, AX DC ED VA
12 Zi, Ez: 135-180, Dz: 240-270, ⌐ WC ☎, P
🚗 1⟲50
geschl: Di
✱✱✱ Hauptgericht 28; ✿
Terrasse; geschl: Di

✱✱✱ Waldhorn
Schönbuchstr 49, ✉ 72074, ☎ (0 70 71)
6 12 70, Fax 61 05 81, AX
Hauptgericht 50; Gartenlokal P; geschl:
Mo + Di, 3 Wochen in den Sommerferien

Kilchberg (5 km ←)
✱ Gasthaus Hirsch
Closenweg 4, ✉ 72072, ☎ (0 70 71) 9 77 90,
Fax 97 79 77, AX ED
20 Zi, Ez: 80-95, Dz: 110-140, ⌐ WC ☎; P
100 ✱
geschl: 24.12.96-6.1.97

Lustnau (3 km ↗)
✱ Basilikum
Kreuzstr 24, ✉ 72074, ☎ (0 70 71) 8 75 49,
Fax 8 75 49, AX ED VA
Hauptgericht 38; P Terrasse; geschl: Mo,
2 Wochen im Aug

Unterjesingen (7 km ←)
✱ Am Schönbuchrand
Klemsenstr 3, ✉ 72070, ☎ (0 70 73) 60 47,
Fax 5 02 65
12 Zi, Ez: 68-75, Dz: 98-120, 3 Suiten, ⌐ WC
☎; Lift P ≈ Sauna; **garni**
Rezeption: 6-12, 17-21; geschl: Ende Dez-
Anfang Jan

Türkenfeld 71 ↘

Bayern — Kreis Fürstenfeldbruck — 600 m
— 2 800 Ew — Fürstenfeldbruck 15, Landsberg 23 km
🛈 ☎ (0 81 93) 80 51, Fax 64 58 — Gemeindeverwaltung, Schloßweg 2, 82299 Türken-
feld. Sehenswert: ehem. Fuggerschloß;
Pfarrkirche Mariä Himmelfahrt; Pfarrkirche
St.-Johannes-Baptist; Zankenhausen

✱ Zum Unterwirt
Duringstr 5, ✉ 82299, ☎ (0 81 93) 99 95 17,
Fax 99 95 18
10 Zi, Ez: 50-70, Dz: 100, ⌐ WC; P ✱
Rezeption: 9-22; geschl: Di, Mitte Aug-
Anfang Sep
Auch Zimmer der Kategorie ✱✱ vorhanden

Türkheim 70 ↗

Bayern — Kreis Unterallgäu — 608 m —
6 000 Ew — Bad Wörishofen 5, Mindelheim 10 km
🛈 ☎ (0 82 45) 5 30, Fax 5 3- 22 — Verwaltungsgemeinschaft, Maximilian-Philipp-
Str 32, 86842 Türkheim

✱ Rosenbräu
Rosenstr 14, ✉ 86842, ☎ (0 82 45) 16 36,
Fax 29 02
16 Zi, Ez: 62, Dz: 96, ⌐ WC; P ✱

✱✱ Villa Zollhaus
⌂ Dorfstr 1, ✉ 86842, ☎ (0 82 45) 20 06,
Fax 38 28, AX DC ED VA
Hauptgericht 40; Gartenlokal P Terrasse;
geschl: Mo, außer an Feiertagen
✱ ♂ 11 Zi, Ez: 90-200, Dz: 150-350,
⌐ WC ☎; Sauna
Auch Zimmer der Kategorie ✱✱ vorhanden

Tüßling 73 ↘

Bayern — Kreis Altötting — 406 m —
2 500 Ew — Altötting 7, Mühldorf am
Inn 8 km
🛈 ☎ (0 86 33) 8 98 80, Fax 89 88 22 — Verwaltungsgemeinschaft, Marktplatz 2,
84577 Tüßling

Kiefering (4 km ↘)
**✱ Bauernsepp
(Flair Hotel)**
Haus Nr 42, ✉ 84577, ☎ (0 86 33) 89 40,
Fax 89 42 00, AX ED VA
39 Zi, Ez: 85, Dz: 125, ⌐ WC ☎; P 3⟲50
Kegeln ✱

Turnow 41 ↘

Brandenburg — Spree-Neiße Kreis — 40 m
— 800 Ew — Peitz 3, Cottbus 16,
Guben 20 km
🛈 ☎ (03 56 01) 38 14, Fax 2 30 36 — Amtsverwaltung, Markt 1, 03185 Peitz

✱✱ Landhotel Turnow
Frankfurter Str 11 a, ✉ 03185, ☎ (03 56 01)
37 00, Fax 3 70 80, ED
35 Zi, Ez: 70-90, Dz: 100-120, ⌐ WC ☎; P;
garni

> In vielen im Varta aufgeführten Hotels sind
> neben den dargestellten Restaurants auch
> andere Restaurantkonzepte zu finden.

Tuttlingen 68

Baden-Württemberg — Kreis Tuttlingen — 647 m — 35 000 Ew — Rottweil 29, Radolfzell 35 km

🛈 (0 74 62) 3 40, Fax 75 72 — Verkehrsamt, im Stadtteil Möhringen, Hermann-Leiber-Str 4, 78532 Tuttlingen; Luftkurort an der oberen Donau. Sehenswert: Ev. Stadtkirche; Ruine Honberg, 734 m ⊰ (1 km ↓); Rathaus und Stadtkirche im Stadtteil Möhringen (4 km ↙); Witthoh, 860 m ⊰ (6 km ↓)

** Stadt Tuttlingen
Donaustr 30 (B), ✉ 78532, ☎ (74 61) 93 00, Fax 93 02 50, AX DC ED VA
80 Zi, Ez: 95-190, Dz: 170-240, 16 Suiten, ⌁ WC ☏; Lift 🅿 🚗 5 ⇨ 120
Im 50 m entfernten Gästehaus auch Zimmer der Kategorie ** vorhanden
** Hauptgericht 30

* Rosengarten
Königstr 17 (C), ✉ 78532, ☎ (0 74 61) 51 04, Fax 1 56 88
24 Zi, Ez: 68, Dz: 112, ⌁ WC ☏; Lift 🅿 🚗; garni
geschl: Anfang-Mitte Jan

Tutzing 71

Bayern — Kreis Starnberg — 550 m — 10 000 Ew — Starnberg 14, Weilheim 14 km

🛈 ☎ (0 81 51) 9 06 00, Fax 1 32 89 — Fremdenverkehrsverband Fünfseenland, Wittelsbacherstr 9, 82319 Starnberg. Sehenswert: Ilka-Höhe, 711 m ⊰ (2 km ↙)

* Zum Reschen
Marienstr 7, ✉ 82327, ☎ (0 81 58) 93 90, Fax 93 91 00, AX ED VA
18 Zi, Ez: 90-98, Dz: 131-151, 1 App, ⌁ WC ☏; 🅿 🚗; garni
geschl: Ende Dez-Anfang Jan

* Engelhof
Heinrich-Vogl-Str 9, ✉ 82327, ☎ (0 81 58) 30 61, Fax 67 85, AX DC ED VA
11 Zi, Ez: 95-120, Dz: 140-190, 1 Suite, ⌁ WC ☏; 🅿 🍴

** Tutzinger Hof
Hauptstr 32, ✉ 82327, ☎ (0 81 58) 93 60, Fax 93 61 00, ED VA
Hauptgericht 20; Biergarten Kegeln; geschl: Mi, Feb
* 19 Zi, Ez: 80-105, Dz: 125-135, ⌁ WC ☏; Lift 🅿

** Häring's Wirtschaft im Midgardhaus
⊰ Midgardstr 3, ✉ 82327, ☎ (0 81 58) 12 16, Fax 79 35, AX DC ED VA
Hauptgericht 30; 🅿 Terrasse; geschl: Mo, Nov

☕ Clement
Hauptstr 29, ✉ 82372, ☎ (0 81 58) 63 10, Fax 66 56
9-18, so+feiertags 9.30-18; geschl: Mo, Di

Tutzing-Außerhalb (2,5 km ↙, Ilka-Höhe)

Forsthaus Ilka-Höhe
⊰ 7, ✉ 82327, ☎ (0 81 58) 82 42, Fax 28 66
Hauptgericht 35; Biergarten 🅿 Terrasse; geschl: Mo, Di, 23.12.96-31.1.97

Twist 23

Niedersachsen — Kreis Emsland — 16 m — 8 500 Ew — niederländische Grenze 1, Meppen 18, Nordhorn 29 km

🛈 ☎ (0 59 36) 71 33, Fax 71 44 — Gemeindeverwaltung, Flensbergstr 1, 49767 Twist; Ort am Rande des Bourtanger Moores; „Knapzak-Route" (grenzüberschreitender Rundwanderweg über Deutschland und Holland)

Twist-Außerhalb (5 km →)
* Schmees
Rühlermoor 47, ✉ 49767, ☎ (0 59 36) 4 07, ED
Hauptgericht 25; geschl: Do
* 5 Zi, Ez: 50-60, Dz: 100-120, ⌁ WC ☏; 🅿
Rezeption: 11.30-14, 17.30-22 →

⊗ Alte, beachtenswerte Architektur oder Einrichtung

Twist

<mark>Bült</mark>
**✶✶ Gasthof Backers
        Zum alten Dorfkrug** ⚜
Kirchstr 25, ⌧ 49767, ☎ (0 59 36) 23 30,
Fax 21 09
Hauptgericht 30; 🅿 Terrasse; geschl: Di,
Sa mittags, 3 Wochen im Sommer,
1 Woche im Jan
✶   4 Zi, Ez: 60, Dz: 95, ⌐ WC ☎;
geschl: Di, 3 Wochen im Sommer,
1 Woche im Jan

Übach-Palenberg 42 ↖

Nordrhein-Westfalen — Kreis Heinsberg
— 123 m — 23 000 Ew — Geilenkirchen 7,
Aachen 17 km
ℹ ☎ (0 24 51) 48 20, Fax 48 21 61 — Stadtverwaltung, Rathausplatz 4, 52531 Übach-
Palenberg

<mark>Palenberg</mark>
✶   Weydenhof
Kirchstr 17, ⌧ 52531, ☎ (0 24 51) 4 14 10,
Fax 4 89 58, ⎌ ⎌
29 Zi, Ez: 50-80, Dz: 90-140, ⌐ WC ☎; Lift 🅿
🚗 Kegeln ⎌
geschl: Fr
Auch einfachere Zimmer vorhanden

Überherrn 52 ↓

Saarland — Kreis Saarlouis — 377 m —
12 000 Ew — Saarlouis 13 km
ℹ ☎ (0 68 36) 48 48, Fax 48 46 — Gemeindeverwaltung, Rathausstr 50, 66802 Über-
herrn. Sehenswert: Hist. Ortskern in Berus;
Torhäuser; Europadenkmal ⎌; Teufels-
burg; Wallfahrtskapelle St. Oranna

✶✶   Linslerhof
einzeln, ⌧ 66802, ☎ (0 68 36) 80 70,
Fax 8 07 17, ⎌ ⎌
27 Zi, Ez: 125, Dz: 180-220, ⌐ WC ☎; 🅿 🚗
6⇨120
Rezeption: 8-21.30
Hist. Gutsanlage.
✶   Hauptgericht 25; geschl: Mo,
1 Woche im Jan

<mark>Berus</mark> (4 km ↑)
✶   Margaretenhof
♂ ⎌ Orannastr, ⌧ 66802, ☎ (0 68 36) 20 10,
Fax 56 62, ⎌ ⎌ ⎌
13 Zi, Ez: 90, Dz: 120, ⌐ WC ☎; 🅿 🚗 ≋
Sauna ⎌

<mark>Felsberg</mark> (6 km ↑)
✶   Felsberger Hof
Metzer Str 117, ⌧ 66802, ☎ (0 68 37)
7 40 11, Fax 7 40 14, ⎌ ⎌ ⎌
27 Zi, Ez: 85-105, Dz: 135, WC ☎; 🅿 2⇨50
⎌

Abweichungen zwischen Datenteil und
Reisekartenteil ergeben sich durch verschiedene Redaktionsschlußzeiten.

Überkingen, Bad 62 ↓

Baden-Württemberg — Kreis Göppingen
— 455 m — 3 800 Ew — Geislingen 4,
Göppingen 22, Ulm 35 km
ℹ ☎ (0 73 31) 20 09 10, Fax 20 09 39 — Kurverwaltung, Gartenstr 1, 73337 Bad Über-
kingen; Heilbad auf der Schwäbischen Alb

✶✶✶   Bad-Hotel ♛
Badstr 12, ⌧ 73337, ☎ (0 73 31) 30 20,
Fax 3 02 20, ⎌ ⎌ ⎌
20 Zi, Ez: 130-140, Dz: 190-260, 2 Suiten, ⌐
WC ☎; Lift 🅿 3⇨60 ≋ Solarium
geschl: Ende Dez
✶✶✶   Helfensteinrestaurant
⎌ Hauptgericht 33; geschl: Ende Dez

✶✶   Altes Pfarrhaus
Badstr 2, ⌧ 73337, ☎ (0 73 31) 6 30 36,
Fax 6 30 30, ⎌ ⎌ ⎌ ⎌
14 Zi, Ez: 105-120, Dz: 190-205, 1 Suite, ⌐
WC ☎; 🅿 4⇨180
geschl: 2 Wochen im Jan
✶✶   ⎌ Hauptgericht 38; Terrasse;
geschl: Mo, 4 Wochen im Jan

Überlingen 69 ↗

Baden-Württemberg — Bodenseekreis —
400 m — 20 200 Ew — Stockach 16, Friedrichshafen 32 km
ℹ ☎ (0 75 51) 99 11 22, Fax 99 11 35 — Kurverwaltung, Landungsplatz 7, 88662 Überlingen; Kneippheilbad am Bodensee.
Sehenswert: Kath. Münsterkirche: Hochaltar; Franziskanerkirche; Rathaus; Reich-
lin-Meldeggscher Patrizierhof mit Heimatmuseum und hist. Puppenstubensamm-
lung; Wallfahrtskirche Birnau (5 km ↘);
Schiffahrt zur Insel Mainau, nach Meersburg und anderen Uferorten

✶✶✶   Parkhotel St. Leonhard
♂ ⎌ Obere St.-Leonhard-Str 71, ⌧ 88662,
☎ (0 75 51) 80 81 00, Fax 80 85 31, ⎌ ⎌ ⎌
145 Zi, Ez: 132-189, Dz: 236-276, 3 App., ⌐
WC ☎, 10⎌; Lift 🅿 🚗 8⇨200 ≋ Fitneß-
raum Sauna Solarium
Golf 18; Tennis 6
Auch Zimmer der Kategorie **✶✶** vorhanden
✶✶   ⎌ Hauptgericht 38; Terrasse

✶✶   Rosengarten
Bahnhofstr 12, ⌧ 88662, ☎ (0 75 51)
9 28 20, Fax 92 82 39, ⎌ ⎌ ⎌ ⎌
15 Zi, Ez: 130-170, Dz: 190-280, 2 Suiten, ⌐
WC ☎; 🅿 🚗
geschl: Ende Dez-Anfang Jan
Restaurant für Hausgäste

✶✶   Wiestor
Wiestorstr 17, ⌧ 88662, ☎ (0 75 51) 27 98,
Fax 18 23, ⎌ ⎌ ⎌ ⎌
11 Zi, Ez: 90, Dz: 160, ⌐ WC ☎; Lift ⎌

Ühlingen-Birkendorf

* **Seegarten**
‹ Seepromenade 7, ⊠ 88662, ☎ (0 75 51)
6 34 98, Fax 39 81, ED
21 Zi, Ez: 115-130, Dz: 190-250, ⊿ WC ☎;
Lift P 1⇔30
geschl: Anfang Dez-Mitte Feb
* Hauptgericht 27; Gartenlokal;
geschl: Anfang Dez-Mitte Feb

* **Promenade**
‹ Seepromenade 13, ⊠ 88662, ☎ (0 75 51)
48 01, Fax 78 18, AX DC ED VA
9 Zi, Ez: 85-130, Dz: 150-190, ⊿ WC ☎;
🍽
geschl: Do, Ende Nov-Ende Feb

** **Bürgerbräu**
Aufkircher Str 20, ⊠ 88662, ☎ (0 75 51)
9 27 40, Fax 6 60 17, AX DC ED VA
Hauptgericht 30; P; geschl: Mi + Do,
24.12.96-6.1.97
* 12 Zi, Ez: 85, Dz: 140, ⊿ WC ☎
Rezeption: 8-14, 17-21; geschl: Mi + Do,
24.12.96-6.1.97

Andelshofen (3 km ↗)
*** **Romantik Hotel**
Johanniter-Kreuz
♦ Johanniterweg 11, ⊠ 88662, ☎ (0 75 51)
6 10 91, Fax 6 73 36, AX DC ED VA
26 Zi, Ez: 98-150, Dz: 165-270, ⊿ WC ☎; Lift
P 🍽 2⇔35 Kegeln
Auch Zimmer der Kategorie ****** vorhanden
** Hauptgericht 38; Terrasse;
geschl: Mo, Di mittags

** **Sonnenbühl**
♦ Zum Brandbühl 19, ⊠ 88662, ☎ (0 75 51)
20 08, Fax 20 09, DC ED VA
22 Zi, Ez: 115-150, Dz: 160-240, 1 Suite,
1 App, ⊿ WC ☎; P 1⇔Sauna
geschl: Anfang Dez-Anfang Jan
Restaurant für Hausgäste

Lippertsreute (7 km ↗)
* **Landgasthof Zum Adler** ✱
V Hauptstr 44, ⊠ 88662, ☎ (0 75 53) 75 24,
Fax 18 14, ED
Hauptgericht 25; P; geschl: Mi mittags,
Do, 2 Wochen im Nov
* 17 Zi, Ez: 65-95, Dz: 100-160,
6 Suiten, 4 App, ⊿ WC ☎; Lift 🍽
geschl: Mi abends, Do, 2 Wochen im Nov

🛏 **Landgasthof Brauerei Keller**
Riedweg 3, ⊠ 88662, ☎ (0 75 53) 2 23,
Fax 74 88
15 Zi, Ez: 50-70, Dz: 90-130, 3 App, ⊿ WC
☎; P 🍽
Rezeption: 7-14, 17-22; geschl: Mo mittag,
Di

Übersee 73 ↙

Bayern — Kreis Traunstein — 526 m —
4 000 Ew — Prien 17, Traunstein 17 km
ℹ ☎ (0 86 42) 2 95, Fax 62 14 — Verkehrsamt, Feldwieser Str 27, 83236 Übersee;
Luftkurort nahe dem Chiemsee (3 km ↑)

Feldwies (2 km ↑)
* **Chiemgauhof**
einzeln ♦ ‹ Julius-Exter-Promenade 21,
⊠ 83236, ☎ (0 86 42) 8 98 70, Fax 89 87 99
14 Zi, Ez: 90-150, Dz: 160-220, ⊿ WC ☎; P
2⇔200 🚤 Seezugang Fitneßraum Sauna
Solarium
geschl: Anfang Nov-Anfang Apr
* ‹ Hauptgericht 20; Terrasse;
geschl: Anfang Nov-Anfang Apr

Westerbuchberg (2 km ↓)
* **Zur Schönen Aussicht**
♦ ‹ Westerbuchberg 9, ⊠ 83236,
☎ (0 86 42) 89 70, Fax 89 71 50, AX DC ED VA
45 Zi, Ez: 70-90, Dz: 140, ⊿ WC ☎; P 🚤
Seezugang Sauna Solarium 🍽
geschl: 10.1.-10.2.97

Ueckermünde 22 ↑

Mecklenburg-Vorpommern — Kreis Ueckermünde — 1 m — 11 590 Ew — Pasewalk 26, Anklam 33 km
ℹ ☎ (03 97 71) 2 32 33, Fax 2 32 33 — Stadtverwaltung, Am Rathaus 3, 17373 Ueckermünde

** **Stadtkrug**
Markt 3, ⊠ 17373, ☎ (03 97 71) 8 00,
Fax 8 04 09, AX ED VA
28 Zi, Ez: 70-140, Dz: 120-180, 2 Suiten, ⊿
WC ☎; Lift P 1⇔20 🍽
Im Gästehaus auch Zimmer der Kategorie
* vorhanden

* **Pommernyacht**
‹ Altes Bollwerk 1 b, ⊠ 17373,
☎ (03 97 71) 21 50, Fax 2 43 95, AX ED
18 Zi, Dz: 140-180, ⊿ WC ☎, 2🛁; P 🍽
3⇔80 🍽

Bellin (3 km →)
* **Haffhus**
♦ ‹ Dorfstr 35, ⊠ 17373, ☎ (03 97 71) 2 08,
Fax 2 08 50, AX ED VA
26 Zi, Ez: 80-125, Dz: 125-145, 1 Suite, ⊿
WC ☎, 17🛁; P 1⇔30 Strandbad
* Hauptgericht 20; Terrasse

Ühlingen-Birkendorf 68 ↙

Baden-Württemberg — Kreis Waldshut —
800 m — 4 200 Ew — Bonndorf 12, Waldshut 20 km
ℹ ☎ (0 77 43) 3 80, Fax 12 77 — Kurverwaltung, im Ortsteil Birkendorf, Schwarzwaldstr 44, 79777 Ühlingen-Birkendorf;
Luftkurort. Sehenswert: Roggenbacher Schlösser, Ruinen; ehem. Kloster; Schwedenfelsen →

Wird in dem Hoteleintrag auf Golf hingewiesen, befindet sich in der Nähe des Betriebes ein Golfplatz. In der Regel können Sie dort als Gast Golf spielen und über das Hotel reservieren. Die Ziffer bezieht sich auf die Anzahl der Löcher.

Ühlingen-Birkendorf

Birkendorf
* Sonnenhof
Schwarzwaldstr 9, ✉ 79777, ☎ (0 77 43) 58 58, Fax 17 89, AX DC ED VA
16 Zi, Ez: 55-60, Dz: 90-100, ⌐ WC ☎; P 🚗 2⇔45 ⌂
geschl: Do, Mitte Jan-Ende Jan
*   Hauptgericht 15; Terrasse; geschl: Do, 9.-20.12.96
* Gästehaus Sonnhalde
25 Zi, Ez: 62-118, Dz: 106-152, 4 Suiten, 1 App, ⌐ WC ☎; Lift 2⇔ ⌂ Sauna Solarium; **garni**
Rezeption: 7-20

Witznau
* Gasthof Witznau
Schluchtalstr 3, ✉ 79777, ☎ (0 77 47) 2 15, DC ED VA
Hauptgericht 30; Terrasse Kegeln; geschl: Mo, Feb
*   10 Zi, Ez: 40-50, Dz: 75-90, ⌐ WC; P
geschl: Mo, Feb

Uelsen 23 ←

Niedersachsen — Kreis Grafschaft Bentheim — 41 m — 4 282 Ew — Nordhorn 15 km
ℹ️ ☎ (0 59 42) 20 90, Fax 2 09 60 — Gemeindeverwaltung, Altes Rathaus, Itterbecker Str 11, 49843 Uelsen; Erholungsort

* Am Waldbad
einzeln ♂ Am Waldbad 1, ✉ 49843, ☎ (0 59 42) 9 39 30, Fax 19 52
18 Zi, Ez: 65, Dz: 150, 2 Suiten, ⌐ WC ☎; P Kegeln 🍴
Rezeption: 10-24; geschl: Anfang-Mitte Jan

Uelzen 19 ↗

Niedersachsen — Kreis Uelzen — 35 m — 37 000 Ew — Hamburg 95, Hannover 95, Bremen 140 km
ℹ️ ☎ (05 81) 80 01 32, Fax 80 01 08 — Verkehrsbüro, Veerßer Str 43, 29525 Uelzen; Stadt in der Lüneburger Heide. Sehenswert: Ev. Kirche; Backsteinkapellen; Schloß Holdenstedt; Landwirtschaftsmuseum in Hössenringen (16 km ↗)

** Stadt Hamburg
Lüneburger Str 4, ✉ 29525, ☎ (05 81) 9 08 10, Fax 90 81 88, AX DC ED VA
34 Zi, Ez: 80-110, Dz: 140-150, ⌐ WC ☎; Lift 3⇔100
** König Georg
Hauptgericht 30

* Uelzener Hof
Lüneburger Str 47, ✉ 29525, ☎ (05 81) 9 09 30, Fax 7 01 91, AX DC ED VA
31 Zi, Ez: 69-75, Dz: 110-155, ⌐ WC ☎; P 🚗 1⇔40
*   **Ausspann**
Hauptgericht 30

* Am Stern
Sternstr 13, ✉ 29525, ☎ (05 81) 63 29, Fax 1 69 45, ED
35 Zi, Ez: 50-70, Dz: 100-120, 3 App, ⌐ WC ☎, 4🛁; Lift P 🚗 Fitneßraum Sauna Solarium 🍴
Auch Zimmer der Kategorie ****** vorhanden

Veerßen (1 km ↓)
** Deutsche Eiche (Ringhotel)
Soltauer Str 14, ✉ 29525, ☎ (05 81) 9 05 50, Fax 7 40 49, AX DC ED VA
37 Zi, Ez: 105-115, Dz: 140-170, S; ⌐ WC ☎, 4🛁; P 2⇔300 Kegeln
Auch Zimmer der Kategorie ******* vorhanden
**   Hauptgericht 30; Terrasse

Ürzig 52 ↗

Rheinland-Pfalz — Kreis Bernkastel-Wittlich — 103 m — 1 000 Ew — Bernkastel-Kues 11, Traben-Trarbach 13, Zell 33 km
ℹ️ ☎ (0 65 32) 26 20, Fax 51 60 — Verkehrsbüro, Rathausplatz, 54539 Ürzig; Weinbauort an der Mosel. Sehenswert: Rathaus; Barockhaus; Fachwerkhäuser; Ürziger Sonnenuhr

* Weinhaus Moselschild (Ringhotel)
◁ Moseluferstr 14, ✉ 54539, ☎ (0 65 32) 9 39 30, Fax 93 93 93, AX DC ED VA
12 Zi, Ez: 117-175, Dz: 150-220, 2 Suiten, ⌐ WC ☎; P 🚗 Sauna Solarium
geschl: Mitte-Ende Jan
** Blauer Salon
◁ Hauptgericht 45; Terrasse; geschl: Mitte-Ende Jan

* Zehnthof
◁ Moseluferstr 38, ✉ 54559, ☎ (0 65 32) 25 19, Fax 51 31
20 Zi, Ez: 80-95, Dz: 120-150, ⌐ WC; P 🚗 1⇔80; **garni**
Rezeption: ab 15; geschl: Mi, Anfang Nov-Ende Mär

Uetersen 18 ↘

Schleswig-Holstein — Kreis Pinneberg — 18 000 Ew — Hamburg 29, Itzehoe 32 km
ℹ️ ☎ (0 41 22) 71 40, Fax 71 42 88 — Verkehrsverein, Wassermühlenstr 7, 25436 Uetersen. Sehenswert: Ehem. Klosterkirche; Rosarium; Luftwaffen-Museum im Fliegerhorst Appen (5 km ↘)

** Mühlenpark
Mühlenstr 49, ✉ 25436, ☎ (0 41 22) 9 25 50, AX DC ED VA
23 Zi, Ez: 128-165, Dz: 174-208, 2 Suiten, ⌐ WC ☎; Lift P 2⇔50
geschl: So
**   Hauptgericht 35; Terrasse; nur abends; geschl: So

** **Im Rosarium**
♂ ◂ Berliner Str 10, ✉ 25436, ☎ (0 41 22) 70 66, Fax 4 53 76, AX ED VA
30 Zi, Ez: 92-145, Dz: 122-185, 1 Suite, 1 App, ⌐ WC ☎, 3🗦; Lift 🅿 🍴 2⇔60
Rezeption: 6-19
** ◂ Hauptgericht 30; Terrasse

Üxheim 42 ↘

Rheinland-Pfalz — Kreis Daun — 450 m — 1 641 Ew — Blankenheim 15, Gerolstein 17 km
🛈 ☎ (0 65 93) 8 01 16, Fax 8 01 18 — Verkehrsamt, Rathaus, 54576 Hillesheim. Sehenswert: Ehem. Klosterkirche

Niederehe (4 km ↓)
* **Niedereher Mühle**
♂ Kerpener Str 4, ✉ 54579, ☎ (0 26 96) 5 55, Fax 12 97, AX ED VA
24 Zi, Ez: 80-100, Dz: 160, ⌐ WC ☎; 🅿 ≋ Sauna Solarium
** Hauptgericht 25; Terrasse

* **Landgasthof Schröder**
Kerpener Str 7, ✉ 54579, ☎ (0 26 96) 10 48, Fax 14 72, ED
Hauptgericht 20; Biergarten; geschl: Di, Okt
* ♂ 6 Zi, Ez: 60, Dz: 110, ⌐ WC ☎; 🅿 1⇔60
geschl: Di, Okt

Uffenheim 56 □

Bayern — Kreis Neustadt a. d. Aisch — 330 m — 6 000 Ew — Bad Windsheim 16, Rothenburg ob der Tauber 22, Würzburg 39 km
🛈 ☎ (0 98 42) 20 70, Fax 2 07 32 — Stadtverwaltung, Marktplatz 16, 97215 Uffenheim

* **Schwarzer Adler**
Adelhofer Str 1, ✉ 97215, ☎ (0 98 42) 9 88 00, Fax 98 80 80, AX DC ED VA
Hauptgericht 20; Biergarten 🅿; geschl: Mo, Ende Feb-Anfang Mär
* 13 Zi, Ez: 47-52, Dz: 84, ⌐ WC ☎; 🍴; geschl: Mo, Ende Feb-Anfang Mär

Uhingen 62 ↙

Baden-Württemberg — Kreis Göppingen — 300 m — 13 000 Ew — Göppingen 5, Kirchheim unter Teck 12, Schorndorf 15 km
🛈 ☎ (0 71 61) 9 38 00, Fax 9 38 01 99 — Bürgermeisteramt, Kirchstr 2, 73066 Uhingen

Albershausen (2 km ↙)
** **Stern**
Uhinger Str 1, ✉ 73095, ☎ (0 71 61) 3 20 81, Fax 3 40 69, ED VA
50 Zi, Ez: 98-110, Dz: 140-150, ⌐ WC ☎; Lift 🅿 🍴 1⇔30 ≋ Kegeln
geschl: Mitte Aug
** Hauptgericht 25; Terrasse; geschl: Mitte Jul, Mitte Aug, Anfang-Mitte Jan

Uhldingen-Mühlhofen 69 ↙

Baden-Württemberg — Bodenseekreis — 400 m — 6 000 Ew — Meersburg 5, Überlingen 9 km
🛈 ☎ (0 75 56) 80 20, Fax 4 31 — Verkehrsamt, im Ortsteil Unteruhldingen, Schulstr 12, 88690 Uhldingen-Mühlhofen; Erholungsort am Bodensee. Sehenswert: Wallfahrtskirche in Birnau (4 km ↖); Pfahlbaumuseum in Unteruhldingen

Maurach
** **Seehalde**
♂ ◂ Birnau-Maurach 1, ✉ 88690, ☎ (0 75 56) 65 65, Fax 65 22
21 Zi, Ez: 102-115, Dz: 180-210, ⌐ WC ☎; 🅿 🍴 ≋ Seezugang Sauna
geschl: Di, Mitte Jan-Mitte Mär
** ◂ Hauptgericht 30; Terrasse; ✣
geschl: Di, Mitte Jan-Mitte Mär

** **Pilgerhof**
♂ ◂ Maurach 2, ✉ 88690, ☎ (0 75 56) 93 90, Fax 65 55, AX DC ED VA
37 Zi, Ez: 95-130, Dz: 160-190, 7 Suiten, ⌐ WC ☎; 🅿 🍴 Seezugang Fitneßraum Sauna Solarium
** Hauptgericht 25; geschl: im Winter Mo

Mühlhofen
** **Landgasthof zum Kreuz**
♂ Grasbeurerstr 2, ✉ 88690, ☎ (0 75 56) 71 80, Fax 71 81 22, ED VA
48 Zi, Ez: 70-85, Dz: 110-150, ⌐ WC ☎; 🅿 1⇔40 Fitneßraum Solarium 🍽
geschl: Jan

Seefelden
** **Fischerhaus** 👑
♂ ◂ Seefelden 2, ✉ 88690, ☎ (0 75 56) 8 56 3- 80 03, Fax 60 63
22 Zi, Ez: 145-200, Dz: 290-390, 5 Suiten, ⌐ WC ☎; 🅿 ≋ Seezugang Sauna Solarium
Rezeption: 9-17; geschl: Anfang Nov-Ende Dez, Anfang Jan-Mitte Mär
Übernachtungspreise inkl. Halbpension. Restaurant für Hausgäste

Unteruhldingen
* **Knaus**
Seestr 1, ✉ 88690, ☎ (0 75 56) 80 08, Fax 55 33, AX ED
28 Zi, Ez: 90-110, Dz: 145-200, 1 Suite, 1 App, ⌐ WC ☎; 🅿 🍴 ≋ Strandbad Seezugang Fitneßraum 🍽
geschl: Nov-Mär

* **Mainaublick**
◂ Seefelder Str 22, ✉ 88690, ☎ (0 75 56) 92 13-0, Fax 58 44, ED
33 Zi, Ez: 70-100, Dz: 140-150, 2 Suiten, ⌐ WC ☎; 🅿 🍴 🍽
geschl: Mitte Okt-Ende Mär

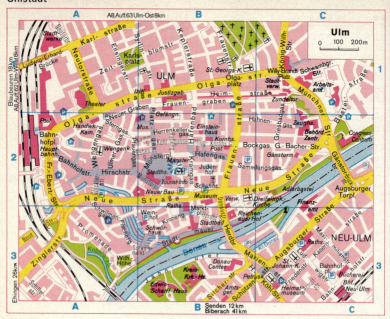

Uhlstädt 48 ↑

Thüringen — Kreis Rudolstadt — 400 m —
1 676 Ew — Rudolstadt 10, Jena 25 km
ℹ ☎ (03 67 42) 6 22 75, Fax 6 22 78 — Verwaltungsgemeinschaft, Jenaische Str 90,
07407 Uhlstädt

Weißen (3 km ↙)

** **Kains Hof**
⌖ Ortsstr 19, ✉ 07407, ☎ (03 67 42) 6 11 30,
Fax 6 10 11, ED
15 Zi, Ez: 90, Dz: 120, ⊿ WC ☎; P 🅿 🍴

Ulm 62 ↘

Baden-Württemberg — Stadtkreis —
479 m — 110 000 Ew — Stuttgart 95, München 130, Nürnberg 170 km
ℹ ☎ (07 31) 1 61 28 30, Fax 1 61 16 41 —
Tourist-Information Ulm/Neu-Ulm, Münsterplatz 50 (B 2), 89073 Ulm

Sehenswert: Ev. Münster (gotisch): Chorfenster, Chorgestühl, höchster Kirchturm
der Welt: 161 m ⋖; Rathaus; Neuer Bau;
Schwörhaus; Fischerviertel; Stadtmauer;
Metzgerturm; Marktbrunnen; Deutsches
Brotmuseum; Naturkundliche Sammlungen; Ulmer Museum: Kunst- und Kulturgeschichte; ehem. Bundesfestung; ehem.
Benediktinerkloster in Wiblingen (5 km ↓);
Basilika, Bibliothekssaal; Stadthaus auf
dem Münsterplatz

🍴 Kostengünstige Mahlzeit

*** **Maritim**
⋖ Basteistr 40, Am Kongresszentrum
(C 1), ✉ 89073, ☎ (07 31) 92 30,
Fax 9 23 10 00, AX DC ED VA
276 Zi, Ez: 229-299, Dz: 288-358, S;
11 Suiten, 1 App, ⊿ WC ☎, 76🅿; Lift
19⌂1500 ⚭ Fitneßraum Sauna Solarium

*** **Die Bastei**
⋖ Hauptgericht 50; nur abends; geschl:
So, Mo

** **Donaustube**
Hauptgericht 35

** **Comfor**
Blaubeurer Str 35, ✉ 89077, ☎ (07 31)
93 49-0, Fax 93 49-4 99, AX DC ED VA
40 Zi, Ez: 130-170, Dz: 150-230, ⊿ WC ☎,
6🅿; Lift 🅿 P; garni
Auch Langzeitvermietung möglich

** **Stern**
Sterngasse 17 (A 2), ✉ 89073, ☎ (07 31)
1 55 20, Fax 15 52 99, ED VA
58 Zi, Ez: 130-160, Dz: 165-200, 2 Suiten, ⊿
WC ☎, 18🅿; Lift P 🅿 Kegeln Sauna
Auch Zimmer der Kategorie * vorhanden
** Hauptgericht 27

** **Comfor**
Frauenstr 51 (B 2), ✉ 89073, ☎ (07 31)
9 64 90, Fax 9 64 94 99, AX DC ED VA
153 Zi, Ez: 130-163, Dz: 175-199, 17 Suiten,
20 App, ⊿ WC ☎, 10🅿; Lift; garni
Auch Langzeitvermietung möglich

Ulrichstein

** Intercity-Hotel
Bahnhofplatz 1 (A 2), ✉ 89073, ☎ (07 31)
9 65 50, Fax 9 65 59 99, AX DC ED VA
135 Zi, Ez: 181-201, Dz: 222-242, S; ⌐ WC
☎, 23🛏; Lift 5⟷80 🍴

** Schiefes Haus
Schwörhausgasse 6 (B 3), ✉ 89073,
☎ (07 31) 96 79 30, Fax 9 67 93 33, AX ED
11 Zi, Ez: 175-235, Dz: 235-295, ⌐ WC ☎,
3🛏; 1⟷20
Restaurant für Hausgäste; mittelalterliches Haus mit individueller Einrichtung in hochaktuellem Design.

** Blaubeurer Tor
Blaubeurer Str 19, ✉ 89077, ☎ (07 31)
93 46-0, Fax 93 46 200, AX DC ED VA
40 Zi, Ez: 99-130, Dz: 114-190, ⌐ WC ☎,
5🛏; Lift 🅿 🍴 1⟷12; garni

** Neuthor
Neuer Graben 23 (A 2), ✉ 89073, ☎ (07 31)
1 51 60, Fax 1 51 65 13, AX DC ED VA
92 Zi, Ez: 140-155, Dz: 175-210, 4 Suiten, ⌐
WC ☎, 40🛏; Lift 🅿 🍴 5⟷100
geschl: Anfang Jan
Auch Zimmer anderer Kategorien vorhanden
** Hauptgericht 30; geschl:
22.12.96-8.1.97

** Goldenes Rad
Neue Str 65 (B 2), ✉ 89073, ☎ (07 31)
6 70 48, Fax 6 14 10, AX ED VA
20 Zi, Ez: 110-140, Dz: 135-185, ⌐ WC ☎;
Lift; garni
Auch Zimmer der Kategorie * vorhanden

* Astra
Steinhövelstr 6, ✉ 89075, ☎ (07 31)
92 26 20, Fax 2 46 46, ED
19 Zi, Ez: 110, Dz: 150, ⌐ WC ☎; Lift 🅿 🍴;
garni
Rezeption: 6-20; geschl: Ende Dez-Anfang Jan

* Am Römerplatz
Römerstr 67, ✉ 89077, ☎ (07 31) 3 74 61,
Fax 3 74 63, AX DC ED VA
18 Zi, Ez: 100, Dz: 140-160, ⌐ WC ☎; 🅿 🍴;
garni

** Goldener Bock
Bockgasse 25 (BC 2), ✉ 89073, ☎ (07 31)
2 80 79, Fax 9 21 76 68, AX ED VA
Hauptgericht 40; 🅿; geschl: So, Sa mittags
🍴 12 Zi, Ez: 95-105, Dz: 140, ⌐ WC ☎

Weinstube Pflugmerzler
🍷 Pfluggasse 6 (B 2), ✉ 89073, ☎ (07 31)
6 80 61, DC
Hauptgericht 30; geschl: so + feiertags, Sa ab 15, Ende Jul-Anfang Aug

Tröglen
🍴 ◄ Münsterplatz 5 (B 2), ✉ 89073, ☎ (07 31)
6 62 94, Fax 61 05 59
Terrasse; 8.30-18.30, Sa bis 14.30; geschl:
so + feiertags
Spezialität: Süße Ulmer Spatzen

Ströbele
🍴 Hirschstr 4 (B 2), ✉ 89073, ☎ (07 31)
6 37 79
8-18, Do bis 21, Sa 8-14.30

Böfingen (4 km ↗)

** Atrium
Eberhard Finckh Str 7, ✉ 89075, ☎ (07 31)
9 27 10, Fax 9 27 12 00, AX ED VA
73 Zi, Ez: 130-150, Dz: 150-180, S; ⌐ WC ☎,
20🛏; Lift 🅿 4⟷60 Sauna Solarium 🍴

Grimmelfingen (6 km ↙)

** Adler
Kirchstr 12, ✉ 89081, ☎ (07 31) 38 50 61,
Fax 38 28 19, AX ED VA
42 Zi, Ez: 90-130, Dz: 170, 3 App, ⌐ WC ☎;
Lift 🅿 🍴 1⟷20 Fitneßraum Sauna 🍴
Auch Zimmer der Kategorie * vorhanden

* Zum Hirsch
Schultheißenstr 9, ✉ 89081, ☎ (07 31)
93 79 30, Fax 9 37 93 60, AX DC ED VA
24 Zi, Ez: 85-103, Dz: 118-145, 1 App, ⌐ WC
☎; 🅿 🍴 🍴
geschl: Di, Ende Dez-Anfang Jan

Lehr (2 km ↑)

* Engel
Loher Str 35, ✉ 89081, ☎ (07 31) 6 08 84,
Fax 61 03 95, AX DC ED VA
46 Zi, Ez: 128-148, Dz: 190-210, ⌐ WC ☎;
Lift 🅿 3⟷45 Fitneßraum Sauna Solarium
Auch Zimmer der Kategorie ** vorhanden
* Hauptgericht 30; geschl: So abends, Anfang Jan

Ulmet 53 □

Rheinland-Pfalz — Kreis Kusel — 200 m —
830 Ew — Kusel 9, Kaiserslautern 35 km
ℹ ☎ (0 63 81) 4 20 90, Fax 42 09 49 — Verbandsgemeindeverwaltung, Schulstr 3,
66885 Altenglan

Außerhalb (1 km ←)
* Felschbachhof
einzeln ⟲ Haus Nr 1, ✉ 66887, ☎ (0 63 87)
84 25, Fax 75 00, ⌐ ED
27 Zi, Ez: 75, Dz: 130, ⌐ WC ☎; 🅿 🍴 Fitneßraum Sauna Solarium 🍴

Ulrichstein 45 □

Hessen — Vogelsbergkreis — 614 m —
3 716 Ew — Grünberg 21, Lauterbach
22 km
ℹ ☎ (0 66 45) 15 15, Fax 15 17 — Stadtverwaltung, Hauptstr 9, 35327 Ulrichstein;
Erholungsort im Vogelsberg

* Zur Traube
Marktstr 1, ✉ 35327, ☎ (0 66 45) 2 26,
Fax 3 97
11 Zi, Ez: 42-55, Dz: 78-99, 1 App, ⌐ WC; 🅿
🍴 2⟷50 🍴
geschl: Mo, Mitte Okt

* Gasthof Groh
Hauptstr 1, ✉ 35327, ☎ (0 66 45) 3 10,
Fax 80 02
13 Zi, Ez: 45-70, Dz: 80-115, ⌐ WC ☎; 🅿 🍴
Sauna Solarium 🍴
geschl: Mo, Mitte Feb-Mitte Mär

Umkirch

Umkirch 67 □

Baden-Württemberg — Kreis Breisgau-Hochschwarzwald — 207 m — 5 100 Ew — Freiburg 8 km
🛈 ☎ (0 76 65) 50 50, Fax 5 05 39 — Bürgermeisteramt, Hauptstr 4, 79224 Umkirch

✱ Zum Pfauen
Hugstetter Str 2, ✉ 79224, ☎ (0 76 65) 65 34, Fax 5 19 49, AX ED
20 Zi, Ez: 89-98, Dz: 128-148, ⌐ WC ☎, 7🛏; 🅿 🚻
Rezeption: 10-23
✱✱ Hauptgericht 34; Terrasse; geschl: Mi

✱ Heuboden
Am Gansacker 6a, ✉ 79224, ☎ (0 76 65) 5 00 90, Fax 50 09 96, AX ED VA
60 Zi, Ez: 80-85, Dz: 100-130, 3 App, ⌐ WC ☎; Lift 4⇌100
Rezeption: 7-21

✱✱ Heuboden
Am Gansacker 3, ✉ 79224, ☎ (0 76 65) 50 09 99, Fax 50 09 91, AX DC ED VA
Hauptgericht 30; 🅿 Terrasse; geschl: So
Cocktailbar, Tanzlokal

Ummeln siehe Bielefeld

Ummendorf 69 →

Baden-Württemberg — Kreis Biberach an der Riß — 3 850 Ew — Biberach 6, Ochsenhausen 10, Bad Waldsee 18 km
🛈 ☎ (0 73 51) 20 54, Fax 3 21 68 — Bürgermeisteramt, Biberacher Str 9, 88444 Ummendorf

✱ Adler
Biberacher Str 2, ✉ 88444, ☎ (0 73 51) 3 25 24, Fax 3 26 23
6 Zi, Ez: 68-78, Dz: 98-110, 1 App, ⌐ WC ☎; 🅿 🚻 🍴

Undeloh 18 ↓

Niedersachsen — Kreis Harburg — 75 m — 850 Ew — Lüneburg 36, Soltau 38 km
🛈 ☎ (0 41 89) 3 33, Fax 5 07 — Verkehrsverein, Zur Dorfeiche 27, 21274 Undeloh; Ort in der Lüneburger Heide. Sehenswert: St.-Magdalenen-Kapelle, Glockenturm; hist. Schafstall; Hünengräber; Wilseder Berg 169 m ⌦

✱ Undeloher Hof
♂ Wilseder Str 22, ✉ 21274, ☎ (0 41 89) 4 57, Fax 4 68
11 Zi, Ez: 80, Dz: 120-160, ⌐ WC ☎; 🅿 🍴

✱✱✱✱ Hotel mit außergewöhnlich anspruchsvoller Ausstattung

✱ Witte's Hotel (Ringhotel)
♂ Zum Loh 2, ✉ 21274, ☎ (0 41 89) 2 67, Fax 6 29, AX DC ED VA
23 Zi, Ez: 73-85, Dz: 136-152, ⌐ WC ☎; 1⇌25
Rezeption: 8-21; geschl: Mo, Mitte Dez-Anfang Feb
✱ Hauptgericht 25; Terrasse; geschl: Mo, Mitte Dez-Anfang Feb

✱ Heiderose mit Gästehaus Heideschmiede
♂ Wilseder Str 13, ✉ 21274, ☎ (0 41 89) 3 11, Fax 3 14, ED
38 Zi, Ez: 95-100, Dz: 150-180, ⌐ WC ☎; Lift 3⇌180 Fitneßraum Sauna Solarium

Wesel (5 km ⭦)
✱ Gasthaus Heidelust
Weseler Dorfstr 9, ✉ 21274, ☎ (0 41 89) 2 72, Fax 6 72
26 Zi, Ez: 60-73, Dz: 112-140, 3 App, ⌐ WC; 🅿 🚻 1⇌100 Sauna 🍴
geschl: im Winter Do, Jan

Unkel 43 ←

Rheinland-Pfalz — Kreis Neuwied — 52 m — 4 600 Ew — Bad Honnef 6, Neuwied 29 km
🛈 ☎ (0 22 24) 33 09, Fax 18 06 18 — Verkehrsamt im Rathaus, Linzer Str 2, 53572 Unkel; Städtchen am Rhein

✱✱ Rheinhotel Schulz
⌦ Vogtgasse 4, ✉ 53568, ☎ (0 22 24) 7 10 51, Fax 7 21 11, AX DC ED VA
28 Zi, Ez: 120-160, Dz: 180-220, ⌐ WC ☎; 🅿 1⇌30
✱✱ ⌦ Hauptgericht 35; Terrasse

Unna 33 →

Nordrhein-Westfalen — Kreis Unna — 100 m — 63 034 Ew — Dortmund 20, Soest 37 km
🛈 ☎ (0 23 03) 10 32 13, Fax 10 32 12 — Referat für Öffentlichkeitsarbeit, Rathausplatz 1, 59423 Unna. Sehenswert: Ev. Kirche: Sakramentshäuschen; Hellweg-Museum, Friedrichsborn; Nikolaiviertel

✱✱ Akzent-Hotel Gut Höing
♂ Hammer Str, ✉ 59425, ☎ (0 23 03) 6 10 52, Fax 6 10 13, AX DC ED VA
51 Zi, Ez: 115-145, Dz: 160-200, 11 App, ⌐ WC ☎, 2🛏; 🅿 🚻 4⇌25; garni
geschl: 20.12.96-3.1.97

Massen (5 km ⭧)
✱ Landhaus Massener Heide
♂ Massener Heide 16, ✉ 59427, ☎ (0 23 03) 8 31 60, Fax 8 93 53, AX DC ED VA
10 Zi, Ez: 85, Dz: 150, ⌐ WC ☎, 10🛏; 🅿 3⇌80 🍴
Rezeption: 11-23, Mo 17-23
Nichtraucher Hotel

Unterelchingen siehe Elchingen

Unterföhring 72 ↖

Bayern — Kreis München — 507 m —
7 063 Ew — München 7, Erding 23 km
— ☎ (0 89) 95 08 10, Fax 9 50 81 39 —
Gemeindeverwaltung, Münchner Str 70,
85774 Unterföhring

★★★ Lechnerhof
Eichenweg 4, ✉ 85774, ☎ (0 89) 95 82 80,
Fax 95 82 81 40, AX DC ED VA
47 Zi, Ez: 140-270, Dz: 180-320, 4 Suiten, ⌂
WC ☎, 9⌂; Lift P ⌂ 2↻20 Fitneßraum
Sauna Solarium; **garni**
geschl: Ende Dez-Anfang Jan

★★ Nestor
⌂ Feringastr 2, ✉ 85774, ☎ (0 89) 95 71 60,
Fax 95 71 61 11, AX DC ED VA
104 Zi, Ez: 137-207, Dz: 155-269, S; ⌂ WC
☎, 33⌂; Lift P ⌂ 4↻100 Sauna Solarium
⌂

★★ Tele-Hotel
Bahnhofstr 15, ✉ 85774, ☎ (0 89) 95 01 46,
Fax 9 50 66 52, AX DC ED VA
60 Zi, Ez: 130-170, Dz: 160-200, 1 Suite, ⌂
WC ☎; Lift P ⌂ 2↻30 Kegeln ⌂

★ Zum Gockl
Münchner Str 73, ✉ 85774, ☎ (0 89)
95 83 00, Fax 9 50 65 42, AX DC ED VA
75 Zi, Ez: 65-150, Dz: 160-180, ⌂ WC ☎; Lift
P ⌂ 3↻50 Kegeln Solarium
Auch einfachere Zimmer vorhanden
★ Hauptgericht 25; Terrasse

Unterhaching 72 □

Bayern — Kreis München — 556 m —
19 300 Ew — München 10 km
— ☎ (0 89) 66 55 12 0, Fax 66 55 11 66 —
Gemeindeverwaltung, Rathausplatz 7,
82008 Unterhaching

★★★ Holiday Inn Garden Court
Inselkammerstr 7, ✉ 82008, ☎ (0 89)
66 69 10, Fax 66 69 16 00, AX DC ED VA
276 Zi, Ez: 220-260, Dz: 290-350, 6 Suiten,
120 App, ⌂ WC ☎, 82⌂; Lift P ⌂ 13↻450
Fitneßraum Sauna Solarium
★★ Leonardo
Hauptgericht 30; Biergarten

★★★ Astron Suite-Hotel
Leipziger Str 1, ✉ 82008, ☎ (0 89) 66 55 20,
Fax 66 55 22 00, AX DC ED VA
Ez: 210-280, Dz: 225-280, S; 80 Suiten, ⌂
WC ☎; Lift P ⌂ Fitneßraum Sauna
Solarium; **garni**

★★ Schrenkhof ♕
⌂ Leonhardsweg 6, ✉ 82008, ☎ (0 89)
6 10 09 10, Fax 61 00 91 50, AX DC ED VA
23 Zi, Ez: 150-210, Dz: 190-300, 1 Suite, ⌂
WC ☎; Lift P ⌂ 2↻40 Sauna Solarium;
garni
geschl: Ende Dez-Anfang Jan

★★ Residenz Beckenlehner
Korbinianstr 8, ✉ 82008, ☎ (0 89) 66 51 10,
Fax 66 51 14 44, AX DC ED VA
36 Zi, Ez: 120-140, Dz: 180-200, ⌂ WC ☎;
Lift P ⌂; **garni**

★ Huber
⌂ Kirchfeldstr 8, ✉ 82008, ☎ (0 89)
61 04 00, Fax 6 11 38 42, AX DC ED VA
72 Zi, Ez: 95-150, Dz: 150-200, 2 Suiten,
1 App, ⌂ WC ☎, 8⌂; Lift P ⌂ 3↻40 ⌂
Sauna Solarium
geschl: Ende Dez-Anfang Jan
★★ Il Pappagallo
Hauptgericht 30; Terrasse; geschl: Mo,
29.7.-29.8.97

★ Demas
Hauptstr 32, ✉ 82008, ☎ (0 89) 6 11 40 84,
Fax 6 11 50 70, AX DC ED VA
23 Zi, Ez: 105-150, Dz: 124-186, ⌂ WC ☎;
Lift P ⌂; **garni**

★ Kölbl
Münchener Str 107, ✉ 82008, ☎ (0 89)
6 11 43 65, Fax 6 11 38 51, AX DC ED VA
17 Zi, Ez: 90-145, Dz: 140-180, ⌂ WC ☎; P;
garni

Unterkirnach 68 ←

Baden-Württemberg — Schwarzwald-
Baar-Kreis — 900 m — 3 000 Ew —
Villingen 9 km
ℹ ☎ (0 77 21) 80 08 37, Fax 80 08 40 — Ver-
kehrsamt, Hauptstr 5, 78089 Unterkirnach;
Luftkurort

★★ Gasthof Rößle-Post
Hauptstr 16, ✉ 78089, ☎ (0 77 21) 5 45 21,
AX DC ED VA
Hauptgericht 30; P Terrasse; geschl: Mo,
Di

★★ Zum Stadthof
Hauptstr 6, ✉ 78089, ☎ (0 77 21) 5 70 77,
Fax 5 83 58, AX DC ED VA
Hauptgericht 30; Terrasse; geschl: So
abends, Fr
★ Kieschtockstube
Hauptgericht 25; Terrasse; geschl: So
abends, Fr, Anfang-Mitte Jul

Unterpfaffenhofen
siehe Germering

Unterreichenbach 61 ←

Baden-Württemberg — Kreis Calw —
330 m — 2 330 Ew — Bad Liebenzell 7,
Pforzheim 13 km
ℹ ☎ (0 72 35) 12 12, Fax 89 22 — Bürgermeisteramt, Im Oberdorf 15, 75399 Unterreichenbach; Unterreichenbach mit Ortsteil
Kapfenhardt; Erholungsorte im
Nagold- und Reichenbachtal, Schwarzwald →

Unterreichenbach

Kapfenhardt (3 km ↙)
** Mönch's Waldhotel
Kapfenhardter Mühle
(Ringhotel)
einzeln ♂ ⋖ ✉ 75399, ☎ (0 72 35) 79 00,
Fax 79 01 90, AX DC ED VA
65 Zi, Ez: 99-150, Dz: 185-270, ⊿ WC ☎,
3🛁; Lift 🅿 7⇆70 ≋ Fitneßraum Kegeln
Sauna Solarium
Tennis 1; Auch Zimmer der Kategorie ✱✱✱
vorhanden
** ⋖ Hauptgericht 35; Terrasse

siehe auch **Schömberg**

Unterroth 70 ↖

Bayern — Kreis Neu-Ulm — 510 m —
939 Ew — Illertissen 6 km
ℹ ☎ (0 73 43) 63 03 — Gemeindeverwaltung, 89299 Unterroth

* **Blum**
Oberrotherstr 17, ✉ 89299, ☎ (0 73 43)
9 60 00, Fax 96 00 50
15 Zi, Ez: 70-85, Dz: 95-115, ⊿ WC ☎; 🅿
Sauna Solarium 🍴

Unterschleißheim 72 ↖

Bayern — Kreis München — 471 m —
25 100 Ew — München 16 km
ℹ ☎ (0 89) 31 00 90, Fax 3 10 37 05 —
Gemeindeverwaltung, Rathausplatz 1,
85716 Unterschleißheim

** **Alarun**
♂ Weihenstephaner Str 2, ✉ 85716,
☎ (0 89) 31 77 80, Fax 31 77 81 78,
AX DC ED VA
56 Zi, Ez: 150-165, Dz: 195, 3 Suiten, 2 App,
⊿ WC ☎, 14🛁; Lift 🅿 🖃 2⇆20 Sauna;
garni

** **Mercure**
Rathausplatz 8, ✉ 85716, ☎ (0 89)
3 10 20 34, Fax 3 17 35 96, AX DC ED VA
9 Zi, Ez: 135-225, Dz: 155-265, ⊿ WC ☎; Lift
🅿 🖃 2⇆40 Sauna Solarium; garni

** **Landgasthof Alter Wirt**
Hauptstr 36, ✉ 85716, ☎ (0 89) 3 10 66 28,
Fax 3 17 16 91, AX DC ED VA
Hauptgericht 25; Biergarten 🅿 Terrasse;
geschl: Mo, Jan
** 10 Zi, Ez: 120-150, Dz: 160-190, ⊿
WC ☎; 2⇆100
Ehem. Benediktinerklosterschänke

Unterweißbach (Thüringen)
48 ←

Thüringen — Kreis Neuhaus am Rennweg
— 320 m — 1 050 Ew — Saalfeld 24 km
ℹ ☎ (03 67 30) 81 43, Fax 81 43 — Fremdenverkehrsamt, 98744 Unterweißbach
(Thüringen)

* **Gasthof Zum Hirsch**
Lichtertalstr 20, ✉ 98744, ☎ (03 67 30)
2 24 08, Fax 2 24 08, ED
16 Zi, Ez: 57-65, Dz: 92-100, ⊿ WC ☎; 🅿 🍴

* **Forelle**
Querlitzer Str 12, ✉ 98744, ☎ (03 67 30)
2 24 22, Fax 2 24 22
7 Zi, Ez: 50-60, Dz: 84-96, ⊿ WC; 🅿 🍴
Rezeption: 10-24; geschl: Mo, Nov

Unterwellenborn 48 □

Thüringen — Kreis Saalfeld-Rudolstadt —
302 m — 2 897 Ew — Saalfeld 6, Rudolstadt 11, Pößneck 12 km
ℹ ☎ (0 36 71) 6 73 10, Fax 67 31 49 —
Gemeindeverwaltung, Pestalozzistr 9,
07333 Unterwellenborn

Dorfkulm-Außerhalb (8 km ↗)
* **Kulmberghaus**
⋖ einzeln Haus Nr 1, ✉ 07318, ☎ (0 36 71)
3 51 56, Fax 3 51 56, ED VA
Hauptgericht 30; geschl: Mo
** einzeln ♂ ⋖ 8 Zi, Ez: 90-120,
Dz: 120-150, ⊿ WC ☎; 🅿
Rezeption: 8-21

Unterwössen 73 ↙

Bayern — Kreis Traunstein — 580 m —
3 100 Ew — Reit im Winkl 12, Prien 20,
Rosenheim 38 km
ℹ ☎ (0 86 41) 82 05, Fax 97 89 26 — Verkehrsamt, Rathausplatz 1, 83246 Unter-
wössen; Luftkurort und Wintersportplatz
im Chiemgau; Deutsche Alpen-Segelflug-
schule; Gleitschirmschule

* **Gästehaus Astrid**
♂ Wendelweg 17, ✉ 83246, ☎ (0 86 41)
9 78 00, Fax 6 32 08
8 Zi, Ez: 78-82, Dz: 120-130, 6 Suiten,
6 App, ⊿ WC ☎, 3🛁; Lift 🅿 🖃 Fitneßraum
Sauna Solarium; **garni**
geschl: 3.11.-20.12.96

* **Gasthof Zum Bräu**
Hauptstr 70, ✉ 83246, ☎ (0 86 41) 83 03,
Fax 6 18 96
23 Zi, Ez: 54-88, Dz: 98-122, 6 Suiten,
2 App, ⊿ WC ☎; Lift 🅿 2⇆150 🍴 ⚓
Rezeption: 8-14, 17-21; geschl: Mo, Nov

Oberwössen (3 km ↓)
* **Gasthaus Zur Post**
Dorfstr 22, ✉ 83246, ☎ (0 86 40) 82 91,
Fax 81 90
22 Zi, Ez: 60, Dz: 110, 2 Suiten, ⊿ WC ☎; 🅿
🍴
geschl: Di, Anfang Nov-Mitte Dez

Uplengen 16 ←

Niedersachsen — Kreis Leer — 10 m —
9 997 Ew — Leer 26 km
ℹ ☎ (0 49 56) 59 32, Fax 59 33 — Gemeindeverwaltung, Alter Postweg 113,
26670 Uplengen

Remels
* **Uplengener Hof**
Ostertorstr 57, ✉ 26670, ☎ (0 49 56) 12 25,
Fax 45 55, DC VA
7 Zi, Ez: 65-90, Dz: 124-154, ⊿ WC ☎; 🅿 🖃

Südgeorgsfehn
** **Ostfriesischer Fehnhof**
Südgeorgsfehner Str 85, ⊠ 26670,
☎ (0 44 89) 27 79, Fax 35 41, AX DC ED VA
Hauptgericht 30; Biergarten; nur abends,
Sa+So auch mittags; geschl: Mo, Di

Urach, Bad 62 ↙

Baden-Württemberg — Kreis Reutlingen
— 464 m — 12 600 Ew — Reutlingen 20,
Ulm 55 km
🛈 ☎ (0 71 25) 17 61, Fax 7 01 74 — Kurverwaltung, Bei den Thermen 4, 72574 Bad Urach; Heilbad und Luftkurort. Sehenswert: Ev. Kirche; Schloß: Goldener Saal; Rathaus; Marktbrunnen; Uracher Wasserfall (3 km + 15 Min ↙); Burgruine Hohenurach, 702 m ⫟ (60 Min ←)

** **Parkhotel**
Bei den Thermen 10, ⊠ 72574, ☎ (0 71 25)
14 10, Fax 14 11 09, AX DC ED VA
75 Zi, Ez: 130-145, Dz: 195-205, 4 App, ⌐
WC ☎; Lift 🅿 🖿 3↻130 Kegeln
** Hauptgericht 30

** **Graf Eberhard**
Bei den Thermen 2, ⊠ 72574, ☎ (0 71 25)
14 80, Fax 82 14, AX DC ED VA
67 Zi, Ez: 150-257, Dz: 160-244, 9 Suiten,
4 App, ⌐ WC ☎, 8🍽; Lift 🅿 🖿 3↻70 Bowling Kegeln
** Hauptgericht 18; Terrasse

** **Quellenhof**
♂ Bei den Thermen 16-18, ⊠ 72574,
☎ (0 71 25) 1 50 50, Fax 1 50 5- 15, DC ED VA
42 Zi, Ez: 90-95, Dz: 150-160, 2 App, ⌐ WC
☎; Lift 🅿 🖿 1↻20 ≈; garni
Rezeption: 6.30-21.30

* **Frank/Vier Jahreszeiten (Flair Hotel)**
Stuttgarter Str 5, ⊠ 72574, ☎ (0 71 25)
94 34-0, Fax 94 34-94, DC ED VA
45 Zi, Ez: 96-120, Dz: 145-220, 2 Suiten, ⌐
WC ☎, 5🍽; Lift 🖿 2↻30
** Hauptgericht 25; Biergarten

* **Breitenstein**
♂ ⫟ Eichhaldestr 111, ⊠ 72574, ☎ (0 71 25)
9 49 50, Fax 94 95 10
16 Zi, Ez: 72-82, Dz: 132-146, ⌐ WC ☎; Lift
🖿 ≈ Fitneßraum Sauna Solarium; garni

* **Buck**
Neue Str 5, ⊠ 72574, ☎ (0 71 25) 9 49 40,
Fax 94 94 94, ED
23 Zi, Ez: 89-88, Dz: 124-144, 7 App, ⌐ WC
☎; Lift 🖿 1↻25 ⚫
Auch Zimmer der Kategorie ** vorhanden

* **Ratstube**
Kirchstr 7, ⊠ 72574, ☎ (0 71 25) 18 44,
Fax 18 46, ED VA
16 Zi, Ez: 70-90, Dz: 110-130, ⌐ WC ☎; 🅿
🍽
Rezeption: 7.30-14, 17.30-23; geschl: Mo,
Feb

* **Bächi**
♂ Olgastr 10, ⊠ 72574, ☎ (0 71 25) 18 56,
Fax 4 06 97, ED
16 Zi, Ez: 65-70, Dz: 105-115, ⌐ WC ☎; 🅿;
garni

Urbach 62 ←

Baden-Württemberg — Rems-Murr-Kreis
— 390 m — 7 957 Ew — Schorndorf 3,
Schwäbisch Gmünd 20, Stuttgart 25 km
🛈 ☎ (0 71 81) 8 00 70, Fax 80 07 50 —
Gemeindeverwaltung, Kirchplatz 1,
73660 Urbach

** **Zur Mühle**
Neumühlenweg 32, ⊠ 73660, ☎ (0 71 81)
8 10 71, Fax 8 82 83, AX DC ED VA
40 Zi, Ez: 100-130, Dz: 120-170, ⌐ WC ☎,
20🍽; Lift 🅿 🖿 1↻20; garni
geschl: Ende Dez-Anfang Jan

Urberach siehe Rödermark

Usedom 14 ↘

Mecklenburg-Vorpommern — Kreis Wolgast — 5 m
🛈 ☎ (03 83 77) 22 20 — Kurverwaltung,
Möwenstr 1, 17454 Zinnowitz; Ostseeinsel
mit Staatsgrenze zur Republik Polen im
Mündungsgebiet der Oder

Achtung: Verbindung für den Straßen- und
Eisenbahnverkehr über Wolgast. Sehenswert: 42 km lange, gleichmäßig zur offenen See auslaufende Außenküste mit feinem Sandstrand, stark eingebuchtete
Innenseite durch das Stettiner Haff und
den Peenestrom

Ahlbeck Ostseebad. Sehenswert:
5 km lange Strandpromenade mit Seebrücke

*** **Seehotel Ahlbecker Hof**
♂ ⫟ Dünenstr 47, ⊠ 17419, ☎ (03 83 78)
6 20, Fax 6 21 00, AX ED VA
48 Zi, Ez: 150-200, Dz: 220-340, 9 Suiten, ⌐
WC ☎; Lift 🖿 1↻70
*** ⫟ Hauptgericht 32; 🅿 Terrasse

** **Villa Auguste Viktoria**
♂ Bismarckstr 1, ⊠ 17419, ☎ (03 83 78)
24 10, Fax 2 41 44, AX ED VA
12 Zi, Ez: 90-160, Dz: 140-210, 6 Suiten,
2 App, ⌐ WC ☎, 2🍽; 🅿 Seezugang Fitneßraum Sauna Solarium
** Hauptgericht 25; Gartenlokal;
geschl: Nov-Mitte Dez

** **Strandhotel**
♂ ⫟ Dünenstr 19, ⊠ 17419, ☎ (03 83 78)
5 20, Fax 3 01 01, AX DC ED VA
110 Zi, Ez: 105-150, Dz: 150-240, 10 Suiten,
⌐ WC ☎; Lift 🅿 2↻80 ≈ Strandbad Seezugang Fitneßraum Sauna Solarium 🍽
geschl: 3.1-20.3.97, 1.11.-15.12.97 →

Usedom

** Ostende
♂ ⃪ Dünenstr 24, ✉ 17419, ☎ (03 83 78) 5 10, Fax 5 14 03, AX DC ED VA
21 Zi, Ez: 120-215, Dz: 200-265, 9 Suiten, ⌐ WC ☎; P 2⇌30 Strandbad Seezugang Fitneßraum Sauna Solarium
geschl: 4.- 31.1.97
Auch Zimmer der Kategorie *** vorhanden
** Hauptgericht 35; Terrasse; ✤
geschl: 4.-31.1.97

** Ostseehotel Ahlbeck (Ringhotel)
♂ ⃪ Dünenstr 41, ✉ 17419, ☎ (03 83 78) 6 00, Fax 6 01 00, AX ED VA
42 Zi, Ez: 110-170, Dz: 140-240, S; 12 App, ⌐ WC ☎; Lift P 1⇌70 Seezugang ¥☺

** Residenz Waldoase
einzeln ♂ Dünenstr 1, ✉ 17419, ☎ (03 83 78) 5 00, Fax 5 02 99, AX DC ED VA
41 Zi, Ez: 120-200, Dz: 140-280, ⌐ WC ☎, 10🛏; P 2⇌35 Strandbad Seezugang Sauna Solarium
geschl: Jan-Feb
** Hauptgericht 30; ✤
Gartenlokal Terrasse; geschl: Mitte Jan-Mitte Feb

** Villa Strandrose
♂ ⃪ Dünenstr 18, ✉ 17419, ☎ (03 83 78) 2 81 82, Fax 2 81 94
14 Zi, Ez: 170-210, Dz: 180-220, 6 Suiten, 1 App, ⌐ WC ☎; P 🛏; garni
geschl: Nov-Mär

* Eden
♂ Goethestr 2, ✉ 17419, ☎ (03 83 78) 23 80, Fax 3 04 70
29 Zi, Ez: 80-150, Dz: 120-180, 2 Suiten, ⌐ WC ☎; P; garni

* Pension Seeperle
♂ ⃪ Dünenstr 38, ✉ 17419, ☎ (03 83 78) 25 50, Fax 25 55
10 Zi, Ez: 105-135, Dz: 120-170, 4 Suiten, ⌐ WC ☎; P 1⇌30 Seezugang ¥☺
Rezeption: 10-16
Auch Zimmer der Kategorie ** vorhanden

Bansin Seebad

** Strandhotel Atlantic
♂ ⃪ Strandpromenade 18, ✉ 17429, ☎ (03 83 78) 6 05, Fax 6 06 00, AX ED VA
25 Zi, Ez: 130-170, Dz: 210-280, 1 Suite, ⌐ WC ☎; P 1⇌20 Seezugang Kegeln ¥☺

** Zur Post
Seestr 5, ✉ 17429, ☎ (03 83 78) 56-0, Fax 3 23 14, ED VA
62 Zi, Ez: 90-130, Dz: 165-195, ⌐ WC ☎; Lift P 🛏 4⇌80 Sauna Solarium ¥☺

** Strandhotel
♂ ⃪ Bergstr 30, ✉ 17429, ☎ (03 83 78) 2 23 42, Fax 2 23 43, AX DC ED VA
62 Zi, Ez: 100-190, Dz: 100-230, 15 Suiten, ⌐ WC ☎; Lift P 🛏 1⇌60 Strandbad Seezugang Kegeln Sauna
* ⃪ Hauptgericht 18; Terrasse

** Promenadenhotel Admiral
♂ ⃪ Strandpromenade 36, ✉ 17429, ☎ (03 83 78) 2 94 19, Fax 2 94 13
48 Zi, Ez: 90-115, Dz: 130-215, 2 Suiten, ⌐ WC ☎; P 🛏 2⇌60 Fitneßraum Sauna Solarium ¥☺
geschl: Nov
Auch Zimmer der Kategorie * vorhanden

** Germania
♂ ⃪ Strandpromenade, ✉ 17429, ☎ (03 83 78) 23 90, Fax 2 39 20, ED
22 Zi, Ez: 80-125, Dz: 110-180, ⌐ WC ☎; P ¥☺
Rezeption: 8-20

* Villa Ingeborg
⃪ Bergstr 25, ✉ 17429, ☎ (03 83 78) 2 92 47, Fax 2 94 60, AX ED VA
17 Zi, Ez: 70-110, Dz: 96-160, 17 Suiten, 1 App, ⌐ WC ☎; P 2⇌50 ¥☺

Heringsdorf 4000 Ew - Seebad. Sehenswert: Heilklimatischer Kurort mit Solbad; Villa Irmgard mit Maxim-Gorki-Gedenkstätte

*** Esplanade
♂ Seestr 5, ✉ 17424, ☎ (03 83 78) 7 00, Fax 7 04 00, AX ED VA
40 Zi, Ez: 115-195, Dz: 135-230, ⌐ WC ☎; Lift P ¥☺

*** Oasis
♂ ⃪ Puschkinstr 10, ✉ 17424, ☎ (03 83 78) 26 50, Fax 2 65 99, VA
16 Zi, Ez: 70-110, Dz: 180-260, 2 Suiten, ⌐ WC ☎, 5🛏; P 🛏 1⇌20 Sauna Solarium
** Hauptgericht 30; Terrasse

** Pommerscher Hof
Seestr 41, ✉ 17424, ☎ (03 83 78) 6 10, Fax 6 11 00, AX ED VA
69 Zi, Ez: 105-155, Dz: 145-200, ⌐ WC ☎; Lift P 2⇌70 ¥☺

** See-Eck
Seestr 6, ✉ 17424, ☎ (03 83 78) 3 19 81, Fax 2 29 74, AX ED VA
24 Zi, Ez: 115-135, Dz: 140-180, 16 App, ⌐ WC ☎; Lift P 1⇌25 ¥☺

** Stadt Berlin
Bülowstr 15, ✉ 17424, ☎ (03 83 78) 2 23 04, Fax 2 26 48, ED
26 Zi, Ez: 100-130, Dz: 150-190, 1 Suite, ⌐ WC ☎; P ¥☺

** Wald und See
♂ ⃪ Rudolf-Breitscheid-Str 8, ✉ 17424, ☎ (03 83 78) 3 14 16, Fax 2 25 11, AX ED VA
40 Zi, Ez: 90-120, Dz: 120-170, 3 Suiten, ⌐ WC ☎; Lift P Sauna Solarium ¥☺
geschl: 20.11.-27.12.97
Auch Zimmer der Kategorie * vorhanden

** Hubertus (Travel Charme Hotel)
Grenzstr 1, ✉ 17424, ☎ (03 83 78) 2 29 71, Fax 3 23 10, AX DC ED VA
25 Zi, Ez: 90-150, Dz: 130-230, 4 Suiten, ⌐ WC ☎; P 1⇌25 Sauna ¥☺

Uslar

** **Villa Luise**
Lindenstr 9, ✉ 17424, ☎ (03 83 78) 2 22 96,
Fax 2 22 96, ⟨ED⟩ ⟨VA⟩
3 Zi, Ez: 100-120, Dz: 130-180, 4 Suiten, ⌐
WC ☎; **P**; garni

* **Strand-Hotel**
≼ Liehrstr 10, ✉ 17424, ☎ (03 83 78) 23 20,
Fax 300 25, ⟨DC⟩ ⟨ED⟩ ⟨VA⟩
35 Zi, Ez: 70-180, Dz: 100-240, ⌐ WC ☎; **P**
Seezugang ⟨⊙⟩
geschl: Mär

* **Pension Neptun**
Maxim-Gorki-Str 3, ✉ 17424, ☎ (03 83 78)
26 00, Fax 2 60 60
12 Zi, Ez: 70-100, Dz: 120-160, ⌐ WC ☎; **P**
⟨⊙⟩
geschl: Mi

* **Weißes Schloß**
♂ ≼ Rudolf-Breitscheid-Str 3, ✉ 17424,
☎ (03 83 78) 3 19 84, Fax 3 19 85, ⟨AX⟩ ⟨ED⟩ ⟨VA⟩
16 Zi, Ez: 90-110, Dz: 120-160, 2 Suiten, ⌐
WC ☎; **P** ⟨⊙⟩
Rezeption: 7-17

Heringsdorf-Neuhof (1 km ↘)

** **Residenz**
Kanalstr 1, ✉ 17424, ☎ (03 83 78) 3 20 00,
Fax 2 29 43, ⟨AX⟩ ⟨ED⟩ ⟨VA⟩
66 Zi, Ez: 80-105, Dz: 130-190, 4 Suiten, ⌐
WC ☎, 5⌂; **P** 1⇔40 Fitneßraum Sauna
Solarium ⟨⊙⟩
Auch Zimmer der Kategorie ***** vorhanden

Korswandt

** **Idyll Am Wolgastsee**
Hauptstr 9, ✉ 17419, ☎ (03 83 78) 2 21 16,
Fax 2 25 46, ⟨AX⟩ ⟨ED⟩ ⟨VA⟩
18 Zi, Ez: 55-120, Dz: 130-200, ⌐ WC ☎; **P**
2⇔60 Strandbad Seezugang Fitneßraum
Sauna Solarium ⟨⊙⟩

Koserow

Damerow (2 km ↘)
** **Forsthaus Damerow**
einzeln ♂ ✉ 17459, ☎ (03 83 75) 2 13 37,
Fax 2 13 39, ⟨AX⟩ ⟨ED⟩ ⟨VA⟩
30 Zi, Ez: 75-100, Dz: 140-190, ⌐ WC ☎; **P**
▤ Sauna Solarium
** Hauptgericht 25

Usedom

** **Norddeutscher Hof**
Markt 12, ✉ 17406, ☎ (03 83 72) 7 02 66,
Fax 7 07 12
9 Zi, Ez: 80-95, Dz: 110-145, ⌐ WC ☎; **P**
2⇔40 ⟨⊙⟩

Zempin

** **Zum Achterwasser**
♂ Fischerstr 10, ✉ 17459, ☎ (03 83 77)
4 03 71, Fax 4 27 26
11 Zi, Ez: 60-105, Dz: 100-140, 2 Suiten, ⌐
WC ☎; **P** ⟨⊙⟩
geschl: Nov

Zinnowitz

** **Baltic**
♂ ≼ Dünenstr, ✉ 17454, ☎ (03 83 77) 70 00,
Fax 7 01 00, ⟨AX⟩ ⟨ED⟩ ⟨VA⟩
249 Zi, Ez: 114-166, Dz: 144-206, ⌐ WC ☎;
Lift **P** 3⇔250 Strandbad Fitneßraum
Sauna Solarium ⟨⊙⟩

** **Parkhotel Am Glienberg**
♂ Glienbergweg 10, ✉ 17454, ☎ (03 83 77)
7 20, Fax 7 24 34, ⟨AX⟩ ⟨DC⟩ ⟨ED⟩ ⟨VA⟩
23 Zi, Ez: 105-125, Dz: 175-195, 5 Suiten, ⌐
WC ☎; **P** 1⇔24 Fitneßraum Sauna
Solarium ⟨⊙⟩

** **Asgard**
♂ ≼ Dünenstr 20, ✉ 17454, ☎ (03 83 77)
46 70, Fax 46 71 24, ⟨AX⟩ ⟨DC⟩ ⟨ED⟩ ⟨VA⟩
34 Zi, Ez: 90-170, Dz: 150-220, ⌐ WC ☎; Lift
P 1⇔40 Solarium ⟨⊙⟩

** **Waldidyll**
♂ Kneippstr 16, ✉ 17454, ☎ (03 83 77)
45 50, Fax 45 51 35, ⟨AX⟩ ⟨ED⟩ ⟨VA⟩
28 Zi, Ez: 90-125, Dz: 120-150, 10 App, ⌐
WC ☎; **P** 2⇔48 ⟨⊙⟩

** **Kormoran**
♂ ≼ Dünenstr 14, ✉ 17454, ☎ (03 83 77)
4 07 02, Fax 4 07 04, ⟨AX⟩ ⟨ED⟩ ⟨VA⟩
17 Zi, Ez: 100-150, Dz: 160-250, 4 Suiten, ⌐
WC ☎; **P** 1⇔15
** ≼ Hauptgericht 25; Terrasse

** **Akzent-Hotel Dünenschloß**
Neue Strandstr 27, ✉ 17454, ☎ (03 83 77)
4 08 11, Fax 4 11 56, ⟨AX⟩ ⟨ED⟩ ⟨VA⟩
20 Zi, Ez: 75-110, Dz: 105-170, 4 Suiten, ⌐
WC ☎; **P** 2⇔20 Sauna Solarium
Rezeption: 8-12, 14-20
Restaurant für Hausgäste

** **Stella Marina**
Karl-Marx-Str 3, ✉ 17454, ☎ (03 83 77) 21 46
11 Zi, Ez: 80-110, Dz: 110-155, ⌐ WC ☎; **P**
⟨⊙⟩

** **Pension Moll**
Kirchstr 20, ✉ 17454, ☎ (03 83 77) 28 93,
Fax 4 05 20, ⟨AX⟩ ⟨ED⟩ ⟨VA⟩
18 Zi, Ez: 60-110, Dz: 80-180, ⌐ WC ☎; **P**
⟨⊙⟩
geschl: im Winter Mi + Do, Nov
Auch Zimmer der Kategorie ***** vorhanden

* **Pommerscher Hof**
♂ Kiefernweg 4, ✉ 17454, ☎ (03 83 77)
4 09 28, Fax 4 09 29
24 Zi, Ez: 70-100, Dz: 100-150, 2 Suiten,
5 App, ⌐ WC ☎; **P** ▤ 2⇔100 Fitneßraum
Sauna Solarium ⟨⊙⟩
geschl: Nov

Uslar 36↘

Niedersachsen — Kreis Northeim — 210 m
— 18 120 Ew — Karlshafen 19, Holzminden 28, Göttingen 31 km
ℹ ☎ (0 55 71) 50 51, Fax 62 95 — Touristik-Information, Altes Rathaus, Lange Str 1,
37170 Uslar; Erholungsort im Solling.
Sehenswert: Fachwerkhäuser; Rathaus;
St.-Johannis-Kirche; Schloßruine Freudenthal, Park →

Uslar

★★ Romantik Hotel Menzhausen
Lange Str 12, ✉ 37170, ☎ (0 55 71) 20 51, Fax 58 20, AX DC ED VA
27 Zi, Ez: 105-125, Dz: 155-195, ⇋ WC ☎; Lift P 🅿 4⇔40
Auch Zimmer der Kategorie ★ vorhanden.
Im Gästehaus Mauerschlößchen Zimmer der Kategorie ★★★ vorhanden
★★ Hauptgericht 35; Gartenlokal

Volpriehausen (8 km →)
★★ Landhotel mit Landhaus Am Rothenberg
♘ Rothenbergstr 4, ✉ 37170, ☎ (0 55 73) 95 90, Fax 15 64
78 Zi, Ez: 85-135, Dz: 100-180, 3 Suiten, ⇋ WC ☎; Lift P 🅿 7⇔250 ≋ Kegeln Sauna Solarium ⍨
Rezeption: 7-17; geschl: Ende Dez-Ende Feb
Auch Zimmer der Kategorie ★ vorhanden

Usseln siehe Willingen

Utting a. Ammersee 71

Bayern — Kreis Landsberg am Lech — 566 m — 3 500 Ew — Landsberg/Lech 23, München 45 km
🅸 ☎ (0 88 06) 92 02 10, Fax 92 02-22 — Verkehrsamt, Eduard-Thöny-Str 1, 86919 Utting; Luftkurort

★ Landgasthof Schneiderwirt
Schondorfer Str 7, ✉ 86919, ☎ (0 88 06) 75 88, Fax 78 80, AX
Hauptgericht 25; geschl: Di, 2 Wochen im Okt, 2 Wochen im Feb

Holzhausen (2,5 km ↓)
★★ Sonnenhof
♘ Ammerseestr 1, ✉ 86919, ☎ (0 88 06) 20 31, Fax 27 89, ED VA
30 Zi, Ez: 90-120, Dz: 120-200, 3 App, ⇋ WC ☎; P 🅿 2⇔35 Seezugang Fitneßraum Sauna Solarium ⍨
Rezeption: 7-21
Im Altbau auch einfachere Zimmer vorhanden

Vacha 46 ↗

Thüringen — Bad Salzungen 15, Bad Hersfeld 23 km
🅸 ☎ (0 36 9 62) 26 10, Fax 36 29 — Stadtverwaltung, Markt 4, 36404 Vacha

★ Adler
Markt 1, ✉ 36404, ☎ (0 36 9 62) 26 50, Fax 2 65 47, AX ED VA
22 Zi, Ez: 80-100, Dz: 120-170, 1 Suite, 1 App, ⇋ WC ☎, 2✉; P 🅿 2⇔100 Solarium ⍨

Die von uns genannten Ruhetage und Ruhezeiten werden von den Betrieben gelegentlich kurzfristig geändert.

Vaihingen/Enz 61

Baden-Württemberg — Kreis Ludwigsburg — 245 m — 23 000 Ew — Stuttgart 28, Heilbronn 54, Karlsruhe 56 km
🅸 ☎ (0 70 42) 1 80, Fax 1 82 00 — Stadtverwaltung, Marktplatz 1, 71665 Vaihingen/Enz

Horrheim
★★ Gasthof Lamm
Klosterbergstr 45, ✉ 71665, ☎ (0 70 42) 8 32 20, Fax 83 22 50, AX DC ED VA
15 Zi, Ez: 95-105, Dz: 150-160, 2 Suiten, 6 App, ⇋ WC ☎; P 🅿 3⇔40
geschl: Mo, 1.-14.1.97
★★ Hauptgericht 35

Roßwag (4 km ←)
★ Gasthaus Krone
Kronengäßle 1, ✉ 71665, ☎ (0 70 42) 2 40 36
Hauptgericht 30; geschl: Mi, Do, 3 Wochen in den Sommerferien

Valwig 43

Rheinland-Pfalz — Kreis Cochem-Zell — 75 m — 365 Ew — Cochem 4 km
🅸 ☎ (0 26 71) 45 05 — Gemeindeverwaltung, Kreuzerstr 33, 56812 Valwig; Weinbauort an der Mosel

★ Rebenhof
♘ Brühlstr 69, ✉ 56812, ☎ (0 26 71) 72 16, Fax 84 29
20 Zi, Ez: 40-50, Dz: 80-100, ⇋ WC ☎; P 🅿 Sauna Solarium; garni

Vanselow siehe Siedenbrünzow

Varel 16

Niedersachsen — Kreis Friesland — 7 m — 24 000 Ew — Wilhelmshaven 30, Nordenham 35 km
🅸 ☎ (0 44 51) 8 10 21, Fax 28 59 — Kurverwaltung, im Ortsteil Dangast, Am Alten Deich 4, 26316 Varel; Nordseebad mit Heilquellen-Kurbetrieb am Jadebusen.
Sehenswert: Ev. Kirche: Altar; Holländische Windmühle; Tiergarten Jaderberg (8 km ↓); Informationszentrum Niedersächsisches Wattenmeer; Franz-Radziwill-Haus in Dangast

★★ Friesenhof
Neumarktplatz 4-6, ✉ 26316, ☎ (0 44 51) 92 50, Fax 92 52 00, AX DC ED VA
97 Zi, Ez: 70-115, Dz: 120-160, 13 Suiten, ⇋ WC ☎, 5✉; Lift P 🅿 5⇔140 Fitneßraum Sauna Solarium ⍨
Auch Zimmer der Kategorie ★ vorhanden

★★ Schienfatt ✾
⌑ Neumarktplatz 3, ✉ 26316, ☎ (0 44 51) 47 61
Hauptgericht 35; nur abends, So auch mittags; geschl: Mo, 3 Wochen in den Sommerferien

Dangast (6 km ↑)
** Graf Bentinck
♂ Dauenser Str 7, ✉ 26316, ☎ (0 44 51)
13 90, Fax 13 92 22, AX DC ED VA
42 Zi, Ez: 120-135, Dz: 170-200, ⌐ WC ☎,
10✉; Lift 🅿 4⇔80 Sauna Solarium
** Hauptgericht 25

Dangastermoor (3 km ↖)
* Zum Fürsten Bismarck
Zum Jadebusen 164, ✉ 26316, ☎ (0 44 51)
24 82, Fax 8 58 87
Hauptgericht 25; geschl: Mi, 1.-31.1.97
* 10 Zi, Ez: 75-100, Dz: 100-110, ⌐
WC ☎; 🅿 Kegeln

Obenstrohe (4 km ↙)
* Landgasthof Haßmann
Wiefelsteder Str 71, ✉ 26316, ☎ (0 44 51)
26 02, Fax 8 54 42
19 Zi, Ez: 60, Dz: 100, ⌐ WC ☎; 🅿 2⇔300
Kegeln 🍽
Rezeption: 8-14, 18-23

Obenstrohe-Außerhalb (1,5 km ←)
*** Waldschlößchen Mühlenteich
einzeln ♂ ◄ Mühlenteich 78, ✉ 26316,
☎ (0 44 51) 92 10, Fax 92 11 00, ED VA
50 Zi, Ez: 93-135, Dz: 155-215, 2 Suiten, ⌐
WC ☎; 🅿 5⇔150 ≋ Fitneßraum Kegeln
Sauna Solarium
** Entenblick
Hauptgericht 25; Biergarten Terrasse

Varnhalt siehe Baden-Baden

Vaterstetten 72 □

Bayern — Kreis Ebersberg — 535 m —
20 150 Ew — München 18, Ebersberg
20 km
ℹ ☎ (0 81 06) 38 30, Fax 51 07 — Gemeindeverwaltung, Wendelsteinstr 7, 85591 Vaterstetten

*** Gasthof Alter Hof
mit Gästehaus**
Fasanenstr 4, ✉ 85591, ☎ (0 81 06) 3 10 86,
Fax 30 11 31, AX ED VA
34 Zi, Ez: 105, Dz: 148, ⌐ WC ☎; 🅿 🍽

* Cosima
Bahnhofstr 23, ✉ 85591, ☎ (0 81 06) 36 50,
Fax 3 11 04, AX DC ED VA
30 Zi, Ez: 90-125, Dz: 120-160, ⌐ WC ☎,
6✉; 🅿 🍽; garni

Neufarn (8 km ↗)
Gutshof-Gasthof Stangl
Münchener Str 1, ✉ 85646, ☎ (0 89)
90 50 10, Fax 90 50 13 63
*** Jugendstil-Hotel
53 Zi, Ez: 80-150, Dz: 140-190, ⌐ WC ☎; Lift
🅿 4⇔80
Im Gasthof auch Zimmer der Kategorie *
vorhanden
** Hauptgericht 25; Biergarten 🅿;
geschl: Sa

Parsdorf (5 km ↗)
** Erb
Posthalterring 1, ✉ 85599, ☎ (0 89)
9 91 10-0, Fax 9 91 10-55, AX DC ED VA
51 Zi, Ez: 95-175, Dz: 145-180, ⌐ WC ☎; Lift
🅿 🚗 1⇔25 Kegeln Sauna Solarium; garni

** Herian
Posthalterring 7, ✉ 85599, ☎ (0 89)
9 91 89 00, Fax 99 18 90 20, AX DC ED VA
29 Zi, Ez: 135-145, Dz: 170-185, ⌐ WC ☎;
Lift 🅿 🚗 1⇔30; garni

Vechta 24 ↗

Niedersachsen — Kreis Vechta — 40 m —
25 000 Ew — Oldenburg 49, Osnabrück
69 km
ℹ ☎ (0 44 41) 88 60, Fax 88 61 99 — Stadtverwaltung, Kapitelplatz 3, 49377 Vechta.
Sehenswert: Teilrekonstruktion der Zitadelle (17. Jh.)

* Am Kaponier
Große Str 47, ✉ 49377, ☎ (0 44 41) 9 23 20,
Fax 92 32 62, AX DC ED VA
23 Zi, Ez: 90-130, Dz: 100-165, 1 Suite,
2 App, ⌐ WC ☎, 2✉; Lift 🅿 1⇔20 Kegeln
🍽
Auch Zimmer der Kategorie ** vorhanden

* Schäfers Hotel
Große Str 115, ✉ 49377, ☎ (0 44 41)
92 83-0, Fax 92 83 30, AX DC ED VA
17 Zi, Ez: 89-95, Dz: 122-130, ⌐ WC ☎; 🅿
🍽
Rezeption: 17-24
geschl: Fr

* Igelmann
Lohner Str 22, ✉ 49377, ☎ (0 44 41) 50 66,
Fax 43 42, AX DC ED VA
21 Zi, Ez: 98, Dz: 140, ⌐ WC ☎; 🅿; garni

Veckerhagen
siehe **Reinhardshagen**

Veitshöchheim 56 ↖

Bayern — Kreis Würzburg — 178 m —
9 500 Ew — Würzburg 7, Karlstadt 17 km
ℹ ☎ (09 31) 9 00 96 37, Fax 9 00 96 53 —
Gemeindeverwaltung, Erwin-Vornberger-Platz, 97209 Veitshöchheim; Erholungsort
am Main. Sehenswert: Hofgarten mit
Schloß; Fachwerkhäuser; Barockschloß
mit Rokokogarten

** Weißes Lamm mit Gästehaus
Kirchstr 24, ✉ 97209, ☎ (09 31) 9 80 23 00,
Fax 9 80 24 99, AX ED VA
54 Zi, Ez: 99-130, Dz: 155-165, 1 App, ⌐ WC
☎, 8✉; Lift 🅿 5⇔100
Auch Zimmer der Kategorie * vorhanden
* Büttnerschänke
Hauptgericht 25; Biergarten →

Veitshöchheim

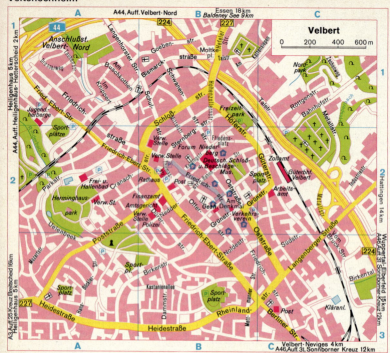

★★ Am Main
♂ ⚜ Untere Maingasse 35, ✉ 97209,
☎ (09 31) 9 80 40, Fax 9 80 41 21,
AX DC ED VA
36 Zi, Ez: 100-110, Dz: 145-160, ⚏ WC ☎; P
1 ⚬ 20; **garni**
geschl: Ende Dez-Anfang Jan

★★ Müller
Thüngersheimer Str 8, ✉ 97209, ☎ (09 31)
98 06 00, Fax 9 15 06, AX DC ED VA
8 Zi, Ez: 60-90, Dz: 100-135, 2 App, ⚏ WC
☎; P; **garni** ☕
Rezeption: 7-20

★ Wirtshaus Spundloch
Kirchstr 19, ✉ 97209, ☎ (09 31) 9 12 13,
Fax 9 89 17, AX DC ED VA
Hauptgericht 25; Gartenlokal
★★ ♂ 8 Zi, Ez: 105, Dz: 145, 1 Suite, ⚏
WC ☎; P ⊟ 1 ⚬ 30

★ Ratskeller
Erwin-Vornberger-Platz, ✉ 97209,
☎ (09 31) 98 09 40, Fax 9 80 94 30, ED VA
Hauptgericht 25; Terrasse; geschl:
1. Woche im Jan
★ ♂ 7 Zi, Ez: 95-110, Dz: 145,
1 Suite, ⚏ WC ☎; P

Velbert 33 ✓

Nordrhein-Westfalen — Kreis Mettmann
— 250 m — 90 000 Ew — Essen 16, Wuppertal 19, Düsseldorf 24 km
ℹ ☎ (0 20 51) 26 22 96, Fax 5 47 05 — Verkehrsverein, Friedrichstr 181 a (B 2),
42551 Velbert; Stadt im Bergischen Land.
Sehenswert: Deutsches Schloß- und
Beschlägemuseum; hist. Stadtkern Langenberg; im Stadtteil Neviges (5 km ↘):
Wallfahrtsdom „Maria Königin des Friedens" (modern); Schloß Hardenberg

★★★ Queens Parkhotel
♂ Günther-Weisenborn-Str 7 (A 2),
✉ 42549, ☎ (0 20 51) 49 20, Fax 49 21 75,
AX DC ED VA
79 Zi, Ez: 121-217, Dz: 143-284, S; 2 Suiten,
⚏ WC ☎, 10 ⊟; Lift P 6 ⚬ 120 Fitneßraum
Sauna Solarium
★★★ Hauptgericht 32; Terrasse;
geschl: So

★ Stüttgen
Friedrichstr 168 (B 2), ✉ 42551, ☎ (0 20 51)
42 61, Fax 5 55 61, DC ED VA
22 Zi, Ez: 104-174, Dz: 194-238, 1 Suite, ⚏
WC ☎, 6 ⊟; P ⊟
geschl: So, Sa, Jul, Ende Dez-Anfang Jan
Auch Zimmer der Kategorie ★★ vorhanden

*   Zur Traube
Friedrichstr 233 (C 3), ✉ 42551, ☎ (0 20 51)
25 32 31, Fax 25 22 31, AX DC ED VA
30 Zi, Ez: 85-120, Dz: 130-180, ⌐ WC ☎; 🅿
🍽
geschl: Fr

🍴   Kitz
Friedrichstr 127 (B 2), ✉ 42551, ☎ (0 20 51)
5 22 82
8.30-19

<mark>Langenberg</mark> (9 km →)
**   Rosenhaus
Hauptstr 43, ✉ 42555, ☎ (0 20 52) 30 45,
Fax 10 94, AX ED VA
Hauptgericht 30; Gartenlokal 🅿; geschl:
3 Wochen in den Sommerferien
**   14 Zi, Ez: 100-120, Dz: 160-170, ⌐
WC ☎; 2✲40
geschl: 3 Wochen in den Sommerferien

<mark>Neviges</mark> (5 km ↘)
***   Haus Stemberg   ✦
Kuhlendahler Str 295, ✉ 42553, ☎ (0 20 53)
56 49, Fax 4 07 85, AX DC VA
Hauptgericht 35; 🅿 Terrasse; geschl:
Do + Fr, 2 Wochen vor Ostern, 3 Wochen in
den Sommerferien

*   Kimmeskamp
Elberfelder Str 19, ✉ 42553, ☎ (0 20 53)
25 46, Fax 5 06 50, ED VA
Hauptgericht 25; geschl: Mo, Ende Dez-
Mitte Jan
*   8 Zi, Ez: 95, Dz: 145, ⌐ WC ☎
geschl: Mo, Feb

<mark>Neviges-Außerhalb</mark> (3 km ↗)
**   Residence
Deilbachstr 254, ✉ 42553, ☎ (0 20 52)
8 20 54, Fax 31 47, AX DC ED VA
Hauptgericht 30; Biergarten 🅿 Terrasse;
nur abends
*   Deilbachmühle
einzeln ≼24 Zi, Ez: 95-115, Dz: 180, 1 Suite,
1 App, ⌐ WC ☎; 🖭 Sauna

Velburg   58 ↓

Bayern — Kreis Neumarkt (Oberpfalz) —
500 m — 5 000 Ew — Parsberg 10, Neumarkt 21 km
🛈 ☎ (0 91 82) 93 02 25, Fax 23 74 — Frem-
denverkehrs-Verein, Hinterer Markt 1,
92355 Velburg; Ort im Oberpfälzer Jura.
Sehenswert: Kath. Kirche St. Wolfgang;
Stadtbefestigung; Kapsenturm; Burgruine; König-Otto-Tropfsteinhöhle (4 km ↑)

<mark>Lengenfeld</mark> (3 km ←)
****   Winkler Bräustüberl
          (Flair Hotel)**
St.-Martin-Str 6, ✉ 92355, ☎ (0 91 82) 1 70,
Fax 17 10, AX DC ED VA
55 Zi, Ez: 90-112, Dz: 125-145, ⌐ WC ☎; Lift
🅿 🖭 7✲0 ≋ Sauna Solarium
geschl: 6.-12.1.97
*   🍽 Hauptgericht 18; Biergarten;
geschl: 6.-12.1.97

Vellberg

Velen   33 ↘

Nordrhein-Westfalen — Kreis Borken —
50 m — 10 800 Ew — Borken 12, Coesfeld
15 km
🛈 ☎ (0 28 63) 20 50, Fax 2 05 35 — Gemeindeverwaltung, Ramsdorfer Str 19,
46342 Velen. Sehenswert: Wasserschloß;
Orangerie; Burgmuseum

***   Sportschloss Velen
♣ ⚐ Am Schloß 5, ✉ 46342, ☎ (0 28 63)
20 30, Fax 20 37 88, AX DC ED VA
109 Zi, Ez: 190, Dz: 320, **S**; 2 Suiten, ⌐ WC
☎; Lift 🅿 14✲100 ≋ Fitneßraum Kegeln
Sauna Solarium
geschl: Ende Dez
Golf 9; Tennis 9
                     Hauptgericht 40; Terrasse
**   Orangerie-Keller
Hauptgericht 25; Terrasse; nur abends,
so + feiertags auch mittags; geschl: in den
Sommerferien
Die Orangerie des romantischen Schlos-
ses Velen und ihr feingegliedertes Keller-
gewölbe wurden 1752 nach Plänen Johann
Konrad Schlauns errichtet

*   Emming Hillers
Kirchplatz 1, ✉ 46342, ☎ (0 28 63) 13 70
6 Zi, Ez: 50-60, Dz: 100-110, ⌐ WC ☎; 🅿 🍽
geschl: Mi, Ende Okt-Anfang Nov

Vellberg   62 ↗

Baden-Württemberg — Kreis Schwäbisch
Hall — 372 m — 4 000 Ew — Schwäbisch
Hall 10, Crailsheim 20 km
🛈 ☎ (0 79 07) 87 70, Fax 8 77 12 — Stadtver-
waltung, Im Städtle 1, 74541 Vellberg;
Erholungsort. Sehenswert: Mittelalterliche
Trutzfeste mit Bastion, Türme, Schloß,
unterirdische Wehrgänge; Stöckenburg-
Kirche

*   Schloß Vellberg
♣ ≼ Im Städtle 1, ✉ 74541, ☎ (0 79 07)
87 60, Fax 8 76 58, AX DC ED VA
45 Zi, Ez: 90-120, Dz: 140-180, 2 Suiten,
3 App, ⌐ WC ☎; 🅿 🖭 4✲50 Sauna
Solarium
Rezeption: 7-21
**   Hauptgericht 30; Terrasse

<mark>Eschenau</mark> (2 km →)
*   Rose   ✦
Ortsstr 13, ✉ 74541, ☎ (0 79 07) 22 94,
Fax 85 69, DC ED VA
Hauptgericht 28; 🅿; geschl: Mo, Di mit-
tags, 2 Wochen im Aug, 2 Wochen zu
Fasching
Vollwertküche

Die im Varta angegebene Kategorie eines
Beherbergungsbetriebes bezieht sich
jeweils auf den größeren Teil der Zimmer.
Verfügt ein Betrieb auch über eine
nennenswerte Zahl von Zimmern höherer
oder niedrigerer Kategorie, weist ein
entsprechender Vermerk darauf hin.

Verden (Aller) 17 ↘

Niedersachsen — Kreis Verden — 23 m — 25 500 Ew — Bremen 38, Hannover 85, Hamburg 96 km
🛈 ☏ (0 42 31) 1 23 17, Fax 1 22 02 — Touristinformation, Ostertorstr 7 a, 27283 Verden. Sehenswert: 4500 Findlinge im Sachsenhain; ev. Dom; ev. Johannis-Kirche (12. Jh.); alte Bürgerhäuser; Deutsches Pferdemuseum; Niedersächsische Storchpflegestation

** **Akzent-Hotel Höltje**
♂ Obere Str 13, ✉ 27283, ☏ (0 42 31) 89 20, Fax 89 21 11, AX DC ED VA
45 Zi, Ez: 115-185, Dz: 165-235, ⇨ WC ☏; P 🚗 5⇔110 ≘ Fitneßraum Sauna Solarium
Auch Zimmer der Kategorie ✻ vorhanden
** Hauptgericht 33; Biergarten

✻ **Parkhotel Grüner Jäger**
Bremer Str 48, ✉ 27283, ☏ (0 42 31) 76 50, Fax 7 65 45, AX ED VA
40 Zi, Ez: 95-118, Dz: 140-175, ⇨ WC ☏, 1 🍴; Lift P 🚗 4⇔400
Tennis 12; Auch Zimmer der Kategorie ✻✻ vorhanden

✻✻✻ **Pades Restaurant** 🔑 🍷
im Haus Schlepegrell
Anita-Augspurg-Platz 7, ✉ 27283,
☏ (0 42 31) 30 60, Fax 8 10 43, AX ED VA
Hauptgericht 40; P; nur abends; geschl: So, Mo, 3 Wochen im Jul, 1.-10.1.97
Pades Bistro
Hauptgericht 25

🍴 **Erasmie**
Große Str 102, ✉ 27283, ☏ (0 42 31) 24 06, Fax 8 24 13
P; 9-18.30; geschl: alle 14 Tage So
Spezialität: Seiferthsche Spezialtorte

Dauelsen (3 km ↑)
** **Landhaus Hesterberg**
Hamburger Str 27, ✉ 27283, ☏ (0 42 31) 7 39 49, ED
Hauptgericht 35; Gartenlokal P Terrasse; geschl: So, Mo mittags, 2 Wochen im Feb, 2 Wochen in den Sommerferien

Walle (5 km ↑)
✻ **Quellengrund**
Waller Heerstr 73, ✉ 27283, ☏ (0 42 30) 9 30 20, Fax 93 02 33, ED VA
17 Zi, Ez: 75-95, Dz: 120-145, 2 App, ⇨ WC ☏, 3🍴; P 🚗 Kegeln; garni
geschl: 24.12.96-1.1.97

Verl 34 ↗

Nordrhein-Westfalen — Kreis Gütersloh — 91 m — 21 012 Ew — Gütersloh 9, Bielefeld 18 km
🛈 ☏ (0 52 46) 96 10, Fax 96 11 59 — Gemeindeverwaltung, Paderborner Str 5, 33415 Verl. Sehenswert: Pfarrkirche St. Anna

✻ **Haus Papenbreer**
Gütersloher Str 82, ✉ 33415, ☏ (0 52 46) 9 20 40, Fax 92 04 20, ED
15 Zi, Ez: 70-80, Dz: 110-130, ⇨ WC ☏; P 🚗 1⇔30 ≋ ≘; garni

** **Büdel's Restaurant** 🍷
Bürmann's Hof
🍽 Kirchplatz 5, ✉ 33415, ☏ (0 52 46) 79 70, Fax 8 10 43, AX ED
Hauptgericht 45; P Terrasse; geschl: So+Mo, 2 Wochen in den Osterferien, 2 Wochen in den Sommerferien

Sende (4 km ↗)
** **Zur Friedenslinde**
Sender Str 348, ✉ 33415, ☏ (0 52 46) 35 23, Fax 14 15, AX ED
Hauptgericht 35; Gartenlokal P; nur abends, So auch mittags; geschl: Mo+Di, Aug, Ende Dez-Anfang Jan

Versmold 24 ↓

Nordrhein-Westfalen — Kreis Gütersloh — 69 m — 19 210 Ew — Warendorf 17, Osnabrück 40 km
🛈 ☏ (0 54 23) 20 40, Fax 2 04 15 — Stadtverwaltung, Münsterstr 16, 33775 Versmold; Naherholungsgebiet mit Campingplätzen u. Wassersportmöglichkeiten im Ortsteil Peckeloh

** **Altstadt-Hotel**
♂ Wiesenstr 4, ✉ 33775, ☏ (0 54 23) 30 36, Fax 4 31 49, AX DC ED VA
32 Zi, Ez: 122, Dz: 190, ⇨ WC ☏; Lift P 🚗 4⇔150 Kegeln Sauna Solarium
9 Golf

** **Kachelstube**
Hauptgericht 30; geschl: So, 3 Wochen in den Sommerferien

Bockhorst (6 km ↗)
** **Gasthaus Alte Schenke**
🍽 Haus Nr 3, ✉ 33775, ☏ (0 54 23) 9 42 80, Fax 94 28 28, AX DC ED VA
Hauptgericht 25; P Terrasse; nur abends, so+feiertags auch mittags; geschl: Mo+Di, 3 Wochen in den Sommerferien, 1 Woche im Feb
✻ ♂ 3 Zi, Ez: 85, Dz: 170, ⇨ WC ☏

Vetschau 40 ↗

Brandenburg — Oberspreewald-Lausitz — 63 m — 9 258 Ew — Lübbenau 14, Cottbus 16 km
🛈 ☏ (03 54 33) 21 12 — Stadtinformation, Schloßstr 10, 03226 Vetschau

Vetschau
** **Ratskeller**
(Ringhotel)
Am Markt 5-6, ✉ 03226, ☏ (03 54 33) 5 10, Fax 7 03 87, AX DC ED VA
36 Zi, Ez: 90-140, Dz: 160-180, 2 Suiten, ⇨ WC ☏; Lift P 2⇔60 Sauna 🍴

Viechtach 65 ↗

Bayern — Kreis Regen — 435 m —
8 200 Ew — Regen 23, Cham 28 km
🛈 ☎ (0 99 42) 8 08 25, Fax 61 51 — Verkehrsamt, Stadtplatz 1, 94234 Viechtach.
Sehenswert: Stadtpfarrkirche St. Augustin mit Sankt-Anna-Kapelle; Ägayrische Gewölbe; Gläserne Scheune; Burgruine Neunußberg; Naturschutzgebiet „Großer und Kleiner Pfahl"

✶✶ Schmaus (Ringhotel)
◂ Stadtplatz 5, ✉ 94234, ☎ (0 99 42) 94 16-0, Fax 9 41 6- 30, AX DC ED VA
42 Zi, Ez: 90-110, Dz: 150-200, S; ⊿ WC ☎; Lift 🅿 🚗 5⇔150 ≈ Sauna Solarium
geschl: Anfang Jan-Anfang Feb
✶✶ Hauptgericht 25; Terrasse;
geschl: Anfang Jan-Anfang Feb

✶✶ Akuna Kurhotel
Waldschmidtstr 2, ✉ 94234, ☎ (0 99 42) 95 30, Fax 95 34 00, AX DC ED VA
68 Zi, Ez: 90-100, Dz: 140-160, 5 Suiten, ⊿ WC ☎, 28🖃; Lift 🅿 🚗 2⇔80 ≈ Sauna
Rezeption: 8-16; geschl: Nov

Neunußberg (5 km →)
✶✶ Burghotel Neunußberg
♂ ◂ Neunußberg 35, ✉ 94234, ☎ (0 99 42) 80 50, Fax 80 52 00
30 Zi, Ez: 55-70, Dz: 92-120, 5 Suiten, ⊿ WC ☎; Lift 🅿 🚗 ≈; garni
geschl: 1.11.-15.12.96

✶ Nußberger Hof
♂ ◂ Haus Nr 20, ✉ 94234, ☎ (0 99 42) 13 83, Fax 64 40
30 Zi, Ez: 50-60, Dz: 80-90, ⊿ WC; 🅿 🚗 Fitneßraum Sauna Solarium 🍴
Rezeption: 8-20; geschl: Mo, Mitte Nov-Mitte Dez

✶ Burggasthof Sterr
♂ ◂ Neunußberg 15, ✉ 94234, ☎ (0 99 42) 88 20, Fax 60 12
35 Zi, Ez: 44-71, Dz: 84-96, 5 Suiten, 3 App, ⊿ WC ☎; Lift 🅿 🚗 🍴
geschl: Anfang Nov-Mitte Dez

Viechtach-Außerhalb (3 km ↘)
✶ Gasthof Schnitzmühle
♂ ◂ Schnitzmühle 1, ✉ 94234, ☎ (0 99 42) 18 77, Fax 55 76, DC ED VA
17 Zi, Ez: 48-55, Dz: 96-110, ⊿ WC ☎; 🅿 🚗 1⇔30 Fitneßraum 🍴
geschl: Anfang Nov-Mitte Dez

Vielbrunn siehe Michelstadt

Viernheim 54 ↘

Hessen — Kreis Bergstraße — 100 m —
32 000 Ew — Weinheim 9, Mannheim 10, Heidelberg 25 km
🛈 ☎ (0 62 04) 70 12 40, Fax 70 13 00 — Stadtverwaltung, Rathaus, Kettelerstr 3, 68519 Viernheim; Stadt im Rhein-Neckar-Dreieck. Sehenswert: Museum; Apostelkirche; Vogelpark

Viersen

✶✶✶ Best Western Atlantis Continental
Bürgermeister-Neff-Str 12, ✉ 68519, ☎ (0 62 04) 60 90, Fax 60 92 22, AX DC ED VA
121 Zi, Ez: 160, Dz: 200, S; 1 Suite, ⊿ WC ☎, 30🖃; Lift 🅿 14⇔300 ≈ Sauna Solarium Designer-Ausstattung
✶✶ Hauptgericht 30

✶✶ Post
Luisenstr 3, ✉ 68519, ☎ (0 62 04) 7 09 10, Fax 70 91 81, AX ED
29 Zi, Ez: 120, Dz: 155-195, ⊿ WC ☎; Lift 🅿 🚗 1⇔45; garni

✶ Kegelsportzentrum
Einsteinstr 13, ✉ 68519, ☎ (0 62 04) 36 27, Fax 6 55 12, ED
18 Zi, Ez: 105, Dz: 145, 2 App, ⊿ WC ☎; 🅿 2⇔100 Kegeln 🍴

✶ Am Kappellenberg
Mannheimer Str 59, ✉ 68519, ☎ (0 62 04) 7 70 77, Fax 6 59 78, AX ED VA
18 Zi, Ez: 87-94, Dz: 126, ⊿ WC ☎; 🅿; garni
geschl: Ende Dez-Anfang Jan

✶ Central-Hotel
Hölderlinstr 4, ✉ 68519, ☎ (0 62 04) 9 64 20, Fax 96 42 99, AX DC ED VA
21 Zi, Ez: 89-109, Dz: 120-155, 8 Suiten, 8 App, ⊿ WC ☎; Lift 🅿 🚗 2⇔30 Sauna Solarium; garni

Neuzenlache (1 km →)
✶✶✶ Pfeffer & Salz
Neuzenlache 10, ✉ 68519, ☎ (0 62 04) 7 70 33, Fax 7 70 35, AX
Hauptgericht 55; 🅿 Terrasse; geschl: So, Mo, Aug, Sep

Viersen 32 ↓

Nordrhein-Westfalen — Kreis Viersen —
55 m — 78 000 Ew — Mönchengladbach 7, Krefeld 18 km
🛈 ☎ (0 21 62) 10 10, Fax 10 14 74 — Stadtverwaltung, Bahnhofstr 23, 41747 Viersen.
Sehenswert: Kath. Kirche St. Remigius; Ringofenziegelei; Narrenmühle mit Narrenmuseum; Stadtmauer

✶✶ Kaisermühle
An der Kaisermühle 20, ✉ 41747, ☎ (0 21 62) 3 00 31, Fax 3 47 51, AX DC ED VA
12 Zi, Ez: 140-165, Dz: 180-230, ⊿ WC ☎; 🚗 1⇔20 🍴

Dülken (5 km ←)
✶ Cornelius
Rheindahlener Str 3, ✉ 41751, ☎ (0 21 62) 43 03, Fax 4 28 28, AX DC ED VA
29 Zi, Ez: 99-220, Dz: 160-290, ⊿ WC ☎, 2🖃; 🅿 🚗 Kegeln; garni

✶✶ Ratsstube
Lange Str 111, ✉ 41751, ☎ (0 21 62) 95 69 50, Fax 43 38, ED VA
Hauptgericht 25; Biergarten 🅿; geschl: Mo
✶ 19 Zi, Ez: 75-95, Dz: 125-135, ⊿ WC ☎, 4🖃; 🚗 3⇔180
Rezeption: 7-14.30, 17-22 ➔

Viersen

Süchteln (5 km ↘)
** **Petit Château**
Hindenburgstr 67, ✉ 41749, ☏ (0 21 62)
72 77, Fax 8 03 59, AX ED VA
Hauptgericht 37; Gartenlokal P; nur
abends; geschl: So

** **Höhenhotel Gehring**
12 Zi, Ez: 90-110, Dz: 140-160, 3 Suiten,
WC ☏; 🅿 2⇄30 Fitneßraum Sauna
Solarium
Golf 18

Vilbel, Bad 45 ↗

Hessen — Wetteraukreis — 195 m —
25 300 Ew — Frankfurt/Main 10, Friedberg 20 km
ℹ ☏ (0 61 01) 60 22 47, Fax 60 23 03 — Kur-
und Verkehrsbüro, Parkstr. 15, 61118 Bad
Vilbel; Heilbad. Sehenswert: Altes Rathaus; Burgruine mit Brunnenmuseum;
Burgfestspiele

* **Am Kurpark**
Parkstr 20, ✉ 61118, ☏ (0 61 01) 6 46 52,
Fax 6 49 60, ED VA
35 Zi, Ez: 85-135, Dz: 140-165, WC ☏;
Lift P; garni

* **Kreiling's Höfchen**
Ritterstr 3, ✉ 61118, ☏ (0 61 01) 8 55 16,
Fax 1 23 01
20 Zi, Ez: 50-110, Dz: 130-160, WC ☏; P
🅿; garni

** **Hubertus**
Frankfurter Str 192, ✉ 61118, ☏ (0 61 01)
8 84 44, Fax 8 84 44, AX ED VA
Hauptgericht 30; P Terrasse; geschl: Mi,
Sa mittags, So abends

Die Angabe hinter der Ortsbezeichnung
bezieht sich auf den Reisekartenteil. 10 ↑
bedeutet, daß sich der Ort im Reisekartenteil auf der Seite 10 im nördlichen Planfeld
befindet.

Villingendorf 68 ↑

Baden-Württemberg — Kreis Rottweil —
650 m — 2 700 Ew — Rottweil 6 km
ℹ ☏ (07 41) 9 29 80, Fax 92 98 29 — Bürgermeisteramt, Hauptstr 2, 78667 Villingendorf

** **Gasthof Linde**
Rottweiler Str 3, ✉ 78667, ☏ (07 41)
3 18 43, Fax 3 41 81, AX ED
Hauptgericht 29; geschl: Mo abends, Di,
3 Wochen in den Sommerferien

* **Gasthof Kreuz**
Hauptstr 8, ✉ 78667, ☏ (07 41) 3 40 57, ED
Hauptgericht 27; Gartenlokal P; geschl:
Mi, Do mittags, 7.8.-29.8.97
* 8 Zi, Ez: 58-65, Dz: 100, WC ☏;
2⇄40
geschl: Aug

Villingen-Schwenningen 68 ←

Baden-Württemberg — Schwarzwald-
Baar-Kreis — 750 m — 81 000 Ew —
Donaueschingen 17, Rottweil 22, Freiburg 71 km
ℹ ☏ (0 77 21) 82 23 40, Fax 82 23 47 — Verkehrsamt, im Stadtteil Villingen, Rietstr 8
(B 1), 78050 Villingen-Schwenningen;
Kreisstadt im Schwarzwald, Kneipp-Kurort.
Sehenswert: In Villingen: Liebfrauenmünster; ehem. Franziskanerkloster: Museum;
Altes Rathaus; Stadtbefestigung; in
Schwenningen: Internationales Luftfahrtmuseum; Uhrenmuseum; Neckarquelle im
Stadtpark Möglingshöhe

Herzogenweiler (10 km ↙)
* **Der Hirschen**
Glaserstr 2, ✉ 78052, ☏ (0 77 21) 2 36 86
11 Zi, Ez: 48-52, Dz: 80-82, WC ☏; P 🅿
2⇄50
geschl: Mo, Mär, 2 Wochen im Jul/Aug

Vilshofen

Obereschach (6 km ↑)
* Gasthof Sonne
Steinatstr 17, ✉ 78052, ☎ (0 77 21) 9 51 60, Fax 95 16 50, ED
16 Zi, Ez: 55-58, Dz: 95, ⌐⌐ WC ☎; P 1✡30
geschl: Di, Ende Jul-Mitte Aug, Ende Okt-Mitte Nov
* Hauptgericht 28; Terrasse;
geschl: Di, Anfang-Mitte Jul, Ende Okt-Anfang Nov

Schwenningen
** Ochsen
Bürkstr 59 (B 1), ✉ 78054, ☎ (0 77 20) 83 90, Fax 83 96 39, AX DC ED VA
40 Zi, Ez: 90-130, Dz: 130-180, ⌐⌐ WC ☎, 11⌘; Lift P ⌘ 2✡40
** Ochsenstuben
Hauptgericht 33; Gartenlokal; geschl: So

* Neckarquelle
Wannenstr 5 (C 2), ✉ 78056, ☎ (0 77 20) 97 82 -0, Fax 97 82 30, ED VA
17 Zi, Ez: 92-95, Dz: 150, ⌐⌐ WC ☎; P ⌘
geschl: So, Jul
* Hauptgericht 25; Gartenlokal;
geschl: So, Anfang-Mitte Aug

Villingen
*** Am Franziskaner
Rietstr 27 (B 1), ✉ 78050, ☎ (0 77 21) 29 70, Fax 29 75 20, AX DC ED VA
90 Zi, Ez: 129-189, Dz: 169-228, 16 Suiten, 8 App, ⌐⌐ WC ☎, 18⌘; Lift 3✡110 Fitneßraum Sauna Solarium
** Franziskaner Treff
Hauptgericht 30

** Diegner
⌐ Romäusring 3, ✉ 78050, ☎ (0 77 21) 9 27 70, Fax 92 77 22, ED VA
Hauptgericht 25; geschl: Mo, Ende Jul-Mitte Aug
** 10 Zi, Ez: 90, Dz: 140, ⌐⌐ WC ☎, 2⌘; P 2✡60
geschl: Mo, Ende Jul-Mitte Aug

* Bosse
⌐ Oberförster-Ganter-Str 9, ✉ 78048, ☎ (0 77 21) 5 80 11, Fax 5 80 13, AX DC ED VA
34 Zi, Ez: 98-135, Dz: 148-175, 2 Suiten, ⌐⌐ WC ☎; P ⌘ 3✡75
geschl: Anfang Jan
Auch Zimmer der Kategorie ****** vorhanden
** Hauptgericht 35; Terrasse;
geschl: Fr, Anfang Jan

Vilseck 58→

Bayern — Kreis Amberg-Sulzbach — 402 m — 6 200 Ew — Amberg 26, Weiden 30, Pegnitz 39 km
ℹ ☎ (0 96 62) 9 90, Fax 99 19 — Stadtverwaltung, Marktplatz 13, 92249 Vilseck.
Sehenswert: Kath. Kirche; ehem. Schloß; Reste der Stadtmauer; Obertor

** Gästehaus Turmhotel
Herrengasse 8, ✉ 92249, ☎ (0 96 62) 70 90, Fax 70 93 00
31 Zi, Ez: 68, Dz: 116, 1 Suite, 3 App, ⌐⌐ WC ☎; 3✡120 ⌘
Anmeldung im Gasthof Zum Hirschen, Marktplatz 4

Vilshofen 66 □

Bayern — Kreis Passau — 309 m — 15 100 Ew — Passau 23, Deggendorf 32 km
ℹ ☎ (0 85 41) 2 08 16, Fax 2 08 43 — Tourist Information, Stadtplatz 29, 94474 Vilshofen; Stadt an der Mündung der Vils in die Donau. Sehenswert: Kath. St.-Johannes-Kirche; Stadtturm; Wallfahrtskirche Maria-Hilf; Rundkirche Hausbach; Kloster Schweiklberg

* Bayerischer Hof
Vilsvorstadt 29, ✉ 94474, ☎ (0 85 41) 50 65, Fax 69 72, AX DC ED VA
29 Zi, Ez: 70-90, Dz: 110-140, ⌐⌐ WC ☎, 2⌘; P ⌘ 1✡30
geschl: Ende Dez-Anfang Jan

Visbek

Visbek 24 ↗

Niedersachsen — Kreis Vechta — 50 m — 8 615 Ew — Wildeshausen 12, Cloppenburg 18 km
🛈 ☎ (0 44 45) 8 90 00, Fax 89 00 77 — Gemeindeverwaltung, Goldenstedter Str 1, 49429 Visbek. Sehenswert: Hünengräber „Visbeker Braut und Bräutigam", „Opfertisch"; Wassermühlen

* **Wübbolt**
Astruper Str 19, ⌧ 49429, ☎ (0 44 45) 3 06, Fax 71 46
16 Zi, Ez: 80, Dz: 120, ⌐ WC ☎, **P**; garni

Visselhövede 17 ↘

Niedersachsen — Kreis Rotenburg (Wümme) — 73 m — 10 200 Ew — Soltau 22, Verden 25 km
🛈 ☎ (0 42 62) 16 67, Fax 20 42 — Verkehrsverein, Waldweg 1 a, 27374 Visselhövede

** **Luisenhof**
Worthstr 10, ⌧ 27374, ☎ (0 42 62) 93 30, Fax 93 31 00, DC ED VA
61 Zi, Ez: 150-170, Dz: 200-220, ⌐ WC ☎, 3↕; Lift **P** 6↔120 ☂ Fitneßraum Sauna Solarium
** Hauptgericht 30

Hiddingen (3 km ↗)
* **Röhrs Gasthaus mit Gästehaus**
Neuenkirchener Str 3, ⌧ 27374, ☎ (0 42 62) 9 31 80, Fax 44 35, AX ED
28 Zi, Ez: 75-95, Dz: 120, ⌐ WC ☎; **P** 1↔80 Sauna Solarium 🍴
Rezeption: ab 16

Jeddingen (5 km ↙)
* **Jeddinger Hof mit Gästehaus**
Heidmark 1, ⌧ 27374, ☎ (0 42 62) 93 50, Fax 7 36, AX DC ED VA
54 Zi, Ez: 85-115, Dz: 125-170, ⌐ WC ☎, **P** 4↔100 Kegeln 🍴

Nindorf (2 km ↖)
* **Möhmes Hof**
Zur Einigkeit 3, ⌧ 27374, ☎ (0 42 62) 5 21, Fax 45 76, AX DC ED VA
Hauptgericht 25; geschl: Mi

Vlotho 25 ↙

Nordrhein-Westfalen — Kreis Herford — 58 m — 20 000 Ew — Bad Salzuflen 14, Herford 15, Minden 20 km
🛈 ☎ (0 57 33) 7 90 00, Fax 79 00 62 — Tourist-Information, Lange Str 60, 32602 Vlotho; Luftkurort an der Weser. Sehenswert: Fachwerkhäuser; Windmühle; Höhenburg, Ruine; ehem. Kloster-Kirche St. Stephan

Bonneberg (2 km ←)
** **Best Western Bonneberg Das Tagungshotel**
Wilhelmstr 8, ⌧ 32602, ☎ (0 57 33) 79 30, Fax 79 31 11, AX DC ED VA
126 Zi, Ez: 99-198, Dz: 149-287, S; ⌐ WC ☎; Lift **P** 10↔300 Fitneßraum Kegeln Sauna Solarium
** **Restaurant am Bonneberg**
Hauptgericht 30

Exter (8 km ↙)
** **Grotegut**
Detmolder Str 252, ⌧ 32602, ☎ (0 52 28) 2 16, Fax 10 27, AX DC ED VA
Hauptgericht 35; nur abends; geschl: So abends, Mo mittags
* 12 Zi, Ez: 80, Dz: 140, ⌐ WC ☎, 🖼
Rezeption: 10-14, 18-23; geschl: So abends, Mo mittags

* **Ellermann**
Detmolder Str 250, ⌧ 32602, ☎ (0 52 28) 10 88, Fax 5 43, AX ED
Hauptgericht 25; **P**; geschl: Di, Aug
* 16 Zi, Ez: 70-80, Dz: 120-140, ⌐ WC ☎; Kegeln
Rezeption: 8-14, 17.30-22; geschl: Di, Aug

Vöhl 35 ↓

Hessen — Kreis Waldeck-Frankenberg — 300 m — 6 300 Ew — Waldeck 15, Korbach 20 km
🛈 ☎ (0 56 35) 7 09, Fax 14 78 — Tourist-Information, Schloßstr 1, 34516 Vöhl

Oberorke (13 km ↙)
** **Akzent-Hotel Kur- und Sporthotel Freund**
Sauerlandstr 6, ⌧ 34516, ☎ (0 64 54) 70 90, Fax 7 09 14 88, AX DC ED VA
100 Zi, Ez: 100-140, Dz: 180-260, 2 Suiten, 5 App, ⌐ WC ☎, 5🖼; Lift **P** 🍴 10↔180 ☂ Kegeln Sauna Solarium 🍴
Tennis 1

Vöhrenbach 67 →

Baden-Württemberg — Schwarzwald-Baar-Kreis — 900 m — 4 400 Ew — Furtwangen 8, Villingen 17, Freiburg 49 km
🛈 ☎ (0 77 27) 50 10, Fax 50 11 19 — Verkehrsamt, Friedrichstr 8, 78147 Vöhrenbach; Erholungsort. Sehenswert: Linach-Talsperre (5 km ↙); Bruderkirchle (1 km →)

** **Gasthaus Zum Engel** ✠
Schützenstr 2, ⌧ 78147, ☎ (0 77 27) 70 52, Fax 78 73, VA
Hauptgericht 38; geschl: Jan-Jun Mo+Di, Anfang-Mitte Jan, Ende Jul-Mitte Aug

Vöhringen 62 ↘

Bayern — Kreis Neu-Ulm — 500 m — 13 100 Ew — Illertissen 7, Ulm 16 km
🛈 ☎ (0 73 06) 7 30, Fax 73 62 — Stadtverwaltung, Hettstedter Platz 1, 89269 Vöhringen

* **Sport-Hotel Ihle**
Sportparkstr 11, ✉ 89268, ☎ (0 73 06) 9 67 00, Fax 24 49, ED VA
22 Zi, Ez: 85, Dz: 120, ⌐ WC ☎; P Sauna Solarium ⎨⎬

Illerberg (3 km ↗)
** **Burgthalschenke**
Hauptstr 4, ✉ 89268, ☎ (0 73 06) 52 65, Fax 3 43 94, AX DC ED VA
Hauptgericht 30; geschl: Mo

Völklingen 52 ↘

Saarland — Stadtverband Saarbrücken — 250 m — 44 000 Ew — Saarbrücken 11, Saarlouis 13 km
ℹ ☎ (0 68 98) 1 30, Fax 13 23 50 — Stadtverwaltung, Neues Rathaus, 66333 Völklingen. Sehenswert: Rathaus; Marienkapelle; Warndtdom; Versöhnungskirche; St.-Eligius-Kirche

*** **Parkhotel Gengenbach** ♛
♁ Kühlweinstr 70, ✉ 66333, ☎ (0 68 98) 2 70 54, Fax 2 36 55, AX DC ED VA
9 Zi, Ez: 150, Dz: 200, 2 Suiten, ⌐ WC ☎; P 1⟳35
**** **Orangerie** 🍽
Hauptgericht 45; Terrasse; geschl: Sa mittags

** **Kurtz**
Kühlweinstr 19, ✉ 66333, ☎ (0 68 98) 2 63 11
Hauptgericht 35; geschl: So abends, Sa mittags
* 9 Zi, Ez: Ez: 8590, Dz: 140, Dz: 130, ⌐ WC; garni

Fürstenhausen (1 km ↓)
* **Saarhof**
Saarbrücker Str 65, ✉ 66333, ☎ (0 68 98) 3 72 39
14 Zi, Ez: 84-94, Dz: 148-158, ⌐ WC ☎; P ⎨⎬ ⎨⎬

Voerde 32 →

Nordrhein-Westfalen — Kreis Wesel — 26 m — 37 719 Ew — Dinslaken 6, Wesel 8, Bottrop 24 km
ℹ ☎ (0 28 55) 8 00, Fax 8 05 55 — Stadtverwaltung, Rathausplatz 20, 46562 Voerde

** **Niederrhein**
Friedrichsfelder Str 15, ✉ 46562, ☎ (0 28 55) 96 20, Fax 96 21 11, AX DC ED VA
56 Zi, Ez: 135, Dz: 180, ⌐ WC ☎, 6⎨⎬; Lift P
3⟳60 Fitneßraum Sauna Solarium; garni

** **Wasserschloß Haus Voerde**
Allee 64, ✉ 46562, ☎ (0 28 55) 36 11, Fax 36 16, ED
Hauptgericht 30; Biergarten Terrasse; geschl: Mo
Wasserschloß von 1668. Schloßkeller, Rittersaal

Vogtsburg im Kaiserstuhl 67 ↖

Baden-Württemberg — Kreis Breisgau-Hochschwarzwald — 218 m — 5 500 Ew — Emmendingen 20, Freiburg 25 km
ℹ ☎ (0 76 62) 9 40 11, Fax 8 12 46 — Kaiserstühler Touristik-Information, 79235 Vogtsburg; Weinbaugemeinde. Sehenswert: Kath. Kirche im Ortsteil Niederrotweil: Hochaltar, Kaiserstühler Weinbaumuseum im Ortsteil Achkarren, Historische Mittelstadt im Ortsteil Burkheim.

Achkarren
* **Zur Krone**
Schloßbergstr 16, ✉ 79235, ☎ (0 76 62) 93 13-0, Fax 93 13-50
21 Zi, Ez: 65-75, Dz: 98-112, ⌐ WC ☎; P ⎨⎬ 1⟳40
Rezeption: 10-24; geschl: Mi, Jan
** Hauptgericht 30; Terrasse; geschl: Mi, Jan

* **Haus am Weinberg**
♁ In den Kapellenmatten 8, ✉ 79235, ☎ (0 76 62) 7 78, Fax 85 27, AX ED
13 Zi, Ez: 90-95, Dz: 140-160, 1 Suite, ⌐ WC ☎; 2⎨⎬ P ⎨⎬ ⎨⎬ Sauna Solarium Fitneßraum
geschl: Anfang Jan-Anfang Feb
Restaurant für Hausgäste

Bickensohl
** **Rebstock**
Neunlindenstr 23, ✉ 79235, ☎ (0 76 62) 9 33 30, Fax 93 33 20
13 Zi, Ez: 60-70, Dz: 140-160, ⌐ WC ☎; 1⎨⎬ P
geschl: Mo, Di bis 17, Ende Dez-Anfang Feb
** Hauptgericht 32; Terrasse; geschl: Mo, Di mittags, Ende Dez-Anfang Feb

Bischoffingen-Außerhalb
* **Weinstube Steinbuck**
♁ ≼ Steinbuckstr 20, ✉ 79235, ☎ (0 76 62) 7 71, Fax 60 79
18 Zi, Ez: 73-83, Dz: 138-148, ⌐ WC ☎; P ⎨⎬ 1⟳30 Fitneßraum Sauna Solarium
geschl: Di, Mi bis 14, Mitte Jan-Mitte Feb
** ≼ Hauptgericht 28; Terrasse; geschl: Di, Mi mittags, Mitte Jan-Mitte Feb

Burkheim
* **Posthotel „Kreuz-Post"**
Landstr 1, ✉ 79235, ☎ (0 76 62) 9 09 10, Fax 12 98, DC ED VA
30 Zi, Ez: 68-88, Dz: 98-138, ⌐ WC ☎; Lift P ⎨⎬ 2⟳45 Kegeln
geschl: Di, Mitte-Ende Nov
Auch Zimmer der Kategorie ** vorhanden
* Hauptgericht 27; Terrasse; geschl: Di, Mitte Nov-Anfang Dez

Niederrotweil
* **Gasthaus Zum Kaiserstuhl**
Haus Nr. 5, ✉ 79235, ☎ (0 76 62) 2 37
Hauptgericht 30; P Terrasse; geschl: So abends, Mo, 7.8.-1.9.97 →

Vogtsburg im Kaiserstuhl

Oberbergen
*** **Schwarzer Adler**
Badbergstr 23, ✉ 79235, ☎ (0 76 62)
9 33 00, Fax 7 19, AX DC ED VA
Hauptgericht 45; P Terrasse; geschl: Mi,
Do, Mitte Jan-Mitte Feb
** 9 Zi, Ez: 110-150, Dz: 180, WC
☎; 🅿 Sauna
geschl: Mitte Jan-Mitte Feb, Mi, Do

Vohenstrauß 59 ←

Bayern — Kreis Neustadt a. d. Waldnaab
— 580 m — 7 347 Ew — Weiden 24 km
ℹ ☎ (0 96 51) 55 30, Fax 55 41 — Verkehrsamt, Marktplatz 9, 92648 Vohenstrauß.
Sehenswert: Schloß Friedrichsburg

Drei Lilien
Friedrichstr 15, ✉ 92648, ☎ (0 96 51) 23 61
22 Zi, Ez: 44-49, Dz: 78-94, WC; P
Rezeption: 17-23

Volkach 56 ↑

Bayern — Kreis Kitzingen — 200 m —
9 000 Ew — Gerolzhofen 12, Kitzingen 18,
Würzburg 28 km
ℹ ☎ (0 93 81) 4 01 12, Fax 4 01 16 — Verkehrsamt, Rathaus, 97332 Volkach; Erholungsort. Sehenswert: Kath. Wallfahrtskirche St. Maria im Weingarten (2 km ↖) mit Riemenschneider-Madonna im Rosenkranz; Rathaus; Bürgerhäuser

** **Romantik Hotel Zur Schwane**
Hauptstr 12, ✉ 97332, ☎ (0 93 81) 8 06 60,
Fax 80 66 66, AX DC ED VA
27 Zi, Ez: 85-150, Dz: 160-270, 2 Suiten, WC ☎; P
geschl: Mo, Ende Dez-Anfang Jan
Auch Zimmer der Kategorie * vorhanden
** Hauptgericht 40; Gartenlokal;
geschl: Mo, Ende Dez-Mitte Jan
Gebäude von 1404. Antike Möbel. Älteste Weinstube in Franken. Spirituosen aus eigener Obstweinbrennerei (3 Brennrechte). Eigenbauweine

** **Vier Jahreszeiten**
Hauptstr 31, ✉ 97332, ☎ (0 93 81) 37 77,
Fax 47 73, AX ED
17 Zi, Ez: 80-190, Dz: 140-240, WC ☎, 8; P 1⇌15; garni

** **Am Torturm**
Hauptstr 41, ✉ 97332, ☎ (0 93 81) 8 06 70,
Fax 80 67 44, AX ED VA
16 Zi, Ez: 95-150, Dz: 150-180, 1 App, WC ☎; garni
Rezeption: 7-20

** **Gasthof Rose**
Oberer Markt 7, ✉ 97332, ☎ (0 93 81)
8 40-0, Fax 8 40 -3 33, ED VA
29 Zi, Ez: 68-90, Dz: 110-180, 1 Suite, WC ☎; Lift P 1⇌10
geschl: Mi, Feb
Auch Zimmer der Kategorie * vorhanden

* **Gasthof Behringer**
Marktplatz 5, ✉ 97332, ☎ (0 93 81) 24 53,
Fax 24 24, AX ED
19 Zi, Ez: 60-80, Dz: 100-160, WC ☎; P

* **Gästehaus Zum Storchen**
10 Zi, Ez: 55-60, Dz: 90-120, WC
geschl: Mi; Jan

Astheim (2 km ←)
* **Zum Schwan**
Kartäuserstr 13, ✉ 97332, ☎ (0 93 81)
12 15, Fax 61 77, AX ED VA
Hauptgericht 25; Gartenlokal; geschl: Di

Escherndorf (5 km ←)
* **Zur Krone**
Bocksbeutelstr 1, ✉ 97332, ☎ (0 93 81)
28 50, Fax 60 82, ED VA
Hauptgericht 30; Terrasse; geschl:
2 Wochen im Aug, 3 Wochen im Feb

Wachenheim 54 ↙

Rheinland-Pfalz — Kreis Bad Dürkheim —
158 m — 4 614 Ew — Bad Dürkheim 2,
Neustadt a. d. Weinstraße 12 km
ℹ ☎ (0 63 22) 6 08 32 — Verbandsgemeindeverwaltung, Weinstr 16, 67157 Wachenheim; Erholungs- und Weinbauort an der Haardt. Sehenswert: Ruine Wachtenburg
⇐ (1 km ←)

* **Goldbächel**
Waldstr 99, ✉ 67157, ☎ (0 63 22) 9 40 50,
Fax 50 68
16 Zi, Ez: 70-90, Dz: 125-150, WC ☎; P
Sauna Solarium
geschl: Mo, 2 Wochen im Jul, 2 Wochen im Jan
* Hauptgericht 25; Terrasse;
geschl: Mo

Wachtberg 43 ←

Nordrhein-Westfalen — Rhein-Sieg-Kreis
— 250 m — 18 000 Ew — Bonn-Bad Godesberg 6 km
ℹ ☎ (02 28) 9 54 40, Fax 9 54 41 23 —
Gemeindeverwaltung, im Ortsteil Berkum, Rathausstr 34, 53343 Wachtberg. Sehenswert: Wasserburgen in Villip, Berkum, Adendorf; Burg Münchhausen

Adendorf
*** **Gasthaus Kräutergarten**
Töpferstr 30, ✉ 53343, ☎ (0 22 25) 75 78,
Fax 70 28 01
Hauptgericht 45; Gartenlokal P; geschl:
Sa mittags, So, Mo, 3 Wochen im Sommer,
Ende Dez, 1 Woche in den Osterferien

Niederbachem
* **Dahl**
Heideweg 9, ✉ 53343, ☎ (02 28) 34 10 71,
Fax 34 50 01
67 Zi, Ez: 95-120, Dz: 160-210, 1 Suite, WC ☎; P Sauna Solarium Kegeln
geschl: 21.-28.12.96

Wadersloh 34 ↗

Nordrhein-Westfalen — Kreis Warendorf — 104 m — 13 017 Ew — Lippstadt 14, Beckum 15 km
🛈 ☏ (0 25 23) 7 90, Fax 7 91 79 — Gemeindeverwaltung, Liesborner Str 5, 59329 Wadersloh. Sehenswert: Museum Abtei Liesborn im Stadtteil Liesborn (4 km ↓); Wasserschloß Crassenstein im Ortsteil Diestedde (6 km); Magaretedom im Ortsteil Wadersloh

** **Bomke (Ringhotel)**
Kirchplatz 7, ✉ 59329, ☏ (0 25 23) 13 01, Fax 13 66, AX DC ED VA
21 Zi, Ez: 86-140, Dz: 148-235, S; ⌐ WC ☏, 4✉; P 🅿 1↔80 Kegeln
Golf 18; Tennis 4
** Hauptgericht 35; Terrasse; geschl: Do, Sa mittags, 3 Wochen in den Sommerferien, 1 Woche im Jan

Wadgassen 52 ↘

Saarland — Kreis Saarlouis — 240 m — 18 760 Ew — Völklingen 5, Saarlouis 8, Saarbrücken 15 km
🛈 ☏ (0 68 34) 40 30 — Gemeindeverwaltung, Provinialstr 114, 66787 Wadgassen

** **Wadegotia**
Lindenstr 30, ✉ 66787, ☏ (0 68 34) 9 41 50, Fax 4 66 98, ED VA
26 Zi, Ez: 75-85, Dz: 120-135, 10 App, ⌐ WC ☏; 🍽
Auch Langzeitvermietung möglich

Wächtersbach 45 ↓

Hessen — Main-Kinzig-Kreis — 162 m — 5 600 Ew — Bad Orb 7, Gelnhausen 11 km
🛈 ☏ (0 60 53) 92 13, Fax 57 27 — Verkehrsverein, Am Schloßgarten 1, 63601 Wächtersbach; Erholungsort im Tal der Kinzig zwischen Spessart und Vogelsberg.
Sehenswert: Hist. Altstadt; Wehrkirche; Schloß

* **Zum Erbprinzen**
Friedrich-Wilhelm-Str 14, ✉ 63601, ☏ (0 60 53) 50 55, Fax 50 57
Hauptgericht 30; Kegeln; geschl: So abends
* AX ED VA
7 Zi, Ez: 70, Dz: 120, ⌐ WC ☏; P 1↔80

Waging a. See 73 □

Bayern — Kreis Traunstein — 460 m — 5 300 Ew — Traunstein 12, Laufen 22 km
🛈 ☏ (0 86 81) 3 13, Fax 96 76 — Verkehrsverband, Wilhelm-Scharnow-Str 20, 83329 Waging; Luftkurort. Sehenswert: Kath. Kirche; Wallfahrtskirche Mühlberg; Vogelmuseum

** **Wölkhammer**
Haslacher Weg 3, ✉ 83329, ☏ (0 86 81) 40 80, Fax 43 33
43 Zi, Ez: 70-110, Dz: 120-220, 2 Suiten, ⌐ WC ☏; Lift P 2↔60 Fitneßraum Sauna Solarium
Rezeption: 7.30-20.30; geschl: Fr, Nov, 2 Wochen im Jan
Auch Zimmer der Kategorie *** vorhanden
** Hauptgericht 18; Gartenlokal Terrasse; geschl: Fr, Nov, 2 Wochen im Jan

** **Eichenhof**
einzeln ♂ Angerpoint 1, ✉ 83329, ☏ (0 86 81) 40 30, Fax 4 03 25, ED
31 Zi, Ez: 120-140, Dz: 205-240, 1 Suite, 3 App, ⌐ WC ☏; P 🅿 1↔25 Strandbad Seezugang Fitneßraum Sauna Solarium 🍽
geschl: Sa, Ende Nov
* Hauptgericht 28; Gartenlokal Terrasse; nur abends; geschl: Sa, Ende Nov

* **Zum Unterwirt**
Seestr 23, ✉ 83329, ☏ (0 86 81) 2 43, Fax 99 38, AX ED VA
36 Zi, Ez: 63-70, Dz: 106-146, ⌐ WC ☏; P 2↔30 🖨 Sauna Solarium 🍽
Rezeption: 9.30-24; geschl: im Winter Mo, im Sommer Do, Jan

* **Zur Post**
Seestr 1, ✉ 83329, ☏ (0 86 81) 2 10, Fax 42 22
28 Zi, Ez: 59-69, Dz: 108-128, ⌐ WC ☏, 15✉; P 🅿; garni
geschl: Nov
Auch Zimmer der Kategorie ** vorhanden

* **Gästehaus Tanner**
♂ Hochfellnstr 17, ✉ 83329, ☏ (0 86 81) 92 19
13 Zi, Ez: 40-50, Dz: 70-90, ⌐ WC; garni
geschl: Nov-Mitte Dez, Mitte-Ende Jan

*** **Kurhaus-Stüberl**
◁ Am See 1, im Kurhaus, ✉ 83329, ☏ (0 86 81) 40 09 12, Fax 40 09 25, AX DC ED VA
Hauptgericht 39; P; nur abends, so + feiertags auch mittags; geschl: Mo, Di, Jan, Feb

Oswald
Seestr 2, ✉ 83329, ☏ (0 86 81) 2 63, Fax 2 63, AX DC ED VA
8-23; geschl: im Winter Mo

Wahlsburg 36 ↘

Hessen — Kreis Kassel — 200 m — 2 550 Ew — Uslar 9, Karlshafen 10, Münden 28 km
🛈 ☏ (0 55 72) 10 77, Fax 17 68 — Gemeindeverwaltung, im Ortsteil Lippoldsberg, Am Mühlbach 15, 37194 Wahlsburg; Luftkurort, Erholungsort. Sehenswert: Ehem. Klosterkirche und Schäferhaus-Museum im Ortsteil Lippoldsberg, historischer Rundgang

→

Wahlsburg

<mark>Lippoldsberg</mark> (Luftkurort)
* **Lippoldsberger Hof**
🛏 Schäferhof 16, ✉ 37194, ☎ (0 55 72) 3 36, Fax 13 27, AX ED
15 Zi, Ez: 56-76, Dz: 96-100, 1 Suite, ⬜ WC ☎, 3🛏; P 🅿
geschl: Mi, Ende Mär-Anfang Apr
Restaurant für Hausgäste

Wahlscheid siehe Lohmar

Waiblingen 61 →

Baden-Württemberg — Rems-Murr-Kreis — 229 m — 50 316 Ew — Stuttgart 12, Backnang 20 km
ℹ ☎ (0 71 51) 5 00 14 23, Fax 5 00 14 46 — Verkehrsamt, Marktgasse 1, 71332 Waiblingen; Kreisstadt. Sehenswert: Ev. Kirche St. Michael; Hochwachtturm; Beinsteiner Torturm; hist. Innenstadt; Wehrgang; Nikolauskirche

** **Koch**
Bahnhofstr 81, ✉ 71332, ☎ (0 71 51) 5 50 81, Fax 5 59 76, AX DC ED VA
52 Zi, Ez: 120-125, Dz: 160-210, 1 Suite, ⬜ WC ☎, 5🛏; Lift P 🅿 Kegeln 🍴
geschl: Ende Dez-Anfang Jan
Auch Zimmer der Kategorie * vorhanden

* **Adler**
Kurze Str 15, ✉ 71332, ☎ (0 71 51) 5 39 39, Fax 56 27 79, AX DC ED VA
32 Zi, Ez: 85-110, Dz: 150-140, ⬜ WC ☎; 1↻20 🍴
Rezeption: 6.30-21

** **Remsstuben**
An der Talaue 4, ✉ 71334, ☎ (0 71 51) 2 10 78, Fax 2 42 06, AX DC ED VA
Hauptgericht 30; P Terrasse; geschl: Mo

Waidhaus 59 □

Bayern — Kreis Neustadt a. d. Waldnaab — 524 m — 2 600 Ew — Weiden 34 km
ℹ ☎ (0 96 52) 5 15, Fax 6 06 — Marktverwaltung, Schulstr 4, 92726 Waidhaus

* **Gasthof Biehler**
Vohenstraßer Str 9, ✉ 92726, ☎ (0 96 52) 4 55, Fax 17 87, ED VA
18 Zi, Ez: 55, Dz: 90, ⬜ WC ☎; P 🅿 1↻30 🏠 Kegeln Sauna 🍴
geschl: 29.8.-16.9.97

Waischenfeld 57 ↗

Bayern — Kreis Bayreuth — 390 m — 3 280 Ew — Bayreuth 25, Ebermannstadt 27 km
ℹ ☎ (0 92 02) 15 48, Fax 15 71 — Verkehrsamt, Marktplatz 58, 91344 Waischenfeld; Luftkurort in der Fränkischen Schweiz. Sehenswert: Kath. Kirche; Burg Rabeneck; Sophienhöhle; Steinerner Beutel

* **Zur Post**
Marktplatz 108, ✉ 91344, ☎ (0 92 02) 7 50, Fax 7 51 00
100 Zi, Ez: 45-85, Dz: 85-140, 2 Suiten, 2 App, ⬜ WC ☎; Lift P 🅿 11↻50 Sauna Solarium 🍴

<mark>Eichenbirkig</mark> (4 km ↘)
* **Gut Schönhof**
Haus Nr 10, ✉ 91344, ☎ (0 92 02) 12 28, Fax 14 10, ED
Hauptgericht 25; Biergarten P;
Haus unter Denkmalschutz. Eigenprodukte aus ökologischer Wirtschaft.

<mark>Langenloh</mark> (2 km ↘)
* **Pension Thiem**
🛏 Langenloh 14, ✉ 91344, ☎ (0 92 02) 3 57, Fax 16 60
10 Zi, Ez: 39-55, Dz: 48-92, ⬜ WC ☎; P 🅿 🍴
geschl: Di, Anfang Nov-Ende Dez

<mark>Rabeneck</mark> (3 km ↗)
🛏 **Rabeneck**
einzeln 🛏 Haus Nr 27, ✉ 91344, ☎ (0 92 02) 2 20, Fax 17 28
25 Zi, Ez: 30-60, Dz: 70-100, ⬜ WC; P 🅿 🍴
geschl: Feb

Waldachtal 61 ↗

Baden-Württemberg — Kreis Freudenstadt — 600 m — 5 600 Ew — Altensteig 14, Horb 14, Freudenstadt 15 km
ℹ ☎ (0 74 43) 29 40, Fax 3 01 62 — Kurverwaltung, im Ortsteil Lützenhardt, Hauptstr 18, 72178 Waldachtal; Luftkurort. Sehenswert: Alte Sägemühle; Wallfahrtskirche Heiligenbronn

<mark>Lützenhardt</mark> (Luftkurort)
* **Sattelackerhof**
⬅ Sattelackerstr 21, ✉ 72178, ☎ (0 74 43) 28 30
36 Zi, Ez: 60-80, Dz: 112-156, ⬜ WC; Lift P 🅿 🏠 Sauna Solarium
geschl: Ende Nov-Mitte Dez
* Hauptgericht 20; geschl: Nov-Mitte Dez

* **Breitenbacher Hof**
🛏 Breitenbachstr 18, ✉ 72178, ☎ (0 74 43) 80 16, Fax 2 04 12
23 Zi, Ez: 60-80, Dz: 120-130, ⬜ WC ☎; Lift P 🅿 Sauna Solarium
geschl: Mi
** Hauptgericht 30; geschl: Mi

Waldau 47 □

Thüringen — Kreis Hildburghausen — 410 m — 960 Ew — Schleusingen 7, Hildburghausen 18 km
ℹ ☎ (03 68 78) 5 78 — Gemeindeverwaltung, Hauptstr 84, 98667 Waldau. Sehenswert: Kirche; Naturtheater in Steinbach-Langenbach; Veste Coburg; Schloß Bertholdsburg

** Bergkristall
◄ Am Steinbacher Berg 1, ✉ 98667, ☎ (03 68 78) 6 03 50, Fax 6 12 45, AX DC ED VA
68 Zi, Ez: 85-100, Dz: 130-150, 2 Suiten, ⌐ WC ☎, 16⌂; Lift P 3⇔150 Sauna Solarium ⓘ

* Weidmannsruh
Hauptstr 74, ✉ 98667, ☎ (03 68 78) 6 03 92, Fax 6 03 93
8 Zi, Ez: 60, Dz: 90, ⌐ WC ☎; P ⓘ

Waldbreitbach 43 □

Rheinland-Pfalz — Kreis Neuwied — 107 m — 2 000 Ew — Bad Hönningen 12, Neuwied 17 km
ℹ ☎ (0 26 38) 40 17, Fax 66 88 — Touristik-Verband Wiedtal, Neuwieder Str 61, 56588 Waldbreitbach; Luftkurort im Wiedtal

* Zur Post
Neuwieder Str 44, ✉ 56588, ☎ (0 26 38) 89 90, Fax 8 99 20, AX DC ED VA
51 Zi, Ez: 75, Dz: 130, ⌐ WC ☎; P 🅿 6⇔80 ⌂ Kegeln Sauna Solarium
** Hauptgericht 25

Waldbronn 60 ↗

Baden-Württemberg — Kreis Karlsruhe — 300 m — 12 500 Ew — Karlsruhe 16, Herrenalp 17, Pforzheim 23 km
ℹ ☎ (0 72 43) 5 65 70 — Kurverwaltung, Bergstr 32, 76337 Waldbronn; Ort mit Heilquellen-Kurbetrieb

Reichenbach (2 km ↘)
* Weinhaus Steppe
♂ Neubrunnenschlag 18, ✉ 76337, ☎ (0 72 43) 5 65 60, Fax 56 56 56, ED VA
25 Zi, Ez: 95-105, Dz: 150-160, ⌐ WC ☎, 5⌂; P 🅿 ⌂ Sauna Solarium ⓘ

Waldburg 69 ↘

Baden-Württemberg — Kreis Ravensburg — 700 m — 2 340 Ew — Ravensburg 10, Wangen 17 km
ℹ ☎ (0 75 29) 9 71 70, Fax 97 17 55 — Bürgermeisteramt, Hauptstr 20, 88289 Waldburg; Erholungsort

** Krone
Hauptstr 21, ✉ 88289, ☎ (0 75 29) 99 80, Fax 99 83 00, ED
30 Zi, Ez: 80-90, Dz: 120-155, 1 Suite, ⌐ WC ☎, 9⌂; P 🅿 2⇔50 Kegeln Solarium ⓘ

Waldeck 35 ↓

Hessen — Kreis Waldeck-Frankenberg — 420 m — 7 500 Ew — Bad Wildungen 16, Korbach 26 km
ℹ ☎ (0 56 23) 53 02, Fax 62 15 — Ederseee Tourist Information, Sachsenhäuser Str 10, 34513 Waldeck; Luftkurort über dem Edersee. Sehenswert: Ev. Kirche; Schloß ◄; ehem. Zisterzienserkloster im Stadtteil Netze (4 km ↗)

*** Burghotel Schloß Waldeck (European Castle)
einzeln ♂ ◄ ✉ 34513, ☎ (0 56 23) 58 90, Fax 58 92 89, AX DC ED VA
37 Zi, Ez: 150-180, Dz: 250-270, 4 Suiten, ⌐ WC ☎; Lift P 7⇔250 ⌂ Sauna Solarium ⓘ
geschl: Anfang Jan-Mitte Feb

*** Alte Turmuhr
◄ Hauptgericht 40; Terrasse; nur abends; geschl: Anfang Jan-Mitte Feb

** Roggenland (Ringhotel)
Schloßstr 11, ✉ 34513, ☎ (0 56 23) 9 98 -8, Fax 60 08, AX DC ED VA
68 Zi, Ez: 118-160, Dz: 160-240, S; ⌐ WC ☎; Lift P 5⇔100 ⌂ Fitneßraum Kegeln Sauna Solarium ⓘ
geschl: 18.-26.12.96
Golf 27
** Hauptgericht 30; Terrasse; geschl: So abends, 18.-26.12.96

Waldeck-Außerhalb (2 km ✓, am Edersee)
** Waldhotel Wiesemann
♂ ◄ Oberer Seeweg 2, ✉ 34513, ☎ (0 56 23) 53 48, Fax 54 10, DC ED VA
13 Zi, Ez: 70-140, Dz: 120-240, 1 Suite, ⌐ WC ☎; P 1⇔30 ⌂ Sauna Solarium ⓘ
geschl: im Winter Do, Anfang Jan

* Landhotel Edersee
♂ Oberer Seeweg 5, ✉ 34513, ☎ (0 56 23) 56 00, Fax 60 99, ED
11 Zi, Ez: 60-72, Dz: 84-116, ⌐ WC ☎; P Sauna Solarium
Restaurant für Hausgäste

Nieder-Werbe (6 km ←)
** Werbetal
◄ Uferstr 28, ✉ 34513, ☎ (0 56 34) 71 96, Fax 60 65, AX DC ED VA
24 Zi, Ez: 56-94, Dz: 82-156, 2 App, ⌐ WC ☎; P 🅿 3⇔100 ⓘ
Rezeption: 8-21; geschl: Mitte Dez-Mitte Mär
Auch Zimmer der Kategorie * vorhanden

Waldenburg 49 ↗

Sachsen — Kreis Glauchau — 260 m — 4 300 Ew — Glauchau 9 km
ℹ ☎ (03 76 08) 2 10 00, Fax 2 10 06 — Stadtverwaltung, Markt 22, 08396 Waldenburg. Sehenswert: Schloß; Grünfelder Park; Bartholomäuskirche

* Glänzelmühle
einzeln ♂ Am Park 9 b, ✉ 08396, ☎ (03 76 08) 2 10 15, Fax 2 10 17, ED
15 Zi, Ez: 67-95, Dz: 91-130, 1 Suite, ⌐ WC ☎; P
Rezeption: 14-23
* Hauptgericht 15; Biergarten Terrasse; nur abends, Sa + So auch mittags

Waldenburg

Waldenburg 62 ↖

Baden-Württemberg — Hohenlohekreis — 505 m — 3 100 Ew — Öhringen 15, Schwäbisch Hall 20 km
ℹ ☎ (0 79 42) 10 80, Fax 1 08 88 — Verkehrsamt, Hauptstr 13, 74638 Waldenburg; Luftkurort. Sehenswert: Kath. Kirche; Schloß; Siegel-Museum; Urwelt-Museum; Stauferturm

---

★★ Panoramahotel Waldenburg (Ringhotel)
♂ ≼ Hauptstr 84, ✉ 74638, ☎ (0 79 42) 9 10 00, Fax 9 10 08 88, AX DC ED VA
65 Zi, Ez: 138-178, Dz: 186-238, S; 4 Suiten, ⌐ WC, 8⌂; Lift 🅿 🚗 9⇔150 Fitneßraum Sauna Solarium
Direkter Zugang zum städtischen Hallenbad
★★ ≼ Hauptgericht 35; Terrasse

★ Bergfried
♂ ≼ Hauptstr 30, ✉ 74638, ☎ (0 79 42) 9 14 00, Fax 91 40 45, ED VA
14 Zi, Ez: 78-85, Dz: 120-130, ⌐ WC 🕿; 🅿 1⇔40
Rezeption: 8-20; geschl: Di abends, Mi, Ende Dez-Mitte Jan
★ ≼ Hauptgericht 25; Terrasse; geschl: Di abends, Mi, Ende Dez-Anfang Jan

Waldesch 43 ↘

Rheinland-Pfalz — Kreis Mayen-Koblenz — 350 m — 2 100 Ew — Koblenz 11, Boppard 18 km
ℹ ☎ (0 26 28) 63 42, Fax 63 24 — Verkehrsamt, Rathaus, Am Viehtor, 56321 Rhens; Erholungsort im Hunsrück

---

★★ Waldhotel König von Rom
♂ ≼ Lindenweg 10, ✉ 56323, ☎ (0 26 28) 20 93, Fax 20 46, AX DC ED VA
19 Zi, Ez: 77-95, Dz: 110-150, ⌐ WC 🕿; 🅿 🚗 2⇔35
★★ Hauptgericht 28; geschl: im Jul

Waldfischbach-Burgalben 53 ↓

Rheinland-Pfalz — Kreis Pirmasens — 272 m — 5 067 Ew — Pirmasens 12, Kaiserslautern 20 km
ℹ ☎ (0 63 33) 10 51 — Gemeindeverwaltung, Hauptstr 50, 67714 Waldfischbach-Burgalben

---

★★ Zum Schwan
Hauptstr 119, ✉ 67714, ☎ (0 63 33) 9 24 20, Fax 92 42 92, ED
20 Zi, Ez: 70, Dz: 100-120, ⌐ WC 🕿, 3⌂; 🅿 🍽

Waldkirch 67 □

Baden-Württemberg — Kreis Emmendingen — 263 m — 20 000 Ew — Emmendingen 12, Freiburg 15 km
ℹ ☎ (0 76 81) 20 61 06, Fax 20 61 07 — Kur- und Verkehrsamt, Kirchplatz 2, 79183 Waldkirch; Kneipp-Kurort im Schwarzwald. Sehenswert: Kath. Kirche; Elztalmuseum für Regionalgeschichte und Orgelbau; Ruine Kastelburg; Schwarzwaldzoo; Kandel, 1241 m ≼ (13 km ↘)

★ Akzent-Hotel Felsenkeller
♂ ≼ Schwarzenbergstr 18, ✉ 79183, ☎ (0 76 81) 4 02 50, Fax 40 25 80, AX DC ED VA
30 Zi, Ez: 75-120, Dz: 95-184, ⌐ WC 🕿; 🅿 🚗 2⇔80 Sauna Solarium
Auch einfachere Zimmer vorhanden
★★ Hauptgericht 25

★★ Schwarzwaldstüble
Merklinstr 20, ✉ 79183, ☎ (0 76 81) 50 61, Fax 2 43 58, AX ED VA
Hauptgericht 30; 🅿 Terrasse ⌂; geschl: Do

Buchholz (3 km ↗)
★ Hirschenstube mit Gästehaus Gehri
♂ Schwarzwaldstr 45, ✉ 79183, ☎ (0 76 81) 98 53, Fax 2 42 50, ED
20 Zi, Ez: 80-95, Dz: 120-150, 1 Suite, 5 App, ⌐ WC 🕿; 🅿 🚗 Fitneßraum Sauna Solarium
Rezeption: 7-11, 16-20
Im Haupthaus auch einfachere Zimmer vorhanden
★ Hauptgericht 30; Gartenlokal; geschl: So abends, Mo, Ende Jan-Anfang Feb

★ Landgasthof Löwen
♂ Schwarzwaldstr 34, ✉ 79183, ☎ (0 76 81) 98 68, Fax 2 52 53, AX ED VA
21 Zi, Ez: 70-95, Dz: 120-140, 2 Suiten, ⌐ WC 🕿; Lift 🅿 2⇔40 🍽
geschl: Mi, Jan

Kollnau (2 km ↗)
★ Kohlenbacher Hof
einzeln ♂ ≼ Kohlenbach 8, ✉ 79183, ☎ (0 76 81) 80 56, Fax 52 37, AX DC ED VA
18 Zi, Ez: 75-90, Dz: 120-140, ⌐ WC 🕿; 🅿 1⇔40
★ Hauptgericht 30; Terrasse; geschl: Di, 7.-28.1.97

Suggental (4 km ↗)
★ Suggenbad
Talstr 1, ✉ 79183, ☎ (0 76 81) 80 91, Fax 80 46, AX ED VA
Hauptgericht 35; Gartenlokal 🅿; geschl: Do, Mitte Jan
★★ Gästehaus
35 Zi, Ez: 70-90, Dz: 135-200, ⌐ WC 🕿; Lift 🚗 2⇔40 Sauna Solarium

Waldkirchen 66 →

Bayern — Kreis Freyung-Grafenau — 575 m — 10 000 Ew — Passau 30, Grafenau 37 km
🛈 ☎ (0 85 81) 2 02 50, Fax 40 90 — Verkehrsamt, Ringmauerstr 14, 94065 Waldkirchen; Luftkur- und Wintersportort im Bayerischen Wald

★★ Vier Jahreszeiten
♂ ≼ Hauzenberger Str 48, ✉ 94065, ☎ (0 85 81) 20 50, Fax 20 54 44, AX DC ED VA
112 Zi, Ez: 75-88, Dz: 138-150, 6 Suiten, 6 App, ⊣ WC ☎; 🅿 3⇔120 Fitneßraum Sauna Solarium
Tennis 8; Verbindungsgang zum städtischen Bäderzentrum
★★ Karoli Stub'n
Hauptgericht 25

★★ Karoli
VdK-Str 26, ✉ 94065, ☎ (0 85 81) 97 00, Fax 97 02 90
76 Zi, Ez: 55-65, Dz: 110-160, ⊣ WC ☎; Lift 🅿 Fitneßraum Sauna Solarium
geschl: Mitte Nov-Mitte Dez
Restaurant für Hausgäste

★ Gottinger Keller
♂ ≼ Hauzenberger Str 10, ✉ 94065, ☎ (0 85 81) 80 11, Fax 38 14, DC ED VA
19 Zi, Ez: 60-70, Dz: 104-145, 2 Suiten, 38 App, ⊣ WC ☎; 🅿 Kegeln Sauna
Auch Appartements der Kategorie **★★** vorhanden
★   ≼ Hauptgericht 25

Dorn
★★ Sporthotel Reutmühle
♂ Frauenwaldstr 7, ✉ 94065, ☎ (0 85 81) 20 30, Fax 20 31 70, AX DC ED VA
140 Zi, Ez: 89-129, Dz: 158-188, 20 Suiten, 30 App, ⊣ WC ☎; 🅿 🚗 3⇔60 ≋ Bowling Fitneßraum Sauna Solarium 🍴
Golf 9
Hoteldorf im niederbayrischen Landhausstil

Waldkraiburg 73 ↖

Bayern — Kreis Mühldorf am Inn — 434 m — 25 000 Ew — Mühldorf 12, Wasserburg 27 km
🛈 ☎ (0 86 38) 95 93 15, Fax 95 93 16 — Fremdenverkehrsamt, Braunauer Str 10, 84478 Waldkraiburg; Stadt am Inn

★ Hotel Garni
Berliner Str 35, ✉ 84478, ☎ (0 86 38) 9 67 50, Fax 96 75 50, AX ED VA
24 Zi, Ez: 78-85, Dz: 105, ⊣ WC ☎; 🅿; garni

Waldmünchen

Waldliesborn, Bad
siehe Lippstadt

Wald-Michelbach 54 →

Hessen — Kreis Bergstraße — 450 m — 11 500 Ew — Hirschhorn 19, Weinheim 24, Heppenheim 25 km
🛈 ☎ (0 62 07) 4 01, Fax 12 53 — Gemeindeverwaltung, In der Gass 17, 69483 Wald-Michelbach; Erholungsort im Odenwald

Aschbach (2 km ↗)
★★ Vetters Hof
Waldstr 12, ✉ 69483, ☎ (0 62 07) 23 13, Fax 39 71, AX DC ED VA
Hauptgericht 36; 🅿; geschl: Mo

Kreidach (3,5 km ↙)
★★ Kreidacher Höhe
einzeln ≼ ✉ 69483, ☎ (0 62 07) 26 38, Fax 16 50, AX
34 Zi, Ez: 135-155, Dz: 202-230, 1 Suite, ⊣ WC ☎; Lift 🅿 3⇔180 ≋ ≙ Kegeln Sauna Solarium 🍴
Rezeption: 8-21
★★ Hauptgericht 30; Terrasse

Waldmohr 53 ↙

Rheinland-Pfalz — Kreis Kusel — 270 m — 5 600 Ew — Homburg/Saar 8 km
🛈 ☎ (0 63 73) 50 30, Fax 44 07 — Verbandsgemeindeverwaltung, Rathausstr 14, 66914 Waldmohr

Außerhalb (1 km →)
★★ Le Marmiton
≼ Am Mühlweiher 1, ✉ 66914, ☎ (0 63 73) 91 56, Fax 91 56, DC ED VA
Hauptgericht 40; Terrasse; geschl: Mo, Di mittags

Waldmünchen 59 ↘

Bayern — Kreis Cham — 520 m — 7 800 Ew — Rötz 15, Furth im Wald 17 km
🛈 ☎ (0 99 72) 3 07 24, Fax 3 07 30 — Verkehrsamt, Marktplatz 14, 93446 Waldmünchen; Luftkurort im Naturpark Oberer Bayerischer Wald

Achtung: Trenck-Festspiele
🛈 ☎ (0 99 72) 3 07 25; Erlebnisbad „Aquafit"

★ Schmidbräu
Marktplatz 5, ✉ 93449, ☎ (0 99 72) 2 21, Fax 33 11, AX DC ED VA
40 Zi, Ez: 70, Dz: 96-110, ⊣ WC ☎; Lift 🅿 🚗 🍴
Auch Zimmer der Kategorie **★★** vorhanden

Ein im Betriebseintrag dargestelltes S zeigt an, daß Sie hier bei einer Buchung über den Varta Hotel-Service zu Sonderkonditionen übernachten können.

Waldsassen

Waldsassen 59

Bayern — Kreis Tirschenreuth — 491 m — 8 000 Ew — Tirschenreuth 19, Marktredwitz 22 km
ℹ ☎ (0 96 32) 88 28, Fax 54 80 — Verkehrsamt, Johannisplatz 11, 95652 Waldsassen. Sehenswert: Kirche und Kloster: Bibliothek; Wallfahrtskirche im Stadtteil Kappel (4 km ↖)

※ **Zrenner**
Dr.-Otto-Seidel-Str 13, ✉ 95652,
☎ (0 96 32) 12 26, Fax 54 27, ED
21 Zi, Ez: 65, Dz: 110-130, ⌐ WC ☎; P 🚗
geschl: Fr
※※ Hauptgericht 18; Terrasse;
geschl: Fr

※ **Bayerischer Hof**
Bahnhofstr 15, ✉ 95652, ☎ (0 96 32) 12 08, Fax 49 24, AX ED VA
15 Zi, Ez: 55-65, Dz: 90-120, ⌐ WC ☎, 4 🛏;
P
geschl: Mi, 2 Wochen im Apr, 2 Wochen im Nov
※ Hauptgericht 20; Terrasse;
geschl: Mi, 2 Wochen im Apr, 2 Wochen im Nov

※ **Zum ehem. Königlich-Bayerischen Forsthaus**
☙ Basilikaplatz 5, ✉ 95652, ☎ (0 96 32) 9 20 40, Fax 92 04 44, ED
27 Zi, Ez: 55-60, Dz: 90, ⌐ WC ☎; P 1⇆120 🍽

Waldsee, Bad 69 □

Baden-Württemberg — Kreis Ravensburg — 600 m — 17 500 Ew — Ravensburg 20, Biberach 23 km
ℹ ☎ (0 75 24) 94 13 42, Fax 94 13 45 — Kurverwaltung, Ravensburger Str 1, 88339 Bad Waldsee; Heilbad und Kneippkurort mit Thermalbad „Waldseer Therme". Sehenswert: Ehem. Stiftskirche: Bronzegrabplatte; Rathaus; Museum im Kornhaus; Wasserschloß; Frauenbergkapelle; Kloster mit Wallfahrtskirche im Stadtteil Reute (4 km ↙)

※※ **Kurparkhotel**
☙ Badstr 30, ✉ 88339, ☎ (0 75 24) 9 70 70, Fax 97 07 75
60 Zi, Ez: 60-100, Dz: 130-200, ⌐ WC ☎; Lift
P Sauna Solarium
Restaurant für Hausgäste

※ **Altes Tor**
Hauptstr 49, ✉ 88339, ☎ (0 75 24) 9 71 90, Fax 97 19 97, AX DC ED VA
28 Zi, Ez: 110, Dz: 140-160, ⌐ WC ☎; Lift P 🚗 Sauna; **garni**
Golf 18

※※※※※ Restaurant mit außergewöhnlich anspruchsvoller Ausstattung

※ **Grüner Baum**
Hauptstr 34, ✉ 88339, ☎ (0 75 24) 9 79 00, Fax 97 90 50, AX ED VA
14 Zi, Ez: 84-99, Dz: 130-170, ⌐ WC ☎; P
geschl: 22.12.96-4.1.97
※※ Hauptgericht 26; Gartenlokal;
geschl: Di, Mi

Gaisbeuren (3 km ↙)
※※ **Adler**
Bundesstr 15, ✉ 88339, ☎ (0 75 24) 99 80, Fax 99 81 52, AX DC ED VA
31 Zi, Ez: 88-105, Dz: 139-159, ⌐ WC ☎; Lift
P 4⇆150 🍽
geschl: Ende Feb-Anfang Mär

Mattenhaus (2 km ↑)
※ **Landgasthof Kreuz**
an der B 30, ✉ 88339, ☎ (0 75 24) 9 75 70, Fax 97 57-50, AX ED VA
20 Zi, Ez: 78-95, Dz: 105-135, ⌐ WC ☎; P 🚗
2⇆100 🍽
Rezeption: 7-20
Golf 18

Waldshut-Tiengen 67

Baden-Württemberg — Kreis Waldshut — 340 m — 22 000 Ew — Schaffhausen 30, Basel 59 km
ℹ ☎ (0 77 51) 16 14, Fax 88 52 01 — Verkehrsamt, im Stadtteil Waldshut, Kaiserstr 3, 79761 Waldshut-Tiengen; Stadt am Hochrhein. Sehenswert: In Waldshut: kath. Kirche; Tortürme; in Tiengen: kath. Kirche; Schloß; Storchenturm

Breitenfeld (3 km ↗)
※ **Landgasthof Hirschen**
Breitenfeld 13, ✉ 79761, ☎ (0 77 41) 6 82 50, Fax 68 25 68, ED VA
24 Zi, Ez: 60-69, Dz: 108-126, ⌐ WC ☎; Lift
P 🚗 2⇆30 Fitneßraum Sauna Solarium 🍽
geschl: 10.1.-1.2.97
Im Gästehaus Cäcilia Zimmer der Kategorie ※※ vorhanden

Tiengen
※※ **Bercher**
Bahnhofstr 1, ✉ 79761, ☎ (0 77 41) 6 10 66, Fax 6 57 66, DC ED VA
40 Zi, Ez: 75-130, Dz: 130-210, 2 Suiten, 1 App, ⌐ WC ☎; Lift P 🚗 Sauna Solarium
geschl: So, Anfang-Mitte Jan
※※ Hauptgericht 25; Biergarten;
geschl: So, Anfang-Mitte Jan

※※ **Brauereigasthof Walter**
Hauptstr 23, ✉ 79761, ☎ (0 77 41) 8 30 20, Fax 83 02 40, DC ED VA
26 Zi, Ez: 65-90, Dz: 125-170, ⌐ WC ☎; P 🚗
1⇆80
geschl: So, Ende Jul-Anfang Aug
Auch einfachere Zimmer vorhanden
※ Hauptgericht 25; Gartenlokal;
geschl: So, Ende Jul-Anfang Aug

Waldshut

** **Waldshuter Hof**
Kaiserstr 56, ✉ 79761, ☎ (0 77 51) 20 08,
Fax 87 51 70, ED VA
23 Zi, Ez: 90, Dz: 150, ⊿ WC ☎; Lift 🅿
** Hauptgericht 30; 🅿;   ✤
geschl: Mo

** **Gasthof Fährhaus**
Konstanzer Str 7, an der B 34, ✉ 79761,
☎ (0 77 51) 30 11, Fax 71 54
Hauptgericht 30; geschl: So, Mo mittags
** 17 Zi, Ez: 55-85, Dz: 100-160, ⊿
WC ☎; 🅿 🅿
geschl: So, Mo mittags

Waldstetten 62 □

Baden-Württemberg — Ostalbkreis —
544 m — 7 000 Ew — Göppingen 21 km
ℹ ☎ (0 71 71) 40 30, Fax 4 44 18 — Gemeindeverwaltung, Hauptstr 1, 73550 Waldstetten

** **Sonnenhof**   ✤
Lauchgasse 19, ✉ 73550, ☎ (0 71 71)
4 23 09, Fax 4 48 43, AX DC ED VA
Hauptgericht 30; Biergarten Gartenlokal
🅿; geschl: Mo

Walldorf 54 ↘

Baden-Württemberg — Rhein-Neckar-
Kreis — 106 m — 13 900 Ew — Heidelberg 15 km
ℹ ☎ (0 62 27) 3 51 50, Fax 6 18 28 — Stadtverwaltung, Nußlocher Str 45, 69190 Walldorf

*** **Holiday Inn**
Roter Str, ✉ 69190, ☎ (0 62 27) 3 60,
Fax 3 65 04, AX DC ED VA
158 Zi, Ez: 154-284, Dz: 184-358, S;
10 Suiten, ⊿ WC ☎, 45🍴; Lift 🅿 🅿 9⟷320
≈ 🏊 Fitneßraum Sauna Solarium
** **Walldorf**
Hauptgericht 35

** **Vorfelder**
(Minotel)
Bahnhofstr 28, ✉ 69190, ☎ (0 62 27) 69 90,
Fax 3 05 41, AX DC ED VA
63 Zi, Ez: 105-205, Dz: 155-245, 2 Suiten, ⊿
WC ☎, 5🍴; Lift 🅿 🅿 5⟷60 Fitneßraum
Sauna Solarium
** Hauptgericht 28; Biergarten Terrasse; nur abends, So auch mittags;
geschl: 2.-23.1.97

** **Domizil**
Schwetzinger Str 50, ✉ 69190, ☎ (0 62 27)
60 80, Fax 6 08 60, AX DC ED VA
34 Zi, Ez: 165, Dz: 205-215, ⊿ WC ☎, 3🍴;
Lift 🅿 Sauna; garni
geschl: Ende Dez-Anfang Jan

** **Ambiente**
Am Neuen Schulhaus 4, ✉ 69190,
☎ (0 62 27) 69 70, Fax 69 71 00, AX ED VA
71 Zi, Ez: 150-198, Dz: 190-248, 2 Suiten, ⊿
WC ☎, 14🍴; Lift 🅿 🅿 2⟷80 Fitneßraum
Sauna Solarium 🍴
geschl: Ende Dez-Anfang Jan

Wallerfangen

** **Haus Landgraf**
♦ Hauptstr 25, ✉ 69190, ☎ (0 62 27) 40 36,
Fax 6 10 71, AX DC ED VA
Hauptgericht 35; nur abends; geschl: Mo

Walldorf siehe Mörfelden

Walldürn 55 □

Baden-Württemberg — Neckar-Odenwald-Kreis — 409 m — 11 500 Ew —
Miltenberg 23 km
ℹ ☎ (0 62 82) 6 71 07, Fax 6 71 56 — Verkehrsamt, Hauptstr 27, 74731 Walldürn;
Erholungsort. Sehenswert: Wallfahrtskirche; Elfenbeinmuseum; Odenwälder
Freilandmuseum

** **Landgasthof Zum Riesen**
Hauptstr 14, ✉ 74731, ☎ (0 62 82) 5 31,
Fax 66 18, AX DC ED VA
22 Zi, Ez: 105, Dz: 165, 1 Suite, 1 App., ⊿
WC ☎; Lift 🅿 🅿 2⟷50
Rezeption: 7-18
** Hauptgericht 42; Biergarten

* **Zum Ritter**
Untere Vorstadtstr 2, ✉ 74731, ☎ (0 62 82)
60 55, Fax 60 58, ED VA
20 Zi, Ez: 35-80, Dz: 70-120, ⊿ WC ☎; 🅿 🅿
🍴
Auch einfachere Zimmer vorhanden

Reinhardsachsen (9 km ↑)
** **Akzent-Hotel Frankenbrunnen**
♦ Am Kaltenbach 3, ✉ 74731; ☎ (0 62 86)
9 20 20, Fax 13 30, AX DC ED VA
23 Zi, Ez: 90-120, Dz: 140-170, 2 Suiten,
2 App., ⊿ WC ☎, 7🍴; 🅿 🅿 3⟷150 Fitneßraum Sauna Solarium
** Hauptgericht 25; Gartenlokal;
geschl: So abends

Wallenhorst 24 □

Niedersachsen — Kreis Osnabrück —
130 m — 22 300 Ew — Bramsche 8, Osnabrück 9 km
ℹ ☎ (0 54 07) 88 80, Fax 88 89 99 —
Gemeindeverwaltung, Hollager Str 127,
49134 Wallenhorst. Sehenswert: Alte St.
Alexander Kirche im Alten Dorf; Windmühle Lechtingen; Wassermühle im
Nettetal

* **Bitter**
Große Str 26, ✉ 49134, ☎ (0 54 07) 88 10,
Fax 88 11 00, AX DC ED VA
48 Zi, Ez: 110-150, Dz: 148-195, S; 1 Suite,
⊿ WC ☎; Lift 🅿 🅿 6⟷400

Wallerfangen 52 ↓

Saarland — Kreis Saarlouis — 280 m —
10 200 Ew — Saarlouis 3 km
ℹ ☎ (0 68 31) 63 57, Fax 6 07 69 — Gemeindeverwaltung, Fabrikplatz, 66798 Wallerfangen   →

Wallerfangen

*** **Villa Fayence** 🔑 🍴
Hauptstr 12, ✉ 66798, ☎ (0 68 31) 96 41-0, Fax 6 20 68, AX DC ED VA
Hauptgericht 35; Biergarten 🅿 Terrasse; geschl: So + Mo
** ♂ 4 Zi, Ez: 155, Dz: 240, 1 Suite, 🚿 WC ☎

Kerlingen (6 km ←)
** **Haus Scheidberg**
einzeln ♂ ⚓ ✉ 66798, ☎ (0 68 37) 7 50, Fax 75 30, AX DC ED VA
60 Zi, Ez: 99-119, Dz: 145-159, 2 Suiten, 🚿 WC ☎, 8✉; Lift 🅿 9⇨850 Kegeln Sauna Solarium
geschl: Anfang Jan
** Hauptgericht 25; geschl: So abends, feiertags

Oberlimberg (3 km ↘)
* **Waldesruh**
Siersburger Str 8, ✉ 66798, ☎ (0 68 31) 6 11 52, Fax 6 84 59, AX ED VA
Hauptgericht 25; Biergarten 🅿 Terrasse; geschl: Do
* ♂ 12 Zi, Ez: 55-90, Dz: 110-180, 🚿 WC ☎, 🍴

Wallgau 71 ↓

Bayern — Kreis Garmisch-Partenkirchen — 900 m — 1 200 Ew — Mittenwald 10 km
ℹ ☎ (0 88 25) 4 72, Fax 16 99 — Verkehrsamt, Dorfplatz 7, 82499 Wallgau; Erholungsort an der Isar. Sehenswert: Pfarrkirche St. Jakob; Bauernhäuser (16. Jh.); Walchensee (6 km ↗)

** **Parkhotel**
♂ ⚓ Barmseestr 1, ✉ 82499, ☎ (0 88 25) 2 90, Fax 3 66
40 Zi, Ez: 120-170, Dz: 240-270, 12 Suiten, 🚿 WC ☎; Lift 🅿 🍴 1⇨40 ♨ Sauna Solarium
geschl: 2 Wochen im Apr, Anfang Nov-Mitte Dez
Golf 9
** Hauptgericht 25; Terrasse

** **Post**
Dorfplatz 6, ✉ 82499, ☎ (0 88 25) 91 90, Fax 9 19 99, ED VA
29 Zi, Ez: 70-85, Dz: 96-195, 🚿 WC ☎; Lift 🅿 🍴 Sauna Solarium 🍴
geschl: Anfang Nov-Mitte Dez

* **Vita Bavarica**
♂ ⚓ Lange Äcker 17, ✉ 82499, ☎ (0 88 25) 5 72, Fax 24 49
11 Zi, Ez: 50-75, Dz: 110, 2 Suiten, 🚿 WC ☎; 🅿 ♨ Sauna Solarium; **garni**
Rezeption: 8-18; geschl: Mi abends, Ende Okt-Mitte Dez

* **Gästehaus Zunterer**
⚓ Mittenwalder Str 3, ✉ 82499, ☎ (0 88 25) 20 21
15 Zi, Ez: 54-65, Dz: 110-120, 🚿 WC ☎; 🅿 1⇨20 ♨ Fitneßraum Sauna Solarium; **garni**
Rezeption: 8-21

* **Karwendelhof**
⚓ Walchenseestr 18, ✉ 82499, ☎ (0 88 25) 10 21, Fax 24 13
13 Zi, Ez: 69-78, Dz: 150-188, 1 Suite, 🚿 WC ☎, 1✉; 🅿 Sauna Solarium 🍴
geschl: Do, Anfang Nov-Mitte Dez
Zimmerpreise inkl. Halbpension

Walluf 54 ↘

Hessen — Rheingau-Taunus-Kreis — 90 m — 6 050 Ew — Eltville 5, Wiesbaden 7 km
ℹ ☎ (0 61 23) 79 22 25, Fax 79 22 53 — Gemeindeverwaltung, Mühlstr 40, 65396 Walluf; Älteste Weinbaugemeinde im Rheingau

Niederwalluf
* **Zum Neuen Schwan**
♂ ⚓ Rheinstr 3, ✉ 65396, ☎ (0 61 23) 9 95 90, Fax 99 59 50, AX DC ED VA
26 Zi, Ez: 84-130, Dz: 120-170, 🚿 WC ☎; 🅿 🍴
geschl: Ende Dez-Anfang Jan

* **Zum Weissen Mohren**
♂ ⚓ Rheinallee 3, ✉ 65396, ☎ (0 61 23) 7 48 33, Fax 7 44 62
12 Zi, Ez: 80, Dz: 130, 🚿 WC; 🅿 🍴

** **Schwan**
⚓ Rheinstr 4, ✉ 65396, ☎ (0 61 23) 7 24 10, Fax 7 54 42, AX DC ED VA
Hauptgericht 40; geschl: Di

Walsrode 26 ↘

Niedersachsen — Kreis Soltau-Fallingbostel — 42 m — 23 200 Ew — Soltau 18, Verden 30 km
ℹ ☎ (0 51 61) 20 37, Fax 7 33 95 — Tourist-Information, Lange Str 20, 29664 Walsrode; Erholungsort. Sehenswert: Kloster; Heidemuseum „Rischmannshof" mit Lönszimmer; Vogelpark (2 km ↗); Sieben Steinhäuser (Hünengräber, 17km ↘, über Westenholz); Besuch nur am 1. und 3. Wochenende im Monat (von 8-18); Lönsgrab im Tietlinger Wacholderhain (6 km →); Naturschutzgebiet „Grundloses Moor" (5 km ↑) mit See; Lönshütte in Westenholz; Stellichter Kirche; Meinerdinger Kirche

*** **Landhaus Walsrode** 👑
Oskar-Wolff-Str 1, ✉ 29664, ☎ (0 51 61) 80 53, Fax 23 52, AX ED
16 Zi, Ez: 85-220, Dz: 145-290, 2 Suiten, 🚿 WC ☎; 🅿 🍴 2⇨12 ♨; **garni**
geschl: Mitte Dez-Mitte Jan

* **Kopp**
Lange Str 4, ✉ 29664, ☎ (0 51 61) 9 81 10, Fax 98 11 50
18 Zi, Ez: 80-100, Dz: 120-155, 🚿 WC ☎; 🅿 Kegeln 🍴

* **Hannover**
Lange Str 5, ✉ 29664, ☎ (0 51 61) 55 16, Fax 55 13, AX ED
25 Zi, Ez: 80-90, Dz: 120-130, 🚿 WC ☎, 1✉; 🅿 🍴 1⇨80 🍴

* **Willi-Hotel**
Holiday Inn Express
Gottlieb-Daimler-Str 11, ✉ 29664,
☎ (0 51 61) 60 70, Fax 60 74 44, AX DC ED VA
79 Zi, Ez: 112-236, Dz: 132-276, ⇰ WC ☎,
30⌂; P 2⇌40; garni ¶⊙⊧

* **Walsroder Hof**
Lange Str 48, ✉ 29664, ☎ (0 51 61) 58 10,
Fax 7 47 56, AX DC ED VA
33 Zi, Ez: 95-110, Dz: 130-160, ⇰ WC; Lift P
⌸ 1⇌40
geschl: im Sommer So, im Winter So+Fr,
Mitte Dez-Ende Jan
* Hauptgericht 35; Terrasse;
geschl: im Winter So+Fr, im Sommer So,
Mitte Dez-Ende Jan

☛ **Hohmann**
Hannoversche Str 2, ✉ 29664, ☎ (0 51 61)
55 17, Fax 7 37 08
8-18, So ab 11; geschl: Mo

Walsrode-Außerhalb (2 km ↑)
** **Parkhotel Luisenhöhe**
Am Vogelpark, ✉ 29664, ☎ (0 51 61) 20 11,
Fax 23 87, AX DC ED VA
47 Zi, Ez: 139-200, Dz: 170-350, ⇰ WC ☎,
3⌂; Lift P 9⇌300
geschl: Ende Dez
Auch Zimmer der Kategorie *** vorhanden
** Hauptgericht 30; geschl: Ende
Dez

Hünzingen (5 km ↑)
** **Landhotel Forellenhof**
♂ Hünzingen 3, ✉ 29664, ☎ (0 51 61) 97 00,
Fax 97 01 23, AX DC ED VA
51 Zi, Ez: 90-135, Dz: 110-190, 4 Suiten, ⇰
WC ☎; P ⌸ 5⇌400 Fitneßraum Kegeln
Sauna Solarium
Auch Zimmer der Kategorie * vorhanden
** Hauptgericht 25; P Terrasse

Tietlingen (10 km ←)
* **Sanssouci**
♂ Tietlingen 4, ✉ 29664, ☎ (0 51 62) 30 47,
Fax 67 42, AX ED VA
12 Zi, Ez: 90-100, Dz: 130-150, ⇰ WC ☎; P
geschl: Feb
* Hauptgericht 20; Biergarten Terrasse; nur abends; im Sommer auch mittags; geschl: im Winter Do, Feb

siehe auch **Essel**

Waltenhofen 70 ☐

Bayern — Kreis Oberallgäu — 750 m —
8 476 Ew — Kempten 6, Immenstadt 16 km
🛈 ☎ (0 83 03) 7 90, Fax 79 30 — Verkehrsamt, Immenstädter Str 7, 87448 Waltenhofen; Erholungsort

Martinszell (6 km ↓)
* **Gasthof Adler**
Illerstr 10, ✉ 87448, ☎ (0 83 79) 92 07 00,
Fax 92 07 27, ED
29 Zi, Ez: 71, Dz: 129, ⇰ WC ☎; P ⌸
3⇌100 ¶⊙⊧
geschl: Mitte Jan
Auch Zimmer der Kategorie ** vorhanden

Waltrop

Martinszell-Oberdorf (6 km ↓)
* **Pension Sonnenhang**
♂ Niedersonthofener Str 26, ✉ 87448,
☎ (0 83 79) 9 20 20, Fax 92 02 30
10 Zi, Ez: 45-64, Dz: 72-110, ⇰ WC ☎; P ≘
Sauna Solarium; garni
geschl: Anfang Nov-Mitte Dez

Waltersdorf 41 ↗

Sachsen — Kreis Zittau — 405 m —
1 700 Ew — Zittau 11 km
🛈 ☎ (03 58 41) 21 46, Fax 23 87 — Fremdenverkehrsbüro, Dorfstr 93, 02799 Waltersdorf; Erholungsort. Sehenswert: Umgebindehäuser; Getreidemühle; Dorfkirche;
793 m hohe Lausche (höchster Berg d.
Oberlausitz)

* **Auf der Heide**
einzeln ♂ ⋅⋖ Hauptstr 120, ✉ 02799,
☎ (03 58 41) 72 22, Fax 72 22, AX ED VA
9 Zi, Ez: 75-100, Dz: 70-90, ⇰ WC ☎; P Fitneßraum Solarium ¶⊙⊧

Waltershausen 47 ↖

Thüringen — Kreis Gotha — 325 m —
12 880 Ew — Friedrichroda 4, Gotha 9,
Eisenach 16 km
🛈 ☎ (0 36 22) 6 30 48, Fax 25 55 — Stadtverwaltung, Markt 1, 99880 Waltershausen.
Sehenswert: Klaustor; Töpfersturm

** **Landgraf**
Gothaer Str 1, ✉ 99880, ☎ (0 36 22) 6 50 00,
Fax 65 00 65, AX DC ED VA
68 Zi, Ez: 80-100, Dz: 120-140, ⇰ WC ☎,
11⌂; Lift P 3⇌70 Fitneßraum Kegeln
Sauna Solarium
* **Balthasar**
Hauptgericht 25; Biergarten

Waltrop 33 ☐

Nordrhein-Westfalen — Kreis Recklinghausen — 60 m — 29 950 Ew — Lünen 12,
Dortmund 13 km
🛈 ☎ (0 23 09) 93 00, Fax 93 03 00 — Stadtverwaltung, Münsterstr 1, 45731 Waltrop.
Sehenswert: Schiffshebewerk (5 km ←)

* **Haus der Handweberei**
♂ Bahnhofstr 95, ✉ 45731, ☎ (0 23 09)
9 60 90, Fax 7 58 99
22 Zi, Ez: 65-70, Dz: 120-130, ⇰ WC ☎; P;
garni

* **Kranefoer**
Hilberstr 12, ✉ 45731, ☎ (0 23 09) 24 16,
Fax 7 44 07, AX ED
8 Zi, Ez: 70-75, Dz: 120, ⇰ WC ☎; P ⌸ ¶⊙⊧
geschl: So+Mi ab 14

** **Rôtisserie Stromberg**
Isbruchstr, ✉ 45731, ☎ (0 23 09) 42 28,
Fax 92 03 17, AX DC ED VA
Hauptgericht 33; Biergarten P Terrasse;
geschl: Mo

Wandersleben 47 ↑

Thüringen — 275 m — 1 805 Ew — Arnstadt 13, Gotha 14 km
🛈 ☏ (03 62 02) 7 10 — Gemeindeverwaltung, Hauptstr 38, 99869 Wandersleben

* **Comtel**
Mühlberger Str 12, ✉ 99869, ☏ (03 62 02) 8 23 75, Fax 8 23 76, [AX] [DC] [ED] [VA]
21 Zi, Ez: 60-85, Dz: 95-110, ⌐ WC ☏, 2⌂;
🅿 3✧30 Fitneßraum Kegeln Solarium 🍽
geschl: Ende Dez

Wandlitz 30 ↗

Brandenburg — Kreis Bernau — 2 800 Ew
🛈 ☏ (03 33 97) 66 35 — Gemeindeverwaltung, Prenzlauer Chaussee 157, 16348 Wandlitz

** **Clubotel Wandlitzsee**
Stolzenhagener Chaussee 22-24, ✉ 16348, ☏ (03 33 97) 73 50, Fax 73 59 10, [AX] [DC] [ED] [VA]
Dz: 130-195, 48 App, ⌐ WC ☏, 🅿 2✧60 Strandbad Seezugang Fitneßraum Sauna Solarium 🍽
Tennis 3

Wangels 11 □

Schleswig-Holstein — Kreis Ostholstein — 22 m — 2 151 Ew — Oldenburg 10 km
🛈 ☏ (0 43 61) 49 00, Fax 49 07 20 — Tourist Information, im Ortsteil Weißenhäuser Strand, Seestr 1, 23758 Wangels

<mark>Weißenhäuser Strand</mark>
** **Strandhotel im Ferienzentrum Weißenhäuser Strand**
⋖ Seestr 1, ✉ 23758, ☏ (0 43 61) 55 27 71, Fax 55 27 10, [AX] [DC] [ED] [VA]
148 Zi, Ez: 99-129, Dz: 152-212, ⌐ WC ☏;
Lift 🅿 7✧200 ⛵ Seezugang Bowling Fitneßraum Kegeln Sauna Solarium 🍽

Wangen 62 ←

Baden-Württemberg — Kreis Göppingen — 385 m — 3 000 Ew — Göppingen 4 km
🛈 ☏ (0 71 61) 2 20 01, Fax 2 21 50 — Gemeindeverwaltung, Pfarrberg 2, 73119 Wangen

* **Linde**
Hauptstr 30, ✉ 73117, ☏ (0 71 61) 9 11 11-0, Fax 9 11 11 22, [AX] [DC] [ED] [VA]
11 Zi, Ez: 80-87, Dz: 130-150, ⌐ WC ☏; 🅿 🖃 4✧30
** Hauptgericht 28; Biergarten;
geschl: Mo

** **Gasthof Adler**
Hauptstr 103, ✉ 73117, ☏ (0 71 61) 2 11 95, Fax 2 11 95, [AX] [DC] [ED]
Hauptgericht 38; 🅿; geschl: Mo Di, Jul

Wangen im Allgäu 69 ↘

Baden-Württemberg — Kreis Ravensburg — 570 m — 25 000 Ew — Lindau 19, Kempten 43 km
🛈 ☏ (0 75 22) 7 42 11, Fax 7 41 11 — Gästeamt im Rathaus, Marktplatz 1, 88239 Wangen im Allgäu; Luftkurort.
Sehenswert: Rathaus; St.-Martins-Kirche; Spitalkirche; Frauentor; Martinstor, Heimat- und Käsereimuseum; Eichendorff-Museum; Gustav-Freytag-Archiv und -Museum

** **Romantik Hotel Postvilla**
Schönhalde 2, ✉ 88239, ☏ (0 75 22) 9 74 60, Fax 2 93 23, [AX] [DC] [ED] [VA]
9 Zi, Ez: 100-130, Dz: 175-195, 2 Suiten, ⌐ WC ☏; Lift 🅿; **garni**
geschl: Mitte Jan-Ende Jan

* **Vierk´s Privathotel (Flair Hotel)**
Bahnhofsplatz 1, ✉ 88239, ☏ (0 75 22) 8 00 61, Fax 2 24 82, [ED]
14 Zi, Ez: 85-100, Dz: 120-160, ⌐ WC ☏, 🅿 Fitneßraum Sauna Solarium
geschl: So + Mo mittags
** Hauptgericht 30; Terrasse;
geschl: So + Mo mittags

* **Rössle**
Ebnetstr 2, ✉ 88239, ☏ (0 75 22) 40 71, Fax 43 19, [AX] [DC] [ED] [VA]
6 Zi, Ez: 85-115, Dz: 145-215, 2 Suiten, ⌐ WC ☏; 🅿 🖃; **garni**

* **Paradiso**
Bindestr 62, ✉ 88239, ☏ (0 75 22) 2 25 62
Hauptgericht 30; geschl: Mi

Altdeutsche Weinstube Zum Kornhausmeister
🍷 Bindstr 29, ✉ 88239, ☏ (0 75 22) 23 83, Fax 57 94
Hauptgericht 10; geschl: Di, 2 Wochen im Sommer

<mark>Herfatz (3 km ↘)</mark>
* **Waldberghof**
♠ Am Waldberg, ✉ 88239, ☏ (0 75 22) 9 73 30, Fax 97 33 33
13 Zi, Ez: 65-75, Dz: 120-130, ⌐ WC ☏, 4⌂;
🅿 🖃 2✧45; **garni**
geschl: Nov

<mark>Neuravensburg (9 km ↙)</mark>
* **Landgasthof Mohren**
Bodenseestr 7, ✉ 88239, ☏ (0 75 28) 95 00, Fax 9 50 95, [AX] [DC] [ED] [VA]
27 Zi, Ez: 75-90, Dz: 119-145, ⌐ WC ☏, 1⌂;
🅿 🖃 1✧20 ⛵ Sauna
Tennis 3
geschl: Mo
* Hauptgericht 20; nur abends, Sa + So auch mittags; geschl: Mo

🏨 **Waldgasthof Zum Hirschen**
♠ Grub 1, ✉ 88239, ☏ (0 75 28) 72 22, Fax 67 98, [AX] [DC] [ED] [VA]
6 Zi, Ez: 70-90, Dz: 100-150, 1 Suite, ⌐ WC ☏, 2⌂; 🅿 1✧30 🍽
Rezeption: 9-22

Winkelmann
Bodenseestr 31, ✉ 88239, ☎ (0 75 28) 95 90, Fax 9 59 59, ED VA
9-18, So ab 10; geschl: Di, Anfang-Mitte Nov
** 12 Zi, Ez: 78, Dz: 135, ⌐ WC ☎, 6✉; P 🚗; garni
Rezeption: 8-21

Wangerland 16 ↑

Niedersachsen — Kreis Friesland — 1 m — 9 500 Ew — Jever 20 km
ℹ ☎ (0 44 26) 87 10, Fax 87 87 — Kurverwaltung, Zum Hafen 3, 26434 Horumersiel-Schillig; See-Heilbad

Hooksiel
** **Packhaus**
Am Alten Hafen 1, ✉ 26434, ☎ (0 44 25) 12 33, Fax 8 11 10, AX DC VA
Hauptgericht 30; Terrasse
* 6 Zi, Ez: 85, Dz: 120-150, ⌐ WC ☎
Rezeption: 11-22

Schillig
* **Upstalsboom Am Strand**
♂ ⋅⋖ Mellumweg 6, ✉ 26434, ☎ (0 44 26) 8 80, Fax 8 81 01, AX DC VA
66 Zi, Ez: 80-120, Dz: 126-210, ⌐ WC ☎, 6✉; Lift P 1⟲50 Seezugang Sauna Solarium
* **Blinkfüür**
Hauptgericht 22; nur abends

Wangerooge 16 ↑

Niedersachsen — Kreis Friesland — 3 m — 1 150 Ew — Wittmund 15, Aurich 40, Oldenburg 83 km
ℹ ☎ (0 44 69) 8 90, Fax 89 14 — Kurverwaltung, Strandpromenade 3, 26486 Wangerooge; Nordsee-Heilbad, östlichste Ostfriesische Insel.

Achtung: Kraftfahrzeuge nicht zugelassen; Tideabhängiger Schiffsverkehr; Linienflugverbindungab Harlesiel und Wilhelmshaven-Mariensiel

*** **Strandhotel Upstalsboom**
♂ ⋅⋖ Obere Strandpromenade 21, ✉ 26486, ☎ (0 44 69) 87 60, Fax 87 65 11, AX DC ED VA
80 Zi, Ez: 105-195, Dz: 160-270, 11 Suiten, ⌐ WC ☎, 4✉; Lift ⌂ Fitneßraum Sauna Solarium ≈
Restaurant für Hausgäste

** **Hanken**
♂ Zedeliusstr 38, ✉ 26486, ☎ (0 44 69) 87 70, Fax 8 77 88, AX DC ED VA
50 Zi, Ez: 100-140, Dz: 190-230, ⌐ WC ☎, 1⟲30 Sauna Solarium
geschl: Anfang Nov-Ende Feb
Auch Zimmer der Kategorie * vorhanden
** Hauptgericht 25; geschl: Mi, Nov-Feb

Waren

Warburg 35 ☐

Nordrhein-Westfalen — Kreis Höxter — 230 m — 25 408 Ew — Kassel 33, Paderborn 42 km
ℹ ☎ (0 56 41) 9 25 55, Fax 9 25 83 — Verkehrsamt, Zwischen den Städten 2, 34404 Warburg. Sehenswert: Mittelalterl. Stadtbild; kath. Altstädter und Neustädter Kirche; ehem. Stadtbefestigungsanlagen; ehem. Dominikanerkloster; Museum im „Stern"

** **Alt Warburg**
Kalandstr 11, ✉ 34414, ☎ (0 56 41) 42 11, Fax 6 09 10, AX ED VA
Hauptgericht 40; P; geschl: So/Mo, 2 Wochen im Aug, 2 Wochen im Jan
* 21 Zi, Ez: 80-110, Dz: 160-180, ⌐ WC ☎, P 2⟲70
Im Gästehaus Zimmer der Kategorie ** vorhanden. Hist. denkmalgeschütztes Fachwerkhaus aus dem Jahre 1510

* **Eulenspiegel**
Marktstr 13, ✉ 34414, ☎ (0 56 41) 22 09, Fax 45 52
Terrasse; 8.30-18.30, So 10-18; geschl: Mi, Aug

Nörde (6 km ↘)
* **Löseke**
Allernborn 1, ✉ 34414, ☎ (0 56 42) 84 73, Fax 54 87, AX DC VA
12 Zi, Ez: 70-85, Dz: 130-150, 1 Suite, ⌐ WC ☎; P 🚗 1⟲40 Fitneßraum Kegeln Sauna Solarium ⧉
geschl: Do, 2 Wochen im Jan, 2 Wochen im Jul

Waren 21 ↘

Mecklenburg-Vorpommern — Landkreis Müritz — 80 m — 23 524 Ew — Neustrelitz 45, Rostock 68 km
ℹ ☎ (0 39 91) 41 72 — Waren (Müritz) Information, Neuer Markt 19, 17192 Waren (Müritz). Sehenswert: Pfarrkirche St. Georg; Pfarrkirche St. Marien; Altes Rathaus; Neues Rathaus; Weinbergschloß; Müritz-Museum: Vogelpark, Aquarium

** **Villa Margarete (Ringhotel)**
Fontanestr 11, ✉ 17192, ☎ (0 39 91) 62 50, Fax 62 51 00, AX DC ED VA
27 Zi, Ez: 110-170, Dz: 150-185, S; ⌐ WC ☎; P 1⟲25 Sauna Solarium
* Hauptgericht 28; Terrasse

** **Ingeborg**
Rosenthalstr 5, ✉ 17192, ☎ (0 39 91) 6 13 00, Fax 61 30 30, AX DC VA
26 Zi, Ez: 110, Dz: 150, 1 Suite, ⌐ WC ☎, 10✉; P; garni ≈
Rezeption: 7-21

** **Gasthof Paulshöhe**
Falkenhäger Weg, ✉ 17192, ☎ (0 39 91) 1 71 40, Fax 17 14 44, AX ED VA
7 Zi, Ez: 80-95, Dz: 120-140, 7 Suiten, ⌐ WC ☎; P 2⟲80 ⧉ →

Waren

* Gasthof Kegel
Große Wasserstr 4, ✉ 17192, ☎ (0 39 91)
6 20 70, Fax 62 07 14, AX ED VA
16 Zi, Ez: 90, Dz: 140, ⌐ WC ☎; **P** ¶◖

Warendorf 34 ↑

Nordrhein-Westfalen — Kreis Warendorf
— 60 m — 37 182 Ew — Münster 26, Osnabrück 41 km
i ☎ (0 25 81) 5 42 22, Fax 5 42 82 — Verkehrsverein, Markt 1, 48231 Warendorf;
Erholungsort an der Ems. Sehenswert:
hist. Altstadt; gotische Pfarrkirche St. Laurentius; Franziskanerkloster; NRW-Landgestüt: Hengstparaden (Sep/Okt); romanische Stiftskirche im Stadtteil Freckenhorst; Klosteranlage Vinnenberg im Stadtteil Milte.

** Mersch
Dreibrückenstr 66, ✉ 48231, ☎ (0 25 81)
63 73-0, Fax 63 73-40, AX DC ED VA
24 Zi, Ez: 105-120, Dz: 150-175, ⌐ WC ☎,
3🛁; Lift **P** 🍽 1⇔50 Fitneßraum Sauna Solarium
geschl: 3 Wochen in den Sommerferien
** Hauptgericht 30; nur abends;
geschl: So, 3 Wochen in den Sommerferien

** Im Engel
Brünebrede 37, ✉ 48231, ☎ (0 25 81)
9 30 20, Fax 6 27 29, AX DC ED VA
22 Zi, Ez: 95-115, Dz: 145-165, 2 Suiten,
1 App, ⌐ WC ☎; Lift **P** 🍽 4⇔150 Sauna Solarium
** ⊗ Hauptgericht 40; Terrasse;
geschl: Do, Ende Jul-Mitte Aug

** Landhaus Wiesenhof
♡ Gröblingen 52, ✉ 48231, ☎ (0 25 81)
9 23-0, Fax 92 32 00, AX DC ED VA
16 Zi, Ez: 95-115, Dz: 160-180, ⌐ WC ☎; **P**
1⇔20
Rezeption: 7-18
** Hauptgericht 30; Terrasse;
geschl: Di

* Johann
Emsstr 15, ✉ 48231, ☎ (0 25 81) 63 33 94,
Fax 63 31 01
16 Zi, Ez: 70-80, Dz: 130, ⌐ WC ☎; **P** 🍽;
garni

Menge
Heumarkt 2, ✉ 48231, ☎ (0 25 81) 27 00,
Fax 63 32 23
P Terrasse; 9-18
Spezialität: Warendorfer Pferdeäppel

Warmensteinach 58 ↗

Bayern — Kreis Bayreuth — 1 m —
2 800 Ew — Wunsiedel 20, Bayreuth 24 km
i ☎ (0 92 77) 14 01, Fax 16 13 — Verkehrsamt, Oberwarmensteinacher Str 3,
95485 Warmensteinach; Luftkurort im Fichtelgebirge

** Krug (Silencehotel)
♡ ⋅ǫ Siebensternweg 15, ✉ 95485,
☎ (0 92 77) 99 10, Fax 9 91 99, AX DC VA
32 Zi, Ez: 70-140, Dz: 125-240, 1 Suite, ⌐
WC ☎, 9🛁; Lift **P** 🍽 1⇔40 ☂ Fitneßraum Sauna Solarium
Rezeption: 8-20
geschl: Mo
Zimmer der Kategorien * bis *** vorhanden
* Hauptgericht 28; Terrasse;
geschl: Mo

** Gästehaus Preißinger
♡ ⋅ǫ Bergstr 134, ✉ 95485, ☎ (0 92 77)
15 54, Fax 62 89
35 Zi, Ez: 58-65, Dz: 115-140, ⌐ WC; ☂ Fitneßraum Sauna Solarium
geschl: Anfang Nov-Mitte Dez

Warnemünde siehe Rostock

Warnstedt 37 ↗

Sachsen-Anhalt — Kreis Quedlinburg —
150 m — 705 Ew — Quedlinburg 6, Wernigerode 7, Halberstadt 16 km
i ☎ (0 39 47) 23 79 — Gemeindeverwaltung, Hauptstr, 06502 Warnstedt

* Warnstedter Krug
Hauptstr 118, ✉ 06502, ☎ (0 39 47) 27 10,
Fax 6 13 87, ED
18 Zi, Ez: 85-95, Dz: 100-130, ⌐ WC ☎, 5🛁;
1⇔100 ≋ Fitneßraum Kegeln Sauna Solarium ¶◖

Warstein 34 →

Nordrhein-Westfalen — Kreis Soest —
350 m — 30 000 Ew — Meschede 14,
Soest 27 km
i ☎ (0 29 02) 8 13 05, Fax 8 12 16 — Verkehrsamt, Dieplohstr 1, 59581 Warstein;
Erholungsort

** Domschänke
⊗ Dieplohstr 12, ✉ 59581, ☎ (0 29 02)
25 59, Fax 8 84 09, AX DC VA
Hauptgericht 30; Biergarten **P**; geschl: Sa mittags, 3 Wochen in den Sommerferien

Warstein-Außerhalb (4 km ↙)
* Warsteiner Höhlen-Treff
einzeln, Im Bodmen 52, ✉ 59581,
☎ (0 29 02) 50 44-46, Fax 5 11 54
16 Zi, Ez: 65-80, Dz: 110, ⌐ WC ☎; **P** 🍽
2⇔150 ¶◖
Rezeption: 7-19; geschl: 1.11.96-1.3.97

Allagen
* Haus Püster
Marmorweg 27, ✉ 59581, ☎ (0 29 25)
20 51, Fax 42 00, AX ED VA
25 Zi, Ez: 85-95, Dz: 150-170, 10 App, ⌐ WC
☎; **P** 1⇔20 ☂ Sauna Solarium ¶◖
Rezeption: 7-14, 17-22

Hirschberg (7 km ←)
* **Gasthof Cramer**
Prinzenstr 2, ✉ 59581, ☎ (0 29 02) 29 27, Fax 20 19, AX DC ED
30 Zi, Ez: 85-75, Dz: 120-110, 2 App, ⊿ WC ☎; 🅿 2⇌110
Rezeption: 11-14.30, 17-22; geschl: Di, Mi bis 17
* Hauptgericht 25; Gartenlokal Terrasse; geschl: Di, Mi mittags, 3 Wochen in den Sommerferien

Wartenberg 72 ↗

Bayern — Kreis Erding — 500 m —
3 900 Ew — Moosburg 9, München 50 km
🛈 ☎ (0 87 62) 8 75, Fax 94 42 — Gemeindeverwaltung, Marktplatz 10, 85456 Wartenberg

** **Antoniushof**
⚘ Fichtenstr 24, ✉ 85456, ☎ (0 87 62) 30 43, Fax 97 04, AX DC ED VA
19 Zi, Ez: 85-90, Dz: 140-150, ⊿ WC ☎, 14✉; 🅿 🕾 ≋ Fitneßraum Sauna Solarium; garni

* **Reiter-Bräu**
Untere Hauptstr 2, ✉ 85456, ☎ (0 87 62) 8 91, Fax 37 29, AX DC ED VA
34 Zi, Ez: 75-85, Dz: 120-130, ⊿ WC ☎; Lift 🅿 1⇌35 Kegeln
* Hauptgericht 20; nur abends, Sa+So auch mittags; geschl: Do, 3 Wochen im Aug

Wartenberg-Außerhalb
** **Bründlhof**
Badstr 44, ✉ 85456, ☎ (0 87 62) 35 53, Fax 32 47, AX ED
Hauptgericht 40; 🅿 Terrasse; geschl: Di + Mi, 1 Woche im Jan, Anfang-Mitte Sep

Warthausen 69 →

Baden-Württemberg — 4 183 Ew
🛈 ☎ (0 73 51) 5 09 30 — Gemeindeverwaltung, 88445 Warthausen

* **Cafe Schloßblick**
Brauerstr 6, ✉ 88447, ☎ (0 73 51) 1 52 90, Fax 15 29 30, AX DC ED VA
6 Zi, Ez: 85, Dz: 115-140, ⊿ WC ☎; 🅿 1⇌30; garni

Wartmannsroth 46 ↓

Bayern — Kreis Bad Kissingen — 328 m —
2 500 Ew — Bad Brückenau 18, Gemünden 19, Bad Kissingen 26 km
🛈 ☎ (0 97 37) 4.11, Fax 5 19 — Gemeindeverwaltung, Hauptstr 15, 97797 Wartmannsroth

** Hotel oder Gasthaus mit sehr guter Ausstattung

** **Sepp Halbritter's Landhotel** ♛
⚘ Hauptstr 4, ✉ 97797, ☎ (0 97 37) 8 90, Fax 89 40, ED
11 Zi, Ez: 150-200, Dz: 190-250, 4 Suiten, ⊿ WC ☎; 🅿 2⇌60
geschl: Anfang Jan-Mitte Feb
*** Hauptgericht 40; Gartenlokal Terrasse; geschl: Mo, Di, Anfang Jan-Mitte Feb
* **Weinstube** ✣
Hauptgericht 25; Gartenlokal; geschl: Mo, Di mittags, Anfang Jan-Mitte Feb

Wartmannsroth-Außerhalb (7 km ↘)
*** **Neumühle** ♛
einzeln ⚘ ⚘ ⚘ Neumühle 54, ✉ 97797, ☎ (0 97 32) 80 30, Fax 8 03 79
28 Zi, Ez: 190, Dz: 260-340, 5 Suiten, ⊿ WC ☎; 🅿 3⇌30 ≋ Sauna Solarium
geschl: Jan
Golf 18; Tennis 1
Restaurant für Hausgäste

Waschleithe 50 ↙

Sachsen — Kreis Aue-Schwarzenberg —
550 m — 522 Ew — Schwarzenberg 6, Annaberg-Buchholz 26, Chemnitz 35 km
🛈 ☎ (0 37 74) 2 32 08, Fax 2 32 08 — Gemeindeverwaltung, Talstr 11, 08358 Waschleithe

* **Köhlerhütte Fürstenbrunn**
einzeln ⚘ Am Fürstenberg 4, ✉ 08358, ☎ (0 37 74) 2 50 12, Fax 2 50 56, AX DC ED VA
15 Zi, Ez: 80, Dz: 116, 3 Suiten, ⊿ WC ☎, 4✉; Lift 🅿 3⇌110 Sauna Solarium ⎯

* **Landhotel Osterlamm**
Taltrs 25, ✉ 08358, ☎ (0 37 74) 2 22 43, Fax 2 00 65, ED VA
25 Zi, Ez: 60-75, Dz: 80-98, ⊿ WC ☎; Lift 🅿 1⇌60 Fitneßraum Sauna Solarium ⎯
Rezeption: 10-23

Waschow 19 □

Mecklenburg-Vorpommern — Kreis Hagenow — 50 m — 280 Ew — Wittenberg 4, Zarrentin 6, Hagenow 16 km
🛈 ☎ (03 88 52) 5 21 44 — Gemeindeverwaltung, Dorfstr, 19243 Waschow

* **Unter den Linden**
⚘ Karfter Weg 18, ✉ 19243, ☎ (03 88 52) 5 21 37, ED
4 Zi, Ez: 50-60, Dz: 100, ⊿ WC ☎, 1✉; 🅿
Restaurant für Hausgäste

Wassenberg 32 ↙

Nordrhein-Westfalen — Kreis Heinsberg
— 70 m — 13 500 Ew — Hückelhoven 6, Erkelenz 14 km
🛈 ☎ (0 24 32) 4 90 00, Fax 49 00 90 — Stadtverwaltung, Roermonder Str 25-27, 41849 Wassenberg. Sehenswert: Burg Wassenberg; Stadtmauer; Schloß Elsum (3 km ↘); Schloß Effeld (6 km ↘); Birgelener Pützchen
→

Wassenberg

★★ Burg Wassenberg (Gast im Schloß)
Kirchstr 17, ⊠ 41849, ☎ (0 24 32) 94 90,
Fax 94 91 00, AX ED VA
28 Zi, Ez: 120-195, Dz: 200-395, 1 Suite, ⊿
WC, 5⏦; P 🖃 5↔200 Kegeln Solarium
geschl: Anfang-Mitte Jan
Auch Zimmer der Kategorie ★ vorhanden

★★ Graf Gerhard
Hauptgericht 40; Biergarten Terrasse;
geschl: Anfang-Mitte Jan

★★ La Mairie
Am Roßtor 1, ⊠ 41849, ☎ (0 24 32) 51 30,
Fax 40 92, AX ED
Hauptgericht 45; Terrasse; nur abends, So
auch mittags; geschl: Do, 1 Woche über
Karneval, 2 Wochen in den Sommerferien

★★ Tante Lucie
An der Windmühle 31, ⊠ 41849,
☎ (0 24 32) 23 32, Fax 4 97 63, AX DC ED VA
Hauptgericht 35; Biergarten P Terrasse;
geschl: Mo

Effeld (6 km ↘)
★ Haus Wilms
✿ Steinkirchener Str 3, ⊠ 41849,
☎ (0 24 32) 30 71, Fax 59 82
14 Zi, Ez: 90-100, Dz: 120-150, ⊿ WC ☎; Lift
P 🖃 2↔18 Solarium
★★ Hauptgericht 30; Terrasse

Wasserburg a. Inn 73 ←

Bayern — Kreis Rosenheim — 427 m —
9 000 Ew — München 56, Landshut 63 km
ℹ ☎ (0 80 71) 1 05 22, Fax 4 06 01 — Verkehrsbüro, im Rathaus, 83512 Wassreburg a. Inn. Sehenswert: Stadtbild; kath. Kirche St. Jakob: Kanzel; kath. Frauenkirche; Burg; Rathaus; Kernhaus; Wegmachermuseum; ehem. Klosterkircheim Stadtteil Attel (9 km ↙)

★ Fletzinger
Fletzingergasse 1, ⊠ 83512, ☎ (0 80 71)
90 89-0, Fax 90 89-1 77, AX DC ED VA
40 Zi, Ez: 95-112, Dz: 128-169, ⊿ WC ☎; Lift
P 🖃 1↔150
geschl: 6.12.97-25.1.98
Auch Zimmer der Kategorie ★★ vorhanden
★★ Hauptgericht 26; Biergarten;
geschl: Winter Sa, Mitte Dez-Mitte Jan

★★ Herrenhaus
Herrengasse 17, ⊠ 83512, ☎ (0 80 71)
28 00, ED
Hauptgericht 35; geschl: So abends, Mo, Aug

🍴 Alte Schranne
Marienplatz 2, ⊠ 83512, ☎ (0 80 71) 37 85
8.30-18; geschl: Mo, Jun

Burgau (2 km ←)
★ Pichlmayr
Anton-Woger-Str 2, ⊠ 83512, ☎ (0 80 71)
4 00 21, Fax 87 28, AX DC ED VA
26 Zi, Ez: 80, Dz: 130, ⊿ WC ☎; P 🖃 1↔20
Sauna 🍴

Wasserburg (Bodensee) 69 ↓

Bayern — Kreis Lindau — 400 m —
3 000 Ew — Lindau 6 km
ℹ ☎ (0 83 82) 88 74 74, Fax 8 90 42 — Verkehrsamt, Am Lindenplatz 1, 88142 Wasserburg (Bodensee); Luftkurort. Sehenswert: Schiffsfahrt nach Lindau und Rorschach (Schweiz)

★★ Zum Lieben Augustin am See
✿ ⊰ Halbinselstr 70, ⊠ 88142, ☎ (0 83 82)
88 70 70, Fax 88 70 82, DC ED VA
40 Zi, Ez: 140-160, Dz: 175-210, 4 Suiten,
4 App., ⊿ WC ☎; P 🖃 ≋ Strandbad Seezugang Sauna Solarium
geschl: 7.1.-9.2.97
Hotelkomplex mit 5 Gebäudeteilen, überwiegend Appartments
★★ Hauptgericht 35; Gartenlokal Terrasse; geschl: 7.1.-9.2.97

★★ Lipprandt
✿ ⊰ Halbinselstr 63, ⊠ 88142, ☎ (0 83 82)
9 87 60, Fax 88 72 45, ED VA
34 Zi, Ez: 90-115, Dz: 144-200, 2 Suiten, ⊿
WC ☎; P 🖃 1↔20 ≋ Seezugang Fitneßraum Sauna Solarium
Auch Zimmer der Kategorie ★ vorhanden
★ Hauptgericht 30; Terrasse

★★ Kraft-Bobinger
Dorfstr 11, ⊠ 88142, ☎ (0 83 82) 70 44,
Fax 88 70 46
9 Zi, Ez: 70-77, Dz: 120-134, 2 Suiten, ⊿ WC
☎; P Fitneßraum Solarium; **garni**
geschl: Nov

★ Walserhof
Nonnenhorner Str 15, ⊠ 88142, ☎ (0 83 82)
9 85 60, Fax 98 56 10
27 Zi, Ez: 70-75, Dz: 120-160, 1 Suite, ⊿ WC
☎; Lift P 1↔45 ≋ Sauna Solarium
★ Hauptgericht 25; Terrasse

★ Seestern
✿ Hauptstr 27, ⊠ 88142, ☎ (0 83 82)
88 70 10
22 Zi, Ez: 80-85, Dz: 140-150, ⊿ WC ☎; P 🖃
≋ Solarium; **garni**
geschl: Nov-Mär

Wasserliesch 52 □

Rheinland-Pfalz — Kreis Trier-Saarburg —
135 m — 1 837 Ew — Trier 10, Saarburg 13 km
ℹ ☎ (0 65 01) 77 90, Fax 47 18 — Verkehrsgemeinschaft, Obermosel-Saar, Granastr 24, 54329 Konz; Tor zur Obermosel

★★ Scheid
Reiniger Str 48, ⊠ 54332, ☎ (0 65 01)
1 39 58, Fax 1 39 59, AX DC ED VA
Hauptgericht 50; nur abends, So auch mittags; geschl: Mo, 14 Tage über Karneval

Wassertrüdingen 63

Bayern — Kreis Ansbach — 428 m — 6 100 Ew — Gunzenhausen 17, Dinkelsbühl 22 km
🛈 ☎ (0 98 32) 8 27, Fax 18 26 — Stadtverwaltung, Marktstr 9, 91717 Wassertrüdingen

* **Zur Ente (Flair Hotel)**
Dinkelsbühler Str 1, ✉ 91717, ☎ (0 98 32) 8 14, Fax 10 95, ED VA
28 Zi, Ez: 62, Dz: 110, ⌐ WC ☎; 🅿 🚗 3↔30 Sauna Solarium 🍴
Auch einfachere Zimmer vorhanden

Wasungen 47

Thüringen — Kreis Meiningen — 270 m — 4 000 Ew — Schmalkalden 13, Meiningen 13 km
🛈 ☎ (03 69 41) 5 05, Fax 5 05 — Stadt-Information, Untertor 1, 98634 Wasungen

* **Burg Maienluft**
einzeln ⚘ ◂, ✉ 98634, ☎ (03 69 41) 78 40, Fax 7 84 50, AX DC ED VA
13 Zi, Ez: 68-140, Dz: 125-185, ⌐ WC ☎; 🅿 2↔35 🍴

Wattenscheid siehe Bochum

Wedel (Holstein) 18

Schleswig-Holstein — Kreis Pinneberg — 15 m — 31 304 Ew — Pinneberg 12, Hamburg 25 km
🛈 ☎ (0 41 03) 70 70, Fax 70 73 00 — Stadtverwaltung, Rathausplatz 3, 22880 Wedel; Stadt an der Unterelbe. Sehenswert: Roland; Willkomm-Höft vor dem Schulauer Fährhaus

*** **Kreuzer**
Rissener Str 195, ✉ 22880, ☎ (0 41 03) 12 70, Fax 1 27 99, AX DC ED VA
48 Zi, Ez: 120-192, Dz: 150-239, 2 Suiten, ⌐ WC ☎, 10✉; Lift 🅿 2↔80 ⌇ Sauna
** **Stadt Wedel**
Hauptgericht 25; nur abends; geschl: So

** **Diamant**
Schulstr 2, ✉ 22880, ☎ (0 41 03) 70 26 00, Fax 70 27 00, AX DC ED VA
39 Zi, Ez: 138-145, Dz: 168-180, ⌐ WC ☎; 4✉ Lift 🚗 1↔30; **garni**

** **Senator Marina**
Hafenstr 28, ✉ 22880, ☎ (0 41 03) 8 07 70, Fax 8 07 72 50, AX DC ED VA
46 Zi, Ez: 138, Dz: 178, ⌐ WC ☎; Lift 🅿 1↔50; **garni**

** **Pension Wedel**
Pinneberger Str 69, ✉ 22880, ☎ (0 41 03) 9 13 60, Fax 91 36 13, AX DC ED VA
8 Zi, Ez: 99-122, Dz: 156-175, 18 App, ⌐ WC ☎; Lift 🅿 🚗 Sauna; **garni**
Rezeption: 7-19; geschl: Ende Dez

Wedemark 26

Niedersachsen — Kreis Hannover — 50 m — 25 000 Ew — Langenhagen 9, Hannover 20, Celle 27 km
🛈 ☎ (0 51 30) 58 12 61, Fax 58 12 96 — Gemeinde Wedemark, Wirschaftsförderung, Stargarder Str 28, 30900 Wedemark

Bissendorf Wietze
** **Landhaus Wietze**
Wietze Aue 76, ✉ 30900, ☎ (0 51 30) 9 79 90, Fax 97 99 79, AX ED VA
7 Zi, Ez: 118-138, Dz: 168-198, ⌐ WC ☎; 🅿 🚗 🍴

Scherenbostel
** **Höpershof**
▽ Am Husalsberg 1, ✉ 30900, ☎ (0 51 30) 6 05 00, Fax 6 05 00, AX DC ED VA
Hauptgericht 30; 🅿 Terrasse; nur abends; So+Sa auch mittags; geschl: Mo

Wegberg 32

Nordrhein-Westfalen — Kreis Heinsberg — 69 m — 26 000 Ew — Erkelenz 8, Mönchengladbach 16 km
🛈 ☎ (0 24 34) 8 30, Fax 2 07 46 — Stadtverwaltung, Rathausplatz 25, 41844 Wegberg. Sehenswert: Flachsmuseum im Ortsteil Beeck, Schloß Tüschenbroich (3 km ↙)

Kipshoven (5 km →)
* **Esser**
⚘ Von-Agris-Str 43, ✉ 41844, ☎ (0 21 61) 5 86 20, Fax 57 08 54, AX DC ED VA
41 Zi, Ez: 95-150, Dz: 150-250, ⌐ WC ☎; 🅿 🚗 4↔60 Fitneßraum Kegeln Sauna Solarium
Im gegenüberliegenden Gästehaus auch Zimmer der Kategorie ** vorhanden
** Hauptgericht 25; Terrasse; geschl: Sa mittags

Rickelrath (3 km ↑)
** **Molzmühle**
▽ Im Bollenberg 41, ✉ 41844, ☎ (0 24 34) 2 43 33, Fax 2 57 23, AX DC ED VA
Hauptgericht 45; 🅿 Terrasse ⌇; geschl: Mo, Di, Jan, Feb

Tüschenbroich (3 km ↙)
** **Tüschenbroicher Mühle**
◂, ✉ 41844, ☎ (0 24 34) 42 80, Fax 2 59 17, AX DC ED VA
Hauptgericht 45; geschl: Do, 3 Wochen im Jan

Wehen siehe Taunusstein

Wehingen 68

Baden-Württemberg — Kreis Tuttlingen — 777 m — 3 300 Ew — Rottweil 17, Tuttlingen 28 km
🛈 ☎ (0 74 26) 10 91 — Gemeindeverwaltung, Gosheimer Str 14, 78564 Wehingen. Sehenswert: Lemberg, 1015 m ◂ (5 km + 30 Min ←)

Wehingen

✷ Café Keller
Bahnhofstr 5, ✉ 78564, ☎ (0 74 26) 9 47 80,
Fax 94 78 30, AX ED VA
30 Zi, Ez: 66-99, Dz: 120-150, 4 App., ⌐ WC
☎; P 🖾 2🗘40 Fitneßraum 🚗
geschl: Fr
Im gegenüberliegenden Gästehaus Zimmer der Kategorie ✷✷ vorhanden

Wehlen, Stadt 51 ↑

Sachsen — Kreis Pirna — 200 m —
1 800 Ew — Dresden 30 km
ℹ ☎ (03 50 24) 4 13, Fax 4 34 — Stadtverwaltung, Gästeamt, Markt 5, 01829 Stadt Wehlen. Sehenswert: Felsplateau der Bastei (190 m über der Elbe); Schloßanlage Pillnitz

✷✷ Strandhotel
♂ ◄ Markt 9, ✉ 01829, ☎ (03 50 24) 7 04 24,
Fax 7 06 10
28 Zi, Ez: 100-150, Dz: 120-220, 2 Suiten, ⌐
WC ☎; Lift ⚫

✷ Sächsische Schweiz
Markt 1, ✉ 01829, ☎ (03 50 24) 7 04 32,
Fax 7 06 37, AX ED VA
18 Zi, Ez: 95-130, Dz: 145-160, 1 Suite, ⌐
WC ☎; 1🗘20 ⚫

Bastei
✷✷ Berghotel Bastei
einzeln ◄ ✉ 01847, ☎ (03 50 24) 7 04 06,
Fax 7 04 81, AX DC ED VA
63 Zi, Ez: 98-215, Dz: 150-250, ⌐ WC ☎,
1🖾; Lift P 🖾 5🗘60 Bowling Fitneßraum Sauna Solarium
✷✷ ◄ Hauptgericht 35; Biergarten

Wehr 67 ↓

Baden-Württemberg — Kreis Waldshut —
365 m — 13 000 Ew — Säckingen 10,
Lörrach 22 km
ℹ ☎ (0 77 62) 8 08 88, Fax 8 08 61 — Verkehrsamt, Hauptstr 14, 79664 Wehr; Erholungsort. Sehenswert: Kath St.-Martins-Kirche; Altes Schloß (Glockenspiel);
Neues Schloß; Burgruine Bärenfels ◄,
Burgruine Werrach „Schlößle"; Wehratal
(8 km ↗); Tropfsteinhöhle in Hasel
(4 km ↘)

✷ Klosterhof
Frankenmatt 8, ✉ 79664, ☎ (0 77 62) 86 50,
Fax 46 45, DC ED VA
35 Zi, Ez: 75, Dz: 120-150, ⌐ WC ☎; Lift P
Kegeln
geschl: So abends, Fr
✷✷ Hauptgericht 30; geschl: So abends, Fr

Weibersbrunn 55 ↑

Bayern — Kreis Aschaffenburg — 354 m —
2 052 Ew — Aschaffenburg 22, Lohr 23 km
ℹ ☎ (0 60 94) 5 15, Fax 18 34 — Gemeindeverwaltung, Jakob-Gross-Str 20,
63879 Weibersbrunn; Dorf im Spessart

✷ Brunnenhof
Hauptstr 231, ✉ 63879, ☎ (0 60 94) 4 64,
Fax 10 64, AX ED VA
52 Zi, Ez: 65-110, Dz: 104-140, ⌐ WC ☎; Lift
P 🖾 3🗘200 ⚫

Weida 49 ↖

Thüringen — Kreis Greiz — 312 m —
9 600 Ew — Großebersdorf 8, Gera 10,
Greiz 18 km
ℹ ☎ (03 66 03) 6 24 51, Fax 6 22 57 — Fremdenverkehrsamt, Petersberg 2,
07570 Weida

✷✷ Goldener Ring
Markt 18, ✉ 07570, ☎ (03 66 03) 6 31 91,
Fax 6 32 43, AX ED VA
27 Zi, Ez: 90-159, Dz: 120-179, 4 Suiten, ⌐
WC ☎, 5🖾; P 🖾 1🗘35 Solarium ⚫

Weiden 59 ←

Bayern — Stadtkreis — 397 m — 43 100 Ew
— Regensburg 90, Nürnberg 95, München
220 km
ℹ ☎ (09 61) 8 14 12, Fax 8 11 80 — Kultur- und Fremdenverkehrsamt, im Alten Rathaus, 92637 Weiden. Sehenswert: Ev. Kirche St. Michael; Jugendstil-Kirche St. Josef; gotisches Rathaus; Altes Schulhaus: Stadt-Archiv und -Museum mit Max-Reger-Sammlung; internationales Keramikmuseum

✷✷✷ Admira
Brenner-Schäffer-Str 27, ✉ 92637,
☎ (09 61) 4 80 90, Fax 4 80 96 66,
AX DC ED VA
104 Zi, Ez: 105-270, Dz: 180-280, 1 Suite, ⌐
WC ☎, 45🖾; Lift P 🖾 10🗘800 Fitneßraum
Kegeln Sauna Solarium ⚫
Golf 18

✷ Advantage
Neustädter Str 46, ✉ 92637, ☎ (09 61)
38 93 00, Fax 3 50 09, AX ED VA
18 Zi, Ez: 70-85, Dz: 85-130, ⌐ WC ☎, 8🖾;
P 🖾 ⚫
geschl: so + feiertags

✷ Stadtkrug
Wolframstr 5, ✉ 92637, ☎ (09 61) 3 88 90,
Fax 3 62 68, AX DC ED VA
52 Zi, Ez: 69-105, Dz: 110-160, ⌐ WC ☎; 🖾
1🗘50
✷ Hauptgericht 25; geschl: So, Sa

✷ Klassik Hotel Am Tor
♂ Schlörplatz 1 a, ✉ 92637, ☎ (09 61)
4 74 70, Fax 4 74 72 00, AX DC ED VA
38 Zi, Ez: 90-150, Dz: 130-190, 2 Suiten, ⌐
WC ☎, 7🖾; Lift 1🗘15 Sauna Solarium;
garni
Golf 18
Auch Zimmer der Kategorie ✷✷ vorhanden

Weilburg

* **Europa**
Frauenrichter Str 173, ✉ 92637, ☎ (09 61)
2 50 51, Fax 6 15 62, AX DC ED VA
26 Zi, Ez: 75-99, Dz: 130-180, ⚿ WC ☎; Lift
🅿 🚗 2⇔70
** **L'Escargot** ✤
Hauptgericht 35; Terrasse; geschl: So
abends, Mo mittags, feiertags

Oberhöll (8 km →)
* **Hölltaler Hof**
einzeln ☎ 92637, AX DC ED VA
22 Zi, Ez: 65-100, Dz: 110-160, 2 Suiten, ⚿
WC ☎, 4✉; 🅿 🚗 2⇔40 🍽
geschl: Mitte-Ende Aug, Ende Dez
Auch Zimmer der Kategorie ** vorhanden

Weigsdorf-Köblitz   41 ↓

Sachsen — Bautzen — 400 m — 2 350 Ew
— Bautzen 12, Löbau 12 km
ℹ ☎ (03 58 77) 52 87, Fax 73 52 — Gemeindeverwaltung, Gartenstrasse 2,
02733 Weigsdorf-Köblitz

** **Alter Weber**
♂ Hauptstr 13, ✉ 02733, ☎ (03 58 77)
52 36, Fax 52 36, AX DC ED VA
43 Zi, Ez: 98, Dz: 156, ⚿ WC ☎, 6✉; Lift 🅿
3⇔45 ⚶ Kegeln Sauna
** 🍽 Hauptgericht 20

Weikersheim   56 ↙

Baden-Württemberg — Main-Tauber-Kreis
— 230 m — 7 500 Ew — Bad Mergentheim 12, Würzburg 41 km
ℹ ☎ (0 79 34) 1 02 55, Fax 1 02 58 — Verkehrsamt, Marktplatz 7, 97990 Weikersheim; Erholungsort im Taubertal. Sehenswert: Ev. Kirche; Schloß und Schloßpark; Tauberländer Dorfmuseum; Marktplatz; Forstmuseum im Karlsberg, Karlsberg (Hochwild- und Freizeitpark); kath. Bergkirche in Laudenbach

** **Laurentius**
Marktplatz 5, ✉ 97990, ☎ (0 79 34) 70 07,
Fax 70 77, AX DC ED VA
Hauptgericht 35; Gartenlokal; nur abends,
so + feiertags auch mittags; geschl: Di,
Anfang Jan
* 14 Zi, Ez: 90-105, Dz: 125-160, ⚿
WC ☎, 1✉; Lift

Weil am Rhein   67 ↙

Baden-Württemberg — Kreis Lörrach —
261 m — 27 000 Ew — Lörrach 4,
Basel 5 km
ℹ ☎ (0 76 21) 70 40, Fax 70 41 23 — Stadtverwaltung, Schillerstr 1, 79576 Weil

*** **Atlas Hotel**
Alte Str 58, ✉ 79576, ☎ (0 76 21) 70 70,
Fax 70 76 50, AX DC ED VA
160 Zi, Ez: 135-355, Dz: 186-355, ⚿ WC ☎;
10✉ Lift 🅿 6⇔100 Sauna Solarium
** Hauptgericht 35

** **Zum Adler**
Hauptstr 139, ✉ 79576, ☎ (0 76 21) 7 50 55,
Fax 7 56 76, AX DC ED VA
23 Zi, Ez: 110-150, Dz: 130-250, ⚿ WC ☎; 🅿
geschl: Anfang-Mitte Jan, Aug
*** 🍽 Hauptgericht 48; 🍴
Gartenlokal; geschl: So + Mo, Anfang-
Mitte Jan, Anfang-Mitte Aug
* **Spatz**
Hauptgericht 30; Gartenlokal; geschl: So,
Mo, Anfang-Mitte Jan, Anfang-Mitte Aug
** **Gästehaus Schwanen**
Hauptstr 121, ✉ 79576, ☎ (0 76 21) 7 10 47,
Fax 79 30 65, AX ED VA
14 Zi, Ez: 110-160, Dz: 140-220, ⚿ WC ☎;
2⇔80
* **Ott's Hotel Leopoldshöhe**
Müllheimer Str 4, ✉ 79576, ☎ (0 76 21)
9 80 60, Fax 9 80 62 99, AX DC ED VA
44 Zi, Ez: 95-150, Dz: 130-230, ⚿ WC ☎; Lift
🅿 🚗 1⇔50 ⚶ Sauna Solarium
geschl: 1.-15.1.97
Auch einfachere Zimmer vorhanden
** Hauptgericht 30; Gartenlokal;
geschl: 1.-15.1.97
** **Gasthaus Krone**
Hauptstr 58, ✉ 79576, ☎ (0 76 21) 7 11 64,
Fax 7 89 63, AX DC ED VA
Hauptgericht 40; Gartenlokal 🅿 🛏;
geschl: Mo mittags, Di

Haltingen (4 km ↑)
* **Landgasthof Rebstock**
Große Gass 30, ✉ 79576, ☎ (0 76 21)
6 22 57, Fax 6 55 50
Hauptgericht 35; Gartenlokal 🅿 Terrasse;
nur abends, So + Sa auch mittags; geschl:
2 Wochen im Jan
* ♂ 17 Zi, Ez: 75-95, Dz: 100-160,
2 Suiten, ⚿ WC ☎; 🚗

Weilbach   55 □

Bayern — Kreis Miltenberg — 120 m —
2 100 Ew — Amorbach 3, Miltenberg 7 km
ℹ ☎ (0 93 73) 13 29, Fax 46 26 — Gemeindeverwaltung, Hauptstr 58, 63937 Weilbach

Weilbach-Außerhalb (8 km ↘)
* **Zum Ohrnbachtal**
Hauptstr 5, ✉ 63937, ☎ (0 93 73) 14 13,
Fax 45 50, ED
Hauptgericht 19; 🅿 Terrasse; geschl: Mi,
Jan

Weilburg   44 □

Hessen — Kreis Limburg-Weilburg —
180 m — 13 000 Ew — Wetzlar 22, Limburg 23 km
ℹ ☎ (0 64 71) 76 71, Fax 76 75 — Verkehrsverein, Mauerstr 10 a, 35781 Weilburg;
Luftkurort an der Lahn. Sehenswert:
Schloß; Obere und Untere Orangerie,
Schloßkirche; Rathaus; Heimat- und Bergbaumuseum; Heiliggrabkapelle; Lahntunnel (einziger deutscher Schiffstunnel);
Tropfsteinhöhlen beim Stadtteil Kubach
(3 km ↘)   →

Weilburg

**** **Schloßhotel (European Castle)**
⚘ Langgasse 25, ✉ 35781, ☎ (0 64 71) 3 90 96, Fax 3 91 99, ED VA
35 Zi, Ez: 135, Dz: 225-255, 8 Suiten, ⊣ WC ☎, 5🛏, Lift P 🏊 6⟳450 ≘ Fitneßraum Kegeln Sauna Solarium
Auch Zimmer der Kategorie * vorhanden

**** **Alte Reitschule**
Hauptstraße 29

**** **La Lucia**
Marktplatz 10, ✉ 35781, ☎ (0 64 71) 21 30, Fax 29 09, AX DC VA
Hauptstraße 30

Kubach (3 km ↘) Erholungsort
* **Kubacher Hof**
Hauptstr 58, ✉ 35781, ☎ (0 64 71) 48 22, Fax 4 19 37, DC ED
14 Zi, Ez: 64, Dz: 128, ⊣ WC ☎; P 1⟳80 ≘ 🍴
geschl: Mo, Jan

Weiler-Simmerberg 70 ↙

Bayern — Kreis Lindau — 631 m — 5 950 Ew — Wangen 20, Immenstadt 30 km
ℹ ☎ (0 83 87) 3 91 50, Fax 3 91 70 — Verkehrsamt, im Ortsteil Weiler im Allgäu, Hauptstr 14, 88171 Weiler-Simmerberg; Luftkurort, Schroth-Kurort

Weiler
**** **Tannenhof Kur- und Tennishotel**
⚘ ⊰ Lindenberger Str 33, ✉ 88171, ☎ (0 83 87) 12 35, Fax 16 26
48 Zi, Ez: 125-155, Dz: 210-230, 2 Suiten, 3 App, ⊣ WC ☎; P 2⟳25 ≘ Fitneßraum Kegeln Sauna Solarium Tennis 9
* Hauptgericht 25; Terrasse
☎ (0 83 87) 15 55

Weilheim 71 □

Bayern — Kreis Weilheim-Schongau — 565 m — 18 500 Ew — Garmisch-Partenkirchen 45, München 50 km
ℹ ☎ (08 81) 68 20, Fax 68 21 23 — Stadtverwaltung, Admiral-Hipper-Str 20, 82362 Weilheim; Kreisstadt. Sehenswert: Kath. Kirche; Friedhofskirche; Marienplatz: Altes Rathaus; Mariensäule; Stadtbrunnen; ehem. Klosterkirche in Polling (3 km ↓)

**** **Doorm Hotel Bräuwastl**
Lohgasse 9, ✉ 82362, ☎ (08 81) 45 47, Fax 6 94 85, AX ED VA
48 Zi, Ez: 99-128, Dz: 140-168, 1 App, ⊣ WC ☎, 7🛏; Lift P 🏊 4⟳65 Fitneßraum Sauna 🍴

* **Vollmann**
Marienplatz 12, ✉ 82362, ☎ (08 81) 42 55, Fax 6 33 32, ED VA
38 Zi, Ez: 90, Dz: 130, ⊣ WC ☎; P 🏊 100 🍴
Hotelanfahrt über Eisenkramergasse

Weilrod 44 ↘

Hessen — Hochtaunuskreis — 400 m — 6 000 Ew — Usingen 15, Weilburg 26, Idstein 20 km
ℹ ☎ (0 60 83) 8 66, Fax 27 53 — Gemeindeverwaltung, im Ortsteil Rod an der Weil, Am Senner 1, 61276 Weilrod. Sehenswert: Burgruine ⊰ im Ortsteil Altweilnau

Neuweilnau
**** **Sporthotel Erbismühle**
einzeln ⚘ ✉ 61276, ☎ (0 60 83) 28 80, Fax 28 87 00, AX DC ED VA
75 Zi, Ez: 110-235, Dz: 175-280, ⊣ WC ☎; Lift P 🏊 10⟳200 ≘ Fitneßraum Kegeln Sauna Solarium 🍴
geschl: Ende Dez-Anfang Jan
Auch Zimmer anderer Kategorien vorhanden

Weimar 44 ↗

Hessen — Kreis Marburg-Biedenkopf — 180 m — 6 500 Ew — Marburg 10 km
ℹ ☎ (0 64 21) 9 74 00 — Gemeindeverwaltung, im Ortsteil Niederweimar, Huteweg 4, 35096 Weimar

Wolfshausen
* **Bellevue (Ringhotel)**
⊰ Hauptstr 35, ✉ 35096, ☎ (0 64 21) 7 90 90, Fax 79 09 15, AX DC ED VA
49 Zi, Ez: 90-150 Dz: 160-250, S; 3 Suiten, 2 App, ⊣ WC ☎, 10🛏; 3⟳100 Sauna Solarium
Im Haupthaus auch einfachere Zimmer vorhanden
**** ⊰ Hauptgericht 26; Terrasse

Weimar 48 ↑

Thüringen — Stadtkreis — 220 m — 60 000 Ew — Jena 21, Erfurt 24 km
ℹ ☎ (0 36 43) 20 21 73, Fax 6 12 40 — Tourist-Information Weimar, Markt 10, 99421 Weimar. Sehenswert: „Stadt der Klassik"; Stadtschloß: Kunstsammlungen; Wittumspalais; Deutsches Nationaltheater; Liszt-Haus; Lucas-Cranach-Haus; Goethes Wohnhaus; Goethes Gartenhaus; Schiller-Haus; Goethe- und Schiller-Archiv; Fürstengruft; hist. Friedhof; Herderkirche; Jakobskirchhof; Wielandmuseum; Herdermuseum; Park an der Ilm; Umgebung: Schloß Tiefurt (4 km →); Schloß Belvedere; Schloß Ettersberg

***** **Flamberg Hotel Elephant**
⚘ Markt 19 (B 4), ✉ 99423, ☎ (0 36 43) 80 20, Fax 6 53 10, AX DC ED VA
9 Zi, Ez: 225-245, Dz: 260-380, 5 Suiten, ⊣ WC ☎; 9🛏 Lift P 10⟳200
Auch Zimmer der Kategorie *** vorhanden. Erstmals 1542 erwähnt. Einrichtung im Bauhausstil mit Werken zeitgenössischer Künstler
***** **Anna Amalia** 👨‍🍳
Hauptgericht 38; Terrasse
* **Elephantenkeller**
⊗ Hauptgericht 20; geschl: So abends

Weimar

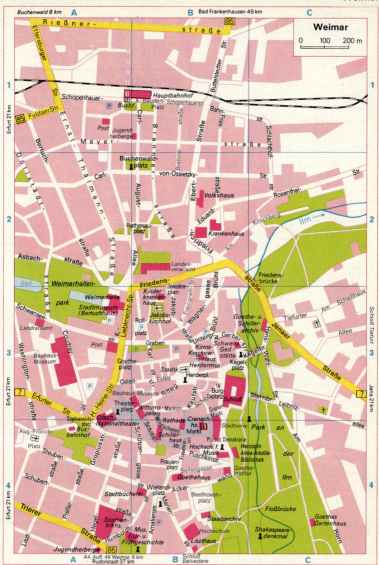

*** Hilton
📍 Belvederer Allee 25, ✉ 99425,
☎ (0 36 43) 72 20, Fax 72 27 41, AX DC ED VA
294 Zi, Ez: 220-285, Dz: 240-325, S;
6 Suiten, 🛁 WC ☎, 60🍽; Lift 🅿 🚗 14⇔550
🏊 Fitneßraum Sauna Solarium

** Esplanade
Hauptgericht 35; Terrasse

🌿 Geschulter, erstklassiger Service

** Wolff's Art Hotel
📍 Freiherr-vom-Stein-Allee 3 a, ✉ 99425,
☎ (0 36 43) 5 40 60, Fax 54 06 99,
AX DC ED VA
30 Zi, Ez: 150, Dz: 190, 5 Suiten, 1 App, 🛁
WC ☎, 10🍽; Lift 🅿 🚗 4⇔100 Fitneßraum
Sauna Solarium

* Wolff's Restaurant
Hauptgericht 20; Terrasse; nur abends;
geschl: So

→

1063

Weimar

★★ Liszt
Lisztstr 1 (A 4), ✉ 99423, ☎ (0 36 43)
5 40 80, Fax 54 08 30, AX ED VA
8 Zi, Ez: 95-105, Dz: 130-140, 23 App, ⊣ WC
☎; Lift 🅿; garni
Im Gästehaus Zimmer der Kategorie ★ vorhanden

★★ Intercity Hotel
Carl-August-Allee 17 (B 1), ✉ 99423,
☎ (0 36 43) 23 40, Fax 23 44 44, AX DC ED VA
134 Zi, Ez: 170-220, Dz: 190-240, S; ⊣ WC
☎, 38🛏; Lift 🅿 🚗 6↔120

★ Kaiserin Augusta
Hauptgericht 25; geschl: So, Sa mittags

★★ Amalienhof
(Verband Christlicher Hotels)
Amalienstr 2 (B 4), ✉ 99423, ☎ (0 36 43)
54 90, Fax 54 91 10, AX ED VA
20 Zi, Ez: 125-150, Dz: 186-196, 2 Suiten, ⊣
WC ☎; 🅿; garni

★ Am Stadtpark
Amalienstr 19 (B 4), ✉ 99423, ☎ (0 36 43)
2 48 30, Fax 51 17 20, AX DC ED VA
12 Zi, Ez: 90-110, Dz: 140-160, ⊣ WC ☎; 🅿
🍴
geschl: Feb

★ Alt Weimar
Prellerstr 2 (A 4), ✉ 99423,
☎ (0 36 43) 8 61 90, Fax 86 19 10, AX ED VA
18 Zi, Ez: 115-145, Dz: 145-175, ⊣ WC ☎; 🅿
🍴
★★ Hauptgericht 25; Terrasse

★★ Zum weißen Schwan
⛲ Am Frauenplan (B 4), ✉ 99423,
☎ (0 36 43) 6 17 15, Fax 20 25 75, AX DC ED VA
Hauptgericht 25; Terrasse

★ Frauentor
Schillerstr 2 (B4), ✉ 99423, ☎ (0 36 43)
51 13 22, Fax 51 13 22
Hauptgericht 25; Terrasse 🍺

Sommer's
⛲ Humboldtstr 2 (B 4), ✉ 99423,
☎ (0 36 43) 6 59 19, AX ED VA
Hauptgericht 18; geschl: Mo mittags

Gelmeroda (3 km ↓)
★★ Schwartze
♞ Im Dorf 65 a, ✉ 99428, ☎ (0 36 43)
5 99 50, Fax 51 26 14, AX ED VA
30 Zi, Ez: 120-140, Dz: 160, ⊣ WC ☎; 🅿 🍴

Legefeld
★★★ Treff Hotel
♞ Kastanienallee 1, ✉ 99438, ☎ (0 36 43)
80 30, Fax 80 35 00, AX DC ED VA
190 Zi, Ez: 170-235, Dz: 223-295, S;
4 Suiten, ⊣ WC ☎, 64🛏; Lift 🅿 9↔352 ⌂
Sauna Solarium
★★ Belvedere
Hauptgericht 32

Schöndorf-Waldstadt (2 km ↑)
★★★ Holiday Inn
Ernst-Busse-Str 29, ✉ 99427, ☎ (0 36 43)
46 50, Fax 46 51 00, AX DC ED VA
156 Zi, Ez: 119-220, Dz: 139-280, 8 Suiten,
⊣ WC ☎, 41🛏; Lift 🅿 🚗 7↔350 Fitneßraum Sauna Solarium 🍴

★ Ibis Weimar
Ernst-Busse-Str 4, ✉ 99427, ☎ (0 36 43)
45 50, Fax 45 58 88, AX DC ED VA
91 Zi, Ez: 114-130, Dz: 129-145, ⊣ WC ☎,
17🛏; Lift 3↔26; garni

Weinähr 43 ↘

Rheinland-Pfalz — Rhein-Lahn-Kreis —
300 m — 446 Ew — Nassau 6, Montabaur 22 km
ℹ ☎ (0 26 04) 76 43 — Verkehrsverein, Kellereigasse, 56379 Weinähr; Erholungsort

★ Weinhaus Treis
♞ ⛲ Hauptstr 1, ✉ 56379, ☎ (0 26 04) 97 50,
Fax 45 43, AX DC ED VA
50 Zi, Ez: 65-80, Dz: 90-160, 1 App, ⊣ WC
☎, 5🛏; 🅿 3↔50 ≋ Sauna Solarium
geschl: 10.1.-10.2.97

Weinböhla 40 ↓

Sachsen — Kreis Meißen — 190 m —
8 025 Ew — Meißen 8, Dresden 15 km
ℹ ☎ (03 52 43) 3 22 41, Fax 3 22 58 —
Gemeindeverwaltung, Rathausplatz 2,
01689 Weinböhla

★★ Waldhotel
♞ Forststr 66, ✉ 01689, ☎ (03 52 43) 4 10,
Fax 4 14 18, AX DC ED VA
114 Zi, Ez: 145-165, Dz: 195-225, 6 Suiten,
⊣ WC ☎, 20🛏; Lift 🅿 7↔300 Kegeln
Sauna Solarium 🍴
Tennis 8

★★ Elbland Hotel
Dresden Str 93, ✉ 01689, ☎ (03 52 43)
4 00, Fax 4 04 00, AX DC ED VA
74 Zi, Ez: 110, Dz: 170, 3 App, ⊣ WC ☎; Lift
🅿 3↔60 Fitneßraum Sauna Solarium 🍴

★★ Laubenhöhe
Köhler Str 77, ✉ 01689, ☎ (03 52 43)
3 61 83, Fax 3 61 83, AX ED VA
Hauptgericht 26; 🅿 Terrasse; geschl: Mo

Weingarten 61 ↖

Baden-Württemberg — Kreis Karlsruhe —
120 m — 8 500 Ew — Bruchsal 10, Karlsruhe 14 km
ℹ ☎ (0 72 44) 7 02 00, Fax 70 20 50 —
Gemeindeverwaltung, Marktplatz 2,
76356 Weingarten

★★★ Walk'sches Haus
⛲ Marktplatz 7, ✉ 76356, ☎ (0 72 44)
70 37 00, AX DC ED
Hauptgericht 40; Gartenlokal; geschl: Di,
Anfang Jan
★ 14 Zi, Ez: 90-110, Dz: 190-200, ⊣
WC ☎; 3↔100
geschl: 1.-14.1.97

Weingarten 69↓

Baden-Württemberg — Kreis Ravensburg — 468 m — 24 000 Ew — Ravensburg 5 km
🛈 ☎ (07 51) 40 51 25, Fax 4 02 68 — Verkehrsamt, Münsterplatz 1, 88250 Weingarten; Pädagogische Hochschule. Sehenswert: Barock-Basilika: Fresken, Chorgitter, Orgel; Alamannenmuseum; ehem. Klosterkirche in Baindt (5 km ↗)

✱✱✱ Mövenpick
Abt-Hyller-Str 39, ✉ 88250, ☎ (07 51) 50 40, Fax 50 44 00, AX DC ED VA
72 Zi, Ez: 181-201, Dz: 232-251, S; ⊿ WC ☎, 11🍴; Lift P 🚗 6⇌550 🍽

✱✱ Akzent-Hotel Altdorfer Hof
Burachstr 12, ✉ 88250, ☎ (07 51) 5 00 90, Fax 50 09 70, AX ED VA
50 Zi, Ez: 105-135, Dz: 154-198, 1 Suite, ⊿ WC ☎, 5🍴; Lift P 🚗 3⇌45
geschl: 21.12.-13.01.
Im Gästehaus Zimmer der Kategorie ✱✱✱ vorhanden
✱✱ Hauptgericht 28; geschl: So abends, Fr, 21.12.96-13.1.97

✱ Alt Ochsen
Ochsengasse 5, ✉ 88250, ☎ (07 51) 56 10 40, Fax 5 61 04 41, AX DC ED VA
27 Zi, Ez: 66-96, Dz: 110-145, ⊿ WC ☎; Lift P 2⇌80 Kegeln
geschl: Di, Ende Dez-Anfang Jan
✱ Hauptgericht 20; Gartenlokal; geschl: Di, Ende Dez-Anfang Jan

✱ Gasthof Bären
Kirchstr 3, ✉ 88250, ☎ (07 51) 5 61 20, Fax 5 61 20 50, AX DC ED VA
16 Zi, Ez: 82-85, Dz: 116-130, ⊿ WC ☎; P 🚗 2⇌100 Kegeln
geschl: Mo, Ende Jun-Anfang Jul, 1 Woche im Mär
✱ Hauptgericht 23; Biergarten; geschl: Mo, Ende Jun-Anfang Jul, 1 Woche im Mär

✱ Bayrischer Hof
Abt-Hyller-Str 22, ✉ 88250, ☎ (07 51) 5 40 52, Fax 4 32 14, AX DC ED VA
31 Zi, Ez: 77, Dz: 130, 2 Suiten, 3 App, ⊿ WC ☎; P 🚗 2⇌140 Sauna

Weinheim 54↘

Baden-Württemberg — Rhein-Neckar-Kreis — 108 m — 43 000 Ew — Heidelberg 17 km
🛈 ☎ (0 62 01) 99 11 17, Fax 99 11 35 — Verkehrsverein, Bahnhofstr 15, 69469 Weinheim; Erholungsort. Sehenswert: Kath. Kirche; ehem. Schloß: Rathaus, mit Park: größte Zeder Deutschlands, von 1790; Exotenwald; Burgruine Windeck ⋖ (1 km →); Wachenburg (von 1913) ⋖ (2 km →)

✱✱ Astron Hotel Weinheim
Breslauer Str 52, ✉ 69469, ☎ (0 62 01) 10 30, Fax 10 33 00, AX DC ED VA
187 Zi, Ez: 193, Dz: 231, S; ⊿ WC ☎, 52🍴; Lift P 15⇌300 Fitneßraum Sauna Solarium 🍽

✱✱ Ottheinrich
Hauptstr 126, ✉ 69469, ☎ (0 62 01) 1 80 70, Fax 18 07 88, AX DC ED VA
23 Zi, Ez: 170, Dz: 220, 1 App, ⊿ WC ☎; Lift 🚗 2⇌30; garni
Einrichtung im modernem italienischem Design

✱ Ebert Park Hotel
Freiburger Str 42, ✉ 69469, ☎ (0 62 01) 10 50, Fax 10 54 01, AX DC ED VA
74 Zi, Ez: 98-120, Dz: 120-160, 6 App, ⊿ WC ☎, 10🍴; Lift P; garni
geschl: Ende Dez-Anfang Jan

✱ Pfalz
Marktplatz 7, ✉ 69469, ☎ (0 62 01) 6 40 94, Fax 18 31 02, AX DC ED VA
18 Zi, Ez: 110-135, Dz: 160-185, 1 Suite, 2 App, ⊿ WC ☎; 🚗 1⇌12
✱✱ Bistro Tafelspitz
Hauptgericht 25

Woinemer Hausbrauerei
🍷 Friedrichstr 23, ✉ 69469, ☎ (0 62 01) 1 20 01, Fax 1 58 70
Hauptgericht 20

Weinheim-Außerhalb (2 km ↗)
✱✱ Fuchs'sche Mühle
Birkenauertalstr 10, ✉ 69469, ☎ (0 62 01) 6 10 31, Fax 1 29 14, AX DC ED VA
18 Zi, Ez: 110-130, Dz: 150-170, ⊿ WC ☎; Lift P 🚗 ≋ Sauna 🍽

Weinsberg 61↗

Baden-Württemberg — Kreis Heilbronn — 198 m — 10 500 Ew — Heilbronn 6 km
🛈 ☎ (0 71 34) 51 20, Fax 51 21 99 — Stadtverwaltung, im Rathaus, 74189 Weinsberg; Weinbauort. Sehenswert: Ev. Kirche; Kerner-Haus; Burgruine Weibertreu; Weibertreu-Museum; Wachturm; römischer Gutshof mit Badruine

Weinsberg-Außerhalb (1,5 km →)
✱✱ Gutsgaststätte Rappenhof
einzeln ♂ ⋖ ✉ 74189, ☎ (0 71 34) 51 90, Fax 5 19 55, AX DC ED VA
34 Zi, Ez: 150-170, Dz: 180-210, ⊿ WC ☎, 6🍴; Lift P 3⇌40
geschl: Ende Dez-Anfang Jan
Auch Zimmer der Kategorie ✱ vorhanden
✱ Hauptgericht 25; Biergarten; geschl: Ende Dez-Mitte Jan

Weinstadt 62←

Baden-Württemberg — Rems-Murr-Kreis — 250 m — 25 000 Ew — Waiblingen 5, Schorndorf 13 km
🛈 ☎ (0 71 51) 69 30, Fax 69 32 90 — Bürgermeisteramt, im Stadtteil Beutelsbach, Marktplatz 1, 71384 Weinstadt

→

Weinstadt

Beutelsbach
** **Weinstadt-Hotel**
Marktstr 41, ✉ 71384, ☎ (0 71 51) 6 50 23,
Fax 66 09 10, AX DC ED VA
31 Zi, Ez: 105, Dz: 165, ⇌ WC ☎, 4✉; Lift ℗
1⇌40

** **Krone**
Hauptgericht 30; Terrasse; geschl: Mi
☎ (0 71 51) 6 51 81

Endersbach
* **Gästehaus Zefferer**
Strümpfelbacher Str 10, ✉ 71384,
☎ (0 71 51) 60 00 34, ED
14 Zi, Ez: 85-88, Dz: 135-145, ⇌ WC ☎; ℗ ⌑

■ **Café Mack**
Strümpfelbacher Str 17, ✉ 71384,
☎ (0 71 51) 60 00 96, Fax 60 00 99
℗ Terrasse, 7-18, So 13-18; geschl: Mo

Schnait
** **Zum Lamm**
Silcherstr 75, ✉ 71384, ☎ (0 71 51) 99 90 60,
Fax 9 99 06 60, AX
32 Zi, Ez: 85, Dz: 140, 1 Suite, ⇌ WC ☎; ℗ ⌑
** Hauptgericht 30; Biergarten Gartenlokal; geschl: Di

Schnait-Baach
* **Gasthof Adler**
Forststr 12, ✉ 71384, ☎ (0 71 51) 6 58 26,
Fax 6 65 20, ED
Hauptgericht 30; Biergarten Terrasse; nur mittags, Fr+Sa auch abends; geschl: Mo, Di
* ♂ 5 Zi, Ez: 65, Dz: 110, ⇌ WC ☎; ℗

Strümpfelbach
* **Gasthof Zum Lamm**
Hindenburgstr 16, ✉ 71348, ☎ (0 71 51)
6 23 31, Fax 61 01 62
Hauptgericht 30; ℗ Terrasse; ⌑; geschl:
Mo+Di, 2 Wochen im Jan, 3 Wochen im Aug

Weisendorf 57 ←

Bayern — Kreis Erlangen-Höchstadt —
360 m — 5 300 Ew — Herzogenaurach 7,
Höchstadt 9 km
🛈 ☎ (0 91 35) 7 12 00, Fax 71 20 40 —
Gemeindeverwaltung, Neustadter Str 1,
91085 Weisendorf

* **Jägerhof**
Auracher Bergstr 2, ✉ 91085, ☎ (0 91 35)
71 70, Fax 71 74 44, AX DC ED VA
30 Zi, Ez: 79-90, Dz: 120-150, ⇌ WC ☎; ℗ ⌑
⌑
Rezeption: 7-14, 17-23; geschl: Fr,
2 Wochen im Aug
Auch Zimmer der Kategorie ** vorhanden

Weiskirchen 52 →

Saarland — Kreis Merzig-Wadern — 400 m
— 6 500 Ew — Saarbrücken 58, Trier 33,
Merzig 19 km
🛈 ☎ (0 68 76) 72 24, Fax 7 09 38 — Kurverwaltung, Kirchenweg 2, 66709 Weiskirchen

Rappweiler (2 km ↙)
** **La Provence**
Merziger Str 25, ✉ 66709, ☎ (0 68 72) 43 26
Hauptgericht 35; ℗; geschl: Mo, Di + Sa
mittags, 3 Wochen in den Sommerferien

Weismain 57 ↑

Bayern — Kreis Lichtenfels — 547 m —
5 000 Ew — Lichtenfels 22, Kulmbach
19 km
🛈 ☎ (0 95 75) 9 22 00, Fax 12 48 — Stadtverwaltung, Am Markt 19, 96260 Weismain;
Erholungsort auf der nördlichen Fränkischen Alb. Sehenswert: Rathaus, Stadtbefestigung

* **Alte Post**
Am Markt 14, ✉ 96260, ☎ (0 95 75) 2 54,
Fax 10 54
35 Zi, Ez: 60, Dz: 90, ⇌ WC ☎; ℗ ⌑ 2⇌40
Sauna

Weißbach 49 ☐

Sachsen — Kreis Zwickauer Land — 585 m
— 1 360 Ew — Zwickau 13 km
🛈 ☎ (03 76 03) 82 81, Fax 27 50 — Gemeindeverwaltung, Thomas-Müntzer-Str 66,
08121 Weißbach. Sehenswert: Salvatorkirche; Peter-Breuer-Altar

** **Landhotel Schnorrbusch**
Schulstr 9, ✉ 08121, ☎ (03 76 03) 32 12,
32 13, 32 20, Fax 30 46, AX DC ED VA
19 Zi, Ez: 90, Dz: 140-160, 1 Suite, ⇌ WC ☎;
℗ 1⇌30 ⌑
Rezeption: 7-10, 15-21; geschl: Do Nachmittag

Weißenburg 63 ↗

Bayern — Kreis Weißenburg-Gunzenhausen — 637 m — 18 000 Ew — Donauwörth 41, Ansbach 50, Nürnberg 54 km
🛈 ☎ (0 91 41) 90 71 24, Fax 90 71 21 — Städt
Kultur- u. Verkehrsamt, Martin-Luther-Platz 3, 91780 Weißenburg; Kreisstadt.
Sehenswert: Hist. Altstadt; Ellinger Tor;
ev. Kirche St. Andreas; Got. Rathaus;
Stadtmauer; Seeweiherpartie; Römische
Thermen; Römerkastell mit Nordtor;
Römermuseum; Apothekenmuseum;
Kaadener Heimatstuben; Berwaldtheater
(städt. Freilichtbühne).

** **Goldene Rose**
Rosenstr 6, ✉ 91781, ☎ (0 91 41) 20 96,
Fax 7 07 52, AX ED VA
31 Zi, Ez: 80-120, Dz: 120-180, ⇌ WC ☎; ⌑
1⇌15 Sauna Solarium ⌑
Auch Zimmer der Kategorie * vorhanden

Zu Sonderkonditionen können Sie in
Hotels übernachten, die mit S gekennzeichnet sind. Eine Buchung ist allerdings
nur telefonisch über den Varta Hotel-Service möglich. Zu normalen Geschäftszeiten: (05 11) 3 40 13 26.

Weißenstadt

* **Am Ellinger Tor**
(Flair Hotel)
Ellinger Str 7, ✉ 91781, ☎ (0 91 41) 8 64 60, Fax 86 46 50, AX DC ED VA
27 Zi, Ez: 70-128, Dz: 100-168, 1 App, ⌐ WC ☎, 9🛏; 1⇔25 🍴
Auch Zimmer der Kategorie ** vorhanden
* Hauptgericht 25; Gartenlokal; geschl: So abends, Mo

* **Schwarzer Bär**
Marktplatz 13, ✉ 91781, ☎ (0 91 41) 8 68 80, Fax 8 68 88, ED VA
12 Zi, Ez: 70-80, Dz: 120-130, ⌐ WC ☎, 4🛏; 🚗 1⇔35 🍴
Rezeption: 10-23; geschl: Do

* **Goldener Adler**
Marktplatz 5, ✉ 91781, ☎ (0 91 41) 24 00, Fax 7 39 96, AX ED VA
Hauptgericht 15; Gartenlokal; geschl: Feb
** 11 Zi, Ez: 80-85, Dz: 112-140, ⌐ WC ☎
Rezeption: 7-14.30, 17.30-24; geschl: Feb

* **Krone**
Rosenstr 10, ✉ 91781, ☎ (0 91 41) 30 12, Fax 9 27 73
Hauptgericht 25; 🅿; geschl: Mo
* 10 Zi, Ez: 55-70, Dz: 105, ⌐ WC ☎

Weißenfels 38 ↘

Sachsen-Anhalt — Kreis Weißenfels — 100 m — 35 000 Ew — Halle 32, Leipzig 35, Gera 45 km
🛈 ☎ (0 34 43) 30 30 70, Fax 37 02 12 — Weißenfels-Information, Nikolaistr 37, 06667 Weißenfels. Sehenswert: Schloß Neu-Augustusburg; Rathaus; Stadtkirche St. Marien; Geleitshaus; Heinrich-Schütz-Haus; Novalishaus; Novalisgrab

* **Jägerhof**
Nikolaistr 51, ✉ 06667, ☎ (0 34 43) 30 43 11, Fax 30 54 58, AX ED VA
45 Zi, Ez: 95-135, Dz: 160-210, ⌐ WC ☎; Lift 🅿 1⇔30
** Hauptgericht 25

* **Am Klemmberg**
Bergstr 17, ✉ 06667, ☎ (0 34 43) 30 02 95, Fax 30 02 96
13 Zi, Ez: 80-88, Dz: 100-120, ⌐ WC; **garni**
Rezeption: 6-12, 14-23

Weißenhorn 70 ↘

Bayern — Kreis Neu-Ulm — 501 m — 11 687 Ew — Illertissen 14, Ulm 21 km
🛈 ☎ (0 73 09) 84 28, Fax 84 50 — Stadtverwaltung, Kirchplatz 2, 89264 Weißenhorn; Erholungsort an der Roth. Sehenswert: Kath. Kirche; Oberes und Unteres Tor; ehem. Stiftskirche in Roggenburg (6 km ↘)

* **Gasthof Zum Löwen**
♿ Martin-Kuen-Str 5, ✉ 89264, ☎ (0 73 09) 9 65 00, Fax 50 16, AX ED VA
23 Zi, Ez: 90-100, Dz: 125-145, ⌐ WC ☎, 3🛏; 🅿 🚗
geschl: So
* Hauptgericht 25; geschl: So

Weißensberg 69 ↘

Bayern — Kreis Lindau (Bodensee) — 530 m — 2 150 Ew — Lindau 4, Wangen 17 km
🛈 ☎ (0 83 89) 8 91 50, Fax 8 91 20 — Fremdenverkehrsverein, Lampertsweiler 51, 88138 Weißensberg. Sehenswert: Pfarrkirche St. Markus

*** **Golfclub Bodensee**
einzeln ♿ ⬤ Lampertsweiler 51, ✉ 88138, ☎ (0 83 89) 89 10, Fax 8 91 91, AX DC ED VA
34 Zi, Ez: 100-190, Dz: 120-150, 2 Suiten, ⌐ WC ☎; Lift 🅿 Sauna Solarium 🍴 ⚓
Rezeption: 7-20; geschl: Anfang Nov-Mär
Golf 18

Weißensee 37 ↘

Thüringen — Kreis Sömmerda — 140 m — 4 100 Ew — Sömmerda 6, Kindelbrück 7, Greußen 8 km
🛈 ☎ (0 36 74) 2 20 12, Fax 2 20 30 — Fremdenverkehrsamt, Langer Damm 7, 99631 Weißensee

* **Promenadenhof**
An der Promenade, ✉ 99631, ☎ (0 36 74) 22 20, Fax 22 44, AX DC ED VA
20 Zi, Ez: 79-98, Dz: 98-124, ⌐ WC ☎; 🅿 1⇔40
Rezeption: 6.30-24, Sa + So 8-11, 16-24
Im Gästehaus Zimmer der Kategorie ** vorhanden
** Hauptgericht 20

* **Sporthotel**
Fischhof 3, ✉ 99631, ☎ (0 36 74) 2 40, Fax 2 41 13, AX DC ED VA
52 Zi, Ez: 58-78, Dz: 103-126, ⌐ WC ☎; 🅿 2⇔35 Fitneßraum Kegeln Sauna Solarium; **garni**
Rezeption: 7-21.30, Sa + So 8-12

Weißenstadt 58 ↗

Bayern — Kreis Wunsiedel — 630 m — 4 000 Ew — Selb 24, Bayreuth 36 km
🛈 ☎ (0 92 53) 7 11, Fax 14 04 — Verkehrsamt, Kirchplatz 1, 95163 Weißenstadt; Erholungsort im Fichtelgebirge. Sehenswert: Großer Waldstein, 880 m ⚐ (5 km ↘); Rudolfstein, 866 m ⚐ (3 km ↓); Felstürme „Drei Brüder"

* **Gasthof zum Waldstein**
Kirchenlamitzer Str 8, ✉ 95163, ☎ (0 92 53) 2 70, Fax 86 76
13 Zi, Ez: 35-65, Dz: 70-90, ⌐ WC ☎; 🅿 🚗 🍴
geschl: Mo, Ende Aug-Mitte Sep, Anfang-Mitte Mär

** **Egertal** 🍺
Wunsiedler Str 49, ✉ 95163, ☎ (0 92 53) 2 37, Fax 5 00, AX DC ED VA
Hauptgericht 40; Gartenlokal; nur abends, sa + so + feiertags auch mittags; geschl: Di, Mitte Jan-Mitte Feb

Weißwasser 41 □

Sachsen — Kreis Weißwasser — 150 m —
36 790 Ew — polnische Grenze 8, Cottbus 42 km
🛈 ☎ (0 35 76) 6 23 83 — Stadtverwaltung, Marktplatz, 02943 Weißwasser

** Kristall
Karl-Liebknecht-Str 34, ✉ 02943,
☎ (0 35 76) 26 40, Fax 26 41 02, AX DC ED VA
60 Zi, Ez: 110-145, Dz: 160-195, ⌐ WC ☎;
Lift 🅿 Fitneßraum ⎮☺⎮

* Prenzel
Straße des Friedens 11, ✉ 02943,
☎ (0 35 76) 20 77 98, Fax 20 59 70,
AX DC ED VA
18 Zi, Ez: 110-130, Dz: 140-180, ⌐ WC ☎;
9⚑; Lift 🅿 🚗 ⎮☺⎮

Weitendorf bei Brüel 20 ↘

Mecklenburg-Vorpommern — Parchim —
510 Ew
🛈 ☎ (03 84 83) 2 03 75 — Gemeindeverwaltung, Hofplatz 7, 19412 Weitendorf

Kaarz (3 km ↙)
*** Schloß Kaarz
einzeln ♀ ⊰ Obere Dorfstr, ✉ 19412,
☎ (03 84 83) 30 80, Fax 3 08 40
Ez: 80-140, Dz: 96-170, 9 Suiten, 3 App, ⌐
WC ☎; 🅿 3↔35 Sauna Solarium
Tennis 1
Langzeitvermietung möglich

Weiterstadt 54 ↗

Hessen — Kreis Darmstadt-Dieburg —
110 m — 22 437 Ew — Darmstadt 7, Groß-Gerau 8 km
🛈 ☎ (0 61 50) 2 24 37, Fax 40 02 89 — Stadtverwaltung, Darmstädter Str 36,
64331 Weiterstadt

** Hamm
Kreuzstr 26, ✉ 64331, ☎ (0 61 50) 30 82,
Fax 1 57 57, AX DC ED VA
27 Zi, Ez: 95-120, Dz: 130-150, ⌐ WC ☎; 🅿
🚗 1↔40; garni
Rezeption: 7-20
Auch Zimmer der Kategorie * vorhanden

Gräfenhausen (4 km ↑)
* Zum Löwen
Darmstädter Landstr 11, ✉ 64331,
☎ (0 61 50) 5 10 25, Fax 5 02 47, ED VA
14 Zi, Ez: 85, Dz: 120, ⌐ WC ☎; 🅿 🚗 1↔60
⎮☺⎮
geschl: Sa

Weixdorf 40 ↘

Sachsen — Kreis Dresden — 190 m —
4 500 Ew — Dresden 15 km
🛈 ☎ (03 51) 58 31 01, Fax 58 51 37 —
Gemeindeverwaltung, Rathausplatz 2,
01478 Weixdorf

Marsdorf (3 km ↖)
** Landhaus Marsdorf
♀ Hauptstr 22, ✉ 01478, ☎ (03 51)
8 80 81 01, Fax 8 80 57 60, AX ED VA
23 Zi, Ez: 110, Dz: 150-165, ⌐ WC ☎; 🅿
2↔70 ⎮☺⎮

Wellaune 39 □

Sachsen — Kreis Eilenburg — 120 m —
500 Ew — Lutherstadt Wittenberg 27,
Leipzig 30 km
🛈 ☎ (03 42 43) 7 29 15 — Gemeindeverwaltung, 04849 Wellaune

Wellaune-Außerhalb (3 km ↙)
* Griep's Heidehotel
♀ an der B 2, ✉ 04849, ☎ (03 42 43)
2 48 66, Fax 2 48 66
26 Zi, Ez: 80-90, Dz: 100-120, ⌐ WC ☎; 🅿
⎮☺⎮

Wemding 63 □

Bayern — Kreis Donau-Ries — 456 m —
5 500 Ew — Nördlingen 19, Donauwörth 23 km
🛈 ☎ (0 90 92) 82 22, Fax 82 42 — Verkehrsamt, Haus des Gastes, 86650 Wemding;
Erholungsort am Ostrand des Ries.
Sehenswert: Kath. Kirche; Wallfahrtskirche
(2 km ↖); Türme und Tore

*** Meerfräulein
 (Minotel)**
Wallfahrtsstr 1, ✉ 86650, ☎ (0 90 92)
9 69 40, Fax 9 69 42 00, AX DC ED VA
46 Zi, Ez: 65-90, Dz: 110-160, ⌐ WC ☎,
12⚑; Lift 🚗 4↔100 Fitneßraum Kegeln
Sauna Solarium
Auch einfachere Zimmer vorhanden
* Hauptgericht 20; Terrasse;
geschl: So abends, Di

* Birkhahn
Nördlinger Str 16, ✉ 86650, ☎ (0 90 92)
9 69 50, Fax 12 38, VA
20 Zi, Ez: 48-64, Dz: 90-108, ⌐ WC ☎, 1⚑;
🅿 1↔50 Sauna ⎮☺⎮
Auch Zimmer der Kategorie ** vorhanden

* Landhotel Weißer Hahn
Wallfahrtstr 21, ✉ 86650, ☎ (0 90 92) 62 63,
Fax 63 53
23 Zi, Ez: 52-65, Dz: 94-96, ⌐ WC ☎; 🅿
1↔100 Fitneßraum Sauna Solarium ⎮☺⎮
Im Gästehaus einfachere Zimmer vorhanden

Wendeburg 26 ↘

Niedersachsen — Kreis Peine — 70 m —
8 600 Ew — Peine 12, Braunschweig 13 km
🛈 ☎ (0 53 03) 80 20, Fax 8 02 19 — Gemeindeverwaltung, Am Anger 5, 38176 Wendeburg. Sehenswert: Bauernmuseum in Bortfeld

Meerdorf (6 km ↘)
* **Altes Landhaus**
Woltorfer Str 13, ✉ 38176, ☎ (0 51 71)
9 91 60, Fax 99 16 55
13 Zi, Ez: 65-110, Dz: 125-145, ⌐ WC ☎; **P**
1✪25 Kegeln ⛉

Rüper (3 km ↘)
* **Zum Jägerheim**
Meerdorfer Str 40, ✉ 38176, ☎ (0 53 03)
20 26, Fax 20 56, DC ED VA
39 Zi, Ez: 80-110, Dz: 130-180, ⌐ WC ☎; Lift
P 🚗 4✪150 ⛱ Kegeln Sauna Solarium ⛉
Rezeption: 7-12, 17-22; geschl: Ende Dez-
Mitte Jan

Wendelstein 57 ↓

Bayern — Kreis Roth — 361 m — 15 500 Ew
— Feucht 7, Schwabach 10, Nürnberg
13 km
i ☎ (0 91 29) 40 10, Fax 4 01 44 — Verkehrsamt, Altes Rathaus, 90530 Wendelstein. Sehenswert: Wehrkirche; Schloß-
anlagen; Allerheiligenkirche: Riemen-
schneideraltar

** **Ofenplatt'n**
Nürnberger Str 19, ✉ 90530, ☎ (0 91 29)
34 30, Fax 27 09 68
Hauptgericht 45; geschl: So

Röthenbach bei St. Wolfgang (2 km ↗)
* **Kübler Hof**
In der Lach 2, ✉ 90530, ☎ (0 91 29) 90 00,
Fax 90 02 92, AX DC ED VA
39 Zi, Ez: 80-90, Dz: 130, ⌐ WC ☎; Lift **P**
3✪35 Kegeln ⛉
geschl: So, Ende Dez-Anfang Jan

Wenden 44 ↘

Nordrhein-Westfalen — Kreis Olpe —
400 m — 18 343 Ew — Olpe 9, Kreuztal
10 km
i ☎ (0 27 62) 40 60, Fax 16 67 — Gemeindeverwaltung, Hauptstr 75, 57474 Wenden.
Sehenswert: St.-Severinus-Kirche; Wen-
dener Hütte; Wallfahrtkapelle Dörn-
schlade

* **Zeppenfeld**
Bergstr 3, ✉ 57482, ☎ (0 27 62) 12 46,
Fax 10 88, ED
10 Zi, Ez: 60, Dz: 120, ⌐ WC ☎; **P** ⛉
geschl: Di, 4 Wochen im Sommer

Wenden-Außerhalb (2 km ↓)
** **Landhaus Berghof**
einzeln ♂ ✉ 57482, ☎ (0 27 62) 50 88,
Fax 37 08, AX ED VA
15 Zi, Ez: 80-120, Dz: 145-180, 1 App, ⌐ WC
☎; **P** 🚗 1✪30 Kegeln
Auch Zimmer der Kategorie * vorhanden
** Hauptgericht 30; geschl: Mo

Wendlingen a. Neckar 62 ←

Baden-Württemberg — Kreis Esslingen —
300 m — 15 500 Ew — Nürtingen 7, Stuttgart 27 km
i ☎ (0 70 24) 4 30, Fax 4 32 62 — Stadtverwaltung, Am Marktplatz 2, 73240 Wendlin-
gen

Unterboihingen (1 km ↓)
* **Löwen**
Nuertinger Str 1, ✉ 73240, ☎ (0 70 24)
94 90, Fax 9 49 99, AX ED VA
35 Zi, Ez: 80-110, Dz: 130-160, 1 Suite, ⌐
WC ☎; **P** 2✪30 ⛉

Wennigsen (Deister) 26 ↗

Niedersachsen — Kreis Hannover — 100 m
— 14 000 Ew — Barsinghausen 8, Hannover 25 km
i ☎ (0 51 03) 70 07 22, Fax 70 07 16 —
Gemeindeverwaltung, Hauptstr 1,
30974 Wennigsen (Deister)

Holtensen (5 km ↘)
* **La Cascina**
Hamelner Str 12, an der B 217, ✉ 30974,
☎ (0 51 08) 6 45 42, Fax 6 45 49, ED VA
Hauptgericht 25; Biergarten
*   11 Zi, Ez: 65-85, Dz: 110-145, ⌐
WC ☎, 2✉; **P** Kegeln
Rezeption: 10-24

Wenningstedt siehe Sylt

Werbach 55 →

Baden-Württemberg — Main-Tauber-Kreis
— 170 m — 3 341 Ew — Tauberbischofsheim 8, Wertheim 24 km
i ☎ (0 93 41) 50 88 — Gemeindeverwaltung, 97965 Werbach

* **Landgasthof Drei Lilien**
Hauptstr 14, ✉ 97956, ☎ (0 93 41) 75 86,
Fax 41 19, AX ED VA
25 Zi, Ez: 49-80, Dz: 89-130, 1 Suite, WC ☎,
10✉; **P** 2✪60 Sauna ⛉
Rezeption: 11-24; geschl: Do, Anfang-
Mitte Aug

Werdau 49 ↑

Sachsen — Kreis Werdau — 274 m —
18 600 Ew — Zwickau 8 km
i ☎ (0 37 61) 59 40, Fax 30 15 — Stadtverwaltung, 08412 Werdau

** **Katharinen-Hof**
Katharinenstr 18, ✉ 08412, ☎ (0 37 61)
55 19, Fax 36 01, AX DC ED VA
16 Zi, Ez: 95-120, Dz: 125-150, 2 App, ⌐ WC
☎; **P** 1✪25; **garni**
geschl: Ende Dez

Werder (Havel) 29 □

Brandenburg — Kreis Potsdam — 35 m — 10 656 Ew — Potsdam 21 km
🛈 ☎ (0 33 27) 4 54 14 — Stadtverwaltung, Eisenbahnstr 13, 14542 Werder

∗ **Appartement-Haus Service „Garni"**
Schubertstr 21, ✉ 14542, ☎ (0 33 27) 46 61 70, Fax 46 61 40, AX DC ED VA
Ez: 115, Dz: 140-175, 70 App, ⌐ WC ☎; P; garni

Werl 34 □

Nordrhein-Westfalen — Kreis Soest — 90 m — 30 000 Ew — Soest 14, Dortmund 31 km
🛈 ☎ (0 29 22) 9 70 30, Fax 97 03 17 — Gesellschaft für Stadtentwicklung, Hedwig-Dransfeld-Str 21, 59457 Werl. Sehenswert: Kath. Propsteikirche, Haus Rykenberg; Wallfahrtsbasilika, Gnadenbild; Alte Wallfahrtskirche; Rathaus; Patrizierhaus; Völkerkundliches Museum; Städtisches Museum; hist. Altstadt

∗ **Bartels**
Walburgisstr 6, ✉ 59457, ☎ (0 29 22) 70 66, Fax 8 55 50, AX ED VA
31 Zi, Ez: 85-90, Dz: 145-150, ⌐ WC ☎, 3✉;
P 🚗 60; garni
geschl: Ende Dez-Anfang Jan

∗ **Parkhotel Wiener Hof**
Hammer Str 1, ✉ 59457, ☎ (0 29 22) 26 33, Fax 64 48, AX DC ED VA
10 Zi, Ez: 90-130, Dz: 135-170, ⌐ WC ☎; P 🚗 2✪60
Golf 9
∗∗ Hauptgericht 30; Terrasse

 Hemmer
Alter Markt 5, ✉ 59457, ☎ (0 29 22) 44 22, Fax 44 17
8.30.-18.30

Wermelskirchen 33 ↓

Nordrhein-Westfalen — Rheinisch-Bergischer Kreis — 345 m — 36 700 Ew — Wuppertal 23, Leverkusen 25 km
🛈 ☎ (0 21 96) 71 05 55 — Verkehrsamt, Telegrafenstr 29, 42929 Wermelskirchen; Stadt im Bergischen Land

∗ **Zur Eich**
Eich 7, ✉ 42929, ☎ (0 21 96) 60 08, Fax 7 27 0- 70, AX DC ED VA
40 Zi, Ez: 92-114, Dz: 155-185, ⌐ WC ☎; P 🚗 1✪40 Kegeln
Rezeption: 7-14.30; geschl: 3 Wochen im Jul
∗ Hauptgericht 25; Biergarten;
geschl: 3 Wochen im Jul

∗ **Zum Schwanen**
Schwanen 1, ✉ 42929, ☎ (0 21 96) 71 10, Fax 71 12 99, AX DC ED VA
Hauptgericht 30
∗ 38 Zi, Ez: 85-125, Dz: 120-240, ⌐ WC ☎; P 🚗 1✪20 Fitneßraum Sauna

Dabringhausen (9 km ↙)
∗∗ **Zur Post**
Altenberger Str 90, ✉ 42929, ☎ (0 21 93) 5 10 00, Fax 51 00 79, AX DC ED VA
Hauptgericht 28; Biergarten P; geschl: Mo mittags, 3 Wochen in den Sommerferien
∗∗ 18 Zi, Ez: 96-136, Dz: 125-165, ⌐ WC ☎, 3✉; 2✪150
geschl: Mo mittags, 2 Wochen in den Sommerferien

Wernau 62 ←

Baden-Württemberg — Kreis Esslingen — 300 m — 11 968 Ew — Esslingen 13 km
🛈 ☎ (0 71 53) 9 34 50, Fax 93 45 19 — Stadtverwaltung, Kirchheimer Str 69, 73249 Wernau

∗∗ **Maître**
Kirchheimer Str 3, ✉ 73249, ☎ (0 71 53) 9 30 00, Fax 00, AX DC ED VA
21 Zi, Ez: 98-145, Dz: 138-175, 6 Suiten, ⌐ WC ☎; P 🚗 1✪15
Rezeption: 7-24, Sa ab 17
∗∗ Hauptgericht 35; geschl: Fr
∗ **Dipfele**
Hauptgericht 22; geschl: Fr

∗ **Bad-Hotel Lämmle**
Köngener Str 15, ✉ 73249, ☎ (0 71 53) 33 15, Fax 3 71 73, AX DC ED VA
65 Zi, Ez: 105-135, Dz: 138-170, 2 Suiten, 1 App, ⌐ WC ☎; P 🚗 1✪50 ⌂ Sauna Solarium 🍽
geschl: Ende Dez-Anfang Jan

Wernberg-Köblitz 59 ←

Bayern — Kreis Schwandorf — 450 m — 6 000 Ew — Weiden 20, Schwandorf 30 km
🛈 ☎ (0 96 04) 5 65, Fax 32 25 — Gemeindeverwaltung, Nürnberger Str 124, 92533 Wernberg-Köblitz

∗ **Landgasthof Burkhard**
Marktplatz 10, ✉ 92533, ☎ (0 96 04) 25 12, Fax 36 64, AX DC ED VA
12 Zi, Ez: 85-95, Dz: 130-150, ⌐ WC ☎; P 3✪180
∗∗ Hauptgericht 25; Biergarten; geschl: So, Do abends

✉ Der Hinweis auf Nichtraucherzimmer zeigt Ihnen an, daß sich in diesem Hotel Zimmer befinden, in denen nicht geraucht werden darf. Die vorangestellte Ziffer bezieht sich auf die Anzahl der vorhandenen Nichtraucherzimmer wie sie der Redaktion vom Hotelbetrieb genannt wurden.

Werne 34

Nordrhein-Westfalen — Kreis Unna — 69 m — 30 000 Ew — Hamm 16, Dortmund 24, Münster 35 km
🛈 ☏ (0 23 89) 53 40 80 — Tourist-Information, Markt 19, 59368 Werne. Sehenswert: Kath. Kirche St. Christophorus; Rathaus; Kirchplatz mit Kirchhofsspeicher; Altes Amtshaus: Museum

* Ickhorn
Markt 1, ✉ 59368, ☏ (0 23 89) 28 24, Fax 53 27 89, AX ED VA
24 Zi, Ez: 75-95, Dz: 120-140, 1 App, ⇩ WC ☏; P 🚗
Im 100 m entferntem Gästehaus Zimmer der Kategorie ****** vorhanden
* Hauptgericht 25; Biergarten; geschl: Sa, 3 Wochen in den Sommerferien

Stockum (5 km →)
* Stockumer Hof
Werner Str 125, ☏ (0 23 89) 9 50 70, Fax 95 07 99, ED
20 Zi, Ez: 75, Dz: 120, ⇩ WC ☏; P 2↔50 ⓘ

Werneck 56 ↑

Bayern — Kreis Schweinfurt — 221 m — 10 000 Ew — Schweinfurt 12, Würzburg 26 km
🛈 ☏ (0 97 22) 2 20, Fax 22 31 — Gemeindeverwaltung, Balthasar-Neumann-Platz 8, 97440 Werneck. Sehenswert: Schloß (Krankenhaus), Schloßkirche und Park

** Krone-Post (Minotel)
Balthasar-Neumann-Str 1, ✉ 97440, ☏ (0 97 22) 50 90, Fax 50 91 99, AX DC ED VA
61 Zi, Ez: 90-130, Dz: 130-150, ⇩ WC ☏, 15✉; Lift P 🚗 4↔40 Fitneßraum
Auch Zimmer der Kategorie ***** vorhanden
* Hauptgericht 20; geschl: Mo mittags

Wernigerode 37 ↑

Sachsen-Anhalt — Kreis Wernigerode — 240 m — 37 612 Ew — Braunlage 24, Halberstadt 24 km
🛈 ☏ (0 39 43) 3 30 35, Fax 3 20 40 — Wernigerode Tourismus GmbH, Nicolaiplatz 1, 38855 Wernigerode. Sehenswert: Stadtbefestigung; Marktplatz mit Rathaus; Fachwerkbauten, z.B. „Gothisches Haus", Ältestes Haus; Oberpfarrkirche St. Sylvestri; Pfarrkirche Unser Lieben Frauen; Pfarrkirche St. Johann; Schloß mit Museum; Wildpark Christianental; Harzquerbahn nach Nordhausen und Schierke, zum Brocken und nach Gernrode

*** Gothisches Haus (Travel Charme Hotel)
Am Markt, ✉ 38855, ☏ (0 39 43) 37 50, Fax 37 55 37, AX DC ED VA
116 Zi, Ez: 140-175, Dz: 190-295, S; 2 Suiten, ⇩ WC ☏, 33✉; Lift P 3↔40 Fitneßraum Sauna Solarium ⓘ

*** Treff Hotel Wernigerode
Pfarrstr 41, ✉ 38855, ☏ (0 39 43) 94 10, Fax 94 15 55, AX DC ED VA
258 Zi, Ez: 180-220, Dz: 240-320, S; ⇩ WC ☏, 40✉; Lift 🚗 12↔650 Fitneßraum Sauna Solarium ⓘ
Auch Zimmer der Kategorie ****** vorhanden

** Harz-Krone
Nöschenröderstr 42, ✉ 38855, ☏ (0 39 43) 2 32 56, Fax 2 32 56, AX ED VA
8 Zi, Ez: 110, Dz: 180, 2 Suiten, ⇩ WC ☏; Lift P 🚗 ⓘ

** Weißer Hirsch (Ringhotel)
Marktplatz 5, ✉ 38855, ☏ (0 39 43) 60 20 20, Fax 63 31 39, AX DC ED VA
47 Zi, Ez: 115-145, Dz: 180-210, S; ⇩ WC ☏; Lift P 🚗 6↔95 Sauna ⓘ

* Nonnenhof (Travel Charme Hotel)
Oberpfarrkirchhof, ✉ 38855, ☏ (0 39 43) 37 50, Fax 37 55 37, AX DC ED VA
10 Zi, Ez: 110, Dz: 165, ⇩ WC ☏; ⓘ
Empfang und Frühstück im Gothischen Haus

* Waldmühle
Mühlental 76 b, ✉ 38855, ☏ (0 39 43) 4 98 37, Fax 2 50 02, AX ED
20 Zi, Ez: 90-110, Dz: 130-160, 1 Suite, ⇩ WC ☏; P 2↔30 Kegeln Sauna Solarium ⓘ

* Median
Benzingeröder Chaussee 8, ✉ 38855, ☏ (0 39 43) 4 98 93, Fax 4 98 96, AX DC ED VA
17 Zi, Dz: 98-138, ⇩ WC ☏, 9✉; P; garni

* Haus Andrea
♥ Harburgstr 3, ✉ 38855, ☏ (0 39 43) 4 73 73, Fax 4 73 78
8 Zi, Ez: 65-75, Dz: 110-120, 1 App, ⇩ WC ☏; P Fitneßraum Sauna; garni

* Hasseröder Hof
Amtsfeldstr 33 a, ✉ 38855, ☏ (0 39 43) 3 25 06, Fax 3 25 06, ED VA
6 Zi, Ez: 60-75, Dz: 90-110, ⇩ WC ☏; P ⓘ

Silstedt (4 km ↗)
** Blocksberg
◂ Hauptstr 55, ✉ 38855, ☏ (0 39 43) 2 12 51, Fax 2 12 54, AX ED VA
28 Zi, Ez: 100-110, Dz: 140-160, ⇩ WC ☏; Lift P 4↔100 Kegeln Sauna ⓘ

Wershofen 42 →

Rheinland-Pfalz — Kreis Ahrweiler —
500 m — 970 Ew — Adenau 17, Bad
Münstereifel 18 km
ℹ ☎ (0 26 94) 2 73 — Gemeindeverwaltung,
Raiffeisenstr 6, 53520 Wershofen; Erholungsort

**   Kastenholz
◄ Hauptstr 1, ✉ 53520, ☎ (0 26 94) 3 81
16 Zi, Ez: 65, Dz: 120-130, ᴅ WC ☎; Ⓟ ≋
Kegeln ⚑
geschl: Jan

*   Landgasthaus Pfahl
◄ Hauptstr 78, ✉ 53520, ☎ (0 26 94) 2 32,
Fax 5 30, AX ED VA — Fax 15 38 —
22 Zi, Ez: 55-90, Dz: 85-125, ᴅ WC; Ⓟ
2⇔35 Sauna Solarium
Rezeption: 10-14.30, 17-22; geschl: Mitte
Jan-Anfang Feb
*   Hauptgericht 25; geschl: Di,
Mitte Jan-Anfang Feb

Wertach 70 ↘

Bayern — Kreis Oberallgäu — 915 m —
2 800 Ew — Kempten 24, Füssen 29 km
ℹ ☎ (0 83 65) 2 66, Fax 15 38 — Touristikinformation, Rathausstr 1, 87497 Wertach;
Luftkurort und Wintersportplatz. Sehenswert: Grüntensee (2 km ↗)

*   Alpengasthof Hirsch
Marktstr 21, ✉ 87497, ☎ (0 83 65) 7 02 00,
Fax 70 20 30, AX ED VA
14 Zi, Ez: 65, Dz: 115-130, ᴅ WC ☎; Ⓟ
1⇔70
geschl: Do
*   Hauptgericht 19; geschl: Do

*   Drei Mühlen
Alpenstr 1, ✉ 87497, ☎ (0 83 65) 7 02 50,
Fax 70 25 33, ED VA
25 Zi, Ez: 85-96, Dz: 130-160, 5 App, ᴅ WC
☎; Ⓟ Fitneßraum Solarium ⚑
geschl: Mo, Nov

Wertheim 55 ↗

Baden-Württemberg — Main-Tauber-Kreis
— 141 m — 21 500 Ew — Tauberbischofsheim 29, Lohr 31, Miltenberg 31 km
ℹ ☎ (0 93 42) 10 66, Fax 3 82 77 — Fremdenverkehrsgesellschaft, Am Spitzen
Turm, 97877 Wertheim; Erholungsort,
Romantische Stadt an Main und Tauber.
Sehenswert: Ev. Stiftskirche: Grabmal;
Burgruine; Glasmuseum; ehem. Zisterzienserklosterkirche im Stadtteil Bronnbach (10 km ↘): Kapitelsaal, Chorgestühl;
ev. Wehrkirche im Stadtteil Urphar
(6 km ↘); Personenschiffsfahrt, ☎ (0 93 42)
14 14

*   Schwan
Mainplatz 8, ✉ 97877, ☎ (0 93 42) 12 78,
Fax 2 11 82, AX DC ED VA
28 Zi, Ez: 95-120, Dz: 130-170, 3 Suiten, ᴅ
WC ☎; Ⓟ 1⇔25 ⚑
geschl: Jan
Auch Zimmer der Kategorie ****** vorhanden
*   Hauptgericht 25; Terrasse;
geschl: im Winter So abends, Jan

*   Bronnbacher Hof
Mainplatz 10, ✉ 97877, ☎ (0 93 42) 77 97,
Fax 3 99 87, AX DC ED VA
37 Zi, Ez: 90-115, Dz: 130-180, ᴅ WC ☎; Lift
Ⓟ ⚑
Auch Zimmer der Kategorie ****** vorhanden

*   Am Malerwinkel
Neuplatz 1, ✉ 97877, ☎ (0 93 42) 90 60,
Fax 2 16 28, AX DC ED VA
11 Zi, Ez: 85, Dz: 120, ᴅ WC ☎; ⚑

<mark>Bettingen</mark> (9 km ↗)
****   Schweizer Stuben   ♛♛♛
(Relais & Châteaux)
einzeln ♂ Geiselbrunnweg 11, ✉ 97877,
☎ (0 93 42) 30 71 55, AX DC ED VA
30 Zi, Ez: 225-345, Dz: 276-426, 3 Suiten, ᴅ
WC ☎; Ⓟ 2⇔40 ≋ ⚐ Sauna Solarium
Golf 18; Tennis 7
Vier getrennt liegende Gebäude mit Zimmern unterschiedlicher Kategorien. Die
Spannweite reicht von Zimmern der Kategorie ****** bis zu vorbildlich gestalteten,
luxuriösen Zimmern mit Suite-Charakter
****   Schweizer Stuben   ⚘ 🍽🍽
Hauptgericht 55; Terrasse; nur abends, So
auch mittags; geschl: Jan
***   Taverna La Vigna   🍽
einzeln, Hauptgericht 40; geschl: So, Mo,
Feb
**   Landgasthof Schober   ✣
Hauptgericht 30; Terrasse; geschl: Mi, Do,
Jan

Werther 24 ↘

Nordrhein-Westfalen — Kreis Gütersloh —
130 m — 11 150 Ew — Halle 6, Bielefeld
10 km
ℹ ☎ (0 52 03) 70 50, Fax 7 05 88 — Stadtverwaltung, Mühlenstr 2, 33824 Werther

**   Wöhrmann
Alte Bielefelder Str 24, ✉ 33824,
☎ (0 52 03) 9 70 90, Fax 50 40, AX DC ED VA
13 Zi, Ez: 70, Dz: 230-270, 2 Suiten, ᴅ WC
☎; Ⓟ ⚑ 1⇔50 ⚑
geschl: So, Mo, Fr

Wertingen 63 ↓

Bayern — Kreis Dillingen — 419 m —
7 900 Ew — Dillingen 17, Augsburg 30 km
ℹ ☎ (0 82 72) 8 40, Fax 84 27 — Stadtverwaltung, Schulstr 12, 86637 Wertingen.
Sehenswert: Kirche; Schloß; Heimatmuseum, „Städtische Sammlung für zeitgenössische Kunst"

Wesenberg

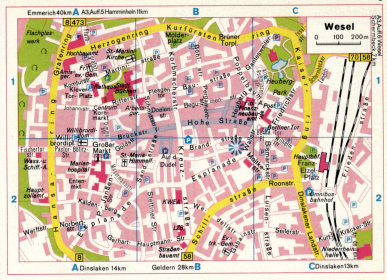

* Zum Schwan
Hauptstr 8, ✉ 86637, ☎ (0 82 72) 23 24, Fax 23 24, VA
11 Zi, Ez: 52, Dz: 96, ⌐ WC ☎; P ¶
geschl: Di

Wertingen-Außerhalb (2 km ←)
* Waldgasthof Bergfried
♠ Am Judenberg 2, ✉ 86637, ☎ (0 82 72) 40 79, Fax 52 41, AX ED
12 Zi, Ez: 68-72, Dz: 116-120, ⌐ WC ☎; P 1✡220 ¶

Wesel 32 ↗

Nordrhein-Westfalen — Kreis Wesel — 23 m — 61 000 Ew — Duisburg 34 km
ℹ (02 81) 2 44 98 — Verkehrsverein, Kornmarkt 19, 46485 Wesel; Stadt am Niederrhein. Sehenswert: Willibrordi-Dom; Befestigungsanlagen; Engelkirche

Wesel-Außerhalb (2 km ↘)
** Lippeschlößchen
Hindenburgstr 2, ✉ 46485, ☎ (02 81) 44 88, Fax 47 33, AX DC ED VA
Hauptgericht 32; Gartenlokal P; geschl: Di

Wesel-Außerhalb (4 km ↑)
*** Waldhotel Tannenhäuschen
Am Tannenhäuschen 7, ✉ 46487, ☎ (02 81) 6 10 14, Fax 6 41 53, AX DC ED VA
46 Zi, Ez: 145-223, Dz: 180-280, 4 Suiten, ⌐ WC ☎; Lift P ✉ 4✡40 ⌂ Fitneßraum Sauna Solarium
*** Hauptgericht 42

Feldmark (1,5 km ↗)
** Haus Duden
♠ Konrad-Duden-Str 99, ✉ 46485, ☎ (02 81) 9 62 10, Fax 9 62 11 00, AX DC ED VA
62 Zi, Ez: 160-230, Dz: 220, 2 Suiten, ⌐ WC ☎, 20✉; P 5✡40 Fitneßraum Kegeln Sauna
** Parkrestaurant
Hauptgericht 40; Terrasse

Wesenberg 21 □

Mecklenburg-Vorpommern — Mecklenburg-Strelitz — 3 159 Ew — Berlin 99, Neubrandenburg 48, Neustrelitz 18 km
ℹ (03 98 32) 2 02 12, Fax 2 10 61 — Amtsverwaltung, Markt 3, 17255 Wesenberg

Wesenberg-Außerhalb (4 km ↑)
*** Seehotel Borchard's Rookhus
einzeln ♠ ◁ Am Großen Labussee 12, ✉ 17255, ☎ (03 98 32) 5 00, Fax 5 01 00, AX ED
38 Zi, Ez: 130-150, Dz: 180-220, 8 Suiten, ⌐ WC ☎, 4✉; P 2✡100 Strandbad Seezugang Fitneßraum Sauna Solarium
geschl: Jan
*** Fürst Nikolaus
◁ einzeln Hauptstraße 38; Terrasse; geschl: im Winter Mo, Di, Jan
* Storchennest
Hauptgericht 23; Terrasse; geschl: Jan

In der Vergangenheit hat sich oft gezeigt, daß einige Hotels ihre Preise im Laufe des Jahres anheben. Daher ist es ratsam, sich bei der Buchung die Preise bestätigen zu lassen.

Wesseling

Wesseling 43

Nordrhein-Westfalen — Erftkreis — 53 m — 33 375 Ew — Brühl 6, Bonn 12, Köln 13 km
🛈 ☎ (0 22 36) 70 10, Fax 70 13 39 — Stadt Wesseling, Rathausplatz 1, 50387 Wesseling. Sehenswert: Luziakapelle; Wasserturm, Berzdorf; Schwingeler Hof; Pfarrkirche St. Germanus; Godorfer Burg; Rheinpark; Freizeit- u. Naherholungsanlage Entenfang

* **Haus Burum**
Bonner Str 83, ✉ 50389, ☎ (0 22 36) 4 10 51, Fax 14 06
24 Zi, Ez: 75-160, Dz: 120-180, ⌐ WC ☎; Lift 🅿 🖃; garni

* **Central**
Konrad-Adenauer-Str 2, ✉ 50389, ☎ (0 22 36) 4 20 33, Fax 4 28 45
25 Zi, Ez: 80-125, Dz: 125-185, ⌐ WC ☎; Lift 🅿 🖃; garni

** **Kölner Hof**
Kölner Str 83, ✉ 50389, ☎ (0 22 36) 4 28 41, Fax 4 24 82, AX ED VA
Hauptgericht 30; 🅿; ⌐; geschl: Sa, Jul

Keldenich (1 km ←)

** **Pontivy**
♂ Cranachstr 75, ✉ 50389, ☎ (0 22 36) 4 30 91, Fax 4 07 38, AX DC ED VA
26 Zi, Ez: 120-160, Dz: 190-320, ⌐ WC ☎; 🅿 1⇆40 Fitneßraum Sauna Solarium
** Hauptgericht 30; Terrasse; geschl: Sa mittags

Wessobrunn 71 ←

Bayern — Kreis Weilheim-Schongau — 720 m — 1 930 Ew — Weilheim 10, Dießen 18, Landsberg 26 km
🛈 ☎ (0 88 09) 3 13, Fax 2 02 — Gemeindeverwaltung, Zöpfstr 1, 82405 Wessobrunn; Bekannt als Fundort des „Wessobrunner Gebetes", des ältesten Textes in deutscher Sprache, etwa 1100 Jahre alt. Sehenswert: Kath. Pfarrkirche St. Johannes; ehem. Benediktinerabtei; Kreuzbergkapelle: Fresken; Wallfahrtskirche St. Leonhard im Forst (7 km ↓)

* **Gasthof Zur Post**
Zöpfstr 2, ✉ 82405, ☎ (0 88 09) 2 08, Fax 8 13
Hauptgericht 25; Terrasse ⌐; geschl: im Winter Di

Westerburg 44 ←

Rheinland-Pfalz — Westerwaldkreis — 380 m — 6 000 Ew — Hachenburg 21, Montabaur 22 km
🛈 ☎ (0 26 63) 29 10, Fax 2 91 99 — Fremdenverkehrsverein, Neustr 39, 56457 Westerburg; Luftkurort im Westerwald. Sehenswert: Altes Schloß mit Schloßkirche; Liebfrauenkirche; Aussichtspunkt Naturdenkmal „Katzenstein"

** **Deynique**
♂ ⌐ Auf dem Hilsenberg 20, ✉ 56457, ☎ (0 26 63) 2 90 20, Fax 2 90 22 00, AX DC ED VA
24 Zi, Ez: 190, Dz: 226, 5 Suiten, ⌐ WC ☎, 6🖃; Lift 🅿 🖃 5⇆60
** ⌐ Hauptgericht 35; Terrasse

Stahlhofen 4 km ↗

*** **Bensings Sport & Gesundheits Akademie**
einzeln ♂ ⌐ Am Wiesensee, ✉ 56457, ☎ (0 26 63) 9 91 00, Fax 99 11 99, AX DC ED VA
70 Zi, Ez: 188-364, Dz: 282-382, 33 Suiten, ⌐ WC ☎, 21🖃; Lift 🅿 7⇆160 🏊 Strandbad Seezugang Fitneßraum Sauna Solarium
** ⌐ Hauptgericht 35

Westerdeichstrich 9 ↙

Schleswig-Holstein — Kreis Dithmarschen — 1 m — 1 000 Ew — Büsum 4 km
🛈 ☎ (0 48 34) 23 36, Fax 24 90 — Kurverwaltung, Dorfstr 20, 25761 Westerdeistrich; Erholungsort

** **Der Mühlenhof**
♂ Dorfstr 22, ✉ 25761, ☎ (0 48 34) 99 80, Fax 9 98 88, ED VA
19 Zi, Ez: 100-120, Dz: 170-240, 6 Suiten, 1 App, ⌐ WC ☎; 🅿 2⇆60 Sauna Solarium; garni
Rezeption: 8-21
** Hauptgericht 25; Terrasse; geschl: Mo, Mitte Jan-Mitte Feb

Westerheim 62 ↙

Baden-Württemberg — Alb-Donau-Kreis — 600 m — 2 535 Ew — Bad Urach 20, Geislinge an der Steige 28 km
🛈 ☎ (0 73 33) 40 31, Fax 40 30 — Gemeindeverwaltung, Kirchplatz 16, 72589 Westerheim; Luftkurort. Sehenswert: Schertelshöle (Tropfsteinhöle); Sellenbergkapelle; Steinernes Haus; Burg Reußenstein (10 km); Aussichtsturm Römerstein (10 km)

** **Gästehaus Gartenstr**
♂ Gartenstr 1, ✉ 72589, ☎ (0 73 33) 30 33, Fax 30 35
10 Zi, Ez: 60-65, Dz: 90-100, 2 App, ⌐ WC ☎; 🅿 1⇆30 Fitneßraum Sauna; garni

Westerland siehe Sylt

Westernkotten, Bad
siehe Erwitte

Westerstede 16 □

Niedersachsen — Kreis Ammerland — 13 m — 20 104 Ew — Oldenburg 25 km
🛈 ☎ (0 44 88) 18 88, Fax 55 55 — Verkehrsverein, Am Markt 2, 26655 Westerstede; Erholungsort. Sehenswert: Ev. Kirche; Schloß Fikensolt; Howieker Wassermühle; Rhododendron-Kulturen in Linswege (5 km ↗)

Wettringen

** Voss
Am Markt 4, ✉ 26655, ☎ (0 44 88) 51 90, Fax 60 62, AX DC ED VA
60 Zi, Ez: 100-140, Dz: 150-200, ⌐ WC ☎, 9🍽; Lift P 9⇔250 🛋 Fitneßraum Sauna Solarium
Auch Zimmer der Kategorie * vorhanden
** Hauptgericht 25; Terrasse

** Altes Stadthaus
Albert-Post-Platz 21, ✉ 26655, ☎ (0 44 88) 8 47 10, Fax 84 71 30, ED
17 Zi, Ez: 80-90, Dz: 125-140, ⌐ WC ☎; P 1⇔35
Rezeption: 7-22, Mo 12.30-21.30
** Hauptgericht 25; Gartenlokal; geschl: Mo

** Busch
Alter Markt/Lange Str 2, ✉ 26655, ☎ (0 44 88) 8 47 60, Fax 84 76 60, AX DC ED VA
13 Zi, Ez: 70-90, Dz: 100-150, ⌐ WC ☎, 5🍽; P 1⇔60 Kegeln 🍽

* Waldhotel am Wittenheimer Forst
Burgstr 15, ☎ (0 44 88) 8 38 20, Fax 7 28 29, AX ED VA
23 Zi, Ez: 75-95, Dz: 120-140, ⌐ WC ☎, 2🍽; P 1⇔150 Kegeln 🍽
Rezeption: 10.30-23; geschl: Ende Dez-Anfang Jan

* Ammerländer Hof
Lange Str 24, ✉ 26655, ☎ (0 44 88) 22 73, Fax 7 24 86, AX DC ED VA
23 Zi, Ez: 78, Dz: 120, ⌐ WC ☎; P 1⇔50 Kegeln
* Hauptgericht 20; Biergarten

Westhausen (Ostalbkreis) 62→

Baden-Württemberg — Ostalbkreis — 490 m — 5 400 Ew — Ellwangen 9, Aalen 12 km
ℹ ☎ (0 73 63) 8 40, Fax 84 50 — Bürgermeisteramt, Jahnstr 2, 73463 Westhausen.
Sehenswert: Pfarrkirche St. Mauritius; Kapellen; Wöllerstein 723 m ⋖

* Adler
⚤ Aalener Str 16, ✉ 73463, ☎ (0 73 63) 50 26, Fax 50 28, ED VA
20 Zi, Ez: 75-85, Dz: 120-125, ⌐ WC ☎; P; garni
geschl: Ende Dez-Anfang Jan
Auch Zimmer der Kategorie ** vorhanden

Lippach (6 km ↗)
* Landgasthof Walter
⚤ ✉ 73463, ☎ (0 73 63) 50 53, Fax 50 00, ED VA
12 Zi, Ez: 55-60, Dz: 95-105, ⌐ WC ☎; P 1⇔100 🍽

Westoverledingen 15↘

Niedersachsen — Kreis Leer — 5 m — 17 200 Ew — Leer 9 km
ℹ ☎ (0 49 55) 55 41, Fax 33 35 — Touristik-Information, Deichstr 7 a, 26810 Westoverledingen

Ihrhove
* Haus am Jacobsbrunnen
Bahnhofstr 10, ✉ 26810, ☎ (0 49 55) 45 45, Fax 52 80, ED VA
5 Zi, Ez: 60-90, Dz: 90-130, ⌐ WC ☎, 1🍽; P 2⇔55 Kegeln 🍽

Westrhauderfehn
siehe Rhauderfehn

Wettenberg 44→

Hessen — Kreis Gießen — 200 m — 11 600 Ew — Gießen 5 km
ℹ ☎ (06 41) 80 40, Fax 8 04 60 — Gemeindeverwaltung, im Ortsteil Krofdorf-Gleiberg, Sorguesplatz 2, 35435 Wettenberg.
Sehenswert: Burgruinen Gleiberg ⋖ und Vetzberg ⋖

Launsbach
* Schöne Aussicht
Gießener Str 3, ✉ 35435, ☎ (06 41) 9 82 37-0, Fax 9 82 37-12, AX DC ED VA
39 Zi, Ez: 110, Dz: 130-150, ⌐ WC ☎; Lift 5⇔80
geschl: Sa bis 17

Wetter (Ruhr) 33 □

Nordrhein-Westfalen — Ennepe-Ruhr-Kreis — 110 m — 28 969 Ew — Wuppertal 23 km
ℹ ☎ (0 23 35) 8 40, Fax 8 41 11 — Stadtverwaltung, Kaiserstr 170, 58300 Wetter; Stadt am Harkortsee (Ruhrstausee)

Volmarstein (4 km ↙)
* Burghotel Volmarstein (Landidyll Hotel)
⋖ ⚐ Am Vorberg 12, ✉ 58300, ☎ (0 23 35) 9 66 10, Fax 65 66, AX DC ED VA
36 Zi, Ez: 115-145, Dz: 160-190, 1 App, ⌐ WC ☎, 5🍽; Lift P 3⇔100 Kegeln 🍽

Wettringen 23↘

Nordrhein-Westfalen — Kreis Steinfurt — 48 m — 7 000 Ew — Steinfurt 8, Rheine 13, Gronau 21 km
ℹ ☎ (0 25 57) 78 36, Fax 78 36 — Verkehrsverein, Heimathaus, 48493 Wettringen; Erholungsort im nördlichen Münsterland.

* Zur Sonne
Metelener Str 8, ✉ 48493, ☎ (0 25 57) 12 31, Fax 10 86
12 Zi, Ez: 65, Dz: 115, ⌐ WC ☎; P 🚗 🍽

Wettstetten

Wettstetten 64 □

Bayern — Kreis Eichstätt — 400 m —
4 130 Ew — Ingolstadt 8, Eichstätt 20 km
🛈 (08 41) 3 80 66, Fax 3 80 63 — Gemeindeverwaltung, Kirchplatz 10, 85139 Wettstetten

** Raffelwirt
Kirchplatz 9, ✉ 85139, ☎ (08 41) 3 81 73, Fax 99 22 73
Hauptgericht 35; nur abends; geschl: So, Mo

Wetzlar 44 →

Hessen — Lahn-Dill-Kreis — 150 m —
53 000 Ew — Gießen 15 km
🛈 (0 64 41) 9 93 38, Fax 9 93 39 — Verkehrsamt, Domplatz 8, 35573 Wetzlar; Kreisstadt, an der Lahn. Sehenswert: Dom; Altstadt: Stadttore, Fachwerkhäuser; Hospitalkirche; Lottehaus; Jerusalemhaus; Sammlung Dr. I. von Lemmers-Danforth (europ. Wohnkultur aus der Renaissance und Barock); Burgruine Kalsmunt ⋖, Reichskammergerichtsmuseum; Stadt- und Industriemuseum

** Mercure
Bergstr 41, ✉ 35578, ☎ (0 64 41) 41 70, Fax 4 25 04, AX DC ED VA
144 Zi, Ez: 145-195, Dz: 170-245, S; ⌐ WC ☎, 32✉; Lift P ⌂ 11↻400 ≙ Fitneßraum Kegeln Sauna Solarium

** Charlotte
Hauptgericht 30; Biergarten

** Bürgerhof
Konrad-Adenauer-Promenade 20,
✉ 35578, ☎ (0 64 41) 90 30, Fax 90 31 00, AX DC ED VA
62 Zi, Ez: 98-135, Dz: 160-180, ⌐ WC ☎; Lift P
Auch Zimmer der Kategorie * vorhanden

* Der Postreiter
⌘ Hauptgericht 25
☎ (0 64 41) 4 28 01, Fax 4 32 84

** Wetzlarer Hof
Obertorstr 3, ✉ 35578, ☎ (0 64 41) 4 80 21, Fax 4 54 22
43 Zi, Ez: 80-190, Dz: 120-190, ⌐ WC ☎; Lift P ⌂ 5↻50 🍴

* Kellys Hotel
Karl-Kellner-Ring 40, ✉ 35576, ☎ 90 60, Fax 90 61 11, AX DC ED VA
68 Zi, Ez: 122-147, Dz: 147-172, ⌐ WC ☎, 20✉; Lift ⌂ 6↻60 🍴

** Häusler's Restaurant ✴
Garbenheimer Str 18, ✉ 35578, ☎ (0 64 41) 4 25 51
Hauptgericht 32; P Terrasse; geschl: So, Mo

Bömisch Eck
⌘ Fischmarkt 4, ✉ 35578, ☎ (0 64 41) 4 66 46, Fax 7 33 52
Hauptgericht 20; nur abends, Sa auch mittags; geschl: so + feiertags, in den Sommerferien

Naunheim (3 km ↑)
** Landhotel Naunheimer Mühle
An der Mühle 2, ✉ 35584, ☎ (0 64 41) 9 35 30, Fax 93 53 93, AX ED VA
27 Zi, Ez: 95-145, Dz: 170-210, 2 Suiten, ⌐ WC ☎, 7✉; Lift P ⌂ 2↻14 🍴

Weyarn 72 □

Bayern — Kreis Miesbach — 670 m —
2 875 Ew — Miesbach 9, München 36 km
🛈 (0 80 20) 2 21 — Gemeindeverwaltung, Ignatz-Günther-Str 5, 83629

** Alter Wirt
Miesbacher Str 2, ✉ 83629, ☎ (0 80 20) 90 70, Fax 15 15
44 Zi, Ez: 85-120, Dz: 130-180, 2 App, ⌐ WC ☎, 2✉; P 🍴

Weyerbusch 43 ↗

Rheinland-Pfalz — Kreis Altenkirchen —
210 m — 1 279 Ew — Altenkirchen (Westerw) 8 km
🛈 ☎ (0 26 81) 8 50 — Verbandsgemeindeverwaltung, Rathausstr 13, 57610 Altenkirchen

* Sonnehof
Kölner Str 33, ✉ 57635, ☎ (0 26 86) 83 33, Fax 83 32, ED
12 Zi, Ez: 65, Dz: 98-105, ⌐ WC ☎; P 3↻250 Kegeln 🍴
geschl: Mo

Weyhausen 27 ←

Niedersachsen — Kreis Gifhorn — 67 m —
2 500 Ew — Wolfsburg 8, Gifhorn 13 km
🛈 (0 53 62) 73 68 — Gemeindeverwaltung, Neue Str 12, 38554 Weyhausen

Weyhausen-Außerhalb (1 km →)
*** Alte Mühle
Wolfsburger Str 72, ✉ 38554, ☎ (0 53 62) 6 20 21, Fax 77 10, AX DC ED VA
50 Zi, Ez: 145-190, Dz: 170-240, ⌐ WC ☎; Lift P 6↻140 ≙ Sauna
** Hauptgericht 45; Biergarten

Weyhe 17 ↙

Niedersachsen — Kreis Diepholz — 9 m —
28 818 Ew — Bremen 14, Delmenhorst 18 km
🛈 (0 42 03) 7 10, Fax 7 11 42 — Gemeindeverwaltung, Rathausplatz 1, 28844 Weyhe; Ort in der Weserniederung (Marschlandschaft)

Leeste
** Leeste
Alte Poststr 2, ✉ 28844, ☎ (04 21) 80 26 06, Fax 89 22 65, AX ED VA
35 Zi, Ez: 88-98, Dz: 125-145, ⌐ WC ☎; P ⌂ 2↻25 ≋ ≙ Sauna Solarium 🍴
Golf 18

Weyher 60 ↑

Rheinland-Pfalz — Edenkoben — 330 m — 630 Ew — Mannheim 40, Neustadt/Weinstr. 15, Edenkoben 5 km
🛈 ☎ (0 63 23) 18 05 — Gemeindeverwaltung, Oberdorf 8, 76835 Weyher

*   Zum Kronprinzen
Josef-Meyer-Str 11, ✉ 76835, ☎ (0 63 23) 70 63, Fax 70 65
Hauptgericht 25; geschl: Di, 1 Woche im Jan, 2 Wochen im Sommer
* 11 Zi, Ez: 60-85, Dz: 45-60, ⌁ WC ☎
geschl: Di, 1 Woche im Jan, 2 Wochen im Sommer

Wickede (Ruhr) 34 □

Nordrhein-Westfalen — Kreis Soest — 140 m — 12 159 Ew — Soest 18, Unna 19 km
🛈 ☎ (0 23 77) 91 50, Fax 91 51 78 — Gemeindeverwaltung, Hauptstr 81, 58739 Wickede

**   Haus Gerbens
Hauptstr 211, ✉ 58739, ☎ (0 23 77) 10 13, Fax 18 71, AX DC ED VA
Hauptgericht 35; geschl: Sa mittags
* 8 Zi, Ez: 75, Dz: 130, ⌁ WC ☎; P

Wickerode 37 →

Sachsen-Anhalt — Kreis Sangerhausen — 170 m — 316 Ew — Nordhausen 26 km
🛈 ☎ (03 46 51) 23 47, Fax 23 48 — Gemeindeverwaltung, Wickerode Nr 26, 06536 Wickerode

**   Landhotel Fünf Linden
Schulplatz 94, ✉ 06536, ☎ (03 46 51) 3 50, Fax 25 95, DC ED VA
35 Zi, Ez: 60-130, Dz: 90-150, ⌁ WC, 5⌂; P 2↻30 Sauna Solarium 🍴

Wieck a. Darß 13 ←

Mecklenburg-Vorpommern — Kreis Nordvorpommern — 1 m — 800 Ew — Prerow 4 km
🛈 ☎ (03 82 33) 2 73 — Gemeindeverwaltung, Bliesenrader Weg 2, 18375 Wieck a. Darß

**   Haferland
♁ ⇐ Bauernreihe, ✉ 18375, ☎ (03 82 33) 6 80, Fax 6 82 20, DC VA
35 Zi, Ez: 120-200, Dz: 160-240, 12 Suiten, ⌁ WC ☎, 18⌂; Lift P 1↻40 Strandbad Seezugang
Rezeption: 8-21
** Hauptgericht 30; Terrasse; im Winter nur abends

*   Achtern Wieck
Nordseite, ✉ 18375, ☎ (03 82 33) 6 33, Fax 6 35 55
13 Zi, Ez: 135, Dz: 175, ⌁ WC ☎; P 🍴

Wieda 37 ←

Niedersachsen — Kreis Osterode — 600 m — 2 157 Ew — Braunlage 12 km
🛈 ☎ (0 55 86) 2 22, Fax 83 44 — Touristinformation, Otto-Haberlandt-Str 49, 37449 Wieda; Heilklimatischer Kurort im Südharz. Sehenswert: Stöberhai, 718 m

*   Krone am Park
Waldstr, ✉ 37447, ☎ (0 55 86) 13 25, Fax 6 50, AX DC ED VA
26 Zi, Ez: 60-75, Dz: 99-107, 7 App, ⌁ WC ☎; P 1↻30 🍴

Wiedemar 38 →

Sachsen — Delitzsch — 1 700 Ew — Leipzig 15, Halle 15 km
🛈 ☎ (03 42 07) 4 10 37, Fax 4 10 37 — Gemeindeverwaltung, Schulstr 2, 04509 Wiedemar

**   Belmondo
Junkerstr 1, ✉ 04509, ☎ (03 42 07) 4 18 99, Fax 4 18 85, AX DC ED VA
108 Zi, Ez: 170, Dz: 200; ⌁ WC ☎, 24⌂; Lift P 5↻250 Sauna Solarium 🍴

Wieden 67 □

Baden-Württemberg — Kreis Lörrach — 1 300 m — 570 Ew — Schönau 8, Todtnau 11, Untermünstertal 19 km
🛈 ☎ (0 76 73) 3 03, Fax 85 33 — Kurverwaltung, Kirchstr 2, 79695 Wieden; Erholungsort im südlichen Schwarzwald, Luftkurort. Sehenswert: Besucherbergwerk „Finsterground"

**   Pension Moosgrund
♁ ⇐ Steinbühl 16, ✉ 79695, ☎ (0 76 73) 79 15, Fax 17 93
15 Zi, Ez: 72, Dz: 96-130, 4 Suiten, 2 App, ⌁ WC ☎; Lift P ⌂ Fitneßraum Sauna Solarium 🍴 ⚫
geschl: Anfang Nov-Anfang Dez

*   Hirschen
Ortsstr 8, ✉ 79695, ☎ (0 76 73) 10 22, Fax 85 16, ED VA
31 Zi, Ez: 46-88, Dz: 86-160, ⌁ WC ☎; Lift P 🎳 1↻100 ⌂ Fitneßraum Kegeln Sauna Solarium
geschl: Mitte Nov-Mitte Dez
Auch einfachere Zimmer vorhanden
** Hauptgericht 25; Gartenlokal Terrasse; geschl: Mitte Nov-Mitte Dez

*   Sonnenhang
⇐ Steinbühl 11, ✉ 79695, ☎ (0 76 73) 70 13, Fax 70 14
12 Zi, Ez: 55-75, Dz: 90-130, 1 App, ⌁ WC ☎; P 1↻ Fitneßraum Sauna Solarium 🍴
Rezeption: 15-23, Sa + So + feiertags 10-23; geschl: Mi, 15.11.-15.12.97 →

Wieden

Wieden-Außerhalb (4 km ↘)
**** ◄ **Berghotel Wiedener Eck**
einzeln ◄ Oberwieden 15, ✉ 79695,
☎ (0 76 73) 90 90, Fax 10 09, AX DC ED VA
32 Zi, Ez: 50-85, Dz: 110-190, 1 App, ⇩ WC
☎; Lift 🅿 🍴 1⇆25 ⇙ Fitneßraum Sauna Solarium
Rezeption: 8-21
Auch einfachere Zimmer vorhanden
**** ◄ Hauptgericht 25; Terrasse

Wiederitzsch 39 ←

Sachsen — Kreis Leipziger Land — 138 m
— 4 018 Ew — Leipzig 8 km
ℹ ☎ (03 41) 5 17 41, Fax 5 15 74 — Gemeindeamt, Delitzscher Landstr 55, 04448 Wiederitzsch

**** **Hiemann**
Delitzscher Landstr 75, ✉ 04448, ☎ (03 41)
5 25 30, Fax 5 25 31 54, AX DC ED VA
36 Zi, Ez: 95-140, Dz: 130-185, ⇩ WC ☎,
3🛏; Lift 🅿 🍴 1⇆30
**** Hauptgericht 25

**** **Atrium**
Seehausener Str 29, ✉ 04448, ☎ (03 41)
5 24 00, Fax 5 24 01 33, AX DC ED VA
60 Zi, Ez: 190-210, Dz: 230-250, ⇩ WC ☎,
20🛏; Lift 🅿 🍴 4⇆200 Bowling Fitneßraum Sauna ⛾
geschl: 24.12.96-1.1.97

**** **Papilio**
Delitzscher Landstr 100, ✉ 04448,
☎ (03 41) 52 61 10, Fax 52611 10, AX ED VA
23 Zi, Ez: 95-130, Dz: 150-180, 2 App, ⇩ WC
☎, 10🛏; 🅿 Sauna; garni

**** **Achat Hotel**
Rosmarienweg 2, ✉ 04448, AX ED VA
89 Zi, Ez: 99-130, Dz: 99-170, ⇩ WC ☎,
40🛏; Lift 🅿 2⇆45 ⛾

**** **Sachsenstern**
Podelwitzer Str 23, ✉ 04448, ☎ (03 41)
5 26 19-0, Fax 5 21 72 17, AX DC ED VA
14 Zi, Ez: 115-140, Dz: 135-160, 1 Suite, ⇩
WC ☎; 🅿 🍴 1⇆25
Restaurant für Hausgäste

siehe auch Leipzig

Wiefelstede 16 □

Niedersachsen — Kreis Ammerland —
10 m — 11 950 Ew — Bad Zwischenahn 12, Oldenburg 15 km
ℹ ☎ (0 44 02) 69 09 74, Fax 69 09 66 — Fremdenverkehrsverein, Kleiberg 10,
26210 Wiefelstede; Erholungsort.

**** **Hörner Kroog**
Gristeder Str 11, ✉ 26215, ☎ (0 44 02)
62 44, Fax 6 07 79, AX
Hauptgericht 35; Gartenlokal 🅿; nur abends; geschl: Mo, Di, 2 Wochen im Jul

Metjendorf (10 km ↘)
**** **Trend Hotel**
Jürnweg 5, ✉ 26215, ☎ (04 41) 9 61 10,
Fax 9 61 12 00, AX DC ED VA
34 Zi, Ez: 69-79, Dz: 109-124, ⇩ WC ☎; 🅿 ⛾
Auch Zimmer der Kategorie **** vorhanden

Spohle (7 km ↘)
**** **Spohler Krug**
Wiefelsteder Str 26, ✉ 26215, ☎ (0 44 58)
4 97, Fax 15 51
31 Zi, Ez: 46, Dz: 78, ⇩ WC; 🅿 🍴 1⇆500 Kegeln
**** Hauptgericht 20; nur abends, So auch mittags

Wiehl 43 ↗

Nordrhein-Westfalen — Oberbergischer Kreis — 190 m — 24 500 Ew — Gummersbach 12, Waldbröl 15 km
ℹ ☎ (0 22 62) 9 91 95, Fax 9 92 47 — Verkehrsamt Wiehl, Bahnhofstr. 1,
51674 Wiehl; Erholungsort im Oberbergischen Land. Sehenswert: Tropfsteinhöhle
(2 km ↓); Achse, Rad und Wagen: Werksmuseum der Bergischen Achsenfabrik; Dahlienschau (Aug-Okt)

**** **Zur Post**
Hauptstr 6, ✉ 51674, ☎ (0 22 62) 79 00,
Fax 9 25 95, AX DC ED VA
53 Zi, Ez: 149-200, Dz: 190-240, ⇩ WC ☎;
Lift 5⇆150 ⇙ Fitneßraum Kegeln Sauna Solarium
geschl: 24.-25.12.
**** Hauptgericht 35; Biergarten; geschl: 24.-25.12.

**** **Platte**
Hauptstr 25, ✉ 51674, ☎ (0 22 62) 90 75,
Fax 9 78 76, AX DC VA
20 Zi, Ez: 108-115, Dz: 180-200, ⇩ WC ☎; 🅿 🍴
**** Hauptgericht 25

Wiehl-Außerhalb (1 km ↓)
**** **Waldhotel Hartmann/Tropfsteinhöhle**
einzeln ◄ Paffenberg, ✉ 51674, ☎ (0 22 62)
79 20, Fax 9 34 00, AX DC ED VA
51 Zi, Ez: 120-150, Dz: 180-220, 3 App, ⇩
WC ☎; Lift 🅿 4⇆60 ⇙ Fitneßraum Kegeln Sauna
geschl: 23.-28.12.
**** Hauptgericht 25

Wiek siehe **Rügen**

Wienhausen 26 ↗

Niedersachsen — Kreis Celle — 45 m —
3 325 Ew — Celle 10, Burgdorf 24 km
ℹ ☎ (0 51 49) 88 99, Fax 88 99 — Verkehrsverein, Hauptstr 7, 29342 Wienhausen.
Sehenswert: Kloster Wienhausen; Glockenturm; Kapelle Oppershausen; Alte Wassermühle

** Voß
♂ Hauptstr 27, ⌂ 29342, ☏ (0 51 49) 5 92,
Fax 2 02, AX ED
18 Zi, Ez: 93-98, Dz: 128-148, 2 Suiten, ⌐
WC ☏, 3✉; P Solarium; **garni**
geschl: Mitte Jan-Anfang Feb

<mark>Oppershausen</mark> (2 km ↗)
* Landhotel Klosterhof
♂ Dorfstr 16, ⌂ 29342, ☏ (0 51 41) 9 80 30,
Fax 98 03 35, AX ED
34 Zi, Ez: 98-188, Dz: 128-248, Dz: 128-248,
⌐ WC ☏; 2⟷100 Fitneßraum Sauna
Solarium
Rezeption: 7.30-20

Wiesbaden   44 ↓

Hessen — Stadtkreis — 117 m —
267 435 Ew — Mainz 11, Rüdesheim 27,
Frankfurt/Main 40 km
🛈 ☏ (06 11) 1 72 97 00, Fax 1 72 97 99 —
Verkehrsbüro, An den Quellen 10,
65028 Wiesbaden; Landeshauptstadt;
Heilbad; Internationale Kongreßstadt,
Deutsche Klinik für Diagnostik; Hessisches
Staatstheater; Spielbank im Kurhaus
Sehenswert: Ev. Marktkirche; kath.
Kirche St. Bonifatius; ev. Ringkirche;
Kurhaus; Kolonnade; Kochbrunnen (65°C,
500 000 l täglich); Heidenmauer; Marktplatz:
Rathaus; Schloß (Hess. Landtag);
Museum Wiesbaden: Naturwissenschaftl.
Sammlung, Sammlung Nassauischer
Altertümer, Gemäldegalerie; Altstadt;
Rhein-Main-Halle; Neroberg ⛰ mit Griechischer
Kapelle und Opelbad; Schloß in
Wiesbaden-Biebrich (5 km ↓); Rokoko-Kirche
in Wiesbaden-Schierstein (5 km ↙);
Burgreste in Wiesbaden-Sonnenberg
(3 km ↗); roman. Kirche in Wiesbaden-Bierstadt
(3 km →)

Stadtplan siehe Seite 1080

**** Nassauer Hof   👑
♂ Kaiser-Friedrich-Platz 3 (B 1), ⌂ 65183,
☏ (06 11) 13 30, Fax 13 36 32, AX DC ED VA
176 Zi, Ez: 383-433, Dz: 636, 24 Suiten, ⌐
WC ☏, 42✉; Lift P 🚗 8⟷200 ⚓ Sauna
Solarium
Auch Zimmer der Kategorie ******* vorhanden
**** Die Ente vom Lehel   🌶🍴
Hauptgericht 60; nur abends; geschl:
So+feiertags, Mo, 4 Wochen in den Sommerferien
In der Kuppel, dem Entenhimmel, werden
alle Lebensbereiche einer Ente dargestellt
*** Orangerie
Hauptgericht 48
** Bistro   🍴
Hauptgericht 40; geschl: So+feiertags,
Mo, 4 Wochen in den Sommerferien
Bistro mit Gourmet-Boutique
* Der Entenkeller
Hauptgericht 40; geschl: So+feiertags,
Mo, 4 Wochen in den Sommerferien

*** Holiday Inn Crowne Plaza
Bahnhofstr 10 (B 3), ⌂ 65185, ☏ (06 11)
16 20, Fax 30 45 99, AX DC ED VA
232 Zi, Ez: 309-389, Dz: 378-458, 3 Suiten,
⌐ WC ☏, 64✉; Lift P 🚗 6⟷140 ⚓ Fitneßraum
Sauna Solarium
** Maurice
Hauptgericht 35; Terrasse

*** Aukamm-Hotel
⛳ Aukammallee 31, ⌂ 65191, ☏ (06 11)
57 60, Fax 57 62 64, AX DC ED VA
144 Zi, Ez: 291-331, Dz: 362-402, S;
14 Suiten, ⌐ WC ☏, 13✉; Lift P 🚗 8⟷230
Fitneßraum Sauna Solarium
*** Marchesa
Hauptgericht 45; geschl: So, Mo
** Rosenpark
Hauptgericht 40
** Imari
Hauptgericht 40; Terrasse; geschl: So,
Anfang Jan
japanische Küche

** Ramada
Abraham-Lincoln-Str 17, ⌂ 65189,
☏ (06 11) 79 70, Fax 76 13 72, AX DC ED VA
207 Zi, Ez: 169-283, Dz: 169-346, S;
7 Suiten, 1 App, ⌐ WC ☏, 37✉; Lift P 🚗
9⟷400 ⚓ Fitneßraum Sauna Solarium
Auch Zimmer der Kategorie ******* vorhanden
*   Hauptgericht 25; Terrasse

** Fontana
Sonnenbergerstr 62 (außerhalb C 1),
⌂ 65193, ☏ (06 11) 52 00 91, Fax 52 18 94,
AX DC ED VA
25 Zi, Ez: 120-290, Dz: 150-360, 3 Suiten,
1 App, ⌐ WC ☏; Lift P 🚗 1⟷20; **garni**
geschl: Ende Dez

**** Best Western
Wiesbaden Pallas Hotel**
Auguste-Viktoria-Str 15 (C 3), ⌂ 65185,
☏ (06 11) 33 06-0, Fax 30 39 60, AX DC ED VA
195 Zi, Ez: 253-381, Dz: 309-369, 5 App, ⌐
WC ☏, 24✉; Lift P 9⟷500 Fitneßraum
Sauna Solarium
Auch Zimmer der Kategorie ******* vorhanden
** Globetrotter
Hauptgericht 30; Biergarten Terrasse

** Klee am Park
Parkstr 4 (C 2), ⌂ 65189, ☏ (06 11) 9 00 10,
Fax 30 40 48, AX DC ED VA
54 Zi, Ez: 175-265, Dz: 230-305, ⌐ WC ☏,
29✉; Lift P 🚗
Auch Zimmer der Kategorie ***** vorhanden
**   Hauptgericht 35

** Oranien
Platter Str 2 (A 1), ⌂ 65193, ☏ (06 11)
52 50 25, Fax 52 50 20, AX DC ED VA
85 Zi, Ez: 139-162, Dz: 210-230, ⌐ WC ☏,
20✉; Lift P 🚗 3⟷120 Fitneßraum
Auch Zimmer der Kategorie ***** vorhanden
*   Hauptgericht 28; Terrasse; nur
abends; geschl: Sa+So, Mitte Jul-Mitte
Aug, Ende Dez-Anfang Jan   →

Wiesbaden

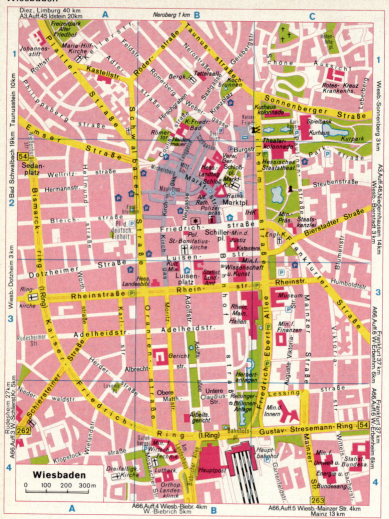

** Drei Lilien
Spiegelgasse 3 (B 1), ✉ 65183, ☎ (06 11)
99 17 80, Fax 9 91 78 88, ED VA
15 Zi, Ez: 145-170, Dz: 175-195, ⌂ WC ☎;
garni

* De France
Taunusstr 49 (B 1), ✉ 65183, ☎ (06 11)
95 97 30, Fax 9 59 73 74, AX DC ED VA
37 Zi, Ez: 100-175, Dz: 160-205, ⌂ WC ☎,
3 🛏; Lift; garni
geschl: 2.12.-6.1.
Auch Zimmer der Kategorie ** vorhanden

* Hotel oder Gasthaus mit guter
Ausstattung, über dem Durchschnitt

* Klemm
Kapellnstr 9 (B 1), ✉ 65193, ☎ (06 11)
58 20, Fax 58 22 22, AX DC VA
55 Zi, Ez: 100-140, Dz: 140-180, ⌂ WC ☎,
20 🛏; Lift; garni

* Admiral
Geisbergerstr 8 (B 1), ✉ 65193, ☎ (06 11)
5 86 60, Fax 52 10 53, AX DC ED VA
28 Zi, Ez: 135-165, Dz: 175-205, ⌂ WC ☎,
2 🛏; Lift P; garni

* Bären
Bärenstr 3 (B 1), ✉ 65183, ☎ (06 11)
30 10 21, Fax 30 10 24, AX DC VA
56 Zi, Ez: 110-210, Dz: 160-230, 2 Suiten, ⌂
WC ☎; Lift ≋ Solarium 🎱

Wiesenttal

* **Ibis Kranzplatz**
Kranzplatz 10 (B 1), ✉ 65183, ☎ (06 11)
3 61 40, Fax 3 61 44 99, AX DC ED VA
132 Zi, Ez: 135, Dz: 150, ⌐ WC ☎, 19📺; Lift
🚗; **garni**

* **Ibis Mauritiusplatz**
Mauritiusstr 5 (B 2), ✉ 65183, ☎ (06 11)
16 70, Fax 16 77 50, AX DC ED VA
149 Zi, Ez: 123-153, Dz: 138-168, ⌐ WC ☎;
Lift 5⇔80; **garni**

* **Hansa Hotel**
Bahnhofstr 23 (B 3), ✉ 65185, ☎ (06 11)
3 99 55, Fax 30 03 19, AX DC ED VA
81 Zi, Ez: 140-160, Dz: 165-190, ⌐ WC ☎,
20📺; Lift 🅿 1⇔30 🍽
geschl: 20.12.-4.1.

** **Käfer's Bistro**
Kurhausplatz 1, (C 1), ✉ 65189, ☎ (06 11)
53 62 00, Fax 53 62 22, AX DC ED VA
Hauptgericht 35; Biergarten Terrasse;
Elegante Jugendstileinrichtung

** **Pantuso**
Kleine Frankfurter Str 15, ✉ 65189,
☎ (06 11) 30 01 30, Fax 3 08 22 45,
AX DC ED VA
Hauptgericht 45; geschl: So

** **Brasserie Bruno**
Taunusstr 49, ✉ 65183, ☎ (06 11) 5 12 51,
Fax 52 09 29
Hauptgericht 30; nur abends, Sa auch mittags; geschl: So, Mo, im Jan, im Aug

** **Estragon**
Wilhelmstr 12 (C 2-3), ✉ 65185, ☎ (06 11)
30 39 06, Fax 37 32 02, AX DC ED VA
Hauptgericht 50; nur abends, geschl: Di,
2 Wochen in den Sommerferien

Blum
Wilhelmstr 44 (C 1-2), ✉ 65183, ☎ (06 11)
30 00 07
8-19
Spezialität: Chef-Sahne

Wiesbaden-Außerhalb (2 km ↘)
** **Landhaus Diedert**
Am Kloster Klarenthal 9, ✉ 65195,
☎ (06 11) 46 10 66, Fax 46 10 69, AX DC ED VA
Hauptgericht 40; Gartenlokal; geschl: Mo,
Sa mittags
* 11 Zi, Ez: 150-185, Dz: 200-250,
2 Suiten, ⌐ WC ☎; 🅿 1⇔16

Biebrich (5 km ↓)
* **Weihenstephan**
Armenruhstr 6, ✉ 65203, ☎ (06 11) 6 11 34,
Fax 60 38 25, AX ED
Hauptgericht 35; geschl: Sa

Erbenheim (5 km ↘)
* **Toskana**
Kreuzberger Ring 32, ✉ 65205, ☎ (06 11)
7 63 50, Fax 7 63 53 33, AX DC ED VA
50 Zi, Ez: 140, Dz: 200, ⌐ WC ☎, 10📺; Lift
🚗; **garni**
geschl: Ende Dez-Anfang Jan

Frauenstein
** **Weinhaus Sinz**
Herrnbergstr 17, ✉ 65201, ☎ (06 11)
94 28 90, Fax 9 42 89 40, ED VA
Hauptgericht 28; geschl: Sa abends, Mo
* 6 Zi, Ez: 100, Dz: 150, ⌐ WC ☎

Naurod (9 km ↗)
** **Zur Rose**
Bremthaler Str 1, ✉ 65207, ☎ (0 61 27)
40 06, AX DC ED VA
Hauptgericht 35; geschl: So, Sa mittags,
3 Wochen in den Sommerferien
* 9 Zi, Ez: 85, Dz: 125, ⌐ WC ☎;
1⇔20
geschl: So

Nordenstadt (8 km ↘)
** **Treff Hotel**
Ostring 9, ✉ 65205, ☎ (0 61 22) 80 10,
Fax 80 11 64, AX DC ED VA
144 Zi, Ez: 175-209, Dz: 215-239, S; ⌐ WC
☎, 12📺; Lift 🅿 6⇔300 🍽

* **Mercur**
Borsigstr 1 a, ✉ 65205, ☎ (0 61 22) 91 70,
Fax 91 73 00
Ez: 130, Dz: 160, ⌐ WC ☎; Lift 🅿 🍽

Sonnenberg (2 km ↗)
** **Il Gambero**
Rambacher Str 53, ✉ 65193, ☎ (06 11)
54 35 08
Hauptgericht 30; geschl: Mo

Wiesenttal 58 ↘

Bayern — Kreis Forchheim — 350 m —
2 920 Ew — Ebermannstadt 5, Pegnitz
29 km
ℹ ☎ (0 91 96) 7 17, Fax 15 57 — Verkehrsamt, im Ortsteil Muggendorf, Marktplatz 1,
91346 Wiesenttal; Luftkurort in der Fränkischen Schweiz. Sehenswert: Binghöhle
(5 km ←)

Muggendorf
** **Feiler**
Oberer Markt 4, ✉ 91346, ☎ (0 91 96)
9 29 50, Fax 3 62, AX DC ED VA
15 Zi, Ez: 120-150, Dz: 195, 2 Suiten, ⌐ WC
☎; 🅿 🚗 1⇔30 ≋
Golf 18
*** Hauptgericht 45; Terrasse;
geschl: Apr-Okt Mo mittags, Nov-Mär
Mo + Di, 2 Wochen im Jan
Spezialität: Pilzgerichte mit Wildkräutern

** **Goldener Stern**
Marktplatz 6, ✉ 91346, ☎ (0 91 96) 9 29 80,
Fax 14 02
22 Zi, Ez: 60-75, Dz: 100-150, 1 Suite, ⌐ WC
☎; 🅿 2⇔60 Sauna
geschl: Mi, Do, 7.-30.1.97
Auch Zimmer der Kategorie * vorhanden
* Hauptgericht 25; Biergarten;
geschl: im Winter Mi, Do, 7.-30.1.97

Streitberg
** **Altes Kurhaus**
Streitberg 13, ✉ 91346, ☎ (0 91 96) 7 36
Hauptgericht 25; Gartenlokal 🅿; geschl:
Mo, Jan/2 Wochen Anfang Aug

Wiesloch 54 ↘

Baden-Württemberg — Rhein-Neckar-Kreis — 150 m — 24 700 Ew — Heidelberg 14, Bruchsal 21 km
🅘 ☎ (0 62 22) 8 43 13, Fax 8 43 77 — Kulturamt, Marktstr 10, 69168 Wiesloch. Sehenswert: Kath. Kirche St. Laurentius; ev. Stadtkirche; Stadtmauer; Pankratiuskapelle in Altwiesloch; Freihof; Stadtapotheke

***   Palatin
Ringstr 17, ✉ 69168, ☎ (0 62 22) 5 82 01, Fax 58 25 55, AX DC ED VA
113 Zi, Ez: 120-255, Dz: 160-325, 2 Suiten, ⌁ WC ☎, 69✉; Lift 🅿 🚗 10⇌1200 Fitneßraum Sauna Solarium
Golf 18
**   Première
Hauptgericht 30; Terrasse

**   Mondial ♛
Schwetzinger Str 123, ✉ 69168, ☎ (0 62 22) 57 60, Fax 57 63 33, AX DC ED VA
37 Zi, Ez: 115-169, Dz: 155-209, 6 Suiten, ⌁ WC ☎; Lift 🅿 🚗 1⇌24 Sauna Solarium
Golf 18
***   La Chandelle
Hauptgericht 50; Terrasse; nur abends; geschl: so + feiertags, 1.-19.1.97
**   Brasserie
Hauptgericht 25; Gartenlokal; geschl: so + feiertags, 1.-6.1.97

**   Historisches Weinrestaurant Freihof
Freihofstr 2, ✉ 69168, ☎ (0 62 22) 25 17, Fax 5 16 34, AX DC ED VA
Hauptgericht 39; 🅿 Terrasse; geschl: Mo, Haus aus dem 13. Jh.

Wiesmoor 16 ←

Niedersachsen — Kreis Aurich — 13 m — 11 000 Ew — Aurich 28, Leer 30, Wilhelmshaven 37 km
🅘 ☎ (0 49 44) 8 74, Fax 30 52 50 — Verkehrsverein, Hauptstr 199, 26639 Wiesmoor; Luftkurort mit ausgedehnten Gewächshausanlagen, Blumenausstellungshalle

*   Fehn-Hotel
Hauptstr 153, ✉ 26639, ☎ (0 49 44) 10 28, Fax 58 25, AX DC ED VA
32 Zi, Ez: 75-85, Dz: 135-155, ⌁ WC ☎; Lift 🅿 Solarium; garni
Rezeption: 6-21

*   Friesengeist (Ringhotel)
Am Rathaus 1, ✉ 26639, ☎ (0 49 44) 10 44, Fax 53 69, AX DC ED VA
36 Zi, Ez: 87-128, Dz: 175-195, ⌁ WC ☎; Lift 🅿 🚗 4⇌90 Fitneßraum Kegeln Sauna Solarium

Hinrichsfehn (3 km ↓)
**   Blauer Fasan
Fliederstr 1, ✉ 26639, ☎ (0 49 44) 10 47, Fax 38 58, AX ED VA
26 Zi, Ez: 95-144, Dz: 165-202, ⌁ WC ☎; 🅿 2⇌80 Sauna
Rezeption: 9-24; geschl: im Winter Mo, Jan, Feb
Golf 18
Auch Zimmer der Kategorie ******* vorhanden

Wiessee, Bad 72 ↓

Bayern — Kreis Miesbach — 735 m — 5 400 Ew — Miesbach 19, Bad Tölz 21, München 54 km
🅘 ☎ (0 80 22) 8 60 30, Fax 86 03 30 — Kuramt, Adrian-Stoop-Str 29, 83707 Bad Wiessee; Heilbad am Westufer des Tegernsees; Spielbank

***   Lederer am See
⌁ ◂ Bodenschneidstr 9, ✉ 83707, ☎ (0 80 22) 82 90, Fax 82 92 61, AX DC ED VA
93 Zi, Ez: 95-300, Dz: 160-360, 4 Suiten, 17 App, ⌁ WC ☎; Lift 🅿 1⇌40 ⚓ Seezugang Sauna Solarium
Rezeption: 7-21; geschl: Anfang Nov-Mitte Dez, Anfang Jan-Anfang Feb
Golf 0
Im Altbau auch einfache Zimmer vorhanden
****   Hauptgericht 32; Terrasse; geschl: Anfang Nov-Mitte Dez/Anfang Jan-Anfang Feb

**   Terrassenhof
◂ Adrian-Stoop-Str 50, ✉ 83707, ☎ (0 80 22) 86 30, Fax 8 17 94, ED
79 Zi, Ez: 110-200, Dz: 210-340, 4 Suiten, 19 App, ⌁ WC ☎; Lift 🅿 🚗 4⇌150 ⚓ Seezugang Fitneßraum Kegeln Sauna Solarium
Auch Zimmer der Kategorie ******* vorhanden
****   Hauptgericht 30; geschl: Mitte Nov-Mitte Dez

**   Wilhelmy
Freihausstr 15, ✉ 83707, ☎ (0 80 22) 9 86 80, Fax 8 40 74
22 Zi, Ez: 110-180, Dz: 220-290, ⌁ WC ☎; 🅿 Solarium

**   Rex
Münchner Str 25, ✉ 83704, ☎ (0 80 22) 8 20 91, Fax 8 38 41
57 Zi, Ez: 92-140, Dz: 164-224, 1 Suite, ⌁ WC ☎; Lift 🅿 🚗 1⇌50 Solarium
geschl: Anfang Nov-Mitte Apr
Golf 18

**   Seegarten
Adrian-Stoop-Str 4, ✉ 83707, ☎ (0 80 22) 9 84 90, Fax 8 50 87
22 Zi, Ez: 90-180, Dz: 190-260, 2 Suiten, ⌁ WC ☎, 3✉; 🅿 1⇌15
***   Hauptgericht 20; geschl: Mo

Wildbad, Bad

** Landhaus Hotel Midas
⌂ Setzbergstr 12, ✉ 83707, ☎ (0 80 22)
8 11 50, Fax 9 95 77
9 Zi, Ez: 95-115, Dz: 160-180, 2 Suiten, ⌐
WC ☎; P 🏠; garni
Rezeption: 8-18; geschl: 1.-22.12.96,
8.-31.1.97

** Toscana
⌂ Freihausstr 27, ✉ 83707, ☎ (0 80 22)
98 36-0, Fax 98 36-50
16 Zi, Ez: 59-104, Dz: 132-195, 1 Suite,
1 App, ⌐ WC ☎; P 🏠 2⟳30 Fitneßraum
Sauna
geschl: Anfang-Mitte Dez
Restaurant für Hausgäste. Auch Zimmer
der Kategorie * vorhanden

**** Gasthof Wiesseer Hof
Der Kirchenwirt**
St.-Johanser-Str 46, ✉ 83707, ☎ (0 80 22)
86 70, Fax 86 71 65, AX DC ED VA
51 Zi, Ez: 50-115, Dz: 90-175, ⌐ WC ☎, 6🛏;
Lift P 🏠 3⟳80 Fitneßraum 🍴 🏊
geschl: Mitte Jan-Mitte Feb
Auch Zimmer der Kategorie * vorhanden

* St. Georg
⌂ Jägerstr 20, ✉ 83707, ☎ (0 80 22)
81 97 00, Fax 81 96 11, AX VA
27 Zi, Ez: 110-320, Dz: 198-275, 6 Suiten, ⌐
WC ☎; Lift P 🏠 ≋ 🏊 Fitneßraum Sauna
Solarium; garni
Rezeption: 6.30-20
Golf 18
Auch Zimmer der Kategorie ** vorhanden

* Marina
⌂ Furtwänglerstr 9, ✉ 83707, ☎ (0 80 22)
8 60 10, Fax 86 01 40, AX ED VA
32 Zi, Ez: 75-155, Dz: 140-220, 1 Suite, ⌐
WC ☎, 10🛏; Lift P 1⟳30 🏊 Sauna
Solarium 🍴
geschl: Nov

* Parkhotel
⌂ Zilcherstr 14, ✉ 83707, ☎ (0 80 22)
9 86 50, Fax 98 65 65, AX ED VA
26 Zi, Ez: 82-110, Dz: 130-170, 3 Suiten,
1 App, ⌐ WC ☎; Lift P 🏠 Fitneßraum
Sauna Solarium 🍴

Abwinkel (1 km ↓)
* Heimgarten
⌂ Ringbergstr 19, ✉ 83707, ☎ (0 80 22)
88 43, ED
24 Zi, Ez: 50-70, Dz: 80-120, ⌐ WC ☎; P 🏠;
garni
geschl: Anfang Nov-Mitte Dez

Wiessee, Bad-Außerhalb (1 km ↘)
** Freihaus Brenner   ✽
🚶 ♨ Freihaus 4, ✉ 83707, ☎ (0 80 22)
8 20 04, Fax 8 38 07, ED
Hauptgericht 30; P Terrasse

Wiggensbach 70 ⬜

Bayern — Kreis Oberallgäu — 1 m —
4 000 Ew — Kempten 10 km
ℹ ☎ (0 83 70) 84 35, Fax 3 79 — Verkehrsamt, Kempter Str 3, 87487 Wiggensbach;
Erholungsort und Wintersportplatz.
Sehenswert: „Allgäuer Käseweg"; Pfarrkirche St. Pankratius

**** Goldenes Kreuz
(Ringhotel)**
Marktplatz 1a, ✉ 87487, ☎ (0 83 70) 80 90,
Fax 8 09 49, AX DC ED VA
24 Zi, Ez: 125-145, Dz: 196-250, S; ⌐ WC ☎;
Lift P 🏠 5⟳240 Fitneßraum Sauna
Solarium
** Hauptgericht 30; geschl: Mo

Unterkürnach (7 km ←)
** Hofgut Kürnach
einzeln ⌂ 🚶 Haus Nr 2, ✉ 87487,
☎ (0 83 70) 80 70, Fax 18 63, AX DC ED VA
24 Zi, Ez: 80-144, Dz: 156-200, 8 Suiten,
40 App, ⌐ WC ☎; P 🏠 2⟳50 🏠 Fitneßraum Kegeln Sauna Solarium 🍴 🏊
Rezeption: 7-21
Golf 8; Tennis 2

Wildbad, Bad 61 ←

Baden-Württemberg — Kreis Calw —
430 m — 11 500 Ew — Calw 21, Pforzheim 25 km
ℹ ☎ (0 70 81) 1 01 — Stadtverwaltung, Kernerstr 11, 75323 Bad Wildbad; Heilbad,
Erholungs- und Luftkurort im Schwarzwald. Sehenswert: Sommerberg (Stand-
seilbahn), 784 m 🚶 (3 km ←)

*** Badhotel
⌂ Kurplatz 5, ✉ 75323, ☎ (0 70 81) 17 60,
Fax 17 61 70, DC ED VA
70 Zi, Ez: 140-180, Dz: 230-280, 8 Suiten, ⌐
WC ☎; Lift P 3⟳60 🏠 Fitneßraum Sauna
Solarium 🏊
** Graf Eberhard
Hauptgericht 35

**** Valsana am Kurpark
(Silencehotel)**
⌂ 🚶 Kernerstr 182, ✉ 75323, ☎ (0 70 81)
15 10, Fax 1 51 99, DC ED VA
35 Zi, Ez: 102-120, Dz: 200-220, 1 Suite,
30 App, ⌐ WC ☎; Lift P 🏠 3⟳85 🏠 Kegeln
Sauna Solarium 🏊
Rezeption: 9-21; geschl: Nov, Dez
** Hauptgericht 25; Gartenlokal;
geschl: Mo, 15.11.-20.12.

** Bären
Am Kurplatz 4, ✉ 75323, ☎ (0 70 81) 30 10,
Fax 30 11 66
44 Zi, Ez: 80-125, Dz: 150-230, ⌐ WC ☎,
17🛏; Lift 🏠 2⟳50
Auch Zimmer der Kategorie * vorhanden
** Hauptgericht 35; Terrasse   →

1083

Wildbad, Bad

✶✶ Sonne
Wilhelmstr 29, ✉ 75323, ☏ (0 70 81)
9 25 70, Fax 92 57 49
25 Zi, Ez: 65-85, Dz: 125-155, ⌂ WC ☏; Lift
🅿 🚗 Solarium ❖
geschl: Mi

✶ Alte Linde
Wilhelmstr 74, ✉ 75323, ☏ (0 70 81) 92 60,
Fax 92 62 50, [ED]
32 Zi, Ez: 60-75, Dz: 100-130, 1 App, ⌂ WC
☏; Lift 🅿 🚗 1⟷150 Kegeln ❖
Auch Zimmer der Kategorie ✶✶ vorhanden

✶ Weingärtner
◁ Olgastr 15, ✉ 75323, ☏ (0 70 81) 1 70 60,
Fax 17 06 70
36 Zi, Ez: 70-86, Dz: 124-140, ⌂ WC ☏, 1🛁;
Lift 🅿 🚗 1⟷20 Fitneßraum Solarium ❖
geschl: Ende Nov-Mitte Feb

✶ Gästehaus Rothfuß
♂ ◁ Olgastr 47, ✉ 75323, ☏ (0 70 81)
9 24 80, Fax 92 48 10
29 Zi, Ez: 70-95, Dz: 110-165, 4 Suiten, ⌂
WC ☏; Lift 🅿 🚗 Fitneßraum Sauna
Solarium; garni ☕
Rezeption: 8-20; geschl: Ende Nov-Mitte
Dez

Kälbermühle (7 km ↓)
✶ Landgasthof Anker
✉ 75323, ☏ (0 70 85) 73 53, Fax 10 43, [ED]
Hauptgericht 25; Gartenlokal 🅿; geschl:
Mi, Ende Feb-Anfang März
✶ ♂ 7 Zi, Ez: 48-54, Dz: 98, ⌂ WC ☏;
Sauna
Rezeption: 9-23; geschl: Mi, Ende Feb-
Anfang Mär

Wildberg 61 ↗

Baden-Württemberg — Kreis Calw —
450 m — 9 800 Ew — Nagold 11,
Calw 17 km
ℹ ☏ (0 70 54) 2 01 22, Fax 2 01 26 — Verkehrsamt, Marktstr 2, 72218 Wildberg;
Luftkurort im Nagoldtal, nördlicher
Schwarzwald

✶ Bären
♂ ◁ Marktstr 15, ✉ 72218, ☏ (0 70 54)
9 29 20, Fax 89 85, [AX][DC][ED][VA]
23 Zi, Ez: 60-65, Dz: 110, ⌂ WC ☏; 🅿 2⟷50
Fitneßraum Sauna Solarium
geschl: Sa, Mitte Dez-Anfang Jan
✶ Hauptgericht 25; geschl: Fr
abends, Sa, Mitte Dez-Anfang Jan

✶ Krone
Talstr 68, ✉ 72218, ☏ (0 70 54) 52 71,
Fax 3 93, [AX][ED]
21 Zi, Ez: 47-87, Dz: 77-147, 3 App, ⌂ WC;
🅿 🚗
geschl: im Jan
Im Gästehaus auch Zimmer der Kategorie
✶✶ vorhanden
✶ Hauptgericht 25; Terrasse
geschl: Mi mittags, im Jan

Schönbronn (5 km ←)
✶ Löwen
◁ Eschbachstr 1, ✉ 72218, ☏ (0 70 54)
9 26 10, Fax 50 21
36 Zi, Ez: 75-85, Dz: 150-170, 3 App, ⌂ WC
☏; Lift 🅿 5⟷80 Fitneßraum Kegeln Sauna
Solarium
geschl: 2 Wochen im Jan
Auch Zimmer der Kategorie ✶✶ vorhanden
✶ Hauptgericht 28

Wildbergerhütte-Bergerhof
siehe **Reichshof**

Wildenbruch 29 ↘

Brandenburg — 1 100 Ew
ℹ ☏ (03 32 05) 59 80, Fax 5 98 59 — Amtsverwaltung Michendorf, Potsdamer Str 33,
14552 Michendorf

✶ Am Wald
Luckenwalder Str 4, ✉ 14552, ☏ (03 32 05)
4 68 40, Fax 4 68 41, [DC][VA]
18 Zi, Ez: 95-105, Dz: 140, ⌂ WC ☏, 6🛁; 🅿
1⟷40 ❖
Rezeption: 11.30-24

Wildeshausen 16 ↘

Niedersachsen — Kreis Oldenburg — 29 m
— 15 253 Ew — Cloppenburg 28, Oldenburg 34 km
ℹ ☏ (0 44 31) 65 64, Fax 7 14 44 — Verkehrsverein, Historisches Rathaus,
27793 Wildeshausen; Luftkurort an der
Hunte. Sehenswert: Ev. Kirche; Rathaus;
Pestruper Gräberfeld (3 km ↓); Visbeker
Braut und Bräutigam (Hünengräber,
8 km ←) und die Großen Steine von Klei-
nenkneten (5 km ↓)

✶ Landhaus Thurm-Meyer
♂ Dr.-Klingenberg-Str 15, ✉ 27793,
☏ (0 44 31) 9 90 20, Fax 99 02 99,
[AX][DC][ED][VA]
25 Zi, Ez: 80-90, Dz: 120-130, 2 Suiten, ⌂
WC ☏; 🅿 1⟷15 ❖
Auch Zimmer der Kategorie ✶✶ vorhanden

✶ Huntetal
Im Hagen 3, ✉ 27793, ☏ (0 44 31) 94 00,
Fax 9 40 50, [AX][DC][ED][VA]
43 Zi, Ez: 80-130, Dz: 120-170, ⌂ WC ☏,
17🛁; 🅿 3⟷40 ❖

✶ Am Rathaus
Kleine Str 4, ✉ 27793, ☏ (0 44 31) 43 56,
Fax 21 61, [AX][ED]
21 Zi, Ez: 75, Dz: 130, ⌂ WC ☏; garni

Wildeshausen-Außerhalb (2 km ↑)
✶ Gut Altona
♂ Wildeshauser Str 34, ✉ 27801,
☏ (0 44 31) 95 00, Fax 16 52, [AX][DC][ED][VA]
51 Zi, Ez: 80-95, Dz: 95-160, ⌂ WC ☏; 🅿 🚗
7⟷250 Kegeln Sauna
Golf 9; Tennis 7
Zimmerkapazität auf mehrer Gästehäuser
verteilt. Auch Zimmer der Kategorie ✶✶
vorhanden
✶ Hauptgericht 27; Terrasse

Wildungen, Bad 35 ↓

Hessen — Kreis Waldeck-Frankenberg — 330 m — 16 000 Ew — Korbach 35, Kassel 40 km
i ☎ (0 56 21) 70 41 13, Fax 70 41 07 — Kurverwaltung, Langemarckstr 2, 34537 Bad Wildungen; Heilbad. Sehenswert: Ev. Kirche: Flügelaltar; Altstadt; Schloß Friedrichstein: Militär- und Jagdmuseum, Terrasse ◄

✶✶✶ Maritim Badehotel
♂ Dr.-Marc-Str 4, ✉ 34537, ☎ (0 56 21) 79 99, Fax 79 97 95, AX DC ED VA
233 Zi, Ez: 193-273, Dz: 288-378, S; 16 Suiten, 1 App, ᴥ WC ☎, 24✉; Lift **P** 🚗 13♺900 ≘ Fitneßraum Sauna Solarium ☼ Golf 9
✶✶✶
Hauptgericht 33; Terrasse

✶✶ Treff Hotel Quellenhof
Brunnenallee 54, ✉ 34537, ☎ (0 56 21) 80 70, Fax 80 75 00, AX DC ED VA
114 Zi, Ez: 153-173, Dz: 224-264, S; ᴥ WC ☎, 24✉; Lift **P** 🚗 4♺100 Fitneßraum Sauna Solarium ☼ Golf 9
Auch Zimmer der Kategorie ✶✶✶ vorhanden

✶✶ Park Restaurant
Hauptgericht 25

✶✶ Wildquelle
◄ Hufelandstr 9, ✉ 34537, ☎ (0 56 21) 50 61, Fax 7 45 07, AX DC ED VA
26 Zi, Ez: 85-95, Dz: 130-150, 2 App, ᴥ WC ☎; Lift **P** 1♺32 Fitneßraum Sauna Solarium; **garni**
Auch Zimmer der Kategorie ✶ vorhanden

✶ Isabel
Brunnenallee 42a, ✉ 34537, ☎ (05 62) 79 83 00, Fax 9 16 44, AX ED VA
48 Zi, Ez: 50-85, Dz: 100-145, 2 App, ᴥ WC ☎, 3✉; Lift **P**; **garni**

✶ Villa Heilquell
Hutelandstr 15, ✉ 34537, ☎ (0 56 21) 23 92, Fax 47 76, ED VA
15 Zi, Ez: 60-90, Dz: 100-140, 3 Suiten, 1 App, ᴥ WC ☎, 2✉; **P**; **garni**
geschl: Mitte Jan-Mitte Feb
Golf 9
Auch Zimmer der Kategorie ✶✶ vorhanden

✶ Wildunger Hof
Langemarkstr 23, ✉ 34537, ☎ (0 56 21) 50 71, Fax 29 14, ED VA
38 Zi, Ez: 78-108, Dz: 118-148, 10 App, ᴥ WC ☎, **P** 1♺25; **garni**

✶ Allee Schlößchen
Brunnenallee 11, ✉ 34537, ☎ (0 56 21) 7 98 00, Fax 79 80 80, ED
9 Zi, Ez: 79-128, Dz: 138-178, 1 App, ᴥ WC ☎, **P** ✿

✶ Birkenstern
♂ ◄ Goeckestr 5, ✉ 34537, ☎ (0 56 21) 60 66, Fax 7 46 11, AX DC ED VA
16 Zi, Ez: 72-95, Dz: 92-128, 4 App, ᴥ WC ☎, **P** 🚗 Fitneßraum Sauna Solarium
Restaurant für Hausgäste

✶ Bellevue
♂ Am Unterscheid 10, ✉ 34537, ☎ (0 56 21) 20 18, Fax 7 20 91, ED VA
21 Zi, Ez: 60-90, Dz: 100-150, ᴥ WC ☎, 2✉; **P**; **garni**
geschl: Dez, Jan, Feb

✶ Gimpel
♂ ◄ Ludwig-Konrad-Str 13, ✉ 34537, ☎ (0 56 21) 37 08, Fax 22 27, AX DC ED VA
15 Zi, Ez: 55-125, Dz: 100-175, 3 App, ᴥ WC ☎, 6✉; **P** 🚗; **garni**

✶✶ Das Neue Kurhaus
Langemarckstr 13, im Kurhaus, ✉ 34537, ☎ (0 56 21) 60 70, Fax 9 12 74, ED VA
Hauptgericht 25; **P** Terrasse

Reinhardshausen (4 km ✓)
Schwanenteich
Hauptstr 4 VA, ✉ 34537, ☎ (0 56 21) 17 17, Fax 7 31 32, AX DC ED VA
49 Zi, Ez: 90-160, Dz: 170-210, 3 Suiten, 4 App, ᴥ WC ☎, 10✉; Lift 🚗 5♺150 ≘ Fitneßraum Sauna Solarium ✸
Golf 9; Hotelerweiterung bis Dez 96

Wilgartswiesen 53 ↘

Rheinland-Pfalz — Kreis Pirmasens — 220 m — 1 000 Ew — Annweiler 7, Pirmasens 24 km
i ☎ (0 63 92) 40 20, Fax 4 02 60 — Verkehrsamt, Schulstr 4, 76848 Hauenstein; Erholungsort. Sehenswert: Weißenberg, 611 m, Luitpoldturm ◄ (9 km ↑); Burgruine Falkenburg, Wilgartsburg

✶ Brunnenhof
Alte Hauptstr 7, ✉ 76848, ☎ (0 63 92) 91 20, Fax 91 22 22, AX DC ED VA
15 Zi, Ez: 75-95, Dz: 160, ᴥ WC ☎, 2✉; **P** 1♺40 ✿

✶ Wasgauperle
Bahnhofstr 1, ✉ 76848, ☎ (0 63 92) 12 37, Fax 27 27
9 Zi, Ez: 45-60, Dz: 88-100, ᴥ WC; **P** ✿
Rezeption: 10-22; geschl: Feb

Wilhelmshaven 16 □

Niedersachsen — Stadtkreis — 91 824 Ew — Oldenburg 55, Emden 80 km
i ☎ (0 44 21) 92 79 30, Fax 1 25 08 — Wilhelmshaven-Information, Börsenstr 55 b (A 2), 26382 Wilhelmshaven; Hafenstadt am Jadebusen. Sehenswert: Küstenmuseum; Seewasser-Aquarium; Rosarium mit Schaugarten; Nationalparkzentrum „Das Wattenmeerhaus"; Botanischer Garten; Jade-Windenergie-Park

Stadtplan siehe Seite 1086

✶✶ Am Stadtpark
Friedrich-Paffrath-Str 116, ✉ 26389, ☎ (0 44 21) 98 60, Fax 98 61 86, AX DC ED VA
60 Zi, Ez: 149-159, Dz 199-229, 2 Suiten, ᴥ WC ☎, 15✉; Lift **P** 5♺110 ≘ Fitneßraum Sauna Solarium

✶✶ Alkoven
Hauptgericht 30; nur abends

➔

Wilhelmshaven

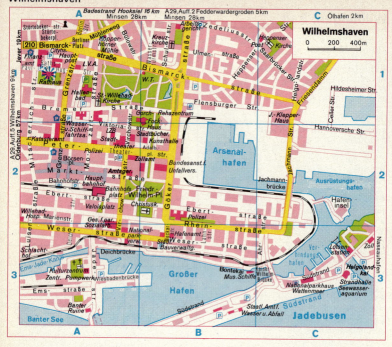

** Kaiser
Rheinstr 128 (A 2), ✉ 26382, ☎ (0 44 21)
94 60, Fax 94 64 44, AX DC ED VA
71 Zi, Ez: 85-135, Dz: 125-165, 5 Suiten, ⌐
WC ☎; Lift ℗ 🚗 4⇔200
Auch Zimmer der Kategorie * vorhanden.
** Hauptgericht 25

** Zur Krone
Eberstr 4 (B 2), ✉ 26382, ☎ (0 44 21)
4 30 48, Fax 4 24 02, AX DC ED VA
48 Zi, Ez: 85-115, Dz: 115-180, 1 Suite, ⌐
WC ☎, 1 ✉; Lift ℗ 🚗; garni
geschl: Ende Dez-Anfang Jan
Auch Zimmer der Kategorie * vorhanden

* Keil
Marktstr 23 (A 2), ✉ 26382, ☎ (0 44 21)
9 47 80, Fax 94 13 55, AX DC ED VA
17 Zi, Ez: 70-100, Dz: 110-170, ⌐ WC ☎,
6 ✉; ℗ 🚗; garni

🛏 Seerose
◁ Südstrand 112, ✉ 26382, ☎ (0 44 21)
4 33 66, Fax 4 33 11, AX DC ED VA
15 Zi, Ez: 65-90, Dz: 105-130, 2 Suiten, ⌐
WC ☎; ℗; garni

* Artischocke
Paulstr 6, ✉ 26384, ☎ (0 44 21) 3 43 05
Hauptgericht 25; geschl: So abends, Mo
Nur Menüs

🍴 Fürstenwerth
Marktstr 95, ✉ 26382, ☎ (0 44 21) 2 16 68,
Fax 2 22 61
🛏 11 Zi, Ez: 88, Dz: 133, 1 App., ⌐
WC ☎; garni
Rezeption: 7-19

🍴 Dobben
Marktstr 50 (A 2), ✉ 26382, ☎ (0 44 21)
30 36 81, Fax 30 54 41
8-18.30, So 10-18; geschl: feiertags 10-18

Wilhelmshaven-Außerhalb (4 km ↗)
** Nordsee-Hotel
♂ ◁ Zum Ölhafen 205, ✉ 26384,
☎ (0 44 21) 96 50, Fax 96 52 80, AX DC ED VA
49 Zi, Ez: 80-190, Dz: 140-240, ⌐ WC ☎; ℗
Fitneßraum Sauna Solarium
Auch Zimmer der Kategorie *** vorhanden.
** Hauptgericht 29

Fedderwarden (6 km ↘)
** Burgschenke
einzeln, Burg Kniphausen, ✉ 26388,
☎ (0 44 23) 13 72, Fax 28 33, ED
Hauptgericht 35; Gartenlokal; ab 11;
geschl: Mo

siehe auch **Sande**

Wilhelmshöhe siehe Kassel

Willebadessen 35 □

Nordrhein-Westfalen — Kreis Höxter — 250 m — 8 895 Ew — Warburg 22, Paderborn 25, Brilon 51 km
🛈 ☎ (0 56 46) 5 95, Fax 88 17 — Verkehrsverein, Haus des Gastes, 34439 Willebadessen; Luftkurort im Eggegebirge. Sehenswert: Kath. Kirche; Schloß mit Kurpark; Glasmanufaktur

---

Willebadessen-Außerhalb (2 km ←)
✱✱ Der Jägerhof
⌀ Am Jägerpfad 4, ✉ 34439, ☎ (0 56 46) 80 10, Fax 8 01 21, ED VA
50 Zi, Ez: 85-95, Dz: 150-170, ⌁ WC ☎, 1 ⌸; Lift P ⌺ 3 ⇌ 50 Kegeln ⓘ
geschl: Anfang Jan

Willich 32 ↘

Nordrhein-Westfalen — Kreis Viersen — 38 m — 44 786 Ew — Krefeld 7, Mönchengladbach 14 km
🛈 ☎ (0 21 56) 94 92 78, Fax 94 92 77 — Stadtverwaltung, Hauptstr 6, 47877 Willich

✱✱ Am Park
Parkstr 28, ✉ 47877, ☎ (0 21 54) 23 55, Fax 42 88 61, AX ED VA
50 Zi, Ez: 98-165, Dz: 189-250, ⌁ WC ☎, 5 ⌸; P ⌺ 2 ⇌ 35; garni
Auch Zimmer der Kategorie ✱ vorhanden

✱ Zur kleinen Wirtin
Ackerstr 11, ✉ 47877, ☎ (0 21 54) 27 17, Fax 4 24 96
Ez: 95-110, Dz: 140-160, ⌁ WC ☎; P; garni

Alt-Willich
✱ Hubertus Hamacher
Anrather Str 4, ✉ 47877, ☎ (0 21 54) 91 80, Fax 91 81 00
28 Zi, Ez: 95-130, Dz: 140-180, 4 App, ⌁ WC ☎; P; garni

Neersen (7 km ↙)
✱✱ Landgut Ramshof
Ramshof 1, ✉ 47877, ☎ (0 21 56) 9 58 90, Fax 6 08 29, AX DC ED VA
22 Zi, Ez: 100-150, Dz: 150-190, ⌁ WC ☎, 2 ⌸; P ⌺ 3 ⇌ 50
geschl: Weihnachten bis Sylvester
Restaurant für Hausgäste

Schiefbahn (4 km ↓)
✱ Stieger
Unterbruch 8, ✉ 47877, ☎ (0 21 54) 57 65, Fax 74 18, AX ED
Hauptgericht 35; Gartenlokal P; geschl: Do, 1 Woche im Jan

Willingen 35 ✓

Hessen — Kreis Waldeck-Frankenberg — 520 m — 8 700 Ew — Brilon 15, Korbach 23 km
🛈 ☎ (0 56 32) 4 01 80, Fax 4 01 50 — Kurverwaltung, Waldecker Str 12, 34508 Willingen; Kneipp-Heilbad und Wintersportplatz im Sauerland. Sehenswert: Ettelsberg-Hochheide; Schiefer-Bergwerk; Mühlenkopf-Skisprungschanze

✱✱ Kölner Hof/Gästehaus Tanneck
Briloner Str 48, ✉ 34508, ☎ (0 56 32) 9 87-0, Fax 9 87-1 98, AX DC ED VA
68 Zi, Ez: 79-116, Dz: 144-216, 1 Suite, 6 App, ⌁ WC ☎; Lift P ⌺ 4 ⇌ 60 ⌇ Sauna Solarium ⌁
✱✱ Hauptgericht 30

✱✱ Fürst von Waldeck
Briloner Str 1, ✉ 34508, ☎ (0 56 32) 9 88 99, Fax 98 89 88
29 Zi, Ez: 82-99, Dz: 140-195, ⌁ WC ☎; Lift P ⌺ ⌇ Sauna Solarium
Rezeption: 9-23; geschl: Do, Mitte Nov-Mitte Dez
Auch Zimmer der Kategorie ✱✱✱ vorhanden. Restaurant für Hausgäste

✱✱ Sporthotel Zum Hohen Eimberg
⌀ Zum Hohen Eimberg 3a, ✉ 34508, ☎ (0 56 32) 40 90, Fax 40 93 33
70 Zi, Ez: 104-129, Dz: 188-238, ⌁ WC ☎; Lift P ⌺ 6 ⇌ 150 ⌇ Fitneßraum Sauna Solarium ⓘ

✱✱ Bürgerstuben
Briloner Str 40, ✉ 34508, ☎ (0 56 32) 98 30, Fax 98 35 00, AX DC ED VA
58 Zi, Ez: 78-100, Dz: 156-200, 1 Suite, 6 App, ⌁ WC ☎; Lift P ⌺ 3 ⇌ 80 ⌇ Sauna Solarium ⓘ
Rezeption: 8-21

✱✱ Rüters Parkhotel
⌀ Bergstr 3a, ✉ 34508, ☎ (0 56 32) 98 40, Fax 98 42 00
45 Zi, Ez: 86-155, Dz: 142-300, 2 Suiten, 2 App, ⌁ WC ☎; Lift P ⌺ 3 ⇌ 35 ⌇ Fitneßraum Sauna Solarium ⓘ

✱✱ Central
Waldecker Str 14, ✉ 34508, ☎ (0 56 32) 9 89 00, Fax 98 90 98, AX ED VA
29 Zi, Ez: 85-100, Dz: 150-180, ⌁ WC ☎; Lift P ⌺ 1 ⇌ 150 ⌇ Kegeln Sauna Solarium ⓘ

✱✱ Kur- und Sporthotel Göbel
Waldecker Str 5, ✉ 34508, ☎ (60 91 + 40 09-0) 60 91, Fax 68 84
35 Zi, Ez: 79-115, Dz: 138-190, 5 App, ⌁ WC ☎; Lift P ⌺ 1 ⇌ 20 ⌇ Fitneßraum Kegeln Sauna Solarium ⓘ
geschl: Do, Ende Nov-Mitte Dez →

Willingen

** Waldecker Hof
Korbacher Str 24, ✉ 34508, ☎ (0 56 32) 9 88-0, Fax 98 83 60, AX DC ED VA
38 Zi, Ez: 70-75, Dz: 130-170, 3 Suiten, ⌐ WC ☎; Lift ℗ 🚗 3⇔60 ≈ Fitneßraum Sauna Solarium ⊙ℓ
Rezeption: 7.30-21; geschl: Anfang-Mitte Dez

Willingen-Außerhalb

* Wald-Hotel Willingen (Silencehotel)
einzeln ☼ ◄ Am Köhlerhagen 3, ✉ 34508, ☎ (0 56 32) 98 20, Fax 98 22 22
33 Zi, Ez: 83-140, Dz: 166-260, 3 Suiten, ⌐ WC ☎; ℗ 2⇔30 ≈ Sauna Solarium Tennis 8
Auch Zimmer der Kategoprie ** vorhanden

* Panorama
◄ einzeln Hauptgericht 32; Terrasse

Schwalefeld (Luftkurort, 2 km ↑)

* Upländer Hof
Uplandstr 1, ✉ 34508, ☎ (0 56 32) 45 55/69 00, Fax 6 90 52, ED VA
29 Zi, Ez: 70-130, Dz: 120-200, ⌐ WC ☎; Lift ℗ 🚗 1⇔40 Sauna Solarium ⊙ℓ ⚑
geschl: im Winter Mo, Mitte Nov-Anfang Dez
Auch Zimmer der Kategorie ** vorhanden

Stryck (2 km ↓)

*** Romantik Hotel Stryckhaus
☼ Mühlenkopfstr 12, ✉ 34508, ☎ (0 56 32) 98 60, Fax 6 99 61, AX DC ED VA
62 Zi, Ez: 100-155, Dz: 220-275, 1 Suite, ⌐ WC ☎; Lift ℗ 🚗 3⇔40 ≋ ≈ Kegeln Sauna Solarium
*** Hauptgericht 35; Terrasse ⚜

** Friederike
☼ Mühlenkopfstr 4, ✉ 34508, ☎ (0 56 32) 63 39, Fax 6 90 56, ED
37 Zi, Ez: 75, Dz: 162-196, ⌐ WC ☎; Lift ℗ 🚗 ≋ ≈ Fitneßraum Sauna Solarium ⊙ℓ
geschl: Mitte Nov-Mitte Dez

Usseln (5 km ↘)

** Post (Ringhotel)
☼ Korbacher Str 14, ✉ 34508, ☎ (0 56 32) 9 49 50, Fax 94 95 96, AX DC ED VA
22 Zi, Ez: 89-139, Dz: 148-172, S; 4 Suiten, 15 App, ⌐ WC ☎, 6⊠; Lift ℗ 🚗 3⇔60 ≈ Fitneßraum Sauna Solarium ⚑
** Poststube
Hauptgericht 28; Gartenlokal

Wilnsdorf 44 ↘

Nordrhein-Westfalen — Kreis Siegen-Wittgenstein — 350 m — 21 500 Ew — Siegen 12, Dillenburg 17 km
ℹ ☎ (0 27 39) 80 20, Fax 8 02 39 — Gemeindeverwaltung, Marktplatz 1, 57234 Wilnsdorf. Sehenswert: Simultankirche; Klarissenkloster; La-Téne-Ofen; Volkskundliches Museum

Oberdorf (3 km ←)

*** Haus Rödgen ♨
◄ Rödgener Str 100, ✉ 57234, ☎ (02 71) 39 33 10, Fax 3 93 31 22, AX DC ED VA
Hauptgericht 40; geschl: So abends, Mo, Sa mittags, Jan
* 7 Zi, Ez: 120-130, Dz: 160-180, ⌐ WC ☎; ℗
geschl: Jan

Wilgersdorf (4 km ↘)

* Gästehaus Wilgersdorf
Am Kalkhain 23, ✉ 57234, ☎ (0 27 39) 8 96 40, Fax 89 69 60, AX DC ED VA
36 Zi, Ez: 80-110, Dz: 150-210, ⌐ WC ☎; ℗ ≈ Sauna 4⇔68
Restaurant für Hausgäste
geschl: 4 Wochen in den Sommerferien

Wilsdruff 40 ↓

Sachsen — Kreis Meißen — 298 m — 3 800 Ew — Meißen 12, Dresden 20 km
ℹ ☎ (03 52 04) 46 30, Fax 4 63 26 — Stadtverwaltung, Nossener Str 20, 01723 Wilsdruff

Sachsdorf (1 km ↑)

* Zur Linde ⚜
Hühndorfer Str 18, ✉ 01665, ☎ (03 52 04) 4 86 34, Fax 4 86 34, AX DC ED VA
Hauptgericht 25; ℗ Terrasse; nur abends; geschl: Mo

Wilsnack, Bad 20 ↓

Brandenburg — 25 m — Wittenberge 16, Perleberg 17, Kyritz 34 km
ℹ ☎ (03 87 91) 25 22 — Gemeindeverwaltung, Markt 1, 19336 Wilsnack, Bad

** Ambiente (Ringhotel)
Dr.-Wilhelm-Külz-Str 5a, ✉ 19336, ☎ (03 87 91) 7 60, Fax 7 64 00, AX DC ED VA
45 Zi, Ez: 110-125, Dz: 160-175, 13 Suiten, ⌐ WC ☎, 15⊠; Lift ℗ 🚗 5⇔120 ≈ Fitneßraum Sauna Solarium
** Le Jardin
Hauptgericht 20; Terrasse

Groß Lüben (2 km ←)

** Erbkrug
☼ Dorfstr 36, ✉ 19336, ☎ (03 87 91) 27 32, Fax 25 86, ED
20 Zi, Ez: 60-80, Dz: 80-120, 1 App, ⌐ WC ☎; ℗ 1⇔60 ⊙ℓ

Wilthen 51 ↗

Sachsen — Kreis Bautzen — 504 m — 8 200 Ew — Bauzen 12, Dresden 60 km
ℹ ☎ (0 35 92) 38 54 16, Fax 38 54 99 — Fremdenverkehrsamt, Bahnhofstr 8, 02681 Wilthen

Tautewalde (2,5 km ←)
** **Landhotel Erbgericht** ♛
Haus Nr 61, ✉ 02681, ☎ (0 35 92) 3 83 00, Fax 38 32 99, DC ED VA
30 Zi, Ez: 130, Dz: 150, 2 Suiten, 4 App, ⌐
WC ☏, 13🍽; 🅿 3✪60 Sauna Solarium
** Hauptgericht 30; ⚜
Biergarten Terrasse

Wimpfen, Bad 61 ↗

Baden-Württemberg — Kreis Heilbronn — 190 m — 6 321 Ew — Heilbronn 16, Mosbach 30 km
🛈 ☎ (0 70 63) 5 20, Fax 66 30 — Kur- und Bäderverwaltung, Bad Wimpfen GmbH, Postfach 146, 74200 Bad Wimpfen; Heilbad. Sehenswert: In Bad Wimpfen im Tal: Ritterstiftskirche: Kreuzgang; Cornelienkirche; in Bad Wimpfen am Berg: Ev. Kirche: Glasgemälde, Kreuzigungsgruppe; kath. Kirche; ehemalige Kaiserpfalz; Pfalzkapelle, Arkaden; Roter Turm; Blauer Turm; Hohenstaufentor

Wimpfen am Berg, Bad
** **Am Kurpark**
♂ Kirschenweg 16, ✉ 74206, ☎ (0 70 63) 9 77 70, Fax 97 77 21, ED VA
8 Zi, Ez: 81-111, Dz: 128-162, ⌐ WC ☏, 🅿 🛏
1✪20 Fitneßraum Sauna Solarium; **garni**
Rezeption: 7-21; geschl: Mitte Dez-Anfang Jan

Windelsbach 56 ↓

Bayern — Kreis Ansbach — 430 m — 1 002 Ew — Rothenburg ob d. T. 10 km
🛈 ☎ (0 98 67) 4 43 — Gemeindeverwaltung, Rothenburger Str 5, 91635 Windelsbach

** **Landgasthof Lebert**
Schloßstr 8, ✉ 91635, ☎ (0 98 67) 95 70, Fax 95 67
Hauptgericht 25; 🅿 Terrasse; geschl: Do, Mo mittags, Aug
* ♂ 5 Zi, Ez: 50, Dz: 90, ⌐ WC ☏
Rezeption: 11.30-14, 17.30-23; geschl: Do, Mo mittags, Aug

Winden im Elztal 67 ↗

Baden-Württemberg — Kreis Emmendingen — 340 m — 2 700 Ew — Waldkirch 12, Freiburg 25 km
🛈 ☎ (0 76 82) 63 95 — Gemeindeverwaltung, Bahnhofstr 1, 79297 Winden; Erholungsort im Schwarzwald

Oberwinden
*** **Elztal-Hotel Schwarzbauernhof**
♂ ◄ Rüttlersberg 5, ✉ 79297, ☎ (0 76 82) 5 14, Fax 17 67
65 Zi, Ez: 115-165, Dz: 200-310, 5 Suiten, ⌐ WC ☏, Lift 🅿 🛏 3✪35 ≋ ♨ Fitneßraum Kegeln Sauna Solarium 🍽 ☕
geschl: Mitte Nov-Mitte Dez
Tennis 4
Auch Zimmer der Kategorie ** vorhanden

* **Lindenhof**
Bahnhofstr 14, ✉ 79297, ☎ (0 76 82) 3 69, Fax 5 44, ED VA
20 Zi, Ez: 70-75, Dz: 130-140, ⌐ WC ☏, 🅿 🛏
♨ Kegeln Sauna Solarium
geschl: Di
Längerer Aufenthalt nur mit Voll- oder Halbpension
* Hauptgericht 35; Biergarten; geschl: Di

** **Gasthof Waldhorn**
Hauptstr 27, ✉ 79297, ☎ (0 76 82) 91 82 10, Fax 66 35
Hauptgericht 25; 🅿 Terrasse; geschl: Do, Mitte Feb

Windesheim 53 ↗

Rheinland-Pfalz — Kreis Bad Kreuznach — 165 m — 1 719 Ew — Bingen 15, Bad Kreuznach 11 km
🛈 ☎ (0 67 07) 2 68 — Gemeindeverwaltung, Kreuznacher Str, 55452 Windesheim

* **Gästehaus Stempel**
Hauptstr 32, ✉ 55452, ☎ (0 67 07) 17 18, Fax 85 31, AX DC ED VA
13 Zi, Ez: 50-53, Dz: 90-96, ⌐ WC ☏, 🅿
Kegeln 🍽
geschl: Di, Mitte Jul-Mitte Aug, im Jan Anmeldung gegenüber in der Gastwirtschaft Stadt Bingen

Windhagen 43 □

Rheinland-Pfalz — Kreis Neuwied — 250 m — 3 100 Ew — Bad Honnef 12, Linz 15 km
🛈 ☎ (0 26 83) 5 80, Fax 58 34 — Verbandsgemeindeverwaltung, Flammersfelder Str 1, 53578 Asbach

Rederscheid (4 km ←)
*** **Dorint Sporthotel Waldbrunnen**
◄ Brunnenstr 7, ✉ 53578, ☎ (0 26 45) 1 50, Fax 1 55 48, AX DC ED VA
115 Zi, Ez: 215-240, Dz: 275-342, 7 Suiten, ⌐ WC ☏, 8🍽; Lift 🅿 🛏 ≋ ♨ Fitneßraum Kegeln Sauna Solarium
** **Kaminrestaurant**
Hauptgericht 30; Terrasse

Windischeschenbach 59 ↘

Bayern — Kreis Neustadt a. d. Waldnaab — 428 m — 6 200 Ew — Neustadt a. d. Waldnaab 10 km
🛈 ☎ (0 96 81) 40 12 40, Fax 40 11 00 — Verkehrsamt, Hauptstr 34, 92670 Windischeschenbach; Stadt im Waldnaabtal im Oberpfälzer Wald; Standort der Kontinentalen Tiefbohrung

* **Weißer Schwan**
Pfarrplatz 1, ✉ 92670, ☎ (0 96 81) 12 30, Fax 14 66
19 Zi, Ez: 50, Dz: 85, ⌐ WC ☏, 🛏 Sauna Solarium 🍽
geschl: So, Ende Dez-Mitte Jan

Windorf 66 □

Bayern — Kreis Passau — 350 m —
4 400 Ew — Vilshofen 3, Passau 20 km
🛈 ☎ (0 85 41) 75 62, Fax 70 12 — Verkehrsamt, Marktplatz 23, 94575 Windorf; Erholungsort

Rathsmannsdorf (5 km ↑)
** **Gasthof Zur Alten Post**
Schloßplatz 5, ✉ 94565, ☎ (0 85 46) 10 37, Fax 24 83, AX ED
29 Zi, Ez: 48-81, Dz: 96-162, 2 Suiten, ⇨ WC; P
geschl: Mo
Auch Zimmer der Kategorie * vorhanden
** Hauptgericht 20; Terrasse; geschl: Mo

* **Pension Seidl**
Edelfeldstr 4, ✉ 94575, ☎ (0 85 41) 69 81, Fax 69 01
18 Zi, Ez: 53-59, Dz: 86-98, ⇨ WC ☎; P Fitneßraum Solarium ⛱
geschl: Mo
Restaurant für Hausgäste

Windsheim, Bad 56 ↘

Bayern — Kreis Neustadt a. d. Aisch —
314 m — 12 500 Ew — Rothenburg/Tauber 27, Ansbach 34, Ochsenfurt 39 km
🛈 ☎ (0 98 41) 40 20, Fax 4 02 99 — Kur-, Kongreß- und Touristik-GmbH, Marktplatz 1, 91438 Bad Windsheim; Heilbad.
Sehenswert: Rathaus; Fränkisches Freilandmuseum; Prähistor. Staatssammlung; Stadtmuseum im Ochsenhof; St.-Kilians-Kirche

** **Akzent-Hotel Reichsstadt**
♂ Pfarrgasse 20, ✉ 91438, ☎ (0 98 41) 90 70, Fax 74 47, AX DC ED VA
47 Zi, Ez: 105-170, Dz: 155-250, 2 Suiten, ⇨ WC ☎, 4⌂; Lift P 🅿 7⇔50 Fitneßraum Sauna Solarium ⛱
Golf 18
** **Alte Deutsche Schule**
Hauptgericht 30; Biergarten Gartenlokal

** **Kurhotel Residenz**
♂ Erkenbrechtallee 33, ✉ 91438,
☎ (0 98 41) 9 10, Fax 91 26 63, AX DC ED VA
128 Zi, Ez: 132, Dz: 196, ⇨ WC ☎, 10⌂; Lift P 14⇔600 ⚓ Kegeln Sauna Solarium ⛱
Golf 18
* **Brücke**
Hauptgericht 25; Terrasse

** **Reichel's Parkhotel**
♂ Am Stauchbrunnen 7, ✉ 91438,
☎ (0 98 41) 40 50, Fax 40 53 50, AX ED VA
32 Zi, Ez: 80-98, Dz: 120-160, ⇨ WC ☎; Lift P 🅿
Rezeption: 7-20; geschl: Fr, Ende Dez
Restaurant für Hausgäste. Auch Zimmer der Kategorie * vorhanden

** **Am Kurpark**
♂ Oberntiefer Str 40, ✉ 91438, ☎ (0 98 41) 90 20, Fax 9 02 43, AX DC ED VA
50 Zi, Ez: 99-120, Dz: 140-160, ⇨ WC ☎; Lift P 7⇔110 Sauna 🍽 ⛱

* **Goldener Schwan**
Rothenburger Str 5, ✉ 91438, ☎ (0 98 41) 50 61, Fax 7 94 40, ED
23 Zi, Ez: 68-75, Dz: 105-116, ⇨ WC ☎; 🅿
geschl: Mi
Auch Zimmer der Kategorie ** vorhanden
* Hauptgericht 20; geschl: Mi, 28.12.-20.1.

* **Zum Storchen (Flair Hotel)**
Weinmarkt 6, ✉ 91438, ☎ (0 98 41) 20 11, Fax 71 40, AX DC ED VA
20 Zi, Ez: 61, Dz: 108, ⇨ WC ☎; P 🅿
geschl: Mo, Mitte-Ende Jan
* Hauptgericht 25; Gartenlokal; geschl: Mo
Eigener Hauswein: Storchenbrünnle

Altfränkische Weinstube Zu den drei Kronen
♀ Schüsselmarkt 7, ✉ 91438, ☎ (0 98 41) 6 48 22, Fax 6 48 23
Hauptgericht 20; Gartenlokal P; geschl: Di, Feb
Fachwerkbau von 1334

Wingerode 36 →

Thüringen — Worbis — 290 m — 1 200 Ew
— Leinefelde 7, Heiligenstadt 9 km
🛈 ☎ (0 36 05) 22 92 — Gemeindeverwaltung, Hauptstr 28, 37327 Wingerode

* **Keppler's Ecke**
Hauptstr 52, ✉ 37327, ☎ (0 36 05) 50 16 66, Fax 50 16 68
15 Zi, Ez: 65-85, Dz: 95-110, ⇨ WC ☎, 2⌂;
P 2⇔70 Solarium 🍽
Rezeption: 10-24

Wingst 17 ↑

Niedersachsen — Kreis Cuxhaven — 30 m
— 3 500 Ew — Wischhafen 28, Stade 35, Cuxhaven 43 km
🛈 ☎ (0 47 78) 3 12, Fax 72 93 — Kurverwaltung, im Ortsteil Dobrock, Hasenbeckallee 1, 21789 Wingst; Luftkurort. Sehenswert: Aussichtsturm „Deutscher Olymp" (61 m); Baby Zoo

Wassermühle
** **Wikings Inn**
♂ Schwimmbadallee 6, ✉ 21789,
☎ (0 47 78) 80 90, Fax 12 34, AX ED
56 Zi, Ez: 89-109, Dz: 129-159, 5 App, ⇨ WC ☎; Lift P 4⇔200 ≋ ⚓ Bowling Fitneßraum Sauna Solarium ⛱
Tennis 5
Auch Zimmer der Kategorie *** vorhanden
** Hauptgericht 23; Biergarten

** **Waldschlößchen Dobrock
(Ringhotel)**
♂ Wassermühle 7, ✉ 21789, ☎ (0 47 78)
8 00 80, Fax 80 08 88, AX DC ED VA
50 Zi, Ez: 79-99, Dz: 150-220, S; ⌐ WC ☎,
3🛌, P 🅿 5❍400 ≋ ≙ Fitneßraum Kegeln
Sauna Solarium ⓘ
Auch Zimmer der Kategorie ✱ vorhanden

Winnenden 62 ←

Baden-Württemberg — Rems-Murr-Kreis
— 280 m — 26 000 Ew — Backnang 11,
Stuttgart 20 km
ℹ ☎ (0 71 95) 1 31 44, Fax 1 33 28 — Stadtverwaltung, Torstr 10, 71364 Winnenden

✱ **Le Village**
Max-Eyth- Str 41, ✉ 71346, ☎ (0 71 95)
9 27 20, Fax 9 27 52, AX DC ED VA
79 Zi, Ez: 139, Dz: 154, ⌐ WC ☎, 5🛌; Lift 🅿
3❍80 ⓘ

Bürg (6 km →)
** **Schöne Aussicht**
♂ ≼ Neuffenstr 18, ✉ 71364, ☎ (0 71 95)
7 11 67, Fax 7 57 51, AX ED VA
16 Zi, Ez: 110, Dz: 155, ⌐ WC ☎; P 1❍30 ☕
** ≼ Hauptgericht 30; Terrasse;
geschl: Mo

Winningen 43 ↓

Rheinland-Pfalz — Kreis Mayen-Koblenz —
72 m — 2 700 Ew — Koblenz 11, Mayen
28 km
ℹ ☎ (0 26 06) 22 14, Fax 3 47 — Verkehrs-
ein, August-Horch-Str 3, 56333 Winningen;
Weinbauort an der Mosel. Sehenswert: Ev.
Kirche; Fachwerkhäuser; Autobahnbrücke

** **Moselblick**
≼ an der B 416, ✉ 56333, ☎ (0 26 06) 22 75,
Fax 13 43, AX DC ED VA
34 Zi, Ez: 110, Dz: 180, ⌐ WC ☎, 6🛌; Lift 🅿
3❍60
Auch Zimmer der Kat ✱✱✱ vorhanden
** Hauptgericht 25; Biergarten Terrasse; geschl: im Winter So abends

Winsen (Luhe) 18 →

Niedersachsen — Kreis Harburg — 6 m —
29 000 Ew — Lüneburg 21 km
ℹ ☎ (0 41 71) 65 70, Fax 65 71 68 — Stadtverwaltung, Schloßplatz 1, 21423 Winsen;
Kreisstadt. Sehenswert: Ev. Marienkirche;
Schloß; Marstall; Ilmenausperrwerk

✱ **Zum Weißen Roß**
♂ Marktstr 10, ✉ 21423, ☎ (0 41 71) 8 82 20,
Fax 6 16 55, AX DC ED VA
11 Zi, Ez: 95-95, Dz: 128-148, 1 Suite, ⌐ WC
☎; P 1❍35 ☕
✱ **Mäxwell**
Hauptgericht 25; Biergarten

Winterbach 62 ←

Baden-Württemberg — Rems-Murr-Kreis
— 250 m — 7 585 Ew — Schorndorf 5 km
ℹ ☎ (0 71 81) 7 00 60, Fax 70 06 23 —
Gemeindeverwaltung, Marktplatz 2,
73650 Winterbach

** **Remsland**
Fabrikstr 6, ✉ 73650, ☎ (0 71 81) 7 09 00,
Fax 7 01 90, DC ED VA
63 Zi, Ez: 149, Dz: 188, ⌐ WC ☎; Lift 🅿 ⓘ
geschl: 21.12.-5.1.

✱ **Am Engelberg**
Ostlandstr 2, ✉ 73650, ☎ (0 71 81) 70 09 60,
Fax 70 09 69, AX DC ED VA
34 Zi, Ez: 89-110, Dz: 125-145, ⌐ WC ☎; Lift
🅿 🚗 3❍25 ≙ Sauna
geschl: So, Anfang Aug
Restaurant für Hausgäste.

✱ **Gasthaus Raisch**
Brunnengasse 10, ✉ 73650, ☎ (0 71 81)
4 30 11, Fax 4 35 87, AX DC ED VA
10 Zi, Ez: 90-95, Dz: 130-135, 2 App, ⌐ WC
☎; 🚗

Manolzweiler (6 km ↙)
✱ **Landgasthof Hirsch**
Kaiserstr 8, ✉ 73650, ☎ (0 71 81) 4 15 15,
Fax 4 49 37, AX ED VA
Hauptgericht 25; 🅿 Terrasse; geschl: Mo,
Di, Feb

Winterberg 34 ↘

Nordrhein-Westfalen — Hochsauerlandkreis — 700 m — 14 300 Ew — Brilon 31 km
ℹ ☎ (0 29 81) 70 71, Fax 37 51 — Kurverwaltung, Hauptstr 1, 59955 Winterberg; heilklimatischer Kurort und Wintersportplatz.
Sehenswert: Ruhrkopf mit Ruhrquelle, 695 m
(2 km ↗); Kahler Asten, 843 m ≼ (4 km ↙)

Achtung: Schneetelefon (0 29 81) 18 57

** **Waldhaus**
♂ ≼ Kiefernweg 12, ✉ 59955, ☎ (0 29 81)
20 42, Fax 38 40, AX DC ED VA
18 Zi, Ez: 90-110, Dz: 130-220, 2 Suiten, ⌐
WC ☎; Lift 🅿 1❍16 ≙ Fitneßraum Sauna
Solarium ☕
** Hauptgericht 28; Terrasse

** **Haus Astenblick**
Nuhnestr 5, ✉ 59955, ☎ (0 29 81) 9 22 30,
Fax 9 22 35
13 Zi, Ez: 65-69, Dz: 118-126, ⌐ WC ☎; Lift
🅿 🚗 Sauna
Restaurant für Hausgäste

✱ **Schneider**
Am Waltenberg 58, ✉ 59955, ☎ (0 29 81)
67 49, Fax 8 13 67
17 Zi, Ez: 65-75, Dz: 130-150, 3 App, ⌐ WC
☎; Lift 🅿 ≙ Sauna Solarium; **garni**
Rezeption: 7-20; geschl: Mitte Nov-Mitte
Dez
Restaurant für Hausgäste →

Winterberg

Altastenberg (5 km ←)
*** **Berghotel Astenkrone** ♛
♂ ⋖ Astenstr 24, ✉ 59955, ☏ (0 29 81) 80 90, Fax 80 91 98, AX DC ED VA
36 Zi, Ez: 135-168, Dz: 230-310, 6 Suiten, ⌂ WC ☏, 6⌂; Lift P ⋒ 6✦100 ⌂ Fitneßraum Kegeln Sauna Solarium
*** **Kronenrestaurant**
Hauptgericht 33
** **Kronenstube**
Hauptgericht 38

Elkeringhausen (4 km →)
* **Landhotel Grimmeblick**
♂ ⋖ Am Langen Acker, ✉ 59955, ☏ (0 29 81) 70 70, Fax 35 52, AX DC ED VA
14 Zi, Ez: 68-78, Dz: 128-138, ⌂ WC ☏; P ≈ ⌂ Fitneßraum Kegeln Sauna Solarium ⛱
geschl: Mitte Nov-Anfang Jan
* Hauptgericht 25; geschl: Mitte Nov-Anfang Dez

Hildfeld (8 km ↗)
* **Heidehotel Hildfeld**
♂ ⋖ Am Ufer 13, ✉ 59955, ☏ (0 29 85) 80 30, Fax 3 45, AX ED VA
47 Zi, Ez: 97, Dz: 190, 1 Suite, ⌂ WC ☏; P ⋒ ⌂ Fitneßraum Kegeln Sauna Solarium
Rezeption: 7-12, 15-22
** ⋖ Hauptgericht 25

Niedersfeld (9 km ↑)
* **Cramer**
Ruhrstr 50, ✉ 59955, ☏ (0 29 85) 4 71, Fax 15 28, AX DC ED VA
26 Zi, Ez: 90, Dz: 160-200, ⌂ WC ☏; P ⋒ 5✦22 ⌂ Kegeln Sauna Solarium
Rezeption: 7-21; geschl: Di
* Hauptgericht 30; Terrasse; geschl: Di, Mitte Jul

Winterhausen 56 ←

Bayern — Kreis Würzburg — 199 m — 1 415 Ew — Ochsenfurt 6, Kitzingen 12, Würzburg 15 km
🛈 ☏ (0 93 33) 2 14 — Gemeindeverwaltung, Rathausplatz 2, 97286 Winterhausen. Sehenswert: Rathausplatz; Mauritiusturm

* **Gasthof Schiff**
⋖ Fährweg 14, ✉ 97286, ☏ (0 93 33) 17 85, Fax 18 32
10 Zi, Ez: 75, Dz: 95-130, WC ☏, 2⌂; P ⛾
geschl: Mitte Jan-Mitte Feb

Winterstein 47 ↘

Thüringen — 430 m — 961 Ew — Tabarz 6, Bad Liebenstein 14, Eisenach 16 km
🛈 ☏ (03 62 59) 22 60 — Fremdenverkehrsamt, 99891 Winterstein

* **Wintersteiner Hof**
Liebenstein Str 1, ✉ 99891, ☏ (03 62 59) 56 10, Fax 5 61 10, AX DC ED VA
20 Zi, Ez: 80, Dz: 130, ⌂ WC ☏; P ⛾

Wintzingerode 37 ←

Thüringen — Kreis Worbis — 400 m — 573 Ew — Duderstadt 10 km
🛈 ☏ (03 60 74) 3 12 29 — Gemeindeverwaltung, Frau Ute Wächter, 37339 Wintzingerode. Sehenswert: Burg Bodenstein; Dorfkirche; Gruft der Fam. v. Wintzingerode

* **Waldhotel Katharinenquell**
♂ Schloßstr 9, ✉ 37339, ☏ (03 60 74) 3 50, Fax 3 51 99, AX ED VA
48 Zi, Ez: 88-105, Dz: 120-148, 1 Suite, ⌂ WC ☏, 30⌂; Lift P ⋒ 4✦70 ⛾

Wipperfürth 33 ↓

Nordrhein-Westfalen — Oberbergischer Kreis — 270 m — 22 000 Ew — Gummersbach 17, Remscheid 21 km
🛈 ☏ (0 22 67) 6 42 32, Fax 6 43 11 — Verkehrsamt, Marktplatz 1, 51688 Wipperfürth. Sehenswert: Kath. Kirche St. Nikolaus; Marktbrunnen; Neye-Talsperre (2 km ↑)

** **Christians Restaurant** ✤
Marktstr 8, ✉ 51688, ☏ (0 22 67) 8 26 66
Hauptgericht 33; geschl: Mo

Neye (2 km ↖)
** **Landhaus Alte Mühle**
Neyetal 2, ✉ 51688, ☏ (0 22 67) 30 51, Fax 98 80, AX DC ED VA
Hauptgericht 30; Terrasse; 11-24; geschl: Do

Wirges 43 →

Rheinland-Pfalz — Westerwaldkreis — 270 m — 5 200 Ew — Montabaur 6, Limburg 29 km
🛈 ☏ (0 26 02) 68 91 34, Fax 68 91 77 — Verbandsgemeindeverwaltung, Bahnhofstr 10, 56422 Wirges. Sehenswert: Westerwälder Dom

** **Paffhausen**
Bahnhofstr 100, ✉ 56422, ☏ (0 26 02) 94 21-0, Fax 94 21-1 10, AX ED VA
32 Zi, Ez: 108-122, Dz: 148-178, 1 Suite, ⌂ WC ☏, 12⌂; P 6✦180 Fitneßraum Kegeln
** Hauptgericht 24; Terrasse

Wirsberg 58 ↑

Bayern — Kreis Kulmbach — 380 m — 2 000 Ew — Bad Berneck 13, Kulmbach 17 km
🛈 ☏ (0 92 27) 93 20, Fax 9 32 90 — Kurverwaltung, Sessenreuther Str 2, 95339 Wirsberg; Luftkurort im Frankenwald. Sehenswert: Dampflok-Museum in Neuenmarkt (3 km ↙)

✶✶ Romantik Posthotel Wirsberg
♣ Marktplatz 11, ✉ 95339, ☎ (0 92 27) 20 80, Fax 58 60, AX DC ED VA
47 Zi, Ez: 138-168, Dz: 158-198, 15 Suiten, ⌐⌐ WC ☎; Lift 🅿 2↺45 ⌒ Fitneßraum Sauna Solarium
Rezeption: 7-21
Auch Zimmer der Kategorie ✶✶✶ vorhanden

✶✶ Herrmanns
Hauptgericht 35; Terrasse; geschl: 7.-31.1.97

✶ Gasthof Hereth
Hauptstr 15, ✉ 95339, ☎ (0 92 27) 9 41 90, Fax 94 19 19
15 Zi, Ez: 50-60, Dz: 90-110, ⌐⌐ WC ☎; 🅿 🍴
geschl: Mi, 10.-25.1.

✶ Am Lindenberg
♣ Am Lindenberg 2, ✉ 95339, ☎ (0 92 27) 8 60, Fax 21 42, AX DC ED VA
31 Zi, Ez: 75-125, Dz: 125-170, 1 Suite, 2 App, ⌐⌐ WC ☎, 6⊠; Lift 🅿 🍴 ⌒ Kegeln Sauna Solarium
✶ Hauptgericht 20

Wirsberg-Außerhalb (1 km ↘)

✶✶✶ Reiterhof (Flair Hotel)
einzeln ♣ ← Sessenreuther Str 50, ✉ 95339, ☎ (0 92 27) 20 40, Fax 70 58, AX DC ED VA
53 Zi, Ez: 120-198, Dz: 178-225, 1 Suite, ⌐⌐ WC ☎; Lift 🅿 🍴 4↺100 ⌒ Fitneßraum Sauna Solarium
✶✶ Hauptgericht 35

Wismar 12 ↙

Mecklenburg-Vorpommern — Kreis Wismar — 5 m — 56 500 Ew — Lübeck 49, Rostock 59 km
ℹ ☎ (0 38 41) 25 18 15, Fax 28 29 58 — Wismar-Information, Im Stadthaus, Am Markt 11, 23966 Wismar; Hafenstadt. Sehenswert: Marktplatz mit Rathaus, „Alter Schwede" und Wasserkunst; Marienkirche; Archidiakonat; Nikolaikirche; Hospitalkirche Zum Heiligen Geist; Georgenkirche; Fürstenhof; Schabbellhaus; Schwedenköpfe am Baumhaus

---

✶✶ Stadt Hamburg
♣ Am Markt 24, ✉ 23966, ☎ (0 38 41) 23 90, Fax 23 92 39, AX DC ED VA
106 Zi, Ez: 145-185, Dz: 185-225, ⌐⌐ WC ☎, 48⊠; Lift 🅿 🍴 5↺120 Fitneßraum Sauna Solarium ⚓
✶✶ Am Markt
Hauptgericht 25; Terrasse

✶✶ Best Western Hotel Alter Speicher
Bohrstr 12, ✉ 23966, ☎ (0 38 41) 21 17 46, Fax 21 17 47, AX DC ED VA
75 Zi, Ez: 130-160, Dz: 170-250, 3 Suiten, ⌐⌐ WC ☎, 12⊠; Lift 🅿 🍴 4↺100 Fitneßraum Sauna Solarium 🍴 ⚓
Auch Zimmer der Kategorie ✶ vorhanden

✶✶ Willert
Schweriner Str 9, ✉ 23970, ☎ (0 38 41) 2 61 20, Fax 21 00 59, AX DC ED VA
15 Zi, Ez: 90-120, Dz: 140-170, 1 App, ⌐⌐ WC ☎; 🅿; garni

✶ Altes Brauhaus
Lübsche Str 37, ✉ 23966, ☎ (0 38 41) 21 14 16, Fax 28 32 23, AX ED VA
16 Zi, Ez: 85-120, Dz: 120-160, ⌐⌐ WC ☎; garni

✶ Bertramshof
Bertramsweg 2, ✉ 23966, ☎ (0 38 41) 70 72 20, Fax 70 46 22, AX ED
42 Zi, Ez: 55-100, Dz: 95-150, ⌐⌐ WC, 1⊠; 🅿 🍴 ⌒ 🍴

⚓ Lissi
Großschmiedstr 1, ✉ 23966, ☎ (0 38 41) 28 30 66
Terrasse; 7-18, Sa + So ab 10

Gägelow 5 km W

✶✶ Treff-Hotel Wismar
♣ Bellevuestr 1, ✉ 23968, ☎ (0 38 41) 66 00, Fax 66 05 00, AX DC ED VA
180 Zi, Ez: 104-160, Dz: 158-220, S; ⌐⌐ WC ☎, 30⊠; Lift 🅿 9↺350 ⌒ Fitneßraum Sauna Solarium Tennis 2
✶✶ Hauptgericht 25; Terrasse

Rüggow (6 km →)

✶✶ Aridus
Rüggower Weg 17, ✉ 23970, ☎ (0 38 41) 23 20, Fax 23 22 00, AX DC ED VA
36 Zi, Ez: 110, Dz: 150, 5 App, ⌐⌐ WC ☎; Lift 🅿 2↺70 Fitneßraum Sauna Solarium 🍴

✶ Landhaus Streeck
an der B 105, ✉ 23970, ☎ (0 38 41) 28 22 00, Fax 28 22 00, AX DC ED VA
18 Zi, Ez: 110-120, Dz: 130-150, ⌐⌐ WC ☎; 🅿 1↺50 Sauna 🍴
Auch Zimmer der Kategorie ✶✶ vorhanden

Wittdün siehe Amrum

Witten 33 ☐

Nordrhein-Westfalen — Ennepe-Ruhr-Kreis — 100 m — 107 000 Ew — Bochum 10 km
ℹ ☎ (0 23 02) 5 81 13 08, Fax 2 27 38 — Verkehrsverein, Marktstr 16, 58452 Witten; Stadt an der Ruhr. Sehenswert: Märkisches Museum; Hebezeug-Museum; Bergbauhistorischer Rundwanderweg mit Besucherstollen, Bethaus der Bergleute

---

✶✶ Parkhotel Witten (Ringhotel)
Berger Str 23, ✉ 58452, ☎ (0 23 02) 58 80, Fax 58 85 55, AX DC ED VA
73 Zi, Ez: 159, Dz: 199, S; 2 App, ⌐⌐ WC ☎, 16⊠; Lift 🅿 🍴 4↺80 ⌒ Sauna Solarium 🍴 →

Witten

<mark>Witten-Außerhalb</mark>
**** Haus Hohenstein
Europa-Akademie**
einzeln, Hohenstein 32, ✉ 58453,
☎ (0 23 02) 92 03 00, Fax 92 03 99,
AX DC ED VA
33 Zi, Ez: 140, Dz: 175, ⌐ WC ☎; P 7⇌120
†○|
Rezeption: 7-21

<mark>Herbede</mark>
** Haus Herbede
♡ Von-Elverfeldt-Allee 12, ✉ 58456,
☎ (0 23 02) 7 22 58, Fax 7 92 83, AX DC ED VA
Hauptgericht 32; Biergarten; geschl: Di,
Anfang Mitte Jan

Wittenbeck 12 ✓

Mecklenburg-Vorpommern — Bad Dobe-
ran — 50 m — 410 Ew — Kühlungsborn 3,
Bad Doberan 16 km
ℹ ☎ (03 82 03) 21 54, Fax 25 05 — Amt für
Tourismus, August-Bebel-Str 3, 18209 Bad
Doberan

*** Landhotel Wittenbeck
(Top International Hotel)**
♡ Straße der Kühlung 21a, ✉ 18209,
☎ (03 82 93) 66 26, Fax 75 49, AX ED VA
39 Zi, Ez: 99-120, Dz: 130-156, 1 App, ⌐ WC
☎; P 4⇌40 Fitneßraum Kegeln Sauna
Solarium †○| ⚓

Wittenberg 39 ↑

Sachsen-Anhalt — Kreis Wittenberg —
72 m — 54 000 Ew — Leipzig 67, Potsdam
68 km
ℹ ☎ (0 34 91) 40 22 39, Fax 25 37 — Witten-
berg-Information, Collegienstr 29,
06886 Wittenberg; Lutherstadt (Ausgangspunkt d. Reformation). Sehenswert:
Markt mit Marktbrunnen und Bronzedenk-
mälern; Rathaus; Stadtkirche St. Marien;
Kapelle zum Heiligen Leichnam; Melanch-
thonhaus; Lutherhaus; Augusteum; Cra-
nach-Haus; Schloßkirche m. Thesentür

**** Alba
(Top International Hotel)**
Neustr 7, ✉ 06886, ☎ (0 34 91) 46 10,
Fax 46 12 00, AX DC ED VA
171 Zi, Ez: 155-210, Dz: 185-210, S; ⌐ WC
☎, 47✉; Lift P 3⇌150 †○|

* Goldener Adler
Markt 7, ✉ 06886, ☎ (0 34 91) 20 53,
Fax 40 40 43, AX DC ED VA
34 Zi, Ez: 70-98, Dz: 80-140, ⌐ WC ☎; P †○|

* Am Schwanenteich
Töpferstr 10, ✉ 06886, ☎ (0 34 91) 41 10 34,
Fax 28 07
10 Zi, Ez: 80-90, Dz: 125, ⌐ WC ☎; †○|

<mark>Wittenberg-Außerhalb</mark> (3 km ↑)
* Waldhotel Vogel
einzeln ♡ Tonmark 10, ✉ 06886,
☎ (0 34 91) 61 03 89, Fax 61 03 92,
AX DC ED VA
23 Zi, Ez: 75-98, Dz: 120-140, 1 Suite, ⌐ WC
☎; P 1⇌30 ≈ Fitneßraum Sauna
Solarium †○|
geschl: Ende Dez

<mark>Apollensdorf</mark> (8 km ←)
**** Sorat Hotel Wittenberg
(Top International Hotel)**
Braunsdorfer Str 9, ✉ 06886, ☎ (0 34 91)
66 31 90, Fax 66 31 91, AX DC ED VA
72 Zi, Ez: 120-150, Dz: 160-190, S; ⌐ WC ☎,
30✉; Lift P 2⇌120 Fitneßraum Sauna
Solarium †○|

<mark>Piesteritz</mark> (3 km ←)
** Zur Einkehr
Heinrich-Heine-Str 15, ✉ 06886,
☎ (0 34 91) 66 20 75, ED
9 Zi, Ez: 75-80, Dz: 100-110, ⌐ WC ☎, 4✉;
P Solarium; garni

* Piesteritzer Hof
Karl-Liebknecht-Platz 19, ✉ 06886,
☎ (0 34 91) 61 11 70, Fax 61 11 69, DC ED VA
16 Zi, Ez: 60-100, Dz: 100-140, 2 Suiten, ⌐
WC ☎; 3⇌240 †○|

* Klabautermann
Dessauer Str 93, ✉ 06886, ☎ (0 34 91)
66 21 49, Fax 66 21 49, AX DC ED VA
Hauptgericht 27; P; geschl: Mo, So

<mark>Reinsdorf</mark>
* Tannenspitze
♡ Mochauer Weg 41, ✉ 06896, ☎ (0 34 91)
61 31 40, Fax 61 31 41, AX DC ED VA
7 Zi, Ez: 98, Dz: 140, ⌐ WC ☎; P †○|

* Hohe Mühle
Wittenberger Str 10, ✉ 06896, ☎ (0 34 91)
66 18 11, Fax 66 18 12
9 Zi, Ez: 75, Dz: 120, ⌐ WC ☎; P †○|

* Grüne Tanne
♡ Am Teich 1, ✉ 06896, ☎ (0 34 91) 6 29-0,
Fax 62 92 50, AX DC ED VA
37 Zi, Ez: 78-98, Dz: 148, 2 Suiten, 1 App, ⌐
WC ☎; P 2⇌40 Sauna †○|

<mark>Trajuhn</mark> (4 km ↗)
* Benne's Gasthof
Berliner Chaussee 45, ✉ 06886, ☎ (0 34 91)
44 11 05, Fax 44 14 27, AX DC ED VA
9 Zi, Ez: 110, Dz: 130, ⌐ WC ☎; P †○|
Rezeption: 8-14, 17-22; geschl: 1.-15.1.97

Wittenberge 20 ✓

Brandenburg — Prignitz — 21 m —
26 000 Ew — Bad Wilsnack 15, Perleberg 10 km
ℹ ☎ (0 38 77) 42 19, Fax 35 06 — Stadtinformation im Kulturhaus, August-Bebel-
Str 10, 19322 Wittenberge; Rathaus 1914,
Stadtmuseum Alte Burg 1669, Steintorturm Anfang 14. Jh., zweitgrößte Turmuhr
Europas, Jugendstilbauten

Wittstock

**   Am Stern
Turmstr 14, ✉ 19322, ☎ (0 38 77) 98 90,
Fax 98 91 00, AX DC ED VA
33 Zi, Ez: 110-135, Dz: 155-170, 3 Suiten, ⌐ WC ☎, 11🛏; Lift 🅿 1↔30
Restaurant für Hausgäste

Wittenhofen
siehe **Deggenhausertal**

Wittichenau 41 ←

Sachsen — Kreis Hoyerswerda — 142 m — 3 429 Ew — Hoyerswerda 10, Kamenz 17 km
🛈 ☎ (03 57 25) 7 02 32, Fax 7 02 32 — Gemeindeverwaltung, Dorfstr 43 a, 02979 Spohla

Spohla (3,5 km ↗)
**   Im Schweinekoben   ⚜
Dorfstr 12, ✉ 02979, ☎ (0 35 71) 7 04 03
Fax 7 04 03, AX ED VA
Hauptgericht 30; Biergarten 🅿; geschl: Mo mittags, 1. Januarwoche
**   ♂ 6 Zi, Ez: 110, Dz: 170, 1 Suite, 1 App, ⌐ WC ☎
geschl: 1. Januarwoche

Wittingen 27 ↘

Niedersachsen — Kreis Gifhorn — 80 m — 12 470 Ew — Uelzen 30, Gifhorn 37 km
🛈 ☎ (0 58 31) 2 61 62, Fax 2 61 04 — Verkehrsamt, Bahnhofstr 35, 29378 Wittingen.
Sehenswert: Ev. Kirche, Junkerhof, Wallanlagen, Amtshof mit Burgresten Ortsteil Knasebeck

*   Nöhre
Bahnhofstr 2, ✉ 29378, ☎ (0 58 31) 2 92 50, Fax 29 25 30, AX ED VA
30 Zi, Ez: 86, Dz: 130, ⌐ WC ☎; 🅿 Kegeln Sauna 🍽

Wittlich 52 ↗

Rheinland-Pfalz — Kreis Bernkastel-Wittlich — 170 m — 17 000 Ew — Bernkastel-Kues 18, Trier 37 km
🛈 ☎ (0 65 71) 40 86, Fax 64 17 — Verkehrsverein „Wittlicher Land", Neustr 6, 54516 Wittlich; Kreisstadt in der Eifel.
Sehenswert: Kath. Kirche St. Markus; ehem. Synagoge mit jüdischem Dokumentationszentrum; Altes Rathaus mit wechselnden Ausstellungen; Meistermann-Museum

**   Lindenhof
einzeln ≼ Am Mundwald, ✉ 54516,
☎ (0 65 71) 69 20, Fax 69 25 02, AX DC ED VA
37 Zi, Ez: 104, Dz: 194, 29 App, ⌐ WC ☎;
Lift 🅿 ≋ Fitneßraum Kegeln Sauna Solarium
Auch Zimmer der Kategorie ***** vorhanden
**   La Table
Hauptgericht 27; Biergarten

*   Well
Marktplatz 5, ✉ 54516, ☎ (0 65 71) 9 11 90, Fax 91 19 50, AX DC ED VA
20 Zi, Ez: 75, Dz: 140, WC ☎; Lift 🛏; **garni**

*   Wittlicher Hof
Trierer Str 29, ✉ 54516, ☎ (0 65 71) 9 77 70, Fax 97 77 77, AX DC ED VA
9 Zi, Ez: 98, Dz: 168, 2 Suiten, ⌐ WC ☎; 🅿
🍽 🚭

Wittmund 16 ↘

Niedersachsen — Kreis Wittmund — 7 m — 19 900 Ew — Aurich 25, Wilhelmshaven 27 km
🛈 ☎ (0 44 62) 98 30, Fax 98 32 99 — Stadtverwaltung, Knochenburgstr 11, 26409 Wittmund; See-Bad an der Nordsee. Sehenswert: Heimatmuseum Peldemühle; Siuts-Mühle; St. Nicolai-Kirche; Schloßpark

****   Residenz am Schloßpark
       (Ringhotel)**
♂ Am Markt 13, ✉ 26409, ☎ (0 44 62) 88 60, Fax 88 61 23, AX DC ED VA
50 Zi, Ez: 105-135, Dz: 160-220, S; ⌐ WC ☎, 13🛏; Lift 🅿 🛌 6↔600 Fitneßraum Sauna Solarium
Auch Zimmer der Kategorie ******* vorhanden
**   Hauptgericht 35; Biergarten Terrasse

Ardorf (8 km ↙)
**   Hilgensteen
Heglitzer Str 20, ✉ 26409, ☎ (0 44 66) 2 89, Fax 4 69
Hauptgericht 45; Biergarten 🅿; geschl: Winter Di

Harlesiel (16 km ↑)
*   Harlesiel
♂ ≼ Am Yachthafen 30, ✉ 26409,
☎ (0 44 64) 9 48 00, Fax 82 28, AX DC ED VA
29 Zi, Ez: 115-135, Dz: 160-240, 8 Suiten, 18 App, ⌐ WC ☎, 4🛏; 🅿 ≋ Sauna Solarium
geschl: Mitte Nov-Mitte Dez
*   Hauptgericht 30; Terrasse

Wittstock 20 ↘

Brandenburg — Kreis Ostprignitz-Ruppin — 65 m — 14 100 Ew — Pritzwalk 20, Malchow 40, Neuruppin 40 km
🛈 ☎ (0 33 94) 36 05, Fax 36 20 — Fremdenverkehrsbüro, Markt 1, 16909 Wittstock.
Sehenswert: Stadtmauer; ehem. Bischofsburg; Grönertor; Rathaus; Bürgerhäuser, Kirche

**   Stadt Hamburg
Röbeler Str 25, ✉ 16909, ☎ (0 33 94) 44 45 66, Fax 44 45 66, AX DC ED VA
44 Zi, Ez: 95, Dz: 140, ⌐ WC ☎, 9🛏; Lift 🅿 🛌 3↔90 🍽

*   Deutsches Haus
Markt/Ecke Kirchgasse 1+3, ✉ 16909,
☎ (0 33 94) 44 43 63, Fax 44 43 65, ED VA
18 Zi, Ez: 80, Dz: 110-120, ⌐ WC ☎; 🅿 🍽
→

Wittstock

* Am Röbeler Tor
Dosseteich 1, ⌧ 16909, ☏ (0 33 94)
43 35 56, Fax 35 56, AX DC ED VA
15 Zi, Ez: 80-115, Dz: 120-130, ⌐ WC ☎; **P**
†⊙|

Witzenhausen 36 ↓

Hessen — Werra-Meißner-Kreis — 150 m
— 18 000 Ew — Münden 19, Göttingen 26,
Kassel 35 km
🛈 ☏ (0 55 42) 5 08 13, Fax 5 08 22 — Verkehrsamt, Rathaus, Steinstr 2, 37213 Witzenhausen; Stadt an der Werra. Sehenswert: Rathaus; Marktplatz; St. Michaelskapelle; ehem. Wilhelmitenkloster; Fachwerkhäuser; ev. Liebfrauenkirche; Tropengewächshaus; Museum für Völkerkunde; Freizeitpark mit Automuseum im Stadtteil Ziegenhagen (9 km ↘), geöffnet Mär, Apr, Sep, Okt 10-17, Mai-Aug 9-18

** Stadt Witzenhausen
♂ Am Sande 8, ⌧ 37213, ☏ (0 55 42) 40 41,
DC ED VA
32 Zi, Ez: 73, Dz: 103, ⌐ WC ☎; Lift **P**;
garni

Witzhave 18 ↗

Schleswig-Holstein — Kreis Stormarn —
25 m — 1 230 Ew — Hamburg 20 km
🛈 ☏ (0 41 54) 8 07 90, Fax 80 79 75 — Amtsverwaltung, Europaplatz 5, 22946 Trittau

* Pünjer
Möllner Landstr 9, ⌧ 22969, ☏ (0 41 04)
9 77 70, Fax 97 77 55
35 Zi, Ez: 75-98, Dz: 115-135, 1 App, ⌐ WC
☎; **P**
geschl: 22.12.96-1.1.97
* Hauptgericht 25; Terrasse; nur
abends; geschl: Sa, 22.12.96-1.1.97

Witzhelden siehe Leichlingen

Witzin 20 ↘

Mecklenburg-Vorpommern — Kreis Sternberg — 48 m — 580 Ew — Sternberg 5 km
🛈 ☏ (03 84 81) 2 26 — Gemeindeverwaltung, 19406 Witzin

* Gulbis
Güstrower Chaussee 4, ⌧ 19406,
☏ (03 84 81) 2 02 02
14 Zi, Ez: 90, Dz: 130-140, ⌐ WC ☎; **P** †⊙|

Wölpinghausen 25 □

Niedersachsen — Kreis Schaumburg —
100 m — 9 200 Ew — Rehburg-Loccum 7,
Hagenburg 11, Wunstorf 14 km
🛈 ☏ (0 50 33) 9 60 29, Fax 9 60 31 — Samtgemeindeverwaltung, Schloßstr 3,
31558 Hagenburg

Bergkirchen (2,5 km ↘)
* Landhotel Engelke
Bergkirchener Str 62, ⌧ 31556, ☏ (0 50 37)
9 80 00, Fax 4 31, AX DC ED VA
9 Zi, Ez: 85-115, Dz: 165-190, ⌐ WC ☎; **P** 🚗
2⇔80 †⊙|
Rezeption: 13.30-23

Wörishofen, Bad 70 ↗

Bayern — Kreis Unterallgäu — 630 m —
14 000 Ew — Mindelheim 10, Kaufbeuren
17 km
🛈 ☏ (0 82 47) 96 90 55, Fax 3 23 23 — Städtisches Kuramt, Postfach 1443, 86816 Bad Wörishofen; Kneipp-Heilbad im Alpenvorland. Sehenswert: Klosterkirche; Pfarrkirche; Kuranlagen mit Rosarium; Falknerei

***** Kurhotel-Sanatorium
       Landhaus Tanneck**
♂ Hartenthaler Str 29, ⌧ 86825, ☏ (0 82 47)
30 70, Fax 30 72 80
114 Zi, Ez: 110-210, Dz: 230-380, 3 Suiten,
⌐ WC ☎, 5⌂; Lift **P** 🚗 2⇔80 ≋ ⌂ Fitneßraum Sauna Solarium ⌘
Rezeption: 8-20
Tennis 2; Restaurant für Hausgäste; Auch
Zimmer der Kategorie ******** vorhanden

*** Kurhotel Residenz
♂ Bahnhofstr 8, ⌧ 86825, ☏ (0 82 47) 35 20,
Fax 35 22 14, AX DC ED
112 Zi, Ez: 150-235, Dz: 300-390, 25 Suiten,
15 App, ⌐ WC ☎; Lift **P** 🚗 2⇔60 ≋ ⌂ Fitneßraum Sauna Solarium
geschl: Mitte Nov-Mitte Dez
Golf 18
Park

** Residenz-Stuben
Hauptgericht 35; Terrasse; geschl: Ende
Nov-Mitte Dez

*** Kneipp-Kurhotel Kreuzer
♂ Kneippstr 4, ⌧ 86825, ☏ (0 82 47) 35 30,
Fax 35 31 38, AX
96 Zi, Ez: 95-190, Dz: 190-295, 8 Suiten,
7 App, ⌐ WC ☎; Lift **P** 🚗 ⌂ Fitneßraum
Sauna Solarium ⌘
geschl: Mitte Nov-Mitte Jan
Auch Zimmer der Kategorie ****** vorhanden
** Kreuzer Stuben
Hauptgericht 21; geschl: Do

** Kurhotel Fontenay ♛
♂ Eichwaldstr 10, ⌧ 86825, ☏ (0 82 47)
30 60, Fax 30 61 85, AX ED
58 Zi, Ez: 130-250, Dz: 260-380, 4 Suiten, ⌐
WC ☎, 30⌂; Lift **P** 🚗 2⇔16 ≋ ⌂ Fitneßraum Sauna Solarium
Restaurant für Hausgäste; Auch Zimmer
der Kategorie ******* vorhanden

**** Kurhotel und Sanatorium
      Der Sonnenhof**
♂ Hermann-Aust-Str 11, ⌧ 86825,
☏ (0 82 47) 89 71, Fax 89 38, AX ED
79 Zi, Ez: 150-180, Dz: 250-370, 12 Suiten,
⌐ WC ☎; Lift **P** 🚗 ⌂ Fitneßraum Sauna
Solarium
geschl: Mitte Nov-Mitte Jan
Restaurant für Hausgäste

★★ Sonneck
einzeln ♂ Am Tannenbaum 1, ✉ 86825,
☎ (0 82 47) 3 00 80, Fax 30 08 20, AX ED VA
45 Zi, Ez: 75-165, Dz: 150-250, 2 App, ⊣ WC
☎; Lift P 🖼 ≋ Sauna Solarium ⦿

★★ Kurhotel Sonnengarten
♂ Adolf-Scholz-Allee 5, ✉ 86825,
☎ (0 82 47) 30 90, Fax 10 68, AX ED VA
74 Zi, Ez: 110-145, Dz: 210-350, 3 App, ⊣
WC ☎, 16✉; Lift P 🖼 5⇆90 ≋ Fitneßraum
Sauna Solarium ⦿ ≋

★★ Edelweiß
Bgm.-Singer-Str 11, ✉ 86825, ☎ (0 82 47)
3 50 10, Fax, DC
52 Zi, Ez: 80-95, Dz: 160-180, 3 Suiten, ⊣
WC ☎; Lift P 🖼 ≋ Fitneßraum Sauna
Solarium
Rezeption: 7-19; geschl: So, 1.12.-5.1.98
Restaurant für Hausgäste

★★ Kurhotel Eichinger
♂ Hartenthaler Str 22, ✉ 86825, ☎ (0 82 47)
3 90 30, Fax 39 03 88, AX
42 Zi, Ez: 60-80, Dz: 120-150, 10 Suiten,
2 App, ⊣ WC ☎; Lift P 🖼 ≋ Fitneßraum
Sauna Solarium
Rezeption: 7.30-21; geschl: Ende Nov-
Mitte Dez
Restaurant für Hausgäste; Auch Zimmer
der Kategorie ★ vorhanden

★★ Kurhotel Adler-Vogt
Türkheimer Str 9, ✉ 86825, ☎ (0 82 47)
3 00 40, Fax 30 04 85
47 Zi, Ez: 80-140, Dz: 230-240, ⊣ WC ☎; Lift
P ≋ Fitneßraum Sauna Solarium ≋
geschl: Mitte Nov-Mitte Jan
Restaurant für Hausgäste

★ Kurhotel-Pension Bürk
♂ Hartenthaler Str 16, ✉ 86825, ☎ (0 82 47)
39 70, Fax 3 97 56, VA
29 Zi, Ez: 77-112, Dz: 166-204, 5 Suiten, ⊣
WC ☎; P 🖼
Restaurant für Hausgäste; Auch Zimmer
der Kategorie ★★ vorhanden

★ Kurhotel Eichwald
♂ Eichwaldstr 20, ✉ 86825, ☎ (0 82 47)
60 94, Fax 66 79
52 Zi, Ez: 100-190, Dz: 180-280, ⊣ WC ☎;
Lift P 🖼 50 ≋ Sauna Solarium ⦿ ≋
geschl: 15.11.-15.12.
Auch Zimmer der Kategorie ★★ vorhanden

★ Kurhotel Brandl
♂ Hildegardstr 3, ✉ 86825, ☎ (0 82 47)
3 90 90, Fax 39 09 90
23 Zi, Ez: 81-121, Dz: 154-212, 1 App, ⊣ WC
☎; Lift P 🖼 ≋ Sauna Solarium
Rezeption: 8-21; geschl: Ende Nov-Anfang
Feb
Restaurant für Hausgäste

★ Kurhotel-Pension Alpenhof
Gammenrieder Str 6, ✉ 86825, ☎ (0 82 47)
3 00 50, Fax 30 05 68
25 Zi, Ez: 60-105, Dz: 180-220, ⊣ WC ☎,
6✉; Lift P ≋ Fitneßraum Sauna Solarium
geschl: So, Mitte Nov- Mitte Jan
Restaurant für Hausgäste

★ Kurpension Aenny
Buchenweg 5, ✉ 86825, ☎ (0 82 47)
9 64 50, Fax 96 45 40
21 Zi, Ez: 45-70, Dz: 90-140, ⊣ WC ☎, P
Sauna Solarium Fitneßraum
Restaurant für Hausgäste
geschl: 15.12.96-1.2.97

★ Kurhotel-Pension Azalee
♂ Berliner Str 2, ✉ 86825, ☎ (0 82 47)
70 59, Fax 44 52
13 Zi, Ez: 42-57, Dz: 80-99, 3 Suiten, 3 App,
⊣ WC ☎, 13✉; P 🖼 Fitneßraum Sauna
Solarium
Restaurant für Hausgäste

★ Kurhotel-Pension Merz
♂ Rosenstr 3, ✉ 86825, ☎ (0 82 47) 3 05 80,
Fax 30 58 95
27 Zi, Ez: 64-91, Dz: 118-184, 2 Suiten, ⊣
WC ☎; Lift P 🖼 Fitneßraum Sauna
Solarium ⦿
Rezeption: 7-21; geschl: So, 1.12-1.2

★ Kurheim Haus zum Wald
♂ Weiherweg 3, ✉ 86825, ☎ (0 82 47)
9 69 30
17 Zi, Ez: 51-58, Dz: 86-102, ⊣ WC ☎; P ≋
Sauna Solarium

★ Mühlbach
Ob. Mühlstr 1, ✉ 86825, ☎ (0 82 47) 60 39,
Fax 83 68
Hauptgericht 30; geschl: Do
★★
13 Zi, Ez: 75-100, Dz: 150-185, ⊣
WC ☎; P

★ Landhaus Alfons
Kaufbeurerstr 6, ✉ 86825, ☎ (0 82 47) 67 50
Hauptgericht 30; Terrasse; geschl: Mo mittags

≋ Schwermer
Hartenthalerstr 36, ✉ 86825, ☎ (0 82 47)
9 02 13, Fax 35 08 14
P Terrasse; 10-18; geschl: Mitte Nov-Mitte
Jan

Schlingen (5 km ↓)

★★★ Jagdhof
Allgäuer Str 1, ✉ 86825, ☎ (0 82 47) 48 79,
Fax 25 34, AX ED
Hauptgericht 35; P Terrasse; geschl: Mo
abends, Di, im Winter Mo+Di, Jan

Wörlitz 39 ↘

Sachsen-Anhalt — Kreis Gräfenhainichen
— 62 m — 2 000 Ew — Oranienbaum 6,
Dessau 18, Wittenberg 23 km
ℹ ☎ (03 49 05) 2 02 16 — Stadtverwaltung,
Erdmannsdorffstr, 06786 Wörlitz. Sehenswert: Rathaus; St.-Petri-Kirche; Landschaftspark mit 2 Museen und 3 Kunstausstellungen, große Wasserfläche

★★ Zum Stein (Ringhotel)
Erdmannsdorffstr 228, ✉ 06786,
☎ (03 49 05) 5 00, Fax 5 01 99, AX DC ED VA
54 Zi, Ez: 120-145, Dz: 170-190, S; 1 Suite,
⊣ WC ☎; Lift P 6⇆130 ≋ Sauna Solarium
⦿
→

Wörlitz

** Wörlitzer Hof
Markt 96, ✉ 06786, ☎ (03 49 05) 2 02 42,
Fax 2 11 34, AX ED VA
31 Zi, Ez: 115, Dz: 145-160, 2 Suiten, 1 App,
⌐ WC ☎, 4✉; Lift P 1↔50 Kegeln Sauna
¶

* Zum Gondoliere
Angergasse 132, ✉ 06786, ☎ (03 49 05)
2 03 29, Fax 2 03 29, AX DC ED VA
8 Zi, Ez: 65-80, Dz: 75-80, ⌐ WC ☎, P
1↔40 ¶

Wörth am Rhein 60 ↗

Rheinland-Pfalz — Kreis Germersheim —
100 m — 18 500 Ew — Karlsruhe 8 km
ℹ ☎ (0 72 71) 13 10, Fax 13 11 31 — Stadtverwaltung, Mozartstr 2, 76744 Wörth am
Rhein

* Insel
♂ Friedrichstr 38, ✉ 76744, ☎ (0 72 71)
1 23 55, Fax 70 80, AX ED VA
18 Zi, Ez: 98-108, Dz: 158-175, ⌐ WC ☎; P
¶

Maximiliansau (4 km ↘)
** Einigkeit
Karlstr 16, ✉ 76744, ☎ (0 72 71) 44 44,
Fax 4 93 39
Hauptgericht 36; geschl: Sa mittags, So,
2 Wochen in den Sommerferien

Wörthsee 71 ↑

Bayern — Kreis Starnberg — 581 m —
4 060 Ew — Starnberg 16 km
ℹ ☎ (0 81 53) 80 11, Fax 81 49 — Gemeindeverwaltung, Seestr 20, 82237 Wörthsee

Steinebach-Auing
* Gästehaus Florianshof
Hauptstr 48, ✉ 82237, ☎ (0 81 53) 88 20,
Fax 8 82 98, ED
50 Zi, Ez: 60-80, Dz: 95-100, 6 App, ⌐ WC
☎; P; garni

Wolfach 60 ↘

Baden-Württemberg — Ortenaukreis —
260 m — 6 200 Ew — Offenburg 39, Freudenstadt 41 km
ℹ ☎ (0 78 34) 9 75 34, Fax 9 75 36 — Verkehrsamt, Hauptstr 41, 77709 Wolfach;
Luftkurort im Kinzigtal, Schwarzwald.
Sehenswert: Schloß; Freilichtmuseum
Vogtsbauernhof (6 km ↙), Glashütte mit
Weihnachtsdorf

* Schwarzwaldhotel
♂ Kreuzbergstr 26, ✉ 77709, ☎ (0 78 34)
40 11, Fax 40 11
10 Zi, Ez: 58-78, Dz: 120-150, ⌐ WC; P ⌂;
garni
geschl: Dez
Restaurant für Hausgäste

St. Roman (12 km ↗)
** Gasthof Adler
♂ Talstr 14, ✉ 77709, ☎ (0 78 36) 3 42,
Fax 74 34, ED VA
28 Zi, Ez: 81, Dz: 132-150, ⌐ WC ☎; Lift P
⌂ 3↔45 Fitneßraum Sauna Solarium ⌘
geschl: Mo, Jan
** Hauptgericht 18; Terrasse;
geschl: Mo

Wolfen 39 ←

Sachsen-Anhalt — Kreis Bitterfeld — 80 m
— 43 630 Ew — Bitterfeld 8, Dessau 20,
Leipzig 38 km
ℹ ☎ (0 34 94) 6 60, Fax 3 01 12 — Stadtverwaltung, Amt für Öffentlichkeitsarbeit,
Reuthener Str 72, 06766 Wolfen; Ort in der
Leipziger Tieflandsbucht

** Rema-Hotel Excelsior
Straße der Republik 8, ✉ 06766, ☎ (0 34 94)
3 31 42, Fax 2 23 88, AX DC ED VA
140 Zi, Ez: 170-250, Dz: 220-360, 4 Suiten,
⌐ WC ☎, 24✉; Lift P 2↔50 ¶

* Deutsches Haus
Leipziger Str 94 a, ✉ 06766, ☎ (0 34 94)
4 50 25, Fax 4 41 66
25 Zi, Ez: 60-100, Dz: 130-150, ⌐ WC ☎; P
⌂ 2↔25 ¶

Wolfenbüttel 27 ↙

Niedersachsen — Kreis Wolfenbüttel —
70 m — 54 000 Ew — Braunschweig 12,
Goslar 40, Hildesheim 46 km
ℹ ☎ (0 53 31) 8 64 87, Fax 8 64 44 — Tourist-Information, Stadtmarkt 9 (B 2),
38300 Wolfenbüttel. Sehenswert: Ev. Marienkirche; ev. Kirche St. Trinitatis; Altstadt:
Krambuden mit Laubengängen; Schloß;
Rathaus; Zeughaus; Herzog-August-
Bibliothek; Lessinghaus; Braunschweigi-
sches Landesmuseum (Archäologie)

** Parkhotel Altes Kaffeehaus
Harztorwall 18 (B 2), ✉ 38300, ☎ (0 53 31)
88 80, Fax 88 81 00, AX ED VA
75 Zi, Ez: 120-170, Dz: 160-260, ⌐ WC ☎,
7✉; Lift P 1↔60 Fitneßraum Sauna ¶

* Waldhaus
Adersheimer Str 75, ✉ 38304, ☎ (0 53 31)
4 20 21, Fax 4 10 50, AX DC ED VA
24 Zi, Ez: 95-115, Dz: 150-170, ⌐ WC ☎,
5✉; P 3↔50
* Hauptgericht 25; Terrasse

* Landhaus Dürkop
♂ Alter Weg 47, ✉ 38302, ☎ (0 53 31)
70 53, Fax 7 26 38, AX ED VA
28 Zi, Dz: 150, 2 Suiten, ⌐ WC ☎; P ⌂
Sauna Solarium; garni
Golf 18

Wolframs-Eschenbach

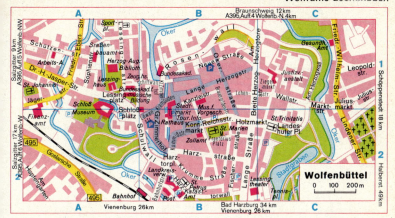

* **Bayrischer Hof**
Brauergildenstr 5 (B 1-2), ✉ 38300,
☎ (05 31) 50 78, Fax 2 92 86, AX ED VA
17 Zi, Ez: 70-90, Dz: 130-150, ⌐ WC ☎;
2⇌30
Rezeption: 10-24
Golf 18
* Hauptgericht 25

Wolferode 38 ←

Sachsen-Anhalt — Kreis Mansfelder Land
— 180 m — 1 300 Ew — Eisleben 2, Helbra 4, Sangershausen 18 km
ℹ ☎ (0 34 75) 6 30 80 — Gemeindeverwaltung, Bahnhofstr 9, 06295 Wolferode

* **Garni**
Wimmelburger Str 9 a, ✉ 06295,
☎ (0 34 75) 63 80 06, Fax 63 80 08,
AX DC ED VA
20 Zi, Ez: 85-95, Dz: 128, ⌐ WC ☎; P
Kegeln; garni

Wolfersdorf 49 ↘

Thüringen — Kreis Greiz — 275 m —
610 Ew — Gera 20 km
ℹ ☎ (0 36 623) 3 95 — Gemeindeverwaltung, Ortsstr 16, 07980 Wolfersdorf

* **Landhotel am Fuchsbach**
Ortsstr 62, ✉ 07980, ☎ (0 36 623) 2 08 36,
Fax 2 08 36, AX DC ED VA
9 Zi, Ez: 75-85, Dz: 120, ⌐ WC ☎; P
* Hauptgericht 20; Biergarten

Wolfersgrün 49 □

Sachsen — Kreis Zwickau — 420 m —
450 Ew — Kirchberg 3, Schönfels 10,
Reichenbach 16 km
ℹ ☎ (0 37 602) 2 68 — Gemeindeverwaltung, Dorfstr 24, 08107 Wolfersgrün

* **Auberge**
Kirchberger Str 28, ✉ 08107, ☎ (03 76 02)
60 33 + 6 44 76, Fax 6 48 33, AX ED
17 Zi, Ez: 73-90, Dz: 110-115, ⌐ WC ☎, 2
P 1⇌15 Fitneßraum Sauna; garni
geschl: Ende Dez-Anfang Jan

Wolfhagen 35 ↘

Hessen — Kreis Kassel — 279 m —
12 600 Ew — Arolsen 7, Kassel 33 km
ℹ ☎ (0 56 92) 60 20, Fax 6 02 29 — Verkehrsamt, Burgstr 35, 34466 Wolfhagen. Sehenswert: Kirche St. Anna; Rathaus; Burg; Alte Wache; Wasserschloß Elmarshausen; Hugenottenkirche von Leckringhausen

** **Altes Rathaus**
Kirchplatz 1, ✉ 34466, ☎ (0 56 92) 80 82,
Fax 59 53, AX DC ED VA
Hauptgericht 30; geschl: Di
** 12 Zi, Ez: 80-110, Dz: 110-130, ⌐
WC ☎; Lift ↑
Rezeption: 8-14, 17-24; geschl: Di, Mi bis 18,
Jan/Feb 2 Wo., Jul 2 Wo.

Wolframs-Eschenbach 63 ↑

Bayern — Kreis Ansbach — 440 m —
2 200 Ew — Gunzenhausen 15 km
ℹ ☎ (0 98 75) 97 55 33, Fax 97 55 97 — Stadtverwaltung, Wolfram-von-Eschenbach-Platz 1, 91639 Wolframs-Eschenbach; Heimat Wolframs von Eschenbach (Parzival). Sehenswert: Liebfrauenmünster; Altstadt mit Stadtbefestigung, mit Vogtei; Deutschordensschloß (Rathaus) und Altes Rathaus; Wolfram-von-Eschenbach-Museum

* **Alte Vogtei mit Gästehaus**
Hauptstr 21, ✉ 91639, ☎ (0 98 75) 9 70 00,
Fax 97 00 70, DC ED VA
27 Zi, Ez: 60-65, Dz: 108-120, ⌐ WC ☎; P
3⇌50
Rezeption: 10-22; geschl: Mo, Ende Dez →

1099

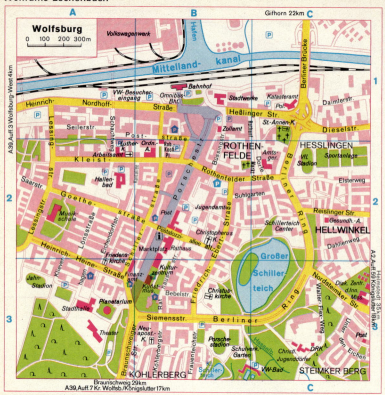

Wolfsburg

*	Seitz

Duchselgasse 1, ✉ 91639, ☏ (0 98 75)
9 79 00, Fax 97 90 40
20 Zi, Ez: 60, Dz: 96, ⌂ WC ☏, Ⓟ 🅿 1⇔30
♨ Sauna Solarium
geschl: So ab 14
Restaurant für Hausgäste

Wolfratshausen 71 ↗

Bayern — Kreis Bad Tölz-Wolfratshausen
— 550 m — 16 000 Ew — Starnberg 15 km
— ℹ ☏ (0 81 71) 21 44 11, Fax 21 41 12 —
Stadtverwaltung, Marienplatz 1,
82515 Wolfratshausen. Sehenswert: Kath.
Kirche St. Andreas; Marktplatz; Rathaus;
Nantweiner Kirche; Kalvarienberg

*	Thalhammer

♦ Sauerlacher Str 47d, ✉ 82515,
☏ (0 81 71) 71 40, Fax 7 61 85, ED VA
23 Zi, Ez: 95-120, Dz: 145-170, 2 App, ⌂ WC
☏, Ⓟ 🅿 Fitneßraum Sauna Solarium; **garni**
Rezeption: 7.30-18.30; geschl: Ende Dez

🛇 Alte, beachtenswerte Architektur oder
Einrichtung

**	Patrizierhof

Untermarkt 17, ✉ 82515, ☏ (0 81 71)
2 25 33, Fax 2 24 38, AX DC ED VA
Hauptgericht 35; Terrasse; geschl: Mo,
Ende Jan ca. 2 Wochen

Wolfsbach siehe Bayreuth

Wolfsburg 27 ←

Niedersachsen — Stadtkreis — 60 m —
129 000 Ew — Braunschweig 29, Hannover
80 km
ℹ ☏ (0 53 61) 28 28 28, Fax 28 28 99 — Touristik-Information, Pavillon Rathausvorplatz (B 2), 38440 Wolfsburg; Stadt am Mittellandkanal. Sehenswert: Schloß; Städt.
Galerie; Hoffmann-von-Fallersleben-Museum; Volkswagen-Automuseum,
geöffnet täglich 10-17; Planetarium

Wird in dem Hoteleintrag auf Golf hingewiesen, befindet sich in der Nähe des Betriebes ein Golfplatz. In der Regel können
Sie dort als Gast Golf spielen und über das
Hotel reservieren. Die Ziffer bezieht sich
auf die Anzahl der Löcher.

Wolfsburg

*** Holiday Inn
Rathausstr 1 (B 3), ✉ 38440, ☏ (0 53 61) 20 70, Fax 20 79 81, AX DC ED VA
205 Zi, Ez: 145-319, Dz: 175-428, 1 Suite, ⌐ WC ☏, 60🛏, Lift 🚗 6⇔200 ≋ Sauna Solarium

** Zille-Stube
Hauptgericht 25; **P** Terrasse; nur abends

* Parkhotel Steimkerberg
♣ Unter den Eichen 55 (C 3),
☏ (0 53 61) 50 50, Fax 50 52 50, AX DC ED VA
38 Zi, Ez: 120-160, Dz: 160-225, ⌐ WC ☏, 11🛏; **P** 🚗 3⇔140 Kegeln Sauna Solarium
** Hauptgericht 35; geschl: Fr 🍴

* Primas
Alessandro-Volta-Str 18 (B 2), ✉ 38440, ☏ (0 53 61) 2 00 40, Fax 20 04 14, AX ED VA
50 Zi, Ez: 105-135, Dz: 170-180, ⌐ WC ☏, 🚗 1⇔20 Sauna Solarium 🍽
Auch Zimmer der Kategorie ****** vorhanden

* Alter Wolf
♣ Schloßstr 21, ✉ 38448, ☏ (0 53 61) 6 10 15, Fax 6 42 64, AX DC ED VA
28 Zi, Ez: 95-120, Dz: 150, 1 Suite, ⌐ WC ☏, **P**
geschl: So abends
** Hauptgericht 25; geschl: So abends

* Goya
Poststr 34 (B 2), ✉ 38440, ☏ (0 53 61) 2 66 00, Fax 2 37 77, AX DC ED VA
40 Zi, Ez: 120-135, Dz: 140-190, ⌐ WC ☏, **P** 🚗 1⇔30

* Porsche-Hotel
Porschestr 64 b (B 2), ✉ 38440, ☏ (0 53 61) 2 66 20, Fax 26 62 28, AX DC ED VA
17 Zi, Ez: 120-145, Dz: 160-180, ⌐ WC ☏; **P**; garni

* Bistro „Walino" im Kunstmuseum ✤
Porschestr 3, ✉ 38440, ☏ (0 53 61) 2 55 99, Fax 26 69 11, AX ED VA
Hauptgericht 28; Terrasse; geschl: Mo

☕ Café Cadera
Porschestr 42 (B 2), ✉ 38440, ☏ (0 53 61) 1 21 25, Fax 1 56 21
8.30-18.15

==Brackstedt== (9 km ↑)
** Brackstedter Mühle
Zum Kühlen Grunde 2, ✉ 38448,
☏ (0 53 66) 9 00, Fax 90 50, AX DC ED VA
49 Zi, Ez: 90-155, Dz: 135-190, 2 Suiten, ⌐ WC ☏, 12🛏; **P** 🚗 4⇔50 Kegeln
Auch Zimmer der Kategorie ***** vorhanden
** Hauptgericht 35

==Fallersleben== (6 km ←)
*** Ludwig im Park
Gifhorner Str 25, ✉ 38442, ☏ (0 53 62) 94 00, Fax 94 04 00, AX DC ED VA
38 Zi, Ez: 110-210, Dz: 160-250, 2 Suiten, ⌐ WC ☏; Lift **P**
*** La Fontaine
Hauptgericht 45; Terrasse; nur abends; geschl: So

* Hoffmannhaus
Westerstr 4, ✉ 38442, ☏ (0 53 62) 30 02, Fax 6 41 08, AX DC ED VA
19 Zi, Ez: 135, Dz: 175, ⌐ WC ☏; **P** 7⇔400
* Hauptgericht 30; geschl: Mo

* Fallersleber Spieker
Am Spieker 6-9, ✉ 38442, ☏ (0 53 62) 93 10, Fax 93 14 00, AX ED VA
34 Zi, Ez: 90-140, Dz: 130-190, 3 Suiten, ⌐ WC ☏, 16🛏; **P** 2⇔40 🍽
Zufahrt über Schulzenhof

** Neue Stuben
Bahnhofstr 13, ✉ 38442, ☏ (0 53 62) 9 69 00, Fax 96 90 30, ED VA
Hauptgericht 30; **P** Terrasse; geschl: Sa mittags
* 12 Zi, Ez: 115, Dz: 180, ⌐ WC ☏, 6🛏
geschl: Sa mittags

* Zur Börse
Sandkämper Str 6, ✉ 38442, ☏ (0 53 62) 23 95, Fax 6 52 14, AX DC ED VA
Hauptgericht 25; Biergarten **P**; geschl: Sa mittags, So
* 15 Zi, Ez: 120, Dz: 170, ⌐ WC ☏; 🚗

==Hattorf== (10 km ↗)
* Landhaus Dieterichs
Krugstr 31, ✉ 38444, ☏ (0 53 08) 40 80, Fax 40 81 04
31 Zi, Ez: 60-70, Dz: 105-110, 5 Suiten, 23 App, ⌐ WC ☏; **P** 🚗 🍽
geschl: Ende Dez-Anfang Jan

==Neuhaus== (5 km ↘)
* An der Wasserburg
♣ An der Wasserburg 2, ✉ 38446,
☏ (0 53 63) 94 00, Fax 7 15 74, AX ED VA
28 Zi, Ez: 95-135, Dz: 125-180, ⌐ WC ☏; **P** 🚗 9⇔200 Sauna Solarium
* Hauptgericht 35

==Sandkamp== (2 km ↘)
* Jäger
♣ Eulenweg 5, ✉ 38442, ☏ (0 53 61) 3 90 90, Fax 3 10 15, ED VA
29 Zi, Ez: 105-130, Dz: 170, 1 App, ⌐ WC ☏; **P** 🚗; garni
Auch Zimmer der Kategorie ****** vorhanden

==Westhagen== (5 km ↙)
** Strijewski
Rostocker Str 2, ✉ 38444, ☏ (0 53 61) 7 20 13, Fax 7 50 15, AX DC ED VA
51 Zi, Ez: 99-130, Dz: 125-160, ⌐ WC ☏; Lift **P**
Auch Zimmer der Kategorie ***** vorhanden
* Hauptgericht 30; Terrasse; geschl: Sa mittags

* Simonshof
Braunschweiger Str 200, ✉ 38444,
☏ (0 53 61) 70 10 17, Fax 7 54 14, AX DC ED VA
47 Zi, Ez: 68-140, Dz: 110-188, ⌐ WC ☏, 10🛏; **P** ≋ Sauna 🍽

Wolfschlugen 61 ↘

Baden-Württemberg — Kreis Esslingen — 372 m — 5 462 Ew — Nürtingen 6, Stuttgart 24 km
ℹ ☏ (0 70 22) 5 00 50 — Gemeindeverwaltung, Rathaus, 72649 Wolfschlugen

✱ **Reinhardtshof** ♛
♦ Reinhardtstr 13, ✉ 72649, ☏ (0 70 22) 5 67 31, Fax 5 41 53, AX DC ED VA
14 Zi, Ez: 105-115, Dz: 155, ⊣ WC ☏, 6⌧;
🅿 🚗; garni

Wolfshagen siehe Langelsheim
Wolfshausen siehe Weimar
Wolgast 14 ↗

Mecklenburg-Vorpommern — Kreis Wolgast — 13 m — 17 000 Ew — Greifswald 31, Anklam 38 km
ℹ ☏ (0 38 36) 60 01 18, Fax 60 01 18 — Wolgast-Information, Lange Str 15, 17438 Wolgast; Hafenstadt. Sehenswert: St.-Petri-Kirche; Gertrudenkapelle; Rathaus und Marktbrunnen; Kornspeicher; Kaufmannshäuser mit Kornböden

Achtung: Verbindung zur Insel Usedom

✱✱ **Pension Kirschstein**
♦ Schützenstr 25, ✉ 17438, ☏ (0 38 36) 20 33 44, Fax 60 02 13
16 Zi, Dz: 140, ⊣ WC ☏; 🅿; garni
Rezeption: 8-12, 15-21

Mahlzow (2 km ↗)
✱ **Zur Insel**
Straße der Freundschaft 54, ✉ 17438, ☏ (0 38 36) 20 10 77, Fax 20 20 75, AX ED VA
25 Zi, Ez: 80-115, Dz: 120-150, ⊣ WC ☏, 🅿
1↻40 Sauna Solarium; garni

Wolmirstedt 28 ↗

Sachsen-Anhalt — Kreis Wolmirstedt — 50 m — 11 982 Ew — Magdeburg 18, Stendal 48 km
ℹ ☏ (03 92 01) 2 14 25, Fax 2 12 01 — Stadtverwaltung, August-Bebel-Str 24, 39326 Wolmirstedt. Sehenswert: Schloßdomäne; Schloßkirche (Spätgotik); Residenzgebäude

✱ **Wolmirstedter Hof**
August-Bebel-Str 1, ✉ 39326, ☏ (03 92 01) 2 15 43, Fax 2 27 28, ED
20 Zi, Ez: 85-110, Dz: 135-150, ⊣ WC ☏, 🅿
1↻40 🍽

✱ **Landhaus Auerbachs Mühle**
einzeln ◂ An der Mühle 2, ✉ 39326, ☏ (03 92 01) 5 55 55, Fax 5 55 18, AX ED VA
17 Zi, Ez: 60-120, Dz: 100-160, ⊣ WC ☏, 5⌧; 🅿 🍽

Wolpertshausen 62 ↑

Baden-Württemberg — Kreis Schwäbisch-Hall — 400 m — 1 350 Ew — Ilshofen 7, Schwäbisch-Hall 10 km
ℹ ☏ (0 79 04) 85 91 — Gemeindeverwaltung, Hallerstr 15, 74549 Wolpertshausen

Cröffelbach (3 km ←)
✱✱ **Akzent-Hotel Ochsen**
Hauptstr 4, ✉ 74549, ☏ (0 79 06) 93 00, Fax 93 02 00, AX DC ED VA
29 Zi, Ez: 79-99, Dz: 89-139, ⊣ WC ☏; Lift 🅿
3↻130 Fitneßraum Kegeln Sauna Solarium 🍽
Auch Zimmer der Kategorie ✱ vorhanden

Worbis 37 ←

Thüringen — Kreis Worbis — 330 m — 4 545 Ew — Mühlhausen 19, Göttingen 42 km
ℹ ☏ (03 60 74) 20 11, Fax 23 39 — Fremdenverkehrsamt, Lange Str 81, 37339 Worbis. Sehenswert: Klosterkirche; St.-Rochus-Kapelle; Burg Bodenstein (3km ↑)

✱ **Drei Rosen**
Bergstr 1, ✉ 37339, ☏ (03 60 74) 97 60, Fax 9 76 66, AX DC ED VA
42 Zi, Ez: 85-95, Dz: 120-180, ⊣ WC ☏, 6⌧;
Lift 🅿 2↻40 Sauna Solarium 🍽 🚗

✱ **Gasthof Zur Wipper**
Nordhäuser Str 14 a, ✉ 37339, ☏ (03 60 74) 3 12 12, Fax 3 11 16, AX ED VA
15 Zi, Ez: 75-95, Dz: 100-130, ⊣ WC ☏; 🅿 🚗
2↻40 🍽

Kirchworbis (2 km ↘)
✱ **Zur Alten Schänke**
Hauptstr 38, ✉ 37339, ☏ (03 60 74) 3 12 41, Fax 3 12 42, AX DC ED VA
16 Zi, Ez: 63-95, Dz: 102-120, ⊣ WC ☏, 🅿
1↻50 Sauna Solarium 🍽

Worms 54 □

Rheinland-Pfalz — Stadtkreis — 100 m — 80 000 Ew — Ludwigshafen 24, Mainz 45 km
ℹ ☏ (0 62 41) 2 50 45, Fax 2 63 28 — Verkehrsverein, Neumarkt 14 (A 2), 67547 Worms; Stadt am Rhein. Sehenswert: Romanischer Kaiserdom; Liebfrauenkirche; Dreifaltigkeitskirche; Magnuskirche, Heiliger Sand; Lutherdenkmal; älteste Synagoge Deutschlands; Kunsthaus Heylshof; Ludaice-Museum im Raschi-Haus; Städt. Museum im Andreasstift

✱✱ **Asgard**
Gutleutstr 4, ✉ 67547, ☏ (0 62 41) 8 60 80, Fax 8 60 81 00, AX DC ED VA
65 Zi, Ez: 140, Dz: 190, 30 App, ⊣ WC ☏, 6⌧; Lift 🚗 1↻40 Sauna; garni

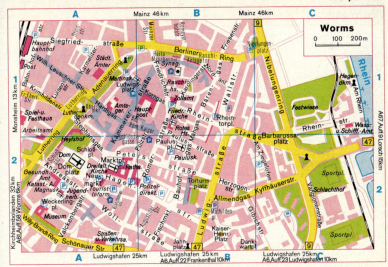

⁕⁕ Domhotel
Obermarkt 10 (A 1), ✉ 67547, ☎ (0 62 41)
69 13, Fax 2 35 15, AX DC ED VA
58 Zi, Ez: 115-150, Dz: 160-220, 2 Suiten, ⌂
WC ☎; Lift 🅿 2⇆80
Auch Zimmer der Kategorie ⁕ vorhanden.

⁕⁕ bei bacchus
Hauptgericht 30; geschl: So

⁕ Tivoli
Adenauerring 4 b (A 1), ✉ 67547,
☎ (0 62 41) 2 84 85, Fax 4 61 04, AX DC ED VA
Hauptgericht 30; geschl: Di, in den Sommerferien

⁕ Bistro Léger
Siegfriedstr 2 (A 1), ✉ 67547, ☎ (0 62 41)
4 62 77, Fax 4 62 77, ED
Hauptgericht 25; 🅿 Terrasse; geschl:
so + feiertags

☕ Café Konditorei Schmerker
Wilhelm-Leuschner-Str 9 (A 1), ✉ 67547,
☎ (0 62 41) 2 38 14, Fax 5 65 16, AX DC ED
8.30-18.30, Sa bis 18, So ab 13; geschl:
Ostern, Weihnachten, Pfingsten
Spezialität: Wormser Nibelungenschatz

Rheindürkheim (8 km ↑)
⁕⁕⁕ Rôtisserie Dubs
Kirchstr 6, ✉ 67550, ☎ (0 62 42) 20 23,
Fax 20 24
Hauptgericht 45; geschl: Di, Sa mittags,
2 Wochen in den Sommerferien, Anfang-
Mitte Mai
Eigenbauweine

Die von uns genannten Ruhetage und
Ruhezeiten werden von den Betrieben gelegentlich kurzfristig geändert.

Worpswede 17 ☐

Niedersachsen — Kreis Osterholz — 20 m
— 9 050 Ew — Bremen 23, Bremerhaven
55 km

ℹ ☎ (0 47 92) 14 77, Fax 46 96 — Verkehrsamt, Bergstr 13, 27726 Worpswede; Erholungsort. Sehenswert: Kunstausstellungen; Heinrich-Vogeler-Sammlung; Torf-
schiffsmuseum; Museum für Frühgeschichte; Künstlerdorf am Teufelsmoor

⁕⁕ Eichenhof 👑
🍴 Ostendorfer Str 13, ✉ 27726, ☎ (0 47 92)
26 76, Fax 44 27, AX DC ED VA
18 Zi, 6 App, ⌂ WC ☎; 🅿 Sauna
Restaurant für Hausgäste

⁕ Bonner's Waldhotel Garni
🍴 Hinterm Berg 24, ✉ 27726, ☎ (0 47 92)
12 73, Fax 34 26, AX DC ED VA
9 Zi, Ez: 120-130, Dz: 178-188, ⌂ WC ☎; 🅿
♨ Sauna Solarium
Rezeption: 7-20

⁕ Am Kunstcentrum
🍴 Hans-van-Ende-Weg 4, ✉ 27726,
☎ (0 47 92) 94 00, Fax 38 78, AX DC ED VA
27 Zi, Ez: 115-130, Dz: 155-170, 3 Suiten, ⌂
WC ☎, 5📺; 🅿 2⇆24 ♨ Sauna Solarium

⁕ Da Angelo
Findorffstr 21, ✉ 27726, ☎ (0 47 92) 26 00,
ED VA
Hauptgericht 25; Terrasse; geschl: Mi,
Ende Dez-Mitte Jan

Das S weist auf Hotels hin, die Sie unter
(05 11) 3 40 13 26 zu Sonderkonditionen
buchen können.

Wülfrath 33

Nordrhein-Westfalen — Kreis Mettmann — 262 m — 22 000 Ew — Wuppertal 11, Essen 20 km
ℹ ☏ (0 20 58) 1 80, Fax 1 82 72 — Stadtverwaltung, Goethestr 21, 42489 Wülfrath. Sehenswert: Niederbergisches Museum

** Ratskeller
Wilhelmstr 131, ✉ 42489, ☏ (0 20 58) 91 34 44, ED VA
Hauptgericht 27; geschl: Mi, Sa mittags, 4 Wochen in den Sommerferien

Wünnenberg 35

Nordrhein-Westfalen — Kreis Paderborn — 350 m — 10 200 Ew — Brilon 18, Paderborn 29 km
ℹ ☏ (0 29 53) 80 01, Fax 74 30 — Wünnenberg Touristic Service GmbH, Im Aatal 3, 33181 Wünnenberg; Kneipp-Kurort, Luftkurort. Sehenswert: Schloß; Pfarrkirche; Spauckenhof; Aabach-Talsperre; Steinbruch Düstertal; Ohrmarkers Mühle

* Landhaus Aatal
♂ Schöne Aussicht 67, ✉ 33181, ☏ (0 29 53) 87 98 + 87 87, Fax 69 69, DC ED VA
8 Zi, Ez: 75-70, Dz: 100-140, ⌐ WC ☏; P 🍽
geschl: Mo

Bleiwäsche (7 km ↓)
*** Waldwinkel
einzeln ♂ Roter Landweg 3, ✉ 33181, ☏ (0 29 53) 70 70, Fax 70 72 22, AX DC ED VA
78 Zi, Ez: 120-170, Dz: 190-280, 4 Suiten, ⌐ WC ☏; Lift P 🚗 5⟷40 ☂ Fitneßraum Sauna Solarium ☼ Tennis 10
*** Hauptgericht 25; Gartenlokal

Wünnenberg-Außerhalb (1 km ↗)
** Jagdhaus
einzeln ♂ Schützenstr 58, ✉ 33181, ☏ (0 29 53) 70 80, Fax 7 08 58, AX DC ED VA
40 Zi, Ez: 98-115, Dz: 170-196, 2 Suiten, ⌐ WC ☏; P 🚗 4⟷85 ☂ Fitneßraum Sauna Solarium
geschl: 2 Wochen in den Sommerferien
** Hauptgericht 30; geschl: 2 Wochen in den Sommerferien

Wünschendorf 49

Thüringen — Kreis Gera — 350 m — 3 160 Ew — Weida 2, Rückersdorf 8, Gera 8 km
ℹ ☏ (03 66 03) 8 82 45 — Gemeindeverwaltung, Poststr 8, 07570 Wünschendorf

* Zur Elsterperle
Wendenplatz 7, ✉ 07570, ☏ (03 66 03) 8 82 09, Fax 8 82 09, ED VA
14 Zi, Ez: 70-80, Dz: 110, ⌐ WC ☏, 3🛏; P 🍽

Pösneck (3 km ↗)
* Müller
einzeln ♂ ✉ 07557, ☏ (03 66 03) 84 00, Fax 8 40 10
10 Zi, Ez: 70-110, ⌐ WC ☏, 2🛏; P; garni

Würgendorf siehe Burbach

Würselen 42

Nordrhein-Westfalen — Kreis Aachen — 180 m — 35 000 Ew — Aachen 6, Geilenkirchen 21 km
ℹ ☏ (0 24 05) 6 70, Fax 6 74 00 — Stadtverwaltung, Morlaixplatz 1, 52146 Würselen

* Parkhotel
Aachener Str 2, ✉ 52146, ☏ (0 24 05) 8 25 36, Fax 8 87 42, AX ED VA
40 Zi, Ez: 80-120, Dz: 120-150, ⌐ WC ☏; Lift P 🍽

** Rathaus Restaurant
Morlaixplatz, über Kaiserstr, ✉ 52146, ☏ (0 24 05) 51 30, Fax 1 85 40, AX DC ED VA
Hauptgericht 35; Biergarten; geschl: Mo, Anfang Mitte Feb

Broichweiden (4 km →)
* St. Jobser Hof
Hauptstr 66, ✉ 52146, ☏ (0 24 05) 90 75, Fax 1 82 48, AX ED VA
32 Zi, Ez: 50-70, Dz: 90-120, ⌐ WC ☏; P 🚗 🍽
Rezeption: 11-23; geschl: Fr, in den Sommerferien

Würzburg 56

Bayern — Stadtkreis — 182 m — 130 000 Ew — Nürnberg 105, Frankfurt/Main 120, Kassel 220 km
ℹ ☏ (09 31) 3 73 35, Fax 3 76 52 — Fremdenverkehrsamt, Am Congress Centrum, 97070 Würzburg; Regierungsbezirkshauptstadt von Unterfranken, Kreisstadt am Main; Universität, Hochschule für Musik; Stadttheater.

Sehenswert: Dom: Bischofsgräber; kath. Neumünsterkirche; kath. Kirche St. Burkard; ev. Deutschhauskirche; Franziskanerkirche; Augustinerkirche; Marienkapelle; ehem. Universitätskirche; Wallfahrtskirche Käppele ←; Residenz: Treppenhaus, Hofgarten und Hofkirche; Feste Marienberg ←: Marienkirche; Mainfränkisches Museum mit Riemenschneider-Werken; Fürstenbau-Museum, Exponate der Stadt-Geschichte; Rathaus; Alte Universität, Juliusspital; Martin-von-Wagner-Museum: Antikensammlung, Grafik; Haus Zum Falken; Alte Mainbrücke; Kloster im Stadtteil Zellerau

Würzburg

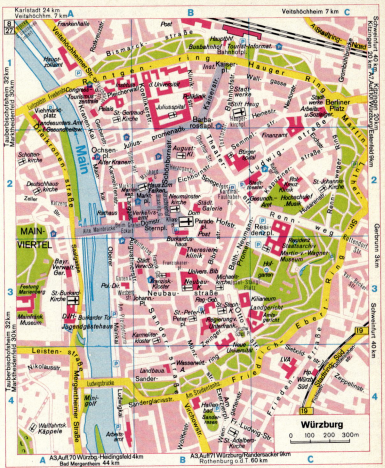

★★★ Maritim
Pleichertorstr 5 (A 1), ✉ 97070, ☎ (09 31) 3 05 30, Fax 3 05 39 00, AX DC ED VA
288 Zi, Ez: 229–289, Dz: 288–368, S;
5 Suiten, 🛁 WC ☎, 71 📺; Lift 🅿 12⇌1635
🏊 Sauna Solarium

★★★ Palais
Hauptgericht 45; Terrasse; nur abends;
geschl: So, Mo, feiertags, Ende Jul–Ende Aug

★★ Weinstube
Hauptgericht 25; nur abends

Bei den Ferienzeit-Angaben für Hotels und Restaurants bedeuten „Anfang" 1. bis 10., „Mitte" 11. bis 20. und „Ende" 21. bis 31. des jeweiligen Monats. Innerhalb dieser Zeiträume liegen Beginn und Ende der Ferienzeit.

★★★ Dorint
Erichstr/Ludwigstr 20 (C 2), ✉ 97070, ☎ (09 31) 3 05 40, Fax 3 05 44 55, AX DC ED VA
158 Zi, Ez: 220–250, Dz: 294–324, S; 1 Suite, 🛁 WC ☎, 45📺; Lift 🅿 7⇌120 🏊 Sauna Solarium

★★ Residenz
Hauptgericht 35; 🅿 Terrasse →

Übernachtungspreise sind auch Marktpreise. Aus diesem Grund werden zum Beispiel zu Messezeiten an Messeplätzen oder zu Festspielzeiten an Festspielorten häufig höhere als die angegebenen Preise berechnet und in verkehrsarmen Zeiten niedrigere Preise. Die Preise sollten jeweils vor der Buchung erfragt werden.

Würzburg

** Best Western Rebstock ♛
♘ Neubaustr 7 (B 3), ✉ 97070, ☎ (09 31) 3 09 30, Fax 3 09 31 00,
78 Zi, Ez: 182-248, Dz: 280-350, S; 3 Suiten, 1 App, ⊿ WC ☎, 30🍽, Lift 🚗 4⇔160
** Hauptgericht 42; **P**; geschl: so + feiertags
* Weinstube
Hauptgericht 25; **P**; nur abends; geschl: So, Mo, Aug

** Amberger (Top International Hotel)
Ludwigstr 17 (C 2), ✉ 97070, ☎ (09 31) 5 01 79, Fax 5 41 36, AX DC ED VA
70 Zi, Ez: 145-190, Dz: 200-320, S; ⊿ WC ☎; Lift 🚗 3⇔45
geschl: Ende Dez-Anfang Jan
Auch Zimmer der Kategorie ***** vorhanden
** Ludwigstuben
Hauptgericht 30; geschl: so + feiertags abends

** Pannonia
Dreikronenstr 27 (A 2), ✉ 97082, ☎ (09 31) 4 19 30, Fax 4 19 34 60, AX DC ED VA
133 Zi, Ez: 165, Dz: 230, S; ⊿ WC ☎, 6🍽; Lift **P** 🚗 5⇔70
Rezeption: 7-14, 18-22
** Hauptgericht 30

** Würzburger Hof
Barbarossaplatz 2 (B 1), ✉ 97070, ☎ (09 31) 5 38 14, Fax 5 83 24, AX DC ED VA
26 Zi, Ez: 100-150, Dz: 180-250, 7 Suiten, 1 App, ⊿ WC ☎; Lift **P** 🚗; garni
geschl: Ende Dez-Anfang Jan

** Residence
Juliuspromenade 1 (A 2), ✉ 97070, ☎ (09 31) 5 35 46, Fax 1 25 97, AX DC ED VA
52 Zi, Ez: 90-165, Dz: 140-220, ⊿ WC ☎; Lift 1⇔20 🍽
Auch Zimmer der Kategorie ***** vorhanden

** Walfisch
⛵ Am Pleidenturm 5 (A 3), ✉ 97070, ☎ (09 31) 35 20-0, Fax 35 20 -5 00, AX DC ED VA
40 Zi, Ez: 160-220, Dz: 220-280, ⊿ WC ☎; Lift 🚗 4⇔36
** Walfisch Stube
Hauptgericht 25; **P**; geschl: So abends

** Grüner Baum
Zeller Str 35 (A 2), ✉ 97082, ☎ (09 31) 45 06 80, Fax 4 50 68 88, AX DC ED VA
23 Zi, Ez: 115-155, Dz: 150-200, ⊿ WC ☎; **P** 🚗 🍽
Rezeption: 7-21; geschl: Ende Dez

* Alter Kranen
⛵ Kärrnergasse 11 (A 2), ✉ 97070, ☎ (09 31) 3 51 80, Fax 5 00 10, AX DC ED VA
17 Zi, Ez: 115-120, Dz: 140-150, ⊿ WC ☎; Lift; garni

* Till Eulenspiegel
Sanderstr 1 a (B 3), ✉ 97070, ☎ (09 31) 35 58 40, Fax 35 58 84 30, AX DC ED VA
15 Zi, Ez: 111-133, Dz: 144-219, 1 App, ⊿ WC ☎, 15🍽; **P** 1⇔30 🍽
Rezeption: 7-12, 16-18

* Zur Stadt Mainz
Semmelstr 39 (B 2), ✉ 97070, ☎ (09 31) 5 31 55, Fax 5 85 10, AX ED VA
15 Zi, Ez: 130-150, Dz: 190-200, ⊿ WC ☎; 🚗 🍽
geschl: So abends, Mo + feiertags, Ende Dez-Mitte Jan

* Greifenstein
Häfnergasse 1 (A-B 2), ✉ 97070, ☎ (09 31) 3 51 70, Fax 5 70 57, AX DC ED VA
35 Zi, Ez: 98-135, Dz: 150-215, ⊿ WC ☎, 10🍽; Lift **P** 🚗 2⇔35 🍽

* Sankt Josef
Semmelstr 28 (B 2), ✉ 97070, ☎ (09 31) 30 86 80, Fax 3 08 68 60, AX ED VA
33 Zi, Ez: 85-95, Dz: 140-165, ⊿ WC ☎; garni

* Strauß
Juliuspromenade 5 (A 2), ✉ 97070, ☎ (09 31) 3 05 70, Fax 3 05 75 55, AX DC ED VA
76 Zi, Ez: 100-125, Dz: 140-160, 2 Suiten, ⊿ WC ☎; Lift **P** 🚗 1⇔50 🍽
geschl: 22.12.96-7.1.97

* Poppular
Textorstr 17 (B 1), ✉ 97070, ☎ (09 31) 32 27 70, Fax 1 58 89, ED VA
16 Zi, Ez: 94-104, Dz: 132-184, ⊿ WC ☎, 6🍽; 🍽

* Weinhaus Zum Stachel
🍷 Gressengasse 1 (A 2), ✉ 97070, ☎ (09 31) 5 27 70, Fax 5 27 77
Hauptgericht 25; Gartenlokal; geschl: So, Anfang-Mitte Jan

Schiffbäuerin
🍷 Katzengasse 7 (A 2), ✉ 97082, ☎ (09 31) 4 24 87, Fax 4 34 36
Hauptgericht 28; geschl: So abends, Mo, Mitte Jul-Mitte Aug

==Weinhäuser==

Juliusspital-Weinstuben
🍷 Juliuspromenade 19 (B 1), ✉ 97070, ☎ (09 31) 5 40 80, Fax 57 17 23
Hauptgericht 36; geschl: Mi, 10.-31.7.97
Die in der Weinstube angebotenen Weine stammen ausschließlich aus dem stiftungseigenen Juliusspital-Weingut

Bürgerspital-Weinstuben
🍷 Theaterstr 19 (B 2), ✉ 97070, ☎ (09 31) 1 38 61, Fax 57 15 12
Hauptgericht 25; Terrasse; geschl: Di, Aug

Hofkeller-Weinstuben
Residenzplatz 1, im Gesandtenbau der Residenz (C 3), ✉ 97070, ☎ (09 31) 5 46 70, Fax 57 26 32
Hauptgericht 25; geschl: Mo

==Heidingsfeld== (3 km ↓)
* Post-Hotel
Mergentheimer Str 162, ✉ 97084, ☎ (09 31) 6 15 10, Fax 6 58 50, AX DC ED VA
66 Zi, Ez: 109-149, Dz: 149-218, 1 App, ⊿ WC ☎, 6🍽; Lift **P** 🚗 3⇔80 ≈ 🍽

Wunstorf

Lengfeld (6 km ↗)
* **Karl**
Georg-Engel-Str 1, ✉ 97076, ☎ (09 31) 27 96 20, VA
Hauptgericht 25; nur abends; geschl: So, Anfang-Mitte Aug
* 8 Zi, Ez: 80, Dz: 120-140, ⊴ WC ☎

Lindleinsmühle (4 km ↗)
⌂ **Lindleinsmühle**
Frankenstr 15, ✉ 97078, ☎ (09 31) 2 30 46, Fax 2 17 80, ED
17 Zi, Ez: 70, Dz: 120, ⊴ WC ☎; Lift P; garni

Unterdürrbach (6 km ↖)
** **Schloßhotel Steinburg (European Castle)**
◅ Auf dem Steinberg, ✉ 97080, ☎ (09 31) 9 70 20, Fax 9 71 21, AX DC ED VA
53 Zi, Ez: 120-150, Dz: 180-250, ⊴ WC ☎; P 🚗 5⟿80 ⌂ Fitneßraum Kegeln Sauna Solarium
** Hauptgericht 35; Terrasse

Zellerau (3 km ←)
** **Wittelsbacher Höh (Ringhotel)**
◅ Hexenbruchweg 10, ✉ 97082, ☎ (09 31) 4 20 85, Fax 41 54 58, AX DC VA
74 Zi, Ez: 125-180, Dz: 170-240, ⊴ WC ☎, S; 1 Suite, 9 App, ⊴ WC ☎; P 8⟿100 Sauna Solarium
** ◅ Hauptgericht 30

Wüstenbrand 50 ↖

Sachsen — Kreis Hohenstein-Ernstthal — 444 m — 2 405 Ew — Hohenstein-Ernsttahl 6, Chemnitz 13 km
🅸 ☎ (0 37 23) 71 13 18 — Gemeindeverwaltung, Straße der Einheit, 09358 Wüstenbrand

** **Bürgerhof**
Straße der Einheit 27, ✉ 09358, ☎ (0 37 23) 72-0, Fax 71 13 93, AX DC ED VA
44 Zi, Ez: 90-130, Dz: 110-164, 1 Suite, ⊴ WC ☎, 2✉; Lift P 1⟿60 🍽

Wüstenrot 62 ↖

Baden-Württemberg — Kreis Heilbronn — 487 m — 6 500 Ew — Löwenstein 8, Heilbronn 19 km
🅸 ☎ (0 79 45) 3 86, Fax 8 99 45 — Fremdenverkehrsbüro, Altes Rathaus, 71543 Wüstenrot; Erholungsort

** **Waldhotel Raitelberg**
♦◅ Schönblickstr 3, ✉ 71543, ☎ (0 79 45) 93 00, Fax 93 01 00, AX DC ED VA
40 Zi, Ez: 85-108, Dz: 118-158, 2 Suiten, ⊴ WC ☎; P 🚗 5⟿120 Fitneßraum Sauna Solarium
** Hauptgericht 25; Terrasse

** **Am Spatzenwald**
♦◅ Wesleystr 11, ✉ 71543, ☎ (0 79 45) 89 89 00, Fax 89 88 00, AX DC ED VA
50 Zi, Ez: 75-125, Dz: 95-170, ⊴ WC ☎; Lift P 5⟿40
Nichtraucherhaus. Auch Zimmer der Kategorie * vorhanden
** Hauptgericht 25; Gartenlokal

Wunsiedel 58 ↗

Bayern — Kreis Wunsiedel — 550 m — 10 500 Ew — Selb 24 km
🅸 ☎ (0 92 32) 60 21 62, Fax 60 21 69 — Verkehrsamt, Jean-Paul-Str 5, 95632 Wunsiedel; Erholungsort im Fichtelgebirge.
Sehenswert: Fichtelgebirgsmuseum; Katharinenberg, 616 m ◅ (15 Min ↖); Luisenburg: Felsenlabyrinth, 871 m ◅ (3 km ↓); Kösseine, 939 m ◅ (9 km ↓)

Achtung: Luisenburg-Festspiele
🅸 ☎ (0 92 32) 60 21 62

** **Wunsiedler Hof**
Jean-Paul-Str 3, ✉ 95632, ☎ (0 92 32) 40 81, Fax 24 62, AX DC VA
35 Zi, Ez: 80, Dz: 120, ⊴ WC ☎; Lift P 🚗 4⟿500 Kegeln 🍽

Wunsiedel-Außerhalb (3 km ↓, bei der Luisenburg)
*** **Jägerstüberl** 🍷
Luisenburg 5, ✉ 95632, ☎ (0 92 32) 44 34, Fax 15 56, AX DC ED VA
Hauptgericht 35; nur abends, So nur mittags; geschl: Mo, 1 Woche im Apr, 2 Wochen im Sep

Juliushammer (2 km →)
* **Juliushammer**
einzeln ♦ ✉ 95632, ☎ (0 92 32) 10 85, Fax 81 47, AX DC ED VA
30 Zi, Ez: 90-95, Dz: 140-145, 9 App, ⊴ WC ☎; P ⌂ 1⟿30
Tennis 3
* **Hammerschmiede**
Hauptgericht 25; Terrasse

Wunstorf 25 →

Niedersachsen — Kreis Hannover — 38 m — 40 000 Ew — Hannover 25 km
🅸 ☎ (0 50 33) 17 45, Fax 27 64 — Verkehrsamt, im Stadtteil Steinhude, Meerstr 2, 31515 Wunstorf. Sehenswert: Stiftskirche, im Ortsteil Steinhude: Inselfestung Wilhelmstein; Spielzeugmuseum; Aalräuchereien; Fischer- und Webermuseum

* **Wehrmann-Blume**
Kolenfelder Str 86, ✉ 31515, ☎ (0 50 31) 1 21 63, Fax 42 31, AX ED VA
25 Zi, Ez: 85-95, Dz: 130-140, ⊴ WC ☎; Lift P 🚗 Kegeln 🍽
Rezeption: 7-12, 14.30-22.30; geschl: So, Jul, Ende Dez

→

Wunstorf

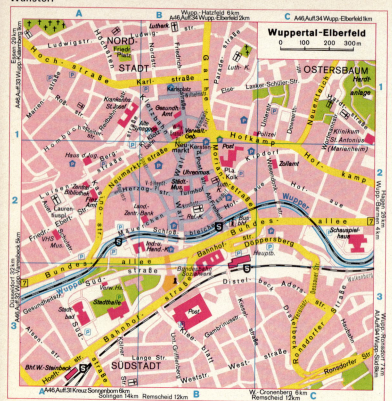

Großenheidorn (4 km ↘)
** **Landhaus Burgdorf**
⌖ Strandallee 1 a, ✉ 31515, ☎ (0 50 33) 83 65, Fax 24 83
9 Zi, Ez: 130, Dz: 180, ⌀ WC ☎, 6✉; 🅿 Seezugang
geschl: 1.–30.11
* Hauptgericht 25; nur abends, So auch mittags; geschl: Mo, Di

Steinhude (Erholungsort, 8 km ↘)
* **Alter Winkel**
Alter Winkel 8, ✉ 31515, ☎ (0 50 33) 84 47
Hauptgericht 28; Biergarten 🅿; geschl: Di, Nov, Dez
* ⌖ ⌀ 4 Zi, Ez: 80, Dz: 120, ⌀ WC ☎; Seezugang
Rezeption: 11–23; geschl: Di, Nov, Dez

* **Strandterrassen**
⌀ Meerstr 2, ✉ 31515, ☎ (0 50 33) 50 00, Fax 85 51, DC ED VA
Hauptgericht 25; 🅿 Terrasse; im Winter nur mittags; geschl: Jan, Feb

Die von uns genannten Ruhetage und Ruhezeiten werden von den Betrieben gelegentlich kurzfristig geändert.

Wuppertal 33

Nordrhein-Westfalen — Stadtkreis — 250 m — 390 000 Ew — Düsseldorf 28, Essen 35 km
ℹ ☎ (02 02) 5 63 22 70, Fax 5 63 80 52 — Informationszentrum, Pavillon Döppersberg, 42103 Wuppertal; Presse- und Informationsamt im Stadtteil Barmen, Rathaus (E1-2), ☎ (02 02) 5 63 22 70, Fax 5 63 80 52, 42275 Wuppertal - Universität; ev. kirchliche Hochschule; Opernhaus, Schauspielhaus. Sehenswert: Schwebebahn (13,3 km lang) über der Wupper; Von-der-Heydt-Museum; Fuhlrott-Museum; Uhrenmuseum; Zoologischer Garten; Ref. Friedhofskirche; Kiesbergtunnel (einziger doppelstöckiger Autotunnel Europas); hist. Gelpetal

Barmen
* **Villa Christina**
Richard-Strauß-Allee 18 (F 3), ✉ 42289, ☎ (02 02) 62 17 36, Fax 62 04 99, AX DC ED
6 Zi, Ez: 98–110, Dz: 150–160, ⌀ WC ☎, 🅿 🚗
≋ Seezugang; **garni**
Rezeption: 7–21

Wuppertal

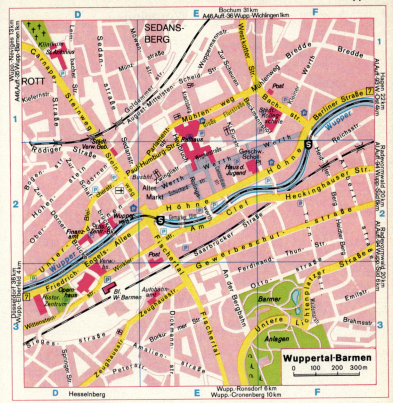

** Zum Futterplatz
⋖ Oberer-Lichtenplatzer-Str 102 (E 3),
✉ 42287, ☎ (02 02) 55 63 49, Fax 55 57 59,
ED VA
Hauptgericht 30; Terrasse

Barmen-Außerhalb (5 km ↘)
** Schmitz Jägerhaus
Jägerhaus 87, ✉ 42287, ☎ (02 02) 46 46 02,
Fax 4 60 45 19, AX DC ED VA
Hauptgericht 45; Biergarten P Terrasse;
geschl: Di

Barmen-Außerhalb (6 km ↗)
** Lindner Golfhotel Juliana
♂ Mollenkotten 195, ✉ 42279, ☎ (02 02)
6 47 50, Fax 6 47 57 77, AX DC ED VA
132 Zi, Ez: 177-312, Dz: 234-369, S; 1 Suite,
2 App, ⌂ WC ☎, 22⌂; Lift P 🚌 11☼220 ♨
Fitneßraum Sauna Solarium
Golf 1
*** Juliana
Hauptgericht 40; Terrasse

Teilen Sie bitte der Redaktion des Varta
mit, wenn Sie sich in einem Haus besonders wohlgefühlt haben oder wenn Sie
unzufrieden waren.

Elberfeld
*** Intercity Hotel Kaiserhof
Am Döppersberg 50 (C 2), ✉ 42103,
☎ (02 02) 4 30 60, Fax 45 69 59, AX DC ED VA
156 Zi, Ez: 210-325, Dz: 285-370, 4 Suiten,
⌂ WC ☎, 30⌂; Lift P 🅿 Fitneßraum
Kegeln Sauna Solarium
** Klein-Wupper-Tal
Hauptgericht 30

** Rathaus-Hotel
Wilhelmstr 7 (B 1), ✉ 42105, ☎ (02 02)
45 01 48, Fax 45 12 84, ED VA
33 Zi, Ez: 136-166, Dz: 197-245, 1 Suite, ⌂
WC ☎, 10⌂; Lift P; garni

*** Akzent-Hotel
Waldhotel Eskeshof**
⋖ Krummacherstr 251, ✉ 42115, ☎ (02 02)
2 71 80, Fax 2 71 81 99, AX DC ED VA
58 Zi, Ez: 140-229, Dz: 185-315, 1 Suite, ⌂
WC ☎; P 6☼80 ♨ Kegeln Sauna Solarium
Auch Zimmer der Kategorie ** vorhanden
** Hauptgericht 30; Biergarten →

Wer nicht zu zweit im Doppelbett schlafen
möchte, sollte ausdrücklich ein Zimmer
mit zwei getrennten Betten verlangen.

Wuppertal

∗ Nüller Hof
Nüller Str 98, ✉ 42115, ☎ (02 02) 76 13 06, Fax 76 32 08, AX ED
21 Zi, Ez: 98-115, Dz: 135-150, 1 Suite, ⌐ WC ☎, 4✉; **P** 🅿 🍴
Auch Zimmer der Kategorie ∗∗ vorhanden

∗ Zur Post
Poststr 4 (B 2), ✉ 42103, ☎ (02 02) 45 01 31, Fax 45 17 91, AX DC ED VA
51 Zi, Ez: 115-155, Dz: 155-195, ⌐ WC ☎; Lift Sauna; **garni**
Fußgängerzone, Hotelanfahrt mit PKW möglich

Oberbarmen
🛏 Etap
Gabelsberger Str 12, ✉ 42279, ☎ (02 02) 6 48 09 48, Fax 6 48 08 47, AX ED VA
77 Zi, Ez: 57, Dz: 67, ⌐ WC; 🅿
Rezeption: 6.30-10, 17-23

∗ Hanseatic
Friedrich-Ebert-Str 116 a (A 2), ✉ 42117, ☎ (02 02) 31 00 88, Fax 30 92 33, AX DC ED VA
16 Zi, Ez: 100-150, Dz: 140-200, ⌐ WC ☎; 🅿; **garni**
geschl: Ende Dez-Anfang Jan

∗∗ La Lanterna
Friedrich-Ebert-Str 15 (A 2), ✉ 42103, ☎ (02 02) 30 41 51, Fax 30 12 14, DC ED VA
Hauptgericht 30; Gartenlokal; geschl: So

🍴 Grimm
Kirchstr 7 (B 2), ✉ 42103, ☎ (02 02) 24 53 90, Fax 2 45 39 18
Terrasse; 8.30-18.30, Sa 8-15; geschl: so + feiertags

Varresbeck
∗∗ Novotel
Otto-Hausmann-Ring 203, ✉ 42115, ☎ (02 02) 7 19 00, Fax 7 19 03 33, AX DC ED VA
127 Zi, Ez: 165, Dz: 200, 1 Suite, ⌐ WC ☎, 52✉; Lift 🅿 ≈ Fitneßraum Sauna Solarium 🍴

Vohwinkel
∗∗∗ Scarpati
Scheffelstr 41, ✉ 42327, ☎ (02 02) 78 40 74, Fax 78 98 28, AX DC ED VA
Hauptgericht 45; Terrasse; geschl: während der Sommermonate Mo
Jugendstilvilla
∗∗ Trattoria
Hauptgericht 30
∗∗ ⌘ 7 Zi, Ez: 140, Dz: 190, 1 Suite, ⌐ WC ☎; 🅿

Bei den Ferienzeit-Angaben für Hotels und Restaurants bedeuten „Anfang" 1. bis 10., „Mitte" 11. bis 20. und „Ende" 21. bis 31. des jeweiligen Monats. Innerhalb dieser Zeiträume liegen Beginn und Ende der Ferienzeit.

Wurmlingen 68 □

Baden-Württemberg — Kreis Tuttlingen — 664 m — 3 530 Ew — Tuttlingen 4, Spaichingen 10 km
ℹ️ ☎ (0 74 61) 9 27 60, Fax 92 76 30 — Bürgermeisteramt, Obere Hauptstr 4, 78573 Wurmlingen

∗∗ Traube
Untere Hauptstr 43, ✉ 78573, ☎ (0 74 61) 93 80, Fax 93 84 63, AX DC ED VA
50 Zi, Ez: 89-120, Dz: 136-174, 2 Suiten, ⌐ WC ☎, 5✉; Lift 🅿 🚗 2⟲35 Fitneßraum Sauna Solarium
geschl: Aug
∗ Hauptgericht 25; geschl: Di, Aug

∗ Gasthof Zum Löwen
Karlstr 4, ✉ 78573, ☎ (0 74 61) 9 33 00, Fax 93 30 30, ED
13 Zi, Ez: 55, Dz: 105, ⌐ WC ☎; 🅿 🚗
geschl: Mi, in den Sommerferien
∗ Hauptgericht 25; Gartenlokal; geschl: Mi, in den Sommerferien

Wurzach, Bad 69 →

Baden-Württemberg — Kreis Ravensburg — 800 m — 13 000 Ew — Memmingen 27, Wangen 32 km
ℹ️ ☎ (0 75 64) 30 21 50, Fax 30 21 54 — Kurverwaltung, Mühltorstr 1, 88410 Bad Wurzach; Heilbad. Sehenswert: Kath. Kirche; Schloß; Naturschutzgebiet Wurzacher Ried; Wallfahrtskirche Gottesberg; Rokokokapelle im Kloster Maria Rosengarten

∗ Rößle
Schulstr 12, ✉ 88410, ☎ (0 75 64) 20 55, Fax 20 57, AX DC ED VA
21 Zi, Ez: 79-89, Dz: 140-148, ⌐ WC ☎; 🅿 🚗
∗∗ Hauptgericht 30; Biergarten

Wusterhausen 29 ↖

Brandenburg — Kreis Ostprignitz-Ruppin — 50 m — 4 500 Ew — Neustadt 2, Kyritz 5, Neuruppin 18 km
ℹ️ ☎ (03 39 79) 3 00 — Gemeindeverwaltung, Am Markt 1, 16868 Wusterhausen.
Sehenswert: St.-Peter-und-Paul-Kirche mit Wagner-Orgel; Rathaus von 1854; Stadtmauer; Stephanskapelle

∗∗ Mühlenhof
Kyritzer Str 31, ✉ 16868, ☎ (03 39 79) 1 47 06 + 1 46 98, Fax 1 47 31, AX ED VA
23 Zi, Ez: 88, Dz: 128, 1 Suite, 3 App, ⌐ WC ☎; 🅿 2⟲30 🍴
Historisches Mühlengebäude

1110

* **Deutsches Haus**
Am Markt 35, ✉ 16868, ☎ (03 39 79) 3 75,
Fax 3 75
7 Zi, Ez: 50-70, Dz: 80-120, ⌐ WC ☎; ¶⊙¶

Wustrau-Altfriesack 29 ↑

Brandenburg — Kreis Ostprignitz-Ruppin
— 50 m — 1 200 Ew — Fehrbellin 9,
Beetz 16, Neuruppin 17 km
ℹ ☎ (03 39 25) 2 33 — Gemeindeverwaltung, 16818 Wustrau-Altfriesack

* **Reiterhof Wendt**
Am Hohen Ende, ✉ 16816, ☎ (03 39 25) 7 02 45
14 Zi, Ez: 57, Dz: 80-100, ⌐ WC ☎; 🅿 ¶⊙¶

Wustrow 21 ◻

Mecklenburg-Vorpommern — Kreis Mecklenburg-Strelitz — 52 m — 728 Ew —
Wesenberg 7, Neustrelitz 19 km
ℹ ☎ (03 98 28) 2 03 02 — Gemeindeverwaltung, Dorfstr 33, 17255 Wustrow

Grünplan (7 km ✓)
** **Heidekrug**
♂ Dorfstr 14, ✉ 17255, ☎ (03 98 28) 2 04 69,
Fax 2 02 66, AX ED VA
27 Zi, Ez: 95-115, Dz: 130-160, ⌐ WC ☎,
2🛁; Lift 🅿 🚗 2↔25 Seezugang Fitneßraum Sauna Solarium ¶⊙¶ ≋

Wyk siehe Föhr

Xanten 32 ◻

Nordrhein-Westfalen — Kreis Wesel —
24 m — 18 500 Ew — Geldern 23, Moers 28,
Kleve 29 km
ℹ ☎ (0 28 01) 3 72 38, Fax 3 72 05 — Verkehrsamt, Rathaus, Karthaus 2, 46509
Xanten; Erholungsort am Niederrhein.
Sehenswert: St.-Viktor-Dom: Glasmalereien, Marienaltar; Klever Tor; Turmwindmühle; Archäologischer Park; Regionalmuseum

*** **van Bebber**
Klever Str 12, ✉ 46509, ☎ (0 28 01) 66 23,
Fax 59 14, AX ED
35 Zi, Ez: 99-136, Dz: 189-236, ⌐ WC ☎,
2🛁; Lift 🅿 3↔100 Kegeln
geschl: 3 Wochen im Jan
** Hauptgericht 35; Biergarten;
geschl: So abends, Mo, 3 Wochen im Jan

* **Hövelmann**
Markt 31, ✉ 46509, ☎ (0 28 01) 40 81,
Fax 7 18 18, AX DC ED VA
23 Zi, Ez: 90, Dz: 140, 1 Suite, ⌐ WC ☎; Lift
🅿 🚗 Kegeln ¶⊙¶
Rezeption: 10-24; geschl: Do

Obermörmter (15 km ↘)
*** **Landhaus Köpp** 🍽
Husenweg 147, ✉ 46509, ☎ (0 28 04) 16 26,
AX
Hauptgericht 45; 🅿; geschl: Sa mittags, So
abends, Mon, Jan

Zarrentin 19 ◻

Mecklenburg-Vorpommern — Kreis Ludwigslust — 50 m — 2 350 Ew — Ratzeburg 20, Schwerin 46 km
ℹ ☎ (03 88 51) 2 45, Fax 4 88 — Amt Zarrentin, Amtsstr 19, 19246 Zarrentin. Sehenswert: Klosterkirche

* **Schaalseehotel**
Breite Str 1, ✉ 19246, ☎ (03 88 51) 2 62 50
22 Zi, Ez: 80, Dz: 140, ⌐ WC ☎, 🅿 Kegeln
¶⊙¶ ≋

Zechlin Dorf 21 ✓

Brandenburg — Kreis Neuruppin — 60 m
— 333 Ew — Rheinsberg (Mark) 11 km
ℹ ☎ (03 39 23) 2 03 — Kurverwaltung,
Grävenitzstr 3, 16837 Zechlin Dorf;
Erholungsort

* **Gutenmorgen**
einzeln ♂ Zur Beckersmühle 103, ✉ 16837,
☎ (03 39 23) 7 02 75, Fax 7 05 10, AX ED VA
61 Zi, Ez: 65-100, Dz: 90-120, ⌐ WC ☎; 🅿
2↔40 ¶⊙¶
Auch einfache Zimmer vorhanden.

* **Waldeck**
Am Kunkelberg 4, ✉ 16837, ☎ (03 39 23)
4 80, Fax 4 80, ED VA
24 Zi, Ez: 55-75, Dz: 90-105, 2 App, ⌐ WC
☎, 2🛁; 🅿 🚗 2↔≋ Seezugang Fitneßraum
Sauna Solarium
Auch Zimmer der Kategorie ** vorhanden
* Hauptgericht 25; Biergarten

Flecken Zechlin
* **Seeblick**
Weinbergsring 16, ✉ 16837, ☎ (03 39 23)
2 48, Fax 2 49, AX ED VA
39 Zi, Ez: 80-110, Dz: 100-130, 10 Suiten,
9 App, ⌐ WC ☎; Lift 🅿 6↔62 Fitneßraum
Sauna ¶⊙¶ ≋

Zeesen 30 ↘

Brandenburg — Kreis Königs Wusterhausen — 70 m — 2 200 Ew — Königs
Wusterhausen 11, Berlin 16 km
ℹ ☎ (0 33 75) 30 21 — Gemeindeverwaltung, Karl-Liebknecht-Str 49, 15711 Zeesen

* **Zeesener Hof**
Karl-Liebknecht-Str 106, ✉ 15711,
☎ (0 33 75) 90 03 62, Fax 90 03 62,
AX DC ED VA
9 Zi, Dz: 90-125, ⌐ WC ☎; 🅿 ¶⊙¶ →

Zeesen

✶ Cortador
Karl-Liebknecht-Str 21, ✉ 15711,
☎ (0 33 75) 90 25 70, Fax 90 25 71
6 Zi, Ez: 80, Dz: 140, ⌐ WC ☎; 🅿 ⓘ

Zehna 20 ↑

Mecklenburg-Vorpommern — Kreis
Güstrow — 80 m — 530 Ew — Güstrow
10 km
ⓘ ☎ (03 84 58) 2 02 36 — Gemeinde Zehna,
Sprechzeiten des Bürgermeisters: Di + Do
8-16, Dorfstr. 2, 18276 Zehna

Zehna
✶ Motel Zehna
Ganschower Str 18, ✉ 18276, ☎ (03 84 58)
30 30, Fax 3 03 11
14 Zi, Ez: 70-90, Dz: 95-120, 1 Suite, ⌐ ☎,
10🛏; 🅿 ⓘ

Zeil a. Main 56 ↗

Bayern — Kreis Haßberge — 226 m —
6 000 Ew — Haßfurt 7, Bamberg 26,
Schweinfurt 30 km
ⓘ ☎ (0 95 24) 9 49 28, Fax 9 49 49 — Stadt
Zeil a. Main, Marktplatz 8, 97475 Zeil.
Sehenswert: Marktplatz mit Rathaus und
Fachwerkhäusern; Kirche St. Michael;
Anna-Kapelle; Stadtturm und Stadtmauer;
Wallfahrtskirche „Zeiler Käppele"; Photo-
museum

✶ Kolb
Krumer Str 1, ✉ 97475, ☎ (0 95 24) 90 11,
Fax 66 76, ED
20 Zi, Ez: 60, Dz: 125, ⌐ WC ☎; 🅿 🚗
2↻100 ⓘ
geschl: 1 Woche im Sep, 2 Wochen im Jan

Zeiskam 54 ↗

Rheinland-Pfalz — Kreis Germersheim —
120 m — 1 950 Ew — Landau i. d. Pfalz 10,
Germersheim 15 km
ⓘ ☎ (0 72 72) 7 00 80, Fax 70 08 55 — Verbandsgemeindeverwaltung, Schubertstr
18, 76756 Bellheim

✶✶ Zeiskamer Mühle
einzeln ♂ Hauptstr 87, ✉ 67378,
☎ (0 63 47) 67 67, Fax 61 93, AX DC ED VA
17 Zi, Ez: 80, Dz: 120, ⌐ WC ☎; Lift 🅿
✶✶ Hauptgericht 30; Terrasse;
geschl: Do, 15.-29.8.

Zeitlofs 46 ↗

Bayern — Kreis Bad Kissingen — 262 m —
2 500 Ew — Bad Brückenau 11 km
ⓘ ☎ (0 97 46) 6 16, Fax 13 25 — Fremdenverkehrsverein, Baumallee 2, 97799 Zeitlofs

✶✶✶✶✶ Restaurant mit außergewöhnlich
anspruchsvoller Ausstattung

Rupboden
✶✶ Alte Villa
Kohlgraben 2, ✉ 97799, ☎ (0 97 46) 6 31,
Fax 12 47, AX DC ED VA
Hauptgericht 30; Biergarten 🅿 Terrasse;
nur abends, Sa + So + feiertags auch mit-
tags; geschl: Mo, Di, Mitte Jan-Mitte Feb
✶ ♂ 5 Zi, Ez: 75, Dz: 130-150, ⌐ WC
☎, 2🛏; 3↻
Rezeption: 9-21.30

siehe auch **Brückenau, Bad**

Zeitz 38 ↘

Sachsen-Anhalt — Kreis Zeitz — 250 m —
37 820 Ew — Gera 24, Leipzig 43 km
ⓘ ☎ (0 34 41) 21 29 14 — Zeitz-Information,
Altmarkt 5, 06712 Zeitz. Sehenswert:
Schloß Moritzburg mit Museum; Schloß-
kirche; Rathaus; Seckendorffsches Palais;
Michaeliskirche; Stadtbefestigung mit
Wehrtürmen

✶✶ Villa Zeitz
Freiligrathstr 5 b, ✉ 06712, ☎ (0 34 41)
6 04 20, Fax 60 42 42, AX DC ED VA
15 Zi, Ez: 120-150, Dz: 175-195, ⌐ WC 🅿
🚗 1↻ Fitneßraum Sauna Solarium ⓘ

✶✶ Drei Schwäne
Altmarkt 6, ✉ 06712, ☎ (0 34 41) 21 26 86,
Fax 71 22 86, AX ED VA
36 Zi, Ez: 90-120, Dz: 120-180, 1 Suite, ⌐
WC ☎, 4🛏; 2↻40 ⓘ
Rezeption: 6.30-14, 17.30-1
Auch Zimmer der Kategorie ✶ vorhanden

✶✶ Am Wasserturm
Geußnitzer Str 73, ✉ 06712, ☎ (0 34 41)
74 17 11, Fax 74 17 12, AX ED VA
20 Zi, Ez: 98-150, Dz: 120-150, ⌐ WC ☎; 🅿
ⓘ

✶✶ Tiergarten
Tiergartenstr 2, ✉ 06712, ☎ (0 34 41)
25 08 94, Fax 25 08 94, AX DC ED VA
10 Zi, Ez: 95-115, Dz: 140, 1 App, ⌐ WC ☎;
🅿 Fitneßraum Sauna Solarium; garni

✶ Gasthaus am Neumarkt
Neumarkt 15, ✉ 06712, ☎ (0 34 41)
71 26 77, Fax 71 40 33, ED
10 Zi, Ez: 95-140, Dz: 135-160, ⌐ WC ☎; 🅿
ⓘ

Zell 53 ↘

Rheinland-Pfalz — Kreis Cochem-Zell —
94 m — 5 500 Ew — Cochem 35, Bernkastel-Kues 40 km
ⓘ ☎ (0 65 42) 40 31, Fax 56 00 — Tourist-
Information, im Rathaus, Balduinstr 44,
56856 Zell; Erholungsort an der Mosel;
Weinbauort mit ca. 6 Mio Rebstöcken.
Sehenswert: Schloß; Reste der Stadtbefestigung: Obertor; Klosterruine Marienburg
◄ (7 km oder 60 Min ↘); Wein- und
Heimatmuseum Zell

Zeltingen-Rachtig

* **Zur Post**
-≼ Schloßstr 25, ✉ 56856, ☎ (0 65 42) 42 17, Fax 4 16 93, AX DC ED VA
16 Zi, Ez: 65-72, Dz: 120-130, ⊿ WC; Lift P
Rezeption: 10-14, 17-21; geschl: Mo, Feb
* Hauptgericht 25; geschl: Mo, Feb

Kaimt (1 km ←)
* **Landhaus Vollrath**
♠ -≼ Marientaler Au 58, ✉ 56856, ☎ (0 65 42) 4 16 55, Fax 4 16 56
8 Zi, Ez: 50-75, Dz: 85-130, 1 Suite, 2 App, ⊿ WC ☎; P Sauna Solarium; **garni**
Rezeption: 7-20; geschl: Nov-Mär

Zella-Mehlis 47 □

Thüringen — Kreis Schmalkalden/Meiningen — 600 m — 13 556 Ew — Suhl 7, Oberhof 8 km
ℹ ☎ (0 36 82) 28 40, Fax 71 43 — Verkehrsamt, Louis-Anschütz-Str 28, 98544 Zella-Mehlis. Sehenswert: Bürgerhaus; Kirche Zella St. Blasii, Magdalenen-Kirche; Bürgerhaus mit Galerie; Technisches Museum Gesenkschmiede

* **Stadt Suhl**
Bahnhofstr 7, ✉ 98544, ☎ (0 36 82) 4 02 21, Fax 4 19 31, AX ED VA
13 Zi, Ez: 58-79, Dz: 98-132, ⊿ WC ☎; P 🚌 Fitneßraum 🍽

Zella-Mehlis-Außerhalb
* **Waldmühle**
Lubenbachstr 2 a, ✉ 98544, ☎ (0 36 82) 48 71 93, Fax 48 73 47, ED
37 Zi, Ez: 80, Dz: 99-120, ⊿ WC ☎; P 20 🍽
Rezeption: 6.30-14.30, 17-21

Zell am Harmersbach 60 ↓

Baden-Württemberg — Ortenaukreis — 500 m — 7 600 Ew — Lahr 19, Offenburg 22, Freudenstadt 43 km
ℹ ☎ (0 78 35) 7 83 47, Fax 7 83 50 — Kultur- u. Verkehrsamt, Alte Kanzlei, 77736 Zell am Harmersbach; Erholungsort im mittleren Schwarzwald. Sehenswert: Historischer Stadtkern; Museum im Storchenturm; Wallfahrtskirche „Maria zu den Ketten" im Ortsteil Unterharmersbach (4 km ↗)

** **Sonne**
Hauptstr 77, ✉ 77736, ☎ (0 78 35) 63 73-0, Fax 63 73 13, AX ED VA
19 Zi, Ez: 72-82, Dz: 120-150, ⊿ WC; P 🚌 Solarium 🍽
geschl: Do, Mitte Jan-Feb

* **Zum schwarzen Bären**
Kirchstr 5, ✉ 77736, ☎ (0 78 35) 2 51, Fax 52 51, ED VA
44 Zi, Ez: 75-100, Dz: 140-160, ⊿ WC ☎; Lift P 🚌
geschl: Mitte Nov-Anfang Dez
* Hauptgericht 15; geschl: Mi

Unterharmersbach (4 km ↗)
* **Zum Rebstock**
Hauptstr 104, ✉ 77736, ☎ (0 78 35) 39 13, ED VA
17 Zi, Ez: 59-64, Dz: 104-109, ⊿ WC ☎; P 🍽
geschl: Di, Mitte Jan-Mitte Feb

Zell im Wiesental 67 ↓

Baden-Württemberg — Kreis Lörrach — 650 m — 7 000 Ew — Lörrach 23, Freiburg 50 km
ℹ ☎ (0 76 25) 1 33 15, Fax 1 33 17 — Verkehrsverein, Schopfheimer Str 3, 79669 Zell im Wiesental; Erholungsort. Sehenswert: Zeller Blauen, 1077 m -≼ (5 km +60 Min ↑); Hohe Möhr, 983 m -≼ (5 km ↘); Wildgehege

* **Löwen**
Schopfheimer Str 2, ✉ 79669, ☎ (0 76 25) 92 54-0, Fax 80 86, DC ED VA
34 Zi, Ez: 53-60, Dz: 100-115, ⊿ WC ☎; P 🚌
* Hauptgericht 20; Biergarten Terrasse; geschl: Do abends, Fr, Sa mittags

Pfaffenberg (4 km ↑)
* **Berggasthof Schlüssel**
♠ -≼ Haus Nr 2, ✉ 79669, ☎ (0 76 25) 3 75, Fax 96 32
12 Zi, Ez: 47-52, Dz: 82-92, ⊿ WC; P
geschl: Mo, Di, Mitte Jan-Mitte Feb
* -≼ Hauptgericht 25; geschl: Mo, Di, Mitte Jan-Mitte Feb

Zeltingen-Rachtig 52 ↗

Rheinland-Pfalz — Kreis Bernkastel-Wittlich — 106 m — 2 500 Ew — Bernkastel-Kues 6, Wittlich 11 km
ℹ ☎ (0 65 32) 24 04, Fax 38 47 — Verkehrsbüro, Uferallee 13, 54492 Zeltingen-Rachtig

Rachtig
* **Deutschherrenhof**
-≼ Deutschherrenstr 23, ✉ 54492, ☎ (0 65 32) 93 50, Fax 93 51 99, ED VA
39 Zi, Ez: 70-90, Dz: 110-180, 2 Suiten, 3 App, ⊿ WC ☎; Lift P Kegeln 🍽 🚌
geschl: Jan

Zeltingen
** **St. Stephanus**
-≼ Uferallee 9, ✉ 54492, ☎ (0 65 32) 6 80, Fax 6 84 20, AX DC ED VA
47 Zi, Ez: 99-165, Dz: 134-280, ⊿ WC ☎; Lift P 🚌 2⇔100 ≙ Sauna Solarium
Rezeption: 8-20; geschl: Jan
** Hauptgericht 30; Terrasse; geschl: Mi, Jan
*** Le Petit
Hauptgericht 40; geschl: Mi, Jan →

Zeltingen-Rachtig

** Nicolay/Zur Post
◄ Uferallee 7, ✉ 54492, ☎ (0 65 32) 20 91,
Fax 23 06, AX DC ED VA
36 Zi, Ez: 90-120, Dz: 130-170, 1 Suite, 🚿
WC ☎; Lift P 🅿 🛌 Fitneßraum Sauna
Solarium
Auch Zimmer der Kategorie * vorhanden

** Sonnenuhr
Hauptgericht 25; Terrasse; geschl: Mo,
Jan

---

* Zeltinger Hof
Kurfürstenstr 76, ✉ 54492, ☎ (0 65 32)
9 38 20 + 93 82-80, Fax 93 82 82
10 Zi, Ez: 60-80, Dz: 78-140, 🚿 WC ☎; Lift P
🛌 Fitneßraum Sauna Solarium 🍽
Rezeption: 9-14, 17.30-22

Zemmer 52 ↑

Rheinland-Pfalz — Kreis Trier-Saarburg —
370 m — 3 150 Ew — Speicher 8, Trier
21 km
ℹ ☎ (0 65 80) 84 51 — Gemeindeverwaltung, im Ortsteil Rodt, Gartenstr 10,
54313 Zemmer

Daufenbach (6 km ✓)
*** Landhaus Mühlenberg 🍷
✉ 54313, ☎ (0 65 05) 87 79, Fax 87 79,
AX DC ED VA
Hauptgericht 47; P Terrasse; nur abends,
So auch mittags; geschl: Mo, Di,
2 Wochen im Jun, 1 Woche im Sep,
2 Wochen im Jan

Zerbst 38 ↗

Sachsen-Anhalt — Kreis Zerbst — 72 m —
18 700 Ew — Magdeburg 45, Wittenberg
45 km
ℹ ☎ (0 39 23) 23 51 — Verkehrsbüro,
Schloßfreiheit 21, 39261 Zerbst. Sehenswert: Trinitatiskirche; Stadtkirche St. Nikolai; Roland; Schloßfreiheit; Bartholomäikirche; Stadtmauer, Wehrgänge; ehem.
Franziskanerkloster

* Parkhotel Zerbst
Karl-Marx-Str 7, ✉ 39261, ☎ (0 39 23)
78 02 13, Fax 78 02 15, AX ED
16 Zi, Ez: 75, Dz: 95, 🚿 WC ☎; P 🍽

* Trepzik
Käsperstr 15, ✉ 39261, ☎ (0 39 23)
78 02 91, Fax 78 53 22
8 Zi, Ez: 75-95, Dz: 95-125, 🚿 WC ☎;
Fitneßraum Sauna Solarium; garni

* Von Rephuns Garten
Rephunstr 2, ✉ 39261, ☎ (0 39 23) 61 60 5,
Fax 6 16 07, AX ED VA
16 Zi, Ez: 75-95, Dz: 125-115, 🚿 WC ☎; P
2⌀140 🍽

Zerbst-Außerhalb (3 km ↑)
* Parkrestaurant Vogelherd
Lindauer Str 78, ✉ 39261, ☎ (0 39 23)
78 04 44, Fax 22 03, AX ED VA
Hauptgericht 25; P Terrasse; geschl: Di,
Mo mittags

Zetel 16 ▭

Niedersachsen — Friesland — 3 m —
10 500 Ew — Varel 12, Wilhelmshaven
20 km
ℹ ☎ (0 44 53) 27 72 — Kur- und Verkehrsverein, Schloßgang 1, 26340 Neuenburg

Neuenburg
* Neuburger Hof
Am Markt 12, ✉ 26340, ☎ (0 44 52) 2 66,
Fax 78 06, DC ED VA
12 Zi, Ez: 53, Dz: 95, 🚿 WC ☎; P Sauna
Solarium 🍽

Zeulenroda 49 ←

Thüringen — Kreis Zeulenroda — 420 m —
14 000 Ew — Schleiz 17, Gera 34 km
ℹ ☎ (03 66 28) 24 41, Fax 25 15 — Zeulenroda-Information, Greizer Str 19,
07937 Zeulenroda. Sehenswert: Rathaus;
Weidatalsperre (5 km ↑)

** Goldener Löwe
Kirchstr 15, ✉ 07937, ☎ (03 66 28) 6 01 44,
Fax 6 01 45, ED
32 Zi, Ez: 70-100, Dz: 120-140, 🚿 WC ☎,
4🛌; P 🛌 2⌀25
* Hauptgericht 20; Gartenlokal

Zeuthen 30 ↘

Brandenburg — 8 000 Ew
ℹ ☎ (03 37 62) 75 30 — Gemeindeverwaltung, 15738 Zeuthen

*** Pannonia Seehotel
◄ Fontanellee 27, ✉ 15738, ☎ (03 37 62)
8 90, Fax 8 94 08, AX DC ED VA
139 Zi, Ez: 175-275, Dz: 245-275, S;
4 Suiten, 🚿 WC ☎, 45🛌; Lift P 7⌀180 🍽
Golf 18

Zeven 17 M

Niedersachsen — Kreis Rotenburg
(Wümme) — 33 m — 14 000 Ew — Bremervörde 23, Rotenburg (Wümme) 26, Buxtehude 36 km
ℹ ☎ (0 42 81) 71 60, Fax 71 61 26 — Samtgemeinde Zeven, Am Markt 4, 27404
Zeven. Sehenswert: Museum Kloster
Zeven, Christinenhaus (Bildergalerie),
Feuerwehrmuseum, St.-Viti-Kirche;
Skulpturengarten

** Paulsen (Ringhotel)
Meyerstr 22, ⊠ 27404, ☎ (0 42 81) 50 51, Fax 83 40, AX DC ED VA
38 Zi, Ez: 95-107, Dz: 140-150, S; 🚿WC ☎, 4🛏; 🅿 3⇔80
* Hauptgericht 30; geschl: so + feiertags

* Hotel Garni
Poststr 20, ⊠ 27404, ☎ (0 42 81) 34 92, Fax 84 14, AX DC ED VA
21 Zi, Ez: 75-85, Dz: 110-120, 🚿WC ☎; 🅿 🚗 Sauna Solarium

* Spreckels
Bremer Str 2, ⊠ 27404, ☎ (0 42 81) 24 33, Fax 65 37, ED
24 Zi, Ez: 75-80, Dz: 110-120, WC ☎; Kegeln

* Landhaus Radler
Kastanienweg 17, ⊠ 27404, ☎ (0 42 81) 30 22, Fax 34 11, AX DC ED VA
16 Zi, Ez: 73-77, Dz: 109-117, 🚿WC ☎; 🅿 🚗; garni

Ziegenhain siehe Schwalmstadt

Ziemetshausen 63 ↓

Bayern — Günzburg — 3 031 Ew — Augsburg 30, Ulm 45, Günzburg 25 km
ℹ ☎ (0 82 84) 80 81 — Gemeindeverwaltung, Rathaus, 86473 Ziemetshausen

Ziemetshausen
* Adler
Oett.-Wall-Str 19, ⊠ 86473, ☎ (0 82 84) 4 35, Fax 18 55, ED VA
13 Zi, Ez: 45-58, Dz: 88-100, 🚿WC ☎; 🅿 🍴
geschl: Mi, Anfang Sep

Zingst 13 ↘

Mecklenburg-Vorpommern — Kreis Ribnitz-Damgarten — 1 m — 3 200 Ew — Barth 13 km
ℹ ☎ (03 82 32) 2 31, Fax 6 33 — Kurverwaltung, Klosterstr 21, 18374 Zingst; Ostseebad

** Pension Abendland
Bahnhofstr 1c, ⊠ 18374, ☎ (03 82 32) 6 34, Fax 8 00 09
Dz: 115-130, 11 Suiten, 🚿WC ☎, 6🛏; 🅿; garni

** Seebrücke
♂ ⛵ Seestr 2, ⊠ 18374, ☎ (03 82 32) 7 30, Fax 7 87, AX ED VA
22 Zi, Ez: 95-190, Dz: 160-240, 8 App, 🚿WC ☎; 🅿 🚗 3⇔45 Seezugang Fitneßraum Sauna Solarium 🍴 ⛱
Rezeption: 7-18; geschl: Anfang Jan - Anfang Feb

* Meeresrauschen 👑
♂ ⛵ Seestr 3, ⊠ 18374, ☎ (03 82 32) 13 01, Fax 8 01 84, AX ED VA
13 Zi, Ez: 90-100, Dz: 117-150, 5 Suiten, 🚿WC ☎; 🅿 Seezugang ⛱
Auch Zimmer der Kategorie ** vorhanden
* Hauptgericht 20; Terrasse

* Boddenhus
⛵ Hafenstr 9, ⊠ 18374, ☎ (03 82 32) 7 13, Fax 6 29, AX ED VA
19 Zi, Ez: 80-110, Dz: 100-170, 1 Suite, 🚿WC ☎; 🅿 🍴

* Pension am Strand
♂ ⛵ Birkenstr 21/Ecke Seestr, ⊠ 18374, ☎ (03 82 32) 6 00, Fax 6 03
13 Zi, Ez: 90-130, Dz: 120-180, 6 Suiten, 🚿WC ☎; 🅿 Seezugang Fitneßraum Sauna Solarium 🍴
geschl: Anfang Nov

🍴 Am Deich
Seestr 1c, ⊠ 18374, ☎ (03 82 32) 14 37
Hauptgericht 18; 🅿 Terrasse; geschl: Mi

Müggenburg-Außerhalb (5 km →)
* Apparthotel Schlößchen
einzeln ♂ Sundische Wiese, ⊠ 18374, ☎ (03 82 32) 81 80, Fax 8 18 38, DC ED VA
Ez: 80-120, Dz: 150-240, 14 App, 🚿WC ☎; 🅿 1⇔12 Sauna 🍴
geschl: Jan

Zinnowitz siehe Usedom

Zirndorf 57 ↗

Bayern — Kreis Fürth — 309 m — 22 358 Ew — Fürth 4, Nürnberg 13 km
ℹ ☎ (09 11) 6 92 00, Fax 6 92 01 29 — Stadtverwaltung, Fürther Str 8, 90513 Zirndorf

** Akzent-Hotel Rangau
Banderbacher Str 27, ⊠ 90513, ☎ (09 11) 9 60 10, Fax 9 60 11 00, AX ED VA
14 Zi, Ez: 128-193, Dz: 178-245, 6 App, 🚿WC ☎, 4🛏; Lift 🅿 3⇔50 Kegeln
** Hauptgericht 23; Terrasse; geschl: So abends, Mo

Wintersdorf (6 km ←)
* Gasthof Lämmermann
Ansbacher Str 28, ⊠ 90513, ☎ (0 91 27) 88 19, Fax 56 49
22 Zi, Ez: 75-45, Dz: 75-110, 🚿WC ☎; 🅿 🚗 🍴
geschl: 24.8.-9.9.97

Zittau 41 ↗

Sachsen — Kreis Zittau — 242 m — 32 000 Ew
ℹ ☎ (0 35 83) 75 21 38, Fax 51 03 70 — Tourist-Information Zittau, Rathaus, Markt 1, 02763 Zittau
→

Zittau

* Schwarzer Bär
Ottokarplatz 12, ✉ 02763, ☏ (0 35 83) 55 10, Fax 55 11 11, AX DC ED VA
18 Zi, Ez: 95, Dz: 130, ⌑ WC ☏; P Kegeln ▯◉▮

* Riedel
Friedensstr 23, ✉ 02763, ☏ (0 35 83) 68 60, Fax 68 61 00, ED VA
45 Zi, Ez: 75-85, Dz: 125, ⌑ WC ☏; P 1↔75 Sauna ▯◉▮

* Dresdner Hof
Äußere Oybiner Str 9, ✉ 02763, ☏ (0 35 83) 57 30-0, Fax 57 30 50, ED
36 Zi, Ez: 95, Dz: 115-130, 1 Suite, ⌑ WC ☏; Lift P 1↔40 Sauna Solarium ▯◉▮
Rezeption: 11-22

siehe auch **Bertsdorf-Hörnitz**

Zons siehe Dormagen

Zorge   37 ↘

Niedersachsen — Kreis Osterode — 430 m — 1 760 Ew — Braunlage 14, Osterode 44 km
ℹ ☏ (0 55 86) 2 51, Fax 83 44 — Kurverwaltung, Am Kurpark 4, 37449 Zorge; Luftkurort und Wintersportplatz im Südharz

* Bergschlößchen
Taubental 26a, ✉ 37449, ☏ (0 55 86) 9 67 60, Fax 96 76 56, AX DC
9 Zi, Ez: 48-68, Dz: 88-98, 2 App, ⌑ WC ☏; P ≘ Kegeln Sauna Solarium; **garni**
Rezeption: 10-22; geschl: Mitte Nov-Mitte Dez

Zorneding   72 □

Bayern — Kreis Ebersberg — 555 m — 7 602 Ew — München 21, Wasserburg am Inn 35 km
ℹ ☏ (0 81 06) 38 40, Fax 2 97 21 — Gemeindeverwaltung, Schulstr 13, 85604 Zorneding

** Landgasthof Eschenhof
Anton-Grandauer-Str 17, ✉ 85604, ☏ (0 81 06) 28 82, Fax 2 20 75, AX DC ED VA
29 Zi, Ez: 105-155, Dz: 125-175, 2 App, ⌑ WC ☏; P ⊟ Sauna Solarium; **garni**

* Neuwirt
Münchner Str 4, ✉ 85604, ☏ (0 81 06) 28 25, Fax 2 99 16, AX DC ED VA
29 Zi, Ez: 105, Dz: 140, ⌑ WC ☏, 2⍁; P ⊟ Kegeln
Rezeption: 18.30-24; geschl: Ende Jul-Ende Aug
* Hauptgericht 25; Biergarten Terrasse

Zossen   30 ↘

Brandenburg — Kreis Teltow-Fleming — 70 m — 6 500 Ew — Luckenwalde 25, Berlin 30 km
ℹ ☏ (0 33 77) 30 40 30, Fax 30 40 49 — Amt Zossen, Marktplatz 20, 15806 Zossen

* Reuner
Machnower Chaussee 1 a, an der B 96, ✉ 15806, ☏ (0 33 77) 30 13 70, Fax 30 13 71, AX DC ED VA
17 Zi, Ez: 75-110, Dz: 100-150, 1 App, ⌑ WC ☏, 2⍁; Lift 1↔40 ▯◉▮
geschl: 22.12.-4.1.97
Auch Zimmer der Kategorie ** vorhanden

Zützen   22 ↘

Brandenburg — Kreis Angermünde — 40 m — 164 Ew — Schwedt (Oder) 9, Angermünde 18 km
ℹ ☏ (0 33 32) 51 00 29 — Gemeindeverwaltung, 16306 Zützen

** latel
Apfelallee, ✉ 16306, ☏ (0 33 32) 51 63 97, Fax 51 64 00, AX DC ED VA
30 Zi, Ez: 90-120, Dz: 130-150, ⌑ WC ☏; P 1↔15 ▯◉▮

* Zum Winkel
♂ Dorfstr 7, ✉ 16306, ☏ (0 33 32) 2 20 33, Fax 52 16 02, AX ED VA
11 Zi, Ez: 75-90, Dz: 90-110, ⌑ WC ☏; P Strandbad ▯◉▮

Zurow   12 ↙

Mecklenburg-Vorpommern — Kreis Nordwestmecklenburg — 920 Ew — Neukloster 7, Wismar 10 km
ℹ ☏ (03 84 22) 9 24 — Gemeindebüro, 23992 Zurow

Nakensdorf (8 km ↘)
* Seehotel am Neuklostersee
♂ Seestr 1, ✉ 23992, ☏ (03 84 22) 2 54 45, Fax 2 54 45
13 Zi, Ez: 85-105, Dz: 140-150, 1 Suite, 2 App, ⌑ WC ☏; P 1↔30 Strandbad Seezugang Sauna ▯◉▮

Zusmarshausen   63 ↓

Bayern — Kreis Augsburg — 466 m — 5 285 Ew — Augsburg 25, Günzburg 28 km
ℹ ☏ (0 82 91) 8 70, Fax 87 40 — Marktverwaltung, Schulstr 2, 86441 Zusmarshausen

---

Die im Varta angegebene Kategorie eines Beherbergungsbetriebes bezieht sich jeweils auf den größeren Teil der Zimmer. Verfügt ein Betrieb auch über eine nennenswerte Zahl von Zimmern höherer oder niedrigerer Kategorie, weist ein entsprechender Vermerk darauf hin.

∗ **Die Post**
Augsburger Str 2, ✉ 86441, ☎ (0 82 91)
1 88 00, Fax 83 63, AX DC ED VA
21 Zi, Ez: 75-90, Dz: 130-150, 2 Suiten, ⌐
WC ☎; Lift 🅿 🍴 2⇔80 🛁 Fitneßraum
Sauna Solarium
Rezeption: 7-14, 18-21.30
Auch Zimmer der Kategorie ∗∗ vorhanden
∗∗   Hauptgericht 40; Biergarten
Terrasse; geschl: 2 Wochen im Nov

Zuzenhausen 54 ↘

Baden-Württemberg — Rhein-Neckar-
Kreis — 148 m — 1 962 Ew — Neckargemünd 11 km
ℹ ☎ (0 62 26) 15 34, Fax 14 61 — Gemeindeverwaltung, Hauptstr 25, 74939 Zuzenhau-
sen. Sehenswert: Burgruine beim alten
Ortskern; Vogel- und Naturpark auf der
Steinbruchterrasse

∗ **Brauereigasthof Adler**
Hoffenheimer Str 1, ✉ 74939, ☎ (0 62 26)
9 20 70, Fax 92 07 40, AX ED VA
18 Zi, Ez: 95-110, Dz: 130-150, 2 Suiten, ⌐
WC ☎; 🅿 🍴 2⇔35 Sauna
Rezeption: 11-23
Auch Zimmer der Kategorie ∗∗ vorhanden
∗∗   Hauptgericht 30; geschl: Di

Zweibrücken 53 ↗

Rheinland-Pfalz — Stadtkreis — 300 m —
37 451 Ew — Homburg/Saar 11, Pirmasens
22 km
ℹ ☎ (0 63 32) 87 11 23, Fax 87 11 00 — Verkehrsamt, Schillerstr 6, 66482 Zweibrük-
ken. Sehenswert: Europas Rosengarten;
Ev. Alexanderkirche; Schloß; Landgestüt;
Wildrosengarten

∗   **Europas Rosengarten**
          (Silencehotel)
♣ Rosengartenstr 60, ✉ 66482, ☎ (0 63 32)
4 90 41, Fax 4 53 67, AX DC ED VA
47 Zi, Ez: 118-120, Dz: 156-160, 1 App, ⌐
WC ☎; Lift 🅿 3⇔80
∗   **Lichtergarten**
Hauptgericht 25

Zweibrücken-Außerhalb (2 km →)
∗∗ **Romantik Hotel Fasanerie**
einzeln ♣ Fasanerie 1, ✉ 66482, ☎ (0 63 32)
97 30, Fax 97 31 11, AX DC ED VA
50 Zi, Ez: 148-180, Dz: 196-300, 16 Suiten,
⌐ WC ☎, 15✉; 🅿 🍴 9⇔200 🛁 Fitneßraum
Sauna Solarium
Auch Zimmer der Kategorie ∗∗∗ vor-
handen
∗∗   Hauptgericht 40; Biergarten
Gartenlokal Terrasse

Die von uns genannten Cafés bieten neben
Konditoreiwaren und Getränken häufig
auch kleine Gerichte an.

Zwethau

Zweiflingen 55 ↘

Baden-Württemberg — Hohenlohekreis —
350 m — 1 500 Ew — Forchtenberg 6,
Öhringen 7 km
ℹ ☎ (0 79 48) 4 76, Fax 24 40 — Bürgermeisteramt, Eichacher Str 21, 74639 Zweiflingen

Zweiflingen-Außerhalb (1 km ↓)
∗∗∗ **Wald- und Schloßhotel** 👑
       Friedrichsruhe
       (Relais & Châteaux)
♣ ✉ 74639, ☎ (0 79 41) 6 08 70, Fax 6 14 68,
AX ED VA
39 Zi, Ez: 165-315, Dz: 295-395, 12 Suiten, ⌐
WC ☎; Lift 🅿 🍴 3⇔80 🌊 🛁 Sauna Solarium
Golf 18, Tennis 1
∗∗∗   Hauptgericht 50;   ♠ ☎
Terrasse; geschl: Mo, Di
∗∗   **Jägerstube**   ✤
Hauptgericht 35; Terrasse
∗∗∗∗∗ **Torhaus**
2 Zi, Dz: 390, 6 Suiten, ⌐ WC ☎
∗∗∗   **Jagdschloß Friedrichsruhe**
22 Zi, Ez: 165-195, Dz: 295-390, WC ☎

Zwesten, Bad 35 ↓

Hessen — Schwalm-Eder-Kreis — 220 m
— 3 800 Ew — Bad Wildungen 12, Kassel
40, Marburg 40 km
ℹ ☎ (0 56 26) 7 73, Fax 99 93 33 — Kurverwaltung, Ringstr 1, 34596 Bad Zwesten;
Luftkurort und Heilbad. Sehenswert:
Wehrkirche; Brunnentempel der Heilquelle

∗ **Altenburg**
Hardtstr 1 a, ✉ 34596, ☎ (0 56 26) 8 00 90,
Fax 80 09 39, AX DC ED VA
45 Zi, Ez: 62-80, Dz: 112-166, 1 Suite,
5 App, ⌐ WC ☎, 5✉; 🅿 3⇔80 Fitneßraum
Kegeln Sauna Solarium 🍽
geschl: Anfang Jan-Anfang Feb, Mitte
Nov-Mite Dez

∗ **Landhotel Kern**
Brunnenstr 10, ✉ 34596, ☎ (0 56 26) 7 86,
Fax 7 88, AX DC ED VA
58 Zi, Ez: 83, Dz: 150, ⌐ WC ☎; Lift 🅿
2⇔30 🛁 Sauna Solarium 🍽
geschl: Anfang Jan-Mitte Mär

∗ **Zum Kleinen König**
Hauptstr 4, ✉ 34596, ☎ (0 56 26) 84 11,
Fax 83 60, AX DC ED VA
7 Zi, Ez: 78-90, Dz: 140, ⌐ WC ☎; 🅿 1⇔25
🍽
Rezeption: 9-23

Zwethau 39 →

Sachsen — Kreis Torgau — 82 m —
1 109 Ew — Torgau 5, Falkenberg 15 km
ℹ ☎ (0 34 21) 70 71 53 — Gemeindeverwaltung, Hauptstr 11, 04886 Zwethau

∗∗ **Wenzels Hof**
Hauptstr 7, ✉ 04886, ☎ (0 34 21) 70 72 67,
Fax 71 02 19, AX DC ED VA
22 Zi, Ez: 90-115, Dz: 135-155, ⌐ WC ☎, 5✉;
🅿 2⇔60 Fitneßraum Sauna Solarium 🍽

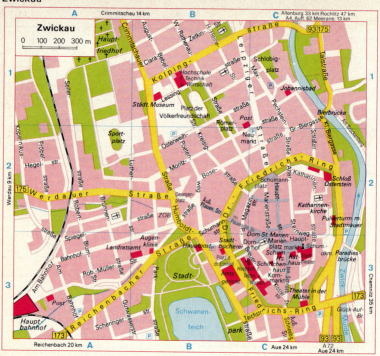

Zwickau

49 ↗

Sachsen — Kreisfreie Stadt — 267 m — 110 000 Ew — Chemnitz 40, Gera 49, Leipzig 80 km

🛈 ☎ (03 75) 29 37 13, Fax 29 37 15 — Tourist-Information, Hauptstr 6 (C 2), 08056 Zwickau. Sehenswert: Renaissance Rathaus; gotische Katharinenkirche; Hauptmarkt mit Bürgerhäusern, Krautergewölbe; Schiffchen; Geburtshaus Robert Schumanns; Schumann-Denkmal; Gewandhaus; Dom St. Marien; Stadtpark und Schwanenteich; im Ortsteil Planitz: Schloßkirche

---

★★ Achat
Leipziger Str 180, ✉ 08058, ☎ (03 75) 87 20, Fax 87 29 99, AX ED VA
146 Zi, Ez: 109-150, Dz: 109-190, S; 63 App, ⌂ WC ☎, 68⌕; Lift P 3⟲40 ⚑

★★ Best Western Airport Hotel
Olzmannstr 57, ✉ 08060, ☎ (03 75) 56 02-0, Fax 5 60 21 51, AX DC ED VA
116 Zi, Ez: 124-164, Dz: 170-150, 8 Suiten, ⌂ WC ☎, 72⌕; Lift P 3⟲150 Sauna Solarium ⚑

Wer nicht zu zweit im Doppelbett schlafen möchte, sollte ausdrücklich ein Zimmer mit zwei getrennten Betten verlangen.

★ Merkur
Bahnhofstr 58 (A 3), ✉ 08056, ☎ (03 75) 2 94 28 6-87, Fax 29 42 88, AX DC ED VA
28 Zi, Ez: 99-130, Dz: 140-180, ⌂ WC ☎; P; garni

★ Gerisch
Wildenfelser Str 20a, ✉ 08056, ☎ (03 75) 21 29 40, Fax 29 44 51
15 Zi, Ez: 95, Dz: 140, ⌂ WC ☎, 15⌕; P; garni

Eckersbach (3 km ↗)

★ Park Eckersbach
♞ Trillerplatz 1, ✉ 08066, ☎ (03 75) 47 55 72, Fax 47 58 01, AX ED VA
16 Zi, Ez: 95-135, Dz: 155, ⌂ WC ☎; P
★ Hauptgericht 20; Biergarten Gartenlokal

Oberhohndorf (3 km ↘)

★ Mädler
Wildenfelser Str 51, ✉ 08056, ☎ (03 75) 29 28 70, Fax 29 28 71
14 Zi, Ez: 90-130, Dz: 140-180, 2 Suiten, 2 App, ⌂ WC ☎; Lift P 2⟲300 Fitneßraum Sauna Solarium ⚑

siehe auch Fraureuth

🚗 Unterstellmöglichkeiten für Fahrzeuge oder Einzelgaragen

Zwiesel 66↖

Bayern — Kreis Regen — 570 m —
10 400 Ew — Regen 10, Grafenau 29 km
🅘 ☎ (0 99 22) 84 05 23, Fax 56 55 — Kurverwaltung, Stadtplatz 27, 94227 Zwiesel;
Luftkurort und Wintersportplatz im Bayerischen Wald. Sehenswert: Waldmuseum; Spielzeugmuseum; Kunstglasbläsereien; Glasmuseum „Kleines Schloß" in Theresienthal

---

**   Zur Waldbahn
Bahnhofsplatz 2, ✉ 94227, ☎ (0 99 22) 85 70, Fax 72 22
25 Zi, Ez: 80-105, Dz: 120-170, ⊣ WC ☎; 🅿
🅶 1⇔80 ≋ Fitneßraum Sauna Solarium
geschl: 1.-17.4.97
*   Hauptgericht 20; Biergarten
Gartenlokal; geschl: 1.-17.4.97

**   Magdalenenhof
♂ ◂≋ Ahornweg 17, ✉ 94227, ☎ (0 99 22) 85 60, Fax 85 67 08
35 Zi, Ez: 70-90, Dz: 110-150, ⊣ WC ☎; 🅿
Sauna Solarium Fitneßraum ≋ ♨
Golf 18

*   Bergfeld
♂ ◂≋ Hochstr 45, ✉ 94227, ☎ (0 99 22) 85 40, Fax 85 41 00
25 Zi, Ez: 65-70, Dz: 130-140, 1 App, ⊣ WC ☎; 🅿 🅶 ≋ Fitneßraum Sauna Solarium; **garni**
geschl: So, Anfang-Mitte Apr, Mitte Nov-Mitte Dez

Rabenstein (5 km ↖)
**   Linde
♂ ◂≋ Lindenweg 9, ✉ 94227, ☎ (0 99 22) 85 50, Fax 16 50
39 Zi, Ez: 73-88, Dz: 130-140, ⊣ WC ☎; Lift
🅿 3⇔200 ≈ ≋ Sauna Solarium

Zwieslerwaldhaus
siehe **Lindberg**

Zwingenberg 54→

Hessen — Kreis Bergstraße — 100 m —
6 100 Ew — Bensheim 6, Darmstadt 19 km
🅘 ☎ (0 62 51) 70 03 22, Fax 70 03 33 — Verkehrsamt, Untergasse 16, 64673 Zwingenberg. Sehenswert: Historische Altstadt, Fachwerkhäuser, historische Scheuergasse; Weinlehrpfad

**   Zur Bergstraße
Bahnhofstr 8, ✉ 64673, ☎ (0 62 51) 7 60 35, Fax 7 22 75, AX DC ED VA
21 Zi, Dz: 170, 2 Suiten, ⊣ WC ☎; Lift 🅿; **garni**
geschl: Ende Dez-Anfang Jan

**   Freihof
Marktplatz 8, ✉ 64673, ☎ (0 62 51) 7 95 59, Fax 7 67 12, AX ED VA
Hauptgericht 30; Gartenlokal 🅿; geschl: So
*   10 Zi, Ez: 95, Dz: 140, ⊣ WC ☎
geschl: So

Zwischenahn, Bad 16↓

Niedersachsen — Kreis Ammerland — 6 m
— 24 334 Ew — Westerstede 12, Oldenburg 15 km
🅘 ☎ (0 44 03) 5 90 81, Fax 6 11 58 — Kurverwaltung, Auf dem Hohen Ufer 24, 26160 Bad Zwischenahn; Moorheilbad am Zwischenahner Meer (Binnensee); Spielbank im Jagdhaus Eiden. Sehenswert: Ev. St.-Johannes-Kirche; Freilichtmuseum Ammerländer Bauernhaus; Wasserturm

***   Am Kurgarten
♂ Unter den Eichen 30, ✉ 26160,
☎ (0 44 03) 9 36 50, Fax 5 96 20, AX ED VA
17 Zi, Ez: 135-155, Dz: 210-290, ⊣ WC ☎; 🅿
🅶 1⇔16 ≋ Sauna Solarium; **garni**
Auch Zimmer der Kategorie ****** vorhanden

**   Seehotel Fährhaus
♂ ◂≋ Auf dem Hohen Ufer 8, ✉ 26160,
☎ (0 44 03) 60 00, Fax 60 05 00, AX DC ED VA
56 Zi, Ez: 110-160, Dz: 170-230, 4 Suiten, ⊣ WC ☎; Lift 🅿 🅶 ≋ Seezugang Sauna Solarium
**   Panorama
◂≋ Hauptgericht 35; Biergarten Terrasse

**   Akzent Hotel Chalet
Brunnenweg 10, ✉ 26160, ☎ (0 44 03) 92 10, Fax 9 21 55, AX DC ED VA
11 Zi, Ez: 95-130, Dz: 170-220, 1 Suite, ⊣ WC ☎, 5🍴; 🅿 Sauna Solarium; **garni**

**   Kopenhagen
Brunnenweg 8, ✉ 26160, ☎ (0 44 03) 5 90 88, Fax 6 40 10, AX DC ED VA
14 Zi, Ez: 105, Dz: 200, 2 Suiten, ⊣ WC ☎;
🅿 Fitneßraum Sauna Solarium
****   ** Hauptgericht 30

**   Kämper
Georgstr 12, ✉ 26160, ☎ (0 44 03) 92 60, Fax 6 37 97, AX DC ED VA
27 Zi, Ez: 98-125, Dz: 165-198, 2 Suiten, ⊣ WC ☎, 20🍴; Lift 🅿 3⇔80 Kegeln Sauna Solarium
****   ** Hauptgericht 30

*   Burg Hotel (Ringhotel)
♂ Zum Rosenteich 14, ✉ 26160,
☎ (0 44 03) 92 30 00, Fax 92 31 00,
AX DC ED VA
46 Zi, Ez: 110-140, Dz: 175-195, S; 2 Suiten, ⊣ WC ☎, 8🍴; Lift 🅿 3⇔70 Fitneßraum Sauna Solarium 🏊
Auch Zimmer der Kategorie ****** vorhanden
****   ** Hauptgericht 30; Biergarten Terrasse →

Zwischenahn, Bad

✱ Bad Zwischenahn
♂ Am Badepark 50, ✉ 26160, ☎ (0 44 03) 69 60, Fax 69 65 00, DC ED VA
51 Zi, Ez: 98-120, Dz: 175-195, 5 Suiten, ⌐ WC ☎; Lift P 🚗 Fitneßraum Sauna Solarium; **garni**

✱ Kristinenhof
♂ Zum Rosenteich 24, ✉ 26160,
☎ (0 44 03) 21 26, Fax 34 60, AX DC ED VA
16 Zi, Ez: 90-140, Dz: 140-160, 4 Suiten, 3 App, ⌐ WC ☎; P; **garni**
geschl: Dez

✱ Landhaus Haake
♂ Speckener Weg 28, ✉ 26160, ☎ (0 44 03) 92 00, Fax 9 20 92
12 Zi, Ez: 75-90, Dz: 104-110, 18 App, ⌐ WC ☎, 2🛏; P 🚗 ≋ Sauna Solarium; **garni**
Auch Zimmer der Kategorie ✱✱ vorhanden

✱ Haus Ammerland
♂ Rosmarinweg 24, ✉ 26160, ☎ (0 44 03) 92 83 00, Fax 92 83 83, ED
21 Zi, Ez: 70-95, Dz: 130-150, 11 Suiten, 6 App, ⌐ WC ☎; P Solarium
Restaurant für Hausgäste

✱ Am Torfteich
♂ Rosmarinweg 7, ✉ 26160, ☎ (0 44 03) 10 33, Fax 6 30 21, ED
12 Zi, Ez: 83-98, Dz: 120-170, ⌐ WC ☎, 3🛏;
P Fitneßraum Sauna Solarium; **garni**
Rezeption: 6.30-18

✱ Der Ahrenshof
🍴 Oldenburger Str, ✉ 26160, ☎ (0 44 03) 39 89, Fax 64 04 27, DC ED VA
Hauptgericht 19; Biergarten P

Spieker
🍴 Am Hogenhagen 3, ✉ 26160, ☎ (0 44 03) 23 24, Fax 8 12 10
Hauptgericht 20; Gartenlokal P;
Der Spieker - älteste Ammerländer Gaststätte am Zwischenahner Meer. Spezialität: Smoortaal

Mathia
Reihdamm 9, ✉ 26160, ☎ (0 44 03) 20 39, Fax 5 81 14
7.30-18

Aschhauserfeld (2 km ↗)
✱✱✱ Romantik Hotel Jagdhaus Eiden
♂ ✉ 26160, ☎ (0 44 03) 69 80 00, Fax 69 83 98, AX DC ED VA
57 Zi, Ez: 110-162, Dz: 168-230, 10 Suiten, ⌐ WC ☎, 8🛏; Lift P 🚗 6⟳110 ≋ Seezugang Fitneßraum Kegeln Sauna Solarium Spielbank im Haus

✱✱✱ Apicius 🍴
Hauptgericht 45; nur abends; geschl: So, Mo, 1.-23.1.97, 1.-15.7.97

✱✱ Jäger- und Fischerstube
Hauptgericht 34; Gartenlokal

✱✱ Tulip Inn
Wiefelsteder Str 8, ✉ 26160, ☎ (0 44 03) 93 40, Fax 93 42 34, AX DC ED VA
40 Zi, Ez: 99-125, Dz: 130-175, ⌐ WC ☎, 6🛏; Lift P 2⟳30 Strandbad Seezugang Fitneßraum Sauna Solarium 🍴

✱ Pension Andrea
Wiefelsteder Str 43, ✉ 26160, ☎ (0 44 03) 47 41, Fax 47 45, AX DC ED VA
16 Zi, Ez: 65-90, Dz: 130-160, 3 App, ⌐ WC ☎, 8🛏; P 1⟳; **garni**
Auch Zimmer der Kategorie ✱✱ vorhanden

✱ Der Löns-Krug
🍴 Wiefelsteder Str 35, ✉ 26160,
☎ (0 44 03) 24 57, Fax 6 45 86, AX DC ED VA
Hauptgericht 20; Biergarten Gartenlokal P; nur abends
Historische Gaststätte, in der Hermann Löns Gast war, wenn er in Bad Zwischenahn weilte

Aue (3 km ↗)
✱ Klosterhof
🍴 Wiefelsteder Str, ✉ 26160, ☎ (0 44 03) 87 10, Fax 88 60, AX DC ED VA
Hauptgericht 25; geschl: Mo
✱
6 Zi, Ez: 52-60, Dz: 90, ⌐ WC ☎; P
geschl: Mo

Zwönitz   50 □

Sachsen — Kreis Aue — 650 m —
10 386 Ew — Chemnitz 27 km
🛈 ☎ (03 77 54) 22 85 — Stadtverwaltung, 08297 Zwönitz

✱✱ Stadt Zwönitz
Am Mühlengraben 10, ✉ 08297,
☎ (03 77 54) 29 04, Fax 29 71, AX ED VA
39 Zi, Ez: 70-89, Dz: 110-147, ⌐ WC ☎; Lift P 1⟳35 Fitneßraum Sauna Solarium
✱✱ Hauptgericht 25; Terrasse

✱ Roß
Markt 1, ✉ 08297, ☎ (03 77 54) 22 52, Fax 22 52, ED VA
21 Zi, Ez: 80-100, Dz: 120, ⌐ WC ☎; P 1⟳20 Kegeln Solarium 🍴

Zwota   49 ↓

Sachsen — Kreis Göltzschtalkreis — 600 m — 1 750 Ew — Klingenthal 3 km
🛈 ☎ (03 74 67) 2 22 60, Fax 2 30 78 — Fremdenverkehrsbüro, Markneukirchner Str. 32, 08267 Zwota. Sehenswert: Heimatstube (Ausstellung historischer u. neuzeitlicher Harmonikas)

✱ Gasthof Zwota
Klingenthaler Str 56, ✉ 08267, ☎ (03 74 67) 56 70, Fax 5 67 67
35 Zi, Ez: 46-51, Dz: 72-82, ⌐ WC ☎, 12🛏; P ≋ Sauna 🍴